北京社会科学年鉴

2006

北京市社会科学界联合会　编

北京出版社　出版集团
北　京　出　版　社

图书在版编目（CIP）数据

北京社会科学年鉴．2006/北京市社会科学界联合会编．—北京：
北京出版社，2006
ISBN 7-200-06670-2

Ⅰ．北…　Ⅱ．北…　Ⅲ．社会科学—北京市—2006—年鉴　Ⅳ．C121-54
中国版本图书馆CIP数据核字（2006）第135976号

责任编辑　陈　飞　等
美术编辑　刘京川
责任印制　李文宗

北京社会科学年鉴（2006）
BEIJING SHEHUI KEXUE NIANJIAN（2006）
北京市社会科学界联合会　编
*
北　京　出　版　社　出　版
（北京北三环中路6号）
邮政编码：100011
网　址：www.bph.com.cn
北京出版社出版集团总发行
北京市昌平长城印刷厂印刷
*
787×1092　16开本　56印张　彩插22页　1900千字
2006年12月第1版　2006年12月第1次印刷
ISBN 7-200-06670-2
C·164　定价：160.00元

北京市社会科学界联合会《北京社会科学年鉴》编辑部
地　　址：北京市朝阳区北四环中路33号
邮政编码：100101
联系电话：64855817　64871405
E-mail：sklwh@vip.sina.com

《北京社会科学年鉴》编辑委员会名单

编 辑 说 明

一、《北京社会科学年鉴》是一部反映首都北京社会科学发展状况和学术动态的资料工具书，由北京市社会科学界联合会主持编纂。

二、本年鉴以马列主义、毛泽东思想、邓小平理论和“三个代表”重要思想为指导，坚持党的基本路线，坚持“双百”方针，解放思想，实事求是，力求年鉴在编纂中的科学性、客观性。

三、本年鉴宗旨：努力为党和政府决策提供社会科学方面的参考；为社会各界了解社会科学提供信息；为社会科学工作者从事学术研究提供资料和借鉴；记录北京地区社会科学事业发展的进程，促进哲学社会科学全面发展和繁荣。

四、本年鉴收录的资料来自在京的社会科学教学、研究和科研管理等机构。

五、本年鉴从2000年起逐年编纂出版。当年出版的年鉴记述上一年的内容。部分资料隔年收录。

六、本年鉴的体裁以条目为主，兼有文章。基本栏目为：特载、学科综述、科研课题、获奖成果、学术活动、机构、学术团体、社科理论期刊、大事记、附录。

《北京社会科学年鉴》自首卷本于2000年出版后，历卷年鉴都得到了社科界同仁及有关领导的关爱，并对本年鉴的编辑工作提出了许多宝贵意见。我们在广泛听取意见和认真总结经验的基础上，不断对本年鉴的内容和编辑工作进行调整和改进，努力提高年鉴的质量。由于我们的学术水平、编辑能力和工作经验的局限，本卷《北京社会科学年鉴》仍会有不少缺点、疏漏和不足，恳请广大读者不吝赐教，我们将在今后的编辑工作中竭力改进，使之逐步完善。

本卷年鉴在资料收集、编写过程中，得到了有关单位、部门和学者的大力支持，在此表示衷心感谢！

《北京社会科学年鉴》编辑部

2006年10月

The Editor's Notes

1. *Beijing Social Science Yearbook* is a reference book, which covers the development of social sciences and academic events in Beijing, the capital of the People's Republic of China. It is compiled by the Beijing Federation of the Social Science Circles.

2. In compiling this yearbook, we have followed the guidance of Marxism-Leninism, Mao Zedong Thought, Deng Xiaoping Theory and the important thought of "Three Represents" and adhered to the basic line of the Communist Party of China, the policy of "Letting a hundred flowers blossom and a hundred schools of thought contend" and the principle of emancipating the minds and seeking truth from facts. We have tried our best to be as objective and scientific-minded as possible in compiling this yearbook.

3. The purpose of this yearbook is to strive to provide the Party and government departments with materials in relation to social science for their reference in policy-making, give information about social sciences to people of various circles, supply social scientists with materials of reference needed for their academic research, record the progress made in social science studies in Beijing, and promote the all-round development and prosperity of philosophy and social sciences.

4. The materials of this yearbook have been collected from the institutions which engage in social science teaching, social science research or social science research management in Beijing.

5. *Beijing Social Science Yearbook* was first published in 2000. Each volume of this yearbook contains details of events and materials of the previous year. Some materials are collected and included in the yearbook every other year.

6. This yearbook is mainly composed of subject entries. It also carries articles. The standing columns of this yearbook are: Special Reprints, Survey of Various Subjects, Lists of Research Topics, Award-Winning Academic Achievements, Academic Activities, Institutions, Academic Organizations, Social Sciences Theoretical Journals, Chronicle and Appendix.

Ever since the publication of its First Volume in 2000, each volume of this yearbook has been well received among the people in the social science circles and the leaders of the institutions concerned, who have given us encouragement and support and made many valuable comments on our editorial work. On the basis of the extensive solicitation of opinions and the summing-up of our past experience, we have continuously made adjustments and improvements in the content and the editorial work of the yearbook in an effort to raise its quality. However, due to the limitations of our academic level, editorial ability and working experience, we might still have shortcomings, slips or inadequacies found in the present volume. We sincerely hope that our readers will not hesitate to give us criticisms and suggestions, so that we may make further efforts to improve our editorial work.

We would like to express our heartfelt thanks to those institutions, departments and scholars concerned for their immense help in the course of data-collection and compilation of this volume.

The Editorial Department of
Beijing Social Science Yearbook

2005年6月12日至14日，中共中央宣传部、中共中央文献研究室、中共中央党史研究室、教育部、中国社会科学院、解放军总政治部在北京京西宾馆联合召开“陈云生平和思想研讨会”

2005年6月8日，中共北京市委宣传部、中共北京市委教育工作委员会、中共北京市委党校、中共北京市委党史研究室、北京市社会科学院、北京市社会科学界联合会、北京市邓小平理论和“三个代表”重要思想研究中心联合召开“北京市纪念陈云同志诞辰100周年理论研讨会”

2005年9月5日，中共北京市委宣传部、中共北京市委党校、中共北京市委党史研究室、中共北京市委教育工作委员会、北京市教育委员会、北京市社会科学院、北京市社会科学界联合会、中国抗日战争史学会联合举办“首都理论界学习胡锦涛总书记重要讲话，纪念抗战胜利60周年座谈会”

2005年3月25日，北京市邓小平理论和“三个代表”重要思想研究中心与《人民论坛》杂志社、北京市社会科学界联合会、北京市科学社会主义学会联合召开“民主执政与党的执政能力建设理论研讨会”

2005年11月28日，由北京市邓小平理论和“三个代表”重要思想研究中心承办的“马克思主义理论研究和建设工程全面落实科学发展观研讨会”在北京召开

2005年12月16日，北京市邓小平理论和“三个代表”重要思想研究中心召开“‘马克思主义中国化的历史进程和基本经验’课题组会议”

2005年2月1日，北京自然科学界和社会科学界联席会议举办“专家顾问委员会会议”

2005年5月18日，北京自然科学界和社会科学界联席会议举办以“大力发展循环经济，建设资源节约型、环境友好型城市”为主题的第三届高峰论坛

参加高峰论坛的两界学者

2005年12月17日，北京师范大学与北京市社会科学界联合会共同举办“2005·学术前沿论坛”。图为论坛开幕式

以“和谐社会：社会公正与风险管理”为主题的主论坛

“2005·学术前沿论坛”部分分会场

2005年9月24日至30日，以“弘扬人文精神、传播科学思想、构建和谐社会”为主题的“2005·北京社会科学普及周”在京举行

宣讲科普知识。2005年共举办各类社科讲座166场

倾听科普讲座

社科普及活动中的社科知识现场咨询

同学们感谢学者传授社科知识

社科书籍深受广大读者欢迎

社科普及活动中的“追寻中华名人，传承先进文化”主题展

中国社会科学院召开学术座谈会

中国社会科学院成立马克思主义研究院

北京大学举办各类社科学术会议

中国人民大学开展各类学术活动

中国人民大学成立国学院

清华大学开展各类学术活动

北京师范大学积极推动社科教研工作的开展

中央民族大学举办学术研讨会

中国政法大学开展国际学术交流活动

中国农业大学举办各类社科学术活动

对外经济贸易大学开展各类学术活动

外交学院开展多种学术活动

首都师范大学举办各种学术活动

首都经济贸易大学举办各类学术活动

北京工商大学召开学术交流会

北京林业大学举办国际学术研讨活动

北京市社会科学院举办各类学术活动

中共北京市委党史研究室开展各类党史研究工作

中共北京市委党校、北京行政学院开展学术研讨活动

2005年9月，北京世界语协会组团参加第六届全国世界语大会并荣获2004年第89届国际世界语大会集体贡献奖

目 录

·科研课题·

·获奖成果·

·学术活动·

经济学

法学

民族学　宗教学

城市科学

历史学（含党史、中外史、考古）

教育学　心理学

语言文学

文化艺术

管理学（含人才学、信息学）

Contents
(Abridged)

Special Reprints

Survey of Various Subjects

Lists of Research Topics

·特　载·

胡锦涛在新时期保持共产党员先进性专题报告会上强调
大力加强党的先进性建设　积极推动全面建设小康社会进程

吴邦国温家宝贾庆林黄菊吴官正李长春罗干出席　曾庆红主持

胡锦涛强调，先进性是马克思主义政党的根本特征，也是马克思主义政党的生命所系、力量所在。党的先进性建设是马克思主义政党自身建设的根本任务。开展党的先进性建设，就是要使党的理论和路线方针政策顺应时代发展的潮流和我国社会发展进步的要求、反映全国各族人民的利益和愿望，使各级党组织不断提高创造力、凝聚力和战斗力、始终发挥领导核心作用和战斗堡垒作用，使广大党员不断提高自身素质、始终发挥先锋模范作用，使我们党保持与时俱进的品质、始终走在时代前列，不断提高执政能力、巩固执政地位、完成执政使命

本报北京1月14日讯　按照中共中央关于在全党开展以实践“三个代表”重要思想为主要内容的保持共产党员先进性教育活动的总体安排，中共中央政治局常委参加第一批先进性教育活动。14日上午，中共中央在中南海怀仁堂举行了新时期保持共产党员先进性专题报告会，作为中央政治局常委参加先进性教育活动的第一场重要活动。中共中央总书记胡锦涛在会上作了重要报告。他强调，先进性是马克思主义政党的根本特征，也是马克思主义政党的生命所系、力量所在。党的先进性建设是马克思主义政党自身建设的根本任务。开展党的先进性建设，就是要使党的理论和路线方针政策顺应时代发展的潮流和我国社会发展进步的要求、反映全国各族人民的利益和愿望，使各级党组织不断提高创造力、凝聚力和战斗力、始终发挥领导核心作用和战斗堡垒作用，使广大党员不断提高自身素质、始终发挥先锋模范作用，使我们党保持与时俱进的品质、始终走在时代前列，不断提高执政能力、巩固执政地位、完成执政使命。

中共中央政治局常委吴邦国、温家宝、贾庆林、黄菊、吴官正、李长春，罗干出席报告会。中共中央政治局常委曾庆红主持报告会。

胡锦涛指出，保持马克思主义政党的先进性，历来是马克思主义建党理论中一个带根本性的重大课题。80多年来，我们党始终高度重视保持党的先进性，总是把党的先进性建设摆在突出位置来抓。以毛泽东同志、邓小平同志和江泽民同志为核心的党的三代中央领导集体关于加强党的先进性建设的理论和实践一脉相承，为我们开展党的先进性建设积累了丰富的实践经验，奠定了坚实的理论基础，提供了科学的思想指南。党的十六大以来，我们在全党兴起学习贯彻“三个代表”重要思想新高潮，对加强党的执政能力建设作出全面部署，强调牢固树立和全面落实科学发展观，要求全党特别是领导干部坚持立党为公，执政为民的本质要求，坚持民主集中制，大兴求真务实之风，都是为了进一步推动党的先进性建设。

胡锦涛强调，加强党的先进性建设，始终是我们党生存、发展、壮大的根本性建设。抓住了先进性建设，就抓住了党的建设的根本，就抓住了加强党的执政能力建设、巩固党的执政地位的关键。加强党的先进性建设，需要同实现党的历史任务紧紧联系起来。必须坚持立党为公、执政为民，全面落实科学发展观，始终抓好发展这个党执政兴国的第一要务，把党的先进性要求转化为全党的实际行动、贯彻到党的全部执政活动中去，切实落实到发展先进生产力、发展民主政治，发展先进文化、构建和谐社会、实现最广大人民的根本利益上来。加强党的先进性建设，在执政特别是长期执政的条件下任务更为艰巨，必须居安思危，增强忧患意识，永不自满，永不懈怠，不断把马克思主义中国化推向前进，不断把中国特色社会主义事业推向前进。加强党的先进性建设，是加强和改进党的建设的长期任务和永恒课题。必须把做好经常性工作与适当的集中教育结合起来，不断加以推进。

胡锦涛指出，要深刻理解和准确把握新时期共产党员保持先进性的基本要求。一是要坚持理想信念，坚定不移地为建设中国特色社会主义而奋斗。二是要坚持勤奋学习，扎扎实实地提高实践“三个代表”重要思想的本领。三是要坚持党的根本宗旨，始终不渝地做到立党为公，执政为民。四是要坚持勤奋工作，兢兢业业地创造一流的工作业绩。五是要坚持遵守党的纪律，身体力行地维护党的团结统一。六是要坚持“两个务必”，永葆共产党人的政治本色。

胡锦涛强调，全体共产党员都要积极投身先进性教育活动，领导干部尤其要发挥表率作用。领导干部带头，要从中央政治局常委做起。各级党员领导干部都要以普通党员的身份带头参加先进性教育活动，给广大党员作出示范。要带头学习，带头查摆问题，带头开展批评与自我批评，带头搞好整改。各级党委（党组）要切实加强领导，把先进性教育作为当前党建工作中的头等大事来抓，同推动当前工作结合起来，积极寻找新的历史条件下做好党员经常性教育管理工作的方法和途径，努力探索使广大党员长期受教育、永葆先进性的长效机制。

曾庆红在主持报告会时指出，胡锦涛总书记的报告，系统总结了我们党加强先进性建设和保持共产党员先进性的历史经验，充分论述了加强党的先进性建设对提高党的执政能力、巩固党的执政地位的重大意义，明确提出了开展先进性教育活动的目标要求，对全党搞好先进性教育活动具有十分重要的指导意义。大家一定要认真学习，深刻领会，更好地把思想统一到中央的重大部署上来，统一到新形势下加强党的执政能力建设的要求上来，扎扎实实把先进性教育活动搞好。

出席报告会的领导同志有：王兆国、回良玉、刘淇、刘云山、吴仪、周永康、贺国强、曹刚川、曾培炎、王刚、徐才厚、何勇、李铁映、热地、路甬祥、乌云其木格、唐家璇、华建敏、陈至立、肖扬、贾春旺、王忠禹、廖晖、刘延东、李贵鲜、张思卿、白立忱、郝建秀、陈奎元、阿不来提·阿不都热西提、徐匡迪、李兆焯，以及中央军委委员李继耐、廖锡龙、陈炳德、乔清晨、张定发、靖志远。

中央党政军群各部门和北京市的党员负责同志等参加了报告会。

（原载《人民时报》2005年月1月14日）

胡锦涛在全国加强和改进大学生思想政治教育工作会议上发表重要讲话强调进一步加强和改进大学生思想政治教育工作大力培养造就社会主义事业建设者和接班人

温家宝曾庆红吴官正罗干等出席　李长春主持并讲话

本报北京1月18日讯　全国加强和改进大学生思想政治教育工作会议1月17日至18日在京召开，中共中央总书记、国家主席、中央军委主席胡锦涛在会议上发表重要讲话。他强调，切实加强和改进大学生思想政治教育工作，培养造就千千万万具有高尚思想品质和良好道德修养，掌握现代化建设所需要的丰富知识和扎实本领的优秀人才，使大学生们能够与时代同步伐、与祖国共命运、与人民齐奋斗，这对于确保实现全面建设小康社会、进而实现现代化的宏伟目标，确保实现中华民族的伟大复兴，具有重大而深远的战略意义。

中共中央政治局常委温家宝、曾庆红、吴官正、李长春、罗干出席会议。李长春主持会议并讲话。陈至立作会议总结。

胡锦涛在讲话中指出，培养什么人，如何培养人，是我国社会主义教育事业发展中必须解决好的根本问题。大学生是国家宝贵的人才资源，是民族的希望、祖国的未来。要使大学生成长为中国特色社会主义事业的合格建设者和可靠接班人，不仅要大力提高他们的科学文化素质，更要大力提高他们的思想政治素质。只有真正把这项工作做好了，才能确保党和人民的事业代代相传、长治久安。各级党委和政府都要充分认识新形势下进一步加强和改进大学生思想政治教育工作的重要性和紧迫性，增强历史责任感和使命感，坚定信心，狠抓落实，切实把大学生思想政治教育工作提高到一个新的水平。

胡锦涛强调，加强和改进大学生思想政治工作，要在全面做好各项工作的基础上深入进行以下几个方面的教育。一是要以理想信念教育为核心，深入进行正确的世界观、人生观、价值观教育，使所有大学生都明白，党和人民对当代大学生寄予殷切期望，全面建设小康社会和实现社会主义现代化需要大学生去建设，中华民族的伟大复兴需要大学生去奋斗，青春只有在为祖国和人民的真诚奉献中才能更加绚丽多彩，人生只有融入国家和民族的伟大事业才能闪闪发光。二是要以爱国主义教育为重点，深入进行民族精神教育，引导大学生增强民族自尊心、自信心、自豪感，做到以热爱祖国、贡献全部力量建设社会主义祖国为最大光荣，以损害社会主义祖国利益、尊严和荣誉为最大耻辱。三是要以基本道德规范为基础，深入进行公民道德教育，引导大学生自觉遵守爱国守法、明礼诚信、团结友善、勤俭自强、敬业奉献的基本道德规范，养成良好的道德品质和文明行为。四是要以大学生全面发展为目标，深入进行素质教育，促进大学生思想道德素质、科学文化素质和健康素质协调发展。

胡锦涛指出，高校是培养人才的重要基地，必须把培养中国特色社会主义事业的建设者和接班人作为根本任务。办好高校，首先要解决好培养什么人，如何培养人这个根本问题。全国高校都要始终不渝地全面贯彻党的教育方针，坚持学校教育、育人为本，德智体美、德育为先，充分发挥大学生思想政治教育主阵地、主课堂、主渠道的作用，全方位推进大学生思想政治教育，多方面促进大学生全面发展。要坚持教育与自我教育相结合，既充分发挥学校的教育引导作用，又充分调动大学生的积极性、主动性。要坚持政治理论教育与社会实践相结合，既搞好课堂教育，又注重引导大学生深入社会、了解社会、服务社会。要坚持解决思想问题与解决实际问题相结合，既以理服人又以情感人，增强思想政治教育的实际效果。要坚持教育与管理相结合，把思想政治教育融入学校管理之中，建立自律与他律、激励与约束有机结合的长效工作机制。要坚持继承优良传统与改进创新相结合，坚持党的思想政治工作的优良传统，积极探索新形势下大学生思想政治教育工作的新途径新办法。

胡锦涛指出，各级党委和政府要从贯彻落实邓小平理论和“三个代表”重要思想的高度，把加强和改进大学生思想政治教育工作作为提高党的执政能力、巩固党的执政地位的一项重要工作，摆在更加突出的位置，切实担负起政治责任。要把社会各方面的力量动员起来，把社会各方面的资源整合起来，使它们充分发挥作用、密切配合，积极营造大学生健康成长的良好社会环境。

胡锦涛强调，进一步加强和改进大学生思想政治教育工作，既要认真坚持我们党在长期实践中积累起来的宝贵经验和被实践证明是正确的行之有效的重要原则，又要解放思想、实事求是、与时俱进，根据时代发展的要求，不断在观念、内容、方法和体制机制等方面改进创新，不断总结和创造新经验。

李长春在讲话中强调，胡锦涛总书记的重要讲话，深刻阐述了加强和改进大学生思想政治教育的极端重要性和紧迫性，明确提出了工作的指导思想、重要原则和主要任务，具有很强的政治性、理论性、针对性，对加强和改进大学生思想政治教育具有重大指导意义。我们一定要认真学习贯彻胡锦涛总书记的重要讲话和《中共中央、国务院关于进一步加强和改进大学生思想政治教育的意见》精神，把思想认识进一步统一到中央对加强和改进大学生思想政治教育工作的部署上来，切实增强使命感、紧迫感、责任感。

李长春指出，加强和改进大学生思想政治教育，关键是要抓住育人这个中心，牢固树立学校教育、育人为本，德智体美、德育为先的思想观念，切实抓好加强和改进思想政治理论课的教学、用当代马克思主义指导高校哲学社会科学教学、大力加强师德建设、深入开展社会实践、加强校园文化建设、充分发挥高校党团组织和学生组织的重要作用、加强大学生思想政治教育队伍建设等七个方面重点工作。要把思想政治教育与解决实际问题相结合，认真做好高校贫困家庭学生资助工作、毕业生就业服务指导工作、后勤管理和服务工作、大学生心理健康咨询和教育工作，为大学生健康成长创造良好条件。要加强组织领导，狠抓工作落实，全面推进大学生思想政治教育。

出席这次会议的领导同志还有王兆国、刘云山、吴仪、周永康、贺国强、路甬祥、华建敏、陈奎元。

中宣部、教育部、共青团中央、上海市、湖北省、新疆维吾尔自治区和北京大学、清华大学的负责同志在会上发了言。

全国各省、自治区、直辖市和新疆生产建设兵团的有关负责同志，中央和国家机关、军队有关单位、以及高等学校有关负责同志参加了会议。

（原载《人民日报》2005年1月19日）

胡锦涛在省部级主要领导干部提高构建社会主义和谐社会能力专题研讨班开班式上强调 深刻认识构建社会主义和谐社会的重大意义 扎扎实实做好工作大力促进社会和谐团结

温家宝吴官正李长春出席　曾庆红主持

本报北京2月19日讯　中共中央举办的省部级主要领导干部提高构建社会主义和谐社会能力专题研讨班19日上午在中央党校开班。中共中央总书记、国家主席、中央军委主席胡锦涛在开班式上作了重要讲话。他指出，构建社会主义和谐社会，是我们党从全面建设小康社会、开创中国特色社会主义事业新局面的全局出发提出的一项重大任务，适应了我国改革发展进入关键时期的客观要求，体现了广大人民群众的根本利益和共同愿望。要在推进社会主义物质文明、政治文明、精神文明发展的历史进程中，扎扎实实做好构建社会主义和谐社会的各项工作。

中共中央政治局常委、国务院总理温家宝，中共中央政治局常委、中央纪委书记吴官正，中共中央政治局常委李长春出席开班式。中共中央政治局常委、国家副主席、中央党校校长曾庆红主持开班式。

胡锦涛指出，实现社会和谐，建设美好社会，始终是人类孜孜以求的一个社会理想，也是包括中国共产党在内的马克思主义政党不懈追求的一个社会理想。根据马克思主义基本原理和我国社会主义建设的实践经验，根据新世纪新阶段我国经济社会发展的新要求和我国社会出现的新趋势新特点，我们所要建设的社会主义和谐社会，应该是民主法治、公平正义、诚信友爱、充满活力、安定有序、人与自然和谐相处的社会。民主法治，就是社会主义民主得到充分发扬，依法治国基本方略得到切实落实，各方面积极因素得到广泛调动；公平正义，就是社会各方面的利益关系得到妥善协调，人民内部矛盾和其他社会矛盾得到正确处理，社会公平和正义得到切实维护和实现；诚信友爱，就是全社会互帮互助、诚实守信，全体人民平等友爱、融洽相处；充满活力，就是能够使一切有利于社会进步的创造愿望得到尊重，创造活动得到支持，创造才能得到发挥，创造成果得到肯定；安定有序，就是社会组织机制健全，社会管理完善，社会秩序良好，人民群众安居乐业，社会保持安定团结；人与自然和谐相处，就是生产发展，生活富裕，生态良好。这些基本特征是相互联系、相互作用的，需要在全面建设小康社会的进程中全面把握和体现。

胡锦涛强调，构建社会主义和谐社会，同建设社会主义物质文明、政治文明、精神文明是有机统一的。要通过发展社会主义社会的生产力来不断增强和谐社会建设的物质基础，通过发展社会主义民主政治来不断加强和谐社会建设的政治保障，通过发展社会主义先进文化来不断巩固和谐社会建设的精神支撑，同时又通过和谐社会建设来为社会主义物质文明、政治文明、精神文明建设创造有利的社会条件。

胡锦涛指出，构建社会主义和谐社会，必须坚持以邓小平理论和“三个代表”重要思想为指导，坚持社会主义的基本制度，坚持走中国特色社会主义道路；必须树立和落实科学发展观，坚持以经济建设为中心，坚持“五个统筹”，促进社会主义物质文明，政治文明，精神文明建设与和谐社会建设全面发展；必须坚持以人为本，始终把最广大人民的根本利益作为党和国家工作的根本出发点和落脚点，在经济发展的基础上不断满足人民群众日益增长的物质文化需要，促进人的全面发展；必须尊重人民群众的创造精神，通过深化改革、创新体制，调动一切积极因素，激发全社会的创造活力；必须注重社会公平，正确反映和兼顾不同方面群众的利益，正确处理人民内部矛盾和其他社会矛盾，妥善协调各方面的利益关系；必须正确处理改革发展稳定的关系，坚持把改革的力度、发展的速度和社会可以承受的程度统一起来，使改革发展稳定相互协调、相互促进，确保人民群众安居乐业，确保社会政治稳定和国家长治久安。为了促进社会主义和谐社会建设，要切实保持经济持续快速协调健康发展、发展社会主义民主、落实依法治国的基本方略、加强思想道德建设、维护和实现社会公平和正义、增强全社会的创造活力，加强社会建设和管理、处理好新形势下的人民内部矛盾、加强生态环境建设和治理工作、做好保持社会稳定的工作。

胡锦涛强调，各级党委和政府要加强和改善对构建社会主义和谐社会各项工作的领导，把构建社会主义和谐社会摆在全局工作的重要位置，建立有效的领导机制和工作机制，认真研究解决重大问题和突出问题，不断认识和把握新形势下和谐社会建设的特点和规律。

曾庆红在主持开班式时指出，胡锦涛总书记的讲话全面分析了当前国际国内形势和我们党肩负的使命，深刻阐述了构建社会主义和谐社会的重大意义和马克思主义关于社会主义社会建设的理论，明确提出了构建社会主义和谐社会的基本特征、重要原则和主要工作，并就加强和改善党对构建社会主义和谐社会各项工作的领导提出了具体要求。这对办好这次研讨班和推进我国社会主义和谐社会建设具有重要的指导意义。我们一定要认真学习领会，并在工作中认真贯彻落实。

曾庆红希望参加研讨班的有关方面负责同志，坚持理论联系实际的马克思主义学风，共同把这次学习研讨搞好，真正使参加研讨班的过程成为提高认识、统一思想的过程，成为开阔视野、增长知识的过程，成为理清思路、在推进改革发展稳定中谋划和谐的过程。

王乐泉、刘淇、刘云山、张立昌、张德江、陈良宇、周永康、俞正声、贺国强、王刚、徐才厚、何勇、华建敏出席开班式。

参加这次研讨班的有各省、自治区、直辖市主要负责同志，中央和国家机关各部委、军队各大单位主要负责同志。

（原载《人民日报》2005年2月20日）

胡锦涛在中共中央政治局第二十一次集体学习时强调
把科学发展观贯穿于发展全过程　切实提高发展质量增强发展后劲

新华社北京4月16日电　中共中央政治局15日下午进行第二十一次集体学习，中共中央总书记胡锦涛主持。他强调，只有坚持以科学发展观统领经济社会发展全局，从新世纪新阶段我国经济社会发展的阶段性特征出发，理清发展思路，创新发展模式，提高发展质量，夯实发展基础，增强发展后劲，才能更好地推动社会主义经济建设、政治建设、文化建设与和谐社会建设全面发展。

中共中央政治局这次集体学习安排的内容是关于我国经济社会发展战略的若干问题。国务院发展研究中心刘世锦研究员、国家发展和改革委员会宏观经济研究院陈东琪研究员就这个问题进行了讲解，并谈了他们的有关看法和建议。

中共中央政治局各位同志认真听取了他们的讲解，并就有关问题进行了讨论。

胡锦涛在主持学习时发表了讲话。他指出，改革开放以来，我们坚定不移地贯彻邓小平同志提出的发展是硬道理的战略思想，聚精会神搞建设，一心一意谋发展，完成了现代化建设“三步走”战略的前两步目标，人民生活总体上达到小康水平，我国的综合国力和国际地位显著提高。同时，我们必须清醒地看到，我国正处于并将长期处于社会主义初级阶段，我国社会的主要矛盾仍然是人民日益增长的物质文化需要同落后的社会生产之间的矛盾。解决这个主要矛盾的根本途径是集中力量发展社会生产力。当前和今后一个时期，是我们实现全面建设小康社会宏伟目标的关键时期。我们必须紧紧抓住和用好重要战略机遇期，切实抓好发展这个党执政兴国的第一要务，实现经济社会又快又好地发展，不断为全面建设小康社会打下更为坚实的物质基础。

胡锦涛指出，随着我国工业化、城镇化、市场化的不断发展和对外交往的不断扩大，经济社会发展呈现出一系列重要的阶段性特征。我们要坚持以邓小平理论和“三个代表”重要思想为指导，着眼于新的实践和新的发展，深入研究和分析我国经济社会发展的阶段性特征，既充分把握实现又快又好发展的有利条件，又清醒认识前进道路上的不利因素，不断提高领导经济社会发展的能力和水平，更好地把中国特色社会主义事业推向前进。

胡锦涛强调，我们要在改革发展的关键时期实现经济社会又快又好地发展，就必须切实把科学发展观贯穿于经济社会发展的全过程、落实到经济社会发展的各个环节。要坚持以人为本，以实现人的全面发展为目标，不断满足人民群众日益增长的物质文化需要，让发展的成果惠及全体人民。要坚持走新型工业化道路，切实把经济工作的着重点转移到调整结构、深化改革、转变增长方式上来，切实提高经济增长的质量和效益。要下更大气力解决好“三农”问题，充分发挥城市对农村的辐射和带动作用，发挥工业对农业的支持和反哺作用，促进城乡良性互动、共同发展。要把提高科技自主创新能力作为推进结构调整和增长方式转变的重要环节，加速科技成果向现实生产力转化。要全面贯彻区域发展的总体战略，逐步缩小区域发展差距，实现优势互补、共同发展。要不失时机地推进改革开放，充分发挥市场在配置资源中的基础性作用，加强和改善宏观调控，努力从体制机制上解决制约经济社会又快又好发展的深层次问题。要不断提高对外开放的水平，充分利用国内国际两个市场、两种资源。要推动经济社会协调发展，加快社会事业发展，健全和创新社会管理体制和管理方法、促进和谐社会建设。要坚持实施可持续发展战略，大力发展循环经济，建设资源节约型，环境友好型社会。

胡锦涛指出，目前，我们正在制定国民经济和社会发展“十一五”规划，尤其要注意分析和研究经济社会发展中的重大战略问题。要坚持从实际出发，在深入调查研究和广泛听取意见的基础上，分析新情况，把握新特点，提出新思路，确定符合实际的发展战略、发展目标、发展规划和发展重点、更加积极主动地做好改革发展稳定的各项工作，确保实现全面建设小康社会的宏伟目标。

（原载《人民日报》2005 年 4 月 17 日）

陈云同志诞辰 100 周年纪念大会在京隆重举行

胡锦涛发表重要讲话，高度评价陈云同志在革命、建设、改革各个历史时期为民族独立、人民解放和国家富强、人民幸福建立的历史功勋；强调全党全国各族人民更加紧密地团结起来，开拓进取，埋头苦干，为实现全面建设小康社会的宏伟目标，为实现中华民族的伟大复兴，继续在中国特色社会主义的广阔道路上奋勇前进

吴邦国主持大会　温家宝贾庆林曾庆红黄菊吴官正李长春罗干出席

新华社北京 6 月 13 日电　中共中央 13 日上午在人民大会堂隆重举行大会，纪念伟大的无产阶级革命家、政治家，杰出的马克思主义者，中国社会主义经济建设的开创者和奠基人之一，党和国家久经考验的卓越领导人陈云同志诞辰 100 周年，中共中央总书记、国家主席、中央军委主席胡锦涛发表重要讲话强调，全党全国各族人民更加紧密地团结起来，开拓进取，埋头苦干，为实现全面建设小康社会的宏伟目标，为实现中华民族的伟大复兴，继续在中国特色社会主义的广阔道路上奋勇前进。

党和国家领导人胡锦涛、吴邦国、温家宝、贾庆林、曾庆红、黄菊、吴官正、李长春、罗干在主席台前排就座，纪念大会由吴邦国主持。

今天的人民大会堂气氛庄严热烈，主席台前鲜花簇拥，台口上方悬挂着“陈云同志诞辰 100 周年纪念大会”的会标，后幕正中是陈云同志的巨幅图像，下面排列着“1905—2005”的红色字标。二楼眺台上悬挂着“紧密团结在以胡锦涛同志为总书记的党中央周围，高举邓小平理论和‘三个代表’重要思想伟大旗帜，继承老一辈革命家的遗志，为实现全面建设小康社会的宏伟目标而奋斗!”的横标。

上午10时，纪念大会在雄壮的国歌声中开始。

胡锦涛在讲话中深切缅怀了陈云同志在革命、建设、改革各个历史时期为民族独立、人民解放和国家富强、人民幸福建立的历史功勋，高度评价了陈云同志在70多年革命生涯中充分表现出的无产阶级革命家的气魄、胆略和高超政治智慧，高度评价了陈云同志的崇高思想，品德和风格。

胡锦涛强调，陈云同志执着追求理想、始终忠于党和人民，坚持实事求是、敢于坚持真理，善于总结经验、崇尚真抓实干，一贯谦虚谨慎、始终淡泊名利。陈云同志把毕生的心血和精力都贡献给了党和人民，他的一生是伟大、光辉的一生。陈云同志为中国人民解放事业的开展和成功，为我国社会主义制度的建立和巩固，为我国改革开放和社会主义现代化事业的开创和发展，奉献了毕生精力，建立了不朽功勋，在国内外享有崇高威望，深受全党全军全国各族人民尊敬和爱戴，陈云同志的丰功伟绩将永载史册，陈云同志的风采将永远留在全党全国各族人民心中，陈云同志的思想和品德将永远激励我们不断开拓前进。

胡锦涛指出，当前，我国改革发展进入了关键时期，全党全国各族人民正在按照党的十六大描绘的蓝图，聚精会神搞建设，一心一意谋发展，意气风发地推进全面建设小康社会的伟大进程，党和人民事业发展的前景是无限美好的。同时，我们也要清醒地认识到，面对国际形势的深刻变化，面对国内改革发展的繁重任务，我们的前进征程也是充满艰辛的。我们一定要增强忧患意识，做到居安思危，紧紧抓住和用好重要战略机遇期，有效应对前进道路上的各种风险和挑战，坚定不移地把老一辈革命家开创的中国特色社会主义事业推向前进，这是我们的历史责任，也是我们对老一辈革命家的最好纪念。

胡锦涛最后强调，在全面建设小康社会的征程上，我们要始终坚持以马克思列宁主义、毛泽东思想、邓小平理论和“三个代表”重要思想为指导，解放思想、实事求是、与时俱进，不断推进实践基础上的理论创新，不断巩固党和人民共同奋斗的思想基础。我们要坚持以科学发展观统领经济社会发展全局，切实抓好发展这个党执政兴国的第一要务，继续深化各方面的改革，推动社会主义物质文明、政治文明、精神文明与和谐社会建设全面发展，不断满足人民群众日益增长的物质文化需要。我们要高举和平，发展、合作的旗帜，坚持走和平发展的道路，不断推进同世界各国的平等合作和互利共赢，为促进人类和平与发展的崇高事业作出更大的贡献。我们要坚持立党为公、执政为民的本质要求，大力加强党的执政能力建设和党的先进性建设，牢记“两个务必”，切实做到为民、务实、清廉，不断提高党的创造力、凝聚力、战斗力，使党始终成为团结带领全国各族人民进行改革开放和社会主义现代化建设的坚强领导核心。

吴邦国在主持大会时说，胡锦涛同志的讲话十分重要。讲话全面回顾了陈云同志伟大、光辉的一生，高度评价了陈云同志在中国革命、建设、改革各个历史时期为党和人民事业发展建立的丰功伟绩，深入阐述了陈云同志的理论贡献、历史地位、求实精神和崇高品德。陈云同志和所有老一辈无产阶级革命家所展现出来的崇高思想、品德和风范，将激励我们把中国特色社会主义伟大事业不断推向前进。我们要认真学习和全面领会胡锦涛同志重要讲话精神，并在改革发展稳定的各项工作中切实加以贯彻。

纪念大会在庄严的《国际歌》乐曲声中结束。

出席纪念大会的还有：王兆国、回良玉、刘云山、周永康、贺国强、郭伯雄、曹刚川、王刚、宋平、徐才厚、司马义·艾买提、丁石孙、成思危、热地、盛华仁、路甬祥、乌云其木格、唐家璇、华建敏、陈至立、肖扬、贾春旺、李贵鲜、张思卿、白立忱、罗豪才、张克辉、郝建秀、陈奎元、阿不来提·阿不都热西提、李兆焯、王选、张怀西、张溶明和黄华、谷牧、郑天翔、杨白冰、丁关根、田纪云、迟浩田、张万年、姜春云、王汉斌、张震、倪志福、陈慕华、李锡铭、王丙乾、王光英、布赫、彭珮云、周光召、曹志、韩杼滨、宋健、钱正英、孙孚凌、朱光亚、万国权、陈锦华、赵南起、王文元、邓力群、韩光，中央军委委员梁光烈、李继耐、廖锡龙、陈炳德、乔清晨、靖志远和傅全有、王克、王瑞林。

在京中央党政军群各部门和北京市负责同志，各民主党派中央、全国工商联的负责人和无党派人士代表，部分老同志代表，陈云同志夫人于若木等在主席台就座。

首都各界3000多人出席了纪念大会。

（原载《人民日报》2005年6月14日）

纪念中国人民抗日战争暨世界反法西斯战争胜利60周年大会在京隆重举行

胡锦涛发表重要讲话强调：牢记历史、不忘过去、珍爱和平、开创未来，更好地推进全面建设小康社会、实现中华民族伟大复兴的光辉事业，更好地促进人类和平与发展的崇高事业

江泽民温家宝贾庆林曾庆红黄菊吴官正李长春罗干出席　吴邦国主持

本报北京9月3日讯　纪念中国人民抗日战争暨世界反法西斯战争胜利60周年大会，3日上午在人民大会堂隆重举行。中共中央总书记、国家主席、中央军委主席胡锦涛发表重要讲话强调，我们隆重纪念中国人民抗日战争和世界反法西斯战争的伟大胜利，就是要牢记历史、不忘过去、珍爱和平、开创未来，更好地推进全面建设小康社会、实现中华民族伟大复兴的光辉事业，更好地促进人类和平与发展的崇高事业。

人民大会堂大礼堂内庄严肃穆。主席台上方悬挂着“纪念中国人民抗日战争暨世界反法西斯战争胜利60周年大会”的会标，后幕正中是熠熠生辉的中华人民共和国国徽，10面红旗分列两侧。二楼眺台上悬挂着横标：“大力弘扬中国人民在抗日战争中表现出来的伟大民族精神，为实现中华民族的伟大复兴、促进世界和平与发展的崇高事业而努力奋斗!”

上午10时，胡锦涛、江泽民、吴邦国、温家宝、贾庆林、曾庆红、黄菊，吴官正、李长春、罗干等领导同志和10位抗战老战士、爱国人士、抗日将领代表一起步入会场，并在主席台前排就座。这时，全场响起经久不息的掌声。

中共中央政治局常委、全国人大常委会委员长吴邦国宣布大会开始。全场起立，高唱国歌。

会上，胡锦涛发表了重要讲话，他首先代表中共中央、全国人大常委会、国务院、全国政协、中央军委，向全国参加抗日战争的老战士、爱国人士和抗日将领，向为中国人民抗日战争胜利建立了卓著功勋的海内外中华儿女，致以崇高的敬意；向支援和帮助过中国人民抗日战争的外国政府和国际友人，表示衷心的感谢。

在胡锦涛提议下，全体与会人员起立，向在中国人民抗日战争和世界反法西斯战争中英勇献身的烈士们和惨遭侵略者杀戮的无辜死难者默哀。

胡锦涛在讲话中指出，发生在20世纪三四十年代的中国人民抗日战争和世界反法西斯战争，是世界爱好和平与正义的国家和人民同人类文明的凶残敌人进行的一场殊死搏斗。中国人民抗日战争是世界反法西斯战争的重要组成部分，是世界反法西斯战争的东方主战场。日本军国主义的野蛮侵略，使中国陷入了前所未有的民族灾难。在面临亡国灭种威胁的危难关头，不愿做奴隶的中国人民毅然奋起，英勇抵抗。在中国共产党倡导建立的抗日民族统一战线的旗帜下，以国共合作为基础，中国人民同凶恶的日本侵略者进行了气壮山河的斗争。在波澜壮阔的全民族抗战中，全体中华儿女万众一心、众志成城，各党派、各民族、各阶级、各阶层、各团体同仇敌忾，共赴国难。经过艰苦卓绝的长期抗战，中国人民终于在世界反法西斯战争走向胜利的进程中彻底打败了日本侵略者。中国人民抗日战争和世界反法西斯战争以中国人民和世界各国人民的彻底胜利载入了史册。

胡锦涛强调，人类社会是按照历史的规律和法则前进的。中国人民能够赢得抗日战争的胜利，以落后的武器装备打败经济实力和军事装备远比自己强大的侵略者，绝不是偶然的。中国共产党以自己的坚定意志和模范行动，在全民族抗战中发挥了中流砥柱的作用。以毛泽东同志为杰出代表的中国共产党人，把马克思列宁主义同中国革命具体实际相结合，创立和发展了毛泽东思想的科学理论，对抗日战争发挥了重要的思想和战略指导作用。中国共产党坚持抗战、反对妥协，坚持团结、反对分裂，坚持进步、反对倒退，成为引导全民族抗战走向胜利的一面旗帜。中国共产党积极倡导，促成、维护抗日民族统一战线，最大限度地动员了全国军民共同抗战，成为凝聚全民族力量的杰出组织者和鼓舞者。中国共产党坚持全面抗战路线，制定正确的战略策略，实施动员人民、依靠人民的路线政策，提出持久战的战略总方针和一整套人民战争的战略战术，开辟广大的敌后战场，成为坚持抗战的中坚力量。中国共产党人以自己最富于牺牲精神的爱国主义、不怕流血牺牲的模范行动，支撑起全民族救亡图存的希望，成为夺取抗战胜利的民族先锋。

胡锦涛指出，中国人民抗日战争的胜利，是同世界所有爱好和平与正义的国家和人民、国际组织及各种反法西斯力量的同情和支持分不开的，中国人民将永远铭记世界各国人民为中国人民抗日战争胜利作出的宝贵贡献。

胡锦涛说，中国人民抗日战争，是近代以来中国反抗外敌入侵第一次取得完全胜利的民族解放战争。中国人民抗日战争和世界反法西斯战争的胜利，是20世纪人类历史上的重大事件，对于中华民族发展和世界文明进步都具有重大而深远的意义。中国人民抗日战争的胜利，彻底打败了日本侵略者，捍卫了中国的国家主权和领土完整，使中华民族避免了遭受殖民奴役的厄运；促进了中华民族的觉醒，为中国共产党带领中国人民实现彻底的民族独立和人民解放奠定了重要基础；促进了中华民族的大团结，弘扬了中华民族的伟大精神；对世界各国人民夺取反法西斯战争的胜利，维护世界和平的伟大事业产生了巨大影响。

胡锦涛说，在那场空前壮阔的伟大斗争中，中华民族进一步弘扬了以爱国主义为核心的伟大民族精神，并表现出许多鲜明的特点，这就是：坚持国家和民族利益至上、誓死不当亡国奴的民族自尊品格，万众一心、共赴国难的民族团结意识，不畏强暴、敢于同敌人血战到底的民族英雄气概，百折不挠、勇于依靠自己的力量战胜侵略者的民族自强信念，开拓创新、善于在危难中开辟发展新路的民族创造精神，坚持正义、自觉为人类和平进步事业贡献力量的民族奉献精神。伟大的民族精神，不仅成为激励中国人民团结一心、血战到底的坚实思想基础和强大精神支柱，而且在抗战的烽火中得到了新的丰富和升华。这是伟大的抗日战争留给我们的最宝贵的精神财富，我们一定要结合新的时代条件大力继承和发扬。

胡锦涛强调，法西斯侵略者给世界带来巨大灾难，给人类文明造成空前浩劫。战争胜利后，纽伦堡国际军事法庭对纳粹德国战犯的审判，远东国际军事法庭以及中国、苏联等国家的军事法庭对日本战犯的审判，使发动侵略战争，双手沾满各国人民鲜血的罪魁祸首受到应有的惩处，伸张了国际正义，维护了人类尊严，代表了全世界所有爱好和平与正义的人民的共同心愿。这是历史的审判。这一审判的正义性质是不可动摇、不容挑战的。

胡锦涛表示，我们回顾历史，是为了获取智慧和启迪，从而更好地把握今天的生活和未来的方向。我们这个星球是世界各国人民的共同家园，人类发展面临的挑战和问题需要世界各国人民共同应对。各国政府和人民应该共同承担起维护世界和平、促进共同发展的历史使命，积极推动建立公正合理的国际政治经济新秩序。我们坚信，只要世界各国政府和人民不懈努力，我们就一定能够建设一个更加美好的世界。

胡锦涛强调，当前，中国人民正满怀信心地为全面建设小康社会、进而到本世纪中叶基本实现现代化而团结奋斗。我们要坚定不移地抓好发展这个第一要务，努力实现中华民族的伟大复兴。要高举和平、发展、合作的旗帜，坚定不移地走和平发展道路。要坚定不移地巩固中华民族的大团结，弘扬伟大的民族精神。要坚定不移地维护国家主权和领土完整，积极推进祖国和平统一大业。要坚定不移地加强党的执政能力建设和先进性建设，确保党始终走在时代前列。

胡锦涛指出，中国和日本都是亚洲和世界上有重要影响的国家。中国政府一贯重视中日关系，始终坚持中日友好方针，并为中日友好作出了不懈努力。我们强调牢记历史并不是要延续仇恨，而是要以史为鉴、面向未来。只有不忘过去、记取教训，才能避免历史悲剧重演。我们希望日本政府和领导人本着对历史、对人民、对未来高度负责的态度，从维护中日友好、维护亚洲地区稳定和发展的大局出发，以严肃慎重的态度处理好历史问题，把对那场侵略战争表示的道歉和反省落实到行动上。我愿在此重申，中国政府发展中日友好合作关系的方针没有改变。我们将加强两国在广泛领域的交流合作，加强民间友好往来，增进相互了解，扩大共同利益，以实际行动致力于发展21世纪的中日友好合作关系，使中日关系健康稳定地向前发展，使中日两国人民世世代代友好下去。

胡锦涛强调，今天，中华民族的发展正面临着难得的历史机遇，中华民族伟大复兴的光辉前景已经展现在我们面前。包括大陆同胞、港澳同胞、台湾同胞、海外侨胞在内的全体中华儿女，都应该为自己是中华民族的成员而感到无比自豪，都应该承担起实现中华民族伟大复兴的历史责任，都应该以自己的努力为中华民族发展史续写新的光辉篇章。让我们更加紧密地团结起来，为全面建设小康社会、实现中华民族的伟大复兴而继续努力奋斗，为建设一个和平发展，文明进步的世界而继续努力奋斗。

在今天的大会上，第二炮兵原司令员李水清代表抗战老战士发言，全国人大常委会副委员长、民革中央主席何鲁丽代表各民主党派中央、全国工商联和无党派人士发言，共青团中央书记处第一书记周强代表各人民团体发言。

大会在雄壮的《国际歌》声中结束。

出席大会的领导同志还有：王兆国、回良玉、刘淇、刘云山、吴仪，周永康、贺国强、郭伯雄、曹刚川、曾培炎、王刚、李鹏、朱镕基、李瑞环、宋平、刘华清、尉健行、李岚清、徐才厚、何勇、李铁映、司马义·艾买提、丁石孙、成思危、许嘉璐、蒋正华、顾秀莲、热地、盛华仁、路甬祥、乌云其木格、韩启德、傅铁山、唐家璇、华建敏、陈至立、肖扬、王忠禹、廖晖、刘延东、李贵鲜、张思卿、白立忱、罗豪才、张克辉、周铁农、郝建秀、陈奎元，阿不来提·阿不都热西提、徐匡迪、李兆焯、黄孟复、张怀西、李蒙、张梅颖、张榕明和黄华、彭冲、谷牧、郑天翔、刘复之、杨白冰、张万年、钱其琛、王汉斌、张震、倪志福、陈慕华、邹家华、王光英、布赫、铁木尔·达瓦买提、吴阶平、彭珮云、周光召、曹志、韩杼滨、叶选平、杨汝岱、任建新、宋健、钱正英、孙孚凌、朱光亚、万国权、胡启立、陈锦华、赵南起、邓力群、张廷发、韩光，中央军委委员梁光烈、李继耐、廖锡龙、陈炳德、乔清晨、张定发、靖志远以及傅全有、王克、王瑞林，香港特别行政区行政长官曾荫权，澳门特别行政区行政长官何厚铧。

抗战老战士和老同志代表，中央党政军群各部门和北京市主要负责人，各民主党派中央、全国工商联负责人和无党派人士代表，海内外爱国人士、抗日将领或其遗属代表，为中国人民抗日战争胜利作出贡献的国际友人或其遗属代表，各国驻华使节，首都各界代表共约6000人参加了大会。

（原载《人民日报》2005年9月4日）

中共十六届五中全会在京举行

中央政治局主持会议　中央委员会总书记胡锦涛作重要讲话

全会听取和讨论了胡锦涛受中央政治局委托作的工作报告，审议通过了《中共中央关于制定国民经济和社会发展第十一个五年规划的建议》

全会充分肯定十六届四中全会以来中央政治局的工作，高度评价“十五”时期我国经济社会发展取得的巨大成就

全会指出，制定“十一五”规划，要以邓小平理论和“三个代表”重要思想为指导，全面贯彻落实科学发展观。坚持发展是硬道理，坚持抓好发展这个党执政兴国的第一要务，坚持以经济建设为中心，坚持用发展和改革的办法解决前进中的问题。要坚定不移地以科学发展观统领经济社会发展全局，坚持以人为本，转变发展观念、创新发展模式、提高发展质量，把经济社会发展切实转入全面协调可持续发展的轨道

全会号召，全党同志和全国各族人民，要紧密团结在以胡锦涛同志为总书记的党中央周围，高举马克思列宁主义、毛泽东思想、邓小平理论和“三个代表”重要思想伟大旗帜，坚持党的基本路线、基本纲领、基本经验，全面贯彻落实科学发展观，振奋精神，扎实工作，锐意进取，开拓创新，为实现国民经济和社会发展第十一个五年规划和全面建设小康社会的宏伟目标而努力奋斗

新华社北京10月11日电　中国共产党第十六届中央委员会第五次全体会议公报

（2005年10月11日中国共产党第十六届中央委员会第五次全体会议通过）

中国共产党第十六届中央委员会第五次全体会议，于2005年10月8日至11日在北京举行。

出席这次全会的有，中央委员191人，候补中央委员150人。中央纪律检查委员会常务委员会委员和有关方面的负责同志列席了会议。

全会由中央政治局主持。中央委员会总书记胡锦涛作了重要讲话。

全会听取和讨论了胡锦涛受中央政治局委托作的工作报告，审议通过了《中共中央关于制定国民经济和社会发展第十一个五年规划的建议》。温家宝就《建议（讨论稿）》向全会作了说明。

全会充分肯定十六届四中全会以来中央政治局的工作。一致认为，中央政治局坚持以邓小平理论和“三个代表”重要思想为指导，团结带领全党全国各族人民深入贯彻党的十六大和十六届三中、四中全会精神，全面落实科学发展观，加强党的执政能力建设和先进性建设，坚持发展这个党执政兴国的第一要务，加强和改善宏观调控，着力推进改革开放，加快调整经济结构和转变经济增长方式，正确处理改革发展稳定的关系，社会主义经济建设，政治建设、文化建设、社会建设和党的建设取得新进展，我国经济社会保持良好的发展势头。

全会高度评价“十五”时期我国经济社会发展取得的巨大成就，认为过去的五年，各地区各部门在党中央的正确领导下，聚精会神搞建设、一心一意谋发展，不断推进改革开放，我国经济实力、综合国力和国际地位显著提高。我们有效抑制经济运行中出现的不稳定不健康因素，成功战胜非典疫情和重大自然灾害的挑战，从容应对加入世界贸易组织后的新变化，国民经济持续较快发展，工业化、城镇化、市场化、国际化步伐加快，“十五”计划确定的主要发展目标提前实现，经济体制改革不断深化，对外贸易迈上新台阶，国家财政收入大幅度增加，价格总水平保持基本稳定，城乡人民生活进一步改善，民族团结不断巩固，各项社会事业取得新进步，社会主义民主政治和精神文明建设继续加强。这些都为“十一五”时期的发展奠定了良好基础。面向未来，我们站在一个新的历史起点上。

全会深入分析了今后一个时期我国经济社会发展面临的国际国内形势，强调在全面建设小康社会的进程中，“十一五”时期具有承前启后的重要历史地位。我们必须紧紧抓住机遇，应对各种挑战，认真解决前进道路上面临的突出矛盾和问题，立足科学发展，着力自主创新，完善体制机制，促进社会和谐，开创中国特色社会主义事业的新局面，为后十年顺利发展打下坚实基础。

全会指出，制定“十一五”规划，要以邓小平理论和“三个代表”重要思想为指导，全面贯彻落实科学发展观。坚持发展是硬道理，坚持抓好发展这个党执政兴国的第一要务，坚持以经济建设为中心，坚持用发展和改革的办法解决前进中的问题。要坚定不移地以科学发展观统领经济社会发展全局，坚持以人为本，转变发展观念、创新发展模式、提高发展质量，把经济社会发展切实转入全面协调可持续发展的轨道。“十一五”时期，必须保持经济平稳较快发展，必须加快转变经济增长方式，必须提高自主创新能力，必须促进城乡区域协调发展，必须加强和谐社会建设，必须不断深化改革开放。

全会按照十六大对本世纪头二十年全面建设小康社会的总体部署，提出了“十一五”时期经济社会发展的主要目标：在优化结构、提高效益和降低消耗的基础上，实现2010年人均国内生产总值比2000年翻一番；资源利用效率显著提高，单位国内生产总值能源消耗比“十五”期末降低20%左右；形成一批拥有自主知识产权和知名品牌、国际竞争力较强的优势企业；社会主义市场经济体制比较完善，开放型经济达到新水平，国际收支基本平衡；普及和巩固九年义务教育，城镇就业岗位持续增加，社会保障体系比较健全，贫困人口继续减少；城乡居民收入水平和生活质量普遍提高，价格总水平基本稳定，居住、交通、教育、文化、卫生和环境等方面的条件有较大改善；民主法制建设和精神文明建设取得新进展，社会治安和安全生产状况进一步好转，构建和谐社会取得新进步。

会议认为，建设社会主义新农村是我国现代化进程中的重大历史任务，要按照生产发展、生活宽裕、乡风文明、村容整洁、管理民主的要求，扎实稳步地加以推进。要统筹城乡经济社会发展，推进现代农业建设，全面深化农村改革，大力发展农村公共事业，千方百计增加农民收入。要把增强自主创新能力作为调整产业结构、转变经济增长方式的中心环节，加快发展先进制造业，努力提高产业技术水平，加快发展服务业，加强基础产业基础设施建设，推进产业结构优化升级。要继续推进西部大开发，振兴东北地区等老工业基地，促进中部地区崛起，鼓励东部地区率先发展，形成东中西互动、优势互补、相互促进、共同发展的新格局。坚持大中小城市和小城镇协调发展，按照循序渐进、节约土地、集约发展，合理布局的原则，促进城镇化健康发展。要加快建设资源节约型、环境友好型社会，大力发展循环经济，加大环境保护力度，切实保护好自然生态，认真解决影响经济社会发展特别是严重危害人民健康的突出的环境问题，在全社会形成资源节约的增长方式和健康文明的消费模式。

会议认为，改革是促进经济社会发展的强大动力，目前我国正处于改革的攻坚阶段，必须以更大决心加快推进改革，使关系经济社会发展全局的重大体制改革取得突破性进展，要着力推进行政管理体制改革，坚持和完善基本经济制度，推进财政税收体制改革，加快金融体制改革，加强现代市场体系建设，形成有利于转变经济增长方式、促进全面协调可持续发展的机制，完善落实科学发展观的体制保障。对外开放是我国的基本国策，在国内市场和国际市场联系日益紧密的情况下，我们要有宽广的世界眼光，着力提高对外开放水平，加快转变对外贸易增长方式，继续积极有效利用外资，支持有条件的企业“走出去”，实施互利共赢的开放战略。

会议认为，发展科技教育和壮大人才队伍，是提升国家竞争力的决定性因素。要深入实施科教兴国战略和人才强国战略。科学技术发展要坚持自主创新、重点跨越、支撑发展、引领未来的方针，不断增强企业创新能力，加快建设国家创新体系。坚持教育优先发展，全面实施素质教育，普及和巩固义务教育，大力发展职业教育，提高高等教育质量，深化教育体制改革，加快教育结构调整，促进各级各类教育协调发展，建设学习型社会。加强人力资源能力建设，实施人才培养工程，加强党政人才、企业经营管理人才和专业技术人才三支队伍建设，抓紧培养专业化高技能人才和农村实用人才。

会议认为，要按照构建民主法治、公平正义、诚信友爱、充满活力、安定有序、人与自然和谐相处的社会主义和谐社会的要求，正确处理新形势下人民内部矛盾，认真解决人民群众最关心、最直接、最现实的利益问题。把扩大就业摆在经济社会发展更加突出位置，坚持实施积极的就业政策，千方百计增加就业岗位。建立健全与经济发展水平相适应的社会保障体系，完善城镇职工基本养老和基本医疗、失业、工伤、生育保险制度，认真解决进城务工人员社会保障问题。完善按劳分配为主体、多种分配方式并存的分配制度，坚持各种生产要素按贡献参与分配，更加注重社会公平，加大调节收入分配的力度，努力缓解地区之间和部分社会成员收入分配差距扩大的趋势。深化文化体制改革，积极发展文化事业和文化产业，创造更多更好适应人民群众需求的优秀文化产品。认真研究并逐步解决群众看病难看病贵问题。继续深化医疗卫生体制改革，完善公共卫生和医疗服务体系，基本建立新型农村合作医疗制度。稳定人口低生育水平，提高出生人口素质。要落实安全生产责任制，强化对食品、药品、餐饮卫生等的监管，加强社会治安综合治理，依法严厉打击各种犯罪活动，保障人民群众生命财产安全，维护国家安全和社会稳定，保障人民群众安居乐业。

会议强调，实现“十一五”规划目标，推进全面建设小康社会进程，关键在于加强和改善党的领导。要坚持立党为公、执政为民，加强党的执政能力建设和先进性建设，加强各级领导班子和基层党组织建设，不断提高党领导经济社会发展的水平。全体党员要坚定理想信念，坚持党的根本宗旨，兢兢业业地工作，坚定不移地为建设中国特色社会主义事业而奋斗。各级领导干部要坚持权为民所用，情为民所系，利为民所谋，继续搞好保持共产党员先进性教育活动，深入开展党风廉政建设和反腐败斗争，始终保持党同人民群众的血肉联系。

会议强调，要贯彻依法治国的基本方略，加强社会主义民主政治建设，积极稳妥地继续推进政治体制改革。要加强社会主义精神文明建设，使全体人民始终保持昂扬向上的精神状态。要加强国防和军队建设。保持香港、澳门长期繁荣稳定。推进两岸关系发展和祖国统一大业。

会议强调，推动经济发展、改善人民生活始终是中国的中心任务，我们坚定不移地走和平发展道路，就是要通过争取和平的国际环境来发展自己，又要通过自身的发展来促进世界和平。中国的发展主要靠自己的力量，同时也坚持实行对外开放，愿意同世界各国开展互利合作，共同致力于建设一个持久和平、共同繁荣的和谐世界。

全会号召，全党同志和全国各族人民，要紧密团结在以胡锦涛同志为总书记的党中央周围，高举马克思列宁主义、毛泽东思想、邓小平理论和“三个代表”重要思想伟大旗帜，坚持党的基本路线、基本纲领、基本经验，全面贯彻落实科学发展观，振奋精神，扎实工作，锐意进取，开拓创新，为实现国民经济和社会发展第十一个五年规划和全面建设小康社会的宏伟目标而努力奋斗！

（原载《人民日报》2005年10月12日）

中央农村工作会议在京召开

研究“十一五”期间推进社会主义新农村建设
全面部署2006年农业农村工作

温家宝出席会议并作重要讲话　黄菊出席

本报北京12月29日讯　中央农村工作会议28日至29日在北京举行。会议以邓小平理论和“三个代表”重要思想为指导，全面落实科学发展观，认真贯彻党的十六大和十六届三中、四中、五中全会以及中央经济工作会议精神，总结2005年农业和农村工作，研究“十一五”期间推进社会主义新农村建设，全面部署了2006年农业和农村工作。

党中央、国务院高度重视这次中央农村工作会议，中共中央政治局会议、中共中央政治局常委会议和国务院常务会议就开好这次会议提出了明确要求。中共中央政治局常委、国务院总理温家宝出席会议并作重要讲话。中共中央政治局常委、国务院副总理黄菊出席会议。

会议讨论了《中共中央、国务院关于推进社会主义新农村建设的若干意见（讨论稿）》。中共中央政治局委员、国务院副总理回良玉主持会议并作了报告。

会议指出，党的十六大以来，在中央正确领导下，各地区，各部门按照全面落实科学发展观和构建社会主义和谐社会的要求，积极推进改革开放，经济社会发展取得了巨大成就。经济社会的发展能有目前这样的好形势，一个很重要的原因，是党和政府在近几年的宏观调控中切实加强了农业和农村这个薄弱环节，扭转了前几年粮食生产滑坡和农民收入增长缓慢的局面。这次宏观调控的一大成果，就是把农业农村稳住了，从而稳定了市场，稳住了人心。

会议强调，中国的国情决定了农业和农村的发展事关全局，只有真正把解决好“三农”问题作为全党工作的重中之重，才能把握住经济社会发展的主动权。党的十六届五中全会提出了推进社会主义新农村建设的任务，具有重大的历史意义和现实意义。全面建设小康社会、加快推进现代化，农业和农村始终是难点和重点。必须站在全局的高度，把建设社会主义新农村作为现代化进程中的一项重要历史使命，成为全党全社会的共同认识和共同行动。建设社会主义新农村，必须认真贯彻党在农村的一系列方针政策，坚持农村的基本经济制度，坚持多予、少取、放活，特别是要在多予上下功夫，真正实行工业反哺农业、城市支持农村的方针，全面推进农村的发展。经过全党全国的不懈努力，使农业生产力水平有一个较大的提高，使广大农民的生活有比较明显的改善，使农村基础设施建设得到切实加强，使农村各项社会事业全面发展，使农村基层民主建设继续推进。归根到底，要切实保障农民的民主权利，使农民得到实实在在的物质利益。

会议强调，建设社会主义新农村，是一个全面的目标，绝不单纯是搞新村建设，必须按照“生产发展、生活宽裕、乡风文明、村容整洁、管理民主”的要求，全面推进农村的经济、政治、文化、社会和党的建设；建设社会主义新农村是一项长期的任务，必须因地制宜，从实际出发，尊重农民意愿，注重实效，着力解决农民生产、生活中最迫切的实际问题，使新农村建设带给农民实惠、受到农民拥护，扎实稳步地向前推进。

会议认为，目前我国农业和农村的发展还处在艰难的爬坡阶段，农业、农村仍然是我国经济社会发展中最薄弱的环节。会议根据当前农业和农村工作的实际，强调要重点抓好六个方面的工作：（一）把国家建设资金的投入更多地转向农村，切实加强农村基础设施建设；（二）围绕巩固农村税费改革成果，推进农村综合改革；（三）稳步发展粮食生产，保障国家粮食安全；（四）坚持农村土地基本经营制度和严格控制建设占地，确保农业发展和农村稳定；（五）引导农民有序进城务工，公平对待农民工及发展县域经济、促进农村劳动力就近转移；（六）增加对农村教育、卫生等社会事业投入，从多方面加强农村公共服务。

会议指出，目前中央关于农村工作的大政方针已经明确，政策措施陆续出台，能否取得预期效果，关键在于加强领导，统一思想，狠抓落实。各地区、各部门必须充分认识“三农”工作对全局的重大意义，切实把解决好“三农”问题作为全部工作的重中之重，领导干部要经常到农村做全面深入的调查研究，真正掌握农村的真实情况，了解农民的愿望和要求，认真研究制定和切实落实促进农村发展的具体措施。

会议指出，明年是实施“十一五”规划的第一年。做好农业农村工作，对于建设社会主义新农村意义重大。要紧紧围绕社会主义新农村建设的各项任务，加大工作力度。要稳定、完善、强化各项行之有效的惠农支农政策，国家财政支农资金增量要高于上年，国债和预算内资金用于农村建设的比重要高于上年，其中直接用于改善农村生产生活条件的资金要高于上年。要继续推进现代农业建设，千方百计增加农民收入，全面深化农村改革，加强农村基础设施建设，大力发展农村公共事业。

会议指出，要充分发挥农村基层党组织的领导核心作用，正在农村开展的保持共产党员先进性教育活动，要结合农村实际，有针对性地开展正面教育，解决党组织和党员队伍中存在的突出问题，解决影响改革发展稳定的主要问题，解决群众最关心的重点问题，务求取得实效，为建设社会主义新农村提供坚强的政治和组织保障。

会议强调，建设社会主义新农村，是时代赋予我们的神圣使命，光荣而艰巨，任重而道远。我们要紧密团结在以胡锦涛同志为总书记的党中央周围，高举邓小平理论和“三个代表”重要思想伟大旗帜，全面落实科学发展观，解放思想，坚定信心，以脚踏实地的态度，求真务实的作风，锐意创新的精神，缜密细致的工作，加快农村经济社会发展，为推进社会主义新农村建设的伟大事业而努力奋斗。

刘云山、吴仪、周永康、贺国强、曾培炎、王刚、徐才厚、何勇、华建敏、陈至立出席会议。

出席这次会议的还有，各省、自治区、直辖市以及计划单列市党委和政府分管农业和农村工作的负责同志，新疆生产建设兵团负责同志，中央和国家机关及军队有关部门负责同志等。

（原载《人民日报》2005年12月30日）

充分认识哲学社会科学面临的形势任务
充分发挥国家社科基金的重要作用①

刘云山

哲学社会科学事业是中国特色社会主义事业的重要组成部分，是同党和国家事业的发展紧密联系在一起的。在全面建设小康社会、加快推进社会主义现代化的历史进程中，在实现中华民族伟大复兴的历史进程中，哲学社会科学具有不可替代的重大作用。

一

十六大以来，在以胡锦涛同志为总书记的党中央正确领导下，改革开放和现代化建设取得巨大成就，经济发展、政治稳定、民族团结、社会进步，人民生活不断改善，综合国力明显增强，国际地位日益提高，党和国家各项事业全面推进。我国哲学社会科学的繁荣发展，面临着很好形势和难得机遇。

党的思想理论不断与时俱进，为哲学社会科学的繁荣发展提供了科学指导。十六大把“三个代表”重要思想同马克思列宁主义、毛泽东思想、邓小平理论一道确立为我们党必须长期坚持的指导思想，实现了党的指导思想的又一次与时俱进。以胡锦涛同志为总书记的党中央始终坚持把加强党的思想理论建设放在首位，采取一系列重大举措，推动兴起了学习贯彻十六大精神的热潮，兴起了学习贯彻“三个代表”重要思想新高潮，“三个代表”重要思想日益深入人心，成为全党全国人民的强大精神支柱。我们党以邓小平理论和“三个代表”重要思想为指导，紧密结合新的实践，在推进中国特色社会主义伟大事业的进程中，不断推进理论创新，形成了一系列创造性的理论成果。提出以人为本、全面协调可持续的科学发展观，这是从新世纪新阶段党和国家事业发展全局出发提出的重大战略思想，是对马克思主义发展理论的丰富和发展。提出加强党

① 本文是刘云山同志4月22日在2005年度国家社科基金项目评审工作会议上的讲话摘录。

的执政能力建设，这是对共产党执政规律认识的进一步深化，是对马克思主义执政党建设理论的丰富和发展。提出加强党的先进性建设，这是关系马克思主义政党生存发展的根本性问题，是对马克思主义建党学说的丰富和发展。提出构建社会主义和谐社会，这是对中国特色社会主义事业发展规律的新认识，是对社会主义社会建设理论的丰富和发展。这一系列重大战略思想，为党和国家事业蓬勃发展提供了有力的理论指导，也为繁荣发展哲学社会科学提供了强大的思想武器。

全面建设小康社会的伟大实践，为哲学社会科学的繁荣发展提供了坚实基础。改革开放20多年来，我们党领导人民奋力开拓中国特色社会主义伟大事业，实现了从计划经济到社会主义市场经济的历史性转变，实现了现代化建设“三步走”战略的第一步、第二步目标，实现了人民生活总体上由温饱到小康的历史性跨越，创造了举世公认的辉煌业绩。十六大以来，以胡锦涛同志为总书记的党中央审时度势，驾驭复杂局势，解决突出矛盾和问题，沉着应对各种风险和挑战，带领全国各族人民紧紧抓住重要战略机遇期，坚持社会主义物质文明、政治文明、精神文明协调发展，推动社会的全面进步，在全面建设小康社会的征程上迈出了坚实步伐。去年，我国国内生产总值超过13.6万亿元，增长9.5%；财政收入超过2.6万亿元，增长21.4%；进出口贸易总额超过1.1万亿美元，增长35.7%，成为世界第三贸易大国；国家外汇储备超过6千亿美元，居世界第二位；城镇居民人均可支配收入实际增长7.7%，农民人均纯收入实际增长6.8%。尽管在前进道路上还面临不少困难和矛盾，但全国人民对全面建设小康社会的美好生活和幸福未来充满了信心。生机勃勃的中国特色社会主义事业，全面建设小康社会的伟大实践，为繁荣发展哲学社会科学提供了广阔的舞台和不竭的源泉。

党中央的高度重视和坚强领导，为哲学社会科学的繁荣发展提供了根本的政治保证。重视哲学社会科学是我们党的传统和优势。毛泽东、邓小平同志对哲学社会科学的重要地位和作用有过一系列重要论述。2001年至2002年，江泽民同志连续三次就繁荣发展哲学社会科学发表重要讲话，从党和国家事业发展全局的高度，深刻透彻地阐述了哲学社会科学的重大意义，提出了“四个同样重要”、“五个高度重视”、“两个不可替代”等重要思想。十六大提出，要坚持社会科学和自然科学并重，充分发挥哲学社会科学在经济和社会发展中的重要作用。以胡锦涛同志为总书记的党中央就繁荣发展哲学社会科学作出了一系列战略部署，采取了一系列重大举措。2003年10月，十六届三中全会提出，要建设哲学社会科学理论创新体系，促进社会科学和自然科学协调发展；12月，胡锦涛同志在全国宣传思想工作会议上强调，要高度重视并切实抓好哲学社会科学学科体系、教材体系建设。2004年初，中央发出《关于进一步繁荣发展哲学社会科学的意见》，明确了新时期繁荣发展哲学社会科学的指导方针、总体目标和主要任务；4月，中央召开实施马克思主义理论研究和建设工程工作会议，对工程工作作出全面部署；5月，中央政治局以繁荣发展哲学社会科学为内容进行集体学习，胡锦涛同志强调一定要把繁荣发展哲学社会科学作为一项重大而紧迫的战略任务切实抓紧抓好；8月，中央下发《关于进一步加强和改进大学生思想政治教育的意见》，强调高校哲学社会科学课程负有思想政治教育的重要职责；9月，十六届四中全会提出，要培养和造就一批马克思主义理论家，特别要重视培养中青年理论人才，鼓励他们为党和人民事业的发展发挥“思想库”作用。今年1月，中央政治局常委会专门研究进一步加强和改进高等学校思想政治理论课的问题，有关方面已开始组织力量编写统一的高校思想政治理论课教材，并纳入到马克思主义理论研究和建设工程。今年“两会”期间，胡锦涛同志亲自参加全国政协十届三次会议社科界联组讨论，听取委员们关于繁荣发展哲学社会科学的意见，强调要以与时俱进的精神推进理论创新，不断打开新的理论视野，作出新的理论概括，使马克思主义在当代中国焕发出强大的生命力。中央决定由中组部、中宣部、中央党校、教育部、解放军总政治部五个部门在中央党校联合举办哲学社会科学教研骨干研修班，用三年时间分期分批系统培训高校哲学社会科学的院系负责人、社会科学院系统的院所负责人和部分高校政治辅导员；同时，各省、自治区、直辖市也将对所属高校哲学社会科学教研骨干和社科院研究骨干进行培训。党中央的高度重视和采取的一系列重大举措，为繁荣发展哲学社会科学提供了根本保证。

全党全社会的关心和支持，为哲学社会科学的繁荣发展创造了良好的社会环境。近年来，社会各方面对哲学社会科学地位和作用的认识越来越高，贯彻中央关于繁荣发展哲学社会科学精神的自觉性越来越强。各级党委和政府尊重哲学社会科学研究成果、尊重哲学社会科学工作者的创造性劳动，把听取哲学社会科学专家学者的意见作为决策的重要程序和步骤。为了改善哲学社会科学工作的条件，这几年，国家大幅度增加了对哲学社会科学事业的投入。当前，在哲学社会科学领域，积极健康的学术风气日益浓厚，融洽和谐的创新氛围日益浓厚。基础研究、应用对策研究都有新的重大进展，传统学科得到加强，新兴学科、交叉学科快速发展，逐步形成了门类比较齐全的学科体系，推出了一批具有时代特点、产生广泛影响的优秀成果，涌现出一批功底扎实、富有创新精神的学科带头人，哲学社会科学呈现出繁荣、活跃的生动景象。

多年来，广大哲学社会科学工作者坚持以马克思主义为指导，顺应实践发展的要求，紧跟时代前进的步伐，弘扬求真务实精神，深入研究重大理论和现实问题，为推动理论创新、加强党的思想理论建设作出了重要贡献，为推动我国哲学社会科学繁荣发展作出了重要贡献。许多专家学者默默耕耘、无私奉献，把自己的学术追求融入到党的理论建设之中，融入到中国特色社会主义的伟大实践之中。实践证明，我国广大哲学社会科学工作者忠于党、忠于祖国、忠于人民，是一支经得起考验、完全可以信赖的队伍。

二

国家社科基金项目，代表着我国哲学社会科学的方向和水平。发挥好国家社科基金作用，是繁荣发展我国哲学社会科学的重要途径。我们必须进一步加强和改进国家社科基金管理工作，坚持为人民服务、为社会主义服务的方向和百花齐放、百家争鸣的方针，以我国改革开放和现代化建设的重大理论和实践问题为主攻方向，立足国情、立足当代，大力推进理论创新，多出优秀成果、多出优秀人才，更好地发挥国家社科基金项目在哲学社会科学研究中的示范和导向作用。

要在对重大现实问题研究攻关方面发挥重要作用。在全面建设小康社会实践中，一系列新的实践课题迫切需要深入研究，一系列新的实践经验迫切需要总结概括，一系列干部群众关心的热点难点问题迫切需要解疑释惑。胡锦涛同志一再强调，哲学社会科学要适应形势的发展和实践的要求，加强对重大理论和实际问题的研究。2003 年 7 月 1 日，在“三个代表”重要思想理论研讨会上，提出了我国社会主义自我完善和发展需要解决好的“十四个如何”，要求理论界作出进一步的探索和回答；7 月 28 日，在全国防治非典工作会议上，提出了需要进一步研究的九个方面问题。2004 年 6 月，在两院院士大会上指出，要把自然科学、人文科学、社会科学等方方面面的知识、方法、手段协调和集成起来，对科学发展观进行周密的研究和解释，为树立和落实科学发展观提供坚实理论基础；9 月，在十六届四中全会上指出，要紧密结合党的执政能力建设的实践，深入开展执政方略、执政体制、执政方式、执政基础等执政理论的研究，为加强党的执政能力建设提供科学理论指导。今年 2 月 19 日，在中央举办的省部级主要领导干部专题研讨班上，提出构建社会主义和谐社会需着重研究的九个理论问题；2 月 21 日，在中央政治局第二十次集体学习时再次强调，要加强对构建社会主义和谐社会实际问题和重大问题的调查研究，加强对构建社会主义和谐社会的理论研究，深化对构建社会主义和谐社会的规律性认识；4 月 15 日，在中央政治局第二十一次集体学习时指出，制定国民经济和社会发展“十一五”规划，尤其要注意分析和研究经济社会发展中的重大战略问题。胡锦涛同志提出的一系列重大问题，是向全党也是向哲学社会科学工作者提出的需要认真研究思考、作出科学回答的重大课题。哲学社会科学界围绕这些课题，深入实际，调查研究，推出了一批有价值的研究成果，形成了一批有价值的咨询报告，许多成果转化为党和政府的决策，对推动工作、指导实践发挥了积极作用。哲学社会科学界要进一步增强责任感和使命感，把力量集中到研究这些重大课题上来。国家社科基金要把支持这些重大课题的研究作为重要任务，切实推出更多有深度、有分量、有广泛社会影响的研究成果。

要在实施马克思主义理论研究和建设工程方面发挥重要作用。马克思主义理论研究和建设工程，是关系党和国家事业发展的战略工程，是中央加强党的理论建设的重大举措。实施这一工程，就是要把坚持和发展马克思主义统一起来，用发展着的马克思主义指导新的实践，巩固马克思主义在意识形态领域的指导地位，巩固全党全国人民团结奋斗的共同思想基础。国家社科基金要全力支持马克思主义理论研究和建设工程，有效组织研究力量，推出一批有重大价值的研究成果。在设计课题指南时，要进一步深化和拓宽马克思主义的研究领域；在确定研究项目时，要加大对马克思主义研究的资助力度；在项目成果验收时，要把是否符合马克思主义立场、观点、方法作为首要标准。要加强马克思主义中国化历史进程和基本规律的研究，加强马克思主义中国化最新理论成果的研究，为用邓小平理论和“三个代表”重要思想武装头脑、指导实践、推动工作提供充分的学理支撑。要加强对中国特色社会主义建设规律的研究，不断深化对什么是社会主义、怎样建设社会主义和建设一个什么样的党、怎样建设党这两大基本问题的认识。要加强马克思主义基本观点的研究，进一步分清哪些是必须长期坚持的马克思主义基本原理，哪些是需要结合新的实际加以丰富发展的理论判断，哪些是必须破除的对马克思主义的教条式的理解，哪些是必须澄清的附加在马克思主义名下的错误观点。要加强对哲学社会科学学科建设和教材建设的研究，为形成充分反映马克思主义中国化最新成果的学科和教材体系提供理论依据。

要在推动哲学社会科学理论创新体系建设方面发挥重要作用。建设哲学社会科学理论创新体系，是党中央站在时代高度提出的一项战略任务，也是哲学社会科学繁荣发展的必由之路。哲学社会科学理论创新体系的建设，必须坚持以马克思主义为指导的正确方向，弘扬解放思想、实事求是、与时俱进的创新精神，形成立足中国又面向世界、立足当代又继承前人的开阔视野，确立为改革开放和社会主义现代化建设服务的根本目的，营造积极推动学术观点创新、学科体系创新和科研方法创新的体制机制环境。在建设我国哲学社会科学理论创新体系过程中，国家社科基金担负着重要职责。要加大对有重大创新意义的项目的支持力度，特别是要重点扶持关系哲学社会科学发展全局的研究项目，扶持对学科创新发展起关键性作用的研究项目，扶持对弘扬民族精神、传承民族文化有重大作用的研究项目，扶持对经济社会发展和国家安全有重要影响的研究项目。要进一步重视和支持新兴学科、交叉学科建设，使之成为哲学社会科学新的生长点，带动哲学社会科学的更新发展。要推进哲学社会科学与自然科学的交叉渗透，推进哲学社会科学不同学科之间的交叉渗透。要进一步完善国家社科基金项目评审和成果评价机制，鼓励多出代表国家水平的创新成果，为学术创新开辟更广阔的天地。

要在造就一支宏大的哲学社会科学人才队伍方面发挥重要作用。哲学社会科学的繁荣发展关键在人才。人才的发现和成长，要靠社会各方面的扶持和帮助。国家社科基金在培养和造就我国哲学社会科学人才方面，具有独特的优势和重要的作用。目前我国哲学社会科学的许多领军人物和优秀人才，就是在完成国家社科基金研究项目的过程中，涌现出来、成长起来的。国家社科基金要进一步增强发现人才、扶持人才，促进人才成长的意识，发挥凝聚人才、组织人才的作用。一是要通过实施重大项目汇聚我国哲学社会科学的拔尖人才。每一个重大研究项目都应是一个由多层次、多方面人才组成的研究团队，既要有研究能力强的领军人物，也要有具有发展潜力的后备人才，使重大项目的研究过程成为推出有重大影响的成果和拔尖人才的过程。二是要通过青年项目发现和培养学术后起之秀。要继续增加对青年项目的支持力度，使更多的青年学者能够在承担国家研究任务过程中，培养研究能力，提高学术水平。三是要通过一般项目为我国哲学社会科学人才成长搭建一个重要的平台。每一个研究项目都要考虑研究队伍的组合和研究力量的配备，都要力争推出优秀成果，培养优秀人才，使国家社科基金成为我国哲学社会科学人才的“孵化器”。

要在提高社科研究管理水平方面发挥重要作用。国家社科基金的管理是哲学社会科学管理的重要方面。国家社科基金管好了，就可以有效地推动哲学社会科学研究资源的整合，促进整个哲学社会科学管理水平的提高。当前，要重点抓好两个方面工作。一是制定好“十一五”哲学社会科学研究规划。今年，要配合国家“十一五”经济社会发展规划的制定，认真总结分析“十五”期间社科研究工作的成绩、经验和问题，确定“十一五”期间的重点研究领域和研究课题。这是关系我国哲学社会科学繁荣发展的一件大事，需要广大哲学社会科学工作者的积极参与和支持。希望大家以高度的政治责任感认真做好这项工作，力争拿出一个方向明确、重点突出、任务具体的社科研究规划。二是加强国家社科基金项目的管理。要积极探索新形势下国家社科基金项目管理工作的特点和规律，坚持科学管理、民主管理、依法管理。要不断创新管理的内容、形式和手段，努力改进课题评审立项、项目跟踪管理、成果评价宣传、成果推荐转化的机制和方法。要坚持公开透明、公平竞争、优中选优的评审原则，以提高立项质量为核心，改革项目评审制度和评审方式，严把评审立项的“入口关”。要以提高项目成果质量为重点，加强项目研究过程中的管理，完善项目成果评价机制，注重原创性和科学性，注重实际价值，严把成果验收结项的“出口关”。要完善成果转化机制，加强成果评价、宣传和推荐工作，不断扩大国家社科基金项目优秀成果的影响力。总之，要通过进一步加强管理工作，合理使用国家社科基金，使有限的资金最大限度地发挥作用。

（原载《求是》2005 年第 10 期）

反分裂国家法

2005年3月14日第十届全国人民代表大会第三次会议通过

中华人民共和国主席令

第三十四号

《反分裂国家法》已由中华人民共和国第十届全国人民代表大会第三次会议于2005年3月14日通过，现予公布，自公布之日起施行。

中华人民共和国主席　胡锦涛

2005年3月14日

第一条　为了反对和遏制“台独”分裂势力分裂国家，促进祖国和平统一，维护台湾海峡地区和平稳定，维护国家主权和领土完整，维护中华民族的根本利益，根据宪法，制定本法。

第二条　世界上只有一个中国，大陆和台湾同属一个中国，中国的主权和领土完整不容分割。维护国家主权和领土完整是包括台湾同胞在内的全中国人民的共同义务。

台湾是中国的一部分。国家绝不允许“台独”分裂势力以任何名义、任何方式把台湾从中国分裂出去。

第三条　台湾问题是中国内战的遗留问题。

解决台湾问题，实现祖国统一，是中国的内部事务，不受任何外国势力的干涉。

第四条　完成统一祖国的大业是包括台湾同胞在内的全中国人民的神圣职责。

第五条　坚持一个中国原则，是实现祖国和平统一的基础。

以和平方式实现祖国统一，最符合台湾海峡两岸同胞的根本利益。国家以最大的诚意，尽最大的努力，实现和平统一。

国家和平统一后，台湾可以实行不同于大陆的制度，高度自治。

第六条　国家采取下列措施，维护台湾海峡地区和平稳定，发展两岸关系：

（一）鼓励和推动两岸人员往来，增进了解，增强互信；

（二）鼓励和推动两岸经济交流与合作，直接通邮通航通商，密切两岸经济关系，互利互惠；

（三）鼓励和推动两岸教育、科技、文化、卫生、体育交流，共同弘扬中华文化的优秀传统；

（四）鼓励和推动两岸共同打击犯罪；

（五）鼓励和推动有利于维护台湾海峡地区和平稳定、发展两岸关系的其他活动。

国家依法保护台湾同胞的权利和利益。

第七条　国家主张通过台湾海峡两岸平等的协商和谈判，实现和平统一。协商和谈判可以有步骤、分阶段进行，方式可以灵活多样。

台湾海峡两岸可以就下列事项进行协商和谈判：

（一）正式结束两岸敌对状态；

（二）发展两岸关系的规划；

（三）和平统一的步骤和安排；

（四）台湾当局的政治地位；

（五）台湾地区在国际上与其地位相适应的活动空间；

（六）与实现和平统一有关的其他任何问题。

第八条　“台独”分裂势力以任何名义、任何方式造成台湾从中国分裂出去的事实，或者发生将会导致台湾从中国分裂出去的重大事变，或者和平统一的可能性完全丧失，国家得采取非和平方式及其他必要措施，捍卫国家主权和领土完整。

依照前款规定采取非和平方式及其他必要措施，由国务院、中央军事委员会决定和组织实施，并及时向全国人民代表大会常务委员会报告。

第九条　依照本法规定采取非和平方式及其他必要措施并组织实施时，国家尽最大可能保护台湾平民和在台湾的外国人的生命财产安全和其他正当权益，减少损失；同时，国家依法保护台湾同胞在中国其他地区的权利和利益。

第十条　本法自公布之日起施行。

（新华社北京3月14日电）

·学科综述·

马克思主义

马克思主义经典著作研究

彭萍萍

2005年随着马克思主义理论研究和建设工程工作的全面展开，学术界对马克思主义经典著作的研究进一步深入，并取得了一些新的成果。总揽2005年国内关于马克思主义经典著作研究的总体状况，我认为今年这一领域的研究呈现出一个鲜明的特点，即在保持对一些传统重大问题研究的基础上，围绕着我国社会主义实践过程中面临的许多热点问题重温了马克思主义经典作家的认识，如和谐社会、三农问题等，充分体现了中国特色社会主义对马克思主义的继承与发展。现将一年来首都理论界、学术界的相关研究成果综述如下：

一、马克思主义理论体系研究

在对马克思主义“三个组成部分说”的讨论过程中，有学者提出马克思主义确实是由三个组成部分的，但又不仅于此。因为马克思主义是研究无产阶级和全人类解放问题的，需要好多门科学为之论证和服务。所以，马克思主义不只是三个组成部分，而应是十几个组成部分，即包括政治学、法学、军事学、社会学、伦理学、历史学、文化学、教育学、人类学等。它们之间的关系，应该是“一个核心（社会主义学）、两个基础（哲学、政治经济学）、十几个周围部分（政治学、法学、军事学等）”。

同时，学者也对长期以来把“三个组成部分说”绝对化的不良倾向提出了批评，主张要以马克思主义是关于人类解放的科学来重新建构马克思主义。有学者指出，马克思主义虽然可以分为三个组成部分，但是这并不意味着必须机械地按照这个体系来开展教学和研究工作。要从根本上解决这一问题就必须加强马克思主义的整体教学和研究①。可以考虑另外开设一门从整体上学习和研究马克思主义的基础理论课，定名为“马克思主义基础”。马克思主义基础应该包括马克思主义科学的基本问题、人的解放问题总论、人的解放应该遵循的客观规律、人的解放问题分论4个部分、19个问题②。

二、马克思主义经典作家思想研究的新进展

（一）马克思主义经典作家的东方社会理论

在这一问题上，最令人瞩目的一点就是，关于创立“马克思主义东方学”的有关论述。

作为对马克思、恩格斯没有东方社会理论这一观点的回应，有学者认为马克思、恩格斯关于东方社会的理论，包括关于俄国农民的地位和状况、东方专制制度及基础、“农村公社”的命运、俄国走新式道路的可能性、俄国革命及其影响等方面的内容。它从俄国的经济生活、政治生活、社会生活、可能的发展途径、发展的条件和契机等方面阐述了当前的俄国和俄国的发展。这个理论对于东方同俄国情况相同或大致相同的国家，均具有指导意义，所以说它是东方社会的理论。当前国内学术界有的学者仅仅将马克思、恩格斯关于跨越卡夫丁峡谷的理论归结为东方社会理论，这是不全面、不正确的③。

而列宁的东方社会理论包括东方国家容易发生革命、东方的民主革命容易转变为社会主义革命、东方国家虽然经济文化比较落后但可以实现社会主义等观点④。

通过比较，学者认为列宁的东方社会理论将社会主义问题提上了首要的地位，将俄国、中国、印度等东方落后国家的革命运动视为同一个政治力量体系来研究，同日益成熟的东方社会主义实践相联系，能够指导和说明20世纪东方的社会主义实践。所以，学者认为可以创立一门“马克思主义东方学”，其中马克思、恩格斯的东方社会理论是“马克思主义东方学”的出发点，为以后理论的产生和发展起到了奠基的作用[5]。而列宁在这一问题上的认识则意味着“马克思主义东方学”的臻于成熟[6]。

另外，有学者对列宁关于落后国家社会主义历史合理性思想进行了论述，认为列宁从理论的一般和现实的具体、历史必然性和人的主体性的辩证统一的方法论出发对这一问题进行了系统的回答，提出了一个落后国家的无产阶级可以先于发达资本主义国家夺取政权、保存政权，在苏维埃政权的基础上创造社会主义所需要的物质文化基础的理论。这是列宁对马克思主义作出的一个重大的理论贡献，也是当今马克思主义者回答落后国家社会主义历史合理性问题的有力的理论武器。列宁还强调，历史发展毕竟不是教科书规定的，应该丢掉那种用教科书规定今后世界历史发展的一切形式的想法[7]。

（二）马克思主义经典作家的和谐社会思想

党的十六届四中全会作出《中共中央关于加强党的执政能力建设的决定》中正式提出了“和谐社会”新理念，并将其列为中国共产党全面提高执政能力的五大能力之一。在此背景之下，和谐社会研究成为学术界讨论的热点问题之一。

有学者指出，和谐社会的概念在马克思主义形成史上最早是由空想社会主义者提出并付诸实践的。但由于其自身的历史局限性和理论缺陷，他们没有也不可能认识到资本主义社会的本质，无法找到实现“消灭阶级对立”的正确途径和依靠力量。而马克思、恩格斯对空想社会主义者的著作和有关主张给予了肯定，并在批判性地分析资本主义社会——对抗性社会的基础上，得出和谐社会是对对抗性社会——资本主义社会的扬弃，其和谐的本质正是来源于资本主义产生“对抗的地方”——生产关系。由此，马克思主义和谐社会观的本质在于生产关系的和谐，而这样的生产关系的建立只能是对资本主义社会的扬弃，即它只能存在于社会主义社会。因此，和谐社会是特指社会主义生产关系的总和，表现了社会主义生产关系这一矛盾运动的和谐形式，是一个历史的范畴。社会主义社会是共产主义社会的初级阶段，在这一阶段，和谐只是在社会主义生产关系矛盾中占据支配地位，但对抗和冲突的因素并不因此全部消失。直到共产主义社会，才能排除一切不依赖于个人而存在的东西，实现“每个人的自由发展是一切人的自由发展的条件”[8]。

有学者进一步指出，马克思、恩格斯的社会和谐思想是建立在科学世界观和方法论基础上的，体现了历史唯物主义和辩证唯物主义的统一，因而具有科学性和合理性。一方面，马克思、恩格斯所创立的唯物史观批判地吸收了以往尤其是空想社会主义者关于社会和谐的思想和实践的经验教训，揭示了社会的本质、发展动力和发展规律，从而使人类的社会和谐思想变成了科学，并且论证了实现社会主义和谐社会的历史必然性，预示了未来社会和谐发展的基本特征，即人的自由而全面发展，指出了实现社会和谐的基本条件，即和谐社会首先是以生产力的巨大增长和高度发展为前提的，其次是废除商品货币以及在社会化大生产的基础上有计划地组织生产。只有生产关系和生产力相适应，经济基础和上层建筑相适应，社会各方面全面协调发展，才能实现人的自由全面发展。另一方面，马克思、恩格斯创立的唯物辩证法揭示了社会系统内各种要素之间的普遍联系、对立统一和相互转化的规律，阐明了社会结构、人与社会、自然以及人自身辩证关系。在他们看来，人的自由全面发展的实现，就是人自身的和谐发展。而要完全达到这个状态需要经过一个不断提高、不断完善的渐进过程。只有实现共产主义，为人的发展创造充分必要的条件，才能真正实现人的自由全面发展。而马克思、恩格斯所构想的共产主义社会就是和谐社会的最高境界。马克思主义关于和谐社会理论是共产党人的行动指南[9]。

（三）马克思主义经典作家关于三农问题的基本观点

“十一五”规划，将建设社会主义新农村作为主要任务之一。而关注三农问题成为建设社会主义新农村的重大举措。因此三农问题已经成为当前中国政府和学术界普遍关心的一个重大社会问题了。因而，完整、准确地阐述马克思主义经典作家对于这一问题的基本观点不仅具有重要的理论意义，而且具有重要的现实意义。

1. 马克思主义经典作家关于农业问题的基本观点

有学者指出，马克思、恩格斯在农业问题上强调了农业的基础地位和作用，揭示了提高农业劳动生产率的诸因素，而且他们是在高度重视发展工商业、实现工业化的前提下阐发他们这一观点的。他们关于农业基础地位的观点可以概括为四个方面：(1) 农业生产是人类生存和“创造历史”的首要条件；(2) 超过劳动者个人需要的农业劳动生产率是一切社会的基础；(3) 农业劳动生产率制约着农业和工业之间社会分工的发展程度；(4) 农业劳动生产率决定着农业人口向城市和非农产业转移的速度和规模。马克思、恩格斯在考察英、法、德和美等主要西方国家从15世纪到19世纪中后期走向现代工业社会，尤其是这些国家农业发展和农业现代化的道路的过程中形成了自己的农业发展和农业现代化思想。这些思想概括起来主要有：(1) 农业现代化的过程同时也是农业中的商品经济代替自然经济的过程；(2) 农业资本化、企业化经营推动着现代大农业的发展；(3) 农业工业化引发了现代大农业取代小农经济的农业革命。马克思、恩格斯认为，西方农业发展和农业现代化走的是一条农业资本主义的发展道路。农业商品化、资本企业化、工业化、社会化交织在一起是西方资本主义工业发展道路的主要特点。马克思、恩格斯还科学地预见了西方现代大农业走向更高级阶段即社会主义阶段的前景。土地的社会所有制、作为自由的农业生产者联合体的农业合作社的社会化的生产、科学技术应用于大规模的农业生产过程，是他们对未来农业生产经营方式的基本设想[10]。

另有学者指出列宁、斯大林同样都强调了农业的基础地位和提高农业劳动生产率的重要性，认为俄国内外政策的首要问题是发展农业的问题。但他们对农业问题的思考主要是着眼于俄国的状况而进行的，在对俄国农奴制改造后的资本主义发展过程的研究及领导苏联社会主义建设的实践中，他们形成了关于资本主义农业发展和社会主义大农业发展的思想：(1) 农业中商品经济代替自然经济是一个巨大的历史进步；(2) 农业生产的专业化、技术化、集约化和资本化促进了现代化大农业的发展；(3) 机器大工业的发展促进了农业现代化的发展；(4) 社会主义建设时期农业的出路在于组织大规模的农业，正确处理工农关系[11]。

2. 马克思主义经典作家关于农村问题的基本观点

学者指出，马克思、恩格斯在考察西方农业发展和农业现代化道路的同时，分析了这一过程中城乡差别和工农业差别产生的原因和缩小这些差别的途径，同时还展望了在未来社会中彻底消灭这些差别的前景。他们认为随着近代以来工业化的逐步展开，形成了以城乡利益差别为基础的城乡二元结构。在农业现代化的过程中，这一差别呈现出逐步缩小的趋势，导致这一状况的因素包括：(1) 乡村工业化与劳动力的非农化；(2) 人口的自由迁移与全面流动；(3) 农村人口的城市化；(4) 地产的自由交易和地产的集中；(5) 资本的自由竞争和自由转移促使城市工商业资本流向农村和农业；(6) 农村居民组织起来维护自己的利益。明确这些因素对于我们现阶段处理三农问题不无裨益[12]。

有学者指出列宁、斯大林在考察俄国资本主义发展的同时，也揭示了城乡差别和工农业差别产生的原因及缩小这些差别的必要性和途径，认为在资本主义的发展中，农业总是落后于工业，并始终从属于它的剥削，并将有助于缩小工农差别及城乡差别的因素概括如下：(1) 农村劳动力的非农化及乡村工厂化；(2) 人口的迁移与自由流动；(3) 农村人口的城市化；(4) 国家扶持农业、城市支援和带动农村；(5) 农村科学文化水平的提高[13]。

3. 马克思主义经典作家关于农民问题的基本观点

有学者指出，马克思、恩格斯关于农民问题的基本观点是围绕着农民的解放这个价值观展开的，他们的研究具体涉及农奴或封建依附农的解放与独立的、自由的小农阶级的诞生，农民阶级的内部分化和小农的贫困化，农民阶级与工人阶级及其政党的基本关系等问题。他们认为资产阶级革命或者说民主主义革命是解放农奴或依附农奴并产生自由的、独立的小农阶级的主要途径。但他们在指出小农阶级的形成为建立现代民主政治奠定了经济社会基础的同时，也辩证地指出了农民在实现民主政治目标中的作用。

除此之外，马克思还分析了农民阶级和工人阶级及其政党的关系，提出了工农联盟的思想。他们分析了工人阶级和农民阶级的利益异同，奠定了工农联盟的理论基础；分析了农民阶级中不同阶层的政治态度和倾向，明确了工农联盟的具体内涵；提出了工人阶级及其政党或政府为巩固工农联盟所应采取的农民政策的基本原则和一些具体政策设想。如在基本原则方面，提出深入农村，充分了解农民的利益和要求，维护农民的利益，并要根据不同历史时期的实际情况，考虑到农村居民知识水平和接受能力，提出恰当的农民问题纲领，在农村生产关系变革应当遵循自愿和示范相结合的原则。在具体政策设想方面也包括通过农业社会主义改造，实现农业的社会化经营；通过没收或赎买等方式实现土地集体所有制，并最终过渡到土地国有制；关于未来社会经济组织形式，他们主张采取合作社的形式，把合作生产作为向完全的共产主义经济过渡的中间环节，至于合作社的形式，则主张从实际出发，灵活多样，等等。关于工农联盟的发展趋势，他们认为将逐步变为城市工业工人和农村农业工人的联盟，而工人阶级和农民阶级之间的不平等和差别将消灭⑭。

另有学者强调列宁和斯大林在农民问题上关注的主要是土地问题、对小农的社会主义改造、工农联盟及社会主义国家对农民的政策等。他们都认识到土地问题的重要性，但列宁主张土地国有制，而斯大林则赞成无条件分配土地的纲领。在俄国社会主义革命和建设时期，列宁不断总结经验和教训，认识到应该重视小生产经济的经济特点和重要性，并提出了走合作化这一生产形式。他们在充分认识到工农联盟的重要性的同时，指出中农问题也是其中的一个重要问题。工人阶级政党及其国家应维护农民的利益，提高其积极性⑮。

（四）马克思主义经典作家的世界历史理论

随着全球化的发展，马克思的“世界历史”理论也受到了重视。深入挖掘其各个时期的世界历史思想对于其理论体系的完整性、思想内容的全面性都颇为重要。

针对目前的研究大多关注的是马克思早期关于世界历史的思想，而对马克思 19 世纪 50 年代后在剖析资本主义社会过程中所阐发的世界历史思想虽有所涉及，但没有给以应有的重视这一现象，有学者指出要深化全球化与资本主义关系的研究，应当充分注意马克思这一时期有关世界历史新的阐述。他认为马克思早期对世界历史的研究主要是同唯物史观的创立交织在一起的，而从 19 世纪 50 年代起，则是同资本主义社会的解剖紧紧联系在一起的。

在《资本论》及其手稿的研究中，马克思的世界历史思想有两个特点：一是作为研究的视野和方法，即用世界历史的眼光和观点来看待资本主义的产生和发展，看待资本主义社会的各种现象及其相互关系；二是作为经济理论的重要组成部分，即世界历史理论本身就是资本主义理论的一个有机组成部分。这两个特点是内在地结合在一起的。马克思正是借助于“世界历史”的方法与理论，对资本主义社会作了深刻的剖析从而为科学社会主义奠定了坚实的理论基础。

一方面，马克思从世界历史的观点出发深刻阐明了资本主义的起源——原始积累、兴起和发展的动力——资本的本性、生存和发展的基本条件——世界市场、国际矛盾——国际交换与国际剥削、对外贸易政策——保护关税与自由贸易的双重手法以及资本主义的危机与极限等；另一方面又具体揭示了资本主义对世界历史发展的重大影响，即对世界历史关联程度，世界历史发展进程，世界经济、政治、文化一体化趋势的巨大作用。所以说，世界历史与资本主义就是在这种同生共长、相互促进的关系中向前推进的。正确认识这种关系，对于我们正确对待并合理参与全球化、在同资本主义的联系中重新认识和合理推进社会主义也是非常重要的⑯。

还有学者通过对《历史学笔记》的认真研读，认为《历史学笔记》是一部“前资本主义发展史”，蕴含了马克思丰富的世界史观，主要体现在以下几个方面：从时间上说，《历史学笔记》所记载的时间是与《资本论》研究的时间相衔接的，它所摘录的世界历史内容与《资本论》的世界历史内容有着密切的关系，也弥补了马克思史学研究的理论缺憾；从空间上说，它以战争为典型形式，对世界历史形成的核心地带作出了判断，认为世界历史是从地中海时代逐渐转移到大西洋时代；从内容上说，《历史学笔记》实际上不是以经济为主线，而主要是以政治、国家、国际关系为主线，谈的是国家（从古代—近代的过程）、政治史、国际关系史，也有一些经济史、贸易史，是一部容量很大的资本主义前史资料。更确切地说，《历史学笔记》所记载的还不是真正的“世界历史”本身，而是运用历史学材料来说明特定意义的“世界历史”的发展前提，是记录“世界历史”如何得以产生的前史，尤其在国际关系体系的逐步形成方面记述得最为充分。因此，学者可以作出这样一个判断，即《历史学笔记》是马克思世界史观的历史溯源，也是马克思为进行更深入的研究所作的资料准备，这启发我们以此为基础重新审视马克思的整个思想、尤其是其晚年思想的发展⑰。

另外，长期以来，马克思在《〈政治经济学批判〉序言》（以下简称《序言》）中对社会基本矛盾运动和五大形态依次演进理论的论述，被视为马克思历史理论的“经典”。但有学者对此有不同的意见，认为这种被普遍认同的理解实质上是由多方面的局限造成的对马克思的误读，是把马克思批判分析资本主义社会得出的结论普遍化，用于解释整个人类社会其结果是建构了一个封闭的体系遮蔽了马克思在历史哲学领域所实现的革命变革。而马克思的历史哲学既是思辨的，又是分析的和批判的。一方面，他从对人的本质及其存在方式的分析入手，阐明了人类历史的本质及其一般的发展规律，建构了一个以人自身的发展为核心的理论体系；另一方面，他又将这一理论用于具体地分析每一个现实的人类历史阶段，从而形成了对人类历史发展多方面、多层次的阐释。正是这种思辨与分析的结合，使马克思的历史哲学具有强大的生命力，即使对现今的人类历史来说仍具有重要的指导意义[18]。

（五）马克思恩格斯关于无产阶级政党建设基本观点

有学者指出，马克思、恩格斯是无产阶级政党的创始人，他们关于无产阶级政党建设的基本观点，我们必须要坚持和发展。这些基本观点可以概括如下：（1）无产阶级必须建立自己的独立政党；（2）无产阶级政党必须保持党的先进性；（3）无产阶级政党必须以科学的世界观作为指导思想的理论基础；（4）无产阶级政党必须制定正确的纲领和策略；（5）无产阶级政党必须实行民主集中制；（6）无产阶级政党必须使自己的党员实现权利和义务的统一；（7）无产阶级政党必须坚持国际主义的原则[19]。

（六）马克思、恩格斯关于国有制问题的论述

有学者指出，马克思、恩格斯认为，国有制产生于处在奴隶社会初期的城邦制国家中，它是分工所导致的生产力社会化发展的必然结果。社会主义国有制是人类社会生产力社会化发展的必然结果。而判断国有制历史进步性和经济合理性的标准是看它是否顺应生产力社会化的发展要求。作为所有制的一种实现形式，国有制本身没有姓“私”姓“公”、姓“资”姓“社”之分，不但可以作为私有制的实现形式，也可以作为社会主义公有制的实现形式。是否把国有制作为公有制的一种实现形式加以利用，何时、何地、如何把国有制作为公有制的实现形式，都要以当时的历史条件为转移。所以，马克思和恩格斯关于国有制问题的基本观点，是他们以生产力和生产关系的历史唯物主义基本原理为指导研究国有制问题而得到的科学结论，对于批驳在国有制和国有企业改革问题上的种种错误观点，对于解决我国国有企业改革和发展过程中遇到的种种理论和现实问题，对于探索中国特色社会主义国有企业改革和发展道路，对于社会主义市场经济体制的发展和完善，都具有极其重要的指导作用[20]。

（七）马克思恩格斯的社会保障思想

有学者指出，马克思、恩格斯的社会保障思想可从以下层次展开论述：（1）关于资本主义社会的社会保障思想。认为马克思主义创始人关于社会保障的思想，直接地、大量地贯穿在对资本主义生产方式的解剖之中，其主要内容包括：资本主义的社会保障是资本主义社会存在的外部条件；资本主义社会保障费用来源于工人阶级创造的剩余价值；资本主义社会保障所提供的社会保障有很大的欺骗性。（2）关于未来理想社会社会保障的论述。马克思、恩格斯没有构建未来理想社会的完整模式，他们是在批判旧世界中发现新世界的。在这一过程中，他们对未来社会的社会保障问题作出了预见，指出共产主义社会社会保障的目的是实现共同富裕，促进人的自由而全面的发展；共产主义社会社会保障的资金来源于劳动人民创造的社会财富；社会主义社会社会保障的价值取向是维护社会公平[21]。

（八）马克思主义经典作家关于巴黎公社的有关论述

马克思对巴黎公社的有关论述一直是社会主义国家政权建设的指导原则；巴黎公社也一直是社会主义国家政权组织的原型或理想模式。所以，为了消除在这一问题上的一些误解，有学者展开了论述，指出在马克思对巴黎公社的相关论述中，作为一种新制度的巴黎公社有着三种含义：即作为超越旧制度意义上的巴黎公社、作为地方自治制度的巴黎公社和作为国家政权组织原则的代议民主制。作为一种旧制度的超越形式的巴黎公社，在这种意义上，社会主义国家的政治组织原则不但应该超越君主制的组织原则，而且还应该超越阶级统治意义上的国家政权组织原则。在第二个层次上，巴黎公社主要是指一种在中央和地方合理分权格局之下的地方自治的组织形式，这种组织形式实际上是一种直接民主的组织形式。在第三个层次上，在地方自治之下的国家组织原则应该是一种现代国家所要求的代议民主共和制，即建立在公社组织原则之下又不完全同于公社组织原则的代议制和有限分权的政权组织形式。马克思的论述表明，在新的共和制组织原则之下，存在着两种制度运作的原理，即地方层面上的直接民主原则和省及国家层面上的间接民主原则。他还一再阐明的是，只有在这种社会主义的组织原则和社会基础之上，现代共和制才算找到了真正的民主基础。因此，在将巴黎公社视为社会主义国家政权组织的原型和理想模式之时，应该充分注意到马克思关于这三个层次的区分[22]。

（九）关于《德意志意识形态》的研究

《德意志意识形态》是马克思主义哲学形成的标志性著作。从国内马克思主义研究的现状来看，现实问题研究、比较研究和以现实问题为指向的文本

研究一直是人们关注的热点，而文献学、版本学研究则相对受冷落。对此，有学者强调马克思主义经典著作的文献学、版本学研究是一项基础性工程，从文献学的角度研究《德意志意识形态》对于全面准确地理解马克思、恩格斯的写作意图和思维逻辑、把握其著作的整体结构和丰富内涵、精确再现其思想原貌具有十分重要的意义㉓。

另有学者指出，改革开放以来，如何理解《德意志意识形态》中的思想成为坚持辩证唯物主义的关键性问题，其中具体涉及三个基本问题：(1) 马克思主义唯物主义与旧唯物主义是否有继承关系；(2) 马克思哲学的创立是否包含思维方式从本体论向实践论的转变；(3) 世界观与历史观是否有一般与特殊的关系。对于这些问题，学者作出了回答。认为马克思主义唯物主义是在批判地继承旧唯物主义的基础上逐渐形成的，这种批判地继承有着具体的内容。所以，那种把马克思主义唯物主义同旧唯物主义绝对对立起来的观点是不符合马克思的思想的。而在思维方式方面，学者指出本体论思维方式的普适性是普遍的，而实践论思维方式的普适性是有限的，不能以实践论思维方式取代本体论思维方式，二者不是对立的，在一定条件下是可以互补的。马克思主义世界观与历史观呈现一般与特殊的关系㉔。

（十）关于马克思的两个“决不会”思想

有学者指出，马克思在1859年的《〈政治经济学批判〉序言》中提出的“两个决不会”思想，是对其《共产党宣言》中“两个必然”思想的发展和补充，是对资本主义灭亡和社会主义胜利过程认识上的又一个重要论断。它与“两个必然”思想一起，构成了科学社会主义的核心理论。按照“两个必然”和“两个决不会”的思想，分析经济落后国家的社会主义运动、国际社会主义运动从兴起到失败的实践历程，不仅与“两个决不会”的思想不相矛盾，恰恰从反面证明了这一思想的正确性。根据马克思“两个决不会”思想以及对国际国内正反两个方面实践经验的分析和总结，生产资料所有制及由此决定的生产方式不应当也不可能成为决定社会主义初级阶段与现存资本主义制度的根本区别。在生产力水平比较落后的社会主义初级阶段，还需要多种所有制存在㉕。

三、研究马克思主义经典著作的方法问题

有学者认为，马克思文本解读原则与方法存在两大缺憾：一是抛开历史，脱离实践，对马克思早期著作做纯粹思辨的抽象化理解；二是基于思想控制的需要和实践的功利性要求，对马克思著作做符合己需的解读，或寻章摘句或断章取义甚至掉包偷换，从而破坏马克思哲学的整体性和真实性。只有以实践为基础，通过再现马克思的心路历程，同时注意明晰和把握相关矛盾关系，才是解读马克思文本以获取其本真思想的有效途径㉖。

另有学者指出读原著澄清误解的几点做法：第一，要按照马克思主义经典作家自身思想发展的内在逻辑来理解他们的思想，而不要用后人或别人的思想去解读，因为后人或他人的思想很可能成为一面棱镜，通过它的折射，使马克思主义经典作家原著中的思想变形。第二，要根据马克思主义经典作家所处的历史背景和历史条件来解读他们原著中的哲学思想，而不要根据后来变化了的历史背景和历史条件，用后来的实践及其需要来解读。第三，要系统地阅读马克思主义经典作家的原著，把他们不同时期著作中的思想有机联系起来加以思考，而不要只读他们某一时期的某些著作，或把他们在不同时期的著作割裂开来，甚至对立起来。第四，对不同的马克思主义经典作家的原著进行比较研究，既看到他们思想之间相同的一面，又看到他们思想之间的差别，把这些有差别的思想看作是互相补充而不是互相排斥的，更不要把他们的思想割裂开来、对立起来㉗。

还有学者认为目前国内马克思主义哲学研究需要认真反省其研究方式，并强调了学术态度、文本基础和比较视野，认为中国的马克思主义哲学研究呼唤对具体问题、文本、思想等长期而持续的悉心研究和纵深探讨，期盼真正的学术巨著与思想家的产生㉘。

（作者：中共中央编译局世界社会主义研究所编辑；
本文由中共中央编译局世界社会主义研究所
戴隆斌研究员审定）

注：

①高放：《马克思主义没有三个组成部分吗——兼谈马克思主义教研体系改革问题》，《江汉论坛》，2005年第5期。

②高放：《马克思主义是人的解放学——对加强马克思主义整体研究的呼唤》，《宁夏党校学报》，2005年第2期；高放：《加强对马克思主义科学的整体研究》，《马克思主义与现实》，2005年第2期。

③⑤俞良早：《论“马克思主义东方学”的出发点——兼驳关于马克思、恩格斯没有东方社会理论的观点》，《南京师范大学学报》，2005年第5期。

④⑥俞良早：《论“马克思主义东方学”臻于成

熟——列宁东方社会理论的地位》，《社会科学研究》，2005年第6期。

⑦周作芳：《列宁关于落后国家社会主义历史合理性思想述论》，《华北电力大学学报》（社会科学版），2005年第2期。

⑧谭芝灵：《马克思恩格斯论和谐社会》，《探索》，2005年第5期。

⑨贾建芳：《马克思恩格斯的社会和谐思想》，《马克思主义研究》，2005年第3期。

⑩⑫⑭何增科：《马克思、恩格斯关于农业和农民问题的基本观点述要》，《马克思主义与现实》，2005年第5期。

⑪⑬⑮邢艳琦：《列宁、斯大林关于农业和农民问题的基本观点述要》，《马克思主义与现实》，2005年第5期。

⑯丰子义：《"世界历史"与资本主义——〈资本论〉语境中的"世界历史"思想》，《学术研究》，2005年第8期。

⑰黄皖毅：《马克思〈历史学笔记〉中的世界史观解读》，《河北师范大学学报》（哲学社会科学版），2005年第5期。

⑱郭艳君：《"经典表述"的再阐释——重读马克思的〈政治经济学批判〉序言、导言》，《哲学研究》，2005年第11期。

⑲陈登才：《马克思恩格斯关于无产阶级政党建设基本观点研究》，《理论视野》，2005年第3期。

⑳冷兆松：《马克思恩格斯关于国有制问题的基本观点》，《马克思主义研究》，2005年第6期。

㉑梅哲：《马克思恩格斯的社会保障思想研究》，《马克思主义研究》，2005年第6期。

㉒何俊志：《对马克思关于"巴黎公社"有关论述的再认识》，《马克思主义与现实》，2005年第1期。

㉓王学东：《〈德意志意识形态〉文献学研究的意义》，《南京大学学报》（哲学、人文科学、社会科学版），2005年第5期。

㉔黄楠森：《〈德意志意识形态〉与当代中国马克思主义哲学研究的三个问题》，《马克思主义研究》，2005年第4期。

㉕张军扩：《马克思"两个决不会"思想与现阶段我国的所有制改革》，《理论前沿》，2005年第20期。

㉖戈士国：《文本与真理：马克思早期著作解读的方法研究》，《马克思主义研究》，2005年第4期。

㉗赵家祥：《澄清对恩格斯两段话的误解——与俞吾金教授商榷》，《马克思主义研究》，2005年第5期。

㉘聂锦芳：《确立对学术的敬畏与尊重——论当代中国马克思主义哲学研究方式的转变》，《天津社会科学》，2005年第5期。

马克思主义中国化研究

唐洲雁　董一冰

马克思主义是无产阶级的科学世界观与方法论，是无产阶级和广大人民群众认识世界和改造世界的强大思想武器，加强中国化马克思主义研究是繁荣发展我国哲学社会科学的首要任务。自2004年1月中共中央决定实施"马克思主义基础研究和建设工程"以来，首都专家学者进行了大规模的马克思主义理论研究，在他们的辛勤努力下，2005年对于中国化马克思主义的三大理论成果——毛泽东思想、邓小平理论、"三个代表"重要思想以及以胡锦涛为总书记的党中央提出的科学发展观的研究取得了实质性进展，促进了哲学社会科学的繁荣和发展。本文拟就首都学者2005年关于中国化马克思主义的研究做一综述，以供借鉴。

一、关于毛泽东思想

2003年是毛泽东诞辰110周年，首都学者对于毛泽东思想的研究曾出现过一个高潮，出现了大量研究毛泽东思想的成果，其领域之广泛，内容之丰富，都达到了一定的高度。高潮过后，关于毛泽东的研究处于一个相对平稳时期，但对于毛泽东思想的研究更加向纵深领域拓展，研究的问题更为具体，在深度和高度上又跨上了一个新台阶。

（一）关于对毛泽东的评价

发展、繁荣毛泽东思想是理论工作者面临的历史任务，必须坚持真理，解放思想，为新世纪哲学社会科学作出应有的贡献。以什么样的视角来研究毛泽东及毛泽东思想，如何进一步深刻认识毛泽东思想的现实指导作用，首都学者进行了探讨。学者们一致认为，毛泽东带领中国人民推翻了三座大山，建立了中华人民共和国，成功地进行了三大改造，在中国确立了社会主义制度，并为我国的社会主义建设奠定了初步的、坚实的物质基础。同时不能否认，毛泽东也有缺点有错误，对此，我们应历史地、客观地对待毛泽东思想，理性地剖析毛泽东的所犯错误的原因。

陈奎元指出，要重视对待毛泽东主席的评价，在评价毛泽东这个历史人物时要着眼大局。毛泽东领导新民主主义革命、建立新中国的功绩举世公认。在新民主主义革命取得胜利以后，他在理论和实践上一刻也没有停步，一直在努力探索建设什么样的社会主义、怎样维护劳动人民的利益和权力、如何充分发挥社会主义制度的优越性赶超发达的资本主义、怎样多快好省地建设社会主义等一系列重大的历史课题。他的成功与失误，他的光辉与瑕疵，大多与此相关[①]。逄先知认为，当年邓小平力排众议，要做党的历史上的第二个历史决议，是一个了不起的重大决策，对于保障我们国家改革、发展和稳定起到了至关重要的作用。20多年来的实践，尤其是苏联解体、东欧剧变的事实，证明了邓小平的远见卓识。苏联解体的原因很多，其中最为重要的是他们否定了自己的历史，否定了自己的领袖。看历史要看主流，正确评价毛泽东及毛泽东思想，否定了毛泽东，就等于否定了中国历史，否定了社会主义制度，否定了中国人民的利益。并特别强调对毛泽的历史功过不仅要客观评价，而且对毛泽东思想还要坚持发展[②]。

程美东从三个方面评价了毛泽东思想的历史价值。第一，毛泽东思想成功地把四分五裂的中国牢牢地整合在一起，使鸦片战争之后中华民族逐渐失落、荒芜的精神家园在新的养料滋养之中，得到新的开垦，从而使中华民族的精神得到新的整合；第二，毛泽东思想给中华民族精神输入了新鲜的血液；第三，毛泽东思想的创立者们已作为民族英雄而被载入中华民族发展史册当中，为中华民族的复兴开辟了新的道路，这是毛泽东对于中华民族所作出的一个最杰出的贡献[③]。

（二）关于毛泽东在重大历史转折关头的理论贡献

毛泽东是二十世纪伟大人物，在中国革命和建设的重大历史时期都起到了至关重要的作用。关于他在重大历史转折时期的历史贡献，学者们都作出了公允的评价。

郝首栋高度评价了毛泽东在抗日战争实践中的历史作用。他认为，毛泽东高屋建瓴地把握了关系抗日战争全局的四大基本问题，即抗日战争如何赢得胜利、抗日民族统一战线如何扩大和巩固、中国共产党自身如何建设和发展、中国向何处去等四大问题为根本等四个问题，并留下了极其宝贵的经验，就是善于进行战略把握，善于进行理论创造，善于掌握和制定政策[④]。

有学者指出，在新民主主义革命时期，毛泽东科学地回答了“中国向何处去”，为中国走上社会主义道路做好了、做足了思想准备、理论准备和组织准备，从而当历史的转折一经出现，就准确地把握住它，带领中国共产党把新民主主义革命顺利地转变为社会主义革命[⑤]。有学者通过对20世纪50年代中期至60年代中期毛泽东国际战略调整过程的研究，认为在这一时期，在毛泽东的国际战略思想中，第三世界的地位和作用有明显的变化，第三世界逐渐成为中国在不利的国际环境中抗衡美苏的一个重要因素，有关第三世界的认识影响了毛泽东对于世界形势的判断，以及他的国际战略的调整，从而酝酿了70年代初中国国际战略的重大转变。形成了“三个世界”划分的理论，新的国际战略以及相应的外交实践，为新时期全方位的中国外交打开了局面，对新时期的内政外交具有重大意义[⑥]。

还有学者认为《反对本本主义》是毛泽东为了反对当时红军中的教条主义思想而写的，它经过了一番大斗争，总结了那个时期的经验。是毛泽东进行调查研究的实践经验的理论总结；它形成了毛泽东思想活的灵魂的三个基本方面的雏形；它是毛泽东在《实践论》之前关于辩证唯物主义认识论的一篇重要哲学著作[⑦]。

（三）关于毛泽东思想的现实指导意义

首都学者对毛泽东思想对于中国特色的社会主义建设的重要意义进行了深刻的剖析，在挖掘其时代意蕴的基础上，一致认为，毛泽东思想具有与时俱进的理论品格。同时，毛泽东思想又是经过历史检验过的中国化的马克思主义理论，其基本原理和思想精髓，始终具有现实的指导意义。

梁柱认为，统筹兼顾，协调各方面利益，是毛泽东促进经济和社会共同发展进步的一个重要思想。早在抗日战争时期，毛泽东就提出要采取“军民兼顾”和“公私兼顾”的方针。在社会主义时期，毛泽东进一步提出了“统筹兼顾，适当安排”的方针。毛泽东的这一思想，是在正确处理人民内部矛盾这个总题目下提出来的，对于我们今天构建和谐社会和贯彻科学发展观，都有十分重要的启迪作用。因为，构建和谐社会的一个中心问题，仍然是我们要正确处理人民内部矛盾[8]。庄前生认为，毛泽东从人民是价值创造主体的思想出发，把人民根本利益作为价值的取向，努力推动现实社会的改造和利益关系的调整，尽可能地维护广大群众的根本利益，它作出了与旧的传统价值观根本对立的新结论，是人类价值思想的一面新旗，是科学发展观中以人为本思想的渊源[9]。

许多学者还从毛泽东对于民主政治的探索进行了研究。聂月岩认为，毛泽东对中国社会主义民主政治建设的理论探索主要有：关于社会主义民主的本质是人民当家作主，人民必须自己管理上层建筑；正确处理人民内部矛盾是国家政治生活的主题，用民主的方法正确处理人民内部矛盾；党内民主已经成为国家民主的关键，以党内民主促进人民民主；健全民主程序，加强对党和国家权力的监督等[10]。还有学者认为，毛泽东对于民主监督思想有过许多论述，这些论述，比较系统地分析了共产党及其党员、干部接受监督的必要性，进行民主监督的形式和方法，以及创建民主监督的政治氛围等问题，这对于实现党和国家政治生活的民主化具有重要的保障作用[11]。

梁柱从五个方面深入研究了毛泽东关于执政的基本观念：夺取全国胜利，只是万里长征走完了第一步；为人民服务是共产党执政的根本宗旨；建立强大的物质技术基础，是巩固和发展社会主义的根本条件；统筹兼顾，适当安排，目的是为了调动一切积极力量；以民主新路来跳出“兴勃亡忽”的周期率，保持人民政权的纯洁性。并阐明了这些执政经验对于我们在新的历史条件下保持党的先进性和加强执政能力建设仍有重要的指导意义[12]。

二、关于邓小平理论

2004 年是邓小平诞辰 100 周年，理论界掀起了关于邓小平理论研究的一个热潮，2005 年首都学者的有关研究和探索更为成熟，思索更加深入，更贴近实际和立足于解决现实问题。

（一）关于邓小平理论的时代价值和世界意义

首都学者一致认为，邓小平理论的形成，是邓小平坚持用马克思主义宽广眼界观察世界，对当今时代特征，对世界上发达国家和发展中国家发展情况，进行正确分析并作出了新的科学判断的结果。它是发展的马克思主义，是马克思主义和当今时代社会主义实践相结合的产物，集中体现和表达了当今时代社会主义实践维护和平、追求发展、锐意改革、重视科学技术的时代特征和时代精神。

康沛竹、艾四林认为，邓小平的理论创新无疑首先立足于中国国情，但从世界的角度看，邓小平的理论创新又是放眼世界的产物，邓小平从全球战略明确提出当代世界的核心问题是和平与发展的新论断，为我国的发展争取和平的国际环境，制定有效的国际战略开辟了一个广阔的空间视野。邓小平把中国科学技术的发展，纳入到全球科技发展的潮流之中，明确提出“科技是第一生产力”的著名论断，充分展现了马克思主义战略家的宏大视野。正是由于邓小平理论创新具有广阔的世界视野，因此其影响也具有重要的世界意义[13]。

赵曜指出，20 世纪的社会主义面临着经济文化落后国家无产阶级夺取政权以后建设社会主义的问题，走上社会主义道路的各国普遍进行了探索，其中规模巨大，具有重大影响的有四次，即苏联的列宁时期、斯大林时期、中国的毛泽东时期、邓小平时期。列宁开了个好头，他在探索中用“新经济政策”代替了战时共产主义政策，总起来说，斯大林、毛泽东时期的探索，既取得了历史性成就，又发生了重大失误，始终没有找到一条好的发展道路。邓小平通过开拓中国特色社会主义发展道路把中国从灾难中引上社会主义建设的快车道；通过提出正确处理党际关系和国家关系的准则使世界社会主义运动走上健康发展道路；以坚持和发展中国社会主义为基点推动世界社会主义的振兴。他还指出，由于建设中国特色社会主义的胜利，不仅扭转了 20 世纪后期世界社会主义运动陷入低潮的趋势，而且必将对 21 世纪社会主义的发展产生不可估量的影响，许多共产党人和进步人士认为，只有中国能够给 21 世纪带来希望，中国已成为世界社会主义的中流砥柱，现在世界上到处都在讲中国模式，北京共识，21 世纪，中华民族必将在社会主义的基础上实现伟大复兴，中国社会主义的复兴必将促进世界社会主义的振兴[14]。

（二）关于邓小平在解决重大现实问题方面的理论贡献

邓小平理论是科学的世界观和方法论。邓小平理论始终坚持“解放思想，实事求是”的思想原则，用马克思主义这个世界观和方法论，对新的时代提出关于社会主义发展道路，如何建设社会主义等问题进行重新思考，不把马克思主义、毛泽东思想当作教条、不照搬外国模式，强调走自己的路，建设中国特色的社会主义，才使我国经济发展取得了令世人瞩目的巨大成就。学者们对邓小平在解决重大现实问题方面的理论贡献作了高度评价。

陈先奎认为，邓小平在开创党的中央领导集体制度化交接班的社会主义政治文明道路的实践中，继承了列宁关于领袖是一个集体的基本观点，提出和阐述了中国特色社会主义的中央领导集体理论，是对马克思主义和当代政治学的新贡献。所谓“中央领导集体”是无产阶级政党所特有的政治实践和政治概念。因为资产阶级政党突出的是领袖个人，政党往往只是领袖个人的政治工具。历史证明，能否形成一个成熟的中央领导集体，是中国革命和建设的成败关键。事实证明，中国共产党第三代、第四代中央领导集体在国际国内的出色表现，保持了中国党、国家和社会主义事业的连续性[15]。

有学者认为，世界社会主义发展过程中出现曲折的一个主要原因，就是没能正确认识资本主义。科学地认识资本主义，是正确认识和实践社会主义的前提。只有正确把握资本主义，才能搞清楚什么是社会主义，才能成功地建设中国特色社会主义。在《邓小平文选》中，邓小平关于资本主义问题的论述占相当篇幅，构成了邓小平理论一个极其重要的内容。邓小平以全球化的视野和实事求是的胆略，将市场经济从资本主义的本质中剥离出来，为突破传统的社会主义观奠定了理论基础[16]。

张静如指出，邓小平党的建设理论博大精深，其中蕴含着丰富的高校党的建设思想。邓小平认为，高校党的建设要紧紧围绕培养又红又专的社会主义建设者和接班人这一目标，永远把坚定正确的政治方向放在第一位。为此，要加强和改善党的领导，实行党委领导下的校长负责制；加强学校领导班子建设，切实加强和改进学生的思想政治工作。在这一思想的指导下，保证了高校的社会主义办学方向，培养了大批具有创新精神和实践能力的高层次的社会主义建设者和接班人，在全面建设小康社会中正在并将继续发挥着积极的作用[17]。

一些学者研究了邓小平在反对错误倾向方面的贡献，指出，邓小平在他70多年波澜壮阔的革命生涯中，亲身感受过“左”和右两种错误对我国革命和社会主义建设事业带来的损害和影响；邓小平把握了我党反对错误倾向的经验教训，在我国改革开放的过程中形成了一套比较完整的反对错误倾向的思想。把马克思主义的辩证法灵活地运用在反对错误倾向的斗争中，始终坚持有“左”反“左”、有右反右的指导思想，即在与这些错误倾向作斗争的时候并没有把两者对立起来，而是当做一个错误事物的两个方面[18]。

一些学者对邓小平在政治文明上的贡献作了进一步的研究。秦宣强调指出，从现有资料来看，邓小平并没有使用过“政治文明”这一概念，但是他提出了“没有民主，就没有社会主义，就没有社会主义现代化”的伟大构想，表明他抓住了社会主义政治文明的核心，形成了具有中国特色社会主义的政治文明建设思想。如果仅以是否使用某一概念作为衡量是否存在某一理论的标准，是有失偏颇的[19]。

还有学者对邓小平在重大历史事件进程中所起的作用进行了具体的研究。韩洪洪认为，邓小平20世纪60年代中期开始，参与了三线建设的决策，他立足于调查研究，解决了许多实际问题，党的十一届三中全会后，他又及时总结了新中国建立后区域经济布局的历史教训，调整了三线建设的战略决策，体现了邓小平的均衡发展观，推动了中国整体经济实力的增强[20]。

（三）关于《邓小平年谱》有关内容的研究

随着《邓小平年谱》在邓小平诞辰100周年之际的出版，为学术界进一步深入开展邓小平理论研究，提供了丰富的一手资料。一些学者根据《年谱》提供的最新资料，对邓小平晚年提出的一些重要思想进行了具体的研究。有些学者把邓小平的“先富”、“共富”思想上升到影响和带动整个国民经济发展的“大政策”的高度，并考察了这一思想五个阶段的历史演变：一、从恢复按劳分配到允许“先富”；二、既反对平均主义，又防止两极分化；三、“共同富裕”、“两个大局”与“社会主义本质问题”；四、沿海帮助内地：时间和方式的初步设想；五、富裕起来以后财富怎样分配。认为这个“大政策”贯穿于邓小平领导和指导我国改革开放20多年伟大实践的始终，也贯穿于他的理论思考的始终，并在实践中将共同富裕思想升华为社会主义的根本目标和本质要求[21]。

许多学者还深入研究了邓小平在“三农”问题上的贡献。有学者认为邓小平理论中蕴含着丰富的“三农”思想。主要有：农业是国民经济的基础；农村改革的首要任务是解放和发展生产力；农村改革的核心是充分调动农民的积极性；农业发展的根本出路在于科技进步；农村改革和农业发展要有“两个飞跃”等等。这些思想对中国农村改革具有重大的积极意义[22]。

还有学者强调，邓小平在改革开放的进程中表现出了强烈的忧患意识，并且在应对忧患问题上采取了科学的态度，坚持实事求是的原则，紧紧把握时代发展的脉搏，把人民群众的利益放在第一位，紧密联系改革开放的实践，力求从宏观、战略的高度来看待我们前进道路上的各种忧患问题。邓小平的忧患意识对邓小平理论的形成发挥了重要的作用[23]。

许多学者对“中国特色社会主义”理论的认识达到了一个高度。认为“中国特色社会主义”是一个多维度、多层次的概念，它是由其独特的发展方向、科学的理论形态、独具特色的制度安排和切合实际的发展道路等多重形态综合构成的社会主义新形态，是中华民族的共同理想[24]。还有学者深入剖析了社会主义市场经济理论的深刻内涵，认为在社会主义条件下发展市场经济，既是一个伟大创举，又是一个全新课题。它对党的执政能力和领导水平提出了挑战和考验，迫切需要我党树立科学发展观，深刻把握社会主义市场经济的内在规律和基本要求，不断提高驾驭社会主义市场经济的能力，不断完善党领导经济工作的体制机制和方式[25]。

三、关于“三个代表”重要思想研究

“三个代表”重要思想是以江泽民同志为核心的党的第三代领导集体，在建设中国特色社会主义的实践中，在探索什么是社会主义、怎样建设社会主义和建设什么样的党、怎样建设党的实践中形成的治党治国的新的宝贵经验的深刻理论总结。随着2003年掀起的“三个代表”研究高潮的兴起，关于“三个代表”重要思想的研究，取得了丰硕成果，2005年首都学者对于“三个代表”重要思想的研究逐步深化，拓展了研究层面，所提出观点更切合中国特色的社会主义建设的实践。

（一）关于“三个代表”重要思想的科学内涵和精神实质

首都学者们一致认为：“三个代表”重要思想同马克思列宁主义、毛泽东思想和邓小平理论是一脉相承而又与时俱进的科学体系，是马克思主义在中国发展的最新成果，并对“三个代表”重要思想的科学内涵和精神实质进行了深入的研究。

董德刚在对“三个代表”重要思想总体把握的基础上，对代表中国先进生产力的发展要求、代表中国先进文化的前进方向、代表中国最广大人民的根本利益这三个基本命题的内涵，作了深入分析。指出“三个代表”重要思想以邓小平理论为基础，适应新世纪新阶段世情、国情和党情的重大变化，提出了关于党和国家建设的一系列新认识，形成了一个系统的科学理论。它以解放思想、实事求是、与时俱进为精髓，以推进中国特色社会主义全面发展为主题和基本内容，以加强中国执政党建设为重点，以代表中国最广大人民根本利益、以实现社会主义现代化和中华民族的伟大复兴为根本目标[26]。

一些学者从不同理论层面和角度研究“三个代表”重要思想的科学内涵。张雷声、李红梅侧重剖析了“三个代表”重要思想的经济建设理论的科学内涵，从发展先进生产力与经济建设的关系、人民群众的根本利益与经济建设的关系入手，论述了“三个代表”重要思想与中国特色社会主义经济建设的关系、公有制及其实现形式、个人收入分配原则等一系列重大理论问题，指出“三个代表”重要思想是中国特色社会主义经济建设的指导思想，中国特色社会主义经济建设是“三个代表”重要思想的重要实践基础[27]。有学者认为“三个代表”重要思想教育理论是“三个代表”重要思想的重要组成部分，是同马克思列宁主义教育理论、毛泽东教育思想和邓小平教育理论一脉相承而又与时俱进的科学体系，是马克思主义教育理论在中国发展的最新成果，新世纪新阶段我国教育改革与发展，必须以“三个代表”重要思想教育理论为根本指针[28]。

王炳林等对2000—2004年关于“三个代表”重要思想精神实质问题的研究作了回顾，概括出相应观点，并提出了自己的思考，认为要深化“三个代表”重要思想的精神实质问题的研究，首先要深刻理解“三个代表”重要思想是与马克思主义、毛泽东思想、邓小平理论一脉相承的科学体系，是在新的历史条件下对马克思主义的继承与发展，这种继承和发展的关系就决定了“三个代表”重要思想与马克思主义、毛泽东思想、邓小平理论在精神实质上具有内在一致性，同时又具有这一科学理论自身的特点。其次，“三个代表”重要思想是由一系列互相促进、相互联系的科学的观点和论断构成的完整的、科学的体系。应该系统而不是零碎地、全面而不是片面地、融会贯通地而不是割裂地学习“三个代表”重要思想。最后，全面把握“三个代表”重要思想的精神实质，更重要的是联系中国特色社会主义建设的实际，结合世界政治经济形势的新变化来理解[29]。

有学者认为，与时俱进、保持先进性、执政为民，就是“三个代表”重要思想的基本精神即精神实质[30]。还有学者认为“三个代表”重要思想的精神实质是一切从人民群众的利益出发，人民群众的根本利益，主要包括经济利益、政治利益和文化利益三个基本方面，其中经济利益是人民群众生存和发展的基础[31]。

（二）关于“三个代表”重要思想的历史地位和现实意义

首都学者们普遍认为，“三个代表”重要思想是对马克思列宁主义、毛泽东思想和邓小平理论的重大发展，同时，对中国特色社会主义建设有着重大指导意义。董德刚认为，“三个代表”重要思想是继毛泽东思想、邓小平理论之后马克思主义中国化的又一个伟大的理论成果，是面向21世纪的中国化的马克思主义。“三个代表”重要思想的重大创新，体现了马克思主义的新境界、社会主义的新观念和执政党建设的新觉醒[32]。

程美东从“三个代表”重要思想对于中华民族复兴具有重要作用的高度阐述了“三个代表”重要思想的历史地位。认为“三个代表”重要思想是彻底的马克思主义论断，是将马克思主义基本原理运用到具体实际，进行分析问题、研究问题、解决问题的典范；“三个代表”重要思想在理论上也有很多独到的见解，并且有着鲜明的实践品格；“三个代表”重要思想还实现了民族精神与世界精神的有机结合。是与毛泽东思想、邓小平理论一样，是成熟的、中国化的马克思主义理论，对于中华民族的复兴将起到极其重要的作用[33]。

有学者还论述了“三个代表”重要思想与邓小平理论的辩证关系。认为它们是同一理论即中国特色社会主义理论前后相继的两个形态。邓小平理论是中国特色社会主义理论的“初步”形态，“三个代表”重要思想是中国特色社会主义理论的“发展”形态，将来，随着中国特色社会主义实践的不断深入，建设中国特色社会主义理论还会产生“成熟”形态甚至“完备”形态[34]。

一些学者还强调，学习贯彻“三个代表”重要思想，不仅要了解和掌握它在执政党建设和中国特色社会主义事业发展问题上的一些创新思想和科学论断，而且更要学习和认识它继承和发展马克思主义的重要经验，研究和掌握它的立场、观点和方法，特别是分析问题和解决问题的科学方法论。李君如认为，这些经验主要是：坚持以实际问题为中心研究马克思主义；重视群众创造的新经验，在调查研究中进行理论概括和提炼；重视专家的科学研究成果，在集体攻关中进行理论阐述和创新；重视世界文明有益成果的研究和借鉴，以世界眼光推进马克思主义的发展；坚持在实践创新中推进理论创新，通过理论创新进一步推进实践创新。这其中贯穿着两条主线：一是坚持解放思想与实事求是的辩证统一。二是坚持以人民群众根本利益为根本出发点[35]。

许多学者探讨了关于实践“三个代表”重要思想为主要内容的党员先进性教育问题。指出，“三个代表”重要思想是在世纪之交，我党面临各种错综复杂的环境条件下提出的，因而具有重大的实践意义。“三个代表”重要思想围绕保持党的先进性这一党的建设的根本问题，科学地回答了在改革开放和现代化建设条件下，建设一个什么样的党、怎样建设党的问题。它是我们的立党之本、执政之基、力量之源。能否始终坚持“三个代表”，关系到我们党以什么样的姿态出现于新世纪，进而关系到党和国家的前途与命运。王炳林认为，保持共产党员先进性教育活动，是提高党的执政能力，巩固党的执政基础，完成党的执政使命的重要举措，党只有始终保持先进性，党的力量才能真正体现出来，党的力量集中体现为创造力、凝聚力和战斗力，保持先进性是增强党的力量的必由之路[36]。有学者把党员的理想信念上升到关系到党和国家的生存发展、关系到中国特色社会主义和中华民族的前途命运的高度，认为坚定共产主义理想和中国特色社会主义信念是保持党员先进性的根本保证。它包括三个方面的含义：坚定的理想信念是党员保持先进性的思想基础；坚定的理想信念是党员保持先进性的本质要求；加强理想信念教育是保持党员先进性的重要途径[37]。

四、关于科学发展观

党的十六届三中全会提出科学发展观以来，关于科学发展观的研究引起了首都学者们的广泛关注，出现了一些有价值的研究成果，为深入研究这一重要思想打下了基础。2005年首都学者关于科学发展观的研究领域更为拓展，研究水平跨上了一个新的台阶，生了丰硕的成果。

（一）关于科学发展观的科学体系和科学内涵

党的十六届三中全会明确提出了“坚持以人为本，树立全面发展、协调发展和可持续发展，促进经济社会和人的全面发展”的科学发展观。学者们从不同角度对其科学体系和科学内涵进行了积极阐释和理解。

杨春贵对科学发展观的科学体系进行了研究，认为科学发展观是由一系列相互联系的基本观点所构成的科学思想体系，其中包括发展目的论、发展中心论、发展整体论、发展协调论、发展持续论、发展动力论、和平发展论等等。是新世纪新阶段指导我国发展的根本观点和根本方法，是我们党的发展理论的新概括和新发展[38]。有学者指出，科学发展观的实质和核心是以人为本，促进人的全面发展，是对人类社会发展认识的深化和提升[39]。

一些学者对科学发展观的科学内涵进行了哲学解读，认为，科学发展观的哲学基础是辩证唯物主义和历史唯物主义。科学发展观是唯物史观的深刻体现、唯物辩证法的开拓运用、认识论原理的自觉展开、辩证思维方法的综合集成的应用[40]。还有学者认为，科学发展观是建立在辩证唯物主义基础上的，科学发展观充分体现了辩证唯物主义的联系观点、发展观点、矛盾观点[41]。

许多学者对科学发展观的理论渊源进行了研究。李君如认为，科学发展观在发展问题上所取得的新进展和新成果，是在继承邓小平理论和“三个代表”重要思想关于发展问题上的一系列思想的基础上形成的[42]。有学者进一步指出，党的三代领导集体的发展思想和发展战略，尽管侧重点各不相同，外延内涵有所出入，认识程度有所差别，但无疑都是全面的发展观，是“科学发展观”的直接思想来源，甚至是“科学发展观”内容的有机组成部分。李纪才从三个方面论述了“科学发展观”的理论来源：坚持了我们党发展战略中“以经济建设为中心”的“重点论”，又强调经济社会全面发展的“两点论”，从而使发展思想更加辩证；坚持了我们党发展战略中重视“物质文明”基础作用的合理性，又强调发展要“以人为本”，从而使发展思想更加科学；吸收了我们党发展战略中“持续、全面”的科学内核，又重视发展的协调、和谐，从而使发展思想更加缜密[43]。有学者强调，科学发展观不仅继承了中国共产党三代领导集体关于发展问题的一系列重要思想，而且着眼于丰富发展内涵、创新发展观念、开拓发展思想、破解发展难题，从而深化了对中国特色社会主义主题、价值追求、战略布局、建设道路、执政党建设等五个方面的认识[44]。

顾保国还从五个方面论述了科学发展观的特征，即发展数量与发展质量的对立统一；工具理性与价值理性的对立统一；全面、协调与可持续的对立统一；稳定性与动态性的对立统一；发展政绩与政策调控的对立统一。这些特征体现了科学发展观本质的最主要方面，决定了科学发展观必须遵循的一些原则[45]。

（二）关于科学发展观的创新价值和指导意义

学者们普遍认为要从马克思主义科学体系整体中来把握科学发展观的理论创新和对党和国家工作的指导意义。程中原深刻论述了毛泽东思想、邓小平理论、“三个代表”重要思想和科学发展观在中国现代化建设过程中所起的作用以及它们之间的辩证关系。认为它们之间是一脉相承的，并且在中国特色社会主义的成功之路发展的不同阶段都起到了重要作用：中国特色社会主义的探索经历了漫长的历程。毛泽东第一个提出，要找出在中国建设社会主义的具体道路，并为此进行了艰辛探索，奠定了中国特色社会主义的基础。经历了“文化大革命”内乱之后，以邓小平为代表的中国共产党人在接受教训、总结经验的基础上，成功地开辟了一条有中国特色社会主义新道路，创立了马克思主义与当代中国实践和时代特征相结合的中国特色社会主义理论。以江泽民为核心的第三代领导集体坚定不移地沿着建设中国特色社会主义道路与时俱进，中国特色社会主义理论不断发展，逐步形成了“三个代表”重要思想这一系统的科学理论。中共十六大以后，以胡锦涛为总书记的党中央在新阶段伟大实践的基础上，总结新经验，作出新概括，进一步提出了科学发展观和构建社会主义和谐社会的任务，丰富、发展了邓小平理论和“三个代表”重要思想[46]。

有的学者从发展战略角度论述了“科学发展观”的意义。认为，“科学发展观”与我们党的发展思想和发展战略既一脉相承又与时俱进，是对我国社会主义现代化实践经验的科学总结，是我们党对社会主义市场经济条件下经济社会发展规律认识上的重大升华，也是我们党执政理念的一个飞跃[47]。

有学者论述了科学发展观对中国特色社会主义理论的创新。认为，“科学发展观”这一论述使得中国特色社会主义的总体布局由社会主义经济建设、政治建设、文化建设三位一体发展成为社会主义经济建设、政治建设、文化建设、社会建设四位一体。丰富、发展了邓小平理论和“三个代表”重要思想[48]。一些学者认为，坚持科学发展观是人类社会进步的必然选择，这是对辩证唯物主义和历史唯物主义的继承、发展与创新，具有重大的理论价值和实践意义[49]。还有学者具体地揭示了科学发展观时当代中国教育的启示和意义：建构一种能够促进人的真善美素质全面发展的、科学的教育发展观[50]。

（三）关于落实科学发展观，构建和谐社会

首都学者普遍认为科学发展观是指导发展的世界观和方法论的集中体现，树立和落实科学发展观是一个不断深入发展的过程。在树立和落实科学发展观中，张雷声等概括出了十个方面问题需引起我们的关注：关于科学发展观与邓小平发展理论；关于科学发展观与“以经济建设为中心”；关于“以人为本”中的“人”；关于全面发展与“重点发展”；关于协调发展与“平均发展”；关于可持续发展与“现阶段什么都别干”；关于统筹发展与“放慢发展速度”；关于政绩观与“政绩工程”；关于落实科学发展观的保障机制；关于落实科学发展观与如何看待 GDP 增长等[51]。

一些学者从构建社会主义和谐社会的角度，探讨了如何更好地落实科学发展观。认为构建社会主义和谐社会，为科学社会主义理论增添了崭新内容。是中国特色社会主义事业总体布局的新发展；中国特色社会主义价值目标的新概括；中国特色社会主义执政方略的新要求[52]。有学者认为延安和谐社会具有政治、经济、思想文化、党群关系、军民关系等五方面和谐的特征。今天，在构建社会主义和谐社会的进程中，我们要大力弘扬和实践延安精神，即坚定正确的政治方向、实事求是的科学态度、为人民服务的根本宗旨、艰苦奋斗的创业精神[53]。

许多学者从人民群众生活实际出发论述了落实科学发展观的重要性。指出，人民生活质量的稳步与普遍提高，不仅是科学发展观"以人为本"在全面建设小康社会中落实的必然要求，而且也是科学发展观的全面发展、协调发展、可持续发展三者的根本体现，更是科学发展观在经济社会发展实践中必须做到的"五个统筹"的具体落实[54]。还有学者指出，目前，我国人民生活水平这种总体上的小康，还是"低水平的、不全面的、发展不平衡的"，必须建立一套科学的指标体系，牢固树立和落实科学发展观，推进农村小康社会的全面建设[55]。

综合起来看，首都学术界 2005 年对于中国化马克思主义的研究取得了较为丰硕的成果，为今后的研究打下了一定的基础。对于毛泽东思想的研究，在毛泽东诞辰 110 周年经历一个高潮过后，对于毛泽东的评价更理性、对于毛泽东思想更立足于其指导实践、回答时代课题的作用；对于邓小平理论的研究，在邓小平诞辰 100 周年经历一个热潮之后，更立足于使邓小平理论更好地转化为党的路线方针政策，解决现实问题；对于"三个代表"重要思想的研究，自 2003 年掀起学习"三个代表"的热潮后，更注重其对邓小平理论的创新价值；对于科学发展观的研究目前正方兴未艾，开创了马克思主义的新境界。当然，在研究中也存在一些问题，如有的问题重复论述比较多，缺乏新意，还有些方面的研究才起步，对一些问题的研究尚未涉及等，这些都是在今后的研究中需要注意加以克服和不断改进的。随着马克思主义理论工程的不断推进，深入研究中国化马克思主义的任务仍然十分艰巨，我们期待着首都学术界 2006 年有更多的优秀研究成果问世。

（作者：唐洲雁，中央文献研究室研究员；
董一冰，北京师范大学博士后）

注：

①陈奎元：《总结经验要实事求是、着眼大局——在第五届国史学术年会上的讲话》，《当代中国史研究》，2005 年第 6 期。

②逄先知：《按照历史决议的精神正确评价毛泽东同志》，《当代中国史研究》，2005 年第 6 期。

③程美东：《毛泽东思想与中华民族精神的重新整合》，《思想政治工作研究》，2005 第 1 期。

④郝首栋：《抗战时期毛泽东对四大基本问题的把握和解决——兼说经验和启示》，《党的文献》，2005 年第 5 期。

⑤李伟：《毛泽东与中国社会主义道路的历史准备》，《马克思主义研究》，2005 年第 4 期。

⑥贺艳青：《毛泽东的国际战略与第三世界》，《中共党史研究》，2005 年第 3 期。

⑦冯蕙：《毛泽东邓小平理论研究》，2005 年第 1 期

⑧梁柱：《毛泽东的统筹兼顾思想与构建和谐社会》，《马克思主义研究》，2005 年第 4 期。

⑨庄前生：《人类价值思想的一面新旗——毛泽东价值观简析》，《马克思主义研究》，2005 年第 6 期。

⑩聂月岩：《毛泽东对中国社会主义民主政治建设的理论探索》，《马克思主义研究》，2005 年第 6 期。

⑪张积毅：《毛泽东关于民主监督的思想浅议》，《党的文献》，2005 年第 6 期。

⑫梁柱：《毛泽东的执政观与保持党的先进性》，《光明日报》，2005 年 2 月 8 日。

⑬⑯康沛竹、艾四林：《邓小平理论创新的世界视野》，《社会主义研究》，2005 年第 5 期。

⑭赵曜：《邓小平与当代社会主义》，《社会主义研究》，2005 年第 4 期。

⑮陈先奎：《邓小平的中央领导集体理论》，《中共中央党校学报》，2005 年第 1 期。

⑰张静如、孙秀民：《邓小平关于高校党的建设的思想》，《高校理论战线》，2005 年第 8 期。

⑱田改伟：《有"左"反"左"有右反右——试析邓小平反对错误倾向的思想》，《毛泽东邓小平理论研究》，2005 年第 10 期。

⑲秦宣：《邓小平政治文明建设思想论纲》，《毛泽东思想邓小平理论研究》，2005 年第 9 期。

⑳韩洪洪：《邓小平与三线建设》，《党的文献》，2005 年第 4 期。

㉑张爱茹：《邓小平"先富"、"共富"思想》，

《党的文献》，2005 年第 6 期。

㉒李正华：《论邓小平的“三农”思想对中国农村改革的重大意义》，《当代中国史研究》，2005 年第 2 期。

㉓耿向东：《高校理论战线》，2005 年第 8 期。

㉔秦宣：《对“中国特色社会主义”的理性思考》，《中国特色社会主义研究》，2005 年第 2 期。

㉕夏文斌：《社会主义市场经济与党的执政能力建设》，《马克思主义与现实》，2005 年第 1 期。

㉖㉚㉜㉞董德刚：《“三个代表”重要思想研究中的几个问题》，《毛泽东邓小平理论研究》，2005 年第 7 期。

㉗㉛张雷声、李红梅：《“三个代表”重要思想经济建设理论的科学内涵和精神实质研究概述》，《高校理论战线》，2005 年第 5 期。

㉘张力：《“三个代表”重要思想是指引教育发展与改革的指针》，《高校理论战线》，2005 年第 5 期。

㉙王炳林、于昆：《“三个代表”重要思想精神实质研究的回顾与思考》，《高校理论战线》，2005 年 2 期。

㉝程美东：《“三个代表”重要思想与中华民族复兴》，《毛泽东思想研究》，2005 年第 1 期。

㉟李君如：《“三个代表”重要思想继承和发展马克思主义的经验》，《浙江日报》，2005 年 10 月 10 日。

㊱王炳林、汤志华：《党的先进性是党的力量所在》，《经济日报》，2005 年 5 月 15 日。

㊲于昆、王炳林：《坚定理想信念是永葆党员先进性的根本要求》，《光明日报》，2005 年 4 月 5 日。

㊳杨春贵：《科学发展观是一个完整的科学思想体系》，《中国特色社会主义研究》，2005 年第 6 期。

㊴㊿刘志山：《科学发展观及其教育意义》，《中国教育学刊》，2005 年第 2 期。

㊵冯国瑞：《科学发展观》，《高校理论战线》，2005 年第 3 期。

㊶㊺㊾顾保国：《科学发展观的理论价值与实践特征》，《毛泽东思想研究》，2005 年第 1 期。

㊷李君如：《科学发展观是对邓小平理论和“三个代表”重要思想有关发展的思想的继承和发展》，《中国特色社会主义研究》，2005 年第 6 期。

㊸㊼李纪才：《论“科学发展观”对我党发展战略思想的继承和发展》，《毛泽东邓小平理论研究》，2005 年第 8 期。

㊹张磊：《科学发展观对中国特色社会主义认识的深化》，《马克思主义研究》，2005 年第 6 期。

㊻㊽程中原：《中国的成功之路》，《当代中国史研究》，2005 年第 5 期。

51张雷声、齐英艳、李玉峰：《关于树立和落实科学发展观的十个问题》，《高校理论战线》，2005 年第 12 期。

52李忠杰：《构建社会主义和谐社会对中国特色社会主义的新认识》，《求是》，2005 年第 13 期。

53邢世忠：《弘扬和实践延安精神构建社会主义和谐社会》，《求是》，2005 年第 18 期。

54张雷声：《生活质量：科学发展观的内在要求》，《教学与研究》，2005 年第 2 期。

55艾云航：《全面建设农村小康社会必须树立和落实科学发展观》，《农村经济》，2005 年第 2 期。

科学社会主义

李瑞琴

北京 2005 年科学社会主义研究主要集中在三个方面：一是对马克思主义基本理论的解读与阐释，强调要在科学、全面、完整地理解马克思主义的基础上进行理论创新。二是对党中央在新的历史条件下提出的科学发展观和建立和谐社会的新思想、新观点及其产生的历史背景、现实状况进行研究的探讨，对指导中国进一步改革开放和发展提供了理论支持。三是对当代资本主义的新变化极其发展趋势、资本主义与社会主义的关系进行了深入研究，提出了许多具有新意的观点。四是继续关注苏东剧变后这些国家和地区的社会主义思潮和运动，进一步总结苏东剧变的深刻教训，为国际共产主义运动和世界社会主义的发展提供理论总结。五是对民主社会主义的发展状况、趋势，对西方马克思主义的思潮和流派都进行了关注和研究。总体说来，北京市 2005 年的科学社会主义研究，较之于往年，既有继承，又有拓展，既有对马克思主义基本理论的深入探讨，又有对现实社会主义运动的密切关注，尤其是从现实维度上，对当代社会的进一步发展所需要的理论创新作出了有益探索。

一、关于科学社会主义基本理论的研究

许多专家学者强调，要完整、准确、科学地理解马克思恩格斯关于科学社会主义基本理论的精髓，强调无论当代社会发展呈现出什么样的新变化，都必须运用马克思主义的观点、立场和方法分析当代社会实际，只有这样，我们才能正确把握时代发展的脉搏，顺应历史发展潮流，更好地发展社会主义。

1. 坚持与发展科学社会主义的理论思考

苏东剧变后，国际共产主义运动遭到了前所未有的挑战与困难，中国社会主义成为世界国际共产主义运动的旗帜。许多学者运用马克思恩格斯关于社会主义必然取代资本主义的历史规律、马克思的社会形态等理论进行了为什么要坚持和发展、如何坚持与发展科学社会主义的理论思考。

有学者认为：我们坚持马克思主义，一是尊重历史。马克思主义不仅使人类的很大一部分走上了社会主义道路，开创了世界历史的新方向，而且对资本主义严重弊端的深刻批判从反面促进了资本主义社会的自我调整，使现代资本主义国家中的社会主义因素明显增长，大大提升了整个世界的文明水平。二是尊重科学。马克思主义揭示了人类社会的一般规律和发展趋势。反映一般规律的普遍真理是不可违背的，进步的价值取向是不可偏离的，对美好理想的追求是推动我们不懈奋斗的精神动力。三是现实需要。马克思主义在中国已经深入党心、民心，成为一种重要的精神力量，是我们维护党的团结和国家统一的思想基础。坚持和发展马克思主义基本经验和根本原则就是要全面而辩证地把握马克思主义的理论品格；把马克思主义普遍真理转化为方法和价值取向；明确坚持和发展马克思主义的标准和途径①。

有学者强调指出：马克思主义是不断发展的关于人类社会发展一般规律的科学这个定义包含以下内容：马克思主义是关于资本主义社会的本质及其发展规律，关于整个人类社会发展的规律是以之为基础的；马克思主义的科学自然观基础；马克思主义的科学世界观和方法论意义。这个定义中的无产阶级实现自身解放和全人类解放的思想武器，揭示了马克思主义这一科学世界观和方法论的价值意义，特别是强调了它是无产阶级解放的哲学，而没有停留在关于人类一般的抽象议论上②。

有学者认为：坚持马克思主义，就是要坚持马克思主义的本质规定性、基本原理和基本特征，首先，辩证唯物主义和历史唯物主义的世界观和方法论，是马克思主义最根本的理论特征和哲学基础。其次，在马克思主义发展的不同阶段，其具体的奋斗目标有所不同，但是它始终不渝地强调和坚持共产主义的最终奋斗目标，所以，是否坚持共产主义的奋斗目标是衡量真假马克思主义的一个重要标准或标志。科学社会主义或者科学共产主义是马克思主义的根本性质。第三，贯彻于马克思主义理论体系始终的原则立场，是为无产阶级和广大人民群众谋利益。第四，马克思主义具有与时俱进的理论品质，是随着实践的发展而发展的，因而具有强大的生命力。我们坚持马克思主义首先就必须坚持上述本质规定性，这是马克思主义不能改变的本质，如果发生了变化，那就意味着不是马克思主义了③。

另外，一些资深学者有针对性地指出：目前，人们对马克思唯物史观的精辟概括“两个决不会”的理解存在着很大的分歧，由此对在目前条件下资本主义会不会灭亡、社会主义有没有前途也产生了不同的判断。首先，马克思恩格斯“两个决不会”的实质是指生产关系必须适合生产力性质的规律，不能简单地用经济是不是增长来解读。因为他们是从资本主义基本矛盾中、而不是从经济发展的停滞或倒退中得出这一结论的。其次，社会主义取代资本主义是一场社会革命，生产力是社会发展的最终的动力，是“归根到底”的因素，但不是唯一的因素。只有在生产力与生产关系的矛盾集合点，在既具备必要的物质条件，又拥有客观的革命形势和成熟的革命领导力量，多种因素构成一种合力的地方，社会主义革命才能取得胜利，社会主义制度才得以建立。再次，苏东剧变是执政的共产党放弃社会主义道路的结果。在阶级社会里，在阶级斗争过程中，由于各种客观的、主观的因素的影响，阶级力量对比会发生这样或那样的变化，这就决定了社会发展规律的实现过程不是直线的，必然会发生曲折。从一定意义上说，社会历史的发展出现曲折和反复也是带有规律性的现象。最后，必须全面准确地理解马克思主义的基本原理，尤其要正确理解“两个决不会”的原理，警惕有人把对“两个决不会”的错误解释用作反对或逃避革命、改变改革的政治方向的挡箭牌④。

有学者强调：科学社会主义的核心理论是社会主义代替资本主义的历史必然性，即人们常说的“两个必然”是在1848年《共产党宣言》中明确作出的。鉴于资本主义还有很大的发展潜力，马克思在1859年写的《政治经济学批判》序言中又提出了

“两个决不会”的思想。“两个必然”讲的是历史必然性，即历史发展的大趋势，而“两个决不会”讲的是社会主义取代资本主义的长期性、曲折性和艰巨性。一个多世纪的实践已经证明，社会主义取代资本主义将是一个十分漫长曲折的历史过程⑤。

有学者指出，在社会主义实践中，存在着一个理论误区，对社会主义的实践产生了较大的负面影响。如斯大林以来的社会主义理论包括中国“社会主义初级阶段”理论，形式上都是在马克思的社会主义理论框架内建立起来的，实际上却存在着混淆马克思讲的“过渡时期”和“共产主义第一阶段”的重大问题。斯大林以来的现实社会主义，是没有完成马克思讲的过渡时期任务的社会主义，并未进入马克思讲的共产主义第一阶段，其最为明显的后果，就是拔高现实社会主义的历史定位，导致“超阶段”建设社会主义的问题。这样最容易产生把阶级斗争和经济建设对立起来的思维，造成社会主义建设中指导思想的失误。然而，当我们按照马克思和列宁的过渡时期理论看问题时，不难得出结论：过渡时期是长期的和有阶段性的，阶级斗争也是长期存在的并在不同阶段有不同的特点，过渡时期的阶级斗争总体上是围绕着经济建设这个中心进行的讲阶级斗争和以经济建设为中心并不矛盾⑥。

有学者沿着这样四条线索展开了社会主义代替资本主义的历史必然性的论述：一是《共产党宣言》以两个必然的形式提出的社会主义历史必然性思想，是马克思使社会主义从空想发展为科学的主要标志之一。这种历史必然性思想诞生后，经过1848—1850年欧洲阶级斗争实践的检验，马克思提出“两个决不会”思想，以及马克思恩格斯通过分析股份公司提出资本主义“自行扬弃的矛盾”思想等阶段的发展历程。二是从理论上分别考察150多年来，社会主义历史必然性思想所遭遇的新康德主义和伯恩施坦等人的“伦理社会主义”、“西方马克思主义”和存在主义的“人的自由选择论”、法兰克福学派的“工人阶级被融合和同化论”的三次挑战和冲击，详细剖析它们在理论上站不住脚和在实践中破产的原因；三是从实践上逐个考察社会主义历史必然性在20世纪的实现情况，发达资本主义社会中工人阶级的革命性问题，以及当前资本主义社会基本矛盾的不断积累和加深如何推进着社会主义必然性的情况；四是从新的历史条件出发，指出社会主义代替资本主义的历史必然性仍然是社会历史发展不可逆转的总趋势，并多方论证为什么实现这种总趋势需要经历一个曲折发展的长过程⑦。

对于马克思主义社会形态理论有不同认识与观点。

有学者论述道：社会形态理论是马克思主义的唯物主义历史观的核心思想，生产力与生产关系、经济基础与上层建筑之间的矛盾统一，构成了一定的社会形态。马克思的社会形态理论，已经为世界历史发展所证明，为我们研究当代资本主义和世界社会主义提供了科学世界观和方法论的指导。迄今为止的人类社会历史，已经经历了原始社会、奴隶社会、封建社会和资本主义社会的社会形态，并开始趋向一个新的历史阶段。社会主义是作为一种更高级的社会形态，是对资本主义社会形态的否定。社会主义社会形态是在消灭私有制和阶级剥削以后，在生产资料公有制基础上运动的一种质的全新的社会形态。在这一点上，社会主义同共产主义有着共同的本质。由于生产力发展水平和经济成熟程度的不同，还因社会主义社会是刚刚从旧的私有制社会脱胎出来的社会，因而还不可避免地带有许多旧的社会的痕迹和遗留，这就决定社会主义社会在经济、政治和思想文化方面又有着独特的质的规定性，它是相对独立于共产主义社会的一种社会形态⑧。

有学者论证了确立社会主义独立形态论的根据：总结以往落后国家建设社会主义实践的历史经验，审视当今世界资本主义的新变化和发展态势，展望世界社会主义与世界资本主义共存共荣的发展态势和前景，都能够确立社会主义是一个独立的社会形态。这不仅在理论上有重大意义，而且在实践上有利于我们集中全力建设中国特色社会主义，不急于把共产主义社会的设想过早提前实现，有利于我们同资本主义各国长期和平共处、协作与竞争，为世界的和平与发展、为人类福祉与世界大同多作贡献⑨。

有学者对“五形态说”提出疑义，认为长期以来，在科学研究和意识形态领域占据统治地位的“五形态说”其实是后人对马克思社会形态理论的一种误读，不具备充分的文本依据。“五形态说”本身也存在着明显的理论缺陷，将“五形态说”作为人类社会普遍经历的历史图式，缺乏足够的经验事实的支持。认为，“五形态说”抹杀不同国家、民族的具体特点，不论在不同的历史环境中可能采取的多种选择，用历史单线发展模式规范纷繁复杂的人类社会，是与马克思的基本思想相背离的。“五形态说”的历史观造成了社会主义的理论和实践的矛盾和冲突，使当代人产生了理论上的困惑。坚持“五形态说”也无法解释落后国家经过社会革命直接进入社会主义社会的问题。认为，马克思对人类历史的分期理论比较明确的是“三形态说”，即人的依赖关系、物的依赖关系、个人的全面发展三个阶段[10]。

2. 继承与创新科学社会主义的实践意义

在当代，继承与创新科学社会主义至关重要，关系到世界社会主义运动的发展，关系到中国特色社会主义事业的前途和命运。学者对为什么要坚持、如何坚持科学社会主义及其理论创新问题进行了深入探讨，作出了较为科学、全面的结论。

有学者提出，可以把“社会化大生产”作为科学社会主义逻辑起点的基本范畴，这是由科学社会主义的“两块基石”唯物史观、剩余价值学说所决定的。只有在生产力发展到大机器工业生产即社会化大生产阶段，科学社会主义才应运而生并由此获得必需的物质基础。社会主义制度的建立是社会化大生产突破资本主义生产关系桎梏的结果，要取得同资本主义相比较的优势，要靠社会化大生产的发展；社会主义制度要完善、巩固和发展，也要靠社会化大生产的不断发展。社会主义从空想到科学的发展，即在于社会化大生产以及与此相联系的工人阶级的成熟；资本主义社会基本矛盾的解决，即在于与社会化大生产相联系的工人阶级在同维护资本主义生产关系的资产阶级的斗争中能否取得决定性的胜利；社会主义制度建立后进一步巩固和发展，也在于与社会化大生产相联系的工人阶级能否团结一切可能团结的力量，找到正确的发展道路并进行不懈的奋斗[11]。

有学者指出：马克思和恩格斯认为，所有制问题是社会主义革命运动的基本问题，共产主义要消灭私有制，但这是一个逐步实现的过程。实践证明，在经济不发达国家通过很快实行所有制完全公有化来建立社会主义，是不利于社会主义健康发展的。中国特色社会主义在所有制改革上取得的突破是：在社会主义初级阶段，要在巩固和发展公有经济的同时，鼓励、支持和引导非公有经济的发展，建立公有制为主体、多种所有制经济共同发展的基本经济制度。实行这一举措，极大地促进了社会主义生产力的发展、人民生活福利的改善和综合国力的增强[12]。

有学者论证道：历史上的人道主义作为市民社会的一种意识形态，既以市场经济关系为现实基础，又是市场经济产生和发展的思想先导和精神支柱。深入研究社会主义市场经济与人道主义之间的辩证关系，弘扬社会主义人道主义精神，对于树立和落实以人为本的科学发展观，促进社会主义市场经济的健康发展和人的全面发展，具有非常重要的意义。历史上人道主义所包含的人道思想和人道原则以及市民社会的意识形态，与社会主义制度与理想相结合，所形成的社会主义人道主义，逐步溶入中国的社会主义思想体系中，为我国社会主义市场经济和人的全面发展提供着重要的思想资源和文化支持[13]。

有学者提出：进行科学社会主义理论创新首先要抓准的至少有这么三个方面：一是中国特色社会主义四分之一世纪创造性实践积累的成功经验。中国特色社会主义是在坚持科学社会主义基本原理的同时，既抛弃了前人囿于历史条件仍然带有空想因素的个别论断，破除了对马克思主义的教条式理解和附加到马克思主义名义下的错误观点，又比较系统地回答了时代、实践和科学的发展提出的新问题，继承和发展了科学社会主义。二是务必认真地系统地总结和研究世界社会主义运动在一个半世纪里，特别是近半个多世纪里所积累的正反两方面的丰富经验，特别是苏东剧变的经验教训。三是当代资本主义发展中提供的新情况和新问题，包括第二次世界大战后在一些资本主义国家实行凯恩斯主义、新自由主义、“第三条道路”中出现的新情况和新问题，都是我们应该认真地加以研究的课题[14]。

二、和谐社会、科学发展观与社会主义的理论及其实践

党的十六大以来，新一代党中央领导集体结合当代实际提出了用科学发展观指导中国特色社会主义实践，建立社会主义和谐社会的新思想、新观点。专家学者们对这一问题从理论维度和现实关怀两个层面，进行了深刻的讨论与探索。

有学者提出：唯物史观是“科学发展观”最切近的哲学基础。坚持以人为本，树立全面、协调、可持续的发展观，之所以被称之为“科学发展观”，就在于它必须坚持一切从实际出发，力求尊重、认识和运用客观规律，来谋求我国经济社会快速、健康和持续发展，以造福全体人民。马克思主义世界观是关于整个世界的既唯物、又辩证的科学发展观，是关于整个人类社会的科学发展观，这种科学发展观中所内涵和要求的历史唯物论和历史辩证法的统一，历史论和历史选择论的统一，对于我们观察、认识、解释和解决各种社会问题，具有广泛的哲学方法论的功能和意义[15]。马克思恩格斯创立的唯物史观揭示了社会的本质、发展动力和发展规律，使人类的社会和谐理想变成了科学，并且论证了实现社会主义和谐社会的历史必然性，预示了未来社会和谐发展的基本特征，指出了实现社会和谐的基本条件。马克思恩格斯创立的唯物辩证法揭示了社会系统内各种要素之间的普遍联系、对立统一和相互转化的规律，阐明了社会结构、人与社会、自然以及人自身辩证关系。因此，马克思恩格斯的社会和谐思想是建立在科学世界观和方法论基础上的。马克思主义关于和谐社会理论是共产党人的行动指南[16]。

不少学者认为：构建和谐社会的提法，完全符合马克思、恩格斯对未来社会的设想和论述。正因为这样，党中央关于构建社会主义和谐社会的提法和战略决策，完全可以认为是对马克思科学社会主义理论的发展，对现时我国社会所追求的目标的一个新的界定。和谐社会的提法也吸收了中国传统文化的精华，并且融入了先哲们对理想社会的追求和企望。作为治国理念，治国方略，治国的指导思想，构建社会主义和谐社会，是科学、正确的，是明智的选择[17]。科学社会主义在本质上就是关于“什么是发展、为什么发展以及怎样发展”的科学理论，必然是讲究经济、政治、文化的协调发展；科学发展观是对社会主义本质的一种新概括、新揭示、新发展；中国的发展不是排他性的，而是融合性的、共赢性的[18]。和谐社会的理想具有深厚的文化底蕴和理论渊源。科学发展观是构建社会主义和谐社会的指导思想，两者的落脚点都是以人为本。为了实现构建社会主义和谐社会的目标，必须深化体制改革，尤其是要加大政治体制改革的力度[19]。新的科学发展观是指导我国现代化发展的崭新思维观念，其基本内涵为全面发展、协调与可持续发展，其理论来源：一是马克思主义“人”的全面发展理论。马克思认为，未来社会应该是以每个人的全面而自由的发展为基本原则的社会形式，应该是“各尽所能、各取所需”的社会。二是邓小平发展理论。新科学发展观是对邓小平以经济建设为中心理论的新运用，是对邓小平人民利益发展观的新提升，是对邓小平全面、协调、持续发展理念的新拓展[20]。

有学者集中论述了科学发展观与建立和谐社会的辩证关系，具有一定的代表性。

首先，科学发展观是社会主义和谐社会建设的根本指针。第一，科学发展观深刻揭示了社会主义和谐社会建设的本质要求。以人为本是科学发展观的核心和本质。第二，集中反映了社会主义和谐社会建设的基本规律。只有坚持发展的为民性、全面性，才能从经济、政治、文化等各个方面为和谐社会建设创造有利条件；只有坚持发展的协调性，才能最大限度地减少社会矛盾，减轻社会振荡，为和谐社会建设提供良好环境；只有坚持发展的可持续性，才能使和谐社会建设利在当代、惠及子孙，始终充满旺盛的生机和活力。第三，确立了社会主义和谐社会建设必须始终坚持的根本原则。把发展与和谐历史地统一起来，实现了二者的良性互动。第四，生动展示了社会主义和谐社会建设的科学思想方法。其次，贯彻落实科学发展观是推进社会主义和谐社会建设的必由之路。贯彻落实科学发展观，实现人、社会、自然之间的良性互动，是推进社会主义和谐社会建设的根本保障，是我们推进社会主义和谐社会建设最重要的途径。要把促进发展作为和谐社会建设的鲜明主题，用科学发展观统领和谐社会建设。要把统筹兼顾作为和谐社会建设的根本方法，作为加强执政党能力建设的重要内容和重要任务来抓。要把维护公正作为和谐社会建设的关键环节。公平和正义是社会文明进步的重要标志，也是科学发展观的一个核心价值取向。按照科学发展观要求推进社会主义和谐社会建设，就要在维护和促进社会公正这个关键环节上求得新突破[21]。

有学者论述道：我国社会现阶段实行的多种所有制并存和共同发展的格局，是构建和谐社会的经济基础。既然我国社会现阶段的经济基础是多种所有制并存和共同发展，因而我国必然会形成和出现新的阶级和阶层。树立和落实科学的发展观，是为了实现我国经济社会的全面、协调和可持续发展。科学的发展观是手段，构建和谐社会是根本目的。二者是统一的，不可分割的[22]。社会主义生产关系与生产力的基本适应、社会主义上层建筑与社会主义经济基础的基本适应为构建和谐社会奠定了经济、政治基础。社会主义制度具有解决自身矛盾的本质力量，是和谐社会能有生机活力的源泉。构建和谐社会的科学概念是党的最高纲领与最低纲领的动态结合点，发挥构建和谐社会的政治驱动作用会推动社会主义事业朝着共产主义方向稳步前进[23]。

有学者提出：构建社会主义和谐社会提出的立论依据，一是我国正处于经济社会结构整体转型时期，对党执政的社会基础的巩固和党执政的历史任务的完成提出了新的挑战。二是我国经济社会进入关键的发展阶段。必须高度重视和切实解决目前经济社会发展中出现的突出的问题。构建社会主义和谐社会的基本思路是调动一切积极因素，不断增强全社会的创造活力，协调好各个阶层和方方面面的利益关系，维护和实现社会公平。当前认识公平问题一定要从我国社会主义初级阶段的实际出发，高度重视经济社会关键发展阶段出现的问题，准确把握新的历史条件下人民内部矛盾出现的新特点[24]。构建和谐社会应主要从以下几个方面入手：第一，在总的指导思想上，必须坚持社会主义的根本任务是发展生产力，坚持深化改革，扩大开放。坚持以人为本的科学发展观，促进经济的持续，稳定增长。第二，构建和谐社会首先要构建和谐单位“和谐社区”。第三，对于凡有劳动关系的企业、特别是有雇佣劳动关系的企业，要实行公私兼顾、“劳资”两利的政策。第四，要在整个社会开展和谐教育、公共道德教育、诚信守法教育[25]。

有学者全面论述了科学发展观的内涵、实质，认为：科学发展观体现了社会主义的本质要求，从世界观和方法论的结合上全面系统地回答了社会主义的发展是什么样的发展、为什么发展、怎样发展等基本问题，涵盖经济、政治、文化、社会发展的各个领域。强调：科学发展观体现了社会主义的本质要求。科学发展观对发展的方式有了更明确的规定，对发展的意义有了更深刻的认识，对发展的目的有了更清醒的把握，对发展的内涵有了更全面的概括。科学发展观是在社会主义条件下发展市场经济的必然选择。科学发展观的提出，标志着我国的改革和发展将更加自觉、更加主动，更加具有原则性、系统性、预见性和创造性，经济社会发展将更好地纳入科学发展的轨道。科学发展观的提出还进一步昭示我们，我们对什么是社会主义、怎样建设社会主义仍然有着探索和创造的广阔空间。能不能用科学发展观统领经济社会发展全局，尽快实现经济结构转型和增长方式转变，使经济社会真正转到全面协调可持续的科学发展的轨道上来，是对我们在社会主义条件下发展市场经济的新的历史性考验。科学发展观指明了中国将高举和平、发展、合作的旗帜，坚定不移地走和平发展的道路[26]。

在如何构建社会主义和谐社会方面，有学者提出：和谐理念适应了我国社会的深刻变化，要求更加注重激发社会活力，促进社会公平与公正，强调要把和谐社会的建设摆在重要位置。社会和谐是人道社会主义，包含着尊重自然的基本诉求，是对资本主义竞争理论的彻底修正，与马克思建立共产主义社会的价值追求一脉相承，是对传统经济发展模式的自觉调控，使全体人民在公平、公正的前提下实现共同富裕，是工业文明向生态文明的转型[27]。还有学者提出，进入现代社会以来，科学技术和社会进步的互动关系比历史上任何时期都密切，而在当前构建和谐社会的历史时期，公众科学素养的高低将直接影响社会的和谐程度。鉴于公众的科学素养与构建和谐社会的密切关系，科学素养的培养应与构建和谐社会同步进行。在现代社会中只有把构建和谐社会与培育公众的科学素养同时作为发展的目标，社会的全面和谐才有更切实的保障，才能实现个人与个人、群体与群体、人与自然的和谐相处与幸福安康，才能实现人类的共同进步[28]。

有学者提出，要正确理解以人为本这一概念的科学内涵，认为人，包括社会全体成员和人民两层含义；主要是明确发展的指导思想，确保人民当家作主的主人翁地位，以实现人民的根本利益和人的自由全面发展，为经济和社会建设的出发点、目的和标准。要坚持马克思主义的辩证唯物主义与科学社会主义的世界观、历史观和价值观三者的统一。始终承认客观物质世界的优先地位，人的全部实践都必须严格遵循物质运动的客观规律。在历史观上，承认社会存在的第一性和社会历史发展的客观规律性，同时承认人的主体性和主导地位。在价值观上，主张把人民放在首位，确保人民在新社会当家作主的主人翁地位，坚持一切从人民群众的根本利益出发，保证人民群众占有和享用他们自己劳动所创造的社会财富，促进人的自由全面发展为目的[29]。

三、对苏东及其他国家社会主义相关问题的研究

苏东剧变以来，学界对于这一问题的研究始终不衰，并在更广、更深的方面进行了研究和探索，提出了许多有新意的观点。

有学者指出：评价苏联模式、研究苏东剧变的教训，第一，必须坚持实事求是的原则，把握苏联社会主义实践的基本事实。根据苏联建国前后的基本情况，对斯大林模式作出基本评价。第二，应该全面地分析，从整体上考察苏联的社会主义实践。关键是要全面地考察，把反映事物本质的基础性综合材料作为判断的根据。第三，应该把苏联社会主义革命和建设的各项制度、方针、政策放到当时的国际国内的政治经济环境中进行评价，切忌从现在的、已经变化了的条件出发来评价历史上的事情。第四，必须把社会主义基本制度与具体的体制、运行机制区分开来。第五，由于苏联是第一个社会主义国家，没有现成的经验可资借鉴，只能根据马克思、恩格斯以及列宁提出的一些理论设想，结合苏联的具体情况进行探索。为后来的社会主义国家进行革命和建设提供了丰富的借鉴材料。我们对苏联社会主义模式即斯大林模式进行评价时，必须慎之又慎，严格依据事实，科学地进行分析和判断，不要轻言失败[30]。

有学者对苏联地区的各政党现状进行了研究：

俄罗斯联邦共产党力量最强，影响最大。目前，俄共的思想理论基础和内外政策主张已作出重大调整。它接受了政治多元化和意识形态多样化的现实，引入了某些社会民主主义的价值观，把党的标志改为镰刀、锤子和书，并把俄罗斯、劳动、人民政权、社会主义作为自己的口号。总之，今天的俄共是个非常务实的党。但在俄罗斯社会依然笼罩着强烈的反共情绪的情况下，未来一段时间，俄共仍将背负着原苏共的历史包袱，其生存和发展还面临许多问题。乌克兰共产党重建后目前是国内最大的政党之一，面临着与俄共相似的问题，诸如如何调整自己的思想理论基础、如何更新自己的内外政策主张、如何制定自己的行为准则和策略方针、如何巩固和扩大自己的队伍、如何处理好同执政者及其他政治力量的关系等。白俄罗斯目前有白俄罗斯共产党人党和白俄罗斯共产党。从理论基础和奋斗目标上说，这两个共产党并无根本分歧，但至今仍处于分裂之中。白俄罗斯共产党有条件地支持现政权，白俄罗斯共产党人党则成了不妥协的反对派。在高加索地区，亚美尼亚共产党经过了重建复兴、平稳发展、内部分裂、再陷困境的曲折历程，现状不佳。格鲁吉亚和阿塞拜疆两国的共产党始终没有真正恢复起来，影响更小。在中亚地区，塔吉克斯坦共产党目前在议会中拥有很多席位，可以对政府的活动产生一定影响。吉尔吉斯共产党人党在议会中有些席位，但不足以影响国家的内政外交。哈萨克斯坦共产党目前生存空间受到挤压，在现议会中一席未获。乌兹别克斯坦和土库曼斯坦独立后根本不允许重建共产党。在波罗的海地区，共产党始终没有获得合法地位，没有进行有组织的社会主义和共产主义运动。摩尔多瓦共产党人党的主席当选为国家总统，处于执政地位。但它是在承认多党制和私有化，接受剧变后的社会现实的前提下，按照竞选承诺去实现执政理念的。因而，摩共获得执政地位并不意味着社会主义制度已在摩尔多瓦恢复。

东欧共产党在苏东剧变中受到了毁灭性的打击。波兰、罗马尼亚以及南斯拉夫解体后独立出来的巴尔干诸国，今天几乎看不到共产党人的消息，有的国家绝对禁止建立共产主义性质的政党。保加利亚、匈牙利、捷克、斯洛伐克、阿尔巴尼亚等国，共产党人重建了自己的组织，只是名称不同，力量不等，影响各异。有的国家甚至同时存在几个共产党。它们的区别在于，有的一直积极参与各种政治活动，有的却始终无法取得合法地位；有的传统色彩多一些，有的更加接近于社会党。在捷克、斯洛伐克两国，共产党人的队伍恢复较好，其思想理论、政策主张和行动策略，比较切合本国实际。另外，由于东欧地区早在二战以前就已存在社会党，波兰、匈牙利、捷克斯洛伐克、保加利亚以及东德都有过共产党与社会党合并的历史，社会民主主义思想在这些国家长期积淀下来。进入新世纪后，波兰、匈牙利、马其顿的社会党重获执政地位，东欧国家政府有一半处于社会民主主义政党的控制之下[31]。

有学者总结了越共实行革新开放以来，在理论探索研究和突破中所取得的主要成果：确立了马列主义和胡志明思想是党的指导思想和行动指南。明确指出胡志明思想是关于越南革命基本问题的政治理论体系，是根据越南具体条件创造性地运用和发展了的马列主义，继承和发展了越南民族美好传统价值，并吸收了人类文化精华的结果。明确了当前越南处于向社会主义过渡时期的初级阶段。各阶级、社会阶层之间的关系是人民内部合作与斗争的关系。建设国家的主要动力是共产党领导下的以工人与农民和知识分子联盟为基础的全民大团结。确定了发展社会主义走向市场经济是越南向社会主义过渡时期的总体经济模式。提出了建设一个属于人民、来自人民、为了人民的社会主义法治国家的政治目标。强调发展先进的具有浓厚民族本色的文化，并使之真正成为社会的精神基础。强调维护和平友好的国际环境，致力于国家的发展。强调必须加强党的领导作用和提高党的执政能力[32]。

四、对当代资本主义的研究

1. 当代资本主义的现状、发展阶段与发展趋势研究

关于时代特征，有学者著书指出：当今时代可以作这样的概括：社会主义同资本主义并存、竞争，经过长期反复较量，逐步取代资本主义的时代。其特征是：第一，它表明在这一历史过程中，社会主义同资本主义两种制度、两种思想体系既并存、竞争，又相互依存和相互渗透；第二，在这两种制度的并存和斗争中，资本主义居于主导地位，因而决定了这一时代内容和发展特点；第三，随着资本主义社会的发展和基本矛盾的深化，随着资本主义不可避免地向世界扩张以及国际形势的变化，社会主义的物质因素和政治力量将在其范围内不断发育、壮大，就像资本主义取代封建主义一样，最终必将代替资本主义[33]。

关于资本主义的发展阶段，有学者认为：应该从整个资本主义社会发展的内外部条件和整体社会结构的变化来考察资本主义社会形态发展的阶段性。

当代社会资本主义具有六个基本特征。即社会生产力的社会化程度更高；生产关系社会化的程度更高；社会资本股份化，股份资本职工化、大众化、分散化、全球化；资本主义社会的结构发生大变化，中间阶级扩大化，工人阶级出现白领化、多领化、知识化、有产化趋势；国家政府的社会职能大为增强；各国之间的竞争与协作大为增强；社会主义因素在逐步增长，有越来越多的工农大众集资自办企业与合作社，职工参与企业管理，政府实行社会保障与福利政策等等。从科学技术、生产力、股份经济、企业管理、经济社会化、经济国际化、阶级关系、政治民主、文化教育等十几方面的发展变化，都可以证明资本主义已经进入社会资本主义的新阶段[34]。

也有学者提出：以科学技术进步和生产力发展状况为出发点，以资本主义所有制为基础，以资本本身的社会化进程及其形式变化来划分资本主义发展阶段，应该是最主要的依据。由于19世纪后期以来，以股份资本或社会资本为主体，多种所有制形式并存和共同发展，可以将资本主义社会划分为个人资本占统治地位和股份资本或社会资本占统治地位的两大阶段。对于从19世纪后期到现在股份资本或社会资本占统治地位的一百多年，可以暂且划分为股份资本或社会资本的初级阶段和股份资本或社会资本的发达阶段两小阶段[35]。

在当代资本主义的新变化中，出现了跨国公司的迅猛发展，有一种观点认为这标志着当代资本主义已经由国家垄断资本主义进入国际垄断资本主义新阶段。有学者认为：核心问题是跨国公司同国家的关系。一方面，西方资本主义国家都在采取措施推进私人资本的跨国运动，发展跨国公司；而另一方面，西方跨国公司的发展又使其母国经济获得巨大的利益，就整个来说，它们并不是超越母国国籍的"无国籍公司"。相反，一些主要的跨国公司的控制权都被牢固地掌握在其母国资本家的手里。各西方发达资本主义国家的政府也认识到，它们对跨国公司控制的稀缺资源的依赖正在不断增加。无论有的西方国家怎样在意识形态上承诺奉行新自由主义，要将其经济置于市场的支配之下，它们却都不可避免地要作出影响市场的决策。所以，认为跨国公司的迅猛发展已使资本主义进入国际垄断资本主义新阶段的说法，至少就目前的情况来说，还是根据不足的[36]。

关于资本主义发展趋势的新探索：

有学者认为：现代资本主义对合理性追求的极致化，导致了其赖以确立的根基的动摇，这包括国民国家的退潮，资本主义与民主性的背离，科学理性的伦理困境、中产阶级的幻灭。面对这些困境，资本主义无力根治，因为解决问题的方法，恰恰是瓦解资本主义的措施[37]。资本主义或当今垄断资本主义所主导的全球开放型经济体系就存在着两大严重的缺陷——全球的两极分化趋势与世界经济发展的剧烈波动。根本原因是世界范围内的资本主义基本矛盾——即生产全球化与生产资料资本主义私有制之间的矛盾。上述两大缺陷说明，当今资本主义生产关系与全球开放型经济这一生产社会化发展的高级阶段还存在着尖锐的矛盾。这一矛盾决定了当今资本主义生产关系必须进行自我变革，否则就可能在世界回响起资本主义最后的丧钟[38]。

有学者提出，对当代资本主义的研究应当坚持六条方法论原则：一是要把历史和现实、实际和思想结合起来；二是要把诸如经济全球化那样复杂现象的不同层次、不同方面既区别开来又联系起来；三是要把像后工业社会论等中间所包含的当代人类在资本主义社会创造的文明成果，同资产阶级赋予它的政治和意识形态意图——用新科技革命去论证资本主义制度正在向神奇的新文明演变——中剥离开来；四是在考察资本主义不同模式时，要看到这种种不同模式的相互借鉴和渗透，并都把维护私有制的本质当作其调整生产关系实现形式的极限；五是要看到无论是社会主义吸取和借鉴资本主义社会中的文明成果，还是资本主义借鉴社会主义的一些作法，它们各自的基本制度和本质并没有因此而有所改变；六是既要坚持马克思主义基本理论的指导，又要与时俱进地为面临的新问题，努力探索符合时代精神和客观实际的新答案，而且要联系当代资本主义新变化去不断加深对马克思的理解。

关于当代资本主义新变化，这位学者提出，应当明确四条原则界限：一是必须承认、正视当代资本主义的新变化；二是当代资本主义的新变化不是当代资本主义的根本改变，不能抹杀了社会主义与资本主义的原则界限；三是当代资本主义的种种社会化举措以及借鉴社会主义国家的一些做法，并不意味着它与社会主义的趋同；四是资本主义自行扬弃，并不意味着资本主义会自行长入社会主义。发达资本主义国家在生产力等方面发展很快的主要原因：首先是因为当代资本主义推动了科技革命，吸收、利用了科技发展最新成果。其次是因为当代资本主义适应了生产社会化的发展需要，在资本主义许可的范围内，对其生产关系中的各个环节、经济社会运行机制、政治上层建筑等一些方面作了一系列的调节、改良和改善，包括借鉴社会主义的一些作法，以容纳社会生产力继续发展，并缓和阶级矛盾[39]。

2. 关于当代资本主义与社会主义相互关系的理论分析

有学者认为：在资本主义社会内部可以自发地孕育和形成社会主义因素的观点，是一个马克思主义观点：一个国家资本主义的发展水平越高，它内部所孕育和形成的社会主义因素也就越多，它离科学社会主义理论意义上的社会主义社会也就越近。因此，我们应该把二战以后资本主义的发展看做是人类历史的进步，看做是向社会主义社会的趋归和接近。这也说明社会主义和资本主义既有互相排斥、互相对立的一面，又有互相依赖、互相促进的一面。所以，在经济文化落后的国家无产阶级夺取政权以后，应该实行以公有制为主体、多种所有制经济共同发展的基本经济制度，并把二者统一于社会主义现代化建设过程中。社会主义制度的国家和资本主义制度的国家在一定时期内可以共同存在于世界范围之中，二者既有对立和斗争，又能互相学习和借鉴。而现实社会主义也完全应该和可以实行对外开放政策，加强各国之间包括与发达资本主义国家之间经济、政治、科技、文化、教育的交流与合作。既然在资本主义社会内部可以自发地孕育和形成社会主义因素，而且这种因素积累得越多离社会主义社会就越近，那么由资本主义社会向社会主义社会的过渡，就既有可能采取暴力革命的形式，也有可能采取渐进的和平发展的形式[40]。

有学者认为，当代资本主义世界是一个充满矛盾的错综复杂的世界。科学技术的进步在从经济、政治、社会生活等方面为资本主义的发展创造着极大的物质财富和丰厚的物质条件的同时，也为资本主义的精神文化和生存条件带来了许多破坏性的后果。矛盾的尖锐冲突影响着资本主义的发展进程，并始终伴随着这一发展进程。第三次科技革命的发展形成了垄断与竞争并存、国家与市场并存的新机制。在新机制的作用下，资本主义基本矛盾运动表现在资本剥削雇佣劳动的手段日益隐蔽化、资本与劳动两极分化日益加剧、人与自然的矛盾日益激化等方面。在经济全球化进程中，生产力的无限发展与有限的民族疆界的矛盾运动，作为资本主义基本矛盾运动的表现形式，在使当代资本主义发展还有一定生命活力的同时，也使资本主义基本矛盾进一步深化，使资本主义不断地累积着阻碍其发展的各种因素[41]。

有学者认为，资本主义的价值观可以概括为个人主义、功利主义、自由主义和理性主义，个人主义被视为创造了西方文明的传统，构成资本主义的核心价值理念。社会主义价值观与资本主义价值观是一种合理的继承和发展的关系，据此，当代社会主义价值观是由新集体主义、人民功利主义、自由—民主主义、实践理性主义所构成的完整价值体系。其中，新集体主义是社会主义的总的、普遍的价值原则，人民功利主义、自由—民主主义、实践理性主义分别指向经济富强、政治民主、文化文明三个向度。这一体系既是社会主义本质解放生产力，发展生产力，消灭剥削，消除两极分化，最终达到共同富裕和社会主义价值目标。富强、民主、文明的必然要求和实际的展开，也是对由个人主义、功利主义、自由主义和理性主义所构成的资本主义价值体系的批判性否定[42]。

五、对社会民主主义的研究

有学者总结了冷战结束后社会民主党的总体状况：随着全球化进程的加速，社会党国际及其成员党面临着巨大的挑战和转型压力。因此，社会党国际及其成员党都把理论反思和政策调整作为主要任务，并且提出了一系列理论观点和主张，初步实现了社会党国际的基本纲领和政策的演变。一是淡化意识形态，告别作为替代制度的社会主义。二是以基本价值为基础，赋予其新的内涵和内容。三是调整经济政策，改革福利国家制度。四是面对全球化挑战，主张全球治理。一方面，左和右的区别仍然存在，并且具有重要的现实意义。左的原则必须迎合发展中国家的利益，而右的原则符合发达国家的利益。另一方面，纲领政策调整中的社会党国际，理想与实用色彩浓厚，又加上缺乏必要的工具和体制，使得其全球治理的主张和政策的可操作性受到很大限制，但是，不可否认的是，社会党国际的全球治理思想在很大程度上反映了世界形势的发展趋势和客观要求，代表了人类历史发展的进步方向，在一定程度上推进了国际政治经济民主化进程[43]。

有学者指出：冷战结束后，社民党对在日本实现社会民主主义进行了不懈的努力和探索，这主要表现在社民党对其基本理论、基本政策及对外政策作出了较大的调整和变化。首先，社民党淡化意识形态色彩，注重政策协调，从而加强了与各政党的合作。其次，社民党改变了以前只注重工会而不注重其他社会团体的政策。再次，社民党加强对外联系，扩大对外交往。此外，还注重与社会党国际的交流与合作[44]。

有学者总结了当前世界上多数发达国家共产党组织的基本情况。认为，当前多数发达国家仍然存在着共产党，各派共产党人仍在不屈不挠地为自己的理想和信念而斗争。但除了希腊等国共产党的力量小有发展，多数党尚未摆脱政治迷茫、组织涣散、行为分散、影响乏力的困局。第一，苏东剧变使在西方影响很大的意大利共产党宣告解散了，同时解散的还有荷兰、英国等国的一些共产党组织。第二，由于反共意识形态长期占据主导地位，那些历史悠久、经验丰富、拥有稳定的干部队伍和组织体系的共产党，这些年来始终难有较大发展。第三，为适应新的形势，有些党开始改变自己的指导思想和价值观，修正自己的政治路线、组织路线及政策主张，其中包括法共、日共、美共等老党。第四，发达国家共产党的分化组合过程远未完结[45]。

有学者对美国的社会主义问题给予了关注：自从1906年德国社会学者、思想家维尔纳·桑巴特的著作《为什么美国没有社会主义?》发表以来，美国例外论就与美国社会主义问题结下了不解之缘。桑巴特认为，由于美国工人阶级对资本主义、对美国的政府制度和非同一般的公民融合持赞同态度，在美国成功运转的两党制度下新的政党包括社会主义政党很难发展壮大，美国工人阶级的激进主义潜力被美国资本主义所提供的物质报酬所吞没，美国工人阶级可以获得更大的发展机会，开放的边疆地区的存在削减了工人的战斗性等原因，美国没有社会主义。李普塞特则认为，美国两党制使第三党难成气候，美国社会主义政党和工会长期不合，种族、语言和宗教造成美国工人阶级的异质性或多样性，美国文化中的反国家主义和个人主义传统，是美国社会主义失败的原因[46]。

有学者提出，冷战结束后，由于全球化加速发展，新自由主义大行其道，发达国家的工人阶级处境恶化：工人对资本的依附程度加深，实际收入下降，失业率上升，劳动和生活缺乏保障。在这种情况下，阶级斗争重新崭露头角，反全球化运动在一定程度孕育着工人运动的再度复兴，工人联合斗争成为可能和现实。在全球化时代，资本在世界市场上日益集中化和中心化，工人阶级和被压迫群众不但有共同的根本利益，而且只有以最广泛的劳动者联合对抗国际性的资本联合，工人阶级才可能不被民族性、区域性的局部利益所分化和削弱，工人运动才能成为真正有前途的世界性的事业。另外，工人阶级正在加强同其他社会运动和非政府组织，如妇女解放组织、环境保护组织、反贫困组织、失业者组织、保卫人权组织等的合作，争取联合一切可以联合的力量，与垄断资产阶级斗争。20世纪90年代冷战结束后工人阶级的斗争并未沉寂，虽然没有像以前那样轰轰烈烈，但静水深流，新自由主义强资本弱劳工的倾向一天不改变，工人阶级的反抗意识和行动就一天也不会停止[47]。

（作者：中国社会科学院马克思主义研究院副研究员）

注：

①董德刚：《科学的马克思主义观研究》，《中共中央党校学报》，2005年8月第9卷第3期。

②梁树发：《马克思主义整体性与马克思主义定义问题》，《党政干部学刊》，2005年第3期。

③张新：《关于坚持马克思主义的再思考》，《思想理论教育导刊》，2005年第4期。

④周新城：《“两个决不会”的解读及对社会主义前途的思考》，《马克思主义研究》，2005年第1期。

⑤王怀超：《社会主义、科学社会主义与中国特色社会主义》，《科学社会主义》，2005年第2期。

⑥智效和：《混淆“过渡时期”与“共产主义第一阶段”的后果》，《理论学刊》，2005年第2期。

⑦本刊记者：《从科学社会主义视角看当代资本主义新变化——访徐崇温研究员》，《科学社会主义》，2005年第3期。

⑧靳辉明：《论社会主义社会是一个独特的社会形态》，《社会主义研究》，2005年第1期。

⑨高放：《科学社会主义研究中五个问题歧见述评》，《东南学术》，2005年第1期。

⑩张润枝、季正矩：《马克思的社会形态理论辨析》，《理论学刊》，2005年第5期。

⑪⑭本刊记者：《创新科学社会主义理论体系——访李君如教授》，《科学社会主义》，2005年第1期。

⑫张中云：《社会主义与所有制》，《河南师范大学学报》（哲社版），2005年第2期。

⑬罗文东：《社会主义市场经济与人道主义》，《中共云南省委学校学报》，2005年第3期。

⑮李崇富：《科学发展观的哲学基础和掌握方法》，《党政干部学刊》，2005年第12期。

⑯贾建芳：《马克思恩格斯的社会和谐思想》，《马克思主义研究》，2005年第3期。

⑰㉒晓亮：《关于和谐社会的理论提升》，《学术论丛》，2005年第4期。

⑱张西立：《社会主义本质与科学发展观》，《甘

肃理论学刊》，2005年11月第6期。

⑲严书翰：《社会主义和谐社会理论研究五题》，《中共云南省委党校学报》，2005年第8期。

⑳李京文：《和谐社会与科学发展观》，《中国特色社会主义研究》，2005年第1期。

㉑国防大学邓小平理论研究中心：《用科学观发展统领社会主义和谐社会建设》，《求是》，2005年第14期。

㉓赵光武：《社会主义社会的基本矛盾与构建和谐社会》，《北京大学学报》（哲学社会科学版），2005年第6期。

㉔严书翰：《构建社会主义和谐社会的立论依据和基本思路》，《山东社会科学》，2005年第3期。

㉕晓亮：《妥善处理社会矛盾构建和谐社会》，《学习与探索》，2005年第2期。

㉖秋石：《科学发展观就是社会主义发展观》，《求是》，2005年第21期。

㉗杨兴林：《科学协调利益关系推动社会主义和谐社会建设》，《四川行政学院学报》，2005年第5期。

㉘韩旭：《培育公众科学素养构建社会主义和谐社会》，《国家教育行政学院学报》，2005年第11期。

㉙陈志尚：《准确把握以人为本的科学内涵》，《北京大学学报》（哲社版），2005年第2期。

㉚周新城：《斯大林模式辨析》，《求实》，2005年第2期。

㉛㊺本刊记者：《世界社会主义的现状与前景——于洪君教授访谈》，《国外理论动态》，2005年第1期。

㉜蔡国英：《越共在实践和理论上的新举措及其成果》，《当代世界》，2005年第6期。

㉝靳辉明：《当代资本主义新论》，四川人民出版社，2005年版。

㉞高放：《科学社会主义研究中五个问题歧见述评》，《东南学术》，2005年第1期。

㉟成保良：《现代资本所有制形式和资本主义发展阶段》，《当代经济研究》，2005年第9期。

㊱㊴本刊记者：《从科学社会主义视角看当代资本主义新变化——访徐崇温研究员》，《科学社会主义》，2005年第3期。

㊲张晓峰、吕艳君：《资本主义的合理性与合理性危机》，《中国社会科学院研究生院学报》，2005年第2期。

㊳孙仲涛：《资本主义与开放》，《科学社会主义》，2005年第1期。

㊵赵家祥：《资本主义社会内部是否能够孕育和形成社会主义因素？——马克思恩格斯思想与列宁思想的比较》（下），《北京行政学院学报》，2005年第2期。

㊶张雷声：《资本主义的命运与社会主义的前途》，《中国人民大学学报》，2005年第3期。

㊷吴向东：《社会主义价值观的当代建构》，《科学社会主义》，2005年第4期。

㊸龚加成/金君英：《冷战结束后社会党国际基本纲领与政策的演变》，《北京工业大学学报》（社科版），2005年第1期。

㊹朱艳圣：《冷战以后日本社民党（社会党）的新变化》，《当代世界与社会主义》，2005年第2期。

㊻许宝友：《从桑巴特到李普塞特的美国社会主义例外——国外名家论社会主义》（四），《科学社会主义》，2005年第1期。

㊼李丹：《冷战后发达国家工人阶级及阶级斗争现状分析》，《广东工业大学学报》（社科版），2005年第2期。

国外马克思主义研究

黄继锋　李　胜

2005年度，北京学术界和理论界在国外马克思主义研究方面依然相当活跃，在研究的广度和深度上都有所拓展。《中国社会科学》、《哲学研究》、《国外社会科学》、《马克思主义研究》等刊物都有一定的版面刊登学者们在国外马克思主义研究方面的成果。从本年度发表的论文来看，以下几个方面的研究比较突出：

一、关于冷战结束后国外马克思主义状况的分析

中国人民大学课题组对冷战结束后国外马克思主义进行了分析，发表了《冷战结束后国外马克思主义研究概况》的报告。报告指出，20世纪80年代

末和90年代初，由于苏联东欧的剧变，国外马克思主义研究曾跌入低谷。但并非如资产阶级预言家所预言的那样，马克思主义已经死亡。而是相反，自90年代中期以来，国外马克思主义研究开始回升，且势头不减。报告共分三个部分：（1）关于国外马克思主义研究一般情况；（2）国外马克思主义研究的主要问题；（3）关于进一步加强我国国外马克思主义研究的意见。在第一部分，该报告从冷战结束后活跃的国外马克思主义的主要流派、代表人物、主要著作及学术活动等方面介绍了国外马克思主义研究的一般情况。特别是对如下流派的介绍：分析的马克思主义、文化阐释学的马克思主义、生态学的马克思主义、女权主义的马克思主义、市场社会主义、乌托邦的马克思主义、世界体系的马克思主义、管理学派的马克思主义、日本独特的马克思主义研究等，虽然并非全部列举，但基本上展示了冷战结束后新出现的国外马克思主义流派和原来已经存在今天依然活跃的马克思主义流派的概况。在第二部分，该报告从对马克思主义的理解和态度、关于苏东剧变的性质和原因、关于社会主义和共产主义研究、对资本主义发展趋势的探讨四个方面介绍了冷战结束后国外马克思主义主要研究的问题。

在第三部分，该报告从进一步提高对国外马克思主义研究意义的认识、开展对国外马克思主义的全方位研究、特别是加强对国外各无产阶级政党的马克思主义的研究、成立国外马克思主义研究中心和建立国外马克思主义研究信息库、加强对外交流等方面提出了进一步加强我国国外马克思主义研究的建议。该报告指出，国外马克思主义是当代马克思主义的一支重要力量，它们的许多见解对于我们具有启发作用，它们对马克思主义理解的偏差对于我们也有警示作用。当代国外马克思主义研究应该成为我们当前实施的马克思主义理论研究和建设工程的重要课题之一。报告认为，我国目前的国外马克思主义研究视野还不够开阔，对西方发达资本主义国家的马克思主义研究关注的比较多，对其他地区和国家则关注不够；对学者的马克思主义研究关注的比较多，而对各国无产阶级政党的马克思主义及其研究状况则关注不够，这种局面应当得到改变。该报告还建议要进一步对外交流，定期召开国际性的马克思主义学术会议，多邀请有影响的国外马克思主义理论家和学者来参加会议和讲学。同时多派人参加在国外举行的国际性的马克思主义学术会议，把握国外马克思主义动态，向国外介绍我国改革开放的成就和马克思主义中国化的成果①。

二、关于国外马克思主义趋向的研究

对国外马克思主义趋向的探讨是2005年度的一个热点。李其庆从国际马克思大会反映的情况分析了西方左翼学者的马克思主义研究动向。他认为，重大国际性马克思大会反映出，在苏东剧变后受到冲击的西方马克思主义研究迅速重新活跃起来，这主要是因为：其一，一些西方左翼学者经过认真的思考和比较，仍然认同马克思主义。由于他们熟悉西方各种理论、学说和流派，这又促使他们把马克思主义同其他现代文化要素结合起来，从而给马克思主义增添了新的活力。其二，西方左翼学者通过对现实的思考，发现马克思主义仍然是最有力的武器，因此出现了“回归马克思”的热潮。其三，西方国家共产党的马克思主义研究机构在研究任务和组织形式方面进行了调整，扩充了自己的力量。西方左翼马克思主义者目前的研究主要重点有：（一）关于当代资本主义的研究。主要包括资本主义经济；当代资本主义社会阶级斗争、阶级结构的特点；全球化问题；关于资本主义发展的新阶段；当代资本主义所有制关系的变化；当代资本主义阶级关系的变化；关于资本主义的历史考察和定位；超越资本主义的问题。（二）关于社会主义的研究。主要包括对社会主义的理论理解；社会主义模式；社会主义的历史命运。（三）关于当代世界与全球化的研究。他认为，国际马克思大会反映出了国外马克思主义研究的一些趋势，如发达国家和发展中国家马克思主义学者加强交流与合作的发展趋势；不仅注重学理层面的研究，而且更注重重大现实问题和国际问题的追踪研究；研究方法的多样性，以国际性组织为载体的“大左翼”的国际联合形式正朝着多样性方向发展，既有思想上的交流，也有具体行动上的协调配合②。

段忠桥通过对欧美马克思主义的考察，认为西方资本主义国家的马克思主义研究在20世纪70年代出现了一个明显的变化，即研究的主要地域上开始由西欧大陆向英美转移。出现在20—30年代、兴盛于50—60年代的植根于西欧大陆的“西方马克思主义”开始走向衰弱，而与此同时，在英美则不断涌现出新的马克思主义流派或理论，并逐渐取代西欧大陆而成为当今西方资本主义国家马克思主义研究的中心领域。也就是说，在整个西方资本主义国家的马克思主义研究中占据主导地位的已是英美的马克思主义。他认为，英美的马克思主义虽与西欧大陆的马克思主义有着历史联系，但与之相比，出现了三个显著的特征：一是研究主题的转换。由于英美的马克思主义是在苏东社会主义国家趋于解体和资本主义加速全球化进程的背景下出现的，因而研究的主题已经从既批判现存的资本主义制度又批评苏联的社会主义模式转向探讨发达资本主义国家如何走向社会主义和如何应对资本主义全球的扩张。二是研究领域的扩大，即从主要是哲学领域的探讨扩展到经济学、政治学、社会学、生态学等众多领域。三是研究者之间的联系加强了，这不仅表现在研究者之间在理论上的相互沟通和借鉴，更表现在他们经常围绕某一问题展开激烈的争论。英美的马克思主义代表着西方资本主义国家马克思主义研究的新阶段，应成为当前我们研究的首要对象[③]。

三、关于西方马克思主义的马克思主义观的研究

西方马克思主义对马克思主义有不同的解读，由梁树发主持完成的国家社科基金项目《西方马克思主义的马克思主义观》对此进行了深入的探讨。认为在西方马克思主义的代表人物中，卢卡奇的马克思主义观是一种方法至上的马克思主义观，但其最终的结果是对马克思主义的否定。柯尔施的马克思主义观是革命的马克思主义观，但由于这一观点在论证哲学和马克思主义的现实性上，仅仅以其“现实的一个组成部分”的观点作为根据，这一离开反映论的“构成论”，是哲学与现实关系问题的机械论，实质则是唯心主义。葛兰西把“实践哲学”作为马克思主义的代名词，表明了他对马克思主义的特定认识，但他关于马克思主义的认识不是马克思主义的，是带有唯心主义色彩的。梅洛—庞蒂曾力图从能动性和人道主义出发寻求存在主义与马克思主义的结合，但他的所谓“存在主义的马克思主义”其性质是把马克思主义存在主义化；阿尔都塞是法国“结构主义的马克思主义”的主要代表，它认为在“青年马克思”和成熟马克思之间有一个“认识论上的断裂”；他提出关于马克思著作理解的“症候阅读法”；他错误地解释马克思的辩证法与黑格尔的辩证法的关系；他坚持马克思主义是“反历史主义”和“理论上的反人道主义”的主张。这构成了阿尔都塞的马克思主义观的结构主义性质和特征[④]。

孙玉霞和张立波的文章通过对卢卡奇、柯尔施、法兰克福学派以及詹姆逊、德里达等一些西方马克思主义者的观点的分析，认为从西方马克思主义者对马克思学说的态度上，可以勾勒出一条从方法到视阈的线索。在20世纪70年代以前，西方马克思主义强调马克思主义学说的方法论意义，但70年代以来，西方马克思主义者越来越把马克思主义看做一种视阈。文章认为，早先西方马克思主义者强调马克思主义方法论的意义，是值得肯定的，它在相当程度上表明了对马克思主义创造性、开放性的理解和运用。在从方法到视阈的扩展和游移中，西方马克思主义所处的语境和所持的主要观点有一系列的变化，对马克思的理解也很不同，甚至大相径庭，但是有一点是确定的，即：马克思始终是一种批评的力量，一种异质性的存在。尽管现实的马克思主义有种种问题和缺陷，然而，就对资本主义的批判而言，马克思主义的启示性力量是其他任何学派都无法相比的。而且，虽然在把马克思主义作为一种方法到作为一种视阈的过程中，西方马克思主义对马克思主义的体认和把握愈来愈“抽象”，但它参与并引导了当代西方哲学、思想和文化的进程，其意义并不仅仅局限于马克思主义的圈子[⑤]。

四、关于后马克思主义的研究

后马克思主义依然是本年度的研究的热点之一。除探讨带有综合性的问题外，主要是对后马克思主义代表人物的研究，尤其是对德里达、拉克劳和墨菲的研究。

1. 关于后马克思主义的当代西方阶级与社会结构变迁理论。周穗明的文章分别对英、法、德、美等主要西方国家的后马克思主义的阶级和社会结构变迁理论进行梳理，指出后马克思主义的阶级和社会结构变迁理论由于其理论背景、民族特点、文化传统的显著差别，显示出异常丰富的多样性。与20世纪70年代以前西方新马克思主义各流派强调工人阶级异化论不同，后马克思主义诸流派强调新技术革命条件下传统工人阶级的衰落、新中间阶级的崛起和资产阶级的内部分化，并以权力抗争取代阶级斗争，形成了异质于马克思主义的、反阶级政治的多元社会结构理论。文章认为，后马克思主义关于当代西方阶级与社会结构变迁的理论，对我们认识当代资本主义的基本矛盾有一定的启示作用，但从总体上看，后马克思主义无力说明当代西方社会的结构性变化的根本性质和根源，因而也无法真正揭示当代资本主义的根本矛盾。事实证明，后马克思主义的去阶级化的多元政治理论非但不能说明马克思主义的阶级理论出现危机，相反恰恰验证了80年代以来西方非马克思主义左翼在新自由主义强势压力下的总体意识形态危机[⑥]。

2. 对德里达的研究。尚杰通过对德里达的《马克思的幽灵们》的解读，分析了德里达是如何根据自己的思路来阅读马克思的《资本论》的，认为德里达对马克思的《资本论》的阅读，同时也是对

《资本论》中的“看不见的现象”的阅读，对书中“幽灵性”的阅读。按照德里达的理解，离开了幽灵般的境界，马克思《资本论》的分析就无法进行，表明了德里达的一种“没有宗教的宗教”的立场。本文最后还得出了从幽灵性看另一种逻辑的结论。文章还指出，哲学家德里达的思想并非无“规律”可寻，德里达的主要哲学贡献不是对传统哲学的消解和颠覆，而是揭示哲学从来未曾有过的新面貌，即事物如何出场和如何传播⑦。

杨生平通过对德里达的《马克思的幽灵》的解读，认为《马克思的幽灵》虽然内容庞杂，涉及问题较多，但其核心内容十分明确：它在论述马克思的精神。表面上看，德里达所理解的精神多种多样，但事实上他正想通过这些多种多样的马克思精神去表达他对马克思精神的一种完整理解。他所理解的马克思精神其实就是一种批判精神，一种实现解放的精神，是批判精神与解放精神的统一。文章还就《马克思的幽灵》是否是马克思主义的这一问题进行了阐述。认为德里达所理解的马克思的批判精神实际上就是一种解构主义精神，所提倡的马克思的解放精神实际上是一种延异精神。指出，德里达走向马克思，不是为了发展马克思，而是为了借马克思的文本进一步完善解构主义，使解构主义一开始就具有而始终未得到系统表达的政治思想得到进一步展开。所以，《马克思的幽灵》抓住的至多只是马克思的“幽灵”，丢失的却是马克思的“灵魂”⑧。

魏小萍对英国朱尔斯·汤森教授的《德里达对马克思（主义）的解构》一文进行了评介。朱尔斯·汤森不仅条理清晰的分析了德里达的解构思路，而且指出了德里达的解构的意义和局限：即德里达对“幽灵”的解构有助于我们从坏的“幽灵”那里解放出来；不过德里达在解构幽灵的同时同样被幽灵所困扰。通过对汤文的评介指出，我们从德里达的解构中能够获得从传统思维方式中难以获得的启示：拓宽和深化我们的研究视野，超越本体——政治的思维模式；激活我们的研究理念，从存在的历史境域中理解事物的发展；在真的追求中研究时代中的马克思主义与马克思主义所面临的时代问题⑨。

3. 对拉克劳与墨菲的研究。周凡对拉克劳的接合概念进行了探讨。认为在拉克劳早期思想中，接合是一个核心的理论概念，依托此概念，拉克劳批判了传统马克思主义意识形态理论中的经济决定论和阶级还原论，阐发了非阶级意识形态的存在及其与霸权意识形态的连接方式。后马克思主义的接合概念实际上是拉克劳早期接合概念的逻辑延伸和后现代主义改造。正因为如此，拉克劳后马克思主义转向之前的接合概念也就成为准确理解拉克劳和墨菲的后马克思主义要义的一个关键的延入性概念⑩。

孔明安的指出，拉克劳和墨菲的后马克思主义的核心是激进多元的民主理论，它其实是一种典型的政治哲学。这种后马克思主义政治哲学观在哲学上表现为以“领导权”为核心、以“链接”实践为基础、以反本质主义为特征的政治本体论；具体内容体现为以“对抗”为特征的多元激进民主理论；而具体目标和实践则体现为构建“激进民主政治”的“新社会运动”⑪。

上述就是关于国外马克思主义研究的主要问题。还要一提的是，本年度对外学术交流也有所活跃。除了派人参加国际性的马克思主义学术会议外，国内一些科研单位和高校也通过主持召开国际性研讨会、邀请国外著名马克思主义研究专家学者来华参加会议和讲学等方式加强马克思主义研究的对外交流。《国外社会科学》2005第2期报道了中共中央编译局此前主持召开的卢森堡国际学术研讨会情况。在这次研讨会上，与会的各国学者共提交了《卢森堡的民主观》、《卢森堡与西方新马克思主义先驱的民主观评析》、《卢森堡的党内民主思想及其现实意义》等25篇论文，围绕着“卢森堡的民主观”和“卢森堡研究的新成果”的主题进行了广泛而热烈的讨论⑫。中国人民大学2005年“中国人文社会科学论坛”邀请国外马克思主义研究著名学者戴维·麦克莱伦、特奥托尼奥·多斯桑托斯、梅纳得·德塞、戴维·施韦卡特、罗伯特·保尔·布伦纳、沃尔夫冈·弗里兹·豪格、亚历山大·尼·丘马科夫等就“马克思主义与当代世界”、“马克思主义与全球化”、“马克思主义与中国模式”论题与我国学者进行面对面交流，加深了相互的了解，促进了对国外马克思主义的研究。

（作者：黄继锋，中国人民大学教授；
李胜，中国人民大学博士生）

注：

①梁树发、曾枝盛等：《冷战结束后国外马克思主义研究概况》，《北京行政学院学报》，2005年第4、5期。

②《从国际马克思大会看西方左翼马克思主义研究》，人大复印报刊资料：《马克思主义、列宁主义研究》，2005年第3期。

③段忠桥：《20世纪70年代以来英美的马克思主义研究》，《中国社会科学》，2005年第5期。

④梁树发：《“西方马克思主义”的马克思主义

观》,《马克思主义与现实》,2005年第3期。

⑤孙玉霞、张立波:《从方法到视阈:西方马克思主义的思想轨迹》,《教学与研究》,2005年第11期。

⑥周穗明:《后马克思主义关于当代西方阶级与社会结构变迁得理论述评》,《国外社会科学》,2005年第1、2期。

⑦尚杰:《“看不见的现象”暨“没有宗教的宗教”——再读德里达〈马克思的幽灵〉》,《教学与研究》,2005年第1期。

⑧杨生平:《解析德里达的〈马克思的幽灵〉》,《哲学研究》,2005年第3期。

⑨魏小萍:《解构主义与马克思主义相遇,给我们带来了什么启示?——汤森〈德里达对马克思主义的解构〉一文评介》,《现代哲学》,2005年第1期。

⑩周凡:《论拉克劳后马克思主义转向之前的接合概念》,《马克思主义与现实》,2005年第2期。

⑪孔明安:《后马克思主义的政治学批判——拉克劳和墨菲的多元激进民主理论研究》,《南京大学学报》,2005年第4期。

⑫禾惠:《罗莎·卢森堡国际学术研讨会纪要》,《国外社会科学》,2005年第2期。

哲 学

马克思主义哲学

王 东 林 锋

2005年我国马克思主义哲学研究,继续呈现积极进取、开拓创新的良好态势,不论是在哲学文本研究,还是在重大现实问题研究,以及研究方法的探索上,都形成了关注的焦点,进行了卓有成效的建设性探讨,并取得了重要进展。通过对理论界一年来学术研究状况的认真梳理和概括,我们可以发现,创新仍然是国内马克思主义哲学研究的头号主题和首要目标,围绕这一目标,马克思主义哲学创新出现了五个重要的理论生长点——马克思主义哲学文本研究方法论、马克思主义哲学创新路径、全球化与唯物史观创新、以人为本的科学发展观、构建社会主义和谐社会的哲学基础。以下我们分别从上述五个方面,对2005年我国理论界的马克思主义哲学研究状况作一个简要回顾和总结。

一、马克思主义哲学文本研究方法论

与前几年相同,马克思主义哲学文本研究的方法论问题,继续成为2005年国内学者集中探讨的焦点问题。在学界对这一问题的探索中,首先值得重视的,是北京大学哲学系为庆祝北京大学马克思主义文献研究中心成立5周年,于2005年2月25日隆重召开的“马克思主义文本研究方法暨前沿问题研讨会”。来自中共中央编译局、中国社会科学院、北京大学、中国人民大学等科研单位的一批著名专家学者,参加了此次学术会议,并作了重要发言。

王东认为,要实现马克思文本解读模式的根本突破和创新,必须超越传统的“以恩解马”、“以苏解马”、“以西解马”的解读模式,确立“以马解马”的全新解读模式。他指出,在“以马解马”这个提法中,前面的“以马”是途径,后边的“解马”是目的,这个提法的后一半“解马”,比较简要明确,就是“解读马克思哲学”,这里需要对这个提法的前一半“以马”的具体含义,作出科学规定和具体揭示,也就是通过和马克思相关的什么途径,来达到解读马克思哲学的目的。按照由近及远、由浅入深、由初级到高级的顺序,他提出了“以马解马”解读模式的十条要求——本人文本、独特语境、人生道路、历史背景、理论来源、发展脉络、理论起点、完整体系、内在逻辑、精神实质。只有按照上述十条要求,或十个步骤,循序渐进,逐层深入,我们才能完整体现“以马解马”的解读模式,真正走进马克思、理解马克思。

丰子义认为,马克思主义哲学不是经院哲学,而是生活哲学、群众哲学、实践哲学,这样的性质决定了对马克思主义哲学不能进行“纯文本”的研

究，必要的版本学考证、分析固然是不可缺少的，但真正作为基本理论研究的文本研究，必然离不开对现实问题的关照，只有把文本研究和现实问题研究有机结合起来，才能既推进文本研究，又使现实问题研究得到坚实的理论支撑，二者积极互动，无疑会促进马克思主义哲学的繁荣和发展。

聂锦芳认为，马克思文本研究应该在历史性与现实性、学术性与思想性、本真性与主体性、公度性与个性化等矛盾之间既保持融同与提升，又保持合理的区分与必要的张力。在他看来，马克思研究首先是历史研究、人物研究、学派研究，其次才是现实研究、实践研究和时代研究；脱离学术基础的思想只能是一种虚妄，不能因为张扬了思想性，而损害了研究的学术性；文本解读虽然体现了解释者的主体性，但这不足以否定马克思的文本思想具有其自在性、本真性和确定性；文本研究必然带有研究者的个性化特征，但不能因此否定或损害研究的公度性①。

杨金海介绍了中央编译局在《马克思恩格斯全集》历史考证版（MEGA2）研究方面取得的新成果、新进展。魏小萍则介绍了中国社会科学院哲学所在这方面的研究现状与今后构想。安启念介绍了中国人民大学在这方面的研究成果。

俞吾金认为，要对马克思和马克思主义进行创造性的研究，就需要在思维方法上有一个转折，即通过差异分析来重构马克思的哲学理论。他主张用“差异分析法”来研究马克思哲学，即把马克思主义创始人的思想与马克思主义思想区分开来，把马克思的思想与恩格斯的思想区分开来，把青年马克思的思想与成熟时期的马克思的思想区分开来；并进而区分马克思哲学研究中的不同的视角②。

赵家祥针对“马恩对立论”的学术观点，发表了文章，进行了学术辨析。他认为，不论是在人类社会与自然界的关系问题上，还是在历史发展的主体性与客观性的关系问题上，马克思和恩格斯的哲学在本质上都是相同的，“马恩对立论”是虚构的，不能成立的。他还从马克思、恩格斯共同创立和详细阐发他们的理论的过程方面，说明了二人思想的基本一致性③。

张一兵提出，必须根本摆脱苏联东欧式的治史模式，建立今天中国的马克思主义新思想史观。苏东式治史模式的根本缺陷，是根据一定的意识形态现实需要，将一定的目标设定为中心理论轴线，来座架历史事件和史料，其本质上是一种主观唯心主义的历史学逻辑。他主张，必须反对治史方法中的种种教条主义框框，真正以马克思主义的态度来面对和研究马克思主义思想史，具体地、历史地、现实地研究经典作家思想的发生、发展历程，唯其如此，才能真实地再现马克思主义的发生史④。

二、马克思主义哲学创新路径

马克思主义哲学要实现其赋予时代精神和民族特色的重大理论创新，离不开对哲学创新路径问题的方法论思考。在过去的一年中，关于马克思主义哲学如何在新形势下实现自我创新、自我超越，如何构建面向21世纪的马克思主义哲学现代新形态的方法论问题，再次被摆上学界讨论的重要位置。

2005年4月29日，由中国辩证唯物主义学会、北京大学邓小平理论研究中心、北京大学哲学系“21世纪哲学创新论坛”联合召开的“马克思主义哲学创新研讨会暨《邓小平理论与当代中国哲学》出版座谈会”在北京大学举行，来自中央党校、中国社会科学院、北京大学、中国人民大学、北京师范大学等重要科研单位的40多名国内知名专家学者参加了会议。与会学者在充分肯定黄楠森、王东两位教授主编的新著（《邓小平理论与当代中国哲学》）的学术价值、现实意义的基础上，鲜明地提出了关于如何实现马克思主义哲学当代创新的方法论问题，并高度评价了该书按照“创新根据——创新前提——创新目标——创新途径——创新走向”的逻辑结构，系统阐明马克思主义哲学创新方法论问题的基本思路。

一年来，国内学者从不同视角、不同方面，对马克思主义哲学的创新路径问题，提出了自己的看法。

黄楠森认为，建立一个完整严密的科学体系，是21世纪马克思主义哲学创新的重要任务，马克思主义哲学的新体系应包括世界观（本体论）、历史观、意识论三部分。针对近年来有学者否定世界观、本体论在马克思主义哲学中基础地位的片面做法，黄教授撰文指出，哲学是一个学科群，是一个以世界观、本体论为核心的不同层次、不同领域、不同方面的部门哲学群，部门哲学的数量虽然难以确定，但世界观、本体论是不可缺乏的⑤。

王东主张按照“解读模式创新——文本体系创新——文献资料创新——中西马综合创新——哲学问题创新——哲学体系创新——教学体系创新”的思路，科学解决马克思主义哲学如何创新、怎样创新的时代课题：第一，根本突破传统马克思文本解读模式，采用“以马解马”的新解读模式；第二，直接面对马克思哲学原创的七部主要文本，真实揭示马克思长达40年的持续哲学创新的心路历程；第三，整合国内文献资源、借鉴国际文献学最新研究成果，详尽占有马克思本人的文献资料，不断填补研究空白；第四，打破“独尊马列”和中、西、马哲学分立隔绝的不合理现状，实现中西马哲学的综合创新；第五，密切关注和研究重大时代现实问题，实现哲学研究问题的创新；第六，在客观分析传统哲学教科书体系功过得失的前提下，创立赋予时代精神、民族特色的马克思主义哲学新体系；第七，实现马克思主义哲学教学体系的系统、全面、综合的创新[⑥]。

李景源认为，马克思主义哲学理论创新在各相关学科基于学术平等、围绕具体问题展开充分对话的基础上，必须牢牢结合建设中国特色社会主义伟大实践，分析现实生活中的新问题，真正体现马克思主义哲学与时俱进的理论品质。这既是马克思主义哲学的使命，也是马克思主义哲学保持自身生命力，从而构建马克思主义哲学理论新形态的前提和保障[⑦]。

许全兴认为，当前我国马克思主义哲学面临着严重的挑战和危机，这主要表现为马克思主义哲学研究长期受教条主义束缚，未能与时俱进，内容陈旧，脱离了时代，脱离了生活，脱离了人民。摆脱危机的出路在于马克思主义哲学的自我革命，实现综合创新。具体来说，首先要面向世界，大胆吸取人类先进文明成果，实现马克思主义哲学的现代化；其次要对中国传统哲学进行总结和概括，推进马克思主义哲学中国化；最后，要肩负振兴中华民族的使命，关注当代中国改革开放和现代化建设中的重大问题[⑧]。

庄福龄认为，基础理论研究直接关系到哲学的未来发展前景。哲学正是靠基础理论而发展，而应用，而创新，而形成分支。基础理论为哲学的进一步发展和应用，提供着基础和生长点。因此，加强基础理论研究是推进马克思主义哲学自身发展、自我创新的一项基础性任务。研究哲学基础理论，既要坚持基本原理，坚持从世界观、历史观和客观规律的高度看问题，又要坚持同实际相结合，不能脱离现实生活和新情况、新问题[⑨]。

汪信砚认为，要实现马克思主义哲学创新，仅有创新意识是不够的，还必须本着科学的态度，遵循正确的方向和原则进行艰辛的理论探索。事实上，当前马克思主义哲学研究中，存在三个较为典型的理论误区：一是热衷于教科书批判，将所有的马克思主义哲学教科书都说得一无是处；二是追求一种根本脱离现实生活的所谓“学术性”，把马克思主义哲学变成了一种思辨学问和智力游戏；三是把一些西方思想家的理论奉为教条。不克服上述三个根本缺陷，就谈不上马克思主义哲学的真正创新[⑩]。

三、全球化与唯物史观创新

全球化是当今时代的显著特征。对全球化问题，及其与唯物史观理论创新的关系的新探讨，是2005年国内马克思主义哲学研究的重要内容。学者们围绕全球化对唯物史观、马克思主义哲学研究提出的新课题、新要求、新挑战，全球化与唯物史观、马克思主义哲学基本理论的创新、如何根据唯物史观的立场和方法，科学认识全球化实质等焦点问题，展开了热烈探讨。

丰子义认为，全球化的出现，不仅对社会生活、社会发展是一场深刻的变革，而且对社会历史理论研究也是一个重大冲击。这种冲击不在于它提出了多少具体问题需要加以关注和解答，而主要在于对唯物史观的研究范式提出了新的要求，需要对其作出新的调整和变革。这就是要在唯物史观研究中，改变只注重从一个国家、民族的视野来观察和谈论问题的方法，转向用全球化的观点来思考和研究社会发展问题，用全球性思维来补充和完善民族性思维。也就是说，应超越狭隘的民族国家视界，转向从全球视野来思考和研究问题[⑪]。

欧阳康认为，我们今天生活在一个全球化的时代，全球化对于马克思主义哲学来说，既是一种机遇也是一种挑战，马克思主义哲学应当在全球化的背景中并在对全球性问题的解读中获得新的时代性发展。马克思主义应该如何看待全球化进程中的当代世界？对此我们需要作出视阈的调整和转换：第一，应该特别注意在当代马克思主义哲学的全球视野中解读时代主题的转换；第二，应当尊重马克思主义理论形态由单一、正统、经典模式向多样化并存模式的转变；第三，从思维模式上看，应当在个性化、民族化、人类化之间保持张力；第四，从研究的方式来看，应当在整合自然科学、人文科学、社会科学方法论的基础上建构起符合马克思主义哲学本性的方法论体系[⑫]。

仰海峰认为，从马克思的资本逻辑出发，全球化就是资本在世界范围内的全面展开，这是继自由资本主义、垄断资本主义之后出现的跨国资本主义时代。全球资本主义的发展，对于马克思唯物史观的传统模式提出许多挑战，并开启了传统研究中许多被忽视的领域，特别是全球资本主义运行中资本的空间布展问题，使得空间的生产与规划和资本的权力结构关系日益凸现出来。如果说在自由资本主义与垄断资本主义时期，时间以其绝对的优势支配着空间的话，那么在全球资本主义时代，随着时间的极限化，空间取得了主导性的支配地位，全球化就是资本在空间的布展⑬。

梁树发认为，世界历史本身的历史性、阶段性，引导我们把世界历史的发展与社会形态联系起来，从而在理论上产生出世界历史、全球化的社会形态意义问题。"世界社会形态"概念就是从交往关系角度对世界历史形成以来的历史按照社会形态思维作出的一种理解。"世界社会形态"概念的提出，其意义就在于：第一，这一概念的提出是一种历史观察视角的转变，即把历史观察的重点由单一民族、国家或地区政变为由它们的普遍联系构成的整个世界；第二，世界社会形态是历史转变为世界历史以来的过程的总体；第三，这一概念丰富了马克思主义的社会形态理论，成为后者的一个重要组成部分⑭。

杨学功指出，"全球化"研究中最大的分歧，莫过于对全球化实质的认识，而对全球化实质的不同认识分歧的焦点，又被归结为"全球化是否就是西方化"这样一个问题，实际上，把全球化归结为西方化是片面的。拿经济全球化来说，它包括生产力和生产关系两个方面，在分析其实质时，不能只看到生产关系的层面而忽视生产力的层面。从生产关系层面上看，经济全球化确实带有资本主义生产关系全球扩张的性质，但生产力决定生产关系，科学技术和生产力才是历史发展过程中具有最终决定意义的力量。如果从生产力的角度来看，显然就不能将全球化的实质归结为西方化，其实质应是现代化的工业生产力的全球扩展过程，是以西方国家为主导，随后又传播到世界其他国家和地区的全球现代化过程⑮。

四、以人为本的科学发展观

自党的十六届三中全会提出"以人为本、全面、协调、可持续"的科学发展观以来，以人为本和科学发展观问题，始终是我国哲学界探讨的热点话题。在过去的一年里，我国学者就上述问题发表了许多学术含量高、现实感强烈的见解。学者们的探讨，集中地反映在对"以人为本"的哲学内涵、"以人为本"的唯物史观根据、社会主义与"以人为本"的关系、如何贯彻和实现"以人为本"、科学发展观的理论基础等问题的新思考、新阐释上。

袁贵仁认为，以人为本，就是说，与神和物相比，人更重要、更根本，不能本末倒置，舍本求末。我们党提出的科学发展观，并不否认经济发展的重要性，它所强调的是，经济发展，归根到底是为了满足广大人民群众的物质文化需要，保证人的全面发展，人才是发展的真正目的。以人为本，是科学发展观的核心。要真正贯彻和落实"以人为本"，一要把以人为本作为我们党新时期的执政理念和要求；二要始终致力于促进人的全面发展；三要切实维护人民群众的各种权益；四要努力提高人民群众的积极性和创造性⑯。

陈志尚认为，"人"包括社会全体成员和人民两层含义，而且只有从肯定第一层含义，进而深入到肯定第二层含义，才是对"以人为本"的"人"的全面的、准确的把握；"本"主要是明确发展的指导思想，确保人民当家作主的主人翁地位，以实现人民的根本利益和人的自由全面发展为经济和社会建设的出发点、目的和标准。"以人为本"，并不是要否定"以物为本"，而是要求"既见人又见物"，更不是否定"以人民为本"，"以人为本"和"以人民为本"本质上是一致的⑰。

张翼星认为，提出"以人为本"，不仅具有政治、政策上的重大意义，而且在哲学、理论上也是一个长足的进步，富有马克思主义哲学上的意蕴和根据。现实的人，原本就是马克思主义哲学的出发点。只是由于种种历史的原因，长期以来这个出发点被忽视了。我们现在提出"以人为本"的思想，并不是在唯物史观之外提出的另一个命题，而正是与唯物史观相吻合而统一的。唯物史观，就是关于现实的人及其历史发展的科学。自由而全面发展的人，正是马克思哲学的目标和归宿⑱。

夏甑陶认为，以人为本是唯物史观的应有之义。因为唯物史观本身就是关于人类社会历史的动态结构及其变化发展规律的基本理论观点。这种观点正是从现实的活生生的人出发，以他们的存在、以他们的现实生活和生产活动为前提的。唯物史观并不存在所谓见物不见人的问题，而讲"以人为本"，也不会冲击和动摇马克思历史观的唯物主义基础。唯物史观，正是以现实的人为前提和出发点，因而是体现了以人为本原则的唯物史观⑲。

王锐生认为，社会主义是科学社会主义，同时也是"以人为本"的社会主义。科学规律与"以人为本"的结合是我们的社会主义的双重品格。社会主义不排斥"以人为本"，其道理就在于：第一，根据马克思的学说，消灭社会关系的异化是走向人类解放的必要前提；第二，从社会主义思想史来看，早期的社会主义本来就是针对资本主义对劳苦大众的摧残和奴役而发出的呼声；第三，我们正在建设的中国特色社会主义需要"以人为本"[20]。

贺来认为，改变传统的社会观与发展观，确立以人为中心的社会观和发展观，是确立"以人为本"的社会发展观的思想基石。正是这种以人为中心的社会观和发展观，使人真正成为社会发展的目标主体、价值主体、动力主体和责任主体。否则，"以人为本"的社会发展观将难以在人们的思想和行动中生根立足，即使勉强建立起来，也难免沦为某种形式化的东西并可能走样变形[21]。

吴元梁认为，唯物史观是科学发展观的理论基础：首先，唯物史观关于社会历史主体的理论是科学发展观"以人为本"的理论根据；其次，唯物史观关于社会有机体和社会结构的理论是科学发展观"全面协调发展"的理论依据；最后，唯物史观关于人、社会对于自然界的依赖性和社会历史的连续性的思想是科学发展观"可持续发展"的理论根据。科学发展观，是唯物史观在当代中国的运用和发展[22]。

冯国瑞认为，科学发展观的理论基础是辩证唯物主义和历史唯物主义。科学发展观既是唯物史观的深刻体现，也是唯物辩证法的开拓运用，也是马克思主义认识论原理的自觉展开，同时也是辩证思维方法的综合集成的应用[23]。

五、构建社会主义和谐社会的哲学基础

围绕党的十六届四中全会关于"构建社会主义和谐社会"的重要思想，以及胡锦涛同志2005年2月在省部级主要领导干部提高构建社会主义和谐社会能力专题研讨班上的讲话精神，我国哲学界迅速掀起了学习、讨论"构建社会主义和谐社会"重要思想的理论高潮。学界关注的热点问题有：和谐社会的基本内涵、构建和谐社会的现实基础、思维方式、实现途径等。

俞可平认为，"和谐社会"是社会的各种要素和关系相互融洽的状态，它涉及人与人、人与社会、公民与政府、人与自然等多重关系，涵盖了人们的经济生活、政治生活、文化生活和日常生活。在社会主义市场经济和民主政治条件下，和谐社会实质上是一个民主和善治的社会、秩序和法治的社会、公平和正义的社会、宽容和友善的社会、诚实和信任的社会。从公共治理的角度看，社会公平和善治，是建设和谐社会的两块基石[24]。

韩庆祥认为，"社会主义和谐社会"的基本内涵包括五个方面：一是"各尽所能"，这是和谐社会的基础和前提；二是"尊重诉求"，这是和谐社会的内在要求；三是"各得其所"，这是和谐社会的根本条件；四是"和谐相处"，这是和谐社会的基本状态；五是"共生共进"，这是和谐社会的落脚点。这五个方面的内在统一，也构成了当代中国马克思主义和中国特色社会主义的基本价值观[25]。

赵光武认为，社会主义生产关系与生产力的基本适应、上层建筑与经济基础的基本适应，是社会主义制度具有优越性、生命力的内在根据，为构建和谐社会奠定了经济、政治基础。社会主义制度具有解决自身矛盾的本质力量，是和谐社会能有生机活力的源泉。构建和谐社会的科学概念是党的最高纲领与最低纲领的动态结合点，发挥构建和谐社会的政治驱动作用将推动社会主义事业朝着共产主义方向稳步前进[26]。

田心铭提出，研究构建和谐社会的问题，应该坚持对立统一的观点和矛盾分析的方法。社会主义社会存在各种矛盾是客观的事实，也是合乎规律的现象。构建社会主义和谐社会，就是要在正确认识各种矛盾的基础上，用不同的方法去解决不同的矛盾，正确处理人民内部矛盾和其他社会矛盾，保持社会稳定，增强社会活力，推动社会发展，增强民族凝聚力和我国的综合国力，战胜敌对势力西化、分化我国的图谋，坚持和平发展的道路，实现全面建设小康社会的宏伟目标[27]。

苗东升认为，构建和谐社会是一项系统工程，但不是一般的系统工程，而是特殊复杂巨系统工程，凡系统工程都需要系统思维，构建和谐社会这种特殊复杂巨系统工程尤其需要系统思维。具体来说，构建和谐社会，必须以整体思维取代片断思维，以非线性思维取代线性思维，以动态思维取代静态思维，以开放思维取代封闭思维，把自组织与他组织结合起来[28]。

张奎良认为，构建社会主义和谐社会，需要营造多方面的和谐：制度和谐、利益和谐、机制和谐、人际和谐、秩序和谐等等，而作为这一切之思维基础的思维方式的和谐尤为重要。构建和谐社会，呼唤和谐思维，我们能不能建成和谐社会，确立和谐的思维方式将起很大的作用。和谐思维是与和谐社会相适应的思维方式，它作为对矛盾辩证法的继承和发展，正在难得的历史机遇中引领辩证法科学走向更加全面和完整[29]。

邹广文认为，中性思维是与和谐社会建构的发展要求相适应的思维，构建和谐社会，就是坚持以人为本，进而实现人与社会、人与经济、人与环境、人与人的和谐，而这也正是中性思维哲学理念的基本价值取向，抑或说是中性思维向社会现实的拓展与延伸。构建和谐社会，需要从开放和保守、现代和传统、西方与东方等两极对立思维误区的纠缠中走出来，确立与和谐社会的发展理念相适应的中性思维方式[30]。

郭建宁认为，对于今天我们构建和谐社会而言，中国传统文化中的“和”文化仍然是可以借鉴和吸收的重要资源，可以发挥不可替代的重要作用：第一，坚持以人为本，落实科学发展观，要借鉴和吸收中国“和”文化的有效资源；第二，化解社会矛盾，妥善处理利益冲突，维护社会稳定，实现社会和谐，要借鉴和吸收中国“和”文化的有效资源；第三，维护祖国统一，反对分裂，实现中华民族包括海外侨胞的大团结，需要借鉴和吸收中国“和”文化的有效资源；第四，与世界多元文化的交流与对话，需要发掘中国“和”文化的开放性和包容性的优势[31]。

万俊人认为，制度美德和公民美德是和谐所需的必要的政治伦理条件。只有通过社会基本制度的正义安排与合法有效地运作，社会伦理规范的合理有效的规导与协调，公民个体美德的修养和自律，才能有效化解各种社会矛盾，使社会生活进入一种有序和谐的发展状态。也就是说，“和谐社会”所需要的基本条件不仅是政治的和法律的，而且还有社会伦理的和公民道德精神的[32]。

欧阳志远认为，对于构建和谐社会来说，民主法制的建设和精神境界的提升都是必要的，但从中国社会的性质和实际操作可能来看，精神境界的提升应当更加得到重视。目前，各种社会矛盾最终都在资源环境的利用上聚焦，一种可称为生态寄托的社会心理也正在萌发滋长。因势利导，把培养生态寄托情感作为提升精神境界的核心，可以为物质文明、精神文明和政治文明建设提供一个共同的领域，从而为协调人与自然的关系和人与人的关系找到一个现实的交点[33]。

夏文斌认为，公平是建立和谐社会的基础，要真正构建和谐社会，就必须高度重视社会公平和正义，努力从理论研究和实践探索中解决当代中国社会关于公平和正义的诸多问题。必须通过经济、行政、法律等手段，构建促进社会和谐发展的公平原则。当前，要深入研究契约的本质特征和时代价值，通过建构契约文明来实现社会公平，并通过建立公平竞争的规范来激发社会活力[34]。

总之，2005年的马克思主义哲学研究，继续呈现出了思想活跃、开拓创新、与时俱进的可喜局面，并取得了多方面的进展，为实现马克思主义哲学的当代创新，创造赋予时代精神和民族特色的、面向21世纪的马克思主义哲学现代新形态，迈出了重要的步伐。

（作者：王东，北京大学教授；
林锋，北京大学博士研究生）

注：

①王东、丰子义、聂锦芳的文章，参见北京大学马克思主义文献研究中心编：《马克思主义文本研究方法暨前沿问题研讨会论文集》，2005年。

②俞吾金：《差异分析与理论重构——马克思哲学研究中的方法论问题》，《中共浙江省委党校学报》，2005年第1期。

③赵家祥：《质疑“马恩对立论”》，《教学与研究》，2005年第5期。

④张一兵：《何以真实地再现马克思主义哲学的发生史》，《学术月刊》，2005年第10期。

⑤黄楠森：《论哲学研究的对象》，《北京大学学报》（哲学社会科学版），2005年第5期。

⑥王东：《马克思主义哲学创新途径》，黄楠森、王东主编：《邓小平理论与当代中国哲学》，北京大学出版社、黑龙江教育出版社，2005年版。

⑦李文阁、杨楹：《建构新形态的马克思主义哲学——第二届“马克思主义哲学创新论坛”召开》，《光明日报》，2005年7月19日。

⑧许全兴：《中国哲学的第三次大综合》，《兰州大学学报》（社会科学版），2005年第6期。

⑨庄福龄：《当代中国哲学的基础理论研究及其与时俱进的创新》，《中国人民大学学报》，2005年第5期。

⑩汪信砚：《当前我国马克思主义哲学研究的三个误区》，《哲学研究》，2005年第4期。

⑪丰子义：《全球化与唯物史观研究范式》，《北京大学学报》（哲学社会科学版），2005年第4期。

⑫欧阳康：《全球化与马克思主义哲学的当代发展》，《哲学研究》，2005年第9期。

⑬仰海峰：《全球化与资本的空间布展》，《北京大学学报》（哲学社会科学版），2005年第4期。

⑭梁树发：《世界历史、全球化的社会形态意义——兼论世界社会形态概念的合理性》，《哲学研究》，2005年第12期。

⑮杨学功：《全球化的多重维度与实质》，《北京大学学报》（哲学社会科学版），2005年第4期。

⑯袁贵仁：《以人为本是科学发展观的核心》，《求是》，2005年第22期。

⑰陈志尚：《准确把握以人为本的科学内涵》，

《北京大学学报》（哲学社会科学版），2005年第2期。

⑱张翼星：《谈谈“以人为本”的哲学根据》，《理论视野》，2005年第1期。

⑲夏甑陶：《以人为本与唯物史观》，《晋阳学刊》，2005年第2期。

⑳王锐生：《社会主义：科学规律与“以人为本”的结合》，《哲学研究》，2005年第5期。

㉑贺来：《“以人为本”的社会发展观的哲学前提》，《哲学研究》，2005年第1期。

㉒吴元梁：《唯物史观：科学发展观的理论基础》，《哲学研究》，2005年第7期。

㉓冯国瑞：《科学发展观的哲学基础》，《高校理论战线》，2005年第3期。

㉔俞可平：《社会公平与善治：建设和谐社会的基石》，《光明日报》，2005年3月22日。

㉕韩庆祥：《社会主义和谐社会与基本价值》，《新视野》，2005年第3期。

㉖赵光武：《社会主义社会的基本矛盾与构建和谐社会》，《北京大学学报》（哲学社会科学版），2005年第6期。

㉗田心铭：《用矛盾分析的方法看构建社会主义和谐社会》，《马克思主义研究》，2005年第4期。

㉘苗东升：《在系统思维导引下构建和谐社会》，《中国人民大学学报》，2005年第6期。

㉙张奎良：《构建和谐社会，呼唤和谐思维》，《东岳论丛》，2005年第3期。

㉚邹广文：《中性思维、和谐社会与哲学的创新》，《清华大学学报》（哲学社会科学版），2005年第6期。

㉛郭建宁：《中国“和”文化与构建和谐社会》，《前线》，2005年第2期。

㉜万俊人：《论和谐社会的政治伦理条件》，《道德与文明》，2005年第3期。

㉝欧阳志远：《论生态寄托的社会协调功能——构建和谐社会的一个构想》，《中国人民大学学报》，2005年第6期。

㉞夏文斌：《公平原则与和谐社会的建构》，《北京大学学报》（哲学社会科学版），2005年第2期。

中国哲学

姚春鹏

2005年北京地区中国哲学史研究的学术成果，无论数量和质量在各个分支领域较以往都有显著的增加，特别是对中国哲学自身特性与中西哲学比较的研究更加深入。本文从哲学一般问题、儒家哲学、道家玄学道教哲学、佛教哲学、理学哲学、张岱年哲学思想研究六个方面对本年度的研究状况作一概览，力图折射2005年北京中国哲学史界的研究兴趣与主要成果。

一、哲学一般问题

关于中国哲学的一般问题，一年来学者们继续就中国哲学的“合法性”、未来发展、中国哲学的属性等问题进行了探讨。

宋志明认为，中国哲学事实上早已存在，只是没有“哲学”这种称谓而已。现时代的中国哲学是中国哲学传统在现时代的新开展，是一门能够指导现时代中国人精神生活的学问。由于全球性哲学问题的出现，中国哲学在世界范围内获得广阔的发展空间。中国哲学特别关注人生问题和价值问题，似乎更贴近现时代世界哲学的主题。以马克思主义哲学为指导、葆有中国特色、适应全球化大趋势的中国哲学将有光明的发展前景①。

严春友认为，自西化运动开始的一百余年来，中国哲学的研究活动基本上是为中国哲学寻找合法性根据的过程。对中国哲学的研究方法，除少数一两种属于传统中国哲学的方法以外，绝大部分方法的思想基础是西方的观念体系。这种以西方哲学的立场、流派、思维或方法对传统中国哲学进行解析和批判，实质上是以西方哲学框架体系剪裁和定性中国思想从而给中国哲学观点贴西方哲学标签的行为。这种行为对中国哲学的原生状态视而不见，传统中国哲学的生存性价值和超时空意义遭到了否定，因而中国哲学获得的“合法性”是被判定了“死亡”的“合法性”。一种哲学的“合法性”不在于它是否符合了某种外来的规范或标准，而在于它自身是否在现实社会还具有创生新思想的能力。中国哲学的合法性只能从中国哲学自身在现代社会的创生能力中得到证明，这应当是确认中国哲学是否具有“合法性”的根本标准。创生能力的根本标志就是新的中国哲学诞生——一种既不同于传统中国哲学也不同于西方哲学的哲学，是对两者超越的哲学，是能够与两者对话的哲学。一方面它必然表征的是现代中国人的独特思维方式、独特的语言，另一方面它又提供了值得全人类思考的东西，是属于全世界的[②]。

张立文认为，当今中国文化、哲学面临中、西、马的互动、对话，我们应该持开放的、平等的、自由的、真诚的、理解的心态，接纳各种文化、哲学。大可不必以强势文化、哲学的普适性来压抑弱势文化、哲学的特殊性；也不可以弱势文化、哲学的地域性、特殊性来拒斥强势文化、哲学的普适性；使古今中外文化、哲学，特别是中、西、马文化、哲学在融突和合中各展风姿，竞放异彩，而后获得中国化新转生。只要这种转生的和合体，是有益于中华民族的民族精神的建设和发扬的，有益于中华民族现代的价值观念、理论思维、伦理道德、终极关怀的建构所需求的，有益于中华民族社会政治、经济、科技、文化繁荣发展的，有益于人类所共同面临的人与自然、人与社会、人与人、人的心灵、文明之间的五大冲突和危机的化解和协调的，有益于在经济全球化、文化多元化、网络普及化中，中华民族文化、哲学长久持续发展的，便是合理的、合法的，便是中国方式[③]。

汤一介认为，从20世纪上半叶起，西方哲学思潮大量涌入中国，中国学者尝试着从大量经典中梳理出“中国哲学”，他们在吸收和借鉴西方哲学的基础上，利用中国传统思想资源，构建了若干重要的现代型的“中国哲学”。但“中国哲学”有其特殊的意义和内涵，在西方哲学中很难找到相应的概念。如果“中国哲学”受制于西方哲学框架的限制，便会失去其丰富的含义。中国哲学要对世界哲学作出贡献，必须在立足中国自身的传统，又要充分吸收和借鉴当前西方哲学的新成果来影响世界的哲学界，使“中国哲学”具有世界性的重大意义[④]。

李申认为，中国哲学中，道（包括理）和气，乃是两个基本的范畴。其他范畴，从逻辑上，都可说是这两个范畴的派生，或者可由这两个范畴得到说明。由这两个范畴为基础的中国哲学，到宋明时代，可说达到了极高明、尽精微的程度。以致到了清代，几乎没有多少可供发挥的余地。清代哲学，可说基本上是在消化前人的结论，而很少有新的创造。所谓汉、宋之争，就是人们消化以前难以创新的证明。清朝末年，西方哲学传入。于是，气被解释为以太、物质；道，则被解释为规律。而中国哲学，也进入了一个新的时代[⑤]。

关于中国哲学思维的特质，王树人认为，中国传统经典基本是用“象思维”创造出来的，其表达方式也基本是“象思维”式的，或富于诗意的。这与西方苏格拉底之后的传统经典基本用逻辑的概念思维所创造和表达，是不可同日而语的。西方的经典，由于从概念出发，所以必须首先弄清楚概念，借助逻辑分析加以领会。反之，中国的经典，由于从“象”出发，是“象以尽意”，所以必须首先弄清楚“象”和“象以筑境”的境域，并借助对这种诗意的境域加以体悟来领会。由此可知，如果对待中国传统经典如同对待西方经典那样，完全用逻辑的概念思维方式从概念出发加以逻辑分析，那就势必离开中国传统经典的本真本然。当然，这样说，并不是完全否定“五四”运动以来用西方逻辑概念思维方式对中国经典的研究。这种研究虽然对于真正走进中国经典，事倍功半甚至有时南辕北辙，但是由于在研究上引进西方的思维方式，却推动了中西文化的融合。因此，“五四”运动以降对中国经典的研究具有换个方式接着说的性质和意义，仍然是一份不可忽视的重要文化遗产。但是，在西方中心论的阴影下，把这种借助逻辑的概念思维方式的研究当作唯一的研究方式，而把“象思维”这种富于原创的思维方式完全遮蔽起来甚至几乎忘记，则是今天特别值得中国思想文化界关注的大事。当然，时代变了，要求完全回到“象思维”已不可能也不必要。然而，打破西方中心论，对“象思维”在思想文化发展中的应有地位和价值加以正确评价，使之在思想文化原创性发展中，发挥其逻辑概念思维所不可替代的作用，却具有深远的重要意义[⑥]。

关于中国哲学的发展道路，张耀南认为，走出“格义”时代，不是要摆脱“西学”。走出“格义”时代的确切含义，是走出以本体论思维、实在论思维、主谓式句辞等格式解读中国哲学的时代。只要能保留中国哲学的“原生态”、凸显中国哲学的独特性，以任何格式去解读，都是可以的。在这方面，张东荪、张岱年等少数哲人开辟的道路，其实还只是其中的一条路或两条路，后人还有很多工作可做。知识社会学可成为一种格式，“符号哲学”、“生机哲学”等亦可成为一种格式。走出“格义”时代最起码的要求，就是“通顺”。走出“格义”时代，关键是要将原来“不通顺”的解读变成“通顺”的，而不在于简单变换格式。“通顺”与“不通顺”在理论上或许可以两存，但却不能相提并论：“中国哲学史”的撰写与中国哲学史的研究，肯定是以“通顺”为上品，而以“不通顺”为下品。而“通顺”的标准就是保留中国哲学之“原生态”，凸显中国哲学之独特性[7]。

二、儒家哲学

一年来，关于儒家哲学主要围绕儒家哲学的世界影响，当代价值，儒家哲学范畴，个案研究，出土简帛哲学等方面进行。

方国根等认为，在“文化全球化”和“后现代”话语时代的今天，重新审视儒学与现代化的关系，是一个老调重弹而又值得旧话重提的理论和现实问题。作者通过对“文化全球化”与现代化理论，特别是儒学在东亚社会现代化进程中所起不同作用的分析，认为社会发展的连续性和文化的历史继承性决定了儒学与现代化之间既有对立的一面，更有相通的一面。儒学在东亚现代化进程中扮演的角色并非始终如一，而是在不同时期、不同阶段、不同国家有着不同的表现，大体是随着东亚现代化的启动、发展而由现代化的阻碍力量发展成积极的推动力量。即使在东亚现代化之初，儒学传统也不曾完全地退出历史舞台，儒学在东亚国家实现从传统到现代的转变过程中的作用也是不可否认的。随着社会的发展，世界各种文化之间广泛的互动交往、交流、对话，儒学将在面对更多挑战的同时，迎来更多的发展机遇。因而，儒学在东亚现代化的进一步发展进程中亦将发挥更大的作用，并在东亚社会转型、文化现代转换中积极创新，走向世界[8]。涩泽荣一被称为“日本资本主义之父”，对日本工业的三大贡献是开创现代企业制度株式会社，提高资本家的地位和创立“《论语》算盘说”经济伦理。张立文认为，其中的“《论语》算盘说”则是其成功的精神支柱。有《论语》无算盘则无成，有算盘无《论语》则不立。涩泽的经济活动和理论研究还证明：资本主义本身的内涵、形式、运作、表征是多元的和多样的，所以日本没有必要“脱亚入欧”。日本只要发扬“《论语》算盘说”之精神并能“与时偕行”，就能生生不息，永继发展[9]。

关于儒学与伊斯兰文化的关系，刘一虹认为，从中国传统文化与伊斯兰文化这两种异质文化的融合与差异，及其在哲学理论方面的具体表现，可以看到，有着截然不同的文化渊源的思想体系在关乎创世造物、宇宙、人生等问题上，存在着可以沟通的“共同话语”，甚至有着令人惊讶的相似之处。这种情况反映出宗教与哲学、宗教与文化、宗教与社会的相互关联与互动，并说明一切文化在其历史发展中和相互交流中都会达到本土因素和普世因素的某种结合；一种宗教可以传入其他文化氛围，一种文化也可以吸收来自外界的宗教；宗教的传播在这一意义上已成为促进不同文化交流的使者，这种特色在世界性宗教中尤为明显和突出[10]。

关于儒学的当代价值，单纯认为“天人合一”体现着宇宙生成论、伦理学与人生论的统一。其伦理意义起源于对生命价值的情感体验和反思，既有人文关怀又涵蕴着普遍性与必然性。从尊重生命的人权、维护人权的理想的社会制度到坚持人与万物之间的生态平衡观三个层次体现其普世性。这种基于“天民”而自觉的“民胞物与”人伦价值与当今被认同的全球价值观具有基本的共性，可以相互发明[11]。

关于儒学的根本精神，李景林认为，“教化”是儒学的一个核心观念。但儒家教化的形上学基础是理性人文义的“哲理”，而不是单纯信仰义的“教理”。儒学并未独创一套为其自身所专有的仪轨系统，它所据以施其教于社会生活的仪轨系统，就是作为古代中国社会普泛生活样式的“礼乐”。这种不断经由儒学形上学诠释、点化、提升的礼仪和礼乐系统，具有一种因革连续的历史变动性和对其他宗教生活样式的开放和包容性。它与一般宗教仪式、仪轨系统所特有的固定性和排他的性质，有根本性的区别。儒学的教化，可以称作是“哲学义的教化”。儒学作为“哲学”，其思想的视阈是实现论的而非认知性的[12]。

关于儒学对孙中山的影响，张昭军认为孙中山革命思想既与传统儒学有质的差别，又明显受到儒学的影响。具体言之，民族主义经历了由传统的华夏中心主义发轫，到逐渐扬弃儒家文化中的消极成分，吸收西方民族理论精华而上升为现代性民族主义理论的转变，在这一过程中，儒学在构筑其民族性方面起了关键性作用。民权主义学说，是取法西方民主制度，反观中国民本思想，结合中国实际而生成的中西合璧式的理论成果，其中，西方民主制度的影响远远大于儒家思想的影响。民生主义学说除受亚当·斯密和亨利·乔治等人的社会经济学说以及俄国马克思主义的影响外，儒家大同思想也是不可忽视的重要来源之一。一定程度上说，儒学与孙中山革命思想的关系所呈现出的复杂性和多样性也就是儒家文化现代化的一个缩影，其中的利弊得失发人深省[13]。

关于孔子的哲学，蒙培元认为，孔子学说的核心是仁，但是，对仁的诠释却是“仁者见仁”。从对仁以及仁与孝的关系的不同解释可以看出孔子的仁学有很大的解释空间，最明显的是向伦理主义和德性主义两个方向发展。但是，中国的诠释学有其自身的发展脉络。回到孔子的文本，经过重新诠释，我们发现，孔子有许多论述过去并没有进入人们的视野。通过楚简和孟子直到宋明儒的解释，我们重新发现孔子仁学的普遍性的可能意义，其中重要的是，仁是人所具有的内在德行，其根本内容是“爱”，其对象既有暂时的规定性，亦包括潜在的可能性。即仁的实现首先是“亲亲”，由此形成“孝道”；接着是“爱人”，由此形成人与人之间的相互尊重与关怀，即“忠恕之道”；同时又能引申出“爱物”之义，即对自然界其他生命的关怀，一种极富生态意义的生命哲学；并进而引申出“仁者以天地万物为一体”的天人合一境界，以此为人生的终极关怀。仁的内容、意义和范围的这种解释的延伸，就其可能的“实现”而言，其根本方法是“回到原点”，进行“创造性的诠释”，重建一个具有普遍意义的精神世界[14]。王杰认为，孔子对天命的理解和体认，是在对殷周时期对天的基本价值观批判继承与创造发展的基础上完成的；孔子的天命观，经历了一个由信仰、怀疑直至超越的历程，经历了由神学、道德天命观向带有自然倾向的天道观念转化的过程。在人性论上，孔子作为“人性”理论的首倡者，奠定了以后儒家思想中对人性问题叙述和理解的基调，奠定了中国传统思想中有关这一问题的基本框架，后来的孟子、荀子将人性问题从善恶两个方面做了极端性的发挥。由于受殷周以来传统政治思维模式的影响，孔子把其天命论、人性论作为其思想体系的出发点和政治价值依据。如果说天命为孔子政治思想体系建构的外在价值依据，那么，人性则成为孔子政治思想体系建构的内在价值依据。孔子的思想体系正是寻找到了具有超越性的两大价值依据，因此，不但具有超稳定的仁—礼政治结构模式，而且成为影响中国政治社会与政治文化的最重要的政治思想资源[15]。关于孔子之“乐”，李景林认为，《论语·学而》首章三句话，有着内在的意义关联。“有朋而乐”、“人不知不愠”。讲的是人的生活和德性修养之事，学所以能“乐”，乃在于这“学”是表现整体生命的“学”，而不单纯以知识技艺为内容。孔子并不否定知识技艺，他对知识技艺的态度，可以用“游于艺”一语来概括。生命要由“道（德、仁）”为人的分化了的现实存有奠基。并起到整合的作用。人通过道德修养的路，才能达到存在的真实。“学”，保持在它的生命整体的意义中，才能是“乐”[16]。另外，还有学者对孔子的“三忘”精神及其现代意义、儒家的“为政”方式，《论语》中的“昊”及其政治伦理意蕴等问题作了探讨。

关于孟子哲学，刘清平认为，孟子的“推恩”说试图从特殊性的血缘亲情出发，实现普遍性的仁者爱人，由此把儒家理论架构的两大支柱——“孝”与“仁”内在地统一起来。但由于孟子同时又提出了“爱有差等”的原则，明确赋予血缘亲情以至高无上的地位，结果就导致他的推恩说陷入深度悖论，在传统儒家的理论架构内无法成立[17]。他还认为，《孟子》中记述的舜的两个案例都呈现出“不惜损害百姓权益、为亲友谋取私利”的特点，因此理应以腐败相论。杨泽波先生将其判为美德，是以儒家的偏私性亲亲尊尊观念否定了儒家的普泛性仁者爱人观念[18]。

关于荀子哲学，卞修全等认为荀子以礼为核心，重建先秦儒家外王之道，融汇百家之学，终成秦汉儒家发展之新起点。儒家独尊地位的取得也与荀子对儒学的改造密切相关，因为在中国古代，学术只有得到政治的推崇才能存续。从一定程度上说，荀子是孔子理论的坚定拥护者，正是荀子才使得儒家更贴近现实政治，才使孔子得以跻身至尊人物之行列。荀子对儒家的贡献并不亚于孟子，然而却几乎从未取得孟子那样的地位，相反近代以来随着民权理论的兴起，中国古代政治的非人道之处均被归罪于荀学，荀子几成千古罪人。事实上，中国历史的发展需要荀学，中国古代专制主义的形成并不由于荀学的倡导，而是由于统治者误用了荀学。荀子作为一代儒学宗师的地位是必须肯定的，他的礼治思想是中国古代文化不可或缺的组成部分[19]。

关于董仲舒哲学，龙文懋指出，有一种关于中西方法传统的区别的成说，认为中国之法传统可以名之为“法自然”，而西方之法传统则应名之为“自然法”。中国“法自然”的法传统的形成与汉代以董子之学为代表的具象思维的作用是分不开的。这里，“法自然”之“自然”应理解为人格化的自然，而不是纯客观的自然，也不是“至上神”的自然；“法自然”的法学思维对于汉代的法律制度有显著影响，它是论证制度合理性的依据。汉代的法律思想与法律制度，都以“法自然”为论据[20]。周桂钿认为，对天的祭祀即郊祭是封建统治者最大最重要的活动，给其他神祭祀之前必须先祭天，人民生活苦难，诸侯在丧期中，都不能停止祭天活动。祭祀只是求上天鬼神公平合理，正当回报有道德的行为。从儒家董仲舒所讲的祭祀意义可以体会到其中的宗教性[21]。

关于简帛哲学研究，晁福林认为，“民性”问题是先秦儒家一个重要理论观念。在孔子的理论体系中，这个观念不仅见诸《论语》，而且在上博简《诗论》中亦有重要表述。从《诗论》简文中可以看出，孔子通过《诗·鹿鸣》体悟到“币帛”在礼仪中的重要作用；并且由此而看出“民性”所固有的对于和谐的追求。相关简文由《诗》而论及“民性”观念，是认识孔子思想的一个重要材料[22]。关于上博简《仲弓》，他认为，上海博物馆藏战国楚竹书第三册《仲弓》，是一篇久佚的先秦儒家文献，它对于我们认识孔子的政治理论和了解《论语》成书的一些情况，都有比较重要的价值[23]。关于孔子的情爱观，他指出，上博简《诗论》第21号简简文认为不可以称赞《诗·大车》篇表露的那种“嚣”的道德精神状态。在于“嚣”的状态不符合恰当的“度”。通过简文从一个侧面看出孔子的情爱观念。鼓励大胆追求爱情与提倡男女情爱应掌握一定的“度”，要符合“礼”，这构成了孔子情爱观的两个基点[24]。

关于儒家哲学范畴，邓球柏对郭店楚墓竹简《五行》作出了新的诠释。认为《五行》的主题是通过对德与善的探索，试图建构一种将五种社会道德规范内化为人们的品德信念以及将人们的品德信念外化为具体的品德行为的道德体验模式。阐明了圣人既能闻君子道、洞识君子道，将君子道内化为品德信念，又能将君子道外化为品德行为，圣人能将天道、人道、君子道集于一身，探索美德，追求美德[25]。关于德与欲，郭沂认为，中国传统人性论的核心问题是“德”、“欲”及其相互关系。由此引发了两条发展脉络，一是三代以降以“欲”为“性”或者说气质之性的旧传统，二是晚年孔子所开创的以“德”为“性”或者说义理之性的新传统。子思提出“天命之谓性”之说以弘扬新传统，将情欲之“性”称为“中”。竹书《性自命出》不但发展了子思的“中”论，而且将其恢复为“性”，并为之建构了一套独特的外在道德先验论，从而使旧传统发扬光大。孟子起而纠正这一趋势，力主只有“四端”才是“性”，而情欲之“性”只是“命”，从而将新传统推向极致。唐宋以前，中国人性论的主流一直是旧传统，而新传统不过昙花一现。宋明理学的人性二元论，事实上是在继承旧传统的同时遥绍新传统，并将二者纳入一个统一的思想体系中[26]。关于“德”，晁福林认为，中国古代思想研究中，“德”是一个比较复杂的观念。论者多将其直接解释为“道德”，这对于理解先秦时代的“德”观念是不妥当的。大体说来，先秦时期的“德”观念经历了三个阶段，一是天德、祖宗之德；二是制度之德；三是精神品行之德[27]。

三、道家、玄学及道教哲学

道家哲学研究最多的有老子、庄子及老庄与西方哲学的比较，兼及黄老道家。

关于老子的道论。李景林认为，老子所言“道”，为一整体，不可说；然其必即名言而显。道无处不显，然执于名迹，则失其真。道是一自然原则，但其本质上却是为“人”而设。老子从“观”的意义上讲道之无名与有名的统一。唯有“观”，才能开显道之本真意义。老子所谓“自然”、“无名”，无非是要在人伦或文明中保持住孝慈、忠信、慈俭等德性之本真内容。从这个角度看，它与儒家的精神本无实质上的冲突[28]。杨庆中认为，站在春秋战国——轴心时代中国思想发展的大背景下，从“实证”的立场考察老子的道论，可以看出，老子提出“道”，是为了超越西周天命论中的上帝主宰论，克服春秋时期天道自然观的局限；老子用“无”来形容“道”，是为了突显“道”的无知、无欲的自然性特征，和超感觉、超形象、无始无终的普遍性特征；而其道论的最终目的，则在于“因大道以明人事”，整合春秋时期出现裂痕的天人关系，以为人在宇宙中的位置，以及现实社会的存在样式及存在的合理性等找到一个可靠的根据[29]。罗传芳认为，老子的生存论哲学至少包含两层含义：第一，将自然、社会、人生放在一个统一的系统中，通过考察它们的共同特点、属性来确立整个宇宙万物而不是某一部分的生存状态和变化规律，因而本质上是一个大生态观；第二，从宇宙本原、本体上探讨和确认人以及社会的生存状态和方式，其理论特点一是现实超越性，二是整体合观，三是合规律性，这与同时期诸子们就现实关怀现实并主要从主观预设出发的思维进路迥然不同。老子哲学所具有的这种抽象思辨的理论品格，蕴含了极大的方法论意义[30]。关于老子与海德格尔，张祥龙指出，《海德格尔全集》第75卷中有一篇海德格尔引用《老子》第11章来讨论荷尔德林诗作独特性的文章。这个新文献与以前发现的有关材料不同，它不仅出现早，而且是直接针对《存在与时间》的核心思路而引用和阐释《老子》的，同时还涉及他的后期学说。海德格尔将老子讲的“无”或“朴”解释为一种发生性的“之间”，并认为它是理解“正在来临的时间”和诗人独特性的关键。这种解释既是对他前期“存在与时间”学说的深化，又是对他后期的主导思路——“自身的缘发生”——的方法论特点的揭示。由此可见，与《老子》的对话是海德格尔思想本身的内在需要，道家与荷尔德林起码自20世纪30年代开始就是海德格尔哲理灵感的最深来源㉛。

高予远对庄子的“吾与我”作了辨析。认为“我”是形态的我，“吾”是丧我之吾，“吾”不是“形态的我”，也不是“情态的我”而是超越了形态和情态的“吾”。超脱的吾与角色的我是人之为人的两种基本样态，构成了人存在的全部。超脱的吾与角色的我是作为有限者人的意义所在，没有二者的分离、融合与个体深深体会人类自古至今的创痛，超脱的吾是一个没有意义的、绝对的、直接的无，角色的我是一个不知何为神、何谓圣的角色序列中的物一样的存在。吾与我：没有吾，我只能是一个角色序列中卑微如物的存在者；没有我，吾只能是一个没有具体意义的、绝对的、直接的空无㉜。陈清春也分析了庄子的“吾丧我”。作者根据牟宗三对康德哲学中自我问题的理解和现象学的意义生成理论分析庄子的自我问题，认为庄子哲学中的“我”有三个意义，即真我、现象我和逻辑我；“成心”不仅可以统摄“我”的三个意义，而且是现象世界或者说我的意义世界的生成论根源；“坐忘”是与意义世界的生成顺序相反的认识真我、回到真我的方法和过程，即庄子的“达道之方”㉝。

严春友分析了庄子的思想构成。认为庄子的思想是由不同的层次构成的，而这些不同的层次在其体系中具有不同的意义和作用。庄子的整个论述大体上可以划分为三个层次：日常思维、相对性和道。日常思维是最终要消解的对象，相对性是消解僵化的日常思维的工具，而道的作用则在于从终极的意义上消解日常思维和相对性。论者往往只看到了其中的某个层次，因而冠以“相对主义”或“绝对主义”，这就把复杂的思想现象简单化了。因此，理清不同层次的意义及其作用，对于理解庄子的整个思想是有帮助的㉞。他还对以往的研究进行了批判。认为以某种“主义”或“论”来给庄子忍想定性的做法是很不恰当的。这种以西方哲学的概念来套中国哲学的做法，不仅不能解决问题，而且造成了概念和思想的混乱。庄子的思想是不能用任何一种“主义”来概括的，因为没有一个思想家的思想纯而又纯，只是一种“主义”。思想是复杂的，而这种给思想定性的做法把忍想简单化了。同时，这也是一种僵化的、机械的研究方法；一旦定性，被研究的思想被框定在一个僵硬的模式中，必然会失去原有的生机㉟。

詹福瑞比较了庄子与《列子》生命观的异同，认为儒道两家代表了中国古代生命观的两端。儒家重视人的生命的社会价值，而道家则把生命自身的自由视为唯一的意义。但庄子强调的仅仅是个体生命的精神自由，而忽略了生命的物质属性，因此对生命价值和意义的认识不完全。《列子》的生命观恰恰是儒道生命观的重要补充。它同庄子相近，也是强调人对生命本身的担当，但它更强调生命的物质属性。以《列子》为代表的厚生派的生命理论是建立在生命的绝对快适基础之上的，因而把物质享受所获得的快乐看得高于一切。《列子》生命理论的偏颇是显然的，因为人区别于动物正在于他的社会属性和精神属性。因此无论是儒家强调人的生命的社会意义也好，还是道家强调生命的精神自由也好，无疑都会提升人的生命价值与意义，而《列子》片面强调物质享受的快乐，受到论者的诟病与批评却在情理之中㊱。

关于先秦黄老之学，白奚认为黄老之学在理论结构上具有超越于百家学说之上的优势，这一优势来自于对百家之学特别是道、法、儒这三个最主要学派的基本理念的成功整合。黄老之学一改早期道家疏离政治的态度，转而积极地接近政治权力，并用道家哲理论证法治的主张，谋求富国强兵之道，在现实政治的领域为道家学派开辟了广阔的发展空间。黄老之学调和儒法，尝试在法治的框架下容纳儒家关于礼治和道德教化的思想，为荀学的形成提供了必不可少的理论准备和思想经验㊲。黄老学是先秦诸子百家充分争鸣的产物，并最终“压倒百家”，成为战国中后期真正的显学。黄老学之所以能够“压倒百家”，是因为其学说在理论结构上具有超越于百家之上的明显优势，这一优势的获得，来自于对百家之学的整合，特别是对道、法、儒这三个最主要学派的基本理念的优化整合㊳。

玄学哲学人们谈论的比较多的还是玄学贵无论的代表王弼、无无论的代表郭象及玄学后劲张湛等的哲学。

王中江撰文比较王弼与海德格尔。围绕王弼与海德格尔的“无”概念，从他们关怀“无”的社会史背景、追问和开启“无”的不同方式以及他们在什么意义上把握和领悟“无”等方面，具体而微地展现了王弼和海德格尔“无”的多层面性及其各自内涵，并揭示了“无”在中西形而上学中的非主流性位置㊴。

关于郭象哲学，王晓毅认为郭象的“性分”与“时遇”的结合构成了人的命运。由于“时遇”的本质是众生的“性分”所致，且无法探究，因此将个人的“性分”视为命运的终极动因，并以“致命由己”为题概括其命运论。该论彻底否定一切宇宙神秘力量存在，是汉唐之际无神论命运学说的巅峰之作[40]。

关于张湛哲学，王晓毅认为张湛通过注释《列子》，融玄学前辈的贵无论、独化论、元气论以及传统数术理论为一体，构建了一个看起来芜杂、却适合东晋士人思维水平的理论体系。它由两个层面构成：一是创立了独特的“机理”说，在“无”（太虚）与“有”（万物）之间建立了新的联系，将神异现象纳入玄学的“自然”哲学体系内予以理性解释，发展了玄学的“有无之辩”；二是创立了圣人“凝神”说，使圣人与“太虚”感通，具有超常神力与政治无为功能，发展了玄学的“圣人体无”学说。为了缓解玄学理性哲学与士族社会宗教情感之间的矛盾，张湛一方面向后者妥协，以“气”与“理”学说，论证存在特异功能的至人和神仙，承认占卜功能与各种灵异现象的合理性；另一方面，又将灵异现象纳入理性哲学的解释范围，基本上坚持了玄学的性命“自然”学说，认为死亡不可避免，灵魂亦灭，应当以无心态度面对富贵贫贱与生死寿夭。他没有超越以现世“逍遥”为生命的终极意义的玄学理论底线，是最后一位有理论创建的玄学家[41]。

关于道教哲学，牟钟鉴认为中国道教的养生文化，用现代的眼光看，实际上是一种东方的生命学。虽然在细节和技术上道教生命学不如西方生命科学，但它对生命的整体性把握和动态洞察，以及对生命潜能的开发和生命体的自我调整修炼，都有着独特的优势。陈撄宁先生以仙学的方式重建道教生命学，兼信仰、哲学、科学而有之，为我们留下了珍贵的遗产。借鉴道教生命学，创建现代社会所需要的新生命学体系，有四个问题需要学界认真思考和讨论。(1) 在信仰的层面上，要把道教的神仙信仰变为对理想人格的追求；(2) 在养生的原则上，要把道教的性命双修扩大为一种普遍性的理念；(3) 在养生的方式上，要学习道教养生思想，把内养和外炼、静功与动功结合起来；(4) 在治病的途径上，要把道教医学与西方医学结合起来[42]。关于寇谦之，谢路军认为北魏时期的道士寇谦之，以儒家礼教规范道教，主要是从儒家的“礼度”、“唯贤是授”、“中和”、“入世精神”和“男女授受不亲”五个方面援儒入道。寇谦之“援儒入道”的道教改革，实现了道教的发展和安邦治国的使命[43]。

四、佛教哲学

佛教哲学研究主要是关于佛教体系、佛教文化、佛性论及佛学范畴方面的讨论。

单纯认为佛教哲学是一个比较完整的思想体系，包括宇宙生成论、知识论和人生论。其特点是在同一个完整的体系中，这三者虽以人生论为核心，但又相互独立、相互照应、递进发明，使其宇宙论来源于经验世界又无限地超越之，其知识论则以严密的逻辑系统解析出超越知识的般若智慧，其人生论又以涅槃寂静揭示出般若菩萨境界。体现其觉悟成佛的主体性人生论是般若无知的智慧论的独特思想方法积极转化“缘起性空”的逻辑的宇宙论的必然结果[44]。关于佛教文化的内涵与建设，方立天认为佛教文化包含着丰富的内容，有信仰，相信因果报应；有哲学观念，即缘起、因果、平等、慈悲、中道、解脱的观念；在社会生活中重视道德的作用，佛教还是文学艺术和民俗的博物馆[45]。关于佛性论，单纯认为中国禅宗对于整个佛教的贡献不仅仅是成佛的顿悟方法，而且是为这个方法寻找到了佛性论的根据，这就是在继承印度佛教佛性本寂的基础上，又强调了佛性本觉的思想，突出了佛性的主体性和能动性，将佛教的本体论和人生观统一起来，客观地论释了佛性自觉、反省体悟和顿悟成佛这三者中间的内在逻辑关联性[46]。

关于佛教的有为法与无为法，姚卫群认为有为法和无为法是佛教对一切事物或一切现象进行分类时所使用的基本概念。这两个概念既涉及佛教对自然现象的主要看法，也涉及佛教对其宗教最高目的的典型表述。佛教在其发展的各主要阶段都曾诠释这两个概念。不同时期的佛教对它们的论述有相同处与不同处。进行这方面的比较研究对理解佛教理论的特色有重要意义[47]。关于无为依唯识学在印度的发展，周贵华认为在印度唯识学的发展过程中，无为依唯识学最终被边缘化，原因在于其“梵化”色彩。印度吠陀奥义书传统的“梵我论”的核心思想强调一切现象的本体以及发生因同一，为常一自在之“我（或说梵）”。无为依唯识学强调心性真如的本体论意义，以及在缘起中的重要作用，显然与“梵我论”有相似之处，但二者毕竟不同。第一，按照无为依唯识学，心性真如是一切法之根本所依，具有本体论意义，但绝非“梵我论”之我。第二，在“梵我论”中，本体论与发生论是同一的，所以作为一切现象本体之我，又是一切现象之发生因，但无为依唯识学非是如此。虽然心性真如是一切法生起的根本因，但并非直接因（或者说发生因），因此，心性真如的本体论意义与发生论意义并不合一。由此可知，无为依唯识学（以及印度如来藏学）并非“梵我论”，但不能否认其有“梵化”色彩。正因为如此，无为依唯识学在印度唯识学发展中被边缘化。但传入中国后的发展，即中国的无为依唯识学以及进一步的中国如来藏学，强化心性真如的实有性，以及心性真如作为因的作用，梵化色彩趋于浓重，甚至在相当多的用法中与“梵我论”几无差别[48]。

关于吉藏“八不中道”说，程恭让认为八不中道之说，是隋唐时期佛教三论宗创始人吉藏在疏释印度哲学家、佛学家龙树之名著《中论》的《中观论疏》中，提出的一个重要观念。从概念的构造来看，吉藏之所谓“八不中道”，乃是对于龙树《中论》中“八不”及“中道”两个概念的糅合。因此，这不是龙树著作中原生的观念，而是吉藏个人的独特的理解及诠释。作者认为：《中论》有中道说，而无八不中道说；空性、假名、中道是阐释缘起特征的正面界说，有关中道概念的解释是从属于中观学派的根源性概念——空性的[49]。关于道绰《安乐集》的净土思想，许抗生认为隋唐时期的名僧道绰，著有《安乐集》二卷，系统地阐述了净土思想，为我国佛教净土宗的重要奠基人。他倡导念佛法门，敬信阿弥陀佛西方净土，在中国佛教史上具有十分深远的影响。《安乐集》主要讨论了有关净土思想的这样三方面的重要问题：（一）人们为什么要敬信西方净土思想；（二）往生西方净土的途径和方法；（三）西方净土是怎样的一个极乐世界。只要把以上三个问题回答清楚了，净土宗的基本思想就阐发清楚了[50]。关于慧远与佛教中国化，方立天认为，慧远是东晋中后期继道安以后中国佛教的重要领袖。在出家沙门与国家政治、佛教律仪与世俗礼制、僧人整肃与社会协调、佛学理论建设与中国化方式、内外合明与究极境界，以及精勤修持与山林僧团六个方面，慧远都做了具有创新意义的探索。慧远根据印度佛教的义理、制度、律仪结合中国社会的政治、礼制、儒道学说所做的佛教中国化的努力，促进了中国佛教的发展，推动了佛教融入中国传统文化之中[51]。

五、理学哲学

关于理学的讨论主要集中在理学的缘起，理学与佛道的关系，理学范畴体系，以及与西方哲学的比较等方面。

关于理学的发生，张立文认为宋明理学是在化解了与传统经学解释学、传统价值理想和外来文明冲突中转生的，凸显了其强大的生命智慧。它以理气心性为核心话题。由于《四书》具有内圣外王的追求、核心话题的落实、安身立命的安顿、义理之学的需求等的内在资源，所以选择《四书》作为其所依傍的经典解释文本[52]。关于佛教对理学的影响，向世陵认为汉唐儒家“罕言性命”导致长期的颓势，与善恶判断直接联系的性三品说解决不了“天何不平乎”的问题，宗密围绕“本源”对佛、儒优劣的评判暴露了儒家的窘境。从李翱到欧阳修，《乐记》、《中庸》的资源受到重视，“人生而静”和“天命之谓性”开始结合，先天本性无善恶为学者所接受，并由此展开了儒家的“复性”之路。性无善恶的思考开始于佛教，从惠能到延寿，明确提出了“性无善恶，能生善恶”之说，使理论的重心从千年来着眼于善恶判断的人性论，向性体与善恶相状相互作用的本体论转化。欧阳修奋起反佛，彰显礼义以作为“胜佛之本”；契嵩批驳欧阳修的辟佛论而大倡儒佛和合，但在性无善恶的问题上，二人实际上又走到了一起。以佛家为先导的性无善恶的主张，实际上意味着中国哲学以性为本观创建的开始[53]。

关于张载哲学的“性”，向世陵认为“性”是张载哲学最重要和含义最丰富的一个范畴。张载对传统儒家疏于考量的“性与天道”问题给予了极大的关注。但张载的性论，又是他哲学体系中最不易理解的一个部分。张岱年先生言：“张子的性论，最不易了解，因其合宇宙之性与人性为一。”这种合一是了解张载性论的一把钥匙，因为“合”之本身便是张载性论构成的基本方法[54]。杨立华认为，张载关于感与性的讨论，在过去的研究中一直被看做他的思想体系的一个旁涉的论题，从而往往只在他的气学思想中附带地论及。作者凸显了有关感与性的思考在张载思想展开中的枢纽作用，及其在理解和把握张载思想的整体上的重要意义[55]。

关于二程哲学，向世陵指出中国儒学宋以后的复兴实质是复性，复性多方而二程选择了“生之谓性”。“生之谓性”与“性善”的矛盾通过“性中元无”与“生之而有（善恶）”在二程得以沟通，并新解“性善”之“善”为叹美之意。人不能言说“人生而静”的天性本身，但可以通过人的修道或澄治之功对天性施加影响。从天地之大德经氤氲化醇到生之谓性，表现为一种经由“生”之善道而从一般本体到具体人物之性的生成过程，因而天下无性外之物。但天道性命的客观普遍性需要“通之以道”才能实现，这既是指心超越形气的束缚而实现内外、己物一体，也是因为性道一体乃在于人“天德”自足。自足的天德会有污坏，需要敬治以“复旧”，回复到“天然完全自足”的“本质”上[56]。

关于朱子哲学，蒙培元认为朱熹用“所以然”与“所当然”这两个概念表达了儒学中“存在”与“价值”问题，既区分了两者的不同意义，又将两者完全统一起来。“所以然”与“所当然”的统一关系，是在“理”的基本含义展开的过程中实现的。整体论的要素分析和生命论的类比综合，是朱熹将“所以然”与“所当然”统一起来的重要方法。朱熹关于“天地之心”与“人心”的关系是生命目的性的关系。“理”是“所以然”之“生理”，而“生理”之中潜在地包含着“所当然”之“仁理”，“生即仁”是对生命存在及其价值的辨证式表述，是“所以然”与“所当然”亦即存在与价值何以能统一的基础。朱子哲学是“前现代”的，但其价值则是“超现代”的[57]。

关于阳明哲学，朱雪芳认为现时研究王阳明的资料，一般强调阳明“致良知”的个体性方面，较少有整体性的表达；并且对《大学问》重视不够。《大学问》是王阳明晚年的终极性目标，“以天地万物为一体”就是“致良知”所要实现的思想的整全表达。良知的核心是仁，仁表现在关爱、关怀时有差别，这是儒家所承认的；同时由孺子、鸟兽、草木、瓦石等事事物物，体验万物的良知。由此可知，中国哲学本来就关怀生态，我们过去重视不够，值得反思[58]。关于阳明后学，彭国翔指出，工夫论是中国哲学特有的话语形态，和持论者的修身实践相关。儒家的工夫论在中晚期阳明后学中获得了充分的发展。和朱子后学有所不同，阳明后学的工夫论既有沿着王阳明精神方向的进一步展开，也有不同于王阳明思想的其他形态。作者首先指出王阳明之后不同阳明后学在工夫问题上的一致追求，进而具体考察在此一致追求基础上不同工夫论形态的分化。作者认为，在体用观上一元论与二元论的不同思维方式，是造成阳明后学产生分化的重要原因[59]。马晓英认为，颜钧思想中表现了泰州学派所具有的平民意识和宗教化倾向，其宗教化倾向主要通过工夫实践中对儒释道三教的融摄而得以展现，这一特点在他以原儒经典为依据，在承袭心学系统静中体验传统的基础上，吸收了佛道二教的一些修养方法，形成一套颇具神秘主义特色的修养工夫——“七日闭关法”[60]。

关于船山哲学，陈来认为，今人对张载《正蒙》多视之为一种论天道的宇宙论，船山则不然。他的《正蒙注》明显注重人道论意义，他在《正蒙注·太和篇》、《乾称篇》及《正蒙注》序等注、论中对《正蒙》大义作了明确的说明。这种说明是船山对自己思想的说明，其思想主题可归结为“原始终以立中道”，“贞生死以明善恶”，“存神尽性以全归本体”，旨在“希张横渠之正学”，寻找儒学正统以排佛老而正人心[61]。张学智认为王夫之激于明亡的惨祸烈毒，在他的经学著作特别是关于《春秋》的著作中，对华夷之辨予以极大关注。他反对诸侯与夷狄会盟，斥孤秦陋宋，肯定齐桓晋文之霸业以夏变夷的功绩，批评春秋时期诸侯力争、弃绝仁义礼法的做法为师夷狄故习。从中可以看出王夫之对满清入主中原的强烈不满和存续中华文化的良苦用心[62]。他还认为，王夫之把“诚”这一重要概念放在太和所表征的世界总体中来观照，使诚具有合潜在性与现实性、本体论与宇宙论、实然存在与价值理性为一的特点，突出天道的至诚无息和事物在具体时空环境中的适切。就气的变合说，主张本然之气为性，本然之气的变合为情才，情才对外感的不同取舍形成善恶。反对“贵性贱气”，反对将恶推诿于人的气质，以此凸现人的道德选择的主动性[63]。

张祥龙将周敦颐的《太极图说》与《通书》从《易》象数的角度与西方有关思想做比较，认为这种象数的“二对生”的区别性特征是周氏学说的内在发动结构，由此而提出一些很不同于流行的“宇宙论加上伦理学”的解释模式的思路。在一些被长久争论的问题上，比如“太极与无极的关系”、“太极与两仪的关系”、“诚与太极的关系”、“中与太极和诚的关系”，都提出了新的看法。在这新的理解方式中，周敦颐的《太极图说》就不止是程朱陆王的一个含糊的先导，而是融合了儒道释的思想精华，而又有着自己独特的思想原发力与中和的精微境界的划时代的哲理学说，其蕴义（比如超出理气二分的原本发生论）并未被后来的理学家们穷尽。作者最后将周敦颐的思想与西方的毕达哥拉斯及莱布尼兹的学说进行对比，一方面揭示“象数”在伟大的哲理传统中的关键作用，另一方面又表明中西两大传统之间存在的深刻差异在结构上的原因[64]。

六、张岱年哲学思想研究

我国著名哲学家张岱年先生辞世已年余，一年来有许多学者发表文章纪念，研究张先生的学术思想。李中华认为，张岱年是中国现代学术史上一位有卓越贡献的哲学家、哲学史家。他的学术创作活动始于20世纪30年代，而当时思想学术界正值中西文化激烈碰撞时期，如何建构新的思想理论模式并运用这种能够超越传统又不背离传统的新理论、新方法，对中国哲学和中国文化加以调和改造，使其成为新时代的思想文化资源，这是摆在张岱年及当时中国学术界面前的重要历史任务。张岱年提出“唯物、理想、解析，综合于一”的“综合创新”理论和方法，回应中西文化论战中的二元对立思维，同时撰写《中国哲学大纲》，阐明中国哲学的基本范式和精神特点，充分体现了张先生沉思涵泳、卓然标新的学术涵养和创造精神[65]。许抗生认为，张岱年十分重视对“理”概念的研究，在早期即有专门研究“理”思想的文章，在后期的著作中也多次对“理”作了全面而深入的探讨，揭示了“理”概念的基本含义及其在历史上的发展轨迹，为人们准确地把握“理”概念的多重含义、更好地认识中国哲学的特质创造了可能[66]。

方克立认为，张岱年是20世纪中国最重要的哲学家之一，他在三四十年代创造了中国现代新唯物论的哲学体系。在中国传统哲学的继承和发扬方面，他开辟了与现代新儒学迥然不同的“继续王（船山）、颜（习斋）、戴（东原）未竟之绪而更加扩展”的唯物主义哲学方向；他为马克思主义哲学中国化所做的独辟蹊径的探索，是20世纪中国马克思主义哲学史中不应忽略的重要一章[67]。郑万耕认为，逻辑分析方法，是哲学研究或哲学史研究必备的或特有的方法。张岱年先生是20世纪以来倡导和运用这种方法的典范。他博采众长，条分缕析，将逻辑分析方法之精要一一呈现在读者面前，给出了一个明晰而确定的界说，实乃对哲学思维方法的一大贡献。他在创立“分析的辩证唯物论”的过程中，曾对其哲学体系的诸多范畴、命题、思想方法乃至基本规律，作过缜密的逻辑解析和厘定。他将逻辑分析方法引入中国哲学史的研究，从而将中国哲学梳理成一个多层次的范畴体系，取得了伟大成果[68]。

（作者：曲阜师范大学副教授。本文由北京大学李中华教授审定）

注：

①宋志明：《关于中国哲学研究的几点看法》，《中国哲学史》，2005年第4期。

②严春友：《百年中国哲学研究方法之反思与现代发展之路——兼谈思想的创生能力与现代合法性之关系》，《太原师范学院学报》，2005年第2期。

③张立文：《“重写中国哲学”三人谈》，《文史哲》，2005年第3期。

④汤一介：《在中欧文化交流中创建中国哲学》，《北京大学学报》，2005年第5期。

⑤李申：《道与气的哲学》，《哲学研究》，2005年第12期。

⑥王树人：《“象思维”与原创性论纲》，《哲学研究》，2005年第3期。

⑦张耀南：《走出“中国哲学史”研究的“格义”时代》，《哲学研究》，2005年第6期。

⑧方国根，罗本琦：《文化全球化视野中的儒学与东亚现代化—以日本、亚洲“四小龙”为研究中心》，《现代哲学》，2005年第2期。

⑨张立文：《儒教开出东亚近代的外王之路——论涩泽荣一的“〈论语〉算盘说”》，《学术界》，2005年第5期。

⑩刘一虹：《回儒对话——明清时期中国伊斯兰哲学思想研究》，《哲学研究》，2005年第9期。

⑪单纯：《儒家的“天人合一”与全球价值》，《孔子研究》，2005年第6期。

⑫李景林：《哲学的教化与教化的哲学——论儒学精神的根本特质》，《天津社会科学》，2005年第6期。

⑬张昭军：《儒学与孙中山的革命学说》，《北京师范大学学报》，2005年第2期。

⑭蒙培元：《中国哲学的诠释问题——以仁为中心》，《人文杂志》，2005年第4期。

⑮王杰：《论孔子的天命、人性及政治价值依据》，《孔子研究》，2005年第6期。

⑯李景林：《“学”何以能“乐”——〈论语〉“学而时习”章解义》，《齐鲁学刊》，2005年第5期。

⑰刘清平：《论孟子推恩说的深度悖论》，《齐鲁学刊》，2005年第4期。

⑱刘清平：《“亲亲尊尊”还是“仁者爱人”——关于舜的腐败案例以及后儒家的再论证》，《学术论坛》，2005年第1期。

⑲卞修全、朱腾：《荀子礼治思想的重新审视》，《哲学研究》，2005年第8期。

⑳龙文懋：《董仲舒的法学思维方法及其与汉代法律制度的关系》，《孔子研究》，2005年第2期。

㉑周桂钿：《董仲舒论祭祀——兼论儒家论天的宗教性》，《中国社会科学院研究生院学报》，2005年第5期。

㉒晁福林：《从上博简〈诗论〉第20号简看孔子的“民性”观》，《河北学刊》，2005年第4期。

㉓晁福林：《上博简〈仲弓〉疏证》，《孔子研究》，2005年第2期。

㉔晁福林：《从上博简〈诗论〉第21简看孔子的情爱观》，《文史哲》，2005年第2期。

㉕邓球柏：《德与善的探索——郭店楚墓竹简〈五行〉新说》，《长沙大学学报》，2005年第3期。

㉖郭沂：《德欲之争——早期儒家人性论的核心问题与发展脉络》，《孔子研究》，2005年第5期。

㉗晁福林：《先秦时期“德”观念的起源及其发展》，《中国社会科学》，2005年第4期。

㉘李景林：《即“有名”而显“无名”——从〈老子〉首章看老子之道论》，《甘肃社会科学》，2005年第6期。

㉙杨庆中：《老子道论与中国轴心时代之哲学的突破》，《东岳论丛》，2005年第6期。

㉚罗传芳：《老子生存论哲学辩证发微》，《哲学研究》，2005年第2期。

㉛张祥龙：《老子与荷尔德林的思想独特性——对一份新发表文献的分析》，《中国社会科学》，2005年第2期。

㉜高予远：《对“吾与我”的思考》，《中国哲学史》，2005年第4期。

㉝陈清春：《庄子“吾丧我”的现代诠释》，《中国哲学史》，2005年第4期。

㉞严春友：《论庄子思想的不同层次及其作用》，《河北师范大学学报》，2005年第2期。

㉟严春友：《对庄子思想五种定性说的质疑》，《河北学刊》，2005年第3期。

㊱詹福瑞：《庄子与〈列子〉生命观异同论》，《哲学研究》，2005年第3期。

㊲白奚：《学术史研究学术发展史视野下的先秦黄老之学》，《人文杂志》，2005年第1期。

㊳白奚：《论先秦黄老学对百家之学的整合》，《文史哲》，2005年第5期。

㊴王中江：《“无”的领悟及中西形上学的一个向度——王弼与海德格尔的视阈比较》，《孔子研究》，2005年第1期。

㊵王晓毅：《郭象命运论及其意义》，《文史哲》，2005年第6期。

㊶王晓毅：《张湛玄学的理论创建》，《哲学研究》，2005年第11期。

㊷牟钟鉴：《道教生命学浅议——从陈撄宁的仙学谈起》，《文史哲》，2005年第2期。

㊸谢路军：《寇谦之援儒入道思想述评》，《中央民族大学学报》，2005年第2期。

㊹单纯：《佛教哲学三论》，《中国社会科学院研究生院学报》，2005年第3期。

㊺方立天：《佛教文化的内涵与建设》，《云南民族大学学报》，2005年第3期。

㊻单纯：《禅宗的佛性论及其意义》，《中国哲学史》，2005年第3期。

㊼姚卫群：《佛教的有为法与无为法观念》，《北京大学学报》，2005年第1期。

㊽周贵华：《无为依唯识学在印度的发展》，《法音论坛》，2005年第12期。

㊾程恭让：《吉藏“八不中道”说辨正》，《哲学研究》，2005年第1期。

㊿许抗生：《道绰〈安乐集〉的净土思想》，《湖南科技学院学报》，2005年第9期。

51方立天：《慧远与佛教中国化》，《中国人民大学学报》，2005年第1期。

52张立文：《论理学的核心话题和解释文本的转换》，《社会科学战线》，2005年第4期。

53向世陵：《儒佛之际与宋初性无善恶说》，《东岳论丛》，2005年第1期。

54向世陵：《张载“合两”成性义释》，《哲学研究》，2005年第2期。

55杨立华：《论张载哲学中的感与性》，《中国哲学史》，2005年第2期。

56向世陵：《“生之谓性”与二程的“复性”之路》，《中州学刊》，2005年第1期。

57蒙培元：《“所以然”与“所当然”如何统一——从朱子对存在与价值问题的解决看中西哲学之异同》，《泉州师范学院学报》，2005年第1期。

58朱雪芳：《〈大学问〉——“以天地万物为一体”》，《中国哲学史》，2005年第2期。

59彭国翔：《阳明后学工夫论的演变与形态》，《浙江学刊》，2005年第1期。

60马晓英：《明儒颜钧的七日闭关工夫及其三教合一倾向》，《哲学动态》，2005年第3期。

61陈来：《“存神尽性，全而归之”——船山〈正蒙注〉的思想宗旨》，《衡阳师范学院学报》，2005年第4期。

62张学智：《王夫之〈春秋〉学中的华夷之辨》，《中国文化研究》2005年夏之卷。

63张学智：《王夫之太和观念中的诚与变合》，《中华文化论坛》，2004年第1期。

64张祥龙：《周敦颐的〈太极图说〉、〈易〉象数及西方有关学说》，《现代哲学》，2005年第1期。

65李中华：《沉思涵泳卓然标新——张岱年先生上世纪30年代学术思想探析》，《河北师范大学学报》，2005年第3期。

66许抗生：《张岱年论中国哲学中的“理”思想》，《河北学刊》，2005年第1期。

⑥方克立：《张岱年与二十世纪中国哲学》，《中国社会科学》，2005 年第 2 期。

⑥郑万耕：《倡导和实践逻辑分析方法的典范》，《河北师范大学学报》，2005 年第 3 期。

西方哲学[①]

杜丽燕

一、学术活动

2005 年 3 月 30 日至 4 月 5 日，哈佛大学教授 Scanlon 分别访问南京师范大学、清华大学和中国社科院。围绕“何为道德”和“平等何时变得重要”等问题做了四场演讲。

2005 年 8 月 6—8 日，中国现代外国哲学学会和中华全国外国哲学史学会、山东大学哲学系与社会发展学术、山东大学犹太教与跨宗教研究中心主办“‘哲学、宗教和科学：传统与现代视野’学术研讨会”。会议围绕四个主题进行：科学与宗教的关系；不同宗教间的对话模式；中西哲学与宗教比较；后现代哲学研究。

2005 年 9 月 4—6 日，复旦大学、北京大学等单位主办“萨特与当代法国哲学”国际研讨会。会议主要议题是：萨特的现象学；萨特的本体论；萨特的伦理学。

随着国家对哲学社会科学日趋重视，投入逐年递增，各种类学术会议也有突飞猛进增长的势头。仅就外国哲学方面的会议、讲座、互访等学术活动，愈来愈无法统计。至于相关出版物就更是不可胜数了。一方面是学界抱怨学术著作出版难，另一方面是几乎每日刷新的出版记录。不过，客观地说，有影响、高质量的学术会议难得一见，会议赶场现象增多。而学术著作出版数量增长很快，质量就很难说了。在学术繁荣的今天，不尽人意之处也明显增多。

二、奥古斯丁问题

奥古斯丁研究不是哲学界关注的热门，这与奥古斯丁在基督教哲学中的地位相比有很大的反差。2005 年周伟驰主持一组讨论文章，研究奥古斯丁问题[②]。一些论文颇有分量。

张荣在《创造与伸展：奥古斯丁时间观的两个向度》一文，着重研究奥古斯丁《忏悔录》的时间问题。问题缘起于西方哲学史对奥古斯丁时间问题的看法。作者指出，时间问题是贯穿西方哲学史的一个基本问题。海德格尔在他的演讲《圣奥古斯丁的时间观》开篇指出：在西方哲学中有三种关于时间本质的沉思是里程碑式的：第一种是亚里士多德的；第二种是奥古斯丁的；第三种来自康德。作者认为海德格尔虽然不喜欢基督教哲学这一名称，却推崇奥古斯丁的“时间之问”。所谓奥古斯丁的“时间之问”体现了两个向度：神学的和哲学的，即上帝的创造和心灵的伸展。这是两个不可分割的向度，前者规定后者，阐明时间的起源。后者反映前者，说明时间的存在和本质。后者受前者制约。也就是说，心灵的伸展有一个界限，它是不可超越的。文德尔班强调，奥古斯丁的形而上学是“内在经验的形而上学”，这时他确认了奥古斯丁时间观的心灵向度。吉尔松称奥古斯丁的时间是“皈依的形而上学”时，则是强调“心灵伸展的界限”，即永恒上帝的创造。对于奥古斯丁时间问题的探讨一直延伸到现代，作者指出，由此不难看出，奥古斯丁的思想已经活在当代[③]。

黄裕生在《论奥古斯丁对时间观的变革：拯救现象与捍卫上帝》一文表明，奥古斯丁对哲学史的重要贡献之一是，通过对时间的追问，改变了古希腊人传统的时间观念。希腊人把时间理解为“物理时间”。“时间是什么”的问题，被解释为“时间是运动的什么”的问题。经此一问，时间被定义为“计算前后运动得到的所计之数”。奥古斯丁却认为，时间不是外在的物理之流，而是我们的思想—意识的伸展。对于奥古斯丁本人来说，这一时间观念的变革，不仅使他得以捍卫上帝的超时间的绝对自由，全知全能以及关于上帝从无中创有的创世学说，而且使他得以“拯救”被物理时间带入“既存在又不存在”的现象世界的真实性；而对于哲学来说，这一时间观变革则使时间本身成了哲学的一个问题，并且是哲学切入其他问题的一个根本问题[④]。

吴天岳在《试论奥古斯丁著作中的意愿 voluntas 概念—以〈论自由选择〉和〈忏悔录〉为例》一文，以奥古斯丁的作品《论自由选择》和《忏悔录》为依据，探讨奥古斯丁的意愿概念。“意愿”概念即近现代哲学中最常见的意志（will）概念。在叔本华、尼采作品中，这一概念有着非同寻常的重要作用。是谁发现了这一概念？现代研究者通常认为，希腊心理学和伦理学就有这一概念，只是不占重要地位。奥古斯丁才是“第一位意愿哲学家。”作为神学家，奥古斯丁关注恶的起源问题，这一特定的角度，使他重新思考“自由意愿”这一古老问题的契机。他强调意愿作为灵魂的独立能力的独立性，由此从道德心理学的角度，对人的道德行为作出与古代希腊罗马迥然不同的分析。同时，意愿的独立性也确保了人选择不同行为模式的自由和实现自身本性的自由。正是这一自由，确保我们成为自己行为的主人，人也由此受到颂扬和责难，这是道德责任的基础⑤。

此外，夏洞奇在《“上帝之城”与“地上之城”：奥古斯丁思想中的两分倾向》一文，探讨奥古斯丁《上帝之城》一书的主要内容⑥。何卫平译作《奥古斯丁：内在逻各斯的普遍性》着重从解释学的角度探讨逻各斯问题⑦。

三、启蒙、人性与人道主义

启蒙问题近年来也逐渐受到西学研究者的注意。不仅因为西学界在这一方面的研究相对比较薄弱，更因为中国开放改革的趋势，把启蒙问题提到学人的议事日程上来。然而研究西文启蒙问题，需要有较好的近代和现代哲学基础，亦需要对中世纪哲学有较好地把握，因而研究启蒙不是一件容易的事情。20世纪，特别是两次世界大战前后，作为西方世界反形而上学的一个附现象，反启蒙也成为一种时尚。于是每当谈论启蒙，人们同样会关注反启蒙。这样现代哲学与近代哲学的关系，便不可避免地成为探讨启蒙问题的基础，启蒙关注的是人与人性问题，因而不可避免地探讨人是什么，探讨人的本性是什么？这既是自有西方文明史以来就存在的古老问题，也是启蒙思想家必须面对的问题。

尚新建在《启蒙与人性》⑧一文，探讨“启蒙思想家为什么如此注重人性？”“人性研究在什么意义上成为其他科学的基础？”“启蒙思想家眼中的人性具有什么特征？”“它们产生何种影响？”作者认为，西方近代发生的启蒙，是整个西方文化的重新塑造，其重要特征之一是关注人性。几乎每一个学者都强调研究人性的重要，“因此，几乎每一种启蒙著作都充满有关人性方面的观念，这些观念举足轻重，且常常面目一新，令人激动。”⑨当人性的研究具备一定规模，便逐渐形成一个专门研究人性的科学：人学(the science ofman)。用休谟的话说，“人学是其他科学的唯一基础”，因为“很明显，一切科学或多或少都与人性相关。任何科学，不论看上去离人性多么遥远，都能通过这个或那个途径返回人性……因此，我们声称要解释人性原则，实际上是要将全部科学体系建立在一个近乎全新的基础上，而且那是它们可以稳固立足的唯一基础”⑩。对20世纪的一些思想家来说，“人性”是纯粹的虚假名称，也就是说，它完全是凭借人们想象而导致的一种虚构，现实中根本没有与此相应的实在，如同人头马一样虚幻，因此所谓人性问题，都不过是一些虚假问题。他们认为，人就是人的行为，即他的所作所为。有人温和，有人粗暴；有人活跃，有人死板；有人襟怀坦白，有人居心叵测；有人敬神，有人渎神；有人一夫一妻，有人一夫多妻；有人好战，有人和平；如此等等。所有这些，都是个人行为，并非人性。一个人的行为有无数种可能，并没有什么统一的人性。这种观点在20世纪颇有市场，为历史学家、社会学家、行为学家和文化人类学家广为接受。倘若从这种观点出发，近代启蒙思想家关注人性自然是误入歧途。

然而，这个观点是错误的。因为人的作品和行为就其性质而言，并非个体的，因而，对人的研究不能局限于个体，而必须深入人的社会生活。人性犹如一篇难解的文本，需要依靠哲学加以破解。所谓“依靠哲学”就是超越个人经验，从社会（如国家）的视角加以解读。社会与个人不同，它是用大写字母书写人性。人们所说的人性，就是对人可能做什么的一种预期，包含对人类未来行为的理想。因此，人性不是绝对真理，亦不是从权威或实验那儿获得的科学命题。人性是人对自身作出的决定，判定自己能做什么，不能做什么，能力有多大，有什么局限性，等等。这是人的自我认识，是哲学考察的最高目标。自哲学诞生以来，尽管不同的哲学派别尖锐冲突，但这个目标始终不变，毫不动摇：证明这是一切思想的阿基米德点，牢不可摧的中心。

启蒙思想家注重人性，是为了改变传统人性，尤其是中世纪残留的基督教人性，从而塑造新人，建立新的文化制度，以适应新的时代。基督教历史悠久，派别林立，对人性的理解自然也是众说纷纭，观点不一。不过万变不离其宗，它们的解释均以圣经为依据，人性只有在与上帝的关系中才能加以界定。按照圣经的说法，世界是上帝创造的。没有上帝，世界亦不存在。因此，世界万物最终都必须符合上帝设计的目的，服从上帝的意志。人也一样。人是上帝按照自己的形象创造的，因而得天独厚，具有类似上帝的自我意识和爱的能力。上帝让人陪伴他，人必须热爱和崇拜造物主，才能实现自己的生活目的。然而，人还有另外一面：人是上帝用尘土造就的，所以与其他造物具有连续性，同样属于物质形体一类。人由于滥用上帝赋予的自由意志，弃善择恶，从而破坏了与上帝的关系。亚当和夏娃的故事象征人类的沉沦，象征所有人的原罪。也就是说，人性中铭刻着罪恶的印记，人性本来就带有致命的缺陷。这个缺陷并非肉体的欲望，而是人违反上帝的意志，背弃了上帝。人要摆脱罪恶，恢复与上帝的亲密关系，只能靠上帝拯救，需要上帝的恩典。耶稣降临人世间，就是上帝对人类的拯救。上帝通过耶稣的生命、死亡和复生，借以恢复人与自己的正常关系。托马斯·阿奎那利用亚里士多德的学说，将基督教的人性理论化。阿奎那认为，圣经所说的“道成肉身”表明耶稣不仅是圣人或杰出的先知，而且更是上帝之子，以肉体之躯，彰显了上帝所希望成就的人性。

近代哲学之父笛卡尔为理性的核心地位奠定哲学基础。他得出两个重要结论：（1）人的本质是理性。（2）世界的统一结构是理性的。在笛卡尔眼里，世界的本质是理性的，自然的本质是理性的，而理性的特质，可以通过数学的类比加以理解。人作为万物之灵，其本质也是理性。理性乃自然之光，是人人都均匀具有的天赋能力。正因为如此，人与自然本质上是相通的。人能够单纯凭借“我”，为知识提供确定性的最后根据，并在此基础上认识上帝，认识自然，把握自然的规律。个人理性的权威几乎达到至高无上的地步。理性是独立自主的。个人有权利自由地运用理性，不依靠任何外在的权威，不服从任何外在的命令，只服从理性本身。理性的发挥依靠理性的自由。启蒙就是争取运用理性的自由，即个体理性的自主。事实上，“autonomy”一词是由autos（自我）和nomos（律法）组合而成，意味着自我支配。蒲柏将“理性”看作“压抑”，意思是说理性服从或规定世界（自然）的普遍规则，掌握适当的分寸或尺度⑪。

张政文在《康德与福柯：启蒙与现代性之争》一文，探讨康德与福柯对启蒙理解的差异。作者指出，康德认为，人类之所以需要启蒙，是因为人类尚处于未成年期。康德的启蒙有三个要点：第一，启蒙就是运用自己的理性自由；第二，理性的本质是自由；第三，理性是人生存状态的终极标准。作者认为，福柯对于启蒙的理解，依然是沿着康德提出的三个问题进行：“我知道什么”、“我能做什么”、“我是谁”。福柯对康德提出三点质疑：第一，康德提出启蒙问题的方式，既无人们所归属的世界时代，无从中得到先兆的某种事件，也无大事告成的曙光。康德几乎是以完全的方式给启蒙下定义。第二，康德没有说明，启蒙究竟是一个历史事件，还是伦理学意义上人类应该承担的义务和责任。第三，康德对于“人类”一词的使用引起疑问。福柯批判对康德的批判，主要围绕这三点展开⑫。

许斗斗在《启蒙、现代性与现代风险社会》一文指出，康德的启蒙思想包含着应用理性来反思和批判的精神，福柯阐述了现代性与启蒙问题的内在联系，主张现代性的根本也是具有批判性的，是对人类历史有限性的反思。当然现代性也具有其反而性，这就是吉登斯所说的现代风险性社会。因此，我们的时代仍需要保持对现代社会的反思和警惕⑬。

赵林在《莱布尼兹——沃外部设备夫体系与德国启蒙运动》一文，探讨德国启蒙与法国启蒙的差异⑭；曹卫东《哈曼的伦敦之行及其思想意义》14一文，探讨对早期启蒙运动产生深刻影响的哲学家哈曼的伦敦之行，如何成为他思想的转折点，致使他离开启蒙运动的主流，试图开辟一条全新的启蒙道路。这一尝试对德国启蒙思想产生了非常重要的影响。中国哲学界对启蒙、人性、人道主义的关注，同样是哲学界摆脱自身稚嫩的一种尝试⑮。

杜丽燕在《人性的曙光：希腊人道主义探源》和《爱的福音：中世纪基督教人道主义研究》集中探讨人是什么和人性问题，这些问题构成古典西方人道主义的核心。在前者，作者追溯西方人道主义的原始形成过程。指出西方人道主义起源于希腊，它的主要内涵是paideia和aretè。本书详尽探索了希腊人道主义从荷马到亚里士多德的思想历程。勾勒出荷马的英雄伦理所崇尚的善行，走向城邦人道主义的足迹⑯。paideia和aretè发生的变迁。最终达到以苏格拉底、柏拉图和亚里士多德为代表的希腊人道主义的巅峰。作者在后文指出，中世纪基督教与人道主义的关系是一个有争议的问题。作者通过对犹太教、索罗斯德教、希腊哲学与基督教的历史渊源，详尽探讨了基督教福音人道主义的起源，基督教与希腊人道主义的关系。从追溯耶稣受难和保罗传道的足迹，阐明基督教爱的福音问世。通过对斐洛、柏罗丁、奥古斯丁思想的探讨，揭示基督教福音人道主义在新柏拉图主义氛围内系统的过程。最后，凭借梳理阿拉伯哲学家阿维森纳、阿维罗伊和犹太哲学家迈蒙尼德等人的亚里士多德主义，以及阿拉伯亚里士多德主义与阿奎那的承袭关系，阐明福音人道主义一次深刻的变革，即奥古斯丁主义逊位于阿奎那主义⑰。

四、现象学和存在主义研究

西方学者通常认为，海德格尔最狂热的追捧者不是德国人，而是法国人。事实上，确实是法国现象学家和存在主义哲学家把海德格尔推向全世界。因此，作为海德格尔存在主义哲学的研究最靓丽的风景线，非法国现象学和存在主义莫属。如果说我国西方哲学研究界对于现象学和存在主义的研究由胡塞尔和海德格尔开始，那么随着研究的深入，法国现象学和存在主义研究，不可避免的成为学界研究的重点。而对于梅洛庞蒂和列维纳斯的研究，就势头来看，已经远远走超了对于萨特的研究。胡塞尔、海德格尔、梅洛庞蒂、列维纳斯是近几年来中国西方哲学研究界，特别是现象学和存在主义研究最令人瞩目的人物。而海德格尔已经到了被人“言必称”的地步。尽管如此，中肯的研究依然不多见。这种现象颇有些像当年贵妇人床头要摆一本《纯粹理性批判》一样。

张汝伦在《论海德格尔哲学的起点》一文指出，国人研究海德格尔哲学，一般都是从1927年的《存在与时间》开始。阿伦特在纪念海德格尔80诞辰的文章中指出，就海德格尔来说，起点不是在他出生的日子，也不是他的第一部书出版，而是他作为编外讲师和胡塞尔的助手时开始，即1919年在弗莱堡大学开的第一批课程和讨论班。作者指出，海德格尔在1919年战时研究班的演讲《哲学的观念和世界观问题》奠定了海德格尔一生哲学思想的基础。在这部著作中，海德格尔阐明了他对哲学的全新理解，并由此与一切旧哲学，包括胡塞尔的现象学划清了界线，揭示了他一生的哲学方向[18]。

臧佩洪在《肉身的现象学呈现之途》一文，从身体问题这一特定的角度出发，描述胡塞尔、海德格尔、梅洛庞蒂三个重要的现象学家思想的差异。作者认为，身体问题是现象学研究的核心领域，然而却没有得到很好的历史梳理。尽管三人对这一问题的看法不尽相同，然而都有一个共同的倾向，这就是明显的、几乎不可遏制的反柏拉图主义的冲动和努力。胡塞尔最早把身体称作“零点之身”。这一概念主要强调身体是知觉经验发出的方向原点。零点之身只是标明了为方向定位的场所，但它作为个体的身体出现时，仍然是不充实的，无法承担构造精神世界的任务。与之相比，取而代之的“交互主体”则好得多。在交互主体中，身体不仅与周围的世界互为条件，而且与精神意志互为条件。正因为如此，胡塞尔指出，只要它是一个身体，身体就是一种双面性的实在，进而有了感官性的身体与为了意志的身体的区分。这就是所谓的双面神。

从表面上看，海德格尔似乎常常回避身体问题，但是，实际上，海德格尔对于身体问题的讨论，隐含于他对“手”、“姿势”等具体的分析之中。如“在手”、“上手”等。需要注意的是，海德格尔在手、姿势等术语中所涉及的问题是思想对身体的关系，真正关注的是存在者或者存在者的存在，而不是存在本身。梅洛庞蒂对身体的关注直接起因是批判唯理智主义。他提出知觉综合与理智综合的区别，知觉综合是身体的一种前逻辑统一性功能的实现，这种统一性不是于客观身体实现的，梅洛庞蒂“夺走了客观身体的综合”，而“把它给予现象身体”。所以梅洛庞蒂的现象学也被称作身体现象学[19]。

佘碧平《论梅洛庞蒂的肉体概念》一文，也是着重探讨梅洛庞蒂的肉体概念。作者认为，梅洛庞蒂的问题一生都没有改变。在《行为的结构》，梅氏首次提出问题：“我们的目的就是去理解意识与自然的关系”。该书的结论是自然只对一个知觉主体、一个积极参与到他所知觉的景观中的主体才有意义。《知觉现象学》则通过重新发现“己身”深化了这一主题。梅氏在该书坚持意向性概念。在世界之中指知觉主体与被知觉的世界之间一种意向关系。而在《可见者与不可见者》，梅氏转向一种新的本体论，即肉体成了存在的基型，主体与世界只是其组成部分。因此，意向生活不仅是主体向世界的生存投射和世界向主体的生存投射，而且它还是存在的自身实现。也就是说，己身肉体通过表达和各种文化揭示世界的肉体[20]。

王恒在《出离存在：列维纳斯的现象学初论》认为，与德国现象学相比，法国现象学有一种从本质到实存的转变。作为法国现象学的始作俑者，列维纳斯带入法国的现象学，本来就是海德格尔式的现象学。列维纳斯本人的现象学，有一个走出胡塞尔的意向性和海德格尔存在论的历程。作者指出，按照保罗·利科的说法，法国现象学是由列维纳斯《胡塞尔现象学中的直观理论》奠基。罗克莫尔认为，法国的胡塞尔研究，从来没有完全摆脱一种海德格尔式的理解。而列维纳斯本人则进一步明确：法国存在主义大部分都来自现象学，而且是海德格尔本人反对的人类学方面的海德格尔现象学。列维纳斯明确表示，现象学方法使我们能够在我们活生生的体验中发现意义；它把意识揭示为始终与在它本身之外的对象、异己的东西等保持接触的一种意向性……现象学可以使意识理解自身的主旨、反思自身并因此发现其意向性的所有隐蔽的或被忽视的境域……可以说，现象学就是一种使我们了解我们在世界中的位置的路径，这是一种自身赋义，使得意义在生活世界中的起源得以恢复。作为意向分析的方法，现象学使我们真正地朝向事物本身。当然这已经是法国现象学家由海德格尔的存在论开始，又与其不同的、法国式的对胡塞尔意向性的解释。所谓法国式的解释，总会出现这样的悖论：挣脱海德格尔的影响回复真正的胡塞尔之际，正是离开胡塞尔本人之时。于是离开海德格尔的存在，离开胡塞尔意向性，就成就了列维纳斯的现象学[21]。

海德格尔“中国化”是海德格尔研究的一个特色。这一特色让人喜忧参半。张志伟在《关于海德格尔与中国哲学之间关系的几点思考》[22]一文，黄玉顺《论生活儒学与海德格尔思想》[23]就海德格尔存在主义与中国哲学的关系进行了探讨。指出：近年来，海德格尔与中国哲学比较研究是一个非常时髦的话题。而研究层次也有极大的差异。精湛的研究对比有之，这类研究通常需要对中国哲学和西方哲学有较深入的了解，非一般人所能为之。学界普遍认为，自西学东渐以来，学人多引进西方哲学，并对其进行比较研究，主要目的是开启民智，冯友兰、熊十力等先生是典型的代表。他们可谓学贯中西的大家，因而比较研究颇见功力。不是停留在外在的皮毛，而是深入两种文明的根基之处。20世纪80年代以来，也出现了一些比较研究，多为海德格尔与中国哲学比较。这二十多年的比较研究，大多数研究还是很下功夫的，其中一些作品堪称优秀之作。但是，我们也不能不看到，与老一辈相比，近20多年的东西比较研究，明显有功底不够厚实的特点。尤其需要注意的是急功近利式的皮毛比较。对于所研究作品不求甚解，看一眼就比较，常常是将一些风马牛不相及的东西强拉在一起，这类比较应当戒除。

（作者：北京市社会科学院研究员）

注：

①本文相关资料由北京市社会科学院图书馆杜小华女士协助搜集，特表谢意。

②《现代哲学》，2005年第3期。

③《现代哲学》，2005年第3期。

④《浙江学刊》，2005年第4期。

⑤《现代哲学》，2005年第3期。

⑥《现代哲学》，2005年第3期。

⑦《云南大学学报》，2005年第4期。

⑧⑪《云南大学学报》，2005年第1期。

⑨Hyland, Paul (ed.), *The Enlightenment: A Sourcebook and Reader*, London: Routledge, 2003, p. 3.

⑩Hume, *A Treaties of Human Nature*, ed. by L. A. Selby-Bigge, Oxford: Oxford University Press, xix.

⑫《哲学动态》，2005年第12期。

⑬《东南学术》，2005年第3期。

⑭《同济大学学报》，2005年第1期。

⑮《河北学刊》，2005年第2期。

⑯华夏出版社，2005年7月。

⑰华夏出版社，2005年7月。

⑱《复旦学报》，2005年第2期。

⑲《南京社会科学》，2005年第12期。

⑳《复旦学报》（社科版），2005年第3期。

㉑《南京社会科学》，2005年第6期。

㉒《四川大学学报》（哲社版），2005年第3期。

㉓《四川大学学报》（哲社版），2005年第4期。

科学技术哲学（自然辩证法）

张成岗　曾国屏

2005年，北京自然辩证法学界呈现出持续繁荣的发展态势，努力开拓新的研究领域，进一步加强国际交流。本文从自然辩证法学会活动、学术会议、学术研究、国际学术交流、科学普及等方面对2005年北京地区的自然辩证法研究成果进行了回顾。力图较为全面地呈现出2005年该研究领域的学术动态以及学术成果。

一、学会活动

2005年3月9日，中国自然辩证法研究会五届八次常务理事会在北京化工大学召开。该次会议的主要内容是传达中国科协六届五次全会精神；汇报中国自然辩证法研究会第六届全国代表大会工作报告框架、第六届理事会理事产生的基本原则等有关问题；讨论如何贯彻全会的精神。会议包括了介绍中国科协第六届全国委员会第五次会议精神、汇报中国自然辩证法研究会第六届全国代表大会工作报告框架（草稿）等七项内容。

与会常务理事就会议主要议程的有关问题进行了热烈调论。丘亮辉认为：研究会应进一步为会员服务；应旗帜鲜明地坚持马克思主义，反对迷信；应扶持工程哲学、产业哲学这些新兴学科。曾国屏、黄顺基提请大家关注当前研究生教学的改革情况。金吾伦认为：应重视对创新文化的研究，中国自然辩证法研究会理事会中可考虑增加来自中国科学院的人选。任定成对此表示赞同，并提出研究会的下一步工作要抓住的着力点，找准切入点，使工作具有牵动性和前瞻性。具体地说，一是要关注全球化、科技与社会的关系等问题；二是要为国服务；三是要积极干预教学上的事；四是可借鉴国外的成功经验进行学会的改革；另外，要考虑如何更好地发挥京外常务理事的作用。吴延涪认为：应认真落实中央关于和谐社会的精神；研究会应实现三结合：一是老中青相结合，二是要同自然科学家相结合，三是要与经济社会管理工作者相结合。毕孔彰认为：报告中对学术工作应予以充分总结；应重视提高研究会的办事能力；要按“三个服务”的要求做点文章。孙小礼提出：报告中要加强关于科协作用的论述；理事会的变动最好先进行调查，在调查的基础上再进行调整。黄顺基指出：博士生新教材的编写工作应加紧进行。常务理事林夏水认为：搞自然辩证法人的仍应努力提高自然科学方面的素养，可考虑创办一个《科学家论坛》杂志。王德胜认为：在教学和研究中应坚持马克思主义的指导地位，不能用西方科学哲学代替自然辩证法；我们要有自己的特点和风格，搞自然辩证法的人应有自己的骨气；要坚持求真求是的科学精神，营造宽松宽容的学术环境，这些在报告中也应有所体现。

程连昌向大家通报了党中央关于进一步发挥离退休科技人员的作用文件的有关精神和情况。与会者们尤其是老同志们，对中央关于进一步发挥离退休科技人员作用的精神而感到振奋，也对研究会将要进行的新老交替表示理解。许多老同志纷纷表示要把继续工作的热情同对新老交替的支持有机地结合起来。

王国政通报了关于成立科学与文化专业委员会和产业哲学专业委员会的有关进展情况。

最后，朱训理事长指出：此次会议除讨论了如何贯彻全会精神外，还就如何使理事会的结构更加合理，如何使理事会的来源更加多样化，以及怎样发挥京外常务理事的作用等问题进行了讨论。研究会秘书处对大家提出的诸多好建议，一定要认真研究、消化和吸收，使今后的工作更加完善，他还对研究会参与研究生课程改革的有关事宜作了指示。

北京自然辩证法研究会于 2005 年 1 月召开教育制度改革学术研讨会。与会专家针对教育法的修改、教育收费的有关问题、教育资源配置和统筹管理等问题，进行了研讨。与会专家表示，教育不能实行产业化，在政府的教育管理体制未发生大的变化之前，可推行教育券制度。在加大教育资源投入的同时，应当重新建立统筹管理机构。从教育自身的发展规律看，它需要政府的教育投入而不是全面介入。2005 年 3 月，北京自然辩证法研究会召开社会主义的核心价值理论学术研讨会。会议对社会主义的本质、社会主义与人权等问题进行有益的探讨。各与会学者就有关问题进行了广泛而深入的讨论。

二、学术会议

产业哲学会议。产业发展是一个国家繁荣富强的基础，“是一本打开了的关于人的本质力量的书”（马克思），是现代社会的“各种关系的基础，是整个社会发展的动力”。（恩格斯）

从哲学的高度与维度研究产业这一当代最大的社会问题和学术问题，已经成为时代的呼唤。我们的企业，应该是有深厚哲学底蕴、战略谋划的企业；我们的企业家，应该是充满哲学憧憬、哲学睿智的企业家；我们的哲学家，应该是关注产业发展并以建立产业哲学为已任的哲学家。

在何祚庥院士提出可以把李伯聪“科学——技术——工程”三元论扩大到“科学——技术——工程——产业”四元论之后，2005 年 1 月 29 日，由清华大学科技社会研究中心主办的产业哲学座谈会在京召开。中国自然辩证法研究会理事长朱训在讲话中认为，产业哲学不仅很有必要，而且也有广泛的发展前景，只要我们大家共同努力，把产业哲学研究作为一项重要事业来为之奋斗，产业哲学就一定能够获得发展，一定能够为国家现代化建设作出应有的贡献，一定能够为繁荣哲学社会科学作出应有的共享[①]。王德胜、张景安、朱厚泽、何祚庥、周传典、王德禄、蔡德麟、李伯聪、曾国屏等也都在会上作了发言。产业哲学是适应产业发展日趋复杂的新情境与新需要，对产业发展中的问题、途径和前景的哲学思考，首届“产业哲学座谈会”的成功召开，作为一次奠基性的工作，必将促进中国学界对产业哲学的研究。

工程哲学会议。2005 年，工程哲学在理论与建制上进一步取得了学术界广泛关注的成绩，哲学界、工程界的沟通合作呈紧密发展趋成为工程哲学发展的一大特征。

由中国自然辩证法研究会、中国工程院管理工程学部、中国科学院研究生院工程与社会研究中心主办，由中国航天科技集团承办的全国工程与社会论坛于2005年5月9日在北京成功举办，来自全国工程界与科技哲学界的60余位专家学者到会。中国工程院殷瑞钰院士在开幕式上作了题为《建立工程界和哲学界的联盟，共同推动工程哲学的发展》的主题发言。他指出，我们的工作虽然是刚刚起步，但意义重大，任重道远，对于工程，我们不但要对工程进行哲学角度的研究，而且要对工程进行跨学科和多学科的研究，我们还要逐步开展国际学术交流工作，要努力使我们的工作年年都有进步，有发展。我们不但要努力争取在理论上不断取得新进展、新突破，而且要理论联系，要使工程哲学在我国工程建设的实践中发挥作用，在全面建设小康社会的过程中发挥作用，同时，促进工程哲学的队伍也在这个过程中成长、壮大[②]。

科学哲学会议。2005年8月11～13日，第十二届全国科学哲学学术年会于在中南大学举行。会议由中国自然辩证法研究会科学哲学专业委员会、中南大学政治学与行政管理学院联合主办。会议主题报告由中国自然辩证法研究会科学哲学专业委员会副主任、中国科学院研究生院胡新和主持。范岱年、邱仁宗、张志林分别作了《唯科学主义在中国——历史的回顾与批判》、《涉及人研究的方法论和伦理学问题》、《科学哲学——重建认识论之反思》的主题报告。

曹南燕以转基因水稻为例，分析了当前高技术产品大规模推广中存在的诸多伦理问题。刘晓力则分析当前认知科学领域的一种新动态，即超越计算主义纲领。吴彤提出了科学实践哲学的观点，并与传统科学哲学进行了比较与批判。李醒民分析了爱因斯坦与哲学的关系。田松探讨了为什么量子实在总会引起我们困惑的原因以及解决办法。刘兵就后殖民主义、人类学、女性主义科学史与科学哲学的关系进行了深入的探讨。范岱年详细剖析的现象学——诠释学科学哲学的基本观点。肖峰通过对进化论与建构论的两种视界的比较研究。蒋劲松分析了英国神学家T. 托伦斯的科学哲学思想，拓宽了人们对科学哲学与神学的理解。

本届科学哲学年会的参加人数是历届科学哲学年会人数最多的一届。整体上反映了我国科学哲学的总体水平与蓬勃发展的局面。

创新性研究：2005年10月21日至22日由中国自然辩证法研究会、中国自然辩证法研究会科技创新与产业委员会主办、山东财经大学承办的“全国科技创新与产业发展学术研讨会”在山东济南召开。来自全国近30所高校和研究单位的40余位学者以及中国自然辩证法研究会的负责人、国家科技部有关部门的领导同志参加了会议。肖广岭、王大明等北京学者在会议中的活跃表现给人留下了深刻的印象。学术研究方面，王大明、胡志强、李正风、张成岗等就创新研究中的多个专题也发表了深刻见解[③]。

另外，2005年北京科技哲学论坛的主要活动有：关于理性能力的当代思考（田平主讲，唐热风评论，3月31日）；“海森堡事件”及其背景研究（邬波涛主讲，韩连庆评论，5月26日）；Impact of genetic information on health care delivery（Hans—Martin Sass主讲，邱仁宗评论，9月29日）；科学哲学视野中的风水活动（李静静主讲，马晓彤评论，10月27日）；加强自主创新，建设创新型国家（刘燕华主讲，11月25日）；从能源企业的国际竞争看我国的能源战略主讲人：傅成玉（中海油公司总经理，11月25日）；该不该干预人类基因——对基因治疗的伦理审视（张新庆主讲，胡新和评论，12月29日）。

清华大学“科学哲学与技术哲学沙龙”2005年的主要活动有：理性与合理性（朱葆伟主讲，高亮华评论，1月15日）；日本的技术论（木本忠昭主讲，3月12日）；复杂性研究与典型信息法（李世辉主讲，冯国瑞评论，3月26日）；走向产业哲学（雷毅、高亮华、张成岗主讲，曾国屏评论，4月27日）；走向实践优位的科学哲学——科学实践哲学发展述评（吴彤主讲，蒋劲松评论，5月20日）；中医的前途与发展方向——从东西方科学异同的角度看（刘长林主讲，马晓彤评论，6月17日）；What impact, if any, has feminism had on science?（Evelyn Fox Keller主讲，刘兵、章梅芳评论，7月31日）；科学实践哲学的本土化案例研究：中医学再认识（马晓彤主讲，吴彤评论，10月13日）；规范性与语义内容（方万全主讲，叶闯评论，11月11日）；技术·诗与思（高亮华主讲，张成岗评论，11月25日）；从语言哲学到心智哲学——20世纪西方哲学发展述评（蔡曙山主讲，蒋劲松评论，12月9日）。

“论坛”与“学术沙龙”的组织不但构筑了思想的传播平台，促进了学术交流、理论进步。

三、学术研究

在学术研究方面，北京自然辩证法研究界在2005年取得了丰硕的成果。

1. 产业哲学——一个令人期待的新领域

曾国屏指出，传统的主流哲学话语中，要么关注了科学技术，要么关注了社会文化，却忽视了两者之间的直接的、现实的纽带。相应的，有了科学哲学、技术哲学，也有了人文哲学、社会哲学，却长期忽视了产业哲学。从行为主体的角度看，一般而言，科学、基础研究的运行，存在着所谓的市场失效，因此需要政府为主导进行资助；技术，视情况而有所不同，市场技术的行为主体是企业，公益技术和国家安全技术的行为主体往往是政府；工程，特别是大型工程，与政府行为有比较紧密的联系，也往往与政府行为联系在一起；而产业，尽管政府往往也发挥着重要的作用，但其行为主体是企业则是勿庸置疑的。除了从人与自然、城市化等多维视角对产业哲学给予了理论关怀外，曾国屏还联系我国现实国情指出，哲学，不能不对此世界历史进程进行自己的思考并作出回答，特别是联系当代中国的和平崛起来进行思考并作出回答。科学技术和产业发展所生成的自然界，是以人为本的自然界；这是人和自然、社会协调发展的必然之路，但又是一个充满冲突和对抗、充满着不确定性和风险的曲折过程；在这个过程中，生产力的关怀和伦理的关怀、眼前的关怀和长远的关怀、现实的关怀和憧憬的关怀都是同样需要的。解读产业这“一本打开了的关于人的本质力量的书”，不仅“解释世界”，更在于“改变世界”，成为哲学工作者的时代责任。这也是产业哲学之旨趣④。

高亮华认为，科学是对自然过程、事件、物质与生命的研究。技术是用于提供人类生存与发展所必需的物品的手段的整体。工程是对影响人类条件的问题的解决方案的构想与实施。引用罗杰斯、文森蒂等人的观点，工程指的是组织任何人工事物的设计和建造的实践，这种实践改变我们周围的物理的以及社会的世界以满足一些所意识到的需求。显然，工程是一种问题解决活动，而产业是人类借助科学知识与技术手段，通过工程设计与建造建立起来并加以运转与维护的生产与服务体系，通过这种定常化的体系，我们可以直接或间接面对自然界，生产出各种产品（服务）来满足人类生产、生活的需要。如通过建立的炼铁厂，我们可以生产铁。通过建立的发电站，我们可以发电⑤。

雷毅认为，自然物作为“自在之物”，它遵循的是合自然规律的存在方式。尽管人的存在方式需遵循自然规律，但人的存在方式却需求他需要按照自身的尺度将自然物改造成为我所用人工物。因此，我们可以把合人的目的性看成人工物的一个重要特征。正是这种合目的性构成为了人工物向社会物转换的前提。只有当个体的目的与社会的目的性要求一致时，或者个体的目的能够转变成社会的目的性要求时，满足个体需要的人工物就具备了转变成为满足社会需要的人工物的可能。在近现代社会中，这种转变是与产业化的过程联系在一起的。人工物一旦成为社会公众的需求对象，就必然会因为大规模地产生过程而获得了一种新的社会存在形式，这种存在形式是在社会公众的手中得以实现并满足公众的同一目的，因而可以称为社会物。社会物是指经过产业化过程被大量制造并为社会大众普遍持有或享用的人工物。因此，产业化就是人工物的社会化，产业是社会化了的人工自然⑥。

张成岗从现代性研究的角度对产业哲学进行了史论结合式的考察，认为对产业革命的哲学反思是西方现代性研究的重要起点，对产业活动（譬如专业化分工等）的反思与批判也是现代性研究的重要研究领域，因此，从现代性研究的视角看，开展产业哲学研究的具有历史合法性和现实必要性。他还尝试区分为科学、技术、工程与产业，即：科学是从“自在之物”到“自识之物”；技术是从“自识之物”到“自用之物”；工程是从“自然之物”到“人工之物”；产业则是从“人工之物”到“社会之物”。他认为，创立产业哲学可以带动学界与产业界的联盟，可以预期一大批“哲人企业家”和“产业型学者”的出现，对世界更富爱心的企业和对世界更负责任的学界⑦。

万长松等的文章中在李伯聪的三元论观点的基础上，把产业活动看成是以生产（劳动）为核心的人类活动。更具体说，产业是人类借助科学、技术和工程手段，直接或间接面对自然界，生产各种产品或提供各种服务来满足人类生产、生活需要的社会实践活动。既然发现、发明、建造和生产分属人类不同的物质实践活动领域，在这四个领域中无论是人与自然接触的广度和深度，还是人与人相互关系的复杂程度都存在着明显不同。建立起“四元论”，使我们对人类物质实践活动的内容和本质有更加深入的理解⑧。

产业哲学的诞生可以说是历史演化、国际形势以及现实国情的内在要求。其中所呈现出的创新性品格也是学界所必不可少的。2005年，产业哲学取得了开创式的进展，成为一个值得期待的新领域。

2. 工程哲学

在理论研究上，工程哲学继续呈现出良好态势。

李伯聪在《工程共同体中的工人——“工程共同体”研究之一》一文中强调了“工程共同体”这一课题的重要性。认为工程共同体与科学共同体有不同的社会作用和结构组成，工人是工程共同体的一个绝不可缺少的基本组成部分，是一个处于弱势的群体。与此同时，他强调了“灰领”、“出场”和后福特制所提出的对“新工人”的要求所具有的深远意义⑨。

曹南燕、包和平撰文对三门峡工程的规划失误进行了反思。分析了“关于根治黄河水害和开发黄河水利的综合规划报告”的政府工作报告对三门峡工程的决策过程发生了决定性影响，强调了工程决策科学化、民主化、制度化、程序化的重要意义⑩。

另外，张秀华还强调了工程哲学综合的、非逻辑的和价值意义的理论向度，对工程认识论进行了初探。

3. 科学哲学

科学哲学是自然辩证法学科中的基本研究方向。

孙小礼对自然科学方法与社会科学方法间的关联进行了理论探索。通过对自然科学和社会科学的比较，努力说明研究社会比研究自然更难，社会科学应借鉴自然科学方法，自然科学也应借鉴社会科学方法，适应科学与社会的发展，自然科学与社会科学不但要在研究方法上相互借鉴，而且要进一步走向结合⑪。

刘二中撰文考察了芝诺悖论内涵的逻辑漏洞。回顾了亚里士多德等人对芝诺悖论的一些看法，指出了寻找该悖论推理过程逻辑漏洞的必要性，并给出了对追龟辩和飞矢辩不同于亚里士多德、罗素等人的分析⑫。

胡志强对“真理与简单性”这一课题进行了考察。认为在科学研究的实践中，许多科学家都偏好简单的假设。而在理论选择问题的规范研究中，也有一些哲学家把简单性作为一个认识原则。但长期以来面临的一个困难是：如何阐明并辩护简单性原则。首先叙述了简单性问题及其困难，然后介绍了近年来福斯特和索贝尔提出的一个解决方案⑬。他还指出，对于假说演绎法、证伪主义和科学研究纲领方法论，禁止特设性假说都是一个重要的方法论原则。但对于什么是特设性假说的标准，特设性原则是否是一个独立的方法论原则，还存在相当多的争议。在该篇文章中，梳理了几种关于特设性假说的重要看法，用以表明对科学合理性认识中的复杂因素⑭。在又一文中，他指出，贝耶斯主义是20世纪三、四十年代以来，对诸多学科如统计学、经济学、政治科学、决策论、心理学、认知科学、人工智能等产生过广泛影响的学术思想。近20多年来，逐步发展成为一个一般性的科学推理理论，是目前科学方法论领域中一个重要的研究纲领。该文从三个方面对这一纲领进行概略性的介绍：贝耶斯主义的基本概念及其归纳理论框架；贝耶斯主义解决各种科学方法论问题的尝试和成果；贝耶斯主义纲领留下的有待争论和解决的问题⑮。此外，他还对“不完全确定论题”、“解决迪昂问题的新方法”、等问题进行了研究。

4. 技术哲学

肖峰认为，技术本体论不仅应该包含技术本质论的内容，也应包含技术存在论的内容。技术是否是一种客观现象，技术是如何获得“存在”身份而成为“此在”的，技术是如何“物成其所是”的等问题构成了技术的“存在”根基的问题阈⑯。与此同时，他在生存论或实践哲学的视阈上对技术的存在与非存在作出了进一步的思考。认为从一种人学的、生存论的或实践哲学的视野上看，技术的存在与非存在是一个与主体的认知与感受相关涉的问题，追求技术的非存在感构成技术人性化和生态化发展的一个重要维度，后现代技术日益呈现出这一特征。通过突显技术的非存在性来改善技术，是一种不同于简单的技术批判的否定性思路，是一种积极的建设性思路⑰。

唐魁玉、张明国则以“网络技术与文化摩擦”为题进行了研究，他们认为，网络技术在提供新的文化符号和促进技术转移以及文化进步的同时，也为文化的发展制造了摩擦。要使网络技术成为文化进行的基础，就必须努力张扬技术的合理性，并保持和发挥民族文化的优势，从而创造出符合全球化与地方性精神的网络文化⑱。

张成岗从社会病理学的角度对技术问题的界划进行了哲学思考，认为作为西方现代性运动的必然结果，技术问题是当前人类面临的重大问题之一，而流行的“技术双刃剑”命题并不能揭示技术问题的全部意蕴。在该问题存在多元指称情形下，圈定其学术边界意义重大。他借用社会病理学学术资源对技术问题进行了一种可能界划，认为限定了技术问题的边界，其后续研究的进行必将得到深入⑲。

值得专门提到的是，《自然辩证法通讯》杂志组织了“科学与技术——天使抑或魔鬼?”这一学术专论。张明国、李建军等学者都就该论题提出了自己的相关看法。在讨论中，张明国结合“西部开发的技术与技术转移”给出了自己的主要观点，（1）技术是天使抑或魔鬼与技术转移有关；（2）技术是天使抑或魔鬼只有被转移到西部地区才能显露出来；（3）被转移到西部地区的技术角色只能依据西部地区的气候风土和社会文化进行评价；（4）被转移的技术角色在与西部地区传统技术与文化所发生的关系中体现出来[20]。

5. 复杂性与系统科学

吴彤对“实在”进行了复杂性的分析，认为，在复杂性研究的视野中，复杂的实在概念，其基础的哲学观点是一种“结构·关系”并存的实在论；是一种“条件过程”实在论；是一种“历史语境”的实在论。复杂性研究大大丰富了实在的概念[21]。吴彤与黄欣荣还共同撰文对“三”这一数字在复杂性研究中的独特内涵以及复杂性范式的历史嬗变进行了讨论。

苗东升则用系统观点对构建和谐社会作出了概念诠释。他认为，必须贯彻系统思维：以整体思维取代片段思维，以非线性思维取代线性思维，以动态思维取代静态思维，以开放思维取代封闭思维，把自组织与他组织结合起来[22]。

赵光武则对复杂性研究与辩证唯物主义的运用和发展进行了理论探讨。他认为，复杂性研究用还原论与整体论统一的方法即系统方法探索复杂性，以辩证唯物主义为哲学基础。世界范围的复杂性研究的兴起和高涨，是辩证唯物主义运用和发展的大好时机。辩证唯物主义在间接、直接两方面指导着复杂性研究，而复杂性科学则对辩证唯物主义的推进是多方面的。犹如，复杂性科学进一步论证了辩证唯物主义的世界观；复杂性科学进一步充实了辩证唯物主义运动观[23]。

刘劲杨、李虎群也就“复杂性的词源学研究”与“认识主体的复杂性问题”等论题进行了学术探究。

6. 科学技术史研究

刘兵与章梅芳从科学史研究立场的变化对全球化进行了考察。全球化已经成为当今社会发展的重要趋势，关于全球化的讨论更是学术界的热点话题。他们从西方科学史出发，分析了以西方近代科学为某种普适性科学的科学史研究范式及其与全球化之间的某种关联，以及这种研究范式新近被解构的发展趋势，并认为，作为人文学者，我们应该对科学文化的全球化热潮保持审慎态度[24]。与此同时，他们还通过对两个相关科学史研究案例的比较，讨论了女性主义医学史研究的意义。此外，刘晓雪、刘兵以耶兹对布鲁诺的研究为案例，在对其思想进行评述的基础上，对布鲁诺的认识作出一些科学编史学的考察和分析。

李醒民认为，库恩并不是在科学哲学（和科学社会学）的意义上首次使用“范式”术语的人。他指出，马赫至少在1905年（很可能在1895年或1896年）、迪昂至少在1906年（或者在1893年）就在科学哲学的意义上使用paradigm的同义词或近义词，而威纳在1954年、默顿在1941年或1945年就在科学哲学或科学社会学的意义上直接使用了paradigm术语了[25]。

张明国对中日两国技术创新的历史文化进行了考察，黄少华、孙丽君、张明国则对西部地区的技术转移进行了历史性研究。另外，刘鸿亮、段耀勇、郑伟红、郑卫丽等学者也就各自的研究问题给出了学术见解。

四、国际学术交流

2005年，北京自然辩证法学界的国际化步伐明显加快。

国际科学史大会。7月24～30日，第22届国际科学史大会在北京召开。本届会议的主题是“全球化与多样性——历史上科学和技术的传播”。来自70多个国家的约1200名学者参加了这次盛会。中科院自然科学史研究所孙小淳作了题为《自然在古代中国的道德和政治意义》大会报告。而孙小淳和美国宾夕法尼亚大学历史和社会科学系Nathan Sivin组织的“中国科学、技术和医学史中的文化多元性”的研讨会，重点讨论了“文化多元性（Cultural Manifolds)”对于研究中国科学史的有效性，令与会者深感启发。爱因斯坦是本届大会的重要议题之一。杨振宁作了题为《爱因斯坦——机遇与洞察力》的大会报告。在他的报告中，杨振宁特别强调了“自由的眼光”在爱因斯坦的研究工作中的重要性。

北京自然辩证法界的学者在会议上就各科学史问题热烈探讨，给学界留下了深刻的印象。

国际科学实践哲学学术研讨会。2005年7月22—23日在清华大学召开了“国际科学实践哲学学术研讨会”，这是国内第一次以科学实践哲学为主题的学术研讨会。吴彤等把清华大学科技社会研究所关于科学实践哲学研究的一些成果在会上作了交流。来自墨西哥和阿根廷等国的5位学者，北京师范大学、中国人民大学、内蒙古大学、重庆大学等大学和研究机构的学者参加会议。通过本次会议，科学技术与社会研究中心与墨西哥、阿根廷学者达成了包括合作出版、邀请访问讲学、资料共享等在内的进一步展开学术合作的协议。墨西哥学者哥德弗瑞·古劳闵在向研讨会提交的《从历史转向到科学实践理论》一文中分析了科学哲学从 HPS 到 CSSK 的转变，并考察了 CSSK 中关于科学实践哲学的两种代表性的观点，并提出了一些科学知识的认识规范性的认知困境[26]。吴彤亦撰文对科学实践哲学兴起的研究背景、重要意义及其对传统科学哲学观点的冲击作了分析说明，并指出了科学实践哲学存留的一些问题[27]。

北京公众科技传播国际研讨会。2005 年 6 月 22 日，由国际公众科技传播网、中国科协、科学与发展网络共同举办的“2005 北京公众科技传播国际研讨会”在北京开幕。来自 21 个国家的 160 多位公众科技传播领域的专家学者、科普机构和组织的代表围绕“科学传播中的策略问题”主题进行深入研讨。

两年一次的国际公众科技传播网大会是国际科技传播领域规模和影响最大的学术会议，在推动国际科技传播事业的发展方面有着举足轻重的影响。此次国际研讨会的举办，是国际公众科技传播网在两年一度的会议期间举办中期活动的首次尝试，是国际公众科技传播网历史性的新拓展。

提高全民科学素质是全面建设小康社会战略目标的重要组成部分。只有在全民科学素质的普遍提高的基础上，科技强国的战略目标的达成才得以可能。科学普及与全民科技素质的提高是我们必须持续加以关注的。

北大－日本东大“科学与文化”学术研讨会等学术会议的召开也充分体现了自然辩证法研究不断走向国际化的良好态势。

五、科学普及、全民科技素质提高

2005 年该研究领域备受学界重视。我国政府把提高全民族的思想道德素质、科学文化素质和健康素质作为全面建设小康社会的重要目标之一，制定实施了《公民道德建设实施纲要》和《全民健身计划纲要》，并委托中国科协组织有关方面研究制定《全民科学素质行动计划纲要》。北京自然辩证法界的诸多学者都把开展科学技术教育、传播与普及作为学术研究的重要任务。

中国科学技术协会副主席徐善衍认为，人类文化是社会系统自组织发展中的“序参量”。国民素质关系到国家综合实力。提高国民素质，传播普及科学文化是发展先进生产力、先进文化，构建和谐社会，全面建设小康社会的需要。他对古今文化的内涵外延，中国传统文化的优劣和传承中的得失，以及如何吸取东西方文化的营养，正确理解和使用科技成果，促进经济和社会发展，进行了有分析、有独到见解的论述[28]。

吴彤等，对建国以来我国公民科学素质建设的经验和教训进行了总结并给予了理论分析。只有对以往建设过程中的经验和教训进行回顾和整理，并持有充分而清醒的认识，才能有针对性地展开下一步的工作。并就相关主题提出了六个方面的经验和教训，这对现实实践是颇有裨益的[29]。

李正风等，对如何提高我国全民科学素质进行了战略思考。认为提高全民科学素质的任务，不仅要使所有国民具有基本的科学素质，而且要构建全民共同发展的学习型社会，为每一个公民科学素质的不断提高创造条件。提高全民科学素质已经成为国际社会的共识。从我国公民科学素质的现实状况及全面建设小康社会的战略目标出发，提高我国全民科学素质是一项紧迫而艰巨的战略任务[30]。在当代社会，提高公民科学素质，构建全民共同发展的学习型社会确已成为实现人的全面发展的重要内容和基本前提。

总之，北京自然辩证法界在 2005 年所取得的成绩令人倍感欣喜，并为学术研究的进一步发展构筑了良好的发展平台与创新空间。更为可喜的是，北京自然辩证法学术界与国际的联系较之以往更为紧密。北京自然辩证法界在 2005 年所取得的成果有充足的理由让我们共同期待 2006 年北京自然辩证法学术研究的新进展、新突破。

（作者：曾国屏，清华大学教授；
张成岗，清华大学博士）

注：

①朱训：《在产业哲学座谈会开幕式上的致词》，《自然辩证法研究》，2005 年第 4 期。

②殷瑞钰：《建立工程界和哲学界的联盟，共同推动工程哲学的发展》，《自然辩证法研究》，2005 年第 9 期。

③李正风、张成岗：《我国创新体系特点与创新资源整合》，《科学学研究》，2005 年第 5 期；王大明、胡志强：《作为创新文化建设重要组成部分的中国科技奖励制度》，《自然辩证法研究》，2005 年第 4 期。

④曾国屏：《产业·时代·哲学》，《晋阳学刊》，2005 年第 6 期。

⑤高亮华：《产业：打开了的人的本质力量的书》，《晋阳学刊》，2005 年第 6 期。

⑥雷毅：《论人工物的社会化》，《晋阳学刊》，2005年第6期。

⑦张成岗：《走向产业哲学——从现代性研究的视角看》，《晋阳学刊》，2005年第6期。

⑧万长松、曾国屏：《“四元论”与产业哲学》，《自然辩证法研究》，2005第10期。

⑨李伯聪：《工程共同体中的工人——“工程共同体”研究之一》，《自然辩证法通讯》，2005年第2期。

⑩包和平、曹南燕：《“规划”的失误及其对三门峡工程的影响》，《自然辩证法研究》，2005年第9期。

⑪孙小礼：《自然科学方法与社会科学方法的相互借鉴和结合》，《清华大学学报》，2005年第1期。

⑫刘二中：《解析芝诺悖论内含的逻辑漏洞》，《自然辩证法研究》，2005年第11期。

⑬胡志强：《真理与简单性》，《自然辩证法研究》，2005年第5期。

⑭胡志强：《禁止特设性假说：对一个方法论原则的考察》，《科学技术与辩证法》，2005年第3期。

⑮胡志强：《科学推理：从贝耶斯主义的观点看》，《自然辩证法通讯》，2005年第1期。

⑯肖峰：《关于技术存在论的几个问题》，《自然辩证法研究》，2005年第1期。

⑰肖峰：《技术的存在与非存在》，《科学技术与辩证法》，2005年第1期。

⑱唐魁玉、张明国：《网络技术与文化摩擦》，《科技进步与对策》，2005年第5期。

⑲张成岗：《社会病理学：技术问题的一种可能界划》，《淮阴师范学院学报》，2005年第2期。

⑳张明国：《面向西部开发的技术与技术转移——来自“科学与技术：天使抑或魔鬼”论题的启示》，《自然辩证法通讯》，2005年第4期。

㉑吴彤：《复杂的实在》，《自然辩证法研究》，2005年第6期。

㉒苗东升：《在系统思维导引下构建和谐社会》，《中国人民大学学报》，2005年第6期。

㉓赵光武：《复杂性研究与辩证唯物主义的运用和发展》，《系统辩证学学报》，2005年第4期。

㉔刘兵、章梅芳：《从科学史研究立场之变化看全球化》，《科学对社会的影响》，2005第2期。

㉕李醒民：《库恩在科学哲学中首次使用了“范式”（paradigm）术语吗?》，《自然辩证法通讯》，2005年第4期。

㉖哥德弗瑞·古劳闵：《从历史转向到科学实践理论》，《科学学研究》，2005年第6期。

㉗吴彤：《科学实践哲学发展述评》，《哲学动态》，2005年第5期。

㉘徐善衍：《科学文化的传播普及与国民素质》，《自然辩证法研究》，2005年第12期。

㉙吴彤、李静静、王娜、田小飞：《建国以来我国公民科学素质建设的经验和教训》，《自然辩证法研究》，2005年第4期。

㉚李正风、刘小玲、王凌晶：《提高公民科学素质与构建全民共同发展的学习型社会》，《清华大学学报》2005年第3期。

伦 理 学

罗国杰 葛晨虹 孙惠娟

一、学术活动概况

2005年4月18日至19日，由中国伦理学会、江苏省社科联、江苏行政学院和南京师范大学共同主办的“第13次中韩伦理学研讨会”在南京师范大学召开。来自韩国、日本、新加坡以及国内众多高校和研究结构的伦理学学者共150余人参加了此次研讨会。与会学者围绕“道德建设与现代化”这一主题，从和谐社会的内涵、伦理基础、建设路径等方面发表了各自见解，并一致认为：加强道德建设是推进现代化进程，构建社会主义和谐社会的内在要求。会议还探讨了现代化进程中进行道德建设的途径和方法。

2005年5月12日，上海社会科学院经济伦理研究中心主办了经济伦理国际论坛：“经济伦理与和谐社会”学术研讨会。中国伦理学会会长陈瑛、上海社会科学院副院长熊目之、荷兰 Nyenrode 大学经济伦理学教授 henk vanluijk 和美国 st. Thomas 大学经济伦理研究中心执行主任 Daryl koehn 教授等40多名国内外知名专家出席了本次研讨会。会议围绕和谐社会建设中的“经济伦理与和谐社会关系”、“经济伦理在利益分配及生态等领域中的作用”以及“和谐社会与经济伦理学科建设”等问题展开了热烈讨论，本次大会推动了经济与道德的良性互动与协调发展，对构建现代和谐社会有着积极意义。

2005年8月21日到23日，由中国社会科学院应用伦理学研究中心、宁夏回族自治区党委宣传部、宁夏伦理学会主办的以“媒体伦理与和谐社会”为主题的第五届全国应用伦理学研究会，在宁夏银川召开。来自全国各地的80余位专家、学者参加了会议研讨并提交了70多篇学术论文。会议从媒体自由及其伦理问题、媒体伦理中的价值冲突、媒体伦理的基本原则和规范及媒体伦理建设等众多角度对我国传媒伦理的研究和建设进行了深入探讨。

2005年9月20日至21日，为隆重纪念《公民道德建设实施纲要》印发四周年暨迎接第三个公民道德宣传日的到来，由中共中央宣传部宣传局、中国伦理学会、中共江西省委宣传部、中共南昌市委联合主办的第二届中国公民道德论坛，在江西南昌举行。与会代表围绕“公民道德建设与构建和谐社会关系”这一主题，就公民道德建设与构建和谐社会关系、公民道德建设的主体与途径、和谐社会视阈中的公民道德建设等问题进行了集中的讨论和交流。

2005年9月24至27日，全国当代科技伦理前沿问题学术研讨会在湖南省张家界市召开。由中国社会科学杂志社、湖南师范大学伦理学研究所和伦理学研究杂志社共同举办。来自中国社会科学院、中国科学院、北京大学、清华大学、复旦大学等院校及《中国社会科学》、《道德与文明》等报刊杂志社的41位代表出席了会议。会议围绕主题“当代科技伦理前沿问题”展开，体现了这次会议的前沿性：科技前沿、前沿伦理问题和前沿成果，主要讨论了生命伦理与医学伦理、环境伦理与环境哲学，科学伦理、知识伦理与赛博伦理以及科技伦理基础理论等问题。

2005年7月18日，北京伦理学会召开了2005年年会。会上通报了北京伦理学会一年来的研究情况，学会副会长、中国社会科学院伦理学研究主任余涌研究员，学会秘书长、中国人民大学的葛晨虹教授，清华大学人文社会科学院肖巍教授等代表作了重点发言。首都文明办主任张慧光介绍了起草首都精神文明建设“十一五”规划的有关情况。特约嘉宾也分别讲话，肯定了首都精神文明建设工作取得的成果，并对首都精神文明建设工作提供了有价值的意见和建议。与会人员对首都精神文明建设“十一五”规划的起草积极献计献策。

2005年12月14日至16日，由中国人民大学伦理学与道德建设研究中心、广西大学公共管理学院联合举办的“当代中国社会道德状况研究”学术研讨会在广西大学召开。来自全国各地以及韩国、美国的80多位专家、学者出席了会议，提交论文近70篇。会议围绕“当代中国社会道德状况及道德建设”这一研究主题，进行了广泛深入的沟通与探讨。会议主题属于全党、全国人民高度关注的重大理论和实践问题，是我国伦理学界开展对中国社会道德现实状况研究的一次盛会，会议的一系列研究成果和闪光思想对于社会主义思想道德体系的研究具有重要的理论价值和实践意义。

二、主要出版著作

2005年，伦理学研究从各个方面都取得了显著成果，著作颇丰，充分体现了北京作为全国伦理学研究中心的地位。2005年伦理学新作主要有：万俊人著《正义为何如此脆弱悠斋书评及其他》（河北大学出版社），何怀宏著《问题意识》（山东友谊出版社），王淑芹著《信用伦理研究》（中央编译出版社），徐向东著《自由主义、社会契约与政治辩护》（北京大学出版社），陶明报著《科技伦理问题研究》（北京大学出版社），王小锡、华桂宏、郭建新著《道德资本论》（人民出版社），任剑涛著《伦理王国的构造现代性视野中的儒家伦理政治》（中国社会科学出版社），刘桂莉著《儒家伦理思想十论》（中国文史出版社），曾盛聪，林滨，葛桦等著《伦理的嬗变十年伦理变迁的轨迹》（人民出版社）。翻译方面的著作有：肖巍译《生命伦理学导论》（黑龙江人民出版社）。

三、学术研究概述

（一）伦理学基本理论问题

1. 关于道德规则与社会规范功能的问题。

有学者指出，在道德价值观念日益多元化的现代社会，如何实现价值共识，使传统的金规则继续有效，至少需要两个条件：人际共识和价值共识。这需要实现从“主体观点”到“他者观点”的转换，以“人所不欲，勿施于人”代替“己所不欲，勿施于人”，通过“由人至人”的方法论来尊重每个人。这种转换可以根本改变我们思考价值问题的思路和角度①。另外，有学者从伦理、道德基本关系出发，认为当代道德哲学的范式要实现从本体伦理世界观向生态伦理世界观的转换，遵循有机性和内在关联原则、整体性原则、共生互动和自我生长原则、具体性原则这四大原则，形成新的伦理世界观，建立由各种关系构成的合理复合体，否定存在的绝对性和价值的超验性及其霸权②。

2. 关于道德和理性关系的问题。

理性是人认识把握世界，创造人类生活的主体能动力量，是人的本质的重要特征。有学者认为，人类有两种理性：一种是认知世界、顺应自然的“科技认识理性”，另一种是表达人类主体选择的价值理性能力，即“道德价值理性”。二者在共同发展中互相促进，但是没有价值理性，人类的科技认知理性将是盲目的，而道德理性作为价值理性的核心，作为一种人类理性智慧，就要对人类的经济活动、法制、管理等各个领域提供一种价值判断和选择。科学技术造成的某些恶果是由于未能和谐把握两种理性的关系，因此，要实现真善美的合一，就必然要求实现两种理性的统一[③]。另有学者探讨了理由、理性和道德之间的关系，认为做不道德的事情未必是非理性的，但可以确信，道德要求必然提供压倒一切的行动理由，要正确行使理性为道德提供支撑[④]。

（二）和谐社会与伦理道德建设关系探讨

构建社会主义和谐社会是马克思主义关于社会主义建设理论的丰富和发展，也是改革开放和现代化建设发展的必然结果。民主法治、公平正义、诚信友爱、充满活力、安定有序、人与自然和谐相处的社会主义和谐社会理念，浓缩了中国理想社会的伦理秩序，指明了社会道德建设方向。如何在公民道德、经济、政治、法制等各个领域、多层次的建构适应社会主义和谐社会的道德体系，加强道德建设，为和谐社会的实现提供伦理保障、建构稳固基石，成为学者们继续关注、深入研究的重点领域。

1. 关于和谐社会与公民道德建设的研究。

学者们普遍认为，公民作为和谐社会建设的主体，必须加强公民道德建设，匡正公民的道德观念，提升公民的道德水准，从而具备与和谐社会相适应的道德。有学者认为，面对社会结构的多元化和断续性带来的矛盾和问题，需要加强曾被忽略的公民道德结构建设，铸就具备与和谐社会相适应的道德主体——和谐社会的公民。因此，在市场经济的现代社会，面对存在着的各种相互竞争的伦理关系，公民应具备与其职责相适应的竞争性品质与合作性品质。而最关键的是要具备公正品质，构建和谐社会最重要的是用公正的法律和公正的道德，培养公民的公正品德，造就公正的人[⑤]。

另有一些学者指出，我国公民教育应立足于中国的传统和现实，借鉴西方公民德性教育理论，提出具有中国特色的公民德性要求，并通过家庭、学校教育，政治参与，加入公民社团等多种政治社会化途径培养公民素质[⑥]。

2. 关于和谐社会与政治伦理建设的研究。

公平正义作为政治伦理中的永恒价值理念，继续吸引着学者们的心智，对公平正义的强调与渴求构成了和谐社会中政治伦理建设的首要价值诉求。

有学者认为，“和谐社会”的内涵不仅是要实现普遍的社会公正，还要实现深度的社会精神生活的伦理和谐，因而它首先应该是一个政治伦理的概念。要实现并维持社会的和谐发展状态，仅仅有社会制度和伦理规范的约束是不够的，还需要有政治制度与美德伦理资源供应。只有通过社会基本制度的正义安排与合法有效地运作，社会伦理规范的合理有效的规导与协调，公民个体美德的修养与自律，才能有效化解各种社会矛盾，使社会生活进入一种有序和谐的发展状态[⑦]。

还有学者撰文指出，政治伦理与和谐社会之间有着必然的联系，社会的和谐由优良的政治造就。在效率问题淡化、公平问题突显的现代，要解决社会公平问题，主要依靠公正的政治和良好的政治文明，实现公平与效率的相互促进。健全的民主政治制度、现代法治要以公正的、以人民为本的政治伦理为内在原则和精神，继承古代思想家公、正、平、和的政治伦理理念，在现代政治实践中贯彻落实，则和谐社会当下即是；还要通过经济、行政、法律等手段，构建促进社会和谐的公平原则，通过建构契约文明实现社会公平，建立公平竞争的规范激发社会活力[⑧]。

另外还有学者从政治伦理实践的特殊主体——官员或政府人的角度，探讨官员的角色道德。官员是社会资源的管理者和分配者，是制度安排和执行的运作者，因此塑造官员的道德人格，使其担负起公民、职业者和领导者三重基本角色，树立为公众谋利益，坚持公职意识，公正地分配和管理社会资源的角色道德，对官德建设、政治制度建设及和谐社会建设都有着重大的理论意义和实践价值。另外，政府人要实现由“道德人”、“经济人”向“公共人”的转变，其作为社会公共事务的治理者和服务者，最基本和最重要的职责是实现社会正义，履行作为“正义人”职责和角色[⑨]。

3. 关于和谐社会与经济伦理建设的研究。

建构社会主义和谐社会，基石是经济和道德的良性互动和协调发展，因此有学者认为，正确认识经济与道德的关系，掌握经济与道德发展的必然性，对于克服当前人们在经济发展初级阶段的困惑与迷乱，促进经济、社会的优化发展，建构社会主义和谐社会，有着极其重要的现实意义。实现在经济发展的自由王国中，义与利、公平与效率、经济发展与人的发展达到完美统一的理想社会；实现经济与道德的高度统一和良性互动，而不是二者的分离与对立[10]。

还有学者从经济伦理范畴及其体系的研究角度，认为应当把劳动和资本作为贯穿整个体系的主线，自由、公平是市场经济运行的基本机制，竞争、诚信则是市场经济运行的根本保证，利益是整个经济伦理范畴体系的核心[11]。还有很多学者分别从企业道德责任、构建金融诚信、企业社会责任和分配正义等多个角度继续深入探讨了经济伦理中诸如诚信、正义、公平等核心价值和问题，为和谐社会的建设和市场经济的健康发展提供了道德支撑和动力。

4. 关于和谐社会与法治建设的研究。

有学者认为，我们所向往、提倡的法治社会也应该是一个实现人的自由而全面发展的和谐社会。法治社会是一种制度化、规则化的社会，法律规范塑造着人的活动、关系和个性，只有和谐的法律才能造就出全面发展的人。法治社会的和谐追求是人的存在和发展的要求，同时也表现为一种自由的秩序，由于法治社会所追求的和谐是人的全面发展的道德表述，因此这种和谐理念就超越了正义理念，是内在于法的道德理念，也是法的上限道德理念，在立法领域内，应结合我国的传统和国情，逐步体现出和谐理念的优越性来[12]。

还有学者从中国传统伦理中的亲属容隐法则出发，论证其合法性与合理性的历史性和现实性。认为亲属容隐的原则和内在精神，使法律、伦理超越两难而达到两全，这对当代中国的法治建设有积极的启发意义而值得借鉴[13]。

当然，学者们还从德性伦理、道德信仰、科学发展观、公平原则等多个角度对和谐社会的道德诉求进行了相应研究，并有了相应的研究成果。

（三）公共伦理研究

在传统向现代社会的转型过程中，随着全球化的深入，人类进入了一个公共生活时代，交往的普遍化要求“公共理性”的精神品质，因此区别于传统社会的现代公共伦理的建立变得日益迫切和必要，众多学者继续围绕公共伦理展开了研究和探讨。

1. 关于公共伦理建设研究。

有学者认为，人们在公共领域中发现和创造公共利益，而在实现公共利益的过程中，公共组织如何体现出真正的“公共性”就是公共伦理价值追求。由于公共利益具有直接或间接的可分享性，因此在互相冲突的个人利益中寻求公共利益，从差异中寻求共同善，引导每个人实现从个体到公民的转变，对于提高社会所有成员所能分享的社会财富程度，缓解社会矛盾和维护公民权利都有着重要的意义[14]。

另有学者从“做事”这个日常语言概念人手，揭示传统在向现代交往社会转变中的境遇：“做事”这个表达交往实践事务的规范性意义概念，对之进行考察可以看到“做事”观念的“外部”性和“做人”观念的“内部”性，构成了人们日常意识中交往生活世界的整体。传统社会是重视“内部”的家庭人际关系重于“外部”的人际关系，“事”被看做轻于“人”，从而缺乏健全的公共交往生活和公共规则，随着公共交往领域的迅速发展，“做事”这种交往实践观念将发生重大变化，交往的公共性将塑造交往生活的新面貌，“做事”的观念也将不断扩展新的内涵[15]。

在公共性伦理建设方面，学者们还提出了一些基本价值的现代转型，如：信任需要走出以私人交往为背景的传统信任，迈向公共生活，形成公共性信任；塑造“新公民文化”及其价值观，适应类群本位的公共生活理念；建构与“公共性”相接洽的公民伦理的基本属性，如和谐属性、权责属性、契约属性、共通属性等[16]。学者们普遍认识到开放性的公共社会及建构与其相适应的公共伦理精神的重要性，并在细节上有更深入的研究。

2. 关于社区伦理研究。

社区伦理是公共伦理在社会生活层面具体落实和体现的一个方面。有学者认为，社会结构的变化使得社区这种共同体在人们的生活、价值观念方面影响日益深入，社区是社会公民生养栖息的主要场所，又是一定生活群体的精神共同体的培养凝聚基地，更重要的是社区在现代已发展为社会管理中的新的基层平台。因此，伦理关怀应在社区管理中更多介入，营造“双重家园”理念，为人们提供一个心灵情感的生活空间，建造物质、精神的双重家园，起到凝聚亲情、潜移默化地提升公民道德水平的作用，我们要借鉴示范社区的经验，为打造和谐社会，探寻中国特色社会治理模式获得有益启示[17]。

全面建设小康社会需要一种伦理精神来支撑。城市伦理精神作为城市精神的核心与灵魂，是全面建设小康社会的精神动力和基本价值目标，提出要高扬八大城市伦理精神，着力培育与时代进步契合的城市伦理精神的具体途径。依靠充满人伦精神和内在德性的伦理精神，追求人际关系的和谐，人性的至善至美，促进人们的道德认同感。

（四）集体主义和个人主义探讨

1. 关于集体主义面临的困境与挑战。

“全球化”与“市场化”是当代世界经济与社会生活的两大旋律，再加上我国社会经济形态由计划体制型向市场主导型转变的特殊历史条件，引发了强烈的价值震荡与价值冲突，其中对集体主义的认识和反思成为热点之一。有学者感受到传统集体主义价值观正面临前挑战，表现为对传统“集体至上”观念的质疑；对个人利益的重新定位和把握；对传统集体主义道德标准单一性的讨论；市场经济带来的利益多元化和价值观多元化的冲击；西方价值观念的影响和渗透等。如何应对这种挑战，在新的时代背景下建构当代集体主义道德，深入认识集体主义与个人主义的关系，成为学者们普遍关注的现实性与学理性主题。

2. 关于当代集体主义价值观的建构。

学者们强调，要重构集体主义价值观，就必须从学理上回到马克思主义，坚持马克思实践的、历史的、现实的理论立场，立足在“真实的集体”的历史分析语境上。有学者认为，要改变过去依托于个体道德的单向模式，转向以集体德性建构为重点、结合个体德性培育的二维伦理结构模式，建立一种基于正义和人道原则的新集体主义道德，为集体主义寻求真正安身立命之所[18]。

在详尽分析了传统集体主义价值观面临的众多困境和原因后，有学者通过社群主义与集体主义的比较，指出集体主义无论科学性、生命力还是战斗力都优于社群主义，我们要认真审视和把握社群主义，以之补充、完善集体主义，而不是取代之；集体主义价值取向作为我国的主导价值是有着必要性和必然性的，我们要坚守促进集体与个人和谐统一发展的集体主义价值观，实现其现代转换，弘扬其合理思想和价值取向[19]。

还有学者指出，不能把集体主义理解成是对个人利益的限制，不能是国家、集体对个人的单方面要求，而是对国家、集体与个人的双重要求。在协调集体利益和个人利益的关系时，关键点仍然是从马克思“真实的集体”出发，找到集体主义的真正内涵与本质，注重集体利益和个体利益的结合。只有坚持这种集体主义价值观，才能更好地抵制私有经济在道德观念方面的负面影响[20]。

对个体价值的提升也得到普遍认同，有学者指出，当前政治伦理的基本问题，是关于国家、社会、个人之间的关系问题，社会、国家都是以个人为基础的，因此作为个体的人，对国家、社会来说，都是最高贵、最重要的，是后者存在的根据和前提[21]。

（五）道德与权利、义务关系探讨

1. 关于“权利”和“权利”观念的凸显和意义。

随着经济体制的转换、社会主义市场经济体制建设的深入发展，“权利”和权利观念在整个社会生活和人们的观念层面上前所未有的凸显出来，其被广泛纳入法律体系更将对整个社会生活和政治文明建设产生深远影响。相对于传统的伦理学而言，导入“权利”和权利观念，就成为伦理学理论研究不能也不应回避的重大挑战。立足“权利”这一重要基础，去解释现实生活中提出的一系列道德问题，以及基本的伦理原则和方针政策，确立马克思主义的“权利观”和“权利理论”，对于真正去把握“以人为本”的时代性和价值实质，保障“以人的尊严为核心的普遍权利”的实现，提高全体公民的权利意识和责任观念都有着重要的意义。

2. 关于道德与权利、义务的关系研究。

权利与道德可谓是近代以来一直被关注的主题，“道德权利”的实现与否也被看做现代社会是否成熟的标准之一。

有学者主张，权利具有相对于功利而言的优先性。权利与义务的关系可以归结为两种相关性：一种是一个人的权利与他人的义务的关系：一个人的权利，必然是他人的义务，反之亦然。这是一个人的权利与他人的义务的必然的、客观的、事实如何的关系，亦即所谓“权利与义务的逻辑相关性”；另一种则是基于这种逻辑相关性的“权利义务道德相关性”，亦即一个人的权利应该是对他自己的义务的交换：一个人所享有的权利应该等于他所负有的义务，而他所行使的权利则应该至多等于他所履行的义务，应该在总体上保证权利与义务的统一。两种相关性都要求权利与义务的等值交换，因为权利与义务相等是公正的根本原则，反之权利与义务不相等的恶行则是不公正的根本原则[22]。

除了对人权的关注，许多学者还从人对动物、环境的权利和义务的讨论中指出道德的交互性是人类道德生活的基本特征之一，这种交互性主要指向收益和负担之间的某种程度的均衡，对人类的道德实践提出了真正的挑战；另外从人对自然的权利和义务角度挖掘环境伦理中人对自然的权利、义务带来的人对自然的责任也是一个很好的切入点，使我们看到围绕权利和道德问题的实质是利益问题。

除以上所述热点问题外，2005年，北京伦理学界在中国伦理思想、西方伦理思想、中西伦理思想比较以及应用伦理学等方面也都进行了学理、现实层面的研究讨论，取得了许多成果。

（作者：罗国杰、葛晨虹，中国人民大学教授；
孙惠娟，中国人民大学硕士研究生）

注：

①赵汀阳：《论道德金规则的最佳可能方案》，《中国社会科学》，2005年第3期。

②樊浩：《从本体伦理世界观到生态伦理世界观》，《哲学动态》，2005年第5期。

③葛晨虹：《和谐两种理性文化》，《江苏社会科学》，2005年第3期。

④布鲁士．罗素：《理由、理性与道德》，《江海学刊》，2005年第5期。

⑤宋希仁、黄显中：《和谐社会与公民道德》，《道德与文明》，2005年第2期。

⑥顾成敏：《当代西方公民德性理论与我国公民精神的建构》，《北京科技大学学报》，2005年第3期。

⑦万俊人：《论和谐社会的政治伦理条件》，《道德与文明》，2005年第3期。

⑧焦国成：《政治伦理与和谐社会》，《江苏社会科学》，2005年第4期；夏文斌：《公平原则与和谐社会的建构》，《北京大学学报》，2005年第2期。

⑨曹刚：《官德：角色道德的视野》，《江西师范大学学报》，2002年第3期；王维国：《重构超越"道德人"和"经济人"的政府人范式》，《唐都学刊》，2005年第3期。

⑩唐凯麟：《建构和谐社会的基石：经济和道德的良性互动与协调发展》，《毛泽东邓小平理论研究》，2005年第6期。

⑪章海山、高同裕：《经济伦理范畴及其体系初探》，《伦理学研究》，2005年第1期。

⑫曹刚：《法治社会的和谐理念》，《郑州大学学报》，2005年第3期。

⑬张国钧：《亲属容隐的合法性与合理性》，《伦理学研究》，2005年第2期。

⑭詹世友：《公共领域。公共利益。公共性》，《社会科学》，2005年第7期。

⑮廖申白：《"做事"：日常语言中朦胧的公共交往伦理观念》，《哲学研究》，2005年第7期。

⑯王青原：《信任与公共性》，《河北学刊》，2005年第4期；周国文：《公共性与公民伦理》，《人文杂志》，2005年第5期。

⑰王彦东：《伦理道德在社会管理中的价值》，《伦理学研究》，2005年第1期。

⑱卢坤：《从个体伦理到"集体与个体"二维伦理》，《哲学研究》，2005年第3期。

⑲程立涛、曾繁敏：《社群主义与集体主义的比较》，《河北师范大学学报》，2005年第5期；李立锋：《全球化背景与市场体制下的当代集体主义价值》，《社会主义研究》，2005年第1期。

⑳张博颖：《集体主义：面临困境还是机遇》，《道德与文明》，2005年第2期。

㉑宋惠昌：《当代政治伦理学的一个基本问题》，《江西师范大学学报》，2005年第4期。

㉒王海明：《论权利和义务的关系》，《伦理学研究》，2005年第6期。

美　学

董志强

一、主要出版著作

本年度北京学者共出版美学方面的著作十余部[①]，现对其中部分著作内容摘要述之。

1.《石涛研究》

石涛是中国古代文人写意画的代表性画家，也是中国美学史上一位重要的美学家，对石涛的研究成为20世纪中国艺术和美学领域的重要对象。作者在70万字巨著中，对石涛画学思想、生平行迹、绘画作品等进行了系统研究，取得了许多突破性的进展。一是新资料的发现，该著发掘了大量有关石涛的资料，其中有一半以上的资料都是第一次面世，例如从来没有为学界提及的石涛诗作就有近百首，有近百位的石涛友人第一次从茫茫史迹中显露出来，等等，这些资料极大丰富了石涛研究的领域。第二，该书根据大量的新资料，证明被学界认定是石涛所著的《画谱》实乃伪作。第三，该书通过严格考订，对石涛伪作进行了系统清理，新发现石涛传世伪作近百幅作品。第四，该书以史论结合的研究方法，对石涛的绘画理论进行了系统研究，对很多疑难问题发表了自己的见解，对《画语录》诸多重要概念提供了新的解读，尤其是对石涛“法”概念的佛学内涵的阐释，突破了从“道”、“技”关系理解“法”的传统解读模式[②]。

2.《完美的自然——当代环境美学的哲学基础》

该书从当代环境美学关于自然美的讨论出发，回顾了中外美学史上关于自然美的一些有代表性的思想，对自然和美进行了系统的研究。该书指出，当代环境美学、生态美学关于自然美的研究，大多是在传统的美学理论背景中工作。这种美学首先确立一种美学标准，专家们凭借这种美学标准去评价自然的审美价值。但是，这种审美价值的评估工作的哲学基础并不清楚，因而其相应的观点亦很难成立。该书从一种哲学本体论的角度来反思自然和美。认为审美经验是人生在世的本然经验，审美对象是事物的本然样态，审美中的人与对象的关系是一种前真实的肉身关系。自然物之所以是美的，因为自然物完全是与自身同一的存在，它们是不可重复，不可比较，不服从任何依据既有概念的理解。这种美学方式与生态学家的普遍联系方式刚好相反，因此可以被适当地称之为完全孤立方式：只有割断事物与事物之间的各种关系，将事物看做事物本身时，才能发现自然美。自然物之所以是全美的，并不是因为所有自然物都符合同一种形式美，而是因为所有自然物都是同样的不一样地美，它们的美是不可比较、不可分级、完全平等的。据此，自然全美的观点中包含一种欣赏式地尊重他者的伦理主张，或者说，只有在这种欣赏式地尊重他者的伦理生活中，我们才能够真正领略到自然的多元之美[③]。

3.《宗白华文化幽怀与审美象征》

该书从中国古典美学向现代转型以及“文化精神”建构的角度考察宗白华在中国20世纪30年代到40年代的学术活动，特别强调其美学沉思与中国文化事业复兴是统一的。认为其美学探索发源于其文化幽怀，而其文化幽怀又受到了现代性的振荡；其整个学术活动，就是在现代性文化语境中对中国文化精神进行的一次美学建构。该书还指出，宗白华的思想也存在着某种绝对化的倾向，其论说常表现出随意性，而他的审美文化建构也具有一定的乌托邦色彩，这表现了宗白华美学沉思和文化探索的历史局限性[④]。

4.《西方美学与艺术》

该书不同于国内众多的以历史为线索的西方美学史研究著作，它以核心概念为线索，以当代争论为契机，对西方美学与艺术理论中的重要问题进行了全面的梳理，并提出了作者的独特看法。贯穿于全书各问题中的理论目的是：通过美学理论研究，为处于困境中的当代艺术寻找出路。作者认为，按照西方艺术的发展轨迹，最终必然会出现艺术终结的问题：艺术终结的原因是美学的独立和现代艺术体制的确立。因此摆脱艺术终结的命运的唯一方法，就是将艺术从现代美学和艺术体制的围墙中解放出来，让艺术重新融入社会之中，恢复艺术在社会生活中本应该发挥的作用[⑤]。

二、论文综述

（一）基本理论

1. 生态美学

生态美学是近几年国内美学界研究的热点问题之一，本年度北京学者的相关研究主要生态美学的基本性质及其基础观念方面，认为生态美学主要包含两方面的意思：一是指以自然生态的审美价值为研究对象的美学，一是指将自然当作生态系统看时引起的美学问题。迄今为止的生态美学都是建立在所谓的生态观念或生态智慧的基础上。这种生态观念或生态智慧的核心是普遍联系，所有事物都被视为与其他事物有关的，从而所有事物都具有决定其他事物之所是的意义。但这种普遍联系的观念与其说可以适当地发展出一种生态美学，不如说可以适当地发展出一种生态伦理学和生态知识论。相反，生态美学如果能够成立，只能建立在完全孤立的观念上。根据完全孤立的观念，所有自然物都是美的，但这并不是因为所有自然物在任何意义上是一样的，而是所有自然物都是同样的不一样。根据这种生态美学，我们可以适当提出“自然全美”的主张[⑥]。生态美学具有美学和生态学的双重属性，分别探讨生态美学能够完善生态学体系，即生态美学可以担当起沟通生态环境科学和生态伦理学的桥梁，以及生态美学可以现代生态学观念完善和拓展美学理论两个方面的学理意义，从而从学理上肯定生态美学作为一门学科的合法性和积极意义[⑦]。生态美学建立于实践观的基础上，这种实践观可从“人类中心主义”和“生态中心主义”、“天人合一”和“人定胜天”以及“静态的和谐”和“能动的和谐”这三个方面进行辨析；生态美学不仅以人与自然、人与社会、人与自身的自由和谐理念解释世界，更在于积极按此理念改造世界[⑧]。与上述诸观点相反，有学者提出应认真反思当下国内生态美学研究，审慎思考生态美学的学科界定、生态美学性质及其成因、生态美学哲学基础、人与自然的关系等几个方面的问题；认为生态美学在学理的深层逻辑上并不能圆融地解释实践美学与后实践美学缺位之后留下的美学问题，故难以担纲重建美学的重任[9]。

2. 实践美学

纵观中国当代美学的发展历史，实践美学占据了举足轻重的地位。实践美学的产生、发展和由此引发的论争，不仅反映了20世纪80年代中国美学建设的实绩，也有助于反思当代美学发展的各种可能。其实实践美学只是宽泛地统摄了一些有认同实践共识、较为相近的理论主张，与严格意义上的理论流派尚有不少的差距，因此在实践美学内部存在诸多分歧、矛盾和论争。后实践美学以反对实践美学的共识和理论旨趣在20世纪90年代中期崛起，后实践美学对实践美学的批评集中体现于其对审美属性、感性、个体的生命与存在、超越性的忽视及二元对立的落后思维方式，力图从实践美学的困境中积极寻求美学的突破；但后实践美学提出的许多概念、命题都缺乏必要的限定，有混乱之嫌。实践美学基本上不同意后实践美学的批评。在这场论战中，双方都有自说自话的倾向。而在两派之外的许多学者则从中立的立场对两派的观点及其论争发表了很好的意见和建议，他们提供的思路——结合说、合理借鉴美学思想资源等——都很有针对性和价值。因此，实践美学与后实践美学都应正视自己的弱点，克服对立、互取其长而共同发展[10]。另有学者对实践美学的核心概念——“自然的人化”的哲学内涵进行了阐释，认为人征服和改造自然的历史尺度和人与自然关系的改变是美产生的根源与基础；作为自然人化的更高阶段和扬弃的人的自然化是未来美学的主要研究对象，作为人的自然化的审美表现形态的生态美是未来美学的主要形态[11]。以“人化的自然”概念为基础，可以进一步提出“精神的人化”和“物质的人化”的区别，从而把“人化的自然”引向具体的审美感悟和审美关照[12]。

3. 日常生活的审美化

日常生活的审美化打破了审美活动与日常生活的界限，使得审美活动与审美因素大举进入日常生活空间。面对这种现象，应突破审美活动的自律性观念，在对其关注中寻找美学研究的新的生长点；同时必须警惕日常生活审美化中存在的新的不平等现象，批判性分析新媒介人阶层的社会角色与意识形态，揭示审美化与大众消费主义意识形态以及市场逻辑的合谋[13]。“日常生活审美化”的实质是物质生产无限膨胀，充溢到审美领域以后形成的虚假审美现象；在其背后是当代学者与资本家的联姻，因此它是一种食利者的美学。但它同时也以其开放性向中国当代美学、文艺学提出问题，促使其克服自身困难求得新的发展[14]。

4. 美育研究

美育的根本在于提升一个人的精神境界，或者如黑格尔所说，具有令人解放的功能。美是对人们自身高尚情操的召唤，引导人们去追求诗意的人生，创造的人生，爱的人生[15]。美育的本体是审美体验，体验的世界也就是情感的世界。借助鲜明生动的美的形象，使个人的全部思想、情感倾注甚至渗透到所见所闻的美中，对所见所闻的周围世界之美给予智力的和情感的评价。因此，审美体验课程不再是一种“共性化课程”而是一种“个性化课程”，从而凸显审美教育的主体性、情境性和生成性[16]。

5. 科学与审美

在科学活动中存在着一种将科学研究审美化的趋向，可以将其概括为科学中的审美主义。它包含三个主要观念：第一，坚持对自然世界的和谐完美秩序的信念；第二，认为科学研究的内在动机是为了发现和展示自然界和谐完美的秩序；第三，科学的美感，既是引导和推动科学理论发现的力量，也是鉴别科学理论是否具有真理性的重要标准。与之相应，科学理论的审美性质主要表现为对称性形式、简单性和形而上学虔诚。在20世纪出现了科学审美主义的艺术形而上学转向，进一步主张：科学理论与艺术品一样是人借助于直觉和想象力进行自有创造的结果，因此科学在表现自然的同时，必然也表现人的主观因素和需要。后者在科学真理观和宇宙观念中引入了不确定性，而与科学审美主义相冲突[17]。在科学与艺术的关系上存在着如下六种观点：隔绝说、平行说、无犯说、混沌说、沟通说、和交融说；事实上，科学活动具有的审美性质，而艺术创造也要受到客观规律的制约，因此二者在审美上既有共同之处也有一定的差异。艺术活动的审美表现为“以人为主的审美”，科学活动的审美则是“以物为主”，二者一起才构成完整的“人的审美”[18]。

6. 美学与经济学

一部人类经济发展史就是由“生存型”经济不断向“优存型”经济发展的历史。进入新世纪以来，在全球范围内一种涵盖体验经济和转型经济的大审美经济已经起幕。基于实用的大审美价值链的创造，正在成为新的经济运行的主动力。这种新形态的经济，其总体特征是以大审美经济为杠杆，逐步实现人们物质生活与精神生活的协同丰富，进而推动人类文明和个体人格的大转型[19]。通过对“均衡”和“演化”这两个截然不同的经济范式的演进进行美学剖析，从中折射出古典美学和现代美学思想对经济学的指引，以及演化经济学对以新古典经济学为代表的主流经济分析模式的超越，而将中国美学的“中和美”中“度”的思想引入经济学中，可以弥补西方“和谐美”二元对立指导下的经济研究范式的不足[20]。

除上述各专题外，本年度发表美学理论方面的论文还有关于美学现代性问题的探讨[21]，身体美学问题的探讨[22]以及部门美学如影视美学、现当代艺术、服装美学等方面的探讨。

（二）中国美学

本年度中国美学研究主要涉及近现代美学家以及中国美学和20世纪美学的宏观研究等方面，现综合摘要述下。

1. 美学家研究

涉及的美学家主要有王国维、蔡元培、李大钊、朱光潜、宗白华等，认为王国维的境界说极为明显地彰显出中国传统的人生与艺术相统一的忧患情结及其观念；他将境界的内涵首先理解成人格境界，然后再以人格境界推演到诗学境界这种阐释过程充满着强烈的主观性，将美学问题与改造国民人格问题相结合的人文忧思，是铸就其境界说的内在灵魂[23]。在意境论文学批评由传统转向现代的过程中，王国维的意境论文学批评是承上启下的中介，但长期以来对其这一理论的现代性特征认识不够充分，有必要以王国维意境论文学批评为个案，对其理论重心、批评模式和批评特色进行剖析[24]。在蔡元培思想发展过程中，有一个被忽略的从强调伦理道德代宗教到以美育代宗教的过渡环节，而这一环节显示出近代思想史上一个带有群体特点的从宗教—伦理道德—美学、美育这样一个流动的社会思潮[25]。李大钊对美学的突出贡献在于率先将辩证唯物主义和唯物史观引入美学研究构建审美观，从社会和人生角度区分美与丑，从美学角度分析中华民族的特性归结为“美且高”，提倡壮美的人生和精神[26]。近代以来，中国的社会形态和文化精神发生了巨大的转型，民族文化精神的“断裂”成为转型所付出的沉重代价。宗白华的美学思考一以贯之地体现了以本民族文化精神为本位，在与相异文化不断对话的过程中打破自身文化的封闭性，从而最终使民族文化精神由断裂走向和谐的“沟通”努力。因此宗白华在中国美学现代转型中具有重要作用[27]。朱光潜和宗白华把中国古典美学的“妙悟说”引入现代美学，形成了现代美学“妙悟说”，从而标明了“妙悟”在审美中居于本源性的基础地位，具有不可替代的决定性作用。这是他们留给我们的重大启示之一，对于中国当代美学的建构具有不可忽视的启发意义[28]。

2. 宏观研究

属于前现代形态的中国美学与西方后现代美学在符号学结构上具有一定程度上的相似性，它们都强调艺术和审美与现实生活的关联，因此它们可以结成联盟反对现代美学片面强调艺术和审美的自律性；但前现代的中国美学与后现代的西方美学之间也存在明显的差别，前者强调艺术服从现实原则，后者强调现实服从艺术原则，这种差异使得中国美学在弥补后现代美学片面强调虚拟性上能发挥重要的作用[29]。在传统哲学影响下，中国艺术有一种独特的空间意识，即强调超越具体空间，在纯粹体验中建立一种生命空间，它是流动的世界，具有回荡不已的生命旋律，从而显示了中国艺术的独特魅力。这种空间意识的特点主要表现于四个方面：对空白的强烈关注、超越色相世界、重视影的世界的创造以及在疾涩之道中寻求空间的张力[30]。存在主义思潮，是对20世纪中国美学产生最重要影响的欧洲美学流派之一，中国生命论美学的建构与之息息相通。在存在主义东渐过程中，百年中国生命论美学对它的接受，经历了“尼采—萨特—海德格尔”的顺序，其发展着的核心问题，也经历着“艺术与解脱”—“艺术与自由”—“艺术与存在”的三个阶段，从而步步融入“启蒙美学人生论”—“实践美学主体性”—“生命美学本体论”层层深入的建构[31]。

近来西方哲学中关于美学与伦理学的关系讨论为我们理解儒家思想中美学与伦理学的关系提供了一个很好的背景。通过对《论语·八佾》中的“礼后乎”及其解释的集中解读显示，在儒家思想中，诗教先于礼教，因此可以说美学处于伦理学的根源部位上。传统儒家的这种思想与现代西方哲学中的“伦理学的审美化”的构想具有某种程度的相似性[32]。在中国美学史上，中晚唐是一个由前期向后期演变的关键时期。禅宗的“顿悟”说在这一时期起了十分重要的作用：其“离相无念”的主张强调在世俗的感性之中向精神的理想境界超越，在艺术和美学领域直接促使传统的感官验证式的艺术审美转向以内心感悟为主的审美方式；其“自性顿现”的主张强调人的主体性；促使中晚唐以后的艺术创造由偏重写景、写实转向偏重写心、写意；其“法由心生”的主张突出了人的主观精神，使中晚唐以后的审美指向发生了由实向虚、由外向内的重点转移。禅宗顿悟说一方面继承并深化了中国古代以和谐为美的美学思想，另一方面也埋下了近代崇高美学思想的种子，起了一种承上启下的中介作用[33]。

（三）西方美学

本年度西方美学研究主要集中于美学家尤其是现当代美学家思想的研究，涉及的美学家主要有席勒、索洛维约夫、西美尔、尼采、桑塔耶钠、海德格尔、福科、马尔库赛等，其基本内容择要述下。

根据当代美学家对席勒《审美教育书简》的解读，席勒的审美教育方案的实质可以概括为三个方面：（1）审美教育作为现代资产阶级启蒙教育方案的核心，服务于资产阶级意识形态的确立；（2）审美教育是以不确定性批判确定性，对意识形态具有解构作用；（3）审美教育是一种多元教育，这使席勒的审美教育思想具有一定程度的后现代特征[34]。索洛维约夫是19世纪俄罗斯思想最后一位集大成者，也是白银时代第一位开风气之先的大思想家。他的美学文艺学思想对于俄国新宗教意识运动和俄国象征派，尤其是青年象征派诗歌创作理论和实践有着决定性的影响。理解索洛维约夫思想对于理解整个白银时代俄国美学文艺学思想，具有关键的指导意义[35]。“社会学美学”是西美尔思想中的重要概念，它既具有社会学内涵，又有美学内涵。他将社会形式作为社会学美学的审美起点，认为社会形式具有艺术的视觉性、自主性、抽象性、距离性和愉悦性。冒险、进餐、交际都体现了社会形式的美学特征。西美尔通过揭示日常生活的审美结构，力图实现个体与社会的和解；其社会学美学具有重要的理论价值与现实意义[36]。尼采坚持在“上帝死了”的境遇中重新思考一切，他首次将生命理解成唯一的存在，将生命的存在方式理解成艺术，进而将存在论变成艺术学。尼采的艺术学不是美学（感性学）而是生命学，其艺术形而上学不是感性形而上学而是生命形而上学，其审美主义不是感性主义而是生命主义。尼采艺术论具有十分特殊的现代性意义：它以极端的方式突出了生命与超生命者的冲突与紧张，这使它与通常意义上的审美主义（突出理性与感性的冲突和紧张）区别开来，从而在整体上提供了一种彻底世俗化的理解生命、世界和存在的艺术视角与逻辑构架。尼采艺术论在其诗意言述的背后潜藏着极端的强权意志[37]。桑塔耶纳的美学思想体现了西方美学在20世纪前后的某种过渡性。一方面，他仍然注意到美的本质等美学的形而上问题，严肃地讨论美的定义问题，并得出了自己的见解。另一方面，他又从自然主义的特定立场出发，大量地、具体地、详尽地、有时是相当芜杂甚至矛盾地阐释了审美与艺术的方方面面的重要问题。他的学术思想，无论是研究方法还是具体观点对于我们无疑都具有重要的启发意义[38]。

海德格尔美学思想的形成除了有其哲学思想自身的原因外，更有其对西方“艺术”思想史自身缺陷反省的原因。其中，尼采对西方传统艺术思想的批判是引发海德格尔艺术之思的一个重要环节。认清这一点，是理解海德格尔美学思想“诗性”气质的关键[39]。福科的生存美学源出于其主体论，从有关“主体”的形而上学玄想转向对“主体化”的社会历史调查与思考是福柯主体论的根本性策略，此一转向使福柯的思考与西方主体论的传统区别开来。福柯通过对道德进行结构分层而为分析主体化方式找到独特的路径。经由伦理与道德的区分以及对古希腊美学化伦理实践的分析，福柯突出了人的“自由”[40]。马尔库塞的审美哲学是“走向解放的美学”，对人类解放的执著是其终极目标；其逻辑结构依照三个层次展开：（1）逻辑起点：对“异化情境”的社会批判；（2）审美中介：感觉革命和“新感性”的转换生成；（3）终极向度：“意义世界”的无穷跃迁。这三个层次从整体上表征出马尔库塞审美哲学依次递进的内在构成。而审美形式是马尔库塞社会批判和审美哲学的核心；也是他的审美哲学中最具新意最有特色的部分[41]。马尔库赛美学的实质是，针对发达工业社会中“操作理性”对人的控制造成的文化危机而进行“美学还原”。一方面是技术的进步和物质产品的极大丰富，一方面是人的感受力的萎缩和思考能力的几近丧失，发达工业社会的正常功能即呈现出一种“综合病症”。因此，只有重新找回发达资本主义社会中存在的对抗因素，才能为它的发展找到出路，于是艺术和美就自然承担了这一“救赎”的重任。艺术和美对于现实和人的解放体现于“美学还原”上，“美学还原”是在美学的维度上对于所有压抑因素的一种重新安排和组织，必将使人获得真正的自由和解放，最终导致一个属人的“新社会”的产生[42]。

除关于美学家思想的研究外，还有学者对西方不同时期的美学性质进行研究，指出传统美学和现代美学力图通过不同的理解和解释方式确定一元论的审美真理，后现代美学批判和解构了这样一种审美真理理论，认为审美真理是一种解释事件的差异性效果，而不是客观的、中立的、普遍有效的终极存在。该文探讨了后现代美学对一元论审美真理理论的质疑及其差异性审美真理立场，并对此进行理论反思[43]。

（作者：北京大学研究员）

注：

①刘悦笛：《生活美学——现代性批判与重构审美精神》，安徽教育出版社；张法、王旭晓主编：《美学原理》，中国人民大学出版社；朱良志：《生命清供——国画背后的世界》，北京大学出版社；《大音希声——妙悟的审美考察》，百共洲文艺出版社；王一川：《兴辞诗学片语》，山东友谊出版社；章启群：《百年中国美学史略》，北京大学出版社；汝信主编《西方美学史——文艺复兴至启蒙运动美学》第二卷，中国社会科学出版社。

②朱良志著，北京大学出版社。

③彭锋著，北京大学出版社。

④胡继华著，文津出版社。

⑤彭锋著，北京大学出版社。

⑥彭锋：《从普遍联系到完全孤立——兼谈生态美学如何可能》，《江苏大学学报》（社会科学版），2005 年第 6 期。

⑦宁海林：《论生态美学的学理意义》，《广西社会科学》，2005 年第 10 期。

⑧宁海林：《生态美学的实践观辨》，《石家庄经济学院学报》，2005 年第 3 期。

⑨罗卫平：《国内生态美学研究中存在的几个问题》，《湘潭大学学报》（哲学社会科学版），2005 年第 2 期。

⑩李世涛：《实践美学观的产生及其引发的争论——从对立、排斥走向对话、汇通之一》，《甘肃社会科学》，2005 年第 2 期；《后实践美学与实践美学的批评与反批评——从对立、排斥走向对话、汇通之二》，《甘肃社会科学》，2005 年第 3 期；《对实践美学和后实践美学的评价及其论争——从对立、排斥走向对话、汇通之三》，《甘肃社会科学》，2005 年第 4 期。

⑪徐碧辉：《也说“自然的人化”——与汪济生君商榷》，《广播电视大学学报》（哲学社会科学版），2005 年第 3 期。

⑫李思孝：《“人化的自然”的美学意义》，《文艺研究》，2005 年第 6 期。

⑬陶东风：《日常生活的审美化与文艺学的学科反思》，《中南大学学报》（社会科学版），2005 年第 3 期。

⑭耿波：《“日常生活审美化”的食利性与文艺学的反思》，《江苏大学学报（社会科学版）》，2005 年第 1 期。

⑮叶朗：《美是对人们自身高尚情操的召唤——读〈李岚清音乐笔谈〉》，《江西社会科学》，2005 年第 4 期。

⑯张小秀：《体验——审美教育的本体》，《教育理论与实践》，2005 年第 22 期。

⑰肖鹰：《科学中的审美主义》，《文艺研究》，2005 年第 1 期。

⑱吴全德：《中华文人和科学人的审美——“以人为主”和“以物为主”的审美》。

⑲张宇：《大审美经济催育人类文明新生》；张坤，《郑州大学学报》（哲学社会科学版），2005 年第 6 期。

⑳江虹、卓俏青：《均衡、演化与度——经济学研究范式演变的美学解读》，《生产力研究》，2005 年第 10 期。

㉑罗卫平：《五年来关于美学与现代性的学术研究的初步描述》，《甘肃社会科学》，2005 年第 4 期；张法：《现代性话语的流变与美学的关联》，《甘肃社会科学》，2005 年第 4 期。

㉒彭锋：《身体美学的理论进展》，《中州学刊》，2005 年第 3 期。

㉓袁济喜：《从人生忧患到审美升华——王国维境界说的人文探幽》，《宝鸡文理学院学报》（社会科学版），2005 年第 5 期。

㉔范方俊：《批评的解剖：王国维与 20 世纪意境论批评》，《中国人民大学学报》，2005 年第 6 期。

㉕徐明军：《蔡元培思想发展的一个环节：从伦理代宗教到美育代宗教》，《北京广播电视大学学报》，2005 年第 1 期。

㉖陈曦：《中国现代美学的光辉起点——论李大钊美学思想》，《安徽电气工程职业技术学院学报》，2005 年第 4 期。

㉗胡继华：《守护古典艺术的余蕴——宗白华“气韵生动说”简论》，《美术观察》，2005 年第 6 期。

㉘徐辉：《现代美学“妙悟说”——朱光潜和宗白华美学“妙悟”学说的考察》，《衡阳师范学院学报》，2005 年第 2 期。

㉙彭锋：《中国美学的现代意义》，《衡阳师范学院学报》，2005 年第 2 期。

㉚朱良志：《中国艺术空间美感四题》，《饰》，2005 年第 3 期。

㉛刘悦笛：《存在主义东渐与中国生命论美学建构》，《山西大学学报》（哲学社会科学版），2005 年第 4 期。

㉜彭锋：《从“礼后乎”看儒家伦理的美学基础》，《中国哲学史》，2005 年第 2 期。

㉝杜道明：《禅宗“顿悟”说与中国古代美学嬗变》，《文艺研究》，2005 年第 9 期。

㉞彭锋：《自然与文化的张力——从席勒看审美教育的实质》，《文史哲》，2005 年第 6 期。

㉟张冰：《索洛维约夫美学文艺学思想及其影响》，《天津师范大学学报》（社会科学版），2005 年第 2 期。

㊱欧阳彬、朱红文：《社会是一件艺术品——西美尔的“社会学美学”思想探析》，《天津社会科学》，2005 年第 2 期。

㊲余虹：《艺术：无神世界的生命存在——尼采的艺术形而上学与现代性问题》，《中国社会科学》，2005 年第 4 期。

㊳赵士林：《自然主义美学的杰出代表——桑塔耶纳》，《内蒙古民族大学学报》（社会科学版），2005 年第 6 期。

㊴谷鹏飞：《海德格尔美学思想成因再认识》，《唐都学刊》，2005 年第 5 期。

㊵余虹：《主体化的艺术——福柯的伦理谱系学与生存美学》，《新疆大学学报》（哲学人文社会科学版），2005 年第 6 期。

㊶黄文杰：《马尔库塞审美哲学论纲》，《西南师范大学学报》（人文社会科学版），2005 年第 3 期；及《论马尔库塞审美形式的异在效应》，《西北大学学报》（哲学会科学版），2005 年第 2 期。

㊷丁国旗：《文化危机与美学还原——一种对马尔库塞思想的读解》，《福建论坛》（人文社会科学版），2005 年第 1 期。

㊸李建盛：《后现代美学与审美真理的差异性诠释》，《广州大学学报（社会科学版）》，2005 年第 10 期。

逻 辑 学

吴家国

北京地区科研机构和高等学校的逻辑学学科在平稳发展中度过了 2005 年。在这一年，主要的学术活动有：3 月 26 日中国人民大学现代逻辑与人工智能研究所举行了以“逻辑与科学发展”为主题的学术办公会暨学界联谊会；6 月 11 日由北京市逻辑学会与中央财经大学现代逻辑研究所在中央财经大学召开了以“逻辑、理性与构建和谐社会”为主题的学术研讨会；12 月 18 日由北京市逻辑学会在北京师范大学举办了“逻辑、理性与构建和谐社会”为主题的学术前沿论坛。这一年，出版了《逻辑学的传入和研究》等多部学术著作，发表了《一个与归纳问题类似的演绎问题——演绎的证成》等 20 余篇学术论文。这些学术活动、著作与论文涉及的具体内容十分广泛，其中主要包括符号逻辑、非标准逻辑、逻辑哲学、归纳逻辑以及逻辑史等研究领域。

一、符号逻辑

在符号逻辑（数理逻辑）领域发表了多篇研究成果，分别探讨了有关常识推理、概称句推理、经典一阶逻辑、形式系统的可靠性与完全性等方面的问题。

周北海、毛翊在《常识推理的形式刻画》一文中介绍说，他们此前建立的刻画常识推理的系统 M 遗留下两个问题：一个是所谓事实优先推理的问题，例如在“鸟会飞，a 是鸟，但 a 不会飞”这样一组前提下，不应得出矛盾的结论，而是依据事实优先原则得出“a 不会飞”的结论；另一个问题涉及条件句传递推理问题，例如从前提集“如果张生的工作量减少，则他的紧张感减小。张生没了工作，则他的工作量减少”，不应推出“如果张生没了工作，则他的紧张感减小”这样的结论。在本文中，作者首先对常识推理中的事实优先和传递性推理问题进行了分析，特别是根据对传递性推理的分析，提出了关于传递性推理的公理。在此基础上，通过对基础逻辑 M 的扩张，给出了系统 DC 及其语义，证明了 DC 的完全性，得到了关于常用的常识推理的形式刻画 D（DC，BF）[①]。

张立英在《一种类型的概称句推理》一文中指出，由“鸟会飞”，“企鹅是鸟”通过演绎可以得到“企鹅会飞”的结论，但当前提集变为“鸟会飞”，“企鹅是鸟”，“企鹅不会飞”时，得到的结论不再是“企鹅会飞”，而是“企鹅不会飞”。作者认为，这种类型的概称句需要通过引入前提集的排序才能真正得以刻画。逻辑系统 G3 所刻画的是概称句局部推理的规律。关于前提集的排序，引入了一般优先序的定义并给出了两条关于通过演绎得到概称句推理的特殊优先原则，即具体概称句优先和概称句优先，进而给出了这种推理的特殊优先序，并对前提集排序做了形式化表述[②]。

余俊伟在《形式系统的可靠性与完全性》一文中着重考察了语法完全性和语义一致性，即可靠性。文章指出，完全性有古典完全性、语法完全性和语义完全性三种。经典命题逻辑中有代入规则的系统是语法完全的，无代入规则的系统不是语法完全的。可靠性分为强可靠性和弱可靠性两种。以全称概括规则作为初始规则的谓词演算系统通常不具有强可靠性，但可以通过限制这一规则的使用或修改语义后承定义使系统具有强可靠性。对模态逻辑系统来说有类似的结果[③]。

刘新文在《经典一阶逻辑的希尔伯特系统》一文中，把我国学者张清宇构造的经典命题逻辑系统推广到一阶逻辑，建立了一个以广义析舍与存在量词为初始符号的公理系统，并证明了该系统的完全性[④]。此外，作者还在《皮尔士存在图的一个公理系统》一文中，为美国逻辑学家皮尔士存在图系统的第一部分（Alpha图）提出了一个新的逻辑推理系统，并证明了该系统的可靠性和完全性，同时还提出了一个机械的证明程序[⑤]。

二、非标准逻辑

在非标准逻辑领域出版的专著有一部，发表的文章主要有五篇，它们分别探讨了有关道义逻辑、弗协调逻辑、模态逻辑、知识逻辑和量子逻辑等方面的问题。

余俊伟的专著《道义逻辑研究》以逻辑学家为消除道义逻辑悖论所使用的方法为线索，比较全面、详细地介绍了逻辑学家采用的各种逻辑方法，其中也包括作者运用弗协调逻辑试图解决道义逻辑悖论的研究工作及取得的成果。全书共有九章：第一章简要介绍道义逻辑发展的历史；第二章和第三章介绍道义逻辑创始人冯·赖特的经典逻辑和两类标准道义逻辑系统（即朴素道义逻辑系统和真势道义逻辑系统）；第四章讨论了最有名也是最重要的五个悖论（即罗斯悖论、承诺悖论、齐硕姆二难、善良的撒玛利亚人悖论和杰弗塔二难），细致深入地分析了这些悖论产生的根源；第五、六、七章介绍逻辑学家们为消除这些悖论所采取的各种方法，包括极小道义逻辑方案、动态逻辑方案和弗协调逻辑方案；第八章介绍作者提出的弗协调真势道义逻辑系统，以及对该系统的分析；第九章介绍卡莫和琼斯专门为解决渎职悖论而提出的理论，它区分了理想义务与现实义务，根据该理论构造了一个严格的语义学和语法系统，该系统能非常好地描述六种不同的渎职情景[⑥]。

杨武金的《弗协调逻辑的理论意义和实践价值》一文指出：弗协调逻辑是非经典逻辑中最具有革命性的一个逻辑学分支，它限制了经典逻辑中矛盾律作用的范围，能够容纳有意义的真矛盾。因此，弗协调逻辑系统是不协调的但却是有意义的系统，能够作为一切不协调理论的基础逻辑。在计算机和人工智能以及法律、政治和经济等领域，弗协调逻辑具有广阔的应用前景[⑦]。

高思存的《一个刻画n叉有限树的模态系统及其应用》一文构造了一个用以刻画n叉有限树结构的模态系统FTn，给出了它的语法和语义，并完成了对其可靠性和完全性的证明。随后讨论了该系统的一个应用，即通过在树状图中搜索，在分段式语篇表示理论框架下完成一部分代词（以单数人称代词作为典型例子）消解任务[⑧]。

刘新文、余俊伟的《摹略万物之然，证求群言之比——模态逻辑新观念述评》一文认为：在很长一段时间中模态逻辑作为“必然和可能的逻辑”被人所知，但是这种认识至少在20世纪60年代末就已经过时。“模态语言是研究关系结构的一种简单但富于表达力的语言”、“模态语言为关系结构提供一种内部的、局部的视角”、“模态语言不是孤立的形式系统”，这就是关于模态逻辑的一些新观点（这种观点有时称为“阿姆斯特丹观点”）。这些新观点不再把模态逻辑视为任意种类的形而上学系统，而是作为研究行为、知识以及我们周围任何其他具有良好结构的具体事物的逻辑形式系统。新的模态逻辑观点带来了两个正面效果：第一，它丰富了我们对模态逻辑的理论理解，新的技术工具如标准翻译和双仿被发展出来；第二，它鼓舞了模态逻辑学家们去充当“逻辑工程师”，为适应某些特殊的应用而把逻辑工艺化，这导致了许多“扩充模态逻辑”的诞生[⑨]。

许涤非的《非标准逻辑基础上的知识逻辑SI》一文考虑到标准知识逻辑的逻辑基础不够实用，构造了非标准逻辑基础上的知识逻辑系统SI。SI的逻辑基础不是经典的命题逻辑，也就是说它对知识进行推理的根据不是经典的命题逻辑，因此它是非标准的知识逻辑。非标准的知识逻辑系统SI的重要的结果是：1. 允许不一致且不完全的信息存在，仍然可以进行合理的推理；2. 在一定程度上，实现了对逻辑全能的控制[⑩]。

于海飞的《量子逻辑述评》一文先从思维角度给量子逻辑下了一个定义，即：“它是研究人们在从事研究微观领域的活动中思维的活动规律、形式结构及其有效推理的一门科学。”然后介绍了量子逻辑的起源，分析了量子逻辑与经典逻辑的关系，提出了对量子逻辑研究方向的展望：一是研究量子逻辑和经验的关系；二是以数理辩证逻辑为工具来建构量子逻辑系统进而解决在经典逻辑解释下所出现的量子悖论问题；三是加强量子逻辑在实践领域中的应用的研究[11]。

三、逻辑哲学

在逻辑哲学领域，主要研究成果有一部专著和一批论文，它们分别讨论了逻辑哲学的基本理论、演绎的证成、标准道义逻辑的语义、可能世界的名字等问题。

陈波的专著《逻辑哲学》对逻辑哲学的基本理论进行了全面系统的论述，同时吸收了近几年国际逻辑学界在逻辑哲学方面取得的最新研究成果。全书共有五编十三章：第一编“演绎及其证成”有三章，即“变异逻辑的挑战”、“逻辑后承”和“演绎的证成”；第二编“真理与悖论”有两章，即“逻辑真理”和“逻辑悖论”；第三编“意义与指称”有五章，即“逻辑学中的意义理论”、“摹状词”、“专名和通名”、“命题和言语行为”和“主词和谓词”；第四编“存在、量化和本体论”有两章，即“逻辑和本体论”、“模态逻辑和可能世界”；第五编“归纳逻辑和休谟问题”有一章，即“归纳的证成”。每一章的后面都列有思考题和推荐阅读文献，供人们学习与研究[12]。

陈波还发表了《一个与归纳问题类似的演绎问题——演绎的证成》一文，认为：演绎推理具有与归纳推理类似的认识论地位，演绎证成将面对一个与归纳证成类似的二难困境。对于证成一个逻辑系统而言，技术上的可靠性和完全性只是必要条件而不是充分条件；还必须考虑它在认识论上是否正确或适当的问题，即逻辑系统内的形式论证是否充分、适当地反映、刻画了逻辑系统外的非形式论证。通过其所含逻辑常项的解释，逻辑系统与关于日常语言和思维实践的经验发生十分间接的联系。不存在对演绎和逻辑系统的绝对证成，只存在对它们的相对证成。逻辑在原则上是可修正的，但让逻辑不受伤害始终是一个合理的策略。逻辑学家并不是理性领域的立法者，他们在认识论上没有任何特权[13]。

王路发表了《亚里士多德逻辑的现代意义》一文，该文指出：亚里士多德是逻辑的创始人，也是形而上学的开拓者，他的逻辑为西方哲学提供了一种工具和眼界，一直促进和影响西方哲学的发展。因此，理解亚里士多德逻辑，不仅有助于理解他本人的逻辑观和哲学思想，也有助于理解西方人的逻辑观念和哲学。对照亚里士多德逻辑和现代逻辑，则有助于深入地理解逻辑的本质，有助于从思维方式上清楚地认识西方传统哲学和现代哲学的同异，有助于揭示为什么说西方哲学的主要特征是逻辑分析的，从而有助于更加深刻地理解哲学的本质。总之，亚里士多德逻辑可以为我们理解整个西方哲学提供一个基准，一条贯彻始终的思路。因此，即使在今天，亚里士多德逻辑对于我们仍然是有意义的[14]。

孔红发表了《罗斯悖论与标准道义逻辑的语义理论》一文，认为：道义逻辑是广义模态逻辑的一个分支。在道义逻辑半个多世纪的发展历史中，受到一系列道义悖论的困扰，罗斯悖论是这一系列的开端。罗斯悖论反映了道义逻辑标准系统的定理与直观有效性的冲突，它的提出、求解是道义逻辑不断发展、完善的重要动力。文章对罗斯悖论进行了直观分析和严格语义分析，进而指出，“要建立一种恰当而有效的道义逻辑语义理论，从根本上消除道义逻辑的形式与直观之间的冲突，还有许多工作要做[15]。

王建芳、赵卯生发表了《语义悖论研究的新思路——情境语义学解悖方案探析》一文，认为：20世纪后期，西方学界再次掀起语义悖论研究的新高潮，在改良克里普克方案的基础上出现了“语境迟钝方案”，在激进的改革路途中“次协调逻辑方案”应运而生。但是，这两种方案都未能合理解悖，其根本症结都在于没有从根本上揭示说谎者悖论产生的原因。与这两种方案共同出现在20世纪后期悖论研究历史舞台上的，是由美国著名逻辑学家巴威斯（J. Barwise）和艾切曼迪（J. Etchemendy）1987年提出的、建立在情境语义学基础上的情境语义学解悖方案。这一解悖方案借用了语用研究的新工具——“情境”概念，通过重新考察语句所表达命题及其真值的动态变化，深刻揭示了说谎者悖论产生的根源，从而在根本上实现了说谎者悖论这一千古难题的消除[16]。

刘新文发表的《论可能世界的名字》一文认为：“可能世界”是模态逻辑语义学的核心概念。模态语言本质上是研究通常一阶模型论意义上的关系结构的简单而具有丰富表达力的形式语言。但传统模态语言有一个明显的缺陷：他无法指称模型中的可能世界，无法指称关系结构中的个体并对其进行推理。以传统模态逻辑为基础，在句法中引入“可能世界的名字”作为第二类原子命题、引入相应的算子和约束词而得到的语言称为“混合语言”。这样，得到的是吸收了模态逻辑和一阶逻辑的系统，保持了模态语言的局部性和可判定性，获得了对世界进行命名的能力以及刻画世界之间相互关系以进行推理的能力。“混合语言”既发扬了模态语言积极的一面，同时又克服了模态语言的重大缺陷[17]。

四、归纳逻辑

在归纳逻辑研究领域，熊立文发表了三篇文章，分别介绍和探讨了贝叶斯决策理论、信念修正的理论与方法等现代归纳逻辑的重要问题。

《贝叶斯决策理论与归纳逻辑》一文介绍说，贝叶斯决策理论是关于人在风险条件下或面临不确定因素情况下应该如何进行抉择的理论，这一理论是主观贝叶斯派归纳理论的重要组成部分。主观主义学派的创始人蓝姆塞为建立主观概率理论而研究效用问题，利用概率为1/2的伦理中立的命题来确定行为或结果的效用，建立起相对于主体的一个效用标度序列。有了效用标度之后，反过来利用行为或结果的效用值确定命题的概率，从而建立起主观概率的理论。萨维奇认为归纳推理的思想与人在面对不确定性的证据时的决策行为有关，他系统地研究了决策理论形成了贝叶斯决策理论的基本框架。杰弗里则引进了“命题期望”的概念，把效用归属于命题，以命题的逻辑运算（否定、合取、析取）代替了形式赌博在蓝姆塞和萨维奇理论中的作用。贝叶斯决策理论对现代归纳逻辑的发展产生了深刻的影响，现代归纳逻辑遇到“归纳接受”的难题，一部分学者使用贝叶斯决策理论的思想和方法解决这个问题，后来导致了信念修正理论的产生。从只考察归纳推理前提与结论之间的逻辑联系到全面地刻画动态认知过程，现代归纳理论的发展呈现出一种新的面貌。而贝叶斯决策理论是其中承上启下的一环。贝叶斯决策理论与冯·诺依曼-摩根斯坦的理论一道，成为合理决策的规范性模型被大多数人所接受[18]。

《信念修正的理论和方法》一文认为，人的知识或信念不是固定不变的，而是流动和发展的。一个人在某个时刻具有一定的认知状态或信念状态，理想化的认知状态是一种平衡状态。当有新的认知信息输入时，这种平衡状态就被打破了，这时人应当调整自己的信念状态，使它达到一种新的平衡，这个调整的过程就是信念修正的过程。信念修正的理论研究如何用逻辑或数学的方式刻画人的认知状态或表达知识库中的信念；信念修正的合理性标准是什么；如何刻画信念修正的过程等问题。用逻辑或数学的形式所表达的认知状态被称为认知模型，其中包括信念集合的模型、可能世界的模型、贝叶斯模型、信念系统等。认知状态模型刻画的是静态的认知，需要用逻辑或数学的方法来刻画人的动态认知过程。信念变化的形式有扩充、修正、收缩、更新、遗忘等，还有交际过程中信念修正问题和软件开发过程中的知识修正问题。可以用信念修正理论去研究归纳接受问题、反事实条件句的语义问题、数据库的更新问题、法律法典的修改问题等等[19]。

《信念修正的AGM理论》一文介绍说，信念修正问题是一个富有活力的、正在蓬勃发展的研究主题，它涵盖了一大批背景不同、形态各异的理论。阿尔罗若、加德福斯和梅金森共同建立的信念修正理论（简称AGM理论）是其中形成比较早的、影响最大的理论。AGM理论用语句集合来表示人的认知状态，认为信念变化有三种基本形式，即：扩充、修正和收缩，并且把这三种类型的变化都看作函数。三种类型的变化各有其应当满足的合理性条件，这些条件被称为AGM假设。扩充函数比较简单，修正函数和收缩函数可以互相定义，因此，AGM理论着重研究了收缩的方法[20]。

此外，倪鼎夫整理的《金岳霖解读〈穆勒名学〉》一书出版。该书含上下两篇，上篇为“金岳霖解读《穆勒名学》十三讲”；下篇为“金岳霖评介严复未译《假设》篇七讲”。该书还附录了整理者所写的“《穆勒名学》札记”七篇。这些资料为研究穆勒的归纳逻辑思想提供了参考[21]。

五、逻辑史

逻辑史研究包括中国逻辑思想史研究和世界逻辑史研究两方面。

在中国逻辑思想史研究方面出版了一部专著，发表了一篇专论和多篇文章。

宋文坚的专著《逻辑学的传入与研究》全面介绍了从1901年至2000年这100年间西方逻辑学和印度因明传入中国后与中国古代名辩学相互影响、不断发展的历程。该书分为三编，即把这100年分为三个阶段：1900—1949年西方逻辑学传入我国并在我国传播和得到初步发展阶段；1949—1966年我国学者进一步开展逻辑教学和研究阶段；1977—2000年我国逻辑教学和研究繁荣发展阶段。全书有十二章和一个附录：第一章“20世纪前期西方逻辑学教材的传入”；第二章“前期的自编教材和对传统逻辑的批判”；第三章“前期数理逻辑的引进和研究”；第四章“归纳逻辑的讨论、中国逻辑史的开创和因明研究的复苏”；第五章“苏联逻辑学教材对我国逻辑教学的影响和逻辑问题大讨论”；第六章“中期数理逻辑的发展”；第七章“中期归纳逻辑、中国逻辑史和因明研究”；第八章“普通逻辑的教学改革”；第九章“后期数理逻辑的繁荣发展”；第十章“后期归纳逻辑研究”；第十一章“后期逻辑学应用研究”；第十二章“后期逻辑史研究”。附录“我国的辩证逻辑研究”。该书在许多地方表明了作者对一些有争论的问题的看法[22]。

周云之自编的《周云之文集》收录了他本人数十年来所写的逻辑文章，其中主要是他在中国逻辑史方面所写的论文、书评和纪念文章等。书后还附有作者中国逻辑史论著目录以及中国逻辑史研究资料目录[23]。

诸葛殷同的《逻辑论》是作者为国家社会科学基金“八五”课题《金岳霖思想研究》写的专论，主要是论述金岳霖逻辑思想。该专论认为，金岳霖从20世纪开始，在中国扎扎实实地引进了现代逻辑，出版了被称为“大学丛书”的《逻辑》，并且培养了一批有成就的现代逻辑学家。他是中国现代逻辑的奠基人，对于逻辑学在中国的发展功莫大焉。1949年以后，金岳霖在逻辑方面的主要贡献是普及逻辑知识。他参加撰写的《通俗逻辑读本》，主编的高校教材《形式逻辑》，都在社会上产生了重大影响。金岳霖对旧著《逻辑》做了错误的批判，也在逻辑方面提出了一些错误的主张，这些都同当时的社会背景有相当深刻的关系。该专论有五章：第一章“金岳霖为中国现代逻辑奠基”；第二章“金岳霖的逻辑一元论”；第三章“金岳霖在逻辑方面的自我批判”；第四章“金岳霖参加百家争鸣”；第五章“金岳霖做逻辑普及工作”[24]。

孙中原的《中国逻辑元研究》一文提出，当今中国逻辑元研究的主题是用现代语言和逻辑工具诠释中国逻辑文本，揭示中国逻辑体系、内容、本质和规律，比较中外逻辑异同，促进中国逻辑的发展和中外逻辑的融合。文章认为，中国逻辑元研究历史上有两次高潮，即战国时代和近现代。文章把近现代中国逻辑元研究分为以梁启超、胡适为代表的开拓创始期；以沈有鼎、莫绍揆为代表的奠基突破期；以金岳霖、周礼全为代表的全面总结期。文章在分析上述各个时期代表人物学术贡献的基础上，对墨辩逻辑的普遍性和中西逻辑的同一性做了细致入微的分析。作者深信兼容博采是繁荣学术的重要方法，对多种观点、方法和成果的兼容博采必将极大地促进中国逻辑的发展和中外逻辑的融合[25]。

张娟娟、董志铁的《中国名实论与西方指称论之比较》一文，以中国名实论与西方指称论为例对中西逻辑进行了比较研究。文章指出，名实论与指称论都研究名的本质、名的形成、名与实的关系，它们具有共同的“质”，都认为名称是对客观事物的反映，但二者产生的历史文化背景不同，目的、内容各异，形成的逻辑传统和逻辑思想也不尽相同。西方指称论者主要关注作为名称的语词，对专名与摹状词加以区分，对名称的形成和摹状词的所指进行了深入的研究。而中国名实论则认为名既是概念又是语词，实在先名在后，实是通过名来指称对象，名与实应相符，如不符，则要予以纠正，使之相符，此过程就是“正名”。文章认为，逻辑学具有全人类性，西方逻辑与中国逻辑都既具有特殊性又具有普遍性，在各自特殊的逻辑体系中包含着全人类普适的逻辑真理[26]。

陈慕泽的《中华传统文化缘何未成为全球化大厦担纲之梁——谈逻辑与分析理性》一文认为，如果把全球化的世界化作一座大厦，那么，它的钢筋骨架就是现代科学技术。现代科学技术的发展有两个重要的精神支柱：一是逻辑精神，一是实证精神。而这两种精神，即分析理性，正是中华文化的传统中所缺少的。中华传统文化缺少分析理性，是它不能产生现代科学技术，未能成为全球化大厦担纲之梁的原因。文章指出，全球化使得传统的中华文化正在拥抱两个新世界：一个是现代科学技术，一个是法制社会和法制精神。融入这两个世界需要实证精神和逻辑精神，需要分析理性。科学理性需要辩证理性，也需要分析理性。分析理性需要辩证理性之柔，辩证理性需要分析理性之刚。刚柔相济，中华文化将在全球化中创新光大[27]。

在世界逻辑史研究方面主要有两篇文章。

孙中原的《世界逻辑元研究的进展——评〈逻辑学思想史〉》一文介绍了张家龙、刘培育、郑宏伟、邵强进合著的《逻辑学思想史》，认为该书首次以现代逻辑为工具，以世界三大逻辑传统为对象，对世界逻辑发展史进行了第二次元研究，是世界逻辑史元研究的创始作。文章还认为，该书以世界逻辑传统为纲为纬，以世界逻辑传统理论的演进为史为经，纲举目张，经纬交织，清晰地展示了世界逻辑思想的画卷，再现了世界逻辑之网的构建过程。文章特别强调，“中国古代的名辩学是中华民族对具有全人类性的逻辑思维的反思和探索的结晶”，“反映了人类逻辑思维的共同规律”[28]。

王路的《世界、事实与个体——维特根斯坦的一种逻辑视野》一文介绍了维特根斯坦关于语言与世界的关系的思想。维特根斯坦认为：世界是由事实构成的，语言是由句子构成的。语言与世界相对应，句子与事实相对应。事实中最主要的东西是个体事物，一个事实就是一个个体事物是如何的，或者一个个体事物与另一个个体事物是怎样的。一个事实与另一个事实之间具有逻辑关系，事实之间的组合形成了世界的框架。表达个体事实的语句是基础句。句子之间形成逻辑关系，句子表达的事实构成世界的逻辑空间。基础句有真假。从句子的真假可以得到对句子所表达的事实的说明，从而得到对世界的说明。这样，维特根斯坦不仅从自己的视角解释了世界，而且对世界提出了一个解释模式㉙。

（作者：北京师范大学教授）

注：

①《哲学动态》，2005 年增刊（逻辑学专辑）。

②《哲学动态》，2005 年增刊（逻辑学专辑）。

③《湖南科技大学学报》（社科版），2005 年第 2 期。

④《湖南科技大学学报》（社科版），2005 年第 1 期。

⑤《共享知识的共同的语义学：第 13 届概念结构国际会议文集》，F. Dau，M L. Mugner，G. Stumme 编，德国：卡塞尔东西出版社，2005 年 7 月出版。

⑥中国社会科学出版社，2005 年 9 月出版。

⑦《中国人民大学学报》，2005 年第 2 期。

⑧《哲学动态》，2005 年增刊（逻辑学专辑）。

⑨《哲学动态》，2005 年第 12 期。

⑩《湖南科技大学学报》（社科版），2005 年第 4 期。

⑪《兰州大学学报》（社科版），2005 年第 1 期。

⑫北京大学出版社，2005 年 8 月出版。

⑬《中国社会科学》，2005 年第 2 期。

⑭《世界哲学》，2005 年第 1 期。

⑮《晋阳学刊》，2005 年第 4 期。

⑯《哲学研究》，2005 年第 9 期。

⑰《哲学研究》，2005 年第 9 期。

⑱《北京师范大学学报》（社科版），2005 年第 2 期。

⑲《哲学动态》，2005 年第 3 期。

⑳《现代哲学》，2005 年第 1 期。

㉑中国社会科学出版社，2005 年 7 月出版。

㉒刘培育主编《金岳霖思想研究》，中国社会科学出版社，2004 年 12 月出版。

㉓福建人民出版社，2005 年 6 月出版。

㉔华夏翰林出版社，2005 年 10 月出版。

㉕《中国人民大学学报》，2005 年第 2 期。

㉖《山东师范大学学报》（人文社科版），2005 年第 3 期。

㉗《湖南科技大学学报》（社科版），2005 年第 5 期。

㉘《哲学动态》，2005 年第 6 期。

㉙《哲学研究》，2005 年第 8 期。

宗 教 学

黄夏年

2005 年我国的宗教学研究仍然呈平稳的势态发展，基本上保持了过去的发展水平，非宗教学刊物（即各地社科综合学术期刊和学报等）和宗教学研究的刊物发表有关宗教学研究的文章在 3000 篇左右，出版各种宗教学书籍少于去年的 300 本，总体上说，与过去相比，没有发生什么突变。现介绍有关论文为主，将宗教研究的情况综述如下：

一、宗教原理

2005 年的宗教学原理研究成果，就正式出版的书籍来说，可以说主要集中在几个方面的内容。一是有关社会主义与宗教相适应课题的研究，参与研究的人员，主要以在各宗教部门工作的为主，所发表的文章多在各省市党校刊物上面，如政协广东省委员会办公厅编《促进建设和谐社会：宗教与社会主义相适应研讨会论文集》[①]即为代表性著作。这个问题事涉当代宗教的管理，故引起这方面人士的注意，但是在理论上鲜有突破，更多的内容是在操作层面上的讨论。二是继续译介一些国外的宗教学理论，但与过去相比，已经少了许多，在译书内容的选择上也有一些针对性，但不如前几年明显。这方面的译作主要有：（美）彼得森等著；孙毅、游斌译《理性与宗教信念：宗教哲学导论》（3 版）[②]，（加）

史密斯著；董江阳译《宗教的意义与终结》[3]，（德）乔·威·弗·黑格尔著；魏庆征译《宗教哲学》[4]，（英）帕顿等主编；戴远方等译《巫术的踪影：后现代时期的比较宗教研究》[5]，（日）梅原猛著；刘瑞芝、卞立强译《地狱的思想》[6]，（英）埃文斯著；卫彤译《中世纪的信仰》[7]，（挪威）吉尔胡斯（Gilhus I. S.）著；陈文庆译《发笑的神灵 哭泣的贞女：宗教史中的笑》[8]，（美）斯图尔特（Stewart M.），邢滔滔选编《宗教哲学经典选读》[9]，（意）罗伯托·希普里阿尼著；高师宁译《宗教社会学史》[10]等等。三是有学术含量的宗教学研究的著作，主要有王志成著《全球宗教哲学》（修订版）[11]，李毓章、陈宇清选编《人·自然·宗教：中国学者论费尔巴哈》[12]，张志刚著《宗教研究指要》[13]，等等。四是宗教文化类与概论方面的著作，如冯天策著《宗教论》[14]，余敦康等著《宗教·政治·民族》[15]，《宗教·文艺·民俗》[16]，《宗教·哲学·伦理》[17]，《概说中国宗教与传统文化》[18]，黄海德、张禹东著《宗教与文化》[19]，段德智著《宗教概论》[20]，等等。此外，戴康生先生遗著《戴康生文集》[21]也是一本值得参考的当代宗教研究的书籍，作者生前长期在政教学三界工作，曾经为促进三界的合用与交流做了不少的工作，因此其文章无疑反映了这个特点。对近二年的宗教学研究情况，则可以参考曹中建主编《中国宗教研究年鉴·2003—2004》[22]。

这一年发表的学术论文，精彩与一般的同时存在。比较有意义的文章有魏泽民《全球治理：公民社会与宗教发展》，此文指出，在全球化的进程当中，宗教发展已经很难“遁世”、“隐居”，更不可能独善其身。虽然现代化是推动全球化发展的重要力量，但在现代化之前，早已出现了全球化的基督教、伊斯兰教、佛教等跨国界发展。从治理的向度来说，宗教发展融合了国家、市场、社会的对立关系，重新创造性的结合国家、市场与社会，引导世界走向善治。而宗教组织要寻求全球性的发展甚至推动全球公民社会的实现，就有赖于跨国社会运动组织的发展。因此，如果20世纪的政治遗产是民族国家组成的世界体系，那么21世纪就是建构一个善治的全球公民社会。本文作者的思路很好，但是可能操作起来还有问题，因为依赖于跨国公司的做法来做宗教的传播，显然不能够成功，宗教的传播是依赖于其文化性与宗教性，只有这两种功能充分发挥以后，才能达到其目的。虽然它也会依附于经济的活动而附着传入其他国家，但是如果没有当地文化的认同，它也不会站住脚跟，总之，这个思路给我们提供了当代宗教在世界如何竞争与发展的问题，值得我们思考[23]。

方立天《论中国化马克思主义宗教观》是旨在解决中国宗教在当代发展提出一个对策性的文章。对中国化的马克思主义宗教观做了界定，认为结合中国国情和宗教教情提出的与时俱进的创新观点，是马克思主义宗教观中国化的产物。中国化的马克思主义宗教观的概念与内涵的形成，其客观根据是：一、宗教既有共性，也有个性。二，宗教在不同的地区、不同国家的情况，有很大差别。三、宗教是不断演化的。中国化有马克思主义宗教观的本质为有神论的信仰文化，这是中国化马克思主义宗教本质观的核心观点。尽力挖掘和发扬宗教某些内在的积极因素为中国革命、建设和改革事业服务，进而推进社会主义社会向前发展，是中国马克思主义宗教价值观的精髓。宗教存在的长期性，强调不应人为地消灭宗教，这是中国化的马克思主义宗教的历史观。“积极引导宗教与社会主义社会相适应”是中国化马克思主义宗教适应观。文章最后指出，中国化马克思主义宗教观的内涵是深刻而丰富的，就其创新观点而言，可初步归结为以下十个要点。1. 宗教是一种社会历史现象的观点，改变了那种把宗教定位为一种意识形态的观点。中国宗教社会现象具有“五性”或“三性”的观点。2. 宗教是人民内部思想信仰的观点，宗教是文化的观点。3. 宗教产生和存在的最深层次根源，在于人们有不能解释和不能解决的思想问题的观点。4. 宗教长期性的观点，宗教消亡在阶级和国家之后的观点。5. 把思想信仰与政治立场分开的观点。6. 信教群众与不信教群众在信仰上的差异是比较次要的差异的观点，思想信仰上互相尊重的观点。7. 在正视宗教中存在消极因素的同时，重视挖掘、运用和发挥宗教中的积极因素的观点。8. 信教与不信教以及信仰不同宗教的群众，在政治上和经济上的根本利益上一致的观点，信教群众同样是社会主义建设的积极力量的观点。9. 强调执行宗教信仰自由政策，处理宗教问题根本出发点和落脚点，是使全体信教的和不信教的群众联合起来，集中建设现代化的社会主义强国这个共同目标的观点。10. 积极引导宗教爱国爱教，与社会主义社会相适应的观点。文章的目的性就在于对社会主义的宗教观与马克思主义的宗教观做了较好的界定与概括，对正确认识社会主义宗教的性质提出了一些有意义的看法，作者所提出的十个创新点，实际上就是当代宗教可操作的方式与内容[24]。

郭华清研究了国民政府的宗教管理制度，其在

《国民党政府的宗教管理政策述略》指出，在国民党政府所认可的佛教、道教、伊斯兰教、基督教、天主教几种宗教中，对它们的管理政策是不同的。对佛教和道教实行的是同一套管理政策，对伊斯兰教是一套管理政策，对基督教、天主教又是另一套管理政策。总的说来，对佛教和道教，管理比较严格，管理范围也较广。对伊斯兰教和基督教、天主教，管理权很有限，主要是通过对该宗教团体的管理来实现的。研究国民政府的宗教管理制度，其目的还是在于对当代宗教管理提供一些借鉴，因此有重要的意义[25]。对现在的宗教管理工作，宋华忠《依法管理宗教事务初议》认为，依法管理宗教事务是政府依法行政的重要组成部分，是一项系统的社会工程，也是一种集约的管理模式。因此，必须重视和解决一些重要的和更为具体的问题：在立法层面，要解决无法可依与有法难依问题，根据宗教领域出现的新情况、新问题，并按照《行政许可法》的要求，加大宗教法制建设力度；在执法层面，要按照依法行政的要求，重视和应对《行政许可法》实施对政府依法管理宗教事务的影响，研究和解决基层宗教事务管理主体的不适合问题，把对宗教事务的管理融入社会公共事务管理的方方面面，使其成为政府各个部门依法行政的有机组成部分。同时要加强政府宗教事务部门干部队伍建设，提高行政执法水平；在守法层面，要不断提高宗教界人士和宗教信仰者的法律素养，增强他们的法律意识[26]。王宏刚则以上海地区的城市为特点，提出了一些看法。其《上海农村城市化过程中的宗教问题研究》认为，近15年来，上海农村迅速城市化，传统民间宗教活动在部分地区复兴，通过剖析代表城市化程度不同的3个村子的个案，可以看出，这是由于历史文化的沿袭性与当代社会市场经济的张力所造成的，因此对如何发挥政府与社会团体管理民间宗教活动的潜力，形成有效的社会管理模式，有思考的价值[27]。

金泽《积极推进宗教与法治的研究》认为，推进“宗教与法治”的研究，必须广开资源，其中学术资源是最重要的。只有不断拓宽我们的视野，加深我们的理解，才能把“宗教与法治”的研究推向前进。作者强调，推动“宗教与法治”的研究，离不开进一步解放思想。而解放思想，需要我们开拓学术资源，采百家之长，为我们理论研究和制度安排所用。就我们目前所能看到的，至少可以调动四种资源来推动对“宗教与法治”问题的研究。第一种是我们本土的政教关系历史资源。第二种是以马克思和列宁为代表的马列主义宗教观。第三种是近现代西方国家的政教关系学说和处理政教关系的操作经验。第四种不是来自以往的理论和历史，而是来自社会基层鲜活的生活现实[28]。针对我国近来宗教活动频繁，一些地方政府和某些部门热衷于宗教活动的现象，学术界也有人提出了不同的看法。郭延军《我国处理政教关系应秉持什么原则——从三亚观音圣像的建设和开光说起》从法理上对当前的一些开光现象做了研究。指出，三亚观音圣像的建设和开光提出了这样的问题，国家机关能否主动地发起、举办、参加宗教活动？按现代世俗国家政教分离的原则，宗教事务是私事，国家不应设国教，不应参与宗教活动，应在宗教事务中保持中立。按我国宪法的精神，政教分离也应是我国处理政教关系应遵循的原则。所以，在我国，宗教事务应由宗教组织自主办理，国家应平等对待各种宗教，国家机关不应操办宗教事业和主持宗教活动，公职人员也不应该以公职身份操办宗教事业、主持或参与宗教活动。根据上述原则，海南有关公共机关和公职人员直接操办和参与观音圣像的立项与建设、组织和参与观音圣像的开光大典，其行为看来于法无据[29]。华热·多杰《我国宗教组织财产所有权问题刍议》通过考察国内外的财产权的规定，认为我国实行宗教法人制度的必要性，分析了宗教法人所有权的含义，最后认为在我国建立宗教法人制度，既能明确宗教组织的法律地位，也能消除宗教财产所有权主体的不稳定、性质不鲜明的弊端[30]。

吕大吉、魏琪《试论宗教与哲学的关系》宗教与哲学在内容和形式上是最具普遍性的观念形态，都具有世界观和人生观的性质，同属精神性的文化。从本质上讲，它们都是人对自然、社会和人生的一种认识、领悟和理解，试图解决的往往都是人们最为关注的人生中的根本性问题，如：生与死，祸与福，善与恶，今生与来世，现世与彼岸，世界上各种事物以至世界本身究竟如何形成，个人以至社会历史的命运为何种力量所支配和主宰等等，宗教和哲学都曾对此作出了自己的答案。正是由于关注的问题有着这种一致和重合的关系，宗教和哲学便在人类历史上结下了不解之缘。宗教里有哲学，哲学里也有宗教。宗教常使用哲学思维的方式和哲学的语言来论证其教义、确立其信仰；哲学则常把宗教视为神圣的教义信仰和哲学思考的对象，把它们放在理性审视台前进行考察和批判[31]。岑岱楠《试论宗教学理论的科学观》承认宗教学的科学性，以辩证反映论的科学方法来建设宗教学理论，并对宗教学理论及其建设持辩证反映的态度，这就是宗教学理论的科学观。明确以科学性为根本性的宗教学理论科学观具有重要的现实意义[32]。

王志捷《论贺麟的宗教观》认为，贺麟的宗教观既不同于“五四”时期反宗教运动对宗教的态度，也不像其他新儒家人物那样主张以道德或哲学去取代宗教。他的宗教观所关注的不是人格神的信仰，而是宗教精神特别是基督教精神的文化价值，目的在于会通中西文化，谋求“儒家思想的新开展”。认为基督教是西方文化之体，研究和借鉴西方文化必须以理性的态度转化和吸收基督教精神的精华，认识其与西方科学、民主、工业化以及人的精神世界的关系，以便为中国的新文化建设提供资源和借鉴[33]。

二、佛教研究

陈坚《从榜样到边缘——“佛教范式”在中国宗教中的地位变迁》从宗教范式而不是宗教势力的角度看，外来的佛教在中国的发展经历了一个其范式由榜样到边缘的过程。在中国古代宗教格局中，自从佛教在中国站稳脚跟后，“佛教范式”便成为各种宗教纷纷仿效的榜样；但是，在鸦片战争后中国近现代宗教格局中，由于西方基督教的传入和受“西方中心主义”的影响，“佛教范式”便被边缘化了，而“基督教范式”则取而代之成为各种宗教纷纷仿效的榜样。“佛教范式”在中国宗教史中的这一地位变迁折射出了中国社会所特有的没有西方式宗教对立的“不排异”的宗教文化氛围[34]。邢东风《南宗禅的地方性》提出，隋唐佛教宗派的多样性不仅体现在各宗教义教法上的差异，同时也表现在其社会性特征上的区别。从中央和地方的角度来说，南宗禅属于典型的地方佛教。它远离当时的政治文化中心，依托于岭南地区的宗教资源发展壮大，充分显示出地方佛教的顽强生命力。探讨南宗禅的地方性，对于把握中国佛教宗派及教团组织的生存机制有着重要意义。通过对南宗文献中有关南北平等说、佛法向南说、慧能拒诏说、神会对北宗的批判以及达摩与梁武帝对话说等资料的分析，从思想资料的侧面揭示南宗禅的地方性特点，说明他们自觉保持着南方佛教的独立意识，回避与皇权的瓜葛，对依附皇权的中心佛教势力采取排斥对抗的立场，并将宗教价值置于政治地位之上。南宗禅的地方性与其群众性以及宗教上的独立性密切相关，它是南宗禅保持长久生命活力的内在因素[35]。韩毅《宋代佛教的转型及其学术意义》认为，研究宋代僧人群体的儒学化问题从某种意义上说，是理解佛教中国化的一把钥匙。宋代佛教的儒学化，为宋代学术乃至中国文化带来了新的成分，它的出现有着学术与宗教的双重意义[36]。蔡海榕、杨廷忠、黄丽《佛教文化化解中年知识分子心理压力情况的调查与分析》提出，当前我国中年知识分子确实有部分信仰佛教的人，而且有逐年上升和年轻化的趋势。佛教文化已经成为目前我国中年知识分子化解心理压力的重要的思想资源[37]。陈晓毅《从花溪档案馆所藏之民国档案看抗战时期青岩佛教的六个特点》，根据花溪档案馆所藏民国档案中关于青岩佛教的记载，揭示了抗日战争时期青岩佛教的六个特点：诸教并存佛教最盛、佛教寺庙小而众多、管理不善纠纷频繁、响应号召积极抗日、创办医院利益群生、二僧和尚不让须眉[38]。孙恪廉、潘斌《宗教文化定位是宗教事件防范的前提——兼论人间佛教与我国宗教的文化定位》认为，给中国宗教以恰当的、准确的文化定位，是防范宗教事件，特别是西部宗教突发事件的基本前提。“人间佛教”是近百年来实现中国佛教现代转化而作出的积极有益的尝试，证实了我国宗教作为有益文化回应社会的现实可能，正视这一事实，对于防范民族分裂势力，搞宗教极端主义有特殊的意义[39]。

程恭让《吉藏“八不中道”说辨正》说，“八不”和“中道”在龙树原文中的含义是，两者一是龙树对缘起概念的否定性界说，或反面界说。一是对缘起概念的肯定性界说，或正面界说。通过“八不”及“中道”等所界定的龙树的缘起学说，与在他之前的各种表示因果关系的学说，明确区别开来。因此，如果用“八不缘起”或“中道缘起”等名目来概括《中论》的思想体系，在学理上可能会妥切得多[40]。张卫红《从〈肇论〉看中观般若学的非本体性特征》强调，《物不迁论》、《不真空论》的立论基础是中观般若学的缘起性空论，中观学既非传统西方哲学知识论框架下的概念本体论，也非魏晋玄学的境界本体论，而是缘起性空论，其理论建立在般若现观的体证基础上，故而不能仅从知识论的角度将其视为魏晋玄学的发展和延伸[41]。王颂《从日本华严宗的两大派别反观中国华严思想史》说，日本华严宗在镰仓时代形成了两大派别，代表人物分别是明惠和凝然。本文首先阐明了明惠、凝然与中国华严思想家李通玄、法藏等人的思想联系，进而对他们各自提出的道统学说进行了分析，考察了中国华严思想史上的不同流派以及中国华严教团的成立问题，澄清了学术界对此存在的长期误解，提出了中国华严教团形成于宋代的新观点。最后，对华严宗道统说在中日两国形成的历史过程和它们对近现代佛教研究造成的影响进行了批判性总结[42]。

刘泽亮《〈楞伽经〉人间佛教义趣论要》认为，《楞伽经》般若、唯识、真常三系统摄，实为一部小型的“佛教百科全书”。探讨《楞伽经》的人间佛教义趣，事实上是分析整个大乘佛教人间佛教思想的一个绝好的范本。本文从佛凡不二的心体论、转识成智的禅悟论、宗说俱通的传释论、不舍众生的解脱论四个层面窥视《楞伽经》人间佛教的义趣[43]。白欲晓《牟宗三判教与禅教一致论探析》认为，牟宗三通过对宗密的《禅源诸诠集都序》的简别而作出的禅教配合与禅教一致的诠定，特别是惠能禅与天台禅的配合代替宗密之神会禅与华严宗的配合作为最高层次的禅教融合的结论性认识，是以禅教的义理分析和判教为基础的。牟宗三对禅教义理所作的分析与判释，是哲学的分析与判释。他通过禅教哲学的内在关联和理论的一致性来说明禅教一致，其禅教一致论的实质是哲学的摄禅归教[44]。

聂静洁《20世纪西域佛教史若干问题研究述评》，对20世纪中国大陆学者在西域佛教史研究领域所取得的业绩进行了回顾，主要涉及早期佛教东渐问题、西域佛教的兴衰、西域佛教对西域的影响、西域佛教史上重要人物等内容，但是此文在很多方面更多的只是一些书名的介绍，就书中里面的内容没有评述，而且掌握的资料不充分，没有能够谈出研究的重点，主要观点，只是泛泛而谈。看得出来，作者并没有仔细阅读一些重要的文章，有的介绍有些牵强，例如将杨曾文等人译的《印度佛教史》作为研究西域佛教的成果，似乎有些牵强。特别像研究鸠摩罗什的生平，台湾学者在这方面的研究成果很重要，应该值得介绍，但是没有。殊为可惜。就大陆的研究成果而言，曾经出版过的鸠摩罗什讨论会的论文集是重要的成果，已经超出了现有的一些成果，遗憾的是没有提到。又如玄奘的研究，在台湾张漫涛编著的百卷本中，有专门的文集，将玄奘年表做了几家的对比论文，这些都是研究玄奘不可迈过的著作，但是文中没有介绍[45]。丁万录《匈奴休屠王“祭天金人”研究管窥》，分析了历史上的诸种说法，最后结论是匈奴休屠王“祭天金人”当是佛像[46]。王志远《佛教艺术内涵在中国佛教传播初期的重要价值》提出，佛教表现艺术的概念并探讨其内涵，认为除动态和主动两大特征之外，归纳出场面、情景、情节三大要素。近年来许多研究课题客观上都是围绕佛教表现艺术而展开的，但是由于没有佛教表现艺术的整体理论框架，因此处于分散的和不自觉的状态。佛教表现艺术中，有关研究范畴被自觉地纳入一定的理论体系而予以论述解析。为说明佛教表现艺术在中国佛教史上的重要价值，本文特别以最常见的东汉楚王刘英奉佛史料为例，在前人并未充分注意的历史现象细节中揭示其所透露的重要信息，力图使读者对历史真实有更全面的了解和认识[47]。何志国《仙佛模式和“西王母+佛教图像模式”说商榷论——再论佛教初传中国南方之路》，对近年来，有学者根据汉魏部分佛像混淆的特征，先后提出了“仙佛模式”和“西王母+佛教图像模式”诸说，是以偏概全的观点，缺乏文献和考古发现的证据。中原地区东汉早期有佛教流行的文献记载，但是没有发现佛像。我国最早的佛像是重庆丰都出土的东汉延光四年（125）墓葬出土的摇钱树佛像。西南地区的早期佛像具有清晰的印度早期佛像特征。汉魏时期的佛教在中国传播的可能存在两个系统，中原官方佛教传播系统和南方民间佛教佛像传播系统，佛教汉魏艺术并不存在“仙佛模式”和“西王母+佛教国图像模式”[48]。

严耀中《试论中国佛教戒律的特点》提出，佛教传入中国后，中国佛教徒主要遵奉小乘诸律，但其中融入了大乘的思想观念，因此其戒律也呈现新的特质：（1）戒律也是原则，体现着对欲望的彻底禁止。（2）诸戒律面面俱到。（3）诸戒律体现着平等精神。（4）戒律的条文体现着理性对欲念的束缚。（5）内在自我约束和外在规范统一。（6）戒律不仅是制恶的约束，还是行善的督约。（7）戒律具有具体问题具体处理的机动性。（8）戒律的实施与因果报应六道轮回相关联。因此，流传在中土的佛教戒律是佛教中国化的基础，而且具有中国特点的佛教戒律对中国社会的道德与法律都产生了巨大的影响[49]。李尚全《建立中国佛教口述史的合法性与紧迫性》指出，佛教口述史的历史源远流长，但作为现代意义上的佛教口述史则兴起于20世纪60年代的美国学术界，在20世纪80年代的台湾学术界曾经走红。而大陆佛教口述史资源丰富，把佛教口述史作为研究民国史和当代史的证据，具有明显的合法性。但至今还没有引起大陆学术界足够的重视，目前只有《雪域求法记》一部著作流传于世。眼看着丰富的大陆佛教口述史资源的流失，治民国史和当代史的学者应该有抢救佛教口述史料的紧迫感[50]。孙兰荃《试论佛教戒律研究的宗教学意义——以汉传佛教为例》强调，佛教学中的戒律研究应向学术化（价值中立而非信仰化）、专业化（系统而非零星的附带）、科学化（较为公正的分析综合而非违背常理的道听途说）的方向发展[51]。

周兆望、蔡定益《论北朝的慈善事业》，将整个北朝的慈善事业分为官方和佛教两个部分，举出了若干个实例，并研究了两者之间的关系。特别指出，佛教的慈善事业的特点有：（1）和官方关系密切有与官方慈善事业合流的倾向。（2）出现了佛寺的慈善机构。（3）该时期佛寺慈善事业十分兴盛，超过了六朝[52]。王亚荣《隋大兴城佛寺考》隋唐佛教大兴，京城大兴城佛寺林立。迄今为止，对隋代大兴城佛教寺院进行研究的成果较少，涉及者主要关注唐长安时期寺院情况。本文着眼在佛寺以及少量的佛堂，不涉及内道场，研究范围为皇城之外的坊区。通过综合考察研究，共得佛寺116座，其中僧寺91，尼寺25。同时，发现大兴城佛寺的分布很不平衡，北多南少、西多东少，有65坊的佛寺存在史料记载。寺院的建造集中在隋文帝开皇年间（581—600），炀帝大业七年（611）之后急剧衰落。同时与116座佛寺有关之重要佛教人事亦一并择要录出，以见当年大兴城佛学研习与佛教流传之概况[53]。周齐《唐代国家对寺院经济的控制——以唐代土地为例》认为，唐代土地买卖成为寺院土地的主要来源，这是在取消了僧尼免税特权，国家在寺院土地的处理上既体现了商品经济发展的潮流，又不使国家的利益受损，此后，寺院经济在整体上还是受到抑制的[54]。刘长东《论宋代的甲乙寺与十方寺制》，从佛教社会史的角度，对宋代寺制中的甲乙寺与十方寺制的区别及其例外的情况，“革律为禅”的特定含义，二寺制与佛教戒律精神的错位，十方寺制的起源，二制寺在宋代寺院格局中的动态关系，政府对二制寺的管理，十方制的弊端及其产生的原因，十方制在宋代政教关系中的意义等问题作了考论。该文尤其对寺院在政教关系中的地位，以及政府对寺院的管理与分解的过程作了较为详细的说明，对研究当代政教关系，以及如何处理寺院与政府的关系不失借鉴意义[55]。何孝荣《论明代中后期的鬻牒度僧》说，明代中期景泰、天顺年间是鬻牒度僧初行时期，成化年间是鬻牒度僧基本确立时期。嘉靖以后，是鬻牒度僧普遍推行时期。户部及督抚等官是鬻牒度僧的主要倡议和推动者，礼部及僧录司等官开始多反对鬻牒，至正德以后也转向同意，而皇帝则可分为拒绝型、摇摆型和坚持型三类。明代中后期的鬻牒度僧，一定程度上缓解了财政危机，对巩固国防、保障百姓生活有一定的积极意义。大量鬻牒度僧，使僧团冗滥混杂，对生产发展、社会稳定也起了阻碍的作用；它与试度共同造就了明朝庞大的僧团，维系佛教表面的繁盛，大量鬻牒度僧，导致僧众低下，佛学进一步衰微。对于明代社会来说，鬻牒度僧的积极意义是主要的，对于佛教来说，其消极作用更大[56]。解华《云冈石窟寺庙地产考》，通过解读云冈石窟仅留的几块碑文，指出佛教发展信赖于经济，稳定发达的寺庙经济才能创造出辉煌的佛教文化[57]。

徐清祥《东晋出家士族考》提出划分士庶的五条标准，从活跃在东晋时期的高僧中分辨出15名僧人具有士族身份。考证的结论是：两晋时代士族出家的现象绝大多数发生在北方士族群体之中；士族出家是在八王之乱（290）之后，两晋之交以及东晋时期在中国首次出现了士族出家的小高潮，绝大多数士族出家都是出于个人的人生信仰，属于认识问题；就北方出家士族南迁的时间来看，主要分二个阶段：一是永嘉至成帝咸康年间（307—342），二是晋哀帝兴宁年（363）以后。前者迁入地集中在建康和会稽，后者迁入地集中在襄阳和庐山。关于师门问题，东晋时代，佛学研究和僧团生活十分自由，师门并没有在佛教中起作用，距宗派性的产生还差得很远。也就是说，佛教戒律及其约束精神也由此规范着中国人的行为与观念[58]。张育英《慧远研究三题》认为。慧远大师的籍贯应是“山西省原平县茹岳村人”。慧远与一百多名僧俗信众初建结社念佛的时间应是东晋安帝元兴元年七月初一，即公元402年农历七月初一。东林寺远公首创般若台精舍即是弘扬和修习念佛净土法门的念佛堂[59]。温玉成、刘建华《玄奘生平几个问题的再修订》，结合文献和实地调查考订，认为玄奘的出生地及故里在今河南偃师县府唐镇滑城河村，玄奘自长安西行的时间应在贞观二年（628）冬，贞观十九年（645）正月初六回到长安，23日回抵洛阳。玄奘为摆脱皇帝的控制，曾分别于贞观十九年（645）和显庆二年（657）向皇帝申请入嵩山少林寺翻译佛经，但均未获允准[60]。黄夏年《一代明教的觉云智连》，指出了智连的重要历史作用。他能在天台宗，特别是山家派的祖庭延庆寺于危难之际，挺身而出，勇敢地接过前人所未完成的重任，最终将延庆寺修缮一新，光大祖庭，使天台宗的法脉再继，人气新旺，难能可贵[61]。梁小丽、马国利《正定发现明代隆兴寺高僧梦堂和尚舍利塔铭》，对在正定城内由一居民珍藏后捐献出来新发现的塔铭，做了考述[62]。任宜敏《白莲宗的兴衰及其与白莲教的区别》认为，白莲宗的出现，是佛教日益穿透社会，深入民间的产物。实质上是对佛教世俗化的一种尝试。从结果来看，这种尝试并不成功，特别是与组织形式世俗化的相伴而生的、见地行履诸方面的嬗变之迅速、分化之激烈，远非立宗者始料未及。就根本性质而言，白莲宗属庶民佛教团体，是佛教净土宗一支。白莲教则从一开始就是附佛外道，它表面崇佛，实质上却是在低水平上撷取并东拼西凑地杂糅了弥勒教、摩尼教、道教末流乃至民间方术等内容的大杂烩，因此，不可将两者混为一谈[63]。王路平《贵州第一佛教名山梵净山佛教考论》（上、下）对梵净山做了较为详细的考证，指出该山有三个特点，一是弥勒菩萨道场，起源于明代民间传说。可以列为中国佛教的第五大名山。二临济宗独盛。赣人彭玉如当有开启之功。梵净山一系的临济宗脉，可知破山一系的临济禅宗与比净山临济禅宗有直接的亲承关系。三佛道儒巫混杂，主要受到了中原三教合一的影响，黔中上官流官的提倡，佛教世俗化的结果[64]。

吕建福《佛教世界观对中国古代地理中心观念的影响》提出，佛教传入中国后，其世界观与中国的昆仑中心说相结合，深刻影响了中国人的地理知识及其地理学发展。佛教以阿缛达山为世界地理中心，后世即认定阿缛达山为昆仑山，并认为黄河源自阿缛达池，由此中国的昆仑中心说从神话观念走向实际的地理知识，佛教的宗教地理观念也逐渐实化为地理知识，同时佛教的印度文化中心观也对中国的文化中心论带来了冲击，使中国人的文化观、民族观及其心理结构发生深刻变化，文化多元论成为中国人的一个基本观念[65]。马忠庚《从科学角度证伪〈楞严经〉》从物产、文献载体、物理学等几个方面存在的疑点进行考察和论证，并得出该经是伪经的结论。如经中所载的“梅”、“黄莲”，都是属于中国的物产。“纸”、“简”等都是中国的书写材料[66]。何梅《北京智化寺元〈延屿藏〉本考》，通过对智化寺藏四卷元延屿年间刊印的孤本官版大藏经的考察发现：（一）《大金色孔雀王咒经》一卷，是由两部经误粘接为一部经；（二）延屿本之经文及版式、字体之特点均同金藏本，只是修改了千字文函号而已。由此得出新的结论，《延屿藏》是一部使用了《金藏》经板并进行重新编排刊印的大藏经。同时揭示了《金藏》流传后期已鲜为人知的史实，从而为大藏经雕印史及元代佛教史的研究提供了新史料[67]。魏文斌、李晓红《麦积山明代写本〈报恩道场仪〉及相关问题研究》，就麦积山石窟艺术研究所藏目前国内保存最早的同类写本、明代写本《报恩道场仪文》七卷，做了研究，认为该写本对研究宋代以后的佛教、儒释融合以及四川佛教对周围的影响至为重要[68]。

朱丽霞《藏传佛教判教思想之分析比较》提出，藏传佛教各派的判教大体上分为两个系统，一个是由《解深密经》的“三时判教”所激发出来的系统，这包括宁玛派、觉囊派和格鲁派，另一个是比较独立的萨迦派的系统[69]。高泽祯《道次弟三题》认为，尽管龙树、无著及提婆等大德所持道次弟学说，但与阿底峡所倡导的道次弟学说有区别，前者并不以三士说作为依托，这是与后者的分水岭。宗咯吧之后，道次弟学说在藏地弘传进入了一个新时代，从时间分布来看，道次弟系列大部分著述出现在宗咯巴之后，尤其集中在四世班禅和五世达赖以后，这与格鲁派的地位上升有关，使之成为格鲁派立教之本。因而该派宗教与政治势力的空前强大成为道次弟学说的弘传的最佳外部环境，使之能在藏地保持长期兴盛，其能在格鲁派历辈大德手中传承不断，该派特殊的宗教与政治地位，乃是不可或缺的条件[70]。华热·才华加《藏传佛教中的居士群体及其文化特征》认为，藏传佛教居士的文化特征有：一、全民信教背景下的居士身份体认。二、密教无上观念中的居士传学特点。三、大乘理念主导下的居士文化品性。其中第二条与汉地大乘佛教有所区别，因为汉地佛教中的居士是以显学为主，不重视佛教上的传承，但是藏传佛教则重视这一点[71]。

林继富《从传说到信仰——西藏关羽信仰的演化脉络》，论述了关羽信仰在西藏的演变，指出其中藏传佛教活佛发挥了重要的作用，章嘉·若必多吉国师、土观洛桑曲吉尼玛、阿嘉活佛等都撰写过关帝的祭祀仪文[72]。嘉木扬·凯朝《蒙古地区佛教艺术与弥勒造像——以北京雍和宫弥勒大佛、内蒙梵宗寺弥勒佛为中心》，阐述了佛教艺术在蒙古地区的传播过程和弥勒造像的缘由。在元朝以前蒙古帝国的蒙哥汗赐予藏传佛教噶玛噶举派的噶玛拔希为“国师”，并授予玉印，担任起总领天下释教的重任。以此为契机，蒙藏地区佛教诸派先后都产生了活佛转世制度，达赖、班禅、章嘉、哲布尊丹巴等大活佛，极大地影响了蒙藏地区的政治、宗教与文化。并详细客观地解释考证了北京雍和宫和内蒙古梵宗寺的弥勒造像的历史，宗教仪轨与艺术特征[73]。

三、道教

牟钟鉴《论道教道德的特色及其现实意义》强调，道教道德的特色：第一是以神道的方式容纳古代社会主流的和普遍性的道德，而不自己别起炉灶。第二是道德践行与仙道修炼紧密结合，甚至道德践行成为仙道修炼的第一要务。第三是吸收道家贵柔守雌的精神，具有淡泊、谦和、息欲、包容的特色。

第四是特别重视保护生命伦理，把生命的保护和优化放在行善积德的首要位置。第五是多教汇合，不仅有儒，而且有佛，众家相须，共成一体。第六是与民间首先教化相结合，对于普及传统美德有独特的贡献。道教的道德给我们的重要启示有：第一，宗教道德必须具有普世性，能够推动社会基本道德的发展，而不能与它相悖，这是它与社会长期保持和谐与良性互动的重要条件。第二，道教的生命至上的生命伦理思想要发扬光大，为建立东方的生命学作出贡献。第三，道教在民间进行的宗教教育和道德的普及工作的经验，值得我们重视，需要我们加以研究和借鉴[74]。李志鸿《试论清微派的“会道”与“归元”》指出，清微派在历史上是一个新兴的道派，该道派与民间社会渊源甚深，而其“会道”主张更具特色。历史上，清微派虽然没有完成“归元”的历史性使命，但其在“会道”名义之下，将弥散于社会各阶层的宗教资源进行重新整合，并将之纳入自身的系统之中，这种自我提升的努力，不仅是民间道派拓展生存空间的智慧表现，民间宗教文化的价值的彰显，更是道派会归的先声[75]。唐怡《浅析全真道戒律的社会控制功能》说，全真道戒律是全真教对教徒言行、思想的规定，是教徒在修行过程中必须遵守的行为准则，其内容具有丰富的伦理思想。这样一种具有伦理内涵结构的全真道戒律所产生的社会控制功能，主要有三方面：（1）对个体的双重约束；（2）对教团组织的维系功能；（3）对国家法规的弥补功能[76]。张桥贵、赵慧生《道官初探》说，道官是中国古代道教管理体制的重要内容之一。本文在广泛搜集正史及道教经典、金石中的有关史料的基础上，采用道教金石史料与正史相互印证、相互补充的方法，对道官司职、道官在道教历史上的作用与贡献、道官在社会生活中的地位与影响等内容作了探讨[77]。

刘永海《论元代道教史籍——兼论道教史家和道教史学》，对元代的道教史籍做了分类与整理，提出可分类为仙传、谱录、山志、碑铭，仙传又可分为专传、类传、总传、相传等等，其特点是体裁多样，卷帙浩繁。元代曾经出现过一个道家史家群体，这些人植根道教，会通儒释，学养深厚，长于表述。并且最终形成了以全真派史籍为重点，上清、清微、净明等老尊长符录派史籍为补充的道教史学体系[78]。刘晓《元代大道教玉虚观系的再探讨——从两通石刻拓片说起》，通过对《代祀济渎投龙简记》碑和《周天大醮投龙简记》两碑的互读与考察，认为金代兴起于中国北方的大道教，在入元以后所分裂的两支，应分别称为真大道教（即天宝宫系），与正一大道教（即玉虚观系）。其中后者名称的出现，应与其教义宗旨向符录道派靠拢有关。大道教的这两个分支，在元一代曾长期并存，而非像以前道教史论著所认为的那样，又重新合并。以大道教的一个分支——真大道教来统称元代的大道教，是不够准确的[79]。佟宝山《张三丰籍贯辽东懿州考》认为，《明史》所说的张三丰是“辽东懿州人”是正确的，后来之所以出现了诸多的不同说法，是因为近人把懿州的定位在辽宁彰武西南，致使错误传广[80]。曲晓范《清末民初中国东北地区黄天教活动考》指出，历时三年的东北黄天教活动的历史，可以分为两个阶段，一是1911年至1912年春，为萌芽和初兴阶段，主要以五常为中心，领导人为孙英、姚毓玲；第二阶段为1913年夏到1914年8月，活动中心为吉林双阳，领导者为蔡国山和大智和尚。该教所宣扬的思想，基本上都来自于佛经和白莲教，因而黄天教应是白莲教的变种，可视为白莲教的一个分支[81]。唐志勇《民国时期山东佛道教的衰微》强调，民国时期山东佛道教的衰微主要表现在寺院宫观和僧人道士急剧减少，僧道教理教义水平的降低和清规戒律的废驰。其外部原因是人们的思想解放，当局佛教道政策的变迁，社会的黑暗和兵匪的破坏。其他宗教和会门的竞争。内部原因是因为僧道出身成分和出家动机的变迁。对此，当时佛道教界的有识之士力图重振，但是衰微的局面终未扭转[82]。

张勤《西王母原相初探——兼论“戴胜”之原义》，对西王母的原文做了探源，从文字学的角度上分析了“戴胜”二字的原义，推翻以往各家的说法，认为该词是“实际上对狩猎场景的描绘”，反映与再现了游牧部族的生产生活的状态，西王母是狩猎经济下的氏族图腾神[83]。梅莉《宋元时期杭嘉湖平原的真武信仰》说，南宋时的临安（今浙江杭州）由于皇室对真武的大力推崇，以临安为中心的杭嘉湖平原民间信仰便形成浓烈之风气，其表现便是真武的观堂遍建，三月三真武节影响深远。元代的杭嘉湖平原民间对真武的信仰依旧深刻，不仅宋代所建的真武观得到恢复，而且新建了一批真武庙。三月三真武诞节的传统延续下来，直至明清[84]。

刘克《早期道教教义的传播与汉画像石葬俗的演变》认为，汉画像石以其丰富的文化内涵，受到了学界的广泛关注。但由于众多研究文章未曾于汉代文化整体结构与特定画像石语境的内在关联上进行通观，不仅使一些问题悬而未决，而且还演绎出新的误会，严重地影响着汉画像石尤其东汉末期画像石这一不言灵石生命活力的解放。若从汉代早期道教文献视角去探询、观照和梳理画像石的宗教内涵和文化价值，以前许多误会及悬置的问题便可得到合理解析[85]。张泽洪《道教斋醮史上的青词》认为，道教的祭祀仪式习称为斋醮，有关斋醮的一系列法事内容称为科仪。青词是斋醮仪式中献给天神的奏告文书，是道教科仪常用的祭祀词文。青词是表达斋主心意的祭祀文书，有用青纸朱书敬献神灵的仪格，其颜色蕴涵着宗教象征意义。道教关于青词的撰写及投送，有青词式、青词关等科法规定，青词是道教神仙信仰的文学化表达，它蕴涵着道教的济度之"道"[86]。苟波《道教与神魔小说》，讨论了道教教义和道教的宗教思维方式对"神魔小说"中二元对立的神—魔形象的影响。指出"神魔小说"大都具有双重主题，即宣传"神仙救世"和"修道成仙"的道教观念。同时，"神魔小说"情节结构的独特性不仅具有文学功能，而且是为了更好地宣传道教"济世"与"修仙"相通，"利他"也"利己"不悖的宗教观念[87]。

董恩林《〈道藏〉四卷本〈唐玄宗御制道德真经疏〉辨误》指出，《道藏》四卷本《唐玄宗御制道德真经疏》以杜光庭《道德真经广圣义》文为主，杂采成玄英《道德经义疏》及唐玄宗《御疏》等，非唐玄宗所撰。此书也上五代后蜀乔讽所编的《道德经疏义节解》的原书[88]。李国庆《〈新见明末还源教全套宝卷"六部六册"叙录〉——附〈三教圣像泥金手绘图册〉》，以民间收藏的明末还源教宝卷为依据，从题名、内容和价值等几个方面进行考述。首次从刊记和内容两个方面提出了"六部六册"概念，认为这与称弘阳教全部经卷为"弘阳五部经"，称无为教全部经卷为"五部六册"相类，是明末还源教全部经卷的简称。"六部六册"包括《销释悟性还源宝卷》、《销释开心结果宝卷》、《销释下生叹世宝卷》、《销释明证地狱宝卷》、《销释科意正宗宝卷》、《销释归家报恩宝卷》。这是至今所知仅存的一套完整的明末还源教经典作品，它完整记述了还源教的教义内容，是研究明末民间宗教，特别是还源教情况的第一手珍贵历史文献。在民间宗教、明末农民起义和俗文学等研究领域具有很高价值。另外还介绍了在"六部六册"后夹附的用泥金绘制而成的佛、道、儒三教图册。认为这是当时善男信女诵习"六部六册"时的供物，是明末民间宗教活动的证物，也是现在仅存的一件明代宝卷泥金作品，具有较高的历史文物价值[89]。

阎化川《妈祖信俗在山东的分布、传播及影响研究》，在妈祖信仰的北渐问题另辟蹊径。考察山东妈祖庙的分布情况，发现山东最早修建妈祖庙的时间，应该是在元代，不可能是在北宋。妈祖信仰最早传入山东的地点，应该在荣城，不是在蓬莱丹崖山或者庙岛。山东的妈祖信仰，在有限的传播与影响范围内还形成了自己的一些特色。并总结了妈祖信俗未能在山东普及的一些原因[90]。曹琳《海神妈祖信仰在天津之变化及衰落原因再分析》，指出了了因天津是中国封建社会北方重要的出海口和贸易港，遂成为北方妈祖信仰的中心地。但在天津，由于种种原因，特别是信仰目的不明确，信众群众不稳定，近现代思潮的冲击，使妈祖主要地不再主掌安澜利济，官民双方几乎都完全淡漠了她作为海神的独特功能，她彻底本地化、民间化，变成了纯粹的地方保护神[91]。

四、伊斯兰教

周燮藩《伊斯兰教伦理：传统形式及其现代意义》，指出了伊斯兰教传统内并无现代意义上的伦理学，但作为世界伦理一神教之一，伊斯兰教的文化传统和社会生活中，处处充满着伦理思考和道德要求。在伊斯兰教内，信仰与善行的一致，也是宗教与道德的结合，这是伊斯兰伦理的实质。其核心是社会正义和扬善惩恶的现世诉求。伊斯兰教伦理的主体体现，是在《古兰经》和圣训的基础上所形成的教义学、教法学、哲学和苏菲主义中，而基础是教法学。直到当代，伊斯兰教伦理的发展主体仍然显示在这一传统框架内[92]。刘云《近十年来国内关于伊斯兰教与中东现代化问题研究综述》，可以作为了解这方面研究的参考[93]。

马娟《试析元代汉人对伊斯兰教的"解读"——以定州〈重建礼拜寺记〉碑为例》，认为元代是伊斯兰教在中国大发展的时期，在中国伊斯兰教史上占有重要地位。本文以元代定州《重礼拜寺记》碑为中心，考察了元代汉人对伊斯兰教的认识与理解，指出在元代，汉人尤其是士大夫阶层业已开始以儒家思想来阐释伊斯兰教，这在中国思想史上尚属首次，在某种程度上促使伊斯兰教走上了非文化自觉意义上的调适之路。其开山之功，意义重大，值得深入探讨[94]。马生祥、杨爱芹《再谈定州清真寺元至正八年碑撰碑者杨受益是位穆斯林——与马娟女士商榷》反对这个说法，认为杨受益是定州穆斯林[95]。杨晓春《论晚明江南穆斯林学者的文化纷争——从王岱与〈正教真诠〉批评的〈证主默解〉说起》，对现代研究者大多认为王岱与著的《证主默解》一书已佚的说法，通过对《正教真诠》中引述的话和现存明末汉文伊斯兰教著述比较，发现王岱与所批评的《证主默解》即另一位著名的伊斯兰教经师张中所撰的《克里默解》。从而，我们可以看到明末江南地区伊斯兰教汉文译著运动兴起时穆斯林学者之间的分歧和论争，而纷争在很大程度上与穆斯林学者对待汉文化的不同态度有关[96]。韩中义《小经文献与伊斯兰教相关问题研究》，指出小经是回等民族使用的一种阿拉伯字母体系拼音文字，而用小经译、撰的文献具有丰富的内容，是研究中国伊斯兰教重要的关注点。但以往，学者研究中国伊斯兰教所依据的资料主要为汉译著述，由此来说明中国伊斯兰教的特点，却忽视了小经文献的研究，结果其所研究的成果反映的是汉译著述，并不是伊斯兰教的全部[97]。韩中义《小经拼写体系及其流派初探》，把小经分为汉文拼写拼读法与阿拉伯语、波斯语拼写拼读体例。将其流派分为陕西派和河州派，前者以陕西为中心，辐射到河南、河北、安徽、福建、甘肃东部等地，后者以河州为中心，辐射到青海、新疆、中亚等地。陕西派出现于元末明初时期，河州派应在乾隆、嘉庆时代，比陕西派约晚400年。从历史上观之，陕西派和元明波斯语有一定的继承性，使用汉字；河州派比较纯粹的阿拉伯字母体系的汉语拼音文字，几乎不使用汉字，所以陕西派比河州派的影响要大[98]。

赵春肖《西宁地区的清真女学》，对20世纪80年代以后中国伊斯兰教地区流行的清真女学产生的原因和现状做了分析，认为原因是捍卫民族文化传统的需要，回族妇女意识的觉醒，规模不一，大小兼备，包括了各类人士。其社会功能是通过宗教道德的宣播，使人们调整了自己的世俗言行，从而提高了个人的品位。有助于整个回族群体形象的树立，并对社会的精神文明有一定的作用。存在的问题有，教学班级组织没有规律，教员水平有限，只能讲述一些最基本的知识，不能满足学员深层次学习的需要。有部分人并不支持清真女学[99]。万振新、李强《兰州清真寺经堂教育调查研究》显示，兰州在经堂教育方面，学习的数量相当可观，近20年来经历了传统继承期、改革尝试期、改革认同期三个阶段，现在正处于传统与现代之间徘徊的“瓶颈”状态[100]。马景《当代都市清真寺寺院经济研究——以兰州市城关区为例》，运用田野调查的方法，对兰州市城关区的清真寺寺院经济的收入、支出、管理等方面展开调查，指出寺院收入有：（1）房屋出租收入；（2）澡堂收入；（3）斋月的“也贴”收入；（4）天课收入；（5）“卧格夫”收入；（6）清真寺向教民索要的收入；（7）特殊节日的收入；（8）社会团体或企业的捐助收入；（9）清真寺投资的特殊行业；（10）其他收入。寺院的支出有：（1）清真寺的新建、维修和装潢等费用；（2）经堂教育的支出；（3）斋月集体开斋的支出；（4）特殊节日的支出；（5）社会事物活动的支出；（6）清真寺正常运作的支出。该文强调，现在一般情况下，都市清真寺寺管会的权利高于阿訇，限制了阿訇参与寺院经济的管理，同时清真寺的收入与支出基本平衡，不存在大量资金的积累，这是保证了寺院不出现腐败的现象。但是随着寺院的功能进一步完善，未来的清真寺的管理也会产生新的行业经济，这也是一个可预见的发展趋势[101]。杨运鹏《深圳穆斯林概述》，对当代中国只有20余年历史的广东深圳市的穆斯林的情况作了介绍与研究。述其从1979年只有2人到达年已经达到4万多人的历史，指出构成的民族有多元化和国际化的特点，三座清真寺和穆斯林公墓已经成为深圳的一道独特的风景线。穆斯林分而在全市境内各区，姓氏几乎包括了全国回族所有的姓氏，很多穆斯林精通各种语言，种类之丰富和运用各语言的能力之强非其他穆斯林所不能比，并且与世界各地的穆斯林国家与组织建立了广泛联系。深圳穆斯林的特点是，具有强烈的爱国爱教意识，具有良好的与政府的合作关系，高尚的道德品质，强烈的民族意识，强烈的清真饮食意识，及强烈的宣教意识[102]。

陈广恩《试论伊斯兰教在西夏的流传》，指出西夏时期，其境内有不少阿拉伯人，他们或担任使臣，或从事畜牧业，更多的是阿拉伯商人，西夏和阿拉伯世界有正常的政治、经贸交往，既然有阿拉伯人在西夏生活，那么他们将伊斯兰教传入西夏应该是顺理成章的事情，马可波罗所见的西夏末期伊斯兰教的流传情况，正是最好的说明。所以肯定地说，西夏有阿拉伯人，伊斯兰教已传入西夏，只不过伊斯兰教在西夏的影响远不及佛教和道教而已[103]。姜歆、马丽娟、杨永芳《伊斯兰教在辽朝的传播与发展探析》，从出土文物上说明，辽与伊斯兰世界的联系不仅贸易交往上，而且还反映在文化交流上，并且是双向与互动的[104]。马桂芬、赵国军《胡门门宦的历史沿革》，考察了胡门门宦公元1749年发端于临夏州的东乡县红泥滩，发展于临夏州的广河县，迄今已有256年的历史，该门宦自形成和发展以来，历经清朝、民国和新中国，广泛分布于甘、宁、青、新等省区的临夏州各县、兰州市、玉门市、银川市、西宁市、伊犁、塔城等地区，还有部分人分布在吉尔吉斯斯坦，哈萨克斯坦，胡门穆斯林包括东乡族、回族、东干族等民族。该门宦现有穆斯林15万余人，清真寺300多座，拱北14处，教职人员近千人。目前是临夏地区穆斯林最多的一个门宦，也是我国伊斯兰教苏菲派别人数较多、传播区域较广、流传时间较长的一个派别[105]。贾建平《哈瓦利吉派与伊斯兰教义学》，指出人们传统上认为穆尔泰齐赖派的兴起是伊斯兰教义学的开端，伊斯兰教历史上的第一批教义学家出自穆尔泰齐赖派。但正式拉开伊斯兰教义学探讨帷幕的是哈瓦利吉派，最早的伊斯兰教义学家也来自哈瓦利吉派，其对伊斯兰教义学的发展贡献甚巨，值得重视[106]。

五、基督教

苏新红《晚明士大夫党派分野与其对耶稣会士交往态度无关论》认为，对晚明士大夫对耶稣会交往态度的具体情况进行分类排比和统计分析，可得出这样的结论，东林、阉党及无党派中绝大多数与耶稣会士有交往的士大夫都对耶稣会及其传入的“天学”持有肯定态度，没有任何一个党派的士大夫从整体上因其政治派别而对耶稣会士持友好或拒斥攻击的态度。这说明各党派士大夫对耶稣会的交往态度与他在在晚明党争中所属的政治派别并没有直接的关系[107]。梁慧、褚良才、黄天海《中国现代的基督徒是如何读圣经的——以吴雷川与赵紫宸处理〈圣经〉的原则与方法为例》说，中国文化的古老历史和宗教的多元化决定了他们面对的是一个“多元宗教经典”构成的世界，不同时代的社会处境也对他们的信仰提出了各种挑战，会创造怎样一种阅读圣经的方法，用来诠释基督教经典并确立自己的身份意识。本文选取吴雷川与赵紫宸为个案的研究对象，以他们读《圣经》的原则与方法为例，考察中国现代基督徒知识分子是如何看待和阐释经文，试图以此为亚洲处境下的圣经诠释学提供研究的一个范本[108]。林立强《西方传教士与十九世纪福州的茶叶贸易》指出，福州成为近代五口通商口岸之一是与西方列强对茶叶的大量需求以及要急于开展对福建的茶叶贸易分不开的。在福州开埠前后，基督教传教士发挥了重要的作用。随着福州茶市的日益兴盛，传教士与茶叶贸易间的关系愈来愈密切，触角从单纯传播福音开始延伸至与茶叶相关的经济活动，其身份也出现了微妙的变化。本文对西方传教士与福州茶港开埠以及与茶叶贸易及商务的相互关系与影响等作一探讨，以期引起学术界对传教士与中国近代经济活动关系问题研究的重视[109]。

王中茂《西方教会内地置产条款作伪考辨》强调，1860年中法《北京条约》中文本内增添了“并任法国传教士在各省租买田地，建造自便”的条款，学术界历来众说纷纭，莫衷一是。考察诸说，排除讹误，认定是担任谈判翻译的法国人美理登和神父德拉马擅自所为。奕䜣等人对置产条款作伪得逞则应承担失察之责[110]。汤开建、颜小华《19世纪美北长老会在粤传教活动述论》认为，美北长老会是所有来华基督新教中一重要差会。近代以来，它在中国开展了一系列活动，产生了深刻的社会影响。运用中英文献档案，分别从传教、教育、医疗三个方面论述美北长老会19世纪在广东的传播与发展情况，以期更加深入地展开对教会史的研究[111]。木拉提·黑尼亚提《传教士与近代新疆社会》，研究了近代新疆天主教和基督教的传教历史，分析了他们的西学传播活动和对少数民族传统文化的研究成果与贡献，并对传教士与新疆社会民族矛盾进行了剖析。传教士对新疆少数民族的传教虽以失败而告终，但对近代新疆社会的影响是多方面的[112]。

刘丽敏《晚清教民研究述略》，提出了今后教民研究的深化方向，如教民社会位置，民教关系，教民的主体性。冲突类型以外的民教关系的研究。教民的意识状态，教民日常的生活与行为等等[113]。钱国权《天主教在华传播史的研究状况概述》，对我国的天主教研究做了提纲絜领式的介绍，有一定的参考意义，但是里面的有些介绍的人名与史实有误，将来引用时应该注意[114]。兰美琴《20世纪90年代以来太平天国宗教研究综述》，谈了关于拜上帝教的性质、拜上帝教的功能、关于太平天国宗教的正名问题、拜上帝教在太平天国运动中的作用、太平天国领导人与宗教等一些研究情况[115]。范正义《20世纪80年代以来基督教与民间信仰关系研究述评》指出，对教案发生的“文化冲突论”、教民身处两难困境的原因、基督教的本土化以及基督教与民间信仰关系的历史脉络等理论问题再进行思考，是推动这一研究深入开展的必要环节[116]。陈建明《新编中国基督教通史的几点看法》提出，从指导思想、研究方法、体裁与体例、内容与分期、文献资料、语言及翻译问题、编写队伍等7个方面思考编撰中国基督教通史的规范问题的建议[117]。李少明《现代福建基督教的历史总结（1949—1964）》，从历史学的角度，根据政府档案材料，对新中国建立至“文革”前夕福建基督教历史的基本内容作了客观、扼要的分析总结。总结力求突出这一时期福建基督教的特点[118]。陈村富、吴欲波《城市化过程中的当代农村基督教》提出，中国教会主流是城市教会，而不是农村教会；“基督教在中国未来的角色”不是农村教徒（尽管现阶段在数量上是最多的），而是现代的新兴基督教群体："老板基督徒"、"知识精英基督徒"和年轻一代的神职人员。哪个教会既有出色的牧师和传道人，又有一批有财力、有知识的信徒，哪个教会就兴旺发达；几乎所有教会都在争夺这三种力量。这个现象在温州、宁波、萧山、温岭等地已经出现。这三种力量的素质、神学水准、政治倾向和活动能量将在相当大程度上制约中国基督教的走向和水平[119]。

六、其他宗教

周菁葆《西域摩尼教的乐舞艺术》，主要考证了有关摩尼教的音乐，重点是考证乐器。乐人、乐曲以及歌舞戏，对深化这方面的研究有一定的作用[120]。林悟殊《摩尼教入闽路线问题评说》，强调的是20世纪60年代以来，泉州等地考古发现明教遗物，不仅不能像论者那样，把其视为海路输入说的证据，而且相反的，只能说明这一信仰乃间接传播而来的，早已移植中土，华化变异程度很深。所以，福建的摩尼教并非由海路输入[121]。孙启康《对〈英山毕昇碑与淮南摩尼教〉一文中几个问题的商榷》，通过《英山毕昇碑与淮南摩尼教》所依据一些碑刻、墓志、及其相关文献的原文进行审读后，结合其研究所得，认为唐碑《重岩寺记》不能证明英山县在唐代就有摩尼教寺，毕昇墓碑上的"神主"一词不是摩尼教祖师的专称，毕昇夫妇并非胡族，也不是粟胡商人和回鹘摩尼师的后裔，毕昇墓碑镌刻的日月图形与摩尼教信仰无关，而是反映了我国古代道家的阴阳思想和儒家的伦理观念，属汉族思想文化的传承[122]。王媛媛《中国东南摩尼教研究评述》，分为东南摩尼教传入问题、东南摩尼教汉化问题、摩尼教与农民起义的关系问题、东南摩尼教消亡时间的问题等几个问题加以论述[123]。还可以参照阅读的有马小鹤《近年来摩尼教研究的综述》（《中华文史论丛》，2001年，第65期），林悟殊论述，见胡戟主编《二十世纪唐研究·文化卷》（中国社会科学出版社，2002年），杨富学《回鹘摩尼教研究百年回顾》（《敦煌学辑刊》，1999年第2期）等文。

习五一《近代北京的行业神崇拜》，指出近代北京主祀行业神灵的庙宇、会馆约有60余座，大体可分为两类，一类为传统的寺庙，另一类为工商会馆。京城工商行会祭祀行业神灵的传统，源于中国文化尊祖敬宗、崇德报功的多神教意识。"百工杂技，各崇所宗"，既有一业多神，又有一神多业。近代北京工商行会的宗教祭祀活动，体现出中国传统文化的发展趋势，即自明清以来儒佛（释）道合流的历史趋势，京城工商行会民众的宗教意识表现出强烈的功利与实用性格。随着近代京城社会的发展与动荡，宗教的实用功能日渐减弱，行会民众的宗教信仰日趋淡化[124]。

王申红《近五年来中国大陆犹太教研究综述》，涉及了2000—2004年的中国犹太教和犹太人、犹太教基本理论和典籍、犹太人婚姻制度、纳粹屠犹、犹太现代化等方面的内容。认为当前的研究不足表现在：（1）对犹太教法和教派的研究稍欠系统和深入，目前对犹太教法的过于宽泛，多停留在诸如基本特征之类问题上的探讨上，缺乏细致深入的研究。教派研究集中于启蒙时期的诸教派的探讨，对古典时代、中世纪及当代犹太教教派的研究还需进一步加强。（2）个案研究相对薄弱。犹太个案系统的研究仅局限于犹太启蒙时期的犹太改革派人物，研究范围还需进一步拓宽。（3）研究方法稍嫌单一。应在犹太教历史学、宗教学理论的基础上，全面、系统、多视角加以研究，加强犹太教哲学、犹太教心理学、犹太教经济学及其有关边缘学科的研究，使这一学科的研究视野更加开阔，研究内容更加丰富[125]。

（作者：中国社会科学院副编审）

注：

①宗教文化出版社，2005年，第328页。

②中国人民大学出版社，2005年，第475页（宗教学译丛）。

③中国人民大学出版社，2005年，第427页（宗教学译丛）。

④中国社会出版社，2005年，第2册。

⑤中国人民大学出版社，2005年，第262页（跨文化思想者文库）。

⑥四川人民出版社，2005年，第224页（宗教与世界丛书）。

⑦北京大学出版社，2005年，第131页（缤纷人文丛书）。

⑧上海人民民出版社，2005年，第200页。

⑨北京大学出版社，2005年，第653页。

⑩中国人民大学出版社，2005年。

⑪宗教文化出版社，2005年，第303页（第二轴心时代文丛）。

⑫商务印书馆，2005年，第446页。

⑬北京大学出版社，2005年，第487页（北京大学宗教学文库）。

⑭山东人民出版社，2005年，第241页（当代重大理论和现实问题研究）。

⑮中国社会科学出版社，2005年，第274页

（中国宗教与中国文化）。

⑯中国社会科学出版社，2005 年，第 185 页（中国宗教与中国文化）。

⑰中国社会科学出版社，2005 年，第 328 页（中国宗教与中国文化）。

⑱中国社会科学出版社，2005 年，第 225 页（中国宗教与中国文化）。

⑲社会科学文献出版社，2005 年，第 540 页（华侨大学国务院侨办重点学科系列成果）。

⑳人民出版社，2005 年，第 432 页。

㉑上海辞书出版社，2005 年，第 475 页（中国社会科学院学术委员文库）。

㉒宗教文化出版社，2006 年，第 743 页。

㉓《世界宗教研究》，2005 年第 4 期。

㉔《中国社会科学》，2005 年第 4 期。

㉕《世界宗教研究》，2005 年第 2 期。

㉖《世界宗教研究》，2005 年第 2 期。

㉗《世界宗教研究》，2005 年第 4 期。

㉘《世界宗教研究》，2005 年第 2 期。

㉙《法学》，2005 年第 6 期。

㉚《青海师范大学学报》（哲社版），2005 年第 6 期。

㉛《世界宗教研究》，2005 年第 2 期。

㉜《世界宗教研究》，2005 年第 2 期。

㉝《北京行政学院学报》，2005 年第 1 期。

㉞《世界宗教研究》，2005 年第 1 期。

㉟《世界宗教研究》，2005 年第 1 期。

㊱《青海民族学院学报》（社会科学版），2005 第 2 期。

㊲《宗教学研究》，2005 年第 3 期。

㊳《世界宗教研究》，2005 年第 4 期。

㊴《中共济南市委党校学报》2005 年第 3 期。

㊵《哲学研究》，2005 年第 1 期。

㊶《世界宗教研究》，2005 年第 1 期。

㊷《世界宗教研究》，2005 年第 4 期。

㊸《世界宗教研究》，2005 年第 2 期。

㊹《宗教学研究》，2005 年第 1 期。

㊺《西域研究》，2005 年第 1 期。

㊻《西北民族学院学报》，2005 年第 4 期。

㊼《世界宗教研究》，2005 年第 2 期。

㊽《民族艺术》，2005 年第 4 期。

㊾《世界宗教研究》，2005 年第 3 期。

㊿《世界宗教研究》，2005 年第 3 期。

51《宗教学研究》，2005 年第 2 期。

52《南昌大学学报》（人文社科版），2005 年第 2 期。

53《世界宗教研究》，2005 年第 1 期。

54《中国社会经济史研究》，2005 年第 1 期。

55《四川大学学报》，2005 年第 1 期。

56《南开学报》（哲社科版），2005 年第 5 期。

57《文物世界》，2005 年第 5 期。

58《世界宗教研究》，2005 年第 3 期。

59《世界宗教研究》，2005 年第 2 期。

60《文物春秋》，2005 年第 1 期。

61《浙江学刊》，2005 年第 4 期。

62《文物春秋》，2005 年第 5 期。

63《人文杂志》，2005 年第 2 期。

64《贵阳师范高等专科学校学报》，2005 年第 1 期、第 2 期。

65《陕西师范大学学报》，2005 年第 4 期。

66《学术论坛》，2005 年第 2 期。

67《世界宗教研究》，2005 年第 4 期。

68《世界宗教研究》，2005 年第 3 期。

69《西藏研究》，2005 年第 1 期。

70《西藏研究》，2005 第 1 期。

71《青海师范大学学报》，2005 年第 1 期。

72《青海民族研究》，2005 年第 3 期。

73《世界宗教研究》，2005 年第 3 期。

74《华中师范大学学报》，2005 年第 2 期。

75《世界宗教研究》，2005 年第 3 期。

76《世界宗教研究》，2005 年第 3 期。

77《世界宗教研究》，2005 年第 4 期。

78《甘肃社会科学》，2005 年第 3 期。

79《中国史研究》，2005 年第 1 期。

80《宗教学研究》，2005 年第 3 期。

81《北华大学学报》，2005 年第 3 期。

82《华中师范大学学报》，2005 年第 2 期。

83《苏州大学学报》，2005 第 1 期。

84《江汉论坛》，2005 年第 8 期。

85《世界宗教研究》，2005 年第 3 期。

86《世界宗教研究》，2005 年第 2 期。

87《世界宗教研究》，2005 年第 2 期。

88《宗教学研究》，2005 年第 1 期。

89《世界宗教研究》，2005 年第 4 期。

90《世界宗教研究》，2005 年第 3 期。

91《中国海洋大学学报》（社科版），2005 年第 2 期。

92《世界宗教研究》，2005 年第 4 期。

93《史学理论研究》，2005 年第 3 期。

94《世界宗教研究》，2005 年第 1 期。

⑮《世界宗教研究》，2005年第3期。

⑯《南京大学学报》，2005年第1期。

⑰《世界宗教研究》，2005年第3期。

⑱《西北第二民族学院学报》，2005年第3期。

⑲《攀登》，2005年第1期。

⑳《固原师专学报》，2005年第1期。

㉑《西北第二民族学院学报》，2005年第3期。

㉒《回族研究》，2005年第1期。

㉓《回族研究》，2005年第1期。

㉔《赤峰学院学报》，2005年第6期。

㉕《世界宗教研究》，2005年第4期。

㉖《世界宗教研究》，2005年第4期。

㉗《东北师范大学学报》（哲社版），2005年第1期。

㉘《世界宗教研究》，2005年第4期。

㉙《世界宗教研究》，2005年第4期。

㉚《世界宗教研究》，2005年第1期。

㉛《世界宗教研究》，2005年第4期。

㉜《世界宗教研究》，2005年第1期。

㉝《清史研究》，2005年第2期。

㉞《甘肃社会科学》，2005年第3期。

㉟《船山学刊》，2005年第3期。

㊱《福建师范大学学报》（哲社科版），2005年第6期。

㊲《世界宗教研究》，2005年第1期。

㊳《世界宗教研究》，2005年第4期。

㊴《世界宗教研究》，2005年第2期。

㊵《西域研究》，2005第1期。

㊶《福建宗教》，2005年第1期。

㊷《江汉考古》，2005年第2期。

㊸《中国史研究动态》，2005年第7期。

㊹《北京联合大学学报》，2005年第1期。

㊺《阜阳师范学院学报》（社会科学版），2005年第2期。

经 济 学

政治经济学

卫兴华　孙咏梅

一、“刘国光经济学新论”之争

2005年7月15日，中国社会科学院原副院长刘国光回答采访者的题为《经济学教学和研究中的一些问题》的谈话，先在网上传播，随后在《高校理论战线》2005年第9期和《经济研究》第10期公开发表，他就当前经济学教学和研究中的一系列问题谈了自己的看法，内容包括：当前经济学教学与研究中西方经济学的影响上升、马克思主义经济学指导地位被削弱和边缘化的状况令人堪忧；造成这种情况的原因；关于意识形态领域两个相互联系的倾向性问题；关于马克思主义经济学与西方经济学的关系问题；正确对待西方经济理论和新自由主义经济学；经济学教育究竟是意识形态的教育还是分析工具的教育；关于经济学的国际化与本土化的问题；中国的经济改革与发展以什么理论为指导的问题，即究竟是以马克思主义经济学为指导，还是以西方经济学为指导，以及经济学教学与研究的领导权掌握在什么人手中的问题，当前的主要倾向是“左”还是右的问题；克服目前倾向性问题的一些意见。

许多马克思主义经济学教师与研究工作者，热烈支持刘国光的意见。2005年10月23日，北京30多位学者参加了“刘国光经济学新论”研讨会。国家统计局原局长李成瑞发言的题目是《历史关头，何去何从?》。国务院发展研究中心顾问詹武以《必须牢牢掌握改革的社会主义方向》为题发了言。全国政协原副秘书长卢之超呼吁：“必须恢复马克思主义政治经济学的指导地位。”国家发改委研究员刘日新发言的题目是《“刘旋风”刮得越大越好》。北京大学余斌博士把对待西方经济理论的教条主义，称作“邪教条主义”。中国人民大学的博士生张建君提出，应注意把西方经济学与新自由主义区别开来，两者虽有共同点，但新自由主义是要通过“用观念打败观念”的手法来打败社会主义。中国社科院研究员裴小革分析了马克思主义经济学超越西方经济学的特点。

同年11月5日，北京许多学者参加了“刘国光经济学新论”第二次研讨会。中央党校吴健、中国社科院左大培、全国总工会韩西雅、北京大学原副校长梁柱、人民日报社原常务副总编张云声、北京市委党校原副校长王子恺等与会，支持刘国光的意见。有的学者说：当前展开的理论斗争，是两种改革观的斗争。坚持还是否定四项基本原则，是区分两种改革观的标准。分清了两种改革观，有些人就难以用“改革”的旗号骗人，也难以用“反改革”帽子吓人了。有的学者强调，马克思主义者，更多的共产党员，应学习刘国光同志，站出来讲话。

2005年11月23日，“刘国光经济学新论”第三次研讨会在中国社科院举行。中国社科院、首都各高校和其他研究机构的学者、有关单位的离休老领导、各新闻单位记者130多人与会，许多人发言支持刘国光的意见，刘国光申述了自己的见解。

2005年11月2日，“乌有之乡”书社在京召开了“马克思主义指导下的中国经济学理论创新”研讨会，讨论刘国光的文章。

在报刊上，也展开了对刘国光文章的讨论，有支持的，有反对的。

高尚全针对刘国光的文章说：从历史经验看，对改革有不同的看法，有争论，有反复，中国的改革就是在不断反复中前进的。问题在于我们能不能排除干扰，坚持改革。现在，社会结构发生了重大变化，人民的生活水平有了普遍提高，同时也形成了数量庞大的困难群体。在这个结构大变动时期，利益主体多元化，改革触动到利益主体，改到这里难度就大了，于是反对改革者有之。党的十六大报告指出：“人民日益增长的物质文化需要同落后的社会生产之间的矛盾仍然是我国社会的主要矛盾”，但是现在有人提出，针对当前主要危险、主要倾向，当前要反右防“左”。现在老百姓最怕折腾，折腾就会落后，折腾就不能构建社会主义和谐社会，就会影响改革和发展。另外一个干扰，就是借所谓的批判新自由主义来否定改革。“他们这样来否定改革是不能容忍的。我们千万别上当，否则就会有灾难性的后果”。他不赞同有人认为“针对当前的主要危险和倾向，应该防‘左’反右，批判资产阶级自由主义和批判西化”①。

晏智杰也不赞同刘国光的观点，他说：刘国光提出，我们的教学与研究应当以马克思主义经济学为指导，“改革开放以来，西方经济学大量涌入，事实上形成了西方经济学与以《资本论》为经典的经济学并重的局面”，但“刘国光断言所谓并重就是为西方经济学泛滥大开方便之门，就是取消马克思主义经济学的指导地位，我并不这么认为”。第一，从一统天下到两家并重，是一个历史进步，对实践发挥了很好的作用。第二，以为在一定时期并重的做法就是要抬高这个，压制那个，这种论断未免过于武断。他不赞同“一味坚持传统马克思主义经济学的指导地位”，所谓“传统马克思主义经济学”包括马克思、恩格斯、列宁、毛泽东的经济理论思想。“中国经济学的理论基础和指导思想”，应是邓小平理论和“三个代表”重要思想，这是当代马克思主义②。

《财经》杂志2005年11月和《商务周刊》同期发表了《吴敬琏：向富人开枪会导致很严重的社会后果》和《刘国光：如果改革造成两极分化，改革就失败了》两篇文章，观点相异。吴敬琏认为，权力过度干预经济才是腐败之源，市场化改革才是扼制腐败的基本途径。政府对稀缺资源的配置权力过大和对微观经济活动的干预权力过大，是市场发育缓慢、腐败难以消除的最重要原因。刘国光对于当前出现的权力资本化和贫富分化加剧等问题，认为这与市场经济有关，而吴敬琏认为这是市场发育缓慢造成的③。

余斌认为，目前理论界存在着两种教条主义，一个是迷信、空谈马克思主义，而不是与时俱进地发展马克思主义；一个是迷信、崇扬西方发达国家的反映资产阶级主流意识形态的思想理论，把西方某些学派、某些理论或者西方国家的政策主张奉为教条，向我国思想、政治、经济、教育、文化等各个领域渗透④。

纪宝成指出：当前中国经济学的发展走到了一个重要的历史关头，摆在我们面前的是两条根本不同的道路。一条道路：以马列主义、毛泽东思想、邓小平理论和“三个代表”重要思想为指导，以马克思主义经济理论为基础，广泛吸收和正确借鉴国外经济学发展的优秀成果，密切联系中国改革和发展的丰富实践，努力发展具有中国特色、中国风格、中国气派的经济学理论，为建设中国特色的社会主义和实现中华民族的伟大复兴服务；另一条道路：以新老自由主义为指导，否定马克思主义的指导地位和科学价值，否定中国社会主义革命和社会主义建设的历史意义，否定中国改革开放的独特的经验和理论，主张全盘西化、全面接轨，完全按照西方发达资本主义国家特别是美国的经济学模式改造中国经济学的教学、科研和人才培养。近年来，后一条道路的影响日益增长，大有取代马克思主义的主导地位并使其逐步边缘化之势。前一条道路是正确的道路，应当坚持；后一条道路是错误的道路，应当反对[⑤]。

李成瑞赞同刘国光“指出了客观存在的事实”。他提出几点看法：“1. 维护马克思主义的指导地位，反对西化分化，是历史赋予我们的义不容辞的重大责任”；“2. 展开充分的讨论，实行百家争鸣，是辨明真理，树立马克思主义经济学指导地位的重要方法”；“3. 我国的经济制度，是要走向私有化还是坚持社会主义公有制为主体，是经济思想讨论的核心问题”；“4. 切实解决学校教材、教师队伍和宣传单位的领导问题，是保障马克思主义指导地位的必要条件”[⑥]。

二、关于公平与效率问题之争

随着改革的深化和经济的快速增长，出现了收入差距过分扩大的趋势。“公平”与“效率”问题再次成为理论界的讨论焦点，特别是中央提出建设和谐社会、落实科学发展观，强调重视社会公平，必然涉及在经济理论上怎样正确处理“公平”与“效率”的关系问题。2005 年理论界在这方面的争论主要围绕两个方面进行。

（一）关于公平与效率关系问题的争论

理论界有以下三种观点：效率优先论，效率与公平并重论，公平优先论。效率优先论认为，“效率”是经济增长的重要保证，只有“蛋糕”做大了，才能够保证人人有份，才能实现分配的公平。公平优先论认为，我国作为社会主义国家，在经济社会发展过程中应始终以实现共同富裕为目标，不能只重视效率而忽视公平。当前我国要缩小收入差距，防止两极分化，应把“公平分配”放在优先地位，将公平作为我国经济社会发展的长远目标。效率与公平并重论认为，二者是优势互补的关系，轻视其中的一个因素，必然会对另一个因素产生损害。

晓亮认为，“效率优先，兼顾公平”是我国几十年的经验总结。如果把公平放在首位，不把蛋糕做大，只能是大家摽在一起穷。正确的做法只能是毫不动摇地发展经济，在把蛋糕做大的前提下，注重缩小收入差距。他还认为，应该让人们有一个起点的公平，在同一起跑线上起跑，这样结果不公平也会认为公平；但在生产力不发展的情况下，由于种种因素的制约，人们的素质不同起点公平是做不到的，因而结果自然更会有不公平。这种不公平要缓解。只有在提高生产力的基础上，坚持按生产要素贡献分配，发展科技教育，提高人们的素质，逐步做到起点的公平，才能见效。而不能不顾效率，把结果的公平放在第一位。把公平放在第一位，难免会走回头路，把平均主义混同为公平[⑦]。

刘国光近两年来多次提出在效率与公平关系上应向公平倾斜，加重公平的分量，主张效率与公平并重。他认为，“效率优先，兼顾公平”是一个时期的说法，到了一定阶段，我们的生产力发展起来了，效率优先的负面作用就出来了。社会上的一些人以“效率优先、将蛋糕做大”为借口，忽视公平，先富没有带动后富。最终导致贫富差距在扩大，社会矛盾突出。他还认为，“效率优先，兼顾公平”并不符合当前形势的要求，原因在于：第一，“效率优先、兼顾公平”意味着把经济效率放在第一位，把社会公平放在第二位，兼顾一下。这怎么也同中央提出的“更加重视社会公平”搭不上界。这个提法只适用于社会主义初级阶段的一段时期，不适用于初级阶段整个时期。第二，小平同志讲“在本世纪末（即 2000 年）达到小康水平的时候就要突出地提出和解决这个（贫富差距）问题”。如将“公平”放在兼顾即第二位的地位，就不可能突出地提出和解决社会公平问题。这与小平同志的指示相悖。第三，现在收入分配差距过大，社会不公平造成许多矛盾紧张与社会不和谐现象，潜伏隐患，不时爆发。如继续把社会公平放在“兼顾”的第二位，与我党构建和谐社会的宗旨不符。第四，中国基尼系数已达 0.45 以上，超过国际警戒线，是中国历史上贫富差距空前大的时期，如果再拖下去，把公平放在“兼顾”的第二位，如何与“社会主义国家”的称号相匹配。“效率优先”不是不可以讲，而是不要放在收入分配领域。在收入分配领域不用再提“效率优先，兼顾公平”，也不要再提“初次分配注重效率，再分配注重公平”，要更加注重社会公平，这符合改革的大势所趋和人心所向，也有利于调动大多数人的改革积极性。有些人借“优先”和“兼顾”之差异，有意无意地贬低、轻视社会公平和社会公正，单纯为一切敛聚财富的过程辩护，这就不符合改革的精神了。基尼系数还处在上升阶段，如不采取措施，则有迅速向两极分化和承受极限接近的危险。把效率优先放到应该讲的地方去，对生产领导来说，可以讲“效率优先”、“兼顾速度”，但不要放在分配领域讲[⑧]。

程连升认为，在公平与效率的关系问题上，社会公平是经济效率提高的前提条件，“政府管公平、市场管效率”是市场经济发展的必然要求；中国问题的关键在于政府职能错位和社会公平缺失；现代政府从肩负的使命看，只能强调“公平优先”[9]。

张宇系统论述了公平的含义和效率的本质、公平与效率的关系、公平与效率的选择等，主张用“在发展社会生产力的基础上努力实现公平与效率的统一”这一新提法，代替“效率优先、兼顾公平”的原有提法。他认为这一提法把社会公平与公正当作发展社会主义社会的核心价值，把追求公平与效率作为社会发展的重要目标，有助于我们深化对社会主义本质的认识[10]。

吴敬琏认为，混同两种不平等，把矛头主要指向结果不平等的最大问题，是把“反腐”和“反富”混为一谈。矛头不是指向贪官和“红顶商人”，而是指向中等收入阶层的上层分子，如医生、教授、国企高管、中小企业主等等。令人担忧的是，现在好像集中注意的是结果的不平等，于是就要限制国企经理的最高薪酬，对一般的富人征高额税等等；还动不动就要“向富人开枪”。这种说法和做法不但没有抓住要点，还会导致严重的社会后果。贫富悬殊，是腐败、用权力换取收入，即权力寻租造成的[11]。

（二）要不要重视分配公平问题

吴敬琏认为，收入的不平等，可以是由机会不平等或者起点不平等造成，也可以是结果不平等的直接表现。建立法治的市场经济有助于实现机会平等，因此既有利于效率提高，也有利于收入平等的实现。以分配状况恶化为由来反对我国市场取向改革的大方向，是没有道理的。我们应当通过市场取向的改革，进一步铲除寻租的土壤，既推进平等，又促进效率的提高[12]。

丁冰不赞同吴敬琏的有关观点。他认为，作为资源配置手段，市场经济不能成为社会主义的基本特征。机会均等只是表面平等而实际不平等的。而且在不加任何约束的情况下，随着市场经济的发展，这种实际不平等的状态还会愈演愈烈，会使市场参与者的收入差距愈来愈大，社会收入分配愈来愈不公平。吴敬琏的社会主义公式里根本否定了“公有制为主体”的问题。他提出的所谓“社会公正”和“市场经济”是社会主义基本特征的公式，实质不过是企图在中国实现新自由主义的国企私有化的要求，而绝不是社会主义的基本特征[13]。

何伟不赞同讲公平分配。他说：公平分配从来没有实现过，也无法实现。公平没有一个固定的标准进行衡量，它不像一杆秤那样有一个定盘星，有秤砣，好去衡量。对公平的评价也很难掌握。因而，“将公平作为分配的标准的提法是不科学的”、“以公平要求分配只能引起思想混乱”、“要求公平分配实质上是平均主义的分配”。公平是一个法权概念，属于上层建筑，分配是经济基础，上层建筑不能决定经济基础[14]。

卫兴华提出，强调重视分配的公平并不是把公平作为分配的“标准”，比如，按劳分配的标准是劳动贡献，而不是公平。应把分配的标准和衡量分配公平不公平的标准区分开，不应将两者混淆。即使讲“标准”，比如讲“生产力标准”、“实践是检验真理的标准”，也不能要求像称斤论两那样去衡量。衡量分配公平不公平，是有国际标准的，那就是基尼系数。我国的基尼系数已达到严重不公的安全警戒区，即使撇开基尼系数和人均 GDP 等指标，实际经济生活中的分配不公平的现象，也应重视。并举了一些事例说，只要是有正常思维和良知的人，都会判断这是分配不公。他提出，不能把平均主义分配与公平分配相混淆，强调公平分配决不是要回到平均主义去。党的十六届五中全会的《建议》也强调指出：“应注重社会公平，特别是要关注就业机会和分配过程的公平”[15]。

魏杰、谭伟提出，收入分配不公是现阶段收入分配的首要问题，它在很大程度上导致收入分配差距过大，并使这一差距不断加大。收入差距是市场经济中的一种常态，适当的收入差距可促进社会的效率，因此要承认差距，不能消灭差距。同时，让人们看到自身能力的差异是引起收入差距的重要原因，引导人们通过提升自身能力来缩小收入差距。其次，政府应适当疏导人们的情绪，不能挑动人们的不满心理。对绝对有意见的人，政府要加强疏导，缓解他们的情绪，避免产生过激行为。对相对有意见的人，政府既不能有意无意挑动他们的不满心理，又要避免他们被一些过激言论影响，变成绝对有意见的人[16]。

李剑阁提出，要谨防在关注低收入者状况的同时唤起平均主义的诉求。他认为，我们想提高那些打工者收入时，有没有想过提高到什么程度时，外资企业就会把工厂搬到越南、柬埔寨或其它国家去？我们当然希望打工人多一点收入，但不要忘记打工比在农村务农时收入要高不少。如工厂转到国外去了，那时候可能连这份工资都拿不到，还得重新种地……国际经验表明，过度的保护不利于扩大就业，这样对于那些连这种就业机会也没有的人就是不公[17]。

李侠认为，李剑阁的观点表面看来有道理，实际并非如此。工资成本低不是投资选择考虑的唯一因素。以压低工人工资的做法来吸引投资，只是一种比较原始的方式。造成打工者收入低下的原因是在政策制定过程中，缺少对社会境况较差者的公平考虑。从去年开始，南方沿海城市已经出现民工短缺现象。这不是说民工总量减少了，而是说，长期奉行的低工资政策，打工已经没有了经济价值，加剧了社会的矛盾，民工荒很大程度上正是政策歧视的直接恶果[18]。

毛飞等认为，在居民收入差距极大的情况下警告防止“平均主义”，单就这一点而论，李剑阁的理论不能不让人怀疑。正是由于中国普通工人、农民这些年来对改革的坚决拥护，才使得中国经济出现了长时间的高速增长，同时也使得中国的一部分人不仅先富起来了，而且富得惊人，因此，无论是从公平的角度来看，还是从使改革获得新的动力的角度来看，这些先富起来的阶层都应该分担一些后继改革的成本——也无非是多交一点税，为普通工人提高一点工资罢了。继续让这些承担能力已经相当脆弱的阶层承担改革成本，其后果绝不仅仅是“产业会被转移到越南”那么简单，而是可能会诱发社会动荡，导致改革半途而废，因此这也是对改革大业极不负责的[19]。

三、对“新自由主义”的批判

近年来，不少学者批驳了“新自由主义”的观点。他们认为，“新自由主义”是现代资产阶级右翼的意识形态，其私有产权万能论，实质上是以权力体系瓜分国有资产；其市场万能论，实质上是为两极分化辩护，在实践中对一些发展中国家造成了巨大的灾难。一些学者提出，“新自由主义”在我国理论界的表现是：私有化的所有制改革观，多要素创造价值的分配观，完全否定国家计划的市场改革观，主张一切产业都无须保护，这些观点只能对我国的改革实践形成误导。也有的学者不赞同批新自由主义，认为是借批新自由主义反对改革。

刘国光针对高尚全等“反改革”的批评提出，批评新自由主义就是“从市场化改革的道路上退回来”吗？批判新自由主义就是“否定改革”吗？帽子大得很咧！西方新自由主义里面有很多反映现代市场经济一般规律的东西，如以弗里德曼为代表的货币主义学派，以卢卡斯为代表的新古典学派，有许多科学的成分，我们还需要借鉴，没有人批评这个东西。但是新自由主义的理论前提与核心理论——我在那篇文章中列举了（如自私人性论，私有制永恒论，自由市场万能论等）——整体上不适合于社会主义的中国，不能成为中国经济学的主流和中国经济发展与改革的主导。中国经济学教学和经济决策的指导思想，只能是与时俱进的发展的马克思主义。我不知道这样点评新自由主义怎么就是从市场化改革倒退或者否定改革。我们经济学界许多同志批评新自由主义，大多是很认真的很结实的学术研究、学术评论，并不是一两句随便歪曲的话能轻易推倒的，要有有分量的学术论证。西方的正直的经济学人也在批评新自由主义。新自由主义经济思想给苏联、给拉丁美洲带来什么样的灾难性后果，是众所周知的。当然我们的同志批评新自由主义，不是没有政治的、意识形态的考虑，他们担心新自由主义的核心理论影响我国的经济思想和经济决策。谁也没有说过我们的改革决策是新自由主义设计的，目前它还没有这个能耐。但是担心和忧虑这种影响不是无的放矢，不是多余的。因为私利人、私有化、市场原教旨主义等等，已经在中国社会经济生活中渗透和流行，并且在发展。如果你赞成新自由主义的核心理论，那是你自己跳进框框，怪不得别人。现在有人自告奋勇承认自己接受新自由主义这些东西，又不准别人批评新自由主义，批评了就是从市场化改革倒退，就是反改革，哪有这个道理[20]！

卫建林认为，新自由主义在任何意义上都完全不意味着自由和民主，新自由主义属于资本主义，而且给世界带来更大灾难。新自由主义是剥夺最大多数劳动者起码权利的主义，也是剥夺第三世界最后一道防线即国家主权、民族独立、使国际垄断资本可以任意长驱直入、为所欲为、加紧全面掠夺和压榨的主义，同时，它也是“稳定”国际垄断资本全球统治地位的主义[21]。

程恩富认为，新自由主义主张非调控化，推崇市场原教旨主义，反对国家干预；主张私有化，宣扬“私有产权神化”的永恒作用，反对公有制；主张全球自由化：维护美国主导下的自由经济，反对建立国际经济新秩序；主张福利个人化，强调保障的责任由国家向个人转移。相对于马克思主义经济学、西方激进经济学和新老凯恩斯主义经济学来说，新自由主义经济思潮总体上是保守和落后的[22]。

吴易风认为，新自由主义是20世纪30年代形成的与国家干预主义相对立的经济自由主义。新自由主义鼓吹市场万能论，不承认存在“市场失灵”，例如不承认市场经济存在像美国经济学家加尔布雷思说的“微观经济无效率”、“宏观经济不稳定”、“社会不公平”。新自由主义反对国家干预，主张自由放任。现在，新自由主义一方面是西方国家诱导社会主义国家和平演变的理论武器，另一方面是西方国家对发展中国家推行新殖民主义的理论武器[23]。

周新城认为，构建社会主义和谐社会，必须反对新自由主义思潮。新自由主义主张私有化，势必破坏社会主义和谐社会的经济基础；鼓吹极端个人主义，势必破坏社会主义和谐社会的社会基础；反对党的领导和人民民主专政，势必破坏社会主义和谐社会的政治基础；主张指导思想多元化，势必破坏社会主义和谐社会的思想基础。他说：新自由主义在我国大肆泛滥，在经济学界中几乎占主导地位，在某些人那里已成为经济改革的指导思想，误导着国有企业改革。始终存在着两种改革观的对立：是按照马克思主义，坚持公有制为主体、改革其实现形式；还是按照新自由主义，取消公有制实现私有化。中央的态度是极其明显的：强调指出“反对私有化”[24]。

何伟提出，为什么一定要把主张市场经济的人说成是主流经济学家，戴上新自由主义的帽子。批判西方经济学最好不要和经济学家群体挂钩，更不要与经济改革实践挂钩。这种挂钩会干扰中央的政策执行，使实际工作者无所适从[25]。

四、关于国有企业改革问题的争论

（一）国有企业改革究竟是坚持公有制为主体、国有经济为主导，还是实行民营化、“国退民进”，存在不同的意见。

张维迎认为，国有企业改革，或者说国退民进和民营化的过程，是20多年的改革中不断摸索出的一条道路。这不是最初任何一个人的精心设计，从某种意义上说是被逼出来的，如果所有制不发生一个根本变化，我们改革的目的就达不到。为什么现在要讲国退民进？因为检验一个企业所有制的标准，就是在竞争中有没有生存能力[26]。

萧灼基认为，对于一般竞争性企业，国家可以逐步退出。但到目前为止，国有经济退出的进展不大，不少人往往怀有浓厚的国企情结，对一些早已不能有效经营及正常获利的企业，舍不得改变体制、转让出卖。因此，要坚决按照中央战略调整的方针，加快退出的步伐[27]。

喻权域认为，1997年邓小平去世后，私有化浪潮更加汹涌。在那些鼓吹私有化的“著名经济学家”和高参的煽动下，大量国有企业在“产权改革”的名义下被贱价出卖，或者半卖半送给人。有些地方甚至以“卖光”为荣。我国的许多干部、群众（特别是工人群众）和经济学家批评私有化，要求维护《宪法》第六条、第七条。可是，维护《宪法》的声音被扣上“保守”、“僵化”、“极‘左’”、“反改革”的帽子。而那些鼓吹私有化的经济学家和高参，渐渐成了我国的“主流派”。一些地方的政府领导人公然作出“国退民进”的决定，发出“国退民进”的文件，与《宪法》的明文规定背道而驰。他还引用了胡锦涛总书记在2000年1月全国宣传部长会议上批评社会上几种错误思想观点的内容，其中之一是“主张私有化，否定社会主义初级阶段的基本经济制度”。胡锦涛同志强调，涉及政治原则、政治方向的问题，必须旗帜鲜明，分清是非。对错误的东西，必须严肃批评，及时处理，不能听之任之[28]。

卫兴华认为，坚持中国特色社会主义，必须澄清社会主义与公有制关系的理论是非。我国宪法关于“社会主义经济制度的基础是生产资料的社会主义公有制”的规定，体现了马克思主义的基本观点。邓小平理论十分强调公有制在我国社会主义制度中的地位和作用，十六大报告中也提出了“两个毫不动摇”，然而，目前在“毫不动摇地巩固和发展公有制经济”方面，并没有得到理论和实践的普遍重视，经济理论界存在贬抑和否定公有制经济特别是国有经济在社会主义经济中的基础性地位和主导作用的种种错误观点，如“公有制不是社会主义的特点”，“非公经济是社会主义性质的经济”而“国有经济不是社会主义经济”；将国企改革简单地演绎为“国退民进”；认为将国企卖给私人并未改变国有经济的性质，只是“国有经济由实物形态转换为货币形态”等。对于目前盛行的私有化思想，应重视它对我国改革与发展造成的负面影响[29]。

《经济日报》2005年1月19日发表编辑部文章指出，在国有经济布局和结构的战略性调整中，一些地方将其片面地理解为“国退民进”，采用下指标、定时限、赶进度的做法，用搞运动的方式要求国有经济从竞争性领域全部退出，有的甚至把国有经济布局调整简单地理解为“卖”，一卖了之，损害了出资人、债权人和企业职工的合法权益，引起相关职工的不满和社会各方的关注。评价国企改革的发展现状，应该既肯定成绩，又看到不足，既看到支流，更看到主流；对于国企改革中存在的问题，既不能视而不见、见而不问，也不宜以偏概全，渲染夸大；在有关国企改革的理论探讨中，应该立足于发现问题，解决问题，鼓励开展合乎学术规范、富有建设性的争鸣与交流，尽量避免简单化、情绪化的指责，更要防止打棍子、扣帽子、盲目地贴上“政治标签”。调整国有经济布局不等于“国退民进”。如果简单地把调整国有经济布局称之为“国退民进”，甚至在调整中对国有企业“一卖了之”，则是对这一重大战略的曲解。一方面，应当承认国有产权转让中确实存在国有资产流失的现象，对此要予以高度重视并继续采取有效措施加以遏止；另一方面，不能把国有产权转让等同于国有资产流失，对具体情况要作具体分析[29]。

邱兆祥认为，中国许多国企存在的问题，并不单纯是进行产权改革和进行股份制改造就能解决的。因此，他不同意国企私有化的主张，指出，国内有些学者认为，现在国企存在的诸多问题，都是由单一的不明晰的国有产权带来的，他们认为抓好了产权改革，问题就能解决；在此基础上这些学者提出了国企民营化的方向。但事实上，如果私有化就能解决所有问题，为什么美国每年还有许多私营企业破产重组呢？俄罗斯推进私有化的初衷是克服国有企业的低效率，然而私有化以后，并没有显现出更高的效率，很多的领域还不如原来的国企[31]。

（二）“国有资产流失”是否存在或是否存在于一个合理范围之内？如何看待这种现象？

唐丰义认为，目前有些人用国有资产流失还否定产权改革，实际上犯了四个错误：其一，国有资产流失不是必然的，而是实际运作中的质量问题，不能借质量问题否认整个产权改革的方向。其二，国有资产流失不是普遍现象，大部分真正进行了产权制度改革的国有企业都获得了生机。其三，完全无缺陷的改革运作是不可能，在改革当中产生一些流失是改革成本的付出。其四，不改革国有资产流失会更多。总之，一定要防止把国有资产流失当作阻止或者是拖延国有企业改革的一种借口[32]。

何伟认为，国有资产要流动，只有流动才能优化资源配置，有流动就不可避免会有流失。假如国有资产不流动，其“坐失”可能比流失的损失还大。要权衡流失和坐失的得失，尽量减少和避免流失。属于没有经验或法规制度不健全所造成的国有资产流失，也算是产权交易中付出的学费。他还认为，只要遵循一定的原则进行国有资产产权交易，都应认为是合理、合法的，即便一个企业只卖一元钱，也不能认为是国有资产流失[33]。

杨帆认为，特别大型的国有企业的改革涉及全民财产处置，属于一个重大公共政策问题，怎么处置应该经过全民讨论，应该公开化地进行。要改革就要依法行事。国有企业法律上属于公共财产，说产权不清也好，说所有者没有行为能力也好，说效率低也好，无论怎么说，也还是不能偷偷分掉[34]。

左大培认为，为了防止国有企业资产受侵占，我们应该有专门的法律规定，国有企业的改制、运行状况和财务报表应当向全社会、全体公民公开。我国过去改革最主要问题就是这些财务状况都没有公开，企业怎么改的，改给了谁，都没人知道，从法理上讲这是侵犯人民权利的[35]。

程恩富在一文中归纳了不同学者对国企改革的不同观点：樊刚认为，变卖国有资产并不是私有化，而是资产形态转换，变成了现金和非经营性的资产。中国要搞市场经济应该更多地建立在私人资本的基础上，而不是更多地建立在国有资本的基础上；魏杰认为，国有资产就像夏天里的冰棍，不送掉就融化了；崔之元认为，很多人把郎咸平提出的“停止MBO改革”等同于停止国企改革，这是扣了一顶大帽子。改革以来有几次腐败高潮，原因之一就是采纳了私有化派的主张；张文魁认为国有资产减让的主要形式是协议转让，并用83%转给了非国有经济和外国企业是一个十分可喜的现象；王晓明认为，国有资产是全国人民的资产，任意私有化是极不合理的；韩强认为，一味宣传民营化，认为卖国有企业就是产权改革，是形而上学的观点；杨帆指出，不能把管理问题简单地归咎于所有制问题，纳入私有化万能的轨道，对经营不善的经理不但不惩处，而且还要把股份送给他，这是极不正常的[36]。

何秉孟主编的《产权理论与国企改革》一书，分五篇：国企改革必须坚持以马克思主义产权理论为指导；科斯产权理论评析；马克思主义产权理论研究；国企改革的实践与理论探索；警惕新自由主义误导国企改革。书中收有吴易风的《不能让西方产权理论误导我国国有企业产权改革》、吴树青的《从“华盛顿共识”到“北京共识”的几点思考》、胡代光的《评科斯产权理论中的两大支柱》、杨承训的《“管理科学”是完善现代企业制度的关键》、于祖尧的《国企改革岂可无法无天》、张树华的《俄罗斯经济私有化的后果及教训》、乔新生的《国有企业改革的问题究竟何在》等。该书序言提出：“接二连三曝光的国企改革的丑闻告诉我们，新自由主义的所谓新制度经济学特别是科斯的产权理论，不仅在我国经济学界相当一部分人中具有很大的影响，而且已渗透到我国经济体制改革尤其是国有企业改革的实际工作中，严重影响到国有企业改革的正确方向，并导致国有资产大量流失”[37]。

（三）“郎咸平旋风”的延续和回应

香港中文大学郎咸平教授对国有企业改革进程中出现的问题发表评论，引起了学术界的争论。许多学者和网民支持郎咸平的观点，也有的学者和官员表示不赞同。讨论的焦点在于，我国改革的方向是向社会主义市场经济方向发展，还是向新自由主义所主张的市场经济方向发展?

何伟认为，郎咸平在没有对三个企业进行全面评价的情况下，抓住似是而非的一点，对企业全面否定，会给社会一个错误信息，影响企业的信誉。即便一些企业有问题，也不能用个别案例否定全局，认为国企改革的大方向是错误的，民营经济不应发展。这是关系到我国改革开放的大政方针的问题。我国将国企改革的关键锁定在产权改革，不触动产权，国有企业的弊端是无法解决的。这是经过20多年的实践试错而选定的，既定的改革方向是正确的，不容否定[38]。

吴明瑜认为，郎咸平的观点及其支持者自己走的是一条“新自由主义道路”，“正是他们在违背中央设定的改革路线”。他认为我们的国企改革到今天，取得这样的进步和成就，是中国经济的大幸。如果没有国企的改革，我们今天还处在经济崩溃的边缘[39]。

赵晓认为，中国国有企业资产不是流失了，而是相反。国有资产流失快有时可换来市场转轨的加快。国有资产流失会导致社会不公平，但市场转轨慢也会导致社会不公平。一些学者对赵晓的观点提出了反驳，毛春临认为其观点归纳起来无非是两条：私有化和无政府主义，前者是他的目标，后者是他的手段[40]。

刘贻清、张勤德主编的《郎旋风实录：关于国有资产流失的大讨论》系统介绍了郎咸平的观点和争论双方观点，资料比较全面和系统[41]。

一新华社记者写了一篇报道，文中说：“董事长顾雏军被刑拘，科龙危机最终演变成一场剧烈的风暴，又一个‘资本神话’破灭了。”“恰好在一年前，香港中文大学教授郎咸平以一篇《格林柯尔：在‘国退民进’的盛筵中狂欢》，对顾雏军进行了声讨。……郎咸平当初的判断，如今正在一一获得验证。”正如郎咸平所说，“资本神话”的背后，“是疯狂运动的资本控制‘黑手’，是巨额国有资产的悄然流失和违法者的一夜暴富。”[42]

郎咸平旋风也影响到了决策部门。2005年4月14日，国务院国资委和财政部公布了《企业国有产权向管理层转让暂行规定》。明确规定了大型国有及国有控股企业的国有产权暂不向管理层转让。2005年9月9日，国资委主任李荣融表示：要坚决杜绝企业国有资产“自卖自买”的现象。

张文魁在接受《21世纪经济报道》记者采访时指出，中国国企在进行产权改革的同时，非常注重改制后企业如何发展壮大、如何一并解决社会保障、妥善安置职工等问题。如果一些民企和一些原国企高管在改制中掠夺国资，会受到查处[43]。

（作者：卫兴华，中国人民大学教授；
孙咏梅，中国人民大学博士研究生）

注：

①高尚全：《用历史唯物主义评价中国改革》，《经济观察报》，2005年10月3日；《改革还需要取得共识》，《北京日报》，2005年11月21日。

②晏智杰：《马克思主义经济学指导地位的再思考》，《社会科学报》，2005年12月8日。

③仲伟志：《2005中国改革交锋录》，《经济观察报》，2005年10月10日。

④余斌：《关于两种教条主义的进一步分析》，《毛泽东邓小平理论研究》，2005年第9期。

⑤纪宝成：《坚持马克思主义的指导，努力发展具有中国特色、中国风格、中国气派的经济学理论》，《毛泽东邓小平理论研究》，2005年第9期。

⑥李成瑞：《坚持马克思主义经济学的指导地位》，《经济学动态》，2005年第12期。

⑦晓亮：《我对公平与效率问题的基本看法》，《北京日报》，2005年11月28日。

⑧刘国光：《如果改革造成两极分化，改革就失败了》，《商务周刊》，2005年11月25日；《重新审视社会公平问题》，《北京日报》，2005年4月25日；《把效率优先放到应该讲的地方去》，《经济学动态》，2005年第11期。

⑨程连升：《政府管公平，市场管效率》，《理论前沿》，2005年第22期。

⑩张宇：《“效率优先、兼顾公平”的提法需要调整》，《经济学动态》，2005年第12期。

⑪吴敬琏：《向富人开枪将会导致很严重的社会后果!》，《财经》杂志，2005年第11期。

⑫吴敬琏：《建立法治市场经济有利于实现机会平等》，《财经》，2005年第1期。

⑬丁冰：《社会主义的基本特征是“社会公正+市场经济”吗？——与吴敬琏先生商榷》，《当代经济研究》，2005年第10期。

⑭何伟：《公平与效率不能联姻》，《理论前沿》，2005年第4期。

⑮卫兴华：《应重视我国现阶段的公平分配问题》，《高校理论战线》，2005年第12期。

⑯魏杰、谭伟：《中国经济发展中的收入分配问题》，《经济纵横》，2005年第6期。

⑰李剑阁：《我们到底想学什么?》，《比较》，

2005 年第 22 期。

⑱李侠：《经济学家鼓吹低工资是对穷人的新一轮歧视》，《中国青年报》，2005 年 11 月 15 日。

⑲毛飞：《不要给工人涨工资——对穷人的新一轮歧视》，《东方早报》，2005 年 11 月 10 日。

⑳刘国光：《经济学家刘国光答〈经济观察报〉问》，《经济观察报》，2005 年 12 月 10 日。

㉑卫建林：《新自由主义给拉美人民带来的危害》，《中华魂》，2005 年第 3 期。

㉒程恩富、大卫·科茨：《新自由资本主义、全球化和社会主义》，《经济学动态》，2005 年第 4 期。

㉓吴易风：《西方新自由主义经济学给俄罗斯带来了一场空前的大灾难》，《中华魂》2005 年第 5 期。

㉔周新城：《构建和谐社会与反对新自由主义》，《高校理论战线》，2005 年第 11 期；《不能让新自由主义误导国企改革》，《产权理论与国企改革》，社会科学文献出版社，2005 版。

㉕何伟：《科学的批判与批判的科学》，《中国经济时报》，2005 年 3 月 29 日。

㉖《善待为社会作出贡献的人——对张维迎的访谈》，刘贻清、张勤德主编《“郎旋风”实录：关于国有资产流失的大讨论》，中国财政经济出版社，2005 年版。

㉗萧灼基：《国企改革要加大力度，加快进度》，《中外企业家》2005 年第 5 期。

㉘喻权域：《“郎旋风”实录：关于国有资产流失的大讨论》（序言），中国财政经济出版社，2005 年版。

㉙卫兴华：《警惕“公有制为主体”流为空谈》，《经济学动态》2005 年第 11 期。

㉚《经济日报》编辑部：《坚定不移地推进国有企业改革》，《经济日报》2005 年 1 月 19 日。

㉛㉜㉝㊳㊴邢淼：《进一步深化国企改革理论观点综述》，《中国工商管理研究》，2005 年第 3 期。

㉞杨帆：《国企改革路何在》，《新财经》，2005 年第 9 期。

㉟左大培：《国企改革路何在》，《新财经》，2005 年第 9 期。

㊱程恩富：《中企改革：不同思路的碰撞》，《上海市经济管理干部学院学报》，2005 年第 6 期。

㊲何秉孟主编：《产权理论与国企改革》，社会科学文献出版社，2005 年版。

㊵赵晓：《不要贸然引爆仇恨国资流失情绪——兼评郎咸平国企改革言论》，刘贻清、张勤德主编《“郎旋风”实录：关于国有资产流失的大讨论》，中国财政经济出版社，2005 年版。

㊶刘贻清、张勤德主编：《“郎旋风”实录：关于国有资产流失的大讨论》，中国财政经济出版社，2005 年版。

㊷潘倩：《又一个“资本神话”破灭让人沉思：顾雏军事件折射制度缺失》，《深圳特区报》，2005 年 8 月 8 日。

㊸张文魁：《中国是否应该停止国有企业改革?》，刘贻清、张勤德主编《“郎旋风”实录：关于国有资产流失的大讨论》，中国财政经济出版社，2005 年版。

宏观经济学

陈享光　刘　宵

2005 年我国经济学界在宏观经济学研究领域发表了一大批具有重要理论价值与应用价值的研究成果，尤其是在消费储蓄与投资、失业与就业问题、宏观运行状态与通货膨胀、经济增长及其可持续性、经济周期与经济波动、宏观调控、宏观经济中的财政与财政政策、宏观经济中的货币与货币政策等方面的研究取得了新的进展。

一、关于消费、储蓄与投资问题的研究

储蓄与投资是宏观经济中的两个重要变量，它们的变化及均衡关系直接决定着经济增长速度和国民收入水平，而国民的消费水平又在一定程度上决定着一国的储蓄和投资这两个重要环节，所以影响国民消费水平的因素。黄少安、孙涛从社会习俗、道德习惯、家庭伦理等非正规制度的角度讨论了中国等国家和地区居民消费和储蓄的特点，他们沿用和扩展了代际交叠模型，将遗赠（bequest）和赠予（gift）两方向收入转移以及财富偏好同时引入了经济主体的效用函数，用最优化条件来分析我国居民在消费和储蓄行为等方面的特征和存在的问题，进而阐述这些行为对政府宏观经济政策的影响①。苏良军等则分析了暂时收入这种不稳定的、意外的收入对于消费的影响。他们合理地分解了暂时收入和持久收入，并利用来自中国农村居民的面板数据作出实证分析。结果表明，整体而言暂时收入对消费的影响是非常显著的，但不同省市，暂时收入对消费的影响相差很大。经济发展状况和消费习惯是影响暂时收入消费份额的重要因素[②]。

我国的储蓄率和投资率一直维持在较高的水平上，对这一问题我国经济学界有不同的认识。李扬认为，高储蓄率、高投资率是与中国的转轨经济所具有的独特的增长模式相联系的。剩余劳动力由农业向工业（工业化）、由农村向城市（城市化）、由国有向非国有（市场化）的持续转移是中国经济能够长期、高速增长的关键，而高储蓄率和高投资率既是这种增长模式的必然结果，也是劳动力得以持续转移乃至这种增长模式得以维持的关键原因[③]。陈立平在讨论中国高储蓄率的问题时，着重指出了理性消费攀比的作用。在引入理性消费攀比后，不仅高储蓄可以导致高增长，高增长也可以导致高储蓄，其原因是攀比效应同时提高了现在消费和未来消费的边际效用，当公众提高当前消费时，会导致未来消费低于其他个体，从而造成个体未来效用的较大损失，这从理论上支持了增长导致储蓄的观点，也为近年来中国消费需求不旺、储蓄率偏高的问题提供了一个可能的解释[④]。

在我国高储蓄表现在银行高储蓄上，有学者从银行储蓄角度探讨了高储蓄问题。袁志刚、冯俊认为，银行储蓄高与居民国内直接投资所受的约束密切相关。我国现阶段低风险资产的缺乏，以及风险资产的广度和深度难以配比居民的投资选择，产生强制性银行储蓄，是现在储蓄高的重要原因。因此有必要反思传统的投融资方式，大力培育储蓄替代型金融资产，加快金融体制改革。同时，增强对外直接投资也是缓解储蓄率过高的一种手段[⑤]。李静萍、高敏则指出，从储蓄投资缺口和外汇储备等方面看，中国发展对外直接投资都存在着巨大的潜力。所以如果能够正确地处理好投资主体、投资方式、产业投向和地区投向的多元化和高级化等问题，中国对外直接投资仍旧大有可为[⑥]。

二、失业与就业问题的研究

改革开放之后，就业问题始终困扰着中国经济的运行，而且就业压力还在不断增强。一般认为，经济增长能带动就业增长，而就业增长反过来也能促进经济增长，但在我国并非如此。李俊锋等认为，从我国的统计数据上看，就业增长与经济增长两者之间存在着明显的非一致性，这种非一致性是由技术进步和产业结构、所有制结构以及地区结构的调整过程造成的[⑦]。国家统计局国民经济核算司中国就业问题研究课题组也指出，经济增长对就业增长的拉动能力正在逐渐减弱，而结构调整过程中出现的就业结构不合理正是就业弹性系数下降的主要原因。同时，他们也认为城镇化进程加快使城镇已有的就业矛盾更加突出[⑧]。

推进工业化进程是经济增长的重要途径，但工业化与就业之间存在何种关系，并没有定论。高德步、吕致文认为新型工业化会加重未来5年~10年内我国的就业压力。虽然中国的劳动密集型产业、资本密集型产业和高新技术产业的高增长水平，会带来就业空间，但是资源密集型产业的低增长也会减少就业机会。如果能尽量保持工业经济快速增长，2010—2015年间就业问题将逐渐趋于缓和[⑨]。王德文、蔡昉则利用辽宁省560家企业三年的数据分析了中国工业企业效率的来源问题，并进而探讨如何才能实现产出与就业同步增长的目标。就业改革是保障产业结构调整的重要制度条件之一，唯如此，才能实现产出与就业同步增长的目标[⑩]。宋湛认为，非农产业是拉动就业的主要部分，非农产业对拉动就业具有增长效应、强度效应和结构效应。所以必须大力发展非农产业，促进劳动力市场一体化[⑪]。

蔡昉研究了非正规就业问题，他认为那些没有进行工商登记、不参加社会保险、劳动关系不规范的非正规就业形式虽然存在一定弊端，但它们具有进入成本低、市场化程度高和就业形式灵活等特点，特别适合于在二元经济转换过程中创造更多就业。并且非正规化就业产生的过程，是与一定的产业结构调整和所有制变化相关联的，就业非正规化是与经济改革和产业结构调整方向一致的。因此，这种就业方式应该在进一步规范的前提下发展起来[⑫]。

失业和就业都涉及社会保障问题。林治芬采用实证分析的方法，对社会保障同就业、失业之间的相关关系进行定量分析，指出现行社会保障政策与促进就业之间的不协调，揭示我国2005年以来就业增长降低与社会保障费率升高之间的数量联系，进而提出应从失业保险、养老保险、城市最低生活保障等方面完善社会保障体系[⑬]。

三、宏观经济运行状态与通货膨胀

中国宏观经济运行刚刚从通货紧缩的困境中摆脱出来，又面临通货膨胀问题。通货膨胀通常与货币的过度供给相联系，我国持续多年的通货紧缩后出现的通货膨胀，是否是由货币供应的扩张所引起的？刘霖、靳云汇通过协整的实证分析发现，从长期来看，随着经济的增长，通货膨胀会由误差修正机制使得货币供应收缩，从而反过来抑制通货膨胀的趋势。所以，经济货币化进程中货币供应的扩张并不一定造成通货膨胀。而事实上，关于我国经济的很多统计数据也说明了，货币供应的大幅扩张确实没有对通货膨胀率产生明显影响[14]。国家发展改革委价格司课题组认为，价格总水平上涨是新一轮经济增长周期启动致使市场需求增加的结果。从市场上看，由于供大于求的总体格局没有改变，价格上涨幅度仍在合理范围之内[15]。

虽然目前居民消费价格指数暂时稳定在合理范围之内，但通胀压力依然不容忽视。国家统计局课题组认为，虽然今后三年内我国通货膨胀仍会处于温和可控范围内，但由于诸多不确定因素的存在，政府必须对货币财政政策、市场化改革进程、三农问题和社会保障等方面进行统筹协调，严防过高的通货膨胀所带来的危害[16]。

在解决通货紧缩问题时，我国采取了数次降低利息的办法，那么，当通货膨胀压力摆在我们面前时，是否应该推行提高利息的政策呢？王灏、杨继认为，提高利息未必能抑制我国通货膨胀趋势，反而会对经济发展产生负面影响。提高利息可以抑制投资，缓解经济过热，但在现有情况下我国的投资主体是地方政府和国有企业，提高利息对其非经济的投资行为作用甚微，通货膨胀的压力不会减小。相反，一旦提高利息，民营企业和个人贷款将会遭受重大打击，同时外资的流入也会使人民币承受更大的升值压力。可见提高利息的政策并不可取[17]。

衡量通货膨胀到底给经济带来什么样的影响，通常借助于通货膨胀的成本—收益分析。一般认为，一定程度的通货膨胀会对经济增长起到促进作用，这是通货膨胀的主要收益；而通货膨胀本身又会造成社会福利的损失，这是通货膨胀的成本。而通货膨胀的成本如何估算？龚六堂等按照卢卡斯的方法，在现金优先模型的基础上分析了通货膨胀对社会福利的影响，给出了通货膨胀的福利损失，即成本的估计方法[18]。赵留彦等则认为通胀成本很大程度上和不确定性（未来通胀冲击的不确定性和未来通胀均值域变的不确定性）的成本联系在一起。控制通货膨胀成本就必须降低未来通货膨胀的不确定性，央行降低不确定性的重要手段是稳定价格和维持低通胀环境[19]。

四、经济增长及其可持续性

经济增长是由多种因素促成的，而技术进步则起着越来越大的作用。赖明勇等通过构建一个中间产品种类扩张型的内生技术进步模型，探讨了开放经济条件下人力资本、国内研发与国外研发技术外溢影响经济增长的内在机理。他们认为技术吸收能力的提高、人力资本积累有利于长期经济增长，然而贸易开放度、技术水平差距对稳态增长率的影响效应具有不确定性。所以在提高中国人力资本投资回报率、增强技术吸收能力的同时，也要选择适宜的贸易开放度和技术水平差距[20]。云鹤、舒元则认为，结构因素、需求层面和调控层面对经济增长的决定作用越来越居于主导地位。特别要指出的是，有才能的企业家将成为推动经济增长的中坚力量[21]。

改革开放以来，中国实现了快速的经济增长，但以宏观成本积累为代价的高投资——高增长的发展模式是否能持续下去是一个问题。社科院经济研究所经济增长前沿课题组在研究了中国高投资的政府激励机制及宏观成本边界和高成本增长的临界点之后指出，在开放经济中，资本流动、外部需求和供给冲击构成了高成本投资模式的现实约束。政府必须对粗放式高增长的宏观收益和成本进行合理的权衡，制定相应的政策来约束低效率的投资行为。只有这样的增长方式才能实现全社会的福利优化[22]。蔡昉更是明确地指出，在目前的增长方式下，高速经济增长具有很大的风险，导致不可持续性。他认为当前的增长方式将带来一系列两难抉择：各级政府重化工业化的强烈动力与能源供给的不可支撑性之间存在严重矛盾；地方政府顺应发达国家把高能耗、高污染产业向我国转移的倾向，增强了增长不可持续性的程度；解决温饱和收入增长的要求，使得环境污染加剧、劳动伤害增多等等。因此必须建立可持续的经济增长方式的约束机制，形成激励环境，比如建立与政绩评价体系相容的政府行为激励机制，建立环境治理中的激励机制，建立资源保护和合理利用的激励机制等[23]。

实现经济增长，同时要保持经济稳定，因此需要正确认识和处理经济增长与经济稳定之间的关系。卢卡斯曾经论证降低经济增长的福利成本要远远大于存在经济波动的福利成本，因此政府的主要任务应该是使得经济增长维持在尽可能高的速度，而根本不必关心经济的波动。陈彦斌认为卢卡斯的论断不能适用于中国的具体情况，一方面，卢卡斯模型本身的错误和中国经济较高的增长率导致了对降低经济增长的福利成本的严重高估。另一方面，中国经济较大的波动性导致了对经济波动的福利成本的低估。他利用修正的模型进行实证分析得出结论，这两种福利成本大致相当。因此，如果政府关心中国经济的增长，那么也应该关心经济运行的稳定性。换句话说，如果政府认为经济的稳定性并不重要，那么政府可以采取降低经济增长率以防止经济过热的政策[24]。

五、经济周期与经济波动

经济周期是任何一个市场经济都可能出现的经济现象，它通过市场的自我完善功能对经济进行调节，以达到经济活动的均衡。伴随中国市场经济的不断发展，经济周期现象开始引起我国经济学界的关注。刘伟、蔡志洲认为，经济增长中的周期波动没有影响中国经济高速增长的长期趋势。经济周期虽然带来了经济波动，但波动的幅度是在逐渐减弱的，这主要是由于进行各类经济决策的主体的不断分化造成的。但同时多方面的发展性因素及体制性因素，要求宏观调控必须具备适应新的经济现实的特殊性，从而最大限度地减小经济周期性波动带来的影响[25]。

中国经济周期产生的根源是什么，经济学界对此有不同的看法。黄赜琳采用随机动态一般均衡方法，将政府支出作为外生随机冲击变量，构建起中国三部门实际经济周期（RBC）模型。他指出技术冲击和政府支出冲击可以解释70%以上的中国经济波动特征，中国经济周期波动是技术因素、供给因素和需求因素综合影响的共同产物[26]。何平平、吕忠伟则认为，经济周期产生的根源在于经济系统内在的缓冲机制与自我推动机制，但系统的外在冲击，如货币财政政策、固定资产投资和国际经济波动的冲击，都无疑会对系统产生影响，如果这种外在冲击力达到改变系统结构的关键参数时，经济系统运行将会改变原有的路径，使经济出现剧烈波动[27]。张茵、万广华采用联立VAR模型来研究中国经济周期产生的根源，他们认为需求冲击是导致宏观经济波动的主要因素，而供给冲击在一段时间后则显示出更大的重要性。中国的经济周期大体经历了两个阶段，在第一阶段（1985—1990年）中，需求冲击的推动力量是消费和固定资产投资，但是在第二阶段（1991—1996年和1997年以后的通货紧缩时期）中，推动力量则是固定资产投资和世界需求[28]。

中国经济周期性波动有自己的特点，从目前的情况看，中国的经济周期波动性在逐步减小，稳定性也日渐增强，睢国余、蓝一将其原因归结为以国有企业预算约束硬化和稀缺资源在国有与非国有部门之间的优化配置为主要内容的微观经济主体的市场化进程。在市场化的过程中，中国经济波动的微观基础已经发生了重大的变化，这在削弱转轨型波动的同时，使成熟的市场经济波动逐步表现出来，因此在目前中国经济新一轮的增长周期中，宏观调控当局既要进一步推进市场化，又要转变调控方式，以适应以生产过剩为内容的市场经济的周期波动[29]。刘金全、刘志刚提出，中国经济周期波动性与价格和货币等名义经济波动性之间存在密切关系，同时产出波动性的降低使得经济周期稳定性增强。产出波动性降低的主要原因源于投资波动性、政府支出波动性和净出口波动性的降低，而消费波动性继续保持平稳态势[30]。

关于中国经济周期今后的发展趋势，刘树成、张晓晶认为在未来5~8年内，中国经济周期波动可能出现的两个新特点：一是在波动的位势上，有可能实现持续多年的适度高位运行，潜在经济增长率将在9%左右；二是在波动的幅度上，有可能实现进一步的平滑化，使经济波动保持在8%~10%的适度增长区间内。所以，政府应不断加强和改善宏观调控，努力实现经济周期波动在适度高位的平滑化[31]。

六、宏观经济失调与宏观调控

自从中国实行改革开放政策以来，每当出现经济增长速度较快、幅度较高的情况时，国家往往采取加强宏观调控的措施来调整投资结构，降低增长速度。从2003年开始的新一轮宏观经济调控引发了很大的争论，特别是关于导致本次宏观经济过热的因素。魏杰、董进认为虽然市场力量在其中有一定的影响，但是地方政府部门为了提高城市档次、扩张城市规模而带动的投资需求才是导致本次宏观经济过热的根本原因。改革开放以后曾经出现过四次宏观经济过热现象，而政府部门的推动力量才是导致历次宏观经济过热的最主要原因。由此可以看出，要想完善宏观经济调控，根本在于让政府部门退出具体的微观经营活动[32]。

宏观调控有多个目标，如经济增长、物价稳定、增加就业等，这些目标是否应有个优先顺序，优先顺序如何安排，有学者对此进行了探讨。王东京认为，根据我国的实际情况，宏观调控的目标要始终坚持以就业为先，“经济增长”应排在“增加就业”与“稳定物价”之后。同时，当前中国经济的症结不是总量失衡而是结构失调，所以政府不宜采取调控总量的办法调节结构，结构问题应由“看得见的手”与“看不见的手”分而治之[33]。

宏观调控的效果，很大程度上取决于宏观调控手段和方式的选择。萧灼基认为，完善和加强宏观调控必须以经济手段为主，行政和法律只能作为辅助手段。中央政府和地方政府也要协调一致，严格降低调控成本，提高调控效益，并且要对宏观调控的滞后影响给以足够重视[34]。张占斌认为对宏观调控的方式而言，直接控制并不是最有效的方式，因此有必要探索间接的调控机制。间接调控的关键在于明确宏观调控的目标层次，综合运用政策工具，建立有效的传导机制，使政策的效应能够层层推进并放大，市场回应更为有效[35]。

刘建新认为，凯恩斯需求管理理论有其特定的假设条件，忽视这些假设条件而进行需求管理会产生不良后果。他认为，在短期供给不足和长期要素匮乏的条件下，需求管理通常不可能实现充分就业，尤其在中国这样一个存在诸多深层次结构矛盾的国家中，以凯恩斯需求管理理论为基础的宏观调控方法更有可能带来滞胀难题。为防止滞胀出现，国家宏观调控的重点应放在技术和制度创新上，实现产业结构的升级，通过社会生产方式的变革来改变要素间的边际替代率，并配合以紧缩货币供应量的控制手段[36]。

刘树成认为，宏观调控短期内主要是要“两个防治，两个维护”：保持经济平衡较快发展，防止出现大的波动；保持物价基本稳定，防止严重通货膨胀；做好关系群众利益的工作，维护社会稳定；密切关注国际金融和油价波动，维护我国经济安全。而从长期和深层次看，更需要处理好以下几个问题：控制收入差距与地区差距，减轻就业的压力；实现结构调整与经济增长方式的转变；消除导致经济出现大起大落的体制性机制性障碍[37]。

七、宏观经济中的财政和财政政策

2004年中央经济工作会议提出稳健的财政政策后，经济学界对稳健的财政政策及其作用进行了研究。高培勇指出宏观经济环境的急剧变化，固然使得稳健财政政策终于破冰而出，但在现实的条件下，它的作为空间相当狭小。故而稳健财政政策的实施不会一蹴而就，而是要经历一个渐进的过程。在这一过程中，推进改革将是其可能采取的所有举措的一条主线。其中，税制改革、社会保障制度改革和农村改革，又是它所应着力推进的重点改革项目[38]。

稳健的财政政策提出后，理论界对实行稳健的财政政策还是积极财政政策存在很大争议。余永定认为，在当前的经济环境下，积极的财政政策更有利于中国经济的稳定平衡增长。采用积极财政政策，适度加大财政支出的力度不仅可以起到维持短期经济增长目标的作用，而且有助于改善经济结构。中国经济的稳定平衡增长呼唤积极财政政策[39]。针对积极财政政策会产生挤出效应的观点，赵志耕、吕冰洋等进行了实证研究，他们把财政收支引入居民消费函数估计了财政赤字对民间消费的影响，同时又分别从经济周期、全社会固定资产的资金来源以及资本收益率等角度，分析了财政赤字对民间投资的影响。研究结果表明，1998年以来我国实施的积极财政政策所导致的财政赤字，并没有产生排挤效应。这在一定程度上反驳了财政赤字的排挤效应是积极财政政策所带来危害的观点[40]。郭庆旺、贾俊雪则认为积极财政政策的作用和危害都很突出。他们利用面板数据模型和时变参数模型分别考察了积极财政政策对我国区域经济增长和差异的影响。分析表明，积极财政政策对我国区域经济，特别是中西部地区的经济增长具有较强的促进作用。而同时积极财政政策并没有有效地缩小我国区域经济差异，反而促使我国区域差异进一步增大[41]。

财政政策的效果很大程度上受财政体制的影响。为发挥财政政策和财政的作用，需要进一步深化财政体制的改革，这是理论界的共识。贾康、阎坤认为，省以下财政体制是国家财政体制的重要组成部分和中央对地方财政体制的贯彻和延伸。改进省以下财政体制，缓解基层财政困难，在当前具有明显的迫切性。在中央对地方财政体制尚不可能一下作出大改革的情况下，将近期目标定位在缓解基层财政困难和调动地方各级合理发展经济、精简机构、增收节支的积极性上，是适宜的选择。从长远目标看，则需对整个分税制财政体制进行系统化的调整与规范，逐步划清政府事权，减少财政层级，完善地方税体系，改进转移支付制度安排，并推动配套改革[42]。

政府债务既是政府收入的一个来源，也是政府调节的一种手段。但政府债务使得政府在干预公共风险的过程中，总会承受着各种各样的压力。有学者从经济总量的角度考察了财政风险。刘尚希认为，作为公共主体，政府面对的债务是不确定的。公共债务与经济总量是一种历史的循环关系，不同的循环状态决定了政府财政风险是趋向收敛还是发散。不同的债务结构对经济总量及其增长产生不同的影响，因而具有不同的风险。认清不同公共债务类型的来源、不确定性程度及其风险可控性，是把握公共债务与经济总量的关联向哪一种循环转化的重要一环。改善公共债务结构，降低整个公共债务的不确定性程度至关重要，这比控制债务规模更迫切[43]。

作为财政政策的重要组成部分，税收政策如何调整，是经济学界关注的又一问题。杨斌认为，我国学者在介绍和试图应用西方最优税收理论时存在误读、误解和误用现象。由于严格假定条件的存在，这些理论的所有结论或定理是特殊的（个别的）而不是普遍的（一般的），所以它们不能直接作为一个国家进行具体税制改革实践的指导思想[44]。宋立则认为在当前情况下，中国税收政策要继续推进被实践证明行之有效的“结构性减税”措施，并着重在三个方面重点突破：推出包括内外资企业所得税并轨和扩大增值税转型试点在内的总量性税收调整措施；推出包括能源原材料进出口税率调整、开征燃油税和个人所得税调整等结构性税收调整措施；推出包括降低利息税和股票交易印花税以及提高车辆购置税率等补充性、配套性税收结构性调整措施[45]。

八、宏观经济中的货币和货币政策

长期以来人们普遍认为我国货币供应量过大，并且将其原因归于货币流通速度的大幅放缓上，而忽视了物价总水平变动等指标口径有偏、测算方法不妥和有效货币供应量因总沉淀率较高而不足的影响。杜子芳从定性和定量两个角度对此进行了分析，揭示了现阶段我国货币供应量过大的主要原因是货币的总沉淀率过高，以及由此造成的有效供应量不足[46]。韩平等发现中国M2/GDP的变动路径将经历先加速上升，后增长速度逐渐减缓，最终趋于稳定状态的变化过程。只有当M2/GDP偏离动态增长路径时，才会对通货膨胀产生影响[47]。蒋瑛琨则利用协整理论和误差修正模型估计了两个阶段（1978—1993和1994—2004）的中国静态和动态货币需求函数，证明M1、M2与收入、利率、价格预期、货币化程度变量之间存在长期稳定的协整关系，并指出中国选择货币供应量作为货币政策中介目标是不得已的选择，M1比M2更适合作为货币政策的中介目标[48]。

在对货币政策的研究中，如何发挥利率的作用，一直为经济学界所关注。钟伟、巴曙松认为应该从利率基准、利率定价和利率结构三个角度观察当前中国的利率政策，而中国未来利率政策基调可概括为：完善基准利率曲线、优化利率结构、扩大银行利差、培育风险定价[49]。李扬、殷剑峰则指出在总体上加速利率市场化进程的同时，应缜密地调整包括央行利率在内的现行利率结构，逐步取消对法定准备金和超额准备金支付利息的制度，恢复整个利率体系的零利率底线。同时加速发展债券市场，理顺利率的风险结构和期限结构[50]。宋立、王元特别指出如果价格水平回落和储蓄存款回升速度不理想，可考虑适当小幅提高存款利率，进一步消除负利率的不利影响，发挥资金市场价格机制的作用[51]。

一种新的货币政策框架——通货膨胀目标制受到越来越多的推崇。从1990年新西兰政府采取这种政策开始，一些西方发达国家和一些发展中国家都采用了这种通货膨胀目标的货币政策。通货膨胀目标制要求货币当局向社会明确公布未来一段时期内政府所要实现的通货膨胀目标范围，并以此为约束，动用各种货币政策手段，保证目标政策的实现。周念林认为，通货膨胀目标制能够使利率恢复在低通货膨胀环境下调节经济活动和避免经济衰退的功能，防止和避免零利率条件下“流动性陷阱”的形成及其对经济周期的负面影响，稳定产出和市场预期[52]。对此也有一些学者提出不同看法，他们对通货膨胀目标制在我国的适用性提出了质疑。艾洪德、武志就指出由于央行独立性程度不高、缺乏准确的预测模型和前瞻性的操作程序，以及央行执行独立货币政策的范围受到抑制，我国要想采取通货膨胀目标制，还需要在很多方面进行改进[53]。

在我国不断开放的条件下，货币政策要考虑人民币汇率的稳定和均衡。彭玉镏认为，人民币汇率政策具有很高的信誉，公众对人民币汇率的稳定充满信心。这些汇率稳定的信誉效应能够为中国经济的健康发展带来更多的收益，所以人民币汇率的稳定是当前中国汇率政策的主要目标[54]。李扬、余维彬也认为，机制改革优先，并且在改革过程中始终重视汇率稳定，应当是人民币汇率制度改革的基本战略。回归有管理的浮动汇率制度是实施这一战略的适当选择。在回归有管理的浮动汇率制的过程中，货币错配构成我国的主要风险。为了有效管理这一风险，中国应保持较高水平的外汇储备，在稳步推行资本项目放松管制过程中加强针对货币错配问题的审慎性监管[55]。

（作者：陈享光，中国人民大学教授；
刘宵，中国人民大学博士研究生）

注：

①黄少安、孙涛：《非正规制度、消费模式和代际交叠模型——东方文化信念中居民消费特征的理论分析》，《经济研究》，2005年第4期。

②苏良军、何一峰、金赛男：《暂时收入真正影响消费吗？——来自中国农村居民面板数据的证据》，《管理世界》，2005年第7期。

③李扬：《劳动力转移过程中的高储蓄、高投资和中国经济增长》，《经济研究》，2005年第2期。

④陈立平：《高增长导致高储蓄：一个基于消费攀比的解释》，《世界经济》，2005年第11期。

⑤袁志刚、冯俊：《居民储蓄与投资选择：金融

资产发展的含义》，《数量经济技术经济研究》，2005年第1期。

⑥李静萍、高敏雪：《中国对外直接投资的现状差距与潜力》，《经济理论与经济管理》，2005年第7期。

⑦李俊锋、王代敬、宋小军：《经济增长与就业增长的关系研究——两者相关性的重新判定》，《中国软科学》，2005年第1期。

⑧中国就业问题研究课题组：《就业增长3大难》，《中国统计》，2005年第8期。

⑨高德步、吕致文：《新型工业化对我国未来就业的影响》，《经济理论与经济管理》，2005年第2期。

⑩王德文、蔡昉：《市场竞争、就业改革与企业效率》，《世界经济》，2005年第6期。

⑪宋湛：《影响我国非农产业就业的三种效应分析》，《人口与经济》，2005年第5期。

⑫蔡昉：《非正规就业：发挥劳动力市场配置资源作用》，《前线》，2005年第5期。

⑬林治芬：《社会保障政策与就业联动的实证分析》，《财贸经济》，2005年第6期。

⑭刘霖、靳云汇：《货币供应、通货膨胀与中国经济增长——基于协整的实证分析》，《统计研究》，2005年第3期。

⑮国家发展改革委价格司课题组：《通货膨胀问题研究》，《中国物价》，2005年第2期。

⑯国家统计局课题组：《我国通货膨胀的趋势分析》，《统计研究》，2005年第6期。

⑰王灏、杨继：《加息未必能抑制我国通货膨胀趋势》，《宏观经济研究》，2005年第6期。

⑱龚六堂、邹恒甫、叶海云：《通货膨胀与社会福利损失》，《财经问题研究》，2005年第8期。

⑲赵留彦、王一鸣、蔡婧：《中国通胀水平与通胀不确定性：马尔柯夫域变分析》，《经济研究》，2005年第8期。

⑳赖明勇、张新、彭水军、包群：《经济增长的源泉人力资本研究开发与技术外溢》，《中国社会科学》，2005年第2期。

㉑云鹤、舒元：《财政分权、转换系数与经济增长》，《经济研究》，2005年第6期。

㉒经济增长前沿课题组：《高投资、宏观成本与经济增长的持续性》，《经济研究》，2005年第10期。

㉓蔡昉：《经济增长方式的理性目标与激励机制——冲破可持续发展的两难处境》，《中国党政干部论坛》，2005年第5期。

㉔陈彦斌：《中国经济增长与经济稳定：何者更为重要》，《管理世界》，2005年第7期。

㉕刘伟、蔡志洲：《经济周期与宏观调控》，《北京大学学报》（哲学社会科学版），2005年第3期。

㉖黄赜琳：《中国经济周期特征与财政政策效应——一个基于三部门RBC模型的实证分析》，《经济研究》，2005年第6期。

㉗何平平、吕忠伟：《中国经济周期外在冲击效应的测算》，《经济纵横》，2005年第6期。

㉘张茵、万广华：《中国的经济周期：一个AD－AS模型的视角》，《世界经济文汇》，2005年第2期。

㉙睢国余、蓝一：《中国经济周期性波动微观基础的转变》，《中国社会科学》，2005年第1期。

㉚刘金全、刘志刚：《我国经济周期波动中实际产出波动性的动态模式与成因分析》，《经济研究》，2005年第3期。

㉛刘树成、张晓晶、张平：《实现经济周期波动在适度高位的平滑化》，《经济研究》，2005年第11期。

㉜魏杰、董进：《完善宏观经济调控的根本问题》，《社会科学战线》，2005年第3期。

㉝王东京：《关于改善宏观调控的三点建议》，《改革》，2005年第2期。

㉞萧灼基：《完善和加强宏观调控若干问题的思考》，《中国经贸导刊》，2005年第7期。

㉟张占斌：《宏观调控需要探求长期有效的政策传导机制》，《中国改革报》，2005年6月20日。

㊱刘建新：《中国经济宏观调控中亟待解决的问题》，《中国人口科学》，2005年第3期。

㊲刘树成：《论中国宏观经济调控》，《经济与管理研究》，2005年第4期。

㊳高培勇：《破冰而出的稳健财政政策——关于当前中国财政政策基本取向的分析》，《中国人民大学学报》，2005年第5期。

㊴余永定：《中国经济的稳定平衡增长呼唤积极财政》，《国际经济评论》，2005年第7—8期。

㊵赵志耕、吕冰洋：《财政赤字的排挤效应实证分析》，《财贸经济》，2005年第7期。

㊶郭庆旺、贾俊雪：《积极财政政策对区域经济增长与差异的影响》，《中国软科学》，2005年第7期。

㊷贾康、阎坤：《完善省以下财政体制改革的中长期思考》，《管理世界》，2005年第8期。

㊸刘尚希：《财政风险：从经济总量角度的分析》，《管理世界》，2005年第7期。

㊹杨斌：《对西方最优税收理论之实践价值的质疑》，《管理世界》，2005年第8期。

㊺宋立：《稳健财政政策下的税收调整建议》，《宏观经济研究》，2005年第4期。

㊻杜子芳：《货币流通速度、货币沉淀率与货币供给量》，《管理世界》，2005年第1期。

㊼韩平、李斌、崔永：《我国M2/GDP的动态增长路径、货币供应量与政策选择》，《经济研究》，2005年第10期。

㊽蒋瑛琨、赵振全、刘艳武：《中国货币需求函数的实证分析》，《中国软科学》，2005年第2期。

㊾钟伟、巴曙松：《从三重视角观察当前中国利率政策》，《经济学动态》，2005年第5期。

㊿李扬、殷剑峰：《中国的利率体系：现状及其改革》，《中国金融》，2005年第6期。

(51)宋立、王元：《今后货币政策取向选择与相关政策建议》，《财政金融》，2005年第1期。

(52)周念林：《论通货膨胀目标制度》，《经济理论与经济管理》，2005年第9期。

(53)艾洪德、武志：《发展中国家通货膨胀目标制货币政策的适应性分析》，《国际金融研究》，2005年第8期。

(54)彭玉镏：《人民币汇率政策信誉分析》，《世界经济》，2005年第6期。

(55)李扬、余维彬：《人民币汇率制度改革回归有管理的浮动》，《经济研究》，2005年第8期。

微观经济学

陈享光　王志远

2005年，我国经济学界对微观经济学的研究更加深入，在消费者行为与消费函数、企业性质及委托代理关系理论、企业治理结构、中小企业融资、市场结构、市场协调与政府协调、市场秩序与反垄断等问题的研究上都取得了新的进展。

一、关于消费者行为与消费函数的研究

1. 关于消费者行为假设与消费函数理论的研究

西方经济学中的消费者行为理论是以“经济人”和“完全信息”为假设前提，认为消费者在收入约束下进行理性的消费选择，实现效用最大化，并且推导出向右下方倾斜的需求曲线。黄守坤认为，这种假设与人们实际的经济行为相去甚远，现实中人们在作出消费决策时有时不会考虑非常周全，非理性行为在所难免①。

史玉伟根据消费函数理论的发展过程将其分为三个阶段，分别对应着不同的人性假设：第一阶段，短视的、非理性的消费者；第二阶段，长远着想的完全理性消费者；第三阶段，长远着想的有限理性（近似理性）消费者。在考察消费的关键外在影响因素——收入时，也经历了收入是确定的到不确定（有风险）的认知过程。凯恩斯基于他的“心理定律”进行推理，而弗里德曼等在提出假说的同时也进行一定的实证分析；到了第三阶段则运用了大量数据进行计量经济分析，力求假说能与实际消费相吻合，提高理论的解释力，但也因为过度追求模型的精巧、运用繁杂的计算反使削弱假说的实际意义②。

陈惠雄认为，基于收入假说的各种消费函数理论以及近些年来新发展的行为消费函数理论，一直存在一些难以解释的消费现象。通过研究，他提出了基于生命成本假说的消费函数理论，构建了一个消费者—生产者相统一的消费者行为解释新框架，并认为消费者的边际消费倾向不仅受收入因素、心理因素的影响，在更加基础的方面是受消费者生命成本支付与收益（效用）边际均衡规律的决定。据此他认为，消费者消费支出的决定性影响因子并不是收入差异，而是消费者为获得一定收入付出的生命成本差异，消费者消费倾向差别的根源发生在作为生产者的生产过程，而非消费过程③。

邓晓辉、戴俐秋认为，作为一种古老的经济现象，炫耀性消费很早就为经济学家所关注，西方经济学中的炫耀性消费理论已经有一百多年的历史。20世纪80年代以来，由于博弈论和信息经济学方法的引入，该领域得到了迅速发展。炫耀性消费受社会富裕水平的影响，经济快速增长的我国被认为是最具潜力的炫耀性消费大国，解释当前我国的消费现象也需要借鉴西方的炫耀性消费理论。炫耀性消费是指为了夸示财富而不是满足真实需求的消费活动，这种消费的动机是谋求某种社会地位，其深层含义是人与人之间在需求和效用上存在相互影响④。

2. 我国经济转轨过程中居民消费—储蓄行为研究

周建利用1978—2003年样本数据通过消费函数的变参数空间状态模型研究了经济转轨时期我国农村居民超敏感度消费行为，实证研究结果表明，农户存在着显著的“预防性储蓄”动机。并利用附加“预防性储蓄”动机的消费模型和ARCH结构对预防性动机强度进行了估计，检验结果发现未来预期收入中存在显著的不确定性，这表明在目前农村总需求不足的情形下，降低“预防性储蓄”动机和流动性约束将是扩张社会消费需求的重要政策。由此得出，经济制度变迁是农户高“预防性储蓄”动机的根本原因，我国农村居民的储蓄行为中包含着预防性的储蓄动机和对流动性约束的“自我缓解”，“三农”问题的有效解决是以增加农民收入为根本途径⑤。

孔东民基于行为经济学提出的“前景理论”，对我国城镇居民的消费行为进行研究。研究表明，如果把对收入变化的预期作为参照，那么收入的实际变动将可分为“优于预期”和“劣于预期”两类时段，对于不同时段“前景理论”下的损失规避特征将使消费行为呈现不对称形态。并由此构造了一个可检验的计量模型，利用GMM对我国的数据进行检验，结果支持“前景理论”假说的成立，这表现为在收入变动比预期差的年份，居民消费的比例要普遍比收入变动好于预期的年份大。同时，通过对消费的时变因素加以考察，发现我国居民的消费在一定程度上受到制度变迁的影响⑥。

胡坚、钱宥妮借用并修改了金蛋模型，以效用函数和预算约束中的短期储蓄目标，刻画了我国消费者的短视行为。得出了我国消费者会在短视期内消费尽扣除短期储蓄目标外的所有资产，而且根据当期收入水平和短期储蓄目标平滑消费的结论。通过实证检验，论证了我国消费者短视消费行为的存在，并大致确定了短视期的平均长度。认为，要解决目前消费不振的问题，首先必须通过完善社会主义市场经济体制和促进消费信贷市场的发展，降低消费者的短期储蓄目标，缓解流动性约束；其次可在提高工资水平的同时，通过完善社会保障制度等措施，降低失业率和失业风险，提高人们的收入预期⑦。

战明华、许月丽在对凯恩斯消费理论和永久性收入假说理论进行分析的基础之上，利用样本数据在数据平稳与非平稳两种情况下对我国不同地区城乡居民的消费行为特征进行了经验实证，认为转轨时期我国经济呈现出如下两个基本的特征：一是区域经济发展日趋不平衡；二是城乡二元经济结构日益分化。这种经济发展特征的一个后果是，不同经济发展水平的地区和城乡居民之间面临着不同的收入和风险等消费支出约束条件，因而可能导致不同地区和城乡居民之间呈现出不同的消费行为这种由经济发展不平衡所导致的消费行为特征将对我国经济增长的未来走势产生重大影响⑧。

3. 关于“消费者行为”与宏观经济政策作用效果的研究

通常认为，储蓄量会随着利息率的下降而下降进而促进消费量上升。然而，在我国，由于“消费者行为”对宏观经济政策作用效果的影响，宏观经济政策对有效需求的刺激作用并不明显，甚至会出现消费量随利息率的下降而下降的特殊情况。我国一些学者对消费者行为对宏观经济政策作用效果的影响进行了研究。

陈学彬等对居民消费储蓄行为进行了实证研究，分析了影响现阶段我国居民消费储蓄行为的基本要素及其影响机制。他们的研究发现：我国现阶段决定居民消费储蓄的最主要因素仍然是居民收入，但必要生活水平对消费行为有重要影响；对利率敏感度较差的工薪收入在居民收入中比重甚高，而对利率敏感度较高的金融资产收入比重甚低；决定居民消费储蓄的收入主要为持久性收入而非暂时性收入；居民收入的不确定性上升和风险意识的增强，导致预防性储蓄增加。这些因素综合作用导致我国居民消费储蓄对利率的敏感度较低，货币政策效应下降⑨。

黄少安、孙涛认为，传统的消费者行为理论并没有将代际模型和财富存量模型相结合。他们通过研究社会习俗、道德习惯、家庭伦理等非正规制度对居民消费和储蓄的影响，沿用和扩展了代际交叠模型，将遗赠和赠予两个方面收入转移以及财富偏好同时引入了经济主体的效用函数，用最优化条件来分析我国居民在消费和储蓄行为等方面的特征和存在的问题，进而阐述这些行为对政府宏观经济政策的影响⑩。

二、对企业性质及委托代理关系问题的研究

1. 关于企业性质和企业边界的研究

传统的微观经济学理论，把厂商的生产过程看成是一个由投入到产出追求利润最大化的“黑匣子”，至于企业本身的性质和边界问题是存而不论的。近些年来，我国经济学界对企业的性质和边界进行了研究，2005年这方面的研究取得了一些进展。

王学林认为，企业是要素所有者为了追求分工合作利益和交易费用节约而缔结的契约组织。企业契约和市场契约是两个极端，通常的契约是两种契约的综合，当企业契约的成分多于市场契约的成分时，依然构成一个企业，只是企业形式发生了改变，契约要素随经济发展和社会进步日渐丰富，企业形式也随契约要素而变化，并逐步向松散化发展[11]。

刘辉锋认为，企业的契约理论围绕交易成本概念解释了企业的存在、边界和内部组织，但严重忽视了企业的技术和生产功能，而演化经济学的企业理论通过研究企业内知识的产生、传播和利用过程，以及组织与个人的交互学习，不仅重新解释了企业的存在、边界和内部组织问题，还研究了契约理论未触及的企业异质性、竞争优势和企业家等问题[12]。

白永秀、赵勇通过对企业同质性假设和异质性假设的进一步探讨，认为运用企业同质性假设的抽象方法可以合乎逻辑的解释企业的契约本质和企业契约的规制或分配性，而企业异质性假设方法的运用可以理解企业的多样性和差异性，从而对企业契约的生产性作出令人信服的解释。企业契约理论和企业能力理论在事实上共同构成了一个有关企业性质认识的完整分析框架[13]。

新制度经济学从交易成本的视角解释企业，卢福财等人认为，按照交易成本经济学的逻辑，可以把企业间的网络看成是介于市场和企业之间的中间体组织，但是交易成本经济学的最大不足之处在于没有跳出单纯的成本分析框架，忽视了组织存在的根本目的——即通过要素组合来获取最大化的交易收益，仅仅从交易成本视角无法全面解释网络组织的性质与功效。因此，对网络组织的研究也应该从单一的交易成本视角转向交易成本与交易收益并行的双重视角[14]。

刘凤芹、谢适汀认为，虽然理论家们关于企业边界的观点是不一致的，但是现代经济学家达成共识的观点是，新古典学派关于企业是一个单纯的生产函数的理论是错误的，企业边界由长期平均成本最低点及其最低点的倍加确定也不符合现实，从实证研究看，最佳企业规模难以可靠地测度，从可观察的现实世界和可获得的经验材料看，即使按照新古典生产函数计算，占市场上各个份额的厂商长期平均成本几乎都是水平的，这就是说，在相当大的产出范围内，既无净规模经济，也无净规模不经济，企业边界或企业规模是不确定的，或者说在不同的约束条件下，可选择的企业规模或组织形式是多种多样的[15]。

刘东认为，企业边界普遍发生了显著的变化，探索企业边界变化的原因有助于对企业性质的进一步理解。企业边界可以由企业内运用知识的规模决定，也可以由交易效率与生产效率的相对比较决定。信息技术节约交易费用，因而强化了企业间按照生产效率的分工，而知识交易效率的低下，导致越来越具有知识经验仓库性质的现代企业扩大着边界。交易费用论作为一种分析方法，对解释企业性质仍是有效的[16]。

2. 关于委托—代理理论的研究

西方理论界普遍认为，委托—代理关系中存在的问题主要是信息的不对称造成的逆向选择和道德风险，逆向选择和道德风险会影响到社会经济的稳定和运行效率。对此，吴新博认为，委托—代理问题可以通过完善监控体制和采取激励机制加以解决，委托—代理关系中存在的问题主要是所有权外化所引起的剩余索取权、剩余控制权的分割问题，经营权是所有权的有机组成部分，它必然要求享有一定比例的剩余索取权和剩余控制权，委托人与代理人的博弈过程，就是这种比例关系的确立过程。在经济生活中，只有在代理人的要求被漠视的情况下，才有可能出现代理人利用信息的不对称谋求自身的利益，产生逆向选择和道德风险的问题[17]。

刘颖卓、熊伟认为，以所有权和控制权相分离为特征的“管理革命”的出现，使得不拥有企业资产的经理掌握了企业的经营决策权，而作为企业资本所有者的股东则必须为经理的经营行为承担风险。由于两者之间有利益冲突并存在信息不对称，股东面临着如何激励经理使之为提高企业绩效而努力工作的问题。这些治理机制的本质就是打破“外部契约”的约束，从而改变晋升激励的强势地位，充分发挥收益激励的作用。并认为，只有变革国有企业经理的行政任免制度，把经理的选择权完全交给企业，使企业能够对经理的选择和收益激励进行完整的设计，才能改变晋升激励弱化收益激励的状况，从而走出“最优契约陷阱”[18]。

金雪军、张学勇认为，除了委托—代理关系产生的利益冲突之外，还存在着控股股东与中小股东之间的利益冲突。现代公司大都具有复杂的股权结构，最终控股股东通过“金字塔”式股权结构，可以放大自己的控制规模，在有限责任的条件下，导致了最终控股股东采取非公司价值最大化而是自身利益最大化的行为，这就形成对中小股东利益的侵害，具体包括：隧道输送、低股利政策、过度融资和低效的管理者安排[19]。

三、关于我国公司治理结构和中小企业融资的研究

1. 公司治理结构问题的研究

公司治理结构，特别是我国上市公司的公司治理结构问题一直是我国经济学界关注的问题之一，2005年我国经济理论界在这方面的研究取得了一些进展。

陈晓、王琨认为近年的大量恶性案例表明关联交易已经成为我国上市公司治理的一个严重问题。在全面分析1998—2002年间我国上市公司关联交易总体状况的基础上，从不同角度考察了关联交易与股权结构之间的关系。研究结果表明，关联交易的发生规模与股权集中度显著正相关，持股比例超过10%的控股股东数目的增加会降低关联交易的发生金额和概率。此外，控股股东间的制衡能力越强，发生关联交易的可能性越低、金额越小。这些发现为通过增加控股股东数目，改“一股独大”为“多股同大”来改善我国上市公司治理结构、保护投资者利益的改革思路提供了实证依据[20]。

白重恩等学者通过对我国上市公司的市场价值与其治理结构之间的联系、投资者愿为治理良好的公司付出多大溢价这两大问题进行全面和系统的实证研究，充分考虑了公司治理的内外部机制，并结合我国的市场环境，归纳出一系列变量来描述公司治理在我国的具体实践。基于这个变量体系，运用主元因素分析法编制了一个可反映上市公司治理水平的综合指标——G指标。通过研究发现：治理水平高的企业其市场价值也高；投资者愿为治理良好的公司付出相当可观的溢价[21]。

陈颖通过对独立董事制度实施以来存在问题的研究，从公司治理结构与独立董事制度、独立董事制度产生的基础、股权结构与独立董事制度等方面进行了深入的探索，认为应从独立董事职责和产生机制等方面进行调整和完善，将独立董事制度与公司治理结构结合起来，使独立董事制度在公司治理中发挥真正的重要作用[22]。

陆善勇、付文阁认为，由于资本市场的复杂性，上市公司采取纯粹的“组织控制”和纯粹的“市场控制”模式都不可取，公司治理过程既不能过分信任和依赖资本市场，更不能否定和摒弃资本市场。在资本市场复杂性条件下，需要的是一种既能够充分利用资本市场又能够有效克服资本市场缺陷的公司治理模式，这样的公司治理模式实际上是以“组织控制”为主导的“共同治理结构”[23]。

沈越认为，公司治理结构与治理机制发育不对称，有治理结构而治理机制缺失是我国公司治理实践中的主要问题之一。这与我国公司治理形成主要依靠人为的、强制性的制度创新方式有密切关系。监督约束机制缺失是我国公司治理机制中的主要问题，这既与最初的公司治理结构设计失误有关，也与后来公司治理创新中的英美化趋势有直接联系。要进行我国公司治理的创新，应将监事会与董事会合并为一个组织，与经营管理机构形成制衡关系在对公司治理结构作出上述调整后，创新应更多依靠产权主体的自发性交易[24]。

2. 中小企业融资问题的研究

中小企业融资难，既是一个理论问题，也是我国面临的一个现实问题。对此问题，我国经济学界进行了研究，并取得了一些研究成果。

郝蕾、郭曦认为在利率管制下的卖方垄断型信贷市场中，担保额是银行甄别企业风险的有效工具，但这依赖于企业的风险收益特征。第三方担保可以帮助禀赋不足的企业融资。由于不同担保机构对企业信息了解程度不同，在对会内企业担保时，互助担保比政府担保具有优势。互助担保不会引起利益的重新分配，因为存在市场分割，政府担保是不可或缺的。同时，政府担保会引起风险转嫁，导致收益在企业内部、银行与企业之间重新分配[25]。

林毅夫、孙希芳认为，由于中小企业信息不透明，且常常不能提供充分的担保或抵押，正规金融机构难以有效克服信息不对称造成的逆向选择问题，而非正规金融则在收集关于中小企业的“软信息”方面具有优势。这种信息优势是非正规金融广泛存在的根本性原因，金融抑制只是一个强化因素，同时非正规金融市场的各种特征也都源于其存在的根本逻辑。通过构建一个包括异质的中小企业借款者和异质的贷款者（具有不同信息结构的非正规金融和正规金融部门）的金融市场模型，证明非正规金融的存在能够改进整个信贷市场的资金配置效率[26]。

时旭辉认为，当前中小企业融资是一个世界性的难题，美、日、韩等发达市场经济国家在长期的实践中逐步建立了较为完善的中小企业政策性金融体系，有效地弥补了商业银行金融的缺陷和不足。合理借鉴国外中小企业政策性金融的成功经验与做法，建立以间接扶持为主、直接扶持为辅的“混合型”中小企业政策性金融体系，是切实解决我国中小金融企业融资难问题的现实选择[27]。

汪玲认为，中小企业融资难是阻碍我国经济发展的主要难题之一，发达国家经济发展的实践证明，没有中小企业的迅速发展就不可能实现整体经济的

快速稳定成长。由于中小企业的特殊性，发达国家在解决中小企业融资难题上进行了长时期的探索，建立了一套行之有效的运作机制，其中建立科学的中小企业信用担保体系，就是解决中小企业融资难题的重要措施之一。结合我国具体情况，借鉴发达国家的成功经验，建立科学的中小企业信用担保体系，是解决中小企业融资难题的主要途径[28]。

黄亮等学者通过对我国和美国中小企业融资的渠道和结构对比，分析我国中小企业融资困难的原因，并进一步通过两个模型解释资金借贷市场上的逆向选择问题和银行被迫采用的信用配给制度。并提出解决中小企业融资困难要发展“关系型借贷”的政策建议，认为要发展关系型借贷必须做到两点：一是要增加从事“关系型借贷”的金融机构数量；二是要加强金融创新，探索实现“关系型借贷”的方法[29]。

四、关于市场结构理论的研究

传统西方经济学认为市场结构决定市场行为，进而决定市场绩效。我国学者对垄断资本理论、市场结构的形成、市场秩序的建立以及市场结构与市场绩效等方面进行了深入研究。

1. 对市场结构形成的研究

杨晓玲认为，在微观经济学理论中，生产集中和产品差异是市场结构形成的两个重要因素，生产集中导致形成垄断和寡头市场结构，而产品差异与生产集中密切联系，但它又是一个重要的、独立的市场结构因素，即垄断竞争市场结构形成的重要因素。事实上，生产集中和产品差异在成为市场结构形成的两个重要因素的同时，又会导致形成两种性质完全不同的市场控制行为，并且，这两种控制行为产生的经济绩效和福利影响也完全不同。对这两种市场控制行为性质的区分，不仅有助于深化对产业组织理论的认识，也有助于了解和把握当代产业组织关系的重大变化和发展趋势[30]。

史学军在产品质量升级的“动态”过程中，根据质量升级“效果”的显著性定义了“产品创造性”，从质量升级的“难度”出发定义了“质量升级成本系数”，并用这两个概念来刻画产业的创造性特征。进而，通过一个两阶段的博弈模型，讨论了由这两个概念所反映的产业中“创造性”特征对市场结构的影响。结果表明，质量提升的效果越不显著，或者产品的创造性越强，则市场集中度越低；而质量升级的代价对市场结构的影响并不是单调的，尽管就最终方向而言，其与产品创造性的影响效果一致[31]。

2. 市场结构与市场绩效

潘淑清认为，从产业经济学的角度看，任何一种正式或非正式的经济组织，其市场绩效都存在一定的差异，导致市场绩效降低的企业行为或组织形式必然受到政府的管制。在微观经济学中，无论是古诺模型、伯川德模型还是瓦尔拉斯一般均衡模型，都是假设厂商之间没有资源流动和资源共享。因此，当厂商的合作目标只局限于价格和产量协议时，合作的市场绩效低于竞争的市场绩效。但是，当两个厂商之间的合作是以分担风险、实现生产要素共享和资源流动为目标而不是以限制价格和产量为目标时，合作的市场绩效高于竞争的市场绩效，只要企业战略联盟的形成不是以限制产量和价格为目标的，这种合作组织不会减少社会福利，而且可以增加社会福利，增加的社会福利来自于共享资源后节约的成本[32]。

李华民认为，虽然市场集中度过高，曾被主流理论认为是我国银行业微观效率过低的罪魁祸首，但我国银行业外部竞争引进的微观绩效改善效果却十分不理想。其原因在于，在政府主导的行业垄断中，外部竞争引进并没有能够动员起国有商业银行参与行业竞争，反而在银行机构大量进入后因为提高了行业经营成本而降低了行业利润率。多种因素决定了银行业保持较高的市场集中度具有现实合理性。并提出，我国银行业如果要引入行业竞争，应该是在位寡头银行之间的竞争，而不是通过制造更多的银行机构与在位寡头银行进行竞争。寡头竞争均衡在维持金融稳定方面具有其比较优势[33]。

李世英在简要回顾市场进入壁垒和市场绩效研究的基础上，通过建立一个可估计的理论模型，对我国的制造业进行了实证分析。并认为，作为规模经济的进入壁垒与产业的市场绩效具有反向关系，而企业的研究和开发对市场绩效具有正向作用，表明企业的自主研发对产业的发展具有明显的促进作用。现有可观察的产业利润率与净进入率的反向关系表明，单个企业根据现有的产业利润率所作出的进入决策对产业绩效的增进具有积极的作用，说明我国企业对市场的反应正日益成熟[34]。

五、关于市场协调与政府干预

市场经济具有合理配置资源的功能，但在一些领域存在市场失灵。政府干预能够弥补市场缺陷，但在现实经济中也存在政府失灵的现象。如何认识市场失灵、政府失灵，界定政府的职能，是一个重要的理论和实践问题。

刘红、蔡志良认为，现实的市场机制，使得在很多场合不能实现资源的有效配置，造成市场失灵，形成市场失灵的主要原因有：信息不对称、外部效应、公共物品及垄断。市场失灵，不仅是政府干预的理由，而且是行业协会存在的理由[35]。

杜月昇认为，无论是在发达国家还是在体制转轨国家，政府在经济发展中的地位和作用都是不可替代的，相比之下政府在体制转轨国家中的地位和作用显得更加重要。政府的作用有两方面：一方面，在建立市场经济的过程中，市场经济越是发展，就越是需要政府从经济活动中退出；另一方面，市场失灵需要政府介入，需要政府通过对经济活动的干预，来解决因市场失灵而导致的资源配置效率低下问题，以及失业、收入差距过大和环境污染等问题。前者是政府从经济活动中退出，后者是政府对经济环境的介入，以此来发挥它在实现效率和公平的特殊功能[36]。

政府失灵一般包括三方面的内容：政府实施的政策和行为不能实现预期的社会公共目标；政府活动的高成本和低效率；政府作用的结果带来了新的市场失灵和社会不公。黄晖、程样国认为，为了克服政府和市场失灵，政府和市场应当共同努力，才是解决公共物品或服务有效供给之道。结合我国实际，借鉴国外经验，走出一条自己的路子，是我国公共管理的当务之急[37]。

张燕喜、张涌等研究了政府失灵问题，并提出了治理政府失灵的五项政策措施：引进市场机制改善政府服务功能，提高政府效率；限制政府权力，保证政府干预的公正公平；正确处理中央与地方关系，消除地方保护；正确把握政府与市场的关系，完善政府经济管理职能；加强公务员思想道德教育，建立健全监督制度[38]。

宏观经济研究院课题组认为，应该按照市场经济的一般规律，以整个政府职能的完善与规范，而不仅仅是公共服务职能完善的角度，来全面设计和规划各级政府职能的一次界定和政府间职能分配的二次界定。在此制度背景下，提出公共服务供给中各级政府事权财权划分的目标、思路和可操作的具体方案。事权配置方面：要首先确立社会主义市场经济条件下政府的职责范围，进一步明确政府间事权范围的划分，并以法律法规的形式固定下来。财权分配方面：要对现行的分税制进行全面反思和系统调整，以政府间事权的重新划分为基础，在各级政府之间进行财权和财力的划分。修改预算体制，使之真正与分税制协调一致，取消预算外资金制度，使得在财权问题上地方必须依靠培养和扩大税基来获取更多财力，而不能依靠预算外资金扩大财力[39]。

六、关于完善市场秩序与反垄断问题的研究

洪银兴认为，建立完善的市场体系和市场秩序需要自觉的行动，要根据市场经济体制建设的要求打破市场分割和行政垄断，自觉地建立市场秩序，而不能让市场竞争机制充分发挥作用来自发地形成市场秩序。市场秩序建设既涉及正式的制度安排，也涉及非正式的制度安排，两者不能偏废，必须相互配合，形成制度合力[40]。

刘世锦认为，我国垄断行业一般具有一定自然垄断特性，同时也有很强的行政性垄断性质，通常是以国有独资或控股全国性、行政性的大公司（或主管部门）为主的行业。我国垄断性行业的改革，大体上可以分为四个层面的问题：一是运营模式的选择；二是企业体制的重新构造；三是引入新的投资者；四是建立新的监管体制。下一步的改革中应当关注三个方面：首先，将垄断性行业改革作为国有经济战略性结构调整和企业改制的重点内容加以推进；其次，运营模式应有一个好的预先设计，在竞争性行业，市场开放所带来的竞争最终会形成某种稳定的（也很可能是有效率的）市场结构，这种结构是通过市场竞争的自然演化而形成的；第三，垄断性行业改革方案的研究制定要符合社会和国家的利益，要由超越部门利益的机构主导[41]。

杜传忠认为，我国现阶段垄断性产业的“垄断”与一般市场经济国家的产业垄断存在很大的不同，它是由行政性垄断与自然垄断交织而成的一种混合型垄断，其中行政性垄断占主导地位。目前，我国垄断性产业改革的关键是打破行政性垄断，引进竞争机制，实现政企分开。改革的重点是加快建立功能健全、运作有效的垄断性产业政府监管体制。在立法授权下设立独立的存在于政府机构之外的监管机构，应成为建设我国垄断性产业政府监管体制的方向[42]。

曾国安、吴琼认为，反垄断以维护公平竞争是政府的重要经济职能，但在市场对外开放的条件下，政府反垄断面临的环境发生了变化。政府反垄断政策的选择需要考虑我国市场对外开放对我国市场结构的影响、市场对外开放所面临的国际经济背景、外国政府的现行反垄断政策及其可能的变化、国际规则或双边规则以及多边规则对政府反垄断政策选择的限制等因素。要以促进竞争作为政府反垄断政策的基本原则，以国民利益的最大化作为政府反垄断政策的目标取向。当前政策着力点是放松对本国企业垄断的管制，强化对外国企业垄断的管制，根据外国政府反垄断政策的动向调整本国的反垄断政策[43]。

（作者：陈享光，中国人民大学教授；
王志远，中国人民大学博士研究生）

注：

①黄守坤：《非理性消费行为的形成机理》，《商业研究》，2005 年第 10 期。

②史玉伟：《消费函数理论主要假说述评》，《经济经纬》，2005 年第 3 期。

③陈惠雄：《生命成本：关于消费函数理论的一个新假说》，《中国工业经济》，2005 年第 8 期。

④邓晓辉、戴俐秋：《炫耀性消费理论及其最新进展》，《外国经济与管理》，2005 年第 4 期。

⑤周建：《经济转型期中国农村居民预防性储蓄研究——1978—2003 年的实证研究》，《财经研究》，2005 年第 8 期。

⑥孔东民：《前景理论、流动性约束与消费行为的不确定性—以我国城镇居民为例》，《数量经济技术经济研究》，2005 年第 4 期。

⑦胡坚、钱宥妮：《中国消费者短视行为的理论与实证研究》，《山西财经大学学报》，2005 年第 2 期。

⑧战明华、许月丽：《转轨时期我国居民消费行为的区域特征与城乡差异》，《中国农村观察》，2005 年第 2 期。

⑨陈学彬、杨凌、方松：《货币政策效应的微观基础研究—我国居民消费储蓄行为的实证分析》，《复旦学报》（社会科学版），2005 年第 1 期。

⑩黄少安、孙涛：《非正规制度、消费模式和代际交叠模型——东方文化信念中居民消费特征的理论分析》，《经济研究》，2005 年第 4 期。

⑪王学林：《企业性质及其形式演变》，《社会科学研究》，2005 年第 4 期。

⑫刘辉锋：《超越契约理论——演化论视角的企业理论研究》，《财经科学》，2005 年第 5 期。

⑬白永秀、赵勇：《企业同质性假设、异质性假设与企业性质》，《财经科学》，2005 年第 5 期。

⑭卢福财、胡平波、黄晓红：《交易成本、交易收益与网络组织效率》，《财贸经济》，2005 年第 9 期。

⑮刘凤芹、谢适汀：《论企业的边界与规模：近期文献的一个评述》，《社会科学战线》，2005 年第 2 期。

⑯刘东：《企业边界的多种变化及其原因》，《中国工业经济》，2005 年第 3 期。

⑰吴新博：《信息不对称条件下委托——代理关系的主要问题》，《北京师范大学学报》（社会科学版），2005 年第 5 期。

⑱刘颖卓、熊伟：《标准委托——代理模型中最优契约和“陷阱”分析》，《经济问题》，2005 年第 5 期。

⑲金雪军、张学勇：《公司控制权研究的新进展》，《经济理论与经济管理》，2005 年第 8 期。

⑳陈晓、王琨：《关联交易、公司治理与国有股改革——来自我国资本市场的实证证据》，《经济研究》，2005 年第 4 期。

㉑白重恩、刘俏、陆洲、宋敏、张俊喜：《中国上市公司治理结构的实证研究》，《经济研究》，2005 年第 2 期。

㉒陈颖：《中国上市公司独立董事制度研究》，《中央财经大学学报》，2005 年第 7 期。

㉓陆善勇、付文阁：《基于资本市场复杂性的公司治理分析》，《经济理论与经济管理》，2005 年第 6 期。

㉔沈越：《不对称的公司治理结构与治理机制——兼论我国公司治理的创新》，《北京师范大学学报》（社会科学版），2005 年第 3 期。

㉕郝蕾、郭曦：《卖方垄断市场中不同担保模式对企业融资的影响——基于信息经济学的模型分析》，《经济研究》，2005 年第 9 期。

㉖林毅夫、孙希芳：《信息、非正规金融与中小企业融资》，《经济研究》，2005 年第 7 期。

㉗时旭辉：《中小企业的政策性金融：国际经验及借鉴》，《财贸经济》，2005 年第 8 期。

㉘汪玲：《建立中小企业信用担保体系的战略构想》，《经济理论与经济管理》，2005 年第 6 期。

㉙黄亮、付伟、倪克勤：《逆向选择与信用配给：中小企业融资难根源分析》，《中央财经大学学报》，2005 年第 1 期。

㉚杨晓玲：《垄断势力、市场势力与当代产业组织关系》，《南开经济研究》，2005 年第 4 期。

㉛史学军：《质量升级成本产品创造性与市场结构》，《世界经济》，2005 年第 4 期。

㉜潘淑清：《企业战略联盟的市场绩效分析》，《当代财经》，2005 年第 4 期。

㉝李华民：《寡头均衡、绩效改善与金融稳定——中国银行业结构变迁的政策取向》，《金融研究》，2005 年第 8 期。

㉞李世英：《市场进入壁垒与产业的市场绩效研究—对中国制造业的实证分析》，《经济体制改革》，

2005年第4期。

㉟刘红、蔡志良：《市场失灵：行业协会存在的经济学解释》，《经济师》，2005年第1期。

㊱杜月昇：《体制转轨中政府对经济活动的参与》，《经济理论与经济管理》，2005年第6期。

㊲黄晖、程样国：《西方国家公共服务市场化的理论、实务和借鉴》，《江西社会科学》，2005年第2期。

㊳张燕喜、张涌：《现阶段我国政府失效及其治理探究》，《南方经济》，2005年第7期。

㊴宏观经济研究院课题组：《公共服务供给中各级政府事权财权划分问题研究》，《宏观经济研究》，2005年第5期。

㊵洪银兴：《经济转型阶段的市场秩序建设》，《经济理论与经济管理》，2005年第1期。

㊶刘世锦：《垄断性行业改革如何深入》，《宏观经济研究》，2005年第3期。

㊷杜传忠：《中国垄断性产业的"垄断"特征及其改革思路》，《社会科学辑刊》，2005年第5期。

㊸曾国安、吴琼：《中国市场对外开放条件下政府反垄断政策的选择》，《当代经济研究》，2005年第3期。

国际经济学

卫兴华　刘　斌

2005年，我国经济理论界对国际经济理论和现实的热点问题，进行了有针对性的研究和探索，涉及面广泛。这里就几个重点问题的研究成果和讨论内容加以梳理综述。具体内容包括：人民币的汇率水平变动和汇率制度改革；经济全球化问题；外商直接投资（FDI）问题；国际贸易理论与实务研究等。

一、人民币汇率问题

人民币汇率问题近几年一直是国际经济学的研究热点问题。2005年7月中国人民银行对人民币汇率水平和汇率形成机制作出了重大调整。因此，理论界关于人民币汇率问题的研究和讨论主要是围绕央行的一系列政策措施展开的。主要内容包括对人民币汇率政策改革的意义、目标的再认识；人民币汇率调整问题；人民币汇率形成机制改革问题。

巴曙松认为：人民币汇率问题实际上包括三方面，即汇率水平重估，汇率形成机制改革和资本管制。国际社会主要关注汇率水平重估，而中国外汇管理部门近几年主要工作是不断放松资本管制以促进资本外流，进而降低外汇供给和人民币升值压力。当前我国汇率政策的重点，应当是在继续保持资本管制的条件下，实现人民币适当升值，同时重点放在人民币汇率形成机制的改革。具体路径选择应是：重新回到"有管理的浮动汇率制"①。

（一）人民币汇率政策改革的意义和目标问题

高海红等认为：人民币汇率政策改革的意义在于，为了避免实际汇率与名义汇率严重背离所造成的不利影响——如导致资源配置扭曲、为国际投机资本提供货币攻击机会等，中国的汇率政策要对名义汇率水平的扭曲及时纠正，从而确保汇率水平反映真实的人民币供求状况。在当前，一个适当、合理的汇率制度对促进经济增长是有意义的，能在一定程度上间接影响经济增长的绩效。从长期看，随着市场体制不断完善，汇率制度的选择对经济增长的影响将不断减弱②。

王水林等认为：人民币汇率制度调整为以市场供求为基础、参考一篮子货币进行调解、有管理的浮动汇率制度，对增加央行的货币政策的独立性、灵活性，是有积极意义的。同时，从长期看也有助于中国通过国际贸易逐步提升中国产业和贸易结构，从而更有效地落实政府倡导的科学发展观③。

张斌等提出：人民币汇率政策目标应包括三个方面。（1）维持内外部均衡。（2）降低汇率风险，确保金融市场与宏观经济安全。（3）稳定出口国际竞争力与进口成本。当前我国采用的有管理的浮动汇率制度能够最大限度地兼顾上述目标。当前，政府应采取有效措施，一次性调整人民币汇率，并从钉住美元的汇率制度改为有管理的低浮动汇率制度④。

王健认为：从企业融资方式与汇率稳定性、不同融资方式的企业对利率和汇率的敏感性的差异等微观视角看，选择符合"统筹国内发展和对外开放的要求"的汇率政策是：短期内保持联系汇率不变，长期内要逐步实现浮动汇率政策。利率市场化需要汇率制度的配套改革，即利率市场化和浮动汇率要同步进行，才能建立起适应国际经济和国内经济变化的利率——汇率机制[⑤]。

李扬等强调：在人民币汇率制度改革过程中，确定汇率形成机制变革和汇率水平变化的优先次序至关重要。汇率形成机制改革应处于优先位置，并且在改革过程中始终重视汇率稳定。这应是人民币汇率制度改革的基本战略。回归有管理的浮动汇率制度，是实施这一战略的适当选择[⑥]。

陈雨露等认为：一方面，从文化背景、社会性质出发，中国不应对其他国家货币国际化背后超经济因素的扩张无动于衷；另一方面，随着经济实力的增强和对外开放的深化，中国在国际贸易和投资领域占据重要地位已为时不远。因此，中国政府必须高度重视人民币逐渐表现出的区域性国际货币的发展趋势，并在积极肯定人民币国际化战略的前提下，有效借鉴他国货币国际化的路径与方式，探索符合中国实际情况的具体方案，走一条渐进却坚定的货币国际化之路[⑦]。

（二）对人民币汇率调整的看法

中国人民银行在2005年7月21日宣布人民币与美元兑换比价小幅上升后，关于这次调整对中国国内经济增长和对外经济关系的影响，有众多评论意见。

王长胜等提出：人民币汇率水平的调整短期内对宏观经济有一定降温作用，但影响不大。当前的汇率调整无论从宏观经济基本面、从金融体系外汇市场、从升值预期看都是处于有利时机。但是中国政府依然要灵活运用宏观政策，根据国际收支变得情况，适度干预外汇市场，保持汇率稳定；采取贸易保护措施，减少对农业等行业的冲击；稳定国内需求增长[⑧]。

张曙光认为：发展中国家低估本国货币，是重商主义政策的表现。但重商主义政策随着经济的发展也需要调整。目前，人民币需要适当升值，升值幅度要适当，过小不解决问题，过大承受不了。据估算5%～10%之间较为恰当。汇率升值是人民币逐渐成为地区货币和世界货币的必然选择[⑨]。

曹凤岐提出：人民币汇率升值之争本质上是贸易问题之争。人民币大幅升值对中国乃至亚洲经济发展都是不利的。完善人民币汇率形成机制，保持人民币汇率在合理、均衡的水平上基本稳定，是人民币制度改革的目标。应进一步推进改革，形成更加适应市场供求变化和更加灵活的人民币汇率形成机制[⑩]。

石巧荣认为：人民币2%的升值幅度远未能化解由自身价值提高、篮子货币贬值和市场升值预期复合而成的人民币升值压力。因此，中国应在不超过升值压力幅度的范围内允许人民币汇率继续缓升，并采取相应的配套措施，以消除货币低估，实现内外均衡[⑪]。

范言慧、宋旺的看法是：人民币升值将导致就业和实际工资的降低，威胁国内就业形势，从而对中国的宏观经济政策形成挑战。为减轻人民币升值所形成的就业压力，可通过扩大出口份额以及对贸易部门投资等途径来增加制造业就业。同时，在没有完全实现贸易自由化之前，对取消资本流入的控制须十分谨慎[⑫]。

温彬认为：2005年7月人民币小幅升值，既可以避免给整个国民经济造成较大冲击，同时又有助于各经济行为主体增强防范汇率风险的意识。对金融中介的商业银行来说，不仅要加强自身的汇率风险管理能力，同时还要向市场提供规避汇率风险的产品。这对我国商业银行应对汇率风险提出了更高的要求。因此，如何尽快提高管理和驾驭汇率风险的能力和水平已成为中资银行的当务之急[⑬]。

曲凤杰认为：综合考虑人民币汇率升值和汇率形成机制改革，汇率改革不会使资本流动方向发生根本逆转，也不会造成资本流动规模的过快增加。未来一段时间，预期因素对资本流动将起很大作用[⑭]。

陈享光提出：人民币汇率由于我国国际收支顺差和外汇储备的不断增加而承受着升值压力。但把人民币汇率升值压力的根源归结为人民币汇率低估是没有根据的。人民币汇率升值压力的形成源于我国相对劳动力价值或价格低及由此产生的直接和间接效应。因此，正确的选择不是改变人民币汇率本身，而是调节相对劳动力价值或价格[⑮]。

（三）人民币汇率形成机制问题

2005年7月，人民银行宣布将实行以市场供求为基础、参考一篮子货币进行调解、有管理的浮动汇率制度。这是自1994年人民币汇率并轨以来汇率机制的又一次重大改革，它的实施意味着人民币放弃了事实上钉住美元的做法而改为“参考一篮子货币”。如何看待此次人民币汇率形成机制的改革以及对相关政策的影响，理论界进行了深入的研究。

李晓鹏指出：货币篮子的设定既是参考市场供求关系、扩大汇率弹性的结果，又是中国人民银行主动对人民币汇率实行有管理的浮动的一个主要渠道。在这种新的汇率形成机制下，大量国际游资豪赌“人民币连续大幅升值”的可能性将变得很小。面对今后更具弹性的人民币汇率机制取向，我国将加快相应的配套改革，大力防范金融风险，为进一步汇率制度改革打下坚实基础[16]。

任永力强调：人民币汇率制改革将对中国金融体系和经济结构弹性产生巨大影响。日益增强的汇率弹性要求中国将重点转向利率改革，其他配套改革也要协同进行，中国正朝着建立规范的货币政策平台和以市场为基础的宏观经济政策框架迈进。同时，人民币与美元的脱钩将为建立亚洲有效的货币联盟开辟道路，使亚洲从美元区中脱离出来。这次改革将成为中国货币政策的独立性改革和亚洲货币联盟形成的转折点[17]。

王元龙认为：完善人民币汇率形成机制的核心内容至少应包括五个方面，即完善汇率的决定机制、矫正汇率形成机制的扭曲、健全和完善外汇市场、增加汇率的灵活性、改进汇率调节机制。完善汇率机制的实质是提高汇率形成的市场化程度，而不是简单调整汇率水平。完善汇率机制是我国自主的选择，必须要充分考虑我国社会、经济的承受能力，避免汇率的较大波动[18]。

施建淮等认为：自上世纪 90 年代以来人民币汇率存在失调问题，而 1993 年 3 季度以后人民币汇率被低估，并有进一步扩大的趋势。究其原因，是由于钉住美元的汇率政策造成的。因此，从应对人民币汇率失调的角度看，中国应改革钉住美元的汇率政策，采用更为灵活的人民币汇率政策。这将有利于中国经济的稳定健康发展[19]。

黄海洲等提出：最优汇率制度的选择依赖于一国经济发展水平。对发达的欧洲国家而言，更具弹性的汇率制度带来较高的经济增长率，而经济增长率的差异并非取决于汇率制度选择；对于新兴的亚洲发展中国家而言，汇率浮动性越大，经济增长率越低，并且经济增长波动性也越大。所以，发达的欧洲国家应选择浮动汇率制度，而新兴亚洲发展中国家，在它们决定改变汇率制度时，更多的要关注其经济发展水平[20]。

姜凌等认为：中国是尚处于经济体制转型的发展中国家，当前汇率制度安排应反映这种转型特征。就短期而言，改变单一的钉住美元的固定汇率制为钉住一篮子货币的固定汇率制，是目前最佳选择；而就中长期考虑，扩大人民币浮动区间，实现汇率目标区制度宜作为我国汇率制度改革的主要选择[21]。

二、外商直接投资（FDI）研究

（一）外商直接投资溢出效应问题

“以市场换技术”是中国扩大开放，引进外商直接投资的一个重要目标。因此，关于溢出效应的研究，一直成为理论界对外商直接投资研究的重要内容。

袁诚、陆挺认为：在企业业绩的最终表现上，FDI 对中国企业家有一定的培训效果，但效果不十分显著；同时在“三资”企业的工作经历会带给民营企业家某些而不是全面的先进管理理念。如果要获得更加显著的 FDI 溢出效应，政府应当着眼于制定政策来扶持内资企业，通过公平竞争缩小他们与先进企业的距离，促使 FDI 在激烈竞争的市场中带来真正先进的管理经验和知识；并通过教育培训投人，提高内资企业管理者对外来的先进管理方法的学习能力[22]。

蒋殿春等提出：外商直接投资的竞争效应不利于国内企业创新能力的成长，但会通过示范效应和科技人员的流动等促进国内企业的研发活动；在国内企业中，国有企业和其他所有制企业的技术创新模式有所不同，受 FDI 的影响也不尽相同；国内企业的科技创新活动会对外商投资企业产生“挤牙膏”效应，激发其更强的创新动力；国内企业在与外资的技术创新竞争中很难占据上风[23]。

冼国明、严兵认为：根据 1998～2003 年省际层面的相关数据看，外商直接投资在中国创新能力方面的溢出效应在东部地区相对较强，而中、西部地区的经济发展水平还未跨出促使外资产生显著正面溢出效应的发展门槛[24]。

（二）外商直接投资对中国经济发展的影响

罗志松等强调：国际直接投资一方面对我国经济发展起到了十分重要的拉动作用；另一方面，随着外资规模的扩大，我国对外资依赖程度也在加深。为此，我国要优化外商投资结构；重视外国直接投资中的跨国并购问题；控制支柱产业和企业，避免外资控制普遍化；推动产业结构不断升级；推动长期导向的内需型经济的形成；慎重对待金融自由化[25]。

李骥认为：外商直接投资一方面促进中国经济快速发展，同时也是国内企业走向内向型国际化的过程。当前，中国外资优惠政策应随着外资的大量进入逐步取消，外资政策的核心应由市场准入逐步转向鼓励竞争。在竞争性的市场上，外资企业不见得比内资企业更具有竞争优势[26]。

张立群认为：FDI 从需求角度对 GDP 的影响主要表现在当年，从供给角度对 GDP 的影响主要在下一年，这就从不同时点上形成了一个动态的过程。考察 FDI 对某一年经济增长的影响，既要看当年 FDI 从需求方面的影响，还有看上一年 FDI 从要素供给方面的影响。FDI对当年GDP的影响在增值率上是10:0.65,对下一年GDP的影响是10:1.36，这表明利用外资对中国经济增长具有明显影响[27]。

王洪庆等提出：目前中国的加工贸易主要以外商投资为主，并形成了以加工贸易为主的外商投资格局，且外商直接投资与中国的加工贸易之间存在良性互动关系，因此中国利用国际资本和国际市场，进一步发展“两头在外”的加工贸易战略与利用外资战略要相互配合、相互促进；在保持加工贸易规模较快增长的前提下，进一步促进加工贸易的技术进步与产业结构升级，提高加工贸易的国内采购率和增值率，使中国发展成为具有较强竞争力的世界制造业基地[28]。

王永齐强调：从总量上看，外商直接投资与国内资本间存在着直接或间接的互补关系，挤出效应并不存在，其对经济增长的影响也是积极的；但FDI对经济增长的影响缺乏长期持续性，表明FDI的纵向技术溢出能力并不强。从产业层次看，外商直接投资存在着相对挤出效应，并且，外商也倾向于向这些相对挤出效应大的产业投资。在这些产业中外资具有绝对竞争优势、市场支配地位和更高的利润[29]。

（三）对外商直接投资的政策调整问题

宋泓认为：在外商直接投资过程中应注意以下几个问题。1. 应纠正单纯追求经济增长式的外资引进做法。促进国内企业和产业发展应该成为中国引进外资的标准。2. 在开放条件下大力支持国内企业和产业的发展。引导和鼓励企业更加重视国内市场。3. 对于中等技术产业的发展，中国要激励和鞭策国内企业尤其是合资企业的中方企业的积极努力，并大力引进民营企业的竞争[30]。

王韧提出：中国在利用外资过程中由于存在“资本积累的悖论”、“技术溢出的悖论”、“经济效率提高的悖论”、“外资介入国有资产重组的悖论”，使得中国经济增长对外资的依赖本质上已变成一种强度路径依赖，必须进行相应的路径挑战；针对阻碍路径调整的众多内在因素，应采取渐进式、区域化的外资政策调整方案[31]。

祖强等认为：跨国公司的FDI对中国的产业聚集和产业升级产生了重要影响。在垂直专业化已成为跨国公司全球化运作的新形势下，内资企业应该利用这个机会为跨国公司做产业配套，进行专用性投资，并在此过程中形成产业聚集，这将有利于中国产业技术水平的提高和产业结构升级。但是，如果各级政府为了吸引FDI而限制内资企业，或内资企业仅仅为跨国公司做外围的简单的产业配套，那么对东道国而言，“产业空洞化”绝非危言耸听[32]。

王江等的看法是：以GDP稳健增长和经济结构优化为目标的发展中国家的经济发展战略与以利用当地资源、转移生产基地和跨国逐利为动机的外国投资经营策略之间存在着巨大的反差。因此，经济增长已开始全面启动的发展中国家必须对FDI在国内的运作加以规制、引导和约束，使之与本国经济发展战略相配合；针对外国投资者的各种优惠措施需谨慎处理，改变在经济增长起步阶段由于“投资饥渴症”引发的不规范外商投资经营行为和政府管理行为[33]。

三、经济全球化问题

关于经济全球化问题，随着经济实践的不断发展，理论界出现两种研究趋向。一种趋向是将经济全球化的研究视角逐步深入到国际贸易和国际金融领域等方面，讨论这些领域在经济全球化背景下的新发展。另一种趋向是研究经济全球化的内在本质问题。这里侧重于后一种研究趋向的理论综述。

刘永佶认为：“全球化”实质是“资本的全球化”，是资本主义制度向全世界扩张的过程。在这一过程中，处于社会主义初级阶段的中国既要积极参与、迎接其挑战，又要坚持社会主义原则，完善公有制，提高劳动者地位和素质技能，以此保持自身的主体性和主动性。只有这样中国才能不被纳入国际垄断资本的扩张过程中[34]。

张彤玉等认为：21世纪初，经济全球化的各种矛盾出现了新的演进特征：全球经济的融合趋势与区域化并存；跨国公司发展过程中体现的经济的世界性和民族国家的经济主权冲突更加明显；全球化同时带来了经济增长与贫困；国际垄断和竞争并存；实体经济与虚拟经济偏离的金融危机频频爆发等等。而这种种表现则根源于资本主义生产方式及其基本矛盾在全球的扩展[35]。

马传兵认为：经济全球化的实质是资本扩张。目前正在进行的第三次经济全球化过程中无形资本成为资本扩张的主导力量。无形资本具有垄断性，可以为所有者带来垄断利润，追求利润的动力驱使着资本所有者突破国家地域的限制，把无形资本作为目前在世界范围内获取垄断利润的最佳手段。无形资本主要是从发达国家向发展中国家扩张。因此发展中国家要想抵御发达国家无形资本的扩张，就必须培育和壮大民族无形资本，使其成为抵御发达国家无形资本扩张的主要力量[36]。

李丹认为：无论是国际社会，还是新闻媒体和学术研究领域，“反全球化”已成为世人瞩目的社会运动和不容忽视的政治话语。“反全球化”和“全球化”一样是跨学科、多领域、广视角的问题，可以从不同维度予以透视。从哲学角度看，它是全球化内在矛盾的一方面；从政治学角度看，它是一场反资本主义的民主运动；从经济学角度看，它是要求对社会财富进行公平分配的一种社会替代方案；从社会学角度看，它是现代风险社会缺乏保障的产物和表现；从国际关系学角度看，它是反帝反美反霸斗争的一种形式。从不同角度进行分析讨论，有助于全面理解反全球化运动[37]。

沈越提出：经济全球化对发展中国家是一把利弊参半的双刃剑，但对中国经济发展来说，全球化进程的利大于弊。人口众多曾是困扰中国经济发展的最大障碍，资源和市场的全球化重新配置正在把这一劣势转化为廉价劳动力成本优势和巨大市场潜力优势。经济全球化同时意味着经济运行规则的一体化，在中国经济体制市场化演进过程中，对外开放效应大于自我改革效应[38]。

王德文等认为：民工荒现象是中国农村剩余劳动力由无限供给向有限剩余过渡的一个转折性标志。在经济全球化背景下，激烈的市场竞争改变了中国地区之间的相对优势，并形成了多个增长中心的格局。地区间争夺劳动力资源的市场竞争也会越来越激烈。谁会在竞争中取胜取决于本地劳动力市场开放程度和就业制度改革所提供的吸引力。在这种新形势下，深化户籍制度改革、加强劳动力市场体系建设，将有助于提高全国劳动力市场的一体化水平及其效率[39]。

四、国际贸易问题

关于国际贸易问题，理论界的研究主要集中在两点。一是国际贸易理论方面，二是中国的国际贸易政策研究方面。

（一）国际贸易理论研究

雷达等提出：在新贸易理论分析框架中贸易自由主义与干预主义的冲突突破了以往发展的格局，贸易政策观念的对立似乎不再体现为理论分析范式的对立，它更多依赖于一种理论的信仰和相应的理论假设前提，自由与干预似乎可以共存于统一的贸易基准模型之中，而不是传统的非此即彼的理论选择[40]。

李翀认为：绝对利益学说和比较利益学说是以贸易双方都可以生产某种贸易商品为前提。但在现实国际贸易中，贸易双方越来越多地进行只有一方能够生产的商品的贸易。这种情形应被称为超绝对利益。构建超绝对利益学说，可以专门解释两个国家进行只有其中一个国家所能生产的商品的贸易的现象；可以揭示当今国际贸易格局的实质。其政策意义在于突破绝对和比较利益来制定对外贸易发展战略，推动我国技术进步，创造出某些具有超绝对利益的商品[41]。

（二）国际贸易政策与实务研究

赖平耀强调：当简单劳动密集型产品出口达到饱和状态、出口退税达到财政支付极限时，中国将进入出口结构转型的关键时期。从目前中国出口结构及未来增长前景看，中国一旦在资本密集型和技术密集型制造业的进口替代取得突破性进展，便能够实现出口结构的第二次转变[42]。

刘拥军认为：发挥比较优势可以在国际竞争中扬长避短，获取更大的贸易利益并为经济发展积累资金。产业升级的着眼点是通过政府的干预，实现经济的跨越式发展。从这个意义上说，两者的根本目的是一致的。从经济发展战略高度看，发挥比较优势是我国参与国际竞争和实现经济转型的需要[43]。

崔凡提出：萨缪尔森2004年撰文指出的在全球化进程中，中国在美国原来具有比较优势的领域里的技术进步，会导致美国贸易条件的恶化和福利的下降。但从现实数据看，中国在劳动密集型产品的出口扩大恶化了中国的贸易条件。从长远看，中国以廉价劳动力为基础的纵向对外贸易的比重将逐步下降，而以规模经济为基础的横向贸易的地位将逐渐上升[44]。

黄季焜等认为：全球贸易自由化是当前和未来世界经济发展不可避免的趋势。2001年开始的多哈回合贸易自由化多边谈判和最近刚刚取消的“多种纤维协定”（MFA）将在全球贸易自由化进程中发挥重要的作用。研究结果表明，虽然取消MFA对一些国家纺织部门带来冲击，但它极大地促进了大多数国家经济的发展，贸易自由化对经济的影响在不同部门和不同国家间存在显著差别；更大程度的贸易自由化不但符合全球共同利益，也符合中国国家利益；中国在推动全球贸易自由化过程中应发挥更积极和更大的作用[45]。

张汉林等强调：中国现行的贸易政策是“重商主义”倾向＋“贸易自由化”旗帜。中国宏观贸易政策的现实选择和发展趋向应是“有管理的贸易—投资自由化”政策。这一政策的具体实施涉及货物贸易领域、服务贸易领域、利用外资领域、知识产权领域、贸易摩擦和争端领域以及国内政策领域诸项政策、法规体系的完善和建立[46]。

沈利生认为：中国对外贸易的迅速增长使得中国的外贸依存度节节攀升，引起各方面的关注。然而，传统的外贸依存度定义存在着固有的缺陷，缺乏科学性。根据新定义的外贸依存度可以正确评估一国经济对国外市场和国内市场的依赖程度。就目前而言，与美国、日本这样发达国家相比，中国的一般贸易依存度也不高。所以，中国经济对外国市场的依赖程度远非传统外贸依存度计算结果所显示的那么高，更没有到“非降不可”的地步。外贸部门应该抓住中国加入世贸组织的有利时机，促进对外贸易新发展[47]。

赵瑾认为：未来几年中国进口依存度将大于出口依存度，进口依存度结构的变化不仅影响我国经济的持续稳定增长，新型工业化进程的实现，而且还具有潜在引发通货膨胀危机的危险。而从出口依存度结构看，中国劳动密集型产业过度依赖国际市场不仅容易引发贸易摩擦，增加就业压力，而且严重影响我国产业结构调整和转移。为此，中国需要在正确认识外贸依存度“双重作用”的基础上，调整外贸依存度的结构型指标，坚定不移地实施内需主导性的经济发展战略[48]。

刘力认为：从国家类别看，发展中国家的贸易依存度明显高于发达国家。而在发展中国家中，经济发展水平越高的国家，贸易依存度越大；经济发展水平越低，贸易依存度越小。目前我国贸易依存度尚在正常范围内，但有偏高的发展趋势。决定贸易依存度变化最根本的原因是国内经济发展规模和结构。伴随着国内经济的持续高速增长，中国进口依存度和整个贸易依存度必然要继续大幅上升，超出正常范围的可能性也越来越大[49]。

（作者：卫兴华，中国人民大学教授；
刘斌，中国人民大学博士研究生）

注：

①巴曙松：《重回“有管理的浮动汇率制度”》，《资本市场》，2005年第7期。

②高海红、陈晓莉：《汇率与经济增长：对亚洲经济体的检验》，《世界经济》，2005年第10期。

③王水林、黄海洲：《人民币汇率形成机制的改革及对相关政策的影响》，《国际经济评论》，2005年第5期。

④张斌、何帆：《如何调整人民币汇率政策：目标、方案和时机》，《国际经济评论》，2005年第2期。

⑤王健：《从微观视角看我国汇率政策选择》，《经济理论与经济管理》，2005年第4期。

⑥李扬、余维彬：《人民币汇率制度改革：回归有管理的浮动》，《经济研究》，2005年第8期。

⑦陈雨露等：《作为国际竞争战略的货币国际化：美元的经验证据》，《经济研究》，2005年第2期。

⑧王长胜、范剑平、祝宝良：《人民币汇率变动影响的定量分析》，《财经界》，2005年第9期。

⑨张曙光：《人民币汇率问题：升值及其成本—收益分析》，《经济研究》，2005年第5期。

⑩曹凤岐：《人民币汇率形成机制研究》，《金融研究》，2005年第1期。

⑪石巧荣：《弹性汇率制下人民币升值压力累积与释放效应分析》，《世界经济与政治论坛》，2005年第6期。

⑫范言慧、宋旺：《实际汇率对就业的影响：对中国制造业总体的经验分析》，《世界经济》，2005年第4期。

⑬温彬：《人民币升值对我国商业银行的影响研究》，《国际金融研究》，2005年第9期。

⑭曲凤杰：《人民币汇率改革对资本流动的影响》，《国际金融研究》，2005年第9期。

⑮陈享光：《人民币汇率升值压力的经济根源与调节政策》，《教学与研究》，2005年第7期。

⑯李晓鹏：《人民币汇率制度改革分析及展望》，《理论动态》，1686期。

⑰任永力：《一次很小的汇价调整，一个巨大的结构变革》，《国际金融研究》，2005年第9期。

⑱王元龙：《人民币汇率形成机制的完善》，《经济理论与经济管理》，2005年第3期。

⑲施建淮、余海丰：《人民币均衡汇率与汇率势头：1991—2004》，《经济研究》，2005年第4期。

⑳黄海洲等：《汇率制度与经济增长：来自亚洲发展中国家和欧洲发达国家的经验研究》，《经济学季刊》，2005年第4期。

㉑姜凌、马先仙：《正确认识人民币汇率稳定的若干问题》，《金融研究》，2005年第8期。

㉒袁诚、陆挺：《外商直接投资与管理知识溢出效应：来自中国民营企业家的证据》，《经济研究》，2005年第3期。

㉓蒋殿春、夏良科：《外商直接投资对中国高技术产业技术创新作用的经验分析》，《世界经济》，2005年第8期。

㉔冼国明、严兵：《FDI对中国创新能力的溢出效应》，《世界经济》，2005年第10期。

㉕罗志松、荣先恒：《吸收FDI对我国经济安全

的影响及其对策》，《世界经济研究》，2005年第2期。

㉖李骥：《外商直接投资经济实效与中国企业内向型国际化》，《改革》，2005年第1期。

㉗张立群：《利用外资与中国经济增长的关系》，《改革》，2005年第6期。

㉘王洪庆、吕鹂慷：《外商直接投资与中国的加工贸易》，《改革》，2005年第7期。

㉙王永齐：《外商直接投资对国内资本形成的挤出效应分析》，《世界经济文汇》，2005年第6期。

㉚宋泓：《引进外资与中国企业和产业的发展》，《国际经济评论》，2005年第1期。

㉛王韧：《路径依赖与中国利用外资调整对策》，《改革》，2005年第11期。

㉜祖强、孙军：《跨国公司FDI对我国产业集聚和产业升级的影响》，《世界经济与政治论坛》，2005年第5期。

㉝王江、吕庆华：《关于中国对FDI限制性规制的若干思考》，《经济与管理研究》，2005年第8期。

㉞刘永佶：《主体、主义、主权与自主发展：落后国家在全球化中的唯一选择》，《社会科学论坛》，2005年第8期。

㉟张彤玉、丁国杰：《经济全球化中的五大矛盾及其演进》，《开放导报》，2005年第1期。

㊱马传兵：《无形资本扩张与发展中国家的对策》，《国家行政学院学报》，2005年第1期。

㊲李丹：《反全球化运动的多维透视》，《中国人民大学学报》，2005年第4期。

㊳沈越：《经济全球化与中国经济发展的长期优势》，《经济与管理研究》，2005年第2期。

㊴王德文、蔡昉：《全球化与中国国内劳动力流动：新趋势与政策含义》，《开放导报》，2005年第4期。

㊵雷达、刘元春：《新贸易理论与自由主义：冲突与融合中的发展》，《世界经济》，2005年第5期。

㊶李翀：《超绝对利益学说的构建以及与相关学说的比较》，《福建论坛》：（人文社科版），2005年第3期。

㊷赖平耀：《中国的对外贸易：绩效、问题及未来的政策选择》，《国际经济评论》，2005年第3期。

㊸刘拥军：《论比较优势与产业升级》，《财经科学》，2005年第5期。

㊹崔凡：《现代国际贸易理论对中国对外贸易发展的启示》，《经济理论和经济管理》，2005年第9期。

㊺黄季焜、杨军：《全球贸易自由化对中国和世界经济的影响》，《地理科学进展》，2005年第1期。

㊻张汉林、李计广：《中国外经贸政策的调整与完善》，《国际贸易》，2005年第7期。

㊼沈利生：《论外贸依存度—兼论计算外贸依存度的新公式》，《数量经济技术经济研究》，2005年第7期。

㊽赵瑾：《我国外贸依存度变化的风险分析与主要对策：精算实际外贸依存度》，《国际贸易》，2005年第1期。

㊾刘力：《客观认识目前我国的贸易依存度》，《国际贸易》，2005年第7期。

宏观经济管理与政策

方　芳　丁明星

一、2005年宏观经济运行态势与宏观调控

2005年在宏观调控的作用下，经济趋于平稳并保持了高增长低通胀的态势。各产业投资增长趋于平衡，部分产业的盲目扩张得到遏制，协调性增强；高出低进的外贸继续保持对经济增长的强劲拉动作用。但是长期的结构性问题和潜在的不稳定性仍然没有得到根本的改变。如经济增长对投资和外贸的依赖；国内消费启动不足；产业结构失衡，部分产业产能过剩、企业效益低；就业压力增大、农民收入增加减缓、可持续性不足等等。专家们对于经济的短期走势和长期结构性问题都提出了各自不同的见解。

1. 当前经济运行区位是处于上升还是下降的争论

自2004年实施调控政策以来，在经济运行是否出现转折的认识问题上专家学者提出了各自的观点。有学者认为在国家连续两年加强宏观调控的大背景下，我国经济增长已经进入到了软着陆的关键时期，无论从产业供给，还是从市场需求看，经济都将处于大增长的调整阶段，固定资产投融资的总体走势

朝着稳定下行的轨道运行。因为从产业运行看，下游产业的拉动作用减弱，导致整个产业投融资的需求减弱；从内外贸增长看，市场需求相对萎缩，使得未来投融资扩张力度受到限制；从投资主体的动力看，扩张与发展欲望不强，将使投资增长趋缓①。

但也有学者认为，2005年以来经济增长速度回落是合理地放慢，而不是经济形势发生了转折，将进入周期性的低迷期。自2004年第二季度以来的经济增长率平缓且适度放慢，这是宏观调控的结果，起到经济增长速度下调，但增长质量和结构优化的目的。即这轮调整是主动性的，它为今后更长时间的稳定快速增长创造了基础。从周期的观念来看，短期增长的调整是两阶段高增长的间隙，因为中国经济将在较长时间内处于新一轮快速增长周期之中②。

也有学者认为经济增长正从高位运行进入新的稳定增长期。虽然存在着影响经济增速放缓及通缩的压力。一些主要行业的景气指数开始回落特别是钢材、建材、化工、机械加工等重要行业企业效益下滑，设备、产能利用率降低，产成品库存增加；信贷增长速度下降，固定投资增长放缓同时国内需求增长不足。但由于进出口的增长及社会基础设施投资、消费的稳定，经济增长不可能出现大的下滑③。

还有学者认为，2005年全年的宏观经济未冷但已趋冷，景气巅峰已过，调控工作的重心应从抑制过热转移到延长景气上来。企业盈利锐减、消费增速减缓，物价存在紧缩危险。同时实际利用FDI呈现负增长。因此财政和货币双紧的政策基调有必要适时、适度进行调整④。

2. 经济运行中消费需求不足的讨论

我国经济对投资和外贸依赖性过大，对国内消费需求的启动长期没有效果。专家学者对此纷纷提出自己的解释和对策。有学者认为由于我国城镇居民储蓄行为中预防性动机较强，因此下调人民币存款利率，征收利息税以及采取鼓励个人信贷消费等措施对解决居民储蓄率居高不下的问题和启动国内有效需求的作用是难以有效的。关键应改善居民对未来支出的预期。为此：（1）加快社会保障制度改革，尽快建立起覆盖全社会的社会保障制度；（2）教育、医疗、养老、住房等方面的改革应以确保社会稳定为前提；（3）完善税收和转移支付体系，通过将边际消费倾向低的高收入群体的部分收入向边际消费倾向高的低收入群体转移，从而提高消费需求，有利于社会的稳定发展⑤。

有学者认为由于粗放式投资边际效率递减，资源短缺、基础设施瓶颈以及环境制约都难以支撑投资、产能膨胀。因此必须转变增长理念，树立大国经济自主增长的新思维。而与投资需求相比，消费需求是最终需求，拉动经济增长的作用更为稳定和明显。因此通过：提高居民收入，特别是中低收入阶层居民收入；适当压缩政府经济建设投资和相应增加公共服务开支；建立合理有效的工资增长机制，使职工工资随着经济发展水平不断提高；增加农民收入水平，完善农产品、农业生产资料价格机制保证农民权益、减轻农民负担，清理拖欠农民工工资，鼓励农民进城务工，同时加大财政转移支付力度，完善农村基础设施建设，建立农村免费义务教育、最低生活保障制度和基本医疗保险来推动经济进一步发展⑥。

有学者认为通过信用扩张、消费信贷来刺激消费也会带来负面效应。信贷“创造”出来的消费需求，有可能阻止市场价格信号向企业传递消费需求的真实信息，使企业在消费需求不足的情况下反而扩大消费品生产规模。一旦债务清偿发生困难，将使信用支撑下的消费需求消失，从而导致消费需求总量收缩和消费品生产过剩。要避免这种消费需求不足的潜在风险，需要控制信用规模的膨胀、完善社会信用体系以及发挥中央银行对居民个人资产贬值的“安全网”作用⑦。

有学者认为总消费需求不足的关键原因在于微观机制即工资的市场定价机制存在问题。我国劳动力市场具有两大特点：劳动力过剩和劳动力的需求垄断。这两个特点决定了工资的市场定价必然将工资定位在低点，从而导致总消费需求不足。要解决这个问题，必须进行一系列“面对市场”的改革，改变劳动力市场结构，提高劳动者素质，改变工资定价机制形成对劳动者的有效激励，提高劳动力收入占产出的比重，才能从根本上解决有效需求不足⑧。

3. 关于深层次经济结构调整问题的讨论

对影响我国未来经济运行的深层次结构失衡问题的认识及对策，有关专家学者提出了不同的观点。

有学者认为我国经济运行中存在着普遍的结构性问题。各产业投资增长失调，电力煤炭、房地产业无序增长，即使在产业内部也存在像钢铁业高附加值项目不足而低技术含量的投资膨胀局面。目前部分行业的盲目扩张的恶果已经显现，企业利润大幅下降。融资及信贷结构中存在向大企业集中，而农村、中小企业信贷不足以及直接融资市场无序、比例过低的问题。农业综合生产能力低、基础脆弱，抵御市场风险和自然灾害的能力较差。现行的财税、金融、投资、土地管理制度还不完善，科学的发展观和正确的政绩观在一些地方没有得到很好落实，企业内控机制仍不健全，导致盲目投资和粗放增长的体制性机制因素没有消除。企业缺乏自主创新能力、低端产品比重较大、难以适应成本上升和市场需求变化⑨。

有学者认为增长方式粗放是我国经济社会发展中一个比较突出的问题，表现在主要通过扩大投资规模、过多依靠各种资源的大量消耗实现经济的快速增长。由此导致效率依然不高、效益相对低下和环境压力明显加大，以及发展的不可持续性。要走新型工业化的道路转变增长方式就要发展高新技术产业、先进制造业和服务业，提高服务业的比重。提升经济结构的关键是要增强技术创新的能力，努力掌握核心技术和关键技术，增强技术成果转化能力，提升产业整体技术水平，提高经济增长的科技含量。只有这样才能有条件淘汰落后工艺技术，关闭破坏资源、污染环境和不具备安全生产条件的企业，从而实现增长方式的转变⑩。

有学者认为解决深层次结构性问题、转变经济增长方式，除了要实施有利于自主创新、优化产业结构、节约能源资源的方针政策以外，还须深化改革，形成推动经济增长方式转变的体制机制。切实转变政府职能，政府从经济活动的主角转为公共服务型政府。高投入、高消耗、高污染、低效率的粗放型增长方式之所以转变困难，是因为我国的生产要素价格和资源产品价格长期受国家管制，严重偏低。因此要适时地推进生产要素和资源产品价格改革，以使这些价格能较好地反映市场供求状况和资源的稀缺程度，从而用价格杠杆推动资源、能源节约⑪。

4. 关于宏观调控政策及效果的讨论

关于这一轮宏观调控的政策手段和效果学者们讨论纷纷，提出了不同的看法。有学者认为我国经历了六次宏观调控，特别是最近的这次调控，在理论和实践经验上都得到了丰富。这次调控做到了把治理性调控、预防性调控有机结合起来，在经济尚未全面过热，通货膨胀尚未发生之时予以遏制，避免了经济大起大落对国民经济造成严重伤害，极大地降低了宏观调控成本，有利于发挥宏观调控对经济增长的长效作用。同时宏观调控政策转变和发展政策的战略转变相结合，宏观调控的目标不但以总量均衡、增长为目标，还兼顾环境、生态、社会人文的全面协调发展。并与深化经济体制改革相结合⑫。

有学者针对政府调控手段的争论认为中央政府的宏观调控主要是调控地方政府盲目扩张经济的行为，因而不得不采取行政手段。这轮的经济波动如果只用市场手段是很难控制的。调控手段必须与经济体制现实相符合，在行政管理体制改革滞后的情况下不能教条⑬。

也有学者还从我国国情出发分析了市场调控手段效果不足的原因。由于国有企业的非理性行为使得市场调控手段无法奏效。同时由于市场机制的不完善以及部分行业的行政垄断造成商品、货币、劳动的价格扭曲，在宏观调控所依据的各个经济指标或参数偏离实际情况下进行调控，效果自然不会理想。然而政府为平抑经济波动不得不依赖行政手段也带来了过度干预的严重后果。地方、部门间的利益矛盾日益尖锐，一方面造成市场效率的下降，另一方面造成市场对行政调控的依赖进一步提高，从长期来看有阻碍市场化进程的危害⑭。

二、关于“三农”问题的讨论

十六大以来，农业、农村滞后问题给经济整体发展带来的不利影响日益显现，党和政府把农村工作提到了一切社会经济工作的首位。对于当前我国农业发展中存在的问题及对策学者们提出了种种观点。

有学者认为工业反哺农业始于工业化中期，并向工业化后期延续。工业化中期阶段的反哺农业可分为转折期和大规模反哺期。转折期的反哺政策目标以增加农产品产量为中心，突出粮食安全地位，政策手段主要为生产领域支持，以稳定价格和关税保护；大规模反哺期政策目标以提高长效性的农业生产能力为主，兼顾增加农民收入和保护环境，政策手段以土地等基础设施投入、农用生产资料补贴、信贷服务和价格支持为主。目前我国已跨过工业反哺农业的转折期，正逐步向大规模反哺期过渡，但到全面、大规模反哺期还有差距⑮。

有学者认为仅靠农村经济的发展、农村自身体制和治理结构的改革，不足以使农民从困境中解脱出来。我国的总体发展模式和宏观政策的制订，整个社会的转型，经济、政治、社会文化体系和相应载体的演进都将直接影响农村、农业的发展。同时不能把政治、经济和社会方面的改革割裂开来，必须配套进行。乡镇基层政府应从全能型、多功能政府转向有限功能的政府、自治式服务型政府，这可能对短期内农民收入的提高和长期的增长奠定基础[16]。

有学者认为从2005年开始，我国农业加入WTO过渡期结束，进入WTO后过渡期，将成为世界上农产品市场最早开放的国家之一。农业面对国际竞争的压力将全面提升。我国小规模分散经营的传统农业竞争劣势在较长期内不会逆转；发达国家对农业的高补贴、保护形成的不公平国际农产品贸易环境在短期内也不会得到根本的改变；农产品进口压力日益加大，粮价将下降；国际农产品市场风险将通过跨国公司营销链条迅速影响国内，风险防范和管理难度加大[17]。

有学者认为，不同经济部门的此消彼长通过产品市场和劳动力市场也会对农民收入产生直接或间接的影响。农民收入问题是一个就业问题。农民人均收入取决于农业工资、非农就业工资和非农业就业比例三个因素的变化。在20世纪90年代农产品供求格局发生根本性变化之后，非农业收入成为推动农民收入增长的关键因素。由于先天不足和政策制约，农村工业在市场开放和市场竞争中增长减缓，对农村劳动力的吸纳能力下降。20世纪90年代的城市经济增长并没有通过产品和要素市场将城乡经济有效地连接起来，因此，农民收入问题的解决有赖于城乡之间和城市内部劳动力市场一体化的发展[18]。

有学者认为农民的异地打工并不是政策上的最优选择，虽然它会在一定程度上增加农民的收入。但它并不能缩小地区间居民收入、城乡收入乃至经济社会发展的各方面差距。成千上万的农民工跨省流动是资源配置失衡造成的，这种大规模的流动就业方式不仅不利于社会的安定，也给社会和农民个人带来压力和浪费。因此在政策上因朝着由跨省流动向异地转移目标推进。允许外地打工者自由迁入打工地；推进产业的梯度转移，从而消除地区间的差距[19]。

三、关于就业问题的讨论

作为人口大国，就业问题一直是影响我国经济发展的重要因素，它既为改革开放以来的劳动密集型外向型经济发展作出了贡献，也是未来经济发展的一个重大隐患。特别是最近5年多来，劳动年龄人口持续上升，但经济增长的就业创造能力却不断下降，就业形势日益严峻出现了众多不合理的问题如劳资关系紧张、劳动者权益保障缺失、大学生就业难等。对此专家学者们进行了各自不同的分析。

有学者认为总体上“十一五”期间劳动力供给压力将逐步减轻，但“十一五”初期形势仍然严峻。15—60岁劳动年龄人口比重不断上升，劳动力市场压力变大。因此“十一五”期间就业需求管理应成为宏观政策选择的重要因素，就业目标应成为基本政策目标。同时应根据就业形势变化有侧重地推进劳动力市场改革，增加对农业、农村的支持力度从而减轻非农业部门的就业压力[20]。

有学者经调查总结导致就业问题加剧的三个原因：（1）经济增长对就业增长的拉动能力逐渐减弱；（2）就业结构不合理是就业弹性系数下降；（3）劳动力素质低制约就业。随着我国经济增长方式的转变，传统的劳动密集型产业发展空间日益缩小，知识和技术密集型产业发展迅速，产业升级换代加快，传统就业方式的吸纳能力将耗竭，因此要加大政府支持劳务培训的力度提高劳动力素质，同时提高第三产业就业比重，发挥其在吸纳就业及提升就业结构方面的作用，进而促进就业问题的解决[21]。

有学者认为非农部门产业就业弹性有波动，但并未表现出递减趋势。笼统断言我国经济增长的就业弹性减小是不对的。因为：总体就业弹性的计算反映的是城乡全部就业和GDP总量之间的增长关系，由于非农产业未能吸纳的就业都被计入农业部门，计算出来的就业弹性并不能真实反映就业对经济增长的反应；现行的就业统计体系中分部门计算就业弹性，所使用的就业数字不包括单位就业渠道之外的就业，这样大量的就业增长就被排除在计算之外，会造成就业弹性被大大低估[22]。

发展理论认为劳动力流动是缩小城乡差距的一个重要机制。但有学者认为该理论与中国20世纪80年代以来城乡收入差距扩大相悖。认为劳动力迁移缩小城乡差距是有前提的：（1）结构性的劳动力迁移如不同劳动力市场之间或农业劳动力向非农业产业转移才能缩小城乡收入差距；（2）必须有足够多的就业岗位，使劳动力稳定就业而不是被迫流落城市才能缩小差距；（3）城乡总产出分配格局的变化，即劳动生产率以及每个劳动力拥有的产值在城乡之间的分配趋于均等；（4）劳动力迁移是不受制度约束的自由流动行为及其长期结果，制度性障碍引起迁移的筛选机制，使迁出地人力、物力资本流失，从而扩大城乡发展条件的差距。否则迁移或劳动力流动并不必然缩小城乡收入差距，甚至可能扩大这种差距[23]。

有学者从未来贸易摩擦、汇率改革对就业的影响角度分析，认为由于我国在国际市场上具有比较优势往往是易引发贸易摩擦的劳动密集型、吸纳人员就业多的行业。在当前严峻的就业形势下，国际贸易摩擦对就业产生的影响应当引起高度的重视。

人民币汇率的升值也将对附加值低、国际竞争力差的劳动密集型产业带来压力从而影响就业，还有可能减少外资流入，使得外企吸纳就业能力减少[24]。

有学者认为，应推进城市化就业和劳动力市场改革。劳动力流动的动因应是寻找就业机会及更高的收入。就业转移应遵循产业结构变化规律及人口、经济活动城市化过程。城乡劳动力市场人为隔绝的户籍制度继续的存在，造成暂时性劳动力流动代替永久性人口迁移，其结果是虽然迁移规模扩大，却没有相应带来城乡收入差距的缩小。因此深入户籍制度改革是使劳动力流动发挥缩小城乡差距功能，促进就业结构改善，提高人民收入的基本要求[25]。

有学者分析了工业化进程中就业的产业结构变动趋势，认为就业的产业结构变动在一定程度上体现了一个国家由传统经济向现代经济的转变过程，但这种转变是和其经济发展历史状况结合在一起的。认为中国就业的产业结构在不同阶段表现出不同的特征，1978年以前偏离了一般规律，1978年以后偏差得以迅速纠正，并沿着一般规律发展，是工业战略、技术选择及制度因素等共同作用的结果。在中国未来的发展中，各个产业及其就业结构会呈现这样的趋势：第一产业劳动生产率继续提高，就业人数不断减少；第二产业在GDP中会继续保持优势地位，但就业比重不会有太大变化；第三产业将有很大发展，就业比重持续提高[26]。

四、关于能源约束与对策的讨论

改革开放以来，我国能源利用效率有了很大提高，但与世界先进国家相比，利用效率低，能源短缺给我国经济发展极大的制约。中国GDP占世界不到4%，但目前已成为煤炭、钢铁的世界第一消费大国，石油、电力第二消费大国。为解决能源对经济持续发展的制约，学者们提出了各种对策建议。

有学者认为应该：（1）引入绿色增长统计方法，加强全社会对节约能源、保护资源和环境的绿色增长意识；（2）调整经济结构，提高能源消耗少、附加值高的第三产业比重，向高效节能结构转变；（3）建立加强石油战略储备；（4）实行节能和开发新能源并重的方针，控制高耗能产品，引进推广节能技术和采纳体现节能原则的价格政策等在内的综合措施，使能源结构多元化，大力开发可再生能源，减少对化石燃料的依赖，以赢得能源的可持续发展[27]。

有学者认为在国民经济进入快速增长期、工业化和城市化进程加快、居民消费结构升级时能源消费也出现了加速增长局面，经济发展对能源生产和供给保障提出了严峻挑战。能源供给缺口提高了对石油进口依赖度；严重影响煤炭产业健康发展，安全生产形势无法根本好转；资源与环境问题日益突出。为此政府要加快制订和实施节能专项规化和标准，同时运用市场价格杠杆引导节约能源；制订实施有效激励和约束政策，建立节能专项基金，利用公共财政支持引导社会节能；完善能效标准和认证体系，扶持能源服务公司等中介组织发展，运用好节能自愿协议等市场化方式发挥行业协会和中介组织等社会力量的积极性；要大力开发新能源，改善能源结构，从而实现能源的可持续发展[28]。

有学者从人均能源消费与现代化之间关系的角度对我国未来的能源可持续问题进行了分析。认为作为现代社会发展中最具公用性特征的能源，其供应保障状态始终是现代国家和地区人口发展的必要资源基础和充分物质条件。未来20—30年是中国现代化发展的关键时期，在这个时期内，中国人口的增长将逼近峰值水平，全国人均财富的占有水平将达到中等发达国家的标准。要想实现国家现代化的发展目标，中国必须面对来自国家自身资源环境基础脆弱的严峻挑战，其中一个关键的问题就是能源供应保障的安全。通过对世界和中国人口发展与能源消费的关系研究，提出中国必须继续实施严格的计划生育政策及最大限度实现资源多元化、国际化等来减轻未来的能源约束[29]。

有学者利用能源财税政策成本效益绿色分析法，分析了政府在采用财政支持和税收杠杆调节能源消费结构，促进可再生能源利用与开发时应注意：财税政策的激励或限制措施应保障各方面的利益，包括补贴政策、低息（贴息）贷款政策及税收政策，其中税收政策应对清洁能源与可再生能源实施税收优惠政策和对非清洁能源与非可再生能源实施强制性税收政策；另外要加大政府采购或政府支持采购等手段，扶持未成熟能源技术研究和开发及生产[30]。

五、房地产市场过热与调控

这轮宏观调控重点对房地产行业过热进行了治理，由于房地产业的特殊性，其结构性问题和潜在不稳定性引出了学者们不同见解。

有学者认为虽然我国房地产业有巨大的长期潜在需求。但作为非均衡的市场经济特别是高度垄断的房地产，其价格暴涨暴跌，泡沫生成与破灭，将产生严重后果。一旦泡沫破灭、房价回落可使房地产企业资金链条断裂，引发银行大面积坏账和宏观经济波动，金融风险大量集中于供给方，传导至银行部门。为防止泡沫和银行贷款在房地产业集中，可执行更高的资本规模监管，丰富银行可投资的金融产品。认为政府单纯使用经济手段很难控制，需要大力度的使用综合手段进行治理[31]。

有学者认为作为本轮宏观调控的重点行业，房地产业将稳中微调。尽管房地产市场秩序经过政府综合措施的调控开始趋于稳定，但潜在的泡沫风险和市场不稳定性仍可爆发风险，导致社会不稳定。原因是：随着经济形势好转，如果调控出现局部和阶段性放松，前期被动回落的投资有可能大幅反弹；在“十一五”规划开局之年，投资增势会比较强劲，因此对房地产的投资调控不能放松；部分地方经济对房地产业的依赖太深，一旦经济有所下滑，立即用房地产业拉动[32]。

有学者认为目前的土地运作模式是房地产价格过快上涨可能导致泡沫的根本原因。因此要对土地管理模式进行变革：按成本出让土地，以经济增长率收地租；在土地的法律规定期限满后对原购住房征税；采取土地储备中心统一的运作模式；完善交易税，形成有机的房地产租税体系；建立完善的、适应所有制和市场形式的法律制度[33]。

有学者认为这轮对房地产市场的调控存在目标的变化，政府在出台控制信贷货币供应总量和严格土地管理的宏观调控措施，抑制固定资产投资的过快增长时，对房地产投资都产生了抑制过热的作用，房地产投资增长速度明显回落。但同时房价却加速上涨。因此不能孤立地看待近期房价的上涨，近期房价的上涨与相对松弛的货币政策和宏观调控改变消费者预期有直接关系，但经济基本面仍然支撑全国整体真实房价的上涨。从全国整体来看，房价问题并不是当前房地产业发展面临的主要问题。改善中低收入家庭的住房条件不能通过降低房价来实现，而应注重住宅建设的结构调整才是根本，即在有限的土地上使更多人的住房条件得到改善[34]。

也有学者认为不断上涨的房地产价格影响了国民经济健康发展，引发一些社会问题。国家对投资领域的宏观调控效果虽然开始显现，全国固定投资价格涨幅继续回落，但房地产市场仍供需两旺，价格持续大幅上涨。房地产价格持续上涨，是需求拉动、成本推动和管理不力等因素综合作用的结果。而任凭房地产价格持续快速上涨将成为整个国民经济较快发展的不稳定因素。这不利于缓解通货膨胀压力；使大量资金向部分地区集聚，加剧贫富差距；将制约我国经济结构的调整；导致能源、资源的高消耗和浪费；不利于防范金融风险。因此政府要坚持综合调控，重点应是调控房地产开发投资的速度和结构，建立统一的市场规范和竞争机制，控制投资、投机性需求风险保护正常消费，保持地区间发展的平衡和市场信息的对称与透明，促进房地产市场稳健协调发展[35]。

六、2006 年宏观经济展望

预计 2006 年国民经济运行在宏观调控的基础上将更加平稳，消费、投资和进出口将保证经济的平稳，防止大起大落，预计明年 GDP 增长率为 9% 左右。在此基础上，应该深化改革、优化经济结构、转变经济增长方式。政策的重点应该调控增长速度，完善经济增长的体制和机制，加快产业升级步伐，进一步转变政府职能，改进宏观调控方式，更好地发挥市场配置资源的基础性作用，为中长期发展奠定更为坚实的基础[36]。

在资源环境“瓶颈”约束、国际竞争压力加大、居民收入增长缓慢，以及国内需求启动不足的影响下，未来的经济增长潜力必将受到一定的约束。因此要坚持：保证稳健而灵活的财政和货币政策；继续发行建设国债使我国基础设施建设、环境保护、公益事业、西部大开发和东北等老工业基地建设顺利进行，为未来结构调整和发展打下基础；解决中小企业融资难，调整国内投资、消费需求结构；继续加强对房地产、重化工业等行业的调控，防止大起大落和泡沫经济，促进国民经济健康发展[37]。

（作者：方芳，中国人民大学副教授；
丁明星，中国人民大学硕士研究生）

注：

①王元京：《投资快车驶入下降通道》，《中国经济信息》，2005 年第 20 期。

②王小广等：《今年下半年经济增长的形势分析和趋势预测》，《财经界》，2005 年第 5 期。

③龚帆：《目前我国经济运行态势评析—访国务院发展研究中心卢中原研究员》，《银行家》，2005 年第 11 期。

④钟伟等：《对当前宏观经济的一些看法—兼论中国经济的冷热之争》，《经济学动态》，2005 年第 8 期。

⑤温娇秀：《我国城镇居民预防性储蓄行为与支出的不确定性关系》，《管理世界》，2005 年第 5 期。

⑥林跃勤：《扩大消费需求构建内需主导增长新模式》，《中国金融》，2005 年第 24 期。

⑦杨天宇等：《信用扩张、消费信贷与消费需求不足的风险》，《学习与探索》，2005 年第 3 期。

⑧白暴力等：《总消费需求不足的微观机制——分析与对策》，《教学与研究》，2005 年第 6 期。

⑨马凯：《为“十一五”规划开好局、起好步奠

定坚实基础——当前经济形势及下一步经济工作重点》,《中国经贸导刊》, 2005 年第 17 期。

⑩李德水:《加快转变经济增长方式》,《求是》, 2005 年第 21 期。

⑪张卓元:《深化改革,推进粗放型经济增长方式转变》,《经济研究》, 2005 年第 11 期。

⑫邹东涛:《2003—2004 我国宏观经济调控的全方位透视及基本经验》,《宏观经济研究》, 2005 年第 6 期。

⑬张卓元:《转变经济增长方式主要靠深化改革》,《中国物价》, 2005 年第 7 期。

⑭刘建新:《中国经济宏观调控中亟待解决的问题》,《中国人口科学》, 2005 年第 3 期。

⑮马晓河等:《工业反哺农业的国际经验及我国的政策调整思路》,《管理世界》, 2005 年第 7 期。

⑯张晓山:《简析中国乡村治理结构的改革》,《管理世界》, 2005 年第 5 期。

⑰程国强:《世界贸易体系中的中国农业》,《管理世界》, 2005 年第 5 期。

⑱蔡昉、王德文:《经济增长成分变化与农民收入增长》,《管理世界》, 2005 年第 5 期。

⑲孙自铎:《农民异地就业队地区发展和居民收入影响的研究与思考》,《管理世界》, 2005 年第 5 期。

⑳蔡昉、都阳:《十一五期间劳动供求关系及相关政策》,《宏观经济研究》, 2005 年第 6 期。

㉑《中国就业问题研究》课题组:《就业增长 3 大难》,《中国统计》, 2005 年第 8 期。

㉒都阳、高文书:《就业与 GDP 增长的关系分析及相关建议》,《中国经贸导刊》, 2005 年第 18 期。

㉓蔡昉:《农村剩余劳动力流动的制度性障碍分析——解释流动与差距同时扩大的悖论》,《经济学动态》, 2005 年第 1 期。

㉔国家发展改革委就业和收入分配司:《贸易摩擦、汇率调整对就业的影响分析》,《中国经贸导刊》, 2005 年第 18 期。

㉕蔡昉:《为什么劳动力流动没有缩小城乡收入差距?》,《理论前沿》, 2005 年第 20 期。

㉖孙蚌珠:《中国工业化进程中就业的产业结构变动》,《北京师范大学学报》(社会科学版), 2005 年第 5 期。

㉗查懋声:《关于中国经济发展的三个问题》,《宏观经济研究》, 2005 年第 6 期。

㉘朱明春:《关于我国能源发展战略问题的思考》,《中国经贸导刊》, 2005 年第 21 期。

㉙张雷等:《中国人口发展与能源供应保障探讨》,《中国软科学》, 2005 年第 11 期。

㉚王宏利:《能源财税政策成本效益绿色分析》,《涉外税务》, 2005 年第 11 期。

㉛杨帆等:《泡沫经济理论与中国房地产市场》,《管理世界》, 2005 年第 6 期。

㉜唐敏:《房地产业仍将稳中微调》,《瞭望》, 2005 年第 50 期。

㉝鲁凤玲:《房地产价格蕴涵的矛盾和土地管理模式的变革》,《价格理论与实践》, 2005 年第 11 期。

㉞刘琳:《宏观经济背景与房地产价格上涨》,《中国经贸导刊》, 2005 年第 21 期。

㉟刘建伟:《稳定房地产价格　促进房地产市场健康发展》,《中国物价》, 2005 年第 9 期。

㊱张立群:《2005 年经济形势分析与 2006 年展望》,《宏观经济管理》, 2005 年第 12 期。

㊲国家发展和改革委员会投资研究所课题组:《2006 年经济和投资形势》,《中国经济导刊》, 2005 年第 23 期。

财税理论与政策

吴晓求　魏建华

一、财政政策与财税改革

2005 年 10 月召开的中共十六届五中全会通过的《中共中央关于制定国民经济与社会发展第十一个五年规划的建议》中,财政税收体制改革是一个十分重要的内容,是完善落实科学发展观体制保障的重要环节。财政、税务以及学界的专家、学者认为,要以科学发展观为指导,在更为民主、科学、理性的基础上,解决好我国的财税体制改革和公共财政制度建设等重大课题。

有专家认为,推进财税体制改革主要有八个方面的工作要做:(1)建立健全与事权相匹配的财税体制,进一步规范政府间的财政关系。这是各级政府履行职能、提高行政能力的重要制度保障；（2）完善财政转移支付制度，努力促进地区间基本公共服务均等化。合理的移支付制度是实现地区间基本公共服务均等化的财政制度安排；（3）完善相关财税政策，有效促进经济增长方式的转变，尤其要以支持企业提高自主创新能力为核心，促进科技进步；（4）大力推进税制改革，完善税收制度体系。这是保证财政收入稳定增长、发挥财政调控职能、支持经济和社会事业发展的重要手段；（5）全面推进农村综合改革，巩固农村税费改革的成果，要突出抓好县乡财政管理体制与管理方式的改革；（6）继续深化预算管理体制改革，提高财政管理的规范性、安全性和有效性，这是完善公共财政体制、推动依法理财的必然要求。同时还要积极探索并加快建立国有资本经营预算制度；（7）完善相关办法，规范土地出让管理。这关系到国家的粮食安全、经济社会可持续发展和国家的长治久安；（8）继续调整和优化财政支出结构，支持各项改革和经济社会的发展①。

筹集财政收入、调节经济、调节分配是税收的主要职能。有专家指出，应该从以下四个方面充分发挥税收的职能作用，以促进经济和社会的发展：（1）加强税收征管，加大分配调节，为构建和谐社会夯实基础；（2）深化税制改革，落实税收政策，促进经济社会协调发展。这其中包括落实既定的税收改革措施，研究有关税制改革方案，落实和完善各项税收优惠政策；（3）调节个人收入分配，促进社会公平与正义。主要包括支持“三农”工作，促进农民增收；促进低收入者收入水平的提高；加强对个人收入的税收调节以及加强社保费的征管。（4）推进依法征税，优化纳税服务，建立和谐的征纳关系。其中包括规范执法、整顿和规范税收秩序②。

2005年，我国实施的财政政策由扩张性的财政政策转向了稳健的财政政策，也就是经济学意义上的中性财政政策。之所以作这样的转变，有专家认为，主要原因有三：第一，实施稳健的财政政策，是基于对经济发展新形势的科学判断和准确把握。因为2003年下半年以来，我国经济开始走出通货紧缩，经济加速发展；但又出现了部分行业投资增长过快、居民消费品价格明显上升等问题。继续实行积极的财政政策就会加剧投资与消费的比例失调，加大经济运行的风险和阻力；第二，实行稳健的财政政策，是包括财政调控目标方向、手段组合、方式方法转变在内的重大政策转型，这不仅是财政政策名称的变化，更是财政政策性质和导向的根本转化；第三，实行稳健的财政政策，是为了加强和改善宏观调控，促进经济既快又好地发展。贯彻落实稳健的财政政策，重点要放在以下几个方面：（1）适当调减国债项目资金规模，优化使用结构；（2）继续加大支农力度，促进城乡协调发展；（3）加强就业、再就业及社保工作，维护社会和谐稳定；（4）着力调整支出结构，协调经济社会发展；（5）狠抓增收节支，推动依法理财；（6）支持改革创新，促进完善社会主义市场经济；（7）深化财税改革，加快转变经济增长方式；（8）参与经济外交，大力支持内外统筹协调发展③。

在稳健的财政政策实施过程中，有学者认为，需要重点解决六大矛盾：一是经济高速增长与低效率运行的矛盾；二是总量增长与产业结构的矛盾；三是高增长与低就业的矛盾；四是市场进程加快与要素市场改革严重滞后的矛盾；五是宏观调控统一性与区域发展政策的矛盾；六是财政收入的高速增长与财政风险快速累积的矛盾。因此，在政策实施过程中，既要进一步促进经济的快速增长，又要加快社会事业的发展；既要加快技术进步和产业升级，又要扩大就业；既要保证东部地区的强劲增长，又要促进中西部的共同进步；既要推进城市化，又要加大对“三农”的支持力度；既要注重公平分配，缩小差距，又要保持活力，提高效率；既要扩大引进外资，又要增强自主创新能力④。

鉴于我国当前社会发展中仍然存在收入分配、社会保障、就业再就业以及“三农”等方面的问题，有学者认为，税收政策的政策取向应着眼于促进我国社会的协调发展。因此，首先要进一步深化农村税费改革，逐步统一城乡税制；其次要充分发挥税收政策在促进就业中的积极作用；三要加大税收对弥补社会保障基金缺口的支持力度；四要构建以个人所得税为主体的收入分配税收调控体系⑤。

财政政策的转变要求政府理财能力也相应提高。有学者从宏观经济及其中长期发展的角度探讨了这一问题，认为政府首先应该增强用间接手段调节全社会投资的能力；其次要增强财政的均等化公共服务能力，其中包括增强常规性公共服务能力和增强应急性公共服务能力，健全财政应急手段；第三要按公共财政要求优化支出结构；第四要增强通过政府消费改善公共服务的能力⑥。

二、公共财政与财政分权

到目前为止，新一轮的公共预算改革虽然取得了很大成就，但至今仍然存在一些突出问题。有学者在对这一改革的全过程进行认真考察后，认识到造成这些问题的主要原因有三：第一，在理论指导与实践探索的次序问题上，预算改革的启动主要源于立法监督机构和审计部门的外部推动，这导致改革缺乏必要的理论创新的支撑；第二，在政府治理的纵向层面上，具有地方先行的“倒逼机制”的特点；第三，在总体治理结构与局部具体操作上，更加侧重于技术路线上的规则与程序改革，缺乏对整体治理结构的综合考量；第四，在改革突破的选择上，大体沿用了“先易后难”的逐次推进方式，增大了后期改革进一步展开的难度。推进公共预算，完善公共财政体系，一要在理论创新上，逐步改变预算管理研究在国内财政科学研究中的边缘化地位，重新构建以公共预算为核心的转型期公共财政理论体系；二要改进由财政部门“单兵推进”预算改革的格局，构建具有“纵深体系”的共同治理结构，在继续鼓励地方预算管理制度创新的基础上，适时推进整体政府治理转型的配套改革[7]。

有学者注意到，我国的公共财政仍然存在着预算和公共支出管理体系的缺失。具体为：（1）预算编制上的缺失。主要体现为预算程序法律严肃性的缺失和预算编制技术与内容的缺陷；（2）预算执行上的缺失，主要体现为预算调整法定程序缺失、国库制度改革进展缓慢以及政府采购问题较多；（3）预算监督上的缺失，主要体现为缺乏专门的监督机构，社会监督力量薄弱以及惩戒手段匮乏。因此必须从四个方面改革现行的预算和公共支出管理办法：一是明确政府职能，规范政府事权；二是保障有充分的时间和技术支持来进行合理科学的预算编制；三是强化预算执行的改革措施；四是建立互为制衡、程序规范、追索有径、问责有人、有法可依、惩戒合理、社会参与的预算监督机制[8]。

要顺利实现公共财政目标，有学者认为，根本途径是要重建预算制度。这首先必须抛弃预算的国家中心主义理念。如果过分强调政府对预算的控制而忽略预算的议会主权和民主监督，便违背了预算的宪法精神；其次，应该加强预算的法律监督。这需要中国政治环境的改良和法律监督体制的完善，亦即需要中国的宪政改革；第三，应该健全预算的运转程序，切实解决预算的编制、审批和执行各环节存在的问题；第四，完善预算的责任控制，解决现行预算法律制度存在的诸如预算违法行为的列举过于简单以及预算违法责任形式单一、追究过轻等问题[9]。学者们还注意到，我国义务教育、公共卫生、社会福利与社会保障、“三农”、收入分配以及就业再就业等方面的问题，是我国消费与投资增长不协调的具体反映，而公共财政建设的滞后，则是制约消费需求增长的财政体制根源。因此必须按公共财政的要求调整和完善财政支出结构，明确中央政府和省级政府在义务教育投资中的主体地位，加大中央政府对公共卫生的支出力度，加大对收入分配差距的调节力度，并充分运用财政政策解决就业问题[10]。

公共财政是在我们学习、借鉴典型市场经济国家的财政理论和财政制度过程中进入我们视野的，这些国家已经形成了一整套有关公共财政的理念、规则乃至于制度安排。有学者认为，我们应该根据我国的具体国情，构建中国公共财政建设的指标体系，以此来标识我国公共财政建设的方向，为公共财政建设导航；同时，刻画我国公共财政建设的过程，揭示公共财政建设成果。公共财政建设指标的筛选应遵循“相关性”、“完整性”、“重要性”、“独立性”、“精确性”、“可比性”、“经济性”以及“客观性”的原则。根据这些原则，可以选择“政府干预度”、“非管制化”、“收支集中度”、“财政法制化”、“财政民主化”、“分权规范度”、“均等化”、“可持续性”、“绩效改善度”以及“财政国际化”等十个指标来构建我国公共财政建设的指标体系[11]。

2005年，围绕国家宏观调控而出现的财政分权问题引起了学术界的广泛关注。有学者认为，当前中国存在过度分权的问题，这会引发一系列弊端：首先，过度的财政分权可能导致宏观经济调控更难实施，由此会损害中央政府通过财政支出进行宏观调控的能力；其次，过度的财政分权可能增加不平等并加大地区间发展的不平衡；第三，过度的财政分权可能损害效率；第四，在没有透明的民主监督机制和良好的地方政府治理环境下，过度的财政分权可能导致地方政府官员更多的腐败。另有学者认为，财政分权制使政府更加贴近人民，而且，当财政分权制足够完善时，它将有助于实现城市规模良好的分布。还有学者认为，中国目前分权中存在一些问题，其根源在于财政体制方面的供给失衡。这种失衡主要表现在三个方面：第一，政府之间的财政关系缺乏宪法和法律制度保障；第二，财政分权和政府行政垂直集权之间隐藏着尖锐的矛盾；第三，财政分权本身在诸如分税制没有形成透明、统一且公正的转移支付制度等方面存在问题。通过进一步分析可知：上下级之间对事权的推诿是制度供给失衡的直接后果；在财政分权过程中，中央和地方政府都表现出很强的机会主义和商业化倾向；财政分权导致地方公共品提供的分散化和小型化；不规范的财政分权已经造成地区差距的加大；财政分权不仅没有带来地方政府预算约束的硬化，反而在一定程度上加深了预算软约束问题[12]。

三、财政收支与“三农”问题

2005年，中央文件要求坚持城乡统筹发展的方略，坚持“多予、少取、放活”的方针，稳定、完善和强化支农政策。从财政角度看，中央财政支持“三农”的支出总量保持了较快增长，支出结构发生了显著变化，农村税费改革进展顺利，农村社会事业发展和公共基础设施建设逐步纳入了公共财政的支出范围。但有学者认为，现行的财政支持“三农”政策体系存在一些突出问题：一是粮食安全的长效机制没有形成，加大了财政支出的潜在压力；二是财政支持“三农”政策的导向作用没有有效发挥；三是财政对“三农”投入与政府财力增长不对称，农村供给品投资机制不健全；四是农村税费改革成本越来越大，中央财政转移支付范围越来越宽。针对这些情况，就应该采取以下措施：（1）保持必要的财政支持，确保“三农”支出的增长幅度；（2）根据经济发展态势和公共财政原则，合理确定财政支持“三农”资金的有效配置；（3）抓住重点产品、重点区域和重点环节，促进建立粮食安全的长效机制，财政重点保障粮食安全，市场为主发展多种经营；（4）贯彻科学发展观，加强农业基础设施建设，完善农业生态建设机制；（5）区分东、中、西部地区采取不同的支持政策，让公共财政覆盖广大农村地区；（6）通过对现有支农资金使用方式和政策的适当调整，建立财政支持“三农”政策的有效引导机制；（7）创新财政支持“三农”资金的管理体制和方式，提高资金使用效率[13]。有学者则强调，财政支持“三农”必须站在全局的高度，把解决“三农”问题放在突出位置予以大力支持，并从思想观念上实现两个转变：一是由过去的农村支持城市、农业支持工业转向城市反哺农村、工业反哺农业；二是要调整公共财政资源的分配格局，逐步实现公共财政覆盖农村并向农村倾斜，加大对“三农”的投入[14]。

正在进行的农村税费改革大幅度减轻了农民的负担。但有的学者认为，农民的负担仍然有下调的空间，应该彻底取消农村税费，进一步为农民减负。这是因为：我国的农业基础仍不牢固，亟须保护；农村居民的人均年收入离小康水平还有很大差距，没有农民的小康就谈不上全国的小康；农业税的税收总额并不大，但对收入水平很低、生活较为贫苦的农民来说，其影响就非同一般了；目前世界上征收农业税的国家为数不多，许多国家普遍采取优惠政策对农业生产提供支持和保护，这些国家不征反补的惠农政策值得我们借鉴。因此，学者建议：（1）从政策和制度上加大对“三农”的支持和保护力度，对农民“多予、少取”。具体就是要加大对“三农”的财政支持，解决政府投入不足的问题；加大对“三农”的信贷支持，解决农村资金失血问题；加大对“三农”的社会保障支持，缓解农业的自然风险；加大对“三农”的投资支持，解决社会投入不足的问题。（2）通过制度创新，彻底打破城乡分割的二元结构，实现“放活”。具体就是要以加速城镇化进程作为最根本的任务；让统筹城乡产业结构作为最有效的手段，使城市的产业布局与农村二、三产业的发展合理分工，形成紧密的产业互动链条；使统筹城乡居民就业成为最主要的措施，消除劳动力转移中的种种阻力与限制；将建立现代农村产权制度作为最核心的改革；以还农民以国民待遇为最必需的保障；让加快发展县域经济成为最主要的阵地[15]。

2005年过后，我国将在全国范围内免征农业税，原定5年的目标3年就可以实现。这是从根本上解决“三农”问题的重大战略举措。不少学者开始关注我国告别农业税后的财政、税收与“三农”间的关系问题。有学者考察了取消农业税对农村基层政府的影响，认为地方政府财源会因此受到一定影响，基层政府债务会有所加重。但从另一个角度看，这又为农村基层政府改革提供了契机[16]。另有学者将取消农业税后可能存在的问题概括为“无税时代”绕不开的五道坎：一是村官公务员化的问题凸现；二是有限土地的使用效率深受影响；三是公平、统一的税制体系需要建立；四是高达数千亿元的债务黑洞难以填平；五是乡镇干部工作的坐标有待调整。为此，学者们认为，我们应该探索村官管理的新模式，探索土地管理的新举措，逐步建立城乡统一的税制体系，积极寻求乡村债务的解决办法，逐步推进乡镇人事制度的改革[17]。

针对取消农业税后可能存在的种种问题，有学者建议：首先要对财政分权体制进行改革，为基层政府确定合理的收入来源。可供选择的思路有三个：一是维持目前的财政分权体制，但是加大中央财政对中西部落后省份以及省级政府对县、乡、村三级政府的转移支付力度，使农村基层政府在处理地方事务时不至于在财力上捉襟见肘；二是维持目前的财政分权体制，但是将部分事权上移，尤其是农村义务教育应当由中央财政负担；三是调整目前的财政分权体制，将中央和省级财权下移。其次，是要积极稳妥地推进农村基层政府机构改革，主要内容有三项：一是逐步改革县级政府机构，做法是压缩合并；二是精简乡镇政府，主要应该撤并减负；三是简化村级治理结构，同样要归并和压缩⑱。另有学者认为，政府应该提供政策保障来促进发展多元化的组织结构，为农民的社会资本和组织资本的发育创造条件，其中一个重要的方面是大力发展农村的非政府组织、社区、农民的合作社及协会等，以提升农村弱势群体的社会资本和组织资本⑲。

有学者专就取消农业税后建立怎样的乡村治理结构问题进行了深入的研究，并作出了以下结论：第一，取消农业税后的农村治理不仅要实行村民自治制度，还要把自治制度逐步推进到乡镇一级。没有自治就无法形成非货币化的公共品交易的社区合作；第二，大力推动乡村民间组织的发展，开拓农村公共事务方面志愿者的活动空间；第三，压缩乃至取消现有的传统集体经济这个层次，代之以农民自愿组成的各种专业合作社；第四，广泛实行委托服务制，大量减少县级政府在乡镇一级所设立的垂直控制、上下对应的机构，把县政府服务农业的公共活动通过委托的办法交给乡镇政府和民间组织办理；第五，现有的一些乡镇机构如果不承担公共服务职能，就将其完全推向市场⑳。

有学者注意到，通过财政扶持农业发展、促进农民增收也是国际上的通行做法。美国以三种方式对农产品进行补贴：一是支持性收购，或称“营销援助贷款和贷款差价支付”；二是直接支付；三是在市场价格低于农产品的目标价格时，政府对农场主进行差额补贴。欧盟农业政策运行机制的核心是价格机制。当谷物的市场价格低于农业生产者可以承受的最低价格（被称为干预价格）时，设在欧盟各国的干预中心就有义务以干预价格收购谷物。欧盟还建立了统一的农产品关税政策，来减少进口农产品对欧盟内部农产品的冲击。日本则是通过建立农产品基金制度来弥补因价格下跌给农民带来的损失，并通过补贴来支持农业的公共性服务、农业基础设施以及农业生产结构的调整。各国还在流转税、所得税、土地税以及财产税等方面对农民实行较低的税率，实行多种形式的税收优惠。我国应该从以下几个方面借鉴国外的做法：（1）政府从财政上大力扶持农业的发展，促使农民增收。这首先要努力增加对农业的投入，使国民收入分配向农业倾斜；其次要健全农业补贴政策，减少对流通环节的补贴，建立对农民收入的直接补贴制度。（2）借鉴国外的先进经验，加快改革和创新农村金融体制，使政策性农业金融机构充分发挥支持农业发展和支持农民增收的功能作用。（3）统一城乡税制，使农业在税收方面享受平等待遇；对农民实施税收优惠政策，切实降低农民的实际税收负担，以减负促增收，让农民得到更多的实惠㉑。

（作者：吴晓求，中国人民大学教授；
魏建华，中央财经大学教授）

注：

①金人庆：《以科学发展观为统领，积极推进财政税收体制改革》，《中国财经报》，2005 年 11 月 2 日。

②谢旭人：《发挥税收职能作用，促进和谐社会建设》，《人民日报》，2005 年 5 月 5 日。

③金人庆：《以科学发展观统领财政改革与发展全局》，《中国财政》，2005 年第 1 期。

④潘晓娟、崔立勇：《“十一五”财税体制改革蓝图初现》，《中国经济导报》，2005 年 11 月 24 日。

⑤安体富、王海勇：《促进我国社会协调发展的税收政策取向》，《中国税务报》，2005 年 3 月 23 日。

⑥卢中原：《从宏观经济角度探讨理财能力的提高》，《中国财政》，2005 年第 3 期。

⑦马蔡琛：《从“单兵推进”到“共同治理”：中国公共预算改革的路线图》，《中国审计》，2005 年第 3 期。

⑧许安拓：《预算管理体系：体制内三权分离》，《中国改革》，2005 年第 6 期。

⑨王世涛、安体富：《预算的法律控制》，《财贸经济》，2005 年第 6 期。

⑩安体富、王海勇：《加快公共财政建设步伐，促进经济社会协调发展》，《经济研究参考》，2005 年第 19 期。

⑪中国社会科学院财政与贸易经济研究所：《构建中国公共财政指标体系》，《经济参考报》，2005 年 11 月 19 日。

⑫何宗洲：《财政分权：制度供给是前提》，《中国改革》，2005 年第 2 期。

⑬丁学东、张岩松：《财政支持“三农”政策：分析、评价与建议》，《财政研究》，2005 年第 4 期。

⑭张立承：《财政支农：2005 年预算报告的亮点》，《中国财政》，2005 年第 4 期。

⑮马克和：《农村税费改革后的税收及相关政策取向》，《税务研究》，2005 年第 6 期。

⑯⑱杨卫军：《取消农村税对农村基层政府的影响》，《宏观经济研究》，2005 年第 5 期。

⑰王海滨：《直面农村“无税时代”》，《中国国

情国力》，2005 年第 7 期。

⑲张晓山：《告别农业税后的“三农”问题》，《中国税务》，2005 年第 8 期。

⑳党国英：《论取消农业税背景下的乡村治理》，《税务研究》，2005 年第 6 期。

㉑申学锋：《部分国家促进农民增收的财税政策与经验借鉴》，《中国财经信息资料》，2005 年第 26 期。

金融理论与政策

吴晓求　魏建华

一、货币政策与金融调控

针对 2005 年之前出现的货币供应过度和市场流动性过多的情况，人民银行采取了多种政策调控手段，尤其突出的是运用了公开市场操作手段。我国在进行货币政策操作时，没有采取国际上比较流行的通货膨胀目标制，主要依靠广义货币 M2、狭义货币 M1 以及基础货币等货币供应量指标。有学者认为，这些指标在一定程度上对中国经济仍然具有相当重要的指导意义；不过，为了更好地适应经济发展的需要，使宏观金融调控具有更强的目的性，还要在运用这些目标变量进行总量调节的同时，注意经济结构及物价方面的变化，进行货币市场利率和汇率的调控①。

至于如何建立我国科学、系统、高效的金融宏观调控机制，有学者认为，首先要夯实金融宏观调控的基础，其关键是要建立健全金融经济监测预警体系；其次要突出稳定币值这一主要的调控目标取向；第三，要积极推进金融改革，消除体制性障碍，疏通传导机制；第四，要改革调控方式，构建调控的长效机制；第五，要发展资本市场，加强产品创新与完善金融立法，营造良好的金融调控的外部环境②。

2005 年，面对美国等一些西方发达国家连续加息的举措，国内经济界也掀起了阵阵讨论热潮。这一年，我国 GDP 比上年同期增长 9.9%，继续保持高速增长，信贷资金也增速不减。人们自然也就特别关注我国的中央银行是否也应该加息。除此之外，理论界更进一步在思考：利率是否应该成为中央银行的主要货币政策工具，怎样才能确定经济转型过程中的最优货币政策组合。有些学者并不认为加息是我国中央银行用以实施宏观金融调控的有效手段。首先，只有主要依靠中央银行再贷款或再贴现来扩张基础货币的国家，利率才能成为有效的货币政策工具，而无论是中国还是美国那样的发达国家，基础货币的扩张主渠道都不是再贷款。美国的主渠道是公开市场操作，我国则是外汇占款；其次，利率的变动通常与人们的直觉相反，货币当局只能观察到名义利率水平，并不能观察到实际利率水平，而真正对经济起实质性影响的是实际利率。即使是美国的联邦基金利率，也只是一个市场均衡利率的概念，美联储并不能直接对它作出规定，只能通过公开市场操作使银行间隔夜拆借利率在它所设定的水平上③。另有学者在对美联储的利率政策进行详细考察后指出，即使美联储要实施利率政策，也不是出于与通货膨胀“逆风向而动”的考虑，调整利率的目的是恢复货币中性，而利率水平的确定则应以长期预测为基础，这时，货币政策的透明度和可信性就成为保证利率政策有效性的必要条件④。我国中央银行调整的利率是管制中的利率，不是市场均衡利率，对这种利率进行调整，很难直接影响整个货币的供应量。在目前的汇率制度和国际收支状况下，提高利率，其总体效果可能会增加而不是减少货币供应量⑤。

二、商业银行改革

2005 年，我国的商业银行尤其是国有商业银行处在一个特殊时期。中国建设银行的上市、中国银行的引资以及中国工商银行的股改挂牌，表明国有商业银行的改革步伐明显加快。

鉴于我国国有商业银行的特定生存、发展环境和本身所具有的特殊性，有学者认为，国有商业银行的改革具有内在的渐进逻辑，不能毕其功于一役。由于改革国有商业银行的关键是要提高银行的自生能力，需要具备的基本条件有两个：一是政府从国有银行退出，二是在国有商业银行与国有企业之间建立起真正的债关系。这两个条件成熟本身就是一个渐进过程。首先，政府从国有商业银行退出是提高商业银行自生能力的核心所在，也是最难实现的关键一环。政府在短期内不敢也不愿意放弃对国有商业银行的控制。在国有企业改革没有取得实质性进展、国家仍然能对经济实施强有力控制的情况下，

"银证分离"不符合国家的效用函数，而政府放弃对国有商业银行控制的成本也极高。当然，国有商业银行自身也不希望政府彻底退出，因为这样可以在公有金融产权不变的情况下追求自身的利益；其次，真正建立起银企间的债关系，是提高国有商业银行自生能力的另一个关键环节，然而这首先会遭到国有企业的强烈反对。因为这会使国有企业丧失巨额的信贷资金支持，也会失去将自身经营风险向国有商业银行转移的渠道；国有商业银行也不会愿意主动放弃对国有企业的支持，因为国有商业银行可以利用国有企业资金提供者的特殊身份获取垄断利润，还可以借国有企业增加与政府的讨价还价能力。建立与企业间真正的债关系，将使国有商业银行丧失这种垄断地位和相应的垄断权利。这些都在一定程度上降低了国有商业银行的经营效率。当然，从某种意义上说，经营效率的低下也是国有商业银行为支持中国经济渐进式转轨所付出的必要代价。追求短期见效的改革方式并不能使国有商业银行的内部核心制度结构和金融行为更有效率，而且，巨变式改革既不符合制度变迁的基本逻辑，也抹杀了国有商业银行现行制度中合理的一面，这样就很难在实践中收到预期的效果。因此，对国有商业银行的改革应坚持渐进改革的内在逻辑，以支持国民经济渐进式转轨的顺利进行[⑥]。

改革和完善我国商业银行经营管理体制，不良资产的处置是至关重要的大问题。我国的商业银行尤其是国有商业银行，其不良贷款的比例不仅高于发达国家，而且高于许多发展中国家。这严重制约了我国银行业的国际竞争力，危及我国的经济和金融安全，政府不得不进行大规模的注资救助。我国国有商业银行系统内部之所以会积累起规模巨大的不良资产，有学者认为主要有三大原因：首先是集中化的银行体制使然。我国四大国有商业银行存贷款所占的市场份额超过了70%。然而垄断地位却没有带来高绩效，反而积累了比其他商业银行高得多的不良资产。而分散化的银行体制则很容易使单个银行面临流动性约束，从而导致多个投资者在再申请贷款时讨价还价的无效率，这能比集中化的银行体制更好地硬化企业的预算约束，抑制不良资产的产生；其次是由于国有企业破产成本的缺失。作为国有商业银行主要贷款对象的国有企业，不存在破产威胁，陷入困境时很容易得到政府的救助，因此在投资决策时就不会把破产成本考虑进去，因而有较高的贷款倾向，从而增加了银行的贷款风险；第三是因为有政府的担保。由于国有商业银行产权安排的弊端和治理结构的缺陷，加上政府提供的各种显性和隐性担保，使得国有商业银行很容易发生道德风险和种种机会主义行为，根本不去花费成本清算坏项目。有了政府担保，银行既可以享受成功带来的利益，又不必承担失败的后果，从而加剧了国有商业银行体系的脆弱性，并在体系内产生大量不良资产。因此，化解国有商业银行体系不良资产也要从上述三个方面入手：一要在金融领域引入竞争机制，打破集中化的国有银行体制，逐步建立分散化的银行体制；二要推行企业破产法规，硬化企业的预算约束；三要严格框定政府对银行担保的范围与领域，打消国有商业银行对政府救助的依赖心理[⑦]。

防范风险、提高盈利水平是商业银行经营管理的目标，有学者注意到，加强货币市场的建设与这一目标的实现有着非常密切的关系。这是因为：第一，充分发展的货币市场是商业银行进行风险转移、流动性风险防范以及经营效益提高的新途径。商业银行可以在充分发展的货币市场中为流动性管理找到更为主动的工具，可以开拓新的业务空间和利润增长点；第二，货币市场要在商业银行改革中发挥应有作用，就必须在交易主体结构的优化、交易工具的创新以及利率期限结构的形成等方面进一步完善；第三，商业银行是推动货币市场发展与完善的不可或缺的力量，它既是完善货币市场体系发展的主导力量，也是包括金融工具、交易方式以及交易中介等创新在内的货币市场创新的主要动力，还是货币市场有效传导货币政策的保证。因此，商业银行必须引入货币市场运行方式，深化内部资金运营体制改革，充分利用货币市场，展开多层次协调合作，以提高资金的营运效果[⑧]。

2005年初，人民银行发布了《稳步推进利率市场化报告》，从中可以看出，我国利率市场化程度有了进一步的提高。有学者认为，商业银行应该相应提高资产负债的管理技术。随着我国利率市场化进程的加快，利率变动对商业银行资产业务的利息收入和负债业务的利息支出的影响也将进一步加剧，过去那种一味追求资产负债规模的粗放型管理模式已经不能适应时代发展的需要，必须尽快选择适当的资产负债管理工具，建立以利率为主要变量、面向收益管理的精细化经营模式。从近期看，商业银行应该通过强化缺口管理、完善持续期限分析、引入计算机动态模拟来实现资产负债的精细化、自动化管理；从长期看，则应探索运用期货、期权、利率互换等新兴金融衍生工具来对我国商业银行主动进行收益管理[9]。

2005年2月，中国人民银行、中国银行业监督管理委员会、中国证券业监督管理委员会联合发布了《商业银行设立基金管理公司试点管理办法》，有学者认为，这对深化我国资本市场改革、完善投融资制度、推动银行改革以应对国内外竞争，以及培育市场的机构投资者、促进基金市场发展都有重要意义。但在发展银行基金时，必须妥善解决机构的设立、监管模式的选择以及银行基金的风险隔离等重大而又现实的问题[10]。

三、人民币汇率制度改革

2005年7月21日，中国人民银行发布公告称，我国开始实行以市场供求为基础、参考一揽子货币进行调节、有管理的浮动汇率制度。这意味着人民币不再盯住单一美元，我国将形成更富弹性的人民币汇率机制。

人民币汇率制度改革是一个复杂的系统工程。一国汇率政策的调整首先要考虑的问题是汇率政策的目标问题。有学者认为，根据国际经验和中国实情，人民币汇率政策的目标主要有三个，一是维持内外部均衡；二是降低汇率风险，确保金融市场与宏观经济的安全；三是稳定出口的国际竞争力与进口成本[11]。另有学者针对我国多年来存在的强制结售汇制度有缺陷、汇率变化缺乏弹性以及金融市场不完善等问题，概括了人民币汇率制度改革的指导方针。认为首先要处理把握好市场供求与国家宏观调控的关系，其次要考虑开放经济的总体要求，第三要保持和实现汇率的稳定和均衡，第四要充分认识人民币的国际地位，第五要充分考虑国际资本流动的影响，第六要适应国际化的原则。要完善人民币汇率的形成机制，除了要回归到真正的有管理的浮动之外，还要建立人民币汇率的监测机制，加强完善外汇监管体系的建设[12]。

人民币汇率制度改革是一个长期的过程，不能一蹴而就。有学者认为，无论怎样改革，始终保持汇率水平的稳定性、防止汇率波动对国内经济运行和周边经济体产生不利冲击，应当成为中国汇率制度改革的主要基石。这是因为，从稳定国内经济运行的根本立场出发，汇率政策在整个宏观经济政策体系中仅仅具有从属的重要性；无论采取何种汇率制度，汇率稳定对于发展中国家都极端重要。对发展中国家来说，从某种形式的固定汇率制度转向较具弹性的汇率制度，其风险主要存在于“货币错配”之中。要在实行管理浮动汇率制度的过程中避免货币错配风险的失控，就必须做到以下几点：一要保持较高的外汇储备水平，这是管理浮动汇率制度抵御国际投机资本冲击的重要保证；二要加强针对货币错配的审慎性监管，这有助于银行体系消除货币错配的不适当累积，避免银行信贷规模顺周期地大起大落；三要通过提供稳定的宏观经济环境和完善的微观制度来促进资本市场的发展；四要加强针对货币错配的资本项目管制。资本项目管制有助于当局了解并控制货币错配风险，尽管这种管制在一些方面会造成经济的扭曲，但并不妨碍它成为发展中国家在金融全球化背景下谋求经济和金融稳定发展的重要手段[13]。

有学者从微观角度分析了汇率对企业的影响，认为企业融资方式决定了企业和金融机构对待汇率稳定性的态度。间接融资企业偏好汇率稳定、竞争性货币。由于间接融资企业不能从汇率变动中获利，而稳定的汇率可以使得企业避免国际贸易中的汇率风险，因而这类企业偏好稳定的汇率。间接融资的出口型企业偏好竞争性货币，希望本币不断贬值，本国货币相对于外国货币贬值，在企业组织效率和技术水平几乎没有提高、成本没有下降的情况下，出口也会增加；直接融资企业则偏好汇率变化和非竞争性货币。虽然汇率的不稳定会导致企业在国际贸易中面临汇率风险，但这类企业可以利用资本市场的金融衍生工具规避汇率风险，加之还可以从汇率变动中获利，因此，它们偏好可变的汇率。与此同时，当本国货币相对于外国货币升值时，可以提高直接融资企业的价值，企业可以从资本市场获得更多的资金。本国货币升值还可以改善国际贸易条件，有国际竞争力的直接融资企业可以获得更多的国际贸易利益，这又可以迫使那些挥霍资源和组织效率低下的出口企业加强管理，变革组织结构，节约成本，提高效率。因此，改革人民币汇率制度还要考虑不同企业的特点和我国不同时期的企业结构[14]。

四、保险业的改革与发展

保险是社会主义市场经济不可或缺的重要内容。有专家从建立和谐社会的角度出发，认为构建和谐社会，保险业大有可为。这是因为，保险首先是支持经济建设的重要力量，如促进社会消费需求、为经济建设提供资金支持、促进对外贸易和对外投资等；其次，保险是维护社会稳定的有效手段，是一种有利于社会稳定的制度安排；第三，保险是辅助社会管理的重要方式；第四，保险是提高创新活力的制度保障。为了更好地构建和谐社会，必须做大做强保险业，重点是要加快四个领域的发展，提高保障服务水平：一是大力发展企业年金，二是积极发展健康保险，三是努力发展责任保障[15]。

2005 年初，保险资金直接投资于股票市场进入了实质性操作阶段。这对保险公司及保险资金的运用，对发展中的我国资本市场，对资本市场中良性竞争机制的形成都具有重大意义。有学者较为详细地分析了保险市场与资本市场的互动关系，认为保险资金入市对资本市场有着三个方面的影响：一是能够有效增加资本市场的资金供给，二是有利于促进资本市场金融工具的创新，三是有利于资本市场的稳定。而保险资金入市对保险公司而言，其积极作用主要体现在以下三个方面：第一，保险资金入市有利于改善保险业的经营环境；第二，保险资金入市有利于增强保险公司的风险控制能力；第三，保险资金入市有利于保险公司参与国际化竞争[16]。

而另有学者认为，对于保险资金直接入市，更重要的还是如何有效控制保险资金运用的风险问题。以往人们在这方面的认识存在五大误区：第一，将有价证券与股票混为一谈。事实上，发达国家保险公司的资金入市，绝大部分是投资于债券而不是股票；第二，将寿险独立账户资金投资于股票的比例与一般账户资金投资于股票的比例混为一谈，从而容易夸大股票的投资比例；第三，在进行保险资金运用的国际比较时，没有充分考虑不同国家保险公司业务结构及负债结构层面的巨大差异；第四，忽视了保险资金投资方式选择的经济发展阶段性特征，只是一味地强调保险资金入市的跨越式发展，这无异于拔苗助长；第五，没有充分吸取保险资金投资股市失败的教训[17]。也有专家认为，保险资金入市并不是一件简单的事情。保险公司投资股票的比例、保险机构投资者信息披露办法、保险资金入市时机的选择以及不同类型保险公司投资策略的制定等等，都是值得有关方面认真考虑的问题[18]。

除了有价证券之外，有学者认为，不动产投资也应该成为保险资金运用的有效选择。2004 年，《国务院关于投资体制改革的决定》中就明确提出，“鼓励和促进保险资金间接投资基础设施和重点建设工程项目”。我国保险公司应该遵循“三性”原则，主要通过证券化模式、信托模式、委托贷款或银保联合贷款模式、抵押贷款模式以及产业投资基金模式进行不动产的间接投资[19]。

2005 年，我国金融服务业开始进入深度开放的后过渡期，我国保险业全面对外开放的承诺已陆续兑现，外资保险在华业务范围不断扩大，外资保险公司越来越多的享受到了“国民待遇”。但有学者认为，在新一轮全面开放格局下，我们的民族保险业也应该走向世界，分享金融全球化带给我们的共同利益。中资保险公司可以通过机构外延、战略联盟、跨国并购以及海外上市等方式进行国际化的战略安排。而要真正迈出国门走向世界，还要适应所在国本土化需要，这就要注重产品创新，要丰富营销模式并尽快适应和遵守属地监管[20]。

从国外保险公司的发展趋势看，保险公司大量从事资产管理业务，资产管理收入越来越重要；我国保险公司还没有开展资产管理业务，这与我国居民收入的巨大存量与增量不相符合，也预示着我国保险公司理财业务具有广阔的发展空间。中国保监会已经批准中国人民保险公司成立保险资产管理公司，这对保险理财来说是一大利好，意味着中国保险业的资产管理业务将得到迅速发展，与国外保险公司同类业务的差距将逐步缩小。然而从目前保险业的状况来看，广泛开展保险理财业务还有很多亟待解决的问题。有学者认为，最主要的问题有两个：首先是我国保险资金运用的形式非常单一，运用的主要途径是存入银行或者购买政府债券，其他资金运用形式，如股票投资、房地产投资、抵押贷款、信托贷款、境外投资等，我国的保险公司或者不能进入，或者只能有限进入；其次是专业人才的匮乏。这是我国保险理财领域一个非常突出的问题。随着居民收入的增加，客户越来越重视全面的理财规划，并在此基础上安排合适的险种组合。然而我国各家保险公司能够提供这种规划的人才很少，保险公司提供的理财咨询也很难满足客户的需求。这方面我国保险业还有很多工作要做[21]。

五、中国金融体系的战略选择

我国的金融体制改革已经进行了 20 多年。有学者经过长期而深入的思考，认为有一个具有深远意义的重大问题始终没有解决，即中国金融体系的战略目标究竟是什么。是建立一个以市场（核心是资本市场）为基础的金融体系（即市场主导型金融体系），还是银行主导型金融体系？经过详尽的横向、纵向比较研究，该学者认为，无论哪种金融体系，在其发展初期，银行或类似于银行的金融机构一般占据主导地位。当金融发展到一定程度之后，由于经济、政治、法律等原因，一些国家形成了市场主导型金融体系，另一些国家则形成了银行主导型金融体系。但是，近年来各国尤其是欧洲各国金融体系的变革表明，市场主导型金融体系正逐渐成为一种更优、更标准的金融模式。对中国来说，建立一个强大而有效的资本市场，通过资本市场提高资源配置效率、改善上市公司治理，是真正能够推进中国金融体系市场化取向的战略性变革。因此，建立市场主导型金融体系应该成为中国的战略选择㉒。

2005年举办的“中国资本市场论坛”，研究的主题就是有关金融体系选择问题。中国人民大学金融与证券研究所提交了专著性研究报告：《市场主导型金融体系：中国的战略选择》。

该报告主要由总论和十二个分论组成。总论题目是：中国为什么必须选择市场主导型的金融体系——中国发展资本市场的战略目标。十二个分论分别为：一、中国金融体制改革（1983—2004）：历史回顾与路径分析；二、经济结构与金融体系：一种关于金融功能升级的解释；三、金融体系比较：功能金融角度的分析；四、金融体系比较：不同法律制度对金融体系的影响；五、金融体系比较：不同金融文化对金融体系的影响；六、市场主导型金融体系中的股票市场：功能视角；七、市场主导型金融体系中的债券市场：构造市场化的基准收益率；八、市场主导型金融体系中的货币市场：流动性分析；九、市场主导型金融体系中的商业银行：产品创新与体制转型；十、市场主导型金融体系中的其他金融中介：风险过滤与价值发现；十一、市场主导型金融体系中的货币与信用：货币政策动态分析；十二、市场主导型金融体系的波动性和稳定性：对金融危机的一种新的说明。

该研究报告认为，经济规模及其发展水平对金融制度具有深刻影响；产业周期的缩短、产业升级的加速和技术含量的提高，对资本形成和风险分散提出了新的要求，也对金融制度和金融体系产生了重要影响；收入水平以及受收入水平影响的资产选择偏好，也会从根本上对金融制度和金融体系产生重要影响。这些是市场主导型金融体系形成的内在原因。金融体系向市场主导型方向演变，除了上述三个具有内生性质的经济因素以外，信息技术的进步及其在金融市场的广泛运用，也是极其重要的外生变量。而以金融机构多元化和金融活动市场化为典型特征的中国20多年的金融改革也为选择市场主导型金融体系创造了必要的条件。因此，从战略的高度看，中国应该选择市场主导型的金融体系㉓。

（作者：吴晓求，中国人民大学教授；魏建华，中央财经大学教授）

注：

①周小川：《中国宏观调控形势的变化和货币政策操作》，《中国金融》，2005年第10期。

②张瑞怀等：《关于完善金融宏观调控机制的思考》，《中国金融》，2005年第10期。

③⑤范建军：《寻求最佳优化组合》，《国际贸易》，2005年第1期。

④李扬等：《解析美联储的货币政策及其货币政策理念》，《国际金融研究》，2005年第2期。

⑥张羽等：《论中国国有商业银行的渐进式改革》，《投资研究》，2005年第8期。

⑦廖国民、刘巍：《银行体制、破产成本与政府担保》，《管理世界》，2005年第3期。

⑧徐志宏：《中国货币市场》，《投资研究》，2005年第8期。

⑨陈新跃、张文武：《利率市场化条件下我国商业银行资产负债管理技术研究》，《金融论坛》，2005年第3期。

⑩朱晓艳：《我国发展银行基金问题探讨》，《经济与管理研究》，2005年第8期。

⑪张文武、何帆：《如何调整人民币汇率政策：目标、方案和时机》，《国际经济评论》，2005年第2期。

⑫吴念鲁：《论人民币汇率机制改革的方针与步骤》，《经济学动态》，2005年第4期。

⑬李扬、余维彬：《人民币汇率制度改革：回归有管理的浮动》，《经济研究》，2005年第8期。

⑭王健：《从微观视角看我国汇率政策选择》，《经济理论与经济管理》，2005年第4期。

⑮吴定富：《保险业：为构建和谐社会护航》，《中国保险报》，2005年8月1日。

⑯王伟：《我国保险资金运用实证分析》，《北京工业大学学报》（社科版），2005年第2期。

⑰朱俊生等：《对保险资金入市的若干思考》，《财贸经济》，2005年第6期。

⑱李继培、吕素芬：《保险资金直接入市开“闸”》，《新经济导刊》，2005年第2期。

⑲闻岳春、马国旗：《保险公司不动产投资问题研究》，《保险研究》，2005年第5期。

⑳王俊寿：《金融业全面开放条件下中资保险公司的国际化策略》，《中国城市经济》，2005年第1期。

㉑孙飞、陈兵：《理财顾问：保险角色的转型》，《中国国情国力》，2005年第4期。

㉒吴晓求等：《市场主导与银行主导：金融体系变迁的金融契约理论考察》，《财贸经济》，2005年第6期。

㉓吴晓求主笔：《市场主导型金融体系：中国的战略选择》，中国人民大学出版社，2005年4月出版。

法　学

法理学

朱景文　叶传星

一、概况

2005年的法理学研究取得了新的进展，发表了一批有分量的研究论著。这些研究继续深化了往年已经展开探讨的一些问题，比如法治问题、权利问题、法学研究方法问题、法律解释问题、法律体系问题、法律与全球化问题等，同时在法学理论与实践的互动过程中也开始研讨一些新的热点问题。本年度召开了几个富有成果研讨会，主要有：我国12位学者组成代表团参加了2005年5月召开的国际法哲学与社会哲学协会第22届世界大会，这次大会所探讨的主题是“全球社会中的法律与正义”；中国社会科学院法学所在1月举办的“科学发展观与法制建设”研讨会；由北京大学法学院与中国社会科学杂志社在5月联合举办的“法律的社会科学研究”研讨会；由清华大学法学院与德国法兰克福大学法学院联合召开的“全球化与法律现代化”国际学术研讨会，由中国人民大学法理论坛和法律与全球化研究中心在12月举办的“中国法律发展报告”研讨会。本年度出版的法理学方面的著作（包括译著）据粗略统计有40余本，学术论文和文章大略有600余篇。

二、研究的热点和重点问题

（一）关于和谐社会的法理学探讨

和谐社会理论的提出是深化法理学研究的一个契机。实现当代中国社会的和谐发展，是中国社会全面进步的必要选择。学者们论证了和谐社会建设对于法律的需要，从理论上说明了和谐社会建设呼唤新的法哲学。和谐社会理论对于传统的法理学的正统意识形态提出了挑战，这可能有助于促进当代中国主导法律理念的更新。和谐社会的法理念更多地从社会和谐的角度来考察法的本质、价值、功能和作用，以法律更多的保障社会公正尤其是保障社会弱势群体的利益和权利，同时要用与和谐社会要求相适应的以人为本的法律理念来逐步克服现实社会和现行法律对于个体，对于自由和权利的忽略。

有学者讨论了法律调整机制对于和谐社会建设的重要性。法律调整是诸多社会调节机制中最为重要的机制，在和谐社会中具有无可替代的地位和作用。法律调整机制有利于保障公民基本权利和建立法治政府，有利于实现社会公正和保障弱势群体，是减少和缓解社会压力的减压阀①。有学者认为，实现社会和谐的关键是依据公平正义原则去解决社会中的各种利益冲突。公平正义要具体化为处理各种具体矛盾和争执的法律规则。追求社会和谐也必然要求实行法治。为构建社会主义和谐社会必须加强和重视对于法的正义性的研究②。

有学者提出坚持以人为本的科学发展观应当以立法统筹经济社会发展，这包括树立全面协调发展的立法观念、统筹经济立法与社会立法、统筹经济社会发展与经济社会权利保障、统筹经济社会立法与整个法律体系的协调发展、统筹经济社会立法与法律实施等③。

（二）关于中国法学理论的反思与发展

作为对和谐社会建设、以人为本的科学发展观等的法学观照，学者们开始更自觉的反思中国过去20多年以至过去100多年来中国法学知识建构的实践过程和所存在的问题。有学者们借助于范式理论评论了当代中国法学的基本理论，比如讨论了法律现代化范式、法律文化范式、权利本位范式、阶级斗争范式、后现代的法学范式、实用主义的法学范式等等。学者们对于这些范式的评价不一。

有学者认为，1978年至2004年，中国法学在取得很大成就的同时也暴露出了它的问题，而它的根本问题就是未能为评价、批判和指引中国法制发展提供作为理论标准和方向的“中国法律理想图景”。这是一个没有中国法律理想图景的法学时代。作者对“中国为什么会缺失中国自己的法律理想图景”这个理论论题尝试给出回答，并对中国法学这一时代进行“总体性”的反思和批判。作者采“范式”分析概念对中国法学中四种不同甚或存有冲突的理论模式即“权利本位论”、“法条主义”、“本土资源论”和“法律文化论”进行了探究。认为，中国法学之所以无力引领中国法制发展，是因为它们都受一种“现代化范式”的支配，而这种“范式”不仅间接地为中国法制发展提供了一幅“西方法律理想图景”，而且还使中国法学论者意识不到他们所提供的不是中国自己的“法律理想图景”；同时，这种占支配地位的“现代化范式”因无力解释和解决因其自身的作用而产生的各种问题，最终导致了作者所谓的“范式”危机。必须结束这个受“西方现代性范式”支配的法学旧时代，开启一个自觉研究“中国法律理想图景”的法学新时代④。

有的学者提出，在西学东进，西方法学的强势话语面前，如何发掘传统中国法学的宝藏，中国法学对于当代社会的意义何在，是值得每一个中国学者认真思考的问题。似乎中国法学中的一切都已经成为过时的、不适合现代社会发展的东西，如专制、等级观念、人治传统等。西方学者经常用集权一词，英文 totalitarian，如东方的集权主义，专制主义，在西方的政治学和法学的词汇中都是一个贬义词。这个词来自于 totally，即整体的，这也是我们民族在考虑问题时的一个特点，就是考虑问题的时候是 totally 地来考虑，而不是 separately，即分离地或单个地来考虑。这一点恰恰是我们在处理一些问题的时候和西方人的不同的地方。西方法律文化喜欢把一切都分开来，在每一个案件中区分是非，分清每一个案件中的权利与义务、责任。而中国法律文化考虑问题的时候往往都是 totally 的，不是从局部出发，而是从整体考虑。这里恰恰是中国法律文化对世界法学的独特的贡献，这应该成为现代中国法学的生长点⑤。

有学者以法律移植与现代国家转型为背景，考察了最近 20 年来法理学思潮从马克思主义法理学到法律文化论和法律现代化论的内在发展逻辑，提出这些主流思潮坚持一种“没有国家的法律观”，是法律人的法理学。基于反思这种法理学在处理国家与法律关系上的方法论误区，作者考察了作为边缘学说的实用主义法理学对于主流思潮的批判以及由此形成的本土主义方法论与本土主义政治立场之间的张力。作者提出从法律人法理学到立法者法理学的转向。即试图在更广阔的理论背景上，重新把国家与政治作为法理学思考的中心，从而在技术上整合法律人法理学，思考在民族国家与文明国家的转型中面临的理论问题⑥。

有学者从全球化的大背景下来检视中国法理学的发展方向，更自觉的把全球化作为考察中国法学的知识建构和法律实践发展的一个维度。有学者提出，法律和全球化研究必须有全球的观点，即把全球不同国家的法律发展看作一个整体来分析，一些国家和地区的法律的发达往往以另外一些国家和地区的落后为前提。这种依赖关系不仅存在于古罗马时期的罗马帝国和海外行省之间的关系，威斯特伐利亚体系确立后欧洲列强与它们的殖民地之间的关系，也存在于当代世界发达国家与第三世界国家之间的经济依附关系中。在所有这些例证中都可以看到前者的发达是以对后者的掠夺或牺牲为代价，否则根本不可能建立起适合商品经济的、体现民主的、具有高度人权保证和环境保证机制的西方法律体系⑦。

（三）关于法治的理论问题

法治问题一直是近些年来探讨的热点问题。今年又有新的理论收获。有学者探讨了依法治国与以人为本的协调统一问题。法治是源于人类对自身的存在、价值和命运的一种制度安排。以人为本则是深藏在它背后决定其发展方向和命运的最高的精神力量。法体现以人为本的发展观，就是要求法应当以普遍的人性为本、以自由为本、以个体为本、以权利为本等。以人为本的法治观念要求，要突出个人权利观念、主体性观念、开放观念等⑧。

有学者探讨了清末民初中国变法思想中的法治理念诸问题，比如华夷之辨与本末之辨、专制主义与自由主义、欧美中心主义与中国本土主体、张扬理想与建设制度等。对于这些问题的辨析对于当今的法治建设中的问题颇有助益。有必要区分三种意义上的法治思想：价值法则意义上的、政治法则意义上的和程序法则意义上的法治思想⑨。

有学者从理论和实践层面讨论了中国转型时期有法律却没有秩序的问题。从理论层面看：法律制度的形成与法律秩序的形成之间存在重要的区别；从实践的层面看，问题的上升速度与力度大于对问题的治理速度与力度；立法与社会的合理距离不易掌握等⑩。

有学者从立法学的角度解释了中共从领导党到执政党的转变的必要性。作者以考察执政党与人大立法关系为主线，以加强我国执政党的立法职能作为出发点，首先阐述了中国执政党与人大立法关系的现状与存在的问题，然后分析和总结了西方政党与立法关系的规律和特点，最后结合从“领导党”

向“执政党”转变的历史大背景，从理论上对于当前我国执政党与人大立法关系的定位与重构加以探讨[11]。

法治进程中的司法改革问题近年来受到广泛的关注和热烈的讨论。有学者探讨了司法职业化与民主化的关系问题。“文革”以后我国司法建设所走的路线总体来说是司法的职业化。由于未配合以司法民主化建设，导致司法职业化尚未成型，司法官僚化严重，司法职业化与司法民主化的制度结合点在于陪审制度。陪审制度不仅仅上一项司法制度，更是一项政治制度[12]。

有学者考察了监督制度在法治架构中的地位。中国传统监督制度的基本特点在于：容易治标却难以治本；权力范围广泛却非规范化；监督者大义凛然高风亮节却把制度依赖于监督主体及个人的因素；监督操作灵活，但制度运作效果缺乏稳定性。这种监督制度是一种人治底下的制度模式。为了适应现代法治的需要，应当对于监督制度作根本性的改造，根据法治原理和立场，以分权制约和正当程序为原则，以法治的方式进行监督制度的变革和运作，将传统的监督制度纳入法治系统，使其成为法治内在的构成部分。

关于法律体系的研究是健全法制建设的一个重要方面。有学者从法律经济学的视角揭示了法律体系基本结构背后的理性基础。社会合作即意志行为的协调，包括意志自由型和意志支配型，它们都要耗费一定的成本。私法适宜前者，公法适宜后者。这展示了公私法划分的必要性。但是在这两者之间，国家的强制干预可能介入到民事交易，而国家干预由于面临高昂的组织管理成本也要适当的引入自由协商机制[13]。

（四）关于法学的方法论问题

有学者探讨了法律的社会科学研究在中国的展开问题。法律的社会科学研究在中国的兴起和走向繁荣，满足了转型中国初期的学术需求。社科法学在中国的存在意义就是要恢复实证传统、经验传统以及科学的想象力，要使中国法学超越那样一种政治上正确的流行意识形态话语。它促使整个中国法学研究的转向。也有学者提出了要坚持法学的自主性，不宜把过多的交叉学科放到法学中来。有学者探讨了社会科学方法在法学中的应用问题[14]。

有学者提出从法律的理性和法律的历史性的角度考察了法学的思考方式问题，即法学思考是实践思考，是以法律为起点的思考，是以问题思考或者情景思考，是论证的思考，是评价性的思考[15]。有学者讨论了法律论证的一些基本理论问题。比如其理论背景、研究方法等[16]。有学者讨论了法律推理过程中的实践理性原则，即合法性原则、论证原则、可普遍化原则。要通过可普遍化的论证来实现法律推理的合法化，应当正确对待逻辑与经验、主观与客观的关系[17]。

（五）关于人权和权利的法律研究

人权法近年来逐步成为法学研究的一个热点问题。有杂志通过专题研讨的形式讨论人权法中的一些基本理论和国际人权法中的社会性别问题[18]。有学者讨论了围绕人权概念中的若干争论。这些争论表现在关于人权的自然性和人权的社会性、人权的理念性和制度性、人权的基础性和理想性、人权的国家性和非国家性、人权的个人性和集体性等方面。探讨人权概念中的内在矛盾问题是理解人权法律理论争论中的核心方面之一[19]。

有学者探讨了中国人权精神建设中，对于人权精神共识的达成，有赖于西方人权观与东方人权观、传统人权观与现代人去那话语体系的相互开放。人权精神的现实化则有赖于对自然演进论与理性建构论、本土化道路与西方化道路、政治权利优先保障与经济权利优先发展对垒的超越[20]。

有学者指出，个人的权利诉求是在关系、文化、权力的网络中提出的，并由此获得正当性和合法性。国家在回应个人的权利诉求的时候是在文化、法律、常识、习惯等多个层面上进行的[21]。

（作者：朱景文，中国人民大学教授；
叶传星，中国人民大学副教授）

注：

①王晨光：《和谐社会中的法律调整机制》，《法学杂志》，2005 年第 4 期。

②张恒山：《略论和谐社会中公平正义于法律》，《法学杂志》，2005 年第 4 期。

③李林：《统筹经济社会发展的几个立法问题》，《法学》，2005 年第 9 期。

④邓正来：《中国法学向何处去?》，《政法论坛》，2005 年第 1、2、3、4 期。

⑤ http：//www. unirule. org. cn/symposium/c296. htm

⑥强世功：《迈向立法者的法理学》，《中国社会科学》，2005 年第 1 期。

⑦朱景文在第 22 届国际法律哲学和社会哲学大会上的发言 TWO KINDS OF INTERNATIONAL ORDERS（《两种不同的国际秩序》）。

⑧吕世伦、张学超：《“以人为本”与社会主义

法治——一种法哲学上的阐释》，《法制与社会发展》，2005年第1期。

⑨夏勇：《飘忽的法治》，《比较法研究》，2005年第2期。

⑩蒋立山：《为什么有法律却没有秩序》，《法学杂志》，2005年第4期。

⑪封丽霞：《从领导党到执政党转变的立法学阐释》，《法学家》，2005年第4期。

⑫何兵：《司法职业化与民主化》，《法学研究》，2005年第4期。

⑬龚刚强：《法体系基本结构的理性基础》，《法学家》，2005年第3期。

⑭侯猛等：《“法律的社会科学研究”研讨会观点综述》，《法学》，2005年第10期。

⑮舒国滢：《从法的理性和历史性考察看法学的思考方式》，《思想战线》，2005年第3期。

⑯焦宝乾：《法律论证的几个基本理论问题》，《比较法研究》，2005年第6期。

⑰李桂林：《法律推理的实践理性原则》，《法学评论》，2005年第4期。

⑱《环球法律评论》，2005年第1、4期。

⑲叶传星：《人权概念的理论争论解析》，《法学家》，2005年第6期。

⑳齐延平：《论中国人权精神的建设》，《文史哲》，2005年第3期。

㉑刘培峰：《文化、权力网络中权力诉求的实践和表达》，《中国法学》，2005年第5期。

宪 法 学

胡锦光 王丛虎 刘飞宇

一、研究概况

2005年中国宪法学研究会、地方宪法学研究会、各法学研究机构召开了各种形式的宪法学学术讨论会，探讨了中国宪法学面临的新课题。

1. 2005年1月18日，中国人民大学宪政与行政法治研究中心主办了“中法违宪审查制度学术讨论会”，与会代表围绕中国与法国违宪审查制度建立背景与制度体系等问题进行了广泛的讨论。

2. 2005年5月28日，中国法学会宪法研究会、厦门大学法学院、福建师范大学法学院联合举办了“吴家麟教授八十华诞暨宪法学思想研讨会”，与会学者系统地探讨了吴家麟宪法思想的特点与新中国宪法学发展的联系，并围绕如何发展具有中国特色的社会主义宪法学体系进行深入的理论探索。

3. 2005年6月1日至2日，中国政法大学人权研究所主办了“国家人权机构建设国际学术讨论会”。会议围绕国家人权机构的性质、功能、运作程序等问题进行了广泛的讨论。

4. 2005年6月30日，中国人民大学宪政与行政法治研究中心举办了“中国宪法文本”学术讨论会，与会代表围绕宪法文本的结构、基础与功能等问题进行了广泛的讨论，为学术界进一步研究宪法文本问题提供了有益的思路。

5. 2005年10月22日至23日，中国法学会宪法学研究会和山东大学法学院共同举办了中国法学会宪法学研究会2005年年会暨成立20周年纪念大会。本次会议的主题是“人权的宪法保障”，有130多名学者提交了论文。与会者围绕“人权与公民权”、“人权的立法保障”、“人权的司法保障”、“人权入宪与依宪执政”、“人权公约的实施机制”等问题展开讨论。

6. 2005年11月25日至26日，北京大学宪法与行政法研究中心在北京举办了年度主题讨论会，并以“农村宪政与行政法治”为题进行了学术讨论。本次会议对农村宪政问题进行了深入的学术探讨，收到了70多篇学术论文。

7. 2005年12月10日，中国人民大学刑事法律科学研究中心与中国人民大学宪政与行政法治研究中心共同举办了题为“刑法学与宪法学的学术对话”研讨会。这是宪法学与刑法学学者之间围绕刑法学中的宪法问题、宪法学中的刑法问题进行的首次学术讨论会，取得了良好的社会效果。

2005年北京的宪法学研究取得了积极的进展。出版的宪法学教材、著作主要有：刘茂林著《中国宪法导论》，北京大学出版社；焦洪昌著《选举权的法律保护》，北京大学出版社；胡锦光韩大元著《中国宪法》，法律出版社；陈云生著《宪法人类学》，北京大学出版社；韩大元著《中国宪法事例研究》，法律出版社；韩大元、莫纪宏主编《外国宪法判例》，中国人民大学出版社；焦洪昌姚国建著《宪法学案例教程》，知识产权出版社；蒋劲松著《责任政府研究》，社会科学文献出版社；王禹编著《中国宪法司法化：案例评析》，北京大学出版社；莫纪宏主编《宪法学》，社会科学文献出版社；李卫刚著《从行政诉讼到宪法诉讼》，对外经贸大学出版社。等等。

二、宪法研究的热点问题

1. 关于宪法基本权利问题

宪法基本权利问题始终是学者们研究的热点问题。不过，2005 年学者们对基本权利问题又深入了一步。比如，有学者从人权保障的高度，阐述了宪法权利、人权和其他权利之间的关系，认为：在保障人权价值实现的法律制度中，宪法权利、行政法上的权利以及民事权利、诉讼权利是人权概念制度化的主要法律手段，并且这些不同性质的制度权利由于各自的权利性质和实现方式的不同，导致了人权在具体法律制度上形成了不同层次和不同结构形同金字塔的权利体系，对于人权的实现起到了现实和有效的保证作用①。有学者认为，人权与公民权不仅是宪法和宪法学的主体内容，而且是宪法和宪政的核心和实质所在，是宪法学的理论基点和逻辑起点。人权的源与流、人权的自然形式和其他法律形式的关系体现着现代市民社会和政治国家二元结构的宪政格局。而基本权利是法定化人权——公民权的集中体现，是基本人权法律化的载体②。有学者认为：人权与基本权利的关系是学术界需要解决的重要课题。随着“人权”一词的入宪，在宪法文本中出现了人权与基本权利两个概念，需要协调两者的内涵与具体功能。学者们普遍认为，所谓人权是指人作为人应当享有的权利。人权主要是一种道德层面的权利，从权利的形态上看，属于一种应然权利。这就需要从原理上区分宪法权利与法律权利之间的界限，发挥其不同的功能③。在德国的宪法理论中，基本权利被认为具有“主观权利”与“客观法”的双重性质。除了作为个人权利的性质以外，基本权利被认为是德国基本法所确立的“客观价值秩序”，是对国家权力产生直接约束力的法律。这一理论构成了对基本权利的宪法解释的基本框架，在此基础上，德国建构了一套严密的基本权利保障体系。这一理论对中国宪法的基本权利问题具有借鉴意义④。

有学者认为应该进一步扩大宪法对公民基本权利的规定和解释。对法规的违宪审查建议权不仅是公民的基本权利的具体化和现实化，更重要的是要赋予了公民一定的启动法规违宪审查程序的权利。但是这项权利在实践中遭遇一些困境，即建议案往往成为悬案，而且也无法当然启动法规违宪审查程序，建议者的预期目的往往落空。要摆脱这些困境，我们首先要建立建议权回复机制，然后等改革积累到一定程度后，把建议权发展为诉讼权利⑤。有学者进一步澄清了我国法律制度中的对“剥夺政治权利”的理解偏差，认为：我国现行宪法第三十五条的规定所采用的“剥夺政治权利”这一宪法术语欠妥当，应当修改为“限制政治权力的行使”；而我国刑法中的“剥夺政治权利”也应作相应的修改，而且应将对于六大自由的限制囿于政治性的范畴之内⑥。关于人的通讯自由权，有学者结合我国信息技术的发展状况，提出了通信自由基本权利的实现必须借助通信载体，对通讯载体领域采取何种规制监管机制，直接关系公民个人甚至全人类的通信自由、表达自由和知情权等多种权利与自由的实现⑦。有学者结合宪法修正中增加人权条款展开研究，认为：宪法第 33 条“国家尊重和保障人权”的增设，可誉为第四次宪法修正案的点睛之笔，它标志着现行宪法首次用一个概括性的条款确认了人权保障的宪法原则，不仅在法律解释学上具有丰富的意涵，而且在规范层面具有重要意义。但是，这一条款的增设也进一步加剧了现行宪法中抽象性的人权规范与个别性的人权保障之间已经存在着的巨大张力，而为了缓解这一张力，建立具有实效性的违宪审查制度就成为紧迫的课题⑧。也有学者认为：宪法设置限制公民权利条款的目的在于保障公共利益，功能在于限制权力和保障权利。权利限制的宪法原则有宪法保留、宪法委托、合理限制及程序限制等，权利限制的宪法规则模式有概括式、区分式和混合式三种。而我国存在宪法权利限制的理论误区和制度缺失等问题，建议根据公民基本权利和自由的性质，建立以区分式为主的宪法限权式模式⑨。有学者进一步论述了权利与权力的关系：在现代法治社会，权力必须以权利为目的和归宿。不论是权力对权利的积极保护，还是权力对权利的消极限制，皆以人权保障为首先价值。国家基于对人性善恶、权利性质、公私权利的合理考量，获得限制公民基本权利正当性；然循宪政之一般原理，其亦须划定自身权力行使的合理维度；只有这样，才能实现宪政、法治与人权的统一⑩。

2. 关于宪法实施的新领域问题

宪法是一门实践性的科学，这已经被越来越多的学者所认识。2005 年的宪法研究也体现了这一点。在中国社会转型与发展过程中，宪法学研究逐渐从深邃的思辨和纯理论的研究中走向应用和实证的层面。如在2005年北京大学召开的“农村宪政与行政法治”学术研讨会和宪法学年会上农民基本权利的保障与农村的宪政环境引起了学者们的广泛兴趣。有学者指出：由于我国经济发展水平的不平衡和城乡二元结构的存在，城市居民和农村农民在法定人权和现实人权的享有上存在巨大差距。这种巨大差距不仅表现在政治和文化方面的权利上，还表现在生存权等社会经济权利方面。如劳动环境恶劣和高强度劳动导致农民工的生命健康权利受到威胁，农民工的就业歧视和限制，农民工的劳动报酬权被侵犯，农民工的社会保障权缺失等等[11]。中国9亿农民的权利状况不容乐观，他们的基本人权包括平等权和构成自由权的上访权都在不同程度上受到侵害。希望在“国家尊重和保障人权”写进宪法后能成为一个契机，我国能在公民待遇、人权纳入产权、农民组织的长成及保护上访的权利直至最终利用司法定纷止争等方面有进一步的发展[12]。

政教分离原则是我国宪法学研究的一个较为敏感的问题，当然也是我国宪政问题的重要内容。多年来，学者们较少介入该领域的研究。2005年有了新的突破，有学者呼吁：我国不少地方政府投资宗教项目，应该引起宪法学界的广泛关注[13]。也有学者以三亚南山观音圣像建设和产权交易的关系为题进行分析，指出这实际上是一个宪法问题。并进一步分析认为：动用来源于纳税人缴纳的公共财政资金介入到纯粹的宗教活动，应该被看做是超越了我国宪法所规定的政府权力的底线，是一种违背国家政教分离原则以及宗教信仰自由原则的违宪行为[14]。也有学者针对宪法中的“公共利益”问题展开研究，认为：2004年的宪法修正案中增加了“公共利益”的概念和制度，但由于其主体和内容上的不确定性，需要对其内涵和外延作出必要的界定。我国宪法上的“公共利益”主要体现在征收和征用补偿条款中，但由于普通立法中缺乏对“公共利益”的明确界定及配套制度，导致实践中征收集体所有土地和城市房屋拆迁中对“公共利益”把握的确实和“稀释”，对此，应当通过违宪审查和宪法委托的制度，使普通立法中的“公共利益”具有合宪性和明确性[15]。随着我国《物权法草案》正在紧锣密鼓的讨论中，民商法学与宪法学的交叉研究也成为今年的一个研究新领域，为此有学者提出了“营业权”入宪的问题，认为：营业权是主体基于平等市场主体资格自由地、独立地从事以营利为目的的营业活动权利。纵观各国宪法、在营业权的表达方式上，有自由吸收方式、职业选择自由概括方式和营业自由表达方式等不同模式，在具体的立法体例上有宪法序言或总则宣示式、经济政策性原则条款式、公民基本权利条款列举式、总则宣示与公民权利列举相结合的模式等不同范式。因此，尽快地把“营业权”视为公民的基本权利，或者看作一项基本经济原则，并载入我国宪法是今后我国宪法修改和人权保障的重要课题[16]。也有学者将宪法学的研究和公共管理学结合起来，认为公共管理者是社会的特殊阶层，在整个国家的法治进程中起着主导作用。只有培养和提升公共管理者的行宪能力，才能带动普通民众宪法观念的树立、宪法知识的学习和宪法的实现。为此，建立起完善和科学的制度，已成为提升公共管理者行宪能力的重要手段，更是实现法治国家的重要措施[17]。

3. 关于宪法监督实施的问题

宪法学作为一门实践性科学，如何将宪法具体应用到现实生活中始终是宪法学者们关注的焦点问题，2005年有许多学者从比较新的视角探讨了宪法实施问题。有学者认为：宪法实施中的违宪审查方式与宪法诉讼方式是两种不同机制的区别。在分析西方国家宪法实施的路径，以及中国实现宪法监督走违宪审查之路面临的困境之后，根据违宪审查与宪法诉讼相别的理论，提出了中国的宪法司法化方案，即违宪审查权仍由全国人大常委会行使，而由最高法院承担宪法诉讼的任务[18]。也有学者在解释非公有制经济中提出了宪法监督实施问题，认为：保护非公有制经济是宪法规定的国家基本经济制度，具有明确的宪法规范基础。因此，今后建立保护非公有经济的法律体系或制定政策，必须以宪法规范为基础，并积极运用宪法解释制度完成具体化的任务[19]。关于宪法修改，我国学者认为：我国在采用宪法修正案方式修改宪法后，造成了宪法条文援引上的困境。宪法修正案导致了两种意义上的宪法，即“形式文本”和“内容文本”，我们必须加深对宪法修正案技术的认识，强调以形式文本作为援引宪法的唯一文本。同时，通过启动宪法解释，不仅有助于消除宪法修正案带来的冲突，还可以最大限度地减少宪法修正案的运用，从而增强宪法的稳定性[20]。也有学者针对实践中一些做法是否违宪进行分析，认为“双轨”作为党和监察部门一种纪律性处理措施，并不违背宪法第33条和第37条的规定，该种制度具有其宪法上的存在基础，对其存在应当立足于从宪法框架体系之内寻找原因，而不是从社会学的层面进行注释[21]。有学者认为：各部门法都是宪法的子法，但它们与宪法的距离和连接点却是不一样的。宪法性法律距离宪法最近。行政法是宪法之下各部门法系统中最庞大的法群，宪法对其主要是概念和原则的指导。宪法对诉讼法的关注集中在权力与权力、权利与权力的关系上。民法调整的是宪法领域之外的私权利关系。刑法是对一系列直接违反各种法律、间接破坏宪法的行为阶梯中最高和最后一级行为的制裁㉒。

4. 关于人民代表大会制度问题

人民代表大会制度是我国的基本政治制度，对于该制度的研究一直是我国宪法学研究的热点问题。但是，2005年的宪法学研究侧重于具体的问题。有学者认为：人民代表是代表机关的主体，代表的产生是人大制度的逻辑起点，因而代表的选举产生机制构成人大制度的前提和基础，完善人大制度首先应当关注代表产生机制的完善。我国人大代表的选举产生机制存在着若干相互联系、相互影响的缺陷，表现在：不具有中立色彩的选举组织对候选人的确立及选举过程不适当的操控；宪法和选举法长期对直接选举停留在较低层次，没有随着国家政治经济文化水平的提高和人民群众民主政治意识的觉醒而相应提高；选举主体的选举意识普遍淡薄、知情权缺位及被动式选举；被选举主体的利益和动机的错位、不纯现象与代表的政治职务严重不符等等。针对这些问题，应该一方面完善现行代表的选举程序，包括改进和健全现行代表候选人的提名程序、增强选举的竞争性和公开性、适当推行与扩大界别选举、改革代表名额分配办法、区分选举权与被选举等环节；另一方面实施扩大直接选举的层面，直至最终实现全国人大代表的直接选举㉓。也有学者从我国宪政的基本框架与特点出发，探讨了最高法院与全国人大的关系问题，认为最高法院与全国人大的关系是我国宪法规定的主要范畴。从两者的地位设计看，全国人大行使监督权与最高法院依法独立行使审判权之间不存在根本性的对立，但实践中存在一定的不协调问题。主要表现为两者的设计与《代表法》、《组织法》和《全国人大常委会议事规则》之间存在矛盾。如《法院组织法》对最高法院向全国人大工作报告的规定，不符合宪法的精神。根据宪法精神及其制度设计，全国人大的监督应该在遵循分权原则的制度框架内进行，宪法在全国人大与最高法院关系的设计上也遵循了这样的思路，人大与一府两院之间的监督与被监督关系，既是法定的权利义务关系，又是国家机关之间的分工合作的需要㉔。对于“宪政是什么”这一问题，已有的两种回答方法——定义法或内容和要素归纳法，都无法给出满意的答案。对于宪政的界定，既要让人们清楚什么是宪政，又要让人们明白宪政不是什么。用宪政的标准来界定宪政，为回答“什么是宪政”提供了第三条道路。宪政有其产生和运作的前提条件，有其存在的形式、内容和目的。其中，民主和法治是其前提标准；有限政府和人权保障是目的标准；契约性是形式标准；自由是内容标准㉕。

5. 宪法学专著简介

我国宪法学需要进一部关注和研究的问题就是宪法如何在现实中得到进一步实施的问题，或者说如何保持宪法理论与宪法实践之间的良性互动关系，为宪法理论价值的现实化提供必要的理论支持。2005年出版的宪法专著也正体现了这一时代的特征。仅从专著的名称看，《选举权的法律保护》、《宪法人类学》、《中国宪法事例研究》、《外国宪法判例》、《宪法学案例教程》、《宪政新论》、《中国宪法司法化：案例评析》、《从行政诉讼到宪法诉讼》等等，都明显地加强了对宪法文本与实践的结合。以下笔者选择其中两本作一介绍。中国人民大学出版社2005年6月出版的，由韩大元、莫纪宏主编的《外国宪法判例》选取了国外20多个国家的137个宪法判例，并将这些宪法判例按照违宪审查的一般原理、基本权利的一般原理和统治机构的一般原理三部分进行编撰，对每一个案例加以评析，同时附加了相关的宪法条款，方便于读者理解和查阅㉖。北京大学出版社2005年8月出版的，王禹编著的《中国宪法司法化：案例评析》则是收集中国34个在判决书中援引了宪法的案例，并对其进行分析。指出：在这34个案例中，虽然不是规范意义上的宪法判例，但从宪法在其判决书中所起的作用看，有的是作为双方当事人主张权利依据的，如山西闻喜县粮食贸易公司案；有的是作为法院判决书的说理部分，如赵忠祥案、张学英案、宋修林案、莫尊通案等等；有的则是明确作为判决依据的，如齐玉苓案等。这些大胆援引宪法的案例，是我国司法实践的经典案例，体现我国法治发展的时代精神，为我国宪法司法化的进程作出了重要贡献。法官们的这种敢为天下先的勇气，更值得我们尊敬和学习㉗。

（作者：胡锦光，中国人民大学教授；
王丛虎、刘飞宇，中国人民大学讲师）

注：

①莫纪宏、李岩：《人权概念的制度分析》，《法学杂志》，2005年第1期。

②文正邦：《论人权和公民权》，《中国法学会宪

法学研究会2005年论文集》(A) 263页。

③马岭:《宪法权利与法律权利:区别何在?》,《中国法学会宪法学研究会2005年论文集》 (A) 565页。

④张翔:《基本权利的双重性质》,《法学研究》,2005年第3期。

⑤胡建淼、金承东:《论法规违宪审查建议权》,《法学家》,2005年第3期。

⑥刘飞宇:《对于刑法中剥夺政治权利的宪法学思考》,《法学家》,2005年第1期。

⑦刘素华:《论通信自由的宪法保护》,《法学家》,2005年第3期。

⑧林来梵、季彦敏:《人权保障:作为原则的意义》,《法商研究》,2005第4期。

⑨汪进元、陈乓:《权利限制的立宪模式之比较》,《法学评论》,2005年第5期。

⑩秦前红:《论权利与权力的关系》,《政治与法律》,2005年第4期。

⑪郭殊:《论中国的农会与农民结社自由》;韩大元:《农民报考国家公务员的权利性质探讨》;王广辉:《论农民的社会保障及其实现》等。北京大学宪法与行政法研究中心:《农村宪政与行政法治学术讨论会论文集》(2005年)。

⑫张清:《农民阶层的宪政分析——以平等权和上访权为中心的考察》,《中国法学》,2005年第2期。

⑬郭延军:《我国处理政教关系应秉承什么原则》,《法学》,2005年第6期。

⑭童之伟:《地方政府投资宗教项目涉及的法律问题》,《法学》,2005年第11期。

⑮胡锦光、王锴:《论我国宪法中“公共利益”的界定》,《中国法学》,2005年第1期。

⑯肖海军:《论营业权入宪——比较宪法视野下的营业权》,《法律科学》,2005年第2期。

⑰王丛虎:《论公共管理者的行宪能力》,《法商研究》,2005年第3期。

⑱蔡定剑:《中国宪法司法化路径探索》,《法学研究》,2005年第5期。

⑲韩大元:《非公有制经济的宪法地位》,《法学家》,2005年第3期。

⑳韩大元、屠振宇:《宪法条文援引技术研究——围绕宪法修正案的援引问题展开》,《政法论坛》,2005年第4期。

㉑刘志刚:《“双轨”的合宪性——兼与王金贵先生商榷》,《法学》,2005年第11期。

㉒马岭:《宪法与部门法关系探讨》,《法学》,2005年第12期。

㉓邹平学:《完善人民代表选举产生机制的若干思考——为纪念人大制度50周年而作》,《法学评论》,2005年第1期。

㉔左卫民、冯军:《以监督权为视角:最高法院与全国人大关系的若干思考》,《社会科学研究》,2005年第4期。

㉕郑琼现:《也论宪政的标准》,《法学评论》,2005年第2期。

㉖韩大元莫纪宏主编:《外国宪法判例》,中国人民大学出版社2005年版。

㉗王禹编著:《中国宪法司法化:按理评析》,北京大学出版社2005年版。

行政法学

胡锦光　刘飞宇　王丛虎

2005年,行政法学的研究进一步深入。不仅在研究领域的宽广度上得到扩展,而且在研究方法的多样化上也得到了拓展。本年度的研究不仅涵盖了传统行政法学的各个领域,有的还研究了行政法与其他学科的交叉领域,如行政法与宪法学、经济学、社会学、档案学等相交叉的领域;不仅运用了传统的规范分析方法、比较分析方法,还广泛运用了经验实证的分析方法、经济分析方法等等,甚至还出现了行政法学方法论上的归纳和总结。

2005年出版的学术著作计有:《行政法治文苑》(应松年,中国政法大学)、《WTO与行政法》(袁曙宏、宋功德,北京大学出版社)、《行政程序立法研究:〈行政程序法〉草案建议稿及理由说明书》(马怀德,法律出版社)、《法治的脚步声:中国行政法大事记1978—2004》(何海波,中国政法大学出版社)、《中国行政诉讼制度的完善:行政诉讼法修改问题实务研究》(江必新,法律出版社)、《应急法制论——突发事件应对机制的法律问题研究》(韩大元、莫于川，法律出版社）、《法治视野中的行政指导》（莫于川，中国人民大学出版社）、《中国行政程序法立法研究》（王万华，中国法制出版社）、《现代行政过程论：法治理念、原则与制度》（湛中乐，北京大学出版社）、《多维视角下的行政信息公开研究》（刘飞宇、王丛虎，中国人民大学出版社）、《论行政救济》（毕可志，北京大学出版社）、《行政复议司法化：理论、实践与改革》（周汉华，北京大学出版社）、《行政法制的基本类型》（江必新，北京大学出版社）、《走向法治的缺失言说（二）》等等。

2005年召开的重要学术会议有：2005年8月15日—17日，在海南博鳌召开了“中国法学会行政法学研究会成立20周年庆典暨2005年全国行政法学年会”，会议主要回顾和总结了20年来中国行政法研究所取得的成绩，并对未来行政法学的研究进行了展望；2005年12月8日，北京大学法学院“软法研究中心”在该校正大国际会议中心举行成立仪式，其基本研究课题是公法视野下的软法问题与会学者探讨了软法的研究现状、软法的概念、历史和特点、研究意义等问题；2005年12月24日，中国人民大学宪政与行政法治研究中心与北京大学法学院软法研究中心共同主办的“行政指导与软法研究——以泉州工商行政指导实践为研究样本”学术研讨会，结合实证调查研讨了软法视野下的行政指导；2005年4月28日下午，中国人民大学法律与全球化研究中心和宪政与行政法治研究中心举行关于“法理学与宪法学、行政法学的对话”的研讨会，会上探讨了科际整合和对话的可能性与可行性。

一、行政法的理论基础与基本理论

有学者认为，统一公法学的建立是必要的和可能的，也是可行的。统一公法学的研究对象包括：(1) 整体公法规范、共性公法特征和一般公法规律；(2) 公法之间相互交叉、相互借鉴和彼此依存的内容；(3) 公法与私法之间相互交融和渗透的领域。统一公法学的范畴由核心范畴与基本范畴所构成：其核心范畴由四对概念所构成：公共权力与公民权利、自由与秩序、公平与效率、公益与私益；其基本范畴由法治、公法、公法主体、公法关系、公法行为、公法现象等构成[①]。有学者认为，开放的分析实证的公法方法论将纯粹分析性的公法规范解释与司法实施解决纠纷的规范解释结合在一起，可解决纯粹分析方法的科学性所回避的价值判断，有助于在个案纠纷的解决过程中从事实中提炼和发现价值，为公法纠纷提供规范[②]。有学者在讨论平衡论的意义时指出，首先，“平衡”本身不可能作为法律的目标，行政法的基本目标是社会公共利益的最大化，在效率优先的同时兼顾公正；其次，按照社会功利主义的定义，“公共利益”不是别的，就是私人利益的总合，私人或个体利益之间不可避免地存在相互冲突，因而“平衡”实际上是指在处理私人利益冲突的过程中使私人利益之和最大化。只有在明确这一基本目标的前提下，权利与义务的“平衡”才有意义，且平衡论作为实现这一目标的方法仍然是有益的[③]。

有学者认为，给付行政已经越来越成为现代行政的主要内容。但是，给付行政要不要受法律保留原则的支配，这在有关国家和地区的行政法学界一直是一个存在分歧的问题。从“法治国家的租税法定主义”政府动支财源所具有的侵益性质、现代行政的服务性本质以及有效救济公民获取给付的权利等角度来讲，给付行政必须受法律保留原则的支配。给付行政受法律保留原则的支配并不否认在给付行政问题上存在自由裁量，也并不否认在给付行政适用法律保留原则问题上出现紧急情况时的例外[④]。有学者认为，比例原则，从总体上引导公权力的行使。它调整两种关系：一是国家活动中目的与手段的关系，二是公民的自由权利与公共利益的关系。虽然两者的侧重点不同，但是都没有超脱其价值坐标，即正确处理好国家权力与公民利益的关系，既要赋予国家权力一定的优越性以实现社会公共利益，又要防止国家权力过分介入私领域而干涉公民权利，在国家权力和公民权利之间找到最佳结合点以迎合现代法治的理念追求[⑤]。

有学者认为，在对行政法与宪法之间关系的认识上，我国行政法学界的主流观点存在一定的片面性。事实上，行政法与宪法具有作为公法的同一性；两者之间也存在作为部门法的差异性；最为重要的是，“宪政国家是行政法的前提”，行政法必须构建在宪政基础之上——行政权的合法性来自于其在宪政结构中的地位与职能、宪政控制行政法治的性质与方向、宪政决定并塑造行政法的风貌与品格。中国行政法同样需要具备宪政基础[⑥]。有学者认为，行政民主化的实质是：各种体现民主精神的行政管理和行政法律的制度创新和方法创新，能够有力地推动行政法制根据经济与社会发展的客观要求而逐步得到完善，这在形态上表现为由传统行政法发展到近现代行政法再发展到当代行政法的过程，实质上也就是行政法的民主性逐渐增强，由行政专横逐步走向行政民主与法治的过程[⑦]。

有学者通过对美国行政法和法国行政法模式的分析，指出降低政府管制模式和公法与私法相结合的模式是全球化时期与政府职能相适应的行政法的新模式，这为我国行政法及相关领域内的改革发展提供了很好的参照⑧。有学者认为，从行政法学方法论的历史的角度来看，行政法学最初采用的行政行以形式论为主；随着社会经济的发展，又逐渐出现了行政过程论、行政法律关系论和政府规制理论等。在目前的中国行政法学研究中，在具体的研究方法上，主要以规范分析和注释法学的方法为主，比较方法、哲学方法、经济分析方法、行为科学方法、社会学分析方法等较少涉及。总之，当前中国由于行政法制建设及行政法学起步较晚，尚未形成积淀深厚的行政法学方法论体系⑨。

二、行政行为

有学者认为，要解决我国行政行为分类学说的混乱，从功能上说，只需保留少量必要的分类，而应将大量分类纳入相关原理介绍和讨论；从行政行为的内涵上说，勿需概念重构，只需正本清源，即将行政行为界定为行政权作用并实行分级分类；从行政法制度建构上说，行政救济范围的确定并不完全取决于行政行为的分类，不必过多批评抽象行政行为和具体行政行为的划分这种划分主要服务于依法行政自律机制的建立，并且从行政程序法的草拟和行政行为的统计上来看，也有必要将行政行为界定为行政权作用，然后再作进一步的分级分类⑩。

有学者认为，由于立法的时间差异以及价值理念的不同，我国的行政信息公开制度和档案公开制度存在较大差异。根据现行档案法的规定，绝大部分的现行政府信息都要成为档案，适用档案公开的规定，但如果完全适用档案公开的规定，将会影响公众知情权的满足。应该从定秘、解密、扩大解释、完善程序等方面淡化档案公开和行政信息公开之间的差异，从而达到二者混为一体的大同局面，充分满足公众的知情权⑪。有学者认为，基于保障房地产登记材料权利人的需要，房地产登记材料应该视为个人隐私材料，而不是公众信息，非权利人在没有正当理由的情况下不能取得该登记材料。个人资料保护制度与行政信息公开制度是基于不同的权利保护理念以及不同的信息来源形成的两种不同制度。政府信息由于运用公权力取得，属于公共财产，任何人均可以利用，并且不需要说明任何理由；个人信息尽管是在公权力运行过程中取得，但其在本质上是基于个人活动形成的个人信息只能由个人使用⑫。

有学者从行政过程论的视角全面探讨了国家科研项目监理这一法律问题。其在注意总结过程发展的各个阶段的特点的基础上，揭示其相互联结的各方情况和特点，强调以专家的视野为依托，以多维度、多层次的外部观察和监督为途径，以科学、民主、法治的程序机制为保障，对国家科研项目的规划、立项、执行和评估等全过程实施监理，并以此观点为理论指导，系统地架构了国家科研项目监理的过程论⑬。有学者认为，和谐乃是行政指导的重要价值追求。从各国行政指导的实践效果和职能主义的视角来看，符合现代行政民主和法治精神的行政指导，在当代行政管理过程中具有平衡与协调、沟通与化解、预防与抑制、辅导与促进等广泛用⑭。有学者认为，行政刑罚是介于行政法与刑法之间，伴随着行政处罚难以完全满足公共行政制裁需求而产生的。它是指由司法机关对违反行政刑法规范的行政犯罪行为人所依法施加的一种刑法制裁措施。应建立一套介于行政处罚与传统刑事制裁之间的新的惩罚模式，并主张从立法方式、立法种类上对其进行立法重构，并应在比较外国行政刑罚的基础上，适当借鉴他国优势模式，建立适宜我国国情的行政刑罚法律制度，并从立法、制裁种类、司法层面上做好行政刑罚与行政处罚的衔接⑮。

三、行政诉讼

有学者认为，在修改《行政诉讼法》时，应当改变原有的排除对抽象行政行为司法审查的规定，而将抽象行政行为纳入行政诉讼受案范围之中，法院应当享有对部分行政法规及所有的抽象行政行为的司法审查权；原告和第三人既可以在起诉时也可以在诉讼过程中，向法院提出对抽象行政行为合法性的审查请求；法院在对抽象行政行为进行审查时，应当奉行合法性审查原则、附带性审查原则和拒绝适用原则⑯。有学者认为，要从根本上解决法院的判决、裁定反反复复，一个案件多个判决、裁定的状况，就行政诉讼而言，必须真正确立行政诉讼判决的既判力，树立法院的权威，从比较法的视角看，确立行政诉讼判决的既判力，有必要解决以下问题：行政诉讼判决的类型和效力；行政诉讼判决既判力的效力范围制度根据以及与其他相关原理的关系；行政诉讼判决的既判力的标准时间；行政诉讼判决的既判力与判决的不当取得之间的矛盾⑰。有学者认为，一般而言，行政诉讼有两个重要目的：统制行政活动的合法性和对权利利益的救济。从对行政活动的合法性统制的视点来看，行政诉讼应当成为对行政的统制功能中具有拘束力的重要统制手段。在现实的权力运作中，如何充实司法对行政的统制功能的问题，应当成为探讨《行政诉讼法》修改问题的出发点。从权利利益救济的视点出发，无论是对侵权性的行为，授益性的行为，还是对复效性的行为，只要存在权利和利益的侵害，就应当提供相应的救济[18]。有学者认为，法律的发现主要指法官用来发现解决个案纠纷的法律规则而使用的法律方法。行政诉讼的特殊性决定了对法律发现进行研究有更为重要的意义，通过对我国行政诉讼法律发现的实践的考察，可以发现在传统的成文法观念下，实际上存在着广泛的法官具有创造性的发现法律的活动。通过对我国行政诉讼中法律发现实践的价值分析，又可发现，法律的发现实践不仅弥补了法律的空缺，深刻地反映了法律到底应该是什么，而且维护了行政的活力。也正因为如此，我们应当在正视法律发现的正当性的基础上，从多方面改革现行司法制度，促进法律发现的发展[19]。有学者认为，我国《行政诉讼法》亟须作出适当修改，在修法过程中应贯彻公民合法权益保护优先的原则，注重研究解决如下制度创新与改进的课题：保护公民合法权益应作为行政诉讼立法的首要目的，行政争议解决机制应坚持司法最终性，应扩大行政诉讼受案范围，行政诉讼参加人范围和行政诉讼救济范围，行政诉讼立法应兼顾公平与效率，以更有效地保护公民合法权益[20]。有学者认为，在《行政诉讼法》和《环境法》的修改中亟须确立环境公益行政诉讼制度。具体制度构建方面，可以考虑：赋予检察机关和公民；法人及其他组织同等的环境公益行政起诉权；设置更可行的诉讼管辖；合理确定举证责任的分配；增加判决种类，并且允许原被告双方和解；把公益诉讼纳入到法律援助的范围，同时注意平衡环境公益保护与行政权行使之间的关系。有学者认为，借鉴欧洲大陆自成一体的行政审判模式，脱离普通审判体制，建立一套相对独立的行政诉讼体制的设想不仅合理，也十分可行。选择这样一个突破口，至少有三项改革是必要的：一是改革法官制度，确保法官只服从法律；二是改革法院审判体制，确保独立公正审判行政案件；三是尽快修改行政诉讼法，完善行政诉讼制度[21]。有学者认为，显失公正的内涵应当与比例原则保持一定的距离，但可以吸收比例原则的某些要素；显失公正没有必要向程序不公正扩展；显失公正的标准包括违反了实质意义上的公正、违反了形式公正以及不符合比例的要求。显失公正的适用范围应当进一步扩大到所有的行政行为而不是局限于行政处罚行为。法院对显失公正的行政行为的司法判决应当使用撤销判决而不是变更判决[22]。

四、行政法上的其他问题

有学者认为，WTO 下的行政补贴原则应在行政法基本原则的框架下，充分吸收 WTO 基本原则的有关内容，并纳入 SCM 协定的有关规定，以使其内容具体明确。据此，应包括平等原则、比例原则、公开原则、国家辅助作用原则。平等原则着眼于对竞争者公平竞争权的保障，比例原则着眼于补贴措施与公益目的之间的均衡，补贴公开原则着眼于对行政主体在补贴领域裁量权的程序限制，国家辅助作用原则着眼于控制补贴行为的范围和程度[23]。有学者认为，在欧洲一体化和经济全球化进程中，欧洲共同体立法赋予欧盟行政机构广泛的行政权力，并为成员国的行政程序法创设了统一的标准：欧盟司法机制，欧洲人权保障机制和 WTO 争端解决机制则通过判例法发展了行政程序法的基本原则。因此，必须以“共同法”的观念来重构跨国行政程序法的理论基础[24]。

有学者认为，在我国行政法的立法文件中，行政法规范的术语与行政权的范围是非常密切的，即行政法规范的术语对行政权的范围具有决定意义，一个合理的术语既可以使行政权的范围相对明确，又可以使行政权的行使比较规范，反之，一个不大合理的规范表述则既可以使行政权的范围变得非常模糊，又使行政机关行使权力无规则可循[25]。有学者认为，行政法的援用是一个行政法的法律产出技术问题，又是一个行政法的法律适用问题，其在行政法治体系和行政法学体系中本应具有非常重要的地位。所谓行政法规范的援用就是指行政法规范在实施过程中不同规范之间相互使用以补充某一单个规范不足的状态。行政法规范援用的法理基础主要在于：降低立法成本、协调法位关系、避免法律冲突和便于执法操作。我国行政法援用中存在的问题主要有：援用膨胀、援用矛盾、援用逻辑错位和援用过滥。该学者认为行政法援用应从以下几个方面进行规范化：行政法规范不宜隔位援用、行政法规范规制同一事项不宜多次援用、正是法律援用非正式的行为规则、实体规范不宜再作实体性援用、程序规范不宜再作程序性援用[26]。

有学者认为，自 20 世纪 70 年代以来，公共行政民营化改革在全球范围内兴起。在行政法学的视野中，这场波及各国的改革预示着单中心的统治模式向多中心的治理模式的嬗变和新的行政法人文精神的生成，符合现代福利国家对政府的角色期待。公共行政民营化需要在一定范围内接受现代行政法上法律保留原则的约束。公共行政民营化改革的顺利推行需要借助于正当行政程序的保障，而政府对公共行政民营化适度的重新规制则是避免这场改革陷入误区的根本之道[27]。有学者认为，在中国城市化进程中，为增加融资渠道，补充政府在公用事业上投资的不足，民营企业参与公用事业已是大势所趋。政府应加强在公用事业的市场准入、公共产品的价格形成、普遍服务与适度补偿等方面的研究，以提供公平竞争环境并协调公用事业产品提供中的商业性和社会性原则，从而构建适合公用事业民营化的行政规制体制[28]。

（作者：胡锦光，中国人民大学教授；
刘飞宇、王丛虎，中国人民大学讲师）

注：

①袁曙宏、宋功德著：《统一公法学原论》，中国人民大学出版社，2005年9月版。

②郑贤君：《在公法之内看公法——兼议中国公法学的方法论转向》，《长春市委党校学报》，2005年第4期。

③张千帆：《“公共利益”的构成——对行政法的目标以及“平衡”的意义之探讨》，《比较法研究》，2005年第5期。

④黄学贤：《给付行政适用法律保留原则若干问题探讨》，《江海学刊》，2005年第6期。

⑤王名扬、冯俊波：《论比例原则》，《时代法学》，2005年第4期。

⑥赵娟：《论行政法的宪政基础——对行政法与宪法之间关系的再认识》，《中国法学》，2005年第2期。

⑦莫于川：《人权入宪对我国行政法民主化发展趋势的影响》，《国家行政学院学报》，2005年第2期。

⑧于安：《行政法模式发展研究——以美国和法国为例的分析》，《人民检察》，2005年第6期。

⑨高秦伟：《行政法学方法论的回顾与反思》，《浙江学刊》，2005年第6期。

⑩叶必丰：《行政行为的分类：概念重构抑或正本清源》，《政法论坛》，2005年第5期。

⑪刘飞宇：《从档案公开看政府信息公开制度的完善——以行政公开第一案为契机》，《法学评论》，2005年第3期。

⑫刘飞宇：《行政信息公开与个人资料保护的衔接——以我国行政公开第一案为视角》，《法学》，2005年第4期。

⑬杨建顺：《国家科研项目监理的法学研究》，《河南政法干部管理学院学报》，2005年第1期。

⑭莫于川：《从行政指导看和谐社会之构建》，《唐都学刊》，2005年第4期。

⑮贾宇、舒洪水：《论行政刑罚》，《中国法学》，2005年第1期。

⑯胡锦光：《论我国抽象行政行为的司法审查》，《中国人民大学学报》，2005年第5期。

⑰杨建顺：《论行政诉讼判决的既判力》，《中国人民大学学报》，2005年第5期。

⑱杨建顺：《行政诉讼的类型与我国行政诉讼制度改革的视角》，《河南政法干部管理学院学报》，2005年第4期。

⑲宋炉安：《法律发现的实证分析——以我国行政诉讼为重点》，《行政法学研究》，2005年第4期。

⑳莫于川：《公民合法权益保护优先是行政诉讼立法的重要原则——关于修改我国〈行政诉讼法〉的若干建议》，《中国人民大学学报》，2005年第5期。

㉑马怀德：《司法改革与行政诉讼制度的完善》，《法律适用》，2005年第8期。

㉒余凌云：《行政诉讼上的显失公正与变更判决——对〈中华人民共和国行政诉讼法〉第54条第（4）项的批判性思考》，《法商研究》，2005年第5期。

㉓杨解君、裘坚建：《WTO下行政补贴的原则探究》，《行政法学研究》，2005年第1期。

㉔［意］吉亚桑托·加纳尼：《超越国家：行政程序法的欧洲化和全球化》，李仁真、刘轶摘译，《国家行政学院学报》，2005年第2期。

㉕张淑芳：《行政法规范术语与行政权范围问题探析》，《时代法学》，2005年第5期。

㉖张淑芳：《论行政规范的援用》，《中国法学》，2005年第6期。

㉗章志远：《公共行政民营化的行政法学思考》，《政治与法律》，2005年第5期。

㉘高秦伟：《论公用事业民营化及其行政规制》，《江苏行政学院学报》，2005年第2期。

刑 法 学

韩玉胜 张 果

一、刑法学研究的基本情况

（一）学术会议

1. 2005年1月15日，中国人民大学刑事法律研究中心与中国法学会刑法研究会主办了“当代刑法与人权保障——全国杰出青年法学家论坛”，论坛围绕刑法与人权保障进行了理论探讨。

2. 2005年1月29日，中国法学会举办了“刑讯逼供问题研究座谈会”，与会者就如何遏制刑讯逼供问题从司法和立法等方面阐述了各自的看法。

3. 2005年6月18日，中国人民大学刑事法律科学研究中心、上海交通大学法学院、促进国际刑事法院发展项目办公室和亚洲法律资源中心联合主办了“国际刑事法院：中国面临的选择”国际研讨会，与会者就“国际刑事法院——亚洲和世界范围内国际刑事审判的公正性和有效性”等议题进行了讨论。

4. 2005年8月26日至27日，中国人民大学刑事法律科学研究中心主办了“首届当代刑法国际论坛”，论坛的主题是：“全球化时代的刑法变革——国际社会的经验及其对中国的启示”。

5. 中国法学会刑法学研究会2005年年会。年会由中国法学会主办，于10月28日至30日在武汉召开。大会共收到论文324篇，与会者就刑罚的裁量制度、渎职犯罪以及刑法修正案（五）有关问题等议题展开了深入讨论。

6. 2005年12月10日，中国人民大学刑事法律研究中心和宪法与行政法研究中心共同主办了“刑法学与宪法学的对话”专题讨论会，会议围绕着“人权入宪”对于刑法学研究的意义、生命权和死刑等九个问题进行了深入探讨。

（二）学术著作

2005年以来，刑法学理论创新势头不减，著述丰富。主要个人学术专著有：《身份犯研究》、《行政刑法学》、《刑事政策立场与范畴》、《规范刑法原理》、《受贿罪研究新动向》、《管制刑研究》等。主要编著有：《中国刑法罪刑视野》、《刑事法问题研究》、《刑法综论研究》、《有组织犯罪研究》、《刑事法问题思索与研究》、《刑事一体化与刑事政策》、《犯罪形态研究精要》、《中国区际刑法问题专论》等。译著有：《死刑的全球考察》、《德国刑法学总论》（第一卷）、《丹麦刑法典与丹麦刑事执行法》、《瑞典刑法典》、《挪威一般公民刑法典》等。此外，发表的学术论文有千余篇。

二、刑法学的理论研究状况

总体而言，2005年学者们对2004年的热点问题保持持续关注，对死刑、刑法解释、诉讼诈骗等问题展开深入讨论，并取得了很大成就。总体来看，学者们的讨论更多地涉及刑法总论问题。

（一）总论部分

1. 关于死刑问题，学者们进行了热烈的讨论，《中外法学》2005年第5期开辟了死刑专期，对该问题展开了集中而富有成效的讨论。有的学者认为，从长远的眼光来看，死刑的命运必然是走向终结。就中国现阶段的综合情况而言，可以经历三个阶段逐步废止死刑：一是现在逐步废除非暴力犯罪的死刑；二是各种条件进一步成熟时废止非致命犯罪的死刑；三是在社会文明和法治发展到相当发达程度时，全面废止死刑。目前应及时将非暴力犯罪死刑的废止问题提上日程。中国废止死刑之路，应以逐步而及时地废止非暴力犯罪的死刑为切入点①。

有的学者认为，死刑的存在具有历史、社会、政治和经济条件。死刑不具有人道性，与现代文明社会的价值观相违背，但在某种程度上应否废除死刑仍是一个伪问题，问题的关键不是应否废除死刑，而是能否和怎样废除死刑。在目前条件下，中国不宜立即宣布废除死刑，而应当保留死刑，但应当从立法和执法上加以限制，最终废除死刑②。

有的学者从中国和世界历史的角度回顾了死刑的发展史，并指出死刑的废止作为一个逐渐的过程已经成为我国学者的共识，但现在首先要讨论的问题是客观上能不能的问题，其次才是主观上想不想的问题。死刑的废除受到民意、政治家的选择、犯罪的控制和刑罚结构四个条件的限制，这四个条件是逐渐具备的，其具备程度决定着死刑的废止进程。该学者还就死刑的立法设置和司法限制提出了具体的看法③。

有的学者认为，法官的死刑适用和学者的死刑理论存在着明显的距离，其原因主要是学者注重的自己的学术观点的影响力，生性喜好采取独特观点，以改变社会为己任，较少受到公众、领导和媒体的影响，注重一般正义。而法官们注重判决的妥当性，希望判决被各方面所接受，习惯于遵从先例、尊重以往的权威，对相同案件相同处理，较多受到公众、领导和媒体的压力，注重个别正义。学者的看法和法官的做法存在差异是正常的，对学者来说，重要的是和法官、公众和政治决策者的沟通。死刑的大幅度限制和废除，最终依赖于司法体制的改革④。

有的学者立足于刑罚的本质是报应，认为死刑作为对极少数十恶不赦的犯罪人的报应就有其存在的伦理合理性和法律公正性。战争与刑罚不但在起源上互相依存，而且战争与死刑也具有极大的相似性，二者都虽然具有破坏性和毁灭性但却也都具有不得已性。死刑正如战争一样不能仅基于人道主义的理由主张完全放弃。从刑罚的功能、人类的感情需求和解决社会矛盾来看，死刑不能完全废除⑤。

有的学者认为，对于死刑的存废而言，误判问题和人道问题是最值得关注的，死刑是否符合人道是决定死刑存废的最终根据。就此二者而言，应当立即废除针对犯罪人的死刑。认为中国目前应当通过减少与严格限制死刑来实现全面废除对犯罪人的死刑这种支配性见解，既违反人道主义，也不能克服死刑的误判，而且不能合理地说明要在未来全面废止死刑的终极根据。应当划清犯罪人与敌人的界限，敌人不是精神病患者，而是自己通过行为从根本上对现实社会的基本法规范进行破坏者。敌人不应该在现实社会中享有人类尊严，也不拥有现实社会所保障的基本人权，对敌人适用的死刑也不会发生在无辜者身上。为了实现合法的目的，在采取剥夺生命的方法是最有效的手段时，可以对敌人动用死刑。是否事实上对敌人动用死刑，取决于敌人是否仍然具有通过行为从根本上破坏现实社会基本法规范的危险⑥。

还有的学者从实证调查的角度对死刑观进行了实际研究⑦。

2. 刑法解释问题

有的学者认为，刑法解释存在着主观主义和客观主义两种方法的对立。对当代中国而言，形式法治应当优先于实质法治，体现在刑法解释上，应先以主观论探求立法原意，同时适应社会需要和时代发展解释刑法，刑法解释对立法原意修正原则上应当以罪刑法定主义为度，应当被限定在国民可预测范围内的“文义射程”。刑法解释禁止超越文义的无限度扩张，不得进行重罪入刑的类推解释，也不得进行违反整体法秩序的孤立解释，刑法解释之改进需要适时修订刑法，规范立法解释，改进解释体制，清理司法解释，整理典型判例，形成判例指导⑧。

有的学者认为，刑法当然解释是指刑法法规虽然没有明文规定，但根据法律规范的宗旨，其行为事实比法律所规定的更有适用的理由，而直接适用该法律规定的解释方法。当然解释的当然依据是法律规范宗旨的预测可能性，而预测可能性的具体判断标准是事物属性及人的理性。当然解释的推理过程是三段论式的演绎推理，其大前提是虽未明确规定但衡量其宗旨应当包含待解释事项的法律规范条文。扩张解释与当然解释的区别是，前者没有提供特别的根据或者标准来制定刑法解释活动，因而不是合格的刑法解释方法，而后者提供了事物属性和人的理性这一标准，使其作为一种刑法解释方法而存在。当然解释与类推的区别是解释事项是否在立法宗旨的预测可能性范围内。待解释事项与刑法规定事项必须前重后轻，行为性质相同且具有递进关系或者高度类似性，结论以一般国民的眼光观之不能有突兀之感，才符合当然解释的标准⑨。

还有的学者从刑法解释背后的利益相关性出发，指出权力对刑法解释的影响无处不在，刑法解释过程中始终存在着利益的影响。刑法解释主体、解释案的请求者、解释对象所代表的不同利益，会使解释结论具有不同的烙印。刑法解释中不同主体的利益取向不可避免地会出现机能之间的冲突，出现人权保障和法益维护等刑法不同机能之间的冲突。实际上，现有的大多数刑法解释并没有显示出因为这种利益相关性而变成纯粹的利益争夺。要协调人权保障和法益维护之间的冲突，必须在刑法解释过程中充分注意不同主体的民主参与性，使有关利益的影响能够始终控制在合法、公开、均衡的限度内，并且始终警惕立法机关、司法机关和行政机关在针对犯罪人时为实现稳定而通过刑法解释上的利益联合，过度强化其社会控制功能，导致刑法脱离权利保障机能，成为一部单纯的国家管制之法⑩。

有的学者认为，刑法分则的基本理论可以归结为刑法解释问题，根本上发源于形式理性与实质理性的对立，二者何者优先是刑法分则的关键。该学者提出，刑法解释可以区分为抽象解释和具体解释，前者是对独立于具体案情的分则法条的合理性解释，具体解释是结合一定案情对分则规范的蕴含作出的合理性解释。在抽象解释中应当以实质理性优先于形式理性为标准，其目的是尽可能减少恶法，完善规则体系。因为抽象的解释的假定是，立法总是有待完善的。而在具体解释中，应当坚持形式理性优先于实质理性的原则，以防止司法滥用的发生。因为具体解释的假定是，立法的缺陷不能靠法官来弥补，更不能由“疑难案件”的被告因此而负担额外的刑事责任[11]。

还有的学者认为，法官在司法过程中，应当按照一定的原则创造性地解释和适用法律，这是现代法学理论在法律解释问题上的主导观念。司法解释构成了司法过程中的一项基本作业。作为特定制度结构下的集体智慧化的产物，司法解释权由最高司法机关统一行使具有正当性和现实合理性。但目前的司法解释主体多元化无法保障法律的统一适用，司法解释的法律地位还没有真正确立，司法解释权的内部关系有待理顺。重构我国司法解释权制度的总体思路是：在正确界定不同审级法院职能分工的基础上，促进最高人民法院功能由司法审判向法律统一适用转变；按照法制社会的基本要求，树立司法解释在法律适用上的应有权威；从法律解释的内在规律出发，建立科学合理的司法解释规则体系[12]。

3. 刑法研究的方法论

2005年学者们对刑法学研究的方法论表现出了强烈的兴趣，纷纷对这一根基性的规范方法问题展开了讨论。有的学者指出，刑法方法论和刑法方法是不同的概念，前者与世界观相联系，属于法理学的内容，后者与具体问题相关联，才是刑法学研究的内容。方法的选择受到法系和目的的制约，并受到刑法理想的指引。刑法信条学中基本研究方法存在着体系性方法和问题性方法的对立，前者是主导性的方法。在现代刑法理论的建构中，比较研究的方法是一种特别值得重视的方法，体系的方法是最重要的方法，但是每一种方法都有自己的局限，仅一种方法无法完整地研究刑法学。总体而言，综合的方法才是最好的方法[13]。

有的学者认为，罪刑法定原则下的刑法适用，在很大程度上依赖于对法律得到正确解释以及在此基础上的逻辑推理。我国目前刑法学领域学术水平的低下，与法教义学方法的阙如存在很大的关系。刑法教义学方法中涉及的重大问题包括刑法解释论、犯罪构成方法论、案件事实认定方法论以及刑法论证方法论等。有必要从理论与实践相结合的角度对类推解释、犯罪构成类型化特征、事实问题与法律问题的区分、法律论证的必要性等问题进行具体的分析[14]。

还有的学者认为，刑法需要不断完善和刑法的稳定性之间存在着矛盾，解决这一矛盾的方法是减少立法变动频率，发挥刑法解释的最大化效果。只有在刑法解释确实无法弥补立法漏洞时，才应修改刑法。对刑法学方法的研究，可以帮助发现刑法规范中的问题、培养系统思维并拓展立法者的视野，从而潜移默化地影响刑法完善工作。同时，司法适用需要解释和价值判断，而价值判断需要刑法学方法提供指导。刑法学研究方法可以成为刑法应用方法，或者是司法适用的方法基础。因此，刑法方法论以及方法学的成熟发展，对于良性司法不仅有工具价值，而且具有基础功效[15]。

还有的学者指出，人类文化的多样性导致价值观的多样性，价值观的多样性又导致刑法学人对刑法及其适用具有千差万别的结论。然而，为了实现刑法的安定性，为了实现学术创新，刑法学界应当在不同的结论之间展开相互的争论和批评。为了使这种争论和批评体系化、持久化，为了促进学术自由和学术繁荣昌盛，我国刑法学界应当展开学派之争，从而克服当前盛行的、没有理论根基的、没有基本立场的低水平争论[16]。

4. 罪数问题

有的学者认为，中国刑法学中的罪数论体系及其概念主要来源于外国刑法学，不适应中国的数罪并罚体制，因此有必要考虑中国刑法和司法习惯中不实行数罪并罚的特点，建立适合中国特点的罪数论体系。构建的思路是，对一罪、数罪和数罪并罚问题，应当从理念、立法、司法三个不同角度进行考虑。一方面，应当坚持确立“前法律的”或者理论意义上的一罪、数罪观念（典型一罪和数罪）；另一方面，不能不根据目前的立法和司法现状，在学说上阐释法律规定和司法实务上按照一罪处罚的情形，以便正确理解和适用刑法条文[17]。

有的学者认为，罪数与数罪是一对虽有关联但有重大区别的概念。有关罪数问题包括典型一罪、典型数罪与非典型数罪，非典型数罪的重要形态是处断的一罪。其中有争议的是，对于牵连犯应当处断为一罪，还是应根据其实质数罪之法律性质对其实行数罪并罚。该论者认为，牵连犯是非典型性的实质数罪，对于其处断原则应当以罪责刑相适应作为法理基础。罪刑相适应原则要求应当按照行为所导致的社会危害性以及人身危险性的大小来综合衡定刑罚的轻重比例，其中社会危害性是相对于行为而言，而人身危险性是相对于行为人而言的。根据罪刑相适应原则，鉴于牵连犯所牵连罪种的多样性、犯罪性质的复杂性及其主观罪过性质、情节和不同犯罪人之间人身危险性的较大差异性，刑法对牵连犯的处断设置也宜多样，以供法官根据不同情节裁量刑罚。可以根据犯罪性质、主观罪过和人身危险性，酌情规定分别按照从一重处断原则、从一重从重处断原则或数罪并罚的方式处理[18]。

还有的学者从罪责刑相适应的原则出发，兼顾有利被告原则，对数罪并罚的具体适用问题进行了探讨。该论者认为，数罪并罚制度应当以犯罪构成为标准，将符合犯罪构成的个数作为确定罪数单复的根据。在实践中，应当根据禁止重复评价和充分评价为原则，对罪数的单复作出具体的判断。对于同种的数罪，应当以能否达到罪刑相适应为标准，决定对具体的同种数罪是否实行并罚，但是应当予以特别限定。根据法律规定，对数额犯、数量犯和多次犯应当以一罪从重处罚，而不适用数罪并罚。但是同种罪属于漏罪或者新罪的，应当数罪并罚。在数罪并罚的情况下，适用缓刑应以决定执行的刑罚为准，如果数罪并罚确定的最终刑期为拘役或者 3 年以下有期徒刑，符合缓刑的实质条件，就可以适用缓刑。该论者还讨论了数罪并罚与减刑的关系、审前羁押折抵的问题和数罪并罚判决的改判问题[19]。

（二）分则部分

1. 关于徇私枉法罪

有的学者认为，在渎职犯罪中，徇私舞弊是构成要件的要素，徇私是犯罪动机，而舞弊是客观的构成要件要素。徇私的内容不仅包括徇个人之私，也包括徇单位、集体之私。舞弊则包括两者情形，一种是刑法分则规定了渎职行为的具体内容，舞弊仅是渎职行为的同位语，不具有超出渎职行为之外的特别含义；另一种是刑法分则没有规定具体的渎职行为，舞弊成为具有特定含义的、具体的渎职行为。对于徇私动机，需要司法工作人员根据客观事实认定或者推定，只要行为人故意实施了刑法分则规定的渎职行为，而且该行为不是由于法律素质、政策水平、技术能力低所致，就应当认定或者推定行为人出于徇私动机。对于舞弊行为，如果仅仅作为同位语规定，则只要行为人实施了具体渎职行为，即可认定为符合舞弊要件；如果作为具有特别含义的构成要件要素时，需要根据主体的职责内容与规则，认定其行为是否属于舞弊。如果徇私行为又触犯其他罪名，应当认定为数罪，实行并罚。如果舞弊只是同位语，行为人又实施其他舞弊行为的，应根据罪数区分原则认定罪数；如果舞弊具有特别含义，而舞弊行为没有超出特定渎职罪客观要件的范围，只能认定为一罪[20]。

有的学者认为，在徇私枉法罪的主体方面，附属于侦查机关的刑事鉴定人员可以构成本罪，而独立于侦查、起诉、审判职责之外的司法机关专职鉴定人员不能构成本罪，其虚假鉴定行为应当认定为伪证罪。记录人员的虚假记录行为是否可以构成本罪，应当根据其实际承担的职责进行认定，而不能仅依据其身份上确定的职责。监管人员如果只负有监督改造和狱政管理的职责，而不具有追诉犯罪的职责，不能构成本罪的主体。受委托实际从事刑事司法工作的人员可以构成本罪主体。人民陪审员也可以构成本罪主体。“明知”是构成本罪主观方面的必备要件，是构成犯罪故意的核心内容。明知的认定应当根据行为人主客观方面的表现和职责要求进行全面的司法推定，同时要结合行为人在行为时所掌握的案件事实来进行推定[21]。

还有的学者认为，徇私枉法罪中的“徇私、徇情”是犯罪动机，内容上包括徇个人之私和单位之私。“有罪的人”包括犯罪嫌疑人、被告人和犯罪人。枉法“追诉”行为包括所有的刑事诉讼行为，立案之前的强制措施等也属于“追诉”。枉法追诉的行为包括定罪和量刑两方面的内容，虚构有关罪轻罪重的事实，影响量刑的场合同样构成本罪[22]。

2. 关于交通肇事后的逃逸行为

有的学者认为，交通肇事后的逃逸行为是积极的身体活动，违反了“不得逃逸”的禁止规范。对“交通肇事后的逃逸行为”的刑事制裁是对逃逸这一作为的制裁，虽然该行为兼有作为与不作为，但是法律评价的不是不作为，单纯的救助义务不具有刑事制裁性，不能构成作为义务。但是从应然角度看，惩罚对象应该是不救助而非逃逸行为，所以应当取消“交通肇事后逃逸”的加重处罚的规定，增设“不救助罪”[23]。

有的学者认为，对指使他人逃逸的行为以共犯论处具有不合理性，不能仅仅因为指使者主观上有逃逸的故意，客观上和直接肇事者有共同逃逸行为，就认为是逃逸的共犯，对此，应当认定为窝藏罪。指使他人逃逸构成窝藏罪必须符合一定条件。另外，指使人无需对逃逸所造成的死亡结果负责[24]。

有的学者认为，交通肇事后的逃逸是指交通肇事后为逃避惩罚而逃逸，致使被害人得不到救助而死亡。主观罪过既有故意也有过失，大多是过失。逃逸于故意杀人的区别在于行为人对被害人是否实施了排他性支配行为[25]。

还有的学者阐释了交通肇事罪的基本构成和“情节特别恶劣”型犯罪构成的结果标准问题，以及“交通肇事后逃逸”型犯罪和“逃逸致人死亡”型犯罪的量化关系，并且提出了相关的司法建议[26]。

（作者：韩玉胜，中国人民大学教授；张果，中国人民大学博士研究生）

注：

①赵秉志：《论中国非暴力犯罪死刑的逐步废除》，《政法论坛》，2005年第1期。

②田禾：《论死刑的存废条件》，《法学研究》，2005年第2期。

③陈兴良：《中国死刑的当代命运》，《中外法学》，2005年第5期。

④张明锴：《死刑问题上学者与法官的距离》，《中外法学》，2005年第5期。

⑤谢望原：《死刑有限存在论》，《中外法学》，2005年第5期。

⑥冯军：《死刑、犯罪人与敌人》，《中外法学》，2005年第5期。

⑦贾宇：《死刑实证研究之死刑观的调查报告》，《法学评论》，2005年第3期。

⑧蒋熙辉：《刑法解释限度论》，《法学研究》，2005年第4期。

⑨欧阳竹筠、杨方泉：《刑法当然解释论》，《刑事法杂志》，2005年第3期。

⑩林维：《论刑法解释中的利益相关性》，《法制与社会发展》，2005年第4期。

⑪白建军：《刑法分则与刑法解释的基本理论》，《中国法学》，2005年第4期。

⑫吕欣：《罪刑法定视野中法官的刑法解释权》，《政法论丛》，2005年第1期。

⑬王世洲：《刑法方法理论的若干基本问题》，《法学研究》，2005年第5期。

⑭陈兴良：《刑法教义学方法论》，《法学研究》，2005年第2期。

⑮曾粤兴：《论刑法方法对刑事立法和司法的意义》，《中国刑事法杂志》，2005年第4期。

⑯张明锴：《学术之盛需要学派之争》，《环球法律评论》，2005年第1期。

⑰阮齐林：《论构建适应中国刑法特点的罪数论体系》，《中国刑法学年会文集（2005年）》（第一卷下册），中国人民公安大学出版社2005年版，第577—584页。

⑱屈学武：《罪数、数罪及并罚根据考辨》，《中国刑法学年会文集（2005年）》（第一卷下册），中国人民公安大学出版社2005年版，第609—619页。

⑲时延安：《简论数罪并罚制度理解与适用中的几个问题》，《中国刑法学年会文集（2005年）》（第一卷下册），中国人民公安大学出版社2005年版，第655—664页。

⑳张明楷：《论渎职罪中的“徇私”、“舞弊”》，《中国刑法学年会文集（2005年）》（第二卷上册），中国人民公安大学出版社2005年版，第172—190页。

㉑张智辉、武小凤：《关于徇私枉法罪认定中几个问题的分析》，《中国刑法学年会文集（2005年）》（第二卷上册），中国人民公安大学出版社2005年版，第225—238页。

㉒黎宏：《论徇私枉法罪的若干问题》，《中国刑法学年会文集（2005年）》（第二卷上册），中国人民公安大学出版社2005年版，第239—249页。

㉓刘淑莲：《交通肇事后逃逸行为的作为性质》，《法学杂志》，2005年第2期。

㉔周光权：《指使交通肇事者逃逸应当以窝藏罪定性》，《人民检察》，2005年第7期。

㉕韩哲：《交通肇事逃逸致人死亡的罪过形式与司法认定》，《人民检察》，2005年第3期。

㉖黄伟明：《交通肇事罪构成中结果标准的数量因素分析》，《法学杂志》，2005年第2期。

民商法学

林 嘉 姚 辉

2005年是民商法学研究继续活跃的一年。各种学术会议繁多，学术成果显著，各类重要出版物达百余部，学术论文数千篇，其中《中国民法典学者建议稿及立法理由》、《人格权法研究》、《判解研究》等著作、期刊、集刊和核心论文反映了我国民事研究领域的最新动态，是民法理论界最新的研究成果。对于法学研究现状，有学者认为应“破除饭碗法学，发挥学科结合优势；既要注重理论性，也要强调技术性；需要形成流派，但不能形成宗派。”①以下摘要介绍民商法学研究的主要成果。

一、物权法立法及研究

作为民法典起草的重要组成部分，物权法的制订和颁行将会极大地完善我国民事立法，有力地推动社会主义市场经济法律体系的完善。为此全国人大常委会办公厅于2005年7月10日将物权法草案（第三次审议稿）公之于众，向全社会广泛征求意见。该草案共分五编二十章268条。我国物权法作为民法典起草的重要组成部分，其制订和颁行将会极大地完善我国民事立法，有力地推动我国社会主义市场经济法律体系的完善。物权法是确认和保护多种所有制经济，充分发挥公有制优越性的重要措施；是建立我国社会主义市场经济秩序的迫切需要。此外，完善物权法有助于鼓励和刺激人们努力创造财富，促进社会财富的增长，有利于提高财产的使用和利用效益。

关于物权法草案的修订与完善的意见和建议，当然地成为今年民法学研究的热点。对于物权法的整体定位，有学者认为，“在物权法的定位上，我们不能将物权法仅仅视为财产法，而应认识到其内涵的伦理性，重视其对人权的保护。在物权立法的实用性和体系化之间，切不可因某些制度的实用性不大，而损及物权法体系的圆满，从而难以发挥各个物权制度之间的有机联系和配合机制。”[②]在物权变动及登记制度方面，有学者认为我国物权法应采纳以登记要件为原则，登记对抗为例外的模式[③]。有学者认为应当否定以合同确权的做法，按照物权的意思表示确定其权利归属[④]。

在所有权取得的问题上，有学者对添附进行了专门研究，认为确认添附制度并完善添附规则，应当是物权法制订过程中的一项重要内容[⑤]。关于物权的取得时效，有学者认为物权法审议稿以接轨为由取消取得时效制度的做法，应给予否定评价[⑥]。

在用益物权方面，典权制度的存废成为讨论的热点之一。有学者认为，对于现实生活中已经存在的少量典权关系，可由最高人民法院联合相关部门予以清理，制定相应司法解释予以规范调整，而不必在物权法中规定典权制度[⑦]。但也有一些学者对物权法草案取消典权制度的做法表示质疑，认为典权制度作为我国法律文化中特有的制度应该为我国物权法所承继；对于这项中国特有的传统的物权类型，应当给予充分尊重。在我国目前民间融资渠道不畅、物的利用效益不高的情况下，典权制度具有非常重要的现实价值[⑧]。

担保物权方面，对于物权法草案中一度出现的让与担保，有学者认为，物权法没有必要创设在我国根本没有根基的让与担保制度；不过也有人认为，鉴于按揭在实务中普遍采用，物权法应当承认这种让与担保方式；但是否有必要同时规定动产抵押和动产让与担保，值得深思[⑨]。

二、人格权法与侵权行为法

人格权法当中一些基本范畴及其价值和理念的讨论仍在延续，有学者认为，民法人格从古罗马私法到现代民法的发展，历经了由具体的身份基础到抽象的伦理基础的演变。近、现代民法的个人人格，是在伦理基础之上的法律技术的产物；近代民法所开创的“抽象人格”技术，在今天剧变的社会环境下，仍然具有生命力[⑩]。有学者强调，自然人人格不仅是享有民事权利的资格，且其本身即由宪法和法律直接赋予的各种实体权利所构成（不仅包括各种基本的政治性权利和伦理性权利亦即人格权，而且包括广义上的财产）。财产是人格不可或缺的构成要素，其展示的是人的物质生存状态。民法所保护的财产都是为人所支配的物，对财产的保护就是对人的保护[⑪]。

在具体人格权方面，研究朝着深化和细化发展，有学者认为，公众人物纯粹的私人领域和空间隐私应受保护，为商业目的而利用其肖像、隐私以及恶意侵害他人人格权、严重贬损他人人格尊严的行为应当构成侵权[⑫]。

对于未来民法典的侵权行为法，有学者认为，民法典既要规定绝对权请求权，又要在侵权行为法中规定侵权请求权，因此必须协调好二者之间的关系[⑬]。关于因果关系理论，有学者认为，责任分配之基本规则主要应当是原因力，依据各当事人的分别行为对同一损害后果之发生所起作用之大小确定其责任[⑭]。在人身损害赔偿问题上，有学者认为，空难事故中的概括性死亡赔偿金包括被扶养人生活费、精神损害赔偿与单纯的死亡赔偿等，在有剩余时依次作为精神损害赔偿金与单纯死亡赔偿金，后者可作为遗产继承[⑮]。鉴于性骚扰问题在社会上日渐受到关注，有学者认为，中国特色的规制性骚扰法律制度，应当以人的私权利的保护为中心，保护人的性自主权不受非法侵害[⑯]。

三、合同法

在完善现行合同法中相关制度问题上，有学者认为，合同法对于欠缺要式规定的合同采取一般性的治愈规定是立法政策上的错误决策，应予以重新检讨[⑰]。在合同订立问题上，有学者认为，不特定要约的法律适用条件为包含合同必要条款，其条款明示其为要约或可以合理推断其意思为要约或不需进一步接洽便可以采取某种行动[⑱]。

在关于第三人合同问题上，有学者认为，附保护第三人作用合同使与合同当事人有特殊关系的第三人能够基于合同获得损害赔偿，我国判例应引人此制度，解决对第三人保护不力的问题[19]。有学者认为，《合同法》第64条的行文本身仅仅规定了非真正利于第三人合同，有必要修订该条，以满足现实生活的需要[20]。

在合同解除的问题上，有学者认为，解除权的除斥期间约定的期间过长时，法官可以根据个案情形和公平正义予以限制；解除权行使的效果宜采直接效果说，在不奉行物权行为制度的背景下，解除效果可有物的返还请求权、不当得利返还请求权[21]。

四、公司法

公司法修订是研究的热点。有学者认为，在讨论公司法的修改时，不能否定多年来公司法在推进市场经济发展中的积极作用，并对现行公司法实施中的成功经验应认真提炼、坚持和发展[22]。关于公司资本制，有学者认为，我国公司法修正案建议采取分期缴纳出资是恰当的，但司法实践仍会出现特殊问题，因此法定资本制意义重大[23]。我国公司资本制度在适应缓和化趋势的同时，应将资本信息披露、阻止公司资产向股东的不当流失等，作为保护公司债权人的有效措施来构建[24]。关于公司的破产清算问题，有学者认为，公司解散后缺乏明确的清算义务承担主体，严重侵害公司债权人的合法权益，应建立法定清算人制度[25]。在公司退市问题上，有学者认为，公司退市监管政策应当坚持企业维持原则，改采行为主义模式，限制行政主体关闭公司的权力，降低退市成本[26]。关于公司的种类和公司的设立，有学者认为，公司法的修改应将公司立法与国有企业改革立法分别进行，还原公司法的私法性与中立性，并应规定一人公司，取消国有独资公司[27]。有学者认为，公司法对公司瑕疵设立的法人格规制，应遵循原则维持、尽量补正、例外否认的立法原则[28]。还有学者认为，公司一旦设立即获得独立的法人格，该种法人格不因为公司在设立过程中存在违反法律而被否认，公司法不应设立公司无效制度[29]。

关于股权问题，有学者认为，只有上市公司的流通股和非上市公司的社会公众股能够作为出资标的，而有限责任公司和发起设立的股份有限公司的股权则不宜作为出资标的[30]。在股权变动方面，有学者建议股权变动登记制度以股权证书的交付为股权权属变更的依据，以对抗主义为立法原则[31]。还有学者认为，公司法修改应允许母子公司相互持股，并规定对母公司的直索责任并限制子公司反向持股的表决权[32]。

关于股东和股东大会问题，有学者认为，公司法草案应取消股东最高人数限制，承认书面及电子表决方式，并赋予章程自身塑造董事会与股东会权限关系的自由[33]。有学者认为，对股东大会的权限、召集，以及股东的提案权等方面应进行修改[34]。股东大会瑕疵决议可以寻求全体股东的一致同意、决议的撤回等方式补救[35]。还有学者就股东知情权提出了“层级递进结构”理论，将知情权区分为私法层面知情权的行使和公法层面知情权的救济的两种样态和三种层次[36]。

关于董事和董事会问题，有学者提出应设立董事会委员会，董事会委员会的设立可以弥补董事会的缺陷，并有利于独立董事发挥作用[37]。在董事与公司交易问题上，有学者认为应当完善董事自我交易的规则和董事竞业禁止义务的规定[38]。应对董事就与交易有关事项的披露问题，对批准的范围、期间、参与表决的董事资格加以规定[39]。

关于监事和监事会问题，有学者认为，公司立法应从监事任职资格、扩充监督职权、协调监事会制度与独立董事制度之间的关系等方面入手[40]。法院应对监事会作出的终止代表诉讼的决定予以尊重[41]。

五、证券法

证券法的修订也是一个热点，吸引了许多学者的研究。有学者指出，证券法修订草案一审稿在公开发行、内幕交易、客户资产保护等方面仍存在不少疑问[42]。对于证券监管的现状，有学者提出，为了消除证券市场的失灵，政府的监管不可或缺，并应从人大、司法、舆论上消除证券监管的失灵[43]。在制度创新方面，有学者认为，我国应借鉴国外立法经验，加以本土化创新，建立证券投资者保护基金[44]。有学者论证了资产证券化作为有价证券的基础，认为资产证券化克服了由于公司制度所引发的普通公众化有价证券的局限性，是有价证券制度在当代发展的最高阶段[45]。有学者结合美国的经验，认为国内资产证券化的发展离不开对资产证券化法律问题的解决，而解决的方法为资产证券化专门立法[46]。

六、保险法

在保险法的理论研究方面，关于保险的分类，有学者主张摒弃我国现行保险法所采的“财产保险”与“人身保险”的分法，代之以“补偿性保险”与“定额性保险”的分法，以利于法律的正确适用[47]。关于保险利益，有学者认为，保险利益的主体应当是被保险人而非投保人，保险利益原则的确立是保障保险活动健康发展的前提[48]。以保险利益之保险的观念取代我国现行的物之保险的观念是保险理论发展的大趋势[49]。经济可保利益范围的认定问题及其外延的判定应当综合运用保险补偿规则和披露规则[50]。关于保险合同，有学者主张强化保险人合同后诚信义务，保护被保险人利益，以利保险的目的和功能的实现[51]。就保险合同的解除，有学者认为，我国的保险合同解除制度在法定解除权、除斥期间和弃权制度等方面尚需填补空白和完善[52]。

《保险法司法解释》征求意见稿公布后，有学者给予了回应，认为应当处理好司法解释与有关立法之间的适用关系，应当增加对保险合同当事人主体资格的具体规定[53]。有学者提出了保险法的修改完善问题，认为应考虑保险法律的特殊性质和要求，并对保险业的经营加强监管，以保护被保险人的利益，维持保险市场秩序[54]。

七、票据法

票据法的完善是研究的重点。对票据的无因性的理解在理论界和司法实务界存在差异，其中《票据法》第10条的规定争议最大，有学者从票据无因性出发，认为《票据法》第10条相关规定应予删除，今后票据有因性无因性的讨论应跳出该条的羁绊[55]。有学者借鉴日本立法，认为《票据法》第13条关于恶意的内容过于简单陈旧，对于构成恶意的要件也比较宽泛，不甚严密[56]。在票据交易制度上，有学者认为，有必要建立对无资金拒绝付款的债务人进行严厉的处分制度，以维持票据交易活动中正常的信用秩序[57]。

（作者均为中国人民大学教授）

注：

①王利明：《对法学研究现状的几点看法》，《法制与社会发展》，2005年第1期。

②申卫星，《宏观三思物权立法》，《政治与法律》，2005年第6期。

③王利明：《关于物权法草案中确立的不动产物权变动模式》，《法学》，2005年第8期。

④孙宪忠：《交易中的物权归属确定》，《法学研究》，2005年第2期。

⑤王利明：《试论添附与侵权责任制度的相互关系——兼论〈物权法〉中添附制度的确立》，《法学杂志》，2005年第3期。

⑥尹田：《论物权法规定取得时效的必要性》，《法学》，2005年第8期。

⑦张新宝：《典权废除论》，《法学杂志》，2005年第5期。

⑧崔建远：《物权法定主义及物权种类》，《人民法院报》，2005年7月20日；黄松有：《从司法实践看物权法和侵权法的制定》，《人民法院报》，2005年8月3日。

⑨崔建远：《物权法定主义及物权种类》，《人民法院报》，2005年7月20日。

⑩马俊驹、张翔：《论民法个人人格构造中的伦理与技术》，《法律科学》，2005年第2期。

⑪尹田：《再论"无财产即无人格"》，《法学》，2005年第2期。

⑫王利明：《公众人物人格权的限制和保护》，《中州学刊》，2005年第2期。

⑬杨立新：《制定民法典侵权行为法编争论的若干理论问题》，《河南省政法管理干部学院学报》，2005年第1期。

⑭张新宝、明俊：《侵权法上的原因力理论研究》，《中国法学》，2005年第2期。

⑮张新宝、明俊：《空难概括死亡赔偿金性质及相关问题》，《法学研究》，2005年第1期。

⑯杨立新、张国宏：《论构建以私权利保护为中心的性骚扰法律规制体系》，《福建师范大学学报》，2005年第1期。

⑰王洪：《合同形式欠缺与履行治愈论——兼评〈合同法〉第36条之规定》，《现代法学》，2005年第3期。

⑱王银自：《不特定要约法律适用研究》，《政法论丛》，2005年第1期。

⑲马强：《附保护第三人作用之合同研究》，《政治与法律》，2005年第1期。

⑳朱岩：《利于第三人合同研究》，《法律科学》，2005年第5期。

㉑崔建远：《解除权问题的疑问与释答（上、下篇）》，《政治与法律》，2005年第3、4期。

㉒蒋悟真：《公司法修改的理念信守与路径考察》，《法学评论》，2005年第2期。

㉓叶林、王世华：《公司法定资本制的检讨》，《法律适用》，2005年第3期。

㉔朱慈蕴：《公司资本理念与债权人利益保护》，《政法论坛》，2005年第3期。

㉕韩长印、楼孝海：《建立公司法定清算人制度》，《法学》，2005年第8期。

㉖蒋大兴：《公司如何死亡？——公司退市监管政策的改革》，《法学评论》，2005年第2期。

㉗彭真明、常健：《盲目照搬还是尊重国情——对当前〈公司法〉修改中几个问题的反思》，《法商研究》，2005年第4期。

㉘房绍坤、王洪平：《公司瑕疵设立的法人格规

制》，《中国法学》，2005年第2期。

㉙张民安：《公司无效制度研究》，《现代法学》，2005年第1期。

㉚周友苏、沈柯：《股权出资问题研究》，《现代法学》，2005年第1期。

㉛宋良刚：《规则的确立与构建——以有限公司股权变动登记制度为例》，《政法论坛》，2005年第4期。

㉜容缨：《母子公司相互持股之法律规制》，《政法论坛》，2005年第3期。

㉝吴越：《“个性化”的有限责任公司——评〈中国公司法修改草案建议稿〉相关问题》，《现代法学》，2005年第1期。

㉞周剑龙：《中国股东大会制度的改革与完善》，《法学评论》，2005年第2期。

㉟钱玉林：《股东大会决议瑕疵的救济》，《现代法学》，2005年第5期。

㊱蒋大兴：《超越股东知情权诉讼的司法困境》，《法学》，2005年第2期。

㊲谢增毅：《董事会委员会与公司治理》，《法学研究》，2005年第5期。

㊳郝红：《董事忠实义务研究》，《政法论丛》，2005年第1期。

㊴吴广海：《董事与公司交易的相关法律问题研究》，《政治与法律》，2005年第1期。

㊵李开甫：《简论我国公司监事会制度的不足与完善》，《法学评论》，2005年第2期。

㊶蔡元庆：《论公司机关在股东代表诉讼中的权限》，《法学》，2005年第10期。

㊷郭雳：《〈证券法〉修订草案中的若干问题及完善》，《法学》，2005年第8期。

㊸陈岱松：《对证券监管的法律监督应加强》，《法学》，2005年第5期。

㊹陈红：《设立我国证券投资者保护基金法律制度的思考》，《法学》，2005年第7期。

㊺覃天云、申海恩：《论资产证券化的有价证券制度基础》，《中国法学》，2005年第2期。

㊻甘勇：《美国资产证券化中若干法律问题研究》，《法学评论》，2005年第3期。

㊼樊启荣：《保险损害补偿原则研究——兼论我国保险合同立法分类之重构》，《中国法学》，2005年第1期。

㊽孙积禄：《保险利益原则及其应用》，《法律科学》，2005年第1期。

㊾李新天：《论保险标的与保险利益——从物之保险到保险利益之保险》，《法商研究》，2005年第3期。

㊿邢海宝：《经济可保利益研究》，《现代法学》，2005年第3期。

51邢海宝：《保险人的合同后诚信义务》，《法学杂志》，2005年第2期。

52李新天、汤薇：《试论我国保险合同的解除制度》，《法学评论》，2005年第4期。

53贾林青：《对保险法司法解释的思考与建议》，《法学杂志》，2005年第3期。

54赵中孚、邢海宝、陈晓云：《中国保险法律的修改与完善》，《法学杂志》，2005年第3期。

55董惠江：《票据无因性研究》，《政法论坛》，2005年第1期。

56李伟群：《中日票据恶意抗辩的比较研究》，《法学》，2005年第6期。

57李伟群：《票据信用交易制度比较研究——以中国大陆、台湾地区及日本的票据法为考察对象》，《比较法研究》，2005年第3期。

诉讼法学

陈卫东　汤维建　刘计划　郭士辉

一、民事诉讼法学部分

（一）研究概况

本年度举行了多次民事诉讼法学学术研讨会，主要有：2005年7月和8月，中国人民大学法学院“民事诉讼法典的修改与完善”课题组先后在北京、合肥等地举办了“民诉法修改与完善研讨会”。2005年8月，第九届民事诉讼法专业委员会2005年年会在成都召开，讨论“民事执行立法与民事执行制度的研究”。9月，中国法学会诉讼法学研究会2005年年会在天津召开，与会代表主要就三大诉讼法修改的若干理论热点进行了研讨和交流。10月，在苏州大学召开了“公益诉讼、人权保障与和谐社会”国际学术研讨会，旨在促进国际间公益诉讼理论与实务的合作与交流。11月，第一届全国法院执行理论与实务研讨会在北京召开，围绕执行立法完善和执行改革的话题展开了探讨和论证。

本年度有许多学术著作和教材问世，主要著作有：韩波著《民事证据开示制度研究》（中国人民大学出版社），杨荣馨主编《强制执行立法的探索与构建——中国强制执行法（试拟稿）条文与释义》（中国人民公安大学出版社）。其他部门法学与民诉法相关的论著亦令人瞩目，如冉井富著《当代中国民事诉讼率变迁研究——一个比较法社会学的视角》（中国人民大学出版社），范愉著《集团诉讼问题研究》（北京大学出版社）。民诉法教材方面，有江伟主编《民事诉讼法专论》（中国人民大学出版社）等。译著主要有：陈界融译《美国联邦证据规则（2004）译析》，周翠译、汉斯—约阿希姆·穆泽拉克原著《德国民事诉讼法基础教程》（中国政法大学出版社），赵秀举译、米夏埃尔·施蒂尔纳编《德国民事诉讼法学文萃》（中国政法大学出版社），丁婕译、向宇校、小岛武司、伊藤真编《诉讼外纠纷解决法》（中国政法大学出版社）。此外，施霖修编、郭卫原著的《民事诉讼法释义》（中国政法大学出版社）是关于中华民国时期民诉法的介绍史料。2005年民诉法领域的学术研究成果颇丰，据不完全统计，在各类期刊发表的学术论文有六百余篇。

（二）研究的主要问题

关于民事诉讼法的修改

1. 民诉法典体例应趋于合理

多数学者认为，现行民事诉讼法的修订应在原有框架的基础上进行。关于结构体系的合理性设置，有学者提出，应将强制执行程序、企业法人破产还债程序、海事诉讼程序的内容从民诉法中分离出去，而关于证据规范则应当作好两手准备，要么单独立法，要么放在民诉法中单独成编①。有学者赞成民事诉讼法的修改应当摒弃“宜粗不宜细”的立法指导思想，然后纯化民事诉讼程序自身内容，使民事诉讼法成为名副其实的“诉讼法”，并进一步提出，民事证据法既不属于实体法，也不属于程序法，有单独立法的必要性；应制定独立的《民事调解法》；选民资格程序回归行政诉讼程序；非讼程序、人事诉讼程序、涉外程序等待条件成熟时分离出去②。

2. 适度扩大简易程序适用范围

民事诉讼法在修订时有必要单独设置小额诉讼程序，学界对此基本上达成了共识，这种立法改变的最直接、最首要的后果便是导致简易程序适用范围的变化。有学者论证了适度扩大简易程序适用范围的基本理由，阐述了简易程序适用范围的立法技术，认为对财产纠纷案件的适用范围应取决于诉讼标的额③。

3. 审前准备程序改革的模式

在我国，审前准备程序的兴起反映了民事诉讼程序正当化机制的转变。法官介入审前准备既提高了诉讼的效率，也有利于案件在早期以和解之类的方式终结。有学者在对审前准备程序改革的三种模式，即分别由立案庭、准备庭和审判庭负责审前准备活动的优劣比较中，倾向于由审判庭负责审前准备，但一般交由助理法官进行④。

4. 起诉受理制度的重构

我国现行的民事诉讼法上的起诉受理制度尚存在一些缺陷，不利于当事人的裁判请求权的实现，应当进行改革与完善。有学者提供的思路是：将负责审查起诉的立案机构改为民事案件登记性质的机构，将起诉条件改为起诉必须符合法定程式，将现行的起诉条件改为诉讼要件，提出当事人须基于与本案有直接的利害关系或基于诉讼担当而拥有诉讼实施权⑤。有观点认为，民诉法规定原告必须与本案有直接利害关系，却无法解释遗嘱执行人等非真正利害关系人的起诉行为，是立法上的一个疏漏⑥。

5. 二审上诉的模式

当代世界二审上诉模式划分为普通法模式（有限审查制）、大陆法模式（续审制）和社会主义模式（指导性审查制），有学者比较和分析了三大模式的结构、功能、优劣及背景，重点分析了诉讼理念、价值取向和功能设定对于社会主义模式在遗传大陆法系模式上诉结构时发生变异的影响，提出了在我国审级制度的整体框架中设计二审上诉程序的功能与结构：强化一审程序在调查事实方面的职能；实行续审制；最高法院作为三审法院专门审理法律问题；以开庭审理为原则⑦。

6. 审级制度的改革

我国现行审级制度在许多方面与现代审级制度的原理相悖，面临着如何根据市场经济发展的要求，吸收现代审级制度中的积极因素而创造性加以完善的问题。为此，应重新界定四级法院的性质和功能并据此对法院系统进行调整⑧。有观点认为，有必要建构第三审程序，只审理法律问题，允许当事人以协议方式越级向第三审法院上诉，对具有示范意义的案件实行特别上诉、最高法院提审和上诉许可制度，并主张第三审程序中不得提起反诉和附带上诉⑨。还有学者提出，在正确界定不同审级法院职能分工的基础上，应促进最高人民法院功能由司法审判向法律统一适用转变⑩。

关于民事检察监督制度

1. 检察机关的法律地位

检察机关在民事诉讼中法律地位的悬而不决，使民事检察工作长期以来总是处于尴尬的境地。有学者认为，对检察机关的法律监督权应作广义上的理解，检察机关是最适宜的公益代表人。当国家和社会公共利益受到侵害时，其是具有诉的利益、享有诉权的适格当事人。并认为，检察机关在提起民事诉讼时，处于原告当事人的法律地位；在参与民事诉讼和提起抗诉时，处于法律监督者的法律地位，两者角色不能兼任⑪。

2. 检察机关有权提起民事公诉

由于法律未作明确规定，我国法律界对检察机关是否有权利提起民事公诉，历来存在很大争议。有观点认为，我国检察机关参与民事诉讼与参与刑事诉讼一样，都是为了维护公共利益，公诉权不能仅局限于对触犯刑法的行为提起刑事诉讼；但应对民事公诉的范围进行适当的限制，目前可限定在防止国有资产流失方面，随着理论研究和实践经验的成熟，再逐渐扩展到环境保护、反垄断等领域⑫。有观点强调，检察机关提起的诉讼应当以公益诉讼为界限，同时需要防止检察机关把胜诉率作为考核标准⑬。

其他具体程序制度

1. 审限制度

审限是我国民事诉讼法中特有的制度。在我国民事诉讼制度已向当事人主义结构转型过程之中，审限与强调当事人自我负责之间的内在矛盾或紧张日趋明显，有学者认为，应把修改审限列入民诉法立法议题，并主张仍然保留有关审限的规定，可以根据案件的不同类型适当放宽结案期限，鼓励更灵活地理解和适用这些规定；修改的关键在于深入探讨如何使审限与当事人主义的改革方向相耦合⑭。

2. 陪审制度

由全国人大常委会颁行的《关于完善人民陪审员制度的决定》于2005年5月1日起实施，体现了社会主义民主政治的新发展。有学者对陪审制度的意义进行了学理研究，认为一旦陪审制度实在化，现行制度在许多方面会与其格格不入，极有可能引发司法领域的新变革⑮。有学者认为，《决定》并没有在实质的层面改变了我国的人民陪审员制度，人民陪审员依然没有独立的审判职能，尤其是形式主义弊端还没有得到纠正，因此我国的陪审制度还有待于系统改革，并提出将陪审制度明确规定在宪法中、建构我国陪审制度的多轨制等改革设想⑯。

3. 公证立法

我国自1979年恢复公证制度以来，公证实践与法律规范之间的矛盾越来越突出，亟须一部新的法律规范。十届全国人大常委会第十三次会议已对《公证法》（草案）进行了审议。有学者认为，在规范与健全公证的民事法律责任过程中应明确：第三人因依赖公证机构出具的假证、伪证而造成损失的，公证机构应当对损失予以赔偿；应当坚持过错责任原则；对部分间接损失和特定的精神损失也应当予以赔偿⑰。有观点认为，公证制度在我国当前发挥作用主要体现在程序性事项领域，往往也流于纯粹的形式，很大部分的原因在于公证员在从事实务的过程中缺乏一种“公证法律控制”的理念与意识⑱。有人考察了公证的证据效力，认为公证证据在我国仅适用于民事诉讼，在刑事诉讼中的运用应受到限制，一般不宜成为司法认知的对象、不能直接作为定罪量刑的依据⑲。

4. 交叉案件的处理机制

对同一行为引发的不同性质争议如何协调处理，是目前我国诉讼法学研究中的一个重要课题。有学者认为，刑事附带民事诉讼构成了事实上的刑事诉讼程序吸收民事诉讼程序的格局。这种关系定位，对当事人的民事权益保护构成了一定的妨碍，与司法救济的合理性相去甚远，应在公共权力与个体权利之间寻求一个平衡点，重在强化对被害人合法权益的保护，赋予被害人程序选择权⑳。有人在对民事行政争议关联案件进行类型化分析的基础上，就其处理模式、审理顺序、行政诉讼与附带民事诉讼的冲突等问题进行了分析㉑。

5. 公益诉讼

在公法私法化和私法公法化不断演进的今天，公共利益的重要性与现实状况的严峻性正被逐步认识，允许公共力量适当介入私法领域已经势在必行，公益诉讼由此应运而生。此时，对作为制度瓶颈的当事人适格予以扩张并赋予其法定效力，便显得尤为必要与迫切。将诉的利益作为当事人适格的衡量标准，并以此为基础构建诉讼信托制度，对于完善当事人理论，促进公益诉讼制度的合理化与合法化具有重要作用㉒。

6. 执行

关于执行权的性质，有观点将其定位于具有强制性的司法权，认为以性质界定为核心的民事执行理论的系统构建，使民事执行权的独立地位得以显现，为制定单独的民事强制执行法提供了理论依据㉓。关于强制执行竞合，有学者针对法律规定上的漏洞和缺陷，认为应当从强制执行竞合的基本理论出发，结合我国的实际情况，探索和研究解决原则，还应注意协调我国法律规定在强制执行清偿原则、扣押措施以及保全执行与终局执行等问题上的矛盾和冲突[24]。

二、刑事诉讼法学部分

（一）研究概况

2005年刑事诉讼法学的研究，主要围绕刑事诉讼基础理论、刑事诉讼法的再修改、司法改革等问题进行。据不完全统计，本年度发表的刑事诉讼法学论文、文章达千余篇。出版的学术著作和教材主要有：陈光中主编：《刑事再审程序与人权保障》，陈光中、江伟主编：《诉讼法论丛》（第10卷）；樊崇义等著：《正当法律程序研究——以刑事诉讼程序为视角》，樊崇义主编：《诉讼法学研究》（第9卷）；徐静村主编：《中国刑事诉讼法（第二修正案）学者拟制稿及立法理由》，《刑事诉讼前沿研究》（第3、4卷）；陈卫东著：《程序正义之路》（第一、二卷），陈卫东主编：《模范刑事诉讼法典》；何家弘主编：《刑事司法大趋势——以欧盟刑事司法一体化为视角》；宋英辉、孙长永、刘新魁等著：《外国刑事诉讼法》；王敏远主编：《刑事诉讼法》；宋世杰著：《刑事审判制度研究》；陈瑞华著：《程序性制裁理论》、《刑事诉讼前沿问题》（第二版）；孙长永著：《探索正当程序——比较刑事诉讼法专论》；左卫民主编：《简易刑事程序研究》；张军、郝银钟主编：《刑事诉讼庭审程序专题研究》；周长军著：《制度与逻辑——刑事诉讼机制的转型分析》；刘涛著：《刑事诉讼主体研究》；刘计划著：《中国控辩式庭审方式研究》；方金刚著：《案件事实认定论》；彭海青著：《刑事诉讼程序设置研究》等。

本年度召开的学术会议主要有：（1）1月22—23日，中国人民大学诉讼制度与司法改革研究中心在山东寿光召开中英辩护律师权利及证据开示研讨会。（2）2月26—27日，中国人民大学诉讼制度与司法改革研究中心在北京举办“模范刑事诉讼法典论证国际研讨会”。（3）3月26日，中国人民大学诉讼制度与司法改革研究中心在北京举办“最高人民法院收回死刑核准权之对策”研讨会。（4）6月5日，中国政法大学诉讼法学研究中心在北京组织召开“贯彻实施《关于司法鉴定管理问题的决定》专家座谈会”。（5）6月12日，西南政法大学诉讼法与司法改革研究中心承办的“侦查程序与人权保护”理论研讨会在重庆召开。（6）8月18日，中国政法大学诉讼法学研究中心和英国文化协会在北京举行“刑事审判方式改革”研讨会。（7）8月22—23日，诉讼法学会刑事诉讼专业委员会和中国政法大学刑事法律研究中心联合主办，中南财经政法大学承办的“《联合国反腐败公约》与我国刑事诉讼法再修改”研讨会在湖北武汉召开。（8）9月23—27日，中国法学会诉讼法学研究会2005年年会在天津市召开，年会总议题为构建和谐社会与诉讼法理论、诉讼法典修改。刑事诉讼法学议题包括：宪法修改与刑事诉讼法典修改；构建和谐社会与完善刑事诉讼制度；刑事诉讼法典修改的思路、理念与具体制度设计；刑事证据规则。（9）10月16至17日，由中国政法大学刑事法律研究中心主办的中德刑事司法政策改革研讨会在北京举行。（10）10月29—30日，中国政法大学诉讼法学研究中心同河南省人民检察院、国家检察官学院河南分院在河南省郑州联合举办“刑事起诉与不起诉”制度理论研讨会。（11）11月19—20日，中国人民大学诉讼制度与司法改革研究中心与中国法学会《中国法学》杂志社在北京共同组织举办“死刑复核程序”专题研讨会。（12）12月27日，中国政法大学诉讼法学研究中心在北京举办“刑事强制措施立法完善”研讨会。

（二）热点与创新

刑事诉讼法修改

1. 刑事诉讼法修改的目标、方向和理念

有学者认为，刑事诉讼法的再修改，必须以促进社会和谐为目标，以有利于实现社会公平和正义为基本方向。[25]有学者认为，刑事诉讼法的修改，应确立以下几种理念：刑事诉讼法的直接目的为发现真实；保障人权；诉讼模式应以职权主义为基础，融合当事人主义的一些做法；扩大司法参与；确立程序本位和国际优位的思想。[26]

2. 侦查程序改革

有学者认为，强制采样与公民的人身自由权、身体权和隐私权等之间存在紧张的冲突关系。我国有必要借鉴西方法治国家关于强制采样的立法经验，将强制采样作为一种独立的侦查行为，并对强制采样的适用对象、程序、被采样人的权利保障及救济机制等作出规定。[27]卧底侦查是强制侦查中的一种，是对付重大的有组织犯罪的有效手段，与诱惑侦查同属于化装侦查。有学者对卧底侦查的法理基础、卧底侦查的特有原则、适用条件、法律补救进行了探讨。[28]有学者对侦查讯问中律师在场制度的试验情况进行了研究，认为大多数侦查人员对试验表示理解和支持，并认为对侦查活动没有负面影响，反而有积极意义。[29]有学者对秘密拍照制度进行了研究。认为进行秘密拍照立法，应当规定秘密拍照适用案件的范围和适用的条件、对秘密拍照的决定权和监督权进行程序控制、对违法采用秘密拍照实施程序性救济。[30]

有学者认为，建立对强制侦查的司法审查制度，不仅是解决我国强制侦查实际存在的问题的重要对策，更是基于调整侦查权与审判权之间的相互关系、建立健全宪法权利的程序保障机制的战略需要；在合法性审查的范围内，建立强制侦查司法审查制度也是可行的。[31]

3. 起诉程序改革

有论者主张建立在一定条件下，案件无须公诉审查而直接进入审判程序的制度。如对于一些轻罪案件，如果犯罪嫌疑人同意立即起诉的，经过检察机关同意可以省却审查起诉程序。[32]

4. 庭审方式改革

有学者指出，我国现行的审判制度既非当事人主义，也非职权主义，而是一种具有中国特色的混合式审判方式。我国刑事审判方式的改革以及诉讼结构的改造只能继续推进，对职权主义性质的诉讼结构进行当事人主义改造，使诉讼程序及法院角色更符合法治即宪政制度对冲突解决以及法院角色的要求。[33]

5. 死刑复核程序

今年10月，最高人民法院发布《人民法院第二个五年改革纲要》，明确将死刑核准权统一收归最高人民法院行使。死刑复核程序问题因而升温成为研究热点。死刑复核程序的性质，即是行政性审批程序还是司法裁判程序；复核审理的组织机构如何设置；审理的方式是开庭审理、书面审理抑或是二者的结合；审理范围是法律审还是事实审；程序参与主体问题即检察机关、被害人和辩护人是否参与、如何参与；死刑案件的证明标准是否高于其他刑事案件；审理期限是否需要设定，等等，都成为争论的焦点。[34]

有学者则认为，死刑复核程序虽然具有控制死刑、纠正冤错、统一标准诸多功能，但不可过高地期待，而应理性地看待死刑复核程序的上述功能，不能让最高人民法院承载超出其实际能力的功能。更重要的是，我们应当从诉讼系统论的角度寻求更科学、更有效、更经济的机制实现上述三项目标，而不能舍本逐末。[35]

刑事司法改革

1. 外国刑事司法改革

有学者研究了英国的刑事司法改革，指出近年来英国刑事司法改革涉及人权、宪政、诉讼、公正等诸多理念的改变。确立了有利于证人作证、有利于被害人公正、有利于国家控诉和审判、警察出庭等富有人性化的改革原则，以最大限度地实现社会公正、更大程度地确保公众安全。指出，英国的改革对我国的借鉴和启示有：理念是改革的出路；原则是改革的前提；目标是改革的动力；制度是改革的核心；体制是改革的保障。[36]

2. 检察官的客观义务

有学者认为，检察官的客观义务是大陆法系检察官定位的基本特征。检察官的客观义务原则越来越得到世界各国刑事诉讼和司法制度的确认，体现为一种发展趋势。[37]有学者认为，客观与诉讼关照义务原则是现代刑事诉讼一项重要的原则，是影响检察官定位的一项重要因素。而在我国立法和司法实践中背离这一原则的现象非常普遍。[38]有学者分析了讯问制模式、对抗制模式以及混合制模式的国家以及国际化趋势下的客观义务的各种表现形态，指出，客观义务与对抗制具有兼容性，并具有现实可能性。[39]

3. 检警关系

有学者认为，评判检警关系是否合理的标准应该为能否实现侦查程序本身的运作目的。侦查程序的直接目的为寻求证据、查缉甄别犯罪嫌疑人；深层目的为衔接起诉、提升公诉质量和效果；根本目的为规制侦查权力、保障公民权利。我国检警关系存在严重的功能瑕疵：警察机关的侦查取证活动与检察机关的公诉活动衔接不畅，致使侦查程序的间接目的无法达致，在导致侦查效率相对低下的同时，间接损及了侦查程序直接目的的达致，检察机关对警察机关侦查权行使的制度约束不力，侦查权滥用现象比较严重，致使侦查程序的根本目的没能获得良好达致。为此，应建立检察引导警察进行侦查取证的机制，强化检察机关对警察机关的侦查监督制度。[40]

4. 错案纠防机制

2005年媒体披露了一起典型的刑事错案——湖北佘祥林“杀妻案”，引起了社会各界的广泛关注。为此，《法学》、《检察日报》等报刊就这起刑事错案产生的原因、暴露出的问题及应该从中汲取的教训等问题编发了多篇稿件，引导人们对这起刑事错案进行更深层次的学理思考。[41]

有学者通过对“佘祥林案”的程序法分析，指出误判源于六大问题：刑讯逼供问题、诉讼证明的空洞化问题、疑罪难以“从无”的问题、个案协调问题、追诉性发回重审问题、刑事救济体制配置失当问题。认为应从完善程序法的角度，建立和完善冤假错案的预防和纠正机制。[42]有学者指出，造成死刑误判的主要原因是：惩罚至上的司法意识和对程序违法的容忍态度；死刑案件的院外压力导致的审判不独立；程序制约机制的严重弱化。纠正死刑案件错误裁判的特殊对策应当包括：确立特殊的死刑案件证据采信规则；实行死刑案件有限的三审终审和二审公开审判；改革刑事司法机关的奖惩机制。[43]

（作者：陈卫东、汤维建，中国人民大学教授；
刘计划，中国人民大学讲师；
郭士辉，中国人民大学博士生）

注：

①江伟、杨剑：《民事诉讼法修改的若干问题》，《法学论坛》，2005 年第 3 期。

②汤维建、刘静：《论我国民事诉讼法典之纯化》，《法学论坛》，2005 年第 3 期。

③张晋红：《完善民事简易程序适用范围的立法分析》，《广东商学院学报》，2005 年第 3 期。

④吴泽勇：《民事诉讼审前准备程序的正当化》，《法学》，2005 年第 1 期。

⑤刘敏：《论裁判请求权保障与民事诉讼起诉受理制度的重构》，《南京师大学报（社会科学版）》，2005 年第 2 期。

⑥何艳芳：《程序再铸：我国诉答程序的创新——兼谈美国诉答程序对我们的启示》，《西华师范大学学报》，2005 年第 3 期。

⑦傅郁林：《论民事上诉程序的功能与结构——比较法视野下的二审上诉模式》，《法学评论》，2005 年第 4 期。

⑧章武生：《我国基层法院的性质及功能定位——从审级制度改革的视角观察》，《法学家》，2005 年第 4 期。

⑨许尚豪：《论我国民事诉讼第三审制度之构建》，《法学论坛》，2005 年第 3 期。

⑩黄松有：《司法解释权：理论逻辑与制度建构》，《中国法学》，2005 年第 2 期。

⑪汤维建、温军：《检察机关在民事诉讼中法律地位研究》，《武汉大学学报（哲学社会科学版）》，2005 年第 2 期。

⑫齐树洁、郑贤宇：《构建我国公益诉讼制度的思考》，《河南省政法管理干部学院学报》，2005 年第 1 期。

⑬陈桂明：《检察机关在民事诉讼中权力配置——介入公益诉讼：民事检察工作的新任务》，《国家检察官学院学报》，2005 年第 3 期。

⑭王亚新：《我国民事诉讼法上的审限问题及修改之必要》，《人民司法》，2005 年第 1 期。

⑮何兵：《陪审制度的意义》，《中国人民大学报刊复印资料——诉讼法学、司法制度》，2005 年第 6 期。

⑯夏菁：《完善陪审制度，实现司法民主》，《法学家》，2005 年第 4 期。

⑰王林清：《公证的民事法律责任制度研究》，《黑龙江省政法管理干部学院学报》，2005 年第 3 期。

⑱宋杰：《论公证法律控制》，《中国司法》，2005 年第 4 期。

⑲潘洁：《论公证的证据效力》，《湖南公安高等专科学校学报》，2005 年第 4 期。

⑳廖永安、王春：《我国民事与刑事交叉案件的协调处理》，《华东政法学院学报》，2005 年第 2 期。

㉑江伟、范跃如：《民事行政争议关联案件诉讼程序研究》，《中国法学》，2005 年第 3 期。

㉒齐树洁、苏婷婷：《公益诉讼与当事人适格之扩张》，《现代法学》，2005 年第 5 期。

㉓童兆洪：《民事执行权性质再认识》，《浙江学刊》，2005 年第 3 期。

㉔王娣：《论强制执行竞合及其解决》，《北京科技大学学报》（社科版），2005 年第 1 期。

㉕陈光中、陈学权：《刑事诉讼法再修改之基本思路》，《人民检察》，2005 年第 19 期。

㉖樊崇义：《刑事诉讼法再修改的理性思考》，《政法论坛》，2005 年第 5 期。

㉗陈光中：《强制采样与人权保障之冲突与平衡》，《现代法学》，2005 年第 5 期。

㉘杨明：《论卧底侦查》，《现代法学》，2005 年第 5 期。

㉙顾永忠：《关于建立侦查讯问中律师在场制度的尝试与思考》，《现代法学》，2005 年第 5 期。

㉚樊学勇、林铁军：《刑事侦查中秘密拍照制度法制化研究》，《中国刑事法杂志》，2005 年第 5 期。

㉛孙长永：《强制侦查的法律控制与司法审查》，《现代法学》，2005 年第 5 期。

㉜刘本燕、谢小剑：《迅速起诉程序论》，《政治与法律》，2005 年第 6 期。

㉝龙宗智：《试析我国刑事审判方式改革的方向与路径》，《社会科学研究》，2005 年第 1 期。

㉞陈卫东、程雷：《不仅仅是收回——“最高人民法院收回死刑复核权之对策”研讨会观点述评》，《中外法学》，2005 年第 5 期；蒋安杰：《死刑复核程序如何完善》，《法制日报》，2005 年 12 月 1 日。

㉟刘计划：《质疑死刑核准权的程序功能——以最高人民法院收回死刑核准权为切入点》，《法商研究》，2005年第6期。

㊱李晓明：《英国21世纪的刑事司法改革—兼论对我国的借鉴与启示》，《中国法学》，2005年第4期。

㊲闵钐：《检察官客观义务》，《检察官学院学报》，2005年第4期。

㊳陈永生：《论客观与诉讼关照义务》，《检察官学院学报》，2005年第4期。

㊴程雷：《检察官的客观义务比较研究》，《检察官学院学报》，2005年第4期。

㊵卞建林：《论我国侦查程序中检警关系的优化——以制度的功能分析为中心》，《检察官学院学报》，2005年第2期。

㊶《法学》2005年第5期发表的文章有：陈卫东：《强化证据意识是避免错案的关键》，谢佑平：《防止冤假错案，有赖于健全的刑事程序法》，刘宪权：《传统刑事司法理念的反思》，王俊民：《依法司法，避免冤案》，虞平：《我国死刑制度的误区》。《检察日报》编发的专题为“健全机制防错案”。

㊷陈卫东：《“佘祥林案”的程序法分析》，《中外法学》，2005年第5期。

㊸李建明：《死刑案件错误裁判问题研究——以杀人案件为视角的分析》，《法商研究》，2005年第1期。

经济法学

朱大旗　吴宏伟

一、学术研究概况

2005年，在科学发展观的指引下，经济法学研究和探讨的气氛活跃，取得了丰硕的成果。本年度的学术活动主要有：5月12日至14日，北京大学法学院主办了“全球化与财税法改革”国际学术研讨会；5月31日，北京市法学会和北京市法学会法理学、经济法学、金融与财税法学研究会共同举办了“和谐社会法制论坛”；8月31日至9月2日，全国人大常委会预算工委在北京举办了“预算法修订专家座谈会”；9月24日至25日，中国政法大学经济法研究中心在北京主办了主题为“经济法与经济法学：范畴·体系·制度·方法”的“中国青年经济法博士论坛”；10月26日至28日，由中国经济法学会主办、江西财经大学承办的“中国法学会经济法学研究会2005年年会暨第十三届全国经济法理论研讨会”在江西南昌市举行，年会就“和谐社会与经济法”、“中国资本市场发展与经济法”、“中国经济转型过程中的中国反垄断法”、“区域经济协调与经济法”四个主题进行了研讨；受教育部高教司委托，11月27日至12月1日，由中国人民大学法学院主办、中国人民大学经济法学研究中心承办的“经济法前沿和热点问题高级研讨班”在人民大学举办；12月6日全国人大财政经济委员会在昆明召开国有资产法立法问题研讨会；12月15日至17日中国法学会财税法学研究会在北京主办“中国法学会财税法学研究会2005年年会暨第四届全国财税法学术研讨会”。

本年度的经济法学论著颇丰，有不少学术专著和教材问世。出版的经济法学教材主要有：中国人民大学出版社出版的“十五”国家级规划教材：史际春主编《经济法》，徐孟洲主编《税法学》；中国政法大学出版社出版的新纪元高等政法院校系列教材：刘少军主编《金融法概论》；法律出版社出版的21世纪法学规划教材：种明钊主编《竞争法》，朱崇实主编《金融法教程》（第二版）和张士元主编《企业法》。本年度出版的经济法学文集主要有：史际春、邓峰主编《经济法学评论》（第5卷）；徐杰主编《经济法论丛》（第5卷）；刘剑文主编：《财税法论丛》（第7卷）。本年度出版的著（译）作主要有：张守文著《财税法疏议》；孔德周著《系统经济法论》；陈婉玲等著《经济法责任论》；单飞跃王显勇著《经济法视域中的企业法》；［德］托马斯·莱塞尔吕迪格·法伊尔著，高旭军、单晓光等译《德国资合公司法》；周刚志著《论公共财政与宪政国家——作为财政宪法学的一种理论前言》；孔祥俊著《反不正当竞争法原理》；杨春林著《商业银行有效监管论》等。

二、经济法学研究的热点问题

（一）关于经济法总论

1. 科学发展观、和谐社会与经济法

《中共中央关于完善社会主义市场经济体制若干问题的决定》提出的科学发展观是我国建立和完善

社会主义市场经济的新的指导思想。有学者认为，科学发展观的提出与经济法的平衡协调和社会本位的理念有耦合之处，科学发展观在理论探讨和实践应用中不能不内在的蕴涵着经济法的理念作为指导[①]。有学者指出科学发展观的全部内容都贯穿着协调的精神，与经济法的基本精神一致[②]。有学者从现代性的角度认为科学发展观的提出引起市场经济现代性的进一步嬗变，促使经济法理念的张扬[③]。有学者指出，经济法制是构建和谐社会的内在要求和必要途径，构建和谐社会必须从立法、执法、司法和守法层面加强经济法制度建设[④]。

2. 市场失灵、国家干预与经济法

市场失灵和国家干预是经济法产生的根本原因，有学者指出，中国经济法对市场失灵问题的认识和思考必须立足现实国情，从中西经济发展差异的比较中去探寻[⑤]。有学者进一步认为，经济法是国家干预经济之法和规范国家干预经济之法，应该将国家适度干预原则作为经济法的第一大基本原则[⑥]。国家干预的存在不仅有秩序、自由、正义、效益和调整社会关系等法律上的需要，而且权利、义务、责任、权力和程序都是国家干预的具体方法[⑦]。

3. 经济法的责任制度

经济法的责任制度一直是经济法学者研究的热点。有学者认为经济法责任由经济法所作用的社会生活领域、经济法调整的宗旨和价值追求，经济法主体的权义结构和经济法主体违法行为的表现形态、性质等内在要素决定，有其特定性[⑧]。有学者认为经济法律责任是以法律责任的部门法性质为标准对法律责任进行分类的结果，具有独特性[⑨]。有学者从法理的角度审视，指出经济法综合责任论缺乏正当的法理理由，将行政责任等同行政法责任，既违背行政法的基本理念，又导致经济法责任的失落[⑩]。

4. 对中国经济法研究的反思与经济法发展进路

对中国经济法发展过程中存在的争议和错误倾向的反思是近年经济法理论研究的热点。有学者指出，大陆法注重法体系构建和法部门划分传统的深重影响，以及经济法与民商法、行政法的“不期而遇”，是导致中国经济法之争的客观缘由[⑪]。有学者进一步指出，在造成经济法和行政法二者“混同”的基本语境没有发生转换的情况下，试图从理论上对二者关系进行较清晰地界定是存在内在障碍的[⑫]。有学者甚至认为经济法基础理论研究长期致力于构建经济法学科体系，证明经济法的独立性的研究路径是错误的，应将研究的重点放在具体的法律问题和法律规则上来[⑬]。对于经济法的发展进路，有学者指出经济法学应立足本国自主创新，中国本土资源能够促成中国经济法的自主发展[⑭]。

5. 关于经济法总论的其他问题

随着“促进”成为一类立法的主要法律手段，学者开始关注一种不同于传统管理型立法的立法现象——“促进型立法”。有学者从经济、政治、社会意识和立法模式等方面分析了“促进型立法”的形成背景[⑮]。有学者指出促进型立法是国家干预经济和社会发展的新的手段，是管理型立法的重要补充，它倡导政府主导下的社会参与，强调政府责任综合化，其他主体的法律责任相对弱化[⑯]。

（二）关于经济法主体制度

1. 关于经济法的主体

有学者认为经济法的主体可以概括为消费者、经营者和管理者；消费者是经济法主体的核心，我国应以消费者保护为中心，构造经济法的体系[⑰]。有学者主张经济法主体应该是参与经济法律关系的现存的社会主体，对经济法主体特征的认识应该放在经济法律关系中进行，并在此基础上对经济法主体加以类型化[⑱]。

2. 关于公司法的修改与完善

《公司法》由全国人大会常委会第18次会议于10月27日修订通过，作为完善我国市场主体法律制度的重要内容，《公司法》的修订引发了学者的广泛关注。对于《公司法》修改的价值取向，有学者认为应该兼顾自由与强制，将公司立法与国有企业改革立法分别进行，还原公司法的私法性与中立性[⑲]。有学者指出，公司立法从组织法到行为法的转变过程，也就是公司权力的行使不断受到限制的过程[⑳]。另有学者从法理念层面，从公私交融、可诉性以及全球化三个方面对公司法理念进行厘定，并在此基础上考察我国公司法修改的制度路径[㉑]。

对于有限责任公司，有学者认为有限责任公司制度的改革应该坚持适应性和引导性两大目标，关注有限责任公司的人合性与封闭性[㉒]。对此有学者提出不同观点，认为在修改有限公司法时，应凸显有限公司资合性本质，保护利害关系人合法权益，同时应关注其人合性，尊重股东意志，以推动中小企业发展[㉓]。

公司资本制度一直是公司法修改的热点问题之一，有学者主张我国资本制度在适应缓和化趋势的同时，应该将资本信息披露、阻止公司资产向股东不当流失、揭开公司面纱等作为保护公司债权人的有效措施来构建[㉔]。对于具体的出资方式，有学者认为在准允劳务出资时，又不可忽视保障债务清偿、资本真实的配套措施的完备[25]。有学者则指出，只有上市公司的流通股和非上市公司的社会公众股能够作为出资标的[26]。有学者建议应该在技术入股的作价方式、出资比例、股权保障等方面完善立法[27]。还有学者则探讨了我国公司法减资制度的发展路径[28]。

3. 关于公司治理结构

关于公司治理，有学者建议将董事会委员会纳入公司法，弥补董事会的缺陷，并相应完善证券交易所规则、公司治理准则和公司章程[29]。有学者则指出，对企业高管报酬规范的重点是提高报酬与企业业绩的正相关关系，企业高管报酬的披露制度更符合市场经济的规律[30]。还有学者分析了司法介入公司内部治理的趋势，指出其本质是司法对公司自治进行调节的一种机制[31]。

4. 关于国有企业

本年度学者对国有企业的研究一方面是反思国企改革的思路，另一方面是探索国有资产经营的新方式。有学者指出公有制与市场经济契合的关键是要在公有制内部塑造法律上的不同利益主体或产权主体，应该建立中央与地方分别所有的国家所有制[32]。有学者认为，国企改革的当务之急不是全面推进商业化和公司化，而是在有限政府、分权制衡和保障公民权利等法治维度下，重新界定国家所有权在市场经济框架内的职能和目标，区别不同目标的国企给予不同待遇[33]。还有学者从法律角度对郎咸平现象进行分析，指出渐进式改革和转型社会的特点，在公平效率关系上社会主流理念的错位，政府体制导致的监管失灵时造成国企改制法律缺位的根本原因[34]。

5. 关于新破产法立法

适应市场经济需要的破产法是企业退出市场的重要制度保障，今年学者对破产法的研究侧重于具体制度的完善。有学者论证了破产法作为一种潜在的外部监督机制，为债权人提供了在公司破产情况下的监督权力[35]。有学者建议破产法的适用范围应当扩大到各种企业和自然人[36]，我国破产法应当对政策性破产作出必要的限制[37]。还有学者从债权人会议的成员资格与权利、会议的职权、决议制度以及对决议的异议与救济制度等方面对我国新破产法中的债权人会议制度提出了建议[38]。

对于破产立法中争议较大的职工债权与担保债权在破产清偿中的顺序问题，有学者认为，原则上职工债权只能作为一般优先权后于担保物权，特殊情况下可以优于担保物权[39]，有学者进一步提出了比例清偿或者设置特定范围内的职工债权为特别优先权的解决方案[40]。

（三）关于公共经济管理暨宏观调控法

1. 关于财政税收法

财政法制变革是本年度研究热点，许多学者就此发表了各自的看法。对于已被提上议事日程的《预算法》修订，有学者指出保障公共需要的充分实现是修订预算法的根本目的和价值追求，我国预算法的修订应遵循“中改”、探索预算法中国模式、整体刚性与适度弹性结合、预算收支平衡、高度重视预算过程的制度设计五大原则[41]。有学者则针对我国财政转移支付制度的缺陷，提出通过明确财政转移支付立法的宗旨，合理选择财政转移支付拨款的决策模式，合理确定财政转移支付的基本形式，建立科学的财政转移支付额度判定标准以完善我国的财政转移支付立法[42]。

在税法总论方面，有学者以税法法典化为视角，对我国税法通则立法的必要性、名称与定位、难点问题、与其他法律的协调、体例模式、基本内容、立法架构等进行了探讨[43]。还有学者论述了公开原则的内涵，指出征税公开原则本质上是通过一种公开的法律程序制度实现对征税权的制约，是税收程序法的生命和特有原则[44]。在税收的具体制度方面，有学者主张降低税负、统一税制、改革税收优惠措置、对金融衍生工具征税和简化税收行政管理审批手续以改革我国的金融税制[45]。在税收征管方面，有学者主张将公司法人格否认理论引入税法，主要适用于滥用公司法人格使公司形骸化、侵害税收债权的情形，以实质营业原则为判断标准，并通过法定原则、程序保障原则和生存权保障原则予以合理限制[46]。

2. 非公有制经济的发展与经济法制变革

2月24日，国务院发布《关于鼓励支持和引导个体私营等非公有制经济发展的若干意见》，对于如何改革经济法相关制度，促进非公有制经济的发展，学者们从不同角度提出了看法。有学者从发展非公经济的制度特征，制度目标与经济法宗旨的一致性和非公经济主体权利实现的经济法保障等角度，对发展非公经济进行了经济法的解读[47]。有学者主张应该确立税收平等原则，形成平等的税收执法环境，构建民营企业的平等税收法治环境[48]。有学者则建议我国应完善鼓励和支持对非公有制企业间接融资的信贷法律制度，建立拓宽非公有制企业直接融资的证券法律制度和创立对非公有制企业融资有利的金融中介服务制度[49]。还有学者指出放宽非公有制经济市场准入是反垄断立法的条件之一[50]。

3. 关于金融调控和监管法

对于中央银行法律制度的完善，有学者认为应该明确规定人民银行独立于行政机构，明确人民银行法定货币政策的中间目标，规定最后贷款人的条件、程序、使用监督，增加最后贷款人的限制以完善人民银行法[51]。

在金融监管方面，有学者认为，新巴塞尔资本协议从旧巴塞尔资本协议的“一大铁律”发展到“三大支柱”，给国际金融业提供了全新的金融监管框架，从而对我国银行业提出了从理念、制度、方法、人才等方面的全方位挑战[52]。有学者指出金融自由和金融安全是一对矛盾，在我国现阶段，矛盾的主要方面是金融安全，只能在金融安全的前提下逐步放开金融自由的缰绳[53]。还有学者分析了对金融衍生品市场实行统一监管模式的必要性以及相应的监管结构和体系，并提出了具体的建议[54]。

4. 关于金融活动法

《证券法》的修订是今年学者讨论的另一热点。有学者揭示交易所履行监管功能的本质在于追逐自身利益最大化，维持交易所的充分竞争环境是中国证券交易所监管功能有效发挥的必要条件[55]。对于《证券法》中是否应该采纳强制要约收购制度的争议，有学者认为应该肯定该强制要约收购制度在中国的价值，在具体适用及其实效方面也完全可以维持现行制度[56]。还有学者指出实务中采用的行政接管、托管、破产等证券公司退出市场的方式各有利弊，应该完善相关法律、法规[57]。另有学者建议修改《仲裁法》并在《证券法》中增加证券争议仲裁的相关规定，制定《证券仲裁示范规则》以完善我国的证券争议仲裁制度[58]。

有学者指出资产证券化是由两个阶段，即“资产分割”阶段和证券化阶段和四项主要制度，即特殊目的机构的设立、资产转移、信用增强及资产支撑证券的发行与交易构架起来的有机体系[59]。有学者对我国权证的法律定位、权证发行审核主体、不同权证法律制度的分类构建和权证具体法律制度的设计提出了建议[60]。

还有学者指出在中小企业信用担保活动中，政府对中小企业信用担保机构主要承担监督、扶持职责，商业银行应从承担社会责任出发，与担保机构平等协商、风险共担，申保企业应诚实守信，向担保机构提供真实信息，并接受其合理监督[61]。

5. 关于会计法和审计法

会计和审计作为经济监督的重要手段，其法律制度的完善是学者今年讨论的热点之一。有学者建议通过明确《会计法》立法思路，尽快拟定《会计法实施细则》，健全内部控制制度，完善外部监督，加强会计队伍建设，加大执法监督检查力度来完善我国的会计法[62]。关于会计师承担责任的方式，有学者认为应采取两分法，当会计师存在故意或重大过失时，适用连带责任，当会计师仅有普通过失时，适用按份责任[63]。对于审计法，有学者从国家审计的内容、范围、职责、地位四个方面对《审计法》的修改提出了建议[64]。

（四）关于经济活动及市场规制法

1. 关于反垄断法

反垄断法依然是本年度经济法学界讨论的热点问题之一，学者们纷纷提出了自己的见解和建议。有学者指出竞争理论、交易费用经济学以及管制经济学都应当成为影响反垄断制度供给的理性认识，对于反垄断现象的解释和评价应该回归到效率价值上来[65]。有学者探讨了我国反垄断立法的体例选择与实施效果的互动及相互协调的问题[66]。有学者从反垄断法的立法和实施两条路径来探讨反垄断法与产业政策的协调问题[67]。还有学者则认为反垄断法实施体制应强调公正与效率，其运作原则包括独立性和权威性原则，多元实施体制原则，实施反垄断法的专家原则和司法作为最后救济手段的原则[68]。

对于反垄断法的具体制度，有学者针对我国国情，认为应设立专门的“反垄断委员会”作为独立的反垄断执法机构，并对其行政级别、委员的任职条件和任免程序及依法享有的职权提出了立法建议[69]。有学者探讨了在我国反垄断法中赋予私人起诉权的制度设计[70]。还有学者则探讨了反垄断法对支配地位企业滥用行为的规制重点和制裁手段[71]。另有学者从拒绝交易权的分类出发，探讨反垄断法限制拒绝交易权行使的具体制度以及必须进行的利益协调[72]。

反垄断法对公用事业的规制是今年学者研究反垄断法时关注的重点之一。有学者指出反公用事业垄断与公用事业引进竞争机制、民营化及其政府规制改革等问题相辅相成，公用事业企业垄断行为规制需要凭借反垄断法的政策性、灵活性和反垄断法执法机关的公正、自由裁量及其与公用事业监管机构的良性配合[73]。对于反垄断法与行业监管的协调问题，有学者认为《反垄断法》和行业立法在反垄断规制问题上是“一般法”和“特殊法”关系[74]，有学者建议在反垄断法明确产业监管机构在反垄断执法体系中的地位和作用[75]，还有学者从二者衔接的角度，认为产业监管制度改革近年提出的“放松监管、加强竞争”取向，使得其以竞争为接点对反垄断法有了更多方位的需求[76]。

2. 关于反不正当竞争法

在制定反垄断法的同时，反不正当竞争法的完善也引起学者的广泛关注。有学者从立法体例、不正当竞争行为的定义和分类等方面对《反不正当竞争法》的修改与完善进行了探讨[77]。有学者主张法律应当确立经营者的公平竞争权并建立和完善公平竞争权的救济制度[78]。还有学者建议通过反不正当竞争法对地理标志进行保护，为商标法提供兜底性的保护与救济[79]。

3. 关于政府采购法

有学者指出加入《政府采购协定》将极大地促进国内政府采购制度的完善和行政改革的发展，并阐述了加入协定对我国政府采购市场主体制度、市场竞争行为制度、争议处理和行政改革的影响[80]。还有学者建议各级地方政府制定政府优先采购本国高新技术产业的政策法规，扶持国内高新技术企业的发展[81]。

（作者均为中国人民大学教授）

注：

①朱大旗、邱潮斌：《经济法理念下的科学发展观》，《河南省政法管理干部学院学报》，2005 年第 1 期。

②马跃进、李延芳：《协调——科学发展观的精神，经济法的理念》，《山西财经大学学报》，2005 年第 1 期。

③常健：《现代性、经济法理念与经济法治——科学发展观语境下的解析与重塑》，《现代法学》，2005 年第 6 期。

④徐孟洲：《论中国经济法制与和谐社会之构建》，《法学杂志》，2005 年第 6 期。

⑤李永成：《市场失灵的中国经济法思考》，《河南师范大学学报》（哲学社会科学版），2005 年第 3 期。

⑥王宏军：《经济法国家适度干预原则的经济学分析》，《法学杂志》，2005 年第 3 期。

⑦薛克鹏：《国家干预的法律分析》，《法学家》，2005 年第 2 期。

⑧张旻昊：《经济法责任的应然分析》，《甘肃政法学院学报》，2005 年第 5 期。

⑨杨德敏：《经济法律责任独立性探讨》，《河北法学》，2005 年第 3 期。

⑩薛克鹏：《经济法综合责任论质疑》，《政法论坛》，2005 年第 4 期。

⑪张旻昊牛文军：《中国经济法之争的内涵及原因分析》，《山东社会科学》，2005 年第 9 期。

⑫刘光华：《中国经济法与行政法的“混同”：现实图景及原因背景分析》，《兰州大学学报（社会科学版）》，2005 年第 5 期。

⑬李曙光：《经济法词义解释与理论研究的重心》，《政法论坛》，2005 年第 6 期。

⑭邱本：《在变革中发展深化的中国经济法学》，《政法论坛》，2005 年第 6 期。

⑮陈昶屹：《论“促进型立法”的形成背景》，《北京行政学院学报》，2005 年第 1 期。

⑯李艳芳：《“促进型立法”研究》，《法学评论》，2005 年第 3 期。

⑰徐孟洲、谢增毅：《论消费者及消费者保护在经济法中的地位——“以人为本”理念与经济法主体和体系的新思考》，《现代法学》，2005 年第 4 期。

⑱卢泽芳、王安洁：《论经济法的主体——对经济法主体研究的回顾和反思》，《南华大学学报》（社会科学版），2005 年第 2 期

⑲彭真明、常健：《盲目照搬还是尊重国情——对当前〈公司法〉修改中几个问题的反思》，《法商研究》，2005 年第 4 期。

⑳张瑞萍：《从公司组织法到公司行为法——从公司权力的演变看公司法规制重心的转变》，《清华大学学报》（哲社版），2005 年第 2 期。

㉑蒋悟真：《公司法修改的理念信守与路径考察》，《法学评论》，2005 年第 2 期。

㉒王保树：《有限责任公司法律制度的改革》，《现代法学》，2005 年第 1 期。

㉓叶林、段威：《论有限责任公司的性质及立法趋向》，《现代法学》，2005 年第 1 期。

㉔朱慈蕴：《公司资本理念与债权人利益保护》，《政法论坛》，2005 年第 3 期。

㉕薄燕娜：《股东出资形式多元化趋势下的劳务出资》，《政法论坛》，2005 年第 1 期。

㉖周友苏、沈柯：《股权出资问题研究》，《现代法学》，2005 年第 1 期。

㉗吴椒军、朱双庆：《入股技术的法律界定》，《中国社会科学院研究生院学报》，2005 年第 3 期。

㉘李智：《公司减资制度初探》，《政法论坛》，2005 年第 1 期。

㉙谢增毅：《董事会委员会与公司治理》，《法学研究》，2005 年第 5 期。

㉚郁光华：《从代理理论看对高管报酬的规范》，《现代法学》，2005 年第 2 期。

㉛刘桂清：《公司治理的司法保障——司法介入

公司治理的法理分析》,《现代法学》,2005 年第 4 期。

㉜史际春、姚海放:《国有制革新的理论与实践》,《华东政法学院学报》,2005 年第 1 期。

㉝王军:《国企改革与国家所有权的神话》,《中外法学》,2005 年第 3 期。

㉞郑万青:《国企改制的法律缺位及其原因探究:对郎咸平现象的法理学思考》,《法学家》,2005 年第 1 期。

㉟王卫国:《新破产法草案与公司法人治理》,《法学家》,2005 年第 2 期。

㊱叶朱:《试论新破产法(草案)的两个问题及缺陷》,《上海财经大学学报》,2005 年第 2 期。

㊲王利明:《破产立法中的若干疑难问题探讨》,《法学》,2005 年第 3 期。

㊳王欣新:《论新破产立法中债权人会议制度的设置思路》,《法学家》,2005 年第 2 期。

㊴王利明:《关于劳动债权与担保物权的关系》,《法学家》,2005 年第 2 期。

㊵王欣新:《论职工债权在破产清偿中的优先顺序问题》,《法学杂志》,2005 年第 4 期。

㊶朱大旗:《从国家预算的特质论我国〈预算法〉的修订目的和原则》,《中国法学》,2005 年第 1 期。

㊷刘剑文:《中国财政转移支付立法探讨》,《法学杂志》,2005 年第 5 期。

㊸施正文、徐孟洲:《税法通则立法基本问题探讨》,《税务研究》,2005 年第 4 期。

㊹施正文:《论征税公开原则》,《法学评论》,2005 年第 1 期。

㊺孙美兰:《我国金融税制中的问题及法律对策》,《法学杂志》,2005 年第 3 期。

㊻侯作前:《公司法人格否认理论在税法中的运用》,《法学家》,2005 年第 4 期。

㊼张守文:《发展"非公经济"的经济法解读》,《法学家》,2005 年第 3 期。

㊽刘剑文:《构建民营企业的平等税收法治环境》,《法学家》,2005 年第 3 期。

㊾徐孟洲:《论完善保障非公有制企业融资的金融法治环境》,《法学家》,2005 年第 3 期。

㊿王晓晔:《非公有制经济的市场准入与反垄断法》,《法学家》,2005 年第 3 期

51倪浩嫣、吕文江:《人民银行法的缺漏与完善》,《法学杂志》,2005 年第 5 期。

52朱大旗:《我对巴塞尔新资本协议的几点看法》,《北京政法职业学院学报》(季刊),2005 年第 1 期。

53张宇润:《金融自由和安全的法律平衡》,《法学家》,2005 年第 5 期。

54葛敏、席月民:《我国金融衍生品市场统一监管模式选择》,《法学杂志》,2005 年第 2 期。

55彭冰、曹里加:《证券交易所监管功能研究——从企业组织的视角》,《中国法学》,2005 年第 1 期。

56王建文:《强制要约收购:制度发展、评价与适用——基于经济法的视角》,《南京大学学报》(哲学人文社科版),2005 年第 3 期。

57倪浩嫣:《证券公司退出机制探析》,《政法论丛》,2005 年第 2 期。

58常健、饶常林:《论证券争议仲裁制度的立法完善——以投资者合法权益的保护为中心》,《贵州大学学报》(社会科学版),2005 年第 3 期。

59覃云天、申海恩:《论资产证券化的有价证券制度基础》,《中国法学》,2005 年第 2 期。

60陈红:《权证产品创新的法律制度研究》,《法商研究》,2005 年第 6 期。

61刘文华、沈凯:《论中小企业信用担保机构与相关法律主体的关系》,《首都师范大学学报》(社会科学版),2005 年第 1 期。

62赵静、王锦:《会计法制度的再完善》,《理论界》,2005 年第 1 期。

63白岱恩、王忠生:《注册会计师虚假陈述赔偿责任的承担》,《政法论丛》,2005 年第 3 期。

64喻立纯:《对审计法修改的几点设想》,《审计月刊》,2005 年第 2 期。

65盛杰民、叶卫平:《反垄断法价值理论的重构——以竞争价值为视角》,《现代法学》,2005 年第 1 期。

66刘光华:《我国反垄断法立法体例的选择:形式抑或内容?》,《广东商学院学报》,2005 年第 2 期。

67孟雁北:《论产业政策与反垄断法的冲突与协调》,《社会科学研究》,2005 年第 2 期。

68刘宁元:《反垄断法实施体制的政策目标和运作原则》,《华东政法学院学报》,2005 年第 5 期。

69张炳生:《论我国反垄断执法机构的设置——对现行设计方案的质疑》,《法律科学》,2005 年第 2 期。

70饶粤红:《论反垄断法中的私人起诉权》,《经济与社会发展》,2005 年第 5 期。

㉑文学国：《反垄断法对滥用市场支配地位企业的规制》，《中国社会科学院研究生院学报》，2005年第4期。

㉒孟雁北：《拒绝交易权的限制问题研究》，《广东商学院学报》，2005年第1期。

㉓史际春、肖竹：《反公用事业垄断若干问题研究——以电信业和电力业的改革为例》，《法商研究》，2005年第3期。

㉔史际春、肖竹：《〈反垄断法〉与行业立法、反垄断机构与行业监管机构的关系之比较研究及立法建议》，《政法论丛》，2005年第4期。

㉕吴伟达：《论设置自然垄断产业政府管制机构》，《政法论坛》，2005年第3期。

㉖许石慧：《反垄断与产业监管的制度范式及选择——以比较经济法为路径的思考》，《政法论丛》，2005年第3期。

㉗李胜利：《我国〈反不正当竞争法〉修订与完善中的有关问题》，《法学杂志》，2005年第2期。

㉘朱一飞：《论经营者的公平竞争权》，《政法论丛》，2005年第1期。

㉙王赫：《论反不正当竞争法对地理标志的保护作用》，《甘肃政法学院学报》，2005年第1期。

㊵于安：《加入〈政府采购协定〉对我国国内制度的影响》，《法学》，2005年第6期。

㊶沈木珠、徐升权：《地方政府优先采购本国高新技术产品制度探讨》，《法学杂志》，2005年第4期。

环境资源法学

周 珂 曹 霞 高 源

一、学术研究概况

2005年北京市环境资源法学界的重要学术活动有：11月20日至22日由全国人大环资委等单位主办的环境立法与可持续发展国际论坛在北京举行，参加会议的有联合国环境署、世界银行、亚洲开发银行、欧盟环境保护总司和有关国家的议会和环境部门的高级官员、各国驻华使馆高级官员、著名NGO的高级官员、近20个国家和地区的权威环境法研究机构和著名大学的学者。论坛的研讨范围有30多个主题，包括国家环境政策立法、循环经济与节约型社会、环境权与环境公益诉讼、城乡环境保护、可再生能源、环境保护与WTO和知识产权、温室气体与全球气候变化、环境教育、核能利用与核安全、生物安全、中国和周边国家环境保护、水资源保护、湿地保护、自然保护区立法、中欧和中美环境立法，以及土地、森林、水资源、海洋资源、野生动植物资源等立法，基本上涵盖了当今国内外环境资源保护的一切重大问题。论坛共收到数百篇学术论文，代表了国内外环境资源法学研究的最高水平。本次论坛展示了中国对环境法制建设的高度重视和取得的巨大成就，并通过学术交流使国内的专家学者进一步了解了当今国际环境保护的发展趋势，促进了我国环境法学研究水平的提高和环境法制建设事业的发展。此外，中国政法大学、北京大学、清华大学、中国人民大学等院校也举行了环境法的学术讲座和学术研讨活动。

本年度北京环境资源法学者参与国家和地方环境立法活动更加深入和广泛，包括中华人民共和国环境保护法修改、国家环保法规“十一五”立法规划、自然保护区立法、生物安全立法、消耗臭氧层物质立法、海岛和海域立法、野生动物保护立法、电子废物立法，几乎国内所有的环境资源保护立法都有环境资源法学者的参与。除国家立法规划范围内的立法任务以外，学者们还对环境法制中的一些重大问题积极地进行超前性的研究，研究成果受到有关部门的高度重视，推动了国家立法的进程，如中国政法大学近年来主动开展的环境损害救济立法研究，已被成功地列入教育部重大攻关课题，中国人民大学法学院主动开展的国家环境教育法研究也已被列入北京市的研究项目。

本年度中国政法大学的王灿发教授被评为全国环保十大杰出人物，翟勇、常纪文等学者的环境资源法学论文获得北京市法学会颁发的优秀论文奖。

本年度北京环境资源法学研究发展的新趋势表现在：第一，科学发展观成为环境资源法学研究的强劲动力，以人为本、协调发展、统筹规划、注重和谐的思想为环境资源法学研究的繁荣注入了新的活力；第二，与相关学科的互动进一步推动了环境资源法学这一新学科的全面发展，更多的国际法、经济法、行政法、民法等相关学科的学者关注并参与环境资源法学的研究和实务，促进了环境法学体系的完善和研究水平的提高；第三，理论研究、参与实务、国际交流全面发展，学术活动空前繁荣，与环境资源保护实际工作部门的联系更加密切，承担了更多更重要的科研课题，成果产出丰富，效益明显，国际学术交流与合作更加广泛；第四，学术研究队伍迅速壮大，在本年度法学界新增硕士点和博士点中，环境资源法学占有相当大的比例，更多的中青年学者脱颖而出，学术研究成果受到学界的高度评价。

二、北京市环境资源法学研究的主要热点问题

（一）环境教育立法

北京在环境教育立法研究方面走在全国的前列，北京市法学会已把环境教育立法研究列为课题，学者们已通过全国人大代表提出环境教育立法的提案，并完成了北京市环境教育法的草案编写，受到立法机关的高度重视。当前，环境保护与教育已成为世界范围内的重大课题，也是我国法学界需要研究的迫切问题。有学者提出，我国的环境教育立法应确定政府主导、社会参与的环境教育模式[①]，应从“环境保护、教育为本”方针出发，形成以基础教育、高等教育、在职教育与公众教育中的环境教育等四大规范为主体的体系[②]。另有学者主张制定环境教育单行法——《环境教育促进法》，[③]在加强中小学环境教育的基础上，重点规范政府与公民的环境教育，要重视农村环境教育。根据我国国情，宜在环境保护部门下设环境教育机构，负责教育方针、计划，管理教育拨款，指导各地环境教育。还应设立环境教育拨款或设立基金。还有学者建议，将环境教育与环保奖励统一立法，统称为“环境教育法”，或者“环境教育与奖励法”。[④]

（二）节约型社会与循环经济立法

党中央明确提出“要大力推进循环经济，建立资源节约型、环境友好型社会”，所以，有关节约型社会及循环经济的立法成为今年学术界关注的热点之一。有学者认为节约型社会包含三个层次的含义：“以供定需的发展战略和资源禀赋导向型的发展规划”、“资源生态承载能力范围内的经济发展道路选择”、“在技术层面上强调对自然资源进入社会经济生产的全过程进行规划和调控”[⑤]。多数学者提出完善节约型社会体系，有必要制定《循环经济法》或《循环经济促进法》。法学界一般认为，我国于2002年6月颁布的《清洁生产促进法》是一部重要的循环经济立法。有些专家学者认为这种“促进法”太“软”，因而常常就其必要性进行争论[⑥]。但也有学者认为，循环经济在我国尚处于发展初期或不成熟阶段，而其综合性的循环经济法很难将各种法律条款制度化或可诉讼化[⑦]。循环经济本身是分层次的，各层次所需的科技与实践是一个不断积累的过程。从企业内部到企业之间，从企业之间再到全社会，是政府不断用“两只手”不断“促进”的过程，是宏观调控与微观调控相结合、以宏观调控为主的过程[⑧]。该法“主要以引导性规范、鼓励性规范和支持保障性法律规范为主[⑨]”。对于立法的思路，有学者提出，整合现行的法律措施，如抓紧制定《清洁生产促进法》的配套法规及资源回收利用规定，适时研究制定循环经济促进法[⑩]。关于循环经济的定义，据不完全统计，国内目前有多达40余种，它们大都是在国外基本定义即“物资闭环流动型经济”基础上所作出的不同阐释。虽然迄今为止，还没有一种普遍接受的概念，但所有定义都包含了一个核心理念：物质资源节约和循环利用[⑪]。

（三）环境纠纷的解决与公众参与机制

在环境纠纷解决机制问题的探讨中，环境公益诉讼依然是学者们高度关注的问题，他们分别从主体适格、诉讼制度建设等方面进行了广泛、深入的探讨。学者普遍认为，公益诉讼主体必须突破我国现行立法“与本案有直接利害关系”才可提起诉讼的限制，扩大适格范围，疏通公众参与和受害群体获得司法救助的渠道。有学者提出，采用“诉讼拟制”，将群体本身拟制为一个抽象实体，赋予其独立当事人的地位，参与诉讼[⑫]。另有学者认为，起诉资格应扩大到“与本案有直接或间接利害关系的公民、法人和其他组织”[⑬]，或考虑“赋予检察机关和公民、法人及其他组织同等的环境公益行政起诉权”[⑭]或“将直接受害人、社会一般公众、社会组织、检察机关和后代人都列为环境公益诉讼的适格原告”；[⑮]或应“包括政府机关、检察机关公民个人和环保社团”[⑯]。考虑到我国法制传统与现状、公民环境权利意识等制约因素的存在，有学者提出现阶段由检察机关充任诉讼原告为最佳，待时机成熟时向社会转移，“最终实现一般公众也拥有对环境公益受损事件的起诉权”[⑰]。

学术界对公众参与的关注度由圆明园湖底防渗工程环境影响听证会的召开而进一步升温，引发了一场对听证会的大讨论。这是《环境影响评价法》实施以来，环保总局首次举行的公众听证会，学界普遍认为，这是我国环境影响评价史上具有里程碑意义的一次听证会。但在此间凸现的缺陷与不足也是有目共睹的。有学者认为，听证会表决时出现重大分歧的事实表明，听证制度本身在其创设与实施之初也同样面临着在“二元论”问题上的选择尴尬。鉴于中国目前的环境立法现状，提倡“程序优先”可克服“二元论”的掣肘，同时可避免一切以经济利益优先，违反程序规定的做法[18]。有学者认为，环评报告书的编制和审批缺乏对项目环境影响所可能带来利害关系冲突的判断，报告书的范围和评价对象的确定缺乏具体标准，项目审批各行政主管部门之间缺乏程序制约，“补评”犹如儿戏，环评专家缺乏独立性，没有实现真正的公众参与决策。克服以上缺陷可通过将编制行为、各方表达意见、听证、论证程序化，环评前的信息与审批决定公开化、政府部门违法审批责任明确化[19]。针对圆明园防渗工程无人接受环评委托的现象，有学者主张可通过法律明确设定一些条件，“由一定机构通过一定的程序指定某一环评机构承担有偿环评服务”；或“借鉴律师承担法律援助义务的法律制度设计”；或“规定环评机构在一定周期内必须接受一定数量的指定环评任务，并以此作为环评资质定期审核的条件之一”[20]。另有学者认为《环境影响评价法》的预防功能欠缺，主要原因在于对建设单位不做环评的法律责任规定不足，如未对限期补办手续后不能通过审批的情况规定相应的法律责任。可通过加大处罚力度提升预防能力，采用“按天计罚”，并辅以直接的行政处罚[21]。

另有学者对此次听证会的法律性质进行了探讨，认为其属于一种“非法定听证形式”或“任意听证”，但是必须服从于自然公正和程序正义等原则[22]。学者们对听证程序中的主持人、利害关系人代表等提出许多完善制度的建议，如，建议修改《环境保护行政许可听证暂行办法》第19条的规定，确立“听证组织机关合理划分利益群体、利害关系人推举或抽签决定出席代表”的选举制度，并辅以“证言公告、提供制度”和“书面证言补交制度”等配套措施。听证书面证言的期间规则、送达规则、公告规则、提交存档规则及效力规则等都有必要尽快完善[23]。

学者们从不同的视角对环境权的内涵与实现途径进行了探讨。有学者提出环境权是生态性的实体权利，并不包括经济性权利、程序性权利和环境保护义务[24]，环境权是自然人享有适宜自身生存和发展的良好环境的法律权利[25]，环境权调整的是公民与国家的关系[26]，环境权应是由不同权利形态的权利组成的权利群，是由不同权利样式因素构成的权利束，是由不同主体拥有的权利组成的权利系统[27]。有学者主张，环境权实施机制的主要框架由环境资源的市场配置、政府环境公共物品的提供、环境权与传统权利冲突的解决以及程序性权利的完善与享有构成[28]。

（四）对国外相关学术的研究概况

在基本制度方面，学者们主要对日本和美国的环境影响评价制度进行了介绍和研究：关于日本的环境影响评价制度，有学者从五大方面概要地进行了介绍，包括环境影响评价的概念，日本环评制度建立的历史演变，环境影响评价法所规定的主要内容，地方政府的环境影响评价制度以及战略性环境评价[29]；同时，有学者还立足于中美两国在政治体制、经济水平以及社会文化等方面的具体背景，从现行中美的法律规定出发，探讨环境影响评价程序的差异所在，分析差异的成因并就完善中国环评程序提出借鉴意见[30]。另有学者关注到欧洲及美国的立法者们越来越倾向于运用经济手段来保护环境，以逐渐取代过去只注重命令型和控制型等硬性规定的做法，学者通过对欧盟、欧盟成员国和美国在运用经济手段来保护环境时，在追求环境公平方面的相同和不同之处进行比较，展示了欧盟与美国环保政策的逐步发展及环境公平制度的进步，为我国环境保护制度的完善提供了借鉴[31]。

在环境犯罪方面，有学者对英国环境犯罪立法概况、法人责任、审判的方法、上诉、环境犯罪案件的一般审理期限、诉讼费的承担、诉讼程序的提起、环境强制措施及起诉规则、刑事程序的后果、对判决结果是无罪案件的评价等十个部分进行了分别研究，较为全面的了解了英国对待环境犯罪进行处罚的全貌，从而考察有关环境犯罪方面的各项相关制度、诉讼程序、处罚手段等[32]。还有学者从比较法的角度，对中俄刑法中涉及野生动物犯罪的刑事责任制度加以比较研究，并借鉴俄罗斯联邦刑法典中对涉野生动物犯罪的规定之优点，以期完善中国刑法对此类犯罪刑事责任制度的相关规定[33]。

另外，还有学者以为北京服务为着眼点，做了巴黎、伦敦、东京、莫斯科等国际大都市与北京之间的关于城市人文环境的比较分析，提出了自己鲜明的观点和一些切实可行的建议，希望能为北京的环境保护作出贡献[34]。

三、本年度在北京出版的主要学术著作

本年度在北京正式出版的环境资源法学专著和教材超过了以往的年份。无论在研究领域的拓展，还是在研究范式的创新方面，均有所突破，标志着环境资源法学研究的蓬勃活力，初步统计如下：

《环境污染损害索赔》，王立，中国检察出版社。《环境资源法论丛》（第5卷），吕忠梅、徐祥民，法律出版社。《国家环境法与比较环境法评论》（第2卷），王曦，法律出版社。《环境与自然资源法学案例教程》，王树义，专利文献出版社。《土地承包及征地补偿案件的法律适用》，崔杰，人民法院出版社。《中国湿地保护立法研究》，朱建国等，法律出版社。《普通高等教育精编法学教材——环境法学》，徐祥民，北京大学出版社。《21世纪法学系列教材——环境法》（第二版），周珂，中国人民大学出版社。《环境保护行政许可听证实例与解析》，周珂主编，中国环境科学出版社。《多边贸易体制中的环境保护法律问题研究》，李寿平，中国法制出版社。《环境问题抉择论——生态文明时代的理性思考》，高中华，社会科学文献出版社。《环境资源保护与环境资源犯罪》，刘仁文，中信出版社。《中国内地与香港环境犯罪的比较研究》，卢永鸿，中国人民公安大学出版社。《农村土地承包法律、司法解释导读与判例》，黄松有，人民法院出版社。《绿媒体——中国环保传播研究》，王莉丽，清华大学出版社。《冲突与协调——国际贸易与环境问题》，尹晓波，工商出版社。《节约型社会建设中的绿色产业与绿色产业法》，刘国涛，中国法制出版社。《高等法律职业教育系列教材——环境资源法学》，吕忠梅主编，中国政法大学出版社。《面向21世纪课程教材——环境与资源经济学概论》，马中主编，高等教育出版社。《21世纪法学规划教材——环境保护法学教程》（第4版），韩德培，法律出版社。《危害环境罪的理论与实务》，杨春洗、向泽选，高等教育出版社。《环境刑法学》，付立忠，中国方正出版社。《普通高等教育十五国家级规划教材——环境资源法教程》，蔡守秋，高等教育出版社。《国际环境法》，林灿玲，人民出版社。《资源类行政诉讼》，祝铭山，中国法制出版社。《中国天然林保护的理论与政策探讨》、《森林资源丰富地区的贫困问题研究》，李周，中国社会科学出版社。《中国西北生态环境建设与制度创新》，延军平，中国社会科学出版社。《生态经济学》，唐建荣，化学工业出版社。《环境经济学》，董小林，人民交通出版社。《城市水资源承载能力：理论·方法·应用》，左其亭等，化学工业出版社。《土地资源调查与评价》，刘黎明，中国农业大学出版社。《企业竞争战略——资源类型与竞争阶段的匹配》，高蔚卿，知识产权出版社。《资源环境法词典》，江伟钰主编，中国法制出版社。《外国城市环境与保护研究》，邱莉莉，世界知识出版社。《护生文丛：绿色生活手记》，莽萍，中国政法大学出版社。《行政许可实务丛书：农业、林业、渔业、矿产资源行政许可实务》：本书编写组编，中国民主法制出版社。《护生文丛：为动物立法——东亚动物福利法律汇编》，莽萍、徐雪莉编，中国政法大学出版社。《保护森林资源刑法规范研究》，孙明，人民出版社。《21世纪法学规划教材：国际环境法》（第二版），王曦编著，法律出版社。《中华人民共和国法律释义丛书：中华人民共和国固体废物污染环境防治法释义》，黄建初主编，法律出版社。《人类社会的可持续发展与国际环境法》，李爱年、韩广等，法律出版社。《财产权案例精析丛书：土地财产权》，常健主编，中国法制出版社。《民国时期水利法制研究》，郭成伟、薛显林编，中国方正出版社。《国际法论丛：国际海洋划界论——有关等距离特殊情况规则的研究》，高建军，北京大学出版社。《中国国际法学论著丛书：国际贸易规划与环境措施的法律研究》，边永民，机械工业出版社。

（作者：周珂，中国人民大学教授；
曹霞，中国人民大学博士研究生；
高源，中国人民大学硕士研究生）

注：

①周珂、史嵩宇：《环境教育立法初探》，《2005年环境立法与可持续发展国际论坛论文汇编》。

②谢军安、谢雯、胡延玲：《环境教育立法研究》，《河北法学》，2005年第8期。

③王小萍：《国家环境教育立法问题探讨》，《2005年环境立法与可持续发展国际论坛论文汇编》。

④竺效：《政府环保奖应纳入环境教育立法》，《绿叶》，2005年第10期。

⑤廖斌、崔金星：《节约型社会提出的背景、理论前提及其法律内涵》，《2005年环境立法与可持续发展国际论坛论文汇编》。

⑥李艳芳：《“促进型立法”研究》，《法学评论》，2005年第3期。

⑦蔡守秋：《论循环经济立法》，《南阳师范学院学报》（社会科学版），2005年第1期。

⑧周珂、迟冠群：《我国循环经济立法的必要性刍议》，《南阳师范学院学报》（社会科学版），2005年第1期。

⑨窦玉珍、李亚红：《循环经济立法构想》，《南阳师范学院学报》（社会科学版），2005年第1期。

⑩孙佑海：《循环经济立法问题研究》，《环境保护》，2005年第1期。

⑪王明远：《“循环经济”概念辨析》，《2005年环境立法与可持续发展国际论坛论文汇编》。

⑫齐树洁、苏婷婷：《公益诉讼与当事人适格之扩张》，《河北法学》，2005年第9期。

⑬史玉成：《论环境保护公众参与的价值目标与制度构建》，《2005年环境立法与可持续发展国际论坛论文汇编》。

⑭黄锡生、林玉成：《构建环境公益行政诉讼制度的设想》，《行政法学研究》，2005年第3期。

⑮郭英华、李庆华：《试论环境公益诉讼适格原告》，《河北法学》，2005年第4期。

⑯张式军：《“原告资格”——构建我国环境公益诉讼制度的核心问题》，《2005年环境立法与可持续发展国际论坛论文汇编》。

⑰石维斌、潘世钦：《环境公益诉讼制度外因探析》，《2005年环境立法与可持续发展国际论坛论文汇编》。

⑱周珂、岳小花：《环境法制二元论应辅以程序优先的法治理念》，《河南省政法管理干部学院学报》，2005年第5期。

⑲汪劲：《圆明园湖底防渗工程环评报告书审批问题的法律思考》，《河南省政法管理干部学院学报》，2005年第5期。

⑳马燕、李博：《圆明园防渗工程无人接受环评委托的法律困惑与反思》，《河南省政法管理干部学院学报》，2005年第5期。

㉑张璐：《从圆明园整治事件看我国环评法的不足》，《河南省政法管理干部学院学报》，2005年第5期。

㉒谭柏平、孙黎：《圆明园环境影响听证会的法律意义漫谈》，《河南省政法管理干部学院学报》，2005年第5期。

㉓竺效：《环境行政许可听证书面证言规则的构建——由圆明园湖底防渗工程环境影响评价公众听证会引发的思考》，《中州学刊》，2005年第7期。

㉔吴卫星：《环境权内容之辨析》，《法学评论》（双月刊），2005年第2期。

㉕邹雄：《环境权新论》，《东南学术》，2005年第3期。

㉖谷德近：《环境权的虚假主体》，《中国环境管理》，2005年第2期。

㉗王小钢：《揭开环境权的面纱：综合的理路》，《2005年环境立法与可持续发展国际论坛论文汇编》。

㉘任凤珍、焦跃辉：《环境权实施机制模式研究》，《河北法学》，2005年第6期。

㉙耿延斌：《浅谈日本的环境影响评价制度》，中国环境法网。

㉚谢贤林：《中美环境影响评价程序的对比分析》，中国环境法网。

㉛黄琼译：《经济手段与环境公平——欧洲经验》，环境法研究网。

㉜耿延斌：《英国环境法中环境犯罪处罚之研究》。中国环境法网。

㉝包玉华、赵敬贤：《中俄涉野生动物刑事责任法律制度比较研究》，中国环境资源法学网。

㉞邱莉莉：《外国城市环境与保护研究》，世界知识出版社。

国际法学

余民才　帅　扬　吴　菲　王东勇

一、学术会议与论著

2005年的主要学术活动有：9月23—25日，中国国际法学会在北京举行了主题为“国际法与国际秩序”学术研讨会，讨论专题涉及“保护的责任”及其对国家主权的影响、当代海洋法发展的新方向、国家及其财产管辖豁免问题的发展动向、《京都议定书》的生效与国际环境法律制度的发展、打击跨国犯罪国际制度的发展及其与中国的关系、贸易自由化与非关税壁垒问题、区域经济一体化对国际经济法的冲击、《法院排他性管辖权公约》及其对国际私法的影响以及中国涉外民事法律适用的立法。8月10—15日，中国海洋法学会在新疆乌鲁木齐市举行了主题为“海洋石油勘探开发与海洋法”学术年会，研讨议题有海洋石油开发的法律问题、海洋石油开发的管理问题和争议海域的合作与开发，特别讨论了大陆架法律制度的发展、专属经济区石油开发和利用与海洋环境保护的问题。9月4—9日，由最高人民法院承办的第22届世界法律大会分别在北京和上海举行，讨论议题包括：联合国的地位、作用与改革，国际刑法（国际刑事法院），人权，国际恐怖主义，世界贸易组织规则的发展与完善，国际投资与跨国公司法，国际环境法。2月26日，北京市法学会国际法学研究会与经济法学研究会和北京大学税法研究中心联合举办了“全球化背景下的经济法与国际经济法”研讨会。与会者就国际经济法的价值与公共利益、反垄断法的价值目标、中国参与WTO争端解决机制、国际商会仲裁裁决在我国的承认与执行以及欧洲中央银行的独立性等议题进行了交流和探讨。

出版的著作、译著和教材有：《国家豁免问题的比较研究》（龚刃韧著，北京大学出版社）；《国际海洋划界论——有关等距离/特殊情况规则的研究》（高健军著，北京大学出版社）；《论国家在〈经济、社会和文化权利国际公约〉下义务的不对称性》（柳华文著，北京大学出版社）；《国际人权公约与中国》（莫纪宏著，世界知识出版社）；《钓鱼台正名——钓鱼岛列屿的历史主权及国际法渊源》（鞠德源著，昆仑出版社）；《国际刑法新论》（林欣、李琼英著，中国人民公安大学出版社）；《全球化进程中的国际组织》（饶戈平主编，北京大学出版社）；《国际经济法》（王传丽著，法律出版社）；《贸易保障措施研究》（莫世健著，北京大学出版社）；《国际贸易规则与环境措施的法律研究》（边永民著，机械工业出版社）；《国际商事关系法律适用论》（赵相林著，中国政法大学出版社）；《国际民事诉讼法和商事仲裁》（杜新丽著，中国政法大学出版社）；《国际私法中的实务问题》（杜新丽著，中信出版社）；《国际公法规则之冲突——WTO与其他国际法规则如何联系》（［比］约斯特·鲍威林著，周忠海等译，法律出版社）；《现代条约法与实践》（［英］安托尼·奥斯特，江国青译，中国人民大学出版社）；《国际法》（第二版）（程晓霞、余民才主编，中国人民大学出版社）；《国际法》（王铁崖主编，法律出版社）；《国际法》（第二版）（邵津主编，北京大学出版社）；《国际人权法》（徐显明主编，法律出版社）；《国际经济法》（第二版）（余劲松、吴志攀主编，北京大学出版社）；《国际贸易法》（第三版）（王传丽主编，法律出版社）；《国际私法》（赵相林主编，中国政法大学出版社）。

二、国际法基本理论

“国家对国际社会作为整体所承担的义务”是得到广泛认可和接受的一个国际法概念。有学者分析认为，在承担义务或责任方面，“国家对国际社会作为整体所承担的义务”规则突破了传统的“受害国与加害国”的双边关系，其特征主要是该规则所保护的利益是国际社会作为整体的共同利益。相应的，该规则的权利主体和义务主体也都是组成国际社会的所有国际法主体。进而言之，如果一国违反该规则，所侵害的即为国际社会的共同利益，此时，即使是该违法行为的非直接受害国（第三国）也有权作为国际社会的成员之一向加害国主张权利①。有学者则以联合国国际法委员会2001年《国家对国际不法行为的责任条款草案》为基础，从国家责任法与其他国际法部门的关系、责任性质、适用性与整体性以及调整关系方面全面分析了国家责任法的性质，表达了这样的观念：国家责任法调整国家之间的责任法律关系，涉及国际法的次级规则，具有独立性。与国内法上的责任制度不同，国家责任法是一种普遍性的单一责任制度，它不区分民事责任与刑事责任、违约责任与侵权责任。但国家责任不包含刑事责任，而在总体上与国内法上的民事责任相类似②。有学者还从比较的角度分析了联合国的责任，认为国家责任制度通过必要的调整适用于联合国组织③。

和平发展是我国的一项基本国策。有学者围绕该主题，从国际法律秩序的角度分析了中国融入国际体制的问题。在他看来，当代国际法律秩序主要包括共存法与合作法两大部分。就中国来说，明智选择是融入主流社会，借助国际法维护自身利益，同时促进国际社会的和平与发展；主动参与国际规则的制定，在国际规则中体现本国的意愿和利益；在承认和尊重现状的前提下致力于改进和完善现行国际法律秩序④。有学者分析了我国对待国际条约的态度及其实践，认为不同的条约在我国法律中具有不同的效力等级，因此，笼统地谈论条约在我国法律体系中的地位和适用问题是不严谨的。只有当处于同一等级的条约与国内立法冲突时，条约才具有优先适用的效力。关于我国缔结或参加的国际条约在国内的适用问题，我国采取的是逐一立法的方式，即只有当我国的一项立法明确规定某项或某类条约可在我国直接适用时，该项（类）条约才可以通过并入的方式直接在我国适用，否则，只有通过制订国内法的方式，将条约内容转化为国内法⑤。

在国际经济法理论的研究方法与范围上，有学者主张以“问题”为导向，采取以问题确定研究范畴的方法来推进国际经济法的研究⑥。有学者对投资保护问题表达了如下看法：作为发展中国家，应该把公平与公正待遇理解为无差别待遇，并把公平与公正待遇作为私人非诉事项⑦。

三、国家及其财产管辖豁免

2005年9月，我国签署2004年《联合国国家及其财产管辖豁免公约》。该公约是第一个全面规范国家及其财产管辖豁免问题的普遍性国际公约，也是第一个确认国家及其财产限制豁免的普遍性国际公约。如何评价该公约，公约对国际和国内法治以及国家参与经济活动有何影响，是理论与实践关注的一个课题。学者们从不同角度对公约作了评析。有学者全面介绍了公约的起草背景和过程、公约的结果和主要内容、享有国家豁免的主体、不得援引豁免的八类诉讼（商业交易、雇佣合同、人身伤害和财产损害、财产的所有、占有和使用、知识产权和工业产权、参加公司或其他集体机构、国家拥有或经营的船舶以及仲裁协定的效果）及存在问题。有学者侧重分析了公约的适用范围、绝对豁免与限制豁免问题、商业交易的判断标准、国家与国家企业的关系以及财产的强制执行问题。总的来说，对公约的评价是积极、正面和客观的。公约的通过和签署标志着在国家及其财产管辖豁免方面开始确立起普遍性的统一规则，有助于统一各国的实践，加强法治和法律的确定性与预见性。公约基本上在保护有关行为或财产的所属国的国家权益与保护法院地国的个人利益之间取得了相对适当的平衡。一方面，公约首次以普遍国际公约的方式确立了限制豁免原则，规定国家在八类诉讼程序中不得援引管辖豁免，并允许法院地国在一定条件下对被诉外国判决后的财产采取强制措施。这些规定反映了多数国家的立法和司法实践，表明限制豁免原则已为越来越多的国家接受，限制豁免原则将成为国家豁免立法的发展趋势。另一方面，公约对遏制有关国家限制豁免主义的进一步扩大有重要意义。公约规定的限制豁免条款，在一定程度上照顾到被诉国家的利益，也反映了包括我国在内的许多发展中国家的关切，对减少外国法院以我国企财产均为国家所有为由滥扣我未涉诉国企的财产，起到一定的限制作用。但是，公约并不是一个完美的文本，存在一些问题。其一，有关不得享有豁免的诉讼的规定多数比较原则，许多概念不够明确，有待进一步厘定。如何解释和适用这些例外规定，还缺少统一的标准，各国法院可能按照本国法进行认定。这可能使不得援引豁免的诉讼的范围在将来逐渐扩大，国家“因事豁免”的事项的范围越来越小。其二，公约没有专门禁止保留，各国在批准公约时可能会保持一定的灵活性。因此，如何解决适用上的矛盾与冲突，有可能成为未来国家豁免立法关注的焦点。在这个意义上，有学者认为，国家限制豁免立法的规范化问题仍有很长的路要走。公约绝不是国家限制豁免规则统一化的终结，而是国家限制豁免规则进一步规范化的开始[⑧]。

公约对我国处理国家及其财产管辖豁免案件、法治和对外经贸活动的积极意义得到一致肯定。对于后续行动，有学者提出了如下建议：第一，采取一些有效的对策和得力的措施，正视和应对有关国家及其财产豁免的新问题，进行深入细致的研究，积极探讨我国批准公约的必要性和可行性。第二，借鉴国际立法和外国相关立法的经验，结合公约的规定，尽早制定我国的“国家及其财产管辖豁免法”[⑨]。有学者还对我国在国家及其财产豁免问题上的实践和立场进行了总结，认为我国早期基本上采取绝对豁免主义政策。从80年代以后，这一立场已经缓和，体现了限制豁免主义的趋势[⑩]。

四、人权保护

人权的切实保护离不开对有关基本权利和自由的内容与性质的准确把握。有学者研究了受教育权的国家义务的内容，认为在国际人权法上，国家是促进和保护受教育权的基本义务主体。除承担尊重、保护和实施受教育权的一般性义务以外，国家还应承担建立和保护受教育权的具体义务和特别义务，以及确保国内教育和国际教育目的相符合以及为每一个人提供初等教育等核心义务。国家所承担的上述义务既是“渐进性”的，也是“即刻性”的，其实质性义务和程序性义务仍处于不对称性状态[⑪]。

人权保护实质上是国家对人权的保护。有学者强调，为充分发挥国际人权法在我国人权法制建设中的作用，不仅需要对此予以重新认识，而且应采取如下措施：进一步解决在接受国际人权法规则方面存在的问题；在宪法和基本法律（特别是立法法）中进一步明确我国接受的国际人权法规则在我国法律系中的地位；根据我国接受的国际人权法规则的要求，对现行有效的法律法规进行全面而彻底的清理和审查，并采取必要措施使我国国内法的规定与国际人权法规则的要求保持一致；进一步制订和实施促进我国社会、政治、经济、文化等领域的全面进步和发展的路线、方针、政策、计划、方案和目标；采取必要而适当的措施完善我国相关法律制度，消除在履行公约方面存在的各种问题和障碍[⑫]。

五、海洋权益

针对2004年出现的中日东海油气争端问题，有学者分析了中日双方主张的权利基础与油气调查、开采活动的法律性质，并提出了解决方法和思路。他认为，划定边界和划界前的临时安排是解决中日油气争端的两个替代方法，而后者更适宜于解决现实争端。冻结争议海域的一切油气活动、暂定措施区域和共同开发是三种合作层次从低级到高级的临时安排。共同开发是最实际可行的双赢解决之策。澳大利亚与东帝汶之间的《帝汶缺口条约》和英国与阿根廷处理马尔维纳斯群岛的模式为东海共同开发提供了有价值的借鉴⑬。另有学者探讨了《澳大利亚与巴布亚新几内亚海洋边界条约》所采用划界方法的特点，提出该条约在划界上创造性地采用了就海底管辖区和上覆水域划定不完全一致的两条界线的方法，从而在国际海域划界实践中确立了一个新的模式。这种划界方法对解决中日划界纠纷具有借鉴意义⑭。

六、联合国机制

对有关联合国法律制度的研究集中于联合国，特别是安理会的改革。有学者从“集体保护的责任”、使用武力的合法性标准和防止大规模杀伤性武器扩散等7个方面对安南秘书长2005年关于联合国改革的报告作了评析，认为联合国改革虽然是各国共同的愿望和要求，但改革的前景尚不明朗。就安理会改革而言，可能的预期一是原则确定安理会改革的必要性和某些基本原则，二是对安理会扩大方案暂不作出决定，留给以后继续磋商⑮。有学者从法律程序的角度讨论了安理会扩大问题，指出实现安理会扩大的法律途径是修改宪章。修宪有两种程序，即“联合国大会模式”（或108条模式）和“修宪全会模式”（或109条模式）。在这两种程序中，“第108条模式”是目前修宪时最可能采用的模式，即首先联大通过修正案决议，然后交由会员国批准。在实际操作中，每个步骤又可以有“一揽子”或“分项”的不同处理，而产生出可以选择的操作步骤组合。对于是否增加常任理事国，两种选择在修宪的操作层面上也存在不同。对于追求增常的方案，最有效的程序选择是在联大讨论阶段，采取分项讨论和分别通过决议的方式（第一个决议确立增加常任理事国，第二个再确定新增者名单），在批准阶段寻求一揽子的批准。对于支持和反对者，第一个决议能否通过是成败的关键。对于那些反对增常方案，特别是反对某些特定国家作为常任理事国的国家，对第一个联大决议的通过进行阻击至关重要，而不能寄希望于对通过第二个联大决议的阻击。更不宜寄希望于对决议通过修正案后在批准时的抵制上⑯。对于联合国改革的前景，有学者从国际进程、国际结构和认知3个方面进行了分析，认为全球化进程导致了对联合国管理能力需求的增加，而国际力量结构和观念结构却不能导致有效供给的加强，因而在管理需求和资源供应之间出现了巨大差距，从而有可能使联合国改革进入较长的讨价还价停滞期，人们对联合国现阶段改革和今后一段时期内的增强行动能力的期盼有可能落空⑰。

有学者还对联合国维持和平行动的前景表示了这样的见解：维和行动在当前复杂动荡的国际局势下发挥着不可替代的作用，仍有存在和继续的必要。在目前联合国的改革与发展处于十分关键的时期，如何使维和行动法制化、规范化已成为联合国及各会员国面临的紧要问题⑱。

七、国际刑事管辖与合作

补充性管辖是国际刑事法院运作的核心。有学者从苏丹情势的角度分析了国际刑事法院管辖权的补充性原则，认为将苏丹达尔富尔情势提交国际州事法院，应由独立的机构判断苏丹政府“不愿意”和“不能”行使管辖权的客观证据，并相信在我国法律条件成熟的情况下，将成为《罗马规约》的缔约国⑲。有学者以美国为例，分析了非缔约国规避国际刑事法院对其国民行使管辖权的问题，认为非缔约国规避法院对其国民的管辖权的方式主要有两种：一是在联合国内部阻止安理会向法院检察官提交有关情势，或者促使安理会通过决议，推迟法院可能对其国民采取的司法程序；二是与《规约》缔约国订立协定，要求它们承诺不向国际刑事法院移交本国国民。不过，非缔约国的这些做法虽然有其合法的依据，但会降低国际刑事法院的工作效率，有害于其职能的履行⑳。

2005年10月，我国批准《联合国反腐败公约》。有学者考察了公约中非法证据排除规则在反腐败国际合作中对请求国和被请求国取证和采纳证据的影响以及我国非法证据排除规则的现状，指出遵守联合国刑事司法准则中有关非法证据排除规则的规定是使反腐败的国际刑事司法合作顺利进行的重要条件，并建议我国结合反腐败公约和其他联合国刑事司法准则确立和实践非法证据排除规则㉑。

八、WTO法

有学者分析了WTO原产地规则协议与反倾销措施之间的关系，主张应将反倾销等非优惠贸易措施统一纳入WTO原产地规则协议的适用范围，并建议我国应制定和运用原产地规则抵御贸易保护主义㉒。有学者讨论了在WTO规则下东道国如何对跨国公司行为进行规制的问题，认为东道国对跨国公司行为的管制方式需要从硬性的限制转向刚柔相济，更具有弹性的方式上来。这种更有弹性的限制方式包括建立国际竞争规则，完善产业调控机制，扶持各种类型的民间组织并赋予其相应的权利以及建立道德规范评价机制等[23]。有学者通过对“美国博彩案”的评析，指出要维护成员方对服务业的国内监管自主权，应对《服务贸易总协定》（GATS）第16条市场准入限制进行严格限定[24]。有学者分析了TRIPS时代知识产权与人权之间的关系，指出知识产权国际保护制度必须以国际人权公约的价值取向为指导，在保护作者精神权、隐私权、公共健康与环境等方面进行制度改革[25]。

如何协调贸易与环境的关系，是学者们一直关注的一个问题。有学者总结了欧盟的环境与贸易协调机制的特点，认为该机制有许多地方值得多边贸易体制所借鉴。比如应以适度的环境措施作为协调贸易与环境的关键，在协调贸易与环境的关系中引入“适当性原则”，使环境措施的“环境效益”至少等价于“贸易损失”；在对环境标准进行协调时，要充分考虑到各国的差异，坚持灵活性与多样性原则，只设置核心标准，详细的产品规格等可交由专门的机构制定等[26]。该学者还分析了北美自由贸易区的环境与贸易协调措施，认为应在多边贸易体制中引入“最小贸易限制原则”，并以发达国家的贸易让步来换取发展中国家的环境支持，即通过给予发展中国家差别待遇和优惠待遇来提高发展中国家的经济实力，以使其有能力对环境进行改善[27]。

针对美欧在“后配额时代”对我国纺织品设限的事实，有学者分析认为，美欧设限的行为是对WTO非歧视原则的减损，是对WTO规则的滥用，并对此分别从企业和政府的层面提出了如下应对策略：企业坚持市场多元化，适时调整产品的出口经营策略；尽量利用民间国际商事专门调解机构解决贸易争端；政府除积极应诉之外，还应充分利用外交手段斡旋并建立纺织品出口预警机制等[28]。有学者阐述了信息在我国出口贸易中的作用，提出应建立一个以政府为中心的多位一体的信息机制以应对外国贸易壁垒。其中政府负责进行贸易信息的搜寻、整合以及扩散；行业协会负责企业和政府的沟通；作为应诉主体的企业则应该与贸易对象国进口商建立长期联系通道，了解市场及贸易动态，及时调整自己的出口策略。同时驻外使馆也应在搜寻驻在国的各类外贸政策法规、技术标准、环保标准、市场信息等方面发挥积极的作用[29]。

另有学者对现行WTO争端解决机制的优点和弱点进行了对比分析，提出了进一步完善的措施，如推进WTO争端解决机制的“法院化”，改革上诉程序，引入回避制度和增设损害赔偿责任等[30]。有学者还结合实践就如何确定DSU第21.5条和第22条的适用顺序问题进行了探讨，指出该问题不仅应该通过修改DSU的条款来解决，同时也应注意到在实践中已经采用的双边协定的影响以及该规定与DSU现行整体机制配套协调的问题[31]。还有学者通过斯里兰卡BOT项目的案例，结合对ICSID管辖权问题的分析，指出发展中国家在利用BOT方式招标建设基础设施的过程中，始终应把签约的主动权牢牢地掌握在自己的手中[32]。

九、区域贸易协定

区域贸易协定与WTO具有兼容性与互补性。在自由贸易区的建立方面，中国已经实施了内地与香港、澳门更紧密的经贸往来安排，同时也在积极开展中国—东盟自由贸易区的建设。有学者总结了北美自由贸易区的经验，根据中国—东盟自由贸易区建立过程中贸易增长实绩和新的《对外贸易法》，进一步阐述了中国应该充分利用自由贸易区来拓展贸易、发展经济的战略必要性[33]。有学者进一步对比分析了中国—东盟自由贸易区争端解决机制与WTO争端解决机制，认为《中国—东盟自由贸易区争端解决机制协议》创设了富有自己特色的争端解决机制，为未来的中国—东盟自由贸易区提供了必要的法律基础和保障[34]。

十、准据法的确定

有学者一般性分析了法律选择方法的价值取向，认为法律应当是形式正义和实质正义两大价值的综合，即法律旨在创设一种正义的社会秩序，那么当代法律选择追求的应是两者的融和与平衡。最密切联系原则依托于连接因素，又使法官的自由裁量权得以发挥，为两种价值观的平衡实现提供了可能[35]。有学者具体讨论了最密切联系原则在我国的实践及存在的问题，并就如何完善提出了如下建议：将最密切联系原则置于国际私法立法中基本原则的法律地位；涉外民商事合同法律关系领域应明确以特征性履行方法确定最密切联系地；人身和侵权法律关系领域应明确保护弱方当事人权益的原则，最密切联系原则所确定的法律应为最有利于保护弱方权益的法律；应对最密切联系原则的运用制定出相对确定的法律规则，努力实现判决结果的确定性、可预见性和一致性[36]。另有学者建议，我国应完善相关立法，确立适用预制法律选择规则为主、法官自由裁量为辅的法律选择模式；确定法官裁量的条件和标准；确定当事人意思自治的效力高于法官裁量的效力。在运用最密切联系原则时，西方法学界所提出的限制法官自由裁量权的方法对我国国际私法立法有一定启示，我国应吸收其中的合理因素[37]。

十一、国际民事诉讼

国际民商事案件的管辖权在国际私法中占有十分重要的地位。各国的国际民事诉讼立法都对管辖权问题作了严格而又不同的规定。有学者提出，协议管辖原则以其仅次于属地管辖原则和属人管辖原则的地位，得到了大多数国家普遍适用。它是民法上意思自治原则在国际民事诉讼中的体现，是避免和减少管辖权问题的重要方法。我国大陆地区有关协议管辖的立法应该拓展协议管辖的适用范围，放宽协议管辖的形式，弱化协议法院与案件之间的联系[38]。有学者专门剖析了外国判决的承认与执行的管辖权问题，认为在判决承认或执行的管辖权标准上，应当从整个国际层面，而不能仅仅站在一个国家利益角度来考虑它的准据法。在管辖权标准的法律适用上，应采取“与其使其无效不如使之有效”的原则。具体来说，管辖权标准可以适用判决国管辖权规则，也可以适用承认国管辖权规则，甚或适用国际惯例或国际条约。即哪个规则承认判决国法院的管辖权效力就适用哪个规则，除非有充分证据证明该外国法院是不方便法院。对于承认国来说，它完全没有必要担心承认判决国法院的管辖权会造成本国利益的损害，因为除了不方便法院原则的保障之外，国家间判决承认或执行领域还有诸如公共政策（社会公共利益）例外和程序公正要求作保证[39]。

另有学者讨论了替代争议解决方法（ADR）问题，认为它是司法诉讼和仲裁以外的解决争议方法的总称，主要包括双方当事人协商谈判、由双方当事人共同选择的第三人调解和模拟法庭等。它既可单独适用，也可以适用于诉讼程序和仲裁程序中，但两者的法律拘束力不同。在单独适用情况下，ADR争议解决结果不具有法律上的最终强制执行力。而当ADR适用于仲裁程序和司法诉讼程序的情况下而取得的争议解决结果，则具有法院判决与仲裁裁决的强制执行力[40]。还有学者结合近年来我国域外送达的非常态事件以及调研数据，分析了我国目前域外送达存在的问题，指出问题有两个：一是主权，包括外国邮寄送达等违反我国“主权”的做法等，这是理论或观念层面的问题；二是效率，送达效率和成功率低下。该学者进一步提出，改变现状，提高送达效率，需要观念更新和制度完善，其基本思路是：扩大《海牙送达公约》体制下中国“中央机关”的设置；将现代科技（电子邮件和传真）运用于送达实践；确立法院送达为主，当事人送达为辅的送达机制；立法的统一及其他法律制度的配合；其他具体制度的增改[41]。

十二、公共秩序保留

公共秩序保留是国际私法上的一项重要制度。有学者系统分析了公共政策机制的渊源、意义和特点，援用该机制的场合、标准及步骤，公共政策机制与礼让和确定性的关系，以及外法域法律排除后的法律适用等问题[42]。有学者立足于我国区际冲突法上的公共秩序保留制度，以解决区际冲突的三种方式为线索，依次分析了类推适用国际私法规则、各法域分别制定区际冲突法以及制定全国统一的区际冲突法这三个阶段公共秩序保留制度的适用。该学者提出，我国区际冲突法中既要适用公共秩序保留制度，又要采用多种措施来限制其适用，即“有限适用”。在目前情况下，尤其是台湾尚未与祖国统一，制定全国统一的区际冲突法的条件尚不具备。因此，可行的途径是由各法域在相互协商的基础上制定出本法域自己的区际冲突法，在其中规定公共秩序保留制度，并对该制度适用的条件作出严格的限制[43]。

十三、其他

有学者讨论了我国国际私法法典化问题，认为在国际私法的立法过程中，有必要借鉴先进的立法经验，并把握好一些最为基本、最为重要的问题。其中，析传统与现代理论的发展趋向、坚持保护私人利益原则和实现法律适用的确定性、稳定性和可预测性、协调冲突正义和实质正义等对立价值就是一些核心内容，这最终决定了立法的基本体系和具体内容。国际私法的法典化本身不是目的，它是否最终有利于国际民商事活动的顺利展开，这才是法典化的目的[44]。有学者总结了我国国际法学研究存在的问题，指出存在问题主要集中在：对国际法和国际法学的作用和功能认识不足；国际法学研究中实用主义和功利主义色彩较浓；国际法学研究与国内法学研究脱节；国际法学研究的基础薄弱；国际法学的研究队伍青黄不接。该学者提出，解决这些问题不仅需要整个社会对国际法和国际法学确立正确的认识、提供有利的环境，而且在终极上需要所有国际法学者的共同努力[45]。还有学者对国际商事仲裁的可仲裁事项、国际商事仲裁的司法审查与立法完善、外国仲裁裁决的承认与执行等问题进行了研究。

（作者：余民才，中国人民大学副教授；帅扬、吴菲、王东勇，中国人民大学硕士研究生）

注：

①李毅：《论国际法对国际社会作为整体而应承担的义务》，《求索》，2005年第11期。

②余民才：《国家责任法的性质》，《法学家》，2005年第4期。

③孙萌：《论国家责任制度在联合国组织的适用》，《中国法学》，2005年第1期。

④饶戈平：《国际法律秩序与中国的和平发展》，《外交评论》，2005年第6期。

⑤车丕照：《论条约在我国的适用》，《法学杂志》，2005年第3期。

⑥车丕照：《"问题与主义"中的"问题"——读〈国际经济法学专论〉》，《政法论坛》，2005年第1期。

⑦余劲松：《外资的公平与公正待遇问题研究——由NAFTA的实践产生的几点思考》，《法商研究》，2005年第6期。

⑧马新民：《〈联合国国家及其财产管辖豁免公约〉评介》；江国青：《〈联合国国家及其财产管辖豁免公约〉——一个并不完美的最好结果》，《法学家》，2005年第6期。

⑨邵沙平：《〈联合国国家及其财产管辖豁免公约〉对国际法治和中国法治的影响》，《法学家》，2005年第6期。

⑩曾涛：《中国在国家及其财产豁免问题上的实践及立场》，《社会科学》，2005年第5期。

⑪杨成铭：《受教育权的国家义务研究》，《政法论坛》，2005年第2期。

⑫班文战：《国际人权法在中国人权法制建设中的地位和作用》，《政法论坛》，2005年第3期。

⑬余民才：《中日东海油气争端的国际法分析——兼论解决争端的可能方案》，《法商研究》，2005年第1期。

⑭李毅：《论澳巴海洋边界划分方法之特色及其对中日东海海域划界之借鉴意义》，《东北亚评论》，2005年第3期。

⑮钱文荣：《安南联合国改革报告评析》，《外交评论》，2005年第3期。

⑯秦晓程：《安理会的扩大与〈联合国宪章〉的修改——法律角度的修宪程序分析》，《外交评论》，2005年第3期。

⑰朱立群：《联合国改革前景的分析》，《外交评论》，2005年第3期。

⑱万霞：《冷战后联合国维持和平行动的法律分析》，《外交评论》，2005年第3期。

⑲王秀梅：《从苏丹情势分析国际刑事法院管辖权的补充性原则》，《现代法学》，2005年第6期。

⑳马呈元：《非缔约国对国际刑事法院对本国国民管辖权的规避》，《人民检察》，2005年第17期。

㉑杨宇冠、宋蕊：《〈联合国反腐败公约〉与非法证据排除规则》，《中国法学》，2005年第1期。

㉒蔡颖雯、郑晓龙：《WTO原产地规则协议与反倾销措施》，《政法论坛》，2005年第3期。

㉓张瑞萍：《WTO规则下跨国公司行为规制方式分析》，《现代法学》，2005年第3期。

㉔石静霞、胡荣国：《试从GATS第6条与第16条的关系角度评"美国博彩案"》，《法学》，2005年第8期。

㉕杨明、肖志远：《知识产权与人权：后TRIPS时代的知识产权国际保护》，《法律科学》，2005年第5期。

㉖李寿平：《略论欧洲联盟的环境与贸易政策及其启示》，《法学评论》，2005年第3期。

㉗李寿平：《北美自由贸易协定对环境与贸易问题的协调及其启示》，《现代法学》，2005年第5期。

㉘沈四宝、武长海：《评美欧对我国纺织品设限》，《纺织导报》，2005年第8期。

㉙陈乐天：《应对贸易壁垒的信息机制》，《世界贸易组织动态与研究》，2005年第4期。

㉚薛晗：《WTO争端解决机制的强点及弱点》，《当代经理人》，2005年第16期。

㉛纪文华：《WTO争端解决执行中的"顺序"问题法律解读》，《世界贸易组织动态与研究》，2005年第12期。

㉜赵秀文：《从斯里兰卡BOT项目看ICSID的管辖权》，《法学评论》，2005年第5期。

㉝沈四宝、王秉乾：《北美自由贸易区的经验及对我国的启示》，《法学杂志》，2005年第6期。

㉞沈四宝：《论〈中国—东盟全面经济合作框架协议争端解决机制协议〉》，《上海财经大学学报》，2006年第1期。

㉟杜新丽：《国际私法中法律选择方法的价值探究》，《政法论坛》，2005年第6期。

㊱马灵霞：《最密切联系原则与我国的立法及实践》，《政法论坛》，2005年第1期。

㊲温晓红：《论最密切联系原则及其在我国的运用》，《内蒙古大学学报》（人文·社会科学版），2005年第1期。

㊳冯霞：《论国际民商事诉讼中的协议管辖原则——兼评我国相关立法及立法建议》，《法律适用》，2005年第7期。

㊴宣增益：《国家间判决承认与执行中的管辖权标准比较研究》，《比较法研究》，2005年第3期。

㊵赵秀文：《论选择性争议解决方法及其适用》，《法学杂志》，2005 年第 5 期。

㊶何其生：《我国域外送达机制的困境与选择》，《法学研究》，2005 年第 2 期。

㊷张潇剑：《国际私法上的公共政策机制之剖析》，《法学评论》，2005 年第 4 期。

㊸谢炎村：《论公共秩序保留制度在我国区际冲突法中的适用》，《外交评论》，2005 年第 5 期。

㊹刑钢：《国际私法的法典化进程》，《政法论坛》，2005 年第 3 期。

㊺孙世彦：《中国的国际法学：问题与思考》，《政法论坛》，2005 年第 4 期。

法律史学

曾宪义　叶秋华　赵晓耕　王云霞

2005 年度，北京学者在法律史研究领域表现不俗，不仅发表和出版的论文和专著在数量上超过了往年，而且学者们研究范围更加宽广、研究的内容更具有理论深度、研究视角也趋于多元化，使法律史学科的价值得到了进一步的彰显。

一、学术交流概况

（一）“中国传统法律文化研究”国家重大项目实施研讨会

2005 年 8 月 26—28 日，中国人民大学法律文化研究中心在北京举办了“法律史教学改革与研究暨国家重大项目实施研讨会”，来自全国近 20 所院校的 30 余名专家出席了会议。会议重点讨论了曾宪义教授主持的国家重大攻关项目“中国传统法律文化研究”的写作计划和子课题分工。年末，该项目又以招标的方式被列为“法学重大攻关课题”之一。12 月 30—31 日，该项目的第二次实施研讨会又在北京召开。

（二）全国外国法制史研究会第 18 届年会

2005 年 8 月 21—22 日，全国外国法制史研究会第 18 届年会在青海省西宁市举行。来自全国 40 多所高校、科研机构、出版机构的 120 多位专家学者出席了年会，其中北京学者大约 30 名。与会者围绕“20 世纪外国刑事法律的理论与实践”这一主题，从“20 世纪外国刑事法律发展的特点与趋势”、“英美刑事法律制度”、“欧陆刑事法律制度”、“其他法系或国家的法律制度”四个方面作了广泛深入的探讨。

（三）“中国文化与法治”国际学术研讨会暨中国法律史学会 2005 年学术年会

2005 年 10 月 22—25 日，由中国法律史学会主办、河南大学和中国社会科学院法学研究所承办的“‘中国文化与法治’国际学术研讨会暨中国法律史学会 2005 年学术年会”在河南开封举行。来自中、美、英、日、澳等国家的 140 余名专家学者出席会议，大家围绕着“中国文化与法治”这一主题进行了广泛深入的交流与讨论。

（四）“法律史学科发展”国际学术研讨会

2005 年 11 月 26—27 日，中国政法大学法律史研究中心主办的“法律史学科发展国际学术研讨会”在北京举行。来自中、美、日、韩等国家的法律史学者共 90 余人出席会议。与会学者们就法律史学理论与学科发展史、法律史学方法及与其他相关学科的融合互动、法律史材料的发现拓展与应用、法律史学科领域具体问题的研究几个方面展开阐释与切磋。

二、重要学术著作简介

本年出版了一批具有较高学术水准和比较有代表性的论著，这些论著主要包括国外译著和国内著作两个部分。

1. 国外译著

《汉穆拉比法典》是楔形文字法中流传至今的一部最完整的成文法典，目前可供研究的资料极少，中国政法大学出版社中国近代法学译丛——《汉穆拉比法典》的勘校再版，将对这一古老法典乃至古代西亚地区法制研究具有较大意义①。

《学说汇纂》（第 48 卷）包含了罗马法中刑法的主体内容，涉及罗马法学家们就公诉和若干犯罪如叛逆罪、公共暴力等的学说和解答。作为罗马法民法大全翻译系列的一项成果，它的出版为国内罗马法的教学与研究提供了新的工具和资料②。

优士丁尼《法学阶梯》再版。在第二版中，译者修改了书中某些句式的译法，体现学术的严谨态度与求真精神。此书的再版将继续推动我国罗马法，尤其是罗马私法的教学与研究③。

美国历史学家劳伦·本顿的《法律与殖民文化——世界历史的法律体系（1400－1900）》是一部世

界史著作，同时也是一部法律史著作。作者将制度与文化作为国际秩序的重要因素，围绕殖民地法律政治和殖民地文化竞争与制度演变的关系，以案例研究探寻多元法律秩序的变化——从早期帝国的多元法律向殖民地和殖民地之后的国家法律的变化，力图通过殖民地法律体系研究来构筑“制度的世界史”。本书的翻译出版对审视当今全球法律多元化的深层内涵颇为有益，也为殖民地法律的研究提供了又一路径④。

R. C. 范·卡内冈《欧洲法：过去与未来——两千年来的统一性与多样性》是一部从法律史、比较法的角度阐释欧洲法共同性与差异性的著作。诚如作者所言，该书不对欧洲法律史作概括性考察，而是围绕目前较受关注或期待引起关注的问题加以阐释，从欧洲国家法、共同法及二者之间的关系向我们传递了这样的信息：政治、经济、文化、法律等方面的原因使得欧洲共同法既是历史的也是未来的⑤。

日本法学家望月礼二郎《英美法》（新版）面世。这是一部研习英美法的入门著作。全书共分英美法总论、侵权行为法、契约法三篇。简明扼要地阐述了英美法的基本概念、制度、法源及历史沿革⑥。

英国19世纪经济学家 Walter Bagehot 的“The English Constitution”在国内翻译出版。该书共有两个中文译本，即《英国宪制》⑦与《英国宪法》⑧。不同的译者以各异的翻译方法与风格将这部以非职业法律人⑨的角度著就的关于17、18世纪英国宪制的作品呈现给国内的读者。该书各部分依次发表于19世纪60年代，适逢英国宪制变革的重要时期，具有强烈的时代感和现实性，相信会给国内该领域的研究带来新的启示。

美国法律史教授莫顿·J·霍维茨《美国法的变迁1780－1860》是反映美国内战前私法变迁的经典作品，曾获美国历史著作的最高奖——班克洛夫奖。本书特点主要有二：一是抛开以往研究过多的宪法，将笔触集中于私法相关领域；一是采用微观分析的方法阐释美国私法与19世纪美国经济变革的关系，从而进一步揭示法律、经济和社会的互动关系⑩。

《九百年来德意志及欧洲法学家》属“当代德国法学名著”丛书之一种，是一部了解德国法律史的入门和导论性质的作品。本书以通俗易懂的方式对近九百年来德意志及欧洲各个法学重要时期代表人物的学术生平加以描述，从中可以大致了解德意志法学的发展历程⑪。

2. 国内著作

《西方宏观调控法与市场规制法研究》是教育部人文社会科学研究“十五”规划项目的最终研究成果之一。本书首先具体分析了西方各国因市场经济类型不同而采用明显不同的宏观调控模式，进而以实证的方法对三种市场经济类型中具体国家的宏观调控和市场规制法律制度产生发展进行研究，深入分析了影响西方各国宏观调控和市场规制法的各种因素，并对如何完善我国的宏观调控法和市场规制法提出了一系列建议⑫。

《日耳曼法研究》是近年来我国外国法律史领域研究日耳曼法的一部较为全面系统的论著。该书对日耳曼王国立法史进行了考证，详细介绍和分析日耳曼法的婚姻、家庭、继承、土地、不法行为、纠纷解决等方面的制度，总结日耳曼法的精神所在，并对以往日耳曼法研究的某些观点作辨析和匡正，得出了很多有益的结论，对学界深入探讨日耳曼法有较大启示⑬。

《日本的法律继受与法律文化变迁》是一部研究日本法律文化的作品，三位学者对日本法律继受的历史作了清晰、系统的梳理，简要概括和总结了日本法律文化的形成与变迁。日本受我国传统法律文化、西方法律文化的双重洗礼，是法律继受的典型国家，因而其经验对我国借鉴和吸收外来法律文化有着积极的借鉴意义⑭。

限于篇幅，其他著作恕不一一介绍。

三、中国法律史研究热点问题

（一）关于中国古代法律史的研究

1. 对秦汉魏晋南北朝时期法律史的研究

亲属容隐是中国古代的一项重要法律制度，有学者以睡虎地秦墓竹简中的规定为依据，认为现有材料只能证明亲属容隐制度最早出于汉宣帝地节四年⑮。

张家山汉简《二年律令》和《奏谳书》中保存了不少有关汉初女性犯罪及其处罚的材料。有学者结合文献和简牍材料对以女性为主体的不孝、悍、奸、重婚罪及侵犯女性的犯罪行为进行了考证⑯。

2. 对唐宋元时期法律史的研究

为了保障正常的交通秩序，唐朝政府制定了较为完善的交通法规，有学者对敦煌吐鲁番文书中所见的唐代交通管理法律规定进行了研究，特别指出在新发现的73TAM509号残卷中，记载了唐代对交通肇事罪适用保辜制度的法律程序⑰。

自首作为一项刑事法律制度，在我国历史上源远流长。有学者通过系统分析“阿云之狱”所反映出来的宋代刑法中的自首制度，指出：当代中国有关自首的法律问题，可从对唐宋律的解读中得到启发[18]。有学者探讨了宋代的版权问题，认为宋代出版商的努力反映出基于私人知识财产的版权观念已经产生。出版商的行为并没有导致版权法或知识产权制度的催生，这与当时的集权/极权政治相关[19]。

3. 对明清时期法律史的研究

对清代讼师的研究是这一时期研究的重点。有学者指出在清代息讼传统下，讼师受到各级衙门的严厉规制，但在司法实践中，并未完全收到实效[20]。讼师势力的发展在地方行政资源严重不足以及行政兼理司法的体制下，直接影响其司法功能的实现，致使原有的法律秩序受到巨大冲击。乾嘉时期严治讼师定例，使讼师的所有活动都在严禁之列，对民事诉讼制度的负面影响甚大[21]。有学者以“黄岩诉讼档案”为考察中心探讨了讼师秘本与清代诉状的风格，指出讼师秘本直接促成了夸张及“耸听”式的清代黄岩诉状的风格，而这同衙门对待词讼的态度有密切关系[22]。

另外，还有学者对《清会典》的历次纂修与清朝行政法制进行了研究，指出清朝在确立全国的统治后，先后于五朝修订《会典》，构筑了贯穿二百余年间的完备发达的行政法管理体系，也使传统社会的依法行政达到了新的高度[23]。还有学者以湖北汉川汈汊黄氏的《湖案》为中心，探讨了明清时期区域社会中的民事法秩序[24]。清朝在中国统一多民族国家形成和发展史上占有重要地位，它将边疆民族管理纳入法制化、制度化轨道。有学者对清朝以法治边的情况从三个方面进行探讨，分析了其经验得失[25]。

（二）关于中国近代法律史的研究

对近代法律史的研究成为本年度研究的重点，内容大致集中于司法制度、民事法律制度和刑事法律制度三个方面。

1. 对近代司法制度的研究

许多人将“领事裁判权”等同于“治外法权”，有学者对这两个概念进行了辨析，指出从本质含义上讲两者是不同的，认为最初两者的混淆，乃是出于西方列强攫取在华领事裁判权的需要，借“治外法权”之名，获“领事裁判权”之实[26]。有学者在具体分析晚清杨乃武与小白菜案的基础上，探讨了晚清有关法官责任规定实现的可能性及其对司法官员行为的激励作用与负面导向[27]。有学者集中梳理了清末民初围绕设立行政裁判所引起的长期争议，认为：行政诉讼究竟是以司法权为主还是以行政权为主的问题，是近代中国选择行政法院设计模式的主要思想因素[28]。有学者对民国最高法院关于女子财产继承权的解释例进行了研究，指出对于国民党二大《妇女运动决议案》中“女子有财产继承权”的规定，民国最高法院采取了折中的立场进行限制性解释。为在动荡中达到均衡，于激变中求得稳实之法，法律职能部门应在实践中发挥调整器的作用[29]。

2. 对近代民事法律制度的研究

有学者对近代中国民法法源及其适用原则进行了研究，认为民法法源及其适用原则是清末《大清民律草案》规定的第一个统领民法的基本原则[30]。有学者指出：中国近代民法的演进，是一条从传统的家庭本位走捷径过渡到社会本位的路线，这对于中国近代民法和中国近代社会，均产生了重要影响[31]。有学者认为民国《民律草案》确立了统一的民法价值原则，立法技术和制度内容方面均较清末有较大改进；该草案的立法成就对南京国民政府制定民法典产生了积极影响[32]。有学者以清末民初民商事习惯调查为中心，分析了民商事习惯调查对当时民商事立法和司法的影响，指出在当今中国应该开展全国范围的民事习惯调查[33]。

3. 对近代刑事法律制度的研究

关于清末中国政府修订新刑律，有学者认为是合乎世界范围的刑事立法潮流的。当时中国的刑法在体例方面并不比世界上的所谓“先进国家”落后多少，只是在刑法理念方面，有许多值得引进的东西[34]。有学者撰文阐释了近代刑法及其观念从古代到近代的演变，认为古代社会的刑罚强调报复的对等，封建的刑罚强调的是君王的威吓，宗教的刑罚强调的是主观罪恶的救赎，当资本主义兴起之后，刑罚强调人道主义原则[35]。

4. 对近代其他法律史的研究

有学者对梁启超思想中的“变”与“不变”作了研究，指出梁启超宪政思想之“变”与“不变”，为我们今天的宪政建设提供了宝贵启示[36]。有学者阐述了一百多年来中国法学与法治的发展过程与时代特征，指出：法学与法治互补互动；法学兴则法治兴，法治明则法学荣[37]。

（三）关于法律通史的研究

人们往往习惯于以西方私有制与所有权这对命题定义中国古代的土地权利状态，有学者认为这是值得怀疑的，并进一步指出此对命题的“中国式运用”对现代中国法治进程的可能影响[38]。

有学者对中国古代民事法律调整的独到之处进行了研究，指出：民法的间接渊源是理解中国固有民法的关键，从广义的法律渊源多元的角度研究问题，不但可以发现中国古代固有民法的实在体系，而且能够概括出其特有的调整模式[39]。

东方人的法典情结由来已久，有学者以唐律情结的由来及近代以降日、韩两国在制定民法典过程中形成的民法典情结为参照背景，针对当今中国民法典制定过程中出现的相近问题展开分析，认为民事立法的根本目的在于造就出一种民事法律秩序，而非追求法典自身的完美[40]。

有学者探讨了中国古代监察法的历史价值，认为：中国古代的监察制度对于古代政治权力的运行发挥了重要作用。中国古代监察法在形成与发展的过程中，积累了丰富的经验；但是由于缺乏与民主制度上的关联，无法培育出西方近代社会用法律约束权力的法治观念[41]。

（四）关于法律文化的研究

本年度关于这一主题集中表现为对中华法系特质的研究。

有学者通过对“法”之概念的阐述，论证了“古代法”与“传统法”的区别，认为传统法是古代法与现代法之间的桥梁，是流动并仍在不断变化着的。在现实中应自觉地把握传统法对现实和未来的影响，以便有意识地“激活”传统法中的有益因素，使法律更完美地体现优秀的民族精神[42]。

中国古代固有的国情，造就了中华法系的一系列特点，有学者概括为：农本主义的法律体系；皇权至上的法制模式；儒家学说的深刻影响；法与道德相互支撑；家族法的重要地位；法、理、情三者的统一；多民族的法律意识和法律成果的融合；重教化、慎刑罚的人文关怀等[43]。该学者还认为：中国古代的法律表现出浓厚的人本主义色彩[44]。

有学者撰文认为中华法文化的基本特征是：礼和法的相互渗透与结合、以宗法家族为本位的伦理法、自然和谐与天人合一的思想、人本主义、综合性和包容性、民族性和世界性，等等。我们应该认真地总结、客观评价，从中吸取当前法制建设所需要的可资借鉴的历史资源[45]。

四、外国法律史研究热点问题

2005年度外国法制史学研究的热点问题和学术创新主要集中在以下几个方面：

（一）关于日耳曼法的研究

在日耳曼法研究方面，本年取得了一些突破性成果。

有的学者对日耳曼的杀人立法专门作研究，包括对各日耳曼王国各种杀人的形态与杀害的对象以及对罪犯的惩罚进行描述和分析，并对日耳曼刑法的客观责任原则提出质疑和匡正，以典型法典中的相应条款说明日耳曼刑事法律中有考虑行为人的主观意图[46]。

有的学者则关注日耳曼法中杀人凶犯向被害人亲属支付的赔偿金，并将其界定为“赔命价”。并对“赔命价”存在的历史背景及其对中世纪西欧法制和社会生活的影响作了综合的考察[47]。

研究日耳曼法的重要文本是日耳曼国家编纂的蛮族法典，《撒里克法典》则是其中典型性的代表。有的学者就《撒里克法典》的编纂时间、特征和历史地位等问题作了探讨，不仅列举了中外学者对这些问题的争论，而且提出不少新的见解，如从《撒里克法典》具体内容上看，比早期其他日耳曼法典（除盎格鲁—撒克逊法典外）更少受罗马法影响和基督教影响等[48]。

（二）关于英国法的研究

英国法独特的历史总是吸引着研究者的目光，牵动着研究者的思想，本年英国法的研究可谓成果丰硕。

1. 对英国宪政的研究

有的学者从认识论角度对英国宪政的生成基础和发展历程的主流政治哲学及法哲学的独特性理念进行分析挖掘和理性探讨，认为英国协商式民主宪政的历史演进和构成机制模式体现相应的哲学理念，其认识论基础是交往理性和实践哲学，并强调这种认识论具有多维性和民主性[49]。

2. 对英国法与教会法的研究

有的学者试图从对分析中世纪英国法与教会法的关系中寻找英国法发生的基本模式，通过对英国王权主导地位的探讨以及对教会法整合法律传统的论述，认为由于英国王权的强大，使得英国法的形成与发展沿着特殊路径前进，即以王权与教权的合作与对抗为主线，对同样处在发展过程中的教会法及其所整合的既有法律传统进行了选择性的吸收[50]。

（三）关于非洲法的研究

非洲法的研究在我国起步较晚，但近年来发展较快，取得不少令人欣喜的成果。继去年对非洲法的研究有所突破之后，本年的研究则在此基础上更为深入。

有的学者从非洲国家国内法与国际法关系的实践角度描述了不同殖民历史的国家在国际法在国内法院适用方法的不同，指出如何对待和解决国际法和国内法关系是摆在致力于宪政改革的非洲国家面前的重要问题[51]。

（四）关于中世纪城市法与商法的研究

中世纪的城市法是西方近代法律制度的重要来源，在西方法制史上具有重要地位。本年在此方面的研究得到了进一步拓展。

有的学者通过考察西方中世纪中晚期城市、社团及其城市法律制度，认为西欧城市共同体的兴起打破了中世纪西欧社会封建社会结构，为西方社会早期市民阶级的兴起和新社会形成奠定基础，是历史上早期宪政观念产生的最为关键的因素㉘。

综上所述，2005年北京地区法律史研究保持了稳中有升的态势，学科发展呈现出百花齐放、争奇斗艳的繁荣景象。国家、社会的快速发展，给法学研究提出了更多的问题和更高的要求，也给法律史学的发展带来更加广阔的空间和更多的机遇。回顾过去，展望未来，法律史学研究将朝着进一步拓宽研究领域、更新研究方法、丰富研究视角、明确研究目的的目标昂首行进。

（作者均为中国人民大学教授）

注：

①［英］爱德华兹著，沈大铥译，曾尔恕勘校：《汉穆拉比法典》，中国政法大学，2005年版。

②薛军译，［意］纪尉民、［意］阿尔多·贝特鲁奇校，《学说汇纂》（第48卷），中国政法大学出版社，2005年版。

③［古罗马］优士丁尼著，徐国栋译：《法学阶梯》（第2版），中国政法大学出版社，2005年版。

④［美］劳伦·本顿著，吕亚萍、周威译：《法律与殖民文化——世界历史的法律体系（1400—1900）》，清华大学出版社，2005年版。

⑤R. C. 范·卡内冈著，史大晓译：《欧洲法：过去与未来——两千年来的统一性与多样性》，清华大学出版社，2005年版。

⑥［日］望月礼二郎著，郭建、王仲涛译：《英美法》（新版），商务印书馆，2005年版。

⑦［英］沃尔特·白哲特著、保罗·史密斯编，李国庆译：《英国宪制》，北京大学出版社，2005年版。

⑧［英］沃尔特·白芝浩著，夏彦才译：《英国宪法》，商务印书馆，2005年版。

⑨Walter Bagehot虽获法律执业资格，但从未职业，更多从事有关经济方面的编辑、撰稿工作以及对政治时事的评论。

⑩［美］莫顿·J. 霍维茨著，谢鸿飞译：《美国法的变迁1780—1860》，中国政法大学出版社，2005年版。注：该书于2004年作为《美国法律文库》的一种由中国政法大学出版社出版，2005年又编入《当代法学名著译丛》出版。

⑪［德］格尔德·克莱因海尔、扬·施罗德主编，许兰译：《九百年来德意志及欧洲法学家》，法律出版社，2005年版。

⑫叶秋华、宋凯利、郝刚著：《西方宏观调控法与市场规制法研究》，中国人民大学出版社，2005年版。

⑬李秀清著：《日耳曼法研究》，商务印书馆，2005年版。

⑭华夏、赵立新、［日］真田芳宪著：《日本的法律继受与法律文化变迁》，中国政法大学出版社，2005年版。

⑮宋大琦：《亲属容隐制度非出秦律说》，《内蒙古大学学报》（人文社科版），2005年第6期。

⑯贾丽英：《汉代有关女性犯罪问题论考——读张家山汉简札记》，《河北法学》，2005年第11期。

⑰郑显文：《敦煌吐鲁番文书中所见的唐代交通管理的法律规定》，《西南师范大学学报》（人文社科版），2005年第6期。

⑱苗苗、赵晓耕：《从“阿云之狱”看宋代刑法中的自首制度》，《河南省政法管理干部学院学报》，2005年第3期。

⑲邓建鹏：《宋代的版权问题——兼评郑成思与安守廉之争》，《环球法律评论》，2005年第1期。

⑳邓建鹏：《清代讼师的官方规制》，《法商研究》，2005年第3期。

㉑林乾：《讼师对法秩序的冲击与清朝严治讼师立法》，《清史研究》，2005年第3期。

㉒邓建鹏：《讼师秘本与清代诉状的风格——以“黄岩诉讼档案”为考察中心》，《浙江社会科学》，2005年第4期。

㉓林乾：《〈清会典〉的历次纂修与清朝行政法制》，《西南师范大学学报》，2005年第3期。

㉔张小也：《明清时期区域社会中的民事法秩序——以湖北汉川汈汊黄氏的〈湖案〉为中心》，《中国社会科学》，2005年第6期。

㉕林乾：《清朝以法治边的经验得失》，《中国边疆史地研究》，2005年第9期。

㉖赵晓耕：《试析治外法权与领事裁判权》，《郑州大学学报》，2005年第5期。

㉗郑定、杨昂：《不可能的任务：晚清冤狱之渊薮——以杨乃武小白菜案初审官刘锡彤为中心的分析》，《法学家》，2005年第2期。

㉘李启成：《清末民初关于设立行政裁判所的争议》，《现代法学》，2005年第5期。

㉙赵晓耕、马晓莉：《于激变中求稳实之法——民国最高法院关于女子财产继承权的解释例研究》，《山西大学学报》，2005年第3期。

㉚韩冰：《近代中国民法法源及其适用原则简论》，《华东政法学院学报》，2005年第5期。

㉛朱勇：《私法原则与中国民法近代化》，《法学研究》，2005年第6期。

㉜张生：《民国〈民律草案〉评析》，《江西社会科学》，2005年第8期。

㉝郑定、春杨：《民事习惯及其法律意义——以中国近代民商事习惯调查为中心》，《南京大学法律评论》，2006年春季号。

㉞王宏治：《清末修刑律的再认识》，《比较法研究》，2005年第4期。

㉟徐爱国：《论近代刑法和刑法观念的形成》，《环球法律评论》，2005年第4期

㊱吴爱萍文、郑定荐：《论梁启超的"变"与"不变"——梁启超宪政思想再评说》，《江西社会科学》，2005年第7期。

㊲张晋藩：《综论百年法学与法治中国》，《中国法学》，2005年第5期。

㊳邓建鹏：《私有制与所有权？古代中国土地权利状态的法理分析》，《中外法学》，2005年第2期。

㊴李显冬：《中国古代民事法律调整的独到之处》，《晋阳学刊》，2005年第5期

㊵苏亦工：《得形忘意：从唐律情结到民法典情结》，《中国社会科学》，2005年第1期。

㊶张晋藩：《中国古代监察法的历史价值——中华法系的一个视角》，《政法论坛》，2005年第6期。

㊷曾宪义、马小红：《试论古代法与传统法的关系——兼析中西法传统在近现代演变中的差异》，《中国法学》，2005年第4期。

㊸张晋藩：《中华法系特点再议》，《江西社会科学》，2005年第8期。

㊹张晋藩：《人本主义——中华法系特点之一》，《河北法学》，2005年第9期。

㊺张晋藩：《综论独树一帜的中华法文化》，《法商研究》，2005年第1期。

㊻李秀清：《日耳曼杀人行为的立法分析》，参见《日耳曼法研究》第322—339页，第369—377页。

㊼叶秋华、高仰光：《论日耳曼法中的赔命价制度》，全国外国法制史第十八届年会交流论文。

㊽李秀清：《〈撒里克法典〉若干问题之探析》，《比较法研究》，2005年第1期。

㊾张彩凤：《对话法哲学：现代宪政的认识论基础——对英国宪政哲学的一种思考》，《中国人民公安大学学报》，2005年第2期。

㊿高仰光：《中世纪英国法发展的教会法背景》，《山西大学学报》（哲社版），2005年第3期。

51朱伟东：《国际法与非洲国家国内法的关系》，《西亚非洲》，2005年第5期。

52德全英：《城市、社团和法律——从中世纪城市兴起看西方近代宪政制度》，《环球法律评论》，2005年第3期。

政　治　学

政　治　学

王乐理　赵　波

2005年度，北京学者在政治学研究领域继续努力探索，不仅有相当数量的研究成果问世，而且研究视野更加开阔，研究内容更加具有理论深度。除了关注国内政治发展以外，本年度政治学者在对基本政治学理论梳理的基础上，力图寻找崭新视角拓展研究领域。不同学科间的交叉研究仍旧是本年度政治学研究的特征。

一、政治学理论

（一）政治文化

有学者认为，政治信仰在社会的政治系统中隶

属于政治文化，不同的政治文化会孕育和形成不同的政治信仰。政治信仰是意识形态的主导成分之一，是意识形态中的“集体无意识”，它通过这种“集体无意识”表现出对社会的强大的凝聚、控制、导向和感召功能。“三个代表”重要思想是党的现实的政治活动的指导思想，同时也是一种政治理想和政治信仰。学习贯彻“三个代表”重要思想，只有上升到政治信仰的高度，才能在实践中加深理解、自觉贯彻、身体力行①。

另有学者从文化和伦理视角对政治体制、公共行政重新加以审视，提出了民主、服务、社会公平等价值理念，并要求通过培育政治人、行政人，通过唤醒人的道德的一面，来改善公共服务②。

结社是民主政治的重要内容之一，是宪法赋予公民的一项基本权利。有学者认为，公民行使好这项权利不仅需要在政治生活中实践与锻炼，而且需要文化的创新和价值观念、思维方式的转变③。

（二）新制度主义

有学者认为，以制度为中心的新制度主义兼具整体主义和个体主义特征，从而为整合政治学提供了可能，并且是通向新古典主义政治学的桥梁④。制度化并不必然是一个好的目标，它既不简单地等同于法治化，也不意味着现代化⑤。

这位学者通过对中国政治关系变迁的宏观考察和微观的动态分析，重新理解决定我国现代化命运的关键性历史时刻和重大事件。从而验证了国家竞争力的制度基础——一个国家的竞争力取决于该国制度安排的市场化程度⑥。

有学者主张恢复古典政治科学的视野和意向，重新以政体为研究对象，同时利用理论社会科学（新古典和奥地利经济学）已经取得的成果，以帮助人们进行制度选择⑦。

（三）政治决策

有学者认为我国公共政策制定程序中还存在着任意性、非透明性以及公民参与的不平衡和公民参与文化的不足等问题。因此，必须完善公共决策的法制化和规范化，增强公民意识和公民精神⑧。

还有学者从合作主义视角出发，以日本审议会机制为基础，针对我国社会利益日益分化的背景，对我国建立与完善政策咨询体系提出建议：重构政策咨询体系，引入利益协调职能；加强利益协调机制的制度化建设；推动社会团体的利益集团化；监管利益协调活动的公正性等建议⑨。

有学者考察了18世纪中国的经济发展与政府政策，认为20世纪与18世纪的政府政策具有延续性，如此破除了传统与现代的二元对立，提出“活着的传统”的思路⑩。

（四）政治发展

有学者认为，威权政体一词的使用丰富了国家政治史研究的视野和内涵，使对国家政体形式的认识和定位更加具体和准确。威权政体是介于民主政体和独裁政体之间的、各国在民主制度建立以前经常采取的一种过渡形式，其内涵是通过强制性的政治整合维持秩序和稳定，以达到发展经济、促进社会进步的目的⑪。

有学者指出，墨西哥国家行动党始终没有制定一个关于政党制度改革的长期计划，对党的结构和党内生活实行的渐进式改革呈即时性特点⑫。

有学者认为，美国与伊斯兰世界间导致关系紧张的原因很多。“文明冲突”的因素的确存在，但主要应归因于美国的相关政策。不同价值观并非水火不容，关键是避免将自己的价值观强加于人。现在还不能说不同文明之间已经全面发生冲突，但是迫切需要进行文明间的对话⑬。

二、政治哲学

（一）正义观

有学者认为世界正义乃是当前世界的一个重大而迫切的理论问题。康德的世界公民主义是现代一切世界正义理论的思想源泉和经典样式，而罗尔斯的万民法则是当代最有影响的世界正义学说⑭。

另有学者围绕政治的价值选择，认为现代政治制度以分配政治权力的形式要素为归依，政治组织也以落实民主价值和制度规范为载体，而政治主体则更以体现民主的价值取向⑮。

有学者认为，罗尔斯的理性主义是贯穿于他的原则、方法和对待现实的态度上的基本立场。罗尔斯前后期理论体系的转变同样反映在理性主义基本特征的改变上。事实上，罗尔斯早期思想的理性主义有跟其晚期思想中的理性主义并不一致的特点，不可混为一谈⑯。还有学者认为，罗尔斯的政治正义的主题是权利优先于权力，政治正义的限度是制度有效性的条件依赖，现代政治哲学的基本主题从政治正义延伸到社会和谐⑰。

（二）自由主义与社群主义

有学者认为，自由主义论证离不开理性，否则或失去其本质或沦为偶然，因为自由主义本为探求政治理性之学。不过，自由主义并非建构理性政治的唯一通途，肯定还存在着建立理性政治的其他通路需要我们去摸索⑱。还有学者致力于对自由主义的一些基本问题的思考：对一些经典社会契约思想的探究；对正义、平等与公正的理解；对政治辩护复杂性的思索；等等[19]。

另有学者指出，社群主义从整体的角度出发，提倡社群优先于个人，公共利益优先与正义，对当代自由主义的个人至上价值观、相对正义观、中立国家观提出了尖锐的批判[20]。然而，在充满利益纷争的当代资本主义社会，德性社群带有很大的虚幻性。社群主义只不过是由于不满自由主义而引发的理论憧憬。它不是替代而是对自由主义片面性的补充[21]。

三、当代中国政府与政治

（一）政治文明

有学者认为，政治文明建设的重要内容是正确处理党和人民的关系。从主体角度看，高度发达的社会主义政治文明需要党内民主、公民意识、主体间合理的信息接受与反馈机制等条件[22]。

有学者认为，政治文明建设不能仅仅停留于政府、行政层面的制度或机构等的重组及改革上，而应同时关注全体社会成员，特别是普通公民的政治意识程度和实际参与状况[23]。

还有学者认为，社会主义政治文明是人类整个文明和世界历史发展的产物，它不可能脱离人类整个文明和世界历史发展进程而发展和进步[24]。有学者认为，中国政治文明建设必须坚持社会主义方向；从中国国情出发，坚持和改善党的领导[25]。

（二）政治体制改革

有学者考察了政府创新的定义、类型、动力、目标、原则、方法等；接着结合国际和国内的实践，介绍政府创新的最新理论；并且结合实例，简述对政府创新的科学评估[26]。

有学者指出，我国政府改革应该避免三大误区：低效率重复的误区，政府改革孤军深入的误区，解决政府管理问题单一行政思维的误区。在实现政府改革历史性跨越和战略性突破的过程中，必须高度重视制度设计和整体设计、真正树立法制在政府改革中的权威、改进政府公共政策制定系统、防止政府旧体制的复归、跳出行政层面的单一思维[27]。

有学者指出，当前中国政府应当考虑的策略包括意识形态策略、制度策略、经济体策略、文化策略、组织策略、社会结构策略、教育策略、生活策略、政治策略、社会保障策略10个方面[28]。

另有学者认为，在既有政治体制的背景下，党、国家与社会三者之间的关系必须加以通盘的考虑，而党政关系和国家—社会关系的联结是考察这一问题的一个具体进路[29]。

还有学者认为，我国政务公开进程中表现出一系列的思想障碍，建立政府信息共享机制面临着诸多挑战和风险，解决这些问题需要与政治文明建设和政治体制改革配套进行[30]。

（三）宪政

有学者认为，如何把法律人的法律上升为政治家的法律，或者说如何处理民法与政治法的关系，是当前我们国家宪法政治所要解决的一个重要问题[31]。

还有学者认为，中国宪法逐渐由文本融入社会现实，成为民众生活模式的一部分。因此需探讨宪法解释的必要性和可能性。宪法解释学有助于理解中国立宪政治的民情、生成对于宪法的信心乃至信仰，推动中国宪政的程序理性建设[32]。

有学者考察了西方一些主要的政治和法律理论，并结合现实分析探讨了中国法律发展的可能方向。他指出，中国的政治和法律实践当在人民利益至上的价值主导下，在法律层面围绕人权和公民权利，加强政治和法律制度建设；在伦理层面承接传统道德精神，重新确立道德主体，寻求道德与权利、制度、实践的结合之道[33]。

有学者指出，在宪政取代专制政体已成为现代国家治理形式和价值目标的情况下，开展比较宪政研究，探索其结构与动力、实践与经验是推动宪政化进程不可或缺的手段，也是进一步肃清专制主义流毒，加强政治文明建设的理性选择[34]。

有学者以哈耶克思想为中心，同时致力于瓦解中国古典的自由主义思想与制度资源，试图融合中西思想和制度，探究一个具有广泛解释力的宪政主义体系[35]。

有学者从政治学和宪法学角度，采取了一种内在的、宪政的解释，侧重分析欧洲宪法的框架、原则和制度设计方案，从而概括出某些对于中国立宪可能具有启发意义的立宪技术[36]。

有学者认为，当前中国城市房屋拆迁问题的根源，在于现行拆迁制度本身有悖于宪政基本原理。城市房屋拆迁乃是一种典型的国家征收。我国现行拆迁制度存在的问题是不符合公共目的、正当程序和公正补偿的要求[37]。

（四）执政党建设

有学者指出，以邓小平为代表的中国共产党人，把合法性基础由以意识形态为中心转移到以经济绩效为中心上来，成功地实现了合法性的第一次转型。当前，创新执政合法性，实现执政合法性的第二次转型是我们党面临的重要任务[38]。

有学者认为，不断提高汲取社会资源的能力和不断提高自身合法化的能力是执政能力建设的重要内容[39]。还有学者认为，中国共产党的执政能力建设应该在政府能力提升之中得到实现。当前，提升政府能力的根本途径是服务型政府建设[40]。

还有学者通过分析列宁的“政治遗嘱”来论述党的组织建设。列宁在遗嘱中对当时中央主要领导人的优缺点进行了评述，提出改革和完善监察机构的思想。这都为党的组织建设提供了良好的借鉴[41]。

另有学者指出，中国共产党“依法治国”的基本方略和“科学执政、民主执政、依法执政”的总体要求，是中国共产党准确把握自己所处的历史和现实方位而作出的科学决策[42]。

（五）社会治理

有学者认为，当代西方国家政府所推行的社会治理是西方国家在现存政治制度的基本框架内，在政府部分职能和公共服务输出市场化以后所采取的公共管理方式，也是公众表达利益和参与社会管理的重要途径与方法。它反映了社会管理寻求社会公平与民主价值的发展取向，贯穿了公共责任的管理理念。其目的是为了维护现有的基本社会秩序、提高公共服务质量、改善公共责任机制。西方社会治理理念的提出以及实践对我国的政府管理具有较大的借鉴意义。它有助于转换我国政府管理的理念，树立社会管理的服务性、法治化、公共性和责任性的观念[43]。

还有学者认为，全球治理体系规则与一定价值取向的社会公共观念、文化、价值观具有一致性，而后者往往是前者获得合法性的基础；全球治理与社会公众之间是一种良性互动过程，它既包括前者通过满足后者的公共利益或公共需求而获得自愿认同、服从和支持的一面，还包括前者通过政治社会化途径使后者获得治权参与治理的另一面；全球治理体系体现着社会生活的内在正义与秩序，而社会生活的内在正义体现为民主、自由、平等、保护社会权利和控制公共权威的权力等方面，这意味着承认全球治理的必然性；全球治理的模式也应该使不断进化发展的自生自发的政治秩序逻辑选择而非认为设计的结果[44]。

四、中外政治制度史与政治思想史

（一）中国方面

有学者将中华民族争取独立、解放和实现富强、民主、文明现代化的历史紧密结合起来，分析了不同时期政治发展的特点，以期对当前的社会改革有所借鉴[45]。

有学者认为，不应以儒家等级的观念定性儒家政治上的进步与保守。儒家赞同的等级观念包含着大量人类文明信息，不但不保守，而且非常先进，对今天的政治生活仍有一定参考价值[46]。还有学者认为，对于中国人而言，儒家文化是在现代性的背景下寻求文化认同的重要基准[47]。

有学者站在学术思想史的角度提出：严复建立了一种新的天演论道德观，突破了中国传统伦理思想的框架，这对于中国近现代伦理思想的历史性变迁具有奠基性作用[48]。还有学者认为，严复是第一位认识到政治和文化双重危机的人物。他初步提出更新中国文化的思路，启动了中国其后百余年间中国文化现代化的思潮[49]。

有学者认为，中国近代民权观呈现出以下特征：工具主义、理想主义、集体主义[50]。另有学者认为，中国传统社会特殊的体制结构决定了政治权力的中心和主导地位。这在中国古代不仅造成了市场的扭曲，还带来了根深蒂固的权力崇拜，给近代以来的中国现代化进程带来了严重的负面影响[51]。

有学者从文本源流、关键词语与观念、政治社会与影响方面，对中国近代思想史上占有重要地位的严复翻译的《社会通诠》进行了较为系统的分析。他认为严译中的“国家”、“民族”等观念，融入了中国文化的成分，这部译著出版后，对晚清民初的立宪、革命和新文化运动诸潮流均有重要影响。这不仅为研究严译名著尝试了新的学术路径，而且对于研究近代以来中西文化交流史具有一定的借鉴意义[52]。

有学者认为，萧公权的学术思想融会中西学术精华，在系统考察其学术成果的基础上，深入挖掘其问题意识，探讨其学术思想的特征与意义[53]。

（二）外国方面

有学者认为，英国的地方自治制度促进了英国资产阶级民主政治，成为资产阶级民主宪政的基础和国家政治制度的范式。英国的地方自治精神和模式深深地影响了欧美国家，并成为欧美和东方日本国家仿效的、基本的地方政治制度形式[54]。

还有学者指出，共识政治是战后英国政党政治史的一个显著特点。第三次科技革命的兴起是共识政治产生的根本原因。凯恩斯主义和第二次世界大战是共识政治的产生的理论基础和推动力。英国议会民主的宪政体制则是战后共识政治产生的制度保障[55]。

有学者认为，中国与欧洲国家的政治制度不同，但是在全球化和信息化时代，各国政党都面临着共同的经济、政治、社会和国际问题的严峻挑战，对这些国家的政党政治以及执政经验进行科学研究，有助于完善我国政党政治[56]。

有学者参与编写建国后国内第一部多卷本的西方政治思想史。这部著作的时限为古希腊、罗马到20世纪90年代中期，其中吸纳了大量经典原著及有代表性专家的重要思想和观点。整体风格凝练朴实，寓评于介。许多分析与评价突破了多年沿袭的成就[57]。

五、比较政治学

有学者研究了比较政治经济学与国际政治经济学的区别，深化了对比较政治经济学的理解[58]。还有学者通过比较研究再次验证了制度变迁的历史逻辑：经济增长取决于以产权为核心的制度安排，而产权的背后是政治制度[59]。

在制度变迁理论方面，有学者认为以突破性文明为特征的西方文明体系，无法形成超强干预，追逐利益自然成为制度变迁的基点。以中国为代表的东方文明体系，权力是文明体系的核心和制度变迁的基点，政权理性化程度相应成为制度变迁的动力[60]。

还有学者认为，对中西方执政党执政方式进行比较，从中找出有益的东西，为我所用，是加强党的执政能力建设的重要途径。我们不能全盘照搬西方政党体制和执政党执政模式。但是作为政党，其活动、发展乃至执政亦有共同的规律。我们要主动研究并遵循这种规律以加强执政党建设[61]。

六、研究方法

有学者认为，历史研究的对照方法在某些个案研究中会有拓宽视野和思路的作用，宏观的历史比较研究可以是超越时间和空间局限的社会科学研究[62]。有学者对现实主义、自由主义和建构主义等西方国际关系理论评介，应用这些理论对具体的国际关系进行研究[63]。

还有学者提出，政治合理性问题的研究有两者基本的范式，一是应然思辨的范式：即从“正义”、“自由”等普遍应然价值出发，在一般普适的意义上思辨地推演为什么需要政治和国家的问题；二是实然历史的范式：即依据人类社会的政治发展历史，揭示人类历史上政治和国家出现的条件和规律。但是两种范式并非绝无关联而全然对立的，应然研究有其实然历史的基础与背景，实然研究也离不开价值目标和规范指导[64]。

有学者进行跨学科研究，认为法政治学是法学和政治学的边缘学科，对于认识法律与政治之间的关系，对于解决现实重大的政治法律问题，都具有重要的理论意义与实践意义[65]。

另有学者以解释人类学的近经验/远经验并置的讨论方法指出，以“误读”法律为外貌的互动过程，体现出深入人心的价值和信念决定着人们读解和选择使用法律规范[66]。有学者认为，积极借鉴法团主义理论研究，为从宏观层次、中观层次、微观层次和方法层次上稳妥推进政治转型提供了全新视角[67]。

七、学术会议

2005年4月8日至9日，由中国人民大学欧洲问题研究中心和国际关系学院共同主办的“比较区域一体化：欧洲的经验与东亚的现实国际学术研讨会”在北京举行。学者从政治学、经济学、法学、历史学等学科视角，就欧洲一体化的成就与现状、东亚区域合作的现实与前景、欧盟与东盟区域一体化模式比较研究等问题进行了富有成果的研讨[68]。

2005年6月18日至19日，北京大学政府管理学院、北京大学政治发展与政府管理研究所，联合举办了“服务型政府与和谐社会”学术研讨会。本次研讨会的主题涵盖了“服务型政府的概念和含义”、“服务型政府建设的目标和途径”、“和谐社会的概念和内涵”、“构筑和谐社会的政策选择”、“服务型政府与和谐社会的内在关系”等研究领域[69]。

由中国外交部和欧盟委员会共同举办的“中欧人权对话研讨会·表达自由”和“中欧人权对话研讨会·死刑”两个会议，2005年6月20－21日在北京举行。主要从自我发展的需要和域外文化的影响两个方面讨论了中国言论和表达自由的动力[70]。

（作者：王乐理，中国人民大学教授；
赵波，中国人民大学博士研究生；
本文经中国人民大学李景治教授审阅）

注：

①井中雪：《论政治信仰》，《山西师大学报》，2005年第5期。

②张康之、王晓云：《在两场学术运动巧遇的背后——论政治文化研究与新公共行政运动的内在联系》，《吉林大学社会科学学报》，2005年第1期。

③王建芹：《论结社生活方式及其文化内涵》，《理论与改革》，2005年第1期。

④杨光斌：《政治学：从古典主义到新古典主义》，《教学与研究》，2005年第9期。

⑤杨光斌：《制度化权利的制度成本》，《天津社会科学》，2005年第1期。

⑥杨光斌：《制度的形式与国家的兴衰——比较政治发展的理论与经验研究》，北京大学出版社，2005年10月。

⑦刘海波：《政体初论》，北京大学出版社，2005 年 1 月。

⑧周晓丽、马晓东：《公民参与：公共政策合法性的路径选择》，《理论探讨》，2005 年第 4 期。

⑨薛澜、彭志国：《论合作主义视角下政策咨询机制构建与完善》，《科学学研究》，2005 年第 5 期。

⑩高王凌：《活着的传统——十八世纪中国的经济发展与政府政策》，北京大学出版社，2005 年 8 月。

⑪冯秀文：《世界政治史研究中的威权主义及其历史定位——以拉丁美洲为例》，《世界历史》，2005 年第 2 期。

⑫刘维广：《墨西哥国家行动党的渐进式改革以及党政关系的非传统模式》，《拉丁美洲研究》，2005 年第 2 期。

⑬安维华：《美国—伊斯兰世界关系与“文明的冲突”》，《西亚非洲》，2005 年第 1 期。

⑭韩水法：《权利的公共性与世界正义——世界公民主义与万民法的比较研究》，《中国社会科学》，2005 年第 1 期。

⑮戴木才：《政治的价值基础及其维度》，《哲学动态》，2005 年第 8 期。

⑯程广云：《从理想原则到现实关怀——罗尔斯理性主义解析》，《哲学动态》，2005 年第 5 期。

⑰万俊人：《从政治正义到社会和谐——以罗尔斯为中心的当代政治哲学反思》，《哲学动态》，2005 年第 6 期。

⑱张桂琳：《自由主义：基于理性的政治学说》，《中国政法大学学报》，2005 年第 2 期。

⑲徐向东：《自由主义、社会契约与政治辩护》，北京大学出版社，2005 年 6 月。

⑳何霜梅：《20 世纪 90 年代以来社群主义研究述评》，《教学与研究》，2005 年第 1 期。

㉑何霜梅、胡军：《试论社群主义对新自由主义的批判》，《中共中央党校学报》，2005 年第 1 期。

㉒李晓东、范海洲：《从主体的角度谈政治文明建设》，《求实》，2005 年第 8 期。

㉓李萍：《公民道德的养成与政治文明建设》，《河南师范大学学报》，2005 年第 1 期。

㉔赵英臣、陶正付：《当代资本主义新变化与我国政治文明建设》，《齐鲁学刊》，2005 年第 3 期。

㉕李良栋：《中国政治文明建设》，中国水利水电出版社，2005 年 1 月。

㉖俞可平：《政府创新的理论与实践》，浙江人民出版社，2005 年 12 月。

㉗汪玉凯：《政府改革如何避免三大误区》，《瞭望新闻周刊》，2005 年第 30 期。

㉘张康之：《当前中国政府应当考虑的十项策略》，《中山大学学报》，2005 年第 5 期。

㉙景跃进：《党、国家与社会：三者维度的关系——从基层实践看中国政治的特点》，《华中师范大学学报》，2005 年第 2 期。

㉚薛宝生：《试论政府的信息职能》，《理论探讨》，2005 年第 2 期。

㉛高全喜：《“宪法政治”理论的时代课题——关于中国现代法治主义理论的另一个视角》，《中国政法大学学报》，2005 年第 2 期。

㉜范亚峰：《宪法解释的可能性》，《中国政法大学学报》，2005 年第 3 期。

㉝胡水君：《法律的政治分析》，北京大学出版社，2005 年版。

㉞白钢、林广华：《宪政通论》，社会科学文献出版社，2005 年 5 月。

㉟秋风：《立宪的技艺》，北京大学出版社，2005 年 1 月。

㊱冯兴元：《立宪的意涵》，北京大学出版社，2005 年 3 月。

㊲沈开举、杨俊峰：《我国城市房屋拆迁问题的宪政思考》，《郑州大学学报》，2005 年第 2 期。

㊳卫金桂、郑曙村：《转型期中国共产党执政合法性的重塑》，《齐鲁学刊》，2005 年第 1 期。

㊴梁道刚：《从执政党与社会关系的角度看执政能力》，《理论与改革》，2005 年第 1 期。

㊵张康之、程倩：《在服务型政府建构中提高党的执政能力》，《理论学刊》，2005 年第 7 期。

㊶冯来兴、刘礼忠：《论列宁的“政治遗嘱”中执政党的组织建设思想》，《河南大学学报》，2005 年第 1 期。

㊷戴木才、李占会：《中国共产党执政制度伦理初探》，《道德与文明》，2005 年第 3 期。

㊸孙晓莉：《西方国家政府社会治理的理念及其启示》，《社会科学研究》，2005 年第 2 期。

㊹蔡拓、吴娟：《试析全球治理的合法性》，《教学与研究》，2005 年第 4 期。

㊺关海庭：《中国近现代政治发展史》，北京大学出版社，2005 年 8 月。

㊻方尔加：《论先秦儒家“礼”观念的层次及其意义》，《齐鲁学刊》，2005 年第 4 期。

㊼干春松：《一以贯之和生生不息：儒家的构成和发展》，《东岳论丛》，2005 年第 1 期。

㊽田薇、胡伟希：《略论严复的天演论道德观及其对中国传统伦理思想的突破》，《教学与研究》，2005年第7期。

㊾朱志敏：《严复与中国文化现代化》，《教学与研究》，2005年第2期。

㊿韩英军：《对中国近代民权含义与特性的几点认识》，《教学与研究》，2005年第7期。

51杨阳：《中国传统社会权力主导资源分配现象剖析》，《政法论坛》，2005年第2期。

52王宪明：《语言、翻译与政治》，北京大学出版社，2005年5月。

53张允起：《宪政、理性与历史：萧公权的学术与思想》，北京大学出版社，2005年10月。

54白贵一：《论地方自治与宪政——兼论英国地方地方自治影响及价值》，《理论与改革》，2005年第4期。

55刘杰：《战后英国共识政治的成因》，《史学月刊》，2005年第2期。

56顾俊礼：《欧洲政党执政经验研究》，经济管理出版社，2005年6月。

57徐大同：《西方政治思想史》（第1—5卷），天津人民出版社，2005年3月。

58朱天飙：《国际政治经济与比较政治经济学》，《世界经济与政治》，2005年第3期。

59杨光斌：《政治的形式与现代化的成败——历史上几个前现代化国家的经验比较》，《中国人民大学学报》，2005年第5期。

60刘为民：《制度变迁的比较分析》，《烟台大学学报》，2005年第1期。

61李景治：《中西执政党执政方式比较及其启示》，《中国人民大学学报》，2005年第5期。

62彭小瑜：《中西历史比较研究是否可行——由刑罚的宽免说到“专制主义中央集权”的可疑》，《史学月刊》，2005年第1期。

63秦亚青：《权力·制度·文化：关键关系理论与方法研究文集》，北京大学出版社，2005年7月。

64周少来：《政治合理性研究的两种范式比较》，《探索》，2005年第1期。

65卓泽渊：《法政治学》，法律出版社，2005年3月。

66朱晓阳：《“误读”法律与秩序建成：国有企业改制的案例研究》，《社会科学战线》，2005年第3期。

67刘为民：《法团主义与中国政治转型的新视角》，《理论与改革》，2005年第4期。

68任晶晶、张晓敏：《“比较区域一体化：欧洲的经验与东亚的现实国际学术研讨会”综述》，《教学与研究》，2005年第7期。

69佟福玲、杨宏山：《从管制型政府走向服务型政府：“服务型政府与和谐社会”学术研讨会综述》，《中国行政管理》，2005年第10期。

70陈力丹：《中国、欧盟学者共同探讨表达自由的法律与实践——“中欧人权对话研讨会·表达自由”会议综述》，《国际新闻界》，2005年第4期。

社　会　学

社　会　学

郑杭生　奂平清

2005年度北京地区社会学研究中，理论社会学研究受到较多的关注和探索，社会结构变迁、社会分层和流动研究以及和谐社会研究是本年度的研究热点，另外，社会心态研究、社会保障与社会政策、组织社会学、农村社会学研究等方面，都取得了较多的研究成果。总体而言，无论是理论研究还是应用研究，研究的学科规范意识和前沿意识有了更进一步的提高，研究水平有很大的提高，在重要学术刊物发表的成果明显增多，对国家的各类社会政策也产生了更大的影响。

一、社会学理论、方法和学科发展研究

在理论社会学方面，有学者分析了现代性的目

标及其走势对社会学研究的学理框架的根本性影响。认为现代性两大基本目标（人类解放和人的自由，以及人为规划的社会工程）之间出现了失衡，人类对人为工程的兴趣逐渐超过了对自我解放的追求，社会工程的实施压倒了人的自由和全面发展的需要，与现代性人为倾向的趋强相一致，人将理想未来建立在与自然相抗争的基础上。这种旧式现代性理念的支配，必然导致人与自然、个人与社会关系的失谐和危机①。

有学者以富有世界眼光的分析认为，儒教文化影响所产生的文化内聚力和整合力，使东亚形成了与欧美现代化极为不同的发展模式，东亚的兴起本身可以看作是对西方旧式现代性的有力挑战。中、日、韩三国作为东亚地区的核心，在经济发展模式、政治威权机制、文化传统和价值观以及社会生活方式等方面都有着某种共性。从“社会互构论”的眼界和理路，可将中、日、韩三国为核心的东亚视为“区域性互构共生体系”或称“东亚互构共生域”。差异性和面临的共性问题，是三国互构共生的基础，将促进它们新型现代性的实践和在经济、政治、文化领域更广泛而深入的合作②。

也有人认为，社会学并非仅以现代社会为其研究对象和立足基础，现代性也不是社会学存在的唯一根据。因为人类社会的后现代转型而产生了后现代社会学，而且前现代社会在历史和现实中仍然存在，所以，社会学也有面对或植根前现代社会的研究方法和理论形态。费孝通先生提出的扩展社会学传统界限的主张，突破了对社会学单一研究方式和理论模式的认识，为中国社会学在新世纪的发展拓宽了视野③。另外，如果仅从现代性的理性计算和逻辑推论的角度去研究人们的选择行为，这是片面的。感性意识在人们的选择行为中具有基础性地位，经验行动中的感性意识以其具体性和形象性的特点，支配了人们的感性选择行为④。

关于社会转型研究对社会学的意义，有人认为，社会转型发生在人类社会“走向现代”的总体历史进程之中，以现代性作为研究视角，将特定时空范域中的社会转型过程置入到世界性的总体进程和格局中来观察和思考，可以更为充分地显现转型过程所具有的一般性和普遍性特征与本土性和个性特征，从而会深化对于转型社会的特定现象和问题的具体研究与解释⑤。有人认为，中国等社会主义国家的转型过程和实践为发展社会学提出了一系列新的议题，包括如何看待不同国家和地区的发展道路，如何看待发展和转型过程中国家与社会的关系，如何看待发展过程中社会不平等问题等，对这些问题的研究将有助于发展社会学的生长，有助于形成现代化理论、发展理论、转型理论三足鼎立的发展理论新格局⑥。

在社会研究方法方面，有人分析认为，来自于西方的社会学缺乏中国学术传统中的人文关怀，中国学术传统的认识论强调天理与人性的统一。因此，要解决费孝通所说社会学发展的跛足问题，就要突出社会学的社会性、历史性，进而凸现社会学的人文关怀，需要在方法论上把一个社会的历史与现实放在认识问题的框架中，并将研究的意义指向对现实问题的解决，这才是使社会学进入“永恒世界”的正确方向⑦。

有人从意义关联的角度讨论社会科学出野工作中的深度访谈法，认为访谈既应当以“悬置”社会科学知识体系的态度进入现场，同时又要随时保持反省；访谈的过程应以日常生活及生活史的结构为结构，以发现、追究问题，最后再讨论个案的普遍性意义。这样，访谈就不仅仅是单纯搜集资料的过程，而是研究的一个环节⑧。

有人对社会资本的测量方法研究进作了综述和总结，认为社会资本的层次可分为“个体/微观”和“集体/宏观”两种。有关网络结构的研究主要关注的是作为“私人物品”而非“公共物品”的社会资本，在测量个体社会资本时，研究者多使用社会网络分析法，对个人网络中蕴涵的资源进行测量；而在测量集体社会资本时，主要集中于信任、社会参与、社会联结和规范等方面。两种测量的指标有相当大的差别，这种差别正反映了社会理论中微观层面与宏观层面之间存在的鸿沟。而社会网络分析正可以起到连通这两种不同层次社会资本测量的作用⑨。

关于社会学学科的发展问题，有学者对新时期中国社会学的发展做了回顾与反思，认为改革开放以来中国社会学发展的体制条件和政策环境得到极大改善，社会学的学科地位获得提升，学科的体制化建设也有了重大成就，但仍需在宏观环境、理论滞后、学者的主体意识等方面进行反思，以利于中国社会学的长期发展⑩。有人认为，当前社会学在构建社会主义和谐社会中有着重要作用，社会学应当发扬深入实际调查研究的优良传统，运用社会学特有的记述功能，把中国近20年的社会大变迁记录下来，通过调查和分析当前中国社会结构的各个方面，提出化解和谐社会构建中各种问题的对策建议，要加强学科建设，培养和壮大队伍，逐渐建立起中国的社会学派[11]。

二、社会结构变迁、社会分层与流动研究

社会结构变迁、社会分层与流动研究仍是本年度研究的一个重点和热点，研究成果也较为丰硕。

（一）社会阶层结构的总体状况和变迁趋势研究

有人用国际社会经济地位指数的方法分析“五普”数据，发现中国当前贫富分化比较明显，社会是倒丁字形的社会结构，其主要成因是城乡分隔。丁字形结构造成了持续的“社会结构紧张”，社会群体之间需求差异太大，社会交换难以进行。几乎所有的社会问题，都可以从丁字形结构和结构紧张上得到解释。中国社会要想最终从“紧张”走入“宽松”，需要丁字形社会结构的根本转变[12]。现阶段中国社会阶层、社会群体利益分化和多元化更为明显，其基本的趋势是从过去的巨型、整体群体，分化为多元利益群体。而社会利益的碎片化有助于减小社会震动、实现社会稳定[13]。

有人认为，当代中国阶层关系表现出一些新特点：协调阶层关系就是在阶层合作前提下探寻阶层利益对立的协调路径；调整利益关系是协调阶层关系的基本方式；阶层关系仍然属于人民内部矛盾，但解决方式是政府要依法有效保护各个阶层的权益；当代中国阶层关系尚在形成过程中，阶层冲突具有探索对方底线并动态调整的特点[14]。

有学者认为，在中国再分配体制下利益冲突的主体最终是国家，协调机制是国家再分配，基本组织化形式是“单位体制”。而在向市场经济转型的过程中，利益冲突的主体已经转变为市场关系中的相关交易主体，协调机制转变为“契约”式的交易性关系，组织化的基础转变为组织起来的利益群体，国家成为“第三方”。在制度转型的背景下，重建协调利益矛盾与冲突的社会结构，是中国制度转型和未来发展所面临的挑战[15]。

有人通过对相关社会调查的比较研究发现，人们职业评价和未来择业取向的变化以及实际的流动状况揭示出中国社会结构深层的变动趋势：首先，精英阶层的分化以及进入精英阶层渠道的增加开始引发中国社会关系的根本改变和社会结构的重组；第二，市场取向日益增强；第三，价值观的改变引发了中国人整体人格提升的开始。中国已由单方面经济体制变迁时期进入了一个经济、社会、文化价值观全方位整体变迁的时期[16]。

（二）城市社会分层研究

有人分析了中国城市居民收入分配现状，认为整体意义上城市居民的收入差距明显，贫富分化的格局初现。当前城市居民的收入分配差距不仅体现为不同行业（部门）之间，而且更表现为管理层与被管理层之间。由于部分职工“非岗位收入”的不断增加，造成城市居民之间实际的收入分配差距更大。因此采取切实的政策措施对城市居民的收入分配结构加以调整是必要的[17]。由于城市居民收入差距扩大、通货膨胀加剧，以及社会保障体制不完善的影响，一些城市居民生活水平下降或者感受到了严重的相对剥夺。城市居民贫困问题继中国农村贫困问题之后，开始成为公众关注的焦点[18]。

有研究者利用 2003 年度全国综合调查（GSS）数据对中国城镇社会阶层的分化和阶层间关系的分析表明，在资源与机会、社会交往、社会评价、阶层认同和职业流动上，阶层间的分化日益明显。一个和谐的社会并非不存在社会矛盾，而是要能够整合不同阶层的利益、控制阶层矛盾和冲突的社会。通过分析中国城镇社会中客观阶层位置在有关社会领域中的后果和影响可以发现，在居住、交往和认同维度上，特别是在客观分层结构的两端，阶层化构成了主要的趋势，在生活方式维度上阶层化的趋势则比较模糊[19]。

有人分析了中国城市在改革以来造成收入分化加剧的制度性因素。在计划经济时期形成的集团类别（如地域、行业、所有制类型和工作单位），组成了改革以来促成收入分化快速增长和新的社会分层模式的制度性基础。收入分化的加剧主要是因为集团间收入差异的快速上升，到 1990 年代中期，大约全部收入差距中的 50% 是由集团性因素引起的[20]。

（三）农村社会分化和分层研究

有人对我国现阶段农村居民的社会分化作了分析，认为农村居民已经发生了很大的社会分化，但由于种种因素的制约，分化表现出不彻底性等特点。当前分化的主要趋势和问题包括农村居民收入差距将进一步拉大、分化与阶层边界固定化并存、各阶层间矛盾冲突增多和分化中不公正性严重等方面。应通过以下途径促进农村社会整合：建立公正、合理、开放的社会流动机制和社会阶层结构，以城市化拓展农村居民的生存、发展空间，将发展教育作为促进农村社会整合的策略，保障社会分化过程中出现的农村弱势群体[21]。

有人对农村阶层关系的新变化做了分析，认为当前农村阶层矛盾出现一些新特点，如阶层关系简化、资源保护意识增强、集体行动的意识和力量对于村内占用资源和城市占用农村资源的要求有强烈的排斥感和集体行动能力。而村民自治的制度设计对解决这一阶段的矛盾不是十分有力和有效。要构建社会主义和谐社会，要提高执政能力，就要对这些新变化增强敏感性，要从制度供给和社会结构制度两个方面同时加以关注[22]。

（四）中间阶层研究

中间阶层研究是社会分层研究中争论最多的一个方面。

关于中产阶层的界定问题，有人认为国外界定中的中产阶层，是从财富、权利和声望三个指标来衡量的，包含生存状态和精神状态，更多的是从精神状态和生活方式去判断，中产阶层受过良好教育、有很好的社会地位、职业，以及优越感。有人认为，中产阶层是一个职业化的概念，在中国，中产阶层包括两部分人，第一部分是有产的，如中小私营企业主，国营工商户等，第二部分人就是知识分子，白领阶层[23]。

有人认为，“新中间阶层”与工业化、市场化、城市化及科层制等结构性因素紧密相关。中国新中间阶层已经出现，但尚处雏形期，弱小且不稳定，而且受中国社会现阶段的双轨运行机制的影响较大[24]。就功能而言，新中间阶层之所以能在贫富分化的社会利益矛盾中具有缓冲功能和安全阀作用，主要是由其获取社会再分配资源的地位机制所显示的公正性所决定的。“新中间阶层”的产生及发展，使得社会利益结构中贫富对立的“阶级对抗关系”转变为一种具有普遍分享社会发展成果和竞争机会的“阶级竞争关系”[25]。也有学者从理论发展的历史深入评述和分析了中产阶级的理论来源、性质，西方国家中产阶级的现状、如何看待中国的中产阶级（层）等问题[26]。

（五）阶层意识与阶级冲突研究

有人对当前中国职业声望的研究发现，决定人们声望地位的主要因素是教育、收入、权利、就业单位性质，以及是否从事受歧视职业；主导声望地位评价的标准是工业化社会的普遍主义价值。但同时，相互冲突的多元评价标准仍有可能存在[27]。

有人认为，在如何认识和分析社会主义建设时期的社会矛盾，存在阶级斗争分析法、物质利益分析法和社会意识分析法三种路径，历史和当前的社会实践证明，社会意识分析法是当前较为适合的方法。研究者通过社会冲突与阶级意识分析了当代中国社会矛盾的发生机制及其趋势等问题[28]。

有人利用调查数据分析了中国当前省会城市的阶级阶层冲突意识。结论认为：收入并不低但在参照群体中将自己认同在最下层的人更易于生发不满；真正位于社会底层的人们有生发物质性冲突的可能，但这种冲突并不直接指向社会的合法性和合理性；中间阶层作为社会的“稳定器”是有条件的；客观阶级并不必然形成阶级意识，因此也形成不了大规模的阶级对抗；收入分配和财产占有方式的不公正是当前社会稳定的最大威胁。因此，我们既要关注社会下层物质利益的获取，也要整合社会的价值观念，改革不合理的制度规范，约束强势阶级的越轨行为，在制度上构建与科学发展观相一致的、和谐的阶级阶层关系[29]。

（六）社会分层中的不公正等问题及其发生机制

有人认为，由于中国社会合法化增长滞后，跟不上社会变迁，使得当前中国社会阶层关系变迁中伴随着大量的非平衡问题，如由于新阶层的产生而导致的社会结构性不平衡；游戏规则的变化带来的不平衡；目标与手段之间的不一致性；以及主观认识和客观地位的错位导致的社会紧张等[30]。

有分析分为，社会的各利益主体之间存在着多重博弈关系，在中国地方层面特定的经济—政治制度空间下，多重博弈导致了只有让部分弱势群体牺牲，才能实现整体利益和弱势群体利益的格局。然而，弱势群体的特殊牺牲则可能反过来使整体利益和强势阶层利益受损，因此，只有制度层面的改革才能摆脱这种困境[31]。

有学者认为，中国社会公正的具体状况总体而言不容乐观，如果不进行强力度的调整并使之有所改善，将会呈现出一种不断加重、持续恶化的情形，会严重妨碍中国社会的安全运行和健康发展[32]。为了保证社会分层结构的公正，必须进行相应的宏观层面上的制度安排和政策制定。社会公正的基本规则应当包括相互开放和平等进入、各个阶层得到有所差别的并且是恰如其分的回报，以及互惠互利这三项重要的内容。在现实中，存在着对公正规则不利的因素，如精英社会的误区，较高位置阶层之间边界的模糊，水平分化与垂直分化之间的不平衡，以及阶层内个体人完整性的损害等[33]。

有学者对改革过程中出现的社会不平等及其社会背景机制做了分析，认为长期争论的公平和效率的关系，实际上是与具体的情境相联系的。改革开放之初，收入不平等促进了资本形成，促进了经济发展，并通过劳动收入的增加等形式在一定程度上实现了公平。但自20世纪90年代中期之后，悬殊的社会不平等开始阻碍与耐用消费品时代相适应的消费模式的形成，并主要通过对市场需求的影响而对经济增长起到了抑制作用[34]。关于中国是否出现了库兹涅茨曲线尚存在很大的争议，有人验证中国20多年来贫富差距演变的“U”形轨迹，认为之所以出现“U”形，是因为改革初期出现了一个“改革的平等化”效应，缩小了贫富差距；在上个世纪80年代中期“U”形拐点出现，在市场和权力的双重作用下，贫富差距急剧拉大[35]。

有分析认为，改革以来中国社会有两个方向的分化：个体性因素引起的分化与集团性因素引起的分化，两种分化同时发展。阶层分化反映的是市场力量，集团性的分化则是各种非市场力量，如权力、制度性要素、社会网络关系等作用的结果，这可能会导致社会结构的集团性碎片，形成所谓蜂窝状结构。学术界讨论较多的是阶层分化，但要真正把握中国社会结构的实际演变过程，就要深入探讨另一种分化——集团性分化以及两种分化的关系，特别要讨论权力和制度等各种各样的区隔性要素如何对社会的分化过程和结构化过程产生影响[36]。

三、和谐社会研究

和谐社会研究仍然是2005年度社会学研究的一个前沿热点话题，这既是中国社会发展实践的需要在学术上的反映，也是中国社会学日益走向政策语言和促进社会发展实践的重要表现。

有学者分析了社会结构与社会和谐之间的关系，认为社会和谐是当代中国在从旧式现代性转向新型现代性的过程中凸显出来、迫切需要解决的时代性课题。社会结构与社会和谐具有密切的关系，一方面，构建合理的社会结构可以促进和谐社会的建立，社会和谐源于社会结构，特别是社会阶层结构的协调和整合；另一方面，社会更加和谐目标的实现，又会进一步促进合理的社会结构的形成，二者良性循环[37]。和谐社会，和科学发展观一样，其本质就是双赢互利，就是说在和谐社会中，自然、经济、社会各方面都能双赢互补。公共性与和谐社会是不可分割的内在统一的，构建和谐社会是中国共产党作为执政党对世界潮流的深入把握，对一些前沿伦理问题的自觉践行。另外，和谐社会也离不开社会建设[38]。

关于和谐社会的实现途径，是讨论的一个重要问题。有人认为，和谐社会不是没有利益矛盾与冲突的社会，而是能够有效地协调与整合利益冲突的社会。中国社会的改革与发展已经塑造了不同于以往的利益矛盾与冲突，利益主体和形成机制发生了极大的变革。建立自下而上的、重新组织化的、通过谈判和契约方式、由国家作为最后协调者的机制和体制，将有助于在新形势下构建更有效地协调与整合利益冲突的和谐社会[39]。一个好的制度表现为它能够容纳矛盾与冲突，有很强的解决冲突与纠纷的能力。当前我国面临的问题是能否建立一个好的市场经济，即要建立一套与市场相配套的利益均衡机制，没有这样的机制是当前我国利益格局失衡的重要原因。和谐就是利益表达的规范化和制度化，现在必须要处理好利益均衡机制与经济增长的关系[40]。总之，要实现构建社会主义和谐社会这个战略性任务，从社会结构理论来说，就是要培育形成一个合理的、开放的现代社会阶层结构，形成构建社会主义和谐社会的坚实的基础，也是我们今后要特别加以重视并做好的任务[41]。

除了正式制度的建设，还应该探讨非正式制度及其在和谐社会建设中的作用。有人认为，社会资本在构建社会主义和谐社会中起着不可或缺的作用，网络社会资本可以为“善治”的形成与公民行为的规范提供一个平台，信任社会资本可以促进人们的团结友爱与社会的平稳运行，规范社会资本则可以为社会成员的各得其所与社会的安定有序奠定基础[42]。

四、社会心态研究

与我国改革开放过程中的深刻转型相一致，我国社会心理也发生了巨大而深刻的变化，尤其是20世纪90年代至今，社会心理变化的主要趋势与特征表现为：价值观取向从注重理想向强调实际的方向发展，从注重义务向强调权利的方向演变，从注重集体向强调个体的方向转化；社会心态从封闭化走向开放化，从情感化走向理性化，从单一化走向多样化[43]。

有人认为，当前中国正处于经济社会迅速变化的关键发展阶段，一些深层利益矛盾开始显现，应特别注重加强对社会心态的研究。当前的社会心态变化也出现一些值得注意的特点：社会心态变化与客观发展形势不一致；社会心态变化的从众性；利益的变化曲线和心理预期是影响人们社会心态的重要因素；价值矛盾驱动的新型社会冲突[44]。

有人分析认为，收入差距本身并不是导致社会不公平感的重要根源，权力对收入分配的干预以及权钱交易和官员腐败等现象才是社会不公平感产生的主要根源。人们可以接受因个人才智和技能的不同而导致的收入差异，但不能接受因权力作用而导致的收入差异。因此，减少腐败现象，抑制权力对收入分配的过多干预，是减缓社会不公平感、提高社会和谐程度的有效途径。改善中下层社会成员的社会经济状况，也有助于减少社会不满情绪，促进社会和谐与整合[45]。

2004年底中国社会科学院发布的《2005年社会蓝皮书》中“2004年中国居民生活质量报告”的调查结果显示：近八成居民感到生活幸福，农村居民幸福感强于城镇居民[46]。这一结果引起很大的社会争论。反对者认为农民的负担那么重，生活质量又不如城市，怎么可能比城里人幸福呢？要是幸福的话，也是低层次的幸福。有人对调查的样本有怀疑，认为调查过于笼统。也有人认为，幸福和幸福感不是同一个概念，对于幸福的感受因人而异。从总体上来看，因为政策环境改善和自身的努力，农民生活条件有了改善，他们感觉到了幸福，幸福来自走出贫困的成就感[47]。但是，人们之所以对“农村居民幸福感首次超过城镇居民”的调查结果发出质疑，主要是出于当前中国社会公正状况的考虑，离开社会公正，离开农民的平等国民待遇，孤立地讨论农民的“幸福感”是没有实际意义的，其结果只能是掩盖对问题的认识、延缓问题的解决和加剧矛盾的激化。

五、社会保障、社会政策研究

有学者认为，社会政策作为支持弱势群体、解决社会问题、促进社会公正的制度化模式，在帮助党和政府构建和谐社会的进程中发挥着独特的作用。我国目前的社会政策存在着从属性、不完整性、不平衡性、不稳定性以及低效性的特点，从建设和谐社会的需要出发，应当加快我国社会政策体系的改革。就我国农村社会保障而言，改革步伐不大，制度化程度还不高，家庭保障仍是农村社会保障的基本模式，保障功能差且比较脆弱。改革以来农村社会保障制度建设的偏差主要表现在对土地的保障功能估计过高，对农村社会保障制度建设缺乏明确的目标定位和稳定的推进措施，政府本该履行的角色不到位等[48]。

关于失业人员的社会保障问题，有人以沈阳和长春两市的经验研究为基础，从制度与实践关系的角度探讨失业社会保障问题。在对失业者社会保障需求的复杂性、异质性、动态性特征进行了系统分析的基础上，提出实施“面向下一代”的发展战略，将就业机会更多地提供给青年一代等一些政策建议[49]。有研究者利用调查数据和访谈资料分析了下岗失业人员对基本养老保险的制度参与状况和模式，发现在影响下岗工人缴纳养老保险金的因素中，制度因素最显著，个体因素次之，而收入因素的作用相对来说不是很明显。下岗失业人员养老保险参保率低主要是由制度障碍造成的，是否参保并不是出于一般的经济理性算计，而是一种“生存理性”下的选择行为，这体现出他们面对不利的机会结构时社会行为的耐受性、适应性和策略性[50]。

有研究认为，社会保险制度与多样化的所有制一起对职业位置的层级分化有一定的影响，这种影响对不同类别的劳动力的作用方向是不同的。现行的社会保险制度没能发挥对市场竞争中的最差结果予以修正的作用，因此，我们需要对社会政策与公民权利的关系予以更多关注[51]。

有人讨论了城市贫困的制度“思维”问题，分析了贫困是如何被制度这样一套象征体系所“思考”、定义、记忆和遗忘，以及进行制度再生产甚至将贫困“制度化”，从而导致社会的集体不和谐[52]。

有人对我国从1999年确立的城市低保制度的研究表明，这一制度虽然取得了很大效果，但受各种因素影响，制度实践也出现了一些延伸效果：如“低保对象”的标签效应，低保对象的制度依赖，低保要求从悲情倾诉转向权利诉求，获取稀缺资源的机会主义行为，制度实施的刚性约束与地方政府的变通运作，制度执行成本的合法化与自我扩张等。因此，应对实践中的低保制度加以重构，以回应制度实践中出现的各种延伸效果[53]。

有人认为，中国社会保障改革近20年来取得了很大成就，其走向与世界趋势大体吻合，由过去国家承担一切责任的“高福利”制度转向重新强调个人责任，“社会统筹与个人账户相结合”成为中国社会保险的基本模式。现在，加强从资产社会政策的视角考察中国社会保障制度改革，是我们面临的一个新课题[54]。也有人以资产为本的社会政策为理论框架，通过案例探讨不同关系组合对弱势群体社会资本重建的意义，认为“高整合—高链接”的自组织是弱势群体缓解自我排斥、促进社会融合的有效方法，也是弱势群体人力资本和社会资本积累的基本途径，而自组织发挥作用也需要实施一套公正的社会政策予以保证[55]。

关于社会工作的社会功能问题，有研究者认为，社会工作可以围绕改变贫困者个人开展助人活动，也可以围绕改变贫困者周围的社会环境开展助人活动。中国的城市贫困问题主要是社会结构变迁造成的，所以社会工作在城市反贫困中以推动社会政策制度改变为主；社会工作也强调贫困者的自立，致力于提升贫困者能力[56]。有人通过分析社会工作服务对象的层次和发展趋势，分析了我国社会工作空间的拓展问题。认为在我国二元社会结构和社会保障缺失的状况下，混合福利模式是切合中国实际的，它也为中国社会工作的深入展开提供了有力支持[57]。

六、组织社会学研究

有人对组织合法性做了分析，认为组织合法性在组织理性和组织生存与发展的因果链条中处于中间环节，组织理性通过影响组织合法性来影响组织的生存和发展状态。组织理性与个人理性的一致性是组织内部合法性的源头，组织理性与社会理性的一致性是组织外部合法性的源头[58]。

有人认为，研究组织和制度变迁的社会过程应以社会变迁，而非制度类型学作为基本范式。制度创新与变迁首先是保护带的调整，以保证制度内核处于相对稳定的状态，从而制度在渐进状态下逐步实现变迁的社会过程。嵌入性、路径依赖、意识形态及其连带的价值体系等方面，都是组织和制度变迁的重要影响因素。以变迁为统摄的中国组织和制度创新与变迁的社会过程，必须在制度与其文化、组织系统与其环境之间的多重关系内加以考察[59]。

关于技术与组织之间的关系，有技术建构论和组织建构论两种理论模型之争，有人认为，这两种模型均忽视了技术的实践性，因而没有获得技术与组织关系的机制。通过对传统制造企业引入信息技术过程的研究，发现技术与组织之间是相互建构的，信息技术的应用是否成功既取决于技术本身的可互构性，也取决于组织结构的可互构性[60]。

对于非营利组织也有较多的研究。有人用科尔曼的信任理论分析中国的政府与非营利组织的信任关系，发现由于政府在某种程度上对非营利组织的依赖和对其信任之间的矛盾，政府通过建立某种社会结构、创立严格的进人制度、惩罚和奖励机制，来监督和约束非营利组织的运行。这种维持信任的机制，提高了信任概率，非营利组织在短期内得以迅速成长[61]。

有研究者通过考察国家对多种社会组织的实际控制，提出了“分类控制体系”的解释：政府为了自身利益，根据社会组织的挑战能力和提供的公共物品，对不同的社会组织采取不同的控制策略。这是一套国家利用“非政府方式”在新的经济环境中对社会实行全面控制、为社会提供公物品的新体制。分类控制体系是一种新的国家与社会关系的“理想类型”[62]。

有分析认为，专业性社团已成为中国公民社会的重要组成部分，但由于国家的卷入，专业性社团的自主性尚未得到充分发展，主要原因是在法团主义特征的社团监管体系下，绝大多数专业性社团是以自上而下的方式形成的，享有垄断地位。为了继续维持其垄断性地位，专业性社团大多不积极寻求社团自主性的强化。国家与专业性团体的这种法团主义式关系，并不像许多人认为的那样是一种过渡性形态，因此，国家与社会相互增权的新理念和新模式能否得到发展还是问题[63]。

有人对业主委员会和物业公司这种城市中的新生事物的实际运作做了研究，以此透视国家与社会的关系，认为物业运作是由国家和社会二元力量共同决定的具有市民社会性质的新公共空间。物业运作过程中表现出国家权力过度化与社会权利不足之间的张力，这种情况在很多新领域中都存在着，它经常使新制度与新规则浮于形式而不能真正地发挥作用，从而影响改革进程和效果[64]。

有人以社会运动的相关理论来研究中国城市的业主维权运动，将宏观的利益集团社会政治视角与中微观的维权运动动员机制结合起来，考察影响业主维权运动的主要因素，分析了业主维权运动产生的原因及动员机制。业主维权运动兴起的深层原因，是一个具有分利性质且居强势地位的房地产商利益集团已经形成，使开发商和物业公司敢于普遍地侵害广大业主的合法权益[65]。

对乡镇企业改制问题也有一些深入的分析。有人通过对苏南和温州乡镇企业不同的改制方式的比较，分析了改制背后的政治因素，认为虽然财政约束、监管约束和信息约束可以部分地解释两地改制方式的差异，但最根本的原因在于两地权力关系（即政治约束）不同，人民与政府之间、经济精英与政治精英之间不同的权力关系解释了谁可以参与、谁被排除在外，谁的利益得到考虑、谁的利益可以牺牲。乡镇企业改制所揭示的问题，对当下国有企业的改革有着借鉴意义[66]。

也有分析认为，20世纪90年代中期以来乡镇集体企业改制的某些经验事实表明，社区集体产权主要不是一种市场合约性产权，而是一种社会合约性产权，既不是某种有意识设计的制度，也不是社会关系的自然表达，而是特定行动关系协调的产物，反映的是一种社会和谐秩序。在市场合约不完备的情况下，它有可能以非正式的方式比较好地处理和解决社区内部的合作问题和产权冲突，具有界定和维护社区产权秩序的作用；但在制度环境发生剧变时，这种作用就十分有限。因此，在依靠行政力量推动改制时，如果仅以制度设计来取代这种社会合约规则，而不能充分考虑到后者的延续或替代问题，将会给社区的持续发展带来严重影响[67]。

七、农村社会学研究

农村社会学方面也取得了较多的研究成果，对推进中国乡村社会的转型及其出路有了进一步的认识。

关于中国乡村社会的性质问题，有人分析了日本学者基于20世纪40年代初期的“中国农村惯行调查”资料展开的论战，论战中大多数学者认为中国村落是以完成特定功能为目的的结社，村落由于阶层分化和宗族组织而缺少凝聚力，村干部并非村民利益的代表，缺少绝对权威。村民之间的互助是最低限度的经过合理计算的交换行为，村落仅仅是维持生活所必需的“生活共同体”。因此，当前中国农村在推进向以功能组织为主导的村落类型转变的过程中，亟须加强村落的共同体性质，强化村民对村落的认同感，促进村落社会的整合与稳定[68]。

有人对中国农村社会发展的总体状况作了评估，认为当前农民总体上从各项政策中获得了较大的实惠，农村社会发展存在的问题主要是公共体系薄弱和城乡、地区发展差距拉大问题。产生这些问题有客观的生产力水平偏低的原因，主观原因包括不合理的体制、投资和财政政策。解决问题的途径主要是纠正“剪刀差”，加大对农村公共体系建设的投入[69]。

在乡村秩序和乡村政治研究方面，有人认为，当代中国农村的变迁过程就是“类单位制”的建立与解体过程，农村的社会秩序正面临着重建的问题。在重建的过程中，由于缺乏民主理念和民主意识，村民自治制度的实施举步维艰。开展村落社区建设，为我们提供了解决问题的一个新的途径，优秀的传统文化在构建和谐农村社会的进程中，有其积极的现实意义[70]。有人研究发现，国家与农民对于村干部选举和村庄的公共事务有着不同的目标和考虑，在此背后实际上是“国家政治”和“村庄政治”的区分。农民对村庄政治关注的直接结果是使农民的日常交往行动带有很强的工具理性色彩，从而使村庄政治与农民的日常生活交融，出现“日常生活政治化”的现象。正是因为村庄政治的存在，农村妇女才可以像男村民一样，通过日常交往去参与村庄的公共事务并得到村落社区的承认和肯定[71]。有研究者利用苏南某村的实地调查资料对20世纪90年代中后期以来村庄公共权威的边界、结构和领域进行了考察，发现在改制之后的苏南农村，以集体经济为基础的村庄公共权威经历了以“私营化”为表征的蜕变，公共权威的“私营化”过程又体现为权力分散、精英分化、责任收缩的过程，而蜕变后的新的村庄公共权威的形成及其经营策略，不仅受到中国农村经济体制改革（特别是私有化过程）的影响，而且受制于干部的选拔培养等既有社会政治制度[72]。

关于乡村社会中的产权问题也有很好的研究。例如，有人以四川省中部一个村庄的实地研究为例，通过对存在于乡村社会中的集体产权的分析，认为社会学视角下的产权关系并非像经济学者们所认为的那样，是划分明确且一经形成便相对稳定的关系结构，相反，它是个体行为者与其所处的社会环境不断互动的过程。正因如此，社会学视角下的财产权利关系结构表现为一个动态的均衡过程[73]。有人根据农民与村委会关于煤矿的权属，以及利益分配纠纷的个案，说明在人们的财产观念中，出现了将公共投入和私人投入作出区分的取向，由于区分的原则尚未明确，纠纷解决采取了双重承认的办法：既承认个人投资、也承认公共服务和管理作为财产身份的合法性来源，将权利声称和利益分配分开处理，并可以根据不同乃至相悖的原则进行。在这种“二元整合秩序”中，权利声称具有象征性和强制性，它合法化一些制度认可的身份和权利；利益分配则具有修复和整合性，它缩小权利声称和社会公正观念之间的差异[74]。

农民市民化和农民工的城市融入问题成为当前中国社会转型的关键问题，也成为一个研究的热点。

有学者认为，在目前的中国全面开展农民市民化研究已极为必要。在市民化的研究进程中，以下问题需要加以注意：相关农民的理论和政策急需重构，农民的市民化是一个农民的传统超越问题，农民市民化的关键在于处理好政府与农民的关系，新市民的城市适应性将成为关注的焦点，农民市民化模式的比较研究可以提供一些理论启示[75]。

有研究发现，民工与城市居民之间的社会距离在拉大，两个群体之间的自愿性隔离的程度很高。户籍制度、就业制度与城市社会保障体系等歧视性政策、城市居民对民工的整体性偏见与歧视，是造成民工与城市居民自愿性隔离的主要原因，而民工的社会网络又为民工选择自愿性隔离提供了现实条件[76]。

有人认为，社区是正式制度与非正式制度之间演变的转换区域，是农民工城市融入的社会化组织载体。社区在农民工的城市社区融入问题上既可以起到排斥也可以起到融合的作用。因此，以社区为切入点解决农民工的城市社区融入问题是社会支持的一种重要手段，应该建立新的社区运行模式以适应城市化和社会转型的需要[77]。

八、主要学术会议

“中国特色社会学”研讨会

由中国人民大学社会学理论与方法研究中心、中国人民大学社会学系主办的“中国特色社会学——历史·现状·未来”学术研讨会于2005年9月17－18日在北京召开。来自北京大学、清华大学、中国社会科学院、中国人民大学等全国50多家社会学教学和科研单位的近百名专家学者出席了会议。与会学者就社会学本土化、中国特色社会学理论的建构、中国社会变迁与社会学的发展等议题进行了广泛而深入的探讨，对中国特色社会学的历史和现状进行了分析和总结，并对中国社会学当前的研究任务和未来进行了分析和展望。

“中国社会学会2005年学术年会”

中国社会学会2005年学术年会暨第六届理事会于10月10—13日在安徽合肥召开。本次会议围绕“和谐社会构建：中国社会学使命”主题展开学术研讨。出席会议的专家学者约300人，提交论文160多篇。会议就和谐社会的现代意义、和谐社会与社会阶层结构、和谐社会与社会安全、和谐社会与社会公平、和谐社会与社会保障、和谐社会与社会政策6个专题分组进行了讨论，取得了丰硕成果。随着中国改革和发展的深入，社会学也越来越受到党和政府的重视，这次大会把构建社会主义和谐社会作为研讨主题，也充分说明我国社会学界积极参与国家现代化建设的责任感和使命感。本次年会还召开了第六届理事会议，选举产生了以郑杭生教授为会长的新一届理事会。

“2005学术前沿论坛——如何促进社会建设”

由北京市社会学会与北京市社科联举办的“2005学术前沿论坛——如何促进社会建设”于2005年12月17日在北京举行。来自中国人民大学、北京大学、清华大学、中国社会科学院、中共中央党校、中共北京市委党校等单位的社会学者围绕大会主题作了精彩发言和评议。北京市社会学会会长、中国人民大学教授郑杭生作了题为“社会三大部门协调与和谐社会建设”的发言，他指出，科学发展观与和谐社会的提出，表明中国执政党和政府高层治理国家和社会的根本战略观念的转变。和谐社会建设，既有结构性调整的任务，又有功能性调整的任务。社会日益分化为三个既相互联系又彼此独立的领域（国家或政府组织、市场或营利组织，以及社会组织），但目前三大部门还存在着结构和功能的不协调，只有逐步消除这些障碍，形成三个领域各自都能有效地发挥自己的作用，并且这种作用能够相互配合、相互促进，才能为和谐社会建设提供结构协调、功能协调的社会长治久安的部门结构。

九、主要学术著作介绍

郑杭生的三卷本著作《郑杭生社会学学术历程》的出版可以说是中国社会学界的一件大事，这是郑杭生和他的学术群体建构的社会运行论、社会转型论、学科本土论和社会互构论等“四论”全面而系统的亮相，可以说是对中国改革开放以来社会实践的一个总结和提炼，既有对中国社会学历史的回顾和继承，也有对西方社会学流派的研究、思考和借鉴，为我们怎样在当前形势下进一步开拓中国社会学的未来作出了榜样[78]。

杨敏对社会行动与社会秩序、社会结构的关系这一理论问题进行了深入思考，对我国社会转型加速期社会主体的社会行动、社会结构、社会秩序之间的同构互生关系进行了描述、分析和解释。是目前国内理论社会学研究领域很有特色的一部著作[79]。

刘精明探讨了教育机会与资源在不同社会阶层中的分配，从教育的生存取向和地位取向这种差异出发，集中探讨了国家和社会阶层对教育平等、教育选择的影响方式，并结合实证资料作了深入阐释[80]。

李春玲用丰富的实证资料及社会分层研究方法，考查和验证了有关当前中国经济社会分化的主要观点，如断裂社会、中产化现代社会、结构化、碎片化等理论观点，总结出当前经济社会分化的主流态势是多层分化的结构化趋势，认为这一分化趋势的未来走向，取决于社会阶层和社会群体之间的利益竞争和妥协，同时也取决于国家的政策导向[81]。

李汉林、渠敬东从中国单位组织中的失范现象观察中国单位组织变迁的社会过程。认为单位作为一种组织与制度形式，在中国社会中客观存在着，单位社会中的那种浓郁的乡土气息把现代的中国和传统的中国紧紧地联在一起，把“乡土中国”与“单位中国”紧紧地联在一起[82]。

刘爱玉以大量丰富的个案访谈资料为依据，以情境理性的行动者分析框架为基础，探讨了社会转型期国有企业工人的地位和利益受损后其可能的行动选择与制度环境、物质环境、资源、目标之间的关系；揭示了正式制度与非正式制度约束下工人的行动逻辑——“守法逻辑”和“生存逻辑”。而正是这种选择集合构成了中国社会总体上的稳定，使得改革得以继续推行[83]。

新望的研究认为，“苏南模式”本质上是一种政府超强干预、地方政府公司主义、政绩经济和干部资本主义模式，是一种政企不分的集体产权制度安排，其内在的隐患造成乡镇企业治理结构上的缺陷，导致严重的低激励和负激励。最终由于外部经济宏观环境的变化而加剧了苏南经济滑坡，尤其是乡村两级面临的债务压力迫使改制成为唯一选择。改制过程实质上是政府将企业彻底推向市场，确立私人产权，实行民营化和市场化的过程。但改制仍然是一项自上而下的政绩工程，在利益相关各方的改制谈判中，社区居民和企业职工始终是这场运动式和分配式改制谈判的缺席者[84]。

潘维通过对中国基层政权与乡镇企业关系的研究认为，一个地区的基层政权能否扮演农民与市场之间的中介，决定着这个地区的农民在市场中的命运，而农民在市场中的不同命运则决定中国社会的现状。基层政权能否发挥市场中介作用，取决于继承回归家庭耕作之前的基层政权组织形式和集体主义精神，在于农村社区的凝聚力，也在于国内的主流意识形态[85]。

还有其他许多著作，这里不再详加介绍[86]。

（作者：郑杭生，中国人民大学教授；
奂平清，中国人民大学讲师）

注：

①郑杭生、杨敏：《两种类型的现代性与两种类型的社会学——现代性与社会学的全球之旅》，《福州大学学报》，2005年第1期。

②郑杭生：《社会互构的理路与东亚的共同繁荣》，《河北学刊》，2005年第2期。

③刘少杰：《社会学的现代性、后现代性和前现代性》，《天津社会科学》，2005年第2期。

④刘少杰：《感性意识的选择性》，《学海》，2005年第5期。

⑤郑杭生：《中国社会学理论构建的有益尝试——序杨敏〈社会行动的意义效应：关于社会转型加速期现代性特征的一种研究〉》，《云南民族大学学报》，2005年第4期。

⑥孙立平：《社会转型：发展社会学的新议题》，《社会学研究》，2005年第1期。

⑦邱泽奇：《中国学术传统与实践的社会学：方法论的讨论》，《天津社会科学》，2005年第2期。

⑧杨善华、孙飞宇：《作为意义探究的深度访谈》，《社会学研究》，2005年第5期。

⑨赵延东、罗家德：《如何测量社会资本：一个经验研究综述》，《国外社会科学》，2005年第2期。

⑩郑杭生：《新时期以来中国社会学发展的回顾与反思》，《江西社会科学》，2005年第8期。

⑪陆学艺：《当前中国社会学发展中的几个问题》，《河北学刊》，2005年第6期。

⑫李强：《"丁字形"社会结构与"结构紧张"》，《社会学研究》，2005年第2期。

⑬李强：《当前中国社会分层结构变化的新趋势》（英文），《中国社会科学》（英文版），2005年第4期。

⑭樊平：《当代中国阶层关系的新特点》，《江苏社会科学》，2005年第6期。

⑮李路路：《利益矛盾与冲突的两种协调机制》（英文），《中国社会科学》（英文版），2005年第4期。

⑯许欣欣：《社会、市场、价值观：整体变迁的征兆——从职业评价与择业取向看中国社会结构变迁再研究》，《社会学研究》，2005年第4期。

⑰李迎生：《城市居民收入分配现状的社会学分析》，《社会科学战线》，2005年第5期。

⑱李强：《中国城市贫困层问题》，《福州大学学报》，2005年第1期。

⑲李路路：《中国城镇社会的阶层分化与阶层关系》，《中国人民大学学报》，2005年第2期；刘精明、李路路：《阶层化：居住空间、生活方式、社会交往与阶层认同——我国城镇社会阶层化问题的实证研究》，《社会学研究》，2005年第3期。

⑳王天夫、王丰：《中国城市收入分配中的集团因素：1986—1995》，《社会学研究》，2005年第3期。

㉑奂平清：《农村居民的社会分化及社会整合的政策调适》，《中国人民大学学报》，2005年第7期。

㉒樊平：《关注农村阶层关系的新变化》，《中国党政干部论坛》，2005年第9期。

㉓李萌、夏学銮、陆学艺、周运清：《谁是中国的中产阶层?》，《中国经济周刊》，2005年第5期。

㉔张宛丽等：《应运而生的中国"新中间阶层"》，《社会观察》，2005年第1期。

㉕张宛丽：《中间阶层：具有缓冲与示范功能的社会力量》，《中国党政干部论坛》，2005年第10期。

㉖李强：《关于中产阶级的理论与现状》，《社会》，2005年第1期。

㉗李春玲：《当代中国社会的声望分层——职业声望与社会经济地位指数测量》，《社会学研究》，2005年第2期。

㉘李培林：《社会冲突与阶级意识：当代中国社会矛盾研究》，《社会》，2005年第1期。

㉙张翼：《中国城市社会阶层冲突意识研究》，《中国社会科学》，2005年第4期。

㉚王春光：《当前我国社会阶层变迁中的不平衡问题》，《中国党政干部论坛》，2005年第9期。

㉛石秀印、许叶萍：《多重博弈下的阶层分化与弱势阶层的抗争》，《江苏社会科学》，2005年第6期。

㉜吴忠民：《中国社会公正的现状与趋势》，《江海学刊》，2005年第2期。

㉝吴忠民：《形成社会阶层之间的良性互动——社会分层中的公正规则初探》，《东岳论丛》，2005年第1期。

㉞孙立平：《不平等与经济增长的逻辑变化》，《学术月刊》，2005年第9期。

㉟尉建文：《“U”形还是“倒U”形？——贫富差距演变及成因的社会学分析》，《理论学刊》，2005年第6期。

㊱王汉生：《重视另一种分化——集团性分化》，《中国党政干部论坛》，2005年第9期。

㊲郑杭生、李路路：《社会结构与社会和谐》，《中国人民大学学报》，2005年第2期。

㊳郑杭生：《社会和谐与公共性》，《中国特色社会主义研究》，2005年第1期；《关于和谐社会建设的几个问题》，《江苏社会科学》，2005年第5期。

㊴李路路：《和谐社会：利益矛盾与冲突的协调》，《探索与争鸣》，2005年第5期。

㊵孙立平：《建设和谐社会》，《中国改革》，2005年第1期；《和谐就是利益表达的规范化和制度化》，《山西师大学报》，2005年第3期。

㊶陆学艺：《构建和谐社会与社会结构的调整》，《江苏社会科学》，2005年第6期。

㊷杨月如：《试论社会资本在构建和谐社会中的功能》，《学习论坛》，2005年第8期。

㊸沈杰：《十多年来中国社会心理之嬗变》，《北京日报》，2005年6月6第18版。

㊹李培林：《建设和谐社会应注意社会心态的变化》，《中国党政干部论坛》，2005年第9期。

㊺李春玲：《各阶层的社会不公平感比较分析》，《中国党政干部论坛》，2005年第9期。

㊻曾慧超、袁岳：《中国农村居民幸福感强于城镇居民》，《理论参考》，2005年第4期。

㊼魏爱云：《如何理解“农村居民幸福感强于城镇居民”》，《人民论坛》，2005年第1期。

㊽李迎生：《社会政策与社会和谐》，《教学与研究》，2005年第12期；《市场转型期的农村社会保障制度建设：进展与偏差》，《中国人民大学学报》，2005年第4期。

㊾孙立平、郭于华等：《制度与实践：失业人员社会保障问题研究》，《学海》，2005年5期。

㊿毕向阳：《制度与参与：下岗失业人员缴纳基本养老保险行为研究》，《社会学研究》，2005年第2期。

51杨伟民：《当前中国的社会保险在社会分层中的作用》，《社会学研究》，2005年第5期。

52张小军、裴晓梅：《城市贫困的制度思维》，《江苏社会科学》，2005年第6期。

53洪大用：《试论中国城市低保制度实践的延伸效果及其演进方向》，《社会》，2005年第3期。

54杨团、孙炳耀：《资产社会政策与中国社会保障体系重构》，《江苏社会科学》，2005年第2期。

55葛道顺：《镶嵌、自主与弱势群体的社会资本重建》，《江苏社会科学》，2005年第2期。

56孙莹：《社会工作者在我国城市反贫困中的使命和角色》，《华东理工大学学报》，2005年第1期。

57时立荣：《现代社会工作的结构分层与扩展》，《社会科学战线》，2005年第3期。

58赵孟营：《组织合法性：在组织理性与事实的社会组织之间》，《北京师范大学学报》，2005年第2期。

59李汉林、渠敬东等：《组织和制度变迁的社会过程——一种拟议的综合分析》，《中国社会科学》，2005年第1期。

60邱泽奇：《技术与组织的互构——以信息技术在制造企业的应用为例》，《社会学研究》，2005年第2期。

61田凯：《政府与非营利组织的信任关系研究——一个社会学理性选择理论视角的分析》，《学术研究》，2005年第1期。

62康晓光、韩恒：《分类控制：当前中国大陆国家与社会关系研究》，《社会学研究》，2005年第6期。

63顾昕、王旭：《从国家主义到法团主义——中国市场转型过程中国家与专业团体关系的演变》，《社会学研究》，2005年第2期。

64张磊、刘丽敏：《物业运作：从国家中分离出来的新公共空间——国家权力过度化与社会权利不足之间的张力》，《社会》，2005年第1期。

65张磊：《业主维权运动：产生原因及动员机制——对北京市几个小区个案的考查》，《社会学研究》，2005 年第 6 期。

⑯张建君：《政府权力、精英关系和乡镇企业改制——比较苏南和温州的不同实践》，《社会学研究》，2005 年第 5 期。

⑰折晓叶、陈婴婴：《产权怎样界定——一份集体产权私化的社会文本》，《社会学研究》，2005 年第 4 期。

⑱李国庆：《关于中国村落共同体的论战——以“戒能—平野论战”为核心》，《社会学研究》，2005 年第 6 期。

⑲陆益龙：《当前农村社会发展状况的总体评估》，《江海学刊》，2005 年第 3 期。

⑳郭星华：《构建和谐的中国农村社会》，《探索与争鸣》，2005 年第 2 期。

㉑杨善华、柳莉：《日常生活政治化与农村妇女的公共参与——以宁夏 Y 市郊区巴村为例》，《中国社会科学》，2005 年第 3 期。

㉒宋婧、杨善华：《经济体制变革与村庄公共权威的蜕变——以苏南某村为案例》，《中国社会科学》，2005 年第 6 期。

㉓申静、王汉生：《集体产权在中国乡村生活中的实践逻辑》，《社会学研究》，2005 年第 1 期。

㉔张静：《二元整合秩序：一个财产纠纷案的分析》，《社会学研究》，2005 年第 3 期。

㉕郑杭生：《农民市民化：当代中国社会学的重要研究主题》，《甘肃社会科学》，2005 年第 4 期。

㉖郭星华、杨杰丽：《城市民工群体的自愿性隔离》，《江苏行政学院学报》，2005 年第 1 期。

㉗时立荣：《透过社区看农民工的城市融入问题》，《新视野》，2005 年第 4 期。

㉘郑杭生：《郑杭生社会学学术历程之一：中国特色社会学理论的探索、之二：中国特色社会学理论的应用、之三：中国特色社会学理论的拓展》，中国人民大学出版社，2005 年。

㉙杨敏：《社会行动的意义效应：社会转型加速期现代性特征研究》，中国人民大学出版社，2005 年。

㊵刘精明：《国家、社会阶层与教育：教育获得的社会学研究》，中国人民大学出版社，2005 年。

㊶李春玲：《断裂与碎片：当代中国社会阶层分化实证分析》中国社会科学文献出版社，2005 年。

㊷李汉林、渠敬东：《中国单位组织变迁过程中的失范效应》，上海人民出版社，2005 年。

㊸刘爱玉：《选择：国企变革与工人生存行动》社会科学文献出版社，2005 年。

㊹新望：《苏南模式的终结》，三联书店，2005 年。

㊺潘维：《农民与市场——中国基层政权与乡镇企业》，商务印书馆，2005 年。

㊻郑杭生、李路路主编：《中国社会发展研究报告 2005：走向更加和谐的社会》，中国人民大学出版社，2005；李培林等著：《另一只看不见的手——社会结构转型》，社会科学文献出版社，2005；苏国勋：《社会理论与当代现实》，北京大学出版社，2005；陆学艺：《“三农”新论——当前中国农业、农村、农民问题研究》，社会科学文献出版社，2005；于建嵘：《岳村政治——转型期中国乡村政治结构的变迁》，商务印书馆，2005；王春光：《农村社会分化与农民负担》，中国社会科学出版社，2005；史柏年等著：《城市边缘人——进城农民工家庭及其子女问题研究》，社会科学文献出版社，2005；张伟：《冲突与变数——中国社会中间阶层政治分析》，社会科学文献出版社，2005；张厚义、侯光明、明立志、梁传运：《中国私营企业发展报告 No. 6（2005）》，社会科学文献出版社，2005；邢占军：《测量幸福——主观幸福感测量研究》，人民出版社，2005。

民 族 学

民 族 学

杨圣敏 祁进玉

2005年民族学研究焦点问题有：全球化与地区民族主义复兴、文化民族主义、民族冲突与民族发展等问题依然受到更多学者的关注；西部大开发背景下民族地区政治、经济、文化的发展研究、少数民族人口城市化流动与族际交往研究，成为今年学界探讨的热点话题；近年来争论较多的“族群”与“民族”的概念界定和关系问题在本年度仍然是焦点话题；全球化与文化认同问题也受到跨学科的较多关注；民族学、人类学学科建设研究有了更多进展、规范化；近年来民族学、人类学的分支学科研究在研究视阈拓展、研究队伍培养以及学科理论与应用性研究等方面获得很大的进展，也取得丰硕的研究成果。下面兹从民族学、人类学学科建设、基本理论与方法研究；全球化与民族主义、民族理论研究；民族与族群问题；民族地区发展与民族地区小康建设；少数民族社会历史文化、民族风俗习惯、民族宗教研究；分支民族学、人类学学科发展；世界民族研究；学科学术交流活动等八个方面加以概述。

一、民族学、人类学学科基础建设、基本理论与方法研究

进入90年代以来，中国高等院校及科研院所都面临新老交替问题，培养跨世纪学科带头人成为当务之急，举办高级研讨班是促进学科发展、培养人才的一种很好的方式。1994年，费孝通教授和袁方教授致函国家教委，建议在北京大学举办“社会文化人类学高级研讨班”，以推进我国人类学学科的进一步发展。这一建议得到北大校方和国家教委的支持。在1995年至2001年期间，北京大学社会学人类学研究所自己主办和与兄弟院校合作举办了六届“社会学人类学高级研讨班”如同“现代化与中国文化研讨会”系列活动一样，北京大学举办这一系列的高级研讨班也得到了港台学者的支持和帮助，费教授还邀请了日本、韩国和英国的学者来参与，将学术交流与学科建设紧密结合起来。他本人每次都提前准备好论文并在讲前印发，在讲课时又结合当时的新情况，启发式地提出些新问题和新看法，在这些论文和即席发言中都贯穿着他长时间以来所思考的问题。有学者认为，费孝通教授自这一系列学术活动创办开始，即积极倡议并亲身参与，所以这一系列研讨会长期以来得以延续不断，与费老的关注和推动有着密切的关系。从费教授在历届研讨会和其他学术会议上的发言当中，我们可以看到，他不但提出了“文化自觉”的看法，而且通过补课、反思、对话，不断地研究探索其理论的内涵和实践的思路，力求步步深入[①]。

由学者从教学与研究机构的发展、主要学术成就与当前的进展、存在的焦点问题及对未来学科发展的展望等三个方面，对近年来我国民族学研究的成就与动态进行了全面深入的归纳与总结。研究指出：近年来国内民族学研究的几个焦点问题。1. 婚姻制度问题将继续争论下去；2. 结合实际的应用研究突出；3. 民族与族群理论问题将长期争论下去。当前存在的主要问题：1. 学术研究不够规范；2. 封闭与盲从的倾向；3. 原创性成果较少。提出关于我国民族学、人类学研究的前景展望：1. 加强基础理论研究的前景；2. 加强应用研究；3. 进一步加强学科教学与人才培养[②]。

有学者年简评25年来中国人类学在乡村社会、少数民族及海外文化“三大地理空间圈”，及在亲属制度、宗教与仪式、比较政治、经济、历史、比较文化、法律诸领域的研究中获得的成就，分析了学科存在的问题，并以问题的解析为角度，展望中国人类学研究的走势及前景。他认为过去25年中国人类学研究的前半段，关注于学科重建和梳理学科之间关系，后半期出现了跨学科综合的趋势。这是中国人类学研究的新现象。它主要表现在两个方面。一方面，90年代以来的中国人类学研究，关注的主题除了传统的“四大支柱”之外，还广泛包括了生态环境、开发计划、城市化、乡村政治、区域自治、经济全球化、传播媒介等等涉及多种学科的问题。另一方面，从不同渠道（主要阅读西方论著）认识人类学的法学家、历史学家、文学家、比较文化研究者、社会学家，综合自身学科和人类学研究方法，对于习惯法、制度史、文本分析、文化差异、社会构成等方面提出了有新意的看法。受这两个方面工作的促进，人类学出现了空前的繁荣景象。现在的现实问题，对于学科建设至关重要。然而，不应否认，在过去25年的学科建设中，人类学分支学科的发展，也存在专业人才稀缺的问题。人才之缺，原因很多，可能与人类学教学科研机构长期习惯重复的“通论教学”有关，可能与专业设置的不完善有关，可能与部分人才培养过程中存在的不重视专业分工及“以偏代全”的现象有关。更值得关注的是，在“四大支柱”仍需巩固的情况下，人类学界出现了过多“应时式的研究”，存在不顾学理只顾现实政治经济变化的倾向，使一些人类学著述存在只见“浅描”及政策报告式的“论断”，而缺乏学术分析的现象③。

学科建设是高等学校的龙头和核心工作，决定着一所大学的发展水平。有学者研究认为，中央民族大学的学科建设进入了一个重要的发展机遇期，但仍然存在较大的差距要进一步强化学科建设在学校建设发展中的龙头作用，紧紧抓住“211”工程和“985”工程建设的发展机遇，以重点学科为突破口，以基础学科为依托，以应用学科为先导，分类规划、分层建设，科学管理、稳步推进，整体提高、持续发展，开创中央民族大学学科建设的新局面④。

二、全球化与民族主义、民族理论研究

（一）全球化与民族主义研究

全球化与民族主义话题成为近年来学界研究的热点和焦点。近年来的研究表明，伴随着全球经济一体化而来的是世界范围内地区民族主义的复兴。

当今世界，无论是在多民族国家内部，还是在国际政治生活中，民族问题都是一个普遍存在的社会政治问题。有学者认为，世界范围内林林总总、形形色色的民族问题的产生都是基于相关民族的民族意识对于维持和平共处的临界点的突破，有的民族问题本身就是民族主义情绪狂热迸发的结果。世界民族问题困挠着全球化的进程，对人类的共同发展产生着重大的影响⑤。

也有学者回顾和分析了二次世界大战中以德国纳粹为代表的法西斯极端民族主义、种族主义产生的根源和实质，认为其根源于资本主义民族国家的民族主义思想，实质是帝国主义的极端民族主义和种族主义。在当今世界，法西斯主义和种族主义并没有完全消失，新法西斯主义、新种族主义具有在理论上更加精巧，借助互联网快速传播，趋向于非常规的恐怖暴力活动等特点。文章指出必须从维护人权的角度彻底地反对一切形式的极端民族主义和种族主义⑥。

民族自决在20世纪的实践塑造了当代世界政治的图景。对这一问题的研究，国内外学界主要集中于两大视角：（1）从历史学角度，研究民族自决的起源、发展和影响；（2）从法学角度，论证民族自决权利的主体客体、内容与其他权利等。有学者从国际关系的角度，考察民族自决从观念到政治原则及其实践的过程，认为：在国际政治中，民族自决并不是绝对无限制的权利和政治原则，但是不能简单把国际政治对民族自决权的限制理解为对自由的反对⑦。

（二）民族理论、民族政策研究

关于民族理论、民族政策研究，近年来学者们的研究逐渐走向深入具体的探讨。其中既有全面性探讨，也有一些具体的研究，充分显示出民族理论与民族政策已经得到学者们的广泛关注。其中有关巩固和发展社会主义民族关系是我国构建和谐社会最重要的任务之一。

有学者依据构建社会主义和谐社会的基本要求，以各民族共同团结奋斗、共同繁荣发展的民族工作主题为出发点，从巩固和发展社会主义民族关系，坚持和完善民族区域自治制度，加快民族发展与“两种资源”保护三个方面进行了论述。同时，针对学术界在观察！思考我国民族问题方面及相关的国际比较研究中存在的问题和个别观点，结合国内外民族问题的理论与实践做了分析和讨论⑧。

中国民族理论的创新与发展势在必行，这是时代发展对我们提出的必然要求。有学者认为，中国民族理论只有通过不断地创新和发展，才能适应社会存在和社会现实发展的需要，才能在解决中国民族问题方面发挥其特有的功能和作用。这需要通过中国民族理论学界和相关部门同志的长期共同努力⑨。

也有学者认为，作为一个统一多民族国家的执政党，中国共产党的先进性和执政能力的提高与民族问题的不断解决密切相关。不断提高党驾驭和解决中国民族问题的能力是加强党的执政能力建设的重要内容。巩固和发展平等、团结、互助、和谐的社会主义民族关系，促进各民族共同团结奋斗、共同繁荣发展关系到党和人民伟大事业的全局，也是统一多民族国家得以稳健发展的重要前提[10]。

关于民族理论和国外人类学发展对我国民族学、人类学促进和借鉴，有学者研究认为，文化相对主义的产生及其理论的应用，使美国文化人类学有了自己的理论体系，形成了自己的研究方法。由于鲍亚士及其门生对文化相对主义的不断充实与发展，使它替代了进化学说和传播理论，使其理论在一定时期成为权威性的解释而广为流传。这在一定程度上有自己的进步性和合理之处，对丰富文化人类学的研究和推动文化人类学的发展作出了一定的贡献。文化相对主义远不是文化人类学思想的终结，它显然存有理论研究的缺陷和方法论上的不足[11]。

三、民族与族群问题研究

2005年民族学研究的热点话题，是关于民族和族群问题的研究。进入21世纪以来，多民族、多种族、多宗教国家都在思考和探索解决族际关系的和睦相处之道。这不仅由于族际关系直接影响到国家的发展繁荣，而且族际关系和睦相处的理念也关系到国际社会能否和平相处、共存共容、共同发展的现实。

有学者研究认为，亨廷顿的新作《我们是谁?》是其“文明冲突论”之理论框架的缩小版（美国版），即美国本土的“文化冲突论”。通过对“两论”一脉相承的逻辑关系的梳理，结合亨氏政治学理论的相关观点，分析了美国“文化冲突论”中有关“核心文化”、“美国信念”、移民问题、多元文化主义等论说中的实证矛盾和理论悖论，驳议了亨廷顿解决美国“民族认同危机”的外敌指向。认为“文化冲突论”是立足于种族主义立场的美国民族主义的宣示，其实质是以退为进的全球霸权主义[12]。

有学者以综述的形式，对近百年来我国学者和有关政治家的一种“民族”观的形成和发展，以及“民族”概念在中国近现代政治风云变幻的背景下的演进与歧变一一梳理。以期在全球化的今天，社会各界（尤其是学术界）对“民族”概念与族群概念有一个正确的把握。从一种概念的历史演进的分析，提供一种人类学研究中极为强调的“整体观”研究体系，以扭转在近年来的许多研究中出现的对“民族”的片面的、局部的看法[13]。

根据第五次全国人口普查资料，18.61%的大陆高山族人口聚居在河南省邓州市。有学者研究发现：作为一个移民群体，邓州的高山族在近三百年的落籍垦邓期间经历了一个“闽营化”、“邓州化”乃至“大陆化”的多重本地化过程。这样一个深具涵化意义的历史过程使得邓州高山族在风俗习惯、宗教信仰等诸多方面日渐迷失民族的文化表征。它在1983年以来的族群性重建，又验证了一个弱势移民群体经由想像、认同而得以重新构建的图式[14]。

有学者论述了国内外民族概念的提出及使用情况，分析了有关民族、族群等的概念界定，并提出作者自己的观点。探讨了民族问题的概念和当前我国民族问题存在的几个特性，并提出解决当代中国民族问题应注意的几种关系[15]。

四、民族地区发展与民族地区小康社会建设

民族地区发展和民族地区小康社会建设问题是近年来理论界重点关注的问题。有学者研究认为，马克思东方落后民族跨越发展理论的重大意义，在于首次提出了经济文化落后民族紧紧把握时代特征，利用一切有利条件，不经过资本主义制度，或尽可能缩短这一发展阶段的痛苦，走向社会主义的思想。俄国、中国革命的成功验证和发展了马克思的东方落后民族跨越发展理论。经济全球化的突飞猛进，使资本主义获得了新的膨胀，同时也使之孕育着更深刻的危机。经济文化相对落后的社会主义国家，应勇敢面对挑战，抓住历史机遇，真正跨越资本主义的卡夫丁峡谷[16]。

文化变迁是一种常态，伴随着民族发展的始终。对于研究者来说，我们关注的不是文化应否变迁，而是理解文化变迁是怎样出现的以及为什么出现变迁。有学者通过考察德昂族村寨民居、服饰、饮食等文化现象，来描述德昂族生活习俗的特点、习俗的变迁及所受影响因素，并对这种变迁进行了一定的思考[17]。

也有学者在对人口较少民族贫困状况和致贫原因分析的基础上，针对人口较少民族区别于其他民族的不同特点，提出了加快人口较少民族扶贫开发的措施和建议[18]。

五、少数民族社会历史文化、民族风俗习惯、民族宗教研究

关于少数民族社会历史文化研究，近年来取得丰硕的成果。其中关于族别史、民族文化互动、文化变迁以及民族民间信仰研究成为近年来研究的重点。

在北京市喇叭沟门满族乡及其附近地区，主要的满族成员均系随清朝入关并被编入内务府旗分的彭姓汉人。有学者以对这一地区的几次田野调查为基础，结合清代官私文献与口述资料，稽考他们真实的来源，探讨这样一个汉人群体是在什么样的社会背景下，保持着认同于满族的心态，从而加深对八旗内汉军旗人身份认同的复杂性的认识[19]。

在稻作民的祭祀信仰体系中，谷魂信仰是一种非常普遍的信仰形式，它深刻地影响着稻作民的观念和行为。有学者以云南稻作为例，详细地介绍了在稻作的各个生产环节相应的祭祀谷魂的仪式，以及谷神的依托物和象征物，谷神、谷灵备受尊崇的地位[20]。

关于民族宗教研究，近年来的研究更多侧重于民族民间信仰的恢复与重建、原生型宗教与传入宗教的社会适应、宗教的功能等问题。

伊斯兰教在中国内地以回族为主要载体。历史上伊斯兰教所以能够在中国内地扎根发展，与回族文化认同密切相关。有学者从回族文化认同角度探讨伊斯兰教与中国社会相适应问题，不仅可以对伊斯兰文化与中国文化的交汇融合有较清楚的了解，而且可以从现实出发，摸索伊斯兰教在当代中国的发展模式，并进而探求回族社会的进一步繁荣与发展[21]。

壮族布洛陀信仰属于原生型巫教，可称为原生型民族民间宗教，它与壮族的生存与发展紧密联系在一起，是壮族特有的文化传统。布洛陀信仰的活动在社会批判运动连续不断的年代，曾一度销声匿迹。有学者研究认为，改革开放以来，由于宗教理论的改进和宗教政策的宽松，由于社会对民族文化（包括宗教文化）的重视和对民间信仰的关注，由于布洛陀信仰研究的开展，壮族地区布洛陀信仰开始了它的重建的过程。以广西田阳敢壮山为中心，壮族民众自发地恢复布洛陀祭祀和相应的文化活动，规模越来越大，并得到学者的理论支持和政府的理解。这种民族信仰重构现象，表现了壮族民族文化主体意识的增强和布洛陀信仰的旺盛生命力及其对新的时代的调适能力，如引导得当，会丰富中华民族多元一体的文化内涵，推动两个文明建设，充实壮族人民的文化生活[22]。

六、分支民族学、人类学学科发展

近年来在人类学、民族学各分支学科领域的研究也取得很大的进展和成果。许多跨学科、边缘性、交叉性的新学科不断出现，也推动学科本身的不断发展与学科自身的不断规范。

（一）文学人类学研究

也有学者根据黔东苗语的语音特点，对苗语诗歌的节奏、押调、声调名称与押调的确定、押韵等有关诗歌格律方面进行探讨，进而探索苗语的语音特点与诗歌格律的关系。苗语声调名称的出现，使确定和检测押调模式成为可操作的行为，苗语的语音特点，促成并同时制约了苗语诗歌格律的各种特点[23]。

有学者认为，精怪故事的独特叙事个性与作为地方传统的精怪信仰密切相关。精怪叙事传统的特点不在其艺术的精美，而在生活的真实、信仰的真实[24]。

（二）历史人类学研究

20世纪80年代末90年代初以来，中国民族史研究出现了迅猛发展的局面，每年出版和发表的著述数量巨大，涉及的范围相当广泛，所取得的史学创获令人瞩目。有学者从中国民族史的研究状况、特点和趋势几个方面，对这十余年中国大陆民族史的研究进行了比较全面的回顾和总结。认为最近十余年中国民族史研究最为显著的一个特点和趋势，应当是人们在方法论上的积极探讨和实践，其中跨学科整合研究的勃兴是引人注目的一个现象。跨学科整合研究的勃兴，对推动中国民族史学向纵深发展起到了极为重要的作用[25]。

当今中国的人类学者更多的是应用历史记忆于研究对象中，但是，对于历史记忆究竟在人类学的哪些方面产生可值得探讨的影响则缺乏更多的理论研究。有学者认为，历史记忆有利于人类学理解历史的真实，有利于加深对人类学本体论和方法论的认识。历史记忆至少在三个方面有助于人类学认清事理。一是如何看待历史真实的问题，二是加深对人类学本体论的认识，三是对于人类学方法论的帮助[26]。

（三）语言人类学研究

在语言人类学方面，有学者指出，古代突厥文从1893年被解读以来，至今已过去一个多世纪。由于用这种文字写成的碑文是突厥人、回鹘人自己留下的最早文献（也是我国北方少数民族留下的最早的民族文字记录），具有十分重要的历史学！语言学和文化史方面的意义，所以一直吸引着国外学者们的注意，先后被译成英、德、法、俄、日、土耳其等国的语言，发表了许多研究论著。

有学者研究认为，我国55个少数民族中有8个民族（维吾尔、哈萨克、柯尔克孜、乌兹别克、塔塔尔、撒拉、裕固、新疆阿尔泰地区的一部分蒙古族）说9种突厥语（维、哈、柯、乌、塔、撒、裕等语言以及土瓦语［阿尔泰地区一部分蒙古族说的语言］、黑龙江柯尔克孜语），在突厥语种数上居世界第二位（仅次于俄国）。我国理应在世界突厥学中占有一定的地位。反观我们这方面的研究，则处于相当落后的状态。过去虽有个别碑文的汉文译文，但都是从欧洲文字间接转译过来的，至今尚未出版原文的拉丁字母转写和从原文翻译的确切可靠的汉文译文[27]。也有学者研究提出，四川省攀枝花市仁和区有“理泼”、“诺苏”、“水田彝”三个彝族支系，境内彝族大多已转用汉语。转用汉语的原因除民族迁徙、融合，各民族相互杂居、通婚等因素外，还与该地区从18世纪中期就开始兴办私塾传播儒学以及新中国成立后，大力发展义务教育阶段汉语学校教育有关[28]。

（四）经济人类学研究

20多年来，民族学与经济学合演了一曲二重奏，但迄今流传未广，甚或质疑之声不断。究其原因就在于中国少数民族经济或民族经济学的理论研究还未能找到得当的分析框架和工具，因此未能有说服力地演绎学科理论的逻辑关系。对一些最基本的问题的澄清仍是学科建设的基础工作。有学者研究提出，把民族作为中国少数民族经济或民族经济学的分析框架。民族生存的自然环境和民族认同的文化特质构成民族概念的内在规定，并呈现为民族经济生活自然差异和文化差异二重性。把握民族经济生活差异二重性是建构学科理论框架的关键[29]。

也有学者从经济文化的全球化与民族性关系出发，分析以往研究的一些缺憾；进而从新发展观的视野考察我国民族经济学的研究现状，并对这门学科的形成、发展及其学理价值、科研特征与应用前景进行初步的探讨和阐释。强调加强民族经济学研究对于中国经济学、民族学等学科的发展以及西部大开发等实践具有重要意义[30]。

村落资源是村落生存与发展的资源体系。“为我所用”的民族村落资源体系正在面临着许多前所未有的遭遇。在现代化进程中，具有数百年历史的巴结布依族村落的消失就是民族村落资源丧失的一个代表。民族村落资源如何走向共同繁荣，是民族社会生存与发展的紧迫而重要的话题[31]。

（五）法人类学研究

在法人类学研究方面，近年来该领域研究成果颇丰。有学者认为，立法价值导向决定立法成果。以往的民族经济立法根植于特定的时代土壤，追求效率优先，忽略了其他价值导向。科学发展观弘扬了效率、公平、秩序的价值观。要以科学发展观为指导，确立民族经济立法新的价值导向，做到效率、公平、秩序三者并重、三者并举、相得益彰，构建适应时代的法治秩序[32]。

民族经济法是调整民族地区在经济发展过程中产生的各种经济关系的法律规范的总称。在建立社会主义市场经济体制的背景下，民族经济立法具有重大的意义。有学者研究认为，当前民族经济法的数量、效益及民族地区经济落后状况更迫切要求以民族性原则、民族利益原则和民族自治原则为指导，加强民族经济立法工作，为实现各民族共同繁荣提供强有力的法制保障[33]。

地方少数民族教育立法是我国少数民族教育立法的重要组成部分，它是随着国家法制的发展及地方立法权的重新确立而逐步发展起来的。有学者对我国第一项地方少数民族教育法规——《楚雄彝族自治州民族教育条例》进行了个案研究与分析，以此为基础，提出了加强和改进我国地方少数民族教育立法的思考及建议[34]。

中国少数民族经济法是中国少数民族和民族地区经济法律制度的总称，是一个新兴的法学学科和正在逐渐形成的法律部门。有学者研究认为，中国少数民族经济法是民族法的重要组成部分，属于跨学科、特殊的交叉研究领域。它具有特定的研究任务、研究对象、研究范畴和研究方法。调整对象的特殊性，决定了中国少数民族经济法的体系的独特性[35]。

（六）都市人类学研究

随着我国西部大开发战略的逐步推进，西部地区的劳动力从数量到结构，都需要进行调整和重组。在这一过程中，来自东部！中部地区的流动人口也必然会成为西部地区劳动力市场中的重要组成部分，同时在西部地区，也存在一个农村劳动力向城镇转移的趋势。所以流动人口调查与研究就成为理解和剖析西部社会经济发展的一个重要的切入点。

有学者在乌鲁木齐市城区开展的流动人口研究，在乌鲁木齐市政府的支持下，课题组在四个主要城区开展了以流动人口为对象的问卷调查，调查的内容涉及流动人口的人口特征以及就业、居住、收入、消费、社会交往等活动，展现了本世纪初乌鲁木齐市流动人口发展的基本状况，有利于我们分析其发展趋势以及对西部社会经济变迁所带来的影响[36]。

有学者通过调查研究少数民族在民族文化村和具有民族特色私营企业中的就业状况，指出少数民族迁移者因为自身民族文化在城市就业中具有一定的优势。他们不但是城市中的“就业迁移者”，而且是城市中的“民族文化携带者”。从进入城市的角色看，他们不但是“就业移民”，而且是“文化移民”[37]。

城市化是中国政坛和论坛的一个热门话题，被赋予实现中国社会现代化的历史使命。有学者研究认为，理论界对城市化的研究成果丰富，取得了诸多共识，但也存在着一些认识误区。正确地认识这些误区，重返城市化之本义，是促进中国！特别是西部地区城市化健康发展的内在要求[38]。

（七）影视人类学研究

有学者通过对彝族“虎日”戒毒盟誓仪式的考察与研究，运用了人类学的人类研究的整体论原则，在寻找地方族群毒品依赖行为的社会文化原因的同时，考虑建立不同于科学的方法论的另一种方法论——即以文化的力量战胜人类生物性的成瘾性。彝族人民运用强大的习惯法与仪式、家支组织、信仰与尊严、民俗道德、亲情教化等集合的文化的力量，成了中国戒毒成功率最高的范例。影视人类学片《虎日》则一改传统纪录片单纯描述与诠释的特点，卷入了探索影片的直接的应用的目的并付诸实施，从而为影视人类学开辟了直接应用的新的方向[39]。

也有学者认为，后文化人类学尽管承袭了文化人类学的基本话语，但更多的是全球化背景下的体系分蘖。作为其代表思树的生态田野考察，将促使我国影视学的重心和价值发生双重转捩，锤塑非学院派（台里派）的学术规范，荡涤西方中心主义和贵族尊优阴霾，并据此经典化 DV—民间影视，营造和呵护影视多元精神生态[40]。

（七）教育人类学研究

我国少数民族教育的多样化构建以加强适应性为基础，以提高有效性为目的。有学者研究认为，少数民族教育的多样化构建主要体现在：教育投入的多样化构建，即以国家投入为主，多种投入渠道共存；教育地域的多样化构建，即农村教育和城市教育并存，并把农村作为少数民族教育发展的重点；教育层次的多样化构建，主要体现在职业教育和普通高中——高等教育上；教育模式的多样化构建，其实现在于双语数学模式的贯彻[41]。

位于贵州省黔南布依族苗族自治州境内的八连是一个多民族村。据调查统计，20 世纪七八十年代出生的人，能够完成义务教育初中阶段学业的人数，只接近此期间出生总人数的 1/3，多数人为小学毕业或肄业。有学者研究认为，造成该村村民低学历的原因，1966 年前，普遍的家庭贫困是主要因素；文化大革命期间至实行土地承包制前，政策因素和经济困难是主要原因；社会政治、经济生活逐渐正常化后的八九十年代，学校教育体制及该村的风俗文化成为影响学生学业提高的重要因素[42]。

佤族历史上没有自己的文字和学校教育，青少年的教育只能在家庭及村寨内，以言传身教的形式进行。有学者研究认为，新中国成立后，尤其是改革开放以来，佤族的教育已经从传统的教育方式转型到现代意义的学校教育，并取得了可喜的成绩[43]。有学者研究认为，父母的教养观念是影响孩子行为的重要因素，同时也间接影响到一个民族的生存与发展，特别是母亲的教养观念是影响孩子价值观、人生观、世界观等的主要因素。作者试图通过对西双版纳两个傣族村寨中傣族母亲教养观念差异与成因的分析与研究，探讨影响教养观念的因素——母亲教养观念是否因个人年龄、教育程度以及环境的不同而有差异[44]。

（八）生态人类学的研究

自然环境对人类的社会组织形式会有一定的影响。有学者研究认为，当一个人类群体的生产力水平较低，又处于一个恶劣的自然环境中时，这种影响就较大，他们就只能选择那种能有效地帮助他们抵御自然环境所带给他们的重重压力和灾难的社会组织形式，血缘家族就是这样的一种组织形式。帕米尔高原上的塔吉克人所处的环境与其传统的社会组织，正可以说明以上的道理[45]。

（九）宗教人类学研究

社会的成熟不仅仅意味着经济的发展，更是一个社会作为整体的全面发展，中国社会已经深刻意识到这一点，并大力提倡可持续发展社会以及和谐社会这样的概念。社会的和谐和健康发展所需要的也不仅仅是经济资本，也需要政治或政府力量，也需要社会各方面的参与。倘若将这些社会资源和力量视为社会资本，宗教无疑是其中一个相当重要的组成部分。

根据 1996 年国务院 5 中国的宗教信仰自由状况 6 白皮书的数据，中国的宗教信徒有 1 亿多人，本可以对社会的全面发展作出更多的贡献，但事实上在目前的社会发展场景中却很少看到宗教的参与。有学者认为，福利慈善的完善程度在很大程度上代表了一个社会成熟的程度，其中除了政府理所应当扮演的主导角色外，也是社会参与的最为广泛的领域[46]。

有学者对西藏农区五村中宗教权威的现状进行了考察和分析，认为自改革开放以来，西藏农村的宗教权威再度成为影响村庄政治的重要力量，但由于他们多不具有沟通政府、拓展市场、寻求资源等促进经济发展的能力，因此在村庄政治中的影响受到制度性的限制。此外，还对西藏农区五村中各类宗教权威及其公共服务活动作了描述，认为宗教权威的活动满足了村民的精神需求，对普遍信教的村庄社会具有重要意义。认为宗教权威的公共服务活动有助于创造村庄互助、和谐的社会氛围，强化村庄内部的凝聚力，从而对村级组织的公共服务供给形成一种“文化支持”，有利于村民福利的改善㊼。

人们一般认为，信仰与理性是对立的，但照此观点来审视伊斯兰教信仰与理性间的关系则不确切、不妥当，甚至是错误的。唯有了解伊斯兰的内涵、精神，才会明白二者不但不对立，而且具有内在的统一。有学者从理性原则出发，对若干重要命题作新的阐释，对穆斯林学者依《古兰经》的规定，遵循理性原则解决现实问题的历程加以解读。对伊斯兰理性宗教作概略阐述，使世人全面地了解伊斯兰教真谛，把握其精髓，给予客观的评论，以便达成共识，使宗教信仰自由理性化㊽。

（十）其他相关研究

在艺术人类学方面，有学者通过实地调查，结合民族学、戏剧学及民族戏剧学的研究方法和有关理论着重介绍了布依戏的戏剧艺术形态，并对布依戏这一少数民族戏剧的源流进行了简要分析，同时对布依戏产生、发展、繁荣、衰微和新生做了历史的梳理，为进一步研究布依戏提供了详实的材料㊾。

社会性别一直是西方传统人类学的一个重要领域，伴随着女性主义的发展，女性主义人类学在20世纪60、70年代发展成为人类学的一门分支学科，并且形成了其丰富的研究领域。有学者研究认为，我国的女性主义人类学研究刚刚起步，处于萌芽阶段，但是其独特的研究领域和方法将对教育研究具有重要的启示意义㊿。

在人类学汉人社会研究方面，20世纪80年代以来，中国人类学界对汉族社会的研究渐呈发展之势，西方学者也因中国大陆的开放而对中国汉族乡村展开了深入细致的研究。有学者精心梳理了近二十年来大陆和海外学者对汉族社会所做的研究，意在评述他们在田野实践和理论分析上所取得的成就。研究指出：自中国大陆的人类学重建以来，汉族社会研究在承袭传统！拓展研究领域方面取得了一定的进展。学者们一方面将田野调查与历史学、考古学、语言学等多学科的知识相结合，在人类学研究方法上有了很大的进步；另一方面紧紧把握社会文化变迁这一主脉，关注现实问题，体现了人类学的应用价值。然而，对汉族的人类学研究也存在如下一些亟待解决的问题：第一，乡村民族志报告匮乏；第二，“深描”性学术作品鲜见；第三，理论反思性研究不足[51]。

七、世界民族研究

学界关于世界民族的研究近年来也有了很大进展，研究领域和研究视野进一步拓展，开始关注方方面面的情况。

2004年8月底、9月初，在俄罗斯联邦连续发生了4次恐怖袭击事件，其中9月1日发生在北奥塞梯共和国的别斯兰人质事件导致了331人遇难、700多人受伤，其规模空前、后果惨重，被外界称为俄罗斯的“9.11”事件。有学者研究认为，此次人质事件俄社会诸多深层次的矛盾和问题，凸现了根深蒂固的民族和宗教矛盾，而且人质事件源于尖锐、复杂的民族问题[52]。

有学者通过研究中亚国家与中国的跨界民族的人口与分布，对上述地域的跨界民族进行了界定，从而确定了跨界民族的主要原则：在中国是一个单独的民族；在中亚国家人口应该达到一定数量；有自己较为集中的居住地；有一定的文化影响[53]。也有学者回顾了英、法两国“前西夏学时代”的学术史，重点评述伟烈、卜士礼、戴维理亚、毛利瑟、沙畹、伯希和、伍尔芬敦等人的西夏研究，目的是从中提取学科发展的经验，供中国少数民族古文字学界参考[54]。

从锡克教创始人古鲁那纳克（Gurn Nanak）一直到第10位古鲁戈宾德．辛格，锡克人建立了本民族完整的宗教体系和文化风俗。有学者研究锡克人的婚姻习俗，发现锡克人的婚姻有着浓厚的宗教意义[55]。

八、学科学术交流活动

（一）2005年1月由暨南大学、中央民族大学等5所高校主办的“第四届国际双语学研讨会”在广州举办，与会的国内外学者针对国际双语教学与双语教育的诸多问题进行了深入探讨。

（二）2005年7月22－26日在济南章丘市举办“齐鲁文化暨汉民族形成与发展国际学术研讨会”。此次会议由齐鲁文化研究中心、中国民族学会汉民族研究会等联合举办。来自中国、新加坡和韩国等国的专家学者100多人与会。本次会议就儒家思想与和谐社会建构、汉民族的发展、齐鲁文化等三个主题展开热烈的讨论。

（三）2005年10月15－17日在重庆市西南大学召开“中国民族史学会第六届会员代表大会暨第十次学术研讨会”。会议由中国民族史学会和西南大学联合举办。出席会议的代表共有125人，分别来自北京、辽宁、河北、江苏、广东、新疆、西藏等20个省市、自治区。会议主题为中华民族的形成与发展，议题主要包括：（1）中国历史上的民族迁徙与民族融合；（2）中国各民族分布格局的形成；（3）中华历代民族观及民族大一统思想体系的形成；（4）中国南方民族地区的开发与社会变迁。

（四）2005年12月在广西南宁由中央民族大学少数民族语言文学系、广西民族学院中文系主办“濒危语言国际学术研讨会”。

（作者：杨圣敏，中央民族大学教授；祁进玉，北京大学博士）

注：

①潘乃谷：《费孝通教授和“现代化与中国文化研讨会”》，《西北民族研究》，2005年第3期。

②杨圣敏：《近年来国内民族学研究的回顾与展望》，《中南民族大学学报》（人文社会科学版），2005年第6期。

③王铭铭：《二十五年来中国的人类学研究：成就与问题》，《江西社会科学》，2005年第12期。

④朱雄全：《中央民族大学学科建设的思考》，《民族教育研究》，2005年第4期。

⑤熊坤新、严庆：《民族问题中的民族意识和民族主义情绪》，《广西民族研究》，2005年第3期。

⑥马俊毅：《论二战中的极端民族主义和种族主义》，《民族研究》，2005年第5期。

⑦钱雪梅：《民族自决原则的国际政治限制及其含义》，《民族研究》，2005年第6期。

⑧郝时远：《构建社会主义和谐社会与民族关系》，《民族研究》，2005年第3期。

⑨金炳镐、熊坤新、彭谦：《关于中国民族理论创新与发展的思考》，《青海民族研究》，2005年第2期。

⑩陈建樾：《团结、发展、和谐：中国共产党处理当代民族问题的大思路》，《民族研究》，2005年第4期。

⑪罗康隆：《文化相对主义述评》，《贵州民族研究》，2005年第4期。

⑫郝时远：《民族认同危机还是民族主义宣示？——亨廷顿〈我们是谁?〉一书中的族际政治理论困境》，《世界民族》，2005年第3期。

⑬祁进玉：《国内近百年来民族和族群研究评述》，《广西民族研究》，2005年第2期。

⑭陈建樾：《“台湾村”：一个移民村落的想像、构建与认同》，《民族研究》，2005年第5期。

⑮乌小花：《再论“民族”概念与民族问题理论》，《青海民族研究》，2005年第2期。

⑯王金磊、冯来刚：《全球化视阈中的马克思东方落后民族跨越发展理论》，《广西民族研究》，2005年第1期。

⑰王铁志：《德昂族生活习俗的变迁——德昂族经济和社会发展研究报告之三》，《西北民族研究》，2005年第4期。

⑱韩彦东：《人口较少民族贫困原因及扶贫开发对策研究》，《贵州民族研究》，2005年第6期。

⑲定宜庄、胡鸿保：《鹰手三旗的后裔——对北京市喇叭沟门满族乡的调查与思考》，《民族研究》，2005年第4期。

⑳管彦波：《谷魂信仰：稻作民最普遍的信仰形式》，《贵州民族研究》，2005年第3期。

㉑丁宏：《从回族的文化认同看伊斯兰教与中国社会相适应问题》，《西北民族研究》，2005年第2期。

㉒牟钟鉴：《从宗教学看壮族布洛陀信仰》，《广西民族研究》，2005年第2期。

㉓石德富：《黔东苗语的语音特点与诗歌格律》，《民族文学研究》，2005第2期。

㉔林继富、王丹：《信仰与艺术的交辉——长阳都镇湾精怪叙事传统》，《民族文学研究》，2005年第2期。

㉕方素梅：《最近十余年的中国民族史研究》，《民族研究》，2005年第2期。

㉖张伟明：《历史记忆与人类学研究》，《广西民族研究》，2005年第3期。

㉗耿世民：《古代突厥文碑铭的发现和解读研究》，《西北民族研究》，2005年第1期。

㉘木乃热哈、沙志军：《仁和彝族语言转用及其教育》，《民族教育研究》，2005年第2期。

㉙王文长：《论民族视角的经济研究》，《民族研究》，2005年第4期。

㉚叶坦：《全球化、民族性与新发展观——立足于民族经济学的学理思考》，《民族研究》，2005年第4期。

㉛罗用频：《民族学视野中的村落资源分析——以南盘江畔的巴结村为例》，《贵州民族研究》，2005年第1期。

㉜黄伟：《科学发展观与民族经济立法的价值导向》，《贵州民族研究》，2005年第2期。

㉝兰培、王湖清：《民族经济法若干问题刍议》，《青海民族研究》，2005年第4期。

㉞陈立鹏：《我国地方少数民族教育立法研究——以5楚雄彝族自治州民族教育条例为个案》，《民族研究》，2005年第1期。

㉟宋才发：《论中国少数民族经济法及其研究》，《民族研究》，2005年第5期。

㊱马戎、王晓丽、方军雄、韩亚萍：《新疆乌鲁木齐市流动人口的结构特征与就业状况》，《西北民族研究》，2005年第3期。

㊲张继焦：《城市中少数民族的民族文化与迁移就业》，《广西民族研究》，2005年第1期。

㊳王文长：《城市化批判——走出认识误区，开拓西部城乡协调发展新格局》，《广西民族研究》，2005年第1期。

㊴庄孔韶：《“虎日”的人类学发现与实践——兼论“虎日”影视人类学片的应用新方向》，《广西民族研究》，2005年第2期。

㊵杨新磊：《生态田野：渐近21世纪影视学的后文化人类学》，《广西民族研究》，2005年第2期。

㊶王玉玲：《论我国少数民族教育的多样化构建》，《民族教育研究》，2005年第5期。

㊷伍隆萱：《关于八连村的教育调查及分析》，《民族教育研究》，2005年第3期。

㊸赵富荣：《佤族教育研究》，《民族教育研究》，2005年第2期。

㊹董印红：《西双版纳傣族母亲教养方式——对两个傣族村寨的比较研究》，《贵州民族研究》，2005年第5期。

㊺杨圣敏：《环境与家族：塔吉克人文化的特点》，《广西民族学院学报（哲学社会科学版）》，2005年第1期。

㊻黄剑波：《福利慈善！社会资本与社会发展——论宗教在当代中国社会中的参与需要和可能》，《广西民族研究》，2005年第3期。

㊼扎洛：《西藏农村的宗教权威及其公共服务——对于西藏农区五村的案例分析》，《民族研究》，2005年第2期。

㊽马福元：《了解伊斯兰——浅谈伊斯兰教信仰与理性间的内在统一》，《西北民族研究》，2005年第1期。

㊾王鸣明：《黔西南布依戏调查综述》，《贵州民族研究》，2005年第2期。

㊿王新凤：《管窥女性主义人类学及其对教育研究的启示》，《贵州民族研究》，2005年第1期。

51孙庆忠：《近20年来人类学汉族社会研究述评》，《民族研究》，2005年第2期。

52赵龙庚：《别斯兰人质事件与俄联邦的民族、宗教问题》，《世界民族》，2005年第5期。

53吴宏伟：《中亚国家与中国跨界民族：人口与分布》，《世界民族》，2005年第5期。

54聂鸿音：《19、20世纪之交英、法两国的西夏研究》，《世界民族》，2005年第1期。

55张占顺：《锡克人的婚姻习俗》，《世界民族》，2005年第1期。

教育学

教育学

劳凯声

一、教育与构建和谐社会

构建社会主义和谐社会，是我国全面建设小康社会的宏伟目标之一。教育作为促进社会发展的重要力量，其在和谐社会建设中发挥着什么样的作用？面对和谐社会提出的新要求，教育应如何深化改革以谋求进一步发展？学者们主要围绕这两个方面的问题进行了探讨。

（一）教育在和谐社会建设中的作用

有学者认为，构建和谐社会分别从法律、道德、伦理等层面提出了指标和要求，教育作为社会系统的重要组成部分，在经济社会发展中起着先导性、全局性、基础性的作用，在构建和谐社会的进程中扮演着重要的角色①。

有学者指出和谐社会既是物质生态、制度结构的和谐，更是人的和谐。和谐发展的人群与和谐发展的个体是建设和谐社会的对象和依靠，而和谐群体与和谐个人的养成，极大地依赖于教育[②]。

也有学者指出，在和谐社会的建设中，教育的作用不仅表现在提高全体公民的综合素质，提高社会生产力和社会管理水平，形成普遍的国家认同和社会认同，促进社会的稳定和国家统一，实现社会的公平和正义等方面，更为重要的是，表现在通过对人的培养、陶冶等教育活动的天然职能，促使人意识的觉醒和精神的提升[③]。

有学者认为构建和谐社会的要素包括主体、文化、物利、关系、制度和环境六个方面，它们各具作用，又相互关联，教育对于它们的良性互动有着特殊的功能与作用。教育在其本质意蕴上就是追求和谐[④]。

（二）构建和谐社会对教育提出的新要求

构建社会主义和谐社会命题的提出，体现了党和国家新一代领导集体对建设中国特色社会主义事业认识的深化和发展，为我国社会发展和建设指明了方向，同时，也对我国教育事业的发展提出了新的挑战和要求。

从教育公平的角度讲，有学者认为，公平公正是和谐社会的核心价值，教育公平是社会公平价值观念在教育系统的延伸和体现。促进教育公平对于构建和谐社会具有重要现实意义[⑤]。有学者具体分析指出，教育公平是和谐社会的重要内容；教育公平是和谐社会的重要基础；教育公平是和谐社会的实现途径[⑥]。现阶段我国教育公平中存在的主要问题是：1. 教育投入不足与教育资源配置不均衡；2. 城乡教育发展不平衡与区域教育发展不平衡；3. 弱势人口与教育资源分配不平衡；4. 私立学校与公立学校教育资源分配不均衡。教育发展不均衡突显，成为构建和谐社会必须解决的教育问题。要想推进义务教育均衡化的发展，必须坚持走全面跟进系统策略、重点提高重点策略、分步实现渐进策略的道路[⑦]。还有学者认为：根据投入与产出之间的关系，指出达到义务教育均衡的前提之一是义务教育资源的均衡化。从现代政府财政的职责、公共产品理论、人力资本理论等角度出发，政府有义务对义务教育资源进行均衡化[⑧]。

对于如何实现教育公平的讨论，除教育均衡发展策略之外，还有多种视角，如：建立处境不利群体公平教育的救助系统，从根本上解决教育公平问题；政府保障每一位社会成员的受教育机会，大力缩小城乡、地区、性别等方面的教育差异，促进社会文化的多元化发展和民众的多样化教育选择需求；将教育不公平问题分为“由地区差异、阶层差异所造成的教育不公平现象”和“办学、入学、教学、评学的教育不公平现象”两个维度，讨论促进教育公平的途径；加强立法、政策建设，规范教育市场，让学校教育更好地服务于社会目标；从制度的角度出发讨论教育公平问题，如改变传统的单一政府选择的教育政策活动的范式、建立教育公共治理的社会参与制度，完善国民教育体系、建设学习型社会，建立可选择性的教育制度，创造学校之间公平竞争的制度环境，结合事业单位改革对学校实施分类管理等。

从和谐教育的角度来讲，有学者认为：教育与和谐社会息息相关，是推进和谐社会建设不可或缺的力量。教育本质就是一种和谐精神，它可以促进个性的和谐发展，营造和谐的关系，推进社会及教育的均衡发展，增进人与社会、自然的和谐发展，同时也有利于促进民主社会的建设[⑨]。还有学者提出：和谐，应该是现代教育的基本特征和价值取向[⑩]。目前，对“和谐教育”内涵的理解，仍有待理论界从不同的角度进行深入的阐释，和谐教育的新研究归纳为：不仅体现为教育系统自身的和谐，也体现为教育与自然的和谐、环境的和谐、社会的和谐。和谐教育不仅是德智体美劳“五育”之间的和谐，也是学科之间的和谐；是学生全面发展、个性发展的和谐统一；不仅是某一时期的和谐，也是学校教育全过程的和谐；不仅是教与学的和谐，也是人际之间的和谐等。

从教育的公共性与公益性的角度讲，和谐社会建设要求教育领域改革必须重视教育的公共性与公益性。有学者指出，教育的价值基础决定了教育应当主要通过公共选择机制而不是市场机制来实现它的功能。深入理解教育活动的基本价值，准确把握教育改革的复杂性，才能最终提升教育改革的道德水准和改革决策的伦理质量[⑪]。还有学者指出，由于教育在整个社会中的基础性和特殊性，教育不仅体现着社会公正，而且具有调整社会公正的作用，所以，强调教育制度伦理公正就具有特殊意义[⑫]。公共性作为现代教育最基本的特性，是学校制度形成的逻辑起点，应在学校制度中得到最明显的体现。公共性所体现的合理性、公益性、公平性和公开性，为学校制度分析提供了基本的价值维度[⑬]。

二、教育学的学科建设和研究范式

随着教育学研究的不断深入，学者们的学科自觉意识逐渐增强，学界对教育学的学科建设和研究范式等教育学研究的基本问题展开了广泛和深入的讨论。

（一）教育学的学科建设

1. 教育学的学科性质。对于教育学是科学还是艺术的讨论，有学者提出，“科学”指向“知”，追求符合教育事实的规律；“艺术”指向“行”，探索指导教育实践的规则。当代学者关于教育学知识的分类表明，“科学”和“艺术”依然是教育学发展的路向，但还存在“第三条道路”：采取一种“实践综合”的教育学立场，即以教育实践为基础，兼蓄包括“科学”与“艺术”在内的各种形态的教育知识[14]。有学者指出，“学科立场”是知识融合、学科融合时期区分学科差异的重要指标，“教育学立场”是探索教育学学科独立性的一个新思路[15]。

2. 教育学的发展困境及改革思路。关于教育学发展面临的困境，有学者在总结中国现代教育学经验教训的基础上指出，一系列的原因导致中国教育学在文化上的双重隔绝：既隔绝于中国文化历史传统，也隔绝于西方文化历史传统。要改变这一状态并使教育学保持必要的文化张力，就必须把传统教育学术纳入研究视野，从教育学史拓展到教育学术史的研究，从而在传统教育学术与现代教育学术之间建立起一种互动对话机制和思想交流平台[16]。有学者提出教育学由经验形态过渡到学科形态以后，应改变以往唯理性化的价值取向，使之真正成为一门实践科学[17]。有学者提出要形成教育学的崇高学术品格。教育研究要勇敢迎接新的挑战，抓住新的机遇，介入新的场域，既建设学科，又化解学科，不断地创造出新的学术生命[18]。

3. 教育学新领域的拓展。有学者从系统的视角、学科的视角和问题域的视角对发展教育学的具体领域进行分析，认为以发展的眼光去理解教育，就必然会进行多门学科的交汇，形成一系列具有学科特质的发展教育学领域[19]。也有学者提出，发展教育学是研究、反思由于社会发展所引发的社会问题、教育问题及其解决的策略，以及如何自觉和主动地通过教育自身的变革去推进社会健康、和谐发展的一个教育学专门研究领域[20]。教育人类学作为人类学的一个分支学科形成于20世纪中叶。有学者认为教育人类学作为一门新兴学科，重在发现和解释不同民族和文化中的差异和不同的流派[21]。有的学者从学科建立与成熟的规范与标准出发，论述了传媒教育学的学科体系的构建，进而形成一个庞大的传媒教育学科群[22]。

（二）教育学研究的范式

随着教育学研究的日趋深入，教育研究范式、方法问题越来越受到学界的重视。有学者从本体论和认识论的角度探讨了教育研究方法论的范式，厘清了方法论、范式、方法、量化研究和质化研究之间的关系。认为研究的科学性首先体现在研究者从事研究的方法论立场以及具体研究中的方法。研究方法论与方法的理解与规范使用是教育研究者的一个非常重要的学术素养，只有具备了这样的素养，才能成为一个独立从事科学研究的研究者[23]。

近年来，教育研究的方法日益多样化，除了传统的理论思辨研究之外，质的研究越来越受到人们的关注。有学者介绍了教育反思——教师可以采用的教育研究方式成果表达形式之一，教育反思是在记录教育事实基础上所进行的思考和评判，教育反思是一种批判性思维活动，它作为研究方式，运用简便，可贯穿教育教学过程的始终；它作为研究成果表达形式，写法灵活，可成为教师成长发展的忠实记录和反映[24]。有学者在批判我国传统的教育研究范式的基础上，提出了教育人类学的研究范式。此种研究范式要求研究者要深入具有异文化性质的“田野”中去作艰苦的调查，并利用所获资料和亲身经历来解说文化与人性。田野工作是指经过人类学专门训练的研究者亲自进入某一社区通过自接观察、访谈、住居体验等参与方式获得第一手研究资料的过程。民族志是指研究者对某一社区、族群或民族的文化所作的描述或解释的文本[25]。

有学者将当前教育学研究呈现的变化态势概括为以下五个方面：方法论意义上的复杂科学已越来越影响教育的研究；教育叙事作为一种研究方法，成为理论界和实践界共同关注的对象，这种转向在一定程度上折射出当前教育学发展的部分路向——从外在世界返归内在世界，从公共生活返归个人生活，从工具理性返归价值理性；专业界限模糊现象既存在于教育学与其他学科的分界之间，也存在于教育学研究从业者之中；走向教育实践，日益成为我国教育学研究者共同的价值追求；本土立场正逐渐回归教育学研究，这可以看做是我国教育学摆脱对西方的依附状态，走向自立和自主的一种努力[26]。

三、素质教育的实施

素质教育提出20多年来，经过民间发端、区域试点、全面规划，当前正处于国家推进、重点突破、全面展开的过程之中，因此，对素质教育实施过程中存在问题的反思是目前教育理论界探讨的一个热点，相关研究主要集中在以下两个层面：

（一）国家宏观层面素质教育的实施

有学者指出我国地域辽阔，由于历史、自然环境、经济、文化传统和民族等诸多因素的影响，各地区在教育发展的规模、质量、速度、效益等方面的差异十分显著。即使在同一区域内部，同一层次的教育也会因办学条件的不同有所差别。因而，各地区实施素质教育的程度不可能处于同一层次，对其要求也不可强求一律，而应从自身的基础和区位条件出发，探索适合于自身情况的素质教育之路㉗。有学者指出目前很多地方存在着政府和教育行政部门，不顾当地的经济、教育发展状况，在制定具体的教育目标、教育政策、实施素质教育的过程中以国家的规定为依据实行“一刀切”的现象，使得很多学校无论是办学经费，还是教学基础设施和师资力量，根本达不到要求，素质教育完全流于形式㉘。针对素质教育实施“一刀切”的问题，有学者指出区域推进素质教育，是适应经济社会发展区域化特征的客观要求。教育发展与经济社会发展之间有着相互促进和相互制约的关系，因而，不同区域经济社会发展的特性，必然在区域教育之中反映出来。随着社会主义市场经济体制的建立，地方经济社会发展的主体地位日益突出，经济社会发展区域化、地方化，经济、科技、教育一体化的进程明显加快。这一发展趋势，使教育呈现出区域化特征与区域化发展态势，也从客观上要求各地必须从当地实际情况出发构建与当地经济社会发展相适应的素质教育，以为其经济社会发展提供人才支持和科技、文化支撑㉙。还有学者指出区域推进素质教育，意味着特定区域内的教育，更加符合该区域经济社会发展的实际，使教育资源配置达到最优化状态，最大限度地提高教育投资效益，提高人口素质㉚。

也有学者从民族地区素质教育的特殊性出发，提出应分类推行素质教育，并分析了制约民族地区实施素质教育的几个关键因素：①部分领导干部对全面推进素质教育的重要性认识不到位；②提高受教育者综合素质的教育观没有完全树立起来；③学校外部环境状况在一定程度上影响了素质教育的顺利推行；④学校领导班子和教师队伍整体素质难以适应全面推行素质教育的需要㉛。民族地区实施素质教育可采取以下对策和措施：加快办学体制改革，推动教育产业化进程；调整教育资源布局结构，科学配置教育资源，提高办学效益；深化教育教学改革，把提高教育质量作为实施素质教育的基础；改革大中专院校招生制度和毕业生就业制度；加强学校领导班子建设，优化教师队伍结构㉜。

（二）学校管理层面素质教育的实施

对于学校管理层面素质教育的实施，学者们从观念层面、方式与方法层面、制度层面提出了相应的建议。

1. 观念层面。有学者提出学校管理要有效服务于素质教育，首先应该树立正确的管理观。正确的学校管理观必须以正确的发展观、教育观、人才观、质量观、学生观、教师观、教学观为基础㉝。还有学者指出管理不是目的，只是一个工具，管理的目的在于通过实施素质教育，促进学生的全面发展。但在实际管理中，校长们往往强调了手段而忽视了目的，即本真的教育问题：学校组织及其教育活动怎样才能有利于学生的发展㉞？针对一些学校管理者在实施素质教育的过程中将素质教育与考试对立起来的错误认识，有学者认为不把学校推进素质教育不力归咎于外部制度因素，不把素质教育与考试对立起来，不把课堂教学与“应试教育”简单挂钩，不把课外活动与素质教育直接等同，这些认识为提升学校管理对素质教育的服务能力提供了广阔的空间㉟。

2. 方式与方法层面。素质教育要落到实处，必须把先进的观念转化为行为。有学者指出学校管理方式变革的总体要求就是科学管理、民主管理、依法管理。学校不仅要教书育人，还应该管理育人，具有科学精神、民主精神、法治精神的现代管理方式会成为隐性课程，对学生产生潜移默化的重要影响，形成学生的现代人格。此外，科学管理、民主管理、依法管理是推进素质教育的管理保障。科学管理要求按照教育规律办学，把育人作为学校工作的核心，要求学校管理围绕学和教展开，服务于学和教，引领学和教在正确的方向上前行。民主管理要求干群关系平等、师生关系平等，要求教师、家长参与学校管理，要求倾听教师和学生的声音，而民主机制的最后目的在于增进教育教学的专业性，更好地促进学生发展，使教育更符合学生的长远利益㊱。依法管理则要求学校贯彻国家的教育方针、教育法规，并制定具体的制度和程序予以保障。

3. 制度层面。有学者指出，学校管理要为素质教育服务，要重点加强教学制度和评价制度的建设。其次，要建立和健全教师和家长民主参与学校管理的制度㊲。

四、对基础教育课程改革的反思

近年来，基础教育课程改革给中小学教育教学带来了新观念、新气象，日益成为当前中小学教育教学改革的主旋律。但随着基础教育课程改革的逐步深化，在实施过程中也出现了一些问题。对此，学界展开了深入的讨论和反思。

（一）新课程改革理论基础的反思

学者们对于基础教育改革的理论基础讨论已久，持有不同教育观的教育研究者对此有不同的研究视角。从2004年开始持续到2005年的对于课程改革的基础问题的讨论，围绕课程改革中一系列课程教学概念的重建，以及两种对立鲜明的知识观，把我国新课程改革理论基础的研究和讨论推到了一个新的高潮。知识观是人们对知识本质、来源、范围、标准、价值等的看法，它是构成课程改革的重要前提和理论依据。针对学界有人提出的“轻视知识的教育思潮”，有学者认为有必要围绕“知识”、“学习”、“课堂文化”等概念作辨析，借以澄清制约我国课程创新的若干模糊认识，明确课程创新的概念重建基础[38]。有学者认为课程改革需要有新视点与生长点，包括：课程观念和课程体制的同步变革；摆脱分科主义，推进“课程统整”；创生新的课堂文化；确立新的课程资源观；教师和学校自主而合作的发展。这五点可以作为新课程改革的理论基础。有学者认为马克思主义是课程改革的指导思想和理论基础，要以马克思主义的认识论和全面发展学说作为进行课程改革的理论依据，旗帜鲜明地提出了“马克思个人全面发展的学说，是改革不可动摇的理论基础”的观点[39]。此外，有的学者分析了我国著名教育家陶行知先生的课程教育思想，认为这是我国新一轮课程改革的理论基础，陶行知先生将杜威的“教育即社会”、“学习即生活”、“在做中学”改造为“社会即教育”和“生活即学习”，也是新课程改革的理论基础之一，真正做到了外国文化中国化[40]。

（二）实施策略的反思与改进

新课程改革的实施涉及了方方面面的要素，为此，很多学者从不同的角度对课程改革具体实施中的各种要素进行了反思。

（1）教师。教师是新课程实施中最关键的角色，是直接实施新课程的核心人物，因此，对于教师的培训和教师素养的要求，一直以来都是学者们关注的重心。有的学者讨论了教师是“知识传播者”还是“课程建设者”，认为教师角色的转换直接影响到了当前的基础教育课程改革的成败，教师的角色不再以信息的传播者、讲师或组织良好的知识体系的呈现者为主，其主要职能已从“教”转变为“导”，教师角色必须作出适应开放式教育的转换，既是知识的输出者又是学生自主学习的引导者；教师必须变书本知识的复制者为学生创造能力的培养者；教师要由强调统一性的教育者转变为真正意义上的因材施教者[41]。有的学者质疑了课程改革实施以来主张教师应该成为学生学习的促进者、教育教学的研究者、课程的建设和开发者、整个社区教育、科学、文化事业建设的共建者，简称“五者”[42]。

（2）课程改革的管理体制。改革至今，管理体制一直是课程改革顺利进行的前提保证，没有配套的管理机制，新课改就不能很好的实施。有学者具体讨论了课程改革中的权力下放问题，认为课程管理体制的集权与分权是一个国家的课程管理体制是其教育管理体制的一部分，而教育管理体制又取决于一个国家的民族文化传统、社会心理和现行政治体制，因此，课程管理体制也自然由上述因素决定[43]。有的学者从校长的课程管理谈起，明确了课程管理的范围、课程管理的内涵、课程行政管理与学校课程管理，并进一步对新课程改革背景下校长课程管理职能的发挥进行了探讨[44]。

（3）评价机制。课程评价机制是新课改中重要的一个部分，因此也引起了学者们的广泛关注。有学者认为，课程评价遭遇了一个两难困境：理论的课程与实践的评价矛盾冲突，造成课程评价与以选拔为宗旨的考试对立，致使它不能左右逢源，找不到既与理论的课程一致又适合于评价实践的出路[45]，因此要走出课程评价改革的两难困境。也有学者指出，新课程改革过程中需要正确处理几对矛盾，即教育评价的理论模式与操作程序的矛盾，量化评价与质性评价的矛盾，以及评价方法的“西化”与本土化的矛盾。独断地宣称一种评价方法的合理性和不合理性，无益于评价改革；简单地复制西方国家的评价方法，特别是某些国外已淘汰的方法，对评价理论的创新不利；以特定情境为基础的、冷静的教育评价研究，具有长久的、普遍的意义[46]。面对评价中学生学习成果评价标准的缺失，有的学者认为要提供针对不同水平学习成果所设计的评价指标，帮助教师评价学生所取得的学习成果[47]。

五、社会转型时期德育面临的问题和挑战

目前我国正处于社会转型时期，学者们结合时代特点反思当前德育，指出传统德育存在的种种问题，针对德育实效性低下的现状，从不同视角提出了新的德育理念和方法。

（一）转型时期德育面临的问题

转型时期经济的发展、信息技术的普及、多元文化和意识形态的碰撞都对德育提出了前所未有的挑战和机遇，也使传统德育面临一系列亟待解决的

问题。主要表现在：

1. 学校德育的泛化

当前学校德育的重要性日益凸显，德育的外延似乎也在日趋扩大，包含的内容越来越广，功能越来越强，承载的负担也越来越重，这种德育的泛化正是导致德育实效性低下的原因之一。有学者从德育内容和德育功能两方面讨论德育的泛化，指出不能靠德育去解决一切教育问题，相反，德育泛化会导致抓不住德育的主要矛盾，使学校德育对最基本的德育问题认识不清，最终会导致德育效果的弱化[48]。

2. 人的缺位

有学者指出，我国几千年的传统"民本"思维根深蒂固，对高校德育也产生了重要影响，"以民为本"的思想延伸到德育领域的最大弊端便是德育中"人的缺位"，主要表现为学生主体的缺位、德育目标的偏离、"人之为人"教育的匮乏、德育内容的空疏化以及德育教师的窘境[49]。

3. 德育的边缘化、外在化、知识化

有学者认为，当代的教育在现代化的转型中发生了变异，不再以人自身的发展和完善为最终目的，而注重培养能够凭借科学技术去利用、支配外部世界的人。"在现代教育中，人性的教化和知识的学习走向了二元分裂。"当代道德教育陷入边缘化的境遇，作为德育核心内容的"道德"被诠释为外在化的行为规范和规则，道德教育以知识化的形态存在，它向学生传输的是被普遍化和客体化了的道德知识，道德学习与学习者的道德生活两相分离，这必然导致德育背离其最终目标，使德育变成枯燥无味的道德训诫[50]。

（二）德育的方法、手段

传统的以灌输、说教为主的德育方法在一定程度上已经不能适应变化的形势，社会环境的变化和德育对象特点的变化都要求我们探索新的有效的德育方法。

1. 德育方法的转变

有学者对传统的德育方法进行了反思，借鉴伦理学、经济学、心理学等相关学科的理论丰富和改造了传统的德育方法理论，探索出一些行之有效的新时期学校德育工作新方法，如利益调节法、登门槛技术法、冲突引导法、情感激励法、自发对称破缺法和无意识教育法等。认为变革德育方法的突破口在于：变训斥式教育为疏导式教育，变封闭式教育为开放式教育，变包办式教育为自治式教育，变单一式教育为综合式教育，变保守式教育为创新式教育[51]。

2. 情感感化法

有学者认为，情感感化法是被大量事实证明并为广大思想教育工作者广泛认同的一种教育方法，但是如果没有对教育对象的"爱"，就不会有真挚的感情，也不可能产生打动人心的效果，因此应该让德育充满爱，这就要求德育工作者要有真诚的态度、公平的原则和以身作则的精神[52]。

3. 真实道德教育情境

有学者主张，在真实道德情境中恰当地设置道德冲突，分析其中预设的或生成的道德冲突中所隐含的道德价值取向，有目的地对它加以利用、引导和控制，贴近学生的生活和经验，注意适合不同学生道德发展的需要，这一德育方法有利于学生的道德成长[53]。

4. 基于关怀式道德教育的道德学习

有学者认为，关怀式的道德教育注重实践、尊重学生的生命与感受、强调师生关系以及教师以身作则的道德意义，是一种能够切实推动道德学习的道德教育。儿童基于此，通过师生关系、生活世界、课堂交往、文本叙事、圈层叙事和自我叙事进行道德学习，则可望完成不断获得道德成长的内在的、根本的环节[54]。

（三）网络德育

互联网给德育工作带来了机遇和挑战，网络德育仍是诸多学者关注的焦点。2005 年 9 月 24—25 日"网络思想教育研究学术研讨会"的召开使高校网络思想教育成为德育研究领域的热点。

许多学者认为，我们应加强网络德育队伍建设，抢占网络新阵地，形成学校、家庭、社会三方面的教育合力。有学者指出，对于与网络相关的青少年德育问题，我们应采取积极的策略，如建设网络环境、采取专题应对、实行因材施教[55]。

有学者以网络建设比较完善的高校作为研究对象，提出了"校园网络亚传播圈"的概念，指出校园网络亚传播圈对于高校德育工作的有重要意义：校园网络亚传播圈的基本特性与大学生思想形成发展规律的要求具有相符性；还提供了在互联网信息环境中构建教育主体与客体之间有效中介的可能性；也说明了网络思想政治教育与现实思想政治教育相结合的必要性[56]。

有学者认为，随着教育实践的发展，网络思想政治教育过程中特殊的矛盾关系逐渐凸显出来，知识性与价值性、虚拟性与现实性、开放性与凝聚性、主导性与互动性、社会教育与自我教育的关系是当前网络思想政治教育实践中五个重要的关系，高校网络思想政治教育工作必须处理好这五个关系才能不断提高其实效性[57]。

六、高考制度改革

高考问题一直备受全社会的关注，教育理论界对高考制度改革中存在的问题也进行了深入的讨论和反思。2005年学界探讨的热点主要有：

（一）高考的统一与独立之争

有学者认为，从20世纪的整个世界各国高校招生的情况来看，高考制度从分散走向统一是一个大的趋势。统一考试可以达到公平与高效，方便全国各地考生，还可节省人力、物力、财力和时间。此外，兼顾统一性和多样性是我们高考改革的方向[58]。

但也有学者认为，统一高考制度是不公平的，考生们在起点上就是不公平的，存在不同地区不同录取分数线的地域不公平，农村和城市之间、农村和农村之间、城市和城市之间、各个学校和地区之间的办学经费也不同。另外，也带来了其他问题，如全国统一行动工作量太大，一年考试一次学生选择的机会较小，统一考试时间集中跨时区过大，统一考试的招生人才结果并不如人意，应当赋予高校的自主招生权[59]。

（二）高考招生机构改革

由于目前高校自主招生也存在一些问题，如成本高、收效低，发现的特色学生较少；人才选拔的标准和手段不完善。为此，有学者建议：转变传统的人才观和教育观；加强高校自主招生工作的宏观管理；设立独立的考试机构，根据高校对人才的要求组织专门的考试，并将考试结果提供给高校；建立诚信体系；自主招生政策应与保送生政策有机结合起来[60]。关于高考社会化，独立考试的具体操作，可由专门的考试机构负责举办，学生可以直接向考试机构申请报考，考试成绩直接向学生本人发放，作为学生向高校提出申请的证明之一。报考高校的工作，都由高校和学生直接联系，原则上和中学脱钩[61]。

（三）高考的考试科目设计

目前，全国“3+X”高考科目设置方案主要有三种：“3+文科综合/理科综合”，“3+不同专业的考试科目要求”，“3+大综合+学生自选科目”。各种方案，或提早文理分科，不利于学生形成全面的知识结构；或选考科数太多，变相增加了学生的学习负担，不利于创新能力的培养，与呼声渐高的学生减负相背离。有学者认为，高考改革在于考试方式的变革，建议考试科目改为3+1[62]。还有学者认为，某省正在酝酿的“3+1+1”的高考方案更具先进性，其中，“3”是指语、数、外3门学科，第一个“1”是指文、理、艺、体等不同的方向加试的一个学科，这给了学生第一次选择的机会；第二个“1”是指报考大学专业指定的一个学科，这给了学生第二次选择的机会。而其他的必修课程则可通过水平考试的方式，由学生根据自己的学习进度确定考试时间，只要达到基本要求即可[63]。

（四）高考录取中的问题

有学者认为在高考录取中，有一些客观因素导致无法做到真正的公平，但是，有些政策是人为导致的不公平，是可以消除的。

1. 录取名额的地区不公平。有学者认为，目前我国实行的分省录取的高考政策具有太强的倾向性，是对正义的平等原则和差异原则的贯彻不足。高考招生指标分配也是录取体制中的一个核心问题。分省定额、画线录取，各地录取定额并非按考生人数平均分配，而是按各地高教资源的状况以及优先照顾城市考生的原则。分省录取制度虽有其现实意义，但应当在教育和经济发展水平大致相当的大区逐步实现按分数统一录取的办法[64]。

2. 录取标准的不公平。一些不合理的特殊政策加剧了教育不公，如特长生、保送生、定向生、调剂生等等。有学者反对一考定终身，反对大力推行标准题选择题。认为公正性和公平性是指在录取学生的标准和程序面前人人平等，而不是指在考试分数面前人人平等[65]。

还有学者认为，要建立全面择优的招生体系。高校录取学生的条件应包括以下三方面：高中阶段在校学习成绩和高中毕业会考成绩；高中阶段的综合素质测评；高考成绩[66]。

（五）高考移民问题

2005年“两会”期间，“高考移民”成为参加“两会”的教育界代表口中的高频词。高考移民的表象是考生以获得更好的高等教育资源为目的，通过户籍迁移的途径，跨省参加高考。由于各省的录取分数线不一，各省市间高校录取分数线相差较大，是产生录取分数高的省份的学生“移民”到录取分数低的省份进行高考的直接原因。此外，高考成功带来的高收益，使考生及其家长对高考投入的成本在所不惜。对于迁入地学校而言，外地生源入校，既可以增加本校财政收入，多收一笔择校费，又可以提高学校升学率和声誉。有学者指出解决这一问题的根本途径有：（1）转变教育、人口、人才观念，实现教育机会均等。（2）在充分考虑人口基数的前提下，实行同比录取政策。(3) 进行教育评价制度改革，改变一考定终身的高招制度。大力推进过程性评价改革，利用信息化平台加强诚信机制建设[67]。

七、农村教育

继农村税费改革之后，2005 年温家宝总理在《政府工作报告》中提出“两免一补”的教育政策，农村教育再次成为教育研究的热点。学者们主要是从税费改革后农村义务教育的发展、农村职业教育的发展和农村留守儿童的权益保障等方面对农村教育的研究进一步深化和拓展。

（一）税费改革后农村义务教育的发展

税费改革后我国基本确立了农村义务教育管理“以县为主”、投入“以中央和省级政府为主”的新的管理体制。新体制极大地促进了农村教育的发展，但仍然面临许多问题。有学者指出：目前对贫困地区而言，“以县为主”的新体制无法保障教育的投入，县级统筹难以实现，同时中央和省级财政对贫困地区义务教育的转移支付无法满足贫困地区义务教育发展的需求[68]。要真正落实“以县为主”农村义务教育管理体制，就必须解决“保工资、保运转、保安全、保发展”的问题，真正建立起中央、省、县三级政府稳定合理的财政投入分担机制[69]。也有学者对我国东部、中部和西部三类地区教育经费支出的分担机制进行了合理划分，对三类地区中央和地方各级政府承担农村义务教育各项经费的财政责任分工提出了具体的建议方案，确定了三类地区各级政府分担教育预算内最低保障经费的数额及其比例关系[70]。

对农村义务教育欠债问题的关注也是税费改革和免收学杂费政策之后的一大热点。中西部各省、市、自治区都有不同程度的“普九”欠债，将农村义务教育管理权限上收到县的同时，应当考虑县和乡镇权利义务的重新划分。有学者提出，对教育欠债问题，中央和省级政府应当进行有力支持和强力干预，逐步确定“普九”债务的主体，并最终转移和偿还教育欠债，以保证政府的公信力和教育的良好形象[71]。

但也有学者在调查的基础上得出结论，农村义务教育目前存在的许多问题主要不是税费改革造成的，而是以往一些问题的延续。因此，应当建立农村义务教育投入的利益协调机制和公共财政体制框架下的教育投入机制，并建立健全的教育财政预算体制和监督体制。同时，中央政府要切实改善教育投资结构；省级政府应当承担更多的义务教育的责任[72]。

（二）农村职业教育的发展研究

近年来，随着农村产业结构的调整，大量富余的劳动力转移，这对农村教育，特别是农村职业教育的发展提出了新的要求和挑战。有学者认为，阻碍农村教育发展的主要原因在于学习内容不符合农村学生的不同需求。农村教育的实质是农村职业教育，这是由城乡教育差距的长期性这一基本国情所决定，应当从教育制度、体制和运行机制这一源头上找出根源，通过制度与机制建设治理根本，并与农民成人职后教育相衔接，建立和完善具有中国特色的农村与农民职业教育体系和机制，为农村居民的全面发展和农村现代化服务[73]。

有学者从农村职业教育发展制约因素入手，强调改革农村人力资源市场、完善农村职业教育机构与组织框架、加强农村职业教育服务基础设施建设、有效控制教育费用上涨、构建农村劳动力保障与开发体系的政策与机制，是职业教育制度创新的关键所在[74]。还有学者以发达地区、发展中地区、欠发达地区的调查研究为基础，探讨了农村职业教育与农村“三化”（农业产业化、农村城镇化、农村现代化）的互动关系，从区域差异、人才素质结构、课程和师资等角度探讨适应农村“三化”的职业教育办学模式，并最终提出了具有现实针对性和可操作性的发展战略[75]。

（三）农村教育中留守儿童的权益保障问题

留守儿童的教育是农村基础教育的难点，需要给予特别的关注。有学者从社会因素和政策因素两个方面分析了农村留守儿童的相关问题，并指出留守子女问题是“三农”问题的衍生物。在社会转型时期，要求家庭、社区、学校、政府等各社会主体，特别是政府必须具有高度的灵敏性以适应社会的发展。彻底解决留守子女问题的前提是消除城乡差距，不仅解决其表面上所呈现出来的农民的就业和收入问题，更需要解决的是利益的重新分配问题[76]。也有学者实地调查了农村留守儿童的生活和受教育状态以及学校实施的“关爱工程”，在肯定这项工程意义的同时，也提出中央政府的经费保障责任和农村学校因地、因人制宜，实现其教育功能、理念和办学体制上的转型[77]。

八、职业教育

职业教育是各类教育事业中与经济社会发展联系最直接、最密切的部分，职业教育的改革与发展，是提升我国综合国力、构建和谐社会的重要途径。2005 年国务院召开了全国职业教育工作会议并发布《关于大力发展职业教育的决定》，这成为我国职业教育发展历程中具有里程碑意义的重要事件。伴随着职业教育的快速发展，相关的理论研究日趋被学界所关注。相关研究主要集中在以下几个方面：

（一）职业教育的经费投入

在职业教育曲折发展的历程中，经费投入不足，是学者们普遍提出的制约职业教育发展的因素。有学者认为，尽管职业技术教育的成本显著高于普通教育，需要实训基地、实验设施设备以及大量的材耗，而且专业技术是动态的，教学设备设施需要根据市场变化不断更新。但近年来，和普通高中教育、普通高等教育相比，政府财政给职教事业的投入却每况愈下，多数情况下职业学校要靠自收自支[78]。

另有学者认为，我国中等职业教育经费支出不仅绝对量和相对值较小，而且动态来看中等职业教育所占全部教育经费支出的比重，还有逐年减少的趋势[79]。

有学者指出基于职业教育是一种技能教育，投入不足必定会给职业教育的进一步发展带来很大的困难，也将影响到培养技能型人才的实际效果[80]。

（二）职业教育课程改革

在职业教育改革中，课程改革一直是备受关注的热点问题之一。如何使职业教育的课程设置达到使学生的潜能向现实的职业素质生成转化，并达到与社会政治、经济、文化的发展相适应的目的，是一个需要深入研究和亟待解决的实践课题。

有学者认为，职业教育课程开发与建设必须围绕职业能力这个核心，确保各项能力目标有相应的课程或课程模块；课程设置既要与教育目标、层次相适应，又要符合学生身心发展规律，能为学生今后生存和发展奠定基础；课程设置既要便于各级教育行政部门的宏观管理，也要有利于学校微观管理的实施，既要体现学校教育的规范性，又能呈现较强的灵活性[81]。

也有学者认为，现代职业教育的课程开发应当建立在整体的、过程导向的职业分析基础之上，并符合职业发展的心理规律，是将职业分析、工作分析、行为结构分析、企业生产（或经营）过程分析、职业资格分析、个人发展目标和教学分析等结合在一起的综合性过程[82]。

（三）职业教育的管理体制

有学者认为，目前政府对职业教育管理方面存在管理交叉、资金分散等问题，职业教育管理和投入体制仍需改善[83]。又有学者认为，应成立地、县两级教育委员会或职教综合管理机构，负责统一管理各类职教机构，及时预测人才需求情况，确定并实施近、远期职教发展规划，总体安排职教结构布局，完善职教层次结构，合理配置资源，协调教育与经济、教育系统内部诸要素之间的各种关系，组织监督与评价[84]。

另有学者认为，要从根本上解决职业技术教育的办学体制问题，促进职业教育的真正发展，转变政府职能，寻找多元的投资主体，走民办、私立为主的办学途径，可能是目前的较好选择。以民办、私立为主来发展职业教育，容易把社会、企业以及个人的需求和实际需要紧密联系起来[85]。

还有学者认为，职业技术教育在资源分配失衡的体制和政策环境中容易被忽视。另外，现有的招生与评价制度也对职业教育的地位造成了负面影响[86]。因此在教育内部，持续不断地加大对职业教育的投入，在教育资源的分配、招生与评价制度等诸多方面努力维护教育公平和各类教育的和谐发展，应该成为各级政府尤其是地方政府长期的责任[87]。

除了上述三个方面的集中探讨之外，还有学者从其他角度对于职业教育的发展提出了建议。如有学者认为，随着社会主义市场经济体制和公共财政制度的完善，我国政府将在社会管理、公共服务领域负起更多的责任，特别要对资助弱势群体接受职业教育培训承担起更大的责任。对于作为基本技能训练的职业学校教育，政府财政需要尽可能提供基本资助和补贴；对于有一定市场回报率的职业教育，政府应通过贴息贷款或奖学金等予以资助；对于有很高市场回报率的，政府应对学习成绩较为优异者提供全额资助[88]。还有学者认为，高职教育投融资要发挥市场机制的作用，拓展投资渠道，除政府制定优惠政策加大投入外，还需加强高职教育与行业企业天然的紧密联系，通过产学研合作争取行业企业支持，扩大民间融资力度，积极吸引国外教育资金投入[89]。

九、教师的社会经济地位

教师的经济状况和在社会中所处的地位问题关系着教师的职业认同和专业发展，因此是影响教育改革和发展的重要因素，2005年学界对此问题颇为关注，主要从以下几个方面进行了探讨：

（一）教师待遇与工资制度

有学者对我国教师报酬的机制和模式进行了探讨，指出教师作为教育中的首要资源，教师劳动报酬的机制与模式不仅深受政治、文化体制的影响，更受劳动价值规律、市场经济规律的影响。我国应建立和完善与社会主义市场经济体制相适应、与劳动工资体制和教育发展相适应的教师人力资本市场，规范和完善高效合理的教师人才市场的形成与运行[90]。有学者认为中国传统价值观念对教师的待遇与社会地位有负面影响。我国教师的地位及待遇不高的事实与我国传统的畸形尊师观、错误身份观、极端义利观和中庸的平均观等有着密切关系[91]。也有学者介绍了美国教师的工资制度，美国部分学区正在试行一种基于知识与能力表现水平的教师个人工资制的改革，研究发现教师参与制定和执行教学表现评价标准及奖励标准的程度影响着他们对改革措施的态度，美国的改革试验对我国教育管理领域的改革具有借鉴意义[92]。

（二）教师的政治地位与职业权力

有学者对西方马克思主义关于教师阶层身份的研究进行了评析。指出教师的身份是与当代资本主义社会阶级和社会阶层的重新分化密切相关的。教师作为服务阶级，运用学历、学位层级、职称层级、职务层级以及专业学会等维护其阶级和阶层的利益。对教师的经济身份、政治身份和意识形态身份的分析识别可以确认教师的阶级地位和阶级立场；教师在学校教育实现社会筛选和分化功能中扮演着主要角色，教师职业一直是社会底层阶级立志向上流动的主要职业，教师的养成（师资训育）也是一个资产阶级的意识形态社会化的过程；教师通过专业化的证书制度才受雇于国家，获得国家授予的教育权力；教师职业目前仍然存在边缘化或无产阶级化的可能[93]。也有学者通过对国家的权力旨趣及其衍生物——教育关系的分析，揭示了知识在生产、再生产、流通、分配和消费过程中所具有的严格的规定性，并剖析了权力、法律和道德在形成这种规定性过程中所扮演的角色及其行为策略，进而诠释了教师职业文化的内涵及律动法则[94]。有学者认为学术自由这一大学教师的法定职业权利当前仍受到不同程度的限制，分析其原因，宏观方面主要有社会的政治、法律、和传统观念和社会理念的影响；中观方面主要是大学的管理体制，如考核晋升制度及经费管理模式的限制；微观方面主要是大学教师个人对学术自由的自觉意识不够、学术权威的制约以及经济状况、时间分配上的冲突等因素的影响[95]。有学者介绍了美国大学终身教职与学术自由的关系，指出终身教职成为保障美国大学教师学术自由的制度性工具，它还是对大学教师学术生涯脆弱性的一种制度性保护，是大学与教师营建共荣共生关系的一种制度性纽带[96]。

（三）教师的法律身份与其法律保障

有学者认为高等院校教师的身份带有雇员与公务人员的双重色彩，教师既不是公务员，也不是学校的附属物。教师作为独立个体的存在，是实行教师聘任制的条件。高校与教师之间的聘任关系可以适用劳动法来进行调整[97]。也有学者指出由于现行教育法律、法规对高等学校与教师权利、义务规定的不对等，以及高等学校同时拥有管理者与聘任者的双重身份，导致高校教师聘任形式上的平等和实际上的不平等。因此，只有完善现行教育法律、法规，加强对高等学校聘任权的监督，明确教师聘任适用的法律依据，才能保证教师聘任制的依法实施[98]。有学者探讨了代课教师的相关法律问题。代课教师的存在与《教师法》、《教师资格条例》等法律相矛盾，在聘用和辞退中产生了许多法律纠纷。但代课教师的产生有其现实性，因此应该承认其合法性，尽快出台必要的政策和法律，把代课教师纳入规范化管理轨道[99]。有学者分析了教师申诉制度的性质并且探讨了教师申诉与行政复议与行政诉讼的关系，认为判定教师申诉制度性质的关键应看教师申诉的内容属于行政争议还是民事争议。“如果属于民事争议，教师申诉就应属于行政裁决。如果是行政争议则比较复杂，需要看教师与学校的关系属于一般权力关系还是特殊权力关系，如果是一般权力关系，则教师申诉是行政复议的一种，如果是特殊权力关系，则教师申诉仅仅是一种行政系统内部的申诉，与公务员的申诉一样，此时的申诉处理结果是终局决定，教师对申诉处理结果不服不可以提起诉讼。”[100]

此外，教师流动状况是体现教师社会地位及其变迁的重要方面，有学者对中日中小学教师流动进行了比较研究，指出由于目前我国中小学教师流动的制度和法规还不健全，流动中出现了一些不合理现象。中日两国在教育管理，尤其在教师流动的管理上有许多相似之处。日本实行了完善的、行之有效的教师定期流动制，对我国的教师流动政策的制定具有借鉴意义[101]。除了对教师社会经济地位的理论探讨之外，也有学者对我国苏北农村教师队伍的状况进行了大规模的实证调查，调查内容涉及教师的工资待遇和教师的专业素质等，并指出了目前农村初中教师队伍存在的问题，提出了相应的政策建议[102]。

十、高等学校学术规范问题

近年来随着学术失范现象的层出不穷，学术规范与学术腐败问题一直是学术界探讨的热点，特别是自2004年8月教育部颁行《高等学校哲学社会科学研究学术规范（试行）》以来，更是为广大学者所关注，其讨论的焦点主要集中在以下四个方面：

（一）学术规范与学术创新

有学者指出学术界存在着两种截然不同的学术规范：一种是单纯形式上的学术规范，另一种是实质性的学术规范。作为实质性的学术规范，它把创新理解为任何学术成果的存在方式，因而也理解为任何学术规范的内在诉求。因此，以创新为灵魂的实质性的学术规范要求具有谦虚谨慎，好学沉思，认真对待前人和同代人已经作出的代表性成果的学术研究态度，可考虑把专家匿名评估这种学术成果评估方式作为基本条款写进学术规范中[103]。也有学者认为既然学术研究的根本目的是为了创新，其最基本的规范就应该以保证创新为基础。所以在学术研究中，必须充分了解已有成果的全部内容，必须说明自己的成果与已有成果之间的关系，必须如实、详细地说明自己的结论是如何得出来的，整个研究过程应该公开。遵守这些规范是学术创新的基本条件[104]。

（二）学术规范与学术评价

1. 学术评价中的不良现象

有学者提出了“评比学术”的概念，指出所有的学术活动都以或主要以“评比”为核心，不是评比为学术服务，而是学术为评比服务。毫无节制而又不断加码且泛滥成灾的各类评比，已经成为学术发展的桎梏[105]。有学者对学术评审中的组织不当竞争行为作了研究，指出这种组织不当竞争行为的特征、危害，并从学校受贿和专家受贿两个层面分析了该行为的成因，提出了相应的治理方法[106]。还有学者对学术的量化评价标准的成因作了分析，主要包括知识分子自身的心态浮躁、官本位的渗透、急于创建大学体系与一流大学的影响和现时代对原创性行为的抑制，故需要从本原上、观念上、制度上寻求解决的途径，建立科学和公正的学术评价标准[107]。

2. 学术评价规则与制度的建构

有学者提出构建时间与空间双重制约的学术评价规则，从时间上看，我国现行的2—3年的科研成果评价时限过短，建议把参评科研成果的时间下限定为发表5年以上；从空间上看，优秀的科研成果必须经受全社会的检验，而我国现有的征求校外同行专家意见的制度则显力度不够，因此可采取组建学术道德委员会、取消学术评价中的身份歧视等举措予以加强[108]。有学者则提出应建立一个可与世界接轨，又有中国特色的学术规范机制和学术评价系统，具体包括阳光机制与暗箱机制的有机结合、公平机制的建立和“体外海评系统”与“分化评价系统”的创立[109]。有学者在指出现有的基于专家评审制度的网络学术评审机制缺陷的基础上，提出构建基于“学术共同体”评价制度的网络评审——“网络评审2.0版”，分析了其实施的障碍和具体构建[110]。

（三）学术规范与人才培养

有学者指出高校人才培养在学术规范教育领域存在欠缺，主要表现在学术写作技术规范、道德规范以及研究方法规范等方面，并提出了相应的对策，即把学术规范教育纳入高校人才培养教育体系；多渠道加强学术道德教育；高校教师应以身作则，言传身教；要强化创新意识，实施创新教育[111]。有学者对研究生的学风建设进行了初步探索，分析了研究生学风的内涵和学风建设的意义，指出了目前研究生学风在治学目的、治学态度、治学方法和治学精神等方面存在的问题，并从研究生自身、导师、学校、社会和制度各方面探寻了问题的成因，提出了研究生学风建设的途径[112]。有学者通过对当前研究生的学术规范教育现状的调查研究指出：研究生群体中存在学术不规范的行为，研究生非常缺乏学术规范的知识，研究生的学术规范教育还远远不够。因此，高校还需要作出各种努力来加强研究生的学术规范教育[113]。有学者针对我国目前博士生教育面临的六大突出问题，立足于学术规范的立场，提供了八大对应举措，并认为博士生培养若能从综合治理入手，全面整顿，则广大师生不仅是学术规范的受制者，而且还将是它的受益者[114]。

（四）学术失范

有学者总结了当下应重点加以制止的十二种学术失范现象：第一，学术成果的粗制滥造；第二，学术成果的低水平重复；第三，学术成果东拼西凑；第四，隐匿学术源流；第五，抄袭剽窃他人的学术成果；第六，抄袭国外学术成果的核心观点；第七，无偿占有学生的学术成果；第八，学术研究成果的“老板化”“主编制”；第九，攀附著名学者，自我包装低劣学术成果；第十，自我炒作、自我宣传；第十一，一稿多投；第十二，跑奖、要奖、骗取学术名誉等等[115]。有学者分析了当前学术失范的主要原因：一是学术规范方面的养成教育不够；二是我们的学术传统中缺乏引文意识；三是期刊和出版社的编辑缺乏学术规范意识。并指出解决学术失范问题的突破口是增强遵守学术引文意识和规范学术评价活动[116]。有学者从政治、经济、文化和社会四个方面分析了学术失范的深刻原因，具体表现为非民主政治的因素、非市场经济的因素、儒家文化传统的根深蒂固和熟人社会的现实[117]。有学者从心理学的角度对高校学术失范的心理动因作了分析，从心理调控的层面提出了高校学术道德规范、伦理规范、技术规范和操作规范的具体构建步骤和方式[118]。有学者从越轨社会学角度出发，采用集体主义研究模式，从制度层面，探究了大学学术道德失范的实质、表现和危害；分析、论证了学术制度的供给不足是导致大学学术道德失范最直接也是最主要的根源，并简要分析了社会政治、经济、文化（教育）制度的缺陷对大学学术道德失范的影响；在此基础上，提出了整治大学学术道德失范的主要措施——加强学术制度和社会制度的供给和创新[119]。

学术腐败作为学术失范行为中最为严重的一种行为，备受学界的关注。有学者分析了造成学术腐败的主要原因：第一，“双肩挑”——裁判员与运动员集于一身；第二，行政权侵犯学术权；第三，教育科研体制落后；第四，政治体制改革落后[120]。有学者提出学术腐败的责任主要由管理部门来负，学术腐败和管理部门的问题都应是当代学术史上值得关注的现象[121]。有学者指出在现行体制下，对于学术腐败需要综合治理，重点打击，把学术反腐当做系统工作来抓：第一，立即改变目前国家领导人和高级公务员到高校担任院长、教授、博导的流弊；第二，切实改变目前研究生与学校教育中愈演愈烈的“产业化”、“市场化”取向；第三，进一步加大学术惩处的力度；第四，进一步加强舆论监督，推进学术批评；第五，在教育界、学术界和全社会养成尊重学术、敬畏学术的良好风气，让学术回归学术[122]。有学者对新时期高校学术腐败问题进行了探析，指出新时期高校的学术腐败行为主要表现在论文及著作的撰写、发表或出版过程中、科研课题的立项过程中、科研成果的申报、鉴定、评奖过程中、职称的评定过程中以及学历学位的授予过程中，并对其原因进行了分析：道德缺失、自律放松是根本原因；教育薄弱、制度缺失是关键原因；利益驱动、腐败收益是重要原因。在此基础上提出了高校学术腐败治理的基本对策：第一，加强师德建设，提升教师素质是重要前提；第二，建立一套完善的学术法规制度是根本途径[123]。

2005年教育学研究领域也涌现出了一批有代表性的重要的学术著作，如《基础教育改革论》一书，对我国目前正在开展的轰轰烈烈的基础教育课程改革进行了深入的反思，探讨了基础教育课程改革的指导思想和主要目标、基础教育的基础何在、教育改革的特点等问题。该书观点中肯，切合中国实际，字里行间都透露出作者们对中国教育全面深刻的认识，同时也体现出了作者踏实的可操作的改革意识和改革精神，文章通俗易懂，又不乏深刻性，对我国的基础教育课程改革具有重大的指导意义[124]。又如《道德教育的当代论域》，全书比较全面地论述了当代条件下道德教育的基本理论问题，如人学观照中的道德教育、现代化语境中的道德教育、生活论视阈中的德育课程等。内容具有很强的历史性，学术性，现实性[125]。《中国现代教育问题史论——中国教育现代化诸矛盾范畴研究》（人民出版社出版），是系统研究中国现代教育问题的一部力作，尤其是在研究范式方面多有创获：该书是我国学者撰写的第一部“教育问题史”；该书明确将“中国现代教育”作为一个历史整体来看待和研究，突破了断代史研究的局限，对于完善中国教育现代化的历史认识、阐释模式具有拓展性意义；该书以“史论”的形式来进行教育历史与教育现实的双向关照及有效联结，较好地实现了历史的与逻辑的、历史与现实的统一[126]。《性别与教育》一书在教育领域中引入了社会性别视角，用社会性别的基本立场和观点来审视和批判教育中的性别分化现象，破除教育领域中的性别偏见，即“赋教育以社会性别”，视角新颖，观点颇具启发意义[127]。此外，朱小蔓所著《情感德育论》，胡德海所著《教育理念的沉思与言说》，金美福所著《教师自主发展论：教学研同期互动的教职生涯研究》，傅维利主编《教育问题案例研究》，谭静主编《建构教师批判反思的平台：100位教师教育叙事的研究》，张先华著《教育思想的革命》，盛群力等编著《教学设计》，柳清秀所著《班级教育管理艺术》等书也都从不同角度丰富和深化了教育学研究。

（作者：北京师范大学教授）

注：

①朱善璐：《教育为购建和谐社会奠基》，《中国教育报》，2005年4月19日。

②袁振国：《缩小教育差距　促进教育和谐发展》，《教育研究》，2005年第7期。

③张斌贤：《教育发展与社会主义和谐社会建设的关系》，《高等教育研究》，2005年第9期。

④纪大海：《从构建和谐社会的要素看教育作为》，《教育研究》，2005年第9期。

⑤范国睿：《教育公平与和谐社会》，《教育研究》，2005年第5期。

⑥周洪宇：《教育公平：和谐社会的重要内容、基础和实现途径》，《人民教育》，2005年第7期。

⑦苏君阳：《义务教育均衡发展基本策略分析》，《中国教育学刊》，2005年第12期。

⑧李锋亮：《政府有义务对义务教育资源进行均衡化》，《教育研究》，2005，第12期。

⑨纪大海：《基于教育奠基的视角 解读和谐社会的构建》，《中国教育学刊》，2005年。

⑩吴世彩：《以人为本，构建和谐教育》，《人民教育》，2005年第3期。

⑪劳凯声：《公共教育体制改革中的伦理问题教》，《教育研究》，2005年第2期。

⑫张烨：《教育政策分析的制度伦理视角》，《清华大学教育研究》，2005年第2期。

⑬余雅风：《公共性：学校制度变革的基本价值》，《教育研究》，2005年第4期。

⑭程亮：《教育学：科学抑或艺术》，《教育研究》，2005年第7期。

⑮陈振华、徐莉：《中国教育学者何以更好地安身立命》，《教育研究》，2005年第7期。

⑯于述胜等《从教育学史到教育学术史》，《教育研究》，2005年第12期。

⑰刘旭东：《教育学的困境与生机》，《教育研究》，2005年第11期。

⑱孙俊三：《教育研究的境界——论教育学的学术品格与学术精神的追求》，《教育研究》，2005年第11期。

⑲邢永富等：《关于发展教育学的理论思考》，《教育研究》，2005年第4期。

⑳檀传宝：《什么是“发展教育学”？——关于发展教育学及其研究的若干设想》，《教育学报》，2005年第3期。

㉑苏日娜：《论教育人类学的学科性质与研究方法》，《中央民族大学学报》（哲学社会科学版），2005年第3期。

㉒姚云：《传媒教育学学科体系构建设想》，《现代传播》，2005年第2期。

㉓朱志勇：《教育研究方法论范式与方法的反思》，《教育研究与实验》，2005年第1期。

㉔郑金洲：《教育反思——教育研究方式与成果表达形式之四》，《人民教育》，2005年第1期。

㉕滕星、巴占龙：《从书斋到田野——谈教育研究的人类学范式》，《西北师大学报》（社会科学版），2005年第1期。

㉖郑金洲、程亮：《中国教育学研究的发展趋向》，《教育研究》，2005年第11期。

㉗肖川：《从县中现象看素质教育》，《青年教师》，2005年第12期。

㉘任淑梅：《浅谈素质教育》，《安阳工学院学报》，2005年第3期。

㉙许杰，于建福：《区域推进：全面实施素质教育的行动策略》，《中国教育学刊》，2006年第2期。

㉚陶晓辉：《在科学发展观指导下发展民族地区素质教育》，《西北第二民族学院学报》，2005年第3期。

㉛陶晓辉：《试论民族地区实施素质教育的制约因素及改革对策》，《民族教育研究》，2005年第4期。

㉜于建福：《素质教育如何区域推进》，《中国教育报》，2005年1月17日。

㉝王义道：《素质教育与教育质量》，《中国高等教育》，2006年第1期。

㉞张伟，徐松柏：《人本管理观念在现代学校教育管理中的应用》，《辽宁师专学报》（社会科学版），2005年第1期。

㉟王晓辉：《反思素质教育》，《中国教育报》，2005年1月24日。

㊱卓晴君：《群策群力推进中小学素质教育》，《中国教育学刊》，2005年第9期。

㊲文喆：《社会应为素质教育的实践创设条件》，《中国教育学刊》，2005年第10期。

㊳钟启泉：《概念重建与我国课程创新——与〈认真对待“轻视知识”的教育思潮〉作者商榷》，《北京大学教育评论》，2005年第1期。

㊴靳玉乐、艾兴：《新课程改革的理论基础是什么》，《中国教育报》，2005年5月28日。

㊵成尚荣：《陶行知课程思想与基础教育课程改革》，《课程·教材·教法》，2005年第5期。

㊶李莉：《知识传播者还是课程建设者——教师角色的转换能否与教改同行》，《教育理论与实践》，2005年第8期。

㊷郭睿：《也谈教师应该成为“五者”》，《上海教育科研》，2005年第11期。

㊸容中逵：《论基础教育课程管理改革中的权力下放》，《课程·教材·教法》2005年第9期。

㊹彭虹斌：《新课程背景下的校长课程管理》，《课程·教材·教法》，2005年第11期。

㊺杨启亮：《走出课程评价改革的两难困境》，《教育研究》，2005年第9期。

㊻胡中锋、董标：《教育评价：矛盾与分析——在基础教育新课程改革的观照下》，《课程·教材·教法》，2005年第8期。

㊼胡军：《学生学习成果评价标准不能在课程标准中缺失——澳大利亚科学课程内容与标准给我们

的启示》，《课程·教材·教法》，2005 年第 9 期。

㊽杨培平：《学校德育不能是完人教育——谈学校德育的泛化倾向》，《天津教育》，2005 年第 5 期。

㊾陈秉公：《以人为本的德育本体论解读》，《教育研究》，2005 年第 12 期。

㊿鲁洁：《边缘化外在化知识化——道德教育的现代综合征》，《教育研究》，2005 年第 12 期。

(51)冯文全：《论新时期学校德育方法的变革》，《中国教育学刊》，2005 年第 5 期。

(52)邹欣：《让德育充满爱》，《清华大学教育研究》，2005 年第 11 期。

(53)傅维利：《真实的道德冲突与学生的道德成长》，《教育研究》，2005 年第 3 期。

(54)侯晶晶、朱小蔓：《论基于关怀式道德教育的道德学习》，《当代教育科学》，2005 年第 4 期。

(55)檀传宝：《变化了的童年与积极变革的德育——德育如何面对网络时代》，《信息技术教育》，2005 年第 10 期。

(56)张再兴、张瑜：《校园网络亚传播圈及其德育意义》，《清华大学学报》（哲学社会科学版），2005 年第 4 期。

(57)吴倬、张瑜：《论高校网络德育中需要处理好的五个关系》，《教学与研究》，2005 年第 11 期。

(58)刘海峰：《考试公正与教育公平》，《教育与职业》，2005 年第 22 期。

(59)顾海兵：《高考与统一高考之辩——兼与孙东东教授商榷》，《湖北招生考试》，2005 年第 41 期。

(60)宗俊峰、王燕：《关于自主招生政策的思考》，《北京教育》（高教版），2005 年第 4 期。

(61)胡百良：《关于改革高校招生制度的思考和建议》，《基础教育参考》，2005 年第 6 期。

(62)史朝观点：《考试公正与教育公平》，《教育与职业》，2005 年第 22 期。

(63)李希贵：《高考录取制度关乎高中素质教育的成败》，《中国教育学刊》，2005 年第 10 期。

(64)李立峰：《高考录取制度与社会公平》，《基础教育参考》，2005 年第 6 期。

(65)(66)胡百良：《关于改革高校招生制度的思考和建议》，《基础教育参考》，2005 年第 6 期。

(67)王刚：《高考移民：从哪儿来，从哪儿去?》，《中小学管理》，2005 年第 5 期。

(68)王世忠、王一涛：《完善义务教育管理体制的思考》，《基础教育参考》，2005 年第 1 期。

(69)张守祥：《农村义务教育管理体制：进展、问题、建议》，《基础教育参考》，2005 年第 1 期。

(70)高如峰：《对农村义务教育各级政府财政责任分工的建议方案》，《教育研究》，2005 年第 3 期；高如峰：《中国农村义务教育财政体制研究》，人民教育出版社，2005 年。

(71)张守祥：《农村义务教育管理体制：进展、问题、建议》，《基础教育参考》，2005 年第 1 期。

(72)魏向赤：《税费改革对农村义务教育的影响》，《教育研究》，2005 年第 3 期。

(73)李水山：《我国农村职业教育存在的主要问题与发展对策》，《教育与职业》，2005 年第 2 期。

(74)楼世洲：《农村职业技术教育发展制约因素分析》，《中国农业教育》，2005 年第 1 期。

(75)黄育云等主编：《农村职业教育与农业产业化、农村城镇化、农村现代化互动研究》，中国农业出版社，2005 年。

(76)彭大鹏、赵俊清：《农村“留守子女”问题之社会与政策因素分析》，《基础教育参考》，2005 年第 1 期。

(77)吴理财、杨振杰：《关爱“空巢学生”，关爱农村教育——湖北监利县关爱“空巢学生”工程调查》，《清华大学教育研究》，2005 年第 2 期。

(78)郭培源：《关于中国职业教育面临的困境与改革对策建议》，《教育发展研究》，2005 年第 24 期。

(79)张云华等：《我国中等职业教育发展现状与对策》，《职业技术教育》，2005 年第 34 期。

(80)郭培源：《关于中国职业教育面临的困境与改革对策建议》，《教育发展研究》，2005 年第 24 期。

(81)董洪光、田军：《以系统科学指导职业教育教学改革》，《职业技术教育》，2005 年第 4 期。

(82)赵志群、赵丹丹、弭晓英：《我国职业教育课程改革理论与实践回顾》，《教育发展研究》，2005 年第 15 期。

(83)张云华等：《我国中等职业教育发展现状与对策》，《职业技术教育》，2005 年第 34 期。

(84)董洪光、田军：《以系统科学指导职业教育教学改革》，《职业技术教育》，2005 年第 4 期。

(85)王炳照：《中国职业技术教育问题的历史反思》，《教育学报》，2005 年第 2 期。

(86)杨金土：《在奋进中滞后　我国职教发展的教育环境分析职业技术教育》，《职业技术教育》，2005 年第 21 期。

(87)和震、耿洁：《2005 年中国职业教育发展述评》，《教育发展研究》，2006 年第 3 期。

(88)张力：《新形势下中国职业教育的宏观政策》，《教育发展研究》，2005 年第 17 期。

⑧⑨梁燕：《WTO背景下高等职业教育改革浅议》，《职业教育研究》，2005年第1期。

⑨⓪楚红丽：《改革进程中教师报酬与人力资本市场建设》，《华中师范大学学报》（人文社会科学版），2005年第3期。

⑨①刘彦文：《论我国传统价值观念负累对教师地位及待遇的负面影响》，《教育探索》，2005年第5期。

⑨②刘邦翔：《美国部分学区试行教师工资改革的启示》，《比较教育研究》，2005年第6期。

⑨③郑新蓉：《教师的阶层身份、社会功能与专业化》，《教育学报》，2005年第3期。

⑨④周润智：《力量就是知识——教师职业文化的生产与再生产》，北京师范大学出版社，2005年版。

⑨⑤江雪梅等：《影响大学教师学术自由的因素分析》，《高等教育研究》，2005年第2期。

⑨⑥王保星：《美国大学终身教职与学术自由的关系》，《北京大学教育评论》，2005年第1期。

⑨⑦毕雁英：《教师法律身份及其与学校纠纷的解决》，《中国高等教育》，2005年第19期。

⑨⑧陈鹏：《高校教师聘任制的法律透视》，《中国高教研究》，2005年第1期。

⑨⑨薄建国：《代课教师的政策与法律问题》，《江西教育科研》，2005年第4期。

⑩⓪鱼霞、申素平、张瑞芳：《教师申诉制度研究》，《教师教育研究》，2005年第5期。

⑩①汪丞：《中日中小学教师流动之比较及启示》，《比较教育研究》，2005年第1期。

⑩②杨延宝：《农村初中教师队伍现状与对策》，《中国教师》，2005年第2期。

⑩③俞吾金：《学术规范的灵魂是学术创新》，教育部社会科学委员会秘书处组编：《学术规范与学风建设论坛》，高等教育出版社，2005年。

⑩④⑪⑤葛剑雄：《学术的生命力在于创新》，教育部社会科学委员会秘书处组编：《学术规范与学风建设论坛》，高等教育出版社，2005年。

⑩⑤邢东田：《“评比学术”的误区及矫正——对当前学术失范现象的一个思考》，《社会科学论坛》，2005年第4期。

⑩⑥解飞厚：《试论学术评审中的组织不正当竞争行为》，教育部社会科学委员会秘书处组编：《学术规范与学风建设论坛》，高等教育出版社，2005年。

⑩⑦温潘亚：《论量化评价标准的成因及其消极影响》，教育部社会科学委员会秘书处组编：《学术规范与学风建设论坛》，高等教育出版社，2005年。

⑩⑧顾海兵：《构建时间与空间双重制约的学术评价规则》，教育部社会科学委员会秘书处组编：《学术规范与学风建设论坛》，高等教育出版社，2005年。

⑩⑨蓝勇：《中国学术评价机制与系统三题》，教育部社会科学委员会秘书处组编：《学术规范与学风建设论坛》，高等教育出版社，2005年。

⑪⓪金武刚：《网络评审2.0版：论“学术共同体”评价制度的构建——以“中国高校人文社科研究优秀成果奖”评选活动为原型》，教育部社会科学委员会秘书处组编：《学术规范与学风建设论坛》，高等教育出版社，2005年。

⑪①沈召前，刘元芹：《学术规范与高校人才培养》，教育部社会科学委员会秘书处组编：《学术规范与学风建设论坛》，高等教育出版社，2005年。

⑪②刘顺厚：《研究生学风建设初探》，教育部社会科学委员会秘书处组编：《学术规范与学风建设论坛》，高等教育出版社，2005年。

⑪③王林：《研究生学术规范教育的调查研究》，《中国高教研究》，2005年第10期。

⑪④郭世佑：《学术规范与博士生教育》，《社会科学论坛》，2005年第3期。

⑪⑥张保生：《从学术失范到学术规范》，《社会科学论坛》，2005年第3期。

⑪⑦吴汉东：《学术规范化中的自律与他律》，教育部社会科学委员会秘书处组编：《学术规范与学风建设论坛》，高等教育出版社，2005年。

⑪⑧郑茂平：《高校学术失范的心理动因及学术规范的心理调控》，教育部社会科学委员会秘书处组编：《学术规范与学风建设论坛》，高等教育出版社，2005年。

⑪⑨江新华：《学术何以失范——大学学术道德失范的制度分析》，社会科学文献出版社，2005年。

⑫⓪贾如：《学术界伪劣产品泛滥成灾　学术腐败扭曲民族灵魂》，《中国青年报》，2005年11月13日。

⑫①邢东田：《“学术腐败史”值得研究》，《云梦学刊》，2005年第4期。

⑫②杨玉圣：《学术腐败综合治问题》，《中国高等教育评估》，2005年第4期。

⑫③刘国皇：《新时期高校学术腐败探析》，《中国科技信息》，2005年第17期。

⑫④王策三等：《基础教育改革论》，知识产权出版社，2005年。

⑫⑤鲁洁：《道德教育的当代论域》，人民出版社，

2005 年。

⑫⑥李剑萍：《中国现代教育问题史论——中国教育现代化诸矛盾范畴研究》，人民出版社，2005 年。

⑫⑦郑新蓉：《性别与教育》，教育出版社，2005 年。

心 理 学

张厚粲　陈海平

2005 年的心理学是研究范围进一步增广，研究深度进一步提高的一年。

一、重要事件、社会活动与推广应用

在学会方面，2005 年是心理学会及其各专业委员会的换届选举年，经过理事会和各个专业委员会的努力，这一任务已经于 2005 年 10 月上海第 10 次全国心理学大会期间顺利完成。新一届理事会仍由张侃教授任理事长，乐国安、叶浩生、沈模卫、莫雷和董奇任副理事长，杨玉芳任秘书长，同时改选了各专业委员会的主任、副主任。换届后的新一届领导班子和成员已经到位开始工作。

2005 年心理学的热点之一是心理健康和心理咨询。继 2004 年设立全国“5·25——大学生心理健康日”后，2005 年第六届北京大学生心理健康节在北京师范大学举行，活动的主题是以职业生涯规划为重点的“我爱我——放飞理想，规划人生”。健康节开幕式上“首都大学生关注心理健康社团联盟”也宣告成立，标志着首都大学生心理健康活动走向成熟和规范。“心理健康节”已成为首都乃至全国高校开展大学生思想政治教育、丰富校园文化、促进青年成长成才的重要活动。2005 年心理学会多个专业委员会的年会和论文也都突出了心理健康的主题。除了第八届中国生理心理学学术大会的主题是“心理、行为与健康”，法制心理专业委员会在厦门专门举办了一次以公安司法警官心理健康为内容的专题研讨会外，中国心理学会临床与咨询心理学专业委员会还与中国心理卫生协会心理治疗与心理咨询专业委员会合作，于 2005 年 10 月 22—23 日在北京联合举办了“全国首届心理创伤治疗和危机干预学术研讨会”，会议主题为心理创伤治疗和危机干预的理论与应用研究，会议内容涉及创伤的病理心理学、分离性障碍的特点、创伤的心理治疗、眼动脱敏与再加工技术、自杀的现状与预防、危机干预、哀伤辅导、灾难与危机干预机制的建立、心理热线在危机干预中的作用等[①]。这些主题活动彰显了心理健康问题和服务的普遍性和迫切性。

与心理健康密切相关的另一个应用领域就是企业心理健康服务的开展，体现在员工帮助计划（employee assistance program，EAP）开始在国内一些企业推广应用，北京师范大学心理学院的一批学者为此作出了重要贡献。EAP 在企业受到欢迎，说明随着社会和经济的迅速发展，企业管理者已经意识到员工心理健康对企业绩效的重要性，说明心理健康服务正从教育行业向其他行业拓展和深入。EAP 作为继心理测评（人才选拔）、管理咨询之后心理学在企业应用的一个新主题，它顺应了企业文化建设的需要，是人本管理的具体体现，预计这一领域还将继续扩展。

此外，心理学的应用也在军事和体育方面取得进展。军事心理学委员会根据总政治部干部部和总后勤部卫生部防疫局的指示，于 2005 年 6 月 27 日至 30 日在北京和西安地区首次开展军队院校应招学员心理检测试点工作，共检测应招学员 2309 名，对 199 名（占 8.62%）存有疑点的学员作了心理访谈[②]。运动心理学委员会则积极开展备战奥运会的心理咨询和心理训练工作[③]。

2005 年是我国认知科学研究领域值得纪念的一年。诚如朱滢教授[④]所言，2005 年的两大重要事件，一是心理学首次有了国家重点实验室，二是陈霖教授的拓扑性质知觉理论得到世界同行的重点关注。对于前一个事件，受美国 2002 年 6 月国家科学基金会和美国商务部共同提出聚合纳米技术、生物技术、信息技术和认知科学四大技术宏伟蓝图的影响，我国科技部在 2005 年设立了两个认知科学研究的国家重点实验室：北京师范大学的认知神经科学与学习国家重点实验室，以及中科院生物物理所的脑与认知科学国家重点实验室[⑤]。国家重点实验室的建立，不仅是国家对认知科学研究前景的重视，更是对心理学工作者在这一领域研究成果的肯定和对心理学工作者的期许。

陈霖院士关于知觉的拓扑理论，是心理学知觉研究领域的一个亮点。他主张知觉组织应该从变换

(transformation）和变换中的不变性（invariance）来理解，认为知觉组织的大范围（global）性质可以用拓扑不变性来描述，并且拓扑性质知觉优先于局部特征性质的知觉。1982年他在science杂志上原创性地提出了“拓扑性质初期知觉”的假说，并获得了一系列实验研究证据的支持，被国际上越来越多的同行专家所接受。Visual Cognition杂志2005年第四期专刊介绍陈霖教授的知觉理论，并配有视知觉和注意、认知神经科学等领域多名知名学者的评论文章[⑥]。

二、学术方面的进展

1. 认知研究领域的进展

利用事件相关电位（ERP）技术研究心理加工的机制，是当前国际心理学研究领域的一个热点，吸引了很多研究者参与。罗劲等借助猜谜作业继续探寻顿悟的脑机制，他们根据自己的实验结果认为380ms的负成分潜伏期（N380）起源于扣带前回，反映顿悟问题解决过程中的思维定式突破。鉴于脑成像研究是一种相关研究，无法提供因果解释，需要行为研究的证据，因此罗劲等人设计了多种实验条件来检验以往由脑成像研究得出的“知道感”与“不知道感”是两个独立认知过程的结论[⑦]。他们观察到深度加工能使“知道感”的预测准确性增加，但却降低“不知道感”的预测准确性，从而在行为上验证到“知道感”与“不知道感”是两个独立认知过程[⑧]。几乎同时，苏彦捷等人对线索和靶子频率的实验也得到支持这一结论的行为证据[⑨]。郭春彦等借助ERP研究了记忆的自由回忆和再认两种提取方式对相继记忆（Dm）效应的影响，结果表明两种提取方式激活不同的脑区，对Dm效应有不同的影响[⑩]。彭聃龄等利用ERP证实汉语词汇产生过程中，语义提取先于语音提取[⑪]。此外，还有一些其他主题的脑功能成像研究，如数字加工的[⑫]和自上而下注意控制[⑬]，显示脑成像研究将继续成为研究热点。

一些学者仍然对基本认知过程的机制感兴趣。如张侃指导研究生做了主方位判断的实验，认为主方位判断过程实际上就是自我参照和环境参照转化和整合的过程[⑭]。他指导学生去除被试部分运动觉，研究对路径整合的影响，得到与国际同类研究基本一致的结果[⑮]。傅小兰等观察[⑯]到样例的多寡影响内隐学习的成绩，再次验证[⑰]数字加工中内源性注意与外源性注意的不同效应，认为对数字加工产生影响的主要是属于自下而上的自动化的外源性注意而非自上而下的内源性注意，证实[⑱]特征类型会影响组合概念的范畴效应。李德明等对潜变量测量结果进行分析，认为执行功能并非单一的认知结构，可以分离成抑制优势反应、记忆刷新、注意转换这样的执行加工过程[⑲]。此外，赵民涛等的实验证明在多视点学习条件下，场景空间表征具有朝向特异性[⑳]。

关于各种认知加工的脑机制和行为机理方面也有不少有益的探索。例如行为敏感化是成瘾的重要行为反应，一些心理学家力图探讨药物成瘾的机理，郑希耕等观察连续给予大鼠吗啡条件下的行为敏感化效应，观察到在新环境中活动水平低的大鼠比活动水平高的大鼠具有更高的行为敏感化效应[㉑]。而李新旺等同样利用大鼠进行实验，发现胆碱酯酶抑制剂毒扁豆碱既能抑制吗啡诱导的行为敏感化，也能阻断小剂量吗啡对行为敏感化的“点燃”作用，由此推论吗啡导致的行为敏感化与其抑制乙酰胆碱的分泌有关[㉒]。林文娟等的实验显示神经颗粒素可以作为预测应急所致焦虑行为的敏感指标[㉓]，他们进一步的实验显示修饰行为可能是反映情绪状态的敏感行为指标，而前脑皮层的神经颗粒素水平则可能是预测情绪应激所致焦虑或抑郁行为的敏感生物学指标[㉔]。此外，研究表明，内侧颞叶与来源记忆相关[㉕]。

对于因果关系认知机制也有一些探索。研究发现，人们对因果关系的估计不能用统一的模型予以描述和概括[㉖]。陈英和等力图分离共变信息和个体知识经验在因果判断中的作用，他们的实验表明个体在因果判断中，没有简单将两种信息相加，或者把经验信息用作控制共变信息进入的闸门，而是先判断经验信息再判断共变信息，若出现不一致则再回到经验信息，即是说个体综合两种信息进行因果判断[㉗]。

2. 语言加工与阅读障碍研究

语言加工研究继续有收获。例如在语言认知中，研究发现回忆时高频词的成绩优于低频词，而在再认时则相反，这种频率的二重性引起了很多研究者的关注。朱滢等对频率的二重性进行实验，结果证明在自我参照加工中的这种效应仍然存在，他们对此提出了自己的解释[㉘]。杨玉芳等的实验显示，重读不仅调控注意的分配，而且启动不同的信息加工方式；不一致性重读会妨碍口语语篇的理解和加工[㉙]。实验结果显示词频与词义的透明度在字词识别中存在显著的交互作用[㉚]；新的修饰语会被重读，旧的修饰语不被重读，修饰语并不投射焦点[㉛]。

在语言加工研究领域，汉语不同于英语等西方语言的一个重要特色在于它是非拼音文字，以往对汉语字、形、义的加工已经积累了一批重要的研究成果，当前的研究有了进一步的扩展。例如张厚粲等的实验表明汉语加工同样存在视觉加工中的重复知盲效应，只是出现的时间稍晚，呈现的速度越快困难越大[32]。彭聃龄等的实验研究表明，汉语形声字加工同样存在前词汇通路，预示着双通道模型同样适用于作为非拼音文字的汉语[33]。实验还表明，汉字的识别语音对低频字字形的加工有一定的影响[34]；汉语动词的隐含因果性会影响主语和宾语的相对通达性[35]。

以董奇为首的研究群体在儿童第二语言（英语）的学习方面有了较多的研究。根据测验结果，他们提出3－6岁学前儿童的语音意识、字母知识和口语词汇知识具有明显的年龄特征[36]；汉语儿童语音意识的发展兼具英语国家儿童和我们自己的发展特点[37]。而中学生在英语阅读的过程中，用母语注释生词与用英语注释生词会在进程的不同阶段产生不同的影响[38]。实验表明，熟悉文化特征有助于英语语篇的理解[39]。双语儿童的语音意识与词汇阅读之间存在跨语言的多重相关，汉语音节辨认和英语音素识别对预测儿童的双语词汇阅读能力比较重要[40]。

发展性阅读障碍是近年来国际心理语言学、认知神经科学领域异常活跃的研究领域。由于阅读障碍在拼音文字国家学龄儿童中发病率较高，该领域研究受到各国政府和研究者的普遍重视，已经获得重要进展。舒华博士领导的研究群体，在汉语阅读障碍领域有了许多重要的发现。例如通过群体异质性研究，他们发现语音障碍、语素障碍和命名速度障碍是汉语阅读障碍中最重要的三种缺陷[41]。他们首次报道了汉语发展性阅读表层障碍和深层障碍的个案，发现汉语发展性阅读障碍存在不同的亚类型[42]。他们发现与英语障碍儿童共有的问题是语音意识缺陷不同，语素缺陷可能是汉语阅读障碍的一个核心缺陷[43]。他们还对一个脑梗塞患者的名词性损伤进行了测试分析，提供了一个汉语心理词典存在词类信息的佐证[44]。这些研究成果为国际进一步探讨遗传和文化对阅读困难的影响提供了一个重要的研究线索，也为汉语发展性阅读障碍的诊断和矫治奠定了基础。

3. 人格研究

一些研究关注人格问题的探讨。黄希庭等从学生的角度研究教师人格，从将近1600名大中小学生对理想教师的描述中得到一些教师人格的描述维度[45]。杨波采用词汇法对典籍《史记》中102个人物进行了人格评定研究，根据因素分析结果提出了描述古代中国人人格的四个维度：仁、智、勇、隐[46]。研究初步表明，大学生在职业自我效能上表现出性别差异，男生在现实型方面的自我效能感明显强于女生，而在艺术、社会、常规型方面女生明显优于男生[47]。

此外，还有一些关于人格文化差异的研究。王登峰等的研究认为外显自尊与中国人人格结构中的自我指向有关，而作为独立构想的内隐自尊则与各个人格结构不存在显著的相关[48]。张日升等对比中日大学生对健康的理解，结果显示中日大学生在自律性、身体因素和心理因素三个维度上存在差异[49]。

4. 心理发展研究

儿童在核心知识领域的朴素理论是目前儿童认知发展研究领域中的热点课题，目前研究者公认儿童有朴素物理学、心理理论和朴素生物学理论三个核心知识领域[50]。针对学前儿童是否具备朴素生物理论的争论，方富熹等人的两个研究显示6岁儿童在衰老以及繁殖维度上已经具有朴素的生物理论[51]。

除了未见有朴素物理理论的研究外，儿童心理理论的相关研究有了不少。心理理论是指通过考虑他人的思维与感觉来解释和预测行为的能力，包括社会认知和社会知觉两方面，而情绪理解是社会知觉成分的一个重要内容。心理理论能力被认为在很大程度上制约着儿童社会关系和社会行为的发展。陈英和等采用横断面设计，研究幼儿的心理理论和情绪理解的发展，结果表明4岁是幼儿心理理论和情绪理解发展的关键期，大多数5岁幼儿都基本具备了心理理论和情绪理解能力[52]。徐芬等有关幼儿说谎研究的结果也显示4岁是幼儿心理理论发展的一个重要时期[53]。方格等的实验表明学前儿童主要依据愿望推测他人情绪，对信念和愿望的认知水平制约儿童对他人情绪的理解[54]。苏彦捷等证明纳西族和汉族3—5岁儿童的情绪理解能力具有相似的发展规律但不同步[55]；3—6岁儿童的外显欺骗显著少于隐蔽欺骗[56]。研究显示，受同伴欢迎的儿童其二级错误信念认知成绩高于被拒绝、有争议或被忽视的儿童[57]。

关于儿童认知发展还有很多研究。如注意瞬脱是在快速呈现成串刺激中，被试对目标刺激的正确辨认阻碍其对时间上邻近刺激辨认的现象。张厚粲等60的研究表明，小学二至四年级是注意瞬脱发展的敏感期[58]。郭德俊等研究13—15岁儿童对面部表情的觉察，观察到同一类表情一起呈现，愤怒表情的觉察比愉快表情的觉察慢，而不同类型的表情一起呈现则反而比愉快表情的觉察快[59]。申继亮等的数百名青少年的测试结果显示，青少年的创造性倾向由自信心、好奇心、探索性、挑战性和意志力五个维度组成，初中一年级是关键期[60]。

对于社会发展，众多的研究涵盖了从婴儿到大学生的各个年龄阶段。陈会昌领导的研究群体在这一领域做了很多工作。他们对家庭自然情境中的亲子互动行为进行了录像观察，认为母亲的控制、父母之间的情感表达和父亲在身体上对儿童的积极情感，都会影响儿童抑制倾向的发展[61]。他们研究了2岁幼儿在延迟满足情境中的自我控制行为，认为2岁幼儿已经具备了延迟性的自我控制行为，且女孩的自我控制行为明显高于男孩，父母尤其是母亲体验到的家庭和谐程度越高，越能预测儿童的延迟性自我控制行为[62]。他们观察了4岁和7岁儿童的社交退缩行为，没有发现两个年龄段之间的退缩行为存在预测关系[63]。邹泓等的研究显示，主观感知的社会支持尽管与外界提供的实际支持存在显著相关，但感知的支持多寡显然与主体的人格特点有关[64]；基于对1000多名大学生的调查结果的聚类分析，他们提出了划分大学生社会能力的子类结构，据此编制的大学生社会能力问卷具有令人满意的信度和效度[65]。

个体的心理发展与家庭成长环境有密切关系。王文忠等的实验表明，家庭重视理想则个体容易形成以追求成功为中心的调节倾向，如果家庭强调责任则个体容易形成回避失败的调节倾向。强调同一情境中成功的意义和机会会提高个体的行动意愿，追求改变和创新，而强调失败的风险促使个体犹豫，回避风险[66]。研究显示，父母教养方式中的情感因素，对中学生自我调节学习有显著的影响，惩罚严厉因素对学习价值和学习期待有显著影响[67]。

以申继亮为首的研究小组对老龄群体有较多的研究。他们的实验验证了不同类型心算的老化速度存在差异的事实[68]；对比老年人与青年人对自身记忆的信念，结果显示在一般记忆能力上没有年龄差异，而对特定情境的记忆能力反而老年人自评更高[69]；测量显示教育水平对老年人的认知能力具有积极的影响，年龄则有消极影响[70]。此外，郑日昌等人对数百人进行的量表测试显示，饲养宠物犬有利于空巢父母的身心健康[71]。罗婷、焦书兰等利用结构方程对一般流体智力的结构与老化机制的关系进行研究，结果表明只有加工速度、抑制性注意是一般流体智力的主要认知成分，而工作记忆与之只是共变关系[72]。

5. 发展异常、心理障碍与心理健康的研究

各个年龄阶段的学习困难受到关注。小学学习不良儿童在学习、学术自我和社会适应几方面都不如普通儿童[73]。研究显示，初中学习困难学生为了应付考试而学习更可能采取消极被动的学习方法，为了弄懂知识而学习则更可能采取积极主动的学习方法，可能导致更好的学习成绩[74]。研究观察到，不同学习风格的小学生表现出不同的学业成绩差异[75]，学优生和学差生解答数学应用题采取不同的表征策略[76]，小学儿童在反复学习过程中会不断调整自己的学习时间分配[77]。

有些研究者对中重度心理障碍特别关注。例如，有研究表明，孤独症个体的情景记忆存在损伤，而语义记忆相对完好；理解他人的能力严重受损，反映自己心理特性和状态的能力保持完好[78]。而韩布新等测试对比了中年Ⅱ型糖尿病人的记忆特点，认为他们的一般信息加工能力正常只是特异信息加工能力受到了损伤[79]。钟杰等比较了高低强迫症被试对于强迫症敏感词、情绪词和中性词三类词汇的再认成绩和记忆信心，发现无论高强迫症还是低强迫症被试都对情绪词和敏感词具有一定的偏好，高强迫症被试对新旧词语的辨别存在某种能力缺损[80]。

尽管总体上青少年的心理健康良好，但有研究显示似乎女生的心理健康水平不如男生，高中生不如初中生[81]。应用Achenbach青少年自评量表对北京市中学生的测查结果表明，青少年行为问题的发生率高达13.01%[82]。在女性大学生中，学业压力和人际压力对负性情绪的产生既有直接作用，也有通过消极解决问题策略的中介产生的作用，而经济压力则主要是通过消极解决问题和寻求支持策略的中介作用于负性情绪[83]。对60项国内使用SCL-90量表的研究进行元分析的结果表明，各类疾病患者在强迫症状、人际关系敏感性、敌对、偏执等维度上都明显高于常模，但各类疾病彼此之间无差异[84]。

当前研究的一个热点问题是网络成瘾。网络成瘾行为的在线调查表明，大学生网络成瘾的比例为12.9%，男生高于女生（分别为14.6%和10.4%），主要陷于网络娱乐和感官刺激[85]。白羽和樊富珉对大学生网络成瘾量表进行了修订，能够有效区分正常、网络依赖和网络成瘾三类群体[86]。某些人格特征如外向性、神经质与青少年的互联网服务使用偏好有关[87]。

针对影响健康的因素有了很多研究。例如研究表明，大学生感受到的压力同时受其人格和社会支持的影响[88]；人们生病时表现出更多的依恋倾向[89]；大学生的羞耻感会影响其社交焦虑[90]；学生应对心理问题的方式也是影响心理健康的主要因素之一[91]。崔红和王登峰的研究显示中国人中的双性化个体的心理社会适应水平最低，其次是女性化和未分化个体，社会适应最好的是男性化个体[92]。

很多研究者关注工作压力造成的心理健康问题，

例如就教师的工作压力和心理健康问题，研究显示，小学教师的自我效能感和集体效能感高预示其工作满意度、内在动机、工作投入、同事关系的满意度高[93]。职业技术学校的教师采用的积极应对方式显著多于消极应对方式，总体上压力较轻，但存在学生难管、成就感低的困惑[94]；中学教师对能力的归因能够预测其创造效能感和工作效能感，而教龄和性别都会影响对运气的归因[95]。李虹编制了一个信度和结构效度都比较满意的大学教师工作压力量表[96]。也有人对护士的工作压力、人格特点与心理健康的关系进行了测查，结果显示护士的工作压力与其焦虑及抑郁水平呈正相关，A型性格的护士工作压力更大[97]。

艾滋病是个备受瞩目的社会问题，对此王建平等给予了较多的关注。他们调查185名由于有偿献血而感染HIV的人，证实这些感染者大多存在严重的抑郁、焦虑等情绪障碍[98]；通过网络调查，对比了正常、怀疑感染和特别担心感染三种人群的艾滋病知识、对艾滋病的态度和人格特点，结果表明恐艾组和怀疑感染组基本上没有差别，但这两组的知识比正常组多，有更多的高危行为[99]。

除了艾滋病领域，心理学还表现出对弱势群体的关心。特别值得一提的是方晓义等在定性访谈的基础上，对北京市的两千多年轻（样本的80%为15—39岁的青壮年）流动人口进行了问卷调查，发现这个群体存在高比例的吸烟酗酒和高危的性行为，相当多的人有抑郁、宿命和悲观情绪，对生活和工作的满意度不高。他们认为对流动人口心理健康的干预存在社会歧视、社会支持系统匮乏、群体自身的高流动性等困难，需要整体规划和各种资源的整合，运用多样灵活的形式方法才能实现[100]。

6. 教育心理与心理干预

很自然，心理问题的普遍性和心理健康受到关注，使得人们关注的一个焦点转向心理干预的方法和效果。张日升等观察了幼儿在箱庭疗法中的某些行为特点[101]。张建新等探讨了我国目前大学生心理障碍干预模式存在的问题，认为干预的途径和方法片面单一，缺乏相关研究，他们进而提出了自己的大学生心理障碍干预模式[102]。辛自强等则反对完全消极理解压力，他们的研究表明建构主义的数学教学有助于激发学生的二级认知压力[103]。郭德俊等的实验显示元认知干预不仅有助于初中生元认知能力的提高，还有助于激发他们的学习动机[104]。

针对心理干预效果也有了一些研究。郑日昌等为期15周的对照实验显示团体绘画干预可以缓解精神分裂症患者的精神症状，促进患者自我概念和生活质量的提升[105]。方晓义等的实验显示，由主持研究的课题组成员进行吸烟行为的干预效果要优于由教师进行的干预[106]。云维生等人结合症状自评量表SCL-90、焦虑自评量表SAS和抑郁自评量表的测查，判定森田疗法对于包括强迫症在内的神经症是一种比较有效的治疗方法[107]。对小学儿童进行同伴冲突解决的训练能够对同伴间的合作产生积极的效果[108]。

7. 社会心理

一些研究的着眼点是文化差异。如罗跃嘉等试图建立中国人的情绪面孔系统，观察到大学生对情绪的辨认表现出明显的差异，高兴和平静的认同度很高，而厌恶、恐惧则较难认同[109]。施建农等的研究得到与国外研究不同的结果，美术工作者与普通人的最大不同不在感觉寻求，而在比较强的摆脱抑制倾向，现代绘画风格的艺术工作者比传统绘画风格的人更需要感觉的刺激和新异的体验[110]。刘曦等关注多元文化中的民族差异，研究少数民族对主流文化的疏离感，编制测量少数民族文化疏离感的量表[111]。

也许是前期研究相对匮乏，问题比较复杂的缘故，行为决策研究没有预想的那么多。李纾利用弱优势模型进一步检验了其“齐当别”模型，提出选择不出现反转，不是因为每次选择都认定所选方案具有最大价值，乃是因为每次选择都认定最大的差异来自同一固定的维度[112]。对社会困境的探讨有了初步的尝试，例如时勘等在公共物品决策情境中，观察到先前决策者的合作在初期和中期会起到示范作用，而在后期则会后续决策会出于搭便车或担心自己利益受损而采取竞争行为[113]。

8. 组织行为与管理研究

关于团队的研究开始深入到团队成员之间互动的探讨。武欣和吴志明以真实任务测量研究了团队共享心智模型的某些影响因素，结果显示团队成员沟通越好，团队中搭便车行为越少，越有利于形成共享心智模型[114]。张志学等试图开发测量团队成员互动的量表，取得了比较满意的信度和效度[115]。

组织情境中的价值观和人格因素继续受到关注。车宏生等关注组织支持理论的研究取得进展[116]，金盛华等对全国8省市400多名工人的价值取向进行了调查[117]，时勘等在调查的基础上尝试研制测量变革型领导的问卷，提出德行垂范、领导魅力、愿景激励和个性化关怀四个维度的测验构想，这一构想并得到了验证性因素分析结果的支持[118]。张志学等利用案例分析和测量探讨企业最高决策者个人特性和行为对企业战略决策的作用，得出的模型认为决策者的认知复杂性和认知需要影响到其分析定向，进而影响到对机会的判定和策略的选择[119]。

9. 消费心理学

消费领域有了一些对消费行为的深度探索。例如雷莉等研究了低卷入情境的品牌延伸，他们的实验显示品牌的类别固着度越小，抽象性越高，声誉越大，品牌的远延伸越容易成功[120]。赵平等的测量研究证明消费者满意度测量中既存在总体印象的光环效应，也存在显著维度的光环效应，都会通过对满意度直接影响较大的维度来传递，因此他们建议企业在改进消费者满意度时可以利用显著维度来弥补其他维度的不足[121]。赵平等还对将近3000名冰箱、空调和洗衣机行业的消费者进行问卷调查，了解消费者不满意购买发生后的抱怨方式，结果发现直接抱怨的消费者在品牌形象感知、满意度和再次购买倾向方面显著高于负面口碑和沉默抵抗的消费者，研究者据此认为消费者直接抱怨是对企业有信心的表示，企业应该鼓励消费者直接抱怨，这样不仅使消费者的不满得到直接宣泄，而且可以为企业提供发现并改正问题的机会[122]。

10. 统计方法和心理测量的研究以及测量工具的研制

张厚粲领导的研究群体对测量统计中的信度估计问题做了一些非常有意义的探索。他们利用模拟数据研究了表现性评价中评分者的信度问题，认为使用概化理论估计评分者信度要比相关系数、一致性百分比和Cronbach α系数组内相关更优[123]。就质性研究数据编码的一致性问题，他们检验了编码者信度的不同方法，结果表明归类一致性指数和编码信度系数受相同编码数影响而不稳定，相关系数受数据类型制约，中位数检验受研究设计影响，概化系数则受编码者和编码项目的数量影响，需要根据不同的情况采用[124]。此外，他们还关注前后两次测验或者同一测验不同分测验间的分数差异是否稳定的问题，他们对差异分数信度（difference score reliability）进行了模拟数据分析，发现两次测试得分的信度接近时，两次测试的标准差相差越大，差异分数的信度越高；而当两次测试得分信度不等时，只要其中一次测试的信度和标准差同时大于另一次；两次测试相关越低，无论信度如何，差异分数的信度越高[125]。

2005年心理测量研究的一个重要特点是一大批测量量表和工具的研制。例如金盛华等130结合深度访谈、开放式问卷和800多例大学生调查，建立了大学生职业价值观的模型，区分出目的性和手段性子模型，编制出测量大学生职业价值观的问卷[126]。此外，还有大学生行为抑制量表[127]、中文情绪形容词检测表[128]、溃疡症状自评量表[129]、香港华人少女进食障碍问卷[130]、Maslach倦怠量表（学生版）[131]、大七人格量表简式[132]、消费者独特性需求量表中文版[133]，等等。不过其中多数量表还需要跟进信度、效度和实际应用的检验才能真正称得上是具有良好测量学性能的量表。

总的来说，2005年的心理学在2004年国际心理学大会之后是相对平静但扎实推进研究的一年，在脑成像研究、阅读障碍等众多的领域取得了一批重要的理论研究成果，高级统计方法如线性结构方程的应用变得非常普遍，一批年轻学者日益昭示出活力。心理学正以蓬勃发展的面貌展示自己的魅力，贴近人们的生活。

（作者：张厚粲，北京师范大学教授；
陈海平，北京师范大学讲师）

注：

①中国心理学会临床与咨询心理学专业委员会2005年工作总结。

②军事心理学专业委员会2005年年度总结及2006年工作计划。

③中国心理学会体育运动心理学专业委员会工作报告。

④⑥朱滢：《陈霖的拓扑性质知觉理论》，《心理科学》，2005年第5期。

⑤傅小兰：《认知研究厚积薄发》，《心理科学进展》，2005年第4期。

⑦买晓琴、罗劲等：《猜谜作业中顿悟的ERP效应》，《心理学报》，2005年第1期。

⑧王培培、罗劲：《知道感（FOK）和不知道感（FOnK）的实验分离》，《心理学报》，2005年第4期。

⑨刘岩、苏彦捷、徐国庆：《知道感与不知道感：两种不同的认知加工过程——一项来自行为实验的证据》，《心理学报》，2005年第5期。

⑩屈南、郭春彦等：《提取方式对相继记忆效应的影响》，《心理学报》，2005年第1期。

⑪郭桃梅、彭聃龄等：《汉语词汇产生中的义、音信息提取时间进程的ERP研究》，《心理学报》，2005第5期。

⑫张红川、董奇、周新林：《数字加工的脑功能成像研究进展及其皮层定位》，《心理科学》，2005年第1期。

⑬陈骐、刘岩、周晓林：《自上而下注意控制的

脑成像研究进展》，《心理科学》，2005年第1期。

⑭周荣刚、张侃：《自我参照和环境参照整合过程中的主方位判断》，《心理学报》，2005年第3期。

⑮周佳树、张侃：《运动觉、布局无关运动与路径整合》，《心理科学》，2005年第6期。

⑯付秋芳、傅小兰：《样例数量对内隐系列学习的影响》，《心理科学》，2005年第4期。

⑰刘超、买晓琴、傅小兰：《内源性注意与外源性注意对数字加工的不同影响》，《心理学报》，2005年第2期。

⑱刘烨、傅小兰：《特征类型在组合概念范畴效应中的作用》，《心理学报》，2005年第4期。

⑲陈天勇、李德明：《执行功能可分离性及与年龄关系的潜变量分析》，《心理学报》，2005年第2期。

⑳赵民涛、牟炜民：《多视点条件下空间表征的朝向特异性》，2005年第3期。

㉑郑希耕、李勇辉等：《吗啡行为及条件性行为敏感化效应及其个体差异》，《心理学报》，2005年第3期。

㉒李新旺、徐爱红等：《毒扁豆碱对吗啡导致的大鼠行为敏感化的抑制作用》，《心理学报》，2005年第3期。

㉓李欢欢、林文娟等：《强迫性冷水游泳应急对大鼠行为和海马神经颗粒素的影响》，《心理学报》，2005年第3期。

㉔李欢欢、林文娟、李俊发：《不同应激范式对大鼠行为和脑神经颗粒素含量的影响》，《心理学报》，2005年第6期。

㉕聂爱情、郭春燕：《内侧颞叶与来源记忆》，《心理科学》，2005年第1期。

㉖王墨耘、傅小兰：《样例学习条件下的因果力估计》，《心理学报》，2005年第1期。

㉗胡清芬、陈英和、林崇德：《因果判断中经验与共变信息的结合及各自作用》，《心理学报》，2005年第2期。

㉘张力、朱滢：《自我参照加工中的频率作用二重性》，《心理科学》，2005年第3期。

㉙李晓庆、杨玉芳：《重读与信息结构对语篇理解加工的影响》，《心理学报》，2005年第1期；《不一致性重读对口语语篇加工中信息激活水平的影响》，《心理学报》，2005年第3期。

㉚高兵、高峰强：《汉语字词识别中词频和词义透明度的交互作用》，《心理科学》，2005年第6期。

㉛王丹、杨玉芳：《修饰语的焦点和重音对话语理解的影响》，《心理科学》，2005年第3期。

㉜王爱平、张厚粲：《汉字加工中呈现速率对重复知盲效应的影响》，《心理科学》，2005年第4期。

㉝高立群、彭聃龄：《汉语形声字语音加工的前词汇通路》，《心理科学》，2005年第4期。

㉞陈宝国、宁爱华：《汉字识别中的同音字效应：语音影响字形加工的证据》，《心理学探新》，2005年第4期。

㉟焦建亭、张必隐：《汉语动词的隐含因果性对代词加工的影响》，《心理科学》，2005年第5期。

㊱李燕芳、管益杰等：《儿童早期英语读写能力的发展特点研究》，《心理科学》，2005年第6期。

㊲徐芬、董奇等：《小学儿童英语语音意识的发展》，《心理学报》，2005年第2期。

㊳吕红梅、姚梅林、杜煜旻：《英语阅读中单词注释对词汇学习的影响研究》，《心理科学》，2005年第6期。

㊴王爱平、陈叔和、舒华：《不同文章难度条件下文化特征类型熟悉度对阅读理解的影响》，《心理学探新》，2005年第3期。

㊵阎嵘、俞国良、张垒：《双语儿童语音意识与词汇认读关系的研究》，《心理科学》，2005年第1期。

㊶吴思娜、舒华：《汉语发展性阅读障碍的异质性研究》，《心理发展与教育》，2004年第3期。

㊷Shu，H，Meng，X，Chen，X.，Luan，H，& Cao，F. The subtypes of developmental dyslexia in Chinese：Evidence from case studies. Dyslexia，2005，11，311—329.

㊸吴思娜，舒华、刘艳茹：《语素意识在儿童汉语阅读中的作用》，《心理与行为研究》，2005年第1期；Shu，H.，McBride - Chang，C.，Wu. S.，& Liu，H. Understanding Chinese Developmental Dyslexia：Morphological Awareness as a Core Cognitive Construct. Journal of Educational Psychology，2006，98(1)：122—133.

㊹韩在柱、舒华等：《汉语名词特异性损伤个案研究》，《心理科学》，2005年第4期。

㊺张焰、黄希庭、阮昆良：《从青少年学生的评价看教师的人格结构》，《心理科学》，2005年第3期。

㊻杨波：《古代中国人人格结构的因素探析》，《心理科学》，2005年第3期。

㊼工桢、时勘、高品：《大学生职业自我效能的影响因素分析》，《中国临床心理杂志》，2005年第2

期。

㊽周帆、王登峰：《人格特质与外显自尊和内隐自尊的关系》，《心理学报》，2005年第1期。

㊾张日升、生熊让二、于泳红：《关于健康观认知结构的中日比较研究》，《心理科学》，2005年第1期。

㊿朱莉琪、方富熹：《学前儿童对生物衰老的认知》，《心理学报》，2005年第3期。

(51)张丽锦、方富熹：《4~7岁儿童关于动物繁殖的朴素生物学理论的发展》，《心理学报》，2005年第5期。

(52)陈英和、崔艳莉、王雨晴：《幼儿心理理论与情绪理解发展及关系的研究》，《心理科学》，2005年第3期。

(53)徐芬、王卫星、张文静：《幼儿说谎行为的特点及其心理理论水平的关系》，《心理学报》，2005年第1期；张文静、徐芬、王卫星：《幼儿说谎认知的年龄特征及其与心理理论水平的关系》，《心理科学》，2005年第3期。

(54)杨小冬、方格：《学前儿童对事实、信念、愿望和情绪间关系的认知》，《心理学报》，2005年第5期。

(55)李佳、苏彦捷：《纳西族和汉族儿童情绪理解能力的发展》，《心理科学》，2005年第5期。

(56)史冰、苏彦捷：《儿童欺骗的情境依赖》，《心理科学》，2005年第4期。

(57)赵景欣、张文新、纪林芹：《幼儿二级错误信念认知、亲社会行为与同伴接纳的关系》，《心理学报》，2005年第6期。

(58)李永瑞、张厚粲：《小学二四年级学生注意瞬脱特征的比较研究》，《心理学探新》，2005年第2期。

(59)葛吉艳、郭德俊：《13—15岁儿童对愤怒表情觉察的特点》，《心理发展与教育》，2005年第4期。

(60)申继亮、王鑫、师保国：《青少年创造性倾向的结构与发展特征研究》，《心理发展与教育》，2005年第4期。

(61)侯静、陈会昌、陈欣银：《中国家庭中的亲子互动行为与儿童行为抑制性的发展》，《心理科学》，2005年第4期。

(62)陈会昌、阴军莉、张宏学：《2岁儿童延迟性自我控制及家庭因素的相关研究》，《心理科学》，2005年第1期。

(63)陈会昌、孙铃等：《儿童4岁到7岁社交退缩行为的适应意义》，《心理科学》，2005年第5期。

(64)李文道、邹泓、赵霞：《初中生的社会支持与人格的关系》，《心理科学》，2005年第4期。

(65)刘艳、邹泓：《大学生社会能力的类型特征》，《心理科学》，2005年第1期；刘艳、邹泓：《武汉地区大学生社会能力的结构及其问卷编制》，《心理学报》，2005年第4期。

(66)王文忠、曲如杰等：《大学生调节倾向与行为意向及后悔情绪的关系》，《中国临床心理杂志》，2005年第1期。

(67)李洋、方平：《父母教养方式与中学生自我调节学习的关系》，《心理学探新》，2005年第3期。

(68)唐丹、申继亮等：《加减法心算老化研究》，《心理学探新》，2005年第1期。

(69)张金颖、申继亮等：《关于自身记忆的年龄差异》，《心理科学》，2005年第4期。

(70)王大华、申继亮等：《教育水平对老年人认知能力的影响模式》，《心理学报》，2005年第4期。

(71)郑日昌、傅纳、Bruce Headey：《宠物犬对"空巢父母"身心健康影响的研究》，《心理科学》，2005年第6期。

(72)罗婷、焦书兰、王青：《一般流体智力的结构与老化机制——结构方程模型的比较》，《心理科学》，2005年第1期。

(73)王永丽、俞国良林崇德：《学习不良儿童心理健康的特点研究》，《心理科学》，2005年第4期。

(74)周永垒、韩玉昌、张侃：《学习困难生学习动机对学习策略的影响》，《中国临床心理杂志》，2005年第2期。

(75)王中会、许燕：《学习风格、学业自我概念与学业成绩的关系》，《中国临床心理杂志》，2005年第2期。

(76)陈英和、仲宁宁等：《小学2—4年级儿童数学应用题表征策略对其解决不规则问题影响的研究》，《心理科学》，2005年第6期。

(77)刘希平、方格：《小学儿童学习时间分配决策水平的发展》，《心理学报》，2005年第5期。

(78)李文娟、吴艳红、刘艳芳：《孤独症个体的记忆与自我知识》，《心理科学》，2005年第3期。

(79)汪亚珉、韩布新等：《中年Ⅱ型糖尿病人记忆损伤特点》，《心理科学》，2005年第3期。

(80)钟杰、谭洁清、匡海彦：《高低强迫症状个体的词语再认差异》，《心理学报》，2005年第6期。

(81)李彩娜、邹泓、杨晓莉：《青少年的人格、师生关系与心理健康的关系研究》，《中国临床心理杂志》，2005年第4期。

㉜王静、张雨青、梁永亮：《Achenbach 青少年自评量表在北京市中学生中的测查结果分析》，《中国临床心理杂志》，2005 年第 2 期。

㉝刘霞、陶沙：《压力和应对策略在女性大学生负性情绪产生中的作用》，《心理学报》，2005 年第 5 期。

㉞马煊、陈龙、曹伟约：《对不同疾病患者 SCL－90测试结果的元分析》，《中国临床心理杂志》，2005 年第 2 期。

㉟毕玉、王建平等：《大学生网络成瘾者心理行为特点的在线研究》，《中国临床心理杂志》，2005 年第 2 期。

㊱白羽、樊富珉：《大学生网络依赖测量工具的修订与应用》，《心理发展与教育》，2005 年第 4 期。

㊲雷雳、柳铭心：《青少年人格特征与互联网社交服务使用偏好的关系》，《心理学报》，2005 年第 5 期。

㊳刘玉新、张建卫、金盛华：《社会支持与人格对大学生压力的影响》，《心理学报》，2005 年第 1 期。

㊴李同归、杜珊珊：《50 例手术患者的成人依恋类型分析》，《中国临床心理杂志》，2005 年第 4 期。

㊵李波、钱铭怡、马长燕：《大学生羞耻感对社交焦虑影响的纵向研究》，《中国临床心理杂志》，2005 年第 2 期。

㊶崔哲、张建新：《中学生家庭教养模式及应对方式与其心理健康的关系》，《中国临床心理杂志》，2005 年第 2 期。

㊷崔红、王登峰：《性别角色类型与心理社会适应的关系研究》，《中国临床心理杂志》，2005 年第 4 期。

㊸刘红云、张雷、孟庆茂：《小学教师集体效能及其对自我效能功能的调节》，《心理学报》，2005 年第 1 期。

㊹董妍、江照富、俞国良：《职业技术学校教师的职业压力、应对方式与社会支持的调查》，《中国临床心理杂志》，2005 年第 1 期。

㊺罗良、沃建中等：《中学教师归因方式与自我效能感的关系研究》，《中国临床心理杂志》，2005 年第 4 期。

㊻李虹：《大学教师工作压力量表的编制及其信效度指标》，《心理发展与教育》，2005 年第 2 期。

㊼赵然、方晓义：《护士工作压力、A 型人格与心理健康的关系研究》，《中国临床心理杂志》，2005 年第 2 期。

㊽王建平、蔺秀云等：《有偿献血 HIV 感染者的情绪障碍》，《心理学报》，2005 年第 1 期。

㊾苏文亮、王建平等：《高艾滋病恐惧人群的心理行为特点初探》，《中国临床心理杂志》，2005 年第 1 期。

⑽林丹华、方晓义、李晓铭：《年轻流动人口的心理健康与预防干预》，《心理发展与教育》，2005 年增刊。

⑾张日升、寇延：《幼儿箱庭基本特征的初步研究》，《心理科学》，2005 年第 4 期。

⑿睢密太、张建新：《大学生心理障碍干预模式研究述评》，《心理科学》，2005 年第 3 期；《关于大学生心理障碍干预模式的理论建构》，《心理科学》，2005 年第 6 期。

⒀辛自强、宁良强、池丽萍：《认知压力与建构主义数学教学的关系》，《心理科学》，2005 年第 6 期。

⒁汪玲、郭德俊、方平：《元认知训练的动机增强效应》，《心理科学》，2005 年第 4 期。

⒂孟沛欣、郑日昌等：《精神分裂症患者团体绘画艺术干预》，《心理学报》，2005 年第 3 期。

⒃林丹华、方晓义：《不同干预者在青少年吸引行为干预活动中的作用》，《心理科学》，2005 年第 3 期。

⒄云维生、李俊清、姜长青：《门诊森田疗法在神经症治疗中的疗效分析》，《中国临床心理杂志》，2005 年第 1 期。

⒅王磊、谭晨、寇彧：《同伴冲突解决的干预训练队小学儿童合作的影响》，《心理发展与教育》，2005 年第 4 期。

⒆王妍、罗跃嘉：《大学生面孔表情材料的标准化及其评定》，《中国临床心理杂志》，2005 年第 4 期。

⒇徐佳、施建农、张雨青：《美术工作者的人格特质研究》，《中国临床心理杂志》，2005 年第 4 期。

⑾刘曦、杨东：《汉区少数民族学生文化疏离感的理论建构及量表编制》，《中国临床心理杂志》，2005 年第 2 期。

⑿Li，Shu Choice reversals across certainty，uncertainty，and risk：the equate－to－difference interpretation，Acta Psychologica Sinica，2005，37（4）：427—433.

⒀胡卫鹏、区永东、时勘：《连续性公共物品困境中信息结构对决策行为的影响》，《心理科学》，2005 年第 3 期。

⑭武欣、吴志明：《团队共享心智模型的影响因素与效果》，《心理学报》，2005 年第 4 期。

⑮刘雪峰、张志学：《模拟情境中工作团队成员互动过程的初步研究及其测量》，《心理学报》，2005 年第 2 期。

⑯徐晓锋、车宏生等：《组织支持理论及其研究》，《心理科学》，2005 年第 1 期。

⑰金盛华、刘蓓：《当代中国工人价值取向：状况与特点》，《心理科学》，2005 年第 1 期。

⑱李超平、时勘：《变革型领导的结构与测量》，《心理学报》，2005 年第 6 期。

⑲张文慧、张志学等：《决策者的认知特征对决策过程及企业战略选择的影响》，《心理学报》，2005 年第 3 期。

⑳雷莉、王咏等：《低卷入情境中品牌远延伸的成功机制》，《心理学报》，2005 年第 3 期。

㉑陆奇斌、赵平等：《消费者满意度测量中的光环效应》，《心理学报》，2005 年第 4 期。

㉒申跃、赵平：《消费者抱怨行为的比较》，《心理学报》，2005 年第 3 期。

㉓孙晓敏、张厚粲：《表现性评价中评分者信度估计方法的比较研究》，《心理科学》，2005 年第 3 期。

㉔徐建平、张厚粲：《质性研究中编码者信度的多种方法考察》，《心理科学》，2005 年第 6 期。

㉕关丹丹、张厚粲、李中权：《差异分数的信度分析》，《心理科学》，2005 年第 1 期。

㉖金盛华、李雪：《大学生职业价值观：手段与目的》，《心理学报》，2005 年第 5 期。

㉗王登峰、崔红：《行为抑制量表的信度和效度》，《中国临床心理杂志》，2005 年第 1 期。

㉘钟杰、钱铭怡：《中文情绪形容词检测表的编制与信效度研究》，《中国临床心理杂志》，2005 年第 1 期。

㉙钟杰、钱铭怡：《溃疡症状自评量表的编制及信效度研究》，《中国临床心理杂志》，2005 年第 2 期。

㉚陈薇、王建平等：《香港华人少女进食障碍问卷的信度、效度与常模》，《中国临床心理杂志》，2005 年第 1 期。

㉛张莹、甘怡群、张轶文：《MBI－学生版的信效度检验及影响倦怠的学业特征》，《中国临床心理杂志》，2005 年第 4 期。

㉜王登峰、崔红：《中国人人格七因素量表（QZPS－SF）的信度和效度》，《心理科学》，2005 年第 4 期。

㉝陈阳、施俊琦等：《消费者独特性需求量表的研究》，《心理科学》，2005 年第 6 期。

历　史　学

史学理论及史学史

吴怀祺

2005 年北京地区的史学理论与史学的研究，在深沉思考中向前发展，主要的特点是，首都史学工作者在科学发展的指导下，努力探索史学理论创新之道，虽然有些只是提出了问题，有些在前几年中也曾谈过，但这一年的研究有新的视角，有新的理论高度。2005 年是世界人民反法西斯战争和中国人民抗日战争胜利的60 周年，因而抗战史、抗战史学的研究成为首都史学工作者的研究的热点，这不只体现出近代史学研究的发展，而且其中提出的民族史学的理论问题，同样是值得关注的。

回首过去了一年的史学理论与史学史研究状况，我们要做的工作很多。总的来说，这仍然与史学创新有关，首先，就是要坚持马克思主义唯物主义史观的指导，总结民族史学的成就，建设有中国民族特点的史学理论体系。再者，史学创新最重要的是史学理论上开辟新境界。如何在译介西方史学理论的同时，汲取世界上一切有价值的史学成果，结合中国史学的实际，提出有民族特点的史学理论，是十分重要的工作。振兴民族史学是摆在我们面前的十分重要的、迫切的任务。

一、关注史学理论的创新

史学理论创新成为2005年首都史学界讨论的焦点。把史学创新作为哲学社会科学创新体系的建设的组部分。中国社会科学院副院长朱佳木在2005年中国社会科学院史学理论研究中心成立大会和中国史学会史学理论分会第二届理事会暨第十二届学术研讨会等不同场合，先后论说了如何理解和实现史学研究的创新体系、为什么要重视和加强史学理论的建设，以及应当怎样对待唯物史观遇到的空前挑战等问题，他在院第五次史学理论座谈会上作了系统的论说。这是对史学创新的全面说明。

——史学创新首先是要建设史学研究创新体系。首先应当全面准确地理解这一问题，中国社会科学院有六项重大工程，这是指马克思主义研究和建设工程，重大课题研究和理论创新工程，重点学科建设工程，人才队伍建设工程，网络信息化建设工程，国际学术交流基地建设工程。

建设史学研究的创新体系，应当努力做好几个方面的工作：

第一，要更有力地加强马克思主义特别是历史唯物主义在史学研究领域中的指导，大力推进马克思主义史学理论的学习、研究和宣传，把我院各史学研究机构和刊物建设成马克思主义史学的坚强阵地。

第二，要大力发扬中国史学经世致用和中国马克思主义史学把学术研究与党和人民的前途命运紧密结合的优良传统，在不放松基础研究的同时，从党和国家的工作大局出发，围绕社会主义建设和国际斗争的需要，主动地选择和设置一些现实意义较强的重大研究课题。

第三，要努力加强史学领域中传统学科的建设，保持和创立优势学科和特色学科，推动新兴学科和交叉学科发展，不断建设和完善以马克思主义为指导、具有中国特色中国风格中国气派的史学学科体系和理论体系。

第四，要主动加强社会科学院内部各史学研究机构之间，以及史学研究机构与院外、境外、国外的学术联系。

——关于加强史学理论研究的问题。由世界历史所牵头的中国社会科学院史学理论研究中心经过院务会议批准成立了。

史学理论是历史学科的重要组成部分，可以说，没有科学的史学理论，就没有历史科学。中外史学的发展历史证明，有影响的史学家无一不是对史学理论有独特贡献的人，史学理论历来为史学家尤其是马克思主义史学家所重视，史学的发展任何时候也离不开史学理论的发展。因此，我们要繁荣和发展历史学科，就不能不繁荣和发展史学理论。史学理论研究涉及的问题十分广泛和复杂，并和现实生活有着极为密切的关系。

不断加强史学理论的研究，也是包括唯物史观在内的史学理论自身发展、不断创新的需要。当然，我们也要防止有人假借理论创新之名，行根本否定唯物史观之实。凡是离开唯物史观基本原理指导和脱离实践基础的所谓创新，不仅不会是真正的创新，反而只会走到复旧的邪路上去。中共中央《关于进一步繁荣发展哲学社会科学的意见》明确指出，繁荣发展哲学社会科学必须坚持马克思主义的指导地位，要把马克思主义的立场、观点、方法贯穿到哲学社会科学工作中，用发展着的马克思主义指导哲学社会科学，决不能搞指导思想多元化。由中央组织并实施的马克思主义理论研究和建设工程，已经全面启动。胡锦涛总书记还在主持中央政治局集体学习时特别强调了学习历史的重要性，指出中华民族历来就有治史、学史、用史的传统，我们党在领导革命、建设和改革的过程中一贯重视对历史经验的借鉴和运用；在新形势要更加重视学习历史知识，更加注重用中国历史特别是中国革命史来教育党员干部和人民；不仅要学习中国历史，还要学习世界历史，不仅要有深远的历史眼光，而且要有宽广的世界眼光。

——史学理论既包括历史观，也包括历史研究的方法论，是从事史学工作的前提。古今中外的史学研究中产生过形形色色的历史观，比如，天命观、循环观、宗教观、英雄史观、进化史观、人道史观、唯物史观，等等。毫无疑问，无论哪种历史观，都应当是史学理论研究的对象。但是，当前摆在史学理论研究者和广大史学理论工作者面前的最为紧迫的任务，是加强对唯物史观的研究[①]。

首都史学工作者，认识到马克思主义的研究对历史研究具有重大意义。有的文章指出要做好这一工作，必须抓住根本，坚持两点论。“抓根本，就是在历史研究中加强马克思主义的指导；坚持两点论，就是既要看到成绩，也要看到存在的问题”。

20世纪80年代以来，广大历史学工作者在马克思主义的指导下，在打破理论禁区、深化对重大历史理论问题的探讨、拓展研究领域、进行结构性调整和多学科的综合研究等方面，都取得了重大进展，产生了一批重要的研究成果，从而开创了历史研究的新局面。然而，历史研究中原已存在的一些淡化、背离、乃至否定马克思主义的倾向，近年来有所抬头，危害着史学研究的健康发展。

“总之，上述种种问题表明：在近年的历史研究中，的确存在着一些严重背离唯物史观而与西方的新自由主义和后现代主义思潮趋同或合流的倾向。因此，在历史研究中坚持唯物史观，加强马克思主义的指导就显得尤为必要和紧迫。这是我们应该从历史研究的现状中得出的结论”②。

在唯物史观的认识上，有的文章对于有关理论问题提出自己的见解。关于“历史决定论”问题，有的文章对此作了分析，总结说：“总之，通过上面的考察和分析，我们可以得出这样的结论：在马克思的历史理论中确实存在着‘决定论’，这种历史决定论虽然不是绝对的，但是彻底的”③。

全球化是当代世界的新形势，在新世纪的世界大变动中，如何坚持唯物史观，是一个十分重要的问题。《北京大学学报》发表《全球化与唯物史观》的相关文章，编者在按语中说：“全球化是当代社会面临的一个重大问题。全球化的发展所引发的一系列新的问题和矛盾，不仅对社会生活、社会发展是一场深刻的变革，而且对社会历史理论研究也是一个重大冲击。就马克思主义哲学而言，一方面唯物史观对全球化进程中出现的这些问题和矛盾仍保持着有效的解释力和穿透力，发挥着持久的影响力；另一方面，全球化对唯物史观的研究又提出了新的课、新的要求，需要我们作出新的调整和变革。只有在当代新的问题域中重新反思和思考既有的框架和观念，把继承与变革结合起来，才能把马克思主义哲学研究推进到新的境界。”有学者就“全球化与唯物史观”问题发表了看法。有的以《全球化与唯物史观研究范式》为题，作了阐释，说：“全球化的出现，不仅对社会生活、社会发展是一场深刻的变革，而且对社会历史理论研究也是一个重大冲击。这种冲击不在于它提出了多少具体问题需要加以关注和解答，而主要在于对唯物史观的研究范式提出了新的要求，这就是需要对其作出新的调整和变革。所谓‘研究范式’，内涵尽管比较复杂，但主要指的是研究的方式和方法。”

“随着全球化浪潮的兴起，社会发展开始出现了前所未有的变化，这种巨大变化要求我们的理论研究范式也要进行相应的调整和变革。这就是要在研究中，改变只注重于从一个国家、民族的视野来观察和谈论问题的方法，转向用全球化的观点来思考和研究社会发展问题，用全球性思维来补充和完善民族性思维”，“因此，唯物史观理论本身的要求与其具体的研究方式并不是一回事。要真正按照唯物史观的本性来推进唯物史观的研究，必须确立全球性的视野和研究方法。这是理论自身发展的客观需要。实际上，马克思就是这样来研究问题的。一方面，唯物史观的发现和创立就是借助于‘世界历史’的研究而形成的，唯物史观的深化和发展也是在研究现代资本主义社会及其所创造的世界体系中实现的；另一方面，对于各个国家、民族具体问题的研究也是纳入到‘世界历史’的分析框架中来进行的，即用世界历史的观点来予以观照和分析的。可以说，唯物史观是同世界史观紧紧联系在一起的，没有世界史观，就没有唯物史观的形成和发展；同样，没有世界史观，也就没有对各民族国家具体问题的正确说明。这样的研究方法对于我们今天的研究来说也是非常重要的。唯物史观的研究要具有时代性，必须具有全球性。”研究范式的变革使唯物史观基本理论的研究走向深入：一是激活了某些思想。二是充实了某些概念、观点的内容。三是促进了对某些原理的重新反思。第四，有助于提出许多新的研究课题。作者说：“总的说来，面对全球化这一新的重大历史现象的出现，理论工作者应当具有高度的理论自觉，不仅要密切关注全球化发展过程中的重大问题而且要自觉调整自己的研究方法，使其研究真正具有时代性和科学性。这也可以作为实现唯物史观繁荣发展的一条途径”④。

2005 年，史学工作者重视讨论史学理论与弘扬民族精神的关系，有的文章通过具体作品的评介，指出，“作为中华民族的一种优秀传统，爱国主义不仅是推动中国社会前进的巨大力量，同时也是中华民族共同的精神支柱，是维系我们国家、民族生存不息、奋发向上的一种巨大的内在动力。爱国主义教育一直是我们国民教育特别是青少年教育的一项重要内容，随着我国现代化进程的不断深入和全球经济一体化的浪潮的涌起，爱国主义教育则更成为我们当前和未来国民教育中重中之重的一项内容”⑤。

2005 年，北京师范大学历史系就吴怀祺主编的 10 卷本《中国史学思想通史》全书的出版，举行了学术座谈会。与会者以为这套书是揭示了中国传统史学思特点，向人们展示了中华民族史学思想的博大精深和深厚的底蕴，从而大大扩展了传统史学思想研究的范围。

关于史学创新与当代史学思潮的评析是分不开的。后现代史学对传统历史学的冲击主要有两个方面，一是对传统历史认识论和历史编纂学的挑战，二是在后现代史学思潮影响下历史研究兴趣的转移。后现代史学在世纪之交对我国的历史学研究产生冲击，不是一个偶然的现象。有的文章指出：自上世纪90年代以来，我国的史学研究就笼罩在“史学危机”的阴影之下，表现为史学研究的不被重视。史学理论研究兴趣索然、史学从业者纷纷改行、历史专业毕业生就业困难等。这一切都意味着史学研究可能的转向。作者说：此时的后现代史学对中国未来的史学研究到底会产生怎样的影响，笔者不敢妄断。“无论怎样，我希望学术界要认真地对待和分析后现代史学，而不要盲目追风或一棍子打死。后现代史学的许多观点是走了极端，但其认识论和方法论上的意义不可小视”⑥。

结合当代现实，讨论史学理论创新有关问题，是2005年的北京史学理论界的关注的议题。2005年5月26日至27日，浙江师范大学历史研究所和中国社会科学院世界史所史学理论室在金华共同召开了“现代化与历史学”学术讨论会。与会者发言的内容大体分为三方面：一、提出当前我国历史学需要予以更多关注的一些话题。学者认为，探讨现代化过程中的文化因素，在今天“全球化”的历史背景下尤为重要。现时代是一个现代性与后现代性相互纠缠的社会，后现代理论和思潮的出现既对现代性提出挑战，也为重新审视现代性提供了有益的视角。二、就西方一些思想家和思潮提出看法。三、就某些历史问题提出新的思路和建议。

有的文章说到史学理论与史学的关系，指出：“历史的属性就是追求真实和经世致用。史学在认识历史、治国安邦、人生旅途及精神积淀方面有重要作用，史学理论与史学实践的严重脱节已构成我国历史学学科发展的一个障碍。史学工作者应以良史之忧而忧天下的责任感来从事史学研究工作，进一步加强史学理论对史学实践的指导作用”⑦。

史学理论创新与历史的方法与研究视角有关，2005年，由北京师范大学史学理论与史学史研究中心、安徽师范大学社会学院、安徽省历史学会主办的“理论与方法：历史比较和史学比较学术研讨会”在芜湖召开。与会者围绕历史比较和史学比较的理论、中外历史比较和史学比较、中国历史比较和史学比较、比较研究中应如何把握主干细节的取舍，如何认识中西史学特征，中国史学理念有无规律可循，公度在史学研究领域的适用等问题展开讨论。与会者讨论了历史比较和史学比较的理论和方法论等问题。有学者发表了论说中外比较的文章⑧。

有的学人就西欧封建社会研究，论说了历史比较方法与理论的相关问题，还是在20世纪90年代，马克垚教授主编《中西封建社会比较研究》一书，体现了他在历史比较上的思考。他在接受采访中阐明自己的认识。他说：“不是说历史比较研究无法进行，而是说不同文化之间的比较研究深入下去是比较困难的。历史学是一门人文学科，各国史学都有自己长期积累的独特传统，这是其特殊性；历史学又是一门社会科学。各国史学一也有一些共同性。有些普遍规律。不过我们以往对这些特殊性和普遍性都没有掌握得很好。如果只是从西方人那里学来一些史学概念、范畴、定义、规律等，然后就拿这些来观察、研究我们自己国家的历史，有时会发现并不合适。把西方的特殊性当做普遍性，会使我们的史学研究走弯路。我自己从事比较研究的目的。就是想通过这种方法，探寻真正世界性的历史普遍规律。这也许是奢望。但我愿意在这方而继续探索下去”⑨。

在研究方面，口述史学引起首都史学工作者的关注。有的学人认为：目前口述史学在教育部颁布的学科门类没有登录，这种边缘化的状态使中国口述史学处于弱势。有的学者指出，“有关部门应组织专家共同关注中国口述史学的学科定位，在调研和论证的基础上，可考虑在现有历史学科大门类下设置‘口述史料与口述史学’作为二级学科”；“口述史的学科发展可以走由‘建设’到‘建立’的道路，可以由理论到实践，引进外国教材，由内外两种力量来推动”

2005年，由中国社会科学院中国近代史研究所、当代中国研究所、江苏省社会科学院、扬州大学等6家单位发起的“首届中华口述史高级论坛暨学科建设会议”在扬州大学召开。会议讨论了口述史理论的三个基本问题：口述史料；口述史；口述史学与现代口述史学⑩。

对于有碍于史学发展与创新的不良学风，有的史学工作者提出批评。比如历史的真实性问题影响到文化影视界。有的学人在相关的著作中，提出自己的看法，“时下帝王戏走红荧屏，是与相当多的人崇拜权势、追求金钱、崇尚奢华的心理分不开的。作为史学工作者，对上述问题的出现感到十分遗憾，也感到肩上的责任”⑪。

北京史学工作者，还就一些史学理论或历史哲学问题，发表了看法⑫。

二、抗日战争史学的研究成为热点

2005年是中国人民抗日战争暨世界反法西斯战

争胜利60周年，相关的历史研究与史学研究成为当年研究的热点，“抗日战争研究是最大热点”[13]。

由中宣部、中央党校、中央文献研究室、中央党史研究室、教育部、中国社科院、解放军总政治部联合举办的。纪念中国人民抗日战争暨世界反法西斯战争胜利60周年学术研讨会，于2005年9月2日至4日在北京举行。开幕式上，中央政治局常委李长春发表讲话。

9月3日上午，与会代表全体参加在人民大会堂举行的“纪念中国人民抗日战争暨世界反法西斯战争胜利60周年大会”，听取了胡锦涛总书记发表的重要讲话。这次学术研讨会规格高、规模大、盛况空前。入选论文和特邀论文选题广泛，内容丰富，涉及抗日战争时期的军事、政治、经济、文化、外交等，反映了目前国内抗日战争史研究的最高水平。学人就抗战史研究提出理论问题，深入研讨了中国人民抗日战争胜利的伟大意义，及在世界反法西斯战争中的重要地位。“学者还从抗日战争与中华民族精神的关系的新角度，论述抗日战争的意义，指出：抗日战争丰富和升华了中华民族精神。一方面，抗日战争在中国近现代史上具有特殊的历史地位，正是这种特殊历史地位使抗日战争成为振奋和弘扬中华民族精神的枢纽；另一方面，抗战时期毛泽东极其重视民族精神的研究，他对中华民族的民族性，对中国人民的民族意识、中国人的民族精神的内涵、核心和实质，作了高度的概括和说明，成为继承弘扬中华民族精神的理论基础”；“抗日战争增进了各民族之间的团结和各民族内部的团结，同时进一步唤醒和强化了少数民族的国家意识，提高了少数民族的爱国主义觉悟，激发和促进了少数民族为求得彻底解放而继续进行斗争的觉悟和勇气。……中国人民抗日战争的历史证明，中国共产党是领导中国人民争取民族独立和人民解放的坚强核心，是凝聚全民族力量的杰出组织者。”抗战史研究具有重要的现实意义，“这就是：中国只有强大起来，才能避免历史悲剧重演；中国人民只有增强当代忧患意识，居安思危，发奋图强，才能实现中华民族的伟大复兴”。

从历史观上看，当前重要任务是揭露日本的“军国主义历史观的实质”[14]。

《北京社会科学》发表文章，对日本的文化侵略作出分析，指出：现在一些日本学者故意将历史问题‘学术化’，就是把历史事实虚拟化，将史实作为一种假设，在此前提下进行所谓的‘学术讨论’或‘学术争鸣’”[15]。

有的文章论述了抗战的文化，认为，中国共产党的抗战文化思想是为适应全民族抗战需要而形成的。它包括关于抗战文化的重要性、抗战文化队伍的建设、抗战文化的基本任务以及如何开展抗战文化运动等内容。中国共产党的抗战文化思想是新民主主义文化思想的重要组成部分。中国共产党抗战文化思想的形成和抗战文化运动的发展，不仅为中国抗日战争的最后胜利提供了强大的思想武器，而且有力地促进了中国文化的发展，揭示了中国先进文化的前进方向。

中国共产党抗战文化思想，至少有其三个显著的特点：一是民族性，二是战斗性，三是大众性。中国共产党抗战文化思想的上述三个特点，“在一定程度上反映了新民主主义文化的基本特征”。

“中国共产党抗战文化运动的发展，是其文化思想在实践中的体现。中国共产党抗战文化思想在以后的揭橥和抗战文化运动的发展不仅卓有成效地为抗日战争的胜利提供了强大的思想武器和精神支柱，而且为中国共产党文化思想在以后的发展积累了宝贵的经验”[16]。

研究抗战时期的史学，是2005年史学史研究的一个重要方面。有的文章指出，九一八事变后，在全国抗日救亡浪潮的推动下，史学界的风气逐渐转变，经世致用之潮取代了“纯学术”研究之风，为抗战服务成为中国史学家的共识，随着战局的发展，在中国形成了国统区、根据地、沦陷区三个区域的抗战史学，并呈现两大演变趋势：一是各派史学的融合；一是马克思主义史学逐步成为中国史学发展的主流，推动了抗战史学的发展和演变，深刻地改变了中国史学界的格局，对以后的中国史学产生了深远的影响[17]。

抗战史学研究，应当提到刘大年的贡献，特别是20世纪80年代后，学界的思想解放和百家争鸣迎来了国内的抗日战争史研究的春天。“年逾古稀的马克思主义史学家刘大年，以其敏锐的目光和特殊的学术地位，参与筹建中国人民抗日战争纪念馆，推动中国抗日战争史学会的成立和《抗日战争研究》的创刊。他作为首任会长，在抗日战争史学会成立之后，积极组织了20世纪90年代一系列讨论会，有效地推动了抗日战争史的科学研究；20世纪80年代以来国内形成的抗日战争研究热潮，是中国史学史上的一个重要的现象：从那时起，国内对抗日战争的研究，由传统的党史研究、中国革命史研究和民国史研究的分散研究，逐步整合，形成了中国历史研究中的一个相对独立的分支学科，聚集了一支有力的研究队伍，研究的指导思想也更为明确、科学，取得了前所未有的丰硕学术成果。她开辟了中国历史研究中的一个重要领域，也对中国当代的政治生活具有深远的影响。在这个过程中，由著名的政治家、史学家、军事家等共同推动创立的中国抗日战争史学会，有力地推动了这个领域研究的发展”[18]。

《世界历史》2005年在“纪念世界反法西斯战争胜利60周年”的专栏中发表了9篇文章[19]。《史学史研究》在第3期有“纪念抗日战争胜利60周年”专栏，发表了一组文章[20]。有的文章就抗战时期正面战场等有关问题作了探索[21]。

三、史学史的研究新进展

对近年的百年史学总结进行再思考，可以说这是百年史学史之史的思考。这方面的文章，从理论到方法总结相关的学术著作的不同特点，并对进一步做好总结20世纪的史学，提出自己的想法。

结合20世纪史学的研究，提出了相关历史学科的建设的问题，是2005年近代史学史研究的一个值得注意的地方。关于中国近代史学科体系，有的文章认为：“中国近代史作为20世纪中国历史学的一个重要分支学科，是中国近代社会转型和学术转型的产物。在几代学者探索、争鸣的基础上，确立了以半殖民地半封建社会大约110年的中国历史作为中国近代史学科的研究对象。这种认识，是在马克思主义基本原理指导下得出的，是以对近代中国的社会经济形态与近代中国的社会性质的考察为出发点的，是符合近代中国历史进程的科学的学科体系。运用现代化理论研究近代中国的历史，具有一定的积极意义，但简单地以“现代化范式”替代“革命史范式”，未必是正确的思考方向[22]。

有的学者回顾晚清以后的中西史学相互关系对中国史学走向产生的影响。认为，晚清知识界分别“新学”与“旧学”，相应的，也区分了“中史”与“西史”在这样的背景下展开的中西历史之“会通”，影响着中国史学的转向。在援西入中的过程中，史学作为西学的重要组成部分得到阐述，经历这些曲折，史之意义与范围等明显含有学科意识的问题为史家所关注。然而，史学学科的自主性，在史之范围愈益放大的同时，却成了问题，预示着史学作为现代学科在中国之确立，仍有其“未完成性”的一面[23]。

北京地区学者注意研究海峡两岸的史学，相关的文章指出：“20世纪以来，包括台湾、香港、澳门地区在内的中国史学经历了艰难曲折发展的道路，有着自己鲜明的特点。论述20世纪史学问题，应当总结台湾、香港和澳门的史家作出的贡献。随着进一步对中国20世纪史学的总结、研究的深入，学人更意识到必须加强对20世纪的台湾、香港和澳门的史学研究，更期盼两岸学人共同做好中国20世纪史学百年的总结工作。进一步加强海峡两岸学术交流对推动20世纪中国史学的研究是十分必要的”[24]。

世界历史科学委员会（InternationalCommittee of Historical Sciences）是全球历史学家的学术组织，每5年召开一次大会。第20届世界历史科学大会于2005年7月3日—9日在澳大利亚悉尼市的新南威尔士大学举行，这次大会从历史的视角出发，以全球化的眼光，对当前世界历史学界共同关心的一些重大课题进行了研究。

会议确定了充满创意的三大主题，即“历史上的人和自然”、“神话与历史的关系”和“战争、和平、社会与历史上的国际秩序”。这三大主题，开辟了新的研究领域，反映了当前世界历史研究的趋势，是世界历史研究中的重大突破；这次大会讨论的课题，不再以欧美国家为中心；历史与现实结合，历史研究为现实服务，是本届世界历史科学大会体现的主要精神；从新角度研究传统课题是这次世界历史科学大会的一个特点；在会上，历史教材的撰写受到高度重视，把历史教材建设列入大会讨论的范围，是本届世界历史科学大会又一个重大的创新。

“应当指出，虽然这次世界历史科学大会从全球的视角研究历史，对亚非拉国家和地区的历史研究非常重视，但大会基本上还是用西方的价值观分析问题，仍然是欧美人唱主角，亚非拉国家的学者还只是配角”[25]。

有的首都学人参加这次大会后，谈到自己的感受：“史学理论与当今的历史研究已经结合得相当密切了。纯粹的史学理论和史学史研究自然仍占相当的地位，但这种强调用新的视角、新的方法、新的理论概念研究具体历史问题的倾向更值得注意。这是史学理论和史学研究实践进一步结合的体现，是史学理论进一步发展的新形式”。“以西方中心论为内核的西方的传统的历史观念进一步式微。”“这届大会表明，随着时代的进步和史学本身的发展，包括西方国家在内的许多历史学家已越来越多地起来批评或质疑民族—国家史，对西方中心论表示反对，并探索新的更切合各国、各民族实际的历史研究和写作的多种多样的范式。这是可喜的现象，也是值得注意的”[26]。

在西方史学家研究上，也有相当的论文[27]。

关于清史纂修工程，是当代历史编纂学上的大工程。到2005年，清史纂修的研究、整理、出版工作已取得了丰硕成果。清史编委会成立不久，就先后成立了文献组、档案组、编译组及研究丛刊编委会以及出版组。经过这些专业组的组织策划，相应编辑出版了《文献丛刊》、《档案丛刊》、《编译丛刊》和《研究丛刊》。截至2005年5月，上述4种丛刊已出版各类图书33种359册。清史纂修工作引起了国外学界的注意。

有的文章论说陈云同志对古籍整理的关怀，这对历史文献学的发展是十分重要的[28]。

有的文章论说了1954年《历史研究》创刊以来的50余年、1915年《清华学报》创刊以来的90年的历程，历史与史学的研究，是突出的。《史学史研究》第2期为纪念白寿彝先生逝世5周年发表了一组文章，论说白寿彝先生的学术贡献、学术风范以及史学史的学科思想，这对于新世纪的史学史研究具有重要的意义。

（作者：北京师范大学教授）

注：

①朱佳木：《史学理论建设三题》，《中国社会科学院研究生院学报》，2005年第6期。

②卢钟锋：《从历史研究现状看加强马克思主义指导的必要性和紧迫性》，《光明日报》，2005年7月26日。

③何顺果：《关于历史决定论问题》，《光明日报》，2005年10月25日。

④《全球化与唯物史观》，《北京大学学报》，在2005年第4期。

⑤别立平：《爱国主义：以优秀的历史文化传承》，《人民日报》，2005年4月24日。

⑥仲伟民：《后现代史学：姗姗来迟的不速之客》，《光明日报》，2005年1月27日。

⑦参见：《中国社会科学院院报》，2005年12月15日。

⑧刘家和、陈新：《历史比较初论：比较研究的一般逻辑》，《北京师范大学学报》，2005年第5期。

⑨邹兆辰：《访马克垚教授》，《首都师范大学学报》，2005年第5期。

⑩周新国：《首届中华口述史高级论坛暨科学建设会议综述》，《社会科学报》2005年2月3日。

⑪肖黎：《传承真实历史》，《光明日报》，2005年9月22日。

⑫赵家祥：《历史过程的时空结构和时间向度——兼评西方历史哲学的两个命题》；韩震，董立河：《论西方历史哲学的语言学转向》等，《北京大学学报》，2005年第5期。

⑬《2005年理论热点综述：史学》，《北京日报》，2005年12月26日。

⑭崔向华：《全国纪念中国人民抗日战争暨世界反法西斯战争胜利60周年学术研讨会综述》《军事历史研究》，2005年第3期。

⑮王向远：《日本对华文化侵略的特征、方式与危害》，《北京社会科学》，2005年第1期。

⑯朱汉国、李小尉：《略论中国共产党的抗战文化思想》，《北京师范大学学报》，2005年第4期。

⑰牛润珍、杜学霞：《略论抗日战争时期中国史学的学术趋向》，《清华大学学报》（哲学社会科学版），2005年第5期。

⑱朱薇：《刘大年与中国抗日战争史学会》，《史学史研究》，2005年第3期。

⑲《世界历史》，2005年第3、4、5期。

⑳除了上面提到的朱薇文章外，还有刘俐娜：《抗日战争时期顾颉刚的史学思想》；洪认清：《抗日战争时期的史家与史学》；黄静：《抗战时期重庆马克思主义史家对古代社会史和思想史的研究》。

㉑如《一封关于抗战、正面战场和历史真面的信》，《学习时报》，2005年10月31日。

㉒张海鹏：《20世纪中国近代史学科体系问题的探索》，《近代史研究》，2005年，第1期。

㉓章清：《中西历史之会通中国史学的转向》，《历史研究》，2005年第2期。

㉔吴怀祺：《加强两岸学术交流一发展民族传统史学》，《云南民族大学学报》，2005年第3期。

㉕李世安：《第20次世界历史科学大会评析》，《光明日报》，2005年11月29日。

㉖陈启能：《对当前西方史学发展的两点看法》，《史学理论研究》，2005年第3期。

㉗易宁、李永明：《修昔底德的人性说及其历史观》（《北京师范大学学报》，2005年第6期）。

㉘李格：《陈云与古籍整理》，《史学史研究》，2005年第4期。

中国古代史

罗新慧　王东平

2005年度，北京地区中国古代史的学者们经过辛勤的耕耘，在诸多研究领域里取得新的研究成果，发表了一系列重要的研究成果，现将有关研究情况介绍如下：

一、考古与历史研究

在以往中华文明起源问题的研究中，精神内容上的考察常常被忽视。本年度，有学者从精神考古的角度对文明起源问题进行探求。文章指出，考古学的研究要既见物又见人，要透过物来研究人的精神面貌与特质。作者认为在文明时代形成的过程中，人类的思维方式由感性转向理性，经历了蒙昧、混沌和理性三个阶段。这种精神的变革主要表现在天人关系和人际关系两个方面的质变上，可以说从精神考古上探讨中华文明的起源问题将为考古研究开拓新的领域[①]。

先商文化是商史研究的重要内容。有学者撰文分别就先商的文化与年代及其社会形态进行研究。作者在考察商族先公的活动地域以及与商早期文化有密切关系的其他文化类型之后认为，分布于冀南豫北地区典型的漳河型七垣文化是商先公冥以后的先商文化，而河北涧沟型龙山中晚期的文化遗存有可能是商契、昭明时期的先商文化[②]。另外作者还结合传说与考古材料，采用在叙述商先公功绩的同时分析其社会状况的方式对先商社会形态进行考察。研究指出从契至汤，商族社会形态由中心聚落形态演变为邦国，最后转化为王国形态[③]。

二、出土文献研究

本年度，学者在出土文献的研究上成绩斐然。

甲骨研究方面，《安阳甲骨学会论文专辑》第四集载有054号胛骨。有学者研究认为此片甲骨当属黄组征人方卜辞。在比照《甲骨文合集》及其《补编》的基础上，作者对054号胛骨的残辞进行了补充，并指出此片甲骨有助于我们深入了解商末征人方的历史史实[④]。

陕西岐山周公庙遗址的发掘，尤其是遗址中甲骨文的发现，引起了学术界的高度重视。有学者通过对业已发表的四片卜辞的考察，指出周公庙卜甲中当包含有属于西周早期的卜辞，甲骨卜问的主体是“周公”。但作者就卜甲是否包含较晚的卜辞以及周公是否为周公旦等问题仍然存在疑问[⑤]。

对于甲骨文中的“祲”字，过去学者的释读都有分歧，并且他们多认为此字为一动词。有专家研究指出，一举卜辞文例，此字当为名词，读为“祲”，指日月之晕，它常与虹一起出现。大概从周代开始，“祲”逐渐被看做灾异之象，这是与王权观念的逐渐强化紧密相关的[⑥]。

2003年，殷墟花园庄东地甲骨公布，这批材料从多方面推动了殷商史的研究。有学者就花东卜辞的行款进行考察。以往对殷墟卜辞行款的研究只注意到卜辞在卜甲、卜骨上的位置及其自身的方向，而作者则力图揭示出花东卜辞中行款与卜兆之间的密切联系。作者认为花东卜辞的行款规律表现为卜辞基本守兆，按照固定的方向围绕着相关的某一个或几个卜兆契刻，决无脱离卜兆单独契刻的[⑦]。

殷人以日为名是甲骨学商史研究中的重要课题。花东卜辞公布后，许多学者以为卜辞中部分“丁”字的用例是人名，从而动摇了日名即庙号的普遍认识。学者通过对比花东卜辞中的大量辞例，指出花东卜辞中的“丁”字应该是天干日名，而非人名，更不是武丁生称。结合传世文献，作者认为无论吉礼凶礼，古人常以丁日行事，这也是花东卜辞的“丁”字用例[⑧]。

青铜铭文研究方面，作册般鼋是国家博物馆新近入藏的商代晚期的青铜器。铜鼋的盖部刻有铭文，专家撰文对其进行考释。分歧较大的地方主要集中在铭文的第二行第三字和第四行“奏于庸”的释读上。有学者认为第二行第三字应读为“赞”，即佐助之义。第四行“奏于庸”可能是商王命作册般咏诗记述获鼋之事，并将其谱入以镛为主的音乐演奏中[⑨]。又有学者指出嵌入鳖体的四支箭当是箭尾，四翼可能为尾羽，且设有“比”。这为了解商代箭羽的形制提供了重要实物资料。文章还指出，第二行第三字应读为“狃”，义为“复”，即又也，再也。“奏于庸”是指王命作册般将王四射皆中的精湛射术铭记于庸器上[⑩]。还有学者认为第二行第三字应读为“般”，即作册般。“奏于庸”则是商王命作册般把获鼋之事创作成音乐，并演奏出来[⑪]。

简帛研究方面，上海博物馆藏战国楚竹书陆续公布后，成为先秦史研究的重要资料。上博简第三册的《仲弓》是一篇久佚的先秦儒家重要文献。有学者在对此篇简序重新编排和疏证的基础上指出，《仲弓》对研究《论语》成书以及孔子政治思想有重要意义。通过与《论语》的对读，作者认为仲弓一系弟子可能参与了《论语》的编定。对春秋末年的政局，孔子既怀有事君的理想，又努力教导弟子从政为民，这是孔子政治思想的精彩之处[12]。

《孔子家语·论礼》、《礼记·孔子闲居》和上博简《民之父母》都记有孔子“五至”观念，但三者又存在差异。有学者在比照三者所载“五至”观念后指出，三者所据的祖本应当是不同的。“诗（志）礼相成”只见于《孔子家语·论礼》，当是出自祖本所有。《论礼》的记载比《孔子闲居》和《民之父母》更为真实[13]。

2001年，张家山汉简正式公布，为研究汉初历史尤其是法律制度提供了宝贵的一手资料。有学者以这批竹简为中心，重点探讨了秦汉徒刑的内部等级结构，各等级之间的衔接及徒刑和肉刑关系的变迁等问题。文章认为就秦汉徒刑的内部结构而言，只存在两个等级，一个是城旦舂和鬼薪白粲，另一个是隶臣妾和司寇。它们又与死刑一起构成秦汉刑法的三个等级。三个等级之间则通过加刑和附加刑来加以协调。从战国至秦汉，徒刑地位逐渐上升，肉刑则逐渐下降，直到被废除[14]。

过去的研究认为，战国李悝《法经》分法典为六篇，构成了秦汉律法的基础。然而随着睡虎地秦简与张家山汉简的出土，秦汉法典体系的这种演变受到了质疑。有学者研究认为，李悝《法经》应该是法学著作而非法典。“汉律九章”亦非实指汉律只有九个篇章，而是指在《法经》六种法学分类基础上另增三类的著作。《魏律》才是秦汉法律演变的集大成者，也是后世诸多律法的构成基础[15]。

汉代课役身份是两汉经济研究中的重要内容，有学者以张家山汉简的《二年律令》为中心，结合文献与其他出土材料，探讨了“傅”的含义，汉初傅籍的年龄及标准，妇女从役问题，汉代的半役和“老”、“少”的免役问题，使人们对汉代的课役制度有了新的认识[16]。还有学者从《二年律令》的性质上探讨汉代法典的编纂修订与律令关系。文章认为《二年律令》是吕后二年修订的法典，汉代的追加、修订律来源于皇帝的诏书令。过去研究对杜周、文颖说存在误读。杜周、文颖说从法典的编纂修订的不同角度诠释了汉代律令的区别与联系。至少从吕后开始，汉代法典的编纂修订已经形成一定的惯例[17]。

碑刻墓志研究方面，2002年，河南郑州出土了北魏郑平城妻李晖仪墓志，墓铭为史学家魏收所作，具有一定的史料价值。有学者研究指出墓志记载了北魏重要权势荥阳郑世玉陇西李氏之间的婚姻关系，从这个婚姻关系可以看出李氏家族力图融入华北世族势力，以巩固其社会地位[18]。

三、传统研究领域的新进展

关于传统领域的研究，专家们在古代政治、军事、经济制度，以及思想文化、社会等诸多方面取得了不少研究成果。

政治、军事史研究方面，中央政府与地方诸侯之间的关系是汉代政治研究中的重要课题。有学者就汉武帝“易侯邑”及令侯之国进行考辨。作者通过对中央政权构成主要威胁的淮南国和齐国推行“易侯邑”与“令列侯之国”的政策，迫使淮南王、齐衰王及其子弟等远离其本国势力范围，这是文帝成功削弱和控制王国势力的重要举措[19]。

高昌戊己校尉是两汉经营西域的重要机构。有学者就此机构的设置进行探讨。文章指出，这一机构的设置是为了就近控制车师和丝绸北路，机构名义上隶属中央，实际上却属于凉州或敦煌[20]。还有学者就晋元帝时期的军府机构进行研究。东晋是军府制度成型的重要时期，然而，目前学术界对东晋前期军府的研究相对薄弱，本文正是就此弱项进行探讨。文章指出，这时期的军府大约有三大特征，即设置了录事中郎、度支中郎和三兵中郎；参军属曹；参军分层。其军府诸曹与尚书诸曹相对应，使得军府具有如尚书分曹处理政务的功能。严格意义上的军府内部机构大抵成型，也为其后的军府制度奠定了基本框架[21]。

与魏晋南北朝到隋唐之间的体制转换问题受到学术界较多的关注相比，从长时段研究唐宋之间的行政运行机制的转换显得薄弱，有学者对这一问题进行了研究，认为唐代中后期的政治制度在中枢体制上不再是三省制而是中书门下体制，中央行政运作中不再是尚书六部体制，而是与北宋制度更为接近的使职运行体制，唐后期的变化趋势已经奠定了北宋初年行政体制的格局[22]。也有学者认为唐代中后期的中书门下体制历经晚唐、五代的演变，至宋代前期形成了中书门下与枢密院分掌民政与军政的二府体制，其中五代是体制发生变化的关键时期[23]。有学者认为唐朝前后期在对官吏的行政处罚上出现了明显的变化，罚俸等经济制裁手段的开始适用，说明立法者对官吏失职性质的认识水平有了提高，开始区分行政处分与刑事处分、罪与非罪等，这是唐代对古代法律制度的调整与补充，对后代政治与法律制度产生较大的影响[24]。

有学者研究了在宋夏战争中宋军的重要的补给措施——引兵就粮问题，认为就粮地与原驻地之间存在固定的对应关系，随战争的变化而扩大，但边军回撤就粮会削弱沿边地区的军事力量，北宋政府采取分番和分时就粮的办法，解决了存在的问题并使之发挥了重要的作用[25]。

王毓铨先生提出的“明代军户地位低下”的观点，在学术界有较大的影响，有学者从七个方面对这一观点进行了重新地论证，指出：对明代军户地位的问题必须作综合的考察，不能一概而论，除了分时段和类型外，还要综合考察其职业、财富、教育程度、权力以及社会声誉等方面，才能有完整的答案[26]。有学者研究了乾隆中期清政府进行的严治讼师的立法活动，指出：讼师的发展在地方行政资源严重不足以及行政兼理司法的体制下，直接影响了政府司法职能的实现，使原有的法律秩序受到冲击，清政府针对讼师的立法背离了“教唆词讼”本律的立法精神，打击了讼师的发展，使讼师的活动处于严禁之列，对民事诉讼制度也有较大的负面影响[27]。

有学者对中国古代史上域外来华的使者进行研究后指出，历史上各国使节来华的疏密情况，与中华帝国的盛衰状况、对外经略重心、派出国的社会经济发展需求有密切联系。来华使者一般负有政治、经济、文化多种的综合使命，他们是文明交汇的桥梁和中外文化交流的载体[28]。

思想文化研究方面，“德”的观念是先秦思想研究中非常重要却又较为复杂的观念。以往研究者多将其直接释为道德。有学者从文字考释入手，在详细考证“德”观念的出现及其发展历程后指出，先秦时期，“德”观念大体经历三阶段。一是天德，祖宗之德，即由天和先祖所赐而得。二是制度之德，即由分封与宗法之规范而得。三是精神品行之德，即一种自觉的道德修养和君子人格的要求。儒家在将德从天道神灵的笼罩下解放出来的过程中扮演重要角色。此外，作者还指出，中国古代思想主要是关注人自身能力的认识与开发，寻求人与自然，人与人之间关系的和谐与平衡，德观念的发生与发展对此起到十分重要的作用[29]。

东晋南朝时代，江东地区的文化冲突与融合是中国民族史和文化史研究中的重要问题。有学者研究指出，这时期文化的互动主要表现在江东侨姓士族、庶族，吴姓士族、庶族四种文化的融合。这种融合的主要特征在于其明显的等级性，即首先发生在同等级之间，随之演变为士庶文化的差异。最后融合形成一种体现江东社会整体特点的新文化，即江东文化，并对其后的文化产生深远影响[30]。

有学者研究了《大唐开元礼》的撰述缘起，认为这是唐玄宗营造大唐盛世的精神产品，“开元礼”解决和协调了对《礼记》认识上的矛盾，使唐朝前期礼制更加定型化，确立了中古礼制的框架，体现了唐朝礼制的时代化和创新精神[31]。许衡和刘因是元朝前期北方两大理学名儒，但两人的关系微妙，后代学者也有不同的认识。有学者通过对文献资料的深刻分析后指出，刘因批评许衡有一定的依据，但也存在成见与误解，这与他个人的经历、性格、思想有关，从一个侧面反映出元朝统治下汉族儒士生不逢时的悲剧命运[32]。有学者对明朝四夷馆的“女真馆”和朝鲜司译院的“女真语学”进行了研究，指出朝鲜建立的司译院的“女真语学”与明朝四夷馆的“女真馆”有承传关系，他们培养的通汉语和女真语的人才在明朝、朝鲜与女真的交涉中起到了重要的媒介作用[33]。清代康熙中叶以后，作为地方学校补充形式书院教育日渐兴起，对地方文教育学术发展发挥较大作用，有学者通过苏州紫阳书院的沿革及其与乾嘉大儒钱大昕的关系进行了梳理，阐述了书院教育与学术演进的关系[34]。有学者探讨了乾嘉学术与西学的关系，认为西学对中国传统学术的影响限于天文、历法、地理学和数学方面，唤起了中国人对传统中类似学科（如数学）的兴趣，但在这一过程中出现的“西学中源论”阻止了中国人深入地认识和接受西方科学[35]。桐城派是清朝最著名的一个散文流派，有学者研究了该流派的文化传承与传统教育方式的关系，指出该流派传承相当程度上是依赖传统的教育制度，如书院讲学、家学传授、私人授徒等，这使桐城派在人员构成上迅速发展，成为一个超越地域关系的文学派别。桐城派对传统教育体制的依赖，使它在晚清传统教育体制走向瓦解时自身失去生机[36]。

经济制度方面，西汉纺织业是汉代经济研究中的重要内容。有学者撰文重点考察了西汉纺织业中官营机构“齐三服官”的含义。以往研究者对三服官大致有两种理解：或以为其主管织作首、冬、夏三服；或以为其指三所服官。文章仔细辨析前人研究中的正误，指出后一种理解更接近历史真实[37]。

宋代是中国历史上经济发展最快的时期之一，粮食产量提高很快。学术界曾认为宋代南方地区稻麦复种有了较大的发展或者说是处于稳定的成熟的发展阶段，有学者通过研究证实，一些用以证明宋代稻麦复种的史料并不成立，事实上稻麦在多数情况下还是异地种植的，稻麦复种在宋代的发展是有限的，虽然在长江中下游存在但并不普遍[38]。中国学者在与俄方共同整理出版《俄藏黑水城文献》的过程中发现了一批珍贵的西夏文书，包括户籍、军折策、账册、契约、告谍、书信等，这些原始资料对于研究和认识西夏社会有极其重要的价值。有学者利用新发现的部分草书西夏文租税文书对西夏农业租税进行了深入的研究[39]。

有学者研究了清代的河工与财政问题，认为清朝重视江河的治理，投入了大量的财力物力，建立了相应的管理体制。河工建设始终与社会政治经济状况相联系，晚清时代尽管财政大幅度增加，却并没有结局和供经费短缺与水利设施日渐废弛的现状[40]。

社会史研究方面，有学者撰文就汉代性别史中的“巫儿”之风、“祓禊”、及“不举女婴”等三个问题进行研究。以往研究认为“巫儿”是古代内婚制遗存，或为赘婚。而作者认为“巫儿”实际上是古代世界普遍存在的将身体奉献于神灵的习俗；过去学者以为“祓禊”是求子习俗，但作者指出它与求子无关；此前学术界多认为汉代普遍存在“不举女婴”的现象，是重男轻女的反映。作者则以为汉代社会多数情况是男女皆不举，不宜简单认为是性别歧视[41]。汉武帝徙民会稽是中国古代人口地理研究中的重要事件。以往研究者认为《汉书》记载有误，事实上并无此事。对此，有学者撰文从史料的叙述与承袭，地理上的接纳条件以及边防形式等三个方面证明汉武帝徙民事件是确实可信的[42]。

有学者就东晋桓彝之功业进行评述。作者研究认为，桓彝系桓范之后裔，望系谯国龙氏，实居宣城宛陵，南北逢源，望实俱佳。他利用与南北大族的密切关系，通过品题的形式，极力为北渡之人说项，在沟通南北大族方面发挥了重要作用[43]。

有学者研究了唐代家庭形态的复合性特征，指出唐代的复合型家庭分为共同居住和同籍别居两种形式，号称同居者未必就是一家，而分家异居仍然可能同籍，唐代家庭的二元复合特征，表现出“家户”与“家庭”的差异以及家庭形态与功能的背离，这种情况的出现与中古转型时期家族制度和法律制度的变化密切相关，从一个侧面表现出唐宋社会变革的时代特征[44]。有学者试图对“士大夫”阶层作新的阐发，他从两《唐书》中“士大夫”一词的使用及其意义入手，研究了唐代士大夫指称内涵及其变化，认为在唐代还没有形成宋以后意义上的一个“士大夫”阶级或阶层[45]。

有学者认为两宋时代城市餐饮业形成了自己颇具特色的行业民俗，这些民俗事项从很大程度上折射出当时城市的实际状况，也是两宋时代社会现实的真实的写照[46]。有学者通过对元代石刻拓片的考察，对元代道教的发展提出了自己的看法，认为金代大道教在进入元朝以后，分裂为真大道教和正一大道教，两个分支长期并存，并非像以往道教论著所认为的那样二者重新合并，且以大道教的一个分支真大道教的名称来统称元代大道教[47]。

有学者利用徽州文书研究了明清徽州社会宗族的异姓承继问题，认为这一现象已经相当普遍。明清异姓承继的普遍及有关法规的调整，表明封建宗法关系的松弛，宋代以后的宗族既有发展的趋势，也有从内部开始瓦解的倾向[48]。明代后期商人及其子弟文人化较为普遍，主要原因是传统思想的影响以及商人的自适性选择。有学者利用刊行的《明代徽州方氏亲友手札七百通考释》，以方用彬为典型，客观全面研究了明代后期江南商贾及其子弟文人化的现象及其影响[49]。

张履祥是明末清初的一位理学家，生前淡薄，死后地位逐渐上升，直至从祀孔庙。有学者勾勒了张由布衣寒士到地方偶像直至孔门圣贤的过程，力图阐释清代（尤其是咸同以降）国家祭祀标准的演变，官方儒学政策与学术内在理路变迁，并由此探索清代孔庙从祀的一些特色和国家意志与地方士绅在这一问题上的互动[50]。有学者选取山西寿阳祁氏家族为个案，研究了一个地方的大族如何利用各种资源成功地将自己塑造成地方权威的过程，以及该家族权威消失后，地方民众又如何继续通过历史记忆继续塑造和利用这一资源的问题，该研究丰富了对明清华北基层社会结构和民众生存状况的认识[51]。有学者以声名显赫的高佳氏为例，探讨了清代内务府世家之间通婚联姻的问题，揭示他们通过联姻构成交叉网络联系以及由此构成特殊社会圈的特点[52]。有学者利用“戏剧化”这一关键环节，对明清时期民间教派和帮会创教、起会历史神话中的“昏（君）奸（臣）忠（臣）”故事结构格式进行了探讨，进而用天地会的历史解析其历史神话“西鲁故事”的形成过程，力图廓清笼罩在天地会起源问题上的迷雾[53]。

民族史方面，有学者对唐代活动于北方的原出粟特地区的“杂胡”进行了研究，指出，他们在文化上受到突厥等内亚游牧民族的各种影响，但当时

"杂胡"并不具有统一的族属意识，其成员对胡人拟或突厥的认同要使个人的具体情况而定[54]。

阻卜与鞑靼的关系是辽金元史和北方民族史研究中的公认的难题，王国维提出阻卜即鞑靼说得到学术界的广泛的认同，但是他提出的阻卜乃鞑靼二字倒误的假说却被人们普遍质疑。有学者对这一问题作了新的探索，指出辽金代汉文石刻里发现的阻卜一词的异译证明阻卜不是鞑靼一词的倒误，而通过对契丹小字和女真字石刻材料中阻卜一词的解读，可以推断改词源于契丹语，后为女真语所因袭[55]。元代在上京举行的宴享盛会称为质孙宴又叫诈马宴，韩儒林先生曾考订"诈马"一词来自于波斯语，指衣服，也有学者认为是指食品，本年有学者通过对元代文献的梳理考证后提出，"诈马"来自汉语，是"装饰漂亮华丽的马"或者"盛装的马"的意思[56]。有学者考证《至正金陵新志》中江南行御史台监察御史珠笏氏亦思哈为犹太人，指出这是目前学术界所知唯一一个有明确人名和具体身份的元朝犹太人，他指出充分利用元明碑刻、文集、方志等文献将有助于将相关研究推向深入[57]。

清代史籍对察哈尔旗的记载既少，又模糊不清，学术界对于该旗是外藩扎萨克旗还是内属旗至今没有定论。有学者利用新近出版的《清内秘书院蒙古文档案汇编》中收录的原始档案，甄别了汉文文献中模糊难辨的记载，考证察哈尔旗是一个外藩扎萨克旗，并对察哈尔旗的性质以及兴衰始末作了进一步的考察[58]。有学者研究了清朝皇帝的中国观，他认为清朝是统一多民族国家逐步发展并最终定型的朝代，主导这一时期的清朝历朝皇帝对中国的体认具有重要的意义[59]。

四、北京史地研究的新进展

金台亦称黄金台，在金代被列为燕京八景，但后世失其所在，有学者查阅文献资料并结合今日街巷的走向、地形特征，考证了黄金台的确切位置，认为城南教子胡同之西"燕冈"就是黄金台遗址[60]。由于史料的缺欠或认识上的不同，现代学者所绘制的多种金代北京的历史地图存在着差异，有学者针对这一情况指出在编绘金代北京地图需要对城门的位置、坊的位置和排列方式，以及金中都与辽南京的关系进行认真的研究，才能得出准确的结论[61]。有学者从人与生态环境关系的角度研究了历史上北京的生态环境的变迁，认为辽金时期的北京及其周围地区的气候经历较大的变化，由多雨变成以干旱、大风、寒冷为主要特征，而北京的生态环境在这一时期受到人类活动尤其是战争和城市建设的影响[62]。有学者研究了北京大钟寺所藏永乐大钟的文化内涵、外观特征、声学特征以及与北京史的关系，并兼及北京另外3尊永乐大钟，对北京钟文化概念作了首次地阐发[63]。有学者以宣南历史文化的发展为主题，探讨了"琉璃厂迁出宣南的年代、后任征引的所谓翁方纲《复出斋诗注》的出处、明代北京会馆的外来人口管理职能与内外城会馆功能的地域差异，对相关问题作了初步的辨析。"[64]清代道光年间京师理学的领袖人物是唐鉴，他居京师五年，在他周围形成了一个从其问学的群体，培养了一批理学骨干，开启了晚清理学复兴之路，有学者对这一文化群体在京的活动作了研究[65]。有学者研究了清代北京会馆相关问题，指出会馆类型包括士人会馆和工商会馆，其中士人会馆占大多数，并且政治属性明显。但作为以地域为纽带联络同乡同籍的公益机构，两种会馆为士商两个阶层、两种文化提供了一个相互交融的环境，存在士商交融与文化兼容的现象[66]。

（作者均为北京师范大学教授）

注：

①晁福林：《从精神考古看文明起源研究问题》，《天津社会科学》，2005年第3期。

②王震中：《先商的文化与年代》，《中原文物》，2005年第1期；《先商的文化与年代续》，《中原文物》，2005年第1期。

③王震中：《中国史研究》，《中国史研究》，第2期。

④李学勤：《论新出现的一片征人方卜辞》，《文物》，2005年第2期。

⑤李学勤：《周公庙卜甲四片试释》，《西北大学学报》，2005年第2期。

⑥晁福林：《从甲骨卜辞说到中国古代的"祲"、"晕"观念》，《殷都学刊》，第1期。

⑦刘源：《试论殷墟花园庄东地卜辞的行款》，《故宫博物院院刊》，2005年第1期。

⑧阎志：《殷墟花园庄东地甲骨卜用丁日的卜辞》，《故宫博物院院刊》，2005年第1期。

⑨李学勤：《作册般铜鼋考释》，《中国历史文物》，2005年第1期。

⑩朱凤瀚：《作册般鼋探析》，《中国历史文物》，2005年第1期。

⑪王冠英：《作册般铜鼋三考》，《中国历史文物》，2005年第1期。

⑫晁福林：《上博简《仲弓》疏证》，《孔子研究》，2005年第2期。

⑬廖名春、张岩：《从上博简〈民之父母〉"五

至”说论〈孔子家语·论礼〉的真伪》，《湖南大学学报》，2005 年第 5 期。

⑭韩树峰：《秦汉徒刑散论》，《历史研究》，2005 年第 3 期。

⑮孟彦弘：《秦汉法典体系的演变》，《历史研究》，2005 年第 3 期。

⑯张荣强：《〈二年律令〉与汉代课役身份》，《中国史研究》，2005 年第 3 期。

⑰杨振红：《从〈二年律令〉的性质上看汉代法典的编纂修订与律令关系》，《中国史研究》，2005 年第 4 期。

⑱罗新：《跋北魏郑平城妻李晖仪墓志》，《中国历史文物》，2005 年第 6 期。

⑲陈苏镇：《汉文帝“易侯邑”及“令列侯之国”考辨》，《历史研究》，2005 年第 5 期。

⑳王素：《高昌戊己校尉的设置》，《新疆师范大学学报》，2005 年第 3 期。

㉑张军：《晋元帝军府机构设置特点考论》，《史学月刊》，2005 年第 7 期。

㉒刘后滨：《唐后期使职行政体制的确立及其在唐宋制度变迁中的意义》，《中国人民大学学报》，2005 年第 6 期。

㉓李金德：《晚唐五代时期中枢体制变化的特点及其渊源》，《中国人民大学学报》，2005 年第 6 期。

㉔侯雯：《浅谈唐代对官吏失职行为的处罚》，《首都师范大学学报》，2005 年第 6 期。

㉕程龙：《论北宋对夏作战中的引兵就粮》，《中国史研究》，2005 年 4 期。

㉖张金魁：《明代军户地位低下论质疑》，《中国史研究》，2005 年第 2 期。

㉗林乾：《讼师对法秩序的冲击于清朝严治讼师的立法》，《清史研究》，2005 年第 3 期。

㉘何芳川：《古代来华使节考论》，《北京大学学报》，2005 年第 3 期。

㉙晁福林：《先秦时期“德”观念的起源及其发展》，《中国社会科学》，2005 年第 4 期。

㉚李伯重：《东晋南朝江东文化的融合》，《历史研究》，2005 年第 6 期。

㉛吴丽娱：《营造盛世：〈大唐开元礼〉的撰作缘起》，《中国史研究》，2005 年第 3 期。

㉜张帆：《〈退斋记〉与许衡刘因得出处进退——元代儒士境遇心态之一斑》，《历史研究》，2005 年第 3 期。

㉝乌云高娃：《明四夷馆“女真馆”和朝鲜司译院“女真语学”》，《中国史研究》，2005 年第 1 期。

㉞林存阳：《苏州紫阳书院与清代学术变迁——以钱大昕为研究视角》，《中国史研究》，2005 年第 4 期。

㉟刘墨：《乾嘉学术与西学》，《清史研究》，2005 年第 3 期。

㊱曾光光：《桐城派的传承与传统教育》，《清史研究》，2005 年第 3 期。

㊲王子今：《西汉“齐服三官”辩证》，《中国史研究》，2005 年第 3 期。

㊳曾雄生：《析宋代“稻麦二熟”说》，《历史研究》，2005 年第 1 期。

㊴史金波：《西夏农业租税考——西夏文农业租税文书评析》，《历史研究》，2005 年第 1 期。

㊵陈桦：《清代的河工与财政》，《清史研究》，2005 年第 3 期。

㊶彭卫：《汉代性别史三题》，《东岳论丛》，2005 年第 3 期。

㊷辛德勇：《汉武帝徙民会稽史事证释》，《历史研究》，2005 年第 1 期。

㊸王素：《试述东晋桓彝之功业》，《中国史研究》，2005 年第 1 期。

㊹张国刚：《唐代家庭形态的复合性特征》，《历史研究》，2005 年第 4 期。

㊺黄正建：《唐代“士大夫”的特色及其变化——以两〈唐书〉用词为中心》，《中国史研究》，2005 年第 3 期。

㊻游彪：《宋代商业民俗论纲——以城市餐饮业为中心的透视》，《北京师范大学学报》，2005 年第 1 期。

㊼刘晓：《元代大道教玉虚观系的再探讨——从两通石刻拓片说起》，《中国史研究》，2005 年第 1 期。

㊽栾成显：《明清徽州宗族的异姓承继》，《历史研究》，2005 年第 3 期。

㊾许敏：《试析明代后期江南商贾及其子弟的文人化现象——从方用彬谈起》，《中国史研究》，2005 年第 3 期。

㊿户华为：《从布衣寒士到孔门圣贤——张履祥“由凡人圣”的塑造历程》，《清史研究》，2005 年第 1 期。

(51)邓庆平：《名宦、宗族与地方权威的塑造——以山西寿阳祁氏为中心》，《清史研究》，2005 年第 2 期。

(52)定宜庄、胡鸿保：《清代内务府高佳世系的婚姻圈》，《清史研究》，2005 年第 3 期。

(53)孔祥涛：《历史与神话：天地会西鲁故事的由来及天地会起源》，《清史研究》，2005年第3期。

(54)钟焓：《安禄山等杂胡的内亚文化背景——兼论粟特人的“内亚化”问题》，《中国史研究》，2005年第1期。

(55)刘浦江：《再论阻卜与鞑靼》，《历史研究》，2005年第2期。

(56)李军：《“诈马”考》，《历史研究》，2005年第4期。

(57)党宝海：《关于元朝犹太人的汉文史料》，《中国史研究》，2005年第3期。

(58)达力扎布：《清代察哈尔扎萨克旗考》，《历史研究》，2005年第4期。

(59)郭成康：《清朝皇帝的中国观》，《清史研究》，2005年第4期。

(60)李文辉：《千古金台安在哉》，《北京社会科学》，2005年第2期。

(61)岳升阳：《金中都历史地图绘制中的几个问题》，《北京社会科学》，2005年第3期。

(62)孙冬虎：《辽金时期环北京地区生态环境管窥》，《首都师范大学学报》，2005年第1期。

(63)夏明明：《以钟为书—钟以载道——永乐大钟及北京钟文化》，《北京社会科学》，2005年第2期。

(64)孙冬虎：《宣南历史文化三议》，《北京社会科学》，2005年第3期。

(65)张晨怡：《清道光年间理学士人在京交游述论》，《北京社会科学》，2005年底第4期。

(66)刘凤云：《清代北京会馆的政治属性与士商交融》，《中国人民大学学报》，2005年第2期。

中国近现代史

张　皓　张子琴

一、中国近代史方面：

（一）政治

政治史的研究，向来是热点和重点。北京学者的研究，涉及1840年以来的方方面面，在如下方面有所进展：关于太平天国，夏春涛认为冯云山创建的宗教组织名为“上帝会”，而不是“拜上帝会”；太平天国宗教独尊上帝，称之为“上帝教”最为妥帖，前面不应再加上“拜”这一动词①。关于戊戌变法，茅海建提出有两个不同概念的“公车上书”，一是由政治高层发动、京官组织的上书；一是由康有为组织的18行省举人联名上书，那是一次流产的政治事件，并且指出作为“公车上书”主要史料的《我史》中的记载多处有误，是一份不可靠的史料②。杨天石对光绪皇帝罢免翁同龢的原因作了考察，认为光绪与翁同龢之间关系恶化应是主因③。关于清王朝的灭亡，楚双志认为其原因在于皇族亲贵派、政治中心的汉族官僚派、地方实力派、国内立宪派这几个代表不同利益的政治派别的争斗④。关于北洋政府行政方面，李细珠认为女子参政权运动的失败，不能简单地仅仅归咎于以袁世凯为代表的封建专制势力的阻碍与破坏，以孙中山为首的革命党人在思想认识上也有非常明显的局限性⑤。在地方史方面，赵崔莉谈到光绪二十七年特大水灾下和州地方政府所代表的传统统治秩序在晚清的皖江流域圩区具有一定的代表性⑥。贾熟村指出在云南报销案期间，御史弹劾军机大臣受贿巨万，王文韶因此离开军机处，李鸿藻承认接受过“炭敬”，使晚清政局发生不小的震动⑦。

（二）经济

本年度的关注点之一是中央财政。陈桦探讨了清代的河工与财政的关系，指出河工的兴作始终以政府财政为基础，还与社会的政治、经济状况具有密切的联系，晚清政府财政收入虽然大幅度增加，却并未能改变河工经费紧缺、水利工程日渐废弛的现状⑧。任智勇从外省银两的解缴、人员设置、银钱的收发、存储等角度对银库制度进行梳理，分析了清代银库制度的得失和清末新政时清政府财政体制的变化⑨。

地方经济也是学者们关注的热点。王庆成通过对晚清华北定期集市的考察，认为集市数增加，意味着农产商品化和商品流通量的扩大，强调贫困是晚清北方农村商品流通量扩大的原因之一⑩。刘兰兮分析了近代北京传统银钱组织变迁的历史过程，认为企业扩张的内部动力、政府提供的制度保障以及人际关系网络是近代北京银钱组织制度变迁的必要条件⑪。

（三）思想文化与学术

本年度对思想文化的研究成果卓著，体现在各个方面。关于传统学术，刘墨认为西学对中国传统学术的影响，只限在天文、历法、地理学、数学等方面以及再次唤起中国人对传统中类似学科（如数学）的兴趣，但“西学中源论”却阻止了中国学者更进一步地接受西方科学[12]。张晨怡探讨了清道光年间在京理学士人交游的情况，指出这一维持数年的交游群体培养了一批理学骨干中坚，开启了晚清程朱理学的两种治学路向[13]。关于思想史，史文认为晚清国家观变化所呈现的强烈鲜明的爱国主义精神、世界眼光以及各种国家观念等，不仅给晚清国家观注入了新的内涵，也加速了晚清国家观由传统王朝观向近代国家观的转变[14]。在文化史方面，马克锋认为中国人对西方文化的认知，大致经历了还原的方式（即西学中源说）、沟通的方式（即中西相合说）和比较的方式（即文化差异说）三个层次，这从一个侧面反映了近代中国认识西方文化的思想历程[15]。范继忠认为晚清《申报》市场在上海的初步形成（1872—1877）过程，是上海近代大众传媒早期发展的缩影。关于学术史，刘雅军探讨了晚清学人“世界历史”观念的变迁，指出19世纪中期以来，在剧烈的中西碰撞影响下，晚清学人关于史书编纂体例的认识有了新变化[16]。李伯重认为中国的近代史学始建于20世纪初期[17]。关于民族文化，厉声、许建英认为新疆艺术的发展和内地政治社会的变化密切相关，强调内地艺术的影响深刻而全面[18]。张海鹏探索了20世纪中国近代史学科体系的问题，指出中国近代史作为20世纪中国历史学的一个重要分支学科，是中国近代社会转型和学术转型的产物[19]。关于史学研究方法，朱浒认为要改变以往地方史研究缺乏整合的状况，一个重要着手点就是改变将地方空间作为孤立实体的做法，而应更加重视不同空间的互动关系[20]。

（四）人物

将人物与其思想、活动相结合，是本年度人物研究的一大特点。关于政治人物，高中华探讨了清代名臣左宗棠的荒政思想及其边疆救灾活动，认为其救荒思想的形成和发展，既与他早年的困苦经历和所受教育有关，更与当时社会的发展密切相关[21]。武增锋、韩春英探析了张之洞的幕僚梁鼎芬与张之洞的关系，指出合作共事、相互维护与提携一直是二人关系中的主要方面[22]。刘丽楣分析了文硕在第一次抗英斗争中表现出的强烈保藏抗英情结[23]。孙燕京、周福振撰文探讨了肃亲王善耆与清末新政、与革命党的关系，指出善耆推行的新政措施一定程度上表达了革新人士的诉求和时代发展的意愿[24]。迟云飞根据在日本接触的新资料，对陈天华、宋教仁留学日本时期的活动以及当时留日学生的情况进行了探讨[25]。

关于思想文化与学术界人物，3月26—28日，由中国社会科学院近代史研究所和中国史学会联合主办的“纪念黄遵宪逝世一百周年”国际学术讨论会在北京召开，与会学者就黄遵宪的思想、外交、史学、文学等方面的贡献及其在中国近代史上的地位与影响进行了研讨。另外，刘巍以《教学通义》为切入点，探析了康有为早期经学思想的来路与去向，并通过研究康氏与廖平的学术纠葛，指出在因时局激荡而冲破旧的经学思想格局之际[26]。马忠文研析了康有为自编年谱的成书时间，认为所谓从乙未年开始撰写年谱的说法不可靠，年谱的主体内容撰写于1899年初，此后康氏对年谱仍有修订和增删，将其视为康逝世前定稿更为合理，把年谱看作1927年时康氏内心世界与思想状态的反映是相对准确的[27]。郑师渠研究了梁启超与新文化运动的关系，指出游欧前梁启超的文化取向与新文化运动是一致的；游欧归来梁增加了反省现代性的思想支点，其与新文化运动原主持者间的关系是求同存异；五四后梁作为新文化运动的骁将，由反省现代性归趋整理国故，仍不失其独立的地位[28]。史革新认为严复关于科学、民主以及科学与民主并举的思想，表现了他在近代新学方面的高深造诣，标志着国人对科学、民主认识的新高度，为中国近代新文化的形成奠基了重要的思想基础[29]。李帆通过研究章太炎、刘师培、梁启超对戴震理欲观的评析，提出由于阐释角度不一，他们所作的评析差异较大，但是这些评析皆对中国近代思想、学术界产生了深远影响，甚至成为规范戴震研究的某种“范式”[30]。

（五）边疆民族与中外关系

我国作为一个历史悠久的多民族国家，边疆问题一直是学术界关注的热点，学者们就以下问题提出了新的看法：在民族关系方面，潘向明对清道光二十七年（1847年）六七月间新疆南部喀什噶尔发生的以白山派和卓后裔为首的叛乱事件进行了考辨，指出所谓“七和卓之乱”的匪首并无七个和卓，实只有三个和卓而已[31]。关于西藏历史，永红研究了清代治藏政策的演变特点是“恩威并施”、“因俗而治”[32]；李丽、秦永章对日本外务省派往西藏的第一个间谍——成天安辉的西藏潜行活动作了比较全面的考察[33]。

近代中外关系史的研究也很火热，学者们提出了一些新看法。张用心指出首部汉译国际法著作

——《万国公法》的翻译出版，与其说是西方列强对华政策的产物，不如说是清政府对外政策的产物，译者丁韪良将此书定名为《万国公法》，恰与原著观点相悖[34]。王开玺断定1864年清廷翻译《万国公法》所据的绝不是美国人惠顿1836年的著作初版，最早的应是1845年以后的修订版本[35]。王建朗则对北京政府的参战问题重新作了考察，认为参战具有必然性，这标志着中国外交政策从消极到积极的一个重大转变，北京政府后期的积极外交由此而发端[36]。

二、中国现当代史的研究进展及主要特点：

（一）政治

首先，2005年是抗日战争胜利60周年纪念，有关抗日战争史的研究成为本年度最大的热点、重点，主要表现在：

其一，相关学术活动和会议频繁召开。2005年8月15—16日，由中国社会科学院主办，中国社会科学院近代史研究所、中国社会科学院世界历史研究所和中国社会科学院日本研究所承办，并由中国抗日战争史学会、中国第二次世界大战史研究会和中华日本学会协办的“纪念中国人民抗日战争暨世界反法西斯战争胜利60周年学术研讨会”在北京举行，与会学者主要围绕中国抗日战争总论、中国抗日战场与日本侵华三个主题展开了热烈深入的讨论。9月2—4日，由中央宣传部、中央党校、中央文献研究室、中央党史研究室、教育部、中国社会科学院、解放军总政治部联合举办的“纪念中国人民抗日战争暨世界反法西斯战争胜利60周年学术研讨会”在北京召开。10月22日，由中国社会科学院主办的“纪念亚洲人民抗战胜利60周年国际学术座谈会”在北京召开，来自中国、韩国、越南、新加坡、菲律宾、马来西亚、印度尼西亚、泰国等亚洲国家的60余名专家学者参加了座谈会。

其二，学者们从各个方面展开新的探讨，提出许多新的看法。宏观总论方面，王桧林探究了抗战期间中国人国际观念的变化，认为这对于今天处理国际事务具有巨大的参考价值[37]。荣维木从现代化的视角来解读抗日战争，认为日本的侵华战争打断了中国原有的现代化进程，但同时中国的抗日战争又积累了新的现代化因素，并最终成为开启中国新的现代化进程的动力[38]。金冲及强调中国抗日战争以自己的民族牺牲对世界反法西斯战争作出了巨大的历史贡献，这是无可争辩的历史事实；西方不少有关世界反法西斯战争的皇皇巨著，对中国的抗日战争却只有很简略的记载，这是很不公正的[39]。张海鹏从民族复兴的角度，总结了抗战胜利的三点意义[40]。郭德宏认为中国共产党和中国国民党共同领导了抗日战争，即抗日战争是由国共两党共同领导的观点，是符合历史实际的[41]。

有关具体问题，学术界对中方各界和日方的相关活动都有所涉及。中共方面，黄一兵指出作为中共中央的派出机构，中共驻共产国际代表团推动了抗日民族统一战线的形成和发展[42]。李蓉探讨了抗战时期中共局部执政的特点，指出其为党的发展壮大提供了重要条件，也为党领导中国新民主主义革命的胜利奠定了坚实基础[43]。汪澄清研究了抗日根据地的金融稳定政策，论述了根据地内进行的货币之战，认为这有力保障了民族解放战争的顺利开展和最终胜利[44]。郝首栋探讨了中共指导抗战的思想，认为毛泽东高屋建瓴地把握关系抗战全局的几大基本问题，从而成功地指导、推动了抗日战争的发展和胜利[45]。李红喜认为毛泽东等中国共产党领导人及时提出了关于在华日本人反对日本法西斯侵华战争的重要思想，使在华日本人的反战斗争从无到有、从小到大，为中国人民抗日战争的最后胜利作出了贡献[46]。

国民党方面，杨宗丽强调抗战初期国民党对实现第二次国共合作也有着不容忽视的作用[47]。杨天石对日军攻占武汉、广州后向中国展开的“诱和”行动——“桐工作”进行了辨析，指出中方参与秘密会谈不过是军统特务为刺取情报而采取的权谋[48]。关于其他各界，学术界主要围绕抗战群体展开探讨。欧阳军喜以中国太平洋国际学会为例，指出其会员在“中日冲突”的问题上，先是主张忍让，继而主张抵抗，进而主张彻底打败日本，这种态度上的演变既是中国知识分子对中国及世界局势认识演变的结果，也与列强的对华政策和对日本扩张所持的态度转变有关[49]。赵书刚回顾了从《马关条约》签订到抗战胜利台湾同胞长半个世纪之久的反殖爱国斗争，强调驱逐日本殖民主义者，收复台湾，是包括台湾同胞在内的全体中国人民的胜利，并且得到了国际社会的认同和支持[50]。

有关日本方面，王向远对日本对华文化侵略的主要方式和途径进行了分析，指出在这个问题的研究中应以历史文献学的方法正确呈现和描述史实，从而填补日本侵华史研究中的这一薄弱环节[51]。林晓光、孙辉对日本政府为进行对外战争而发行，由日军在所占领地区为征发军用物资而强制流通使用的代用货币——“军票”进行了考察，强调军票是其对外进行侵略、掠夺当地资源和民众财富的方式手段之一[52]。秦永章探讨了从19世纪末到1945年战败投降，日本当局从事的一系列染指我国西藏的渗透和阴谋活动，指出这不仅表明日本染指我国西藏的不良用心，同时也对当时西藏分裂倾向的增长起了推波助澜的作用[53]。臧运祜谈到1945年8月15日投降前后，日本政府与军部为了销毁战争罪证、逃避战争责任，烧毁大量的文书，由此造成现代中日关系史研究上永远的缺憾[54]。

其次，作为中国现代史的重要组成部分，国民党政治的研究仍是本年度的热点。关于国民党派斗争，金以林以20世纪二三十年代国民党粤籍领袖为考察中心，认为地域观念在国民党派系冲突中扮演着重要角色，蒋介石同粤籍领袖之间的矛盾日益扩大，国民党内部的派系纠纷逐渐演变成公开的武装冲突[55]。在国民政府行政方面，周竞红分析国民政府初期十年边疆民族事务管理机制与政策，认为因受到政府执政能力、行政效率和政权性质等多方面因素的影响，这些政策的实际执行相当有限；但也提出这些管理机制的运行与政策的实施在国家实现政治整合和维护领土完整方面仍然有着相当重要的历史意义[56]。魏光奇探讨了国民政府时期县国家财政与自治财政的整合，认为中国的县财政经历了一个适应现代化趋势的改革过程[57]。

再次，关于国共关系的研究，一直受到北京学术界的关注。黄道炫认为出现于苏区周边地区的“赤白对立”，不是由土地革命加剧的阶级间的对立，而是一种非阶级的由多种因素引发的以地域为中心的冲突[58]。薛承指出中共七大前后，中国共产党将东北视为准备“转变”的关键区域，从战略上高度关注，在实践上精心部署，这是抗战胜利后中国共产党在与国民党争夺东北的较量中得到先机的重要原因[59]。邓野认为重庆谈判是国共围绕联合政府与一党训政的政治对立展开的若干次对抗中的一个回合[60]。

最后，本年度北京学术界对新中国成立后的政治研究也投入了很大的精力，成果丰硕。宪法及相关问题一直引人关注。李林探析了依据1954年宪法相关规定而设立最高国务会议的组织结构和功能，分析了由此所展现的中国共产党卓越的执政能力[61]。刘荣刚则回顾了1982年宪法的制定过程并总结其历史经验，认为这是一部具有中国特色的、能够适应新的历史时期社会主义现代化建设需要的宪法[62]。新中国的战略发展和政治制度史也是热点。王素莉认为新中国选择赶超发展战略，不仅与苏联模式密切相关，也与国内外形势紧密相连，它的实施使中国初步建立起国家战略防御体系，奠定了中国成为有重要影响大国的基础[63]。万其刚将人民代表大会制度的发展史分为正式确立和初步发展时期（1954—1957年）、曲折发展时期（1957—1966年）、遭受严重破坏时期（1966—1976年）、恢复和进一步完善时期（1976年至今）四个阶段，指出它是中共党人根据中国的实际情况创造性地运用马克思列宁主义关于国家学说的结果[64]。李格还简述了当代中国地方政府制度的沿革，认为其在沿革上与中央政府不同，它继承了秦代和元代继续下来的传统地方官制，是在继承历代地方政府制度的基础上建立和发展的[65]。

（二）经济

关于现当代经济史的研究，主要集中在当代，可以从宏观和微观两方面来看。宏观方面，学术界对各个时期的经济政策和经济状况进行了探讨分析。沙健孙认为衡量社会主义改造是非得失的主要标准应当是看生产关系的变革对生产力的发展起促进作用还是起阻碍作用[66]。徐建青研究了“一五”时期的投资与制度变革，指出“一五”时期的投资是个连续大起大落的过程，全面建立起了计划经济体制，但自此也形成了追求高速度和外延、粗放型的增长方式[67]。吴易风探讨了我国从社会主义商品生产到社会主义计划经济和市场调节相结合再到社会主义市场经济的理论发展轨迹[68]。钟瑛宏观地考察了20世纪90年代以来中国政府的宏观经济政策经历了三次较大的调整[69]。

微观方面，学者们探讨了一些具体问题。刘一皋对建国前夕的临清事件进行了个案研究，指出临清事件是建国前夕市场秩序混乱情况下的一次抢购涨价风潮[70]。崔跃峰考察了1949—1958年北京市同业公会组织能量（结构、职能、人事、经费收入）丧失的过程，分析了其在此过程中的演变趋势[71]。刘荣刚回顾了1978年我国从西方国家集中引进22个成套设备项目的情况，强调这些项目的引进和建设，对我国社会主义现代化建设起了重要作用，同时也留下了一些经验教训[72]。

（三）外交

中外关系史的研究，历来是北京学术界关注的重点，本年度也不例外，学者们主要从中国对外关系和各国对华关系两方面展开研究。

中国对外关系方面，学者们对现当代各个时期的外交状况都有所涉及。葛夫平认为在有关中法庚款案中的无利债券问题的交涉中，北京政府最大限度地维护了国家利益，而南京国民政府则多有失误，未能切实收回中法实业银行所欠债务[73]。杨红林考察了北京政府时期的舆论对外交决策的重大影响[74]。张皓探讨了从九一八事变期间中日关于直接交涉的外交斗争，认为由于坚持不懈的外交斗争，中国在多数情况下得到了国联的支持；而日本关于直接交涉的外交活动，却最终成为日军拒绝撤兵并继续侵略和占领中国东北全境的工具[75]。熊华源认为，周恩来对万隆会议的召开和“万隆精神”的形成作出了巨大的贡献[76]。夏莉分析了中国和以色列的建交情况，认为中方的态度变化是由热到冷，以方的态度则由最初的犹豫不决到坚决谋求与中国建交[77]。黄嘉树、林红研析了中国外交活动中的涉台问题，提出中国外交因台湾而引发的难题大致有传统意义上的外交代表权之争、认为中国一方面需要努力使“和平统一”方针和对台政策得到世界各国更多的理解与支持，另一方面也需要认真考虑世界各国对台湾问题的意愿和诉求，在维护中国主权完整的前提下做必要的政策调整[78]。

外国对华关系方面，美国对华关系研究是热点。胡岩分析了抗日战争时期美国关于西藏是中国领土不可分割的一部分的立场，认为这在客观上帮助了中国人民反对英国分裂西藏的斗争，也成为美国政府日后无法公开支持西藏独立的一个制约因素[79]。杨奎松分析了美国中央情报局从1948年至1956年对中国问题的评估和预测，认为情报局的评估和预测未必准确，但其报告基本上保持了一种比较客观和肯定的态度[80]。王立新指出杜鲁门政府未能承认新中国的根本原因并非是国会和舆论的压力，而在于那个时期由反共主义和中美关系神话构成的独特的对华意识形态[81]。刘雅军认为1949—1953年是冷战开始后美台关系的起点，到1953年共和党执政时，美国对台湾援助政策的最大限度是将其作为“战略后备军”服务于美国的远东冷战[82]。有关苏联对华，薛衔天、刘成元分析了解放战争时期东北与苏联的关系，认为这种关系随着全国解放战争的胜利发展成为中华人民共和国与苏联的同盟关系[83]。张柏春等回顾了20世纪40年代到60年代初中苏科学技术合作中的技术转让情况，认为苏联的技术援华虽然推动了现代技术向中国的大规模转让，但是随着两国关系的破裂，中苏科技合作中断，因而打乱了我国科技远景规划的正常实施，造成了中方大量人力物力的浪费和损失[84]。关于印度对华关系，卫灵从关注中国周边安全的角度出发分析了印度安全战略中对华关系部分，认为和平友好、对话协商应该成为21世纪中印两国关系的主旋律[85]。

（四）军事

军事史的研究，成果颇丰，覆盖了现当代各个时期诸多问题。军事制度方面，徐勇研究了20世纪中国“政党领军”模式的创立发展过程，指出其创自孙中山与南方革命党人的黄埔建军，经由中共开展武装斗争、实践“党枪原则”而得到完善发展[86]。王建强通过对红军由党代表制度发展为政治委员制度这一复杂过程的阐述，认为红军的政治委员制度是在结合中国革命和红军实际情况的基础上确立的[87]。罗平飞对1927年人民军队建立至1949年新中国成立前的中国共产党军人抚恤优待及退役安置政策，进行了梳理和分析，强调作为国家社会保障制度的重要组成部分，军人抚恤优待及退役安置政策对于国防和军队现代化建设有着相当重要的意义[88]。军队发展方面，杨德山认为“文革”时期“三支两军”兴起的原因，在于稳定“文化大革命”混乱的政治和社会局面，保证“文化大革命”继续进行[89]。国防建设方面，黄宏谈到新中国成立以来，党的领导集体正确处理国防建设与经济建设的辩证关系，走出了一条国防建设与经济建设协调发展之路，形成了国防建设与经济建设相互促进、协调发展的机制等重要思想[90]。军事决策和行动方面，赵一平回顾了新中国成立前后解放台湾作战计划与准备始末，强调尽管攻台作战由于历史原因未能实施，然而从中央军委攻台作战的战略决策和部署到基层作战部队的战役准备，都对新的历史条件下的对台军事斗争准备仍有重要的指导和借鉴意义[91]。卢宁指出朝鲜战争爆发以后美国的介入以及战争的不断升级，导致中国领导人的安全感逐步丧失，不安全感不断加深，并最终作出抗美援朝的决策[92]。

（五）人物

本年度北京学术界关于现当代人物的研究成果相当丰富，涉及各个层面。

抗战时期的人物研究也是本年度的一大热点。关于国民党人物，崔萍根据张学良“自述”，对发生于1929年7月的中东路事件的前因后果谈了自己的看法，认为“中苏共管”中东路乃是迫于形势之协议，张学良错误判断远东局势，在蒋介石鼓动下，发动了本应避免的武装冲突，给张学良本人及东北军造成很大伤害，乃至对东北日后的形势发展都产生了重大影响[93]。邓野认为傅作义是怀抱着相当的个人意图而加入到改朝换代的行列中，其反正过程具有强烈的双重性，他一方面认识到国民党已经失败，故而拒绝与国民党捆在一起；另一方面又对共产党政权能否稳固存有疑虑，故而对中共亦保持距离；傅的这种两手准备、两手安排，是为自己可能的再起留出余地，这是一种过渡时期所特有的现象[94]。蔡乐苏、金富军通过初步探究，基本弄清了蒋廷黻外交思想的核心理念及其在对待“东北问题”、中英关系、中日关系和中俄关系等一系列重大问题上的体现，指出蒋廷黻熟谙欧亚历史，胸有国际局势，对帝国主义、民族主义独具特识，故其外交思想以知己知彼、互利合作为宗[95]。

储朝晖论证了陶行知作为一位正义的爱国者，从五四运动时期参与反对日本帝国主义的活动起逐步发展成为一位具有深刻系统的抗日主张和思想的坚强的、热心的抗日宣传者、组织者、谋划者的过程，记述了他在抗日战争中所做的大量工作[96]。吕一燃研究了日本殖民统治时期的台湾爱国文人连横，指出连横是一个不屈服于日本殖民统治的热爱祖国的知识分子，他一生最大的愿望是，抗日战争胜利，光复台湾[97]。李烨阐述了从1926年至1935年，九世班禅大师在内蒙古宣化传法的历史功绩[98]。

（六）社会史

社会史仍然是本年度学者们关注的热点，涉及的面也很广。在社会心理方面，侯松涛研究了抗美援朝运动前后中国民众的社会心态，指出其最突出特点是社会心理转变过程的多样性、复杂性和转变结果的“一律性”、“简单性”的统一[99]。在民众日常生活方面，孙燕京、岳珑民研究了1949—2000年中国城镇民众服装流变，指出中国城镇服装以社会大文化的发展为依托，伴随生活方式、价值观念以及行为规范的变化而变化[100]。在女性问题方面，顾宁研析了建国以来女性教育的成果、问题及对策，强调女性教育状况是衡量女性在社会中地位高低的主要标志之一[101]。在北京社会史方面，戴海斌以北京城第一个近代意义上的“公园”——中央公园为研究对象，映射了民国初年北京社会新与旧、中与西、政治与文化、国家与社会等各方面驳杂面相[102]。王琴以30年代北平取缔女招待风波为中心事件，考察民国时期北平女招待的职业历程，分析了女招待这一职业群体与当时各种社会权力间的互动关系[103]。张太原探讨了社会主义时期北京居民消费观念的变化[104]。

（七）思想文化与学术史

本年度，北京学术界加大了对现当代思想文化史的研究力度，学术成果非常丰富。

第一，围绕抗战胜利60周年，有关抗战时期的思想、文化、教育、学术研究成为重中之重。思想文化方面，虞和平认为中国文化虽然在抗日战争时期受到日本侵略者的巨大创伤，但自五四时期开始高涨的以新文化运动为主流的文艺现代化进程不但没有中断，而且进入了以动员民众抗日为主要任务的抗日文艺新阶段[105]。陈言谈到在抗日救亡精神的感召下，国统区、解放区和沦陷区的外国文学翻译事业在艰难地进行着，并在炮火中取得了可观的成就[106]。曹欣欣探讨了抗战漫画的思想内容和艺术特色，并阐释其对抗日民族解放战争的独特作用[107]。朱汉国、李小尉提出中国共产党的抗战文化思想是为适应全民族抗战需要而形成的[108]。刘辉指出抗战时期中国共产党“文化意识”的全面觉醒，其核心在于文化“民族性”意识的觉醒[109]。教育方面，长沙临时大学西迁昆明时实施的湘黔滇跋涉，被誉为中国教育史上罕见的“小长征”，闻黎明对此作了考察与分析[110]。学术史方面，侯且岸以当时侯外庐、贺麟、王亚南、蒋梦麟等著名学人艰辛的学术实践为个案，指出在抗日战争时期，由于中国知识精英的觉醒，中国学术的艰辛发展并没有因战争而中断[111]。牛润珍、杜学霞指出九一八事变后，在全国抗日救亡浪潮的推动下，史学界的风气逐渐转变，经世致用之潮取代了“纯学术”研究之风，为抗战服务成为中国史学家的共识；认为抗战史学的发展和演变，深刻地改变了中国史学界的格局，对以后的中国史学产生了深远的影响[112]。

第二，关于五四新文化运动，很多学者进行了新的诠释。罗志田对“问题与主义”重新作了考察，认为胡适和李大钊的相关言论在一段时间里共同成为年轻一辈的思想资源，提示着这一争论未必像后来认知的那样意味着新文化人的“分裂”，或即使“分裂”也不到既存研究所论述的程度[113]。卢毅认为“整理国故运动”对中国传统文化的现实意义作出了积极肯定的评价，超越了简单一元的文化替代论，极大地深化了五四新文化运动对中西文化问题的认识[114]。

第三，有关民国时期的思想文教也有不少成果。在教育方面。孙邦华论述了北京辅仁大学的国学教育，指出辅仁大学为了强化国学教育采取的一些富有特色的举措在今天的大学教育中仍不失其借鉴意义[115]。方增泉指出20世纪二三十年代，国民政府本着“注重实科、限制文法科”的原则，在大学中进行学科和专业的调整，分析了利弊得失[116]。文化思潮方面，徐思彦考察了社会转型与报业现代化的关系，指出由于近代中国社会各个方面发展的错位与失序，近代中国报业的现代转型是不充分、不彻底的[117]。

第四，北京城市文化研究仍是热点。2005年10月30日，北京市社会科学院“北京历史地理暨村落文化研究中心”在北京文物局培训中心举行成立大会，该中心将以北京历史地理学为学术基础，以北京及其周边地区为地域范围，研究有关村落文化、地理风俗、地名文化、名胜古迹、环境变迁等方面的学术问题。李少兵研究1927—1937年的北京娱乐文化，并探讨了官方、民间因素是怎样参与到北平娱乐文化中[118]。王翠艳指出20世纪20年代，《益世报·女子周刊》、《京报·妇女周刊》、《世界日报·蔷薇》等北京报纸妇女副刊的兴起，在中国女性渐次成长为与男性同等的文化和言说主体的历史进程中，它们发挥了重要的载体作用[119]。

最后，有关学术史的研究，学者们也很关注。徐勇谈到在20世纪20年代中期北伐战争即将爆发之际，在一批学人和社会政治活动家中间爆发了一场关于谁是“军阀”，以及怎样定义“军阀”、如何改造国家与社会武装力量等问题的激烈论战，论战虽由时事问题所引发，其影响却超越了政论范围，推动了“军阀”话语体系的迅速发展，促进了有关中国政治与军事问题的学理研讨[120]。向燕南、尹静指出陶希圣最大的史学贡献，是创办和主持了《食货》半月刊[121]。黄敏兰认为中国历史学研究所形成的一整套的中国化马克思主义历史理论或历史解释系统决定着中国史学的研究与编纂，塑造和影响着人们的思维方式，强调当前的史学学术转型无论如何不可能回避这些旧课题，从史学学科体系的角度看，改造旧课题，将其转换成为新课题，应该而且可以成为史学学术转型的突破口[122]。

（八）边疆史

我国疆域辽阔，民族众多，边疆史研究向来备受重视。

2005年9月1日是西藏自治区成立40周年的日子，有关西藏的研究成果很多。宏观方面，胡为雄通过细读《毛泽东西藏工作文选》，回顾了20世纪50年代毛泽东在和平解放西藏时采取的许多政策和策略[123]。廉湘民回顾了西藏民族区域自治的发展和完善，强调西藏的民族区域自治从制度上保证了这一指导方针和各项有关政策的落实，实现了社会局势稳定和经济社会全面发展，其自身也得到发展和完善，显示出强大生命力[124]。宋月红、方伟研析了西藏民族区域自治的法律地位及其地方立法，指出西藏民族区域自治的制度化和法制化，是西藏民族区域自治发展的显著特征和重要历史经验[125]。微观方面，徐平、曹志安以帕拉庄园所在村庄的调查为例，从生活水平、教育和职业分布、婚姻形态、家庭模式、对下一代培养等五个方面，探究了西藏农村的新变化[126]。

关于边界问题，贾宇回顾了南海“断续线”近百年的历史，对其法律地位进行了探讨，认为存在于南海的九条以国界线方法标绘的“断续线”，确认了中国对线内岛礁滩沙的主权和对周边海域的海洋权益；“断续线”与领海外部界限、专属经济区和大陆架范围主张线、菲律宾“条约线”等有着本质的区别；南海“断续线”的法律地位使其在维护中国在南海的海洋权益方面有着特殊的作用和意义[127]。

（作者：张皓，北京师范大学教授；
张子琴，北京师范大学研究生）

注：

①夏春涛：《“拜上帝会”说辨正》，《近代史研究》，2005年第5期。

②茅海建：《“公车上书”考证补》，《近代史研究》，2005年第3、4期。

③杨天石：《翁同龢罢官问题考察》，《近代史研究》，2005年第3期。

④楚双志：《利益集团争斗与大清王朝灭亡》，《中共中央党校学报》，2005年第4期。

⑤李细珠：《性别冲突与民初政治民主化的限度——以民初女子参政权案为例》，《历史研究》，2005年第4期。

⑥赵崔莉：《晚清传统秩序崩溃和绅权扩张之浅见——光绪二十七年皖江水灾与和州的社会控制》，《清史研究》，2005年第2期。

⑦贾熟村：《震动晚清政局的云南报销案》，《史学月刊》，2005年第11期。

⑧陈桦：《清代的河工与财政》，《清史研究》，2005年第3期。

⑨任智勇：《试述晚清户部银库制度与庚子之后的变革》，《清史研究》，2005年第2期。

⑩王庆成：《晚清华北定期集市数的增长及对其意义之一解》，《近代史研究》，2005年第6期。

⑪刘兰兮：《近代北京传统银钱组织的变迁》，《北京社会科学》，2005年第2期。

⑫刘墨：《乾嘉学术与西学》，《清史研究》，2005年第3期。

⑬张晨怡：《清道光年间理学士人在京交游述论》，《北京社会科学》，2005年第4期。

⑭史文：《晚清国家观变化的时代特色》，《史学月刊》，2005年第12期。

⑮马克锋：《近代中西文化互动的历史考察》，《教学与研究》，2005年第4期。

⑯刘雅军：《晚清学人“世界历史”观念的变迁》，《史学月刊》，2005年第10期。

⑰李伯重：《20世纪初期史学的“清华学派”与“国际前沿”》，《清华大学学报》，2005年第5期。

⑱厉声、许建英：《近代以来新疆艺术述论（1840—1999）》，《中国边疆史地研究》，2005 年第 2 期。

⑲张海鹏：《20 世纪中国近代史学科体系问题的探索》，《近代史研究》，2005 年第 1 期。

⑳朱浒：《江南人在华北——从晚清义赈的兴起看地方史路径的空间局限》，《近代史研究》，2005 年第 5 期。

㉑高中华：《试论左宗棠的荒政思想及其边疆救荒实践》，《中国边疆史地研究》，2005 年第 3 期。

㉒武增锋、韩春英：《试论梁鼎芬与张之洞的关系》，《历史档案》，2005 年第 1 期。

㉓刘丽楣：《文硕密折的保藏抗英情结》，《中国藏学》，2005 年第 4 期。

㉔孙燕京、周福振：《善耆与清末新政——以 20 世纪初十年的北京新政改革为视点》，《北京社会科学》，2005 年第 1 期。

㉕迟云飞：《陈天华、宋教仁留日史事新探》，《近代史研究》，2005 年第 6 期。

㉖张勇：《康有为的“作伪”及其限度——以康氏戊子乡试自述为例》，《历史研究》，2005 年第 6 期。

㉗马忠文：《康有为自编年谱的成书时间及相关问题》，《近代史研究》，2005 年第 4 期。

㉘郑师渠：《梁启超与新文化运动》，《近代史研究》，2005 年第 2 期。

㉙史革新：《严复科学民主思想议略》，《北京师范大学学报》，2005 年第 2 期。

㉚李帆：《章太炎、刘师培、梁启超对戴震理欲观的评析》，《北京师范大学学报》，2005 年第 2 期。

㉛潘向明：《道光回疆“七和卓之乱”史实考辨》，《清史研究》，2005 年第 3 期。

㉜永红：《清代治藏政策的特点及其演变》，《中国藏学》，2005 年第 2 期。

㉝李丽、秦永章：《清末日本间谍成田安辉西藏潜行活动之考察》，《清史研究》，2005 年第 4 期。

㉞张用心：《〈万国公法〉的几个问题》，《北京大学学报》（哲学社会科学版），2005 年第 3 期。

㉟王开玺：《1864 年清廷翻译〈万国公法〉所据版本问题考异》，《北京师范大学学报》，2005 年第 6 期。

㊱王建朗：《北京政府参战问题再考察》，《近代史研究》，2005 年第 4 期。

㊲王桧林：《抗日战争期间中国人国际观念的变化》，《史学月刊》，2005 年第 9 期。

㊳荣维木：《怎样以现代化的视角解读抗日战争》，《史学月刊》，2005 年第 9 期。

㊴金冲及：《抗日战争在世界反法西斯战争中的地位》，《党的文献》，2005 年第 5 期。

㊵张海鹏：《走向民族复兴的重要标志——论抗日战争胜利的历史意义》，《抗日战争研究》，2005 年第 3 期。

㊶郭德宏：《论抗日战争的领导者》，《东岳论丛》，2005 年第 4 期。

㊷黄一兵：《中共驻共产国际代表团与中国抗日战争——以抗日民族统一战线的形成和发展为线索》，《中共党史研究》，2005 年第 5 期。

㊸李蓉：《略论抗战时期中国共产党的局部执政》，《中共中央党校学报》，2005 年第 4 期。

㊹汪澄清：《货币之战：论抗日根据地的金融稳定政策》，《中共党史研究》，2005 年第 6 期。

㊺郝首栋：《抗战时期毛泽东对四大基本问题的把握和解决——兼说经验和启示》，《党的文献》，2005 年第 5 期。

㊻李红喜：《中共领导人与抗日战争时期的在华日人反战斗争》，《党的文献》，2005 年第 5 期。

㊼杨宗丽：《抗战初期国民党政策的演变与第二次国共合作的形成》，《党的文献》，2005 年第 5 期。

㊽杨天石：《“桐工作”辨析》，《历史研究》，2005 年第 2 期。

㊾欧阳军喜：《抗战前后中国知识分子对日外交立场之演变——以中国太平洋国际学会为例》，《史学月刊》，2005 年第 10 期。

㊿赵书刚：《日据时期台湾同胞的反殖爱国斗争》，《中共中央党校学报》，2005 年第 1 期。

51王向远：《日本对华文化侵略的特征、方式与危害》，《北京社会科学》，2005 年第 1 期。

52林晓光、孙辉：《日本军票史考略》，《抗日战争研究》，2005 年第 4 期。

53秦永章：《近代日本渗透西藏述论》，《近代史研究》，2005 年第 3 期；秦永章：《抗战时期日本染指我国西藏秘史》，《中国藏学》，2005 年第 1 期。

54臧运祜：《现代中日关系史研究上永远的缺憾——关于日本投降前后烧毁文书的情况及其他》，《近代史研究》，2005 年第 5 期。

55金以林：《地域观念与派系冲突——以二三十年代国民党粤籍领袖为中心的考察》，《历史研究》，2005 年第 3 期。

56周竞红：《南京国民政府初期十年边疆民族事务管理机制与政策》，《中国边疆史地研究》，2005

年第3期。

(57)魏光奇：《国民政府时期县国家财政与自治财政的整合》，《首都师范大学学报》，2005年第3期。

(58)黄道炫：《苏区时期的“赤白对立”——阶级革命中的非阶级现象》，《史学月刊》，2005年第11期。

(59)薛承：《七大前后党对“转变”的科学预见与经营东北的战略筹谋》，《党的文献》，2005年第5期。

(60)邓野：《论国共重庆谈判的政治性质》，《近代史研究》，2005年第1期。

(61)李林：《最高国务会议组织结构及其功能探析》，《中共党史研究》，2005年第1期。

(62)刘荣：《1982年宪法的制定过程及其历史经验》，《当代中国史研究》，2005年第1期。

(63)王素莉：《赶超战略及其历史经验初探》，《中共党史研究》，2005年第4期。

(64)万其刚：《我国人民代表大会制度的形成与发展》，《当代中国史研究》，2005年第1期。

(65)李格：《简述当代中国地方政府制度沿革》，《党的文献》，2005年第6期。

(66)沙健孙：《关于社会主义改造问题的再评价》，《当代中国史研究》，2005年第1期。

(67)徐建青：《“一五”时期的投资与制度变革》，《当代中国史研究》，2005年第6期。

(68)吴易风：《从社会主义商品生产到社会主义市场经济的理论发展轨迹》，《当代中国史研究》，2005年第5期。

(69)钟瑛：《20世纪90年代以来的中国宏观经济政策调整》，《当代中国史研究》，2005年第4期。

(70)刘一皋：《国家、市场、社会之间新型关系初建时的认识——建国前夕之临清事件个案研究》，《史学月刊》，2005年第10期。

(71)崔跃峰：《1949—1958年北京市同业公会组织的演变》，《北京社会科学》，2005年第1期。

(72)刘荣刚：《对1978年22个成套设备项目引进的历史回顾》，《中共党史研究》，2005年第5期。

(73)葛夫平：《中法庚款案中的无利债券问题》，《近代史研究》，2005年第2期。

(74)杨红林：《朝野纠葛：北京政府时期的舆论与外交——以关税特别会议为个案的考察》，《史学月刊》，2005年第12期。

(75)张皓：《九一八事变期间中日关于直接交涉的外交斗争》，《北京师范大学学报》，2005年第4期。

(76)熊华源：《从万隆会议看周恩来和平外交思想的传播与影响》，《当代中国史研究》，2005年第6期。

(77)夏莉萍：《从外交部开放档案看20世纪50年代中以接触始末》，《当代中国史研究》，2005年第3期。

(78)黄嘉树、林红：《中国外交活动中涉台问题研析》，《中国人民大学学报》，2005年第5期。

(79)胡岩：《抗日战争时期中美关系中的西藏问题》，《中共中央党校学报》，2005年第3期。

(80)杨奎松：《1948年至1956年美国中央情报局对中国局势的评估和预测》，《中共党史研究》，2005年第6期。

(81)王立新：《意识形态与美国对华政策——以艾奇逊和“承认问题”为中心的再研究》，《中国社会科学》，2005年第3期。

(82)刘雅军：《美国对台湾的援助政策初探：1949—1953年》，《当代中国史研究》，2005年第6期。

(83)薛衔天、刘成元：《苏联与东北革命根据地》，《中共党史研究》，2005年第1期。

(84)张柏春、张久春、姚芳：《中苏科学技术合作中的技术转移》，《当代中国史研究》，2005年第2期。

(85)卫灵：《印度安全战略及中印安全关系》，《中国人民大学学报》，2005年第6期。

(86)徐勇：《20世纪中国“政党领军”模式的创立发展》，《历史教学》，2005年第7期。

(87)王建强：《红军由党代表制度到政治委员制度的变化——兼论红四军政治委员制度的由来》，《中共党史研究》，2005年第6期。

(88)罗平飞：《建国前中国共产党军人抚恤优待及退役安置政策研究》，《中共党史研究》，2005年第6期。

(89)杨德山：《试析“三支两军”兴起的原因》，《中共党史研究》，2005年第6期。

(90)黄宏：《走出一条国防建设与经济建设协调发展之路》，《中共党史研究》，2005年第6期。

(91)赵一平：《台海攻略新中国成立前后解放台湾作战计划与准备始末》，《军事历史》，2005年第1期。

(92)卢宁：《也谈影响中国出兵朝鲜决策的因素》，《当代中国史研究》，2005年第5期。

(93)崔萍：《张学良与中东路事件》，《史学月刊》，2005年第7期。

(94)邓野：《傅作义政治转型过程中的双重性》，

《历史研究》，2005年第5期。

⑨⑤蔡乐苏、金富军：《蒋廷黻外交思想探析》，《清华大学学报》，2005年第1期。

⑨⑥储朝晖：《陶行知与抗日战争》，《抗日战争研究》，2005年第1期。

⑨⑦吕一燃：《日本殖民统治时期的台湾爱国文人连横》，《抗日战争研究》，2005年第2期。

⑨⑧李烨：《九世班禅在内蒙古宣化传法的历史功绩》，《中国藏学》，2005年第2期。

⑨⑨侯松涛：《抗美援朝运动与民众社会心态研究》，《中共党史研究》，2005年第2期。

⑩⑩孙燕京、岳珑民：《众记忆与服装衍化——1949—2000年中国城镇民众服装流变》，《当代中国史研究》，2005年第5期。

⑩①顾宁：《建国以来女性教育的成果、问题及对策》，《当代中国史研究》，2005年第6期。

⑩②戴海斌：《中央公园与民初北京社会》，《北京社会科学》，2005年第2期。

⑩③王琴：《20世纪30年代北平取缔女招待风波》，《北京社会科学》，2005年第1期。

⑩④张太原：《社会主义时期北京居民消费观念的变化》，《北京社会科学》，2005年第3期。

⑩⑤虞和平：《抗日战争与中国文艺的现代化进程》，《抗日战争研究》，2005年第4期。

⑩⑥陈言：《抗战时期翻译文学述论》，《抗日战争研究》，2005年第4期。

⑩⑦曹欣欣：《论抗战漫画》，《抗日战争研究》，2005年第4期。

⑩⑧朱汉国、李小尉：《略论中国共产党的抗战文化思想》，《北京师范大学学报》，2005年第4期。

⑩⑨刘辉：《论抗战时期中国共产党“文化意义”之觉醒》，《中州学刊》，2005年第5期。

⑪⓪闻黎明：《长沙临时大学湘黔滇“小长征”述论》，《抗日战争研究》，2005年第1期。

⑪①侯且岸：《抗日战争时期的学术个案看全民族的思想启蒙》，《教学与研究》，2005年第8期。

⑪②牛润珍、杜学霞：《略论抗日战争时期中国史学的学术趋向》，《中共党史研究》，2005年第6期。

⑪③罗志田：《因相近而区分：“问题与主义”之争再认识之一》，《近代史研究》，2005年第3期。

⑪④卢毅：《“整理国故”与五四新文化运动》，《北京师范大学学报》，2005年第2期。

⑪⑤孙邦华：《试论北京辅仁大学的国学教育》，《北京社会科学》，2005年第4期。

⑪⑥方增泉：《略论20世纪二三十年代中国大学的学科调整——从大学教育与经济现代化的关系的角度看》，《北京师范大学学报》（社会科学版），2005年第5期。

⑪⑦徐思彦：《社会转型与报业现代化》，《史学月刊》，2005年第2期。

⑪⑧李少兵：《1927—1937年的北京娱乐文化——官方、民间因素与新时尚的形成》，《历史档案》，2005年第1期。

⑪⑨王翠艳：《20世纪20年代北京报纸的妇女副刊》，《北京社会科学》，2005年第1期。

⑫⓪徐勇：《“军阀”治下之“军阀”学理研讨——以北伐战争前夕一场政治与学术论战为中心》，《北京大学学报》，2005年第4期。

⑫①向燕南、尹静：《中国社会经济史研究的拓荒与奠基——陶希圣创办〈食货〉的史学意义》，《北京师范大学学报》，2005年第3期。

⑫②黄敏兰：《当代中国历史学的学术转型与创新——试论旧课题的改造和新课题的建立》，《史学月刊》，2005年第5期。

⑫③胡为雄：《文韬武略安西陲民主改革得人心——从〈毛泽东西藏工作文选〉看西藏的和平解放与民主改革》，《当代中国史研究》，2005年第2期。

⑫④廉湘民：《从新时期的民族工作看西藏民族区域自治的发展和完善》，《中国藏学》，2005年第3期。

⑫⑤宋月红、方伟：《西藏民族区域自治的法律地位及其地方立法研究》，《中国藏学》，2005年第3期。

⑫⑥徐平、曹志安：《西藏农村的新变化——以帕拉庄园所在村庄的调查为例》，《中国藏学》，2005年第3期。

⑫⑦贾宇：《南海“断续线”的法律地位》，《中国边疆史地研究》，2005年第2期。

中国共产党历史

张静如　王炳林

2005年，中共历史研究以重大事件的纪念日为契机，在继续稳步推进的同时，不断出现新的高潮。这一年，是中国人民抗日战争和世界反法西斯战争胜利60周年，多种形式的纪念活动和各种层次的学术研讨会纷纷举行，相关的论文、专著及有关资料大量涌现，关于抗日战争的学术研究迈上一个新台阶。这一年也是陈云诞辰100周年，中央红军长征胜利到达陕北70周年，中共七大召开60周年，相关的研究成果也非常丰富。各个时期党史的专题研究继续深化，口述史学受到重视，通过总结历史经验来探索党的执政规律和保持共产党员先进性的研究也逐步开展起来。

一、主要学术活动和学术著作

（一）纪念中国人民抗日战争暨世界反法西斯战争胜利60周年

纪念抗日战争胜利60周年的活动，从5月初开始到9月底基本结束，持续时间之长，纪念活动和学术活动之多，层次之高，范围之广，都是空前的。9月3日，纪念中国人民抗日战争暨世界反法西斯战争胜利60周年大会在人民大会堂隆重举行。中共中央总书记、国家主席、中央军委主席胡锦涛在大会上发表重要讲话。他指出，日本军国主义的野蛮侵略，使中国陷入了前所未有的民族灾难。在中国共产党倡导建立的抗日民族统一战线的旗帜下，以国共合作为基础，中国人民同凶恶的日本侵略者进行了气壮山河的斗争。在波澜壮阔的全民族抗战中，全体中华儿女万众一心、众志成城，各党派、各民族、各阶级、各阶层、各团体同仇敌忾，共赴国难。中国国民党和中国共产党领导的抗日军队，分别担负着正面战场和敌后战场的作战任务，形成了共同抗击日本侵略者的战略态势。经过艰苦卓绝的长期抗战，中国人民终于在世界反法西斯战争走向胜利的进程中彻底打败了日本侵略者。中国人民抗日战争和世界反法西斯战争以中国人民和世界各国人民的彻底胜利载入了史册！中国人民抗日战争是世界反法西斯战争的重要组成部分，是世界反法西斯战争的东方主战场。9月2日至4日，由中宣部、中共中央党史研究室等七部委联合举办的纪念中国人民抗日战争暨世界反法西斯战争胜利60周年学术研讨会在北京举行，中共中央政治局常委李长春在会上发表重要讲话，他指出，要坚持辩证唯物主义和历史唯物主义的立场、观点和方法，增强政治意识和大局意识，在研究中要把握处理好八年抗战与14年抗战的关系，敌后战场与正面战场的关系，中国人民抗日战争与世界反法西斯战争的关系，中国共产党的中流砥柱作用与全民族抗战的关系，爱国主义与狭隘民族主义的关系，广大日本人民与少数战争罪犯的关系。此前，8月29日，北京市委党史研究室、市政协文史资料委员会等单位召开了纪念抗日战争胜利60周年研讨会，许多抗战老战士参加大会。9月3日，北京市委宣传部、市委党史研究室等单位联合召开了纪念抗战胜利60周年学术研讨会。会议收到论文141篇，经过专家严格评审，选出44篇编辑成《北京市纪念抗日战争胜利60周年论文集》①，比较集中地反映了北京市抗战研究的最新学术成果。

（二）《北京抗战图史》②出版

该书由北京市委党史研究室、北京市档案馆、北京市政协文史资料委员会联合编撰，选用了近500幅图片，有许多照片是新近发现并被首次使用。每节前用简略文字概述该节主旨，同时整理了“大事选辑”并配之以“历史链接”，以方便读者由图知史，由史索图。本书所指的北京地域范围以现行辖区为主，也包括当年河北、察哈尔等省的一些地方。该书除以中共在北京地区抗日救亡为主线外，对以往表现较弱的其他抗日军队为保卫北京浴血奋战的英雄事迹和各界人民的反抗斗争都有新材料的补充，比较准确地把握了全民族抗战的主题。大量的照片说明，北京人民抗战的英雄壮举不仅活在人们的心里，日本帝国主义的侵略暴行不仅铭刻在人们的脑海里，同样也保留在这些宝贵的历史镜头里。

（三）《中流砥柱——中国共产党与全民族抗日战争》③等著作出版

中共中央党史研究室组织编写的《中流砥柱——中国共产党与全民族抗日战争》一书，共三册200万字，以总论为首，继之以各中共中央局篇，然后是各省、自治区、直辖市和华侨篇，全面、客观地记录和阐述了中国共产党在抗日战争中的巨大历史贡献。乐思平主编的《八路军》[4]一书，将八路军作为一个有机整体，从宏观上进行叙述和概括。全书以作战、建军为主线，并反映了八路军在抗日战争时期的军事战略方针及各个发展阶段的具体指导方针、作战原则，及八路军与抗日根据地建设和人民群众对八路军的支援等内容。中央文献出版社出版的《抗战档案》以时间为经，以事件和人物为纬，分为抗战日历、要事纪实、典型战例、人物写真、日军暴行、名人回忆和珍闻轶事等七部分，全景再现了抗日战争的历史画卷。该出版社还出版了《毛泽东与抗日战争》、《刘少奇与抗日战争》、《朱德与抗日战争》、《邓小平与抗日战争》、《彭德怀与抗日战争》等著作。另外，全面研究抗日战争的通史类著作还有：沙健孙主编的《中国共产党与抗日战争》[5]、李蓉的《中华民族抗日战争史》[6]等，关于抗日战争的专著有刘庭华的《中国抗日战争论纲》[7]，王向远的《日本对中国的文化侵略——学者、文人的侵华战争》[8]等等。

（四）纪念陈云诞辰100周年

6月13日，中共中央在人民大会堂隆重举行大会，纪念伟大的无产阶级革命家、政治家，杰出的马克思主义者，中国社会主义经济建设的开创者和奠基人之一，党和国家久经考验的卓越领导人陈云同志诞辰100周年。中共中央总书记、国家主席、中央军委主席胡锦涛发表重要讲话，深切缅怀了陈云同志在革命、建设、改革各个历史时期为民族独立、人民解放和国家富强、人民幸福建立的历史功勋，高度评价了陈云同志在70多年革命生涯中充分表现出的无产阶级革命家的气魄、胆略和高超政治智慧，高度评价了陈云同志的崇高思想、品德和风格。根据党中央的决定，6月12日至14日，中宣部、中央党校、中央文献研究室、中央党史研究室、教育部、中国社会科学院和解放军总政治部联合召开了陈云生平和思想研讨会。中共中央政治局常委李长春发表讲话强调，加强对陈云同志生平和思想的研究，要汲取他的政治智慧和精神财富，发扬他的革命精神和求实精神，学习他的始终心系人民、追求真理的崇高品格，努力开创中国特色社会主义事业的新局面。与此同时，北京市也召开了陈云生平和思想研讨会。此前，北京市委宣传部、中共北京市委党史研究室、北京市社会科学界联合会等单位联合举办了征文活动，并选出45篇编辑成《纪念陈云》[9]一书。

（五）北京市党史工作会议召开

12月19日，北京市党史工作会议召开，市委党史研究室主任谢荫明做了《精心规划扎实工作推进北京市党史工作再上新台阶》的工作报告。会议还讨论了《2006—2010年北京市党史科研工作规划纲要》。

（六）第二届张静如中共党史党建优秀论文奖评选结果揭晓

张静如中共党史党建优秀论文奖是我国第一个面向党史党建研究工作的奖项，由北京师范大学政治学与国际关系学院张静如教授发起设立，旨在鼓励党史党建研究工作者作出优异成绩，促进党史党建学科的繁荣发展。第二届评选活动经过评审委员会的认真审核、评选，中共福建省委党校郭若平教授、中南大学政治学与行政管理学院肖铁肩教授和湖南省韶山市副市长周批改博士获得二等奖。中共中央党校党史部张太原博士、北京市委党史研究室张世飞博士、当代中国研究所宋月红博士和中国藏学研究中心丹增伦珠研究员获得三等奖，一等奖空缺。

二、主要学术观点

（一）关于抗日战争问题的研究

对抗日战争的研究，在诸多问题上都有不同意见的争论。在纪念抗日战争胜利60周年之际，许多学者对长期以来争论的问题进行了梳理，并提出了许多新的见解，使抗日战争的研究前进了一大步。

1. 关于中国抗日战争的起点和终点

对于中国抗日战争的起点，由于各种原因，社会各界的认识不尽一致，主要有两种说法：一是从1931年九一八事变算起，即14年抗战说；二是从1937年七七事变算起，即中国八年抗战说。有学者认为，解决以上问题的前提，是要把有关概念区别清楚。第一，抗日战争和抗日战争时期，在概念上不能混同，其上限也应该分清。说中国抗日战争从1931年九一八开始是可以的，但抗日战争时期应从1937年七七事变算起。第二，对抗战与局部抗战、全国抗战等概念要区别清楚。中国抗战应包括1931年9月至1937年7月的局部抗战和1937年7月至1945年9月的全国抗战。多年的研究成果表明，把1931年九一八事变作为中华民族抗日战争的开端是科学的。但如果要把1931年作为抗日战争时期的开端，那与此相衔接的土地革命战争时期的下限就必须由1937年改为1931年，这是不可取的。关于抗日战争的终点问题，一些权威人士和领袖著作认为1945年8月抗日战争结束。但8月15日只是日本军国主义口头宣布投降，抗日战争并未结束，而9月2日日本军国主义签字投降，才是中国抗日战争胜利结束的下限，也是世界反法西斯战争结束的时间[⑩]。

2. 关于中国共产党与抗日战争

有学者指出，中国人民抗日战争胜利的取得，有其深刻的社会历史原因，最根本的是中国共产党发挥了中流砥柱作用。中国共产党积极倡导和始终坚持的抗日民族统一战线，是夺取抗战胜利的决定性因素；中国共产党制定和实施了全面抗战路线和持久战战略方针，实现了对中国抗日战争的正确指导；中国共产党领导抗日军民开辟的敌后战场，逐渐成为中国抗战的主战场，成为全民族持久抗战的中坚；中国共产党以自身的先锋模范作用，赢得人民的信赖和拥护，成为领导民族独立和解放的坚强核心[⑪]。

有学者专题论述了中国共产党在抗日战争中的中流砥柱作用，一是率先举起抗日民族解放战争的旗帜；二是制定全面的全民族抗日战争的路线即人民战争的路线；三是提出持久战的战略方针，开展独立自主的敌后游击战争；四是组织和推动国民党统治区的抗日民主运动；五是坚持、巩固和发展抗日民族统一战线。因此，中国共产党是抗日战争的中流砥柱，这是一个不容置疑的历史事实，是一个符合实际的科学结论[⑫]。

有研究者分析了抗战时期中国共产党及其领导的力量发展壮大的原因，指出，以毛泽东为代表的中国共产党人能够顺应历史潮流，在民族危亡的关键时刻，始终代表全民族的根本愿望和利益要求，高举爱国主义和团结抗日的大旗，以其先进的阶级意识和正确的路线和政策，不断克服抗日营垒中出现的分裂倒退危险和妥协投降逆流，同时正确处理民族斗争和阶级斗争、民族革命和民主革命的关系，积极推进民主，改善民生，从而赢得民心，获得发展，并在团结全民族抗战中发挥了中流砥柱作用[⑬]。

有研究者阐述了中国共产党对提升抗战时期中国国际地位的贡献，指出，中国共产党积极推动世界反法西斯统一战线的建立和发展，展现中国是爱好世界和平和维护人类正义的伟大力量；它倡导建立的抗日民族统一战线是凝聚民族伟力的最好载体，由此显示出伟大的东方战场不可征服的力量；它长期领导中国人民为国家独立解放而斗争，而人民的这种斗争则是废除不平等条约的决定性因素；它代表全国人民公意参与旧金山联合国制宪会议，使中国以团结统一的形象展现于国际社会，为联合国的创建作出了重要贡献[⑭]。

3. 关于中国抗日战争在世界反法西斯战争中的地位和作用

有研究者认为，由于种种原因，中国抗日战争在世界反法西斯战争中的地位和作用没有得到应有的重视。许多学者对这一问题作了深入研究，指出，中国的抗日战争是世界反法西斯战争的重要组成部分，为世界反法西斯战争的胜利作出了重要贡献。首先，中国人民长期奋勇抗日，为唤醒世界人民对法西斯势力阴谋的警醒起了重要作用。其次，中国抗日战争是世界反法西斯战争的东方主战场。中国战场牵制了日本大量兵力，有力地支援了美国等盟国在太平洋地区的作战。中国战场牵制的日本兵力占其总兵力的74%，中国的抗日战争歼灭、消耗了大量的日军。而且中国曾两次出兵入缅作战，使中国战场成为亚太地区盟军重要的战略支柱。第三，在整个战争期间，中国军民伤亡3500万人，直接经济损失1000亿美元，间接经济损失5000亿美元，为世界反法西斯战争的胜利作出了巨大的民族牺牲[⑮]。

4. 关于抗战时期的政治、经济和文化等问题

抗战时期的政治是研究者关注较多的问题，有学者对抗战时期毛泽东提出的"新三民主义共和国"建国方案进行了探讨，认为这是一个既符合全国人民抗日的愿望，又适合抗日民族统一战线特点，并可能为各抗日党派接受的切实可行的建国方案，为战后中国真正走向民主化奠定了基础[⑯]。

许多学者对国民党在抗战时期的作用进行了客观评述。有研究者对抗战时期国民党蒋介石集团对日谋略、政策和策略作了细致剖析，认为国民党和国民政府重要领导人的文件、讲话等讲了许多关于抗战建国的正确的、积极的道理和政策，但又有终止抗战的意图，有与日本进行媾和的秘密接触，有时接近与正式和谈，情况非常复杂[⑰]。

有学者研究了抗日根据地的金融政策，认为，抗日根据地内的货币之战，取得了本币对伪币、法币以及其他杂钞土币的胜利，保持了根据地的金融稳定，为经济健康发展创造了良好的金融秩序[⑱]。

北京大钊学社研讨了抗战中的新文化建设，有学者认为，从中国传统文化在近代以来遭遇的环境和抗战时期文化建设的角度来讲，抗战时期的文化理念核心是政治伦理的重建。抗战时期文化的一个特点是新文化建设。新文化是宋明理学衰落300年后，中国文化的第一次复兴之举。它继承和发展了新启蒙文化，宣传革命进步主张。左翼文化是集中体现，与中国共产党提出的新民主主义文化是一脉相承的[⑲]。

（二）关于陈云生平和思想研究

在陈云诞辰100周年之际，学术界对陈云生平

和思想进行了深入研究，呈现出涉及内容广、挖掘新资料多、学术价值高等特点。

1. 关于陈云经济思想研究

有学者分析了陈云与20世纪50年代中国经济的转型问题，指出，20世纪50年代中国社会经济结构经历了相互衔接的两次转型，先是从半殖民地半封建经济转向新民主主义经济轨道，接着由新民主主义经济转向社会主义经济轨道。陈云作为中央主管财经工作的领导人，准确地把握经济转型期的历史特点，以解决民生为要，克服经济重建中的痛苦和困难，特别注重用统筹兼顾的办法，对社会利益关系进行动态调整，为社会经济转型创造了必要的物质基础和较为稳定的环境条件[20]。

研究者高度评价了陈云对我国社会主义经济建设作出的重大贡献。陈云提出的建设规模要与国力相适应；搞好综合平衡，按比例协调发展；经济建设要走渐进式发展的道路，基本建设要循序渐进等，都为搞好新中国经济建设发挥了重要作用[21]。有学者专题论述了陈云经济思想的现实意义，认为，陈云经济思想不仅仅限于解决计划经济中的问题，而是更多地体现于对我国基本国情的深刻把握，体现于对社会主义现代化建设的全面理解，体现于对宏观经济运行规律的科学认识。陈云在计划经济体制下所形成的关于反映我国基本国情和客观经济规律的思想，对于社会主义市场经济体制下所从事的经济工作，仍然有着极为重要的指导意义[22]。

2. 关于陈云的党建思想研究

有学者对陈云党建思想的形成和发展进行了系统考察，对每个时期提出的主要党建思想进行了具体阐述。研究者认为，陈云的党建思想的内容和贡献可以概括为十个方面：党的历史地位和领导作用，党的思想路线，党员先锋模范作用，党的干部队伍建设，党的干部教育，党的民主集中制建设，党的基层组织建设，党与人民群众关系和党的群众工作，党的领导方式和工作方法，党风廉政建设等，这些思想对于我们今天继续推进党的建设新的工程，仍然有着现实的指导意义[23]。

3. 陈云与中共党史研究

陈云对党的历史问题发表了一系列精辟论述，一些学者对此进行了研究。有研究者详细介绍了新时期陈云关于党史问题的论述。陈云在1978年底的中央工作会议上提出了对六个重大历史遗留问题的处理意见，得到与会者的普遍赞同，为党的十一届三中全会恢复党的实事求是的思想路线发挥了重要作用；他建议在起草《关于建国以来党的若干历史问题的决议》时，增加回顾建国以前28年历史的内容，增写党成立以来60年中间毛泽东和毛泽东思想的贡献，得到邓小平的肯定，为确立毛泽东的历史地位产生了积极的影响。陈云运用历史主义的观点指导有关部门编写出了《辽沈决战》一书，得到中央军委批准，为正确看待东北解放战争的历史提供了科学依据[24]。

有研究者提出并概括分析了陈云的党史观，认为，陈云的党史观是指陈云关于研究中国共产党历史的基本观点，包括研究党史的意义、对党史的重大事件、重要会议、重要人物、重要理论的论述，以及研究党史的理论和方法。毛泽东对陈云的评价是看问题尖锐，能抓住要点。陈云对党的历史事件的评价体现了这一点，对党史上的人物也是从大局出发，客观公正而又一分为二地给予评价。陈云论述党史的理论和方法是，对历史要作全面辩证地分析，防止片面性；要把历史事件和人物放到历史过程中做系统考察，不能孤立地看问题；开阔视野，善于进行纵向和横向地比较[25]。

4. 陈云与北京工作

有研究者指出，陈云对北京的地方工作非常关心，在工商业、城市建设、群众生活、社会风尚和教育等方面进行了具体指导，体现了他丰富的思想和高尚的情操。陈云对北京发展的指导和关心主要表现为：掌握政策，具体指导北京工商业社会主义改造；求实节俭，关心北京城市建设和国企发展；关心群众，关心京城百姓的物质文化生活；深入群众，树立典型，倡导社会主义风尚；尊师重教，对北京教育事业寄予殷切期望[26]。

（三）关于中共七大研究

1945年召开的中共七大是一深刻地总结过去、谋划未来的伟大会议。为纪念中共七大召开60周年，许多学者对七大的贡献等问题进行了深入研究。

1. 七大与中国共产党的历史发展

有研究者认为，七大在中国共产党历史发展上是一座伟大的里程碑，在党史上的主要贡献是，对党的若干历史问题作出了科学总结，确立了毛泽东思想的指导地位，制定了夺取抗日战争和全国胜利的正确路线，组成了以毛泽东为核心的成熟的中央领导集体，极大地推进了党的建设伟大工程[27]。有研究者认为，七大是民主革命时期中国共产党最重要的一次代表大会，标志着中国共产党的完全成熟[28]。

有学者专题研究了七大对党的先进性建设的历史性贡献，指出，七大初步确立了检验党的先进性的根本标准，把生产力要素与对政党在历史发展进程中所起的作用大小、好坏等价值判断联系起来，并把是否有利于生产力的解放与发展确立为价值判断的根本标准，从而为党的先进性建设进一步指明了方向；七大从党的阶级性质的先进性、群众基础的广泛性和党的历史实践的进步性等方面系统归纳了党的先进性的基本构成要素，并从思想、组织、作风等方面总结概括了党保持自身先进性的基本途径㉙。

2. 关于继承七大精神问题

有研究者指出，回顾党的七大及此前的延安整风运动，关于如何坚持真理，修正错误，有许多宝贵经验值得我们认真地继承和借鉴：科学理论是指针，自我批评是基础，严格要求是关键，治病救人是原则，付诸行动是根本㉚。有学者认为，完成党的七大所提出的历史任务，关键在于高举毛泽东思想伟大旗帜，建设一支能够承担领导中国人民实现历史使命的中国共产党的队伍㉛。

有学者专题研究了党的七大与“三个代表”重要思想的关系，认为，七大提出了马克思主义中国化道路，对唯物史观进行精辟阐述，对党的建设思想的发展以及体现的创新精神，都为“三个代表”重要思想提供了方法论上的指导，也奠定了理论基石㉜。

3. 毛泽东为什么在七大会议上讲17条困难

在党的历史上，使用“团结”和“胜利”来定位全国代表大会，是从七大开始的。但是，毛泽东在大会结论报告时，却意外地告诫人们，要“准备吃亏”，并一口气讲了17条困难。有研究者对此进行了分析，认为毛泽东的讲话显然是有针对性的。一是中国革命的实际进程本来就充满曲折，过去如此，未来也必然如此；二是有感于“从前我们党有个传统，就是讲不得困难，总说敌人是总崩溃，我们是伟大胜利”；三是历史转折到来时，在一片团结胜利的气氛中，确有些党的高级干部滋长了盲目乐观的情绪㉝。

（四）关于口述史与中共党史研究

近年来，口述史学受到许多人的关注，一些研究者对口述史的作用、学术特点、中共党史如何运用口述史学等问题进行了研究，成为史学界的奇观。《北京党史》的“热门话题”栏目还专题进行了研讨。

1. 关于口述史学的学术特点

有研究者认为，口述历史作为历史学的一个重要方面，从它的学科涵义上来说，具有比较明显的历史学二级学科的特点：一是它的研究对象具有相对独立性，是以某一当事人口述的亲身经历或生平经历为研究对象，而有别于一般史学以文献史料为主要研究对象；二是它的研究方法的独特性，如恰当地把握被采访对象的心情，激发被采访对象的记忆，运用现代媒体配合等；三是研究内容的广泛性，包括政治史、人物史、经济史、文化史等等㉞。

有学者认为，口述史应该是口述者和整理者双方积极合作的结果，整理者不要自大，也不要小看自己手中的笔，“寻常一样窗前月，因有梅花便不同。”口述史的笔法可以灵活一些，是可以讲究可读性的㉟。也有学者结合一些党史问题的考证指出，对目前风行的口述历史要持谨慎态度，凡是党史上的重大问题，都不能仅凭个人记忆，一定要查档案，找文字根据，不能轻信记忆㊱。

2. 关于口述史与回忆录的关系

有研究者对此进行了分析，认为口述史与回忆录有相同的地方，都是由历史的经历者述说自己的经历。但口述史区别于回忆录方面至少有两个方面：一是要有史学工作者与口述者的合作，若自己写则会字斟句酌，口述则直截了当，口述者一般不具备史学专业工作者的素质，需要史学工作者配合；二是有录音，既便于核对鉴别，又可以保存学术共享资料。此外，回忆录与现代口述史还有下差异：以往回忆录的范围比较窄，现代口述史则不受任何领域范围的限制；过去做回忆录，人们的思想不够解放，使得回忆录在价值取向上多有雷同，在内容真实性方面也存在问题，新时期口述史则有更高的真实度；回忆录做起来是较为粗放的，口述则更细节化㊲。

3. 关于如何做好口述史问题

有研究者认为，做好口述史，关键是要以严谨的科学态度，遵守现代口述史的规范原则。要加强主持人和操作者的专业素养，包括史学素养、历史知识、远大胆识及相关学科知识等；要读点口述史学理论和方法的书或文章；加强对口述史文本的注释；做好口述史录音资料的保存工作㊳。

有学者提出，做口述史工作，不能单方面“索取”，也要“给予”，要有奉献精神，采访时问题要提的具体，这样才能够使被采访者便于回答，采访者不能带有个人倾向，通过采访获得的资料，还需要分析和鉴别㊴。

（作者均为北京师范大学教授）

注：

①北京燕山出版社，2005年8月版。

②北京出版社，2005年8月版。

③中共党史出版社，2005 年 8 月版。

④中共党史出版社，2005 年 7 月版。

⑤中央文献出版社，2005 年 8 月版。

⑥中央文献出版社，2005 年 7 月版。

⑦军事科学出版社，2005 年 6 月版。

⑧昆仑出版社，2005 年 7 月版。

⑨红旗出版社，2005 年 5 月版。

⑩乐思平：《关于抗日战争研究中的四个问题》，《党的文献》，2005 年第 5 期。

⑪李景田：《中国共产党与中国人民抗日战争》，《中共党史研究》，2005 年第 5 期。

⑫沙健孙：《中国共产党在抗日战争中的中流砥柱作用》，《中共党史研究》，2005 年第 5 期。

⑬王炳林、郎丰君：《抗战时期中共及其领导的力量发展壮大的原因》，《北京师范大学学报》，2005 年第 4 期。

⑭王真：《中国共产党对提升抗战时期中国国际地位的贡献》，《中共党史研究》，2005 年第 6 期。

⑮张长江：《当代文献研究中心等“纪念中国人民抗日战争暨世界反法西斯战争胜利 60 周年”学术座谈会综述》，《党的文献》，2005 年第 5 期。

⑯宋俭：《抗战初期毛泽东对“新三民主义共和国”建国方案的理论探讨》，《党的文献》，2005 年第 1 期。

⑰王桧林：《“抗战无底论”与“不降必胜论”想说明什么？——抗日战争期间蒋介石集团对日政策剖析》，《史学月刊》，2005 年第 9 期。

⑱汪澄清：《货币之战：论抗日根据地的金融稳定政策》，《中共党史研究》，2005 年第 6 期。

⑲张翠：《大钊学社举办“抗战中的新文化建设”学术座谈会》，《北京党史》，2005 年第 5 期。

⑳庞松：《陈云与二十世纪五十年代中国的经济转型》，《中共党史研究》，2005 年第 3 期。

㉑袁宝华：《陈云同志是我国社会主义经济建设的开创者和奠基人之一》，《当代中国史研究》，2005 年第 3 期。

㉒朱佳木：《陈云经济思想的现实意义》，《党的文献》，2005 年第 3 期。

㉓李忠杰：《陈云党建思想的理论贡献》，《中共党史研究》，2005 年第 6 期。

㉔朱佳木：《听陈云同志谈党史》，《中共党史研究》，2005 年第 4 期。

㉕王炳林、艾洪庆：《论陈云的党史观》，北京市邓小平理论和“三个代表”重要思想研究中心编：《纪念陈云》，红旗出版社，2005 年版。

㉖苏峰、宋传信：《陈云与北京工作》，北京市邓小平理论和“三个代表”重要思想研究中心编：《纪念陈云》，红旗出版社，2005 年版。

㉗石仲泉：《七大与中国共产党的历史发展》，《中共党史研究》，2005 年第 4 期。

㉘杨圣清：《党的七大与新民主主义革命的胜利》，《北京党史》，2005 年第 3 期。

㉙汤涛：《七大对党的先进性建设的历史性贡献》，《中共党史研究》，2005 年第 4 期。

㉚马蓥伯：《坚持真理修正错误》，《北京党史》，2005 年第 3 期。

㉛张同新：《发扬七大精神永当时代先锋》，《北京党史》，2005 年第 3 期。

㉜张世飞、胡占君：《党的七大与“三个代表”重要思想》，《北京党史》，2005 年第 3 期。

㉝陈晋：《毛泽东为什么在七大会议上讲 17 条困难》，《党的文献》，2005 年第 3 期。

㉞虞和平：《口述史学的学术特点》，《北京党史》，2005 年第 6 期。

㉟朱元石：《从整理吴德〈十年风雨记纪事〉说到口述史的几个问题》，《北京党史》，2005 年第 6 期。

㊱石仲泉：《红军两大主力长征与长征精神》，《党的文献》，2005 年第 2 期。

㊲㊳朱志敏：《口述史与回忆录》，《北京党史》，2005 年第 6 期。

㊴闻黎明：《略议“口述史”》，《北京党史》，2005 年第 6 期。

世界史

刘林海 郭家宏 徐莹莹 唐 艳

一、史学理论及史学史

随着全球化进程的发展，中国的世界史工作者对全球化下历史理论的许多问题进行了研究。李世安介绍了目前国外“全球化”的三种主要观点以及与之相应的三种全球史观。指出，目前国内对全球化的理解也有三种，代表三种不同的全球史观，全球史观存在的问题是如何看待非中心国家的作用和地位的问题①。刘军以长时段的观点对全球化及全球化史观进行了分析②。吴英认为，进入新世纪之后，全球化的影响已波及人类生活的一切方面，对马克思的世界历史理论进行重新的解读，并比照经济全球化发展的实际，对其隐含的历史意义作出解析成为非常必要的事情③。于沛思考了“全球史观和中国历史科学”所面临的新问题。指出，“世界历史研究”和“中国历史研究”存在人为割裂的现象。中国世界史研究的真正动力，在于对当代中国、当代世界复杂的现实问题的思考。对当代中国史学来说，所谓“全球史观”，更重要的是一种历史思维、一种历史认识的“方法”，而非理论基础④。于沛认为，边疆属于一定的历史范畴，全球化使国家利益开始突破本土地理疆界向全球拓展。“边疆”问题就远远不是理论问题，而更主要是实践问题。美国的边疆“地缘”学说，粗暴地践踏国际法，对国际法理中的边疆理论和当代国际关系已经产生了并继续产生着深刻的影响⑤。

如何在全球化的背景下，构建中国的世界史体系，是学者讨论的重要话题。何芳川认为，世界史体系问题的提出，是人类文明发展到相当高度的一个标志，也是一种文明自觉、文化自觉，可以大略概括为五个阶段。我国学术界同仁应以一种开放的、包容的、多元的态度，努力构建中国的世界史体系；并在国际学术交流中积极推动处于不断变动、不断发展的世界史体系的构建。钱乘旦指出，“世界史”是世界整体的历史，是对人类历史的总体观察与思考。从“世界史”的角度看问题，历史继续其“从分散到整体”的发展并继续延续，即所谓的“全球化”。认为世界历史可以分为上古时期、古典时期、中古时期和近现代。应着眼于相互的关系、宏观把握时间与空间，而不只是把各地、各国的历史加在一起。徐蓝指出，以马克思主义的历史唯物主义和辩证唯物主义为基本指导思想，否定“西欧中心论”，承认文明的多样性，逐步确立“全球史观”，并以全球史观的视角看待各种存在的文明的发展与交往⑥。2005年10月，“世界各国的世界通史教育国际学术研讨会”在首都师范大学召开，与会学者就全球化背景下的世界通史教育进行了讨论。

于沛认为，社会主义新时期的马克思主义的史学理论应与时俱进，史学理论工作者应充分重视构建马克思主义史学理论新形态⑦。侯树栋认为，在马克思唯物史观的体系中，普遍规律是一种科学抽象，它在具体的历史环境中只能表现为特殊规律，决不能把唯物史观揭示的历史普遍规律释读成适于一切民族、一切时代的历史发展模式⑧。韩震等认为，西方历史哲学领域的“语言学的转向”对历史学的理论研究是有意义的，但是后现代历史哲学的立论是不能成立的。如何融合传统经验主义和后现代主义的理论，构筑一种新型的历史哲学，是今后哲学家和历史学家们富有挑战性的任务⑨。孟广林对美国科学家卡雷尔的“反现代化”学说进行了评析⑩。

姜芃分析了黑格尔的哲学的世界史体系，认为黑格尔的历史哲学的意义在于他强调人的认识主体的作用，这一思想对以后的历史学产生了深刻的影响⑪。赵家祥从历史时间与历史空间的关系，以及历史时间的三个向度——过去·现实·未来之间的关系角度，评析了克罗齐的“一切历史都是当代史”和柯林武德的“一切历史都是思想史”两个历史哲学命题⑫。邵鹏综合评价了汤因比的历史哲学⑬。张文杰认为，汤因比的整体论思想与中国的传统文化有着深刻的内在联系。在汤因比看来，“中国模式”与“希腊模式”是理解人类文明的关键。他不仅仔细研究了中国的太极阴阳之说，并且用这一学说来解说自己的文明理论。他不仅运用这种阴阳学说的基本观点解释中国文明历史的进程，而且他还以此来解释世界上其他的文明与历史⑭。何平从历史传统和文学艺术的角度，对欧洲的文化特征进行了简略的诠释⑮。张旭鹏认为，在西方文化视野中，固然对非西方社会存在着一种理性认识，但也不乏充满错觉的想象，即以一种与“自我”形象不同的“他者”来构建非西方的历史身份。这种想象中的“他者”是西方表达优越性的一种霸权话语⑯。

陈启能主编的《二战后欧美史学的新发展》一书出版。该书对二战后主要是上世纪70年代后欧美史学的新发展作了深刻全面的剖析，对当前欧美史学中的各种重大理论方法论问题和有影响的人物、流派几乎都有论述。全书内容分为理论方法论、若干重要史学分支、主要欧美国家的史学发展三个方面，具有很高的参考价值⑰。景德祥对联邦德国历史学派的发展进行了系列考察。他指出，德国已取得丰硕成果的社会史学派在与传统历史主义学派继续竞争的同时，又迎来了一系列新史学流派的挑战⑱。此外，他还介绍了社会史学派与文化史学派之间的争论，指出，目前两大学派的竞争仍在继续，预言谁胜谁负，还为时过早⑲。邹兆辰介绍了近年来我国心理史学研究的成绩与不足⑳。郭小凌认为，“史学革命”的兴起在西方开始了新旧历史观念的转换，即便如此，实证主义史学仍然是史学研究的基本方法㉑。在新旧历史观念转换的背景下，我国史学界如何实现史学研究中学术理路的转换，也是个值得思考的问题㉒。陈启能等认为，我们要在充分认识西方史学发展趋势的基础上，坚持走自己的路，中国史学的人文传统是我国史学的宝贵财富，要发扬光大㉓。徐浩认为，在20世纪之后，中西史学理论的发展呈现非平衡的趋势。中西史学理论的不平衡性发展带来了历史研究成绩的不平衡，对中国史学界来说，加强中国史学理论研究不仅是必要的，而且是必须的和紧迫的工作㉔。

马克垚认为，从我国的情况看，社会经济史的研究方兴未艾，有许多问题需要研究、需要深入。希望我国的学者，既学习国外的理论和方法，也能够总结我国历史研究的理论和方法，并利用我国的社会经济史的资源，形成自己的学科体系，并进而能在世界史坛上发生影响。刘新成指出，我们现在没有达到“对话”的水平是基于两点。第一是回避争论。第二是缺少观点创新，最根本还是观点创新不够。他指出创新水平的主要原因是理论的匮乏。并提出了解决的办法。齐世荣强调，我们很需要专业性较高的历史刊物，可以把我国的经济—社会史这门历史学的分支学科的研究向前推进一步。学者对经济—社会史的理解要广泛一些，不可把范围定得过窄，特别是在刊物初办时期。丛日云指出，历史的研究和现实的需要、对现实的理解与对历史的阐释交织在一起。史学家应考虑如何将史学研究成果实现社会转化的问题，以尽量缩小史学家与社会公众的差距，使史学研究成果尽快成为社会公众的精神财富。于沛从学术发展的一般规律，指出经济—社会史的研究的意义，认为必须要从中国的角度来看世界㉕。

“假设”是科学思维常用的手段之一，将“假设”的方法用于历史研究不仅是合理的，而且是必要的㉖。中西历史比较的方法在上个世纪的80年代已经在我国史学界展开，取得了一定成果，但是仍处于起步阶段，有不少偏差、缺陷值得认真反思与克服㉗。彭小瑜指出，他所赞成的历史比较有两种，一是比较微观的具有借鉴和移植意义的范式研究，另一种则是可行的同时又是宏观的比较㉘。王成军通过司马迁与古希腊罗马史学观念的比较，阐述了因果判断与价值判断在中西历史研究中的冲突与统一㉙。

于沛认为，文化是近代大国崛起的主要原因之一，它是国家崛起、民族复兴进程中的一种强大的精神力量，是一个国家综合国力的具体体现㉚。丛日云、郑红对代议制民主思想进行探讨，认为代议制民主思想的一些基本要素是在中世纪漫长的历史过程中逐渐孕育形成的㉛。李安山将意识形态定义为一种权力，并且从边界概念、等级观念和共同体意识三个方面探讨在战争环境下王权对意识形态的控制和再造及后者对前者的影响㉜。

齐世荣概括了我国世界史学科的发展历史，指出，从20世纪初到今天，世界史学界已有6代人，经历了两个大阶段和三个小阶段。他肯定了我国世界史研究取得的成绩，指出今天的中青年在治学方面的一些弱点，并针对问题提出了一些建议，希望中青年能继承前辈开创的事业，攀登世界史研究的高峰㉝。黄安年针对我国20世纪世界史的教学和研究出现了弱化的趋势并有所发展现象，提出了改进的建议㉞。

二、上古史

古代埃及。古埃及文明和爱琴文明在近两千年的历史长河中交往密切。郭子林等从两大文明交往的前提、领域和特点等几个方面进行了探讨，这一研究有助于正确认识古代东西方文明之间的相互影响，有利于深入了解早期东西方文化交流的特点㉟。托勒密埃及是古代埃及历史上一个特殊的时期，并且这一时期王室婚姻很有特点，而且这种特殊的婚姻制度对托勒密埃及的历史发展产生了直接而又重要的影响㊱。

古代希腊。周洪祥分析了古雅典“蛊惑家”与雅典民主政治发展之间的利害关系[37]，同时对贵族议事会对雅典民主的作用做了深入的分析[38]。张晔等从分析希波战争到波罗奔尼撒战争50年之间雅典对外政策的，探讨了从极盛到一败涂地的原因[39]。他同时认为，西西里远征的失败并非雅典民主的失败，而是雅典外交的必然选择[40]。魏凤莲分析了狄奥尼索斯崇拜背后所隐藏的宗教内涵和政治内涵[41]。她还认为，巴库斯秘仪是古希腊时代存在的一种与城邦的公民崇拜迥然相异的一种宗教形式，这种宗教活动出现于公元前7世纪左右，弥补了公民崇拜的不足，为古希腊人提供了更高层次的宗教体验，是古希腊宗教不可缺少的一部分[42]。晏绍祥认为，对古代希腊人来说，荷马并不仅仅是《伊利亚特》和《奥德赛》的作者，对不同领域、不同时代的作家来说，荷马的形象是不同的，因此这一方面说明他是一个百科全书式的人物，但是另一方面也说明，人们对过去的认识，总是和自己的立场、时代紧密联系在一起的[43]。唐莉从比较史学的角度对先秦时期和古代希腊时期妇女的婚姻生活做了研究[44]。张继华从当时人的心态和历史背景入手，试图从中分析苏格拉底被控的原因[45]。黄娴认为，“城邦”与“公民”之间的关系是希腊政治的一大特点。这种关系的形成有其特定的原因，对后世西方政治思想产生了重大影响[46]。易宁分析了修昔底德在《波罗奔尼撒战争史》中记载的“赫尔摩斯案”，认为对这一事件的记载反映了修昔底德史学思想的自主性[47]。不仅如此，修希底德还给予了“人性”以丰富的内涵，并且以此为基础构筑了他的历史观。修氏的历史观反映了希罗多德之后古希腊史学观念的重大变化[48]。

古代罗马。何立波考察了古罗马时期妇女的离婚问题，一方面使人们认识到了妇女在婚姻生活中的不利地位，另一方面也再现了古罗马妇女大胆追求爱情、自由性爱的精神[49]。在帝国晚期，随着文化的转型，基督教取得支配地位。基督教强调严格的一夫一妻制，限制了男性的任意休妻与婚外性行为，因而使妇女婚姻生活得到了更多的保障[50]。李维是罗马时期重要的历史学家，他的历史方法是对罗马传统历史方法的继承与发展[51]。

古代印度。《摩奴法典》是古印度后吠陀时期权威性的法典。它不仅是一部宗教性的法典，更是一部世俗化了的法典。柳岳武通过其中的家庭婚姻法分析了古印度法文化的特点，并且对这些特点形成的原因、具体表现和社会影响一一做了分析[52]。

东西方交通史。对于张骞所出使大夏，在史学界有不同的看法，杨共乐认为，张骞出访的大夏源于吐火罗族，是吐火罗的音译，大夏所辖的地区就是希腊人统治过的巴克特利亚[53]。张绪山认为，景教入中国的最初年限并非635年，而是至少可推至6世纪前半叶，景教对于希腊—拜占庭文化在中国得以传播起到了积极作用[54]。他还梳理了学术界对黎轩、大秦的研究状况[55]。

三、中古史

王乃耀梳理了我国世界中古史的研究的新动态，涉及的内容主要有：经济－社会史研究新动态；政治文化史新视角；文艺复兴与宗教改革研究的新动向；国别史、世界通史研究的新气象等等[56]。

中世纪英国史。李建军认为，盎格鲁—撒克逊前期英国贵族妇女的社会地位相当高，但是后两个时期她们的社会地位整体降低了，而下层贵族妇女的地位又明显低于以王室妇女为首的上层贵族妇女[57]。陈志坚考察了盎格鲁—撒克逊时代贵族妇女在不动产继承权被削弱的原因[58]。夏继果通过分析16世纪教育家埃利奥特的《统治者之书》，分析了他以统治者为培养目标、以绅士为培养对象的教育思想[59]。王兰娟对中世纪英国的文法学校做了初步探析，认为在宗教文化笼罩之下的中世纪英国，也存在着古典人文教育[60]。施诚还考察了中世纪英国的军役制度，指出，中世纪英国战争频仍，英王在没有常备军的情况下为应付战争，采用了多种方法征调军队，包括传统的封建骑士军役、外国雇佣兵和货币采邑军役、民军以及契约军役等军役制度，这些对后来英国的军役制度产生了深远的影响[61]。

封建主义问题。马克垚指出，在中西历史比较中，封建社会的依附关系和超经济强制问题是一个相当重要的问题，它涉及我们如何理解封建社会的统一性与特殊性[62]。他还结合自身体会及史学界的状况，指出目前进行历史比较研究存在的困难和应该注意、应该解决的问题[63]。侯树栋指出，德意志的封建主义有三个特点，这三个特点导致了德意志封建主义的发展，对于王权来说是一种离心的力量，而对于诸侯来说是一种向心力量。因此封建主义在政治上到底发挥怎样的作用，并不完全取决于它自身，还要看现实的权力结构和历史传统[64]。他还认为，在10—11世纪，德意志存在一种帝国体制，其实质是王权主导下的王权与教会间的共生共存关系。在萨克森王朝时期，帝国教会体制成为德意志强大王权的支柱。但从长远来看，这一体制也存在严重隐忧。“主教授职权之争”之后，帝国教会体制瓦解，王权面临严重挑战[65]。

中世纪基督教研究。夏洞奇探讨了奥古斯丁的

"两座城"学说，认为"两座城"它既不同于存在论的二元论和灵与肉的二元论，又避免了对复杂的现实社会作过于绝对的两分[66]。吴雯雯介绍了宗教裁判所的审判主体和审判模式及宗教裁判所运行原则，揭示出其系统化、制度化的一面[67]。盛宏意认为，基督教会对神命裁判的终结不仅是12世纪欧洲思想文化领域的发展所致，也是中世纪欧洲政治结构与社会结构演变的结果[68]。黄春高对《教会法研究》的进行评论[69]。刘林海考察了加尔文与塞维图斯案之间的关系，提出他虽对塞维图斯的死负有不可推卸的责任，但是他不应该承担所有责任，这同时是那个时代的错误，不能过于苛责加尔文本人[70]。他还介绍了20纪下半叶以来，西方的宗教改革研究出现的一系列新理论[71]。王晓晶论述了基督教对文艺复兴的兴起与繁荣起到过积极作用[72]。

等级观念研究。赵文洪认为，中世纪三个等级的观念是逐渐形成的。最初社会上流行的是教士高于俗人的观念，随着战争的增加，武士的地位在俗人中凸现出来，这样就最终形成了整个社会从高到低，依次由教士、武士和其他俗人这样三个等级构成的社会等级观念和社会分工观念[73]。刘林海认为，中世纪西欧三等级观念中的等级关系，既非单纯的平等协作，亦非单纯的等级不平等关系，而是两种观念兼而有之，这是与教俗权力之争密切相关的，并随双方斗争的发展而变化[74]。

经济史研究。徐浩分析了9—15世纪期间西欧工业组织的发展变化，认为中世纪中期以来，工匠阶层和工业组织出现，企业家登上历史舞台，从此解开了农业的欧洲向工业的欧洲转变的序幕[75]。厉以宁认为，拜占庭帝国各王朝的兴盛是由于广大的自耕农和城市工商业者有力量支持帝国的运转，它的灭亡不仅是由于失去了他们的支持，更重要的是他们已经无力支持帝国的存在[76]。

社会史。毛海燕从条纹图案及条纹服饰的视觉心理分析、中世纪基督教专制文化对条纹服装的隐喻以及从不同文化群体对条纹服装的取舍态度等三个方面，分析了欧洲中世纪禁止穿着条纹服装的原因[77]。

四、近现代史

国际关系史研究。赵军秀在借鉴国外学者研究的基础上，将1885—1887年英土关于埃及问题的两次谈判置于英国中近东总战略的框架下进行探讨和分析，重点分析了英国的埃及政策与其海峡政策、欧洲均势政策之间的内在关系，以揭示和阐明两次谈判的结果对于英国1887年与奥匈和意大利签订地中海协定、在欧洲采取有限合作政策的影响[78]。赵军秀在分析1895年"东方危机"后英国的中近东政策上提出不同的观点，以1895—1897年间索尔兹伯里与德、俄、奥匈等国政治家的交往与谈话，以及他给英国驻君士坦丁堡及欧洲各国使节的信件及备忘录为切入点，分析和评判这一时期英国的中近东政策，从三个方面分析论证了危机发生后英国首相兼外交大臣索尔兹伯里为坚持传统政策所做的努力，同时阐述危机对英国对外政策的影响[79]。王伟伟通过追溯在伊朗的石油开采权协议这一过程并进行分析，认为，这项石油租让权的改变自始至终都与英国的政治和外交密不可分，英国政府从一开始就试图插手达西协议的签订并介入协议实施过程，最终实现了接管。它是英帝国扩张政策的一部分，对于伊朗乃至整个中东的历史都具有极其深远的影响[80]。梁占军从考察"弩炮计划"制定的背景和过程入手，深入分析英国政府此举在政治、军事和外交等多个层面的动机及其内在联系，以此揭示战时英国政府在危急关头的外交取向及其影响[81]。张宏毅运用历史比较方法，对美苏两国发展的历程作某种梳理，从中获得了一些带规律性的认识：一、正确认识20世纪资本主义和社会主义的历史地位；二、人们的认识和理论必须与时俱进，坚决克服教条、僵化和不满；三、要认真解决好制度问题；四、必须坚持核心价值观和意识形态不动摇；五、必须坚决地反对霸权主义[82]。

时殷弘论述了战略史考察与大战略理论的关系，认为它隶属于历史与理论的关系。理论对历史研究和理解的定焦、梳理、总结和升华功能连同对被认识到的历史经验和教益的有利推广功能；历史研究和理解对理论的合理构建和有效应用的功能。理论构建者和研究者的最主要教师应当包括历史[83]。张小明主要从冷战的性质、冷战的起源、冷战的持久性以及冷战的结束等几个方面，阐述对国际关系理论与冷战史研究相结合的一些认识。认为，国际关系理论可以帮助我们阐述、分析和理解冷战史，同时，我们也可以用冷战史来检验相关国际关系理论的解释力和局限性。指出，在运用国际关系理论来分析冷战史的时候应尝试运用多种理论方法来进行综合分析[84]。徐蓝从美国和苏联的国家大战略以及由此形成的两国对外政策的角度出发，揭示20世纪70—90年代以美苏为主要对手的冷战从缓和与紧张并存走向冷战结束的内在因素，并勾勒这一历史时期国际格局从两极向多极化趋势发展的基本图景[85]。王华从学术发展史的角度，对西方学界关于萨摩亚问题研究的成就进行了概括性的考察和评估，以期能使人们对这一具体问题的研究状况形成一个整体性的认识。有助于我们从中清晰地寻见20世纪以来国际史学研究领域包括国际关系研究领域理论的发展脉络[86]。

英国史研究。李世安对英国农村剩余劳动力转移问题进行了历史考察。指出，英国政府在解决农业剩余劳动力转移的过程中，自觉或不自觉地采取了国家干预的做法，摸索出从惩罚、济民、移民，到“济身”、创造就业机会和福利国家的一套做法，成功地解决了英国农村剩余劳动力转移问题。二战后，为了进一步提高农业生产力，以适应经济全球化的发展，英国又主动积极地创造剩余劳动力，使他们向工业和其他非农业部门转移。英国较好地解决了农村劳动力向城市转移的问题，为经济的发展铺平了道路[87]。王向梅从居住空间、居住群体与居住习惯等角度揭示私人生活和隐私观念的演变，从一个侧面反映英国社会文明的演进。在此时段，现代意义上的私人生活的基本特征逐步在社会生活和人们的观念意识中得以确立[88]。周立红对1740—1800年英格兰食物骚乱进行全面考察，以期有更多的学者从社会史的角度重新审视历史上弱势社会群体的生存现实及其社会抗议行为。指出，食物骚乱是民众在一套关于谷物流通的传统价值观念促发下的仗义行为，是在现有的政治结构之内与当局进行讨价还价的一种形式，也是当时社会调节机制的组成部分[89]。

德国史研究。李世安探讨了普鲁士精神、法西斯主义与第二次世界大战爆发的联系。指出，普鲁士精神混合了爱国主义、军国主义、社会达尔文主义、沙文主义和种族主义等思想，是德国法西斯主义的历史根源。希特勒把普鲁士精神发展为法西斯主义，在德国大行其道。欧洲人民对希特勒纳粹党采取了绥靖政策。希特勒法西斯政权的崛起，使德国被压抑已久的、潜在的德国军国主义和民族沙文主义的能量被释放出来，成为第二次世界大战爆发的直接原因[90]。田小惠认为二战末期和战后初期德国战败赔偿政策的演进主要经历了四个阶段，而三大国从谋求一致的德国赔偿政策解决到分道扬镳的根本原因是在政治制度上的差异。并分析了二战后德国赔偿问题的解决的功绩有和历史教训[91]。景德祥指出，联邦德国对纳粹历史的反思经历了一个漫长而复杂的过程。阐述了联邦德国（即1949—1989年间的西德与1990年以后的统一德国）反思纳粹历史的几个阶段[92]。此外，景德祥还介绍了德国学者克里斯提安娜·埃费尔特的观点，指出对1755年“里斯本大地震”的观察与解释模式的分析表明，除了家庭或商业关系以及当时流行的对恐怖事件的乐趣以外，更重要的是通过想象产生的经历的共同性，是它为该事件的广泛流传与深入解释提供了基础[93]。

法国史研究。郭华榕概述了法国的路易十四的研究，指出了研究中的几个新特点，认为研究范围广泛，甚至一些难题皆有研究者进行探讨。同时指出法国作者们对于路易十四的情妇关注过多，削弱了对于历史的主要内容（经济、政治、文化、军事、社会生活等）的研究[94]。孟庆龙和王旭东分析了1755年里斯本地震海啸对葡萄牙社会的冲击和影响。指出关于此次地震原因之争、葡萄牙在震后重建中采取的一系列举措，对政治、经济、思想、教育、文化、宗教等诸多社会历史方面均产生了重要影响，主要体现在削弱了宗教势力、加强了世俗权力和中央集权，促进了全国性抗灾机制的首建，对启蒙运动和地震学的发展等起了相当大的推动作用[95]。

欧洲史的研究。张浚从欧洲的地理范围、欧洲历史上存在的政治社会组织以及欧洲观念的文化内核三个方面，梳理“欧洲”观念发展的历史，力图理清“欧洲”观念的基本内容。指出，“欧洲”和与“欧洲”相连的一些观念同欧洲大陆上的历史进程密不可分。欧洲目前的地理范围所展示的不仅是疆土，还暗示了欧洲人对自身的认同[96]。张国刚分析了18世纪晚期欧洲对于中国的认识，认为经过资产阶级革命和工业革命后的欧洲，逐渐确立了新的进步观念，对传统的中国制度有了负面的评论，欧洲的中国观发生了逆转：从崇尚权威变为拥戴理性，从谨慎地借古讽今变为大胆地高扬时代精神[97]。赵怀普探讨了欧洲一体化对东亚合作的若干启示，认为全球化推动下的共同利益构成了东亚合作的历史动力，合作安全是实现东亚和平与繁荣的根本途径和保障，而文化因素对东亚合作具有独特作用[98]。

美国史研究。谢国荣围绕美国民权运动进行了相关的研究。他分析了二战对美国民权运动的影响，认为二战没有改变黑人问题在美国政治中的边缘地位，但反法西斯的战争性质以及战时经济的发展为黑人争取民权的斗争创造了更好的空间。二战结束后，黑人不仅保留了大部分战时所获得的利益，而且他们的民权斗争得到了更多的支持。对于民权斗争在二战时期的发展及其存在的不足，学术研究还有待深入[99]。他还指出，杜鲁门当政时期的民权问题在民权史上具有重要历史地位，是1950—1960年代民权运动高涨的前奏。他通过分析杜鲁门当政时期黑人民权问题的发展，指出这一历史时期的成就与不足，并参照之前的罗斯福当政时期及此后50—60年代的状况，把民权运动史的研究联结成为一个整体，探究杜鲁门当政时期民权运动的历史地位[100]。另外，他将研究的对象集中在战后美国南部白人社会上。研究在民权运动起源最为重要的历史时期即杜鲁门当政时期，南部白人社会如何回应因民权问题逐渐成为战后美国一个重要的政治问题而带来的挑战，以及南部白人社会的这种回应对于民权运动起源的影响，从而丰富对民权运动起源的理解[101]。周钢指出，1878年发生在新墨西哥领地内的“林肯县战争”，是美国西部开发时期一次非常重要的牧区战争。它的爆发有着深刻的政治和经济原因，是圣菲集团支持下的墨菲派与竞争对手麦克斯温—滕斯托尔派争夺对林肯县经济和政治控制权的必然结果。战争结局实质上是一种政治分赃，确保了墨菲家族在林肯县的垄断地位[102]。张红菊探讨了美国南部奴隶制种植园的形成问题。认为，种植园最初在北美大陆出现之际，它并没有特定的劳动制度。黑人奴隶制的劳动制度是在以后的发展中逐渐形成的历史特征。奴隶制种植园对美国南部近代社会经济和历史发展产生了巨大而深远的影响[103]。李龙研究了美国历史上的第二次内战，即1812年战争的起源问题。认为起源问题主要包括海洋解释和边境解释。海洋解释是关于美国的海上中立权利益（自由航行、自由贸易、船只被扣和海员的强行征用）；边境问题集中在加拿大和印第安上，也包括党争和地区因素。不同的起源解释反映了民族感情的差异[104]。刘作奎在论述中指出，美国早在150年以前也曾制定过“反分裂法”。探讨了美国反分裂法的形成过程和在历史上发挥的作用[105]。

美国外交史。王立新从政治文化和国家安全两个视角分析了美国对海外干预态度的历史演变。认为，在对外干预问题上，美国经历了从19世纪的反对对外干预，20世纪前半期的有限干预到冷战时代全面的经济、政治和军事干预的演变。美国历史上的对外干预既出于权力与利益的需要，又根植于美国独特的以自由为核心的政治文化之中[106]。时殷弘回顾了自由主义的历史，认为自由主义与现实主义、“杰克逊主义”并列为美国外交思想传统的三大主题，至今在美国仍具有广泛的舆论市场，并在其对外政策中起着重要作用[107]。李龙从美国维护其海上权益和地缘利益的角度出发，对美法准战争的起因加以剖析，探寻美法如何从同盟走向准战争，以及这场冲突对美国的影响[108]。罗振兴在简要介绍美国国际能源政策的基础上，集中阐释美国在该地区能源外运线路、商业利益、国家间合作等方面的能源政策，进而对该政策在美国国际能源政策中的地位、原因，以及政策实施过程中所面临的困境进行了探讨[109]。张小明主要从软权力概念的含义、软权力思想与传统权力思想的关系，以及软权力思想的局限性等几个方面，对约瑟夫·奈的软权力思想进行一些学理上的分析。指出软权力思想既有创新意义，在一定程度上也是对传统权力思想的继承。奈把权力简单地一分为二，使其软权力思想不可避免地具有局限性[110]。

中美关系史。顾宁以冷战为背景，追述从1949年到1990年这40余年间中美教育交流这一文化遗产的历史概况，并就其对中美两国关系发展所起的历史作用做初步评价。指出这期间的中美教育交流，很大程度上受到冷战大环境的影响。冷战年代中美两国关系间的教育交流使中美双方在不同程度和不同领域都有所受益[111]。牛大勇根据解密的一批历史档案，揭示了冷战年代某些美国决策者面对中国人民遭受巨大粮荒时，是怎样权衡人道主义和冷战政治这两种似乎难以兼容的因素的。指出，冷战政治压倒了人道主义，中美关系失去了一次缓和的机会[112]。

俄苏史研究。郑异凡进行历史考察，指出，“战时共产主义”和“余粮收集制”是苏联史上的两个重要译名。但是这两个译名有问题，应该将“战时共产主义”译成“军事共产主义”；“余粮收集制”译成“粮食征收制”。“军事共产主义”是以实行粮食垄断和“粮食征收制”开始的，也以废除“粮食征收制”、改行“粮食税”宣告结束[113]。他还运用新近解密的档案材料，还原了列宁在生命最后时刻的活动，对列宁在1923的情况进行历史考察[114]。马龙闪撰写的《苏联剧变的文化透视》一书对苏联文化思想模式进行了全面研究，分析了它形成、确立、发展、演变和僵化的过程，它与苏联经济模式的密切联系，自身特征，以及它对于苏联剧变的影响。史料丰富，论证严密，在苏联解体原因的研究中，提出了许多新观点[115]。他从俄罗斯的历史传统、民族的心理等方面对近来我国学界出现的“重评斯大林说”提出了质疑，认为近些年俄罗斯出现的有关斯大林的评价和言论，实质上是在呼唤“铁腕”，呼唤强权[116]。徐天新指出，平等和强国是俄罗斯人长期的理想和追求。这种追求在俄罗斯现代化发展中发挥着积极促进作用的同时，也产生了消极的影响和后果。史学应深入总结俄国追求平等和强国的经验教训，不要简单地全面肯定或彻底否定，而要认真研究它的合理分寸，进而探讨俄罗斯思想的演变历程和它对俄国道路的影响[117]。陈新明指出，俄罗斯作为一个地区性大国，外交政策重点在西方，回归欧洲是基本政策，近些年取得一些进展。但随着北约和欧盟实施双重东扩，欧盟内部出现被美国国防部长拉姆斯菲尔德称作是“新欧洲”和“老欧洲”的分歧。由于历史复杂关系和地缘政治利益，一些中东欧国家的加入肯定携带进反俄情绪并使得两个组织无形之中强化排斥俄罗斯的倾向，俄罗斯回归欧洲遇到新的困扰[118]。吴恩远回顾了苏共先进性丧失的具体表现，主要表现在三个方面，指出对这些方面进行分析，必然有助于深化对共产党员先进性活动意义的理解[119]。张建华、唐艳对近10年来国内关于欧亚主义的研究进行了概括，主要内容包括：欧亚主义的发展、欧亚主义的内容及评价、欧亚主义与大西洋主义和斯拉夫主义的联系区别、俄国外交政策中欧亚主义复兴的背景、俄国向何处去等。认为对于欧亚主义的研究可以从文化、经济、政治制度及其与俄国现实的联系等角度进行探讨[120]。

中俄关系史。陈新明指出，冷战时期中苏关系经历了复杂的发展历程，90年代以来中俄关系顺利发展，连续上了四个大台阶。在冷战后大国调整中，中俄关系之所以发展这样顺利，是因为两国关系具有共同的利益基础[121]。王亚志回忆，50年代，在中国军队学习苏联经验的问题上始终有争议，说到底是“学不学”和“怎样学”的问题。大体说来，1956年以前“学不学”的问题比较突出，1956年以后“怎样学”的问题比较突出。其中有些问题，彭德怀在主持军队工作期间，直到1959年庐山会议后他被免职，也没有真正使全军统一认识[122]。沈志华在大量利用档案文献的基础上得出结论，与其说中国帮助苏联解决了波兰与匈牙利危机，不如说毛泽东通过处理危机达到了自己的目标——既批判了莫斯科的大国主义，又保持了社会主义阵营的团结。正因为如此，波匈事件后中国在苏联和东欧国家中的影响才会进一步扩大，声望才会显著提高[123]。沈志华还从2003年出版的《毛泽东传（1949—1976）》中找到重要史料——1959年9月30日毛泽东与赫鲁晓夫的谈话纪要。据此指出，炮击金门之前，当事人对这一问题的说法含混不清，中国事前没有告知苏联。然而令人感兴趣的是，毛泽东在炮击金门前有意给外界造成一种印象，似乎中国采取的这个军事行动时中苏协商的结果[124]。

日本史研究。杨宁一和郑丽平从历史学的角度系统深入地分析和探讨日本民族学和文化人类学学者梅棹忠夫提出的“文明的生态史观”。认为，生态史观为认识和研究人类文明的演进，特别是现代化的进程，提供了一个新的视角。但是，从历史学的角度加以检证，它存在许多漏洞，作为现代化的一种模式不能成立[125]。陈奉林指出，冷战时期日本与东南亚国家的关系，经历了由相互隔绝到修复、发展的历史性转变。日本与东南亚国家修复关系的根本目的，在于试图建立以日本为中心的亚太经济体，以完成由经济大国走向政治大国的道路[126]。韦伟和赵光瑞结合近年来有关日本都市圈模式的研究情况和自身的理解，对国内外特别是日本学者有关其都市圈模式的研究进行综述。指出，近年来日本和其他国家学者从都市圈内部的产业关联与分工合作关系、产业结构变动与人口流动比率、产业集聚与城市扩张等方面对日本都市圈的规模、结构等演进过程进行了多方面研究[127]。梁占军对2000年以来国内史学界关于二战时期日本侵华遗留问题的相关研究成果进行了全面的回顾和梳理，对该领域的研究进展和特点作了一个阶段性的总结。认为，战争遗留问题，特别是日本侵华战争的遗留问题本质上带有国际色彩[128]。

亚非史研究。梁志明通过回顾亚非会议召开的时代背景和历史成就，指出了在目前的国际格局和地区环境下继续坚持和发扬“万隆精神”的必要性与重要性。亚非会议是有史以来首次在没有西方殖民国家参加的情况下，由亚非独立国家自主召开的大规模国际会议。今天在这一相互依存而又多元多样的世界，亚非会议的影响仍然十分深远[129]。吴小安通过集中探讨多种族、跨国界的权力关系，旨在揭示华人移民本土化与跨国化的一些历史含义。他认为，东南亚移民华人本土化和跨国化历史进程中的一个重要历史涵义与方面：华人移民跨国界、跨族群的商业社会往来，反映原有旧的法律制度的困境，反过来也引发了英国人、暹罗人和马来人之间的权力斗争[130]。宋丽萍认为，印度独立以后，在教育领域的历史教科书问题与印度社会思潮的发展脉络亦步亦趋，相伴始终，它从一个侧面反映了印度社会世俗主义和教派主义的斗争历程。教派民族主义历史教科书不同于一般的历史学研究，它不但是学术研究的成果，而且也是构建意识形态的重要内容[131]。

拉美史研究。刘婷指出，拉美的文化发展与依附教训深刻。西方文化强势地位的形成和发展过程，是与全球化的历史进程相伴产生的。对其他落后国家的经济掠夺与文化渗透，往往会引起当地严重的“文化倾斜”现象与大众的崇洋心理，最终造成严重的社会失序和文化依附。一方面，西方文化的强行渗透在一定程度上促进了拉美的社会发展进程；另一方面，在以西方文明为中心和主导的前提下，拉美的现代化进程表现出极强的依附性，而非自主性[132]。冯秀文以拉丁美洲的威权主义政府为研究对象，论述了威权主义政体产生的社会背景和历史地位，认为威权主义政体一词的使用丰富了国家政治史研究的视野和内涵，使对国家政体形式的认识和定位更加具体和准确[133]。林被甸介绍了近10年来我国拉美史研究的状况：主要以当代发展问题和专门史为重点，在经济史、政治史、文化史、外交史和现代化进程等广泛领域取得了新的研究成果。通过回顾和总结我国拉美史研究的发展情况，他还得到两点启示：第一，要进一步加强拉美历史的基础性研究。第二，要大力加强拉美发展问题等现实性课题的研究[134]。王文仙论述殖民地时期墨西哥大庄园的债役雇农制的问题。认为殖民地时期墨西哥大庄园普遍实行债役雇农制。在墨西哥不同历史时期，劳动力状况有所不同，并且由于墨西哥不同地区的差异性，这种劳动制度也显现出不同的特点[135]。由于经济发展的周期性和国际石油价格的上涨，20世纪70年代中期，巴西"经济奇迹"结束，最终导致了巴西的债务危机和经济的全面衰退。董经胜通过分析巴西盖泽尔政府（1974—1979）和费格雷多政府（1979—1985）的经济政策来阐述巴西政府为什么不能更好地适应外部经济形势的变化[136]。

环境史研究。高国荣探讨了什么是环境史这一问题，指出环境史是在战后环境危机、环保运动推动之下在美国率先出现、以生态学为理论基础、着力探讨历史上人类社会与自然环境之间的相互关系以及以自然为中介的社会关系的一门具有鲜明批判色彩的新学科。环境史属于新史学的范畴，它具有更为突出的批判现实的特点，它对现实的批判、对文明的反思都是旨在为人类摆脱生态困境探寻出路[137]。高国荣还对环境史学与年鉴学派之间的关系进行分析，认为环境史与法国年鉴学派既有亲缘关系，又存在不少差异。年鉴学派对环境史学有所启示，但环境史学与年鉴学派在产生背景、研究重点、人与自然的关系问题上有比较大的差异。不过环境史和年鉴学派在未来仍然可以相互促进，推动历史学不断前进[138]。他还指出，跨学科研究方法是环境史最重要的研究方法。相对而言，生态学、地理学、人类学、经济学、社会学、环境科学对环境史的影响就更深刻明显。但在现行的教育体制之下，跨学科研究对环境史学者来说是一个不小的挑战，还需要环境史学家去不断尝试和追求[139]。梅雪芹认为，综合了新社会学与生态学取向并立足于具体研究的环境史学批判，深刻地反思"现代"人类精神文化，将历史学家的人文思考向人类终极关怀的方向推进了一步，在人类认识和改善人与环境的关系，以寻找人类拯救地球家园并自救的新路上起着不可替代的作用[140]。她指出，应从环境史角度重读恩格斯的《英国工人阶级的状况》一书。认为，从环境史角度看，《英国工人阶级的状况》既为考察世界历史上的环境问题留下了弥足珍贵的史料，又阐发了富于启发性的观点，是一部关于英国环境问题的经典文献。她根据著作进行了详尽的归纳和分析，阐述了恩格斯对于英国灾难的揭露以及对产生问题的因素的描述和分析[141]。包茂宏主要介绍了国际森林史研究的发展历程和解释菲律宾森林滥伐史的主要观点。指出，就国际森林史研究来看，经历了一个从重点研究温带森林史向热带森林史转变的过程。就菲律宾森林滥伐史研究来看，提出了诸如人口增长压力说、木材生产和贸易说等重要解释框架。但国际森林史的研究范围是局部的，不是整体的，这预示着森林史研究发展的新趋势[142]。王旭东和孟庆龙撰写的《世界瘟疫史：疫病流行、应对措施及其对人类社会的影响》，针对我国史学领域深入研究疫病现象缺乏的现状，通过对世界重大瘟疫的历史进行研究，为读者展现了一份全面、科学、权威的世界瘟疫史。在现代意义上重新发掘、审视、剖析并且多角度、全视野、跨领域地探讨历史上疫病问题的研究结晶，并且其内容可供现今人们在对抗当代疫病发生、蔓延和健全公共卫生机制时用做决策参考，因而在填补空白层面上具有一定的理论意义和应用价值[143]。

（作者：刘林海、郭家宏，北京师范大学副教授；
徐莹莹、唐艳，北京师范大学硕士研究生）

注：

①李世安：《全球化与全球史观》，《史学理论研究》，2005年第1期。

②刘军：《全球化与全球化史观：一种长时段的观点》，《史学理论研究》，2005年第1期。

③吴英：《马克思的世界历史理论与全球化历史进程的实践》，《史学理论研究》，2005年第4期。

④于沛：《全球史观和中国史学断想》，《学术研究》，2005年第1期。

⑤于沛：《从地理边疆到"利益边疆"——冷战结束以来西方边疆理论的演变》，《中国边疆史地研究》，2005年第2期。

⑥何芳川等：《世界史和世界史体系》，《史学理

论研究》，2005年第3期。

⑦于沛：《关于构建马克思主义史学理论新形态的思考》，《当代中国马克思主义研究》，2005年第4期。

⑧侯树栋：《唯物史观的历史规律学说再思考》，《社会科学》，2005年第9期。

⑨韩震、董立河：《论西方历史哲学的“语言学转向”》，《北京大学学报》（哲学社会科学版），2005年第5期。

⑩孟广林：《卡雷尔的“反现代化”学说评析》，《世界历史》，2005年第2期。

⑪姜芃：《黑格尔的历史哲学与“精神”的世界史》，《山东社会科学》，2005年第3期。

⑫赵家祥：《历史过程的时空结构和时间向度》，《北京大学学报》（哲学社会科学版），2005年第5期。

⑬邵鹏：《汤因比历史哲学综论》，《天中学刊》，2005年第4期。

⑭张文杰：《中国传统文化与汤因比的历史哲学》，《史学理论研究》，2005年第3期。

⑮何平：《欧洲文化特征刍议》，《首都师范大学学报》（社会科学版），2005年第6期。

⑯张旭鹏：《想象他者：西方文化视野中的非西方》，《史学理论研究》，2005年第3期。

⑰陈启能主编：《二战后欧美史学的新发展》，山东大学出版社，2005年。

⑱景德祥：《20世纪末联邦德国史学流派争议》，《世界历史》，2005年第1期。

⑲景德祥：《联邦德国社会史学派与文化史学派的争议——20世纪末联邦德国史学流派争议》，《史学理论研究》，2005年第3期。

⑳邹兆辰：《近年来我国心理史学发展趋势》，《史学理论研究》，2005年第4期。

㉑郭小凌：《从全球史观及其影响所想到的》，《学术研究》，2005年第1期。

㉒孟广林：《谈当前史学研究中学术理论的转换》，《史学理论研究》，2005年第2期。

㉓陈启能、邹兆辰：《了解当代西方史学趋势，坚持走自己的路》，《历史教学问题》，2005年第3期。

㉔徐浩：《史学理论结构的非平衡发展》，《史学理论研究》，2005年第1期。

㉕侯建新：《〈经济—社会史评论〉首发座谈会》，《史学理论研究》，2005年第2期。

㉖张绪山、赵淑玉：《科学思维方式与历史研究的“假设”方法》，《史学理论研究》，2005年第2期。

㉗孟广林：《中西历史比较的规范与理论》，《史学月刊》，2005年第1期。

㉘彭小瑜：《中西历史比较研究是否可行?》，《史学月刊》，2005年第1期。

㉙王成军：《因果判断与价值判断的冲突与统一》，《陕西师范大学学报》（哲学社会科学版），2005年第6期。

㉚于沛：《对近代大国崛起的文化思考》，《北方论丛》，2005年第1期。

㉛丛日云、郑红：《论代议制民主思想的起源》，《世界历史》，2005年第2期。

㉜李安山：《论战争、王权和意识形态的相互作用》，《史学理论研究》，2005年第4期。

㉝齐世荣：《攀登世界史研究的高峰——我国世界史学科中青年同志的历史重任》，《历史教学问题》，2005年第3期。

㉞黄安年：《高度重视20世纪世界史教学和研究》，《史学月刊》，2005年第10期。

㉟郭子林、蔡艳辉：《爱琴文明与同期的古埃及文明关系初探》，《内蒙古民族大学学报》（社会科学报），2005年第8期。

㊱郭子林、李凤伟：《论托勒密埃及的王室婚姻》，《广西社会科学》，2005年第7期。

㊲周洪祥：《“蛊惑家”与雅典民主》，《广西社会科学》，2005年第6期。

㊳周洪祥、梁金玉：《雅典民主政治中的贵族议事会》，《宜宾学院学报》2005年第5期。

㊴刘洪采、张晔：《“五十年时期”雅典对外政策的变化》，《唐都学刊》，2005年第5期。

㊵周洪祥：《雅典远征西西里正误辨析》，《北方论丛》，2005年第2期。

㊶魏凤莲：《狄奥尼索斯崇拜分析》，《世界历史》，2005年第3期。

㊷魏凤莲：《论古希腊的巴库斯秘仪》，《东北师大学报》（哲学社会科学版），2005年第6期。

㊸晏绍祥：《古代希腊作家笔下的荷马》，《学术研究》，2005年第10期。

㊹唐莉：《试析古希腊与先秦妇女婚姻生活的异同》，《中央民族大学学报》（哲学社会科学版），2005年第2期。

㊺张继华：《苏格拉底被控和判罪的原因解析》，《河北大学学报》（社学社会科学版），2005年第5期。

㊻黄娴：《探析古希腊时“公民”与“城邦”的关系》，《东南亚纵横》，2005年第9期。

㊼易宁：《“赫尔摩斯神像案”与修昔底德的史学思想》，《史学史研究》，2005年第4期。

㊽易宁、李永明：《修昔底德的人性说及其历史观》，《北京师范大学学报》（社会科学版），2005年第6期。

㊾何立波：《古罗马女性离婚问题透视》，《绥化学院学报》，2005年第5期。

㊿刘文明：《论罗马帝国晚期的文化转型与女性婚姻地位变迁》，《首都师范大学学报》（社会科学版），2005年第6期。

51蔡丽娟：《论李维的历史方法》，《史学理论研究》，2005年第3期。

52柳岳武：《从〈摩奴法典〉婚姻家庭法看古印度的法文化》，《聊城大学学报》（社会科学报），2005年第2期。

53杨共乐：《张骞所访大夏考》，《北京师范大学学报》（社会科学版），2005年第6期。

54张绪山：《景教东渐及传入中国的希腊—拜占庭文化》，《世界历史》，2005年6期。

55张绪山：《百余年来黎轩、大秦研究综述》，《中国史研究动态》，2005年第3期。

56王乃耀：《近年来中国世界中世纪史研究的新变化与新趋向》，《史学月刊》，2005年第10期。

57李建军：《从修道生活试析中世纪英国贵族妇女的社会地位》，《首都师范大学学报》（社会科学版），2005年第5期。

58陈志坚：《试论中世纪英格兰贵族妇女的不动产继承权》，《首都师范大学学报》（社会科学版）2005年第5期。

59夏继果：《论埃利奥特的绅士教育思想》，《齐鲁学刊》，2005年第3期。

60王兰娟：《中世纪英国文法学校初探》，《首都师范大学学报》（社会科学版），2005年增刊。

61施诚：《中世纪英国的军役制度》，《首都师范大学学报》（社会科学版），2005年第5期。

62马克垚：《论超经济强制》，《史学月刊》，2005年第2期。

63邹兆辰：《历史比较与西欧社会研究》，《首都师范大学学报》（社会科学版），2005年第5期。

64侯树栋：《封建主义与德意志王权》，《北京师范大学学报》（社会科学版），2005年第6期。

65侯树栋：《论10~11世纪德意志的帝国教会体制》，《史学月刊》，2005年第12期。

66夏洞奇：《“上帝之城”与“地上之城”：奥古斯丁思想中的两分倾向》，《现代哲学》，2005年第3期。

67吴雯雯：《宗教裁判所的纠问式司法审判程序》，《首都师范大学学报》（社会科学版），2005年增刊。

68盛宏意：《中世纪教会对神命裁判的终结》，《首都师范大学学报》（社会科学版），2005年第5期。

69黄春高：《教会法的精神与历史实践——评彭小瑜教授的〈教会法研究〉》，《世界历史》，2005年第1期。

70刘林海：《加尔文与塞维图斯案》，《西南师范大学学报》（人文社会科学版），2005年第4期。

71刘林海：《西方史学界宗教改革研究中的新理论探究》，《山东师范大学学报》（人文社会科学版），2005年第3期。

72王晓晶：《浅析宗教教会对文艺复兴运动的促进作用》，《佳木斯大学社会科学学报》，2005年第3期。

73赵文洪：《中世纪西欧三个等级的观念初探》，《史学月刊》，2005年第5期。

74刘林海：《论中世纪西欧的三等级观念》，《北京师范大学学报》（社会科学版），2005年第6期。

75徐浩：《浅析西欧中世纪工业组织的变化》，《世界历史》，2005年第4期。

76厉以宁：《论拜占庭帝国的灭亡》，《北京大学学报》（哲学社会科学版），2005年第5期。

77毛海燕：《欧洲中世纪条纹服装现象分析》，《艺术设计史论》，2005年第3期。

78赵军秀：《试论1885—1887年英土关于埃及问题的两次谈判》，《世界历史》，2005年第1期。

79赵军秀：《试析1895年“东方危机”后英国的中近东政策》，《首都师范大学学报》，2005年第3期。

80王伟伟：《简论英国政府接管达西协议》，《首都师范大学学报》，2005年第3期。

81梁占军：《“弩炮计划”的缘起——1940年法国单独停战与英国的对策研究》，《首都师范大学学报》，2005年第2期。

82张宏毅：《美国苏俄兴衰的历史经验教训及启示》，《高校理论战线》，2005年第3期。

83时殷弘：《战略史考察与大战略理论》，《史学月刊》，2005年第6期。

84张小明：《国际关系理论与冷战史研究》，《史学月刊》，2005 年第 6 期。

(85)徐蓝：《从两极格局到多极化趋势的发展——20 世纪 70—90 年代冷战态势的演变》，《浙江学刊》，2005 年第 2 期。

(86)王华：《评西方学者的“萨摩亚问题”研究》，《史学月刊》，2005 年第 3 期。

(87)李世安：《英国农村剩余劳动力转移问题的历史考察》，《世界历史》，2005 年第 2 期。

(88)王向梅：《从居住角度看英国社会转型时期私人生活的变迁》，《世界历史》，2005 年第 2 期。

(89)周立红：《论 1740—1800 年英格兰食物骚乱》，《史学月刊》，2005 年第 1 期。

(90)李世安：《普鲁士精神、法西斯主义与第二次世界大战的爆发》，《烟台大学学报》，2005 年第 3 期。

(91)田小惠：《试析战后德国战败赔偿政策》，《世界历史》，2005 年第 4 期。

(92)景德祥：《二战后德国反思纳粹历史的曲折过程》，《学习月刊》，2005 年第 7 期。

(93)（德）克里斯提安娜·埃费尔特著，景德祥译：《1755 年里斯本大地震：论一场自然灾害的历史影响力》，《史学理论研究》，2005 年第 2 期。

(94)郭华榕：《法国的路易十四研究》，《史学月刊》，2005 年第 12 期。

(95)孟庆龙、王旭东：《自然启示录：1755 年里斯本地震海啸对葡萄牙社会的冲击和影响》，《史学理论研究》，2005 年第 2 期。

(96)张浚：《欧洲：疆域与认同的历史辨识》，《欧洲研究》，2005 年第 1 期。

(97)张国刚：《18 世纪晚期欧洲对于中国的认识——欧洲进步观念的确立与中国形象的逆转》，《天津社会科学》，2005 年第 3 期。

(98)赵怀普：《欧洲一体化对东亚合作的若干启示》，《外交学校学报》，2005 年 4 月。

(99)谢国荣：《二战对美国民权运动的影响》，《世界历史》，2005 年第 3 期。

(100)谢国荣：《民权运动之前奏：杜鲁门当政时期的黑人民权问题》，《历史研究》，2005 年第 2 期。

(101)谢国荣：《美国南部白人社会对战后初期民权问题挑战的回应及其影响》，《史学月刊》，2005 年第 5 期。

(102)周钢：《1878 年“林肯县战争”与“比利小子”》，《史学月刊》，2005 年第 9 期。

(103)张红菊：《试探美国南部奴隶制种植园的形成》，《世界历史》，2005 年第 6 期。

(104)李龙：《1812 年战争的起源研究》，《石家庄学院学报》，2005 年第 7 期。

(105)刘作奎：《美国也曾制定过“反分裂法”》，《北京档案》，2005 年第 4 期。

(106)王立新：《试论美国外交史上的对外干预——兼论自由主义意识形态对美国对外干预的影响》，《美国研究》，2005 年第 2 期。

(107)时殷弘：《自由主义与美国对外政策》，《现代国际关系》，2005 年第 6 期。

(108)李龙：《1797—1800 年美国与法国准战争探析》，《史学集刊》，2005 年第 1 期。

(109)罗振兴：《美国在中亚—里海地区的能源政策评析》，《美国研究》，2005 年第 2 期。

(110)张小明：《约瑟夫·奈的“软权力”思想分析》，《美国研究》，2005 年第 1 期。

(111)顾宁：《评冷战的文化遗产：中美教育交流（1949—1990）》，《史学月刊》，2005 年第 12 期。

(112)牛大勇：《缓和的触角抑或冷战的武器——美国政府 20 世纪 60 年代初期对中国粮荒的决策分析》，《世界历史》，2005 年第 3 期。

(113)郑异凡：《不仅仅是翻译问题——关于苏联史中的两个译名》，《探索与争鸣》，2005 年 3 月。

(114)郑异凡：《列宁在 1923》，《领导文萃》，2005 年第 6 期。

(115)马龙闪：《苏联剧变的文化透视》，中国社会科学出版社，2005 年。

(116)马龙闪：《俄罗斯是在呼唤“铁腕”、呼唤强权——对俄罗斯近年出现的所谓“重评思潮”的剖析》，《世界历史》，2005 年第 2 期。

(117)徐天新：《欧洲的分歧与俄罗斯回归欧洲的困扰》，《俄罗斯中亚东欧研究》2005 年第 1 期。

(118)陈新明：《平等、强国的追求与苏联的历史发展》，《史学理论研究》，2005 年第 2 期。

(119)吴恩远：《苏共先进性丧失的具体表现》，《马克思主义研究》，2005 年第 2 期。

(120)张建华、唐艳：《近十年来国内学术界关于欧亚主义问题研究综述》，《俄罗斯中亚东欧研究》，2005 年第 6 期。

(121)陈新明：《中俄关系顺利发展及其影响》，《国际问题研究》，2005 年第 2 期。

(122)王亚志回忆，沈志华、李丹慧整理：《回顾与思考——1950 年代中苏军事关系若干问题（之三）》，《国际政治研究》，2005 年第 1 期。

(123)沈志华：《一九五六年十月危机：中国的角色和影响——“波匈事件与中国”研究之一》《历史

研究》，2005年第2期。

⑫④沈志华：《1958年炮击金门前中国是否告知了苏联?》，《党史博览》，2005年第1期。

⑫⑤杨宁一、郑丽平：《评梅棹忠夫"文明的生态史观"》，《史学月刊》，2005年第8期。

⑫⑥陈奉林：《冷战时期日本与东南亚国家关系的探索》，《世界历史》，2005年第1期。

⑫⑦韦伟、赵光瑞：《日本都市圈模式研究综述》，《现代日本经济》，2005年第2期。

⑫⑧梁占军：《近年中国史学界关于二战时期日本侵华遗留问题的研究成果述评》，2005年第4期。

⑫⑨梁志明：《亚非人民的国际盛会：背景与成就——亚非会议50周年纪念》，《当代亚太》，2005年第5期。

⑬⓪吴小安：《殖民主义、本土国家与东南亚华人移民：中国跨国化的一些历史意义》，《南洋问题研究》，2005年第1期。

⑬①宋丽萍：《印度独立以来历史教科书问题与教、俗之争》，《世界历史》，2005年第6期。

⑬②刘婷：《拉美的文化发展与依附》，《中国党政干部论坛》，2005年第2期。

⑬③冯秀文：《世界政治史研究中的威权主义及其历史定位——以拉丁美洲为例》，《世界历史》，2005年第2期。

⑬④林被甸：《当代视野下的拉美史学新探索——近10年来我国拉美史研究概述》，《世界历史》，2005年第3期。

⑬⑤王文仙：《论殖民地时期墨西哥大庄园的债役雇农制》，《世界历史》，2005年第5期。

⑬⑥董经胜：《巴西政府的经济政策和债务危机的形成（1974—1985）》，《安徽史学》，2005年第2期。

⑬⑦高国荣：《什么是环境史?》，《郑州大学学报》，2005年第1期。

⑬⑧高国荣：《年鉴学派与环境史学》，《史学理论研究》，2005年第3期。

⑬⑨高国荣：《环境史学与跨学科研究》，《世界历史》，2005年第5期。

⑭⓪梅雪芹：《环境史学的历史批判思想》，《郑州大学学报》，2005年第1期。

⑭①梅雪芹：《从环境史角度重读〈英国工人阶级的状况〉》，《绿叶》，2005年第6期。

⑭②包茂宏：《森林史研究：以菲律宾森林滥伐史研究为重点》，《中国历史地理论丛》，2005年1月。

⑭③王旭东、孟庆龙：《世界瘟疫史：疫病流行、应对措施及其对人类社会的影响》，中国社会科学出版社，2005年。

考 古 学

考 古 学

袁艳玲　高崇文

2005年北京地区的文物考古工作在历史文化名城保护、博物馆事业以及文物修缮和地下文物保护等方面，取得了全面的进步和突破性的发展。2005年，北京市人大审议通过了《北京历史文化名城保护条例》，这是北京市制定的首个全面保护历史文化名城的法规。2005年，首都博物馆新馆落成并投入试运行，成为当今我国一流博物馆的代表。2005年，"人文奥运文物保护计划"继续实施，颐和园佛香阁景区古建筑群、延庆古崖居遗址等修缮保护工程相继开工，部分工程已经完工。2005年，奥运场馆工程考古工作也取得了丰硕成果，完成了对五棵松篮球馆、国家体育场等8处奥运场馆的考古勘探和发掘工作，勘探面积达110万平方米，发掘清理古墓450余座，出土了大批珍贵文物[①]。2005年，南水北调工程北京段管线埋藏区的文物保护工作正式启动，共完成勘探面积272万平方米，发现古墓葬102座，不同时期遗址15处，并对其中的个别遗址进行了发掘[②]。

2005年，全国各地的文物考古工作也取得了丰硕的成果。石器时代考古方面，北京东胡林遗址的考古发掘再获丰收，本年度发现了一座保存完好的墓葬和一件可以复原的陶器，使我们对华北地区新石器时代早期文化有了更深的认识；浙江小黄山遗址和陕西后寨子峁遗址的发掘则为我们研究长江下游地区和陕北地区新石器时代的聚落形态提供了丰富的资料。夏商周考古方面，河南偃师二里头遗址这两年不断有新的重要发现，使我们对这座早期都城的形制、布局、功能，以及它对后世都城的影响等问题有了更深入的认识；两周时期的考古则以墓葬发掘收获最多，本年度不仅发掘了陕西梁带村和山西横水镇的贵族墓地，还在安徽程井遗址清理了大批小型墓葬。元明清时期的陶瓷考古也取得了丰硕成果，景德镇丽阳乡瓷窑遗址和明清御窑遗址的发掘，以及北京毛家湾胡同大型明代瓷器坑的清理，为我们研究这一时期窑炉的形制、瓷器的品种和烧造工艺提供了大量可靠的材料；西安北郊发现的一座北周时期婆罗门后裔墓葬，见证了中西文化的交流；而西安唐长安城大明宫太液池的发掘，为研究我国历史时期的都城和古代园林建筑提供了重要资料。除此之外，科技考古工作在本年度也取得重要成果，本年度有学者全面介绍了近年来的植物考古及新进展，另有许多学者运用各种自然科学手段，从不同角度对出土遗物进行研究。现将本年度重要的考古发现与研究按照遗存本身的年代分述如下：

一、石器时代的考古发现与研究

东胡林遗址位于北京市门头沟区斋堂镇东胡林村西永定河支流清水河北岸的二级阶地上。2005年9月至10月，北京大学考古文博学院与北京市文物研究所再次联合对东胡林遗址进行了2001年以来的第3次发掘，发掘面积共80余平方米。本次发掘发现保存完好的墓葬一座，系土坑竖穴墓，葬式与2003年发掘的一座不同，为屈肢葬，胸腹处有一串穿孔的螺壳项链，头部有一件小型的磨制石斧。此次发现的墓葬是东胡林遗址发现的第2座保存完好的新石器时代早期墓葬，为研究东胡林人埋葬习俗、北京乃至华北地区新石器时代早期人类（包括体质人类学、遗传学、古病理学等）提供了不可多得的科学资料。本次发掘的另一重要收获是在原东胡林文化层之下又发现了时代更早的烧火遗迹及打制石器等文化遗存，为寻找时代更早的古人类及其文化遗存提供了重要线索。本次发掘获得了一批重要的文化遗物，包括打制石器、细石器、小型磨制石器、陶器、骨器、蚌器、赤铁矿颜料以及数量较多的鹿、猪等动物的骨骼（包括烧骨）和大型蚌壳等。陶器中有一件可以复原，器型为直壁平底盂形器，这是现今从东胡林遗址所发现的第一件可以复原的陶器，器形与转年遗址的平底陶容器相近。本次发掘进一步丰富了东胡林遗址的文化内涵，加深了人们对东胡林人及其文化的了解，提高了对北方地区新石器时代早期文化的认识，为进一步探讨华北地区诸新石器时代早期文化之间的关系及其发展演变提供了新的资料③。

小黄山遗址位于浙江嵊州市甘霖镇上杜山村小黄山，2005年3月至8月，浙江省文物考古研究所会同嵊州市文物管理处对小黄山遗址进行了抢救性考古发掘，此次发掘面积近1000平方米。该遗址的史前文化堆积可分成4个阶段，其中第4阶段堆积为良渚文化晚期遗存，前3阶段遗存为小黄山遗址堆积的主体。前3个阶段遗存地层叠压关系清楚明确，文化面貌丰富，文化内涵早晚传承演变轨迹清楚，阶段性特征明确，系同一文化的不同发展阶段；出土遗物以陶器和石器为大宗，有机质遗物发现很少。陶器主要是平底器、圈足器和圜底器，不见三足器，器种主要有盆、盘、钵、罐、釜等。其中第一阶段遗存文化内涵与浦江上山遗址相近；第二阶段遗存文化内涵中存在不少萧山跨湖桥文化因素，文化面貌总体上较跨湖桥文化更为原始和古老；第三阶段遗存和跨湖桥文化也有相当多的可比性；绳纹圜底釜、双鼻平底罐则与河姆渡文化同类陶器有某些雷同之处。这为我们认识和确立上山类型阶段遗存和跨湖桥文化阶段遗存地层上的叠压关系提供了重要依据，从而将年代差距2000年、文化内涵难以比较联系的2个古老文化有机联系起来，“盘活”了浙江省早期新石器时代遗址的分布格局，将浙江省早期新石器文化的探索研究推向一个全新的高度，为进一步认识和把握浙江乃至整个东南沿海地区新石器文化源流及其发展演变提供了可靠的地层学依据、丰富的实物资料和全新的平台。此次发掘还发现了大量的水稻遗存，这对农业起源特别是稻作农业起源的研究具有重大学术意义。小黄山遗址新石器文化早期遗存保存之完好，储藏坑发现之多，石磨盘、石磨石出土数量之丰富为江南地区新石器时代遗址所罕见。其出土的石雕人首距今年代在9000年上下，应是我国新石器时代遗址考古中发现的时代最早的石雕人首，具有很高的艺术研究价值。小黄山类型文化遗存的相对年代为距今8000—10000年上下，它是曹娥江流域发现的时代最早的新石器时代遗址，也是目前长江中下游地区距今9000年前后规模最大的聚落遗址④。该遗址的发掘被评为

“2005年度全国十大考古新发现”。

后寨子峁遗址位于陕西省吴堡县辛家沟乡李家河村西北约400米的后寨子峁山梁上。后寨子峁由3座山梁连接而成，平面略呈“人”字形，遗址就分布于3座山梁上。2005年8月至12月，陕西省考古研究所对该遗址进行了勘探和第一次发掘。后寨子峁遗址面积约21万平方米，此次发掘面积近3000平方米，主要为庙底沟二期至龙山早期的遗存。后寨子峁遗址的重大发现是石筑城址，其布局大致可以分为3部分，即3个山梁各为一部分，其中地势较低的1、2号山梁均发现有石砌的围墙，而地势较高的3号山梁则未发现石围墙。3座山梁之间有道路相通，表明3座山梁上的人们有着某种密切的联系。3座山梁上共发掘48座房址。其中1号山梁11座，2号山梁22座，3号山梁15座，除此之外各山梁上均有尚未发掘的房址。房址沿山坡层层而建，由下而上形成多排，规模相当宏伟。2号山梁上的房址一直延续至山顶台地上，且房址分布密度较大。房址建造方式可分为窑洞式、半地穴式以及半地穴式与窑洞式相结合的复合式3种，未发现典型的地面式房址。房址的平面形制大致可分为“凸”字形、“甲”字形、“吕”字形、刀把形和不规则形等种类。48座房址之间存在着明显的组群关系，如3号山梁的F3和F6，二者朝向同一个方向，门前原有土坯铺设的道路相连，F6门外的斜坡和土踏步拐向F3方向，而且2座房址门外有一处共用的院落（坪）。这表明F3和F6之间有着极为密切的关系，房屋主人亦应存在着亲密的血缘或社会关系。此次发掘出土的器物有陶器、石器和骨器3种。陶器以夹砂灰陶为最多，常见器类有缸、瓮、尖底瓶、喇叭口折肩瓶、鼓腹罐、高领罐、盆、平底碗、单耳杯和牛角形陶响器等，几乎不见三足器。后寨子峁遗址是陕北地区第一处大规模揭露的史前大型聚落遗址，其城址布局独特，遗迹分布密集，房屋形制丰富、规模庞大、组群关系清晰，屋内装饰华美，出土器物种类繁多，在陕北乃至北方地区都是罕见的。该遗址地处北方草原向中原农耕地带的过渡区，对于研究陕北地区、河套地区乃至我国北方地区新石器时代考古学文化面貌、文化谱系、聚落形态演变规律以及环境变迁与人地关系等各个层面的学术问题将有较大的推进作用⑤。

二、夏商周时期的考古发现与研究

自2001年起，中国社会科学院考古研究所二里头工作队对二里头遗址中心区进行了系统钻探与重点发掘，本年度对这些年来取得的重要发现予以了介绍。（1）确认了宫城的四周城墙以及宫殿区外围的道路网。宫殿区的四周均有宽达10余米左右的大路；宫城平面略呈长方形，总面积约10.8万平方米。（2）发现了数处呈中轴线布置的大中型夯土建筑基址，而且二里头文化早、晚期的建筑格局有很大的不同。（3）在3号大型夯土建筑基址院内发现了数座二里头文化二期的中型墓葬。其中02VM3随葬的大型绿松石龙形器，具有极高的历史、艺术和科学价值。（4）集中发现了一批二里头文化第四期的遗存，包括大型建筑基址、夯土墙、绿松石制造作坊遗址等，这为我们重新考虑二里头文化第四期时二里头遗址的性质，补充了新的资料。这些新的发现，为我们深入了解作为都邑的二里头遗址的聚落形态及其演变过程提供了丰富的资料，对于探索中国文明的源流具有重要意义⑥。

梁带村墓地位于陕西省韩城市昝村镇梁带村黄河西岸的台地上。2005年4月至12月，陕西省考古研究所对梁带村遗址进行了调查和发掘。此次勘探调查共发现两周时期墓葬103座，车马坑17座。经国家文物局批准，抢救性地发掘了车马坑1（K1）、墓葬3座（M19、M26和M27）。截至12月15日，K1和M19的发掘工作基本结束，M26和M27的发掘工作仍在进行中。车马坑为一座口大底小的南北向长方形土圹，南北长5.1、东西宽4.2、深4.8米。坑内发现有马车构件、青铜车饰和殉牲的马、狗骨架等。M19平面呈“甲”字形，墓口距地表1.5米；墓道为斜坡状，长26、宽4米；墓口长6.6、宽5.6、深11.8米；东距M27约20米，方向为215°，一椁两棺。椁室内装饰品丰富，在椁室西部和南部发现青铜礼器鼎4、簋4、鬲4、壶2、盉1、盘1、盂1，其中鬲的口沿上铸有铭文，内容有二：一是“内（芮）太子作铸鬲子子孙孙永宝用享”；二是“内（芮）公作铸鬲子子孙孙永宝用享”。其他铜器有銮铃和马面甲片等。墓主随葬玉器66件，主要是随身装饰。此外，在椁室内围绕外棺一周还发现漆器18件，有箱、盒、豆等。M27平面形状为“中”字形。有南北2条墓道，南墓道为主墓道，长33.8米；北墓道长17.3米。墓室南北长9、东西宽7.3、深13.2米，墓向为218°，一椁两棺。椁室内装饰品丰富，在外棺外发现大量青铜车马器、兵器、漆木鼓和石磬。内棺墓主胸部和腰部放置30件金器，有剑鞘、三角龙形带饰、兽首形带扣、环、泡等。此墓地初步判断为西周晚期至东周早期。本次发现的梁带村两周之际的高等级贵族墓地，为了解和研究陕西及黄河沿岸周代的考古学文化、墓葬制度以及芮国的历史等都具有重要的价值[7]。

横水墓地坐落于山西运城市绛县镇横北村北部，2004年10月至2005年7月，山西省考古研究所等单位对该墓地进行了发掘。共清理墓葬3座，其中M1、M2是一组夫妇异穴排葬墓，南北相距4米，均为带斜坡墓道的竖穴土圹木椁墓，墓底大于墓口。M1墓口（含墓道）长26.65、东宽3.2、西宽4.4米，总面积约100平方米。葬具为一椁二棺，二层台上放置一辆车。外棺四周及上下是方格网棺束，其外是“荒帷”。荒帷整体是红色的丝织品，由2幅布横拼而成，上下有扉边，每幅布布幅宽约80厘米左右，总高约1.8—2米。布的表面是非常精美的刺绣图案，图案内容主题是凤鸟。墓主人头向西，仰身直肢，随葬有大量玉饰。外棺东端的棺椁之间有3个殉人，随葬车马器放置在二层台及椁盖板上，陶器、漆木器、青铜礼器，放置在外棺与椁之间一个东西向的架子上，架子有6—7层，30余件陶器在最上面；其次是漆器；下部第4层是铜礼器，基本组合是鼎5、簋5、壶2、盘2、盉2、甬钟5，其中8件有铭文。M2方向与M1一致，墓口（含墓道）东西长22.3、西宽3.74、东宽2.84米，葬具为一椁两棺。墓主人头向西，俯身直肢葬。头下为玉覆面，棺椁间有4个殉人，此外，棺椁间还放置着大量的随葬品，西侧除一件陶鬲外，主要为铜礼乐器，基本组合是鼎2、簋1、爵1、觚1、尊1、卣1、甬钟5；北侧主要是铜车马器。M2墓主人为男性，铜器上有“倗伯”为自己做器的铭文；M1是女性，在4件铜器上有“倗伯乍畢姬宝旅鼎（盘、簋）”，是倗伯为其夫人做器。这2座墓葬与西周中期晋侯墓地M91、M92的出土器物组合与形制接近，时代应该相当。本次发掘的最重要的收获是在M1中成功地清理出《礼记》记载的“荒帷”，这也是我国考古发现的时代最早、保存最好、面积最大的墓内装饰图案实物，对研究西周时期晋南方国的埋葬制度具有重要意义[8]。

程井遗址位于安徽省亳州市谯东镇南于行政村程井自然村，总面积约为20万平方米。2004年7月至2005年7月，安徽省文物考古研究所对该遗址进行了抢救性发掘，揭露面积2400平方米。遗址文化内涵极为丰富，时代包括龙山、商周、战国、汉代、唐宋等若干时期的文化堆积层。发现有龙山时期的灰坑；商周时期的墓葬、壕沟、灰坑、祭祀坑、土水井和柱洞等；汉代墓葬；唐宋时期的墓葬、砖水井、路面、炼铁炉、灶和陶窑等。大批两周时期的古墓葬是这次发掘的主要收获，其中有西周30座，春秋190座，战国128座。墓葬分布非常密集，叠压和打破关系异常复杂。墓葬均属小型墓葬，主要形制为长方形土坑竖穴墓，部分有生土二层台。西周墓内有腰坑，坑内都殉狗一只。墓葬方向，除西周墓为南北向外，大多数为东西向。墓葬多数为成人墓，也有少数儿童墓。人体骨骼保存较好，葬式主要有仰身直肢、仰身屈肢，一般两手交叉于下腹部或两手上抬置于胸部；其他葬式有侧身直肢与侧身屈肢。葬具已全部腐朽，只有少部分的墓葬能清理出葬具的痕迹。墓葬随葬品大部分放置在墓主人的头部，有的墓葬随葬品则放置在墓坑的一侧，随葬品多寡不一，多者十几件，少者2—5件。随葬器物组合，西周时期为簋、鬲、豆、罐、盆；春秋时期为罐、鬲、盆、豆、壶和鼎、豆、盆、罐；战国时期为鼎、豆、壶与鼎、豆、罐。这批墓葬数量多，分布密集，年代跨度大，叠压和打破关系复杂，对建立皖西北地区周代墓葬年代标尺具有重要的意义[9]。

三、汉唐至宋元明时期的考古发现与研究

2005年9月，西安市文物保护研究所在西安市北郊南康村清理了一座北周墓。该墓形制为长斜坡墓道穹隆顶砖室墓，平面呈“甲”字形，坐北朝南，由墓道、甬道和墓室3部分组成。封门两重，第一重位于甬道口，第二重为石封门，位于甬道中部。石棺一具，东西向置于墓室中部。石棺内有2具骨架，保存完好，均为仰身直肢葬，其中北侧人骨口内含有一枚东罗马金币。甬道内有墓志一合，记载墓主叫李诞，婆罗门种。该墓的发现是目前国内第一座有明确记载的婆罗门后裔墓葬，也是第一座记载有罽宾国的在华外国人墓葬，它的出土为研究中西文化、中印文化的交流提供了珍贵的实物资料[10]。

2005年2月至5月，中日联合考古队对西安唐长安城大明宫太液池遗址进行了第六次考古发掘。此次发掘的具体地点位于唐太液池遗址西池的东南岸。通过发掘，基本弄清了太液池西池的建筑布局：发掘区东区西南的池内有一处干栏式水榭建筑，池内围成长方形的磉墩坑可能就是该水榭建筑的基础遗存；水榭和池岸之间有连接的廊桥，岸坡和岸上的磉墩坑应是该廊桥的基础遗存。这一发现大大丰富了我们对唐太液池皇家园林建筑形式的认识。此次发掘，出土了大量的砖瓦建材遗物，其中的透雕龙纹石栏板和带莲花座的蹲狮的石望柱，是最高等级的建筑构件，为唐代考古所首见，也为复原唐代宫殿建筑配置提供了翔实的考古资料和依据。池底淤泥中首次大范围清理出莲荷的遗痕，证实了文献

中对太液池莲荷美景的记载，使我们对太液池皇家园林的美丽姿容有了进一步的认识[11]。

2005年4月，北京市文物研究所和延庆县文物管理所在北京延庆县张山营镇晏家堡村北发掘了一座辽金时期的壁画砖室墓。该时期壁画在延庆是首次发现，在北京地区也弥足珍贵。该墓为圆形单室墓，南北向，由墓道、墓门、甬道、墓室等部分组成，通长12.3米，方向170度。其中墓室直径3.5米，残高0.75—2.4米。墓室内壁按圆周八等分，砖砌柱角上有斗拱装饰。墓室内壁原绘有壁画，现甬道及墓壁尚残存壁画4幅，分别描绘出行仪仗、侍女、鼓乐等内容。壁画人物生动、线条流畅、眉目传神、色彩艳丽，虽然剥落较为严重，但人物的面貌、服饰仍清晰可辨。遗憾的是，墓葬早年被盗，墓顶砖、墓门墙已塌毁殆尽。墓内没有发现完整的人骨架，只有几块火烧过的人骨，这也符合辽代流行火葬的习俗。综合出土的墓志盖、白瓷盘等文物分析，墓葬的年代应处于辽末金初之际。目前，文物部门已对壁画进行了整体切割，将在实验室进行后期保护[12]。

景德镇丽阳乡瓷窑遗址位于江西景德镇市西南21公里，分布在丽阳乡彭家村和丽阳村之间的瓷器山西坡和碓臼山南坡，紧靠昌江。2005年7月至10月，故宫博物院等单位联合对丽阳乡彭家村和丽阳村的元、明瓷窑遗址进行了考古发掘。发现并发掘元代晚期的龙窑窑炉和明代早期的葫芦形窑炉各一座，出土了大量五代、宋、元、明时期的瓷器。元代龙窑位于丽阳村碓臼山南坡，长24.3、窑室最大宽度4米，窑内未经扰乱的匣钵摞叠成柱状、排列整齐，处于原始装烧状态，窑壁保存较好，这是迄今考古工作者首次发现未经开启的元代瓷窑。该窑窑炉形制比较特殊，火膛较深、窑炉左右两壁外弧、炉壁近火膛处微内缩，尾部砌成圆弧形且没有龙窑常见的排烟孔等设施，这几点都是明代典型葫芦形窑的主要特征，揭示了由龙窑向葫芦形窑的变化过程，在陶瓷窑炉发展史上具有重要的学术价值。明代早期的葫芦形窑炉位于彭家村瓷器山西坡，长10.9、窑室最大宽度3.4米，窑门、火膛、窑床保存较完好。该窑炉的发现不仅可以填补景德镇御窑遗址发现的明初（洪武、永乐时期）葫芦形窑和湖田窑遗址发现的明代中期（弘治时期）葫芦形窑之间的空白，还可以印证《天工开物》对葫芦形窑窑炉形制的记载，其史料价值尤为重要。同时，元代末年的龙窑和明代早期的葫芦形窑炉遗迹同见于一个窑场，其本身就揭示了景德镇地区元代晚期到明代早期的窑炉由龙窑到葫芦窑的变化过程。出土瓷器有五代青瓷，宋元青白瓷，元代青花和釉里红，明代青花、仿龙泉釉、仿哥釉、黑釉、白釉瓷器等。器形有碗、盘、高足碗、高足杯、罐、执壶、炉、盏等。明代早期民窑的仿哥釉和仿龙泉釉瓷器是以往不为人所知的，这次发现丰富了学界对明代早期景德镇地区瓷器釉色品种的认识，而青花、白釉、仿哥釉、仿龙泉釉瓷器器类与造型的统一，又说明在同一座窑场内器物的形制并不因釉色品种的不同而有差异，这对陶瓷考古进行类型学研究尤其具有提示作用；同时，元代龙窑遗址出土的青瓷碗、盘和明代窑址出土的青花折腰盘、高足碗等器物的产地也是以往不知道的，这次发掘所得资料对研究传世和考古发掘的同时期青瓷、青花、仿龙泉釉和仿哥釉瓷器的产地均具有标尺意义。这次发掘所取得的收获除可以搞清楚景德镇地区乃至整个江南元明时期窑炉形制变化的规律，初步建立明代景德镇民窑瓷器的断代编年外，对研究明代民窑生产历史以及对景德镇地区的陶瓷考古也具有推动作用[13]。

2005年7月至8月，北京市文物研究所发掘了一大型明代瓷器坑。该瓷器坑位于北京市西城区前毛家湾胡同的中央文献研究室院内，在铺设供暖管道时被发现。考古发掘表明，这个大型瓷器坑系人工挖掘而成，平面略呈不规则长方形，坑口距地表1.4、长7.8、宽5.2米，底部长7、宽4.5米，由西北向东南呈台阶状倾斜，最深的东南角距离地表4.4米。坑壁平整，略有倾斜，局部坍塌。坑的东壁上部被近代施工所破坏、扰动。瓷器坑内除瓷片和极少量垃圾外，不见其他遗物。瓷片平均堆积厚度为2米。经过初步整理，此次出土的大量瓷器（片），按时代可分为宋代、元代和明代瓷器（片），其中以明代早中期景德镇青花瓷器（片）为大宗；绝大部分是民窑产品，仅有个别出自官窑；普遍带有摩擦、磕碰、锔补等使用痕迹。宋代瓷器（片）极少，为钧窑系、定窑系产品。元代瓷器（片）的窑口有景德镇窑系、龙泉窑系、钧窑系、磁州窑系、枢府窑等；品种有白瓷、青瓷、黑瓷等诸种，还有极少量的青花；器型有各类碗、盘、杯、炉、碟、罐、壶、瓶、洗、筒以及少量瓷塑，并发现有较为罕见的白瓦。明代瓷器（片）绝大部分属于明代早中期景德镇民窑烧造的青花产品，官窑的很少；窑口有景德镇窑系、龙泉窑系、磁州窑系、玉溪窑等；品种繁多，器型以形式多样的碗、盘、杯为大宗；不少瓷器（片）上或写、或刻有款识。这批瓷器（片）数量巨大、窑口众多、器型丰富、釉彩品种繁多、纹饰题材异常丰富，基本汇集了元、明两代主要窑口的瓷器品种，涵盖了日用瓷、陈设瓷、建筑用瓷等范畴，有些图案纹饰、款识还是首次发现，并且有明确的出土地点和层位，为研究元、明瓷器提供了大量可靠的材料，具有重要学术价值⑭。

目前，北京市文物研究所正对这批瓷器进行全面系统的整理与研究。对于瓷器坑的成因，也有学者进行专门的考证⑮。从考古发现来看，这个坑中的瓷片堆积无明显的早晚层次，早期的瓷片往往出现在上层，而下层也有大量晚期的瓷片出现，且坑壁平整应该是由人工挖掘而成。由此可以断定：该坑是专为掩埋这批残破瓷片而挖掘的，坑中的瓷片也是在短期内一次性堆积而成的。由于坑中的残破瓷片都有使用过的痕迹，表明这批瓷片在进入该坑掩埋之前，已作为垃圾在别地散存弃置过一段时间。它们应该是在某个特定的时间，由各处集中到一起，然后一次性掩埋于该坑中的。因此，该坑为二次堆积坑。至于坑内瓷片，则最有可能是相距仅百米的镇国府的废弃物。明代嘉靖帝改镇国府为太平仓，导致了对原镇国府的大清扫，从而促成了这个大型瓷器坑的填埋。

2004年9月至2005年，北京大学考古文博学院等数家单位对景德镇明清御窑遗址进行了第三次考古发掘。本年度报道了这次的发掘情况。这次发掘面积755平方米，发现多道墙、窑炉、埋藏瓷器的小坑等遗迹和明代早、中期的落选御用瓷器等遗物。窑炉分为葫芦形和馒头形两种。葫芦形窑发现于珠山北麓，由窑前工作面、窑门、火膛、前室、后室、护窑墙等部分组成，年代为明洪武至永乐时期；馒头窑发现于珠山南麓，由窑前工作面、窑门、火膛、窑室、烟道、排烟孔、烟囱、护窑墙等部分组成，规模较小，年代为明宣德至万历时期。由此证实，明洪武至永乐时期主要使用葫芦形窑，御窑厂烧造和活动的主要区域在珠山北麓；明宣德至万历时期主要使用馒头窑，御窑厂主要分布于珠山南麓。瓷器可以分为御窑和民窑产品两类，御窑产品主要是明代早中期烧造的，并以永乐、宣德时期的数量最多，其中有的品种未见于以往的考古资料和传世品中，极为珍贵。这次发掘的资料对于研究景德镇明代御器厂的发展、变迁、烧成技术及其渊源、瓷器的制作工艺、复原当年御器厂的生产面貌等，具有重要的学术价值⑯。

本年度公布了清代水闸遗址的发掘资料。该遗址位于圆明园区内101中学音美艺术楼的施工区内。2004年11月，北京市文物研究所对该遗址进行了清理发掘。该水闸由水道、闸门、燕翅和柏木桩结构几部分组成。水道为南北向，南北宽2.6米，东西长3.85米，残高1.16米。水道中间两侧基础石上留有凹槽，以插入闸板。水道两侧用条石砌成燕尾式护堤，东西宽7.4米，南北通长8.15米。水道底部铺有海墁石，石头对接处用银锭锁相接。水道、燕翅、海墁石及护堤下都有柏木桩，其作用是加固。该水闸保存较好，是我们了解清代水闸不可多得的资料⑰。

四、科技考古

过去，中国考古学的主要研究内容是通过对遗址文化堆积的地层学分析和对出土遗迹遗物的类型学分析，构建古代文化的时空框架。随着这一研究的不断深入和完善，当前中国考古学的重心已经开始转向更深一层的研究内容，即通过对生态环境背景、古代文化整体面貌以及文化间相互关系的综合考察，复原古代人类的生活方式，解释古代文化的发展与过程⑱。

由于植物与人类的生活息息相关，复原古代人类生活方式离不开对植物遗存的研究，植物考古学就成为现代考古学中不可缺少的组成部分。本年度有学者介绍了植物考古学及其新进展⑲。长期以来由于缺乏主动获取植物遗存的有效方法，使得植物考古学在我国考古学研究中相对滞后。而浮选法的开展则突破了制约植物考古学发展的瓶颈，为考古学的研究提供了一大批珍贵的古代植物遗存资料。通过对这些资料的整理和分析，使我们得以对一些重要的考古学问题进行深入的探讨，比如关于农业起源、农业的发展与文明起源的关系等。值得注意的是，在植物考古学中，获取植物遗存的目的是认识和了解这些植物与人的相互关系，其着眼点应该是人而不在植物，其目的是为了解决考古学的问题而不是植物学的问题。这就要求植物考古必须与田野考古紧密结合，通过对获取植物遗存的定性、定量分析，来诠释植物遗存所反映的文化内涵和社会背景，最后将分析结果融合到整个发掘项目的研究成果中，以期达到复原古代人类生活方式和解释人类文化的发展与过程这一考古学的研究目的。

为了全方位提取遗存信息，本年度还有许多学者运用各种科学技术手段对出土遗物进行了分析。其中关于生产工艺和手工业技术类的探讨较多。如通过对山东日照两城镇遗址出土陶器残留物的化学分析，探讨中国史前时期酒的生产和消费⑳；通过对陶片的化学组成、显微结构与晶相分析、受热行为与烧成温度，以及热释光测年等各项研究，探讨江西万年仙人洞遗址出土陶片的陶土来源、烧成温度及年代等[21]；通过对红烧土的物理性能和烧成温度的分析，探讨安徽蒙城县尉迟寺遗址红烧土排房的建筑工艺[22]；通过对山东临淄齐国故城内的1件汉代镜范的材料和处理工艺的检测与分析，探讨镜范的制作工艺和使用过程[23]。其他还有对遗物产地的研究，如通过对微量元素的测试分析，探讨良渚文化遗址及放城岗汉墓出土玉器玉材的产地[24]；对器物用途的探讨，如通过模拟试验，探讨商周时期大口陶缸的性质及用途[25]；对居民人种的探讨，如通过古DNA的研究，探讨吐鲁番盆地青铜至铁器时代居民的遗传结构[26]。这些研究，极大地拓宽了我们的视野，并且提出了一系列的新问题，值得我们进一步探讨。

（作者：袁艳玲，北京大学博士研究生；高崇文，北京大学教授）

注：

①韩鸿业、刘风亮：《北京奥运场馆工程考古勘探发掘出土文物》，《北京文博》，2005年4期；《北京奥运场馆发现450处古墓，出土文物千余件》，《京华时报》，2005年9月8日。

②韩鸿业、刘风亮：《南水北调考古工作阶段成果》，《北京文博》，2005年1期。

③赵朝洪等：《北京东胡林遗址发掘再获丰硕成果》，《中国文物报》，2005年12月30日。

④张恒、王海明、杨卫：《浙江嵊州小黄山遗址发现新石器时代早期遗存》，《中国文物报》，2005年9月30日。

⑤王炜林、马明志、杜林渊：《陕西吴堡县后寨子峁遗址发现庙底沟二期至龙山早期遗存》，《中国文物报》，2005年9月21日。

⑥中国社会科学院考古研究所二里头工作队：《河南偃师二里头遗址中心区的考古新发现》，《考古》，2005年7期。

⑦孙秉君等：《陕西韩城梁带村遗址两周考古取得重大收获》，《中国文物报》，2005年12月28日。

⑧宋建忠等：《山西绛县横水发掘大型西周墓葬发现"倗伯"及夫人墓葬，首次面世古籍记载的"荒帷"》，《中国文物报》，2005年12月7日。

⑨汪景辉、杨立新：《安徽亳州程井遗址考古取得重要收获》，《中国文物报》，2005年11月4日。

⑩程林泉等：《陕西西安发现北周婆罗门后裔墓葬》，《中国文物报》，2005年10月21日。

⑪中国社会科学院考古研究所、日本独立行政法人文化研究所奈良文化财研究所等：《西安唐长安城大明宫太液池遗址的新发现》，《考古》，2005年12月。

⑫北京市文物研究所、延庆县文物管理所：《延庆县时尚纺织品有限公司壁画墓发掘简报》，《北京文博》，2005年3期；《延庆发现辽金时期壁画墓，面貌服饰清晰可辨》，http：//www. enorth. com. cn 2005－05－10；刘乃涛、董玉刚：《延庆辽金墓葬壁画揭取与保护》，《北京文博》，2005年4期。

⑬故宫博物院等：《景德镇丽阳乡瓷器山瓷窑址发掘未开启的元代龙窑》，《中国文物报》，2005年11月23日。

⑭韩鸿业、李永强：《北京市毛家湾发现大型明代瓷器坑》，《中国文物报》，2005年10月12日。《西城区毛家湾地区发现巨型瓷器坑》，《北京文博》，2005年3期。

⑮朱志刚：《前毛家湾1号院明代瓷器大坑成因初考》，《北京文博》，2005年4期。

⑯北京大学考古文博学院等：《江西景德镇市明清御窑遗址2004年的发掘》，《考古》，2005年7期。

⑰北京市文物研究所：《101中学清代水闸遗址发掘简报》，《北京文博》，2005年1期。

⑱赵志军：《植物考古学及其新进展》，《考古》，2005年7期。

⑲赵志军：《植物考古学及其新进展》，《考古》，2005年7期。

⑳麦戈文等：《山东日照市两城镇遗址龙山文化酒遗存的化学分析——兼谈酒在史前时期的文化意义》，《考古》，2005年3期。

㉑吴瑞等：《江西万年仙人洞遗址出土陶片的科学技术研究》，《考古》，2005年7期。

㉒李乃胜等：《安徽蒙城尉迟寺遗址红烧土排房建筑工艺的初步研究》，《考古》，2005年10期。

㉓刘煜等：《山东临淄齐国故城汉代镜范的科学分析》，《考古》，2005年12期。

㉔程军等：《良渚文化遗址及放城岗汉墓出土玉器的物相及微量元素测试分析》，《考古》，2005年7期。

㉕徐劲松等：《从模拟试验看商周时期大口陶缸的性质及用途》，《考古》，2005年7期。

㉖崔银秋等：《土鲁番盆地青铜至铁器时代居民遗传结构研究》，《考古》，2005年7期。

语言学

中国语言学

宋作艳 汪 锋 陈保亚

一、现代汉语

(一) 语音研究

韵律方面，有学者研究了小句焦点的韵律结构类型及其变化，找到了聚焦和散焦两种类型的基本构成模式，根据小句中焦点及其前后相关位置的语音特征，尝试拟构出了焦点组合方式的基本模型。在此基础上，又概括出了小句焦点的一些变化形态[①]。有学者基于口语电话语料库，研究了自然语句边界的韵律特征及其三种话语交际功能：韵律分界功能、话轮提示功能和言语行为功能。韵律分界功能是指可以借助韵律词的某些韵律特征来确定韵律词在语句中的位置，从而帮助判别语句边界的位置；话轮提示功能是指可以借助语句边界的某些韵律特征来确定语句在话轮中的位置，从而帮助判别话轮边界的位置；言语行为功能是指可以借助语句边界的某些韵律特征来标示语句的言语行为类型，从而提醒听者对其作出合适的反应[②]。有学者从语音学的角度考察了普通话疑问词在特殊问句、是非问句、回声问中的韵律表现，发现疑问词与相应的动词结构在不同类型的句子中有韵律上的区别：在特殊问句中，疑问词是句子的焦点；而在是非问句中，动词结构是句子的焦点。句子的焦点成分在语音上实现为语调重音，因此，其词调拱度得以保持，有时得以加强，然而，相应的非焦点成分的词调拱度会被压缩，有时就被简化成平调。说话人通常会拉高整个回声问的调域，以及扩张句中疑问词的频率范围，来表达惊讶的意义[③]。

声调方面，有学者通过对重音位置的上声与其前后音高组合方式的听感判断和实验分析，发现普通话上声重音在音高上的突显方式和其他声调没有本质的区别，都是通过高音点的相对提高来实现。但是具体实现方式上有所区别，其他声调可以通过提高自身音高点的相对高度来实现，而上声一般只能依靠其前后位置音节的高音点的相对突显来实现，其中上声重音后面的音节（包括轻声音节）更为重要。上声重音的后面必然要出现一个高音，而且一般只能出现一个高音，其后则可以出现高音点的断层。同时，在重音位置有多个音节时，词（组）的轻重格式会明显影响到重音及其前后的组合关系，出现音高断层的位置很多时候不是取决于整个重音位置，而是取决于重音的核心位置。在重音位置上，上声还有把重音突显的职责转移到其他非上声的音节上的趋势[④]。另一位学者则试图通过两个实验寻找上声重音的声学相关物，并找到这些参数之间的关系。实验发现，上声后面第二个非轻声音节的音高是其中最重要的参数，它降得越低，上声音节越容易被判断为强重音。普通话语调中高音线和低音线分别承载了不同的功能，和强重音相联系的是高音线[⑤]。另有学者用生成语法的 c – command 的理论，对“一”变调做了统一的解释，指出控制“一”变调的主要因素有两个：（1）“一”是否表数字或序数，如果是，“一”不变调；（2）如果不满足（1），就取决于“一”是否统制（c – command）后字 x，如果是，则变调；如果不是，则不变调[⑥]。

有学者通过两个实验探索了一致性重读在口语语篇临场加工中的作用。结果发现，与控制条件相比，一致性重读加速了语篇的加工过程并且提高了相对重要的新信息在语篇表征中的激活水平，从而产生了更好的加工效果[⑦]。友好语音是指表达友好态度的语音。有学者通过实验分析了疑问句和陈述句两种功能语句在表达友好态度时的声学表现。实验结果表明：（1）基频和时长这两个韵律参数中，基频对友好态度语音合成贡献更大，仅仅调整时长或语速不能实现友好语音的合成；（2）表达友好态度时，合成的疑问句比陈述句的感知结果好；（3）发音人在有疑问助词（如“吗”）的疑问句中经常使用句末高边界调来表达友好语音[⑧]。

(二) 词汇研究

关于词与短语的区分，有学者对早期提出的平行周遍原则作了进一步的补充和修正，讨论了如何区分规则字组和不规则字组，如何区分生成规则和理解规则。关键的一点是区分了解释性规则字组和生成性规则字组，二者的区分旨在说明：语言的理解过程和生成过程并不一样，生成过程比理解过程要求的条件更严格。理解过程只需要平行的条件；生成过程不仅需要平行条件，还需要周遍条件。解释性规则字组在理解的过程中只需要规则类推，在生成的过程中则需要记忆，如“老虎”；生成性规则字组的理解和生成过程都不需要记忆，只需要规则。如“老刘”[9]。有学者则认为曲折性是复合词语义的首要特性，是复合词和短语划分的决定性标准，曲折度越高，越倾向于词。并主要运用曲折性标准区分出词的典型阶、次典型阶和非典型阶。语义的曲折性是指，如果一个语言结构所表达的意思不能直接从其字面义得到，则该结构具有语义上的曲折性。文章把复合词词素之间的曲折性转化为可观察的语义框架，如“地震”、“球幕”、“托梦”、“睡莲”的语义框架依次有单层、双层、三层到多层，语义曲折度依次增高[10]。

词缀的研究方面，有学者指出，词缀在汉语中是一个不稳定的范畴，词缀与词根语素的差别不显著。汉语词缀的特点决定了派生构词不是汉语主要的词法模式，汉语中主要的词法模式是复合法[11]。有学者则从句法音系接面的角度、根据大规模语料库的统计材料论证了类词缀（如“—式”：美式、西式……）是现代汉语中一个独立、重要的单位类别。与词根相比，类词缀与词缀（如“—子”：矮子、案子……）、助字（如“—的”：他的、黑的、跑的……）一样具有单向高搭配性、结构类型个别化、类化作用和意义泛化的特点；与词缀、助字相比，类词缀主要与双音词和多音节类词相配，而词缀只能与单音字和部分双音词相配，助字则能自由地与包括自由短语在内的所有单位层级相配；类词缀新生类推潜能极强[12]。

有学者在较大规模的现代汉语语料范围内从语法语义小类搭配的角度穷尽考察了由动物、身体两义场单字组成的两字组，发现二者的相同之处在于：不管黏着与否，两义场单字在两字组组构中都表现出稳定的名性。差异之处在于：身体类单字可以相当自由地出现在“N［人］（____A）”和“很（V____）”组构中，动物类单字不可以；与身体类单字搭配的动词有许多是主客同体类动词，动物类单字无此类搭配[13]。转义方面，动物义场单字及字组的引申主要用“像X一样”方式（如“狼狗”），而身体义场的则主要用“与X关系相同”方式（如“椅背”）。上述差异与身体义场单字独具［隶属］特征有关，此外也涉及［感知力］、［外部］等语义特征，可以用认知上的规律来解释和预测[14]。

字母词是本年度研究的一个热点，有学者对使用字母词的语言态度进行了调查，发现就所调查人群而言，大多数人支持使用字母词，少数人持反对意见。职业是影响字母词态度的主要因素[15]。有学者发表了系列文章，利用2002年《人民日报》语料库，分别探讨了字母词语的使用与规范[16]，考察了字母词语块中“标点”的使用状况[17]，并在此基础上对其自动提取进行了研究[18]。

（三）语法研究

句子篇章是本年度研究的一个重点，学者们分别就句子的类型与词语的同现关系、限定与非限定之分、存在句、连字句、中动句、非句化现象以及联想回指等问题进行了研究。句类影响语义上有选择性的词语能否同现，还影响到同现的次序，句类对词语同现关系的制约有的是语用方面的，有的是结构语义方面的。例如，“非常快乐”在现实句中可以同现，在虚拟句中却不可以“＊祝你非常快乐”[19]。有学者认为，尽管汉语没有显性的形态，但它仍可通过词汇手段来区分限定与非限定：可以跟时间状语“已经（已）”、“正在（正，在）”和“将要（将，要）”的从句是限定从句，不能跟这些时间状语的从句是非限定从句。根据这一标准，汉语中的兼语结构、动词补语结构、动词主语结构以及连动结构可以区分限定从句与非限定从句[20]。有学者运用词汇分解的方法，指出可控不及物动词的概念结构中同时存在着主体和客体两种语义角色，二者同指。由自主的不及物动词构成的存现句，与由非自主动词构成的存现句一样，其宾语位置上的成分不是施事，而是客体。该客体既可以出现在主要位置上，又可以出现在宾语位置上，这种句型上的变换不产生于移位，而是因为说话者可以选择客体，也可以选择处所或终点作为句子的语义焦点即主语。由此，作者认为“非宾格假说”关于非作格动词的主语不能出现在宾语位置上的论断是片面的，不符合汉语实际[21]。有学者继续对中动句进行研究，讨论了中动句在语义表达方面的特点：（1）中动词隐含的施事在语义指称上有任指性特点；（2）整个句子所表达的情状类型的状态性和命题的通指性特点；（3）句首NP在语义指称上的通指性特点；（4）中动句的句式意义：在“V”“NP”的时候，“NP”通常“AP”[22]。另外还讨论了中动句的语用特点[23]。有学者根据“理想的认知模型”来分析连字句，指出连字句是用来实现人们对外部事物进行序位化操作的一种句法手段。这种序位化的操作，在汉语中是通过有序名词的序位激活和无序名词的序位建构来实现的。当名词空间序位框架映现到动词上时，便表现为以时间序位框架为底层结构的条件成分[24]。有学者则认为非典型“连”字句的强调作用不能用“连XP”的低端性来解释，其强调义来自整个构式的表意作用，更具有不可分解性，因而是更典型的构式句[25]。有学者从及物性角度研究发现，有生无定主语句强制性要求多项及物性特征共现，此类句式具有高及物性的语义特点。无生无定主语句则既有高及物性的情况，也有低及物性的情况。多数高及物性的无定主语都出现在话语的前景部分，低及物性的无定主语句则一般出现在话语的背景部分[26]。非句化是指小句整合的过程中，语义上处于次要地位的从句逐渐失去陈述性特征，从完全小句变成了母句中的名词性或副词性成分这样一个过程，它表现为一系列的内部特征（如：失去言语行为力量；在情态上受限制；带时态标记的能力降低）和外部特征（如：越来越像一个名词）。根据非句化的程度大小，汉语的很多结构类型可以形成一个小句整合程度的连续统：复句〉放在谓语句〉简单句。复杂谓语句又可以形成一个连续统：连动式〉动词拷贝结构〉次话题结构〉名物化结构[27]。联想回指指某个名词（联想回指词）作为定指形式引进篇章时，没有先行词，对这个名词的理解靠的是“前面话语出现过的、起到先行词作用”的某个词（触发词）。联想回指分为上下义回指和关联回指[28]。

“时间顺序原则”是认知语法中的一个重要原则。有学者利用这一原则对“动词+复合趋向动词”带宾语的四种句式进行了分析：A. VC_1C_2O（拿出来一张纸）B. VC_1OC_2（走出一个人来）C. VOC_1C_2（带一个人过去）D. 把 OVC_1C_2（把书包放下去）。文章认为这四种句式反映出不同的认知方式，是不同的时间序列在汉语中的反映，并从共时和历时两个方面证明了它们都遵循“时间顺序原则”。具体说来，A式是“总括扫描”，C式是“次第扫描”，B式和D式既有“总括扫描”，也有“次第扫描”[29]。有学者研究发现连动式是以时序原则为结构规则的结构形式，各种类型的成员分别是先后顺序关系在概念层面、逻辑层面和认知层面等不同隐喻层面上操作的结果，连动结构内部是不同质的[30]。有学者由时序原则进一步提出了“预想论”，认为汉语句子中枢谓词之前的周边角色是预想的，而中枢谓词之后的周边角色是未预想的。如：

（1）人来了。（“人”在谓语动词“来”之前，表示此“人”是事先想到的）

（2）来人了。（“人”在谓语动词“来”之后，表示此“人”是未曾想到的）[31]。

代词方面，有学者指出，代词是一个语篇级阶上的语法范畴，其语义功能是信息性或新闻性，包括已知性和非已知性，从而在语篇过程中产生衔接和连贯关系。而在功能上大致对应的名词，动词，数量词，形容词和副词等则是句子级阶上的范畴，是建构句子意义的基本要素[32]。有学者发现，现代汉语口语中常在主语位置出现一个“他”以指称其前出现的话题成分，这样的“他”在很多情况下是一个单纯的主语占位成分，可以称为“傀儡主语”。傀儡主语在口语中的广泛使用表明：汉语口语中主语与话题的区分比起书面语来更为清晰，话题结构在口语中使用更广泛，主语在口语中具有更强的结构上的凸显性和必要性[33]。另有学者对“另外”、“其他”、“其余”、“旁（的）”等旁指代词进行了专门研究，讨论了旁指代词的范围意义[34]及其在信息传递中的作用[35]。

量词方面，有学者研究了“是”字句宾语中“（一）个”的隐现问题，发现：当宾位成分代表旧信息时，“（一）个”的隐现是不自由的，发话人一般采用“是NP”的格式；当宾位成分代表新信息时，“（一）个”的隐现则比较自由，以“是（一）个NP”的格式居多，但也不排斥“是NP”的格式。“是”字句宾语中“（一）个”的自由隐现与非自由隐现并存的现象是“一个”尚未彻底语法化的具体表现[36]。有学者在焦点理论的框架下讨论了北京话“一+名”结构和普通话中两类数量结构——“量+名”和“数+量+名”在语用功能上的差异。文章指出，“一+名”结构因为韵律机制的作用，能够排除数量成分的干扰，只有结构中的名词能够成为信息焦点。同时“一+名”结构排斥对比焦点，结构中的名词不能成为对比焦点，而“数+量+名”结构却不能排除数量成分的干扰，数量成分有可能成为信息焦点[37]。

助词方面，有学者研究发现，句尾“了”将来时间用法的发展分两个阶段：（1）由现在完成体、过去完成体发展为将来完成体（含即将发生）；（2）将来完成体的时间副词由可隐可现发展为无需出现。无需时间副词出现的四种语境是“报”、“告别”、“应答”、“催促”[38]。另有学者尝试从语法化和语言类型学的角度解释汉语体标记“了、着”在形态和使用上的某些特征。初步结论是：（1）汉语体标记“了、着”之所以不能强制性使用，是因为汉语的完成体和进行体不是强制性范畴；（2）体标记“了、着”既非词缀也非语法词，而是一种附着词；（3）汉语的完成体和进行体是语法化程度较低的语法范畴[39]。有学者发现介词能否带“着”具有差异性，带“着”与不带“着”的介词在意义、用法上也有所区别，因此认为不能把“着”视为已经失去动态意义的构词成分，而应该把可带“着”的介词视为动介兼类词[40]。

连词方面，有学者考察了现代汉语的连词或连词化了的词联系项的多种联系功能，发现：连词存在着一个虚化度等级；连接与转折之间有蕴含关系，连词是否虚化出转折功能，对许多语言现象都有重大影响；短语层面上的结构化使得许多非连词有了连词化倾向[41]。并列连词“和”“与”“并”都可以连接动词性成分，“和”“与”“而”都可以连接形容词性成分，但它们在句法位置的分布上显现出差异，这种差异可以从“表述功能”得到合理的解释：“和”“与”连接的并列结构是指称性的，“并”“而”连接的并列结构是陈述性的[42]。

“觉得”、“想”、“认为”这类动词被称为认证义动词。有学者认为认证义动词虚化的起点是“去范畴化”，句法方面表现为谓宾动词句法特征的衰减，语义方面表现为由客观表达变为主观表达。而虚化的程度与认证义动词自身的控制度密切相关，控制度较强的动词虚化程度低，控制度较弱的动词虚化程度高，体验类（看见）、认识类（明白）、知识类（知道）、评价类（觉得）认证义动词的控制度依次减弱，虚化程度依次增强，其中表评价意义的认证义动词控制程度最弱，虚化为表达说话人视角和态度的语用标记[43]。有学者指出，表“观察义”的“我看”与“你看”发展为表“认知义”，再发展成“话语标记”，这是一个主观性增强的过程。当它们后带时体成分时多表示“观察义”，带小句宾语时常表“认知义”，“认知义”的进一步虚化使得“我看”与“你看”成为“话语标记”[44]。

另外，结合留学生汉语习得中的偏误进行研究是今年语法研究中的一个新特点。学者们分别就介词[45]、“离合词”[46]、“没有”[47]、“不”[48]、“了”[49]、焦点[50]等习得中的偏误进行了研究。

（四）语义研究

语义指向方面，有学者研究了形容词的语义指向问题，把形容词分为表物（如“大”、“热”）和表行（如“早”、“慢”）两类，前者多做定语，后者多做状语和补语，此时语义指向其修饰的中心语，如果前者做了状语或补语，后者做了定语，语义就指向非中心语成分，如“伙计又在油饼上厚厚地撒上一层芝麻”中，“厚厚”的语义指向的是“芝麻”而不是“撒”。类似这样的现象称为句法异位，作者分析了句法异位的语用动机：（1）恒久与临时，定语所表达的性状比状语所表达的性状久长；（2）有意与无意，状语位的性状带有较大的意愿性，补语位的性状意愿性最弱，而定语位的性状则呈现出中性，如“孩子深深地在沙滩上挖了一个坑”比“孩子在沙滩上挖了一个深深的坑”的意愿性大；（3）主观与客观，状语是说话人表现主观性的句法手段之一，如：“主人浓浓地沏了一杯咖啡”比“主人沏了一杯浓浓的咖啡”主观性强[51]。另外，有学者用移位理论探寻了“在＋处所”语义指向较为复杂的原因，认为“在＋处所”的语义后指、多指现象的产生主要是因为“在＋处所”的向前移位[52]。有学者用语义指向分析和语义特征分析，考察了汉语动结式在入句前的内部语义关系和入句后与前后名词性成分所形成的外部语义关系[53]。

结构语义方面，有学者发现，由“一N比一N＋VP”结构充当谓语部分的递及比较句规约意义是表示程度的累进，蕴含意义是表示周遍。“一N”指代的对象呈现为一个程度递增的线型有序序列，如果“一N”指代的对象具有时间性数量特征，由于时间一维线性不可逆的特点，“一N”指代的对象一定可以呈现为一个线型有序序列，递及比较句激活的是规约意义；如果“一N”指代的对象只具有离散性数量特征，不具有时间性特征，递及比较句的强势意义是激活蕴含意义，即表示周遍[54]。有学者认为，动词重叠的语义包括四方面意思：（1）动词重叠属事件范畴，而不属动作范畴；（2）动词重叠表示事件持续的具体时间量；（3）动词重叠表示事件有终点；（4）动词重叠表示事件是可控的[55]。有学者根据动结式的语义关系对动结式论元结构整合的影响，提出了动结式论元结构整合过程中所遵循的界限原则：由于受动结式语义关系的制约，述语动词和补语动词之间似乎存在着一个句法界限，限制着动结式整合过程中底层论元的提升方式和提升上来后的论元性质、结构位置及同指论元的叠合方向[56]。

有学者考察了名词、动词的典型性对其构成定中“V双＋N双”结构的影响。制约名词构成定中“V双＋N双”的典型性因素有：生命度、具体度、个体度、自足度，制约动词构成定中“V双+N双”的典型性因素有：及物性、变化性、有界性、动作性[57]。制约受事宾语典型性强弱的因素很多，而动词的制约是其中很重要的一个方面，具体表现在动性程度的高低和动词在口语或语篇中出现频率的高低：高频动作动词一定能带典型性强的受事宾语，在某些情况下也可以带典型性较弱的受事宾语；而低频动作动词一般只带典型性强的受事宾语。动性程度高的动词，其宾语的受事性就强；而动性程度不太高的动词，其宾语如果有受事性的话，它的受事性程度也不那么强[58]。

有学者对并列成分中心语的语义相似性进行了定量考察，发现90%的并列结构的并列成分中心语的语义类是相同的，而有10%的并列结构其并列成分中心语的语义类不同。并列成分中心语在绝大多数情况下呈现出语义相似性，少数情况下呈现出语义相关性[59]。

有学者认为“都”主要的语义功能是加合性，即对一组最小事件进行加合操作，从而表示一个复数性的事件；至于“都”字句的总括性意义和分配性意义，都是由“都”的加合性语义功能造成的附带效应[60]。“都”不能约束疑问短语是因为，焦点算子不能约束疑问算子；引出“都”的约束对象的疑问短语只能出现在“都”的右侧、而不能出现在“都”的左侧，是因为疑问代词表示的局部性信息焦点必须在全局性焦点算子“都”的统治域之中[61]。

二、计算语言学

歧义问题是语言学中的一个难点，也是自然语言理解和机器翻译中难以解决的问题。有学者在潜在歧义理论的基础上，分别对汉语中的“v+v”结构[62]和“n+n”结构[63]做了比较全面的研究，重点分析了其中两个动词和名词的语法、语义、语用特性，目的在于找到这种结构产生歧义的原因和消解歧义的策略。

动词对论元的语义选择限制一直是自然语言处理研究领域一个备受关注的问题。有学者选取了现代汉语中46个高频的、可以带体词性宾语的动词，借助知网的名词语义分类体系，基于《人民日报》语料，考察了动词对宾语的语义选择限制，归纳成5种类型：宾语集中于单独的一个语义类；宾语集中于有限的几个语义类；宾语中的绝大部分分布于一个语义类，但在其他语义类中也有零散的分布；宾语中的绝大部分分布于几个语义类，但在其他语义类中也有零散的分布；宾语分散于不同的语义类中[64]。

语料库建设方面，《现代汉语语料库建设及深加工》项目是国家语委十五科研重大项目，2005年3月通过专家鉴定。该语料库以语言文字的信息处理、语言文字规范和标准的制定、语言文字的学术研究、语文教育和语言文字的社会应用为主要服务对象；国家语委现代汉语语料库作为国家级语料库，在语料可靠、标注准确等方面具有权威性，在汉语语料库系统开发技术上具有先进性；国家语委现代汉语语料库面向国内外的长远需要，选材有足够的时间跨度，语料抽样合理、分布均匀、比例适当，能够比较科学地反映现代汉语全貌[65]。语言知识库是自然语言处理系统的重要组成部分，迄今为止的各种知识库重在对实词的句法和语义知识的描述，很少涉及虚词。有学者开始构建现代汉语虚词知识库，包括建立一个基于用法的机器词典，一个与之配套的有虚词用法信息的适当规模的标注语料库，以及虚词使用规则库[66]。

知识本体是概念体系的明确规范。ONTOLM是有关学者为研究日汉机器翻译而设计的一个知识本体，这个知识本体的设计参考了亚里士多德提出的范畴系统，考虑了自然语言处理的人文性，用于同音词的排歧，效果良好。与之相比，词网初始概念的设计缺乏人文性[67]。

三、汉语史

（一）语音研究

近年来汉语音韵研究中出现了一个新的议题，即新世纪汉语音韵研究的思路和框架应该如何调整。有学者认为在汉语史的研究中应引入假设与证明的观念，以汉语语音史的发展为例，探讨了假设如何提出、如何以演绎法证明等问题[68]。有学者分析了王力对谐声材料的处理、汉藏比较研究的现状等，认为在汉语历史音韵学研究中，应该坚持传统与创新的有机联系[69]。有学者重申了检验上古音拟测的标准，认为拟构的音系应该从三方面检讨：能否解释上古音的直接材料，能否说明到中古音的发展演变，能否自成自然音系。据此，文章还对潘悟云在《汉语历史音韵学》中提出的检验标准进行了评论[70]。有学者总结了一套“内部比较法”来拟测上古音值，具体做法是先确定上古声韵的类别，比较上古类别在中古音系中的反映，然后根据语音演变的通则反推上古音值，文章还讨论了该方法与内部拟测法、历史比较法的区别[71]。有学者探讨了胡汉对音材料的重要性，认为辽金元时期为契丹语、女真语、蒙古语做汉文标音的基础是“汉儿言语”，而该系统反映出的特征与《中原音韵》系统比较一致，从而可以利用这一材料对胡汉双方的研究提供新的证据[72]。

音韵研究中对“谐声”与古音的关系十分重视，学者们从不同角度来探讨其中的复杂关系，并在具体实践中检验其作用。有学者探讨了“谐声”材料的复杂情况，认为谐声并不是简单地反映出语音上的连接，要仔细加以鉴别才能应用于古音的研究[73]。有学者以与明母谐声的晓母字的语音演变为基础，提出上古汉语中该类字不应重构为复辅音，论述了如何综合利用谐声在内的联绵词、通假等上古材料来重建上古音[74]。有学者根据战国楚简和传世文献中的材料研究了以母的来源问题，认为以母以及和以母谐声的各种声母早期源头是复辅音，再加上谐声材料，文章提出以母字的上古音可重构为 * ql -，其他和以母谐声的声母则为其他小舌音与 - l - 的组合[75]。有学者根据汉语谐声证据以及同藏语的比较来探讨与中古汉语精母谐声的不同系列的上古音来源，文章认为汉语古音重构直接以藏语的读法为依据并不适宜[76]。

（二）语法研究

在汉语语法史研究中，有学者总结概括了当前国内外语法化研究的动向，认为以汉语为对象的相关研究在以下领域很有潜力可挖：结构式（construction）语法化现象、语法化模式、话语标记的语法化过程、与语法化相关的汉语语义演变研究[77]。有学者通过研究“VP 的好”句式的来源，认为该句式应分为两类，分别来自不同的结构式，文章还从句法功能的降位、语义的主观化和结构的紧缩等方面分析了该句式形成、发展的过程[78]。有学者研究了动结式早期形式的表现，通过对其语义与句法匹配的分析，认为早期动结式补语位置上的主要成分兼有“动作”和“性状”两种语义特征，而在随后的演变中，“性状”特征逐渐凸现，因此，文章提出以“性状”语义特征的凸现作为早期动结式的标准[79]。有学者再次分析了处置式产生初期的两种类型：“以”字处置式和“取”字处置式，分析了二者产生的途径[80]。有学者再次论证了汉语介词“于”的起源问题，认为起源于共同汉藏语的说法不可信，而是从汉语动词自身通过语法化过程形成的[81]。有学者考察了汉语比较句在历史文献和共时地理上的分布，并进一步比较二者，对二者的不一致作了一定的解释[82]。有学者通过比照上古词汇与中古词汇发现，中古汉语词汇系统出现了“呈现”式的剧变，也就是很多早期隐含在词语中的概念得到分离，主要有修饰成分之于中心成分，对象之于动作或相反，动作之于结果等，这一调整同时还影响到了汉语语法结构的模式[83]。有学者运用语义特征法分析了汉语中 $V_1 + V_2 + O$ 向 $V + C + O$ 的演变，认为其演变关键是第二个动词的功能变化，因此，只有当上古的“结果自足动词”出现在该位置时才标志着 $V + C + O$ 结构成为可能[84]。

有学者以专著的形式对近代汉语副词做了系统研究，从副词的性质出发，介绍了近代汉语副词的概貌，梳理了副词分类的原则，并作了此类的重新划分，对近代汉语副词的结构形式和来源也作了仔细探讨，提出了副词虚化机制等理论思考，还重点论述了近代汉语副词的组合功能及其发展，以典型个案分析加总体描述的方式透析了近代汉语副词系统的面貌及其中的理论蕴含[85]。

四、方言

本年度很多研究注重将方言的形成放到语言接触的背景下考虑。有学者研究了民族语言在和汉语的接触如何影响汉语发展，概括出两种方式：（1）汉语民族方言通过母语干扰系统地影响汉语，形成新汉语方言；（2）汉语民族方言通过母语转换变成汉语方言。“对话状态”是认识这两种方式的关键，汉族说民族语言和民族说汉语是不同的对话状态。文章还进一步认为通常所说的混合语其实可以根据对应语素的有阶分布来确定其早期对话状态，并最终判定其形成方式[86]。有学者以专著形式记录了湖南城步的青衣苗人话，分析了其音韵源流和语法现象，并将之与临近的汉语方言以及苗语作了比较，认为该语言是一种苗语母语者转换汉语而形成的一种汉语方言[87]。

方言分区的理论与具体操作仍是方言研究的一个重心所在。有学者提出语义创新可以用来衡量语言之间的亲缘关系远近，根据汉语史上基本的语义创新，文章尝试以汉语方言为对象来探讨如何运用语义创新来得到反映语言亲缘关系的树图，该研究运用了数理分析程序来做量化处理，试图实现语言与电脑遗传程序的结合[88]。有学者对方言分区的理论前提做了重新考量，认为方言分区应该分解为划类和鉴别两个不同的步骤，先提出典型方言区，然后通过鉴别对剩余方言作适当归类，最后剩下的非典型方言应归为方言过渡区或混合区的范畴[89]。有学者根据近期东北官话的研究成果，并考虑地理因素对东北官话分区作了新的认定、调整[90]。有学者讨论了徽语的共同特点，提出 12 条共同的语音特征来界定徽语，也讨论了其内部的差别，进而将其分为 5 个方言片[91]。

以语言类型学的理念来研究汉语方言问题越来越受到重视，近年来此类文章增多，但其深度仍有待于加强。有学者描写分析了崇明吴语的指示词系统，在对其纷繁复杂的指示词的语义和用法进行梳理的基础上，讨论了其中可能反映的语言共性：语音像似性，处所指示取代普通指示，不同范畴指示词的等级系列，从指示词到定冠词的语法化[92]。有学者从语序问题着手，认为不应该简单地断定何种序列为语言共性，不应该简单地将某种语序与某种认知心理直接挂钩，应该从历史演变的视角分析语序中“多”与“少”之间的转换[93]。

方言地理学在新世纪的方言研究领域逐渐凸现其重要性。有学者以专著的形式全面探讨了汉语方言地理学，根据汉语方言的实践，系统地展示了方言地理学理论与汉语方言研究结合的前景，该书不仅详细描述了方言地图绘制的基本要点，还提供了大量一手的汉语方言地图，据此，作者还讨论了同言线的意义、创新和存古的运用，并进一步探讨了方言地理学视野下的方言分区方法与实践[94]。

还有一些方言语音和语法方面的具体研究。有学者分析了厦门话［bgl］声母的声学特征，认为它们不是普通的浊塞音和边音，而是带有鼻冠性质的声母[95]。有学者从比较语言学的角度研究了徽语中长元音韵母的性质和来源，认为可能反映了南方方言的一种特殊韵母结构[96]。有学者分析了晋东南方言中入声的演变情况，发现其演化过程是各自独立进行的，由于受其他方言的影响而形成了不同层次[97]。有学者考察了北京话“给”字被动句的使用情况，量化了该句式在当代北京话的地位，文章还探讨了其历史演变过程，提出其介词用法是在助词用法的引导下产生被动用法的[98]。有学者探讨了粤语中的能性述补结构“Neg－V得OC/CO”的来源，认为该结构是粤语中类推出的一种新结构，文章还讨论了该结构中粤语区别于其他方言的特性[99]。

五、民族语言

语言接触仍是民族语言研究的重点。有学者研究了小陂流苗语受汉语影响的演变情形，通过分析其共时表现以及与其他苗语的比较，揭示出汉语对小陂流苗语的影响已经进入语言的核心部分，无论从词汇，还是句法、语音上看，趋同于汉语的倾向十分明显，文章归纳出并用、竞争、弱化、泛化等语言接触中的特征[100]。有学者认为，早期关于白语系属众说纷纭，汉白接触是最直接的原因，而解决该问题的症结在于两点：汉藏语系层级分类系统尚未成熟；白语自身的演变还没有通过其方言比较展现出来。白语研究的当务之急是原始白语的重构工作[101]。有学者探讨了汉语和韩语之间长期接触对韩语发展的影响，造成了中世纪韩语书面语中声调对立的产生，并进而发展为现代韩语中长短音的对立[102]。有学者探讨了语言接触对苗瑶语语序类型的干扰，认为汉语语序类型正在同化苗瑶语[103]。

在民族语法研究方面，学者们开始注意到研究框架的重要性，不过，对具体语言的某个语法现象进行分析仍占主体地位。有学者系统分析介绍了国际上田野语言分析描写语法的主流倾向，总结概括了基本的语料记录格式和规范，并提供了形态学和句法学上经常用到的一些术语和缩写形式[104]。有学者则探讨了如何研究形容词及形容词短语的理论和操作框架，文章从跨语言的角度提出应从语言共性与类型差异两个角度来认识形容词的词类属性，试图建立起适用性广泛的研究框架[105]。有学者研究了藏语拉萨话中动词的体貌范畴及其句法标记，认为拉萨话中有九类动词体：将行体、即行体、待行体、实现体、持续体、结果体、方过体、已行体、与境体。文章还讨论了拉萨话动词的四类示证性：自知、亲知、新知和推知。并探讨了句法上动词的体貌系统与人称、情态等的相互关系[106]。有学者分析了凉山彝语的差比句，从结构类型、组成成分、比较基准与标记的关系三个方面作了探讨，认为基本符合SOV型语言的特性[107]。有学者分析了白语大理方言中的话题结构，详细探讨了话题在处置式、疑问句、否定句等情况下的表现，并进而认为该白语方言的基本语序是SVO[108]。有学者分析了一些现代孟高棉语的人称代词形式，认为语音屈折是其主要语法手段，并有共同源头[109]。有学者以生成句法理论来分析了维吾尔等语言的一些句法结构，认为该理论框架能解决突厥语句法研究中迄今未解决的问题[110]。有学者研究了一些藏缅语言中的强调式施动句，区分了该句式与汉语等语言中被动式的不同特征，并总结该句式产生的原因是由于这些语言的句法以谓语为中心，施受关系受关注等特点[111]。有学者研究了凉山彝语中被动意义的表达方式，认为按照被动范畴的严格定义来看，凉山彝语并不存在该语法范畴，常被误解为被动表达的声调屈折只是显示动词与名词性成分间的不同关系[112]。有学者研究了哈尼语中的宾格助词，发现宾语是否带宾格助词取决于以下要素：宾语的生命度、主语和宾语的语义关系、谓语的语义、句子类型和长度等[113]。

汉藏语言中的量词研究在这一年比较集中，学者们从多角度、多语言材料等方面展示了这一专题研究的潜力。有学者运用认知语言学典型范畴理论，研究了藏缅语数量短语中“数”与“量”的顺序问题，认为早期的顺序量词在先，后来才产生数词在先的顺序⑭。有学者研究了壮语量词的词头化问题，提出壮语量词在发展过程中分化出两类量词和词头成分，后者不是量词兼类⑮。有学者对羌语的名量词进行了多层面的描写和分析，刻画了羌语名量词的特性，还讨论了名量词的多源性⑯。在一本专题论文集中，学者们从类型学角度，从内部描写的角度以及将民族语和汉语对比的角度对汉藏系语言中量词的性质及其在语言演化中发展的机制作了比较深入的探讨⑰。

对民族语文献方面的研究也很受重视。有学者通过分析文献中所记载的契丹语言来探讨历史上回鹘语文对契丹的影响，包括契丹小字的创制以及契丹语从回鹘语言中的借贷⑱。有学者以全文解读和注释的方式发表了西夏文译本《摩诃盘若波罗蜜心经》，根据其中一些藏式佛教用语，判断其原本应该为某个藏文佛经本，文章还探讨了《心经》的版本等问题⑲。有学者根据《辽史》对契丹人名的记载，分析发现其人名词尾可以重构为＊gin或＊rin，再进一步根据文献中反映的表音汉字对音规律与阿尔泰系语言比较，考证出该词尾的意思⑳。有学者根据回鹘文献语言记载，分析了其动词的语态，认为单纯语态包括主动态、被动态、使动态、反身态和共同态；而在此基础上的复合态则有11种㉑。有学者对东巴文的“邛笼”进行了考证，认为其字源是古羌语，文章从纳西语和羌语的比较、纳西地名的文化蕴含等角度论述了该东巴文的原型应为“邛笼（碉堡）”㉒。有学者对敦煌出土的回鹘文《大乘无量寿经》残页做了拉丁字母转写，并作了汉语翻译和注释，还对残页的年代、版本等问题作了探讨㉓。有学者考察了汉语记录中表“茶”义的“槚”和“皋卢”，认为根据文献记载中的地理分布等，再加上现代南方民族语言中与之相应的词语，可以得出二者的源头应该在古南方侗台民族㉔。

（作者：宋作艳，北京大学博士研究生；
汪锋，北京大学博士后；
陈保亚，北京大学教授）

注：

①陈玉东：《小句焦点的韵律结构类型及其变化》，《语言学论丛》第31辑，商务印书馆，2005年。

②熊子瑜：《自然语句边界的韵律特征及其交际功能》，《语言文字应用》，2005年第2期。

③胡方：《普通话疑问词韵律的语音学分析》，《中国语文》，2005年第3期。

④陈玉东：《汉语普通话上声重音的音高组合方式》，《语言科学》，2005年第4期。

⑤凌锋：《普通话上声强重音的声学表现》，《语言学论丛》第31辑，商务印书馆，2005年。

⑥宋作艳：《控制“一”变调的相关因素分析》，《汉语学习》，2005年第1期。

⑦李晓庆：《一致性重读在口语语篇临场加工中的作用》，《语言科学》，2005年第5期。

⑧李爱军：《友好语音的声学分析》，《中国语文》，2005年第5期。

⑨陈保亚：《再论平行周遍原则和不规则字组的判定》，《汉语学习》，2005年第1期。

⑩朱彦：《复合词语义的曲折性及其与短语的划分》，《世界汉语教学》，2005年第1期。

⑪董秀芳：《汉语词缀的性质与汉语词法特点》，《汉语学习》，2005年第6期。

⑫王洪君：《富丽，试论现代汉语的类词缀》，《语言科学》，2005年第5期。

⑬⑭王洪君：《动物、身体两义场单字组构两字的结构模式》，《语言研究》，2005年第1期。

⑮邹玉华、马广斌等：《关于汉语中使用字母词的语言态度的调查》，《语言教学与研》，2005年第4期。

⑯关润芝、杨建国：《字母词语块中“标点”的使用状况考察》，《语言文字应用》，2005年第1期。

⑰杨建国、郑泽之：《汉语文本中字母词语的使用与规范探讨》，《语言文字应用》，2005年第1期。

⑱郑泽之、张普：《字母词语自动提取的几点分析》，《语言文字应用》，2005年第1期。

⑲陈一：《句类与词语同现关系刍议》，《中国语文》，2005年第2期。

⑳李京廉、刘娟：《汉语的限定与非限定研究》，《汉语学习》，2005年第1期。

㉑吕云生：《有关“施事后置”及“非宾格假说”的几个问题》，《语言科学》，2005年第5期。

㉒曹宏：《论中动句的语义表达特点》，《中国语文》，2005年第3期。

㉓曹宏：《中动句的语用特点及教学建议》，《汉语学习》，2005年第5期。

㉔张旺熹：《连字句的序位框架及其对条件成分的映现》，《汉语学习》，2005年第2期。

㉕刘丹青：《作为典型构式句的非典型“连”字句》，《语言教学与研究》，2005年第4期。

㉖唐翠菊：《从及物性角度看汉语无定主语句》，《语言教学与研究》，2005年第3期。

㉗高增霞：《从非句化角度看汉语的小句整合》，《中国语文》，2005年第2期。

㉘徐纠纠：《现代汉语联想回指分析》，《中国语文》，2005年第3期。

㉙杨德峰：《“时间顺序原则”与“动词+复合趋向动词”带宾语形成的句式》，《世界汉语教学》，2005年第3期。

㉚高增霞：《连动结构的隐喻层面》，《世界汉语教学》，2005年第1期。

㉛鲁川：《“预想论”：现代汉语顺序的认知研究》，《世界汉语教学》，2005年第1期。

㉜彭宣维：《代词的语篇语法属性、范围及其语义功能分类》，《语言教学与研究》，2005年第1期。

㉝董秀芳：《现代汉语口语中的傀儡主语“他”》，《语言教学与研究》，2005年第5期。

㉞彭爽、金晓艳：《旁指参照点的先后在信息传递中的作用》，《语言文字应用》，2005年第3期。

㉟彭爽：《旁指代词的范围意义考察》，《汉语学习》，2005年第3期。

㊱唐翠菊：《“是”字句宾语中“（一）个”的隐现问题》，《世界汉语教学》，2005年第3期。

㊲周韧：《焦点理论下的北京话“一+名”格式分析》，《汉语学习》，2005年第5期。

㊳陈前瑞：《句尾“了”将来时间用法的发展》，《语言教学与研究》，2005年第1期。

㊴吴福祥：《汉语体标记“了、着”为什么不能强制性使用》，《当代语言学》，2005年第3期。

㊵尚平：《“介词+着”现象考察》，《语言文字应用》，2005年第1期。

㊶刘贤俊：《现代汉语连词联系项的多能性》，《世界汉语教学》，2005年第4期。

㊷吴云芳：《“和”“与”“并”“而”连接谓词性成分时的区别》，《语文研究》，2005年第1期。

㊸方梅：《认证义谓语动词的虚化》，《中国语文》，2005年第6期。

㊹曾立英：《“我看”与“你看”的主观化》，《汉语学习》，2005年第2期。

㊺崔希亮：《欧美学生汉语介词习得的特点及偏误分析》，《世界汉语教学》，2005年第3期。

㊻王瑞敏：《留学生汉语离合词使用偏误的分析》，《语言文字应用》，2005年第1期。

㊼袁毓林：《试析中介语中跟“没有”相关的偏误》，《世界汉语教学》，2005年第2期。

㊽袁毓林：《试析中介语中跟“不”相关的偏误》，《语言教学与研究》，2005年第6期。

㊾崔立斌：《韩国学生对“了”的误用及其原因》，《语言文字应用》，2005年第1期。

㊿赵清永、孙刚：《汉语焦点理论及其在对外汉语教学上的应用》，《语言文字应用》，2005年第1期。

51张国宪：《性状的语义指向规则及句法异位的语用动机》，《中国语文》，2005年第1期。

52李炜东、胡秀梅：《“在+处所”的语义指向分析》，《语言文字应用》，2005年第1期。

53黄晓琴：《动结式的语义关系与句式变换》，《语言文字应用》，2005年第1期。

54刘长征：《递及比较句的语义理解及制约因素》，《汉语学习》，2005年第2期。

55陈立民：《论动词重叠的语法意义》，《中国语文》，2005年第2期。

56施春宏：《动结式论元结构的整合过程及相关问题》，《世界汉语教学》，2005年第1期。

57李晋霞：《论典型性对定中“V双+N双”结构构成的影响》，《语言研究》，2005年第4期。

58张云秋：《动词对受事宾语典型性强弱的制约》，《汉语学习》，2005年第2期。

59吴云芳：《并列成分中心语语义相似性考察》，《当代语言学》，2005年第4期。

60袁毓林：《“都”的加合性语义功能及其分配性效应》，《当代语言学》，2005年第4期。

61袁毓林：《“都”的语义功能和关联方向新解》，《中国语文》，2005年第2期。

62杨泉、冯志伟：《面向中文信息处理的现代汉语“v+v”结构歧义问题研究》，《语言文字应用》，2005年第1期。

63杨泉、冯志伟：《机用现代汉语“n+n”结构歧义研究》，《语言研究》，2005年第4期。

64吴云芳、段慧明、俞士汶：《动词对宾语的语义选择限制》，《语言文字应用》，2005年第2期。

65靳光瑾、肖航等：《现代汉语语料库建设及深加工》，《语言文字应用》，2005年第2期。

66刘云、俞士汶等：《现代汉语虚词知识库的建设》，《语言文字应用》，2005年第1期。

67冯志伟：《从知识本体谈自然语言处理的人文性》，《语言文字应用》，2005年第4期。

68麦耘：《汉语史研究中的假设语证明——试论一个学术观念问题》，《语言研究》，2005年第2期。

69周守晋：《汉语历史音韵研究之辨伪与求真》，《古汉语研究》，2005年第2期。

70孙玉文：《上古音构拟的检验标准问题》，《语言学论丛》第31辑，商务印书馆，2005年。

⑪赵彤：《上古音研究中的“内部比较法”》，《语文研究》，2005年第2期。

⑫孙伯君：《胡汉队音和北方汉语》，《语言研究》，2005年第1期。

⑬黄易青：《论“谐声”的鉴别及声符的历史音变》，《古汉语研究》，2005年第3期。

⑭孙玉文：《试论跟明母谐声的晓母字的语音演变（一）》，《古汉语研究》，2005年第1期。

⑮赵彤：《以母的上古来源及相关问题》，《语言研究》，2005年第4期。

⑯吴安其：《精母的谐声和拟音》，《民族语文》，2005年第1期。

⑰吴福祥：《汉语语法化研究的当前课题》，《语言科学》，2005年第2期。

⑱江蓝生：《VP的好句式的两个来源——兼谈结构的语法化》，《中国语文》，2005年第5期。

⑲胡敕瑞：《动结式的早期形式及其判定标准》，《中国语文》，2005年第3期。

⑳曹广顺、龙国富：《再谈中古汉语处置式》，《中国语文》，2005年第4期。

㉑郭锡良：《汉语介词“于”起源于汉藏语说商榷》，《中国语文》，2005年第4期。

㉒张赪：《从汉语比较句看历时演变与共时地理分布的关系》，《语文研究》，2005年第1期。

㉓胡敕瑞：《从隐含到呈现（上）——试论中古词汇的一个本质变化》，《语言学论丛》第31辑，商务印书馆，2005年。

㉔杨荣祥：《语义特征分析在语法史研究中的作用》，《北京大学学报》，2005年第2期。

㉕杨荣祥：《近代汉语副词研究》，商务印书馆，2005年。

㉖陈保亚：《语言接触导致汉语方言分化的两种方式》，《北京大学学报》，2005年第2期。

㉗李蓝：《湖南城步青衣苗人话》，中国社会科学出版社，2005年。

㉘汪锋、王士元：《语义创新与方言的亲缘关系》，《方言》，2005年第2期。

㉙李小凡：《汉语方言分区方法再认识》，《方言》，2005年第4期。

㉚张志敏：《东北官话的分区（稿）》，《方言》，2005年第2期。

㉛赵日新：《徽语的特点和分区》，《方言》，2005年第3期。

㉜刘丹青、刘海燕：《崇明方言的指示词——繁复的系统及其背后的语言共性》，《方言》，2005年第1期。

㉝姚振武：《从语序问题看语法事实中的“优先序列”》，《古汉语研究》，2005年第2期。

㉞项梦冰、曹晖：《汉语方言地理学——入门与实践》，中国文史出版社，2005年。

㉟胡方：《论厦门话［$^{m}b^{N}g^{n}d$］声母的声学特性及其他》，《方言》，2005年第1期。

㊱赵日新：《徽语的长元音》，《中国语文》2005年第1期。

㊲沈明：《晋东南晋语入声调的演变》，《语文研究》，2005年第4期。

㊳李宇明、陈前瑞：《北京话“给”字被动句的地位及其历史发展》，《方言》，2005年第4期。

㊴吴福祥：《粤语能性述补结构“Neg－V得OC/CO”的来源》，《方言》，2005年第4期。

⑩⓪戴庆厦、杨再彪、余金枝：《语言接触与语言演变——小陂流苗语为例》，《语言科学》，2005年第4期。

⑩①Wang, Feng. On the genetic position of the Bai language. Cahiers de Linguistique－Asie Orientale. Vol. 34：101—127.

⑩②申东月：《汉韩语言接触对韩语语音发展的影响》，《民族语文》，2005年第6期。

⑩③李云兵：《论语言接触对苗瑶语语序类型的影响》，《民族语文》，2005年第3期。

⑩④黄成龙：《语法描写框架及术语的标记》，《民族语文》，2005年第3期。

⑩⑤刘丹青：《形容词和形容词短语的研究框架》，《民族语文》，2005年第5期。

⑩⑥江荻：《藏语拉萨话的体貌、示证及自我中心范畴》，《语言科学》，2005年第1期。

⑩⑦胡素华：《凉山彝语的差比句》，《民族语文》，2005年第5期。

⑩⑧赵燕珍、李云兵：《论白语的话题结构与基本语序类型》，《民族语文》，2005年第6期。

⑩⑨陈国庆：《孟高棉语人称代词的形态特征》，《民族语文》，2005年第6期。

⑪⓪力提甫·托乎提：《生成语法框架内的维吾尔语句法》，《民族语文》，2005年第6期。

⑪①戴庆厦：《藏缅语的强调式施动句——兼与汉语被动句对比》，《语言研究》，2005年第3期。

⑪②胡素华：《凉山彝语被动义的表达方式》，《语言研究》，2005年第4期。

⑪③李泽然：《哈尼语的宾语助词》，《语言研

究》，2005年第3期。

⑭杨将领：《藏缅语数量短语的演变机制》，《民族语文》，2005年第3期。

⑮覃晓航：《关于壮语量词的词头化》，《民族语文》，2005年第3期。

⑯黄成龙：《羌语的名量词》，《民族语文》，2005年第5期。

⑰李锦芳编：《汉藏语系量词研究》，中央民族大学出版社，2005年。

⑱杨富学：《回鹘语文对契丹的影响》，《民族语文》，2005年第1期。

⑲聂鸿音：《西夏文藏传〈般若心经〉研究》，《民族语文》，2005年第2期。

⑳孙伯君：《契丹语词缀＊－gin/＊－rin及其他》，《民族语文》，2005年第2期。

㉑赵永红：《回鹘文献语言动词的语态范畴及其特点》，《民族语文》，2005年第2期。

㉒木仕华：《东巴文为邛笼考》，《民族语文》，2005年第4期。

㉓张铁山：《敦煌出土回鹘问〈大乘无量寿经〉残页研究》，《民族语文》，2005年第5期。

㉔李锦芳：《“茶”称“槚”、“皋卢”语源考》，《古汉语研究》，2005年第3期。

英语语言学

王逢鑫

普通语言学是研究语言本质以及语言普遍现象的语言学分支。它的研究范畴以语言学本体为主，以传统语言学和交叉应用学科为辅。刘振聪认为普通语言学的主要发展趋势是反映语言学思潮，体现最新研究成果；传统语言学的分量越来越小，而交叉应用学科分量越来越大；与其他学科交叉融合，研究方法多样；多个作者合作出书①。

“元语言”分为逻辑学的元语言和语言学的元语言。语言学家对元语言的性质、层次和功能的研究还不够深入。封宗信认为元语言具有符号学特征，是语言学家描述和解释语言的工具，也是普通人们在语言交际过程中确认和解释语码的重要手段。在外语教学中，元语言具有既普通又专业的双重性质，它既是语言教学的工具，又是知识和能力②。封认为应积极培养学生的元语言意识，充分发挥元语言对学生综合语言能力的影响功能③。

20世纪30—40年代，美国语言学家萨丕尔和沃尔夫提出假说，其强式为语言决定论，认为语言决定思维；其弱式为语言相对论，认为思维相对于语言而存在。对语言相对论评述多，实证研究少。80—90年代以来，西方研究者崇尚实证，在“即时思维”、名词语法性、名词数标记认知、空间方位、英汉时空隐喻词等方面进行研究。杨朝春认为这些研究方法严谨，实验设计合理，但是缺乏系统性④。

德国语言学家洪堡特是人类语言学的先行者。他从哲学、历史、社会、文化、民族和语言等多视角进行研究。他较早地采用“田野工作”方法，通过实证获得巴斯克民族语言的第一手材料。他还探讨印第安语言，提出“语言世界观”，影响了美国语言学家博厄斯、萨丕尔和沃尔夫等人。姚小平认为洪堡特的最可贵之处在于看重民族文化和语言的相对价值，追求大同而又不忽略个性的差异⑤。

21世纪以来，理论语言学的范式变化、人类语言学研究的最新发现、大脑与语言研究中的“认知革命”，扩展了语言学研究的领域。范畴化与科学实证主义和科学伪证主义的方法论有着密切关系。范畴化概念和原则作为科学方法论的基础，在科学研究中受到重视。杨永林、庄元莉指出应大力开展范畴化研究，推动语言学理论研究⑥。

认知语言学的核心内容之一是“体验性假说”，认为“人的身体的、认知的及社会的体验是形成概念系统及语言系统的基础”。李福印以我国研究生撰写的关于“思想”的短文为语料，分析“思想”的各种隐喻模式，验证“体验性假说”。他的结论是：“思想”是具体事物；“心”和“脑”都是思维器官和“思想”的容器。但是“心”更为典型。他发现：西方文化中的“心智是身体”的隐喻系统也存在于汉语中，但它只是“思想是具体事物”隐喻系统的一种表现⑦。

文学语体和非文学语体的区别表现为语言的语法结构、音位结构、词汇语言结构等方面的前景化的用法不同，还在于本义的语言用法和比喻的语言用法不同。刘世生认为根据语篇体裁和分析目的不同，可以从词汇层面、句法层面、词义结构方式、语境因素、比喻用法、原文改写等角度分析文学语体，以及非文学语体中的文学特点⑧。

回答在政治修辞中占有重要地位。政治家们对问题通常采取闪避回答的方式。闪避回答分为明示闪避和暗示闪避。庞建荣、周流溪从语义—结构观和功能观对闪避回答进行分类和解释，认为这两种方法在解释力方面都有缺陷⑨。

秦洪武从话语—语用角度研究动词的“体”（aspect），认为体意义不是只由动词的情状类型和视点体决定的，基于感知和理解的时间透视才能揭示体的本质。正是体的时间透视性质使它在话语中承担设景功能。而这种功能通常在词汇体与视点体的选择上表现出来，并可根据时间透视作出统一的解释⑩。

索绪尔的语言思想为动态选择观、系统层次观和多功能符号观提供了内在机制。语篇涉及符号、文化情景和交际认知等三个因素的互动，而符号建构了文化情景，文化情景又触发了交际认知，从而体现了符号的动态表意过程。董敏认为可以把语篇看作是一种调节语言系统、社会文化系统和交际认知系统之间的互动关系的宏观社会符号⑪。

国内学者利用系统功能语法框架进行语篇分析已取得进展。Halliday 认为语篇分析包括对语篇的理解和评价两个层面。还提出语篇分析的三个步骤：分析词汇和语法、在情景语境和文化语境中评论词汇和语法特点，及联系其他社会意义系统进行分析。方琰认为利用“语境—语篇—评论”模式来分析语篇是可行的⑫。

语篇指称的编码与分布问题是指称研究的一个中心问题。王义娜在认知语言学的理论框架内提出语篇指称的概念参照视点模式。在这个框架内，概念参照点是用以与目标实体建立认知联系的凸显参照体，发话人依据目标实体与参照视点之间的距离进行指称词语编码，语篇指称表现是实体可及性与主观视角因素共同制约的结果⑬。

系统功能语法学派将小句看作基本语法单位。程晓堂认为 Halliday 模式小句关系体系中的逻辑—语义关系过于含糊，而且在判断关系类型的标准上存在不一致的现象。程主张用语义关系和修辞关系取而代之。语义关系指小句本身反映的事实或观点之间的关系，如因果、条件和目的等。修辞关系指小句在语篇中所起的功能之间的相互关系，如阐述、延伸、解释、例证、转折等⑭。

情态能表现作者或说话人的评价和态度。情态的诸多表现形式被认为是情态意义的载体，包含了说话人的态度或观点。因此，通过情态分析，可以推断出话语对所描述人物或事件的评价和态度，展示语篇的意识形态意义。李杰认为可以利用功能语言学和批评语言学的观点，来分析话语是怎样通过情态表达来体现意识形态意义的⑮。

20 世纪下半叶出现 Dunkin & Briddle 的一般课堂教学研究模式、Stern 的二语教学模式、王守仁的英语教学交际模式和隋铭才的英语教学后交际模式各有其历史意义。肖礼全在评述上述模式基础上，建议树立教师和学生平等教学主体观；实施实体英语教学和虚拟英语教学双轨制；区分英语教学的形式和内容；教学从重工具内容转向重信息内容；把教学结果分为可评估近期和不可评估远期两类⑯。

过去 30 年间，西方写作理论研究推陈出新。“过程写作”范式经历了表意、认知、社会和话语等四个阶段。后来，“过程写作理论”又发展到“社会认知写作理论”，强调作者、文本和语境三个要素的结合。近年来，中国语境下的英语教学实效性问题引起广泛关注，英语写作教学中的问题凸显。杨永林认为考察西方写作理论的演变，有助于提高我们的英语写作教学水平⑰。

20 世纪，以“刺激—反应”为理论基础形成的行为主义学习理论和以认知理论为基础形成的建构主义学习理论，对外语教学在认识、教学方式和教学内容方面产生了影响。张文霞认为：行为主义学习理论注重可观察到的行为，采用科学方法，依赖实践经验，并强调外部影响及强化作用。建构主义学习理论则注重互动话语和社会文化变项，依靠小组合作，并重视中介语的变化⑱。

听说教学法基于结构主义和行为主义，侧重听和说的能力的训练。其特点为听说领先，兼顾书面语；反复实践，形成习惯；句型为纲，组织教学；趣味性和实用性并重。这种教学模式为“机械性操练—背诵—理解性操练—使用”。罗立胜、董玉真认为目前的听说教学法已在多方面发生了变化。在不断调整和完善的过程中，它将在外语教学改革中发挥更加重要的作用⑲。

外语教育的振兴需要优秀外语教师。吴一安对我国 30 所高校 213 名优秀英语教师进行了调查，并基于调查结果构建了我国高校优秀英语教师的专业素质框架，包括外语学科教学能力、外语教师职业观和职业道德、外语教学观、外语教师学习与发展观等四个方面⑳。周燕对我国高校英语教师发展需求进行了调查。她认为高校英语教师有迫切的自我发展需求，但与外语课堂实际需求之间存在差异。教师普遍认同以学为本的教育理念，而该理念虽与以学为本的教学方法具有统计意义上的相关性，但是他们的课堂实践活动与此理念和方法之间并无显著相关性。教师理念与课堂行为之间的差距，是我国传统外语教师教育课程设置中缺乏学科教学知识和语言学习理论造成的[21]。

教师认知研究把教学看作是一个决策过程。而教师是课堂的决策者和执行者。张莲以定性的优秀外语教师个案为基础，对外语教师课堂决策进行了研究，发现：教师课堂决策的参照系是教师关于外语教学的理论认识、个人信念及一般性假设交织在一起的个人理论；而参照系形成的过程是教师建构和发展个人理论的过程，即教师学会教书、谋求职业成长和发展的过程[22]。

教材编写正在走向国际化和公司化。传统的纸质教材将融合于电子化的外语教学系统。大学英语教学改革必然导致教材改革。胡壮麟指出在改革过程中应看到大学英语教材的问题。例如，现有的试点教材应不断完善；尽早实现一个教学大纲与多种教材；杜绝教材培训和发行中的不健康现象；支持各种专业和文化教材建设；注意与高中英语课程标准衔接；严格防止盗版行为[23]。

回顾17世纪以来国际上词典编纂的历史，可以发现词典编纂的发展趋势是从规定性转向描写性，从强制性规范转向指导性规范。沈家煊认为规范性是相对的，而语言变化和发展是绝对的。社会发展的总趋势是越来越走向语言和文化的多元化和平民性，而不是走向单元化和精英化。词典编纂的规范，应该在严格的“规定”与纯粹的“描写”之间，即指导性的规范，适度的规范[24]。

近年来，翻译研究探讨了翻译之共性，指的是译文中呈现的有别于原文的典型的、跨语言的、有一定普遍性的特征。翻译中的隐和显可能涉及共性。柯飞以英汉互译实例分析了翻译中隐化和显化现象的发生，认为由语言、译者和社会文化等多种因素造成。还发现隐、显现象的发生以及隐、显程度可能与语言的形式化程度以及翻译方向有关[25]。

中国典籍英译，对世界文化发展起着重要作用。经典作品，尤其是古典诗词，是写得最好，又安排得最好的文字。但是在翻译时，目的语和源语对等的文字不一定是最好的译语表达方式。许渊冲认为译者应选用译语最好的，而不是对等的表达方式，来再现原作的内容，传达原作的意美、音美、形美。可使用等化、浅化和深化等三种方法。目的是使读者知之（理解）、好之（喜欢）、乐之（愉快）[26]。

口译中理解是重要而复杂过程，涉及原语听辨、注意力、信息接收和储存、言语分析和整合等方面。李学兵认为：影响口译理解的外来因素有时间压力、一心多用、讲话内容密集、不同口音等；语言理解障碍表现在词义、句子和语篇层次；百科、专业和情景知识匮乏，文化差异，也会造成理解障碍。在培训中，需加强专业素质、技巧和策略训练、提高语言水平，扩充背景知识[27]。

机器翻译已经历了50年曲折历程，取得不少进展。但是困扰机器翻译译文质量的瓶颈依旧存在。张政分析机器翻译的难点是翻译自身的复杂性、自然语言的复杂性和机器自身的局限性造成的。人类只是在机助人译、人助机译、受控语言和子语言等方面取得一些成绩，而实现真正的、全自动的机器翻译还路途遥远[28]。

语言规划研究已有50多年历史。语言规划包括语言本体规划、语言地位规划、语言声望规划和语言习得规划。语言规划经历选择、编典、实施和细化等四个阶段。国外语言规划研究分为弹性规范学派、理性选择学派、适应学派和语言治理学派。影响语言规划制定的重要思想有语言多样化、语言同化思想和语言民族主义、语言纯净化、语言国际化和语言本土化。周庆生认为语言规划研究具有跨学科性质，除语言外，还涉及社会、政治、经济、民族和历史等因素[29]。

20多年来，跨文化交际研究在我国取得蓬勃发展。胡文仲[30]将1999—2002年间我国学术刊物上发表的跨文化交际研究论文与同一时期美国 International Journal of Intercultural Relations 发表的论文做比较，发现美国刊物上实证性论文占多数，而我国刊物上基于实证研究的论文不到百分之一，多数是一般论述和思辨性文章。他强调应加强实证性研究。

（作者：北京大学教授）

注：

①刘振聪：《普通语言学述略》，《外语教学》，2005年第4期。

②封宗信：《语言学的元语言及其研究现状》，《外语教学与研究》，2005年第6期。

③封宗信：《元语言与外语教学》，《外语与外语教学》，2005年第9期。

④杨朝春：《语言相对论近期实证研究综述》，《外语教学与研究》，2005年第6期。

⑤姚小平：《洪堡特与人类语言学》，《外语教学与研究》，2005年第2期。

⑥杨永林、庄元莉：《了解范畴化现象，促进语

言学研究》，《外语与外语教学》，2005 年第 5 期。

⑦李福印：《思想的“形状”：关于体验性的实证研究》，《外语教学与研究》，2005 年第 1 期。

⑧刘世生：《语言与文学的接面关系研究》，《外语研究》，2005 年第 1 期。

⑨庞建荣、周流溪：《政治修辞中的闪避回答》，《外语教学与研究》，2005 年第 2 期。

⑩秦洪武：《话语中体的意义和设景功能》，《外语教学与研究》，2005 年第 3 期。

⑪董敏：《语篇分析的宏观社会符号观——符号学和功能语言学视角》，《外语教学》，2005 年第 5 期。

⑫方琰：《系统功能语法与语篇分析》，《外语教学》，2005 年第 6 期。

⑬王义娜：《概念参照视点：语篇指称解释的认知思路》，《外语学刊》，2005 年第 5 期。

⑭程晓堂：《论小句复合体中的小句关系》，《外语学刊》，2005 年第 4 期。

⑮李杰：《情态的表达与意识形态的体现》，《外语学刊》，2005 年第 4 期。

⑯肖礼全：《对中国英语教学宏观模式的思考》，《外语教学》，2005 年第 5 期。

⑰杨永林：《英语写作研究的范式转变与理论传承》，《外语教学与研究》，2005 年第 1 期。

⑱张文霞：《试论行为主义学习理论与建构主义学习理论对外语教学的影响》，《外语教学》，2005 年第 3 期。

⑲罗立胜、董玉真：《试论“听说教学法”产生的理论背景及其现实意义》，《外语教学》，2005 年第 3 期。

⑳吴一安：《优秀外语教师专业素质探究》，《外语教学与研究》，2005 年第 3 期。

㉑周燕：《高校英语教师发展需求调查与研究》，《外语教学与研究》，2005 年第 3 期。

㉒张莲：《外语教师课堂决策研究—优秀外语教师个案研究》，《外语教学与研究》，2005 年第 4 期。

㉓胡壮麟：《新世纪的大学英语教材》，《外语与外语教学》，2005 年第 11 期。

㉔沈家煊：《词典编纂的“规范观”的更新》，《语言教学与研究》，2005 年第 3 期。

㉕柯飞：《翻译中的隐和显》，《外语教学与研究》，2005 年第 4 期。

㉖许渊冲：《中国学派的古典诗词翻译理论》，《外语与外语教学》，2005 年第 11 期。

㉗李学兵：《口译过程中影响理解的因素及了解能力的培训策略》，《外语教学》，2005 年第 3 期。

㉘张政：《机器翻译难点所在》，《外语研究》，2005 年第 5 期。

㉙周庆生：《国外语言规划理论流派和思想》，《世界民族》，2005 年第 4 期。

㉚胡文仲：《论跨文化交际的实证研究》，《外语教学与研究》，2005 年第 5 期。

外国语言学（英语除外）

彭广陆　鲍　红　尹琼瑶

本文所涉及的对象主要是 2005 年间发表在北京地区出版的学术刊物或论文集上的与外语语言学（英语除外）有关的有代表性的学术论文以及北京地区学者出版的学术专著等，兼及北京地区学者在外地或国外的学术刊物上发表的学术论文。以下分东方外语语言学和西方外语语言学两大部分进行综述。东方外语语言学的综述以日语语言学为主，西方外语语言学的综述以俄语为主。

一、东方外语语言学

1. 主要学术活动

3 月 20 日，北京日本学研究中心举办了《中国日本语教育主干课程［精读］的综合研究》项目结题研讨会，共有中日学者 60 人与会，分四个小组有 20 人宣读了论文。

2005 年 8 月 20—21 日，由北京外国语大学国际交流学院举办的第七届国际汉日对比语言学研讨会于北外举行，有来自中国和日本的 20 多所院校的 60 多名专家、学者和研究生与会，围绕着（1）对日汉语教学中有关词汇、语法及语用的教学研究；（2）对华日语教学中有关词汇、语法及语用的教学研究；（3）汉日语言对比研究；（4）与中日语言相关的文化层面的对比研究等议题进行了研讨。

10 月 14—15 日，为纪念北京日本学研究中心成立 20 周年，北京外国语大学举办了共有 350 人参加的题为《“日本式”的现在》的大型国际学术研讨会，国内外的专家学者 250 人在不同专业的分组会上宣读了论文，其中在日语语言学·日语教学的分组会上发言或以展板的形式发表论文者达83人之多。

2. 语言学理论与语言学方法论

许宗华将日本语言学家时枝诚记的语言过程说与英国语言哲学家奥斯汀的言语行为理论进行了比较，指出虽然二者的根本观点存在相似性，但实际上有着本质的不同。二者在提出语言观的目的、语言行为的内涵和外延、观察语言行为的视角、语言的认定范围等方面存在重大差异①。

毛文伟从语料库的规模、素材的类型、年代以及网上信息的特点等四个方面探讨了运用语料库进行语言研究时需要注意的一些问题，指出运用语料库进行研究得出的结论较个人判断或问卷调查的结果应该更为可靠，但如果在研究之初不对素材的性质进行仔细的分析考察，也有可能导致结论与实际使用情况的偏差②。

3. 日语语法学

在日语动词研究方面，戴宝玉通过计量分析对日语派生动词“~化する”的自他性进行了实证性的研究，指出使用频率最高的15个“~化する”派生动词均有自他两种属性，但“表面化する”最具有自动词的性质，而“正当化する”最具有他动词的性质，其余13个派生动词分布于两者之间，它们之间的关系是连续性的，而不是非此即彼的③。邱根成对日语中的二字汉语动词的用法特征进行了较为详细的分析考察④。

王忻在“态（voice）”的范畴内对日语的“に”格表示动作主体的功能进行了考察，对其方向性进行了再认识，该文指出，认为“に”格表示动作的归结点和抵达点的观点是不全面的，它在表示“态”的句子中的语义角色是动作的起始点和发出点⑤。

张兴、徐一平在前人研究的基础上，将日语终助词“ね”的基本功能定义为“说话人在发话时把通过确认获得信息的确认行为明示给说话人”，并指出“要求确认”和“要求同意”的用法是由这一基本功能派生而来的⑥。

黄燕毅借鉴朱德熙对汉语“的”字的研究成果，将自指与转指的概念分析运用到对日语“の”语法语义功能的描写中去，指出（1）“VP+の”中的“の”的语法功能是名词化标记，语义功能是自指或转指；（2）“NP+の+NP”中的“の”的语法功能是结构助词，语义功能是自指；（3）“NP+の”中的“の”的语法功能是结构助词，语义功能是转指；（4）“の”可以转指的范围较广，但也受到一定的限制；（5）“の”可以自指转指的句法位置受到一定的限制⑦。

张岩红对与汉语肯定句中的动态助词“过”对应的日语表达形式进行了描写和对比分析⑧。

与上述日语词法研究相比较，日语句法研究的论文数量更多，范围更加广泛。

贾黎黎对日汉语中表周遍性的否定句进行了对比，在分析含有“一”的否定句时指出，之所以汉语在句法上受到一定的限制，而日语比较自由，是因为在汉语中当“一~”属于域内论元时才可能出现在主语的位置上，而日语则无这一限制。之所以造成这个差异，是因为哈语中普遍受到“主语必须是有定（definite）的”这一规则的限制，而日语则不受此限制。在分析使用疑问代词的周遍性的否定句时，贾黎黎同样指出汉语要受到一定限制，而日语则比较自由，这是因为日语的疑问代词与“も”的组合的语法化程度比较高，而汉语疑问代词尚未经历语法化的过程。王华伟也通过语料分析了“一人も~ない”和“誰も~ない”这两种句式的异同⑨。

王诗荣、王贵分析了日语分裂句的结构特征，马兰英对“トキ”时间从句的意义和句式的特征进行了描写，林璋对一般日语受益动词不能同现的限制性规则进行了描写⑩。

在情态（语气）研究方面，段银萍对感情形容词作谓语的句子直接表达说话人（第一人称）的感情时所采用的句式及其所表达的情态意义进行了考察；陈访泽、徐淑丹则对“バ”这一语法形式作条件从句时的语气形式及功能进行了考察⑪。

马小兵对日汉语中宾语的表现形式进行了对比，杨金萍、肖平则对古日语与古汉语中的复指名词谓语句的句式进行了对比⑫。

4. 日语语音学、音韵学

邱忠运用实验语音学的方法发现中国日语学习者的WH-疑问句的语调不能像母语发音人那样强调句子焦点词语，弱化非焦点的谓语的词调，而是把作为句子焦点的疑问词和句子谓语的词调不加区别的表现出来，这种语调特点无疑是受母语——汉语语调特点影响的结果⑬。

5. 日语词汇学

对日语的构词，朱京伟、费建华、周彤分别进行了个案研究，尤其是前二者是从日汉对比的角度切入的⑭。谯燕和李庆祥、王文贤对词义进行了研究⑮；朱京伟对蔡元培翻译的学术著作与早期的哲学方面的日语借词的关系进行了阐述⑯；杨金萍以《妙法莲花经》中的“为”字为例，分析了多音多义字在日语中的训读情况[17]。

王宝平和李晶都对日汉语中身体词汇构成的惯用语进行了对比。前者认为：(1) 日语的身体名词的语义域比汉语宽，还可以用来表示身体内部的器官名，这和古代日本不具备身体解剖学知识的历史有关；(2) 在表喜怒哀乐情感时，日语喜欢用身体外部名词组成的惯用语来表达，而汉语更喜欢用“气”、“肠”、“魂”等身体内部的名词来表达。日语惯用语的这一特点，印证了日本传统思想方式缺乏分析性和逻辑性，具有较强的现实性和直观性这一思维特点。后者则首先进行了计量分析，在搞清二者在数量上的差异的基础上，从身体部位、语言形式以及语义表达三方面入手，找出二者之间的对应关系，并通过语言层面的异同窥视两国在文化形态、生活习惯等方面的异同[18]。

6. 日语语用学与文化语言学

国内进行日语的言语行为研究的学者不少，而且一般都是以日汉语对比的形式进行的。例如：贾丽比较了日汉语中“拒绝请求”的表达方式的异同，通过问卷调查，以及对“意思公式”的“出现顺序”、“出现频率”和“特定公式内容”三个方面的对比、分析，发现中日两国在拒绝不同身份的人提出的请求时，表达方式和策略有所不同；并发现中国的日语学习者在 (1) 对上级的道歉方式，(2) 使用省略句表示拒绝，(3) 修复、缓和关系的表达，这三方面有发生误用的倾向；崔信淑不仅对日汉韩三种语言中的表达歉意的行为进行了对比，还对中日两国表达歉意时的非言语行为进行了对比，并得出了如下的结论：日本人的非语言行为重点放在恭敬的表情与姿态的使用上，而且表情与姿态比较模式化；而中国人的非语言行为重点放在以积极的方式向对方表达自己的诚意上，其表达方式呈现个性化倾向；程放明、刘旭宝对中日体态语的异同进行了比较[19]。

7. 日语篇章语言学

刘丽华运用关联理论中的“投入努力与产出效应”和“第一解读”的观点解析了日语中大量存在的超句，甚至超段的零形回指现象[20]。

8. 日语修辞学

徐莲对日汉语中的比喻名词的喻体选择进行了比较；李庆祥对日语中古已有之的回文现象从文化的角度进行了分析[21]。

9. 日语教学

越来越多的学者开始重视日语教学的研究，其中以下的研究值得关注：

王婉莹对几所大学进行了调查，发现娱乐型、信息考试型、自身提高型、学习工作型、文化型等八种学习动机为二外日语学生的主要学习动机。从动机类型与动机强度的关系看，信息考试型、自身提高型、文化型动机对动机强度影响较大，由此反映出学习者对日本、日语、日本文化以及通过学习日语提高自身的关注和学习的积极主动性[22]。

冷丽敏探讨了日语教学中交际能力培养的问题；杨秀娥、陈俊森以处于三个不同日语水平阶段的115位学习者为调查对象，通过语法测试和语用测试的形式，分析了不同学习水平阶段的学习者习得授受表达时的中介语特点，并总结了几个易石化的中介语类型，还从母语迁移的角度讨论了授受表达中介语石化产生的原因；尹松对日语专业大学生的听力策略进行了实证性的研究[23]。

陈俊森在对日语教材的评价方法进行论述时提出了三对方法：“开放型评价与封闭型评价”、“定性评价与定量评价”、“教师评价与学习者评价”，并重点从“社会需求的变迁所带来的日语教育的变化”、“教师与学习者的过去与现在的状况”、“社会变化与选文的素材”以及“应用语言学的研究成果在教材中的应用”这几个开放视角讨论了日语教材的评价问题[24]。

彭广陆对国内大学日语专业使用的精读教材中的语法系统进行了考察，指出国内的教材基本上还是沿袭了日本学校语法系统，这种现象亟须改变；翟东娜、孙晓杰对日语用言活用的习得与教材、教法进行了探讨[25]。

林洪从关注学习过程的角度对英语教科书与日语教科书进行了比较，结果发现英语的教科书以学习为中心，注重学习者内在的体验过程；而日语的教科书仍以教学为中心，仍注重学习者吸收语言知识的过程[26]。

赵华敏对国内基础阶段的日语教科书中练习题的类型进行了考察，于日平论述了大学日语专业写作教材的问题[27]。

二、西方外语语言学

1. 重大学术会议

1月5日至9日，中国首届人类语言学研讨会在黑龙江大学召开，来自中国、美国、法国、波兰、俄罗斯和加拿大的76名专家学者参加了研讨会，收到论文70篇。

3月27日至29日，中国首届海峡两岸俄语教学与研究学术讨论会在厦门大学举行。来自北京大学、北京外国语大学、上海外国语大学、黑龙江大学、台湾中国文化大学、台湾淡江大学等海峡两岸50多所院校的100多名专家学者参加了讨论会，收到论文90篇。

5月19日至21日，心理语言学与外语教学国际学术研讨会在黑龙江大学召开。来自全国50余所高校的130多位学者参加了研讨会，其中俄语学者80余人，有46位英语、日语及韩语界学者参加会议或提交论文。

7月26日至28日，第九届全国语用学研讨会在复旦大学召开。来自国内外高校和科研机构的180多名专家学者出席并参加了研讨，提交论文190余篇。

8月1日至3日，现代语义学学术研讨会在黑龙江大学举行。教育部语言文字研究所、中国社科院、北京大学、中国人民大学、北京外国语大学、《中国外语》编辑部等40多所高校、科研单位、出版社及编辑部的120多名学者、编辑人员等参加了研讨会，提交论文107篇。

9月16日至18日，第三届对比语义学与语用学国际研讨会在上海外国语大学召开。来自中国、美国、英国、俄罗斯、法国、德国、日本等近20个国家的100余名代表参加了研讨会。

10月8日至10日，第九届全国功能语言学研讨会暨首届国际语言评价系统研讨会在河南大学举行，来自国内外66所院校的188名代表参加了研讨会。

2. 语言学流派

对语言学流派的研究成果颇丰，主要体现为三个方面：一是对某一语言学流派进行综合概述；二是对某语言学派在具体语言学领域的贡献进行评介；三是对某个语言学家的理论进行解析。

杜桂枝对莫斯科语言学派创始人及四代学者们的主要语言学理论思想的形成和发展脉络进行了梳理，评述了他们对俄语学研究和对世界语言学作出的重要贡献[28]。于鑫分析了俄罗斯功能语法流派在产生背景、研究方法、内容等方面与西方功能语法的区别，介绍了分别以Бондарко、Золотова和Всеволодова为代表的当代俄罗斯三个主要功能语法流派的基本理论[29]。李炯英对以安娜·威尔兹彼卡为代表的波兰语义学派进行了评述，重点分析了该学派的“自然语义元语言”理论，其中包括这一理论产生的背景、基本原理及其语义解释力，并介绍了该学派在跨文化语义学领域提出的“文化脚本”法及其应用[30]。

方汉泉、何广铿介绍了布拉格学派及其代表人物雅各布森的语言“功能说”和“语言学诗学”，以及他们的理论对发展现代文体学的贡献，指出雅各布森等人的理论并未过时，他们所开创的语言学文体学仍有很大影响力，其研究方法体现了文学研究的语言学转向[31]。

郑文东对洛特曼文化符号学的重要组成部分——符号域思想——进行了解析，指出符号域是符号存在和运作的空间，是同一个民族文化中各种符号和文本存在与活动的空间，这一范畴体现出民族文化的整体观，有助于人们研究文化语言的构成、文化中各个符号系统的运作机制，它本身既是文化的认知机制，又是认知的结果，把文化作为一个多层级、有组织的大系统展示于人前[32]。

3. 语法学

语法学的研究以句法为主，研究对象包括动词句和无动词句。

彭玉海从认知实质、认知理据、认知—凸显原则等几方面入手对俄语动词句式转换问题作了较为深入的探讨，为全面系统地开展句子转换的认知研究奠定了一定的方法论基础，并指出从认知视角出发有利于更好地了解句子转换的本质、厘清语法、语义跟认知的互动关系乃至语法的认知语义基础[33]。薛恩奎以动词称谓的“事件”为原型，分析了事件参加者与词义的映射关系，从动词的语义结构与语句的句法结构两个层面，讨论了动词题元和语句题元以及两者间相互制约的关系，构建出配价的框架结构体系[34]。赵国栋认为命令式中完成体和未完成体的对立基础依然是具体过程和具体事实意义之间的对立，在此基础上，他结合说话人、听话人、祈使行为以及被祈使执行行为之间的关系这几个语用参数，分析了命令式中体的选择要遵循的规则，并归纳出带未完成体命令式的语句所表达的言语行为类型以及相应独特的句法、语用、交际特征[35]。

鲍红通过分析指出，“что за + 名称第一格表情句法结构”能够表达惊讶、感叹、不满、气愤、愤怒、愤慨等意义，结构上、语义上都与疑问句极为相似，其组成词汇既可能是评价性的静词词类，也可能是缺乏评价义素的静词，一些加强语气词、代词、插入语等可以进入句法结构中，使其表情含义得到进一步的加强或补充[36]。周海燕对双成素无动词静态句的语义进行了分析，指出对这类句子的评定与如何评定быть的结构—语义作用紧密相连，并通过语义分析揭示了双成素无动词静态句的演变过程、句法实质以及与其他句型的关系[37]。

词法方面，朱蝶、杨可研究了现代俄语词法的分析化发展趋势，重点介绍了名词、动词、形容词、数词等方面的词法分析化现象，指出这种趋势的出现受语言发展内在和外在因素的共同影响[38]。陈国亭分析了动词体意义归零现象和两体竞争出现的场合和原因，讨论了影响体竞争的制约因素，指出体竞争是诸如动词词汇意义、动作时间、上下文或语境、说话人的主观操作意图以及信息量等因素综合作用的结果[39]。

4. 语义学

语义学的研究对象呈现出多样性特点，首先表现为对不同范畴性词汇的语义研究，其次是对句子的语义研究，以及与计算机语言学相关的文本语义研究。

林春泽从熟语性范畴的厘清、熟语性与生产词的意义类型、熟语性与形容词性生产词、熟语性与动词性生产词四个纬度探讨词的熟语性，指出，熟语性既具有理据性，又具有规约性，而且与词的义项数量和词的类别等因素有关[40]。姜宏对汉俄语中可能性范畴的语义类型及基本表达手段进行了对比分析，指出在汉俄语的可能性范畴中，形式与意义的对应关系有着各自的特点和运作机制，还比较了汉俄语可能性范畴在使用时所受到的语义—语用因素影响，其中包括主体因素、动词体因素、否定因素、疑问因素等[41]。徐英平从编程级差、语义量差、组配关系认知取向、语用零形式等四个层面对俄汉语空间语码进行了对比，指出俄语空间语码的层级划分更为细致、语义框架更为具体、空间方位确定的自足性更强、跨空间的语用渗透力更明显；而汉语空间语码则在语义上更为概括、语用的灵活性更强，但在对所标记的事物进行空间定位时对语句中相关成素的语义依赖性却更大[42]。

杨喜昌运用语义学和认知心理学理论，从句子的语构、语义和语用等方面分析了句子与民族文化的关系，指出，俄语句子通过命题指称、交际语用、形式句法和表意语调，能够生动地反映俄罗斯民族文化的诸多特点[43]。

姚爱钢、易绵竹探讨了基于语义分析的自动文摘方法，这一方法表现为：通过使用逻辑语言对文本的语义信息加以形式化表示来建立语义词典，借用逻辑人工语言的概念层次结构，可以对词典中的概念进行分类，并将概念分解为义子，通过计算文本中句子之间的语义相关度，就可自动生成组成文本文摘的句子[44]。

5. 语用学与语言文化学

语用学的研究对象涉及具体的词、句类以及言语行为类型。许宏分析了俄语话语词 НУ 在言语交际中的语用功能，并指出，话语词无论在话语的生成和理解方面，还是在语言的掌握方面，都起着非常重要的作用[45]。吴世红依据 Е. В. Падучева 等人的相关观点对 Дж. Серль 的命题内容条件进行了解析，提出了祝贺言语行为命题内容的两个具体条件，即“喜庆条件”和“关涉条件”，探讨了命题内容条件对祝贺言语行为的影响[46]。袁妮界定了疑问句间接功能的范围，从言语行为角度归纳了疑问句在交际中行使的五类间接功能：陈述类功能、指令类功能、承诺类功能、表情类功能和联络类功能，以及这些功能的主要表达模式，阐述了疑问句规约性和非规约性间接功能的主要特征[47]。

语言文化学受到众多俄语学者的关注。白春仁对高校俄罗斯学的走向进行了分析，指出这一学科的发展较好地做到了以俄国变化中的现实为根据，但在弘扬和发展中国文化这一方面有所欠缺。他强调振兴和发展中国文化是俄罗斯学的出发点和归宿，要做好这方面的工作，首先须培养沟通中俄文化的自觉性和义务感；第二应建立大文化的综合视角，以文化整体观统帅自己的微观教研；第三须探索和改进研究方法，包括跨文化的研究思路[48]。彭文钊在词源分析的基础上讨论了作为俄罗斯民族个性主导特征之一的团契概念的宗教原意，以团契语言文化场为工具，对团契概念进行了语言文化学场性分工式地描写与阐释，形成了团契概念分析的总体框架[49]。李向东对俄罗斯语言与文化研究中的四个关键概念——语言个性、先例现象、认知库、预设——给出了基本解释，分析了这些概念的出发点、本质以及相互关系[50]。苏娅研究了当代俄罗斯报刊广告中的先例现象，指出先例现象作为一种语言文化现象，广泛地运用于当代俄罗斯报刊广告中，不仅能充分地体现出广告所蕴涵的丰富的文化内涵，而且能使广告具有简洁凝练、风趣幽默、新颖别致的语言风格，从而大大地加强了广告的宣传效果和力度[51]。

6. 语篇语言学研究

语篇研究成果丰富，不仅有对语篇的语法、语义结构的解析，还有对不同类型语篇的研究。

黄颖研究了俄语文学语篇中第三人称代词回指，指出：不同词汇—语法类别的名词与代词构成照应关系的能力有强弱之分；第三人称代词和物主代词作为照应语的频率与先行语及照应语所充当的句子成分有关；第三人称代词回指动物名词时，其充当句子主体、客体的概率相差无几，而回指非动物名词（具体名词、抽象名词）时，其充当行为客体的概率高过状态主体[52]。蔡晖运用符号学、信息论和系统论思想，将篇章语义结构模式解析为一个由横向层次和纵向系列交织而成的有机整体，其中横向层次包括：话语意义层、形象意义层和蕴含意义层；纵向系列包括：交际的目的意图，交际对象的特点，言语主体的交际角色和交际领域、场合，言语的情态格调，时代—文化背景和言语主体的个人言语特色。在此基础上他还探讨了语义结构要素之间的相互关系[53]。

陈戈从认知论中“常规关系”的角度，根据Якобсон的信息交际模式和Лотман文化符号学的观点，分析在诗篇解读过程中，由于受在大语境（历史和现实语境）和小语境（诗歌体裁）中形成的常规关系的影响，读者对诗篇产生不同解读的问题，并试图从新的视角提供研究这一问题的可能途径。他还对演讲语篇中的羡余信息进行了分析，指出羡余信息的出现及其羡余度受整个演讲所处的信息交流系统的影响，羡余信息在演讲语篇中发挥着积极作用，是提高演讲效果的有效手段之一[54]。王凤英对传统的论说语篇三段式结构进行了介绍，并通过分析指出，根据交际目的、论说场景或论说对象的不同，会出现论说语篇的布局结构变体和论证方法的变化[55]。

7. 修辞学与文体学

陈勇总结了国内外隐喻研究的认知文化趋向，通过分析指出隐喻的始源性、普遍性和创造性本质能清晰地反映出其认知本质和文化根源，隐喻折射出语言与思维、语言与文化的关系，透过隐喻生成和理解的符号化过程，其文化认知价值得以鲜明体现[56]。杨秀杰对目前语言学界较为流行的隐喻分类（空间方位性隐喻、实体隐喻、结构隐喻）提出了异议，她从隐喻的生成机制入手，运用联想思维、意象图式和语义域等理论，对该分类及其原则进行了尝试性再分析，并对其分类原则的一致性提出质疑，认为该分类混淆了种范畴与属范畴[57]。

柏英运用洛特曼的文艺符号学理论对《钢铁是怎样炼成的》进行分析，展示了作者是如何进行编码，从而使文本能够完成信息功能、创造功能和记忆功能的，以及作者是如何引导读者在阅读过程中进行正确解码的[58]。

8. 认知语言学

隋然对分析哲学与认知语言学研究的一些理论问题进行了梳理和评析，其中包括：语言与认知问题、认知主体语言的整体论研究方法——解释学、语言研究线索中解释学的本体论转向、翻译活动、语言及语言游戏视野下的科学性知识与叙述性知识[59]。王寅介绍了国外知名学者有关语言体验性的观点以及概念化和词汇化的体验性，根据Lakoff和Johnson倡导的体验哲学和认知语言学的基本原则，提出了语言的体验观，为解释语言来源于实践进一步提供了证据，是对语言天赋说、自治观的一个反驳[60]。

郭聿楷以认知语言学中的范畴理论为依据，探讨了范畴、范畴结构和基本层级范畴的概念，分析了基本范畴词汇的某些特点及其在跨文化、跨语言交际中的运用问题[61]。

李雅君介绍了“图式理论”的主要内容及对听力理解的认识，从认知心理学角度分析了俄语听力的心理机制，指出有效地激活俄语听力理解中的图式知识可以加速听力理解的进程，并提出俄语听力教学中应重视培养学生图式知识的积累[62]。

9. 教学研究

许汉成说明了语料库和语料库语言学的概念以及语料库的主要分类方法，介绍了莫斯科大学报纸文本语料库和俄语国家语料库的概况和查询方法，认为随着几个大型代表性俄语语料库的建成，开展基于语料库的俄语研究的条件已经成熟，语料库语言学将会影响到俄语教学和研究的各个方面[63]。

（作者：彭广陆，北京大学教授；
鲍红，北京大学副教授；
尹琼瑶，北京大学研究生）

注：

①许宗华：《语言过程说预言与行为理》，《日语学习与研究》，2005年第2期。

②毛文伟：《试论基于语料库的实证性研究中的信度问题》，《日语学习与研究》，2005年第1期。

③戴宝玉：《关于派生动词“～化する”的自他性》，《日语学习与研究》，2005年第3期。

④邱根成：《论日语中汉语动词的用法特征》，《日语研究》第3辑，2005年。

⑤王忻：《“に”格动作主功能统一下的语态性表达——日语态范畴及“に”格方向性的再认定》，《日语学习与研究》，2005年第3期。

⑥张兴、徐一平：《试论「ね」的用法》，《日语研究》第3辑，2005年。

⑦黄燕毅：《日语的自指与转指初探》，《日语研究》第3辑，2005年。

⑧张岩红：《肯定句中动态助词“过”的汉日对比研究》，《日语研究》第3辑，2005年。

⑨贾黎黎：《从中日比较的角度看含有“一”的

否定句的句法限制问题》，《日语学习与研究》，2005年第2期；《表周遍性意义的否定句中的疑问代词用法——「誰も/何も」和“谁｛也/都｝/什么也”》，《日语研究》第3辑，2005年；王华伟：《表示完全否定的表达式“一人も〜ない”和“誰も〜ない”》，《日语学习与研究》2005年第3期。

⑩王诗荣、王贵《日语分裂句的句式结构特征刍议》，《日语学习与研究》，2005年第1期；马兰英：《トキ时间从句的意义及句式特征》，《日语学习与研究》2005年第1期；林璋：《日语受益动词同现的句式》，《日语研究》第3辑，2005年。

⑪段银萍：《日语感情形容词谓语句“感情表出语气”典型句式探析》，《日语学习与研究》，2005年第2期；陈访泽、徐淑丹：《日语条件从句中的语气形式与功能——以バ条件句为例》，《日语研究》第3辑，2005年。

⑫马小兵：《试论日语宾语的表现形式及与汉语的比较》，《日语研究》第3辑，2005年；杨金萍、肖平《古日语与古汉语复指名词谓语句的句法模式比较》，《日语学习与研究》，2005年第4期。

⑬邱忠：《日语学习者的WH-疑问句语调特征及其原因》，《日语学习与研究》，2005年第2期。

⑭朱京伟：《三字词内部结构的中日比较》，《日语研究》第3辑，2005年；费建华：《日中両言語における造語要素「超~」についての考察》，《日本学研究》第15期，2005年；周彤：《日语「一X」形式词语探微》，《日语研究》第3辑，2005年。

⑮谯燕：《畳語名詞の意味》，《日本学研究》第15期，2005年；李庆祥、王文贤：《日语动词+动词式复合动词的词义与语素义》，《日语学习与研究》，2005年第2期。

⑯朱京伟：《蔡元培の日本語翻訳と初期の哲学用語の移入》，《日本学研究》第15期，2005年。

⑰杨金萍：《试析多音多义字在日语中的训读——以“妙法蓮華経”之“为”字为例》，《日语研究》第3辑，2005。

⑱王宝平：《中日身体部位惯用语的比较》，《日语学习与研究》，2005年第2期；李晶：《身体词汇惯用语的中日对比研究》，《日语学习与研究》，2005年增刊。

⑲贾丽：《中日“拒绝请求”表达的异同》，《日语学习与研究》，2005年增刊；崔信淑：《日常生活における詫び行為に関する日中韓対照研究——受け手調査より得られた言語表現についての評価を中心に——》，《日本学研究》第15期，2005年；《表达歉意时非语言行为的中日对比研究》，《日语学习与研究》，2005年第4期；程放明、刘旭宝：《体态语的中日语言表述异同》，《日语学习与研究》，2005年第4期。

⑳刘丽华：《用关联理论解析零形回指》，《日语学习与研究》，2005年第3期。

㉑徐莲：《日汉比喻名词喻体选择的比较》，《日语学习与研究》，2005年第2期；李庆祥：《日语回文与文化》，《日语学习与研究》，2005年第4期。

㉒王婉莹：《大学非专业学生日语学习动机类型与动机强度的定量研究》，《日语学习与研究》，2005年第3期。

㉓冷丽敏：《日本語教育におけるコミュニケーション能力について考える》，《日语教育与日本学研究论丛》第2辑，2005年；杨秀娥、陈俊森：《授受表达习得中的中介语研究——以国内的日语学习者为研究对象》，《日语学习与研究》，2005年第4期；尹松：《日语专业大学生听解策略之实证性研究》，《日语研究》第3辑，2005年。

㉔陈俊森：《日语教材评价方法论——以开放型评价为中心》，《日语研究》第3辑，2005年。

㉕彭广陆：《关于大学日语专业精读教材中的语法系统的考察》，《日语教育与日本学研究论丛》第2辑，2005年；翟东娜、孙晓杰：《日语用言活用的习得与教材、教法》，《日语教育与日本学研究论丛》第2辑，2005年。

㉖林洪：《关注学习过程——英语与日语教科书的初步比较》，《日语教育与日本学研究论丛》第2辑，2005年。

㉗赵华敏：《基礎段階用日本語教科書における練習問題のパターンについて——国内で編集された教科書を中心に》，《日语教育与日本学研究论丛》第2辑，2005年；于日平：《中国の大学専攻日本語教育のための作文教科書作り》，《日语教育与日本学研究论丛》第2辑，2005年。

㉘杜桂枝：《莫斯科语言学派百年回溯》，《外语学刊》，2005年第3期。

㉙于鑫：《当代俄罗斯的功能语法流派》，《中国俄语教学》，2005年第2期。

㉚李炯英：《波兰语义学派概述》，《外语教学与研究》，2005年第5期。

㉛方汉泉，何广铿：《布拉格学派对现代文体学发展的贡献》，《外语教学与研究》，2005年第5期。

㉜郑文东：《符号域：民族文化的载体——洛特曼符号域概念的解读》，《中国俄语教学》，2005年

第4期。

㉝彭玉海：《俄语动词句式转换的认知阐释》，《中国俄语教学》，2005年第1期。

㉞薛恩奎：《配价、词义、句式——兼俄汉词汇语义—句法对比研究》，《中国俄语教学》，2005年第4期。

㉟赵国栋：《未完成体命令式与言语行为》，《中国俄语教学》，2005年第4期。

㊱鲍红：《俄语语义不固定的表情句法结构—что（это）за + 名词（形容词）第一格》，《外语学刊》，2005年第1期。

㊲周海燕：《双成素无动词静态句的语义分析》，《语言学研究》第四辑，2005年。

㊳朱蝶，杨可：《现代俄语词法分析化趋势的发展》，《中国俄语教学》，2005年第2期。

㊴陈国亭：《俄语动词体的意义归零与竞争》，《中国俄语教学》，2005年第3期。

㊵林春泽：《词的熟语性问题分析》，《中国俄语教学》，2005年第3期。

㊶姜宏：《汉俄语中可能性范畴的语义类型及基本表达手段》，《中国俄语教学》，2005年第2期。

㊷徐英平：《俄汉语空间语码编程级差的多维思考》，《中国俄语教学》，2005年第4期。

㊸杨喜昌：《俄语句子的文化语义特点刍议》，《中国俄语教学》，2005年第1期。

㊹姚爱钢，易绵竹：《基于语义分析的文本自动文摘研究》，《中国俄语教学》，2005年第3期。

㊺许宏：《俄语话语词 НУ 在言语交际中的语用功能》，《中国俄语教学》，2005年第4期。

㊻吴世红：《试论祝贺言语行为的命题内容条件》，《中国俄语教学》，2005年第4期。

㊼袁妮：《言语行为视角下的疑问句间接功能研究》，《中国俄语教学》，2005年第4期。

㊽白春仁：《俄罗斯学呼唤沟通文化的自觉》，《中国俄语教学》，2005年第3期。

㊾彭文钊：《俄罗斯团契概念的语言文化学分析》，《中国俄语教学》，2005年第3期。

㊿李向东：《俄罗斯语言与文化研究的几个关键概念及其相关性分析》，《中国俄语教学》，2005年第3期。

51苏娅：《当代俄罗斯报刊广告中的先例现象》，《中国俄语教学》，2005年第4期。

52黄颖：《俄语文学语篇中第三人称代词回指研究》，《语言学研究》第四辑，2005年。

53蔡晖：《篇章语义结构概说》，《中国俄语教学》，2005年第1期。

54陈戈：《论常规关系与“诗篇阐释的多元性”》，《中国俄语教学》，2005年第1期；《论演讲语篇中的羡余信息》，《解放军外国语学院学报》，2005年第3期。

55王凤英：《论说语篇的布局与论证方法》，《外语学刊》，2005年第5期。

56陈勇：《浅论隐喻的文化认知价值》，《中国俄语教学》，2005年第2期。

57杨秀杰：《隐喻及其分类新论》，《外语学刊》，2005年第3期。

58柏英：《从文化符号学角度看〈钢铁是怎样炼成的〉之争》，《解放军外国语学院学报》，2005年第5期。

59隋然：《分析哲学与认知语言学研究的理论问题》，《外语学刊》，2005年第3期。

60王寅：《语言的体验性——体验哲学和认知语言学看语言体验观》，《外语教学与研究》，2005年第1期。

61郭聿楷：《范畴结构和基本范畴词汇》，《中国俄语教学》，2005年第1期。

62李雅君：《图式知识对俄语听力理解的影响》，《中国俄语教学》，2005年第4期。

63许汉成：《俄语语料库的新发展》，《中国俄语教学》，2005年第1期。

文学

先秦两汉文学

韩海泉　常　森

2005年北京地区先秦两汉文学研究收获颇丰，成果主要集中于四大块：先秦两汉文学史及文学观念研究、先秦两汉文学之学术史研究、先秦两汉作家作品研究、先秦两汉文学之作品辑校笺释及史料整理。本文将对这些成果作简要的介绍。

一、文学史及文学观念研究

赵敏俐继续去年的课题，对中国古代歌诗艺术的生产及其基本特征进一步做了考察，指出古代歌诗艺术生产与消费过程存在着三种基本方式：自娱式的歌诗艺术生产与自娱式消费，寄食式的歌诗艺术生产与特权式消费，卖艺式的歌诗艺术生产与平民式消费。三种方式各有特点，并产生于不同的历史时期。在中国古代社会，当阶级和分工没有出现之前，歌诗艺术生产和消费的方式，只能是自娱式的。阶级、分工出现之后，歌诗艺术生产的寄食式（或统治阶级豢养式、官养式）和消费的特权式逐渐成为主要的方式。与此同时，卖艺式的艺术生产方式和平民式的艺术消费形式也有了萌芽。三种艺术生产与消费的方式并不是截然分开的，而是互相包容、互相影响。十五《国风》本是各地的风俗乐歌，最初本属于自娱式的生产与消费，但经过朝廷专业艺人的加工整理，应用于贵族祭礼、典礼等各种场合，在一定程度上又成了寄食式生产方式下的产物，成了满足贵族特权消费的艺术。歌诗重点是歌与诗的结合，也就是诗与乐的结合，所以这种艺术生产和消费主要体现在两个方面：一是诗的生产与消费，一是乐的生产与消费。比较而言，诗的生产与消费以自娱式为主，而乐的生产与消费则以寄食式为主。在中国古代，由于社会的分工和受教育的机会不同，诗的生产与消费又可以分为两方面：下层民众自娱式的歌谣传唱，以及文人士大夫们自我情感表达与个体精神追求上的满足；两者当中，以文人士大夫们的歌诗生产与消费占主导地位①。

赵敏俐对《诗经》生产与消费问题做了考索，指出作为周代朝廷乐歌的《诗经》，以寄食制生产、特权式消费为主，以自娱式生产与消费为辅，是在两种生产与消费方式的共同作用下产生的；《诗经》乐歌的诗乐相配，或由专职艺术家加工，或为了周王朝的宗教礼仪活动而由贵族和专职艺术家制作，或是由专职艺术家独立完成。其过程有四：一是词、乐均为新制，同时产生；二是词、乐均为旧制，经过整理编定；三是先有歌辞，后有音乐；四是先有音乐，后有歌辞②。

赵敏俐还研究了汉代歌诗的演唱及其与语言形式的关系，指出汉代歌诗艺术实际上是诗乐舞合一的表演艺术，在这种艺术的生产和消费过程中，起主导作用的是音乐歌舞的表演，语言文字的歌诗必须服从于表演的音乐舞蹈艺术。汉代乐府的演唱形式大致有三种：其一是独弹独唱；其一是一人主唱，他人伴唱，以乐府相和歌为主；其一是歌舞伴唱。这三种形式的歌舞表演是促成乐府歌诗语言艺术多样化的诱因之一。汉乐府歌诗的戏剧化表演也是决定乐府歌诗语言形式的重要因素。《陌上桑》、《病妇行》、《东门行》、《孤儿行》等汉乐府更确切地说是一个个有着相对稳定模式的歌舞戏剧故事。从叙事诗的角度分析，这些诗篇是不完善的，不属于严格的叙事诗，不能从叙事诗的角度给它们一个历史定位，它们最终也没有形成一种叙事诗传统。这类诗篇实为介于短篇叙事诗和折子戏脚本之间的歌唱文学，是一种特殊的歌诗体裁。在特殊的历史条件下，它综合了音乐、诗歌、戏剧等艺术形式，成为有着独特韵味的一代文学艺术形式。歌唱艺术的程式化对汉乐府歌诗的语言艺术有重要影响。无论是哪一艺术门类，在长久的实践中，必然要形成一定的规则，讲究一定的规范，这种规范和规则从一定程度上讲就是程式。在中国歌诗艺术史上，汉乐府是第一个形成规范的艺术样式，它有几个相对独立的表演体系，即所谓相和三调、大曲等。每种调式所用的乐器有固定的要求；其中大曲在乐曲中还要再加上艳、趋、乱等名目。汉乐府歌诗语言的程式化可概括为两个方面：一是为了顺利流畅地表达而充分地使用套语；二是歌诗的写作要符合汉乐府相和诸调的表演套路。总的说来，汉乐府歌诗属于表演的大众的艺术，而不是文人的和表现的艺术，其语言形式具有这样一些基本要求：首先，通俗明白，一听即懂；其次，符合表演套路，具有程式化特点；最后，严格遵照乐调来填词而不能破坏乐调，歌诗的整体结构一定要符合乐调的结构。一首好的歌诗必须要符合这三个条件，它的所有写作技巧都必须在这一写作或演唱过程中表现出来。汉乐府歌诗所有艺术成就的取得都与此有极大的关系，其艺术结构的独特性以及语言的通俗化，尤其需要从这方面入手去深化认识③。

李炳海在神话研究上继去年又有新的收获。他坚持采用历史性的、动态的把握方式，梳理昆仑神话的演变过程，在训诂考据时坚持汉语言文字的民族本位，对“昆仑”一词原始内涵的探寻兼顾音、形、义三种要素，尽最大可能对昆仑神话进行历史还原，展示它最初的原始风貌，又勾勒它的演变轨迹，找出昆仑神话一以贯之的主线，深入探讨了昆仑神话叙述文本在历史中的衍换，剖析了早期昆仑神话特异的原始宗教性质，以及后期逐渐形成的洋洋大观、井然有序的昆仑神境所蕴含的原始宗教和巫术的杂糅④。他还撷取《山海经》、《周易》、《诗经》、《庄子》等代表性文献，解析了先秦两汉神话传说中频繁出现的“马”的意象及其神话特性和文化内涵，细致梳理了先秦两汉文学中“马”意象的衍变⑤。

马庆洲研究了《淮南子》中的神话传说，指出《淮南子》因为保存了丰富多彩的神话和传说，一直被人们视为中国神话的宝藏之一。其中有的神话故事情节完整，如女娲补天造人、羿射九日等，更多的则仅有一些片段。作为文章的有机组成部分，这些神话是被作者作为论据引用的。《淮南子》能够使用大量神话的原因，一是有诸多神话传说在先秦时代流传；二是在先秦文献尤其是诸子著作中，神话作为论据使用的现象很普遍。《淮南子》中的神话个别见于本书，更多的则是见于《楚辞》、《山海经》中，表明它们属于楚地神话系统。《淮南子》神话主要包含三个方面的内容：一是天地自然神话，有天地开辟、通天之梯（建木、昆仑）、共工触不周之山、女娲补天造人、上骈和桑林、太阳神、月神、嫦娥奔月、岁神季神、五方之神、河伯、阳侯、风神、雷神、霜雪之神（青女）、春夏长养之神（女夷）、雨师以及虹；二是动物灵异类，有龙、凤、麒麟、朱雀、玄武、枭阳、罔象罔两、毕方以及坟羊；三是古帝及创造之神，如黄帝、炎帝、大禹治水、伯益作井、夸父逐日、羿射九日、神农教民、夔作乐、仓颉造字、舟车之发明、伯余作衣、仪狄作酒、竖亥太章丈量土地。此外还有如离朱、海外三十六国等神话⑥。马庆洲还考证了《淮南子》一书中所见的大量先秦文献，并遵照《汉书·艺文志》的划分方式，分类胪列了这些文献资料。同时指出，《淮南子》所引文献有两种情形，一是直接引用，表明典出何书何人；二是间接引用，非但不表明引用文献的出处，更多的还对原文有所修改，以为己用⑦。

在先秦两汉文学的疾病事象这一论题中，李炳海继续深化拓展。他研究了疾病状态下的贵族形象以及道家文学中的疾病事象，指出，与现代人观念中贫病互为因果的普遍认知相反，以庄子为主的先秦道家的作品严格割断贫与病的因果联系，而把关注点集中在富贵者身上，指出社会强势阶层的病态。先秦道家作品所认为的疾病主要涉及心理疾病，即把心理障碍视为疾病的主要来源。而许许多多有生理缺陷的残疾人形象作为正面角色出现，体现了以怪、丑为美的风尚。疾病患者不是拒绝死亡，而是愉快地接受死亡，兼有悲剧主角的崇高和喜剧人物的幽默；疾病患者不是请求治疗，而是拒绝治疗，使寓言兼有浪漫色彩和批判现实的精神⑧。除了道家文献外，先秦史籍中也记载了一些不同身份等级的人物在罹病状态下的行为。先秦两汉文学作品中出现的处于疾病状态的贵族形象有各种类型：稳定型，如《汉书·外戚传》所载李夫人；多变型，如《史记·樊郦滕灌列传》所载先黥布反时高祖尝病甚；反思型，如《礼记·檀弓上》所载成子高寝疾；放任型，如《礼记·檀弓下》所载陈乾昔寝疾；刚愎自用型，如《史记·扁鹊仓公列传》所载齐桓侯；委运乘化型，如《左传·哀公六年》所载楚昭王患病。不过具体到每位贵族成员，有时往往一身兼有多种属性，显示出生命意识的复杂性以及人物的多重性格⑨。

史官对先秦两汉文学及文化有巨大的贡献，儒生也是如此，并且儒生于先秦、秦汉政治又有着极为复杂的纠葛。过常宝对于先秦史官职能的产生和演变及其文化意义做了解析，认为巫觋作为职掌上古文化的专门人员经历了细微的转变，首先随着社会意识形态的发展，原始的巫觋成为一个专业集团，他们为此开始记诵世系、族谱等，并使祭祀仪式变得更加精致和繁杂，这使得历史意识和礼仪知识能以“旧典”的形式传承，成为他们职业性存在的依据。甲骨文字的出现是由巫而史的一个重要的契机和前提。史官的职责是记录祭祀过程和保存卜辞文献，见证祭祀过程并渐渐进入祭祀的核心；史官最初的意义，首先是依据历史理性和把握历史的技术，保证巫觋的职业化，其次是通过对历史文献的阐释而进入现实阐释，从而获得了一种世俗的话语权力[⑩]。一般认为，战国时期，儒家迂远而阔于事情，秦始皇也是因为认识到以儒生为主体的博士不切实用，故弃而不用，专于法制。方铭则考察了秦博士制度的建立以及秦博士与始皇之间的对立关系，认为儒家以仁义为理想，而秦始皇以集权为目的，正是博士不为秦始皇所用之缘由，然而这也正是儒生的价值所在[⑪]。

长期以来，“文学”观念的发生和演变备受学界关注。方铭以欧洲文学学科发展为参照，反思了中国文学的学科内涵，考察了作为文学源头的先秦“文学”在当时和现代观念和定义上的差异，梳理了孔门文学观念，认为先秦时代的“文学”实际上是典籍文字，因而笼统的认为今天所谓的经学或者六经就是文学的全部是荒谬的，而认为六艺非文学同样是错误的，究竟如何认识，显露了中西方学科划分方式之间的冲突。战国时代，“文学”的内容已突破了六艺的涵盖，文学之士所习的一切人文内容及其著述、言谈皆为文学活动的范畴。文学学科是中国固有的学科，其发展变化与西方文学虽然有别，但又有共性。今天的文学概念不包括过去曾经作为文学存在的某些文学形式，但是，应该把那些历史上存在过的文学形式看做是今天文学的历史，今天的文学观念正是在历史的演变中逐渐形成的[⑫]。于迎春则回顾了文学和文人发展、演变的早期历史，探讨了早期历史中文学、文人的形态和观念，认为直至东汉后期，文人文学才确立了以书面书写为主流的格局，而此前已经存在的“文人”形象显露了其共通的群体特征，可以视为一个稳定的人物类别。“文”是事物的内质富于美感的自然呈现，“士”是孕育文人的母体，“文学”即以富于修饰性的书面语写成的短篇诗文，善于艺术性使用文字的“文人”系由士中脱胎而出。古代的文人不一定要致力于学术、政治，但是他们往往兼有学者和士大夫的双重学养和身份，写作在他们那里成为这样的活动：以富于修饰性的艺术化言辞，以独立成篇的短小诗文，表现基于深厚的历史经验、人文传统之上的社会感知、人生义理和个人情性[⑬]。

战国时代社会急剧变革，思想自由交汇，方铭将该时代与欧洲18世纪浪漫主义时代做了对比研究，认为此时的思想、文学、艺术表现了与欧洲18世纪浪漫主义的广泛的相似性，但两者在生产方式、表现形式、文化传统等方面却存在巨大差异；战国时代所体现的浪漫气质使人相信，一个有创造性的时代总是具有某种浪漫气质和品格，这种相似性是中外文化交流的基础[⑭]。

方铭回顾了历来对于赋体文学之文体特征的认识，总结了赋体的特征，即以主客对答、铺陈对比来结构文体，利用美艳的辞藻、华丽的形式、夸张的语言、生动的形象，来完成讽谏的目的[⑮]。他指出，汉赋的讽谏特色与汉代《诗经》学尤其是《毛诗序》为代表的劝谏系统是一脉相承的[⑯]。孙明君也对汉代儒家诗教进行了研讨。他指出，汉武帝与儒家诗教、诗学之间的关系密切，形成于先秦时期的儒教诗教到汉武帝时期终于定型，罢黜百家独尊儒术的举措是汉武帝与以董仲舒为代表的新儒士之间的合作，使得儒家诗教由幕后走向了前台，由理论走向了实践，武帝以后，正统文学的创作及官方的文艺理论皆奉儒家诗教为指导思想，看上去是儒家与皇权的双赢，实际上是双方相互的妥协。武帝与儒家之间是利用和被利用的关系，他只是取我所用，为我所用。汉武帝本人所作的诗赋皆不符合儒家诗教的理论，反而是坚持了“诗缘情”的创作理念，超越了汉家——儒家的诗教理论。如果说汉家诗教理论在历史上起的是消极作用的话，那么汉武帝的诗赋创作在诗歌史上所起的作用，却完全是正面的[⑰]。

二、文学之学术史研究

在先秦两汉文学之学术史研究方面，《诗经》学术史研究历来为一大热点，本年度北京地区的学者在这一方面有丰硕的成果。

上海博物馆藏战国楚竹书《诗论》的研讨依然在继续。常森提出，在《诗经》学史上，上博楚简《诗论》具有三方面的重要价值：其一，提供了孔子创立《诗经》学的部分具体形态，确凿有力地证明了孔子开创《诗经》学的基本事实，因此在《诗经》学发生方面，其价值是无与伦比的；同时，《诗论》解《诗》，以儒家政教伦理规范为整体上的最高关怀，凸显了《诗三百》被经典化的根本取向，对战国至汉代《诗经》学的发展产生了深远影响。其二，凸显了郑玄子夏作《大序》、子夏与毛公作《小序》说的现实性。《诗论》是非常重要的时间指标，足以证明《毛诗序》不可能产生于孔子之前或孔子时代，也不可能产生于孔子之后太久，郑玄的说法从各方面推究起来最有理据，其他说法大都是想象附会之辞。其三，从某些根本方面复原了《诗经》学发展的基本脉络，显示了《诗经》学发展的一些重大承继和变异，使后人可以更确切和深入地认知《诗经》学史，认知孔子《诗经》学、子夏与汉儒《诗经》学以及朱子《诗经》学的特质[18]。姚小鸥与人合作，梳理了当下学界关于上博竹书《诗论》的两种截然相反的意见，——一种认为《诗论》的发现基本解决了《毛诗序》历经两千年的争讼，另一种则以为二者关系不大。他认为二者之间确有诸多联系，但不宜仅据思想和学术渊源认定两种文本的关联[19]。

传世《毛诗序》的作者及产生时代依然在热烈讨论中。常森《先秦文学专题讲义》第一编关于《诗经》部分，曾着重对《诗序》学案中的难题进行深入反思。作者利用大量传世文献以及新近出土的资料，立足于《诗经》学的授受以及《诗序》本身，详尽有力地驳斥了近代以来在学界占据主流位置的卫宏作《诗序》说，重申了郑玄子夏作《大序》、子夏毛公作《小序》的观点。作者把郑玄作为切入点来展开论证，指出郑玄注《仪礼》时并未见到《毛诗》，却引用过一种与《毛诗序》基本一致的诗序，此诗序只能来自郑玄原本接受的《韩诗》。《韩诗》有序，且有大量内容与《毛诗序》一致，证明《诗序》的产生当在今古文《诗经》学分流划派以前，绝不可能是在东汉卫宏时期；郑玄在《诗经》学授受方面有其特殊性，他先学《韩诗》，后学《毛诗》并为《毛诗》作笺，他是在认真比对了《韩诗》之序和《毛诗》之序的前提下，说子夏作《大序》、子夏毛公作《小序》的，并可能有传承方面的来源，最具权威性。此外，《诗序》本身也足以驳倒卫宏作序的说法。常森在该书中还以《毛诗》和《诗集传》为代表，梳理了《诗经》汉宋之学的异同，剖析了朱子《诗》学对文学质素的释放[20]。

檀作文着重梳理了20世纪以来关于《毛诗序》作者和时代问题的论争，认为受各时期不同学术思潮的影响，主流意见的形成呈现出很强的时段性。20世纪前半叶，先后受今文经学、《古史辨》派的影响，主流观点是认为出于卫宏之手，但此派多泥于朱熹旧说，以《后汉书》为文献依据，反倒是非主流意见派的黄节、朱自清等人的立论显得厚重。80年代初期，学术研究复苏，在具体思考《诗序》作者和年代问题上，研究者不再纠缠于《序》、《传》之间有无抵牾的争辩，而是从宏观上把握《序》和《传》之间的逻辑关系，发现《序》晚于《传》的可能性不大，但由于《古史辨》派的疑古思潮在此期仍有相当影响，故亦不大可能把《诗序》的著作权判给子夏，“《序》、《传》成于毛亨一人之手”成为主流意见。20世纪末，学界明确提出“走出疑古时代”的口号，《古史辨》派的疑古作风遭到严厉批评，与之相应，《古史辨》派主张的《诗序》出于卫宏之手的观点也遭到唾弃，传统的“子夏作《诗序》”说又重新占据主流地位。他认为，新世纪之交对《诗序》早于《毛传》说的认同，并不是对传统的一个简单回归，而是建立在详明而系统的考论基础之上的。但在“走出疑古时代”的同时，也出现了刻意求新的嫌疑，如主张《诗序》成于孟子之手，未免一厢情愿[21]。

对当代《诗经》研究的反思也已经开始。常森以扬之水《诗经名物新证》、姚小鸥《诗经三颂与先秦礼乐文化》、李山《〈诗·大雅〉若干篇图赞说及由此发现的〈雅〉〈颂〉间部分对应》为个案，反思了近年来《诗经》研究的现状，指出扬之水的著作虽然体现了名物传统在新的历史高度上的回归，却深受“温柔敦厚”等儒家《诗》教理念的羁绊，在学术史方面也存在着一些重大盲点；姚小鸥的著作研讨了《商颂》作年等学术史上向称艰深的问题，遗憾的是，其“原生态把握方式”最终几乎流为自相矛盾的臆断；李山论证《大明》、《思齐》、《绵》、《皇矣》、《生民》、《公刘》等六首诗是“对宗庙壁图上祖先人物及其业绩的述赞之辞”，方法和提法都有一定的启发意义，但立论太过险巧，得不到《诗三百》整体及其所处大文化传统的支持。他认为，这三种著作从不同层面上坚持《诗》与礼乐文化的一致性，并且力图探求《诗三百》的实际，都是带着沉重传统负荷的“诗经原始”[22]。常森还剖析了人们对于《小雅·采薇》一诗的严重误读，指出王夫之《薑斋诗话》以景、情相反相成的关系来把握《采薇》，说“昔我往矣，杨柳依依；今我来思，雨雪霏霏”等句是“以乐景写哀，以哀景写乐，一倍增其哀乐”，后人多奉此说为圭臬，当今学界不出其窠臼。然而，《采薇》根本就不存在以“哀景写乐”的问题，人们之所以这样理解，是因为忽视了诗歌的上下文，肢解了诗歌的有机体，同时也是由于人们在阅读时偏执于通常的想象；《采薇》之所以精彩，根本不在于所谓“以乐景写哀，以哀景写乐”，而在于写出了那位天天盼望回家的战士在归途中绵绵不尽的悲伤：这种悲伤给读者开启了新的思维空间，激发出丰富的联想，说明《采薇》不是从战士服役的单一视角来书写战争的祸害，还蕴含着另外一个重要视角，即战争给民生造成的更广泛更沉重的灾难，说明不管是开赴前方的战士，还是留守后方的那些战士的亲人们，都别无选择地啜饮着同一杯战争的苦酒，回家不是悲哀的结束，而是另一个不得不正视、不得不接受的悲哀的开始[23]。

先秦两汉文学之学术史研究还有其他方面的成果。常森反思了先秦两汉文学与哲学的关系，指出先秦两汉时期文、史、哲绝对不是处在同一个层面上的历史存在，笼统地说当时文、史、哲不分并不准确，因为这种提法强烈地意味着先秦文、史、哲当分而未分，强烈地意味着当时的文学不过是三者混合体中的一部分质素，这说到底是把现代学术观念作为绝对标准来评骘和切割客观的历史存在，遮蔽了三者之合体在当时恰恰是文或文学这一基本事实；当时所谓文或文学兼括近代以来所谓史学和哲学，而近代以来所谓的史学和哲学却不能反过来兼括那时候的文或者文学，所以，“文、史、哲不分”这一常见的提法应当修正为“文、史、哲不分而统于文”，这样说尽管从表面上看自相矛盾，却凸显着传统及现代两种文学观念的对话，并且也更符合先秦两汉文学的历史存在[24]。

20世纪以来，赋体文学在古代文学研究领域一直处于被忽视的境地，赵敏俐反思了这一问题，认为造成这种情形的首先一个原因，是赋体文学在当代文体学分类中遭遇了尴尬。赋体文学在古代各个时期都有着数量众多的产品，可是20世纪以来人们普遍采用四分法对文体进行归类，即分为诗歌、散文、戏曲和小说，中国古代重要的一类文体赋没有了明确的归属。从上个世纪二三十年代以来出版的各种文学史著作，大都冷落了赋体文学。所以对文体四分法应该进行反思，应该给予赋体文学应有的地位。赋体文学之所以有此尴尬遭遇，又一个原因是跟文学评价的价值体系有关。自20世纪初倡导白话文学民间文学、反对贵族文学文人文学以来，赋体文学的价值被过度地贬低，被视为歌功颂德、铺张虚辞滥说的形式主义文学的代表，赋体文学历两千年不衰的事实被忽略了。他提出应以历史的评骘眼光审视赋体文学的历史渊源，重视赋体独特的语言艺术，文学史理论体系的建设则应该改变以现代人的眼光代替古人的文学观，以及用西方文学的理论体系生硬评价中国古代文学的双重偏颇[25]。

赵明正梳理了刘勰在汉乐府研究方面的一些重要观点，认为《文心雕龙·乐府》篇实为“乐府史”研究的开山之作。刘勰从诗旨和诗艺两个角度确立了诗歌“雅义丽辞”的文艺观，从正统乐教观念出发确立了崇雅斥郑、“雅正平和”的乐曲观，对汉乐府极力批评，其持论在诗、声两方面都显得过于苛刻，但是刘勰第一次将“乐府”作为一个独立文体来研究，体现了批评家的敏锐眼识，首创之功不可没[26]。赵明证对20世纪汉乐府研究做了反思。她认为，五四新文化运动以后涌现了一批编写乐府诗史和笺注汉乐府的学术精品；50年代以后在马克思主义文学原理主导下进行研究，有得有失，但“文革”时期学术争鸣扩大为阶级斗争，留下了深刻的教训；80年代以后在现代学术思潮影响下出现了多元化研究态势，并开始对汉乐府学术史进行研究、整理。海外学者取得了丰硕的研究成果，《文心雕龙·乐府篇》的笺注和研究也颇资借鉴[27]。概括地说，20世纪汉乐府研究的成就在于：突破了古典诗学的研究范式，研究材料得到了拓展，开始利用出土文物；引进了西方文艺观念和现代文艺理论，运用神话学、民俗学、叙事学多学科理论来开展研究工作；突破了诗学范畴的评价体系，还原了汉乐府作为歌诗文本和表演文学底本的特质；从效果史和影响史的角度对汉乐府进行了比较研究，解决了研究史上的一些难题等[28]。

费振刚总结、评价了游国恩的学术成就，认为他毕生从事中国古代文学的研究和教育工作，在楚辞研究和中国文学史学科建设中贡献尤为显著，在中国文学研究现代化的进程中，他的著作为一定时期学术成就的标志，奠定了相关学科发展的坚实基础[29]。

三、作家作品研究

2005年度先秦两汉作家作品研究集中在《诗经》、屈原和《楚辞》、先秦寓言、司马迁以及《史记》几方面，另有还有关注孟子、东方朔以及汉代铙歌的一些成果。

褚斌杰关注《诗经》的体式特色，考察了《诗经》叠咏体结构方式的来源、类型、手法等各方面的问题，指出《诗经》叠咏体的结构与民歌原诗不无关系。民歌多是男女即兴歌唱，一般内容单一，形式简约，又多口头创作。乐师吸收了民歌的部分特色，根据音乐艺术的要求加以改造创制，这是《诗经》叠咏体式的重要成因。《诗经》叠咏体式的类型，包括纯叠咏体式和叠咏加独立章式，其中又有多种不同类型：二章叠咏式、三章叠咏式、四章叠咏式、混合叠咏式。叠咏式的运用也是多种多样的：或者各章抒写的内容一致，所变换的字表示时间、物态、情感程度的递进；或者每章内容一致，所变换的字起着铺叙和扩展内容的作用；或者每章抒写内容一致，但限于篇章的句数和字数，前章句意未完，需要通过叠咏在后章补足；或者每章内容一致，所置换的字为同义词或近义词，诗意始终如一，只是起尽兴发挥感情的作用[30]。

赵敏俐反思了如何把握《诗经》文体特征的问题。他认为，中国古代诗学传统是建立在儒家思想和文人创作基础之上的，他们在《诗经》研究中总结出了“风雅”与“比兴”两大法则，使之成为中国封建社会诗学传统中的两大理论基点，影响了几千年的文人诗创作。不幸的是这种“风雅”和“比兴”观并不完全是对《诗经》艺术本身的正确理解，而是对温柔敦厚的儒家诗教的具体阐发，并不能完全说明《诗经》的文体形成及其艺术成就。《诗经》作为一部具有多种实用功能的乐歌，其艺术成就不是依赖以述说为主要形式的诗，而是依赖以歌唱为主要形式的歌来实现的。《风》、《雅》、《颂》是三种不同种类的乐歌，所以才有了三种不同的诗体。正因为《诗经》是乐歌，所以古老乐歌形成的套语与曲式传统就直接左右了《诗经》的语言。他认为从乐歌传统入手，可以更准确地把握《诗经》的文体特征，也有可能对中国古典诗学法则及阐释传统进行修补[31]。

李炳海讨论了楚辞各种句型生成新诗体的问题，指出楚辞具有多种句型结构，各类句型的诗体生成功能不尽相同。《离骚》、《九章》的基本句型难以生成新的诗体，《九歌》上三下三句型存在生成七言诗的可能，《天问》、《招魂》则很容易转换成七言诗体；当楚辞散文化倾向明显时，通常难以生成新的诗体，而当它的诗歌特征很鲜明时，新的诗体比较容易生成。新诗体的生成必须利用原有诗体的句式，有时要借助音乐的推动。新诗体在楚辞中的孕育生成经历了一个发展过程，在屈原的作品中还只是提供了一种可能，宋玉的创作则把这种可能变成了现实，使七言诗句大量出现，并为三言诗的复兴创造了条件。汉代三言和七言诗的出现，先秦楚辞有生成孕育之功[32]。

常森《先秦文学专题讲义》第二编是关于屈原和《楚辞》的部分，指出屈原诗歌跟原始神话传统的关系凸显在两个紧密相连的层面，一是对原始神话传统的否定，一是对原始神话传统的否定之否定；二者中前者根源于屈原的理性精神，是屈原全部创作得以成立的逻辑前提，后者则直接决定了屈原诗歌的艺术本质。屈原诗歌之所以具有空前绝后的艺术魅力，大半得力于他对原始神话传统的这种扬弃。作者立足文本，考察了《楚辞》作品中诸多悬而未决的疑案，分析了《离骚》中“占卜”模式、“香草”模式、“求女”模式以及屈原作品中男女关系隐喻的实质，并且紧密结合《楚辞》作品，分析了共时性理解法的特点和价值，以具体写作显示了文本系统分析法的理论和实践意义[33]。

方铭论析了屈原的精神以及他的诗，强调屈原的诗表现了他对于社会正义的强烈追求。诗人理想远大，心念楚国，在《离骚》中将自己的政治理想概括为“美政”，以其深沉的悲愤和怨愁批判楚君的壅塞、群小的奸佞、世俗的谄媚，处处体现出忠贞以及视死如归的精神；屈原的独特魅力在于他悲剧性的生活经历，也在于他的作品风格，其创作感情之激荡，叙事模式之跳跃，以及超越时空限制的象征手法，给后人留下了无尽的精神财富[34]。方铭对《史记》本传中关于屈原身世及其行为的叙述提出了质疑，试图还原屈原本人的历史真实。他分析了同样热衷讽谏的东方朔对屈原的认知，将二人做了对比，发现东方朔《七谏》中透露的屈原身世更为合理，即人们通常认定的屈原贵族身份实质上是屈原自我追认的遥远的荣耀，远祖的贵族身份在屈原这里已经消失殆尽，他已经沦为一介草民，他自身的理政才能不足以应付楚国诸臣的攻讦。东方朔批判屈原才能不足应该是有根据的，在处世及政治方面屈原确无所长。东方朔采取滑稽的讽谏方式，当与他清醒认识了屈原式忠贞直谏的教训，不无关系。当然这也是两类人物性格不同的结果。滑稽家作为先秦两汉时代的一个重要团体，其鲜明的个性、狂放的行为、敏锐的处世智慧值得深入研究[35]。

常森《先秦文学专题讲义》第三编反思了先秦寓言研究中存在的诸多问题，指出先秦寓言从结构方式上说，实为一种被封闭的开放性的结构，寓言的所指对开放性的能指构成了封闭；这一结构模式不容忍受众离开说话人或作者赋予寓言的所指，对寓言进行多元化个性化的解读。作者分析了大量的作品，指出先秦寓言实有类比性寓言和举证性寓言两种，揭示了学术界长期以来把举证性寓言混淆为类比性寓言的弊端；此外，他还梳理了寓言的演进和兴衰[36]。

此外，李山考察了孟子个人人格修养中的“浩然之气”说，认为孟子的“浩然之气”取自黄老道家，孟子以前的儒家实无此说，而道家的“气”也是缘于古老的宗教之术。孟子修习的道家之术更确切地说是其应对生命困境、克服意义焦虑的方式。至于“浩然之气”的衰微，外在的原因可以说是社会政治环境的变迁。汉代大一统政治格局与孟子时代的分裂格局不同，统一的政治环境要求个人对于国家体制的遵循，个性受到一定压制。其内在的原因，则来自学派体系的难以融合，最终使得养气说成为孟子个人的一段“绝学”[37]。在《史记》研究方面，韩兆琦考察了司马迁所具有的民族思想，认为《史记》中多处记载了少数民族的事迹，突出地表现了司马迁进步的民族观；其内容主要有两个方面：一是认识到中国境内各民族都是黄帝的子孙，都是兄弟；二是同情弱小，反对压迫、扩张和掠夺[38]。姚小鸥着力分析了《汉鼓吹铙歌十八曲》的独特文本形态，在集中分析三个文本个案的基础上，总结了铙歌中的一般规律[39]。

四、作品辑校笺释及史料整理

作品辑校笺释是学术研究的基础性工作，往往也是最为艰难的工作。本年度这方面有两部著作值得注意。

一是费振刚跟仇仲谦、刘南平先生合著的《全汉赋校注》。该书对每一篇存有全部或部分正文内容的赋作，均在校注部分说明所用的底本，有的还详细说明了所使用的校本；而诸本间的文字差异亦在校注中一一说明。在辑录作品方面，该书比《全汉赋》（费振刚、胡双宝、宗明华合作辑校，北京大学出版社，1993 年）更为全面。它收录赋家以建安 24 年为下限，凡在此年之后还在世的赋家概不收录，一共收录了 91 人（其中两人佚名），作品 320 篇。它不仅吸收了《全汉赋》的校勘成果，而且进行了全面的勘误补缺，并且增添了校勘。在我国古代诸多文体中，汉赋字句的生僻艰深是首屈一指的，没有注释简直难以卒读。跟《全汉赋》相比，该书增加的第一项全新内容是注释，另一项全新内容，是在有些篇章之后设置了“历代赋评”[40]。有评论认为，在迄今为止已经出版的寥寥几种汉赋总集中，《全汉赋校注》无论是在搜罗作品方面，还是在校勘、注释以及辑录历代赋评方面，都堪称首屈一指的巨作，相信它会大大推进汉赋研究方面的工作[41]。

二是韩兆琦撰作的《史记笺证》。作者历时十余载，汇集了两千年来《史记》研究的主要成果和创见，编撰成这部 580 万字的著作，对《史记》原文重新标点、考证、校勘，对历代笺注成果进行整理，运用大量的考古成果印证史实、订正错讹，并收集了古今中外名家对《史记》及其所涉人事的点评[42]。有评论说，该书有以下几个特点：一是校勘精确。对当前通行本《史记》原文的文字讹误和标点失当做了校正，修改通行本《史记》字句和标点讹误 200 多处。这些修改立足文本的内证并吸收和补充了前人的研究成果，态度审慎、方法缜密。二是考据翔实。在尊重传统解释的基础上，充分吸收近百年来新的研究成果，对传统解释中的不当之处做了辨证，对过去解释模糊不清之处提出了有见地的新说；更注重运用近百年新发现、新出土的文献和文物，考订、验证《史记》原文所叙述的史实。三是广集笺证，采录各种古代遗迹，与历史人物事件相印证。四是博引评议，收集、引证了古今中外各类人物包括政治家、军事家、思想家、学者等对《史记》及其所涉人物事件的重要评论，使注释更坚实、更鲜活。五是荟萃评点，充分征集了古今名家的评点成果。该书在资料、观点、研究、注释、集评规模等方面均超出了日本学者泷川资言的《史记会注考证》，实为学界的盛事[43]。

文学史料整理方面，则出版了曹道衡、刘跃进主编的《先秦两汉文学史料学》。全书由概说和正文两部分构成，概说包括《史料与史学》、《先秦两汉的社会状况和文学史料》、《先秦两汉文学史料的缮写与流传》、《先秦两汉文学史料的特点》、《先秦两汉文学史料的分类》；正文分为三编，上编主要论述先秦文学史料及研究状况，中编为两汉文学史料学，下编主要介绍与先秦两汉文学研究相关的重要资料。该书针对先秦两汉文学史料因年代久远而产生的讹误较多、真伪难辨的问题，把先秦两汉典籍、前人整理的先秦两汉文学选本、总集以及石刻简帛文献等均列入考察范围，从史料的作者、时代、篇名、篇数等方面入手，对史料的基本情况进行了全面的考察，以帮助研究者更为科学有效地利用相关文献，为先秦两汉文学研究者提供了一份高质量的读书目录[44]。

（作者：韩海泉，北京大学研究生；
常森，北京大学副教授）

注：

①赵敏俐：《中国古代歌诗艺术生产与消费的基本方式》，《江海学刊》，2005 年第 3 期。

②赵敏俐：《略论〈诗经〉乐歌的生产、消费与配乐问题》，《北方论丛》，2005 年第 1 期。

③赵敏俐：《汉乐府歌诗演唱与语言形式之关系》，《文学评论》，2005 年第 5 期。

④李炳海：《原始宗教灵物崇拜的载体——洋洋大观而又井然有序的昆仑》，《世界宗教研究》，2005 年第 1 期。

⑤李炳海：《原始野性的展示、弱化和重现——先秦文学马意象的演变》，《社会科学战线》，2005

年第6期。

⑥马庆洲：《〈淮南子〉神话钩沉》，《清华大学古代汉文学研究论集》，中华书局，2005年3月。

⑦马庆洲：《〈淮南子〉所见先秦文献考》，《清华大学古代汉文学研究论集》，中华书局，2005年3月。

⑧李炳海：《从贫困非病到不以病为病——先秦道家文学中的疾病事象》，《中国文学研究》，2005年第3期。

⑨李炳海：《疾病中的贵族形象——先秦两汉文学的一个透视点》，《江苏行政学院学报》，2005年第6期。

⑩过常宝：《论古代史职的产生及其文化意义》，《学术界》，2005年3期。

⑪方铭：《儒家“迂远而阔于事情”辩——以秦博士与秦始皇的冲突为例》，《淮阴师范学院学报》（哲学社会科学版），2005年第2期。

⑫方铭：《先秦文学的学科内涵——以欧洲文学学科发展为参照》，《江海学刊》，2005年第1期。

⑬于迎春：《中国早期历史中文学、文人的形态和观念》，《立雪集》，人民文学出版社，2005年4月第1版。

⑭方铭：《战国巨变与欧洲浪漫主义运动的现象关联》，《黄冈师范学院学报》，2005年第2期。

⑮方铭：《关于汉赋研究的几个问题》，《北方论丛》，2005年第1期。

⑯方铭：《赋者古诗之流：〈诗经〉与汉赋的讽谏问题》，《漳州师范学院学报》（哲学社会科学版），2005年第2期。

⑰孙明君：《汉武帝与儒家诗教》，《清华大学古代汉文学研究论集》，中华书局，2005年3月。

⑱常森：《上博战国楚竹书〈诗论〉的〈诗经〉学史价值》，《中国诗歌研究》第3辑，中华书局，2005年8月版。

⑲姚小鸥、任黎明：《关于〈孔子诗论〉与〈毛诗序〉关系研究的若干问题》，《中州学刊》，2005年第3期。

⑳㉝㊱常森：《先秦文学专题讲义》，山西教育出版社，2005年7月第1版。

㉑檀作文：《20世纪以来关于〈毛诗序〉的作者和时代问题之论争》，《社会科学辑刊》，2005年第5期。

㉒常森：《现状与困境：近年〈诗经〉研究平议》，《南京师范大学文学院学报》，2005年2期，中国人民大学书报资料中心复印报刊资料《中国古代、近代文学研究》2005年第12期。

㉓常森：《归乡情悲：〈采薇〉新释》，《文史知识》，2005年第6期。

㉔常森：《先秦两汉文学与哲学》，《中国古代文学通论》（先秦两汉卷，傅璇琮、蒋寅总主编，赵敏俐、谭家健分卷主编），辽宁人民出版社，2005年5月。

㉕赵敏俐：《20世纪赋体文学研究的几个问题——兼谈中国特色的文学史理论体系建设》，《北京大学学报》（哲学社会科学版），2005年第4期。

㉖赵明正：《刘勰〈文心雕龙〉的汉乐府研究》，《福建师范大学学报》（哲学社会科学版），2005年第5期。

㉗赵明正：《20世纪汉乐府研究述论》（上），《甘肃社会科学》，2005年第2期。

㉘赵明正：《20世纪汉乐府研究述论》（下），《甘肃社会科学》，2005年第3期。

㉙费振刚：《游国恩先生学术成就评述》，《江西社会科学》，2005年第1期。

㉚褚斌杰：《〈诗经〉叠咏体式探赜》，《立雪集》，人民文学出版社，2005年4月第1版。

㉛赵敏俐：《乐歌传统与〈诗经〉的文体特征》，《学术研究》，2005年第9期。

㉜李炳海：《楚辞句型结构及其诗体生成功能》，《江汉论坛》，2005年第8期。

㉞方铭：《屈原：中国诗歌史上伟大的诗人》，《岳阳职业技术学院学报》，2005年第3期。

㉟方铭：《滑稽家及东方朔与屈原》，《湖南文理学院学报》（社会科学版），2005年第2期。

㊲李山、唐巧美：《“往圣”的一段“绝学”——论孟子“浩然之气”的宗教属性》，《中国文化研究》，2005年夏之卷。

㊳韩兆琦：《司马迁的民族观》，《湖北大学学报》（哲学社会科学版），2005第1期。

㊴姚小鸥：《〈汉鼓吹铙歌十八曲〉的文本类型与解读方法》，《复旦学报》（社会科学版），2005年第1期。

㊵费振刚、仇仲谦、刘南平合著：《全汉赋校注》，广东教育出版社，2005年9月出版。

㊶常森：《一代有一代之所胜》，《中国图书商报》第1229、1230期合刊，2006年1月27日书评·文史版。

㊷韩兆琦：《史记笺证》，江西人民出版社，2005年5月。

㊸谭家健：《韩兆琦的〈史记笺证〉集〈史记〉

校注笺释之大成》，《北京师范大学学报》（社会科学版），2005年第4期；牛鸿恩《〈史记〉注释的新收获：说〈史记笺证〉》，《渭南师范学院学报》，2005年第4期。

⑭曹道衡、刘跃进：《先秦两汉文学史料学》，中华书局，2005年2月。

魏晋南北朝隋唐五代文学

李 伟 马自力

2005年北京地区的魏晋南北朝隋唐五代文学研究，从整体上看十分活跃，呈现出多元化的特色；尤其是在选题的发掘和视角的开拓方面，取得了引人瞩目的成绩。众所周知，魏晋南北朝隋唐五代文学历来是整个中国文学史研究的重要时段，集中了本学科人数众多的研究力量。但是，就其研究视野和疆域的开拓而言，多年以来一直有待突破。这是毋庸讳言的。而2005年北京地区魏晋南北朝隋唐五代文学研究取得的实绩，可以说初步改变了这一现状，它使人们有理由相信，这一传统的研究领域仍然拥有强大的更新能力和广阔的发展空间。

以下循着从研究观念的拓展更新到具体的研究实践这一线索，对2005年北京地区魏晋南北朝隋唐五代的研究成果做一概述。

一、中华民族整体文学的理念、通识的眼光与社会—文化研究的视角

在文学研究理念的拓展与更新方面，首先值得关注的是“中华民族整体文学”这一理念的再度强调和广泛认同。

杨义在《重绘中国文学地图与中国文学的民族学、地理学问题》一文中明确地提出了重绘中国文学地图的问题。这篇文章是在国内外几所著名大学所做演讲的基础上整理而成的，作者运用一种独特的“形象思维”进行宏观的理论思辨，其核心就是“文学地图”的概念：“地图概念的引入，使我们有必要对文学和文学史的领土，进行重新丈量、发现、定位和描绘，从而极大地丰富可开发的文学文化知识资源的总储量。首先，这种地图当然是文学这个独特的精神文化领域的专题地图，它有自己独特的地质水文气候和文化生态，它要揭示文学本身的生命特质、审美形态、文化身份，以及文体交替、经典形成、盛衰因由这类复杂生动的精神形成史过程。其次，这个地图还是一个中国这样文化千古一贯，又与时俱进的大国的国家地图，它应该展示我们领土的完整性和民族的多样性，以及在多样互动和整体发展中显示出来的全部的、显著的特征。文学与地图的互动，就是以文学生命特质的体验去激活和解放大量可开发、待开发的文学文化资源，又以丰厚的文学文化资源充分地展示和重塑文学生命的整体过程。作为现代大国，中国应有一幅完整、深厚而精美的文学地图。”①

如何重绘中国文学地图？作者提出要与民族学、地理学相结合，关注多民族文化的融合、地域文化的特色、作家的出生地、宦游地、流放地、大家族的迁移、文化中心的转移等问题，只有这样，才能把被传统文学史观遮蔽的那些文学史发掘和展现出来。作者正在撰写的多卷本《中国文学图志》（其中“宋、辽、金、西夏、回鹘、大理、吐蕃卷”已经出版）便是“重绘中国文学地图”这一思想的具体展开。

“重绘中国文学地图”问题的提出，实际上是再度强调了“中华民族整体文学”的理念，这一理念在近年的学界已经得到了广泛的认同。而魏晋南北朝隋唐五代恰好是中华民族融合和文化交流特别活跃的时期，许多著名的文学家或者有着少数民族的血缘，或者受到少数民族文化的影响。如果从中华民族整体文学的角度考察本时段的文学发展，相信“重绘”以后这一时段的文学必将呈现出新的面貌。

其次值得注意的是通识的眼光与社会—文化研究视角的提倡。

这实际上也是古代文学研究界多年来的一种呼声。数年来，傅璇琮对于通识的眼光与社会文化研究视角的提倡一直不遗余力。本年度，他在为《华南师范大学学报》“新视阈下的唐代文学研究”专栏撰写的主持人语中，又一次强调指出：“走过20世纪的现代学术之路，唐代文学研究已经跨入一个新的纪元。无论是基础资料建设还是文学理论探讨，无论是学术领域的开拓还是学术方法的创新，都取得了令人瞩目的成就。立足于20世纪的学术发展，面向21世纪的学术趋向，唐代文学研究应走向更具广阔前景和广泛意义的社会—文化研究。”

在这样一个大的学术背景下，他强调研究者应该具备一种现代学术观念："对作家作品及文本研究外，更应将文学视为特定社会历史文化条件的产物之一，对文学的研究应在社会文化大背景之下来进行。从文化视角切入唐代文学研究，是一种历久弥新的方法。如闻一多的唐诗研究、刘师培论文学的地域性特征、陈寅恪以诗证史及文史互证等，皆为后学者树立了典范。作家的出现和成熟、作品的内容和表现形式、文人的唱和和交往、文化的传播和接受，自有其生长的社会文化土壤。应将文学的研究拓展到政治制度、传统思想、社会思潮、社会群体（家族、流派、作家群、社团等）、科举、幕府、音乐、绘画、民俗、交通等文化层面，注意在文史哲相关学科和其他交叉学科的联系中探索知识分子的生活道路、思维方式、心灵状态和社会处境。对复杂的文化背景的综合研究将有助于人们更真实而深入地解读文学，厘清文学与社会文化的多重互动关系，从总体把握文学史的复杂流变和演进规律。这对研究思路的拓宽、研究领域的开辟和研究方法的更新不无裨益。"②

由傅璇琮、蒋寅担任总主编的《中国古代文学通论》③，便体现了上述学术思想。这部由众多学者参与撰写的七卷本著作，总体上强调一种通识的眼光和现代学术观念，注重考察文学与社会文化的多重互动关系，为中国古代文学研究领域的开拓作出了积极的贡献。这套七卷本的巨著虽然是2004年底问世的，但它真正发生影响是在第二年即2005年，所以我们把它放在本年度予以评述。

从全书的体例来看，分为上、中、下三编。以刘跃进担任分卷主编的"魏晋南北朝卷"为例，上编为"魏晋南北朝文学的基本内容"，分别概述本时段的各种文学体裁，如诗歌、散文、辞赋小说和文学批评；中编为"魏晋南北朝文学与社会文化"，分别概述本时段与文学发展关系密切的各种社会文化事项，包括"'建安风骨'再解读"、"魏晋玄学的兴起与正始文学"、"玄言诗与山水诗"、"世族与魏晋南北朝文学"、"佛教与魏晋南北朝文学"、"音乐与魏晋南北朝文学"、"绘画与魏晋南北朝文学"、"四声的发现与近体诗的发展"、"史家意识与汉魏六朝志人小说的发展"、"北朝社会环境对学术和文艺的影响"；下编为"魏晋南北朝文学的基本文献"，分别概述本时段的文学总集、诗文、文论、小说研究文献以及相关的其他历史文献和考订著作。值得注意的是卷末的"结语"，虽然这部分内容所占比例较少，但其性质相当于本时段研究的学术综述和课题指南，分别概述了魏晋南北朝文学研究在三个方面（原始资料研究、社会文化研究、文学批评研究）的重要突破、魏晋南北朝文学的专题研究与综合性文学史、魏晋南北朝文学研究的新课题。在"结语"之后，是附录"研究书目举要"，列举了魏晋南北朝文学研究的基本书目和重要研究专著。

可见，这部综述研究成果、指示学习门径的"通论"著作，其特色在于资料性和思想性的结合，它系统地概括了本学科成立以来，特别是近年来相关领域的代表性研究成果，从中可以看出古代文学研究的学术风尚和发展趋向。再比如由蒋寅担任分卷主编的"隋唐五代卷"，其中编部分概述了隋唐五代文学与政治、传统思想、宗教、科举制度、文学传统、艺术、交通、幕府、妇女等专题，而这些专题的研究成果，十分清晰地反映了近年来隋唐五代文学研究发展的趋势和路向。

钱志熙的《魏晋南北朝诗歌史述》一书，也体现了上述研究理念。该著阐述了魏晋南北朝各时期诗歌的渊源流变，以及各时期诗歌与当时思想文化的关系，并将这一段诗史放在整个上古至近代的诗歌史中加以考察，从而使论述具有开阔的视野和厚重的历史感④。

曹道衡的南北朝文学研究，一向注重史学和文学的结合，他的《北朝社会环境对学术和文艺的影响》一文，论述了南北朝时代北方文学的基本状况及其与南方文学的差别。文章指出，西晋灭亡之前，中国的学术文化中心原在北方，尤其黄河沿岸一带。但此后，战乱频仍，民不聊生，文人有的饥饿而死，有的疆场捐躯，有的惨遭杀戮，有的隐居山林，有的避乱外迁，无暇进行学术活动，几无著作传世。后来，一些南迁文人及其后裔在江南的土地上，继承和发扬了中原文化的传统，创造了灿烂的六朝文学和艺术。另一部分人无法南奔，避地河西，其后裔成了北朝学术文化复兴的一支重要力量。还有一部分人避居河朔地区，成为北魏的高门士族，对北朝文化做了不少贡献。多年来，曹道衡在南北朝文学研究方面做了许多开创性的工作，得到了学界的广泛认同，故而这篇论文的主要内容被《中国文学通论·魏晋南北朝文学卷》作为专题研究成果进行了概述⑤。

二、运用艺术生产理论研究古代歌诗的生产与消费

从文学的生产与消费角度来考察古代文学，无疑会令人感到耳目一新。赵敏俐、吴相洲等人共同撰写的《中国古代歌诗研究——从〈诗经〉到元曲的艺术生产史》⑥一书，运用马克思的艺术生产理论研究中国古代歌诗，亦即可以演唱的诗歌，开辟了一种全新的研究思路和研究方法。

本书从照顾各时代特点出发，从艺术生产的总原则出发，每个时代分别选取不同的问题展开讨论，以期能更好地反映各时代艺术生产特点，反映中国古代歌诗艺术生产内容的丰富性。全书共12章，导论和结语各一，以时代划分，从《诗经》至元曲，分别探讨了各时代歌诗艺术的成就和特点。

在魏晋南北朝隋唐五代部分，本书设立了“魏晋南北朝时代的歌诗生产”、“艺术生产视野下的魏晋南北朝歌诗艺术成就”、“初盛唐诗歌创作与歌诗传唱的关系”、“中晚唐诗歌创作与歌诗传唱的关系”四章，分别考察这一时段与歌诗生产和消费相关的各个部门与环节。比如，在考察“魏晋南北朝乐府机关的变革与歌诗生产”时，作者就分别从“汉哀帝罢乐府的政治背景及其对歌诗生产的影响”、“魏晋南北朝乐府官署的变革与清商乐的发达”、“北朝及隋代乐府官署的变革与胡乐的流行”等三个方面展开论述。

可见，本书从生产与消费的角度研究歌诗，实际上是把诗歌创作以及传播这两个过去被看做是相互独立的环节和过程打通了。本书所体现的理论创新的勇气和取得的成绩是值得赞许的，所以在这里特别提出，以期引起学界的关注。

三、从制度的层面关注文学以及跨学科研究的发展

从制度的层面关注文学的发展，是近年来古代文学研究的一个新的取向。在本时段，科举制度与文学的关系较早有学者涉及，而选官制度与文学关系的研究则是近年来开拓的一个新的领域。

关于后者，有陈铁民、李亮伟的《关于守选制与唐诗人登第后的释褐时间》的文章，该文针对王勋成《唐代铨选与文学》一书中“唐时及第进士必须守选三年才能释褐授官”的提法进行商榷，认为这一提法牵涉到不少唐代诗人的生平事迹考证问题，值得深入探讨。作者认为，王说大抵符合中、晚唐的情况，却并不符合初、盛唐的实际。作者据此认为，王勋成对岑参、王维生平进行的改写难以成立⑦。这虽然是一篇针对唐代选官制度与文学的商榷文章，但是作者并没有否定二者之间的联系，而是试图把二者的联系落到实处，因而可以说是这方面研究的进一步深化。

上文提到的社会文化研究实际上属于跨学科研究，作为一种价值取向，无疑是值得肯定的，但是也要看到它们面临的共同问题就是如何找到合适的选题，使得跨学科研究既能敏锐地把握文学与其他学科的关联，又不能因此而放弃了文学的本位。跨学科研究在近年的发展状况及其存在的问题，正如张海明在《跨学科比较与中国古典文学研究》一文中所指出的，跨学科比较虽属比较文学研究方法，但在中国古代文学研究领域有着广泛的应用前景，中国古代的泛文学观念、文史哲不分的传统以及文学和艺术的密切关联，为跨学科比较提供了宽广的用武之地，故自20世纪80年代以来得以迅速发展，成为这一时期古代文学研究的重要现象。倘能结合古代文学研究的实际需要对该方法加以变通灵活应用，相信有助于更好地认识古代文学的整体特性和对具体文学现象作更深入的考察⑧。

在政治与文学的关系方面，统治者的需要和提倡对文学发展的影响一直是人们关注的重点。如李俊在《初唐时期的祥瑞与雅颂文学》一文中指出，初唐时期统治者对天降祥瑞表现出极大的兴趣和政治依赖，受其影响不但产生了大量润色鸿业、歌颂祥瑞的表奏赋颂，而且渐渐形成了初唐诗歌“观照自然”的一种普遍的心理状态，确立了雅颂文学写作的基本感发方式。在具体的景物描写以及咏物的过程中，也着重强化融和绚丽的嘉祥气氛，甚至表现民间生活的风物之美，佛寺道观的福地圣域都受到这种心态的影响⑨。

在音乐与文学的关系方面，人们关注较多的是永明声律说与音乐的关系。如吴相洲《永明体的产生与佛经转读关系再探讨》一文指出，自从陈寅恪提出永明声律说的产生是受佛经转读影响这一观点后，几十年来学界聚讼纷纭。作者改变了以往只注意探讨四声知识来源的研究方向，对佛经转读和永明体这两个关键主体做了具体考察，发现二者之间存在显而易见却一直被人忽视的联系，即二者都是与音乐有关的一种活动，所遇到的问题有很大的一致性，即都是要解决字与声（词与乐）的配合问题，这是把二者联系起来的最重要的依据，但目前尚无直接证据表明永明体的产生就是受到了佛经转读的影响⑩。

除了永明声律说与音乐的关系之外，乐府曲辞与音乐的关系也是学者关注的课题。姚小鸥的《关于刘宋“今鼓吹饶歌”〈上邪曲〉的研究》即为这方面的代表。作者认为，《宋书·乐志》中保存有若干声辞杂写、不可通读的古代曲辞，包括《上邪曲》在内的刘宋“今鼓吹饶歌词”三篇尤为难解。“今鼓吹饶歌词”《上邪曲》的研究对于其本身及其他汉魏六朝乐府曲唱文本的解读都具有重要意义⑪。

在宗教与文学的关系方面，丁放、袁行霈的《唐玄宗与盛唐诗坛——以其崇尚道家与道教为中心》一文是本年度的重要成果。该文指出，唐玄宗治国之道以道家清静无为的思想为主，盛唐时期，朝廷弥漫着崇尚道家和迷信道教的氛围，其影响所及，造成道教诗歌的兴盛。与此同时，在唐玄宗周围形成几个道教人物的中心，他们既能对玄宗的政事产生影响，又在自己周围聚集了一批诗人，成为沟通诗人与玄宗之间的桥梁。这些盛唐道教诗歌与前代游仙诗相比，在题材、风格、体裁等方面都有了新的特点。这篇文章由盛唐道教与文学的关系，引出盛唐道教诗歌的话题，并由此考察政治人物与文学的关联以及盛唐道教诗歌的文体特征等，收到了多重的功效，可以说是跨学科研究的典范之作[12]。

在社会学与文学的关系方面，有学者提出以社会学的社会角色理论来考察社会角色与文学创作的互动关系，这可以说是对以往文学社会学研究方法的一种深化。如马自力的《论中唐文人社会角色的变迁及其特征》一文，从社会角色的变迁角度考察中唐文学的整体特征，指出士是中国古代的一种重要社会角色，唐前士人的社会角色经历了曲折的变化，唐代士人社会角色的变迁是与唐代社会政治的变迁紧密相连的，而儒士、文人和官僚的三位一体，构成了唐代文人的基本面貌。从社会身份的角度看，活跃在唐代社会政治文化生活中的几种社会角色，基本上可说是郎官、翰林学士、谏官、幕僚、州官等等。这几类人中，除了翰林学士是新产生的一种社会角色外，其他几类基本上是在原有的官僚体制格局中略作调整；但郎官、幕僚和州郡官之流在社会政治和文化活动中尤为活跃，所起的作用也更加明显。科举和入幕，特别是科举，成为士人改变自己的社会地位和转换社会角色的两大基本途径。大多数士人都走过这条坎坷不平之路。而科举和入幕的共存，集中体现了唐代士人社会角色变迁的时代特征[13]。

从社会角色的角度考察文学，其出发点是试图把文学的演进过程还原为活的历史图景。马自力的另一篇论文《中唐谏官及其活动与文学》即贯彻了这一视角。作者认为，谏官是中唐政治和文化舞台上活跃的社会角色之一。中唐文人具有强烈的泛谏诤意识，从谏诤精神在中唐谏官诗文中的消长，即谏诤传统在中唐的继承与变奏的轨迹中，可以清理出中唐谏官的文学活动和创作特色，还可以发掘出谏官的这种身份以及基于这种身份的观念和言行与文学活动之间的互动关系[14]。

四、发掘中国文学传统新的内涵

发掘中国文学传统新的内涵，可以说是一项艰巨的开创性工作。由于其内容与本时段研究相关，所以也在这里特别提出。韩经太的《诗艺与“体物”——关于中国古典诗歌的写真艺术传统》一文，即是发掘中国古典诗歌写真艺术传统的努力。文章通过对魏晋六朝、唐、宋以来诗学批评及诗歌创作实践所共有的艺术课题的系统考察，揭示出中国古代诗歌艺术本来存在着“体物”写真艺术传统这一长期被忽略或轻视的事实。作者认为，具体分析中国古代诗歌先后与辞赋和绘画艺术所发生的历史性联系，并使之与魏晋至于唐宋之际体物写真的诗艺讲求联系起来，将不仅发现其含有艺术竞技与科学理性的诗艺学精神，而且可以具体认识到在写实求真中实现艺术原创的特定创作意识[15]。

五、在文体研究中注重各文体间要素的相互关系与影响

在文体研究方面，唐诗体裁历来是人们关注较多的对象。钱志熙的《论唐诗体裁系统的优势》可以说是有关唐诗体裁的宏观研究。作者认为，唐诗艺术特征之形成、唐诗之繁荣，与唐代诗人使用的近体、古诗、乐府体三足鼎立的体裁系统存在密切的关系。唐代诗人在运用古近体的体裁系统方面，具有后世所没有的优势，这就是“唐诗体裁系统的优势”。它是我们认识和研究唐诗的另一种思路。唐诗体裁系统中诗与歌的关系、古体与近体的关系，是唐诗体裁系统中存在的两大矛盾，同时又因矛盾的张力而成为两大优势[16]。

与唐诗体裁研究平行的是词体的研究。董希平的《诗人之词与词中诗心——论中唐诗歌影响之下的文人词》认为，中唐是早期词史发展的重要阶段：彼时的文人词作者皆为声名卓著的诗人，尚无专业的词作者出现；其时的文人词与诗没有明确的界限与分野，演唱实践中诗词并用、难分彼此，词尚未成为独立的文体；词在意境、取象、表现情感等方面，都有鲜明的中唐诗歌的特点。可以说，中唐词是诗歌影响之下的诗人之词。对于中唐词这一特征的考察，揭示了诗歌对于早期词发展的影响以及早期词体建设所作的贡献[17]。

在文体研究中，注重考察文体间各要素的相互影响，是近年来值得注意的一种研究动向。这里所说的文体间各要素，既包括各种不同的文体，比如汉赋与小说；也包括不同文体中某些具有强势影响的要素，比如诗风与词风。陈君的《张衡〈西京赋〉

与〈思玄赋〉中的小说因素》考察汉赋与小说的互动关系，认为张衡赋与小说情节暗合的情形并不是孤立的现象，它是东汉时期两种繁荣的文体之间发生相互影响的例证[18]。董希平的《中晚唐诗美学与词的特质》关注的是诗词之间的相互影响。作者认为，中晚唐是唐诗风貌变化的重要转关，也是诗词盛衰更替的重要转关，诗衰词盛一时成为当日文坛发展的趋势。诗歌俗艳、浅直等一系列与流行曲词相似的特征逐渐得到强化，其中所显示的新的审美追求逐渐与词的内在特质相重合。李贺、李商隐、韩偓三位前后继起跨越一百余年的诗人可为代表，他们的作品在特征、功能上接近于词，其语言、意象、技巧也在文人词的创作上导夫先路，为稍后的词人所祖尚。诗歌的词化及其对词体的影响在此得到充分体现[19]。

六、对文学风格、文人交往与文学流派的新定位

蒋寅的古代文学研究一向追求学理的自觉，他的《孟郊创作的诗歌史意义》就是一个例证。该文着重研究文学风格与艺术倾向的时尚问题，以及它们因超前、流行、滞后的时差带来的价值差异，从而对文学风格的意义进行了新的定位。

从严格的意义上说，任何一位诗人都是一个独特的存在，任何一种风格和表现都有不可取代的价值。然而实际上，每位诗人、每种风格和艺术表现由于出现的时间不同，对于诗史的意义也是不一样的。向来的研究一直注重于诗人风格及艺术特征的差异与独创性，而相对忽略了风格与艺术倾向的时尚问题，从而也就忽略了它们因超前、流行、滞后的时差带来的价值差异。有些诗人的创作，孤立地看固然也很有特色，但如果放到诗史的进程中去考察的话，就会呈现出更不寻常的诗史意义。孟郊就是这样一位诗人，尽管他作为一位风格独特的诗人一直为研究者所重视，其诗史意义也被从不同方面加以认识和肯定，但他对中唐诗歌所产生的主要影响尚未得到充分揭示，这主要是因为学者们对孟郊诗风的分析都集中于本文层面，通过意象和语言运用的特征来说明其诗境和风格的形成，较少深入到感觉的层次，研究其独特的感觉方式，从而发现孟郊在中唐诗坛的特殊意义。

《孟郊创作的诗歌史意义》一文从孟郊的艺术渊源与艺术倾向入手，研究诗人的感觉方式及与大历诗、元和诗的关系，认为他在唐诗演进中的特殊意义在于：第一，作为皎然和韩愈之间的过渡性人物，孟郊对中唐复古思潮起了前导作用；第二，其诗歌中显示出强烈的自我意识，强化和深化了诗歌抒情的主观色彩；第三，孟郊用独特的诗歌语言形成了他主观化的艺术表现，为中唐尚奇的诗歌风气开了先河[20]。

如果说蒋寅的孟郊诗歌史意义研究为文学风格做了新的定位，那么杨义的《李白诗的生命体验和文化分析》则为文学风格研究提供了一个新的范本。作者指出，李白的醉态思维、远游姿态、明月情怀是其对中国诗学的重要贡献。李白继承了诗酒风流传统，同时又借助于胡地以及黄河、长江文明的综合气质，为我们民族的精神体验、审美体验提供了一个新的空间和新的形式。一般的文学风格研究常常是从文学意象和语言修辞的角度展开，而本篇论文从作者的中华民族整体文学理念出发，借助民族学和地理学的方法，对李白诗歌的风格进行了独特的审美解读，从而给人们带来不少启发[21]。

以往从文人交往的角度研究文学，大都是在一般意义上的考察文人间的个人关系，较少涉及创作风格和文学流派的层面。陈才智的《张祜与元白诗派的离合》一文与此不同，该文研究张祜与元白的交往，其目的在于探讨张祜的诗歌创作风格及与元白诗派的关系。作者认为，张祜与元白诗派有合有离。就交往而言，离多于合；就诗歌创作而言，尽管可以自成一派，但在浮艳与讽谏之篇并存、古题乐府和新题乐府颇具元白新乐府精神、诗作中不乏浅近的律绝这三点上，则与元白诗派的合多于离。因而张祜位居白派入门弟子之席，还是有相当资格的[22]。

七、对“魏晋文学自觉说”的反思以及中古文学理论范畴的梳理

在近年来的中国古代文学研究中，“魏晋文学自觉说”是最有影响的一种说法，它甚至成为许多人从事中国古代文学研究中的一个常识性判断。但是，赵敏俐的《“魏晋文学自觉说”反思》就对这一常识性的判断提出了大胆的质疑。该文指出：日本学者铃木虎雄首倡的“魏晋文学自觉说”并不是一个科学的论断，而鲁迅先生接受这一说法本是一种有感而发，虽然具有一定的学术启发性，但是不能把它上升为一种文学史规律性的理论判断。“汉代文学自觉说”是对“魏晋文学自觉说”的一个有力挑战，从汉魏以来“功利主义”与“文学自觉”、汉人的“个体意识”与抒情文学的关系来看，促进汉魏以来中国中古文学发展变化的根本原因是秦汉社会制度的变革、文人阶层的出现及其特殊的文化心态，以及他们对于文学的基本态度。以此为基础，可以清晰地看到从汉到唐的中国文学的演变轨迹。“魏晋文学自觉说”不能全面地描述中国中古文学的发展过程，它影响了我们对于中国文学发展规律和本质特征的认识，因而在中国中古文学研究中不适宜使用“文学自觉”这一概念㉓。

应该说，这一质疑以及文章倡导的“汉代文学自觉说”是有一定的道理的，但是，我们更加看重的是提出这一质疑的理论勇气。

有关魏晋南北朝隋唐五代时期文学理论基本范畴的梳理工作，可以举詹福瑞的《中古文学理论范畴》一书为代表。该书按文德、文术、文体、文变的秩序设立了四章，每章均择取其所属“最为重要、影响深远”的概念、范畴，“给以考辨和分析论述”，外加一篇综述性质的《引言》和一篇附录《传神理论实质的历史演变》。全书重在从“史”的角度对中古时期文学理论的核心范畴进行正本清源㉔。

八、借助学术评论表达学术思想

2004年北京地区的学者在从事学术研究之余，也积极投身于学术评论。这种情况的出现，显然与近年来古代文学研究成果引人瞩目有关，更与世纪之交以来学术史研究的兴盛趋势密切相关。

这些学术评论有一个突出的特点，即许多学者往往借助对同行研究成果的评论，来表达自己的学术思想和学术见解。如陶文鹏、张剑的《评傅璇琮〈唐宋文史论丛及其他〉》，对傅璇琮数年来在学科建设方面所做的努力，及其在唐宋文史研究方面取得的成就给予了高度的评价，同时也寄寓了作者对古代文学跨学科研究的见解㉕；葛晓音的《力求摆脱依傍的唐传奇研究——评李鹏飞〈唐代非写实小说之类型研究〉》，在丝丝入扣地评析李鹏飞的《唐代非写实小说之类型研究》之余，表达了自己对古代小说研究的深入思考，同时对目前学术界存在的过度依傍前人，只满足于小修小补的不良倾向提出了批评㉖；蒋寅的《游刃于文学史话语和文化政治之间》评析陈国球的《文学史书写形态与文化政治》一书，旨在反思文学史话语和文化政治的异同和边界，希望在二者之间找到相同和互动的关节点㉗；而蒋寅的另一篇书评《在宇文所安之后如何写唐诗史》则把眼光投向汉学家宇文所安，从杰出汉学家的治学之道反观国内学界存在的种种问题和弊端㉘。这些学术评论尽管有的超越了本时段研究的范围，但对于当下和今后的文学史研究无疑具有显而易见的启发和促进作用。

（作者：李伟，北京科技大学副编审；
马自力，中国社会科学杂志社编审）

注：

①《文学评论》，2005年第3期。

②《唐代文学研究：社会—文化—文学》，《华南师范大学学报》，2005年第2期。

③辽宁人民出版社，2004年12月。

④北京大学出版社，2005年6月。

⑤《周口师范学院学报》，2005年第1期。

⑥北京大学出版社，2005年9月。

⑦《文学遗产》，2005年第3期。

⑧《清华大学学报》，2005年第1期。

⑨《中国青年政治学院学报》，2005年第5期。

⑩《文艺研究》，2005年第3期。

⑪《北方论丛》，2005年第1期。

⑫《中国社会科学》，2005年第4期。

⑬《陕西师范大学学报》，2005年第6期。

⑭《文学遗产》，2005年第6期。

⑮《文学遗产》，2005年第2期。

⑯《陕西师范大学学报》，2005年第4期。

⑰《天中学刊》，2005年第3期。

⑱《文学遗产》，2005年第5期。

⑲《中国韵文学刊》，2005年第1期。

⑳《华南师范大学学报》，2005年第2期。

㉑《文学遗产》，2005年第6期。

㉒《文学遗产》，2005年第5期。

㉓《中国社会科学》，2005年第2期。

㉔中华书局，2005年7月。

㉕《文学评论》，2005年第4期。

㉖《北京大学学报》，2005年第2期。

㉗《读书》，2005年第8期。

㉘《读书》，2005年第4期。

宋元明清文学

刘勇强　王　颖

2005年，北京地区的宋元明清文学的研究取得了许多重要的成果，兹依文体分述如下：

一、诗词文研究

综观2005年诗、词、文方面的研究论文，对苏轼的诗词创作手法、文学思想、乃至苏门创作的研究堪称一大热点。郑园的《东坡词题序研究》指出苏词题序既有东坡自叙传的性质，又能以现实为辅证，使空灵的词体更加意味深长。同时苏轼于题序的制作也标志着词之一体朝向个人化写作的趋势①。其另一篇论文《说东坡词中的"清"》则通过对东坡词中"清"的造语统计及用法分析，阐释了东坡对于"清"这一概念的执着和独特的趣味②。朱靖华的《东坡的灵感论》用现代思维理论分析了苏东坡对灵感的认识和苏东坡灵感理论对文艺理论的贡献，并从苏东坡的创作实践介绍了获取灵感的几种主要方式③。其另一篇文章《东坡意象创造论》认为，苏轼的意象理论已与现代"第三自然界"艺苑直接相连，具有重大的艺术创造价值④。高云鹏的《苏轼诗中的"病兽"意象研究》则对苏诗中的大量以"病马"、"瘦马"为代表的"病兽"意象进行研究，并分析这类意象的审美内涵及苏轼钟爱这类意象的原因⑤。傅怡静、谷曙光的《抵牾与共识：苏轼与莱辛之诗画论》指出苏轼与莱辛在寻求诗画艺术间的规律时，一个侧重于共同规律，一个着眼于特殊规律，由此分析二人观点的抵牾与共识⑥。张宝石的《东坡题画诗的文化解读》提出苏轼最早有意识地将诗与画结合成有机的整体⑦。还有一些论文立足于苏轼与其他作家的比较。如刘晓珍的《苏词与姜、张词禅意清境比较》⑧，郑永晓的《试论苏、黄齐名及其诗歌优劣之争》⑨，马东瑶的《苏门酬唱与宋调的发展》⑩张剑的《苏门的变相——论晁补之的散文》⑪等。

对于其他作家的个案研究也有一些创获。晁说之的家族，是宋代著名的中原文学世家，晁说之本人在宋代文学史上也有一定地位，他与苏轼、黄庭坚、秦观、陈师道等著名文人交情甚好，他的诗歌，既典型体现了宋诗"以文字为诗"、"以议论为诗"等特点，同时又避免了江西末流满足玩弄文字技巧的流弊，而是将诗歌创作与社会现实以及忧时伤世的情怀联系起来，带有自身的特色。他的独特的陶诗观，也反映出宋代诗坛崇陶的同时，还有另类的声音存在，为我们认识宋代诗学的多元性提供了一种视角。这是张剑《晁说之研究》为我们展示的宋代文学史、思想史的一个新侧面，此书分世系、年谱、个性、学术、诗歌、散文六章，较为全面深入地将晁说之的家世背景、生平事迹、个性气质、学术贡献、文学成就展现出来，填补相关研究的一个空白⑫。另外，张文澍的《风霜万里苦吟人——论元末回回诗人丁鹤年》认为丁鹤年是中国历史上民族文化融合的一位标本式人物⑬。周绚隆的《拟物写形与抒情的符号化倾向——陈维崧咏物词中的自我表现》指出迦陵咏物词中绝大多数作品都带有作者自己的生命感受，在技法上进行了广泛的尝试⑭。

对文学流派、诗人群体及诗体的关注亦是2005年诗词文研究的一个亮点。马东瑶《苏门六君子研究》就是这样一部专著。全面考察了"六君子"集中到苏轼门下的动机和过程，梳理了苏轼和"六君子"师生间对对方评价，分析了"六君子"思想言行品德操守以及文学活动的形态特点。作者把唱酬看做文人集团内部重要的活动方式，从"诗意"的交流和"诗艺"的切磋两个层面看待六君子的诗歌唱和活动，探讨了"六君子"文学创作与"文人集团"的行为方式之间存在的互动关系，进一步揭示了"六君子"唱和活动对北宋后期诗歌艺术发展所起的促进作用。同时，本书结合北宋后期到南宋的政治环境和思想学术论争的演变，揭示了"苏门六君子"称谓出现及流行的过程和原因⑮。另外，考察"苏门六君子"的典范性及典范化过程，也是本书一个新颖而有理论价值的思路。张德健《明代山人文学研究》以明代山人群体及其文学创作为研究对象，探讨山人群体的生成机制、群体构成、生存方式及其文化品格，在此基础上，对山人文学进行深入研究。本书认为明代山人群体是明代特殊的政治、文化、经济的产物，指出随着山人群体的扩大和文化影响力的增强，最终成为晚明文化的代言人，并对山人的诗歌、小品等进行了研究⑯。

这方面的论文则有何春环《词亦"可以群"：论

宋代南渡唱和词》认为南渡唱和词风的盛行，发扬了“诗可以群”的创作传统，增强了词人的群体意识，深化了“以诗为词”的创作观念，推动了词体文学的更大发展[17]。丁楹《宋遗民词人的悲剧性生命体验》透视了宋遗民词中人生情趣与观照方式的演变[18]。丁功谊《竟陵派崛起成因及文学思想探析》认为竟陵派文人试图把七子派的复古思想以及公安派的性灵主张相结合，走一条师古与师心并重的道路。却无法将“厚”与“灵”，师古与师心紧密结合[19]。邸晓平《简论明中叶吴中文人集团的形成》认为明朝中叶以吴宽、王鏊、沈周、文征明等人为代表的吴中文人集团是以地域关系为基础而形成的[20]。于翠玲《〈词综〉与〈乐府补题〉的关系——兼论浙西词派咏物词的演变》提出朱彝尊等人以“拟补题”和“后补题”形式创作了大量咏物词，影响了浙西词派的发展趋势[21]。其另一篇文章《〈浙西六家词〉与〈词综〉的关系——兼论浙西词派形成的综合因素》认为《词综》的编纂与《浙西六家词》的刊行共同推动了浙西词派的形成[22]。其《朱彝尊〈词综〉与康乾时期官方词籍整理》指出官方组织编纂的《历代诗余》和《四库全书总目》词籍部分也对《词综》有所参考和评价，这进一步提高了《词综》的地位，壮大了浙西词派的声势，也影响了词籍整理的模式和选本传播的格局[23]。蒋寅的《王士桢与江南遗民诗人群》认为王士桢任扬州推官的五年，是他毕生政治、文学事业取得成功的关键性的第一步[24]。叶君远的《论“梅村体”的形成和发展》考察了“梅村体”形成和发展经历的三个阶段[25]。卢兴基《顾太清词新释辑评》收录了经前人整理的全部太清词，逐首进行详尽注释和引导性的讲解，并将相关资料、前人评论以及唱和之作附录于每首词作之后[26]。

与此同时，诗学思想的研究上也出现了一些新成果。林嵩《〈六一诗话〉与宋初诗学》认为《诗话》所提倡的平易自然诗风、月锻季炼的创作态度和意新语工的诗境对宋初诗坛产生了深刻影响[27]。郭艳华《性灵观与杨万里的诗学思想新探》探讨了杨万里理学思想中的心学倾向与缘情诗学本体观念及性灵观之间的关系[28]。李瑞卿《沧浪诗话新论》指出严羽在妙悟说、兴趣说的基础上，将建安风骨、盛唐风骨作为一种精神灌注在审美中，确立了以汉魏盛唐为宗的审美价值论[29]。黄卓越的《明中后期文学思想研究》从知识史与问题史相结合的视角出发，对明代中后期的文学思想做了十分深入的探索，关涉前七子、吴中派、唐宋派、后七子、公安派等一系列流派，对这些现象中尚未得到很好解决的许多重大问题进行了史实层面与问题层面的细致清理，有力地推进了这一领域的研究进展[30]。张金环《明清之际“诗史”观的新进展——吴伟业知人论世观内涵新探》认为吴伟业的知人论世观具有明清之际知人论世批评重经世致用与时运的共同特征，体现了明清之际“诗史”观的新进展[31]。王飚《从〈日本杂事诗〉到〈日本国志〉——黄遵宪思想发展的一段轨迹》通过考察《日本杂事诗》的修改并与《日本国志》对照，探测黄遵宪思想发展的轨迹[32]。

蒋寅的《清诗话考》是诗歌理论研究中最重要的成果，此书由两个部分构成，上编“清诗话见存书目”，将已知967种清诗话以类相从，分为五类：（一）以诗话为名之书；（二）不以诗话为名之论诗笔记；（三）专讲诗格诗律之诗法；（四）专门题材之诗话；（五）丛刊、汇纂诗话。这一分类显示了清诗话撰写的总体格局、清代诗论家的著作兴趣和数量的分布，便于了解清诗话的全貌。各书备注所知版本，凡珍善本均注明庋世藏单位，便于访求。“清诗话待访书目”收亡佚不传之书504种，勾稽其作者事迹和书的内容。下编“清诗话经眼录”为作者经眼464种清诗话的叙录，记载卷数、版本、考证作者生平与诗话写作年月，评介书中主要内容及观点，摘引前人评论，并揭其疏误 不实之处。全书为研究清代诗学提供了一份参考文献和专题索引，为清代诗学和文学批评史研究奠定文献基础[33]。另外，蒋寅的《清代诗歌声律学著作举要》叙录作者寓目的清代诗歌声律学著作二十种，概述其作者生平、全书内容及版本流传情况，并略评其得失及学术价值[34]。在有关诗学的考证与文献性质的论文中，还有王明辉《〈诗薮〉撰年考》，作者指出1584年左右，胡应麟已经开始了《诗薮》的写作，完成于1589年，初刊于1590年[35]。

2005年的诗词文研究也体现出强调文学发展前后联系的特点。郑永晓《关于黄山谷学杜的历史争议及重新认识》认为黄庭坚学杜和江西诗派以杜甫为祖在杜诗成为中国诗歌史上的最高典范的过程中起了巨大作用[36]。黄桂凤《国家不幸诗家幸——论文天祥对杜诗的接受》论述了文天祥接受学习杜诗的独特方式[37]，谷曙光《韩诗之变与苏诗的变中之变——论苏轼对韩愈诗歌的承传创变与宋代新诗格的确立》指出苏轼对韩诗承袭因革的背后尚有深层的诗学意义[38]。

在文的研究方面，2005年最重要的成果是李修生主编《全元文》的出齐，《全元文》汇集有元代之汉文单篇散文、骈文和诗词曲以外的韵文，约3000万字，共60册，本年6月由凤凰出版社出版了《全元文》的第41至60册，其中第60册为索引。詹杭伦《唐宋赋学研究》对唐宋律赋进行了研究，这是以前的学者很少关注的一个课题。其中有关宋以后有宋代辞赋辨体论、苏门四学士辞赋体裁分类、范仲淹的赋论与赋作、苏轼律赋析论、秦观的赋论与赋作、《雨村赋话》对《律赋衡裁》的沿袭与创新等[39]。有关文的研究，还有郭英德的《明人自传文论略》[40]和曹丽萍的《南宋科场文体典范——陈傅良试论研究》[41]，前者探讨明人自传文的文体类型、写作动机与叙事特征，后者对著名理学家陈傅良的试论进行了个案研究。

此外，葛晓音的《唐诗宋词十五讲》[42]、冷成金《唐诗宋词研究》[43]都是素质教育方面的教材，对唐诗宋词作了全面的介绍。史仲文《两宋词史》[44]则是一部宋词专史。

二、小说研究

与前几年相似，2005年小说研究的单篇论文中，《红楼梦》仍然是持续性的热点。陈熙中的《“钗黛合一”的是与非》对“钗黛合一”论作了历史的回顾与分析[45]；李希凡、李萌的《心比天高，身为下贱——晴雯论》着重分析晴雯这一人物形象[46]。胡文彬的《喜千般同幻渺——甄士隐之“隐”与贾雨村之“存”》认为甄士隐与贾雨村是《红楼梦》作者曹雪芹精心塑造的中国古代知识分子的两种典型[47]；宋颖《从宝玉黛玉宝钗的出场管窥三人在〈红楼梦〉中的意义及相互关系》通过分析宝玉、黛玉、宝钗三人的出场，阐释了他们的地位、相互关系及其在全书中的意义[48]。杨天舒、唐均《林黛玉形象与中国民间文学中的“下凡”“归仙”母题》着重考察林黛玉与民间文学中流传的神女传说之间的深切历史渊源[49]。王斯敏《从贾宝玉到哈姆雷特——文艺人物塑造中悲剧美之魅力》从其家族使命、矛盾性格、被毁爱情、最终结局等四个方面对贾宝玉和哈姆雷特的形象进行了分析比较[50]。

从《红楼梦》叙事艺术、文化内涵、小说史意义等方面入手的论文也不少。如张洪波的《试析〈红楼梦〉叙述层面的多重复合特点》[51]、《〈红楼梦〉对中国小说“传奇”精神的拓展》[52]、《史蕴诗心——史传“实录”艺术与红楼叙述艺术之间的传承关系》[53]从不同角度探讨了小说的艺术特点。郭妍的《〈金瓶梅〉与〈红楼梦〉谶语探析》认为谶语作为一种特殊的叙事艺术形式[54]。孙伟科《〈红楼梦〉中的石头神话的问题》认为“石头神话”涉及了《红楼梦》的叙事风格和小说主旨[55]。曹立波《〈红楼梦〉评点从文人自娱到商业传播的转型——东观阁评与脂砚斋评的主要差异》提出在《红楼梦》评点史“多元格局”的形成过程中，脂砚斋评和东观阁评从文人自娱到商业传播，分别占据了初始阶段的两个较为重要的环节[56]。

此外还有一些有关《红楼梦》的综合性考察，以及研究方法的总结与反思。如童庆炳《〈红楼梦〉、红学与文学经典化问题》以《红楼梦》为个案，提出《红楼梦》为什么会成为文学经典的“长青树”的问题[57]。米建喜《〈红楼梦〉“世界论”探析》回顾分析了从传统的评点派到新红学的多种“世界”论[58]。段江丽《〈红楼梦〉版本及相关问题研究述评》梳理了《红楼梦》版本源流以及与之相关的诸多问题[59]，她的另一篇文章《小说批评派的种种主题说：1949之前“红学”研究之二》作为其系列论文的一部分，对1949年以前小说批评派关于《红楼梦》主题的种种论说进行了梳理和研究[60]。此外，冯其庸还发表了《我的〈红楼梦〉研究——2004年9月21日在新疆师范大学的学术演讲》，从曹雪芹的研究、《红楼梦》版本的研究、《红楼梦》的思想艺术研究三个方面展示了自己的学术研究历程[61]，于天池的《润物细无声——谈启功先生对于〈红楼梦〉研究的贡献》则总结了启功对《红楼梦》注释的开创性工作，以及对于曹雪芹文物、《红楼梦》版本的鉴定和所做的其他研究[62]。

《红楼梦》研究方面的专著也出版了不少，如胡文彬《红楼梦与中国文化论稿》用文史结合的方法，探讨了《红楼梦》与中国诗性文化、戏曲文化、绘画艺术、园林文化等的关系[63]。冯其庸的《瓜饭楼重校评批红楼梦》则继承了传统的评点形式而又有所发展，其导读、回批、眉批等，构成了对《红楼梦》从整体到细部的评论。作者长期研究《红楼梦》的成果，在此书中得到了充分的体现[64]。

在红学专著中，有的还引起了社会的轰动。如周汝昌的《红楼十二层》[65]，刘心武《红楼望月——从秦可卿解读红楼梦》[66]、《刘心武揭秘红楼梦》[67]等，都受到广泛的关注。

对其他小说的个案研究也有很多。徐艳蕊《〈聊斋志异〉的性别话语质疑传统文学经典的合法性》认为《聊斋》中的情爱理想恰好是对传统人伦秩序，尤其是以男性为中心的性别秩序的强化[68]。姚颖《现实世界的回归——析〈聊斋〉遇仙故事中的凡间男子》从《聊斋》遇仙小说的若干篇章中提出了凡间男子回归人间的现象[69]。张文澍《从〈聊斋志异〉

中“女强人”形象看蒲松龄之妇女观及伦理思想》考察了《聊斋志异》中一类能力过人、气盖须眉、甚至略带强横的妇女形象[70]。李万生的《“水浒”书名及相关问题》认为作者以“水浒”名书的用意十分深刻委婉[71]，王学泰的《从〈水浒传〉看江湖文化》提出《水浒传》是江湖生活的百科全书[72]。李春青《〈三国演义〉的启示——谈谈历史题材创作的“边界”问题》对《三国演义》的文学叙事和史书《三国志》的历史叙事做了一些比较[73]。胡小伟《藏传密教与〈西游记〉——蔡铁鹰〈西游记成书研究〉续论》认为应从佛教密宗的传入以及佛道两家论辩的背景中寻求有关《西游记》的成书过程的解释[74]，宋珂君《从〈西游记〉看佛教对女性信仰问题的态度》指出《西游记》中存在“西天多有女菩萨，西天路上无女人”的叙事模式[75]。常雪鹰《“英雄至性”与“儿女真情”说——〈儿女英雄传〉主题思想辨》分析了小说中所谓“英雄至性”与“儿女真情”之间关系的真正内涵[76]，詹颂《论〈蟫史〉的构思与文体特征》指出，这部小说将史书与艳情小说这两种差异极大的文体整合在一部作品之中，由于使用典雅、古奥的文言，两种文体格调上的反差不至于太过强烈，但以文言写作长篇小说的局限也暴露无遗[77]。潘建国《魏秀仁〈花月痕〉小说引诗及本事新探》指出《花月痕》小说文本穿插的众多诗词中，至少有77首乃是直接引用作者的旧作，其作用涉及整部小说的题材来源、人物原型及主题寄寓等关键问题[78]。

在话本小说的研究方面，于天池《论宋代小说伎艺的文本形态》[79]认为不仅说话伎艺的语体形态、连同小说伎艺的演出程式也有一个进化累积的过程。傅承洲《明代话本的类型及其特征》[80]运用现代小说类型理论将明代话本分为四种类型。李健秋《女祸观念影响下的市民叙事——论宋元话本中的烟粉灵怪故事》[81]提出话本中的烟粉灵怪故事实际上是流传于市井的一种寓言，是一种笼罩在女祸观念下的功利性的市井叙事。曹亦冰的《李贽与晚明短篇白话小说中的女性文化》[82]以“三言”“二拍”为例，说明李贽的新思想、新观念对于女性解放和女性文化的演变具有重大影响。此外，刘勇强的《生死两难的屈辱与抉择——谈〈蔡瑞虹忍辱报仇〉》[83]、《天长地久的信义之交——谈〈范巨卿鸡黍死生交〉》[84]、《宁知钟爱缘何许——谈〈叠居奇程客得助〉》[85]分别讨论了几篇话本小说的特点与价值。

孙旭在2005年陆续发表了一批关于小说地域意识的研究论文，如《西湖小说对杭州地域人格的摹写》[86]、《论明末拟话本小说家的地域意识》[87]、《论清代话本小说家的地域意识》[88]、《话本小说与江南文化》[89]认为对地域性表现的程度是决定话本小说成就的一个重要因素。

此外，在稀见小说、版本以及史料学研究方面也有一些成果，如潘建国的《新发现〈野叟曝言〉同治抄本考述》[90]、《稀见清代禁毁小说〈诊痴符〉》[91]，竺青的《稀见清代白话小说集残卷五种述略》[92]，以及汪龙麟的《20世纪前半叶的清代小说史料学建构》[93]。刘勇强的《网络时代的明清小说》[94]、《志怪传统与白话神怪小说之关系——以〈西游记〉为中心》[95]、《小说史的叙述架构、理论命题和研究方法》[96]分别讨论了古代小说的传播与小说史研究中的一些问题。

小说研究方面的研究专著还有潘建国《中国古代小说书目研究》，以历代公私目录及相关小说文献为资料基础，较为系统、深入地考察了古代小说书目的著录规律、悖反现象与存在方式，专科目录的形成过程、历史分期及完善确立等学术论题，并借此梳理、反思了古代小说研究史，对当前的小说研究格局，提出了若干有针对性的学术建议[97]。

宋珂君的《明代宗教小说中的佛教“修行”观念》从佛教“修行”观念影响小说创作这一角度，对有明一代近二十部宗教小说的思想内涵、人物类型与情节结构模式进行了较为全面系统、深入细致的研究。全书分为四章，分别讨论了佛教“修行”观念的文学演变、明代宗教小说的思想内涵与佛教“修行”、明代宗教小说中的人物类型与佛教的“修行”观念、明代宗教小说中的情节模式与佛教修行观念等问题，对现当代中外有关学者的观点及其论述，也提出自己的看法[98]。

与小说相关的说唱文学方面，崔蕴华的《书斋与书坊之间—清代子弟书研究》，是一部以清代说唱艺术子弟书为研究课题专著，此书从演出场地、曲调、演出过程、票房诸方面进行考辨，将文本与艺术活动统一起来，进一步确定了子弟书在中国文学史中的地位[99]。戴云的《鼓词〈目连记〉散论》对《目连记》的本事源流进行深入考证，并以清末双福班鼓词演出本为例，对《目连记》的演出情况予以探讨[100]。姚颖《清代北京说唱文学的发展特点及研究意义》总结了清代北京地区说唱文学发展的初期、中期、后期所呈现的不同特点，以及清代北京说唱文学研究的意义[101]。

《中国古代小说研究》（第一辑）[102]的出版是小说研究领域的一件大事。这是学术界酝酿已久的一个学术刊物，因此第一辑就具有较高的学术水准。其中北京地区作者的论文有石昌渝的《唐前“小说”非小说论》、韦凤娟的《精怪“人形化”的文化解读》、顾青的《说“平活”》、孙丽华的《“死而复生”作为一种小说情节模式——以〈闹樊楼多情周胜仙〉为中心》、程毅中的《〈玄怪〉〈风续玄怪录〉的版本和作者》、李鹏飞的《试论唐代哲理性叙梦传奇的主题及表现手法》、刘世德的《〈三国志演义〉嘉靖壬午本与叶逢春刊本比较——人数变化百例》、侯会的《疑〈水浒传〉与摩尼教信仰有关》、井玉贵的《别本〈二刻拍案惊奇〉与〈型世言〉关系考论》、刘倩的《永乐定鼎两传：〈承运传〉与〈续英烈传〉》、刘勇强的《〈醋葫芦〉：自虐的戏谑与说教》、潘建国的《清代小说家魏秀仁著述新考》、竺青的《稀见清末白话小说集残卷考述》等。

三、戏曲研究

戏曲研究的论文主要集中于重要作家作品。陈海玲《〈窦娥冤〉的“理、事、情”》[103]、黎烈南的《〈窦娥冤〉研究中一个易被忽略的问题》[104]探讨了《窦娥冤》的内涵。刘季《论〈秋胡戏妻〉中梅英形象》认为石君宝把人道主义精神投射到妇女地位问题上，重新审视夫妻关系中的不平等现象，进而注意到两性关系中女性的尊严和地位问题[105]。谷曙光、傅怡静《论石君宝杂剧〈秋胡戏妻〉对前代相同题材各文体的承传创变》指出该剧的成功在很大程度上取决于对历史上相同题材其他文体的承袭、改造和创新[106]。张铎《论元杂剧〈赵氏孤儿〉的戏剧冲突》认为惨烈的悲剧气氛，严肃的正义精神，以及丰富而生动的戏剧效果，都是《赵氏孤儿》戏剧冲突光彩耀目的重要因素[107]。陈阳《〈牡丹亭〉中情爱女性潜意识描写探微》提出在弗洛伊德“潜意识”结构理论的烛照下，杜丽娘的心理发展基本上可以归就为一种受制于情爱欲望驱遣的年轻女性情感历程[108]。李瑞霞《〈千忠戮〉对传统历史观的突破》认为《千忠戮》明确地对中国古代历史上流行的有德者得天下之说提出了质疑，同时对明代盛行的奸臣误国思想也有一定程度的反拨，在思想史上具有重要价值[109]。胡明伟的《〈张协状元〉的产生年代及其戏剧观念》[110]、吴新苗的《〈玉茗堂批订董西厢〉为汤显祖作考论》[111]等，也都值得重视。在戏曲的综合考察方面，杨秋红、孙吉民《千年的回响——论〈史记〉游侠精神在元杂剧中的嬗变》指出，元杂剧作家更称赏服从仁义礼智、有儒家治世精神的游侠。这种变化是元代遗民情绪的折射，也受到了宋代理学精神的深刻影响，还体现了元代文人既对现实不满、又要维护封建秩序的矛盾心态[112]。汪龙麟《清代戏曲目录学的世纪建构》认为清代戏曲研究之能在20世纪取得重大成就，与一大批为发掘、整理“新材料”的学者们的辛勤劳作密切相关[113]。

除了上述单篇论文，戏曲研究专著的出版数量之多，也是近年少见的。其中比较重要的有胡明伟《中国早期戏剧观念研究》探讨了元前元前戏剧形式与戏剧观念的演变特点，作者认为戏剧形成于唐，并对唐代戏剧观念作考索，力图揭示后世戏剧思想的源头；全书的重点是对两宋戏剧形式演变及两宋戏剧观念嬗变、两宋戏剧术语与戏剧批评模式的研究，作者先从演出形式、运用致语口号、演出角色、演出结构、艺术社会地位五个方面，论证“北宋杂剧与南宋杂剧是不同的杂剧形式”，否定了北宋南宋杂剧统称为“宋杂剧”的传统说法。其次，从服务对象、演出内容、演出场地、表现形式、演出风格、欣赏趣味等方面，将宋代杂剧分为宫廷杂剧和民间杂剧，进而分析它们在内容倾向、表演形态、审美趣味的对立状态与互动倾向，指出宫廷杂剧、士大夫杂剧、平民杂剧影响了后世的戏剧格局——元明清宫廷戏剧、士大夫堂会、平民戏剧。最后引用宋元明有关文献，确认南戏产生于“宣和南渡之际”。在此基础上，进一步叙述两宋时期戏剧观念与思想的演变。对辽金戏剧形式与戏剧观念嬗变，此书也有所分析。例如书中指出金代有杂剧、刮鼓小戏和乐舞戏三种形态，并考辨《辍耕录》的院本名目并非全部为金代杂剧剧目，其中蕴涵了宋、辽、元三代的作品，还指出金代统治者喜好杂剧，金代文人在诗文中表现了对戏剧的看法，但与宋代人相比，他们的戏剧看法显得不系统[114]。

颜全毅《清代京剧文学史》，第一次系统、全面地梳理探讨了清代京剧文学发展的总体脉络、文学成就与价值再认识，勾勒出一个清代京剧文学的轮廓样式。全书分为三编，第一编《清代京剧文学的起源、整合》，讨论了京剧起源与戏曲文学体制的变革、起源时期的伤口形态、起源时期的史料与批评；第二编《清代京剧文学的成型、发展》，讨论了清代京剧的成型与主要剧目、流行剧目的独特文学意味、最早文人创作的京剧剧作、余治与《庶几堂今乐》等；第三编《清代京剧文学的兴盛繁荣》，讨论了京剧的大繁荣和剧目的发展、卢胜奎与连台本戏、刘三的京剧剧作、业余京剧作家的作品、清代宫廷演剧及其对京剧文学的影响等。通过对京剧在起源、形成与发展的各个时期内演剧剧目、文学样式上的特色等的研究，梳理出一个比较清晰、趋于完整的早期京剧文学史，也总体展示不大为人所熟知但却富有学术价值的京剧批评史料。另外，此书还对京剧作为由古典戏曲转型为近代戏曲的文本作了深入探讨，其中对最早的文人京剧剧作《错中错》、观剧道人《极乐世界》、余治的《庶几堂今乐》、卢胜奎的《三国志》、刘三剧作以及海派京剧文学、京剧改良文学、清宫京剧与文学特色等都有具体新颖的阐述[115]。

王政尧《清代戏剧文化史论》，此书收录了作者多年来研究清代戏剧文化的研究成果，分别论述了满族入关与清前期戏剧文化、嘉道年间内廷戏剧文化、清初实学思潮与晚清戏剧文化的改革、档案与清后期内廷戏曲、关羽崇拜与"关戏"的发展、满族与清代包公戏、施世纶与施公戏、清代状元与状元戏、花部名家、《燕行录》与清代戏剧文化等。除了探讨了清朝不同时期戏剧文化发展的状况、清政府的戏剧政策和影响，也提供了清代戏剧界的一些著名演员和艺术大师的生平事迹、从艺历程乃至当时的一些外国人在中国看戏的珍贵史料[116]。

《昆曲与传统文化研究》丛书是由中国艺术研究院戏曲研究所承担的"国家昆曲艺术抢救保护和扶持工程"的科研项目，全书共10卷，由陈晓光主编。这套丛书以昆曲与传统文化的关系为切入点，对昆曲展开了多角度、多方位的研究，中国艺术研究院戏曲研究所的专家学者承担了其中五卷的撰写任务。例如《中国的昆曲艺术》就是中国艺术研究院的专家学者集体编撰的一部融普及性、知识性、通俗性为一体的昆曲读本。周育德《昆曲与明清社会》从明清两代的社会政治经济、社会性文化思潮、社会心理、社会风尚以及文化市场状况等方面，阐释昆曲兴盛、繁荣和衰败的历史进程和社会原因。刘祯《昆曲与文人文化》则梳理昆曲文人风格形成的历史渊源，对昆曲文人特征作一种总体性的描述和勾勒，阐述昆曲艺术文人审美的具体表现及昆曲艺术如何从民间汲取营养，达到雅俗共赏的和谐统一[117]。

四、综合性研究

在综合性的研究方面，元代文学的研究较为突出，杨镰《元代文学编年史》，是第一部以编年为基础的元代文学史著。全书以年代为经，文学家的活动（文学现象）为纬，力图关照到文学活动的完整过程与文学家，力图将传统的纪事本末体、《纲鉴易知录》体，与当代的研究方法结合起来。使元代文学的不同体裁、不同流派、不同时期，处在一个总体的观照之中[118]。云峰的《元代蒙汉文学关系研究》探讨了元代蒙汉文学研究的社会历史文化背景，并从诗歌、杂剧、散曲三个方面，具体论述了元代蒙汉文学的关系[119]。叶爱欣《元代诗歌与散曲创作精神殊途悖反探源》认为元代文人对传统诗学继承的两种极端趋向，而元代散曲则冲破了传统诗学的藩篱，表现出惊世骇俗的浪子才情[120]。

郭英德《明清文学史讲演录》是作者根据讲课录音整理的文学史著，作者首先从总体上概述明清文学史的构成特点以及明清文学史研究的成果、难点和意义，然后从纵的线索上梳理明清文学的历史发展过程，从横的方面考察明清文学与明清政治、经济、思想之间的密切关联，最后从理论与实践相结合的角度，就作家研究、文本研究、文学史研究三个方面，讲解如何进行明清文学史研究的相关问题[121]。

傅璇琮、蒋寅主编的《中国古代文学通论》是中国社会科学院承担的国家社会科学基金重点项目，按中国古代文学发展的轨迹分为先秦两汉、魏晋南北朝、隋唐五代，宋代、辽金元代、明代、清代七卷，突破了现有文学史著作的体例和格局，在分段的基础上展开横向的综合性研究。各卷根据不同阶段文学创作的状况，分论各体文学的创作风貌、高下得失，描述各体文学的盛衰流变，并从各段文学的时代特征出发，抓住文学创作中的主要问题，研究文学与社会生活、政治经济、文化艺术、文学传统的关系，注意从"历史—文化"的角度作跨学科的综合研究。同时，梳理历来整理、研究各段文学典籍的成果，对各类文学典籍的存佚、收藏及整理情况加以总结性的评述。不但如此，全书还力图站在20世纪学术发展的高度回顾近代以来的古典文学研究，从学术观念、研究方法的角度对学术史加以反思，在此基础上指出各段文学研究面临的问题，提出学术界当务之急的工作和研究思路。因此，就其宋、辽金元、明、清四卷而言，也基本上体现了当前学术研究的前沿水平[122]。

（作者：刘勇强，北京大学教授；
王颖，北京大学研究生）

注：

①《文史哲》，2005年第5期。

②《文学遗产》，2005年第3期。

③《惠州学院学报》（社会科学版），2005年第1期。

④《乐山师范学院学报》，2005年第9期。

⑤《乐山师范学院学报》，2005年第7期。

⑥《石河子大学学报》（哲学社会科学版），2005年第1期。

⑦《广西社会科学》，2005年第10期。

⑧《山东师范大学学报》（人文社会科学版），2005年第3期。

⑨《重庆教育学院学报》，2005年第5期。

⑩《文学遗产》，2005年第1期。

⑪《文史哲》，2005年第5期。

⑫学苑出版社，2005年1月。

⑬《民族文学研究》，2005年第2期。

⑭《苏州大学学报》（哲学社会科学版），2005年第2期。

⑮北京大学出版社，2005年3月。

⑯湖南出版社，2005年1月。

⑰《西南师范大学学报》（人文社会科学版），2005年第3期。

⑱《渝西学院学报》（社会科学版），2005年第4期。

⑲《内蒙古师范大学学报》（哲学社会科学版），2005年第4期。

⑳《北京科技大学学报》（社会科学版），2005年第4期。

㉑《西北大学学报》（哲学社会科学版），2005年第2期。

㉒《嘉兴学院学报》，2005年第4期。

㉓《海南大学学报》（人文社会科学版），2005年第1期。

㉔《北京大学学报》（哲学社会科学版），2005年第5期。

㉕《社会科学辑刊》，2005年第1期。

㉖中国书店，2005年1月。

㉗《河南科技人学学报》（社会科学版），2005年第1期。

㉘《南昌大学学报》（人文社会科学版），2005年第6期。

㉙《中国韵文学刊》，2005年第2期。

㉚北京大学出版社，2005年11月。

㉛《山东师范大学学报》（人文社会科学版），2005年第1期。

㉜《东岳论丛》，2005年第2期。

㉝中华书局，2005年1月。

㉞《太原师范学院学报》（社会科学版），2005年第1期。

㉟《江汉大学学报》（人文科学版），2005年第4期。

㊱《广州大学学报》（社会科学版），2005年第8期。

㊲《绥化学院学报》，2005年第6期。

㊳《四川大学学报》（哲学社会科学版），2005年第5期。

㊴中国社会科学出版社、华龄出版社，2005年。

㊵《南京师范大学文学院学报》，2005年第1期。

㊶《北京化工大学学报》（社会科学版），2005年第3期。

㊷北京大学出版社，2005年3月。

㊸中国人民大学出版社，2005年4月。

㊹中国社会出版社，2005年7月。

㊺《河南教育学院学报》（哲学社会科学版），2005年第4期。

㊻《河南教育学院学报》（哲学社会科学版），2005年第5期。

㊼《铜仁师范高等专科学校学报》，2005年第2期。

㊽《河南理工大学学报》（社会科学版），2005年第3期。

㊾《红楼梦学刊》，2005年第3辑。

㊿《社科纵横》，2005年第4期。

51《红楼梦学刊》，2005年第2辑。

52《广东社会科学》，2005年第2期。

53《红楼梦学刊》，2005年第6辑。

54《太原师范学院学报》（社会科学版），2005年第2期。

55《河南教育学院学报》（哲学社会科学版），2005年第3期。

56《河南教育学院学报》（哲学社会科学版），2005年第2期。

57《中国比较文学》，2005年第4期。

58《河南教育学院学报》（哲学社会科学版），2005年第5期。

59《河南教育学院学报》（哲学社会科学版），2005年第3期。

60《红楼梦学刊》，2005年第5辑。

61《新疆师范大学学报》（哲学社会科学版），2005年第1期。

62《北京师范大学学报》（社会科学版），2005年第5期。

63中国书店，2005年1月。

64辽宁人民出版社，2005年1月。

65书海出版社，2005年1月。

⑯书海出版社，2005年11月。

⑰东方出版社，2005年8月。

⑱《河北学刊》，2005年第4期。

⑲《蒲松龄研究》，2005年第2期。

⑳《蒲松龄研究》，2005年第3期。

㉑《云梦学刊》，2005年第6期。

㉒《饶师范学院学报》，2005年第4期。

㉓《北京师范大学学报》（社会科学版），2005年第4期。

㉔《淮阴师范学院学报》，2005年4月。

㉕《中华女子学院学报》，2005年第5期。

㉖《内蒙古师范大学学报》（哲学社会科学版），2005年第4期。

㉗《明清小说研究》，2005年第2期。

㉘《文学评论》，2005年第5期。

㉙《北京师范大学学报》（社会科学版），2005年第3期。

㉚《东南大学学报》（哲学社会科学版），2005年第6期。

㉛《学术交流》，2005年第7期。

㉜《首都师范大学学报》（社会科学版），2005年第3期。

㉝《文史知识》，2005年第3期。

㉞《文史知识》，2005年第4期。

㉟《文史知识》，2005年第6期。

㊱《西安电子科技大学学报》（社会科学版），2005年第3期。

㊲《重庆大学学报》（社会科学版），2005年第2期。

㊳《中南大学学报》（社会科学版），2005年第4期。

㊴《北京科技大学学报》（社会科学版），2005年第3期。

㊵《文学遗产》，2005年第3期。

㊶《文学遗产》，2005年第6期。

㊷《上海师范大学学报》（哲学社会科学版），2005年第5期。

㊸《河南教育学院学报》（哲学社会科学版），2005年第2期。

㊹韩国《中国小说论丛》第21辑，2005年3月。

㊺《立雪集》，人民文学出版社，2005年4月。

㊻《化雨集》，人民文学出版社，2005年4月。

㊼上海古籍出版社，2005年。

㊽中国社会科学出版社，2005年12月。

㊾北京大学出版社，2005年9月。

⑩《浙江艺术职业学院学报》，2005年第2期。

⑩《北京社会科学》，2005年第3期。

⑩人民文学出版社，2005年6月。

⑩《长春师范学院学报》（人文社会科学版），2005年第3期。

⑩《首都师范大学学报》（社会科学版），2005年第5期。

⑩《青岛职业技术学院学报》，2005年第1期。

⑩《民族文学研究》，2005年第2期。

⑩《中国青年政治学院学报》，2005年第5期。

⑩《浙江社会科学》，2005年第3期。

⑩《沈阳师范大学学报》（社会科学版），2005年第5期。

⑩《南都学坛》（人文社会科学学报），2005年第5期。

⑪《南昌大学学报》（人文社会科学版），2005年第6期。

⑪《学术论坛》，2005年第9期。

⑪《新疆大学学报》（哲学人文社会科学版），2005年第3期。

⑪学苑出版社，2005年1月。

⑪北京出版社，2005年5月。

⑪北京大学出版社，2005年5月。

⑪春风文艺出版社，2005年。

⑪山西教育出版社，2005年7月。

⑪民族出版社，2005年12月。

⑫《河南社会科学》，2005年第3期。

⑫广西师范大学出版社，2005年12月。

⑫辽宁人民出版社，2004年12月。

中国现代文学

陈尔杰　姜　涛

现代文学研究在经历了20世纪80年代对现实直接“介入”和呼应，以及90年代以来更多地回到自身、在范式调整中自我拓展的两个阶段之后，在世纪初浮现出两种值得重视的趋向。一种趋向是在既有的范式之下继续深化，努力发掘历史的丰富细节，借以揭示和把握历史的多重面相，并由此获得与貌似“大势已定”的历史/现实对话的能力。另一种趋向则更多地保持着呼唤新范式和新视野的激情，在种种跨越边际的实践背后，克服人文学科当前暧昧难明的立场，并从起点处重建一种批判性思考的冲动。

长久以来在现代文学研究整体格局中占据特殊地位的鲁迅研究，其状况在一定意义上可视为整个学科的代表。这既有学科史自身的原因，也是因为鲁迅及其创作的丰富性和典范性，使得鲁迅研究有能力吸收和包容现代文学研究的各种取向。在2005年，这一局面依然保持着。罗宗宇从民俗的角度，在叙事学理论的支持下，对鲁迅小说中的“民俗叙事”进行了分析，认为鲁迅对民俗的“叙事建构”是“一种有文化意味的形式”[①]。同样借助于对叙事学理论的运用，毕绪龙则从空间和时间两个层面分别入手，以“鲁镇”所代表的“市镇世界”为中心阐发鲁迅一系列小说的“形式意味”，从而获得了对鲁迅小说内涵的某些独特体察[②]。王风从文章学的角度，对《女吊》这一具体文本展开精细分析，其中表现出的对诸如气氛渲染、节奏控制等等鲁迅独特的“笔法”的敏锐体察，表现出作者良好的文学感觉和进入文本的深度[③]。潘磊考察了作为一种“集体的政治和文化行为”的、延安举行的各种形式的鲁迅纪念活动，揭示出通过各种“政治仪式”化行为，一个“延安鲁迅”是怎样被构造起来的[④]。汪卫东受到竹内好以及其他日本学者对“S会馆时期的鲁迅”的研究启发，从史料的细微处掘发出“1923年”在鲁迅生命中的转折意义，认为“真正的鲁迅，不是在第一次绝望（S会馆时期）之后，而是在第二次绝望（1923年）之后，才得以诞生”[⑤]。董炳月分析了“脱离”鲁迅本人而在国民国家这一前提性背景之下被不断讲述和阅读的“仙台鲁迅”和“仙台叙事”，认为特定的留学背景、弃医从文的转折以及与藤野先生的友情，使“仙台鲁迅”自始至终与近代以来国民国家的想象保持着密切关系。不仅如此，后人对“仙台鲁迅”的叙述亦与这种想象相伴随[⑥]。可以看出，研究方式的多元化，使得研究者们得以从不同的路数去接近鲁迅，发掘出鲁迅及其作品的丰富意义。然而，思考的“细致”也可能隐伏着“细碎”的危险。多元化的取向则可能使得人们虽得到历史的碎片，却失去将之组织成一幅有意味的图景的能力。在这种情况下，将文学的各种研究方式彼此“打通”的综合性研究就成为必要。陈平原对鲁迅“述学文体”的研究可谓这方面的精彩之作。他从鲁迅述学文的“体式”入手，思虑所及，却不限于鲁迅研究本身，而是揭破“文类”、“语体”和“风格”三者之间的关联，从由此而获得的一种圆融的整体性视角去考虑现代文学语言的生成，屡有精彩的见解，其中体现的对方法论及其局限的自觉更富有示范意义[⑦]。王富仁从不同的角度反思了80年代以来的鲁迅研究，指出由于研究者自身主体位置的局限（“我们这些学院知识分子所关注的问题以及关注这些问题的方式，原本没有超越于当时英美派学院知识分子的范围”），使得对鲁迅的研究很难真正触及鲁迅的“灵魂”，反而常常造成一种“我们‘圣化’了鲁迅，而不是鲁迅‘圣化’了我们”的“过度阐释”和“对鲁迅作品价值和意义的穷尽感觉”。这一反思，所涉及的其实已不止于鲁迅研究这一方面[⑧]。汪晖则提出，鲁迅思想的核心是对“去政治化”的反拨和对立，鲁迅的杂文最重要的思想是揭示看起来平和中正的论述背后潜在的政治性。因此，以鲁迅为线索的讨论，可以为理解20世纪中国文化与政治的关系，提供一个最大的“参照系”，这是鲁迅巨大的批判性在今天的启示意义[⑨]。

随着对左翼文学价值的重新评价，左翼文学研究已再次进入文学研究视野的中心区域，并开始收获越来越多的成果。周兴华以“我”和“我们”为切入点，对茅盾写于20年代末到30年代初的七篇作家论进行分析。他指出，这些作家论中“我”和“我们”的使用，实际上是茅盾“伴随左翼思潮的变迁而不断调整自我的痕迹”，从中可以看出茅盾“在个人与集体之间徘徊并最终融入集体的状态”[⑩]。刘继业以徐迟从30年代的“纯诗”主张到40年代大众诗的方向转换为研究对象，考察了其间徐迟诗学思考的“交错杂糅”⑪。贺桂梅则从“知识分子的革命诉求”和“现代个体自我发展”的关系这一角度，阐释丁玲30年代“向左转”的内在机制。作者认为，丁玲早期小说中展现了个人主义式的现代主体的“困境”，而革命成为克服自我困惑的一种“拯救性因素”，从而最终形成了一种自我改造式的叙事定势⑫。周爱民在以延安木刻为中心的考察中提出，革命艺术中的形式问题“已经超越艺术本体的问题，而承载丰富的社会性内容和革命性话语”，“革命艺术”中“革命”和“艺术”的关系，既不是取代，也不是简单相加，而是一种“合力式的共建过程”⑬。程凯梳理了“革命文学”和左翼文学运动初期对于其自身历史的叙述以及期间的话语争夺，认为两个方面的因素，即“借批评式的叙述介入现实的理论争斗、努力促成理想政治文化实现的冲动”和“个人遭遇的体味、过去心境的咀嚼、自我的反思或辩护”，共同构成了历史叙述的有机成分。这些“意图、冲动、感觉”有必要被重新发掘，才能避免因历史叙述的抽象化和知识化立场而造成的遮蔽⑭。同样涉及“革命文学”论争的还有赵璕的研究。他通过史料的细致对勘指出，一直被视为批判茅盾并从而引发茅盾的回应文章《从牯岭到东京》的、钱杏邨的评论文章《茅盾与现实》，是在《从牯岭到东京》发表之后钱杏邨对原有文本根本修正之后的结果，从而在这一问题上清除了妨碍将对“革命文学”论争各方内在思想逻辑的研究引向深入的迷误⑮。同一作者的另一篇论文⑯，也将史料的钩沉与内在理路的考察结合起来，对后期创造社的批评活动进行了深入的研究。刘震也从“报刊之战”的角度，对“革命文学”论争进行了分析⑰。此外，郭国昌对“集体写作”的研究⑱、陈改玲以开明版《新文学选集》这一个案为中心对现代文学向当代的“转折”的考察⑲等，也从不同的角度丰富了我们对“左翼”的认识。与当代文学研究对50至70年代文学的重新关注以及在这一关注下对左翼文学“回视”性的发掘相呼应，在现代文学视野内对左翼文学的研究，开始越来越多地考虑左翼文学作为积极构建历史本身的一种力量的地位。在现/当代学科立场和问题意识的这种“对话”之下，也许存在着重新获得一种对“20世纪中国文学”的整体性把握的可能性。

近年来的另一个“热点”报刊研究，在2005年也呈现继续拓展的面貌。突出的成果除了李楠对京海小报的研究⑳以外，还有邵宁宁以《文艺复兴》杂志为中心，对文学在40—50年代之交发生的“断裂”的考察㉑，郑绩以《良友》为中心，对其中左翼思潮的浮现的考察㉒，以及王翠艳结合“社团”、“报刊”与“大学”三个侧面对北京女子高等师范培养的一代新文学女作家的研究㉓。或许需要注意的问题是，当前这方面的研究往往以史料的“钩沉”与发掘为主，思路上往往依托于某种已成的历史叙述。这使得报刊研究往往成为现有文学史观点的某种注解或“旁证”，并因此而缺乏“重新想象历史”的力量。在这方面较有突破性的是钱理群的研究，他借助师陀小说《荒野》这一研究对象进入《万象》的“版面空间”与“出版时间”，又进而借助这一杂志进入更大的背景，从而对这一宏大背景中涉及的各种复杂关系进行综合考察，“试图将近年来为现代文学研究界所关注的文献考释、文本分析与文化研究有机结合起来”㉔。李道新的研究将“电影”与“报刊”结合起来，试图通过回到民国报纸这一“虚拟的现场”来贴近历史发生的当时㉕。潘光哲则注目于晚清，他以《时务报》为中心的考察，展示出在编者与读者的互动中，一个多方参与的“各种力量相互竞逐的世界”的成形，以及它是如何落实为具体的报刊文本的㉖。另一方面，郝建军等研究者则对当前报刊研究中被普遍使用的两个概念即“公共领域”与“想象的共同体”进行了反思和质疑㉗。

现代文学的“版本”问题，近年逐渐受到越来越多的关注。除了更接近传统目录学意义上的版本研究以外，更多的是侧重于通过比较不同的“版本”之间所可能有的歧异，以回到“文本”发生的现场，从中发掘出文学“意义”的细微之处。例如金宏宇对《蚀》三部曲的研究㉘、赵月华对梅娘作品的研究㉙、马俊山对曹禺剧作《蜕变》审改的考察㉚以及谢昭新对吴组缃小说《鸭嘴涝》版本的比对分析㉛等等。在文献辑佚这一文学研究的基础领域，也可以看到类似的、借助史实的澄清来“突破”现有文学史叙述的冲动。例如方锡德对冰心佚文的考察㉜、宋炳辉对徐志摩日记的整理㉝、解志熙对现代诗论的辑佚和考证㉞等等，都在一定程度上修正了我们原先对现代文学史上某些问题的看法。

在2005年，除了围绕着近年来若干“热点”而进行的研究以外，还有一批在平实中见精彩的成果。易彬以“野人山经历”作为穆旦诗歌中“自我”塑造的核心经验，并由此概括出穆旦“以个体之良心见证时代”的诗歌立场；这一研究，在对文本内在精神体验的贴近和对外部宏大历史情境的把握上表现出良好的平衡感[35]。王寰鹏以“农民/抗战英雄”成长模式、“传奇英雄/民族复仇”隐喻模式和“匪类/抗战英雄”转化模式来概括抗战小说的叙事模式，通过对叙事结构形态的考察，使叙事中所隐含着的“本质意义”得以清晰地显现出来[36]。此外，阎开振以“桥”为线索来归纳京派文学作品的某种审美特点[37]，程国君对《石门集》中的诗歌体式的细致考察[38]，都不失为有启发意义的研究成果。解志熙分析了新诗发生初期的理论思潮，探讨了胡适提出的“自由—还原”诗论和郭沫若提出的“自由—自发”诗论作为新诗发展的两个阶段，其间的转换脉络及其在诗学史上的意义[39]。孙玉石则以“传统解诗学的现代性重建”为中心，考察了朱自清解诗学思想的中外渊源，以及他把现代解诗学方法运用于古典诗歌文本解读的批评实践[40]。对五四新文化运动的研究，也在思路的深化中继续拓展。张全之的研究强调晚清的无政府主义思潮作为“五四”的重要历史背景的地位[41]。孟庆澍同样论及无政府主义与五四思想革命之间的关联，对“文学革命论”的“语言意识形态根源”进行了发掘[42]。郑师渠则通过对游欧前后梁启超的思想和活动的切实考察，揭示出梁氏“文化取向”上与新文化运动“求同存异”的方面，从而既丰富了既有的对梁启超其人的认识，又发掘出作为一场广泛深刻的社会历史变动的新文化运动，在已定型的单线历史叙述之外更为复杂的面相[43]。

对“沦陷区”文学的研究，除了张爱玲等几个“热点”以外，长期以来一直属于较少受到关注的领域。或许是以抗日战争胜利60周年为契机，在2005年，这一领域内出现了一批较有水平的成果。刘晓丽考察了东北沦陷时期的文学状态，力图“揭开那幽暗时空中文学的一角”[44]。涂晓华则考察了上海沦陷时期的《女声》杂志[45]。朱立立和刘登翰合作的研究，则以对日据时期台湾抵抗殖民统治的作家杨逵这一个案为中心，从文本中总结出“庶民记忆解构”、“颠覆殖民叙事”、“整合阶级意识与民族抗争意识”等特征[46]。刘勇和杨志也对日据时期台湾小说进行了研究，他们借助“外在殖民暴力”和“内在殖民暴力”的区分，深入研究对象的内心深处，揭示出其在现代文学史上的独特价值[47]。张泉则对抗战时期北平的文学状况作了整体的考察[48]。似乎可以看出，抗日战争作为中国之“现代”的重要经历，其丰富的意义正在越来越多地得到发掘。在“东亚现代文学中的战争与历史记忆”国际学术研讨会上，孙歌提出，以“东北亚”作为一个“结构性的视角”，有助于对那些在国别框架中难于梳理的问题进行结构性分析，这有可能是寻找和呈现记忆的一种有效的途径，从而将有助于形塑历史深层最为复杂的那些痕迹[49]。此处提出的“东亚视角”，其深层次的考虑是将东亚的现代性境遇作为整体来考虑，具体在文学研究方面，则有可能提供了一个对缠绕于“现代”问题的中国现代文学进行反思的角度。

从“现代性”角度来对中国现代文学以及现代文学研究进行反思，从80年代以来一直在现代文学学科内部持续不断地开展着。在这一方面，严家炎的思考有相当的代表性。他在“回顾与展望——中国现代文学研究学术研讨会”上的发言中，辨析了“现代性”这一概念，指出在现代文学史上，“现代性”是作为一个宽泛的概念散布在各个环节的，它不能仅仅理解为启蒙，更不能理解为现代主义，而是在百年以来的中国文学中“呈现出一个由量变到质变的过程”。他还针对将“五四”当做对传统文化“全盘否定”的激进主义思潮的理解，提出以儒学为代表的传统本身就包含着各式各样的“异端”，而“五四”也包含着对这些“异端”思想的接受，并不是对传统简单的否定[50]。他在与袁进合作的文章中，也表明了这种坚持对“现代性”相对于百年以来的中国文学的核心地位的立场[51]。同时，一部分学者则主张在保持“现代性”这一基本分析框架的同时，将研究视野扩大。例如魏泉主张将旧体诗文纳入现代文学的研究[52]，袁国兴则提出将戏曲文学纳入到现代文学史研究的范畴中来[53]。

陈思和则提出将20世纪中国文学理解为两个脉络，即“自然演变的文学主流”和“以超前的社会理想和激进的断裂态度实行激变的先锋运动”合力作用的结果。这一阐释框架，作为对王德威“被压抑的现代性”的某种回应，暗含着对“现代性”的多重意味的离析[54]。李怡也对“现代性”这一“90年代以后中国文学阐释的关键词”进行了清理。他认为这一概念已陷于“多重概念的歧义”之中，而其原因则在于知识分子立场的分裂和含混。因此，他呼吁：“目前中国学术界的首要任务不是继续卷入‘现代性’话语的混杂声响，而是重新检点我们的阐释立场，以期对中国文学的问题本身有真正新的发现。”[55]程凯也提出现代文学研究者寻找“主体位置”的重要性。他认为，在现代文学研究的历史中，始终交织着追求“科学化”和“实践性”这两种冲动。从学科史的角度，他认为这一处境根植于“现代文学”与“新文学”的历史纠缠；前者“得以成立的逻辑起点是建立一套知识体系的需要”，而后者则是“具有实践性的社会事件，它与同时的其他社会实践构成一个流动的结构关系，它在其中扮演重要的社会功能”。因此，他提出要让现实意识“真正转化为进入历史的通道”，借以“恢复那种进入历史的意愿和能力”[56]。温儒敏等人编写的《中国现当代文学学科概要》以整体眼光回顾了“现代文学”的学科史，一方面“梳理研究的状况与学科的理路”，另一方面又力求“尽可能从文学史理论与方法的高度总结经验，探讨得失，以期对这门学科的建构原则、研究模式与存在问题有比较清醒的认识”。作者特别强调提出，文学研究中“规范化”的理论框架建构，有可能对个性化的文学感觉造成“切割和损伤”[57]。

在2005年，现代文学研究从总体上看似乎仍处在“方向转换的途中”。在学术研究日趋规范化和细化的同时，对研究方法、视野以至研究者自身立场的反思，也仍然在继续开展。作为一种学科传统，现代文学研究从未停止过追问和质询自身与现实的关联方式。可能，学科的前景就包蕴在这种追问之中。

（作者：陈尔杰，北京大学研究生；
姜涛，北京大学讲师）

注：

①《论鲁迅小说对民俗的叙事建构》，《鲁迅研究月刊》，2005年第8期。

②《“鲁镇”：鲁迅小说的叙述时空》，《鲁迅研究月刊》，2005年第9期。

③《鬼和与鬼有关的——鲁迅〈女吊〉讲稿》，《鲁迅研究月刊》，2005年第2期。

④《略论延安的鲁迅纪念活动》，《鲁迅研究月刊》，2005年第2期。

⑤《鲁迅的又一个“原点”——1923年的鲁迅》，《文学评论》，2005年第1期。

⑥《“仙台鲁迅”与国民国家想象——以〈仙台书简〉为中心》，《鲁迅研究月刊》，2005年第10期。

⑦《分裂的趣味与抵抗的立场——鲁迅的述学文体及其接受》，《文学评论》，2005年第5期。

⑧《摸索鲁迅的灵魂——读解洪祥〈近代理性·现代孤独·科学理性〉》，《鲁迅研究月刊》，2005年第2期。

⑨在“回顾与展望——中国现代文学研究学术研讨会”上的发言，参看鲍国华的综述，《文学评论》，2005年第4期。

⑩《“我”与“我们”：茅盾作家论的意义标志》，《文学评论》，2005年第4期。

⑪《诗人徐迟：积极前行途中的犹疑与反顾》，《中国现代文学研究丛刊》，2005年第2期。

⑫《知识分子、革命与自我改造——丁玲“向左转”问题的再思考》，《中国现代文学研究丛刊》，2005年第2期。

⑬《“马蒂斯之争”与延安木刻的现代性》，《读书》，2005年第8期。

⑭《“革命文学”历史谱系的构造与争夺》，《中国现代文学研究丛刊》，2005年第1期。

⑮《〈从牯岭到东京〉的发表及钱杏邨态度的变化——〈《幻灭》书评〉、〈《动摇》评论〉和〈茅盾与现实〉对勘》，《中国现代文学研究丛刊》，2005年第6期。

⑯《“革命文学”论争中的“异化”理论——“物化”概念的发现及其对论争分野的重构》，《中国现代文学研究丛刊》，2005年第1期。

⑰《“革命文学”论战中的报刊阵营与文人集团——以〈文化批判〉的诞生为例》，《中国现代文学研究丛刊》，2005年第5期。

⑱《集体写作与解放区的文学大众化思潮》，《中国现代文学研究丛刊》，2005年第5期。

⑲《作为“纪程碑”的开明版“新文学选集”》，《中国现代文学研究丛刊》，2005年第6期。

⑳《迥然相异的面目：京海格局中的北京（平）小报》，《中国现代文学研究丛刊》，2005年第6期；《上海小报视境下的新文学文坛》，《新文学史料》，2005年第3期。

㉑《艰难时世的“文艺复兴”梦想——关于〈文艺复兴〉杂志的创刊、停刊和复刊问题》，《新文学史料》，2005年第2期。

㉒《从〈良友〉看左翼思潮在大众层面的传播》，《中国现代文学研究丛刊》，2005年第3期。

㉓《女高师校园文学活动与现代女性文学的发生》，《中国现代文学研究丛刊》，2005年第5期。

㉔《〈万象〉杂志中的师陀的长篇小说〈荒野〉》，《中国现代文学研究丛刊》，2005年第3期。

㉕《民国报纸与中国早期电影的历史叙述》，《当代电影》，2005年第6期。

㉖《〈时务报〉和它的读者》，《历史研究》，2005年第5期。

㉗《报刊研究莫入误区——反思两个热门话题：“公共领域”与“想象的共同体”》，《中国现代文学研究丛刊》，2005年第5期。

㉘《“革命”与“性”的意义滑变——〈蚀〉

三部曲的版本比较》，《武汉大学学报》（人文科学版），2005年第5期。

㉙《历史重建中的迷失——梅娘作品修改研究》，《中国现代文学研究丛刊》，2005年第1期。

㉚《从〈蜕变〉的审改看抗战时期国家认同的歧义性》，《中国现代文学研究丛刊》，2005年第4期。

㉛《从〈鸭嘴涝〉到〈山洪〉的版本修改演化看吴组缃文学思想的发展》，《中国现代文学研究丛刊》，2005年第3期。

㉜《五四爱情故事的另一种叙述——介绍冰心未收集的短篇小说〈惆怅〉等佚文》，《中国现代文学研究丛刊》，2005年第1期。

㉝《徐志摩一九一九年日记》、《徐志摩早年日记的发现及其价值》，《新文学史料》，2005年第1期。

㉞《现代诗论辑考小记》，《中国现代文学研究丛刊》，2005年第6期；所辑佚文见同刊同期。

㉟《从"野人山"到"森林之魅"——穆旦精神历程（1942—1945）考察》，《中国现代文学研究丛刊》，2005年第3期。

㊱《英雄主义的叙事模式和喻义阐释》，《中国现代文学研究丛刊》，2005年第4期。

㊲《"桥"的意象与京派文学》，《中国现代文学研究丛刊》，2005年第5期。

㊳《论朱湘〈石门集〉的诗体实验》，《中国现代文学研究丛刊》，2005年第5期。

㊴《汉诗现代革命的理念是为何与如何确立的——论白话—自由诗学的生成转换逻辑》，《中国现代文学研究丛刊》，2005年第2期。

㊵《朱自清现代解诗学思想的理论资源——四谈重建中国现代解诗学思想》，《中国现代文学研究丛刊》，2005年第2期。

㊶《从〈新世纪〉到〈新青年〉：无政府主义与五四文学革命》，《中国现代文学研究丛刊》，2005年第5期。

㊷《"'用石条压驼背'的医法"——无政府主义与钱玄同的激进主义语言观》，《中国现代文学研究丛刊》，2005年第2期。

㊸《梁启超与新文化运动》，《近代史研究》，2005年第2期。

㊹《从〈麒麟〉杂志看东北沦陷时期的通俗文学》，《中国现代文学研究丛刊》，2005年第3期；《伪满洲国时期文学杂志新考》，《中国现代文学研究丛刊》，2005年第6期。

㊺《上海沦陷时期〈女声〉杂志的历史考察》，《中国现代文学研究丛刊》，2005年第3期。

㊻《论杨逵日据时期的文学书写》，《中国现代文学研究丛刊》，2005年第3期。

㊼《论日据时期台湾小说的民族认同主题》，《中国现代文学研究丛刊》，2005年第4期。

㊽《反抗军事入侵与抵制文化殖民——抗战时期北京沦陷区文学中的民族意识与国家认同》，《北京社会科学》，2005年第4期。

㊾在研讨会上的发言，胡博的综述，《文学评论》2005年第6期；研讨会情况另见《抗日战争的历史记忆与文学（专题讨论）》，《河北学刊》，2005年第5期。

㊿在研讨会上的发言，参看鲍国华的综述，《文学评论》，2005年第4期。

51《现代性：20世纪中国文学的显著特征》，《北京大学学报》（哲学社会科学版），2005年第5期。

52《关于现代文学中的旧体诗文研究》，《湖南文理学院学报》（社会科学版），2005年第5期。

53《戏曲文学进入现代文学史写作的必要和可能》，《华南师范大学学报》（社会科学版），2005年第5期。

54《试论"五四"新文学运动的先锋性》，《复旦学报》（社会科学版），2005年第6期。

55《多重概念的歧义与中国文学"现代性"阐释的艰难》，《社会科学研究》，2005年第5期。

56《学科的危机抑或精神的危机》，在"中国现代文学研究：重建学科的合法性"学术会议上提交的文章，《湖南文理学院学报》（社会科学版），2005年第5期。

57北京大学出版社，2005年版。

中国当代文学

邵燕君　师力斌

2005年，北京学者的研究有两个突出的面向，一面是对文学史的深入反思和文学史资源的进一步发掘；另一面是对正在展开的新世纪文学的理论描述，以及对当下文学热点的关注。

一、关于文学史

当代文学史的权威研究者洪子诚，又有新著《文学与历史叙述》出版①，这是他近十年来在报刊杂志发表文章的汇总，集中展现了他对当代文学研究的思考，并系统地勾勒了当代文学史研究的重要线索和问题。比如对20世纪50—70年代的文学，当代文学的概念，左翼文学与现代派，左翼内部的矛盾等问题，都提出精当中肯的见解。

贺桂梅的《人文学的想像力》②，是当代文学史研究的重要收获，探讨的是"文革"后迄今30余年中，"当代中国（大陆）一些前沿性的思想、文化和文学问题"，诸如80—90年代人文思想的分化的要素及过程、重写文学史思潮与新文学史范式的变迁、人道主义思潮及其话语变奏、1998年"反右"书籍热分析、世纪初红色怀旧热的分析等，其主题有两个，"一是对当代人文思想的变迁提供一种思想史的描述轮廓，另一则是用文化研究的方法考察其中重要文化现象的不同侧面"，同时还试图"勾勒当代中国思想/文化的历史形状和具有症候性的问题"。该著的突出之处在于它研究方法上的"越界"，即作者试图打破文学研究当中"常见的二分法和二元结构"，"而尝试一种将批评、理论和历史分析综合起来的研究实践"。

温儒敏对于作家论的研究和当代文学史的研究具有"鉴往喻今"的启发性，他揭示出文学史中的一个普遍现象，即"当代评论"与文学史想像之间的关系。通过评述20世纪三四十年代一批有影响的作家论，认为"关注这些资源的使用的情况"，可能是"深化研究的一个新的采掘点"。他特别指出，李健吾式的风格评论有明显的现实针对性，"我们今天的文学史写作也不妨借鉴这样一种更加个性化和更加偏重审美的研究姿态。"③

李陀作为一位对当代文学有重要影响的批评家，就文学的想像力、浪漫主义和游戏性等问题提出了看法，认为五四之后形成了一个"深厚"的现实主义传统，至90年代，"又演化为一种更'白'、更平庸的写实主义"，面对这种状况，"今天应该重新看待和评估浪漫主义"，"思考浪漫主义对我们当今写作的意义"，在"全球化、市场化、中产阶级的价值已经普适化的后工业时代"，"如何在文学和艺术的想象中增加一些浪漫因素，为日常灰色、平庸的生活提供一个富有思考力、批判力的想象空间，就变得越来越重要"。同时，"如何处理小说中的'游戏性'"，是"严肃的"作家的"当务之急"④。

批评家雷达对20世纪文学史的叙述提出看法，认为现当代文学是一个整体，"民族灵魂的发现与重铸"是现当代文学的"贯穿性思想主线"⑤。

二、关于"新时期文学"

本年度《文艺研究》杂志开设了"新时期文学"的"重评"专栏。通过对"新时期文学"发生发展过程以及相应的文学批评话语的重新梳理，试图"重返"历史"现场"，重新阐释其命名机制，还原其历史语境，并从文学史角度对其重新定位。

程光炜将"新时期文学"这一概念历史化，认为它是"摇摆不定和不确定"的，实际上是一个"文化政治史"的概念⑥。他认为，20世纪80年代是一个"简单的文学时代"，题材大于艺术的传统创作模式"在作者的潜意识中是根深蒂固的"。比如在刘心武的创作中，"社会'问题'压倒了人物'形象'"，"几乎相同的艺术'宿命，也发生在王蒙、张弦、丛维熙、陆文夫、卢新华、孔捷生、张贤亮、谌容等作家身上"⑦。

从建构经典的角度切入，程光炜在80年代文学经典的建构中，发现了"50年代就已形成的'反制度'与'制度化'相纠结的历史情结及思维方式"。"对旧文学经典的颠覆，对新文学经典的再建，文学周期出现之短之剧烈之频繁，正是这一情结'当代化'的重要体现。"他认为，80年代对伤痕的强调和刻意渲染，带有浓厚的"策略性"和主观色彩，"实际在一定意义上，鼓吹'伤痕文学'仍然附带着一种'文化政治'的功利动机。"同样被人们经典化的80年代先锋文学，由于"强调对当代文学'传统'的反拨"，导致"批判"成为"80年代文学的意识形态"，不同文学流派的"交替"和"转型"，就是在一连串“颠覆”中完成的。“这种极具破坏性的总体文化环境，培养了人们的创作习惯和阅读习惯，创建了新的文学意识形态，诞生了我们今天所说的‘80年代文学’”[⑧]。

关于新时期文学的文学史建构，李杨认为它的“断裂论”与五四新文学有内在一致性，它“同时也是‘50—70年代文学’的主流文学史叙述建构文学史的基本方式”。80年代存在一个他者化的建构过程，它需要“首先创造一个完整的、本质化的‘50—70年代文学’，或者至少需要一个高度本质化的‘文革文学’”，而这样完整的“他者”其实并不存在。实际上，“文革文学”与“新时期文学”存在密切的联系。他以王蒙和张贤亮为例，发现“‘文革文学’更成了‘新时期文学’摆脱不了的另一个‘传统’”，人们在“文革”时期的正式文学刊物上既可以找到大量“‘新时期文学’主流作家的名字”，也可以看到“一大批缔造了‘新时期文学’的著名文学批评家”。李杨的结论是，看起来透明的“新时期文学”概念，“依赖着一个社会经济政治上的预设，在其‘人道主义’和‘文学性’的面罩下面，实际上隐含着特殊的界限和排他性。”[⑨]李杨在其新著《文学史写作中的现代性问题》[⑩]，把这种知识考古学和谱系学的方法延伸到整个现代文学史的研究中去，梳理了一条“问题史”脉络，值得重视。

王一川从“伤痕文学”中提炼出三种体验类型和情感特征：“惊羡型”文本流露出对现实或未来的乐观情绪；“感愤型”文本则“强化”个人的感伤；“回瞥型”在掀开旧伤记忆的同时不忘回瞥过去的温馨。他发现“社会修辞能量”与“审美价值”呈反向分布，“惊羡型文本的社会修辞能量最大”，但其审美价值却低，“审美价值最高的是以审美回忆为主导的充满流兴的回瞥型文本”[⑪]。

关于先锋小说的知识谱系与意识形态，贺桂梅指出了一个“西方传统”和其反现实主义的立场，先锋作家们经常把自己纳入“由西方现代主义大师构造的‘传统’中”。先锋作家的“语言革命”或“形式革命”，事实上也是一种“意识形态革命”，作为其产物的、由语言所构造的“个体”（或主体），一方面符合了80年代“‘纯文学’观念中的文学想象，同时也正呼应着80—90年代之交被市场主义和消费主义所构建的个人主义的主体想象。”“先锋小说由于始终将自己结构在‘现实主义’的对立面上，因此，它并非如自己所想象的那样‘自由’和‘解放’，而是将‘反现实主义’作为了文学的非意识形态化过程的意识形态。”[⑫]

旷新年对“寻根文学”提出了新的看法，认为“寻根文学”一方面是“新启蒙主义”和“国民性批判”这一主流思路的延续，另一方面又是20世纪80年代一种对于现代化最初不自觉的反应。“寻根文学”的思想资源是李泽厚的“民族文化—心理结构”，它的兴起使“新时期文学”主流产生了深刻的分化，导致文学从“干预生活”到“日常生活”的转变，它对“悟性、直觉的艺术思维方式的倚重”，对“气韵、情趣、意境的追求”，使“新时期文学”从刻板的、镜子反映式的“现实主义成规中解放出来，从而激发了文学的想象力。”他同时对现代以来的家族小说提出了新的解释，认为“90年代家族小说的兴起和‘告别革命’以及重返‘日常生活’的历程有着某种内在的联系。正如革命导致了‘五四’文学的‘出走’潮流，‘告别革命’则导致了‘新时期文学’的‘回家’叙事。”“《红高粱》既是‘寻根文学’的终结，同时也是‘新时期’‘新历史小说’和家族小说的起源。”旷新年的结论是，“‘寻根文学’是中国‘新时期文学’从单纯走向复杂的时刻，同时，也是‘新时期文学’重新摸索和确定方向的契机。”[⑬]旷新年这种对文学史的重新思考，在其新著《写在当代文学边上》[⑭]里有精彩的表现，是当代文学史研究的重要成果。

王光明也注意到了“寻根文学”美学观念上的转变及其文学史意义，“‘寻根文学’是当代文学想像范式转变过程中的一个重要的文学现象，它最重要的意义是寻回被历史边缘化了的小说美学传统，即重视从个人意识、感受和趣味出发想像世界的传统。”[⑮]

三、关于“新世纪文学”

雷达、任东华从概念剖析、市场影响等八个方面，对新世纪文学进行了分析与展望，认为进入新世纪以来的中国文学，“所呈现出来的大量新质素，已不容忽视”。在他们看来，新世纪文学与过去的文学之间是一个辩证的过程，既有继承，也有发展。既有的精神价值如“英雄期待、道德理想、生存信念”等，“仍然会成为新世纪文学高贵而不屈的灵魂，”但20世纪90年代以来文学中的后现代主义思潮也在“当下的文学创作中正前所未有地展开着”。市场经济将对文学的生产与功能等产生深刻影响。“网络文学”“将是继口头文学、纸质文学之后人类文明史上的第三种文学：多媒体文学。”他们推测，新世纪文学“将呈现同心圆式的图景：处在圆心的是审美含量很高的纯文学，它是轴心；处在最外层的是粗具文学性的各式各样的大众文学产品，构成宽泛背景；而位于两者之间的是文学与其他众学科嫁接所形成的各类新文体，它变动不居，常写常新，它应是新世纪文学的普遍存在形态。”[16]

孟繁华从“文学经典的终结”这个特定的角度对新世纪文学进行了探讨，认为文学经典的缺失将是新世纪文学区别于既往文学的重要标志。他区别了“文学史经典”和“文学经典”两种经典的样式，“后者是经典化、历史化了的‘经典’；前者是尚未经历这一历史化和经典化的‘经典’，它只具有文学史意义，而不具有文学经典意义”，“包括长篇小说在内的叙事文学的辉煌时代就要终结了。”但他不认为文学的陷落可以归结为市场利益，而“作家人格力量的萎缩和文化信念的丧失，才是当代小说缺乏力量的重要原因之一”。另一方面，“消费文化的兴起和传媒多样化的发展，也终结了长篇小说在文化市场一枝独秀的‘霸权’历史。”今天讨论“经典”问题，可能恰恰是对这一问题的焦虑的表征。他回应了小说界热烈讨论的哈金的“伟大的小说意识”的提法，认为哈金“用美国‘伟大小说的定义’，照猫画虎地为中国‘伟大的小说意识’给出了定义”，既是“陈词滥调”，也缺乏“普遍的认同感”。孟繁华的结论是，“‘伟大的小说’只能存在于文学史”，“21世纪是一个没有文学经典的世纪”。[17]

张颐武视“新世纪文学”为文学研究的一个“核心命题”，他认为，文学进入“新世纪”之后的一系列重要变化，其深刻性已经是一个“新的文化时代的表征”。他从历史和观念两个层面对“新世纪文学”的形态进行了分析。认为九十年代以来的一系列文学表述，“不是对于‘现代性’的信心的重申，而是‘现代性’面临剧烈挑战的危机状况的‘后果’”。文学中“悲观”的表达或“颓废性的表述”，都指向了一种对未来的“深刻的失望情绪”。但历史的悖论却是一个“和平崛起”的、“新的中国的全球形象”，它根本“突破了中国‘现代性’所限定的历史和观念”。他指出，这个“被认为丧失了‘理想’和‘崇高’的时代有着远比我们所看到的更为积极的意义”。在这样的历史框架下展开了“新世纪文学”历史观念的两大类型，一是大量的“架空”写作的出现，一种“类似‘星球大战’”般的“‘脱历史’和‘脱社会’”的写作。这意味着中国的青少年文化进入了“尿不湿一代”主宰的时代。二是“在‘新文学’的历史框架之外”对中国历史的“重述和再架构”。与新的历史观念同时出现的是，“新的面对现实的观念”，比如“第三者”已经不具备80年代“反封建”或者“自由”的象征意义，而备受关注的长篇小说《秦腔》，“不是一部现代和传统交锋的现代性大计的书写，而是这一斗争无奈的终结的新的世纪的展开”，其“哀伤的调子里却洋溢着一个新的时代的虽然怪异、粗俗却充满力量的可能性的展示”[18]。其新著《新中国的形象》[19]对上述“新世纪文学”及“新文学的终结”等问题进行了全面阐述。

四、关于“底层”写作与小说《那儿》的争论

“底层写作”是2005年文学界最为重要的讨论之一，其背景是近年来三农、农民工等问题的日益突出及其社会关注的升温。底层如何文学，文学如何表述社会底层，成为关注的焦点。

针对底层叙事的新倾向，陈晓明提出了“美学的脱身术”的概念，认为当下小说创作中的“人民性”并非原有现实主义意义上的“人民性”，“对‘人民性’的强调，并不能在政治思想意识方面深化下去，而是变成了一种美学表现策略”，众多“小资情调”的叙事，也借助了苦难或阶级话语，“而由此引向暴力则是小说寻求力度的唯一的表现方式”。但他认为，现代性美学策略已经达到极限，当下的作家们无法缝合“文学观念与社会观念出现悖论”，必须“想方设法脱身——这就形成了当下小说艺术表现方面的审美脱身术”。表现在小说创作上，就是一种“依赖形式的和叙事上的突变机制”，小说叙事从苦难情状中解脱出来，“故事退居到后面，艺术上的表现方式变得更具吸引力”，这成为确认小说艺术水准的依据。由此，“人民被边缘化”成为一个“新的难题”。底层民众苦难不能“全面深化”，“对底层的悲悯情怀也只能是人道主义式的悲悯”，这归因于“作家不想，也不可能真正从历史与阶级意识的角度来揭示人民的命运”，这与其说是“自觉地转向人民性立场”，不如说是艺术上“创新压力”使然。但出人意料的是，这些叙事达到了艺术上新的高度。“思想性向艺术性的逃离”，“艺术对思想的遮蔽”，反而使艺术“获得了意外的收获”，“某种意义上达到了现代性的现实主义小说叙事的艺术高峰”。但“美学脱身术”同时也存在缺憾，“由于其魔术般的精巧，既非真正地进入历史，也无力把历史从文本中解救出来”。他认为，“如何在文本与历史之间找到一种修辞性合作，也就是更全面的表现力”，是“更深层的美学难题”。[20]

“打工诗歌”在2005年成为文学关键词。刘东对此给予极大关注，“恭喜”他们终于“发出了某种独特的属于自己的声音！”但对于“贱民能否开口说话”这个理论问题并不乐观，它并不只是主题方面的“打打工”，像“工人作家”那样“往‘主旋律’里边填充一些车间里的素材”，其“真正危险的挑战还在于：贱民们很有可能自以为在不停地开口说话，却仍然什么都没有讲出来，如果他们只是在模仿别人的语调。”由此，对新诗的定义和发展路向提出自己的质疑，“十有八九，当代诗歌的发展路径，是从根基处就错了”。新诗写作并非“被小众所劫持”的专利，而是“最原始、最直接和最大众的艺术形式”。正因如此，我们才能理解“当城市里的小资”面对诗歌“知难而退”时，打工仔们“反而毫无顾忌地信手拣起了这种自由发泄的艺术形式”。刘东认为，只有使打工仔们的“阶层意识”上升到一种文化“陌生性”的强调，打工诗歌“才不会仅止于社会学层面上的身份认同，而有可能升华为一种真正的文化创造”。[21]

李云雷以孙恒的“北京打工青年艺术团”的活动为起点，勾勒了延安文艺以来“被压迫者”的文艺表述，探讨了底层表述的可能性及其当代意义，认为它代表了一种新的文艺观念，或者说左翼文艺观的复活[22]。

曹征路的中篇小说《那儿》2004年10月发表以后，在理论界引起了强烈反响。北京大学“当代最新作品点评论坛”最早作出反应。李云雷、季娅娅认为它“堪称这一时期最具有代表性的现实主义力作”，论坛主持人邵燕君认为其秉承“左翼文学”的传统，“谱写了一曲时代悲歌”[23]。随后学术界掀起热烈讨论，一直持续到2006年初[24]，集中在左翼文学的当代形态及工人阶级的历史命运等问题上。

韩毓海对《那儿》所揭示的“人的本能”“主体性”“阶级意识”等一系列理论问题进行了阐发。他认为，小说《那儿》完全不同于当下中国所有的写作之处，在于它是一种“幽灵式的写作”，所谓“幽灵式的写作”，“必须怀抱着对‘无法确定其存在’的‘存在’最高度的敏感，同时，必须竭尽全力，一定要将‘永远无法实现的东西’在文本中‘实现’，并竭尽全力去完成。”他对马克思关于人的主体性的论述进行了重新解读，认为在马克思看来，人发明了表象的世界，却最终为表象世界所束缚，最终丧失了求生和生存的“本能”，这是马克思“无情批判和嘲笑的”，恰恰与“那些形形色色的‘人道主义者’”相反，“马克思始终将无产阶级的阶级本能、求生意志、造反革命精神，放在种种制度的理性设计之上”，而不是“将劳动者解放的希望寄托在任何现成的、好的‘制度’之上”。韩毓海认为，《那儿》描绘的是“劳动者的制度”，如何变成“管束和压制劳动者的生存本能”，最终使其走向“牺牲劳动者的利益的不归路”的过程。《那儿》的价值就在于：“它力图在当代语境下进一步回答，什么是鲁迅所谓‘中国无产阶级革命文学’在当代中国的命运。”他认为，无产阶级意识“只有从‘求生的本能’中才能产生”，“也正是在这样的视野里，我们可以说：今天的中国无产阶级，只有拯救他们的企业，才能拯救他们自己。”[25]

吴正毅、旷新年认为，《那儿》“描写了在新自由主义理论主宰下工人阶级的悲剧命运”，它“不是真正有力量的作品”，“批判和抗议还没有真正找到一种‘文学’的表达方式”，“《那儿》把工人描写得那么消极无为、逆来顺受，这是由于中国工人阶级特殊的历史条件所决定的”，他们处于“涣散的状态”，有一种“无奈的没落意识”，“作为一个巨大的弱势群体，他们无所作为。他们自己本身已经被新自由主义话语彻底‘说服’了，承认自己是‘弱者’”[26]。

五、关于“80后”、“下半身”以及当下创作的跟踪研究

评论界对“80后”的创作持续关注。邵燕君认为“80后”“先占市场，再闯文坛”的“动作方式”，有“挟市场之威叩击文坛”之嫌，但也“越来越不能被文坛所忽视”。她以张悦然为例，揭示了青春写作与文坛市场之间的互动关系，出版社将“玉女作家”包装成既有“偶像派”的魅力，又有“实力派”的实力，这种“两全其美”，“生动地显现了‘80后’与‘市场’和‘文坛’的关系”。但这并不排除文坛对于“80后”的吸引力，“纯文学作家”的称号，更增添了其“偶像光辉”。在艺术上，“80后”作品存在许多问题，“大多还是停滞在青春经验的倾诉阶段”，或走向“依凭想象力空翻”的极端，或“在形式上煞费苦心”，甚至在名声与稿约的双重压力下，其创作出现了“病态的倾向”。她认为，这种追求极端的写作“迎合了这些年来文坛鼓励的‘往狠里写’的潮流”。上述状况的一个后果是，文坛“培养新人”的机制和传统遭到严重破坏，“修复这一机制，恢复这一传统”成为文坛的当务之急[27]。其新著《“美女文学”现象研究》[28]，把“80后”放在“美女文学”这一更大的写作群体中，考察了其多重的内在矛盾和话语争夺。

陶东风对诗歌界“下半身”的主张进行了严厉批判，认为这是一个“地地道道的反文化宣言”，这样的下半身不过是“生理器官”，“正确地说是生殖器”，存在严重的下半身“崇拜”、下半身“一元论”以及下半身“专制主义”，还存在“下半身‘本质主义’”。他进一步指出，下半身写作“实际上是诗歌界内部争夺话语权的一种策略与工具”。从文化逻辑上，他认为“今天中国文学界、文化界的‘下半身’崇拜（不仅包括诗歌界的《下半身》写作，而且包括整个小说界的所谓‘身体写作’），未尝不可以理解为中国传统文化和极左时代的禁欲文化不正常的身体观念在新的历史条件下的颠倒的、恶性的表现”。[29]

在众多的现状研究中，最令人关注的是成立于2004年的北京大学当代最新作品点评论坛。该论坛聚集了一批北京大学的现当代文学博士和硕士研究生，对国内《收获》《当代》等十余家文学期刊进行同期点评式研究，并在《文学报》、《文艺理论与批评》、《中文自学指导》、《中篇小说月报》等报刊和左岸文化网站开设专栏，发表其点评文章。论坛尖锐地指出了当下文学两个最关键的症结：现实主义创作缺乏思想资源支持，先锋探索缺乏创新动力。前者使“宏大叙事”沦为“小叙事”，直至“小故事”；后者使所谓的创新之作沦为病态呓语，或者拾人牙慧的纸上空翻。针对长篇迭出的现状，加大了研究力度，特别对一系列现实主义倾向显著的创作进行了跟踪，如贾平凹《秦腔》式的“原生态”，楚荷《苦楝树》式的“写生活”，杨显惠《定西孤儿院》式的“历史还原”，刘庆邦《卧底》式的“批评现实”，都在第一时间作出了回应。该论坛的成果《北大年选：2005小说卷》已经由北京大学出版社出版。

（作者：邵燕君，北京大学讲师；
师力斌，北京大学博士研究生）

注：

①河南大学出版社，2005年10月。

②河南大学出版社，2005年10月。

③《作为文学史写作资源的“作家论”》，《北京大学学报》（哲社版），2005年第2期。

④《新的可能性：想像力、浪漫主义、游戏性及其他》，《当代作家评论》，2005年第3期。

⑤《现当代文学是一个整体》，《当代作家评论》，2005年第2期。

⑥《怎样对“新时期文学”做历史定位?》，《当代作家评论》，2005年第3期。

⑦《“伤痕文学”的历史局限性》，《文艺研究》，2005年第1期。

⑧《经典的颠覆与再建》，《当代作家评论》，2005年第3期。

⑨《重返“新时期文学”的意义》，《文艺研究》，2005年第1期。

⑩山西教育出版社，2005年12月。

⑪《“伤痕文学”的三种体验类型》，《文艺研究》，2005年第1期。

⑫《先锋小说的知识谱系与意识形态》，《文艺研究》，2005年第10期。

⑬《“寻根文学”的指向》，《文艺研究》，2005年第6期。

⑭上海教育出版社，2005年9月。

⑮《“寻根文学”新论》，《文艺评论》，2005年第5期。

⑯《新世纪文学初论》，《文艺争鸣》，2005年第3期。

⑰《新世纪：文学经典的终结》，《文艺争鸣》，2005年第5期。

⑱《跨出新文学之后的思考》，《文艺争鸣》，2005年第4期。

⑲山东文艺出版社，2005年12月。

⑳《人民性与美学的脱身术》，《文学评论》，2005年第2期。

㉑《贱民的歌唱》，《读书》，2005年第12期。

㉒《对艺术和现实的变革与探索》，《文艺理论与批评》，2005年第2期。

㉓《2004年最佳小说选》，北京大学出版社，2005年5月。

㉔具体讨论情况请详见《转变中的中国与中国知识界——〈那儿〉讨论评析》，李云雷，左岸文化网站，2006年2月21日，http://www.eduww.com/bbs/dispbbs.asp?boardID=15&ID=19878&page=1。

㉕《狂飙为我从天落》，《文艺理论与批评》，2005年第2期。

㉖《那儿：工人阶级的伤痕文学》，《文艺理论与批评》，2005年第2期。

㉗《由“玉女忧伤”到“生冷怪酷”——从张悦然的“发展”看文坛对“80后”的“引导”》，《南方文坛》，2005年第3期。

㉘广西师范大学出版社，2005年7月。

㉙《“下半身”崇拜与消费主义时代的文化症候》，《理论与创作》，2005年第1期。

东方文学

刘安武

从有组织的学术研讨和学术交流的角度来说，2005年并不是东方文学频繁活动的一年，但仍然有的学会开展了学术活动。2005年3月7日—8日，在北京大学召开了第四届波斯语语言文学研究会的研讨会，与会者30多人，其中有三位来自伊朗的学者，收到论文20多篇，着重研讨了古代诗歌和现代小说。2005年6月4日—5日，也在北京大学召开了蒙古文学与比较文学研讨会，与会者70多人，宣读了40多篇学术论文。虽然严格说来，古代蒙古文学不能列入东方的外国文学之内，因为它是我国蒙古族和蒙古人民共和国蒙古族的共同文学遗产。但现当代的文学则分开了，形成了各自的现当代文学。

一、综合类文学

2005年《国外文学》第3期发表了魏丽明的一篇长文《新世纪中国东方文学学科研究综述》作者概括了东方文学学科建设、东方文学比较研究、东方文学国别研究、东方文学作品翻译在中国、东方文学研究存在的问题等几个方面，通过翔实的资料，对近几年来东方文学的理论和实践作出了一些中肯的分析和归纳[①]。而何乃英的《东方文学研究在中国》则总结了近百年来中国在翻译和出版东方文学、研究和评论东方文学方面取得的进展，经历过“起步阶段”、“发展阶段”、“繁荣阶段”，作者用丰富的材料，分别梳理了这三个阶段的某些特点，给读者以诸多的启示[②]。

在2000年，印裔作家维·苏·奈保尔获得诺贝尔文学奖后，我国的学者对他一直比较关注，除翻译出版了他的不少游记和小说外，还一再发表评论评价他的作品。张德明写的《后殖民旅行写作与身份认同— V.S. 奈保尔的“印度三部曲”解读》一文指出，奈保尔的“印度三部曲”属于后殖民旅行写作，体现了作家对母国文化既想认同又想保持距离的矛盾心态，造成作品叙事内在视角与外位视角的矛盾对立。“三部曲”呈现了作家的身份认同与叙事策略辩证运动的过程，从客观、冷静、带有讽刺性的叙述，渐渐转化为沉郁乃至悲愤的分析与描述，最后作家从印度社会的观察者、批评家变成了印度普通人民心声的聆听者、对话者和记录者，将自己的同情和希望融入他与之访谈的人物中，重建了他失去的自我同一性和身份[③]。尚必武写的《魔种的魔力》介绍了奈保尔的新的自传体小说《魔种》。这部2004年9月出版的作品是作者2001年写的自传体小说《半生》的续篇[④]。阮炜写的《〈游击队员〉与〈在一个自由的国度〉》，以比较奈保尔的《游击队员》与其原型故事，即《在一个自由的国度》以及夏洛特·勃朗特的《简·爱》入手，分析了《游击队员》的主题、手法和思想内涵，指出奈保尔在这部小说中压倒性地使用来自中心的白人或与白人世界有极特殊关系的非白人的视角，向第一世界讲述了一个关于第三世界的充满压抑感的故事，大大淡化了先前那种对殖民主义更为明确的批判立场[⑤]。孙妮写了《种族、性、暴力、政治——解读 V.S. 奈保尔的〈游击队员〉》，也是评论《游击队员》的，作者认为是一部重要的有关第三世界政治的后殖民小说。小说作者冷峻地剖析了发生在加勒比海某岛国的黑人权力运动的实质和革命领袖的真实面目，揭开了革命的幻象，暴露了残酷的真实。小说里种族、性、暴力、政治交织在一起，不仅涉及多重主题，而且叙述视角一再变化，使《游击队员》成为一部具有深刻象征意义和丰富心理内涵的作品[⑥]。由于评论的角度不同，两篇文章评价的标准也大有差别。

二、比较文学

在2005年发表的所有比较文学的文章和论文中，内容大多以“中日比较”和“中印比较”为主，有影响研究，有平行研究，有古的文学理论思潮的研究，也有民间传说的研究，看来这一方面涉及的内容越来越深化了。叶渭渠写的《白居易诗文与日本文学》是对作家影响的研究[⑦]。而于长敏写的《一个故事几种主题——“猴子和乌龟”故事的主题比较研究》，则是民间传说故事的比较。猴子和乌龟斗智的故事流传很广，追溯日本的故事来源，找到中国类似的故事，还不能说是源头，源头是印度的《佛本生故事》或《五卷书》[⑧]。李京美写了《中日志怪传奇小说中的女性比较》一文，比较了两国古代某些民间故事中女性形象[⑨]。而王志松的《“幻象”的生存——夏目漱石的初期作品与汉文学》则是分析一个作家早期的创作中采用汉文学的某些成分和特质[⑩]。刘晓芳的《岛崎藤村与郁达夫的文学创作之比较》一文分析了两位作家都受到过外来文学的影响，并有过新的创作发展方向；在特定的历史条件下又都在本国文学传统的召唤下发生了变异和回归。两个文风接近的作家相反的文学发展方向，正好说明了中日两国文学传统的差异以及在各自的新文学运动中，这种文学传统对新的文学的形成所起的作用[11]。于荣胜写的《中日近现代小说中的知识分子的形象》一文，归纳了知识分子形象之间有着一些相通之处。比如，他们大都是在新旧对立或者新旧矛盾之中塑造完成的，而他们往往又是孤独的男性；另外他们又和恋爱问题甚至三角恋爱关系纠缠在一起。他们在作品中写个人的苦闷，写得如泣如诉；容易让人产生共鸣，即使不是使用的第一人称。这点与中国作家笔下的知识分子形象比较的话，应该说是比较突出的[12]。李跃静写的《象征派诗人蒲原有明和李金发的比较》一文，探讨了日本诗人蒲原有明和中国诗人李金发接受法国象征派诗人波德莱尔的影响时表现出的异同。在接受影响的途径上，蒲原有明是在日本读了对法国和法国的象征主义介绍并读了象征主义诗歌的日文翻译以后，才有所了解和开始象征主义诗歌创作的，而李金发则是在留学法国时，受到象征主义艺术的熏陶进而对波德莱尔的诗歌产生共鸣后开始创作象征主义诗歌[13]。荆淑娟写的《在回忆中苏醒——试比较村上春树与张爱玲叙述时空之异同》一文，比较了这两位作家叙述的空间体是封闭的，时间似乎也是静止的，人物也是绝对消极不变的。但张爱玲的回忆是别人的回忆，她只是作为一个叙述者，冷冷地看着发生的一切，冷冷地看着时光苍茫流过，只剩下这段回忆在封闭中静止、停滞。村上春树的回忆是他自己的，他在这回忆中寻找着已逝的青春、寻找着迷失的自我，进行自我疗救[14]。

在评介"印中文学比较"的论文以前，先介绍戈富平写的《印地语文学在国外的情况和影响》一文。该文叙述了印地语文学的发展史，介绍了日本、俄罗斯、中国等国译介印地语文学作品的情况，还列举了印地语文学作品在毛里求斯、斐济、尼泊尔、特立尼达和多巴哥、南非等国广泛传播和用印地语创作的现状以及深远的影响。作者发掘和收集的资料全面、系统、汇集了一些有关国家的过去鲜为人知的材料[15]。刘安武的《失妻救妻——〈西游记〉中的微型罗摩故事》一文，将《西游记》中第68回到71回中朱紫国国王的王后被魔王劫走后由孙悟空救回的故事和罗摩失妻后与神猴哈奴曼救回的故事进行了对比，着重剖析了处理贞洁问题的差异[16]。黎跃进写的《确立民族自我——中印近代民族主义诗歌的宗旨》一文，归纳和概括了两国近代的民族主义精神的诗歌，这些诗歌歌颂民族传统，赞颂祖国河山、弘扬民族精神等方面是相同的；也同样赞美献身民族解放的英雄和树立现实中的榜样，而且谴责殖民侵略和统治的暴行，表现人的悲惨处境，进而呼吁国内民族团结向往独立的统一民族国家[17]。唐仁虎写的《中印古代爱情文学宏观比较》中，概括了中国和印度古代爱情文学的同中有异，异中有同，并进而分析形成这种特点的原因[18]。魏丽明写了论文《试论中印"时代女性"主体性意识的觉醒——以〈虹〉和〈十束光〉为个案的比较》，以中国作家茅盾的小说《虹》和印度作家介南德尔的小说《十束光》进行了比较，论文作者对这两部作品的女主人公进行了探索，指出茅盾和介南德尔关注现代女性受传统观念禁锢的心灵，说明中国和印度的现代女性尤其是都市中产阶级知识女性个性自由和自我意识觉醒的重要性，并努力探索解救中国和印度现代女性的方法[19]。王春景写了《普列姆昌德和鲁迅笔下的农民形象》，作者先从普列姆昌德和鲁迅对农村题材的选择入手，论述到他们笔下的农村面貌和农民形象，进而分析他们对造成农民悲惨命运的原因的不同认识，最后还指出他们对农民不同的情感态度的原因[20]。

在比较文学这一类论文中还有几篇文章或论文值得一提。张玉安的《万变不离其宗—亚洲罗摩故事文本比较研究》通过亚洲地区各种宗教文本的罗摩故事，始终演绎着善恶斗争这个伦理学中最基本的主题，除了艺术上的效果和作用外，其中最重要的原因就是，它本身蕴涵着一种永恒的价值，即一种超越历史和阶级界限的，在人类发展历史中共有的思想，即超越国家，超越民族和超越地域的，为全人类所共有的全民性道德因素[21]。李谋的《中国文学与缅甸文学》归纳了从古到今中国文学在缅甸传播的情况以及缅甸文学在中国传播的情况。在缅甸，翻译介绍中国古今的文学作品数量很大，而中国翻译介绍缅甸文学作品则晚至上世纪50年代，随后研究和评介作品的论文和专著也开展了起来[22]。赵玉兰的《中越近文化的诗学比较》在对中越诗学的概要比较和分析的过程中，人们不难看出，越南诗学的产生和发展同中国诗学的历史发展和哲学基础有着密不可分的关系。这种关系密切的程度在世界各民族之间的文学和诗学比较研究中极为少见，但尽管如此，也不能从根本上改变那些原本属于某个民族自己文化特质的一些东西[23]。裴晓睿写的《印度味论诗学对泰国文学的影响》一文，一方面归纳了印度味论诗学是泰国味论诗学的本源和印度味论诗学对泰国文学创作的影响以后，比较了泰国文学与印度文学审美的经验。作者进而指出，泰国的味论诗学是印度味论诗学在泰国文化语境中生成的结果。虽然，它至今仍未能形成一个完整的、明确的体系，但几百年来，这一文学理论对泰国文学创作和文学批评的影响是巨大的[24]。丁淑红写的《辐射与吸纳—考察“莱拉和马杰侬”的故事在阿拉伯文学和波斯文学中的不同境遇》一文，从探析“莱拉和马杰侬”的故事来源入手，考察其在阿拉伯文学和波斯文学中截然相反的境遇：边缘地位和中心地位，隐性存在和显性存在，力求剖析这一文学现象产生的缘由，并在此基础上分析利用这一故事母题创作传世之作的集大成者，中世纪波斯的叙事诗人尼扎米和现代埃及剧作家邵基所采用的文体及其文本的艺术特色[25]。

三、东北亚文学

薛舟著文《韩国新锐作家金英夏及其小说简析》，列举了金英夏一年中获得三个重要奖项，并简要介绍了其重要作品《我有破坏自己的权利》和《黑花》[26]。严绍璗写的《日本“古物语”〈竹取物语〉生存的考察》一文，追溯了《竹取物语》形成的背景，并对照了中国的民间传说。认为它的题材与情节的构成，事实上只有两种可能。一种是它与中国的《月姬》、《斑竹姑娘》等传说，具有一个共同的更加悠远的传说祖先；一种是它与如《斑竹姑娘》等中国传说，具有某种渊源关系[27]。李雁南写的《大正日本文学中的“支那趣味”》指出，大正年代的日本文学中有许多涉及中国题材的小说和游记，都表现出一种“支那趣味”。“支那趣味”表明了日本文人的怀旧情绪和异国情调。日本作家在阅读中国古代典籍的过程中形成了文本中国的幻象，与他们到中国旅行时所目睹的现实形成了巨大的反差。这种反差在他们笔下反映出来，既有深厚的浪漫色彩，又充满殖民主义对他者的偏见，对文本中国心怀向往，对现实中国深怀失望[28]。李德纯写的《美是生命之花——川端康成论》中说，川端康成的众多作品虽然没有深邃的哲理，但也没有功名利禄和尔虞我诈；他笔下的都市只有情感世界而少社会生活。他的小说充斥了太多的爱欲和死亡，构成了爱欲的不同层面。在创作意念和手法上，川端康成信笔游刃于古典所沉淀的文化底蕴，又兼容并包着佛教禅宗，自由驰骋于东方与西方表现生活的可能中[29]。胡志明的《无神时代的自我拯救——论大江健三郎后期作品的文化救赎思想》一文，说明大江健三郎后期作品表述了文化救赎思想，即要在一个无神时代里，寻求灵魂的自我拯救。其具体表现为，他创作中心已经从原先的“残疾儿”主题转变为“灵魂”主题；他形象地描绘出“无神时代”的基本特征，即一个“上帝缺席”、“众神喧哗”、可能“诞生新人”的时代，他阐明了实现灵魂的“自我拯救”的方法，即具备自觉的危机意识，采取回归的行动，以促使“新人”的到来[30]。孟庆枢写了《对日本20世纪80年代以来文学批评的几点思考》，他认为在“全球化”语境下受西方后现代主义理论影响，日本从上个世纪80年代以来文学批评发生了巨大变化，呈现一种多元态势。从前田爱、柄谷行人、龟井秀雄、小森阳一等批评家的论著中人们可以看到一种动态地、克服形而上思维模式的努力。他们的文学批评以本土文化视点，紧密联系当前日本社会、文坛实际，打通内外，进行跨文化研究，对许多结论提出了质疑，让人耳目一新[31]。魏大海写的《村上春树小说的异质特色—解读〈海边的卡夫卡〉》认为，村上春树的文学创作有某种通俗性，且一定程度上契合当代社会商品市场化的需求。但从他的创作意图、文学表达或文体特征上看，显然独具品位，呈现出鲜明的异质特色。这种特质就是在虚幻与现实的强烈对照中勾兑出现实世界的真实本质，其近期名作《海边的卡夫卡》集中体现了这一点[32]。何乃英写的《走东西结合之路—试论川端康成后期小说的创作方法》一文，指出《雪国》是川端康成走上东西结合道路的标志。此后，他的创作始终是沿着东西结合的道路继续前进的。其中《名人》、《东京人》和《古都》的民族传统色彩更浓一些，这一方面表现在主要采用现实主义的创作方法，另一方面表现在显示出浓厚的民族审美观念。何乃英的这篇论文可以和前面提到的李德纯的论文参照起来研读，以便互相补充，相得益彰[33]。冯京瑶写的《日本超感犯罪心理小说家天童荒太》，介绍了这位作家的作品内容独特，情节出人意料，从而感动了日本的广大读者。论文作者还特别介绍了其主要作品《孤独的歌声》、《爱的病理》和《永远是孩子》[34]。郭国良、李春写了《记忆的证明——评石墨一雄长篇新作〈千万别让我走〉》一文，石黑一雄是日裔作家，是世界上几位非英裔著名英语作家之一。他的近作《千万别让我走》类似科幻小说，涉及了克隆人这样的热门话题。整部小说充满了科幻小说的想象，侦探小说的悬念，更承载了作者对生命的思考，用克隆人的眼光来探索人类生存的境况以及人类生活的悲哀，并否定了人类中心主义[35]。王成写了《关注家庭生态危机的文学——论黑井千次的小说〈群栖〉与〈邻家〉》。黑井千次被称为“内向的一代”的代表作家，从1950年起到现在一直活跃在日本文坛的中心，创作了许多批判日本现代社会、剖析日本人深层心理的小说。此文通过黑井千次的代表作《群栖》和《邻家》进行文本解读，探讨“高速经济增长”时代的日本人在“家”的拆和重建当中迷失了方向；“战后民主主义”观念，“核家庭”的普及导致走向崩溃的边缘；“高速经济增长”却使人越来越对生活感到困惑和不安[36]。

四、南亚文学

印度的史诗和古典文学继续引起人们的注意。张绍斌写了《浅说〈罗摩衍那〉中罗摩和悉多的爱情悲剧》一文，指出应该在充分尊重印度教文化的前提下思考问题，人们可以体会主人公的两次爱情波折所折射出的人文精神和社会文化内容是不同的。由于来自不同的意识形态，体现出根本不同的主题思想：一个是自发的始于人性的人本主义，一个是印度教以宣传宗教教义为动机的刻意改造。因此，罗摩不该承受“始乱终弃”、“封建暴君”一类指责，人们分析外国作品不要用自己的视角完全代替该民族的视角[37]。罗琼写的《和合之美——从〈沙恭达罗〉看迦梨陀娑的审美思想》一文，指出《沙恭达罗》剧本中无论是自然与宫廷、灵与肉、爱与法，本来都是互相对立的因素，迦梨陀娑的笔下，却都从对立走向了融合。他致力于表达一种审美理想，即真理是和合而成的，任何一方面都不能单独构成事物的真理。这种调和二元对立，视和合为真理的观点可以说是印度思想共同的最基本的特征[38]。王鸿博写的《〈小泥车〉的叙事艺术》一文指出，作为古典梵剧的代表作，《小泥车》的话语方式既追求叙事性，也不排斥戏剧性，在编制、表演和舞台等三个方面都有所表现。叙事性一般体现于演员与台下观众之间直接或间接的交流中。古典梵剧在剧情设计、宾白和表演上都或多或少地呈现出叙事特点[39]。石海军的《关于汉译佛经文学——兼评〈佛经的文学性解读〉》一文，分析汉译佛经与印度佛经之间的联系与发展，结合《法句经》从诗的形式上阐明印度古代偈颂与中国古代的五言、七言诗之间的关系，联系《维摩诘经》，谈佛理对中国古代士大夫的影响。他认为侯传文的著作《佛经的文学性解读》从印度文学谈到中国文学，大大拓展了人们对比较文学和中国文学研究的思维空间[40]。除古代文学外，在近现代文学方面，邓兵写了《印度现代长篇小说的开端》一文追溯到19世纪末之前，印度各地民族语言的长篇小说发展的情况。尽管印度的现代长篇小说主要不是从继承传统的梵语长篇小说而来，而更多的是西方文化和文学影响的产物，当然只是借用了西方文学的外壳，其精神文化内核则完全是印度自己的[41]。侯传文写的《论泰戈尔前期诗学思想》一文在论述泰戈尔早期诗学从主观表现与客观再现的角度看，泰戈尔倾向主观表现；从文学表现的对象和内容方面看，泰戈尔主张情感，从如何表现的角度看，泰戈尔突出想象的作用，由此形成其诗学思想的主体性特质和表征，在其中后期则不断充实、完善和深化[42]。颜治强写的《安纳德——走向底层的文学家》是论现代最著名的英语作家安纳德的。安纳德的创作与众不同的主题、新的创作手法、民族化的语言试验使他成为第一个重要的印度英语小说家。他始终紧跟时代风云，内容贴近工农大众，他在国际上的名声则已经经过了一轮盛衰。他长期领导印度美术评论和文学创作，可以说是居庙堂之高，但是挥毫落墨，无处不叹民生多艰，仁者胸怀溢于言表，这就是他的本色[43]。郭童写的《论〈谢克尔传〉的艺术特色》一文，对印度现代作家阿格叶耶的长篇小说《谢克尔传》进行了评论。这部小说1940年出版后引起很大的争议，论文作者认为如果将这部作品的出版与20世纪世界文学发展的方向以及20世纪三四十年代印度文学中出现的新的文学思潮结合起来看的话，作者认为对这部作品在印地语文学中的影响和地位应当给予相应的肯定[44]。姜永红写了《论雷奴的边区小说创作》，雷奴（1921—1977）是一位有名的现代作家。边区小说是要表现某个特定边区（地区）在一定的时间内的全景全貌。雷奴写了几部这类作品，特别是在1954年他的代表作《肮脏的裙裾》发表后产生了巨大的反响，导致边区小说盛行了二三十年。此文论述了《肮脏的裙裾》所展现的边区风貌，小说的叙事风格和语言特色等[45]。苏玲写的《安妮塔·德赛出版新著〈曲折人生路〉》介绍了印度侨民女作家安妮塔·德赛和她的新作《曲折人生路》，该小说以墨西哥为背景，讲述了一个年轻的美国人在恶劣的环境下艰难寻找自我道路的故事。评论者认为这部作品是一部凄美而神奇的小说，是一部颇有新意的成功之作[46]。海仑写的《维·赛思出版新作〈二人行〉》介绍了曾于20世纪八九十年代写过产生巨大影响了《金门》和《如意郎君》的这位作家维克拉姆·赛思，他同萨尔曼·拉什迪一样，是现代印度生活与西方教育相结合的产物，他虽然没有造成过像拉什迪那样的文学和政治轰动，但他凭自己的作品确立了自己在后殖民文学中的重要地位。新作《二人行》中主要人物是他的伯父和伯母，记录了这两个普通人真实生活的文学传记，作家以他传神之笔把它写成了一部像最优秀的小说那样感人至深的作品[47]。

五、西亚文学

周烈写了两篇论文，一是《叙利亚后现代主义作家瓦菲格·艾斯阿德》[48]，另一是《碎片拼贴出的虚幻与现实—瓦菲格·艾斯阿德的后现代主义短篇小说评析》[49]。前文论述了后现代主义在阿拉伯世界有很厚实的社会基础，阿拉伯学者、阿拉伯作家对后现代有明确的认识，他们也积极投身于后现代文学的创作之中。叙利亚作家瓦菲格·艾斯阿德则是近几年阿拉伯世界后现代主义文学创作界出现的后起之秀。后文则点明了瓦菲格·艾斯阿德的短篇小说具有明显的后现代主义的色彩。他以碎片拼贴的手法，以大胆的探索和创新精神，展示了虚幻和现实之间的关系，展示了现实社会的混乱与疯狂，也展示了现实世界中人们复杂的心理体验。论文从各方面探讨了作家的后现代主义的创作风格。钟志清写了《阿摩司·奥兹获2005年歌德奖》一文，介绍了这位当今以色列文坛最富有影响力的一位优秀作家，也是最富有国际影响的希伯来语作家奥兹，他迄今已发表了11部长篇小说，多部中短篇小说集、杂文、随笔和儿童文学作品。由于长篇小说《爱与黑暗》的出版，他获得了歌德奖。人们赞赏他的作品"主题多样，风格考究，居于当代最重要作家之列"，褒扬他向读者传达出一种深远、超越一切的"人性感受"、"道德价值"和"协作精神"，也钦佩他敢于和原教旨主义和狂热主义争斗，执著地向往和平[50]。

六、非洲文学

李嘉娜写了《对现代社会机制和人性的深刻批判—解读〈耻〉背后的反讽与悖论》，评论诺贝尔文学奖得主南非作家库切的代表作《耻》。有人说《耻》主要通过卢里在现实社会缺德的经历，谴责主人公行为的不端和耻辱，展示卢里的"道德之耻"，谴责种种"越界"行为。然而，该小说的意义绝非如此简单。叙述者实际上是越过表面故事的背后，通过使用现代小说叙述话语，即非人格化叙述、视觉人物心理、反讽和悖论等客观叙述，暴露现代社会机制及其人际关系的阴暗层面，深切思考其各种弊端对人生的摧残。由此，揭示社会机制的悖论与人性的扭曲才是"隐含作者"所要最终转达小"耻"背后的大"耻"[51]。王爱燕写的《在复仇与宽恕之间—南非作家丹果尔及其长篇小说〈苦果〉》一文介绍了南非文坛涌现出的先锋人物阿齐麦特·丹果尔（1948—）的简历，丹果尔曾受原南非种族隔离政权的多方迫害，20世纪80年代初对他的禁令被解除后以惊人的速度推出了各种体裁的作品，从而奠定了他在文坛上的地位。《苦果》是他的新作品，写一个青年人的母亲被强暴后怀上了他，他的父亲只不过是他的养父。当他成年后，洞悉这一切时，他抱着以恶制恶，有仇必报的原教旨信念。虽然这更符合人类天性和本能，却又难免会导致互相残杀的恶性循环[52]。张毅写的《凯恩奖与非洲的英语文学》一文介绍了"凯恩奖"的设立以及先后有五位作家获得这一奖项，他们是苏丹的雷拉·阿布勒拉，她获奖作品是《博物馆》。尼日利亚的阿隆·哈毕拉，获奖作品是《情诗》。肯尼亚的宾亚旺加·麦纳纳，获奖作品是《发现家国》。肯尼亚的伊冯·阿迪安博·奥伍尔，她获奖作品是《低语的重量》。津巴布韦的布莱恩·奇夸瓦，获奖作品是《第七魔力街》[53]。杨振同写了《"非洲布克奖"尼日利亚作家折桂》，所谓"非洲布克奖"，即上述凯恩奖，去年获奖者为尼日利亚作家S. A. 阿福拉比，获奖作品为《星期一早晨》。他旅居过几个国家，曾任职于英国广播公司。

最后，还要谈一点东方文学的翻译和著作的问题：人们盼望已久的印度古代大史诗《摩诃婆罗多》[54]的散文汉译本终于在2005年12月由中国社会科学出版社出版；译者是黄宝生等人。这是中印文化交流的一件大事，也是中国东方文学界和翻译界的一件大事。随同这部大史诗汉译本的出版，黄宝生还推出了他的专著《〈摩诃婆罗多〉导读》[55]。另外，在2005年还出版了两部比较文学的专著，这就是张玉安、裴晓睿的《印度罗摩故事与东南亚文学》[56]和刘安武的《印度文学和中国文学比较研究》[57]。这几部著作都还来不及评述，也无法用较短的篇幅去评述。还有两部专著在2004年的综述中未列出，现补录在此：这就是金柄珉、许晖勋、崔雄权、蔡美花著的《朝鲜韩国当代文学史》[58]和仲跻昆的《可拉伯现代文学史》[59]。

（作者：北京大学教授）

注：

①㉘㉛《国外文学》，2005年第3期。

②㉑㉒㉓㉔㉝《比较视野中的东方文学》，北岳文艺出版社，2005年版。

③《外国文学评论》，2005年第2期。

④㊿《外国文学动态》，2005年第5期。

⑤《外国文学》，2005 年第 2 期。

⑥㊽㊾《外国文学》，2005 年第 4 期。

⑦⑧⑨⑩⑪⑫⑬⑭㉗《〈东方研究〉中日文学比较研究专辑》，经济日报出版社，2005 年版。

⑮⑯⑰⑱⑲⑳㊲㊳㊴㊶㊷㊸㊹㊺《南亚研究》，2005 年增刊。

㉕《外国文学》，2005 年第 5 期。

㉖《外国文学动态》，2005 年第 1 期。

㉙《外国文学评论》，2005 年第 4 期。

㉚《国外文学》，2005 年第 2 期。

㉛《外国文学评论》，2005 年第 1 期。

㉜《外国文学评论》，2005 年第 3 期。

㉞㊸《外国文学动态》，2005 年第 4 期。

㉟㊼㊷《外国文学动态》，2005 年第 6 期。

㊱《外国文学》，2005 年第 6 期。

㊵《国外文学》，2005 年第 4 期。

㊻《外国文学动态》，2005 年第 2 期。

㊹《摩诃婆罗多》（散文汉译本），中国社会科学出版社，2005 年。

㊺《〈摩诃婆罗多〉导读》，中国社会科学出版社，2005 年。

㊻《印度罗摩故事与东南亚文学》，昆仑出版社，2005 年。

㊼《印度文学和中国文学比较研究》，中国国际广播出版社，2005 年。

㊽《朝鲜韩国当代文学史》，昆仑出版社，2004 年。

㊾《阿拉伯现代文学史》，昆仑出版社，2004 年。

西方文学（不含英美）

喻天舒　刘海英　刘一南

2005 年北京学者的西方文学研究有三个显著特点：第一，研究对象的时间跨度很大，从公元前 4 世纪古希腊诗学的理论家，一直讨论到 21 世纪的诺贝尔文学奖获得者；第二，研究者关注的焦点已不仅仅是历代文学名家，一些名不见经传的近现代作家也被富于批评精神的学者们纳入了自己的研究视野；第三，文学理论研究成果丰硕，除 20 世纪下半叶的西方文论思潮一如既往地成为人们讨论的热点外，传统西方哲学、基督教神学与西方文论的关系等，也得到了进一步的梳理。本文将分法语文学、德语文学、西班牙文学、意大利文学和文学理论五部分，就笔者已经掌握的资料，对 2005 年的西方文学研究成果进行综述。

一、法语文学

克雷蒂安·德·特鲁瓦不仅是法国也是整个欧洲中世纪不列颠系统骑士传奇开风气之先的作家，他的《亚瑟王传奇》和《未完成的圣杯故事》，启发了众多续写者。周莽的论文以特鲁瓦为例，对中世纪的“作者”概念进行了词源学方面的考察，并在参照福柯“功能作者”、“传统的奠基者”等概念的基础上，指出了中世纪的“作者”概念与今日意义不尽相同的特定历史内涵[①]。

18 世纪后期的法国小说家萨德曾经是文学史上出名的“色情作家”，其作品充满惊世骇俗的性变态描写。刘琼的论文在西方学者关于萨德研究的基础上指出，萨德作品反叛成规的写作特色，正和喜欢偏离常轨的现代西方文化有种天然的亲近关系，在一定意义上说明了文学的自由权力和这种权力的不可剥夺性[②]。

维里耶虽然不是 19 世纪后期法国象征主义文学最杰出的代表，但作为一个思想复杂、感情难以琢磨的作家，他在创作中对宗教、科学、死亡、神秘主义等观念所保持的某种模棱两可的态度，却往往显示出其作品的“现代性”特色。田庆生的论文通过对“彼岸世界”、“基督世界”和“秘术世界”等观念在维里耶作品中意义的分析，揭示了维里耶的作品对神秘世界既向往又怀疑的矛盾态度以及由此造成的作者声音多元性的新异特点[③]。

与维里耶的世故相比，全部诗作完成于 14 岁到 19 岁之间的象征主义诗人兰波的作品呈现出来的则是一颗纯真的赤子之心。王以培的论文通过对兰波的创作打破“有我之境”与“无我之境”的界限，从字母中提炼象形文字、从生命中炼就无字之诗的创作特点的探讨，揭示了昙花一现的“通灵诗人”兰波的作品历久弥新的原因[④]。

“追寻主题”是 20 世纪知名法国女作家杜拉斯初期小说创作的一个重要内容。杨茜的论文以杜拉斯发表于 1943—1953 年之间的《厚颜无耻的人》、

《平静的生活》、《抵挡太平洋的堤坝》等五部小说为例，探讨了杜拉斯小说追寻主题的主要表现形态，并对杜拉斯初期作品追寻主题与烦恼主题之间相辅相成、互为表里的密切关系进行了相对深入的剖析⑤。

《东道主》是获得1957年诺贝尔文学奖的法国存在主义作家加缪同年出版的短篇小说集《流放与独立王国》中的一部作品。王娜、郭海云的论文批判性地检讨了加缪的《东道主》一文对法国占领阿尔及利亚的殖民主义历史传统及其话语战略的继承、发展。论文在比较加缪的《东道主》中有关法国在阿尔及利亚殖民统治的描述与阿尔及利亚人民自己对此的看法的差异，一针见血地指出了加缪作品对法国殖民主义的美化是“使阿尔及利亚法国化并将这种法国化保持下去的历史发明”的实质⑥。

创作于20世纪60年代的荒诞剧《犀牛》，是法国剧作家尤内斯库最为成熟的剧作之一。黄晋凯的论文对具有悲、喜剧二元对立结构的《犀牛》一剧的文本进行了细致的分析，揭示出这部呼唤尊重人类个体尊严、批判愚昧狂热的从众心理的剧本的超越历史的丰富内涵。论文指出，《犀牛》代表着尤内斯库荒诞剧向更为成熟的阶段的转折——在喜剧的外衣下，作者的越来越关注人类复杂命运的悲剧意识，在《犀牛》中显示出强大的冲击力和震撼力⑦。

二、德语文学

歌德和席勒是活跃于18世纪后期至19世纪前期的两位德国文坛巨匠，也是两位确立了德国文学在世界文学史上重要地位的伟大诗人。任国强的论文分析了歌德的生活经历，尤其是爱情经历对其“应景即兴的诗”即抒情诗创作的积极影响，认为歌德的抒情诗创作比其他创作样式更真实地反映出诗人天性中的本质所在，是诗人精神状态的最直接表露⑧。2005年是席勒逝世200周年。张玉书的纪念文章对席勒的生平作了简要的回顾和评价，指出诗人真正的伟大之处在其以烈火一样炽烈的诗句和动人心魄的戏剧所展现出来的那股充满昂扬斗志的强大精神力量⑨。

德国浪漫派的殿军人物海涅，在诗歌创作中继承了德国浪漫主义文学重视发掘和整理民间文学遗产的文化特色。刘敏的论文在探讨海涅诗集《抒情的插曲》中脍炙人口的名篇《罗累莱》等诗作的基础上指出，作为德国古典文学和浪漫主义文学遗产的继承人，海涅的诗是朴实无华的民歌音调与精湛的艺术技巧完美结合的产物。与此同时，由于海涅与浪漫主义距离太近，所以他有生之年的创作，并没有给德国抒情诗带来革命性的更新⑩。

冯塔纳和拉伯都是德国19世纪下半叶的著名小说家，也都是为20世纪德国现实主义文学开辟道路的重要作家。谷裕的论文以冯塔纳晚年作品中最具思想代表性、艺术形式也最完善的小说《艾菲—布里斯特》为例，对冯塔纳小说中的宗教话语进行了阐释，指出小说表达了作者对人性自然的肯定、对天主教文化的认同以及对普鲁士社会的深刻反思⑪。谷裕的另一篇论文以拉伯晚年的长篇小说《鸟鸣谷档案》为例，分析了拉伯小说对德意志市民文化的悖论性认识，认为拉伯作品多元化的叙事视角不仅展示了小说叙事技巧的现代性，而且从艺术形式上强化了小说所要传达的那种介于新旧思想和价值观交替时代的人们的强烈失落感⑫。

卡夫卡是20世纪前期的奥地利小说家，同时又以其别具一格的创作成为属于全世界的作家。他的未完成小说《城堡》出版后，研究者们曾经从神学、心理学、社会学、政治学、存在主义、马克思主义、后结构主义等多种角度对这部小说进行了多样的解读。谢莹莹的论文参考福柯的权力理论，分“权力的本质”、“权力的效应”和“K徒劳的斗争”三部分，解析了“城堡”权力场中的三组力量对比关系，肯定了卡夫卡的作品对“城堡”的无上权力、村庄社会的奴仆心态和外来者K的孤独而徒劳的斗争的深刻揭示⑬。

另一位20世纪前期的奥地利小说家是穆齐尔，他的传世佳作《没有个性的人》使他成为开一代文学新风的德语语言大师。徐畅的论文对这部小说进行了比较细致的文本分析，认为反讽作为这部小说所采用的一种特别重要的写作手法，起到了在内容上建构充满矛盾和悖论的真实世界、质疑和批判现实，在形式上则调和小说的哲学倾向和文学诉求之间的矛盾、以防止小说过于哲学化的积极作用⑭。

20世纪的又一位德语语言大师是1929年诺贝尔文学奖获得者、著名德国文学家托马斯·曼。在小说《魔山》中，不断追问时间的意义，这种追问交织着作者对时间在认识论和存在论两个维度上的探究。王炎的论文正是从认识论和存在论的时间观入手分析《魔山》文本的。该文在与其他西方神学家、哲学家关于时间问题的思考的比较中断定，在《魔山》这部小说中所展示的时间观，实质上是一种对存在自身的领悟⑮。

喜剧《老妇还乡》被视为德语当代喜剧的里程碑，其作者瑞士戏剧家迪伦马特也因此被誉为继布莱希特之后“最伟大的德语戏剧家”。韩瑞祥的论文围绕《老妇还乡》的审美核心——“怪诞”，挖掘作品的深刻命意。文章指出，通过怪诞的形式体现怪诞的内容，以出人意料的漫画夸张方法置人物于可笑可悲的境地，这样的怪诞风格奠定了这部作品的审美现代性基础[16]。

戏剧创作是奥地利作家贝恩哈德进入德语文坛并产生影响的重要途径。作为诗歌、小说、戏剧创作的“多面手”，20世纪70年代是贝恩哈德全力创作戏剧作品的十年。李昌珂的论文通过对以《鲍利斯的生日》为代表的贝恩哈德戏剧的简要分析说明，在喜剧、闹剧和悲剧的框架下，格调低沉、情绪悲哀的贝恩哈德戏剧，以沉沦、冷酷、错乱、变态、扭曲、疯狂、残缺、死亡等低调主题，传达了那个时代普遍存在于德国社会中的思想苦闷和精神荒凉情绪[17]。李昌珂的另一篇论文涉及“70年代联邦德国女性文学”这一概念。早在20世纪60年代，联邦德国社会的“政治化”浪潮就同时激发和强化了女性的自我觉悟意识，到70年代中期，急速涌现的女性作家，更以一种阵容强大、群星璀璨、流光溢彩的集团姿态，登上了长期被男性作家垄断的德语文坛，掀起了一股女性文学的巨大潮流。论文以卡琳·斯特鲁克的《阶级爱》、薇蕾娜·斯苔芬的《蜕皮》、吉塞拉·埃尔斯勒的《边缘》等作品为例，探讨了这些在女性主义文化背景下以自觉的女性意识为指导而创作的女性文学作品的特性，肯定了它们挑战联邦德国社会的男权意识、解构男权社会的文化秩序、表达女性身份、经验、情感、命运和追求的现实意义[18]。

奥地利犹太女诗人伊尔泽·艾辛格在二战中劫后余生的苦难经历，促使她走上文学写作之路。但出于对语言的不信任，艾辛格的诗作往往越写越薄，句子越来越短，内容也越来越晦涩。姜丽的论文以艾辛格20世纪70年代出版的诗集《送出的建议》为例，分析了艾辛格诗歌中“沉默”的特殊意义。指出，作为面对灾难和死亡的方式，艾辛格诗歌中无处不在的“沉默”，一方面加大了理解她的作品的难度；另一方面，恰恰是这种使诗句晦涩难懂的“沉默”的力量，牢牢地吸引着读者阅读艾辛格诗歌的兴趣[19]。

20世纪60年代开始从事文学创作的奥地利女作家耶利内克，是2004年诺贝尔文学奖得主。在以《钢琴教师》为代表的一系列小说、戏剧中，耶利内克对作品人物的变态扭曲心理进行了相当逼真的刻画和相对深入的挖掘，体现出较为鲜明的精神分析特色。李慧明的论文以拉康的精神分析学术语“欲望”为理论武器，对耶利内克的《钢琴教师》这部表现了人物欲望与权利、压抑与变态之间的艺术张力的作品进行了独特的解读。文章认为，小说以人的欲望为核心的描写并不单纯是女性个人体验的宣泄，还有对由压抑和扭曲的环境所造成的人的生存状态的困顿和危机所进行的严肃的现实思考[20]。耶利内克的另一部力作——短剧《晚风总统》也受到中国学者的关注。王炳钧在其论文中指出，耶利内克的《晚风总统》在一定程度上是对奥地利大众剧作家内斯特罗伊的滑稽剧《晚风酋长》的重新解读与反思，这样的反思还包含着作者对“当今的文化模式”的演示与批判[21]。

三、西班牙文学

16世纪末、17世纪初，正是西方世界最终在欧洲战胜穆斯林文化并逐步完成资本主义奠基和殖民主义扩张的时代，伟大的西班牙作家塞万提斯在这一时代所创造的那个大战风车、勇往直前的神奇骑士堂吉诃德的形象，如今已经成为全世界家喻户晓的人物典型。但索飒的论文却指出，由于文化研究中西方霸权话语对历史的遮蔽性叙述，长期以来，人们对塞万提斯和他的堂吉诃德形象的阅读却延续着种种误解。该文梳理了20世纪西班牙语学术界在塞万提斯研究方面的多项成果，并据此得出了一个不免令人讶异的新颖结论：这部世界名著之中饱含着作者对当时西班牙社会所执行的宗教压迫政策和血统清除国策的控诉，一代伟人塞万提斯的身世可能与逝去的安达卢斯穆斯林文明有着深切的纠葛。这样的分析显然有助于人们更加全面地理解黄金世纪的西班牙文学[22]。

欧洲的谣曲源自12世纪的武功诗，15世纪前后发展成一种独立的文学形式，在西班牙和其他欧洲国家流传甚广。20世纪的西班牙文学巨匠之一加西亚·洛尔卡的《吉卜赛谣曲》被认为是这位格拉纳达诗人的巅峰之作，而这部给作者带来极高声誉的诗作，与西班牙古老的文学传统特别是谣曲创作之间，有着密不可分的联系。卜珊的论文正是沿着这样的思路展开了自己的讨论。该文通过对《吉卜赛谣曲》和传统谣曲在叙事本质和叙事结构方面的类似性的研究，肯定了洛尔卡从来自遥远年代的传统谣曲创作中汲取养分，保持了谣曲古朴的民俗性的诗歌特色的积极意义，文章认为，恰恰是继承基础上的创新，构成了洛尔卡诗歌创作最吸引人的部分[23]。

二战以来，西班牙女性小说创作逐步走向繁荣，“怪女孩”、“仙女”、“女巫”、女同性恋者等一系列色彩斑斓的文学形象，使人们看到了日渐成熟的西班牙女性文学的丰富性。王军的论文在纵览战后西班牙女性作家作品所塑造的女性形象的演变历史的基础上指出，出现在西班牙女作家笔下的一系列打破了男性作家对女性所执偏见的、与传统西班牙妇女形象有别的新女性形象，是女权主义理论被自觉运用到文学创作中的结果[24]。

四、意大利文学

19世纪的意大利著名诗人莱奥帕迪虽然英年早逝，却为后人留下了大量的抒情诗、英雄诗、田园诗、寓言诗和政治讽刺诗。出身贵族之家的莱奥帕迪虽然自幼接受的是古典文化的陶冶，长大后的诗歌创作却往往充满浪漫主义激情。田园诗是莱奥帕迪创作中的精品，他将古老的牧歌唱出了新意。贾晶的论文关注的正是这位杰出的意大利诗人的田园诗杰作之一《无尽》，并独辟蹊径地将诗中所展现的那一望无垠、令人流连陶醉的大海意象，与东方文化中"心元归一潮如海"的禅家意境相联系，探讨了两者在清空、辽远、无尽的画面上的形似，以及两者在传达雾里看花、水中捞月的弦外之音时的神似[25]。

"探索者"斯塔尼斯拉奥·涅埃沃是典型的意大利后现代作家，他的极富想象力的小说作品，善于对虚幻的时空和现实的世界进行交替的错位处理，并运用隐喻和暗喻的手法凸现似虚似实、似真非真的社会现实。斯·涅埃沃的曾祖父伊波利托·涅埃沃是意大利19世纪浪漫主义文学的代表作家之一，后者虽因海难而在30岁的壮龄之年丧生，但他的长篇小说《一个意大利人的自述》在意大利近代文学史上，却占有举足轻重的地位。曾祖父葬身鱼腹的传奇经历在斯·涅埃沃的心中留下了深刻的印象，大海成为这位当代小说家艺术创作的不尽源泉。沈萼梅的两篇论文分别介绍了斯·涅埃沃的生平和他的主要作品，后一论文更以斯·涅埃沃的短篇小说集《黑夜的主人》中的《黄蜘蛛》、《相遇》和《双腿白皙的海绵捕捞者》三作为例，分析了斯·涅埃沃与大海相关的小说作品的创作特色：他往往以大海为背景，用颇具魔幻色彩的、另类的视角来揭示现代人的孤独、困惑和无奈。斯·涅埃沃的作品虽因此而往往显得费解，但却别出心裁地传达出一种富有哲理的对客观世界和人生的认知与感悟[26]。

五、文学理论

古希腊哲学家柏拉图的文艺美学观点对后世西方文学的影响极为深远，他的镜子说和灵感说以及他对文艺社会功用的强调等，开创了欧洲文论的先河。王柯平的论文着重探究的是柏拉图的对话录如何在谴责诗歌和声称驱逐诗人的同时，又以直接和间接的方式为诗一辩的事实。文章认为，柏拉图的整个诗学思想包含着内在矛盾，因此，尽管柏拉图有时对诗人与诗歌充满敌意，但这似乎并不影响诗歌艺术在他心目中的重要地位，就连他对诗人与诗歌的种种谴责与控告，也正好从反面证明了诗歌的重要意义以及他本人对诗歌的重视[27]。刁克利的论文主要分析的是存在于柏拉图的诗学理论"迷狂说"、"摹仿说"和"功用说"之间的矛盾，认为这种种矛盾一方面反映了柏拉图的政治理想与其诗人天性间的冲突；另一方面，对立的观点在柏拉图那里并行不悖、相互包容，恰恰可能意味着其中包含着更多且更深的真理成分[28]。

西方文论与基督教神学之间有着错综复杂的精神关联，挖掘西方文论中蕴涵的基督教精神本质，弄清基督教神学对现代西方文论的影响，是西方文论研究的一个意味深长的课题。阎玉清的论文分六个问题，简要地梳理了某些西方神学家、哲学家和文论家的文艺思想，并对后现代语境下西方文论中的基督教神学的普遍意义和作用，提出了自己的思考[29]。

17世纪的巴罗克艺术，是一种具有明显夸饰、雕琢倾向的风格，历史对它的评价基本上是先抑后扬。陈众议认为，19世纪后期以降的西方批评界（也包括近年中国学者的有关评论）在为巴罗克风格平反的过程中对它所作的褒扬，有矫枉过正之嫌。在对有代表性的西班牙巴罗克文学进行个案分析的基础上，重新梳理了兼具戏剧性和悲壮感的巴罗克艺术的历史成因，并对秉承了文艺复兴时期的古典艺术精神和源远流长的宗教理念的巴罗克文学所蕴含的美学思想及其作品的体裁形式进行了较为清晰的阐明[30]。

成长教育小说是欧洲近代小说的一个亚类。王炎指出，日常性叙事是欧洲近代小说从传统散文叙事向经典成长教育小说转化过程中出现的一个重要情节特征。文章比较了18世纪英国作家笛福的《鲁滨孙漂流记》与德国文豪歌德的《威廉·迈斯特的学习时代》两部作品当中对日常时间的不同处理，认为正是英国洛克式的教育观与德国古典主义的成长理念的不同，使英、德两国的小说在叙事上呈现出不同的时间样态，前者主要以认识论的方式建构其情节时间，而后者则试图以认识论与存在论相统一的方式来建构其作品中日常生活的时间性[31]。

18世纪末、19世纪初产生的德国浪漫派，其兴趣范围涉及哲学、文学、历史、法律、音乐等多个文化领域，其中又以浪漫派在哲学、文学方面的影响为大。季雨的论文主要关注德国浪漫派作家将人类的终极关怀灌注于饱含宗教情怀的文学形式之中的那种罗曼蒂克倾向，并以带有忧郁特征的诺瓦利斯和荷尔德林的作品为例说明，德国古典哲学将自我、宗教信仰或一种绝对化的精神存在状态作为哲学旨趣的倾向，对德国浪漫主义文学创作产生了巨大的影响[32]。

19世纪后期的法国象征主义诗人波德莱尔与西方浪漫主义文学传统以及与瑞典神学家斯维登堡的神秘主义“通感”观念的联系，一直是评论界关注的焦点。曹雷雨、王燕平指出，本雅明在一系列关于波德莱尔的论文中重铸了波德莱尔的形象和诗学。本雅明首次把波德莱尔看做是远离人群、流离失所、阴郁乖戾的典型现代人，认为以《恶之花》为代表的波德莱尔的诗歌，以双重性的复杂方式，反映了存在于欧洲工商业社会中的某种历史断裂[33]。

20世纪下半叶的西方文论思潮一直是中国的外国文学研究界热衷的理论话题。郭宏安评介了法语文学批评中一个引人注目的派别——“日内瓦学派”的著名批评家斯塔罗宾斯基的“注视美学”理论。文章指出，使批评本身成为作品，使阐释成为一种创造，乃是斯塔罗宾斯基“注视美学”的本质所在[34]。韩曦的论文讨论的是20世纪50—60年代活跃在西方戏剧舞台上的荒诞派戏剧对中国当代戏剧创作和文学研究的三个阶段的影响[35]。陆贵山对新历史主义思潮突破文学学科的森严壁垒、拓展多维研究空间、走向开阔的跨学科研究的文化特点作出了一定的肯定，同时指出了这一思潮所具有的既消解又补充历史唯物主义的双重性[36]。盛宁以德里达的《马克思的幽灵》这部著作为例，较为详尽地分析了德里达在不同文类的文本间穿行、将文学文本的涵义挪移到政治话语的层面以传达他对当代政治问题的看法的特殊言说方式，同时也批评了国内某些学人对德里达的误读和误译[37]。陈世丹在梳理后现代主义小说演变过程的基础上指出，揭示着现实与历史的虚构性和真实性的后现代主义小说，同时也以其不断创新的姿态证明着自身的真实存在[38]。王宁则探究了“后理论时代”与文化理论融为一体以解释全球化时代的各种文化现象的西方理论思潮的走向和趋势[39]。

除论文外，董学文[40]、童庆炳、曹卫东[41]、刘象愚[42]、姜飞[43]等人有关外国文论的著作，也是2005年西方文论研究方面的重要成果。

总之，2005年北京地区的西方文学研究不仅成果多，范围大，而且又以体现出研究者独立的、批判性的理论思考为特色。

（作者：喻天舒，北京大学副教授；
刘海英，中国农业大学讲师；
刘一南，北京大学博士研究生）

注：

①周莽：《中世纪法国文学中的“作者”概念——以克雷蒂安·德·特鲁瓦为例》，《国外文学》，2005年第1期。

②刘琼：《萨德的力量及其在今天的意义》，《社会科学战线》，2005年第6期。

③田庆生：《维里耶作品中的神秘世界》，《国外文学》，2005年第3期。

④王以培：《通灵者，今安在？——纪念兰波诞辰150周年》，《外国文学评论》，2005年第1期。

⑤杨茜：《杜拉斯初期小说的追寻主题》，《外国文学研究》，2005年第4期。

⑥王娜、郭海云：《殖民主义的卫道者——论加缪短篇小说〈东道主〉中的法国殖民主义话语体系》，《名作欣赏》，2005年第22期。

⑦黄晋凯：《变异的喜悲剧——析尤内斯库的〈犀牛〉》，《外国文学评论》，2005年第3期。

⑧任国强：《“应景即兴的诗”与诗人的精神特征——论抒情诗在歌德研究中的特殊地位》，《外国文学》，2005年第6期。

⑨张玉书：《席勒：摧毁精神上巴士底狱的战士——纪念席勒逝世二百周年》，《同济大学学报》（社会科学版），第16卷第6期。

⑩刘敏：《海涅诗歌与浪漫主义民歌风格》，《国外文学》，2005年第2期。

⑪谷裕：《冯塔纳小说的宗教文化解释》，《国外文学》，2005年第1期。

⑫谷裕：《拉伯小说对德意志市民性的悖论化认识及多元化叙事视角》，《外国文学评论》，2005年第1期。

⑬谢莹莹：《卡夫卡〈城堡〉中的权力形态》，《外国文学评论》，2005年第2期。

⑭徐畅：《批判、建构和中介——论反讽在〈没有个性的人〉中的作用》，《外国文学评论》，2005年第3期。

⑮王炎：《〈魔山〉对时间的追问》，《外国文学》，2005年第1期。

⑯韩瑞祥：《“悲剧性的东西就是从喜剧中产生出来的”——论迪伦马特的喜剧〈老妇还乡〉的审

美现代性》，《外国文学》，2005年第5期。

⑰李昌珂：《“疯狂”的意义——感受贝恩哈德戏剧》，《同济大学学报》（社会科学版），第16卷第6期。

⑱李昌珂：《70年代联邦德国女性文学管窥》，《国外文学》，2005年第3期。

⑲姜丽：《沉默的力量——感悟伊尔泽·艾辛格的诗集〈送出的建议〉》，《同济大学学报》（社会科学版），第16卷第6期。

⑳李慧明：《〈钢琴教师〉中的菲勒斯：欲望的流动与权利的展演》，《社会科学战线》，2005年第6期。

㉑王炳钧：《食人演示中的文化模式批判——评埃尔弗丽德·耶利内克的〈晚风总统〉》，《外国文学》，2005年第1期。

㉒索飒：《挑战风车的巨人是谁：塞万提斯再研究》，《回族研究》，2005年第2期。

㉓卜珊：《〈吉卜赛谣曲〉中的传统因素》，《国外文学》，2005年第4期。

㉔王军：《论当代西班牙女性小说中女性形象的演变》，《解放军外国语学院学报》，2005年第6期。

㉕贾晶：《诗歌〈无尽〉类禅境界微议》，《外国文学》，2005第2期。

㉖沈萼梅：《斯塔尼斯拉奥·涅埃沃其人其作》、《现实中的虚幻，虚幻中的现实——意大利后现代作家涅埃沃与大海的不解之缘》，《外国文学》，2005年第5期。

㉗王柯平：《柏拉图如何为诗辩护?》，《外国文学评论》，2005年第2期。

㉘刁克利：《柏拉图诗人论的矛盾及其启示》，《中国人民大学学报》，2005年第1期。

㉙阎玉清：《西方文论中的基督教神学景观》，《社会科学战线》，2005年第1期。

㉚陈众议：《“变形珍珠”——巴罗克与17世纪西班牙文学》，《外国文学评论》，2005年第4期。

㉛王炎：《成长教育小说的日常时间性》，《外国文学评论》，2005年第1期。

㉜季雨：《德国文学浪漫派的哲学旨趣——以诺瓦利斯、荷尔德林的作品为例》，《学术交流》，2005年第4期。

㉝曹雷雨、王燕平：《历久弥新的语言与经验：——本雅明眼中的波德莱尔及其诗学》，《俄罗斯文艺》，2005年第4期。

㉞郭宏安：《让·斯塔罗宾斯基：目光的隐喻》，《外国文学评论》，2005年第4期。

㉟韩曦：《荒诞派戏剧在中国》，《外国文学》，2005年第6期。

㊱陆贵山：《新历史主义文艺思潮解析》，《中国人民大学学报》，2005年第5期。

㊲盛宁：《“解构”：在不同文类的文本间穿行》，《外国文学评论》，2005年第3期。

㊳陈世丹：《论后现代主义小说之存在》，《外国文学》，2005年第4期。

㊴王宁：《“后理论时代”西方理论思潮的走向》，《外国文学》，2005年第3期。

㊵董学文：《西方文学理论史》，北京大学出版社，2005年。

㊶童庆炳、曹卫东：《西方文论专题十讲》，高等教育出版社，2005年。

㊷刘象愚：《外国文论简史》，北京大学出版社，2005年。

㊸姜飞：《跨文化传播的后殖民语境》，中国人民大学出版社，2005年。

英美及主要英语文学

李博婷

一、英国文学

本年度北京学者对英国文学的研究涉及小说、诗歌、戏剧、理论研究等各个方面。

古英语和中古英语文学研究一向稀少，本年度只有李金达的一篇文章，对14世纪大诗人乔叟的生平和作品做了介绍，重申了乔叟是“用伦敦方言描述当时英国社会的生动画卷的第一位英国诗人”[①]。

戏剧方面，有耿幼壮对于伊丽莎白时期复仇剧的研究。文章分析了16世纪英国的社会现实和民众的普遍心态，说明了复仇与死亡的密切关系，探讨了复仇这一主题包含的复杂矛盾的基督教观念。作者重点考察了他认为最能集中表现复仇所面临的两难处境的托马斯·吉德的《西班牙悲剧》，并总结说“在伊丽莎白时代，隐藏于人类心理深处的强烈复仇冲动和植根于宗教命令和社会道德要求之间的冲突从未有过妥协。因此，这一特定历史情境所内含的悲剧性冲突也就从未得到其最后的解决”[②]。

程朝翔有两篇文章研究不同政治语境对莎士比亚的接受。在《莎士比亚的文本、电影与现代战争》中，作者认为“莎士比亚作品的模糊性使之既可以被用来支持战争，也可以被用来反对战争。莎士比亚作品的电影改编往往反映了导演和时代的解读。而对于莎士比亚文本的解读，也在不同程度上反映了时代的精神”。通过对《亨利五世》、《李尔王》等直接涉及战争的作品的分析，证明“简单地把莎士比亚用在任何一个单一的方面都会导致偏颇和误读。阅读莎士比亚也许正是要理解文学和世界、理念和观点的多元性和含糊性”[③]。在《战争对于莎士比亚的利用：一个文学为社会所用的个案》中，作者认为“文学经常在战争中为人所用。毛泽东在抗日战争中提出了‘革命文艺’的理论；中国翻译家以莎士比亚作为文化象征和武器，反抗日本法西斯。在西方，本雅明认为‘政治的审美化’会以战争而告终。在今天的伊拉克战争中，莎士比亚被用来支持或者反对战争。文学可以被社会正当地利用，但也可以被误用或者滥用”。该文“涉及国际政治和战争对于文本之外、纯粹作为文化符号的莎士比亚的利用”，对于美国发动伊拉克战争的过程中各种背景、观点的人对莎士比亚文本的利用进行了分析，最后说明坚持多元立场的重要性[④]。

韩曦介绍了荒诞派戏剧在中国的传播。文章总结出三个阶段：“第一阶段是‘文革’前十多年，表现出单纯的介绍和纯粹的批判的特点；第二阶段是‘文革’后至1989年，此时学术界对它的研究介绍变得较为理性、公正，并翻译出版了许多荒诞派戏剧的代表作，戏剧舞台也因此而繁荣；第三阶段则是90年代至今，新方法、新视角在研究中的运用是此时的特点，并有专著和译著问世”[⑤]。

针对18世纪文学有两篇文章。一篇是韩加明对曾经引起广泛争议的曼德维尔所著《蜜蜂的寓言》的分析。文章“简要介绍《蜜蜂的寓言》出版历史和基本内容，然后联系斯威夫特、蒲柏、理查逊、菲尔丁和约翰逊等18世纪英国重要作家的著作，探讨《蜜蜂的寓言》产生的影响或引起的反应，从中考察现代资本主义兴起时期文学作品中围绕自由思想和道德问题的讨论”。18世纪人对于《蜜蜂的寓言》提出的著名的悖论“私人的恶德是公众的利益”的讨论体现了性恶论和性善论的冲突，对于全面理解当时的文学具有一定的参考价值[⑥]。另一篇是陈大明对《夺发记》的分析。他认为《夺发记》包含了多种文类。通过对比《夺发记》与荷马史诗、弥尔顿的《失乐园》等经典史诗在祈灵、托梦和祈祷三方面的异同，说明“《夺发记》文类形式上的变体是对当时社会文化的反映或是对戏仿效果的追求”。作者的比对非常细致，但是似乎对文学如何反映社会文化语焉不详[⑦]。

小说方面研究较多，涉及几个时期和不同类型。以下按时间顺序做简要介绍。对于涉猎较少的哥特小说，苏耕欣探讨了评论界一直以来都很感兴趣的话题“恶棍与中产阶级作者之间究竟是何种关系”。他认为“正面主人公以及同他（她）水火不容的恶棍代表18世纪中产阶级人格的公私两面。正面主人公表达的是这个新生阶级对于自由平等博爱等理想的追求，而恶棍们则是其非法欲望与原始冲动的一种投射”。文章利用心理分析的方法，认为“正面主人公是中产阶级的超我，而恶棍是其本我”，而中产阶级的作者和读者则是夹在本我和超我中的自我，他们的叛逆和抗争“只能存在于潜意识中”[⑧]。

陈姝波讨论了英国历史上第一部科幻小说《弗兰肯斯坦》。她认为除“滥用科学”这一经典解释以外，不加控制的激情更是造成了“个人追求和社会道德、传统价值观之间存在的尖锐矛盾”。作者解释说18世纪的“个人”观念反映了新兴资产阶级的理想，到了浪漫主义的19世纪，“崇尚自由、解放、自我进取”的个人主义思想更受到广泛推崇，但是《弗兰肯斯坦》对此“作出了深刻的质疑和反思”。作者这里更是大胆推断，认为代表宁静安详的女性气质是这种狂热有害的激情的最好治疗和“男性道德的向导”，并由此推论，政治倾向保守的玛丽·雪莱不仅与她著名的激进前卫的父母不同，也和丈夫诗人大不相同。但这里的论述似乎简单[⑨]。

对于当代英国历史小说的走向，曹莉提出“两条主线，即历史元小说和殖民历史重写”，指出“二战之后，英帝国的衰落、全球的后现代及后殖民进程、知识界关于历史的文本性和文本的历史性的争论，为当代历史小说的形成和发展提供了条件和契机”。文章还指出除了对历史和过去的重新审视，当代英国文坛还把“注意力转向少数族裔和弱势群体的未被书写和未被演说的历史”。的确，近年来英国的权威文学奖项布克奖的分配情况即体现出这个特点[⑩]。

张德明对奈保尔《印度三部曲》的解读反映了二战以来目前殖民地作家“逆写帝国”的旅行文学写作。文章揭示了“作家对母国文化既想认同又想保持距离的矛盾心态”，记录了作家试图重建身份的困惑和努力。文章说明了东方主义话语建构下自我与他者之间的辩证关系，探讨了奈保尔历经27年完成的三部曲之间的发展变化，最后终于“消散了我身为印度裔的焦虑，散除了那阻隔在我自己和我祖先之间的黑暗”⑪。

对短篇小说的解读有两篇，都是用文体学的方法解释女作家凯瑟琳·曼斯菲尔德。一篇是宋海波对《苍蝇》的分析。她利用及物性分析——由韩礼德开创、如今已经发展成为最为学者熟知和广泛应用的文体分析模式之一——对小说中的权力关系进行了探讨。通过细致入微地分析小说在遣词、造句、语音、结构等方面的特点，挖掘了作品深层的丰富含义⑫。在另一篇里，申丹对《启示》也试图作出深层解释和重新阐释。作者认为“《启示》是一篇被女性主义阅读所忽略的作品…［它］微妙而戏剧性地揭露了父权制社会的婚姻对妇女的扭曲”。对比易卜生的《玩偶之家》，《启示》也同样具有深刻的女性意识，揭示了“妇女的社会生存悲剧”。通过分析曼斯菲尔德的语言特征和结构安排，文章展示了曼斯菲尔德精巧的艺术和高度的敏感⑬。

关于诗歌的研究较少，除了上文提到陈大明对18世纪蒲柏《夺发记》的研究外，只有丁宏为对20世纪爱尔兰大诗人叶芝的“责任”观的研究。持有温和政治观点的叶芝受到某些人对他“对政治关心不够”的指责，因此文章引用叶芝的“含有自我辩护或开脱成分的诗文反映了他所看到的不同的生活画面和精神空间，使不同的‘责任’定义之间形成张力”⑭。

二、美国文学

因为2004年底美国著名作家、学者、评论家苏珊·桑塔格的辞世，2005年中国的外国文学类的期刊杂志都集中登载了她的小说和评论，其中大多数是对作家和作品的简单介绍，内容较具体深刻的只有王秋海的文章。该文回顾了桑塔格1970年代对自己1960年代针对德国电影女导演里芬斯塔尔所代表的“法西斯主义美学”从赞赏到批判的反思与修正，借以说明“任何文本形式都脱离不开与历史语境相关联的意识形态…作为介入公共领域的知识分子，桑塔格更加关注法西斯美学泛化为政治生活在当今流行文化中的表现，消费社会对商品的崇拜也是一种寓喻的‘法西斯美学’意识形态”⑮。

相对英国文学，美国文学研究的数量较少，研究种类也不够齐全，对小说的研究为本年度研究重点，诗歌其次，缺乏戏剧。

韩敏中的文章通过细读和对比麦尔维尔的《贝尼托·塞莱诺》及其历史上发生的真实原型以及另一个很可能有所依赖的底本，“提出小说中的黑人既是起义者也是白人阴谋家的看法，解释了作品内在的矛盾，并将该小说纳入麦尔维尔对形而上的‘恶’的一贯关注之中。同时，对当下过度政治化的阅读提出异议”。文章分析连贯，注释极详尽，对于《贝尼托·塞莱诺》的研究有很好的参考价值⑯。

孙宏用生态主义的视角分析了美国十九世纪的边疆小说《我的安东尼亚》，试图摆脱传统的“二元论思维模式和人类中心主义价值观，领悟大自然所蕴涵的人文意义，看到世界的真谛和价值在于其丰富性和多样性”。孙宏注意到了书中动物、房屋、阳光、大地和人之间和谐共生的关系，描绘了主人公安东尼亚作为这广阔田野中的“大地女神”的女权形象，把生态主义进一步推广到了性别政治的范畴内⑰。

张立新的文章讨论了黑人文化身份认同的困惑。他认为这是“美国文学与文化中的一个特殊现象，它表现了生活在以盎格鲁-撒克逊白人种族占主导地位的美国社会中黑人对自身文化身份认同的迷惘。因此，它不仅是一种生理特征的认同，而且具有深刻的社会和文化内涵。黑人文化身份认同的困惑不仅导致了美国黑人个人人性的压抑、心理扭曲和畸变，而且在一定程度上成为美国社会内部美国白人与黑人社会、文化冲突的重要根源”。作者分析了为数不少的黑人文学作品，但使人略感奇怪的是竟没有提到评论界一致认为对于黑人身份最感困惑的爱立森的《看不见的人》⑱。

刘晓晖解读了女诗人艾米莉·狄金森的书信，说明信与诗之间的密切联系：信好似狄金森的另一种诗，因为它们“内容隐晦，措辞委婉，所指含混，既造成读者理解上的困难，又激发读者参与其意义的建构，书信话语因此具有对话性和开放性”。对于理解“诗风和个性都很奇特的”女诗人狄金森，此文提供了一个很好的视角⑲。

彭予的文章考察了自白诗对诗人的精神作用。作者选取罗伯特·罗威尔、约翰·贝里曼、西尔维亚·普拉斯和安妮·塞克斯顿四位美国自白诗的代表，结合以上诗人的写作和个人经历，认为自白诗如双刃剑，一方面能够创造出伟大的艺术，“有利于解除种种心理负担、治疗所患的精神疾病”；另一方面也有可能加深诗人的精神疾病，最终造成自杀。因此作者认为自白诗是更加“私人”、更加来自心灵深处的声音，自白诗人“把诗歌当成自我暴露、自我发泄的工具”[20]。

三、加拿大文学

加拿大文学近年来在中国得到越来越多的重视并取得了长足的发展，国内学者对加拿大文学的写作技巧和文学形态等问题进行了分析与评价。其中北京学者丁林棚翻译了当代加拿大著名文学评论家戴维司·泰因斯（David Staines）针对加拿大文学撰写的专题论文，认为“加拿大文学的发展反映了加拿大殖民思想的演化过程”。文章追溯了加拿大文学的发展，认为真正的加拿大文学始于1920年代，关注的是自然和未来。随着政治的成熟和新文化的形成，60年代开始回顾过去，探索文化遗产和传统。走向成熟的另一个标志是成长小说的大量涌现，但同时也表现出一种自恋式的陶醉。这里译者认为“加拿大文学的发展轨迹符合拉康的自我理论，因为自恋是人的同一性身份的一个固有属性，它是人对自我了解的一个永久条件。当代加拿大文学正在遵循这样的辩证逻辑，同时，后殖民主义的心态很乐于发现自我和它的历史”[21]。

四、澳大利亚文学、新西兰文学和南非文学

近年来，澳大利亚文学和新西兰文学也在中国引起了越来越多的关注，学者与作家的民间交往时有发生。《当代外国文学》2005年2月更推出当代澳大利亚文学专辑，集中翻译介绍了一部短篇小说，节选了两部长篇小说，同时发表一系列文学评论和访谈，内容涉及诗歌、小说和传记，观察角度除传统的人物分析外，也包括了华裔、土著、女权主义与文化批评，并且不乏与中国有关的题材与内容。《当代外国文学》3月号又介绍了两位活跃的新西兰当代女作家。但遗憾的是本年度北京学者在这方面没有发表。

国内学者对南非文学的关注一向较少，但是南非复杂的政治历史状况和社会现实使得南非文学很有研究价值。2005年度中国学者对南非文学的涉及只限于对知名作家和作品的介绍。1991年诺贝尔奖得主戈迪默和2003年诺贝尔奖得主库切仍然是他们研究的重点，但是这当中相当数量的文章具有很大的重复性。同样，北京学者在这方面也没有发表。

五、理论研究

理论研究本年度所占比重很大，是学者们的一个兴趣热点。在深入浅出地介绍文学理论方面，《外国文学》杂志设立了“文论讲座：概念与术语”专栏，北京学者就“代码”[22]、“大众文化”[23]、“文化研究”[24]、“解释”[25]、“学术制度”[26]和“整体”[27]等论题发表了见解。

生态文学得到较多论述。首先，有张旭霞翻译的劳伦斯·布依尔（Lawrence Buell）2002年访问北京大学时的演讲。布依尔是生态文学的领军人物，该文“对文学批评中忽视环境话语的人类中心主义传统进行了反思和批判，将环境问题放到了与人类生活、人类需要和人类问题同等重要的位置”[28]。钟燕“从海洋环境主义产生的理论资源、海洋环境主义的核心思想两个方面”阐释了生态批评的一个新视角：蓝色批评[29]。赵白生认为“生态主义是一种新的思想范式，它正迅速波及人文学科、社会科学和自然科学的多个领域”。他探讨了生态主义的理论基础，探寻了它的渊源。他把人分成自然人、环境人和生态人，考察了他们的阶段性差异，并且试图寻找各个阶段占主导地位的理性[30]。而王宁则认为作为生态主义的文学的环境伦理学“不仅是当代西方文学批评理论界十分活跃的生态批评所追求的目标，同时也是我们中国的生态文学研究者可赖以与国际学术界进行对话的一个平台”，并且预见到这一理论将在不久的将来在世界范围内引起更大的反响，成为中国文学理论批评对“西方中心主义”思维模式产生影响的契机[31]。

张世耘分析了爱默生的个人自由困境。他认为“经济自由主义财产观以及自由主义话语对经济自由的道德辩护与自由经济社会道德现状之间的矛盾造成了爱默生的个人自由困境”。作者考察了19世纪美国法律状况、经济形势、政府管理、话语关系对道德和人性的作用，说明爱默生的著名论断“建造你自己的世界”的不可能[32]。

盛宁总结著名文学理论家乔纳森·卡勒，提出当代外国文学理论的一个新视角不在于文本研究，而在于阅读活动研究。他“以德里达的《马克思的幽灵》一书为范本，详细分析了德里达如何在不同文类的文本间穿行、如何将文学文本的涵义挪移到政治话语的层面、借以折射出他对当代政治问题的个人看法”。同时作者用非常详尽的例证与分析“批评了国内某些学人对德里达的误读和误译”。文章深入浅出，说理清晰，体现出严谨的治学态度[33]。

六、翻译研究

本年度北京学者的翻译研究主要限于诗歌翻译。其中沈弘和郭晖的合写文章立意新颖，反驳了被奉为权威的钱钟书先生1985年的看法，认为从英译汉的第一首诗是美国诗人朗费罗的《人生颂》。两位作者“根据最新发现的材料，试图论证，迄今为止我们所知最早的汉译英诗并非朗费罗的《人生颂》，而是英国诗人弥尔顿的《论失明》”。他们认为“这个结论必将改写海内外所有的中国翻译史”[34]。

华裔美国诗歌方面，有张子清对英汉对照的《埃仑诗集》（1980）和《金山歌集》（1987）的介绍，它们反映了美国早期华人移民的社会生活和思想感情。文章回顾了一段鲜为人知的历史：“在1910—1940年间，华人移民被扣押在美国加州天使岛审查期间，移民知识分子在小木屋的墙壁和帆布床上留下了反映他们当时痛苦思想感情的诗篇”。被译成英文之后，“其中的一些诗篇被收进大型的美国文学选集，被典范化，已经纳入了美国主流文学”[35]。

七、学术会议及学术出版

本年度没有英美文学方面的专题学术会议在京举行。重要的学术出版物包括以下三种：

上海人民出版社出版的《吴兴华诗文集》首发式于2005年4月17日在北京大学举行。吴兴华（1921—1966），我国著名诗人、学者和翻译家，久被埋没的天才，曾与陈寅恪、钱钟书一起被誉为中国最有学养的学者。年少时即有神童之誉，在燕京大学求学期间才华备受瞩目，后在诗歌、学术研究和翻译三个领域均取得不凡成就。可惜1957年被错划右派，1966年文革初期被迫害致死，死时年仅45岁。

为纪念中国外语界一代宗师李赋宁先生（1917—2004），北京大学出版社出版了李先生回忆录《学习英语与从事英语工作的人生历程》。书中记述了先生一生求学、治学、生活、工作的经历，折射出漫长的84年来中国的社会变革，读后令人深感先生高尚坦荡的人格，温文尔雅的君子风范，认真严谨的治学态度和精湛高深的学术造诣。

申丹、韩加明、王丽亚合著的《英美小说叙事理论研究》也由北京大学出版社出版。本书是国内外第一部将后经典叙事理论与传统和现代叙事理论结合起来进行探讨的专著，是教育部人文社会科学研究的重大项目成果。全书分为“传统小说叙事理论研究”、“现代小说叙事理论研究”和“后经典小说叙事理论研究”三部分。

（作者：北京大学讲师）

注：

①李金达：《英国第一位诗人乔叟》，《外国文学》，2005年第4期。

②耿幼壮：《悲剧与死亡：英国伊丽莎白时期复仇剧问题》，《外国文学评论》，2005年第3期。

③程朝翔：《莎士比亚的文本、电影与现代战争》，《国外文学》，2005年第2期。

④程朝翔：《战争对于莎士比亚的利用：一个文学为社会所用的个案》，《外国文学研究》，2005年第2期。

⑤韩曦：《荒诞派戏剧在中国》，《外国文学》，20005年第6期。

⑥韩加明：《〈蜜蜂的预言〉与18世纪英国文学》，《国外文学》，2005年第2期。

⑦陈大明：《〈夺发记〉中的独白解读》，《国外文学》，2005年第3期。

⑧苏耕欣：《自我、欲望与叛逆：哥特小说中的潜意识投射》，《国外文学》，2005年第4期。

⑨陈姝波：《悔悟激情——重读〈弗兰肯斯坦〉》，《外国文学评论》，2005年第2期。

⑩曹莉：《历史尚未终结：论当代英国历史小说的走向》，《外国文学评论》，2005年第3期。

⑪张德明：《后殖民旅行写作与身份认同——V. S. 奈保尔的〈印度三部曲〉解读》，《外国文学评论》，2005年第2期。

⑫宋海波：《及物性系统与权利关系：对凯瑟琳·曼斯菲尔德短篇小说〈苍蝇〉的问题分析》，《国外文学》，2005年第4期。

⑬申丹：《深层对表层的颠覆和反讽对象的置换：曼斯菲尔德〈启示〉之重新阐释》，《外国文学评论》，2005年第3期。

⑭丁宏为：《叶芝：“责任始于梦中”》，《外国文学评论》，2005年第4期。

⑮王秋海：《形式与历史的契合：桑塔格对“法西斯主义美学”的批判》，《当代外国文学》，2005年第3期。

⑯韩敏中：《黑奴暴动和“黑修士”——在后殖民语境中读麦尔维尔的〈贝尼托·塞莱诺〉》，《外国文学评论》，2005年第4期。

⑰孙宏：《〈我的安东尼亚〉中的生态境界》，《外国文学评论》，2005年第1期。

⑱张立新：《白色的国家黑色的心灵——论美国文学与文化中黑人文化身份认同的困惑》，《国外文学》，2005年第4期。

⑲刘晓晖：《文体越界与意义空白：解读艾米莉·狄金森的书信》，《外国文学评论》，2005年第4期。

⑳彭予：《试论自白诗的治疗作用》，《外国文学研究》，2005年第1期。

㉑戴维司·泰因斯（David Staines）：《隐身洞穴：加拿大文学的后殖民自恋》，丁林棚译，《国外文学》，2005年第4期。

㉒陈世丹：《代码》，《外国文学》，2005年第1

期。

㉓赵勇：《大众文化》，《外国文学》，2005年第3期。

㉔赵国新：《文化研究》，《外国文学》，2005年第4期。

㉕王丽亚：《解释》，《外国文学》，2005年第5期。

㉖程巍：《学术制度》，《外国文学》，2005年第6期。

㉗郭军：《整体》，《外国文学》，2005年第6期。

㉘劳伦斯·布依尔（Lawrence Buell）：《文学研究的绿化现象》，张旭霞译，《国外文学》，2005年第3期。

㉙钟燕：《蓝色批评：生态批评的新视野》，《国外文学》，2005年第3期。

㉚赵白生：《生态主义的理性基础》，《国外文学》，2005年第3期。

㉛王宁：《文学的环境伦理学：生态批评的意义》，《外国文学研究》，2005年第1期。

㉜张世耘：《"私人"的困局：爱默生的个人与社会》，《国外文学》，2005年第3期。

㉝盛宁：《"解构"在不同文类的文本间穿行》，《外国文学评论》，2005年第3期。

㉞沈弘、郭晖：《最早的汉译诗应是弥尔顿的〈论失明〉》，《国外文学》，2005年第2期。

㉟张子清：《华裔美国诗歌的先声：美国最早的华文诗歌》，《当代外国文学》，2005年第2期。

俄罗斯文学

赵桂莲

古典文学研究

谢春艳的文章涉及的是我国学者少有关注的古代俄罗斯文学，具体分析的作品是兼具文学作品和历史文献双重特征的12世纪初的《古史纪年》。作者得出的结论是：该作品为俄罗斯文学提供了范例，表现了当时的双重信仰，即多神教与基督教，而且由于战争是古俄罗斯社会生活的一个重要方面，因此作为编年史的这部作品同时是一部战争文学创作，此外，作品塑造了俄罗斯古代文学史中的第一个优美的女性形象[①]。杨蓉的研究对象是古代俄罗斯文学中最伟大的史诗《伊戈尔远征记》，作者以作品中展现的时空观念以及历史文化背景为核心进行分析，围绕"时空图景的文学性"和"时空图景的文化理据"探讨了该作品蕴藏的深层文化内涵，在作者看来，《伊戈尔远征记》反映了中世纪俄罗斯民族对国家和自然界的认识及其相互间的关联，体现了纯粹的俄罗斯民族特征[②]。

赵晓彬认为，一直以来对文学评论影响深刻的别林斯基赋予果戈理及其"自然派"批判现实主义的性质完全是从当时文学界围绕果戈理及其流派发生的激烈斗争的需要出发的，对于果戈理创作中的非现实主义因素，别林斯基并没有加以评价，甚至是有意回避，因此20世纪的文艺批评家巴赫金和洛特曼对果戈理创作中笑的特性所作的研究和重新审视是值得今天的研究者关注的，对这两位学者的批评进行归纳可以发现，果戈理的笑不仅是传统认识中的批判讽刺之笑，而是具有多重意义。该研究者以巴赫金的《话语艺术与民间的诙谐文化（拉伯雷与果戈理）》和洛特曼的《19世纪30年代俄罗斯文学中托尔斯泰流派的起源》以及《果戈理的"笑文化"——俄罗斯民族传统中滑稽与严肃的相互关系》为依据，详细分析了两位文艺理论家对果戈理之"笑"既对立又互为补充的阐释，总结出果戈理的笑是"狂欢的笑"、"双重的笑"、"乌托邦的笑"、"恐惧的笑"以及"滑稽与严肃的笑"[③]。任光宣的研究属于比较文化范畴，通过比较研究者认为，儒家思想跨越了历史的时空，与俄罗斯作家果戈理的某些思想遥相呼应，二者存在或显或隐的相似性，甚至在一些方面是一致的，比如对如何做人以及怎样做人的要求，对善恶的分辨，通过不断进行自我剖析从而达到道德完善的手段，对人的事业心和社会责任感的认识，等等。对于这种遥相呼应文化现象产生的原因，研究者总结出以下几点原因：这种现象是各民族文化在历史发展过程中相互交流的产物；俄罗斯的地域位置容易使其文化与东方文化、尤其是中国文化产生交流和影响；俄罗斯人的思维不像西方人那样善于思辨，长于分析，而是注重整合和联系，这种思维方式有东方人的思维特点，其中存在东方人综合思维的成分；俄罗斯人、包括果戈理笃信融合了基督教传统和多神教传统的东正教，这种宗教中有东方文化的因素和影响；果戈理认同斯拉夫派的观点，该思想派别的社会观中存在与东方文化、尤其是与以乡村为社会基础的中国文化相似的成分。文章最后着重指出，果戈理的思想中一方面存在儒家思想的成分，但他的许多与儒家思想类似的观点同样有可能是在俄罗斯本民族的历史、社会和文化发展的内部形成的，即存在不同文化的“暗合”现象④。

黄晓敏在对世界文学中恶魔主题进行梳理的基础上详细论述了莱蒙托夫创作中的恶魔特性，即“恶魔”认为上帝创造的世界是不圆满的，这个世界中存在着不公正现象，因此他自始至终对存在充满了不妥协的否定态度，向往崇高、理想的天国世界，同时又渴望获得普通的尘世幸福。虽然提到“恶魔”必然会让人首先想到莱蒙托夫的同名长诗，但该研究者的关注重点却不是这部作品，而是诗人的四部戏剧，这四部戏剧中的主人公都程度不同地具有恶魔的特性，他们都如同《恶魔》中的主人公一样对上帝创造的世界怀有强烈的报复欲望，是充满否定的灵魂，同时也是被放逐、被排斥、被侮辱的灵魂⑤。淡修安结合大量的实例逐字逐句地详细分析了莱蒙托夫的长篇小说《当代英雄》中《塔曼》一章的语言风格和修辞特点，该研究者指出，作家在《塔曼》中使用了多种辞格，这篇故事以象征性比喻辞格为中心逐渐将情节推向高潮，其间不断出现的辞格有拟人、对照、重复、排比、夸张、递进、借代等，研究者也正是以比喻性辞格为核心，根据语义的层层递进原则，将文本的辞格体系分成了若干单元，逐一对辞格单元进行了分析。通过分析文章作者总结道：《塔曼》的谋篇布局和用语行文是辞格运用的典范，作家借此创造的美形神兼备⑥。

郑永旺以现代人的眼光重新审视了屠格涅夫的小说《阿霞》，批判了车尔尼雪夫斯基对该小说的功利性认识，认为该小说的目的不是反映俄罗斯生活的深度和广度，没有试图去展现当时俄罗斯社会平民革命者的形象，而是一部纯粹书写个体感情发展的情感小说，因此车氏否定该小说的艺术价值，让文学承担生活教科书这样沉重的责任，让主人公这样一个偶在的生命个体对社会整体精神状态负责，这是不公平的，文章作者认为，文学就是文学，充当教科书不过是文学的客观功能，不能刻意追求这种功能，否则就会使文学变成意识形态的工具⑦。曾出版过论述19世纪哲理诗人丘特切夫专著的曾思艺著文分析了该诗人抒情艺术的特点，指出诗人抒情艺术的一大特点是“完整的断片形式”，具体内容其一是精致，精致的特点是表现瞬间印象、形式简短、内涵丰美，其二是即兴，借景生情并产生哲理性感悟，其三是完整，以自然景物和思想感情两相对照构成全诗、使用反衬营建诗歌、以正衬的方式建构全诗，因此研究者总结道：虽然诗人的诗歌由于简短和即兴的特点而显得像是断片，但在整个诗歌的结构和形式上却是完整的，这种完整的断片形式的出现与诗人本人的哲学观和美学观密切相关⑧。

陈思红总结了陀思妥耶夫斯基作为艺术家和心理学家的创作个性的形成过程以及影响因素，其中作家少年时就养成的内省习惯和对文学作品的阅读都是为了研究“人的秘密”，这表明其热衷于人之内心世界的创作个性早已开始形成，作家对内心世界的关注在艺术视角上也受到了感伤主义和浪漫主义文学的影响，而在目的上则受到了空想社会主义的影响，此外作家个人被判死刑而后改为服苦役的经历使他获得了丰富的心理“材料”，而对流放地的一些既凶残又善良的杀人犯的接触和认识激发了他研究人心灵中的“地下室”的兴趣，从客观上说，19世纪60年代俄国社会形势的变化使社会心理随之发生了变化，陀氏本人也一再表明其小说人物的心理是当时俄罗斯部分知识分子心理的反映⑨。凌建侯以2004年举办的主题为“永远的契诃夫”的“首届中国国家话剧院国际戏剧季”为契机，用后现代主义的眼光重新考察了该作家的小说和戏剧。研究者指出，契诃夫的小说蕴涵着很强的戏剧性，而戏剧中的对白和独白若独立出来的话，则会变成非常符合其“潜台词”风格的小说人物的对话和人物独白，也正因为此，此次演出季中外国剧团上演的《安魂曲》和《契诃夫短篇》对于研究该作家的小说和戏剧艺术具有启发意义，因为其表演紧跟时代思想潮流，语言具有浓厚的后现代主义色彩，两部戏剧中小说意识和戏剧意识的有机结合打通了文学类型和体裁间的壁垒，同时还表明了契诃夫的创作在当代依然具有现实意义⑩。

查晓燕的文章属于综合性研究，作者从范围、方式、目的和周游者四个方面研究了俄罗斯文学中存在的“大地周游”因素：范围是指在存在“大地周游”因素的文学创作中周游者的足迹所至，其中时间系列和空间系列通常交叉在一起；“大地周游”的主要方式是“遍访”，表现为徒步行走，同时也借助马和马车等工具，而与马和马车不可分割的是道路，周游者脱离自己平时熟悉的、正常的世界，进入到他人的世界之中，而存在“大地周游”因素的作品情节和布局往往与“道路”联系在一起，故事经常发生在路上；周游的目的是寻找和追求更美好的世界与生活；作为四个因素之核心的周游者大都来自社会底层，文化程度不高，但却都是理想主义者，追求精神世界和物质世界完美统一的人生状态，作家们笔下的周游者取向具有深刻的俄罗斯民族文化痕迹。在文章最后作者指出，俄罗斯大地周游者的血管中涌动着“云游派”教徒的因子，二者的共同点在于，远走源于个人原则与社会原则之间存在矛盾，远走者对规范束缚感到厌倦，对现存世界感到不满，而不同之处在于，大地周游者不是简单的逃遁，不是离群索居，而是渴慕另一种生活、另一个世界，从这里也可以发现俄罗斯文化中朝圣现象的影子[11]。

现当代文学研究

虽然俄罗斯白银时代的文学家、文学评论家和宗教哲学家梅列日科夫斯基的几部长篇历史小说已经有了中文译本，但研究论著还比较少，张锟把研究视野聚焦在了这一领域，认为该作家全部的历史小说构成其新基督教神学思想体系的肌体，其中一致的象征意义和宗教观念是它们的灵魂，但小说中展现出来的宗教哲学思想缺乏深入性，概念表达也不够明确，其历史小说体现出极其鲜明的个性化特征，具体说来就是：一、作家对于用数字来揭示人类和宇宙的永恒真理情有独钟；二、采用富于象征色彩的现代主义表现手法；三、以欧洲历史文化为背景和考察对象，包含着丰富的文化潜文本和崭新独特的宗教神学思想[12]。俄罗斯象征主义文学与音乐之间存在着密切的关系，王彦秋即以此为题深入系统地探讨了象征派代表诗人勃洛克的创作与音乐之间的互动关系，并在结合大量素材的基础上指出，虽然勃洛克不懂音乐，但他对“音乐精神”的倾注有其自身的心灵积淀，同时也受到了俄罗斯宗教哲学家、诗人索洛维约夫的创作和思想以及柏拉图“两个世界”理念的直接影响，他把鉴赏力集中于倾听音乐中的“隐秘声音”，因为对诗人来说，音乐的感染力不是出自单纯的情绪渲染，而是由于音乐在人的意识中实现的是“时间的联系”，音乐不仅使过去明晰，而且预言未来，是一种比一般的艺术更宽广的东西，与此相关在诗歌创作中勃洛克经常采用音乐形象，他这样做的目的不是为了借音乐抒情，而是为了表达对世界和个体的直觉感知，因此勃洛克抒情诗歌中的音乐意象一开始就自成体系，在他的“谐音”和“音乐”形象的背后不仅隐藏着短暂与永恒的递接，而且蕴涵着个体与世界的融合、和谐与不和谐的交错、有生命力和无生命力的变换等富有哲理性的象征内涵，对于勃洛克来说，音乐既是声响的对等物，同时又是运动的同义词，在音乐的节奏和冲击中，在噪音与喧哗中诗人听到了个人生活和社会生活的深层演变过程，并且把倾听到的“隐秘声音”在诗歌中表现出来[13]。叶红梳理了第一位获得诺贝尔文学奖的俄罗斯作家蒲宁（也被译为布宁，本文沿用叶文）在中国的接受过程：20世纪20年代初刚被介绍过来时作家处于“边缘地带”，因为他不合时宜，但在我国最初的蒲宁学研究中取得的最大成果是揭示了其创作的多样性；1933年作家获得诺贝尔文学奖之后我国研究者对他的关注“骤然升温”，对其创作的研究也比较新颖和深入；到了40年代，随着二战的爆发，不合时宜的蒲宁又一次淡出了我国学者的学术视野，在之后的50—70年代由于我国当时的时代特点而“几近消失”；70年代以后研究者“重新聚焦”作家的创作，80年代对蒲宁作品的译介工作进入30年代其获奖以后的第二个高潮期，不过与此同时研究界对其评价仍旧非常谨慎，肯定其创作的艺术特色和十月革命前作品的社会价值，但却否定其世界观和流亡之后的创作，这一点显示出我国的蒲宁研究在这一时期尚未成熟；90年代情况得到极大改观，除了有更多作品被翻译过来以外，研究也更加深入，视野更宽，对其评价更加客观和公正，这种态势一直持续至今，有更多的学者开始关注蒲宁，研究成果的视角和见解都比较新颖，对其创作进行了全方位、更深层次的揭示[14]。

张冰的文章属于比较文学范畴，从三个方面分别阐述了纳博科夫的创作与俄罗斯传统现实主义、象征主义和阿克梅主义的关系。文章作者认为，就传统现实主义来说，布宁对纳博科夫创作的影响最大，其特有的抒情心理小说的法则是纳博科夫“学徒”时期取法的典范；纳博科夫与俄国象征主义文学的关系体现在对艺术本质的共同认识上，即艺术具有改造世界的伟大力量，艺术是一种宗教信仰，甚至是超于宗教信仰的自然本身；纳博科夫从阿克梅派诗人那里获得的是对感性细节的关注以及知觉上的敏锐，并因此使看似水火不容的象征主义和阿克梅主义文学在自身中得以调和[15]。谷羽专门研究了以小说创作闻名世界的纳博科夫的诗歌创作，认为纳博科夫不仅是一位杰出的小说家，同时也是一位独具特色的诗人，他的诗刚毅与典雅、平淡与书卷气并存，诗人总是从日常生活中挖掘诗意，诗歌语言准确、凝练、鲜明、生动，小说和诗歌是自称“飞鸟”的诗人小说家的两个翅膀，因此只有既读他的诗，又读他的小说，才能更深入地认识和了解其创作[16]。

20世纪80年代中期，随着苏联社会文化生活中的所谓“第二次解冻”的来临，曾经被边缘化、甚至禁止的20—30年的文学创作和作者引起了广泛的关注，相反，曾经占据主导地位的、遵循社会主义现实主义原则创作的中心文学却被逐渐遗忘了，以至于除了很少几个作家之外，大多数作家的名字在今天的俄罗斯文学教材、期刊杂志上已难觅踪迹。《个人毁灭与英雄崇拜》恰恰把目光对准了这个被遗忘的角落，对不应该被遗忘的“中心文学”从一个全新的角度进行了重新认识和探讨。通过对马雅可夫斯基的《一亿五千万》、富尔曼诺夫的《恰巴耶夫》、绥拉菲摩维支的《铁流》、革拉特科夫的《水泥》和奥斯特洛夫斯基的《钢铁是怎样炼成的》所作的分析，文章作者指出，上述作品表现的是个人的消失和像神一样的英雄的产生，这是一种社会群体的政治无意识，而个人毁灭和英雄崇拜的进程与文学作品表现时代的现实伦理和政治进程几乎是平行的，与此同时，苏联文学中个人的消失和英雄的产生与俄罗斯民族文化心理中的皇权思想同样关系密切，当对皇权的崇拜与对东正教的神的膜拜结合起来时，这种崇拜就转换成为对像神一样的英雄的崇拜。作者最后的结论是：文学中的个人毁灭和英雄崇拜进程是社会心理的自然呈现，这应该是斯大林主义形成的重要社会心理条件之一[17]。

布尔加科夫的《大师与玛格丽特》作为20世纪乃至整个俄罗斯文学史中最为独特和复杂的小说之一，自问世时起各国学者对其进行的阐释无比多样，争论不休。《布尔加科夫与果戈理：文学史的对话》一文从题目上就可以看出，作者从比较文学的角度展开了对作家作品的分析和论述。文章作者直接指出，被果戈理本人焚毁的第二部《死魂灵》所包含的未竟之业是布尔加科夫离奇小说创作的一个起点，也就是说，在文学史内部两位作家之间结成了潜在的对话关系。首先，布氏小说中魔鬼沃兰德访问莫斯科而单独构成的部分与果戈理小说中的乞乞科夫造访NN城的历险故事属于同一个艺术样式，沃兰德与乞乞科夫一样不仅是作品中的人物，而且是作家展开叙述的合作对象，与作家分担小说的叙述、观察、经历与见闻，他们自身游离于社会生活的内外之间，自由出入其中，其本身的视界便是一个切入的角度，作者认为，布氏在这一点上是对果戈理创作的继承，具体来说，前者仿效和发展了《死魂灵》的样式，汲取其视角、人物群像与连锁喜剧三位一体的结构；其次，从史诗及其变体的角度作者揭示了两位作家的对话关系：当布氏在小说的第13章宣布“主角登场”时，在一定程度上可以理解为是缺失“主角”的“史诗”《死魂灵》的延续。文章作者的结论是，虽说《大师与玛格丽特》不是果戈理时代所理解或设想的那种史诗作品，但其出发点以及作家之后所做的一系列修改确实是建立在果戈理模式之上的，因此可以称其为史诗的一个变体，总之，布氏承袭《死魂灵》的样式并加以提炼，解决了果戈理没有解决的问题，成为俄罗斯小说史上绝无仅有的现象[18]。梁坤的两篇文章从宗教文化角度阐释了布氏该部小说的潜在意义。作者的研究集中于小说的女主人公玛格丽特身上，《玛格丽特：永恒女性的象征》一文着眼于挖掘小说女主人公形象中的神圣性，即与圣母形象的契合，这种契合表现在以下几个方面：考证“玛格丽特”这个名字的词源可以看出，它体现出索菲亚精神中男性因素和女性因素的综合，而索菲亚是上帝卓越智慧的化身，因此，玛格丽特的形象在某种程度上是最高智慧的体现，另一方面，历史上的玛格丽特都是永恒女性的象征，是作家与诗人的保护神；玛格丽特作为爱神为大师存在，是女性、忠贞、美丽和为爱而牺牲自我的象征；玛格丽特是纯美的化身，是肉体美与精神美的和谐统一，这一点契合陀思妥耶夫斯基“美拯救世界”的理念，总的来说，玛格丽特的形象本身蕴涵着爱、智慧、美与善等多重品性，是在多重层面与圣母契合的形象。在另一篇文章《玛格丽特互文性研究》中作者以神话学为视角并借助巴赫金的诗学理论分析了所谓“圣魔合体”的玛格丽特形象中魔性的一面：人魔订约是魔鬼故事的核心情节，小说中玛格丽特与魔鬼订约沿袭了这一传统，小说中《撒旦的盛大舞会》也体现了历史上巫魔狂欢夜会的影响。但需要指出的是，作家对传统的巫魔神话进行了重构，在通过各种神话元素详细描写玛格丽特魔化过程的同时，对巫魔神话进行了净化处理，对魔女的行为进行了原则上的修正，因此小说以魔鬼神话的外壳包裹了圣教精神的内核，使变成魔女的玛格丽特仍旧保持圣性的纯洁，使其既是复仇女神，也是儿童的保护者，其疯狂中蕴涵着正义与人道的力量，正因为此，契约到期的时候，玛格丽特没有如神话传统中的魔女一样灵魂归魔鬼所有，而是与大师一起远离尘世，获得了永久的安宁[19]。王希悦也以该部作品为研究对象，从“歌剧、舞曲、小夜曲等显性音乐声响成分的体现”、“话语‘逻各斯’的神奇威力体现”和“对别雷交响曲的借鉴”三个方面深入剖析了小说中存在的显性和隐性音乐成分，通过大量的实例分析，作者认为，音乐和声音音响效果在该小说中发挥着真正的、非同寻常的作用[20]。杨海成以英国评论家莱斯莉·米尔恩的著作《布尔加科夫评传》为主要理论依据，具体论述了该小说中“大师”的真正所指，即小说中有三位“大师”：作为“大师”的作家、魔鬼沃兰德和约书亚，其中沃兰德才是全书的中心人物，他是连接其他两个主人公的纽带，除此以外，书外还存在一个真正意义上的“大师”——作者布尔加科夫，因为该小说是作家表达内心的真正需要，是为自己创作的作品，是作家宣示的不向当局、社会以及时代妥协的艺术和生活态度，因此小说中的人物身上都存有作家自己的烙印，有作家自己的影子，表达了作家内心的寄托[21]。

张帆认为，沉寂多年之后于上世纪90年代中期重新开始发表作品的拉斯普京在创作风格方面发生了很大变化，概括而言，该变化即题材由乡村和对传统的回归转向城市与宗教，方法由积极向上的自然现实主义转向冷酷的幻想现实主义。这种风格转变在《下葬》、《完全出乎意料》、《伊万的女儿，伊万的母亲》等小说中有充分体现。在这些小说中，作家对社会生活阴暗面的描绘、对主人公凄凉境遇的讲述，直逼陀思妥耶夫斯基式的冷峻与残酷，是一种爱之愈深则痛之愈切的残酷[22]。王丽丹研究了当代俄罗斯作家马卡宁在《地下人，或当代英雄》中体现出来的所谓“元小说”叙事策略。“元小说”是指其不再致力于反映现实生活、构建合理情节、讲述完整的故事，而是放弃对小说理论体系的关注，以即时写作的方式推崇小说的创作过程，对小说的叙事手段和操作策略进行反思和创新，对小说艺术与现实之间的关系展开思考，关注文本的形成过程，充分暴露文本的虚构本质。就马卡宁来说，研究者指出，由于实践独行和主体思索使其一直以来都是俄罗斯文坛沉默的怀疑主义者，理性的疏离和清醒独立的创作态度使其探索的具有无限可能性的艺术形式与元小说的特点无意间暗相契合。元小说的特点在马卡宁最具此类风格的长篇小说《地下人，或当代英雄》中表现最为突出：充分展现作家的自省意识；叙事具有鲜明的镜像性，即除了作家的自我内省，还借助他人的外位、超视，从他人对“我”的认识中感受到自我在人群中的存在状态；采用反讽的戏仿，首先利用艺术上的似曾相识意想构建独特的密码语言，其次是在小说主题和人物形象上对俄罗斯经典作家及作品进行戏仿；使用魔幻的隐喻，以此解析震惊俄罗斯国民的灾难和国家沉沦的原因；小说中的时空具有任意性，作家以此表明的是生活的无序状态，人生存的意义就是克服看似简单的障碍，消除无形力量的遮挡，达到个人狂欢的目的。在综合分析的基础上研究者得出的结论是：作家以地下状态这一具有历史意义的文化现实对俄罗斯知识分子的传统精神进行了颠覆，摧毁了以往关于作家的神话模式，打破了关于艺术与现实关系的传统及正统认识[23]。

俄罗斯当代女作家托尔斯塔雅的创作风格独特，其诸多作品问世之初引起了不少争议，对其肯定和深入认识经历了一个复杂的过程。张建华认为，阅读托尔斯塔雅是一个颠覆传统阅读习惯、学会获得一种新的审美方式的过程，正是在后现代语境中，评论界对该作家的认识才跳出了简单的日常生活作家的视野，她才被认可为一个俄国后现代大家。文章作者指出，托尔斯塔雅的后现代主义小说建构的是一个不稳定的、具有开放性结尾的世界，在这里理性世界与经验世界分崩离析，混乱无序成为日常生活的基本成分，非理性成为艺术思维的基本逻辑，该类小说为读者提供了一个机会，让他们在拒绝传统思维方式而又无法寻觅到可以遵从的美学理想和取向时，表达对生活在一个危机四伏的社会秩序里的人的惶恐。从具体表现内容上看，“小人物”是女作家创作的主要人物，但她的“小人物”与俄罗斯文学史上的同类人物形象不同，他们不仅被生活抛离正常轨道，而且心灵有“缺陷”，而究其根源，导致这一点的主要原因是作为一种集体无意识渗透到每个现代人心灵之中的孤独，因此，表现孤独和孤独的人成为女作家小说的中心命题，而对女性生存体验的特殊关注是该女作家体察孤独、表达人与人之间难于沟通的重要内容。从创作方法上说，幻想性与童话性成为女作家小说的一个鲜明特点，对世界童话式的理解与接受实际上成为她小说中众多人物摆脱苦难、创造诗意生活的一种模式，这里反映出作家矛盾却又统一的美学主旨：用虚拟表达对“真实现实”的厌恶和嫌弃，另一方面，作家似乎仍然怀抱希冀，渴望生活的丰富与绚丽，盼望生命节日的出现，从而求得心灵的释放[24]。

文艺理论研究

季明举的文章比较了对于我国学术界来说较为陌生的19世纪俄罗斯文学理论家格里高里耶夫的“有机批评”以及与其关系密切的斯拉夫派文学艺术观，作者认为，虽然格里高里耶夫极为欣赏斯拉夫学派代表人物霍米亚科夫对艺术本质的认识，并且在建构自己文艺理论的过程中深受后者以所谓“聚义性”为核心的有机理论的影响，但二者同时还存在着很大差异，前者在宗教观和艺术观方面并不完全认同后者的观点，因为在他看来，斯拉夫主义者的认识中存在过多围绕东正教问题的理性思辨，在理论上存在故弄玄虚的成分，斯拉夫主义者对“聚义性”的阐释与革命民主主义文艺理论家车尔尼雪夫斯基和杜勃罗留勃夫建构的学说一样，寻求的多半是人工的、理论的统一，而非生命的、有机的统一，相反，格里高里耶夫善于自生命立场和艺术审美的角度关注世界，以直觉的方式感悟生活现象，他的社会思想立场更多地具有文化的、美学的内容，此外，与斯拉夫学派不同，他给予艺术个性以高度的重视，认为真正的现代艺术离开个性表达是不可想象的[25]。周启超的文章着眼于对20世纪两位文学理论大师的比较，一位是布拉格学派的代表穆卡若夫斯基，另一位是俄罗斯形式主义学派的代表什克洛夫斯基。通过对两位大师文学理论的详细分析和论述，作者指出，二者之间存在着理念上的“对接”，而该“对接”体现的是学术思想的延续、发展和超越，即什氏潜心研究的是“文学自律性”，而穆氏更进了一步，关注的是“文学自律性与他律性”的互动机制；前者是“特征论者”，而后者是“功能论者”；语言学、符号学与美学的多重维度以及艺术学、社会学与文化学的多重视界，使后者得以对前者既有所承继，有所反思，更有所克服和超越，而现代斯拉夫文论在这种对接和超越中获得了很大的发展，由形式主义推进为结构主义[26]。杨向荣、曾莹具体探讨了什克洛夫斯基提出的形式主义核心诗学概念“陌生化”，研究者认为，对具体文本进行感知与体验时的前在主体结构是陌生化不可或缺的前提因素，但陌生化不是要维持这种前在性，而是希冀消解、解构这种前在性，在这种悖论性的共存中，前在与此在的相互冲突引发出一种张力，陌生化也正是借助这种张力而使主体最大限度地体验到变异的张力美，但在主体接受心理与文本之间应保持一定的度，过于突破主体的前在限度会使主体难于理解、甚至不能接受审美对象，而过于遵循前在的传统也不能引发主体的审美注意，因而无法达到陌生化的目的[27]。萧净宇综述的是20世纪苏联文艺理论家和塔尔图文化符号学派创始人洛特曼学说中的文本内结构与文本外因素、文本的建构原则、作者与读者、文本空间与界限等关键问题，研究者沿着该文艺理论家的思想脉络，主要通过对普希金、果戈理和布尔加科夫作品的分析梳理了上述各个范畴的具体涵义和实际运用[28]。潘月琴以巴赫金的著作《长篇小说的时间形式和时空形式——历史诗学概述》为主要对象分析了该文学理论家至关重要的“时空体”理论：“时空体”指的不是在文学作品中呈现的单独的时间和空间，而是它们密不可分的相互关系，是文学作品中时间和空间相互适应所形成的统一的整体，是其相互结合形成的相对稳定的模式。研究者认为，巴赫金时空体分析法的意义在于：它对小说诗学、特别是对体裁特征和作家个性的总体把握具有重要价值；该分析法是一种把情节、人物、体裁等作品要素结合起来进行研究的方法，是一种比较新颖、比较具有实效的研究方法。与此同时潘文指出，尽管这种分析法对研究者具有启发性，但它却不可能完全替代其他研究方法，“时空体”的概念具有抽象性，不能在所有问题上都给出让人满意的答案，就是在它已经涉足的领域里也还不能圆满地揭开所有的谜底[29]。

综合2005年学者们对俄罗斯文学的研究成果可以看出，随着时代的发展以及对各种已有但被重新发掘的文艺理论的认识不断深入，研究者的视野更加开阔，研究角度更为新颖，许多被解读的作品也因此具有了新意。

（作者：北京大学教授）

注：

①谢春艳：《从〈古史纪年〉看俄罗斯文化与文学》，《俄罗斯文艺》，2005年第2期。

②杨蓉：《伊戈尔远征记》中时空图景的文化溯源，《俄罗斯文艺》，2005年第2期。

③赵晓彬：《果戈理：东西方笑文化的集大成者——巴赫金和洛特曼论果戈理的笑》，《俄罗斯文艺》，2005年第4期。

④任光宣：《儒家思想的遥远回声——果戈理的〈与友人书简选〉与孔孟思想》，《俄罗斯文艺》，2005年第3期。

⑤黄晓敏：《莱蒙托夫戏剧主人公的恶魔性》，《俄罗斯文艺》，2005年第3期。

⑥淡修安：《〈塔曼〉多维的语言之美：辞格、语义和语境》，《俄罗斯文艺》，2005年第3期。

⑦郑永旺：《论〈阿霞〉的审美特征——兼谈车尔尼雪夫斯基对〈阿霞〉批判的失衡现象》，《俄罗斯文艺》，2005年第4期。

⑧曾思艺：《完整的断片形式——丘特切夫诗歌抒情艺术的特点》，《俄罗斯文艺》，2005年第3期。

⑨陈思红：《艺术家心理学家陀思妥耶夫斯基创作个性的形成》，《国外文学》，2005年第1期。

⑩凌建侯：《小说与戏剧意识的融合——论契诃夫的当代性》，《国外文学》，2005 年第 3 期。

⑪查晓燕：《寻乐园——俄罗斯文学中的“大地周游”因素探析》，《国外文学》，2005 年第 3 期。

⑫张锟：《梅列日科夫斯基历史小说及其个性化特征》，《俄罗斯文艺》，2005 年第 2 期。

⑬王彦秋：《“世界乐队”的鉴赏家——论勃洛克的诗歌创作与音乐》，《国外文学》，2005 年第 2 期。

⑭叶红：《蒲宁在中国》，《俄罗斯文艺》，2005 年第 1 期。

⑮张冰：《纳博科夫与白银时代俄国文化精神》，《外国文学研究》，2005 年第 3 期。

⑯谷羽：《飞鸟凌空——俄罗斯侨民诗人纳博科夫和他的诗歌》，《俄罗斯文艺》，2005 年第 1 期。

⑰刘亚丁：《个人毁灭与英雄崇拜——20 世纪二三十年代俄罗斯文学阐释之一》，《外国文学评论》，2005 年第 1 期。

⑱许志强：《布尔加科夫与果戈理：文学史的对话》，《外国文学评论》，2005 年第 1 期。

⑲梁坤：《玛格丽特：永恒女性的象征——〈大师和玛格丽特〉的宗教文化阐释》，《外国文学研究》，2005 年第 6 期；《玛格丽特互文性研究——兼论玛格丽特魔性特征》，《外国文学》，2005 年第 4 期。

⑳王希悦：《论〈大师与玛格丽特〉显性和隐性音乐成分》，《俄罗斯文艺》，2005 年第 2 期。

㉑杨海成：《谁是我们真正的大师？——读布尔加科夫〈大师与玛格丽特〉》，《俄罗斯文艺》，2005 年第 4 期。

㉒张帆：《从自然现实主义到幻想现实主义——拉斯普京小说创作的转向》，《外国文学动态》，2005 年第 2 期。

㉓王丽丹：《弗·马卡宁的“元小说”叙事策略——评〈地下人，或当代英雄〉》，《俄罗斯文艺》，2005 年第 1 期。

㉔张建华：《托尔斯塔雅与她的后现代主义小说》，《外国文学》，2005 年第 1 期。

㉕季明举：《“我们共同的流派”——“有机批评”与斯拉夫派艺术观比较》，《俄罗斯文艺》，2005 年第 2 期。

㉖周启超：《理念上的“对接”与视界上的“超越”——什克洛夫斯基与穆卡若夫斯基的文论之比较》，《外国文学评论》，2005 年第 4 期。

㉗杨向荣、曾莹：《陌生化：悖论中的张力美》，《俄罗斯文艺》，2005 年第 2 期。

㉘萧净宇：《洛特曼符号学——美学阐释中艺术文本的特色》，《俄罗斯文艺》，2005 年第 2 期。

㉙潘月琴：《巴赫金时空体理论初探》，《俄罗斯文艺》，2005 年第 3 期。

管 理 学

工商管理学

邓荣霖 任 荣

一、企业管理

（一）管理理论与企业制度创新

管理理论和管理实践是推动管理学发展的两大动力。2005 年，北京地区的专家学者在这两个领域做了大量的研究工作，围绕管理理论与企业制度创新、非公经济发展和国有企业改革等课题开展了一系列的研究和论著。这里对其中主要的、有代表性的观点进行综述。

1. 管理理论

关于管理理论，有的学者在对 20 世纪 70 年代以来的管理理论进行回顾的基础上，结合管理实践，提出了未来管理理论发展的两大趋势：第一个趋势是管理理论的发展将同时考虑“硬环境”和“软环境”两方面的因素；另一趋势是管理理论的发展要将科学管理与人本管理相结合。还有的学者对管理理论发展中的几个重要问题进行了研究，具体包括：

管理科学，兴国兴企之道；管理的阶级性和超阶级性；管理万能论与管理象征论；基础层次的管理与制度层次的管理；在“干”中学习管理与从书中学习管理；中国的管理者要善做“中国猫”，善抓“中国鼠”等①。还有的学者以专著的形式重点研究了管理科学化问题的基础概念与理论、企业管理科学发展的方法论问题、中国企业科学化管理实践三方面问题②。此外，2005年9月16日至17日，由首都经济贸易大学、中国社会科学院工业经济研究所、中国企业管理研究会联合发起，首都经济贸易大学主办的“第三届企业管理研究与学科建设论坛”在北京召开。参加论坛的专家、学者们围绕着“中国式管理、管理理论与实践、管理教育与学科建设”等几个前沿课题进行了精彩的主题演讲，发表了很多独到的新见解。这次论坛对中国管理理论的发展和管理实践的创新起到了积极的推动作用。

2005年，还出现了一些新的管理理论和管理思想，包括知识管理理论、创新管理理论、变革管理理论等。有的学者在系统整理现有知识管理理论的基础上，根据对知识特性的认识和研究焦点的不同，将知识管理理论划分为工程学派、过程学派、实体学派和系统学派四个学派。工程学派侧重于知识管理工具的开发；过程学派侧重于对组织知识的动态过程的管理；实体学派侧重于对智力资本的经营管理；系统学派侧重于知识管理与企业其他管理活动的配合③。有的学者提出变革管理是建立在管理理论、混沌理论、耗散结构理论和复杂系统理论基础上的，以变革为研究对象和内容的科学。作为一个术语，它是管理学与组织行为学领域的重要概念；作为一种过程，它是对原来组织管理体系进行改造与调整中所进行的系统策略安排和有效管理的过程④。还有的学者将开放的复杂巨系统理论应用于现代企业管理创新的研究中，提出企业是一个开放的复杂巨系统，现代企业管理应当遵循开放的复杂巨系统发展的规律：第一，企业管理人员要加强管理理念的开放性；第二，充分认识管理工作的艰巨性和复杂性；第三，企业管理要以人为本⑤。

关于企业制度创新，有的学者指出现代企业制度是国有企业改制和民营企业建制的共同方向。我国企业制度创新应从三个方面推进：第一，产权制度创新。国有企业应通过立法和强调规范性解决改制问题；民营企业应通过突破个人或家族的封闭性与局限性实现建制。第二，组织制度创新。即建立合理的企业组织结构、法人治理结构和母子公司管理体制。第三，管理制度创新。包括建立以战略与业务结合的系统、科学的业务管理制度，处理好制度建设与人本管理的关系⑥。

2. 非公36条

在我国20多年市场经济体制改革的推动下，非公有制经济已逐渐成为国民经济的重要组成部分，与公有制经济相互促进、共同发展的格局基本形成。为了鼓励非公经济的快速发展，我国于2005年2月25日正式颁布了《关于鼓励支持和引导个体私营等非公有制经济发展的若干意见》（简称“非公36条”），旨在消除体制性障碍，使非公有制经济主体享有同等国民待遇，实现公平竞争。

由于“非公36条”只是一部指导性的意见，没有很多操作细节的表达和阐释，因此，北京的专家学者对其实施过程中可能遇到的问题进行了预测和探讨。有的学者认为在“非公36条”的实施过程中可能会遇到以下问题：第一，原有企业的抵制。因为一般产业中的原有企业多是国有大中型企业，其经济规模和技术力量都比较强大，尽管政府允许非公经济进入，但在实际进入过程中必将遇到原有企业的抵抗。第二，非公经济的融资难仍然是一个突出问题。还有的学者认为“非公36条”实施的难点是思想观念的问题。政府和企业都需要在观念上进行转变，真正打破垄断。要打破垄断，首先要树立“个体私营、非公有制经济和公有制经济需要协调发展”的理念。其次是法律问题，要真正保护私有财产，真正保护员工合法权益，这两个方面要统一起来。还有的学者认为依法维权是“非公36条”实施过程中的又一大难点⑦。

关于“非公36条”如何落地的问题，专家学者的讨论主要集中于两点：第一，政府如何起到宏观引导作用？第二，非公企业如何从自身出发抓住机遇？就政府作用而言，学者认为政府作用应从三个方面体现：①转变政府职能。各级政府要告别“GDP崇拜”，树立全面、协调的科学发展观和政绩观。政府不仅不能去干预市场的运行，还要设法为增强市场调节功能创造条件。②政府要着力强化社会诚信意识和法制环境建设。从自身、企业、个人等三大体系入手，构建全面的社会诚信体系，加强信用法治建设，构建诚信奖惩机制。③充分利用行业协会的自律管理作用。通过工商联、行业协会和商会等机构，实现对非公经济的引导和管理⑧。关于非公企业如何抓住机遇的问题，学者认为有以下几点：①企业必须遵守市场规则；②企业必须承担社会责任；③企业必须提高自身的素质；④企业必须塑造知名品牌。

3. 国有企业改革

国有企业改革一直是影响中国经济发展的关键问题，也是专家学者高度关注的研究领域，2005 年北京地区的专家学者在这一领域颇有建树，其学术观点主要围绕国企改革的目标和重点、国有资产管理、国有企业主辅分离改制等几个方面。

有的学者在专著中提出，国有企业改革的终极目标不是简单的产权改革或放下历史包袱，而是通过剥离政策性负担，建立现代企业制度，彻底转换经营机制，来保障国有企业在发展中实现基本功能，促进其市场竞争力的提升。界定政府权力是国有企业改革的关键，只有从根本上转变政府职能、限制政府权力、减少对国有企业的超经济保护，才能从根本上解决国有企业的改革和发展问题[⑨]。还有的学者认为，国有企业改革的重点是建立国有资产监管体制，加快国有资产的优化配置，推进国有企业产权多元化，规范公司治理结构，完善激励制度[⑩]。

关于国有资产管理，有的学者提出，国有资产委托代理链条可分为三个层次：政治委托、行政委托和经济委托。目前我国国有资产管理体制改革存在明显的局限：政治委托关系改革滞后，行政授权没有被根本打破，委托代理链条过紧。因此，必须从以下三方面进行完善：保证法人财产权的关键是放松第三层次代理链条；明确管理范围的关键是及时调整第二层次代理链条；完善终极所有者监督的关键是收紧第一层次代理链条[⑪]。还有的学者指出了国有资产流失的两个原因：①国有企业经营层有严重的贪污受贿问题；②国有企业的大批员工实际上不能解雇，导致了经营成本的增加。相应的解决措施是：①禁止企业经营者以任何方式获得企业所有权；②在企业中开展反腐败斗争；③清理整顿会计、审计行业；④停止政府以“产权改革”为名的国有企业私有化运动；⑤强制性实行符合法律要求的信息公开化和程序民主化[⑫]。

主辅分离改制分流是深化国有企业改革的重大举措，也是今后国有企业分流富余人员的重要形式，通过主辅分离、辅业改制、多渠道分流安置富余人员，可以使国有企业盘活资产、精干主业、提高企业核心竞争力。主辅分离调整了国有企业的产权制度和劳动关系，解决了国有企业改革中成本支付能力不足，职工身份转换困难的问题[⑬]。有的学者指出，国有企业主辅分离改制分流的难点体现在资产处置、制度创新和劳动关系三个方面。国有企业可以通过六种模式实施主辅分离改制：①整体剥离；②改制分流；③资产租赁；④员工持股；⑤政策扶持；⑥吸收兼并[⑭]。

（二）上市公司管理

2005 年，北京的专家学者关于上市公司的研究主要集中于品牌、研发和激励三个方面。

品牌作为一种企业资产，同时也是一种现代企业制度。有的学者从交易费用理论出发，探讨了品牌管理和交易费用理论的内在联系，指出交易费用和信息不完全的存在是品牌产生的根本原因，制度安排是品牌产生的现实基础，品牌是一种默认的契约，制度净收益是品牌发展的动力。品牌管理的要点是：①建立品牌价值链；②树立品牌管理新理念；③实施品牌社会化战略[⑮]。还有的学者对品牌资产和品牌溢价进行了探索性的研究，通过实证研究分析得到品牌资产评估的七个维度：品牌忠诚、品牌形象、品牌支持、企业家形象、品牌创新、品牌韧性和品牌延伸，并发现品牌形象、品牌支持、品牌韧性能够显著影响品牌溢价的高低[⑯]。

研发能力对上市公司动态能力的构建发挥着关键性的作用。有的学者认为，单个企业或研究单位进行研发往往会受到许多限制，难以适应市场的迅速变化和激烈竞争的要求。因此，研发联盟是我国上市公司进行研发管理的有效途径之一，实行“官、产、学、研、用”相结合，依靠高校与科研机构的研究力量，充分考虑产业发展所需的关键技术，能提高上市公司自主创新的核心竞争力[⑰]。

关于上市公司的激励问题，有的学者提出，我国上市公司普遍存在管理层报酬偏低、激励机制缺位的问题，股权激励机制作为成熟市场经济的一种制度性安排，在上市公司中十分必要。就目前而言，我国上市公司建立股权激励机制的途径有：①修改、完善相关法律法规，以创新方式解决股票来源问题；②出台有关上市公司股权激励制度的规范意见；③建立和完善相关税收和会计制度；④相关部门协调配合，创造良好的配套环境[⑱]。还有的学者对上市公司经理人激励工具的选择问题进行了研究，提出在经理人的薪酬合同中，一般短期的激励工具多为年金，而长期的激励工具多用股票，两者的适当结合可以达到较为理想的激励效果。上市公司应该根据股票市场的成熟度以及企业的特点等来选择最为适宜的激励工具，也可以将不同的激励工具进行有效的联合[⑲]。还有的学者认为上市公司员工激励机制应当从以下几个方面建立：①完善传统的员工激励机制；②根据员工的具体特点，在提倡物质激励的同时，注重发展精神激励机制；③上市公司应通过职业生涯规划和评价激励，促进员工的自我激励；④

制定相关制度，保证激励机制能公平、持续、有效地开展；⑤注重激励机制的反馈、评估与调整[20]。

（三）中小企业管理

中小企业管理一直是学术界、企业界和政府非常关注的研究领域。2005年，北京的专家、学者主要针对中小企业创业理论、中小企业融资和中小企业如何由小到大、由弱到强的成长战略等问题进行了研究和论著。

关于中小企业创业理论，有的学者认为，从资源理论的角度来看，创业资源就是与创业相关的有形资产和无形资产的总和，创业活动中最关键的资源是那些与组织知识和学习有关的无形资源，例如：机会警觉、创造的认知模式、创新性地获取和整合资源的能力、创业团队和创业文化。创业能力是企业超过对手的、难以模仿的、持续的创新能力，它是以高度的机会警觉、创新性的获取和整合资源为关键特征。由创业能力带来的优势被称为创业优势，它可以促进中小企业建立持续的竞争优势[21]。

融资问题一直是中小企业创业的“瓶颈”，相关专家学者对此进行了大量的研究。目前中小企业融资困难的主要原因是：①产品科技含量不高；②信用、担保不足；③管理水平低，经营风险高；④贷款定价未充分市场化；⑤金融资源分布与中小企业布局不匹配；⑥资本市场体系和信用担保体系不完善。要想解决这些问题，就必须从政府、金融机构、中小企业自身出发，做到：①进一步完善中小企业板运行机制；②积极发展风险投资；③加快建立多层次信用评级和担保体系；④发挥政策型金融机构优势，创新借贷机制；⑤中小企业要强化信用意识，树立良好信誉[22]。还有的学者选择中小企业融资体系和政策性融资体系作为研究对象，主张将现有的商业性融资和政策性融资整合成为一个系统的、完整的、为中小企业发展服务的融资体系。探讨了在新的金融运行环境下，中小企业如何通过多种渠道实现科学有效的融资。并从内源融资、债权融资、股权融资、信用担保融资、风险投资融资等方面挖掘了适合中小企业的融资模式[23]。

关于中小企业的成长战略，专家学者主要从核心竞争力、集群化发展、信息化建设等方面对此进行研究。有的学者认为，影响中小企业核心竞争力的因素是多方面的，在对中小企业核心竞争力进行全面分析的基础上，提出我国中小企业应该通过建立战略联盟、产学研联合等形式提高和培育自身的核心竞争力[24]。还有的学者指出集群式发展是中小企业由小到大、由弱到强的有效途径。还有的学者提出，信息化建设是中小企业成长过程中的重要环节，在系统研究中小企业信息化建设进展缓慢的原因后提出，中小企业信息化的开展应该是分阶段逐步完成的，是企业管理脱胎换骨的一个“蜕变”过程，是企业“人、财、物”资源的重新整合，也是“产、供、销”流程的再造，它不但影响到决策层、管理层，也影响到企业中的每一个人[25]。

二、会计与财务管理

会计基本理论、盈余管理、内部控制、价值链会计、会计信息披露等是2005年北京地区专家学者在会计与财务管理领域较为关注的问题。

关于会计基本理论，有的学者提出，规范会计理论的两大学派：受托责任学派和决策有用学派只是片面地、以委托方对会计信息的要求作为会计目标，忽略了会计信息系统中各利益相关者在会计信息质和量的界定上的利益冲突和会计信息系统这种制度安排的激励机制效应，以及会计信息披露成本的制约。通过对会计信息系统中各利益相关者在会计事项中的利益冲突与“纳什均衡”转换机理的分析，逻辑推导出“纳什均衡”状态下的会计信息质和量的规定性和财务会计目标[26]。还有的学者提出了一种新的会计理论——事项会计理论，事项会计理论是指按照具体的经济事项来报告企业的经济业务活动，以事项为基础，重新构建财务会计的确认、计量、报告，是会计理论研究的一次非常有益的探索。并提出了事项会计理论未来的研究方向：①研究事项会计在实际运用中所需的条件及可能的问题；②研究基于事项会计的会计规范制定问题；③研究对事项会计理论进行修正的问题；④研究事项会计运行过程中产生的泄露商业秘密、信息超载等问题；⑤应用实证研究方法研究事项会计的可行性及可能出现的问题[27]。

盈余管理是目前会计学研究的核心问题之一。有的学者从报表“真实性”的相对性、盈余管理的合法性、盈余管理对公司价值的影响、盈余管理下财富转移的合理性和盈余管理的增值性五个方面对盈余管理的本质进行了讨论。提出盈余管理和盈余欺诈是两种性质不同的概念，它们一般可通过会计或实际商业活动的手段来完成[28]。还有的学者提出，盈余管理研究的目的之一是为会计规则的制定提供依据，它除了关注会计规则的执行行为以外，还将会计规则的制定作为一个重要变量，即研究在采用不同原则、方式和程序所制定而成的会计规则下的不同盈余管理行为[29]。

关于内部控制，有的学者提出，上市公司内部控制体系的构建包括五个维度：①国家法律规定与行业协会业务规范的约束；②会计师事务所对上市公司内部控制的法定外部鉴证；③独立于会计师事务所的咨询公司的内部控制专业咨询辅导；④上市公司内部控制体系的建设；⑤社会诚信环境的营造[30]。还有的学者考察了股权结构、代理成本与外部审计之间的关系，提出代理成本较高的上市公司更有可能聘请高质量的外部审计师，以降低代理成本，提高公司市场价值[31]。有的学者提出，尽管大部分上市公司都按证监会的要求建立了计提资产减值准备的内部控制制度，但其中相当一部分是“形备而实不至”。解决问题的关键是完善资产减值内部控制制度，完善的重点在于解决四个问题：不相容职务的分离、科学的分级授权审批、审计监督机制构建、制度环境建设[32]。还有的学者分析了现阶段推进内部会计控制建设的基本思路是：以政府政策引导为推动，以各单位组织实施为关键，以社会中介机构提供咨询服务为方向，以理论研究为支撑。主要任务是：抓紧建成内部会计控制规范体系，探索内部会计控制规范的实施机制以及研究内部会计控制评价体系[33]。

价值链会计是近年来财务会计研究中的新领域。有的学者认为价值链会计应是一个信息系统，它必须为企业管理当局提供优化价值链流程，构建高效价值链联盟，进行价值增值决策所需要的价值信息。价值链会计还应是一个控制系统，以价值链联盟为控制对象，涵盖事前统筹规划、事中实时控制、事后分析考核的全方位控制体系。价值链会计的目标是“为信息使用者提供动态的价值创造和流转信息，借以优化价值链流程和价值链联盟，并同时以实时控制为核心协调和优化价值链，最终实现价值链联盟和核心企业价值最大化的目标。”[34]还有的学者指出价值链会计管理信息化是实现价值链会计管理的重要环境和技术基础，价值链会计管理信息化面临的七大变革是：①目标定位的提升；②技术平台的变革和提升；③业务流程的变革；④价值链会计管理重点的变革；⑤价值链会计管理计划和会计控制作用的提升；⑥价值链会计管理审计体系的变革；⑦财会人员职责的提升[35]。

关于会计信息披露，有的学者认为，会计信息质量的基本特征是公正性，公正性可以消除会计信息质量特征之间的重叠和冲突，使会计信息产生的过程和结果尽可能的公正，还可以使会计信息更容易被人们理解[36]。还有的学者认为，提高会计信息质量的有效策略包括：①建立适应市场经济发展的会计理论；②建立以强化内部管理为中心的会计管理体系；③用法律手段加强会计工作的管理；④用行政手段加强会计工作的管理；⑤完善社会监督体系，增强会计监督的全面性和权威性；⑥加强会计队伍建设，全面提高会计人员素质；⑦实行主要会计人员的委派制[37]。

三、技术经济及管理

2005年，北京的专家学者主要从企业风险投资和风险控制、信息化建设、企业创新三个方面，对技术经济及管理进行了系统探讨和深入研究。

关于企业风险投资和风险控制，有的学者认为，随着投资项目复杂程度日益增加，其面临的风险因素也日益增多，项目管理者不仅要识别、分析这些因素，还要对其管理优先度进行评价，以把有限的资源投入到优先度高的风险因素管理中去，从而提高项目风险管理的效率[38]。还有的学者对如何建立和完善风险投资机制进行了研究，风险投资之所以能够推动高新技术产业发展，是由于其从三个层面上适应了高新技术产业发展的需要：①有效的激励机制推动了技术专家和企业家的创新活动；②灵活畅通的产权流动机制将各种不同的企业家集聚到高新技术产业领域；③风险投资满足了高新技术产业一些经济特性的需要。因此，在我国建立和完善风险投资机制是非常重要的，这是我国社会主义市场经济的重要内容之一。具体做法包括：建立政府推动与市场运行相结合的风险资本市场融资机制；建立规范化的风险资本市场的投资渠道和机制；建立市场化的风险投资的撤出渠道和机制；制定有利的政策法规，促进风险投资的发展[39]。

当代经济社会中，信息化建设已经成为企业发展中一个不可回避的关键问题。有的学者研究了业务流程再造对企业信息化建设的作用，在分析企业信息化与业务流程重构紧密关系的基础上，提出了实施企业信息化必须首先进行业务流程重构的结论[40]。还有的学者对已有的企业信息化战略规划方法进行了评述，基于业务流程的价值分析和变革性分析，提出了一种新的企业信息化规划的分析框架：强调对价值链设计的快速响应能力，着重体现信息基础设施与应用的动态一致性，并对高层决策有较强的支持能力[41]。

创新作为2005年中国经济和社会中出现频率最高的一个词，受到了专家学者的广泛关注和热烈讨论。有的学者认为，市场经济条件下企业的核心竞争力是通过创新活动实现的。创新包括技术创新和管理创新，并最终引起企业的经营管理制度的创新。目前我国企业市场竞争力相对较弱的原因就是创新能力不足，因此提高创新意识，重视技术创新和管理创新是增强我国企业核心竞争力的关键，创新活动不仅影响到企业制度的演变，而且会对宏观经济运行产生影响[42]。还有的学者指出，技术创新理论包括技术创新动力、市场结构选择、企业规模起点、产业演化等方面诸多理论。技术创新动力理论，从需求和供给方面对技术创新的动力进行了研究；技术创新的市场结构选择理论，解决了技术创新的最优市场结构选择问题；技术创新的企业规模起点理论，得出的结论是企业规模起点越小，投资越少，采用新技术的企业数量就会越多，从而新技术就越容易推广和扩散；技术创新具有自己的动态演化模型，正是这种动态演化的阶段性，使得技术创新具有缩短产品生命周期、增强经济自身稳定性的功能[43]。还有的学者认为，企业自主创新能力是国家自主创新能力的基础，要增强我国的自主创新能力，必须把大幅度提升企业自主创新能力放在突出地位。我国企业自主创新能力薄弱，既有外部环境因素，也受到内部条件的制约。提高企业自主创新能力，企业要加强自身能力建设，强化创新激励机制，培育内部创新文化，整合利用外部技术资源。政府要营造有利于创新的环境，加强对知识产权的有效保护，通过规划促进技术链的整体突破，加大对共性技术的直接投入，促进以企业为主导的产学研合作[44]。

四、旅游管理

2005 年，北京的专家学者对旅游管理领域的重大课题进行了深入的研究，其研究重点主要包括旅游经济的本质、区域旅游经济合作、生态旅游、中国旅游业发展战略等。

关于旅游经济的本质和内涵，部分专家学者从经济学角度出发，对此进行了深入的研究，指出旅游经济是一种需求流动型的簇群经济，它在国民经济尤其是在就业中日益凸显出其重要性。与传统的供给流动型经济不同，旅游经济是需求流动型的群簇经济，它内生了信息传递和诚信经营的要求，也内生了不同的规模经济实现方式和消费时间的要求[45]。

就区域旅游经济合作，有的学者提出，区域旅游经济合作的推动力在形式上表现为：自然、人文旅游资源属性整合推动；区位、经济优势互补推动；旅游产品创新推动；政府行为推动。在研究区域旅游经济合作必要性与可行性的基础上，运用资源配置观及竞争与合作的关系对区域旅游经济合作产生的充分性做了探讨，提出区域旅游经济合作产生的实质是市场经济条件下经济主体对资源配置有效性这一激励的反应，是一种客观经济现象[46]。

生态旅游是近年来旅游管理中的热点问题之一，北京的专家学者对此进行了大量的研究。首先，部分学者对生态旅游的本质和概念进行了研究，认为生态旅游概念的内涵和外延随着人们认识的深入在不断地扩展和丰富，从只关注旅游活动的消费主体、开发和管理主体，发展到关注旅游地的生态、环境、经济和文化等旅游活动的客体，以及二者之间如何实现可持续发展。并指出生态旅游是一种在生态学理论指导下，以自然生态区域为对象，以欣赏、享受大自然和了解、学习与探究自然景观、野生生物及相关文化特征为旅游目的，以不改变生态系统的有效循环、保护自然和相关地域文化为宗旨，并使当地居民和旅游企业在经济上受益为基本原则的旅游活动。生态旅游模式在本质上是一种培育生态文化、注重观光与体验和倡导绿色休闲的旅游。自然性与参与性的统一、保护性与生态性的统一、波动性与稳定性的统一、安全性与风险性的统一是生态旅游内在的本质关系[47]。其次，有的学者还对我国生态旅游的相关利益者进行了分析，研究表明：发展生态旅游需要在不同利益主体之间建立一个合理的利益协调和分配机制，但利益相关者角色的错位、缺位，其间关系的交叉、矛盾成为制约我国生态旅游发展的关键。为了确保生态旅游的可持续发展，需要对现有的利益相关者角色和关系进行调整，真正使政府、当地社区、旅游企业、保护地、旅游者、非政府组织、学术界及相关机构、媒体分别扮演好各自的角色[48]。

有的学者提出，中国旅游业发展的总体目标是建设世界旅游强国，这一目标的实现应考虑战略、市场、增长方式、发展环境、产业、制度六项重要因素：①要研究建设世界旅游强国的战略、具体支撑和举措；②要研究国内外旅游市场需求的变化和趋势；③要研究如何以科学发展观来统领发展，从而促进增长方式的转变，推动旅游产业结构优化与产品升级，增进旅游和经济、社会、环境协调发展，确保建设和谐型旅游目的地，实现可持续发展；④要研究在新时期城市化、工业化、市场化、国际化“四化”背景下，在解决“三农”问题、特色旅游城镇建设、扩大内需、增加就业、扶贫富民、生态建设等方面，旅游业如何更好对接，如何发挥其特殊功能性产业的作用；⑤要研究旅游产业如何做大做强；⑥要研究旅游产业制度的变革与创新[49]。

（作者：邓荣霖，中国人民大学教授；
任荣，中国人民大学博士研究生）

注：

①邹东海：《关于管理科学的几个理论和实践问题》，《企业经济》，2005 年第 11 期。

②黄速建：《管理科学化与管理学方法论》，经济管理出版社，2005 年版。

③彭锐：《西方企业知识管理理论“丛林”中的学派》，《管理评论》，2005 年第 8 期。

④汪大海：《变革管理：管理理论与实践关注的焦点》，《新视野》，2005 年第 2 期。

⑤章红宝等：《用开放的复杂巨系统理论探讨现代企业管理问题》，《经济与管理》，2005 年第 1 期。

⑥邓荣霖：《我国企业改革和发展的新趋势》，《人民日报》，2005 年 6 月 30 日。

⑦苏敏：《“非公经济 36 条”要应对四难》，《中国青年报》，2005 年 3 月 4 日。

⑧《非公“36 条”如何兑现?》，《中国经济周刊》，2005 年第 11 期。

⑨沈志渔：《21 世纪初国有企业发展和改革》，经济管理出版社，2005 年版。

⑩白津夫：《当前国有企业改革的要点、特点和重点》，《学习与探索》，2005 年第 5 期。

⑪张治栋、樊继达：《国有资产管理体制改革的深层思考》，《中国工业经济》，2005 年第 1 期。

⑫左大培：《正确地看待和对待国有企业“改制”》，《开放导报》，2005 年第 2 期。

⑬成怡南：《当前国有大中型企业主辅分离改制分流难点及对策的思考》，《理论学习与探索》，2005 年第 3 期。

⑭吴周杰：《国企主辅分离改制分流的难点及对策》，《经济观察》，2005 年第 4 期。

⑮魏农建、冀丽俊：《信息沟通缺陷下的品牌管理》，《上海大学学报》，2005 年第 2 期。

⑯赵占波：《品牌资产维度的探索性研究》，《中国工业经济》，2005 年第 5 期。

⑰王晓光：《企业研发（R&D）组织与动态能力研究》，《北京工商大学学报》，2005 年第 1 期。

⑱吴立光：《建立上市公司股权激励机制的若干思考》，《国际贸易问题》，2005 年第 7 期。

⑲张春森：《上市公司经理人激励工具选择》，《上海金融》，2005 年第 1 期。

⑳刘雯：《知识管理与员工激励机制变革》，《理论探索》，2005 年第 5 期。

㉑张映红：《公司创业能力与持续竞争优势》，《经济与管理研究》，2005 年第 3 期。

㉒夏恩君、任宇航：《中小企业融资难问题解析》，《经济与管理》，2005 年第 10 期。

㉓秦艳梅：《中小企业融资选择和策略》，经济科学出版社，2005 年版。

㉔曹小华、欧国立：《促进我国中小企业发展的几点思考》，《企业经济》，2005 年第 3 期。

㉕杜运庆等：《中小企业信息化进展缓慢的原因和对策分析》，《中山大学学报》，2005 年第 3 期。

㉖周守华、肖正再：《权益均衡论：关于财务会计目标的思考》，《会计研究》，2005 年第 10 期。

㉗于富生等：《事项会计理论：中国研究现状述评》，《财会通讯》，2005 年第 5 期。

㉘宁亚平：《盈余管理本质探析》，《会计研究》，2005 年第 6 期。

㉙吴联生：《盈余管理与会计域秩序》，《会计研究》，2005 年第 5 期。

㉚别晓竹：《上市公司内部控制体系构建的探讨》，《财会通讯》，2005 年第 12 期。

㉛曾颖、叶康涛：《股权结构：代理成本与外部审计需求》，《会计研究》，2005 年第 10 期。

㉜杨有、赵佳佳：《试论资产减值内控制度的完善》，《会计研究》，2005 年第 2 期。

㉝高一斌、王宏：《对加快推进内部会计控制建设若干问题的思考》，《会计研究》，2005 年第 2 期。

㉞张林等：《关于价值链会计理论结构的探讨》，《财会通讯》，2005 年第 5 期。

㉟杨周南：《价值链会计管理信息化的变革》，《会计研究》，2005 年第 11 期。

㊱付磊、马原驹：《论会计信息质量的公正性特征》，《会计研究》，2005 年第 9 期。

㊲周树新：《关于提高会计信息质量的几点建议》，《商业会计》，2005 年第 18 期。

㊳黄训江、侯光明：《投资项目风险管理优先度评价研究》，《工业技术经济》，2005 年第 1 期。

㊴郭江明、范倞：《论风险投资机制的建立和完善》，《经济问题》，2005 年第 10 期。

㊵唐平等：《业务流程重构在企业信息化中的应用》，《兰州大学学报》，2005 年第 3 期。

㊶张玉林等：《企业信息化战略规划的一种新的分析框架模型》，《管理科学学报》，2005 年第 4 期。

㊷刘东升：《论创新理论的发展及对我国国有企业的启示》，《经济问题》，2005 年第 5 期。

㊸李波：《技术创新理论述评》，《山西财政税务

专科学校学报》，2005年第6期。

㊹王一鸣、王君：《关于提高企业自主创新能力的几个问题》，《中国软科学》，2005年第7期。

㊺张辉等：《旅游经济：需求流动型的群簇经济》，《商业研究》，2005年第18期。

㊻韩文涛、胡世伟：《旅游经济区域合作与推动力分析》，《商业时代》，2005年第36期。

㊼李淑艳等：《对生态旅游的本质探讨》，《北京林业大学学报》，2005年第3期。

㊽宋瑞：《我国生态旅游利益相关者分析》，《中国人口、资源与环境》，2005年第1期。

㊾刘锋：《建设世界旅游强国的前沿关注》，《旅游学刊》，2005年第5期。

公共行政学

孙彩红

2005年，行政学的研究及学科发展又取得了很大进展。其中，北京地区的学者，不仅广泛开展学术交流与研讨活动，而且学术专著与论文等研究成果也不断涌现。

一、2005年的主要学术活动

本年度公共行政学领域的学术活动主要围绕构建和谐社会、建设服务型政府、深化行政管理体制改革等主题而开展的，因此具有重要的实践意义。其中主要的学术活动及其主要内容列举如下：

6月18—19日，北京大学政府管理学院、北京大学政治发展与政府管理研究所，联合举办了“服务型政府与和谐社会”学术研讨会。本次研讨会的主题涵盖了服务型政府的涵义，建设目标与途径，构筑和谐社会的政策选择，建设服务型政府是构筑和谐社会的内在要求和必然选择等。

7月27日，由中国人民大学制度分析与公共政策研究中心主办的“中德地方治道变革与新公共管理”学术研讨会。旨在探讨中国和德国城市政府治道变革以及公益物品和服务的融资等问题。其中将新公共管理的特征归纳为以下三点：一是，各级政府都负起预算的责任；二是，以顾客为导向的服务理念；三是，在传统的行政架构中，引入市场机制。这些对中国的行政改革具有一定的借鉴意义。

8月20—21日，“政府行政能力建设与构建和谐社会”学术研讨会暨中国行政管理学会2005年年会在兰州召开。其中郭济会长在开幕式上强调了构建和谐社会政府必须提高的几种能力，包括依法行政能力、社会管理和公共服务能力以及应对复杂局面的能力。研讨会上还探讨了和谐社会构建中的政府职能的定位问题，尤其指出了政府的制度供给职能、公共服务职能和社会管理职能以及整合社会资源的职能。这次研讨会对于构建和谐社会提升政府管理能力、加快政府职能的转变都具有重要的意义。

11月3日，国家行政学院召开学习贯彻十六届五中全会精神，深化行政管理体制改革理论研讨会。与会代表围绕落实科学发展观，构建和谐社会，进一步完善公共服务，继续深化行政管理体制改革进行了深入研讨。与会领导与专家认为，深化行政管理体制改革是深化经济体制改革和其他各项改革的重要前提和关键环节。“十一五”期间，要以科学发展观为统领，以政府职能转变为核心，以建设法治政府和服务型政府为目标，全面推进行政管理体制改革。这些探讨对于行政管理体制改革的实践和政府职能的转变具有重要的推动作用。

二、2005年的主要学术著作

2005年北京地区的学者在行政学的研究领域，出版了不少学术著作，其中主要的列举如下：

《绩效政府：理论与实践创新》，这是探讨绩效型政府建设的论文集。绩效型政府以提高政府绩效为核心，以政府部门提高公共服务质量为评估目的，强调利用现代信息技术，促进政府部门与社会、公民之间的沟通与交流，以寻求一种新的政府责任实现机制。这些研究成果对政府改革的理论和实践都有一定的参考价值①。

《政府创新的理论与实践》，该书通过对政府创新的界定、类型、动力、目标、原则等的分析，构成了政府创新的基本理论体系，具有一定的学术价值。然后介绍了政府创新的最新趋势，分别对民主政府、法治政府、效益政府、透明政府等进行了系统阐述并有案例分析，这些有利于实现政府创新的目标，有利于推动政府管理体制的改革②。

《政务公开与政治发展研究》，从逻辑演绎和实证分析的角度对政务公开和政治发展的内在逻辑关系进行了探讨，证明了政务公开对于现代政府的存在和运作的基础意义，从民主、法治、电子政务的发展等维度，分析了政务公开对行政发展和政治发展的积极功能。这不仅对于政务公开的理论体系的健全具有学术意义，而且利于推动政务公开的实践[③]。

《突发事件中的公共管理："非典"之后的反思》，该书以"非典"为主要案例，分析了危机管理中的制度、法律控制、责任问题、信息公开、电子政务与科学发展观的关系等问题，以及国外政府危机管理的机制等。这些总结与分析对我国政府的危机管理与应对有着特定的现实意义[④]。

《公共危机管理能力》，本书从公共危机管理的一般问题谈起，分析论述了危机管理的预警、评估、指挥等几个系统，危机管理的法律保障、危机管理中的公民权利义务、危机管理的方法，并通过国内外一些典型的公共危机管理的案例，以及对几个国家危机管理体制的评介与借鉴，目的都是为了提高我国的政府危机管理能力，因此具有重要的现实意义[⑤]。

另外，还有一些对政府领域研究的专著，如《政府学概论》[⑥]；《当代中国政府》[⑦]；《中国转轨时期的政府经济职能》[⑧]。还有一些翻译的著作，如《公共决策中的公民参与：公共管理者的新技能与新策略》[⑨]。

三、论文的代表性观点

通过对2005年北京地区的行政学领域里的论文，在研究中涉及的主要领域有：政府职能的转变；服务型政府的建设；政府管理方式的变革，包括政务公开、公民参与；对政府的公共危机管理的研究；以及对国外政府管理领域相关问题的探讨。下面对这几个主要领域及其代表性观点给以综述。

（一）政府职能领域的研究

政府职能转变是政府管理实践中的重要内容，随着经济和社会的不断发展，政府角色的重新定位成为关键，我国的政府职能应该体现社会主义市场经济体制的特征与要求。而且与构建社会主义和谐社会相联系，政府的公共服务职能和社会管理职能需要增强。不少理论研究也正是政府这种职能转变现实的反映。

1. 对建设公共服务型政府的研究

围绕着如何建设服务型政府，不同的学者有不同的分析，提出各自的对策。

从政府职能转变的深层意义上分析，服务型政府是我国政府职能转变的目标选择。服务型政府的提出和建设为我国政府职能转变提供了一个契机：从服务型政府出发，充分认识政府职能转变的规律，来重构我国政府的现有职能，实现职能配置的科学化[⑩]。

有些学者认为，实现服务型政府目标的基本途径是政府创新。其中代表性的观点认为，从总体来看，现阶段行政改革的指导思想就是要将过去效率优先转变为服务优位，强调政府对社会提供公共服务的质量和水平[⑪]。

有些学者从深化行政管理改革的意义上，提出建设服务型政府的对策：在公共服务方面，深化改革，推进公共服务的社会化和市场化；完善政府运行机制，实现决策、执行、监督动态协调；创新政府服务模式，改造行政流程，推进电子政务建设，实现规范化的服务型政府；构建适应服务型政府的新型政府文化，塑造具有亲和力的政府形象[⑫]。

还有学者认为，构建和完善现代服务型政府，应当从以下几个方面着手：确立民主行政和服务行政的理念；强化政府社会管理和公共服务职能；建立政府与公众、社会的对话沟通机制，建立方便、快捷的行政工作流程；加快构建和完善公共财政体制，实现经济与社会的协调发展等[⑬]。

2. 对构建和谐社会中政府职能的探讨

构建社会主义和谐社会是一个系统工程，包含着不同层次的多种要素，政府是诸多要素中起主导作用的要素，应该扮演积极主动的引导者的角色。对于政府在构建和谐社会中的职能和作用有这样一些观点。

有的观点认为，要构建社会主义和谐社会，必须创新政府的管理。树立"以人为本"和科学发展的观念；健全和完善民主法制的社会制度；侧重政府在社会发展方面的职能履行；重点调整政府在公共服务领域的政策，包括税制政策、社会保障政策、基础教育政策等[⑭]。

有的观点认为，公平是建立和谐社会的基础。政府要通过经济、行政、法律等手段，深入研究契约的本质特征和时代价值，建立公平原则和公平竞争的规范来激发社会活力、实现社会公平[⑮]。

还有的观点认为，构建和谐社会应健全社会管理体制，强化政府的社会管理职能。建立健全与和谐社会相适应的社会管理体制，当前要建立健全以下体系：党委领导、政府负责、社会协同、公众参与的社会管理格局；城乡基层组织社会服务系统；提供服务、反映诉求和规范行为的社会监督网络；社会保险、社会救助、社会福利和慈善事业相衔接的社会保障体系[⑯]。在强化社会管理职能方面，坚持以人为本的科学发展观，正确处理改革发展稳定的关系，统筹协调各社会利益群体的利益；整合社会关系，构造和谐的收入分配格局，推进社会公平；建立政府与公民社会的合作伙伴关系，完善社会矛盾纠纷解决机制[17]。

3. 对社会中介组织的研究

转变政府职能还需要解决政社分开的问题，对社会中介组织，包括第三部门、行业协会、非政府组织等的研究成为政府职能转变领域的一个重要方面。有些学者对我国非政府组织的发展进行了分析。非政府组织的迅速发展，不仅为普通民众参与社会事务提供了平台，而且为维护群众合法权益、缓解社会矛盾提供了新的渠道。但是还面临着一些问题和挑战："非政府组织的在地区和行业上的布局不合理；法律环境应进一步完善；自我生存与发展能力薄弱；需要加强党对非政府组织的指导。"[18]

有学者从政府与社会的关系入手，指出要从经济、政治和文化等多方面促进公民社会在中国的发展。还有学者专门阐述了行业协会与政府之间的关系，行业协会短期内应当定位于政府主导的管理型行业协会为主、自发型行业协会为辅，长期看来，应该坚持混合型行业协会的发展方向[19]。

（二）行政管理体制改革的研究

十六届五中全会，强调把行政管理体制的改革作为政府改革的重点领域。尤其是与落实科学发展观相联系，深化行政管理体制改革就更加重要。不同的学者都从不同角度为进一步深化行政体制改革出谋划策。

有学者认为，现代政府管理面临着各种挑战和压力，行政管理体制改革要整体推进，同时启动政治体制改革与政府改革直接相关的改革内容[20]。在实现行政体制改革的途径方面，有学者认为，需要转变政府的角色职能；建立与完善公共行政体制、中央与地方合理分权的体制；改进行政领导体制，健全民主科学的决策机制；调整和优化政府结构，推进机构改革等[21]。

有些学者认为行政体制改革的总体思路是"一个中心，四大战略"。"一个中心"，就是以公共服务型政府建设为中心，"四大战略"，是指服务型职能建构、服务导向组织建构、协同治理模式建构和绩效导向管理建构[22]。

还有学者是从政府角色与身份定位来分析行政管理体制改革的。政府一身兼有"政治实体"和"经济实体"两重身份，履行两种不同的职能，使政府既不能成为真正的"公共服务"者，也不能成为国有资产的有效"所有者"。因此，政府体制改革的重点是改革其双重身份和双重职能，同时还必须把提供公共产品与公共服务的国有企业和经营性或竞争性的国有企业分开[23]。

另有学者认为，从中国体制改革的整体进程来看，政府的行政体制改革仍然是整个体制转轨的瓶颈。为此，需要打破近乎封闭的决策模式，重视政府部门与部门之间的互动以及利益结构的调整，还要充分利用专家与政府部门之间的互动，以及政府部门的管理或服务对象与政府部门之间的互动[24]。

（三）政府管理方式变革的研究

与政府管理的现代化发展相适应，政府管理方式的变革主要涉及政府运作的公开透明、公众参与等方面。

1. 对政务公开的进一步研究

政务公开，作为社会主义民主政治建设的一个重要方面、社会主义法治国家建设的重要环节、政权机关施政方式和工作作风的改善途径、制约权力防治腐败的重要措施，对我国当前的政治经济发展和行政改革具有重要意义[25]。国务院与中共中央办公厅发布了关于进一步推进政务公开的意见，指导政府政务公开的实践，促进透明型政府的建设。这在一定程度上推动了如何取得政务公开实效的深入研究。

政府信息公开源于知情权的要求，而知情权具有一定的法理和宪法基础，政府信息公开制度不仅能够保护公民的知情权，而且还具有提高公众参与国家管理的程度、有效地防止腐败等重要的价值[26]。在地方政府信息公开法制化建设方面，应明确信息公开是政府的法定义务，建立监督机制，确保公民知情权利的保护救济等[27]。在权利多元化的时代，进行政府信息公开立法时，遵循社会政治与公共利益优先、利益衡量、最大限度维护人格尊严等原则可以有效解决两者的冲突。

2. 对公民参与和听证的探讨

公民参与政府管理是现代公共管理不可或缺的重要环节，是现代国家政治生活和政府公共政策过程不可或缺的部分。在研究中对公民参与的原则、形式、领域等都有所涉及。

政府应该坚持群众参与行政的原则。行政机关应摆正自己的位置，提高人们参与行政的意识，以"服务行政"理念为指导，主动地听取群众对行政决策的意见和要求，接受群众的监督[28]。

公民参与形式的设计和选择直接关系到参与的结果及有效性，进而影响到公民参与的积极性和对政府的信任程度。有人提出了公民参与的形式：关键公众接触，公民调查，公民投诉，公民会议，公民论坛，公民听证或咨询委员会等，并对每种形式的有效性进行了分析[29]。

在决策制度方面，有些学者认为，应树立“以人为本”的科学决策观，在公众参与的基础上建立以科学理性、平等协商、利益协调为特征的新的决策机制，建立与完善社情民意反映制度、重大事项社会公示制度、社会听证制度、专家咨询制度、决策的论证制度和决策的责任制度。对于决策中的听证，有人分析了现代城市规划中引入听证的必要性与可行性，“需要建立公众参与城市规划的机制，还包括对《城市规划法》的修改，对确保规划听证的有效性作出相应的规定”[30]。还有人指出了决策听证中存在的问题，听证会主体的广泛性有欠缺，代表的产生方式不合理，听证会代表的代表性也未能得到充分的体现，听证会信息的公开不够等，都不同程度的影响着听证的实际效果。因此要针对这些问题不断完善政府决策的听证制度，并保证决策充分反映民主性[31]。

（四）政府危机管理的研究

对各种突发公共事件实施应急管理，是政府的一项重要职能，也是政府的责任。如何提高政府应急管理能力，已经成为现代各国政府和社会普遍关注的问题。随着经济社会发展的复杂性不断增加以及公共突发事件发生几率的增大，对政府危机管理的能力和水平提出了更高的要求，2005 年对此领域的研究也是较多的。

在危机管理的体制和机制方面，有些学者认为，现阶段加强中央政府应急机制建设可以从两个方面入手：一是要明确应急组织机构和职责分工，重点加强统一协调和相互协作，落实责任；二是要以应急全过程为主线，合理设定一套应急响应行动的程序，提高效率。采取这种举措的目标是在中央政府层次建立一整套统一、协调、高效、规范的突发公共事件应急机制，提高统一指挥、协调行动、快速反应的能力[32]。另有些学者认为，“政府危机管理体制的建设，必须建立在对公共突发事件进行分类、分级和分期的基础上”。因为不同类型突发公共事件发生的原因、导致危机状态的影响程度和范围、产生社会危害的严重程度都有很大差异，从而使得政府应对的措施和手段也有所不同[33]。还有的从战略选择的高度提出了政府公共危机管理模式的建构，把危机管理纳入国民经济和社会发展的可持续发展战略之中，制定国家危机管理的战略、政策和规划；建立和完善政府危机管理的组织体系和机构；制定并完善国家危机管理的法律、法规和规章体系；建立有效的危机管理沟通机制等[34]。

在危机管理的具体领域里，有些学者研究了城市的应急管理，认为建构城市的安全和应急体系，应该重视和强化的工作包括：树立危机和风险意识，进行城市的安全规划和安全评估，建立和完善危机管理体制和机制，强化预警机制，明确危机责任，强化政府的各项危机管理能力，通过教育和培训让公民和社区参与危机处置等。这样才能保障全面提升政府对城市公共危机管理的能力[35]。还有些学者研究了危机决策的问题，从危机决策的有关理论入手，提出了完善我国危机决策机制的建议。具体涉及“危机决策体制的转型，危机决策观念的转变，建构既分工负责又协调统一的危机决策组织体系，建设危机决策的公共沟通机制等”。通过这些措施来提高我国政府危机决策的效能[36]。

在对国外政府危机管理的借鉴上，有些学者通过对世界主要国家政府应急管理体制、机制和经验的解读，总结了三个方面的经验：构建一体化的应急管理体制机制，有机整合各种危机管理的要素；实施从预防、准备、回应和恢复四个阶段的全过程的综合性危机管理，在各个不同阶段采取相应的应对措施；政府在应急管理过程中，与社会建立合作伙伴关系，为应对危机提供更加有效的技术、物资、资金和人力资源方面的支持保障[37]。还有的认为国外成功的公共危机管理机制有这样的一些特点：“首长负责制的中枢指挥系统是公共危机管理的核心，危机管理的成败关键在于是否有一个权威、高效、协调的中枢指挥系统；完备的法律法规和计划安排是公共危机管理的保障；媒体的积极介入是公共危机管理的关键；理性的国民危机意识是公共危机管理的基础，这种意识的强弱直接关系到政府危机管理的效果。”[38]这些对国外危机管理的经验和特点的总结，对于健全我国的危机管理体系和提升我国政府的危机管理能力都具有参考价值。

四、对国外政府管理领域有关问题的研究与探讨

随着经济全球化的发展以及政府的管理所面临问题的相似性，对国外政府领域的一些实践与理论的考察与探讨，对于完善中国的政府管理具有参考意义。对国外政府管理领域的研究比较多的有如下几个方面：

一是对国外公共服务的研究。有些学者考察了澳大利亚的公共服务的发展情况，其主要成就为：

完善的社会保障体系；健全的教育和医疗卫生体系；良好的环境保护与建设等[39]。其公共服务的理念、某些管理方式和改革措施，对提高我国公共服务水平有借鉴意义，要强调公共服务人员的价值观念，在公共服务要讲求民主和法治，并结合国情，形成适合中国的公共服务改革的模式。还有些学者对德国、荷兰、西班牙三个国家的公共服务的情况进行了比较分析，虽然三国在价值观念、政治体制和经济发展水平上和公共服务的模式上都存在差异，但在控制社会保障支出规模，降低公共服务成本，实行公共服务社会化、市场化管理等方面却存在着基本的发展趋向[40]。这些对我国政府的公共服务改革具有参考价值。

二是对国外政府监督的探讨。有些学者对美国的政府监督进行了分析[41]，其理念基础为“强制政府去控制自己”、“分权制衡”、“权力的接受者必须对权力的来源负责”。同时，美国联邦政府抓住典型腐败案例的契机，不断健全加强政府监督体制与法律保证。这些对中国健全政府监督、遏制腐败蔓延有参考意义，完善权力运行的监督机制，通过典型案例完善法律制度规范，提高监督机构从业人员的专业化水准。还有学者对日本的监察制度进行了考察[42]，日本从中央到地方各级设立的行政评价局、人事院和公平交易委员会等机构，从不同方面对行政机关及其工作人员进行监督，构成了一套较为严密的行政监督体系。行政评价局主要负责对行政机关制定和完成工作目标的情况进行监督，人事院主要负责对公务员的行为进行监督，公平交易委员会主要负责对行政机关及其工作人员是否有违反市场公平竞争的行为进行监督。

三是对国外政府绩效管理的考察。有些学者对美国的政府绩效评估进行了介绍和分析，当代美国联邦政府建立了从项目评估、部门评估到跨部门评估等比较完善的层级绩效评估体系。“第一，建立了层级式绩效评估体系即项目评估→部门评估→跨部门评估，改变了过去那种由某个部门所进行的孤立评估，逐渐形成了推行政府绩效评估的良好氛围。第二，进行比较绩效评估。第三，绩效评估与预算紧密结合为项目和部门绩效进步提供了内在动力。”[43]还有学者对欧盟国家的公共部门的评估作了介绍和评价[44]，主要是依据全面质量管理模型采取通用评估框架（Common Assessment Framework），围绕公共部门的核心使命和任务对组织的自我评估和诊断，不断提高公共部门自身的管理水平和管理质量。这些对外国政府绩效评估经验的考察，在提高我国政府管理的绩效、绩效考核的方式方法等领域具有一定的参考意义。

四是对国外社会管理与社会组织的研究。有人对美国政府的社会管理进行了考察，在提供社会服务中，政府与非营利组织的合作相得益彰，以社会需求和解决问题为导向，实现社会服务社会化[45]。我国可以借鉴其中的经验，扩大公共财政中社会发展支出的比例，满足不同利益群体的社会服务需求，通过公共财政支出来保证社会公平与公正目标的实现。对于不同类别的社会组织，政府制定不同的法律和法规，实行不同的管理方式。还有人对美国的行业协会进行了分析，其主要职能是行业自律，为会员、政府和市场提供信息，扶植企业发展[46]。这些对我国的借鉴意义：应更注重行业协会的独立自主性，充分发挥其桥梁纽带功能以及对企业和政府的服务功能等。

另外，还有对国外公共政策的研究。20世纪90年代以来，西方公共政策学的发展进入了一个全面反思和拓展的阶段，致力于整合分裂的公共政策研究局面。把行为者和网络的视角嵌入到政策过程的研究之中，表明近20年来西方公共政策研究焦点向动态层面的转移[47]。

除了上述五个主要领域的研究之外，还有对公务员法律和分类制度设计的研究，以及对依法行政等方面的研究。例如，有学者指出分类制度的目标是为解决公务员职业发展渠道过于单一的难题；要打破单一化的管理模式，创新分类管理制度。在依法行政方面，主要的观点认为，全面推进依法行政、建设法治政府应该加强政府立法工作，进一步提高立法质量；认真抓好涉及行政执法体制改革的几项工作，促进行政执法行为的规范化；切实履行法定职责，加强政府法制监督工作；转变观念，努力在全社会形成自觉依法办事、维护法律权威的良好氛围[48]。依法行政对于构建和谐社会具有重要作用，和谐社会中依法行政的宗旨在于保障公民的权益，因此必须完善纠纷解决机制，以政府职能转变为核心推进依法行政。

对上述主要研究成果的评价：

综上所述，2005年北京学者对公共行政学研究取得了很大的进展，主要表现为研究涉及的领域和范围在不断拓展，在实践上看，能够抓住政府管理中的现实问题和重点问题展开研究，实现行政学与中国政府管理现实的对接。例如在政府职能转变、服务型政府建设、行政管理体制改革、政府危机管理、公民参与等领域，研究成果比较丰富，有很多相关的学术论文与系统的专著。同时，从理论上看，这些研究领域涉及了公共行政学体系中的主要问题，为行政管理学科的完善提供了基础，对于我国公共行政学理论的发展有着积极的作用。

但是，本年的研究仍然存在一些不足之处。在研究的内容上，对有些重要课题的研究有所疏漏或者说研究得不够，例如对建设法治政府的问题，没有出现很多的研究成果。有些问题的研究还没有取得实质性的突破，例如，到底如何更好地履行政府的社会管理和公共服务的职能、如何处理好政府与社会（包括第三部门等）的关系，都需要进一步的深入研究。在研究的方法上，由于目前我国行政学发展阶段的限制，学者主要还是从理论演绎的角度来论证自己的课题，实证的研究方法、研究工具运用得还是不够。

针对存在的问题，对进一步发展行政学提出如下建议：

今后行政学的研究应该逐渐地从理论上的泛泛的概括，转向具体实践领域的操作层面的研究，更加注重实证性考察的研究。这样，才能够抓住政府管理现实过程中的重点、热点、难点问题，从而不断总结政府管理进程的经验教训，并为政府管理的实践服务。

对于行政学研究方法的研究也是一个需要给予更多关注的领域，这个问题对行政学科的理论发展具有重要的影响。

行政学的研究中还要注意摆脱各种主客观因素的影响，不断地提高行政学研究的层次，推动公共行政学术研究的实质性进展。

（作者：中国社会科学院博士；
本文由国家行政学院宋世明教授审定）

注：

①郭济主编，清华大学出版社，2005年版。

②俞可平著，浙江人民出版社，2005年版。

③胡仙芝著，中国经济出版社，2005年版。

④房宁、贠杰主编，中国社会科学出版社，2005年版。

⑤吴江主编：《公共危机管理能力》，国家行政学院出版社，2005年版。

⑥谢庆奎著，中国社会科学出版社，2005年版。

⑦吴爱明主编，中国人民大学出版社，2005年版。

⑧周绍朋主编，国家行政学院出版社，2005年版。

⑨［美］约翰·克莱顿·托马斯著，孙柏瑛等译，中国人民大学出版社，2005年版。

⑩刘熙瑞：《从服务型政府的视角推进我国政府职能转变》，《福建行政学院福建经济管理干部学院学报》，2005年第3期。

⑪谢庆奎：《服务型政府建设的基本途径：政府创新》，《北京大学学报》，2005年第1期。

⑫中国行政管理学会课题组：《服务型政府是我国行政改革的目标选择》，《中国行政管理》，2005年第4期。

⑬侯玉兰：《新公共服务理论与建设服务型政府》，《国家行政学院学报》，2005年第4期。

⑭马庆钰：《创新政府管理　构建和谐社会》，《天津行政学院学报》，2005年第2期。

⑮夏义斌：《公平原则与和谐社会的建构》，《北京大学学报》，2005年第2期。

⑯陈福今：《大力推进社会管理创新努力构建和谐社会》，《国家行政学院学报》，2005年第6期。

⑰唐铁汉：《强化政府社会管理职能的思路与对策》，《国家行政学院学报》，2005年第6期。

⑱殷国俊、马京奎：《我国非政府组织发展状况》，《中国统计》，2005年第12期。

⑲崔鑫生：《从市场定位看我国行业协会的发展方向》，《中国行政管理》，2005年第12期。

⑳汪玉凯：《把推进行政管理体制改革作为整个改革的关键》，《前线》，2005年第12期。

㉑薄贵利：《论新世纪行政体制改革的目标与路径》，《北京行政学院学报》，2005年第2期。

㉒《专家学者谈行政体制改革的目标、思路和路径》，《中国行政管理》，2005年第6期。

㉓黄范章：《双重身份和双重职能的改革是政府体制改革的重点》，《经济纵横》，2005年第10期。

㉔宋世明：《行政改革：再破利益樊笼》，《瞭望新闻周刊》，2005年第33期。

㉕郭济：《政务公开是中国政治发展的必经之路》，《中国行政管理》，2005年第4期。

㉖王勇：《政府信息公开制度的法理基础》，《中共中央党校学报》，2005年第3期。

㉗聂辰席：《地方政府信息公开法制化问题探讨》，《中国政府管理》，2005年第3期。

㉘夏云娇、龙朝双：《行政参与原则探讨》，《理论月刊》，2005年第12期。

㉙孙柏瑛：《公民参与形式的类型及其适用性分析》，《中国人民大学学报》，2005年第5期。

㉚黄宇菲：《论城市规划中的行政听证程序》，《广西社会科学》，2005年第5期。

㉛王万华：《我国政府价格决策听证制度缺陷分析》，《法治论丛》，2005年第4期。

㉜中国行政管理学会课题组：《政府应急管理机制研究》，《中国行政管理》，2005年第1期。

㉝薛澜、钟开斌：《突发公共事件分类、分级与分期：应急体制的管理基础》，《中国行政管理》，2005年第2期。

㉞张成福：《构建全面整合的公共危机管理模式》，《中国减灾》，2005年第4期。

㉟唐钧、陈淑伟：《全面提升政府危机管理能力，构建城市安全和应急体系》，《探索》，2005年第4期。

㊱彭宗超、钟开斌、喻彤钰：《我国危机决策机制的转型特点与未来选择分析》，《中国行政管理》，2005年第6期。

㊲沈荣华：《政府应急管理：来自国际的经验》，《中国社会导刊》，2005年第22期。

㊳王德迅：《国外公共危机管理机制纵横谈》，《求是》，2005年第20期。

㊴高小平、林震：《澳大利亚公共服务发展与改革》，《中国行政管理》，2005年第3期。

㊵杜正艾：《德国、荷兰、西班牙政府公共服务情况的比较研究》，《行政论坛》，2005年第3期。

㊶郎加、宋世明：《美国加强政府监督的做法与启示》，《国家行政学院学报》，2005年第1期。

㊷田雅琴：《日本行政监察制度管窥》，《中国监察》，2005年第8期。

㊸朱立言、张强：《当代美国联邦政府绩效评估的方法和技术》，《国家行政学院学报》，2005年第6期。

㊹刘旭涛、纵向东：《欧盟国家公共部门通用评估框架评介》，《国家行政学院学报》，2005年第6期。

㊺丁元竹：《对美国社会管理体制的考察》，《中国改革》，2005年第11期。

㊻张仁峰：《美国行业协会考察与借鉴》，《宏观经济管理》，2005年第9期。

㊼陈庆云、鄞益奋：《西方公共政策研究的新进展》，《国家行政学院学报》，2005年第2期。

㊽曹康泰：《推进依法行政建设法治政府》，《人民论坛》，2005年第10期。

新闻传播学

新闻传播学

郭庆光　刘海龙

新闻学

2005年的新闻学研究总体来说关注的问题更加实际，而且加入了定量的方法来进行探索性研究或验证观点，研究进一步科学化。集中起来，有以下几个话题值得关注：

1. 新闻职业道德与新闻寻租现象研究。由于近些年来有关新闻记者的丑闻不断见诸大众媒体，新闻职业道德和新闻寻租现象引起了许多学者的关注。有研究者指出，目前出现了新型的新闻寻租现象，主要表现在从个体化行为转化为集体化行为，由“秘密寻租”到“公然创租”。也有的学者把上述现象概括为权力寻租和资本寻租。还有的研究者把目前的新闻职业道德方面的问题总结为15个问题①。对于产生上述寻租或职业道德滑坡的原因，研究者提出了不同的见解。有的学者提出这是因为媒体广告收入的行业结构单一、缺乏同业和外界的有力监督，以及政府的信誉担保。更多的学者把上述现象归结为媒介运作机制的深层原因和制度原因。陈力丹认为这表现了社会公器角色和作为市场竞争主体间的冲突。罗以澄等人认为原因出在制度环境的断裂与滞后，必须营造良好环境，加强新闻法制建设。

而胡正荣等人则从我国媒介规制变迁的制度困境及其意识形态根源的角度来解释这一现象。该文认为，我国媒介规制可分为三阶段：（1）以事业性结构调整为主（1978—2000）；（2）以规制市场主体的经济活动为主（2001—2002）；（3）以资源重新整合与资本化为主（2003—）。这些媒介规制措施产生了两个效果：（1）目标的双重性与实施的两难性：媒体既要维护国有媒体的主导地位，又要利用市场机制推动整个媒介产业集约化、规模化；既要为正常服务，又要维护公共利益；既要保持党的意识形态领导地位，又要经济上独立；（2）规制变迁推动力的多元化与实施复杂化。这些效果产生了如下制度困境和问题：①媒介寻租；②公权滥用；③信息不对称；④政商共谋。而规制的问题，根源于意识形态，比如对于媒介的理解过于狭隘，关于国家的理念过强，缺乏对人的关怀等②。

2. 中国媒体公信力的研究。该问题和上一个课题相关，近年来也引起了学者们的关注。根据美国的研究，一些学者把公信力这一概念进行了操作化定义，认为公信力等于公平、无偏见、报道完整、准确、可信赖，并且用此指标进行了抽样调查。结果发现，我国媒体的公信力普遍偏低，其中受众对电视公信力的评价高于广播、报纸。尤其是报纸公信力低下应该引起有关机构的重视。另外调查中还发现，性别和文化程度会影响受众对媒体公信力评价，一般男性、高学历受众对媒体公信力评价偏低；此外，媒介接触也会影响公信力评价。还有学者以案例研究的方式，以北京新兴医院的广告传播为例，说明了媒体公信力下降的原因。媒体一方面积极揭发新兴医院的虚假广告，但另一方面随着 2004 年 10 月新兴医院增大对媒体的广告投放和公关宣传，各类媒体又开始宣传新兴医院，揭露的媒体又开始刊登广告。作者认为，类似这样的事件会极大破坏媒体在公众心目中的公信力③。

3. 关于西方新闻专业（职业）主义和其中的核心理念——客观性的讨论。有学者对西方新闻职业主义的概念和发展进行了总结，提出了职业主义主要表现在以下几个方面：（1）反映和政府和主流价值观一致的正统观点；（2）坚定地独立于政府和市场之外；（3）接受媒体中有影响力的媒体领袖的影响。总的来说，西方媒体既不是绝对独立，也不是完全听从于政府指令，与政府的关系是冲突与合作共存④。

西方新闻专业主义中的客观性问题一直是近年来学者们关注的焦点。一本 2005 年翻译出版的《维系民主？西方政治与新闻客观性》一书成为大家讨论的话题。一些学者认为由于不同的发展阶段与社会制度，中国目前没有必要否定客观性概念，反而应该提倡它。针对什么是新闻客观性、为什么会产生新闻客观性、新闻客观性为何攻而难倒，有学者从观念史的角度对其进行了分析，把新闻客观性的出现归结于公关、广告等造成的新闻反映论的破产，而新闻客观性之所以攻而难倒，根源在于它对于现有新闻体制的维持作用⑤。

4. 媒体对社会现实的再现研究。这个课题与客观性原则有一定的关系，2005 年有大量的研究对媒体文本进行定量的内容分析，这既与公众对媒体的报道失实感到不满有关，也因为内容分析研究费用少，易进行定量分析。

对黄金时段电视剧老年人物的内容分析发现，老年人在电视剧出场人物中只占 4.4%，远低于现实生活中人口比例。与国外的研究不同的是，中国电视剧中的老年人大多具有较好的物质与精神生活条件，且积极的心理与行为特征占主导。研究者认为这会导致观众对现实的不满。

通过对 2004 年 1 月 1 日以来的大众传媒关于大学话题的报道，研究者总结了它对大学形象的塑造。研究发现，大学被大众媒体妖魔化，主要表现在：(1) 大学的问题被社会化；教师的权威被消解；大学生群体被非精英化。(2) 从媒体话语倾向上来看，主要以传统落后的价值观来评判是非。

在一个对中国报纸对“海啸”灾难的报道的研究中，研究者发现不同媒体建构的媒介景观截然不同，表现出新闻专业主义与宣传、市场之间的矛盾与张力，此外，对于重大灾难的报道呈现扁平化、非人文化的特点，折射出中国新闻生态的不健康与不和谐⑥。

在对媒体关于自杀报道的内容分析中，研究者发现，媒体与自杀议题的建构尚处于“事件性”报道阶段，亟待向“资讯性”传播转变，对于自杀干预机构的社会活动报道，能够提高公众精神健康水平的“治疗性新闻”数量过少；报道重点集中在警方、自杀者家人及朋友，而忽略专家；短新闻占主体、缺乏脉络和解释；并被置于显著位置。在自杀的表现中城市男性表现过多，对自杀原因的整体再现存在严重偏差。其文本特征表现为：（1）主要描写自杀细节；（2）将原因简单化、神秘化；（3）煽情、渲染的成分过多；（4）耸动标题与内容不符；(5) 未提及自杀对家人和朋友造成的伤害；（6）传播有关自杀的其他错误认识⑦。

还有研究者发现，在都市报的新闻报道中，充斥着大量战争（军事）词汇。这已经成为了传受双方的一种集体无意识。它产生的原因既与我国过去特殊的战争文化心理有关，也与世界范围的“现代的敌对习惯”有关，这种话语方式用冲突、二元对立的框架来看待现实[8]。

当然，这些研究过于沉浸于封闭的内容分析，对有些涉及新闻报道环境的问题讨论得还不够，比如媒介现实是否必须要等于现实，有闻必录，此外，判断现实的标准是什么，为什么研究者的标准比媒介的标准更正确等等。

5. 关于弱势群体的新闻报道。这是随着城乡冲突、阶层分化更加严重之后引发的新问题。在一项对农民工的报道分析中，研究者通过内容分析，发现我国大众媒体中的农民工社会处境具有以下几个特征：（1）民工被视为劳动力群体，而不是具有丰富需要和多重利益诉求的群体；（2）经济处境经常以事件性的方式表现出来；（3）对经济处境的再现，或者将农民工社会处境的全部症结集中于经济处境部分，制造了一种误会，即以为农民工的弱势完全由其经济利益被侵害构成。因此研究者对比西方弱势群体的报道经验，提出应积极发挥公共新闻、深度报道的长处，适当加强常规性专题报道，强调用语规范，使报道更具人性化[9]。

6. 新闻业务研究。对于新闻业务的探讨虽然话题不够集中，但是在深度上却比往年有所进步。在一项对新闻从业人员的职业满意度的调查中，研究者发现，新闻从业人员对“同事关系”、“领导能力”、“工作弹性”、“社会影响”等内在激励因素的满意度高于“报酬收入”、“福利待遇”、“升职机会”等外在因素[10]。新闻评论的研究者提出，随着新闻评论作者和写作动机呈现多元化的复杂生态，我们同时也要注意新闻评论中的伦理责任和伦理问题[11]。

在一些基础理论的研究中，研究者提出，要把新闻中的真实分为真相真实与假象真实，加以区别分析。在对新闻报道做话语分析之后，一些研究者提出，记者不是新闻话语的主体，只是编码者与代言者，权威的新闻来源以及刻板印象的操纵者才是真正是新闻的话语主体。在对舆论监督主体的讨论中，有学者提出，舆论监督的主体具有二元结构，公众与新闻媒介都是主体，而不仅限于公众[12]。

在对西方新闻业务发展趋势的梳理中。既有对调查报道的研究，也有对公共新闻的研究。这两个新闻潮流近年来都呈现衰落趋势，但是研究者也指出，当代新闻报道的全球化更加深刻地表现在调查性报道上，没有走向衰落；作为媒体运动的“公共新闻”在美国已经结束，但“公共新闻”实践和研究现在并没有划下句号，并且逐渐与“参与式新闻”相融合[13]。

7. 新闻法制研究。学者们集中关注了当前的新闻发布制度改革。研究者们指出，新闻发布非常重要，甚至提出了“新闻执政”的概念，要把信息沟通作为一个提高执政能力的重要指标。当然，也有学者在对比中西信息公开的立法原则后指出，我国的《政府信息公开条例》存在一些不足，主要表现在：（1）条例不是根本大法，也不是由全国人大或人大常委会制定的成文法规，而是国务院的行政法规，法律效力属于第三个层次；（2）没有明确限制政府机构自由决定不公开的权力；（3）政府信息公开方式还是以政府官员需要意识为主导；（4）对于政府应公开而未公开的信息，以及政府机构拒绝公众的请求等引起的诉讼与反诉讼问题，存在没有相关司法救济的措施；（5）没有像英国和德国那样的逐步建立的配套法律体系，缺乏相关法律支撑，立法的根基不稳，内容比较空洞；（6）对国外信息输入的反发布措施缺乏规定[14]。

此外，研究者还就美国新闻法中对消息提供者的保护、美国新闻传播法制理念的演进、两大法系媒体与司法关系比较等话题进行了讨论[15]。

8. 广播电视研究。对于公共电视或公共频道的讨论一直是近几年的热点，有研究者提出，国内电视公共频道概念具有模糊性。西方的公共频道是与国营私营相区别的，但是中国的公共频道却是由省市县三级电视播出的机构的公用、公有频道，“公共”的概念出现了游移和扩张。在对美国广播电视规制的研究中，研究者也提出，公共利益概念具有模糊性和功利性，容易被各利益集团利用。在制定政策过程中，由于媒介和公众间组织资源不平衡，公共利益往往不能公平表达。此外，在对欧洲公共广播电视研究中，发现目前面临着很明显的困局[16]。

9. 新闻教育。新闻教育近年来以迅猛的势头发展，这也引起了许多问题，有学者指出，目前新闻教育存在四大问题：（1）超常规发展，到05年为止，全国新闻类专业点661个，一年内就新增了202个；（2）供过于求，据计算，全国新闻类院系平均每年毕业32，000人；（3）与市场需求存在一定偏差；（4）研究生培养存在一定问题[17]。

传播学

2005年传播学的发展非常迅速，主要表现在定量研究的方法逐渐普及，并得到运用，前面提到的许多新闻话题的研究和传播学研究存在交叉，这也说明了我国的传播学研究与新闻学研究之间的密切关系。今年的研究热点主要集中在以下几个领域：

1. 关于传播学科的讨论。传播学内部一直以来比较热门的话题就是对学科本身的讨论，什么是传播学、传播学的定位应该是什么，如何研究传播学、传播学的发展方向在哪里……对传播学身份的焦虑一直是传播学领域内的一个有趣的现象。这里面有三个话题讨论得比较集中，一是中国传播学的现状；二是国外传播学的发展轨迹与趋势；三是中国传播学的研究范式问题。

关于中国传播学的现状，有学者通过研究20世纪80年代以来中国大陆传播学译著，发现这些带有偶然性的译著帮助中国传播学科绘制与建构了自己的“知识地图”，使得中国学术界对传播学的理解视野受到一定限制，我们还需要更全面地消化和理解西方的传播研究[18]。另外还有学者从美国上世纪90年代中期的一场关于传播学与新闻学的辩论中受到启发，大胆提出，新闻学应成为传播学中的新的子系统，而不可能与传播学糅合到一起[19]。

关于国外传播学的发展轨迹与趋势，学者们是从观念史和定量的内容分析两个角度切入的。有研究者回顾了美国20世纪初的芝加哥学派到大众传播确立的观念发展史，发现美国学术界对传播现象的研究经历了一个重视社会关系（芝加哥学派），到大众媒体幻想的破灭，意识到大众媒体不可能真正建立人与现实、人与人的关系，而且会被人利用（李普曼），再到确立大众传播研究，摆脱早期的“关系”的视角，将大众传播彻底理解成社会控制的工具。而另一项对20世纪90年代的西方大众传播学主要期刊论文的内容分析发现近年来，美国传播学研究具有如下几个特征：（1）大众传播学既是独立学科，又是重要的研究领域；（2）总体上受到实证研究与批判研究的竞合关系的影响；（3）伴随社会环境的变迁，大众传播研究的媒介类型不断变化[20]。这些梳理与总结有助于我们更加全面地把握传播学的发展趋势。

关于我国传播学研究范式问题，学者们也进行了许多有益的探讨。比如有学者提出，传播学研究的范式可以分为经验—功能，技术—控制、结构主义符号—权力三个。有的学者提出了如何把已有范式移植到中国的问题。另外还有的学者在已有的三大传播学范式之外，提出了以法国社会学家布尔迪厄的场域理论为基础的媒介场范式来研究中国的传播现象，并对其在中国的适应性进行了讨论[21]。

2. 传播学中其他领域的介绍与研究。我国的传播学研究长期以来主要集中在大众传播领域，近些年来也有许多学者开始把目光投向其他领域。人际传播近年来开始受到重视，比如人际传播中的对话理论。学者回顾了对话理论是从马丁·布伯、巴赫金的早期对话理论，到人际传播中辩证关系研究，再发展到媒介对话理论的发展历程，并且建议学界关注“和而不同”的中国对话理念。还有这者从人际关系的角度理解人际传播，提出人际关系对人际传播内容和方向的决定性影响。人际传播中会有一种无形的“文化契约”，决定着人际关系，并影响着传播的内容、情感的表露[22]。女性主义视角下的传播研究一直是一个重要的领域。但目前中国内地的许多研究还处于引介阶段[23]。此外，还有学者把国外的健康传播研究进行了整理，总结为9个方向[24]。

3. 网络传播。2004年网络传播的数量有明显下降，但是2005年网络传播研究无论是数量，还是质量，都有了明显进步，研究方法和理论深度均超过了前几年。而且还出现了另一个新的趋势：网络传播从前几年为了研究新现象、新媒体而研究，转而把网络传播放到更广的社会背景中去理解，往往是借助网络这样一个意见表达平台和公共空间，来研究其他更一般的政治、传媒的议题，对网络现象的理解更加现实和理性。

比如有研究者通过对强国论坛深水区中关于“宝马车撞人案”的讨论进行定量的内容分析，得出了和我们的直觉不同的结论。研究发现，BBS中关于此事件的讨论比较理性，形成了一个公众讨论空间，同时讨论，同时也形成了一场社会运动。网民们通过BBS，绕过传统媒体、单独设置议程，进而影响了传统媒体。另一个研究者通过对比马加爵事件中传统媒体和百度贴吧之间的相关性，发现在网络传播条件下，议程设置并未失效。网络受众与媒介之间的传受关系与传统媒介相比未出现实质变化。通过研究“苏丹红”事件这一突发公共卫生事件中的传媒报道与民意诉求的关系，研究者考察了网络中的民意，结果发现，网络民意诉求与传媒报道各类型之间存在一定程度的对应关系；突发公共卫生事件中，传媒报道与民意诉求之间呈现“合作”关系[25]。当然，此类研究中关于网络BBC与民意之间的关系的验证还不够严格，因为现实中网意与民意之间有可能不完全重合。

今年对博客的研究数量也不少，但是有一定理论深度的不多。在对博客“私人日志”传播特征进行的一项研究中发现：（1）博客的传播主体具有多重自我的主动展现的特点，通过博客的信息发布，自我从破碎走向整合，传播者构建起一个具有主体性的虚拟自我。（2）博客中传播文本的特征表现为“寻求对话的独白”。（3）博客传播互动可以概括为个人空间中的心灵相遇。研究者提出，博客传播可能带来如下两个社会的影响：（1）私人领域大规模浮现于网络，私人领域的透明化将带来人们在思想观念和行为方式上的巨大变化；（2）个体传播者的崛起与人文精神的复归。

另一项从网民的角度研究网络信息可信度的实证研究，以武汉市民为总体，进行了抽样研究。结果发现，在不同媒介和网上不同类型媒体之间，可信度存在差异。网络、广播略低于电视、报纸；网上的新闻和参考信息最可信，其次是娱乐，商业信息最不可信。在调查的变量中，（1）网络使用、网络依赖、信息卷入度；（2）网络便利、网民对传统媒介的使用与依赖；（3）性别、年龄这三组变量决定着网民对网络信息可信度的评价。

传媒经济

随着近年来我国媒介产业的迅猛发展，传媒经济逐渐成长为一个新兴的学科，不少院校都开设了传媒经济专业。2005年的传媒经济研究中，一扫往年浮躁简单的学术风气，有不少学者开始比较集中地对这个学科的基本问题进行重新梳理和理解。其中有大量的论文致力于重新建构该学科的基本概念与理论框架。比如有的论文对传媒经济学是什么进行了界定，有的研究对传媒经济学研究的历史、方法与范例进行了考察，有的对传媒经济学研究的成果进行回顾，有的对传媒业运作的核心问题进行总结，还有的学者对传媒业的产品及其特性进行梳理[26]。此外，有研究者对1994—2005年《媒体经济学》杂志的论文进行了实证分析，发现西方传媒经济的研究呈现以下特征：（1）研究对象仍以传统主流媒体为主，因特网开始增加，但电信的研究仍未引起足够关注；（2）计量经济学模型使用较少，主要运用传播学的抽样调查方法而不是经济学所通常采用的已有的公开数据；（3）主要运用的理论基础是产业组织理论；（4）理论创新性不足，有系统的假设、定义的媒体经济学理论或模型尚未出现。这些结论也说明，传媒经济在西方也还不是一个比较成熟的学科。

还有一些学者更关注的是中国传媒业的实际情况，对加入世贸组织三年中国传媒格局的嬗变进行了总结，并作出了预测[27]。另外学者们在不同的意义上使用了“碎片化”这一新概念。有学者认为，碎片化是品牌传播与大众传媒新趋势。在社会阶层碎片化的基础上，消费、品牌、媒介、生活方式也碎片化。“产品功效”将重新成为品牌的精髓；大众媒体将逐渐向个性化媒体过渡，分散理性时代即将到来。而另一些学者则提出，“去碎片化”是传媒经营的新趋势。随着“渠道霸权”时代终结，传媒业“合竞时代”的到来，传媒产业链将向着两个基本方向发展：跨媒体的产业链条和跨行业的产业链条[28]。

针对报纸2004年以来广告增速放缓，赢利空间下降，有学者提出了媒介产业发展正在经历“拐点”。造成这一现象的主要原因是都市类报纸饱和，同质化严重，广告结构不合理，盈利模式单一，新媒体对广告市场的侵蚀[29]。

此外，针对我国目前缺乏第三方中立的报刊发行稽核制度，有论文专门介绍了国际通行的两家报刊发行量稽核机构ABC、BPA，并对其异同进行了总结[30]。

（作者：郭庆光，中国人民大学教授；
刘海龙，中国人民大学讲师）

注：

①陈韵博：《新型新闻寻租现象剖析》，《国际新闻界》，2005年第2期；罗以澄、詹绪武：《转型时期新闻道德问题的制度环境分析》，《现代传播》，2005年第1期；陈力丹：《我国传媒职业意识缺失的现状及解决的对策》，《现代传播》，2005年第4期。

②胡正荣、李继东：《我国媒介规制变迁的制度困境及其意识形态根源》，《新闻大学》，2005年春。

③廖圣清、李晓静、张国良：《中国大陆大众传媒公信力的实证研究》，《新闻大学》，2005年春；王晶：《我国媒体公信力的隐性危机——以北京新兴医院的广告传播为个案》，《新闻大学》，2005年冬。

④商娜红：《职业主义与英美新闻业》，《新闻大学》，2005年春。

⑤罗伯特·哈克特、赵月枝著，沈荟、周雨译：《维系民主？西方政治与新闻客观性》，清华大学出版社，2005年；郭镇之：《揭秘新闻客观性的制度神话——解析〈维系民主？西方政治与新闻客观性〉》，《现代传播》，2005年第5期；黄旦、孙藜：《新闻客观性三题》，《新闻大学》2005年夏。

⑥彭鹏、樊永强：《悲剧的中国式处理与新闻的健康表达——以中国新闻纸对“海啸”灾难的报道为例》，《新闻与传播研究》，2005年第3期。

⑦路鹏程：《媒体自杀新闻的内容分析：一个精英健康传播的视角》，《新闻与传播研究》，2005年第3期。

⑧裴晓军：《战争隐喻与新闻传播理念——以都市报为例》，《新闻与传播研究》，2005年第4期。

⑨乔同舟、李红涛：《农民工社会处境的再现：

一个弱势媒体的媒体投影》，《新闻与传播研究》，2005年第2期；许向东：《西方弱势群体新闻报道的经验与技巧》，《国际新闻界》，2005年第3期。

⑩吴飞：《新闻从业人员的职业满意度》，《新闻与传播研究》，2005年第3期。

⑪马少华：《新闻评论的伦理责任和伦理问题》，《国际新闻界》，2005年第2期。

⑫杨保军：《简论新闻的真相真实与假象真实》，《国际新闻界》，2005年第6期；曾庆香、黄春平、肖赞军：《谁在新闻中说话——论新闻中的话语主体》，《新闻与传播研究》，2005年第3期；周甲禄：《论舆论监督的主体》，《新闻大学》，2005年冬。

⑬张威：《IRE、调查性报道与中国观点》，《新闻与传播研究》2005年第3期；蔡雯：《美国"公共新闻"的历史与现状——对美国"公共新闻"的实地观察与分析》，《国际新闻界》，2005年第1、2期。

⑭清华大学政府发言人制度课题组：《新闻发布与新闻执政的紧迫性》，《新闻记者》，2005年第1期；胡华涛：《新闻发布制度化建构中的立法问题——中西信息公开立法原则精神的对比研究》，《新闻大学》，2005年冬。

⑮陈建云：《美国媒体对消息提供者的保护：道德与司法公正的冲突》《新闻大学》，2005冬；顾昕、谭艺：《美国新闻传播法制理念的演进》《新闻大学》，2005年春；宋素红、罗斌：《两大法系媒体与司法关系比较》；《国际新闻界》，2005年第3期。

⑯陈信凌、刘西平：《探析国内电视公共频道概念的模糊性》，《新闻大学》，2005年春；夏倩芳：《公共利益界定与广播电视的规制——以美国为例》，《新闻与传播研究》，2005年第1期；刘晓鹏：《欧洲公共广播电视的困局与出路》，《新闻大学》，2005夏。

⑰何梓华：《新闻教育的四大问题及对策》，《中国记者》，2005年第6期。

⑱黄旦、丁未：《传播学科"知识地图"的绘制和建构——20世纪80年代以来中国大陆传播学译著的回顾》，《现代传播》，2005年第2期。

⑲明安香：《传播学学科发展的前景展望》，《现代传播》，2005年第1期。

⑳黄旦：《美国早期的传播思想及其流变——从芝加哥学派到大众传播研究的确立》，《新闻与传播研究》，2005年第1期；廖圣清：《20世纪90年代的西方大众传播学研究》，《新闻大学》，2005年秋。

㉑陈力丹：《试论传播学方法论的三个流派》，《新闻与传播研究》2005年第2期；蔡琪：《传播研究范式与中国传播学的发展》，《国际新闻界》，2005年第4期；刘海龙：《当代媒介场研究导论》，《国际新闻界》，2005年第2期。

㉒王怡红：《"得一门而入"——对话研究及其方法论指向》，《新闻与传播研究》，2005年第1期；陈力丹：《试论人际关系与人际传播》，《国际新闻界》，2005年第2期。

㉓李敏：《女性主义视域中的媒介研究》，《新闻与传播研究》，2005年第2期；曹晋：《批判的视野：媒介与社会性别研究》，《新闻大学》，2005年冬。

㉔张自力：《健康传播研究什么——论健康传播研究的9个方向》，《新闻与传播研究》，2005年第3期。

㉕陈红梅：《网络BBS里的"宝马撞人案"》，《新闻与传播研究》2005年第2期；杨慧琼：《从议程设置理论解析网络受众的传播地位——以媒介事件马加爵入手》，《新闻与传播研究》，2005年第2期；张自力：《突发公共卫生事件中的传媒报道与民意诉求——以"苏丹红事件"为例》，《新闻大学》，2005年冬。

㉖盖丽安·多勒撰，赵彦华编译：《什么是媒介经济学?》，《国际新闻界》，2005年第2期；杭敏、罗伯特·皮卡德：《传媒经济学研究的历史、方法与范例》。《现代传播》，2005年第4期；陈中原：《传媒经济学研究的简要回顾》。《新闻大学》，2005年春；陆小华：《传媒运作的核心问题》，《新闻记者》，2005年第1期；张辉锋：《传媒业的产品及特性分析》，《国际新闻界》，2005年第6期。

㉗童兵：《加入世贸组织三年中国传媒格局的嬗变与前瞻》，《复旦学报》，2005年第1期。

㉘黄升民、杨雪睿：《碎片化：品牌传播与大众传媒新趋势》，《现代传播》，2005年第6期；喻国明：《"去碎片化"：传媒经营的新趋势》，《视听界》，2005年第4期。

㉙喻国明：《"拐点"的到来意味着什么》，《中国记者》，2005年第10期。

㉚朱秀泉：《国外报刊发行量稽核机制分析》，《国际新闻界》，2005年第6期。

军事学

军　事　学

昝瑞礼

2005年，是抗日战争胜利60周年，是世界反法西斯战争胜利60周年，也是以联合国成立为标志的战后国际安全体制和机制形成与发展60周年。这一年军事学学术研究也取得了新的进展。

一、抗日战争研究的深化与拓展

1. 抗日战争研究的新进展

2005年，是中国抗日战争暨世界反法西斯战争胜利60周年，学术界在以下六个方面取得突破：一是既充分肯定1937年七七事变后开展的全民抗战，也充分肯定1931年九一八事变后中国共产党独立领导的抗日斗争；二是既充分肯定中国国民党军队在正面战场抗击日本军队所发挥的作用，把正面战场的各次重大战役视为中国抗日战争乃至世界反法西斯战争的一个重要组成部分，更突出强调中国共产党领导的以人民武装开辟的敌后战场广泛发动群众、开展游击战争，钳制和歼灭日军大量兵力，歼灭大部分伪军，逐渐成为中国人民抗日战争主战场的重大历史功绩；三是既看到了世界人民对中国的支持和援助，更充分反映中国人民对世界反法西斯战争所作出的巨大牺牲和贡献；四是既充分肯定各个阶级、阶层、政党、团体和海外华侨华人为抗战作出的巨大努力，更充分反映中国共产党在全民族抗战中发挥的中流砥柱作用；五是既大力弘扬在抗日战争中得到丰富发展的爱国主义精神，同时也注意防止助长狭隘民族主义情绪；六是既坚决揭露日本军国主义的滔天罪行，又指出了广大日本人民也是战争的受害者，坚持以史为鉴，面向未来，促进中日睦邻友好关系的发展。①

2. 关于中国人民抗日战争在世界反法西斯战争中的地位和作用

钟思祖认为，在世界反法西斯战争史上，中国人民率先举起反抗法西斯侵略的正义旗帜，打响了反法西斯战争的第一枪，开辟了第一个大规模的反法西斯战场。中国战场始终是世界反法西斯战争的东方主战场，抗击牵制了日本陆军主力，支持配合了苏联卫国战争和美英盟国“先欧后亚”战略，打乱了德日意法西斯的全球侵略计划。②

郑德荣、王占仁撰文指出，抗日战争，是鸦片战争以来中国人民在历次反侵略战争中第一次赢得彻底胜利的伟大民族解放战争；抗日战争的胜利，是中华民族爱国主义、民族精神的伟大胜利。中国共产党作为中国人民和中华民族根本利益的代表，高举抗日民族统一战线旗帜，在领导人民抗日的战争中赢得了广泛信任和大力支持，为新中国的成立奠定了基础。中国抗日战争消灭了世界法西斯势力的最后堡垒，为世界反法西斯战争作出了重要贡献；中国的国际地位显著提高，为实现中华民族历史命运的伟大转机开辟了道路。③

胡德坤撰文指出，中国抗日战争对世界历史进程的影响主要体现在三个方面：一是中国与反法西斯各国一起共同打败了法西斯，扭转了世界历史的发展方向，使全世界避免了法西斯统治与奴役；二是以中国为主要参战国的第二次世界大战的胜利，结束了20世纪前半期战争与动荡的旧时期，开创了战后和平与发展的新时期；三是以中国为主要参战国的第二次世界大战的胜利，结束了近代以来少数资本主义国家以征服与掠夺求发展的旧的世界发展模式，建立了战后以平等与依存求发展的新型发展模式。

中国是世界反法西斯战争四大国之一。中国人民以巨大的民族牺牲，为第二次世界大战的胜利、进而为推动战后世界的和平与发展作出了杰出贡献。中国作为世界反法西斯战争四大国之一，对战后世界历史进程无疑也作出了不可磨灭的贡献。④

3. 抗日战争胜利的警示

鲍铁印撰文认为，抗日战争的胜利，结束了自鸦片战争以来中华民族备受外敌侵略和奴役的历史。抗日战争的胜利警示我们：国家必须富强，落后就要挨打；必须坚持党的绝对领导，加强国防和军队现代化建设：爱国主义精神的继承和发扬是中华民族团结统一向上的基石，坚持人民战争思想是我军克敌制胜的法宝。回顾历史，总结经验教训，将给我们以深刻的警示。⑤

研究抗战时期中国共产党的军事经济思想，对于今天的军事经济发展和国防现代化建设仍然具有现实指导意义。启示一：国防建设必须在服从大局的前提下，寻求与经济建设的协调、同步发展。启示二：国防建设必须抓好人力资源开发，充分挖掘社会潜力。启示三：国防建设必须在独立自主的基础上，走开放式发展的道路。启示四：国防建设必须合理配置军事财力，提高经济效益。⑥

二、军事安全与国家利益

1. 军事安全的内涵、特点、地位和作用

马平撰文指出，英国哥本哈根学派代表人物巴瑞·布赞给军事安全下过一个定义："军事安全首先是关于国家的实际武装攻击能力和防御能力，同时包括彼此对对方能力和意图的认识。"就是说，军事安全的内容主要是由国家从事战争的能力（攻的能力和防的能力）所决定的，它包含国家实际具有的能力，也包含对手认为该国可能具有的能力和意图。对一个国家来说，衡量其军事上安全还是不安全，大致上有三个指标性的东西：一是能不能避免战争、或者在避免不了的情况下打赢战争。能，军事上就安全；不能，就不安全。二是能不能对对手形成有效的军事威慑，或者对对手的威慑实施反威慑。能，就安全；不能，就不安全。三是能不能通过军事发展和军备控制，形成对对手的力量优势或均势。能做到，就安全；做不到，就不大安全。

军事安全的特点：一是它直接与战争相关，战争是解决国家、政治集团之间矛盾冲突的最高形式，也是军事安全的主线和基轴。能否遏制战争和打赢战争，是衡量军事安全程度的最高标准。二是军事安全所涉及的不是国家的一般利益，而是国家的核心利益和重大利益。三是军事安全不单单是军事领域自身的安全，而是整个国家的安全。因此，军事安全的意义远远超出军事领域本身，它覆盖到整个国家，国家的政治、经济、社会、文化等各个领域，都需要军事为它们提供安全保障。

军事安全的地位和作用：一是从国家的本质和国际关系体系的特点上看，军事安全始终是国家安全的核心内容和关注焦点；二是从历史上看，任何国家特别是大国，其国家地位的确立和国家利益的拓展，都离不开军事上的支撑和保障；三是从我国维护国家利益的斗争实践上看，重视军事安全的地位和作用，是我党历代领导人的一贯思想和实践，也是我国长治久安的一个基本保证。⑦

2. 安全战略与国家安全战略

安全战略与军事战略不同，是一个集合概念，它构成一个独立的战略体系。按不同层次，安全战略体系可以分为国际安全战略、国家集团（联盟）安全战略、国家安全战略等。我们通常讨论的主要是国家安全战略。

3. 国家安全战略

国家安全战略按不同性质可以分为进攻性或防御性的国家安全战略；按不同的领域可以分为：国家的政治安全战略、经济安全战略、科技安全战略、军事安全战略、文化安全战略、社会安全战略、生态安全战略等；按不同的空间范围，可以分为国家的陆地安全战略、海洋安全战略、空中安全战略、空间安全战略、信息安全战略等。

4. 空间安全战略

空间安全战略，是指导空间力量的建设和运用，以实现国家空间安全目标的方略。它研究解决的主要问题是：空间安全形势和威胁的判断，空间安全战略的目标、方针、政策，为实现空间安全战略目标而进行空间力量建设的方针、任务和原则，以及空间力量运用的原则和方法等。确定空间安全战略目标的着眼点，主要是把握好"四个着眼"：一是必须着眼于国家安全战略和军事战略的要求。二是必须着眼于维护国家安全利益的需要。二是必须着眼于打赢未来信息化战争的需要。四是必须着眼于国家空间力量和技术的现实条件。⑧

5. 战略资源与国家安全

陈波撰文指出，战略资源及其所引起的国家安全问题，在当代国际政治、经济、军事舞台中愈显突出和重要。战略资源是实现国家安全的重要条件，又是国家安全所追求的目标之一。没有战略资源的稳定供应，就没有完整意义上的国家安全。战略资源成为各国关注的焦点之一，追求战略资源供求的平衡，甚至动用武力确保资源安全和对战略资源进行争夺。石油是当今世界最重要的战略资源，是创造社会财富、推动科技进步和支持并取得战争胜利的关键要素，深刻地影响着世界政治格局、经济秩序和军事活动。⑨

6. 军事文化安全战略与国家安全

刘从良撰文指出，军事文化是人们在军事活动中创造的精神成果的总和，是一切同军事实践有关的文化体系的总称。顺应时代发展大势，努力维护军事文化安全，具有重大而现实的战略意义。

首先，军事文化安全，是军事安全的重要组成部分，是国家安全的重要依托。

其次，维护军事文化安全是履行我军新世纪新阶段历史使命的可靠保证。必须站在履行我军历史使命的战略高度，充分认清维护我军军事文化安全的极端重要性。

再次，维护军事文化安全是促进军队战斗力生成的有效途径。军事文化与军队战斗力是相互影响、相互作用的辩证统一体。军事文化是军人战斗力发展的知识、智力和精神源泉，军队战斗力是军事文化赖以生存和发展的前提条件。

先进的军事文化对战斗力的方向具有引导作用，以确保我军始终处于党的绝对领导之下；对战斗力的形成具有整合作用，以最大限度地发挥军事行动的整体效应；对战斗力的提升具有催化作用，以提高部队的威慑能力和实战能力。所以，维护军事文化安全，能够保证军队战斗力生成渠道的畅通。[10]

7. 战略机遇期与国家安全

维护利用好重要战略机遇期，对于军队来说，就是要维护国家安全，捍卫国家主权和领土完整，为国家发展创造和平的国际环境、和谐的社会环境提供强有力的安全保障。维护重要战略机遇期需树立科学的国家安全观。

一是要把国家发展的重要战略机遇期安全放在国家安全的首位，注重通过发展促进安全。

二是要拓展共同利益并加强相互借重、安全合作，在合作共赢中获得安全。

三是要以军事手段为主体，开创新发展到新的领域，确保国家全方位安全。

四是要注重应对危机、遏制战争、维护和平，但必须立足打赢战争。

五是要注重应对偶发性重大事件，建立快速高效的危机反应机制。[11]

8. 信息网络安全与国家安全

信息网络安全是国家和军队安全的重要组成部分，在维护国家利益和国防安全，加强军队建设和打赢未来高科技条件下局部战争中具有极其重要的地位。信息网络安全绝不仅仅是一个单纯的保密安全问题或单纯的技术问题，而是事关国家安全、经济发展、社会稳定和军事斗争成败的重大战略问题。对一个国家而言，秘密信息不保密，信息基础设施不安全，不仅会给建设与发展带来严重损害，而且会危及国家主权与安全，影响社会稳定，甚至可使一个国家在政治或外交上陷入被动，经济上陷于崩溃。[12]

9. 危机管理与国家安全战略

金一南撰文指出，危机管理已经成为国家安全战略中的一个重要问题。要把应对危机、控制危机放到国家安全的高度通盘把握和谋划。高效的危机处理机制是保障国家安全、维护国家利益的紧迫需求。筹谋中的国家危机处理机制，首先必须保证它的基本功用和职责的有效发挥。一个好的危机处理机制需要具备四种能力：一是综合能力，即能够有效地综合各条块部门的力量；二是加速能力，即能够加速各相关部门的运转；三是决断能力，即能够超越横向的条块分割和纵向的金字塔层级迅速作出决定；四是执行能力，即能够迅速地将决定付诸实施。[13]

三、我军一体化联合作战理论研究观点综述

理论界对一体化联合作战基本思想，提出了许多值得关注的重要学术问题。现将主要观点概述如下。

（一）对一体化联合作战的再认识

1. 现阶段一体化联合作战的基本定位

对现阶段我军一体化联合作战的基本定位有两种观点。

一种观点是：现阶段我军一体化联合作战可称其为“信息化条件下的联合作战”。把握“信息化条件下的联合作战”，在现阶段，需要认识和明确两个问题：

第一，必须坚定地坚持一体化联合作战的发展方向。一体化联合作战，是高度融合的诸军兵种联合部队，依托无缝链接的网络化信息系统，在陆、海、空、天、电等多维战场实施的整体联动作战，是一种高效能和高效益的作战。随着信息化水平的不断提高，“一体化”联合作战将越来越成为各国军队的共同选择。不管你看到看不到，承认不承认，这都是客观的事实，是战争发展的逻辑使然。不把握这个方向，不朝着这个方向去努力，将来就要打败仗。

第二，要把实现“联合”作为实现“一体化”的前提。一体化联合作战，是在机械化战争时代联合作战基础上发展起来的、与信息化战争相适应的新型联合作战。传统的联合作战作为机械化战争的主要作战形式，是实现一体化联合作战的基础。如果连机械化战争条件下联合作战的指挥机构、指挥手段、力量建设、联合方式等问题都没有解决好，很难想像就能直接进入信息化战争条件下的一体化联合作战的快车道。

另一种观点认为，我们现在正处在一体化联合作战的初级阶段。一体化联合作战与其他事物的发展一样，也必然要经历起步、形成和成熟三个阶段，它是一个较长的动态过程。

2. 一体化联合作战的核心思想

从我军及外军近期研究看，一体化联合作战与传统联合作战相比较，突出的是强调以下四个思想：一是“优势”的思想。“优势”就是信息优势、决策优势和行动优势。信息优势的核心是信息的质量是否比对方更高，是否更能满足用户的信息需求，它是“优势”思想的基础。二是“共享”的思想。“共享”就是信息共享和作战资源共享。信息共享可以增强战场感知并共享感知，可以使分散部署在战场上的各部队指挥人员对战场态势达成共识，为部队的协作、同步作战创造条件；作战资源共享可以提高作战资源的使用效率，提高部队的作战效能。三是“同步协作”的思想。就是网络化部队步调一致，密切配合，协同作战。各作战单元可以形成共同的态势感知，在统一的作战目标和作战规程下，分散部署的作战单元可以自同步、自协同作战，各作战单元不需要在上级的具体指挥控制下，就可达成自主的、配合默契的同步行动。四是“精确和效益”思想。就是从各部门、各军种、各维度能力中选择最适当的能力，在最适当的时机使用，达到最佳效果。

3. 一体化联合作战体系

一体化联合作战体系应具备五种能力，实现四个支撑。五种能力是：全方位、实时侦察监控能力；对重要目标、重点部位和关键环节的精确打击和信息作战能力；灵活控制战场、实时调控各军兵种作战力量的一体化联合指挥控制能力；瓦解敌民心士气、摧垮敌意志的攻心能力；防敌“先制”“反制”的自我防卫能力。要具备这几种能力，我军作战体系必须得到一体化信息系统、一体化指挥体系、一体化作战力量和一体化（舆论战、心理战、法律战）体系的全面支撑。

作战体系的一体化，应该是信息系统、武器装备、思想观念、法规理论、体制编制、人才队伍等六大体系的一体化，其核心是信息系统的一体化，基础是节点之间的互联、互通，难点是互操作，重点是作战功能的高度融合，最终目标是增殖作战效能，最理想的状态是体系具有高度的“自组织”功能。信息系统一体化应当包括四个方面的内容，即：将战场所有的情报探测系统联为一体，实现收集、传输、处理和分发融为一体的情报探测信息一体化；将各类武器装备联为一体，实现采集、融合、处理和显示融为一体的武器装备信息一体化；将各种后勤保障能力联为一体，实现指挥、调配、投送和反馈融为一体的后勤保障信息一体化；将各级作战指挥机构联为一体，实现指挥、控制、通信、情报、侦察和监视融为一体的作战指挥信息一体化。

4. 一体化联合作战制胜因素与制胜机理

从信息、物质、能量三者的关系看，信息时代作战必然是信息主导与信息制胜。但对于我军来说，还需要强调科学的信息观。一方面，要真正确立信息制胜的观念，特别是要确立信息化战争“信息是第一战斗力”的观念。另一方面，要注意防止信息观念上的片面性，确立机械化联合作战是一体化联合作战基础的观念。特别要看到，我军在物质基础尤其是在信息技术基础上，现在还达不到信息化作战或一体化联合作战的程度，不能过分夸大信息的作用，忽视和否认机械化战争物理能的摧毁作用，更不能认为现在就可以由信息化战争取代机械化战争了。在具体交战中，一体化联合作战的制胜因素是一个综合体，包括目的因素、信息因素、指挥因素、力量因素、时间因素和环境因素。作战的成败，取决于这些因素的综合作用。其中信息系统、作战指挥、作战力量是一体化联合作战制胜的主导因素。一体化信息系统是制胜的先决条件；一体化作战指挥是制胜的关键因素；一体化作战力量是制胜的物质基础。

一体化联合作战的制胜机理，比较突出地表现为通过效能聚合、整体联动、优先反应、精确作战制胜。在作战过程中，则表现为先知谋胜、造势图胜、先机取胜、出奇制胜。可简单概括为“知胜”、“势胜”、“时胜”、“奇胜”四个方面。“知胜”要通过全维感知、全面认知和态势共知来达成，“势胜”要通过打击优势、决策优势和信息优势来达成；“时胜”要通过比对方用时更短、先敌一步来达成；“奇胜”要通过奇正出奇、以速创奇和用巧成奇来达成。

5. 一体化联合部队编组模式

一体化联合作战对编组一体化联合部队主要提出了五个方面的要求，即：不同力量高度融合、各个单元无缝链接、参战力量整体联动、各种手段高效聚能、整体规模小型轻便。我军编组联合部队，既要考虑这一总体要求，又必须立足现有装备。在这个前提下，在探索阶段，可考虑三种联合部队的编组模式。一是模拟型编组。二是区域型编组。三是任务型编组。

（二）以一体化联合作战理论为牵引，加速我军

一体化联合作战能力建设

突出主要能力建设：

（1）强化海、空军和二炮当“主角”的意识和能力。按“真打、敢打、能打、善打、能打赢”的实战标准和要求，加强其质量建设，切实提高各军兵种应有的特殊作战能力，真正使我军主体作战力量战斗力提高到随时可以履行使命、能够决战决胜的水平。

（2）加快提高联合防空能力。一是构建情报综合预警系统。当前，主要是着眼预警手段少、时间短，抗干扰能力弱的问题，尽快构建以现有雷达、技侦手段和预警指挥机为主的常规预警系统，和以大型相控阵、元源、超视距雷达和卫星为主的战略预警系统。二是抓紧信息指挥控制建设。主要是尽快使各军种的侦察预警系统与防空联合指挥终端实现互联互通，提高指挥控制系统的功能，完善指挥控制系统中的作战计划预案，按安全、连续、稳定的要求，抓紧完善数据链设施建设。三是加快防空武器装备更新步伐。应按照“空天一体、攻防兼备”的战略目标，把战术防空型空军建设成具有战略进攻和战略防御能力的攻防兼备型空军。四是加强战场配套设施建设。重点是防空阵地建设、机场建设和保障资源网的建设。

（3）加快以军事通信网为重点的信息系统建设。军事通信网络建设要努力实现八个重大转变，即：网络体系要从条块分割保障转到互联互通保障上来；传输方式要从语音通信为主转到数据通信为主上来；建设重点要从突出固定通信转到突出机动通信上来；保密策略要从单一通信安全转到综合通信安全上来；通信组织由单一传输媒体的“单一业务”型转到集多种传输媒体为一体的“综合业务”型上来；网络运用由“军种组网”转到“三军织网”上来；结构形式由“树状型”转到“栅格型”上来；保障范围由“国土覆盖”转到“全战场覆盖”上来。通过八个转变，使整个军事通信网形成整体性的结构体系。

（4）加强作战与动员一体化准备。一体化联合作战不仅要求作战指挥、作战力量、作战保障等要素的一体化，还要实现作战与动员的一体化。作战与动员的一体化包括作战指挥与动员指挥一体化、作战力量与动员力量一体化、军民两用产品技术标准的一体化和作战对抗与动员对抗的一体化。实现作战与动员的一体化，可从四个方面着手。一是加快动员指挥体制的改革。主要是解决动员指挥与作战指挥联合不紧，动员体系自身改革力度不够，动员各系统横向协调不足，实际的动员准备效果起色不大的问题。二是加强动员信息系统建设。三是做好作战需求与动员能力的对接。四是加快推进动员保障模式的转变。主要是实现从以保障陆军作战需求为主的模式向保障诸军兵种作战需求的模式转变；从区域就地动员保障为主、远程伴随保障为辅的模式，向以机动保障为主、区域就地保障为辅的模式转变。[14]

（三）关于一体化联合作战原理

杨志远撰文认为，一体化联合作战是信息化战争发展的产物，实质是信息主导下的体系对抗。为能有效聚合诸军兵种的各种作战能力，增益作战效能，一体化联合作战遵循和利用了新的基本原理，主要反映在体系构建和运行之中。

1. 一体化联合作战体系的构建原理

一体化联合作战体系的构建，取决于体系内单元、要素的结构与相互关系及技术基础。（1）一体化联合作战体系及体系内的作战单元，其结构均包含信息感知、指挥控制、机动、打击、防护、保障六大要素；体系构建的基本方式是对作战单元、诸要素实施综合集成；（2）构成一体化联合作战体系内的单元以及整个体系的作战效能在集成后呈指数级增强；（3）一体化联合作战体系的实质是构建数字化、网络化和信息化的作战系统。

2. 一体化联合作战体系的运行原理

一体化联合作战体系的运行，遵循体系对抗的程式和规律。（1）一体化联合作战体系的运行主要遵循指挥控制周期纵向上的快速循环希横向上的协同联动；（2）一体化联合作战体系的对抗同时发生在物理域、信息域、认知域之中，三域必须一体化运行才能发挥整体威力；（3）一体化联合作战的作用对象是敌作战体系，根本目的走破击体系一体化联合作战不再是作战单元之间单一能力的对抗，而是建立在各种作战单元、作战要素综合集成基础上的体系对抗。[15]

四、关于一体化训练体系研究

建立一体化训练体系，应按照总部关于“战、建、训”三位一体的指导思想，本着“需求牵引搞设计、建设要素打基础、信息主导抓集成、局部跃升带整体”的基本思路，从更新观念入手，从集成建设抓起，从联合作战的组织指挥训练突破，全面奠定一体化训练的基础。

（一）以集成建设为基础，逐步构建一体化训练技术支撑体系

一体化训练技术支撑体系应采用多层次、开放式、一体化的结构模式，按照诸系统、诸平台之间

横向互通、纵向互联的要求，重点抓好四个建设。一是建立信息网络系统。主要是对各种通信网络、计算机网络和模拟仿真网络系统进行综合集成，形成一体化训练技术支撑平台所需要的信息传输通道。二是建立作战要素系统。以一体化信息网络系统为载体，对情报侦察、指挥控制、火力打击、综合保障和电子战、网络战、心理战系统进行技术整合，实现或基本达到各要素内部和相互间的数字化链接。三是建立公用信息平台。主要包括各类数据库、地理信息系统、战场态势生成系统，以及规范接口、信息共享协议等内容的建设，为各类作战系统的运行提供信息采集、使用与管理服务。四是建立训练监测与评估系统。主要包括信息采集、声像传输、辅助决策等系统建设，为一体化演练的准备与实施、导调与监控、分析与评估、裁决与讲评提供服务。

（二）以作战要素为主线，构建一体化训练内容体系

构建一体化训练内容体系，应以作战要素集成训练为核心，在注重提高三军官兵“复合互通”素质的前提下，从营（连）以上级别的作战要素抓起，并按以下结构构建内容体系。

一是情报信息要素整合训练。围绕将诸军兵种各类情报信息中心和情报侦察部（分）队整合形成一个有机整体，从情报获取、分析、处理、分发等方面，研究确立专业基础、技术融合和行动融合训练内容，实现侦察探测、分析处理、分发共享和信息传递一体化。

二是指挥控制要素整合训练。围绕各军种指挥控制要素系统内各指挥控制实体的一体化高效运行，按照指挥自动化系统运行的六个基本流程，研究确立情报处理、行动评估、方案产生、方案选择、计划拟制和命令下达等训练内容，实现任务理解、情况判断、谋划部署和组织实施一体化。

三是联合打击要素整合训练。围绕将各种分散配置的打击力量融合为联合打击体系这一目标，研究确立单要素精确打击训练、作战群协同自主打击训练和多军兵种联合打击训练内容，实现目标选择、火力确定、打击行动、力量重组、毁伤评估一体化。

四是全维防护要素整合训练。围绕提高整个作战体系的综合防护能力，研究确立防护基础训练、军兵种专业防护训练，以及全维空间的整体防护训练内容，实现防护预警、防护实施、效果监控、后果消除等防护行动的一体化。

五是综合保障要素整合训练。围绕实时化、精确化、动态化的战场保障需求，研究确立动态获取保障信息、自主实施精确保障、联合实施整体保障训练的内容，实现作战保障、后勤保障、装备保障行动的一体化。

六是作战单元或体系整含训练。围绕系统整合作战单元或体系内部诸作战要素的功能，研究确立兵种作战单元集成训练、军种作战单元集成训练、战斗群模块化集成训练利联合作战体系综合集成训练内容，实现作战单元或作战体系联合行动的一体化。

（三）遵循战斗力生成规律，逐步构建较规范的一体化训练方法体系

依托一体化信息系统，将各类作战要素、单元综合集成为一体化联合作战力量，生成一体化联合作战能力，是一体化训练的最终目标，也是一体化训练必须遵循的基本规律。研究探索一体化训练方法，必须遵循这一规律，按照由低到高、由分到合、逐项集成、逐级集成的总体思路来进行。具体讲，应把握两条原则，区分三个步骤。

两条原则是：第一，从武器平台、作战要素到作战单元或体系的集成训练，均应遵循先模拟仿真、后实装操作，先室内静态、后实地动态，先首长机关、后实兵演练的基本步骤进行。第二，从战术兵团到战役军团的一体化联合作战演练，均应按照先研究性演练、后检验性演习，先首长机关网上演练、后依托基地实兵对抗的基本步骤进行。

三个步骤是：第一步，岗位分练。这是一体化训练的基础。第二步，要素合练。以熟练掌握各要素系统作战功能、实现要素内部各子系统的整体融合为重点，依托信息网络系统，逐步展开。一是要素部署训练。二是要素环节训练。三是要素综合演练。围绕一个演练课题，组织各作战要素内部的纵向连贯训练，以及各作战要素之间的横向衔接训练，实现诸要素作战功能和行动的整体联动。第三步，单元集成。重点进行以情报信息要素为支撑、以指挥控制要素为核心带动其他作战要素的综合集成训练。一般应围绕使命课题，按照实战要求，采取实兵、实装、实地展开，集中组织、统一导调的方法进行。

（四）以“联合一体”为目标，逐步构建一体化训练的有效运行机制

开展一体化训练，需要有一体化的运行机制作保证，因此，应按诸军兵种一体化联合的基本要求，改进和完善军事训练的组织领导、训练管理和人才培养机制。一是建立一体化组织领导机制。二是建立一体化训练管理机制。三是建立一体化人才培养

机制。[16]

五、军事理论创新

（一）军队建设理论创新的意义

彭和平撰文认为，军队建设理论是军事理论的重要组成部分。搞好军事理论创新，就要充分认识军队建设理论创新的重要意义：一是军队建设理论创新有利于推进我军现代化建设目标的实现和战斗力水平的提高。二是军队建设理论创新有利于推进国家经济建设与国防和军队建设的协调发展。三是军队建设理论创新有利于提升各级各类军事人员进行现代战争的能力和水平。

（二）军队建设理论创新的主要内容

关于军队建设理论创新的主要内容：军队建设理论创新是一个宏大的系统工程，必须围绕建设一支什么样的军队、怎样建设军队和打什么仗、怎样打仗这个主题，围绕新世纪新阶段我军担负的历史使命，在加强基础理论和史学理论创新发展的同时，突出重大现实问题的前瞻性、对策性、系统性创新，逐步构建适应信息化战争要求的军队建设理论体系。

一是要搞好军队建设基础理论的创新。要注重创新军队建设普遍性、根本性的基础理论，探索军队建设的主要特点和一般规律，提出军队建设的指导理论和基本原则。主要包括：①军队建设思想创新。主要研究马克思主义军队建设思想，中国古代军队建设思想，西方主要国家军队建设思想。当前主要研究方向和重点应是：邓小平新时期军队建设思想研究；江泽民国防和军队建设思想研究；军队建设发展战略。②信息化军队建设思想创新。要注重研究信息化军队建设及其指导规律，着重探索信息革命对军队建设的影响，信息化战争与信息化军队的关系，现代作战体系建设、我军主要建制单位信息化建设、军兵种信息化建设的特点、规律、原则和方法；研究机械化与信息化建设的关系。当前主要研究方向和重点是：我军作战体系信息化建设：陆军数字化部队建设，主要研究电子对抗部队建设等；海军、空军、二炮、武警部队信息化建设；新型部队建设等。③体制编制建设基础理论创新。注重研究军队体制编制主要特点和基本规律。主要研究领导指挥体制，联合作战体制，联勤保障体制，装备保障体制，军队组织编制的历史、现状和趋势，新型部队编制等。当前主要研究方向和重点是：适应世界军事变革新发展，优化我军体制编制；体制编制宏观调控研究；依法治编研究等。④军事装备建设理论创新。注重研究军队装备建设的主要特点和基本规律，提出军事装备发展的指导理论和基本原则。当前主要研究方向和重点是：军事装备发展战略，信息化部队装备建设，战略机遇期装备建设的主要特点和趋势。⑤军事人才建设理论创新。注重研究军事人才培养的主要特点和基本规律，军事人才素质模型，军队院校建设，未来战争对人才的需求等。当前，主要研究方向和重点是：邓小平、江泽民军事人才观；军事人才发展战略；我军院校建设。⑥军队管理教育理论创新。主要研究军队管理教育的主要特点和基本规律，新形势下治军特点和规律，我军基层建设的特点和规律等。当前主要研究方向和重点是：依法治军研究；军队基层建设研究。⑦军队建设史理论创新。注重研究军队组建和发展过程及其规律，着重探索中国近代和现代军队建设史，外军建设史。当前主要研究方向和重点是：中国革命战争时期军队建设；中国人民解放军现代化建设史等。

二是要搞好现实重大问题的研究创新。现实重大问题研究创新是军队建设理论创新的重点和难点，要下大力抓紧抓好，重点是搞好五项内容研究创新。①创新国防和军队发展战略理论。深入研究新世纪新阶段我军担负的历史使命，国防和军队现代化建设跨越式发展的战略构想，正确处理和把握国防建设与经济建设的关系，研究我军机械化、信息化建设复合式发展的总体思路、奋斗目标、主要任务和建设步骤，以及军兵种发展战略、武器装备发展战略、军事人才发展战略，为搞好军队建设的顶层设计和战略规划提供理论依据。②创新军队体制编制建设理论。研究军队领导管理体制调整改革，建立联合作战指挥体制，优化军队宏观结构，理顺军队重大比例关系，完善工作运行机制等问题，推动和促进军队结构模式的整体转型。③创新作战力量建设理论。深入研究部队综合集成建设，深化部队科技练兵，提高后备力量建设质量，为实现军队建设“两个根本性转变”提出切实可行的对策思路和办法。④创新新形势下治军理论。研究国家深化改革、扩大开放和发展市场经济对军队建设的影响，探讨新形势下军队建设和军事工作的特点规律，研究改革重大政策制度利依法从严治军、加强部队正规化管理的有效措施。⑤创新军队院校建设理论。跟踪世界先进的院校教育观念的发展趋势，充分借鉴世界国防和军队院校教育的经验，研究三代领导核心的军事教育思想，研究我军院校建设中的热点、难点问题，探索出一条具有中国特色的军队院校建设理论之路。[17]

紧贴作战任务，创新军事理论。邢连柱撰文认为，紧贴作战任务，创新军事理论，就是一个必须重视和解决的问题。第一，紧贴作战任务创新军事理论，是研究和指导战争必须遵循的基本规律；第二，紧贴作战任务创新军事理论，是适应国家安全形势变化，抓紧军事斗争准备的必然要求；第三，紧贴作战任务创新军事理论，是加速推进中国特色军事变革，完成双重历史任务的重要保证；第四，紧贴作战任务创新军事理论，当前最重要的是要区分层次，理解任务，立足现有条件，坚持技术战术结合，寻求制胜之策。打什么样的仗，怎样打好仗，是紧贴主要作战任务创新军事理论的核心和灵魂。要把握这一核心和灵魂，首先必须区分层次。所谓区分层次，就是说各级、各军兵种、各部队，要集中精力研究自己应当研究解决的作战问题。战略层次的，应侧重战略问题的研究；战役层次的，应侧重战役问题的研究；战术层次的，应侧重战术问题的研究；不同岗位的指挥员和机关人员，应侧重不同岗位的作战问题研究；各级各类人员都应当注重技术问题的研究。要通过各自深入的研究，切实增强各自应有的作战本领。[18]

（三）军事理论创新的内涵、地位和作用

1. 军事理论创新的内涵。普遍认同的观点：军事理论创新，就是科学预测社会、科技、经济、文化等因素对军事的影响，用全新的理念和研究方法提出新的军事思想和军事学术并用以指导军队建设和军事斗争的活动。

2. 军事理论创新的分类。主要有五种认识：①对军事领域出现的新情况新问题的解释原则、解释模式、解释视野的创新；②在把握军事发展规律、探索军事实践新领域的基础上，创立新的原理、新的理论体系或新的学派；③以发展着的军事实践为基础，在继承前人军事理论体系或基本原理的基础上，以新的观点、范畴、理论原则等形式，进行创新与补充；④根据军事实践的需要，重新梳理前人科学的军事思想和观点并使其系统化；⑤重述或再现被淡化或埋没了的能够反映当今时代军事发展的思想或理论观点。

3. 军事理论创新的地位作用。主要观点：①应对国际战略环境变化的认识工具；②应对世界新军事革命的关键因素；③推进军事变革的强大动力；④履行军队历史使命的重要举措；⑤实现军队战斗力跃升的重要源泉。

4. 军事理论创新与实践的关系。经过激烈争论，最终形成两种意见：①实践是军事理论创新最高层次的价值。第一，理论源自于实践。解决问题是理论创新的逻辑起点。理论创新源自实践中出现的新问题，其本质是发展，使命是解决问题，指导社会实践。第二，实践是检验真理的唯一标准。创新理论的正确与否完全依赖实践的检验。②实践是军事理论创新最低层次的价值。第一，理论具有不可试性。有的理论无法通过直接实践来检验。第二，理论与实践不具有一一对应性。理论具有先导性、前瞻性，不全是因为出现了问题才去创新理论。理论创新应成为一种学术导向，而不应要求其能够立即应用于实践。

5. 军事理论创新要联系实际。军事理论创新要联系的“实际”包含以下内容：①当代世界政治、经济、军事和文化的发展状况和趋势。②当代新军事变革的状况，如军队信息化建设、信息化战争的特点和规律、外军发展现状与趋势等。③我国国家安全、军事思想、军事战略、作战指挥、军队建设等方面的重大理论和实践问题。④当前军事理论创新的状况和存在的问题；理论创新者个人的思想准备情况，如科学的世界观、人生观和价值观，正确的立场、方法和观点，突破思维定式和思维旧习的勇气；等等。

（四）创新发展信息化条件下的“打赢”理论

1. 结构体系问题。对此有两种意见：①“打赢”理论还不能称之为理论，因为它还没有一个科学的体系结构和完整的内容。信息化条件下的“打赢”理论应先构建自己的理论体系。针对这种意见，与会者提出，应该在指导思想、目标、方法和原则等方面建构“打赢”理论。另外，“打赢”理论还要瞄准解决一系列重大现实问题，诸如，仗怎样打，部队怎样训，人才怎样培养，武器装备怎样配，后勤怎样保障等，形成一套编制体制、战略战役、政治工作、作战指挥、军事训练、后勤保障、装备保障等方面系统的理论，使其日臻完善。②“打赢”理论是上世纪90年代末提出的一个具有我军特色的理论概念，主要是瞄准当前和今后一段时期内我军面临的重大军事斗争实践问题，应充分集中有限资源，有针对性地填补“打赢”理论体系的空白点，从而保证这一理论研究的系统性和实践性。

2. 理论层面问题。与会者普遍认为，信息化条件下的“打赢”理论，要着眼于信息化这个实际，瞄准“打赢”这个目标，因此，应该有宏观的“打赢”理论，即战略层面的，也应该有战役和战术层面的“打赢”理论。这些理论最终构成一个完整的“打赢”理论体系。

3. “师敌以制敌”的理念。提出“师敌以制敌”

理念的与会者认为，首先，敌我双方只有矛盾的同一性，因此，敌我双方的军事理论也能够部分地相互借用：其次，“以致为师”可以帮助我们认识敌人的行动规律，提高军事理论创新的针对性和有效性；再次，“以敌为师”能使我们认真汲取外军的有益经验，开阔我们的视野，看到我军理论与其他国家理论的差距，防止故步自封。持这种观点的同志强调，“师敌”不是照搬照抄，要与我军的实际结合，最终目的是“制敌”，是“打赢”。

（五）创新思维方式

创新思维是军事理论创新的基本前提。对创新思维的认识归纳起来有三种：①当代军事思维方式必须由单向型向系统型转变。其特点是“整体大于其各部分的简单总和”。它要求人们在分析问题时，思维方式必须由封闭型向开放型转变，把纵向比较同横向比较结合起来，从事物整体的互相联系上把握事物的本质。②随着知识经济、知识军事的出现，要培养知识化思维方式，由直线思维到多层次思维转变。多层次思维方式是由多个思维起点、多个逻辑规则、多条思维线索交织在一起的思维方式，强调多层次的连贯思维。③军事理论创新的价值选择思维方式，根据不同选择又可细分为三种。第一种，多维型的思维方式。即在思维进程中，注意多角度、多层次、多评价标准、多思维结论的思维方式。第二种，求异式思维方式。求异式思维方式敢于怀疑前人的结论和见解，不迷信前人古人，能从新角度、以崭新方式提出理论和观念。第三种，创新型思维方式。即善于想别人所未想，言别人所未言，敢于提出新理论，推出新方法，探索新途径，使用新手段。⑲

六、关于战斗精神培育的问题

1. 关于“战斗精神”思想的起源

从广义上说，人类原始的征服、掠夺、复仇等精神欲望，就是战斗精神的雏形。人类文明进步的历史也是人们战胜自然、改造自然，与自身和外界不息奋斗的一部战斗精神史。从狭义上说，战斗精神是军事活动实践的产物，是自有军队以来军人的一种精神实践活动。《孙子兵法·军争》中就提出“治气”问题，指出：“三军可夺气，将军可夺心”，“故善用兵者，避其锐气，击其惰归，此治气者也。”

随着军事实践活动的发展，对精神力量的重视也进一步深入。明代何良臣撰写的《阵纪》是一部比较集中体现激发战斗精神的兵书。何良臣非常重视精神胆气的发现利培养。到了近代，孙中山在《军人精神教育》中提出“革命的精神”，即“其生也为革命而生，其死也为革命而死”，并在《在桂林对滇赣粤军的演说》中定义为军人之精神。

无产阶级军队的战斗精神既有对古代奴隶社会、封建社会和资产阶级社会军队战斗精神的继承，更有其产生的独特条件和背景。它来源于无产阶级军事斗争实践的长期积累，来源于无产阶级思想的长期熏陶，是在长期革命斗争实践中锻造和磨炼出来的。

2. 关于“战斗精神”概念的界定

对战斗精神概念的界定，有以下几种主要观点：一是综合说。认为战斗精神是由军人的信念、情感、意志、行为等融合并升华的一种内在力量，是战争领域中的各种精神现象和军队在战争中的各种精神品质等要素的综合。二是传统说。认为战斗精神就是我军在几十年血与火的考验中所体现的不怕艰难困苦、不怕流血牺牲，敢打必胜、前赴后继的精神，是我军克敌制胜的法宝，是军队优良传统的组成部分。三是层次说。认为从战略层次来说，战斗精神是对作战准备规律的揭示，为作战准备中政治工作指明了方向；从战术层次来说，它又是部队官兵的实践问题，即作战个体的实践活动。四是狭义说。这种观点是相对于综合说和层次说而言的，认为，英勇顽强、不怕牺牲就是战斗精神最核心的内涵。

目前，无论是理论研究或部队实践，对战斗精神还没有一个完全统一的定义，但总的看，在以下几个方面是有共识的：一是在总体归属上认识一致。普遍认为，战斗精神是战争领域的精神现象，属于意识领域的范畴，是战争中精神因素的重要组成部分，也是军队战斗力的重要组成部分。二是大体统一。普遍认为，战斗精神是军人的信念、情感、意志和能力的综合体现，是军队总的精神面貌和气质特征的集中体现。基本要素包括理想信念、军心士气、战斗作风、心理情感、意志毅力和价值倾向等内容。三是在本质特征上看法趋同。普遍认为，爱国主义是战斗精神不竭的力量源泉；革命英雄主义是战斗精神的根本标志；科学创新是战斗精神的最新体现；对党和人民无限忠诚是战斗精神的本质核心。

3. 关于“战斗精神”特征的理解

从专家学者论述和部队官兵实践体验来看，对战斗精神特征的理解人体可以概括为五个方面：一是认为，战斗精神总是与一定的阶级、政党和军队的属性紧密相连，具有很强的政治性。二是认为，战斗精神是一定社会的精神风貌和心理状态在军事活动中的具体反映，具有深刻的社会性。三是认为，战斗精神的内涵和表现形式是随着军队建设的进步和战争形态的发展而不断变化的，具有鲜明的时代性。四是认为，战斗精神是在战争准备和战争行动实践中培育和生成的，具有明显的实践性。五是认为，战斗精神是多种精神因素的发掘、整合与正确导向所产生的综合之力，具有明确的指向性。

此外，战斗精神还具有目的性、对抗性、能动性、传统性和不确定性等特点。

4. 关于“战斗精神”培育面临的挑战

战斗精神生成必然受到传统文化、社会心理、军事实践等因素的影响。当前的挑战主要有：一是来自现代战争的挑战。军事技术的每一次变革及在战场的运用都会助长“技术决定论”的抬头，并对人的作用特别是战斗精神的地位提出质疑；战争手段、战场环境、战争主体的变化，对战斗精神提出了新要求。此外，现代战争的起源、本质和性质认识的挑战，也对战斗精神培育提出新的考验。二是来自部队实践的挑战。个别官兵打仗精神准备不足，存在“高技术战争是打装备”的模糊认识；个别士兵存在“当兵几年就退伍”的临时观念，献身国防精神面临现实的挑战。三是来自社会家庭的挑战。一方面，社会荣誉的淡失，容易使战斗精神培育缺少外在推力；社会教育的偏差，容易使战斗精神培育缺少良好基础；社会承诺的失约，容易使战斗精神培育缺少物质支撑：社会对军人职业认可度的下降，容易使战斗精神培育缺少道德氛围。另一方面，官兵家庭对战斗精神培育的负面影响在逐步加大。四是来自传统文化的挑战。我国传统文化对军人战斗精神的培育起到了积极的作用。但也有一些消极的文化心理，融入当代军人的价值观念、心理情操和思维方式中，对战斗精神培育产生消极影响。

5. 关于战斗精神培育的重要性问题

朱铁平撰文认为，战斗精神是构成部队战斗力的重要因素，是广大官兵的精神支柱和力量源泉。胡锦涛同志强调，要大力开展“强化战斗精神，提高打赢能力”主题教育活动，这一指示从军事斗争准备的全局揭示了战斗精神培育的极端重要性和现实紧迫性。一是必须把坚定理想信念作为战斗精神培育的灵魂；二是必须把从严治军作为战斗精神培育的重要途径；三是必须把提高打赢能力作为战斗精神培育的根本目的。[20]

6. 关于“战斗精神”培育的方法途径

部队战斗精神的培育，过去主要靠战争锻炼，现在则主要靠平时养成；战斗精神表现在战时，培养在平时，关键在养成。在战斗精神的培育方法途径上，主要有以下一些观点：

一是价值引导法。战斗精神是官兵价值取向的一种精神面貌和气质特征的外在表现。正确的价值观念和价值取向，是培育战斗精神的前提和基础。靠正确价值观念和价值取向而产生的战斗精神才具有持久性和战斗性。二是艰苦磨砺法。只有经过血与火的洗礼、生与死的考验、险与难的磨炼，战斗精神才能得以牢固确立。而且，这种艰苦实践的目标越高，遇到的干扰和困难越大，实践的过程、条件与环境越艰苦，对官兵的精神和意志的磨炼就越大，创造出的精神力量就越坚强、越强大。三是环境营造法。良好的环境，是培育战斗精神的重要外在力量，是战斗精神的“催生婆”和“助力器”。要通过营造良好的社会舆论环境、浓厚的军营战斗环境等培育战斗精神。四是传统教育法。军人强烈的荣誉感、执著的信念、统一的思想、振奋的精神、乐观的情绪和打赢的信心等，必须通过光荣传统教育、使命职能教育、形势战备教育、对敌仇恨情感教育等扎实有效的思想教育来灌输。五是物质支撑法。军人基本物质生活资料的获得，个人正当利益的满足，是战斗精神生成的基本动力，提高军人的福利待遇、解决军人的实际问题、加强武器装备建设等，都是战斗精神生成的物质基础。六是机制激励法。要运用催生机制、灌输机制、鼓动机制、训练机制、控制机制利维持机制等生成战斗精神。[21]

七、当前军事交流与合作的主要特点

冷战结束后，在政治、经济全球化浪潮的冲击下，在新军事革命迅猛发展的大潮中，国际战略格局、战争形态以及各国所面临的安全形势均发生了深刻变化。为了确保在激烈的国际竞争中赢得战略主动，世界各主要围家和组织在纷纷加大对军事战略调整力度的同时，日益重视国际军事交流与合作。“9·11”事件后，基于反恐斗争和国际政治的新形势，各国之间、各区域组织之间的军事交流与合作也呈加强之势。因此，在当今世界，军事交流与合作已成为各国、各区域组织之间谋求安全利益、推进自身发展的主要途径之一，并越来越呈现出鲜明的特点：①政治、经济全球化的不断发展促使国际社会认识到，共同安全才是绝对的安全，因此，各国、各区域组织之间的军事交流与合作明显增多，形式和范围不断向全方位方向发展，内容上也具有相当的深度和广度。②反恐和防扩散成为当前国际军事交流与合作的主题。③军事交流与合作的主体仍然是大国和主要的国际组织，国家实力仍是能否在国际舞台上获得更大发言权的根本保证。④各国在军事交流与合作中，不再以传统的集团利益和意识形态为标准，而是最大限度地谋求各自的国家利益，其中经济因素在军事交流与合作中的作用日益突出。[22]

八、世界军事安全形势

2005年，世界战略格局总体稳定，战略力量对比严重失衡的趋向并无大的改变，“一超多强”战略态势依然存在并有所发展。但是，在世界政治、经济发展不平衡规律的作用下，世界主要战略力量此消彼长，新的战略力量逐步形成并加快发展，世界战略格局的力量结构和实力对比正在发生新的微妙变化，世界多极化趋势正在不断加快。

李效东、董亚夏撰文从六个方面对2005年世界军事安全形势进行了考察：一是世界战略力量对比态势发生微妙变化：①美国战略力量严重透支，国际干预和控制力相对下降。②欧洲战略力量有所增强，“大西洋裂痕”日趋加深。③俄罗斯国力迅速恢复，印度已成为新的世界战略力量。二是地区局部战争的阴霾仍难消除：①伊拉克战争仍在继续，战场局势日趋恶化。②阿富汗局势依然紧张，塔利班武装组织死灰复燃。③其他地区的武装冲突此起彼伏。三是世界热点地区局势时紧时缓：①巴以关系仍未走出困境。②朝核危机峰回路转。③伊朗核问题僵持不下。四是国际安全合作日趋增多：①国际反恐合作任重道远。②国际军控合作步履维艰。③地区安全合作内容广泛。欧洲安全合作发展较快。五是大国积极调整国家安全战略和军事战略：①美国推出“新布什主义”。②日本实行更加主动的外向型军事战略。③俄罗斯继续奉行积极防御战略。六是各国大力加强军事力量建设，积极推进军队转型：①加大军费投入的力度。2005年，全球军费开支已超过1万亿美元，其中美国的军费开支占了一半以上，也就是说，所有国家的军费开支加起来还不及美国的军费开支。②调整编制体制。为了继续称霸世界50年，美国防部在即将出台的新的《四年防务评估报告》中提出了“领先50年”的构想，要建立一支在未来50年内能应付任何挑战、没有任何对手的军队；强调进一步处理好保有军事实力与实现军事目标的关系，既要打赢战争，又要打得更有效率、更经济。[23]

（作者：国防大学研究员）

注：

①徐思彦：《2005年中国十大学术热点》，《中国社会科学文摘》，2006年第2期。

②钟思祖：《东方主战场——论中国人民抗日战争在世界反法西斯战争中的地位和作用》，《光明日报》，2005年8月29日。

③郑德荣、王占仁：《抗日战争与中华民族历史命运的伟大转机》，《高校理论战线》，2005年第7期。

④胡德坤：《中国抗日战争对世界历史进程》，《外国军事学术》，2005年第9期。

⑤鲍铁印：《抗日战争胜利的警示》，《军事》，2005年第9期。

⑥赵东升、王少文、邢开宇：《抗日战争时期我党军事经济思想的重大发展》，《后勤学术》，2005年第9期。

⑦马平：《军事安全与国家利益》，《国防》，2006年第4期。

⑧梁晓秋：《空间安全战略的若干理论问题》，《中国军事科学》，2005年第1期。

⑨陈波：《论战略资源与国家安全》，《中国军事科学》，2005年第1期。

⑩刘从良：《构筑军事文化安全战略》，《国防大学学报》，2006年第1期。

⑪徐根初：《对我军维护国家发展重要战略机遇期的思考》，《军事学术》，2005年第11期。

⑫王宁：《略谈加强信息网络安全管理》，《军事学术》，2005年第11期。

⑬金一南：《危机管理与国家安全战略》，《国防大学学报》，2005年第1期。

⑭《军事学术》编辑部：《一体化联合作战研讨会观点综述述》，《军事学术》，2005年第8期。

⑮杨志远：《试论一体化联合作战原理》，《军事学术》，2005年第2期。

⑯郑勤：《对我军一体化训练体系的再思考》，《军事学术》，2005年第2期。

⑰彭和平：《军队建设理论创新的意义及内容》，《国防大学学报》，2005年第4期。

⑱邢连柱：《紧贴作战任务，创新军事理论》，《军事学术》，2005年第2期。

⑲林宪旗：《推进新时期军事理论创新学术研讨观点综述》，《国防大学学报》，2006年第1期。

⑳宋铁平：《关于战斗精神培育的几个问题》，《军队政治工作》，2005年第7期。

㉑林超平：《战斗精神研究综述》，《军队政工理论研究》，2005年第3期。

㉒林宪旗：《推进新时期军事理论创新学术研讨观点综述》，《国防大学学报》，2006年第1期。

㉓李效东、董亚夏：《世界军事安全形势》，《外国军事科学》，2006年第1期。

附：

基础工程·战略工程

——一年来实施马克思主义理论研究和建设工程进展综述

新华社记者

马克思主义理论研究和建设工程启动以来，在中央的高度重视和直接指导下，在社会各界的关心支持下，在众多知名专家学者的辛勤努力下，工程各项工作正在顺利展开，已经取得实质性进展。马克思主义研究的热潮正在形成，工程的主旋律作用正在体现。

掌握中央精神，组织专家学者深入进行国情世情调研

了解中央精神、了解当前形势、了解国情、了解世界，用宽广的眼界观察中国和世界，深刻洞悉当今发展大势，是对党的理论工作者的一项基本要求。

围绕这“四个了解”，工程组织了一系列活动：

举办高层报告会，介绍当前形势和中央精神。工程先后邀请中央各有关部门的负责同志通报了党风廉政建设和反腐败斗争的情况，加强党的执政能力建设和党的建设的情况，加强马克思主义在意识形态领域指导地位的情况，世界社会主义运动的情况，我国经济形势以及加强和改善宏观调控的情况，当前国际形势和我国外交工作的情况等。十六届五中全会刚刚闭幕，工程就邀请会议起草组成员作关于学习贯彻十六届五中全会精神的报告。前两天，工程近200位专家还专门参加了“神舟”六号载人航天精神先进事迹报告会。

组织工程首席专家和主要成员分期分批到全国各地进行专题考察。去年，组织200多位专家学者分6批到改革开放前沿地区和重要革命纪念地进行国情调研。今年，又有近200位专家学者分5批到西部地区和东北老工业基地开展国情调研。大家带着课题一路考察、一路研讨，紧密结合改革开放20多年来的丰富实践经验，深化对课题的研究，使理论与实际的结合提升到了一个新的层次。

此外，还组织专家赴一些国家考察，进行比较研究，总结其他国家发展的经验教训。邀请国外一些专家学者来我国进行研讨，进一步掌握了国外研究马克思主义和社会主义的最新动态和前沿问题。

这些活动，不但帮助大家拓展了视野，开阔了眼界，增强了做好工程工作的责任感和使命感，而且极大地扩大了工程的社会影响。

合力攻坚，深入研究重大理论和现实问题

11月28日，来自全国邓小平理论和“三个代表”重要思想研究基地和工程各课题组的60多位著名专家学者，齐聚北京会议中心，围绕科学发展观与邓小平理论和“三个代表”重要思想的关系、科学发展观的世界观和方法论意义、社会主义和谐社会建设等问题展开了深入研讨。这是工程组织开展重大理论和现实问题研讨活动中的一个场面。

一年来，工程把加强对重大理论和现实问题的研究作为主攻方向，组织了100多次的学科调研，整理出几百个需要深入研讨的问题。各课题组集中力量，对这些问题开展了多角度、跨学科的研究，共召开各种类型研讨会200多次。其中，围绕学习贯彻“三个代表”重要思想、树立和落实科学发展观，加强党的执政能力、保持党的先进性、构建社会主义和谐社会等重大问题，全国七个邓小平理论和“三个代表”重要思想研究基地就召开了60余次不同规模的研讨会。

一年来，在对重大理论和现实问题研究方面，已经取得了重要进展：

在对马克思主义经典作家基本观点的研究上，一是集中编译10卷本《马克思恩格斯文集》、5卷本《列宁专题文集》。这两套文集选编的内容，都是马克思主义经典著作中的核心部分。对这些著作的译文进行重新审核和修订，能够更准确反映经典作家的原意。二是加强对马克思主义基本观点的深入研究。把马克思主义经典作家的基本观点大致分为18个方面，分别成立了18个子课题组，集中全国200多位专家进行深入研究，目的是进一步引导分清哪些是必须长期坚持的马克思主义基本原理，哪些是需要结合新的实际加以丰富发展的理论判断，哪些是必须破除的对马克思主义的教条式的理解，哪些是必须澄清的附加在马克思主义名下的错误观点。目前，已推出了一批有价值的研究成果。

在马克思主义中国化的三大理论成果和十六大以来我们党理论创新成果的研究上，一方面，各课题组对马克思主义中国化最新成果进行了集中系统的研究。比如，去年围绕纪念邓小平同志诞辰100周年，组织理论界召开了200多次较大规模的理论研讨会，出版研究专著数百部，发表文章7000多篇，把邓小平理论研究提高到一个新水平。比如，对“三个代表”重要思想和十六大以来我们党理论创新成果的研究，去年以来先后拟定了100多个重点课题，集中了一批理论骨干开展研究，发表研究论文500多篇。据初步统计，《人民日报》、《光明日报》、《经济日报》、《求是》杂志等中央主要报刊仅以全国邓小平理论和“三个代表”重要思想研究基地的名义发表重点理论文章，就有70多篇。这些研究成果，对于促进人们在解放思想中统一思想，发挥了积极作用。

运用马克思主义中国化最新成果深入回答干部群众关心的问题，也是工程工作的一项重要内容。有关部门连续组织编写出版了《干部群众关心的25个理论问题》《理论热点18题》《2005：理论热点面对面》等系列通俗理论读物。这些书的一个鲜明特点，就是组织理论大家动手写通俗性的文章，不回避理论上和实际中的难题，在娓娓道来中把道理讲清楚、说明白。出版后在社会上产生了良好反响。三本书累计销售200多万册。

夯实基础，建设哲学社会科学学科体系和教材体系

如何建设全面反映当代中国马克思主义最新成果的学科体系和教材体系，是哲学社会科学界比较关心的问题。

在充分调查研究的基础上，中央有关部门发出进一步加强和改进高等学校思想政治理论课的文件，提出要把马克思主义理论研究列为一级学科。这是学科体系建设的一大突破。随后，有关部门又进一步发出加强和改进高等学校哲学社会科学体系与教材体系建设的文件，明确提出建设充分反映马克思主义中国化最新成果的学科体系和教材体系的总体框架。在学科体系建设方面，逐步形成以马克思主义理论研究为一级学科，以马克思主义基本原理、马克思主义发展史、中国化的马克思主义、国外马克思主义、思想政治教育为二级学科，以哲学社会科学分领域研究为支撑的马克思主义学科体系。在教材体系建设方面，首先启动9本重点教材（即马克思主义哲学、政治经济学、科学社会主义和政治学、社会学、法学、史学、新闻学、文学）编写工作，并提出要在今后7年左右的时间，陆续组织编写150种左右教材，基本覆盖各学科专业的基础理论课程和专业主干课程。

千里之行，始于足下。通过精心组织，精心实施，工程9本教材的编写正在顺利推进：

——开展了深入的学科调研，摸清家底。马克思主义哲学课题组系统整理和分析了新中国成立以来出版的200多种哲学教材编写提纲，对国外有代表性的几十种哲学教材编写提纲进行了仔细研究，并多次到高校进行专题调研，整理出高校师生对教材编写的意见和建议。文学课题组先后完成了关于新时期高校文学理论教材编写的调查报告、关于新时期中国文艺理论与批评发展概况的调查报告、关于新时期文学创作的调查报告、关于新时期马克思主义文论研究现状的报告。并成立6个小组，每组编写一份三级提纲，在此基础上综合成教材编写提纲。一些专家感叹，这样大规模的学科调研，做了学术界一直想做而没能做的事，虽然费时费力，劳心费神，但是真正做到了摸清情况，找准问题。

——围绕教材中涉及的重大问题进行充分讨论，形成共识。各课题组围绕对教材中涉及的重大问题，组织了本学科领域的学科带头人，开了一系列座谈会、研讨会，进行深入讨论，在此基础上拟定了教材编写三级提纲。

——组织专家学者对提纲进行认真审议，精益求精。工程各主管单位对教材编写提纲进行了审定后，咨询委员会的一批资深专家多次召开会议，对提纲进行反复审议。每次审议的过程，既是对重大理论问题深入研讨的过程，又是在大的方面统一思想的过程。

目前，《马克思主义哲学概论》《政治学概论》《史学概论》《社会学概论》《新闻学概论》《文学概论》等教材编写提纲已经确定，大部分课题组进入了初稿撰写阶段。

与时俱进，积极推进高校思想政治理论课改革

作为哲学社会科学重要组成部分的高校思想政治理论课，在加强大学生思想政治教育、培养社会主义建设者和接班人中发挥着极其重要的作用。

根据形势发展的需要，中央决定将高校思想政治理论课由原来的7门调整充实为4门课（马克思主义基本原理概论，毛泽东思想、邓小平理论和“三个代表”重要思想概论，中国近现代史纲要，思想道德修养与法律基础），并把思想政治理论课教材纳入马克思主义理论研究和建设工程，作为重大项目组织力量进行编写。

为编好这4门教材提纲，集中了几百位专家，用公开招标的方式，从全国18个省市申报的49个提纲中每门遴选出一个最优提纲。在此基础上，工程咨询委员会和课题组连续召开会议，反复讨论，并征求了25所高校100多名教师和学生的意见和建议，最终确定了教材编写提纲。看过提纲的专家学者认为，这4门教材编写提纲比较充分地反映了马克思主义中国化的三大理论成果和十六大以来的理论创新成果，注意有针对性地回答青年学生的理论困惑和热点、难点问题，比较好地吸收了本学科领域的最新研究成果，注意相关学科知识的融会贯通，在编排结构上也有较大创新。

目前，这4门教材已经进入初稿撰写阶段。新教材出来后，有关部门将组织在高校学生中进行试点，逐步推开。

百年树人，大力加强马克思主义理论队伍建设

工程能否顺利推进，根本在人。工程成立的20多个课题组，直接参与的专家学者有500多人，间接参与的有5000多人。如何通过工程的工作，推动建设一支老中青三结合的马克思主义理论研究和教学骨干队伍，也是工程的一项重要任务。因此，在工程建设过程中，十分重视将出成果、出人才紧紧联系在一起，注意发现人才、培养人才，工程实施与队伍建设紧紧联系在一起。

一是从课题组的组成看，有两个明显特点。一个是老中青相结合，既有老专家、老学者，又有中年学科带头人，还有青年理论骨干。这有利于青年学者更好地学习老同志的政治立场和学术思想，学习他们的严谨学风，也有利于增强理论创新的意识，使课题组成为人才培养的阵地。另一个特点是各课题组吸收了一些实际工作部门的同志，这有利于专家学者更好地了解实际情况，促进理论与实践的紧密结合。

二是将国家人才培养重点计划中的优秀中青年学者纳入到工程中。比如，工程将全国宣传文化系统“四个一批”优秀理论人才吸收到各课题组，有的还担任首席专家，作为重点培养对象，加大扶持力度，为他们施展才华创造条件，给他们的学术创造提供更加广阔的空间。

三是加强对高校马克思主义教学科研骨干的培训。从今年开始，用3年时间，在中央党校对哲学社会科学教学科研骨干进行系统培训，每年办6期班，共培训2000多人。今年已举办了6期研修班，培训了600多人。参加研修班的学员普遍感到收获很大。在对这6期研修班学员的问卷调查中，有89.12%的学员认为，通过研修“加深理解了坚持马克思主义在意识形态领域指导地位的意义”；有82.53%的学员认为，通过研修“加深理解了马克思主义中国化的最新理论成果”；有90.02%的学员认为，通过研修“增强了教书育人的责任感和使命感”。

四是今年在高校社科系统和社科研究系统深入开展了“三个代表”重要思想、马克思主义立场观点方法、职业精神和职业道德的“三项学习教育”活动，着力增强广大理论工作者用马克思主义指导学术研究的自觉性和坚定性。目前，这项活动正在扎实开展中。

一年来，马克思主义理论研究和建设工程的蓬勃发展，有力地推动了党的思想理论工作，有力地促进了哲学社会科学的繁荣发展。工程已经成为团结理论界专家学者的桥梁和纽带。正如采访中有的专家所说：“实施马克思主义理论研究和建设工程，是在关键时刻采取的关键措施，抓住了思想理论建设的关键环节。”我们有理由相信，在党中央的坚强领导下，工程工作一定能够百尺竿头，更进一步，为中国特色、中国风格、中国气派哲学社会科学的形成作出应有贡献！（新华社北京12月5日电）

（原载《光明日报》，2005年12月6日）

2005年理论热点综述

哲学篇

马克思主义哲学中国化与马克思主义理论研究和建设工程受关注

马克思主义哲学中国化是学者们长期以来努力的方向，它本身作为哲学研究的对象是本年度哲学界关注的一个重要问题。马克思主义理论研究和建设工程，也很受学者关注，不少学者还亲自参与其中。有学者认为通过考察中国马克思主义哲学与世界马克思主义哲学发展之间的关系，与中国传统哲学及社会思潮之间的互动关系，可以揭示中国马克思主义哲学的多层次内容。也有研究者反对用西方哲学视角，将马克思主义哲学变成空洞的语词，认为只有从认识世界的层次上升到解释、改造世界的层次，弘扬马克思主义理论与实际统一的品格，才能实现马克思主义哲学的中国化。

中国传统哲学、西方哲学、马克思主义哲学如何对话

近来，研究者的注意力从马克思主义哲学本身转移到了其与西方哲学和中国传统哲学的融会贯通方面。有学者认为三者的融通是在全球化学术语境、中国现代化的实践语境、中国各派哲学相互争鸣的批判语境下被讨论的。马克思主义哲学实现创新，就要与西方哲学、中国传统哲学具有可通约性。有观点认为三者在学理上是可通约的，但是必须以马克思主义哲学为指导；另一种观点则认为哲学研究者必须立足于当前实际情况，并利用哲学的可解析性、可移位性，使三者相互融通。

生态哲学、文化哲学、管理哲学等兴起

马克思主义如何把握、改造现实社会，不仅是理论问题，也是实践问题。学者们普遍认为现实生活是马克思主义哲学的根本归宿，哲学必须回到现实生活中，因而，要改变哲学的存在面貌，从抽象的形而上学转化为与生活领域密切相关的学科。马克思主义哲学应用到具体社会领域的分支学科研究，如公共哲学、生态哲学、文化哲学及管理哲学等都已逐步发展起来。

关注和谐理念、和谐辩证法

哲学及其分支学科从不同的角度提出构建和谐社会的设想，许多学者从马克思主义辩证法角度研究和谐社会问题，有的学者提出了和谐辩证法，还有一些学者则从科学发展观的角度探讨和谐社会的理论。社会发展过程中包括三大基本关系：自然、社会与人；经济、政治、文化与社会；过去、现在、将来。学者们普遍认为和谐社会观念可以作为深入理解三大基本关系的基础理念。在哲学各个分支学科中，和谐及和谐社会也被作为包括伦理、宗教、美学等分支学科及问题的理论研究视角。（作者曲蓉为中国人民大学哲学院博士研究生）

党建篇

党的执政能力建设仍是研究重点

加强党的执政能力建设，仍然是本年关于党的建设研究的重点。在研究中，很多学者从执政成本与效益产出的角度探讨了这一问题。有学者提出，执政成本包括战略实施成本和战略机会成本，影响执政成本效益的除了“成本—效益”关系中的经济因素外，还涉及对执政党的认同程度、居民收入差距和区域发展差距、国家统一与民族和睦的程度、执政体制和机制的成熟程度等非经济和非技术因素。

关于党的先进性建设的长效机制

围绕建立党的先进性建设的长效机制问题，党建理论和实际工作者进行了深入研究。综括起来，保持共产党员先进性所要建立的长效机制主要包括以下内容：一是进行马克思主义理论学习的机制；二是党员自我教育和自我管理的机制；三是党内民主参与机制；四是对党政“一把手”的制约和监督机制；五是联系群众和服务群众的机制；六是考核评估和奖惩激励机制；七是党员权利保障机制；八是使优秀人才脱颖而出的机制等。研究者认为，只有真正建立起保持共产党员先进性的长效机制，并切实加以落实，才能永葆党的先进性，完成党的执政使命。

继续关注发展党内民主的难点

对于党内民主发展中涉及的若干重大理论和实践问题，学术理论界继续给予深切关注。有学者提出，发展党内民主存在着书本上的“理应如此”与实际运作上的“事实如此”之间的巨大反差，主要表现为三个方面的矛盾：一是党政高度“统合”与党的集体领导原则的矛盾；二是组织本位、领导本位与党员本位、党员主体的矛盾；三是党内各种利益倾向与传统党建理论对先进性认识的矛盾。还有学者提出，党内民主的不足，主要不在于党员或党员领导干部民主意识的淡薄，而在于确保民主的制度缺失，比如在党内选举制度方面，就存在着选举太过间接、选举的竞争性不足、选举行为不规范、对选举结果缺乏应有的尊重等问题。为了解决以上问题，有学者提出了要在确立党员的主体地位的前提下，建立民主的授权机制，在党内实行直接民主选举制度等办法和思路。

直面干部制度改革中的热点问题

有研究者提出，当前我国干部管理制度中主要存在以下突出问题：一是权力过分集中，家长制作风严重，特别是对“一把手”所实际拥有的绝对用人权缺乏有效监督的手段；二是跑官要官之风继续蔓延，拉票贿选、民意失真等问题越来越严重；三是干部能“上”不能“下”的问题没有得到实质性解决，正常的淘汰退出机制尚未形成；四是干部考核评价标准不具体，岗位职责不规范、不明确，干部的使用和管理缺乏科学依据等。与干部制度中的问题相联系，还有学者分析了我国党政领导班子结构上存在的制度缺陷，一是区域性的“近亲繁殖”和简单化的“强弱搭配”；二是重学历轻需求、轻能力的倾向依然存在；三是传统的条块分割格局没有根本突破；四是战略性的后备干部储备机制尚未建立等。这些问题，都有待通过进一步深化干部制度改革逐步加以解决。（作者曹普为中央党校中共党史教研部副主任、教授）

政治篇

关于民主政治白皮书

今年10月《中国的民主政治建设》白皮书的发表，引起学界广泛关注。这是我国首次以政府文告形式全面阐述我国的民主政治建设，学者们认为，这表明了我国政府在不断取得社会政治经济发展和改革成就的基础上进一步巩固马克思主义指导地位的决心，以及跟其他国家进行平等对话和交流的信心。

政府在和谐社会中的角色受关注

作为国家的管理机构，政府在构建和谐社会中应扮演什么样的角色？学界普遍认为继续深化行政体制改革，加快政府管理创新，是促进和谐社会发展的保证和关键。有专家提出，政府作为和谐社会的组织者和领导者，要做到以下四点：一是在政府发展战略上打破单一经济建设型政府的思路，要坚持全面、协调、可持续发展的观点；二是公共政策的制定应该真正地体现公正、公平和正义；三是政府应该由一个管制型政府走向服务型政府；四是要加快制度建设的步伐。

科学的政绩评价体系研究走向深入

专家们认为，树立正确政绩观，不能停留在一般号召上，必须有科学的政绩评价体系作为官员施政行为的激励和约束机制。有专家提出，政绩考核评价体系应解决四个关键问题：官员政绩由谁来考评、考评什么、怎么考评以及考评结果如何有效运用。专家们指出要以扩大公众参与为出发点，按照责任度、关联度、知情度原则来设置评价主体，把考核评价内容具体分为官员的思想政治素质、组织领导能力、工作作风、工作实绩和廉洁自律五大项内容，考评结论必须作为决定官员升降去留的依据，从而起到正确的导向作用。

继续关注执政资源研究

执政资源与合法性是近来学界比较关注的问题，表明在政治学的介入下执政能力研究逐步走向深化和学理化。一般认为执政资源就是政党为有效获取和行使国家权力所需的各种资源要素的集合。有论者提出，执政资源应包括经济资源、政治资源、组织资源和思想文化资源等，认为执政资源的流失，会降低或丧失一个政党的政治凝聚力、社会控制力和政治动员力，因此执政资源建设不仅关系到执政使命能否顺利实现，而且关系到执政党的前途命运与兴衰存亡。

“网络政治”：直接民主还是“情绪式民主”

伴随着互联网的繁荣、“网络政治”的演进和电子政府的全面推进，专家大多认为“网络民主”在未来势必对民主政治发展产生越来越大的影响。有的专家认为，互联网的出现将推动代议民主向参与民主的转变，促进言论自由、社会平等和政治公开的发展，使人类的民主程序和机制更加完善。但更多论者持一种冷静态度，指出“网络民主”具有鲜明的“双刃性”，它既可以实现人们参与政治过程的直接性、真实性、平等性，也容易出现“情绪式民主”和“暴民政治”。因此，专家指出，如何引导“网络民主”的发展方向和进程是关键，作为政府应该利用网络技术更深入地体察民意，努力促成良好的官民互动以进行民主治理，而作为民众也需要端正心态，通过制度化的渠道，以理性、合法的形式，有序地参与政治生活。（作者邓名奋单位：国家行政学院政治学部）

经济篇

生产要素按贡献参与分配与按劳分配的关系仍受关注

针对生产要素按贡献参与收益分配与按劳分配的关系，学者们展开了讨论。有的学者认为，价值创造是价值分配的依据，二者研究的是同一领域的问题，并以此推断出各生产要素创造价值，决定了各要素参与分配是合理的。有的学者则指出，价值创造与价值分配是两个不同的问题，不能把它们混为一谈。既不能把价值创造看做是价值分配的依据，也不能把价值分配问题等同于价值创造问题。还有学者指出，价值创造并不直接就是价值分配的依据，价值分配原则的变化并不能否定价值创造的理论，分配关系是由所有制决定的。目前提出生产要素按贡献参与收益分配，既不是对劳动价值理论的否定，也不是对劳动价值理论的简单引申。我国实行按劳分配为主体、多种分配方式并存的分配制度，坚持各种生产要素按贡献参与分配，是由公有制为主体、多种所有制经济共同发展的基本经济制度决定的。

经济增长方式转变是研究热点

有的学者认为，我国在总结经验教训中不断探索新的发展模式，先后从不同角度提出我国应遵循的发展途径与模式。如提出以经济效益为中心；“持续、稳定、协调发展”；“持续、快速，健康发展”；转变增长方式即由粗放型转为集约型增长方式；全面协调可持续发展；又提出科学发展观。这些不断发展的提法不是前后取代而是相互衔接、相互补充的关系，是认识不断提高的成果。有的学者指出，落实科学发展观要解决两个核心问题，一是加快粗放型的增长向集约型经济增长方式的转换，二是加快解决我国城乡经济、区域经济非均衡发展问题。

公平与效率问题是焦点

围绕正确处理好公平与效率的关系，经济学界展开了深入研讨。部分学者指出，目前我国收入分配方面出现的过大差距，直接影响到我国经济社会的和谐发展。要实现共同富裕的目标，就不能只重视效率而忽视公平，而必须将公平作为我国经济社会发展的长远目标。有学者指出，马克思主义公平观是历史的、具体的，不存在普遍的公平观，西方所讲的“公平”与我们所讲的“公平”不是同一个问题。在某种情况下，公平更重要。“效率优先，兼顾公平”的提法在当前的中国应适当地加以调整。

政治经济学教材如何创新

专家指出，借鉴西方经济学，不是以西方经济学排挤和取代马克思主义经济学，不应把西方经济学包括其“经济人”假设、私有制永恒等理论观点真理化。政治经济学教材建设必须将马克思主义基本原理与中国实践紧密联系起来。政治经济学学科和教材建设要有一个创新问题，做到坚持与创新相结合。（作者孙咏梅单位：清华大学经济管理学院）

法学篇

诉讼法学理论研究趋于活跃

与刑诉法、民诉法和行诉法的修订相通应，三大诉讼法领域的研究特别活跃，各种官方和学界的修改建议稿都是法学界最新研究成果的文本结晶。就刑诉法修改而言，法学界已经达成以惩罚犯罪与保障人权相结合的基本共识，有专家明确提出在刑事诉讼法的修改中妥善处理惩罚犯罪与保障人权的关系，着重解决司法实践中的突出问题，构建起以保障人权为核心的刑事诉讼制度体系。就民诉法修改而言，民事再审程序成为研究的热点之一。

国家赔偿和国家补偿制度的改革完善呼唤理论创新

近年来发生的一些冤案将国家赔偿问题纳入了公众的视野，法学界有关《国家赔偿法》尽快大修的呼声日趋高涨，要求立法明确国家赔偿中精神损害赔偿问题，同时呼吁最高法院尽快出台有关精神损害赔偿的司法解释，尽快开启国家赔偿精神损害赔偿的司法先例。现行宪法在修改中明确规定：国家为了公共利益的需要，可以依照法律规定对土地实行征收或者征用，并给予补偿。补偿概念的入宪昭示着国家补偿制度将步入法治化的轨道，有关专家也呼吁制定国家补偿法。（作者刘武俊为司法部研究室副研究员、《中国司法》副总编）

关注死刑复核程序改革

死刑复核程序改革是当前司法体制改革的热点问题。学界围绕着我国部分死刑立即执行案件由高级人民法院核准的做法，展开了激烈讨论。许多学者认为，死刑核准权的下放，造成相当多的死刑案件二审与核准都在同一法院进行，不利于从严控制死刑的适用面，不利于消除司法权地方化的弊病，从尊重和保障人权和生命权的角度，建议死刑核准权统一收归最高人民法院。这一建议最终被采纳。有学者认为这是今年司法改革的突破性举措。

关于新公司法的颁布

新公司法的修改通过是今年法学界的一件大事。这次修改被学者称为是一次根本性、全面性的修改。修改过程中，学者围绕是否设立一人有限公司、如何健全董事制度避免“一言堂”、公司注册资本最低限额等问题，展开了深入研究。学者们认为，新公司法将对鼓励投资、推动公司建立、促进我国经济发展产生深远的意义和影响。另外，证券法在修改过程中也是学界的关注热点。

物权理论成为法学界和社会共同讨论的热点

物权法的修改与老百姓权益密切相关，成为今年全民关注的大热点。法学界围绕我国物权法的体系、住宅用地使用权的自动续期、抵押，以及农村集体土地所有权的性质和界定、不动产登记制度的完善、土地承包经营权具体权利及保障、物业管理中权利义务的明晰等问题进行了深入探讨。有学者认为，我国物权法要首先解决国有企业法人财产权问题和土地权利问题。有学者认为，土地经营权是一种独立的物权，要区分和保护土地所有者和经营者的共同权益。

关于违宪审查制度研究

自《立法法》颁布并实施后，违宪审查制度日渐受到学界关注。现代违宪审查制度起源于美国的司法审查制度，违宪审查制度的基本法理依据是：宪法是一个国家的根本大法，凡是与宪法不一致和相抵触的法律、法规就是无效的。有学者指出，就我国目前《立法法》所确立的违宪审查制度而言，必须从加强违宪理论研究和完善违宪审查程序两个角度入手来推进我国违宪审查制度不断发展和完善的进程。近日，十届全国人大常委会第四十次委员长会议完成了《法规备案审查工作程序》的修订，并通过了《司法解释备案审查工作程序》。学者们认为，将违宪审查制度纳入我国法治轨道，有利于维护国家法制统一与法律权威。（作者崔玲玲单位：中国政法大学）

史学篇

抗日战争研究是最大热点

今年是中国人民抗日战争暨世界反法西斯战争胜利60周年。史学界围绕这一主题进行了多层次的研究，对国民党军队为抗战胜利所做贡献、对正面战场的作用给予了实事求是的评价。史学界的主导观点认为，中国共产党是全民族抗战的中流砥柱，是引导全民族抗战走向胜利的旗帜。

纪念郑和下西洋600周年

今年是郑和下西洋600周年。史学界进行了一系列的学术与纪念活动。郑和下西洋由此而被誉为永恒的辉煌，并在全国掀起了一股海洋热。

史学理论研究由冷转热

多年来，我国史学理论研究一直比较冷寂，今年是由冷转热的标志年。中国社科院史学理论研究中心成立，北京师范大学史学理论与史学史研究中心推出《史学理论与史学史学刊》，史学理论会议纷纷召开。主要热点问题有：1. 如何看待马克思主义唯物史观。2. 如何看待马克思主义社会形态学说，特别是如何看待封建社会理论与中国历史实际的关系。3. 如何看待西方后现代主义史学思潮及其对中国史学的影响。此外，关于全球视野下中国史学的走向问题、关于农民战争是推动还是阻碍历史前进的问题，均有争议。

口述史的温度还在继续提升

2005年出版了一批口述史的书籍，还成立了相应的机构，一些媒体也积极介入口述史宣传。由于口述史具有当事人讲当时事、生动活泼、贴近受众的特点，所以温度还在继续提升。但也有学者提出，口述史往往受讲述者主观意图与个人背景的局限，其偏离历史整体和历史真实的现象不容忽视。

历史剧继续引发历史真实性争议

《汉武大帝》、《大宋提刑官》、《太祖秘史》等的播出，引发了史学界对于历史真实与艺术真实关系问题的关注。有学者认为荧屏上充斥帝王戏，应该纠偏。有学者则对电视剧中违背史实的内容，提出批评。但总的来看，史学界与艺术界的分歧并未缩小，争议还会继续下去。（作者鲁之泉）

社会学篇

如何构建和谐社会

社会学界十分关注和谐社会建设，有学者提出，要以道德与习俗维护人际关系的和谐；要充分认识和考虑不同群体和阶层的利益、公平公正地分配社会资源和制定社会行为规则，维护不同群体和阶层之间的和谐；以法治和社会管理体制创新实现国家与社会的和谐。还有专家认为，穷人和富人阶层少，中产阶层人数多的“橄榄形”是最为和谐的阶级阶层结构。专家们认为，社会学作为研究社会良性运行和协调发展的条件和机制的综合性学科，与社会和谐或和谐社会有着内在的关系。社会学及其各个分支学科，都能为构建和谐社会作出自己的贡献。

“民工荒”、结构性失业备受关注

就业问题历来为社会学家们所关注，2005年的失业问题除了下岗工人、失地农民、转业军人和大学毕业生就业难问题之外，还面临着中西部地区解决历史遗留问题，进行再就业和并轨的压力，同时失业人员的技能和素质相对低下满足不了社会和市场的需要而出现了“民工荒”、技术工人“短缺”等现象，结构性失业问题突出。专家们认为要发展经济，特别是劳动密集型产业和第三产业，增加更多的就业岗位；统筹城乡就业，做好农村劳动力的转移培训和就业工作；鼓励大学毕业生到中西部地区就业和到非公务员、非事业单位就业，并提供相应的优惠政策；加强对我国高技能人才的培训，同时要做好社会保障和失业保险工作，这是事关社会稳定、社会和谐的重大问题。

“风险社会”研究受关注

一些社会学者认为，随着经济总量增加、经济效率问题逐步得到相对的解决，社会公平的问题会逐步上升为突出的问题。当今中国已进入社会发展的矛盾凸显期或进入“风险社会”，社会不同利益群体的收入差距、社会差距都在拉大。如何解决“风险社会”存在的矛盾和问题，成为社会学界研究的重点。有学者指出，为了让广大群众分享改革开放的成果和巩固执政党的社会基础，“效率优先，兼顾公平”必须让位于“效率与公平并重”。有的学者还提出要把社会公平放在更加突出的位置。

关注社会组织发展问题

市民社会、公民社会讨论已有十几年，非政府组织（NGO）、第三部门的讨论也在升温。2005年，社会学界则以自己特殊的学科语言“社会组织”或“民间社会组织”、“社会团体”这些概念参与了这一问题的讨论。专家认为，有着相同目标的人群，为了达到一定的目标，将其行为彼此协调与联合起来就形成了社会团体，被称为社会组织。它的出现，是我国社会转型的必然产物，是社会主义市场经济发展和政府职能由“无限政府”向“有限政府”转变的需要。专家们认为，社会组织以其非营利性、民间性、公益性、自愿性与组织性为特征，在社会管理和社会服务方面与政府及企业相比有其独特优势，1. 社会组织将成为政府与人民群众之间的桥梁和纽带。2. 有助于实现社会成员有序的政治参与。3. 社会组织的自治机制和社会资本可以有效地实现社会整合，促进社会和谐发展。（作者向春玲为中央党校社会学教研部教授）

（原载《北京日报》，2005年12月26日）

2005年学术争鸣实录

经济学界争鸣实录

关于中国工业化道路选择的讨论

缘起：2004年7月，吴敬琏提出了对先行工业化国家的早期经济增长模式和旧型工业化道路的质疑。他指出，把重化工业当作带动国民经济发展的支柱产业，不符合中国国情。北京大学教授厉以宁随即对他的观点进行了回应，指出：大国的发展不能绕开重化工业的道路，尤其是中国这样一个拥有13亿人口的国家。很快，形成了一场关于中国工业化道路选择的讨论。

观点：对于这个问题的讨论主要形成了两种观点。一方认为：中国加快重化工业发展是一个客观的要求，在当下的中国，用技术进步拉动经济增长并不能替代重化工业发展；重化工业阶段是绕不过的，而且它的发展有利于提高劳动生产率；没有重工业的高速增长就无法解决就业问题；按照其他国家的发展经验，服务业的发展只能在实现工业化的基础之上才有可能，产业结构演变和主导产业发展的顺序由轻工业到重工业，再到服务业，再到高新技术产业，是一个必然的历史过程。

另一方认为，每个国家的经济发展都要经历一个“重工业化阶段”并不是现代发展经济学的公认定理；用短期间的数据，即我国第二产业在国民经济中的比重的短期飙升，并不能证明这是一种长期的正常趋势；用工业内部结构的变化，也不能证明重工业已经成为整个国民经济的主导产业。中国必须走一条新型的工业化道略，即依靠人力资本支持经济的内涵增长，通过广泛运用科技成果，使效率提高成为经济增长的主要源泉；通过发展服务业，促使生产成本和交易成本的降低；通过信息技术的应用，使经济的整体效益得到提高。

围绕“重化工业新阶段论”的这场大讨论，因关系重大而空前激烈，尽管参与者多为学者，但这并非一个抽象的学术讨论，而是涉及对宏观经济形势的判断和中国经济政策乃至发展道略的选择。

关于效率与公平的讨论

缘起：十六届五中全会提出：要“完善按劳分配为主体、多种分配方式并存的分配制度，坚持各种生产要素按贡献参与分配，更加注重社会公平，加大调节收入分配的力度，努力缓解地区之间和部分社会成员收入分配差距扩大的趋势。”那么，“效率优先”的原则是否要坚持？由此引发了关于“效率优先，兼顾公平”是否过时的讨论。

观点：效率与公平关系问题是一个老问题。我国改革开放前，是一个绝对平均主义的国家，“大锅饭”的分配体制，使效率大受影响。改革后，逐渐讲求效率，拉开收入差距。于是经过十多年，就把“兼顾效率与公平”作为经验总结，写进了十四大的决议。但从十四届三中全会开始，在效率与公平关系问题的提法上有一个新的变化，即把以前的“兼顾效率与公平”，改变为“效率优先，兼顾公平”，使这两者关系，由效率、公平处于同等重要地位，改变为效率处于“优先”的第一位，公平虽然也很重要，但处于“兼顾”即次要地位。在十六届四中全会和五中全会的文件中，已不出现这一提法。这场讨论主要有这样几种观点：

观点一：对于效率与公平关系的认识要与时俱进。“效率优先，兼顾公平”的方针只适应于社会主义初级阶段的某一个时期，随着我国社会经济的发展，它将逐渐淡出。当前我国居民生活已从总体上达到了小康水平，国家经济实力和财力大大加强；同时，收入差距过大也已经成为影响当前社会阶层关系和社会稳定的重大问题，因而公平问题亟须解决。然而在解决贫富差距问题的同时也不能忽视效率，抹煞差距。只能逐步加重公平的分量，逐步实现从“效率优先，兼顾公平”向“效率与公平并重”或“公平与效率优化结合”过渡，最后将淡出。

观点二：应继继坚持“效率优先，兼顾公平”的原则。“效率优先”是我国改革二十多年来经济取得巨大成就的一个重要原因。这一分配政策是经济效率与社会公平之间的最佳抉择。

观点三：当前的不合理收入差距应该归咎于“效率优先，兼顾公平”的收入分配政策。正是因为长期以来只追求效率，把公平放在了“兼顾”的位置上导致在实践中忽视了公平，使收入差距逐渐扩大。因此，当前应该实行“公平优先，兼顾效率”的收入分配政策。这也与共富目标相符合。

观点四：将公平作为分配标准的提法是不科学的，在市场经济条件下，公平与效率是有分工的，市场追求效率，政府管理社会公平。

观点五：效率与公平是辩证统一的，有公平也就有了效率，效率有助于实现公平，探讨谁先谁后，是个类似于“鸡生蛋，蛋生鸡”的问题，是个伪问题，本身没有意义。

关于产权改革的讨论

缘起：去年，香港经济学家郎咸平对国内几家著名企业的质疑近期已演变成一场对国企产权改革的广泛思考，这场讨论仍在继续。

观点：这场争论的主要论题是产权改革是否等同于私有化；改革该不该停止下来；否定私有化是否就是反对改革？主要观点是：

观点一：市场化的改革方向是不是错了？有人提出，市场化改革的方向错了，由于市场化改革造成了两极分化，造成了腐败。有人认为，改革方向没有错。社会公平问题、某些严重的腐败问题不是市场化改革的必然结果，很多社会问题的产生恰恰是改革不到位和改革滞后的结果。

观点二：改革是否已完成？有人认为，我国改革已基本完成。我国的基础性改革有了重大的进展，市场主体地位确立和市场在资源配置中的基础作用的基本格局已初步形成。有人认为，我国改革正处在新的攻坚阶段，以政府转型为重点的结构性改革方面还远没破题。

观点三：加快改革会影响社会稳定吗？有人认为，目前的社会矛盾和社会问题比较突出，加快改革会影响社会稳定。有人认为，从根本上说，改革是为了调整好各方面的利益关系，使多数人在改革中不断获益，解决经济生活中的深层次矛盾和问题的根本在于改革。因此，要统一对改革的认识，重振改革的热情，加强对改革的领导。

“主流”经济学与“非主流”经济学的讨论

缘起：今年，著名经济学家刘国光教授发表了《谈经济学教学和研究中的一些问题》的文章。他的主要观点是：在当前中国的经济学教学与研究中，西方经济学已经成为主流，马克思主义的指导地位则被削弱和边缘化了；经济学界、包括部分大学的经济学系和经济研究机构的领导权被主张私有化的人所掌控，使得私有化成为学术主流，并影响到实际工作。他的这篇谈话引发了一场关于“主流”与“非主流”经济学的讨论。

观点：争论围绕以下论题展开：一是教学中要不要坚持马克思主义经济学的指导地位？一方认为，我国是社会主义国家，必须坚持马克思主义经济学的指导地位，必须反对新自由主义和私有化倾向。另一方认为经济学没有姓“社”姓“资”之分。有人认为，“主流”与“非主流”之分乃是一家之言。对于经济学家的争论是不可避免的。因为，几乎任何一项政策总有受益者和受损者，站在不同的立场或者对两者所给的权重不同，就会对政策有不同的

评价，而当经济学家的价值观与公众发生偏离时，经济学家就会被推上风口浪尖。（作者靳晓霞单位：河海大学公共管理学院）

法学界争鸣实录

关于人格权是否应入宪的争议

缘起：人格权保护的不断加强是一种世界性的趋势，人格权的保护问题是近年乃至今年法学界研究的一个热点，其中一个较有争议的问题集中在人格权是否应写入宪法。

观点：有学者主张将人格上升到宪法的高度来规定，但也有学者对此提出质疑，不赞成上升到宪法的高度来规定人格权，认为这样不仅不利于人格权的保护，相反会将人格权架空和虚化了。有学者论证：由宪法来规定人格权不仅有害而且不科学。民法是私法之母，宪法是公法之母，两者规定的权利应是有区别的。将人格权规定于宪法中会弱化、淡化了民法的保护人权的作用。如人身自由权，宪法有规定，民法通则没有规定，也没有司法解释，导致该项权利虚化，难以得到实际保护。有学者认为因为我国不存在宪法法院或相应的机构，没有将人格权纳入宪法体系的土壤，应主要在侵权法中想办法，并结合我国的国情，构建人格权的构成要件。但有台湾学者对此持不同意见，认为宪法当然可以规定人格权，将人格权放入宪法，美国法就是先例，但国情不同，也不能完全照搬。

物权法立法与理论研究中争议问题“密集”

缘起：7月10日，全国人大常委会将物权法草案全文向社会公布，征求各界群众意见。据介绍，这是继1954年宪法、合同法、婚姻法等之后，我国第12部向社会公布征求意见的法律草案。草案一经公布，对物权法立法与实践中的一些问题在法学界引发了一些争议。

观点：今年物权法草案公布并征求公众意见，这被看做是开门立法的一个重要举措。随着草案的公布，物权法立法与理论研究中的一些问题再次成为法学界的争论热点。关于立法原则：“宜粗不宜细”还是“宜细不宜粗”？“宜粗不宜细”曾是我国20世纪80年代改革开放之初《民法通则》等相关法律的立法指导原则，但随着市场经济与法制建设的推进，该原则不断受到学者们的质疑。在物法权的立法过程中，也时常听到宜粗不宜细的争论。有学者认为，我国没有物权法单独立法的经验，很多问题尚未研究透彻，因此应采“宜粗不宜细”的原则，以待日后随着社会实践的丰富和理论研究的深入对其进行补充、修正。也有学者认为，对于一些成熟的、已有丰富经验的问题还是应该规定详细一些，否则会影响物权法的适用，难以解决好实际问题。

关于立法技术：是“通俗化”还是“专业化”？有学者认为，物权立法用语应通俗易懂，力求让每个人都能读懂明晓。有人对此持不同看法，认为法律用语不可能通俗化：首先法律语言的模糊会使解释五花八门；其次已有的制度名称是法律交流的工具，若走法律的通俗化道路不利于国际交流；最后无论法律怎样通俗，不可能使每个老百姓都能理解。因而，应坚持职业化、专业化与科学化。在立法时机上，是“尽早出台”还是“缓缓再说”，法学界亦尚存争议。另外，土地承包权是不是物权？国家所有权是否高于私人所有权？国家征收、拆迁如何补偿？侵犯私人财产是否定罪？公共利益如何界定等问题在法学界物权法研究中也较有争议。

关于精神损害赔偿的讨论

缘起：今年4月13日，曾因“杀妻”被判处15年有期徒刑、已在狱中度过了11个春秋的佘祥林，被当庭宣判无罪。法律终于还了佘祥林清白。佘祥林随后通过律师提出了包括精神赔偿在内的国家赔偿问题。于是赔偿研究在法学研究中又起争议。

观点：有学者指出，损害包括财产损害和非财产损害，法人受到侵权，也会导致这两种损害；但由于法人不可以主张精神损害赔偿，所以法人的非财产损害就无法得到赔偿，这对法人来说是不公平的。有学者探讨了精神损害赔偿的数额，主张应对精神损害赔偿的最高数额封顶。有学者提出，刑事附带民事诉讼中，当事人不得主张精神损害赔偿，这样的规定对民事主体的利益保护不力，应考虑改进。国家赔偿法也应考虑精神损害赔偿的观点也受到很多学者的赞同。

刑事诉讼法的修改立法与研究中争议多

缘起：据报道，我国现行的刑事诉讼法即将进入修改程序。全国人大有关人士透露，该法修改稿有望明年上会审议，而由学者专家起草的刑诉法修改建议稿已提交国家最高立法机关参酌。刑事诉讼法究竟应该朝着什么样的方向修改？其中需要注意一些什么问题？

观点：三大诉讼法典的修改是今年法学界争议较多的“问题区”，尤以刑事诉讼法为甚。对于刑诉法要不要再修改，主要有以下三种观点：“必要论”认为刑诉法有必要再修改。主要理由是：刑诉法从1996年修改以后已经7个年头，刑诉法在实施中存在着很多问题；同时，国际人权公约对我国刑诉法也提出了修改的要求；“暂缓论”认为刑诉法修改的条件尚不成熟。因为刑诉法的再修改是司法改革的重要组成部分，而司法改革要服从于政治体制改革。但政治体制改革对刑诉法的修改要求尚不明确；“启动论”认为刑诉法的再修改已经纳入了第十届全国人大立法规划，并已经获得中央批准。因此，现在不是有没有必要修改的问题，也不是暂缓修改的问题，而是如何修改的问题。

关于刑诉法修改的价值取向，“并重论”认为，刑诉法的再修改应当坚持实体公正与程序公正并重，既要惩罚犯罪，又要保障人权，两者都是基本点，同等重要，不可偏废。“优先论”认为，刑诉法再修改时不可能做到实体公正与程序公正并重，要么实体公止优先，要么程序公止优先。“折衷论”认为，刑诉法再修改时应当在坚持实体公正与程序公正并重的前提下分阶段强调优先。对于审前程序的设计要坚持程序公正优先；对于审判阶段的设计则要坚持实体公正优先。

对于律师在刑事诉讼中的作用主要有以下两种观点：“扩大论”认为，应当赋予律师在刑事辩护方面的垄断地位，不允许其他公民担任辩护人，同时，赋予律师在侦查阶段的辩护人身份、赋予律师充分的调查权、律师在场权和执业豁免权等，以实现控辩双方的平等地位。“必要限制论”主张在赋予律师更多权利的同时，为防止律师的恶意串通行为，刑诉法应当规定限制律师行为的具体措施。

对刑事诉讼法如何修改有“中改”、“小改”、“大改”之争。有的学者主张在小改的基础上，由全国人大制定实施细则，把刑事诉讼运行中的一些潜规则或法律化或削弱化。研究中，在一些具体问题上如证据规则问题、法律真实与客观真实问题、沉默权问题等都有较大的争论。（作者王晓翠单位：德恒律师事务所）

史学界争鸣实录

关于郑和下西洋几个问题的争议

缘起：今年是郑和下西洋600周年，媒体上刊发了一系列文章，有些问题引起了争议，焦点主要集中在三个问题上：即郑和下西洋的目的究竟是什么？郑和船队是否发现了新大陆？郑和下西洋是否“推动”明王朝走上闭关锁国之路？

观点：关于郑和下西洋的目的到底是什么？归纳起来主要有几种观点：一是“寻找建文帝”说；二是牵制之说；三是“收罗张士诚、方国珍水师余部”说；四是“彰显国力”说；五是“招徕贡使”说；六是“开展海外贸易”说。这些说法虽各有支持其说成立的事实依据，从某一方面解释了郑和七下西洋的动因，但又都不能独自全面地解释郑和七下西洋的目的，或许只有把这些观点综合来看，才能得出一个较为全面的结论。

关于郑和是否发现了新大陆的问题。英国退休潜艇指挥官、业余航海史学家加文·孟菲斯的《1421：中国发现了世界》一书在中国正式出版。在书中，他提出，郑和下西洋是人类历史上第一支环绕地球航行的队伍，比哥伦布发现新大陆早了87年，比达伽马早了92年，比麦哲伦到达菲律宾早了116年。论据是他在意大利的威尼斯搜查资料时发现的一幅日期注为1459年的投影图，上面绘有非洲南部和好望角。当然还有其他文字论据。孟菲斯认为，中国人通过15世纪的一系列航海活动，绘制了大致正确的世界地图，而西方16世纪的“地理大发现”是在使用了15世纪、16世纪初绘制的世界地图的前提下，由葡萄牙人完成了“发现新大陆”的壮举。但国内大部分史学家坚持认为，在中国历史中目前还没有找到这样的记载。根据明朝祝允明所撰《前闻记》记载；郑和最远到达了红海和非洲东海岸，即今天的索马里、肯尼亚等地。

关于郑和下西洋是否“推动”了明王朝走上闭关锁国之路的问题。对此，有人认为，郑和下西洋导致了中国的闭关锁国。有人认为，这种看法是不恰当的。随着郑和多次大规模下西洋就出现了一种客观效应，即启示着私人海外贸易的发展，因此，郑和下西洋没有“推动”闭关锁国，相反促进了私人海外贸易的发展。

关于科举制度的反思与争论

缘起：今年是科举制度废除100周年，有人举办了科举文化展，称科举是“世界历史上最具开创性和平等性的官吏人才选拔制度”；有人拿出清代金榜，去申报世界文献遗产，认为这是中国对世界的一大贡献；有人写文章，或主张为科举制度公开平反，或把近代中国的文化断裂与社会动荡归罪于废除科举制度。这样，在学界就引发了一场关于科举制度的反思与争论。

观点：一种观点认为，应该为科举制度平反，科举制度并发有印象中的那么坏，科举制在历史上曾发挥过不可抹杀的重大作用。为科举制平反，就是为考试选才机制平反；科举制的发明，最大限度摒除了权力的干扰，保证了官员选拔的公正、公平；科举制另一个重要功能，是保持了社会阶层的流动性，使“底层”可以通过苦读考试升至“上层”；应借鉴科举制度的一些理念，改进当今教育存在的弊病。

一种观点认为，废除科举制度是中国历史的一个分水岭，其意义甚至超过辛亥革命。科举制虽然具有“自由报名、公开考试，平等竞争、择优选用”等优点，但它毕竟是皇权体制下一种选士制度，这个制度发展到后期，成为牢笼士人心智的枷锁、阻碍社会进步的工具。而且，与现代选举制度相比，科举制度理应被历史淘汰；科举制度严重地扭曲了教育功能。因此，不应为科举制度翻案。

关于抗日战争史研究中一个问题的不同看法

缘起：在纪念抗战胜利60周年之际，抗日战争领导权问题又凸显出来。长期以来，史学界在抗日战争领导权问题上存在一些不同看法。由于当时同时参加了抗日战争而又长期处于对立和斗争的国共两党，对于这样一场神圣的、胜利的反侵略战争来说，自然都认为是自己领导的。大陆和台湾学者在这个问题上存在分歧的根本原因，就在于这种政治因素。

观点：关于抗战领导权研究的主要观点有：

观点一：“中国共产党领导”说。通过三个渠道实行领导：对全国人民来说，是实行政治领导；对抗日根据地军民来说，是实行直接的具体领导；对国民党来说，则是通过实行既联合又斗争，以斗争求团结的策略。在表现形式上，不仅表现在思想上、政治上和组织上，而且表现在共产党的先锋模范作用上。

观点二：“国民党领导”说。原因：其一，南京国民政府是中国当时唯一的合法政府，国民党是当时唯一的执政党；其二，中国共产党领导的军队当时一系列作战方针、作战命令等均须交国民政府批准同意后，方能实施；其三，中国共产党领导人的一些言论也承认蒋为抗战的领导者，国民党属于领导地位。

观点三：“国共两党各自独立领导”说。在整个抗战时期存在着两个领导：一个是共产党领导，一个是国民党领导，他们都在组织上保持了自己的军队和政权。

观点四：“国共两党共同领导”说。

此外，还有的为了弥补上述说法的不足，有的学者强调共产党领导是指政治领导，有的提出分别领导、共同进行说，有的提出具体分析说，有的提出领导权转移说，有的提出不应笼统地说是谁领导的，应认为抗日战争是在中国共产党积极倡导的抗日民族统一战线的旗帜下，以国共两党为基础，工农商学兵各界、各族人民、各民主党派、抗日团体、社会各阶层人士和爱国华侨广泛参加的全民族抗战。但主导观点仍认为，中国共产党是全民族抗战的中流砥柱。

关于重振国学的思想讨论

缘起：今年，中国人民大学宣布开设“国学班”以“重振国学”的消息后，关于重振国学话题引发了一场坊间热论。

观点：对于人民大学设立国学院的计划，基本形成了正反两派观点。支持一方认为：国学作为中华文明之根，直接关系到保持民族文化主体性、增强民族意识自觉性，其价值与地位怎么强调也不过分，然而百年来，国学地位屡遭贬低，价值屡遭否定，这对现实生活产生了消极的影响，因此，重振国学是一个合乎逻辑的重大的文化命题。而且，国学可以说是另一场文化启蒙，有重要的思想意义。

反对一方认为：保护中国传统文化没有疑义，关键是以怎样的态度去看待和研究这些遗产。沉迷于传统，向大清帝国那样保留传统的社会、文化构架，则是国家衰亡和人民受难的道路。如果国学研究逃脱不了其窠臼，那么国学院的毕业生与大清的举贡没有多少分别。有人认为如果人大国学院以研究中国传统文化为使命，就必须面临如何界定中国文化的边界问题。不应忽视周边民族对中国文化的贡献，要从骨子里放下汉文化中心观。同时，把西方文化以及其他外来文化排斥在中国文化之外也是狭隘的。还有人认为，国学运动不应该意识形态化和带有狭隘的民族主义色彩，应该让“国学”回到书斋里去。（作者汪云生单位：中国人民大学马克思主义学院）

其他领域争鸣实录

管理领域的细节与战略之争

缘起：去年的中国书市，新华出版社的《细节决定成败》成为少数几本最具影响力的图书之一，社会上掀起“细节主义”之浪潮，随后，企业管理出版社推出了《战略决定成败》一书。这样，“细节”热度未减，“战略”又烽烟四起——细节主义暂缓，应该是战略决定成败。那么，“战略”与“细节”，到底是谁决定成败？

观点：一方认为，“细节决定成败”的观点是错误的，正确的观点应该是战略决定成败，承认战略决定成败并不否定细节在执行中的作用。《战略决定成败》的作者何学林认为：长期以来，人们对战略存在着很深的偏见和很大的误区。一提起战略，人们会认为战略是老板和领导的事，细节是员工的事，员工就应该在细节上下工夫。在这种错误的战略观念的指导下，一个时期以来，“细节决定成败”的观念广为流行，“细节主义”大行其道。其实，在执行中发挥细节的决定性作用要有一个前提，那就是在战略正确的前提下。只有战略正确，细节才会有意义，执行才会有意义。如果只顾细节，忽视战略，盲目执行，不管方向，那就是只见树木，不见森林；如果战略错误，细节再完美也无济于事，细节越完美，执行力度越大，在细节上下的工夫越大，越是背道而驰，在错误的道路上走得越远，浪费的人力物力财力即社会资源越多，危害越大。因此，在战略问题解决之前，请细节主义缓期执行。

一方认为，细节和战略本来不是一个层面的问题，强调细节是对当前社会浮躁心态的一种提醒。《细节决定成败》的作者汪中求《战略决定成败》一书作者的观点作出了回应：从逻辑角度来讲，细节和战略本来不是一个层面，因为细节严格来说是执行层面的问题，是管理学里面一个观念，而战略是独立一个学科。细节决定成败如果做一个科学命题，可能会有问题，但是，面对中国目前这种浮躁社会的基本状态，以这种命题提出来对社会的冲击力是有必要的。因为很多事情，关键是一个度的问题,人生最难掌握的就是度，过于讲细节是不对，现在之所以这么命题是因为社会过于不强调细节。（作者李庆磊单位：北京林业大学经济管理学院）

（原载《北京日报》，2005 年 12 月 26 日）

·科研课题·

国家社会科学基金项目 2005 年度课题指南

说明

一、国家社科基金项目2005年度课题立项的指导思想是：以马克思列宁主义、毛泽东思想、邓小平理论和“三个代表”重要思想为指导，全面贯彻党的十六大和十六届三中、四中全会精神，贯彻落实中共中央《关于进一步繁荣发展哲学社会科学的意见》，坚持党的基本理论、基本路线、基本纲领和基本经验，坚持解放思想，实事求是，与时俱进，坚持“二为”方向和“双百”方针，树立和落实科学发展观，大力推动理论创新，为党和政府决策服务，为社会主义物质文明、政治文明和精神文明建设服务，促进哲学社会科学繁荣发展，为全面建设小康社会提供理论支持。

二、申报国家社科基金项目，要着眼于推进理论创新，以改革开放和现代化建设中全局性、战略性和前瞻性的重大理论和实际问题为主攻方向，加强马克思主义理论研究和建设，加强对邓小平理论和“三个代表”重要思想的研究，加强基础研究和学科建设，推动传统学科、新兴学科和交叉学科研究，推动学术观点、学科体系和科研方法的创新发展，着力推出代表国家水平的哲学社会科学研究成果。

三、从今年开始，基础研究一般不列具体条目，只规定重点研究领域、申报范围和方向，申请人可按要求自行设计题目，选题要力求具有原创性或开拓性，避免低水平重复研究。应用对策研究（指南中带＊号的课题），申请人要按题申报，一般不受理自选课题。《课题指南》中各学科附简短的“申报说明”或“提示”，申请人要参照相关要求进行申报。

四、本年度国家社科基金仍设置重点项目、一般项目和青年项目三个类别，申请人可按照《国家社科基金项目管理办法》的相关规定进行申报。

五、跨学科的课题，要以为主的学科进行申报。“公共管理学科”在“政治学其他学科（ZZE）”中申报，管理学其他学科可选择相关学科进行申报。所有学科的申报都要按照我办公布的《国家社科基金项目申报数据代码表》填写。

六、应用对策研究一般要在一到两年内完成，基础研究一般要在二至三年内完成。研究成果必须符合学术规范。

七、项目负责人只能申报一个课题，且不能作为课题组成员参加其他项目的申请。课题组成员不能同时参加三个以上（含三个）项目的申请。在研的国家社科基金项目、国家自然科学基金管理科学项目以及中央各部委重大、重点人文社会科学类项目负责人（包括子课题负责人）不能申报。

八、申报者要如实填写申请材料，并保证没有知识产权争议。凡在国家社科基金项目申请中弄虚作假者，一经发现并查实后，取消个人三年申报资格，如获准立项一律按撤项处理。为保证申报和评审工作的公正性和严肃性，在评审会召开之前，申报单位或个人均不得以任何名义走访、咨询学科评审组专家或邀请学科评审组专家进行申报辅导。

九、国家社科基金项目实行信誉管理制度，项目负责人在项目执行期间要遵守各项承诺，履行约定义务，按期完成研究任务。项目研究的最终成果将实行匿名通讯鉴定制度，鉴定等级予以公示。除特殊情况外，计划出版的成果须先鉴定后出版，违反规定擅自出版者视为自行终止相关资助协议。成果鉴定为优秀或信誉良好者，在成果出版和申请新项目方面给予鼓励，成果鉴定为不合格或有不良信誉记录者，项目负责人三年内不得申请新项目。

十、各地社科规划办、在京委托管理机构和基层科研单位要加强对项目申报工作的组织和指导，严格把关，认真审核，努力提高申报质量。

十一、教育学、艺术学、军事学三个单列学科的课题申报，分别由全国教育科学规划办公室、全国艺术科学规划办公室、全军哲学社会科学规划办公室组织受理。

马克思主义·科学社会主义

1. 马克思主义在意识形态领域中的指导地位研究

马克思主义意识形态的科学内涵、精神实质及在我国社会主义事业中的重要地位；加强马克思主义在意识形态领域的指导地位的方法和途径；建国以来我国意识形态工作的基本经验与教训；剖析冲击我国主流意识形态的各种错误思潮。

2. 马克思主义基本理论与重要著作研究

马克思主义基本原理研究，马克思主义的科学体系及其各部分间的内在联系；社会形态理论，科学社会主义基本原则和在不同历史阶段的丰富与发展，人的自由全面发展的学说；对一些主要的反马克思主义思潮进行剖析；马克思主义重要著作研究。

3. 马克思主义发展史研究

当前要在新的理论成果的基础上，结合当代社会主义的实践和意识形态领域斗争的需要，进一步研究马克思主义学说史和马克思主义发展的阶段史；针对对苏联历史的歪曲，用科学的观点阐明苏联社会主义的兴衰史；马克思主义发展史上的重要历史人物研究，对他们的实践和理论贡献作出科学评价。

4. 马克思主义执政理论研究

马克思主义执政理论的主要内容、体系结构和精神实质；社会主义国家的执政史，共产党执政的本质、目的、要求和基本经验、基本纲领、基本规律；前苏联、东欧社会主义国家和世界上一些长期执政的政党丧失执政地位的教训，批判性地借鉴西方发达国家执政的有效做法；当代社会主义国家共产党执政实践中面临的挑战、存在的问题，提出应对挑战、解决问题的基本方略和具体对策；围绕党的建设的两大课题及其重点，探讨加强党的执政能力建设的措施、途径和意义；不断提高党的执政能力和发展党内民主与人民民主、建设社会主义政治文明、推进政治体制改革的关系，探讨如何改革和完善党的领导方式和执政方式，实现党的长期执政、长治久安的目标。

5. 马克思主义中国化研究

马克思主义中国化不断与时俱进的历史进程，在这个历史进程中所形成的历史性理论成果，包括新民主主义理论和中国特色社会主义理论等；马克思主义基本原理与中国实际相结合过程中的经验和教训，马克思主义中国化的发展规律；中国革命、建设和改革的规律，用发展着的马克思主义指导新的实践的经验。

6. 中国特色社会主义理论与实践研究

中国特色社会主义的理论体系；中国特色社会主义物质文明、政治文明和精神文明等重要原理；科学发展观和全面建设小康社会的实践；中国特色社会主义的发展历程和实践形式。

7. 毛泽东思想、邓小平理论、“三个代表”重要思想研究

毛泽东思想的基本原理和科学思维方法；邓小平理论的科学体系、创新性品质、方法论特色和现实指导意义；“三个代表”重要思想的时代背景、实践基础、科学体系、精神实质和指导作用；全面、协调、可持续发展的科学发展观；毛泽东思想、邓小平理论、“三个代表”重要思想是一脉相承的和与时俱进的马克思主义科学体系；当代中国马克思主义的理论贡献和国际意义。

8. 当代国外马克思主义研究

西方国家的马克思主义研究，其中包含西方国家共产党人的马克思主义研究；西方马克思主义思潮各流派的马克思主义研究；西方国家其他思潮流派和人物的马克思主义研究；西方马克思主义逻辑终结以后出现的相关思潮的马克思主义研究；西方国家之外世界上其他国家的马克思主义研究。国外马克思主义研究涵盖对上述各种思潮流派的综合性研究，代表人物研究和基本观点和重要命题研究。

9. 世界社会主义与当代资本主义研究

当代资本主义的变化及对世界社会主义发生的影响；世界社会主义运动，苏东剧变后各国共产党的理论调整和实践的变化；21世纪世界社会主义的

发展进程和前景；社会主义同资本主义的关系，特别是分析和总结社会主义国家在认识和处理同资本主义关系方面的经验教训。

10. 国际共产主义运动史研究

认真总结国际共产主义运动和世界社会主义曲折发展的历史经验教训，探索社会主义在新的历史条件下的实现形式和发展前景，是本课题的主要研究方向。近期应重点研究：20世纪国际共产主义运动和世界社会主义兴衰成败的经验和教训；社会主义国家执政党建设和社会主义建设的理论与实践；资本主义国家共产党、社会党和其他左翼力量的现状和发展趋势；新科技革命和全球化条件下工人运动和社会主义运动的现状和发展趋势；国外各种社会主义思潮和流派研究；国际共运史上的重大事件和重要人物研究。

党史·党建

一、中共党史研究

中共党史学科是一门党性、政治性很强的历史学科。为增强中共党史研究的"资政育人"作用，应在已有研究成果的基础上，继续贯彻党的十六大和十六届四中全会精神，加强对党领导革命、建设和改革的基本经验的研究，加强对马克思主义中国化的基本规律和党执政的基本规律的研究。提倡研究的细密化，注意充分利用已有的文献和档案资料，深入挖掘和梳理新的历史资料，增强论证的科学性和说服力；提倡将宏观研究与中观、微观研究结合起来，提倡开展个案研究和比较研究，以深化对基本规律、基本经验的认识。

1. 中国共产党在全国范围执政55年来主要经验研究

可就执政方略、执政体制、执政方式和执政基础等问题进行综合研究，也可就其中一个或几个方面分专题、分时期研究；对新中国成立以前党在根据地、解放区局部执政的经验，也可作综合的或分时期、分专题的研究。

2. 中国共产党执政理论建设和执政能力建设的历史考察

通过对相关文献和事例的研究，考察党在全国执政55年间完善执政理论、提高执政能力的历史进程，探寻其中的规律性。可系统研究，也可分时期、分专题研究。

3. 新民主主义革命时期党史研究

可综合研究中国共产党领导新民主主义革命的基本历史经验；也可就新民主主义革命时期某些需要继续探讨的问题进行再研究。

4. 基本完成社会主义改造，开始全面建设社会主义和"文化大革命"时期党史研究

按历史阶段或分专题研究，例如：社会主义政治制度的形成及其历史特点，社会主义工业化、社会主义改造的基本完成和社会主义基本经济制度的确立，全面建设社会主义的成就及其经验等。

5. 改革开放和现代化建设新时期党史研究

可分阶段或分专题研究改革开放、开创社会主义现代化建设新局面的历史进程、重大成就及其基本经验。

6. 党领导各个领域各条战线工作的历史考察和历史经验研究

比如，党领导经济、政治、文化建设以及统一战线等工作的历史经验。

7. 中国共产党历史上重大决策与事件以及重要会议与重要文献研究

党史上重大决策与事件的原因、进程及影响；党的重要会议的历史贡献和历史地位；党的重要文献整理、汇编、研究。

8. 中国共产党历史上重要人物研究

重要人物的生平业绩或思想历程；可将重大决策与事件同重要人物结合起来研究，也可做人物群体研究。

*9. 建国以来中国共产党领导意识形态工作的历史经验研究

*10. 建国以来中国共产党认识和处理发展问题上的历史经验研究

*11. 改革开放以来中国共产党在正确处理人民内部矛盾，协调利益关系，促进社会和谐的历史经验研究

二、党的建设研究

本年度党的建设研究工作，要贯彻落实党的十六大和十六届四中全会《决定》精神，坚持以马克思主义中国化的最新成果邓小平理论和"三个代表"重要思想为指导，围绕加强党的执政理论研究、推进党的执政能力建设来进行，认真贯彻理论与实践相结合的原则开展研究。

1. 关于党的执政理论研究

主要研究新时期党执政肩负的新任务，面临的新情况新问题；党如何治理国家，采用什么战略促进经济社会发展，完善党的执政方略；党通过什么样的制度和体制机制执政，包括党和国家的领导制度以及管理和运行制度等方面，健全党的执政体制；党采用什么方式开展执政活动，完善党的执政方式；

党依靠谁、依靠什么执政，巩固党的执政基础；党长期执政必须拥有的根本条件，需要不断开拓、积累和用好的执政资源；总结中国共产党执政的历史经验和现实经验，借鉴和吸取世界上其他共产党自身建设的经验教训，借鉴国外其他执政党治国理政方面的有益做法，从世界政治经济发展的大格局中把握共产党执政的规律，坚定不移地走中国人民自己选择的经济、政治和社会发展道路，等等。可作为重点项目申报。

2. 关于巩固和增强党的执政基础研究

主要研究坚持和发展马克思主义，巩固马克思主义的指导地位，增强党执政的思想理论基础；坚持社会主义初级阶段的基本经济制度，用科学发展观指导发展，巩固和增强党执政的物质和经济基础；坚持全心全意依靠工人阶级的方针，完善政策和法律，正确处理社会各方面的利益关系，努力维护和实现社会公平，提高党对各社会阶层的凝聚力，巩固和增强党执政的阶级基础和群众基础；加强社会建设和管理，充分发挥各类社会组织的作用，巩固党执政的社会基础，等等。可作为重点项目申报。

3. 关于改革和完善党的执政方式研究

重点研究科学执政、民主执政、依法执政的内涵及其相互关系；按照科学执政、民主执政、依法执政的要求，改革和完善党的领导制度和工作制度，解决好不适应科学执政、民主执政、依法执政要求的突出问题，完善党领导国家政权机关、领导经济工作和其他各方面工作的体制机制和方式，等等。可作为重点项目申报。

4. 关于加强和改进党的群众工作与构建社会主义和谐社会研究

重点研究做好党的群众工作对构建社会主义和谐社会的重要意义；新世纪新阶段党的群众工作的特点，面临的新情况新问题及对策；通过典型群体的解剖、对比研究和综合分析，总结新时期群众工作的经验教训，认识和把握新时期群众工作的规律；正确反映和兼顾不同方面群众的利益，特别是正确处理保护先富群体的发展活力与高度重视和关心困难群众的关系，健全正确处理人民内部矛盾的工作机制，提高预防和处置群体性事件的能力，等等。可作为重点项目申报。

5. 关于健全党委制，增强集体领导的整体合力研究

重点研究按照政治坚定、求真务实、开拓创新、勤政廉洁、团结协调的要求，加强党委（党组）自身建设特别是思想政治建设，坚持和健全民主集中制，既反对和防止个人独断专行，又避免无人负责，增强党内政治生活的原则性，不断提高解决自身问题的能力，保持党的工作高效协调地运转。可作为重点项目申报。

6. 关于加强党对意识形态工作领导问题研究

主要研究对外开放、发展社会主义市场经济条件下党领导意识形态工作、坚持马克思主义在意识形态领域的指导地位面临的新的复杂情况和挑战；加强马克思主义理论研究和建设，不断在实践中丰富和发展马克思主义，增强把马克思主义基本原理同中国具体实际相结合的能力，牢牢掌握意识形态工作的主动权；正确认识和把握新形势下意识形态工作的规律；坚持“百花齐放、百家争鸣”的方针，大力营造理论创新的社会环境，不断增强党的思想理论工作的创造力、说服力、感召力；坚持党管媒体的原则，增强引导舆论的本领；加强党对意识形态工作领导的基本思路和主要措施，等等。

*7. 关于发扬党内民主，切实营造鼓励党员、干部讲真话、讲心里话的良好氛围研究

主要研究深入理解党内民主是党的生命，客观分析一些党员、干部不讲或者不愿讲真话、心里话的原因，创造党内不同意见平等讨论的环境，建立健全鼓励、支持和保护党员讲真话、讲心里话的机制，切实改变不讲原则的庸俗风气，实现党内生活的正常化，以便凝聚党心、党智、党力，进而更好地凝聚民心、民智、民力。

*8. 关于逐步推进党务公开，增强党组织工作的透明度研究

主要研究新形势下推进党务公开，增强党组织工作的透明度的目的、意义，正确处理保守党的秘密与增强党务工作透明度的关系，探索党务公开的形式和途径，建立和完善党务公开的制度，尊重、引导和保障党员正确行使党章规定的各项权利。

*9. 关于提高党的执政效率、降低执政成本问题研究

主要研究提高执政效率、降低执政成本的意义，存在的问题和制约因素，优化执政要素配置，规范执政行为，减少执政资源浪费和流失，建立健全执政效率、成本评估机制，降低执政成本，提高执政效率。

*10. 关于党执政面临的挑战和风险防御对策研究

主要研究国际国内形势的深刻变化及党自身状况的变化给党执政带来的挑战和考验，把握执政环境发展变化的规律，树立新的执政安全观，完善执

政安全战略，构建防御和规避风险的工作机制。

11. 关于坚持和弘扬马克思主义学风研究

主要研究坚持用马克思主义的态度对待马克思主义。弘扬理论与实际结合的学风，增强学习和运用理论武器解决实际问题的能力。坚决反对和克服理论与实践脱节、学习中的形式主义、言论和行动背离等坏风气，建立和落实领导干部的学习考核和激励机制。

12. 关于加强党的执政能力建设与统一战线研究

主要研究统一战线是中国共产党执政兴国的重要法宝的重大意义；提高党的执政能力与统一战线的内在关系；统一战线为加强党的执政能力建设服务的思路和重点；全球化、信息化条件下增强统一战线影响力、凝聚力的工作机制、方式方法。

哲学

1. 邓小平理论和“三个代表”重要思想在世界观和方法论方面对马克思主义的继承和发展

2. “三个代表”重要思想的哲学基础

3. 马克思主义哲学与提高党的执政能力关系研究

4. 科学发展观的哲学研究

5. 马克思主义哲学基本原理及其发展问题研究

马克思主义哲学的理论体系、历史地位及其价值。人在马克思主义哲学中的地位和作用，深入准确地研究以人为本的科学内涵与价值。马克思主义的哲学观，马克思主义哲学中的本体论（存在论）、认识论、价值论、方法论等，唯物辩证法与时代精神。马克思和恩格斯等经典作家的哲学文本研究，马克思主义哲学发展规律研究，国外马克思主义哲学研究，马克思主义哲学发展的主要国别史、断代史研究，著名的马克思主义哲学家研究等。历史唯物主义与当代社会主义实践，社会主义发展的辩证法问题研究，马克思主义的文化理论研究，意识形态和社会主义意识形态理论问题研究；唯物史观与社会科学，经济全球化与马克思的世界历史理论，信息化、数字化中的哲学问题等。

6. 无神论问题研究

科学与宗教的关系及其演变历史研究，中国无神论史、西方无神论史研究，马克思主义科学无神论理论研究，无神论思想的宣传与教育研究。

7. 哲学学科中的重大问题研究

哲学研究对象、范围和构成部分，哲学与其他学科的关系，哲学在人类文化发展中的作用，哲学基本问题的当代意义，哲学中的科学性与价值性的关系；哲学的民族性、阶级性问题，马克思主义哲学在哲学学科建设中的地位与作用问题研究。

8. 中国哲学研究

中国哲学的经典、人物、流派及近年来出土的哲学文献研究，中国哲学中的本体论、认识论和历史观问题研究，中国少数民族地区传统文化和哲学研究等。

9. 中国传统哲学与民族精神研究

中华民族的民族精神与民族凝聚力研究，中国哲学与社会主义精神文明研究，中国哲学的特点和发展规律研究，中国传统哲学的当代价值研究等。

10. 中西哲学比较研究

中国哲学研究方法论研究，中西哲学比较研究的意义和价值，中西哲学重要概念和问题的比较研究，中国哲学思想在世界的传播与影响。改革开放以来西方哲学对中国的影响，对中国思想影响的评价。

11. 外国哲学研究

西方哲学的主要国别史、断代史、专门史研究，日本哲学、韩国哲学、东南亚哲学、伊斯兰哲学研究，当代西方哲学流派、哲学分支、哲学问题研究，当代美国哲学研究，前苏联和当代俄罗斯哲学研究。

12. 伦理学研究

科学发展观的伦理基础研究。伦理学基本原理研究，中外伦理史研究，现当代西方伦理学研究等。未成年人思想道德建设研究，大学生思想道德建设研究，加强社会公德、职业道德、家庭美德建设研究，商业伦理研究，社会信用问题研究，公民道德建设与公民道德教育问题研究，经济全球化与国际政治道德问题研究。社会公共伦理和制度伦理研究，行政伦理问题研究，生命科学中的伦理问题研究。

13. 科学技术哲学研究

科学技术各学科前沿中的哲学问题研究，科学技术的社会影响以及与社会文化互动关系问题研究，科技文化与人文文化的关系研究等。

14. 美学研究

美学基本原理、范畴与当代审美教育研究，中外美学史专题研究，中国传统审美观念研究，当代中国审美观念变化研究，应用美学研究，美育研究。

15. 逻辑学研究

哲学逻辑方面的基本理论研究，哲学逻辑各分支的基本理论及其应用研究。中外逻辑史研究。现代逻辑在哲学、社会科学、语言学和人工智能方面的应用研究。

16. 哲学新兴学科研究

社会哲学、人的哲学、发展哲学、价值哲学、经济哲学、政治哲学、领导哲学、系统哲学、生态哲学等。

17. 文化问题研究

文化与综合国力，当代世界文化与经济、政治相互激荡的特征与趋势，文化事业与文化产业的划分标准及其意义，全面建设小康社会与文化发展，经济全球化中的价值冲突与我国文化发展战略，我国文化历史资源和现实资源的开发，文化安全战略等。

18. 当代中国哲学研究状况和评论研究

当代中国的马克思主义哲学研究，中国传统哲学在当代中国的发展研究，当代中国的哲学教育研究，当代中国对西方哲学的研究，当代中国哲学的新结构和新形态，当代中国美学讨论，当代中国科技哲学讨论等。

19. 主观世界改造问题研究

20. 我国经济基础和上层建筑关系研究

经济理论

1. 马克思主义政治经济学的基本原理研究

马克思主义政治经济学的方法论原理和基本分析范式；结合时代、科学和实践的发展对政治经济学基本理论，如所有制、分配、分工、商品、货币、资本、劳动、竞争、垄断、价值、剩余价值、利润、利息、地租等问题开展新的研究；马克思经济学数学模型研究；当代国外马克思主义经济学研究介绍和评述。

2. 中国特色社会主义经济理论研究

马克思主义政治经济学基本原理与中国实践相结合的历史进程和经验教训；邓小平理论和“三个代表”重要思想同马克思主义政治经济学的逻辑联系；改革开放以来社会主义经济理论的发展轨迹，包括社会主义制度与市场经济有机结合的方式，市场经济条件下社会主义公有制理论研究，公有制在市场经济中的实现形式和企业治理结构理论，市场经济条件下的分配关系问题研究，多种经济成分并存及其关系和混合所有制问题研究等。

3. 马克思主义经济学与西方经济学的比较研究

从理论基础、研究方法、基本原理等各个方面研究两种经济学理论的根本区别，从推动社会发展的历史进程比较其科学意义和实践意义；研究我国经济理论界在评价、比较两种经济学理论方面的经验教训，在坚持马克思主义指导下正确利用西方经济学有益成果。

4. 经济思想史研究

二十世纪以来中国经济思想的发展脉络，中国经济思想的主要流派，西方经济学的引进与中国经济思想的演变。

5. 经济史研究

中国城乡市场的发展史，近百年来中国“三农”问题，新民主主义经济理论和实际，新中国经济史，工业革命以来世界经济的发展等。

6. 当代西方经济学研究

介绍评论近年来西方经济理论发展的最新前沿，分析这些理论发展的现状和趋势，说明应当如何科学借鉴这些理论；近年来诺贝尔经济学奖获得者的基本理论研究。

7. 世界经济研究

经济全球化条件下的国际贸易和国际金融的理论和实践，要素流动、资本流动、经济全球化的最新发展趋势；国际经济关系理论中的南北关系、中心与外围、主导与依附、不平等交换等；经济的全球化与反全球化；区域经济的集团化与一体化；发达国家经济、发展中国家经济和转轨型经济的态势、问题与前景；中国参与经济全球化的内在机制与经济影响，建立健全妥善应对国际贸易争端的机制，运用国际通行规则发展和保护自己问题研究等。

8. 当代资本主义经济研究

经济全球化条件下发达资本主义国家经济制度和经济运行的新变化，在生产技术和生产组织的变化下资本主义生产方式和生产关系的发展和演变；资本主义国家收入分配制度的变化和社会福利制度；资本形式的发展（股份资本、法人资本，以及金融资本和虚拟资本的发展）与资本运动规律的新变化；技术创新和社会分工的发展和资本主义经济周期变化；资本主义国家对经济运行的调控和规制；学习和利用资本主义经济发展经验建设社会主义研究。

9. 科学发展观的经济学研究

科学发展观的经济学理论基础；实现科学发展观中市场机制与政府宏观调控各自的作用和相互关系；在市场作为资源配置的基础性手段的条件下，政府统筹城乡和区域发展、经济与社会发展、国内经济与对外开放、经济增长与生态环境保护的必要性和合理途径；建立统筹发展的有效体制机制和体现科学发展观要求的经济社会发展综合评价体系研究。

10. 社会主义和谐社会的经济学研究

社会主义和谐社会的科学内涵；建设社会主义和谐社会的必要性和可能性；建设社会主义和谐社

会与正确处理各种利益关系、妥善处理新形势下的人民内部矛盾，最充分调动一切积极因素、不断创新和健全社会管理体制研究。

11. 完善社会主义市场经济体制，提高驾驭社会主义市场经济能力的理论研究

从结构和功能的角度探讨如何完善以公有制为主体、多种所有制经济共同发展的基本经济制度，正确处理按劳分配为主体和实行多种分配方式的关系、效率和公平的关系，分析社会主义市场经济的发展规律和目前存在的各种体制性障碍，提出完善社会主义市场经济体制，不断提高驾驭社会主义市场经济能力的理论思路与政策建议。

12. 现代产权制度研究

所有制理论与现代产权理论的关系，现代产权理论的发展与主要流派，现代产权理论的发展趋势，产权理论与现代企业制度建设。

13. 国有经济布局与结构的战略性调整研究

在社会主义市场经济条件下，国有经济占主导作用的必要性、表现形式以及量与质界限研究；从理论和实践的结合上科学评述调整国有经济的布局和结构的各种观点；国有经济布局与结构调整的内涵，国有经济的现状和问题，国有经济的进退的理论依据和实践效果，国外国有经济布局和结构调整的态势，今后国有经济布局和结构调整的战略思路的建议。

14. 提高我国经济运行质量和效益的研究

深入分析我国粗放型经济增长方式与资源有限、环境质量不断下降日益尖锐的矛盾；研究如何依靠科技进步、提高劳动生产率、节能降耗、提高经济运行的质量和效益；研究如何处理好速度与效益、经济效益与社会效益、当前利益与长远利益的关系。

15. 中国工业化与城市化研究

工业化与城市化关系的经济理论，工业化与城市化关系的历史实践，城市化带动经济增长的因素分析，城市化与区域经济开发与协作，中国城市化过程中的城乡统筹问题研究，城市化进程中的现代化和国际化，现代国际大都市研究等。

16. 农村土地制度和地租理论研究

马克思主义地租理论研究。农村土地制度变革中的农民权益保护，农村土地制度变革与统筹城乡发展，农村土地制度的变动趋势与对策，农村土地制度与农村金融及产业发展。如何深化农村土地制度改革，农村土地集体所有的内涵、表现形式和理论依据。

17. 社会主义市场经济中的劳动关系研究

社会主义市场经济中的企业劳动关系中的客观矛盾，社会主义制度与现代企业制度对劳动关系的影响与制约，市场经济国家劳动关系的历史发展与最新趋势。

18. 城乡劳动力市场一体化研究

现代化进程中的失地现象与就业问题，城乡劳动力市场一体化的障碍与对策，城乡劳动力市场建设与完善社会保障制度，积极就业政策与城乡劳动力市场一体化。

19. 建立与健全社会信用体系问题研究

完善社会主义市场经济体制与健全社会信用体系的关系，建立与健全社会信用体系的主要障碍与制约因素，社会信用体系的发展规律及国际借鉴，建立与健全社会信用体系的基本思路与对策。

20. 建立多层次资本市场体系与监管问题研究

多层次资本市场的发展趋势，多层次资本市场的监管体系，信用建设与监管体系建设有机结合的机制和途径。

21. 调整消费和投资关系研究

社会主义市场经济体制下消费和投资的关系，中国消费和投资关系的历史经验与现状评估，调整消费和投资相互关系的基本机制研究。

22. 经济增长与失业研究

经济增长与就业的关系，经济增长与失业的关系，经济高速增长过程中的扩大就业与减少失业问题。

23. 中国收入分配差距研究

收入分配差距的实证研究，合理调整收入分配的格局，加大收入分配调节力度，改善基尼系数的对策。

24. 中国能源发展战略研究

中国经济增长与能源需求，中国能源工业市场化改革与能源利用效率，开放背景下的能源发展战略，中国能源安全问题研究。

25. 中国海洋经济发展战略研究

26. 协调区域开发秩序和调整区域经济结构问题研究

实施西部大开发战略和振兴东北地区等老工业基地战略，促进中部地区崛起，支持革命老区、少数民族地区、边疆地区和其他欠发达地区加快发展的成绩和经验、问题和教训；结合新的历史时期的发展实践和国内外环境，研究区域经济学的理论和前沿，深化对区域经济理论的认识。

27. 经济开放与经济安全问题研究

经济开放与国家经济安全的国际经验与借鉴，

不同发展水平的经济开放与经济安全的理论与实践，经济开放不同发展阶段的国家经济战略选择与政策调整，经济开放条件下的国家金融安全问题、能源安全问题、文化安全问题等。

28. 服务经济理论研究

西方服务经济理论及其在中国的适用性研究，中国特色服务经济理论研究，三次产业结构转换背景下的服务经济，服务经济与科学发展观的实现。

应用经济

本学科申报要围绕经济社会发展中的重大理论和实际问题，当前经济社会发展中重要的中短期问题、国家“十一五”计划的若干前期问题，其他经济社会发展中的重点、难点和热点问题，以及加强应用经济学科建设、推动有关学术观点、学科体系和科研方法创新的研究课题。以下带＊的题目要求按题申报，一般不能改题。

＊1. 建立体现科学发展观要求的经济社会发展综合评价体系研究

＊2. 统筹城乡发展问题研究

＊3. 加强和改善宏观调控、防止经济大起大落的体制机制研究

＊4. 新一轮全球产业分工重组与我国产业结构调整研究

＊5. 粮食安全的体制与政策研究

＊6. 加快发展循环经济研究

＊7. 调整个人收入差距与促进社会公平研究

＊8. 扩大就业再就业与健全社会保障体系研究

＊9. 按照“五个统筹”要求调整中国财政支出结构问题研究

＊10. 加快振兴东北老工业基地需要解决的重大问题与对策研究

＊11. 中部地区崛起战略与政策研究

＊12. 加快环渤海地区开放开发研究

＊13. 推动长江三角洲经济一体化研究

＊14. 继续推进西部大开发战略对策研究

＊15. 加快发展对产业升级有重大带动作用的战略性产业研究（主要包括电子信息、重大技术装备、新材料、医药、船舶、高速铁路和飞机制造等）

＊16. 提高流通产业竞争力研究

＊17. 完善国有资产管理体制问题研究

＊18. 国有及国有控股公司治理结构现状、问题和对策研究

＊19. 国有企业经营管理者激励和约束机制研究

＊20. 产权市场的建设和管理问题研究

＊21. 提高有关行业和领域的控制力和国际竞争力研究

＊22. 制造业的国际竞争优势及其跨国投资战略

＊23. 振兴装备制造业研究

＊24. 中国特色信息化道路研究

＊25. 中国石油安全问题研究

＊26. 鼓励新能源政策研究

＊27. 鼓励自然资源集约利用的经济技术政策研究

＊28. 退耕还林政策实施情况、存在问题及完善政策研究

＊29. 重点国有林区林业制度创新研究

＊30. 城镇污水、垃圾处理市场化机制研究

＊31. 促进旅游业快速健康发展研究

＊32. 促进文化产业快速健康发展问题研究

＊33. 我国海洋渔业政策研究

＊34. 鼓励和支持我国企业发展自主知识产权和知名品牌问题研究

＊35. 企业文化与企业竞争力研究

＊36. 技术工人短缺与技能人才激励关系研究

＊37. 参与区域贸易自由化问题研究

＊38. 加入WTO过渡期后我国产业安全问题研究

＊39. 积极参与我国大宗进口物资的国际定价问题研究

＊40. 规范纺织品、服装出口市场秩序研究

＊41. 外商在我国投资“研发中心”的现状及政策建议

＊42. 调整和改善投资结构研究

＊43. 新的投资体制下工程项目技术经济评估的现状和方法研究

＊44. 当前我国房地产市场状况、发展趋势和对策研究

＊45. 城镇市政设施投资项目后评价方法与参数研究

＊46. 促进服务性消费研究

＊47. 解决县乡财政困难问题研究

＊48. 建立财政资金绩效评价制度研究

＊49. 完善政府采购制度研究

＊50. 财政或有债务与财政风险研究

＊51. 完善我国汇率形成机制问题研究

＊52. 金融安全的预警机制与风险控制研究

＊53. 金融市场的结构优化研究

＊54. 国有商业银行股份制改造问题跟踪研究

＊55. 农村民间金融问题研究

＊56. 加快农村金融体制改革研究

＊57. 完善社会保险制度研究

＊58. 保险市场效率和风险问题研究

＊59. 城镇贫困人口现状、问题和对策研究

＊60. 农村贫困人口最低生活保障问题研究

＊61. 税费改革后农村基层组织运行和公益事业发展问题研究

＊62. 增值税转型问题研究

＊63. 推进纳税信用体系建设研究

＊64. 农村新型合作医疗制度进展情况、存在问题和对策研究

＊65. 城市发展带领农村发展问题研究

＊66. 农村劳动力转移中存在问题及对策研究

＊67. 以工补农问题研究

＊68. 规范垄断行业收入问题研究

＊69. 公务员薪酬制度研究

70. 应用经济学科相关基本理论问题研究

政治学

本学科申报课题要着重加强马克思主义政治学理论和方法的研究，围绕着国家治理的重大理论和实际问题，以社会主义政治文明建设、科学发展观、加强党的执政能力建设和改进政府管理为主要研究方向和领域。同时，在马克思主义政治学指导下，深化政治学科基础理论、学科领域的研究和建设，以实现政治学科服务于国家治理重大决策和维护国家长治久安的功能。基础研究应推进理论创新和学科建设，应用研究应具有重要的决策参考价值，课题研究成果应体现国家项目水平。

1. 发展着的马克思主义政治学理论研究

2. 加强党的执政能力的制度途径建设研究

3. 科学执政、民主执政和依法执政研究

4. 科学发展观与社会主义民主的制度化、规范化、程序化

5. 建设社会主义和谐社会与政府管理问题研究

6. 全面建设小康社会进程中效率、公平和稳定的关系及政府的责任研究

7. “一国两制”在香港和澳门的实践研究

8. 公共服务的内涵和机制研究

9. 公共政策与公民有序参与问题研究

10. 马克思主义政党学学科体系构建研究

11. 中国传统治国方略研究

12. 西方当代政治思潮分析

以下带＊的应用对策性课题要求按题申报，一般不能改题。

＊13. 执政能力的评价指标研究

＊14. 科学发展观与公共资源管理问题研究

＊15. 民族关系与边疆安全问题研究

＊16. 台湾政治走向与国家统一问题研究

＊17. 突发事件与政府管理理论与机制研究

＊18. 西部大开发与政府管理创新研究

＊19. 东北振兴进程的政府职能转变与管理创新问题研究

＊20. 反腐败的权力监控体制和监督指标研究

＊21. 社会保障与政府职能研究

＊22. 国有企业改制过程中的政府监控问题研究

＊23. 公务员能力建设问题研究

＊24. 深化我国事业单位管理体制改革研究

＊25. 电子治理研究

＊26. 我国国家能源安全和发展的战略问题研究（交叉学科综合研究）

社会学

本学科申报既要关注中国社会发展过程中全局性、战略性的重大理论问题和国家急需的应用对策性课题，又要重视社会学基础理论研究、基础设施建设和马克思主义社会学研究，基础研究与应用研究并重，大力推动中国社会学研究领域的拓展、学术观点的创新和学科体系的建设。以下为重点研究领域和方向，申请者可据以设计具体课题。

1. 实践的马克思主义社会学研究

马克思主义实践范畴的历史发展；以实践范畴为基础的马克思主义社会理论和社会学理论体系；从马克思主义实践观反思西方社会学理论传统和当代建构主义社会学思潮；全球化、后工业化、后现代化等世界历史实践对社会学理论发展提出的挑战及回应；当代中国社会转型对社会学理论发展提出的挑战及回应。

2. 马克思主义社会学史研究

马克思主义社会学发展的史实梳理、规律总结，及其对中国社会学理论发展和中国社会发展的指导意义。

3. 构建社会主义和谐社会的社会学研究

和谐社会的基本理论；构建社会主义和谐社会若干重大理论和现实问题研究（如社会团结问题、社会稳定问题、利益协调机制问题、处理人民内部矛盾工作机制创新问题等）；社会稳定与和谐的评估、监控、预警及应对机制研究等。

4. 中国现代化关键时期发展模式研究

现代化关键时期发展模式的国际比较；中国现

代化关键时期面临的机遇、风险及其战略选择；中国现代化关键时期若干重大理论和现实问题研究。

5. 当代中国社会变迁与社会政策

中国社会转型过程中社会政策改革、发展和创新的社会基础、基本理论和途径、基本方向和趋势；当前若干重要领域和议题的社会政策研究。

6. 分支社会学基础理论研究

重点研究现象学社会学、组织社会学和医学社会学，其他重要的分支社会学基础理论也可申报。

7. 社会工作基础理论研究

西方社会工作的主要理论流派及其中国化；中国本土社会工作理论和方法探索。

8. 全国定期综合调查（GSS）

中国社会学界通力合作，资源共享，定期开展全国综合调查。该项目要建成中国社会学界的基础工程。

以下带＊的课题要求按题申报：

＊9. 社会转型时期的群体性事件研究

＊10. 社会转型中的民间组织研究

＊11. 民俗文化遗产保护与社会发展研究

＊12. 教育公平与社会分层研究

＊13. 社会阶层分化与工农利益保障问题研究

＊14. 关于阶层意识与阶层认同的经验研究

＊15. 社会变迁中的青少年问题研究

＊16. 农村劳动力转移与城乡协调发展研究

＊17. 农村民间金融组织的社会学研究

＊18. 城镇化过程中失地农民问题研究

＊19. 劳动关系及冲突的社会学研究

＊20. 劳动力市场中的社会排斥问题研究

＊21. 农村社会养老保障制度的基础框架研究

＊22. 农村新型合作医疗制度研究

＊23. 老工业基地改造中的社区建设研究

＊24. 农民工的社会保障问题研究

＊25. 中国慈善捐赠机制研究

＊26. 社区矫正研究

＊27. 残疾人就业问题研究

＊28. 家庭结构变迁中的老年问题研究

＊29. 虚拟社会与现实社会的关系研究

＊30. 城市新移民问题研究

法学

本年度申报课题要重点研究执政能力建设中具有战略性、前瞻性和全局性的法律基础理论和法律制度建设问题；研究改革开放、现代化建设和全面建设小康社会进程中面临的重大法律理论与法律实践问题；研究法学各学科中的前沿、难点和基础理论问题。申报课题要突出政治性、指导性、理论性、现实性和应用性。研究课题分法学基础理论研究和应用对策研究两类。

1. 依法治国与推进社会主义政治文明建设研究

2. 执政能力建设与依法执政研究

3. 科学执政、民主执政和依法执政的法律保障机制研究

4. 科学发展观与法制建设研究

5. 和谐社会法制构建研究

6. 社会主义宪政原理研究

7. 司法改革和权力科学配置与公正司法研究

8. 反腐倡廉和权力制约与监督法律制度研究

9. 社会主义社会法研究

10. 国际法治问题研究

以上10个课题可申报重点项目

11. 依法行政和行政体制改革研究

12. 行政组织法研究

13. 信息公开法研究

14. 民法典重大疑难理论与实践问题研究

15. 人格权法研究

16. 债权总则研究

17. 侵权行为法研究

18. 商事信托法律制度研究

19. 行业协会法律制度研究

20. 合作社法研究

21. 刑事诉讼法修改研究

22. 民事诉讼法修改研究

23. 行政诉讼法修改研究

24. 劳动权法律保障制度研究

25. 社会保障法立法与实施研究

26. 医疗保障法律制度研究

27. 中国传统法律文化研究

28. 国际法基本理论研究

29. 国际海洋法问题研究

30. 国际武装冲突法问题研究

31. 国际人权法问题研究

以下带＊的应用对策性课题要求按题申报，一般不能改题。

＊32. 纠纷解决的法律机制研究

＊33. 问责法律制度研究

＊34. 听证法律制度研究

＊35. 信访法律制度研究

＊36. 中央与地方事权、财权划分法律问题研究

＊37. 公共财政法律制度

＊38. 文化体制改革法律问题研究

＊39. 投资体制改革法律制度研究

＊40. 宏观调控法律制度研究

＊41. 金融改革与创新的法律规制问题研究

＊42. 规范、健全、发展资本市场的法律问题研究

＊43. 能源合理开发、科学利用与安全保障法律制度研究

＊44. 国有自然资源管理、利用、保护法律制度研究

＊45. 集体经济组织现状、问题、改革方案法律问题研究

＊46. 生态环境恢复与保护法律问题研究

＊47. 促进我国拥有自主知识产权的技术开发创新法律机制研究

＊48. 我国知识产权发展战略与实施的法律问题研究

＊49. 跨国公司技术转让中的知识产权问题研究

＊50. 农村集体土地所有权法律制度研究

＊51. 中国刑事政策研究

＊52. 犯罪与刑罚新问题研究

＊53. 金融犯罪研究

＊54. 惩治与防范危害国家安全罪的对策研究

＊55. 知识产权犯罪研究

＊56. 死刑复核制度研究

＊57. 重新犯罪防治措施研究

＊58. 再审法律制度研究

＊59. 调解制度研究

＊60. 法律服务业发展战略与规制研究

＊61. 公益诉讼法律制度研究

＊62. 经济全球化与国家经济安全法律制度研究

＊63. 区域性经济合作法律问题研究

＊64. 加入世贸组织后面临的新法律问题研究

＊65. 技术和绿色贸易壁垒法律问题研究

＊66. 关联交易的法律问题研究

国际问题研究

一、基础理论研究

1. 马克思主义国际关系理论教材（可申报重点项目）

2. 当代国际形势的特点及发展规律、时代特征研究

3. 中国特色国际关系理论建设研究

4. 国际关系与国际问题的方法论研究

5. 经济全球化背景下的国际贸易理论研究

6. 经济全球化背景下的国际政治体制理论研究

二、应用对策研究（要求按题申报）

（一）有关我国的国家安全与国际战略问题研究

＊7. 中国参与经济全球化的风险规避问题研究

＊8. 经济全球化背景下的我国文化安全和意识形态战略研究

＊9. WTO 框架下的国际贸易壁垒与我国对策机制研究

＊10. 中美经济贸易依存度对中美双边关系的影响与制约研究

＊11. 全球与亚太背景下的台湾问题研究

＊12. 我国外汇储备与人民币汇率机制改革研究

＊13. 人民币区域化问题研究

＊14. 新形势下我国国防建设与经济建设关系的国际背景研究

＊15. 中国国际战略与谋略研究

（二）地区问题研究

＊16. 东亚地区合作问题研究

＊17. 东亚地区安全形势及安全合作机制研究

＊18. 拉美国家经济、社会转型过程中的重大社会问题与政府对策研究

＊19. 欧洲一体化对世界多极化进程的意义研究

（三）国别问题研究

＊20. 美国新帝国主义与新保守主义研究

＊21. 美国的中国学研究

＊22. 美国经济的现状及长期发展趋势在美国对外政策中的影响研究

＊23. 日本军国主义的历史与现状及对中日关系的影响研究

＊24. 俄罗斯、中亚地区的能源问题及对我国的影响研究

（四）国际关系问题研究

＊25. 新世纪的大国关系问题研究

＊26. 经济全球化背景下的南北关系研究

＊27. 国际关系民主化与联合国改革问题研究

＊28. 新兴发展中国家（如印度、巴西）的崛起对国际格局及我国影响研究

＊29. 世界战略资源共同管理机制探索研究

（五）国际比较与借鉴研究

＊30. 国家安全的科学、协调、高效工作机制的国际比较及对我国的借鉴研究

＊31. 政党执政周期率问题的国际比较研究

＊32. 国家发展中的公平与效率关系问题研究——国际经验与教训

中国历史

1. 唯物史观与中国历史研究

评价唯物史观在中国历史学发展过程中的地位及其价值，探讨它对中国近现代社会思潮的影响和作用。

2. 中国历史上无神论问题研究

在中国传统文化中，无神论思想有着重要的学术地位和理论价值。通过对这方面思想的综合的或个案的研究，揭示无神论思想的历史作用及其局限。

3. 长江流域文明起源研究

我国文明起源是一个值得深入研究的课题，这里着重提出长江流域，意在强调文明起源的研究，可以通过对特定地域的考察使整个文明起源的研究得到深化。

4. 中国史学传统与民族精神

认真总结我国“治史、学史、用史”的优良传统对民族精神的形成和发展产生的重要作用和历史经验。

5. 古代中国国家与基层社会互动关系研究

古代中国专制国家统治基层方式、政策的演变，基层社会在国家权力运作中的角色，两者的互动关系。

6. 中国早期城市发展研究

城市的起源、形成和发展，与文明及国家的起源和发展，有着极为密切的联系。中国城市的早期发展，具有自己的显著特征。近年来不断增多的相关考古发现，为深入研究中国早期城市发展提供了极好的条件。

7. 中国传统文化中的科学思想和科学方法

用科学的历史观分析和总结中国传统文化中的科学思想和科学方法。

8. 中国古代农民、农业、农村问题研究

内容可包括农村经济发展、社会变迁、农民生存状况及农民战争等各个方面。

9. 中国封建“盛世”研究

对中国史书所记载之各时期的所谓“盛世”进行综合的或个案的科学审视和评价，还原“盛世”本来的历史面貌，总结历史的经验教训。

10. 中华民族分裂时期统一趋势研究

中华民族历史上经历了多次由分裂到统一的过程，统一的实现，既有历史发展的内在要求，又有一定社会力量的政治努力。加强这方面的研究，对于实现中华民族的统一目标具有重要的借鉴意义。

11. 历史上跨境民族研究

以客观的、历史的态度，对历史上跨境民族这种历史现象的形成原因、发展过程、活动方式以及与疆域的关系等进行研究。

12. 11—18 世纪中国经济发展与中外综合国力比较研究

把中国放到世界范围内进行研究，通过具体而不是笼统的中外综合国力对比，确切地判定历史上中国在世界的地位，是客观认识中国历史的重要依据。

13. 大陆移民对台湾的开发和建设

14. 近代中国思想界对封建专制主义的认识

封建专制主义对中国历史产生过长期而深远的影响。近代以来，思想界开始对封建专制主义进行分析、反思和抨击，成为思想解放和民族觉醒的重要内容。

15. 中国近代学术史研究

可以是对近代学术发展的宏观研究，也可以对某个学术派别、学术名家、学术著作的具体研究。

16. 传统乡村社会文化的近现代转型

近代以来，乡村社会一直处在剧烈的变动过程中，传统乡村文化发生向现代化方面的转变。教化体系、民间信仰、风俗习惯、民间文艺、家族文化、婚姻方式等诸方面的变动，构成近现代中国社会文化变迁的重要内容。

17. 中国近代企业制度研究

18. 民国时期地方政权研究

在民国政治制度的研究中，以往较多注重中央政治制度，而对于地方政权的制度及其运作，以及中央政权与地方政权间的关系，则相对忽略，应予加强。

世界历史

1. 史学理论研究

如马克思关于“世界历史”的理论、关于社会发展规律等研究，从社会发展的规律来阐释现当代历史进程中资本主义与社会主义曲折演变等问题研究。

2. 上古史、中古史研究

如古代城邦、罗马法与两河流域国家的法制、古代中世纪的社会经济、古代典籍与铭文的翻译等。

3. 世界文明史研究

世界诸文明与诸文明的比较研究，如西方人文主义，全球化与跨文化研究等。

4. 世界历史上的宗教问题研究

如宗教与政治、与社会稳定的关系，罗马公教与东正教、基督新教与罗马公教的分裂、冲突和共处等。

5. 世界主要大国的历史及其历史经验研究

如苏联的崩溃及其原因，美国宪政体制的基础、内涵及演化，西方国家所有制形式的变化、经济发展战略的演变、人力培训与就业政策、社会冲突和突发事件的缓解应变及其机制等。

6. 人与自然和环境的关系史

主要研究如何摆正人与自然、生态的关系，总结历史经验。

7. 亚洲史研究

如中国的周边国家史（包括与中国的关系）、战后东南亚民族分离主义运动、东盟和战后东南亚国家的社会变革，新加坡、韩国等新型工业化国家执政党历史与经验教训研究等。

8. 拉丁美洲、非洲史研究

如殖民主义对殖民后非洲的影响，非洲现代化、工业化的特点与道路，泛非主义、拉美洲国家的发展道路等。

9. 中东地区史研究

如中东国家及其国家关系，中东国家与西方大国的关系等。

考古学

本学科应加强对代表学科发展方向、带有基础性建设、具有较高学术含量及当前考古学前沿热点问题研究。以下为重点研究领域和方向，申报者可据此设计具体题目。可作综合研究，也可作专题研究。

1. 中国文明起源和形成的考古学研究

中国文明起源的重大考古发现与研究，中国不同地区文明起源的进程及其相互关系，中国文明的形成及其特点，中国文明在世界文明史上的地位等；包括史前考古和商周考古等一系列田野考古和专题研究等。

2. 中国古代聚落和城市的考古学研究

中国史前聚落的演变与城市的起源，城市起源与城乡结合体的形成，中国古代城市的发展、类型和特质研究，中国古代城市和欧洲、东亚城市的比较研究等。

3. 中国区域考古学研究

根据考古学资料，研究不同时期、不同地区文化的形成、发展和互相融合，为中华文化多元一统和中华民族共同体的形成提供了第一手的可信的史实。可作考古文化类型学分期分区研究。

4. 中国古代手工业的考古学研究

制陶、制瓷、金属冶铸、纺织、雕版印刷、机械制造和土木建筑的考古学研究。除研究其工艺之外，还应研究手工业生产的社会关系、产品运销及其在社会经济和生活方面的作用。

5. 古代中外文化交流的考古学研究

丝绸、瓷器、印刷术、火药等通过陆上“丝绸之路”和海上“陶瓷之道”远播异域，开展“丝绸之路”和“陶瓷之道”沿途发现的中外文化交流的遗迹和遗物的研究，弘扬中华文明，加强中国与世界各国在文化交流上的沟通与理解。

6. 中国考古学史研究

结合中国考古学科的实际，注重学术积累和传承，发扬优良学术传统，认真研究和总结中国考古学发展的历史。

7. 重大考古发现研究报告

重要遗址、墓地（或大型墓葬）的发掘报告，重大课题的考古调查报告等；重大考古报告的出版等。

民族问题研究

*1. 党的执政能力与提高民族工作水平研究

以进一步认识和把握新的历史条件下民族问题发展变化的特点和规律，创新民族工作的思路和方法为中心论题，从党的执政能力的高度对不断提高驾驭和解决民族问题的能力进行理论联系实际的研究。

*2. 机遇与挑战：加快少数民族与民族地区经济社会发展研究

在充分认识西部大开发战略这一历史机遇的基础上，对少数民族和民族地区现实发展所面临的挑战进行深刻分析，按照科学发展观的要求对加快少数民族和民族地区经济社会发展问题展开具有应用价值的对策研究。

*3. 少数民族与民族地区人才资源开发战略研究

根据我国人才强国战略的部署，按照注重提高素质、改善结构和培养少数民族各类专业技术人才的要求，结合西部大开发、全面建设小康社会、加快少数民族和民族地区经济社会发展的需要，进行人才资源开发的战略性研究。重点在于少数民族和民族地区的“人才资源”和“开发战略”。

*4. 民族区域自治制度的发展与完善——自治区自治条例研究

在深入把握自治区自治条例制定的重大意义的

基础上，对自治区自治条例的制定问题进行理论与实践的研究，为尽快改变自治区一级没有自治条例的现状提供智力支持。可以某一自治区的个案为例。

*5. 当代中国各民族人口散、杂居态势与发展趋势

在与第四次人口普查同口径数据比较的基础上，结合市场经济、流动人口、城市化进程的发展等因素，研究目前散、杂居态势的成因及其发展趋势，对我国民族工作，特别是城市民族工作如何顺应和适应这一发展趋势及其对我国民族关系的影响等问题进行对策性研究。

6. 少数民族非物质文化遗产保护研究

在对非物质文化遗产科学理解的基础上，对少数民族非物质文化遗产进行分类界定，从宏观或个案的视角进行理论与实践相结合的研究。

7. 中国古代民族源流史研究

在以往以历史学为依托的研究基础上，进行跨学科、多视角的研究，突出民族志的特点和扎实的文献基础，运用现代民族学、人类学等学科的理论和方法，对中国古代民族多源合流、多元一体的历史进程进行科学研究。可按族别、区域作专题研究。

8. 多民族互动“走廊”地区的民族学、人类学研究

在我国统一的多民族国家形成的历史进程中，西南、西北地区与中原内地形成了经久不息的多民族互动“走廊”，如西南地区主要以汉藏语系诸民族互动的“藏彝走廊”或“汉藏走廊”，西北地区主要以阿尔泰语系、汉藏语系诸民族互动的“河西走廊”。本课题要求以民族学、人类学的基本范畴、理论和方法，吸收多学科知识对这些历史“走廊”地区的现实发展进行综合性研究。

9. “小民族、大政策、大发展”的可行性研究

重点针对“小民族”的发展问题，从可资借鉴的国内外相关经验出发，就如何制定分类指导的“大政策”，怎样实现“小民族”在全面建设小康社会进程中的“大发展”等问题进行可行性的研究。

10. “兴边富民”与安邻、睦邻、富邻研究

以我国“兴边富民”的理论与实践为切入点，从相关地区、相关民族和相关国家的实际出发，对“兴边富民”与安邻、睦邻和富邻的关系进行研究。

11. 我国部分信仰伊斯兰教民族中的“小经”文字、文献研究

对“小经（小儿锦）”文字的释读、文献的收集和整理。

12. 当代俄罗斯的民族理论与民族政策研究

对当代俄罗斯的民族理论进行系统的研究，阐释当代俄罗斯民族理论的基本特点及其对民族政策的影响。

13. 东南亚、南亚地区民族问题与恐怖主义活动发展态势研究

对近年来东南亚、南亚地区的民族、宗教问题及其恐怖主义活动的发展态势进行区域性、国别性的研究。

14. 欧盟宪法中有关民族国家主权、少数民族权利的研究

从民族问题的视角，突出有关民族国家主权、人权和少数民族权利方面的研究。

宗教学

本年度基础研究课题的申报范围主要包括：马克思主义宗教学基本理论研究，宗教学学术前沿研究，国际国内宗教发展趋势研究，目前宗教研究中的重点、热点、难点问题研究，各大宗教的历史与现状研究，宗教理论与文献资料研究，以及国外宗教学名著的译介等。申报者可根据这些领域所涉及的下述内容自行设计具体题目：

1. 马克思主义宗教学研究

2. 宗教在中国未来文化发展中的战略地位和作用研究

3. 中国各大宗教的区域性发展研究

4. 中国各大宗教的理论与文献资料研究

5. 中国民间宗教、民间信仰（及其与儒释道关系）研究

6. 中国少数民族原始宗教资料研究

7. 西方宗教学前沿跟踪研究

8. 国外宗教学名著的译介

以下带*的应用对策性课题要求按题申报：

*9. 世界政治格局多极化背景下的国际宗教问题研究

*10. 抵御境外敌对势力利用宗教进行渗透的对策研究

*11. 国际宗教冲突与宗教对话及其对我国的影响研究

*12. 海外华人宗教信仰研究

中国文学

1. 建构当代中国特色的马克思主义文艺理论体系研究

进一步清理我国古代传统文论，取其精华，弃其糟粕，实现古代文论及其范畴的现代转化；译介

和批判地借鉴、吸取20世纪的西方和东方各国文论，以丰富和发展我国的当代文论；紧密联系新的文艺实践与文艺思潮，特别是我国社会主义文艺实践与文艺思潮，深入总结经验教训，进行理论提升。可做重点课题申报。

2. 中国文学中的民族精神研究

考察中华民族形成过程中文学与民族精神的关系，对应该发扬光大的我国民族精神的优秀传统和应该扬弃的民族精神中的负面现象作出研析，对文学在民族精神形成中的重要作用作出评估，以利于文学创作和文学接受更好地发扬我国优秀的民族精神。可做重点课题申报。

3. 中国诗学理论的梳理和建构

考察和梳理我国传统诗学理论，吸取其他国家诗学的优长，并充分考虑新诗发展的经验与教训，以建构当代中国的新的诗学体系。可做重点课题申报。

4. 我国文学资源与文化产业的发展研究

深入研究文学资源与文化产业的双向关系、现实的文学创作与文化市场的关系等，提出合理对策。可做重点课题申报。

5. 文艺基础理论创新研究

包括文艺理论的哲学基础、古今文论的基本范畴和当今图像时代的文学变异的研究，文化美学的探讨和现实主义问题的研究等。

6. 文学评价体系与世界观、人生观、价值观的关系研究

当前在文学研究和文学评价中所体现的世界观、人生观、价值观的梳理与辨析，包括对非马克思主义观点的批判。

7. 当代文艺思潮问题研究

对新历史主义、后现代主义、各种形式主义和西方马克思主义给文学带来思潮性影响等进行专题研究。

8. 中国历代文学史的研究

研究重点为对马克思主义的文学史学理论的探讨，包括文学史的历史观、方法论和价值评价体系，并对“重写文学史”的思潮和实践作出认真的科学反思；同时对中国文学史的历史分期、佚文发掘、流变考析、作家群体以及作家作品的重新评估等，继续进行深入的实事求是的研究。

9. 历代重要作家作品的重评

“重要”作家指对我国文学发展有全国性影响的作家，“重评”包括对过去评价的调整与颠覆。

10. 历代重要文学现象和文学流变研究

如“建安文学”、“盛唐气象”、“五四时代”的诗歌、小说、戏剧的重要历史流变。

11. 历代地域作家群研究

12. 比较文学研究

要在前20年研究的基础上，把重点放到对我国社会主义文艺发展参照性强的研究和创建比较文学的中国学派的研究。

13. 中国民间文学和少数民族文学研究

民族民间文学新发掘作品研究，如汉族新发掘的民间口传长篇史诗、叙事诗研究。少数民族文学新作家研究，如各民族的作家群或具有全国性影响的作家研究等。要重视填补空白点和开拓新领域。

14. 中国儿童文学研究

从先进文化的视角研究社会主义儿童文学的特色与作用，加强对新的儿童文学创作的追踪研究。

15. 世界华文文学研究

包括各地区新移民作家作品和历史上东亚汉语文化圈的华文文学作家作品研究。

外国文学

1. 外国经典作家研究史

在系统梳理某作家或作品的历史研究过程的基础上，对不同时期、不同流派、不同批评家的观点与方法做适当分析，勾画出资料翔实、泾渭分明的作家研究图景。可申报重点项目。

2. 外国马克思主义文论重要著述研究

以外国马克思主义文论的重要著述为研究对象，追其以往的研究史，梳理该著述的理论脉络，将其放在文论演变的背景下，确立该著述的历史地位。在详细分析该著述的基础上阐述自己的评价。

3. 外国国别文学的发生学研究

阐述文学样式和经典文本在世界多元化语境中的发生和生成的轨迹，揭示其内在的互动、传承、冲突和融合的运行机制。

4. 十九世纪以前外国国别文学断代研究

20世纪50年代以来，我国出版过多种外国文学通史或国别文学史，但研究深度不足，需加强国别断代史的研究。

5. 文学经典的形成与演变

以某些外国文学作品为基础，阐述文学经典的形成、发展和演变的轨迹，并从理论上探讨文学经典的涵义及其时代的变化性。

6. 欧美“成长小说”研究

以“成长小说”文类中的经典作家作品为研究对象，探讨此类小说的主题、结构、叙事手法及其

影响。

7. 外国重要作家或作品研究

对国内外相关研究成果进行评述，并以此为研究基础提出自己的新见解、新探索。

8. 外国重要批评家、理论家研究

要客观、全面地进行阐述，并联系中国文学实际，分析其理论观点的历史意义和现实意义。

语言学

一、语言理论研究

近几年“词汇扩散理论”和相关研究、“语言联盟”的概念和相关研究、韵律构词学和韵律句法学研究、语言起源和建模仿真的研究、语言符号的任意性和相似性研究都取得了一些新的成果和进展，但在整体上，我国语言学研究的理论意识仍需加强，理论研究与事实描写脱节的现象尚未根本扭转。近年可在汉藏语同源词确定的原则、语言的共时平面和历时平面如何交互作用、语言共性和个性的关系等方面加强研究。

二、汉语研究

1. 现代汉语研究

随着语音应用技术和相关理论的发展需求，对自然口语的研究特别是面向语音合成的韵律研究已成为热点。词汇方面应加强语用环境下词义变异研究和类义词的语言/方言类型研究。形式语法研究和功能语法研究都有实质性的进展，韵律句法和韵律词法理论渐趋深入。语言类型学比较研究和语义系统研究较为薄弱，认知语法研究也须加强。

2. 汉语方言研究

近几年研究的热点是：方言分区、方言历史层次、方言语法的调查研究等问题。不足的是：在许多领域仍缺乏理论探讨，未能与普通话和近代汉语研究接轨，缺少比较研究和综合研究。建议继续以汉语方言历史层次研究和汉语方言语法研究为重点，在研究中注意横向与纵向的联系，加强比较研究。

3. 历史语法词汇研究

词汇史研究开始注意常用词演变研究，专书和断代语法词汇研究都有一些新的成果。语法史方面的热点是语法化和语言接触研究。总的来看，研究比较零散，理论思考还不够深入。今后要在发掘事实和理论探讨的基础上，以建立更为翔实的汉语词汇史、语法史为目标，开展系列专题、专书、断代研究。当前，建设一个精加工的汉语史研究语料库十分必要。

4. 文字学、音韵学、训诂学研究

文字学研究比较活跃，现代汉字与汉字应用研究、《说文》学与传统文字研究、古文字研究、俗字研究等方面都有长足的进步。应加强汉字理论和汉字发展史研究，规范汉字的理论研究和规范字的确定和整理等问题也很重要。音韵学、训诂学的专题研究须有推进，但传统音韵学的研究重文献考证，往往忽略与活的方音的比较；而方言音韵的研究重共时描写，往往忽略方言的历史联系和语音史的逻辑关系；训诂学在词源研究上有新进展，但从宏观着眼的论著不多。在今后的研究中，可注意参考或引进现代语言学的有关理论和方法。

5. 计算语言学研究

当前国外计算语言学的显著特点是：提倡建立语料库，使用机器学习的方法获取语言知识；越来越多地使用统计数学方法分析语言数据；构造通用和专用的语料库。我国计算语言学研究应瞄准学科研究方向，开展一些扎实的基础研究。比如，面向中文信息处理的语言文字研究，包括实用的词典、语义系统、语法规则、完备的语言知识体系等。

6. 对外汉语教学研究

近几年语音教学滑坡，词汇教学研究比较薄弱。今后应以教学模式研究为突破口，取得教材的创新；以汉字研究为突破口，加强书面语的教学；以语料库建设和多媒体、网络教学等现代教育技术研究和运用为突破，指导和带动教学理论、学习理论的研究。

7. 社会语言学研究

双语双方言、语言接触、语言规划、言语社区理论、城市语言调查等方面的研究都有进展，而且学科研究呈现出方言学与社会语言学相交叉、相融合的趋势。可继续进行上述各领域的研究，并应在理论探讨和方法科学化上有所推进。

8. 心理语言学与神经语言学研究

继续开展字词、语音、语义、语法等方面的认知研究和神经电生理学、脑功能成像技术的研究，儿童语言发展的研究，失语症的研究等，但应根据当代语言学理论，进一步整合、提炼新的研究方向和领域，开展词库和演算系统的心理机制和神经机制研究。同时，应探索应用研究的途径，为信息处理、认知自动化工程提供大脑神经网络的生物学模型。

9. 语言政策研究

语言政策研究一直是语言学中的薄弱环节。当前一方面应系统梳理我国现有的语言政策，深入考察我国当前的语言生活；另一方面应了解世界上一些国家和地区的语言政策，研究其经验与教训，在此基础上构建全球化、信息化时代我国语言发展的宏观战略，为国家经济社会的全面发展服务。

三、少数民族语言研究

在语言共时描写、历史比较研究、语言接触和语言对比研究、濒危语言研究、双语教育研究和文献文字研究等方面都取得了丰硕的成果，同时在方法论的探讨上也有一些新见解。以上各领域的研究都应继续加强，同时应给予新时期少数民族语言使用和语言教育问题的研究以更多的关注。

四、外国语言研究（包括外语教学研究）

近几年外语界除了引进和介绍国外语言学成果外，还开展了更多的独立研究。如功能语言学（包括语用学）、认知语言学、应用语言学（外语教学）、翻译学等。其中在有关隐喻的研究、语料库语言学研究、第二语言习得研究等方面有较大进展。但从整体上看，相当一部分论文是转述性的，原创性不够；讨论翻译问题的所占比重过大，较少进行语言对比研究。今后应加强理论和语言事实两方面的研究，使外国语言研究和外语教学研究更加深入。

新闻学与传播学

1. 党的执政能力建设与大众传媒

从提高党的执政能力的高度，研究和探讨我国大众传媒的理论与实践，党和国家对大众传媒的引导与管理，大众传媒体体制的改革与创新。可综合研究，也可只研究某一方面或某一类传媒。可作重点项目申报。

2. 新闻阅评工作研究

近年来，北京和外地各省、市、自治区都建立了新闻阅评机构，发挥了很好作用，取得丰富经验，需要加以总结和研究，形成一套理论和规范。可作重点项目申报。

3. 出版学研究

近年来我国出版事业发展很快，从业人员大增，许多大学开设了出版专业，亟须研究出版学，并写出这方面的教材。可作为重点项目申报。

4. 新形势下新闻传媒的党性原则研究

5. 新形势下的社会问题报道研究

6. 现代传播技术的变革对传媒管理现代化的影响研究

7. 传媒对公共情绪的宣导抚慰功能研究

8. 公众外交与对外宣传研究

9. 广告伦理研究

10. 传媒“低俗化”问题研究

11. 驻外记者工作研究

12. 国际新闻报道研究

13. 国外战地记者研究

14. 民营资本介入传媒问题研究

15. 新形势下的工会报刊研究

16. 新形势下的妇女传媒研究

17. 新闻图片报道研究

18. 中外国家广播比较研究

19. 中国电视内容产业建设与发展研究

20. 革命战争时期的党报党刊研究

可选择一个地区或一家影响较大的党报党刊进行研究。

21. 少数民族语文报道研究

可选择一种少数民族语文的报刊进行研究。

22. 中国报刊经营发行史

23. 中国广告发展史

图书馆·情报与文献学

一、基础理论研究

顺应学科综合化发展趋势，本学科申报应着重探讨图书馆、情报学、档案学三者协调发展及相互融合、相互影响的理论与方法，构建统一的信息资源管理学科理论体系框架，探索图书馆、情报学、档案学学科一体化的途径。文献情报学要顺应网络时代和信息技术的发展，关注原有学科结构和成分的重大变化，重新思考其研究对象、研究内容和研究方法，加强知识管理等问题的研究，构建符合时代要求的新的学科体系。档案学应加强相关法律问题研究，如档案所有权、著作权、公民信息权等法律概念的界定，档案法和相关法律的关系和渗透，经济改革过程中档案法律问题等。此外，还应关注电子文献管理研究，如电子文件的内涵与外延、电子文件的完整性、真实性及其生命周期理论等。

1. 我国信息资源数字化建设体制研究

总结信息资源数字化进程中的经验和存在的问题，探讨发展中国信息资源数字化的途径、方针政策、措施和技术方法，建立符合我国国情的信息资源数字化体制，促进中国信息资源数字化健康发展。

2. 国家和地区的信息化发展水平测度研究

在对信息化发展的理论进行研究的基础上，提出正确反映信息化发展水平的指标和测度方法，对测度结果作出科学解释，为制定信息化发展政策提供依据。选择一些地区或国别进行比较研究。

3. 互联网对我国社会管理与公共服务的机遇与挑战

系统分析互联网对思想观念、意识形态、文化传播和知识学习的影响，提出加强互联网管理，发挥互联网优势，避免和抑制互联网不良影响的政策措施。

4. 基于知识管理的电子政务信息资源建设

以知识管理思想及知识管理系统的设计原则为基础，研究构建统一的政府信息门户的方法、按照使用者逻辑进行电子政务知识分类的方法、电子政务知识流管理的方法、建设统一有序的政府知识中心的方法等，建设知识管理型的电子政府。

5. 信息环境保护理论与实践研究

阐述信息环境的涵义，分析产生信息污染的原因及其影响，探讨如何创造良好的信息环境，提出防止和治理信息环境污染、加强信息环境保护和网络精神文明建设的对策措施及社会伦理准则。

6. 网络信息资源建设的政策性调控与合理配置管理研究

分析网络信息资源建设宏观调控与合理配置的现实意义，探讨网络信息资源建设的调控机制、调控政策体系及实施机制和管理机制等理论与实践问题。

7. 区域性中心图书馆建设研究

研究区域内各系统文献信息部门之间合作协调关系，研究在资源建设、网络信息共享、文献通借通还、读者享受同等服务等方面形成的模式。探讨如何发挥区域合作优势，通过中心图书馆协调实施，进而推进全国各系统间文献信息部门的合作协调。

8. 数字图书馆技术化和人文化融合研究

探讨数字图书馆技术化和人文化的相互融合、相辅相成，重视数字图书馆的人文特征，使数字图书馆协调、健康地发展。

9. 知识集成研究

知识集成的理论、方法和技术研究。重点是如何围绕特定目标持续实现知识集成，最大限度地支持社会组织或个人的活动，实现知识的价值。

10. 网络时代的图书情报人才需求及培养模式研究

网络时代图书馆和情报所的工作内容、工作重心的变化及图书情报人员的知识结构、课程设置等方面的改变和革新。

11. 竞争情报活动中人际网络问题研究

探讨在社会运转和经济活动中，如何利用口耳相传的零次情报，构建和利用人际网络来提升企业竞争能力。

12. 图书馆的知识转移机制研究

研究如何把图书馆知识转移到作为知识接受者的社会组织或个人的知识库中，实现知识的价值，进而缩小人类组织和个体之间的知识差距并促进人类的共同发展。

13. 企业知识管理实践研究

研究企业知识管理实践与知识管理理论和技术之间的互动及其对其他社会组织的借鉴作用。

14. 弱势群体知识援助的图书馆新制度建设

研究图书馆如何建立起长期有效、稳定的知识援助机制，为弱势群体提供知识援助服务。

15. 档案馆的社会化服务研究

科学界定档案馆历史保存、文化积累、文明传播等社会功能，探讨档案社会化服务的理念、模式、方法和实现途径。

16. 中国传统文献与濒危历史档案保护研究

从抢救历史文化遗产的角度，分析濒危历史文献（档案）的种类、数量、分布及损毁原因，挖掘传统文献保护技术在竹木、纸质等文献保护中的应用价值，以及现代技术在传统文献保护中的应用。

17. 档案信息化与档案信息伦理建设

研究政府信息公开与信息利用的公平性、隐私权保护、知识产权保护等问题。

18. 档案系统工程研究

系统工程方法引进的依据，档案系统工程的影响因素及实施，档案系统工程的技术分析、成本分析及案例分析，档案系统工程方法论。应采用多学科、综合性的研究方法。

二、对策性、应用性研究课题（要求按题申报）

*19. 中国的战略机遇期与国家情报战略研究

*20. 政府信息公开对档案信息保密和开放政策的影响及其对策

*21. 信息技术应用项目的方法研究

*22. 图书馆危机管理研究

*23. 数字图书馆可视化接口设计与实现方法研究

*24. 数字化时代的编目工作

*25. 图书馆开放使用研究

*26. 图书情报数字化应用系统比较研究

*27. 网络传播伦理和网站管理问题研究

*28. 电子文件和纸质文件双套制运用和管理模式

*29. 西部人文资源环境基础数据库

*30. 散佚欧美的满文图书现状调查及其主要文献的研究

人口学

本学科申报要关注近期人口变动和发展趋势、重点领域和热点难点问题，特别是中国人口发展战略研究、全面建设小康社会中的人口与发展问题研究、国家中长期科技发展战略涉及人口部分的研究等人口学的学科前沿问题。基础研究应增强学术含量和宏观研究的前瞻性，实证研究应具有科学性和导向性，对策建议应具有可行性和可操作性；倡导开展人口学与资源、环境、经济发展和社会发展的交叉研究。

1. “三农”问题的人口学研究

“三农”问题同农村人口状况紧密相关。如何实现农村人力资源、自然资源的合理有效配置，农村外出流动人口变动的新特点和趋势，农村人力资本的积聚等，需要深入研究。

2. 全面建设小康社会发展目标人口指标研究

全面建设小康社会发展目标中人口发展指标的科学设置。要注意吸纳国际指标的合理成分，研究人口在实现全面小康社会中的地位和作用，中国人口发展战略在全面小康阶段达到的时点目标和要求及全面小康社会的质量评价等。

3. 人口对健康科技发展影响研究

我国中长期科技发展战略规划关于健康科技研究，要适应人口的变动和发展，尤其是人口转变——人口年龄结构变动对疾病范式的制约和影响。该研究要为医药、卫生、保健事业的发展提供必要的人口学支持。

4. 人口安全问题研究

我国面临总人口、劳动年龄人口、老年人口、流动人口以及出生性别比等诸多高峰的相继来临，人口安全被提上议程。如何顺利度过高峰，既使人口的数量增长受到有效控制，又使人口结构比较合理，其他人口问题得到较好解决，需要作出综合性研究。

5. 西部全面建设小康社会人口与环境问题研究

怎样处理好西部大开发中人口与环境的关系，解决好人口增长、贫困人口、人口城市化与环境保护的矛盾，需要作出针对性较强的研究。

以下带＊的课题要求按题申报：

＊6. 社会抚养费征收的理论与实践研究

＊7. 出生人口素质对发展的影响与对策研究

＊8. 老年贫困问题研究

＊9. 农民工进城对就业影响研究

＊10. 计划生育奖励扶助养老研究

＊11. 计划生育社区建设研究

12 人口结构（年龄、性别、城乡）问题研究

13. 人口学方法论研究

统计学

本学科主要研究解决如何通过获取统计数据认识社会和经济过程的方法论规律，包括统计调查方法、统计分析方法和统计信息技术等问题。本年度要围绕我国统计工作实践中的突出问题、统计学科发展的前沿问题和时效性较强的应用对策问题，选择已有前期成果或有研究基础的课题进行申报。申请人可以依据以下重点研究领域和方向拟定具体题目，其中应用对策研究的题目也可酌情改动。

1. 与统计工作实践相关的重点研究领域和方向

现代统计工作的规范及体制研究；统计调查方法如何适应分级管理需要的研究；核算方法如何体现科学发展观的研究；如何运用现代统计方法加强经济运行监测的研究。

2. 与统计学科发展趋势相关的重点研究领域和方向

数据挖掘技术的发展与应用研究；统计指数理论的发展与应用研究；投入产出模型和经济计量学模型的发展与应用研究；电子调查技术的发展及其软件开发研究；现代统计教育制度的比较研究等。

3. 应用对策研究

抽样调查方法在经济普查中的应用研究；旅游统计制度及旅游卫星账户研究；经济开发区（含保税区）统计制度及投资环境和投资效益的综合评价研究。

体育学

近几年，体育学研究视野明显拓宽，研究方法有所改进，选题针对性逐步加强。应用对策性研究，特别是与奥林匹克运动和经济社会发展相关的课题数量增加。但从总体上看，缺乏对当代体育全景式、整体性的深度思索，缺乏纵深的学理性分析，具有开创性和前瞻性的研究成果偏少。基础性研究和应用基础研究相对薄弱，这是本年度资助立项的主要方面。

本年度申报基础研究课题，要紧密跟踪中外体育科学前沿，从体育学基本原理的高度，对体育的地位、功能变化、发展前景及存在问题做深入的学理性分析，从理论上回答体育实践中提出的新问题及对体育学学科建设起基础性作用的问题，提出新学说，构建新体系；可作专题研究，也可作综合研

究。申报应用对策性选题，要重点把握当前我国体育改革与发展中的热点难点问题及事关体育稳步、健康、协调发展的关键性问题，提出具有实际应用价值和可操作性的理论观点和对策建议。以下为重点研究领域和方向，申报者可据以设计具体题目。

1. 体育学的理论体系和研究方法研究
2. 全面建设小康社会与全民健身体育研究
3. 体育在现代化进程中的价值研究
4. 体育协调发展研究
5. 当代体育利益格局研究
6. 新格局下我国竞技体育的发展战略研究
7. 体育成本与效益研究

以下带＊的应用对策研究课题要求按题申报：

＊8. 2008 年北京奥运会经济、社会效益研究
＊9. 对北京奥运会社会期待及社会心理研究
＊10. 体育工作绩效评估体系研究
＊11. 职业赛事的现状、问题和改进对策研究
＊12. 综合性大型体育赛事的场馆设施研究
＊13. 青少年体育消费心理预期行为研究
＊14. 农村体育的状况、问题及发展对策研究
＊15. 学校体育改革与发展研究
＊16. 现代社会体育与媒体关系研究

（全国哲学社会科学规划办公室供稿）

国家社会科学基金项目 2005 年度立项课题（北京地区）

马克思主义·科学社会主义

重点项目

项目名称	负责人	工作单位	预期成果	完成时间
新科技革命和全球化条件下西方工人阶级的变化与社会主义运动	姜　辉	中国社会科学院政策研究室	专著 译著	2007. 12. 31

一般项目

项目名称	负责人	工作单位	预期成果	完成时间
人的全面发展在中国	张述元	中国人民解放军防化指挥工程学院	专著	2008. 12. 1
社会和谐：社会主义的重要价值目标	贾建芳	中共中央党校科社教研部	专著	2007. 12. 20
全面建设小康社会进程中的公平分配问题研究	秦连斌	中共中央党校科社教研部	专著	2007. 6. 30
信息时代的资本主义研究	陶文昭	中国人民大学马克思主义学院	论文（集）	2006. 12. 31
中苏大论战史论	蒲国良	中国人民大学国际关系学院	专著 论文（集）	2007. 12. 31

青年项目

项目名称	负责人	工作单位	预期成果	完成时间
当代中国社会利益结构的变化对公共政策制定的影响	梁　波	中共中央党校科社教研部	专著	2007.3.31
邓小平意识形态安全思想研究	田改伟	中国社会科学院政治学所	专著 论文（集）	2007.7.30
新形势下巩固马克思主义在高校意识形态领域指导地位的方法与途径研究	彭庆红	北京科技大学文法学院	论文（集） 研究报告	2007.6.30

党史·党建

重点项目

项目名称	负责人	工作单位	预期成果	完成时间
中国共产党关于实现和维护新中国的国家统一和国土安全的理论与实践之研究	齐鹏飞	中国人民大学马克思主义学院	专著 研究报告	2008.6.30

一般项目

项目名称	负责人	工作单位	预期成果	完成时间
中国共产党的对日战略与中日关系研究（1949—2004）	史桂芳	首都师范大学“两课”教研部	专著	2008.6.30
华侨华人与中国改革开放和现代化建设	任贵祥	中共中央党史研究室	专著	2008.12.31
十三届四中全会以来党领导人民推进中国特色社会主义建设的历史进程和基本经验研究	陈　述	中共中央党校中共党史教研部	专著	2007.12.30
邓小平与改革开放20年重大决策	刘金田	中共中央文献研究室	专著	2008.6.30
信息网络化条件下党的意识形态建设研究	李燕林	中共北京市委前线杂志社	专著	2006.12.30

青年项目

项目名称	负责人	工作单位	预期成果	完成时间
改革开放以来中国共产党应对重大突发事件的历史经验和教训	程美东	中国政法大学人文学院	论文（集） 研究报告	2007.12.30
新时期腐败特点及治理对策研究	王传利	清华大学人文学院	专著	2008.5.30

哲 学

重点项目

项目名称	负责人	工作单位	预期成果	完成时间
《德意志意识形态》文本（德文、中文）研究	魏小萍	中国社会科学院哲学所	专著	2007.12.25
中国哲学思潮发展史	张立文	中国人民大学哲学系	专著	2007.12.30

一般项目

项目名称	负责人	工作单位	预期成果	完成时间
杨献珍哲学的时代意义	毛卫平	中共中央党校哲学部	专著	2007.5.1
科学发展观与当代中国思维方式的转换	杨信礼	中共中央党校哲学教研部	专著	2006.12.31
当代科学实践哲学研究	吴 彤	清华大学人文社会科学学院	专著 论文（集）	2006.12.31
新出土简帛与先秦哲学史新论	王中江	清华大学人文社会科学学院	专著	2007.12.31
荀子其人其书及思想源流借鉴意义综合研究（简称荀子综合研究）	高 正	中国社会科学院哲学所	专著	2010.12.21
日本“批判佛教”思潮的佛教批判思想研究	周贵华	中国社会科学院哲学所	专著	2008.12.30
俄国哲学史原著选读	徐凤林	北京大学哲学系	译著 论文（集）	2008.6.30
杜威哲学的当代意义研究	王成兵	北京师范大学哲学与社会学学院	专著	2008.3.1
当代数学哲学问题研究	叶 峰	北京大学哲学系	论文（集） 专著	2008.6.30
马克思的环境伦理思想	韩立新	清华大学人文社会科学学院	专著	2007.5.31
马克思恩格斯伦理思想研究	宋希仁	中国人民大学哲学系	专著	2007.7.31
当代大学生性道德教育研究	安云凤	首都师范大学政法学院	专著	2008.6.30
论直觉——一个美学范畴的话语历史	牛宏宝	中国人民大学哲学系	专著	2008.6.30
森林文化研究	郑小贤	北京林业大学资源与环境学院	专著	2007.10.31

青年项目

项目名称	负责人	工作单位	预期成果	完成时间
马克思哲学与形而上学批判	仰海峰	北京大学哲学系	论文（集） 专著	2006. 10. 31
西方马克思主义批判理论的困境和出路	吴友军	解放军空军航空大学	专著	2008. 5. 30
数学机械化的中国道路——吴方法的思想研究	梁　芳	中央民族大学	专著	2007. 11. 27
当代西方技术与现代性研究及其启示	张成岗	清华大学科学技术与社会研究中心	专著	2007. 5. 30
图式逻辑研究	刘新文	中国社会科学院哲学所	专著	2007. 12. 31
儒家伦理与美德伦理（中外伦理思想研究）	刘余莉	中共中央党校哲学部	专著	2007. 6. 30
中国和平发展视角下的儒家国家关系伦理思想研究	王　易	中国人民大学马克思主义学院	专著 论文（集）	2008. 9. 1

经济理论

重点项目

项目名称	负责人	工作单位	预期成果	完成时间
马克思经济学数学模型研究	吴易风	中国人民大学经济学院	专著 论文（集）	2007. 12. 1
中国城乡市场长期发展研究	吴承明	中国社会科学院经济所	专著	2007. 12. 30

一般项目

项目名称	负责人	工作单位	预期成果	完成时间
马克思主义国际贸易理论的构建	李　翀	北京师范大学经济与工商管理学院	专著	2006. 12. 30
中国经济转型期嵌入内生增长模式研究	张孝德	国家行政学院经济学教研部	专著	2007. 12. 30
多层次资本市场建设和监管问题研究	胡海峰	北京师范大学经济与工商管理学院	专著 研究报告	2007. 6. 30
中国资本市场监管有效性研究——基于博弈论的视角	郝旭光	对外经济贸易大学科研处	专著 研究报告	2007. 4. 30
环境外部性分类、测量与环境管理模式研究	宋国君	中国人民大学环境学院经济与管理系	专著 研究报告	2006. 2. 28
中国工业化与城市化研究	万高潮	北京理工大学新经济研究院	专著 论文（集）	2006. 12. 31

续表

项目名称	负责人	工作单位	预期成果	完成时间
国家农业科技园专家大院技术推广与农民对接的机制与模式比较研究	蒋和平	中国农业科学院农业经济与发展研究所	研究报告	2006.12.30
当代西方异端经济学主要流派最新发展研究	贾根良	中国人民大学	专著 译著	2007.12.31
西方经济学“中国化”研究——结合中国国情改造和运用西方经济学	方福前	中国人民大学经济学院	专著	2007.12.20
建国以来气象灾害与农业经济关系史	陈东林	中国社会科学院当代中国研究所	专著	2008.12.31
汇率制度与货币政策和经济稳定增长的协调关系	孙华妤	对外经济贸易大学	专著 论文（集）	2007.10.30

青年项目

项目名称	负责人	工作单位	预期成果	完成时间
信用体系国家匹配模式的国际比较研究	石晓军	北京航空航天大学经济管理学院	论文（集） 研究报告	2007.6.30
城乡收入差距扩大的临界点及其对经济效率影响的研究	王少国	首都经济贸易大学经济学院	专著 研究报告	2007.7.1
城市集中度对经济增长的影响研究	周　文	中国人民大学经济学院	专著 研究报告	2007.12.31
投资、消费与中国经济的内生增长：理论、经济与政策	李　斌	中国人民银行营业管理部金融研究处	研究报告	2007.6.30
中国居民收入分配影响消费率的理论与实证研究	杨天宇	中国人民大学公共管理学院	专著	2006.2.25
我国民营经济融资约束与民间金融内生成长研究	王曙光	北京大学经济学院	专著	2007.7.20
区位竞争优势视角下的“世界工厂”变迁	张明之	解放军南京政治学院科研部	专著	2006.12.31
中国经济转型期地方利益冲突与政府统筹区域研究	保建云	中国人民大学国际关系学院	专著 研究报告	2007.12.30

应用经济

一般项目

项目名称	负责人	工作单位	预期成果	完成时间
产权市场的建设和管理问题研究	周茂清	中国社会科学院金融所	专著 研究报告	2006.6.30
外商在我国投资“研发中心”的现状及政策建议——基于国家创新系统框架的研究	崔新健	中央财经大学商学院	研究报告 论文（集）	2007.3.31
中国会计准则体系构建研究	刘玉廷	财政部会计司	研究报告	2007.12.1
上市公司盈余管理程度研究	吴联生	北京大学光华管理学院	论文（集）	2007.6.30
技术工人短缺与技能人才激励关系研究	杨伟国	中国人民大学劳动人事学院	专著	2007.4.30
鼓励自然资源集约利用的经济技术政策研究——以水资源为例	于法稳	中国社会科学院农村所	专著 研究报告	2007.6.30
基于森林的绿色 GDP 核算和绿色政策的研究	张　颖	北京林业大学经济管理学院	专著 研究报告	2007.12.30
新一轮全球产业分工重组与我国产业结构调整研究	谷克鉴	中国人民大学商学院	专著 研究报告	2006.12.31
企业文化与企业竞争力	张其仔	中国社会科学院工经所	专著 研究报告	2007.12.30
农村贫困人口最低生活保障问题研究	于　彤	全国贫困地区干部培训中心	研究报告	2006.8.31
粮食安全的体制与政策研究	朱　泽	中共中央政策研究室	研究报告	2006.12.30
WTO 框架下我国国内农业支持水平与结构优化研究	傅泽田	中国农业大学	专著 研究报告	2007.12.30
国家、社区和农民的新型土地关系研究	张红宇	农业部产业政策与法规司	研究报告	2007.5.30
参与区域贸易自由化问题研究	樊明太	中国社会科学院数技经所	研究报告 电脑软件	2007.12.30
经济全球化下大型流通企业国际化发展的比较研究	蔡荣生	中国人民大学商学院	专著 论文（集）	2007.9.30
流通产业组织化程度问题研究	王晓东	中国人民大学商学院	专著 研究报告	2007.5.31
解决县乡财政困难问题研究	罗　丹	国务院发展研究中心	研究报告	2006.12.30

续表

项目名称	负责人	工作单位	预期成果	完成时间
财政或有债务与财政风险研究	李朝鲜	北京工商大学经济学院	专著 论文（集）	2006. 6. 30
国有商业银行股份制改造问题跟踪研究	王　力	中国社会科学院金融所	研究报告 专著	2006. 1. 25
人民币区域化问题研究	邱兆祥	对外经济贸易大学金融研究所	专著 研究报告	2007. 12. 31

青年项目

项目名称	负责人	工作单位	预期成果	完成时间
国有及国有控股公司治理现状、问题和对策研究——产权契约分析的视角	郭金林	国防科技大学人文与社会科学学院	论文（集） 研究报告	2006. 6. 30
外商在我国投资“研发中心”的现状及政策建议	章文光	北京师范大学管理学院	专著	2006. 12. 31
网络经济时代中国高新技术企业技术规则经营战略研究	张　军	清华大学经济管理学院	研究报告	2006. 11. 30
加快发展循环经济研究	尹建华	对外经济贸易大学国际工商管理学院	研究报告	2006. 12. 31
城镇贫困人口现状、问题和对策研究	夏庆杰	北京大学经济学院	研究报告	2007. 6. 30
中国电力与经济关系及电力发展战略研究	何永秀	华北电力大学工商管理学院	论文（集） 研究报告	2007. 7. 1
农村贫困人口最低生活保障问题研究	庞晓鹏	中国人民大学农业与农村发展学院	论文（集） 研究报告	2007. 3. 31
增值税转型问题研究	杨　震	财政部财政科学研究所	研究报告	2006. 6. 30

统 计 学

重点项目

项目名称	负责人	工作单位	预期成果	完成时间
中国经济监测预警系统	文兼武	国家统计局统计科学研究所	研究报告 电脑软件	2006. 12. 31

一般项目

项目名称	负责人	工作单位	预期成果	完成时间
“未观测金融”对经济运行扰动的统计监测研究	李建军	中央财经大学金融学院	论文（集） 研究报告	2007. 6. 30

续表

项目名称	负责人	工作单位	预期成果	完成时间
中国石化行业竞争能力综合评估研究	王伯安	北京石油化工学院经济管理学院	研究报告	2007.10.20
中国养老保险统计与精算管理研究	王晓军	中国人民大学统计学院	论文（集） 研究报告	2007.9.30

青年项目

项目名称	负责人	工作单位	预期成果	完成时间
方向数据统计在经济管理中的应用	方　英	中国传媒大学媒体管理学院	论文（集） 研究报告	2007.6.30

政　治　学

重点项目

项目名称	负责人	工作单位	预期成果	完成时间
“政治文明”的哲学基础与政治实践：理念、制度、行为	万俊人	清华大学	专著 论文（集）	2006.5.16
大国格局变动中的两岸关系	徐博东	北京联合大学台湾研究所	专著 译著	2007.6.28
大型活动公共安全社会化管理研究	秦立强	中国人民公安大学	专著 研究报告	2006.12.31

一般项目

项目名称	负责人	工作单位	预期成果	完成时间
政治稳定的社会心理条件——改革措施与社会反应	田为民	中国政法大学政治与公共管理学院	专著 研究报告	2008.7.30
合作制组织：建立社会主义和谐社会的组织基础	张康之	中国人民大学公共管理学院	专著 论文（集）	2008.7.1
将农村纳入公共服务体系的政策与实现机制研究	马庆钰	国家行政学院公共管理教研部	研究报告	2007.12.31
非传统因素对边境安全稳定的影响与对策研究	张保平	武警部队学院	研究报告	2006.12.30
美欧俄之欧亚大战略与中国之对策思考	李　兴	北京师范大学政治学与国际关系学院	论文（集） 研究报告	2007.12.23
公共服务提供机制构建研究——基于公共财政的研究视角	李　燕	中央财经大学财政与公共管理学院	专著 研究报告	2007.9.30

续表

项目名称	负责人	工作单位	预期成果	完成时间
电子治理的政治学基础、主体关系和能力构建	孟庆国	清华大学公共管理学院	专著 论文（集）	2007.6.30
公务员权利制度研究	刘俊生	中国政法大学政治与公共管理学院	专著	2008.6.30

青年项目

项目名称	负责人	工作单位	预期成果	完成时间
乡镇治理中的政治冲突与政治秩序研究——从权力授予角度的分析	祝灵君	中共中央党校党建教研部	专著	2006.12.20
协商民主与当代中国政治实践	陈家刚	中共中央编译局	专著	2007.11.30
复合行政与跨行政区公共服务	刘小康	中共北京市委党校	专著	2007.7.1
公共政策过程中公民有序参与机制研究	王洛忠	北京师范大学管理学院	专著 研究报告	2006.12.30
跨行政区水污染防治管理模式研究	王亚华	清华大学公共管理学院	研究报告	2006.8.31
公务员能力建设研究	祁光华	中国人民大学公共管理学院	研究报告 译著	2007.6.30

法　　学

重点项目

项目名称	负责人	工作单位	预期成果	完成时间
执政能力建设与依法执政研究	刘作翔	中国社会科学院法学所	专著 研究报告	2007.5.30
司法权力体系科学配置研究	张福森	中华人民共和国司法部	专著	2008.7.1
死刑复核制度研究	刘家琛	最高人民法院	专著	2006.12.31

一般项目

项目名称	负责人	工作单位	预期成果	完成时间
全球化背景下的东亚法治问题研究	冯玉军	中国人民大学法学院	专著 研究报告	2007.4.30
弱势群体权利保障与和谐社会法制构建研究	张晓玲	中共中央党校政法教研部	研究报告	2007.6.30
司法改革和权力科学配置与公正司法研究——中国司法先例制度研究	张　骐	北京人学法学院	专著	2006.12.31

续表

项目名称	负责人	工作单位	预期成果	完成时间
行政组织法研究	任　进	国家行政学院法学教研部	专著	2006. 12. 31
我国民法典应以请求权基础作为体系构建的基点	马俊驹	清华大学法学院	专著 译著	2007. 12. 31
债权总则给付障碍法的体系建构	杜景林	对外经济贸易大学中德学院	专著 论文（集）	2007. 12. 1
关联交易的法律问题研究	董安生	中国人民大学法学院	专著 研究报告	2007. 12. 30
宏观调控法律制度研究	邱　本	中国社会科学院法学所	专著	2007. 7. 1
我国知识产权发展战略与实施的法律问题研究	薛　虹	中国政法大学中美法学院	专著 研究报告	2006. 12. 31
刑事司法公正性实证研究	白建军	北京大学法学院	专著	2008. 1. 31
惩治与防范危害国家安全罪的对策研究	王世洲	北京大学法学院	论文（集） 专著	2007. 6. 30
知识产权犯罪研究	赵永红	中共中央党校政法教研部	专著	2007. 3. 1
刑事诉讼法修改研究	樊崇义	中国政法大学诉讼法学研究中心	专著	2007. 12. 30
刑事诉讼法修改与被指控人权利保护	熊秋红	中国社会科学院法学所	论文（集）	2006. 10. 1
民事诉讼法典修改的理论研究与制度设计	陈桂明	中国政法大学诉讼法学研究中心	专著 研究报告	2007. 5. 30
条约在我国国内的效力与宪法的修改	李　鸣	北京大学法学院	研究报告 专著	2006. 12. 31
国际人权法对我国刑事司法改革的影响	杨宇冠	中国政法大学诉讼法学研究中心	专著 研究报告	2007. 6. 30

青年项目

项目名称	负责人	工作单位	预期成果	完成时间
敦煌吐鲁番出土的唐代法律文书研究	郑显文	中国政法大学法学院	专著	2007. 3. 31
公法人理论与中国公共组织变革	李洪雷	中国社会科学院法学所	专著 论文（集）	2007. 3. 1
社会转型与中国行政法的重构——法社会学视角	宋功德	国家行政学院	专著	2007. 12. 31
政府信息公开法研究	杨伟东	国家行政学院法学部	专著	2007. 7. 31
关联交易的法律问题研究	李建伟	中国政法大学民商经济法学院	专著	2006. 7. 1

续表

项目名称	负责人	工作单位	预期成果	完成时间
我国农业合作社立法问题研究	米新丽	首都经济贸易大学法学系	专著 研究报告	2007. 12. 31
规范、健全、发展资本市场的法律问题研究	刘俊海	中国社会科学院法学所	专著	2006. 12. 1
刑事诉讼的宪政基础研究	陈永生	北京大学法学院	专著	2008. 6. 30
民事纠纷解决的法律机制研究	肖建国	中国人民大学法学院	专著 论文（集）	2007. 9. 30
行政立法和决策过程中的公众参与研究	王锡锌	北京大学法学院	研究报告 专著	2006. 12. 31
转基因生物生物安全法律问题与我国的法律对策研究	王明远	清华大学法学院	论文（集） 研究报告	2006. 9. 1
加入世贸组织后面临的新法律问题研究	陈卫东	对外经济贸易大学法学院	研究报告 论文（集）	2007. 7. 1
双边海洋渔业协定的理论与实践	王翰灵	中国社会科学院国际法研究中心	专著 研究报告	2007. 8. 30

社　会　学

重点项目

项目名称	负责人	工作单位	预期成果	完成时间
中国“综合社会调查（GSS）”项目研究与设计	李路路	中国人民大学社会学系	研究报告 其他	2006. 10. 1

一般项目

项目名称	负责人	工作单位	预期成果	完成时间
卢曼社会系统理论研究	秦明瑞	北京大学社会学系	专著	2008. 6. 30
教育公平与社会分层研究	刘精明	中国人民大学社会学系	专著 其他	2007. 9. 25
教育公平与社会分层研究	钱民辉	北京大学社会学系	专著	2007. 6. 30
劳动关系及冲突的社会学研究	游正林	中国劳动关系学院	专著 研究报告	2007. 6. 30
民俗文化遗产保护与社会发展研究	刘铁梁	北京师范大学文学院	论文（集） 专著	2007. 12. 30
社会转型期社会政策框架与卫生政策战略地位	刘继同	北京大学公共卫生学院	专著	2008. 6. 30

续表

项目名称	负责人	工作单位	预期成果	完成时间
中国社会救助体系的建设：比较制度分析的启示	顾　昕	北京师范大学社会发展与公共政策研究所	论文（集） 研究报告	2006. 8. 30
残疾人就业问题研究	郑东亮	劳动和社会保障部劳动科学研究所	研究报告	2006. 6. 30

青年项目

项目名称	负责人	工作单位	预期成果	完成时间
集体行为与制度建设：房地产市场中的合约纠纷	王天夫	清华大学社会学系	论文（集）	2006. 12. 31
社会转型中的民间组织研究——民间组织合法性机制的建立	吕新萍	首都经济贸易大学劳动经济学院	专著 研究报告	2006. 12. 31
博弈与社会结构——一项和谐社会的基本功能	王水雄	中国人民大学社会与人口学院	专著 其他	2008. 6. 30
中国社会转型过程中的社会政策创新问题研究	林　梅	中共中央党校科学社会主义教研部	论文（集） 研究报告	2006. 9. 30
社会变迁中的青少年问题研究	辛自强	北京师范大学心理学院	专著 研究报告	2007. 7. 1
农村新型合作医疗研究	赵卫华	北京工业大学人文社会科学学院	研究报告	2007. 6. 30

人　口　学

一般项目

项目名称	负责人	工作单位	预期成果	完成时间
农村流动人口向城市的婚恋迁移趋势研究	张　翼	中国社会科学院人口所	论文（集） 研究报告	2007. 7. 30
中国城市流动人口聚居社区与城市贫困问题研究	侯亚非	中共北京市委党校、北京市人口研究所	研究报告	2007. 6. 30
人口学方法论研究	郭志刚	北京大学社会学系	研究报告	2007. 7. 1
中国西北地区全面建设小康社会的人口与环境协调发展研究	童玉芬	首都经济贸易大学劳动经济学院	研究报告	2007. 6. 30
社会抚养费征收的理论与实践研究	段成荣	中国人民大学社会与人口学院	专著 研究报告	2007. 6. 30

民族问题研究

一般项目

项目名称	负责人	工作单位	预期成果	完成时间
新时期海峡两岸少数民族交流机制研究	江家福	国家民族事务委员会	研究报告	2007.4.30
民族区域自治制度的发展与完善——自治区自治条例研究	宋才发	中央民族大学	专著 其他	2006.7.26
民族地理学的理论与方法	管彦波	中国社会科学院民族所	专著	2007.12.31

青年项目

项目名称	负责人	工作单位	预期成果	完成时间
自治区自治条例研究	孙国明	国家民族事务委员会民族问题研究中心	研究报告	2006.12.31
欧洲联盟制宪及其人权问题研究：世界民族问题的视角	冯卫民	中国社会科学院民族所	论文（集）	2006.12.30

国际问题研究

一般项目

项目名称	负责人	工作单位	预期成果	完成时间
WTO框架下的国际贸易壁垒与我国对策机制研究	曲如晓	北京师范大学经济与工商管理学院	专著	2007.6.30
我国外汇储备与人民币汇率机制改革研究	张礼卿	中央财经大学金融学院	研究报告	2006.8.30
中印签订FTA问题研究	高　巍	对外经济贸易大学国际经济研究院	研究报告	2006.12.31
邻疆地区恐怖主义活动特点及其对新疆地区安全影响的研究	王新建	中国人民公安大学治安系	专著	2008.9.1
欧洲一体化对世界多极化进程的意义研究	周　弘	中国社会科学院欧洲所	研究报告	2006.12.31
国家安全战略中的危机决策	唐永胜	国防大学战略教研部	专著 研究报告	2006.12.31
国际关系民主化与联合国改革问题研究	刘贞晔	中国政法大学政治与公共管理学院	专著 论文（集）	2007.12.31
时代性质、时代特征和时代主题	李淑珍	北京大学马克思主义学院	专著	2008.7.1

续表

项目名称	负责人	工作单位	预期成果	完成时间
中国特色外交制度研究	郭伟伟	中共中央编译局世界社会主义研究所	专著	2007. 6. 30
俄罗斯、中亚地区的能源问题及对我国的影响研究	季志业	中国现代国际关系研究院	研究报告 专著	2006. 3. 15
外层空间国际关系	仪名海	中国传媒大学国际传播学院	专著	2007. 1. 10

青年项目

项目名称	负责人	工作单位	预期成果	完成时间
人民币区域化进程对中国经济的影响与对策研究	李　婧	首都经济贸易大学经济学院	专著 研究报告	2007. 5. 1
标准化条件下的知识产权保护	安佰生	商务部世界贸易组织司	专著	2007. 6. 30
新形势下我国国防建设与经济建设关系的国际背景研究	王宏伟	中国人民大学公共管理学院	专著	2006. 12. 31
巴西的崛起对国际格局及中国的影响	周志伟	中国社会科学院拉美所	专著 论文（集）	2007. 12. 20

中国历史

一般项目

项目名称	负责人	工作单位	预期成果	完成时间
日本侵华期间日伪机构遗存文献资料的整理研究	曹幸穗	中国近现代史史料学学会满铁资料研究分会	电脑软件 工具书	2010. 12. 31
明清西北典型地区分水用水制度与水资源变化关系	王培华	北京师范大学历史系	专著 论文（集）	2008. 12. 31
明清时代地方政府与基层社会互动关系研究	郭润涛	北京大学历史学系	专著	2008. 7. 1
汉唐间中国信仰世界的变迁	刘　屹	首都师范大学历史系	专著	2008. 7. 31
隋唐时期的医疗与外来文明	陈　明	北京大学东方学研究院	专著	2008. 6. 30
传统农村社会文化的近代变迁	李长莉	中国社会科学院近代史所	专著	2008. 5. 30

青年项目

项目名称	负责人	工作单位	预期成果	完成时间
花园庄东地甲骨文例研究	孙亚冰	中国社会科学院历史所	专著	2009. 12. 31
《四库全书总目》研究史	陈晓华	首都师范大学历史系	专著 论文（集）	2007. 7. 1

续表

项目名称	负责人	工作单位	预期成果	完成时间
国民党的权力重组——1930 年宁粤对峙研究	金以林	中国社会科学院近代史所	专著	2007. 1. 31

世界历史

重点项目

项目名称	负责人	工作单位	预期成果	完成时间
19 世纪—马克思主义产生的世纪	张椿年	中国社会科学院	专著 论文（集）	2007. 5. 16

一般项目

项目名称	负责人	工作单位	预期成果	完成时间
人与环境关系的新认识：环境史学史	包茂宏	北京大学历史学系	专著	2008. 7. 1
苏联解体过程中的苏联史学	刘　爽	中国社会科学院科研局	专著	2007. 5. 30
印度 80 年代末以来的政治发展新格局研究	林承节	北京大学历史学系	专著	2008. 6. 30
意识形态与美国对苏俄和中国的政策	张宏毅	北京师范大学历史学系	专著	2007. 12. 30

青年项目

项目名称	负责人	工作单位	预期成果	完成时间
宗教改革时期的新教与罗马公教研究	刘林海	北京师范大学历史学系	专著	2008. 7. 24

考　古　学

重点项目

项目名称	负责人	工作单位	预期成果	完成时间
汉魏洛阳故城灵台、明堂、辟雍和太学遗址考古发掘报告	钱国祥	中国社会科学院考古所	研究报告	2006. 12. 30
中国陶瓷史	徐苹芳	中国社会科学院考古所	专著 研究报告	2007. 5. 16

一般项目

项目名称	负责人	工作单位	预期成果	完成时间
居延遗址调查发掘报告	魏　坚	中国人民大学人文学院历史系	研究报告	2006. 12. 1

青年项目

项目名称	负责人	工作单位	预期成果	完成时间
南北朝墓葬文化的区域互动与嬗变	李梅田	北京师范大学历史学系	专著	2008. 9. 1
楚简中纪时、卜筮与祭祷制度的研究	于成龙	中国国家博物馆展览一部	专著	2008. 9. 20

宗 教 学

重点项目

项目名称	负责人	工作单位	预期成果	完成时间
社会主义的宗教论	叶小文	国家宗教事务局	专著	2006. 12. 31

一般项目

项目名称	负责人	工作单位	预期成果	完成时间
西方宗教哲学传统的反思与展望	单 纯	中国社会科学院宗教所	专著	2007. 7. 15
中国三阶教史——一个佛教史上湮灭的宗派	张 总	中国社会科学院宗教所	专著	2008. 9. 20
伊斯兰哲理与古典文学	王家瑛	中国社会科学院哲学所	专著	2008. 12. 31
海外道教学经典论著的翻译和研究	朱越利	中共中央统一战线工作部中国西藏杂志社	论文（集）	2007. 12. 30
道教碑刻集成	吴受琚	中国社会科学院宗教所	工具书	2008. 12. 31
我国少数民族中的佛道教在中国未来文化发展中的战略地位和作用研究	刘成有	中央民族大学	专著 研究报告	2007. 8. 27
首都宗教与社会主义和谐社会建设	佟 洵	北京联合大学民族与宗教研究所	专著	2007. 12. 31

青年项目

项目名称	负责人	工作单位	预期成果	完成时间
瑜伽与佛教的比较研究	李建欣	中国社会科学院宗教所	专著	2008. 3. 30
当代中国大众文化中的基督教影响	陈奇佳	中国人民大学中文系	专著	2008. 4. 1
伊斯兰教什叶派研究	王宇洁	中国社会科学院宗教所	专著	2008. 5. 1

中国文学

重点项目

项目名称	负责人	工作单位	预期成果	完成时间
中国古代文学教育与文学的生成、发展及传播	郭英德	北京师范大学文学院	专著	2007.12.31

一般项目

项目名称	负责人	工作单位	预期成果	完成时间
文学思潮原理研究	卢铁澎	中国人民大学对外语言文化学院	专著	2008.8.31
话本小说的文本诠释与历史构建	刘勇强	北京大学中文系	专著	2008.6.30
“中国现代文学”与“中国当代文学”之关联研究	李　杨	北京大学中文系	论文（集）	2007.7.1
现代汉诗与现代汉语的关系研究	王光明	首都师范大学中国诗歌研究中心	专著	2007.12.30
我国文化产业发展战略与文化产业布局研究	祁述裕	国家行政学院研究室	专著	2006.12.31
后殖民台湾	赵稀方	中国社会科学院文学所	专著	2007.12.31
德都蒙古史诗文化研究	萨仁格日勒	中央民族大学	专著	2007.12.26
民间文学的生活特征及其理论建构	万建中	北京师范大学文学院	专著 研究报告	2008.12.20
藏族史诗《格萨尔王传》说唱艺人调查研究	杨恩洪	中国社会科学院民文所	研究报告	2007.12.31
口头文学研究：满族萨满神歌	赵志忠	中央民族大学	专著	2007.12.27
蒙古族当代著名说书艺人研究	朝克图	中央民族大学	专著 论文（集）	2008.9.1
中国现代神话学研究的思想渊源和学术范式	刘宗迪	中国社会科学院民文所	专著	2008.3.30

青年项目

项目名称	负责人	工作单位	预期成果	完成时间
周秦时代《诗》的传播史	马银琴	中国社会科学院文学所	专著	2008.5.20
二十年代革命文学的思想脉络与历史根源	程　凯	中国社会科学院文学所	专著	2007.12.31

续表

项目名称	负责人	工作单位	预期成果	完成时间
当代海峡两岸的小城镇小说	赵冬梅	北京语言大学比较文学研究所	专著 研究报告	2008.12.30

外国文学

一般项目

项目名称	负责人	工作单位	预期成果	完成时间
对作为文论家的哈贝马斯的研究	曹卫东	北京师范大学文学院	专著 译著	2007.5.30
越南文学与中国文学之比较研究	于在照	解放军外国语学院	专著	2006.12.26
中日物品的交流与日本古代文学	张哲俊	北京师范大学文学院	专著	2008.7.1
列王纪研究	张鸿年	北京大学外语学院东语系	专著	2008.6.30
阿拉伯文学通史	仲跻昆	北京大学阿语系、东方文学研究中心	专著	2008.6.30
V·S·奈保尔研究	方　杰	中国人民解放军国际关系学院	专著	2007.6.30
从现代主义诗学到后现代主义诗学－塞缪尔·贝克特的美学思想与创作实践	王雅华	北京语言大学外国语学院	专著	2008.6.30
凯瑟研究的历史沿革与批评经验	孙　宏	中国人民大学外国语学院	专著	2008.7.1

青年项目

项目名称	负责人	工作单位	预期成果	完成时间
后殖民理论家霍米·巴巴研究	生安锋	清华大学外语系	专著	2007.8.31
德语成长发展小说研究	谷　裕	北京大学外国语学院德语系	专著	2008.6.30

语　言　学

重点项目

项目名称	负责人	工作单位	预期成果	完成时间
汉语动态呈现语法研究	方　梅	中国社会科学院语言所	专著 论文（集）	2008.12.30

一般项目

项目名称	负责人	工作单位	预期成果	完成时间
汉语虚词的语法化机制	史金生	解放军外国语学院	专著 论文（集）	2007.7.30

续表

项目名称	负责人	工作单位	预期成果	完成时间
大学生英语学习社会心理：基础阶段跟踪研究	高一虹	北京大学外国语学院语言学研究所	研究报告	2007.12.31
俄罗斯应用语言学研究新景观	易绵竹	解放军外国语学院	专著 研究报告	2007.6.30
二十世纪中期前外国作品的汉译及其影响	沈素琴	北京语言大学	专著 研究报告	2007.12.31
基于大型英汉对应语料库的翻译研究与翻译教学平台	王克非	北京外国语大学中国外语教育研究中心	专著 电脑软件	2007.11.30
中国大学翻译教学：理念与实践	罗选民	清华大学人文学院外语系	专著 电脑软件	2007.7.30
汉藏语系藏缅语族羌语支研究	孙宏开	中国社会科学院民族所	专著	2010.12.30
面向语言信息处理的朝鲜语知识库研究	毕玉德	解放军外国语学院亚非语言文学系	研究报告	2007.7.26
维吾尔语与土耳其语语法比较研究	买提热依木	中央民族大学	专著	2007.12.26
古今汉语平行语料库的构建	宋继华	北京师范大学信息科学学院	专著 电脑软件	2007.6.30
基于现代教育技术的对外汉语教学资源库研究与建设	刘利民	首都师范大学国际文化学院	研究报告 电脑软件	2007.6.30
规则与使用：儿童早期句法习得及习得机制研究	杨小璐	清华大学外语系	论文（集）	2007.12.30
基于指代链的汉语文本主题分析研究	王厚峰	北京大学计算语言学研究所	论文（集） 电脑软件	2008.6.30
句式构造和句式意义的互动关系研究	施春宏	北京语言大学人文学院	专著	2008.8.30
现代汉语焦点敏感算子语义研究	沈　阳	北京大学中国语言文学系	专著 论文（集）	2008.12.30

青年项目

项目名称	负责人	工作单位	预期成果	完成时间
对现代俄语中评价意义的研究	王立刚	北京大学外国语学院俄语系	专著	2008.6.30
面向第二语言习得的汉语词化模式研究	张　雁	北京大学对外汉语教育学院	专著 研究报告	2008.7.1

新闻学

重点项目

项目名称	负责人	工作单位	预期成果	完成时间
对外传播中的国家形象设计	周明伟	中国外文出版发行事业局	专著	2007.10.1

一般项目

项目名称	负责人	工作单位	预期成果	完成时间
公共外交与对外宣传战略研究	胡显章	清华大学新闻与传播学院	专著 研究报告	2007.6.23
中国国际新闻报道研究	刘洪潮	中国传媒大学	论文（集） 专著	2007.6.30
手机媒体及其管理研究	匡文波	中国人民大学新闻学院	专著 论文（集）	2008.9.30
新闻图片报道研究	李仁臣	人民日报社	专著	2007.12.30
出版学学科体系（与教材建设）研究	魏玉山	中国出版科学研究所	专著	2008.12.30
新形势下新闻传媒的党性原则研究	徐人仲	新华通讯社新闻研究所	专著	2007.7.30
新型劳动关系下的工会报刊研究	李　双	中国劳动关系学院	研究报告 论文（集）	2006.8.15

青年项目

项目名称	负责人	工作单位	预期成果	完成时间
我国传媒业民营资本准入指标体系研究	赵曙光	清华大学新闻与传播学院	研究报告 论文（集）	2007.5.31
新形势下的妇女传媒研究	宋素红	北京师范大学文学院新闻传播学研究所	专著 研究报告	2007.12.31
战时大众传媒与国家舆论安全战略研究	戴俊潭	解放军南京政治学院军事新闻传播系	专著	2007.12.31
媒介话语：语言与意识的博弈	姜　飞	中国社会科学院新闻所	专著	2007.12.31

图书馆、情报与文献学

重点项目

项目名称	负责人	工作单位	预期成果	完成时间
文献信息服务在当代社会中的作用和地位	黄长著	中国社会科学院	专著 论文（集）	2007.5.16

一般项目

项目名称	负责人	工作单位	预期成果	完成时间
开放存取与图书馆的未来发展	陈　力	中国国家图书馆	专著	2007. 5. 1
图书馆危机管理研究	刘兹恒	北京大学信息管理系	论文（集）	2006. 12. 31
从数字信息资源中实现知识抽取的理论和方法研究	张智雄	中国科学院文献情报中心	论文（集） 电脑软件	2007. 6. 30
面向学科数字信息群的知识集成方法与技术研究	王兰成	解放军南京政治学院上海分院	专著 电脑软件	2007. 12. 30
档案职业状况与发展趋势研究	胡鸿杰	中国人民大学信息资源管理学院	专著	2008. 7. 30
我国濒危历史档案的抢救与保护研究	郭莉珠	中国人民大学信息资源管理学院	论文（集） 研究报告	2007. 12. 31
WEB 整合的机制及方法研究	李广建	北京师范大学管理学院	专著 研究报告	2006. 12. 30
网络信息生态评价体系与保护策略研究	周庆山	北京大学信息管理系	研究报告 专著	2007. 8. 1

青年项目

项目名称	负责人	工作单位	预期成果	完成时间
知识转移与 ERP 实施成效研究	董纪昌	中国科学院研究生院管理学院	论文（集） 研究报告	2007. 9. 1

体 育 学

重点项目

项目名称	负责人	工作单位	预期成果	完成时间
对北京奥运会社会期待及社会心理研究	沙莲香	中国人民大学社会学系	论文（集） 研究报告	2008. 12. 30
我国竞技体育优秀运动员文化教育体制改革的研究——兼论我国竞技体育的可持续发展	潘志琛 王凯珍	北京体育大学	研究报告	2006. 12. 30

一般项目

项目名称	负责人	工作单位	预期成果	完成时间
北京奥运会中的政府作用研究	李颖川	首都体育学院	研究报告	2007. 1. 30
体育社会科学研究成果评估体系的研究与系统开发	蔡有志	北京体育大学	研究报告 电脑软件	2007. 6. 30

续表

项目名称	负责人	工作单位	预期成果	完成时间
2008年奥运后效应对北京经济与社会发展的影响	黄亚玲	北京体育大学	研究报告 专著	2007.2.26
新时期中国学校体育特征及发展模式的理论构建	王皋华	北京理工大学体育部	专著 研究报告	2007.8.30
中国全民健身运动的心理建设功效	张力为	北京体育大学	专著	2007.12.31

（全国哲学社会科学规划办公室供稿）

全国教育科学"十五"规划2005年度课题指南

课题指南说明

一、指导思想

以马克思列宁主义、毛泽东思想、邓小平理论和"三个代表"重要思想为指导，全面贯彻党的十六大和十六届三中全会、四中全会精神，以科学发展观统领教育科研工作，解放思想，实事求是，与时俱进，促进教育科学的繁荣和发展，为教育决策服务，为教育改革和发展实践服务，为办好人民满意的教育服务，为构建社会主义和谐社会作贡献。

二、基本原则

全面落实科学发展观，着眼于推进教育理论和技术的创新，以我国教育改革和发展中的重大理论问题和现实问题为主攻方向，以理论研究为支撑、以应用研究为重点，不与"十五"规划已设课题重复，着重"小、精、实"。基于问题的基础研究力求具有前瞻性和原创性，要揭示教育的本质和规律；应用研究突出针对性和实效性，要能够科学解释教育现象，准确描述教育现状，有效解决教育实践中的实际问题；推广研究原则上不作为国家课题立项，要求广泛的社会效益，让公众易于理解和应用。

三、课题设置

本年度规划课题设置重点、青年和西部专设课题三个课题类别，申请人可按照《全国教育科学规划课题管理办法》的相关规定进行申报。指南中带★号的条目为西部专设课题，申请西部专设课题的申请者所在单位必须在西部，要体现地方和民族特色。

四、课题申报

所有学科的申报都要按照《全国教育科学规划课题申请·评审书》列出的学科分类代码填写。跨学科的课题，要以为主的学科进行申报。要求课题申报人有研究经验，即申请国家课题要求有从事教育部课题研究的经历，申请教育部课题要求有从事地方和单位课题研究的经历。

五、课题设计

本课题指南所列出的条目，是供申请者选题的研究领域、申报范围和方向，部分条目中附加的括号，是对研究内容、研究规范的提示或具体要求，申请人在申报课题时应重点参照，申报者可按照《课题指南》中所规定的领域和要求进行具体的课题设计，要求一定的预研究基础、明确的技术路线和可实现的预期研究成果。研究内容不在本课题指南条目范围之内的，也可根据自己的研究兴趣和研究基础自行设计课题名称和内容。

六、申报条件

教育科学规划课题为社会公益项目，资助在公共部门服务的教育科研工作者。课题负责人只能申报一个课题，且不能作为课题组成员参加其他课题的申请。课题组成员不能同时参加三个以上课题的申请。在研的全国教育科学规划课题负责人不能申报，得到同级别基金项目教育学科（如国家自然科学基金会、全国社会科学基金、教育部人文社会科学项目、其他部委办、各省级社会科学基金等）资助的课题负责人不得以同类课题申报。

七、申报要求

课题申报者要如实填写申请材料，并保证没有知识产权争议，遵守承诺。凡在全国教育科学规划课题申请中弄虚作假者，一经发现并查实后，取消个人三年申报资格，如获准立项一律按撤项处理。

八、申报程序

课题申报实行二级申报，按照所在单位隶属关系，分别通过省（自治区、直辖市）教育科学规划办公室、教育部司局、教育部直属高等院校和国家级科研机构向我办申报。

九、评审程序

课题评审通过资格审查、学科组匿名评审和会议评审、领导小组评审产生。参加申报课题项目的学科规划专家一律回避课题评审。课题评审坚持标准，保证质量，宁缺毋滥。

十、课题完成

本年度课题研究工作要求在0.5年至3年内完成。政策研究可提前完成。研究成果必须符合学术规范，有所创新。最终成果必须包含研究报告，以及论文、论著、音像、软件等形式。

十一、课题管理

课题实行信誉管理制度，课题负责人在课题研究期间要遵守各项承诺，履行约定义务，按期完成研究任务。课题研究的最终成果将实行匿名鉴定制度，鉴定结果予以公示。除特殊情况外，计划出版的成果须先鉴定后出版，违反规定擅自出版者视为自行终止相关资助协议。成果鉴定为不合格或有不良信誉记录者，课题负责人三年内不得申报新课题。

十二、课题组织

各省（自治区、直辖市、计划单列市）教育科学规划办公室、教育部各司局、教育部直属高等院校和国家级科研机构要加强对本年度科研课题申报工作的宣传、组织、管理和指导，既要积极鼓励，又要严格把关，认真审核，提高申报质量。

课题指南

根据党的十六届三中全会、四中全会精神和当前教育改革发展的新要求，为落实科学发展观，贯彻《中共中央关于繁荣和发展哲学社会科学的意见》，服务教育部《2003—2007年教育振兴行动计划》，依据《全国教育科学“十五”规划要点(2001—2005年)》，衔接《全国教育科学“十五”规划2001年课题指南》和《全国教育科学“十五”规划2003年度课题指南》，着眼“十一五”经济社会教育发展规划，明确全国教育科学研究2005年度选题主要范围，以引领教育科学发展方向，遵循教育科研的规律和特点，鼓励和激发教育科研工作者的创造性，进一步繁荣和发展教育科学，发挥教育科研服务决策、指导实践和影响社会的第一教育推动力的作用，为办好人民满意和受益的教育服务，为构建社会主义和谐社会做贡献，特制订2005年度课题指南。

1. 科学的教育发展观研究

2. 改革开放以来若干重大教育政策法律的实施效益评估研究可选择若干教育政策进行纵向研究或省域横向比较研究

3. 未来15年我国重大教育问题的预测与对策研究

4. 素质教育专题研究

侧重研究素质教育的理论发展、政策沿革，调研素质教育的实施现状，分析总结素质教育实施中的经验、影响因素和体制性障碍，从教育目的、学校办学思想、课程教学、教师队伍、学生课业、评价体系和构建长效机制等方面提出改进思路。

5. 弱势群体教育权益保障研究

侧重流动儿童、残障儿童、贫困生、女童等教育问题研究。

6. 完善中国教育法律体系研究

7. 当代教育理论流派对我国教育改革与发展的影响研究

8. 教育领域的公权和私权关系研究

9. 教育舆情分析与对策研究

10. 学校发展现状抽样调查研究

可选择不同层次和类型的学校，须明确调查内容和样本量。

11. 学校债务化解以及教育国有资产保值增量研究

侧重“普九”欠债、改制学校、高中和高校融资风险研究等。

12. 政府教育管理职能转变及绩效评价研究

侧重研究各级政府在发展义务教育、职业教育、高中教育和高等教育的不同职责，以及相应的社会参与问题，进一步明确政府教育投入的合理结构。

13. 国家财政教育专项投资的绩效分析及制度化研究

14. 现代大学制度创新研究

15. 教育考试评价制度的制度创新研究

16. 国家教育数据库建设研究

17. 教育中介机构现状调查与对策研究

18. 教育科研管理体制和质量评价研究

侧重机构、制度、投入、项目、评估和推广方式等

19. 未成年人价值观教育的有效途径研究

20. 青少年流行文化现象调查和对策研究

侧重网络游戏、流行歌曲、童谣、口袋书、动漫等内容。

21. 预防青少年犯罪与被害的教育对策研究

侧重远离黄、赌、毒、网瘾、暴力，自救与互救等内容。

22. 德育工作者专业化研究

侧重班主任、心理咨询师、辅导员等。

23. 革命传统教育资源的保护和开发研究

24. 教师师德和学生思想品德现状调查研究

25. 师生心理危机现象分析与干预研究

26. 义务教育的基本办学标准和质量保障体系研究

27. 义务教育区域均衡发展的可操作性对策研究

28. 我国实行全面免费义务教育制度的前瞻性研究

29. 国家（地区）教育服务贸易竞争研究

30. 发展中人口大国教育发展模式的比较研究

侧重印度、巴西、墨西哥等国家。

31. 国外考试评价制度特色研究

侧重美国、日本、印度、韩国、新加坡等国家。

32. 国外研究生教育发展模式研究

侧重印度、以色列、美国、日本等国家。

33. 教师标准和教师教育标准的国际比较研究

34. 学生助学贷款制度实施效益的国际比较研究

35. 国外小学和幼教师资培养模式研究

36. 经济发达地区教育发展特色研究

侧重经济发达省市、经济百强县市的教育发展研究。

★37. 边疆地区跨境义务教育调查研究

38. 中部地区农村教育调查研究

★39. 西部大开发中的教育绩效研究

侧重“两基”攻坚、寄宿制学校建设、危房改造、“两免一补”等方面。

40. 东北老工业基地教育发展研究

★41. 西部学校师资流动状况的调查研究

42. 居民家庭教育支出和学生在校教育成本调查研究

43. 民办教育可持续发展研究

44. 学前教育办学体制现状及对策研究

45. 义务教育新课程改革的反思评价研究

46. 高中新课程改革的实验研究

47. 我国大学的竞争力评价体系研究

侧重学校定位、办学特色、学科建设、知识贡献、人才培养、社会服务等方面。

48. 建设世界一流大学和高水平大学的途径与模式研究

49. 高等教育（本专科、研究生）质量保障体系研究

50. 教育发展适度规模效益的研究

侧重研究教育资源在区域、学校和班级的合理配置，总结高校院系专业改革、中小学布局调整的经验等内容。

51. 大中专毕业生就业与创业服务体系研究

52. 独立学院发展模式研究

53. 以就业为导向的职业教育体制创新研究

54. 拔尖创新人才、高新技术人才和技术技能型紧缺人才培养模式研究

55. 农村剩余劳动力转移的教育培训研究

56. 成人学习动机和能力的调查研究

57. 家庭教育现状和家长教育素质的调查研究

58. 学校教学设施建设的人本化与基本标准研究

59. 学校突发事件的预警机制与安全救护研究

侧重预防疾病、恐怖事件、自然灾害、食物中毒、伤害事故等。

60. 学校体育、艺术和卫生教育现状调查与对策研究

61. 教师和学生信息素养调查及标准研究

62. 区域网络优质教育资源的开发与共享案例研究

63. 教育信息化的成本效益研究

侧重局域网、校园网以及农村中小学现代远程教育效益研究。

64. 数字化校园的建设策略与有效利用模式研究

★65. 民族地区教育特殊政策与援助机制研究

66. 民族学校新课程改革适应性和办学特色研究

（全国教育科学规划领导小组办公室供稿）

全国教育科学“十五”规划2005年度立项课题（北京地区）

课题名称	姓名	课题类别	学科分类	工作单位
主体教育视野下课堂教学改革的深化研究	裴娣娜	国家重点	基础教育	北京师范大学
素质教育中儿童青少年元认知发展和作用的心理机制及促进研究	陈英和	国家重点	教育心理	北京师范大学
我国高等教育优质教学资源的发展战略研究	杨叔子	国家重点	高等教育	中国高等教育学会
高水平、高质量推进区域教育均衡发展指标体系与监测研究	郑富芝	国家重点	教育发展战略	教育部
中小学体育器材和场地的研究	杨贵仁	国家一般	体卫艺教育	教育部
电大远程教育成本效益实证与比较研究	张少刚	国家一般	教育技术	中央广播电视大学
青少年犯罪心理及其对策研究	罗大华	国家一般	教育心理	中国政法大学
区域高等教育结构调整和高等学校功能定位的比较研究	刘宝存	国家一般	比较教育	北京师范大学
教育体制改革中政府管理职能转变研究——兼论政府公共教育财政政策	靳希斌	国家一般	教育经济与管理	北京师范大学
我国学术制度建构与学术发展中的问题与对策研究	阎光才	国家一般	高等教育	北京师范大学
少数民族医药高等教育模式与少数民族医药事业继承和发展研究	崔　箭	国家一般	民族教育	中央民族大学
目标导向网络课程设计的理论与实践研究	武法提	国家青年基金	教育信息技术	北京师范大学
中国不同省区义务教育投入与学校效能关系的研究	杜　屏	国家青年基金	教育经济与管理	北京师范大学
西部地区“两基”攻坚暨农村寄宿制学校建设工程政府绩效评价体系研究	田祖荫	教育部重点	基础教育	教育部
高等学校学生贷款制度实施效益的国际比较研究	崔邦焱	教育部重点	教育经济与管理	全国学生贷款管理中心
教育科研项目管理制度创新研究	曾天山	教育部重点	教育经济与管理	中央教育科学研究所

续表

课题名称	姓名	课题类别	学科分类	工作单位
中国教师史研究	毕 诚	教育部重点	教育基本理论与教育史	中央教育科学研究所
学校体育促进学生社会性发展的有效途径与方法研究	吴 键	教育部重点	体卫艺教育	中央教育科学研究所
中小学实施素质教育的体制性障碍及对策研究	陈金芳	教育部重点	基础教育	中央教育科学研究所
我国“现代大学制度”建设的创新方向与体系架构研究	范文耀	教育部重点	高等教育	教育部教育发展研究中心
中美公立高等教育公共性实现机制的比较研究	杨晓波	教育部重点	比较教育	国家教育行政学院
地方高校发展现状与趋势抽样调查分析	张 婕	教育部重点	高等教育	国家教育行政学院
以就业为导向的职业教育体制创新研究	孙 琳	教育部重点	职业技术教育	教育部职业教育中心研究所
“以就业为导向”职业教育课程和教材改革的研究与实践	王军伟	教育部重点	职业技术教育	高等教育出版社
基于网络的远程开放教育学系评价研究与实践	杨孝堂	教育部重点	教育技术	中央广播电视大学
预防青少年网络被害的教育对策研究	赵国玲	教育部重点	教育技术	北京大学
高校现代远程教育试点政策变迁及未来对策研究	郭文革	教育部重点	教育技术	北京大学
青少年网络游戏现状及消费行为研究	张红霞	教育部重点	教育经济与管理	北京大学
我国医学人文素质教育课程体系研究	张大庆	教育部重点	高等教育	北京大学
研究型大学的崛起：东亚研究型大学发展的案例研究	袁本涛	教育部重点	比较教育	清华大学
国际竞争力背景下的大学发展研究	蓝劲松	教育部重点	高等教育	清华大学
独立学院办学模式研究	吴忠魁	教育部重点	高等教育	北京师范大学珠海分校
基于数学思维的“情境—数学”结构映射模型改革数学教学的实验研究	周新林	教育部重点	教育心理	北京师范大学
高校教师职业枯竭的产生机制与预警研究	许 燕	教育部重点	教育心理	北京师范大学
基于虚拟学习社区的教师创新能力发展研究	黄荣怀	教育部重点	教育信息技术	北京师范大学

续表

课题名称	姓名	课题类别	学科分类	工作单位
高等学校学生管理的法律研究—基于教育公共性的高校权力与学生权利关系的研究	余雅风	教育部重点	教育发展战略	北京师范大学
幼儿阅读策略学习与早期阅读指导研究	余珍有	教育部重点	基础教育	北京师范大学
中小学生心理危机的预警、干预及管理研究	胡　平	教育部重点	教育心理	中国人民大学
高等教育规模发展进程中的过度教育问题及其规避对策研究	张彦通	教育部重点	教育经济与管理	北京航空航天大学
少数民族传统教育个案调查与应用研究	曲木铁西	教育部重点	民族教育	中央民族大学
中国民间和乡土文化资源与美术教育研究	尹少淳	教育部重点	体卫艺教育	首都师范大学
我国城市贫困家庭子女教育救助政策研究	孙　莹	教育部重点	教育发展战略	中国青年政治学院
高等职业教育课程标准研究	鲍　洁	教育部重点	职业技术教育	北京联合大学
少数民族女青年学习需求和动机的调查与研究——以云南、甘肃省少数民族社区为个案	杨　红	青年专项	民族教育	中央教育科学研究所
我国中小学学校社会资本的创建及其运作条件研究	盛　冰	青年专项	教育基本理论与教育史	北京师范大学
城乡课堂教学差距研究	胡定荣	青年专项	基础教育	北京师范大学
职业教育产教结合的促进机制与策略研究	和　震	青年专项	职业技术教育	北京师范大学
建构主义教学模式对大学生创新能力的影响研究	李纯青	青年专项	高等教育	清华大学
我国新课程改革背景下对话教学的理论与实践研究	张增田	青年专项	基础教育	首都师范大学
城市校外儿童综合美术教育活动与本土文化传承的研究	罗　珍	青年专项	体卫艺教育	北京市东城区少年宫
利用现代信息技术改善教学过程的效果评价研究	张家全	教育部规划	教育技术	中央教育科学研究所
农村剩余劳动力转移的教育培训研究	王振如	教育部规划	职业技术教育	北京农业职业学院
公安院校预审业务能力训练模式研究	许　昆	教育部规划	高等教育	中国刑警学院
高考英语北京卷写作测试效度研究及命题改革思路	韩宝成	教育部规划	基础教育	北京教育考试院

续表

课题名称	姓名	课题类别	学科分类	工作单位
利用资源创新主题活动促进习作实践生活化	杨红兵	教育部规划	基础教育	北京教育学院石景山分院
以民间游戏和玩具为中介的幼儿创造力的探究	支秀凤	教育部规划	基础教育	北京市延庆县第三幼儿园
优秀中小学教师生成与发展的重要策略研究	白瑞祥	教育部规划	基础教育	北京市崇文区教育研究中心

（全国教育科学规划领导小组办公室供稿）

全国艺术科学“十五”规划2005年度课题指南

课题指南说明

一、全国艺术科学“十五”规划2005年度课题立项的指导思想是：以马列主义、毛泽东思想、邓小平理论和“三个代表”重要思想为指导，全面贯彻党的十六大和十六届四中全会精神以及《中共中央关于进一步繁荣发展哲学社会科学的意见》，进一步解放思想，实事求是，与时俱进，坚持“二为”方向和“双百”方针，加强基础研究和学科建设，注重新兴边缘交叉学科和跨学科综合研究，积极探索建设社会主义先进文化的规律，推动中华文明传承和理论创新，为党和政府的科学决策服务，为社会主义物质文明、政治文明和精神文明建设服务，全面繁荣和发展艺术科学。

二、申报全国艺术科学“十五”规划2005年度课题要有新的眼光，新的时代精神，新的学术思想和新的治学方法，要立足当代中国，面向现代化，面向世界，面向未来，坚持理论联系实际，注重研究我国改革开放和中国特色社会主义文化事业建设中具有全局性、战略性和前瞻性的重要课题。要着眼于推进理论创新，鼓励大胆探索，充分反映本学科及相关学科领域研究新的进展，力求居于学科前沿。基础研究要力求具有原创性或开拓性，应用研究要具有针对性和实效性，力求避免低水平重复研究。

三、本《课题指南》所列条目分为两大类别，第一类为综合性研究，第二类为分类研究。目的在于大致确定2005年度我国文化艺术研究的重点领域和范围，为全国文化艺术科研机构、科研人员和社会各界有关人士提供研究参考，所列条目均可开展综合性研究或分类研究以及跨学科研究。申请者应根据自身研究实力和当地文化艺术资源优势及事业发展需求自行设计具体题目。

四、为切实提高规划水平和研究水平，2005年度规划课题要与学科建设、队伍建设、人才培养及科研结构调整、合理布局结合起来，加强协同攻关，加强整合创新。在选题设计上应注意处理好几个方面的关系：

1. 注意处理好总结历史、研究现实以及准确把握未来三者之间的关系，将综合研究和分类研究结合起来，使规划课题尽量体现出科学性、时代性和前瞻性。

2. 注意处理好理论与实践统一的关系，防止理论与实践脱节的倾向。

3. 注意处理好共性和个性的关系，既要认真开展对当前文艺建设和发展有普遍指导意义的课题研究，也要针对本学科领域和本地区存在的特殊问题，深入开展个案研究和实证性研究。

4. 在数量和质量上注意做到缩短战线，控制规模，注重立项课题的质量，杜绝低水平重复选题，切实提高全国艺术科学研究的整体水平。

5. 在研究方法上，提倡运用现代科技手段，提倡定性研究与定量研究相结合，提倡理论研究与实证研究相结合，实现研究方法的科学性、规范性和严谨性。

五、2005年是“十五”规划最后一年，根据突出重点、兼顾一般，控制规模，提高质量的要求，本年度规划课题应以我国文化建设与发展战略中急需解决的重大现实问题、热点难点问题和涉及文化建设现状的大型数据调查研究等应用对策研究为主攻方向，同时对在学科建设方面具有填补空白意义的基础理论研究、民族民间文化艺术遗产研究等集体攻关课题以及边远贫困地区和少数民族地区特别是西部地区文化艺术研究给予倾斜。

六、经过评审后，正式列入全国艺术科学“十五”规划2005年度课题的，多数应是国家急需的综合性应用课题：理论上有新的突破和建树、具有较高学术价值的基础理论课题和填补空白的课题。除重要的基础研究外，鼓励以论文和研究报告作为最终研究成果进行申报。

课题指南

（一）综合研究

1. 中国共产党与中国文艺事业发展研究
2. 建设中国先进文化的理论与实践问题研究
3. 中国艺术与民族精神研究
4. 小康社会与中国文化艺术建设研究
5. 战略机遇期中国文化艺术发展研究
6. 艺术科学学科现状及前沿问题研究
7. 中国群众文化现状及发展趋势研究
8. 中国国家艺术标准研究
9. 西部文化艺术研究
10. 艺术与科学、科技问题研究
11. 少年儿童艺术研究
12. 少数民族文化艺术研究
13. 宗教艺术研究
14. 海峡两岸文化交流现状与发展战略研究
15. 海外华语文化艺术研究

（二）分类研究

艺术基础理论研究

1. 马克思主义文艺理论研究
2. 中华艺术通论体系研究
3. 艺术原理与美学研究
4. 艺术批评学研究
5. 大众文艺现状及发展趋势研究
6. 外国艺术史、艺术理论和艺术思潮译介与研究

戏剧（含曲艺、杂技、木偶、皮影）研究

1. 戏剧艺术现状与发展趋势研究
2. 中国戏剧历史研究
3. 戏剧理论与批评研究
4. 中外重要剧作家与作品研究
5. 外国戏剧与中外戏剧比较研究
6. 中国曲艺史论研究
7. 木偶、皮影史论研究
8. 杂技史论研究

音乐研究

1. 中国音乐史学研究
2. 通俗音乐现状及发展趋势研究
3. 民族音乐学研究
4. 音乐美学与音乐批评研究
5. 当代中国音乐创作研究
6. 中国歌剧艺术研究
7. 外国音乐及中外音乐文化比较研究
8. 作曲技术理论与音乐表演理论研究

美术研究

1. 中国美术史论研究
2. 现当代中国美术思潮与美术批评研究
3. 外国美术及中外美术比较研究
4. 中国传统美术技法研究
5. 民间美术研究
6. 中国书法、篆刻理论与批评研究
7. 艺术设计及史论研究
8. 建筑与环境艺术研究
9. 美术馆学研究
10. 摄影艺术研究

舞蹈研究

1. 中国舞蹈史学研究
2. 中国民间舞蹈现状及发展趋势研究
3. 舞蹈美学与批评研究
4. 舞蹈编导、表演研究
5. 舞剧艺术研究
6. 外国舞蹈与中外舞蹈文化比较研究
7. 民族民间舞蹈文化传承规律研究

电影电视广播艺术研究

1. 中国电影电视艺术现状及发展战略研究
2. 中国电影、电视剧历史研究
3. 电影、电视剧理论与批评研究
4. 当代中国电影电视艺术创作研究
5. 世界电影电视艺术发展趋势及产业化研究
6. 海内外电影、电视剧艺术比较研究
7. 中外动画艺术及产业研究
8. 广播艺术研究

文化艺术管理研究

1. 当代中国文化体制改革研究
2. 文化发展规划与布局研究
3. 文化执法监督体系研究

4. 民族民间文化保护法律机制研究
5. 国家非物质文化遗产名录评定标准研究
6. 文化生态保护区的管理与建设研究
7. 文化市场、文化产业与文化经济政策研究
8. 中国对外文化艺术交流现状及发展战略研究
9. 城市社区文化特点、趋势及对策研究
10. 中国农村文化建设研究
11. 中国文化艺术人才管理现状及改革模式研究
12. 文化设施建设研究
13. 文化艺术信息化建设研究
14. 网络文化现状、发展趋势及对策研究
15. 文化娱乐业现状及发展趋势研究
16. 音像业现状及发展趋势研究
17. 文化产品出口政策研究
18. 国际传媒产业现状及发展趋势研究
19. 外国艺术法规译介与研究

（全国艺术科学规划办公室供稿）

全国艺术科学“十五”规划2005年度立项课题（北京地区）

课题名称	负责人	负责人所在单位	批准号	课题类别	预期成果形式	计划完成时间
中国民间美术著名传承人创作现状调查	冯　远	中国美术馆	05AF004	国家重点课题	研究报告	2008年12月31日
中国古代壁画的现状保存与现状模写	胡　伟	中央美术学院	05AF005	国家重点课题	论文 研究报告	2006年12月31日
中国网络文化产业现状、发展趋势及对策研究	柳士发 宋奇慧	文化部	05AG006	国家重点课题	研究报告	2006年12月31日
中国现代学术思想史	刘梦溪	中国艺术研究院	05BA007	国家年度课题	专著	2008年12月31日
艺术科学与感性革命——21世纪数字化时代审美文化的价值	齐　鹏	中国人民大学	05BA014	国家年度课题	专著 论文	2007年12月31日
中国古代戏楼的保护与研究	吴开英	梅兰芳纪念馆	05BB017	国家年度课题	专著	2008年12月31日
中国少数民族戏剧研究	刘文峰	中国艺术研究院	05BB021	国家年度课题	专著	2008年12月31日
中国电视剧叙事与文化形态研究	郝　建	北京电影学院	05BC023	国家年度课题	专著 研究报告	2006年12月31日
中国电影学专业发展史研究	张会军	北京电影学院	05BC026	国家年度课题（自筹经费）	专著	2006年12月31日
原生态民歌演唱的润腔特色研究	许讲贞	北京军区战友歌舞团	05BD027	国家年度课题	专著 研究报告	2007年12月31日
音乐的民俗模式——中国民间音乐的民俗学研究	薛艺兵	中国艺术研究院	05BD031	国家年度课题	专著	2007年12月31日
晋北民间庙会中的仪式音乐班社研究	张振涛	中国艺术研究院	05BB032	国家年度课题	专著 论文	2007年12月31日

续表

课题名称	负责人	负责人所在单位	批准号	课题类别	预期成果形式	计划完成时间
中国共产党和中国20世纪音乐	戴嘉枋	中央音乐学院	05BD033	国家年度课题	专著 论文	2008年12月31日
民间舞蹈文化遗产保护理论问题研究	罗　斌	中国艺术研究院	05BE034	国家年度课题	研究报告 专著	2008年12月31日
希腊美术史	丁　宁	北京大学	05BF037	国家年度课题	专著 研究报告	2007年12月31日
中国传统纺织缂丝技艺的抢救性研究	胡　月	北京服装学院	05BF038	国家年度课题	专著 其他	2007年12月31日
中国印章艺术史学理论及述史体系研究	阮宗华	中国画研究院	05BF051	国家年度课题	专著	2006年12月31日
20世纪中国美术作品的国家收藏研究	陈履生	中国美术馆	05BF052	国家年度课题	专著 研究报告	2007年12月31日
全国红色旅游景区建筑与环境艺术的调研与开发	王明贤	中国艺术研究院	05BF057	国家年度课题	研究报告	2008年12月31日
京津画派考察与研究	朱京生	中国艺术研究院	05BF058	国家年度课题	专著 其他（DVD）	2008年12月31日
德国现代美术史	李黎阳	中国艺术研究院	05BF059	国家年度课题	专著	2007年12月31日
秦简牍书艺术研究	孙　鹤	中国政法大学	05BF060	国家年度课题	专著 工具书	2007年12月31日
美术考古视野中的汉唐视觉文化研究	贺西林	中央美术学院	05BF061	国家年度课题	专著	2007年12月31日
中国电影传播史（1905—2004）	李道新	北京大学	05CC071	国家青年基金课题	专著 研究报告	2007年12月31日
香港电影史略	赵卫防	中国艺术研究院	05CC075	国家青年基金课题	专著 论文	2006年12月31日
青海、甘肃蒙古族音乐文化考察研究	崔玲玲	中央民族大学	05CD077	国家青年基金课题	专著 其他	2008年12月31日
科学与文艺创作思维	阎　平	文化部	05CG083	国家青年基金课题	专著	2006年12月31日
中国民族民间文化（非物质文化遗产）保护的法律机制研究	王鹤云	文化部	05CG084	国家青年基金课题	专著 论文	2007年12月31日
中国汉代图像信息综合调查与数据库	朱青生	北京大学	05HF089	国家数据库专项课题	数据库 专著	2008年12月31日
中国艺术文献信息资源建设与开发利用研究	韩　萍	中国艺术研究院	05HG094	国家数据库专项课题	专著 研究报告	2008年12月31日
全球化时代的文化多样性研究	沈卫星	光明日报社	05DA097	国家自筹经费课题	专著	2007年12月31日

续表

课题名称	负责人	负责人所在单位	批准号	课题类别	预期成果形式	计划完成时间
中日韩动画产业发展战略比较研究	王　甫	中央电视台	05DC105	国家自筹经费课题	专著 研究报告	2007年12月31日
中国人民解放军舞蹈史	刘　敏	解放军艺术学院	05DE110	国家自筹经费课题	专著	2008年12月31日
文化创造性产业的理论与实践	陆文虎	解放军艺术学院	05DG124	国家自筹经费课题	专著	2007年12月31日
中国马克思主义艺术理论发展史	宋建林	中国艺术研究院	05EA125	文化部重点课题	专著 论文	2008年12月31日
抗战戏剧史	李布尔	中国艺术研究院	05EB127	文化部重点课题	专著	2008年12月31日
俄罗斯电影产业化研究	李芝芳	中国艺术研究院	05EC128	文化部重点课题	专著 论文	2008年12月31日
明清女画家研究	李　湜	故宫博物院	05EF130	文化部重点课题	专著	2007年12月31日
话语的踪迹——中国当代文艺思潮、文艺理论、美学访谈与研究	李世涛	中国艺术研究院	05FA131	文化部青年专项课题	专著 研究报告	2006年12月31日
中国农村城镇化进程与当代民间舞蹈的传承和变迁	刘晓真	中国艺术研究院	05FE133	文化部青年专项课题	专著	2007年12月31日
西方艺术管理学研究	余　丁	中央美术学院	05FG134	文化部青年专项课题	译著 专著	2006年12月31日
中国画色彩的独立语言	申少君	中国画研究院	05GF138	文化部自筹经费课题	专著	2007年12月31日

批准号释义：

一、“05”—2005年度。

二、第一个英文字母分别代表：A—国家重点课题；B—国家年度课题；C—国家青年基金课题；D—国家自筹经费课题；E—文化部重点研究课题；F—文化部青年专项课题；G—文化部自筹经费课题。

三、第二个英文字母分别代表：A—文艺学；B—戏剧学；C—电影学与广播电视艺术学；D—音乐学；E—舞蹈学；F—美术学；G—文化管理学。

四、最后两位数字为序号。

（全国艺术科学规划办公室供稿）

2005年度教育部人文社会科学重大攻关项目（北京地区）

课题名称	中标单位	首席专家
中国地方政府绩效评价体系与管理机制研究	北京大学	周志忍
西方文论中国化与中国文论建设	北京师范大学	王一川
我国教师社会与经济地位研究	北京师范大学	劳凯声
公共财政框架下公共教育财政制度研究	北京师范大学	王善迈
我国学校教育创新研究	北京师范大学	裴娣娜
自主创新战略和国际竞争力研究	清华大学	吴贵生
全球化背景下中国影视文化问题发展战略研究	清华大学	尹　鸿
马克思主义一级学科体系建构与建设研究	中国人民大学	张雷声
政治意识形态安全与意识形态现代化的社会学分析	中国人民大学	刘少杰
多元化纠纷解决机制与和谐社会的构建	中国人民大学	范　瑜
中国传统法律文化研究	中国人民大学	曾宪义
大国关系对中国国家安全的影响	中国人民大学	金灿荣
环境侵权救济机制立法及研究	中国政法大学	王灿发
农村公共品供给与农村和谐社会建设	中央财经大学	王国华

（教育部社科管理中心供稿）

2005年度教育部人文社会科学一般项目（北京地区）

学校名称	项目类别	项目名称	学科	申请人	项目批准号	批准经费
北京大学	规划基金项目	国际强行法与人权	法学	白桂梅	05JA820001	5.0
北京大学	规划基金项目	两税合并与外资企业投资行为研究	管理学	黄慧馨	05JA630001	5.0
北京大学	规划基金项目	后WTO过渡期的外部冲击与中国经济波动分析	管理学	常志霄	05JA630002	5.0
北京大学	规划基金项目	创建我国商业银行产品成本核算体系的研究	经济学	宁亚平	05JA790002	5.0

续表

学校名称	项目类别	项目名称	学科	申请人	项目批准号	批准经费
北京大学	规划基金项目	基础设施产业中的垄断与竞争问题	经济学	王大树	05JA790003	5.0
北京大学	规划基金项目	民间商会与政府关系的政治社会学研究：协商民主中相互赋权的路径选择	社会学	陶　庆	05JA840001	5.0
北京大学	规划基金项目	蒙古人西征与东西方文学交流和文化对话	外国文学	陈岗龙	05JA750.47－99001	5.0
北京大学	规划基金项目	德语文学中的艺术家问题	外国文学	黄燎宇	05JA750.47－99002	4.0
北京大学	规划基金项目	现当代俄罗斯语言学研究的流变与走向	语言学	宁　琦	05JA740001	5.0
北京大学	规划基金项目	汉语述补结构的历史发展及其与相关语法形式发展关系研究	语言学	刘子瑜	05JA740002	5.0
北京大学	规划基金项目	泰语汉语关系词历史层次研究	语言学	薄文泽	05JA740003	4.0
北京大学	规划基金项目	解构主义与中国当代文学批评	中国文学	陈晓明	05JA750.11－44001	5.0
北京大学	规划基金项目	欧美佛教学术史研究	宗教学	李四龙	05JA730001	5.0
北京大学	规划基金项目	当代世界性邪教的网络传播模式与对策研究	宗教学	金　勋	05JA730002	4.0
北京大学	规划基金项目	我国医学人文学科的现状、问题及发展战略研究	综合	张大庆	05JAZH001	5.0
北京大学	青年基金项目	WTO后过渡期的中国行政诉讼制度改革	法学	刘东亮	05JA820038	2.6
北京大学	青年基金项目	信贷资产证券化投资者保护法律机制	法学	洪艳蓉	05JC820039	3.0
北京大学	青年基金项目	分形统计学的发展及其在资本市场的应用研究	统计学	陈梦根	05JC910005	3.0
北京大学	专项任务项目	国有大中型企业人力资源管理与开发	心理学	王登峰	05JDXLX015	0.0
北京第二外国语学院	专项任务项目	新世纪中国与两岸金融市场的关系研究	经济学	李小牧	05JD790116	0.0
北京第二外国语学院	专项任务项目	对外汉语数据库分类构建研究	语言学	吴　平	05JD740044	0.0

续表

学校名称	项目类别	项目名称	学科	申请人	项目批准号	批准经费
北京工商大学	规划基金项目	特许经营权拍卖中的激励性合约研究	经济学	冯中越	05JA790004	4.0
北京工业大学	青年基金项目	全球化语境下的科技非政府组织研究	哲学	张风帆	05JC720021	3.0
北京航空航天大学	青年基金项目	企业集成化核心能力理论与实证研究	管理学	邓修权	05JC630064	3.0
北京航空航天大学	青年基金项目	系统科学哲学视野下的界面与技术转移研究	哲学	章 琰	05JC720022	3.0
北京化工大学	规划基金项目	工科高校马克思主义理论教育方法研究	马克思主义	马长英	05JA710004	3.0
北京科技大学	规划基金项目	高校辅导员素质结构模型以及培训体系的构建	马克思主义	王民忠	05JA710005	4.0
北京科技大学	青年基金项目	唐代文官服饰文化研究	艺术学	李 怡	05JC760021	3.0
北京科技大学	青年基金项目	庄子与中国画家心态研究	艺术学	张 梅	05JC760022	3.0
北京科技大学	专项任务项目	中国典型政府合同研究：以招标投标、政府采购和特许经营合同为例	法学	曹富国	05JD820057	0.0
北京理工大学	规划基金项目	国有商业银行运行体系再造与核心竞争力提升机制研究	管理学	史东明	05JA630003	5.0
北京理工大学	规划基金项目	儿童创伤的家庭研究	心理学	贾晓明	05JAXLX001	5.0
北京理工大学	规划基金项目	真与善：在科学与宗教之间	哲学	张增一	05JA720001	4.0
北京理工大学	青年基金项目	面向产业集聚区的循环经济产业体系建设研究	管理学	王兆华	05JC630065	3.0
北京联合大学	规则基金项目	罗伯特·弗罗斯特研究	外国文学	黄宗英	05JA750.47－99003	2.0
北京师范大学	规划基金项目	农民工子女接受非正规学前教育的民间道路探索	教育学	张 燕	05JA880003	5.0
北京师范大学	规划基金项目	中国博士后制度：20年的反思与前瞻	教育学	姚 云	05JA880004	5.0
北京师范大学	规划基金项目	高校教师的工作及发展现状调查	教育学	刘慧珍	05JA880005	4.0
北京师范大学	规划基金项目	“反全球化”运动的理论与实践研究	经济学	唐任伍	05JA790005	5.0
北京师范大学	规划基金项目	公民资格与公民社会的建构	马克思主义	程光泉	05JA710006	5.0

续表

学校名称	项目类别	项目名称	学科	申请人	项目批准号	批准经费
北京师范大学	规划基金项目	宗教与世俗之间：中国穆斯林社会法律文化研究	民族学	王东平	05JA850001	5.0
北京师范大学	规划基金项目	发展型社会政策：国际经验与本土实践	社会学	顾　昕	05JA840002	5.0
北京师范大学	规划基金项目	欧洲一体化的文学叙事	外国文学	曹卫东	05JA750.47－99004	4.0
北京师范大学	规划基金项目	大学生自我价值定位及其与职业选择意向关系的研究	心理学	金盛华	05JAXLX002	5.0
北京师范大学	规划基金项目	小学生数学思维的认知诊断：规则空间模型	心理学	辛　涛	05JAXLX003	5.0
北京师范大学	规划基金项目	中国社会的艾滋病污名与歧视研究	心理学	刘　力	05JAXLX004	4.0
北京师范大学	规划基金项目	美国当代动画产业研究	艺术学	肖永亮	05JA760001	4.0
北京师范大学	规划基金项目	认知加工层次中的英语隐喻系统研究	语言学	彭宣维	05JA740004	5.0
北京外国语大学	规划基金项目	人学视野中的当代认同问题研究	哲学	王成兵	05JA720002	5.0
北京师范大学	规划基金项目	先秦散文文体源流研究	中国文学	过常宝	05JA750.11－44002	4.0
北京师范大学	规划基金项目	人文社会科学研究成果评价的理论与方法研究	综合	范立双	05JAZH034	5.0
北京师范大学	青年基金项目	台湾金融法律制度变迁研究	法学	柴　荣	05JC820040	3.0
北京师范大学	青年基金项目	教育技术学的技术哲学基础研究	教育学	杨开城	05JC880045	3.0
北京师范大学	青年基金项目	十六国北朝史学史	历史学	王志刚	05JC770028	3.0
北京师范大学	青年基金项目	中国与韩国电影产业化比较研究	艺术学	张　燕	05JC760023	3.0
北京师范大学	专项任务项目	西部典型区域生态系统管理与可持续发展模式	经济学	李　波	05JD790117	0.0
北京师范大学	专项任务项目	研究型大学图书馆服务能力与用户满意度研究	图书情报文献学	王　琼	05JD870015	0.0
北京外国语大学	规划基金项目	女性主义和平研究	国际问题研究	李英桃	05JAGJW001	5.0
北京外国语大学	青年基金项目	中古汉译佛经复句研究	语言学	王继红	05JC740036	3.0

续表

学校名称	项目类别	项目名称	学科	申请人	项目批准号	批准经费
北京邮电大学	青年基金项目	家族企业继承者选择经验借鉴及模式探索	经济学	王连娟	05JC790088	3.0
北京语言大学	规划基金项目	陕西方言地理信息系统研究	语言学	张维佳	05JA740005	5.0
北京语言大学	规划基金项目	对外汉语教学与现代教育技术整合模式研究	综合	徐　娟	05JAZH002	5.0
对外经济贸易大学	规划基金项目	海湾国家海外投资格局的变动与我国吸引其投资的对策研究	国际问题研究	叶文楼	05JAGJW002	3.0
对外经济贸易大学	规划基金项目	不良产品进口与我国的管制措施研究	经济学	夏友富	05JA790011	5.0
对外经济贸易大学	规划基金项目	上海合作组织框架下的能源一体化与中国新时期的能源战略研究	经济学	韩立华	05JA790012	5.0
对外经济贸易大学	规划基金项目	中国周边区域经济合作问题研究	经济学	华晓红	05JA790013	5.0
对外经济贸易大学	规划基金项目	不确定性与个人储蓄	经济学	齐天翔	05JA790014	4.0
对外经济贸易大学	规划基金项目	中德语言学交流史	语言学	冯晓虎	05JA740007	5.0
对外经济贸易大学	规划基金项目	跨文化商务交流成败的案例研究与理论分析	语言学	窦卫霖	05JA740008	5.0
对外经济贸易大学	青年基金项目	我国境内企业境外间接上市法律问题研究	法学	伏　军	05JC820041	3.0
对外经济贸易大学	青年基金项目	基于知识管理的企业价值网络竞争优势研究	管理学	周　煊	05JC630067	3.0
首都经济贸易大学	规划基金项目	中国潜在产出的增长路径与经济波动幅度的政策控制研究	经济学	张连城	05JA790057	5.0
首都经济贸易大学	规划基金项目	城市第一代独生子女的家庭结构对养老保障的影响	社会学	王树新	05JA840010	3.0
首都经济贸易大学	青年基金项目	流动儿童社会整合的追踪研究	社会学	周　皓	05JC840019	3.0
首都经济贸易大学	专项任务项目	北京商业服务业迎奥运三年行动计划	管理学	邹昭晞	05JD630103	0.0
首都经济贸易大学	专项任务项目	税收思想与文化研究	经济学	赵　仑	05JD790132	0.0

续表

学校名称	项目类别	项目名称	学科	申请人	项目批准号	批准经费
首都师范大学	规划基金项目	性别的颜色——当代女性文学形象研究（1985—2005年：国内与海外）	中国文学	王红旗	05JA750.11－44022	5.0
首都师范大学	青年基金项目	乐府诗集民俗学研究	中国文学	刘　航	05JC750.11－44045	3.0
中国传媒大学	规划基金项目	中外广播体制研究	新闻学	曹　璐	05JA860010	5.0
中国传媒大学	规划基金项目	中国外交与国际新闻传播研究	综合	何　兰	05JAZH021	5.0
中国传媒大学	青年基金项目	从文化贸易逆差探究中国文化产业国际竞争力	经济学	魏　婷	05JC790114	3.0
中国传媒大学	专项任务项目	电视剧作品史研究	艺术学	刘晔原	05JD760030	0.0
中国地质大学	规划基金项目	产业创新系统与“中国光谷”企业自主创新能力研究	管理学	张治河	05JA630054	5.0
中国地质大学	规划基金项目	实施我国深空探测科学目标的社会支撑体系研究	社会学	杨力行	05JA840016	5.0
中国地质大学	专项任务项目	国家重大科学工程项目组织管理及评价体系研究	管理学	王柏轩	05JD630107	0.0
中国地质大学	专项任务项目	西部地区产业经济行政人才的人力资本开发研究	综合	宋　斌	05JDZH003	0.0
中国矿业大学	规划基金项目	城市地价管理及其预警机制研究	管理学	张绍良	05JA630056	4.0
中国矿业大学	青年基金项目	我国能源法的整合与重构——以可持续发展为框架	法学	王晓东	05JC820052	3.0
中国农业大学	规划基金项目	提升农业综合生产能力——中国小型农田水利建设问题研究（以安徽省为例）	经济学	谭向勇	05JA790075	5.0
中国农业大学	规划基金项目	水土资源市场配置模型研究——以甘肃省民乐县洪水河灌区为例	经济学	张军连	05JA790076	5.0
中国农业大学	规划基金项目	我国农业支持政策的空间性应用一般均衡（SCGE）模型的构建和分析	经济学	穆月英	05JA790077	4.0
中国农业大学	青年基金项目	建国后毛泽东对中国农村社会主义现代化道路的探索	马克思主义	龚　云	05JC710021	3.0
中国农业大学	专项任务项目	和谐社区图书馆建设模式研究	图书情报文献学	王鲁燕	05JD870014	0.0

续表

学校名称	项目类别	项目名称	学科	申请人	项目批准号	批准经费
中央财经大学	青年基金项目	巴赫金躯体理论研究	外国文学	秦　勇	05JC750. 47－99016	3. 0
中央财经大学	专项任务项目	无形资产流失：来自国企改制中的经验证据	管理学	王君彩	05JD630108	0. 0
中央财经大学	专项任务项目	国有企业公司治理风险预警研究	管理学	刘红霞	05JD630109	0. 0
中央美术学院	规划基金项目	艺术设计公共政策研究	艺术学	许　平	05JA760018	3. 0
中央民族大学	规划基金项目	蒙元服饰与东西文化交融研究	民族学	苏日娜	05JA850009	4. 0
中央民族人学	规划基金项目	色·宝音尼木和文艺观研究	外国文学	王满特嘎	05JA750. 47－99013	5. 0
中央民族大学	规划基金项目	蒙藏佛教音乐文化关系研究	艺术学	包爱军	05JA760019	5. 0
中央民族大学	规划基金项目	蒙古族曲艺大师毛依罕研究	中国文学	朝格吐	05JA750. 11－44034	5. 0
中央民族大学	规划基金项目	鄂温克族神话研究	中国文学	汪立珍	05JA750. 11－44035	5. 0
中央民族大学	青年基金项目	青海、甘肃蒙古族（西蒙古）音乐文化传承与融合	艺术学	崔玲玲	05JC760025	3. 0
中央民族大学	专项任务项目	中国民族区域自治地方政府管理研究	政治学	李俊清	05JD810021	0. 0
中央音乐学院	规划基金项目	中国文革十年中的艺术研究	艺术学	戴嘉枋	05JA760020	5. 0
清华大学	规划基金项目	房屋拆迁法律问题研究	法学	崔建远	05JA820016	5. 0
清华大学	规划基金项目	侵占罪研究	法学	周光权	05JA820017	5. 0
清华大学	规划基金项目	中国技术标准竞争的关键问题分析	管理学	谢　伟	05JA630030	5. 0
清华大学	规划基金项目	跨时选择与消费者行为研究	经济学	孙　凤	05JA790044	5. 0
清华大学	规划基金项目	中国藏学史（1949—2000）	历史学	王启龙	05JA770018	5. 0
清华大学	规划基金项目	1990 年代以来我国城市居民人际交流手段的演变及其社会意义	新闻学	金兼斌	05JA860007	4. 0
清华大学	规划基金项目	制陶传习与系统施教——中国高校陶瓷设计教育研究	艺术学	李正安	05JA760006	5. 0
清华大学	规划基金项目	中国大提琴艺术史	艺术学	刘欣欣	05JA760007	4. 0
清华大学	规划基金项目	论中国西部民间传统服饰中的香包文化	艺术学	杨　阳	05JA760008	4. 0

续表

学校名称	项目类别	项目名称	学科	申请人	项目批准号	批准经费
清华大学	规划基金项目	科学活动中的利益冲突及其案例研究	哲学	王蒲生	05JA720014	5.0
清华大学	规划基金项目	清华大学科技教育及学术建制化的历史研究	哲学	杨　舰	05JA720015	5.0
清华大学	规划基金项目	公共健康伦理学研究	哲学	肖　巍	05JA720016	5.0
清华大学	规划基金项目	城市规划的转型：走向公共政策	综合	尹　稚	05JAZH013	5.0
清华大学	青年基金项目	我国破产法律制度市场经济化研究	法学	张晨颖	05JC820047	2.0
清华大学	青年基金项目	复杂技术创新领域产学研合作中的黏滞知识转移机理研究	管理学	王　毅	05JC630077	3.0
清华大学	青年基金项目	后殖民主义理论及其在中国的传播	外国文学	生安锋	05JC750.47－99014	3.0
清华大学	青年基金项目	社会冲突与经济增长：理论与政策	综合	刘涛雄	05JCZH027	3.0
清华大学	青年基金项目	面向机器辅助翻译的汉英对比研究	综合	柏晓静	05JCZH028	3.0

（教育部社科管理中心供稿）

2005 年度教育部人文社会科学重点研究基地招标项目（北京地区）

招标学校	招标基地	学科	批注号	课题名称	投标人	投标人所在单位	投标人所在单位（系所）
北京大学	邓小平理论研究中心	马克思主义研究	05JJD710124	社会公平与共同富裕	薛汉伟	北京大学	北京大学邓小平理论研究中心
北京大学	东方文学研究中心	外国文学	05JJD750.47－99160	《三国演义》在东方各国的流传和影响	张玉安	北京大学	北京大学东方文学研究中心
北京大学	东方文学研究中心	外国文学	05JJD750.47－99161	东方作家传记文学研究	刘曙雄	北京大学	北京大学外国语学院

续表

招标学校	招标基地	学科	批注号	课题名称	投标人	投标人所在单位	投标人所在单位（系所）
北京大学	汉语语言学研究中心	语言学	05JJD740176	汉语大规模真实文本的语义标注研究——从句子的论元结构、情态结构到语篇结构	袁毓林	北京大学	北京大学中文系
北京大学	汉语语言学研究中心	语言学	05JJD740177	语言接触与汉译佛典语法比较研究——以梵汉对勘为基础	蒋绍愚	北京大学	北京大学汉语语言学研究中心
北京大学	教育经济研究所	教育学	05JJD880052	教育机会与收入不平等研究	龚六堂	北京大学	北京大学教育经济研究所
北京大学	美学与美育研究中心	哲学	05JJD720188	从分析美学到实用主义	尚新建	北京大学	北京大学哲学系
北京大学	外国哲学研究所	哲学	05JJD720190	20世纪西方逻辑哲学和数学哲学	刘壮虎	北京大学	北京大学哲学系
北京大学	外国哲学研究所	哲学	05JJD720191	西方哲学文献选编（德国古典哲学）	韩水法	北京大学	北京大学哲学系
北京大学	宪法与行政法研究中心	法学	05JJD820002	行政规划制度研究	朱　芒	北京大学	北京大学宪法与行政法研究中心
北京大学	政治发展与政府管理研究所	政治学	05JJD810205	组织绩效评估的应用与正确政绩观的树立	孙柏瑛	北京大学	北京大学政府管理学院
北京大学	中国古代史研究中心	历史学	05JJD770106	13世纪以前中国军事地理研究	辛德勇	北京大学	北京大学中国古代史研究中心
北京大学	中国古代史研究中心	历史学	05JJD770107	新出土及海内外散藏吐鲁番文献的整理与研究	荣新江	北京大学	北京大学中国古代史研究中心
北京大学	中国古文献研究中心	图书情报文献学	05JJD870154	美国所藏汉籍善本图录	曹亦冰 卢　伟	北京大学	北京大学中国古文献研究中心
北京大学	中国古文献研究中心	图书情报文献学	05JJD870155	清人文集篇目分类索引全编	安平秋 漆永祥	北京大学	北京大学中国古文献研究中心
北京大学	中国经济研究中心	经济学	05JJD790070	我国劳动力技能报酬的变化趋势及其解释	赵耀辉	北京大学	北京大学中国经济研究中心

续表

招标学校	招标基地	学科	批注号	课题名称	投标人	投标人所在单位	投标人所在单位（系所）
北京大学	中国经济研究中心	经济学	05JJD790071	正规金融、非正规金融和外资与中国经济增长：因果关系与效率研究	谢　平	北京大学	北京大学中国经济研究中心
北京大学	中国考古学研究中心	考古学	05JJD780101	浙江余姚田螺山遗址自然遗存综合研究	赵　辉	北京大学	北京大学考古文博学院
北京大学	中国社会与发展研究中心	社会学	05JJD840143	中国社会转型时期的劳动关系研究	佟　新	北京大学	北京大学社会学系
北京师范大学	比较教育研究中心	教育学	05JJD880054	深化基础教育课程改革与推进素质教育的国际比较研究	霍力岩 李家永	北京师范大学	北京师范大学教育学院
北京师范大学	比较教育研究中心	教育学	05JJD880055	我国西部和农村地区教育发展政策的国际比较研究	王英杰 高益民	北京师范大学	北京师范大学教育学院
北京师范大学	发展心理研究所	心理学	05JJDXLX163	流动儿童的社会处境、心理发展状况及需求的研究	方晓义	北京师范大学	北京师范大学心理学院发展心理研究所
北京师范大学	价值与文化研究中心	哲学	05JJD720192	当代西方价值哲学研究	冯　平	复旦大学	复旦大学哲学系
北京师范大学	价值与文化研究中心	哲学	05JJD720193	多元文化中的价值选择	刘清平	北京师范大学	北京师范大学哲学与社会学学院
北京师范大学	教师教育研究中心	教育学	05JJD880056	建国以来我国教师教育政策回顾及未来走向研究	刘复兴	北京师范大学	北京师范大学教育学院
北京师范大学	教师教育研究中心	教育学	05JJD880057	我国教师教育制度转型条件下的教师教育质量保障体系研究	钟秉林	北京师范大学	北京师范大学教师教育研究中心
北京师范大学	民俗典籍文字研究中心	综合	05JJDZH222	宋代碑刻及手写文献电子典藏及属性描述	李运富	北京师范大学	北京师范大学民俗典籍文字研究中心
北京师范大学	民俗典籍文字研究中心	综合	05JJDZH223	宋代民俗文献史及其数字化管理系统	色　音	北京师范大学	北京师范大学民俗典籍文字研究中心

续表

招标学校	招标基地	学科	批注号	课题名称	投标人	投标人所在单位	投标人所在单位（系所）
北京师范大学	史学理论与史学史研究中心	历史学	05JJD770109	中国少数民族史学研究	汪受宽	兰州大学	兰州大学史学理论与史学史研究所
北京师范大学	文艺学研究中心	中国文学	05JJD750.11-44207	20世纪外国文学思想史系列（德国卷）	曹卫东	北京师范大学	北京师范大学文学院
北京师范大学	文艺学研究中心	中国文学	05JJD750.11-44208	20世纪外国文学思想史系列（俄苏卷）	吴泽霖 李正荣	北京师范大学	北京师范大学文学院
清华大学	技术创新研究中心	管理学	05JJD630033	中国企业技术创新战略的实证研究	李　垣	西安交通大学	西安交通大学管理学院
清华大学	现代管理研究中心	管理学	05JJD630035	可持续能源系统与碳减排策略模型研究	何建坤	清华大学	清华大学核能与新能源技术研究所
清华大学	现代管理研究中心	管理学	05JJD630036	组织控制、市场控制与会计信息	夏冬林	清华大学	清华大学经济管理学院
中国传媒大学	广播电视研究中心	新闻传播学	05JJD860168	我国广播电视公共服务体系目标与实施研究	胡正荣	中国传媒大学	中国传媒大学广播电视研究中心
中国人民大学	财政金融政策研究中心	经济学	05JJD790097	我国银行制度改革与人民币国际化的相互关系以及作用机理研究	张　杰	中国人民大学	中国人民大学财政金融学院
中国人民大学	财政金融政策研究中心	经济学	05JJD790098	政府公共部门绩效评估体系研究——理论、方法和路径选择	吴建南	西安交通大学	西安交通大学公共政策与管理学院行政管理系
中国人民大学	佛教与宗教学理论研究所	宗教	05JJD730217	佛教与儒道的互动交涉研究（第二期：两晋时期佛教与儒道的互动交涉研究）	方立天	中国人民大学	中国人民大学佛教与宗教学理论研究所
中国人民大学	佛教与宗教学理论研究所	宗教	05JJD730218	佛教与宗教学理论研究译丛（第三期）	何光沪 宣　方	中国人民大学	中国人民大学佛教与宗教学理论研究所
中国人民大学	伦理学与道德建设研究中心	哲学	05JJD720202	当代中国伦理思潮研究	葛晨虹	中国人民大学	中国人民大学伦理学与道德建设研究中心

续表

招标学校	招标基地	学科	批注号	课题名称	投标人	投标人所在单位	投标人所在单位（系所）
中国人民大学	民商事法律科学研究中心	法学	05JJD820009	公司法的修改和完善	叶　林	中国人民大学	中国人民大学
中国人民大学	民商事法律科学研究中心	法学	05JJD820010	中国民法典总则立法及其基础理论研究	杨立新	中国人民大学	中国人民大学法学院
中国人民大学	欧洲问题研究中心	国际问题	05JJDGJW050	欧盟东扩后的欧洲劳动力市场研究	董克用	中国人民大学	中国人民大学公共管理学院
中国人民大学	欧洲问题研究中心	国际问题	05JJDGJW051	欧盟宪法与欧盟超国家治理研究	张小劲	中国人民大学	中国人民大学欧洲问题研究中心
中国人民大学	清史研究所	历史	05JJD770104	清代边疆社会变迁研究	张世明	中国人民大学	中国人民大学清史研究所
中国人民大学	人口与发展研究中心	社会学	05JJD840146	中国人口转变道路的理论研究	刘　爽	中国人民大学	中国人民大学社会与人口学院
中国人民大学	人口与发展研究中心	社会学	05JJD840147	中国未来区域经济社会发展中差别人口战略研究	桂世勋	华东师范大学	华东师范大学资源与环境科学院人口研究所
中国人民大学	三个代表重要思想研究中心	马克思主义研究	05JJD710132	“三个代表”重要思想与中国特色社会主义经济建设	周新城	中国人民大学	中国人民大学马克思主义学院
中国人民大学	社会学理论与方法研究中心	社会学	05JJD840148	社会公平与社会政策研究	吴忠民	中国人民大学	中国人民大学社会学理论与方法研究中心
中国人民大学	社会学理论与方法研究中心	社会学	05JJD840149	中国社会转型的理论研究	郑杭生	中国人民大学	中国人民大学社会与人口学院社会学系
中国人民大学	新闻与社会发展研究中心	新闻传播学	05JJD860170	中国互联网新闻传播结构、功能与效果研究	高　钢	中国人民大学	中国人民大学新闻学院
中国人民大学	新闻与社会发展研究中心	新闻传播学	05JJD860171	中国新闻传媒国际竞争力研究	周建明	中国人民大学	中国人民大学新闻学院
中国人民大学	刑事法律科学研究中心	法学	05JJD820011	国际刑法与人权保障	冯　军	中国人民大学	中国人民大学法学院

续表

学校	招标基地	学科	批注号	课题名称	投标人	投标人所在单位	投标人所在单位（系所）
人民	刑事法律科学研究中心	法学	05JJD820012	刑罚制度改革研究	谢望原	中国人民大学	中国人民大学刑事法律科学研究中心
人民	应用统计科学研究中心	统计	05JJD910152	我国车险统计精算的广义线性模型及其应用研究	孟生旺	中国人民大学	中国人民大学统计学院
人民	应用统计科学研究中心	统计	05JJD910153	我国季度GDP核算方法及其应用	赵进文	东北财经大学	东北财经大学统计系
政法	法律史学研究中心	法学	05JJD820013	大陆法系与西方法制文明研究	何勤华	华东政法学院	华东政法学院法律学院法律史研究中心
政法	法律史学研究中心	法学	05JJD820014	中国传统法律文化理论研究	张中秋	中国政法大学	中国政法大学法律史学研究中心
政法	诉讼法研究中心	法学	05JJD820015	行政行为与行政诉讼的关系	高家伟	中国政法大学	中国政法大学诉讼法学研究中心
政法	诉讼法研究中心	法学	05JJD820016	依法治国与律师权利保障	卞建林	中国政法大学	中国政法大学诉讼法学研究中心
民族	中国少数民族研究中心	民族	05JJD850138	清代民族图册《苗蛮图》综合研究——以中央民大《御制外苗图》、《云南三迤苗蛮图》等为中心	李德龙	中央民族大学	中央民族大学图书馆
音乐	音乐学研究所	艺术	05JJD760174	20世纪中国港澳台地区音乐研究	汪毓和	中央音乐学院	中央音乐学院音乐学研究所

（教育部社科管理中心供稿）

2005年北京市哲学社会科学"十五"规划项目特别委托项目

学科	项目编号	项目名称	负责人	单位	最终成果形式	完成时间
经济管理	05BJCJG169	北京研究数据平台框架设计	齐大芝	北京市社会科学院	研究报告	2006.5
经济管理	05BJCJG170	奥运观众旅游市场开发与接待体系研究	杜江	北京第二外国语学院	研究报告	2007.12
经济管理	05BJCJG171	北京2008年残疾人奥运会赛事服务质量的研究	李鸿江	首都体育学院	研究报告	2007.12
历史	05BJCLS040	针灸古籍整理——《针灸宝库》	贺普仁	首都医科大学附属北京中医医院	研究报告	2006.7
法学	05BJCFX037	北京市依法治市综合评价指标体系	周信	北京市依法治市领导小组办公室	专著	2005.11
科社·党建政治学	05BJCKD057	扩大公民有序政治参与的基本途径研究	王维国	北京联合大学	专著	2007.8
科社·党建政治学	05BJCKD058	构建和谐社会和坚持与完善人民代表大会制度	崔英楠	北京联合大学	研究报告	2007.12
科社·党建政治学	05BJCKD059	北京市区县局级学习型领导班子建设的调研与思考	史绍洁	北京市思想政治工作研究会	研究报告	2006.3
社会学	05BJCSH035	北京市和谐社区建设中的文化建设	周欣	北京市思想政治工作研究会	研究报告	2006.7
综合	05BJCZH072	北京中心城构建社会主义和谐社区的对策研究	李燕林	前线杂志社	研究报告	2005.12
综合	05BJCZH073	社会化服务体系与构建和谐社区	傅华	西城区委宣传部	调研报告	2005.11
综合	05BJCZH074	加强党建与构建和谐社区	杨永安	石景山区委宣传部	调研报告	2005.11
综合	05BJCZH075	社区文化建设与构建和谐社区	丁力	宣武区委宣传部	调研报告	2005.11
综合	05BJCZH076	社区安全与构建和谐社区	王少峰	朝阳区委宣传部	调研报告	2005.11
综合	05BJCZH077	思想政治工作与和谐社区	王红兵	东城区委宣传部	调研报告	2005.11
综合	05BJCZH078	建设宜居社区与构建和谐社区	藤盛萍	崇文区委宣传部	调研报告	2005.11

续表

学科	项目编号	项目名称	负责人	单　位	最终成果形式	完成时间
综合	05BJCZH079	居民民主自治与和谐社区建设探讨	彭兴业	海淀区委宣传部	调研报告	2005.11
综合	05BJCZH080	流动人口管理与构建和谐社区	王苏维	丰台区委宣传部	调研报告	2005.11
科社·党建政治学	05BJCKD051	保持共产党员先进性构建社会主义和谐社会	陈之昌	北京市社科规划办	专著	2005.5
科社·党建政治学	05BJCKD052	北京市高科技企业青年思想工作研究	关成华	共青团北京市委员会	方案	2005.6
综合	05BJCZH081	文化建设与构建和谐村镇的研究	向德春	密云县委宣传部	研究报告	2005.12
综合	05BJCZH082	确定农民的市场经济主体地位，努力构建社会主义和谐新农村	沈　强	门头沟区委宣传部	研究报告	2005.12
综合	05BJCZH083	推进新农村建设，实现农村社会和谐	唐淑荣	房山区委宣传部	研究报告	2005.12
综合	05BJCZH084	生态建设与和谐村镇建设	赵艳霞	延庆县委宣传部	研究报告	2005.12
综合	05BJCZH085	加强农村基层党建与构建和谐村镇的对策研究	张秀余	通州区委宣传部	研究报告	2005.12
综合	05BJCZH086	大兴区农村社会保障体系建设在构建和谐村镇中的作用	王青海	大兴区委宣传部	研究报告	2005.12
综合	05BJCZH087	经济建设与构建和谐社会	刘志远	顺义区委宣传部	研究报告	2005.12
综合	05BJCZH088	社会主义新农村建设与构建和谐村镇	戴　维	昌平区委宣传部	研究报告	2005.12
综合	05BJCZH089	实行“双向承诺”构建和谐村镇	张朝生	怀柔区委宣传部	研究报告	2005.12
综合	05BJCZH090	和谐村镇建设研究	王晓光	平谷区委宣传部	研究报告	2005.12
综合	05BJCZH091	大力推进和谐村镇建设	王祥武	前线杂志社	研究报告	2005.12
综合	05BJCZH095	北京国际友好城市研究	张　茅	北京市外事办公室	研究报告	2007.12
综合	05BJCZH096	首都：落实科学发展观研究	王力丁	中共北京市研究室	专著	2006.10
综合	05BJCZH097	构建社会主义和谐社会首善之区中的宗教问题	王兰萍	中共北京市委统战部	研究报告	2006.12
综合	05BJCZH098	构建和谐社会中的当代中国政党问题	张卫江	北京社会主义学院	研究报告	2006.12

（北京市哲学社会科学规划办公室供稿）

北京市2005年调查研究重点课题

题　　目	主持人	责任人	研究单位
构建社会主义和谐社会首善之区	刘　淇	王力丁	市委研究室
“十一五”期间北京产业结构调整研究	王岐山	唐　龙	市政府研究室
我市人大工作体制机制问题研究	于均波	刘维林	市人大研究室
关于促进首都出租车业健康发展的调研报告	程世峨	吴绪玉 王跃荣	市政协城建环保委员会
人文奥运与市民文明素质研究报告	龙新民	陈启刚	首都精神文明办公室
关于发挥政法机关职能作用，提高维护首都和谐稳定能力	强　卫	慕　平	市委政法委
加大城乡统筹力度积极推进郊区城镇进程	强　卫	杨德宏 李进山	市农委
提高区县局级党政领导干部职业素质和专业管理能力问题调研报告	杜德印	孟秀勤	市委组织部
关于加强对党政“一把手”监督的思考	阳安江	吴问平	市纪检委
北京市部分国有企业收入分配问题的调查与思考状况调查	阳安江	郑建华	市总工会
关于改进和完善区县领导班子配备问题调查报告研究	赵家骐	孟秀勤	市委组织部
北京地区普通高等学校空间布局规划研究报告	朱善璐	线联平	市委教育工委
关于北京市文化产品和服务出口工作有关问题的调研报告	蔡赴朝	王学勤	市委宣传部
北京建设国际城市研究	孙政才	王力丁 马　林	市委研究室市科委
北京建设宜居城市研究	孙政才	游广斌	市委办公厅
北京市统战工作五年来的主要成绩和基本经验	尤兰田	王兰萍	市委统战部
关于做好北京奥运对台工作的思考与建议	尤兰田	林克庆	市政府台办
进一步完善市与区县分税制财政管理体制研究	翟鸿祥	吴世雄 王明兰	市财政局市政府研究室
完善国有资产监管经营体系研究	翟鸿祥	熊大新	市国资委
北京市公安局关于实施整体防控全面推进社会治安体系建设的调研报告	马振川	张卫华	市公安局
北京现代制造业和服务业融合发展研究	张　茅	张　工	市发改委

续表

题　　目	主持人	责任人	研究单位
改进和完善北京市居住区公共服务配套设施规划建设和管理规划研究	刘志华	陈　刚	市规划委
关于北京体育管理体制改革的调研报告	刘志华	孙康林	市体育局
城市综合执法体制问题研究	吉　林	周继东	市政府法制办
北京动漫游戏产业发展研究	孙安民	王明兰	市政府研究室
首都职业教育改革与发展研究	范伯元	王明兰 李观政	市政府研究室市教委
采矿地区产业转型问题研究	牛有成	周立云	市政府研究室
郊区旧村改造新村建设问题研究	牛有成	李进山	市农委
优化发展环境问题研究	陆　昊	史利国	市政府研究室
关于发挥代表主体作用情况的调查	范远谋	陶世欣	市人大代表联络办
民主立法的实践与思考	索连生	王嘉彦	市人大法制办
北京市体育设施建设法制环境现状和对策研究报告	林文漪	史炳忠	市人大教科文卫体办
北京市大型社会活动安全管理工作现状及对策研究	赵凤山	郑　刚	市人大内务司法办
北京市农村土地承包问题的调查与思考	赵凤山	刘宝善	市人大农村委
关于科技投入促进首都经济发展的调研报告	金生官	高佐之	市人大财经办
关于加强本市清真食品管理、依法促进健康发展的调查	赵久合	陈兴波	市人大民侨委
本市燃气供应及安全的现状、问题和对策研究	赵久合	张　毅	市人大城建环保委
关于解决结构性矛盾，进一步转变经济增长方式若干问题的调研报告	黄以云	张嘉兴	市政协经科委
关于实施“人文奥运行动计划”，提高我市市民文明素质有关问题的调查报告	张和平	张国义	市政协教文卫
关于充分发挥我市法律业职能作用促进首都和谐社会建设的调研报告	王长连	刘汉湘	市政协社法委
构建和谐社会，本市少数民族聚居地社区建设情况调研报告	王长连	王耀平	市政协民宗委
关于完善社区服务促进和谐社区建设的调研报告	满运来	宁　爽	市政协学习委
海淀区落实科学发展观，统筹区域发展的调研报告	王力丁 谭维克	课题组	海淀区
2005 年北京市社情民意调查报告	康庆强	课题组	市委研究室
北京市社会结构状况	康庆强	课题组	市委研究室
北京文化艺术村落调查	康庆强	课题组	市委研究室
北京城市功能转移中的社会发展问题研究	康庆强	课题组	市委研究室
增强首都经济发展后劲研究	熊九玲	课题组	市委研究室

续表

题　　目	主持人	责任人	研究单位
“十一五”期间首都经济社会发展目标、重点及对策研究	熊九玲	课题组	市委研究室
当前首都经济社会发展的阶段性特征分析	熊九玲	课题组	市委研究室
关于进一步加强和改进人大工作的调查	熊九玲	课题组	市委研究室
关于北京慈善事业发展情况的调查	熊九玲	课题组	市委研究室
市委市政府加强宏观调控研究	刘占兴	课题组	市委研究室
北京市农村集体建设用地流转与集约利用研究	陈宏志	课题组	市委研究室
关于我市农民增收问题的研究	陈宏志	课题组	市委研究室
关于北京市物业纠纷问题的调查报告	陈宏志	课题组	市委研究室
市政管理体制改革需要进一步深化	陈宏志	课题组	市委研究室

（中共北京市委研究室供稿）

各高校、科研单位承担省部级以上人文社会科学研究项目及部分院校校级文科项目

北京大学

2005 年国家社科基金项目立项名单

所在单位	负责人	课题名称	项目类别
马克思主义学院	赵存生	弘扬和培育民族精神问题研究	重大项目
法学院	周旺生	构建社会主义和谐社会的法制保障	重大项目
国际关系学院	袁　明	世界多元文化激荡交融中的中国文化建设和文化安全研究	重大委托
医学部	王红漫	我国农村人口卫生保障制度研究	重大委托
艺术学系	彭吉象	数字技术与中国电视未来的发展	特别委托
对外汉语教育学院	张　雁	面向第二语言习得的汉语词化模式研究	青年项目
法学院	陈永生	刑事诉讼的宪政基础研究	青年项目
法学院	王锡锌	行政立法和决策过程中的公众参与研究	青年项目
法学院	白建军	刑事司法公正性实证研究	一般项目
法学院	李　鸣	条约在我国国内的效力与宪法的修改	一般项目
法学院	王世洲	惩治与防范危害国家安全罪的对策研究	一般项目
法学院	张　骐	司法改革和权力科学配置与公正司法研究——中国司法先例制度研究	一般项目

续表

所在单位	负责人	课题名称	项目类别
光华管理学院	刘京军	信用风险管理中数据挖掘技术和方法的研究	青年项目
光华管理学院	吴联生	上市公司盈余管理程度研究	一般项目
计算语言学研究所	王厚峰	基于指代链的汉语文本主题分析研究	一般项目
经济学院	王曙光	我国民营经济融资约束与民间金融内生成长研究	青年项目
经济学院	夏庆杰	城镇贫困人口现状、问题和对策研究	青年项目
历史学系	包茂宏	人与环境关系的新认识：环境史学史	一般项目
历史学系	郭润涛	明清时代地方政府与基层社会互动关系研究	一般项目
历史学系	林承节	印度八十年代末以来的政治发展新格局研究	一般项目
马克思主义学院	李淑珍	时代性质、时代特征和时代主题	般项目
社会学系	郭志刚	人口学方法论研究	一般项目
社会学系	钱民辉	教育公平与社会分层研究	一般项目
社会学系	秦明瑞	卢曼社会系统理论研究	一般项目
外国语学院	仲跻昆	阿拉伯文学通史	一般项目
外国语学院	陈　明	隋唐时期的医疗、宗教与社会生活	一般项目
外国语学院	谷　裕	德语成长发展小说研究	青年项目
外国语学院	王立刚	对现代俄语中评价意义的研究	青年项目
外国语学院	高一虹	大学生英语学习社会心理：基础阶段跟踪研究	一般项目
外国语学院	张鸿年	列王纪研究	一般项目
信息管理系	刘兹恒	图书馆危机管理研究	一般项目
信息管理系	周庆山	网络信息生态评价体系与保护策略研究	一般项目
医学部	刘继同	社会转型期社会政策框架与卫生政策战略地位	一般项目
哲学系	徐凤林	俄国哲学史原著选读	一般项目
哲学系	仰海峰	马克思哲学与形而上学批判	青年项目
哲学系	叶　峰	当代数学哲学问题研究	一般项目
中文系	沈　阳	现代汉语焦点敏感算子语义研究	一般项目
中文系	李　杨	“中国现代文学”与“中国当代文学”之关联研究	一般项目
中文系	刘勇强	话本小说的文本诠释与历史构建	一般项目
外国语学院	凌建侯	巴赫金哲学思想与小说诗学	后期资助
外国语学院	李　政	赫梯条约研究	后期资助
历史学系	辛德勇	秦汉政区与边界地理研究	后期资助

（北京大学社会科学部王周谊整理）

2005年教育部人文社科研究项目名单

所在单位	项目类别	课题名称	负责人
政府管理学院	重大攻关项目	中国地方政府绩效评价体系与管理机制研究	周志忍
中文系	规划基金项目	汉语述补结构的历史发展及其与相关语法形式发展关系研究	刘子瑜
中文系	规划基金项目	解构主义与中国当代文学批评	陈晓明
政府管理学院	规划基金项目	后WTO过渡期的外部冲击与中国经济波动分析	常志霄
哲学系	规划基金项目	欧美佛教学术史研究	李四龙
外国语学院	规划基金项目	蒙古人西征与东西方文学交流和文化对话	陈岗龙
外国语学院	规划基金项目	德语文学中的艺术家问题	黄燎宇
外国语学院	规划基金项目	现当代俄罗斯语言学研究的流变与走向	宁　琦
外国语学院	规划基金项目	泰语汉语关系词历史层次研究	薄文泽
外国语学院	规划基金项目	当代世界性邪教的网络传播模式与对策研究	金　勋
社会学系	规划基金项目	民间商会与政府关系的政治社会学研究：协商民主中相互赋权的路径选择	陶　庆
经济学院	规划基金项目	基础设施产业中的垄断与竞争问题	王大树
光华管理学院	规划基金项目	两税合并与外资企业投资行为研究	黄慧馨
光华管理学院	规划基金项目	创建我国商业银行产品成本核算体系的研究	宁亚平
光华管理学院	青年基金项目	分形统计学的发展及其在资本市场的应用研究	陈梦根
法学院	规划基金项目	国际强行法与人权	白桂梅
法学院	青年基金项目	WTO后过渡期的中国行政诉讼制度改革	刘东亮
法学院	青年基金项目	信贷资产证券化投资者保护法律机制	洪艳蓉
医学部	规划基金项目	我国医学人文学科的现状、问题及发展战略研究	张大庆
心理学系	专项任务项目	国有大中型企业人力资源管理与开发	王登峰

（北京大学社会科学部刘睿整理）

2005年留学回国人员科研启动基金入选人员名单

所在单位	负责人	课题名称
社会学系	姜星海	西部地区教育需求的研究
人口研究所	任　强	中国人口和人力资本多区域预测
新闻与传播学院	许　静	舆论研究理论与实践
光华管理学院	蔡　剑	基于互联网的商务活动建模和优化研究
哲学系	韩林合	维特根斯坦《哲学研究》研究
外国语学院	马小兵	有关日语复合格助词及汉语介词的综合研究
哲学系	聂锦芳	清理与超越——重读马克思文本的基础、意旨与方法
外国语学院	宁　琦	现代俄语述体配价的研究及其在教学中的应用
中国经济研究中心	沈　艳	加入WTO后外资对中国经济增长的影响
社会学系	盛晓明	北京地区不同社会群体对举办2008年奥运会的社会期待研究
教育学院	施晓光	美国著名大学的办学思想和实践研究

续表

所在单位	负责人	课题名称
外国语学院	孙建军	清末西方传教士的中国助手与汉语新词汇
光华管理学院	吴剑锋	企业潜在闲置资源与创新导向：基于中国新兴高技术企业的研究
社会学系	薛永玲	不同的宗教信仰对社会交往的影响
历史学系	臧运祜	近百年中美日关系中的台湾问题
社会学系	赵旭东	乡村互联网建设与农民政治参与意识的转变
信息管理系	刘　嘉	数字图书馆中元数据之研究
历史学系	吴小安	东南亚华人家族史与商业网络研究

（北京大学社会科学部刘睿整理）

2005年教育部重点研究基地重大项目名单

所在单位	课题名称	负责人
邓小平理论研究中心	和谐社会构建中的利益协调问题研究	郭建宁
邓小平理论研究中心	社会公平与共同富裕	薛汉伟
东方文学研究中心	《三国演义》在东方各国的流传和影响	张玉安
东方文学研究中心	东方作家传记文学研究	刘曙雄
汉语语言学研究中心	汉语大规模真实文本的语义标注研究——从句子的论元结构、情态结构到语篇结构	袁毓林
汉语语言学研究中心	语言接触与汉译佛典语法比较研究——以梵汉对勘为基础	蒋绍愚
教育经济研究所	教育机会与收入不平等研究	龚六堂
教育经济研究所	制度理论与中国大学制度变迁研究	马万华
美学与美育研究中心	从分析美学到实用主义	尚新建
美学与美育研究中心	西方美学遗产与中国现代美学建构	张世英
外国哲学研究所	20世纪西方逻辑哲学和数学哲学	刘壮虎
外国哲学研究所	西方哲学文献选编（德国古典哲学）	韩水法
宪法与行政法研究中心	公益征收和征用制度研究	王　磊
宪法与行政法研究中心	行政规划制度研究	朱　芒
政治发展与政府管理研究所	中国地方政府创新的理论与实证研究	陈红太
政治发展与政府管理研究所	组织绩效评估的应用与正确政绩观的树立	孙柏瑛
中国古代史研究中心	13世纪以前中国军事地理研究	辛德勇
中国古代史研究中心	新出土及海内外散藏吐鲁番文献的整理与研究	荣新江
中国古文献研究中心	美国所藏汉籍善本图录	曹亦冰 卢　伟

（北京大学社会科学部王康宁整理）

2005 年全国教育规划项目立项名单

课题名称	负责人	课题类别
预防青少年网络被害的教育对策研究	赵国玲	教育部重点课题
青少年网络游戏现状及消费行为研究	张红霞	教育部重点课题
高校现代远程教育试点政策变迁及未来对策研究	郭文革	教育部重点课题
我国医学人文素质教育课程体系研究	张大庆	教育部重点课题

（北京大学社会科学部王周谊整理）

2005 年北京市基地重大项目名单

课题名称	负责人
全球价值链下北京产业升级研究	刘　伟
北京市财政收入合理化问题研究	王大树

（北京大学社会科学部王康宁整理）

2005 年北京市教育调查特别委托课题名单

负责人	课题名称	来　源
卢晓东	大学生对高等学校教育教学状况评价调查	北京市教科院
文东茅	转制学校管理与经营的个案调查	北京市教科院
文东茅	北京市教育调查课题数据库建设研究	北京市教科院

（北京大学社会科学部王周谊整理）

2005 年北京市其他项目名单

所在单位	负责人	课题名称	来　源
政府管理学院	李国平	北京市“十一五”市级专项规划	北京市发展和改革委员会
政府管理学院	李国平	京津冀都市圈区域规划北京市规划研究	北京市发展和改革委员会
政府管理学院	李国平	北京市资源禀赋与区县发展研究	北京市发展和改革委员会
政府管理学院	万鹏飞	创新北京市公共服务的组织与管理	北京市发展和改革委员会
首都发展研究院	杨开忠	北京市推进科技创新的咨询建议	北京市发展和改革委员会
光华管理学院	陈丽华	北京地区企业技术联盟实证研究软科学项目	北京市科学技术委员会
政府管理学院	李国平	京津冀科技发展现状与问题分析研究	北京市科学技术委员会
政府管理学院	李国平	京津冀区域发展与北京创新型城市建设研究	北京市科学技术委员会
政府管理学院	李国平	京津冀区域科技发展规划	北京市科学技术委员会
政府管理学院	李国平	京津冀区域科技发展战略研究	北京市科学技术委员会
光华管理学院	王其文	高新区“二次创业”重大问题研究	北京市科学技术委员会
政府管理学院	万鹏飞	北京市突发性事件管理体制研究	北京市社科联

（北京大学社会科学部王周谊整理）

2005 年其他省部级以上项目名单

所在单位	负责人	课题名称	来 源
法学院	刘剑文	企业所得税“两法合并”改革与中国经济发展	国家财政部
法学院	白建军	保密工作基本情况实证分析	国家保密局
法学院	白建军	泄密案例实证分析	国家保密局
对外汉语教育学院	李晓琪	中国汉语水平考试 HSK（商务）研发	国家对外汉语教学领导小组办公室
对外汉语教育学院	李晓琪	国家汉办 HSK（商务）考试	国家对外汉语教学领导小组办公室
新闻与传播学院	关世杰	“十一五”时期我国广播电影电视产业发展研究	国家发展和改革委员会
政府管理学院	余 斌	国家物资储备参与宏观调控的社会经济效果评估指标体系	国家发展和改革委员会
中国经济研究中心	海 闻	国家海关总署进出口预警系统（二期）	国家海关总署
首都发展研究院	杨开忠	伊犁河谷旅游发展总体规划	国家旅游局
历史学系	茅海建	《通纪——第八卷（上）》	国家清史编撰委员会
图书馆	沈乃文	文献、清代诗文集丛刊、编目	国家清史编撰委员会
中国古文献研究中心	杨 忠 漆永祥	清人文集篇目分类索引全编	国家清史编撰委员会
图书馆	姚伯岳	图录 北京大学图书馆馆藏古文献中清代历史图像的数字化整理	国家清史编撰委员会
光华管理学院	刘国恩	药品不良反应的经济学研究	国家食品药品监督管理局
马克思主义学院	仓道来	健身气功的辩证唯物主义理论基础的研究	国家体育总局
法学院	郑胜利	专利权的限制和例外	国家知识产权局
考古文博学院	刘 伟	中国古代陶瓷的色度学研究	国家自然科学基金
信息管理系	秦铁辉	竞争情报活动中的人际网络研究	国家自然科学基金
新闻与传播学院	谢新洲	我国电子媒体管理与政策研究	国家自然科学基金
光华管理学院	符国群	品牌延伸研究：延伸对母品牌产生正面或负面影响的条件与机制	国家自然科学基金
光华管理学院	孔繁敏	激励机制与安全生产：探索保障中国煤矿工人生命和健康的组织理论和人力资源管理体系	国家自然科学基金
光华管理学院	刘国恩	中国医疗个人账户：成本控制和健康产出研究	国家自然科学基金
光华管理学院	陆正飞	产权保护导向的会计研究	国家自然科学基金
光华管理学院	彭泗清	中国品牌的消费者——品牌关系：维度、类型与强化机制	国家自然科学基金
光华管理学院	苏良军	空间相关模型的半参数分析	国家自然科学基金
光华管理学院	涂荣庭	整体服务经验，消费情绪，与顾客满意互动研究	国家自然科学基金

续表

所在单位	负责人	课题名称	来 源
光华管理学院	吴剑峰	高新技术企业的横向联盟网络构建与产品创新绩效的关系研究	国家自然科学基金
光华管理学院	吴联生	公司实际税负与盈余管理	国家自然科学基金
光华管理学院	武常岐	中国企业国际化战略研究	国家自然科学基金
光华管理学院	徐信忠	行为金融若干基础问题研究	国家自然科学基金
光华管理学院	于鸿君	转型期区域经济和谐发展模式选择分析——从最优货币区理论角度给出的一个基本框架	国家自然科学基金
光华管理学院	张维迎	利用电子政务建设服务型政府的基础问题研究	国家自然科学基金
光华管理学院	张一弛	人力资源管理影响企业绩效的中介机制研究	国家自然科学基金
光华管理学院	张志学	高技术企业中的交互记忆系统的发展与功效	国家自然科学基金
光华管理学院	周黎安	地方官员的晋升激励与区域经济合作和发展：理论与实证检验	国家自然科学基金
经济学院	杨子江	科技资源配置理论及其优化路径研究	国家自然科学基金
中国经济研究中心	曾 毅	老年人口家庭、健康与照料需求成本研究	国家自然科学基金
教育学院	岳昌君	高校毕业生求职效率研究	国家自然科学基金
政府管理学院	张 波	城市群高速发展条件下城市空间成长管理研究——以环渤海和长江三角洲地区为例	国家自然科学基金
社会学人类学研究所	刘 能	联合国儿基会支持的2001—2005年妇女儿童两纲发展项目终其评估	国务院妇女儿童工作委员会
法学院	刘剑文	建立国有资本经营预算制度的主要内容和整体框架	国务院国有资产监督管理委员会
法学院	张 平	开放源码软件和通用公共许可（GPL）的知识产权及其相关法律问题研究	科学技术部
经济学院	刘文忻	加快发展服务业的总体构想与政策研究	商务部
中国经济研究中心	卢 锋	大国经贸战略、经贸体制及经贸结构研究	商务部
中国经济研究中心	卢 锋	开拓农村市场、搞活农产品流通、促进农民收入增长研究	商务部
光华管理学院	王咏梅	以科学发展观统筹国内发展和对外开放研究	商务部
光华管理学院	张维迎	电子商务报告	商务部
政府管理学院	金安平	全国重点湿地水环境保护政策	水利部
法学院	钱明星	关于资产证券化法律问题研究	司法部
法学院	汪 劲	外来物种入侵法律问题研究	司法部
法学院	王世洲	现代国际刑法学理论研究	司法部
国际关系学院	王缉思	全球化问题研究	外交部
艺术学系	丁 宁	希腊美术史	文化部

续表

所在单位	负责人	课题名称	来　源
艺术学系	李道新	中国电影传播史（1905—2004）	文化部
法学院	湛中乐	保险条款费率监督制度比较研究	中国保险监督管理委员会
经济学院	曹和平	中国纺织各行业重大经济指标统计发布会前期研发	中国纺织工业协会
中国经济研究中心	平新乔	2005 年 20 国集团“发展理念创新”研究	中国人民银行

（北京大学社会科学部王周谊整理）

2004 年度教育部新世纪优秀人才支持计划项目

编　号	姓　名	单　位
NCET－04－0007	郭　锐	北京大学中文系
NCET－04－0015	刘浦江	北京大学历史学系
NCET－04－0027	张　弛	北京大学考古文博学院
NCET－04－0017	王　博	北京大学哲学系
NCET－04－0018	王　建	北京大学外国语学院
NCET－04－0009	黄桂田	北京大学经济学院
NCET－04－0006	龚六堂	北京大学光华管理学院
NCET－04－0030	张守文	北京大学法学院
NCET－04－0032	赵成根	北京大学政府管理学院
NCET－04－0029	张　静	北京大学社会学系
NCET－04－0019	王余光	北京大学信息管理系
NCET－04－0025	姚　洋	北京大学中国经济研究中心

（北京大学社会科学部朱邦芳供稿）

2005 年度教育部新世纪优秀人才支持计划项目

编　号	姓　名	单　位
NCET－05－0027	傅　军	北京大学政府管理学院
NCET－05－0028	韩林合	北京大学哲学系
NCET－05－0029	金　勋	北京大学外国语学院
NCET－05－0030	王立新	北京大学历史学系
NCET－05－0031	张　健	北京大学中文系
NCET－05－0032	苏耕欣	北京大学外国语学院
NCET－05－0033	陆正飞	北京大学光华管理学院
NCET－05－0034	李　玲	北京大学中国经济研究中心
NCET－05－0035	宋新明	北京大学人口研究所
NCET－05－0036	章　政	北京大学经济学院
NCET－05－0037	陈瑞华	北京大学法学院
NCET－05－0038	佟　新	北京大学社会学系
NCET－05－0039	王　军	北京大学信息管理系

（北京大学社会科学部倪润安供稿）

2005年北京大学获北京市社科理论著作出版基金资助项目

著作名称	申请人	所在单位
意识形态与美国外交政策——以20世纪美国对华政策为个案的研究	王立新	北京大学历史学系
英国政党政治的新起点	高　岱	北京大学历史学系
语言对比与语言学习	王辛夷	北京大学外国语学院
穆斯林诗人哲学家伊克巴尔	刘曙雄	北京大学外国语学院
英美小说叙事理论研究	申　丹	北京大学外国语学院
商务印书馆与近代文化	史春风	北京大学马克思主义学院
公平效率与当代社会发展	夏文斌	北京大学马克思主义学院
医院管理创新："五四一"管理模式研究	潘习龙	北京大学医学部
病与证的冲击——反思18世纪的医学	甄　橙	北京大学医学部
中国民营中小企业间接融资研究	梁鸿飞	北京大学出版社
近现代日本亚太政策的演变——从大陆政策到"大东亚共荣圈"	臧运祜	北京大学历史学系
公元前2世纪——公元5世纪中原及北方地区钢铁技术研究	陈建立	北京大学考古文博学院
俄语的数、数词和数量词研究	左少兴	北京大学外国语学院
音乐精神——俄国象征主义诗学研究	王彦秋	北京大学外国语学院
国际企业制度创新研究	王跃生	北京大学经济学院
制度变迁中的中国保险业：风险与风险管理对策	孙祁祥	北京大学经济学院
经济周期理论与应用研究	陈昆亭	北京大学光华管理学院
技术制衡下的网络刑事法研究	刘守芬	北京大学法学院
公共服务中的市场机制：理论、方式与技术	句　华	北京大学政府管理学院
环境危机与文化重建	魏　波	北京大学马克思主义学院
近代汉语复合动词研究	张　雁	北京大学对外汉语教育学院
人口与可持续发展研究——中国人口、资源环境、经济社会发展关系的系统研究	穆光宗	北京大学人口研究所
明代县政研究	何朝晖	北京大学图书馆
战后日本出版物中的价值取向变迁研究	诸葛卫东	北京大学出版社

（北京大学社会科学部朱邦芳供稿）

中国人民大学

2005 年国家社科基金重大项目招标课题

课题名称	单 位	负责人	项目类别	来源单位
和谐社会运行中的法治保障体系研究	法学院	胡锦光	A	全国哲学社会科学规划办公室
马克思列宁主义、毛泽东思想、邓小平理论和“三个代表”重要思想论社会主义社会建设	马克思主义学院	梁树发	A	全国哲学社会科学规划办公室
城市化进程中的农民工问题研究	农业与农村发展学院	白南生	B	全国哲学社会科学规划办公室
调整国民收入分配格局，缩小收入差距政策研究	公共管理学院	董克用	C	全国哲学社会科学规划办公室
走向 2020 年的中国城乡协调发展战略——工业反哺农业、城市支持农村、走城乡互动、工农互促的协调发展道路问题研究	公共管理学院	孙久文	C	全国哲学社会科学规划办公室
新时期我国社会经济利益关系发展变化及和谐社会构建的研究	经济学院	胡乃武	C	全国哲学社会科学规划办公室
维护社会公平正义与保障国民共享发展成果	劳动人事学院	郑功成	C	全国哲学社会科学规划办公室

2005 年国家社科基金重大委托项目

课题名称	单 位	负责人	项目类别	来源单位
中国财政金融安全：预警机制与风险控制体系	财政金融学院	陈雨露 郭庆旺	重大委托	全国哲学社会科学规划办公室

2005 年国家社科基金重点项目

课题名称	单 位	负责人	项目类别	来源单位
马克思经济学数学模型研究	经济学院	吴易风	重点	全国哲学社会科学规划办公室
中国共产党关于实现和维护新中国的国家统一和国土安全的理论与实践之研究	马克思主义学院	齐鹏飞	重点	全国哲学社会科学规划办公室
中国“综合社会调查（GSS）”项目研究与设计	社会学系	李路路	重点	全国哲学社会科学规划办公室
对北京奥运会社会期待及社会心理研究	社会学系	沙莲香	重点	全国哲学社会科学规划办公室
中国哲学思潮发展史	哲学系	张立文	重点	全国哲学社会科学规划办公室

2005 年国家社科基金青年项目

课题名称	单 位	负责人	项目类别	来源单位
民事纠纷解决的法律机制研究	法学院	肖建国	青年	全国哲学社会科学规划办公室
公务员能力建设研究	公共管理学院	祁光华	青年	全国哲学社会科学规划办公室
新形势下我国国防建设与经济建设关系的国际背景研究	公共管理学院	王宏伟	青年	全国哲学社会科学规划办公室
中国居民收入分配影响消费率的理论与实证研究	公共管理学院	杨天宇	青年	全国哲学社会科学规划办公室
中国经济转型期地方利益冲突与政府统筹区域研究	国际关系学院	保建云	青年	全国哲学社会科学规划办公室
城市集中度对经济增长的影响研究	经济学院	周 文	青年	全国哲学社会科学规划办公室
中国和平发展视角下的儒家国家关系伦理思想研究	马克思主义学院	王 易	青年	全国哲学社会科学规划办公室
农村贫困人口最低生活保障问题研究	农业与农村发展学院	庞晓鹏	青年	全国哲学社会科学规划办公室
博弈与社会结构——一项和谐社会的基本功能	社会学系	王水雄	青年	全国哲学社会科学规划办公室
当代中国大众文化中的基督教影响	中文系	陈奇佳	青年	全国哲学社会科学规划办公室

2005 年国家社科基金一般项目

课题名称	单 位	负责人	项目类别	来源单位
文学思潮原理研究	对外语言文化学院	卢铁澎	一般	全国哲学社会科学规划办公室
关联交易的法律问题研究	法学院	董安生	一般	全国哲学社会科学规划办公室
全球化背景下的东亚法治问题研究	法学院	冯玉军	一般	全国哲学社会科学规划办公室
合作制组织：建立社会主义和谐社会的组织基础	公共管理学院	张康之	一般	全国哲学社会科学规划办公室
中苏大论战史论	国际关系学院	蒲国良	一般	全国哲学社会科学规划办公室
环境外部性分类、测量与环境管理模式研究	环境学院	宋国君	一般	全国哲学社会科学规划办公室

续表

课题名称	单　位	负责人	项目类别	来源单位
西方经济学“中国化”研究——结合中国国情改造和运用西方经济学	经济学院	方福前	一般	全国哲学社会科学规划办公室
技术工人短缺与技能人才激励关系研究	劳动人事学院	杨伟国	一般	全国哲学社会科学规划办公室
居延遗址调查发掘报告	历史系	魏　坚	一般	全国哲学社会科学规划办公室
信息时代的资本主义研究	马克思主义学院	陶文昭	一般	全国哲学社会科学规划办公室
社会抚养费征收的理论与实践研究	人口所	段成荣	一般	全国哲学社会科学规划办公室
经济全球化下大型流通企业国际化发展的比较研究	商学院	蔡荣生	一般	全国哲学社会科学规划办公室
新一轮全球产业分工重组与我国产业结构调整研究	商学院	谷克鉴	一般	全国哲学社会科学规划办公室
流通产业组织化程度问题研究	商学院	王晓东	一般	全国哲学社会科学规划办公室
教育公平与社会分层研究	社会学系	刘精明	一般	全国哲学社会科学规划办公室
中国养老保险统计与精算管理研究	统计学院	王晓军	一般	全国哲学社会科学规划办公室
凯瑟研究的历史沿革与批评经验	外国语学院	孙　宏	一般	全国哲学社会科学规划办公室
手机媒体及其管理研究	新闻学院	匡文波	一般	全国哲学社会科学规划办公室
我国濒危历史档案的抢救与保护研究	信息资源管理学院	郭莉珠	一般	全国哲学社会科学规划办公室
档案职业状况与发展趋势研究	信息资源管理学院	胡鸿杰	一般	全国哲学社会科学规划办公室
论直觉——一个美学范畴的话语历史	哲学系	牛宏宝	一般	全国哲学社会科学规划办公室
马克思恩格斯伦理思想研究	哲学系	宋希仁	一般	全国哲学社会科学规划办公室

全国艺术科学“十五”规划项目

课题名称	单　位	负责人	项目类别	来源单位
艺术科学与感性革命——21 世纪数字化时代审美文化的价值	社会学系（博士后）	齐　鹏	规划项目	全国艺术规划办公室

2005 年教育部哲学社会科学研究重大攻关项目

课题名称	单　位	负责人	项目类别	来源单位
多元化纠纷解决机制与和谐社会的构建	法学院	范　愉	重大攻关	教育部社政司
中国传统法律文化研究	法学院	曾宪义	重大攻关	教育部社政司
大国关系对中国国家安全的影响	国际关系学院	金灿荣	重大攻关	教育部社政司
马克思主义一级学科体系建构与建设研究	马克思主义学院	张雷声	重大攻关	教育部社政司
政治意识形态安全与意识形态现代化的社会学分析	人口所	刘少杰	重大攻关	教育部社政司

2005 年教育部哲学社会科学研究专项任务

课题名称	单　位	负责人	项目类别	来源单位
网络信息技术在科研基金项目管理中的应用研究	出版社	陈　建	专项任务	教育部社政司
关于进一步提高高等学校哲学社会科学研究质量的意见	宣传部	郑水泉	专项任务	教育部社政司
关于进一步提高高等学校哲学社会科学研究质量的意见	哲学系	刘大椿	专项任务	教育部社政司

2005 年教育部人文社会科学重点研究基地重大项目

课题名称	单　位	负责人	项目类别	来源单位
现代金融体系下银行混业经营的风险与监管体系	财政金融学院	陈雨露	基地重大项目	教育部社政司
中国社会保障制度完善与财政支出结构优化研究	财政金融学院	朱　青	基地重大项目	教育部社政司
我国银行制度改革与人民币国际化的相互关系以及作用机理研究	财政金融学院	张　杰	基地重大项目	教育部社政司
知识经济和可持续发展量化与应用研究	东北财经大学	蒋　萍	基地重大项目	教育部社政司
民事诉讼制度的修改和完善	法学院	汤维建	基地重大项目	教育部社政司
社会保障立法研究	法学院	林　嘉	基地重大项目	教育部社政司
国际与区际刑事司法协助研究	法学院	赵秉志	基地重大项目	教育部社政司

续表

课题名称	单　位	负责人	项目类别	来源单位
中国加入世界贸易组织的刑事法律协调与完善	法学院	黄京平	基地重大项目	教育部社政司
公司法的修改和完善	法学院	叶　林	基地重大项目	教育部社政司
中国民法典总则立法及其基础理论研究	法学院	杨立新	基地重大项目	教育部社政司
国际刑法与人权保障	法学院	冯　军	基地重大项目	教育部社政司
刑罚制度改革研究	法学院	谢望原	基地重大项目	教育部社政司
人口、资源与环境经济学方法论研究	复旦大学	王桂新	基地重大项目	教育部社政司
欧盟东扩后的欧洲劳动力市场研究	公共管理学院	董克用	基地重大项目	教育部社政司
新时期欧盟——美国关系研究	国际关系学院	金灿荣	基地重大项目	教育部社政司
欧盟宪法与欧盟超国家治理研究	国际关系学院	张小劲	基地重大项目	教育部社政司
中国未来区域经济社会发展中差别人口战略研究	华东师范大学资源与环境科学院人口研究所	桂世勋	基地重大项目	教育部社政司
新形势下加强党的执政能力研究	马克思主义学院	王顺生	基地重大项目	教育部社政司
“三个代表”重要思想与以和谐为目标的小康社会建设	马克思主义学院	张　新	基地重大项目	教育部社政司
“三个代表”重要思想与中国特色社会主义经济建设	马克思主义学院	张雷声	基地重大项目	教育部社政司
晚清科学技术研究	内蒙古师范大学	罗见今 李　迪	基地重大项目	教育部社政司
经济伦理道德研究	南京师范大学	王小锡	基地重大项目	教育部社政司
19 世纪中国的“危机”意识及其社会回应	清华大学人文社会科学学院历史系	李伯重	基地重大项目	教育部社政司
清代汉学与西学关系研究	清史所	黄爱平	基地重大项目	教育部社政司
清代边疆社会变迁研究	清史所	张世明	基地重大项目	教育部社政司
人口学学科体系研究——人口学理论与方法	人口所	姚　远	基地重大项目	教育部社政司
中国人口转变道路的理论研究	人口所	刘　爽	基地重大项目	教育部社政司
社会公平与社会政策研究	社会学理论与方法研究中心	吴忠民	基地重大项目	教育部社政司
当代中国社会组织与制度变迁研究	社会学系	李路路	基地重大项目	教育部社政司
符合中国国情的社会学方法研究	社会学系	潘绥铭	基地重大项目	教育部社政司
中国社会转型的理论研究	社会学系	郑杭生	基地重大项目	教育部社政司
空间统计学及其应用研究	统计学院	吴喜之	基地重大项目	教育部社政司

续表

课题名称	单　位	负责人	项目类别	来源单位
我国车险统计精算的广义线性模型及其应用研究	统计学院	孟生旺	基地重大项目	教育部社政司
我国季度 GDP 核算方法及其应用	统计学院	赵进文	基地重大项目	教育部社政司
政府公共部门绩效评估体系研究——理论、方法和路径选择	西安交通大学公共政策与管理学院行政管理系	吴建南	基地重大项目	教育部社政司
广告传播与消费文化	新闻学院	倪　宁	基地重大项目	教育部社政司
我国新闻职业规范研究	新闻学院	陈力丹	基地重大项目	教育部社政司
中国互联网新闻传播结构、功能与效果研究	新闻学院	高　钢	基地重大项目	教育部社政司
中国新闻传媒国际竞争力研究	新闻学院	周建明	基地重大项目	教育部社政司
“汉语神学”的历史与现状研究	哲学系	李秋零	基地重大项目	教育部社政司
中国律宗研究	哲学系	温金玉	基地重大项目	教育部社政司
中国当代伦理思想研究	哲学系	吴潜涛	基地重大项目	教育部社政司
佛教与儒道的互动交涉研究（第二期：两晋时期佛教与儒道的互动交涉研究）	哲学系	方立天	基地重大项目	教育部社政司
佛教与宗教学理论研究译丛（第三期）	哲学系	何光沪 宣　方	基地重大项目	教育部社政司
当代中国伦理思潮研究	哲学系	葛晨虹	基地重大项目	教育部社政司
马克思恩格斯伦理思想研究	哲学系	安启念	基地重大项目	教育部社政司

2005 年教育部人文社会科学研究青年项目

课题名称	单　位	负责人	项目类别	来源单位
计算机取证的法律规制	法学院	刘品新	青年基金项目	教育部社政司
中国参与国际合作的制度形式研究	国际关系学院	田　野	青年基金项目	教育部社政司
冷战后日本政治思潮研究	国际关系学院	王星宇	青年基金项目	教育部社政司
IT 系统管理及性能监控模型研究	信息学院	蒋洪迅	青年基金项目	教育部社政司

2005 年教育部人文社会科学研究一般项目

课题名称	单　位	负责人	项目类别	来源单位
我国和平发展中的自卫权适用问题研究	法学院	余民才	规划基金项目	教育部社政司
新中国民法典起草历程回顾	法学院	赵晓耕	规划基金项目	教育部社政司
城市公共政策制定中的公民有序参与机制研究	公共管理学院	魏　娜	规划基金项目	教育部社政司
中国在联合国教科文组织（UNESCO）的中长期战略与短期应对	国际关系学院	张小劲	规划基金项目	教育部社政司

续表

课题名称	单 位	负责人	项目类别	来源单位
台湾劳工阶层的状况及其利益表达机制研究	国际关系学院	周大计	规划基金项目	教育部社政司
中国大学校长素质研究	教育科学研究所	牛维麟	规划基金项目	教育部社政司
资本外逃对中国宏观经济的影响	经济学院	董志勇	规划基金项目	教育部社政司
WTO 框架下我国农业补贴问题研究	经济学院	姜少敏	规划基金项目	教育部社政司
城市化进程中我国失地农民创业问题研究	农业与农村发展学院	郑风田	规划基金项目	教育部社政司
由水平竞争到垂直合作——农村正式与非正式金融部门垂直合作模式构建	农业与农村发展学院	周 立	规划基金项目	教育部社政司
音乐自动分类方法研究	信息学院	刘 怡	规划基金项目	教育部社政司
马克思主义与当代法国哲学思潮	哲学系	欧阳谦	规划基金项目	教育部社政司
20 世纪德国宗教哲学研究	哲学系	张 旭	规划基金项目	教育部社政司
间接语言接触的个案调查与理论研究	中文系	贺 阳	规划基金项目	教育部社政司

2005 年教育部留学回国人员科研启动基金项目

课题名称	单 位	负责人	项目类别	来源单位
乡村小型公共产品的供给机制与筹资模式研究	农业与农村发展学院	吕亚荣	留学回国人员科研启动基金	教育部
非传统安全研究：以中国的能源安全为中心	国际关系学院	查道炯	留学回国人员科研启动基金	教育部
俄苏在华新闻传播活动研究（1898—1956）	外国语学院	赵永华	留学回国人员科研启动基金	教育部
碳纳米管与 PVDF 高分子复合材料的压电性质研究	化学系	金朝霞	留学回国人员科研启动基金	教育部
功能化碳纳米管电化学传感器的研制及应用	化学系	罗红霞	留学回国人员科研启动基金	教育部
分层分位模型的理论应用	统计学院	田茂再	留学回国人员科研启动基金	教育部
中国地区间市场封锁问题的定量化分析方法	商学院	王保林	留学回国人员科研启动基金	教育部
能源对我国制造业产业升级的影响	国民经济管理系	夏 明	留学回国人员科研启动基金	教育部

2005 年司法部法治建设与法学理论研究部级科研项目

课题名称	单 位	负责人	项目类别	来源单位
法律视野下的奥运会	法学院	姚 辉	委托项目	司法部
民法法律物格制度研究	法学院	杨立新	一般项目	司法部
宪法解释制度研究	法学院	韩大元	一般项目	司法部
中国企业海外投资法律制度研究	法学院	余劲松	重点项目	司法部
行政规划法律制度研究	法学院	莫于川	重点项目	司法部

2005 年北京市社科规划办项目

课题名称	单 位	负责人	项目类别	来源单位
“人文奥运”与和谐社区建设研究	公共管理学院	魏 娜		北京市哲学社会科学规划办公室
奥运会比赛欣赏与赛场利益	信息资源管理学院	冯惠玲		北京市哲学社会科学规划办公室

2005 年国家“863”计划子课题

课题名称	单 位	负责人	项目类别	来源单位
数据仓库应用及数据集成技术研究	信息学院	陈 红	子课题	863 计划
数据库高可靠性技术研究	信息学院	杜小勇	子课题	863 计划
安全数据库标准与技术研究	信息学院	王 姗	子课题	863 计划

2005 年国家自然科学基金面上项目

课题名称	单 位	负责人	项目类别	来源单位
员工敬业度的结构、测量及其影响因素的实证研究	公共管理学院	李超平	面上项目—青年	国家自然科学基金委员会
手性β，γ—炔基－α－氨基酸的不对称合成及应用	化学系	陈自立	面上项目—青年	国家自然科学基金委员会
螺旋形聚乙炔纳米纤维在溶液中的分散及其掺杂机理的研究	化学系	金朝霞	面上项目—青年	国家自然科学基金委员会
功能化碳纳米管电化学生物传感器的研究	化学系	罗红霞	面上项目—自由	国家自然科学基金委员会
荧光离子选择性微球传感器负载芯片结合微透析取样技术在快速分析复杂生物样品体系中的应用	化学系	秦 玉	面上项目—青年	国家自然科学基金委员会
超临界二氧化碳微乳液用于半导体纳微器件清洁化的研究	化学系	张小岗	面上项目—自由	国家自然科学基金委员会

续表

课题名称	单 位	负责人	项目类别	来源单位
结构可控的多加成C60类胶束分子的合成及聚集	化学系	张 璞	面上项目—青年	国家自然科学基金委员会
西藏高山林线森林结构与动态特征的研究	环境学院	任青山	面上项目—自由	国家自然科学基金委员会
全球化背景下中国食品类企业采纳国际食品安全标准体系的驱动力机制研究	农业与农村发展学院	郑风田	面上项目—自由	国家自然科学基金委员会
带平衡约束的数学规划问题的算法研究	商学院	刘国山	面上项目—自由	国家自然科学基金委员会
超模块组织模式与网络节点企业自组织能力研究	商学院	王凤彬	面上项目—自由	国家自然科学基金委员会
中国上市公司控制权转移的利益流动研究	商学院	王化成	面上项目—自由	国家自然科学基金委员会
学习不良儿童元认知机制研究及其干预	社会学系	俞国良	面上项目—自由	国家自然科学基金委员会
中国企业年金发展模式研究－DB型企业年金的设计、管理与监管	统计学院	王晓军	面上项目—自由	国家自然科学基金委员会
本体库管理系统技术研究	信息学院	杜小勇	面上项目—自由	国家自然科学基金委员会
桥梁人群传播HIV/AIDS的数学模型研究	信息学院	韩丽涛	面上项目—青年	国家自然科学基金委员会
基于受限网络的移动对象数据库关键技术研究	信息学院	孟小峰	面上项目—自由	国家自然科学基金委员会
中国信息服务企业技术创新实证研究	信息资源管理学院	卢小宾	面上项目—自由	国家自然科学基金委员会

2005年国家自然科学基金主任基金项目

课题名称	单 位	负责人	项目类别	来源单位
税收政策分析模型支持系统及其在税制改革中的应用研究	财政金融学院	谭荣华	主任基金	国家自然科学基金委员会
自组装超薄膜在驻极体基质上的精细图案化研究	化学系	曹廷炳	主任基金	国家自然科学基金委员会
2－芳基烯丙基醇的不对称氢化	化学系	徐立进	主任基金	国家自然科学基金委员会

2005 年教育部科技司重点项目

课题名称	单　位	负责人	项目类别	来源单位
流域经济用水与生态用水竞争关系及其合理比例研究	环境学院	王西琴	重点项目	教育部科技司

2005 年国家发改委高技术产业发展项目

课题名称	单　位	负责人	项目类别	来源单位
大型通用数据库管理系统产业化	信息学院	杜小勇	高技术产业发展项目	国家发展与改革委员会

2005 年北京市自然科学基金项目

课题名称	单　位	负责人	项目类别	来源单位
HACCP 体制下确保北京加工食品质量安全研究	农业与农村发展学院	王志刚	面上项目	北京市自然科学基金委员会

2004 年教育部新世纪优秀人才支持计划项目

序　号	姓　名	单　位
1.	汪昌云	财政金融学院
2.	韩大元	法学院
3.	龙翼飞	法学院
4.	卢建平	法学院
5.	郑　定	法学院
6.	毛寿龙	公共管理学院
7.	叶裕民	公共管理学院
8.	张成福	公共管理学院
9.	金灿荣	国际关系学院
10.	雷　达	经济学院
11.	刘凤良	经济学院
12.	张　宇	经济学院
13.	郑超愚	经济学院
14.	郑功成	劳动人事学院
15.	刘后滨	历史系
16.	刘建军	马克思主义学院
17.	孔祥智	农业与农村发展学院
18.	戴德明	商学院
19.	郭国庆	商学院
20.	洪大用	社会学系

续表

序　号	姓　名	单　位
21.	王晓军	统计学院
22.	蔡　雯	新闻学院
23.	孟小峰	信息学院
24.	卢小宾	信息资源管理学院
25.	冯　俊	哲学系
26.	肖群忠	哲学系
27.	杨庆中	哲学系
28.	诸葛忆兵	中国语言文学系

2005年教育部新世纪优秀人才支持计划项目

序　号	姓　名	单　位
1.	郭双林	历史系
2.	郭　禾	法学院
3.	林　嘉	法学院
4.	段成荣	社会与人口学院
5.	张　波	统计学院
6.	刘元春	经济学院
7.	周业安	经济学院
8.	赵锡军	财政金融学院
9.	何　平	财政金融学院
10.	邹　骥	环境学院
11.	严金明	公共管理学院
12.	刘国山	商学院
13.	郑风田	农业与农村发展学院
14.	陈　红	信息学院
15.	胡锦光	法学院
16.	孟　捷	经济学院
17.	瞿　强	财金学院
18.	杨光斌	国际关系学院

2005 年度中国人民大学科学研究基金项目

课题名称	单　位	负责人	项目类别	来源单位
中国上市公司违约风险预警模型研究	财政金融学院	林清泉	一般项目	中国人民大学
风险理论和金融工程交叉研究的若干问题	财政金融学院	魏　丽	一般项目	中国人民大学
对外汉语教材研究	对外语言学院	李　泉	一般项目	中国人民大学
公司利益相关者的法律地位	法学院	叶　林	一般项目	中国人民大学
世界贸易组织法律制度研究	法学院	张勇凡	一般项目	中国人民大学
中国—欧盟首脑会晤机制及政策涵义研究	国际关系学院	房乐宪	一般项目	中国人民大学
俄罗斯转型期产权制度的变迁及理论分析	国际关系学院	曹玉霞	一般项目	中国人民大学
畜禽屠宰场等敏感区域的公共卫生安全研究	环境学院	郑　祥	一般项目	中国人民大学
酸沉降对重庆铁山坪森林菌根真菌群落多样性的影响	环境学院	盛　岩	一般项目	中国人民大学
产业内贸易理论及其在中国的应用：探索性研究	继续教育学院	喻志军	一般项目	中国人民大学
简单再生产条件下的价值转型问题研究	经济学院	沈民鸣	一般项目	中国人民大学
建立大学生医疗保障体系研究	劳动人事学院	仇雨临	一般项目	中国人民大学
明清民间教派及其文献研究	清史所	曹新宇	一般项目	中国人民大学
独生子女政策对当代家庭的影响	人口学系	杨菊华	一般项目	中国人民大学
大学生生殖健康知识现状及干预研究	人口学系	和　红	一般项目	中国人民大学
经济全球化背景下的我国产业结构升级	商学院	徐佳宾	一般项目	中国人民大学
华北乡村集市变迁与社会结构转型——以定州的实地研究为例	社会学系	奂平清	一般项目	中国人民大学
鞍点逼近方法及统计应用	统计学院	田茂再	一般项目	中国人民大学
基于知识组织的学科知识门户建设研究	图书馆	胡　宁	一般项目	中国人民大学
论克莱斯特戏剧的现代性	外国语学院	赵蕾莲	一般项目	中国人民大学
英语学习宏观理念和微观策略——15 位全国 CCTV 杯英语演讲比赛获胜者个案研究	外国语学院	吴红云	一般项目	中国人民大学
文化习俗于民族电影美学建构的意义	文学院	陈　阳	一般项目	中国人民大学
张季鸾研究	新闻学院	王润泽	一般项目	中国人民大学
网络媒介与中国社会人的变革	新闻学院	彭　兰	一般项目	中国人民大学
关于函数系统 Moser - Trudinger 型不等式	信息学院	杨云雁	一般项目	中国人民大学
语义网格知识描绘的自适应服务组合	信息学院	朱　青	一般项目	中国人民大学

续表

课题名称	单 位	负责人	项目类别	来源单位
现代版面设计	徐悲鸿艺术学院	祝东平	一般项目	中国人民大学
动画片背景绘制基础	徐悲鸿艺术学院	赵 前	一般项目	中国人民大学
中国人民大学哲学学科发展史	哲学院	朱淑然	一般项目	中国人民大学
笑文化研究	学校办公室	马俊杰	一般项目	中国人民大学
促进经济和谐增长的财政政策研究	财政金融学院	刘晓路	青年项目	中国人民大学
全球背景下的中国经济增长与财政政策研究	财政金融学院	陈晓光	青年项目	中国人民大学
基于生成语法的现代汉语“得”字补语句研究	对外语言学院	张 璐	青年项目	中国人民大学
汉语周遍性主观情态表达的类型及其成因	对外语言学院	董正存	青年项目	中国人民大学
明代对西方的汉语教学	对外语言学院	高永安	青年项目	中国人民大学
《篆隶万象名义》声系研究	对外语言学院	郑林啸	青年项目	中国人民大学
现代汉语三音节词语统计与分析	对外语言学院	杨书俊	青年项目	中国人民大学
汉语方位词的偏误考察	对外语言学院	蔡永强	青年项目	中国人民大学
外资并购与国企改革问题研究	法学院	程 军	青年项目	中国人民大学
刑事诉讼中的协商性司法	法学院	魏晓娜	青年项目	中国人民大学
CEPA 下涉港经贸纠纷的解决机制研究	法学院	杜焕芳	青年项目	中国人民大学
企业信用惩戒法律制度研究	法学院	宋 彪	青年项目	中国人民大学
中国政府治理创新的理论分析	公共管理学院	杨宏山	青年项目	中国人民大学
可持续土地整理评价研究	公共管理学院	张正峰	青年项目	中国人民大学
中国养老保险改革成本的实证分析	公共管理学院	黄必红	青年项目	中国人民大学
我国公务员绩效考核体系研究	公共管理学院	胡 威	青年项目	中国人民大学
开发区对区域经济的影响效应研究	公共管理学院	郑 国	青年项目	中国人民大学
中国城市化的区域研究	公共管理学院	刘 玉	青年项目	中国人民大学
高等学校纪律处分与刑罚、行政处罚的衔接	公共管理学院	吴 鹏	青年项目	中国人民大学
战略合作目标区中亚能源国投资环境研究	国际关系学院	许勤华	青年项目	中国人民大学
现代政治计量学：模型与应用	国际关系学院	孙 龙	青年项目	中国人民大学
中国能源—环境—经济 CGE 模型的开发与应用研究	环境学院	庞 军	青年项目	中国人民大学
公共财政背景下环境与贫困的关系研究	环境学院	吴 健	青年项目	中国人民大学
北京市污水处理基础设施投融资机制研究	环境学院	蓝 虹	青年项目	中国人民大学

续表

课题名称	单　位	负责人	项目类别	来源单位
环境友好型农产品认证的国际比较研究	环境学院	王晓霞	青年项目	中国人民大学
基于系统动力学模型的中国城市可持续发展状况研究	环境学院	许光清	青年项目	中国人民大学
中小企业信用担保法律问题研究	继续教育学院	沈　凯	青年项目	中国人民大学
中国式地方政府竞争：机制、缺陷与改进	经济学院	杨其静	青年项目	中国人民大学
国际贸易与物流	经济学院	程大为	青年项目	中国人民大学
马克思劳动过程理论的延展和扩展	经济学院	谢富胜	青年项目	中国人民大学
中国汇率制度改革的模式及其模拟测试	经济学院	于春海	青年项目	中国人民大学
知识员工工作压力及其与心理健康关系的研究	劳动人事学院	徐世勇	青年项目	中国人民大学
劳动争议处理机制研究	劳动人事学院	彭光华	青年项目	中国人民大学
文化与经济双重约束下的农村养老方式研究	劳动人事学院	杨立雄	青年项目	中国人民大学
唐宋江西地域发展与政区演变考原	历史系	刘新光	青年项目	中国人民大学
匈奴人种考古学与人类学探索	历史系	马利清	青年项目	中国人民大学
民间信仰与社会变迁：宋元时期张王信仰研究	历史系	皮庆生	青年项目	中国人民大学
物化劳动与价值创造	马克思主义学院	孙宗伟	青年项目	中国人民大学
当代西方主流政党的组织变革及其发展趋势	马克思主义学院	陈　崎	青年项目	中国人民大学
林业产业化组织模式演化与竞争优势形成研究	农业与农村发展学院	王　滔	青年项目	中国人民大学
新型农村合作医疗政策绩效的评价研究	农业与农村发展学院	辛　毅	青年项目	中国人民大学
晚清留日学生与地方自治	清史所	颜　军	青年项目	中国人民大学
经济全球化背景下的企业收益分享制度研究——兼评“会计国际化”改革路径之偏缪	商学院	周　华	青年项目	中国人民大学
消费者价格敏感性的影响因素研究	商学院	王　霞	青年项目	中国人民大学
适应 WTO 要求的政府规制改革模式探索——以化妆品行业为例	商学院	徐京悦	青年项目	中国人民大学
现行税会关系模式与会计信息质量	商学院	王　霞	青年项目	中国人民大学
组织间知识共享战略与结构研究	商学院	付　彦	青年项目	中国人民大学
独立董事变更与盈余管理研究	商学院	支晓强	青年项目	中国人民大学

续表

课题名称	单　位	负责人	项目类别	来源单位
社会网络分析方法基础研究	社会学系	王卫东	青年项目	中国人民大学
社会学事业中学校体育对青少年学生社会化进程的介入	体育部	李树旺	青年项目	中国人民大学
随机分析的几个基本问题研究	统计学院	张景肖	青年项目	中国人民大学
奥运志愿者培训管理与认证系统	团委	代　鹏	青年项目	中国人民大学
澳大利亚女作家与中国	外国语学院	李　平	青年项目	中国人民大学
翻译的社会性研究	外国语学院	俞佳乐	青年项目	中国人民大学
英语语言教育与道德素质教育的融合	外国语学院	江庆心	青年项目	中国人民大学
苏联解体后的俄罗斯女性文学	外国语学院	陈　方	青年项目	中国人民大学
大学生英语文化产品接受状况研究	外国语学院	李丽颖	青年项目	中国人民大学
动作、变化、状态的表达方式的日汉比较研究	外国语学院	王轶群	青年项目	中国人民大学
《分韵撮要》研究	文学院	赵　彤	青年项目	中国人民大学
中古译经《法华经》专书语法研究	文学院	龙国富	青年项目	中国人民大学
新形势下传统媒体广告运营所面临的困境及应对之策	新闻学院	丁汉青	青年项目	中国人民大学
节目主持人传播策略研究	新闻学院	高贵武	青年项目	中国人民大学
中文信息处理中的相似度计算一体化研究	信息资源管理学院	夏　天	青年项目	中国人民大学
中国近代档案学史研究	信息资源管理学院	梁继红	青年项目	中国人民大学
我国数字档案馆建设现状及模式分析	信息资源管理学院	钱　毅	青年项目	中国人民大学
电子政务中间件研发战略研究	信息资源管理学院	崔　鹏	青年项目	中国人民大学
数字档案馆的知识组织与知识服务	信息资源管理学院	王应解	青年项目	中国人民大学
时空语义处理技术及其领域本体应用	信息学院	胡　鹤	青年项目	中国人民大学
非齐型空间上的算子有界性	信息学院	孟　岩	青年项目	中国人民大学
IT外包的理论和管理模式研究	信息学院	杨　波	青年项目	中国人民大学
有理函数动力系统	信息学院	黄志勇	青年项目	中国人民大学
欠发达地区电子政务发展模式研究	信息学院	付虹蛟	青年项目	中国人民大学
面向基因表达数据的机器学习方法研究	信息学院	刘　青	青年项目	中国人民大学
图的嵌入以及不变量的研究	信息学院	魏二玲	青年项目	中国人民大学
神经网络剪枝算法在物流信息管理中的应用研究	信息学院	李　倩	青年项目	中国人民大学
基于个性化推荐的客户智能研究	信息学院	余　力	青年项目	中国人民大学
随机多层规划在企业决策中的应用	信息学院	高金伍	青年项目	中国人民大学
Kriging和经验的Kriging方法在分子量子结构与其活性关系的研究	信息学院	殷　弘	青年项目	中国人民大学

续表

课题名称	单 位	负责人	项目类别	来源单位
信息系统管理若干关键问题研究	信息学院	蒋洪迅	青年项目	中国人民大学
关系数据库中的 XML 数据管理	信息学院	王秋月	青年项目	中国人民大学
哼唱检索系统中哼唱旋律特征的提取	信息学院	许洁萍	青年项目	中国人民大学
人性化的视觉符号	徐悲鸿艺术学院	吴文越	青年项目	中国人民大学
构建市场与抽象视觉语言的桥梁	徐悲鸿艺术学院	张 丹	青年项目	中国人民大学
复杂性视野中的人文社会科学评价问题	哲学院	刘劲扬	青年项目	中国人民大学
复杂化时代的管理哲学	哲学院	彭新武	青年项目	中国人民大学
法宝的佛性思想研究	哲学院	张文良	青年项目	中国人民大学
我国股市引入做空机制	商学院	张志强	一般自筹项目	中国人民大学
跨国企业在我国投资“研发中心”的研究	商学院	欧阳桃花	一般自筹项目	中国人民大学
股权分置改革后中国上市公司并购的监管	商学院	梅 君	一般自筹项目	中国人民大学
音乐作品多媒体视听教材	徐悲鸿艺术学院	王 枚	一般自筹项目	中国人民大学
中国能源需求与经济增长关系的实证研究	商学院	郑 适	青年自筹项目	中国人民大学
员工传统性对组织领导过程的影响模式研究	商学院	刘 军	青年自筹项目	中国人民大学
创新型企业文化对员工承诺感与创新绩效的影响研究	商学院	宋继文	青年自筹项目	中国人民大学
企业社会资本生成研究	劳动人事学院	刘松博	青年自筹项目	中国人民大学
中国市场化进程中的劳资冲突及其治理	劳动人事学院	程延园	青年自筹项目	中国人民大学
中国农村基层灌溉管理体制变迁研究	农业与农村发展学院	仝志辉	青年自筹项目	中国人民大学

2005 年度中国人民大学教育管理科学研究基金项目

课题名称	单 位	负责人	项目类别	来源单位
现代大学内部分级治理实证研究	发展规划处	刘向东	重点项目	中国人民大学
伦敦经济学院、日本一桥大学和中国人民大学发展模式比较研究	公共管理学院	张培丽	重点项目	中国人民大学
研究型大学的人才培养目标及课程体系设计研究	教务处	旋天颖	重点项目	中国人民大学
人文社会科学成果评价与转化研究	科研处	牟 锋	重点项目	中国人民大学
以人文社会科学为主的一流大学的发展战略研究	学校办公室	刘向兵	重点项目	中国人民大学
别国的高教评估与我国的评估	研究生院	宋东霞	重点项目	中国人民大学
耶鲁大学的大学精神及其启示	党委宣传部	侯衍社	一般项目	中国人民大学

续表

课题名称	单 位	负责人	项目类别	来源单位
高校项目组织与团队研究	发展规划处	李红宇	一般项目	中国人民大学
中国人民大学大学生学习方式的调查研究	教务处	柳小妮	一般项目	中国人民大学
高校科学研究组织模式创新研究	科研处	杨燕萍	一般项目	中国人民大学
大学生创新能力培养机制及评价方法研究	学生处	李明奎	一般项目	中国人民大学
大学生心理服务网络平台建设研究	学生处	赵 颖	一般项目	中国人民大学
人的教育：高校德育教育的本质内涵	学生处	黄文彬	一般项目	中国人民大学
我国现行高考填报志愿模式研究	招生就业处	王 鹏	一般项目	中国人民大学
世界一流大学的教育学科、教育学院的比较研究兼论我校教育学科发展与教育学院的建立	公共管理学院	曹淑江	自筹项目	中国人民大学
高等学校章程研究 ——以中国人民大学为个案	公共管理学院	陈立鹏	自筹项目	中国人民大学
研究型大学内部治理结构理论与实证研究	公共管理学院	段 晖	自筹项目	中国人民大学
大学本科分层教学改革与管理模式的研究	教务处	王晓东	自筹项目	中国人民大学
大学教师发展与教学设计	教务处	刘东风	自筹项目	中国人民大学
以人文社会科学为主的研究型大学本科教学方案改革与实践研究	教务处	胡林林	自筹项目	中国人民大学
高校研究所（中心）管理模式和重点研究基地建设研究	科研处	罗圣华	自筹项目	中国人民大学
我国商学院与世界一流商学院的师资状况比较研究	商学院	江 林	自筹项目	中国人民大学
现代大学规章制度体系研究	学校办公室	孙华玲	自筹项目	中国人民大学
研究型大学的研究生学位管理	研究生院	李 霞	自筹项目	中国人民大学
我国研究生教育培养规格多样化发展研究	研究生院	任 兵	自筹项目	中国人民大学
中国人民大学大学生职业指导模式的创新研究	招生就业处	周 荣	自筹项目	中国人民大学

（中国人民大学科研处供稿）

清华大学

2005年度承担省部级以上科研课题

项目名称	项目负责人	承担部门	项目来源	成果形式	完成日期
国际风险防范与危机管理的研究	顾林生	公管学院	北京社科规划办	研究报告	2007
北京政府应急管理中的风险分析与财力保障机制研究	王有强	公管学院	北京社科规划办	研究报告	2007
北京构建“和谐”社会进程分析研究	孙　凤	人文学院	北京市第一次全国经济普查办公室	研究报告	2006.5.31
中国创业模式研究	高　建	经管学院	北京市科学技术委员会		2006.10
北京市小城镇发展循环经济模式与政策建议研究	钱小军	经管学院	北京市科学技术委员会		2006.10
北京市人大在构建社会主义和谐社会中的作用	田思源	法学院	北京市人大	研究报告	2006.6
北京市低收入人群最低生活保障问题研究	刘玲玲	经管学院	北京市哲学社会科学规划办公室		2007.12
促进服务业发展政策研究	白重恩	经管学院	国家发展和改革委员会		2005.12
主体功能区构建战略规划研究	王有强	公管学院	国家发展和改革委员会		2006.12.30
我国数字电视内容规划及管理政策研究	熊澄宇	新闻与传播学院	国家广播电影电视总局		2006.2
生物淘汰知识产权保护法律问题研究	王明远	法学院	国家环保总局		2005.12.31
违约相关性研究及组合信用风险计量模型开发	宋逢明	经管学院	国家开发银行		2006.3
国家开发银行违约相关性研究	宋逢明	经管学院	国家开发银行		2005
我国民法典应以请求权基础作为体系构建的基点	马俊驹	法学院	国家社科基金	专著、译著	2007.12.31
转基因生物安全法律问题与我国的法律对策研究	王明远	法学院	国家社科基金	论文集、研究报告	2006.9.1
电子治理的政治学基础、主体关系和能力构建	孟庆国	公管学院	国家社科基金	专著、论文集	2007.6.30

续表

项目名称	项目负责人	承担部门	项目来源	成果形式	完成日期
非政府组织在构建和谐社会中的作用研究：健全监管法规、建设协调机制、促进良性互动	王　名	公管学院	国家社科基金	专著、研究报告	2008. 8. 31
跨行政区水污染防治管理模式研究	王亚华	公管学院	国家社科基金	研究报告	2006. 8. 31
网络经济时代中国高新技术企业技术规则经营战略研究	张　军	经管学院	国家社科基金	研究报告	2006. 11. 30
马克思的环境伦理思想	韩立新	人文学院	国家社科基金	专著	2007. 5. 31
中国大学翻译教学：理念与实践	罗选民	人文学院	国家社科基金	专著	2007. 7. 30
后殖民理论家霍米·巴巴研究	生安锋	人文学院	国家社科基金	专著	2007. 8. 31
新时期我国社会利益关系的发展变化研究	孙立平	人文学院	国家社科基金	专著、论文	2008. 12. 31
“政治文明”的哲学基础与政治实践：理念、制度、行为	万俊人	人文学院	国家社科基金	专著、论文集	2006. 5. 16
新中国腐败高发期及其治理方略研究	王传利	人文学院	国家社科基金	专著	2008. 5. 30
集体行为与制度建设：房地产市场中的合约纠纷	王天夫	人文学院	国家社科基金	论文集	2006. 12. 31
新出土简帛与先秦哲学史新论	王中江	人文学院	国家社科基金	专著	2007. 12. 31
规则与使用：儿童早期句法习得及习得机制研究	杨小璐	人文学院	国家社科基金	论文集	2007. 12. 30
唐代家庭与社会	张国刚	人文学院	国家社科基金	专著	2006. 12. 31
公共外交与对外宣传战略研究	胡显章	新闻与传播学院	国家社科基金	专著、研究报告	2007. 6. 23
我国传媒业民营资本准入指标体系研究	赵曙光	新闻与传播学院	国家社科基金	研究报告、论文集	2007. 5. 31
当代科学实践哲学研究	吴　彤	人文学院	国家社科基金	专著、论文集	2006. 12. 31
当代西方技术与现代性研究及其启示	张成岗	人文学院	国家社科基金	专著	2007. 5. 30
《生物物种资源保护条例》（草案）研究	王明远	法学院	国家生物安全管理办公室	研究报告	2006. 10
竞技运动训练的理论与实践——训练、基础、方法控制	陈小平	体育部	国家体育总局	研究报告	2006. 5. 30

续表

项目名称	项目负责人	承担部门	项目来源	成果形式	完成日期
国家皮划艇备战奥运会科学训练	陈小平	体育部	国家体育总局		2008
2008 年奥运会竞赛组织系统研究	黄必清	清华大学自动系	国家体育总局	研究报告、论文	2006.10
中国文物旅游的现状、问题及前景研究	李子奈	经管学院	国家文物局课题办		2005.12
专利法第三次修改研究课题：生物材料使用者的揭示义务	王　兵	法学院	国家知识产权局	研究报告	2006.1
我国自主知识产权产业化促进政策研究	孟庆国	公管学院	国家知识产权局		2005
生物遗传资源来源的信息披露制度研究（法发（2005）8号）	王　兵	法学院	国家知识产权局	立法建议	2006.1
专利间接侵权研究（法发（2005）8号）	王　兵	法学院	国家知识产权局	立法建议	2006.1
生物资源知识产权问题研究	王明远	法学院	国家知识产权战略办公室、国家生物安全管理办公室	研究报告	2006.10
中国企业知识产权战略研究——中国企业知识产权战略规划子课题	专家组成员	法学院	国家知识产权战略制定工作领导小组	战略规划	2006.4
生物遗传资源的知识产权保护	崔国斌	法学院	国家知识产权战略制定工作领导小组项目	研究报告	2006.7
西部大开发中国家教育政策评价研究	李　钢	公管学院	国家自然基金		2008.12
交易成本约束下的水权市场模拟与管理制度研究	王亚华	公管学院	国家自然基金		2008.12
中国地方政府间竞争与治理机制研究	王有强	公管学院	国家自然基金		2008.12
具有不确定性的多专著 gent 系统的监控	曹永知	经管学院	国家自然基金		2008.12
时变价值产品在供应链中的定价、生产和配送决策及合作策略研究	陈　剑	经管学院	国家自然基金		2008.12
组织从经验中学习的机理、关键问题和改进方法体系研究	陈国权	经管学院	国家自然基金		2008.12

续表

项目名称	项目负责人	承担部门	项目来源	成果形式	完成日期
消费者期望不确定性和后悔对满意度及选择的动态影响	陈 荣	经管学院	国家自然基金		2008. 12
基于中国经验的创业过程理论研究	高 建	经管学院	国家自然基金		2008. 12
基于中国实践的新创企业战略选择理论研究	姜彦福	经管学院	国家自然基金		2008. 12
客户回报计划对客户保持行为的影响机制研究	李纯青	经管学院	国家自然基金		2008. 12
产业共性技术的组织管理与政府作用研究	李纪珍	经管学院	国家自然基金		2008. 12
农户借贷行为与农村金融体制改革的研究	李 锐	经管学院	国家自然基金		2008. 12
具有退货逆向物流的库存管理和供应链协调优化——转南开大学	李勇建	经管学院	国家自然基金		2008. 12
物流服务模式及运营策略研究	刘丽文	经管学院	国家自然基金		2009. 12
企业社会责任（论文集 SR）管理能力研究	刘 茜	经管学院	国家自然基金		2008. 12
基于技术路线图的产业创新模式与技术选择理论研究——转上海交通大学	谈 毅	经管学院	国家自然基金		2008. 12
营销变量对消费者品牌选择影响的模型研究	王 高	经管学院	国家自然基金		2008. 12
基于隐性知识管理的企业核心能力研究	王 江	经管学院	国家自然基金		2008. 12
基于组织免疫能力的企业适应性研究	王以华	经管学院	国家自然基金		2006. 12
我国企业复杂技术创新中的黏滞知识转移机理研究	王 毅	经管学院	国家自然基金		2008. 12
改造型/交易型领导行为与下属激励：关于情绪智力的效用研究	吴维库	经管学院	国家自然基金		2008. 12
加工贸易和技术学习	谢 伟	经管学院	国家自然基金		2008. 12
基于突发事件应急管理的供应链协调机制研究——转重庆大学	于 辉	经管学院	国家自然基金		2008. 12

续表

项目名称	项目负责人	承担部门	项目来源	成果形式	完成日期
非线性动态投入产出模型或动态论文集 GE 模型最优增长轨道	张金水	经管学院	国家自然基金		2008. 12
主观幸福感对工作满意度、组织承诺和工作绩效的影响	张　进	经管学院	国家自然基金		2008. 12
创业投资支持的我国创业企业海外上市的决定因素研究	张　帏	经管学院	国家自然基金		2008. 12
中国企业人力资源专业人员胜任力模型研究	郑晓明	经管学院	国家自然基金		2008. 12
人民币汇率压力指数测算	张陶伟	经管学院	国家自然基金		2006. 12
香港基本法与香港司法的衔接	王振民	法学院	国务院发展研究中心		2005
深圳湾口岸实施“一地两检”的有关法律问题研究	港澳办	法学院	国务院港澳办		2005
组建南水北调东线中线有限责任公司方案研究	吴　栋	经管学院	国务院南水北调工程建设委员会办公室		2005. 12
形成信息产业自主创新能力的重大对策研究	高旭东	经管学院	国务院信息化工作办公室		2006. 10
网络环境下著作权保护问题研究（无编号）	李树勤	法学院	国务院信息化工作办公室	报告	2005. 12
北京市基础设施建设投资效果评价指标体系	蔚林巍	经管学院	建设部		2005. 12
若干行业以市场换技术的政策效果研究	雷家骕	经管学院	教育部		2008. 12
灵活就业者的培训与学习状况调查	张　进	经管学院	教育部		2005. 12
房屋拆迁法律问题研究	崔建远	法学院	教育部社政司		2008. 12. 31
我国破产法律制度市场经济化研究	张晨颖	法学院	教育部社政司		2008. 12. 31
侵占罪研究	周光权	法学院	教育部社政司		2008. 12. 31
城市规划的转型：走向公共政策	尹　稚	建筑学院	教育部社政司		2008. 12. 31
复杂技术创新领域产学研合作中的黏滞知识转移机理研究	王　毅	经管学院	教育部社政司		2008. 12. 31

续表

项目名称	项目负责人	承担部门	项目来源	成果形式	完成日期
中国技术标准竞争的关键问题分析	谢　伟	经管学院	教育部社政司		2008.12.31
社会冲突与经济增长：理论与政策	刘涛雄	马研中心	教育部社政司		2008.12.31
制陶传习与系统施教——中国高校陶瓷设计教育研究	李正安	美术学院	教育部社政司		2008.12.31
论中国西部民间传统服饰中的香包文化	杨　阳	美术学院	教育部社政司		2008.12.31
面向机器辅助翻译的汉英对比研究	柏晓静	人文学院	教育部社政司		2008.12.31
中国大提琴艺术史	刘欣欣	人文学院	教育部社政司		2008.12.31
后殖民主义理论及其在中国的传播	生安锋	人文学院	教育部社政司		2008.12.31
跨时选择与消费者行为研究	孙　凤	人文学院	教育部社政司		2008.12.31
科学活动中的利益冲突及其案例研究	王蒲生	人文学院	教育部社政司		2008.12.31
中国藏学史（1949—2000）	王启龙	人文学院	教育部社政司		2008.12.31
公共健康伦理学研究	肖　巍	人文学院	教育部社政司		2008.12.31
清华大学科技教育及学术建制化的历史研究	杨　舰	人文学院	教育部社政司		2008.12.31
1990年代以来我国城市居民人际交流手段的演变及其社会意义	金兼斌	新闻与传播学院	教育部社政司		2008.12.31
可持续能源系统与碳减排策略模型研究	何建坤	经管学院	教育部社政司		2008.12.31
中国自主创新理论研究	雷家骕	经管学院	教育部社政司		2008.12.31
组织控制、市场控制与会计信息	夏冬林	经管学院	教育部社政司		2008.12.31
自主创新战略和国际竞争力研究	吴贵生	经管学院	教育部社政司重大课题		2005.12
全球化背景下中国影视文化问题发展战略	尹　鸿	新闻与传播学院	教育部社政司重大课题		2005.12
政府鼓励和支持企业参与中美科技合作的政策措施研究	高旭东 孙荣玲	经管学院	科技部	研究报告	2006.9
行业科技在国家科技体系中的地位与作用研究	苏　竣	公管学院	科技部		2006.8

续表

项目名称	项目负责人	承担部门	项目来源	成果形式	完成日期
区域科技规划实施机制与模式研究	吴贵生	经管学院	科技部		2006.12
Intelligent Systems for Data Mining and Information Processing: Methods and Applications	陈国青	经管学院	科技部	研究报告	2006.12
国际竞争力背景下的大学发展研究	蓝劲松	教育所	全国教育科学规划办		2008.9.30
研究型大学的崛起：东亚研究型大学发展的案例研究	袁本涛	教育所	全国教育科学规划办		2007.9.30
建构主义教学模式对大学生创新能力的影响研究	李纯青	经管学院	全国教育科学规划办		2006.10.31
中国商品流通现代化评价指标体系研究	李　飞	经管学院	商务部		2005.12
《商务领域立法体系研究》〔合同编号：（规2005）00－05〕	王保树	法学院	商务部	研究报告	2005.10
现代化进程中瑶族经济与社会发展法律研究	高其才	法学院	司法部		2007.8
结果无价值论研究	黎　宏	法学院	司法部	系列论文	2007.9
经济欠发达民族自治地方公共卫生法律问题研究	王振民	法学院	司法部	研究报告	2007.12
基础设施特许经营立法研究	朱慈蕴	法学院	司法部	立法建议稿	2007.10
2005年铁路旅客运输站车服务的用户满意度测评	赵　平	经管学院	铁道部		2005.12
国际秩序原理及对策建议	阎学通	人文学院国际所	外交部	内部报告	2005.6－12
风险社会与现代刑法	劳东燕	法学院	清华大学文科振兴基金	论文	2008.12
行政法视野下的军事行政与国防行政	田思源	法学院	清华大学文科振兴基金	论文	2008.12
我国破产法律制度市场经济化研究	张晨颖	法学院	清华大学文科振兴基金	论文	2008.12
中国企业境内和境外交叉上市价格发现机制研究	杨之曙	经管学院	清华大学文科振兴基金	论文	2008.12

续表

项目名称	项目负责人	承担部门	项目来源	成果形式	完成日期
高校思想政治理论课和哲学社会科学课程的思想教育功能研究	吴 倬	马研中心	清华大学文科振兴基金	论文	2008.12
科学发展观的实践辩证法	赵甲明	马研中心	清华大学文科振兴基金	论文	2008.12
神舟飞船人机相容性设计与评价方法研究	蔡 军	美术学院	清华大学文科振兴基金		2008.12
西方现代美术的观念基础和美学基础	陈岸瑛	美术学院	清华大学文科振兴基金	论文	2008.12
中国5-13世纪佛教图像研究	李静杰	美术学院	清华大学文科振兴基金	专著	2008.12
秦汉工艺美术研究	尚 刚	美术学院	清华大学文科振兴基金	论文	2008.12
基于交互式虚拟展示系统的艺术设计表现研究	吴冠英	美术学院	清华大学文科振兴基金		2008.12
厘金与子口税：近代中国内地市场的制度争衡	陈争平	人文学院	清华大学文科振兴基金	论文	2008.12
新版《德意志意识形态》研究	韩立新	人文学院	清华大学文科振兴基金	论文	2008.12
量词辖域窄域释义中的原则与限制	何宏华	人文学院	清华大学文科振兴基金	论文	2008.12
文献与问题：中国现代诗学专题研究	解志熙	人文学院	清华大学文科振兴基金	论文	2008.12
跨文化语境下的中日诗歌意象的研究	隽雪艳	人文学院	清华大学文科振兴基金	论文	2008.12
多卷本清华中国通史（第一期）	李伯重	人文学院	清华大学文科振兴基金	专著	2008.12
五四运动纪念史	欧阳军喜	人文学院	清华大学文科振兴基金	论文	2008.12
和谐社会消费文化的建构与导向	孙 凤	人文学院	清华大学文科振兴基金	论文	2008.12
文学和文化研究的国际化策略：冲击专著&H论文集I源刊	王 宁	人文学院	清华大学文科振兴基金	论文	2008.12
我国研究型大学人力资源结构及其效益研究	袁本涛	人文学院	清华大学文科振兴基金	论文	2008.12

续表

项目名称	项目负责人	承担部门	项目来源	成果形式	完成日期
启蒙时代欧洲的中国观——一个历史的巡礼与反思	张国刚	人文学院	清华大学文科振兴基金	专著	2008.12
20世纪80年代以来中国体育社会学的研究特点与发展趋势	仇　军	体育部	清华大学文科振兴基金	论文	2008.12
清代西南地区的交通与钱币生产、运输研究	高　瑄	图书馆	清华大学文科振兴基金	论文	2008.12
当代西方新闻理论研究	刘建明	新闻与传播学院	清华大学文科振兴基金	论文	2008.12
出入境边防检查站编制标准测算	谢　群	经管学院	公安部		2005.10.31
金融控股公司发展评估研究	宋逢明	经管学院	中国人民银行		2006.10
改善上证综合指数逢君之恶性研究指数	宋逢明	经管学院	中国人民银行	研究报告	2006.8.30
提高党对媒体控制力与主流媒体公信力对策研究	李希光	新闻与传播学院	中宣部		2005.8－12
国际文化产业发展情况、特点和趋势	熊澄宇	新闻与传播学院	中宣部	研究报告	2006.4

（清华大学文科建设处供稿）

北京师范大学

2005年国家或省部级以上社科研究项目立项名单

项目名称	项目负责人	所在单位	项目来源	计划完成时间
逃犯引渡问题研究	黄　风	刑事法律科学研究院	司法部	2007.12.31
弘扬和培育民族精神问题研究	郑师渠	历史系	全国哲学社会科学规划办公室	2008.12.30
我国区域间国民收入差距和分配格局研究	李晓西	经济与资源管理研究所	全国哲学社会科学规划办公室	2008.12.30
对作为文论家的哈贝马斯的研究	曹卫东	文学院	全国哲学社会科学规划办公室	2007.5.30
中国社会救助体系的建设：比较制度分析的启示	顾　昕	社发所	全国哲学社会科学规划办公室	2006.8.30
中国古代文学教育与文学的生成、发展和传播	郭英德	文学院	全国哲学社会科学规划办公室	2007.12.31

续表

项目名称	项目负责人	所在单位	项目来源	计划完成时期
多层次资本市场建设和监管问题研究	胡海峰	经济学院	全国哲学社会科学规划办公室	2007.6.30
马克思主义国际贸易理论的构建	李翀	经济学院	全国哲学社会科学规划办公室	2006.12.30
WEB整合的机制和方法研究	李广建	管理学院	全国哲学社会科学规划办公室	2006.12.30
南北墓葬文化的区域互动与嬗变	李梅田	历史系	全国哲学社会科学规划办公室	2008.9.1
美欧俄之欧亚大战略与中国之对策思考	李兴	政治学与国际关系学院	全国哲学社会科学规划办公室	2007.12.23
宗教改革时期的新教与罗马公教研究	刘林海	历史系	全国哲学社会科学规划办公室	2008.7.24
民俗文化保护和社会发展研究	刘铁梁	文学院	全国哲学社会科学规划办公室	2007.12.30
WTO框架下的国际贸易壁垒与我国对策机制研究	曲如晓	经济学院	全国哲学社会科学规划办公室	2008.7.1
古今汉语平行语料库的构建	宋继华	信息学院	全国哲学社会科学规划办公室	2007.6.30
新形势下的妇女传媒研究	宋素红	文学院	全国哲学社会科学规划办公室	2007.12.31
民间文学的生活特征及其理论构建	万建中	文学院	全国哲学社会科学规划办公室	2008.12.20
杜威哲学的当代意义研究	王成兵	哲学学院	全国哲学社会科学规划办公室	2008.3.1
公共政策过程中的公民有序参与机制研究	王洛忠	管理学院	全国哲学社会科学规划办公室	2006.12.30
明清西北典型地区分水用水制度与水资源变化关系	王培华	历史系	全国哲学社会科学规划办公室	2008.12.31
社会变迁中的青少年问题研究	辛自强	心理学院	全国哲学社会科学规划办公室	2007.7.1
意识形态与美国对苏俄和中国的政策	张宏毅	历史系	全国哲学社会科学规划办公室	2007.12.30
中日物品的交流与日本古代文学	张哲俊	文学院	全国哲学社会科学规划办公室	2008.7.1

续表

项目名称	项目负责人	所在单位	项目来源	计划完成时期
外商在我国投资“研发中心”的现状及政策研究	章文光	管理学院	全国哲学社会科学规划办公室	2006.12.31
素质教育中儿童青少年元认知发展和作用的心理机制及促进研究	陈英和	心理学院	全国教育科学规划办公室	2008.12.30
中国不同省区义务教育投入与学校效能关系的研究	杜　屏	教育管理学院	全国教育科学规划办公室	2008.12.30
职业教育产教结合的促进机制与策略研究	和　震	教育学院	全国教育科学规划办公室	2008.12.30
城乡课堂教学差距研究	胡定荣	教育学院	全国教育科学规划办公室	2008.12.30
基于虚拟学习社区的教师创新能力发展研究	黄荣怀	教育技术学院	全国教育科学规划办公室	2008.12.30
教育体制改革中政府管理职能转变研究—兼论政府公共教育财政政策	勒希斌	教育学院	全国教育科学规划办公室	2008.12.30
区域高等教育结构调整和高等学校功能定位的比较研究	刘宝存	教育学院	全国教育科学规划办公室	2008.12.30
主体教育视野下课堂教学改革的深化研究	裴娣娜	教育学院	全国教育科学规划办公室	2008.12.30
我国中小学学校社会资本的创建及其运作条件研究	盛　冰	教育学院	全国教育科学规划办公室	2008.12.30
目标导向网络课程设计的理论与实践研究	武法提	教育技术学院	全国教育科学规划办公室	2008.12.30
高校教师职业枯竭的产生机制与预警研究	许　燕	心理学院	全国教育科学规划办公室	2008.12.30
我国学术制度建构与学术发展中的问题与对策研究	阎光才	教育学院	全国教育科学规划办公室	2008.12.30
高等学校学生管理的法律研究—基于教育公共性的高校权力与学生权利关系的研究	余雅风	教育学院	全国教育科学规划办公室	2008.12.30
幼儿阅读策略学习与早期阅读指导研究	余珍有	教育学院	全国教育科学规划办公室	2008.12.30
基于数学思维的“情境—数学”结构映射模型改革数学教学的实验研究	周新林	认知神经科学国家重点实验室	全国教育科学规划办公室	2008.12.30
我国教师地位与经济地位研究	劳凯声	教育学院	教育部社政司	2008.12.30

续表

项目名称	项目负责人	所在单位	项目来源	计划完成时期
我国学校教育创新研究	裴娣娜	教育学院	教育部社政司	2008.12.31
西方文论中国化与中国文化建设	王一川	文学院	教育部社政司	2008.12.31
公共财政框架下公共教育财政制度研究	王善迈	经济学院	教育部社政司	2008.12.31
欧洲一体化的文学叙事	曹卫东	文学院	教育部社政司	2008.12.30
台湾金融法律制度变迁研究	柴　荣	法律系	教育部社政司	2008.12.30
公民资格与公民社会的建构	程光泉	哲学与社会学学院	教育部社政司	2008.12.30
发展型社会政策：国际经验与本土实践	顾　昕	社会发展与公共政策研究所	教育部社政司	2008.12.30
先秦散文文体源流研究	过常宝	文学院	教育部社政司	2008.12.30
大学生自我价值定位及其与职业选择意向关系的研究	金盛华	心理学院	教育部社政司	2008.12.30
西部典型区域生态系统管理与可持续发展模式	李　波	资源学院	教育部社政司	2008.12.30
高校教师的工作及发展现状调查	刘慧珍	教育学院	教育部社政司	2008.12.30
中国社会的艾滋病污名与歧视研究	刘　力	心理学院	教育部社政司	2008.12.30
认知加工层次中的英语隐喻系统研究	彭宣维	外文学院	教育部社政司	2008.12.30
“反全球化”运动的理论与实践研究	唐任伍	管理学院	教育部社政司	2008.12.30
人学视野中的当代认同问题研究	王成兵	哲学与社会学学院	教育部社政司	2008.12.30
宗教与世俗之间：中国穆斯林社会法律文化研究	王东平	历史系	教育部社政司	2008.12.30
十六国北朝史学史	王志刚	史学所	教育部社政司	2008.12.30
美国当代动画产业研究	肖永亮	艺术学院	教育部社政司	2008.12.30
小学生数学思维的认知诊断：规则空间模型	辛　涛	心理学院	教育部社政司	2008.12.30
教育技术学的技术哲学基础研究	杨开城	教育技术学院	教育部社政司	2008.12.30
中国博士后制度：20年的反思与前瞻	姚　云	教育学院	教育部社政司	2008.12.30
农民工子女接受非正规学前教育的民间道路探索	张　燕	教育学院	教育部社政司	2008.12.30
中国与韩国电影产业化比较研究	张　燕	艺术学院	教育部社政司	2008.12.30
深化基础教育课程改革与推进素质教育的国际比较研究	霍力岩 李家永	比较教育研究中心	教育部社政司	2008.12.30

续表

项目名称	项目负责人	所在单位	项目来源	计划完成时期
我国西部和农村地区教育发展政策的国际比较研究	王英杰 高益民	比较教育研究中心	教育部社政司	2008.12.30
东南亚地区华文教育的心理学研究	连　榕	发展心理研究所	教育部社政司	2008.12.30
流动儿童的社会处境、心理发展状况及需求的研究	方晓义	发展心理研究所	教育部社政司	2008.12.30
当代西方价值哲学研究	冯　平	价值与文化研究中心	教育部社政司	2008.12.30
多元文化中的价值选择	刘清平	价值与文化研究中心	教育部社政司	2008.12.30
建国以来我国教师教育政策回顾及未来走向研究	刘复兴	教师教育研究中心	教育部社政司	2008.12.30
我国教师教育制度转型条件下的教师教育质量保障体系研究	钟秉林	教师教育研究中心	教育部社政司	2008.12.30
宋代碑刻及手写文献电子典藏及属性描述	李运富	民俗典籍文字研究中心	教育部社政司	2008.12.30
宋代民俗文献史及其数字化管理系统	色　音	民俗典籍文字研究中心	教育部社政司	2008.12.30
20世纪后半期中国史学研究	周一平	史学理论与史学史研究中心	教育部社政司	2008.12.30
中国少数民族史学研究	汪受宽	中学理论与史学史研究中心	教育部社政司	2008.12.30
20世纪外国文学思想史系列（德国卷）	曹卫东	文艺学研究中心	教育部社政司	2008.12.30
20世纪外国文学思想史系列（俄苏卷）	吴泽霖 李正荣	文艺学研究中心	教育部社政司	2008.12.30
研究型大学图书馆服务能力与用户满意度研究	王　琼	图书馆	教育部社政司	2008.12.30
后海文化研究	蒋原伦	北京文化发展研究基地	北京市哲学社会科学规划办公室	2007.12.30
北京外来人口精神文化生活调研及对策研究	张慧光	北京文化发展研究基地	北京市哲学社会科学规划办公室	2007.12.30
北京市职业学校毕业生状况及社会需求调查	侯志瑾	心理学院	北京市教育科学规划办公室	2006.6.30

续表

项目名称	项目负责人	所在单位	项目来源	计划完成时期
北京市中小学学生择业现象调查	胡咏梅	教育管理学院	北京市教育科学规划办公室	2006. 6. 30
北京市城乡教育资源配置比较	李克强	管理学院	北京市教育科学规划办公室	2006. 6. 30
中小学生师生关系现状调查	李　琼	教育学院	北京市教育科学规划办公室	2006. 6. 30
中小学教师绩效管理状况调查	乔锦忠	教育学院	北京市教育科学规划办公室	2006. 6. 30
北京市普通高中学生规范意识调查	魏曼华	教育学院	北京市教育科学规划办公室	2006. 6. 30
首都师大附中优秀班主任职业发展个案研究	吴国珍	教育学院	北京市教育科学规划办公室	2006. 6. 30
北京市普通中小学学生学习经验调查	伍新春	心理学院	北京市教育科学规划办公室	2006. 6. 30
北京市职业学校学生学习经验调查	姚梅林	心理学院	北京市教育科学规划办公室	2006. 6. 30
北京市小学生影视观赏经验调查	张莉莉	教育学院	北京市教育科学规划办公室	2006. 6. 30
北京市幼儿教育机构构成及其办学理念调查	张　燕	教育学院	北京市教育科学规划办公室	2006. 6. 30
公众对各类学生素质状况和素质教育期望	赵孟营	哲学与社会学学院	北京市教育科学规划办公室	2006. 6. 30
中小学教师学习经验研究（含校长）	周作宇	教育管理学院	北京市教育科学规划办公室	2006. 6. 30
北京市流动人口子女教育状况调查	邹　泓	心理学院	北京市教育科学规划办公室	2006. 6. 30

2005 年青年教师人文社会科学研究基金立项项目

学科门类	单　位	姓　名	职　称	项目名称
中国文学	北京文化院	杨　志	讲师	冯至与杜甫诗歌比较研究
法学	法律系	宋　刚	讲师	农民承包经营权的法律保护
语言学与应用语言学	汉语文化学院	刘智伟	讲师	含相同语素的同义单双音节动词研究

续表

学科门类	单　位	姓　名	职　称	项目名称
语言学	汉语文化学院	杨　泉	讲师	面向中文信息处理的现代汉语短句结构句法功能歧义研究
语言学	汉语文化学院	丁崇明	副教授	昆明方言语法特殊形式来源和变异研究
社会学	环境教育中心	田　青	讲师	比较乡村各类群体感知和适应气候变化的行为学研究——以吉林省敦化市为例
教育学	基础教育课程研究中心	王亚鹏	助研	基于脑科学的中小学教育评价研究
教育经济与管理	教育管理学院	姚计海	讲师	中小学教师教学自主的特点及其对职业承诺、组织承诺的影响研究
教育学	教育管理学院	赵德成	讲师	促进教师职业道德和专业水平不断发展的评价研究
教育学	教育学院	洪秀敏	讲师	幼儿科学探究的心理过程与发展机制研究
教育学	教育学院	姜星海	讲师	日中研究生教育模式与学位授予的比较研究
教育学	教育学院	康永久	副教授	教育社会学基础分析工具与概念框架
教育学	教育学院	李　涛	讲师	行动研究法在教师专业发展中的应用
学前教育学	教育学院	潘月娟	讲师	幼儿园课程改革的效果分析
教育学	教育学院	王　晨	讲师	从纽曼到布卢姆—西方大学理想中的保守理智结构研究
比较教育	教育学院	王　璐	副教授	英国教育督导制度改革：矛盾、冲突与影响
管理学	经济与工商管理学院	李　海	经济师	基于系统观点的组织文化特征与组织绩效实证研究
经济学（世界经济）	经济与工商管理学院	郑飞虎	讲师	保险公司治理与董事会的国际比较
经济学	经济与资源管理研究所	曾学文	会计师	城乡就业统筹与扩大城镇就业潜力的对策研究
经济学	经济与资源管理研究所	金继红	讲师	中日韩经济相互依存关系
历史学	历史系	崇　明	讲师	托克维尔政治和历史思想研究
历史学	历史系	林辉锋	讲师	近代中国变局下的旅沪广帮
历史学	历史系	庞冠群	讲师	法国革命的司法起源
社会学	社会发展所	刘凤芹	讲师	贝叶斯统计学在社会科学研究中的应用
社会学	社会发展所	屈智勇	讲师	青少年犯罪的发展轨迹及其影响因素研究
管理学	社会发展所	张　欢	讲师	社会保险中逆向选择问题研究
历史学	史学所	李　锐	讲师	郭店楚简儒学篇章校释

续表

学科门类	单　位	姓　名	职　称	项目名称
史学理论与史学史	史学所	王志刚	讲师	十六国北朝史学研究
中国文学	文学院	梁振华	讲师	中国现当代文学与影视文化的互相互动
语言学与应用语言学	文学院	周士宏	讲师	对汉语句子信息结构的类型学研究："话题突出"还是"焦点突出"？
社会学（民俗学）	文学院	朱　霞	副教授	云南阿昌族制铁民俗研究
教育学	心理学院	孙晓敏	讲师	结构化面试中评分偏差问题的现代测量学研究
艺术学	艺术与传媒学院	梁　玖	教授	美术审艺教育研究
新闻与传播学	艺术与传媒学院	张洪忠	讲师	网络对电视受众消费行为影响的实证研究
哲学	哲学与社会学学院	吴玉军	讲师	现代性语境下人的生存
逻辑学	哲学与社会学学院	陈　磊	讲师	数理逻辑在树形偏序理论中的应用
哲学（宗教学）	哲学与社会学学院	黄文杰	副教授	禅宗美学研究
社会学	哲学与社会学院	刘夏蓓	副教授	北京市社区教育现状调查研究——以石景山鲁谷社区为个案

（北京师范大学社会科学处田晓刚供稿）

中央民族大学

2005 年度承担省部级以上科研课题

项目名称	项目负责人	承担部门	项目来源	成果形式	完成日期
民族区域自治制度的发展与完善——自治区自治条例研究	宋才发	科研处	国家社会科学基金项目	著作	2006. 7
口头文学研究：满族萨满神歌	赵志忠	少数民族语言文学系	国家社会科学基金项目	著作	2007. 12
德都蒙古史诗文化研究	萨仁格日勒	蒙古语言文学系	国家社会科学基金项目	著作	2007. 12
蒙古族当代著名说书艺人研究	朝克图	蒙古语言文学系	国家社会科学基金项目	著作	2007. 12
维吾尔语与土耳其语语法比较研究	买提热依木	维吾尔语言文学系	国家社会科学基金项目	著作	2007. 12
我国少数民族中的佛道教在中国未来文化发展中的战略地位和作用研究	刘成有	哲学与宗教学系	国家社会科学基金项目	著作 研究报告	2007. 06

续表

项目名称	项目负责人	承担部门	项目来源	成果形式	完成日期
数学机械化的中国道路——吴方法的思想研究	梁　芳	数学与计算机科学学院	国家社会科学基金项目	著作	2007.11
新疆和硕特蒙古历史文化研究	萨仁格日勒	蒙古语言文学系	国家社会科学基金项目	著作 资料集	2008.12
青海、甘肃蒙古族音乐文化考察研究	崔玲玲	教育学院	全国艺术科学“十五”规划项目	著作	2008.12
少数民族传统教育个案调查与应用研究	曲木铁西	人事处	全国教育科学“十五”规划项目	研究报告 论文集	2007.10
少数民族传统医药高等教育模式研究与少数民族医药专业继承与发展研究	崔　箭	生命与环境科学学院	全国教育科学“十五”规划项目	著作 研究报告	2008.12
民族自治地方经济社会发展自主权研究	宋才发	科研处	教育部人文社会科学重点研究基地重大项目	著作	2008.12
现阶段党和国家民族政策实践环境的调查研究	青　觉 金炳镐	研究生院、马列主义学院	教育部人文社会科学重点研究基地重大项目	著作	2008.12
综合行政执法体制研究	熊文钊	法学院	司法部法治建设与法学理论研究项目	著作 调研报告	2007.12
西部民族地区城市化过程中农民土地权益的法律保障问题研究	宋才发	科研处	司法部法治建设与法学理论研究项目	著作	2006.12
蒙元服饰与东西方文化交融研究	苏日娜	期刊社	教育部科研项目	著作	2008.12
包·宝音尼木和文艺观研究	王满特嘎	蒙古语言文学系	教育部科研项目	著作	2008.12
蒙藏佛教音乐文化关系研究	包爱军	音乐学院	教育部科研项目	著作	2008.12
蒙古族曲艺大师毛依罕研究	朝格图	蒙古语言文学系	教育部科研项目	著作 调研报告	2008.12
鄂温克族神话研究	汪立珍	少数民族语言文学系	教育部科研项目	著作	2008.12
青海、甘肃蒙古族（西蒙古）音乐文化传承与融合	崔玲玲	教育学院	教育部科研项目	著作	2008.12
中国民族区域自治地方政府管理研究	李俊清	管理学院	教育部科研项目	著作 调研报告	2008.12

2005年度校级科研课题

项目名称	项目负责人	承担部门	项目来源	成果形式	完成日期
中国文学思潮研究	傅承洲	文学与新闻传播学院	学术创新团队资助项目	著作	2007.05
中国民族自治地区公共政策与公共管理研究	李俊清	管理学院	学术创新团队资助项目	著作	2007.05
藏族经典传记名著翻译与研究	苏发祥	藏学研究院	学术创新团队资助项目	著作	2007.05
21世纪社会主义法学前沿问题研究	匡爱民	法学院	学术创新团队资助项目	著作	2007.05
信息科学中的几个专题研究	徐赐文	数学与计算机科学学院	学术创新团队资助项目	系列论文	2007.05
民族院校大学生思想政治教育工作机制创新研究	金炳镐	马列主义学院	特别资助项目	著作	2007.05
马克思主义与时俱进探源	康基柱	马列主义学院	特别资助项目	著作	2007.05
中央民族大学研究生、高年级本科生科研能力提升研究	张　谋	团委	特别资助项目	系列论文	2007.05
经济类电视节目的专业化和大众化	刘谨鸿	文学与新闻传播学院	中青年教师个人攻关研究资助项目	著作	2007.05
报刊与中国现代文学	刘淑玲	文学与新闻传播学院	中青年教师个人攻关研究资助项目	著作	2007.05
《红楼梦》文本传播史研究	曹立波	文学与新闻传播学院	中青年教师个人攻关研究资助项目	著作	2007.05
全球化之下的西部民族地区文化生态保护与建设研究	赵丽芳	文学与新闻传播学院	中青年教师个人攻关研究资助项目	著作	2007.05
文化产业与保护发展少数民族文化研究	王金磊	马列主义学院	中青年教师个人攻关研究资助项目	著作	2007.05
少数民族地区“三农”问题研究	上官文慧 李　泓	马列主义学院	中青年教师个人攻关研究资助项目	著作	2007.05
侵权行为法中纯粹经济损失（远离损害）问题研究	刘景一	法学院	中青年教师个人攻关研究资助项目	著作	2007.05
宪法权利的司法救济机制研究	陆平辉	法学院	中青年教师个人攻关研究资助项目	著作	2007.05
中国现代企业文化发展现状研究	孙燕一	管理学院	中青年教师个人攻关研究资助项目	系列论文	2007.05
公民社会与公共治理研究	党秀云	管理学院	中青年教师个人攻关研究资助项目	著作	2007.05

续表

项目名称	项目负责人	承担部门	项目来源	成果形式	完成日期
我国上市公司资产重组财务与会计问题研究	李书锋	管理学院	中青年教师个人攻关研究资助项目	著作	2007.05
工商管理专业人才培养模式与教学改革的研究与实践	胥悦红	管理学院	中青年教师个人攻关研究资助项目	著作	2007.05
中亚民族过程研究	张　娜	外国语学院	中青年教师个人攻关研究资助项目	著作	2007.05
西藏宗教现状及发展趋势研究	魏　强	藏学研究院	中青年教师个人攻关研究资助项目	著作	2007.05
藏族宗教文化研究	罗桑开珠	藏学研究院	中青年教师个人攻关研究资助项目	著作	2007.05
清代云贵《苗蛮图》研究	李德龙	图书馆	中青年教师个人攻关研究资助项目	著作	2007.05
中央民族大学古籍善本书目	李　婷	图书馆	中青年教师个人攻关研究资助项目	著作	2007.05
高等学校博物馆学研究	余梓东	博物馆	中青年教师个人攻关研究资助项目	著作	2007.05
蒙古族文学概览	苏日娜	学报编辑部	中青年教师个人攻关研究资助项目	著作	2007.05
民族传统体育文化的生态学研究	方　征	体育系	中青年教师个人攻关研究资助项目	系列论文	2007.05
西北生态环境及其传统生活文化对该地区少数民族长寿人群影响成因关系的研究	张　涛 李廷海	体育系	中青年教师个人攻关研究资助项目	系列论文	2007.05
混合专家系统 EM 算法收敛速度研究	乌建伟	数学与计算机科学学院	中青年教师个人攻关研究资助项目	系列论文	2007.05
Web 文本挖掘技术研究	袁　杰	数学与计算机科学学院	中青年教师个人攻关研究资助项目	著作	2007.05
藏中英电子词典的开发	范　彧	数学与计算机科学学院	中青年教师个人攻关研究资助项目	著作	2007.05
非线性化学动力学时空现象的并行计算与研究	徐世英	数学与计算机科学学院	中青年教师个人攻关研究资助项目	著作	2007.05
计算机辅助教学系统研究	耿瑞平 林　原 王淑琴	数学与计算机科学学院	中青年教师个人攻关研究资助项目	著作	2007.05

（中央民族大学科研处供稿）

中国政法大学

国家哲学社会科学基金项目（11项）

项目名称	负责人	所在单位	项目类别
和谐社会建设中的利益冲突及其法律调整	赵旭东	民商经济法学院	重大项目
改革开放以来中国共产党应对重大突发事件的历史经验和教训	程美东	马克思主义学院	青年项目
关联交易的法律问题研究	李建伟	民商经济法学院	青年项目
敦煌吐鲁番出土的唐代法律文书研究	郑显文	法学院	青年项目
民事诉讼法典修改的理论研究与制度设计	陈桂明	诉讼法研究中心	一般项目
我国知识产权发展战略与实施的法律问题研究	薛　虹	中美法学院	一般项目
国际人权法对我国刑事司法改革的影响	杨宇冠	国际合作与交流处	一般项目
国际关系民主化与联合国改革问题研究	刘贞晔	政治与公共管理学院	一般项目
公务员权利制度研究	刘俊生	政治与公共管理学院	一般项目
政治稳定的社会心理条件——改革措施与社会反应	田为民	政治与公共管理学院	一般项目
刑事诉讼法修改研究	樊崇义	诉讼法研究中心	一般项目

全国教育科学“十五”规划重点课题项目（1项）

项目名称	负责人	所在单位	项目类别
青少年犯罪心理及其对策研究	罗大华	社会学院	一般项目

全国艺术科学“十五”规划项目（1项）

项目名称	负责人	所在单位	项目类别
秦简牍书艺术研究	孙　鹤	人文学院	一般项目

教育部哲学社会科学研究重大课题攻关项目（1项）

项目名称	负责人	所在单位	项目类别
环境侵权救济机制立法及研究	王灿发	民商经济法学院	重大课题攻关项目

教育部人文社会科学重点研究基地重大项目（5项）

项目名称	负责人	所在单位	项目类别
民事纠纷解决的司法与非司法机制研究	陈桂明	诉讼法研究中心	重大项目
刑事强制措施研究	宋英辉	诉讼法研究中心	重大项目
中国传统法律文化理论研究	张中秋	法律史研究中心	重大项目
依法治国与律师权利保障	卞建林	诉讼法研究中心	重大项目
行政行为与行政诉讼的关系	高家伟	诉讼法研究中心	重大项目

教育部哲学人文社会科学研究一般项目（14 项）

项目名称	负责人	所在单位	项目类别
证据法基本范畴研究	张保生	校办	规划基金项目
商事仲裁的监督与制约机制研究	史　飚	民商经济法学院	规划基金项目
卢旺达问题国际法庭的理论和实践	凌　岩	国际法学院	规划基金项目
基本权利的平等保护与和谐社会的构建	李树忠	教务处	规划基金项目
律师流动法律问题与对策研究	王进喜	法学院	规划基金项目
证券间接持有法律问题研究	赵　威	校办	规划基金项目
中印关系与我国西部安全环境研究	卫　灵	马克思主义学院	规划基金项目
人民币汇率变动趋势及其影响研究	杨　帆	商学院	规划基金项目
秦简牍书文字研究	孙　鹤	人文学院	规划基金项目
法律语言学的实证研究	李　立	外国语学院	规划基金项目
网络空间中虚拟财产的刑法保护	于志刚	刑事司法学院	青年基金项目
沈家本、伍廷芳法律思想比较研究	王日春	科研处	青年基金项目
城市化过程中土地流转与农民利益保护法律研究	胡利玲	民商经济法学院	专项任务项目
跨国电子商务中的国际私法问题	姜茹娇	国际法学院	专项任务项目

教育部留学回国人员科研启动基金项目（2 项）

项目名称	负责人	所在单位	项目类别
劳动力市场平等问题研究	李　环	政治与公共管理学院	一般项目
行政权力的再定位与监督法律制度的完善	刘　飞	法学院	一般项目

教育部新世纪优秀人才支持计划项目（2 项）

负责人	所在单位
崔永东	科研处
赵旭东	民商经济法学院

司法部“法治建设与法学理论研究”科研项目（10 项）

项目名称	负责人	所在单位	项目来源
调解立法研究	宋朝武	民商经济法学院	重点项目
防止知识产权滥用的法机制研究	费安玲	民商经济法学院	重点项目
律师收费问题研究	王进喜	法学院	一般项目
公益行政诉讼研究	何　兵	法学院	一般项目
中央与地方权限争议的法律解决机制研究	薛刚凌	法学院	一般项目
城市化过程中农民土地权益的法律保障问题研究	符启林	民商经济法学院	一般项目
自由贸易协定之原产地规则研究	莫世健	国际法学院	一般项目
共同侵权法律问题研究	尹志强	民商经济法学院	专项项目

续表

项目名称	负责人	所在单位	项目类别
中国涉外民事诉讼立法研究——管辖权与司法协助	刘　力	国际法学院	专项项目
电子废弃物立法研究	孙佑海	民商经济法学院	一般项目

北京市哲学社会科学重点研究基地规划项目（2 项）

项目名称	负责人	所在单位	项目类别
北京市城市综合行政执法体制研究	马怀德	法学院	一般项目
北京市政府职能转变与行政体制改革的法律保障	薛刚凌	法学院	一般项目

其他省部级项目（11 项）

项目名称	负责人	所在单位	项目来源
环境保护行政处分办法	王灿发	民商经济法学院	国家环境保护总局
《消耗臭氧层物质管理条例》起草和论证	王灿发	民商经济法学院	国家环境保护总局
中国国家生物安全框架实施项目	王灿发	民商经济法学院	国家环境保护总局
环境立法体系研究	王灿发	民商经济法学院	国家环境保护总局
循环经济立法研究	王灿发	民商经济法学院	国家环境保护总局
金融法律问题研究	刘少军	民商经济法学院	中国建设银行
国家“706 专项”子课题 2	高健军	国际法学院	国家海洋局
国有独资公司董事会制度研究	徐晓松	民商经济法学院	国务院国有资产管理委员会
违纪错误与职务犯罪的界限辨析	于志刚	刑事司法学院	中共中央纪律检查委员会
《大清律例根源》整理	郭成伟	法学院	国家清史编纂委员会项目
专利战略内涵、目标、指导思想与基本原则	冯晓青	民商经济法学院	国家知识产权局

（中国政法大学科研处供稿）

中央财经大学

2005 年国家自然科学基金项目立项情况

项目名称	项目负责人	项目类别	学科方向
高风险企业生产事故的发生机制：行为科学的研究	于广涛	面上项目	管理心理学

2005 年国家社科基金项目立项情况

项目名称	项目负责人	项目类别	学科方向
“未观测金融”对经济运行扰动的统计监测研究	李建军	一般项目	货币银行学
我国外汇储备与人民币汇率机制改革研究	张礼卿	一般项目	货币银行学
外商在我国投资“研发中心”的现状及政策建议——基于国家创新系统框架的研究	崔新建	一般项目	管理经济学
公共服务提供机制构建研究——基于公共财政的研究视角		一般项目	财政学

2005 年教育部人文社科项目立项情况

项目名称	项目负责人	项目类别	学科方向
农村公共品供给与农村和谐社会建设	王国华	教育部基金重大项目	财政学
无形资产流失：来自国企改制中的经验证据	王君彩	一般项目	会计学
国有企业公司治理风险预警研究	刘红霞	一般项目	会计学
产业集聚、循环经济与区域经济发展	冯　薇	一般项目	发展经济学
基于“未观测金融”分析框架的货币均衡问题研究	李建军	一般项目	货币银行学
基于委托——代理理论的供应链伙伴关系研究	孙宝文	一般项目	管理经济学
巴赫金躯体理论研究	秦　勇	青年项目	艺术学其他学科

2005 年承担省部级以上科研课题立项情况

项目名称	项目负责人	项目来源	学科方向
中国资本市场若干重大法律问题研究	郭　锋	司法部	部门法学
促进循环经济发展的财税政策研究	王国华	国家发展和改革委员会	财政学
公共投资与公共品供给研究	王国华	国家发展和改革委员会	财政学
我国体育产权问题的研究	赵丽芬	国家体育总局	体育经济学
政府会计改革研究	赵丽芬	财政部	财政学

2005 年校级重点研究基地项目立项情况

课题所属基地	课题名称	负责人	学科方向
中国精算研究院	利率波动中保险公司资产负债匹配条件研究	徐景峰	保险学
	保险产品无套利定价研究	董洪斌	保险学
财经研究所	北京市房地产信托发展模式研究	乔志敏	房地产投资
	中国货币政策史研究——清前期京师的货币调控政策	郝秉键	清史研究
	北京财政支农支出问题研究	马海涛	财政学

续表

课题所属基地	课题名称	负责人	学科方向
国防经济与管理研究院	国防工业的产业组织特性、进入与退出机制研究	陈　波	国防经济学
	战时财政动员	陈洲球	国防经济学
中国企业研究中心	中国汽车行业整合理论与实践研究	石　刚	产业经济学
	我国社会信用体系问题研究	郭剑光	金融学
资产评估研究所	资产评估机构内控制度研究	刘玉平	财政学
	资产评估行业风险及其规避	李　燕	财政学
证券期货研究所	中国证券市场股权分置问题量化研究	王汀汀	金融学
	中国股票市场政策市的行为金融学分析	贺　强	金融学
财经法律研究所	金融法基础理论研究	曾筱清	经济法学
	社会信用环境与信托法运用问题研究	史树林	经济法学

2005 年校级立项科研课题

项目名称	负责人	学科类别
中国股市个人投资者的偏差及其矫正	周战强	金融学
城乡统筹发展战略下的农村养老保障“多支柱”体系研究	林光彬	保险学
推进我国纳税信用体系建设研究	黄　桦	财政学
纳税激励机制研究	梁俊娇	财政学
中国税收管理体制改革的深化与调整	郑　琳	财政学
企业年金替代率的敏感性分析及其应用	韩光华	精算学
宏观经济均衡增长的投入产出分析	张宝军	宏观经济学
重建法定机动车辆第三者责任保险制度，构建首都和谐之道路交通秩序	管贻升	保险学
高等教育毕业生供求结构性矛盾研究	蒋　选	教育管理
我国寿险业产品结构定位研究	郭丽军	保险学
中国纺织品国际市场定位的竞争影响分析	庞守林	管理经济学
基于 IT 治理的电子政务建设框架研究	王天梅	管理经济学
面向收益率实际分布及相关性的资产组合风险度量与选择研究	刘志东	投资经济学
创业投资基金公司治理机制	郭建鸾	管理经济学
安全气氛的结构及其对员工不安全行为的影响	于广涛	人力资源管理
无形资产流失：来自国企改制中的经验者证据	王君彩	会计学
基于 ROUGH SET 的数据挖掘方法在经济预测中的应用研究	张庆杰	数量经济学
中国城镇住宅市场细分实证研究	易成栋	产业经济学
移动电子支付模型及其关键技术研究	朱建明	电子商务
企业战略评价理论与方法研究	胡宗良	企业管理

续表

项目名称	负责人	学科类别
网络经济下的中国现代远程教育绩效实证研究	王俊杰	信息管理
基于实物期权投资决策及其应用研究	宋　斌	金融学
面向网络异构资源基于本体的信息交互机制的研究	金　鑫	管理信息系统
关于我校开设本科生“学生成长课堂”的实证性研究	朱凌云	“两课”教育
高校人才管理中的心理契约问题研究	杨晓波	管理心理学
高校大学生辅导员职业化和专业化问题研究	孙殿明	德育教育
高校基层学术组织管理创新研究	南荣素	组织行为学
中央财经大学科研工作绩效考核体系研究	徐　颖	高校社科管理
焦虑大学生箱庭作品特征及箱庭疗法对大学生焦虑治疗作用的研究	任郑莲	心理健康
多层次综合评价在职称评估中的应用	寇业富	经济数学
《毛泽东思想概论》与《邓小平理论和“三个代表”重要思想概论》整合创新与“三进”研究	王传习	“三个代表”重要思想研究
保险合同立法条款修改的若干问题研究	胡晓珂	经济法学
当代媒介经营管理模式研究	谭云明	传媒学
研究型大学教师教学/科研评价与激励体系研究	樊欢欢	高校社科管理
欧美文化产业管理人才培养研究	安小兰	西方文化
关于高校青年教师心理压力问题的调查与研究	柳建营	心理健康
产业集群中的行业协会：一个组织社会学视角的分析	李国武	社会学
法律经济分析方法的运用及其限度	刘双舟	经济法学
部门行政领域行政程序法制化的意义及课题——以福利行政为例	高秦伟	经济法学
弹性大变形的数学研究	殷先军	经济数学
我国文化产业管理专业的教育现状、趋势及我校文化产业专业的发展思路研究	何　群	文化与传媒
个人理财业务与法律风险控制	曹晓燕	经济法学
循环经济约束激励机制研究	王积超	管理心理学
概称句的语义分析及其推理	张立英	汉语言文学

（中央财经大学科研处供稿）

中国农业大学

2005 年承担省部级以上科研课题

项目名称	项目负责人	承担部门	项目来源	成果形式	完成日期
中国主要农业产品国际竞争力研究	乔　娟	中国农业大学	北京市社会科学理论著作出版基金	著作	2005.6
中国出版品牌研究	张曼玲	中国农业大学	北京市社会科学理论著作出版基金	著作	2005.12

续表

项目名称	项目负责人	承担部门	项目来源	成果形式	完成日期
农村水利工程市场化供给研究：以山西省为研究对象	高　明	中国农业大学	博士后科学基金	研究报告	2006.9
畜禽品种资源保护的法规体系	任大鹏	中国农业大学	农业部重点项目	研究报告	2006
优质农产品农业资源区域分析与区划研究	李晶宜	中国农业大学	农业部重点项目	研究报告	2005.12
农产品市场体系建设研究	吴金环	中国农业大学	农业部重点项目	研究报告	2005.7
中国农村合作金融组织风险度量及其管理研究	何广文	中国农业大学	高校博士点科学基金	研究报告	2008.12
信息产业化区域聚集	刘　丽	中国农业大学	国家发展与改革委员会	研究报告	2005.3
基于市场细分理论的我国农产品出口结构优化研究	安玉发	中国农业大学	国家自然科学基金	论文	2008.12
不同经济发展阶段下农户土地利用行为与耕地质量保护对策	孔祥斌	中国农业大学	国家自然科学基金	论文	2008.12
中国畜产食品质量安全的市场主体与监管机制研究	李秉龙	中国农业大学	国家自然科学基金	论文	2008.12
大学生暑期社会调查	李小云	中国农业大学	国务院扶贫办	研究报告	2005.8
扶贫自愿移民效果评估	李小云	中国农业大学	国务院扶贫办	研究报告	2005.7
国家科技进步奖科普评奖机制研究	奉　公	中国农业大学	科技部	研究报告	2005.11
国家农业科技园区发展战略与发展规划研究	陈　阜	中国农业大学	科技部	研究报告	2005.12
国家农业科技园区调研与数据处理	乔　忠	中国农业大学	科技部	研究报告	2006.5
我国粮食直补政策的空间性应用一般均衡模型（SCGE）分析	穆月英	中国农业大学	留学回国人员科研启动基金	研究报告	2007.11
交易成本对农户借贷行为模式的影响	唐建华	中国农业大学	留学回国人员科研启动基金	研究报告	2007.4
乡村治理中农民与乡镇干部的交往行为研究	叶敬忠	中国农业大学	留学回国人员科研启动基金	研究报告	2007.11
基于网络技术的中国蔬菜出口企业核心竞争力研究	傅泽田	中国农业大学	农业部软科学	研究报告	2005.12
加快建立畜禽防疫体系研究	吴文学	中国农业大学	农业部软科学	研究报告	2005.12

续表

项目名称	项目负责人	承担部门	项目来源	成果形式	完成日期
农机社会化服务模式问题研究	杨敏丽	中国农业大学	农业部软科学	研究报告	2005.12
已迁入城市农民工可持续职业发展问题研究	冯伟哲	中国农业大学	农业部软科学	研究报告	2005.12
农村培育多种所有制金融机构问题研究	鞠荣华	中国农业大学	农业部软科学	研究报告	2005.12
中印农民合作组织发展比较研究	辛　贤	中国农业大学	农业部软科学	研究报告	2005.12
我国农科教结合的现状评价及展望	傅泽田	中国农业大学	农业科技教育软科学研究	研究报告	2005.12
中国农村数字图书馆研究	蒋爱群	中国农业大学	全国教育科学规划办公室	研究报告	2005.6
WTO 框架下我国国内农业支持水平与结构优化研究	傅泽田	中国农业大学	全国哲学社会科学规划办公室	研究报告	2007.12
中国农民素质评价	辛　贤	中国农业大学	科技部星火计划项目	研究报告	2005
北京高等学校思想政治理论学科带头人培养	龚　云	中国农业大学	中共北京市委教育工作委员会	研究报告	2006.12
中国生物质资源与产业化战略研究	石元春	中国农业大学	中国工程院	研究报告	2005.12
农业协调发展与区域化布局课题执行设计	戴景瑞	中国农业大学	中国工程院	研究报告	2007
农业机械化发展战略研究	汪懋华	中国农业大学	中国工程院	研究报告	2005.6
从全球农业发展的趋势审视我国农业发展现状和未来	程　序	中国农业大学	中国工程院	研究报告	2007
专利产业化战略	李建军	中国农业大学	中国科学院科技战略研究中心	研究报告	2005
全球 IT 研发向北京转移的主要形式	刘　丽	中国农业大学	中国科学院科技政策与管理研究所	研究报告	2006.4

（中国农业大学科学技术处王虹供稿）

对外经济贸易大学

2005 年承担国家级科研课题

课题名称	负责人	课题来源	学科分类
汇率制度与货币政策和经济稳定增长的协调关系	孙华妤	国家社科基金一般项目	经济学
加入世贸组织后面临的新法律问题研究	陈卫东	国家社科基金青年项目	法学
加快发展循环经济研究	尹建华	国家社科基金青年项目	经济学
中印签订 FTA 问题研究	高 巍	国家社科基金一般项目	国际问题研究
人民币区域化问题研究	邱兆祥	国家社科基金一般项目	经济学
中国资本市场监管有效性研究——基于博弈论的视角	郝旭光	国家社科基金 般项目	经济学
债权总则给付障碍法的体系建构	杜景林	国家社科基金一般项目	法学
多属性采购拍卖与应用	刘树林	国家自然科学基金面上项目	管理学
跨国公司技术转移与学习战略研究——中国的实践和印度的经验	范黎波	国家自然科学基金面上项目	管理学

2005 年承担省部级科研课题

课题名称	负责人	课题来源	学科分类
海湾国家海外投资格局的变动与我国吸引其投资的对策研究	叶文楼	教育部规划基金项目	国际问题研究
不良产品进口与我国的管制措施研究	夏友富	教育部规划基金项目	经济学
上海合作组织框架下的能源一体化与中国新时期的能源战略研究	韩立华	教育部规划基金项目	经济学
中国周边区域经济合作问题研究	华晓红	教育部规划基金项目	经济学
不确定性与个人储蓄	齐天翔	教育部规划基金项目	经济学
中德语言学交流史	冯晓虎	教育部规划基金项目	语言学
跨文化商务交流成败的案例研究与理论分析	窦卫霖	教育部规划基金项目	语言学
我国境内企业境外间接上市法律问题研究	伏 军	教育部青年项目	法学
基于知识管理的企业价值网络竞争优势研究	周 煊	教育部青年项目	管理学
过渡期后中国出口贸易摩擦预警研究	杨荣珍	教育部基地研究项目	经济学
世界贸易组织十年：中国的视角	桑百川	教育部基地研究项目	经济学
北京经营性城市基础设施建设吸引外资策略研究	周 煊	北京市社科规划办	经济学

续表

课题名称	负责人	课题来源	学科分类
商贸电子商务与现代物流应用示范工程	陈　进	科技部国际科技攻关计划课题	经济学
“全国生物物种资源保护执法检查”科研项目	俞雄飞	国家环保局	经济学
我国贸易政策与竞争政策的关系研究	黄　勇	商务部	法　学
改革开放以来我国宏观调控的具体实践	华晓红	商务部	经济学
促进农村市场体系建设政策问题研究	田秀娟	商务部	经济学
建立中国资本流动脆弱性分析和预警体系项目	张汉林	国家外汇管理局	经济学
大宗资源性商品国际供求格局与变化趋势问题研究	郑建明	商务部	经济学
会计职业道德规范研究	叶陈刚	财政部	管理学
技术性贸易壁垒与中国优势农产品出口研究	张海森	农业部	经济学
两岸共同市场问题研究	华晓红	国务院台湾事务办公室	经济学
香港在内地新一轮开放中的新优势、新作用	华晓红	商务部	经济学

2005 年校级科研课题

申请人	课题名称	学科类别	项目类别	研究类别	成果形式
夏友富	30 年来中国与欧盟经贸关系：评估和展望	经济学	重点项目	应用研究	专著、论文
林汉川	中国企业国际化经营战略研究	管理学	重点项目	综合研究	专著
黄　勇	竞争政策与贸易政策的法律问题研究	法 学	重点项目	综合研究	专著
蓝庆新	全球价值链下区域产业集群动态创新能力研究	经济学	一般项目	应用研究	专著
张海森	资本内生化条件下建立中澳自由贸易区对世界经济的动态影响	经济学	一般项目	应用研究	专著、论文
李　丽	区域经济合作协定中的技术性贸易壁垒问题研究	经济学	一般项目	应用研究	论文
粟　勤	产业周期与企业并购绩效研究	经济学	一般项目	实证研究	论文
蔡红艳	我国开放格局下金融竞争力评价研究	经济学	一般项目	应用研究	专著、论文
杜冬云	有限理性市场的资产定价与实证研究	经济学	一般项目	综合研究	论文
刘瑞林	企业信用风险预警模型研究	管理学	一般项目	应用研究	论文
郑俊田	公共利益研究	管理学	一般项目	综合研究	专著

续表

申请人	课题名称	学科类别	项目类别	研究类别	成果形式
孙立娟	破产理论及精算定价问题	统计学	一般项目	理论研究	论文
伏　军	中央银行职能法律制度比较研究	法　学	一般项目	理论研究	论文
谢思田	“信、达、雅”重构视角下的中西译理融合	语言学	一般项目	理论研究	专著、论文
李琚宁	借助中日对译语料库进行情态动词的中日对比研究	语言学	一般项目	应用研究	论文
王恩冕	口译——从 A 语言到 B 语言：中日韩教学与实践对比研究	语言学	一般项目	应用研究	论文
蒋显璟	威廉·布莱克研究	外国文学	一般项目	理论研究	专著
戴长征	我国地方治理变革与地方政府制度创新研究	政治学	一般项目	综合研究	专著
邵　鹏	智者的弘愿——汤因比思想研究	哲　学	一般项目	理论研究	专著
胡福印	学科建设和物力资源配置研究	教育学	一般项目	应用研究	论文
史　薇	学术与行政的互动——中国高等学校“双肩挑”现象的教育社会学研究	教育学	一般项目	综合研究	论文
赵崔莉	清代皖江圩区社会经济研究	历史学	一般项目	综合研究	专著

（对外经济贸易大学科研处供稿）

北京科技大学

2005年度承担国家或省部级以上社科研究项目

项目名称	项目负责人	承担部门	项目来源	成果形式	完成日期
马克思主义在高校意识形态领域指导地位的方法与途径研究	彭庆红	文法学院	全国哲学社会科学规划办公室	专著	2007. 12
高校辅导员素质结构模型以及培训体系的构建	王民忠	北京科技大学	教育部社政司	研究报告	2008. 12
唐代文官服饰文化研究	李　怡	文法学院	教育部社政司	专著	2008. 12
《庄子》与中国画家心态研究	张　梅	文法学院	教育部社政司	专著	2008. 12
中国典型政府合同研究：以招标投标、政府采购和特许经营合同为例	曹富国	文法学院	教育部社政司	研究报告	2008. 12
产学研合作推进工程教育的新理论与新实践	张　群	管理学院	教育部科技委员会战略研究重点项目	研究报告	2006. 6
研究生教育、大学科研与国家创新体系	许　放	文法学院	教育部学位与研究生教育发展中心	研究报告	2008. 9

续表

项目名称	项目负责人	承担部门	项目来源	成果形式	完成日期
“十五”期间外来劳动力引发的就业冲突	汪大海	文法学院	北京市哲学社会科学规划办公室	研究报告	2007.12
马克思主义哲学	陆　俊	文法学院	北京市高校第三批思政课学科带头人培养人选项目	研究报告	2007.8
危机与重建——当代大学生精神信仰研究	左　鹏	文法学院	北京市高校第三批思政课学科带头人培养人选项目	研究报告	2006.9
高等学校专利实施现状的调查研究	刘月娥	科技处知识产权管理服务中心	国家知识产权局	研究报告	2006.11

（北京科技大学科技处供稿）

首都师范大学

2005 年度国家社科基金项目（共 6 项）

项目名称	负责人	承担部门	成果形式	完成日期
现代汉诗与现代汉语的关系研究	王光明	文学院	专著	2007.12
基于现代教育技术的对外汉语教学资源库研究与建设	刘利民	国际文化学院	研究报告、电脑软件	2007.6
当代大学生性道德教育研究	安云凤	政法学院	专著	2008.6
中国共产党的对日战略与中日关系研究	史桂芳	“两课”教研部	专著	2008.6
汉唐间中国信仰世界的变迁	刘　屹	历史系	专著	2008.6
《四库全书总目》研究史	陈晓华	历史系	专著	2008.6

2005 年度国家自然科学基金项目

项目名称	负责人	承担部门	成果形式	完成日期
高校毕业生职业生涯阻碍因素唯度构成研究与预测模式初探	李雅儒	“两课”教研部	研究报告、论文	2007.12

全国优秀博士学位论文作者专项资助项目

项目名称	负责人	承担部门	成果形式	完成日期
20 世纪中国文艺美学学术史研究	王德胜	文学院	专著	2010.12

教育部重点研究基地2005年度重大项目（共2项）

项目名称	负责人	承担部门	成果形式	完成日期
中国诗歌研究史	左东岭	文学院	专著	2008.6
20世纪中国诗歌史研究资料选辑	吴思敬	文学院	研究资料选辑	2008.6

教育部人文社会科学研究2005年度规划基金项目（共2项）

项目名称	负责人	承担部门	成果形式	完成日期
性别的颜色——当代女性文学形象研究（1985—2005年：国内与海外）	王红旗	中国女性文化研究中心	专著	2008.12
《乐府诗集》民俗学研究	刘　航	初教院	专著	2008.12

全国教育科学规划2005年度教育部重点项目（共3项）

项目名称	负责人	承担部门	成果形式	完成日期
中国民间和乡土文化资源与美术教育研究	尹少淳	美术学院	专著、研究报告	2007.10
高校教师教育专业实践教学的现状与“嵌入式实践教学模式”的跟踪研究	佟庆伟	教务处	研究报告、论文集	2008.9
我国新课程改革背景下对话教学的理论与实践研究	张增田	教科院	专著、研究报告	2008.9

全国高校古籍整理研究工作委员会资助项目

项目名称	负责人	承担部门	成果形式	完成日期
《诗经》集校集注	鲁洪生	文学院	古籍整理研究	2007

北京市哲学社会科学“十五”规划项目

项目名称	负责人	承担部门	成果形式	完成日期
北京市民主政治建设创新案例研究	李敬德	北京创新研究基地	专著	2006.12

市教工委、市教委、市教科院委托课题

项目名称	负责人	承担部门	成果形式	完成日期
北京市农村中小学信息化应用模式与策略研究	王　陆	教育技术系	研究报告	2006.7

2005 年度北京市教委人文社会科学研究计划项目（共 21 项）

项目名称	负责人	承担部门	成果形式	完成日期
先秦语言哲学专题研究	宋金兰	文学院	专著	2007.12
京冀晋地区古代文明起源与形成的考古学考察	侯　毅	历史系	专著、论文	2007.12
提升北京农村教师队伍质量的理论研究与实践探索	张景斌	教育科学学院	研究报告、论文	2007.12
六朝文艺思想史考论	陶礼天	文学院	专著	2007.12
20 世纪中国诗歌的语言问题	王光明	文学院	专著、论文	2007.12
文化无意识——弗莱批评理论研究	易晓明	文学院	专著	2007.12
1980—2005 中国女性写作及女性主义本土化互动中相关问题研究	李　琳	文学院	专著	2007.12
桑塔格美学思想研究	王秋海	外语学院	专著、论文	2007.12
基于多媒体网络学习系统的大学英语教学模式	谢福之	大英部	研究报告、论文	2007.12
7 世纪以前中国信仰世界的变迁	刘　屹	历史系	专著、论文	2007.12
当代中国史学对西方思潮的回应之分析	江　湄	历史系	专著	2007.12
首都经济的国际竞争力研究	董正平	政法学院	调查报告、论文	2007.12
新中国思想政治教育研究	王树荫	政法学院	专著、论文	2007.12
中国近代“新民”思想及其现代价值	隋淑芬	政法学院	专著、论文	2007.12
新技术新经济对首都政治文明发展的影响	嵇立群	政法学院	研究报告、论文	2007.12
网络环境与大学生思想道德教育研究	张鸿燕	“两课”教研部	研究报告、专著	2007.12
生态环境的生产和再生产研究	王本兴	“两课”教研部	专著	2007.12
当前北京市高等院校在校生思想动向研究	郭海燕	青年教育艺术研究所	研究报告、论文	2007.12
北京市中学“研究性学习”课程实施的研究	张　菁	教育科学学院	研究报告、专著	2007.12
小学教师专业化发展研究	王云峰	初等教育学院	专著	2007.12
中国篆刻艺术发展史	云志功	中国书法文化研究院	专著	2007.12

2005年北京市优秀人才专项经费资助项目（市委组织部项目，共3项）

项目名称	负责人	承担单位	成果形式	完成日期
美国对纳粹德国的外交政策	程文进	历史系	论文、专著	2007.12
关于自我的脑认知研究	张　力	教科院	论文	2007.12
20世纪末西方女性主义文论研究	黄　华	文学院	论文、译著	2007.5

市教育科学规划办委托调查项目

项目名称	负责人	承担单位	成果形式	完成日期
大学生精神发展与教育状况调查	杨生平	政法学院	调查报告	2006.5

2005年校级研究项目（共13项）

项目名称	负责人	承担单位	成果形式	完成日期
人类知觉学习脑机制的功能磁共振成像研究	王　岩	教育科学学院	论文	2007.6
焦虑个体对威胁性刺激注意偏向的变化	刘兴华	教育科学学院	论文	2006.12
走向生活世界的课堂教学	王攀峰	教育科学学院	论文	2006.9
课堂教学的对话取向研究	张增田	教育科学学院	研究报告、论文	2007.12
日本教师教育的发展及现状分析	夏鹏翔	初等教育学院	论文	2007.6
我国教师教育管理模式改革研究	陈正华	文学院	论文	2006.12
明代理学与文学的关系之研究	雍繁星	文学院	论文	2007.11
中国20世纪末老生代散文研究	陈亚丽	文学院	论文	2007.11
汉语语调基本问题的实验研究	江海燕	文学院	研究报告、论文	2007.11
区域经济政策研究	高凯山	文学院	论文	2007.11
新出楚简研究	张富海	文学院	论文	2007.6
中国新诗的语境研究	张桃洲	文学院	论文	2006.9
大学生、研究生同一性的特点及相关因素的研究	李文道	教育科学学院	论文	2006.10

（首都师范大学科技处供稿）

首都经济贸易大学

2005年国家社会科学基金项目

项目名称	负责人	承担部门	成果形式	完成时间
中国西北地区全面建设小康社会的人口与环境协调发展研究	童玉芬	劳经学院	研究报告	2007.6
城乡收入差距扩大的临界点及其对经济效率影响的研究	王少国	经济学院	专著、研究报告	2007.7

续表

项目名称	负责人	承担部门	成果形式	完成时间
社会转型中的民间组织研究	吕新萍	劳经学院	专著、研究报告	2006.12
人民币区域化进程对中国经济的影响与对策研究	李　婧	经济学院	专著、研究报告	2007.5
我国农业合作社立法问题研究	米新丽	法学系	专著研究报告	2007.12

2005 年国家自然科学基金项目

项目名称	负责人	承担部门	成果形式	完成时间
北京及周边地区免耕条件下土壤水分动态及利用效率	彭文英	城市学院	论文、模型等	2008.12

2005 年教育部人文社会科学研究规划项目

项目名称	负责人	承担部门	成果形式	完成时间
中国潜在产出的增长路径与经济波动幅度的政策控制研究	张连城	经济学院	专著	2008.6
城市第一代独生子女的家庭结构对养老保障的影响	王树新	劳经学院	影像软件	2007.12
流动儿童社会整合的追踪研究	周　皓	劳经学院	研究报告	2007.6
北京商业服务业迎奥运 3 年行动计划	邹昭晞	工商管理学院	研究报告	2006.12
税收思想与文化研究	赵　仑	财政系	专著	2006.12

2005 年北京市社会科学规划 CBD 发展研究基地项目

项目名称	负责人	承担部门	成果形式	完成时间
北京商务中心区国际金融业发展研究	张　弘	经济学院	研究报告	2006.12

2005 年北京市社会科学规划、北京市教委人文社会科学研究计划重点项目

项目名称	负责人	承担部门	成果形式	完成时间
北京市灵活就业人员的社会保障问题研究	吕学静	劳经学院	研究报告、论文	2006.12
北京市低收入人群最低生活保障问题研究	刘黎明	统计系	研究报告、专著	2007.12

2005年北京市自然科学基金项目

项目名称	负责人	承担部门	成果形式	完成时间
官厅水库流域节水生态型经济发展模式与机理研究	张贵祥	首经所	研究报告	2007.12
北京居民家庭投资与政府产业发展战略的模型与实证研究	郝梅瑞	信息学院	研究报告	2007.12

2005年其他部委项目

项目名称	负责人	项目来源	承担部门	成果形式	完成时间
农民工的社会保障问题研究	吕学静	中国发展研究基金会	劳经学院	研究报告	2005.11
注册安全工程师行业监管模式研究	姜　亢	国家安全生产监督管理总局	安工系	研究报告	2006.12
特种作业人员安全培训与考核机制的改革与实施	李洪枚	国家安全生产监督管理总局	安工系	研究报告	2006.12
高层建筑火灾事故应急救援预案编辑平台与管理系统	柴建设	国家安全生产监督管理总局	安工系	研究报告	2006.6
企业安全生产经济投入对策模型与激励政策研究	毛海峰	国家安全生产监督管理总局	安工系	研究报告	2005.12
安全工程技术人员职业功能和专业教育	袁化临	国家安全生产监督管理总局	安工系	研究报告	2006.12
企业安全文化建设对策研究	王勇毅	国家安全生产监督管理总局	安工系	研究报告	2006.6

2005年北京市教委人文社会科学研究计划

项目名称	负责人	承担部门	成果形式	完成时间
北京产权交易市场功能创新研究	徐洪才	金融系	研究报告、论文	2005.12
人民币跨境流通的潜在风险和对策	李　婧	经济学院	研究报告	2005.12
城市水源生态功能区经济发展模式研究	张贵祥	首都经济研究所	研究报告	2006.6
异质条件下的个体投资收益研究	郭文英	基础部	研究报告、论文	2005.12
仿真模型与计算机管理决策系统的融合及其应用	马　慧	信息学院	研究报告	2006.6
北京市技术市场技术交易成果转化效益指标体系	刘　娟	统计系	研究报告	2006.12
注册会计师执业质量中存在的问题与对策研究	刘文辉	会计学院	研究报告	2005.12

续表

项目名称	负责人	承担部门	成果形式	完成时间
解决北京市高新技术企业信贷难问题研究	吴世亮	金融系	研究报告	2006.12
北京市人口分布与中小学校资源配置研究	周　皓	劳动经济学院	研究报告	2005.12
西方文化思潮对首都高校学生的影响及对策	李丽娜	人文学院	研究报告	2006.12
北京市农业合作社立法问题研究	米新丽	法学系	研究报告	2005.12
土地资源市场配置与政府行为研究	王　文	不动产研究所	研究报告、论文	2006.12
现代企业组织结构变革研究——以北京高新技术企业为例	徐　炜	工商管理学院	研究报告	2005.12
经贸英语复合型人才培养模式实证研究	郝钦海	外语系	研究报告	2005.12
中国本土高速成长企业 MBA 教学案例库	徐　坤	《当代经理人》编辑部	工具书	2006.12
价格监督检查体系建设研究	李　丁	商务管理系	研究报告	2005.12
建立健全我国社会信用体系的路径与对策研究	赵　艳	经济系	研究报告	2005.12
社会养老保险基金运营监控与预测模型	刘克强	信息学院	研究报告、论文	2005.12
北京市科技人才测评体系研究	吴冬梅	工商管理学院	研究报告	2006.6
北京市哲学社会科学规划项目科研成果转化调研	文　魁 刘　娟	经济学院	研究报告	2005.12

2005 年其他委办局项目

项目名称	负责人	项目来源	承担部门	成果形式	完成时间
北京市“十一五”时期农村建设发展规划	张　强	北京市农工委 北京市发改委	城市学院	研究报告	2005.12
关于打破我市城乡二元体制障碍研究	张　强	北京市发改委	城市学院	研究报告	2005.12
北京市属市管高校内部审计工作研究	杨庆英	北京市教委、北京市教研院	会计学院	研究报告	2007.6

2005年校级项目

项目名称	负责人	承担部门	成果形式	完成时间
北京郊区工业化进程中企业融资问题研究	秦　杰	首都经济研究所	研究报告	2006.12
我国汽车金融服务业发展问题研究	闫华红	会计学院	研究报告、论文	2007.2
典当立法研究	刘润仙	法学系	研究报告	2006.5
我国城乡收入差别及其对居民总收入差别的影响	王少国	经济学院	研究报告	2006.7
现代市场经济条件下劳动与分配问题研究	梁玉秋	人文学院	研究报告	2007.7
上市公司过度融资问题研究	周　晔	金融系	研究报告、论文	2006.3
土地供应计划体系研究	万丽辉	城市学院	研究报告	2007.7
北京市海关加快货物通关过境速度的成本收益分析方法研究	杨　莉	工商管理学院	研究报告	2006.5
北京市资金流向分析	巩云华	金融系	研究报告	2005.12
北京地区金融稳定发展问题研究	祁敬宇	金融系	研究报告、论文	2006.6
北京奥运保险的理论与实践研究	王雅婷	金融系	研究报告、论文	2006.6
北京新城土地演化及增值趋势的计算机动态模拟研究	姚翠友	信息学院	研究报告	2006.6
会计信息化环境下进一步推进我国审计信息化发展的技术方案研究	王海洪	会计学院	研究报告	2006.2
北京市新型农村合作医疗问题研究	张玉春	统计学系	研究报告	2006.5
大学外语教师教育与教师发展研究	刘丽玲	外语系	研究报告	2006.6
通过价值链分析创建和谐社会下的会计公正理论问题研究	李百兴	会计学院	研究报告	2006.7

（首都经济贸易大学科研处供稿）

北京工商大学

2005年人文社科立项研究项目

项目名称	项目负责人	承担部门	项目来源	成果形式	完成日期
构建以EVA为导向的国有企业经营者业绩评价系统	胡　燕	会计学院	北京市教委	研究报告、论文	2006.12
加速转型期北京市居民收入差距问题研究	郭馨梅	经济学院	北京市教委	研究报告、论文	2005.12
中西文化交际对比	杨怀恩	外语部	北京市教委	研究报告、论文	2005.12
反倾销产业损害调查——相关财务指标体系构建及启示	王仲兵	会计学院	北京市教委	研究报告、论文	2005.12

续表

项目名称	项目负责人	承担部门	项目来源	成果形式	完成日期
大学生心理求助行为的研究	刘立新	社科部	北京市教委	研究报告、论文	2006.12
金融业风险与监管	刘　毅	经济学院	北京市教委	专著	2005.12
北京市事业单位岗位管理研究	陈志楣	经济学院	北京社科规划办重点规划项目	研究报告	2005.12
财政或有债务与财政风险研究	李朝鲜	经济学院	国家社科基金	研究报告	2006.6
中国糖业产业竞争力评价及供应链管理战略研究	侯丽薇	经济学院	农业部软科学委员会	研究报告、论文	2006.12
首都现代零售业发展战略研究	唐立军	经济学院、院办	社科基地项目、“十五”规划重点项目	研究报告	2007.12
首都流通业研究基地项目	谢志华	会计学院、校办	社科基地项目	研究报告	2005.12
新时期大学生思想政治教育问题研究/如何引导大学生形成健康的心理素质，促进他们更好地应对人生和社会的各种问题和矛盾	林永和	社科部	国家社科基金、重点项目子课题	研究报告	2007.12
资本保全会计研究	王仲兵	会计学院	北京市委组织部	研究报告	2006.12
IABE－2005 Annual Conference	崔学刚	会计学院	北京市委组织部	论文	2006.12
参加商法及物权立法理论研讨会	吕来明	法学院	北京市委组织部	论文	2006.12
宏观调控对我国商品市场流通的作用与影响	洪　涛	经济学院	商务部	研究报告	2006.12
关于委托研究“国有流通企业改革模式”的协议书	洪　涛	经济学院	商务部	研究报告	2006.12
市场预期与资本流动	黄先开	经济学院	国家外汇管理局	研究报告	2005.12
企业年金课题研究	王绪瑾	经济学院	中国人寿保险股份有限公司	研究报告	2005.12
反倾销机制中公共利益问题研究	严旭阳	经济学院	国务院关税税则委员会	研究报告	2005.12

（北京工商大学科技处王葳供稿）

北京林业大学

2005 年度内承担省部级以上人文社科研究项目

项目名称	项目负责人	承担部门	项目来源	成果形式	完成时间
基于森林的绿色 GDP 核算和绿色政策的研究	张　颖	经管学院	国家社科基金项目	专著	2007

（北京林业大学科技处张力供稿）

北京联合大学

2005 年度承担省部级以上社科研究项目

项目名称	项目负责人	承担单位	项目来源	成果形式	完成时间
大国格局变动中的两岸关系	徐博东	北京联合大学	全国哲学社会科学规划办公室	专著	2007.6
首都宗教与社会主义和谐社会建设	佟　洵	北京联合大学	全国哲学社会科学规划办公室	专著	2007.12
北京名人故居保护与利用现状及对策研究	张宝秀	北京联合大学	北京市哲学社会科学规划办公室	研究报告	2006.8
构建和谐社会和坚持与完善人民代表大会制度	崔英楠	北京联合大学	北京市哲学社会科学规划办公室	研究报告	2007.12
扩大公民有序政治参与的基本途径研究	王维国	北京联合大学	北京市哲学社会科学规划办公室	专著	2007.8
和谐社区与家长教育	齐大辉	北京联合大学	北京市哲学社会科学规划办公室	研究报告	2005.12
北京体育文化发展现状及对策研究	孔繁敏	北京联合大学	北京市哲学社会科学规划办公室	研究报告或专著	2007.3
北京市法院涉外经济（商事）案件研究	黄远龙	北京联合大学	北京市哲学社会科学规划办公室	专著	2007.12
罗伯特·弗罗斯特研究	黄宗英	北京联合大学	教育部	专著	2008.12

（北京联合大学科研处供稿）

外交学院

2005 年度内承担国家或省部级以上社科研究项目名单

项目名称	负责人	承担部门	项目来源	成果形式	完成日期
北京对外交流与外事管理研究基地	朱立群	国际关系研究所、外交学系	北京市哲学社会科学规划办公室 北京市教育委员会	研究报告、著作、年度报告等	2008
主要发达国家的领事、侨务保护政策体制以及经验教训	张历历	外交学系	外交部	研究报告	2005
开发欠发达地区立法比较研究	许军轲	国际法系	国务院西部开发办	著作	2006

（外交学院科研处郦莉供稿）

国家行政学院

2005 年度承担国家级课题

项目名称	项目负责人	承担部门	项目来源	成果形式	完成日期
我国文化产业发展战略与文化产业布局研究	祁述裕	研究室	国家社科基金项目	专著	2006.12
中国经济转型期嵌入内生增长模式研究	张孝德	经济学教研部	国家社科基金项目	专著	2007.12
将农村纳入公共服务体系的政策与实现机制研究	马庆钰	公共管理教研部	国家社科基金项目	研究报告	2007.12
行政组织法研究	任　进	法学教研部	国家社科基金项目	专著	2006.12
政府信息公开法研究	杨伟东	法学教研部	国家社科基金项目	专著	2007.12
社会转型与中国行政法的重构——法社会学视角	宋功德	办公厅	国家社科基金项目	专著	2007.12
中国公共政策失灵与基于组织整合理论的公共政策模型体系研究	李习彬	公共管理教研部	国家自然科学基金项目	专著	2008.12
重塑地方政府政绩指标体系研究：将 GDP 指标改为 GNP + SCC 指标	王　健	经济学教研部	国家自然科学基金项目	研究报告	2008.12

2005 年度院级课题（省部级）

项目名称	项目负责人	承担部门	成果形式	完成日期
政府绩效评估体系研究	薄贵利 刘旭涛	公共管理教研部	论文、系列研究报告	2006.12
我国地方服务型政府建设基本问题研究	刘熙瑞	公共管理教研部	专著	2007.6
政府公共服务的理论与实践研究	李军鹏	公共管理教研部	专著	2007.6
政府经济学研究	周绍朋	经济学教研部	系列研究报告	2005.12
发展壮大县域经济与省直管县改革	张占斌	经济学教研部	研究报告	2005.10
构建和谐社会与民主政治发展研究	邓名奋 范　文	政治学教研部	系列研究报告	2005.12
中国政府法治若干重大问题研究	王宝明	法学教研部	系列研究报告、专著	2006.12
社会保障法制制度研究	张　凝	法学教研部	研究报告	2006.12
公务员培训案例编写与案例教学研究	史美兰	科研部	著作、《案例集》	2006.12
我国行政监督的现状与走向	朗　加	纪检监察室	论文	2006.12

（国家行政学院科研部项纪旸供稿）

中国青年政治学院

2005 年承担省部级以上科研项目

项目主持人	项目名称	项目来源	项目级别
孙　莹	我国城市贫困家庭子女教育救助政策研究	全国教育科学“十五”规划项目	重点项目
毕先萍	技术进步对我国就业的影响：理论与实证分析	2005 年度国家自然科学基金项目	一般项目
石国亮	思想政治教育专业课程改革和建设研究	北京市高等学校 2005 年度教育教学改革项目	一般项目
林　维	刑事控辩审模拟教学项目	北京市高等学校 2005 年度教育教学改革项目	一般项目
张　澍	信息资源在教学管理中的应用	北京市高等学校 2005 年度教育教学改革项目	一般项目
许莉娅	社会工作实验实务教学	北京市高等学校 2005 年度教育教学改革项目	一般项目

（中国青年政治学院曹骏供稿）

中国劳动关系学院

2005年承担的国家或省部级社科研究课题（共13项）

课题名称	课题负责人	课题来源	成果形式	预计完成时间
劳动关系及冲突的社会学研究	游正林	国家社科基金项目	专著	2007.6
新型劳动关系下的工会报刊研究	李　双	国家社科基金项目	专著	2006.6
改革开放以来若干重大经济政策对我国职工队伍的影响以及工会的应对和举措	崔生祥 信卫平	全总委托项目	调研报告	2005.12
从国际比较的视野看中国工会的特点与优势	吴亚平 郑　桥 曹延平 林燕玲 刘元文	全总委托项目	调研报告	2005.12
工会"维权"的发展趋势与对策简析	赵健杰 黄河涛	全总委托项目	调研报告	2005.12
试论我国进城务工人员的身份定位与工会的维权思路	沈琴琴 黄任民 高爱娣	全总委托项目	调研报告	2005.12
社会主义初级阶段新型劳动关系研究 关于劳动关系对立统一的几点认识（研究之一） 不同所有制企业劳动关系研究（研究之二） 劳动者与建设者关系探讨（研究之三）	郑桥（研究之一） 乔健（研究之二） 林燕玲（研究之三）	全总委托项目	调研报告	2005.12
建构和谐劳动关系指标体系初探	姜　颖 王向前 张冬梅	全总委托项目	调研报告	2005.12
工会工作者成为"三家"的时代要求与工会干部培训改革的方向	欧阳骏 杨冬梅	全总委托项目	调研报告	2005.12
国际劳工标准与中国劳动法比较研究	林燕玲	司法部	专著	2007.6
中国工会现代法律制度构建研究	孙德强	司法部	专著	2007.8
构建新建本科院校可持续发展的教学质量保证体系的理论与实践	杨汉平	北京市教委	论文	2007.7
高校思想政治理论课改革取向研究	彭恒军	北京市教委	论文	2006.8

（中国劳动关系学院科研处邓海供稿）

国务院发展研究中心

2005 年度研究课题

课题名称	课题负责人	课题来源	开题年份	结题年份
全球化背景下地区协调发展研究	李善同	自然科学基金项目	2005	2005
开放经济条件下中部崛起战略研究	李剑阁	自然科学基金项目	2005	2005
走资源节约型发展道路的体制和政策研究	张军扩 高世楫	自然科学基金项目	2005	2005
城镇化与三农问题研究	谢　扬	国家科技攻关项目	2005	2005
“十一五”规划思路和 2020 年远景目标研究	王梦奎 谢伏瞻 李剑阁	政府下达	2005	2005
宏观经济形势分析	卢中原	政府下达	2005	2005
稳健财政政策研究	卢中原	政府下达	2005	2005
行政性国有资产管理改革研究	卢中原	政府下达	2005	2005
利用外资与经济增长研究	卢中原	政府下达	2005	2005
我国承接国际产业转移的战略与政策研究	冯　飞	政府下达	2005	2005
民用航空航天规划	吕　薇	政府下达	2005	2005
创新服务体系研究	吕　薇	政府下达	2005	2005
知识产权战略组织实施与配套政策研究	吕　薇	政府下达	2005	2005
国际深海资源开发与利用研究	吕　薇	政府下达	2005	2005
内陆核电发展战略	郭励弘	政府下达	2005	2005
中日韩自由贸易区联合研究	张小济	政府下达	2005	2005
中俄经贸合作研究	张小济	政府下达	2005	2005
入世后过渡期对我国经济社会评估与对策研究	张小济	政府下达	2005	2005
中美贸易不平衡问题研究	张小济	政府下达	2005	2005
欧美相互实施技术性贸易措施及影响研究	隆国强	政府下达	2005	2005
加强西部地区农村公共服务体系建设研究	林家彬	政府下达	2005	2006
“十一五”内贸专项规划	任兴洲	政府下达	2005	2006
中国流通产业发展报告	任兴洲	政府下达	2005	2006
中国货币政策研究	夏　斌	政府下达	2005	2005
空港高科技工业区“十一五”规划	李志军	地方政府项目	2005	2005

续表

课题名称	课题负责人	课题来源	开题年份	结题年份
振兴县域经济与财政作用研究	卢中原	地方政府项目	2005	2005
地方财源建设研究	孟　春	地方政府项目	2005	2005
商品流通体制研究	任兴洲	企业委托	2005	2005
中国石油流通体制研究	任兴洲	企业委托	2005	2006
中国联通多层控股结构与运营公司一级法人体制研究	任兴洲	企业委托	2005	2006
长江电力发展规划研究	陈小洪	企业委托	2005	2005
南方电网发展战略研究	陈小洪	企业委托	2005	2006
首都机场“十一五”发展规划	陈小洪	企业委托	2005	2005
三峡发展规划	巴曙松	企业委托	2005	2005
中国人寿“十一五”发展战略研究	张承惠	企业委托	2005	2005
中国股票市场研究	夏　斌	企业委托	2005	2006
城市公共服务与政府治理研究	卢中原	国际合作	2005	2006
政府事权划分与财政关系研究	卢中原	国际合作	2005	2006
WTO 与中国金融业发展研究	魏加宁	国际合作	2005	2005
土地制度改革的政策思路研究	刘守英	国际合作	2005	2005
农村公共品服务研究	徐小青	国际合作	2005	2005
小农适应全球化市场研究	韩　俊 程国强	国际合作	2005	2005
中国草原改良与减少贫困研究	韩　俊 谢　扬	国际合作	2005	2005
中国农村县城经济研究	谢　扬 徐小青	国际合作	2005	2005
中国农村公共卫生支持系统研究	韩　俊	国际合作	2005	2005
西部地区农村儿童早期发展公共服务调研及对策研究	苏　杨	国际合作	2005	2005
宏观经济与卫生中国报告	葛延风 贡　森	国际合作	2005	2006
汇丰金融跟踪研究	夏　斌	国际合作	2005	2005
科技型中小企业金融支持研究	卢中原	其他项目	2005	2005
中国高投资率的形成机制与宏观经济稳定研究	张永生	其他项目	2005	2005
金融跟踪研究（人行）	夏　斌	其他项目	2005	2005
金融专题研讨会	夏　斌	其他项目	2005	2005
中国外汇交易研究	巴曙松	其他项目	2005	2006

（国务院发展研究中心孙普希供稿）

国家发展和改革委员会宏观经济研究院

2005年度重点课题

课题名称	负责人	承担单位	成果形式	完成时间
转变外贸增长方式研究	刘　旭	对外经济研究所	研究报告	2005.12
提高我国粮食综合生产能力的思路和对策研究	黄汉权 蓝海涛	产业经济研究所	研究报告	2005.12
加快我国服务业发展面临的问题和对策研究	任旺兵	产业经济研究所	研究报告	2005.12
铁路投融资体制改革研究	贾　进	综合运输研究所	研究报告	2005.12
完善人民币汇率形成机制研究	叶辅靖	对外经济研究所	研究报告	2005.12
香港服务业与内地制造业优势互补、合作互动研究	张建平	对外经济研究所	研究报告	2005.12
构建社会主义和谐社会的有关问题研究	丁元竹 严　浩	经济研究所	研究报告	2005.12
促进公平分配的制度与政策研究	李　爽	经济研究所	研究报告	2005.12
我国固定资产投资的宏观效益研究	吴亚平	投资研究所	研究报告	2005.12
提高我国自主创新能力的思路和对策研究	胡春力	产业经济研究所	研究报告	2005.12
工业化、城镇化过程中土地管理制度研究	肖金成	国土与地区经济研究所	研究报告	2005.12
中国能源消费结构变化趋势及调整对策研究	韩文科	能源研究所	研究报告	2005.12
政府管理体制改革研究	孙长学	经济体制与管理研究所	研究报告	2005.12
国内宏观经济形势跟踪、预测和对策研究	王小广	经济研究所	研究报告	2005.12
国际经济形势跟踪分析和对策研究	毕吉耀	对外经济研究所	研究报告	2005.12
2005年宏观经济政策与发展动态跟踪研究	张苏平	信息研究咨询中心	研究报告	2005.12

（国家发展改革委员会宏观经济研究院丁刚供稿）

中共中央编译局世界社会主义研究所

2005年承担的省部级以上科研课题

课题负责人	课题名称	课题来源	备注
王学东	经典作家关于社会发展的基本观点研究	中央“马克思主义理论研究与建设工程”的“马克思主义经典著作基本观点研究课题”的子课题	正在进行中
季正聚	经典作家关于经济文化落后国家社会发展道路基本观点研究	中央“马克思主义理论研究与建设工程”的“马克思主义经典著作基本观点研究课题”的子课题	正在进行中
王学东	西欧社会民主主义新变化研究	国家社科基金项目	已完成
许宝友	冷战后外国共产党和社会党新变化研究	国家社科基金项目	已完成
陈　露	英国工党、法国社会党、德国社会民主党组织转型研究	国家社科基金项目	正在进行中
林德山	20世纪资本主义的改良及其影响	国家社科基金项目	已完成
朱艳圣	冷战以后日本社会主义运动研究	国家社科基金项目	正在进行中
郭伟伟	中国特色外交制度研究	国家社科基金项目	正在进行中
王学东	“三个代表”重要思想与世界社会主义	局社科基金特别委托项目	已完成
季正矩	苏联东欧地区社会主义国家共产党兴衰成败的经验教训	局A类课题	正在进行中
殷叙彝	社会民主主义研究	局A类课题	已基本完成
林德山	欧美发达国家社会政策比较研究	局A类课题	正在进行中
朱昔群	中国共产党执政的科学性研究	局A类课题	正在进行中
浦启华	美国两党政治架构研究	局A类课题	正在进行中
张文成	欧盟国家的社会保障改革	局B类课题	已完成
郑异凡	新经济政策研究	局B类课题	正在进行中
戴隆斌	俄国腐败问题研究	局B类课题	已基本完成
刘仁胜	生态马克思研究	局B类课题	已完成
费新录	法共的历史演变、现状与前景	局B类课题	正在进行中
徐向梅	对普京治理的跟踪研究与俄罗斯的发展困境分析	局B类课题	正在进行中
徐元宫	中苏论战研究	局B类课题	正在进行中
王　瑾	国家政治安全新理念与风险防范机制	局C类课题	已完成
庄俊举	“北京共识”与中国发展模式	局C类课题	已完成

续表

课题负责人	课题名称	课题来源	备　注
彭萍萍	马克思的世界交往理论及其当代价值	局C类课题	正在进行中
刘敏茹	列宁晚年关于社会文化发展问题基本观点研究	局C类课题	正在进行中
张文红	东欧民族主义对当代这一地区历史进程的影响	教育部霍英东基金会项目	正在进行中
郑异凡	苏联全史	局课题	正在进行中

（中共中央编译局世界社会主义研究所供稿）

中央教育科学研究所

2005年度承担省部级以上科研课题

项目名称	负责人	承担部门	项目来源	成果形式	完成日期
教育科研项目管理制度创新研究	曾天山	中央教育科学研究所	全国教育科学规划课题	研究报告、系列论文、鉴定标准	2005—2007
中小学实施素质教育的体制性障碍及对策研究	陈金芳	中央教育科学研究所	全国教育科学规划课题	调研报告、论文集等	2005—2007
学校体育促进学生社会性发展的有效途径与方法研究	吴　键	中央教育科学研究所	全国教育科学规划课题	研究报告、论文	2005—2007
少数民族妇女青年学习需求和动机的调查与研究——以云南、甘肃省少数民族社区为个案	杨　红	中央教育科学研究所	全国教育科学规划课题	研究报告	2005—2006
利用现代信息技术改善教学过程的效果评价研究	张家全	中央教育科学研究所	全国教育科学规划课题	专著、电脑软件	2005—2008
做中学资源中心的设计与开发	王　素	中央教育科学研究所	中国科协	研究报告、方案	2005—2006
农业科技创新体制国际比较研究	李水山	中央教育科学研究所	农业部	专著	2005—2006
素质教育的理论、政策研究	朱小蔓	中央教育科学研究所	教育部	研究报告	2005—2005
《2006—2010年中国青少年科学技术普及活动指导纲要》研制	王　素	中央教育科学研究所	教育部财政部等五部委	纲要文件、研究报告	2005—2006

（中央教育科学研究所科研管理处供稿）

中共北京市委党校　北京行政学院

2005 年承担国家和省部级科研项目

项目名称	项目负责人	承担部门	项目来源	成果形式	完成时间
中国城市流动人口聚居社区与城市贫困问题研究	侯亚非	社会学教研部	国家社科基金项目	研究报告	2007.6
复合行政与跨行政区公共服务	刘小康	公共管理教研部	国家社科基金项目	专著	2007.7
北京市局处级领导干部贯彻民主集中制情况对策研究	苗家瑛	党史党建教研部	北京市规划项目（基地项目）	研究报告	2007.1
新时期北京市反腐败斗争研究	罗忠敏	党史党建教研部	北京市规划项目（基地项目）	研究报告	2008.7
北京市常住流动人口迁移因素及移民倾向研究	尹志刚	社会学教研部	北京市规划项目（基地项目）	研究报告	2006.12
北京市常住流动人口家庭户调查	侯亚非	社会学教研部	北京市规划项目（基地项目）	研究报告	2006.12
领导干部的决策模式及其行政效率的影响研究	张　勤	公共管理教研部	北京市科委软科学	研究报告	2006.6
软实力：北京发展经济比较优势研究	王树林	工商管理教研部	北京市科委软科学	研究报告	2006.8
北京市公共投资监管模式研究	姚光业	公共管理教研部	北京市科委软科学	研究报告	2006.12
和谐社会民主政治建设的关键问题：公权与私权的合理界分	马占稳	政治学教研部	国家行政学院项目	研究报告	2006.12

（中共北京市委党校，北京行政学院科研处供稿）

北京市社会科学院

2005 年院级重大课题立项名单

题　目	项目负责人	承担部门	成果形式	结项时间
北京文化发展报告	孟　固	文学所	专著	2005.12
人文精神与社会进步——以人为本的哲学思考	那　薇	哲学所	专著	2005.12
北京市社会和谐稳定指标体系的实验研究	王　煜	社会学所	研究报告	2005.12
北京蓝皮书——2005 年首都社会发展报告	戴建中	社会学所	专著	2005.12

续表

题　目	项目负责人	承担部门	成果形式	结项时间
北京历史文化保护区文献资料整理与研究	吴建雍	历史所	专著	2005.12
中国首都及区域蓝皮书	景体华	经济所	专著	2005.12
北京行业分析报告	曹　随	管理所	专著	2005.12
党和政府领导的社区自治空间研究	于燕燕	科社所	专著	2005.12
科技防范与首都公共安全研究（延续课题）	朱明德	院办	调研报告	2005.12
北京城区角落问题调查（延续课题）	朱明德	院办	研究报告集	2005.12

2005年院级重点课题立项名单

题　目	项目负责人	承担部门	成果形式	结项时间
北京抗战文学——抗战胜利60周年的反思	张　泉	文学所	专著	2005.12
北京电影百年	孟　固	文学所	专著	2006.12
人文科学理论视野中的艺术学及人文价值	李建盛	文学所	专著	2005.12
儒家精华与糟粕辨析	王文元	哲学所	专著	2006.12
20世纪西方人道主义与反人道主义	杜丽燕	哲学所	专著	2007.12
礼制传统与京师文化	李宝臣	历史所	专著	2007.12
满文史稿	赵志强	满学所	专著	2006.12
城市拆迁中的利益冲突及其调整	雷　弢	社会学所	系列论文	2005.12
清代前期关税制度研究	邓亦兵	历史所	专著	2007.10
北京城市地域结构的演化研究	黄士正	城市所	专著	2006.12
西方国家家庭汽车化及其对北京的启迪	黄　序	城市所	专著	2005.11
北京市城乡统筹发展的思路与对策研究	陈孟平	经济所	研究报告	2005.12
非营利组织的国际透视及其在北京的发展	张洪武	科社所	调研报告	2005.12
城市低保人员的社会救助及对策探寻——以西城区、宣武区为例	邱莉莉	外国所	研究报告	2005.12
创建魅力社区——日本社区研究	张　暄	外国所	专著	2006.12
北京市社科决策研究状况调查	王超湘	图书馆	调查报告	2005.12
城市规划的公众参与问题研究	辛章平	《城市问题》编辑部	系列论文	2005.11

续表

题　目	项目负责人	承担部门	成果形式	结项时间
打开思想之窗	朱明德	院办	专著	2005.12
首都文化与文化产业的“奥运准备”	沈望舒	文学所	论文集	2005.12
高科技企业非上市产权交易与价值评估	张　耘	管理所	专著	2005.12
北京史史料学	王灿炽	满学所	专著	2007.12
北京研究重要论著的观点汇编与专题研究	齐大芝	《北京市社会科学》编辑部	系列综论	2005.12
城乡结合部制度创新研究	冯晓英	城市所	专著	2005.12

（北京市社会科学院科研处供稿）

北京市邓小平理论和“三个代表”重要思想研究中心

2005年立项课题

项目名称	项目负责人	承担部门	项目来源	成果形式	完成日期
“三个代表”重要思想研究述评	秦　宣	北京市邓小平理论和“三个代表”重要思想研究中心	中宣部委托课题	调研报告	2005
关于在党的领导下更好地发挥城乡基层自治组织的积极作用，形成社会管理的整体合力	张文启	北京市邓小平理论和“三个代表”重要思想研究中心	中宣部委托课题	调研报告	2005
关于在党的领导下更好地发挥人民团体、社会团体的积极作用，形成社会管理的整体合力	马仲良	北京市邓小平理论和“三个代表”重要思想研究中心	中宣部委托课题	调研报告	2005
关于在党的领导下更好地发挥行业组织、中介组织的积极作用，形成社会管理的整体合力	闫志民	北京市邓小平理论和“三个代表”重要思想研究中心	中宣部委托课题	调研报告	2005
北京郊区社会主义新农村建设研究	焦守田	北京市农村经济研究中心	中宣部委托课题	调研报告	2006
中关村科技园区自主创新研究	宋贵伦	北京创新研究院、中关村科技园区管理委员会	中宣部委托课题	专著	2006
关于对党政“一把手”监督的情况调查与对策研究	阳安江	中共北京市纪律检查委员会	市领导决策研究课题（阳安江）	调研报告	2005

续表

项目名称	项目负责人	承担部门	项目来源	成果形式	完成日期
北京市商业服务业迎奥运3年行动计划研究	邹昭晞 马龙龙	首都经济贸易大学	市领导决策研究课题（陆昊）	调研报告	2005
首都城市功能的发挥与第三产业发展研究	陈　剑	北京奥运经济研究会	市领导决策研究课题（陆昊）	调研报告	2005
经济增长的文化力驱动研究	杜厚文	中国人民大学	市领导决策研究课题（陆昊）	调研报告	2005
北京市二、三产业融合现象的前瞻性研究	韩小明	中国人民大学	市领导决策研究课题（陆昊）	调研报告	2005
后工业社会的服务业和工业的标准和特征及其特点	王广中	中国人民大学	市领导决策研究课题（陆昊）	调研报告	2005
服务贸易对城市的影响力和带动作用研究	王　粤	中国人民大学	市领导决策研究课题（陆昊）	调研报告	2005
北京市现代制造业带动相关服务业发展机遇研究	刘　瑞	中国人民大学	市领导决策研究课题（陆昊）	调研报告	2005
国际大都市及其产业结构调整分析	杨　建	中国人民大学	市领导决策研究课题（陆昊）	调研报告	2005
中国特色社会主义的理论与实践	赵　曜	北京市邓小平理论和“三个代表”重要思想研究中心	北京市邓小平理论和“三个代表”重要思想研究中心基础理论研究课题	专著	2007
从世界的视野看中国的和平发展道路	徐崇温	北京市邓小平理论和“三个代表”重要思想研究中心	北京市邓小平理论和“三个代表”重要思想研究中心基础理论研究课题	专著	2007

（北京市邓小平理论和“三个代表”重要思想研究中心办公室供稿）

北京市人大常委会

2005年北京市人大常委会主任、副主任市级重点调研课题

题　目	总负责人	责任人	研究单位
我市人大工作体制机制问题研究	于均波	刘维林 齐良如	市人大常委会研究室
关于发挥代表作用情况的调查	范远谋	魏永德	市人大常委会代表联络室
民主立法的实践与思考	索连生	王嘉彦	市人大常委会法制办公室

续表

题　目	总负责人	责任人	研究单位
北京市大型社会活动安全管理状况及对策	赵凤山	郑　刚	市人大常委会内务司法办公室
关于农村土地承包问题的调查与思考	赵凤山	刘宝善	市人大常委会农村工作委员会
科技投入对首都经济发展的影响分析与建议调研	金生官	高佐之	市人大常委会财政经济办公室
关于加强本市清真食品管理依法促进健康发展的调查报告	赵久合	陈兴波	市人大常委会民族侨务工作委员会
我市燃气供应及安全的现状、问题及对策研究	赵久合	张　毅	市人大常委会城建环保工作委员会
北京市体育设施建设法制环境现状和对策研究报告	林文漪 田麦久	史炳忠 江镜波	市人大常委会教科文卫体办公室

（北京市人大常委会研究室供稿）

北京市档案局

北京市列入国家档案局2005年度科技计划的项目

项目名称	负责人	承担单位	成果形式	计划完成时间
基于现代档案工作流程管理的档案管理系统的功能模型与实施指南研究	马素萍	北京市档案局 清华大学档案馆	研究报告	2006. 8
基于电子政务平台的数字档案馆总体框架及实现技术研究	毛桂芬 张家宪	北京市东城区档案局	研究报告	2007. 3
办公自动化系统电子文件归档管理功能需求研究	张益民	北京市档案局	研究报告	2006. 4

（北京市档案局科教处宗文萍供稿）

北京市统计学会

2005年度承担省部级以上社科研究课题

项目名称	项目负责人	承担部门	项目来源	成果形式	完成日期
首都人口流动与社会发展研究	王　红	科研小组	国家统计局	课题报告	2007

（北京市统计学会隗国供稿）

·获奖成果·

2005年全国优秀博士学位论文（社会科学）北京地区作者论文简介

《人民币汇率的决定及汇率变动的宏观经济效应》

北京大学　卜永祥

随着中国加入世界贸易组织，经济开放度加大。未来经济发展不可避免地将遭遇到开放金融的理论和现实难题。本文主要采用宏观经济一般均衡的分析方法，运用最优控制、动态规划、经济计量分析方法。对从一般均衡中得出的结论，给参数赋值进行比较静态分析和情景分析。它围绕人民币均衡汇率的决定，人民币汇率变动对宏观经济的影响和最优汇率制度选择所做的系列研究，在六个方面提出了一些新观点：1. 关于人民币实际汇率与均衡汇率的偏离问题；2. 关于降低关税、宏观经济政策调整对人民币均衡汇率的影响问题；3. 关于人民币汇率传递问题；4. 关于人民币汇率变动对国内物价水平的影响问题；5. 关于资本管制下不同汇率制度的福利比较问题；6. 人民币汇率制度改革的建议。

（摘自国务院学位办公室“全国优秀博士论文评选”网上资料）

《罪刑均衡实证研究》

北京大学　白建军

此文是我国刑法、犯罪学领域中第一个基于刑事一体化的基本理念，以“罪刑关系具有均衡性”为理论假设，试图以立法、司法中的客观事实对其加以检验的大规模（立法全样本、司法大样本）实证研究。其理论假设来自刑法的罪刑均衡原则，样本为全部法定犯罪和“法意案例数据库”中全部抢劫罪案例，分析对象即刑法分则中的422对罪刑关系和刑事司法中的1107对罪刑关系，研究方法选用的策略是追求思辨与实证相融合，定性与定量相统一。

（摘自国务院学位办公室“全国优秀博士论文评选”网上资料）

《严复〈政治讲义〉研究：文本渊源、言说对象和理论意义》

北京大学　戚学民

发表于1905年的《政治讲义》是严复少有的政治学专著，比较集中地表达和体现了严复的政治思想和主张，在当时具有相当社会影响。《政治讲义》也被研究者认为是中国人独立撰写的第一部近代政治学教材，在中国近代政治思想史和严复思想研究中都具有重要的价值。可是由于多种原因，多年以来这本著作的巨大价值还没有得到充分的发掘。

有鉴于此，本文选取《政治讲义》为研究对象，揭示其文本渊源、解释其言说对象、探讨其理论意义，并从严复政治思想的渊源及其与言说对象的关系这两个方面反思和检讨现有成果的某些不足。本文认为，《政治讲义》是严复参照西方学者的论述写成的著作，意在批评梁启超等人的政治理论，特别是反驳当时影响很大的革命理论。《政治讲义》的思想渊源和理论对象凸现出在严复研究中具有重大影响的史华兹等人研究的不足。

（摘自国务院学位办公室“全国优秀博士论文评选”网上资料）

《双语 WordNet 语义知识库的构造理论与工程实践》

北京大学　刘　扬

在过去，计算语言学研究集中在词法分析和句法分析上，目前语义分析的研究，开始处于萌芽期并将逐步走向前台，成为下一阶段计算语言学研究的一个亮点。

本文的内容就是围绕语义知识库的建设，特别是国际上通用的汉英双语 WordNet 语义知识库的构造研究（包括理论方面和工程实践）展开的。这项跨语言（汉语和英语）、跨学科（语言学和计算机科学）的研究，包括两方面的含义：一、需要构造什么样的双语 WordNet 语义知识库（在内容上“有用”）？二、如何构造这样的双语 WordNet 语义知识库（在方法上“有效”）？在制定了知识库规范后，作者提出了构造双语 WordNet 语义知识库和演化模型。此模型强调双语语义知识库构造中的继承和转换思想。该方法是构造双语 WordNet 语义知识库的一个通用的解决方案（不局限于汉语和英语），对其他语义知识库的构造也具有一般的方法论意义。针对该构造模型，作者设计并实现了一个可视化的辅助词典构造软件 VACOL。该软件在北大计算语言所的 CCD 项目中得到大规模的应用，取得了很好的成果。

（摘自国务院学位办公室“全国优秀博士论文评选”网上资料）

《中国年度宏观经济计量模型与模拟分析研究》

中国人民大学　刘晓越

该文对我国经济体制转换过程中建立宏观经济模型的理论和实践作出了有益的探索，并在寻求建立既符合中国经济实际又有简练数学形式而且颇具操作性的经济模型方面很有建树，本项研究具有重要的方法论意义和实际应用价值。该文建立了一个结构简练、操作性强的应用型综合计量模型，并应用其模拟研究了“美国经济增速减缓对中国经济的影响”和“加入 WTO 对中国宏观经济的影响”两个实例。该项研究的主要特色是：实现了经济理论与数量方法的有机结合，实现了模型理论与实际国情的有效结合，提出了用定量分析方法模拟研究经济问题的一种思路。

国务院发展研究中心副主任李剑阁认为，该文以独特的视角，用定量分析的方法研究社会热点问题，抓住了加入 WTO 和美国经济对我国经济运行有重大影响的这两个复杂而又敏感的问题，引入模型进行模拟分析，揭示出经济变量之间的联系和依存关系，充分表现了作者敏锐的观察力、洞察力和创建性。

（中国人民大学科研处张玉洁供稿）

《清代民间契约中的法律——民事习惯法视角下的理论构建》

中国人民大学　李　力

该文突破了目前法学界以现代民法的权利体系和概念体系为工具研究中国古代民法的通行模式，采用对清代民间契约文本进行语义分析和法律解析的方法，尽可能地置身于清代民间契约的语境之中去理解文本制造者对于民事权利所作的表达，以及其用以表达的概念的确切含义。通过这一研究，作者试图揭示存在于清代民间社会中的、中华法系所特有的民事习惯和习惯法，构建清代社会民事习惯法的权利体系和概念体系，并且寻求这一体系内部的协调一致，以及其与官方成文法之间的契合，从而更好地把握中国古代的民法传统，为进一步研究这种传统的现代转化提供坚实的基础。在这一研究框架下，作者对清代民间契约中的“业”、“卖”、“伙”、“保”等基本概念，以及这些概念所表达的权利进行了深入的探讨。

（中国人民大学科研处张玉洁供稿）

《“日本体验”与中国现代文学的发生》

北京师范大学　李怡

本文试图通过对中国现代留日作家“日本体验”的分析，总结中国现代文学发生的内在规律。从晚清到“五四”，一般被视作中国现代文学的“发生期”，就是在这一过程当中，中国文学努力改变自身衰弱不振的状态，以艰苦卓绝的努力开辟了未来文学发展的道路。在过去的研究中，我们比较注意从比较文学“影响研究”的角度来发掘这一现代转换的意义。本文认为，以挖掘文学思潮相似性与传输性为主旨的“影响研究”并不足以完全阐述中国作家自身的心态变化，而只有自我心态的变化，才是导致文学创作嬗变的最终原因。与作家自我心态直接相关的便是一个对于人生与生命的“体验”问题。对“体验”的重新认识，特别是对在中国文学近现代演化过程中担当主要角色的留日作家的“体验”加以认真的审视和分析，将有可能更具体地揭示中国现代文学发生的若干细节。

（摘自国务院学位办公室“全国优秀博士论文评选”网上资料）

《毛泽东战略进攻思想研究》

军事科学院　毛新宇

此文对毛泽东战略进攻的理论与实践进行了系统研究。毛泽东军事战略思想，是一个极其严整的理论体系，既包括战略防御思想，也包括战略进攻思想。长期以来，学术界对毛泽东积极防御思想的研究较为充分，对战略进攻思想的研究则相当薄弱。这样，对毛泽东战略进攻思想进行深入开掘和系统研究，构建其理论框架，使之形成完备的理论形态，就成为我们义不容辞的历史责任。

毛泽东战略进攻思想是随着中国革命战争的产生而萌芽，以后在战争实践中不断发展，到解放战争中期以后正式形成并走向完善。它有着丰富的理论内涵。它既反映了战略进攻的一般规律，又具有许多理论独创性。此外，毛泽东战略进攻思想的理论体系还包括多方面内容，并且有着深刻的哲学底蕴，闪耀着辩证唯物主义和历史唯物主义的思想光辉。这一思想引导中国革命战争取得胜利，为我国国防建设提供了理论武器；丰富了人类军事理论宝库，对世界军事领域产生了广泛的影响；具有重要的方法论意义。

（摘自国务院学位办公室“全国优秀博士论文评选”网上资料）

各高校、科研单位获省部级以上人文社会科学研究成果奖

北京师范大学

第十一届（2004年度）孙冶方经济科学奖

单位	作者	成果名称	成果形式	奖励等级	批准年度
经济与资源管理研究所	经济与资源管理研究所	2003年中国市场经济发展报告	专著	著作奖	2005

（北京师范大学社会科学处　田晓刚供稿）

中央民族大学

国家民委2004年调研报告奖

项目名称	项目负责人	颁奖单位	成果形式	获奖等级
内蒙古鄂尔多斯市鄂托克旗生态移民调查报告	任国英	国家民族事务委员会	调研报告	三等奖
四川凉山彝族自治州西昌彝汉杂居区生态保护现状的调研	孟秀祥等	国家民族事务委员会	调研报告	优秀奖

续表

项目名称	项目负责人	颁奖单位	成果形式	获奖等级
关于我国少数民族医学发展状况的调研报告	冯金朝等	国家民族事务委员会	调研报告	优秀奖

（中央民族大学科研处陈海如供稿）

中国政法大学

第十三届安子介国际贸易研究奖

成果名称	作者	发表刊物和时间	单位	奖项类别
试析信用证下的银行审单标准	陈 韬	《仲裁与法律》2005.3	国际法学院	学术鼓励奖

（中国政法大学科研处供稿）

对外经济贸易大学

2005 年省部级以上科研获奖情况

获奖名称	作者	获奖者所在单位	作品题目	成果形式	出版单位	出版时间
第十三届安子介国际贸易研究奖优秀著作三等奖	林汉川等	国际商学院 北京企业国际化经营研究基地	北京企业国际化经营研究报告 2005	专著	同心出版社	2005.4

（对外经济贸易大学科研处供稿）

中国农业大学

第十三届安子介国际贸易研究奖

奖励名称	项目名称	项目负责人	颁奖单位	成果形式	获奖等级
安子介国际贸易研究奖	对世界农产品贸易中的比较优势的检验	刘拥军	第十三届安子介国际贸易研究奖评委会	论文	二等奖

（中国农业大学科学技术处王虹供稿）

北京林业大学

获北京市人文社科优秀成果奖成果

成果名称	项目负责人	颁奖单位	成果形式	获奖等级
中国森林资源投入产出及纳入市场运作体系的研究	陈建成	北京市人民政府	研究报告	二等奖

（北京林业大学科技处张力供稿）

中国青年政治学院

获北京市教育教学成果奖

获奖人	成果名称	获奖名称	获奖级别	授奖单位
张 澍	学分制改革	北京市教育教学成果（高等教育）奖	二等奖	北京市教委

（中国青年政治学院曹骏供稿）

国务院发展研究中心

2005 年度获奖项目及特等、一等奖成果简介

项目名称	奖名	等级	完成部门
“十一五”规划思路和 2020 年远景目标研究	中国发展研究奖*	特等	国务院发展研究中心课题组
中国食品安全战略研究	中国发展研究奖	一等	国务院发展研究中心农村经济研究部
中国能源发展战略与政策研究	中国发展研究奖	一等	国务院发展研究中心产业经济研究部
知识产权保护制度与市场环境研究	中国发展研究奖	二等	国务院发展研究中心技术经济研究部
保险业系统性风险的预测、防范化解机制研究	中国发展研究奖	二等	国务院发展研究中心金融研究所
市场经济条件下政府节能管理模式研究	中国发展研究奖	二等	国务院发展研究中心社会发展研究部
转型中国企业人力资源管理及发展政策研究	中国发展研究奖	三等	国务院发展研究中心企业研究所
昆明滇池国家旅游度假区发展战略研究	中国发展研究奖	三等	国务院发展研究中心发展战略和区域经济研究部

*《中国发展研究奖》是为加强我国政策咨询研究工作，提高政策咨询研究成果的质量和水平，表彰为政策咨询研究作出贡献的研究人员，由国务院发展研究中心特设立全国性政策咨询研究优秀成果奖，作为国务院发展研究中心科学技术进步奖。

该奖是面向全国各省、自治区、直辖市政策咨询研究机构，各省会城市、计划单列市政策咨询研究机构及国务院发展研究中心完成的优秀研究成果。

《中国发展研究奖》已于 2005 年在国务院发展研究中心的网站上开通了自己的网页。获中国发展研究奖的全部项目名单和二等奖以上获奖项目的成果简介，均在网页上可以查询。

《中国发展研究奖》所在网页的网址：http：//fzj. drc. gov. cn/。

（国务院发展研究中心科研处孙普希供稿）

《“十一五”规划思路和2020年远景目标研究》

国务院发展中心课题组

负责人：王梦奎、谢伏瞻、李剑阁

获2005年度中国发展研究奖特等奖

本项目为国务院发展研究中心2005年度重点课题，是在中国发展研究基金会支持下完成的。

项目研究分析了中长期中国社会经济发展的目标和条件，理清了未来5—15年社会经济发展面临的突出问题，明确了“十一五”至2020年社会经济发展的基本任务，展望未来15年社会经济发展的基本趋势，提出了加快全面小康社会建设、促进社会经济持续协调发展的政策建议。

该项成果由21个报告组成，这些报告具有5个特点：（1）选题具有全局性、综合性、战略性和长期性。解决当前和今后社会经济发展中存在的许多矛盾和问题需要综合系统的方案。项目除综合系统地研究“十一五”至2020年社会经济发展的总体思路外，还重点研究了影响国民经济运行全局的若干战略性问题。（2）研究注重定性分析和定量分析相结合。（3）研究强调成果的实用性。（4）研究具有超前性和适时性。研究成果直接服务于“十一五”规划建议的起草。（5）研究具有实用性和创新性。不仅分析了社会经济发展中的问题及其产生的原因，还提出了解决这些问题的总体思路和有针对性的政策建议；既强调要从总体上解决中国的发展问题，又强调要分清主次、抓住影响发展的关键环节。

该项成果不仅在中央制订“十一五”规划建议的过程中发挥了重要作用，而且还以国务院发展研究中心《调查研究报告择要》和《调查研究报告》，以及正式出版（书名《中国中长期发展的重要问题（2006－2020）》）等形式公诸于众，产生了广泛的社会影响。

（摘自“中国发展研究奖”网上资料）

《中国食品安全战略研究》

国务院发展研究中心农村经济研究部

课题负责人　陈锡文　韩　俊

获2005年度中国发展研究奖一等奖

随着中国经济和社会的持续较高速度发展以及人们生活水平的提高，消费者对食品的安全性提出了越来越高的要求。同时，在国际贸易中，我国的食品安全问题已经成为影响中国农业和食品产业国际竞争力的关键因素。基于食品安全问题的重要性和迫切性，科技部实施了《“十五”食品安全重大科技专项行动》。《中国食品安全战略研究》是该专项行动的一个子项目。该课题研究的总体目标是提出我国食品安全的战略目标以及中长期发展思路，为国家制定有关食品安全政策、法规和法律提供依据。

鉴于食品安全问题研究涉及的领域十分广泛，国内对食品安全问题的研究还十分薄弱，为了完成本项研究任务，国务院发展研究中心和科技部组织力量开展了跨部门、跨学科的协作研究。先后有国内50余家机构、150多位研究人员参与了该课题研究。该课题共完成了50余项专题研究成果。

在专题研究基础上，课题组根据全面建设小康社会的要求，以提高公众健康水平、促进就业和提高农民收入、增强中国食品产业的国际竞争力为目标，在借鉴国际食品安全管理有益经验的基础上，提出了我国食品安全的战略的总体框架。针对我国食品安全存在的问题，课题组认为，建立有效的国家食品安全保障体系，应提高食品安全科技水平，突破食品安全中的科技“瓶颈”制约；以风险评估为基础，建立既符合中国国情又与国际接轨的食品安全标准体系；建立政府各监管机构之间分工明确、协调一致的食品安全管理体制；建立统一、权威、高效的食品安全检验检测体系；建立有效的技术贸易措施体系；建立统一、规范的食品认证认可体系；建立健全食品安全应急反应机制；建立统一协调的法律法规体系；逐步实行市场准入制度；实行食品溯源管理制度，完善标签管理；完善食品供应组织体系；完善信息发布制度；充分发挥行业协会、媒体的作用；加强教育和培训；加强国际交流与合作等。

（摘自“中国发展研究奖”网上资料）

《中国能源发展战略与政策研究》

国务院发展研究中心产业经济研究部

课题负责人　陈清泰

获2005年度中国发展研究奖一等奖

本世纪的头20年，是中华民族实现伟大复兴的重要战略机遇期，也是全面建设小康社会、经济和社会等诸多领域发生重要变化的时期。目前表现出来的能源对经济发展的制约作用，已成为中国长期面对并必须克服的矛盾之一，能源还是贯彻全面协调、可持续的科学发展观的关键领域。2020年中国能否安全、经济、可持续的保障能源供应，能否走出一条具有中国特色的能源可持续发展之路，既需要制定面向2020年的中长期能源发展战略，还需要经济政策、能源政策、环境政策等综合协同，方能从容应对中国面临的诸多挑战。

一、过去20余年中国的能源发展已取得了不小成就，并积累了一定的经验

二、本世纪头20年中国能源需求形势面临严峻挑战

三、新时期应实施“保证供应、节能优先、结构优化、环境友好、市场推动”的可持续能源发展战略

1. 中国可持续能源发展战略的主要内容

2. 实现发展方式的转型

3. 2020年中国的可持续能源发展理想目标

四、中国实现可持续能源发展的政策措施

1. 将节约资源提升到基本国策的高度

2. 通过政府驱动、公众参与、总量控制、排污交易实施环境友好的能源战略

3. 实施调整和优化能源结构的政策

4. 加大能源领域的体制改革和技术创新

5. 采取综合措施保障石油安全

五、完善法律法规体系和政府监管

1. 完善法律法规体系

2. 完善政府管理体制

（摘自“中国发展研究奖”网上资料）

国家发展和改革委员会宏观经济研究院

获国家发展改革委员会优秀研究成果奖项目（2005年评出）

项目名称	负责人	完成单位	成果形式	获奖等级
关于发展我国先进生产力的研究	王春正、白和金等	国家发改委研究室、综合司、宏观经济研究院等	研究报告	一等奖
2001—2020年实现GDP翻两番的能源战略研究	周大地	国家发改委能源研究所	研究报告	二等奖
我国现代综合运输体系框架研究	郭小碚	国家发改委综合运输研究所、交通部科学研究院	研究报告	二等奖
新形势下金融安全问题研究	宋　立	国家发改委经济研究所	研究报告	三等奖
我国及中石化集团利用国际石油资源战略及对策	刘福垣、韩文科等	国家发改委宏观经济研究院、中石化经济技术研究院等	研究报告	三等奖
建立中国—东盟自由贸易区广西发展机遇及对策研究	章远新等	广西发改委、国家发改委经济研究所等	研究报告	三等奖

（国家发展和改革委员会宏观经济研究院丁刚供稿）

中央教育科学研究所

获奖成果

项目名称	负责人	颁奖单位	成果形式	获奖等级
《中华人民共和国教育专题史丛书》(13册)	何东昌总主编，卓晴君、方晓东、毕诚、程方平、李鑫华、李玉非等著	中国教育学会	专著	“中国教育学会奖”（1999-2004）一等奖
《中华人民共和国教育史纲》	方晓东	中南六省区图书评审委员会	专著	中南六省（区）优秀教育读物特等奖
税费改革对农村义务教育影响的个案调查与政策建议	魏向赤	中国教育经济学会	论文	中国教育经济学年会一等奖
我国城镇居民个人教育投资风险的实证研究	马晓强	中国教育经济学会	论文	中国教育经济学年会一等奖

（中央教育科学研究所科研管理处供稿）

北京市档案局

获得国家档案局（颁奖单位）优秀科研成果奖励项目（省部级）

项目名称	获奖单位	奖励等级	主要获奖人
北京市档案开放利用研究	北京市档案局	二等奖	姜之茂、马素萍、宗文萍、武高可
区县政府机关文件中心的规划与研究	北京市宣武区档案局 北京市档案局 国家档案局馆（室）司	二等奖	周永欣、曲新川、李福君、金梅、赵鹏、李春英、包金春
数字档案安全体系研究	北京市档案馆 清华大学档案馆	三等奖	陈伟、薛四新、孙宇华、杨艳、郑善学

（北京市档案局科教处宗文萍）

北京市国际税收研究会

《2002-2003年国际税收优秀科学成果》集体奖（2005年评出）

项目名称	项目负责人	颁奖部门
《防止国际避税的国际征管合作研究》	孙振刚　刘　桓	中国国际税收研究会
《税收征管是实现国家税收收入的保障》	孙振刚　张富珍	中国国际税收研究会
《不断提高税源监控能力，规范税收征管行为》	孙振刚　张富珍	中国国际税收研究会
《努力提高办税人员水平》	孙振刚　张富珍	中国国际税收研究会

（北京市国际税收研究会唐乃清供稿）

北京市统计学会

项目名称	项目负责人	颁奖单位	成果形式	获奖等级
关于建立北京市区县政府绩效评估体系及应用研究	崔述强	北京市优秀调查研究成果评审委员会	调研报告	二等奖

（北京市统计学会秘书处隗国供稿）

·学术活动·

马克思主义　科学社会主义

“马克思主义中国化的历史进程和基本经验”课题组年度一次会议　5月29日，“马克思主义中国化的历史进程和基本经验”课题组副组长宋贵伦、张文啟，首席专家龚育之、石仲泉和课题组全体成员出席本次会议，会议由张文啟主持。市委常委、宣传部长蔡赴朝同志到会慰问了与会专家学者。

会议对前一阶段的提纲编写工作进行通报。经过半年多的努力，在两位首席专家主持下，课题组抓紧工作，提纲七易其稿，形成了目前比较统一成熟的思路和构架。会议根据课题研究的需要，对下一步专著的具体撰写作出了部署和安排。

会上，龚育之对课题研究核心专著的谋篇布局和大的思路进行了阐述，并就如何进一步完善这一思路提出了指导性的意见。石仲泉向大家介绍了开展下一步课题研究的初步计划和有关任务，提出热笔组近期要认真思考如何将提纲在内容和文字上细化，在写法上要注意史论结合，对需要完善的部分可以采取动态修改，在研究中不断完善。

围绕课题最终要出一部核心专著、一套文献资料、一部理论专题片和一套论文集的工作目标，经课题组领导研究决定，对原课题组人员分工进行调整，重新组成了咨询组、执笔组、文献资料组、文集组、专题片组和联络组，并明确了各组的主要职责和任务。会议要求各组按照时间进度表的安排，全面启动各项工作并抓紧落实。

（北京市邓小平理论和“三个代表”重要思想研究中心卢颖华、许星供稿）

中国社会科学院“纪念陈云同志诞辰100周年”学术座谈会　6月7日，中国社会科学院邓小平研究中心举行“纪念陈云同志诞辰100周年”学术座谈会。院党组副书记、副院长冷溶主持会议并发表讲话，副院长朱佳木出席会议。

冷溶在讲话中指出，陈云同志是杰出的马克思主义者，伟大的无产阶级革命家、政治家，党和国家主要领导人之一，中国社会主义经济建设的开创者和奠基人之一。在70年的革命生涯中，陈云同志担任了许多重要领导职务、参与了许多重大决策和重大事件，为中国的革命、建设和改革事业倾注了大量心血，立下了卓越功勋。作为党的第一代和第二代中央领导集体的重要成员，陈云同志坚持实事求是，注重实践，理论修养深厚，对毛泽东思想、邓小平理论的形成与发展作出了突出贡献。他的经济思想、党建思想和哲学思想，他所归纳总结和倡导的“不唯上、不唯书、只唯实，交换、比较、反复”15字诀，至今仍然闪烁着思想的光辉，是留给我们的一笔宝贵精神财富。

冷溶指出，全面建设小康社会的伟大历史进程，党和人民事业的发展，需要我们继续深入学习陈云同志的光辉思想和崇高风范。我们要努力学习陈云同志坚持真理、实事求是的科学态度和注重调查研究、关心民众的工作作风；要深刻领会他关于在干部中特别在领导干部中提倡学哲学有根本的意义的思想；要严格坚持和认真学习他总结出来的“不唯上、不唯书、只唯实，交换、比较、反复”这样一个充满唯物辩证法的领导原则和工作方法。我们今天研究陈云同志的生平和思想，要与深入学习贯彻邓小平理论和“三个代表”重要思想结合起来，与落实科学发展观、加强党的执政能力建设、构建社会主义和谐社会结合起来。要通过研究与学习，以老一辈无产阶级革命家为楷模，继承和发扬党的优良传统和作风，坚定理想信念，努力做好本职工作，为全面建设小康社会、实现中华民族的伟大复兴而奋斗。

朱佳木在讲话中指出，对共产主义的坚定信念和为共产主义事业奋斗到底的精神，是陈云同志最为突出的特点和风格。这一信念和精神表现在他70

年革命生涯的各个时期，也表现在改革开放后他对社会主义方向的把握上，对马克思主义基本理论的坚持上，对党和国家根本利益的维护上。他为全党树立了永葆共产党人政治本色的光辉榜样。我们纪念陈云同志诞辰100周年，就应当学习他对共产主义崇高理想坚定不移的精神，一方面为党在每个时期的具体奋斗目标扎实工作，另一方面始终牢记共产主义的远大目标，为把中国早日建成富强、民主、文明的社会主义国家而努力奋斗。

张卓元、程中原、董志凯、李为善、李伟等学者分别从不同角度阐释了陈云同志的业绩、思想和风范。与会学者认为，研究陈云同志生平和思想的目的是为了学习，是为了重温革命传统，继承和发展老一辈无产阶级革命家的事业和思想。大家表示，将认真学习和深刻领会中央政治局常委会议精神，毫不动摇地坚持马克思主义基本原理，坚持正确的政治方向，坚持解放思想、实事求是、与时俱进，积极推进理论创新，为构建中国社会科学院哲学社会科学创新体系、大力繁荣发展哲学社会科学，作出自己应有的贡献。

中国社会科学院当代中国研究所、马列主义毛泽东思想研究所、经济研究所、哲学研究所、政治学研究所和科研局、机关党委、青年中心等单位的代表参加了座谈会。

（中国社会科学院办公厅朱丽雅供稿）

北京市纪念陈云同志诞辰100周年理论研讨会 6月9日，中共北京市委宣传部、中共北京市委教育工作委员会、中共北京市委党校、中共北京市委党史研究室、北京市社会科学院、北京市社会科学界联合会、北京市邓小平理论和“三个代表”重要思想研究中心联合召开北京市纪念陈云同志诞辰100周年理论研讨会，交流研究陈云同志生平和思想的成果，缅怀陈云同志的丰功伟绩和不朽风范，表达对陈云同志衷心的爱戴和尊敬。市委副书记杜德印出席会议并发表重要讲话。市委常委、宣传部长蔡赴朝主持会议。

市社科联党组书记、邓小平理论和“三个代表”重要思想研究中心常务副主任张文啟宣读了对北京市纪念陈云同志诞辰100周年征文活动“优秀论文奖”和“组织工作奖”的表彰决定。中央党校教授赵曜，中国政法大学教授卫灵（代表中国人民大学教授卫兴华），北京师范大学党委宣传部部长、教授王炳林，市委党史研究室苏峰先后发言，从陈云同志关于社会主义精神文明建设的思想、关于计划与市场关系的经济思想、关于党史观和对北京工作的关注与指导等方面进行了深入的研讨。

杜德印在讲话中对陈云同志在长期领导中国革命和建设的伟大实践中形成的革命精神、丰富经验和崇高品德作了高度评价，对认真研究陈云同志的生平和思想，学习他的业绩和风范的重要现实意义作了深刻阐发。他指出，纪念陈云同志，必须坚持以科学发展观为指导，推进首都更快更好地发展；必须坚持求真务实的精神，不断改进领导方式和领导方法；必须坚持立党为公，执政为民，切实维护好最广大人民群众的根本利益；必须不断加强和改进党的建设，永葆党的先进性。

蔡赴朝在主持会议时指出，胡锦涛总书记在纪念陈云同志诞辰100周年大会上将作重要讲话，必须认真学习、深刻领会、坚决贯彻好讲话精神，以实际行动纪念陈云同志诞辰100周年，并以此为契机，进一步搞好对毛泽东思想、邓小平理论和“三个代表”重要思想的学习。

市委、市政府部分领导，市委各工委、各区县委负责人，市社科理论单位负责人，征文活动“组织工作奖”获奖单位代表及部分“优秀论文奖”获奖作者近百人参加会议。会议由市邓小平理论和“三个代表”重要思想研究中心具体承办。

（北京市邓小平理论和“三个代表”重要思想研究中心卢颖华、许星供稿）

纪念毛泽东《愚公移山》发表60周年理论研讨会 6月10日，理论界在中央党校举行了纪念《愚公移山》发表60周年的理论研讨会。中央党校副校长李君如作了“我们今天为什么要纪念《愚公移山》”的主题发言。与会代表围绕愚公移山精神进行了深入研讨。

大家认为，挖掘愚公移山精神的科学内涵与时代价值，探索弘扬愚公移山精神的基本途径，对于我们落实科学发展观，全面建设小康社会，构建社会主义和谐社会，具有重要的现实意义。

中国古代寓言故事中的愚公就出自今天的河南省济源市。来自济源的代表说，几十年来，愚公精神激励他们改天换地，使济源市人均国内生产总值在2004年已跃居全省第二位。

纪念《愚公移山》发表60周年，就要像当年宣传七大路线那样，宣传党的十六大精神和“三个代表”重要思想，使全国人民进一步确立中国特色社会主义一定会成功，中国的社会主义现代化一定会实现的坚定信念和信心。这是与会代表的共识。专家们说，信仰正确、信念坚定、信心充足是社会实践最终成功的根本保证。我们事业的得失成败和前途命运，很大程度上取决于全党同志的信仰、信念问题解决得如何。

愚公移山精神集中而形象地展示了我们党吃苦在前，冲锋在前，坚韧不拔，开拓进取的优良传统，展示了中华民族勤劳勇敢、自强不息、艰苦奋斗的民族精神。专家学者认为，今天学习《愚公移山》应该充分认识到全面建设小康社会面临的机遇和挑战。一要有居安思危的忧患意识，二要有知难而上的开拓进取精神。各级党员干部尤其要率先垂范，牢记“两个务必”，力戒奢靡之风，弘扬艰苦奋斗的优良传统，真正做到为人民执好政、掌好权。

研讨会由中央党校科研部和济源市委、市政府联合举办。原全国人大常委会副委员长姜春云向研讨会发来贺信，原全国人大常委会副委员长王汉斌、全国党建研究会会长张全景等领导同志及专家学者70多人参加了研讨。

（参见《光明日报》2005年6月12日第1版）

纪念恩格斯逝世110周年学术研讨会　6月11日，由中国人民大学国际关系学院、中国国际共运史学会、北京市国际共运史学会、北京市社科联联合举办的“纪念恩格斯逝世110周年学术研讨会”在中国人民大学逸夫会议中心举行。来自北京大学、中国人民大学、中央编译局、中联部等单位和高校的70多位专家、学者参加了会议。

中国人民大学国际关系学院院长、中国国际共运史学会副会长、北京市国际共运史学会会长李景治教授致开幕词。殷叙彝、张中云、高放、张光明、曹特金、张文成、孔凡君、顾锦屏、郭春生、吕增奎、王继亭、吴兴唐、陆南泉等十几位知名专家和青年学者先后发言。中国国际共运史学会副会长、中央编译局副局长王学东教授主持了会议的闭幕式并作了总结发言。

与会学者从各自不同的角度对恩格斯的生平、恩格斯在创建马克思主义过程中的独特作用、恩格斯的晚年思想、恩格斯对资本主义新变化的新认识、恩格斯对社会主义民主的看法等一系列问题进行了深入探讨，提出了许多颇有见地的新观点、新看法。

（中国人民大学科学研究处罗圣华供稿）

当代马克思主义的社会分析国际学术研讨会　由中央编译局世界社会主义研究所与德国罗莎·卢森堡基金会共同主办的“当代马克思主义的社会分析”国际学术研讨会，10月12日在京举行。中央编译局副局长王学东、世界所所长张文成，卢森堡基金会副主席米夏埃尔·布里，德国驻华公使费安德以及艾哈德·克鲁默、马丽斯·林克等出席会议。

与会者指出，讨论当代马克思主义的社会分析，有助于我们追本溯源，从马克思主义的理论中汲取营养，有助于吸收借鉴国外学者运用马克思主义进行社会分析取得的理论成果，为进一步丰富中国特色社会主义理论服务。

与会者认为，“当代马克思主义的社会分析”是一个内涵深刻、涉及面很广的议题。在中国正在努力构建社会主义和谐社会的条件下，这个议题具有十分重要的理论意义和现实意义。构建社会主义和谐社会是中国共产党从全面建设小康社会、开创中国特色社会主义新局面出发提出的一项重大任务。构建社会主义和谐社会，符合马克思主义的社会分析和对社会主义社会的科学设想。按照马克思恩格斯的设想，未来社会将在消灭私有制的基础上，消除阶级之间、城乡之间、脑力劳动和体力劳动之间的对立和差别，极大地调动全体劳动者的积极性，使社会财富极大丰富、人民精神境界极大提高，实现每个人自由而全面的发展，在人与人、人与自然之间形成和谐的关系。中国共产党提出构建社会主义和谐社会，既是对中国改革开放和现代化建设的科学总结，也是在新的形势下提高共产党的执政能力、落实科学发展观、更好地推进我国经济社会发展的战略举措，适应了我国改革发展进入关键时期的客观要求，体现了广大人民群众的根本利益和共同愿望。

（参见《光明日报》2005年11月1日第5版）

马克思主义理论研究和建设工程全面落实科学发展观第一次研讨会　11月28日，由北京市邓小平理论和“三个代表”重要思想研究中心承办的此次研讨会在北京召开。会议以学习贯彻党的十六届五中全会精神，全面落实科学发展观为主题，围绕科学发展观的世界观和方法论意义、科学发展观的深刻内涵和精神实质以及全面落实科学发展观等问题进行了研讨。中宣部理论局局长路建平主持会议。蔡赴朝、李君如、杨春贵、徐崇温、肖万春、黄传新、景天魁、张剑、郭金平、林岗、刘相、王一程、左学金、田丰、姜汉斌、张伯里等研究基地代表和专家学者先后在研讨会上发言，围绕会议主题进行了深入研讨。

与会专家学者一致认为，科学发展观是以胡锦涛同志为总书记的新一届中央领导集体，坚持以邓小平理论和“三个代表”重要思想为指导，在深刻总结我国长期以来经济建设中的经验教训，吸收人类现代文明进步新成果的基础上，站在历史和时代的高度，提出的重大战略思想和指导方针，是推动经济社会发展、加快推进社会主义现代化必须长期坚持的重要指导思想。“十一五”时期是全面建设小康社会的关键时期，也是全面落实科学发展观的关键时期。必须坚持以科学发展观统领经济社会发展全局，把科学发展观贯穿到经济社会发展的全过程，落实到经济社会发展的各个环节，切实把经济社会发展转入以人为本、全面协调可持续发展的轨道。

会议强调，深入研究和阐释科学发展观是当前理论界的一项重要任务，也是实施马克思主义理论研究和建设工程的重要内容。要立足社会主义初级阶段的国情，紧密联系全面建设小康社会的实际，协调和集成自然科学、社会科学、人文科学等方方面面的知识、方法、手段，对科学发展观进行周密的研究和阐释，引导广大干部群众更好地树立和落实科学发展观。

马克思主义理论研究和建设工程有关课题组首席专家和主要成员，全国和部分省区市邓小平理论和“三个代表”重要思想研究中心有关负责同志和专家学者，北京市各区县党委宣传部有关负责同志，共120余人参加了研讨会。

（北京市邓小平理论和“三个代表”重要思想研究中心卢颖华、许星供稿）

“马克思主义中国化的历史进程和基本经验”课题组年度二次会议 12月16日，北京市邓小平理论和“三个代表”重要思想研究中心召开“马克思主义中国化的历史进程和基本经验”课题组会议，通报课题研究进展情况，布置下一阶段研究工作。市委副书记龙新民、中宣部理论局副局长张西明出席会议并讲话。市委宣传部副部长、社科联党组书记、邓小平理论和“三个代表”重要思想研究中心常务副主任宋贵伦主持会议。课题组首席专家龚育之、石仲泉，主要成员侯树栋、徐崇温、文魁、徐鸿武、王锐生、鲁振祥、王顺生、侯且岸、秦宣、徐志宏、韩震、顾龙生、刘福同、李贺林等参加了会议。

宋贵伦向课题组各位专家表示慰问和感谢，并介绍了课题组成立一年多来课题总的进展情况。石仲泉围绕核心专著提纲的编写过程，着重介绍了执笔组工作的进展情况。龚育之提出了课题研究要在求准、求深、求实、求共识的基础上求新的总要求。

张西明在讲话中说，北京市基地在落实马克思主义理论研究和建设工程的过程中，全面参与工程各项任务，做了大量的卓有成效的工作，推动工程取得实质性进展。同时，工程只是刚刚开始，以后的任务还很多很重，希望北京市基地的前辈、专家能再接再厉，以高度的责任感和使命感，为党的这项战略工程作出更大的贡献。

龙新民代表市委和市委宣传部，对课题组各位专家一年多来的工作表示衷心的感谢和崇高的敬意，并向各位专家致以新年的祝贺。他在讲话中肯定了课题目前的题目、结构和课题研究的总要求，希望各位专家在明年这个课题研究的攻坚阶段、关键时期，集中精力进行研究，写出高水平、高质量、带有权威性的著作。

参加会议的还有中宣部理论局有关负责同志，北京市部分社科理论部门有关负责同志等。

（北京市邓小平理论和“三个代表”重要思想研究中心卢颖华、许星供稿）

哲学（含自然辩证法、逻辑学、伦理学、美学）

国际科学实践哲学学术研讨会 7月22—23日，为庆祝清华大学国学院成立80周年，促进科学实践哲学的研究，清华大学科学技术与社会研究中心召开国际科学实践哲学学术研讨会，这是国内第一次以科学实践哲学为主题的学术研讨会。清华大学科学技术与社会研究中心吴彤教授等对清华大学科学实践研究的一些成果进行介绍。来自墨西哥和阿根廷等国的5位学者，北京师范大学、中国人民大学、内蒙古大学、重庆大学等大学和研究机构的学者参加了会议。本次会议论文将结集出版。

通过本次会议，科学技术与社会研究中心与墨西哥、阿根廷学者达成包括合作出版、邀请访问讲学、资料共享等在内的进一步展开学术合作的协议。

（清华大学文科建设处刘金梅供稿）

金岳霖诞辰110周年纪念会 8月25日，中国社会科学院、北京大学、清华大学、中国民主同盟、中国逻辑与语言函授大学和金岳霖学术基金会的领导、海内外的专家学者、金岳霖先生的亲朋好友及家乡人民政府的代表等150多人，聚集在中国社科院，隆重纪念学术大师金岳霖先生诞辰110周年。

中国社会科学院副院长冷溶在讲话中高度评价金岳霖先生对中国现代哲学和逻辑学所作出的杰出

贡献，指出举行金岳霖先生诞辰110周年纪念大会，是学术界具有重要意义的一件大事。

金岳霖先生是我国20世纪的哲学大师、逻辑大师和杰出的教育家。他撰著的《逻辑》、《论道》和《知识论》等重要著作，建立了独特的哲学体系，培养了一大批学养深厚、蜚声海内外的哲学家和逻辑学家。清华大学哲学系由他创办并担任第一任系主任。1952年，全国各大学哲学系合并，他又出任北京大学哲学系主任。特别值得一提的是，金先生在北大期间，兼任《光明日报》哲学副刊主编，亲自审稿，而当时该报的哲学副刊是我国唯一的哲学专业刊物，他对传播马克思主义哲学起了重要的推动作用。1955年，他又奉调筹备中国科学院哲学研究所。金岳霖先生一生从事哲学和逻辑学的教学与研究工作，他追求真理，勇于创新，在学术、政治和工作上表现出高尚的人格和优良的学风。胡乔木1985年为他题词说："金岳霖先生对中国逻辑学和哲学的贡献是不可磨灭的"；胡绳1995年题词："金岳霖先生是逻辑学的大师，也是与时俱进的哲学家"。邢贲思等学者在发言中说，纪念金先生，不仅要学习他的学术著作，研究他的学术思想，更重要的是要学习他的治学精神和治学态度，推动我国哲学社会科学繁荣与发展。

〔参见《光明日报》2005年8月26日第2版，《人民日报》（海外版）2005年8月26日第2版〕

人本主义心理学国际学术研讨会　为促进人本主义暨精神心理学在中国的发展，北京林业大学心理学系与美国中美精神心理研究所合作，于9月24—28日在北京林业大学举办了第三届人本主义暨精神心理学国际学术研讨会。本次会议的主题为人本主义心理学暨精神心理学（超个人心理学）理论与应用，具体分为人本主义以及精神心理学（超个人心理学）取向的心理咨询与治疗、人本主义以及精神心理学（超个人心理学）与东方文化、人本主义以及精神心理学中的环境与生态心理学等多个研究方向。美国、加拿大、英国、意大利、印度、中国内地及台湾地区等40余位国内外知名学者应邀参会并提交了学术论文，其中包括国际知名人本主义心理学家Margaret Warner、美国精神心理研究院教授及精神心理学家Jeremy Taylor以及加拿大籍李安德教授、北京师范大学郑日昌教授等，共有百余名国内外专家学者参加该会议。共提交的会议主题报告与论文共90篇，其中外方代表15篇，中方代表75篇，最后筛选出近40篇优秀论文汇集为会议手册。

会前工作坊在9月24和25日举行，主持工作坊的有Margaret Warner、李绍崑、张宝蕊、张嘉真、朱建军等国内外知名专家。每个人除了对自己的技术和学术做阐述之外，还有现场的案例指导，与会人员表示，在这些活动中，专业视角和能力都有相当大的提高。

大会于9月26至28日正式召开，研讨会以大会主题报告与小组研讨两种形式展开，整个会议期间共安排了7场大会主题报告，19位国内外知名教授分别作了高水平的主题报告，主题报告之外则还设立了三个分会场同时进行小组研讨。会议研讨主题丰富，精彩纷呈，气氛热烈，与会代表反馈收获很大。

本次大会探讨了人本主义心理学与精神心理学，这将积极促进我国在这两个领域的快速发展，同时进行的东方文化与人本主义与精神心理学的研讨，也将推动中国心理学走向世界，被更多的学者了解，加强国际间的学术交流。

（北京林业大学科技处张力供稿）

首届京师哲学高峰论坛　论坛由北京师范大学价值观与民族精神哲学社会科学国家重点创新基地、价值与文化研究中心、哲学与社会学学院主办，于10月25—26日举行。世界著名过程思想家科布教授、美国过程研究中心顾问费劳德先生和美国邵肯巴赫基金会主任、生态经济学家克里福德先生等国外知名学者与企业家，还有王治河、韩震、曹卫东、李景林、张曙光等国内著名专家学者参与了论坛。

论坛围绕着"全球视野中的哲学与管理"，科布教授作了《过程哲学的当代意义》的主题报告，韩震教授作了《论作为社会妥协的程序机制的民主》的报告，美国过程研究中心中国部主任王治河做了题为《后现代主义与中国》的报告。

（北京师范大学社会科学处田晓刚供稿）

科技伦理研讨会　联合国教科文组织和中国科学院，于10月31日在北京联合召开了科技伦理研讨会。来自国内外逾百名专家学者参加了此次研讨会。

中国科学院院长路甬祥在研讨会的主题报告中指出，中国历来有重视自然规律和人文伦理的传统，但是有些科技成果被滥用，给人类和地球带来巨大威胁，科技伦理道德是科技界应共同承担的社会责任，全社会也应充分重视此问题，以保持人类的可持续发展。

〔参见《人民日报》（海外版）2005年11月1日第2版〕

纪念冯友兰先生诞辰110周年暨冯友兰学术国际研讨会 11月5—6日，由北京大学、中国社科院、北京市社科联、北京市哲学会、南阳市政府、南阳理工学院和冯友兰研究会联合举办的此次会议在北京大学召开。全国人大常委会副委员长、民盟中央主席丁石孙，北京大学副校长吴志攀，国家图书馆名誉馆长任继愈，冯友兰先生的女儿、著名作家宗璞，北京市社科联党组副书记石梅，冯友兰家乡河南省南阳市的代表，以及来自国内多所大学、科研单位和中国台湾地区、美国、韩国等地的专家学者100多人参加了大会。

在大会开幕式上，冯友兰研究会会长朱伯崑指出，冯先生是当代弘扬中华文化精神的杰出典范。纪念大会上，蒙培元研究员从求真和求善的角度，积极评价了冯友兰对中国哲学的巨大贡献。美国学者欧迪安介绍了冯友兰所著《中国哲学史新编》英译工作的最新进展。单纯先生介绍了近十年来国内外冯友兰哲学思想研究的进展情况。

在研讨活动中，与会专家围绕“冯学”在近现代学术史上的地位和影响、冯友兰先生的治学方法以及“冯学”与中国传统哲学的现代化等热点问题，进行了认真交流并展开了热烈的讨论。会议收到论文40余篇，内容涉及冯友兰对中国哲学的贡献、冯友兰与中国哲学史、冯友兰的治学方法等领域。其中，在新的历史语境下如何深入解读“贞元六书”，是这次研讨会的焦点话题。

为推动“冯学”研究的进一步开展，表彰近年来该领域中的优秀成果，冯友兰研究会在纪念大会上揭晓了“冯友兰学术奖”获奖名单，《冯友兰先生年谱长编》（蔡仲德）被评选为一等奖。

（北京大学社会科学部朱邦芳供稿）

庆祝哲学研究所50华诞：坚持正确政治方向积极推进理论创新学术会议 11月9日，庆祝哲学研究所建所50周年。中国社会科学院陈奎元、冷溶、任继愈、邢贲思等出席大会并讲话。陈奎元院长为哲学研究所成立50周年题词：“坚持以马克思主义为指导，继承和发扬老一代哲学家的风范，为发展中国特色、中国风格、中国气派的哲学事业努力奋斗”。冷溶副院长出席大会并讲话，他指出，党中央十分重视哲学社会科学事业。胡锦涛同志在听取中国社会科学院工作汇报时强调，要做好哲学社会科学工作，最根本的是必须把握好两条：一是毫不动摇地坚持马克思主义基本原理，坚持正确的政治方向。二是要坚持解放思想、实事求是、与时俱进，积极推进理论创新。这两条是哲学社会科学研究工作和对中国社会科学院工作的根本要求，也是哲学研究所今后发展的根本要求。

著名学者任继愈、邢贲思、汝信、杨春贵、黄楠森、王锐生、叶秀山、李惠国和中国社会科学院副秘书长何秉孟、黄浩涛，哲学研究所所长李景源等出席大会，参加会议的还有高明光、谢维和等学术界代表。哲学研究所副所长谢地坤主持大会。

冷溶在讲话中首先代表院党组、代表陈奎元院长，向哲学研究所和《哲学研究》杂志的各位学者和同志表示热烈的祝贺，他指出，哲学研究所是在党中央和毛主席的关怀下，为了适应新中国经济、政治和文化事业发展的需要而成立的。哲学研究所成立以来，始终坚持正确的政治方向，坚持“二为”方向和“双百”方针，产生了一批学术精品，创办了一批重要学术刊物，同时也培养了一批学术人才，涌现了一批像潘梓年、金岳霖、贺麟、冯友兰、李达、杨献珍、艾思奇、冯定等著名学者、可谓大师云集，气象非凡。在哲学研究所半个世纪的历程中，共有500余位学者在这里工作过，他们把自己的智慧和大好年华贡献给了中国的哲学研究事业，为中国哲学事业的繁荣，为中国社会主义现代化建设事业的发展作出了积极贡献。经过几代人的艰苦努力，哲学研究所已经发展成为一个人才济济、学科门类齐全、有能力对世界主要国家和地区的哲学进行综合性研究的国家级专门学术机构，在国内外享有很高的声誉。哲学研究所成立50周年来，在中国哲学学科建设和哲学基础理论研究方面，做了大量工作，取得了许多重要成果。哲学研究所组织编写了多卷本大型资料书《中国哲学史资料选辑》，为几代学者提供了文献基础，参与主编并组织编写了8卷本《马克思主义哲学史》；主编并出版了8卷本《西方哲学史》；组织编写了大型工具书《中国大百科全书·哲学卷》和《自然辩证法百科全书》等。此外，哲学研究所从1978年培养招考研究生以来，共培养国内外博士、硕士400多人，为中国哲学研究事业的发展培养了大批高素质人才。

冷溶指出，哲学对于我们坚持和发展马克思主义承担着特殊重要的意义。哲学研究工作者要坚持以马克思主义理论为指导，高举邓小平理论、“三个代表”重要思想伟大旗帜，贯彻落实科学发展观，不断推进哲学社会科学研究事业的发展。当前正在组织实施马克思主义理论研究和建设工程，其中一本教材是马克思主义哲学教材，哲学研究所承担了重要任务，希望哲学研究所的同志们能够完成好中央交办的这个重要工作。

著名学者邢贲思、任继愈、杨春贵等分别在会上讲话。邢贲思在讲话中深情回忆了50年来哲学研究所几代学人刻苦钻研学问，奖掖后学的经历。他说，那时科研条件很差，学者收入很低，但仍然夜以继日，刻苦钻研，即使到深夜，各个研究组仍灯火通明。这种心无旁骛、一心扑在科研上的精神就是哲学研究所的精神。任继愈在讲话中希望哲学研究工作者不要变成注释家，要学习伽利略的无畏精神，敢于理论创新，敢于闯出新路。杨春贵认为，哲学研究所在"实践是检验真理的唯一标准"大讨论中，积极响应，旗帜鲜明，《哲学研究》组织的两次讨论在国内产生了很大影响；哲学研究所在《中国大百科全书·哲学卷》的编写中也作出了重要贡献，这项开创性的基础性工作影响了几代学人。

李惠国、叶秀山和青年学者黄裕生等也在大会上发言，他们回忆了哲学研究所不懈奋斗的探索历程，总结了哲学研究所科研人员一心治学的精神，回忆了老学者一丝不苟、精益求精的优良学风，畅谈了哲学研究所对繁荣发展中国哲学社会科学事业所作的贡献。

哲学研究所所长李景源在发言中指出，哲学研究所创办于祖国大规模建设急需之时，壮大发展于民族振兴腾飞之际，作为国家设置的科研机构，它圆满地完成了国家交付的有关学科调查、制定全国性发展规划，组织编写代表国家形象的大型工具书和学科建设基本著作等一系列重大任务。相信在各方面的指导和支持下，在全体同仁的共同努力下，哲学研究事业一定会与时代共进，与历史同步，不断走向深入；哲学研究所一定能不辱使命，创造新的辉煌。

庆典大会上播放了哲学研究所为庆典活动专门摄制的电视片《50年的路》。大会收到了中央党校、北京大学、人民大学、北京师范大学、清华大学、首都师范大学、武汉大学、南开大学、吉林大学、墨龙江大学、华中科技大学、河南大学、华侨大学等多家单位的贺信和贺礼，新老几代哲人以学科为单位，在合影中结束了隆重热烈的庆典活动。全国部分高校和科研单位专家学者200多人出席大会。

（中国社会科学院办公厅朱丽雅供稿）

未来哲学与发展战略学术年会　本次年会由中国自然辩证法研究会主办，北京师范大学科学人文研究中心承办，于11月26—27日在北京师范大学召开。年会的主题为"科学技术与人类未来"，来自国内的40余位学者参加了会议。与流行的实证预测性的未来学和可持续发展理论不同，会议的主要特点是在全球第一次直接把未来当作规范的哲学问题进行正面研究，从未来的实在性、复杂性、价值性及其变化趋势等多角度展开了讨论。主要内容涉及：科学的新特征和面对自然与环保的新科学革命观，科学技术对未来观的影响与价值观转向，社会发展静力论，人类面对技术和风险社会的责任伦理即"约纳斯问题"，当代技术与宗教信仰和社会乌托邦，多样性与未来文化的可持续发展，现代性视野中的专家系统，科技创新对中国能源产业及家族企业发展的影响，建构科学技术发展的人文生态和面向未来的方法论等。会议成立了"中国自然辩证法研究会未来哲学与发展战略专业委员会"，用以协调和组织国内这方面的学术活动。

（参见《光明日报》2005年12月20日第8版）

COE—ICCS国际研讨会　12月8至9日，由中国人民大学哲学院、日本爱知大学国际中国学研究中心、中国科学院地理科学与资源研究所联合主办、中国人民大学经济学院和环境学院协办，以"国际中国学研究方法论之建构"为主题的大2005年度COE—1CCS国际研讨会在北京召开。来自美国加州大学、纽卡斯尔大学，日本东京大学、爱知大学、筑波大学、北海道大学等著名学府和国内富有影响的学者，以及中国人民大学、中国科学院、南开大学的近100名博士研究生参加了研讨会，会议共提交了50多篇论文。

来自中、美、日三国的学者就当代中国的政治、经济、环境等前沿性问题进行了深层次探讨。日本爱知大学加加美光行教授以"构筑国际中国学的契机与展望"为题阐述了本次会议构想；中国人民大学哲学院副院长张志伟教授，东京大学村田雄二郎教授，加州大学理查德·鲍姆教授，爱知大学高桥五郎教授、框根勇教授，筑波大学吉野正敏教授等学者发表了主题演讲。

在为期两天的会上，与会专家学者围绕"'国际中国学'方法论之建构"这一主题，分组就当代中国的政治、经济、环境等前沿性问题展开了热烈的讨论，充分交换了意见。政治组的与会代表围绕"转型期的世界与中国政治"这一主题，进行了广泛深入的探讨。经济组的学者从宏观和微观的视点出发，围绕"中国资本海外投资的经济学分析"这一主题充分交换了意见。中日环境学者围绕如何"构筑当代中国环境论"进行了对话和交流。

（中国人民大学科学研究处罗圣华供稿）

政治学（含思想政治工作、党建、统战）

毛泽东执政理论与当代中国学术研讨会 为纪念毛泽东《为人民服务》发表60周年和郭沫若《甲申三百年祭》发表60周年，从总结中国共产党长期执政的历史经验角度加深对十六届四中全会精神的学习，由中央党校哲学部、中央文献研究室一部、深圳民族精神与中国发展研究中心共同于1月8日在北京举办了本次研讨会。

中央党校副校长王伟光、中国马克思主义哲学史学会会长庄福龄、中央文献研究室副主任李捷、中央党史研究室副主任张启华等40余位专家学者，围绕毛泽东的执政思想、理论和实践，展开讨论。与会者说，毛泽东的执政理论和实践非常丰富，是中国共产党执政理论的源泉和根基，对当代中国共产党执政能力建设具有重大的启示作用。毛泽东的执政理论及其当代价值主要体现在：一是夺取全国政权是执政的开始，是万里长征的第一步；二是为人民服务是执政的宗旨；三是发展社会主义经济和民主政治是执政党的基础；四是走民主新路是跳出历史周期率的保证；五是统筹兼顾、适当发展是科学发展观的内在要求；六是正确处理人民内部矛盾是构建和谐社会的关键。

（参见《光明日报》2005年1月18日第5版）

北京市思想政治工作研究会成立15周年座谈会 1月18日，北京市思想政治工作研究会召开成立15周年座谈会，回顾总结15年工作经验，研究如何进一步加强和改进新形势下思想政治工作。全国人大常委会副委员长何鲁丽出席，市委副书记龙新民讲话。

北京市思想政治工作研究会于1989年成立，15年来，在市委领导下，坚持“植根基层、立足服务、创新求索、与时俱进”宗旨，发挥“参谋助手、服务指导、桥梁纽带、思想传播”的职能，进行了积极有益的探索，发挥了自身的作用，取得可喜的成绩。以调查研究为重点，形成了一批有分量的调研成果，服务于首都改革发展稳定的中心工作；以先进示范为抓手，总结了一批有影响的先进典型，推动了基层创新实践；以服务基层为目标，开展了大量有实效的服务，拓展了研究会功能；以社团建设为基点，用坚实的自身建设树立良好形象，增强了北京市思想政治工作研究会的吸引力、凝聚力和号召力。

龙新民希望北京市思想政治工作研究会进一步总结经验，开拓工作新局面，继续发扬研究与实践运用紧密结合的良好传统和优势，当好市委的参谋助手，做好对全市思想政治工作和企业文化建设的指导和服务；继续在思想政治工作的研究方面，不断拿出有深度、有分量、有价值的研究成果，为提高全市思想政治工作水平作出贡献；继续植根基层、立足服务，对基层干部群众关心的热点、难点问题和思想动态多做一些系统的调查研究，多了解一些基层准确真实的情况，通过开展有特色的活动，更及时有效地化解社会矛盾、凝聚力量，激励广大干部群众为首都的现代化建设，为建设新北京、办好新奥运作出更大贡献。

市委常委、宣传部长蔡赴朝，市人大常委会副主任赵凤山和王大明、汪家镠、王光、徐惟诚、张大中等老领导出席了座谈会。

（参见《北京日报》2005年1月19日第1版）

共产党员先进性内涵研讨会 中国社科院2月1日在京召开座谈会，研讨如何保持共产党员先进性课题。何秉孟、田雪原、尹韵公、张宇燕、何德旭、于沛等学者说，共产党员所具有的先进性，既是一种品质，又是一种能力，还是一种行为，是品质、能力、行为三者的统一。对共产党员先进性的基本内涵，应当在品质、能力、行为的统一中来把握。品质是基础，能力是核心，行为是关键。就共产党员在新的历史条件下保持先进性而言，品质必须优秀，能力必须高强，行为必须模范。优秀品质、高强能力和模范行为，涵盖了共产党员先进性的要义，囊括了共产党员先进性的主旨，揭示了共产党员先进性的精髓。三者统一，成为共产党员能够有效保持和充分发挥先进性的深厚基础、可靠依据和有力保证。

学者们认为，共产党员保持先进性是时代发展的要求。我们正处在全面建设小康社会、加快推进社会主义现代化的新的发展阶段，党所处的环境、党所肩负的任务、赏员队伍的状况都发生了重大变化。新的形势和任务，对保持共产党员的先进性提出了更高的要求。对共产党员保持先进性的要求，我们既要从总体上、从普遍性和共同性方面去把握，力求走在时代和社会发展的前列、在各方面工作中发挥先锋模范作用，又要结合特定时期和发展目标，联系具体环境、条件和任务，使之与每一名共产党员所处的地域、所在的岗位和所负的职责结合。同时，各级党组织要在实践中不断总结新经验，创造新办法，形成新思路，逐步形成一整套切实有效的党员先进性的教育机制，使广大党员坚持党的宗旨，从而使中国共产党永葆生机与活力。

（参见《光明日报》2005年2月8日第5版）

民主执政与党的执政能力建设理论研讨会 3月25日，北京市邓小平理论和“三个代表”重要思想研究中心与《人民论坛》杂志社、北京市社会科学界联合会、北京市科学社会主义学会联合召开民主执政与党的执政能力建设理论研讨会，市委宣传部副部长、邓小平理论和“三个代表”重要思想研究中心常务副主任宋贵伦，《人民日报》报刊部主任吴奇等领导出席会议。来自中央党校、北京大学、中国人民大学、北京师范大学、国家行政学院、北京市委党校、北京市社科院等单位的30多位专家学者参加会议并研讨。徐鸿武、王炳林、李贺林、许耀桐、姚桓、朱峻峰、赵曜等专家学者先后在会上发言，从不同层面、不同角度对坚持民主执政，加强党的执政能力建设发表了各自的见解。会议由市科社学会会长、北京大学教授阎志民主持。

与会者一致认为，坚持科学执政、民主执政、依法执政，是我们党执政的一条新鲜经验，也是确定正确的执政方式的一个重要目标。科学执政、民主执政、依法执政，是党的执政方式的三个基本要素，三者是辩证统一的关系。科学执政是基本前提，民主执政是本质所在，依法执政是基本途径，三者相互联系，有机结合，构成了我党执政方式的基本理论框架。科学执政、民主执政、依法执政的提出，对于坚持和完善党的领导方式和执政方式具有重要的指导意义。

与会者强调，党的十六届四中全会《决定》作出的“坚持和发展人民民主，是我们党执政为民的本质要求和根本途径”这一科学论断，深刻揭示了共产党执政与领导和支持人民当家作主之间的内在联系，强调了坚持和发展人民民主的重要性，阐明了党执政为民的根本目标和根本任务，为我们党提高执政能力指明了方向。为此，必须坚持民主执政，推进社会主义民主的制度化、规范化和程序化。健全民主制度，丰富民主形式，扩大公民有序的政治参与，保证人民依法实行民主选举、民主决策、民主管理、民主监督。坚持和完善人民代表大会制度和共产党领导的多党合作和政治协商制度，使国家的立法、决策、执行、监督等工作更好地体现人民的意志，维护人民的利益。

（北京市邓小平理论和“三个代表”重要思想研究中心卢颖华、许星供稿）

国家公务员素质培养讲座 3月25日，主题为“国家机关工作人员素质培育”的讲座在清华大学新闻与传播学院举行，同时拉开了新闻与传播学院“面向主流，培养高手”素质拓展系列活动的序幕。本次讲座由国务院新闻办人事局局长汪兴明主讲，他以生动的事例与同学们共同探讨了当代中国对国家公务员，尤其是外宣工作者的素质要求，并详细解答了同学们关于人生起航、职业规划等方面的问题。新闻与传播学院常务副院长胡显章教授、党总支书记王健华教授、副院长李希光教授等出席了本次活动。

（清华大学文科建设处刘金梅供稿）

人民代表大会制度学术研讨会 4月15日，“人民代表大会制度研究所成立1周年庆典暨学术研讨会”在北京联合大学举行。本次会议的主要议题是庆祝人民代表大会制度研究所成立1周年和举办关于“中国人民代表大会制度建设年度发展报告”学术研讨会。北京市人大常委会副主任、人民代表大会制度研究所顾问索连生，北京市人大常委会副秘书长、研究室主任、人民代表大会制度研究所名誉所长刘维林，原《求是》杂志副主编朱峻峰及特邀顾问、专家学者等30余人出席了会议。出席会议的还有北京联合大学校党委书记、人民代表大会制度研究所所长席文启、校长张妙弟等。会议由北京联合大学副校长冯虹主持。

北京市人大常委会副主任、人民代表大会制度研究所顾问索连生同志在会上做了总结性发言。索连生主任从理论和实践两个方面指出人大职责要抓住“八个字”，即立法、监督、决定、任命；人大工作要抓住“三句话”，即言必说法、行必执法、严格按照法律程序办事；要把握“四个根本一致”，即坚持党的领导、人民当家作主与依法治国有机统一，根本指导思想一致，根本的奋斗目标一致，根本宗旨一致。索连生主任认为，人大制度内涵概括起来主要是四个方面，即宪法、选举制度、民主集中制以及人大工作制度。索连生主任强调我们研究人大制度、编写人大制度年度发展报告应把握这些原则。

（北京联合大学人民代表大会制度研究所供稿）

宋楚瑜到清华大学发表演讲 5月11日上午，台湾亲民党主席宋楚瑜来到清华大学，在中央主楼报告厅发表演讲。

宋楚瑜首先回顾了清华的校史。宋楚瑜说，不论是在大陆还是在台湾，清华的校史正是百年来中华民族否极泰来的成长史，也是和解再生迎头赶上的奋斗史。宋楚瑜用16个字来形容大陆和台湾的两所清华大学："一块招牌，两间店面，殊途同归，自强不息"。

宋楚瑜在演讲中分析台湾经济发展的成就和经验，指出，贫穷才是两岸共同的敌人，均富是大家的共同目标。

宋楚瑜给在座的清华师生介绍了"台湾意识"的形成。指出，不要把"台湾意识"跟"台独"画上等号。台湾意识是在长期的历史脉络中自然形成的一种认同台湾的情感，"台独"是要把台湾从中国大陆彻底割裂的一种企图。

宋楚瑜用八个字来形容今天的心情："丰碑无语，行胜于言"。宋楚瑜说，在清华校园的日晷上，写着"行胜于言"四个字。这不仅是清华人的信念，也是所有中国人应该奉行的价值，更是两岸双方在未来检视对方诚意和善意的基础。事实是检验真理的唯一标准。所以套用美国已故总统肯尼迪所说的一句话，就是："不要光看我在大陆说了什么，更要看我们在台湾做了什么。"

演讲结束时，宋楚瑜再次举起手里的《美国新闻周刊》，深情地说："世界有多大，中国的机会就有多大。让我们一起掌握这个机会，携手同心，脚踏实地，迎接一个为我们两岸中国人的未来21世纪的世纪。我们不会让历史说我们错过了这个机会，我们不会让他们失望，我们会加倍努力。"

随后，宋楚瑜回答了清华学生的提问。

（清华大学文科建设处刘金梅供稿）

政协理论座谈会 5月24至25日，北京市政协理论与实践研究会举办学习胡锦涛《在庆祝中国人民政治协商会议成立55周年大会上的讲话》和《中共中央关于进一步加强中国共产党领导的多党合作和政治协商制度建设的意见》座谈会，进一步加强对统一战线和人民政协理论的学习和研究。市政协领导、全国政协研究室负责同志和研究会名誉理事、理事、团体会员代表以及有关专家学者20余人出席座谈会。与会同志深入学习两个文件，并结合当前统一战线和人民政协工作实际，就如何深刻理解和认真贯彻这两个文件进行了研讨。

（北京市政协理论与实践研究会秘书处崔晓晖供稿）

贯彻《实施纲要》加强行政监督理论研讨会 在全党深入开展保持共产党员先进性教育活动之际，国家行政学院于5月25日举办了贯彻《实施纲要》，加强行政监督暨纪念陈云同志诞辰100周年理论研讨会。国家行政学院党委书记、常务副院长陈福今致词，监察部副部长李玉赋、国家行政学院副院长唐铁汉等同志作了大会发言。国家行政学院副院长韩康主持会议。来自中央国家机关、全国行政学院系统、高等院校和地方政府的60余名专家学者围绕会议主题进行了热烈的讨论。

与会同志一致认为，加强行政监督是预防和防治腐败的重要内容，也是建设廉洁、高效政府的必然要求。不受制约的权力，必然导致腐败，因此，必须进一步转变政府职能，明确政府权力的界限、定位和行使方式，优化行政权力配置，建立决策、执行、监督相结合的政府权力运行机制。要进一步健全行政审批的监督体系，规范行政审批权力的运作，将政府职能真正转变到宏观调控、市场监管、社会管理和公共服务上来。一些专家认为，在反腐败的系统工程中，针对腐败之源的制度反腐是法治化的反腐模式，是使腐败分子不敢腐败和不能腐败的防治战略。要继续在完善制度和法律上下功夫，发挥法规制度的保障作用，做到权力运行到哪里法律就延伸到哪里。国际经验表明，建立和完善行政伦理制度，是廉政法治的有效途径。与会同志强调，要高度重视和加强政风建设。坚持以人为本，执政为民，是端正政风的根本；克服官僚主义、形式主义、求真务实，端正政风的重点；全面提高公务员素质和政府工作效率，是端正政风的基本措施。

（国家行政学院科研部项纪阳供稿）

陈云同志治党治国方略学术研讨会 为纪念陈云同志诞辰100周年，该研讨会于5月28日在北京人民大会堂举行。来自中央国家机关有关部分负责人、老同志以及专家学者150余人出席了会议。

会上，与会同志围绕陈云思想进行了深入研讨。发言人和题目分别是：刘国光《学习陈云同志的经济论著》、王兴成《认真学习陈云同志的哲学思想》、于国厚《陈云同志批示成立中国管理科学研究院》、张卓元《陈云综合平衡思想的重大意义》、陈土光《论陈云对党的执政规律三大贡献》、李成瑞《陈云经济思想及活的灵魂》、柳建辉《陈云关于正确开展批评与自我批评的思想》、郭书田《学习和发扬陈云同志实事求是精神》、乔自洁《谈学习陈云经济思想与科学发展观》、蔚严春《马克思主义哲学指导思想与经营管理》、许景新《学习陈云同志题词》。

与会同志认为：陈云同志是党的第一代中央领

导集体和第二代中央领导集体的重要成员，他在多年的革命和建设生涯中，特别是在领导国家财政经济工作中表现出卓越的才能，对新中国成立初期国民经济的恢复和调整、“一五”计划的编制和组织实施作出了突出贡献。他注重调查研究，善于把马克思主义基本原理与中国具体实践相结合，形成了有特色的理论思维和理论概括。他总结的“不唯上、不唯书、只唯实，交换、比较、反复”的15字诀；他提出的学好哲学终身受用的观点；他关于“一要吃饭、二要建设”的论述，关于建设规模必须同国力相结合，关于国民经济要保持综合平衡，关于计划经济与市场调节相结合的经济思想；他提出的“无农不稳，无粮则乱”的观点；他关于执政党的党风是关系党的生死存亡问题的观点，关于社会主义物质文明和精神文明一起抓的观点等，都始终贯穿着党的实事求是的思想路线。陈云同志对马克思主义的创造性发展，不仅给后人留下了宝贵的精神财富，而且对于今天我们改革开放、建设中国特色社会主义、落实科学发展观、加快经济社会协调发展、推进体制创新、提高党的执政能力、构建社会主义和谐社会仍将具有特别重要的现实意义。

本次研讨会由中国管理科学研究院和中共中央党校党史教研部共同举办。

（参见《光明日报》2005年5月31日第5版）

北京市第十五届“灵山杯”优秀报告（党课）评选活动 5月，由市委宣传部、市委讲师团组织的北京市第十五届“灵山杯”优秀报告（党课）评选揭晓。本届“灵山杯”评选收到申报作品214件，共有95件作品获奖，包括一等奖22件，二等奖51件，三等奖19件，其中由23名市委领导、专家、学者组成的北京市学习贯彻十六届四中全会精神宣讲组；宋鱼水同志先进事迹报告团所作的《宋鱼水同志先进事迹》和崇文区劳动职介中心副局长刘雁平同志所作的《共产党人永远的岗位——为人民服务》等3件作品获特别奖。

本届评选凸显“五高”的特点：一是参评作品数量创历史新高，是上届的1.6倍，是第一届的2.3倍；二是参评作品质量创历史新高；三是参评作品中各级党政领导干部特别是“一把手”的宣讲作品数量创历史新高，占到58%；四是参评作品对理论宣讲坚持“三贴近”的重视程度高；五是评审严格公正，认真程度高。此外，市国资委党委宣传部等7个工委、区委宣传部、处，获优秀组织奖。

（中共北京市委讲师团高凤英供稿）

理论界纪念党的七大召开60周年座谈会 由中央文献研究室、中国延安精神研究会和全国党建研究会共同举行的“纪念党的七大召开60周年”座谈会，6月2日在北京人民大会堂召开。全国人大常委会副委员长、中国延安精神研究会会长李铁映，中央文献研究室主任滕文生，全国党建研究会会长张全景，七大代表方强、白治民、方朗等与来自中央国家机关有关负责同志和理论界的专家学者徐惟诚、逄先知、杨波、郑幼枚、张云声等百余人出席座谈会。会议由中国延安精神研究会常务副会长伍绍祖主持。

张全景、于明涛、李捷、鲁振祥、卢先福等在大会上作主题发言，从不同角度阐述了党的七大的历史地位、重要意义和所取得的重要理论成果。大家说，七大为全面加强党的思想建设、组织建设和作风建设奠定了坚实的基础，为夺取民主革命在全国的胜利和建立新中国从思想上、政治上、组织上作了充分准备。毛泽东称赞这次大会是团结的模范、自我批评的模范、党内民主生活的模范。这三个模范所体现的精神，是七大精神的重要内容。

1945年4月23日至6月11日，中国共产党在延安召开了具有重大历史意义的党的第七次全国代表大会。七大系统地总结了我国民主革命20多年曲折发展的历史经验，确立了党的新民主主义革命时期的纲领、路线、方针和政策；第一次深刻地阐明了毛泽东思想的本质特征与历史地位，并将毛泽东思想作为党的指导思想写进党章。七大选举出以毛泽东为主席的新的中央委员会，全党在毛泽东思想的旗帜下达到了空前的团结。

与会同志强调，我们正处在社会主义发展新的历史时期，肩负着建设中国特色社会主义、实现中华民族伟大复兴的历史使命。当前，全党正在开展的保持共产党员先进性教育活动，是党中央在新世纪面对新的形势和任务的要求而作出的重要战略部署。在这种情况下，纪念党的七大召开60周年，研究和学习党的历史经验，继承发扬党的优良传统和作风，有助于我们更深入地理解和掌握毛泽东思想、邓小平理论和“三个代表”重要思想的精神实质和科学内涵，更好地加强党的先进性建设和提高执政能力。

（参见《光明日报》2005年6月21日第5版）

“国家与经济”学术报告会 6月3日，清华大学人文学院邀请美国明尼苏达大学终身教授王一江先生，作题为“国家与经济”的主题学术报告。报告会由人文学院蔡继明教授主持，来自校内外60余名教师和同学参加报告会。王一江教授从国家的基本理论、国家作为强制机构与经济发展、国家作为经济实体与经济发展、过渡问题等方面对国家与经济的关系进行阐述。并对我国经济体制改革提出建议。

（清华大学文科建设处刘金梅供稿）

北京市政协理论与实践研究会成立5周年“回顾与展望”座谈会　为进一步推进政协理论与实践研究工作。6月7日至8日，研究会召开北京市人民政协理论与实践研究会成立5周年“回顾与展望”座谈会。市政协领导和研究会名誉理事、理事、监事、团体会员代表、市社科联代表和机关干部等20余人出席了会议。与会同志回顾研究会过去五年的发展经历，总结开展人民政协理论与实践研究的经验与不足，对进一步做好人民政协理论与实践研究工作进行深入探讨并提出具体意见建议；展望新世纪新阶段的发展前景，明确了进一步加强人民政协理论与实践研究的方向和重点。与会同志认为，加强人民政协理论与实践研究工作，必须始终坚持正确的政治方向，坚持解放思想、实事求是、与时俱进的思想路线，坚持理论联系实际的马克思主义学风，坚持贯彻“百花齐放、百家争鸣”的方针；与会同志表示，要不断把人民政协理论与实践研究工作向前推进，努力形成一批有深度的研究成果，力求使研究工作有新的建树。

（北京市政协理论与实践研究会秘书处崔晓晖供稿）

中国延安精神研究会纪念陈云诞辰100周年座谈会

座谈会于6月10日在北京召开。全国人大常委会副委员长、中国延安精神研究会会长李铁映希望，中国延安精神研究会要认真学习陈云同志的革命精神和优良作风，积极参加正在全党开展的保持共产党员先进性教育活动，为全面建设小康社会作出新的贡献。

会上，与会同志围绕陈云同志的生平与思想进行了深入的研讨。杨波、有林、余建亭、李成瑞、沙健孙、梁柱、陈登才等分别作了主题发言。

与会同志说，陈云同志是伟大的无产阶级革命家、政治家、杰出的马克思主义者，中国共产党的第一代和第二代中央领导集体的重要成员。他在长期的革命斗争和社会主义建设事业中作出了卓越的贡献，在国内外享有崇高的威望，受到全党、全军和全国各族人民的尊敬和爱戴。陈云同志一生淡泊名利，严于律己，作风稳健，处事公道，堪称全党学习的楷模。他的党建思想、经济思想和辩证唯物主义认识论、方法论及其高尚的品德风范，对于今天教育我们的共产党员和建设中国特色社会主义以及构建社会主义和谐社会仍将具有特别重要的意义。

与会同志认为，在目前全党开展保持共产党员先进性教育活动中纪念陈云同志、学习陈云同志的思想，对于共产党员特别是老共产党员自觉投入到先进性教育活动中去，认真学习马列主义、毛泽东思想、邓小平理论和“三个代表”重要思想，大力弘扬延安精神，树立正确的人生观、世界观、价值观，永葆共产党员的先进性有重要的作用。特别是陈云同志总结的“不唯上、不唯书、只唯实，交换、比较、反复”的15字诀和他提出的执政党的党风是关系党的生死存亡大问题的思想等，给我们党留下宝贵的精神财富。

（参见《光明日报》2005年6月14日第5版）

陈云生平和思想研讨会　为纪念陈云同志诞辰100周年，根据党中央的决定，由中宣部、中央党校、中央文献研究室、中央党史研究室、教育部、中国社会科学院和解放军总政治部联合召开陈云生平和思想研讨会。研讨会于6月12至14日在北京召开。中共中央政治局常委、中央书记处书记、中宣部部长刘云山主持开幕式，中共中央政治局常委李长春在开幕式上发表了重要讲话。全国政协副主席、中国社会科学院院长陈奎元，中央纪委副书记夏赞忠，中央组织部副部长赵洪祝，中央财经领导小组办公室主任、国家发展改革委副主任王春正，上海市委副书记、市长韩正先后发言。薄一波同志作了书面发言。

李长春在讲话中指出，在20世纪中国革命、建设和改革的波澜壮阔的历史进程中，陈云同志为中华民族的独立和解放，为社会主义制度的建立、巩固和发展，为中国特色社会主义道路的探索和社会主义现代化建设事业，奉献了毕生的精力。他以辉煌业绩、深邃思想和崇高品德，在中国共产党的历史上，在中华人民共和国的历史上，在中华民族伟大复兴的历史上，建立了不朽的丰功伟绩。他的重要思想观点，成为毛泽东思想和邓小平理论的重要组成部分，为马克思主义的中国化及其发展作出了重要贡献。

全国理论界、学术界向会议提交了120多篇高质量的学术论文，从哲学、经济学、党的建设理论、生平业绩以及文艺理论等方面，对陈云生平和思想展开了深入研讨，代表了当前陈云生平和思想研究所达到的新水平。在参加这次研讨会的代表当中，有过去在陈云同志直接领导下工作的老同志，还有不少资历很深的专家学者。周太和、杨波、陈福今、张启华、郑科扬、李忠杰、有林、李君如等8位同志先后在大会上作了发言，还有不少同志在小组会上交流了自己的研究成果。通过几天的热烈研讨，会议达到了交流研究成果，检阅研究队伍，表达缅怀、纪念之情，以进一步推动陈云生平和思想研究的目的。

这次学术研讨会的成果，集中体现在四个方面：一、陈云同志在中国革命、建设、改革各个历史时期特别是在关键时刻所建立的不朽功绩。二、陈云同志在中国特色社会主义经济建设理论方面的贡献。三、陈云同志在执政党建设和党风廉政建设方面的理论贡献。四、陈云同志在马克思主义哲学及思想方法、工作方法方面的理论贡献。

（中共中央文献研究室梁晨供稿）

北京市委党史研究室纪念陈云诞辰100周年座谈会

6月16日，市委党史研究室、北京市中共党史学会召开“实事求是的楷模——纪念陈云诞辰100周年座谈会”。中央文献研究室、中央党校、高等院校、科研院所等社会科学界代表在会上发言，就陈云的无产阶级革命家气魄、胆略和高超政治智慧以及崇高思想、品德和风格进行了讨论，表示要学习陈云同志的思想和作风，从而推进以人为本的科学发展观、建设和谐社会、全面建设小康社会的进程。

（市委党史研究室苏峰供稿）

北京市党校系统学习贯彻党的十六届四中全会精神理论研讨会　6月29至30日北京市党校系统在北京怀柔召开了学习贯彻党的十六届四中全会精神理论研讨会。市委党校常务副校长王江渝主持会议，中央党校科研部主任李连明出席会议并讲话，市委党校校委委员赵春福进行大会总结。市委党校校委委员和市各工委、区县局（总公司）党校常务副校长及主管科研工作的副校长，市委党校各部处室主任、处长和主持工作的副主任及部分论文作者近150人参加了理论研讨会。

中央党校哲学教研部主任、博士生导师庞元正教授作了题为“关于构建社会主义和谐社会的基本问题”的主题报告。庞元正的报告重点论述了社会主义和谐社会是什么样的社会、构建社会主义和谐社会有什么重大意义和怎样构建社会主义和谐社会。与会代表主要围绕提高驾驭社会主义市场经济的能力、提高发展社会主义民主政治的能力、提高建设社会主义先进文化的能力和提高构建社会主义和谐社会的能力需要解决的理论和实践问题进行了分组讨论和大会交流。

此次会议从党的十六届四中全会闭幕后开始筹备并征集论文，经过专家对提交论文筛选，确定52篇形成《历史性课题的探索——北京市党校系统学习党的十六届四中全会精神理论研讨会论文集》，该文集于2005年5月由北京燕山出版社出版。

（北京市委党校科研处供稿）

2005年中国改革高层论坛　由国家发改委召开的本次论坛，于7月12日在北京召开。论坛的主题是：以政府行政管理体制改革为重点全面推进体制创新。与会人士认为，我国改革已进入新的攻坚阶段。着力推进政府管理体制改革，既是解决我国经济和社会发展中诸多突出矛盾和问题的迫切要求，是深化其他领域改革的重要前提，也是全面提高对外开放水平的客观需要。抓住这个关键环节，全面推进体制创新，对于完善社会主义市场经济体制具有十分重要的意义。

（参见《光明日报》2005年7月13日第8版，
《人民日报》2005年7月14日第4版，
8月15日第15、16版）

中国统一战线理论研究会第四届理事会议　会议于7月21—22日在北京召开。全国政协主席贾庆林在会议上强调，社会实践是不断发展的，理论研究是永无止境的。要按照中央的要求，切实加强理论研究工作，为统一战线事业的发展提供坚实的理论政策支持。要坚持以科学理论为指导，牢牢把握正确方向；坚持围绕中心工作，努力推动实践发展；坚持弘扬时代精神，大力推进理论创新；坚持运用社会力量，着力提高研究水平。中国统一战线理论研究会是我们党统战理论研究的重要学术团体，在推动统一战线事业发展中担负着重大责任。各级党委和统战部门要关心统战理论研究会的工作，在人员、经费等方面提供必要的支持。各位理事要充分认识自己肩负的责任，进一步增强光荣感和使命感，以饱满的热情和昂扬的精神状态创造性地开展工作，为活跃统战理论研究作出新的更大的贡献。

（参见《光明日报》2005年7月23日第1版）

全国和北京市党建研究会联合召开抗日战争胜利60周年座谈会　8月5日，全国党建研究会和北京市党建研究会共同召开纪念中国人民抗日战争胜利60

周年座谈会。市委副书记、市人大常委会主任、市党建研究会会长于均波主持座谈会，全国党建研究会会长张全景讲话。中共中央党史研究室主任、全国党建研究会副会长李景田，市委常委、组织部长、市党建研究会副会长赵家骐出席。

会上，市社科院党组书记、市党建研究会常务理事朱明德，全国党建研究会顾问宋清渭，抗战老战士、北京绿化基金理事会理事长单昭祥，抗战老战士、市党建研究会原会长张大中，市委党校副校长、市党建研究会特邀研究员崔岩和中央党校邓小平理论研究中心副秘书长张喜德先后从抗日战争的重要地位和历史意义、中国共产党主张建立的抗日民族统一战线、在长期浴血奋战中表现的伟大民族精神和中国共产党在全民族抗战中的中流砥柱作用等方面发言。

张全景作了学习借鉴抗日战争时期党的建设成功经验的主题讲话。他指出，必须正确把握形势，充分认识党所处的国际国内环境，联系党在每个历史阶段的政治任务和政治路线来加强党的建设。必须坚持把马克思主义的基本原理同中国的具体实际相结合，在实践中发现真理、认识真理、发展真理，实现党的理论和指导思想的创新。必须壮大干部队伍，造就领导骨干，为党的事业的胜利奠定牢固的基础。必须始终保持党的先进性，发挥好党的领导作用和党员的先锋模范作用。必须高度重视党的作风建设，保持党同人民群众的血肉联系。

会议一致认为，中国人民取得抗日战争的伟大胜利，关键在党，在本世纪要实现中华民族的伟大复兴，关键仍然在党。党建理论工作者和实际工作者，一定要以改革创新的精神推进党的建设新的伟大工程，不断提高党的执政能力，永葆党的先进性，落实科学发展观，构建社会主义和谐社会。

（参见《北京日报》2005年8月6日第1版）

统一战线各界人士纪念抗战胜利60周年理论研讨会

理论研讨会于8月15日在北京人民大会堂举行。全国政协副主席、中央统战部部长刘延东指出，抗日民族统一战线促使了中华民族的空前觉醒，形成了全国一致对外、共同抗战的局面。中国共产党坚持以争取民族救亡和国家独立大局为重，积极倡导建立抗日民族统一战线，最大限度地动员了全国各族人民参加抗战，筑起了一道坚不可摧的钢铁长城，为抗日战争的胜利发挥了极其重要的法宝作用。她说，抗日民族统一战线的历史经验告诉我们，统一战线必须始终高举爱国主义的伟大旗帜，维护和捍卫中华民族的根本利益；必须始终围绕中心，服务大局，为实现全面建设小康社会奋斗目标贡献力量；必须着眼国家稳定、社会和谐，加强内部的团结与合作；必须始终坚持中国共产党的领导，坚定正确的政治方向。

全国政协副主席、民盟中央常务副主席张梅颖等分别从不同的角度阐述了中国人民在抗日战争中取得的伟大胜利和主要经验。

全国人大常委会副委员长、民建中央主席成思危主持会议。各民主党派中央、全国工商联领导人何鲁丽、丁石孙、许嘉璐、蒋正华、韩启德、张克辉、周铁农、张怀西、李蒙出席会议。

（参见《人民日报》2005年8月16日第4版）

北京市政协理论与实践研究会与民革市委纪念抗日战争胜利60周年座谈会　8月25日，研究会与民革市委共同召开座谈会，隆重纪念抗日战争胜利60周年。市政协副主席、民革市委主委韩汝琦主持会议，市政协副主席、研究会副会长满运来出席会议并讲话。一些抗战将领的亲属、抗战老战士，民革成员、研究会理事和市政协机关干部等60余人出席会议。会上，大家回顾中国人民的抗日壮举，包括台湾同胞的抗日斗争，畅谈抗战胜利的伟大意义和抗战胜利的伟大精神力量，研讨抗日民族统一战线的形成和对于抗战胜利的决定性作用，坚定坚持中国共产党领导的多党合作和政治协商制度的信心和决心。

（北京市政协理论与实践研究会秘书处崔晓晖供稿）

“21世纪论坛”2005年会议　由全国政协主办的本次论坛，于9月5日至7日在北京举行。国家主席胡锦涛为大会发来贺信。国务院总理温家宝出席开幕式并发表了题为《走科学发展道路，实现可持续发展》的演讲。来自世界30多个国家的前政要、知名人士以及国内外的专家学者共1000多人出席了开幕式。为期3天的“论坛”会议，与会人士围绕“可持续发展——中国与世界”所涉及的“经济增长、社会建设、环境保护、科技教育发展”等问题，从各层面、多视角各抒己见，畅所欲言，为中国和世界的可持续发展提出了许多有益的意见和建议。

全国政协副主席、“论坛”组委会主席王忠禹在闭幕式上致词。他说，当前中国正处在全面建设小康社会、加快现代化建设的关键时期。这个阶段充满着希望与机遇，也存在诸多矛盾和挑战。从与会人士的发言中，我们更加坚信，必须坚持科学发展观，即坚持以人为本，实现经济社会的全面、协调、可持续发展，这对于中国的经济、社会发展至关重要。每个国家、每个人都与可持续发展密切关联、休戚与共；每个国家、每个人彼此间都息息相关、相依相存；可持续发展不是一个国家、一个人的事情，而是全世界、全人类共同的事业。世界可持续发展给予中国有力的支持，中国可持续发展是对世界的积极贡献。

全国政协副主席、“论坛”组委会副主席徐匡迪和联合国系统驻华协调代表、联全国开发计划署驻华代表处代表马和励在闭幕式上作评述性发言。

（参见《人民日报》2005年9月7日第1版，《光明日报》2005年9月7日第1版、9月8日第4版）

“弘扬延安精神　永葆共产党员先进性”报告会　9月16日，北京工商大学邀请陕西省延安市延安精神研究会办公室主任郝凤年教授作“弘扬延安精神永葆共产党员先进性”报告。北京工商大学部分教师与学生150余人与会。

郝教授首先对延安精神的基本涵义做了解读：延安精神是中国共产党在延安时期精心培育和全面形成的报效祖国，服务人民，联系实际，发扬民主，战胜困难，经受考验，约束自己的先进的群体意识和崭新的总体风貌。他认为，延安精神是民族精神的升华，是集大成，是科学体系并具有丰富的内容。第一，坚定正确的政治方向是延安精神的灵魂；第二，解放思想、实事求是的思想路线是延安精神的精髓；第三，全心全意为人民服务的宗旨是延安精神的本质；第四，自力更生、艰苦奋斗的创业精神是延安精神的标志。

接着，他从三个层面对弘扬延安精神的意义做了阐发：弘扬延安精神是尊重历史，寻找精神家园的需要；弘扬延安精神是把握现实，回归精神家园的需要；弘扬延安精神是迎接未来，重建精神家园的需要。

郝教授还对弘扬延安精神，永葆共产党员先进性的总体要求作了说明：要坚持党的基本路线，做到政治上坚定；要坚持党的思想路线，做到思想上成熟；要坚持党的干部路线，做到组织上纯洁；要坚持党的群众路线，做到作风上优良。最后，他以“勿忘延安”这首诗词作了结尾。郝教授的精彩报告赢得了热烈的掌声和与会师生的赞同。

（北京工商大学科研处供稿）

中国能源政策讲座　9月22日，英国邓迪大学能源石油矿业法律与政策中心主任Philip Andrews-Speed博士在清华大学法学院二楼会议室作一场有关中国能源挑战的讲座。他从政策与政府管理机制的角度，分析了目前中国所面临的能源问题、导致能源问题产生的根源、中国能源政策和管理体制的状况、缺陷及其完善方法。他还介绍了邓迪大学能源石油矿业法律与政策中心的研究和教学情况，并与在座的师生进行交流和讨论。报告会由王明远博士主持，富布莱特访问学者、美国VERMONT法学院的Tseming Yang教授以及清华大学师生20余人参加。

（清华大学文科建设处刘金梅供稿）

“政府规制和公共经济政策”国际研讨会　9月22—24日，国家行政学院经济学部与德国阿登纳基金会在京举办了“政府规制和公共经济政策”国际研讨会。与会的中德专家和来自全国20多个省市自治区的代表就“政府规制与电子政府”、“公共经济政策与产业集群发展”两大议题从多视角进行了深入的探讨，就政府规制、电子政务和产业集群等问题进行了深入的研讨，提出许多关于政府规制、电子政府与产业集群理论和实践的新理念和新思路。概括起来，主要有以下几方面：

一、政府规制促进电子政务发展

1. 政府规制规范电子政府发展

2. 政府规制电子政府的关键是加强行政法律建设

二、政府规制推动产业集群发展

1. 产业集群促进区域经济发展

2. 政府规制政策促进产业集群发展

（国家行政学院科研部项纪阳供稿）

学习贯彻科学发展观理论研讨会　研讨会由中宣部、中央政策研究室、中央党校、国家发改委、中国社会科学院联合，于9月28日在北京召开。中共中央政治局委员、书记处书记、中宣部部长刘云山出席会议并讲话，全国政协副主席、中国社会科学院院长陈奎元主持会议。会议强调，要充分认识树立和落实科学发展观的重大意义，进一步把思想认识统一到科学发展观上来，更好地为实现全面建设小康社会的宏伟目标而奋斗。中央有关部委和部分省（市、区）党委负责人，分别以“科学发展观的政治意义”、“党关于发展的指导思想的重要创新”、“加强党的执政能力建设的重要体现”、“以人为本是科学发展观的核心”、“建设以人为本的和谐社会”、“振兴老工业基地的根本指针”、“加快发展促进中部崛起”、“科学发展观：统领全局的指导思想”、“加快建设节约型社会”、“构建社会主义和谐社会的发展观”、“转变发展理念创新发展模式”、“用科学发展观统领西部大开发”、“以科学发展观指导正确政绩观”、“提高贯彻科学发展观的水平”等议题作了发言。

（参见《人民日报》2005年9月29日第4版，《光明日报》2005年10月9日第3版、10日第6版）

中德人权研讨会　由中国人权发展基金会、中国国际交流协会和德国弗里德里希·艾伯特基金会共同举办的第七届中德人权研讨会，于10月28日在北京召开。

中德人权研讨会是两国政府法律交流与合作的长期项目，每年举办1次。本次会议的主题是宪法、法律与人权保障。中国全国人大常委会副秘书长、法制工作委员会副主任委员乔晓阳和德国联邦议员、前司法部长赫塔·多伊布勒·格梅林女士作了主旨发言。

乔晓阳说，中国在人权领域所取得的成绩已得到国际社会的普遍认可与充分肯定。中德人权对话有利于促进中国与国际社会在人权领域的合作，进而发展中国的人权事业，改善中国的人权状况。格梅林女士说，中德两国在人权领域有许多共同点，两国应加强在联合国人权委员会的合作，促进国际人权事业的发展。

〔参见《人民日报》（海外版）2005年10月29日第2版〕

深化行政管理体制改革理论研讨会　为了深入贯彻十六届五中全会精神，推动行政管理体制改革理论研究，国家行政学院于11月3日举办了“学习贯彻五中全会精神，深化行政管理体制改革”理论研讨会。国家行政学院党委书记、常务副院长陈福今做了题为“完善公共服务，构建和谐社会”的主题报告，国家行政学院副院长、国家社科基金重点课题负责人唐铁汉作了题为“继续深化行政管理体制改革，为落实科学发展观提供体制保障”的主题报告。全国行政学院系统及行政学界的60余名领导与专家学者出席了研讨会。

会议代表就如何深化行政管理体制改革4个方面的问题进行了热烈的研讨。一是深化行政管理体制改革是落实科学发展观的体制保障；二是以转变政府职能为核心，加大行政体制改革的力度；三是转变行政管理方式，创新政府运行机制，优化政府组织结构；四是认真实施《公务员法》，切实加强政府自身建设。与会专家学者发言踊跃，在许多问题上达成了共识，取得了积极的成效。

（国家行政学院科研部项纪阳供稿）

高教学会党建研究会2005年学术年会　学术年会于12月2日在北京师范大学召开。这次年会由中共北京市委教育工委和北京市高教学会党建研究会共同主办。市委常委、市委教育工委书记朱善璐、市委教育工委副书记刘建、教育部社政司副司长徐维凡、北京市高教学会党建研究会理事长、北京师范大学原党委书记陈文博、北京师范大学党委书记刘川生等领导出席了会议。来自北京高校近200名党政领导、专家学者出席了会议。与会者围绕如何发挥高校党员先进性、如何把“党管人才”原则落实到高校人才队伍建设工作中、如何建立健全高校党员保持共产党员先进性长效机制等问题展开了交流和探讨。朱善璐书记在讲话中指出，党的先进性理论建设是党建的重要内容，其中科学发展观又与党的先进性建设息息相关，所以高校要努力贯彻科学发展观，积极搞好党的先进性理论建设。同时他对高校工作提出了三点要求：一是要全面提高教学质量，二是要提高服务意识，三是要提高服务水平。

（北京市高等教育学会供稿）

高校党的先进性建设论坛　12月2日，由北京市委教育工委、北京高校党建研究会联合举办首都高校党的先进性建设论坛，来自全市近60所高校的党委负责人，以及有关专家学者200余人参加。市委常委、教育工委书记朱善璐出席了论坛。

本次论坛是为了落实中央关于做好“保持共产党员先进性教育活动与党的先进性建设”理论研讨工作要求而举办的。党组织关系在本市的高校近60所，基层党组织9234个，共有16.9万名党员，其中学生党员8.3万人。参加论坛的近60所高校党委负责人一致认为，加强高校党的先进性建设，对开创首都高等教育的发展新局面将起到积极的推进作用。首都高校党委负责人在论坛上表示，将建立健全高校保持共产党员先进性的长效机制，在高校人才队伍建设中落实“党管人才”的原则，让学生党员在服务中践行先进性，在实践中成长成才，巩固和扩大高校党员先进性教育活动的经验和理论成果。

（参见《北京日报》2005年12月3日第1版）

中国共产党的执政经验与构建社会主义和谐社会理论研讨会　12月2日，由中国人民大学马克思主义学院、中国人民大学“三个代表”重要思想研究中心联合召开的主题为“中国共产党的执政经验、执政能力与构建社会主义和谐社会”的理论研讨会在中国人民大学逸夫会议中心举行。来自中共中央党校、中共中央文献研究室、中共中央党史研究室、清华大学、延安大学、中国人民大学的10余位专家学者，以及中国人民大学马克思主义学院20余位博士生出席了此次研讨会，会议由中国人民大学马克思主义学院副院长杨风城教授主持。

中国共产党的执政能力建设是与会学者最为关注的问题。与会学者一致认为，执政能力建设与执政方式转变问题的提出，是中国共产党执政理念的飞跃。中国人民大学哲学院马俊峰教授、中共中央党校中共党史教研部郭德宏教授和中共中央党史研究室政党研究中心的李向前研究员围绕执政党和执政能力的有关问题进行了发言。

社会主义和谐社会是与会者关注的另一问题。延安大学中共党史研究院高尚斌教授、中国人民大学中共党史系杨德山副教授就此发表了自己的看法。

中国人民大学马克思主义学院院长秦宣教授在总结发言中指出，现今中国社会所面临的诸多现实问题，在西方国家曾经出现过，但是中国问题具有自身的特点。执政党和中国社会所面临的问题需要哲学社会科学学者进行科学的研究，在借鉴西方的条件下寻求中国的经验。

（中国人民大学科学研究处罗圣华供稿）

科学发展观与人权建设研讨会　研讨会由中国人权研究会和中国人学学会联合主办，于12月9日在北京举行。国家宗教局副局长蒋坚永、中国人权研究会常务理事王明迪、陈为典、刘海年，中国人学学会名誉会长黄楠森、会长陈志尚等出席了研讨会。

与会同志指出，党的十六届五中全会通过的《中共中央关于制定国民经济和社会发展第十一个五年规划的建议》以科学发展观为指导，明确提出了“促进人权事业全面发展”的任务，这是在宪法列入“尊重和保障人权”之后，党中央关于人权的又一重大举措，进一步指明了我国人权建设的方向。在党的领导下，经过半个多世纪的奋斗，我国人权状况与旧中国相比已发生翻天覆地的根本变化。今日中国，政治上人民当家作主，经济上绝大多数人口解决了温饱问题，已经进入全面建设小康社会阶段，从总体上看，人民生活质量和享有人权的水平都呈现不断改善和提高的趋势。但同时必须看到，与我国城市和农村、东中西不同地区、经济政治文化和社会建设发展并不平衡一样，各类群体和个人之间实际享受人权的质量和水平也是不平衡的，损害人民利益的情况还存在。因此，促进人权事业全面发展，尊重和保障人权还有大量工作要做。

与会同志说，中国特色社会主义事业发展的目的是使中国人民的人权得到全面发展，人权建设是和整个中国特色社会主义建设事业不可分割地结合在一起的，是贯穿始终的一项长期、复杂、艰巨的系统工程。人权与特权的根本区别，或者说它的基本前提，是人人平等的原则。新中国成立及社会主义制度建立以后，人民当家作主，在政治上和法律上可以说是基本上实现了人人平等，但经济、文化、社会福利等方面人们实际享受的权利不平衡，城乡之间、各个阶层、各种社会分工之间的差别是客观存在的。也就是说，人们之间存在着许多事实上的不平等。这对于经济文化和社会发展相对落后，将长期处于社会主义初级阶段的国家来说是不可避免的。要解决这个问题，只有走社会主义道路，从实现人民的根本利益出发，全面协调，统筹安排，正确处理各种利益关系，尽可能缩小差别，化解矛盾。

（参见《光明日报》2005年12月27日第6版）

政府公共服务与治理研讨会　12月12日，由国务院发展研究中心社会发展研究部和经济合作与发展组织（OECD）公共治理和区域发展司联合举办的“政府公共服务与治理研讨会”在首都大酒店召开。会议的议题涉及公共财政、公共服务、事业单位改革、社会保障网、监管体制改革、投资以及公司治理等方面。来自我中心社会发展研究部、宏观经济研究部、发展战略与区域经济研究部、技术经济研究部、企业研究所的研究人员，来自商务部、财政部、民政部以及来自OECD总部、世界银行、欧盟驻华代表处等机构的有关官员和专家参加了研讨会。

（国务院发展研究中心孙普希供稿）

“海峡两岸台湾历史研究现状与未来趋势”学术研讨会　12月18—20日，中国社会科学院台湾史研究中心在北京举办了“海峡两岸台湾历史研究现状与未来趋势”学术研讨会。会议就台湾史研究提出的历史观等学术问题展开了讨论。

此次学术研讨会的主题是要了解台湾史研究的演变过程和现状，包括台湾史研究中所体现的一些指导性的观点，如：台湾主体意识问题，台湾人的悲情问题，台湾史与中国史的关系问题，台独史观问题；台湾史资料的分布和使用情况；台湾史研究的今后走势和推进研究的工作建议等。

在主题报告会上，厦门大学陈孔立教授围绕台湾历史研究中的“台独史观”做了全面分析。台湾大学王晓波教授从哲学家的思考出发，对台湾史研究中的殖民地史观进行了严厉的批判。厦门大学李祖基教授对海峡两岸台湾史研究的现状与问题做了全面回顾与总结。当代中国研究所副研究员宋月红从维护中国历史安全问题的角度对岛内猖獗的“台独”历史观进行了严正驳斥。中国社会科学院美国研究所研究员陶文钊从历史与现实结合的角度，对美国“一中”政策的形成与执行过程进行了梳理。张海鹏研究员着重从宏观的角度，从如何对待《开罗宣言》、《旧金山和约》等问题切入，对台湾史研究中“国家认同”与台湾史主体性问题做了阐述。他指出：所谓“国家认同”自然是认同中国，不存在其他的所谓“国家认同”问题。台湾史是中国史的一部分，研究台湾史与研究中国史，没有也不可能有根本的利害冲突。两岸学者一致认为：海峡两岸关系中的几乎每一个现实问题，都与历史有着千丝万缕的密切联系。从历史的角度去观察和思考台湾历史的发展过程，对台湾历史做全面、细致的研究与探讨，就可以透过表象看清台湾问题的本质。关于对外国势力干扰台湾问题的历史研究。近代史研究所研究员张振鲲提出：台湾研究，不论研究其历史还是现实，外国势力的涉入、存在、运作及其后果都是其中的重大课题。在台湾史研究中，应重视日台关系及明治维新以来日本对台湾的战略政策研究；重视在东亚地区、中日关系、中美关系格局下的台湾史研究；重视利用日本近年来公开的解密资料。

针对台湾陈水扁民进党当局大肆推进“台独”，台湾的教育行政部门紧紧跟上，在刚刚公布的《高级中学历史课程纲要草案》中，公然把中国史和台湾史分割开来，把台湾史作为所谓“本国史”，肆意加以歪曲，台湾学者许毓良博士在其《国家图书馆所藏关于清代台湾地图的史料价值》的报告中，以确凿的史实证据论述了晚清光绪时期对台湾地图制作的贡献，对岛内的“台独”狂潮进行了反击。中国社会科学院民族研究所郝时远研究员、陈建樾研究员就岛内“原住民”问题做了报告，对“台独”势力利用原住民“去中国化”的逆行进行了批判。

会议围绕海峡两岸台湾史研究概况与未来趋势，进行了全面梳理和宏观展望，提出今后应从历史学、社会学、政治学三个层面上推进和加强台湾史研究的发展，增进全国人民对台湾历史与现状的了解，从学术上对促进祖国统一作出贡献。

（中国社会科学院办公厅朱丽雅供稿）

首都地区公共部门人力资源管理研讨会 12月23日，北京市人力资源研究中心召开此次研讨会，并开通人力资源研究网。市委副书记杜德印出席并讲话。市委常委、组织部长赵家骐主持研讨会。与会专家学者围绕首都地区公共部门绩效管理的理论与实践、领导人才工作价值观的度量和评判以及构建首都地区人才资源开发与管理的合作机制等问题进行了研讨。杜德印讲话说，近年来，北京市干部人事制度改革工作，着眼于系统性、阶段性、基础性工作，努力解决在经济转轨、社会转型阶段实现整体方式转变问题。要加强干部人事制度建设，建立公务员个人利益与党和国家整体利益相协调机制，推动职务管理为主向职责管理为中心的管理方式转变，不断拓宽激励机制，引导各级领导干部树立科学发展观、正确政绩观和正确的价值观，提高职业素质和专业管理能力，为实现“立足科学发展、着力自主创新、完善体制机制、促进社会和谐”提供有力支持。

（参见《北京日报》2005年12月24日第1版）

经济学

第五届世界经济与社会国际研讨会 1月7日，由中国人民大学与意大利菲德里克第二大学、香港理工大学联合举办的第五届中国人民大学世界经济与社会国际研讨会在中国人民大学举行。来自意大利菲德里克第二大学、香港理工大学和中国人民大学经济学院、财政金融学院，以及商务部研究院、国家统计局国际统计中心、外交部（APEC委员会）、北京师范大学、对外经贸大学、北京外国语大学、保监会、银监会、证监会、建设银行等机构的40多位专家学者参加了研讨。

本次研讨会的主题是“经济运行与市场中的诚信与道德风险”。会议由经济学院黄卫平教授主持。中国人民大学冯俊副校长出席研讨会并致欢迎辞。意大利菲德里克第二大学Carlo Amatucci教授和Carlo Panico致答谢辞。与会专家随后就本次会议的主题进行了热烈的讨论，分别从货币与信用市场、投资基金监管、法人治理与家族企业、诚信经济等方面发表了自己的观点。

（中国人民大学科学研究处罗圣华供稿）

第九届中国资本市场论坛　1月15日，由中国人民大学金融与证券研究所（FSI）、中国银河证券、《中国证券报》社、北京银行、湘财证券等共同主办的此次论坛在中国人民大学逸夫会议中心隆重举行。

中国证监会原副主席、中国银河证券总裁朱利先生主持了论坛的开幕式，《中国证券报》社长陈乃进先生代表主办单位致开幕词，中国人民大学党委书记、校务委员会主任程天权教授致欢迎辞。中国金融学会名誉会长黄达教授、中国人民大学副校长冯惠玲出席论坛开幕式。在论坛开幕式上，中国人民银行副行长吴晓灵女士作主旨演讲、全国工商联副主席郑跃文先生作专题演讲。

本届论坛以“市场主导型金融体系：中国的战略选择”为主题，由中国金融学会秘书长谢平博士主持。围绕这一主题，论坛着重探讨了以下问题：在中国如何构建现代金融体系；现代金融体系的核心：是银行还是资本市场；现代金融体系中的商业银行：混业之路如何走；中国资本市场：未来发展之路等。

中国人民大学研究生院副院长、金融与证券研究所所长吴晓求教授做题为“我有一个梦想”的大会主题演讲，北京银行副行长赵瑞安先生代表北京银行董事长阎冰竹先生发表“中国金融改革中的商业银行”的主题演讲，湘财证券公司董事长陈学荣先生发表“中国资本市场的生物链效应”演讲，中国证监会研究中心主任李青原博士发表了“如何看待当前的中国资本市场”演讲。

1月15日下午进行了3个模块的互动讨论，就“现代金融体系的核心：是银行还是资本市场”、“现代金融体系中的商业银行：混业之路如何走”、“中国资本市场；未来发展之路”3个议题举行了3个模块的专家论坛。中央电视台《中国财经报道》主持人计渝、北京人民广播电台财经节目主持人黄彦、中央电视台《中国证券》主持人李雨霏分别主持3个模块的互动讨论。

（中国人民大学科学研究处罗圣华供稿）

薛暮桥经济思想座谈会　座谈会于1月25日在北京人民大会堂召开。中共中央政治局委员、国务院副总理曾培炎出席并讲话。他强调，广大经济理论和实际工作者要向薛暮桥同志学习，坚持理论联系实际，按经济规律办事，全面落实科学发展观，不断提高驾驭社会主义市场经济的能力。曾培炎说，薛暮桥同志是我国杰出的马克思主义经济学家，是中国社会主义经济理论的开拓者之一，也是经济战线上一位德高望重的领导。战争年代里，他在十分恶劣的条件下，坚持宣传马克思主义的政治经济理论。在中国革命、建设和改革开放过程中，他长期在经济领域重要岗位上担任领导职务，为开创我国经济、统计、物价工作，建立和完善有中国特色的宏观经济管理体制，推动经济体制改革作出了积极贡献。薛暮桥同志始终坚持理论研究与实际工作相结合，认真探索中国社会主义经济规律，撰写了大量理论著作，他的经济思想对中国经济理论研究产生了深远的影响。曾培炎强调，广大经济研究和实际工作者，要学习薛暮桥同志的宝贵思想、优秀作风和高贵品格。深入钻研理论，勇于探索真理，加强调查研究，总结实践经验，着力解决事关全局和长远的重大课题。

（参见《光明日报》2005年1月26日A3版）

“中国经济与社会协调发展”国际学术研讨会　3月14～15日，中国社会科学院城市发展与环境研究中心与日本专修大学社会科学研究所共同举办了“中国经济与社会协调发展”国际学术研讨会、会议就关于中国社会发展、中国经济与产业发展等专题进行了探讨。

关于中国社会发展，中国社会科学院社会学研究所副研究员李春玲在《中国的社会分层与社会流动》的主题报告中从“两阶级、一阶层”（工人阶级、农民阶级和知识分子阶层）、反分层社会和制度形态的社会经济不平等方面概括了1949—1978年的中国社会阶层结构的主要特征。指出，1978年以来的经济体制转轨和现代化进程的推进促使中国社会阶层结构发生结构性的改变。社会各阶层之间的社会、经济、生活方式及利益认同的差异日益明晰化，以职业为基础的新的社会阶层分化机制逐渐取代过去的以政治身份、户口身份和行政身份为依据的分化机制。这些迹象表明、社会经济变迁已导致了一种新的社会阶层结构的出现、并且这种结构正在趋于稳定。

中国社会科学院社会学研究所唐钧做了关于《社会保障与人口老龄化问题》的报告。认为，据2000年第五次人口普查的统计分析，中国65岁以上人口在全体人口中所占比重已经达到7%，中国已跨进了老龄化社会的门槛。提出，中国社会保障制度改革是一个多重复合的体系，既有符合制度本身规律的“民生”的目标，又有诸如“社会稳定器”（政治目标）和经济改革的配套工程（经济目标）等其他目标。中国社会保障制度的改革被赋予太多的“重任”，结果却总是不尽人意。具体而言，在养老保险制度中存在着“窟窿”问题和“空账”问题，使人对其可持续性产生怀疑；在医疗保险制度中，存在着“公平性”和“可及性”问题。上述这些问题仅仅涉及企业职工、国家干部和农民，都还没有形成基本的思路和框架，所以继续深化改革是迫在眉睫而又任重道远的。

中国社会科学院城市发展与环境研究中心主任牛凤瑞做了《中国“三农”问题求解与城市化》的报告。认为，城市化是中国现代化进程的必然趋势。2003年，中国人均GDP已超过1000美元。第一产业增加值占GDP的比重已降到15%以下，而城市化率仅为39%，低于世界平均水平近10个百分点。城市化的严重滞后不仅增加了工业化进程的成本，而且抑制了国内市场需求的扩大和第三产业的发展。因此，实施城市化战略是中国实现经济与社会、人口与资源环境可持续发展的必然选择。中国“三农”问题的最大难点是增加农民收入，而增加农民收入的最基本办法就是改变农民的就业结构，减少农业就业人口比例，而推进城市化是减少农民的基本途径。认为农民大规模进城不会危及农业发展。中国限制农民进城的依据已不存在，现代化建设的目的是使包括8亿农民在内的十几亿中国人民享有更高品质生活，拆除农民进城的制度障碍则是建设现代社会必须迈出的步骤，中国农村的不发展是因为城市的不发展，城市吸纳农村人口、辐射带动农村的能力不够强大。中国城市的发展已离不开进城农民，2001年，中国城镇就业劳动力约为24亿人，其中进城农民约占40%，城市的运行与发展已经离不开他们，在城市化加速时期农村要素向城市聚集具有必然性和合理性。未来几十年将是中国以聚集为主要趋势的城市化加速时期。在这一时期，农村劳动力、土地、资金等要素大量向城市流动是必然现象。国家对农村的支援要集中方向、适应农业家庭经营为主和完善市场经济体制的要求，从提高效率着眼，国家应集中力量于农村公共物品供给领域、加大对农村教育、农业科技进步和农产品市场信息网络建设，支持农村医疗事业特别是公共卫生的发展，支持建立农村社会保障制度，支持农村公用基础设施建设，支持开展农村小额信贷业务。给进城农民以“市民待遇”是统筹城乡发展的基石。取消城乡分割的户籍管理制度，给进城农民以“市民待遇”，使农民享有与城镇居民相同的平等权利和平等机会，是社会的进步，也是统筹城乡发展的基石。

中国社会科学院城市发展与环境研究中心副研究员李国庆和日本专修大学大矢根淳副教授共同做了《关于城市政策转变与城市社区再建》的报告。日本经济学教授町田俊彦就中央政府与地方政府的财政关系做了中日比较研究的报告。

关于中国经济与产业发展，中国社会科学院世界经济与政治研究所孙杰研究员在题为《中国经济的全球化及其对世界经济的影响》的报告中认为，世界经济与中国经济的互动影响是通过4个渠道进行的，即贸易、金融、投资和政策协调。中国经济对世界经济的影响不断增强。从经济增长角度看，中国GDP增长长期高于世界平均水平，中国的外贸依存度将近35%，是美国和日本的3倍。从市场角度看，中国的进出口贸易规模已经进入世界前三位，这将不可避免地在很多领域影响到市场的供求关系与价格。从经济政策角度看，2004年中国首次参加“七国集团”的财长会议，这标志着我们参与国际经济政策协调进入了一个新阶段。中国的经济发展已处于一个与世界经济密切互动的新阶段。

日本专修大学经济学系教授大桥英夫在题为《从贸易动态变化的研究方法入手看中国经济的国际化问题》的报告中对经济的国家化做了界定：一是指贸易规模的扩大，占世界贸易比例相对上升，GDP中贸易所占比率扩大；二是与国际经济的接点扩大，国际收支发生变化，从对内投资（资本输入）转变为对外投资（资本输出）；三是交换手段变化，外汇管理体制变化，外汇汇率更加适应市场需求变化；四是与国际经济体制的统一程度提高，贸易惯例、规则和体制的容纳程度提高。

大桥英文教授指出，一般认为中国的GDP中的贸易依存度高达70%以上，但是这一点需要从贸易形态来对贸易结构加以分析。由于补偿贸易、来料加工、进料加工和保税贸易属于加工贸易，如果扣除这一部分，中国GDP对贸易的依存度即对外贸易中的一般贸易比重为41．5%，与日本相差无几，不应该过分夸大中国经济增长对外贸的依存度。

此外，中国社会科学院工业经济研究所赵英研究员就《中国产业结构演进的历史与现实》做了报告。日本专修大学的张浩川以《中国的中小企业的国际化》为题，介绍了“小型国际企业”带来的启示。中国社会科学院人口与劳动经济研究所张翼研究员就《当前的就业形势与中国劳动力人口的变化趋势》做了报告。日本专修大学佐岛直子副教授做了《中国的战略文化——肯布斯（Ken Booth）手法》的报告。

（中国社会科学院办公厅朱丽雅供稿）

提高农业综合生产能力研讨会 3月19日，在中国农业大学召开了北京市农经学会“进一步加强农村工作提高农业综合生产能力”研讨会，与会的专家、学者共29人，会议紧紧围绕中央一号文件的精神展开讨论。北京农经学会会长、农业部农村经济研究中心研究员、国务院特殊津贴专家徐柏园教授在总结了学会2004年工作后对2005年的工作进行了安排。

中国人民大学农业农村学院唐忠教授指出：近几年中央出台的有关三农政策越来越多，越来越好，政府思路逐渐发生转变。但仍存在两方面问题，一是目前的政策仍存在城市取向，当城市取向与消费者取向发生冲突时，应强调消费者取向；二是政策间存在冲突，没有清晰明确的目标。今后应主要关注缩小城乡收入差距和缩小城市间地区收入差距两项目标。针对上述问题及目标，在执行绿箱政策同时，不应忽视黄箱政策，因为它在中国存在一定的发展空间。

中国农业大学经管院农经系主任李秉龙教授细致深入地研究了2005年中央一号文件精神，现在存在的问题是：对比发达国家近20年来的情况，我国农业政策任务仍相当艰巨。增加农业产品供给和农民收入问题、农产品质量安全与环境问题、科技进步问题均是我国亟待解决的重大问题；2004年和2005年的中央一号文件使中国农业政策发生了根本的转变，趋势变好，但政策带有较大的年度性，这样不利于给农业和农民较长预期，应考虑每5年出台一个法律文件。

北京农学院经贸系李兴稼关注北京农村发展情况，他指出北京在实现高速的城市化同时，要考虑农民问题如何解决，如北京城市化过程中如何保护农民合法权益；如何提高农民就业能力；如何提高农民组织化程度等，这些都是急需解决的重大问题。

北京农学院李华指出：目前应考虑的主要有三方面问题，一是如何引导农民进入市场，提高其就业能力，增加农民就业岗位；二是关于农业产业壮大问题；三是如何提高农业综合生产能力。对于提高农业综合生产能力，他认为主要应做好如下4方面工作，即搞好农村人力资源开发，增加农业劳动力受教育年限及增加教育经费投入；加强县级政权机构改造，人员精减；做好农村的职业教育工作。

北京农科院文化指出：农民教育不能只抓技术培训，还要从人文、历史、卫生等方面进行全方位教育，而且要进行全面的终身教育。

（北京市农经学会徐柏园供稿）

中国发展高层论坛2005年会 3月19日至21日，由国务院发展研究中心主办的中国发展高层论坛2005年会在钓鱼台国宾馆举行。本届论坛的主题为“世界经济格局中的中国”。曾培炎副总理出席开幕式并致词。全国政协副主席、中国工程院院长徐匡迪、外交部部长李肇星、国家发展和改革委主任马凯、商务部部长薄熙来、中国人民银行行长周小川、财政部副部长肖捷等有关部委领导出席论坛并就中国宏观经济走势与世界经济、中国制造业的结构升级与技术创新、对外开放中的中国财税体制改革、全球经济贸易体系中的中国、中国金融市场的对外开放与国际金融体系的新变化等专题发表演讲。出席论坛并就以上主题发表演讲和评论的有联合国副秘书长、联合国开发计划署副署长泽菲林·迪亚布雷，经济合作与发展组织秘书长唐纳德·约翰斯顿，世界银行常务副行长章晟曼，美国哥伦比亚大学教授，诺贝尔经济学奖获得者罗伯特·蒙代尔和约瑟夫·斯蒂格利茨，美国国家经济研究局局长马丁·菲尔德斯坦，香港中文大学校长刘遵义，韩国对外经济政策研究院院长李景台，汇丰集团董事长庞约翰，东芝公司董事长西室泰三，英美资源集团董事长马克·穆蒂司徒慕德，爱立信公司董事长泰斯库等。中心领导王梦奎主任主持了开幕式和李肇星部长的午餐演讲以及总结发言；张玉台副主任作会议总结发言；鲁志强副主任主持了论坛第二单元的会议；孙晓郁副主任在论坛招待酒会上致词并在开幕式上作主题发言；谢伏瞻副主任主持了午餐会议并在晚宴上致词。刘世锦、蒋省三同志和中心各部门负责人以及国内外知名学者、企业家，政府官员和非政府组织代表约400人出席了会议。

（国务院发展研究中心孙普希供稿）

全球经济与中国经济研讨会 研讨会由财政部国际司与瑞士信贷第一波士顿有限公司共同举办，于3月22日在北京召开。近年来，国际上不时出现“中国经济的迅速发展构成对国际社会的威胁，世界经济发展的不稳定性由中国造成”的论调。对此，在研讨会上，国际上许多企业界知名人士、学者、专家提出不同看法。英国财政部副部长斯特恩，瑞士信贷第一波士顿有限公司首席执行官杜根，诺贝尔经济学奖获得者、哥伦比亚大学教授斯蒂格利兹，世界银行中国局局长杜大伟，国际货币基金组织驻华首席代表何瑞和巴西驻华大使内维斯在发言中都指出，过去和今后，世界经济都得益于中国经济的发展，“中国经济威胁论”是不符合实际的。中国经济的发展给跨国公司在华业务带来了大好机遇。也有的指出，中国经济的快速、持续发展是对世界经济的贡献、是世界经济的引擎。

（参见《光明日报》2005年3月23日第12版）

国际劳动标准国际研讨会 3月26至27日，由国际劳工组织（ILO）亚洲局筹划的研讨会在中国人民大学逸夫会议中心召开。

来自日本、韩国、马来西亚、菲律宾、新加坡、泰国、印度尼西亚和北京香港等地区的20余位劳动法专家学者出席了研讨会。国际劳工局总部顾问、日本九州大学吾乡真一教授主持会议，中国劳动法学会副会长常凯教授代表中国人民大学劳动人事学院致欢迎辞，日本驻华使馆经济部代表山田雅彦先生、中国人民大学劳动人事学院院长曾湘泉教授到会祝贺。

会议为期两天。3月26日的会议上，吾乡真一教授对国际劳工组织和LLL项目进行了详细的介绍，并对实施国际劳动标准和推进国际劳工公约批准的作用和意义进行了说明。常凯教授就中国劳动法学界的现状以及国际劳工公约在中国的批准和实施情况做了发言和补充。韩国汉城大学李挺教授介绍了韩国劳动法以及国际劳动标准实施的情况。

来自北京大学、中国人民大学、中国政法大学、中国青年政治学院、首都师范大学、中南财经政法大学、西北政法学院以及乐施会的各位专家学者就《国际劳动标准》的实施以及《国际劳工公约》在中国的批准问题与吾乡教授进行了交流，其中包括核心公约和其他公约的地位以及国际劳工公约通过的数量和实施状况之间的关系等。

27日，出席会议的各国代表汇报了本国实施（或未实施）国际劳动标准研究的状况，进行了积极的学术交流，并就进一步推进国际劳动标准研究的行动提出了各自的意见和建议。

（中国人民大学科学研究处罗圣华供稿）

中国经济走势分析与宏观调控决策学术报告会 3月29日，北京市金融学会召开了七届三次常务理事会暨学术报告会。出席会议的有人民银行营业管理部、北京银监局、证监局、保监局及北京市各家金融机构，有关高等院校、科研机构等会员单位的常务理事60余人。学会邀请中国社会科学院经济研究所所长刘树成研究员，在会上作了《中国经济走势分析与宏观调控决策》学术报告。刘树成研究员就中国经济增长的国际影响、我国宏观经济形势和宏观调控问题，发表了演讲。他从为什么要进行宏观调控，怎样进行的宏观调控，取得了什么成效，还存在什么问题，今后怎样做等五个方面进行了深入的分析，并与大家进行了交流。报告对大家正确分析和把握当前整个经济走势，认清加强和改善宏观调控的重要性以及调控的目标、调控的重点、调控的原则和手段，进一步做好首都金融工作，很有帮助，受到与会者的欢迎。

（北京市金融学会付桂玲供稿）

北京市郊区经济发展与支持“三农”学术报告会

为进一步建立适应于北京郊区经济发展和农业结构调整需要的金融调控与金融发展对策，4月13日，北京市金融学会在西苑饭店举办了北京市郊区经济发展与支持“三农”学术报告会。特邀请北京市副市长牛有成进行演讲。

牛有成副市长首先阐述了“三农”工作的重要性。他说，“三农”是我们全社会共同关注的问题，是全党工作的重中之重。中央自80年代连续发了五个一号文件之后，去年、今年又连续发了两个一号文件，主题就是“三农”，核心就是农民增收和提高农业生产的综合能力。这说明“三农”在全国、在全党、在政府的工作当中的位置，也就是说“三农”问题解决得好与坏，直接关系到我们国家全面建设小康社会目标的实现。报告中，牛副市长从解析“三农”、潜力“三农”和融入“三农”这三个方面，对北京市郊区经济与支持“三农”的问题做了精彩的演讲，并对北京市的金融部门支持“三农”工作，提出了希望及建设性的意见。

（北京市金融学会付桂玲供稿）

农村经济发展论坛 4月13日，中国社会科学院农村发展研究所、国家统计局农村社会经济调查总队和社会科学文献出版社联合举办《2005年农村经济绿皮书》出版暨农村经济发展论坛。中国社会科学院副院长陈佳贵、国务院研究室副主任李炳坤出席论坛并讲话。

陈佳贵指出，近几年，“三农”问题已成为党和政府工作的重中之重。伴随着政府相关政策的实施和全社会对“三农”问题的关注、农村形势出现喜人的变化。2004年，广大农民的生产积极性高涨，全国粮食总产的增量和单位面积产量创历史最高水平，农民人均纯收入比上年增加了314元，增长6.8%，创1997年以来最好水平。这些成果是政策好、市场旺、人努力、天帮忙四大利好因素共同作用的结果。而政策好是最具决定性的因素。今年初，中央1号文件提出9个方向22条促进农民增收的政策。随后，中央决定取消农业特产税，减免农业税，并推进种粮农民直接补贴、良种补贴和大型农机具购置补贴政策。接着，又出台了坚决保护耕地、加大农业投入、严格控制农资价格和实行粮食最低收购价等4项保障措施。正是这一系列政策措施，构成了新时期农业政策体系的基本框架。“三农”问题的解决，既要着眼长远，努力提高农业综合生产能力，又要立足当前，全力做好旨在实现“增量增收”目标的各项工作。为了确保粮食稳定增产、农民持续增收，2005年在已有政策继续实施的前提下，又出台了一些新的政策和措施。而且可以相信，国民经济的快速增长，政府对农民职业技能培训力度的加大，对农民进城务工的歧视性政策的进一步清理，会给农民外出务工和收入增长创造更多机会。

陈佳贵强调，要清醒认识到我们所面临的挑战：粮食播种面积增长的空间有限，农业基础设施还很薄弱，实现粮食稳定增产的难度不可低估；农产品价格继续上升的空间有限，农民增收的长效机制还远未建立起来，保持农民收入持续增长的难度不可低估；外来农产品对国内市场的冲击越来越大，农户超小规模经营的格局多年来基本上没有变化，提升中国农业竞争力的难度不可低估。要充分认识到这些问题的复杂性，尤其要弄清产生这些问题的深层原因。如果我们对这些问题有了透彻的认识、并通过完善社会主义市场经济体制，就可以逐步解决。由中国社会科学院农村发展研究所和国家统计局农调总队共同完成的《2005年农村经济绿皮书》是社会科学文献出版社出版的皮书系列丛书中比较重要的一本，它对中国农村面临的重大现实问题及政策，从理论和经验角度进行了比较全面的回顾和总结、并进一步对农村经济形势作了预测，对推动中国“三农”问题的解决具有很大的积极作用。

国务院研究室副主任李炳坤在讲话中说，《2005年农村经济绿皮书》无论是内容还是形式，都在持续不断地进步，各方面的影响力也在增强。它不仅是从事农村经济研究和实际工作者十分关注的一本书，也是社会其他方面广泛关注的一本书。该书着重阐述了“三农”问题，这是当前全党工作的重中之重，也是政府工作的重中之重。今年党中央和国务院针对“三农”问题提出了新的方针，这是建国以来第一次明确提出实行“工业反哺农业，城市支持农村”和“以工促农、以城带乡”，它适应了中国经济发展新阶段的要求，必将合理调整国民收入分配格局，大力促进农业和农村发展。

国家统计局农村社会经济调查总队队长鲜祖德、中国社会科学院农村发展研究所副所长李周和社会科学文献出版社社长谢寿光分别介绍了2005年农村经济绿皮书的背景、特点以及出版发行情况。北京大学中国经济研究中心主任林毅夫、国务院发展研究中心农村部部长韩俊、国家发改委产业经济研究所所长马晓河、财政部财科所副所长苏明和中国社会科学院社会学研究所陆学艺分别做主题发言。

会议由中国社会科学院农村发展研究所所长张晓山主持。中国社会科学院副秘书长黄浩涛和部分单位专家学者共80余人参加了论坛。

（中国社会科学院办公厅朱丽雅供稿）

中国农业政策国际研讨会　4月15日，国务院发展研究中心农村经济研究部与经济合作与发展组织（OECD）农业司联合召开了中国农业政策国际研讨会。出席会议并发言的有OECD农业司司长斯蒂凡·唐格曼（StefanTangermann）一行4人以及来自世界银行、联合国粮农组织、国际粮食政策研究所等国际组织和法国、加拿大、澳大利亚等国外著名专家，中财办、国家发改委、商务部、财政部、农业部、国务院西部开发办、国家粮食局等部门有关负责人，以及中国科学院、中国社科院、中国农业科学院、中国人民大学、农业大学等单位的著名学者和专家。中心农村经济研究部部长韩俊、副部长谢扬、研究员程国强分别主持会议，农村部研究人员崔传义、张忠法、罗丹等参加了会议。

（国务院发展研究中心孙普希供稿）

中国知识产权与经济发展国际高层研讨会　4月20—21日，国务院发展研究中心、OECD和国家知识产权局在北京共同举办“知识产权与经济发展：入世后的挑战与机遇”国际高层研讨会。本次研讨会邀请了60多位外国嘉宾，包括来自OECD成员国的高级官员和专家，OECD、WIPO、WTO等国际组织的代表，以及科技部、商务部、国家版权局、国家工商管理总局等部门的政府官员和专家学者，中外企业代表，共300余人。这次国际研讨会对于进一步完善中国知识产权制度、法律和管理体系，推动中国国家知识产权战略的制定与实施，都具有重要意义。

本次研讨会知识产权问题进行了广泛的交流探讨，包括：知识产权政策、技术创新和经济发展，反托拉斯政策和知识产权保护，政策连续性和现代知识产权体系的制度设计，加强知识产权保护，发展中国家面临的特殊挑战，中国入世后如何加强知识产权实施。特别是，会上介绍了OECD成员国和其他国家的经验教训，研究探讨了中国当前及将来的知识产权改革、知识产权制度、法律和管理体系建设，包括如何促进知识产权保护、入世后中国如何面对知识产权领域内的机遇和挑战等相关问题。主要观点概述如下：

1. 对我国知识产权发展阶段的基本判断。中国在短短20年的时间内，完成了西方国家几百年走过的历程。目前，中国的知识产权法律和制度基本与国际接轨，逐步建立起比较完整的知识产权法律和管理体系。下一步的关键任务是完善执法和管理体系，贯彻落实已有法律。随着中国社会主义市场经济体制的不断完善，中国的知识产权制度将进一步完善。

2. 知识产权制度的根本目的是促进技术进步和经济社会发展。随着经济全球化和贸易自由化进程的加快，知识产权已经成为国际竞争力的重要内容，是国家竞争战略的重要组成部分。

3. 中国是发展中国家，知识产权保护制度要为国家经济社会和技术发展战略服务，与发展阶段相适应。今后中国将充分发挥知识产权制度的作用，为国家经济、技术和社会发展战略服务，推动技术创新和发展。知识产权制度建设和管理工作将进一步与经济建设和产业发展联系起来，从专业性管理转向社会化管理。

4. 知识产权制度要发挥作用，需要配套政策和良好的市场环境。要进一步加强市场秩序建设，完善实施知识产权制度的市场环境。

5. 知识产权制度的核心是鼓励创新，发挥人的积极性。因此，要努力营造尊重知识、尊重人才的良好社会环境。

6. 知识产权制度不仅仅是保护智力劳动的成果，更重要的是促进技术的广泛应用、转移和扩散。

7. 知识产权制度的实施，有助于创造公平竞争的市场环境，维护公平竞争的市场秩序。

（国务院发展研究中心孙普希供稿）

中国保险发展论坛国际学术年会　4月23日，中国保险发展论坛国际学术年会在中国人民大学举行。全国人大副委员长顾秀莲、全国政协副主席张怀西等国家领导人出席本届论坛并发表主旨演讲。在年会开幕式中，还举行了简短而隆重的兼职教授聘任仪式，聘任顾秀莲、张怀西、邓鸿勋为中国人民大学兼职教授，中国人民大学纪宝成校长为受聘的兼职教授颁发聘书。

“中国保险发展论坛”是国内金融保险领域极具权威性的高层保险学术盛会，由国发资本市场研究中心、中国保险行业协会、中国保险学会、《中国证券报》社等单位于1996年创办，由中国人民大学财政金融学院承办。著名经济学家、国务院发展研究中心原副主任邓鸿勋研究员担任论坛组委会主席。

大会为期 天，以“发展保险事业，构建和谐社会——深度开放下的中外保险文化对接”为主题，国内外金融保险界著名专家、学者和企业家就这一主题进行了深入探讨，为中国保险业的健康、高效和可持续发展建言献策，以期能够推动中国保险业提高其整体实力和核心竞争能力，为构建和谐社会提供保险保障。

（中国人民大学科学研究处罗圣华供稿）

全球化与财税法改革国际学术研讨会　北京大学法学院、北京大学财经法研究中心于5月13—14日在北京大学举办了“全球化与财税法改革——比较、借鉴与中国财税法现代化”国际学术研讨会。出席本次会议的领导包括国家税务总局副局长许善达、国家税务局总局国际司司长张志勇、财政部财科所所长贾康等10人。与会代表近80人，其中大陆学者50余人，境外学者20余人，来自美国、英国、法国、德国、日本、荷兰、俄罗斯、韩国、印度、哥伦比亚以及我国港台地区，其中有日本著名税法学家北野弘久先生、美国密歇根大学著名国际税法学家Avi－Yonah教授、荷兰莱顿大学著名国际税法学家Kee svan Raad教授、中国台湾著名税法学家黄茂荣教授等世界一流的财税法学者。

会议收录论文及文章60余篇，20余位代表做了主题发言。研讨会共分6个专题：（1）世界各国企业所得税法改革与中国统一企业所得税法的制定：（2）世界财税法发展趋势与理论创新；（3）世界各国个人所得税法改革与中国个人所得税法的完善：（4）WTO体制下中国涉外税收优惠制度改革；（5）世界各国预算法律制度与中国预算法的完善；（6）国际税收协作与国际税收逃避。

（北京大学社会科学部朱邦芳供稿）

农民专业合作组织报告会 报告会由北京农委、北京市委组织部、北京农业职业学院主办，于5月17日在北京农业职业学院举行。由农业部农村经济研究中心研究员、北京农经学会会长、国务院特殊津贴专家徐柏园作《农业产业化和现代合作社理论》的报告。关于农业产业化报告人从农业产业化概念、农业产业化形式、农业产业化实例、推进农业产业化的意义、农业产业化政策的建议、农业产业化经营的利益分配机制6个方面做了较详尽的阐述。关于现代合作理论，指出现代合作社理论为劳动者只有走合作社的道路，才能摆脱贫困、剥削和压迫，马列主义认为现代小农经济的唯一出路，是走合作社的道路。报告还从农民合作的意义及作用、20世纪80—90年代我们农村专业合作经济组织建设与发展，“入世”背景下农村专业合作社的建立与规范等，分别做了介绍和论述。

（北京农经学会徐柏园供稿）

陈云经济思想研讨会 研讨会由中国宏观经济学会主办，于5月21日在北京人民大会堂召开。研讨会的主题是：陈云经济思想对中国经济实践和理论的重要影响以及对当前经济工作的指导意义。中共中央文献研究室、国务院发展研究中心、国家发展和改革委员会、中国人民银行等单位的领导和专家等150余人出席了研讨会。

研讨会由中国宏观经济学会会长房维中主持。曹应旺以《陈云财经工作的历史地位》为题、王春正以《学习陈云经济思想 加强和改善宏观调控》为题、房维中以《学习和领会陈云经济思想》为题、项怀诚以《陈云经济思想及其现实意义》为题、刘国光以《陈云同志是科学发展观的先驱者》为题，周小川以《学习陈云经济思想对中央银行工作有深刻指导意义》为题、苏星以《学习陈云同志一心为人民的高尚品格》为题、黄达以《陈云经济思想：经济思想宝库里的宝贵财富》为题、汪同三以《对陈云经济思想的理解》为题、贺力平以《陈云同志经济思想与人民币汇率改革》为题等先后做了专题发言。

研讨会上，与会者对于陈云同志博大精深的经济思想，特别是他始终坚持从国情出发，运用马克思主义哲学观点和党的实事求是的思想路线指导中国经济工作，进行了深切的缅怀和深入的探讨。大家认为，陈云同志的经济思想内容非常丰富，涉及宏观经济、财政、金融、外贸、工农业生产、经济体制改革等许多领域，是一个完整的思想体系。其中，要高度重视发展农业、建设规模必须与国力相适应、国民经济要保持综合平衡、计划经济与市场调节相结合等代表性思想，处处闪耀着唯物辩证法的思想光辉，始终贯穿着党的实事求是的思想路线和为人民服务的群众观点，是陈云同志对马克思主义辨证思维方法的创造性发展。他的经济思想不仅是党的宝贵的理论财富，指导了当时中国经济建设的实践，而且对于当前我国加快经济社会发展、推进体制改革、全面建设小康社会、贯彻落实科学发展观、构建社会主义和谐社会等具有重要的现实意义。

（参见《光明日报》2005年5月22日第2版）

中央财经大学“部长论坛（2005）” 5月27日，全国社会保障基金理事会理事长、党组书记项怀诚同志做客中央财经大学“部长论坛”，做了题为《关于全国社会保障基金的几个问题》的演讲。

9月16日，国家税务总局前常务副局长、中国国际税收研究会名誉会长、中国慈善总会常务副会长、高级经济师卢仁法教授作了题为《中国新一轮税制改革的走向问题》的专题报告。

10月17日，中央财经大学“部长论坛”邀请中国银行业监督管理委员会副主席、中国金融学会副会长唐双宁先生作了题为《关于金融工作的若干问题》的报告。

10月18日，中国人民银行行长助理马德伦先生做客中央财经大学“部长论坛”，在学术报告厅做了题为《当前金融领域的几个热点问题》的报告。

10月27日，中国国际税收研究会会长郝昭成先生做了题为《经济社会发展与税收制度的科学化、现代化、国际化》的报告。

12月1日，原财政部部长助理、国家重点大型企业监事会主席刘长琨同志做客中央财经大学“部长论坛”，做了题为《国有企业监事会制度的建立和实践》的演讲。

（中央财经大学科研处宋媛供稿）

统筹经济社会发展研讨会 5月30日，由全国政协社会和法制委员会与中国社会科学院联合主办的本次研讨会在京召开。中共中央政治局常委、全国政协主席贾庆林出席。

全国政协副主席、中国社会科学院院长陈奎元在研讨会上讲话，他指出，经济与社会协调发展，是科学发展观的一个重要内容，是贯彻“三个代表”重要思想的重大课题，是提高党的执政能力的重要方面，是全面建设小康社会的必然要求。并且说，统筹经济社会发展并不是要搞新的平均主义，并不是要放慢经济发达地区的经济增长速度，而是要防止城乡社会结构的断裂，防止区域发展出现鸿沟，防止发生与社会主义原则相违背，并导致社会主义基础瓦解的两极分化，防止单纯追求GDP增长速度、不惜牺牲其他社会发展价值的偏向，防止对资源滥用和对生态环境的破坏。

与会政协委员、专家学者就社会领域中长期发展面临的突出矛盾和政策取向、中国经济转变期的宏观经济、社会主义和谐社会与稳定、构建城乡和谐社会的基本思路、统筹经济社会发展的立法问题等进行了广泛深入的探讨。

（参见《光明日报》2005年5月31日第1版）

诺贝尔获奖者北京论坛 5月31日，“2005诺贝尔获奖者北京论坛”中央财经大学分论坛有幸邀请到了世界著名经济学家、美国哥伦比亚大学经济系教授夏威尔·萨拉—伊—马丁先生，马丁先生此次演讲的主题是“消除世界贫困和不平等”。开幕式上中央财经大学校长王文谦教授宣读了中央财经大学关于聘任马丁教授名誉教授的决定，并向马丁教授颁发了聘书。

马丁先生从贫困人口，经济发展不均衡，以及全球收入分配的问题引入了讨论的主题——如何消除世界贫困与不平等。他首先就发展中国家在全球范围内的收入分配问题，进行了具体阐述。之后，马丁先生用一系列国家的收入水平曲线对美国、中国、印尼、日本、印度等国家的收入状况进行了分析，他提出的观点中指出，全球贫困等级从20世纪80年代后大幅下降，然而，由于各国对如何界定及划分贫困仍然存在着很多分歧，但马丁先生指出，要想根除贫困，贫困本身并不是我们需要解决的问题，我们需要做的是如何促进增长，因为如果你认为贫困率在扩大的话，同时你就必须承认社会在很大程度上是进步的，但如果你不认为社会得到发展，那么你就必须承认贫困率并没有我们想象的那么大，因此，解决贫困的最根本方法就是发展。

马丁先生还指出，在目前，国家间的不平等在逐渐下降，但是一国之内的不平等却在加剧。但我们可以看出，两者比较而言，整体的不平等是呈下降趋势的。原因是亚洲国家正在逐步追赶OECD国家，但是如果非洲的经济不立刻增长的话，整体的不平等现象还会加剧。所以问题的焦点就汇集为，为什么非洲的经济没有任何发展，我们应如何帮助非洲得到发展。

（中央财经大学科研处宋媛供稿）

对外开放战略报告会 6月5日商务部部长助理傅自应来北京工商大学作对外开放战略学术报告，商务部相关人员，北京工商大学部分教师与学生150余人与会。

报告由3部分组成，分别就对外开放的历史变化，对外开放面临的新背景以及新时期对外开放的战略展开分析研究。

报告中指出：目前我国正处在第三阶段，市场经济体制已经确立，成为WTO的成员国，还面监经济全球化的背景，我国的对外开放坚持“在更大范围更广领域更高层次参与合作，充分利用两个市场两种资源”的理念，在有限开放、单边开放、政策性开放的基础上进一步全面开放、双向开放和法律框架下的制度性开放。

报告指出，经济全球化下追求共赢，灵活应对复杂多变的国际政治格局，全面建设小康社会是我们面临的新背景。同时还指出对外开放过程中需要面对的问题。如何解决这些问题呢？傅自应创造性地提出了对外开放的战略：

1. 掌握对外开放的主动权应该做好四方面工作：建立统一开放、竞争有序的国内市场；加快法制建设，完善经济体制改革；掌握多边主动权，积极参与建立全球化规则；推动区域经济合作，构筑周边战略依托。

2. 统筹国内外发展首先要统筹国内国际两个市场，坚持引进来和走出去相结合，把握对外开放的平衡等。

3. 对外开放中保护我国的经济安全事关重大。树立新安全观，认识开放中的潜在风险，增强核心竞争力才能有效地保护经济安全。

（北京工商大学科研处供稿）

中国经济的可持续发展和人力资本开发学术研讨会

6月6日，由国务院发展研究中心企业研究所和日本一桥大学共同主办的“中国经济的可持续发展和人力资本开发”学术研讨会在北京举行。诺贝尔经济学奖获得者、美国芝加哥大学教授Gary Stanley Becker，中心企业研究所名誉所长陈清泰和日本一桥大学经济学研究科教授大桥勇雄分别做了基调演讲。国际合作局局长孙兰兰主持了开幕式，企业研究所所长陈小洪致词并主持了专题讨论。出席会议的有来自劳动和社会保障部劳动报酬研究所、中国人民大学劳动人事学院等有关机构，以及我中心的专家学者，还有日本贸易振兴机构北京中心、日本国际协力银行北京代表处的官员。与会中日学者和企业代表围绕中国经济转型中的人力资本开发、企业在人力资本开发中的作用等议题展开了评论和讨论。

（国务院发展研究中心孙普希供稿）

当前我国国际金融领域热点问题学术报告会　报告会于6月9日召开，由北京市金融学会、北京市国际金融学会主办，中信实业银行总行营业部协办。特邀中国人民大学财政金融学院院长、博士生导师陈雨露教授，就当前我国国际金融领域的三大热点问题，进行了学术演讲，受到与会人员的热烈欢迎。

就人民币汇率问题，陈雨露教授从究竟怎么看待人民币汇率改革的问题、在人民币汇率改革方面所存在的根本分歧、关于汇率改革的时间表问题以及解决人民币汇率国际冲突最可能的路线图等方面做了分析。

就资本账户放松管制问题，陈教授指出：在资本账户放松管制的历史经验当中，总结出来的前提条件有6个，即：宏观经济要稳定、金融体系要健全、两率（汇率和利率）机制要完善、国内货币市场和资本市场要健全，本国企业的公司治理要强、同时本国有最后的安全屏障，有充足的外汇储备。就这6个条件来说，中国基本具备的是第1个和第6个，而中间的4个，都还不具备。我们现在要快速地推进资本账户的开放，实现人民币的完全可兑换，心里还没有底。放松资本账户的管制，一旦不科学，可能会带来3个方面的潜在风险。第一是经济周期性波动加大，会带来短线行业、房地产、证券三个领域的不稳定性；第二是政策的调控能力形成挑战；第三是资本外逃和资本大量的投入。

就亚洲外汇储备的剧增与美国经常项目逆差扩大的问题，陈教授谈到，目前世界排在前7位外汇储备国家中，有6个是亚洲地区的成员，中国排第2位。这6个成员国地区外汇储备加起来是22000多亿美元，占全球储备总额33680亿美元的70%。如果再加上东盟，那么整个亚洲地区，特别是东亚地区的外汇储备就可能占到全球外汇储备的八成，甚至还多，这种现象显然是一种不平衡的现象。再看一下美国经常项目的逆差，近10年来美国国际收支经常项目的余额都是逆差，而且在持续的扩大，到去年年底是6660亿美元。美国经常账户保持一定的逆差是正常的，但是超过了一定的程度就是不正常的。当前，保持国际收支的均衡战略是我们最重要的，另外，还要把握一个平衡。针对我国高额的外汇储备，陈教授提出了以下几个方面的对策：一是要更加合理地测算中国外汇储备的适度规模。二是否可以有一个减持美元的政策和增加持有黄金储备的政策。三是中国外汇储备与我们战略物资储备挂钩，也就是所谓的推行宽口径储备的战略。

（北京市金融学会付桂玲供稿）

首届全国中央商务区发展研究高级论坛　6月17日，由首都经济贸易大学主办、北京市哲学社会科学CBD发展研究基地承办的高级论坛在北京举办。此次论坛受到北京市教育委员会、北京市哲学社会科学规划办公室、北京市商务中心区管理委员会等有关部门的大力支持。

首都经济贸易大学校长、北京市哲学社会科学CBD发展研究基地（以下简称CBD研究基地）负责人文魁教授，首都经济贸易大学副校长、CBD研究基地首席专家郑海航教授，建设部政策研究中心主任陈淮，北京市哲学社会科学规划办公室主任陈之昌，北京市哲学社会科学规划办公室处长刘娟，国务院发展研究中心研究员岳颂东，北京CBD管委会副主任常树奇，北京市城市设计规划研究院原院长柯焕章，中国社会科学院研究员，中国城市经济学会副会长杨重光，人民日报海外版经济部主任许正中，中国房地产估价师学会常务副会长，秘书长柴强，CBD研究基地秘书长蒋三庚博士以及来自北京经济技术开发区、武汉、东北、天津等全国30多家单位的有关领导和专家学者出席了此次CBD发展研究高级论坛。

在主题发言中，6位有关领导和资深专家分别从不同的角度分析或介绍了CBD规划建设和产业发展方面的问题。

建设部政策研究中心主任陈淮着眼于我国各大中城市发展的实际，重点谈了两个问题：一是发展和建设中央商务区最重要的是要遵从客观规律，虚心认真学习成功经验。二是要努力发展创新，尽可能地规避别人已经犯过的错误、吸取教训。

国务院发展研究中心研究员岳颂东发言的题目是：我国CBD建设的理性思考。他主要提出了三个问题：第一，CBD的发展和建设对于国家宏观经济的发展和城市建设具有多重意义。即：有利于推进世界经济一体化和区域经济一本化的进程、有利于建立城市的开放性的经济，有利于优化城市的产业结构、有利于招商引资，有利于促进房地产业、现代服务业的发展、有利于城市的总体规划和城市空间的功能性分工，扩大和加强了城市功能的发挥、有利于城市的交通、电信、供电、供水、供热等公共基础设施的配套建设、有利于城市文化的繁荣。第二，冷静地看待CBD建设中存在的不良倾向，如开发CBD存在着一哄而起的现象，个别城市企图拔苗助长；一些开发区热衷于搞住宅、商铺和专业市场的建设，而作为商务区重头戏写字楼的建设，由于贷款难、投资回收期长、风险大而受到冷落。第三，促进我国CBD建设的健康发展，一要实事求是，分层次适时开发。二要精心规划，充分留有余地；三要充分利用空间，节约土地；四要注意人脉延续，打造人文CBD；五要注重CBD总体风貌，打造和谐CBD；六要注重CBD的环境质量，打造生态CBD。

北京CBD管理委员会副主任常树奇以“规划引导发展，市场主导产业”为题目，就北京CBD发展的简要历程、规划理念、建设情况以及北京CBD的产业发展等方面作了简要概括。

北京市哲学社会科学CBD发展研究基地秘书长、首都经济贸易大学教授蒋三庚，结合课题组近三年来对于CBD的研究，以中央商务区企业集聚途径为题，向与会专家报告了企业生态群的概念、意义及其与产业集聚的关系，并分析了发展产业集群应根据不同地区的要素禀赋和人文文化特征，要区别于其他区位的区位特征，不可套用固定模式等问题，提出“总部经济”应该降温。

北京市城市设计规划研究院原院长柯焕章在发言中表示，我们国家处在经济高速发展当中，城市的政府以及一些相关的业界对商务功能区的建设极其关注。但是在商务功能区的规划建设过程当中，也暴露出来一些问题。所以需要贯彻科学发展观和建设和谐社会的思想，使各地城市商务功能区的建设走上健康发展轨道。他提出，第一，上海、北京建设商务中心区催生全国CBD热。第二，信息化时代的到来对CBD建设的影响。第三，要因市制宜规划建设CBD。应该有第三个城级或者第四个城级的商务功能区。

中国房地产估价师学会常务副会长、秘书长柴强简明扼要地论述了CBD的中文译名及其问题。他认为，CBD的出现有其内在的要求和外部条件。在客观认识的基础上，虽然CBD是自然形成的，但在把握客观规律的基础上，也可以人为造一个CBD。

在论坛专题交流活动中，来自中国社会科学院、建设部政策研究中心、南开大学经济学院、天津市城市科学研究会、东北财经大学以及首都经济贸易大学等单位的专家学者20余人对北京CBD建设与房地产市场，CBD风险与未来发展趋势，打造CBD的内在成因，天津建设CBD的重要性、功能定位、发展模式，我国CBD商务功能区的建设中应注意的问题等方面进行了讨论交流。

（北京市哲学社会科学CBD发展研究基地供稿）

中韩经济合作大论坛 由人民日报社和韩国2080CEO论坛共同主办的2005年中韩经济合作大论坛，于6月17日在北京人民大会堂举行。中韩企业家和专家学者等150人出席，围绕两国经济合作问题进行了研讨。此次论坛的主题是中韩经贸合作的扩大与深化。中国全国政协副主席罗豪才在开幕式上致词。韩国前总理高建应邀在会上作了主旨演讲。人民日报社社长王晨和韩国2080CEO论坛名誉会长朴世植分别在论坛开幕式上致词。

中方与会代表中国国际贸易促进会副会长于平、河北省邯郸市市委书记聂辰席、首钢集团董事长朱继民、北京汽车工业控股有限责任公司总经理董扬、中国人民大学校长纪宝成、中国社会科学院经济研究所研究员张曙光，韩方与会代表韩国国会议员孔星镇、韩中日经济论坛共同议长李钟勳、安全韩国（株）会长具天书、汉南大学校长申允杓、三星物产会长玄明官等也在论坛上发表了演讲。

全国政协原副主席、中韩经济发展协会名誉会长赵南起，全国政协原副主席、中国企业联合会会长陈锦华出席了论坛的相关活动。

〔参见《人民日报》（海外版）2005年6月18日第1版〕

利率市场化与金融机构风险管理研讨会 6月22日，北京市金融学会举办了利率市场化与金融机构风险管理研讨会。会上，有中国人民银行货币政策司副司长王煜博士、中国人民银行研究局刘明志博士、清华大学经济管理学院宋逢明教授、中国投资学会副会长刘慧勇研究员、汇丰银行亚太区资产分配研究董事张之明博士、中国银河证券有限公司首席经济学家左小蕾博士等6位专家学者与来自人民银行、北京银监局、证监局、保监局，各家商业银行、保险公司、证券公司、资产管理公司等金融机构及部分高等院校的研究人员，围绕利率市场化与金融机构风险管理的主题，回顾了我国利率市场化的进程，深入分析了利率在调节经济中的作用，探讨了金融机构在利益市场化的条件下，如何正确判断价格，科学决定风险溢价，建立利率定价和利率风险管理机制。

通过研讨会，与专家学者共同探讨、分析、研究了有关6个问题。

一、利率政策的任务；

二、利率政策已经成为货币政策的主要工具之一；

三、利率政策的内外协调相当重要；

四、利率市场化带来的潜在风险不容忽视；

五、应对利率市场化应遵循的原则和应注意的问题；

六、金融机构积极参与和推动是利率市场化最终发挥作用的关键。

（北京市金融学会付桂玲供稿）

首都经济学家论坛第三次学术大会 6月25日，由首都师范大学政法学院经济管理系与首都经济学家论坛联合举办，《经济学动态》、《教学与研究》杂志社协办的“经济发展与公平正义研讨会在首都师范大学国际文化大厦举行。来自中国人民大学、北京师范大学、中国社会科学院、中央党校、北京大学、中央财经大学、北京市社会科学院等多所高校、研究院，以及《人民日报》、《经济日报》、《求是》杂志、《中国改革报》、《中国财经报》等多家杂志社和北京市统计局等多家政府机关单位的60多位著名专家学者出席了会议。

研讨会由北京师范大学教授、首都经济学家论坛主席白暴力主持，大会执行主席、首都师范大学董正平教授发表讲话。中国人民大学卫兴华、周新城，中央党校王天义等教授做主题发言。与会专家学者思想活跃、讨论热烈，他们对我国构建和谐社会过程中的公平与效率的关系问题、经济发展与公平正义的关系问题等进行了深入的探讨，对当前经济改革与发展过程中出现的不公平现象的深层次原因进行了深入的分析。同时对社会主义市场经济条件下如何处理好公平与效率的关系，对当前经济发展过程中出现的不公平现象的解决方法等提出了政策性建议。出席会议的各位专家学者还就我国经济发展中出现的其他公平正义问题进行了学术研讨。

（首都师范大学科技处供稿）

第15届国际投入产出大会 6月27日，第15届国际投入产出大会在中国人民大学召开，这一国际投入产出研究领域最高级别盛会第一次在中国召开。此次会议由国家统计局、国际投入产出学会、中国投入产出学会和中国人民大学主办，中国人民大学统计学院和应用统计科学研究中心承办，会期5天。来自北美、欧洲、亚洲、拉美、非洲、澳洲等国家的政府官员、学者教授，中国统计局系统、研究机构、兄弟院校专家学者及中国人民大学师生代表共300余人参加了会议。

全国人大常委会副委员长蒋正华、国际投入产出学会主席Faye Duchin、国家统计局副局长邱晓华、中国人民大学校长纪宝成先后在开幕式上致词。中国投入产出学会会长许宪春、美国商务部分析局局长J. Steven Landfeld、日本应庆大学Masahiro Kuroda教授、中国科学院陈锡康教授、中国人民大学常务副校长袁卫及统计学院负责人出席大会。

本次会议分为主题演讲、平行专题与专题讲座三部分。Faye Duchin、J. Steven Landfeld、Masahiro Kuroda、陈锡康等8位世界著名教授作主题演讲；平行专题会议共有99个平行议题，229位会议代表于6月27日至7月1日发表他们的研究成果。会议期间还邀请了著名专家举办课程性的专题讲座，交流投入产出领域的研究成果。

（中国人民大学科学研究处罗圣华供稿）

资产证券化国际研讨会 7月15—16日，北京大学法学院房地产法研究中心和金融法研究中心联合举办了“2005年资产证券化”国际学术研讨会。会议的背景是：2005年3月国务院批准由国家开发银行和中国建设银行进行信贷资产证券化试点工作，4月26日中国人民银行和银监会联合发布了《中国信贷资产证券化试点管理办法》，与此相关的税收管理规定和房地产抵押登记变更规定等也在起草中。与会者70人。中方代表50人，分别来自中国人民银行国家开发银行、中国建设银行、银监会、国家税务总局、财政部、中诚信国际信用评级公司和北京大学等单位。外方代表20人，来自荷兰ABN-AMRO银行、美洲银行、美国抵押电子登记公司、美国标准普尔公司、美国抵押银行协会、美国商业抵押证券协会、美国德勤华永会计师事务所、美国杜邦评级公司和美国Dechert LLP律师事务所等机构。会议的议题有“信贷资产证券化试点管理办法解读”，“信贷资产证券化对银行风险监管的新挑战”，“信贷资产证券化相关的税务处理”，“信贷资产证券化相关的会计处理问题”，“信贷资产证券化中房地产抵押登记变更”，“信贷资产证券化中评级机构及其其他中介机构的角色”，“信贷资产证券化试点过程中的主要技术问题及解决的方案”等。

（北京大学社会科学部朱邦芳供稿）

非营利组织所得税问题研讨会 7月25至26日北

京市国际税收研究会召开《非营利组织所得税问题研究》研讨会。参加会议的有中国国际税收研究会副秘书长易运河、李晖、郭平壮，常务理事韩绍初，顾问郭宏德，财政部科研所王诚尧，人民大学教授安体富、张文春，首都经贸大学毛夏鸾，北京市国税局、山东省国税局、甘肃省国税局代表，北京市国际税收研究会孙振刚、张富珍、顾方周参加会议。会议收到6篇论文。我会撰写的《非营利性组织税收征管问题研究》被推荐为全国年会上交流论文，并被推荐收入中国国际税收研究会2005年论文集。

（北京市国际税收研究会唐乃清供稿）

金融改革与经济安全理论研讨会　研讨会由中国社科院政策研究室、世界社会主义研究中心，中国人民大学财政金融政策研究中心，求是杂志社《红旗》文稿于7月28日在北京举行。何秉孟、黄浩涛、陈雨露、贾康、胡代光、王元龙、杨圣明等80余位专家与会。专家们认为，我国面临着加入WTO后由于金融市场的进一步开放而对维护金融安全产生的压力。对此，我们参与金融全球化的总体思路应是，积极、稳妥和高效，并处理和协调好几个关系：一是防范金融风险与促进经济发展的关系；二是金融开放与保护的关系；三是金融自由化与金融监管的关系；四是速度与效益、规模与质量的关系。

专家们提出，加快金融改革、维护我国金融安全需要重点关注这样几个方面的问题：第一，国际资本流动的风险控制；第二，银行业的改革与发展；第三，金融监管体系的完善与强化；第四，货币政策的协调；第五，汇率政策的目标及其实施；第六，外汇管理体制改革；第七，国际收支政策的调整；第八，积极参与国际货币体系的改革。

（参见《光明日报》2005年8月3日第11版）

中国农村发展国际论坛　7月29日，由中国人民大学农业与农村发展学院与美国麻省理工学院中国政策研究中心共同举办的中国农村发展国际论坛2005北京年会——第三空间与转轨政策国际研讨会，在中国人民大学逸夫会议中心举行。中国人民大学副校长林岗教授和国务院扶贫领导小组办公室副主任王国良先生，出席了开幕式并致词。会议共同主席农业与农村发展学院院长温铁军教授和麻省理工学院中国政策研究中心主任王瑾教授说明了会议主题。来自美国麻省理工学院、波士顿大学、香港中文大学、香港乐施会、国务院研究中心、中国社会科学院、北京大学、清华大学等单位和中国人民大学国际关系学院、农业与农村发展学院国内外的近50位嘉宾和正式代表出席了会议。

本次会议主题为“第三空间与中国的转轨政策”，目的在于探求处于转轨进程中的中国，有哪些可供选择的政策，可以进一步拓展在“公”与“私”领域外的第三空间的发展。主要讨论议题包括：（1）“公”与“私”分野的历史与政策；（2）缓解贫困；（3）环境与能源；（4）文化与发展；（5）技术与媒介；（6）国有企业改革；（7）税费改革后的地方治理及乡村建设等，与会专家学者围绕以上议题展开了热烈的讨论。

（中国人民大学科学研究处罗圣华供稿）

反垄断法理论与实务研讨会　7月30日，对外经济贸易大学法学院举办了“反垄断法理论与实务研讨会”。会议邀请了中国社会科学院法学研究所反垄断法领域研究权威、经济法博士生导师王晓晔教授、北京大学法学院经济法博士生导师盛杰民教授、上海财经大学法学院院长吴宏伟教授等10余名专业学者。全国人大法工委、财经委、国家发改委、国务院法制办、商务部条法司、国家工商总局法规司均派司处级分管领导出席。多个国内外知名跨国公司企业，如中国石油、中国航天、中国通用技术、微软、英特尔、CE、思科和陶氏化学等均派法律事务部主管或总监到场发言，进行交流、探讨。会议议题和相关发言严谨而且务实，得到同行和业界人士的高度肯定。

（对外经济贸易大学科研处供稿）

税收征管及注册税务师考试制度交流会　8月25至26日，韩国税务士考试会考察团来京，与北京市国际税收研究会就“税收征管及注册税务师考试制度”进行了交流。北京市国际税收研究会副会长张富珍、金兴，国家税务总局注册税务师管理中心副主任李树铭，首都经贸大学教授赵仑、孟方娥、刘颖等近30名中韩学者及专业人士与会。会议由中国注册税务师协会副会长、北京市国际税收研究会副会长、首都经贸大学副校长、博士生导师郝如玉主持。会后，北京市地方税务局党组副书记、副局长苏文权会见了韩国代表团一行。

（北京市国际税收研究会唐乃清供稿）

人民币汇率形成机制改革及相关配套措施学术讲座

为了满足金融机构和有关外贸企业要求提供更多、更好的汇率避险服务的需求，8月30日，北京市金融学会、北京市国际金融学会在人民银行营业管理部举办了“人民币汇率形成机制改革及远期结售汇业务和掉期业务”的学术讲座。到会的有人民银行营业管理部、北京银监局、证监局、保监局，农业发展银行北京市分行，各家商业银行，北京市农村信用联社，北京市邮政储汇局以及北京市外贸企业等单位共计300余人。

学术讲座共分两部分内容，一是邀请国家外汇管理局国际收支司司长程宪平演讲，她演讲的题目是：人民币汇率形成机制改革及相关配套措施；二是邀请中国银行北京市分行外汇交易高级经理王戈演讲，他演讲的内容是：经常项目和部分资本与金融项目交易办理远期结售汇应注意的事项；人民币对外币、美元对其他外币掉期交易举例及风险控制。

程司长向与会的金融机构和企业详细介绍了人民币汇率形成机制、汇率制度改革的原则与核心内容；外汇管理配套政策；汇率避险产品等金融知识及人民币汇率形成机制改革的重要意义。新的汇率形成机制是以市场供求为基础、参考一篮子货币进行调节、有管理的浮动汇率机制，而且汇率浮动区间今后将根据市场发育状况和经济金融形势适时进行调整。

人民币汇率形成机制改革的意义，在经济方面：有利于改善贸易条件，加快转变外贸增长方式；有利于优化利用外资结构；有利于贯彻以内需为主的经济可持续发展战略，优化资源配置。在金融方面：有利于增强货币政策的独立性，提高金融调控的主动性和有效性；有利于为外汇市场建设和发展创造空间和推动力。在政治方面：创造了更好的国际环境。

此次学术讲座，对金融机构更多地了解人民币汇率形成机制改革，加快银行间外汇市场的建设，推动市场的发展，提高银行竞争能力和经营管理能力，大有裨益；对外贸企业更加深入掌握外汇交易业务的核心知识和办理程序，更好地规避汇率风险，更多获益，大有帮助，深受大家的欢迎。

（北京市金融学会付桂玲供稿）

中国存货指数与采购经理人指数国际研讨会　9月15至16日，中国存货指数（INI）与采购经理人指数（PMI）国际研讨会在中央财经大学专家宾馆报告厅举行，会议由中央财经大学中国企业研究中心主办，中国现场统计研究会统计调查分会协办。中央财经大学校长王广谦、中央财经大学副校长王国华、国家统计局服务业调查中心主任与中国现场统计研究会统计调查分会会长宋跃征、中国物流与采购联合会副秘书长和中国物流信息中心主任蔡进、国际统计局服务业调查中心景气调查处处长蔺涛、中国物流信息中心物流处处长吴志惠、美国供应管理协会制造业调查委员会主席 Norbert J. Ore 等领导和专家出席了会议。

会议讨论了由中央财经大学中国企业研究中心主任刘姝威研究员主持的国家自然科学基金项目“中国存货指数项目的设计及其应用”的初步研究成果。国内外专家与项目组全体成员围绕4个专题共计15项内容进行了深入交流与讨论。

（中央财经大学科研处　宋媛供稿）

技术交易与技术产权定价研讨会　由北京市社会科学院、北京市科学技术委员会主办，北京市社会科学院管理所、北京市技术市场管理办公室承办的技术交易与技术产权定价研讨会于9月16日在北京举行。北京市社会科学院朱明德院长、梅松副院长出席了会议。来自政府机关、高等院校、研究机构和业界的60多位领导、专家和学者，围绕技术交易与技术产权定价进行了深入的研讨。

会议分别由中国科学院国家技术转移中心主任乔均录博士和国家发改委投资研究所原所长张汉亚研究员主持。孙家骐、张利胜、张敬忠、崔劲、张耘、林耕、朱武祥、左传长、张望、林辉、李晋生、高静等在会议上做了有关技术交易与技术产权定价的主题发言。与会代表一致认为，技术交易和技术产权定价已成为我国科技进步和技术创新中的突出问题，对这个主题的深入研究和探讨有助于进一步拓展思路，解决技术交易和技术产权定价的难题，有助于推动技术交易和产权交易的顺利进行。与会代表还广泛深入地研讨了技术交易和技术产权定价问题对于提高国家科技政策制定的有效性和科学性，更好地服务于国家经济建设的重要意义。

（北京市社会科学院科研处供稿）

国有企业改制中的档案工作研讨会　9月20日，北京市档案学会组织召开“国有企业改制中的档案工作研讨会”。与会人员围绕国有企业改革对企业档案工作的影响、国有企业改革形势下档案的流向、国有参股企业撤并后档案的处置等档案工作面临的新情况、新问题以及解决问题的对策、对档案行政管理部门的建议进行了交流和探讨。全市14家国有大型企业和部分中央在京企业档案部门等30余人参加了会议。

（北京市档案局科教处宗文萍供稿）

京台金融论坛 京台金融论坛于9月28日在北京饭店举行，80余名来自京台两地金融界、学术界和工商界知名专家、学者和企业家相聚北京，围绕服务“十一五规划”、发展京台合作、共享奥运商机、服务北京经济、共促产业标准的主题，共商京台经济金融合作前景，寻求扩大京台经贸交流与合作的新机遇，展开论坛、进行交流。论坛会由北京市金融学会副会长刘春明主持并致词。

1998年以来，经过两岸有关部门的协商，北京市与台湾每年举行一次经济合作交流活动—京台科技论坛，2005年为第八届。京台金融论坛，由北京市金融学会和台北市电脑商业同业公会共同主办，是本次经济合作交流活动的一部分，也是第一次京台之间的金融论坛。

论坛会上，共邀请了5位两岸金融界的知名专家、学者发表了演讲，他们分别是：中国银行北京市分行行长赵世刚，台北金融大楼股份有限公司董事长陈敏薰，北京银行行长严晓燕，台湾宝来金融集团法务总监、政治大学教授陈松兴，中国长城资产管理公司北京办事处总经理张记山。

京台金融论坛是京台两地金融界互动的重要平台，海峡两岸金融界的专家、学者欢聚一堂，交流了学术经验、探讨了金融改革、增进了感情交流，为推进两岸的经济金融合作发挥了积极的作用，也为两岸金融界的继续合作奠定了坚实的基础。

（北京市金融学会付桂玲供稿）

海峡两岸财经高层论坛 10月15日，“2005海峡两岸财经高层论坛”在中央财经大学主教学楼学术报告厅开幕。开幕式由中央财经大学副校长李俊生教授主持，中央财经大学副校长王国华教授致欢迎辞，台湾东吴大学副校长马君梅教授、南京财经大学副校长李廉水教授在开幕式上先后致词，以东吴大学副校长马君梅教授为荣誉团长、东吴大学商学院院长邱永和教授为团长的台湾代表团一行14人、以李廉水副校长为团长的南京财经大学代表团一行6人及中央财经大学的百余名专家学者共同参加了本次论坛。

论坛为期一天。开幕式后随之进行了大会主题演讲，演讲由中央财经大学校长助理兼金融学院院长史建平教授主持，台湾东吴大学商学院院长邱永和教授、中央财经大学台湾经济研究所所长、财政与公共管理学院汤贡亮教授、中央财经大学金融学院副院长张礼卿教授、南京财经大学金融学院副院长华仁海教授、中央财经大学商学院周卫中副教授先后进行了主题演讲。由中央财经大学金融学院、财政与公共管理学院及商学院各自承办的分论坛分别在MBA阶梯教室、专家宾馆二层报告厅、主教学楼218教室进行，30多位专家学者分别就金融、财税及企业管理等方面的问题进行了深入的研讨。

由台湾东吴大学、中央财经大学及南京财经大学共同发起并轮流主办的“海峡两岸财经高层论坛”始于2001年，至今共举办五届。本次论坛的成功举办为海峡两岸财经界的学术交流与合作起到了良好的桥梁作用，包括《中国财经报》在内的多家媒体应邀出席了本次论坛并将随后对其进行报到，中央财经大学300余名师生旁听了本次论坛。

（中央财经大学科研处宋媛供稿）

中国资本论坛 10月18日，由清华大学经管学院、中国证券业协会以及美国证券业协会合办的“中国资本论坛——当今全球经济竞争”在东方君悦开幕。清华大学校长顾秉林致开幕词，美国商务部长斯诺、中国证监会主席尚福林分别作开幕演讲。清华大学经管学院副院长廖理教授主持了开幕式，闭幕式由清华大学国际贸易与金融系主任宋逢明教授主持。美国证券交易委员会主席考克斯以及中国人民银行行长周小川也分别作了演讲。

本届论坛旨在号召政府管理机构、研究机构和相关行业人士，共同探讨中国快速发展的资本市场中的创新金融产品、法律以及全球市场上的最佳运作模式等方面问题。论坛为期两天，来自金融领域的专家、学者、政府官员共400多人参加了此次论坛。

本次论坛主要采用小组讨论形式进行，与会者分别就不断变化中的世界金融市场对中国的启示、推动健康发展的股权投资市场、固定收益市场在经济发展中的作用、衍生市场对发展有效流动的资本市场所发挥的作用、兼并与收购、业界金融中介监管的最佳运作方式、资产管理、公司治理、全球资本市场中的中国等方面的论题进行充分的交流和探讨。清华经管学院金融和经济领域的多位知名学者参加了论坛研讨。

（清华大学文科建设处刘金梅供稿）

首届亚太地区纳税人联谊会 10月18至20日首届亚太地区纳税人组织联谊会在北京召开。韩国、日本、菲律宾、美国、澳大利亚及内蒙古自治区、北京市国际税收研究会办税人员分会等国家和地区的纳税人组织代表26人参加了会议。会上，代表们分别介绍了为税务机关、为广大纳税人服务的经验，探讨了进一步加强亚太地区纳税人、办税人员组织间进行交流与合作的有关事项。

（北京市国际税收研究会唐乃清供稿）

首届中国经济论坛　10月22日，由中国社会科学院主办，院科研局、国际合作局和经济研究所承办的“首届中国经济论坛”在北京召开。论坛开幕式在人民大会堂隆重举行。全国政协副主席、中国社会科学院院长陈奎元出席开幕式、中国社会科学院副院长冷溶致开幕词。冷溶指出，中国社会科学院“首届中国经济论坛”，旨在建立一个高层次和较大规模的学术交流平台，吸引和汇集各方面的专家学者，从理论研究和政策研究等多个角度，对中国经济发展的形势与趋势，对经济社会发展领域的一些全局性、战略性的重大理论和现实问题进行深入的研讨。

中国社会科学院学术咨询委员会主任王洛林、中央政策研究室副主任郑新立、国家发改委常务副主任朱之鑫、国务院发展研究中心副主任刘世锦出席会议。大会由中国社会科学院副院长陈佳贵主持。

冷溶指出，改革开放以来，中国经济发展取得了举世瞩目的辉煌成就，GDP年均增长率保持在9%左右，经济总规模已经进入世界前列，与经济发展相联系的中国经济结构也发生了巨大变化，人民群众的收入和生活水平大大提高。迅速发展的中国经济不仅改变了中国的面貌，也对世界经济发展及传统国际经济格局产生巨大的影响。同时，我们也清醒地看到，中国经济发展过程中还存在不少问题，既有机遇也有挑战。中国目前的经济发展道路既不是过去的那种计划经济模式，也不是资本主义国家的市场经济模式，而是在改革开放实践过程中探索出的社会主义市场经济体制，它是中国特色社会主义道路的重要组成部分。这样的一条发展道路，是人类历史上从未有过的，是中国共产党和中国人民的创造。但是，建立完善的社会主义市场经济体制还需要长期的努力。现在国际上很多经济学家都在研究中国的发展模式，研究中国发展的经验和存在的问题，他们的很多研究成果值得我们借鉴。而中国的经济学家对自己国家的发展更承担着重要的责任。经济学是一门“显学”，在这个领域里有大量研究成果。在一些重要问题的看法上。学者们各有各的观点，有些甚至是相互对立的。从理论研究的角度看这是正常的，但从政策操作层面看又会导致不同的思路或做法，影响中国经济发展的走向。从这里可以看出经济学家的重要作用和责任。在学术界与实际工作部门之间、理论研究与政策研究之间进行深入、充分的交流与研讨，以便达到比较一致的正确观点和意见，十分必要。这也是中国社会科学院创立这个论坛的目的，就是更好地认识中国的经济形势，使经济学家对中国经济发展提出更多更好的对策建议，同时，促进中国经济学进一步繁荣发展。

朱之鑫在题为《来之不易的伟大成就，光辉灿烂的美好前景》的演讲中指出，“十一五”期间及今后的15年，是我们必须紧紧抓住而且可以大有作为的重要战略机遇期。我们具备经济平稳较快增长的诸多有利条件和战略机遇，同时也面临着资源、科技、人才、体制的四大瓶颈制约和“三农”、西部发展两大难题的挑战。党的十六届五中全会通过的《建议》，明确指出“十一五”时期，中国经济社会发展的指导思想和主要原则。贯彻落实《建议》精神，关键是要贯彻“一条红线”和坚持“六个必须”，用科学发展观统领经济和社会发展的全局，着力突破事关全局的薄弱环节，促进关键领域的优先发展，结构调整要上路，增长方式转变要入轨，体制改革要有突破。

刘世锦在题为《积极推进中国经济增长模式的转型》的演讲中提出，增长模式的转型是一个典型的“发展中的问题”。我们要改变粗放低效的增长方式，减少消耗降低成本提高效率；要实现动态比较优势的转换，在低成本优势逐步削弱后，通过技术、组织和制度创新，形成以提升技术含量和附加价值为重点的新的比较优势和竞争优势。为了加快增长模式的顺利转型，需要认真研究和实施一系列重要战略，包括资源节约战略、自主创新战略和开放升级战略等。郑新立在题为《中国“十一五”时期投资消费问题》的演讲中指出，今后五年我国的核心战略是国民经济和社会发展要切实转入科学发展的轨道。我们要转变经济增长方式，提高自主创新能力；调整投资消费比例，扩大消费拉动经济增长的作用；满足人民的需求，为各种消费增长点创造条件；要引导消费预期，稳定消费环境，提高即期消费比重；引导人们增加即期消费，降低储蓄率。特别要在新农村建设中，提高8亿农民的购买力，使农村巨大的消费市场得到发挥。

陈佳贵在闭幕式致词时指出，党的十六大以来，中国社会科学院坚持正确的办院方向，努力发挥哲学社会科学认识世界、传承文明、创新理论、咨政育人、服务社会的功能和作用，努力成为党中央、国务院重要的“思想库”、“智囊团”。经济学是中国社会科学院重要的优势学科，创办“中国经济论坛”，是进一步整合我院经济学整体力量，扩展学术交流渠道的一种尝试。经济科学工作者要以党的十六届五中全会为契机和新的起点，实事求是，加强交流，努力为国家经济决策提供更多更好的咨询与建议，为解决重大理论和现实问题作出更多的贡献。

在为期两天的会上，中国社会科学院经济研究所张卓元、数量经济与技术经济研究所汪同三、工业经济研究所吕政分别做了题为《转变经济增长方式。保持经济平稳较快发展》、《“十一五”规划需要重点解决的几个战略性问题》和《中国工业化进程中面临的主要矛盾》的演讲。与会专家从各地区和部门的经济实践出发，就产业结构与技术创新、农业与农村发展、区域发展与城市化、外资与外贸等四个专题进行了研讨。来自地方社会科学院和有关高校、科研机构的专家学者，政府官员，企业代表等共300余人参加了此次论坛。

（中国社会科学院办公厅朱丽雅供稿）

财务理论与实务研讨会 10月22至23日，由首都经济贸易大学会计学院、首都经济贸易大学理财学研究所及《理财者》杂志编辑部主办的第四届“财务理论与实践研讨会”在北京举行。来自全国各地高等院校、政府机关、企业界、新闻出版界的150多名财务、会计、审计领域的理论与实务工作者参加了会议，收到了98篇涉及财务理论、公司理财实务、上市公司、公司治理、中小企业理则、会计与审计等诸多方面的论文。与会代表分别来自中国人民大学，北京国家会计学院，中央财经大学等10多所大学和《财务与会计》、中国财经报社、《美中经济评论》等多家杂志社、报社、出版社。

开幕式上，首都经济贸易大学副校长郑海航教授、首都经济贸易大学会计学院院长付磊教授分别代表首都经济贸易大学和会计学院致词欢迎各位与会代表。开幕式后进行了大会主题发言。首都经济贸易大学会计学院副院长、理财学研究所所长、《理财者》杂志副总编辑、博士生导师汪平教授主持了大会发言。财政部会计司司长刘玉廷博士、天津科技大学苏万贵教授、中国人民大学张瑞君教授、北京工商大学栾甫贵教授分别作了专题报告。

财政部会计司司长刘玉廷博士的发言主题是关于中国会计改革，主要针对完善我国会计准则体系向与会人员传达了我国会计改革的重要信息。刘司长重点介绍了我们准则体系的构成，并分析了与国际会计准则的差异，但同时强调我们的会计准则能与国际准则协调的应当尽量协调，但不能盲目协调也不必标新立异。天津科技大学苏万贵教授作了题为“财务管理理论与实务变化趋势综述”的专题报告。苏万贵教授谈到对目前的财务理论与实务的变化趋势作一番总结和展望是十分必要的。中国人民大学张瑞君教授的报告题目是“资金集中管理问题研究”。张教授针对我国大部分企业存在的资金调度问题，主要是分散管理问题，提出了解决的新思路——资金集中管理，并通过实证研究对此进行了严谨、详尽的论述。北京工商大学栾甫贵教授的报告题目是“成本管理结构论”。栾教授分析了当前成本管理中存在的几个主要问题，阐述了其成本管理结构论的八项组成部分。

分组讨论主要分为三个组：财务理论研讨组、财务实践研讨组、相关会计与审计研讨组。

10月23日，由首都经济贸易大学会计学院书记刘仲文教授主持了本次会议的第二次大会论坛，中国人民大学商学院副院长王化成教授、云南财贸学院纳鹏杰教授、首都经济贸易大学副校长杨世忠教授、天津财经大学张俊民教授、首都经济贸易大学蔡立新副教授分别就广义财务理论体系研究、基于公司价值毁损的上市公司财务风险、论我国会计信息质量特征框架体系、企业会计监管权力资源配置分层设计——基于公司治理结构中财务总监职权及其角色定位的分析、电子商务环境下内控理念创新研究作了主题发言。

（首都经济贸易大学会计学院供稿）

北京经济形势分析会 由北京市社会科学院和北京市统计局主办的秋季北京经济形势分析会于10月25日在京召开。来自市统计局、国税局等政府部门官员，对外经济贸易大学、北京印刷学院、北京第二外国语学院、北京工业大学等高校以及首都经济社会发展研究所等研究机构的专家、学者50余人参加了会议。

与会专家、学者总结了北京2005年前三季度宏观经济发展状况，对第四季度及全年经济形势进行展望和判断；分析了宏观经济运行中出现的主要问题，并提出实现经济持续稳定发展的具体对策建议；从中国宏观经济发展的大背景及面临的战略转换出发，提出北京应采取的战略举措；对北京旅游业和版权贸易的发展现状、问题和对策，以及北京经营性城市基础设施问题进行了探讨。与会者分析认为，2005年北京经济平稳增长，经济结构得到进一步优化；第四季度经济发展将延续前期走势。

（北京市社会科学院科研处供稿）

中国农村土地问题研讨会 10月25日，由中国农业大学人文与发展学院主办的本次研讨会在本校召开。会议旨在全面贯彻中共中央十六届五中全会的会议精神，进一步探讨建设社会主义新型农村的动力机制和途径。来自全国各地不同部门的30余位土地制度研究专家、学者出席了会议。会上，专家、学者们分别围绕“社会主义新农村建设中的农村土地问题”、“中国农村土地产权问题”、“中国农村土地制度变迁趋势”等三个主题从不同角度进行了深入探讨。与会专家一致认为，我国目前实行的“集体所有、农户经营”的农村的土地制度已成为制约农民增收、限制农民流动和农村发展的重要因素，应该将土地的经营权和所有权全部归还农民，在变革农村土地制度的前提下实现农民脱贫，启动社会主义新型农村建设计划。

（中国农业大学科学技术处王虹供稿）

东亚促进中小企业发展与投资高层研讨会 研讨会于10月27日在北京举行，来自东盟、中日韩13个国家的政府官员、金融机构负责人、专家学者和企业家400多人以及国务院有关部门负责人出席了研讨会。国务院副总理曾培炎在会上指出，加强东亚地区中小企业合作有着巨大的潜力和广阔的市场。东盟和中日韩同为市场经济国家，地缘相接，文化相近，经济互补性强，贸易联系紧密。各国加在一起，有超过20亿消费者，每年有近8万亿美元的国内生产总值和近4万亿美元的进出口额。特别是国家之间资源禀赋、技术水平、劳动力成本差异较大，有利于中小企业发挥比较优势，开展跨国投资和贸易交往。他强调，只要东亚各国本着优势互补、互利共赢、共同发展的原则，加强交流，完善机制，就一定会使中小企业合作取得丰硕的成果。

曾培炎提出四点建议，一是积极开展各种形式的交流对话。东亚各国应定期举办高层研讨会，交流和分享中小企业发展的经验。通过协商对话，解决存在的问题，为中小企业提供公平竞争的市场环境和有效的法律保障。

二是促进贸易和投资自由化便利化。东亚各国应大力改善投资贸易环境，鼓励中小企业开展跨国投资经营，并为他们提供必要的条件，促进人员、商品、资本、服务和技术等生产要素的自由流动。

三是加大金融支持力度。东亚各国应鼓励和引导金融机构，为区域内中小企业投资贸易合作提供金融服务，包括加强信贷支持，拓宽直接融资渠道，建立健全信用担保体系等。

四是不断完善服务协调机制。东亚各国政府应进一步在信息共享、技术创新、知识产权保护、人力资源开发等方面为中小企业提供服务。妥善解决投资贸易壁垒，减少不合理限制。推动中小企业间直接交流与沟通，协助他们建立长期、稳定的合作关系。

（参见《人民日报》2005年10月28日第2版）

上市公司会计与财务理论国际研讨会 11月8日，由中国人民大学商学院主办的“第二届上市公司会计与财务理论国际研讨会”在中国人民大学逸夫会议中心隆重召开。来自中国人民大学、北京大学、清华大学、中央财经大学、北京工商大学、首都经贸大学、湖南大学、东北财经大学、中南财经政法大学、天津财经大学等院校的专家学者参加了研讨会。财政部、中国会计学会以及CIMA英国特许管理会计师公会的领导和专家出席了会议。

中国人民大学常务副校长袁卫教授首先致欢迎词。中国会计学会秘书长李玉环教授随后致词，对本次会议的举办表示祝贺，并对我国会计准则的完善阐述了自己的看法。CIMA英国特许管理会计师公会第71届全球会长Roland Kaye教授发表了题为“职业道德与公司治理——专业会计师和管理者的作用”的主题演讲。Roland Kaye教授对公司财务丑闻的发生以及公司治理的失败进行了深入的剖析，进而对公司治理模式、治理理论以治理结构的改进进行了阐述，并提出战略记分卡的思想和基本模式。中国人民大学研究生院副院长伊志宏教授发表了题为“宏观金融视角下的公司资本结构研究”的主题演讲，对中日韩三国金融体系及其对企业筹资行为的影响进行了深入分析。

随后，来自中国人民大学、清华大学、中央财经大学、北京工商大学、中南财经政法大学等院校的16位专家学者及博士生进行了小组报告，对上市公司的公司治理、业绩评价、盈余质量以及财务控制与报告等问题进行了深入讨论。

最后，财政部会计司司长、商学院会计系兼职教授刘玉廷博士发表演讲，对我国会计标准的国际趋同、我国会计准则体系的完善进行了阐述。中国人民大学商学院副院长王化成教授对本次会议进行总结发言。

（中国人民大学科学研究处罗圣华供稿）

《新〈公司法〉评述》学术讲座 11月9日，清华大学法学院在明理楼214阶梯教室举行了主题为《新〈公司法〉评述》的学术讲座。国内知名商法学家、清华大学法学院王保树教授、朱慈蕴教授、施天涛教授和汤欣副教授参加了讲座，施天涛教授主持了讲座。

王保树教授和朱慈蕴教授系统说明了修订后的《公司法》所体现出的主要亮点，并以参与立法的亲身经历透露了修订过程中的一些细节。汤欣副教授和施天涛教授对修订后的《公司法》所涉及的公司治理、公司设立、一个公司和《公司法》本身的可诉性等分别发表了见解。

（清华大学文科建设处刘金梅供稿）

学习十六届五中全会精神报告会 11月10日，清华大学在建筑馆报告厅召开学习十六届五中全会精神辅导报告会，清华大学国情研究中心主任、公共管理学院胡鞍钢教授做了题为《"十一五"规划及中国未来发展走向》的报告，从国情研究的角度，从"十一五"规划的背景、面临的主要挑战、发展目标和基本方针、主要任务以及中国未来的走向等几个方面对《中共中央关于制定国民经济和社会发展第十一个五年规划的建议》进行了解读。

报告会由校党委副书记张再兴主持。校党委书记陈希，副校长汪劲松、张凤昌，纪委书记孙道祥等，以及全校各院系中心组成员和副处以上干部近300人参加了本次报告会。

（清华大学文科建设处刘金梅供稿）

品牌竞争力论坛 由首都经济贸易大学经济学院、MBA教育中心和科研处共同主办，国际权威钻石机构HIERSUN、华龙日清食品有限公司、大易国际教育集团、品派行（中国）品牌顾问有限公司、北京黑森林品牌营销顾问有限公司等单位协办的"首都经济贸易大学中国品牌研究中心成立大会暨品牌竞争力论坛"于11月12日在首都经济贸易大学隆重举行，来自学术界、企业界、媒体界的专家学者、企业代表及首都经济贸易大学师生共200多人参加了此次成立大会与品牌竞争力论坛。

大会由首都经济贸易大学经济学院副院长兼MBA教育中心副主任祝合良教授主持。校党委书记申建军致欢迎词。

首都经济贸易大学中国品牌研究中心宣布正式成立后，紧接着召开了品牌竞争力论坛。论坛由首都经济贸易大学中国品牌研究中心副主任杨同庆主持。共有9位品牌专家做了精彩的演讲。

中山大学中国营销中心主任、菲利浦·科特勒国际理论贡献奖中国首位获得者、中国营销权威、博士生导师卢泰宏教授首先开讲。卢教授以"中国品牌提升的基本问题为题进行了阐述。"

零点研究集团首席信息官冯曦先生主要谈了四个问题：1. 中国品牌研究的意义。认为加强中国品牌研究，有助于提高品牌竞争力；2. 中国品牌研究的现状；3. 奢侈品与品牌的关系。中国人喜欢奢侈品，与品牌存在很大的关系；4. 品牌提升竞争力的三个方面。打造好的品牌要解决三个问题，即跨区域、跨文化和跨时间问题。

接着，祝合良教授作为首都经济贸易大学中国品牌研究中心主任，做了题为《中国企业打造世界级品牌的战略思维》的演讲。

品派行（中国）品牌顾问有限公司总经理田敏深入浅出阐明了品牌经营的战略转变问题。

卓越形象品牌传播公司总经理贾丽军先生通过伦敦申奥中一部打破地域、民族、文化界限的平民奥运宣传短片征服所有评委的心从而取得了最终胜利的案例，把品牌美学与创意产业的紧密关系演绎得淋漓尽致。

蓝道广告公司总经理江绍雄用鲜活的图片和形象生动的语言从视觉年代、视觉力量、视觉制胜、视觉与品牌、视觉冲击等等五个方面深入细致地阐述了"品牌视觉化与创意呈现"的精妙所在。

上海智寰企业管理顾问有限公司总经理任健从宏观的角度分析了我国品牌成长的环境和如何打造国际品牌。

北京黑森林品牌营销顾问有限公司总经理郑新安讲述了"品牌竞争力的市场表现。"

中合玖鼎传播公司总经理张鼎健先生根据自己多年的研究经验指出，提升品牌竞争力应该注意两条腿走路和警惕品牌大跃进。

（首都经济贸易大学经济学院祝合良供稿）

应收账款担保融资国际研讨会 11月14日，由中国人民大学法学院与世界银行集团外国投资咨询服务局联合主办的此次研讨会在北京友谊宾馆召开。

加拿大Saskatchewan大学Ronald Cuming教授，北京大学尹田教授、清华大学崔建远教授、山东大学刘保玉教授、中国社会科学院法学研究所邹海林研究员、烟台大学郭明瑞教授等国内知名民法学者，全国人大法律委员会副主任洪虎，以及来自全国人大常委会法工委、国家发改委、中国人民银行、最高人民法院、国际金融公司、中国银行、国家开发银行、广东发展银行等机构的专家应邀出席会议。

中国人民大学法学院院长王利明教授、世界银行集团外国投资咨询服务局的 Sevi Simavi 女士和全国人大法律委员会副主任洪虎先后致词。

Ronald Cuming 教授作题为《现代担保体系下的应收账款》的主题报告。广东发展银行的专家介绍了该行的应收账款担保融资的创新实践。Cuming 教授发表了对中国物权法草案担保物权编的总体意见。与会专家针对存货抵押权的追及效力、拓宽实现担保物权的条件、动产抵押中的第三人界定、浮动抵押中的购置款优先权、抵押权的司法执行条件等问题进行深入讨论，呼吁立法机关重视交易实践对应收款担保的需求，在我国物权立法中纳入债权质押等权利担保制度，并在立法技术方面对现存担保物权编再作进一步的完善。

（中国人民大学科学研究处罗圣华供稿）

中国企业国际化战略研讨会　11 月 19 日，“应变与互动——全球经济新态势下的中国企业战略”高层研讨会在北京举行。全国人大常委会副委员长成思危、全国政协副主席黄孟复出席并讲话。

参加研讨会的数十位经济学家、企业家和能源问题专家，围绕着中国企业国际化战略面临的挑战、中国能源战略结构调整等问题展开讨论。与会者认为，只有在经济全球化的竞争环境中，才有可能诞生具有世界竞争力的企业。中国企业要变得更有效率和竞争力，就必须学会在这种复杂环境下，掌握在全球范围内利用和使用资源的能力，强化主动应变的意识与机制，确立更加积极主动的理念与战略。

（《人民日报》2005 年 11 月 20 日第 4 版）

跨国并购反垄断法国际研讨会　11 月 20 日，对外经济贸易大学法学院举办了“跨国并购反垄断法”国际研讨会。会议邀请到了来自中国社会科学院、人民大学、政法大学等机构或兄弟院校多位知名教授出席会议。会议也受到参与反垄断立法的国家相关部门、机构的高度重视，全国人大、国家发展和改革委员会员会、国务院法制办、商务部、国家工商总局均派代表出席。专程从美国赶来的美国联邦贸易委员会前官员、美国通用集团竞争法律和政策高级法律顾问等多位外方专家，代表到场的微软、英特尔、GE、思科和陶氏化学等跨国公司的一些共同立场，和与会官员、学者就跨国公司在 WTO 和中国反垄断立法进一步加快的背景下如何发挥自身作用问题进行了卓有成效的交流。

（对外经济贸易大学科研处供稿）

东亚环境与自然资源经济学研讨会　11 月 28 至 29 日，首届“东亚环境与自然资源经济学研讨会”在北京世纪金源饭店举行。此次研讨会由中、日、韩三国著名院校和学者倡议发起，中国人民大学环境学院主办，中国环境科学学会环境经济学专业委员会、韩国环境经济学会、日本环境经济学会、日本京都大学研究生院 COE 计划（“卓越研究基地”计划）共同举办，并得到加拿大嘉汉林业国际有限公司的资助。

来自中国、日本、韩国以及在北京的一些国际机构的代表 160 余人出席了会议。研讨会开幕式由中国人民大学环境学院常务副院长马中教授主持，中日韩三国代表，中国环境科学学会环境经济学专业委员会主任王金南委员、日方日本京都大学大学院经济学研究科 Kazuhiro Ueta 教授、韩国经济学会会长文锡雄教授分别发表了致词。

研讨会包括一个主题演讲和八个平行专题。会议议题紧紧围绕当今环境经济学领域的热点，包括环境与经济的协调发展，环境与自然资源经济学面对的全球变化和挑战，环境政策和管理体制改革，环境影响与自然资源的经济评价和实施可持续发展的政策建议等方面。

此次会议是东亚地区环境与资源经济学家的首次聚会，旨在加强东亚地区环境与自然资源经济学领域的高等教育和研究机构间的交流与合作，同时也是为 2006 年 7 月即将在日本京都举行的第三届世界环境与自然资源经济学家大会做准备，与会人士也讨论了成立东亚环境与自然资源经济学家联合会的可能性。

（中国人民大学科学研究处罗圣华供稿）

中国就业与失业测量国际研讨会　12 月 3 至 4 日，由中国人民大学中国就业研究所举办的“中国就业与失业测量国际研讨会”在中国人民大学逸夫会议中心召开。来自国际劳工组织总部日内瓦统计局、国际劳工组织曼谷东亚分局、国际劳工组织北京局、日本玉茶树女子大学和台湾地区经济建设委员会、国家发改委、国家统计局、国家劳动与社会保障部、中国人民大学、北京师范大学、复旦大学、浙江大学等单位的 50 多位专家学者应邀参加了本次研讨会，会议由中国人民大学中国就业研究所副所长杨伟国副教授主持。

中国人民大学劳动人事学院院长、中国就业研究所所长曾湘泉教授在本次研讨会上发布了中国就业研究所历时一年完成的研究报告——《中国就业战略报告2005：建立面向市场的我国就业与失业测量体系》。曾湘泉教授就报告作了主题发言。国际就业与失业测量领域的权威专家、国际劳工组织总部日内瓦统计局 Hussmanns 先生就《国际劳工组织就业与失业测量的标准和体系》作了主题发言。

研讨会围绕面向市场的我国就业与失业测量体系建设、就业失业测量的指标及应用、发展中国家就业与失业的测量难点、日本的灵活就业特点、台湾的经验、我国就业与失业测量的理论思考、我国劳动力调查的回顾与评价、城镇登记失业率分析、职位需求测量、我国企业就业测量、我国灵活就业测量等问题进行了深入和系统的研讨。国际劳工组织东亚局高级专家 Morris 女士、日本玉茶树女子大学永濑伸子教授、台湾地区原经济建设委员会张丕继研究员、国家统计局统计研究所宋长青研究员、国家统计局人口与就业司张志斌处长及中国人民大学劳动人事学院丁大建、唐鏞、刘彩凤和牛玲等分别作了专题报告。北京师范大学李实教授、国家发改委经济研究所杨宜勇研究员等对各报告进行了点评。

（中国人民大学科学研究处罗圣华供稿）

首届中国总部经济高层论坛　12月4日，由北京市社会科学院主办，北京市社会科学院中国总部经济研究中心、北京方迪经济发展与企业战略研究所承办的此次论坛在北京隆重举行。本次论坛以“总部经济：落实科学发展观　助推区域统筹发展”为主题，围绕“总部经济与落实科学发展观，实现区域统筹发展”、“总部经济与中心城市经济结构升级”、“总部经济与特色总部聚集区建设”等议题进行深入研讨，取得了重要的成果。

北京市副市长陆昊同志在论坛发表重要讲话，他指出，发展总部经济需要有高素质综合性人才聚集能力、靠近区域经济控制中心和市场中心、繁荣的服务业、良好的综合环境等条件，北京已基本具备了这些条件。国务院发展研究中心副主任刘世锦研究员在主题演讲中指出，总部经济是产业集群的一种特殊或高级形态，政府在总部经济发展中重点是要创造和维护公平竞争的环境、培育与总部经济相适应的高级生产要素。科技部党组成员、秘书长张景安同志在论坛上发表重要讲话，他认为总部经济现象与区域发展创新的关系，总部经济与建设创新型国家的关系，总部经济与高新技术园区的关系等都是值得研究的问题。北京市社会科学院副院长戚本超致论坛闭幕词，他指出论坛集中了我国总部经济理论研究最新成果，深化和丰富了总部经济理论，推动了我国总部经济理论与实践的研究。赵弘研究员在论坛发布了“2005—2006年中国总部经济发展报告”和“全国35个主要城市总部经济发展能力评价报告”。本次论坛得到了全国各省市的广泛关注，来自北京、上海、青岛、武汉、沈阳、大连等多个城市的政府官员、专家学者、企业家、新闻媒体等近500人参加了论坛。

（北京市社会科学院科研处供稿）

中国经济外交战略高级研讨会　12月11—12日，首都经济贸易大学国际问题研究所和中国改革开放论坛联合在温特莱中心成功举办的“中国经济外交战略高级研讨会”自胡锦涛主席在第十次驻外使节会议上提出加强经济外交工作以来，中国民间学术机构首次举办经济外交战略专题研讨会。出席研讨会的有来自国家发展和改革委员会、外交部、商务部、北京市社会科学联合会等政府有关部门领导、中化国际石油公司、中铁建工集团等大型企业的负责人，人民日报、光明日报、《求是》杂志、中国五矿化工进出口商会等机构以及来自北京大学、南开大学、外交学院、中央财经大学、中国政法大学、对外经济贸易大学、北京理工大学、华中师范大学、河南大学等10余所大学从事国际关系、国际贸易、国际金融专业研究的学者，还有乌拉圭驻华大使 Cesar Ferrer Burle 先生，此外坦桑尼亚和德国大使馆也派代表出席本次研讨会。

研讨会开幕式由首都经济贸易大学国际交流部主任董力为教授主持，首都经济贸易大学校长、国际问题研究所所长文魁教授和中国改革开放论坛副理事长、中国著名经济学家黄范章研究员代表主办方致词。文校长在讲话中指出，中国经济外交战略研讨会是在中国经济发展取得巨大进步同时又面临新的挑战形势下举办的，运用好外交资源，形成外交为全面建设小康社会服务的整体合力，这是国家发展进程中一项非常现实、直接而又紧迫的工作。如何从政府、企业、区域多层面推进经济外交工作的开展，依靠来自外交界、国际贸易、国际金融界和国际问题研究学者群的丰厚国际资源，通过民间学术机构将官、产、学三方资源整合起来，帮助日益卷入国际化进程的中国城市和企业解决可能遇到的资本、技术、人才、市场、安全等方面的问题，有效防范和应对国际社会的各种风险，是一项综合的系统工程，也是这次研讨会主题。首都经济贸易大学国际问题研究所要搭建一个让各个学科都能从中受益的国际问题研究平台，把各领域研究人才团结起来，形成一个创新合作的团队，把经济外交这个重要课题研究透，把研究成果辐射出去，推动学校的国际化进程。

黄范章研究员在致词中指出，中国在对外开放的进程中还会碰到大量问题，要创造各种条件、做好各种工作才能化解矛盾和磨擦，不仅需要政府主导下的经济外交工作的开展，全面的经济外交还需要各层次交流磋商，民间团体和科研机构的参与，通过全民外交来实现中国与世界的合作互赢，实现中国和平崛起的历史使命。

在两天的学术交流与研讨活动中，与会代表就经济外交的理论与实践、“十一五”规划与中国经济发展对世界的影响、中国企业走出去面临的现实困难以及能源外交、贸易外交、人民币汇率问题展开了深入的学术交流，其中不乏求真务实的理论交锋。该校国际问题研究所的兰纪平、庞中英、吴少平、李婧、段霞在大会作了发言。闭幕式上，外交部经济外交与合作办公室主任戚振宏到会祝贺。他说，首都经济贸易大学开的这个研讨会非常重要也非常及时，现在外交的内涵外延都在增大，经济外交见仁见智。外交部成立了由戴秉国副部长领导的经济外交工作领导小组，今后外交部会加强与学者的交流合作。首都经济贸易大学科研处处长邹昭晞教授作了会议总结。她说，研究所是各个学科间交流的学术平台，这次研讨会是一次开放性的活动，也是首都经济贸易大学融入世界、进行国际合作的渠道。为本校教师开拓眼界、加强学术交流、提升科研水平作出了重要贡献。

（首都经济贸易大学国际问题研究所供稿）

博弈论与实验经济学发展研讨会 12月17—18日，首都经济贸易大学与全国经济对策论研究会、全国数理经济学会联合在北京举办“2005博弈论与实验经济学发展研讨会”。

参加此次会议的有中国社会科学院数量经济与技术经济研究所、中国数量经济学会、中国数量经济学会副理事长、中国社会科学院数量经济与技术经济研究所李富强研究员，中国经济对策论研究会理事长、中央社会主义学院王国成教授，北京信息科技大学工商管理学院院长葛新权教授，上海交通大学经济与金融系主任、Smith实验经济学中心主任费方域教授，中国人民大学陈禹教授，复旦大学谢识予教授，中国社会科学院李雪松研究员、朱恒鹏研究员，清华大学李保明教授，南开大学Selten实验室主任李建标教授，北京大学光华管理学院黄涛教授，以及来自全国各地高校的代表100多人参加了此次大会。会议由首都经贸大学副校长王文举教授主持。

开幕式上，文魁校长致开幕词，他向与会代表介绍了本校数量经济学科与科研发展现状和研究成果。中国社会科学院数量经济与技术经济研究所李富强研究员代表中国数量经济学会致词。

开幕式结束后，张守一教授就博弈论与实验经济学的关系，以及今后实验经济学的研究方向等问题做了主题报告。接着王文举副校长介绍了本校在博弈论与实验经济学方面的研究成果以及本校正在建设的“北京经济数据处理与计算机仿真实验室”的建设状况与今后的发展方向。最后李雪松研究员作了“微观计量学在人力资本经济学中的应用”的主题报告，介绍了微观计量经济学的最新进展。

在接下来的专题研讨中，与会代表就“博弈论与实验经济学”的发展进行了热烈的讨论。费方域教授介绍了上海交通大学在实验经济学方面的研究成果。南开大学Selten实验室主任李建标教授介绍了他们刚刚完成的一个关于经济主体风险态度测度的经济实验，并与国外同类研究进行了比较。本校傅星教授介绍了利用分布式Swarm平台构造仿Aspen模型，以及利用该仿真模型进行宏观经济政策效果研究的成果。中国人民大学陈禹教授介绍了中国人民大学在经济仿真方面的研究现状和成果。复旦大学谢识予教授介绍了复旦大学与日本学者共同合作的一个经济学实验，并就复旦大学实验经济学发展现状作了简单的介绍。本校王利教授做了“经济转型中我国收入分配的仿真研究”的报告。其他与会代表也都作了积极热烈的发言。最后，王文举副校长作了总结发言。

（首都经济贸易大学经济学院供稿）

中国与俄罗斯经济改革国际研讨会 12月17—18日，中国与俄罗斯经济改革国际研讨会在清华大学经管学院舜德楼多功能厅举行。本次会议由清华大学中国与世界经济研究中心和瑞典斯德哥尔摩全球研究所、俄罗斯莫斯科经济与金融研究中心、北京大学中国经济研究中心以及清华大学产业发展和环境治理中心共同举办。来自中国、俄罗斯和瑞典的30多名政府官员和专家学者，围绕中国和俄罗斯经济改革中面临的问题和取得的经验，进行学术讨论和政策研讨。来自高校、研究机构、企业界和媒体的100多位代表参加会议。

清华大学常务副校长、经管学院院长何建坤教授，瑞典斯德哥尔摩全球研究所主任兼欧洲复兴开发银行首席经济学家Erik Berglochf教授和BP公司副首席经济学家Christof Ruehl教授先后致欢迎词。

（清华大学文科建设处刘金梅供稿）

社会学（含人口学）

全国首届构建和谐社区高层论坛 此次研讨会由中国社会工作协会城区工作委员会主办，于1月25日在北京召开。来自全国城市社区的部分实际工作者和首都科研院所的专家学者，围绕和谐社会与和谐社区的关系，和谐社区的内涵、主题及基本要素，创建和谐社区的工作理念与工作机制等问题进行了研讨。

与会者认为，构建社会主义和谐社会是一个系统工程，它包括经济与社会的和谐、政治与社会的和谐、文化与社会的和谐、自然与社会的和谐、个体与社会的和谐等。社区是社会的细胞，社区和谐是社会和谐的基础。只有每一个基层社区都是和谐的，都按和谐社会的要求做了，整个社会的和谐才能实现。如果基层的细胞不和谐，出现各种各样的矛盾和问题，整个社会也就不可能和谐。一个健康、成熟的和谐社区，应该是社区与政府、社区与企业、社区与社会、社区与自然、社区与居民良性互动的社区。因此，应当把构建社会主义和谐社区作为构建社会主义和谐社会的重要切入点。

与会者认为，和谐社区由以下要素构成：一是居民对社区事务能够广泛参与。参与是构建和谐社区的生命线，没有居民的广泛参与，社区和谐就不可能实现。参与标志着居民既可以分享社区内的利益，又能够承担社区内的责任。二是社区内“三种法人”（机关、社会团体、企业）共建的积极性比较高，愿意为所在社区营造良好的社会环境、自然环境和人文环境，愿意与居民共驻共建，优势互补、形成合力，资源共享、相得益彰，共同繁荣兴旺。三是社区的服务功能比较完善。社会服务、社会福利的社会化程度比较高，有困难者和社会困难群体的生活能得到保障，社区单位和一般居民的物质文化生活需求能得到基本满足。四是社区内有良好的社会风尚，邻里之间友好相处，家庭团结和睦，尊老爱幼、扶贫济困基本形成风气，老有所乐、幼有所教，学习氛围浓厚，环境优美整洁，歪风邪气没有市场。五是社区管理有序，社会稳定安全。居民奉公守法，干群关系密切，诉求渠道畅通，调节工作到位，一般性的矛盾和问题能在社区内得到消化和解决。应急机制健全，社会秩序良好，打击防范有力，群众安居乐业。六是社区组织结构合理，各种规章制度完善。党组织的领导核心作用强，在居民和辖区单位中有凝聚力。社会组织和中介组织健全，并能积极开展活动。居民民主意识强，社区自治化程度高。

与会者认为，当前我国建设和谐社区，应正确处理社区发展与社区产业化问题，逐步建立既能体现社区居民利益又能与政府积极配合的社区组织，推动社区经济发展、居民就业和生活质量的提高。应发挥社区在扩大就业中的作用，通过社区发展与社区服务推进社会公平；把流动人口纳入城市社区生活，使社区成为社会安全网的一部分；发挥社区的教育功能。

（参见《人民日报》2005年3月9日第13版）

传统节日与法定假日国际学术研讨会 中外民俗专家呼吁立法保护传统节日文化，为此，由中国民俗学会、北京民俗博物馆联合，于2月14—15日在京召开“民族国家的日历——传统节日与法定假日”国际学术研讨会。来自世界各国的民俗学者建议，应该以立法形式促进传统节日文化传承。30余位国内外民俗专家还对节日进行了探讨。

近来，传统节日逐渐演变成全社会共同关心的话题。有人大代表倡议将清明、端午、中秋、重阳等中国传统节日确立为国家法定假日，还有人提出将春节改在立春。中国民俗学会理事长刘魁立表示，节日是一个民族或国家的时间制度中的重要组成部分，不仅具有外在的、客观的物理性能，例如春分、秋分、夏至、冬至以及根据月之望塑确定的仲秋、除夕等，而且更为重要的是，节日还是某一特定群体、特定民族、特定国家所赋予的价值和文化内涵，而文化内涵才是传统节日的灵魂。如果仅仅因为“春节时间游移不定”，就将春节改在立春，那我们很可能会丧失春节的历史传统，丧失掉腊月、除夕、过年、元宵节等等一系列传统节俗活动。专家们表示，中国的传统节日充满着浓厚的人伦亲情，是人的一种认同感、归属感、亲和力的情感需要，特别是在现代社会中，生活节奏加快、人际交往与沟通越来越排拒情感因素，而充满人情味的、相对休闲的传统节日，将会是人们生活与情感的一种内在调节机制。作为时间的管理者，国家应该在传统与现代的“冲突”中起到积极的调和甚至挽救的作用，以立法的形式保持中国传统节日的合理位置。

（参见《北京日报》2005年2月16日第8版）

公务员工会领导能力建设研讨会　3月10日至14日，中华全国总工会和亚洲工会兄弟会在北京召开了公务员工会领导能力建设研讨会。出席会议的外方代表有世界劳联公务员联合会总书记及其官员、亚洲工会兄弟会总书记及顾问、亚洲公共服务业雇员工会主席、总书记及其执委；中方代表包括中直机关工会联合会常务副主席、中直机关工会联合会常委、中央统战部机关工会主席、中央国家机关工会联合会副主席、常委、中华全国总工会组织部、干部教育处、机关干部处、基层组织建设部处长和干部。中国劳动关系学院劳动关系系副主任郑桥教授、公共管理系行政管理教研室主任赵祖平副教授、李杏果老师参加了会议。

亚洲工会兄弟会是世界劳联的成员。它致力于建设自由、民主、保障工人权益的工人组织，积极发展与中华全国总工会的联系。本次研讨会是该组织首次与中华全国总工会联合举办研讨会。研讨会着重讨论了公共部门工会组织的状况和特点及其面临的挑战，中方代表介绍了中央国家机关工会组织的特点及工作情况，引起了与会者的极大兴趣。中外代表特别围绕如何提高公务员工会领导能力的问题展开了热烈讨论，对亚洲工会兄弟会制定的《巴图领导能力手册》提出了建设性的意见和建议。中国劳动关系学院与会教师在会上就公务员工会领导能力的特点、公务员工会对会员的吸引力、凝聚力以及社会对话机制建设等问题发表了意见。教师的发言得到与会代表的热烈反响。

公务员工会领导能力建设是一项非常重要的工作。此次会议增进了我们对于亚洲以及欧洲公务员工会的现状及其面临挑战的了解，也启发我们更加重视中国公务员队伍的变化及公务员工会的建设，同时也很好地宣传了中国和中国工会，加强了中华全国总工会与亚洲工会组织及欧洲公务员工会组织的沟通、联系与合作。

（中国劳动关系学院科研处邓海供稿）

中国社会保障改革及国际借鉴研讨会　3月22日，由中国人民大学中国社会保障研究中心举办的中国社会保障改革及国际借鉴研讨会在中国人民大学逸夫会议中心召开。来自日本东京大学、上智大学、浦和大学、明治大学、英国伦敦经济学院等国外高校学者，以及中国人民大学、北京大学、北京交通大学、中国青年政治学院、首都经济贸易大学等国内高校的专家学者40余人参加了研讨会。

研讨会由中国社会保障研究中心副主任仇雨临教授主持。会上，中国社会保障研究中心主任郑功成教授代表主办单位致欢迎词，并向与会者介绍了中国社会保障改革的最新进展及深层次的问题。

日本东京大学武川正吾教授，上智大学藤村正之教授，浦和大学沈洁教授，明治大学钟家新副教授，以及英国伦敦经济学院亚洲研究中心副主任侯赛因教授等专家学者就中国社会保障改革及国际借鉴问题做了专题发言，与会学者围绕会议主题展开了深入的探讨。

（中国人民大学科学研究处罗圣华供稿）

中国社会保障改革与发展研讨会　4月2日，首都师范大学政法学院经济管理系与北京市经济学总会联合举办，在首都师范大学国际文化大厦举行。来自国务院发展研究中心、中国社会科学院、中央党校、北京大学、中国人民大学、中央财经大学、北京师范大学、北京市社会科学院、北京市劳动社会保障学会、《人民日报》、《求是》杂志、中国人民大学学报、《教学与研究》杂志、《中国财经报》、北京市统计局等单位的40多位著名专家学者出席了会议。研讨会由北京大学教授、北京市经济学总会副会长陈德华主持，全国人大常委、中国人民大学郑功成教授和国务院发展研究中心贡森研究员分别做了《中国社会保障的改革与发展》、《我国社会保障政策执行中的问题》的专题发言，他们对中央提出构建和谐社会的背景下，如何重新评估社会保障制度改革在我国政治经济体制改革中的地位、作用和意义进行了深入探讨，对进一步拓展社会保障理论研究和实践提出了对策性意见。出席会议的各位专家学者还就我国社会保障发展中的相关问题进行了学术研讨，并就目前高校社会保障专业建设与教学中存在的问题交换了看法。

（首都师范大学科技处供稿）

中加社会保障国际学术会议　4月16至17日，由中国人民大学中国社会保障研究中心主办、加拿大驻华使馆协办、加拿大外交部赞助的中加社会保障国际研讨会在中国人民大学逸夫会议中心召开。来自加拿大驻华使馆的官员和劳动保障部、国务院法制办、全国总工会、北京大学、清华大学、首都经贸大学等单位的专家学者以及中国人民大学社会保障专业师生代表70余人出席了会议。中国人民大学党委副书记马俊杰教授、加拿大驻华使馆教育科技文化参赞 Leigh Sarty、中国社会保障研究中心主任郑功成教授等出席并致词。郑功成教授主持了会议开幕式，并向与会专家简要介绍了这次学术会议的背景。

会议围绕社会保障改革与发展专题、人口老龄化与养老保险专题、国民健康与医疗保险专题分别召开了三个报告会。中国人民大学中国社会保障研究中心副主任仇雨临教授、首都经贸大学社会保障系主任吕学静教授和加拿大的 Julia 教授等分别主持了有关会议。

郑功成教授、劳动和社会保障部社会保险研究所所长何平研究员、中国社会科学院科研局副局长王延中研究员和加拿大女王大学（Queens University）政治研究院 Keith Banting 教授、卡尔顿大学（Carleton University）Rianne Mahon 教授、卡尔加里大学（University of Calgary）Daniel Beland、马尼托巴大学（University of Manitoba）Robert Chernomas 教授等为大会做了七场主题报告。中国青年政治学院史柏年教授、加拿大马尼托巴大学（University of Manitoba）Julia Kwong 教授、北京大学中国经济研究中心副主任李玲教授等担任了报告点评人。

（中国人民大学科学研究处罗圣华供稿）

“中国新世纪财政扶贫资金的运行：瞄准与偏离的分析”研讨会　4月18日，由中国农业大学人文与发展学院国际农村发展中心举办的本次研讨会在北京兆龙饭店召开。此次会议得到了英国国际发展部（DFID）的支持。参加此次研讨会的有政府官员、专家学者、国际机构驻华代表以及来自甘肃、江西、广西、宁夏、云南五省区国家重点贫困县的贫困农民代表。

国务院扶贫办主任刘坚同志作了题为“中国政府扶贫政策”主旨讲话，国际农村发展中心主任、本校人文与发展学院院长李小云教授以“中国新世纪财政扶贫资金的运行：瞄准与偏离的分析”为题进行了主题发言。李小云教授首先对中国的农村贫困情况和贫困人口数量进行了讨论，认为中国贫困人口数量要远远高于官方统计的人数；介绍了中国政府对农村地区扶贫资源的投入、使用管理、使用效果与影响，分析了中国政府扶贫资金使用效果不高的原因之所在，尤其是扶贫资金使用管理中存在的问题及扶贫资金的使用与农村地区贫困人口需求的差距、与有效实施村级扶贫规划的差距，并对新世纪扶贫工作提出了8点建议。

国务院扶贫办政策法规司刘福合司长和财政部农财司扶贫处文秋良处长分别对中国的扶贫工作和财政扶贫资金的管理作了专题发言。来自五省区的分管扶贫工作的政府官员就各省区的扶贫资金的管理工作进行了讨论，会议还邀请了5位贫困农民代表表达了他们获得国家扶贫项目以及不能获得国家扶贫项目的情况和心情。

（中国农业大学科学技术处王虹供稿）

全国工程与社会学论坛　论坛由中国自然辩证法研究会工程哲学专业委员会、中国工程院管理学部、中国科学院研究生院工程与社会研究中心联合举办，于5月9—10日在北京召开。中国工程院院士博志寰、殷瑞钰、张寿荣、王礼恒等，中国自然辩证法研究会副理事长王国政与来自全国各地的哲学社会科学专家、自然科学家和工程专家等百余人，围绕构建社会主义和谐社会主题，就工程在现代文明社会中的角色、工程共同体、工程伦理、工程文化、工程经济、工程教育、工程人才等课题进行了深入研讨。

（参见《光明日报》2005年5月17日，第5版）

中国—法国社会保障法高级论坛　5月12日，由中国人民大学法学院、中国人民大学劳动和社会保障法研究所、法国艾克斯——马赛大学欧亚研究中心和法国驻华大使馆四方共同主办的本次论坛在中国人民大学逸夫会议中心举行。中法两国专家学者与中国人民大学师生400余人参加了开幕式

开幕式由中国人民大学劳动法和社会保障法研究所所长林嘉教授主持。中国最高人民法院万鄂湘副院长、黄松有副院长，全国人大常委会法工委信春鹰副主任，国家司法部张军副部长，国务院法制办公室汪永清副主任，中华全国总工会经费审查委员会主任、党组成员董力和法国驻华大使 M. Philippe GUCLLUY 等两国政府领导以及主办方法国艾克斯—马赛大学名誉校长路易特教授、中国人民大学校长纪宝成教授、法学院院长曾宪义教授等领导出席论坛开幕式并致词。

中法两国实务和学术界的专家和学者就中法两国“社会保障制度”、“医疗保险制度”、“农村社会保障问题”、“养老保险制度”、“社会保障体系与立法”等相关问题进行了深入而富有成效的研讨。此外，中法双方的专家学者还就本国社会保障法的现

状、所面临的困难以及对如何进一步完善社会保障制度等问题进行了坦诚的交流，取得了很多共识，同时也增进了相互了解。

（中国人民大学科学研究处罗圣华供稿）

国际健康组织第17届年会 5月18至20日，由健康寿命国际组织与人口与发展研究中心共同主办的国际健康组织第17届年会在中国人民大学逸夫会议中心召开。来自美国、加拿大、法国、英国、丹麦、荷兰、瑞士、比利时、西班牙、意大利、墨西哥、日本、新加坡、中国内地和台湾、香港等国家和地区的46名代表出席了本次会议。中国人民大学副校长冯俊教授代表主办方中国人民大学致欢迎词；健康寿命国际组织负责人法国学者Jean Marie Robine代表该组织讲话；联合国人口基金驻华代表处代表Siri Tellier女士代表资助方联合国人口基金讲话。

会议以“人口健康和健康寿命：政策性涵义”为主题，分12个单元进行讨论。与会代表围绕健康寿命的国际比较；全球健康与健康寿命；疾病和不正常；健康的概念和测量；健康的性别问题；健康的不平等；亚洲的健康问题；健康寿命研究方法的进展；健康的决定性因素；中国老年人的健康问题等议题展开讨论。

会议重点研讨了健康的概念、人口健康评价方法的最新进展、疾病和死亡的关系、健康问题产生的原因和造成的后果，以及利用健康寿命的方法对健康的地区和社会差异进行的比较。除此之外，对有关的残疾状况及其带来的问题也进行了讨论。

（中国人民大学科学研究处罗圣华供稿）

预防职务犯罪专题报告会 报告会于5月26日举办，特邀北京市人民检察院反贪局副局长张笑英主讲。她围绕当前职务犯罪的基本概况、什么是职务犯罪、职务犯罪的原因以及如何防范职务犯罪等四个基本问题，对如何同职务犯罪特别是高等学校的职务犯罪做斗争进行了全面论述。这次报告会共有50余个理事单位的120名专兼职纪检监察干部参加。与会者普遍反映，这次报告会提高了对职务犯罪的认识，对于今后开展办案工作，预防职务犯罪工作具有很强的现实意义。这是该研究会系列培训活动的第一场专题报告会。

（北京市高等教育学会供稿）

建设节约型社会国际研讨会 中国发展高层论坛——建设节约型社会国际研讨会，在6月25日于北京召开。

中共中央政治局委员、国务院副总理曾培炎出席并讲话。他指出，加快建设节约型社会是中国落实科学发展观，实施可持续发展战略的重要举措，也是编制国民经济和社会发展“十一五”规划的重要内容。中国将坚持资源开发与节约并重、把节约放在首位的方针，以尽可能少的资源消耗，创造尽可能大的经济社会效益。

曾培炎强调，资源节约型社会的建设，贯穿于生产、建设、流通、消费等各个环节。我们将加大产业结构调整力度，大力发展服务业和高新技术产业，加快改造传统产业，限期淘汰落后的工艺、设备和产品；严格市场准入管理，防止高消耗、高污染项目上马，大力发展节能省地型建筑；减少资源在传输过程中的损失，扼制流通领域的浪费现象，限制高消耗、高污染产品的出口；大力倡导节约资源的消费方式，推动公用设施和公务活动节约资源；加快发展循环经济，积极推进清洁生产，进一步加强循环经济，积极推进清洁生产，进一步加强污染治理，形成资源节约和环境友好型的经济体系。

曾培炎指出，节能、节水、节材、节地和资源综合利用是建设资源节约型社会的重点，要通过实施一批重点节能工程，加强节能管理，提高能源和资源的使用效率。

（参见《光明日报》2005年6月27日第3版）

全球化与人的发展国际学术研讨会 研讨会由中国人学学会、北京交通大学人文学院、北京大学人学研究中心、北京行政学院国际部等单位发起，于6月25—27日在北京举行。

来自美国、英国、法国、德国、瑞典、意大利、日本、韩国与中国内地、香港、台湾的学者共聚一堂，探讨全球化给整个人类和所有个人生存与发展所带来的影响。会议围绕全球化背景下与自然的关系、人与社会的关系、人与文明的关系以及东西方人学基础理论研究等问题展开了研讨。这是我国学术界第一次举办探讨人的发展与全球化关系的国际性学术会议。中国人学学会名誉会长彭珮云出席了开幕式。

进入21世纪，全球化发展趋势迅猛，如何认识全球化这个社会现象，它对人类的生存和发展会产生什么样的影响，人们应该如何应对全球化所带来的机遇与挑战，如何正确认识、评价和处理全球化和人的发展之间的关系等等问题，需要人们作出认真的思考和回答。因此此次研讨会旨在通过学者之间的交流探讨，展示和整合各国学者的智慧，推动对全球化和人的发展关系的认识，以引起各国政府和人民对全球化与人类自身前途和命运的关注，共同推动世界向着有利于人类长久生存和全面发展的方向前进。

（参见《光明日报》2005年7月5日第8版）

“继续95共谋发展”妇女论坛　8月4—5日，北京市社科院与北京市妇女儿童工作委员会、北京市妇联联合举办了“继续95共谋发展”妇女论坛。论坛以“平等、和谐、发展”为主题，探讨北京妇女发展取得的成绩和面临的挑战。中央及北京市领导顾秀莲、黄晴宜、强卫、翟鸿祥、陶西平、张建东、北京市社会科学院朱明德院长出席了论坛的开幕式。

全国妇联妇女研究所所长谭琳、北京市妇联主席荣华、中国人民大学法学院副院长龙翼飞分别就“和谐社会与和谐家庭中的性别关系”、“推动北京妇女参政议政的进程的实践与思考”、“妇女法修改的相关问题”进行了主旨发言。他们的发言得到了与会者的强烈反响。此次论坛是政府部门、妇联组织、社会科学研究机构共同携手搭建的共话妇女发展的平台。与会者从不同角度为今后北京妇女发展提出了积极的对策与建议。

（北京市社会科学院科研处供稿）

转型社会中的企业治理，工会角色和工人参与国际研讨会　会议由北京大学社会学系、北京大学中国社会与发展研究中心、中国劳动关系学院和北京师范大学中国劳工问题研究中心联合主办。8月30—31日在北京大学召开。60位中外学者参加了会议。

会议开幕式上宣布了由北京大学社会学系与澳大利国立大学亚太研究院当代中国研究中心共同建立的中国工人与劳动研究中心成立。会议以论文讲演、评论和讨论的方式进行，每半天两个时段，每一个时段有一个主题：（1）民主参与、集体行动与“现代传统”；（2）民主参与、集体行动与“现代传统”；（3）地方性经验与职工参与模式对话；（4）全球化、市场社会主义下的职工参与；（5）全球化、市场社会主义下的职工参与与工会角色；（6）职场劳动安全/卫生与治理机制；（7）全球化与中国劳资关系。整个会议围绕以下4个议题进行了热烈的讨论：（1）职工参与企业治理的中国经验；（2）国际比较的视角；（3）企业职工参与的地方性模式；（4）工会的作用。与会者在“中国经验”的问题上取得了若干共识。如，中国企业职工民主参与的真正希望在于职工群众民主训练的进一步扩展，以及与企业乃至政府等方面的进一步互动；现代中国企业的职代会和工会没有计划经济时代规范，但是其能动的空间增加了等等。

（北京大学社会科学部朱邦芳供稿）

台湾和美国学者到中国劳动关系学院进行学术访问

应学院劳动关系系的邀请，台湾中国文化大学劳动学研究所潘世伟教授和美国密歇根州WAYNE州立大学城市和劳工学院Michael H. Belzer教授于8月31日—9月10日来本院进行学术访问和交流活动。

潘世伟教授和Belzer教授均为美国康乃尔大学劳资关系学博士，长于劳动关系研究。在我院访问期间，两位教授于9月5日下午与劳动关系系及其他系部教师围绕着劳动关系的研究与教育进行了座谈交流，Belzer教授并作了题为“效率、公正和表达——良好的劳动关系如何促进政治稳定和繁荣”的学术报告。9月7日和8日晚，潘世伟教授和Belzer教授分别为在校本科生举办了两场学术讲座，题目分别是：“劳动关系研究的变迁和发展”，以及“美国货运业的劳动关系”。

在京期间，劳动关系系还安排两位教授访问了中国劳动保障科学研究院、全国总工会集体合同部、首都经贸大学劳动经济学院和中国人民大学劳动人事学院等单位，并就进一步开展学术交流和合作进行了探讨。

（中国劳动关系学院科研处邓海供稿）

环境保护公众参与国际研讨会　由环球中国环境专家协会（PACE）和国家环境保护总局宣传教育中心主办的PACE2005：环境保护公众参与国际研讨会暨公众意见听证会培训班9月15日在京举办。

本次研讨会希望通过回顾国内有关环境保护公众参与和信息公开的政策、法律和活动，交流其他国家在相关领域内的经验教训，找到政策与实践之间的差距，为推动公众参与制度、促进建设民主和谐社会起到一定的作用。

据介绍，环境保护公众参与是社会主义民法与法制的重要切入点。国家环保总局近年来出台了不少的政策、法规，强化了环境的公众听证制度，加大了环境信息公开力度。但我国的环境保护民主法制化还有许多亟待完善的领域和环节，必须动员全社会各界人士关注和参与环保工作，强化民主法治的监督约束机制，特别是要建立公众了解环境信息和环境保护事务的渠道、完善公众参与的法律保障体系，明确公众参与的程序和做法，保障公众的环境权益，以此加快公众参与法律保障和实施机制的建设。

（参见《光明日报》2005年9月16日第8版）

中国孤儿论坛　此次论坛由北京师范大学社会发展与公共政策研究所主办，于9月29日在京师大厦9520会议室举行。论坛由中华慈善总会副会长徐永光主持，来自北京大学、中国社会科学杂志社、卫生部、中国青少年研究中心、英国救助儿童会、NPO信息咨询中心、中国劳工中心和中央电视台等多个单位的专家、学者、政府官员、非政府组织代表、媒界人士以及北京师范大学的部分学生共50多人参加了该论坛。

论坛首先由社会发展与公共政策研究所所长张秀兰教授介绍了课题的背景。接着，听取了尚晓援教授的报告——《我国孤儿的现状与面临的困境》以及北京师范大学课题组成员李振刚和刘浪分别做了关于“孤儿基本生活救助资金需求分析”和“湖南省郴州市农村孤儿养护模式”的发言，在此基础上，参加论坛的各位人士就如何建立一个独立的具有中国特色的孤儿救助制度以及政府和NGO在孤儿救助中所应担负起的责任等问题进行了深入热烈的讨论，并达成了以下一致观点：1. 国家应担负起保障孤儿基本生活的责任；2. 中央财政应该而且能够承担起孤儿救助的主要经济责任；3. 替代性养护的模式问题。多数与会者认为孤儿寄养在家庭中最有利于其身心发育，应积极推广孤儿的家庭寄养模式；同时，国家应考虑给孤儿寄养家庭一定的补助；4. 与会者认为应发挥NGO等社会力量在孤儿养护中的作用，降低准入门槛，让非政府力量在孤儿救助中发挥更大的作用；5. 应建立综合性的、独立的孤儿救助制度。

（北京师范大学社会科学处田晓刚供稿）

青少年道德发展论坛　10月8日，首都师范大学举行了中小学思想道德发展评估与研究中心的揭牌仪式，同时举行了青少年道德发展论坛。教育部基础教育司、市委教育工委、市教委、市政府教育督导室、首都精神文明办和首都师范大学有关领导，有关专家，市教委有关处室负责人，各区县教委主管主任，德育基地校负责人出席了揭牌仪式和发展论坛。在论坛上，社会学专家陆士桢分析了当前青少年道德教育的特征，提出道德教育在方法上坚持受教育者为主体，在模式上道德教育应以问题为中心，强调互动，把强势的话语灌输化为对孩子生存发展能力的培养，让孩子成为思想道德教育的主人。教育法学专家劳凯声谈了“两代人”的问题，认为在社会激烈变迁的时代，青少年的亚文化正在形成，两代人的代际心理平衡被打乱，距离感和冲突在加剧，两代人的代际冲突是现实存在的社会现象和文化现象。他提出思想道德的形成是一种植入过程、接受过程和动态过程。政治学专家房宁在论坛中发表了三点评论：第一，思想道德发展评估问题是社会化研究中有意义的项目；第二，该项研究也是在塑造民族精神。当代人们经历了经济发展的契机，在精神上也要求和时代相适应，教育是使青少年更健康的成长，教育者首先要观察，然后才是评价；第三，客观的观察和评价很重要，当前的评价指标中“崇文有余，尚武不够”，时代需要一种尚武精神、战斗精神。历史学专家刘新成提出道德教育不能带有功利色彩，阐述了用功利诱导追求崇高的失败，进而提出道德教育的取向应从追求崇高变为设立底线，手段应从表扬为主变为惩戒为主。德育专家檀传宝提出了反年龄歧视观点，进而提出要正确理解学生、正确理解道德、正确理解发展。

（首都师范大学科技处供稿）

西部开发中的生态与可持续发展学术研讨会　由中央民族大学生命与环境科学学院主办的西部开发中的生态与可持续发展学术研讨会于10月15、16日在中央民族干部学院召开。本次学术会议特别邀请北京师范大学郑光美院士，军事医学科学院孙曼霁院士，以及国家环保总局、国家自然科学基金委员会、中国水利部、中国濒危物种科学委员会、GEF（全球环境基金）中国项目部、中国科学院动物所、中国科学院植物所、北京大学等18家单位的80多名专家学者及研究生参加了会议。

本研讨会探讨了我国西部地区，尤其是民族地区生态环境建设的理论基础和技术应用，将少数民族地区特色及各自研究领域相结合，突出中央民族大学在西部少数民族地区生态与可持续发展研究工作中的优势，进一步明确促进民族地区经济发展研究工作中的优势，进一步明确促进民族地区经济发展的责任。与会学者宣读了“西部地区水资源问题及对策”、“环境公共政策与和谐社会”“组织理论和技术与环境医学研究”及“民族传统知识与惠益分享”等题目的研究报告。

（中央民族大学科研处陈海如供稿）

首届中国口吃研究与矫治研讨会 由北京师范大学认知神经科学与学习国家重点实验室主办的本次研讨会于10月15－16日在北京师范大学英东学术会堂举行。主要参与人员有国际口吃协会推广工作组当值主席 Stefan Hoffmann 先生、我国在口吃研究领域的专家学者、多年从事口吃矫治事业的资深矫正师等。本届研讨会由认知神经科学与学习国家重点实验室彭聃龄教授倡议发起，在“关爱口吃群体，推进口吃研究”的主题指导下，本着“开放、理解和百家争鸣”的宗旨，对口吃及其相关领域的最新研究进展以及口吃矫治的各种方法进行了交流和讨论。

（北京师范大学社会科学处田晓刚供稿）

“反托拉斯法在美国医疗健康保险行业的适用”研讨会 10月17日，对外经济贸易大学法学院竞争法中心与美国康涅狄格大学法学院保险法中心在诚信楼1314会议室举办了此次研讨会。举办这次研讨会的目的是要探讨美国反托拉斯法如何规范医疗健康险这个特殊领域，总结其中的经验教训，以便为中国正在起草中的《反垄断法》及未来的执法提供有益的借鉴。美方资深专家 John Day 教授、Peter Kochenburger 教授以及 Hong Yan 女士帮助本校举办本次研讨会，并由 John Day 教授担任美方专家主讲人。中方则由本校反垄断法专家黄勇教授和中国保监会法规部姚泓副主任担任主讲人。参加研讨会的其他20多位来宾包括：来自国务院法制办、国家发改委、商务部等部委的主管官员，来自北京大学、中国政法大学、国务院发展研究中心等学术机构的专家学者，来自微软、通用电气等著名跨国公司的法律总监，以及多家著名律师事务所的资深律师。与会的这些专家、学者和官员都直接或间接地参与了我国《反垄断法》的立法工作，对反垄断法有着深刻而独到的见解。

研讨会上，美方专家深入介绍了美国反垄断法在医疗健康险领域适用的历史和理论发展，并结合具体案例介绍了这一领域的最新动态；中方专家则介绍了中国《反垄断法》立法的背景和进展、国内医疗体系的现状和问题、医疗健康险的经营态势等等内容。随后与会者就各位主讲人的演讲内容和各自关注的问题与中外专家进行了深入的讨论。

（对外经济贸易大学科研处供稿）

“转型期中国公民社会的发展——国际的视角”国际学术研讨会 为加强交流，为展示有关学术成果，也为了庆祝“北京大学公民社会研究中心”的正式成立，10月28—29日，研讨会在北京大学召开。来自美国、加拿大、英国、日本、韩国、印度、澳大利亚和中国大陆、台湾、香港等国家和地区的100多位专家学者参加了此次会议。

10月28日举行了“北京大学公民社会研究中心”成立大会。中心主任、北京大学政府管理学院教授李景鹏介绍了公民社会研究中心的性质、研究范围及其社会意义。李教授指出中国的非政府组织已经成为了构建和谐社会的重要力量，值得对其进行深入的研究。公民社会研究中心是一个跨学科的研究中心，研究内容横跨政治学、行政学、法学以及新闻传播学等学科。

成立仪式之后，与会人员围绕改革开放20多年来中国公民社会发展的特点充分交换了各自的观点。他们就“中国公民社会发展的现状评价”、“中国公民社会发展的生成机制与动力因素”、“中国公民社会发展的前景”等5个议题展开了热烈的讨论，取得了广泛的共识。

（北京大学社会科学部朱邦芳供稿）

费孝通学术思想座谈会 由民盟中央、北京大学联合主办的此次座谈会，于11月1日在北京人民大会堂举行。

全国人大常委会副委员长、民盟中央主席丁石孙在讲话中说，费老是我国社会学界的泰斗，他一生志在富民，晚年还“行行重行行”，艰苦地探索我国不同地区实现现代化的道路。我们一定要学习和继承费老的优秀品质，遵循费老一贯倡导的思想，把民盟建设成为符合时代要求的参政党。

全国政协副主席、中共中央统战部部长刘延东致信座谈会，她说，费老积极参加国家政治生活，参与国家大政方针的民主协商，为中华民族的伟大复兴殚精竭虑，不懈奋斗，为国家和民族的发展谏言献策，将参政议政提高到一个新的水平。他利用一切机会接触社会变革的实际，费老的研究，为改革开放和国家的经济建设提供了强大的理论助力，作出了重要的贡献。

全国政协副主席、民盟中央常务副主席张梅颖等出席了座谈会，布赫、孙孚凌及有关专家学者、社会各界来宾200余人参加了会议。

（参见《人民日报》2005年11月2日第4版）

STS与和谐社会论坛 11月4日，由中国社会科学院科学技术和社会（STS）研究中心与中国科学技术与社会研究会（筹）举办的北京STS论坛第三次会议在中国社会科学院哲学研究所举行。本次会议以“STS与和谐社会”为主题，并就STS对构建社会主义和谐社会的作用、科学发展观与和谐社会、STS与自主创新、STS与经济增长方式的转变、环境和能源与和谐社会、高科技与和谐社会等问题展开了深入研讨。会议认为，中国STS研究，以马克思主义为指导，全面贯彻科学发展观，贴近社会现实，充分发挥社会科学与自然科学联盟的优势，对构建社会主义和谐社会具有极其重要的作用。

中国社会科学院哲学研究所余谋昌研究员以能源为题，从生态哲学的角度，对建设和谐社会与建设和谐世界问题进行探讨。认为，当前由能源问题导致的国际关系新动向，反映出资源对地缘政治的影响。资源、环境与建设和谐社会有紧密的关系。与资源、环境关系的良好协调是建设和谐社会的关键一步。和谐社会与和谐世界的建设不能脱离自然，它们应该在尊重自然、重视自然、保护生态方面，与自然和谐共存。

北京大学技术物理系郑春开教授认为，科学发展观涉及全面、协调、可持续发展诸方面，能源问题是关系到可持续发展的一个重要问题，能源的使用也是关系到经济增长方式的一个重要方面。高投入、高消耗、高排放、低效益，必然导致粗放式的经营，导致社会不可持续发展。我们目前面临的能源问题，不仅是能源短缺问题和过度依赖进口问题，而且面临能源结构单一、能源供应体系不完善、能源利用不科学等诸多问题。我们应该通过调整产业结构，改善优化能源结构，发展核能，开发节能产业和市场，建立节能型社会等，协调好能源技术与社会的关系，建立和谐社会。

国家“863”计划航天领域专题专家组首席科学家、北京系统科学研究所研究员黄志澄认为，和谐社会对科学技术的自主创新提出更高要求——环境友好。企业是创新的主体，要实现和谐社会下的自主创新，就要求我们摒弃“精英政策”，普及教育和科技，全面推进和提高素质教育；应改变目前科技资源投入和配置的不公平现状，加强科技资源分配中的公平性；提倡科学质疑和科技创新中的民主，形成良好的自主创新环境。

中国社会科学院哲学研究所童天湘研究员认为，企业的技术创新首先应该是管理创新。企业作为技术创新的主体，必然通过竞争来创新和发展。竞争与和谐不相矛盾。要发展，就要竞争，竞争发展并渐进实现和谐。

中国社会科学院哲学研究所姚介厚研究员认为，科技发展与科技伦理的关系也十分重要，科技对社会的影响也反映在科技伦理方面，如何使伦理本身成为公共价值体系的基础构成，如何在科技发展中有效发挥正面作用，消除负面影响，有效制定科技政策，形成可持续发展的导向，如何提高科技水平，改善产业结构，改变粗放经营，等等，都要求我们深入研究科技发展与人、社会、自然的关系，研究科学技术和社会如何有效结合等问题。

《哲学研究》杂志常务编委朱葆伟研究员就科技发展与社会公正问题指出，当前社会各界普遍关注的国家科技投入、社会保障投入问题，高科技成果的受益群体和受益面问题，自然资源的支配和使用问题等等，都体现为社会资源分配的公平合理性问题。这要求我们深入研究科学技术和市场的关系。公平合理的社会可以促进科技的发展，科学技术应该为实现公平合理的社会服务。科学技术如何介入到社会公平合理的发展过程之中，应该成为STS进一步关注的领域。

中国社会科学院农村发展研究所王松霈研究员认为，科学发展观与和谐社会及STS的关系，应该是随着科技发展，社会正在走向综合化。实现科学发展观的五个统筹，体现了人与社会的关系，人与自然的和谐。现实社会中，一切经济的、社会的关系都基于人与人的关系，人与自然的关系。人的一切经济活动都是在经济系统中进行的，必须重视生态与自然，统筹人与自然生态的和谐。建立积极的人与自然的关系是统筹人与自然关系的关键。在现实中，处理人与自然的关系应本着生态是基础，经济是主导的思想。经济与生态的作用不同，经济是主导，发展经济必须建立在良好的、可持续的生态基础之上。实践中只发展经济无视破坏生态和为保护生态停滞经济发展都是不对的。因此，生态平衡与经济发展需要STS领域的深入研究。

中国社会科学院哲学研究所原所长陈筠泉研究员就STS与经济增长方式的转变发表看法。他说，有人认为“十五”发展主要重数量、规模，“十一五”发展则开始重质量。这表明经济增长方式转变的必然性，由此要求资本的有机构成不断提高，智力劳动不断增多，增长越来越依靠科学技术这个第一生产力，劳动正在由简单直接劳动向科学劳动转变。劳动者素质的提高依靠科学技术的发展和普及。因此，STS应深入研究STS与经济增长方式、STS与自主创新、价值与增长等重要课题。

中国社会科学院哲学研究所段伟文博士提出，

信息生态的概念在信息社会应引起重视，同时信息社会的公正、公共问题中的政策智慧等也不容忽视。协调、引导和解决好网络信息技术对人和社会的负面影响，协调解决好信息公平，缩小数字鸿沟等等，是高科技的当代社会的重要问题，是STS研究的具体层面。

北京大学生物系主任朱圣庚教授提出，建设和谐社会首先应该注重解决不和谐因素。20世纪的各种革命和发展使社会产生和浮现出许多需要人类关注和解决的问题，21世纪最重要的首先是进行反思。科学技术理论与实践的不断发展使社会快速发展，社会发展要求理论指导思想不断完善。因此，针对这些已经暴露出的问题，需要STS开展科学技术与社会关系的深入研究。当代科技进步的趋势是建立在分工基础上的综合化，学科包容、统一是趋势，自然、社会、学科都在向综合化发展，问题是如何处理好竞争、分化与融合的关系。全球化阶段STS应该加强对这些问题的理解和认识，为理论家、政治家等社会行动者提供深入的理论工具，使和谐社会中科学家和工程技术人员的作用不断增强，使科技进步与社会发展有机协调。

中国科学院研究生院人文社会科学院副院长李伯聪教授提出，科学技术与社会的具体化是工程。科学技术对社会影响的具体化方式是工程项目，负面影响也大部分是由工程引起的。科学技术对社会的影响在科学—技术—工程的过程中不断增强。关注工程是STS对科学技术与社会的现实关注。工程的系统性、多方合作性、社会价值紧密性决定了工程不仅是一个现实问题，也是一个需要进一步研究的理论问题。工程哲学细化并具体化了STS研究。和谐应该是人与人、人与自然两方面的和谐。工程不仅主要体现在人与自然的关系中，同时工程中也包涵人与人的关系。因此，STS应该结合一些具体的工程项目展开研究，加强理论对现实的关注。同时对于公众如何理解工程，如何处理好公众与工程的关系等方面也应该展开研究。

中央教育科学研究所科学技术研究中心主任王素研究员认为，分科教育难以打破学科界限，越来越难以满足社会对系统知识的需求。应该把STS作为科学教育的指导思想。特别是小学教育应该更加综合化，实践活动应该加强，从而塑造学生的创新意识和能力。同时，应该加强技术教育，加强教育资源社会配置的公平性。

汝信同志在仔细听取了与会专家学者的发言后指出，STS是一个重要领域，它的生命力在于它是自然科学家和社会科学家的联盟领域，是理论联系实际的前沿和交叉领域。自然科学家和社会科学家在这个领域的合作研究，使STS从关注现实问题来展开学科的理论研究。尽管中国STS研究目前还不是一个强大的学科，但是STS的研究与发展对中国实现现代化和构建社会主义和谐社会具有重要的理论意义和现实意义。当前中国社会发展和经济运行中出现的诸如安全生产问题、城乡差别问题、资源浪费问题、环境保护问题等主要不属于技术问题，而是社会层面的问题。STS正是从对社会层面的问题的关注入手开展研究，今后STS的研究应进一步发挥这种学科特点，向社会发出更强烈的声音。

（中国社会科学院办公厅朱丽雅供稿）

人民政协为构建和谐社会服务研讨会 本次研讨会于11月4至5日召开。与会者从不同的角度在理论与实践的结合上，就人民政协为构建和谐社会服务这一主题进行了比较深入的研讨，会上既对构建社会主义和谐社会基本理论的探讨，也有结合统一战线和人民政协工作实践的思考；既有对人民政协为构建社会主义和谐社会服务的难点、重点、切入点的具体论述，也有具体的对策建议，对推进人民政协为构建社会主义和谐社会服务的理论研究和实践活动，将起到积极的促进作用。

（北京市政协理论与实践研究会秘书处崔晓晖供稿）

中国职业安全卫生与工伤保障研讨会 11月11日，由中国人民大学中国社会保障研究中心主办的此次研讨会在人民大学逸夫会议中心举行。来自国家劳动和社会保障部、国家安全生产监督管理总局、国家煤炭安全生产监察局、卫生部、中国保监会、中国安全生产科学研究院、中国人民大学、北京大学、中山大学、中国劳动关系学院、北京物资学院以及美国利宝互助保险集团的专家学者及代表约60余人出席了研讨会。会议由中国人民大学中国社会保障研究中心主任郑功成教授主持。

会议围绕中国职业安全风险的演变、安全生产形势及工伤保险制度的发展等主题展开发研讨。劳动和社会保障部工伤保险司陈刚司长、中国安全生产科学研究院刘铁民院长、中国疾病预防控制中心首席专家李德鸿、北京大学公共卫生学院王生教授、中山大学岭南学院申曙光教授、中国人民大学孙树菡教授、黎建飞教授等12位专家做了重点发言。

与会者一致认为，构建和谐社会必须首先构建安全社会，以人为本必须首先以人的生命和健康为本，中国已经进入了一个职业安全风险的高发期，安全生产形势十分严峻，不仅各种矿难等显性工伤事故频繁发生，而且职业病患者正在惊人地增长。与会专家在肯定近几年来我国在安全生产监督管理和工伤保障方面取得重要进展的同时，认为要从根本上缓和安全生产的严峻局面，还存在诸多问题与障碍，必须进一步强化对职业安全卫生的重视程度，并从法律、法规、政策等方面完善安全生产管理体制，按照工伤保险优先推进的原则快速实现工伤保险制度的全面覆盖，为劳动者提供必要的职业伤害保障。

（中国人民大学科学研究处罗圣华供稿）

社会工作教育与和谐社会建设国际研讨会　11月22—23日，由首都师范大学社会学社会工作系与北京市社会学学会、北京市社会科学院社会学所联合主办，在首都师范大学图书馆报告厅及国际文化大厦举行。参加会议的国外境外学者有新加坡国立大学社会工作系教授、《社会政策亚洲期刊》主编、《社会工作与发展亚太期刊》主编陈伍强博士、新加坡大学国立心理学系陈蔡力妹教授、香港中文大学社会工作系实习课程主任、香港融乐会副主席黄洪教授、香港圣公会麦理浩夫人中心林植宣博士老人综合服务中心主任黄美珩女士。此外，来自中国社会科学院社会学所、北京市社会学学会、北京市社会科学院等研究机构的科研人员、全国50余所高校的社会学－社会工作学的专业教师、有关政府部门的和NGO组织的工作人员，以及北京部分高校的学生社团代表约160余人参加了会议。

研讨会分三个专题讨论了“社会学－社会工作教育”、“社区和谐发展”、“老人、妇女、青少年社会服务”问题。中国人民大学社会与人口学院郑杭生教授、北京大学社会学系王思斌教授、中国社会科学院城市发展与环境研究中心主任李国庆研究员等30位学者在研讨会上发言。

（首都师范大学科技处供稿）

中国首届女性与体育文化国际论坛　11月25—28日，论坛在北京大学举办。本论坛由北京大学妇女体育研究中心倡议，由中国妇女研究会、北京大学人文研究基地、北京大学妇女体育研究中心、北京大学中外妇女问题研究中心、北京体育大学人文社科基地共同举办。来自中国、英国、加拿大、韩国、菲律宾、中国香港、中国台湾等多个国家和地区的专家学者参加了本论坛。全国人大副委员长韩启德、全国妇联副主席陈秀榕、北京奥组委副秘书长郝远、北京大学常务副书记吴志攀、北京体育大学副校长池建、吉首大学副校长白晋湘、广西体育局副局长张冬梅等领导出席了论坛开幕式。世界知名学者J·A·Mangan教授、北美体育史协会副主席Patricia A·Vertinsky教授、菲律宾女子体育基金会主席Ma·Josefina V·Bauzon教授、全国妇联妇女研究所副所长刘伯红研究员、北京大学人口所所长郑晓瑛教授、北京大学妇女体育研究中心主任董进霞教授在会上做了专家报告。

举办本论坛的目的在于促进体育领域的男女平等，鼓励和推动妇女参与体育训练、管理和决策，全面提升女性对体育的参与意识，丰富女性健身、体育、管理的知识体系，打造出具有时代内涵的健康新女性。参加本次论坛的人员有400人之众，在会上交流的论文有160篇。内容涉及女性与奥运、健身、体育市场、竞技体育、体育旅游等诸多领域。“女性与奥运”、“体育与女性生活”则是本次论坛的焦点内容。

本次论坛因其所倡导的“女性体育”和“女性体育文化”的理念获得了广泛关注。

（北京大学社会科学部朱邦芳供稿）

法　学

依法执政学术研讨会　为了给北京实施人文奥运战略创造良好的法制氛围，1月21日北京市法学会金融与财税法学研究会，在北京召开关于如何进一步优化首都金融与财税法制环境方面的研讨会。北京市社科联主席陶西平、北京市法学会副会长刘隆亨、全国人大常委会预算工委法案室主任俞光远及来自学术理论界的学者专家共80余人出席了研讨会。与会者认为，创造良好的人文奥运社会氛围，必须按照依法治国和依法执政的原则，以法律、法规和制度的形式，明确各种社会组织的关系，严格依照法律规定的范围、程序行使权力，使社会各方面走上科学化、法制化的轨道。但是，这是一个制度体系逐步确立和完善的过程，更是一个法律意识自我提高的过程。专家学者强调应从理论与实践的结合上深入研究在推进依法治国和依法执政过程中提出的一些重大理论和现实问题。如，如何完善我国金融资产管理公司的法律问题，商业银行法人治理结构的法律问题，以及国有资产监管的法律问题，金融衍生交易法律法规问题等。

（参见《光明日报》2005年2月8日第5版）

中美人格权法与侵权法高级研讨会 1月22到23日，由中国人民大学民商事法律科学中心与美国耶鲁大学中国法中心联合举办的本次研讨会在中国人民大学举行。中美两国的侵权法专家、法官、律师及传媒人士40余人参加了会议，最高人民法院黄松有副院长出席会议并做主题发言。

当公民的名誉权、隐私权与新闻监督之间产生权利冲突，如何平衡彼此关系？这是正在抓紧起草的侵权法、人格权法要协调的重要问题。与会代表围绕这一主题，就人格权保护与新闻媒体关系的一般问题、名誉权保护与侵权责任、隐私权保护与侵权责任、人格权保护的实践问题等展开深入研讨。

（中国人民大学科学研究处罗圣华供稿）

中国的和平发展与国际法大型学术研讨会 2005年4月，中国国际法学会举办了本次学术研讨会，来自全国各地的200多位会员代表参加了会议，外交部张业遂副部长等政府部门领导出席会议并作形势或专题报告。

会议就《渔业法》、涉台国际法问题、国际人权公约与相关立法问题、联合国改革问题进行讨论，结合远东国际军事法庭东京审判、日本遗留化学武器事件、西班牙鞋业事件以及美国虐待战俘等诸多国际事件进行国际法法理支持，配合外交法律工作。此次活动得到了各方肯定，对学界研究起到导向作用，使学界及时了解国家的政策和实践中的问题，加强了研究的针对性。

（外交学院科研处郦莉供稿）

“网络法：端倪与趋势”国际学术研讨会 4月20，研讨会在北京数码大厦召开。本次研讨会由中国政法大学民商经济法学院知识产权法研究所与美国天普大学法学院国际法与公共政策研究所共同主办，共有来自中国政法大学、北京大学、清华大学、中国人民大学、中国社会科院、西安交通大学、广西大学、云南大学、香港大学、最高人民法院、北京律师协会以及美国天普大学、美国驻中国大使馆专员、美国律师协会、加拿大渥太华大学等机构的30余位网络法领域一流专家学者出席了会议。与会专家学者分别就互联网上的知识产权、互联网上的个人信息与隐私保护、言论规制、第三人责任、属人管辖权与互联网、在线争端解决机制等网络法领域前沿热点问题进行了探讨。本次研讨会的召开，对于推动和促进网络法的研究和网络法的学科体系的建构与完善具有重要的理论和实践意义及深远持久的学术影响。

（中国政法大学科研处供稿）

首届中国青年法律学术奖（法鼎奖）颁奖会 4月29日，中国社会科学院法学研究所与中国法学会研究部、中华全国青年联合会秘书处联合主办的首届中国青年法律学术奖（法鼎奖）颁奖仪式在人民大会堂举行。中国社会科学院副院长冷溶、中国法学会副会长孙在雍、共青团中央书记处书记尔肯江·吐拉洪出席会议并讲话，中国社会科学院秘书长朱锦昌宣布获奖名单。

冷溶在颁奖会上发表讲话，他指出，中国正步入改革开放和现代化建设的关键期。法学和哲学社会科学的其他领域一样，在需要应对一系列新的问题和挑战的同时，也迎来了难得的繁荣发展机遇。党的十六大指出，发展社会主义民主政治，最根本的是要把坚持党的领导、人民当家作主和依法治国有机统一起来；提出“到2010年形成中国特色社会主义法律体系”的要求；明确把“依法执政”列为党的领导干部必须不断提高的五种能力之一。党的十六届三中、四中全会进一步将十六大确立的各项与法制建设密切相关的改革和发展目标推向深入。无论是牢固树立和认真落实科学发展观，还是构建社会主义和谐社会，都离不开法治建设的支持和保障，都对新时期的法制建设的实践创新、理论创新和制度创新提出了更高的要求和更繁重的任务。

冷溶对青年法学科研人员提出五点要求：一要在法学研究工作中始终坚持马克思主义的指导地位。要自觉地把马克思列宁主义、毛泽东思想、邓小平理论和“三个代表”重要思想贯穿于法学研究工作之中，善于把马克思主义法学的基本原理同中国法制建设的具体实际相结合，坚持用马克思主义的立场观点方法分析和解决问题，用发展着的、中国化的马克思主义指导我们的法学研究工作。二要牢固树立创建和发展中国特色法学理论的坚定信念和远大抱负。中国的法学要在世界法学中占有一席之地，必须立足自己的文化和实践，创建和发展具有中国自己特色的法学理论。我们固然需要学习和借鉴国外的先进经验和长处，但如果盲目推崇甚至迷信西方法学理论和法律文化，既不能取得对指导中国实践有价值的成果，更不可能作出超越西方的贡献。青年学者在理论创新方面既要有世界眼光，更要有立足本国丰富深厚的文化积淀和社会实践而独树一帜的志向和抱负。三要解放思想、实事求是、与时俱进，积极推进法学理论创新。青年学者在法学研究的过程中，要发挥自己激情和精力充沛、敢想敢闯的长处，在坚持为人民服务、为社会主义服务的大方向不动摇的同时，勇于“百花齐放、百家争鸣”，积极开展不同学术观点、学术流派的争鸣和切磋，积极推动法学研究的学术观点创新、学科体系创新和科研方法创新。四要继承和发扬理论联系实际、严谨求实的良好学风和科研作风。青年学者要有所作为，就要注意自觉地把自己的研究、个人的学术前途和命运融入到改革开放和现代化建设的潮流和整体中去，坚持学以致用，从实践中来到实践中去，反对那种脱离实践、脱离社会、脱离时代的“孤芳自赏”式的研究；坚持严谨求实，反对急功近利以及各种教条主义和形式主义的不良风气。五要努力锤炼艰苦奋斗、淡泊名利、甘于寂寞以及锲而不舍的精神和意志品质。当前学术界受到一些不良社会风气的影响和侵蚀，在一定范围内存在追名逐利、急于求成、弄虚作假、虚华浮躁等消极现象，青年学者对此应有清醒认识，并注意自觉抵制，努力向学术界品学兼优的前辈、大师和名家学习、看齐，最终使自己成长为人格有感召力、作品有说服力的优秀学者。

冷溶指出，活跃在党和国家各条战线上的青年法学科研人员，是中国法学研究的生力军，代表着中国法学研究事业的未来。希望法学研究所会同中国法学会研究部和中华青年联合会秘书处，及时总结首届中国青年法律学术奖（法鼎奖）评选活动的经验，广泛联系广大青年法学工作者，在法学界各单位和广大专家学者的大力支持下，把这项评选活动越办越好，使其在促进中国法学研究精品纷呈、人才辈出的进程中发挥应有的作用。

孙在雍对中国青年法律学术奖（法鼎奖）的评选进行了肯定。他说，中国社会科学院法学研究所主办的中国青年法律学术奖（法鼎奖），是全国性高水准的法学学术奖项，是一件很有意义的事情。中国法学研究部应法学研究所之邀参与了本次评奖活动的全过程。评选活动严肃认真，程序上体现了公开、公平、公正的要求，确保了评选结果的权威性和公正性。评选出的获奖作品代表了一定时期中国青年法学研究者的学术水平。

尔肯江·吐拉洪对中国青年法律学术奖（法鼎奖）获得者及颁奖会的举行表示祝贺，对青年法律人才潜心学问、促进法学研究的繁荣与发展、贯彻与落实依法治国方略表示支持与期望。

朱锦昌宣布了获奖名单。首届中国青年法律学术奖（法鼎奖）共评选出金鼎奖3项：《论法的成长》（张冠梓）、《股份有限公司股东权的保护》（刘俊海）、《两种清末宪法草案稿本的发现及初步研究》（俞江）；评选出银鼎奖5项：《物权法原理》（陈华彬）、《合同准据法理论的解释》（沈涓）、《行政契约论》（余凌云）、《刑法诸问题的新表述》（周光权）、《刑事诉讼的前沿问题》（陈瑞华）；其他10项优秀作品获得提名奖。

法学研究所教授刘海年介绍了中国青年法律学术奖（法鼎奖）的评奖情况。中国法学会学术委员会主任、法学研究所终身教授、中国青年法律学术奖（法鼎奖）专家委员会主任委员王家福，中国人民大学法学院院长曾宪义，中国政法大学终身教授江平和法学研究所学友会代表徐家力等先后致词。获奖代表张冠梓做了发言。

（中国社会科学院办公厅朱丽雅供稿）

生物遗传资源分享法律问题学术研讨会 5月9日，清华大学环境资源与能源法研究中心、国际法中心共同主办本次学术研讨会。来自国家生物安全管理办公室、国家环境保护总局国际司、外交部条约法规司、农业部科教司、国家知识产权局条约法规司、科技部中国生物技术发展中心的官员以及北京大学等高校法学院及清华大学法学院的专家、学者30余人参加会议。与会者就该前沿问题发表看法并讨论。法学院副院长王兵、环境资源与能源法研究中心主任马俊驹、国际法中心主任李兆杰参加会议并分别致词。

（清华大学文科建设处刘金梅供稿）

21世纪商法论坛 5月13、14日，21世纪商法论坛（2005）暨清华大学法学院10年院庆国际研讨会在清华大学法学院模拟法庭隆重召开。此次研讨会由美国密歇根大学法学院、清华大学法学院和清华大学商法研究中心共同组织，会议的议题是“中美商法新发展”。

在5月13日的开幕式上，副校长谢维和教授发表讲话，法学院院长王晨光教授致欢迎辞。历时两天的会议主要围绕国际贸易与金融服务法、国际投资法、税收法律制度、公司法最新修改动向、公司并购问题、证券法的若干问题、公司的社会责任等商法领域中的最新理论和实践发展进行。来自中国、美国、加拿大、澳大利亚的数十名专家、学者、政界名流、实务界精英参加会议并做精彩发言，展开卓有成效的交流、讨论，现场同学也参与提问。在闭幕式上，清华大学商法研究中心主任王保树教授致闭幕词。

（清华大学文科建设处刘金梅供稿）

海峡两岸高等教育法学术研讨会 6月14—15日，由北京大学宪法学与行政法学研究中心主办，台湾政治大学法学院、台湾政治大学公企中心、公益信托法治斌教授学术基金协办的本次学术研讨会在北京大学隆重举行。来自北京大学、台湾大学、台湾政治大学等两岸知名高校和研究机构的学者、全国人大法工委、教育部、国务院法制办的官员以及各地法院行政审判庭的法官等50余名代表与会。

在为期两天的会议中，与会代表围绕高等教育法之下的“公立大学法人化”、“学生惩戒与司法救济”、“学生管理的法治与司法介入的范围”、“国家考试与司法救济”等四个议题进行了深入的探讨和交流。在大会上发表的论文有：“国家与公立大学之监督关系及其救济程度”、“论大陆公立大学自治权的内在结构——结合北京大学的历史变迁分析”、“学生惩戒与行政救济——兼论‘开除学籍’制度的合宪法性问题”、“析论高校惩戒学生行为的司法审查”、“权力与权利的博弈与权衡——当前高校学生管理法律纠纷的若干思考”、“大陆司法审查介入高校学生管理纠纷范围的界定”、“论国家考试与司法救济”、“国家教育考试的宪法观察”等。研讨会气氛热烈，充分彰显了“学术自由”。两岸学者以研讨会为平台，交流了各自不同的研究思路和治学方法。研讨大都立足于实证材料、直指制度建构，达到了很高的学术水准。

（北京大学社会科学部朱邦芳供稿）

《中国金融法治（2005）》首发暨理论研讨会 6月16日，由中国社会科学院主办，中国社会科学院金融研究所和中国金融出版社承办的本次会议在京举行。中国银监会主席刘明康出席会议，中国社会科学院副院长陈佳贵在会上致词。

陈佳贵指出，对于中国金融法制建设来说，2004年是具有特殊意义的一年。这一年，《银行业监督管理法》、修改后的《中国人民银行法》和《商业银行法》开始实施；银监会在新的法律框架下有条不紊地开展有关工作。以银行监督法律为基础，以加强风险管理和资本监管为核心的银行业监管制度框架初步形成。中央宏观调控政策在金融领域得到了进一步的落实。此外，在国有商业银行上市，证券业、保险业、信托业的法治建设，以及打击金融犯罪方面等，也取得了重大进展。2004年，中国的金融业领域无论是在立法、执法，还是在司法方面都取得了丰硕的成果，中国的金融法制建设进入了快速发展的阶段。

陈佳贵指出，市场经济同时是法制经济，现代金融活动更是在一系列法律法规调整和保护下开展的。因此，从法制建设的角度分析、研讨中国金融行业的运行、改革和发展，是金融研究中不可或缺的重要组成部分，具有重要意义。

刘明康在会上做主题讲演，他指出，法治金融的内涵，应是国家通过完备的金融法律的体系，严格的执法制度，公正的司法制度，为金融市场参与者提供一个可预见的尺度，保护金融市场参与者的合法权益，维护中国金融市场的公平秩序，保障金融市场的公正与效率。

刘明康指出，银监会2003年成立以来，坚持把建立功能齐备的银行业法律体系作为一个重要目标，通过法律体系的建设，推进银行业完善公司治理制度，提高依法监管的工作水平。具体而言，一是确立了管法人、管风险、管内控、提高银行业信息披露透明度的银行业法治新理念。二是初步建立了以《中华人民共和国银行业监督管理法》和《商业银行法》为核心，外资机构金融管理条例，金融管理处罚办法等行政法规为主体，金融司法解释作为补充的银行业法律体系。三是通过颁布相关法律的实施细则，使监管执法的依据和标准更加明确。

刘明康在演讲中还全面阐述了中国融入全球金融体系过程中面临的三大挑战，即在银行监管方面全面实施《统一资本计量和资本标准的国际协议修订框架》（简称新巴塞尔协议）、在会计制度和会计准则方面执行IRS39条款和在公司治理方面实施《塞班斯法案》。他指出，从这三个国际规则的变化趋势来看，随着金融工具和金融市场的发展，其标准也会越来越复杂。要在国际竞争当中立于不败之地，我们要学习、理解、研究这些国际准则和规则，并结合中国的国情予以体现。

全国人大法工委副主任信春鹰在演讲中指出，在依法建设社会主义法治国家过程中，金融法治是中国法治建设的重要组成部分。因其又有技术性、专业性强的特殊性，对执法主体的素质和职业伦理的要求更高。面对这样一个有特殊需求的法律领域，我们要认真研究，立法、执法、司法的任务十分繁重。

研讨会由中国社会科学院金融研究所所长李扬主持。中国人民银行、银监会、证监会和保监会的专家做了专题发言。金融研究所和中国金融出版社的领导介绍了《中国金融法治（2005）》主要观点和出版背景。来自商业银行、基金公司、证券公司、律师事务所和研究院所的代表100余人出席了研讨会。

（中国社会科学院办公厅朱丽雅供稿）

中美“取保候审改革试点项目”启动研讨会　7月2至3日，由中国人民大学诉讼制度与司法改革研究中心和耶鲁大学法学院中国法中心共同合作召开的本次研讨会在北京召开。来自美国耶鲁大学、纽约市东区治安法院、美国审前释放研究中心、罗德岛地区审前服务机构的10位美方专家，与来自全国人大法工委、最高人民检察院、北京市公安局、海淀区人民检察院、北京市公安局海淀分局的17位中方代表共同就借鉴美国保释制度，完善中国取保收审制度、解决超期羁押痼疾进行了探讨。

中国人民大学诉讼制度与司法改革研究中心在北京市公安局的协助下，选取了北京市海淀区海淀分局作为试点所在地，在未来的三年内，在调研、观察、国外考察与访问、试点运行的基础上，就中国取保候审的保释化改造进行实证研究。本项目同时也还要在上海市开展类似推广试验。

（中国人民大学科学研究处罗圣华供稿）

刑事审判方式改革研讨会　8月18日，英国文化协会、中国政法大学诉讼法学研究中心合作项目“刑事审判方式改革”研讨会在北京举行。英国驻华使馆公使邓强、英国中央刑事法院布莱恩·巴克法官、英国阿伯丁大学克里斯托弗·盖恩教授及英国文化协会项目官员、中国政法大学诉讼法学研究中心主任樊崇义教授及部分研究人员、全国人大法工委刑法室的领导同志、最高人民法院、北京市各级人民法院部分法官及研究人员参加了会议。在本次研讨会上克里斯托弗·盖恩教授、英国中央刑事法院布莱恩·巴克法官就英国刑事审判中的一些问题作了专题演讲。巴克法官在就警察庭前如何讯问犯罪嫌疑人、庭审中如何讯问被告人以及证据公开等问题进行了演讲，对英国（主要是英格兰和威尔士）的刑事审判作了全面总结。讲座之后，在樊崇义教授主持之下，与会人员同盖恩教授和巴克法官就刑事审判中的证人出庭制度、量刑范围、陪审团制度、法官中立以及诉讼效率与司法公正的关系等感兴趣的热点问题进行了交流。

（中国政法大学科研处供稿）

中日WTO国际研讨会　8月22日，研讨会在京召开。来自中、日两国的70多位专家、学者出席了研讨会。会议旨在促进两国在WTO法律领域的学术研究和合作与交流，为两国学者提供一个彼此分享宝贵的经验与学术成果的平台，探讨和研究两国共同关心的有关WTO的法律问题，对两国在实践中各自遇到的问题进行深入探讨，并提出有效的解决方案。本次会议由中国政法大学国际法学院、日本名古屋大学研究生院法学研究科及日本名古屋大学法政国际教育协力研究中心联合主办。参会人员均为在WTO法律制度研究领域具有很深造诣的专家学者，在为期两天的会议中，围绕WTO与贸易摩擦、WTO与知识产权保护、WTO与农产品保护、WTO与争议解决、WTO与贸易救济措施、中国纺织品贸易的法律问题等六大主题进行了热烈的讨论。

（中国政法大学科研处供稿）

首届当代刑法国际论坛　8月26日，由中国人民大学刑事法律科学研究中心主办的本次论坛在北京友谊宾馆举行。来自联合国、国际刑事法院、国际刑法学协会等国际组织和美国、德国等近10个法治发达国家的著名刑事法学者、专家以及我国大陆与香港、澳门地区的百余名刑法学界专家学者出席了论坛。

论坛由中国人民大学法学院高铭暄教授担任主席。中国人民大学副校长冯惠玲教授代表主办单位致欢迎辞。中国最高人民法院副院长沈德咏大法官、最高人民检察院副检察长朱孝清大检察官、国际刑法学协会主席德拉奎斯塔教授先后在开幕式上致词，中国法学会刘飚常务副会长发表了书面致词。

与会专家学者围绕“全球化时代的刑法变革——国际社会的经验及其对中国的启示”这一主题进行了广泛而深入的交流。论坛重点研讨了反恐与刑事法律的发展、全球化时代中国刑法变革等问题。与会学者认为，为应对日益严重的恐怖主义威胁，刑事追诉的力度应当加强，但决不能背离法治原则。

（中国人民大学科学研究处罗圣华供稿）

“环境执法的经济学分析”讲座　10月10日，国家环境保护总局环境与经济政策研究中心研究员、前主任、国家有特殊贡献专家曹凤中先生以《环境执法的经济学分析》为题，在清华大学法学院532会议室作学术讲座。讲座由王洪亮博士主持。曹凤中先生运用各种经济学理论来分析环境执法失灵的问题，指出政绩驱动、经济利益驱动、违法成本太低、经济政策需要完善等是中国环境执法的失灵的深层次原因。他分析了我国环境保护法律制度移植中的问题，指出环境执法失灵涉及机制、体制，涉及政治、法律的深层次问题。

（清华大学文科建设处刘金梅供稿）

律师职业行为规则与律师事务所管理研讨会 10月15日，中国政法大学律师学研究中心、北京市律师协会律师事务所管理指导委员会和中国律师杂志社主办的本次研讨会在京举行，来自司法部、中华全国律师协会、北京市、上海市、辽宁省、四川省、广东省、山东省等地方的律师界和律师管理部门的70多名代表就律师职业行为规则与律师事务所管理问题进行了热烈的学术探讨。代表们认为，2004年和2005年是我国律师业发展具有重要意义的两年。司法部、全国律师协会先后发布了《律师执业行为规范（试行）》、《合伙律师事务所管理办法》等法律文件，并将2005年确定为律师事务所规范建设年。从司法部和中华全国律师协会发布的这些文件来看，无论是在数量上还是在涉及的问题的广度上，都达到了一个新的高度。

（中国政法大学科研处供稿）

中德刑事司法政策改革研讨会 10月16至17日，由中国政法大学刑事法律研究中心主办的本次研讨会在北京友谊宾馆隆重举行。此次研讨会是中外法学家和法律实务工作者进行学术交流及实务研讨的重要国际学术会议，有来自中国政法大学、北京大学、中国人民大学等20余位研究刑法方面的学者代表，还有包括德国驻华大使史丹泽博士在内的十余位德国代表，以及实务部门的代表。中国政法大学副校长张保生教授出席大会并致词。研讨会主要论题包括国际人权法与死刑的废除、死刑与刑事实体法、死刑与公正审判程序、刑事简易程序等。

（中国政法大学科研处供稿）

首届监狱理论创新与可持续发展战略论坛 11月10至11日，由《法制日报》社和中国政法大学监狱史学研究中心共同主办的本次论坛在京举行，来自广东、福建、湖北、陕西、河北、辽宁、北京等地的学者与监狱管理工作者近40人出席了会议。与会代表就当前我国监狱管理与刑罚执行过程中出现的一些新问题、遇到的理论难点和政策盲点等交换了意见，发表了各自的看法，并就共同关心的问题展开了热烈的讨论。会议还应与会代表的要求，组织参观了司法部直属燕城监狱，实地考察了监狱管理及罪犯改造的具体情况。

（中国政法大学科研处供稿）

海峡两岸WTO法律论坛 由中国法学会世界贸易组织法研究会、中华国际法学会、北京大学法学院等联合举办的此次论坛于12月2至3日在北京大学召开。来自中国大陆、台湾和香港特别行政区的60余位专家学者出席论坛。

为期两天的论坛，与会专家学者围绕海峡两岸在贸易、金融保险、证券市场、交通运输、投资等诸多交往事务中的法律问题及WTO与区域贸易安排的法律问题展开讨论。

与会两岸专家学者表示，自2001年12月大陆和台湾地区先后加入WTO以来，两岸贸易严重不平衡现象引起广泛关注，但祖国大陆目前并未采取对应措施，而是以台湾人民根本福祉为重，继续推动两岸经贸关系不断前进。专家们表示相信，本次论坛对相关法律问题深入研讨交流，对促进两岸关系和平稳定发展及经贸关系的双赢互利具有积极意义。

（《人民日报》（海外版）2005年12月3日第2版）

纪念现行宪法颁布23周年学术研讨会 12月4日，由北京市宪法学研究会召集召开的本次学术研讨会在中国人民大学贤进楼举行。来自全国人大法工委、北京市法学会、中国人民大学、北京大学、清华大学、中国政法大学、国家行政学院的30余位专家学者参加了会议。会议由中国人民大学法学院胡锦光教授主持。

与会全体人员首先向去年去世的肖蔚云会长、赵树民顾问默哀。接着会议宣布了北京市法学会宪法学研究会推举廉希圣教授为代会长的决议。随后，北京市法学会赵云阁副会长致开幕词。

研讨分为指定发言和自由发言阶段。许崇德教授从平等权的概念和内涵，历史发展过程并结合当前社会发展实际发表了精辟的演讲，随后陈宝音教授、程洁教授、马岭教授、韩君玲教授、谭红博士分别对平等权的研究发表了自己的看法。自由发言由北京大学的王磊教授主持。与会代表发言踊跃，讨论热烈，从各个角度阐述了自己对平等权的认识，虽然观点不免相异，但达到了良好的沟通和互动。最后北京市法学会宪法学研究会代会长廉希圣教授做了会议总结。

（中国人民大学科学研究处罗圣华供稿）

高技术知识产权保护国际会议 “第三届高技术知识产权保护——计算机软件知识产权保护国际会议”于12月9—10日在清华大学法学院明理楼成功召开。出席会议的有来自海内外10个国家和地区的正式代表130人，此外，中国知识产权局、最高人民法院等7个知识产权行政和司法机关派代表参加会议；中国贸促会专利商标事务所等14个涉外知识产权事务所以及IBM、微软（中国）等9个跨国企业也派代表参加。本次会议收到学术论文41篇，在大会上宣读论文37篇，其中15篇为海外代表的论文。

与会代表主要就计算机软件的版权保护、专利保护、开放源代码和网络商业方法的专利保护等专题进行交流讨论，所涉及的问题主要有计算机软件版权保护的新进展、计算机软件的可专利性、商业方法的专利保护的必要性、商业方法专利保护的立法与司法、计算机软件与著作权法等。

（清华大学文科建设处刘金梅供稿）

首届法律适用国际高层论坛 12月10日，以“刑事法律适用与提高司法水平”为主题的本届论坛，在京开幕。中国法学会副会长刘法合、市委副书记强卫等出席开幕式并讲话。

为期三天的论坛，围绕“宽严相济”刑事政策与构建和谐社会关系、反贪国际机制与对策研究、刑事侦查程序改革、计算机网络犯罪的预防与打击、社区矫正的理论与实践等重点专题，积极开展研讨，同时共同探讨和初步确定2006—2007年法律适用方面的研究方向和课题，为第二届论坛做准备。

刘法合指出，举办法律适用论坛是贯彻落实中央政法委推进司法体制改革和工作机制改革，规范执法行为，促进执法公正要求的一项重要举措，也是繁荣法学研究，推进依法治国的重要举措。

强卫说，论坛在中国法学会的指导下，坚持法学理论研究与指导司法实践相结合的研究方式，有效整合人才、智力和信息资源，针对我国司法实践过程中所面临的难点、热点和重点问题，广泛开展研究，切实推进研究成果的转化，将一般法理性、学术性研究延伸到司法、执法的实践过程，有利于进一步提升整体司法、执法能力，促进司法公正。强卫指出，举办论坛也是培养高层次法律职业人才的一项重要举措，将有效推动政法系统高层次人才培养工作的深入开展。

来自澳大利亚、美国、英国等十多个国家的政府高级官员、司法领域专家和中方代表近300人参加了会议。本届论坛由中国法学会、北京市委政法委共同主办，北京市政法干部管理学院承办。

北京市法学会会长汪统也出席了开幕式。

（参见《北京日报》2005年12月11日第1版）

法律与经济研讨会 12月10日，由中国政法大学和美国伊利诺依大学主办的本次研讨会在中国政法大学昌平校区举行。出席此次研讨会的美国嘉宾是伊利诺依大学的威廉·大维教授和汤姆·金斯博格教授。会上，威廉·大维教授和汤姆·金斯博格教授和与会代表就法律与经济的现状及影响进行了交流，介绍了中国加入WTO后，对世界经济的影响以及国际贸易准则对中国经济发展的约束和限制、怎样在中国建立一个以市场经济为基础的法律体系以及该法律体系建立后与中国经济的影响。

（中国政法大学科研处供稿）

海洋权益的保护和海洋法的发展学术研讨会 12月17至18日，由中国政法大学国际法学院承办的本次研讨会在京举行。来自外交部、国家海洋局的领导以及北京大学、清华大学、中国人民大学、外交学院、中国社会科学院、华东政法学院、中国海洋大学、对外经贸大学等兄弟院校海洋法专家学者和学生近百人参加了此次研讨会。研讨会涉及的问题比较集中且很深入。外交部条法司司长刘振民、国家海洋局海洋战略研究所所长高之国、中国社会科学院国际法研究中心副教授王翰灵分别就“海洋法的发展趋势”、“加强中国海洋权益保护”、“日本提议在东海中间线两侧进行共同开发与我国的对策”做了新的有见地的形势分析；中国政法大学国际法学院教授、国际法中心主任周忠海和国家海洋局海洋战略研究所副所长张海文分别就“海洋法中的紧追权问题”和“维护我国海洋权益所面临的法律问题”提出了各自的观点和看法；中国人民大学法学院副教授余民才、中国海洋大学教授干焱平、该校国际法学院副教授高健军分别就“防扩散安全倡议研究”、“中日海洋权益之争”和“地质、地貌因素在海洋划界中的作用”提出了各自的学术观点；中国政法大学国际法学院副教授林灿铃和中国海洋大学法学院教授薛桂芳分别就“船舶压载水的国际立法与生物安全”和“《联合国海洋法公约》对世界海洋实践的影响”这些海洋法中新颖的问题做了报告；中国第一历史档案馆前研究员鞠德源和外交学院国际法研究所博士龚迎春分别就“试谈保卫中国东海主权海域方略问题”和“马六甲海峡使用国合作义务问题的形成背景及现状分析”分别从历史角度和最新的国际动向方面阐述了自己的学术观点。

（中国政法大学科研处供稿）

反恐立法问题学术研讨会　刑事法律科学研究院主办的本次学术研讨会，于12月23—24日在京举行。来自北京师范大学、北京大学、中国人民大学、武汉大学、中国社科院法学所、中南财经政法大学等全国法律院校、科研机构，全国人大常委会法工委、最高人民法院、最高人民检察院、公安部、司法部、外交部等法律实务机关，以及美国、加拿大等国的170余位专家学者出席了研讨会。

在为期一天半的研讨会上，与会专家学者就反恐立法基本问题、恐怖主义犯罪的界定及反恐与人权的关系等诸多问题进行了广泛而深入的探讨与交流。会议开幕式由研究院院赵秉志教授主持。最高人民法院原副院长刘家琛大法官，最高人民检察院戴玉忠大检察官，公安部原副部长、中国法学会副会长罗锋先生，解放军军事法院原副院长黄林异少将，我校党委副书记吴志功教授，研究院名誉院长高铭暄教授等出席了开幕式并发表了讲话。

恐怖主义对世界格局的影响日益突出，严重威胁着国际和平与安全。与此同时，我国也面临恐怖主义的现实威胁，从而为和谐社会的构建带来了不和谐的因素。如何因应恐怖主义的发展变化，加强和完善反恐怖主义立法，通过预防、处置、制裁和恢复等环节对恐怖主义犯罪进行有效规制，已成为法学界共同关注的热点问题。与会专家学者对我国应当如何建构反恐怖主义立法的格局发表了见仁见智的看法。

（北京师范大学社会科学处田晓刚供稿）

“刑事强制措施立法完善”研讨会　12月27日，由中国政法大学诉讼法学研究中心主办的本次研讨会在京举行。参加此次会议的代表共计50余人，包括来自全国人大法工委、中央政法委、最高人民法院、最高人民检察院、公安部、中国法学会等实务部门的领导和专家，来自北京大学、清华大学、中国人民大学、中国政法大学、中国人民公安大学、社科院法学研究所、国家检察官学院、西南政法大学、复旦大学等政法院校、科研机构的专家、学者，以及来自《人民法院报》、《检察日报》等媒体的代表。在会上，代表们围绕刑事强制措施与宪法权利之保障、我国刑事强制措施体系之完善、具体强制措施的立法完善（强制措施的期限、被采取强制措施后的救济程序、监视居住的存废、逮捕的条件与程序等）、特殊犯罪（如职务犯罪、恐怖犯罪、跨国有组织犯罪等）强制措施的特殊性等议题进行了深入而热烈的探讨。

（中国政法大学科研处供稿）

民族学　宗教学

发展、公平与少数民族权益学术研讨会　3月5日由中央民族大学西部发展中心和民族学与社会学学院联合主办的本次学术研讨会在中央民族大学召开，在京从事民族问题研究的专家学者近40余人参加了会议，国家民委专职委员铁木尔出席会议并讲话。

要重视少数民族群众平等的发展机会，要注重保护少数民族群众的合法权益是本次会议的主题。与会学者围绕“少数民族权益与社会公平”、“发展主体的能力建设”与“和谐社会的文化与权益”3个主题，以各自亲身调查研究得到的第一手材料为基础展开了深入的讨论。分别指出在建立经济开发区和自然保护区、开发少数民族地区自然资源的过程中，要重视保护少数民族群体的经济权益；从西部民族地区公共卫生面临挑战的角度，保护少数民族弱势群体的生存权益；从少数民族地区宗教信仰的角度、从少数民族语言发展权利的角度，强调了少数民族地区公平发展问题的重要性；从少数民族历史文化遗产的内涵、现代价值及其保护现状进行了总体分析的基础上，探讨了历史文化遗产保护与开发利用的关系，并提出了若干政策性建议。此外，与会学者还就少数民族文化遗产保护中存在的难点问题提出了一系列的相应建议。

（中央民族大学科研处陈海如供稿）

东南亚宗教文化研究国际学术研讨会　会议由北京大学东南亚研究所主办，得到新加坡佛教居士林的资助，4月13—14日在北京大学召开。参加会议的嘉宾和学者共50余人。国外代表来自新加坡佛教总会、新加坡居士林、澳大利亚国立大学亚太研究院，国内代表分别来自北京大学、中央民族大学、洛阳解放军外国语学院、中国社会科学院亚太研究所、中国佛教协会、中国佛教文化研究所等单位。

会议共收到论文23篇，内容涉及东南亚主流文化中的各大宗教，包括半岛地区的佛教、海岛地区的伊斯兰教、菲律宾的天主教，还有一些原始宗教信仰以及地方性宗教；对于东南亚各国的宗教文学、宗教艺术、宗教道德、宗教习俗等领域也都有所论及。

开幕式后三位报告人做了主题发言。北京大学东方学研究院院长、东方文学研究中心主任王邦维做了题为《室利佛逝与佛教》的报告。澳大利亚国立大学亚太研究院高级研究员李塔娜以“A View from the Sea: Northern Vietnamese Coast in the Regional Context”为题发言。北京大学东南亚研究所所长裴晓睿教授发言的题目是：“当代泰国文学中的佛教思想”。之后分阶段进行了专题讨论。围绕印度的宗教和文化对早期东南亚的影响等问题展开论述的论文有：“印度宗教和阿拉伯伊斯兰教对东南亚文化的影响”、“婆罗门教在缅甸的传播与发展”、“宗教与道德的关系—以《罗摩衍那》文本为例”。关于越南宗教文化的论述有：“从〈李——陈诗文〉看佛教文化在越南的影响”、“论越南人的祖先崇拜”、“儒释道在越南传播的特点”等。以伊斯兰教为主要讨论对象的论文有：“伊斯兰多元主义与宗教对话”、“‘海上丝路’与东南亚伊斯兰教”、“印尼伊斯兰教的主要特点及其历史作用”、“马来世界的伊斯兰进程”。有三篇论文阐述了菲律宾多元化的宗教信仰和社会文化：“菲律宾伊斯兰化的历史进程”、“菲律宾天主教对政治的影响”、“宗教对菲律宾文化的影响”。还有的学者关注了半岛地区佛教文化的特点及佛教因素对政治、文学、社会等层面的影响。

（北京大学社会科学部朱邦芳供稿）

全国民族高等学校图书馆工作委员会会议　5月16至19日，本次会议在北京中央民族干部学院召开。中央民族大学图书馆作为全国民族高等学校图书馆工作委员会秘书处主办本次会议。参加会议的有国家民委直接管辖的6所高校，即中央民族大学、中南民族大学、西南民族大学、西北民族大学、西北第二民族学院、大连民族学院的图书馆负责同志；内蒙古民族大学、湖北民族学院、贵州民族学院、西藏民族学院、青海民族学院、广西民族学院等6所地方民族高等学校的图书馆负责人；新疆大学等8所高等学校的校领导和图书馆负责人参加了会议。

全国政协委员、国家民委专职委员荣仕星同志；国家民委教育司巡视员单玉华同志；国家教育部图书情报工作指导委员会委员、中国人民大学教授杨东梁同志参加会议并讲话。

现任全国民族高等学校图书馆工作委员会副主任、中央民族大学副校长艾比布拉同志作了本届图书馆工作委员会工作报告。本次会议以邓小平理论和“三个代表”重要思想为指导，按照科学的发展观，总结了本届全国民族高等学校图书馆工作委员会的工作，选举产生了新一届全国民族高等学校图书馆工作委员会人员名单，形成了新的全国民族高等学校图书馆工作委员会章程。

（中央民族大学科研处陈海如供稿）

中国宗教界纪念中国人民抗日战争暨世界反法西斯战争胜利60周年座谈会　由中国宗教界和平委员会（简称中宗和）召开的此次座谈会，于8月14日在北京全国政协礼堂举行。全国政协副主席、中国基督教三自爱国运动委员会名誉主席、中国基督教协会名誉会长、“中宗和”主席丁光训出席会议。

中国佛教协会副会长圣辉在发言中说：“诸恶莫作，众善奉行，自净其意”是佛教的中心思想，它既是佛教徒为人处世的准则，也是我们争取世界和平的法宝。中国道教协会会长任法融说：道教是中国传统固有的宗教，秉承了中华民族热爱和平的优秀民族精神，历来倡导和平，反对侵略战争。希望世界各国人民都能坚持走和平发展的道路，并愿意通过自己的努力为实现世界和平与发展作出贡献。中国伊斯兰教协会会长陈广元说：伊斯兰教是以和平命名的宗教。它崇尚和平、和谐，憎恶一切有害于人类，有害于世界的行为，希望世界人民团结在一起，亲如兄弟，亲似一家。中国天主教爱国会副主席刘柏年说：中国天主教界要坚持独立自主自办教会的方针，发扬优良传统，义不容辞地勇敢肩负起爱国爱教、维护和平的神圣历史使命。中国基督教三自爱国运动委员会副主席邓福村说：中国基督教希望人类和平生活不受侵略势力的威胁，我们要坚持自治、自传、自养的方针，为人类永久和平继续不懈努力。

丁光训代表中国宗教界宣读了《中国宗教界和平文告》。

全国政协常委、“中宗和”常务副主席、中国佛教协会副会长圣辉主持会议。各全国性宗教团体负责人等有关方面代表80余人出席了座谈会。

（参见《人民日报》2005年8月15日第4版）

首届全国维吾尔语言文学学术研讨会　在庆祝新疆自治区成立50周年之际，首届全国维吾尔语言文学学术研讨会由中央民族大学维吾尔语言文学系主办，民族出版社协办，于10月3日在乌鲁木齐驻京联络处隆重开幕。来自中央民族大学、中国社科院、中国民族语文翻译局、新疆大学、新疆教育出版社等高等院校和科研单位的相关负责人、专家学者及部分研究生90多人出席了会议。前全国人大副委员长铁木尔·达瓦买提和中央民族大学副校长艾比布拉出席了研讨会的开幕式，并在开幕式上做了重要发言。

这次学术研讨会是以促进整个维吾尔语言文学的发展研究为目的而召开的，会议以维吾尔语历史文献研究、维吾尔语的历史比较研究、维吾尔语的共时研究、维吾尔语规范化问题研究、维吾尔语双语研究、维吾尔文学研究、维吾尔历史文化研究等7个议题展开了讨论，学者提交学术论文50多篇。这些论文不但质量高，而且所涉及的研究范围广，在一定程度上反映了当今维吾尔语言文学研究现状和水平。维吾尔语言文学研究领域中的著名学者耿世民、陈宗振、力提甫等均在会上提交了具有学术价值的论文。

（中央民族大学科研处陈海如供稿）

中国少数民族文学学科建设研讨会 为加强中国少数民族文学研究，促进民族文学学科建设，推动少数民族文学的发展，由中央民族大学语言文学学院、中国少数民族文学学会、中国作家协会民族文学委员会、中国社会科学院少数民族文学研究所、中国民间文艺家协会等单位主办，由中央民族大学中国少数民族研究所承办的中国少数民族文学学科建设研讨会暨中国少数民族文学学会年会于10月29至30日在中央民族大学图书馆隆重召开。

全国民族文学研究方面的专家、学者80余人云集中央民族大学，共同商讨中国少数民族文学学科建设的理论与方法，交流民族文学教学、科研、人才培养等方面的经验。

专家学者建议加强少数民族文学学科的改革力度，加强少数民族文学学科人才的培养，重视多面手人才的培养；必须加强学生的民族文学修养与民族语言学习；少数民族文学学科应当以三维定位的思路定位，跳出误区，换个角度、转变视野、开拓思维方式，利用文化人类学等方法进行研究，要注重少数民族文学的研究角度和发展方向的多元化趋势；建议政府应成立抢救民间文化遗产的组织和基金会等等。会议强调：在研究少数民族文学的时候，应在交流、互动、开放的前提下保持中国各民族文化的独特性，并将其推向世界。

（中央民族大学科研处陈海如供稿）

第十届朝鲜族发展问题学术研讨会 12月9至11日，由中央民族大学韩国文化研究所主办，《中国民族》朝文部、中央人民广播电台朝语部、《经济生活》杂志社、黑龙江日报社、吉林日报社、辽宁日报社、延边日报社、延边电视台、延边人民广播电台等单位协办的第十届朝鲜族发展问题学术研讨会在中央民族大学召开。北京及东三省高等院校、研究机构的朝鲜族专家、学者及新闻媒体记者约80余人参加了会议。会议围绕“都市化与朝鲜族经济文化发展战略”的主题，就朝鲜族经济社会发展及朝鲜族在都市化进程中的发展战略展开了热烈讨论。与会学者一致认为：朝鲜族经济社会的发展，要坚持以经济建设为中心，通过逐步推动文化发展之进程，进一步解决朝鲜族前进中所遇到的问题，加快民族地区都市化，实现全面建设小康社会的目标。中国人民政治协商会议全国委员会副主席赵南起、国家民族事务委员会主任李德洙特为会议发来贺信。

（中央民族大学科研处陈海如供稿）

城市科学

北京市社会科学界、自然科学界两界高峰论坛 由北京市科学技术协会和北京市社会科学界联合会共同主办的北京两界联席会议高峰论坛于5月18日在北京市科协会议室举办。此次论坛的主题是“大力发展循环经济，建设资源节约型、环境友好型城市”。市科协主席陈佳洱，市社科联主席陶西平，中国生态学会理事长、国际科联环境问题委员会第一副主席王如松，北京循环经济促进会会长、北航经济管理学院院长吴季松，中国人民大学环境学院教授、国际科学环境委员会中国委员会委员张象枢，北京大学环境学院教授、全国人大环资委和世界银行中国的循环经济立法研究项目中方专家王学军，首都经贸大学工商管理学院教授、北京生产力经济与管理现代化研究会副会长邹昭晞，首都社会经济发展研究所副所长辛向阳及方方面面专家120余人出席了会议。与会专家介绍了当前循环经济研究的最新动向，并提出了若干建议，对北京发展循环经济起点高、方向正、工作实、避免走弯路有一定的启发和指导意义。

论坛认为，循环经济是一种经济理论，是一种理念，是一种发展观念，是一个系统。循环经济应该是知识经济的第一阶段。当高技术还不能作为支柱产业的时候，当富有资源和可再生资源还不能代替稀缺资源的时候，必须要实施循环经济，保障过渡，让可持续发展能够实现。循环经济的目的就是为了实现可持续发展，就是为了实现资源利用代替均衡的原则。发展循环经济是全球经济发展的历史必然趋势。发展循环经济、推进经济生态化完全符合中国国情，是落实科学发展观的必由之路。循环经济的出路必须要从农业的小循环走向工农商结合的产业大循环，从小农经济走向现代化的知识经济。

具体到北京，论坛认为，大力发展循环经济、积极推进经济生态化，是北京建设节约型、环境友好型城市的必然选择。论坛认为，目前北京和周边7个市的组合没有组合好，大北京圈的经济循环没有循环好。比起长江三角洲、珠江三角洲，北京现在是落后的。未来的发展必须是首都经济和区域经济结合，要形成特殊的首都生态经济区，形成生态经济区域大循环。应该积极利用首都的优势引领全国的经济发展，使大首都经济圈更有特色。

论坛强调，北京循环经济发展的定位不应该是区域小的经济，物流经济、产品经济、技术经济，而是面向全国的共生经济、服务经济等。大首都经济要避开资源短缺等劣势，集聚生产要素、整合资源优势，联合国内外强手，发展有自身特色的新思路、超常规的整合性、跨越式的首都经济。

（北京市社科联冀永义供稿）

北京区县社会主义建设史培训班　6月23—24日，市委党史研究室举办第三期北京区县社会主义建设史培训班。区县党史部门的负责人及编写人员100余人参加了培训。市委党史研究室领导对近年来建设史编写的进展状况作了简要回顾，并结合以往史书中典型事例，讲解了编写中所要注意的语言、结构和方法等问题。中央党史研究室有关领导就写作中的历史与现实、理论与史料、坚持党的立场与实事求是以及具体问题如叙述与议论、写人与写事、中央大背景与地方特色、今日观点与历史认识、成绩与失误等诸多方面的关系进行了讲解。与会人员讨论、交流了编写中遇到的问题和编写规范。

（市委党史研究室宋传信供稿）

关于北京市若干产业发展的思考学术报告会　为进一步深入了解北京市的经济发展战略，更好地研究经济，研究市场，把握商机，控制风险，促进北京市金融业的发展，7月5日，北京市金融学会举办了关于北京市若干产业发展的思考学术报告会。特邀北京市副市长陆昊进行演讲，受到了来自人民银行营管部、北京银监局、证监局、保监局、北京市各家金融机构及市委、市政府有关部门的领导、业务部门、研发部门人员的热烈欢迎。韩平会长主持报告会。

首先，陆副市长向大家介绍了北京产业结构的基本情况。接着，陆副市长从要素条件、市场条件、城市综合环境、产业发展的氛围等四个方面，介绍了北京在产业布局、产业发展方面的有利条件。

第三，陆副市长向大家介绍了北京有关产业发展的机会问题。最后，陆副市长特别提到了与银行合作的六个问题。第一是信息问题。政府如何做到有效地配置各种信息，使供给和需求相吻合。银行对企业的损益信息相当关注，而企业出现问题往往是在流动信息上，银行怎么获得流动信息，对流动性好的怎么支持，对流动性不好的怎么控制，要很好地研究。第二是如何评价技术风险问题。对一些新兴领域的企业，如何判断它的技术风险，这是很值得研究的操作性的课题。第三是如何处理好银行间的信用转换问题。把银行间的信用转换问题解决好，使银企合作更加便捷。第四是担保问题。请银行的同志关注一下这个问题，既不能因为怕出现代偿就不鼓励放贷，也不能因为鼓励放贷就不惜代偿的成本。第五是民营企业信誉评价标准化的问题。民营高科技企业的财务风险、技术风险怎么评价，组织风险、个人信用风险的防范措施还有什么可以创新，这些都值得好好研究。第六是商业银行对待高科技企业问题。商业银行是相对固定风险、相对固定回报制度，高科技企业是高风险、高回报制度，本质上商业银行的基本信贷业务不能支持高科技企业早期的基本信贷业务需求，北京可否通过商业银行的金融创新，来探索支持高科技企业的发展问题。

（北京市金融学会付桂玲供稿）

全国创建学习型城市论坛　以“知识、活力、文明、和谐”为主题的2005全国创建学习型城市论坛于10月14日开幕。全国人大常委会副委员长顾秀莲，全国政协原副主席王文元，中央党校常务副校长虞云耀、副校长李君如，市委副书记杜德印，市委常委、教育工委书记朱善璐出席论坛开幕式。

论坛将就创建学习型城市对于构建社会主义和谐社会的意义、如何形成城市的长效学习机制以及如何深入持久地创建学习型城市、学习型组织等问题举行专家演讲，并结合各地实践经验展开研讨。与会代表还将实地考察海淀区学习型组织创建和教育学习资源的建设整合情况。

海淀区是全国高等院校最密集的地区，78所高校中拥有包括杨振宁在内的151位两院院士；全市九成以上的长江学者、三分之一的中小学特级老师都在海淀区。2003年，海淀区提出了建设“学习型海淀”的战略发展目标，其目标是到2010年，教育发展水平接近发达国家；到2020年，将海淀建成世界一流的教育区，并努力向世界教育中心地区的目标攀登。

（参见《北京日报》2005年10月15日第1版）

北京学学术研讨会 由北京联合大学北京学研究所主办的北京学第七次学术研讨会，10月29日在联大校本部举行，研讨会的主题是：“北京城市总体规划（2004年—2020年）—迈向现代化国际大都市的宏伟蓝图”。

这次北京学学术研讨会由北京学研究所的李洵副所长主持，北京市哲社规划办副主任李建平、市规划院总规划师杜立群等人出席会议，并作大会发言。出席这次研讨会的主要有：北京市规划部门、高校、图书馆、政府研究部门及新闻媒体的专家学者，共计80多人。这次研讨会主要围绕国务院新批复的《北京城市总体规划（2004年—2020年）》，采用专题发言和自由讨论的形式，探讨贯彻落实新“总规”，并针对北京城市建设与发展中的各种问题展开讨论。

这次研讨会共收到论文55篇，其中城市建设类16篇；经济类16篇，历史文化类10篇；旅游类5篇；基础理论类1篇；其他类7篇。这次研讨会突出了北京学的三个特点：应用性、综合性和地域性。

（北京联合大学北京学研究所供稿）

第三届北京郊区现代化发展论坛 中共十六届五中全会提出了建设社会主义新农村这一重大历史任务，以“统筹城乡发展、推进社会主义新农村建设”为主题的本届论坛，于11月1—2日在北京举行。中央财经领导小组办公室副主任、中央农村工作领导小组办公室主任陈锡文出席开幕式，市委副书记强卫出席开幕式并讲话。来自中央部委、在京大专院校、北京市委办局、各郊区县以及上海、天津、重庆、江苏、浙江、山东等省市农村工作的主管领导和日本、韩国的农经专家200余人，围绕“推进新农村建设”和“发展都市型现代农业”两个专题展开研讨，为北京市委、市政府制订郊区解决“三农”问题，加快城市化进程政策提供理论支持。

（参见《北京日报》2005年11月2日第1版）

自主创新与北京发展研讨会 11月19日，由北京市科委、北京市社科联、北京市哲学社会科学规划办、首都师范大学、北京创新研究院联合召开，在首都师范大学举行。中共北京市委宣传部副部长兼北京市社科联党组书记宋贵伦、首都师范大学校长兼北京创新研究院院长许祥源、北京市科委副主任杨伟光作重要讲话；北京创新研究院副院长金吾伦等16位与会代表作专题报告。国家科技部、中国科学院、中国社科院的负责同志与专家学者、北京市有关部委办局和18个区县的有关负责同志、首都地区部分高校的负责同志与专家学者、国内企业界代表共200余人参加了研讨会。研讨会提出了诸多新观点、新思路、新对策。如：1. 北京市围绕“高端创新、强劲辐射、产业提升、环境优越”的创新型城市建设战略目标和提升自主创新能力这条主线，要着力实现四个突破，即：突破机制瓶颈，力促企业成为自主创新的核心和主体；突破路径依赖，强化科技促进经济发展的功能；突破素质障碍，用科技手段促进城乡协调发展；突破体制束缚，推动政府管理体制改革。2. 从根本上讲，首都乃至中国高等教育和科学研究的兴衰，取决于其认识、解决和服务于时代重大理论与实际问题的水平和能力；研究分析国外创新型国家的经验可以看到，建设创新型城市需要有创新型大学的支撑，同时，创新型城市建设必将进一步引领创新型大学的发展。3. 建议首都北京实施“抓住机遇、突破瓶颈、立足创新、优化背景”的十六字战略指导方针。4. 建议首都北京坚持体制和环境创新，鼎力打造首都创新生态系统。5. 建议首都北京走整合式创新之路，整体提升首都自主创新能力。

（首都师范大学科技处供稿）

品牌战略高层论坛 由北京市社会科学院、中国城市经济学会、经济日报及北京市顺义区人民政府共同主办，由北京市社会科学院总部经济研究中心、北京市顺义区工业局承办的“2005品牌战略高层论坛”在北京召开。中国城市学会会长周道炯、国家质量监督检验检疫总局副局长蒲长城、国家工商总局商标局局长安青虎、北京市顺义区人民政府区长李平、中国名牌推进委员会主任林宗棠和部分专家学者、企业家、媒体代表等出席了此次论坛。北京社会科学院副院长梅松也出席并主持了该论坛。

本次论坛的主题是“品牌铸就优势，形象集聚财富”，中国城市学会会长周道炯在会上致了开幕词。与会嘉宾国家工商总局商标局局长安青虎，国务院发展研究中心副主任刘世锦，国家质检总局产品质量管理司惠博阳，青岛市人大常委会副秘书长研究室主任陈维民，北京市顺义区常委副区长胡尚云，中国城市经济学会常务副会长、中国社会科学院原副院长龙永枢，燕京啤酒集团董事长李福成，联想控股有限公司副总裁曹之江，海信集团副总裁郭庆存，顺鑫农业股份有限公司副总经理张海泉，北京现代汽车有限公司董事长徐和谊，北京民营科技实业家协会会长、时代集团总裁王小兰、全球著名品牌识别咨询公司 Enterprise IG 总经理谢祯忠，温州市工商会会长马津龙，清华大学经济研究所教授龙登高和北京市社会科学院总部经济研究中心主任赵弘分别就“经济全球化背景下的中国品牌战略”、“塑造品牌：中国制造从‘加工’走向创新”、“实施名牌战略，提升区域竞争力”、“总部经济：聚集名牌、放大名牌效应”、“政府在名牌战略实施中的角色定位”等议题展开积极、热烈而又富有成效的讨论。

论坛最后由经济日报社总编辑冯并致闭幕词，他号召大家群策群力，为我国品牌战略事业的不断推进作出贡献。

（北京市社会科学院科研处供稿）

历史学（含党史、中外史、考古）

《中国现代方志学》项目结项及出版座谈会　2005年初，大型方志学术理论专著《中国现代方志学》项目结项及出版座谈会在北京市社会科学院举行。会议由北京市哲学社会科学规划办公室、北京市社会科学院举办。与会领导、专家学者20余人。

新课题是北京市哲学社会科学“十五”规划重点研究项目和北京市社会科学院重大课题。由曹子西、朱明德主编，陆奇为执行主编。由北京市社会科学院史志中心编撰。全书50余万字，由方志出版社出版。

全国政协副主席、中国社会科学院院长、中国地方志指导小组组长陈奎元，中国地方志指导小组秘书长秦其明分别为本专著作序，给予较高评价。

新课题专家鉴定组的5位专家，经过认真论证，一致通过新项目结项，并给予较高评价。与会史志专家学者在座谈中对该书也给予充分肯定。其综合评价指出：

第一，编修地方志是为着全面记述并积极促进中国特色社会主义现代化建设，因此方志的理论即方志学应称为中国现代方志学。树立《中国现代方志学》这个卓越品牌。

第二，在继承与借鉴古今方志史、方志理论基础上，提出并论述了方志政治理论、方志基础理论和方志应用理论，即“方志三个理论”，构建了现代方志学的较完整的学科理论体系，并构架一个学科结构体系，其中“方志三个理论”是《中国现代方志学》的最主要的组成部分和核心内容，“方志三个理论”是由其基本原理构成的较为严整的现代方志学学科理论体系。

第三，中国现代方志学“方志三个理论”贯穿其中的理论主题，就是繁荣发展社会主义方志事业。这一主题的核心内容是什么，是精品志书。方志事业包括方志历史、方志编纂、方志组织管理、方志应用等方面。

第四，根据方志发展实践与研究对象的拓展，坚持以发展着的最新中国化的马克思主义为指导和统领，提出一系列具有新意的理论、观点。体现现代方志学的基础理论与应用理论具有较强的学术价值、史料价值和应用价值。体现该著是修志培训书，是组织管理的工具书，是理论研究的参考书。

（北京市社科联供稿）

《20世纪中国文物考古发现与研究丛书》编辑出版座谈会　由国家文物局组织和推动，众多学者参加撰写，文物出版社编辑和出版的该套丛书共60册，目前已正式出版了4辑共33册。为了更好推介这套丛书，于2月2日召开了座谈会。

与会代表在发言中认为，这套在新世纪初出版的丛书规模庞大、内容广博、资料准确、文字通俗、图文并茂、装帧精美，反映了各学科的研究历程和最新动态，在海内外的文博考古类图书中是独树一帜的。通过阅读这套丛书，国内外的读者将会看到古老的中华文明之火在20世纪重新闪烁的壮丽光芒，触摸到20世纪中国文物考古事业起伏跌宕的发展脉搏，在心中树立起一座辉煌壮丽的世纪丰碑。

参加座谈会的国家文物局、在京文博单位和文物出版社的有关负责人、专家学者围绕此书所分的考古学断代综述、考古学文化与地域文化、专题研究和重大考古发现4个系列，对照此书遵循的展示20世纪文物考古界的重大发现及研究成果，着重反映学科发展史和学术研究的历程，为新世纪的文物考古工作提供学术思想、研究手段、工作方法和基本资料的宗旨。

〔参见《人民日报》（海外版）2005年2月4日第7版〕

就日本篡改历史教科书中国史学家举行座谈会 座谈会于4月6日在北京举行。来自中国社会科学院、北京大学、中国人民大学、首都师范大学、中国人民抗日战争纪念馆、中共中央党史研究室和中国史学会等单位的历史学家，对日本文部省4月5日审定通过的，由“日本历史教科书编撰会”编写、扶桑社出版的《新历史教科书》提出抗议。

据介绍，目前通过日本文部省审定的共有8种由不同出版社出版的历史教科书，日本全国542个学区有权选定本学区采用的教科书。中国历史学家认为，与另外7种历史教科书不同，扶桑社出版的《新历史教科书》，违背了日本政府曾经提出的，在教科书审定过程中从国际理解的角度考虑与近邻国家间对近现代史的史实处理的原则。这表明日本政府放弃了应当承担的国际义务。

社科院近代史研究所步平研究员说，扶桑社《新历史教科书》是一本危险的教科书，它继承了战前日本教科书的观点，将日本描绘成亚洲的解放者，而战前日本教科书是把日本引向战争的一个重要因素。中国社科院近代史研究所近几年已经联系一些中、日、韩学者，以国际学术界共同的历史认识，编写了一本近现代史辅助读本，准备出版日文本，向日本读者提供历史真相。

北京大学教授徐勇说，扶桑社《新历史教科书》对战后由盟军主导的日本民主改革进行歪曲和丑化，我们应该联合曾经参与反法西斯战争的美、英等国的学者，共同反对日本新军国主义倾向。

〔参见《人民日报》(海外版) 2005年4月7日第4版〕

理论界纪念陈云诞辰100周年学术座谈会 座谈会由当代中国研究所和中华人民共和国国史学会联合举办，于5月13日在北京召开。全国政协副主席、中国社会科学院院长、国史研究会会长陈奎元等，以及来自理论界的专家学者120余人出席会议。座谈会由中国社科院副院长兼当代中国研究所所长、国史学会常务副会长朱佳木主持。

会上，与会同志围绕陈云同志的生平与思想进行了深入的研讨。于若木、张启华、李捷、周太和、郑科扬、侯树栋、有林、梁柱等分别以《志同道合风雨同舟》、《学习陈云的优良品质与作风是对他最好的纪念》、《陈云同志与中共中央两代领导集体》、《陈云同志与中国经济体制改革》、《学习陈云干部工作思想中的哲学内涵》、《向陈云同志学点哲学》、《陈云在“确立毛泽东历史地位、坚持和发展毛泽东思想”问题上所起的重要作用》和《忠实于党的思想路线的楷模》为题作了发言。

与会同志认为，陈云同志是党的第一代中央领导集体和第二代中央领导集体的重要成员，他在70多年的革命生涯中，为中国人民的解放事业和社会主义建设事业立下了不朽的功勋，在国内外享有崇高的威望，受到全党、全军和全国各族人民的尊敬和爱戴。陈云同志一生淡泊名利，严于律己，作风稳健，处事公道，堪称全党学习的楷模。他的经济思想、党建思想和独到的辩证唯物主义认识论、方法论及其高尚的品德风范，不仅给后人留下宝贵的精神财富，而且对于今天我们建设中国特色社会主义和构建社会主义和谐社会仍将具有特别重要的意义。

(参见《光明日报》2005年5月17日第5版)

北京市委党史研究室举办“口述历史与口述史学”讲座 7月27日，市委党史研究室邀请北京师范大学朱志敏教授讲授“口述历史与口述史学”，主要内容为口述史的内涵、现代口述史的缘起与特征、国内口述史的发展简况、口述史学的价值以及存在的问题、口述史的操作和一般规律等。市委党史研究室以及部分区县党史办公室的同志参加了业务学习。

(市委党史研究室宋传信供稿)

纪念中国人民抗日战争胜利60周年暨平西根据地抗战史研讨会 8月5日，中共北京市委党史《研究室、中共河北省》委党史研究室、中共北京市门头沟区委联合召开“纪念中国人民抗日战争胜利60周年暨平西根据地抗战史研讨会”。北京市、河北省相关部门领导，抗战时期曾任昌宛联合县县长的北京市老市长焦若愚等老领导、老同志，以及部分专家学者参加了研讨会。与会者围绕平西抗日根据地的创建及历史意义、平西抗日根据地的政权建设与现实启示、平西抗战文化、平西根据地对于整个冀热察抗日根据地的重要性、门头沟区斋堂川在平西根据地创建过程中的重要作用等进行了深入研讨。会议还建立了“平西根据地革命史研究协作机制”，形成了146万余字的《平西革命斗争史系列文集》，收录了100余位专家学者和抗日战争亲历者的267篇论述、回忆文章。与会者还参加了“走抗战路、游斋堂川”红色之旅活动，参观了平西抗日根据地斋堂川斗争史展览、马栏冀热察挺进军司令部旧址、宛平县人民8年抗战为国牺牲烈士纪念碑等。

(市委党史研究室张义铭供稿)

中央文献研究室纪念中国人民抗日战争暨世界反法西斯战争胜利60周年学术座谈会 座谈会由中共中央文献研究室当代文献研究中心、《党的文献》杂志社联合，于8月10日在京举行。来自中共中央文献研究室、中共中央党史研究室、中国社会科学院、国防大学、北京师范大学等单位的专家、学者参加了座谈会。

与会同志围绕“抗日战争的胜利与中华民族的复兴”“抗战时期的民族凝聚力”“抗日战争中两个战场的关系”“民族复兴的使命与抗战时期的复杂局势”“抗日战争之后的中日关系”“加强青少年抗日战争史教育”等主题，畅所欲言，倾心交流。

大家一致认为，中国人民抗日战争是世界反法西斯战争的重要组成部分和东方主战场。中国人民抗日战争的胜利，为世界反法西斯战争的胜利作出了巨大贡献，为争取和维护世界和平作出了重大贡献。中国抗日战争体现了中华民族不屈不挠的伟大精神，这种精神是我们整个中华民族的宝贵精神财富，必须珍惜，必须弘扬，必须发扬光大，并使之成为实现中华民族伟大复兴的强大动力。

（参见《光明日报》2005年8月11日第3版）

中国社会科学院纪念中国人民抗日战争暨世界反法西斯战争胜利60周年学术研讨会 8月15日，由中国社会科学院主办的“纪念中国人民抗日战争暨世界反法西斯战争胜利60周年”学术研讨会在京举行。全国政协副主席、中国社会科学院院长陈奎元，副院长冷溶出席会议。冷溶在开幕式上发表题为《中国人民的伟大胜利——纪念中国人民抗日战争胜利60周年》的讲话。他强调，中华民族在抗日战争中所展现的伟大民族精神，是抗日战争给中国人民留下的宝贵精神财富。在今天建设社会主义现代化国家的伟大事业中，中国人民依然要继承与大力弘扬这种伟大的民族精神，在中国共产党的领导下，团结一心，实现中华民族的伟大复兴。

中国社会科学院副院长江蓝生、朱佳木，中共中央党校副校长李君如，中共中央文献研究室副主任李捷，中央党史研究室副主任章百家，中央宣传部理论局局长路建平，国防大学教授、中国抗日战争史学会会长何理，中国社会科学院党组成员武寅、黄浩涛出席会议。

冷溶指出，中国人民为抗日战争和世界反法西斯战争的胜利，为人类争取世界和平与文明进步事业，付出了巨大的民族牺牲，作出了彪炳千古的历史贡献。中国共产党是引导全民族抗战走向胜利的旗帜，在中国人民抗日战争中发挥了中流砥柱的作用。中国抗日战争的胜利具有划时代的历史意义。首先，中国人民抗日战争是近代以来中国反对外敌入侵第一次取得完全胜利的民族解放战争，也对世界各国人民取得反法西斯战争的胜利、争取世界和平的伟大事业产生了巨大影响。它既是中华民族的胜利、中国人民的胜利，又是世界人民反法西斯战争的胜利、人类正义事业的胜利，具有划时代的历史意义和深远的影响。第二，中国人民抗日战争的胜利，彻底粉碎了日本法西斯妄图征服中国、称霸世界的野心，全面清算了日本帝国主义对中国长达70年之久的武装侵略罪行，使遭受日本殖民统治达半个世纪之久的台湾重新回到祖国的怀抱。抗战期间，西方帝国主义列强近代强加在中国人民头上的不平等条约基本上被废除，洗雪了自鸦片战争以来百年的民族耻辱。抗战期间，中国成为联合国的创始国成员，是世界反法西斯阵线中最主要的国家之一。抗日战争开辟了中国进入世界大国行列的道路。第三，中国人民抗日战争的胜利，是中华民族由衰败走向振兴的重大转折点，为中国共产党团结带领全国各族人民实现民族独立和人民解放、建立新中国奠定了重要基础。抗日战争中，随着战局的变化，正面战场与敌后战场在对敌作战中地位的此消彼长，决定性地改变了国共两党力量的对比，中国共产党及其领导下的人民军队在对敌斗争中，得到迅速的发展壮大。抗日战争的胜利，为新旧中国的决战作好了准备。抗日战争结束后，经过人民解放战争的胜利，新中国诞生，中华民族从此走向振兴之路。抗日战争成为中华民族复兴的枢纽。

冷溶强调，中华民族在抗日战争中所表现出来英勇不屈、不畏强暴、团结合作、自力更生、艰苦奋斗、追求解放、捍卫正义、敢于胜利的伟人精神。充分体现了中华民族所具有的非凡的生命力、凝聚力、战斗力。团结统一是中国人民夺取抗日战争伟大胜利的重要保证，抗日战争是中华民族大团结的象征。中华民族的全面觉醒和空前团结，从根本上决定了抗日战争的进程和结局，保证了中国人民取得最终胜利。今天，中华民族的振兴和维护世界和平的任务仍然很繁重，任重而道远。全国各族人民和海内外中华儿女一定要百倍地团结起来，为实现祖国的统一、国家的富强、民族的振兴，促进世界和平与发展而努力奋斗。历史的教训告诉我们，只有国家强大起来，才能为我们捍卫国家安全和民族尊严、实现祖国统一大业提供物质保证，才能在维护世界和平与人类正义事业中发挥积极作用。因此，我们一定要艰苦奋斗，励精图治，聚精会神搞建设，一心一意谋发展，为提高综合国力、实现国家现代化进行不懈的努力。

李君如、李捷、章百家分别就中国共产党在抗日战争中的中流砥柱作用、中国学者研究抗战史应注意的问题等做主题发言。与会者就抗日战争时期的政治、经济、军事、中外关系、社会、思想文化以及中国抗战在世界反法西斯战争中的地位和作用、日本军国主义、战争遗留等问题进行了研讨。

来自全国哲学社会科学研究机构、大专院校的近百位学者出席了会议。

（中国社会科学院办公厅朱丽雅供稿）

“清代灾荒与中国社会”国际学术研讨会 8月22至24日，国家清史编纂委员会与中国人民大学清史研究所在北京香山共同举办了此次国际学术研讨会。来自美、德、英、法、澳、日等国以及国内的51位专家、学者出席了会议。大会提交了31篇学术论文以及《中国荒政全书总目》，27位专家就各自的研究成果做了论文陈述。

会议由中国人民大学清史研究所副所长黄兴涛教授主持，国家清史编委会副主任马大正研究员介绍了会议的前期筹备、组织以及专家到会情况，并介绍了清史纂修的进展情况。

《清史·灾赈志》的撰写是本次会议的重要议题之一，引起了与会学者的广泛兴趣与高度重视。该项目主持人、中国人民大学清史研究所李文海教授介绍了《灾赈志》大纲及编撰情况。专家们肯定了《灾赈志》大纲的整体设计，并就灾情篇的写法、灾情篇在《灾赈志》中的比重、抗灾人物是否单独成篇、档案史料的利用、资料长编的编写以及自然灾害究竟应该包括哪些灾种等问题提出了建设性的意见和建议。

本次会议提交的论文内容广泛，除了从社会、人文、历史的角度对灾荒进行探讨外，自然科学工作者的积极参与也是会议的一个突出特点。自然科学工作者从自身的研究领域出发，对灾荒问题提出了一些新颖而独到的见解。

（中国人民大学科学研究处罗圣华供稿）

中央文史研究馆纪念抗日战争胜利60周年座谈会 座谈会于8月24日在北京举行。来自中央文史研究馆和北京、辽宁、江苏、重庆、陕西文史研究馆的馆员代表参加了座谈会。

国务院参事室党组书记、主任崔占福在致词中说，文史研究馆馆员要充分发挥自身优势，通过文史研究、艺术创作、统战联谊等多种方式，大力弘扬以爱国主义为核心的民族精神和以改革创新为核心的时代精神；要进一步巩固、发展和壮大最广泛的爱国统一战线，用抗日战争的生动历史推动爱国主义教育。

座谈会上，陈忠实、李岫、杨天石、许增紘等发言，热情讴歌了中国共产党领导的抗日民族统一战线的伟大功绩，高度评价了抗日战争的地位与作用，深刻揭露了日本军国主义在中国犯下的侵略罪行，畅谈了对中央处理中日关系对外政策的具体认识。代表们还分别就“抗日战争中的伟大民族精神”、“反思历史，坚持和平与发展的世界主题”、“日本军国主义的形成及历史根源”、“抗战时期的民盟与中共统战政策”等问题进行了研讨和交流。

（参见《人民日报》2005年8月26日第8版）

故宫博物院80华诞暨国际清史学术研讨会 为期3天的学术研讨会于8月28日在北京闭幕。来自中国内地和港澳台地区的清史及相关领域的百余位专家学者，以及美国、英国、法国、日本、加拿大、俄罗斯、哈萨克斯坦、澳大利亚的40余位海外学者，济济一堂，共同就“清朝对外政策”、“清代礼仪规章”、“清廷典章制度”、“文化经济政策”、“知识分子地位”等多个专题进行了分组讨论和大会发言。

本次国际学术会议是由故宫博物院和清史编纂委员会共同主办的。作为世界上最大的博物馆之一，故宫博物馆80年来在学术研究，特别是清史研究、档案文献整理上，取得了令人瞩目的成就。国家清史编纂委员会成立于2003年，负责备受社会和学界关注的“清史编纂工程”的实施。作为规模宏大的新世纪标志性文化工程，该项目集中了全国各方面的专家学者，计划在10年内编纂一部高水平的《清史》。

（参见《光明日报》2005年8月29日第3版）

纪念林则徐诞辰220周年座谈会 8月30日是林则徐诞辰220周年，全国政协在北京举行座谈会暨学术讨论会，纪念这位中国近代著名爱国政治家、思想家和诗人。全国政协副主席王忠禹、张克辉、陈奎元出席。

陈奎元在讲话中说，近代中国始终面临两大主题：一是抵御列强侵略，捍卫国家主权；二是推翻封建统治，寻求符合世界潮流的富强之道。林则徐享有崇高地位，得到后人的尊敬和普遍赞誉，很大程度上就在于他在认识和处理中国近代这两大历史主题上，走在了同时代人的前列。今天我们纪念林则徐，就是要继承和发扬林则徐的爱国主义精神、改革进取精神和勤政为民的思想。

全国政协文史和学习委员会主任王蒙主持会议。中国史学会常务副会长张海鹏、福建省政协副主席王耀华、厦门大学教授杨国祯以及林则徐后代凌青等在会上作了专题发言。全国政协办公厅、中国社会科学院、中国史学会、福建省政协，以及出席林则徐学术讨论会的代表120多人参加了会议。

（参见《人民日报》2005年9月1日第4版，《光明日报》2005年9月7日第11版）

中央单位纪念中国人民抗日战争暨世界反法西斯战争胜利60周年学术研讨会　由中央宣传部、中央党校、中央文献研究室、中央党史研究室、教育部、中国社会科学院、解放军总政治部联合举办的此次研讨会，于9月2—4日在北京召开。本次研讨会是中央批准的整个纪念活动的重要组成部分。

研讨会由中共中央政治局委员、中央书记处书记、中央宣传部部长刘云山主持。中共中央政治局委员、中央书记处书记、中央组织部部长贺国强出席研讨会。中央宣传部副部长胡振民、中央党校副校长虞云耀、中央文献研究室副主任李捷、中央党史研究室主任李景田、教育部副部长袁贵仁、中国社会科学院副院长江蓝生、解放军总政治部副主任刘永治先后作了大会发言。

李长春在讲话中指出，中国人民在抗日战争中积累的宝贵历史经验和精神财富，是激励我们战胜困难、奋发进取，不断从胜利走向胜利的强大动力。当前，进一步加强对这一段历史的研究，有利于总结历史经验，汲取历史教训，更好地开创未来；有利于把握历史事实，澄清模糊认识，维护国际正义和世界和平；有利于广泛挖掘史料，丰富史实，推动中国革命史、中国共产党史和人民军队史的研究。

李长春指出，当前，要特别重视深入研究国际反法西斯力量相互支持并肩战斗的历史，充分展示中国人民为世界反法西斯战争胜利作出的巨大贡献，促进国际合作与交流；深入研究日本侵略中国和亚太各国的历史，揭露日本军国主义的残暴罪行，戳穿日本右翼势力歪曲历史、美化侵略的谎言；深入研究台湾人民反抗日本殖民统治斗争的历史，揭露“台独”与日本军国主义的历史渊源，促进祖国和平统一大业。

与会专家学者就抗日战争时期的军事、政治、经济、文化、外交等方面进行了深入研讨。

〔参见《人民日报》(海外版)2005年9月5日第1版，《光明日报》2005年9月6日第5版〕

首都理论界学习胡锦涛同志重要讲话精神，纪念中国人民抗日战争胜利60周年座谈会　9月5日，首都理论界举行学习胡锦涛总书记重要讲话、纪念中国人民抗日战争胜利60周年座谈会，畅谈学习体会，交流学习成果。市委副书记龙新民出席会议并讲话。今年4月至6月，市委宣传部、市委党史研究室等在全市联合开展了纪念中国人民抗日战争暨世界反法西斯战争胜利60周年征文活动。活动以“牢记历史、不忘过去、珍爱和平、开创未来”为主题，共收到征文141篇。经专家评选，44篇论文获得“优秀论文奖”，7个单位获得“优秀组织工作奖”，获奖论文结为《北京市纪念抗日战争胜利60周年论文集》。会上，获奖作者代表结合研究成果，畅谈了学习胡锦涛总书记重要讲话的体会，一致认为，胡锦涛总书记的重要讲话高瞻远瞩，气势磅礴，情理交融，振奋人心，是纪念抗日战争胜利的重要文献，是进行爱国主义教育的珍贵教材，是动员全党和全国各族人民全面建设小康社会、加快社会主义现代化建设的行动纲领，具有重大而深远的指导意义。一定要认真学习、深刻领会胡锦涛总书记重要讲话精神，并落实到当前和今后的工作中去。北京市社会科学界联合会主席陶西平主持座谈会，市委有关部门负责人、各区县委宣传部长、党史部门负责人和征文获奖者等120余人参加了座谈会。

（市委党史研究室张义铭供稿）

纪念中国同盟会成立100周年国际学术研讨会　会议于9月12—14日在北京大学举行。主办单位：北京大学，香港孙中山文教福利基金会，国父纪念馆，中国国民党文化传播委员会党史馆，美国孙逸仙和平教育基金会，日本孙文研究学会，宋庆龄基金会研究中心。北京大学孙中山思想国际研究中心为承办单位。

出席会议的学者总计119名，其中中国大陆43名，中国台湾46名，中国港澳9名，日本17名，美国4名。9月12日上午举行开幕式。中国同盟会创始人孙中山的孙女孙穗芳博士，同盟会著名军事家李烈钧将军的儿子、民革中央李赣骝副主席和各主办单位的负责人出席并热情致词，向会议赠送纪念品。台湾亲民党主席宋楚瑜给大会发来贺电。台湾益实实业股份有限公司丁永详董事长向北京大学历史系7位荣获2005年孙中山研究永苓奖学金的学生颁发荣誉证书。

会议收到论文57篇。18位著名学者作了精彩的大会学术报告，35位学者在分组会发言。与会者的讨论以同盟会纲领为中心，涉及中国同盟会的方方面面，如中国同盟会的历史地位和作用、同盟会的革命活动、同盟会的人物、同盟会与留学生及海外华人、同盟会的报刊舆论宣传等等。学者们对孙中山的政治思想和经济思想作了深入探讨，对孙中山思想与海峡两岸关系、与祖国统一前景的关系给予了极大的关注。

（北京大学社会科学部朱邦芳供稿）

世界通史教育国际学术研讨会 10月12至13日，由首都师范大学全球史研究中心与美国世界历史协会联合举办，在首都师范大学国际文化大厦举行。国家哲学社会科学规划办公室副主任佘志远、教育部社政司副司长袁振国、北京市教委副主任张国华、北京市哲学社科规划办公室主任陈之昌、首都师范大学校长许祥源、副校长刘新成等领导出席开幕式。国内著名学者齐世荣、张芝联、刘家和、彭树智、何芳川、马克垚、庞卓恒、钱乘旦、于沛、王斯德等参加了会议。来自美国、俄罗斯、加拿大、澳大利亚、意大利、德国、哥伦比亚、新西兰等国家与国内60个多个单位的100多名世界史研究人员向大会提交了50多篇论文。会议就各国的全球史教学和研究展开了讨论。自20世纪70年代以来，美国史学界兴起了全球史研究，它以全球视野、跨学科、跨领域和比较的方法研究人类历史上各个国家、地区之间的政治、经济和文化的交流与碰撞。当今，全球史研究已成为国际史坛发展的一个重要趋势。中国政治和经济发展是全球化的一个重要组成部分。我国学者紧跟国际史学发展的步伐，翻译、撰写了一些全球史方面的著作，在如何在世界通史教育中引进新观念方面作出了新的思考，取得了可喜的成绩。本次国际学术会议为国内外全球史教学和研究专家学者提供了一次交流机会，为我国学者展示全球史教学和研究的成果提供了一个平台。

（首都师范大学科技处供稿）

北京史与人文精神学术讨论会 10月14—15日，由北京市社会科学院历史所主办的本次学术讨论会在北京举行。来自中国社会科学院、北京大学、中国人民大学、北京市社科联、北京市方志办、首都师范大学以及台湾东华大学、辅仁大学等单位的海峡两岸学者共60余人参加了研讨会。与会学者围绕“北京城市发展的历史轨迹与演变过程”、“北京古都文化传统的传承与变迁”、“北京城市空间结构、建筑、园林文化中的人文精神”、“历史上的民族关系与北京城市人文精神的形成和发展”、“北京都市文化与周边区域文化发展的互动过程”等主题展开了热烈的讨论。

（北京市社会科学院科研处供稿）

纪念亚洲人民抗战胜利60周年座谈会 由中国社会科学院主办的“纪念亚洲人民抗日战争胜利60周年座谈会”10月22日在北京召开，来自中国、韩国、泰国、越南、新加坡、菲律宾、马来西亚、印度尼西亚等参加过抗击日本侵略斗争的亚洲国家的50多名专家学者参加座谈会。

中国社会科学院副院长江蓝生指出，为了抗击法西斯邪恶势力的侵略，二战期间，中国人民、亚洲被侵略国家人民，和世界上所有爱好和平与正义的国家和人民一起，相互支持，团结作战，最终取得光辉的胜利。中国人民抗日战争暨世界反法西斯战争的胜利，是亚洲各国人民团结战斗的胜利，是世界上所有爱好和平与正义的国家与人民团结战斗的胜利，是人类正义的胜利。中国史学会常务副会长张海鹏建议，亚洲各国的历史学者和国际关系学者，应当每年举办学术论坛，探讨日本侵略亚洲各国的历史，研究认识这段历史与处理远东国际现实的关系，创造和谐的气氛。

与会各国学者代表对日本近代以来侵略亚洲国家、给亚洲各国人民造成的巨大灾难的历史及构建亚洲和平发展新局面等问题进行了研讨。

〔《人民日报》（海外版）2005年10月24日第4版〕

纪念台湾光复60周年学术研讨会 研讨会由台盟中央、全国台联、全国台湾研究会、海峡两岸关系研究中心联合，于10月24日在北京举办。

全国政协副主席、台盟中央主席张克辉在研讨会上讲话时说，在台湾光复60周年即将到来之际，我们在这里举办学术研讨会，回顾台湾人民抵御外侮的悲壮历程，纪念台湾光复的伟大胜利，展望中华民族未来发展的光辉前景，对于构建和平稳定的两岸关系，促进祖国统一和中华民族的伟大复兴，都有着十分重要的意义。

来自海峡两岸的专家学者张海鹏、邓孔昭、黄仁伟、饶戈平、郭俊次、王晓波、曾祥铎等先后在研讨会上发了言。

他们认为，一部台湾从被割让到光复的历史，就是一部中国人民捍卫国家主权和领土完整的历史，就是一部验证台湾是中国一部分的历史，就是证明自日本投降后，台湾已经回归祖国、重新纳入中国版图的历史。历史是不容否认的，也是无法篡改的。尽管自1949年后的半个多世纪里，台湾同祖国大陆处于分离状态，但这丝毫没有改变台湾是中国一部分的法律地位，也没有改变台湾和大陆同属一个中国的事实。

学者们强调，台湾的光复来之不易，包括台湾同胞在内的全体中国人民对此要倍加珍惜，要更加致力于发展两岸关系，促进祖国的完全统一。

全国人大常委会副委员长、全国台湾研究会会长成思危，中共中央台办、国务院台办主任陈云林，副主任王在希、孙亚夫等出席了研讨会。

（参见《光明日报》2005年10月25日第3版，《人民日报》2005年10月25日第5版）

时村（佟麟阁将军殉国地）调查研讨会　10月28日，北京市档案馆就纪念抗日胜利60周年召开了“时村调查研讨会”。会议通报了寻访“佟麟阁将军殉国地”丰台区时村的调查报告，认为档案部门深入实地调查、收集史料意义重大，这次寻访调查活动把口述史料、实地调查与档案文献相结合进行历史研究和史料考证是一个成功的范例，并就口述史料的收集、不断丰富馆藏资源等进行了有益的探讨。部分来自中央和北京市有关科研、史学研究、档案馆、博物馆等部门学者与佟麟阁和赵登禹将军的子女亲属等参加本次研讨会。

（北京市档案局科教处宗文萍供稿）

中国经学学术研讨会　由清华大学人文学院历史系和新加坡大学联合举办的首届中国经学学术研讨会于11月5—6日在清华大学举行。来自海内外各地的学者一百余人出席了大会。清华大学副校长谢维和教授致欢迎词，美国哈佛燕京学社社长杜维明教授、台湾中央研究院中国文哲研究所林庆彰研究员、北京大学汤一介教授、北京师范大学史学所刘家和教授、清华大学历史系刘桂生教授等著名学者到会发言。代表们就儒家经典的文本研究以及研究方法、研究趋势等问题，展开热烈讨论。大会还设有青年论坛，海峡两岸20余名硕士、博士研究生发表了论文。

（清华大学文科建设处刘金梅供稿）

吉鸿昌、任应岐史料研讨会　11月23日，北京市档案馆召开了本次研讨会，与会专家学者交流了近几年来吉鸿昌和任应岐两位将军的有关史料的研究情况，并相互交换了《民族英雄吉鸿昌》、《任应岐史料汇编》等编研资料，认为本次研讨活动涉及范围较广，史料来源丰富，研究成果丰硕，对丰富馆藏一级抗战史料研究的进一步深入都将起到积极的推动作用。来自全国政协、中央档案馆、中国革命军事历史博物馆、中国人民抗日战争纪念馆、中国社科院、中共北京市委党委研究室、北京市档案馆、北京市东城区文委、天津市政协文史委、河南省平顶山市及鲁山县、宝丰县文史研究部门的学者以及任应岐将军亲属40余人出席了本次研讨会。

（北京市档案局科教处宗文萍供稿）

法律史学科发展国际学术研讨会　11月26至27日，由中国政法大学法律史学研究中心主办的此次研讨会在北京友谊宾馆举行。参加研讨会包括国内外知名学者100余人。中国政法大学终身教授张晋藩先生就中国法制史发展历程的相关问题作了主题发言，他说中国法制史是法学的相关学科，是历史学的一个分支，因此决定了研究法制史不仅需要文史哲方面的知识，还需要具备法学的功底，因而是一门艰深的学问。从1949年开始，中国法制史的发展艰难而曲折，直至1979年，成立了中国法律史学会。近20年来，法制史界一批新秀成长成熟，他们的著作体现了新的思路、新的方法，达到了新的水平，是法制史进一步发展的希望所在。随后他又指出自己对于进一步发展中国法制史学的几点看法，第一，法制史研究需要总体把握与多角度想结合；第二，注意历史上法律调整功能的多样性；第三，法制史学的任务在于弘扬中华传统法文化；第四，凡能揭示中国法制历史真实进程和规律性的方法；第五，注意理论与史料的统一；第六，使命感与开拓进取；第七，谦虚谨慎，自强不息。本次研讨会共分五个单元进行。在为期两天的会议中，大家将就法制史学的相关问题进行广泛而深入的探讨。

（中国政法大学科研处供稿）

纪念一二·九运动70周年座谈会　12月7日，中央党史研究室第一研究部、市委党史研究室、共青团北京市委、海淀区委联合召开了以“弘扬爱国主义精神，推进和谐社会建设”为主题的纪念一二·九运动70周年座谈会。有关领导及一二·九运动的亲历者，高等院校、科研院所的专家学者，青年学生代表70余人出席了会议。与会者回顾了一二·九运动的过程，认为一二·九运动是在中国共产党的领导下进行的，是青年学生伟大爱国主义精神的集中体现，广大青年要把握当今时代的主线，成为国家和社会的有用之才。党史工作要与时俱进，充分发挥资政育人的作用。要以“三个代表”重要思想和科学发展观为统领，推进社会主义和谐社会建设。

（市委党史研究室张义铭供稿）

教育学　心理学

清华大学经济学科未来发展座谈会　3月21日，清华大学党委书记陈希、副校长谢维和与经管学院经济系部分教师座谈，经管学院院长赵纯均、经济系主任白重恩等近10位教授参加座谈。陈希对清华大学经济学科近几年来取得的成绩予以充分肯定，表示支持经济学科进一步的发展，谢维和邀请大家就清华大学经济学科未来如何发展的话题畅所欲言。与会教授们对今后的学科规划、发展战略等进行深入的讨论，在重大问题上达成共识。各位教师都对学校进一步加强经济学科建设的措施、学校和院系资源的统筹等问题发表自己的意见，并就本学科的人才培养、队伍建设等提出具体建议。大家纷纷表示，学校领导对经济学科的建设高度重视，让他们深受鼓舞，今后要继续努力工作，争取使清华大学的经济学科尽早跻身世界一流。最后，陈希、谢维和分别对经济学科今后的发展规划、学科建设等提出希望和要求，并表示学校将认真研究教授们的意见和建议，继续坚定不移地支持经济学科的发展。

（清华大学文科建设处刘金梅供稿）

青年道德教育国际论坛　3月24日，由中国关心下一代工作委员会教育艺术研究会、国际教育基金会、日本道德教育学会、首都师范大学青年教育艺术研究所和《教育艺术》杂志社共同主办的青年道德教育国际论坛在首都师范大学国际文化交流中心举行。出席论坛的有日本、韩国、法国、美国学者和国内关注青年道德教育的领导、专家近百人。与会者围绕青年道德教育研究从多方面进行了交流，并在许多方面取得共识：1. 青年道德教育关系到国家的未来和希望。道德教育是一个永恒的主题，正确的道德教育是提升人类自身迈向文明、进步、光辉前景的阶梯。青年道德教育是全球性的问题，国际教育基金会倡导能够把东方与西方价值观、传统与现代价值观以及精神与物质价值观融合起来，以新的普遍价值观为基础的人生观。2. 青年道德教育一定要强化智慧教育，智慧比知识更重要，而道德又是第一智慧。3. 青年道德教育一定要强调生命教育、强化真爱教育。邓朴方先生说过“一切生命都是美丽的；一切生命都是伟大的；一切生命都是平等的”。真爱是无条件的和牺牲自我的爱。4. 教育工作者的神圣职责是锲而不舍地帮助学生实现人生观念的现代化、人生行为的文明化、人生方式的科学化、人生手段的智能化。一个好的老师应该是一个会爱的人；一个好老师应该是一个集理性、悟性、感性和血性于一身的艺术家。

（首都师范大学科技处供稿）

文科实践教育专题研讨会　3月31日，由清华大学党办校办、文科处和教务处主办的第22次教育工作讨论会文科实践教育专题研讨会在公共管理学院302会议室召开，清华大学副校长谢维和出席会议，来自文科各学院及有关部处的师生及管理人员共计50余人参加了研讨会。会议由清华大学学术委员会成员万俊人教授主持。

这次研讨会的具体议题是如何加强学生收集利用信息资料的综合能力，人文学院刘桂生教授、人文学院葛兆光教授、校图书馆馆长薛芳渝教授、美术学院李砚祖教授、公管学院彭宗超副教授、新闻与传播学院李彬教授、法学院赵晓力副教授、经管学院张陶伟教授、图书馆人文分馆负责人谢立军副研究馆员、教务处处长陈永灿教授等先后发言，与会师生还进行了自由研讨。最后谢维和副校长在讲话中，着重谈到了本次议题是文科实践教育中的一个基础性问题，一方面要花大力气改进和加强文科图书资料的建设，另一方面还要解决好教师和学生如何选择利用这些信息资料，希望大家献计献策，把实践教育抓实抓好。

（清华大学文科建设处刘金梅供稿）

海峡两岸高等教育学术研讨会　4月4—5日，由中国人民大学主办，中国人民大学教育研究所承办的“挑战与创新：变革世界中的高等教育——海峡两岸高等教育学术研讨会”在人民大学召开。来自台湾高等教育界的20多名代表和来自大陆高校及科研单位的30多名代表参加了会议。

中国高等教育学会会长周远清教授、人民大学校长纪宝成教授、常务副校长袁卫教授出席研讨会。纪宝成校长发表题为“质量是当前大陆高等教育的最大挑战”的演讲，袁卫常务副校长主持开幕式并致欢迎辞。

与会代表围绕“高等学校法律地位及其自主权”、“高等教育的质量及其保障体系”、“高等学校内部治理结构与管理体制”、“高等教育经费筹措、配置与效益”、“政府办学中的重点支持与均衡化”等问题进行了深入交流和探讨。代表们普遍认为，为了适应科学技术迅猛发展和经济全球化发展的新形势，在高等教育竞争日益激烈的今天，必须改革和创新高等教育，发展和完善有利于优化教育资源配置，有利于提高教育资源利用效益，有利于发展高等教育公平，有利于高等教育整体发展的高等教育管理体制、运行机制与政策。

（中国人民大学科学研究处罗圣华供稿）

计算机基础教育研究会学术年会　4月16日，计算机基础教育研究会2005年学术年会召开，90余所学校和10多家企业单位共计200余人参加。本届年会根据我国计算机基础教育的发展趋势，结合《中国高等院校计算机基础教育课程体系2004》以及教育部的有关要求，针对计算机基础教育由传统的理论知识和基本技能传授的体系结构，向面向实际应用的教育体系结构转变，提出了计算机基础教育的新形势、新思路、新课程、新经验的研究主题，组织从事计算机基础教育的一线教师、专家、学者，广泛开展在新形势下我国高等院校计算机基础教育的发展方向、课程设置和教学体系建设、教学内容、教学平台和教学方法等研究，对我国高等院校计算机基础教育向以应用为目标的方向发展，提出理论指导和研究依据。本届年会特邀请全国高等院校计算机基础教育研究会理事长谭浩强教授作了题为《计算机基础教育课程体系的参考意见》的报告，对我国计算机基础的发展和教学方向的研究，以及高校计算机基础教育的指导思想、目标、任务和课程体系建设作了具有指导意见的阐述。本届年会收到论文17篇，有10名代表作了大会发言。北京市教委高教处副处长田洪滨到会表示祝贺，充分肯定了研究会的工作并对今后工作提出了要求。

（北京市高等教育学会供稿）

人文社会科学发展战略座谈会　4月20日，清华大学召开人文社会科学发展战略座谈会。教育部社政司副司长袁振国等应邀参加会议。校文科领导小组组长、副校长谢维和，校文科领导小组副组长、党委副书记张再兴，校文科领导小组成员胡显章以及文科各学院负责人、相关专家学者参加会议。会上，张再兴代表学校欢迎教育部社政司领导来清华大学进行调查研究，谢维和介绍清华大学人文社会科学的基本情况以及制定文科发展规划的基本思路，与会同志结合如何落实中共中央《关于进一步繁荣哲学社会科学的意见》以及制定2020年中国教育发展纲要，对清华大学人文社会科学面临的新形势、指导思想以及思路理念进行认真的讨论，对清华大学人文社会科学发展的优先领域、战略重点以及政策措施与制度创新等问题广泛深入地发表意见。会上清华大学高校德育研究中心副主任王雯姝同志还汇报该中心近期建设情况。

袁振国最后发言指出，清华大学有非常好的人文传统，近年来又有了很快发展。现在到新的发展阶段，国家对文科的发展提出更多更高的要求，解决改革开放中面临的一系列问题都需要文科提供理论支撑。新的起点要有新的思路，要研究如何利用理工科优势办好文科的新模式，促进自然科学与社会科学的交叉渗透与融和发展。袁振国还肯定清华大学高校德育中心的工作，希望基地在清华大学领导的重视和支持下，抓住机遇，做一些有影响的大事，推动各项工作新发展。

（清华大学文科建设处刘金梅供稿）

纪念马叙伦诞辰120周年座谈会　民进中央4月28日在北京举行座谈会，纪念著名教育家马叙伦先生诞辰120周年。全国人大常委会副委员长、民进中央主席许嘉璐，全国政协副主席、民进中央常务副主席张怀西等出席了座谈会。

马叙伦先生早年加入中国同盟会，投身辛亥革命。五四运动时，被推为北京大学教职员会书记、北京大中学校教职员会联合会主席。1935年华北事变后，与杨秀峰、许德珩等发起组织北平文化界抗日救国会，任主席。1945年12月，他与王绍鏊、周建人等发起成立中国民主促进会。1948年由香港进入东北解放区。1949年9月，出席中国人民政治协商会议第一届全体会议。中华人民共和国成立后，先后任中央人民政府委员，政务院政务委员、文化教育委员会副主任，教育部、高等教育部部长，中国文字改革研究委员会主任，中国科学院学部委员。著有《说文解字六书疏证》、《庄子义证》、《老子诂》、《石屋余沈》、《石屋继沈》等。

（参见《光明日报》2005年4月29日第4版）

全国劳动学科建设研讨会 4月30日，由中国人民大学劳动人事学院、中国劳动保障科学研究院、中国劳动关系学院、首都经贸大学劳动经济学院等发起的全国首次劳动学科建设研讨会在中国人民大学逸夫会议中心召开，研讨会由中国人民大学劳动人事学院副院长郑功成教授主持。

会上，中国人民大学劳动人事学院院长曾湘泉教授、中国劳动保障科学研究院院长田小宝研究员、中国劳动关系学院副院长沈琴琴教授、首都经贸大学劳动经济学院院长杨河清教授先后就劳动科学（包括劳动经济、社会保障、劳动关系、人力资源管理等专业）的专业建设与发展情况及其问题，以及未来发展取向做了主题报告。中国社会科学院人口与劳动经济研究所所长蔡防研究员、中国科学院人力资源中心主任时勘研究员、浙江大学经济学院院长姚先国教授、北京师范大学经济学院赖德胜教授、北京交通大学经济学院袁伦渠教授、武汉大学人力资源系主任关培兰教授、中山大学保险与精算中心主任申曙光教授、西南财经大学社会保障研究所所长林义教授、华南师范大学副校长李永杰教授、中南财经政法大学公共管理学院院长赵曼教授、中国人民大学劳动人事学院常凯教授等一批知名专家在会上发表了自己的见解。

与会专家一致认为，劳动就业与社会保障、劳动关系等不仅是我国发展进程中具有战略意义的重大问题，而且是国家需要且日益重要的新兴交叉学科领域。目前举办这些专业的高等院校越来越多，但在学科发展进程中却遭遇着普遍性的不利于这些学科发展的问题，并分别受制于若干成熟学科，。因此，无论从我国劳动科学体系自身建设的需要看，还是从我国社会经济发展对劳动科学的迫切要求看，还是从国外劳动科学发展的历史借鉴看，将劳动科学确立为一级学科都将具有重要而深远的意义，它将有助于强化学科间的内在联系，有助于强化劳动科学的教学、研究与实践，有助于促进我国和谐社会建设。

（中国人民大学科学研究处罗圣华供稿）

高等教育使命、经费和管理国际会议 由中央教育科学研究所、经济合作与发展组织（OECD）高等教育内部管理项目、北京吉利大学联合主办，教育科学出版社协办的本次国际会议于5月9至11日在北京召开。来自16个国家和国际组织的100多位专家学者参加了会议。教育部副部长吴启迪出席会议，并作了题为“以人为本、改进管理、促进高等教育和谐发展”的重要讲话。吴副部长介绍了中国改革开放以来高等教育所取得的成就，同时也分析了我国高等教育发展中存在的问题和困难，并指出了今后高等教育的工作重点。经济合作与发展组织副总干事伯格林德在开幕式上介绍了经济合作与发展组织在推进高等教育的国际交流与合作等方面所作的高质量的服务和多方面的贡献，并指出了在经济全球化背景下各国高等教育应关注的问题。与会者围绕着经济全球化背景下高等教育的规模和机构、高等教育的管理机制和评价体系、高等教育的经费筹措和使用效益、高等教育的职能拓展和质量标准，以及民办高等教育的发展等问题进行了广泛深入的交流和研讨。会议还对高等教育发展与教育公平问题，大学毕业生就业问题，大学的股份制改革问题，独立学院问题等进行了研讨，并对高等教育的可持续发展和国际化资源共享等问题进行了广泛的讨论。

这次高等教育使命、经费和管理国际会议是一次高规格的、能够充分交流学术见解和提供多方面经验案例的学术盛会，不仅为正在深入开展的中国高等教育改革提供了有益的借鉴和启发，也使世界高教界对中国的高等教育改革与发展有了更新、更真实的了解。

（中央教育科学研究所刘晓楠、陈如平供稿）

北京地区高校信息素质教育数字化教学应用学术研讨会 由北京工商大学图书馆主办，北京地区高校信息素质教育研究会协办的本次研讨会于5月20日在北京工商大学举行。来自北京、天津的43所高等学校图书馆共132位正式代表及全国高校图工委副主任兼秘书长杨东梁；北京市教委高教处金红莲；中国图书馆学会全国高校图书馆分会副主任、北京高校网络图书馆管理委员会副主任、首都师范大学图书馆馆长胡越；北京高校图工委副主任、北京北三环地区高校联合体主任、北京邮电大学图书馆馆长代根兴；北京地区高校信息素质教育研究会理事长、北京航空航天大学图书馆馆长王梦丽等出席大会。

与会者一致认为图书馆是学校文化信息的中心，面对网络环境的变化，研究和探讨高校信息素质教育的新问题、新思路、新方法、新模式是十分重要的。

大会报告由北京师范大学图书馆符绍宏老师以

“国外信息素质教育研究动向”为题；首都师范大学图书馆副馆长熊丽以“网络环境下的首师大文献课教学模式”为题；北方工业大学图书馆毛燕梅馆长以“北方工业大学文检课教学现状”为题；北京工商大学图书馆郭丽翔副研究馆员以“北京工商大学数字化教学系统介绍与演示”为题，分别介绍了国内外关于信息素质教育的最新发展状况以及各校开展数字化文献检索课程的概况和经验。通过此次会议大家了解了国外先进的信息素质教育的新理念，增进了兄弟院校信息素质教育数字化应用方面宝贵经验的交流，同时也扩大了北京工商大学图书馆在高校图书馆界的影响。

（北京工商大学科研处供稿）

全球华人广告教育论坛　本论坛由北京大学新闻与传播学院广告系、时报广告金犊奖组委会以及天津日报报业集团联合主办。6月11—12日在北京大学进行。论坛云集了中国大陆、香港、台湾以及韩国、新加坡等地区80余所高校近百名广告教育界有影响力的学者，众多广告业界和媒体的资深人士。北京大学副校长林久祥、台湾《中国时报》执行长胡泓仁、国家工商总局局长屈建民、中国传媒大学副校长丁俊杰出席了开幕式。

本届论坛的主题是：中国广告业的发展趋势与广告教育问题。北京大学陈刚、盛世长城广告公司总经理查尔斯、台湾滚石唱片董事长段宗沂、韩国整合营销协会会长金日哲等20余位代表作了大会发言。有关中国广告业的发展趋势专题的论文有“中国广告业的发展趋势”、“跨国广告公司在中国的策略”、“中国的媒体与广告业”、“广告公司与广告集团化”、“全球广告业的发展趋势”、“广告业与娱乐业的结合”、“报业经营如何适应新的环境——天津日报报业集团的经验”、“中国报业广告的营销思考”、“台湾报业的发展经验”等。涉及广告教育专题的论文有：“创造性在广告教育中的体现”、“实效广告教育的探讨”、“整合营销传播背景下广告教育的发展”、“台湾广告业与广告教育—专业广告人的培育与认证”等。

（北京大学社会科学部朱邦芳供稿）

中国经济学教育回顾与展望研讨会　6月27日，由中国人民大学经济学院、中国人民大学财政金融学院、北京大学经济学院、北京大学光华管理学院、北京大学中国经济研究中心、清华大学经济管理学院、南开大学经济学院和梁晶工作室共同发起，由中国人民大学经济学院、财政金融学院和梁晶工作室主办的“中国经济学教育回顾与展望”研讨会在中国人民大学逸夫会议中心召开。全国20多所经济学院系的80多位领导、教授出席了大会。中国人民大学副校长、财政金融学院院长陈雨露教授和经济学院院长杨瑞龙教授分别主持了开幕式和闭幕式。

在大会的主题发言单元，中国人民大学副校长、财政金融学院院长陈雨露教授、《经济科学译丛》执行副主编海闻教授、中国人民大学经济学院院长杨瑞龙教授、北京大学经济学院院长刘伟教授、北京大学光华管理学院副院长张维迎教授、北京大学中国经济研究中心主任林毅夫教授、南开大学经济学院院长周立群教授作为发起方的代表，发表了主题演讲。他们回顾了改革开放以来中国经济学教育发展的历程，高度评价了10年来由中国人民大学出版社出版的《经济科学译丛》对提高中国经济学教育的国际化水平所起到的积极作用，同时对当前经济学教育中存在的问题以及未来的发展方向等作出了精彩的阐述。

在大会的研讨单元，围绕着中国经济学教育的培养体系、经济学的教学内容体系、经济学教育的师资体系以及高校之间资源共享体系等共同关心的话题，与会嘉宾进行了热烈而富有成效的讨论。

（中国人民大学科学研究处罗圣华供稿）

创业教育亚洲会议　7月6日，由清华大学经管学院、斯坦福大学、加州大学柏克利分校联合举办的“创业教育亚洲会议（REE Asia）”在清华大学经管学院舜德楼多功能厅隆重开幕，来自国、内外52所院校的100多位专家学者参加此次大会。清华大学副校长谢维和教授、经管学院常务副院长陈国青教授、经管学院技术经济及管理系主任吴贵生教授、斯坦福大学科技创业中心联席主任汤姆·拜尔教授分别在开幕式上致词。创业者杰出代表百度的CEO李彦宏、中星微的共同创始人和副总裁张辉博士和神州亿品的首席科学家钱振宇等也应邀出席并作了精彩的报告。会议由清华大学中国创业研究中心、清华科技园和技术创新研究中心共同承办。本次会议是REE会议历史上规模最大的一次，也是亚洲范围内目前唯一一个有着广泛国家和地区参加的以创业教育为主题的会议，该会议致力于推动亚洲大学中的创业教育领域的相互交流和共同发展。

（清华大学文科建设处刘金梅供稿）

中德大学评价与教学评估国际论坛　为提高国内

高等教育评估研究水平与实践能力，加强中外高教评估理论与方法的交流与探讨，促进中德在高等教育领域的互动与合作，7月18—19日北京大学教育学院与德国萨尔大学评估研究中心联合举办了本次国际论坛。来自北京大学、德国萨尔大学评估研究中心、西安交通大学、同济大学、北方交通大学、首都师范大学、中央教育科学研究所的10多位专家和数十位全国高等院校教学与评估部门的代表参加了本次论坛。

论坛围绕“中德高等教育评估发展现状”、“评估的理论及应用”、“高等教育评估工具国际比较研究”、“高等院校质量监控与管理”等内容展开了交流与讨论。北京大学陈学飞作了题为“中国高等教育走向”的讲演，德国萨尔大学评估研究中心主任施托克曼演讲的题目是：“优秀评估的具体含义”。西安交通大学王昕红以“价值判断：教育评估实践的基本前提”为题发表了论文，中央教科所蒋国华发言的题目是：“高校评估与大学排名”。德国萨尔大学的瑞德和卡丝帕丽博士就德国高等教育评估现状以及德国评估发展历程与发展水平分别进行了介绍。同济大学孙建荣作了主题发言：“高等院校认证体系中的教育质量评估”。教育部高职高专院校人才培养评估专家组成员、北方交通大学许茂祖教授发言的重点是“普通高等学校本科教学工作评估”和“中国大学评价”。北京大学教务部评估办张存群和首都师范大学副校长刘新成分别就各自学校在教学评估和迎评工作中的做法和经验与专家和到会的各位代表进行了交流。

（北京大学社会科学部朱邦芳供稿）

“全球化背景下社会工作教育发展：东方与西方相遇”国际研讨会　8月4日—6日，由中国社会工作教育协会、美国亚太及环岛社会工作教育者协会、美国南加州大学社会工作学院、香港大学社会工作及社会行政学系、香港中文大学社会工作系、香港理工大学应用社会科学系联合举办的本次国际学术会议在北京召开。民政部、全国总工会、共青团中央、全国妇联、教育部高等教育司、中国社会学学会、中国社会工作协会、全国残联、中国红十字总会、国际社会工作学院联盟、韩国社会工作者协会、台湾中华社会工作教育协会、北京大学等单位的负责人作为嘉宾出席了会议开幕式。

来自中国大陆近百所大学的社会工作专业教师及来自美国和中国港台地区的专家学者共250余人与会。会议共收到论文180余篇（含概要）。大会的主题是：“全球化背景下社会工作教育的发展：东方与西方相遇”，下设三个分主题：（一）全球化对区域社会工作与社会发展的影响与挑战；（二）华人社会社会工作实践的本土化；（三）文化变迁与经济发展中的社会工作教育。小组发言的内容涉及以下十一个方面：（1）挑战与机遇：全球化背景下的社会（福利）变迁与社会工作；（2）社会工作专业化与职业化；（3）总结与反思：中国社会工作教育发展；（4）差异与契合：传统文化影响下的社会工作价值伦理与实践；（5）全球化与本土化：中西社会福利服务的借鉴与探索；（6）课程与实习：社会工作教学经验与探讨；（7）社会工作实务与理论研究；（8）社会（区）工作与和谐社会研究；（9）青少年问题与青少年社会工作研究；（10）人口老年化与老年社会工作；（11）特殊弱势人群的福利服务。

（北京大学社会科学部朱邦芳供稿）

第二届世界比较教育论坛　由北京师范大学主办，北京师范大学比较教育研究中心和香港大学比较教育中心承办的此次论坛于8月22—24日在北京师范大学学术会堂举行。为期3天的大会主题是教育全球化：政府、市场与社会，来自15个国家和地区的约200名比较教育学者和学生参会。其中包括世界比较教育学会联合会主席马克·贝磊教授、世界比较教育学会联合会秘书长Christine Fox教授（澳大利亚）、澳大利亚与新西兰比较学会会长Peter Innes教授、日本比较教育学会会长望田研吾教授、韩国比较教育学会会长李铉清教授、美国比较与国际教育学会前会长Robert F. Arnove教授、欧洲比较教育学会前会长Jürgen Schriewer教授、日本国际教育学会前会长铃木慎一教授等国际著名比较教育学家。大会组委会主席、中国教育学会会长、北京师范大学顾明远教授、北京师范大学副校长董奇教授、教育部社政司副司长袁振国教授出席开幕式并讲话。

（北京师范大学社会科学处田晓刚供稿）

“关注留守儿童”研讨会　8月26日由中国农业大学人文与发展学院举办的“关注留守儿童”研讨会在京召开，国务院妇女儿童工作委员会、中国儿童中心、教育部、陕西省妇联、中国社会科学院、联合国儿基金会（UNICEF）等研究和政府部门、教育机构及国际组织的代表近120人参加了研讨会。会上，课题组成员对研究成果作了汇报，并播放了短片《关注留守儿童》。与会人员对研究成果给予了高度评价。自2004年9月，由中国农业大学人文与发展学院组成的“中国中西部农村地区劳动力外出务工对留守儿童的影响研究”课题组在国际计划的支持下，对陕西、宁夏、河北和北京的10个县10个村的留守儿童进行了深入研究。课题组对留守儿童在父母外出打工后的生活、学习、心理等现状及其变化情况进行了调查，并在此基础上分析了留守儿童成长环境的变动对他们身心健康等方面带来的影响。研究成果——《关注留守儿童》一书已由社会科学文献出版社出版。

为了总结和展示研究成果，让更多的人共同关注中国农村留守儿童问题，并就目前我国留守儿童问题进行研讨和提出相关建议，中国农业大学人文与发展学院、国际计划及社会科学文献出版社于8月25日在北京朝阳区东方玫瑰园建筑工地举办了新书发布会，并于26日在北京渔阳饭店举办了“关注留守儿童”学术研讨会。来自研究地区的10名留守儿童代表及20名教师和监护人代表也参加了活动。

（中国农业大学科学技术处王虹供稿）

全国高校国际贸易学科发展论坛　9月10至12日，对外经济贸易大学主持召开了“全国高校国际贸易学科协作组年会暨2005国际贸易学科发展论坛”，全国有51所高校国际贸易专业领域的专家、学者和学科带头人参加，就国际贸易学科在新形势下的定位及人才培养目标和培养方案，当前国际经贸领域的重大理论问题，国际贸易的研究方法问题，各高校学术交流、师资和研究生培养和交流协作等问题展开了热烈而富有建设性的讨论，取得了积极的成果。对外经济贸易大学的多位教师在大会上进行了学术交流，展示了对外经济贸易大学的学科建设水平，得到了与会代表的高度评价。

会议发起成立了新一届全国高校国际贸易学科协作组，讨论通过了全国高校国际贸易学科协作组的章程，最终以无记名投票方式选举成立了新一届全国高校国际贸易学科协作组。会议选举对外经济贸易大学、南开大学、厦门大学、中国人民大学、南京大学、浙江大学、上海财经大学、复旦大学、中山大学、东北财经大学、云南大学、中南财经政法大学、辽宁大学、北京大学、西安交通大学15所高校为常务理事单位，到会的51所高校成为新一届理事单位。对外经济贸易大学为首任秘书长单位，协作组秘书处常设在对外经济贸易大学。

在对外经济贸易大学的推动下，协作组秘书处建设了国际贸易学科教学科研网络平台，为全国有关高校的国际贸易学科建设提供学术资源支持；建立了高校国际贸易学科协作组年会制度，将2006年年会落实在香港召开，建立起包括台湾、香港、澳门高校在内的更广范围的国际贸易学科协作。国际贸易学科协作组的工作机制有力地调动全国各高校的积极性，协调与教育部、各相关研究机构和协会的关系，在全社会的支持下，提高国际贸易的学科水平，为我国改革开放事业培养优秀的国际经贸人才，提供一流的科研成果。

（对外经济贸易大学科研处供稿）

全国流通产业与贸易经济学科发展研讨会　由首都经济贸易大学经济学院和中国商业经济学会共同主办的本次研讨会于9月17至18日在首都经济贸易大学隆重举行。来自全国各地的专家学者、政府官员、新闻媒体代表和首都经济贸易大学师生共200多人参加了此次研讨会。

在主题研讨会上，首都经济贸易大学校长文魁教授在致词中指出，自发达的商品流通——商业产生之后，流通业的地位在不断提高，流通业的作用在不断增强。如今，流通领域已成为世界各国争夺的焦点领域，同时，也成为经济活动最活跃的领域。提高流通产业竞争力已成为一国增强国际竞争力的重要组织部分。由于多种原因，流通业在我国一直没有得到足够的重视，这严重地影响了我国的经济发展。加入WTO之后，随着对外开放的不断扩大和市场经济的不断发展，发展和壮大流通业日益成为政府和人们关注的重大问题。在这样的背景下，召开我国流通产业与贸易经济学科发展研讨会是一件非常有意义的事情。中国商业经济学会会长，原商业部副部长张世尧先生指出，流通产业是关系国计民生的重要产业，发展流通产业对促进国民经济持续、快速、协调、健康发展具有重要作用。

在流通产业与贸易经济学科发展主题演讲中，中国人民大学黄国雄教授从多个方面深入地阐述了流通产业与贸易经济学科建设的重要性。他首先提出交换是一切经济行为的基础，进而从社会再生产的全过程、流通对物质资料的占有和交换在整个流通费用中所占比例三个方面强调流通的作用；其次，通过对流通产业的社会化、贡献率、就业率、依存度、不可替代性和相关性等方面的阐述，得出流通产业是国民经济运行的基础产业这一重要结论。为了发展流通产业，需要构建现代商学新体系。

南京财经大学校长徐从才教授主要阐述了流通产业的创新问题。

关于当前流通产业中存在的问题，中国社会科学院宋则研究员认为关键是整体发展思路出现了偏差，因此当前必须改变观念，确立“服务至上、优化流程、增进消费”的新发展思路，从战略角度重新定义流通产业，着力使流通产业由目前的政府主导型向市场主导型转变，在转变过程中要警惕市场变异问题。同时，要解决内部存量优化问题，努力实现增长方式的转变。

国家发改委经贸司马占平副司长从流通实际的角度，介绍了目前我国流通产业发展的整体状况和存在的问题，并谈了自己的看法。

东北财经大学副校长夏春玉教授对学科建设问题提出了自己的具体构想。他指出，应从宏观、微观两个层面构建贸易经济学。在学科体系方面，应包括流通经济理论学科、流通经营管理学科、流通工程技术学科、流通社会学学科以及流通史学科。

主题演讲之后，来自全国各地的专家学者对流通产业与贸易经济学科的发展进行了进一步的交流和探讨。

（首都经济贸易大学经济学院祝合良供稿）

高校德育论坛　9月24—25日，由清华大学高校德育研究中心举办的“高校德育论坛——网络思想教育研究全国学术研讨会”在清华大学召开。大会的开幕式由校党委副书记兼高校德育研究中心副主任杨振斌教授主持，校党委副书记兼高校德育研究中心主任张再兴教授致开幕词，教育部社政司副司长冯刚同志在开幕式上作专题报告，并对会议给予殷切希望。网络思想教育领域的9名专家学者在大会论坛上做专题发言；在分组讨论中，来自各兄弟院校从事网络思想教育研究及学生思想政治工作的60余名专家学者，针对网络思想教育方方面面的问题展开广泛而热烈地讨论。

（清华大学文科建设处刘金梅供稿）

再造全球时代管理教育国际学术会议　北京大学光华管理学院于10月6至7日在北京大学举办了此次学术论坛。此次论坛邀请了百余名国内外教育界、国内政界和企业界的嘉宾。来宾中包括来自哈佛、沃顿、凯洛格等在内的9个国家和地区的17家海外知名商学院的院长、国内60余家商学院院长、全国人大常委会副委员长成思危和众多工商企业界领导。

论坛以再造全球时代管理教育为主题。开幕式后，美国宾夕法尼亚大学沃顿商学院院长 Patrick T. Harker、英国伦敦商学院院长 Laura D´Andrea Tyson、美国西北大学凯洛格商学院前任院长 Donald P. Jacobs、北京大学光华管理学院名誉院长厉以宁分别作了题为“源于核心价值的再造”、“针对全球化商业能力的管理教育”、“关于再造管理教育”和“中国经济改革和管理教育”的主题讲演。国内外商学院院长们探讨了“管理教育面临的新挑战”、“学位教育的改革”、“高级管理人员教育的发展”等与管理教育紧密相关的问题。与此同时举办了“戴姆勒—克莱斯勒论坛”，论敦商学院院长 Laura Tyson 以“全球化与国际直接投资浪潮”为题做了演讲，成思危副委员长做题为“中国金融制度的发展”的演讲。7日召开了“院长与总裁的对话”主题论坛。院长们和著名公司首席执行官就“我们需要什么样的管理教育?”展开了热烈的讨论。

（北京大学社会科学部朱邦芳供稿）

海峡两岸大学文化高层论坛　10月10—11日，本次论坛在北京大学举办。会议由北京大学、清华大学和教育部高等教育出版社联合主办，由大学文化研究与发展中心、北京大学教育学院和校史馆承办。来自台湾大学、台湾清华大学、台湾中央大学等8所大学的14位专家与来自北京大学、清华大学、北京师范大学、中山大学、华中科技大学、上海师范大学、湖南大学等高校的近40位专家学者出席会议。

会议的主题是：世界多元文化激荡交融中的大学文化。20多位学者从各自的研究领域就“21世纪大学的使命”、“大学文化的本质和内涵”、“近代大学与亚洲国家现代化”、“中西大学文化的共性与差异”、“大学文化与大学建设、创新”、“大学文化发展的回顾和展望”、“大学文化个案研究”等问题发表了精辟的意见。通过报告和答辩，两岸学者充分交流了对于大学文化的研究心得，达成了相当的共识。与会专家认为，随着经济力量的迅速提升和广大民众接受高等教育需求的显著增长，中国高等教育已由精英化进入大众化的阶段，传统的大学文化功能已经受到强烈的冲击，新背景下如何使大学文化做到继承与创新、借鉴与扬弃并举，是摆在高教工作者面前的一个重大课题。

（北京大学社会科学部朱邦芳供稿）

小学科学教育国际研讨会　10月10—12日，由中央教育科学研究所与美国国家科学资源中心、中国科协信息中心、中国科学院计算机网络信息中心联合举办的“小学科学教育国际研讨会”在京隆重举行。出席会议的有美国国家科学资源中心执行主任、墨西哥科学教育革新项目组、瑞典皇家科学院、智利大学的5位外方代表，以及来自中国科协、中科院、北京自然博物馆、北京师范大学、首都师范大学和我所教育科学出版社、课程教学研究部和全国主要课改实验区的校长、骨干教师的代表共70余人。开幕式由田慧生副所长主持，朱小蔓所长作了讲话，美国国家科学资源中心执行主任SALLY女士、中国科协信息中心主任张小林女士、中国科学院计算机网络信息中心肖云先生也分别致词。

这次会议的宗旨是交流国际上在探究式科学教育理论与实践方面的成果，进一步推动我国小学科学课程的建设。美国国家科学资源中心的代表运用参与式的方式向与会代表介绍了美国著名STC教材的设计原理以及与探究式学习相关的研究成果，展示了科学教育中的形成性评价方法和STC教材对提高学生读写能力的贡献。瑞典、墨西哥和智利的代表分别介绍了本国开展STC研究项目的概况和经验，我所小学科学教育研究中心的代表作了"中国科学教育与STC项目"的陈述报告。

参会代表一致感到，本次研讨会加强了我国科学教育工作者与国外学者在这一领域的交流与合作，与国际科学教育界建立的科学教育研究共同体必将极大地推进我国科学课程的发展。美国国家科学资源中心采取的参与式培训方式也给了我们很大的启示，我们将以此为契机，构建开放式的课程建设平台，进一步推动我国小学科学课程的建设。

（中央教育科学研究所所长办公室供稿）

大学生心理咨询暨突发事件的心理干预国际研讨会

10月10至14日，由中国红十字会总会主办，美国国家医生家庭资源中心、北京高教学会心理咨询研究会和首都师范大学协办，在首都师范大学举行，来自中美双方有关机构的负责人和专家、教育工作者参加了会议。首都师范大学党委副书记陈宁发言说，青少年的品格完善和心理健康不仅关系到他们自身的健康成长，也关系到国家和世界的未来。作为高等师范院校，我们不仅注重培养未来教师的心理素质，也关心中小学生的心理健康。此次会议国外专家们带来的青少年心理健康教育的先进的理念和方法，会对我们有许多启发。心理学专家断言，随着中国商业化进程的不断推进，心理疾病对自身生存和健康的威胁将远远大于一直困扰中国人的生理疾病。为此，中国红十字会全民健康教育项目办公室于2004年开始推动心灵阳光工程公益活动。研讨会安排近10位特邀外籍专家走进大学校园进行专题讲座，主题包括青春期发展及出现的社交和情感问题、从品格和原则看问题的解决之道、心理健康教育与危机干预的五级机制、保持孩子们的安全和健康、父母与孩子的沟通、建造健康的家庭和未来、如何培养具有感恩之心的内在美、如何过一个丰富长久的人生、如何处理破碎的人际关系、培育青少年的心灵和头脑、青少年如何消除怒气、如何找到人生的目的等。

（首都师范大学科技处供稿）

亚洲教育北京论坛　10月14至16日，由北京工业大学、德国柏林洪堡大学、北京外国语大学、中国关心下一代工作委员会教育发展中心主办的"亚洲教育北京论坛——经济国际化中的跨国文化管理与培训国际会议"在北京举行。会议在秉承传统文化的基础上，以"交流、融合、创新"的主题诠释跨国文化管理概念。同时还组织了首届国际青年学生学术交流活动，70多篇国际国内大学生论文参会，其中北工大学生被选入大会交流论文近15篇之多，为大学生直接参与国际学术交流活动提供了一个展现才学、交流思想的平台。

（北京工业大学科技处杨东升供稿）

大学文化建设论坛　10月17至18日，由首都师范大学主办，在首都师范大学国际文化大厦举行。市委教育工委书记朱善璐同志出席了开幕式。来自全国20多所大学的校长、书记以及教育专家出席了论坛，朱善璐同志在开幕式上致词。中山大学党委书记李延保、首都师范大学校长许祥源、中国人民大学副校长冯俊、清华大学教育研究所所长史静寰、北京大学教授陈洪捷、北京师范大学教授吴忠魁、湖南师范大学校长刘湘溶、华东师范大学教育科学学院书记谢安邦、上海师范大学校长俞立中在论坛上发表演讲，从不同的视角阐述对大学文化建设的精辟见解。既有从理论角度阐发的对现代大学文化精神的理解，也有对"我们离培养创新人才的目标有多远"问题的思考；既有对校园文化建设关键因素的提炼，也有对社会转型期大学文化建设与核心竞争力构建的研究；既有对团队在大学文化建设中重要作用的阐述，也有对大学理念的功用及其限制的冷静思考；既有对和谐视野下的大学文化建设的认识，也有对大学定位中的文化因素的研究；全面提升学生的人文素质和文化品位，不断开拓校园文化的新途径也成为论坛的一个关注点。与会领导和专家们还从实践层面出发，介绍了各自学校在大学文化建设中的经验。重视大学文化建设成为与会者的共识，认为要把大学文化环境和文化精神建设作为学校的基础事业，以学校积淀的优秀文化精神熏陶、教育学生，培养创新型人才，促进大学的建设和发展。

（首都师范大学科技处供稿）

国际特殊教育学者讲坛 10月24—28日，北京联合大学特殊教育学院举办此次讲坛。此次讲坛邀请了当今国际上公认的著名特殊儿童音乐治疗大师、现任美国纽约大学诺道夫—罗宾斯音乐治疗中心主任的克莱夫·罗宾斯（Clive Robbins）博士专题介绍“克莱夫·罗宾斯（Clive Robbins）博士音乐治疗方法体系”。克莱夫·罗宾斯（Clive Robbins）博士几十年来，与合作者诺道夫（已故）共同创立的“创造式音乐治疗”学派，在美国、欧洲、亚洲众多地区得到了积极的推广和发展，他们所倡导的对弱智、自闭症、残余听力等特殊儿童音乐治疗中的即兴和创作方法，给音乐治疗专业带来了无穷的活力。目前“创造式音乐治疗”已拓展到成人心理专科、创伤后焦虑症、成人发展障碍、身体康复、老年医疗保健和精神科护理、放松和镇静护理以及肿瘤学、外科术后康复、人类免疫缺陷病毒/艾滋病和重症护理等医疗领域。

讲坛的主要内容是：个别儿童音乐治疗方法技术、集体儿童音乐治疗方法技术、其他音乐治疗方法技术，最后北京联合大学特殊教育学院艺术系陈莞副教授又演示了她多年来训练残疾儿童的案例，得到了克莱夫·罗宾斯教授极高的评价和肯定。

来自全国音乐院校、康复机构、智力障碍儿童研究和教学第一线的70余名教师参加了讲坛。他们一致认为通过听取此次讲坛内容，开阔了自己的视野，为自己将来的研究与教学提供了良好的指导。与会者一起目睹了国际音乐治疗大师的风采，共享了音乐治疗先进理念带给我们的快乐与启迪，提升了国内相关人士对儿童音乐治疗的认识水平，大大地推动了我国儿童音乐治疗的发展。

（北京联合大学特殊教育学院供稿）

高等美术教育专业课程建构国际研讨会 10月25至27日，由首都师范大学亚洲美术教育研究发展中心主办，在首都师范大学举行。来自美国、英国、德国、俄罗斯、日本、中国台湾和内地的约100名美术教育工作者参加了研讨会。教育部艺术教育委员会副主任杨瑞敏、中国艺术教育促进会秘书长章瑞安、国际艺术教育学会会长郭祯祥出席了会议。大会由亚洲美术教育研究发展中心主任尹少淳教授主持。章瑞安先生、郭祯祥教授、首都师范大学董重恂教授、美国杨百翰大学迈克尔·戴博士、德国艺术与教育国际交流促进会黄梅博士、中央美院陈卫和教授、美国加利弗尼亚大学雅美·德博士、美国印第安纳州立大学安妮德·齐默曼博士、英国伦敦诺汉普顿大学雷切尔·梅森博士、北京崇文区教育局特级教师侯令先生、绍兴文理学院李力加教授、俄罗斯国立师范大学库莰米乔夫教授、台湾嘉义大学陈菁绣博士等做了主题演讲。大会的主题为“交流、思考、建构”。交流不同国家和地区的高等美术教育课程和思想；思考高等美术教育专业课程改革中出现的不同问题；建构中国特色的教师教育课程体系。目标在于：提供一个国际交流平台，分享高等美术教育课程建构的思想、经验和成果，完善不同学校的美术教育课程，形成不同特色的课程体系，适应当代社会对不同美术教育人才的需要。与会代表围绕这个主题和目标，从教育观念、课程结构、培养目标、师资素质、社会需求等不同层面展开了深入的研讨，取得了显著成效。

（首都师范大学科技处供稿）

中非教育部长论坛 由教育部、外交部和商务部共同举办的本届论坛，于11月27日在北京举行。国务委员陈至立出席开幕式并讲话。

“中非教育部长论坛”是2000年在北京召开的，“中非合作论坛”的重要的后续行动之一，是在中非合作论坛框架内开展教育多边合作的一个新尝试。此次论坛将就发展中国家目前面临的一些比较普遍的问题和困难进行探讨，就一些成功的经验和案例进行剖析，就未来中国与非洲各国进一步扩大和加深教育领域的交流与合作进行磋商，为发展中国家教育发展作出贡献。

本届论坛将围绕“中非国家教育发展战略与交流合作”这一主题，就发展中国家普及义务教育的战略规划与基本政策、职业技术教育的发展方向与模式、中小学教师的培训与专业发展、高等教育质量的保障机制与措施、中非教育合作的主要领域与成功模式等多方面内容展开对话与交流。论坛期间，中方还将举办教学仪器展、远程教育展和农村教育展。

来自贝宁、刚果（布）、埃及、马里、肯尼亚、南非、尼日利亚、苏丹、埃塞俄比亚、卢旺达、阿尔及利亚、莫桑比克、坦桑尼亚、吉布提、毛里塔尼亚、喀麦隆、塞内加尔17个非洲国家的教育部长及这些国家的驻华使节应邀出席本届论坛。

（参见《光明日报》2005年11月28日第2版）

联合国教科文组织第五届全民教育高层论坛　由中国政府与联合国教科文组织合作主办的本届论坛，于11月28日在北京举行。国务院总理温家宝出席会议开幕式并致词。

来自世界各国的41位教育部长或国际援助部长以及重要国际组织（包括非政府组织和民间团体）负责人汇聚北京，围绕全民教育，特别是农村教育和扫盲教育问题进行广泛交流与探讨，共同促进世界各国全民教育事业的发展。

本次会议主题是："扫盲与农村教育"。会议主要内容是：总结实现全民教育目标过程中取得的成绩；教育在农村人口实现千年目标中的作用；实行教育的性别平等以确保千年发展目标与达喀尔目标的协调；为全民教育筹集资金，发布联合公报。会议发表的《北京公报》和"联合行动计划"，不仅是国际社会特别是发展中国家重申实现六大目标的庄严承诺，也将包含推动全民教育优先发展的重要途径，为此，本届大会将成为推动全民教育发展历史上的一个新的里程碑。

（参见《光明日报》2005年11月29日第1版）

"当代世界经济与政治"课程建设研讨会　12月6日，2005年"当代世界经济与政治"课程建设研讨会在中国人民大学资料楼八楼国关会议室召开。来自中国人民大学、浙江大学、武汉大学、中山大学、中国青年政治学院、北京大学、北京外国语学院、北京电影学院、中国社会科学院、解放军外国语学院、国防大学等30余所高校和研究机构的代表参加了此次研讨会。教育部社政司思想政治教育处处长陈矛、副处长陈睿与会并听取了大会意见。

与会代表一致肯定了"当代世界经济与政治"这一课程在培养当代大学生国际意识、开阔大学生国际视野并形成正确的世界观中所起到的无可替代的作用；并肯定了"当代世界经济与政治"在促进整个国际政治学科建设、壮大国际政治学科师资队伍中所发挥的巨大作用。与会代表还对"当代世界经济与政治"课程目前所面临的困境和挑战，以及如何调整、更新课程建设提供了许多建设性的意见。

与会代表希望教育部对"两课"改革相关文件进行补充说明，并确立本课程"在文科生中实行限制性选修、理科生中实行自由选修"的原则。教育部社政司思想理论教育处处长陈矛处长表示非常理解代表们对于本课程发展严重关切的迫切心理，并表示会将研讨会的意见向教育部相关领导汇报。

（中国人民大学科学研究处罗圣华供稿）

首届北京MBA精英论坛　本次论坛于12月21日在首都经济贸易大学举行。论坛得到了京津及西南和西北地区众多高校的积极响应和参与，参会成员汇集了京津及西南、西北地区22所高校MBA联合会主席、副主席、各部部长、MBA学管老师等师生代表，以及北京市人民政府副秘书长阎仲秋、北京市商务局副局长陈泽星、全国MBA教育指导委员会秘书长及清华大学经济管理学院副院长仝允桓教授、北大纵横管理咨询公司高级合伙人及副总裁陈江、中国经营报总编辑及商学院杂志社长李佩钰、首都经济贸易大学校长文魁教授、副校长郑海航教授、工商管理学院院长兼MBA教育中心主任戚聿东教授等众多嘉宾出席。

全国MBA教育指导委员会秘书长、清华大学经济管理学院副院长仝允桓教授回顾了中国MBA教育的历程，指出今天全国有96所高校开展MBA教育，已毕业学生超过了7万人，已经成为中国经济发展，以及中国企业界活跃的一支重要力量。目前MBA教育已经成为社会关注的热点，发展总的态势是稳定健康的。仝允桓教授认为：MBA教育作为一种职业经理人的培训，在中国的环境下应该和中国的现实与中国的经济体制结合起来，应该在教育中更多地使用中国的案例，更好地反应国内经济现实与企业管理的现状，努力探讨中国管理思想和管理实践的真谛，凝练成具有中国特色的管理思想和管理体系并运用到MBA教育当中去，这是中国的商学院要努力的事情；要通过老师和同学的互动共同发展中国的管理科学，共同发展中国的管理教育；MBA教育需要国际化和本土化相结合，本土化其实不仅仅是中国化，首都MBA需要更多地关注北京经济的发展，关注北京企业所创造的管理经验，以及北京经济发展对人才的需要；作为MBA同学更多的是要从实践中学习，要结合实际的问题探讨管理的真谛，为首都经济建设，为中国的经济发展作出贡献。

北京市商务局副局长陈泽星在演讲中介绍了北京市对外贸易在北京市经济发展当中的重要作用。陈泽星希望与会者利用本次论坛既对经典理论继续进行验证，也勇于对中国经济发展的规律进行理论的创新，使论坛永葆生命。

中国经营报总编辑、商学院杂志社社长李佩钰女士在主题演讲中介绍了中国经营报创办发展情况，希望与会 MBA 同学在职场中有更顺利的前景和美好的未来。北大纵横管理咨询公司高级合伙人、副总裁陈江谈到了未来的 MBA 领导人需要做的角色的转变，以自身感受谈到中国 MBA 的水平一直在增长，但同时企业本身也在进步。

北京高校 MBA 联盟首任主席刘聿达、现任主席冯超文、天津高校 MBA 代表肖华、西南 MBA 联盟主席项凯标等嘉宾也先后发言，介绍了各自情况和对中国 MBA 教育事业的认知。

（首都经济贸易大学 MBA 教育中心供稿）

全国高等教育科学“十五”规划重点课题学术研讨会 研讨会由北京工商大学社科部主办，于 12 月 23 日在北京工商大学良乡校区举行。北京教育工委宣教处领导、北京工商大学领导、社科部全体教师、广西财经学院、南京财经学院、天津商学院、天津美术学院、天津职业大学、广东轻工业职业学、江西景德镇陶瓷学院、河南商业高等专科学校等代表出席了这次学术研讨会。来自广西、广东、南京、江西、天津各高校的社科部负责人和教师及我校社会科学部的所有教师参加了会议。

会议共分两个阶段，第一阶段由社科部林永和教授主持并系统地汇报了全国高等教育科学“十五规划”重点课题（面向新世纪两课教学改革的研究：大学生心理素质教育的研究）取得的进展和结题情况。第二阶段由社科部副主任刘东超副教授主持，各地远道而来的同行们介绍他们参加这一课题的子课题而进行的研究工作。来自广西财经学院的蒋艳副教授讨论了网络环境下思想政治理论课教学的改革问题，强调应该注重培养学生网络环境下良好的自主判断力、自控力和自主承受力，并建议建立思想政治理论课网络教学阵地。广西财经学院的杨世信老师讨论了大学生心理健康教育创新机制的构建问题，强调应该区分不同年级、不同性别进行针对性的心理健康教育。来自广东轻工职业技术学院的张传龄副教授则介绍了中等职业学院进行思想政治教育的做法和经验。

（北京工商大学科研处供稿）

语言文学

中韩语文教育现状和展望国际学术研讨会 由对外经济贸易大学外语学院韩语系和韩国韩南大学国语国文系共同主办的本次国际学术研讨会，2 月 17—19 日在对外经济贸易大学校举行。来自北京大学、中央民族大学、北京外国语大学、北京第二外国语大学、北京语言大学、中国社会科学院等国内学术界专家学者及来自韩国韩南大学的教授共 40 余人出席了本次学术研讨会。对外经贸大学韩国经济文化研究所所长、外语学院副院长徐永彬教授为大会致开幕词。中国韩国（朝鲜）语教育研究会会长安炳浩讲话。会上，各位专家学者就中国的韩国语言文学的发展现状及发展前景进行了主题发言和讨论，分别发展了题为《有效率的韩国语教育方案》、《面向中国人的韩国语教育方法》、《中韩连语比较》、《文化的多样性与韩国语学习》、《申采浩文学观的比较文学考察》和《对中韩翻译的文化差异的考察》等 18 篇论文。会议取得了预期的效果，得到了国内外专家学者的一致好评，获得了圆满成功。

（对外经济贸易大学科研处供稿）

马尔罗与中国国际学术会议 会议由北京大学法语系、北京大学法国文化研究中心主办，北京大学比较文学与比较文化研究所和北京大学外国语学院协办，4 月 18—20 日在北京大学举行。正式代表 43 人，其中外方与会者 16 人，分别来自法国巴黎三大、巴黎四大、巴黎高师和巴西里约热内卢大学，中方学者主要来自北京大学、南京大学、武汉大学、广州外语外贸大学、北京外国语大学、首都师范大学、西安外国语大学、深圳大学、中国社会科学院和台湾淡江大学、香港城市大学等单位。北京大学吴志攀副校长、北京大学法国文化研究中心主任孟华和法国驻华大使高毅出席开幕式并致词。

在为期 3 天的会议中，与会的法国文学专家和马尔罗研究专家围绕 5 个议题作了发言。这 5 个议题分别是“镜像中的东方与西方”、“从《西方的诱惑》到《人的状况》”、“马尔罗回忆录中的中国”、“马尔罗艺术论著中的中国”与“马尔罗的介入”。

马尔罗是法国 20 世纪的著名作家和政治家。他与中国有着不解之缘。在源远流长的中法两国文化交流的历史长河中他是一个特殊的媒介，一生都在两国之间穿针引线，促使两大民族互视、互识和互补。

本次会议是我国举办的“法国文化年”框架内唯一涉及法国文学的国际学术研讨会，会议的成功举办，将“法国文化年”中两国的文化交流推向了高潮。法国《读书》杂志、法国 Fabula 文学研究网站、法国马尔罗研究网站、法国驻华使馆网站中法文化年栏目、北京大学校刊对会议做了报道。

（北京大学社会科学部朱邦芳供稿）

纪念肖洛霍夫诞辰100周年暨苏联文学学术研讨会

为了纪念诺贝尔文学奖获得者肖洛霍夫诞辰100周年及对苏联文学进行反思和重读，北京大学外国语学院俄语系、北京大学欧美文学研究中心和中国俄罗斯文学研究会于5月20日在北京大学联合主办了“纪念肖罗霍夫诞辰100周年暨苏联文学”双边学术会议。来自我国和俄罗斯各高等学校、研究机构、出版社会和新闻机构的60余位代表出席了会议。

10余位代表围绕着肖洛霍夫的创作及如何认识与评价苏联文学等问题作了精彩的发言。北京大学李毓榛教授在以“一个敢于为人民伸张正义的苏维埃作家”为题的论文中剖析了肖洛霍夫创作中体现出来的一个真正艺术家的良知和勇敢。四川大学的刘亚丁教授对20世纪90年代以来俄罗斯出版的4部肖洛霍夫传记作品作了梳理和比对，归纳出新传记作者所表现出来的争鸣与对话的态势。莫斯科托尔斯泰博物馆研究员苏洛夫采娃深入挖掘了俄罗斯现实主义的写作传统在肖洛霍夫创作中的传承和发展。莫斯科大学别丹诺娃博士、西南师范大学陈历荣教授和大连外国语学院李瑞莲老师从不同的角度对短篇小说《一个人的遭遇》进行了分析。北京师范大学的夏忠宪老师发表了论文“‘苏联文学’概念考”，指出，应该在遵循“含义多元”和“涵盖各种文学流派”原则的前提下重新认识“苏联文学”。

（北京大学社会科学部朱邦芳供稿）

首届世界汉语大会　首届世界汉语大会于7月20－22日在北京举行来自世界60多个国家和地区的政府官员以及大学校长、汉学家和汉语教师等与会，并围绕“多元文化架构下的汉语发展”进行广泛交流研讨。

世界汉语大会主席、国务委员陈至立在开幕式上作主题发言。出席世界汉语大会的嘉宾埃塞俄比亚联邦院议长穆拉图、联合国教科文组织助理总干事波切纳吉·牟尼尔、加拿大联邦政府多元文化部部长陈卓瑜、美国大学理事会主席卡伯顿、新加坡教育部政务部长曾士生、法国教育部汉语总督学白乐桑以及第四届“汉语桥”世界大学生中文比赛获奖选手在开幕式上发了言。

两天的大会，与会者就“多元文化交融与汉语需求”、“新时期汉语教学运作机制”、“国际第二语言教育发展的前景”等主题展开了讨论。

（参见《人民日报》（海外版）2005年7月20日第8版7月23日第1版）

国际汉语教学讨论会　作为世界汉语大会系列活动之一的第八届国际汉语教学讨论会，于7月23—25日在北京召开。来自世界30多个国家的400多名汉学家和汉语教师，就汉语作为第二语言教学的发展进行了广泛深入的讨论。本届讨论会的主题是“世界多元文化架构下的汉语发展”。目前，美国有2500所中小学提出开设中文课程，到2007年韩国的中小学将普遍开设汉语课程。这一形势的发展，对世界汉语教学提出了形式多样，层面不同的需求。

（参见《人民日报》（海外版）2005年7月26日第2版）

中国明代文学学会（筹）第三届年会　8月20至24日，由首都师范大学文学院和中国诗歌研究中心联合主办的中国明代文学学会（筹）第三届年会在北京召开。会议共收到学术论文90余篇。来自中国内地、港台地区，以及美国、日本、韩国等国家的百余位学者参加了会议，其中，既有德高望重的学术前辈，又有近年来活跃于学术前沿的中青年学者。在两场大会发言和15场分组讨论中，与会学者讨论热烈，在讨论过程中形成了互动，在思想的碰撞与交锋中实现了学术交流的目的。会议论文涉及领域广、研究角度新，从中可以发现近年来明代文学研究的新进展。会议主要涉及两个方面的问题：一是明代文学与文化的关系问题，另一个是明代文学研究中新方法的运用问题。集中探讨明代文学与文化的关系，其重要意义在于，研究者不再把文学视为一种孤立现象，而是将其视作古人生命活动的有机组成，进而把文学活动与政治、文化、哲学思想及士人心态结合起来进行综合、交叉研究。这将使明代文学研究进一步走向立体与深化与会学者广泛运用新方法，比如叙事学研究、接受学研究、女性批评研究等，都成功地运用于明代文学研究中，在会议期间代表们还认真讨论了新方法在明代文学研究中的可操作性及面临的诸多问题，对今后明代文学研究的进展将会产生深远的影响。

（首都师范大学科技处供稿）

近代汉语官话音国际学术研讨会　8月23日由北京大学汉语语言研究中心主办的此次国际学术会议在北京举行。与会的正式代表38人，其中来自国外的5人（韩国2人，日本2人，美国1人），33位国内的代表分别来自北京大学、吉林大学、中国人民大学、南京大学、厦门大学、徐州师范大学、重庆师范大学、香港科技大学、中国社会科学院、吉林社会科学院等高校和科研机构。首都部分高校的研究人员列席会议，实际与会人数约60人。本次会议是国内第一次以近代汉语官话音为主题的学术研讨会，本研究领域的主要学者都出席了会议。

会议收到论文31篇，在时空分布上涵盖了宋金至民国、南方官话和北方官话的各个部分，在论文内涵的分布上涵盖了官话研究的性质、理论、方法、音系本体和背景环境等问题。如，“有关官话音系研究的几个理论问题”、“再谈《中原音韵》音系的性质问题”、“研究明末清初官话基础方言的22年历程”、“民初国音的历史问题”、“八股取士对明代音韵学繁荣的影响”“《尔雅音图》的音系基础”、“金代诗人用韵考”等。不少论文富于开创性，是这一领域的前沿性研究成果。

（北京大学社会科学部朱邦芳供稿）

蒙汉双语研究与教学国际学术研讨会 经过中央民族大学中国少数民族双语教学研究会和中国蒙古语文学会的长期筹备与运作，蒙汉双语研究与教学国际学术研讨会于8月26至28日在北京召开。来自蒙古、俄罗斯、日本、土耳其等国、香港特别行政区等国内外各大专院校的中外专家学者200多人参加了研讨会。原全国人大副委员长布赫、原内蒙古自治区副主席乃登到会并讲话。

本次研讨会的主题是“增进友谊，加强合作，携手发展多元文化，共同建设和谐世界”。会议在促进蒙古语文理论的研究与发展，交流汉语教学经验，推动汉语教学发展等方面取得了新的突破，为与会各国专家学者架起了一个互相了解、沟通、联系之桥，也为专家学者提供了一个交流经验、展示最新科研成果的平台。

（中央民族大学科研处陈海如供稿）

陆宗达先生诞辰100周年纪念会暨中国语言文字学学术研讨会 会议由北京师范大学民俗典籍文字研究中心、北京师范大学文学院主办，9月3—4日举行。来自海内外的专家学者、陆门弟子、陆先生的亲属及生前友好150多人参加了会议。北京师范大学校长钟秉林、教育部语言信息司司长李宇明、北京师范大学民俗典籍文字研究中心主任王宁、北京师范大学文学院院长张健、文学院党委书记李国英等出席会议并讲话。

陆宗达先生1928年毕业于北京大学国文系，曾在北京大学、辅仁大学等多所大学任教，1947年起任北京师范大学教授、博士生导师。陆宗达先生是20世纪下半叶中国传统语言文字学的一代宗师，是奋臂倡始复兴《说文》学与训诂学，在中国传统语言文字学领域振衰起弊、励志创新的学者，也是乾嘉之学与章黄之学在当代的重要继承人之一。陆先生是一位深怀爱国之志的学者，他受时代的感召和老师章太炎、黄侃等国学大家的深刻影响，将满腔的爱国热情灌注在追求国学的实际行动中。他始终对传统语言文字学的继承与发展怀着坚定的信念，对师承执着忠诚，为人和治学敦厚睿智。陆先生的研究广泛地涉及汉语音韵学、训诂学、《说文》学和现代汉语语法等诸多领域。尤其是在《说文》学和训诂学方面造诣深湛，著有《说文解字通论》、《训诂学简论》、《训诂方法论》（与王宁合作）、《训诂与训诂学》（与王宁合作）等影响深远的著作。陆先生亲自主持建立了中国训诂学研究会，并担任首届会长，又在北京师范大学建立起我国第一个以《说文解字》研究为中心的汉语言文字学博士点，从而为中国训诂学和《说文》学的复兴与普及作出了重要贡献。陆先生的治学原则，用王宁教授的话来说就是：“坚守而不保守，师古而不复古”。具体特点表现在：

（1）严格从文献语言材料出发，以对古代文献语言材料的解读、辨认、分析和归纳为研究工作的基点，从文献语言中提出课题。不事空谈，不作空泛的推论。（2）以文献词义作为主要的探讨对象。从音韵学起步，以文字学为桥梁，在训诂学上落脚。特别关注语言学中最薄弱的环节语义学。（3）认为《说文》学是文献文字学与训诂学的重要工具，以《说文》为中心进行文字训诂研究，就是传统语言文字学的正确途径。（4）主张要研究汉语的现在，必须同时研究它的过去；要研究汉语，必须同时研究汉字。并主张把传统的汉语言文字学发展为更先进的语言学科学，以丰富世界语言学的宝库；而不是切断历史、抛弃和排斥传统的东西而沿着从别种语言中总结出的规律来为汉语的研究另辟蹊径。（5）注重“明其理，得其法”，总结原理与方法。同时在振兴民族文化的今天，一切研究不应当只进入科学的殿堂，而应当同时面向社会，注重普及，强调应用。陆先生也是卓越的教育家，他在汉语语言文字学的教学岗位上躬耕达数十年之久，为祖国的语言文字学事业培养出多位杰出的语言学家和一大批优秀的教学科研人才，桃李遍及天下。诚可谓“善歌者，使人继其声；善教者，使人继其志”。

纪念会上，北京大学教授郭锡良、中国人民大学教授胡明扬、中国语言学会会长、《中国语文》杂志主编侯精一、中国训诂学会会长李建国、美国哈佛大学教授冯胜利、台湾师范大学教授龚鹏程、北京师范大学教授郭预衡、史锡尧等先后发言。与会学者深情地回忆了陆宗达先生的治学和为人，高度评价了陆先生渊博的学问、巨大的学术贡献、高尚的爱国情操和崇高的师表风范。

会议期间，与会学者还就文字、音韵、训诂的具体问题进行了广泛深入的学术交流，并客观地分析了传统语言学在科学研究、学科建设和人才培养方面面临的挑战，对今后的努力方向也提出了很多有益的建议。

此次会议由北京师范大学民俗典籍文字研究中心和北京师范大学文学院联合举办。

（北京师范大学社会科学处田晓刚供稿）

斯特林堡国际研讨会　本次会议是瑞典驻华使馆举办的“2005——斯特林堡在中国”系列活动的一个组成部分。会议由北京大学外国语学院世界文学研究所、瑞典驻华大使馆、瑞典文学院、人民文学出版社、中国翻译协会联合主办。10月19—20日在北京大学召开。瑞典、德国及我国学术界、创作界和翻译界的90余人与会。其中有3位是诺贝尔文学奖评委：瑞典文学院的资深院士阿兰、马悦然和拉富尔。

奥古斯特．斯特林堡堪称瑞典现代文学之父，他的戏剧、小说、自传和书信在西方现代文学领域产生了深入而长久的影响。与会学者围绕以下4个议题进行了热烈的讨论。（1）中国作家论斯特林堡。莫言在深刻比较了鲁迅和斯特林堡后得出了“鲁迅是中国的斯特林堡”的结论。李锐认为，把坚定的道义承担和不疲倦的艺术追求集于一身是斯特林堡最吸引人的地方。赵玫指出，女人始终是斯特林堡创作的激情和动力。余华则解读了斯特林堡的《红房间》。（2）斯特林堡的国际影响。国际斯特林堡学会会长博耶·梅道尔在主题发言中就“斯特林堡对世界文学的影响”作了精辟的分析。德国阿尔佛雷德·霍农和贝阿塔·牛麦峨分别考察了上个世纪斯特林堡在英国和美国的接受情况。北京大学罗湉和赵白生博士以“风信子花的疯狂与忧郁——对斯特林堡戏剧的心理分析与生态批评”为题作了发言。（3）文学翻译。马悦然在发言中特别指出了文学翻译在文化交流中的重要作用。《斯特林堡文集》的译者李之义则畅谈了“斯特林堡的翻译”。（4）斯特林堡的戏剧。北京人民艺术剧院的著名导演和瑞典皇家剧院首席导演希尔达·海尔威格作了发言。

（北京大学社会科学部朱邦芳供稿）

文化艺术

北大——耶鲁“比较视野中的传统与现代”双边学术研讨会　由北京大学比较文学与比较文化研究所与耶鲁大学东亚系、比较文学系、东亚研究委员会联合主办、北京大学英语系协办的本次学术研讨会于3月7—9日在北京大学举行。40余位学者参加了会议。除主办单位的学者外，参会的还有来自日本文化研究中心、香港大学、复旦大学和中国社会科学院的代表。

会议开幕式由北京大学比较文学与比较文化研究所所长严绍璗教授主持，北京大学副校长吴志攀和耶鲁大学校长特别代表Jane A. Levin博士分别致词。学者们围绕“记忆与文本”、“传统与现实主义”、“翻译与变革”等10个议题展开了讨论，发言广泛涉及文学、戏剧、宗教、电影等多个领域。其中，中国比较文学学会会长乐黛云教授作了题为“文学与‘情’—东方和西方”的发言，耶鲁大学比较文学系著名教授、美国现代语言学会副会长Holquist从康德语言学角度探讨了改变传统的可能性，北京大学严绍璗教授对马克思提出的“文化传递的不正确理解”原则做了相当深刻的阐述，耶鲁大学孙康宜以“文字的焦虑：龚自珍和他对爱情的评注”为题作了发言，北京大学孟华教授则从形象学的角度探讨了“浪漫法兰西形象的形成”。以上几位的发言受到了与会者的普遍关注和好评。其他代表的发言也为大会主议题增添了新的视角和研究方向。

（北京大学社会科学部朱邦芳供稿）

为了汉字文化的伟大复兴学术研讨会　3月24日，北京国际汉字研究会与中国社会科学院甲骨学殷商史研究中心、中国人民大学东方艺术研究所、中国书法家协会《中国书法》杂志社、《汉字文化》杂志社、北京大学方正技术研究院、北京大学方正电子有限公司等单位联合在中国社科院科学会堂举办“为了汉字文化的伟大复兴学术研讨会”。会议从历史与现实相结合的角度全面讨论了汉语汉字在中华文化史上的作用、当前汉语汉字研究、书法艺术及汉字信息化等问题。任继愈、汝信、欧阳中石、申小龙等近百名语文界、书法界、计算机科学界学者参加会议。与会者呼吁对汉字价值进行再认识，为汉字文化的复兴而奋斗，引起社会各界共鸣，反响强烈。

（北京国际汉字研究会李琴供稿）

推进两岸文化交流、弘扬民族优秀传统研讨会 研讨会由中华炎黄文化研究会和中华炎黄文化基金会共同举办，于4月1日在北京召开。来自内地与台湾的张文彬、楚崧秋、曲润海、张世良、汤一介、陈若曦、杜导正、金冲及等60余位专家学者出席研讨会。

与会者认为，中华文化将“身心和谐”、“人际和谐”、“天人和谐”作为最高的价值追求，形成普遍和谐的思维模式。这种思维模式要求从我做起，即首先“正心”、“修身”，做到身心和谐；其次推己及人，达到人与人、人与社会之间和谐，所谓“齐家”、“治国”、“平天下”；再次，由人延续至自然界，实现人与自然之间的和谐，最终达到“保和太和”、“人与无尽”的目的。这和和谐精神强调事物之间同一性和整体性，提倡人与人之间的友善、宽容、和解，给人类带来和睦与和平。这些中华民族优秀传统文化值得两岸学者深入研究和大力弘扬。

大家认为，在经济全球化的背景下，中华文化依然能够保持文化的独立性，这是和保持民族的独立性紧紧联系在一起的。文化的基本特征之一是民族性，这是一个民族立足于世界民族之林的基石。如果一个民族否定自己的文化传统，失去了民族自信心，心甘情愿接受异族文化的“同化”，则必然走向衰亡。同样，民族文化是民族存在的标志，当任何一种文化失去其“民族性”时，它作为独立的文化也就不复存在了。与会者指出，与其他民族文化相比，中华文化讲求兼容并包、己所不欲勿施于人、不以力假仁。这一独特传统文化，对于寻求解决目前国际矛盾的思路具有重要的启发意义。台湾的学者和内地的学者有责任和义务为实现国家的和谐与统一以及人类的和平作出努力。

（参见《光明日报》2005年4月12日第5版）

赵朴初学术思想座谈会 座谈会由全国政协民宗委、中国民主促进会、中国佛教协会联合于5月21日在北京召开，以纪念赵朴初同志逝世5周年。全国人大常委会副委员长、民进中央主席许嘉璐，全国政协副主席、中共中央统战部部长刘延东，全国政协副主席、民进中央常务副主席张怀西和赵朴初夫人陈邦织等出席座谈会。

与会者深情回顾了赵朴初同志光辉的一生，深切缅怀了赵朴初同志与中国共产党肝胆相照、亲密合作的崇高风范和为爱国统一战线事业，为坚持和完善中国共产党领导的多党合作和政治协商制度，为中国的宗教事业和对外友好交往所作的贡献，表达了对赵朴初同志爱国爱教、无私奉献和追求进步、探索真理伟大精神的深切怀念之情。

座谈会上，首先进行赵朴初铜像揭幕仪式。该像由著名艺术家、全国政协委员袁熙坤所塑。座谈会后举行了赵朴初书法展剪彩仪式。有关部门和赵朴初同志生前友好及社会各界人士100多人参加了座谈会。

（参见《人民日报》2005年5月22日第4版）

北京大学首届中华武术国际论坛 由北京大学主办，北京万融海溢文化发展公司承办。5月21—23日在北京大学召开。200余名来自美国、英国、俄罗斯、澳大利亚、菲律宾、日本、德国、中国等12个国家与地区的代表与会。21日上午举行开幕式。奥委会前副主席何振梁，前国家体委副主任、亚武联主席徐才，中国武术院院长王玉龙等应邀出席。

论坛共收到论文100余篇，内容涉及中华武术的历史、现状与发展，武术科学研究，武学在中国和世界文化中的地位和作用等。与会人员围绕武术技术、武术教学、武术产业与奥运等主题展开了热烈的讨论。论坛设立了“武术贡献奖”、“武术成就奖”和“优秀论文奖”，用以分别表彰对中华武术作出突出贡献或一定贡献的个人和团体以及本届论坛的优秀论文作者。

作为首届在著名大学举办的中华武术国际论坛吸引了众多媒体的关注。

（北京大学社会科学部朱邦芳供稿）

中国电影百年纪念国际学术研讨会 会议由北京大学、上海大学与美国亚洲电影研究协会联合举办。6月6至10日相继在北京大学和上海大学举行。参会代表共计200余人，其中国外学者120位。

6月6日上午大会开幕式在北京大学隆重举行。中共北京市委常委、教工委书记朱善璐，国家广电总局电影事业管理局局长童刚，著名导演谢晋、郑洞天，著名电影理论家李少白、程季华，美国亚洲电影研究协会主席约翰·兰特等作为嘉宾分别致开幕词。150多位海内外专家学者在会上发表了自己的最新研究成果。伦敦大学劳拉·穆尔维、美国亚洲电影研究协会主席约翰·兰特、洛杉矶加州大学尼克·布朗、美国芝加哥大学米莲姆·汉森、美国北卡罗莱纳大学罗伯特·艾伦、北京大学彭吉象、中国电影研究中心郦苏元、上海大学陈犀禾等作大会主题发言。研讨会分16个专题，围绕当代中国电影的历史叙述与重新书写，中国电影的产业化转型，电影的类型界定，建构“大影视”观念，开辟现代影视高等教育的空间，文本、导演、明星个案研究等问题，从中国电影与全球电影交互影响的高度进行了探讨，并以此方式庆祝中国电影百年。会后，代表们参加了上海电影节。

（北京大学社会科学部朱邦芳供稿）

首届中国创意产业国际论坛 7月7至9日，由中国社会科学院文化研究中心、澳大利亚昆士兰科技大学和中国人民大学人文奥运研究中心联合发起的“2005首届中国创意产业国际论坛”在北京召开。

文化部部长助理丁伟，教育部吴启迪副部长，中国社会科学院冷溶副院长，中国人民大学纪宝成校长，中国人民大学党委程天权书记，北京市副市长，中关村科技园区管委会主任范伯元，中国人民大学副校长、中国人民大学人文奥运研究中心主任冯惠玲、清华大学常务副校长何建坤、香港特别行政区民政事务局何志平局长、中国社会科学院文化研究中心李德顺主任、中关村科技园区管委会常务戴卫副主任等领导出席了开幕式。澳大利亚艺术与体育部长罗德·坎普、韩国驻华使馆文化参赞柳在沂、荷兰大使馆科技参赞范科艺等嘉宾也应邀出席了开幕式。

次论坛的研讨涉及广告、建筑、电影、动画、网络游戏、音乐、出版、软件、文物交易等众多行业。国内外专家就“创意产业的发展：商业模式与机遇”、“艺术、媒介与创意的集约化所带来的发展机遇”、“从中国制造到中国创造：国际社会能为我们提供什么？”、“创意产业的发展：国际经验与对比”、“从文化产业到创意产业”、“创意城市与地区发展”、“创意中国：理论与政策”、“视觉文化产业的创意发展”、“奥运文化产业的创意元素”、“创意产业园区与科技园区”、“数字内容产业的发展”、“创意产业实践探讨”、“创意环境营构”等12个方面展开了讨论，进一步丰富了“创意产业”的内涵，深入分析了“创意产业”的实践活动，就全球和中国创意产业的发展进行了全方位多角度的阐释。

（中国人民大学科学研究处罗圣华供稿）

儒家“中和”思想与世界和平国际学术研讨会 研讨会由中国孔子基金会主办，国际教育基金会、烟台张裕集团、曲阜孔府家集团共同协办，于8月5—6日在北京举行。来自中国大陆、港台地区、韩国、日本、越南、泰国、美国、德国、以色列等国家和地区的专家学者百余人出席了会议。

与会者认为，中华文化源远流长。尚中求和思想，是中华传统文化的核心。它虽然不是儒家之独创，是由历史上众多学派依先民的智慧和创造所共尊共荣，但儒家在其中一直居于主流和先导地位。发端于《论语》、《中庸》的中和论，经历代诸儒阐发，构成了涵盖宇宙观、认识论、道德论、社会论、境界论的完整哲学思想体系，集中反映了中华民族的精神特质，反映了中国、东方乃至世界的人类生存智慧。

与会者强调，坚持与时俱进，不断探索真理，既是人类文明发展的动力，也是学术的天职。以儒家为代表的中和思想，最为赞赏的是“天地位焉，万物育焉”，“天地之道美于和”，并曾为不断臻于此种尽善尽美境界而代代相接，孜孜以求，因而形成一种依时而中、生生日新、自强不息的品格。这鼓励我们积极进取，不断进行理论创新、文化创造。而“和而不同”、“道并行不相悖”的伟大包容精神，更为我们承续先贤，探求真理，广开言路，以新的学术视角和时代精神阐扬中和思想，提供了无比广阔的思维空间。

（参见《光明日报》2005年8月16日第5版）

抗战时期北平反法西斯文学艺术研讨会 8月7日，北京市社会科学院在北京西山大觉寺召开了“抗战时期北平反法西斯文学艺术研讨会”。出席会议的有北京市委宣传部副部长宋贵伦，北京市社会科学院院长朱明德，副院长陆奇、戚本超、袁懋栓、梅松，抗战时期沦陷区作家梅娘、刘沙，以及在沦陷区生活过的作家后代舒乙（老舍之子）、何标（张我军之子）等，来自日本、加拿大、美国、我国内地的中国抗战问题研究者共计百余人。

本次研讨会收到了国内外学者提交的众多有价值的论文。会上，各位专家学者进行了热烈的探讨，他们结合自己的经历和研究成果，介绍了抗战文学研究现状和特点等。舒乙先生就老舍先生《四世同堂》谈了书中所描述的真实的时代环境和其历史价值。张泉研究员继《沦陷时期北京文学八年》之后，又推出新作《抗战时期的华北文学》。他回顾了沦陷区文学研究的历史，提出要破除“沦陷区文学、汉奸文学”定式，对沦陷区文学作出真实客观的判断。作家梅娘对此表示赞同，她回忆道，“大多数沦陷区作家‘身在曹营心在汉’，在创作中始终坚持操守。”研讨会于当天下午成功落幕。会议实现了推动抗战文学艺术研究的目的，弘扬了以爱国主义为核心的民族精神和以改革创新为核心的时代精神，为进一步的研究工作提供了很好的经验和启示。

（北京市社会科学院科研处供稿）

第二届科学与信仰学术年会 由中国自然辩证法研究会科学与信仰研究中心、国际人文与科学学会、北京师范大学科学与人文研究中心主办的“第二届科学与信仰学术年会”于8月7—8日在北京召开。来自中、美、德三国的70余位学者参加了会议。与会学者围绕“信仰、知识与环境”的主题展开了热烈讨论，涉及不同文化语境中信仰、知识与环境的多个层面，如信仰与知识和科学的基本关系，不同文化语境中的信仰与知识传统，不同信仰传统与环境问题的比较，全球化语境下信仰、知识与环境的融通。其中，中国传统信仰的定位及其与科学和环境的关系问题，信仰与科学在东西方的不同含义，信仰差异与技术转移，人类中心主义与非人类中心主义争论的信仰基础等议题尤为引人关注。

学者们认为，科学技术是社会发展的重要的决定性力量，在推进人类社会现代化方面作出了突出的贡献，但与此不相称的是人类的精神状况并没有随着科学技术的发展而同步前进，由此给社会发展带来新的重大难题。信仰是人文范畴的核心，它的缺位会引发一系列深刻的社会问题，如在经济增长中所出现的大规模的环境污染、资源的过度开发和消耗以及全球各地不同程度增加的各种心理与精神疾患等问题，在很大意义上就与人们的精神和信仰状况有关。由此，社会的治理也就不能采取单一的模式，而必须用更加开放的视野看待世界和人类的各种文化形式，通过多个文明间的对话和多种方式并用实现社会发展的综合治理。对此，不同民族不同文化中都有许多重要的思想和现实资源可以利用。所以，必须加强对这些思想资源的研究与开发，特别是加强信仰问题的研究和建设，为更多的人提供精神支点。

（参见《光明日报》2005年8月16日第8版）

中国古代文艺思想国际学术研讨会 8月18至20日，由首都师范大学文学院、中国文学思想研究中心及文艺学重点学科联合主办，在首都师范大学国际文化大厦举行。参加会议的有中、日、韩学者共40余人，其中台湾有11名主要为青年学者组成的小型学术代表团与会。大会收到论文近40篇。论文内容较广泛，从先秦到明清近代都有所涉及，涵盖了文学、书法、绘画、音乐等艺术门类。既有对中国文学总体特征的宏观把握，也有具体而微的个案研究，所论问题切入角度丰富，理论探讨与史实考辨兼备，表现出各具特色的学术个性。与会学者从多种角度和不同层面对中国古代文艺思想领域的相关问题进行了深入的研讨。主要议题包括：对中国古代文艺思想中的重要观念、命题和范畴进行了新的探索；对不同艺术门类包括不同文体关系的探讨；从文学与社会思潮、学术思想及人生信仰的联系进行思考。本次会议的一个显著特点，是新视角、新方法的运用以及老问题的新解、新领域的开拓。还有几位学者对某些文学基本问题的看法，比如什么是文学、其特质如何、中国古代文学研究的界限如何、中国文学史应当如何建构等等表示出很大的关注。大会分场会议中，还开展了一场关于中国文学思想史、文艺思想史研究方法论问题的集体讨论。

（首都师范大学科技处供稿）

中华文化论坛 由中华海外联谊会和中华文化学院联合举办的“振兴中华·海联论坛——中华文化与中华民族凝聚力研讨会”于9月27日至28日在北京召开。150余位海内外专家学者和港澳台海外知名人士参加了论坛。全国政协副主席、中共中央统战部部长、中华海外联谊会会长刘延东在开幕式上发表了主旨演讲。

刘延东指出，21世纪是世界大变革、大转折、大发展的时代，中华民族迎来了千载难逢的大好机遇，正处在伟大复兴的历史新起点。伟大的复兴需要伟大的文化。作为中华儿女，中华文化是我们共同的骄傲，共同的身份，是抹不去的生命“痕迹”。我们都是中华文化的承载者、传播者，有义务、有责任大力弘扬中华民族优秀文化，使烛照中华数千年的人文之光薪火相传、熠熠生辉，成为中华民族在新世纪实现伟大复兴的强大精神力量。我们要弘扬中华文化，不断提升综合国力，大力促进社会和谐，积极推进祖国统一，努力维护世界和平。

全国人大常委会副委员长、民进中央主席许嘉璐，全国政协副主席董建华，台湾知名学者陈映真和诺贝尔物理学奖获得者、著名科学家杨振宁先后在会上作了主题发言。

开幕式和上午的主旨演讲、主题发言由全国人大常委会副委员长、中华文化学院院长何鲁丽主持。全国政协副主席、中华海外联谊会副会长周铁农出席了开幕式。

全国政协副主席、中华海外联谊会副会长周铁农在致闭幕辞时说，这次论坛可以用“精彩”、“和谐”、“热烈”来形容。大家认为，中华民族在五千年悠久历史中，创造出的独具特色、博大精深的中华文化，铸就了以爱国主义为核心的团结统一、爱好和平、勤劳勇敢、自强不息的民族精神，成为维系国家统一、民族团结的牢固纽带，成为中华儿女奋发进取、百折不挠的精神支柱，不仅是中华民族世代相传的宝贵财富，也是人类文明宝库中一块璀璨夺目的瑰宝，为人类文明增添了不可磨灭的光彩。

（参见《人民日报》2005年9月28日第2版，9月29日第2版）

国际博物馆馆长论坛　论坛于10月12日在北京中华世纪坛开幕。本次论坛邀请了包括美国纽约大都会艺术博物馆、普林斯顿大学艺术馆、宾夕法尼亚大学博物馆、日本东京国立博物馆、意大利都灵博物馆以及中国故宫博物院等享有世界声誉的著名博物馆馆长参与。在为期3天的论坛期间，各国博物馆馆长将交流各博物馆2006年至2010年的展览项目，探讨博物馆如何与教育相结合，更好地发挥博物馆的功能等。

〔参见《人民日报》（海外版）2005年10月13日第4版〕

动画艺术与产业发展国际论坛　10月28至29日，“创意世界：动画艺术与产业发展国际论坛”在中国人民大学逸夫会议中心举办。日本国际交流基金北京事务所所长藤田安彦先生，日本动画协会理事长、手塚制作公司社长松谷孝征先生，日本动画协会事务局长、东海大学和日本大学客座教授山口康男先生，日本SUNRISE著名动画导演富野由悠季先生，加拿大Emily艺术学院亚洲研究学员主任Sam Carter教授，以及文化部市场司领导、中国动画学会领导、国家各主要动漫游戏基地负责人以及北京电影学院动画学院、中国人民大学徐悲鸿艺术学院等高校动画专业教授等出席了开幕式。

中国人民大学陈一兵副校长出席开幕式并致词。文化部文化市场司网络文化处柳士发处长在贺词中阐释了本次论坛的主题“创意世界”的两层含义，并从政府的角度提出了一些关于动画艺术与产业发展的管理思路。中国人民大学徐悲鸿艺术学院院长徐庆平教授从审美、美术的角度充分肯定了动画产业在近些年来的迅猛发展。

著名动漫导演富野由悠季发表了题为《影像的原则、动画的原则》的演讲，从一个动画创作者和研究者的角度指出了动画的三原则，即：方向性、符号性、戏剧性。山口康男向与会者介绍了日本动画，总结了优秀动画片的成功因素：优秀的动画作家和好的策划。松谷孝征为本次论坛带来了题为《日本动画和漫画的发展与手塚治虫》的演讲，介绍了手塚治虫的发展，以及过去50年间日本漫画飞速发展的主要原因。

（中国人民大学科学研究处罗圣华供稿）

费孝通文化思想座谈会　为纪念费孝通教授诞辰95周年，由中华炎黄文化研究会举办的“费孝通文化思想座谈会”，10月29日在北京召开。来自学术理论界的张岂之、冯征、杜导正、张文彬、曲润海、鲁谆、方克立、瞿林东、高栓平、乐黛云、刘志琴、阎纯德、方李莉等专家学者和费孝通的亲属80多人聚集一起，缅怀费老的思想、理论、精神、风范、品德和学风。

与会同志说，费孝通先生是我国著名的社会学家、人类学家和民族学家，他用毕生的精力和心血从事社会学研究，对中国的社会发展和学术研究作出了重大贡献。他学识渊博、治学严谨、学风质朴、实事求是、学贯中西，处处体现着学术大家的风范；他数十年调查不止、思考不停、笔耕不辍、创新不断，把自己的学术志趣与人民富裕、国家强盛、民族振兴紧密相联，处处体现着一位伟大爱国主义者的高尚情怀。费孝通先生在学术上、理论上提出了一系列新思想、新观点和新见解，把他70余年的精力都用在了中国社会的实地调查和文化思考上。他的文化思想十分丰厚，他认为社会与文化是密不可分的。他从早年的《花蓝瑶社会组织》、《中国文化内部变异的研究举例》，到在英国留学期间用英文写作并享有国际声誉的《江村经济》，再后来的《土地里长出来的文化》、《文化的物质面与精神面》、《文化论与社会学》，以至晚年的《行行重行行》等阐述了文化的实质、形态、功能，探讨了文化与社会的关系。

与会同志指出，新世纪以来在经济全球化的影响下，世界文明之间的相互关系正在发生变化，中华文化面临挑战。而进入耄耋之年的费老，积极投入文化问题的讨论中。他晚年关于文化的一系列著述，已经大大超出社会学、人类学的范畴，从更高、更宽的视角来着眼和思考。他不仅深入研究少数民族文化、地域文化，而且对于理财文化、玉文化等都有论及。特别是他提出了“文化自觉”的理论。“各美其美，美人之美，美美与共，天下大同”，这4句话、16个字，是他对“文化自觉”的高度概括。他强调，“文化自觉”，意思是生活在既定文化中的人对其文化要有“自知之明”，要明白它的来历、形成的过程、所具有的特色和它的发展趋向；不仅要欣赏本民族的文化，还要欣赏异民族的文化，做到不以本民族文化的标准去判断异民族文化的“优劣”。自知之明是为了加强对文化转型的自主能力，取得决定适应新环境、新时代文化选择的自主地位。这一精辟论述，内涵十分丰厚。“文化自觉”，可说是费孝通先生毕生从事文化思考和研究的升华与结晶。现在，越来越多的人了解和认同“文化自觉”理论，认为这一理论是时代的要求，它不仅对中华民族实现伟大复兴有重要意义，而且世界各个民族都应对自己的文化有自知之明。这样，才能形成世界各种文化多样共存、取长补短、共同发展。

（参见《光明日报》2005年11月1日第5版）

国际儒学高峰论坛　由国际儒学联合会和北京师范大学举办的“2005国际儒学高峰论坛”，10月29—31日在京召开。杨波、杜维明、汤一介、成中英、张立文、庞朴、杨国荣、余敦康，周桂钿、钱逊、白光华、李瑞智、宋荣培、费瑞实、牟钟鉴、陈来、曹凤泉等数十名专家学者分别出席主论坛和分论坛，就如何弘扬儒学思想中的优秀文化和在构建社会主义和谐社会中发挥儒学的新作用等课题，进行了深入研讨。

与会者认为，儒家思想对中华民族精神的形成起了重要的作用，是我们值得重视的精神财富。儒学影响了中华民族特有的世界观、价值观和思维方式，儒家的伦理思想和道德规范，特别是其中重礼仪、宽厚待人、自强不息和积极进取等在中国人民的精神风貌中处处可见。儒学是一笔宝贵的文化遗产，它不仅属于中国，而且属于全人类。目前，经济全球化正在深刻地影响着世界的发展，儒学只有顺应时代不断创新才能更好地为人类服务。

（参见《光明日报》2005年11月8日第5版）

“全球化进程中的东方文明”国际学术研讨会　11月13日，研讨会在北京大学英杰交流中心召开。会议由北京大学历史系主办，来自国内外的专家学者共70人参加了会议，其中来自美国、韩国的代表共有7人。

本次会议就以下当今文化界的热点问题进行了广泛论述和深入讨论；经济全球化时代的东亚社会文化进程；东西文明的汇聚、冲突与融合；经济发展、公共政策与东亚文化遗产；社会发展中的秩序与公正；东方文化传播与大众媒体；东方视角中的世界文明。针对如何处理新时代的文化关系与文明对话这一课题，北京大学哲学系陈来教授将中国古代“和而不同”的思想阐发为更具有现代意义的“多元的普遍性”这一观念，进而主张以此作为处理全球化时代的文化关系与文明对话的基本原则。中国社会科学院哲学研究所研究员郭沂选择了从古代中国的“天下一体化”看当代全球化趋势的独特视角，认为古代中国是从政治的天下一体化达成了文化的天下一体化，而当今的全球化将是一个从经济全球化到文化全球化的过程。关于如何解决文化冲突问题，北京大学中文系乐黛云教授认为，中国传统文化向来强调人只能“镶嵌”在与他人的关系中才能生存，提倡人在索取自身权益的同时必须负起保证他人需求得以实现的责任，这种思想有利于促进当代不同文化的彼此尊重，增进不同文化之间的交流，从而有望从根源上解决文化冲突。

会议期间，哈佛大学杜维明教授、阿伯特·克莱格向北京大学赠送了燕京大学老照片。

（北京大学社会科学部朱邦芳供稿）

中华文化与奥运文化研讨会　11月28—29日，由北京市社会科学院主办的本次研讨会在北京大觉寺举行，来自北京社科院、部分地方社科院及高校的专家学者40余人参加了研讨会。北京市社会科学院院长朱明德、副院长陆奇、袁懋栓出席了研讨会并作了讲话。袁懋栓副院长、北京市文史研究馆馆长赵书、安徽师范大学社会学院教授裘士京、吉林大学文学院教授木斋、安徽省社科院哲学所研究员、所长余秉颐、北京师范大学邓瑞全、北京市社会科学院研究员曹随、王文元从各自的研究领域分别就中华文化与奥运文化的关系、在奥运文化的发展过程中如何发挥地域文化的功用、如何在奥运文化中发挥中华文化的人文特色等方面的问题进行了深入的探讨。

（北京市社会科学院科研处供稿）

儒学与亚洲人文价值国际学术研讨会　12月10至11日，由中国人民大学、韩国高等教育财团主办，中国人民大学孔子研究院与中国人民大学亚洲研究中心共同承办的国际儒学论坛2005—儒学与亚洲人文价值国际学术研讨会在北京召开。

中国人民大学纪宝成校长、韩国高等教育财团金在烈总长任大会主席，中国人民大学冯俊副校长、著名哲学家张立文教授任大会副主席。来自韩国、日本、新加坡、马来西亚、越南、俄罗斯、美国、巴西、瑞典以及中国大陆、港澳台等10多个国家和地区的150多名专家学者参加了会议，并提交论文100多篇。金在烈总长、冯俊副校长、日本早稻田大学前任校长西原春夫先生、香港孔教学院院长汤恩佳先生、越南驻华大使代表杜南忠先生、中国实学会会长葛荣晋教授出席大会，并在开幕式上致词。

会议就“儒家思想与人文精神”、“儒学与东亚文化”、“儒学与文明对话”、“儒学及其传统”、“儒学与和谐社会”以及“儒家思想的现代转换”等问题展开了广泛深入的讨论。

国际儒学论坛是中国人民大学举办的一个定期的、高规格的学术论坛。论坛把研究和弘扬以儒学为主的优秀传统文化作为主要内容，为国内外专家学者进行中国传统文化研究和交流提供了一个良好的平台。上一届国际儒学论坛于2004年12月初举办，会议取得了良好的效果，在国内外产生了较大的反响。此次是中国人民大学国际儒学论坛的第二届会议。

（中国人民大学科学研究处罗圣华供稿）

管理学（含人才学、信息学）

中波经济发展与科学管理论坛　论坛于4月26日在北京大学举行。本次学术研讨会由北京大学马克思主义学院（以北京大学社会经济与文化研究中心的名称）主办，波兰罗兹大学商业战略分析部、社会学系和北京大学医学部哲学与社会科学系协办。与会人数50人左右。

会议收到双方学者提供的论文共13篇。波兰学者着力对波兰加入欧盟后波兰中小企业发展的情况和管理方面的问题进行了研究分析，涉及的议题有：1. 波兰中小企业的管理目标及手段；2. 波兰企业家才能的文化及可转变的决定性因素；3. 波兰中小企业的销售利润率及发展；4. 波兰中小企业的资本流动性；5. 作为中小企业发展因素之一的区域性社会资本等。波兰学者的发言给中方研究中国民营企业发展的学者许多启示。中方代表关注的问题有：1. 中国统筹城乡发展的路径选择；2. 中国人民币汇率改革；3. 中国家族企业的制度创新与建立现代家族企业制度；4. 中国金融体制：演变中的问题与改革的方向；5. 知识管理：当代中国管理的趋势与功能；6. 中国经济发展与人口状况的科学管理；7. 中国政府科学发展观的基础—以人为本；8. 民国时期实业界的经济发展思想等等。中国学者关于中国经济发展的研究也引起了波兰学者的浓厚兴趣。

（北京大学社会科学部朱邦芳供稿）

中国信息资源管理论坛　由中国人民大学信息资源管理学院和中国社会科学院文献信息中心共同举办的“2005’中国信息资源管理论坛”，5月28日在北京举行。此次论坛旨在进一步贯彻落实中共中央、国务院关于加强信息资源开发利用工作的精神，提高我国信息资源开发利用的水平。

中央办公厅副主任毛林坤、中国人民大学校长纪宝成、中国社科院党组成员黄浩涛等出席论坛并致词。国务院信息化工作办公室司长赵小凡、中国社科院文献信息中心主任黄长著分别作大会主题报告。来自全国各高校、研究机构、政府机关有关部门负责同志和专家学者杨沛超、吴慰慈、马费成、吴建中、冯惠玲、赖茂生、李广建、柯平、陈传夫、程焕文等200多人围绕信息资源开发利用对我国经济发展和社会进步的战略作用、政府部门信息资源的开发利用、社会科学发展与信息资源开发、我国信息资源开发利用的制度创新等课题，进行了深入的研讨。

与会专家强调，信息资源是国家创新体系的重要战略资源，具有不可替代性。它是企业最重要的资产；它是学界科学研究的基础。我们虽然在信息资源建设方面取得了较大成绩和进展，但各地发展不平衡，缺乏统一的规划和宏观管理，各地区和部门之间相互沟通也较少，特别是重复建设和资源浪费现象不断出现，因此需要制定相应的规范。

会上，专家学者提出加强信息资源制度建设、完善政务信息公开与共享制度、规范网络信息资源、整合网络平台并促进各类信息资源的开放和共享，以及优化信息化测评方法等建议。

（参见《光明日报》2005年6月8日第11版）

知识经济下信息管理与沟通国际研讨会　由首都经济贸易大学工商管理学院与法国 Montpellier 第Ⅰ大学主办，北京行为科学学会与首都企业改革与发展研究会协办的国际研讨会于7月7—8日在北京召开。出席此次国际研讨会的有首都经济贸易大学副校长郑海航教授、对外交流学院刘建平书记、法国 Montpellier 第Ⅰ大学 Damien Brute de Remur 教授一行、来自美国、韩国、中国台湾、首都经济贸易大学的教授、专家以及来自各院系的博士研究生、硕士研究生等70余人参加了研讨会。

会议由首都经济贸易大学工商管理学院戚聿东

院长与张映红副院长共同主持，郑海航副校长与法国 Damien Brute de Remur 教授先后为大会致词。法国 Montpellier 第Ⅰ大学的 Damien Brute de Remur、Claude le Boeuf、Serge Agostinelli、Abdoulaye Barry、Sylvain Tourne、Audrey de Ceglie 等教授，美国华信惠悦公司的大中国区前总裁 Frank T. Gallo 博士、韩国岑南大学郭性喆教授、台湾敬宜大学苏云华副教授，与来自首都经济贸易大学的吴冬梅教授、赵慧军副教授、周晓华副教授、崔佳颖博士生等，分别围绕着知识经济下的信息管理、企业学习、管理沟通等论题作了精彩的大会主题发言。

（首都经济贸易大学工商管理学院供稿）

消耗臭氧层物质管理立法研讨会　8月9至10日，中国政法大学环境资源法研究和服务中心与国家环境保护总局在北京邮电科技大厦联合举办本次研讨会。来自北京大学环境学院、中国人民大学环境学院、中国政法大学、国家环保总局污控司、环境监察局、外经办、中国家电协会、中国石化协会军工办、中国制冷空调工业协会、中国氟硅有机材料工业协会的20多位专家学者参加了研讨会。研讨会就王灿发教授主持起草的《中华人民共和国消耗臭氧层物质管理条例》草案第一稿进行了认真而热烈的讨论。与会专家学者一致认为，进行消耗臭氧层物质的专门立法，很有必要；草案的内容基本反映了消耗臭氧层物质管理所需要的手段和措施。专家们对条例关于消耗臭氧层物质范围的规定、一些许可手段是否必须采用，消费环节如何管理、废弃物质如何回收利用仍有不同意见。同时，专家学者们也提出了许多修改建议。

（中国政法大学科研处供稿）

首都科技创安论坛　由北京市社科院、首都综治办、北京市公安局联合主办，市安全防范技术学会和中国人民公安大学协办的本次论坛于8月31日在京举行。此次论坛以“科技创安营造首善之区”为主题，全面总结五年来首都科技创安的经验成果，探讨首都科技创安的发展方向、实现途径和模式，加强科技创安的理论研究，为构建社会主义和谐社会首善之区和2008年奥运会提供安全保障基础，为制定首都科技创安三年规划提供理论和思想准备。

北京市委副书记、政法委书记、首都综治委主任强卫，北京市委常委、首都综治委副主任、市公安局局长马振川，中央国家机关工委副书记黄燕明，中央综治办、国务院机关事务管理局、公安部有关部门，首都综治委成员单位的领导，各区县综治委、办的领导，市公安局有关部门、各区县公安分局的有关领导，北京市社会科学院、北京市安全防范技术学会和中国人民公安大学的专家学者以及安防企业的代表等近300人参加了论坛。北京市委政法委秘书长、首都综治办副主任李万钧主持论坛。北京市委副书记、政法委书记、首都综治委主任强卫同志发表了重要讲话。

（北京市社会科学院科研处供稿）

第二届中欧政府管理高层论坛　9月13—15日，中国国家行政学院和欧洲行政学院在国家行政学院联合举办了本届论坛，此次论坛以社会治理创新为主题。参加本届论坛的中欧政府官员、专家学者共有263人。其中，中方代表208人，外方代表55人。论坛共收到论文350余篇。与会代表围绕社会治理创新，就中欧双方共同关心的问题展开了深入研讨和交流。

本届论坛以社会治理创新这一当今世界各国面临的共同问题为主题，围绕社会治理创新与建设和谐社会、社会治理创新与保障社会公正、社会治理创新与经济社会协调发展、社会治理创新与推进依法行政、社会治理创新与扩大公民参与、公共行政改革与建设和谐社会六项议题，从理论和实践的结合上展开深入的研讨和交流。论坛的这一主题，适应了包括中国与欧盟国家在内的世界各国社会治理创新的需要，也加强了中国与欧盟各国有关社会治理创新的理论与实践交流。

这次论坛广泛采用参与式研讨，以及大会报告与分组研讨相结合的方式进行，会议代表可以对报告人、评论人自由提问，进行互动式交流，会场气氛热烈。为便于中欧代表面对面地进行更直接、更深入的交流，本届论坛还增设了采用英语直接交流的小组，受到外方代表的欢迎和好评。

（国家行政学院科研部项纪阳供稿）

第三届企业管理研究与学科建设论坛　为进一步推动中国的企业管理研究与管理教育，由首都经济贸易大学、中国社会科学院工业经济研究所、中国企业管理研究会联合发起，由首都经济贸易大学主办、首都经济贸易大学工商管理学院承办的本届论坛，于9月16—17日在北京召开。本届论坛主题为“中国式管理研究与管理教育”。

著名经济学家、中国社会科学院副院长王洛林教授，著名经济学家、中国工程院院士李京文教授，国务院国有资产监督管理委员会黄淑和副主任，以及来自首都经济贸易大学、中国社会科学院、中国企业管理研究会、南开大学、国家行政学院、清华大学、北京大学、中国人民大学等等全国40多所高校和政府部门的专家学者近百人出席了本届论坛。

文魁校长、黄速建理事长分别代表首都经济贸易大学和中国企业管理研究会致词。文魁校长指出，在国际化进程中，中国的管理研究和管理教育面对着许多挑战，“企业管理研究与学科建设论坛”的主旨就是搭建一个高层次、高规格、全国性的企业管理研究与学科建设平台，与国内的专家同行们共同探讨进一步推进中国的企业管理研究、管理教育与人才培养的大计。继1997年、2002年前两届论坛成功召开后，本论坛已经成为在国内享有盛誉、高规格的学术交流平台。黄速建理事长在致词中要求推进“中国式管理研究与管理教育”的持续发展，通过不懈努力建设与完善“中国式管理研究与管理教育”。

李京文院士在讲话中指出自然科学、社会科学今后要融合、交叉，在企业管理的研究和学科建设中，要强调多学科的交叉融合，强调工程技术和经济科学技术交叉。国务院国有资产监督委员会副主任黄淑和在讲话中向与会代表介绍了国资委成立两年多来开展的工作，以及新一轮国有资产管理体制改革的特点、思路、改革方向和改革措施。

论坛期间，近150位来自全国高校以及首都经济贸易大学的专家学者们围绕“中国式企业管理与学科建设”主题进行了热烈的研讨，29位来自全国高校的管理学院院长和专家们发表了精彩的主题演讲，演讲内容涉及中国式管理的内涵、中国管理教育的发展趋势、MBA教育和人才培养模式、管理研究方法和最新的管理研究成果等。

首都经济贸易大学副校长郑海航教授将本届论坛的特征总结为：主题明、层次高、观点新、气氛好，为推进我国企业管理研究、教育和学科建设将起到积极的作用。

（首都经济贸易大学工商管理学院张映红供稿）

中法中小企业公共政策暨企业管理论坛　10月27—28日，国务院发展研究中心企业研究所和法国财政经济工业部经济财政技术交流促进署在北京联合召开了本次论坛。来自法国财政经济工业部、法国中小企业贸易行会及从业人员部、法国驻华大使馆的有关官员和专家出席了会议。中方出席会议的有国家发改委、财政部、商务部、科技部、国家工商总局、国家税务总局、中国人民银行、科技部等有关部门官员，国务院发展研究中心、北京大学、浙江大学等机构的专家学者，以及中小企业的代表。中法与会代表就两国促进中小企业发展的政策进行了深入探讨。国务院发展研究中心副主任刘世锦出席开幕式并致词。国际合作局局长孙兰兰和企业研究所所长陈小洪分别等主持了会议并发言。

（国务院发展研究中心孙普希供稿）

中国信用管理学年会　12月7日，由中国人民大学财政金融学院主办的首届信用管理年会“中国信用管理学年会2005”在中国人民大学逸夫会议中心隆重召开。来自政府部门、研究机构、高等院校、银行、企业以及业内中介机构的专家学者及师生代表共200多人参加了本届年会。开幕式由财政金融学院党委书记孙红培先生主持，中国人民大学副校长、财政金融学院院长陈雨露教授代表主办单位致开幕词。中国人民银行征信管理局局长戴根有先生、国家发改委财政金融司副司长曹文炼先生、全国整规办信用管理组组长吴功阳先生、劳动和社会保障部就业技术培训指导中心处长陈卫军先生、国务院研究局郭振英老前辈出席开幕式并发表讲话。

本届年会专题演讲由财政金融学院副院长任淮秀教授主持，财政金融学院学术委员会主席朱毅峰教授、全国信用标准化技术工作组秘书处秘书长陈玉忠先生、中国市场信用学术委员会常务副主任林钧跃研究员、北京大学中国信用研究中心常务副主任章政教授、标准普尔大中华区代表扈企平先生、联想集团亚太区销售商务部总经理刘德国先生、财政金融学院信用管理学科带头人吴晶妹教授先后在大会上就信用管理领域的热点问题及信用管理学科建设发表了主题演讲，并对此展开了热烈的讨论。

（中国人民大学科学研究处罗圣华供稿）

综合（含新闻、国际关系、其他）

国际形势展望座谈会　座谈会由中国国际关系学会举办，于1月16日在外交学院举行。参加此次会议的专家来自外交部、北京大学、人民大学、复旦大学、清华大学、中国社会科学院、上海国际问题研究所和外交学院等会员单位。与会学者就2005年国际形势的大致走向、中日关系面临的机遇与挑战、国际多边外交形势展望及对我外交工作的建议以及对首届东亚峰会的展望和建议发表了看法，并进行了激烈的辩论。

（外交学院科研处郦莉供稿）

第二届世界韩国学学术会议 2月2—4日，由北京大学韩国学研究中心和（韩国）韩国学中央研究院（原韩国精神文化研究院）共同主办的本次会议在北京大学举行。来自美国、俄罗斯、法国、英国、孟加拉、匈牙利、乌兹别克斯坦、澳大利亚、新西兰、日本、蒙古及韩国的专家学者90多人出席了会议。国内学者60余人。韩国国际交流财团理事长、韩国驻华大使及政务参赞、韩国学中央研究院院长以及北京大学副校长吴志攀等出席了开幕式。

80余名国外学者和40多位国内学者在历史、政治社会、经济法律、艺术民俗、文学、教育文化、哲学和语言等8个分会上发表了论文。讨论几乎涉及韩国学的所有领域。学者们对“朝鲜燕行使者与圆明园”、“关于朝鲜中期名分论和务实论之对抗关系”、“韩美同盟建立的历史意义”、“朝鲜文学的渊源”、“对茶山理气的批判”、“元晓的‘无我观’与和平思想”、“惠冈崔汉绮的气学”等议题进行了深入的讨论。韩国学者发表的论文中涉及中韩关系与朝鲜半岛南北关系方面的论文占较大的比重。这是本届会议的一个明显特点。有的专家阐述了中韩关系的研究现状，分析了存在的问题。有的学者提出应对朝鲜半岛的统一进行历史性的分析，强调构筑朝鲜半岛和平机制的重要性。与会者还就中韩日建立自由贸易区、促进东北亚经济合作等问题发表了看法。

（北京大学社会科学部朱邦芳供稿）

中国与世界对话会 对话会于4月4日在外交学院召开。

法国《回声报》副主编埃里克·伊兹拉莱维奇（Izraelewitz）所著《当中国改变世界的时候》出版后，吴建民院长撰文《当世界改变中国的时候》发表在《回声报》上。二人的“文字对话”在本次对话会上得以拓展和延伸。吴建民指出，快速发展的中国并不对外部世界构成任何威胁，世界应理性地认识发展的中国。中国经济的增长是与世界分享的。中国文化五千多年，是世界上唯一没有中断的文明，原因就是中国的包容性很强，愿与世界“双赢”。伊兹拉莱维奇解释到，书中种种分析并不认为中国的发展是威胁，而是认为中国经济崛起对世界是好消息，但要看到其进程中存在机遇和风险。他承认，中国这个强大的发动机在为世界经济鼓劲。他希望欧洲增强自己的声音，与中国建立更好的关系。此次对话会是中外人士面对面的交流与碰撞，有助于中国民众了解世界对中国的看法，有助于世界更加友好，真实地认识今天的中国。

（外交学院科研处郦莉供稿）

“中国与欧洲—全面战略伙伴关系”对话会 对话会于5月18日在外交学院召开。对话人：欧盟委员会前主席罗马诺·普罗迪、德国前国防部长鲁道夫·沙尔平、中国改革发展论坛理事长郑必坚与外交学院院长吴建民。参加讨论者：欧洲改革中心主任查尔斯·格兰特，欧洲改革中心对外政策办公室主任马克·伦纳德与外交学院副院长秦亚青。与会者就中国与欧洲未来的战略伙伴关系进行深入讨论和对话。本次对话会以“中国的和平崛起”为切入点。演讲中，中国改革开放论坛理事长郑必坚就“怎样看待中国崛起与中欧关系”做了解释与分析。

（外交学院科研处郦莉供稿）

市委讲师团恢复建制20周年理论宣讲座谈会 5月21日，北京市召开了市委讲师团恢复建制20周年理论宣讲座谈会，中央党校副校长李君如，市委副书记龙新民，市委常委、宣传部长蔡赴朝，奥组委执行副主席蒋效愚、中宣部理论局局长路建平等出席。蔡赴朝主持会议，龙新民讲话。来自市委各工委、区委及基层单位领导100多人参加了座谈会。

市委讲师团始建于20世纪50年代。党的十一届三中全会后，根据中央（1982）38号文件精神，经市委批准，于1985年5月恢复建制，是承担本市各级理论中心组和在职干部基本理论教育和时事政策教育的常设理论教育机构。

20年来共举办报告会15万余场，受众达500万人次。举办全国唯一为理论宣讲设置的年度奖暨“灵山杯”优秀报告（党课）奖。已举办15届，共有900多件作品获奖。建立人才库。目前，拥有20个学科、50个专业、专家学者6000余名。与北京日报、前线杂志、北京电视台、支部生活杂志等媒体合办《精品报告观点集萃》、《专家访谈》、《晚晴老干部电视理论讲座》、《报告厅》等栏目。为各级党委理论中心组、领导干部、基层党员、群众提供方便、快捷、管用的理论服务，2004年度被评为首都文明单位。

（中共北京市委讲师团高凤英供稿）

中韩人文科学振兴学术研讨会 由中国社会科学

院国外中国学研究中心与韩国人文社会研究会共同举办此次研讨会，6 月 12 日在京召开。中国社科院韩国研究中心理事长汝信、副秘书长兼科研局局长黄浩涛、国际合作局局长黄平、文献信息中心主任黄长著和韩国人文社会研究会理事长崔松和、韩国人文政策研究委员会委员长金丽寿、韩国驻华公使魏启出等与来自中韩学术理论界的专家学者数十人出席会议。中国社科院国外中国学研究中心副主任何培忠主持会议，黄浩涛致开幕词并宣读中国社会科学院院长陈奎元的贺词。

与会者就如何推进人文科学发展进行了深入的研讨。汝信教授就《中国人文科学的发展：现状与展望》课题做了系统的演讲；崔松和教授阐述的题目是《为了东北亚的和平繁荣：韩中文化交流》；黄长著研究员和金丽寿分别论述了《中国的人文振兴政策现状与展望》和《韩国的人文振兴政策现状与展望》。大家说，人文科学的涵盖面很广，研究领域涉及人类文明、文化传统和文化建设等。有些社会问题，如环境、人口、全球化和可持续发展等虽不完全属于人文学科范围，但却包含了人文科学所关注的问题。因此，中韩两国人文科学家应携手为人文科学的发展与繁荣作出贡献。

会上，学者们还围绕哲学、文学、历史学、韩国学和中国学等课题进行了讨论。中国社科院哲学研究所所长李景源教授和韩国梨花女子大学哲学系金慧淑教授分别以《中国的哲学研究现状与展望》和《韩国的哲学研究现状与展望》为题介绍了中国、韩国哲学研究现状；韩国梨花女子大学李慧淳教授和中国社科院文学研究所所长杨义教授分别以《韩国的文学研究现状与展望》和《中国文学研究的现状与展望》分析了各自国家文学研究的重点、特征和趋势；韩国国民大学历史学教授、历史学会会长金杜珍，中国社科院历史研究所所长陈祖武教授分别评价了各自国家历史学研究所取得的成就和存在的问题及发展前景；韩国中央大学历史学教授、韩国史学会会长权重达和北京大学韩国研究中心教授沈定昌分别介绍了韩国的中国学研究和中国的韩国学研究现状。

（参见《光明日报》2005 年 6 月 21 日第 5 版）

首届中国国际问题论坛　6 月 20 日，首届中国国际问题论坛在北京中国人民大学举行。此次论坛由中国人民大学国际关系学院、北京大学国际关系学院、复旦大学国际关系与公共事务学院、国防大学战略研究所、国务院发展研究中心世界发展研究所、清华大学国际问题研究所、全国高校国际政治研究会、外交学院、中国当代世界研究中心、中国国际关系学会、中国国际问题研究所、中国社会科学院世界经济与政治研究所、中国现代国际关系研究院、中共中央党校国际战略研究所等 14 家知名国际问题教学和研究单位联合发起，由中国人民大学国际关系学院主办，百余名国内外官员、使节和知名学者参加大会。外交部部长李肇星发来贺信，中联部副部长蔡武、外交学会原会长梅兆荣、中国人民大学校长纪宝成到会祝贺。

本次研讨会以“多边主义与中国外交”为主题，探讨在当前新的国际环境下，多边主义的历史进程和中国外交的相关问题。在为期两天的会议中，与会专家和学者围绕多边主义的理论与方法；多边主义的历史演变；多边主义与东亚地区合作；多边主义视野下的中国外交等 4 个议题展开了讨论，并就有关问题达成了广泛的共识。

（中国人民大学科学研究处罗圣华供稿）

中泰关系回顾与展望国际学术研讨会　为了庆祝中国和泰国建交30周年，6 月 30 日，北京大学在北大隆重举办“中泰关系30年：回顾与展望”国际学术研讨会。会议由北京大学泰国研究所、北京大学诗琳通科技文化交流中心和北京大学国际合作部联合主办。

14 位历任泰国驻华大使、中国驻泰大使以及来自北京大学、北京外国语大学、南京国际关系学院、中国社科院亚太研究所、泰国朱拉隆功大学、泰国法政大学、中国外交部、对外友协、中国侨联华侨华人研究所、中共中央联络部、中国国际广播电台、中国佛教协会、《世界知识》杂志社等高等院校、研究机构和政府部门的 100 多人出席了研讨会。泰国驻华大使在开幕式上发表了热情洋溢的讲话。开幕式后开始大会研讨发言。首先由中国驻泰国首任大使柴泽民、泰国驻华首任大使格森亲王等 5 位大使先后发言，回顾了中泰建交 30 年的发展历程，然后由中泰两国学者作学术研讨。北大国际关系学院张锡镇教授宣读了论文，题目是：“中泰关系的发展战略”。北大泰国研究所所长傅增有以“泰国王室与中泰关系发展”为题发表了论文。泰国学者萨拉信 · 威拉蓬博士发言的题目为：“中泰经贸关系 30 年：发展与合作”。与会的其他学者也围绕 30 年来中泰关系的发展及其前景进行了热烈的讨论。如此众多的双方大使欢聚一堂，共同回顾和展望中泰友好关系，在中泰关系史上尚属首次。

（北京大学社会科学部朱邦芳供稿）

北京市高等学校校报研究会学术年会 北京市高校校报研究会2005年学术年会于6月召开。来自北京大学、中国人民大学、北京航空航天大学等30多所首都高校的新闻宣传工作者参加会议。与会人员就高校校报如何德育为先，更好地发挥育人作用进行了交流。会议学习了胡锦涛总书记在全国加强和改进大学生思想政治教育工作会议上的重要讲话精神以及党中央、国务院16号文件要点。通报了北京市高校校报研究会2004年度好新闻奖评选情况，并向获奖单位颁发了证书。中国农业大学、中国青年政治学院、北京工业大学校报有关负责人结合办报实践，进行了主题发言。参会人员围绕会议主题，进行了探讨。北京高校校报研究会理事长、北林大党委宣传部部长、校报主编铁铮参加会议。他对研究会2004年度的各项工作进行了总结，并就会议主题与兄弟院校进行了交流。此次学术年会由北林大和中国青年政治学院共同主办。

（北京市高等学校校报研究会供稿）

斯诺百年纪念国际学术研讨会 会议由北京大学、国务院新闻办、中国新闻史协会、中国国际友人研究会、美国密苏里大学等共同举办，7月19日在北京大学举行。来自美国、日本、新加坡、俄罗斯等国的30多位外国学者和来自北京大学、清华大学、中国人民大学、华中科技大学等高校的国内学者60余人参加了大会。原国务院副总理、全国人大副委员长黄华，国务院新闻办公室主任赵启正，中国国际友人研究会会长凌青，北京大学校务委员会主任闵维方，中国埃德加·斯诺研究中心主任王学珍，美国斯诺纪念基金会会长戴德维勒等出席了大会。

研讨会从国际传播和跨文化交流等角度研究了斯诺的新闻实践、职业精神以及他对中国的新闻教育事业的贡献，进而探讨了在全球化的背景下如何让世界更好地了解中国、更好地促进全球的传播与交流等问题。来自斯诺母校的代表在发言中指出，斯诺是美国人民的骄傲，他代表了一种新闻自由和传播自由的精神。中华全国新闻工作者协会主席、北京大学新闻与传播学院院长邵华泽在发言中强调，斯诺是记者的楷模，作为一名新闻记者，他那种坚持真理、追求进步的崇高品格，报道实情、维护公正的职业道德，深入实际、注重调查的优良作风，不惧压力，不畏艰险的奋斗精神永远值得我们学习。

斯诺夫人海伦·斯诺的侄女彼雪夫也到会参加了纪念活动。海伦·斯诺所在的犹他州州长还专门为大会发来贺电。

（北京大学社会科学部朱邦芳供稿）

高科技与国际关系研讨会 研讨会由中国科技大学、中国国际问题研究所、中国现代国际关系研究院、中国科技信息研究所等单位联合发起，于7月26—27日在北京举行。来自中央和国家部委及国内著名高校数十家研究机构的50余名专家学者出席了会议。与会专家围绕“高科技发展与全球范围安全变迁”、“高科技发展与大国对外政策调整”、“高科技发展与新世纪外交体系重建”等议题，进行了讨论，提出了一些新见解、新思路。

（参见《光明日报》2005年7月28日第9版）

中欧企业社会责任国际论坛 9月7—8日，“中欧企业社会责任”国际论坛暨“中欧企业社会责任”战略培训班在北京举行。此次论坛由中国劳动关系学院与商务部《WTO经济导刊》杂志社、欧洲企业社会责任协会、中国国际经济技术交流中心、北京大学中国经济与WTO研究所联合主办。此次论坛由欧盟提供资助，有BSR、SGS、法国电信、海尔集团、红豆集团、三角集团、新浪财经、新华网、中央人民广播电台经济之声、雅虎财经等20多家支持单位和支持媒体。

全院共有25位教师和30多位学生主持或参与了此次论坛。经济管理系崔生祥主任、教授是此次论坛的学术总指导，并担任圆桌论坛Ⅲ“官产学非政府组织在促进企业社会责任中的角色”的主持人；冯同庆副院长担任论坛总结的主持人并作了此次论坛的总结发言。

（中国劳动关系学院科研处邓海供稿）

中日韩循环经济高层研讨会 研讨会于9月8日在北京举行。

国家环保总局副局长张力军在开幕式上指出，中、日、韩三国要加强彼此间的交流与合作，发挥各自的比较优势，共同走建设资源节约型和环境友好型社会的道路。日本环境省小岛俊郎副部长和韩国环境部李圭用副部长出席会议并致词。

循环经济是国际社会在寻求解决资源环境与经济增长矛盾过程中提出来的一种新的经济发展模式，许多发达国家已把循环经济作为实施可持续发展战略的具体操作手段，日本提出建设循环型社会，韩国正在推动清洁生产、大力发展环境保护产业这些都是循环经济的具体实践模式。此次研讨会是中日韩三国首次在亚洲地区共同倡导发展循环经济，自此发展循环经济将成为中日韩三国环保合作的重点项目。

（参见《光明日报》2005年9月9日第4版）

百人会清华论坛　9月23日，论坛在清华大学信息技术大楼召开。为了让“百人会”成员与清华的师生们进行面对面的交流，此次论坛分为公共讨论和专业讨论两个部分。

会前，校长顾秉林院士在工字厅会见参加论坛的6位“百人会”成员。副校长谢维和教授出席论坛。福特汽车（中国）总裁程美玮先生，Nautica休闲装的创始人、DC国际设计公司总设计师朱钦骐先生，艾滋病专家、纽约Aaron Diamond艾滋病研究中心主任何大一先生，华美银行董事长兼总裁吴建民先生，雅虎创始人兼总裁杨致远先生以及Investcorp International总经理童伟鹤先生等6位“百人会”成员参加此次论坛。

主题演讲结束后，清华大学经管、信息、美术、人文、新闻与传播等学院的师生分为六组，分别与6位“百人会”成员进行了更为专业深入的讨论，话题涉及工程管理、时尚企业、医学、银行、金融、高科技等广阔领域。

校长顾秉林与清华大学教育基金会理事长贺美英在今年5月访美期间，曾与以何大一博士为首的美国“百人会”代表团举行专门会谈，双方就学生培养、科学研究、企业发展等领域开展合作交换了意见。双方商定，将以每年一度的“百人会清华论坛”作为合作的开端。

“百人会”是美国的一个华人精英组织，目前有会员130人左右，均为在学术、商业、政府机构、科学与艺术领域居于领导地位的美籍华人。该组织由著名美籍华裔建筑师贝聿铭等人发起，成立于1990年，常设机构设在纽约。“百人会”对促进美国与中国以及两岸之间的政治、经济交流起到了难以替代的促进作用。

（清华大学文科建设处刘金梅供稿）

东亚合作论坛2005国际学术讨论会　9月23至24日，由中国人民大学国际关系学院、东亚研究中心主办，中日战略研究促进会和日本国际交流基金会协办的“东亚合作论坛2005：中日关系与东亚未来”国际学术讨论会在中国人民大学召开。国内数十位日本问题及相关领域的知名专家学者和来自日、韩、美、蒙等国的20多位外籍学者参加了研讨会，会议收到论文近50篇。

中国人民大学陈雨露副校长、中国人民大学国际关系学院李景治院长、日本国驻中国大使馆政务公使堀之内秀久、中华日本学会常务副会长蒋立峰、中日战略研究促进会负责人张宇杰、日本国际交流基金会北京事务所副所长盐泽雅代、中国中日关系史学会名誉会长吴学文、日本21世纪政策研究会理事长田中直毅、商务部国际贸易经济合作研究院院长柴海涛、国务院研究室综合司司长岳晓勇等出席会议并发表讲话。

在为期两天的会议中，与会专家和学者以“中日关系和东亚未来”为主题，就“中日关系的现状与前景、东亚经济合作、东亚安全格局与安全机制、东亚合作与中国的作用”等议题展开了热烈讨论和坦率交流。

（中国人民大学科学研究处罗圣华供稿）

北京社会科学普及周活动　由北京市社会科学界联合会主办的“2005·北京社会科学普及周”于9月24日在中关村中学拉开帷幕。此次社科普及周继续秉承以往各届科普周“科学·文明·社会”的宗旨，同时注意与时俱进、推陈出新，以“弘扬人文精神、传播科学思想、构建和谐社会”为崭新主题，通过开设专题讲座、举行社科知识咨询、社科成果展示和“追寻中华名人、传承先进文化”图片展览等立体多维方式，加大社会科学知识和“人文奥运”精神的宣传普及力度，以实际行动推动人文社会科学进入千家万户，为构建社会主义和谐社会，落实“新北京、新奥运”的战略构想贡献力量。

与以往四届社科普及周相比，此次活动有以下几个方面的亮点：一是主题新颖，时代性较强。以往四届科普周，都是以“科学·文明·社会”为主题；此次社科普及周提出“弘扬人文精神、传播科学思想、构建和谐社会”并将其作为主题，一个主题三个方面，三个方面有机统一，体现了鲜明的时代特征。为了进一步弘扬人文精神，我们精选了《艺术与人生》、《唐诗赏析》等一系列人文气息浓厚的讲座；同时联合宋庆龄故居、鲁迅博物馆、郭沫若纪念馆、茅盾故居、老舍纪念馆、梅兰芳纪念馆，共同举办了“追寻中华名人、传承先进文化”展览。为了促进社会和谐，我们安排了《如何看待当前社会分配、收入差距问题》、《完善社会救助，促进社会和谐》、《文化选择与文化和谐》、《提高生活质量与构建和谐社会》等讲座，这些讲座现实感强，很受听众欢迎。二是社科普及开幕式暨首场讲座进中学。以往四届社科普周活动，也曾在中学安排过一些讲座作为试点；此次社科普及周将开幕式和首场讲座安排在中学，进一步体现了科普工作要从娃娃抓起这一思想，体现了社科工作者对青少年人文素养和知识普及的关注。为了在中学办好社科普及周的开幕式和首场讲座，选择了有一定社会影响力的中关村中学作为场地，得到了中关村中学各级领导的大力支持。著名表演艺术家殷之光、著名运动员叶乔波也作为特邀嘉宾参加开幕式，并接受社科专家科普报告团成员聘书。殷之光先生还即兴朗诵诗歌《今天》，激起全场听众的热烈共鸣。为了发挥更好的社科普及教育效果，我们精选了备受中学生欢迎的杜玉琛教授主讲《学习塑造未来，创造美丽人生》，收到了良好的效果。整个礼堂500个位子座无虚席，自始至终掌声不断。听完讲座后，学生们纷纷表示备受教育。三是社科现场咨询展览与地坛书市结合，两相促进、相得益彰。9月29日—10月9日，北京市社科联在“第五届北京市拯救工程活动周暨北京秋季书市”上举办了“2005·北京社会科学普及活动现场咨询暨‘追寻中华名人、传承先进文化’主题展”，并在现场咨询和展览期间推荐出百部优秀社科图书，这些图书，既有历年来北京市哲学社会科学优秀成果奖获奖图书，又有北京市社会科学理论著作出版基金资助的社科成果。北京秋季书市在首都各界群众中具有非常大的影响力，此次社科普及周活动将现场咨询和展览与书市结合，既进一步提升了书市的文化内涵，又扩大了活动自身的普及力度。四是社科普及周圆满结束之后，社科展览活动仍然是方兴未艾，成为装点北京国庆气氛的一朵奇葩。此次社科普及周活动于9月24日开幕，历时7天，至9月30日圆满结束。但社科普及活动与“追寻中华名人、传承先进文化”展览，却一直延长到10月9日。展览时间的延长，进一步扩大了社会影响，成为北京市社会科学界联合会奉献给首都市民国庆长假的一份厚礼，因而收到了更广泛的社会效果。国庆期间，地坛书市上人山人海，社科联主办的社科普及展前面更是人头攒动。两位北京大学的博士看到我们的展览，抑制不住心中的激动，特地打电话来表示赞赏，同时提出希望能够在来年的金秋时节再次看到我们丰富多彩的社科普及活动。

（北京市社科联冀永义供稿）

中日韩自贸区联合研究国际研讨会　由中国国务院发展研究中心（DRC）、日本综合研究开发机构（NIRA）和韩国对外经济政策研究院（KIEP）共同举办的“迈向中日韩自由贸易区：目标和任务”国际研讨会于9月26日在北京召开。会议就中日韩自由贸易区对三国渔业、钢铁业、纺织业及服务业等的影响进行了分析和探讨，提出了相应政策建议。来自三国政府和企业界的代表以及相关专家学者参加了研讨会并发表了评论。三家研究机构的领导人（DRC副主任孙晓郁、NIRA理事长盐谷隆英、KIEP院长李景台）出席研讨会并讲话，一致同意应继续和深入进行关于建立三国自贸区的联合研究。中心国际合作局局长孙兰兰、对外经济研究部部长张小济以及中心有关研究人员和国际合作局官员出席了会议。

（国务院发展研究中心孙普希供稿）

“中国与联合国”研讨会　为纪念联合国成立60周年，中国联合国协会与联合国驻华系统，于10月24日在北京共同举办“中国与联合国”研讨会。国务委员唐家璇出席研讨会开幕式并发表讲话。

会议回顾了中国与联合国的合作历程，探讨了如何加强双方在政治安全、经济发展、人权和社会发展等领域合作的途径，推动中国与联合国的合作。

〔参见《人民日报》（海外版）2005年10月25日第4版〕

朝鲜半岛与东北亚和平发展学术大会　大会于10月26—27日在北京大学召开。此次会议由北京大学亚太研究院主办，韩国学研究中心协办。韩国方面代表计11人，其中有国会议员、国会21世纪东北亚研究会会长以及来自首尔（汉城）大学、高丽大学的专家学者。中国方面的代表共35人，分别来自中国国际问题研究所、中国国际战略学会、国务院发展研究中心、中联部、新华通讯社、中央党校、北京大学、清华大学、中国人民大学、复旦大学、同济大学等单位或高校。

北京大学亚太研究院院长何芳川院长和韩国前驻华大使权丙铉先生在大会开幕式上致词。开幕式后，中国驻韩国首任大使张庭延先生和韩国国会议员权哲贤先生分别做了题为《朝鲜半岛的局势与展望》和《积极促进东北亚和平发展》的基调报告，就朝鲜半岛目前的局势和东北亚和平研究中心的建立阐述了各自的意见。

大会期间，代表们进行了分组讨论。讨论涉及如下问题：中国对朝核问题的立场与政策；中国在东北亚地区安全合作中的作用；和平解决朝鲜半岛问题；美韩关系：日韩关系：朝美关系；建立东北亚和平机制。

来自北京大学的韩国留学生、历史系、外国语学院以及北京外国语大学的学生 100 多人同正式代表们一道出席了开幕式。

（北京大学社会科学部朱邦芳供稿）

第三届东亚论坛　论坛于 10 月 31 日在北京举办，来自东盟与中国、日本和韩国的近 100 名政府官员、学者和产业界人士与会。

与会代表集中就东亚合作的发展方向、目标、途径、政策措施以及存在的问题深入地交换了意见，认为东亚经济一体化是大势所趋，应坚定不移地推进东亚共同体建设。东盟—中日韩合作取得了长足发展，发挥了东亚合作的主渠道作用。东亚国家应充分利用现有渠道和机制，更加重视社会各界的参与，推动东亚合作取得更加全面的新进展。与会代表强调，东亚要与区域外国家加强沟通和联系，在开放包容中实现互利共赢。会议认为，即将召开的东亚峰会应与东盟和中日韩等合作机制相互补充、相互促进，为东亚合作和世界发展作出积极贡献。

（参见《人民日报》2005 年 11 月 1 日第 2 版）

东亚地区合作与中美关系国际研讨会　11 月 3—4 日，本次国际研讨会在北京召开。会议由中国外交学院国际关系研究所与美国乔治·华盛顿大学埃略特国际事务学院中国政策研究中心联合主办。会议就东亚地区合作与地区结构、东亚合作背景下的中美关系及东亚合作中的中日关系等问题进行了探讨。

（外交学院科研处郦莉供稿）

信息系统协会中国分会学术年会　11 月 4 至 6 日，信息系统协会中国分会（China Association for Information Systems，CNAIS）第一届学术年会在北京中苑宾馆举行。大会由中国系统工程学会主办、清华大学经管学院承办，题为《立足国内、面向世界——中国信息系统研究与应用前沿》。清华大学经管学院常务副院长陈国青担任大会主席。

CNAIS 顾问委员会主席、全国人大副委员长、著名学者成思危教授到会讲话。AIS 当选主席、新西兰奥克兰大学的 Michael Myers 教授及中国系统工程学会副理事长于景元教授分别致词。AIS 上任主席、美国乔治亚大学教授 Richard T. Watson 教授与我国信息系统领域资深学者、大连理工大学系统工程研究所王众托院士分别做了题为《信息系统研究的未来》、《从信息管理到知识管理》的报告。此次大会，来自国内外 100 多个高校和研究机构的近 300 名学者出席了会议，共有 150 位参会者在分会场上报告了研究成果。大会文集收录论文 200 余篇并由清华大学出版社出版。

会议期间还进行了 CNAIS 理事会的选举，陈国青当选为首任理事长。

（清华大学文科建设处刘金梅供稿）

欧盟未来发展国际研讨会　研讨会由德国阿登纳基金会主办，中国国务院发展研究中心世界发展研究所、社科院欧洲所和中国欧盟商会协办的本次论坛，于 11 月 10 日在北京举行。来自国务院发展研究中心世界发展研究所、社科院欧洲所、中国国际问题研究所、现代国际关系研究院、首都著名高校，以及欧盟驻华使团、驻华商会、部分欧盟国家驻华使馆的 100 多名中外国际问题专家、学者和官员，围绕欧洲一体化的现状和未来及中欧关系等问题，进行了面对面交流和深入探讨。

与会专家认为，虽然《欧盟宪法条约》今年 5 月 29 日和 6 月 1 日在法国和荷兰先后被否决，欧盟的中期预算问题久拖未决，从而使欧洲一体化建设遭受重大挫折，但是欧盟各国有能力找到解决问题的答案，一体化进程是不可逆转的，因为它符合欧洲各国人民要和平、求发展的共同愿望。欧洲建设受挫会对中欧关系产生一定影响，但中欧的战略伙伴关系在双方的共同努力下会不断得到加强。

（参见《光明日报》2005 年 11 月 11 日第 12 版）

第二届中美关系研讨会　本次研讨会是由全国对外协、美国得克萨斯 A&M 大学、乔治·布什政府和公共事务学院、布什总统图书馆基金会联合举办，于 11 月 14—15 日在北京举行。研讨会的主题是“中美关系：外交、贸易、科研”。

前国务院副总理钱其琛在会上作主旨演讲。他指出，中美应从战略全局的高度处理两国关系。中美加强互利合作，不仅符合两国人民的共同愿望和根本利益，而且有利于世界的和平、稳定和繁荣。

钱其琛指出，过去的两年，中美关系保持了良好的发展势头，也取得了积极的进展。

钱其琛说，世界局势在继续发生深刻变化。在新形势下，中美更应该，也有条件进一步加强和扩大两国在防扩散、反恐、联合国改革以及打击跨国犯罪、传染病防治、环保等领域的交流和合作，推动中美关系持续健康稳定发展，更好地造福两国人民和世界人民。

钱其琛呼吁，中美两国应妥善处理分歧和敏感问题，维护中美关系大局。在台湾问题上，中方赞赏美国坚持一个中国政策、遵守中美三个联合公报、反对“台独”。希望美国停止对台军售，不向“台独”分裂势力发出错误信号，不给“台独”分裂势力任何可乘之机。

中美关系研讨会是一个高层次的两国关系研讨会，轮流在美国和中国隔年举行一次。美国前总统乔治·布什，中国全国政协副主席徐匡迪、外交部副部长戴秉国、杨洁篪以及美国贸易代表波特曼等中美政府高级官员、专家学者和商界人士参加了此次为期两天的研讨会。

（参见《人民日报》2005年11月8日第7版，11月15日第4版）

北京论坛　由北京大学和北京市教育委员会联合主办的“北京论坛（2005）”于11月16—18日在北京召开。本次世界级学术会议是继2004年8月首届北京论坛成功举办之后的第二次学术盛会。论坛由韩国高等教育财团赞助，得到国务院发展研究中心和中国人民友好协会的鼎力相助。北京外国语大学和IET基金会为协办单位。

来自46个国家和地区的543位代表出席会议，国外和港澳台地区的学者超过三分之二，其中不乏层次高、影响力大的知名学者专家和享有国际声望的外国政要，如意大利著名哲学家瓦提姆、美国哈佛燕京学社社长杜维明、伊朗萨德拉伊斯兰哲学所所长赛义德·穆罕默德·哈梅内伊、摩根斯坦利的首席经济学家 Stephen Roach、台湾著名学者钱复、美国前总统乔治·布什等。

开幕式于11月16日上午在人民大会堂举行。北京大学校务委员会主任闵维方主持会议。全国人大常委会副委员长许嘉璐、韩启德，全国政协副主席罗豪才，教育部副部长吴启迪，北京市副市长范伯元，美国前总统乔治·布什，联合国副秘书长约瑟夫·里德以及近20位外国驻华使节出席。联合国秘书长安南委托约瑟夫·里德转达了对各国学者的问候，并提请学者们应特别重视探讨贫困和环境问题。美国前总统在致词中一再强调：“我对亚洲、亚太地区充满了信心。”致词之后，北京大学校务委员会副主任何芳川和美国康乃尔大学校长亨特·罗林斯分别作了题为“21世纪东亚文化建设与文化自觉”和“现代研究型大学：知识创新者与文化桥梁”的主旨报告。哈佛大学教授杜维明与意大利著名哲学家瓦提姆进行了一场东西方哲学的对话，主题为“走向对话的时代：同、异、和”。

论坛的主题为：“文明的和谐与共同繁荣——全球化视野中亚洲的机遇与发展”。论坛围绕主题分六个分论坛展开了深入的讨论。他们的议题分别是：经济分论坛——“全球化条件下东亚制造业的发展”，历史分论坛——“历史变化：实际的、被表现的和想象的”，国际关系分论坛——“全球化进程中的东亚与美国”，哲学分论坛——“全球化时代的东西方哲学对话”，大众文化分论坛——“大众文化在亚洲：全球化、区域化和本土化”，公共卫生分论坛——“公共卫生与和谐社会的建立”。论坛特别注重了理论探索与社会实际的结合，许多学术问题引起了学者们的热烈讨论，同时得到了社会的广泛响应。

会议期间，论坛专门举办了“北京论坛大学校长联谊会”。包括康乃尔大学校长、早稻田大学校长、悉尼大学校长等在内的来自23个国家33所大学的32位校长和副校长出席。校长们就“大学在构建和谐社会的角色”这一基本议题交换了意见，并纷纷表示将通过论坛不断加强交流与合作。

（北京大学社会科学部朱邦芳供稿）

档案馆资料工作研讨会　12月7日，北京市档案学会召开本次研讨会。会议围绕馆藏资料与馆藏档案的关系，馆藏资料的收集范围、收集途径、利用情况、分类方法等问题进行了讨论。与会人员认为，要做好档案馆资料工作，必须解决档案馆资料工作的定位问题，正确处理资料与档案的关系，不断优化馆藏档案资料。市、区县档案馆的代表50余人参加了研讨会。

（北京市档案局科教处宗文萍供稿）

2005·学术前沿论坛　12月17日，由北京市社会科学界联合会与北京师范大学共同举办的“2005·学术前沿论坛”在北京师范大学拉开帷幕。本届论坛立足于把握时代脉搏、站在学术前沿、服务发展大局、促进社科繁荣这一宗旨，紧紧围绕“和谐社会：社会公正与风险管理”的主题展开，共设主论坛和19个分论坛。论坛开幕式由中共北京市委宣传部副部长、北京市社会科学界联合会党组书记宋贵伦和北京师范大学副校长郑师渠共同主持。北京市社会科学界联合会主席陶西平、北京师范大学校长钟秉林到会并致词。在主论坛上，中国社会科学院、中国政法大学李德顺教授以“论和谐社会的文化建构”、北京师范大学赵秉志教授以“现代刑事法治是和谐社会的基本保障”、李实教授以“和谐社会与社会公平”为主题，发表了观点鲜明、富有创见的演讲。北京师范大学沈越、卢建平、晏辉三位教授组成的点评小组对主题演讲进行了有针对性的提问和评论，并与演讲专家进行了热烈的交流和探讨。

哲学、社会学、科学社会主义、经济学、逻辑学、历史学、心理学、教育学等各领域的专家学者们多视角、多层次地就社会公正、风险规避、共建和谐等方面提出了许多具有前沿性、前瞻性和理论与实践紧密结合的学术思想，内容涉及构建社会主义和谐社会的意义、科学发展观的理论与实践、社会建设与社会发展、社会和谐与社会稳定、构建社会安全防范体系、和谐社会的信息化建设、社会变革与自我定位，以及人与自然的和谐关系，和谐社会的制度基础、法制基础和认识论基础等。

李德顺教授从文化的角度关注了构建和谐社会的内涵和意义，将“和谐”理解为一种文化境界，并提出用改革和发展打造“和谐文化”，一方面要密切关注事物和工作中的“隐形”层面，即文化状态，通过改善深层体制和机制，有针对性地加强正面文化的建设。另一方面要走出“路径依赖”的误区，拓宽文化发展的渠道，营造多样化统一、生动活泼的文化和谐。赵秉志教授就构建社会主义和谐社会，从发展和完善现代刑事法治的角度，提出在构建和谐社会的过程中应充分发挥刑事法治的保障作用，而且在公正发挥刑事法治之社会保护功能的同时，也应充分发挥其人权保障的功能，以缓解社会矛盾、冲突，促进社会的和谐发展。李实教授对社会公平与社会和谐的关系进行了探讨，指出为促进和谐，解决当前存在的不公平的问题，中国需要一种规范的社会公平观。公平的概念本身是在不断变化的，是建立在社会正义的基础之上的。社会的发展和公平应该成为社会追求的共同目标，社会离开了社会公平，发展就不可能持续化，就会引起一些社会的不稳定，就会造成很多社会的灾难。二者是互相依赖的，不可分离的。社会公平对实现全面建设小康社会和构建和谐社会，是一个最基本的前提。

北京市社会学学会、北京市哲学会等20个学会分别结合本学科建设的前沿性问题和热点问题进行了热烈研讨。分论坛的主题关注了社会生活的诸多方面，观点鲜明，富有创见，具有很强的理论学术价值和实践指导意义。郑杭生、邬沧萍、李强、樊富珉等学术理论界的百余名知名专家学者出席了分论坛，并作了精彩主题演讲，吸引了数千名社会科学工作者、自然科学工作者以及大专院校、科研院所师生和社会各界人士到会聆听，并提问研讨。

（北京市社科联赵海英供稿）

外交学院论坛　2005年，“外交学院论坛”邀请中外政治、经济、外交名家前来演讲，并与师生和媒体互动。总共举办了12场，分别是：

OECD（经合组织）秘书长唐纳德·约翰斯坦（Donald Johnston）的“世界经济与中国经济”（英语）；国家宗教事务局局长叶小文的“构建和谐社会与重新审视宗教”；法国国际关系研究所所长蒙布里亚尔（Thierry de Montbrial）的“法国对世界形势的看法”（英语）；美国波音公司高级副总裁、前国务院副国务卿托马斯·皮克林（Thomas R. Pickering）的“我的外交生涯”（英语）；法国兴业银行总裁达尼埃尔·布东先生（Danial Bouton）的“欧盟建设的现状”（The State of European Construction）（英语）；法国社会党全国书记、法国前财经部长多米尼克·斯特劳斯－卡恩先生（Dominique Strauss-Kahn）的“中欧关系”（法语）；家乐福前总裁达尼埃尔·贝尔纳先生（Daniel Bernard）的“家乐福的成功之路”（法语）；美国国际战略研究中心总裁约翰·哈姆雷先生（John Hamre）的“中美关系”（英语）；法国前总理让－皮埃尔·拉法兰先生（Jean-Pierre Raffarin）的“当前国际形势、法国对外政策及欧盟”（法语）；日本民主党党首前原诚司先生（Maehara Seiji）的“中日关系是亚洲和平与稳定的基础”（日语）；外交学院院长吴建民大使、党委书记秦亚青、副院长曲星的“当前国际形势与中国外交”；科技部马颂德副部长的“中国高技术发展与科技外交战略”。

（外交学院科研处郦莉供稿）

2005·北京经常性社科普及讲座　为更好地服务首都、服务大众，为构建社会主义和谐社会贡献力量，从2005年年初开始，北京市社会科学界联合会与所属北京市文艺学会、北京市人口学会、北京史研究会、北京市文物保护协会、北京市社会心理学会、北京周易研究会、北京市哲学会美学研究会7家学会（协会、研究会）以“弘扬人文精神、传播科学思想、构建和谐社会”为主题，共同举办了“2005·北京经常性社科普及讲座”活动。

讲座共分“文化艺术”、“生活·健康·教育”、“北京历史文化”、“古都文物保护”、“关注心理健康”、“周易与现代精神”、“美丽人生”7个系列、166讲，时间上贯穿全年，直接受众1万余人次，扩大了社科联的整体形象，提高了社科联的知名度，也为北京社科界专家学者提供了将知识服务于社会的平台，也为广大市民做了一件好事，社会反响强烈。

（北京市社科联冀永义供稿）

·机 构·

当代中国研究所

当代中国研究所是1990年经中共中央批准成立专事编纂、研究和出版中华人民共和国国史的机构，由中国社会科学院行政代管。1993年，李力安（原中共中央顾问委员会秘书长）任该所所长。2000年底，朱佳木任中国社会科学院副院长兼该所所长。2001年底，中共中央书记处听取了该所工作汇报，原则批准了《当代中国研究所2001——2004年科研规划》。

该所事业编制为100人，下设办公室、科研办公室和政治史、经济史、文化史、外交史等四个研究室，设有所学术委员会和高级专业技术职务评审委员会，主管一个直属事业单位——当代中国出版社，主办国内唯一的国史学术期刊——《当代中国史研究》和国家一级社团——中华人民共和国国史学会，拥有一个藏书8万余册、订阅报刊260余种的图书资料室。该所还与中国社会科学院研究生院合作设立了国史系，与中国人民大学合办了当代中国研究中心，与俄罗斯远东研究所订立了学术交流协议，并接受国内外访问学者。

建所以来，该所编写出版了《中华人民共和国史稿》（序卷）、《中华人民共和国国史编年》（1949年卷）、《中华人民共和国国史百科全书》等学术著作；组织出版了《当代中国》和《当代中国人物传记》、《中华人民共和国地方简史》等系列丛书。2001年，该所创办了全国性的国史学术年会及面向国史学界的月度讲座制度。该所的奋斗目标是努力将当代中国研究所建设成为以马克思主义为指导、汇聚一流科研人才、具有一流学术水平的国史研究基地和学术交流中心。

地　　址：北京市地安门西大街旌勇里8号
邮政编码：100009
电　　话：66572211（秘书处）
　　　　　66187359（值班室）

（当代中国研究所秘书处供稿）

财政部财政科学研究所

1956年6月，根据毛泽东主席关于财政部要加强财政经济问题研究的指示，财政部财政科学研究所（下简称该所）正式成立。现为财政部直属事业单位，担负着财经理论政策研究和财政决策可行性分析以及培养高级财会人才的任务。财政部原副部长陈如龙为第一任所长，第二任所长为朱楚辛。此后，著名经济学家许毅、方晓丘、宁学平、何盛明先后任所长。现任所长为贾康（研究员、博士生导师），其他所领导为：丛安妮副所长（研究员、硕士生导师）、苏明副所长（研究员、博士生导师）、王朝才副所长（研究员、博士生导师）、罗文光（研究生部主任、副研究员）、刘尚希副所长（研究员、博士生导师）、白景明副所长（研究员、博士生导师）。1978年我国恢复研究生培养制度后，该所的研究生培养工作开始，现每年对外公开招收博士和硕士研究生。2001年3月设立了财政学专业博士后科研流动站。1980年创办《财政研究》和《财政研究资料》（现改为《中国财经信息资料》）。

该所的主要任务是：紧密结合我国各个时期经济发展和体制改革的实际情况，围绕国家财政中心工作，从事财经理论和政策研究，探讨客观经济规律，为国家决策提供咨询意见，为制定正确的财政方针政策和提高财政工作管理水平服务。研究方向和重点包括：宏观经济理论与政策；财政基础理论；收入分配；财政体制；政府预算；国家税收；财政政策与货币政策协调；资本市场；国有资产管理；会计理论与实务；政府会计；数量经济与政策实验室；企业财务；审计理论与实务；投资；财政风险；社会保障；国债；国库管理；农村财政；城市财政；地方财政；区域财政；外国财经；财政史等。在各个研究方向上，我所都形成了高水平的研究成果，在国内外具有广泛影响。

该所现有具备高级专业技术职务资格的专家学

者72人，中级专业技术职务资格的专业技术人员68名。

该所内设综合财政、财务会计、基础理论、区域财政、财政史、外国财政、税收政策、国有经济、金融研究室及科研组织处、珠心算、财经信息中心等10多个研究处室，有编辑部和图书资料馆两个专业机构，办公室、党办人事处、财务处三个行政后勤单位。中国财政学会秘书处、中国珠算协会秘书处也设在所内。

该所也是社会声望卓著的专门培养财政、会计、国民经济管理、企业管理等方面高级人才的机构，是国家教育部、国务院学位委员会批准的我国第一批从事博士、硕士研究生学历教育并具有学位授予权的单位，创办了我国第一个会计电算化博士点。该所研究生部（副司级单位）专门从事研究生教育管理工作。所内教育科研力量雄厚，现有博士生导师37人、硕士生导师53人。1978年至2005年已招收了28届硕士研究生、24届博士研究生。多年来为我国政府机构、企事业单位及科研教学单位培养了大量的高级人才，被业内人士称为财政界的“黄埔军校”。2004年该所作为第一批试点单位之一开展了MPAcc（会计硕士专业学位）教育工作。

该所编辑部主要负责《财政研究》和《中国财经信息资料》的编辑出版工作。《财政研究》是中国财政学会会刊（月刊），《中国财经信息资料》是该所主办的大型财经刊物，创刊于1999年，前身为《财政研究资料》。两个刊物主要反映和介绍财经动态、改革状况和财经理论成果，均为国家级核心期刊。

该所还编有《研究报告》、《财政研究简报》、《财经动态资料》、《科研内报》、《财经动态》等一些内部资料，不定期地向国务院、财政部和有关部门反映情况，供领导决策参考。

中国财政学会秘书处是中国财政学会常务理事会的办事机构，负责组织财政学会的学术活动，处理财政学会的其他日常事务。

中国珠算协会秘书处是中国珠算协会常务理事会的办事机构，负责组织珠算协会的学术及珠算、心算比赛活动，处理珠算协会的其他日常事务，承担世界珠算心算联合会秘书处工作（世界珠算心算联合会秘书处常设在中国）。

该所1998年开始招收博士后研究人员（当时未设站，是招收的留学归国博士）。该所财政学专业（一级学科为应用经济学）博士后科研流动站于2001年3月正式设立。会计学专业有博士学位授予权，还未设博士后科研流动站，可作为非设站点招收归国留学博士作博士后研究。

改革开放以来，该所与国外财政界的交往与合作研究日益扩大，所内科研人员多次到美国、英国、法国、德国、意大利、日本、韩国、俄罗斯、加拿大、澳大利亚、巴西、以色列、南非、埃及、印度、泰国、新加坡等国家考察、学习、参加研讨会，进行合作课题研究，并派出多批中青年科研骨干赴国外培训，学习外国财政理论和实际工作经验。多次邀请和接待世界各国的财经专家、学者来华访问，进行学术交流。

地　　址：北京海淀区阜成路甲28号新知大厦
邮政编码：100036
电　　话：88191138
网　　址：http://www.crifs.org.cn

（财政部财政科学研究所办公室供稿）

中国人口与发展研究中心

中国人口与发展研究中心（前身是1980年成立的中国人口情报中心，曾更名为中国人口信息研究中心，2003年更为现名），是国家人口和计划生育委员会直属事业单位，是人口与发展研究领域的国家级政策研究和咨询机构，是为党中央、国务院决策提供人口与发展领域的理论依据和咨询建议的研究部门，是对社会热点、敏感问题进行专项研究的快速反应机构，是中国、东亚人口与发展的研究基地。

中心设有：人口研究部、综合研究部、公共管理研究部、调查评估部、国际研究与联络部、信息服务部、数据和网络中心、人口与计划生育杂志社、中国人口和计划生育年鉴社、管理部和北京仁发保健有限公司。中心目前有专业技术人员66人，其中具有高级职称的专业技术人员21人，中级职称的专业技术人员16人，专业涉及人口学、社会学、统计学、医学、外语、计算机、信息科学等多学科。

主要任务：开展人口与发展战略研究、人口与发展领域问题的基础研究、应用研究、人口与计划生育公共管理与服务干预研究、人口与计划生育公共管理信息系统建设、实施人口与计划生育领域的各类统计调查、监测与评估；进行人口和计划生育信息化建设。

研究成果：

1. 研究领域和研究课题包括：组织实施各类调查，进行相关的数据分析和预测，撰写并提交研究报告等。（1）人口发展战略。参与国家人口发展战略研究主报告、总报告、汇报稿及西藏、港澳台、西北人口发展战略等报告的撰写与修改，“十一五”人口发展规划和2020年发展思路的撰写，国家“七五”、“八五”、“九五”、“十五”和“十一五”人口规划数量的测算和论证工作。（2）出生性别比。进行出生性别比新理论与应用、中国人口出生性别比偏高问题与对策研究。（3）计划生育优质服务。优质服务与社会性别视角、综合提升避孕节育方法知情选择能力、关于禁止人工流产立法、人工流产与知情选择的关系。（4）计划生育政策。“全国农村部分计划生育家庭户奖励扶助制度”前期论证和试点工作、全国农村部分计划生育家庭奖励扶助制度目标人群测算、新形势下我国城市计划生育综合治理课题、我国农村计划生育家庭养老保障研究、中国计划生育困难家庭扶助制度研究、中国独生子女优惠政策改革调查研究、国家人口计生委综合改革项目的基线调查及评估、关爱女孩项目基线调查、120个县长期的统计监测网点。（5）艾滋病研究。艾滋病的干预性研究、艾滋病的预防和宣传教育项目KAP基线调查、中国城市流动人口性与生殖健康调查研究。

国家人口计生委计划生育优质服务办公室、艾滋病国际合作项目办公室设在本中心。

2. 信息化建设。（1）数据库建设包括：国家人口与计划生育综合数据库、人口与计划生育法律法规全文数据库、中国生殖健康指标库，数据总量约1000GB。（2）网络和各种应用系统的维护。中国人口信息监测系统、人口与计划生育决策支持系统、全国农村部分计划生育家庭奖励扶助制度管理信息系统、育龄妇女生殖健康管理信息系统、全国流动人口计划生育信息交换平台。（3）软件开发。自主研发纯中文的中国人口预测软件（CPPS）、递进人口生育预测软件。

3. 出版刊物：《人口与计划生育》（月刊）、《中国人口与计划生育年鉴》、《当代中国人口》（中英文、季刊）、《人口文摘》（月刊）、《中国计划生育优质服务先进县评估指标体系》、《生殖健康与人权》，每年出版31个省市自治区人口与计划生育数据活页和《人口与计划生育常用人口数据手册》（年卷）手册。

学术交流：中心与国家发展与改革委员会、科技部等中央政府部门，北京、西藏、港澳台等地方政府，联合国人口基金、福特基金会、亚太经社会、耐克公司、日本厚生省人口研究所、哈佛大学等国际机构建立了广泛的联系，并合作进行研究项目。中心是全球人口信息网络和亚太人口信息网络成员，是中国人口信息网络的牵头单位。2005年正式成为ICPSR（美国密西根大学校际政治及社会研究联合会的简称）的国家级会员单位。

地　　址：北京市海淀区大慧寺12号2444信箱
邮政编码：100081
电　　话：62173516
传　　真：62172101
网　　址：http：//www. cpirc. org. cn

（中国人口与发展研究中心办公室供稿）

建设部政策研究中心

建设部政策研究中心成立于1987年，是负责建设领域综合性政策研究和决策咨询的建设部直属事业单位。

主要职能：

一、围绕建设部的中心工作，承担城乡建设、工程建设、房地产业和建筑业的产业发展及市场发展、市政公用设施业和住房制度改革、城镇化进程中的城乡协调发展、城市管理、城市规划、城市资源优化利用、建设节能等方面的全局性、综合性、战略性、长期性问题研究，为部党组提供决策提供政策建议，为各司局和社会各界提供合作研究和咨询意见。

二、根据建设领域理论与实践发展需要，推进和完善学科建设；规划和拟订建设系统政策研究项目，承担建设领域内重大和大型研究课题；负责中国社会科学院城乡建设经济系研究生培养的教学与科研，负责与各相关高等院校、各地政策研究部门和科研机构进行联络、交流与合作事宜，培养城乡建设领域的专业人才；为建设事业改革和发展进行必要的理论和政策储备。

三、接受社会委托，根据地方政府和企业要求对建设行业发展规划及改革方案进行研究和论证，提出咨询意见和建议；对建筑、建材、房地产业的市场发展提供咨询服务；与研究机构、企业等开展合作课题研究；对社会公众提供政策研究方面的信息沟通。

四、开展国际合作研究以及与有关国际组织和研究机构的交流，与国外学术界以及国际组织建立广泛的联系，开展各种形式的交流与合作，为部党组和各司局提供涉外参考资料和政策建议。

五、完成部领导交办的其他工作。

中心领导：

主　任：陈　淮，研究员、博士、博士生导师

副主任：王珏林，高级经济师

副主任：秦　虹，研究员、硕士

下设机构：办公室、建筑业研究处、城乡规划建设研究处、住宅与房地产业研究处、综合研究室。

地　　址：北京市三里河路9号

邮政编码：100835

电　　话：58933439

传　　真：58933439

（建设部政策研究中心办公室供稿）

审计署审计科研所

审计署审计科研所是中华人民共和国审计署直属事业单位，成立于1988年。内设审计基础理论研究处、审计技术方法研究处、审计法制研究处、审计管理研究处和科研管理处。

主要任务：坚持以马列主义、毛泽东思想、邓小平理论和“三个代表”重要思想为指导，落实科学发展观，贯彻落实审计署党组关于审计工作发展的大政方针，坚持审计科研为贯彻落实党和国家的方针、政策服务，为审计决策服务，为审计工作创新发展服务的指导思想，开展审计理论与实践相结合的审计研究。

业务工作：（1）关注国内外审计基础理论的最新发展趋势，研究审计发展的中长期战略及宏观经济环境对审计工作的影响，研究财政、金融、企业及其他经济体制变革对审计工作的影响与应对考虑。（2）关注国内审计技术与方法的最新发展动态，负责研究审计技术方法、审计准则等方面问题与对策，以及IT环境下审计技术方法的框架和模式；追踪国外审计技术方法，准则方面的信息和动态，翻译、整理相关信息与资料。（3）关注审计组织管理、审计技术管理、审计质量管理、审计资源管理、审计行政管理、审计业务管理、审计公共关系管理、审计队伍建设等方面的问题，并研究相关对策建议。（4）研究审计法制建设、审计中的法律问题、审计与外部环境的协调发展、审计体系与审计体制等方面的问题与对策；负责组织、协调有关审计史的研究工作。（5）组织审计学术研究与交流，负责与地方审计科研所的联系工作，开展审计学术研究领域的国际合作。

内部刊物：《审计研究报告》、《审计研究资料》、《审计研究简报》和《国外审计动态》。

地　　址：海淀区中关村南大街4号

邮政编码：100086

电　　话：68352171

（审计署审计科研所韩乃志供稿）

中国佛教文化研究所

该所于1987年4月23日成立。其宗旨是研究和弘扬佛教文化，促进社会主义精神文明建设。

业务工作与研究成果：（1）办刊。原《佛教文化》年刊已办58期，从2003年脱离本所，改为佛协直属双月刊。为加强和深化佛教文化的学术性，1992年底改为以专家学者为对象的《佛学研究》年刊作为中国佛教文化研究所学报，已出十四期，在国内外获得好评。（2）出书。①《中国佛教文化丛书》（简称大丛书）。按佛教三大语系、汉语系佛教八大宗派，及学术综合、佛书总论等编成12种系列丛刊。②《中国佛教文化小丛书》（简称小丛书）。涉及佛教与哲学、文学、语言、诗词、艺术、建筑、绘画、书法、音乐、民俗、天文、历象、方术、饮食、茶、园艺等学术、文艺方面的研究；佛教与道教、犹太教、天主教、基督教、伊斯兰教、婆罗门教、印度教等其他宗教比较研究；还有佛教与尼采、叔本华、康德、黑格尔等西方哲学家相关领域的研究，也涉及佛教与现代西方哲学各种流派的研究。③《中国佛教文化通俗读物》，如经、律、论三藏的通俗注释，教学讲义等，可作佛教院校辅助教材用。（3）讲学。举办定期与不定期的各种类型讲座，聘请高僧大德或专家学者在所内有计划地开展佛学和佛教文化讲座，也应聘到外地讲学。（4）专题研究。已完成“中国佛教禅宗寺院沿革及宗教源流通考”课题（国家社会科学科研项目）。此外，对中国佛教根本性、方向性、决定性的问题进行探讨、调查、研究，如“世界佛教发展之趋势与展望”、“中国佛教往何处去”、“中国佛学教育之探讨”、“中国寺庙管理之探讨”、“中国佛教之改革与开放”等等。（5）主办、协办或参加一些必要的国际、国内学术讨论会。（6）参加一些有关的社会活动。（7）咨询服务。（8）参与拍、编英国图书馆敦煌文献佛经部分。

近年来编辑、出版《法音学术版》（后改为《佛教文化》）等数十种佛学与佛教文化方面的书籍，完成《中国佛教》第4辑的编纂和出版发行工作，举办“山西佛教彩塑摄影展”，参与组织了两年一次的中日佛教学术交流会议。在人民政府宗教学术文化方针政策的正确指引下，对佛学理论、佛教历史

以及佛教与中国传统文化等方面进行研究。

地　　址：北京市西城区北长街27号

邮政编码：100031

电　　话：66038749

（中国佛教文化研究所杨曾文供稿）

北京市哲学社会科学第二批研究基地

为了进一步贯彻《中共中央关于进一步繁荣发展哲学社会科学的意见》和《中共北京市委关于进一步繁荣发展首都哲学社会科学的意见》，落实《北京市哲学社会科学“十五”规划工作纲要》和北京市教育大会精神，整合研究力量，优化资源配置，2005年12月20日，北京市哲学社会科学规划办公室和北京市教育委员会经过严格考察、评审，正式确定第二批北京市哲学社会科学研究基地，并授予证书和挂牌。基本情况简介如下：

北京交通发展研究基地

北京交通发展研究基地依托单位为北京交通大学。

基地负责人：张秋生，北京交通大学经济管理学院教授；首席专家：荣朝和，北京交通大学经济管理学院教授。

北京交通发展研究基地以社会转型期的北京社会经济发展为背景，特别是以“新北京、新奥运”战略构想为契机，将重点研究实现大都市交通运输领域中的主要问题。尤其是交通经济理论和实施政策，城市交通综合发展，交通组织和制度等。

地　　址：北京市海淀区上园村3号

邮政编码：100044

联 系 人：袁绿夏

电　　话：51684066

传　　真：51684069

电子信箱：luxyuan@ center. njtu. edu. cn

首都高等教育发展研究基地

首都高等教育发展研究基地依托单位为北京航空航天大学。

基地负责人：雷庆，北京航空航天大学高教研究所所长、教授；首席专家：郑晓齐，北京航空航天大学教授、博士生导师。

基地主要研究领域是北京高等教育改革发展的总体战略和政策问题。同时，针对高水平大学建设和高层次人才培养进行研究，使高等教育更好地为首都社会经济发展服务。

地　　址：北京市海淀区学院路37号

邮政编码：100083

联 系 人：李汉邦

电　　话：82339318

传　　真：82316135

电子信箱：lhb@ buaa. edu. cn

首都流通业研究基地

首都流通业研究基地依托单位为北京工商大学。

基地负责人及首席专家：谢志华，北京工商大学副校长，教授，博士生导师。

基地以首都流通问题为研究核心，密切联系北京社会经济发展需要，突出流通业内部结构调整、机制创新和第三产业、区域经济研究、基础研究与应用研究并重，实现产、学、研相结合，成为本领域综合性、国际性、开放性的研究平台。

地　　址：北京市海淀区阜成路33号综合楼515室

邮政编码：100037

联 系 人：张晓磊、徐中英

电　　话：68988711

传　　真：68984701

电子信箱：xdfw@ pub. btbu. edu. cn

网　　址：www. ljuton. gye. org

北京出版产业与文化研究基地

北京出版产业与文化研究基地依托单位为北京印刷学院。

基地负责人：曲德森，北京印刷学院院长，教授；首席专家：李频，北京印刷学院出版与传播学院副院长、编审，期刊研究所所长。

基地以推动北京地区出版产业和出版文化发展为宗旨，在出版产业、出版文化和数字媒介三个方向上开展研究，逐步形成一个集科学研究、人才培养、学术交流和社会服务于一体的综合性研究平台。

地　　址：北京市大兴区黄村镇兴华北路25号

邮政编码：102600

联 系 人：包韫慧

电　　话：60227831

传　　真：60227831

电子信箱：pclab@ bigc. edu. cn

网　　址：www. pcrc. cn

首都卫生管理与政策研究基地

首都卫生管理与政策研究基地依托单位为首都医科大学。

基地负责人：吕兆丰，首都医科大学校长，教授，研究生导师；首席专家：梁万年，首都医科大学卫生管理与教育学院院长，教授博士生导师，市卫生局常务副局长。

基地主要研究领域包括卫生管理、卫生政策与卫生改革、社区卫生服务管理、卫生经济、卫生安全、卫生信息、医学教育管理、管理心理学等，以“立足北京、服务首都、面向全国”的宗旨，紧密结合北京实际，努力打造成为社会医学与卫生事业管理学科的中坚力量和政策研究中心。

地　　址：北京市丰台区右安门外西头条10号
邮政编码：100069
联 系 人：魏颖
电　　话：83911609，83911611
传　　真：83911608
电子信箱：wgjiaokeban@163. com
网　　址：http：//202. 204. 180. 212/

北京对外交流与外事管理研究基地

北京对外交流与外事管理研究基地依托单位为外交学院。

基地负责人：曲星，外交学院副院长，教授，博士生导师；首席专家：朱立群，外交学院国际关系研究所所长，教授，博士生导师。

基地主要研究领域是对外交流与外事管理。最近，基地将配合“新北京、新奥运”进行北京市民国际意识调查，进行首都对外交流和国际化都市的理论研究，开展首都对外交流与国家总体外交关系研究。同时开展北京涉外人员礼仪培训、外事管理人员培训。

地　　址：北京市西城区展览路24号
邮政编码：100037
联 系 人：王帆
电　　话：68323911
传　　真：68326848
电子信箱：wf8873@sina. com

法治政府研究基地

法制政府研究基地依托单位为中国政法大学。

负责人及首席专家：马怀德，中国政法大学法学院院长，教授，博士生导师。

基地主要研究领域是大都市政府职能转变与行政改革。尤其是要突出转变政府职能与建设诚信、透明、高效、服务型政府研究，城市管理与综合行政执法制度的完善研究，地方政府防范、化解社会矛盾与构建和谐首都的研究。

地　　址：北京市海淀区西土城路25号
邮政编码：100088
联 系 人：张红
电　　话：62229838
电子信箱：sichuanzhanghoug@sohu. com
网　　址：www. cupl. edu. cn

北京社区研究基地

北京社区研究基地依托单位为北京市社会科学院。

基地负责人：朱明德，北京市社会科学院院长；首席专家：戚本超，北京市社会科学院副院长、研究员。

基地主要研究北京社区建设的理论和实践，特别是针对社区建设理论滞后的现状，重点研究中国社区建设的特点，理论及建设实践的经验，在研究过程中，以北京社区建设为调查研究重点。同时，加强北京与国内、国际间社区建设对比研究。

地　　址：北京市朝阳区北四环中路33号
邮政编码：100101
联 系 人：高尔强
电　　话：64836508
传　　真：64872765
电子信箱：basskyc@263. net
网　　址：www. bass. gov. cn

北京市基层思想文化建设研究基地

北京市基层思想文化建设研究基地依托单位为北京市思想政治工作研究会。

基地负责人：史秋秋，北京市思想政治工作研究会常务副会长，中外企业文化杂志社社长；首席专家：李德顺，中国政法大学人文学院院长、教授、博士生导师。

基地具有覆盖全市网络资源优势，直根基层优势，转化成果的组织优势和开放性配置社会资源的社团优势，是促进专业研究力量与基层实践有机结合服务于基层思想文化建设的应用型研究平台。

地　　址：北京市市西城区闹市口大街跃台胡同18号
邮政编码：100031
联 系 人：徐振凡、朱华东
电　　话：66089970，66089821
传　　真：66089972，66089973
电子信箱：xzhf55 @ 163. com 或 huadongzhu @ 263. net
网　　址：www. danke. net. cn

北京决策研究基地

北京决策研究基地依托单位为首都社会经济发展研究所。

基地负责人：王力丁，中共北京市委副秘书长、市委研究室主任、研究员；首席专家：马仲良，北京市社会科学界联合会正局级干事、研究员。

基地主要工作是围绕市委、市政府领导关心的首都社会经济发展中的重大问题进行调查研究，为市委、市政府决策提供直接的理论服务和智力支持。

地　　址：北京市宣武区宣武门西大街28号院7号门7层

邮政编码：100053

联 系 人：赫军

电　　话：63602765

传　　真：63602765

电子信箱：shoudusuo@263. net

北京人口发展研究中心

北京人中发展研究中心依托单位为中共北京市委党校。

基地负责人：赵春福，中共北京市委党校副校长、教授；首席专家：侯亚非，中共北京市委党校人口研究所副所长、教授。

基地主要研究领域是把人口理论研究与北京市经济社会改革发展相结合，与经济社会资源环境可持续发展相结合，注重与市委、市政府重大决策相结合，注重与市人口与计划生育委员会的人口管理工作相结合。

地　　址：车公庄大街6号

邮政编码：100044

联 系 人：谭凯

电　　话：68007039

传　　真：68007084

电子信箱：tankai16@sina. com

（北京市哲学社会科学规划办公室供稿）

已刊机构补充介绍

中国人民大学

一、学校概况：

中国人民大学是一所以人文社会科学为主，兼有部分理工学科的综合性研究型全国重点大学。学校的前身是1937年诞生于抗日战争烽火中的陕北公学，以及后来的华北联合大学、北方大学和华北大学。1950年10月3日，以华北大学为基础的中国人民大学正式成立，成为新中国创办的第一所新型大学。著名教育家吴玉章、成仿吾、袁宝华、黄达、李文海先后担任校长。现任校长为纪宝成教授，党委书记为程天权教授。

学校目前已经形成以本科教育为基础、研究生教育为重点，辅以成人高等教育、网络教育的全方位、多层次的办学格局和体系，尤其在人文科学、社会科学、管理科学领域具有突出的整体优势。现设有研究生院、23个学院、21个科研机构和14个博士后流动站，另设有继续教育学院、培训学院及深圳研究院；拥有6个国家文科基础学科人才培养和科学研究基地，居全国高校第一；拥有13个国家人文社会科学重点研究基地，名列全国高校第一；拥有全国重点学科25个，总数居全国高校第五，其中社会科学居全国高校第一。在连续6届全国百篇优秀博士论文评选中，中国人民大学获选16篇，在人文社科领域位居全国高校第一。学校现设有学士学位专业60个，第二学士学位专业8个，硕士学位学科点128个（包括自主设置的27个硕士点），博士学位学科点87个（包括自主设置的21个博士点），一级授权学科11个，成人教育专科专业9个，本科专业11个。在由教育部学位与研究生教育发展中心高等学校与科研院所学位与研究生教育评估所组织的全国高等院校和科研院所学科评估中，学校理论经济学、应用经济学、法学、社会学、新闻传播学等5个一级学科整体水平排名全国第一，总数位居全国高校第三位，政治学、农林经济管理、历史学、工商管理也取得了较好的名次，充分展示了学校雄厚的学科发展实力。

中国人民大学师资力量雄厚，目前拥有一大批在国内外具有重要影响的著名学者和学术带头人，形成了一支学历层次高、专业结构好、科研能力强、年龄梯度合理的教学与科研队伍。现有专任教师1580人，其中，教授476人、副教授581人。博士生导师474人。此外，还有193位学术造诣精深的国外学者和930位国内各界知名人士担任（或曾担任）学校的名誉教授、客座教授和兼职教授。拥有14名第五届国务院学位委员会委员和学科评议组成员，享受政府特殊津贴的专家122人，有24人入选教育部哲学社会科学“跨世纪优秀人才培养计划工程”，11人荣获教育部“高校青年教师奖”，50人入选北京市“新世纪社科理论人才百人工程”，4人入选“新世纪百千万人才工程”国家级人选，各项所占总数比例均在全国高校名列前茅。学校有19位教授入选“马克思主义理论研究与建设工程”课题组首席专家或主要成员，成为全国入选人数最多的高校；有13名教授入选教育部社会科学委员会（其中黄达教授担任委员会顾问），人数居全国高校前列。

学校目前共有普通本科生、研究生在校生18998人，其中本科生9571人，研究生9427人（含研究生单证教育的学生（MBA、MPA、法律硕士）），研究生与本科生的比例接近1:1，是全国高校中这一比例最高的研究型大学之一；有成人教育本专科在册生8千多人，其中75%以上是本科生，网络教育在册生近4万人；目前在校学习的外国留学生1165人。

二、科研（教研）机构：

2005年，中国人民大学成立了理学院、国学院，在原人文学院基础上分别成立了哲学院、文学院和历史学院。目前，我校已有25个学院（包含继续教育学院和培训学院）和1个部（体育部）及深圳研究院，初步形成了以学院为主干的校院系三级建制。

哲学院

哲学院成立于2005年7月，前身为中国人民大学哲学系。哲学院是国家文科基础学科（文科）人才培养和科学研究基地，教育部“211”工程的重点基地、“985”哲学社会科学创新平台。哲学院是国内第一批一级学科博士学位授权单位，设有哲学专业博士后人才流动站，拥有马克思主义哲学和伦理学两个国家重点学科，拥有伦理学与道德建设研究中心、佛教与宗教学理论研究所两个“教育部人文社会科学重点研究基地”。现任院长为冯俊教授，常务副院长为张志伟教授。

哲学院下设哲学系和宗教学系，现有哲学、伦理学、宗教学3个本科专业，马克思主义哲学、中国哲学、外国哲学、伦理学、逻辑学、科学技术哲学、宗教学和管理哲学9个硕士点和博士点，招收高级访问学者、外国留学生和港澳台学生。学院现有学生517人，其中本科生186人，硕士研究生140人，博士研究生191人。

哲学院师资力量雄厚，现有教师67人，其中教授38人，副教授23人，讲师6人，博士生导师38人，形成了以教授为主导、以高级职称教师为主体、以中青年教师为中坚、老中青相结合的高质量的师资队伍。

2005年，学院共完成省部级以上重大科研项目12项，“985”项目建设“传统文化研究与哲学理论创新”研究取得新的进展，211工程项目“哲学理论创新与当代中国发展”实现了“十五”总目标，举办十余次国内外学术会议。

文学院

文学院成立于2005年7月，由原人文学院中国语言文学系改建而成，下设中国文学系、汉语言系、文化研究中心，以及语言文字研究所、文艺思潮研究所、比较文学研究所、华人文化研究所、基督教文化研究所、文化产业研究所和“人文奥运”研究中心等。拥有“国家文科基础学科人才培养与科学研究基地”、国家重点学科（文艺学）、教育部人文社会科学重点研究基地和“中国语言文学”一级学科博士学位授予权。现任院长为杨慧林教授。

文学院现有汉语言文学、汉语言2个本科专业以及影视与多媒体艺术、中文信息处理、对外汉语教学多个专业方向，文艺学、中国古代文学、中国现当代文学、比较文学与世界文学、语言学及应用语言学、汉语言文字学、古典文献学等7个专业硕士博士学位点，1个博士后流动站。现有教职员工51人，其中专职教师41人，其中教授17人，副教授15人，专任外籍教授2人。目前在校生439人，本科生216人、硕士生156人、博士生67人、国外留学生141人，另有博士后研究人员7人。

文学院同北美、欧洲、东南亚等地区20多个国家的著名高校及研究机构长期保持着密切的学术交往，同时，还主办着多种学术刊物，包括6种《中国人民大学复印报刊资料》和6种其他刊物。

2005年，文学院“西方文艺理论课程建设”获得国家级优秀教学成果奖。

历史学院

历史学院成立于2005年9月，由原人文学院所属历史系、清史研究所组建而成。现任院长为陈桦教授。

历史学院现有历史学本科专业，中国古代史、中国近现代史、世界史、专门史、史学理论及史学史、历史文献学、历史地理学、考古学与博物馆学8个硕士学位点，中国古代史、中国近现代史、世界史、历史文献学、专门史、史学理论及史学史、历史地理学等7个博士学位点，以及一级学科学位授予权，1个国家重点学科，1个教育部文科人才培养与科学研究基地，1个教育部人文社会学科重点研究基地。

历史学院拥有一批享誉国内外的著名专家学者，现有专任教师61人，其中教授25人，副教授18人。学院现有学生329人，其中本科生128人，硕士研究生116人，博士研究生85人。

历史学院目前已与美国、英国、加拿大、法国、德国、日本、俄罗斯、韩国、香港、台湾、澳门等10多个国家和地区的高等院校、学术团体及著名学者建立了良好的学术交流与合作。

2005年，历史学院举办了“清代灾荒与中国社会”学术研讨会、“民国时期社会调查丛编”出版座谈会、第四届青年学者论坛。

经济学院

经济学院成立于1998年，由原经济学系、国际经济系和经济学研究所合并而成，是新中国理论经济学学科的重要奠基者和开拓者之一，是国家文科基础学科人才培养和科学研究基地所在单位。现任院长为杨瑞龙教授。

经济学院现有经济学、国际经济与贸易2个本科专业，另设经济学与数学本科实验班；有政治经济学、西方经济学、经济思想史、经济史、国民经济学、国际贸易学、世界经济、网络经济学和企业经济学9个硕士学位点和博士学位点。

经济学院有专任教师72人，其中教授35人，副教授24人。全院共有在校生1110人，其中本科生621人，硕士研究生259人，博士研究生230人。

2005年，诺贝尔经济学奖得主、德国波恩大学泽尔藤教授为学院做专题报告并被授予中国人民大学名誉教授；国家发展与改革委员会朱之鑫副主任被聘为学院兼职教授和博士生导师；学院举行了庆祝卫兴华教授80华诞暨社会主义经济理论发展与创新研讨会，在英国伦敦大学与该校亚非学院联合召开“从制度视角透视的全球化的比较政治经济学”国际学术会议，与日本早稻田大学联合举办“开放的政治经济体制：全球化与制度变迁”国际学术会议，成功承办南太经贸官员研修班和亚洲国家经济管理研修班两项商务部援外项目，完成与英国杜伦大学商学院合作办学的申报工作和与澳大利亚蒙纳士大学联合培养博士生。

财政金融学院

财政金融学院前身是财政信用系，为中国人民大学最早设立的八大系所之一，是新中国最早的财政金融教学科研基地。50多年来，财政金融学院始终走在中国财政金融教学与研究领域的前列。现任院长为陈雨露教授。

财政金融学院下设财政系、货币金融系、应用金融系、保险系、电子应用中心、财政与税收研究所、金融与证券研究所、风险投资研究所、信托与基金研究所、投资研究所、保险研究所、金融与财税电子化研究所。现有财政学、金融学、保险学、金融工程、信用管理本科专业；财政学、税务、金融学、金融工程、金融；保险学硕士学位点；财政学、金融学、金融工程、风险投资、金融（含保险）博士学位点和应用经济学博士后流动站。学院现有学生1592人，其中本科生1051人，硕士生346人，博士生194人，留学生13人。

财政金融学院现有教授21人，副教授27人，讲师11人。此外，财政金融学院还聘请国际一流学者、实业届知名人士作为兼职教授、名誉教授或客座教授，2005年，财政金融学院聘请全国人大常委会副委员长顾秀莲、全国政协副主席张怀西、国务院发展研究中心原副主任邓鸿勋、中国银行业监督管理委员会副主席唐双宁为兼职教授，聘请诺贝尔经济学奖得主约翰·纳什（John Nash）、著名经济学家迈克尔·伍德福德（Michacl Woodford）、夏威尔·萨拉－伊－马丁（Xavier Sala－i－Martin）为名誉教授，更壮大了学院的国际师资队伍。

2005年，学院国际金融学被评为国家级精品课程。陈雨露教授负责的“搭建现代金融人才培养创新平台”项目获得国家级教学成果二等奖，并被立项为教育部“经济学管理学法学类专业人才培养的教改项目”。

统计学院

统计学院成立于2003年，在原统计学系的基础上组建而成。统计学系成立于1952年，是新中国统计学学科的奠基者和开拓者之一，是全国统计学教学和研究的重要基地。现任院长为金勇进教授。

统计学院现有统计学1个本科专业，统计学、概率论与数理统计、风险管理与精算、流行病与卫生统计学4个硕士学位点，统计学、风险管理与精算2个博士学位点。全院共有专任教师31人，其中教授12人，副教授9人，入选教育部跨世纪优秀人才培养计划2人。在校生464人，其中本科生262人，硕士研究生149人，博士研究生53人。

统计学院负责全校“统计学”公共课程，并开设本科课程40余门，研究生课程30余门，承办学术刊物《统计与精算》，并与美国哥伦比亚大学、台湾辅仁大学合办学术期刊《Journal of Data Science》。学院承担了国家自然科学基金、国家社会科学基金、北京市社会科学基金和国家各部委、企事业单位的大量科研课题。多年来学院开展对外学术交流活动，与多所世界知名高校建立了密切的学术交流与合作关系。

2005年，统计学院成功举办“数据中国——部长论坛”；举办国际学术会议3次，与国外合作项目2项，出版著作教材14部，发表学术论文、研究报告40余篇。

农业与农村发展学院

农业与农村发展学院成立于2004年10月17日，是在成立于1954年的农业经济系的基础上组建而成。学院下设农业经济、农商管理、资源经济、农村发展4个教研室，农村发展研究所、土地经济研究所、乡镇企业发展研究所，不动产研究中心、世界银行发展理论研究中心、西部开发中心、乡村建设中心等科研机构。现任院长为温铁军教授。

农业与农村发展学院现有农林经济管理和农村区域发展2个本科专业，农业经济管理、林业经济管理、技术经济及管理和农村发展4个硕士学位点，农业经济管理、技术经济及管理和农村发展3个博士学位点，以及农林经济管理博士后流动站。

现有教职员工35人，其中，教授11人、副教授7人、讲师10人；共有在校生312人，其中本科生179人，硕士研究生71人，博士研究生62人。

农业与农村发展学院现承担各类科研项目200多项，其中，国家自然科学基金、国家社会科学基金等研究项目20余项。“十五”期间，本学科点的20余项科研成果获得国家级、省部级和其他奖励。

2005年，学院举办了“乡村建设中心正式成立大会暨地方治理国际学术研讨会”，与美国麻省理工学院中国政策研究中心共同举办了中国农村发展国际论坛2005北京年会——“第三空间与转轨政策”国际研讨会，与新华社信息中心共同主办了“新农村建设，实践反思与展望”研讨会，承办了“第四届中国国际民间环境组织合作论坛”，主办了“第四届东亚农业政策合作国际研讨会”，与台湾大学农业经济系签署了院系之间的交流合作备忘录，建立了紧密的交流合作关系。著名学者黄宗智被学校聘为“长江学者”讲座教授并到学院任教。

法学院

法学院是新中国诞生后创立的第一所正规的高等法学教育机构，其前身可追溯到1912年创办的朝阳大学。经过55年的发展，已经成为国内一流、国际知名的法学院。现任院长为王利明教授。

法学院现有11个教研室和15个研究所（研究中心）；拥有法学本科专业和第二学士专业，法学理论、法律史、宪法学与行政法学、刑法学、民商法学、诉讼法学、经济法学、环境与资源保护法学、国际法学等9个硕士学位点和博士学位点，1个法律硕士学位点。拥有“985工程”国家重点创新基地和3个国家重点学科、2个教育部人文社会科学重点研究基地、1个法学博士后流动站。拥有现代化的图书馆、国家“211工程”重点项目“中国法制信息港”和颇具规模的物证技术实验室（证据分析实验室），设有向国内外公开发行的全国核心学术期刊《法学家》和《中国高等学校学术文摘·法学》（英文），建成了“中国民商法律网”等全国知名的网站。

法学院现有在职教授47人，院聘教授2人，副教授29人，博士研究生导师58人（含11名返聘博导）；学生2989人，其中本科生619人，双学士生50人，法律硕士研究生642人，法学硕士研究生1008人，博士研究生579人，博士后26人，访问学者和进修生65人。

2005年，在第五届全国高等教育教学成果奖的评选中，法学院荣获国家级教学成果奖一等奖和二等奖各一项，在全国法律院校中居于首位；荣获北京市高等教育教学成果奖5项，其中一等奖2项、二等奖3项。获得教育部哲学社会科学重大课题攻关项目3项，国家社科基金科研项目4项，教育部人文社科基地重大项目8项，司法部科研项目5项。12月30日，法学院隆重举行了成立55周年庆祝大会暨明德法学楼启用典礼。

马克思主义学院

马克思主义学院成立于2003年7月，在原马克思主义学院（成立于1996年12月）和中共党史系基础上组建而成。现任院长为秦宣教授。

学院下设马克思主义理论与思想政治教育研究所、马列主义发展史研究所和中共党史系；系全国第一个马克思主义理论与思想政治教育人才培养和科学研究基地，中国人民大学“三个代表”重要思想研究中心、当代中国研究中心和思想理论课教学办公室挂靠单位。学院主要从事马克思主义发展史、马克思主义理论与思想政治教育、中共党史、当代国外马克思主义、毛泽东思想、邓小平理论和“三个代表”重要思想的研究和教学。

学院现有马克思主义理论、思想政治教育、科学社会主义与国际共产主义运动、马克思主义哲学、政治经济学、中共党史、当代中国史、中国特色社会主义理论等8个博士学位点和硕士学位点。

学院现有教职工56人，其中教学科研人员45人，专职行政人员及资料室人员11人。在教学研究人员中，有教授16人，副教授21人，讲师8人。学院现有本科生59人，硕士研究生131人，博士研究生156人。

2005年，马克思主义学院继续承办“共和国部长论坛”系列讲座，邀请了全国人大常委会副委员长顾秀莲、吉林省委副书记林炎志等来校演讲；承办了中国人文社科论坛2005“马克思主义与中国发展之路”；与北京大学马克思主义学院等单位在中国历史博物馆联合举办“马克思艺术作品展览”。

社会与人口学院

社会与人口学院成立于2003年4月，在原社会学系和人口学系（所）的基础上组建而成。学院下设社会学系、人口学系、社会工作系、心理学研究所、健康研究所、老年学研究所、人类学研究所，同时拥有社会学理论和方法研究中心、人口与发展研究中心2个教育部重点研究基地。现任院长为翟振武教授。

社会与人口学院现设社会学、社会工作、公共事业管理3个本科专业；设社会学、人口学、人类学、民俗学、老年学、人口资源环境经济学、社会工作、社会心理（应用心理）、社会医学与卫生管理9个硕士学位点；设社会学、社会心理（应用心理）、人口学、人类学、老年学、人口资源环境经济学6个博士学位点，拥有社会学、人口学、人口资源环境经济学3个重点学科和社会学、人口学博士后流动站。

学院现有56名教师，其中教授23人，副教授19人；有本科生317人，硕士研究生158人，博士研究生97人。

学院编辑出版的《人口研究》杂志创刊于1977年，是我国第一本人口学专业期刊，是中国期刊方阵期刊，.并被中国人口学会指定为会刊。

2005年，学院承担多项国家社会科学基金、国家自然科学基金、教育部人文社会科学基金以及各级政府部门委托的研究课题，有多项咨询报告和意见、建议被有关部门采纳。凭借学院科研实力，中国人民大学成为唯一入选中国/联合国人口基金第五周期合作项目执行单位的高等院校。

国际关系学院

国际关系学院成立于2000年，在原国际政治系、东欧中亚研究所、欧洲问题研究中心的基础上组建而成，2001年，原中共党史系的政治学专业并入国际关系学院所属的政治学系。国际关系学院是全国著名的政治学与国际关系学人才培养与教学研究基地。现任院长为李景治教授。

国际关系学院现有国际政治、外交学、政治学与行政学3个本科专业，世界经济、国际政治、国际关系、外交学、政治学理论、中外政治制度、中国政治、科学社会主义与国际共产主义运动等8个硕士学位点和博士学位点。学院下设国际政治系、外交学系、政治学系、中国政治研究所、世界社会主义研究所、东欧中亚研究所、欧洲问题研究中心等7个教学科研单位；并以项目运作的方式组合在职或兼职教学研究人员，建立美国研究中心、国际能源战略研究中心、东亚研究中心、联合国研究中心、联合国教科文组织研究中心、比较国际政治经济研究所、国际事务研究所、公务员研究所、比较政治制度研究所等开放性研究机构。国际关系学院现有教职工74人，其中专任教师61人，内含教授18人，副教授29人，讲师14人；共有在校生1040人，其中中国学生831人（含本科生480人，硕士研究生224人，博士研究生117人），留学生209人（含本科生156人，硕士研究生45人，博士研究生8人）。

2005年，学院联合全国14家国际问题研究机构共同发起召开“中国国际问题论坛2005：多边主义与中国外交”国际学术研讨会；举办第二届“中国国际问题高级讲坛”，学院学生举办首届“中国人民大学模拟联合国大会”。

国学院

国学院成立于2005年5月28日，是学校为探索和加强新时期国学学科的建设和国学人才的培养，弘扬中华民族的优秀传统文化而作出的重大举措。国学院作为学校的直属学院，承担国学专业的人才培养和科学研究工作。文学院、历史学院、哲学院各相关教研室的教师，以“双聘制”的形式，参与国学院的教学科研工作。现任院长为冯其庸教授。

国学院拥有一批享誉国内外的著名专家学者，目前共有专任教师7人（其中教授5人，副教授1人，讲师1人），特聘教授5人，双聘教师18人（其中教授15人，副教授3人），国学院学术顾问5人，专家委员会委员43人，兼职教授27人。

国学院自2005年开始招生，采用从2004、2005级本科学生中遴选的形式，录取了58名学生，其中2004级30人，2005级28人，分别组建了2004、2005级国学班（均为本硕连读学生）。

国学院的学制定为6年，实行本硕连读，毕业后直接获得硕士学位。同时，由研究生院牵头，积极论证单独设立研究生国学学位的必要性和可行性，将在适当时机向国务院学位办提交论证报告。

国学院重视与海内外著名高校的合作交流，目前已与德国、日本、韩国、我国香港和台湾等多个国家和地区的高等院校、学术团体及著名学者建立了良好的学术交流与合作。

2005年10月17日，“中国人民大学国学院开学典礼暨揭牌仪式”隆重举行。国学院品牌学术活动“中国人民大学国学论坛”邀请著名国学家庞朴先生做了首讲。

新闻学院

新闻学院的前身是成立于1955年的新闻系。1958年，北京大学新闻专业并入中国人民大学新闻系，此前，创办于1924年的燕京大学新闻系于1952年并入北大新闻专业，因此从20世纪50年代末开始，新闻系集人大、燕京和北大3所大学新闻教育力量于一体，开始了新中国新闻教育的历程。1988年，学校在原新闻系的基础上成立了新闻学院，是教育部人文社会科学重点研究基地"新闻与社会发展研究中心"所在单位。新闻学院现已成为我国新闻传播领域人才培养和科学研究的重要基地。

学院现有新闻学、广播电视新闻、广告学、编辑与出版学4个本科专业，新闻学、传播学和媒介经营管理3个硕士学位点，新闻学、传播学、传媒经济学3个博士学位点，新闻与传播学博士后流动站，其中，新闻学连续两届被评为国家级重点学科。

学院现有专任教师44人，其中教授12人，副教授15人；共有在校生895人，其中本科生536人（含双学士），硕士研究生243人，博士研究生80人。

学院设有广播电视实验室、激光照排实验室、新闻摄影实验室、彩扩室和资料室，资料室保存有解放前的报刊样本3765种、报纸影印本422本，建国后的报纸合订本1000余本，期刊2500本，中外图书资料18500余册。截至2005年底新闻学院编辑出版了全国中文核心期刊《国际新闻界》136期。

学院与美国、加拿大、英国、德国、日本、韩国、新加坡和我国香港、台湾地区多所高校的相关院系建立了良好的长期合作关系，全院绝大多数的教师有出国访问、进修、讲学或国际交流的经历。

2005年11月19日，新闻学院举办了院庆50周年庆祝大会，原国务院新闻办公室主任赵启正同志出任学院院长。

徐悲鸿艺术学院

徐悲鸿艺术学院成立于1999年，是集美术、音乐和艺术设计为一体的综合性艺术学院。现任院长为徐庆平教授。

学院下设有绘画系、音乐表演系、艺术设计系、美术基础部、公共教学部、东方艺术研究所和艺术设计教学实验基地。现有绘画、音乐表演、艺术设计等3个本科专业，艺术学、美术学和设计艺术学等3个硕士点。

学院现有专任教师52人，其中教授10人，副教授9人。学院同时还聘请了近20位在各艺术领域中有突出成就的知名专家和学者担任兼职教授。开设本科课程100余门，开设研究生课程30余门，并负责全校一部分艺术类公共课程。现有在校本科生441人，硕士研究生31人，同时招收中西艺术比较研究等方向的博士研究生和中国艺术研究方向的外国进修生。

2005年，学院绘画系新增设中国书画专业方向，新增设硕士研究生课程研修班两个专业方向。2005年，绘画系油画专业学生作品展参加海峡两岸文化交流赴台展出；学院拨专款设立"学院年度资助"，共有17位教师获资助。

外国语学院

外国语学院成立于2001年11月，前身为外语系。下设澳大利亚研究中心、德国研究中心、日本人文社会科学研究中心。现任院长为张卫平教授。

学院下设俄语、英语、日语、德语、法语5个专业，现有俄语语言文学、英语语言文学、日语语言文学、德语语言文学、外国语言学及应用语言学5个硕士点。学院承担全校英语公共课的教学任务，设有大学英语教学部和研究生英语教研室。

学院现有教职工127人，其中专任教师116人，其中教授11人，副教授49人；共有在校生546人，其中本科生477人，研究生69人。

学院积极开拓对外交流和合作领域。目前，已与澳大利亚悉尼大学、西悉尼大学分别达成合作办学意向，与日本爱知大学、九州产业大学、松本大学，德国斯图加特大学、图宾根大学，法国里昂第三大学、法国马赛大学等保持着良好的合作关系，每年都有数十名老师和同学参加国际间交流活动。

2005年，学院继续加大对本科、研究生公共英语教学改革的力度；成功地举办了第五届澳大利亚文化周；与中德语言文学文化年刊《文学之路》编辑部、人民文学出版社、中国德语教学研究会联合主办了"席勒纪念会·席勒国际学术研讨会"开幕式暨《席勒文集》中文版首发式。

对外语言文化学院

对外语言文化学院成立于1996年，由原对外汉语教学中心和原语言文字研究所合并组建而成，是中国人民大学从事对留学生汉语教学、研究和交流的专门机构，是我国对外汉语教学基地。现任院长为李泉教授。

学院现有1个汉语言本科专业，汉语言文字学、语言学及应用语言学2个硕士学位点，与人文学院中文系共建汉语言文字学博士点1个。设有教材与教法、课程与测试、汉语与文化、语言理论与应用、汉语教学多媒体与新技术5个教研室。现有教师35

人，其中教授2人，副教授12人，还有来自日本、中国台湾和中国内地的客座、兼职教授6人；学院留学生417人，其中研究生5人，本科生146人，预科生35人，汉语进修生231人。此外，另有130余名短期班语言进修生。

2005年，对外语言文化学院李泉教授、罗青松副教授作为专家受国家对外汉语教学领导小组办公室委派，分别赴智利、阿根廷和美国，对当地的对外汉语教师进行培训；罗青松副教授作为唯一来自中国大陆的“AP中文项目”工作组成员，赴美国参加美国大学理事会召开的AP中文项目会议。

环境学院

环境学院成立于2001年11月，下设环境经济与管理系、环境经济研究所，是目前国内高校中为数不多的多学科综合性环境学院，学科专业来自经济学、管理学、理学和工学四个门类。现任院长为李文华院士，常务副院长为马中教授。

环境学院现有公共事业管理（环境经济方向）、环境科学2个本科专业；人口、资源与环境经济学，生态学、环境科学、自然资源管理、食品科学、环境工程、地图学与地理信息系统7个硕士点；人口、资源与环境经济学1个博士点。人口、资源与环境经济学2001年被教育部确定为本学科唯一全国重点学科。

环境学院2005年有教师46人，其中中国工程院院士1人，教授12人（博士生导师7人），副教授16人（硕士生导师16人）。学院还聘请国内外一流的专家学者为兼职教授和博士生导师，形成了我国环境经济与管理领域具有重要影响力的学术团队。学院现有本科生320人，硕士研究生119人，博士研究生38人。环境学院开设本科课程80余门、研究生课程40余门，并且负责全校物理、生物、化学公共课程。

2005年，环境学院正在执行的科研项目65项，科研经费502.2万元；出版专著13部，发表学术论文78篇，并主办“东亚环境与自然资源经济学研讨会”。

信息学院

信息学院成立于1994年，由原经济信息管理系（1978年成立）和校信息中心（1986年成立）合并而成。现设经济信息管理系、计算机科学与技术系、数学系3个学系和数据工程与知识工程研究所、运筹学与数量经济研究所、管理科学与工程研究所3个研究所。2005年经批准与信息资源管理学院合办教育部“数据工程与知识工程重点实验室”。现任院长为杜小勇教授。

信息学院现有信息管理与信息系统、计算机科学与技术、数学与应用数学3个本科专业；计算机应用技术、计算机软件与理论、管理科学与工程、系统理论、数量经济学、运筹学与控制论、基础数学、应用数学8个硕士学位点；数量经济学、计算机软件与理论、计算机应用技术3个博士学位点；计算机应用、数量经济学2个博士后流动站。

信息学院现有教师91人，其中教授14人，已取得博士学位的教师57人。全院共有学生902人，其中本科生633人，硕士研究生220人，博士研究生49人。学院共面向全校开设本科课程50余门，研究生课程20余门。

2005年，学院与人大金仓公司的合作成果“人大金仓数据库KINBASEES”获得2005年北京市科技进步一等奖；学院学生在国际大学生程序设计竞赛（ACM/ICPC）亚洲区成都、北京赛区各获1枚金奖后出线，将代表中国参加于2006年5月在美国举行的世界总决赛。

理学院

理学院于2005年10月正式挂牌成立。目前，理学院已拥有物理学系和化学系。化学系于2004年7月成立，系主任为郭志新教授。物理学系于2005年9月成立，系主任为王孝群教授。

物理学系现有理论物理、凝聚态物理2个硕士点。物理学系在人才培养的形式、建设规模、课程与学籍的管理、运行机制等方面采用国际上较为先进且成熟的方式，设立学术、事务、对外交流、本科指导、研究生指导和实验室建设等六个常设委员会；并在本科、研究生和博士后等人才培养模式、课程设计以及学科前沿研究等方面体现其特色；教师队伍规模由24名教学科研型和4－6名教学为主型教师组成。目前，拥有长江讲座教授1名、教学科研型教授6名（其中国家杰出青年基金获得者1名、中国科学院百人计划获得者2名），北京或者全国精品课程讲授教授3名，副教授3名、讲师2名；正在组建理论物理、凝聚态物性实验、原子分子物理、材料计算与物质模拟、计算物理方法及其应用和复杂系统（统计力学、生物物理、经济物理和信息物理）6个研究团队。目前，物理系在校本科生27名，已经招收硕士生8名，博士后1人。

化学系现有无机化学、有机化学、物理化学3个硕士点。化学系的建系方针为“小、精、尖”，即“小型规模的化学系，精良的师资队伍和教学、科研设备，尖端的教学和科研成果”，同时以“基于材料的化学”作为学科主攻方向。目前，化学系共有教师17人（计划25—30人），全部具有博士学位，其中教授4人（均为博士生导师），3人为中国科学院“百人计划”获得者；副教授11人，讲师2人。化学系正在建设价值2200万元的“功能分子与材料动态结构研究中心”，目标是成为相关领域世界一流的人才培养基地和有国际影响力的研究中心。目前，化学系在校本科生48人，硕士生19人，博士后1人。

商学院

商学院成立于2001年，在原工商管理学院和会计系基础上组建成立。商学院的前身是五十年代初成立的工业经济系、贸易经济系、会计系等经济管理系所，是新中国管理教育的发祥地，也是国内最早培养MBA的学院。现任院长为伊志宏教授。

商学院下设企业管理系、组织与人力资源系、管理科学与工程系、贸易经济系、市场营销系、会计学系和财务与金融系等7个学系和中小企业发展研究中心、工业经济与管理科学研究所、市场调查所、中国市场营销研究中心、财会理论研究所、会计与财务管理研究所等研究机构。学院现有企业管理、产业经济和会计学3个全国重点学科，工商管理、市场营销、工程管理、会计学、财务管理、贸易经济6个本科专业，企业管理、旅游管理、管理科学与工程、会计学、技术经济及管理、国际贸易学、产业经济学、流通经济学、市场营销管理、财务管理、工商管理硕士（MBA）、高级管理人员工商管理硕士（EMBA）、会计硕士专业学位（MPAcc）13个硕士点，企业管理、产业经济学、会计学、技术经济及管理、财务管理、市场营销管理、旅游管理、流通经济学8个博士点。

学院现有专任教师135人，其中教授46人，副教授47人。全院共有学生3701人（其中本科1731人，导师制硕士研究生452人，博士研究生281人，MBA776人，MPAcc208人，EMBA253人），在学的进修班、研修班学员1500多人。

2005年，商学院与香港理工大学合作培养了管理学博士（DMgt）、会计硕士（MPAcc）。

公共管理学院

公共管理学院成立于2001年6月，学院设有国民经济管理系、行政管理系、土地管理系、教育科学研究所、区域经济与城市管理研究所、组织与人力资源研究所、社会保障研究所、国防与国家安全研究所、财政与税收管理研究所、公共管理定量分析研究所等教学科研机构，拥有公共管理和应用经济学两个一级学科博士学位授予权，系全国MPA专业学位教育指导委员会所在地。另有非赢利组织研究中心、人力资源开发与管理研究中心、政府管理与改革研究中心等6个研究中心。现任院长为董克用教授。

公共管理学院现有国民经济管理、行政管理、土地管理、公共事业管理（城市管理方向）4个本科专业，国民经济学、区域经济学、城市经济学、劳动经济学、数量经济学、国防经济、房地产经济学、教育法学、教育经济与管理、行政管理、社会保障、土地资源管理、公共政策、公共财政管理、公共组织与人力资源管理等15个硕士学位点，国民经济学、行政管理、区域经济学、城市经济学、土地资源管理、社会保障、教育经济与管理、公共财政管理、公共组织与人力资源管理等9个博士学位点。

公共管理学院现有全职教师91人，其中教授31人，副教授35人，80%的教师已获得博士学位。另聘20多位中央政府有关部门领导、专家和国内外知名学者担任兼职教授。截止2005年底，学院在校学生2146人，其中本科生477人、硕士研究生455人、博士研究生230人、MPA学员983人，另有博士后研究人员18人。

作为全国首批提供公共管理硕士（MPA）教育的院校，MPA核心课程首席教授制和MPA专业方向责任教授制为MPA的培养起到了关键作用。学院设立的全国试点院校中数量最多的17个MPA专业方向，为MPA学员提供了广阔的专业选择空间。MPA招生规模名列全国第一，已成为我国培养MPA的主要基地之一。

劳动人事学院

劳动人事学院成立于1983年10月，由中国人民大学与原国家劳动人事部联合创办；2000年隶属关系归为中国人民大学。现任院长为曾湘泉教授。

学院下设劳动经济和劳动关系、人力资源管理、社会保障和劳动力市场4个系；中国就业研究所、劳动关系研究所、组织行为研究所和中国社会保障研究中心、人力资源开发和评价中心等研究机构。建有劳动科学学术资料中心和劳动科学实验室。

劳动人事学院设有劳动与社会保障、人力资源管理和劳动关系3个本科专业；劳动经济学、劳动关系、社会保障和人力资源管理4个硕士点；劳动经济学、人力资源管理和社会保障3个博士点；与其他院系共建应用经济学博士后流动站。

劳动人事学院现有教授11人，副教授16人，讲师8人，院聘兼职教授17人，返聘教授8人；其中，博士生导师10人，硕士生导师27人。另有来自美、德、日等国和港台的近20位著名学者担任学院兼职教授。共有学生853名，其中本科生463名，硕士研究生335名，博士研究生53名。在职进修硕士学位的学生近600多人。

目前承担的在研科研项目达到20多项，成功地承办了《劳动经济与劳动关系》、《社会保障制度》两份刊物。

2005年，曾湘泉教授获教育部2004年度重大攻关课题《全面建设小康社会进程中的我国就业发展战略研究》，郑功成教授《维护社会公平正义与保障国民共享发展成果》成为学院首次获得的国家社会科学基金重大项目；学院成功举办2005年中国人力资源新年报告会、首届社会保障国际论坛，获准设置中国第一个劳动关系硕士点，承办的中国社会保障界首份理论学术刊物《社会保障研究》创刊。

信息资源管理学院

信息资源管理学院成立于2003年12月，其前身是创立于1952年的档案学系，是我国创建最早、学科层次完备、师资力量雄厚的档案、信息管理专业高等教育与研究机构。现任院长为冯惠玲教授，常务副院长为赵国俊教授。

信息资源管理学院设档案学、政务信息管理和图书情报学3个系。现有档案学、信息管理与信息系统2个本科专业，档案学、情报学、图书馆学、中外政治制度4个硕士学位点，情报学、档案学博士学位点。档案学博士后流动站1个。负责管理国家核心期刊《档案学通讯》杂志社。

学院现有专任教师32人，其中教授10人、副教授13人、兼职教授10人。共有在校学生345人，包括本科生241人、硕士研究生79人、博士研究生37人、博士后2人。

2005年，信息资源管理学院组织出版发行《当代档案学理论丛书》，该丛书覆盖了档案学科领域的各个方面；学院教师承担了国家社科、国家自然科学基金项目、教育部、卫生部等各项基金项目12项；学院与美国、加拿大、德国、越南、日本等国家的大学、档案学机构开展了国际交流活动7次；主办了2005中国信息资源管理论坛、2005中国档案网站评价学术研讨会、中日档案高等教育学术研讨会、城市建设文件档案信息集成管理与集成服务研究学术研讨会等4次大、中型会议。

继续教育学院

继续教育学院成立于2004年10月，是在原成人高等教育学院和网络教育学院合并的基础上成立的，又是具体实施成人高等教育和网络教育的教学单位。学院主要面向在职人员，以非全日制教育为主，适当开发各种层次和类型的继续教育。现任院长为陈兴滨教授。

继续教育学院下设学院办公室、成人教育部、网络教育部和教学研究部。成人教育部下设：教学管理办公室、夜大学办公室、招生培训办公室、学生管理办公室、财务室、物业管理办公室。网络教育部下设：行政管理中心、招生培训中心、教务管理中心，学生管理中心、教学开发中心、教学服务中心。

培训学院

培训学院成立于2003年9月25日，是在原教育培训中心基础上组建而成，是学校非学历教育培训的主管、主办单位。学院下设学院办公室、高端培训事业部、教学管理部、国际合作部、短期培训部、课程研发部、远程教学部、中加国际培训中心、房地产研究中心、康亚健康管理学院等。现任院长为李湘教授。学院现有员工40人，其中多数拥有博士或硕士学位。

2005年，培训学院继续贯彻和执行学校领导对高校培训教育的创新思维，积极应对市场挑战，各项工作稳步进展，管理制度不断完善，主办了中国人民大学奥运培训系列讲座等培训活动。12月18日，培训学院作为“为国内企事业单位和政府机构培养了数以万计的优秀管理者的杰出管理教育培训机构”，被首届中国管理大会授予管理成就奖。

体育部

体育部是负责学校体育教学、学生课外活动和代表队训练的教学部门。下设基础课教研室、选项课教研室、训练课教研室。现任主任为苏长青副研究员。

体育部在职、在岗教师38人，为本科一、二、三年级和研究生一年级学生开设体育教学课。对不能进行正常体育锻炼的学生开设体育保健课，教授传统养生理论和自我保健知识。

2005年，学校多项运动比赛取得好成绩：男子足球队获飞利浦全国大学生足球联赛全国总决赛亚军；男子篮球队获首届全国大学生男子篮球超级联赛冠军；男足、男篮部分队员入选中国大学生队，代表国家参加在土耳其举行的世界大学生运动会，取得良好成绩。男子排球队获全国大学生排球锦标赛第六名。女子篮球队获北京市高校篮球甲级联赛冠军。武术队获北京市高校武术比赛冠军。乒乓球队获北京市高校乒乓球比赛多项奖牌。此外，我校郭晶晶、吴敏霞、彭勃等同学在世界大学生运动会上获得跳水项目的10金2银2铜，金牌数占我国获得的金牌总数的近50%。

深圳研究院

深圳研究院成立于2002年5月，全权负责我校在深圳的一切教学、科研、咨询活动，是我校在深圳的唯一代表机构，也是我校唯一一个在异地招收、培养博士研究生的教学点。现任院长为袁卫教授，常务副院长为陈建教授。

全院共有教职员工6人，注册学生597人，其中博士研究生28人，硕士研究生69人，非学历教育学员500人。

学院依托学校的学科优势和师资队伍，配合深圳经济建设及社会发展需要，以开展各类学历教育和非学历教育为重点开展工作。学院目前已开展MBA、世界经济、民商法3个专业的硕士生和经济、金融、法学、管理等23个研究方向的博士生学历教育；举办了民商法学、经济法学、人力资源管理、新闻学、国际贸易（现代国际物流管理方向）、金融学等专业的硕士学位课程进修班。先后与广东省邮电培训中心、深圳市农产品股份有限公司、深圳特区报业集团合作举办内部培训。推出“加入WTO之后的中国社会与经济”、“CEPA与深圳第三次飞跃”等系列论坛。

三、学术团体

目前，挂靠在中国人民大学的全国性学术团体共有10个，北京市属学术团体1个，即“北京市经济学说研究会”。

全国经济管理院校工业技术学研究会

全国经济管理院校工业技术学研究会，于1983年经教育部和中国社会科学研究院批准成立。系从事技术与经济相结合的边缘交叉学科教学、科研与实践的群众性学术组织。成员系从事该学科的有关教学、科研工作者。现有会员人数逾千人，其中院校等团体会员为110名，现任理事长杨国良教授，秘书长王长年、曾小春，副秘书长霍宏、汪金营副教授。研究会主管单位为教育部，挂靠单位为中国人民大学。

研究会每2—3年召开全国性学术会议，已召开过七届。已组织过公开出版的学术著作有26种；经全国学术刊物公开发表的论文有250多篇；完成社会实践成果有10多项。

地　　址：清华大学西南17-4-403

邮政编码：100084

电　　话：82641789

电子信箱：wjy@ unet. net. cn

全国马克思列宁主义经济学说史学会

全国马克思列宁主义经济学说史学会成立于1987年，挂靠在中国人民大学，是由全国从事马克思列宁主义经济学说史的教学、研究、翻译、出版等工作的人员自愿结成的全国性、学术性、非营利性组织。该团体的宗旨是：遵守宪法、法律、法规和国家政策，在马克思列宁主义和毛泽东思想、邓小平理论的指引下，团结全国从事马克思列宁主义经济学说史的教学、研究、翻译、出版工作者，贯彻理论联系实际的原则和百花齐放、百家争鸣的方针，对马克思主义经济学说形成和发展的历史及其规律进行系统的研究，促进我国经济科学的发展，为建设具有中国特色的社会主义服务。

学会每4年召开一次会员代表大会；理事会是会员代表大会的执行机构，在闭会期间领导本团体开展日常工作。常务理事会由理事会选举产生，设有会长1名、副会长若干名。学会还设有秘书处，由秘书长负责，处理学会的日常事务。学会的第一任至第三任会长：宋涛；现任会长：顾海良，秘书长：姚开建。

地　　址：北京市海淀区中关村大街中国人民大学经济学院

邮政编码：100872

电　　话：62511102

全国经济地理研究会

全国经济地理研究会成立于1983年6月，是在国家民政部注册、挂靠中国人民大学的全国高校经济地理学科和区域经济学科的学术组织。主要业务范围是学术交流、理论研究、业务培训、国际合作和咨询服务等。

学会首任会长是我国经济地理学科的奠基人孙敬之教授，第二任会长是著名区域经济学家、中国人民大学刘再兴教授，第三任会长是著名经济地理学家、北京大学胡兆量教授。2002年8月起，中国人民大学区域经济与城市管理研究所所长陈秀山教授任会长至今，现任秘书长为人大区域所孙久文教授，区域所林勇为副秘书长，负责日常事务。学会每年举办全国性的学术研讨会，并组织国内相关院校进行学科前沿领域的研究工作，同时鼓励会员以研究会的名义，参与各项为经济建设服务的研究项目和咨询项目。学会每年一届的学术年会在全国经济地理学界和区域经济学学界具有广泛影响，至今已举办十届。

地　　址：北京市海淀区中关村大街59号中国人民大学区域经济与城市管理研究所
电　　话：62511254，62511058
联 系 人：林勇
电子信箱：rks212@ric.edu.cn　lllinyong@163.com

中国商品学会

中国商品学会的主要宗旨是推动和发展商品学的基础理论及应用研究，并参与商品质量及其相关的咨询和培训等活动。近年来，中国商品学会多次举办各种展览会、研讨会、培训班及各种服务于社会、服务于企业的活动。

中国商品学会在民政部注册、教育部主管、挂靠中国人民大学，主要由全国的大专院校和科研院所从事商品学及其相关专业教学与研究的学者和教授组成，此外还广泛吸纳了商检，海关，质量监督检验检疫，工商行政管理和消费者协会等部门的专家和部分企业家。

中国商品学会还代表中国参加国际商品学会的活动，广泛开展国际交流活动，是第十四届国际商品学会会长单位。

中国商品学会在国民经济主战场上正在发挥自己的重要作用。

中国商品学会现任会长：万融

秘书长：傅绪哲

电　　话：010－62512851
网　　址：www.cscs.org.cn
电子邮箱：cscs@cscs.org.cn

中国实学研究会

中国实学研究会成立于1992年10月，是由中华人民共和国教育部主管，在中华人民共和国民政部注册登记的，由团体会员和个人会员自愿组成的，具有独立法人资格的，非营利性的全国性学术团体。本会宗旨是：以“实事求是”的理论为指导，团结、组织海内外热心中国传统文化的专家学者，对中国和亚太地区的实学思想及其相关的问题进行历史的、全面的、系统的研究。

本会业务范围包括：组织有关学者开展实学方面的研究；召集国际、国内有关的学术研讨会；传播与推广优秀的中国传统文化知识；举办有关实学的各种讲习班和咨询服务；出版有关实学的著作、刊物、资料；开展与社会各界的学术联谊活动；参与实学研究的国际学术活动；开展与中国传统文化研究与传播有关的其他活动。

中国实学研究会会长葛荣晋教授，副会长丁冠之教授、步近智教授、冯天瑜教授、程传兴教授、张践教授。中国实学研究会现有顾问9人，理事66人，会员遍布于全国各主要省市的大专院校和学术研究团体。

地　　址：中国人民大学哲学系
邮政编码：100872
电　　话：62512384
电子信箱：rdzj@263.net

中国延安陕北公学、华北联合大学校友会

中国延安陕北公学华北联合大学校友会是经国家教育部批准、民政部登记注册的全国性社会团体，挂靠在中国人民大学，1995年12月14日正式成立。校友会会址设在人民大学校长办公室。会长为凌云，秘书长由李源担任，路地同志为常务副会长。凡在陕北公学、华北联合大学学习或工作过的教职员工，承认校友章程并办理登记手续的，可成为本会会员。

中国延安陕北公学华北联合大学校友会的宗旨是继承和发扬陕公、联大的光荣传统和优良作风，加强校友联谊交流活动，在以江泽民同志为核心的党中央的领导下，高举邓小平理论伟大旗帜，为把建设有中国特色社会主义事业全面推向21世纪而努力奋斗。主要活动方式为每年两次的校友联谊活动。

地　　址：中国人民大学学校办公室
邮政编码：100872
电　　话：62515230

全国高校社科信息资料研究会

全国高校社科信息资料研究会，于1993年7月在民政部注册登记。研究会的宗旨：旨在把高校社科信息资料工作者组织起来，深化改革，促进高校信息资料高科技发展，形成系统、加强联系、开展高校社科信息资料理论研究、经验交流、咨询服务和业务培训，提高为高校教学科研服务。凡高校图书信息资料工作者均可申请参加。

目前已有11个省市自治区成立了相应高校信息资料研究会。它们是广东省、四川省、湖北省、北京市、安徽省、陕西省、河南省、河北省、山东省、内蒙古自治区、云南省。历届理事会负责人：第一届会长为广东省高校情报研究室主任何苏照同志、秘书长是中国人民大学朱卫同志；第二届会长是中国人民大学朱卫同志、秘书长是北京建工大学姚士蓉同志，现任（第三届）会长仍由中国人民大学朱卫同志担任，秘书长是首都师范大学刘淑芸同志。

联 系 人：刘希明
地　　址：中国人民大学教科所
电　　话：62511125

邮政编码：100872

中国高等院校市场学研究会

中国高等院校市场学研究会（ChinaMarketing Association of University，英文缩写 CAMU）成立于1984年元月，是全国各高等院校从事市场学教学、研究的专家、学者自愿组成的非营利的学术团体，系国家一级学会，由教育部主管，现任会长为中国人民大学校长纪宝成教授。学会的宗旨是：坚持四项基本原则和现行的各种法律法规，联系中国的市场营销实践，结合高等院校教学过程中遇到的问题，本着“百家争鸣，百花齐放”的原则，定期、不定期地进行各种形式的市场学学术研究和交流，为繁荣中国的市场学教学和研究作出自己的贡献。

学会主要是通过组织全国高校和社会各界有志于市场学教学和研究的专业人员，从事市场学领域的学术研究，推动中国营销进步。具体业务范围包括：

（一）通过定期（如年会）或不定期（如不同专题的研讨会）的形式，为全国高校从事市场学教学、研究的专业人员提供交流的机会；

（二）通过出版物，为全国高校从事市场学教学、研究的专业人员和社会各界的有关人士提供发表研究成果的园地。

电　　话：68528370

电子邮箱：mkt　china@163. com

（中国人民大学科研处供稿）

北京师范大学

刘川生同志任北京师范大学党委书记

6月10日，驻美使馆教育处公使衔参赞刘川生同志被任命为我校党委书记，原党委书记陈文博同志因年龄原因离任。教育部党组书记、部长周济，中组部副部长沈跃跃，北京市委副书记龙新民，市委常委朱善璐等出席任命大会。

会上，沈跃跃宣布了中央的任命决定，周济、龙新民作了讲话。周济在讲话中对北师大领导班子的工作给予充分肯定，希望北师大坚持以科学发展观统领全局，实施人才强校战略，大力加强学校领导班子思想政治建设，在新的战略机遇期作出更大的贡献。

刘川生，女，1950年12月生于四川。清华大学工业自动化专业本科，经济管理学院研究生，获工学硕士学位。曾在黑龙江生产建设兵团工作。历任清华大学教师和学校团委副书记，国家教委思想政治工作司副处长、处长，中国驻英使馆教育处一秘，国家教委外事司正处级干部。1994年起任中国教育报刊社党委副书记兼副社长、代理党委书记兼副社长、党委书记兼社长。2003年起任中国驻美使馆教育处公使衔参赞。1997年、2002年先后当选党的十五大、十六大代表。

认知神经科学与学习国家重点实验室

北京师范大学认知神经科学与学习国家重点实验室，于2005年3月正式成立，由罗跃嘉教授任重点实验室主任。该重点实验室是在原来的“认知科学与学习”教育部重点实验室的基础上建立的，现为我国认知神经科学领域的仅有的两个国家重点实验室之一。

本实验室的总体定位是，以脑发育和认知发展的动态发展观为核心指导思想，以语言为突破口，解决“学习与脑的可塑性”的重大科学问题，为建立我国基于脑的教育、基于脑的认知障碍矫治方法、基于脑的人力资源开发产业提供科学依据，满足促进我国亿万儿童青少年的智力和心理健康发展、提升我国人口素质和综合国力的国家重大需求。

实验室主要研究方向包括：基本认知过程及发展，语言认知与学习，数学认知与学习，社会认知与社会行为，基于脑影像的计算机建模。实验室现有博士点3个：基础心理学、发展与教育心理学、认知神经科学；硕士点4个：基础心理学、发展与教育心理学、认知神经科学和计算机在脑科学中的应用。

主要行政负责人：实验室主任：罗跃嘉；实验室学术委员会主任：董奇。

联系电话：58806154

刑事法律科学研究院

北京师范大学刑事法律科学研究院成立于2005年8月，是北京师范大学重点建设的专门从事刑事法学研究的、中国刑事法学领域首家且目前唯一的具有独立性、实体性、综合性的新型学术研究机构与研究生培养单位。该院以从事刑事法学术研究和培养刑事法领域硕士生、博士生、博士后为基本任务，并以参与立法司法咨询、进行高层次人才培训、开展中外学术交流、建立刑事法信息资料网络中心等多种专业活动为己任。该院与北京师范大学法学院是北京师范大学法学学科整体中密切协作的学术伙伴。

北京师范大学“十五”发展规划纲要明确提出，努力将北京师范大学建设成为综合性、有特色、研究型的世界知名大学。目前，北京师范大学正在逐步实现向以教师教育、教育科学和文理基础科学为主要特色的综合性、研究型大学的历史转型。研究院将把自身发展纳入学校发展的总体战略和格局，以北京师范大学深厚的学术积淀、悠久的历史传统和浓郁的文化氛围为依托，努力实现其长远发展愿景和短期发展目标。

刑事法律科学研究院将本着刑事法学一体化的精神，逐步全面发展中外刑法学、国际刑法学、区际刑法学、刑事政策学、犯罪学、刑事执行法学、中外刑事诉讼法学、刑事证据学、刑事司法制度等刑事法的学术领域，着力培养高级刑事法学专门人才，努力把研究院建设成为全国领先并与国际知名刑事法学机构看齐的新型刑事法学术机构暨国家刑事立法和司法咨询服务重镇，从而为我国法学研究和高层次人才培养作出新的探索和较大的贡献，为国家依法治国、建设社会主义法治国家的伟大事业建言献策。

刑事法律科学研究院将以刑事法律学科的发展为龙头，带动北京师范大学法学院的同步发展，把法学学科的建设纳入北京师范大学总体发展目标，并使法学学科的学术地位迅速获得长足的提高，从而与北京师范大学作为国家重点大学的地位相协调。

主要行政负责人：院长：赵秉志

常务副院长：卢建平

联系电话：58802088

（北京师范大学社会科学处供稿）

中央民族大学

学校概况：

中央民族大学是中国少数民族教育的最高学府，是中国少数民族高级人才的摇篮，是中国唯一具有56个民族师生员工的高等学校，是中国民族院校中唯一一所国家“211工程”、“985工程”建设的全国重点大学。学校前身是1941年10月在延安成立的民族学院。1951年6月11日，中央民族学院正式成立，首任院长由原国家副主席乌兰夫同志担任。1993年11月30日，中央民族学院更名为中央民族大学。

中央民族大学的建设和发展得到国家领导人的关心和重视。建校初期至1966年5月，毛泽东、刘少奇、周恩来、邓小平等国家领导人先后14次接见学校师生代表；改革开放以后，邓小平3次接见师生代表；1993年学校更名时，时任国家主席的江泽民为学校题写了新校名。2001年6月学校50周年校庆之际，时任国务院总理的朱镕基到校视察，并代表中央政府提出了“把中央民族大学建成世界一流民族大学”的奋斗目标。2002年6月，国家民委、教育部、北京市人民政府签署了关于重点共建中央民族大学的协议，将学校的发展又推上一个新的台阶。

中央民族大学经过50多年的建设和开拓，现已发展成为以人文社会学科为主体，以民族类学科为特色，文、史、哲、经、管、法、理、工、医、教等学科门类齐全，本科、研究生教育和干部培训并举，民族预科、艺术中专和继续教育等多种办学层次兼有的综合性研究型大学。学校现有18个学院、8个系和1个预科部，覆盖10个学科门类的67个本科专业，38个硕士学位授权点，17个博士学位授权点，1个国家一级学科博士学位授权点（民族学），2个博士后流动站（民族学、中国少数民族语言文学），2个国家级重点学科（民族学、中国少数民族语言文学），9个省部级重点学科（民族学、中国少数民族语言文学、专门史、马克思主义民族理论与政策、中国少数民族艺术、中国少数民族经济、宗教学、生态学、语言学及应用语言学），2个文科基础学科人才培养和科学研究基地（历史学、中国少数民族语言文学），1个全国普通高校人文社会科学重点科研基地（中国少数民族研究中心）。学校的民族学、中国少数民族语言文学、中国民族史、中国少数民族经济、中国少数民族理论与政策、民族宗教学和中国少数民族艺术等学科具有雄厚的实力和特色优势，不仅在全国居于领先地位，而且具有一定的国际影响。经济、法律、新闻、管理、生命与环境科学、计算机科学与技术等学科也得到快速发展并具有广阔的前景。中央民族大学是中国民族院校中专业设置最多，人才培养层次最高的大学。

学校拥有一支高素质、高水平、民族成分众多的师资队伍。学校现有正副教授400余名，讲师300余名，他们具有良好的治学传统和学术风范，在教书育人和学术研究上成果卓著。

中央民族大学目前有各类在校生1.3万余名，在全日制本科学生中，70%左右是少数民族。学校迄今为止已有毕业生6万多名，其中近80人相继走上省、市、自治区以上领导岗位，有的成为了国家领导人；8500多人担任了县以上各级领导职务，成为祖国建设的栋梁之材；更多的毕业生成为专家、学者、作家、诗人、演艺明星或不同领域的优秀人物。

目前学校占地40多万平方米，各类建筑40余万平方米。2003年新建成的图书馆面积达2.45万平方米，藏书140多万册，其中少数民族文字图书和民族学科文献居中国高校首位，在国内外颇具影响，它还具有先进的设备和阅览、研究等多种现代化功能。学校民族博物馆藏有近3万件珍贵的民族文物可供教学、研究和观摩。学校出版社是全国民族学科教材和著作的出版基地，《中央民族大学学报》和《民族教育研究》是面向国内外发行的全国核心期刊。学校具备首都高校一流的多媒体教学手段，100兆带宽的校园网是电化教学和信息传递的有力保障，数字化校园工程建设已经全面启动。

中央民族大学是我国民族高等教育与国际联系的窗口和进行国际学术交流的中心。学校已同50多个国家的大学和研究机构建立了合作与学术交流关系，每年接纳600余名外国留学生来校学习，聘请外国专家来校讲学，并不断选派学生出国留学深造。

历任校长：乌兰夫、刘格平、刘春、李力、宗群、江云、任世琦、哈经雄、荣仕星

现任校长、党委书记：鄂义太

民族学与社会学学院

该院是国家级重点学科点和中国民族学一级学科点。是“211工程”、“985工程”重点建设单位。目前开设民族学（文化人类学）、博物馆学、社会学等3个本科专业，还有民族学、人类学、考古学与博物馆学、社会学、民族社会学5个硕士学位授权点；民族学、人类学、民族社会学3个博士学位授权点；1个博士后流动站。因而是国内少有的本科、硕士、博士和博士后流动站完备的专业教学单位。

该院民族学人类学处于全国领先地位，具有国内最强的学术梯队，在职教师37人中，有博士生导师15人，教授19人，副教授15人。其中26人拥有博士学位，1/2以上具有双语能力，还有外国专家和访问学者作为教师或教师顾问。

该院教学强调以学生为主体，以教师为主导，对低年级实行“宽口径、厚基础”的通才教育，对高年级实施“参与式研究型”的培养模式。该院的培养目标是在研究型大学中，把学生培养成适应和谐社会和创新型国家需求的专业人才。

学院办公室电话：68932301

学院教学办公室电话：68932424

现任院长：杨圣敏

办公室电话：68932214

中国民族理论与民族政策研究院

中国民族理论与民族政策研究院是由中央民族大学马列主义教科部、民族理论与民族政策教科部合并而成，是国家部委级重点学科——民族理论与民族政策学科所在单位，是国家“211工程”和“985工程”重点建设单位，在全国同类专业中第一个设立本科专业，第一个获得硕士学位、博士学位授予权，是全国唯一具有民族理论与民族政策专业本科、硕士、博士培养系列的单位。该院拥有一支年龄结构、职称结构、学历结构合理优化的师资队伍，拥有本专业全国第一位博士生导师、全国民族院校首位国家级教学名师。

学院办公室电话：68932438

学院教学办公室电话：68932650

现任院长：金炳镐

办公室电话：68932693

藏学研究院

藏学研究院是从1951年9月我国藏学奠基人、著名藏学家于道泉主持建立的藏语言文学教研室发展、扩建后，于2000年9月成立的；是中央民族大学传统学科之一。经过半个多世纪的发展，藏学研究院已经形成以本科教育为主，培养博士研究生、硕士研究生、研究生课程班等多层次、多规格的高级藏学人才的培养基地和藏学研究基地。半个世纪以来，藏学研究院已为国家培养了大量的各个层次的藏学专门人才。

藏学研究院师资力量雄厚。现有教师26人，其中教授9人（均为博士生导师），副教授6人，讲师6人，均为硕士以上学历。

50年来，该院教师用汉文和藏文在全国各类刊物上发表论文和文章千余篇、出版了百余部学术著作和十余部藏文历史典籍、译著。许多获得各类国家级、省部级科研成果奖，有的甚至填补了国内外学术界的空白。目前，该院是“211工程”重点建设单位，承担着“211工程”建设的2个重点科研项目和6部教材编写任务，还承担了一批国家和省部级重点项目。

50年来，该院在国家和学校有关部门的关怀下，经过几代藏学工作者的努力，已经形成了丰富的人文资源和强劲学术势头并与国内外藏学界保持着良好的学术交流，其藏学研究水平在全国名列前茅。

学院办公室电话：68932412

学院教学办公室电话：68933299

现任院长：郭卫平（兼）

办公室电话：68932901

历史系

历史系始建于1956年，是学校建设最早、最有影响的系科之一，吴文藻、潘光旦、费孝通、林耀

华、翁独建、傅乐焕、王钟翰等一大批著名学者相继在该系执教，在高校中享有很高的声誉。目前，该系拥有2个博士学位授权点、历史学一级学科（包括其下8个二级学科）硕士学位授权点；具备培养历史学本科、硕士、博士和博士后等层次的资格和条件。本系是国家民委重点建设学科、国家“211工程”和“985工程”重点建设单位。是国家文科基础学科人才培养和科学研究基地（历史学）。

在职教师中，教授占46%、副教授占28%、讲师占28%；获得博士学位者占73%，其余为硕士学位获得者；博士研究生导师9人。还有多人获哈佛大学、富布赖特等奖项出国讲学、访问和参加美、日、韩等国家及香港、台湾等地举办的学术会议，扩人了历史系在国内外的声誉。

在近50年的发展历程中，历史系教师先后编撰教材20余部，发表出版科研论著200余部，王钟翰先生主编的《中国民族史》等学术著作先后获国家及省部级奖励，在学术界影响广泛，为学科建设和为解决中国民族问题提供借鉴作出了重大贡献。

学院办公室电话：68932813

学院教学办公室电话：68932813

现任主任：李鸿宾

办公室电话：68932363

预科部

民族预科教育创办于1951年建校初期，1953年正式成立预科部，是我校成立最早，培养人才最多的教学单位之一，也是我校的办学特色之一。

半个多世纪以来，我校民族预科教育为民族地区和近100所高等学校培养、输送了近16000名各类人才，其中包括11名省部级领导和鄂伦春族、裕固族、佤族等少数民族的第一位博士……为民族地区的社会经济发展和现代化建设、为少数民族人才的培养作出了巨大贡献。

目前，预科部下设语文教研室、汉语教研室、英语教研室和数学教研室等四个教研室。现有教师23人，其中副教授11人，讲师8人。

预科部办公室电话：68932347

现任主任：宋太成

办公室电话：68937504

经济学院

经济学院成立于2000年，其前身为经济系和经济所。学院现下设经济学、财政学、金融学、国际经济与贸易等本科专业，以及政治经济学、区域经济学、人口、环境与环境经济学、中国民族经济等4个经济学、法学硕士学位授予点；中国少数民族经济博士学位授权点及博士后流动站。学院是国家“211工程”研究基地、“985工程”哲学社会科学研究创新基地。现有正副教授23人、博士22人，多名教师有国外留学、研究交流的经历。

学院办公室电话：68932445

学院教学办公室电话：68932302

现任院长：刘永佶

办公室电话：68937149

法学院

法学院本科专业自1979年开始招生，1986年创建法律系，2000年9月在此基础上建立了法学院。现有法学、法学与经济学、法学与英语双学位3个本科专业（方向），有经济法学、宪法与行政法学、民族法学、法律史学、民商法学5个硕士学位授权点，1个民族法学博士学位授权点。教师中有教授、副教授15人。历届毕业生专业知识扎实、多就职于国家机关及各地党政、司法机关、企事业单位、涉外机构、律师事务所等。

学院办公室电话：68932428

学院教学办公室电话：68932664

现任院长：徐中起

办公室电话：68932661

管理学院

管理学院成立于2002年，是一所综合性的学院，专业设置横跨管理学与法学两大学科门类，包涵工商管理类、公共管理类、政治学类3个一级学科，涉及国家管理、政府管理、社会管理、企业管理4类管理主体，设有工商管理、市场营销、会计学、财务管理、人力资源管理、旅游管理、行政管理、政治学与行政学等9个本科专业；企业管理、技术经济及管理、行政管理、民族政治学、民族地区行政管理、国际共产主义运动与科学社会主义和公共管理专业硕士（MPA）等7个硕士学位授权学科（专业）；民族地区公共行政管理、民族政治学2个博士学位点。

管理学院拥有合理的办学层次和良好教学设施，学院现有工商管理和公共管理2个综合实验室，150多万元的教学实验设施，可满足相当数量实验教学和实践教学的需要。学院具有一支学历、学缘、年龄结构合理的师资队伍，现有专职教师46人，其中正副教授22人；60%以上的教师具有博士学位。目前学院承担国家“985工程”项目和多项科研项目，发表与出版了一大批较高水平的论文与著作。

学院办公室电话：68932480

学院教学办公室电话：68932107

现任院长：李俊清

办公室电话：68936716

哲学与宗教学系

中央民族大学哲学与宗教学系创建于1986年，其前身为1956年成立的中央民族学院政治系哲学专业。现有哲学、宗教学两个本科专业；马克思主义哲学、中国哲学、宗教学三个硕士点和宗教学博士点，经过长期努力，该系已形成中西哲学与少数民族哲学兼治、世界宗教与民族宗教并举的教学科研实体。目前，该系已列入国家哲学社会科学“985工程”基地建设和“211工程”建设项目，宗教学专业亦属于国家民族事务委员会的重点学科。

该系在民族宗教研究和中华哲学研究方面，多有建树，完成了多项国家级、省部级重点科研项目，在国内外学术界有较大的影响。哲学与宗教学系有18名专任教师，其中正副教授13人，同时还聘有国内外客座教授10人。该系广泛的学术资源，不仅可以为本系学生提供良好的学习环境，而且也为学生四年后考研或就业搭建了比较理想的桥梁。

除国家和学校提供的各项奖助学金外，该系还单独设有“信善”、“怀云”、“道风”等多项境内外奖学金和助学金；与挪威等国外高等院校有多项跨文化交流项目，为培养具有国际视野和交往能力的学生提供发展平台。

学院办公室电话：68932648

学院教学办公室电话：68932634

现任主任：何其敏

办公室电话：68932634

中国少数民族语言文学学院

中国少数民族语言文学学科建于20世纪50年代初期，现为国家级重点学科，国家文科基础学科人才培育和科学研究基地，“九五”、“十五”、“211工程”重点建设学科，国家“985工程”重点建设单位。该院拥有中国语言文学博士一级学科学位授权点和硕士学位授权点，并设有中国语言文学博士后流动站。全院下设少数民族语言文学系、蒙古语言文学系、维吾尔语言文学系、哈萨克语言文学系、朝鲜语言文学5个系以及11个研究机构。拥有正副教授60余人。本学科涉及五大语系的80多种语言和30多种文字以及50多个民族的文学和文献，并与欧美和中亚、南亚的10余个国家建立了学术交流关系。

学院办公室电话：68932627

现任院长：文日焕

办公室电话：68932627

国际教育学院

国际教育学院的办学宗旨是积极进行国际间的学术交流与合作，担负培养前来学习汉语言文化专业的留学生教学任务；开展国际交流与合作事务的管理和开发工作；港澳台事务的开展与管理工作，负责留学生的招生、管理及外国专家、留学生的后勤管理、服务工作。现学院与学校国际交流处合署办公。

学院办公室电话：68933262

学院教学办公室电话：68933306

现任院长：何克勇

办公室电话：68933921

文学与新闻传播学院

文学与新闻传播学院前身中文系始建于1964年，经过40多年的建设与发展，目前已成为中央民族大学兼有本科、研究生、留学生多种培养层次的、学生规模最大的文科学院。

该院现设汉语言文学、对外汉语、新闻学、广告学4个本科专业；中国古代文学、中国现当代文学、文艺学、比较文学与世界文学、文献学、汉语文字学、语言学与应用语言学等博士、硕士学位授权点各7个；此外，该院还设有民俗学博士、硕士学位授权点、新闻学硕士学位授权点。

学院主持了国家“十五”社科基金项目、国家民族事务委员会“十五”科学研究基金项目等多项科研项目。拥有一支以中青年为主的年富力强、朝气蓬勃、实力雄厚的教师队伍，在“211工程”、“985工程”建设过程中，学院的办学质量、社会声誉将伴随中央民族大学的发展而获得稳步前进。

学院办公室电话：68932246

学院教学办公室电话：68932311

现任院长：白薇

办公室电话：68932911

外国语学院

外国语学院前身为外语系，已有20年历史。学院现有英语（语言文学）、英语（翻译）、俄语（哈萨克语、吉尔吉斯语、乌兹别克语）、日本语言文学、韩国语（翻译）等5个四年制本科专业。同时，招收语言学专业翻译理论与实践方向硕士研究生。该院共有教师89人，其中正副教授24人。学院常年聘有外籍教师近10人。

学院与美、法、日、俄、韩等国家有着广泛的校、院、系的合作办学和科研合作，每年选拔10余名本科生赴上述国家高校交流学习。

学院办公室电话：68932681

学院教学办公室电话：68932495

现任院长：郭英剑

办公室电话：68933462

美术学院

美术学院的前身是成立于1959年的中央民族学院艺术系，1983年在此基础上单独成立了美术系，2002年成立了美术学院。经过45年的发展，学院形成了自己的办学特色和风格，在全国范围有了广泛的影响。学院现设有绘画（油画、中国画）、艺术设计（装潢设计、环境艺术设计、服装设计）、美术学（美术教育）等专业，还成立了版画与丝网印刷、服装设计、数码设计、陶艺设计等工作室。学院现有教师42人，其中教授、副教授13人、讲师18人。近两年来，学院教师承担国家级项目10项，出版个人专著30余部，发表论文60余篇，发表绘画作品600余幅。近年来先后有70多人120余次获得国内外各种奖励，作品不仅被国家美术馆、北京美协、国际艺苑以及省市一级的美术馆收藏，而且也为国外收藏家和美术馆收藏。

目前，美术学院有在校本科学生450多人，硕士、博士研究生20多人。多年来，美术学院秉承严谨的教学作风和严格的管理制度，尊重美术教学的规律，注重对学生素质和创造能力的培养。已为国家培养了2000多名本专科毕业生、40余名硕士及博士研究生。他们在全国各地成为美术创作和教育事业的重要力量，有相当一批优秀毕业生走上省市美协、画院、艺术学院的领导岗位。

学院办公室电话：68932344

学院教学办公室电话：68932806

现任院长：殷会利

办公室电话：68933274

音乐学院

音乐学院前身为音乐系，始建于1959年，2002年在此基础上成立了音乐学院，学院现拥有音乐表演、作曲与作曲技术理论、音乐学等专业，为国家培养了大批优秀音乐人才，是中国少数民族音乐教育的最高殿堂。

学院办公室电话：68932303

学院教学办公室电话：68932217

现任院长：孟新洋

办公室电话：68936969

舞蹈学院

舞蹈学院是国家级少数民族艺术重点学科基地，是中国民族舞蹈家的摇篮。经过近50年的发展，已成为融少数民族舞蹈教育、表演、科研、创作为一体的中国少数民族舞蹈艺术中心，形成了含中专、本科、研究生等多个层次和表演、教育、编导、音乐学（钢琴伴奏）等多个专业的教学培养结构。舞蹈学院有一支荟萃了14个民族，实力雄厚，教学经验丰富，老中青相结合的教师队伍。其中有享誉国内外的著名舞蹈教育家、编导家和国家级的表演艺术家。

目前舞蹈学院有在读的中专生、本科生、研究生共513人。多年来，舞蹈学院培养了数千名优秀的民族舞蹈编导、教育、表演及管理人才。数十年来，舞蹈学院出版了《东方风韵》少数民族舞蹈系列教材11部、学术专著4部、学术论文80余篇、创作舞蹈作品160余部。在全国艺术院校“桃李杯”1~7届舞蹈比赛及国内外各类舞蹈大赛中，获创作奖129项、表演奖197项。

舞蹈学院除经常承接国内大型演出外，还先后数十次应邀赴亚洲、欧洲、北美洲的10余个国家以及港澳台等地区访问演出。以鲜明独特的舞蹈风格、精湛的表演艺术赢得了外国友人的高度赞扬，并受到国家领导人的亲切接见，为我国少数民族舞蹈教育事业的繁荣发展作出了贡献。

学院办公室电话：68932735

学院教学办公室电话：68932435

现任主任：苏自红

办公室电话：68931656

体育系

体育系从2001年开始面向全国招生，现有体育教育、民族传统体育2个本科专业。专业教师中有教授、副教授6人。

学院办公室电话：68932493

学院教学办公室电话：68932493

现任主任：韦晓康

办公室电话：68453644

教育学院

教育学院是一个集教育和艺术、教学和研究为一体的跨学科新型教育学院。现有教育学、艺术教育2个本科专业；教育学原理、比较教育、中国少数民族教育、中国少数民族艺术4个硕士学位授权点；中国少数民族教育和中国少数民族艺术2个博士学位授权点。学院重视国际合作，与美国、日本、加拿大、法国、俄罗斯、韩国等国具有广泛的学术交流和教育合作。学院师资力量雄厚，多数教师具有博士学位，并曾在国外留学、访问、任教。

学院办公室电话：68932225

学院教学办公室电话：68932225

现任院长：王军

办公室电话：68932725

成人教育学院

成人教育学院是在原管理干部学院、成人教育处、夜大函授部、干部培训部基础上于2000年成立的。学院下设院办公室、招生办公室、教务管理科、教材管理科、学生管理科。教育有学历教育和非学历教育两种形式。学历教育有专科、本科两个办学层次37个专业，在全国设有28个函授站。非学历教育有大专专业证书班、教师进修班、国内访问学者班，也有根据社会需要举办的各类长、短期培训班和岗位培训班等。

学院办公室电话：68932343

现任院长：李曦辉

办公室电话：68932270

物理与电子工程学院

物理与电子工程学院前身是1978年成立的数理系物理学专业，1986年正式成立物理系，2000年9月更名为物理与电子工程系，2004年3月成立中央民族大学物理与电子工程学院。目前共设物理学（暂不招生）、应用物理学、电子信息工程、通信工程、光信息科学与技术5个本科专业，在校学生700余名。学院具有一支精干的教师队伍，其中正副教授13人。

本院设置的专业覆盖了信息科学多个领域，并具有一定优势和实力，主要培养能从事物理学、电子技术、通信、信息技术及计算机应用技术等领域的研究、设计、应用和开发研制等工作的复合型高级人才。

学院办公室电话：68932333

学院教学办公室电话：68932333

现任院长：敖玲（代）

办公室电话：68932422

数学与计算机科学学院

数学与计算机科学学院的前身是1978年建立的数理系。从1978年至2004年，本院共培养合格毕业生近3000人，其中80%以上是少数民族学生，民族成分达40多个，生源遍布全国各地，到目前为止有近300人考取了硕士、博士研究生，数十人到国外留学，特别是近2年，学生考研率达25%以上。许多毕业生现在已经成为所在行业、部门的中坚力量。

该院现有5个本科专业：数学与应用数学、信息与计算科学、统计学、计算机科学与技术、自动化。2个硕士点：基础数学、概率论与数理统计。

学院现有双聘院士1人，客座教授3人，外籍教师1人；专任教师62人，教授7人，副教授29人，博士20人（含博士后3人），硕士28人，硕士生指导教师18名。

数学与计算机科学学院本科专业主要以培养应用型高级人才为主，学院学科发展定位及特色是：以数学为支撑，以计算机等应用性学科专业为重点，以本科教学为中心，加强和发展研究生教育，以科研促教学，以学科建设带动本科专业及师资队伍建设，努力创建高质量的民族信息类人才培养基地。

学院办公室电话：68932733

学院教学办公室电话：68932822

现任院长：徐赐文

办公室电话：68932970

生命与环境科学学院

生命与环境科学学院前身是生物与化学系。学院现有生态学、植物学、环境科学和民族医学4个硕士学位点，具有生物科学、生物技术、环境科学、生态学、化学、制药工程、藏医学和预防医学8个本科专业。

生命与环境科学学院是中央民族大学“211工程”重点学科建设“985工程”项目建设单位。近年来，学院在学科建设、教学改革和科学研究等方面取得了丰硕成果，教学质量、教学水平和科研水平有了很大提高。学院现有一支业务素质良好的高水平师资队伍。其中“双聘院士”1人；“985工程”首席科学家1人；教授10人；教师队伍中，60%的教师具有博士学位。

学院办公室电话：68932633

学院教学办公室电话：68932633

现任院长：冯金朝

办公室电话：68932922

民族博物馆

中央民族大学民族博物馆是我国历史较长、规模较大、藏品较多的民族学专业博物馆之一，始建于1952年。现收藏有中国56个民族的14大类文物3万余件，品种繁多，内容广泛。有反映解放前各民族不同社会发展阶段的生产工具；有说明各民族历史发展的出土文物；有标志各族人民在中国共产党领导下浴血奋战时的文物；有各民族的历史文献资料；有各民族的工艺品；有各民族日常生活用品；有式样繁多、色彩斑斓的传统民族服装、精美的饰物；有少数民族的宗教器物；有反映民族地区美丽富饶的土特产品的标本等。馆内现设有“中国少数民族服饰”基本陈列。民族博物馆下设办公室、陈列部、藏品部和资料室。全馆共有汉、蒙、藏、回、苗、黎、土、鄂伦春等8个民族成分的12名工作人员。

博物馆办公室电话：68932760

现任馆长：余梓东

办公室电话：68933402

图书馆

中央民族大学图书馆始建于1951年，民族学科书籍收藏独具优势。初步形成结构合理、文种多样、针对性强等特点。1988年全国文献资源调查结果显示，中央民族大学图书馆文献总藏量在北京地区高校图书馆中居第6位、汉文线装图书居第6位、少数民族文字图书居第1位。现在馆内拥有中外文图书120余万册、线装古籍25万余册。其中宋、元、明、清各种善本古籍1434种。本馆现有线装地方志书3200余册，占全国该类地方志总量的1/3。大部分是边疆少数民族地区方志，内容涉及政治、历史、地理、民俗、气象、水利、物业等。其中的《新疆四道志》（手抄本）等方志，系稀世珍本。古籍中众多的汉文年谱、家谱、传记等和近30余种少数民族文字的写本、刻本、金石拓片、清人画册，不乏稿本、孤本，可谓价值连城。如明万历刻本《两朝平攘录》、清乾隆武英殿本《平定准噶尔方略》等为全国罕见。清驻新疆大臣饶应琪后裔捐赠本馆的稿本《饶应琪奏稿》等是该馆独有的重要史料。全馆现有9个民族成分的工作人员43人，其中教授1人、副研究馆员8人、馆员30人，其他4人。少数民族职工占全馆的48%。

该馆内设有办公室、采编部、流通部、阅览部、期刊资料部、古籍、技术部。

图书馆办公室电话：68932489

现任馆长：李德龙

办公室电话：68933976

（中央民族大学科研处供稿）

中央财经大学

公共管理研究中心

中央财经大学公共管理研究中心，是2005年2月24日经学校正式批准的集教学、科研、咨询服务为一体的公共管理学术研究实体，挂靠在本校财政与公共学院，受学校科研处业务指导。

共共管理研究中心主要从事公共经济、行政管理和公共政策领域的研究、教学和咨询服务工作，在政府预算、国有资产管理、政府采购等领域的研究工作处在全国前列。中心的发展目标是：建立广泛的国内外学术联系网络，研究力量雄厚，拥有国内一流的专家教授，本科、硕士和博士各层次教育相配套，教学、科研水平走在全国前列，为国家和社会培养高质量的公共管理人才，承担政府和有关社会组织委托的大型研究课题，开展公共管理领域的策划、论证、咨询等社会服务，成为国家公共管理学科重点基地之一。

温来成教授任中心主任，主要研究人员有马海涛教授、刘玉平教授、李燕教授、徐焕东副教授、杨燕英副教授、施青军副教授、杨华博士、王树杰博士、姜爱华博士、王鼎老师等。本中心研究人员实行开放式管理，热诚欢迎国内外有识之士加盟。

统计与市场调查研究中心

中央财经大学统计与市场调查研究中心于2005年2月24日成立，主要从事商务和经济统计、市场调查理论与实务研究。该中心主要以经济学院统计系科研力量为主，联合国内外有关院校统计方面的知名专家、教授，并借助于国家各部委、科研机构和社会等各方面的统计研究力量而组建的科研机构。

中心实行主任负责制。李连友教授担任中心主任，负责中心的组织管理工作。

中心的宗旨和主要任务是：

1. 开展商务与经济统计、宏观经济统计、国民经济核算、金融统计、市场调查、抽样调查等领域的理论与实务研究；

2. 开展统计理论、数据挖掘、市场调查等领域的国内外学术交流；

3. 申报国家、省部级科研课题；

4. 承接社会各方研究、咨询、行业分析和培训项目。

中心聘请多名在国内外享有名望的学者、专家作为顾问教授和特约研究员。

中心采取项目负责制，主要由顾问教授、特约研究员负责研究项目。中央财经大学内部的经常性研究人员可以独立负责研究项目，也可以参与由顾问教授、特约研究员负责的研究项目。

主任（联系人）：李连友

联系地址：北京海淀区学院南路39号　中央财经大学统计与市调查研究中心

单位地址：中央财经大学经济学院

邮政编码：100081

电　　话：62289138　82057199　13611171898

经济数据研究中心

中央财经大学经济数据研究中心是2005年2月24日成立的，中央财经大学所属研究机构。从事经济数据采集、处理、分析、咨询和培训等方面的研究工作。下设经济数据调查研究室、经济数据处理与经济仿真研究室、实验经济学研究室三个子机构。研究人员主要来自中央财经大学经济学院、中国人民大学数据挖掘中心、北京航空航天大学复杂数据研究中心、首都经济贸易大学经济数据处理与计算机仿真研究中心、澳大利亚维多利亚大学经济发展战略研究中心、日本广岛修道大学经济学部。

本中心充分发挥经济学、管理学、统计学和计算机技术等多学科交叉优势，实现经济理论、经济数据和研究方法的融合，开展实验经济学的研究，并为其他科学研究提供实验技术检验和数据支持。同时开展多种咨询服务活动。本中心现已开展多项国家、省部级科研课题的研究工作。

中央财经大学经济数据研究中心主任由刘扬教授担任。

电　话：62289729

Email：Y. liu@ riasc. org　yangliu@ cufe. edu. cn

政府采购与公共工程研究中心

“中央财经大学政府采购与公共工程研究中心”是2005年2月24日成立的。这一研究机构是在瑞士再保险公司和中央财经大学法学院的赞助与支持下运转。

新成立的研究中心将致力于对中国不成熟的政府采购体系与建设业的研究以及为促进改革进行人员培训。研究中心拟重点研究的课题如下：完善中国招标投标程序；纠正中国建筑业中的不平衡；获取及履行采购/建设合同时解决争议的程序；财政控制与信用风险管理工具在中国的政府采购和建设体系中的建立。

研究中心将特别专注于在中央财经大学开设高水平的课程，培养对完善中国政府采购与建设体系有用的人才。

研究中心的成立得益于瑞士再保险公司的资助，瑞士再保险公司希望通过这次的资助以帮助推进中国在政府采购与建设管理方面早日实现符合并超越国际标准的目标。

政府采购与公共工程研究中心的主任由中央财经大学法学院的两位教授共同担任，分别是：丹尼尔J. 米德夫教授与吴韬博士。副主任由徐焕东博士和郑琳博士担任。

DanielJ. Mitterthoff 教授，中央财经大学政府采购与公共工程研究中心合作主任

地　址：北京市海淀区学院南路39号/中央财经大学法学院

电　话：(86)-(10) 6228-8673

传　真：(86)-(10) 62288672

临时电子信箱：mitterhoff@ chinamekong. org

DanielJ. Mitterhoff，Co-Director

Research Center for Government Procurement and Public Construction

Law School，Central University of Finance and Economics

39 South College Road，Room 1106

Haidian District，Beijing 100081

People’s Republic of China

Tel：(86)-(10) 6228-8673

Fax：(86)-(10) 62288672

Temporary E-Mail：mitterhoff@ chinamekong. org

中国银行业研究中心

中央财经大学“中国银行业研究中心”是经中央财经大学批准，于2005年2月24日成立的一家以银行业为主要研究对象的学术研究机构。研究中心依托国家级重点金融学科雄厚的师资资源和首都得天独厚的科研资源，致力于商业银行制度变迁、中国银行业发展、银行体制改革、银行经营管理理论与技术、银行业务创新和产品研发、国际银行业发展等领域的研究，旨在以客观的立场、科学的方法，系统研究银行业相关理论与政策，为国家银行监管当局、各商业银行提供决策建议和咨询服务，促进中央财经大学金融专业人才培养的水平和层次的提高。

中央财经大学“中国银行业研究中心”现有研究人员20余人，其中包括中央财经大学金融学院从事商业银行研究与教学的部分教师、首都金融理论界、银行监管部门、商业银行实务部门的专家学者等。中心主任由中央财经大学金融学院院长史建平教授兼任。

中心目前主要从事的研究项目包括：

1. 中国商业银行制度创新研究；
2. 国际银行业转型研究；
3. 商业银行绩效评价体系研究；
4. 国际银行家成长路径研究；
5. 国有商业银行改革与发展研究；
6. 城市商业银行发展战略研究；
7. 中国商业银行风险管理体系研究。

（中央财经大学科研处供稿）

对外经济贸易大学

党委书记：王玲

校　　长：陈准民

党委副书记兼纪委书记：杨逢华

党委副书记：陈建香

副校长：徐子健、刘亚、王正富、胡福印、林桂军

（对外经济贸易大学科研处供稿）

首都师范大学

“中国书法文化研究院”和“书法文化博物馆”

首都师范大学“中国书法文化研究院”于2005年11月12日正式成立，同时配套建设一个书法文化博物馆。中国书法文化研究院的前身是1994年成立的首都师范大学中国书法艺术研究所、1998年成立的首都师范大学中国书法文化研究所。书法学科是首都师范大学的特色学科和优势学科，已经有20年历史，创办人、学科带头人是著名学者、书法家欧阳中石先生。“中国书法文化研究院”拥有我国第一个书法博士点、第一个书法博士后流动站，是我国第一个建成完整的高等书法教育体系的学科点，在科学研究、人才培养、服务社会、国际文化交流等方面都取得了显著成绩，在国内外产生了广泛影响。“中国书法文化研究院”的成立及相关举措的实施，标志着首都师范大学书法学科进入一个新的发展阶段。

书法文化博物馆是国内大学中第一个书法专业博物馆，馆藏有近10米长的唐代贞观年间写经1卷，近现代名家墨迹10余件，顾颉刚先生所藏金石拓片1100余件，戈壁舟和安旗先生所藏金石拓片1100余件，印石、古砚等实物资料100余件。书法文化博物馆将为书法学科的教学和科研提供强大的基础，同时将逐步面向社会，为大学人文素质教育乃至北京市民的精神生活提供高品位的服务。

名誉院长：欧阳中石教授

院　　长：叶培贵教授

电　　话：68902274

（首都师范大学科技处供稿）

首都经济贸易大学

经济学院

首都经济贸易大学经济学院是在原经济系的基础上，整合校内经济学学科资源于2004年10月建立起来的。作为经济学院基础的经济系创建于1974年，是首都经济贸易大学建系历史较长、师资力量最雄厚的院系之一。目前，经济学院设立了经济学、国际经济与贸易、贸易经济三个本科专业；设有政治经济学、西方经济学、数量经济学、国际贸易学、产业经济学（商业经济）、国民经济学和国防经济学等7个硕士研究生专业和硕士学位授权点；设有数量经济学、国民经济学、产业经济学、国际贸易学和国防经济学5个博士研究生专业和博士学位授权点。同时还设有一级学科应用经济学博士后流动站。另外学院还设有经济研究所、世界贸易组织（WTO）研究中心、中国可持续发展研究中心、中国流通研究中心、数量经济研究中心、中国品牌研究中心等柔性研究组织。目前在校本科生1100余人，全日制研究生200余人，留学生100余人，是接收外国本科留学生和研究生最多的院系。

多年来，经济学院的教师完成了国家“七五”、“八五”、“九五”、“十五”社会科学基金规划课题和教育部、北京市教育委员会以及国务院有关部委、企事业单位委托的科研课题数十项目，取得了丰硕的研究成果，并有多项科研成果获得了中华人民共和国教育部、北京市和其他省、部级奖励。

经济学院是一个高度开放的学院，与美国、加拿大、法国、德国、芬兰、瑞典等许多国家开展了教师交流、学生交流和学术交流。目前，经济学院正在开展更多形式的国际交流项目和开拓更广泛的国际合作领域。经济学院的教学也正在逐步与世界接轨。

城市学院

城市学院是我校近年来学科建设和专业、院系调整的改革成果。由原城市经济系、公共管理系和首都经济研究所、不动产研究所等单位共同组建，成立于2005年3月。学院下设城市与区域经济系、土地资源与房地产管理系、公共管理系、广告管理系等四个系和不动产研究所、首都经济研究所等两个研究机构。学院具有较全的办学档次和规格。研究生层次可以授予区域经济硕士学位和行政管理硕士学位；本科层次可以授予城市管理、行政管理、公共事业管理、土地资源管理和广告学等五个相关专业的学士学位；成人教育和大专层次开设了房地产开发经营与物业管理、广告学专业；此外还开设了相关专业的在职研究生班。

该院的组建本着“立足北京、服务北京”的特色战略，将区域经济和公共管理学科加以整合，形

成了一支具有城市管理学科以及相关学科带头人和学历层次高、知识结构合理的教师队伍。城市学院整合了我校为北京城市服务的教学和科研单位，成为我校研究教学型单位的试点学院，并加大科学研究、社会服务和人才培养的结合。城市学院的建立，将进一步丰富与城市管理相关的学科专业，进一步突出城市管理的功能与特色，不断加强教学与科研的结合与促进，为首都城市改革、发展、建设和经营管理服务，以及为实现城市管理制度创新服务，提高为首都服务的能力和质量，为首都经济建设输送优良人才。

工商管理学院

首都经济贸易大学工商管理学院于1999年3月初步成立，由企业管理系（原工业经济系）、商务管理系（原贸易经济系）合并组成。原有两系均已有了40余年的本科教育历史和20多年研究生教育历史。2005年3月，经过学校学科调整和人员重组，两系建制撤消，整合经济研究所部分人员，工商管理学院实体化运行。工商管理学院现设企业管理系、营销管理系、运营管理系、旅游管理系等4个系，设有企业组织与企业家研究中心、企业发展研究中心、公司研究中心、商务管理研究中心、旅游研究中心、中国产业经济研究中心、工商管理案例研究与开发中心等7个研究中心。

经过40余年的发展，学院目前拥有博士、硕士、学士等完整的办学层次和学位授予权，具有工商管理一级学科（含企业管理、旅游管理、技术经济及管理）硕士学位授予权，具有培养工商管理硕士（MBA）和招收单考硕士研究生的资格。截止到2005年底，学院在校本科生1070人，硕士研究生89人，博士生25人，MBA学生180人。首都经济贸易大学企业管理专业（研究生专业）2002年被评为北京市重点建设学科，工商管理专业（本科专业）2005年被评为北京市级品牌专业。

“十一五”期间，学院将以高层次学科建设为龙头，以高质量教学和高水平科研为中心，以高素质师资队伍建设为重点，以有效激励和适当约束为机制，快速赶超，全面确立学科特色和优势，把工商管理学院建设成为“一流平台、一流生源、一流师资、一流培养、一流管理、一流就业”的国内强势知名品牌的教学研究型学院。为此，本着“格物致知，明体达用”的院训，工商管理学院秉承40余年的优良传统和文化积淀，努力为社会培养更多具有应用型和复合型特色的优秀管理人才。

劳动经济学院

首都经济贸易大学劳动经济学院于2000年7月由原劳动经济系和人口经济研究所合并组建而成。学院下设人力资源管理系、劳动与社会保障系、社会工作系和人口经济研究所，此外还设有人力资源开发与管理研究工作中心、社会保障研究中心、劳动经济与劳动关系研究中心、老年社会保障研究所、人力资源测评中心、日本经济研究中心、妇女儿童研究中心等柔性研究组织。现在劳动经济学院办学层次丰富，学科体系较完整，有应用经济学博士后流动站，劳动经济学博士点；以及劳动经济学、社会保障学、人口学、人口资源与环境经济学4个硕士点；人力资源管理、国际人力资源管理、劳动与社会保障、社会工作、劳动关系等5个本科专业及专业方向，以及函授大专、函授专升本专业点。

近年来劳动经济学院与美国密歇根大学、日本早稻田大学、流通经济大学、日本千叶大学；英国约翰莫尔斯大学、北安浦顿大学、格拉斯特大学；加拿大多伦多大学、香港大学、香港城市大学和香港浸会大学等国外、境外大学的相关系所建立了比较紧密的学术交流与协作关系。

劳动经济系在教学与科研方面都取得了丰硕的成果。编写出版的专著和教材共几十种，论文上千篇。许多教材多次印刷，被全国许多兄弟院校的相关专业采用。劳动经济系首先引进和翻译了国外相关专业教材。该系还承担并完成国家级和省部级科研项目几十项，在社会上产生了很大的影响，不少成果被有关部门决策时采纳，一些科研成果还获得了较高级别的奖项。

人文学院

首都经济贸易大学人文学院成立于2002年12月，由原来东校区的社会科学部、西校区的理论部、德育教研室、艺术教研室合并组建而成，2006年4月又将基础课部的汉语言文学教研室并入该学院。

学院下设新闻传播系和经济学、哲学、国际关系、文史、德育、艺术、汉语言文学等7个教学部，文化研究室、消费经济研究室和首都社会和谐发展研究基地。具有一支在国内有影响的知名专家和在各自研究领域有较深造诣的中青年学者构成的高素质的教师队伍。人文学院设有新闻传播学一个本科专业和马克思主义基本原理和思想政治教育两个硕士研究生专业和硕士学位授予点。

人文学院具有雄厚的科研力量，具有浓郁的学术氛围。近年来，学院与美国、日本、加拿大、我国香港和台湾等一些国家和地区进行了学术交流和人员往来。完成了近55项国家、省部级、市政府、市教委、市计委重点课题；公开出版专著、译著、教材百余本；在国家省部级刊物发表论文近800篇；有数十项科研成果获奖，其中有十余项获省部级奖。

人文学院担负着全校政治经济理论、文化艺术教育的教学和社会科学、文化史等方面的研究任务。具有政治经济学、科学社会主义、市场经济学、哲学、世界政治与经济、逻辑学、史学、法学基础、艺术教育等比较齐全的课程体系；同时开设了传播学、新闻采访与写作、新闻编辑与评论、中国历代文学作品选读以及领导科学与决策、行为科学、自然辩证法、人格心理学、管理学、经济博弈论、中国传统文化、现代西方哲学流派评介、佛教哲学等数十门选修课，满足了学生多种需求，拓宽了知识面，注重了素质教育。

人文学院的新闻传播系，设有国际文化传播、媒体经营与管理两个专业方向，设置3个教研室和一个新闻传播研究所。学院将依靠社会、学校的综合教育资源优势，培养出具备系统传播学专业知识和技能，熟悉新闻传播的运作规则、适应社会现代化发展需要，在新闻、出版、宣传部门、广播电视、网络传播等领域从事编辑、记者与传媒商务策划、媒体经营管理的高级专门人才。

进入新世纪以来，随着繁荣发展哲学社会科学，实施马克思主义理论研究和建设工程的进一步推动，硕士研究生专业的研究方向也在不断拓展，目前设有马克思主义文化传播研究、马克思主义中国化研究、马克思主义国际战略研究、基层党建与思想政治教育研究、心理健康与思想品德教育研究等多个研究方向。

人文学院今后将坚持立足北京，服务北京，力争把学院办成以马克思主义政治理论和思想道德教育为主，以传播学专业为龙头，文学、心理学、逻辑学、史学、法学、艺术相互支撑、协调发展，具有人文、社科特色的办学实体。成为我校培养富有创新精神和实践能力，具有人文特色的应用型、复合型、高素质专门人才的主要基地。把学院建设成为现代化、人文特色鲜明、理论基础扎实、在国内同类院校中具有一流水平的人文学院。

外语系

首都经济贸易大学外语系于2003年6月成立，前身为首都经济贸易大学外语教学部，现开设英语（经贸英语）本科专业，于2003年秋季开始招生。

外语系拥有一支结构合理、责任心强、不断进取的师资队伍。在不断提高本科生教学质量的同时，外语系还在硕士研究生和博士研究生教学中赢得了好评。在完成繁重的教学工作的同时，外语系教师非常重视科研活动，近年来，共发表学术论文110余篇，编著各类教材30余部。

外语系充分发挥专业优势，采取“请进来、走出去”的方针，拥有一支稳定的外国教师队伍，为在校学生提供了良好的语言学习环境，奠定了良好的专业学习基础；近几年，该系陆续选派教师赴美国、英国、澳大利亚、加拿大等国家进行学者交流，这对进一步提高外语系的整体水平发挥了积极作用。

MBA教育中心

首都经济贸易大学是目前全国94所具有MBA（工商管理硕士）办学资格的院校之一，也是目前北京市属市管高校中唯一一所具有MBA办学资格的院校。

首都经济贸易大学MBA教育目前设有企业管理、营销管理、金融投资、人力资源管理、公司理财5个研究方向。其中，企业管理专业拥有博士学位授予权，其他专业均具有硕士学位授予权，为MBA教育提供了有力支撑。目前，MBA在校学生180余人。

为保证教学质量，打造品牌，MBA教育中心从全校范围内遴选优秀教师担任MBA任课教师。目前任课教师中70%具有博士学位，75%曾在国外学习或进修，90%具有企业实践经验或企业项目研究经历，有相当一批获得实业界高度认同的著名学者。

此外，MBA教育中心还聘请了张瑞敏、陈峰、杜昌焘、陈惠湘等一大批著名企业家担任兼职教授，定期来校进行专题讲座。为培养MBA学员的实际管理能力，学校落实了一批实习基地，包括中国乐凯胶片集团公司、中油燃料油股份有限公司、中信金属公司、北人集团公司、北京标准咨询有限公司、北京丰收管理顾问有限公司、华夏国际信用咨询有限公司、北京华夏天海会计师事务所等。

目前，MBA教育中心正在与中国企业管理联合会合作，深度研究和开发武钢、海航等一批著名企业的管理案例，为我校MBA的特色案例教学服务。

首都经济贸易大学MBA教育中心从财经类院校特点出发，从生源、培养和就业三大环节着手，以实现“一流生源、一流师资、一流管理、一流就业”为目标，全面打造和提升本校MBA特色、优势和品牌，努力为社会培养“开物成务，兼善天下”的高级工商管理人才。

（首都经济贸易大学科研处供稿）

北京工业大学

一、学校概况

北京工业大学创建于1960年，是一所以工为主，理工、经管、文法相结合的多科性市属重点大学。1981年成为国家教育部批准的第一批硕士学位授予单位，1985年成为博士学位授予单位。1996年12月学校通过国家"211工程"预审，正式跨入国家21世纪重点建设的百所大学的行列。

北京工业大学校本部位于北京市朝阳区平乐园100号，东临东四环南路，南抵左安东路；西邻西大望路，北望平乐园小区。另有分校区：海淀区车公庄西路35号（北京工业大学继续教育学院分部）；朝阳区管庄西里20号（北京工业大学实验学院）；朝阳区惠新东街8号（北京工业大学艺术设计学院）。学校占地面积为801235.98平方米，建筑面积627787.04平方米。学校现任校长范伯元，党委书记孙崇正。

1997年至2005年，学校紧密围绕北京市重点发展的电子信息、生物工程及新医药、光机电一体化、新材料、环境保护与资源、城市建设与管理等高新技术支柱产业及行业需求，学科结构得到大幅度的调整与优化，形成了16个二级学院：机械工程与应用电子技术学院、电子信息与控制工程学院、建筑工程学院、环境与能源工程学院、应用数理学院、计算机学院、材料科学与工程学院、经济与管理学院、人文社会科学学院、软件学院、生命科学与生物工程学院、建筑与城市规划学院、外国语学院、艺术设计学院、实验学院、继续教育学院，另有体育教学部、激光工程研究院、固体微结构与性能研究所、循环经济研究院，以及与社会力量合作创办的独立学院——北京工业大学耿丹学院。

学校开设44个本科专业；81个硕士学位授予点和14个工程硕士授权培养领域；8个一级学科博士学位授予点，37个二级学科博士学位授予点；9个博士后科研流动站。设有光学、材料学2个国家级重点学科，8个北京市重点学科（机械设计及理论、微电子学与固体电子学、结构工程、交通运输规划与管理、环境工程、计算机应用技术、管理科学与工程、光学工程），11个北京市重点建设学科；新型功能材料、传热强化与过程节能2个教育部重点实验室，3个省部共建重点实验室，12个北京市级重点实验室或研究基地，以及精密超精密加工国家工程研究中心、国家级产学研激光加工中心和中德激光技术中心，教育部数字社区工程中心等。

截至2005年12月，教职工总数3304人，其中，专任教师数1414人，正高272人、副高518人；有博士生导师150人，硕士生导师396人；拥有两院院士8人，"长江学者奖励计划"1人，国家有突出贡献专家5人，享受政府特殊津贴专家40人。外籍教师32人。学校重视基础性研究、高新技术研究和应用研究，承担着一批包括国家自然科学基金、"973"计划、"863"计划、科技攻关计划、北京市自然科学基金在内的国家和北京市重大、重点项目，2005年到校科研经费超过3亿元。

展望未来，任重道远。全校师生员工将继续在北京市委、市政府的领导下，紧紧抓住"十一五"建设的战略机遇期和2008年奥运会羽毛球、艺术体操比赛场馆落户北工大的难得机遇，把科学发展观落实到教学、科研、管理、服务、学习等学校改革和发展的各个方面，全面推进育人质量的提高，努力将北京工业大学建设成为国内一流的教学研究型大学。

二、科研机构

循环经济研究院

北京工业大学循环经济研究院是致力于循环经济研究的矩阵式跨学科研究机构，成立于2005年4月。由全国政协常委、中国科协副主席、北京工业大学学术委员会主任左铁镛院士任院长，著名经济学家、北京工业大学经济与管理学院院长李京文院士任院学术委员会主任，并且聘请若干知名学者、政府官员、企业家以及驻外使馆科技、教育参赞等任院学术委员会委员。

循环经济研究院下设办公室、研究室、技术合作部3个部门，依托学校多学科优势，拥有一支跨学科的、实力雄厚的专兼职研究队伍，已开展多项循环经济研究工作，主持、参与中国工程院、国家发改委、国家开发银行等多项重大课题，在《人民日报》、《经济日报》、中央电视台等各类媒体发表了大量相关论著；与政府相关部门、各高校科研机构、社会行业各界等建立了广泛的联系。

循环经济研究院的发展定位是建设成为在国内外有相当影响力的、具有一流研究水平的循环经济研究机构，建成促进北京工业大学多学科交叉、融入北京的基地和新兴学科增长亮点，培养有战略眼光和研究能力的多学科交叉高层次人才。

北京经济社会发展研究院人力资源研究中心

北京经济社会发展研究院人力资源研究中心于3月20日在北京工业大学成立。该中心是在北京工业大学领导下的一个专门研究人力资源开发、培养、管理、使用的研究机构，是以人力资源调查与研究为主要目的的非盈利性组织。该中心坚持用邓小平理论，“三个代表”重要思想以及中共中央、国务院于2003年12月19日至20日在北京召开的全国人才工作会议精神开展人力资源研究工作，本着立足北京、服务北京、面向全国的方针，运用社会学、法学、政治学、管理科学的理论方法，为北京市建立健全合理的人才机制，选拔培养各类北京市急需的人力资源管理专业人才，协助党政机关、企业组织、事业单位的人力资源研究，提升北京市的城市综合竞争力及经济与社会的可持续发展服务。著名社会学家、北京工业大学人文学院院长陆学艺教授任中心主任。

该中心拟订了以下研究课题：北京市近五年来高校引进人才的使用情况追踪调查；北京市户籍管理制度与人才的吸引与流动；北京市如何利用在京中央机关人才为北京建设服务；北京上海行政机构与行政管理的比较研究；北京市行政管理体制与日本和美国的比较研究；北京市吸引留学归国人员的机制研究；关于北京市人才管理的地方法规研究。

中国世界遗产保护研究中心

中国世界遗产保护研究中心于2004年12月29日在北京工业大学成立，联合国教科文组织副总干事、著名世界遗产保护专家MOUNIR BOUCHEENAKI出任中心荣誉主席；法国国家科学院院士、世界文化遗产评审委员会前任主席AZDINEBESCHAOUCH教授出任中心主席，北京工业大学建筑与城市规划学院常务副院长戴俭博士任中心执行主席。中国世界文化遗产保护研究中心的成立对于我国引进国际先进文物建筑保护理论、方法和技术，了解世界文化遗产申报工作程序，促进文物建筑保护规划设计水平的提高，培养文物建筑保护专业人才等方面均具有积极的意义。

中国经济转型研究中心

中国经济转型研究中心（简称转型中心）成立于2003年。我国著名社会学家费孝通先生为中心题词。

中心主要围绕我国在经济转型过程中的理论和实际问题进行研究，参与重大科研项目的研究，特别承担北京市在转型过程中的经济社会重大课题，为北京市的国际化工作提供智力服务，协助政府和企事业单位充分运用世贸组织规则，扩大国际经济贸易合作，发展开放型的首都经济。目前，转型中心研究重点主要如下：（1）管理科学与工程学科：包括有信息管理研究，跨国文化管理研究，金融风险管理研究，循环经济研究；（2）应用经济学科：经济转型国际比较研究，国际投融资政策研究和“三农”问题研究。其中，部分研究已经获得国内外知名专家和领导的高度评价，参加了国际学术会议，其科研成果已由国际刊物发表。

转型中心设立顾问委员会和学术指导委员会，顾问委员会和学术指导委员会主任分别由北京工业大学校长左铁镛院士和北京经济社会发展研究院和经济与管理学院院长李京文院士担任。北京工业大学特聘教授、德国洪堡大学博士黄海峰教授担任主任，负责落实学术指导委员会交办的各项工作。

（北京工业大学科技处杨东升供稿）

北京林业大学

社会林业中心

该中心的主要功能是基于经管学院现有的研究人员和相关学科，从全国层面开展社会林业研究和学术交流，并通过该中心建立与国外相关研究机构和非政府组织在该领域的长期合作关系。

负 责 人：刘俊昌

电　　话：62337674

（北京林业大学科技处张力供稿）

外交学院

人事变动情况

原外交学院党委书记安永玉调回外交部，原外交学院副院长秦亚青被任命为党委书记，原院长助理马占岭被任命为副院长，原国际关系研究所所长朱立群被任命为院长助理。原外交学院副院长曲星调任中国驻法兰西共和国使馆公使。

（外交学院研处郦莉供稿）

中国青年政治学院

学院领导人事变动

原中国青年政治学院党委书记褚平同志于2005年调离，由陆士桢同志任党委书记。

新设科研（教学）机构

外国语言文学系

中国青年政治学院外国语言文学系成立于2005年，面向全国招生。该系目前除承担英语专业的教学任务外，还承担全院研究生、本科生、二学位和续本生的人学英语教学工作。。

外语系现有教职工26人，其中正副教授8人，讲师9人，助教7人。教师多数毕业于国家重点大学，学历均在硕士研究生以上。另外，常年聘请外籍教师数名，知名学者频繁莅临讲学。英语专业教师均具有深厚的语言功底，丰富的教学经验和较高的科研水平，能为学生提供优质的专业教学。

外语系目前承担英语专业和全院研究生、本科生、二学位和续本生的大学英语教学任务。近年来，外语系教师以“学生为中心”，采取多媒体教学模式，取得了骄人的成绩，得到了广泛赞誉。历届学生四级考试一次通过率远高于全国重点高校的平均通过率，在北京各大院校中名列前茅，在大学生英语竞赛“CCTV杯”、全国英语演讲比赛等重大比赛中成绩优异。

外语系拥有先进的语音实验室，丰富的外语音像图书资料，可为英语专业学生提供良好的学习环境。系专职学生工作教师工作热情诚恳，爱岗敬业，给学生提供贴心的关怀，周到的服务。

系 主 任：张子宏

电　　话：88567835

（中国青年政治学院曹骏供稿）

中国劳动关系学院

2005年1月10日，学院对部分教学系部机构进行调整，组建4个新的教学系部，分别是：劳动关系系、安全工程系、文化传播系、外语教学部。原劳动关系和工会学系改为工会学系（与工运史研究室一个机构两块牌子）。

《中国工人》杂志划归中国劳动关系学院

2005年1月，经全总党组、书记处同意，《中国工人》杂志整建制划归中国劳动关系学院，作为学院下属的处级单位。《中国工人》杂志由中华全国总工会主管，中国劳动关系学院主办。

中国劳动关系学院新增劳动关系等4个本科专业

2005年3月，教育部公布全国高校新增的2442个本科专业，中国劳动关系学院被批准新增4个本科专业：汉语言文学、新闻学、安全工程、劳动关系。其中，劳动关系是教育部九八普通本科专业目录未列的新设专业，是全国首家获批设置劳动关系普通本科专业。

中国劳动关系学院涿州校区

2005年7月20日，中国劳动关系学院与东方地球物理公司国有资产举行了划转签字仪式，学院涿州校区建设正式拉开了序幕。学校行政处、后勤集团、图书馆、网络中心等部门的教职对原东方地球物理公司的基础设施进行了改造，9月18日，中国劳动关系学院涿州校区改造完成。

新校区位于河北省涿州，学生公寓、教学楼、办公楼、图书馆、网络中心、报告厅、会议室、多功能厅、教工活动室等设施一应俱全，建筑面积总计30000多平方米。学生公寓可同时容纳1200多名学生住宿，教学楼30个教室投入使用。图书馆拥有图书4万余册，240种报刊杂志，10台书目检索机，92个存包柜，56张阅览桌可同时供224名读者使用的，网络中心有400余台电脑。新组建5个计算机实验室，并为办公楼、教学楼工作人员装配电脑。铺设校园网光缆，使校园网络覆盖到办公楼、教学楼和学生宿舍。

（中国劳动关系学院科研处邓海供稿）

中央编译局世界社会主义研究所

人员情况变更

所　　长：张文成

电　　话：66135726

副 所 长：季正聚

电　　话：66509501

（中央编译局世界社会主义研究所供稿）

国家林业局经济发展研究中心

该中心于1994年12月31日成立，是国家林业局直属的政策法律研究和决策咨询机构。前身是中国林业科学研究院林业经济研究所。中心现设有基础理论研究室、发展战略研究室、政策研究室、经济体制改革研究室、法制研究室、林业产业研究室等6个研究室，同时设有办公室、综合业务室及绿色中国杂志社、中国林业经济学会（全国一级学会）秘书处挂靠中心管理，《林业经济》作为学会会刊。中心现有在编职工57人，其中各类专业技术人员49人，内有高级专业技术职务的人员21人（含研究员4人、副研究员7人、副编审3人、高工7人），中级专业技术职务的人员16人。

主要职责：研究中国林业改革和发展中的全局性、根本性、综合性、前瞩性问题，为制定林业发展战略及相关政策和法律法规提供政策建议和咨询意见；拟定国家林业局年度调查研究工作计划，提出下一年度重大问题调研课题建议，协调有关部门组织实施调查研究活动。对国家重点林业工程进行社会经济效益的跟踪监测和评估预报。具体包括以下几个方面：（1）服务于国家林业局（原林业部）党组重点工程和重大调研活动。（2）积极为有关部门的重点工作做好咨询服务。（3）结合林业建设和改革的热点难点问题，进行前瞻性、超前性的研究。（4）积极开展国内外研究项目的合作与交流。

业务工作：（1）围绕林业发展和改革中的全局性、综合性、战略性、长期性问题开展跟踪研究和超前研究，为国家林业局提供政策建议和咨询意见，为国家制定林业中长期发展规划和发展政策提出建议；接受委托参与或组织对有关部门和地区拟订的林业发展规划、林业工程项目等进行研究、论证评估，提出意见和建议。（2）负责组织拟定国家林业重点工程社会经济效益测报工作方案，建立测报指标体系，协调、指导测报工作；负责组织国家林业重点工程社会经济效益测报网点的设计和管理；负责国家林业重点工程社会经济效益测报信息的处理和分析；负责国家林业重点工程社会经济效益测报结果的专家评审和成果发布、发布预警信息、发展趋势的预测和预报。（3）研究林业发展战略，组织或承担林业与社会发展的关系以及林业发展战略等重大课题的研究，为中国林业的发展提出对策性建议。（4）研究林业生态建设，组织或承担林业重大生态建设的方针和措施的课题研究，为国家生态建设提出对策建议。（5）研究林业的重大方针政策，参与重大林业政策和实施计划的制定，组织或承担推动林业系统政策研究工作。（6）研究林业法制建设，组织或承担林业法制建设中的重大课题和任务，参与林业立法、执法和执法监督检查工作。（7）研究林业产业建设，承担与林业现代化进程中有关的产业政策和措施的研究，对林业产业建设提出政策性建议。（8）研究国外林业政策、战略和策略，组织开展国际合作研究与交流。（9）开展林业政策、经济的信息咨询活动，为林业宏观发展战略和政策研究工作提供相关的文献检索和技术支持。（10）组织并承办林业发展、林业政策与法律等方面的学术研讨、交流与培训活动。（11）负责中国林业经济学会秘书处的日常工作，组织、协调社会性的林业经济研究与交流活动。（12）编辑出版《林业经济》杂志。（13）承办国家林业局交办的其他事项。

主要成果：自中心成立以来，紧紧围绕国家林业局（原林业部）党组、各部门的中心工作、林业建设和发展的重点及难点，积极发挥中心的研究和咨询作用，在林业可持续发展领域，特别是林业六大工程建设、林业跨越式发展、非公有制林业建设、山区综合开发、林业执法和立法以及年度《国家林业重点工程社会经济效益监测报告》、《中国林业发展报告》（白皮书）等方面进行了卓有成效的超前性的研究，发挥了应有的作用。

在中心研究人员的共同努力下，已取得了一批有影响的研究成果，出版多部学术专著和译著，发表和提交的研究报告数百篇。

学术交流：中心先后与联合国粮农组织（FAO）、联合国开发计划署（UNDP）、国际竹藤组织（INBAR）、国际林业研究中心（CIFOR）、世界银行等国际组织，世界自然基金会（WWF）、全球环境基金（GEF）及福特基金等国际基金组织，韩国、日本、德国、澳大利亚、芬兰、加拿大等国家，国务院发展研究中心、中科院、社科院、科研院校等研究机构开展了不同形式的国内外合作研究与学术交流活动。

主要刊物：《绿色中国》、《林业经济》（月刊）。

地　　址：北京市和平里东街18号
邮政编码：100714
电　　话：84239173
E-mail：geqi@forestry.gov.cn
网址：www.forestry.gov.cn/jyzx/home.htm

（国家林业局经济发展研究中心办公室供稿）

中央教育科学研究所

中央教育科学研究所是教育部直属的综合性国家级教育科学研究机构。前身是中国共产党在革命战争时期创建于延安的中央研究院教育研究室。1957年1月26日，经国务院批准筹建并命名为中央教育科学研究所。“文化大革命”时期（1966—1976）停办。1978年7月，经邓小平等中央领导同志批示、国务院批准重建。

2003年7月21日教育部批准了《中央教育科学研究所机构调整方案》，对原有的研究室、研究中心和相关机构进行调整。中央教育科学研究所现有人员246人，设有教育发展研究部、教育督导与评估研究中心、教育与人力资源研究部、学校教育研究部、课程教学研究部、教育理论研究部、心理与特殊教育研究部7个研究部（中心），虚拟研究中心25个，出版社3个，教育产业实体5个，专业报刊10种；“六五”至“十五”期间共承担全国教育科学规划重点课题130项；建有博士后科研工作站，与北京大学合作建有教育学原理博士点，同时独立招收访问学者；

中国IEA国家中心、全国教育科学规划领导小组办公室挂靠该所。该所经过几代人的不懈努力，已经建设成为一个科研管理完善、学科门类齐全、科研实力雄厚、科研成果丰硕、教育产业发达、国际交流活跃、馆藏图书丰富、在国内外享有盛誉的国家级教育科研和开发机构。

现任所领导：朱小蔓教授任所长兼党委书记、全国教育科学规划领导小组办公室主任。徐长发任副所长兼党委副书记，田慧生任副所长。

中央教育科学研究所的基本职责是：研究我国基础教育、高等教育、成人教育及其改革和发展中的理论和实际问题，研究教育发展战略、教育政策、教育管理、农村教育、学校德育、学校体育卫生艺术教育、比较教育，进行教改实验、成果总结、普及和推广工作，为教育改革和发展提供理论指导、科学依据、咨询服务及可操作方案；受全国教育科学规划领导小组委托，负责全国教育科学规划的编制和重点课题的管理；做好教育部交办及各司局委托的研究、调研工作；研究基础教育的课程发展和教材建设，为教育部制定基础教育的课程发展、教材建设的方针政策提供咨询和建议；承担中小学教材编写工作；研究教育基础理论，抓好重点教育学科建设，突出基础研究的原创性、目的性和针对性；开展国际教育交流与合作；负责教育信息的收集、整理和传播并提供教育信息服务；开展教育科学专业研究生合作培养工作；招收国内访问学者；办好教育科学出版社、音像出版社、电子出版社及所主办的专业报刊。

中央教育科学研究所的总体发展目标是：坚持解放思想、实事求是、与时俱进、开拓创新，围绕建立中国特色社会主义国民教育体系这个中心，以发展为主线，以改革创新为动力，以全面提高教育科学研究水平为主题，坚持科研强所、产业富所的发展战略，本着突出强化科研重点、精干行政服务、壮大学术产业的原则，努力实现全所各项工作的新跨越。

具体的思路和目标是：

1. 明确一个发展目标：加快推进中央教科所由国家级大所向国家级强所的转变，早日把我所建设成为名副其实的国际有影响、国内高水平的教育科学研究机构。

2. 突出两个工作重点：强化基础研究的原创性、目的性和针对性，加强基础研究成果向实际应用的转化，使全所的工作重点逐渐向围绕教育部中心工作开展的为教育决策服务和围绕教育改革前沿重大问题开展的为教育实践服务转变。

3. 实现三个提高：进一步提高核心竞争力；进一步提高服务社会的能力；进一步提高综合经济实力。

4. 建设四个中心：全国教育科学研究和教育科学知识创新中心；全国教育信息和学术交流中心；全国教育科研力量组织、协调及骨干人员培训中心；全国教育科学知识转化与教育产业开发中心。

地　　址：北京市北三环中路46号

邮政编码：100088

所长办公室：电话：62013408

电子邮件：jks. sb@ cnier. ac. cn

科研管理处电话：62011867

电子邮件：jks. kyc@ cnier. ac. cn

单位网址：http：//www. cnier. ac. cn

（中央教育科学研究所科研处供稿）

北京市社会科学院

北京社区研究基地

北京社区研究基地是依托北京市社会科学院建立的北京市哲学社会科学研究基地之一。基地的研究预计将在社区党建、社区体制、社区参与、社区自治和政府职能等几方面取得突破性的进展，三年之内，将完成和出版社区发展丛书：《社区经营与社区服务》、《社区治安与综合治理》、《社区教育与学习型社区》、《环境伦理与社区卫生》、《社区学》和《社区党建》、《社区自治空间研究》、《公民社会与社区参与》、《社区发展与公共服务》等理论著作。

基地负责人：刘牧雨，北京市社会科学院院长

基地首席专家：戚本超，研究员、北京社会科学院副院长

基地发展目标：北京市社区研究基地在3—5年内预期成为全国社区建设的理论研究基地、国家相关部委社区建设咨询基地、全国社区建设实践经验的总结基地。目前，中国社区建设尚未具备完整的理论体系，理论研究落后于中国社区建设的实践，所以，基地的科研项目立足于中国社区建设的实践，研究中国社区建设的热点、难点问题，并研究借鉴国外社区建设的理论与实践，为各级政府的决策提供依据，为中国社区建设的发展提供理论的支持。力争在5年内，联合学术界的同仁和政府相关的业务部门，建立中国社区建设的完备理论体系。

地　　址：北四环中路33号社科大楼305室

邮政编码：100101

电 话：64872592
传 真：64872765
电子信箱：jy3900@263. net
网 址：www. bass. gov. cn

社会发展资源中心

“社会发展资源中心”于2005年1月16日成立。中心由社会发展研究者和实践者组成；中心通过信息共享和能力构建的活动，致力于在发展项目中推广和实施社会发展理念。中心的宗旨是推广社会发展理念和实践，使弱势群体和贫困人口能够公平地分享发展成果。中心的目标是：满足参与社会发展行动的政策制定者、利益相关者、研究者和发展领域的实践者之间信息共享的需要；加强参与发展项目的国家项目成员、政策制定者和研究者的能力和认识，以确保社会发展议题在所有项目中受到重视；提高能力建设，影响政府和非政府组织制定的发展政策。

中心的行动致力于：

信息共享：为参与设计、管理和执行社会发展项目的个人和机构，建立一个有关社会发展的最新应用和实践信息的在线数据库。

能力建设：为参与发展项目和计划的个人和机构，提供有关社会发展和信息服务方面的培训课程。为来自发展项目的相关机构的参与者培训，服务对象包含扶贫、教育、健康、环境以及与社会性别相关的领域的成员。培训内容包括社会发展的核心概念和执行、监督、评估和管理社会发展项目所需要的技能。

倡导与传播：编写符合本土需要的社会发展手册、社会发展项目成功实践的案例研究，翻译和编辑国际社会发展的理论和经验。

网络与交流：形成社会发展支持网络，网络的成员包括政策制定者、研究者、民间组织和发展项目的成员，定期讨论社会发展的现状与问题，并对发展项目从社会发展角度进行监测与评估。

中心主任为北京市社会科学院社会学所研究员韩嘉玲。

地 址：北京市北四环中路33号1021室
邮政编码：100101
电 话：86－10－64845915
传 真：86－10－88556255
网 址：www. sdrc. org. cn
邮 件：sdrcbj@yahoo. com. cn

北京历史地理暨村落文化研究中心

北京市社会科学院“北京历史地理暨村落文化研究中心”于2005年10月30日成立。中心是进行包括村落文化在内的北京历史地理学的基础研究、应用研究和文化开发的学术单位。中心将以北京村落文化的研究开发为重点，带动北京历史地理与地名学的研究，进而丰富村落文化产业开发的理论基础；以历史地理、地名、村落文化为主要支撑，巩固历史地理学近20多年来在北京市社科院形成的优长学科地位，为当代北京的社会发展和繁荣社会科学服务。

中心成员由北京市社科院领导及本院历史研究所从事北京历史地理、北京史、区域文化等相关专业的人员组成，尹均科任中心副主任。

地 址：北京市北四环中路33号
电 话：64872644
传 真：64872765
网址：www. bass. gov. cn

（北京市社会科学院科研处供稿）

附：

已刊机构名录

	名　　称	通讯地址	邮编	联系电话	网　　址	刊期
1	中国社会科学院	建国门内大街5号	100732	65137744	www. cass. net. cn	2000
2	中共中央文献研究室	北京1740信箱	100017	83085902		2000
3	中共中央党史研究室	海淀镇双桥东甲1号	100080	82615286		2000
4	全国哲学社会科学规划办公室	西长安街5号	100806	63083064	www. npopss-cn. gov. cn	2000
5	中国革命博物馆	天安门广场东侧	100006	65129347		2000
6	中国历史博物馆	天安门广场东侧	100006	65128986	www. nmch. gov. cn	2000
7	中国人民解放军国防大学	红山口甲3号	100091	66769114		2000
8	北京大学	颐和园路5号	100871	62751440	www. pku. edu. cn	2000
9	清华大学	海淀区清华园	100084	62784603	www. tsinghua. edu. cn	2000
10	中国人民大学	中关村大街59号	100872	62511081	www. ruc. edu. cn	2000
11	北京师范大学	新街口外大街19号	100875	62206019	www. bnu. edu. cn	2000
12	中国劳动关系学院	增光路45号	100037	88561833	www. clc. eda. cn	2000
13	中国青年政治学院	西三环北路25号	100089	68415154	www. 263. net. cn	2000
14	北方交通大学人文社会科学学院	西直门外上园村3号	100044	62257147		2000
15	中共北京市委党校 北京行政学院	车公庄大街6号	100044	68007118		2000
16	首都师范大学	西三环北路105号	100037	68902822	www. cnu. edu. cn	2000
17	首都经济贸易大学	朝外红庙金台里2号	100026	65976357	www. cueb. edu. cn	2000
18	北京市社会科学院	北四环中路33号	100101	64872504	www. bass. gov. cn	2000
19	中共北京市委党史研究室	车公庄大街6号	100044	68314363	www. bjdj. gov. cn/dszl/index. shtm	2000
20	北京市档案馆	蒲黄榆路42号	100078	65245876	www. bjma. org. cn	2000
21	北京教育科学研究院	西长安街7号	100031	66023930		2000
22	北京市哲学社会科学规划办公室	北四环中路33号	100101	64874533	www. bjpopss. gov. cn	2000
23	中共北京市委干部理论教育讲师团	北四环中路33号	100101	64873863	www. bjpopss. gov. cn/report	2000
24	北京市文物研究所	地安门西大街26号	100009	66175751		2000
25	北京社会心理研究所	宣武门西大街28号	100053	63601018	www. chinaminyi. com www. minyi. org. cn	2000
26	北京市财政科学研究所	阜成路15号	100037	68416488		2000
27	北京市农村经济研究中心	裕民中路6号	100029	82078144		2000
28	北京市统计应用研究所	槐柏树街2号	100053	88011217	www. bjstats. gov. cn	2000

续表

	名　　称	通讯地址	邮编	联系电话	网　　址	刊期
29	北京市艺术研究所	佟麟阁路36号	100031	66087975	www. chinaonly. org	2000
30	北京市社会科学理论著作出版基金办公室	北四环中路33号	100101	64879406 68324195	www. bjcbjj. gov. cn	2000
31	北京市哲学社会科学优秀成果评奖委员会办公室	北四环中路33号	100101	64870103		2000
32	中共中央党校邓小平理论研究中心	海淀区大有庄100号	100091	62805190		2000
33	中国社会科学院邓小平理论研究中心	建国门内大街5号	100732	65137744 －5072	www. cass. net. cn	2000
34	教育部邓小平理论研究中心	中关村大街35号	100080	62514714		2000
35	中国人民解放军国防大学邓小平理论研究中心	红山口甲3号309楼	100091	66769201		2000
36	中共北京市委研究室	台基厂3号	100743	63088572		2001
37	北京市人民政府研究室	正义路2号	100744	65193008	www. beijing. gov. cn	2001
38	北京市人大常委会研究室	建国门内南大街6号	100022	65291517	www. bjrd. gov. cn	2001
39	政协北京市委员会研究室	建国门内大街13号	100005	65272233 －524	www. bjzx. gov. cn	2001
40	国家行政学院	厂洼街11号	100089	68427894		2001
41	中央财经大学	学院南路39号	100081	62288342	www. cufe. edu. cn	2001
42	中央民族大学	白石桥路27号	100081	68932420	www. cun. edu. cn	2001
43	中国政法大学	西土城路25号 昌平府学路	100088 102249	62229838	www. cupl. edu. cn	2001
44	中国人民公安大学	木樨地南里1号	100038	83903106	www. cppsu. edu. cn	2001
45	北京工商大学	阜成路33号	100037	68904311	www. btbu. edu. cn	2001
46	外交学院	展览路24号	100037	68323122	www. cfau. edu. cn	2001
47	国际关系学院	坡上村12号	100091	62861388	www. guoguan. org	2001
48	北京外国语大学	西三环北路	100081	68916241	www. bfsu. edu. cn	2001
49	北京第二外国语学院	定福庄南里1号	100024	65778412	www. erwai. net	2001
50	北京语言文化大学	学院路15号	100083	82303073	www. blcu. edu. cn	2001
51	北京广播学院	定福庄东街1号	100024	65779480	www. bbi. edu. cn	2001
52	北京物资学院	通州区	101149	89534221	www. bmi. edu. cn	2001
53	北京联合大学	北四环东路97号	100101	64930048	www. bjuu. edu. cn	2001
54	北京青年政治学院	花家地街4号	100102	64362082		2001
55	中央音乐学院	鲍家街43号	100031	66425730	www. ccom. edu. cn	2001
56	中国音乐学院	朝阳区丝竹园	100101	64887376	www. go5. 163. com/ zycjb/	2001
57	北京电影学院	西土城路4号	100088	82049512	www. bfa. edu. cn	2001

续表

	名　　称	通讯地址	邮编	联系电话	网　　址	刊期
58	中央戏剧学院	东棉花胡同39号	100710	64013688		2001
59	中国农业大学	圆明园西路2号	100094	62893070	www. kyc. cau. edu. cn www. cau. edu. cn	2001
60	北京工业大学	朝阳区平乐园100号	100022	67391479	www. bjpu. edu. cn	2001
61	北方工业大学	石景山区西黄村	100041	68839518	www. ncut. edu. cn	2001
62	北京化工大学	北三环东路15号	100029	64435924	www. buct. edu. cn	2001
63	中国协和医科大学	东单三条5号	100005	65296484		2001
64	北京石油化工学院	大兴区黄村镇清源北路19号	102600	69241138	www. bipt. edu. cn	2001
65	北京印刷学院	大兴区兴华北路25号	102600	69243981	www. bigc. edu. cn	2001
66	华北电力大学（北京）	昌平区朱辛庄	102206	80798622	www. ncepubj. edu. cn	2001
67	北京邮电大学	西土城路10号	100876	62282102	www. bupt. edu. cn	2001
68	北京航空航天大学	学院路37号	100083	82316135		2001
69	北京科技大学	学院路30号	100083	62332007		2001
70	石油大学（北京）	清河小营	100085	62939139		2001
71	北京机械工业学院	清河小营	100085	62939139		2001
72	首都医科大学	右安门外西头条10号	100054	63051392		2001
73	北京中医药大学	北三环东路11号	100029	64286519		2001
74	北京建筑工程学院	展览馆路1号	100044	68322208		2001
75	北京信息工程学院	北四环中路35号	100101	64884710	www. biti. edu. cn	2001
76	首都体育学院	北三环西路11号	100088	82099031		2001
77	国务院发展研究中心	朝内大街225号	100010	65230006	www. drc. gov. cn	2002
78	国家发展改革委员会宏观经济研究院	木樨地北里甲11号国宏大厦B座	100038	63908063	www. amr. gov. cn	2002
79	中国人事科学研究院	小营育慧里5号	100101	84635652		2002
80	中国劳动保障科学研究院	惠新西街17号	100029	64915566	www. calss. net. cn	2002
81	机械工业经济管理研究院	广安门外大街甲397号	100055	63490211	www. jgky. com	2002
82	教育部高等学校社会科学发展研究中心	中关村大街35号北科研楼	100080	62514703		2002
83	国家教育发展研究中心	西单大木仓胡同37号	100816	66020615		2002
84	中央教育科学研究所	北三环中路46号	100088	62011867		2002
85	司法部预防犯罪研究所	华严里中国地震局地质研究所行政楼	100029	62042251		2002
86	中国经济改革研究基金会国民经济研究所	木樨地北里甲11号510	100038	63906531		2002

续表

	名　称	通讯地址	邮编	联系电话	网　址	刊期
87	中国科学院科技政策与管理科学研究所	中关村南四街甲1号	100080	62542614	www. casipm. ac. cn	2002
88	中国科学院自然科学史研究所	朝阳门内大街137号	100010	64043989	www. jhns. ac. cn	2002
89	中国农科院农业自然资源和农业区划研究所	中关村南大街12号	100081	68919641		2002
90	国家林业局发展研究中心	复兴门内大街45号	100801	66095364		2002
91	中商商业经济研究中心	复兴门内大街45号	100801	66095364		2002
92	北京市经济与社会发展研究所	复兴门南大街丁2号	100031	66410227	www. fazhan. gov. cn	2002
93	北京市国际经济贸易研究所	麦子店街41号	100026	65924927		2002
94	首都社会经济发展研究所	宣武门西大街28号院7号门7层	100053	63602768		2002
95	北京科学学研究中心	陶然亭路55号	100054	63521420		2002
96	北京 WTO 事务研究咨询中心	麦子店街41号	100026	65925080		2002
97	北京市场经济研究所	海淀区西苑操场乙2号	100080	62641187		2002
98	北京思源社会科学研究中心	西直门北大街58号金晖嘉园9号楼206室	100088	82290089	www. caosy. com	2002
99	全国教育科学规划领导小组办公室	北三环中路46号	100088	62019388		2002
100	全国艺术科学规划领导小组办公室	朝阳门北大街10号文化部教育科技司	100020	65551709		2002
101	中共中央党校	海淀区大有庄100号	100091	62805100		2002
102	国家图书馆	西城区文津街7号	100034	66126137		2002
103	首都图书馆	东三环南路88号	100021	67315746	www. clcn. cn. net	2002
104	对外经济贸易大学	和平街北口惠新东街10号	100029	64492321	www. uibe. edu. cn	2002
105	中央美术学院	花家地南街8号	100102	64771000	www. CAFA. com. cn	2002
106	中央戏曲学院	丰台区万泉寺400号	100073	63446943	www. acto. org. cn	2002
107	中国地质大学	学院路29号	100083	82321783	www. cugb. edu. cn	2002
108	北京林业大学	清华东路35号	100083	62338347	www. bjfu. edu. cn	2002
109	北京农学院	昌平区朱辛庄北农路	102206	8079907		2002
110	北京服装学院	和平街北口	100029	64288244	www. bict. edu. cn	2002
111	中国民航管理干部学院	花家地东路3号	100102	64720632		2003
112	北京广播电视大学	西直门内小后仓甲36号	100035	62148292		2003
113	北京市政法管理干部学院	朝阳区杨闸	100024	65754999	www. bjzhfgy. com	2003

续表

	名　称	通讯地址	邮编	联系电话	网　址	刊期
114	北京财贸职业学院	东四礼士胡同41号	100010	65231127		2003
115	中国人民解放军军事科学院	海淀区解放军军事科学院	100091			2003
116	教育部语言文字应用研究所	朝阳门内南小街51号	100010	65592909	www. china – language. gov. cn	2003
117	中国出版科学研究所	丰台区太平桥西里38号楼	100073	63489806		2003
118	中共北京市东城区委党校	干面胡同10号	100010	65248452		2003
119	中共北京市西城区委党校	西内冠英园西区6号楼	100035	66182732		2003
120	中共北京市朝阳区委党校	静安庄一区4号	100028	64651199		2003
121	中共北京市宣武区委党校	南菜园49号	100054	63541428		2003
122	中共北京市崇文区委党校	天坛内东里2号	100061	67021584		2003
123	中共北京市丰台区委党校	程庄路67号	100071	63822986		2003
124	中共北京市海淀区委党校	东北旺路32号	100092	62986061		2003
125	中共北京市石景山区委党校	八角北路9号	100043	68870925		2003
126	中共北京市门头沟区党校	新桥大街54号	102300	69842635		2003
127	中共北京市房山区委党校	光房大街70号	102400	89303019		2003
128	中共北京市通州区委党校	玉带路143号	101100	69552485		2003
129	中共北京市顺义区委党校	城中山西街	1013006	9444915		2003
130	中共北京市昌平区委党校	城区镇东环路	102200	89741308		2003
131	中共北京市大兴区委党校	卫星城兴丰北大街	102600	69249681		2003
132	中共北京市怀柔区委党校	县城迎宾路	101400	69644600		2003
133	中共北京市密云县委党校	县城河西	101500	69043473		2003
134	中共北京市平谷区委党校	建设西街7号	101200	69962558		2003
135	中共北京市延庆县委党校	县城庆园街1号	102100	69103148		2003
136	中共北京市委农工委党校	香山普安店29号	100093	82595047		2003
137	中共北京市委工业工委党校	花家地街19号	100102	64361870		2003
138	北京教育党校	德胜门外黄寺大街什坊街2号	100011	82089244		2003
139	中共北京市委市直机关工委党校	安外惠新北里10号	100029	64956801		2003
140	中共北京市委商贸工委党校	东四南大街礼士胡同41号	100010	65261603		2003
141	中共北京市委政法委党校	朝阳区杨闸	100024	65750424		2003
142	国家信息中心	西城区三里河路58号	100045	68557000	www. sic. gov. cn	2004

续表

	名　称	通讯地址	邮编	联系电话	网　址	刊期
143	中共中央编译局	西城区西斜街36号	100032	66179726	www. cctb. net	2004
144	中共中央编译局当代马克思主义研究所	西城区西斜街36号	100032	66509519	www. cccpe. com	2004
145	中共中央编译局世界社会主义研究所	西城区西斜街36号	100032	66173601	www. cctb. net	2004
146	民政部政策研究中心	东城区北河沿大街147号	100721	85203794		2004
147	民政部地名研究所	西城区二龙路甲33号新龙大厦6层	100032	66078390	www. cgn. ac. cn	2004
148	中国国土资源经济研究院	通州东燕郊镇北京259信箱	101149	61595915	www. calre. net. cn	2004
149	国家环境保护总局环境与经济政策研究中心	朝阳区育慧南路1号	100029	84637722－2907		2004
150	国家统计局统计科学研究所	西城区月坛南街75号	100826	63376655		2004
151	中国人民银行金融研究所	西城区成方街32号	100800	66194441	www. ripbc. com. cn	2004
152	商务部国际贸易经济合作研究院	安定门外大街东后巷28号	100710	64245741	www. caitec. org. cn	2004
153	煤炭信息研究院	朝阳区芍药居35号	100029	84612550	www. coalinfu. net. cn	2004
154	中国标准化研究院	朝阳区育慧南路3号	100029	84641040	www. cnis. gov. cn	2004
155	国家体育总局体育科学研究所	崇文区体育馆路11号	100061	67118019		2004
156	中国藏学研究中心	北四环东路131号	100101	64937928	www. tibetology. ac. cn	2004
157	中国青少年研究中心	西三环北路25号	100089	88567565	www. cycs. org	2004
158	中共北京市粮食局委员会党校	海淀八里庄北洼路11号	100036	68426379		2004
159	中共北京市民政局委员会党校	丰台区岳各庄371号	100071	63835710		2004
160	中共北京市水利局委员会党校	石景山区刘娘府南河沿3号	100041	88731156		2004
161	中共北京铁路局委员会党校	丰台北大地文体路5号	100071	63252519		2004
162	中共北京市邮政管理局委员会党校	北京市丰台路口72号	100071	63851151		2004
163	中共北京市园林局委员会党校	北京市北海公园内	100009	64008162		2004
164	中共北京市北辰集团公司委员会党校	安外北四环路安慧里二区12号	100101	64932370		2004
165	中共北京市城市建设集团有限责任公司委员会党校	北京昌平区阳坊镇	102205	69761884		2004

续表

	名　　称	通讯地址	邮编	联系电话	网　　址	刊期
166	中共北京市电子工业总公司委员会党校	西城区西什库大街74号	100034	66174106		2004
167	中共北京市第一轻工业集团有限责任公司委员会党校	丰台马家堡路63号	100075	67560104		2004
168	中共北京市第二轻工业总公司委员会党校	西城区大酱房胡同3号	100032	66036579		2004
169	中共北京市第一商业集团有限责任公司委员会党（干）校	昌平区北七家镇	102209	81767543		2004
170	中共北京市第二商业集团有限责任公司委员会党校	海淀区羊坊店北蜂窝101号	100038	63986443		2004
171	中共北京市工艺美术集团总公司委员会党校（培训中心）	东直门外酒仙桥路2号	100015	64384971		2004
172	中共北京市化工集团有限责任公司委员会党校	东城区北池子大街38号	100006	65121315		2004
173	中共北京市建筑材料集团公司委员会党校	丰台区卢沟桥城北路3号	100072	83893021		2004
174	中共北京市建筑工程集团有限责任公司委员会党校	东直门外新中街11号	100027	64168938		2004
175	中共北京市中国建筑工程一局（集团）有限责任公司委员会党校	大兴县龙河路14号	102600	69239617		2004
176	中共北京市纺织总公司委员会党校	朝阳区团结湖南里17号	100026	65964923		2004
177	中共北京市农工商联合总公司委员会党校	丰台区南苑和义庄	100076	67991957		2004
178	中共北京市农机总公司委员会党（干）校	昌平二拨子八一农机校南侧	102208	80794481		2004
179	中共北京市市政工程总公司委员会党校	朝外英家坟延静里中街	100025	65023926		2004
180	中共北京市首钢总公司委员会党校	石景山苹果园东口	100041	68873302		2004
181	中共北京市物资总公司委员会党校	宣外储库营19号	100053	63046917		2004
182	中共北京燕山石油化工有限公司委员会党（干）校	房山区燕山羊耳峪东巷10号	102502	69342764		2004
183	中共北京印刷集团总公司委员会党校	东城区朝内北小街甲113号	100010	64001599		2004
184	中共北京市医药总公司委员会党校	丰台区宋家庄围子坑148号	100078	87613211		2004

续表

	名 称	通讯地址	邮编	联系电话	网 址	刊期
185	中共北京住总集团有限责任公司委员会党校	朝阳区松榆东里5号楼	100021	67343910		2004
186	国家法官学校	通州区天成桥甲1号	101100	89533914		2005
187	国家检察官学院	石景山区香山南路111号	100041	88960245		2005
188	中国文物研究所	朝阳区北四环东路高原街2号	100029	84617954	www. cnicp. com. cn	2005
189	北京市邓小平理论和“三个代表”重要思想研究中心	朝阳区北四环中路33号	100101	64880115	www. bjdyzx. com. cn	2005
190	北京创新研究院	海淀区西三环北路105号	100037	68902439		2005
191	北京教育学院	西城区德外黄寺大街什坊街2号	100011	82089116		2005

·学术团体·

北京地区的部分全国性学术团体

中国敦煌吐鲁番学会

中国敦煌吐鲁番学会于1983年8月在兰州市举行成立大会、首届理事会及第一次大型学术研讨会。作为全国性的民间学术团体，学会以组织与团结国内敦煌吐鲁番学研究者开展相关学术研究与文物保护、推进国际学术文化交流为宗旨。20多年来，学会在兰州、乌鲁木齐、北京等地举办了多次国际学术研讨会，并协助在我国香港、台湾地区举办学术会议；支持了在北京国家图书馆、甘肃兰州大学与新疆吐鲁番地区建立三个资料中心；组织协调了到英、法、美、俄罗斯与日本等国所藏的敦煌文物调查活动与我国西北区的学术考察。

学会编辑的主要刊物有：《敦煌吐鲁番研究》、《敦煌研究》、《敦煌学辑刊》等。同时学会也致力于敦煌历史文化与艺术素养的普及工作。2002—2003年，学会与国家图书馆善本部联合举办的“敦煌与丝路文化”的系列讲座与编辑出版的讲演集引起巨大反响。2003年，在学会积极支持下，世界上第一个敦煌学国际性的协调组织“敦煌学国际联络委员会”在日本京都宣告成立，学会有四位学者担任中国干事，并主办了相关《通讯》，极大地促进了国际敦煌学界的合作与项目协调。

会　　长：季羡林

社团登记号：4631

地　　址：北京大学依林公司4层

邮政编码：100871

电　　话：68903561

传　　真：68903561

邮　　箱：dunhuangturfan@ hotmail. com

中国小说学会

中国小说学会1985年于天津成立。学会的第一届年会在天津师范大学召开，在这次年会上，与会者选举产生第一届学会理事会，通过了学会章程，唐弢当选为会长。1995年10月在天津召开了中国小说学会第二届年会。在此届年会的理事会上，学会领导机构作了重大调整，著名作家王蒙出席并当选为会长。2000年5月召开的第三届年会上，与会者一致推举冯骥才为学会第三任会长。

中国小说学会于1997年至2005年期间分别召开了第三至第八届年会，根据第八届年会的中心议题和与会人员提交论文和发言，学会整理出版了学会历届年会的论文集。经过多年来的建设与发展，中国小说学会建立起了一种以包容与民主为核心的现代学风。

中国小说学会的年度小说排行榜是对年度小说的一种排名，它通过排行榜的方式，试图建立起一种对当前小说创作的民间学术团体的学术评估体系，由此来表达学会所独有的对小说创作走向的认识与判断，进而对当前的小说创作发生影响。事实证明，我们的读书界和文学界需要这样的排行榜以推介佳作，引导阅读，推举新人，推崇创新精神，推动整个文学创作的更大繁荣。

法定代表人：汤吉夫

社团登记号：4477

地　　址：北京西三环北路105号首都师范大学历史系内

邮政编码：100037

电　　话：68980326

传　　真：68980326

中国科学社会主义学会

中国科学社会主义学会（简称科社学会）于1983年经民政部批准成立。科社学会成立以来，严格遵守国家的法律、法规和学会章程，定期开展活动。学会紧密配合党和国家的中心工作，积极宣传党的路线方针和政策，大力推动科社学科建设，扎实推进学科理论研究与创新，着力培养学科人才，20多年来学会在社会和理论界的影响日益扩大。

科社学会的宗旨：以理论研讨为平台，宣传党的路线方针和政策；以学会会刊为载体，深化科学社会主义理论研究；以学会专家群为核心，谋划学科发展，培养学科人才；以编辑文集、出版丛书为手段，推出科研成果；以学会自身建设为基础，不断完善和壮大学会组织。

科社学会组织机构健全，运转正常。学会每年召开1次年会，2－3次小型理论研讨会，4年召开1次会员代表会议。科社学会领导机构成员配备精干，结构和年龄结构合理，认真发行职责，积极展开工作。中国科社学会下设若干专业委员会，全国各省、市、自治区都建立了省级科社学会，各专业委员会省级学会都能根据自身特点，比较正常地开展理论研讨与交流活动。

科社学会成立20多年来，在思想宣传、理论研究、学科建设、人才培养等方面作出了重要贡献。

法定代表人：赵曜

社团登记号：3864

地　　址：北京市海淀区大有庄100号中共中央党校

邮政编码：100091

电　　话：62805245

传　　真：62805245

中国轻音乐学会

中国轻音乐学会于1989年5月10日经中华人民共和国民政部批准成立。

学会宗旨：团结从事轻音乐活动的专家和学者。积极发展具有中国特色轻音乐事业，加强音乐文化社会影响和功能，逐步建立中国轻音乐创作、表演、理论研究、教育、出版、宣传、普及、对外交流等方面的综合体系，对中国社会主义艺术精神文明建设作出积极贡献。

学会成立以来举办了一系列重大活动：1983年创刊《音乐生活报》；1993年、1995年举办“新词、新曲、新人”大奖赛。在全国选拔了一批富有时代感、健康向上的新作品，由中央电视台实况录制，分别举办以“美好人生”、“好歌伴你行”为主题的文艺晚会，向全国播放；我会和《音乐生活报》共同推出“中国原创歌曲总评榜”，200余家电台和30多家电视台共同建立参与中国原创歌曲最大宣传网络体系。依全国各地电台100个原创歌曲排行榜的成绩为依据，以电脑统计方式评出第周最受的20首中文热门歌曲，设立逢季度和年度评选奖项，自2000年举办颁奖活动；举办首届全国主旋律歌曲征集活动，颁奖晚会现场由中央电视台于2003年1月6日在黄金时段播出。共征集词曲作品4100余首。

会　　长：张丕基

秘 书 长：王香珠

社团登记号：4256

地　　址：北京东城区东中街58号美惠大厦B座202

邮政编码：100027

电　　话：64216457

传　　真：64216457

中国儿童音乐学会

中国儿童音乐学会于1994年8月15日经中华人民共和国文化部批准，在中华人民共和国民政部登记成立的全国性社会团体。

中国儿童音乐学会自成立以来，举办了“全国首届少儿音乐电视大赛”、“北京音乐厅少年室内乐团音乐会”、新疆《天山雪莲花》少儿文艺专场、“新世纪少儿演奏会”、“华夏未来儿童音乐节”、“唱响明天”中国少年儿童声乐大赛、“海峡两岸少年儿童音乐舞蹈大联欢”、“思明杯全国少年儿童音乐舞蹈邀请赛”和2005花儿朵朵少年儿童音乐舞蹈邀请赛暨颁奖晚会。表彰全国百名少儿音乐、舞蹈专家；出版《学生音乐辞典》、《福字篇》、《阳光小集》等专著。

学会宗旨：发展我国少年儿童音乐事业，繁荣少儿音乐创作，推动少年儿童素质教育，遵守宪法、法律、法规和国家有关方针、政策，紧密配合加强精神文明建设提高儿童素质教育的有关精神，促进良好社会道德风尚和高尚道德品质的建设。

业务范围：举办各种类型的少儿文艺汇演、评奖、交流；收集、整理国内外少儿民族民间音乐，编辑、出版少儿音乐音像制品、读物；举办各类少儿艺术辅导、培训、理论研讨、咨询活动以及少儿艺术交流活动。

会　　长：申溪

秘 书 长：魏雅鸣
社团登记号：3852
地　　址：北京市宣武区南华东街2号
邮政编码：100050
电　　话：63552179
传　　真：63552179

中国少数民族舞蹈学会

中国少数民族舞蹈学会于1986年7月5日经中华人民共和国文化部批准，在中华人民共和国民政部登记成立的全国性社会团体。

学会自成立以来开展了以下重大活动：

1996年8月在内蒙古呼和浩特召开内蒙古舞蹈研讨会；

2001年9月22日在北京举行第二届全国少数民族文艺会演少数民族舞蹈发展研讨会，反映了各民族跨入新世纪的精神风貌，在艺术表现上有很大的提高；

2004年8月16日在银川市召开全国首届回族舞蹈理论研讨会，着重从艺术与宗教思想对回族舞蹈的保存发展论述民族历史民族生存与自然环境，族教合一的伊斯兰文化教派对舞蹈的影响，提出对回族舞蹈的发展建设与对策。

学会宗旨：加强民族舞蹈理论研究和艺术交流，增进民族团结，为促进我国少数民族舞蹈事业的繁荣和发展作出贡献。

业务范围：理论研究、经验交流、专业培训、国际合作、咨询服务。

会　　长：马跃
秘 书 长：徐美茹
社团登记号：3855
地　　址：北京市海淀区中关村南大街27号中央民族大学18号楼
邮政编码：100081
电　　话：68933967
传　　真：68933468

中国少数民族戏剧学会

中国少数民族戏剧学会于1984年10月成立，业务主管单位是中华人民共和国文化部，登记管理机关为中华人民共和国民政部。

学会成立以来的重大活动：

1985年始设立中国少数民族戏剧剧本评奖活动，至今已评选六届，并纳入国家级“孔雀奖”；设立学会奖，对优秀剧目，优秀戏剧家和出色剧团给予奖励。

先后在北京、四川、宁夏、广西、贵州等地举办戏剧创作或戏剧理论讲习班，培养少数民族戏剧人才。

与各省文化部门合作编纂《中国少数民族戏剧丛书》，以省分卷出版了各少数民族的优秀戏剧作品，已出版9卷，其他卷将陆续完成。

学会宗旨：为少数民族戏剧工作者服务，研究发展我国少数民族戏剧艺术，坚持贯彻党的民族政策和文艺政策，团结全国各少数民族戏剧工作者，弘扬民族戏剧，繁荣和发展社会主义文化事业。

业务范围：积极开展少数民族戏剧创作、理论研究、戏剧研讨，推荐和组织专场演出。培养戏剧创作、表演人才。

会　　长：谭志湘
秘 书 长：金立勤
社团登记号：3819
地　　址：北京市东城区东四八条52号
邮政编码：100700
电　　话：68471258
传　　真：68931969

中国法律史学会

中国法律史学会是中国法史学界学者自愿结合组成的以研究法律史和法文化为宗旨的全国性学术团体，是依法登记注册的独立社团法人。它成立于1979年，是中国改革开放后法学界成立最早的民间学术团体，目前为中国法学领域3个最大的全国性社会团体之一。

业务范围：召开全国性和专业性学术会议，组织力量研究法律史和法文化的重大课题，开展与各国、各地区的学术交流与合作，编辑出版学会刊物、学会通讯和学会组织的其他学术著作，开展法律培训，为社会提供法律服务。

学会成立二十几年来，坚持开展各种学术活动，定期召开学术会议，组织出版学术成果。上世纪80年代出版了《法律史论丛》第一至第三辑及《首届中国法律史国际学术讨论会论文集》。九十年代中期至今每年举办一次学术年会，并出版年会论文集，同时还编辑出版学会刊物《法律史论集》。此外，还长期编印内部不定期刊物《法律史通讯》，近年又设立了学会网站——中国法律网。学会所属各分会和专业委员会也分别召开本专业的学术会议，出版学术著作，开展不同形式的对外交流与合作。迄今为止，学会及其分支机构共举办国内、国际大型学术会议三十余次，组织出版学术刊物和论文集二十余部，编印会内通讯二十余期，对于推动法律史学和法文化的研究及国内外的学术交流起了积极作用。

法定代表人：夏勇

社团登记号：3576

地　　址：北京市东城区沙滩北街15号

邮政编码：100720

电　　话：64022187

邮　　箱：xulz@ cass. org. cn

中国知识产权研究会

中国知识产权研究会是国家产权局主管的全国性社会团体，于1984年12月12日成立，1990年11月30日更名为中国产权研究会。中国产权研究会由从事知识产权工作及其研究的有关人士和单位自愿组成，依法登记，是促进产权事业发展、推动科技经济进步的重要社会力量。下设专利委员会，外经贸商标分会。

中国知识产权研究会旨在团结广大产权工作者、具有产权管理职能的各政府部委、司法界、科技界、教育与学术界和企业界，开展知识产权学术研究和交流，担负政府与企业、国内与境外、行业与行业、企业与企业之间的沟通与对话，为中国产权法律制度的建立、完善提出有参考价值的意见和建议。

学会主要工作：学术交流、会员服务——深入开展知识产权法律的宣传普及和人才培训；积极开展国际、地区间的产权交流与合作；组织与保护产权相关的学术研讨活动；为会员提供各种产权信息和服务，指导会员更好地利用知识产权资源。

出版物——定期编辑出版《知识产权》杂志，为中国人文社会科学核心期刊，杂志紧密围绕我国产权事业发展的目标进行选题和组稿，深化产权理论的研究，宣传产权保护的基本理念，为社会各界人士提供一个广阔的交流平台。

咨询服务——中国知识产权研究会咨询部是经最高人民法院司法鉴定中心批准，具有司法鉴定资格的机构。研究会已建立起拥有我国众多产权资深专家在内的知识产权库，可承接诸多产权技术鉴定业务。

法定代表人：赵春山

社团登记号：4450

地　　址：北京市海淀区西土城路6号

邮政编码：100088

电　　话：64882151

传　　真：64849323

邮　　箱：xueshubu@ cnips. org

中国史学会

中国史学会由老一辈史学家郭沫若、范文澜、吴玉章等于中华人民共和国成立前夕发起筹建，1951年7月28日正式成立，是一个有着50余年历史的全国史学工作者的团体。

中国史学会成立迄今，共举行七次代表大会，产生七届理事会，在开展工作中始终遵循老一辈史学家开创的良好传统，即坚持马克思主义的指导地位，提倡严谨平实的治学态度，实实在在做一些有益于推进中国史学事业发展的工作；并在内部形成和谐、团结、合作的良好氛围。开展的工作主要有以下方面：

1. 组织全国史学工作者搜集、整理、编辑出版大型历史资料——《中国近代史资料丛刊》

2. 组织编写出版《中国历史纲要》《台湾纲要》、《中国通史》、《中国共产党历程》

3. 发起召开或联合辛亥革命纪念等数十次大型国际学术讨论会。讨论会在坚持马克思主义理论指导的同时，都花大力组织高质量论文，保证讨论会的学术水准，因而吸引了越来越多的海内外学者参加，对增进和扩大学术交流起了积极推动作用，产生了圈套影响。为检阅青年史学工作者的研究成果，促进青年史学队伍的迅速成长，还于1981—2000年先后召开了全国青年史学工作者会议。

4. 加强国际学术交流与合作。作为对外窗口，除了发起举办大型国际学术讨论会外，中国史学会从1980年第一次组团出席第十五届国际科学大会，其后第十六—二十届都组团出席。中国史学家代表团每次都起到了“团结朋友和宣传中国的作用”通过提供高水平论文展示了中国的史学成就，扩大了中国的学术影响。同时，积极申办国际科学大会。目前，正在与国际历史学会商议筹划2007年在北京召开国际历史学会的成员国会议。

法定代表人：张海鹏

社团登记号：3939

地　　址：北京市东城区王府井大街东厂胡同1号

邮政编码：100006

电　　话：65250526

传　　真：65250526

中国地方教育史志研究会

中国地方教育史志研究会是全国性学术研究团体。研究会业务主管单位是教育部，登记管理机关为民政部，业务指导单位为中国地方志指导小组。

研究会于1991年12月经原国家教委同意成立，并经国家民政部审核批准。首任会长周玉良。责任会长朱小蔓，常务副会长汤世雄，秘书长方晓东。

研究会自1985年筹备之时起就致力于地方教育志的研究工作，对志书的编纂工作指导思想、篇目设置、资料收集、鉴定和运用以及编写方法等进行了深入研讨，举行了多次学术年会。从研究会正式成立以后，先后组织教育史志专家学者及各地教育史志工作者对贵州、辽宁等20余个地方教育志稿进行了评议，同时进行学术交流，有效地提高了地方教育志的编研水平，为各地方胜利完成新中国成立以来首届编修地方专业志的任务作出了积极贡献。

研究会自成立以来，开展的如下活动：

了解各地教育史志工作开展情况，并组织经验和成果交流推广；开展地方教育史志理论和实际问题的研究和探讨；组织地方教育史志有关编研工作的协作；组织举办学术会议和年会；编辑出版会刊和有关资料；承担教育部及有关部门分派的编纂任务和研究课题。

会　　长：朱小蔓

秘 书 长：方晓东

社团登记号：4291

地　　址：北京市北三环中路46号中央教育科学研究所教育理论研究部

邮政编码：100088

电　　话：62003365

传　　真：62003365

邮　　箱：jks. jyll@ cnier. ac. cn

中国中等艺术教育学会

中国中等艺术教育学会1986年成立，学会是在中华人民共和国文化部指导下，在中华人民共和国民政登记的，由全国各中等艺术学校及职业艺术学院自愿组成。以职业艺术教育为主要研究对象的全国性社会团体。

学会共有团体会员120个，都为全国各中等艺术学校及职业艺术学院；本会最高权利机构为会员代表大会，每年召开一次会议，下设常务理事会行使日常工作。

学会以马克思列宁主义、毛泽东思想、邓小平理论为指导，努力实践江泽民同志“三个代表”重要思想，团结、组织艺术教育工作者，开展以艺术教育为中心的各项活动，为建设社会主义精神文明、为弘扬民族文化、繁荣我国的文化艺术事业，培养德、智、体、美全面发展的艺术专业人才贡献力量，更好地为我国社会主义现代化建设服务。

业务范围：总结艺术教育教学经验，探索各门类艺术教育的规律和特点，对艺术教育中提出的理论及实践问题进行研究，为有关主管部门、院校提供咨询和建议；组织开展各种艺术活动和科研成果的评奖活动；协助业务主管部门开展与艺术教育相关教学评估、研究、交流等活动；在主管部门的指导下，编辑出版会刊，评选学术论文，组织专业技能比赛；在主管部门的指导监督下，研究港、澳、台及国外艺术教育情况和经验，开展相互间的艺术交流活动；开展符合本学会宗旨的其他有益的社会活动。

会　　长：卢竹音

秘 书 长：曹锦荣

社团登记号：4257

地　　址：北京市海淀区民族学院南路19号附中办公楼

邮政编码：100081

电　　话：68934600

传　　真：68934600

中国药膳研究会

中国药膳研究会是经国家中医药局批准，在中华人民共和国民政部登记成立的全国性社会团体。研究地下设秘书处、办公室、学术部、技术开发部、外联宣传部、总务后勤部，设有基础理论研究工作委员会、药膳技术制作专业委员会、膳用药材专业委员会等分支机构。

研究会自成立以来主要开展如下工作：

积极深入开展国内、国际学术交流。2002年同台湾的馥园餐厅进行学术交流，本会提供108种药膳配方。2003年，日本本草药膳代表团来北京与我会进行学术交流活动，同时还与美、英、韩国朋友进行广泛学术交流，并对合作意向进行洽商。

积极开展科学研究工作。经科研项目投票，国家中医药管理局批准，2004年，《传统食疗方法对中医气血虚弱人群的影响》课题立项。同时，立项的课题为《中国药膳技术制作标准》。

加强宣传，为社会服务。我国SARS疫情时，以会长为首组织了部分专家委员会成员，向社会推出7

个药膳本文和膳食五原则，刊载于《中国食品报》。中央电视台二频道《健康之路》栏目也与我会合作，以“药膳与健康”为主题，介绍了21个药膳品种与制作方法，被民政部评为“抗击非典先进性社会团体称号”。并与《中华医药》栏目的“仲景养生坊”签订了合作协议。

加强药膳专业人才培训。多年来本会积极开展培训工作，已建立六个药膳培训中心，连续举办多期培训班。

举办中国烹饪制作大赛，编辑出版药膳学术著作。

法定代表人：周文泉

社团登记号：3283

地　　址：北京市海淀区西苑操场1号（西苑医院内）

邮政编码：100091

电　　话：62876295

传　　真：62983065

邮　　箱：yshyjh@ chinayaoshan. com. cn

中国维吾尔历史文化研究会

中国维吾尔历史文化研究会在已故维吾尔族著名政治家和文人赛福鼎艾则孜同志的大力倡导下，经民政部正式登记，于1995年3月12日在北京成立，接受中国社会科学院业务主管。

研究会是由国内从事维吾尔历史文化研究、文艺、教学、语言文字、翻译、出版和行政管理部门的专家学者和个人自愿结成的全国性学术团体。

研究会宗旨：遵守中华人民共和国宪法和民族区域自治法，在中国共产党领导下，团结和组织我国各民族从事维吾尔历史和文化研究的人员，开展维吾尔文化的理论研究与学术活动，为继承和弘扬各民族优秀文化，促进民族地区社会主义精神文明和物质文明建设作出贡献。

研究会现有会员300余人，基本由学术界具有较高威望和知名度的专家学者组成。业务范围包括学术交流、理论研究、业务培训、书刊编辑和咨询服务等。每年编辑出版一期维吾尔——汉文合璧的会刊《中国维吾尔历史文化研究通讯》。

研究会成立10年来，单独组织召开了三届中国维吾尔历史文化学术研讨会，多次协办了学术研讨活动。编辑和出版了维、汉文《中国维吾尔历史文化研究论丛》共6辑，《中国民族民间器乐曲集成新疆卷》（上、下册），古代翻译精品《金光明经》和《维吾尔历史文化研究题录》等图书，收集了一部分流失国外的有关维吾尔历史文化及文学方面的资料。

法定代表人：吐鲁甫－巴拉提

社团登记号：3951

地　　址：北京市海淀区人大北路倒座庙1号1楼

邮政编码：100081

电　　话：62555131－6303

传　　真：62570314

中国先秦史学会

中国先秦史学会作为全国性社会团体，主要由国内从事先秦史教学和科研人员自愿结成。其宗旨是组织开展先秦史的研究工作，以繁荣社会科学推动社会主义精神文明建设和发展。

学会自1982年5月成立以来，在业务主管单位和登记管理机关的正确指导下，在学会会长及副会长的具体领导下，坚持两条腿走路的办会方针，把局部研究与整体研究有机地结合起来，既要局部的区域文化，又要注意整体的先秦文明研究，面向社会、面向未来、面向传统文化，从而有利地推动了先秦史研究全面地、深入地开展，把握时代，走向未来。

据我们不完全统计，学会先后与国内各省、市、自治区、高等院校以及科研机构等多家单位合作，成功举办了40多次重要学术研讨会，探索中华远古文明的奥秘，同时，组织编辑出版了近30余部1500多万字的学术论文集，并且，还包括40余期的《先秦史研究动态》，在国内外产生了广泛而深远的影响，赢得了社会各界的认同，成为名符其实的国家一级学会。

学会现设一个网站——中国先秦史；一个图书编辑部——《先秦史研究动态》；一个基地——中国先秦史学会尧舜禹研究基地。业务范围主要包括理论研究、学术交流、书刊编辑和咨询服务等。

学会现有会员600余人，会长由著名历史学家、考古学家李学勤先生担任，秘书长为宫长为博士后。

法定代表人：孟世凯

社团登记号：4455

地　　址：北京市建国门内大街5号中国社会科学院历史研究所

邮政编码：100732

电　　话：85195827

传　　真：64460200

中国诗歌学会

为了顺应时代的发展，弘扬祖国传统文化，繁荣社会主义文艺事业，经过几年的筹划和准备，由中国作家协会申报，经中宣部批准，1994 年中国诗歌学会在民政部登记注册，正式宣告成立，从此诗的国度终于有了全国性的诗歌学术团体。中国诗歌学会的宗旨是团结全国诗人、诗歌理论家、诗歌编辑家、诗歌教育家、诗歌社会活动家为贯彻党的文艺方针，繁荣社会主义诗歌事业而进行国内外诗歌学术交流，发现诗歌新秀，出版诗歌佳作，举行作品研讨、传播创作信息。十多年来，中国诗歌学会的各项工作得到业务主管单位中国作家协会党组、快讯处的指导，得到全国诗歌界、文化界、文学界、新闻界及社会各界的支持，开展了一系列大型诗歌文化活动和诗歌学术活动，自 1998 年开始相继在云南楚雄、江西南昌、深圳、河南鹤壁建立了诗歌创作基地——“中国诗人之家”，为诗人们体验生活、采风、创作、休假提供了良好的契机和广阔的平台。

总结中国诗歌学会的发展历程，之所以能够取得一些成绩，主要是如下几个因素：

其一，遵守会章，遵守法律。学会开展的全部学术活动和文化活动，都是从繁荣社会主义文艺事业的基本目标和原则出发，在制定活动方案时，做到周密细致、稳妥，使活动内容严谨健康。其二，加强领导，建立严格的管理制度。凡大型活动和举措都申报诗歌学会主席团批准，并向中国作协党组快讯处请求，重复同意后再一一实施。在日常工作中把握大事必请求、小事不干扰的原则，充分发挥秘书长办公会的作用和工作人员的积极性。在发展会员的工作中，既做到广泛性，又认真把握会员标准，严格审议，发行严格规范的入会程序；学会建立了较完善的财会制度，并做到经费公开，使学会进入有序的工作状态。其三，广泛团结全国诗人、诗评家、诗歌爱好者以及社会各界人士，使他们把中国诗歌学会看作自己的学术团体，广开思路，广纳贤言，为繁荣诗歌而共同努力。

法定代表人：张同吾
社团登记号：4341
地　　址：北京雍和宫大街戏楼胡同 1 号
邮政编码：100007
电　　话：64072207
邮　　箱：qr@ yzs. com

中国少数民族经济研究会

中国少数民族经济研究会成立于 1981 年，是中华人民共和国民政部注册的全国性社会团体，是研究少数民族与民族地区经济与社会发展、为少数民族和民族地区提供全面咨询服务的权威性非政府组织。

研究会实行会长领导下的秘书长负责制。现任会长由国家民委主管经济与对外合作的副会长杨健强同志担任。秘书长由杨帆女士担任并主持日常工作。领导班子中有会长 1 人，副会长 5 人，秘书长 1 人，其中女性 3 人。研究会下设顾问组、理事会、秘书处、办公室、咨询服务部、国际部、学术交流部、信息服务部和财务部。此外，研究会还打造了一支包括各民族、各行业、各专业领域近百人的咨询专家队伍。

贯彻“植根少数民族，服务于民族地区”的宗旨，秉承“学习是生命，创新是灵魂”的理念，研究会在诸多领域致力于推动中国少数民族和民族地区的经济和社会全面发展。

研究会重视加强合作伙伴关系建设，曾与北京大学、清华大学、中国农业大学、国家发展改革委员会区域开发研究所、财政部经济研究所、农业部畜牧研究所等国内各部门密切合作，进行有关少数民族和民族地区发展的计量研究。国际方面，研究会已与联合国有关组织等 10 多个国际组织建立了业务联系，在涉及少数民族和民族地区综合扶贫开发、人口较少民族社区主导式扶贫开发，少数民族农牧区妇女发展、下岗职工再就业、文化保护和传承、少数民族牧区发展与环境保护等方面进行了富有成效的合作。

会　　长：杨健强
秘 书 长：杨帆
社团登记号：4443
地　　址：北京市西城区太平桥大街 252 号国家民委院内 916 号房间
邮政编码：100800
电　　话：66034553
传　　真：66019850

中国儿童戏剧研究会

中国儿童戏剧研究会成立于 1982 年 12 月 2 日，以提高儿童戏剧艺术质量，推动儿童戏剧繁荣与发展为目的，是我国儿童戏剧工作者的学术性研究团体。该会在北京、上海、广州、西安、天津、黑龙江、辽宁、吉林、山东、江苏、浙江、福建、湖北、安徽、四川、云南等地有25个团体会员单位，会员近千人，中国儿童戏剧研究会已参加国际儿童青少年戏剧协会。

中国儿童戏剧研究会自成立以来曾开展多项活动：研究会儿童剧理论组、剧本创作组、导演艺术研究组等，其中以剧本创作研究组的活动最为活跃，先后在烟台、大连、杭州等地举办创作研讨会，邀请文学、戏剧、科技等各方面专家讲授文艺理论与信息，讨论修改剧本，极有效地提升各地儿童戏剧的艺术水准。接待团体会员晋京演出，邀请专家观摩座谈，组织评论文章是研究会的经常性工作。协助文化部和中国戏剧家协会举办四届全国儿童剧观摩演出。多次派代表赴日本、韩国、俄罗斯等国参加国际儿童青少年戏剧协会举办的儿童戏剧艺术节以及儿童戏剧讨论、研讨等活动。与有关单位合作在上海举办上海国际儿童戏剧艺术节。多年来中国儿童戏剧研究会也做了大量的儿童戏剧普及工作，如在上海举办“红领巾诗歌朗诵比赛”，在北京市少年宫举办了学校剧培训以及在北京举办校园剧会堂、《安徒生童话剧在校园》全国性的展演活动。

中国儿童戏剧研究会将进一步加强与国际儿童青少年剧协会的交流、合作，把中国的儿童戏剧推向世界。

会　　长：李若君
秘 书 长：连德枝
社团登记号：4255
地　　址：北京市东城区东安门大街64号
邮政编码：100006
电　　话：65259928
邮　　箱：eyh33101@sina.com

中国戏曲学会

中国戏曲学会成立于1987年4月，是经中华人民共和国文化部批准，在中华人民共和国民政部登记成立的全国性社会团体。

中国戏曲学会成立以来举办了以下重大活动：

先后为8部优秀戏曲剧目颁发“中国戏曲学会奖”。与有关单位联合举办研讨会、座谈会，并出版会议文集。

1994年、2001年先后为香港昆曲名票顾铁华、京剧名票钱江颁发中国戏曲学会“金兰奖”。

向湖南第四届映山红民间戏剧节组委会颁发“中国戏曲学会奖”、为第六届中国映山红民间戏剧节两家演出团体组织单位颁发“成功奖”。

“张庚从事戏剧工作55周年、阿甲从事戏剧工作50周年”纪念活动。

先后组织召开“马少波剧作研讨会”、“探索性戏曲研讨会”、“建国后新剧种发展趋势研讨会”、“湖北省京剧团10年艺术道路暨余笑予导演艺术研讨会”、“全国话剧、戏曲创作座谈会”、“李紫贵教授表、导演艺术研讨会”等项活动。

编纂了《新中国百种曲》等著作。

学会宗旨：遵循推陈出新、百花齐放、百家争鸣的方针，开展多种形式的学术活动，以促进戏曲研究工作的深入和提高，繁荣社会主义戏曲事业，弘扬中华民族戏剧文化。

学会业务范围：组织各种专题性质的学术会议，建立同国外戏曲学者和有关学术团体的联系，增进中外学者友谊；编辑出版书刊、音像读物，举办学术讲座，向戏曲界输送新近的研究信息和理论成果，向戏曲爱好者普及戏曲知识；设立“中国戏曲学会奖”。

常务副会长：薛若林
秘 书 长：王安葵
社团登记号：4267
地　　址：北京市西城区前海西街17号
邮政编码：100009
电　　话：64813307

中国戏剧文学学会

中国戏剧文学学会成立于1985年4月12日，是经中华人民共和国文化部批准，在中华人民共和国民政部登记成立的全国性社会团体。

学会自成立以来举办如下重大活动：

创办在海外有广泛影响的中国戏剧文学奖，本奖项已举办了三届；

在北京开办了两届全国中青年剧作家剧本创作研修班；

在汕头、上海、宁波、北京等地举办了四届全国戏剧文学研讨会；组织了四届中国剧作家西部考察团采风考察、体验生活；

组织了三次中国剧作家出国代表团参加国际艺术节，观摩好莱坞、百老汇等戏剧表演，访问了澳大利亚、欧洲九国及美国东西海岸和夏威夷；

与有关单位联合主办了二、三、四届中国民间越剧节、首届“戏曲大舞台”研讨会和首届中国深圳电视戏剧小品大赛；

邀请和组织了云南玉溪的《五彩河》和广东东莞的《思源》两台大型实验剧目晋京展演；

编辑出版《中国当代剧作家选集》和《中国当代戏剧选》两套大型戏剧文学丛书。

学会宗旨：坚持文艺为人民服务、为社会主义服务的方向和百花齐放、百家争鸣的方针，发扬开拓和创造精神，为提高我国戏剧文学的创作水平和理论水平作出贡献。

业务范围：理论研究；学术交流；业务培训；国际合作；咨询服务。

会　　长：魏明伦

秘 书 长：杨雪英

法定代表人：曾献平

社团登记号：3836

地　　址：北京市朝阳区北三环中路10号

邮政编码：100011

电　　话：62014260

中国文化研究会

中国文化研究会成立于1991年11月27日，是经中华人民共和国文化部批准，在中华人民共和国民政部登记成立的全国性社会团体。

中国文化研究会成立以来举办了如下重大活动：

为抢救中国文化遗产，自1994年起在鲁军会长带领下，启动了“中国本草工程”的研究、设计、开发工作。从体系的建立到现代电子技术手段的应用，从资金的运筹到资料汇集渠道的疏通，历时八载，完成了此项宏大系统工程的成果——《中国本草全书》。共计410卷、2亿5千万字，共收录我国古近代本草专著八百余部，本草典籍千余种，有40多部本草专著是流失海外的孤本珍本，亦有相当数量的资料来源于研究会组织的大规模文献普查，内容弥足珍贵。获得第四届全国优秀古典整理图书一等奖。

学会宗旨：继承和弘扬中华民族优秀传统文化，发掘整理保护研究和发展祖国优秀传统文化遗产，扩大国际间的文化交流与合作，促进中国文化的现代化与国际化。

业务范围：理论研究；学术交流；专业培训；国际合作；咨询服务。

会　　长：鲁军

秘 书 长：叶云

社团登记号：3845

地　　址：北京市朝阳区安定路1号北京8701信箱

邮政编码：100088

电　　话：64863190

中国文化管理学会

中国文化管理学会成立于1991年12月20日，是经中华人民共和国文化部批准，在中华人民共和国民政部注册登记的全国性社会团体。

学会自成立以来开展了如下重大活动：

策划发起了多次全国性学术活动，举办过多次专题研讨会，对各级政府和各类文化组织的决策产生了积极的影响。

1986年最早在国内提出文化发展与市场机制的观点以及文化事业领域中实行间接控制的观点，建立文化艺术人才劳务市场的观点，文化市场整体运行机制的观点，在基层文化组织中建立“激励强化”系统的观点等。

学会的宗旨：推动中国文化管理学科的建设与发展。

学会业务范围：举办文化产业、文化经济、文化市场、艺术管理、社会文化、文物博物、对外文化交流等专业方向上的各类活动；举办各类学术讲座、论坛及短期培训班；承接有关方面委托的科研、调研及咨询服务；多种方式积极参与国内外学术活动。

会　　长：汪建德

秘 书 长：刘锡熊

社团登记号：3834

地　　址：北京大兴县林校路4号

邮政编码：102600

电　　话：69241063

传　　真：69241063

中国延安文艺学会

中国延安文艺学会成立于1986年11月11日，是经中华人民共和国文化部批准，在中华人民共和国民政部登记成立的全国性社会团体。

学会自成立以来举办了如下重大活动：

组织延安老作家、老艺术家采访燕山石化、胜利油田等著名厂矿企业；

多次组织多名老作家、老艺术家的作品研讨会和专场演出；

举办纪念毛泽东同志“在延安文艺座谈会上的讲话”发表50、60周年的大型纪念和演出活动；

编辑出版《延安文艺丛书》，以及《长征鼓角》、《世纪的步伐》、《开国将星》、《世纪的辉煌》等大型图书，并组织老作家、老红军向中国人民解放军驻港部队的赠书活动，还编辑出版了大型邮品珍藏册《邓小平》、《一代伟人》；

举办了全国“华夏名家迎奥运”的主题书画大赛和展览等活动。

学会宗旨：对中国革命历史上一个特定时期的延安文艺运动、作品、作家、艺术家以及现代、当代的文艺创作、理论等，进行深入地、全面地比较和研究，以继承和发扬延安文艺的优良传统，弘扬延安精神，为促进国家改革开放和精神文明建设作出贡献。

学会业务范围：学术研究；信息交流；业务培训；书刊编辑；国际合作；咨询服务。

会　　长：陈明

秘 书 长：陶嘉善

法定代表人：涂武生

社团登记号：4580

地　　址：北京市东城区张自忠路3号

邮政编码：100007

电　　话：84042747

传　　真：84042747

中华曲艺学会

中华曲艺学会成立于1992年5月，是经中华人民共和国文化部批准，在中华人民共和国民政部注册登记的全国性社会团体。

中华曲艺学会自成立以来举办了如下重大活动：

1995年组织全国曲艺理论评奖活动，参评成果117项，内容包括专著、论文、评论、学术创见、科学考证等。此次活动评审出荣誉奖13项，一等奖3项，二等奖9项，三等奖14项，共39项。

2004年8月—11月举办中国首届网络相声大赛。经过在网上征集作品，初赛、复赛、决赛的评选，最后评选出一等奖1名，二等奖2名，三等奖3名，优秀奖24名。2004年11月在北京民族文化宫进行了演出。

学会宗旨：团结致力于曲艺艺术研究事业的有识之士，遵守宪法、法律、法规和国家的各项政策，遵守社会道德风尚，为繁荣发展中华民族的曲艺艺术事业，振兴民族文化而努力作出贡献。

学会业务范围：学术交流；理论研究；国际合作；咨询服务。

会　　长：姜昆

秘 书 长：田莉

社团登记号：3839

地　　址：北京市朝阳区农展馆南里10号

邮政编码：100026

电　　话：64813416

中国儿童文学研究会

中国儿童文学研究会成立于1980年6月1日，经中华人民共和国文化部批准，在中华人民共和国民政部注册登记的全国性社会团体。

中国儿童文学研究会成立以来举办了如下重大活动：

组建了中国小作家网；组织文学大赛；以《我到北京去采风》为品牌，先后组织了中国小作家文学夏令营等活动。并组织“情系2008”文学大赛；“五洲之星杯新思维全国中小学生作文大奖赛”。2002年元旦期间组织38名儿童舞蹈家赴澳门访问并与有关学会联合颁发了“百名儿童舞蹈家、儿童音乐家突出贡献奖”；接待了比利时青少年打击乐访华团、匈牙利少儿艺术访华团。组织“中国少儿艺术团”先后访问了匈牙利、保加利亚、俄罗斯、巴西、奥地利等国。

研究会宗旨：团结全国儿童文学作家，开展儿童文学理论批评和研究，同时进行国内外学术交流、展览，促进中国儿童文学事业的健康发展。努力培养文学新人，做好广大少年儿童文学创作与辅导工作。

业务范围：学术交流；业务培训；书刊编辑；国际合作；咨询服务。

会　　长：贺嘉

法定代表人：宗介华

社团登记号：4251

地　　址：北京市东城区北河沿大街83号

邮政编码：100009

电　　话：84018769

传　　真：84018769

中国音乐剧研究会

中国音乐剧研究会成立于1991年8月27日，是经中华人民共和国文化部批准，在中华人民共和国民政部注册成立的全国性社会团体。

中国音乐剧研究会自成立以来举办如下重大活动：

研究会自成立之始便致力于制作中国原创音乐剧。1995年以邹德华女士为艺术总监及制作人、创作、演出了大型民族音乐剧《秧歌浪漫曲》，在北京保利剧院首演，并于1996年5月应邀赴香港参加亚洲艺术节。

多次组织或参加有关音乐剧的研讨会，为繁荣中国音乐剧事业出谋划策，推波助澜。制作了多部外国音乐剧资料录像带供业内人士学习、研究。本会领导人曾多次应邀出访美、日等国，考察国外音乐剧的历史和现状，开展与音乐剧相关的国际文化交流活动。

1993 年创办了《中国百老汇》杂志，出版了全国唯一的以反映国内外音乐剧资讯为己任的刊物，向国内外发行。

研究会宗旨：在遵守法规和国家政策，遵守社会道德风尚的前提下，立足于继承我国民族音乐和戏剧的优秀传统，借鉴国外音乐剧创作和理论研究的有益经验，发展扶持我国音乐剧的创作和理论研究，为繁荣社会主义文艺、丰富人民群众的文化生活，建设社会主义精神文明做贡献。

研究会业务范围：组织各项学术研讨交流，组织音乐剧的创作和演出以及与国外音乐剧团体的学术交流及演出交流活动。主办《中国百老汇》杂志。从事培训及学术咨询活动。

会　　长：邹德华

秘 书 长：沈振翮

社团登记号：4547

地　　址：北京市朝阳区左家庄 15 号红楼 207

邮政编码：100028

电　　话：68980326

传　　真：64653910

邮　　箱：csms3910@yahoo.com.cn

中国老年书画研究会

中国老年书画研究会成立于 1984 年 4 月 25 日，是经中华人民共和国文化部批准，在中华人民共和国民政部注册登记的全国性社会团体。

中国老年书画研究会自成立以来举办了如下重大活动：

紧跟形势任务开展健康有益的书画活动；在国内外举办大型书画展览 30 多次。出版了书画作品集 10 余种，2 万余册。

与国外书画团体进行艺术交流；先后在日本、韩国、马来西亚等国举办了中国书画展或联展；在北京与韩国、日本等国的书画团体三次举办了亚洲书法交流大展，并出版了三部大展书法作品集。

创办书画函授大学，联合办学院校有 200 多所，遍布全国各地。

办《中国老年书画》报，每月一期，现已出版 156 期。

先后为亚运会、周恩来纪念馆、彭德怀纪念馆、贫困地区及抗“非典”一线的医务人员捐赠书画作品 2800 多幅，1998 年为抗洪赈灾捐赠书画作品 553 幅，书画义卖款 8 万元。

研究会宗旨：发挥老同志的优势，在业务范围内，竭力为推动我国书画艺术事业的发展繁荣，为丰富老年人文化生活，为促进社会主义物质文明、精神文明建设做贡献。

业务范围：组织指导全面进行书画和诗词篆刻研究活动；指导、组织会员进行业务学习、举办展览、笔会，编辑书画集；开展对外文化友好交流和联谊活动；咨询服务。

会　　长：孙秀勤

法定代表人：耿墨学

社团登记号：4676

地　　址：北京市海淀区西三环北路七贤村 10 楼 12 门

邮政编码：100044

电　　话：88514993

传　　真：88514993

中国京剧程派艺术研究会

中国京剧程派艺术研究会成立于 1993 年 8 月 5 日，是经中华人民共和国文化部批准，在中华人民共和国民政部登记注册的全国性社会团体。

中国京剧程派艺术研究会成立以来举办了如下重大活动：

组织程派青年演员专场演出，纪念程砚秋诞辰九十周年程派票友演出；

成立秋声艺术研习社，为专业演员、程派艺术的研究者、票友和戏迷提供了一个相互学习、交流和实践的场所；

组织并主办了台湾票友周纯娟在北京的专场演出；

编辑出版了《程砚秋艺术论文集》等一系列有关程派的论著；

成功推出了程派新秀张火丁，为其举办拜师仪式和专场演出。

研究会宗旨：继承、发展程派艺术事业，探索、研究程派艺术真髓，弘扬中华民族文化，焕发中华民族精神，加强中外文化交流。

研究会业务范围：艺术交流；理论研究；书刊编辑；专业培训；国际合作；咨询服务。

会　　长：徐咏龄

秘 书 长：武柚羽

社团登记号：4434

地　　址：北京市海淀区龙岗路 12 号清缘里中区 1 号楼 B707
邮政编码：100085
电　　话：84839842
传　　真：84839841
邮　　箱：ddzg2003@ sina. com

附：

已刊学术团体名录

	名　　称	通讯地址	邮编	联系电话	刊期
1	北京市邓小平理论研究会	北四环中路 33 号	100101	64870404	2000
2	北京市哲学会	北四环中路 33 号	100101	64879408	2000
3	北京市经济学总会	北四环中路 33 号	100101	64871405	2000
4	北京市科学社会主义学会	北四环中路 33 号	100101	64878893	2000
5	北京市历史学会	北四环中路 33 号	100101	62207469	2000
6	北京市国际共运史学会	北四环中路 33 号	100101	62516090	2000
7	北京市中共党史学会	北四环中路 33 号	100101	62208317	2000
8	北京市文艺学会	北四环中路 33 号	100101	64870409	2000
9	北京市语言学会	北四环中路 33 号	100101	64870409	2000
10	北京市社会学学会	北四环中路 33 号	100101	68324795	2000
11	北京市人口学会	北四环中路 33 号	100101	62547988	2000
12	北京市世界语协会	北四环中路 33 号	100101	64878905	2000
13	北京市社会科学信息学会	北四环中路 33 号	100101	64870639	2000
14	北京市逻辑学会	中国人民大学逻辑教研室	100872	64879408	2000
15	北京市法学会	新街口外大街 12 号	100088	62376658	2000
16	北京市经济法研究会	前门东大街 1 号院 409 室	100006	65244561	2000
17	北京伦理学会	台基厂 3 号首都精神文明办公室	100743	65192860	2000
18	北京市政治学行政学学会	北京师范大学马列所	100875	62209851	2000
19	北京市领导科学研究会	车公庄大街 6 号党建所主楼	100044	68007078	2000
20	北京市党的建设研究会	车公庄大街 6 号党建所主楼	100044	68007099	2000
21	北京市统一战线理论研究会	台基厂 3 号 111 室	100743	63088111	2000
22	北京市纪检工作研究会	西三环南路 9 号	100073	63834503	2000
23	北京市监察学会	西三环南路 9 号	100073	63834503	2000
24	北京市检察官协会	石景山路 12 号 675 室	100039	68299666	2000
25	北京市计划学会	阜成门南大街 2 号天银大厦丁座 1212 号	100031	66410809	2000
26	北京农业经济学会	砖塔胡同 56 号	100810	68283578	2000
27	北京市物资流通协会	槐柏树街 2 号物资总公司	100053	63015377	2000
28	北京商业经济学会	东四南大街礼士胡同 41 号	100010	65230718	2000
29	北京房地产研究会	新开路胡同 78 号	100005	65126358	2000
30	北京市城市经济学会	二七剧场路 5 号	100045	68031065	2000
31	北京市合作经济学会	正义路市体改委	100744	65192844	2000
32	北京市劳动学会	槐柏树街 2 号市劳动局	100053	63179661	2000

续表

	名　　称	通讯地址	邮编	联系电话	刊期
33	北京市统计学会	槐柏树街2号市统计局	100053	63013922	2000
34	北京财政学会	阜成路15号市财政局	100037	68416475	2000
35	北京会计学会	丰台区玉林里45号	100054	68423835	2000
36	北京市预算会计研究会	丰台区玉林里45号	100054	63057404	2000
37	北京市税务学会	车公庄大街10号	100044	88371892	2000
38	北京市价格学会	东滨河路7号	100011	62044014	2000
39	北京审计学会	西便门内大街69号	100053	63187389	2000
40	北京市金融学会	月坛南街79号	100045	68572164	2000
41	北京市投资学会	西客站南路18号市建行教育培训中心	100073	63486095	2000
42	北京市城市金融学会	北礼士路甲8号（邮政大厦4层）	100044	68312826	2000
43	北京市国际金融学会	丰台区樊家村首都经贸大学西区	100071	65976363	2000
44	北京保险学会	朝外市场街20号中保大厦	100020	65035122	2000
45	北京市工商行政管理学会	丰台区莱户营东街乙360号	100054	63455993	2000
46	北京市商业企业管理协会	东城区魏家胡同20号	100007	64010352	2000
47	首都企业改革与发展研究会	首都经济贸易大学科研处	100026	65976357	2000
48	北京现代企业研究会	张自忠路3号灰一楼19号	100007	62511039	2000
49	北京市青年经济研究会	北四环中路33号图书馆	100101	64870639	2000
50	北京旅游学会	建外大街28号北旅大厦	100006	65250280	2000
51	北京史研究会	北四环中路33号社科规划办	100101	64870106	2000
52	北京满学会	北四环中路33号社科院	100101	64877642	2000
53	北京市中日文化交流史研究会	北京大学历史系一院105室	100871	67717694	2000
54	北京市中日关系史学会	北四环中路33号市社科院	100101	64870639	2000
55	北京外国问题研究会	西城区大帽胡同16号	100038	66182266	2000
56	北京城市科学研究会	南礼士路头条3号北楼三层	100045	68017755－3215	2000
57	北京市教育学会	西长安街7号2号楼	100031	66077249	2000
58	北京市高等教育学会	西长安街7号2号楼	100031	66077261	2000
59	北京市成人教育学会	北四环东路95号	100101	84624165	2000
60	北京市社会心理学会	北京师范大学社会心理学系	100875	62208187	2000
61	北京市民政学会	东四西大街36号	100010	65124422－8502	2000
62	北京市青年研究会	台基厂3号团市委	100743	65192927	2000
63	北京妇女问题理论研究会	台基厂3号市妇联	100743	65192646	2000
64	北京市家庭教育研究会	台基厂3号市妇联	100743	65192624	2000
65	北京市婚姻家庭研究会	台基厂3号市妇联	100743	65192643	2000

续表

	名　称	通讯地址	邮编	联系电话	刊期
66	北京市老年学学会	鼓楼西大街75号三元牛奶公司招待所	100009	84033990	2000
67	北京市群众文化学会	宣内大街抄手胡同64号	100031	64060864	2000
68	北京市写作学会	灯市口西街5号3门401室	100006	66070252	2000
69	北京市杂文学会	建内大街20号考评办	100734	65298222	2000
70	北京市图书馆学会	东三环南路88号首都图书馆内	100021	87316846	2000
71	北京市档案学会	贡院西街8号	100005	65257476	2000
72	北京市钱币学会	月坛南街79号	100045	68572328	2000
73	北京博物馆学会	府学胡同36号	100007	64001628	2000
74	北京市文物保护学会	府学胡同36号	100007	84025931	2000
75	北京考古学会	地安门西大街26号北京市文物研究所	100009	66175751	2000
76	北京市广播电视学会	建国门外大街14号	100022	65159075	2000
77	北京市新闻学会	建内大街20号北京日报社	100734	65298846	2000
78	北京市老新闻工作者协会	建内大街20号北京日报社	100734	65298846	2000
79	北京市书刊发行业协会	椿树园小区18号楼甲3－4号	100052	63105296	2000
80	北京市高等学校校报研究会	中央民族大学校刊编辑部	100081	68932420	2000
81	北京市翻译工作者协会	西三环北路19号北京外语学院	100081	68917521	2000
82	北京科技美学协会	中国人民大学汉语系	100872	62511015	2000
83	北京市速记协会	新开胡同西城教育学院内	100035	62211262	2000
84	北京国际汉字研究会	万寿路西街14号育英中学内	100036	68165861	2000
85	北京中华文化促进会	北四环中路33号	100101	64870467	2000
86	北京周易研究会	南线阁68号	100053	83162289	2000
87	北京市思想政治工作研究会	北京市劳动人民文化宫剧场院内	100006	65136086	2000
88	北京海关学会	光华路甲10号	100026	65396067	2000
89	北京市决策学学会	宣武门西大街大成广场西座7层	100053	63602768	2000
90	北京大钊学社	车公庄大街6号院研究生部	100044	68006501	2000
91	北京期货研究会	西三环航天桥金玉大厦21层	100037	64275967	2000
92	当代北京史研究会	北四环中路33号	100101	64872595	2000
93	北京中国抗日战争史研究会	卢沟桥城内街101号	100072	83895138	2000
94	北京市城郊经济研究会	北三环中路农研中心	100029	62372602	2000
95	北京市行政管理学会	德外西大街甲5号	100037	65244185 （62218831）	2000
96	北京东巴文化艺术促进会	车公庄大街甲5号楼814号	100044	68351189	2000
97	北京市家政研究会	台基厂市妇联办公室	100743	65192626	2000

续表

	名　　称	通讯地址	邮编	联系电话	刊期
98	北京新四军暨华中抗日根据地研究会	阜成路46号318室	100036	88121770	2000
99	北京抗大光荣传统研究会	德外西三旗回龙观少林武术学校	100096	68523589	2000
100	北京市中日民间文化艺术交流促进会	佟麟阁路永宁胡同10号	100031	66035474	2000
101	北京市国际税收研究会	朝阳区安苑东里3区1号楼	100029	88371747	2001
102	北京市人民政协理论与实践研究会	建国门内大街13号	100005	65262558	2001
103	首都经济研究会	丰台樊家村首都经贸大学经济研究所	100070	83952149	2001
104	北京价值工程学会	北京航空航天大学经管学院112房间	100083	82315575	2001
105	北京邓小平思想研究会	西安门大街22号	100017	63099527	2001
106	北京医药行业纪检工作研究会	白家庄西里5号	100020	65060625	2001
107	北京市警察学会	前门大街9号	100740	65261175	2001
108	北京地铁轻轨党建研究会	德外西大街甲5号	100088	68340568	2001
109	北京市煤炭供应企业职工思想政治工作研究会	广内大街登莱胡同4号	100053	63515777	2001
110	北京市粮食经济学会	长椿街甲18号	100053	63174231	2001
111	北京市粮食财会研究会	长椿街甲18号	100053	63176495	2001
112	北京环境与发展研究会	中关村大街59号（实验楼）	100872	62513800 62513529	2001
113	北京副食品行业思想政治工作研究会	丰台区郑王坟140号	100071	63465378	2001
114	北京国际经济贸易学会	建国门外12号15层	100022	65681715	2001
115	北京市对外经济贸易会计学会	朝阳门大街190号	100010	65280245	2001
116	北京市社会保障预算财务研究会	白石桥村1号	100089	68461669	2001
117	北京商业企业文化建设协会	魏家胡同20号	100007	64010352	2001
118	北京市技术监督法研究会	育慧南路3号	100029	64951177－6104（6105）	2001
119	首都科研院所思想政治工作研究会	北京市化工研究院	100084	62571804	2001
120	北京市中外合资企业思想政治工作研究会	西郊八角村北京巴威公司院内	100043	68862244－7134	2001
121	北京保密研究会	骑河楼北巷甲6号	100006	65575536 65243828	2001
122	北京市监狱学会	里仁街4号	100054	63536633－2977（2316）	2001
123	北京市商业文化研究会	永外大街162号	100075	67223322－3415	2001
124	北京高校学生工作学会	平乐园100号北京工业大学学生处	100022	67392074	2001

续表

	名　　称	通讯地址	邮编	联系电话	刊期
125	北京知识产权研究会	南礼士路3号海通大厦	100037	68037757	2001
126	北京自然辩证法研究会	永外西革新里98号	100077	67237754	2002
127	北京运筹学会	北京理工大学管理与经济学院	100081	68912070	2002
128	北京科学学研究会	永外革新里98号	100077	67237754	2002
129	北京统筹与管理科学学会	南礼士路3条1号213室	100045	68036101	2002
130	北京技术经济和管理现代化研究会	永外革新里98号	100077	67235034	2002
131	北京创造学会	德外安翔北里11号	100101	64872356	2002
132	北京生产力学会	安外小关街53号中国化工信息中心	100296	64444015	2002
133	北京科技情报学会	西外南路19号	100044	68355751	2002
134	北京企业技术开发研究会	小营育慧里4号	100101	84864996	2002
135	北京城市规划学会	二七剧场路5号	100045	68045074	2002
136	北京生态学会	香山南辛村20号	100093	62542950	2002
137	北京环境科学学会	车公庄西路14号	100044	68717186	2002
138	北京减灾协会	紫竹院路44号市气象局	100089	68414488 －6355	2002
139	北京园林学会	西外大街143号	100044	68314411 －369	2002
140	北京继续教育协会	雅宝路7号5层	100020	65928344	2002
141	北京青年智力开发协会	台基厂大街3号	100743	65192824	2002
142	北京青少年科技教育协会	小营育慧里4号	100101	84634991	2002
143	北京幼儿科普协会	小营育慧里4号	100101	84630166	2002
144	北京科学技术普及创作协会	小营育慧里4号	100101	84644976	2002
145	北京民营科技实业家协会	体院西路甲2号	100084	62985116	2002
146	北京科技记者编辑协会	小营育慧里4号	100101	84630166	2002
147	北京科学技术期刊编辑学会	德外北沙滩1号中国农机院期刊社	100083	64883611	2002
148	北京科技声像工作者协会	小营育慧里4号	100101	84644976	2002
149	北京学会学研究会	小营育慧里4号	100101	84644977	2002
150	北京行为科学学会	红庙金台里2号（首都经济贸易大学科研处）	100026	65976357	2002
151	北京心理学会	北京大学哲学楼310室	100871	62754410	2002
152	北京心理卫生协会	崇内大街2号北京同仁医院临床心理科	100730	66165546	2002
153	北京工艺美术学会	东土城路13号	100013	64220927	2002
154	北京科学美容研究会	块玉南街32号	100061	67113081	2002
155	中国少年儿童报刊工作者协会	左家庄北里5号楼	100028	84519809	2003

续表

	名　　称	通讯地址	邮编	联系电话	刊期
156	中国青年报刊协会	前门东大街10号楼	100051	85212092	2003
157	中国青年实业发展促进会	前门东大街10号楼	100051	85212273	2003
158	中国青少年研究会	西三环北路25号	100089	88420722	2003
159	中国妇女研究会	建国门内大街15号	100730	65256630	2003
160	中国城市规划学会	三里河路9号	100037	68335893	2003
161	中国建设会计学会	三里河路9号	100037	68393963	2003
162	中国图书馆学会	中关村南大街33号	100081	88545283	2003
163	中国话剧艺术研究会	东单北极阁三条71号	100005	65253664	2003
164	中国劳动学会	朝阳区惠新西街17号	100029	64941241	2003
165	中华炎黄文化研究会	文津街7号	100802	66126313	2003
166	中国食文化研究会	车公庄大街6号2号楼211号	100044	68000117	2003
167	中国医药教育协会	西站南路16号	100073	63409114	2003
168	中国性学会	学院路38号老公卫楼三层	100083	62091546	2003
169	中国档案学会	丰盛胡同21号	100032	66175130	2003
170	中国少数民族美术促进会	钟楼湾临字9号	100009	64000320	2003
171	中国自然科学博物馆协会	天桥南大街126号	100050	67053997	2003
172	中国工商行政管理学会	三里河东路8号	100820	68040491	2003
173	中华民族文化促进会	亚运村江园公寓Q—801	100101	64992950	2003
174	中国计划生育协会	朝阳区樱花园西街胜古庄北里1号	100029	84657972	2003
175	中国科学技术史学会	朝阳门内大街137号	100010	64043288	2003
176	中国文物学会	雍和宫大街戏楼胡同1号	100007	84020901	2003
177	中国文化书院	北京大学农园内	100871	62753125	2003
178	中国文物保护技术协会	景山前街4号故宫博物院内	100009	85117034	2003
179	中国民俗摄影协会	海淀区文慧园14楼312号	100088	62250403	2003
180	中国科普作家协会	学院南路86号	100081	62195493	2003
181	中国现场统计研究会	北京工业大学第二实验楼2508室	100022	67392433	2003
182	中国石油化工劳动学会	朝阳区惠新东街甲6号	100029	64998260	2003
183	中国生产力学会	五棵松太平路甲40号A楼318室	100039	68161384	2003
184	中国个体劳动者协会	西直门内大街172号3号楼5层	100035	66517377	2003
185	中国心理学会	德外北沙滩中国科学院心理研究所	100101	64888946	2003
186	中国生态学学会	海淀区双清路18号	100085	62849113	2003
187	中国园艺学会	中关村南大街12号中国农科院蔬菜花卉研究所	100081	68919528	2003
188	中国科学学与科技政策研究会	中关村南四街甲一号	100080	62542615	2003
189	中国医药会计学会	展览馆路8号	100044	68318673	2003

续表

序号	名称	通讯地址	邮编	联系电话	刊期
190	中国医药报刊协会	北礼士路甲38号国家食品药品监督管理局内	100810	68313344-1701	2003
191	中国科教电影电视协会	学院南路86号中国科协综合业务楼617室	100081	62186304	2003
192	中国科技新闻学会	学院南路86号503室	100081	62103365	2003
193	中国国际书画艺术研究会	国子监15号	100007	64061224	2003
194	中国少数民族戏剧学会	中关村南大街21号中央民族歌舞团内	100081	68471258	2003
195	中国运筹学会	中关村南四街甲1号中科院数学与系统学院	100080	62541695	2003
196	中国人口学会	海淀区大慧寺12号	100081	62179003	2003
197	中国健康教育协会	鼓楼西大街154号	100009	64216652	2003
198	中国心理卫生协会	德胜门外安康胡同5号	100088	82085385	2003
199	中国农业历史学会	朝阳区东三环北路16号	100026	65018877-2310	2004
200	中国傩戏学研究会	东城区东棉花胡同39号	100710	64041781	2004
201	中国交通会计学会	建国门内大街11号	100736	65292914	2004
202	中国延安文艺学会	东城区张自忠路3号	100007	65588099	2004
203	中国少年儿童造型艺术学会	东城区东安门大街64号	100006	65262166	2004
204	中国少数民族声乐学会	白石桥路27号中央民族大学18号楼	100081	68936929	2004
205	中国延安精神研究会	皇城根北街9号	100017	63095735	2004
206	中国紫禁城学会	景山前街4号故宫博物院内阁大堂	100009	85117565	2004
207	中国戏曲表演学会	复兴路61号院东10楼2门302	100851	66746511	2004
208	中国风景园林学会	三里河路9号建设部内	100835	68394282	2004
209	中国统计学会	西城区月坛南街75号	100826	63266600-24061	2004
210	中国油画学会	东城区校尉胡同5号	100006	64254723	2004
211	中国社会主义文艺学会	朝阳区惠新北里甲1号2509室	100029	64813402	2004
212	中国汉画学会	朝阳区惠新北里甲1号2517室	100029	64813402	2004
213	中国未来研究会	海淀区学院南路86号	100081	62103295/96	2004
214	中国音乐文学学会	朝阳区和平街11区1号	100013	64212004	2004
215	中国儿童歌舞学会	东城区东安门大街64号	100006	84035067	2004
216	中国艺术摄影学会	东城区戏楼胡同1号	100007	84020935	2004
217	中国舞台美术学会	东城区东棉花胡同39号中戏院内	100710	64035684	2004
218	中国东方文化研究会	西城区月坛北街25号2127房间	100834	68392127	2004
219	中国科技报研究会	海淀区学院南路86号	100081	62179108	2004

续表

	名　称	通讯地址	邮编	联系电话	刊期
220	中国现代史学会	东城区东长安街16号	100006	65245214	2004
221	中国社会音乐研究会	金台里17号朝阳文化馆内	100026	64169682	2004
222	中国话剧理论与历史研究会	朝阳区朝阳北路199号摩码大厦407室	100026	65365148	2004
223	中国交通教育研究会	建国门内大街11号	100736	65293104	2004
224	中国少数民族音乐学会	中央民族大学北主楼507号	100081	68396643	2004
225	中国红楼梦学会	朝阳区惠新北里甲1号	100029	64945565	2004
226	中国雕塑学会	德胜门内大街174号	100035	66186418	2004
227	中国建设劳动学会	三里河路9号	100835	68393295	2004
228	中国秦文研究会	崇文区前门东大街4号楼1门101	100051	65122454	2004
229	中国交通企业管理协会	建内大街11号	100736	65293054	2004
230	中国民族管弦乐学会	海淀区西直门北大街58号金晖嘉园9号楼107室	100088	82290218	2004
231	中国编辑学会	北京1104信箱	100007	84027978	2005
232	中国版权研究会	东四南大街85号	100703	68003912	2005
233	中国保险学会	西城区金融街11号7层	100034	66553709	2005
234	全国党建研究会	西长安街80号	100815	58586957	2005
235	中华医院管理学会	朝阳区和平西街20号楼A座101	100013	84279277	2005
236	中国税务学会	宣武区枣林前街68号	100053	63543763	2005
237	中国当代文学研究会	西三环北路105号首都师大中文系	100037	68902423	2005
238	中国鲁迅研究会	西城区阜内大街宫门口2条19号鲁迅博物馆	100034	66162293	2005
239	中国毛泽东诗词研究会	建国门内大街5号中国社科院文学所	100732	67759070	2005
240	中华美国学会	建国门内大街5号中国社科院文学所	100732	67759070	2005
241	中华全国人民调解员协会	朝阳区朝外南大街10号	100020	65205936	2005
242	中国青少年犯罪研究会	前门东大街10号	100732	65138276	2005
243	中国环境科学学会	海淀区红联南村54号	100088	62210708	2005
244	中国教育学会	西单大木仓胡同35号	100816	66096515	2005
245	中国会计学会	西城区复兴门外三里河财政部	100045	68528921	2005
246	中国旅游协会	建国门内大街甲9号	100740	65201912	2005
247	中国企业管理研究会	阜外月坛北小街2号	100836	68033728	2005
248	中国企业文化促进会	东城区北河沿大街83号	100009	84034737	2005
249	中国农学会	朝阳区麦子店街20号楼	100026	64194494	2005
250	中国商品学会	海淀区中关村大街59号	100827	62512851	2005

续表

	名　　称	通讯地址	邮编	联系电话	刊期
251	中国圆明园学会	海淀区车公庄西路45号花园写字楼	100044	88421498	2005
252	中国艺术医学协会	民族学院南路19号	100081	68935808	2005
253	中国群众文化学会	东城区北河沿大街83号	100009	84031603	2005
254	中国政策科学研究会	西城区府右街3号	100032	66014372	2005
255	中国古陶瓷学会	东城区景山前街4号	100009	85117310	2005
256	中国戏曲音乐学会	丰台区万泉寺400号中国戏曲学院音乐系	100073	63351561	2005
257	中国昆剧研究会	宣武区陶然亭路14号	100054	63512174	2005
258	中国国际关系学会	西城区展览馆路24号	100037	68323889	2005
259	中国国际法学会	西城区展览馆路24号	100037	68314018	2005

·社科理论期刊·

中国国际问题研究（英文版）

该刊于2005年12月创刊，由外交部主管、中国国际问题研究所主办，季刊。

该刊重点探讨国际政治、世界经济、国际安全与全球战略中的热点问题，反映最新学术研究进展，是学术界、研究机构和政府决策者以及关注国际问题人士的良友。

主要栏目：中国外交、国际关系、国际政治、国际经济等。

现任主编：郭宪纲

地　　址：北京市东城区台基厂3号

邮政编码：100005

电　　话：85119558　85119560

传　　真：65284305

电子邮箱：gyzz@ ciis. org. cn

（张德明供稿）

首席财务官

该杂志于2005年5月创刊，由信息产业部电子科技情报研究所主办，信息产业部主管，月刊。

办刊宗旨及主要内容：该杂志定位于“国内第一本公开发行的面向CFO人群提供服务的专业资讯媒体”，核心内容是围绕CFO们所关心的“竞争（COMPETITIVE）、资本（FINANCIAL）和运营（OPERATIONS）”展开，以CFO视角解读公司金融，注重CFO实务，充当CFO群体的代言人，其核心使命是与中国CFO共同成长，富含大量的独家调查和深度分析，为促进中国CFO阶层的成长提供具有全球视野、专业实用的资讯服务和知识读本。

主要栏目：封面文章：聚焦业务变革、资本运营、风险防范等重大新闻背后的深刻思想；资本：以CFO的独特视角解读企业资本运作个案（投融资、并购等）；竞争：全面关注CFO必须了解的每月国内外宏观经济环境、产业竞争、资本市场等相关商业资讯；运营：关注CFO的实务运作和职业经验，从全面预算管理、绩效管理、跨国财务管理、税务筹划、企业价值管理到财务战略制定实施等财务工具和运作技巧；CFO人物：国内外CFO典范畅谈职业经验和CFO之道；技术：CFO关注的财务技术应用和案例介绍；跨国经营：大型跨国公司的资本运营和财务运营管理；战略：投、融资操作中企业中、长期财务战略的制定和实施。

社长兼总编：田茂永

地　　址：北京万寿路翠微中里16号3号楼4层

邮政编码：100036

电　　话：68130909－8097

传　　真：68254713

电子邮件：bian－feng@ ccw. com. cn

（边枫供稿）

全国商情·商业经理人

该刊于1999年创刊，原由国家内贸部主办，现由中国商业联合会主管，中华全国商业信息中心主办，月刊。

该刊以“创造现代商业辉煌、引领流通科技腾飞”为宗旨，将先进的理念、模式、技术方法和产品介绍给商业流通领域企业的CEO和CIO。通过促进学术理论交流，报道商业IT技术应用动态，展示商业经理人风采，共同推进商业理论创新、技术创新和管理创新。

主要栏目：资讯、业内观察、商界论坛、封面故事、人物访谈、管理、商海沉浮、业内动态、应用案例、信息化、技术等。

总　　编：张萍

地　　址：北京市复兴门内大街45号

邮政编码：100801

电　　话：66095629

传　　真：66013611

（马建伟供稿）

财会学习

该杂志创刊于1983年，原名《建材财会》，2005年11月更为现名，月刊。该刊由中国建材报社、中国会计学会建材专业委员会主办。

办刊宗旨：服务于全体财税工作者，构筑会计之家，搭建沟通政府与企业的桥梁。

主要栏目：辅导、卷首语资讯、学术前沿、特别策划、热点聚焦、名师讲坛、难点解疑、释疑解惑、继续教育、核算管理、实务资讯、预算与决算、纳税与筹划、审计实务、人物、会计史话、会计人家园、评论、编者与读者、域外采风等。

社　　长：谢镇江

总　　编：尹舟

地　　址：北京海淀区三里河路11号

邮政编码：100831

电　　话：88376425

传　　真：68315093

电子信箱：bjjcck2002@sina.com

（尹舟供稿）

中国检察官

该刊创建于1999年，前身为《检察实践》，自2006年起更为现名，由最高人民检察院主管，国家检察官学院主办，月刊。

该刊以展示检察理论研究和业务工作的最新成就，展现优秀检察官风采为宗旨。

主要栏目：社会主义执法理念、检察长新论、检察理论前沿、检察实务、法治新论荟萃、疑案精解、来稿精选、办案札记、检察官文苑、检察官风采、专题研讨、调研报告、域外检察官、检察动态、检察咨询、特稿等。

历任主编：雷铣、江礼华、董智明、石少侠、胡卫列

现任主编：刘佑生

地　　址：北京市香山南路111号

邮政编码：100041

E-mail：zhjcg@vip.163.com

（陈冰供稿）

生活教育

该刊于1934年2月，由陶行知先生在上海创办，时为半月刊，到1936年8月停刊，共出了60期。时隔几十年，于2006年1月复刊，现为月刊。该刊现由国家教育部主管，中国陶行知研究会主办。

办刊宗旨：立足生活教育，弘扬行知精神，面向实践前沿，惠及广大教师，推动教育改革。

主要栏目：行知讲堂、行知论坛、怀念与回忆、教育随笔、幼教园地、读书、生活自由谈、热点关注、校长叙事、一线报告、课改之声、名师有约、生活与德育、陶行知教育故事等。

主　　编：田慧生

地　　址：北京市北三环中路46号

邮政编码：100088

电　　话：62003335

电子邮件：shjy6@163.com

（王铁城供稿）

数字图书馆论坛

该刊于2005年3月创刊，由中国科学技术信息研究所、中国科技人才交流开发服务中心和北京万方数据股份有限公司主办，月刊。

办刊宗旨：该刊是以在广大社会范围内普及信息素质基本知识，引起人们对于信息素质教育的关注，使读者认识到提高自身及社会整体信息素质的必要性，让数字图书馆不再只是人们传统认识上的图书馆数字化，使人们不再停留在固定、有限的时间或空间里去考虑信息的能力，将数字图书馆移植到人们的大脑里，成为一种习惯、一个过程，甚至是一种思维方式。

主要栏目：本期话题、技术与产品、信息素质、用户与服务、元数据与标准规范、搜索世界、Open Access、案例课堂、好书推荐、业界动态、会议报道、文摘精粹等。

社　　长：邢宪力，主编：张秀梅

地　　址：北京市海淀区车公庄西路乙19号华通大厦B座1130室

邮政编码：100044

电　　话：88018272

传　　真：88018270

E-mail：sztsglt@163.com　xiumei@wanfangdata.com.cn

（刘欣供稿）

中华活页文选

该刊于1998年创刊，由中国出版集团主管，中华书局主办，月刊。

该刊以新课标精神为指导，配合教材，精选高质美文、时文进行讲解，注重对学生阅读技巧和能力的训练，是语文阅读教学必备的补充与延伸材料。该刊为系列刊物，分为“初一版”、“初二版”、“初三版”、“高一版”、“高二版”和“教师版”等。

主要栏目：精品自由读、时文速递、主题阅读课、课内外联读、新课文广角、阅读三级跳等。

主　　编：李岩
地　　址：北京丰台区太平桥西里38号
邮政编码：100073
电　　话：63445031

（尹涛供稿）

外交评论——外交学院学报

该刊创刊于1984年，2005年6月更名为现名，双月刊，由外交部主管，外交学院和中国国际关系学会共同主办。

办刊宗旨：外交理论和政策分析、国际关系研究是本刊的特色，办成具有国际影响的外交政策分析与理论研究性的专业期刊是《外交评论》的基本定位。

主要栏目：外交学院论坛、中国外交、国际关系、外交学、国别与区域研究、国际经济与法律等。

历任主编：傅耀祖、曲星，现任主编：吴建民

地　　址：北京市西城区展览路24号外交评论编辑部
邮政编码：100037
电　　话：68323972　68323973
传　　真：68323972
网　　址：http：//wjxy. chinajournal. net. cn
E-mail：xuebao@ cfau. edu. cn

（郭虹供稿）

现代传播——中国传媒大学学报

该刊于1979年创刊，原名《北京广播学院学报》（人文社会科学版），1994年8月更名为《现代传播——北京广播学院学报》，2005年1月改为现名。该刊由中国传媒大学主办，国家教育部主管，双月刊。

该刊是以广播电视为中心的传媒学术期刊，以学术性、时代性、思想性为追求，密切关注变动着的以广播电视为中心的大众传播事业的新问题、新现象、新观念。

主要栏目：传播文化研究、新闻学与传播学、传播艺术与艺术传播、传媒观察、媒介经营与管理、网络时代、个案研究、学报沙龙、专题研究、纪录片研究、争鸣园地、传媒教育、随笔札记等。

主　　编：胡智锋
地　　址：北京市朝阳区定福庄东街1号
邮政编码：100024
电　　话：65779586
传　　真：65777841
E-mail：journalcuc@ 163. com
网　　址：www. cuc. edu. cn/xuebao

（赵均供稿）

中国劳动关系学院学报

该刊由中国劳动关系学院主办，于1987年创刊，双月刊。

该刊面向全国各级产业工会组织，面向广大职工群众，面向教学与科研；及时反映和探索工会在改革开放中的新经验；贴近实际，贴近职工群众，贴近社会生活；力求成为广大工会干部和职工群众参与改革、投身改革的良师益友。

主要栏目：工会理论、工人阶级理论、工运史、劳动经济、劳动法、工会法、劳动保护、劳动关系研究等。

主　　编：赵建生
地　　址：北京海淀增光路45号
邮政编码：100037
电　　话：88561986

附：

已刊社科理论期刊名录

	名　　称	通讯地址	邮编	联系电话	网　　址	刊期
1	求是	沙滩北街2号	100727	64037005	www. qsjournal. com. cn	2001
2	中国社会科学	鼓楼西大街甲158号	100720	64076113		2001
3	中共党史研究	海淀镇双桥东甲1号	100080	82615330		2001
4	党的文献	西四北大街前毛家湾1号	100017	66135208		2001
5	百年潮	海淀镇双桥东甲1号	100080	82627630		2001
6	前线	砖角楼南里甲21号	100013	64294736	www. qianxian. com	2001
7	中国特色社会主义研究	北四环中路33号	100101	64874539	SPEC. chinajournal. net	2001
8	北京社会科学	北四环中路33号	100101	64870591		2001
9	马克思主义研究	建内大街5号13层	100732	65138265		2001
10	内部文稿	沙滩北街2号	100727	64037074		2001
11	国际论坛	西三环北路2号167信箱	100089	68916998		2001
12	新视野	车公庄大街6号	100044	68007097		2001
13	是与非	西三环南路9号	100073	63838864		2001
14	国际社会科学杂志（中文版）	鼓楼西大街甲158号	100720	64076113		2001
15	中国社会科学（英文版）	鼓楼西大街甲158号	100720	64076113		2001
16	中国社会科学文摘	鼓楼西大街甲158号	100720	64076113		2001
17	战略与管理	中关村南路33号	100081	68416354	www. dragonsource. com	2001
18	经济理论与经济管理	中关村大街31号	100080	62514768		2001
19	经济研究参考	西安门刘兰塑胡同8号	100034	66177948		2001
20	经济界	西苑操场乙2号	100080	62583631		2001
21	中国流通经济	北京物资学院	101149	89534241		2001
22	农业经济问题	中关村南大街12号	100081	68918705		2001
23	市场与人口分析	北京大学	100871	62751975		2001
24	首都经济	复兴门南大街丁2号	100031	66410806		2001
25	经济科学	北京大学法学楼4层	100871	62751488		2001
26	中国经济史研究	月坛北小街2号	100836	68035007		2001
27	中国社会导刊	东大桥斜街4号	100020	65915607		2001
28	人口研究	中关村大街59号	100872	62511320		2001

续表

	名　称	通讯地址	邮编	联系电话	网　址	刊期
29	城市问题	北四环中路33号	100101	64870894		2001
30	国际新闻界	中关村大街59号	100872	62515130		2001
31	档案学通讯	张自忠路3号	100007	64035109		2001
32	北京档案、	贡院西街8号	100005	65257476		2001
33	情报理论与实践	北京2413信箱10分箱	100089	68963306	north. centin. net. cn	2001
34	情报资料工作	张自忠路2号	100007	64057499		2001
35	法学家	中关村大街59号	100872	62512800		2001
36	法学杂志	白云观街北里6号	100045	63406753		2001
37	政法论坛	西土城路25号	100088	62229778		2001
38	行政法学研究	长春桥路6号	100089	68929072	www. chinajournal. net/xzfx. html	2001
39	比较法研究	西土城路25号	100088	62229728		2001
40	中外法学	北京大学法学楼5218室	100871	62751689		2001
41	犯罪与改造研究	祁家豁子9803信箱	100029	62367792－8407		2001
42	教学与研究	中关村大街59号	100872	62511680		2001
43	清华大学教育研究	清华大学文南楼423室	100084	62783326		2001
44	大学生	北四环中路33号	100101	64871010	China5u. com	2001
45	成人高教学刊	中关村大街59号	100872	62512816		2001
46	世界汉语教学	学院路15号	100083	82303680		2001
47	民族教育研究	中关村南大街27号	100081	68932447		2001
48	中央民族大学周报	中关村南大街27号	100081	68932420		2001
49	外语教学与研究	西三环北路2号	100089	68916466		2001
50	中国俄语教学	西三环北路2号	100089	68916599		2001
51	英语学习	西三环北路19号	100089	68917570		2001
52	俄语学习	西三环北路2号	100089	68916296		2001
53	德语学习	西三环北路2号	100089	68917574		2001
54	法语学习	西三环北路2号	100089	68916710		2001
55	中国文化研究	学院路15号	100083	82303701		2001
56	自然辩证法研究	学院南路86号	100081	62178877－3518	www. chinajournal. net/ZRBZ. html	2001
57	文献	中关村南大街33号	100081	88545562	www. nlc. gov. cn	2001
58	历史研究	鼓楼西大街甲158号	100720	64076113		2001
59	清史研究	中关村大街59号	100872	62511428		2001
60	中国藏学	北四环东路131号	100101	64937966		2001

续表

	名　　称	通讯地址	邮编	联系电话	网　　址	刊期
61	文物	五四大街29号	100009	64015577 -3327	www. wenwu. com	2001
62	旅游学刊	北四环东路99号	100101	64915713		2001
63	中国历史博物馆馆刊	中国历史博物馆	100006	65128321 -506		2001
64	文学评论	建内大街5号	100732	65264557	www. dragonsource. com	2001
65	文艺研究	前海西街17号	100009	66182597	www. chinajournal. net. cn	2001
66	国外文学	北京大学化北楼116室	100871	62764994		2001
67	外国文学	西三环北路2号	100089	68916464		2001
68	北京大学学报（哲学社会科学版）	北京大学	100871	62751216	www. pku. edn. cn/academic/xbss	2001
69	清华大学学报（哲学社会科学版）	清华大学	100084	62783533	2001	
70	中国人民大学学报	中关村大街31号	100080	62511499	2001	
71	北京师范大学学报（人文社会科学版）	新街口外大街19号	100875	62207848	www. bnu. edu. cn/xuebao/wen/index. htm	2001
72	中央民族大学学报（社科版）	中关村南大街27号	100081	68932447		2001
73	北京理工大学学报（社会科学版）	中关村南大街5号	100081	68912326		2001
74	北京科技大学学报（社会科学版）	学院路30号	100083	62332532		2001
75	外交学院学报	展览路24号	100037	68323972		2001
76	中央财经大学学报	学院南路39号	100081	62288381	www. cufe. edu. cn	2001
77	现代传播——北京广播学院学报（社科版）	北京广播学院	100024	65777841		2001
78	首都师范大学学报（社会科学版）	西三环北路105号	100037	68902450	Hudr. chinajournal. net. cn	2001
79	北京联合大学学报	北四环东路97号	100101	64951155 -1515	2001	
80	北京第二外国语学院学报	定福庄1号	100024	65778385		2001
81	北京电影学院学报	西土城路4号	100088	82048899 -366	www. bfa. edu. cn	2001
82	大学图书馆学报	北京大学图书馆314室	100871	62759056	www. lib. pku. edu. cn/xuebao	2001
83	国家行政学院学报	国家行政学院	100089	68929341		2001
84	北京行政学院学报	车公庄大街6号	100044	68007412		2001

续表

	名　　称	通讯地址	邮编	联系电话	网　　址	刊期
85	中国青年政治学院学报	西三环北路25号	100089	68414723		2001
86	国家检察官学院学报	香山南路111号	100041	88968131－3308	www. zjgx. chinajournal. net. cn	2001
87	中华女子学院学报	育慧东路1号	100101	64931155－3085		2001
88	中国新闻年鉴	金台西路2号9号楼	100026	65944421		2001
89	中国电影年鉴	北三环东路22号	100013	64272635		2001
90	中国人民大学书报资料中心	张自忠路3号	100007	64015080	www. confucius. cn. net	2001
91	理论视野	中央党校3号楼2层	100091	62805975		2002
92	马克思主义与现实	西单西斜街36号	100032	66173568	www. cccpe. com	2002
93	当代世界	复兴路4号	100860	83908407		2002
94	哲学研究	建内大街5号	100732	65137744－5532		2002
95	世界哲学	建内大街5号	100732	65137744－5533		2002
96	党建	西长安街5号	100806	66064330		2002
97	团结	东皇城根南街84号	100006	65125886		2002
98	北京支部生活	如意里小区甲1号	100035	62243737	www. bjzbsh. bjdj. gov. cn	2002
99	科学决策	中关村南大街12号154信箱	100081	68976255		2002
100	台湾研究	坡上村15号	100091	62883311－2307		2002
101	管理世界	大钟寺8号东楼3层	100086	62112235		2002
102	国有资产管理	阜成路甲28号新知大厦1609室	100036	88191609		2002
103	中国投资	百万庄子区38号	100037	68361092		2002
104	中国物价	木樨地国宏大厦B座1213室	100038	63908263		2002
105	中国能源	木樨地北里甲11号国宏大厦B座1403室	100038	63908476		2002
106	中国创业投资与高科技	木樨地北里甲11号国宏大厦B座1717室	100038	63908776		2002
107	综合运输	木樨地北里甲11号国宏大厦B座1606室	100038	63908656		2002
108	价格理论与实践	月坛北小街2号院3号楼3248室	100837	68029447	www. jgls. chinajournal. net. cn	2002
109	商业时代	复兴路46号	100039	88210118	www. ectime. com. cn	2002

续表

序号	名　　称	通讯地址	邮编	联系电话	网　　址	刊期
110	审计研究	东四十条24号青蓝大厦14楼	100007	64066070		2002
111	会计研究	复外三里河财政部内中国会计学会	100820	68528922		2002
112	中国高新技术企业	月坛南街75号国家统计局南楼709室	100826	68527575		2002
113	中国农村经济	建内大街5号	100732	65137744－5649		2002
114	中国乡镇企业技术市场	麦子店街（农业部北办公区20号楼）	100026	64195050		2002
115	人口与经济	首都经济贸易大学内	100026	65976473		2002
116	林业与社会	中国林科院科信所	100091	62889734		2002
117	邮电企业管理	安苑路11号	100029	64962984	www. cnii. com. cn	2002
118	中国工会财会	白云路2号	100045	68593280		2002
119	当代中国史研究	地安门西大街旌勇里8号	100009	66185192		2002
120	中国史研究	建内大街5号	100732	65137744		2002
121	中国史研究动态	建内大街5号	100732	65137744		2002
122	史学史研究	北京师范大学史学研究所	100875	62208084	www. sysj. chinajounal. net. cn	2002
123	历史档案	故宫西华门内	100031	63097399	www. LSDA. chinajournal. net. cn	2002
124	军事历史	军事科学院	100091			2002
125	华侨华人历史研究	北新桥三条甲1号	100007	64018846		2002
126	考古	王府井大街27号	100710	65253665		2002
127	考古学报	王府井大街27号	100710	65253665		2002
128	北京党史	车公庄大街6号	100044	68007470	www. bjds. bjdj. gov. cn	2002
129	中国司法	三元桥霞光里11号	100016	64626109		2002
130	民主与法制	兵马司胡同63号	100034	66186232	www. mzyfz. com. cn	2002
131	环球法律评论	沙滩北街15号	100720	64022194	www. iolaw. com	2002
132	中国监察	皂君庙4号	100081	62113742		2002
133	人民检察	区鲁谷西路5号	100040	68630108	www. jcrb. com. cn	2002
134	公安研究	木樨地南里甲1号	100038	83909371		2002
135	警察文摘	木樨地南里甲1号	100038	83903239		2002
136	现代世界警察	木樨地南里甲1号	100038	83902729		2002
137	知识产权	西土城路6号	100088	64882152		2002
138	高校理论战线	中关村大街35号北科研楼7层	100080	62514713		2002

续表

	名　称	通讯地址	邮编	联系电话	网　址	刊期
139	中国高教研究	西单大木仓胡同35号	100816	66097289		2002
140	思想教育研究	北京科技大学	100083	62332831		2002
141	比较教育研究	北京师范大学国际与比较教育研究所	100875	62208310		2002
142	高等师范教育研究	北京师范大学	100875	62207942	www. GDSZ. chinajournal. net. cn	2002
143	公安教育	中国人民公安大学	100038	83903262		2002
144	继续教育	北京市6304信箱	102206	66366874	www. ceduchina. com	2002
145	科学与无神论	北京市1525信箱	100005	65262526		2002
146	大学英语	北京航空航天大学	100083	82316984		2002
147	中小学管理	德外什坊街2号	100011	62018316		2002
148	社会学研究	建内大街5号	100732	65122608	www. cass. net. cn/so9 – shx/shy/index. htm	2002
149	国外社会科学	建内大街5号	100732	65137749	www. go7. 163. com/yanjiubu	2002
150	中国妇运	建内大街15号	100730	65225340		2002
151	中国大学生就业	西三环北路27号北科大厦6层	100089	68419307	www. jiuye168. com	2002
152	世界民族	中关村南大街25号民族研究所	100081	68932802		2002
153	欧洲	建内大街5号	100732	65135017	www. cass. net. cn/s25 – ozs/s25 – ozs. htm	2002
154	民主与科学	安定门外大街55号	100011	64255640	www. rol. cn. net/democracy – science. htm	2002
155	文史知识	太平桥西里38号	100073	63458229	www. zhbc. com. cn	2002
156	文学遗产	建内大街5号	100732	65137744 – 5453	www. cass. net. cn	2002
157	编译参考	百万庄大街24号	100037	68995954		2002
158	民族语文	白石桥路27号	100081	68932381		2002
159	电影艺术	北三环东路22号	100013	64219977 – 6290		2002
160	国家图书馆学刊	文津街7号	100034	66174391		2002
161	中央社会主义学院学报	万寿寺甲4号	100081	68706239		2002
162	公安大学学报（人文社科版）	木樨地南里甲1号	100038	83903269	www. gadx. chinajournal. net. cn	2002
163	工会理论与实践—中国工运学院学报	增光路45号	100037	88561986		2002

续表

	名　称	通讯地址	邮编	联系电话	网　址	刊期
164	北京工商大学学报（社会科学版）	阜成路33号	100037	68904532		2002
165	中国图书馆学报	中关村南大街33号	100081	88545141		2002
166	中国哲学年鉴	建内大街5号	100732	65137954		2002
167	中国法律年鉴	兵马司胡同63号	100034	66113851	www. clol. com. cn	2002
168	中国保险年鉴	阜内大街410号	100034	66012327		2002
169	国际政治研究	北京大学法学楼5307室	100871	62755560	www. sis. pku. edu. cn/internationai/index. htm	2003
170	当代世界与社会主义	西单西斜街36号	100032	66509501		2003
171	人民论坛	朝外金台西路2号	100733	65369878	www. peopledaily. com. cn	2003
172	人权	东单北大街3号612室	100005	65592387		2003
173	外交	南池子大街71号	100006	65121095		2003
174	党建研究	西单北大街110号	100815	66099935	www. djyj. com. cn	2003
175	工运研究	复外大街10号	100865	68592403		2003
176	中国行政管理	西安门大街22号	100017	63099102	www. cpasonline. org. cn	2003
177	国外理论动态	西单西斜街36号	100032	66509322		2003
178	经济与管理研究	首都经济贸易大学	100026	65976484		2003
179	经济社会体制比较	西单西斜街36号	100032	66509517		2003
180	国际贸易问题	惠新东街对外经济贸易大学学术刊物部	100029	64493203		2003
181	投资研究	金融大街25号	100032	67597844		2003
182	现代商业银行导刊	金融大街25号	100032	67597847		2003
183	理财者	光华路东口6417信箱	100026	65976416		2003
184	中国法学	兵马司胡同63号	100034	66139120		2003
185	法律适用	通州天成桥甲1号	101100	89533967		2003
186	中国教育学刊	西单大木仓胡同35号	100816	66097082	Zjyx. chinajournal. net. cn	2003
187	中国高等教育	文慧园北路10号	100088	62243806		2003
188	教育艺术	首都师范大学主楼	100037	68902923		2003
189	中国职业技术教育	西单大木仓胡同35号	100816	66096432	www. cvae. com. cn	2003
190	心理发展与教育	北京师范大学发展心理研究所	100875	62207700	2003	
191	语言教学与研究	学院路15号	100083	82303575		2003
192	日语学习与研究	惠新东街对外经济贸易大学学术刊物部	100029	64493203		2003

续表

	名　称	通讯地址	邮编	联系电话	网　址	刊期
193	中国穆斯林	南横西街103号	100053	63531265		2003
194	妇女研究论丛	建内大街15号	100730	65221133－2812		2003
195	保险研究	西交民巷22号	100031	66067053		2003
196	文史	太平桥西里38号	100073	63397473		2003
197	汉字文化	万寿路西街14号	100036	68161416		2003
198	神州学人	文慧园北路10号中国教育报刊社	100088	62257722－229		2003
199	中国编辑	石家庄市友谊北大街330号	050061	（0311）7735574		2003
200	中国农业大学学报（社会科学版）	清华东路17号	100083	62336933		2003
201	首都经济贸易大学学报	首都经济贸易大学	100026	85995143	www. cued. edu. cn	2003
202	北京林业大学学报（社会科学版）	清华东路35号	100083	62338090－804	2003	
203	北京市财贸管理干部学院学报	东四南大街礼士胡同41号	100010	65230718		2003
204	北京市经济管理干部学院学报	花家地街19号	100102	64722233－2144	www. bjiem. edu. cn	2003
205	中国经济体制改革年鉴	阜成路甲28号新知大厦	100036	88190913	www. cfeph. com. cn	2003
206	中国人口年鉴	建内大街5号	100732	65137744－5412		2003
207	中国经济特区开发区年鉴	阜成路甲28号新知大厦	100036	88190913	www. cfeph. com. cn	2003
208	中国中西部地区开发年鉴	阜成路甲28号新知大厦	100036	88190913	www. cfeph. com. cn	2003
209	财贸经济	月坛北小街2号	100836	68034659	www. cass. net. cn	2003
210	当代韩国	建内大街5号	100732	65126301	G07. 163. com/yanjiu-bu/newsite2/index. htm	2003
211	当代语言学	建内大街5号	100732	65137744－5392	www. cass. net. cn	2003
212	第欧根尼	建内大街5号	100732	85195232		2003
213	东欧中亚市场研究	张自忠路3号东院	100007	64039131	www. cass. net. cn	2003
214	东欧中亚研究	张自忠路3号东院	100007	64039131	www. cass. net. cn	2003
215	法学研究	沙滩北街15号	100720	64035471	www. cass. net. cn	2003
216	方言	建内大街5号	100732	65137744－5390	www. cass. net. cn	2003

续表

	名　　称	通讯地址	邮编	联系电话	网　　址	刊期
217	国际经济评论	建内大街5号	100732	65137744 -5773	www. ier. com. cn	2003
218	近代史研究	王府井大街东厂胡同1号	100006	65275944	www. cass. net. cn	2003
219	经济管理	月坛北小街2号	100836	68039094	www. cass. net. cn	2003
220	经济学动态	月坛北小街2号	100836	68034152	www. cass. net. cn	2003
221	经济研究	月坛北小街2号	100836	68034153	www. cass. net. cn	2003
222	抗日战争研究	王府井大街东厂胡同1号	100006	65275931	www. cass. net. cn	2003
223	拉丁美洲研究	张自忠路3号东院	100007	64039006	www. cass. net. cn	2003
224	美国研究	张自忠路3号东院	100007	64000071	www. cass. net. cn	2003
225	民族文学研究	建内大街5号	100732	65137744 -5627	www. cass. net. cn	2003
226	民族研究	白石桥路27号6号楼	100081	68932934	www. cass. net. cn	2003
227	南亚研究	张自忠路5号	100007	64063921	www. cass. net. cn	2003
228	青年研究	建内大街5号	100732	65137744 -5565	www. cass. net. cn	2003
229	日本学刊	张自忠路3号东院	100007	64039045	www. cass. net. cn	2003
230	社会科学管理与评论	建内大街5号	100732	65137744 -5071	www. cass. net. cn	2003
231	史学理论研究	建内大街5号	100732	65275904	www. cass. net. cn	2003
232	世界经济年鉴	建内大街5号	100732	65137744 -5770	www. cass. net. cn	2003
233	世界经济	建内大街5号	100732	65137744 -5790	www. cass. net. cn	2003
234	世界经济与政治	建内大街5号	100732	85195784	www. iwep. org. cn	2003
235	世界历史	王府井大街东厂胡同1号	100006	65275907	www. cass. net. cn	2003
236	世界文学	建内大街5号	100732	65137744 -5605	www. cass. net. cn	2003
237	世界宗教文化	建内大街5号	100732	65137744 -5479	www. cass. net. cn	2003
238	世界宗教研究	建内大街5号	100732	65137744 -5479	www. cass. net. cn	2003
239	数量经济技术经济研究	建内大街5号	100732	65137744 -5717	www. cass. net. cn	2003
240	外国文学动态	建内大街5号	100732	65137744 -5605	www. cass. net. cn	2003
241	西亚非洲	张自忠路5号	100007	64039170	www. cass. net. cn	2003

续表

	名　　称	通讯地址	邮编	联系电话	网　　址	刊期
242	新闻与传播研究	朝外金台路2号	100026	65940579	www. cass. net. cn	2003
243	哲学动态	建内大街5号	100732	65137744 －5517	www. cass. net. cn	2003
244	政治学研究	沙滩北街15号	100720	64070102	www. cass. net. cn	2003
245	中国边疆史地研究	王府井大街东厂胡同1号	100006	65134986 －210	www. cass. net. cn	2003
246	中国城市年鉴	东四大街演乐胡同116号	100010	65244982	www. cass. net. cn	2003
247	中国地方志	王府井大街东厂胡同1号	100006	65275871	www. cass. net. cn	2003
248	中国工业经济	月坛北小街2号	100836	68032678	www. cass. net. cn	2003
249	中国农村观察	建内大街5号	100732	65137744 －5649	www. cass. net. cn	2003
250	中国人口科学	建内大街5号	100732	65137744 －5419	www. cass. net. cn	2003
251	中国社会科学院研究生院学报	建内大街5号	100732	64362354	www. cass. net. cn	2003
252	中国与世界经济（英文刊）	建内大街5号	100732	65137744 －5785	www. cass. net. cn	2003
253	中国语文	建内大街5号	100732	65137744 －5391	www. cass. net. cn	2003
254	中国哲学史	建内大街5号	100732	65137744 －5527	www. cass. net. cn	2003
255	当代亚太	张自忠路3号东院	100007	64063921	www. cass. net. cn	2003
256	外国文学评论	建内大街5号	100732	65137744 －5583	www. cass. net. cn	2003
257	科学社会主义	中央党校内	100091	62805237		2004
258	中国党政干部论坛	中央党校内	100091	62805370	www. dzlt. com	2004
259	和平与发展	马甸冠城园冠海大厦9层	100088	82009436	http：//hpyfz. chinajournal. net. cn	2004
260	国际问题研究	台基厂头条3号	100005	85119560		2004
261	调研世界	月坛南街75号	100826	63266600 －30203		2004
262	中国城市经济	长春桥路新起点嘉园4号楼807室	100089	82563039	www. cuew. com	2004
263	中国经济景气月报	月坛南街75号	100826	63449094		2004
264	北京规划建设	南礼士路60号	100045	68020386		2004

续表

	名　　称	通讯地址	邮编	联系电话	网　　址	刊期
265	财政研究	阜成路甲28号新知大厦财政部科研所	100036	88191225		2004
266	中国财经信息资料	阜成路甲28号新知大厦财政部科研所	100036	88191224		2004
267	金融论坛	翠微路15号	100036	68217183		2004
268	中国质量	中京畿道12号	100032	66032340		2004
269	中国社会保障	和平里5区10号楼5层	100013	84215467	http：//www. cnss. cn	2004
270	当代中国人口	大慧寺12号	100081	62180157	Cpirc. org. cn	2004
271	检察实践	香山南路11号	100041	88968131－3358	http：//jcsj. china－journal. net. cn	2004
272	教育研究	北三环中路46号	100088	62011873	http：//www. cnicr. ac. cn/jyyj	2004
273	北京大学教育评论	北京大学电教楼227室	100871	62751071	http：//www. jypl. pkedu. cn	2004
274	体育教学	北三环西路11号	100088	82099033		2004
275	中国艺术	北总布胡同32号	100735	85117705		2004
276	文艺理论与批评	惠新北里甲1号		64935584	http：//wave. chinajournal. net. cn	2004
277	中外企业文化	市劳动文化宫内	100006	65261995	www. cfccm. com	2004
278	美术研究	花家地南街8号	100102	64771021	www. @ artr－es-earch. com. cn	2004
279	出版发行研究	太平桥西里38号	100073	63454857		2004
280	中国京剧	东土城路15号	100013	64294508		2004
281	世界电影	北三环东路22号	100013	64219977－6295	Sjdy. chinajournal. net. cn	2004
282	中国宗教	后海北沿44号院	100009	64095206		2004
283	国际关系学院学报	坡上村12号	100091	62861174	http：//GGXB. China journal. net. cn	2004
284	北京工业大学学报(社科版)	平东园100号	100022	67392535		2004
285	北京化工大学学报	北三环东路15号	100029	64435714	http：//bhgs. chi－najournal. net. cn	2004
286	首都体育学院学报	北三环西路11号	100088	82099033	btsf. chinajournal. net. cn	2004
287	北京教育学院学报	什坊街2号	100011	82089136		2004
288	北京青年政治学院学报	望京中环南路4号	100102	64722087		2004
289	北京市政法管理干部学院学报	杨闸	100024	65750411		2004

续表

	名　　称	通讯地址	邮编	联系电话	网　　址	刊期
290	中国金融年鉴	成方街33号2号楼715、716室	100800	66195406		2004
291	亚非纵横	知春路61号	100080	68745141		2005
292	小康	沙滩北街2号	100727	64030494	www. chinaxiaokang. com	2005
293	环境经济	广渠门内大街16号	100062	67113781		2005
294	投资北京	复兴门南大街甲2号天银大厦A西座7层	100031	66038586	www. bjinvest. gov. cn	2005
295	时代经贸	麦子店街41号	100026	65920634	www. bjwto. gov. cn	2005
296	基础教育参考	西单大木仓胡同35号教育部教育管理信息中心	100816	66096163	www. mis. com. cn	2005
297	中国外语	德外大街4号	100011	58581936	www. cflo. edu. cn	2005
298	中国文化遗产	北四环路高原街甲2号文博大厦10层	100029	84624663	www. ccrnews. com. cn	2005
299	建筑与文化	朝内大街137号世界图书出版公司	100010	64028921		2005
300	中国美术馆	北总布胡同32号	100735	65122616		2005
301	出版史料	西三环北路19号外研大厦2512室	100089	88818060		2005
302	世界华文传媒年鉴	百万庄南街12号	100037	68316652		2005

·大 事 记·

2005 年

1月

1日 中国人民政治协商会议全国委员会举行新年茶话会。中共中央总书记、国家主席、中央军委主席胡锦涛在茶话会上发表重要讲话。他强调，为胜利完成改革发展稳定的各项任务，我们必须大力发扬求真务实、艰苦奋斗、团结民主的精神，脚踏实地、务求实效，励精图治、埋头苦干，万众一心、和衷共济，充分发挥广大干部群众和各方面的积极性、主动性、创造性，团结一切可以团结的力量，为全面建设小康社会凝聚最广大、最深厚的力量，把中央的方针政策和决策部署落到实处，把维护好、实现好、发展好最广大人民的根本利益落到实处。

同日 据国家税务局元旦快报统计，2004 年全国税收收入完成 25718 亿元（不包括关税和农业税收），比上年增长 25.7%。增收 5256 亿元，总收入和增收额双双实现历史性突破，是近年来增长最快、增收最多的一年。

3日 台湾海峡交流基金会董事长、国民党中央评议委员会主席团主席辜振甫在台北病逝，享年 89 岁。辜振甫逝世后，海峡两岸关系协会会长汪道涵、中共中央台湾工作办公室主任陈云林、海峡两岸关系协会分别发了唁电。

6日 据国家统计局最新测算数据表明，我国内地（不包括香港、澳门特别行政区和台湾省）总人口将达 13 亿。国家人口计生委负责人介绍说，由于我国控制人口和实行计划生育，使我国 13 亿人口日和世界 60 亿人口日的到来各推迟了 4 年。但是，人口规模庞大的基本国情没有改变，人口和计划生育工作必须警钟长鸣，常抓不懈。

8日 北京高校校报研究会常务理事会议在北京航空航天大学召开。北京市委教工委宣教处有关同志，清华、北大、人大、北林大等单位的常务理事出席了会议，北京航空航天大学校常务副书记赵平出席会议并讲话。研究会理事长、北京林业大学宣传部部长、北林报总编辑铁铮总结了 2004 年研究会各项工作的开展情况，提出了新一年的工作思路。与会常务理事讨论了创办“北京高校校报新闻网”，好新闻评选活动，学术年会等事宜。（北京高校校报研究会）

8—9日 “第二届中国文化产业高层新年论坛”在北京大学举行。此次论坛是由国家文化产业创新与发展研究基地和北京大学文化产业研究所主办，是继第一届中国文化产业圆桌论坛之后的又一次文化界的盛会。本届论坛的主题为——文化产业竞争力：政府、企业和学界的永恒主题。中共中央宣传部、文化部、国家广电总局和新闻出版总署等部委的高层次政府官员、知名学者和优秀企业家等几百余名代表出席了本次论坛，并就国内文化产业的热点问题进行了深入而有建设性的交流。（北京大学社会科学部）

11日 中国会展经济国际合作论坛由中国贸促会与全球展览业协会、国际展览管理协会、独立组展商协会等国际展览界重要组织首次合作举办，以“开放、合作、共赢”为主题。中共中央政治局委员、国务院副总理吴仪在论坛上发表演讲时说，展览业是促进中外交流与合作、扩大对外开放的有效途径，是中国企业“引进来”、“走出去”、充分利用国际国内两个市场和两种资源，获得发展活力的重要手段。中国政府将从政府、企业和行业中介组织三个层面，进一步推动展览业提升水平。

12日 在国务院常务会议上，经讨论原则通过《北京城市总体规划（2004—2020 年）》。规划中确定：一要控制人口，合理布局，有效配置城市发展资源。二要促进经济社会协调发展。三要切实解决好保障城市持续发展的土地、水资源、能源等问题，建设节约型城市。四要坚持以人为本，构建和谐社会。五要做好北京历史文化名城保护工作。六要处理好中央与地方、城乡和区域发展等方面的关系，积极推进环渤海地区经济合作与协调发展。七要编制好近期建设规划，确保2008年奥运会的成功举办。

同日 人民日报载：经中共中央批准，中央保持共产党员先进性教育活动领导小组决定，向参加第一批先进性教育活动的31个省区市，115个中央直属机关、中央国家机关部门及中央、国务院直属事业单位、14个中央金融机构和36个中央管理领导班子主要负责人的企业派出58个中央督导组。中央督导组成员经过短期培训之后，开始分赴各地各部门各单位开展工作。

13日 全国国有资产监督管理工作会议在北京召开。中共中央政治局常委、国务院副总理黄菊出席会议并讲话，强调要认真贯彻落实党的十六大和中央全会精神，加快推进国有资产管理体制改革和国有企业改革，健全国有资产监管体制，促进国有企业转换机制，依法全面履行职责，扎实做好各项工作，实现国有资产保值增值，发展壮大国有经济，把国有资产监督管理工作提高到一个新水平。

16日 北京市统计局召开新闻发布会公布了去年本市的经济运行情况。在刚刚过去的2003年，尽管遭遇了非典疫情的冲击，但本市经济仍然保持了持续快速健康发展，全市生产总值突破3600亿元，按可比价格计算，比上年增长10.5%，连续5年实现了两位数增长。

同日 北京自然科学界和社科界联席会议专家顾问委员会第二次会议决定，将于今年5月北京科技周期间召开两界联席会议第二次高峰论坛，主题是：北京城市交通现状及对策。两界专家将联合开展考察活动，希望从首都经济社会的协调发展与交通资源合理配置这样一个大视角，整体研究北京城市交通问题以及解决当前交通问题的对策。何祚庥、王大珩等两界专家表示，自然科学和人文社会科学同为人类科学知识体系中不可或缺的重要组成部分，就像车之两轮，鸟之双翼。两界联席会议制度的建立为促进两者的有机结合，铺设了一个新的平台，创造了新的途径。两界联席会议将继续紧密围绕社会科学和自然科学工作者共同关注、在首都发展中带有全局性、战略性和前瞻性的问题，尤其是市民普遍关心的热点、难点、重点问题，组织两界工作者深入实际进行专题调查研究，为市委、市政府的科学决策提供参考。

20日 北京市高等教育学会召开第七届会员代表大会，各团体会员单位和研究会（分会）推荐的理事共200多人参加。北京市教委主任耿学超、中国高等教育学会秘书长张晋峰、北京市社科联党组副书记石梅、北京市社团办有关方面负责人侯庆权等领导出席并讲话。大会选举产生了第七届理事会理事228名和常务理事46名，监事会监事3名。选举耿学超担任会长，陈锡章担任常务副会长兼秘书长，孙崇正任监事长。聘请王学珍、李文海、陈忠、陈大白、庞文弟、陆钦仪、廖叔俊为学会顾问。经会长提名，常务理事会委任徐宝力、王晓燕为学会常务副秘书长。（北京市高等教育学会）

26日 中共中央选进性教育活动领导小组、中央组织部、中共中央宣传部、中央直属机关工委、中央国家机关工委、北京市委、解放军总政治部联合举办的先进性教育活动系列报告会首场报告，在北京人民大会堂举行。国家发展和改革委员会主任马凯作国内经济形势报告。马凯说，在开展保持共产党员先进性教育活动中，通过正确认识当前的好形势，可以使我们更加坚信党的领导，增强作为一名共产党员的自豪感；通过全面了解党中央如何正确判断形势，科学制定政策，有效化解矛盾，可以使我们更加体会到我们党驾驭全局、促进发展的非凡能力和高超艺术；通过了解和正视经济发展中面临的困难、矛盾和问题，可以使广大党员进一步增强忧患意识和责任意识，提高保持共产党员先进性、发挥先锋模范作用的自觉性。

同日 为了深入贯彻落实《中共中央国务院关于进一步加强和改进未成年人思想道德建设的若干意见》和《中共中央国务院关于进一步加强和改进大学生思想政治教育的意见》精神，弘扬中华民族精神，营造青少年良好的成长环境，推动学校全面实施素质教育，培养青少年的审美能力，提高青少年的综合素质，展示青少年一代奋发向上的精神风貌，中央教育科学研究所、教育部关心下一代工作委员会联合主办，中央电视台、中国教育报社等单位协办的“魅力校园——第五届全国校园春节联欢晚会”在中国戏曲学院举行。中央电视台文艺部担任导演录制工作。参加晚会演出的演员是来自全国25个省32所学校的800余名师生。（中央教育科学研究所科研管理处）

29日 赵紫阳同志遗体在八宝山革命公墓火化。2005年1月17日，赵紫阳同志因病医治无效，在北京逝世，终年85岁。贾庆林、贺国强、王刚、华建敏等同志代表中央领导同志前往八宝山革命公墓为赵紫阳同志遗体送别，并向其亲属表示慰问。

2月

1日　为深入开展保持共产党员先进性教育活动，新华社联合中央主要新闻单位和各省区市主要新闻媒体，共同推出《永远的丰碑》大型主题宣传活动，宣传中国共产党历史上优秀代表人物、革命英烈和劳动模范的先进事迹，缅怀先贤，不忘历史，继承革命精神，共同建设小康社会、推进社会主义伟大事业。从今日起，新华社每天播发一篇通稿介绍一位优秀代表人物的事迹。

同日　北京市自然科学界和社会科学界联席会议召开专家顾问委员会会议，汇报2004年工作和2005年计划。两界专家学者通过了2005年工作计划，并就“发展循环经济，建设节约型社会”进行座谈研讨。北京市科协主席陈佳洱、北京市社科联主席陶西平、中国社科院研究员金吾伦、北京大学教授黄楠森、中国人民大学环境学院副院长邹骥、北京大学光华管理学院副院长朱善利、首都经贸大学教授邹昭唏、北京知识产权研究会会长王友彭等20多位专家踊跃发言，为北京“发展循环经济，建设节约型社会”提出了若干建议。（北京市社科联）

同日　中共北京市委副书记杜德印在市委副秘书长张清的陪同下，到市委党史研究室指导工作，在听取市委党史研究室领导班子的汇报之后，杜德印在党史研究室全体干部会上讲话，概括了2004年北京市党史工作的几个特点：党史研究的工作体制得到了进一步加强和完善；工作条件进一步改善；工作思路、研究领域进一步拓宽；取得了很多研究成果。同时，对2005年的工作，特别是党史工作怎样为党的建设服务、关于保持共产党员先进性教育活动、进一步提高党史研究的质量和水平等问题，提出了具体意见。（中共北京市委党史研究室张义铭）

6日　社科联四届五次常委会在北京华侨饭店召开。社科联党组副书记、秘书长张兆民从9个方面汇报了2003年全年工作。社科联党组书记、常务副主席张文啟谈了2005年的工作设想。会议就加强学会管理，做好民办社会科学研究机构的直管问题，人文奥运将科学精神与人文精神相结合，把市长的出题和从群众中间提出的问题更好地结合起来等几个方面提出了很好的意见和建议。社科联主席陶西平主持会议。会后，市委副书记龙新民，市委常委、宣传部长蔡赴朝等领导慰问了社科联常委及北京市邓小平理论和“三个代表”重要思想研究中心邀请的《马克思主义中国化的历史进程及其基本规律》和《加强党的执政能力建设》两个重大课题组专家学者。

16日　国务院在京召开第三次廉政工作会议。温家宝总理在讲话中强调，各级政府要以邓小平理论和“三个代表”重要思想为指导，认真贯彻党的十六届四中全会精神和胡锦涛同志在中央纪委五次全会上的重要讲话精神，坚持标本兼治、综合治理、惩防并举、注重预防的方针，以改革统揽预防腐败的各项工作，推进反腐倡廉体制、机制和制度创新，加大从源头上防治腐败的力度，努力取得廉政建设和反腐败工作的新成效。

20日　21时28分，海南航空公司HU7952航班降落在北京首都机场，这标志2005年台商春节包机安全、顺利、圆满结束。台商春节包机自1月29日首航开始，祖国大陆和台湾的12家航空公司共飞行48个班次，运送台商及家属10767人次，其中大陆6家航空公司运送5133人次；台湾6家航空公司运送5634人次。

同日　为落实《国务院关于推进资本市场改革开放和稳定发展的若干意见》，中国人民银行、中国银行业监督管理委员会和中国证券监督管理委员会公布了《商业银行设立基金管理公司试点管理办法》。《试点办法》的出台，标志着商业银行设立基金管理公司试点工作进入了实质性操作阶段。据悉，《试点办法》所称的商业银行，是指在我国境内经银监会批准设立的国有商业银行和股份制商业银行。商业银行设立的基金管理公司，按照《证券投资基金法》规定的业务范围募集和管理基金。

同日　北京市政府负责人透露，未来4年，北京将通过打造六大文化中心，发展六项文化产业，使文化产业在北京市生产总值所占比例达到9%，成为国民经济的支柱产业。六大文化中心：全国文艺演出中心、全国出版发行和版权贸易中心、全国影视节目制作和交易中心、全国动漫和互联网游戏研发中心、全国文化会展中心、全国古玩艺术品交易中心。

21日　劳动保障部、公安部、人事部、工商总局在京联合召开全国清理整顿劳动力市场秩序工作电视电话会议，就做好当前劳动就业市场清理整顿工作作出部署。中共中央政治局常委、国务院副总理黄菊作出重要批示，要求各地加强协作，统一行动，联合执法，采取切实有效措施，规范劳动就业市场，并严厉打击违法犯罪活动，建立劳动力市场的良好秩序。同时要为农民进城就业创造良好的环境。

同日　国务委员陈至立出席全国治理教育乱收费工作电视电话会议并讲话。陈至立指出，党中央、国务院对治理教育乱收费工作十分重视。近几年治理工作取得了显著成绩。各级政府和学校对治理工作的认识不断提高，工作力度不断加大；教育、制度、监督并重的治理机制初步形成；一些地区加大教育投入，加强制度建设，源头治本工作取得一定成效；人民群众对教育乱收费投诉大幅下降；在行风评议中对教育的满意率进一步提高。但是，当前治理教育乱收费的任务仍十分繁重。

23日　《2004—2010年全国红色旅游发展规划纲要》正式颁布实施。红色旅游作为一种新型主题性旅游形式，近年来在神州大地逐渐兴起。我们党在各个时期领导革命斗争的重要纪念遗址和纪念物，正在成为人们参观旅游的热点。这是一个令人欣喜的新生事物。积极发展红色旅游，既是深入贯彻党的十六届四中全会精神、不断提高建设社会主义先进文化能力的重要举措，也是树立落实科学发展观、改进创新爱国主义和革命传统教育的具体体现，其意义是多方面的。

24日　国务院发布了《国务院关于鼓励支持和引导个体私营等非公有制经济发展的若干意见》（以下简称《若干意见》），较为完整和系统地提出了促进非公有制经济发展的政策措施，这是全面贯彻党的十六大和十六届三中、四中全会精神以及宪法修正案要求，完善社会主义基本经济制度的重要举措。

25日　中共中央政治局委员、国务院副总理回良玉出席创建全国无障碍设施建设示范城市总结会议，并为北京等12个无障碍设施建设示范城市颁发牌匾。他强调，各地区、各有关部门要从构建社会主义和谐社会的高度，充分认识无障碍设施建设的重要性，采取有效措施，加大工作力度，加快建设步伐，切实把这项坚持以人为本、体现人文关怀的好事办实。创建全国无障碍设施建设示范城市活动是由建设部、民政部、中国残联、全国老龄委办公室联合主办，北京、天津、上海、大连、青岛、南京、杭州、厦门、广州、西安、苏州、秦皇岛等12个城市被命名为全国无障碍设施建设示范城市称号。

同日　由全国人大常委会办公厅主办的国家机关网站——中国人大网开通。网站的开通，有利于全国人大机关充分运用信息技术，提高工作效率和服务质量，为人大代表和常委会组成人员依法履行职责、充分发挥作用，为开好人民代表大会会议、常委会会议和委员长会议，为坚持和完善人民代表大会制度服务；有利于加强全国人大及其常委会与人大代表和人民群众的联系、与“一府两院”及各级人大的信息沟通；有利于加强宣传人民代表大会制度，增强全社会的法律意识和法制观念，提高全民的法律素质。

28日　由国家新闻出版总署评选出的我国期刊的政府最高奖——第三届国家期刑奖揭晓，清华大学美术学院《装饰》杂志再次荣获此项国家级大奖。这是《装饰》杂志第三次荣获我国期刊的政府最高奖。杂志主编张夫也出席第三届国家期刊奖颁奖典礼。《清华大学学报（自然科学版）》获国家期刊奖提名奖。国家期刊奖是一项具有广泛影响、备受社会各界瞩目的政府奖，也是期刊界的最高奖。此次评选活动由国家新闻出版总署主办，从全国9000多种期刊中精选出国家期刊奖60种，国家期刊奖提名奖100种，百种重点期刊197种。（清华大学文科建设处）

同日　北京大学学报（哲学社会科学版）荣获第三届国家期刊奖，至此该刊连续荣获三届国家期刊中最高级别奖。北京大学学报（哲学社会科学版）保持“三连冠”的荣誉，在全国高校社科学报中是唯一一家，也是全国社科类综合性学术理论学术期刊中的唯一一家。（北京大学社会科学部）

3月

1日　全国高校哲学社会科学教学科研骨干研修班在中央党校开班。中共中央政治局委员、书记处书记、中宣部部长刘云山讲话，国务委员陈至立主持开班式。刘云山强调，当前我国哲学社会科学繁荣发展面临着极好形势。以胡锦涛同志为总书记的党中央高度重视哲学社会科学工作，作出一系列重大部署，为哲学社会科学繁荣发展提供了根本的政治保证；党的思想理论建设不断与时俱进，为哲学社会科学的繁荣发展提供了科学的理论指导；全面建设小康社会的伟大实践，为哲学社会科学的繁荣发展提供了坚实基础；全党全社会的关心和支持，为繁荣发展哲学社会科学创造了良好的社会环境。哲学社会科学界要进一步增强责任感和使命感，把力量凝聚起来，推出更多有深度、有分量、有广泛社会影响的研究成果，为党和国家事业的发展作出应有的贡献。

2日　国家行政学院举行2005年春季开学典礼，国务委员兼国务院秘书长、国家行政学院院长华建敏出席并讲话。华建敏强调，各级政府和广大公务员要全面贯彻落实科学发展观，大力加强政府行政能力建设，提高构建社会主义和谐社会能力。要按照市场经济规律和行政规律办事，全面科学履行政府职责，实行科学民主决策，努力提高科学行政能力；要牢固树立为人民行政、靠人民行政的意识，充分发挥人民群众的作用，大力推进政务公开，做到问政于民，议政从民，实政益民，努力提高民主行政能力；要大力加强政府立法工作，进一步完善行政执法体制和执法责任制，健全对行政权力的制约和监督机制，做到有权必有责、用权受监督、侵权要赔偿、违法要追究，努力提高依法行政能力。

4日　中共中央总书记、国家主席、中央军委主席胡锦涛看望了参加全国政协十届三次会议的民革、台盟、台联委员，并参加联组会，听取委员们的意见和建议。他强调，我们要坚持以邓小平理论和"三个代表"重要思想为指导，继续贯彻"和平统一、一国两制"的基本方针和现阶段发展两岸关系、推进祖国和平统一进程的八项主张，继续以最大的诚意、尽最大的努力争取和平统一的前景，同时绝不容忍"台独"，绝不允许"台独"分裂势力以任何名义、任何方式把台湾从祖国分割出去。胡锦涛就新形势下发展两岸关系提出了四点意见：第一，坚持一个中国原则决不动摇。第二，争取和平统一的努力决不放弃。第三，贯彻寄希望于台湾人民的方针决不改变。第四，反对"台独"分裂活动决不妥协。

同日　为贯彻落实《中共中央、国务院关于进一步加强和改进大学生思想政治教育的意见》，中宣部、教育部发出通知，要求各级宣传、教育部门和高等学校进一步加强高等学校学生形势与政策教育，不断增强形势与政策教育的针对性和时效性。

7日　中共中央总书记、国家主席胡锦涛参加了全国政协社会科学界联组讨论。胡锦涛在认真听取大家的发言后发表了讲话。他强调，哲学社会科学的发展水平，体现了一个民族的思维能力、精神状态和文明素质，反映了一个国家的综合国力和国际竞争力。在全党全国各族人民全面建设小康社会、开创中国特色社会主义事业新局面的伟大历史进程中，哲学社会科学具有不可低估的战略地位和不可替代的重要作用。要毫不动摇地坚持马克思主义的指导地位，继续加强马克思主义理论的学习、研究、宣传，以与时俱进的精神推进理论创新，不断打开新的理论视野、作出新的理论概括，使马克思主义在当代中国焕发出强大生命力。要大力发扬理论联系实际的马克思主义学风，把当前改革开放和现代化建设中的重大理论和现实课题作为哲学社会科学研究的主攻方向，努力取得更多有深度、有分量、有说服力的研究成果，使哲学社会科学更好地为人民服务、为国家发展服务。

9日　新世纪高等教育改革工程项目《重点大学工商管理类学科专业人才培养模式及层次》鉴定会在清华大学经管学院举行。项目第一完成人、院党委书记陈章武做总结汇报。专家小组经过讨论一致认为该项目研究达到预期效果，同意结项。《重点大学工商管理类学科专业人才培养模式及层次》项目以中国经济改革开放以来市场对企业管理人才的需求和我国重点大学工商管理学科的发展为研究背景，借鉴世界一流管理学院的办学经验，结合清华大学经管学院对工商管理专业人才培养的实践和探索，提出重点大学工商管理类学科专业人才多种培养模式和层次的理论及实践案例。（清华大学文科建设处）

13日　胡锦涛在十届全国人大三次会议第四次全体会议上当选为中华人民共和国中央军事委员会主席。

同日　中国人民大学与浙江省人民政府推进全面合作座谈会暨签字仪式在中国人民大学隆重举行。中共浙江省委书记、省人大常委会主任习近平和浙江省省长吕祖善率领在京参加"两会"的浙江省部分代表、委员出席座谈会。教育部部长周济，中共北京市委常委、市委教育工委书记朱善璐，市委教育工委常务副书记张建明等与中国人民大学全体校领导出席座谈会。座谈会由中国人民大学党委书记程天权主持。（人民大学科研处）

14日　第十届全国人民代表大会第三次会议高票通过《反分裂国家法》。《反分裂国家法》的高票通过，表明了全中国人民维护国家主权和领土完整，绝不能让"台独"分裂势力以任何名义、任何方式把台湾从中国分裂出去的共同意志和坚定决心。这部法律，是促进祖国和平统一的法律，是保护台湾同胞根本利益的法律，是反对和遏制"台独"分裂势力的法律。

16日　教育部专家组一行8人对教育部人文社科重点研究基地——清华大学现代管理研究中心进行实地考察评估。中心主任赵纯均对中心近3年来的主要工作进行总结报告。与会专家在中心承担的6个教育部人文社科重大项目中随机抽取3个项目进行检查。教育部专家充分肯定中心成立3年来在学科建设、科学研究、队伍建设、人才培养、国际合作、学术活动等方面所取得的成绩，对中心的发展提出了中肯建议，希望学校和学院能继续加强对中心建设的支持。专家们认为中心是我国管理学科领域的重要研究基地，应进一步整合社会各方面资源对我国的管理问题进行深入而系统的的研究，争取提出富有中国特色的管理理论。（清华大学文科建设处）

19—20日　中国保监会和中国社科院共同举办的“第二届中国保险业发展改革论坛暨中国社会科学院保险与经济发展研究中心成立揭幕仪式”在京举行。北京工商大学保险系主任王绪瑾教授、副主任李怡教师应邀参加了大会，并作了“中国财产保险市场研究”的专题报告。该报告首先分析了“十五”期间我国财险市场的发展特征和存在的矛盾；其后分别从国际、国内两方面分析了“十一五”期间我国财险市场面临的发展环境，并在上述分析的基础上提出了“十一五”期间我国财险市场发展的总体思路和目标；最后分别从市场主体、市场结构、市场产品体系、市场基础、空间布局5个方面提出了几项具体的政策建议。（北京工商大学科研处）

20日　由国务院发展研究中心主办的中国发展高层论坛的主题为“世界经济格局中的中国”。国际组织高级官员、著名跨国企业领导人、国际知名学者和中国有关部委及企业领导人、学者参加了会议。国务院总理温家宝在人民大会堂会见了出席中国发展高层论坛2005年会的外方代表。温家宝向代表们介绍了中国当前国内经济形势，并着重谈了金融改革和发展问题。他指出，中国政府将毫不动摇地推进金融改革，加强金融监管，通过改革和制度建设，防范金融风险。这是今年和今后一个时期改革的重大任务。一个稳定健康和现代化的金融体系一定能够在中国建立起来。

同日　中国社会工作协会社区志愿者工作委员会在北京成立。1989年3月18日全国第一个社区志愿者组织诞生于天津市和平区的一个街道社区。16年来，在社区志愿者事业的推动下，各行各业的志愿者如雨后春笋般地纷纷涌现出来，成为当今社会亮丽的一道风景线。成立会上，首批推出北京市宣武区天桥街道办事处等11个街道为2004年度“全国社区志愿者活动示范街道”，江西省赣州市曾桃珍等10名同志为2004年度“中国社区志愿者之星”。

21日　人民日报发表本报评论员文章《推进社会主义政治文明建设的重大举措》，指出：最近，中共中央颁布了《关于进一步加强中国共产党领导的多党合作和政治协商制度建设的意见》（以下简称《意见》），这是我国政治生活中的一件大事。《意见》坚持以邓小平理论和“三个代表”重要思想为指导，贯彻党的十六大和十六届三中、四中全会精神，体现了科学执政、民主执政、依法执政的要求，在认真总结历史经验的基础上对多党合作和政治协商的原则、内容、方式、程序等作了科学规范，是指导新世纪新阶段我国统一战线和多党合作事业的纲领性文件。

同日　美国国务卿赖斯博士与中美关系研究专家、北京大学、清华大学、北京师范大学学生代表在北京大学致福轩举行讨论会。40多名学生与赖斯博士就中美关系等问题进行了交流。讨论会进行了约1小时。作为国际政治方面的学者，赖斯说：“人们改变世界的方式有很多，但是思想的交流是其中最重要的一种。通过思想的交流与分享，人们才能推动这个世界的进步”，并表示自己非常愿意与北京的大学生进行思想交流。（北京大学社会科学部）

24日　薛暮桥、马洪、刘国光、吴敬琏4位经济学家，获首届中国经济学杰出贡献奖。这是中国首次设立授予经济学家个人的最高奖项。评奖历时一年多，数十位候选者各有所长，评委们最终认定这4位经济学家为中国经济学研究者的优秀代表。他们获奖当之无愧，也表明经济学家的价值越来越受到社会的认同与尊重。4位经济学家长期从事经济学研究，为丰富中国特色社会主义经济理论作出了重要贡献，对建立和完善社会主义市场经济体制，科学制定经济社会发展战略，加强和改善宏观调控，完善微观经济运行机制产生了积极影响。

24—25日　北京市十二届人大常委会第十九次会议在市人大常委会会议厅举行。出席会议的常委会组成人员共有60人。会议审议通过了《北京历史文化名城保护条例》。条例自2005年5月1日起施行。审议通过了《北京市人大常委会关于废止〈北京市外地来京务工经商人员管理条例〉的决定》。表决通过了市高级人民法院院长秦正安提请的任免名单。15位本市公民旁听了本次会议。（北京市人大常委会研究室）

26日　北京市逻辑学会与中国人民大学哲学系现代逻辑研究所联合主办的逻辑与科学发展报告会暨学界联谊会，在中国人民大学逸夫会议中心隆重召开，北京邮电大学教授钟义信、中国人民大学哲学系教授黄顺基、中国人民大学哲学系现代逻辑研究所副所长温邦彦、中国人民大学哲学系现代逻辑研究所副所长董亦农、中国人民大学哲学系现代逻辑研究所研究员黄展骥等作了精彩的学术报告。80余位专家学者和师生代表参加会议，社科联党组副书记石梅出席会议。（北京市社科联）

同日　宋鱼水同志先进事迹报告会在北京人民

大会堂举行。报告会前，中共中央政治局常委、中央政法委书记罗干亲切会见了宋鱼水和报告团全体成员。他指出，宋鱼水的先进事迹充分体现了新时期共产党员的先进性。特别是她努力追求“辩法析理、胜败皆服”在社会上产生了良好的反响。她不愧是公正司法的好法官，倾心为民的好党员。罗干要求，全国政法干警都要学习宋鱼水牢记全心全意为人民服务的宗旨和爱岗敬业的精神，认真实践“三个代表”重要思想，牢固树立执法为民的观念，不断提高执法能力和执法水平，更好地履行党和人民赋予的职责，努力为构建社会主义和谐社会作出更大的贡献。

27日　中组部、中宣部、中央党校、教育部和解放军总政治部联合举办的第一期全国高校哲学社会科学教学科研骨干研修班全面完成了研修任务，在中央党校举行了结业典礼。教育部部长周济在结业式上发表了讲话。他充分肯定了研修班取得的成绩，指出这次研修班在中央领导的关心和指导下，取得了巨大成功。在一个月的研修中，学员们学习了马克思主义经典著作，学习了毛泽东思想、邓小平理论和“三个代表”重要思想，学习了科学发展观；听取了13个部委领导的专题报告，深刻了解了中央的方针政策；分赴中国浦东、井冈山、延安干部学院考察学习，学习革命传统和改革开放的新经验。

28日　据人民日报报道：为贯彻落实《中共中央国务院关于进一步加强和改进大学生思想政治教育工作的意见》精神，充分发挥高校思想政治理论课对大学生进行思想政治教育的主渠道作用，根据有关规定，高校本科层次思想政治理论课将设置“马克思主义基本原理”、“毛泽东思想、邓小平理论和‘三个代表’重要思想概论”、“中国近现代史纲要”和“思想道德修养与法律基础”等4门必修课，另外开设“当代世界经济与政治”等选修课。专科层次将设置“毛泽东思想、邓小平理论和‘三个代表’重要思想概论”和“思想道德修养与法律基础”等2门必修课。本专科学生都要开设“形势与政策”课。民办高校、中外合作高校的本、专科课程设置按照该规定执行，成人高校的本、专科课程设置参照该规定执行。研究生层次（包括硕士生、博士生）思想政治理论课设置方案正在抓紧研究制定。

同日　北京高校校报研究会“好新闻”评审会在中国人民大学召开，21位专家组成评审专家组对各高校报送的“好新闻”进行了评审。评审工作分为三个小组进行，中国人民大学新闻学院教授陈仁风、兰鸿文，北京新闻协会副秘书长赵文翰分别担任各组组长，负责各类好新闻的评审工作。此次“好新闻”评审活动共有38所高校参评，评议产生言论，标题，消息，版面，专栏，通讯，图片类一、二、三等奖，通讯类特别奖12名。（北京高校校报研究会）

29日　中共中央宣传部、国务院法制办在京召开贯彻落实《全面推进依法行政实施纲要》座谈会，国务委员兼国务院秘书长华建敏出席会议并讲话。他指出，依法行政是落实依法执政要求的重要环节，是依法执政在政府管理领域的经常化和具体化。各级政府和政府各部门要从提高党的执政能力的高度，全面、深刻领会依法行政对落实依法执政要求的重大意义，切实增强依法行政的自觉性。

同日　教育部颁布新的《普通高等学校学生管理规定》，适用于普通高等学校、承担研究生教育的科学研究机构对1400万接受普通高等学历教育的研究生、本科和专科（高职）学生的管理。新《规定》自今年9月1日起施行，依据新《规定》，高校自主确定学生学习年限、自主决定学生调整专业；对考试作弊者可以开除学籍；学生能否结婚，根据《婚姻法》和《婚姻登记条例》执行。

30日　联合国“千年生态系统评估”项目在北京、伦敦、华盛顿等8城市同步发布其研究成果。95个国家的1300多名科学家经过4年时间进行的研究表明，人类赖以生存的生态系统有60%正处于不断退化状态，支撑能力正在减弱。科学家们警告，未来50年内，这种退化也许还将继续。“千年生态系统评估”于2001年6月5日启动，是首次在全球范围对生态系统及其对人类福利的影响进行的多尺度综合评估，目的是为政府决策提供可靠的地球生态系统变化的信息。

同日　纪念中国共产党早期的重要领导人，杰出的共产主义战士，无产阶级革命家、理论家和宣传家蔡和森同志诞辰110周年，中共中央在人民大会堂举行纪念座谈会。中共中央政治局常委、书记处书记、国家副主席曾庆红出席座谈会并发表重要讲话。曾庆红指出，在全党开展保持共产党员先进性教育活动的热潮中，今天，我们在这里举行纪念蔡和森同志诞辰110周年座谈会，缅怀他的光辉一生，学习和弘扬他的革命精神和崇高品质，这是很有现实意义的。

同日　北京自然科学界和社会科学界联席会议在北京市科协召开了“物理与人类未来”专题研讨

会，陈佳洱、龚育之、陈难先、杨国桢、陈运泰、何祚庥、王守觉、王渝生、张元仲、叶沿林、郑春开、龚旗煌、刘辽、金吾伦、黄楠森、曾国屏、刘大椿等专家学者，以及市科协和市社科联的领导张文敢、贺慧玲、石梅、张兆民、罗忠仁等50余人出席会议。十几位著名的自然科学和社会科学的专家学者作了重点发言，他们从不同视角提炼百年物理精粹，探究科学思想精华，进行理性思考，以弘扬先进文化，推动先进生产力的发展。（北京市社科联）

31日　国务院在北京召开全国整顿和规范市场经济秩序电视电话会议。中共中央政治局委员、国务院副总理、全国整顿和规范市场经济秩序领导小组组长吴仪出席会议并强调，各地区、各部门要进一步增强使命感和责任感，创新工作方法，转变工作作风，突出重点，真抓实干，坚持整顿和规范并重，打击与建设并重，营造企业公平竞争的市场环境和公众放心满意的消费环境，使整顿和规范市场经济秩序工作真正成为维护公众利益的民心工程，成为构建社会主义和谐社会的重要举措。

同日　中国就业促进会在北京成立。中共中央政治局常委、国务院副总理黄菊近日就此作出重要批示：劳动就业关系亿万群众的切身利益，关系改革发展稳定的大局。做好就业再就业工作，不仅需要政府强有力的领导和各部门的协调配合，还需要社会各方面的积极参与和群策群力。希望中国就业促进会成立后，适应新形势，建立新机制，充分发挥社团组织的桥梁纽带作用，团结社会各方面力量，为促进就业再就业作出贡献。

同日　中共中央政治局常委、全国政协主席贾庆林在人民大会堂会见了中国国民党副主席、中国国民党参访团团长江丙坤一行。

4月

1日　中国国民党大陆参访团完成了在大陆的全部行程，搭乘飞机离开北京，经香港返回台湾。临行前，中国国民党副主席江丙坤对参访的结果表示“很满意”。他认为，此行不仅是“缅怀之旅、经贸之旅”，也是一次“搭桥之旅”。由中国国民党副主席江丙坤率领的中国国民党大陆参访团于3月28日离开台湾来大陆进行参访。他们先后祭扫了广州黄花岗七十二烈士墓、拜谒南京中山陵和位于北京香山的孙中山衣冠冢，并与部分台商进行了座谈。

1—2日　由教育部高等法学教育指导委员会与美国法学院协会共同举办，中国政法大学承办的中美法学院院（校）长会议在北京举行。此次会议云集了中国近60所大学的校长、法学院院长和美国20多所大学法学院的院长以及相关的专家、学者，会议就法学院评估、法学院管理等法学教育问题进行了研讨。美国印第安纳大学法学院终生教授怀特介绍了美国律师协会（ABA）现行对法学院的评估标准；美国乔治敦大学法学院的柯森斯教授介绍了在确保高质量法学教育的事务中，美国法学院协会（AALS）所起的作用。与美国成熟、完善的法学院评估相比，我国的法学院评估制度则显然尚在起步阶段。有学者从应然角度对我国的法学院评估机制提出了自己的设想。由对法学院的评估出发，与会者们对法学院的管理和课程设置等也进行了探讨。（中国政法大学科研处）

2日　“2005·北京经常性社科普及讲座”首场讲座在首都图书馆多功能厅举行。北京市文艺学会副会长童庆炳教授作了题为《审美是人生的节日》的讲座，听众逾百，反响强烈。自此，由北京市社科联和北京市文艺学会、北京市社会心理学会、北京市人口学会、北京市文物保护协会、北京市哲学会美学研究会、北京周易研究会、北京史研究会等主办，以“文化艺术系列讲座”、“北京历史文化系列讲座”、“北京古都历史文化讲座”、“美学科普系列讲座”、“社会心理科普讲座”、“周易文化系列讲座”和“生活·健康·教育系列讲座”为主题的7个系列、166场免费社科普及讲座正式拉开帷幕。（北京市社科联）

3日　北京学研究基地揭牌仪式在北京联合大学报告厅隆重举行。在揭牌仪式上，北京联合大学校长、北京学研究基地主任、首席专家张妙弟教授首先致词。随后，北京市哲学社会科学规划办公室和北京市教育委员会的领导讲了话，并在热烈的掌声中为北京学研究基地揭牌。揭牌仪式上，还宣布了北京学研究基地的领导机构、顾问与学术委员会成员名单。（北京联合大学北京研究所）

4日　中共中央宣传部召开中央主要新闻单位贯彻落实《关于新闻采编人员从业管理的规定（试行）》座谈会，中共中央政治局委员、书记处书记、中宣部部长刘云山出席并讲话。他强调，要以贯彻落实新闻采编人员业管理规定为契机，推动保持共产党员先进性教育和“三项学习教育”活动深入开展，探索建立长效机制，确保新闻战线在用“三个代表”重要思想统领新闻宣传工作的自觉性上有新的增强，在弘扬职业精神、恪守职业道德上有新的进步，在加强和改进新闻宣传工作上有新的成效。

5日　国务院副总理吴仪出席开幕的第十一届中法经济研讨会时表示，中国希望继续扩大中法两国在技术领域的交流与合作。中国需要法国的技术，法国需要中国的市场，在技术贸易和投资领域，双方完全可以合作双赢，共同发展。吴仪高度评价中法经济研讨会过去10年来取得的成果。她表示，本届研讨会以“探索、发展、创新”为主题，重点探讨研发和科技创新在中国经济发展和中法经贸交流中的重要性，相信它能够为两国企业界在技术合作、共同研发和创新领域的合作搭建交流与互动的平台，对推动中国企业的技术进步与自主创新发挥积极的作用。

同日　北京大学政府管理论坛开幕，本次论坛是以专题报告、讨论会等形式为载体的系列活动，由政府管理学院主办，北京大学政治学发展研究会、北京大学公共管理研究会承办。旨在以“加强执政能力建设”、“构建和谐社会”为指导思想，充分挖掘北京大学的学术资源，整合公共管理实践领域具有广泛影响力的官员、学者和非政府组织人士等多方面人力资源，有效促进知识和经验的结合与交流，推动学院学科建设、人才培养等各项事业的发展。(北京大学社会科学部赵毓荷)

14日　中华人民共和国国务院新闻办公室发表《2004年中国人权事业的进展》的文章。文章目录如下：前言，一、人民的生存权和发展权，二、公民权利和政治权利，三、人民的司法保障，四、经济、社会和文化权利，五、少数民族的平等权和特殊保护，六、残疾人权益，七、人权领域的对外交流与合作。

14日—15日　全国流通工作会议在京召开。这是改革开放以来首次由国务院召开的全国流通工作会议。中共中央政治局委员、国务院副总理吴仪在会上指出，面对我国商品市场已从总体短缺转为总体过剩、国际化竞争日趋激烈的新形势，各地区、各有关部门必须深刻认识流通在发展社会主义市场经济中的重要性，大力推进现代流通，培育和引领现代消费需求，以现代流通带动现代化生产，促进国民经济持续快速协调健康发展。

中旬　北京市社科规划办、市教委与18个社科研究基地组织编写的《北京市哲学社会科学2005研究基地报告》由同心出版社出版。该报告由18本各具特色的专项研究报告组成，总字数为600万字，是市社科规划办公室和市教委首批确定的18个北京市哲学社会科学研究基地推出的第一部年度研究报告。这18本报告分别是：《人文奥运研究报告》、《中国都市经济研究报告》、《中国城市危机管理研究报告》、《北京文化发展研究报告》、《北京企业国际化经营研究报告》、《北京财经研究报告》、《首都社会安全研究报告》、《首都传媒经济研究报告》、《北京旅游发展研究报告》、《北京学研究报告》、《北京现代物流研究报告》、《北京现代制造业发展研究报告》、《CBD发展研究报告》、《北京影视艺术研究报告》、《北京创新研究报告》、《北京体育赛事管理与营销研究报告》、《首都服饰文化与服装产业研究报告》、《北京党建研究报告》。这批年度研究报告受到市委市政府和有关部门的好评。(北京市哲学社会科学规划办公室)

18日　国务委员唐家璇在此间会见了来访的日本外务大臣町村信孝。唐家璇欢迎町村在中日关系出现困难之际访华。他指出，近年来，日方在历史、台湾等问题上开倒车，屡屡失信于中国人民，使两国老一辈政治家历经千辛万苦才恢复和发展起来的中日友好关系受到伤害，也使两国人民好不容易恢复起来的友好感情受到伤害。这样的结果对中国不利，对日本同样不利。希望日方对此认真反思，采取切实措施加以纠正。并强调我们对改善和发展两国关系是有诚意的。希望日方也能表现出同样的诚意，与中方一道共同努力，为改善两国关系营造积极气氛，创造有利条件。

19日　由北京大学中国经济与WTO研究所、商务部《WTO经济导刊》主办，北京大学光华管理学院、加拿大贸易政策与法律研究中心（CTPL）协办的“中国与WTO论坛——共建和谐的世界贸易体系”召开。本次论坛将围绕中国贸易摩擦的现状、中国经历的贸易摩擦案件、如何完善WTO贸易争端解决机制、如何共建一个和谐的世界贸易体系等主题进行为期一天的讨论。(北京大学社会科学部)

20日　中共中央组织部、中央统战部、中央党校联合举办的多党合作专题研讨班结业座谈会在人民大会堂举行。中共中央政治局常委、全国政协主席贾庆林出席并讲话。他强调，要认真学习贯彻《中共中央关于进一步加强中国共产党领导的多党合作和政治协商制度建设的意见》，坚定不移地走中国特色社会主义政治发展道路，进一步加强中国共产党和各民主党派、无党派人士的团结合作，巩固和壮大最广泛的爱国统一战线，努力开创全面建设小康社会新阶段多党合作事业的新局面。

20—30日　北京大学图书馆与香港中文大学图书馆联合举办“册府琼林——北京大学图书馆珍藏古籍善本展览”，旨在弘扬中国文化并促进北京和香港之间的校际文化交流。该展览展出了北京大学图书馆珍藏古籍善本47种、111册，反映了中国书籍从写本到雕刻版印刷的发展过程。香港中文大学的专家表示，善本有极高的文物价值，通过展览介绍古籍善本的历史，可让公众有机会探讨深邃的古籍世界，了解中国文化，并更懂得尊重文明，爱护文物。（北京大学社会科学部）

21日　国务院新闻办在京召开的新闻发布：自从2000年1月11日我国受理的专利申请总量达到100万件以来，到2004年的3月17日，我国的专利申请总量突破两百万大关；与第一个100万件用了15年时间相比，第二个100万件仅用4年多时间。

同日　《人民日报》载：国务院决定工商银行实新股份制改革。工商银行是我国资产规模最大的商业银行，为支持国民经济发展和经济体制改革作出了巨大贡献；同时，由于历史原因，也积累了较大风险。近年来，工商银行依靠自身努力和国家政策支持，在加强内控、改进管理、提高效益等方面取得了较大进展，已基本具备实施股份制改革的条件。

同日　中国人民大学与中国民主建国会合作签字仪式暨中国人民大学建华研究院成立揭牌仪式在中国人民大学隆重举行。全国人大副委员长、民建中央主席成思危，全国政协副主席、民建中央常务副主席张榕明，教育部副部长吴启迪，中国人民大学校长纪宝成，党委书记程天权等出席仪式。程天权书记主持签字仪式，常务副校长袁卫和民建中央常委、万基集团董事长陈伟东代表代表双方在协议上签字。（人民大学科研处）

同日　由北京市国际税收研究会办税人员分会会同中国税务报社、内蒙古纳税人协会在北京举办《纳税服务与纳税人权益高层论坛暨全国部分纳税人、办税人员媒体代表联谊会》。会议邀请了世界纳税人协会名誉会长兼秘书长比让先生，世界纳税人协会副会长、澳大利亚纳税人协会会长彼特先生和国内8位专家学者做论坛演讲。参加大会的有全国18个省、市41个纳税人、办税人员组织、媒体及部分国税、地税机关、基层组织的代表142人。有四个纳税人、办税人员组织的代表在大会上做了经济交流，中国税务报等媒体对参会人员做了12人次的专访并及时进行了媒体报道。大会通过了省市之间的合作意向书。（北京市国际税收研究会）

22日　2005年度国家社科基金项目评审工作会议在京召开。中共中央政治局委员、书记处书记、中宣部部长、全国哲学社会科学规划领导小组组长刘云山出席会议并讲话。刘云山强调，国家社科基金项目代表着我国哲学社会科学的方向和水平，发挥好国家社科基金作用是繁荣发展我国哲学社会科学的重要途径。

同日　22日是“世界地球日”，中华环保联合会成立大会在京举行。中共中央政治局委员、国务院副总理曾培炎出席并讲话。曾培炎强调，要为社会力量参与环境保护工作搭建平台，努力形成政府引导、部门指导、各方配合、群众参与的环保工作格局。中华环保联合会要当好党和政府的参谋助手，积极发挥桥梁纽带作用，团结社会各界和广大人民群众，共同推进环境保护事业，为全面落实科学发展观，促进人与自然和谐发展作出新的贡献。

23日　北京联合大学台湾研究院揭牌仪式在联合大学校本部举行。全国人大常委会副委员长许嘉璐、国务院台湾事务办公室副主任孙亚夫、北京市委副书记龙新民、市委常委尤兰田、全国政协常委李赣骝、原国台办副主任唐树备，以及北京市台办、市教委、市台盟、全国台联等有关方面的负责人出席了揭牌仪式。海峡两岸关系协会会长汪道涵为该院题写了院名。该院是继去年厦门大学台湾研究院成立之后，在大陆高等院校中设立的第二家台湾研究院。（北京联合大学台湾研究院）

24日　著名的社会学家、人类学家和社会活动家，中国民主同盟的卓越领导人，中国共产党的亲密朋友，第七、八届全国人民代表大会常务委员会副委员长，中国人民政治协商会议第六届全国委员会副主席，中国民主同盟中央委员会名誉主席、北京大学教授费孝通同志，因病在北京逝世，享年95岁。

同日　十届全国人大常委会第十五次会议就香港特别行政区基本法第五十三条第二款作出解释，在行政长官五年任期届满前缺位的情况下，由行政长官选举委员会选出的新的行政长官，只能完成原行政长官未任满的剩余任期，不能跨过5年任期。

25日　人民日报全文刊登中共中央办公厅、国务院办公厅印发的《关于进一步推行政务公开的意见》。这个《意见》的制定，是继2000年12月《关于在全国乡镇政权机关全面推行政务公开制度的通知》下发后，中央出台的关于政务公开的又一个重要文件。

同日　中华全国总工会在人民大会堂举行庆祝大会，隆重庆祝中华全国总工会成立80周年。中共中央政治局委员、全国人大党委会副委员长、中华全国总工会主席王兆国出席会议并讲话。他指出，要坚定不移地走中国特色社会主义工会发展道路，团结和动员广大职工为实现新世纪新阶段我国发展的宏伟目标而共同奋斗。

26日　国家工商总局、中共中央宣传部、公安部、监察部、国务院纠风办、信息产业部、卫生部、国家广电总局、新闻出版总署、国家食品药品监督管理局、国家中医药管理局在京召开了全国整治虚假违法广告专项行动第一次部际联席会议，拉开全国整治虚假违法广告专项行动的序幕。国家工商总局副局长刘凡介绍，这次整治工作将重点查处下列虚假违法广告行为：一是以新闻报道形式发布的广告；二是在保健食品、药品、化妆品和医疗广告中使用消费者、患者、专家的名义和形象作证明；三是保健食品广告宣传治疗作用或者夸大功能；四是药品广告夸大功能、保证疗效；五是医疗广告夸大功能，宣传保证治愈；六是化妆品和美容服务广告夸大功能，虚假宣传。

同日　由北京市社科规划办和市教委共同组织的北京市哲学社会科学研究基地工作会议在北京友谊宾馆召开。第一批确定的18个研究基地负责人、首席专家、科研管理负责人和研究基地工作联系人总计70余人出席了会议。市委宣传部副部长宋贵伦到会并讲话。市规划办主任陈之昌和市教委副主任张国华分别作了研究基地工作总结。会上还宣布了《北京市哲学社会科学研究基地项目管理办法（试行）》和《北京市哲学社会科学研究基地建设项目管理办法（试行）》，部分研究基地的负责人做了创办研究基地经验交流发言。（北京市哲学社会科学规划办公室）

27日　十届全国人大常委会第十五次会议表决通过公务员法。公务员法明确了公务员管理的基本原则、基本制度，明确了公务员的权利和义务、公务员管理机构和有关法律责任。公务员法是50多年来我国干部人事管理的第一部总章程性质的法律，它的颁布实施是我国社会主义民主与法制建设中的一件大事。公务员法的出台，结束了我国50多年来没有干部人事管理法律的历史。

同日　美国驻华大使Ambassador Randt，Jr. 应邀为北京大学经济学院的200多名师生作了精彩的演讲，由此拉开了“外国驻华大使眼中的中国经济”系列讲座活动的帷幕。演讲会由北京大学经济学院副院长孙祁祥教授主持。这次“外国驻华大使眼中的中国经济”系列讲座，是由北京大学经济学院和北京大学国际合作部主办的。首场演讲之后，将有加拿大、法国、德国、瑞典、英国等12个国家的驻华大使陆续到北京大学为师生们演讲，并回答同学们的问题。此次系列活动的目的，旨在更好地理解中国经济在世界经济舞台上的作用和更深入地研究中国经济发展变化的趋势。（北京大学社会科学部）

28日　由中央民族大学哈萨克语言文学系发起并举力的首届全国哈萨克语言文学学术研讨会隆重召开。来自国家民委、中国社科院、中国文联、中国民族语文翻译局、北京和新疆地方有关单位的专家、学者80余人参加了会议。专家强调：中央民族大学的全国唯一的哈萨克语言文学系，要不断拓宽研究领域，加强民族文献文学语料库的建设，重视类型学研究和现代科技在学科中的运用，使有关学术研究成果服务边疆少数民族地区；服务少数民族群众，推动我国哈萨克学的发展。（中央民族大学科研处）

29日　中共中央总书记胡锦涛与中国国民党主席连战在人民大会堂福建厅举行正式会谈。胡锦涛强调，为了中华民族的根本利益和两岸同胞的福祉，基于认同“九二共识”、反对“台独”的立场，共同致力于维护台湾和平稳定，促进两党关系发展，谋求中华民族的伟大复兴，是新的时代背景下我们两党交往的政治基础，也是两党的共同主张。这符合两岸同胞的期待，也顺应中国和世界发展的潮流。连战指出，国民党反对“台独”，反对“台湾正名”、“制宪”、“去中国化”、“一边一国”、“台独”时间表等“台独”主张和活动。我们主张在“九二共识”架构下进行有意义的沟通，建立一个两岸关系和平发展的大环境。胡锦涛就发展两岸关系提出4点主张：第一，建立政治上的互信，相互尊重，求同存异；第二，加强经济上的交流合作，互利互惠，共同发展；第三，开展平等协商，加强沟通，扩大共识；第四，鼓励两岸民众加强交往，增进了解，融合亲情。

同日　当代中国研究所、北京市社会科学界联合会和北京电视台联合举办的“《放歌中国》DVD光盘赠送仪式”在当代中国研究所学术报告厅举行。仪式由当代中国研究所副所长、机关党委书记米山同志主持，市社科联主席陶西平、当代中国研究所副所长程中原以及市教委系统学生代表分别发言。中国社会科学院副院长兼当代中国研究所所长朱佳木，中共北京市委宣传部副部长宋贵伦，北京市社会科学界联合会主席陶西平，北京市社会科学界联合会常务副主席、党组书记张文啟，北京电视台副总编贾玉祥等领导为来自北京市教委系统（含区、县教委）、北京市团委系统（含区、县团委）、北京大学、清华大学、中国人民大学、北京师范大学和武警国旗护卫队的代表赠送了光盘。《放歌中国》DVD光盘是一台新中国成立以来优秀诗歌作品朗诵音乐会的集锦，它依托高雅的艺术形式，热情讴歌了建国55年来各族人民在中国共产党领导下创造的伟大成就，是当代中国研究所、北京市社会科学界联合会和北京电视台共同为五四青年节献上的一份厚礼。（北京市社科联）

同日　中国国民党主席连战率领国民党大陆参访团的成员访问北京大学，并在北京大学办公楼礼堂发表了演讲。连战夫人连方瑀，中国国民党中央委员会副主席吴伯雄、林澄枝、江丙坤，中国国民党中央委员会秘书长林丰正，中共中央台湾工作办公室主任陈云林、常务副主任李秉才、北京大学校务委员会主任闵维方教授以及随同连战主席来访的中国国民党大陆访问团成员和北京大学600多名师生代表、200余名新闻媒体同仁共同见证了这一历史时刻，北京大学副校长郝平主持演讲会。（北京大学社会科学部）

29—30日　北京市社科联和北京市科协首次搭台，组织两界所属部分学会秘书长进行交流联谊活动。活动首先由与会的两界所属部分学会秘书长介绍各自学会的基本情况，然后在房山文物局同志的陪同下考察了房山多处文物古迹，秘书长们边走边看边谈，进行了更深入的交流和沟通。此次活动内容丰富，形式活泼，促进了自然科学和社会科学的交叉融合。（北京市社科联）

30日　2005年全国劳动模范和先进工作者表彰大会上午在北京人民大会堂隆重举行。中共中央总书记、国家主席、中央军委主席胡锦涛在会上发表重要讲话。他强调，劳模精神，是我们传大民族精神的重要体现，是激励我们奋勇前进的重要精神动力。要在全社会广泛宣传劳动模范和先进工作者的先进事迹、优秀品质、高尚精神，推动全社会进一步尊重劳模、关心劳模、学习劳模，使劳模精神不断发扬光大。

5月

4日　中共中央政治局常委、国务院总理温家宝和陪同的国务委员陈至立，轻车简从来到北京大学，看望青年学生，与大家共度“五四”青年节。温家宝对同学们说：“著名的教育家叶圣陶先生说过，‘教就是为了不需要教。要提倡引导与启发，使学生加强自力锻炼，达到疑难能自决，是非能自辨，斗争能自奋，攻关能自勉的主动境界。’我们需要的是具有创造性思维的人，社会发展就是要使人的创造性思维迸发出来，只有这样我们的民族才能进步。”

同日　人民日报发表本报评论员的文章《大力弘扬伟大的劳模精神》指出，劳动模范是工人阶级的优秀代表，是民族的精英、国家的栋梁、社会的中坚、人民的楷模。他们以实际行动铸就了爱岗敬业、争创一流、艰苦奋斗、勇于创新、淡泊名利、甘于奉献的伟大劳模精神。劳模精神引领时代精神，劳模价值创造社会价值。每一个时代的劳模都有其特点，但无论时代如何变迁，永远不变的是劳模精神的本质。这包括，爱岗敬业、为国为民的主人翁精神，争创一流、与时俱进的进取精神，艰苦奋斗、艰难创业的拼搏精神，勇于创新、不断改进的开拓精神，淡泊名利、默默耕耘的“老黄牛”精神，甘于奉献、乐于服务的忘我精神，紧密协作、相互关爱的团队精神。

11日　北京市政协委员、香港丽辉珠宝国际控制股集团有限公司董事长李胥先生，将珍藏多年的刘清扬撰写于1957年4月的手稿——《李大钊同志首次代表中国共产党出席第三国际第五次代表大会的情况》捐赠给市档案馆，该手稿详细介绍了1924年李大钊率刘清扬等人首次赴莫斯科参加第三国际第五次代表大会的情况。这份珍贵档案史料进馆，不仅丰富了市档案馆馆藏，填补了李大钊同志革命生涯的史料空白，而且对研究中国共产党早期的革命历史具有重要的价值。市政协副主席黄承祥出席了捐赠仪式，他对李胥先生关注支持档案事业、热心捐赠珍贵档案的行为给与高度评价。市政协港澳台侨委员会主任周淼云、副主席路舒平以及市档案局馆等有关领导也出席了捐赠仪式。（北京市档案局科教处）

12日　中共中央总书记胡锦涛和亲民党主席宋楚瑜在北京举行正式会谈。胡锦涛强调，讨论两岸关系发展这个重大问题，必须以宽广的眼光审视当今世界和两岸关系发展的大势，顺历史潮流而动，应人民要求而行。两岸共同发展繁荣正面临着历史性机遇。我们应该抓住机遇、携手合作、开创未来，为台海地区谋和平，为两岸同胞谋福祉，共同促进中华民族的伟大复兴。宋楚瑜表示，亲民党始终坚持三个基本立场。第一，坚持“九二共识”，从来没有动摇。第二，反对“台独”，这个立场坚定不移。从来不认为“台独”是台湾的选项。“台独”之路行不通，世界上没有一个国家认同“台独”。因此，我们主张诚实地面对现实，务实地面对未来。第三，两岸要和平。两岸人民血浓于水，同是中华民族一分子。两岸和平是两岸中国人最大的期盼、共同的心声。中国人要重新振兴，是大事。

13日　中共中央台湾工作办公室、国务院台湾事务办公室主任陈云林在北京宣布，大陆有关方面将进一步为台湾居民入出境提供便利；对在高等院校就读的台湾学生按照大陆学生标准同等收费；并逐步放宽台湾同胞在大陆就业的条件。

15日　北京市社会心理学会在北京师范大学英东学术会堂召开2005年学术年会，主题是：和谐社会与社会心理。共有34位专家学者就各自的研究发表论文和演讲，其中7人做了主题报告，27人做了分组报告。校、院领导和各有关方面代表300人到会。演讲者紧扣主题，深入探讨了和谐社会与社会心理的相关问题，进一步深化和具体化了社会心理学在创建和谐社会过程中的任务。社科联学术学会部有关人员参加了会议。（北京市社科联）

同日　应北京市社科联之邀，北京市社科院研究员李宝臣在首都图书馆报告厅作了一场名为《京师礼仪》的讲座。此次讲座，本着“服务首都、服务大众、为构建社会主义和谐社会贡献力量”的宗旨，是北京市社科联在“2005·北京科技周”期间举办的以文明礼仪为主题的系列讲座之一。文明礼仪系列讲座共分3讲，除《京师礼仪》之外，还有5月17日的《人文奥运和市民礼仪形象》，由北京第二外国语学院副教授李莉主讲；5月18日的《成功与魅力从礼仪开始》，由中国人民大学教授葛晨虹主讲。（北京市社科联）

16日　2005年北京《财富》全球论坛开幕，国家主席胡锦涛出席开幕式并发表重要演讲。他强调，在经济全球化趋势深入发展的条件下，中国及亚洲的发展正在成为世界经济发展新的推动力量，世界经济发展也将给中国及亚洲的发展带来新的重要机遇。世界各国经济互利合作、相互依存的加深，必将给全球经济增长创造更加美好的前景。这次论坛确定以“中国和新的亚洲世纪”为主题，充分表达了大家对中国和亚洲发展前景的关注，表达了大家对中国及亚洲的发展对全球经济增长所发挥的作用的关注。

18日　北京市十二届人大常委会第二十次会议在市人大常委会会议厅举行。出席会议的常委会组成人员共有58人。会议审议通过了《北京市专利保护和促进条例》。条例自2005年10月1日起施行。审议通过了《北京市区、县、乡、民族乡、镇人民代表大会代表选举实施细则修正案》。修正案自公布之日起施行。审议通过了《北京市人民代表大会常务委员会关于区县、乡镇两级人民代表大会代表换届选举时间的决定》。20位本市公民旁听了本次会议。（北京市人大常委会研究室）

19日　从全国政协举行的“老龄人口问题情况报告会”上获悉：今年预计60岁以上人口占总人口的比重将达到13.7%。当前和今后一个时期，我国将在继续做到参保离退休人员基本养老金按时足额发放的同时，以做实养老保险个人账户为重点，深化养老保险制度改革，建立可持续发展的长效机制。

20日　中共中央政治局常委、国务院总理温家宝在人民大会堂会见了参加第三届世界华侨华人社团联谊大会的代表。他说，《汉书》有句话：“骨肉相附，人情所愿。”不管华侨华人在世界的任何地方，他们都不会忘记自己是华夏儿女，始终与祖国人民同呼吸、共命运、心连心。从辛亥革命、抗日战争到今天的统一大业，在中华民族发展的每一个历史关头，华侨华人总是挺身而出，全身心地支持祖国人民的正义事业。新中国成立以后，华侨华人以不同方式热心支持和参与祖国的现代化建设，发挥了特殊重要的作用。这种血浓于水的骨肉情谊和拳拳报国之心，祖国和人民永不会忘记。

20—21日　在京举行的“青年就业与和谐社会国际论坛”上，《中国首次青年就业状况调查报告》公布。调查显示，青年失业率高于社会平均水平；政府部门和国企为青年就业首选；20%的青年希望自己创业。此次调查由全国青联、劳动和社会保障部劳动科学研究所联合进行，采取问卷方式抽样调查，内容涉及城乡青年受教育情况、青年劳动力市场情况、就业青年的总体状况以及青年自主创业面临的问题等内容。调查共选取了大连、天津、长沙和柳州4个城市的7000个青年样本的220个企业样本。调查对象为15岁—29岁的青年及他们的雇主。据统计，我国1400万待业的城市人口中，35岁以下的青年人占30%左右；每年新增城镇劳动力1000万，绝大多数是青年；农村有1.5亿至2亿富余劳动力需要向非农产业转移，大多数也是青年。劳动力人口数量庞大对就业造成了巨大压力。

21—23日　北京大学首届中华武术国际论坛在北京大学开讲，来自美国、俄罗斯、中国香港及台湾等12个国家和地区的200余名武术界的代表参加了论坛。论坛围绕武术技术、教学、产业与奥运等4个主题进行了深入细致的研讨，而作为论坛“重头戏”的论文研讨此次则共收到了武术论文100余篇，涉及中华武术历史、现状与发展、武术科学研究、武术学在中国和世界文化中的地位作用。论坛还设立了“武术贡献奖”，表彰对中华武术作出突出贡献的个人和团体；“优秀论文奖”，表彰本届论坛的优秀论文作者；“武术成就奖”，表彰为武术事业作出一定成就的武术界人士。（北京大学社会科学部）

23日　发展循环经济研讨会在北京开幕。50多名与会专家学者就加快立法进程，建立指标体系、增强科技支撑等我国循环经济发展中遇到的问题展开了研讨。全国政协副主席王忠禹出席开幕式并讲话。他指出，大力发展循环经济是党中央作出的重大决策。要按照国家宏观调控下发挥市场机制基础性作用的要求，充分发挥政府、企业、公众的作用，做到政府调控、企业运作、公众参与三者结合，形成合力，共同推动循环经济的发展。

同日　据人民日报报道：中共中央组织部最新统计数字表明：截至2004年底，全国共产党员总数达6960.3万名。2004年全国共发展党员241.8万名，比上年发展党员人数增加18.3万名，增幅为8.2%。全国目前共有党的基层组织347.7万个，其中基层党委17.1万个、党总支20万个、党支部310.6万个。截至2004年底，全国党员总数为6960.3万名，比上年净增137.1万名。党员队伍构成如下：女党员1295.6万名，占党员总数的18.6%，比上年增长0.5个百分点。少数民族党员441.4万名，占6.3%，与上年所占比例持平。具有高中以上学历党员3940.7万名，占56.6%，比上年增长1.4个百分点；其中，大专以上学历的党员占27.3%，比上年增长1.6个百分点。

25日　记者从国家民委获悉：西部大开发战略实施5年多来，民族地区（指5个自治区和云、贵、青3省）生产总值年平均增速达到10.1%，地区生产总值从2000年的8411亿元增加到2004年的13921亿元，人均地区生产总值从4775元增加到7582元，经济发展水平迈上一个新台阶，民族团结进步事业取得可喜成就。

同日　北京市劳动和社会保障学会召开“构建和谐劳动关系研讨会”，由北京市劳动和社会保障学会会长洪士珩主持。首都师范大学董正平教授、北京市崇文区龙潭街道办事处劳动科王秀云、首钢集团调解委员会李刚以及北京市劳动和社会保障学会理事等30余人参加了本次研讨会。会上，专家学者分别从不同角度阐述了构建和谐劳动关系的重要性、迫切性，分析了当前影响和谐劳动关系构建的因素，并提出了一些解决对策。来自实际工作部门的工作人员介绍了“调解委员会”这一新生且有效的解决劳动争议的方法，总结了工作中的经验，提出了工作中遇到的困难，使得本次研讨会既具有理论意义，也具有实际意义。社科联学术学会部有关人员参加会议。（北京市社科联）

同日　为庆祝郑和下西洋600周年和普及当代大学生海洋、海权意识，弘扬郑和下西洋的开拓勇气和创新精神，北京大学与北京郑和下西洋研究会等联合举办“增强海洋意识，树立报国理想——郑和下西洋600周年纪念活动”。会上，林海村教授、孔志远教授和郑明将军等分别发表学术演讲。专家认为，郑和远航是为了和平、友谊、开展贸易，事实证明郑和是和平友好的使者。中国强大不构成对他国的威胁。因此，纪念郑和具有现实意义。北京市社科联党组副书记石梅到会并讲话。（北京市社科联）

同日　中共北京市委党校、北京行政学院召开了学术规范座谈会，就学校5月23日出台的《中共北京市委党校、北京行政学院学术规范（试行）》进行座谈。校（院）学术委员会委员、教研部负责人和青年教师代表参加了会议。座谈会由中共北京市委党校、北京行政学院学术委员会主任赵春福主持。科研处处长袁吉富介绍了制定《学术规范》的背景、过程，并对主要内容及其特点作了解释说明。学术委员会委员、教研部负责人和青年教师代表在座谈会上主要围绕制定学术规范的意义、学术规范的内容以及学术规范的贯彻落实等问题发表各自的看法。（北京市委党校科研处谭凯）

27—28日　中国扶贫开发协会第三届会员代表大会在北京召开。中共中央总书记、国家主席、中央军委主席胡锦涛就做好扶贫开发工作作出指示强调，扶贫开发是建设中国特色社会主义事业的一项历史任务，也是构建社会主义和谐社会的一项重要内容。这些年来，我国扶贫开发工作取得了显著成绩，但面临的任务仍十分繁重艰巨。帮助贫困地区尽快脱贫致富，需要党和政府以及社会各方面共同努力。

29日　人民大学校长纪宝成说，中国人民大学将组建国内高校中的第一个国学院，首期国学班将于今年9月正式招生。人大国学院将直接承担国学专业的教学研究和人才培养工作，同时将成立“中国人民大学国学研究院”。人大聘请著名红学家冯其庸为国学院院长。国学班学制为6年，采取本硕连读的方式，毕业后可直接获得相关硕士学位。

同日　“增强海洋意识——树立报国理想：北京大学郑和下西洋600周年纪念活动开幕暨论坛”，在北京大学英杰交流中心新闻发布厅正式开始。大会由北京大学历史地理研究所唐晓峰教授主持，北京大学团委书记沈千帆致词。郑和作为一个活动的起点，提供给北大学人一个想象历史、挖掘历史的机会，也是培养民族自豪感的际遇；而其背后的海洋，则是一个让北大学人放眼大洋、增强国家认同感的舞台。（北京大学社会科学部）

30日　由全国政协社会和法制委员会与中国社会科学院联合主办的统筹经济社会发展研讨会在北京召开。中共中央政治局常委、全国政协主席贾庆林出席研讨会。全国政协副主席、中国社会科学院院长陈奎元在讲话中指出，哲学社会科学的发展，要融入到建设中国特色社会主义的伟大事业之中，哲学社会科学要关注经济社会发展的整体趋热，为经济发展和社会进步提供战略性、前瞻性的研究。

31日　国际奥委会第二十九届奥运会协调委员会第四次全会在北京召开。中共中央政治局委员、北京市委书记、北京奥组委主席刘淇，国家体育总局局长、中国奥委会主席、北京奥组委执行主席刘鹏，中国残疾人联合会主席、北京奥组委执行主席邓朴方出席会议。国际奥委会协调委员会主席维尔布鲁根主持会议。刘淇在会上发表讲话。他说，今年，北京奥运会筹办工作正在全面展开。认真做好今年的各项工作对顺利推进筹办工作全局，奠定后3年工作基础具有十分重要的意义。雅典奥运会闭幕以来，我国政府对奥运会筹办工作的领导进一步加强，确定了“举办一届有特色、高水平奥运会”的工作目标。根据我国政府指示，陈至立国务委员担任了北京奥组委第一副主席，增强了北京奥组委统筹协调的能力。

6月

3日　在中国科学院学部成立50周年之际，“走中国特色自主创新之路”院士座谈会在人民大会堂举行。中共中央总书记、国家主席、中央军委主席胡锦涛亲切会见与会代表，并作了重要讲话。胡锦涛强调，当今世界，科学技术正成为经济社会发展的决定性力量，科技自主创新能力正成为国家竞争力的核心。我们一定要坚持以邓小平理论和“三个代表”重要思想为指导，全面落实科学发展观，大力实施科教兴国战略和人才强国战略，把提高自主创新能力摆在全部科技工作的突出位置，在实践中走出一条中国特色自主创新之路。

4日　为纪念陈云同志诞辰100周年，经中共中央批准，由中共中央文献研究室编辑的3卷本《陈云文集》，已由中央文献出版社出版，即日起在全国各地发行。

同日　北京市社会科学界联合会、北京市哲学社会科学规划办公室、北京大学哲学系、北京出版社出版集团联合召开了《人学理论与历史》出版暨学术座谈会。教育部副部长袁贵仁、中央党校副校长王伟光、北京市委宣传部副部长宋贵伦、北京市社科联党组书记张文啟、北京市新闻出版局局长孙向东、北京出版社社长吴雨初等与来自首都理论界的专家学者黄楠森、邢贲思、汤一介、王锐生等60余人出席会议，张文啟主持了出版座谈会。该套学术著作由北京市出版基金办公室资助，北京出版社出版发行。（北京市社科联）

4—5日　北京大学外国语学院、中国蒙古学学会、教育部人文社会科学重点研究基地北京大学东方文学研究基地、北京大学蒙古学研究中心联合举办的蒙古文学与比较文学研讨会在北京大学召开。与会学者认为，发扬北京大学的比较文学学科传统和发挥北京大学外国语学院多种国别语言的优势，与全国的蒙古文学研究专家学者一起探讨蒙古文学、外国文学、比较文学和民族文学研究领域的专家学者们会聚一堂，广泛对话和相互促进，是本次研讨会最突出的特点。（北京大学社会科学部）

6日　北京市哲学社会科学规划办公室在中央财经大学财经研究所会议室召开“解决北京三农问题的财政对策研究”课题鉴定会。该课题是自北京财经研究基地成立以来完成的第一个研究项目，课题主持人为基地首席专家王雍君教授。北京市哲学社会科学规划办公室规划处刘娟处长出席会议并做了讲话，财政部财科所副所长白景明研究员、人民大学郭庆旺教授、北京市财政局综合处聂锋杰处长、中央财经大学赵景华教授和刘扬都授等出席了会议。（北京财经大学科研处）

6—7日　全国农村税费改革试点工作会议在北京召开。中共中央政治局常委、国务院总理温家宝在会上发表讲话。他强调，农村税费改革将进入新的阶段，巩固农村税费改革成果，积极稳妥推进以乡镇机构、农村义务教育和县乡财政体制为主要内容的综合改革试点。各级领导要充分认识这场改革的艰巨性、复杂性和长期性，统一思想，把握形势，认清肩负的历史使命，组织领导好这场改革。

7日　朱学范同志诞辰100周年纪念座谈会在人民大会堂举行。中共中央政治局常委、全国政协主席贾庆林出席。朱学范是我国杰出的爱国民主战士和政治活动家，第五、六、七届全国人大常委会副委员长，中国国民党革命委员会中央委员会原主席，他于1935年起开始担任中国劳动协会常务理事、理事长，参加了第二十届至二十七届国际劳工大会，先后任国际劳动局理事、国际工会联合会理事、世界工会联合会副主席。1947年，他在香港与李济深、何香凝等国民党民主派共同筹组成立民革组织，1948年1月1日，民革在香港成立，被选为民革中央执行委员会常委。他是新中国成立后首任中华人民共和国邮电部部长，为创建新中国的邮电事业作出了重要贡献。中共十一届三中全会后，特别是担任民革中央主席后，他带领民革全党积极参政议政，开展民主监督，取得了显著的成绩，他要求民革全党把祖国统一工作作为民革工作的重中之重，发挥自己的独特优势，为祖国的和平统一作贡献。

9日　由中国人民对外友好协会承办的世界城市和地方政府联合组织2005年理事会会议暨世界市长论坛在京开幕，国家副主席曾庆红出席开幕式并发表重要演讲。他强调，在经济全球化趋势加快发展的今天，各国加强经济技术合作、实现共同发展是时代的要求。中国将高举和平、发展、合作的旗帜，坚持走和平发展的道路，坚持对外开放的基本国策，在平等互利的基础上同所有国家开展经济技术交流和合作，促进各国共赢共荣，共同推进人类和平与发展的崇高事业。

同日　《东亚三国的近现代史》（中文版）首发式在北京举行。这一首发式由中国社会科学院近代史研究所和社会科学文献出版社共同发起。该本由中、日、韩3国学者和教师历经3年共同编纂、面向3国青年学生的近现代历史读本，在中、日、韩3国同时出版发行，引起广泛关注。该书的主要编纂者、侵华日军南京大屠杀遇难同胞纪念馆馆长朱成山介绍，《东亚三国的近现代史》带有非常明确的指向性，就是针对日本右翼企图篡改历史，美化侵略，淡化加害行为的罪恶行径，还历史真相。它的出版有力地打击了日本国内右翼势力否定历史的嚣张气焰，更为关键的是它为3国青少年以及东亚人民认知东亚近代以来的历史提供了权威读本。这对实现东亚和平乃至世界共同发展具有重要意义。

10—11日　为深入贯彻国务院办公厅《关于加强我国非物质文化遗产保护工作的意见》，全国非物质文化遗产保护工作会议在京召开。国务委员陈至立出席会议并强调，要高度重视非物质文化遗产保护工作，围绕非物质文化遗产代表作名录体系建设，加快建立有中国特色的非物质文化遗产保护制度。陈至立指出，非物质文化遗产保护工作是一件功在当代、利在千秋的大事。加强非物质文化遗产保护是保持人类文化多样性和确立我国文化身份的重要措施，是落实科学发展观、构建社会主义和谐社会的必然要求，是传承中华文明、繁荣社会主义先进文化的重要内容。

12日　中国关心下一代工作委员会和中央文明办在北京召开全国关心下一代工作表彰大会。中共中央政治局委员、书记处书记、中宣部部长刘云山出席表彰大会并讲话。刘云山在讲话中指出，多年来，各机关工委坚持以邓小平理论和“三个代表”重要思想为指导，在各级党委、政府和社会各界的大力支持下，与有关部门协调配合。为广大青少年的健康成长做了大量艰苦细致、卓有成效的工作。全国850万老同志奔走在校园内外、活跃在社区乡村，弘扬革命传统、培育民族精神、传播科学知识、推动道德实践、倡导文明风尚，赢得了广大青少年的欢迎，赢得了全社会的尊敬和爱戴。

13日　中共中央在人民大会堂隆重举行大会，纪念伟大的无产阶级革命家、政治家、杰出的马克思主义者，中国社会主义经济建设的开创者和奠基人之一，党和国家久经考验的卓越领导人陈云同志诞辰100周年。中共中央总书记、国家主席、中央军委主席胡锦涛发表重要讲话强调，全党全国各族人民更加紧密地团结起来开拓进取，埋头苦干，为实现全面建设小康社会的宏伟目标，为实现中华民族的伟大复兴，继续在中国特色社会主义的广阔道路上奋勇前进。

15日　在国务院新闻办举行的新闻发布会上，教育部副部长、国家对外汉语教学领导小组常务副组长章新胜说，近两三年参加中国“汉语水平考试”的海外考生每年增幅达40%。据了解，十几年前，参加汉语水平考试的人仅有2072人，目前世界有34个国家设立了151个考点，仅去年一年考生数量就达9万人。

18日　“中国人文社会科学论坛2005”在中国人民大学举办。来自英国肯特大学、美国芝加哥洛约拉哲学系、俄罗斯莫斯科法律学院、德国格林自由大学、美国加利福尼亚大学洛杉矶学校、巴西里约热内卢联邦大学、英国伦敦经济学院等国外高校的著名学者，以及中共中央党校、中央党史研究室、中央文献研究室、中国社会科学院、中国人民大学、北京大学、清华大学、北京师范大学、首都师范大学、国防大学等国内高校和科研机构的近400名学者和师生参加了论坛。本届论坛的主题为“马克思主义与中国发展之路”，围绕主题设置了三个论题：“马克思主义在当代世界”、“马克思主义与全球

化”、“马克思主义与中国模式”。（人民大学科研处）

19日　国家奥林匹克体育中心西门外，北京市第五届全民健身体育节隆重开幕。与此同时，河北、江苏、陕西、山西、云南等16个省区市的数十万群众也以健步走的方式共同庆祝《全民健身计划纲要》颁布10周年。1995年6月20日，国务院颁布了具有划时代意义的《全民健身计划纲要》。10年来，我国群众体育越来越走进大众生活，取得瞩目成就：群众的健身意识越来越强，经常参加体育锻炼的人数已占总人口的37%，达到了发展中国家靠前的水平，人均预期寿命已增至71.8岁，达到了中等发达国家的水平。

同日　人民日报载，为贯彻落实中央1号文件精神，提高农民素质，加快农村劳动力转移，促进农民增收，今年“农村劳动力转移培训阳光工程”计划培训280万人，中央财政专项补助资金由去年的2.5亿元增加到4亿元。据农业部最新统计，截至6月上旬，今年阳光工程已在全国培训农村劳动力55万人，其中46万人实现了转移就业，培训就业率达到84%。

23日　第二批保持共产党员先进性教育活动工作会议在北京召开。中共中央政治局委员、书记处书记、中央组织部部长、中央先进性教育活动领导小组组长贺国强出席会议并讲话。他强调，要认真贯彻中央关于开展先进性教育活动的一系列重要指示，充分借鉴和运用第一批先进性教育活动的成功经验，进一步统一思想，坚定信心，加强领导，扎实工作，下最大的决心、尽最大的努力，确保第二批先进性教育活动取得实效，实现中央确定的目标要求。

同日　北京大学中外妇女问题研究中心与亚洲女性发展协会共同主办的第二届亚洲女性论坛在北京大学开幕。近300位来自亚洲的学者、政治家、企业家、艺术家、亚洲10个国家的驻华使节、大使夫人以及社会各界知名人士，围绕“促进男女和谐发展，共同推动社会进步”的主题，就经济生活中的两性角色、促进男女平等、探讨男女和谐发展的道路等问题发表了自己的看法。全国政协副主席张思卿出席了论坛。全国妇联名誉主席、亚洲女性论坛主席彭珮云在会上发表讲话。北京大学中外妇女研究中心分析作出的《中国经济生活中的男女两性网络调查数据报告》，在今天举行的第二届亚洲女性论坛上公布。（北京大学社会科学部）

24日　国家主席胡锦涛下午在北京人民大会堂会见了刚刚就任的香港特别行政区行政长官曾荫权，并同他进行了亲切的谈话。胡锦涛对曾荫权就任香港特别行政区行政长官表示祝贺，对他提出的施政目标给予了肯定。胡锦涛说，曾荫权获得行政长官选举委员会大多数委员的提名和支持，依法当选，反映了香港民意。希望曾荫权不负众望、恪尽职守、奋发进取，带领特区政府，团结社会各界人士，全面准确地贯彻落实“一国两制”方针和基本法，不断改善施政，提高管治水平，维护社会的稳定与和谐，促进经济进一步复苏和发展，为香港的繁荣、稳定和发展作出新的贡献。

25日　由国家发展和改革委员会、国务院发展研究中心共同举办的“中国发展高层论坛2005——建设节约型社会国际研讨会”，在北京召开。国家发改委主任马凯在主题报告中提出，我国粗放型的经济增长方式没有从根本上转变，节约潜力很大，据测算，资源利用效率如果达到国外先进水平，按单位产品能耗和终端用能设备能耗计算的存量节能潜力可达3亿吨标准煤。政府将从6个方面加快建设节约型社会。

26日　北京2008年奥运会主题口号发布仪式在北京工人体育馆隆重举行。中共中央政治局常委李长春出席仪式并公布口号。中共中央政治局委员、北京市委书记、北京奥组委主席刘淇主持仪式。李长春宣布北京2008年奥运会主题口号：“同一个世界　同一个梦想”（One World One Dream）。刘淇说，“同一个世界　同一个梦想”（One World One Dream）这一主题口号凝聚着成千上万人的智慧，口号表达了北京和中国人民与世界各国人民共有美好家园，同享文明成果，携手共创未来的崇高理想；表达了一个拥有5000年文明，正在大步走向现代化的伟大民族致力于和平发展，社会和谐，人民幸福的坚定信念；表达了13亿中国人民为建立一个和平而更美好的世界作出贡献的心声。口号是人文奥运的具体体现，是北京奥运整体形象和筹备工作的一个指导原则。

27日　经中共中央组织部、教育部和国家外国专家局批准，由国务院发展研究中心、哈佛大学肯尼迪政府学院、清华大学公共管理学院共同举办的第四期公共管理高级培训班在清华大学公共管理学院报告厅举行开学典礼。副校长岑章志主持开学典礼并致欢迎辞。出席开学典礼的还有国务院发展研究中心副主任孙晓郁、公共管理学院院长陈清泰、中组部干教局局长李培元、国家外国专家局副局长孙照华、哈佛大学肯尼迪政府学院亚洲项目主任托

尼赛奇等。本期参加培训的学员共有61人，均为司局级（地市级）以上的干部，有着丰富的实践经验。（清华大学文科建设处）

29日　中共中央政法委在京召开“规范执法行为，促进执法公正”专项整改工作座谈会。中共中央政治局常委、中央政法委书记罗干出席会议并讲话。罗干指出，中央政法委在全国政法系统部署开展“规范执法行为，促进执法公正”专项整改活动后，各级党委、政府和政法部门高度重视，把专项整改活动纳入保持共产党员先进性教育活动的总体安排，认真研究部署，广泛组织发动，坚持边查摆边整改，专项整改活动开局良好，进展顺利，取得了初步成效。

同日　中共中央组织部、中共中央宣传部、中央党校、中国社会科学院在京召开加强党的执政能力建设理论座谈会。中共中央政治局委员、书记处书记、中宣部部长刘云山在座谈会上讲话，中共中央政治局委员、书记处书记、中组部部长贺国强主持会议。全国政协副主席、中国社会科学院院长陈奎元出席会议。会议强调，要深入贯彻党的十六届四中全会精神，进一步加强党的执政理论研究，努力推动党的执政能力建设。

同日　2008年北京奥运会摔跤比赛馆（中国农业大学综合体育馆）在中国农业大学奠基。这是建于北京高校内的奥运会比赛场馆举行的第一个奠基仪式，也是中国农业大学迎接百年校庆的一项重要工程。为了体现全民参与的奥林匹克精神，解决奥运会场馆赛后使用的国际难题，2002年10月，国务院总理办公会议决定在中国农业大学、北京大学、北京科技大学和北京工业大学建设奥运会部分场馆。

30日　中共中央政治局常委、国务院总理温家宝在召开的全国做好建设节约型社会近期重点工作电视电话会议上强调，加快建设节约型社会，事关现代化建设进程和国家安全，事关人民群众福祉和根本利益，事关中华民族生存和长远发展。要从全局和战略的高度，充分认识加快建设节约型社会的极端重要性和紧迫性，迅速行动起来，在全国范围内大张旗鼓、深入持久地开展资源节约活动，加快推进节约型社会建设，促进我国经济社会全面协调可持续发展。

7月

1日　十届全国人大常委会在人民大会堂举行法制讲座，讲座的题目是《民主法治与构建社会主义和谐社会》。吴邦国委员长主持讲座并发表重要讲话。吴邦国说，构建社会主义和谐社会，是我们党从全面建设小康社会、开创中国特色社会主义事业新局面的全局出发提出的一项重大任务，适应了我国改革发展进入关键时期的客观要求，体现了广大人民群众的根本利益和共同愿望。

2日　国务院副总理吴仪在北京出席由日本国土交通省和国家旅游局联合主办的“中日观光交流联谊会”并致词。日本国土交通大臣、日本“观光立国”担当大臣北侧一雄，日本驻华大使阿南惟茂也先后致词。国家旅游局局长邵琪伟参加了联谊会。吴仪说，中日友好，归根到底是两国人民的友好。我们希望，两国各界朋友都来关心中日友好事业，多做一些有利于两国人民友好的事情。中方愿与日方共同努力，为两国睦邻友好关系的健康发展作出积极贡献。北侧一雄表示，中国与日本一衣带水、历史交往源远流长，是日本最重要的朋友。他表示，为增进日中两国的相互理解和友好交往，将一直致力于扩大旅游交流，推动日中两国友好。

6日　中国法学会经济法学研究会在对外经济贸易大学召开成立大会，对外经济贸易大学法学院院长沈四宝教授当选为会长。（对外经济贸易大学科研处）

7日　为隆重纪念中国人民抗日战争暨世界反法西斯战争胜利60周年，经党中央同意，中央宣传部牵头，中央组织部、中央统战部、中央文献研究室、中央党史研究室、文化部、解放军总政治部、中共北京市委联合举办《伟大胜利——纪念中国人民抗日战争暨世界反法西斯战争胜利60周年大型主题展览》，在中国人民抗日战争纪念馆隆重开展。展览全面回顾中国人民从1931年开始至1945年14年间与日本帝国主义进行艰苦卓绝斗争的历程，深刻阐明中国人民为世界反法西斯战争作出的巨大民族牺牲和重要历史贡献，生动再现了14年中华民族奋起抗战的宏伟历史。

同日　国家环保局作出圆明园防渗工程全面整改的决定，广受关注、历时百余天的圆明园防渗事件终于尘埃落定。圆明园防渗事件的意义已远超出了事件本身。静心梳理，不难得出这样的结论：这一事件的全过程，充分体现了党和政府近年来积极倡导的依法行政、政务公开与科学民主决策的精神与要求。

8日　国家人口计生委兼职委员会议在京召开，传达党中央、国务院近期关于做好人口和计划生育工作的重要提示精神。国务委员兼国务院秘书长华建敏在会上强调，我国自20世纪70年代全面推行计划生育以来，经过全党、全国人民的共同努力，人口和计划生育工作取得了举世瞩目的成就，控制了人口过快增长，把生育水平降到了更替水平以下，实现了人口再生产类型的历史性转变，累计少生了3亿多人，使13亿人口日推迟了4年，有力地促进了综合国力的提高、社会的进步和人民生活的改善，同时也为稳定世界人口作出了积极贡献，树立了负责任人口大国的良好形象。进入新世纪，人口众多仍然是我国的基本国情，稳定低生育水平任务依然艰巨；人口数量、素质、结构和分布问题相互交织、相互影响，人口与资源环境的矛盾日趋尖锐，全面协调可持续发展面临严峻挑战，全面建设小康社会面临巨大压力。

同日　全国网吧管理工作协调小组在京召开建立网吧管理长效机制试点工作会议。国务委员陈至立出席会议并强调，要进一步巩固网吧专项整治成果，把建立长效机制、切实加强网吧管理，作为维护广大人民群众利益、保障未成年人健康成长的一件大事，切实抓紧抓好，抓出成效。

10日　中共中央组织部、人事部、教育部近日联合发出通知，要求各级组织、人事和教育部门认真贯彻落实中办、国办《关于引导和鼓励高校毕业生面向基层就业的意见》精神。《通知》指出，《意见》是当前和今后一个时期做好引导和鼓励高校毕业生面向基层就业工作的重要指导性文件，各级组织、人事和教育部门要认真学习，深刻领会，统一思想，提高认识，进一步增强做好这项工作的紧迫感和责任感。要加大思想政治教育和宣传工作力度，引导大学生树立正确的世界观、人生观、价值观和就业观，踊跃到基层锻炼成才，并在全社会营造有利于高校毕业生面向基层就业的舆论氛围。

11日　郑和下西洋600周年纪念大会在北京人民大会堂隆重举行。中共中央政治局常委、国务院副总理黄菊出席并讲话。他说，郑和下西洋传播了中华文明，促进了经济文化交流和经贸往来，扩大了中外友好关系，为世界航海事业和人类文明进步作出了巨大贡献；既是中国人民的光荣，也是全人类的自豪。今天我们纪念郑和，就是要大力继承和发扬郑和敬业献身、忠心报国，敢为人先、科学探索，百折不挠、奋勇拼搏的伟大精神，弘扬爱国主义，增强中华文明的认同感和自豪感，凝聚海内外全体中华儿女的力量，为中华民族更加辉煌灿烂的未来而努力奋斗；就是要继续发扬崇尚和平、敦信修睦的伟大精神，巩固扩大与世界各国人民的友好合作，为世界持久和平与繁荣发展作出新的贡献。

同日　《人民日报》报道：北京市委、市政府向西城、宣武、崇文、朝阳等7个城区推广东城区“万米单元网格”城管新模式。这一模式改变了过去城市管理条块分割、资源分散、效率低下的弊端，运行半年多来，在城市管理中发挥威力，许多城管工作中的难题被一一化解。

12日　国务院总理温家宝在中南海会见了前来出席“中国改革高层论坛”的海外专家和学者，听取了他们对中国经济发展和改革的见解。温家宝对此次论坛的成功举行和专家、学者们提出的建议给予了积极评价。他说，中国的发展与世界的发展紧密相连。中国的发展主要依靠自己的力量，也需要加强对外合作。我们重视吸收和借鉴国外的成功经验。

同日　中共中央总书记胡锦涛在北京亲切会见了新党主席郁慕明率领的新党纪念抗日战争胜利60周年大陆访问团全体成员。胡锦涛强调，两岸同胞要共同努力，高举民族团结的旗帜，坚决反对“台独”分裂势力及其活动，维护台海地区和平稳定，促进两岸关系改善和发展，共同致力于中华民族的伟大复兴。郁慕明说，新党本着向人民交代、对历史负责的初衷，始终如一地坚持一个中国原则、坚决反对“台独”分裂的立场。此次新党组团到大陆访问，定位为“民族之旅”，就是要寻求民族浩然正气、振兴中华民族。

同日　中共中央政治局常委李长春在中国人民革命军事博物馆参观“太行精神光耀千秋”展览时强调，太行精神是中国共产党领导中国人民争取民族解放和国家独立的伟大民族精神，是党和国家的宝贵财富。在新的历史条件下，我们要大力弘扬太行精神，并不断赋予新的时代内涵，在中国共产党的领导下，通过走建设中国特色社会主义道路，实现中华民族的伟大复兴。

14日　《人民日报》报道：中共中央总书记、国家主席胡锦涛就实施大学生志愿服务西部计划作出重要指示。胡锦涛指出，高校毕业生是国家宝贵的人才资源。实施大学生志愿服务西部计划，有利于开辟高校毕业生健康成长的新途径，有利于推动西部地区的经济社会发展。他强调，各级党委、政府和有关部门一定要从全局和战略的高度重视这项工作，总结成功经验，完善政策措施，健全工作机制，引导和鼓励更多的高校毕业生到西部、到基层、到祖国最需要的地方去，磨炼意志，增长才干，为实现全面建设小康社会的宏伟目标贡献自己的智慧和力量。

16日 由中国思想政治工作研究会和《人民日报》编辑部联合开展的“思想政治工作创新笔谈”活动，正式启动。本次活动坚持以邓小平理论和“三个代表”重要思想为指导，坚持树立和落实科学发展观，认真贯彻中央关于思想政治工作创新的一系列重要指示精神，着眼于新的实践和新的发展，坚持“三贴近”原则，分析思想政治工作面临的新情况、新问题，探索新形势下思想政治工作的特点和规律，提出加强和改进思想政治工作新的思路和建议，促进思想政治工作的理论创新和实践创新，不断增强思想政治工作的针对性、实效性和影响力、感染力，将为构建社会主义和谐社会提供精神动力和思想保证。

17日 中国共产党中央委员会总书记胡锦涛致电马英九，祝贺他当选中国国民党主席。贺电指出：值此先生当选中国国民党主席之际，谨致祝贺。由衷期望贵我两党与两岸同胞一道，继续为推动两岸关系和平稳定发展、共创中华民族美好未来而努力。

18日 中国保监会主席吴定富在保险市场运行情况分析会上说，今年上半年全国保险业务实现了平稳较快发展，保费收入2709亿元，同比增长14.2%；保险业较好地发挥了经济补偿功能，保险公司赔款和给付支出539亿元，同比增长12.9%；截至6月底，保险公司总资产1.36万亿元，比上年末增长15%，保险业整体实力增强。据悉，截至6月末，保险资金运用余额为1.24万亿元，比上年末增长19.8%。

19日 中共中央纪委、监察部召开会议，听取从源头上预防和治理腐败问题的有关改革和制度建设工作情况汇报。中共中央书记处书记、中央纪委副书记何勇出席会议并讲话。他强调，各部门要紧密结合《建立健全教育、制度、监督并重的惩治和预防腐败体系实施纲要》的贯彻落实，按照中央纪委第五次全会和国务院第三次廉政工作会议的部署，采取有效措施，加大工作力度，进一步做好从源头上防治腐败的各项改革和制度建设工作，努力取得党风廉政建设和反腐败工作的新成效，更好地为改革发展稳定的大局服务。

20日 中共中央政治局委员、书记处书记、中宣部部长刘云山在全国对外宣传工作会上指出，做好外宣工作要坚持贴近中国发展的实际、贴近国外受众对中国信息的需求、贴近国外受众的思维习惯，深入了解不同国家受众的思想观念、价值取向、道德标准、宗教和政治信仰，通过多种渠道，运用多种方式，完整准确、全面真实地介绍我国情况，充分展示中国坚定不移地走和平发展道路的良好形象。要大力改进文风，善于通过具体生动的典型事例来说明问题，通过事实本身的力量来说服人。无论是报刊、广播、电视，还是互联网站，都要办出风格、办出特色，打造有国际影响的名牌栏目，培养世界知名的记者、编辑、主持人。

21日 中国人民银行发布公告称，为建立和完善我国社会主义市场经济体制，充分发挥市场在资源配置中的基础性作用，建立健全以市场供求为基础的、有管理的浮动汇率制度，经国务院批准，发布完善人民币汇率形成机制改革有关事宜的公告。

22日 中共中央政治局常委、全国政协主席贾庆林在人民大会堂会见了出席中国统一战线理论研究会第四届理事会议代表，希望他们发扬求真务实、锐意进取的精神，为全面活跃统战理论研究、推动统一战线事业的发展作出积极贡献。

23日 中国共产党中央委员会总书记胡锦涛致电宋楚瑜，祝贺他当选连任亲民党主席。指出，值此先生当选连任亲民党主席之际，谨致祝贺。衷心希望贵我两党与两岸同胞共同努力，维护台海地区和平稳定，继续推动两岸关系发展，致力于中华民族伟大复兴。

26日 朝鲜半岛核问题第四轮六方会谈在钓鱼台国宾馆芳菲苑开幕。中国、朝鲜、美国、韩国、日本和俄罗斯代表团出席了会议。本轮会谈主席、中方代表团团长、外交部副部长武大伟主持会议。中国外交部长李肇星代表东道国政府致开幕词。他指出，在前三轮会谈中，六方已就坚持半岛无核化的目标，坚持对话和平解决方向，坚持维护半岛和平与稳定等达成了共识，受到国际社会普遍欢迎，值得倍加珍惜。有关各方和国际社会都期待着新一轮会谈能开创新的局面。希望各方认识到肩负的历史责任和崇高使命，在会谈中采取灵活、务实的态度，相互尊重，平等协商，在巩固过去三轮会谈成果的基础上，增进相互理解和信任，求同存异，凝聚共识，推动会谈取得积极进展。

28日 “北京大学民营经济研究院”成立大会暨签约仪式在办公楼103会议室举行。该研究院是在厉以宁教授的倡议下成立的研究机构。中央统战部副部长胡德平任研究院顾问，厉教授任院长，香港中小企业国际交流协会向北京大学教育基金会捐赠460万元，作为民营研究院的启动资金。（北京大学社会科学部）

29日 中国共产党优秀党员，久经考验的忠诚的共产主义战士，马克克思主义经济学家，中国科学院原哲学社会科学学部委员，原国家计委副主任（正部长级）、顾问，国务院发展研究中心名誉主任薛暮桥同志的遗体，在北京八宝山革命公墓火化。薛暮桥同志因病于2005年7月22日17时12分在北京逝世，享年101岁。

8月

1日　劳动和社会保障部出台四项措施，让大学生基层就业更安心方便：各级劳动保障部门将完善高校毕业生到基层就业的社会保险参保办法，各地劳动保障部门将与有关机构相互融合，探索建立高校毕业生见习制度；就业服务进一步扩展；各地劳动保障部门将依托有条件高校或动员社会培训机构，加强对高校学生的创业意识教育和创业能力培训。

同日　中美首次战略对话在北京举行。中国外交部副部长戴秉国和美国常务副国务卿佐利克率团参加这次对话。双方就中美关系和共同关心的重大国际与地区问题坦诚、深入地交换了意见。双方一致认为，对话是有益的、建设性的，增进了相互理解。双方重申，中美关系长期健康稳定发展符合两国和两国人民的根本利益，中美保持和扩大合作对促进当前和今后亚太地区和世界的和平、稳定与发展具有重大意义。中美双方将积极落实两国领导人达成的共识，加强对话、增进互信、发展合作，妥善处理分歧，推动两国建设性合作关系不断发展。

2日　中华全国总工会在京召开电视电话会议，正式在全国工会系统启动以帮助困难职工解决子女就学困难为宗旨的全国工会金秋助学活动。中共中央政治局委员、全国人大常委会副委员长、中华全国总工会主席王兆国专门对工会金秋助学活动作出重要批示。据悉，目前仅全国普通高校经济困难学生就有240万人，特别困难的学生160万人，其中困难职工子女占了很大比重。近年来，各级工会组织在党委、政府的重视、支持以及社会各界的大力协助下，多方筹集助学资金，深入开展助学活动。仅2004年，各级工会组织就资助困难职工子女41.5万人，发放助学款2.9亿元，其中资助义务教育阶段学生22.8万人、高中阶段学生8.5万人、大专以上学生10.2万人。

5日　教育部有关负责人宣布：为进一步加大资助高校贫困家庭学生的力度，帮助他们顺利完成学业，经国务院批准，从今年开始，中央政府每年出资10亿元设立“国家助学奖学金”。这位负责人说，“国家助学奖学金”是由中央政府出资设立，面向全国公办全日制普通高等学校在校本专科学生中的贫困家庭学生，分为国家奖学金和国家助学金两种形式。国家奖学金的资助对象为高校中家庭经济困难、品学兼优的全日制本专科学生。国家奖学金额度为每人每年4000元，每年资助5万名学生；国家助学金的资助对象为高校中家庭经济特别困难的全日制本专科学生。国家助学金以资助家庭经济特别困难学生的生活费为目的，标准为每人每月150元，每年按10个月发放，每年资助约53.3万名学生。

10日　国务院经济普查办公室面向研究机构、大专院校等单位公开招标普查课题研究，此举将深度开掘普查所获得的资料，为政府、企业以及社会公众提供更有价值的参考。第一次经济普查大规模普查登记和数据处理工作目前已经基本完成，主要汇总数据将陆续向国内外发布。国务院经济普查办决定，设立第一次全国经济普查课题研究基金，通过公开招标的方式，鼓励和支持有关单位的专家参与课题研究工作。

同日　由中共江苏省委和江苏省人民政府主办，南京市委、市政府和江苏省委宣传部承办的“12·13——侵华日军南京大屠杀史实展”，在北京中国国家博物馆开幕并正式对外展出，展期20天。

12日　国务委员兼国务院秘书长华建敏在全国法制办主任、法规司司长会议上强调，依法行政既是政府工作的一项准则，又是做好政府工作的基础，各地区、各部门要把加强政府法制建设、全面推进依法行政、建设法治政府作为政府的全局性工作，摆到重要位置，切实抓紧、抓实、抓好。并指出，本届政府组成以来，制定印发了《全面推进依法行政实施纲要》，确立了建设法治政府的目标，切实加强政府立法工作，全面贯彻实施行政许可法、深化行政审批制度改革，建立健全各级政府应急预案体系，加强行政执法和行政监督，高度重视公务员法的贯彻实施，依法行政、建设法治政府取得了重要进展。

同日　国务院办公厅转发教育部等五部委《关于进一步做好农村寄宿制学校建设工程实施工作的若干意见》指出，“农村寄宿制学校建设工程”是落实《国家西部地区“两基”攻坚计划（2004—2007年）》、解决制约西部农村地区普及义务教育“瓶颈”问题的重要措施。为实施此工程，中央共将投入专项资金100亿元。2004、2005年已下达60亿元，工程项目覆盖中西部地区23个省（自治区、直辖市）4852个学校，将新建和改扩建校舍面积921.42万平方米。

14日　中共中央总书记、国家主席、中央军委主席胡锦涛参观了《伟大胜利——纪念中国人民抗日战争暨世界反法西斯战争胜利60周年大型主题展览》。他指出，今天，我们纪念中国人民抗日战争的伟大胜利，就是要牢记历史、不忘过去、珍爱和平、开创未来。我们要大力弘扬中华民族的伟大民族精神，抓住机遇，奋发图强，聚精会神搞建设，一心一意谋发展。我们要始终不渝地高举和平、发展、合作的旗帜，坚定不移地走和平发展的道路，同世界各国人民一道，共同促进人类和平与发展的崇高事业。

同日 “全民节约，共同行动”大型主题宣传活动在北京人民大会堂拉开序幕，中共中央政治局委员、国务院副总理曾培炎出席并讲话。曾培炎说，建设节约型社会是党中央、国务院作出的重大决策，是落实科学发展观、构建社会主义和谐社会的重要举措。曾培炎要求，各级政府一定要加大工作力度，把党中央、国务院关于加快建设节约型社会的决策落到实处。

15日 由中国宗教界和平委员会、中国佛教协会发起组织的海峡两岸暨港澳佛教界纪念中国人民抗日战争暨世界反法西斯战争胜利60周年祈祷世界和平法会在北京灵光寺隆重举行。中国佛教协会会长一诚法师以及来自内地、香港、澳门、台湾的法师率佛教弟子3000人出席法会。中国佛教协会常务副会长圣辉法师在祈祷法会上讲话。他对来自内地及香港、澳门、台湾的法师表示欢迎和感谢。他说，在中国人民伟大的抗日战争中，中国及海外佛教四众弟子表现了前所未有的爱国热情和民族精神，积极投身于保家卫国的正义事业。佛教是热爱和平的宗教。这种以世界为本体、以和平为本位的理念，是人类文明社会宝贵的精神财富，也是维护世界和平的重要法宝。

15—16日 第四次全国妇女儿童工作会议在北京召开。中共中央政治局常委、国务院总理温家宝出席会议并发表重要讲话。他强调，广大妇女儿童是建设社会主义物质文明、政治文明、精神文明和和谐社会的重要力量，少年儿童是国家的未来。各地区、各有关部门要从实现中华民族伟大复兴和全面建设小康社会的高度，充分认识做好妇女儿童工作的重大意义，全面落实科学发展观，坚持以人为本，开拓创新，扎实工作，切实保障妇女儿童的合法权益，进一步推动我国妇女儿童事业健康发展。

15—30日 由中共北京市委党史研究室与北京电视台新闻中心等单位联合拍摄的纪念中国人民抗日战争胜利60周年特别节目《城市记忆——你身边的抗战故事》（16集），在北京电视台《北京新闻》栏目播出。片中选取了抗日战争期间发生在北京的真实故事，其中包括威震卢沟、抗战名将、巧劫监狱、平西硝烟等，通过对16个历史瞬间的生动解读，表现了中华民族不屈的民族精神和中国人民伟大的民族气节，从现代人的角度对历史进行了全新的审视，是一部深入浅出、形象生动的爱国主义教育素材。（市委党史研究室刘岳）

17日 《人民日报》载：2003年度教育部哲学社会科学研究重大课题攻关项目中期检查日前结束。经过两年多的理论建设和实证研究，涉及马克思主义、哲学、逻辑学、宗教学、经济学、历史学、民族学、教育学、心理学、管理学、社会学、新闻传播学、政治学、法学等学科的39个重大课题攻关项目都取得了丰硕的研究成果，出版专著126部，发表相关学术论文1237篇，完成相关学术报告148篇。

18日 《义务教育法》修订座谈会在京召开。全国人大常委、教科文卫委员会副主任委员邢世忠强调，各级义务教育经费要单列，以防止被挪用和挤占。政府义务教育经费的投向，要有利于促进义务教育的均衡发展，重点向贫困地区和城乡贫困学生倾斜。座谈中，大家认为，《义务教育法》修订的问题集中在以下几个方面：义务教育经费保障不够充分，进城务工农民子女在城市接受义务教育难、教科书过多、过厚、过于豪华。

19日 中共中央企业负责人年度经营业绩考核结果首次向社会公布。在纳入国务院国资委2004年度考核的179家央企中，考核结果为A级的25家，B级和C级的141家，9家企业因个别指标没有完成考核目标而评为D级，4家企业因不同程度存在财务数据不实等问题，未达到审计要求，被列为E级并被要求限期整改。

同日 国务院国有资产监督管理委员会主任李荣融在中央企业负责人会议上指出，虽然上半年中央企业利润继续大幅提高，同比增长29.1%，但有106家企业实现利润同比增幅出现回落，有67家企业实现利润同比下降，集团一级亏损的26家，亏损面达15.4%，二级子企业亏损面达37.3%，暴露出中央企业在财务资金管理等方面仍存在四个方面的突出问题：首先是部分企业成本费用增长过快，其次是部分企业应收账款和存货占用资金增幅较快，再次是部分企业资本积累不足，负债过度，最后是市场经营风险加大。

21日 中共中央政治局委员、全国人大常委会副委员长王兆国在开始举行的各省、自治区、直辖市人大常委会负责人学习班上强调，要抓住贯彻落实中共中央转发中共全国人大常委会党组《关于进一步发挥全国人大代表作用，加强全国人大常委会制度建设的若干意见》的有利契机，进一步统一思想，完善制度，改进工作，充分发挥人大代表的作用，切实加强常委会的制度建设，不断开创人大工作的新局面，在全面建设小康社会中发挥更大的作用。

同日 《人民日报》报道：由中共中央宣传部理论局组织理论界专家学者撰写的通俗理论读物《2005：理论热点面对面》出版发行后，在干部群众中引起强烈反响。中央和地方主要新闻媒体纷纷进行报道，《人民日报》、《求是》杂志、《光明日报》、《经济日报》正在陆续开始连载该书内容，有的还专门开辟了专栏，并发表有关该书的书评。人民网、新华网等也即将在网上对该书进行转载。重庆等地还专门召开了学习宣传好这本书的座谈会，并将本书列为党员先进性教育的重要学习辅导读物。

28日 十届全国人大常委会第十七次会议通过治安管理处罚法。治安管理处罚法对应受治安管理处罚的行为、种类、幅度、程度，以及公安机关及其民警的行为规范和执法监督等作了明确规定，为民警履行职责，处罚治安违法行为，维护社会治安秩序提供了明确的法律依据和法律保障，也规范了公安机关及其民警的执法行为。

同日 十届全国人大常委会第十七次会议通过修订后的妇女权益保障法。该法首次将惩罚性骚扰写入法律，规定：禁止对妇女实施性骚扰。受害妇女有权向单位和有关机关投诉。

31日 我国历史上首次系统全面地向世界推出外文版中国文化典籍的国家重大出版工程《大中华文库》（汉英对照），历经10年已推出54种经典名著。《大中华文库》编纂出版座谈会在京举行，任继愈、冯其庸、戴逸、楼宇烈等著名学者，以及出版界、翻译界代表对这项出版工程提出了意见和建议。全国人大常委会副委员长许嘉璐出席座谈会。这项出版工程于1995年正式立项，计划从我国先秦至近代文化、历史、哲学、经济、军事、科技等领域最具代表性的经典著作中选出100种，由专家对选题和版本详细校勘、整理，由古文译成白话文，再从白话文译成英文。

9月

2日 由22个国家老兵组成的“世界二战老兵国宾团”的200多名成员，100多名著名中国抗战将领和老战士，以世界二战老兵《北京和平宣言》签署人的身份，出席了在北京朝阳公园举行的《北京和平宣言》签署暨“北京和平墙”揭幕仪式。《北京和平宣言》的内容为：“昨天，六十年前，我们作为军人，亲历了一场世界大战。今天，六十年后，我们作为幸存者，是那场战争的最后见证人。明天，为了子孙后代更加美好的未来，我们郑重留言：热爱生活，珍惜和平。”“北京和平墙”由16块独立墙体构成，绵延60米长，象征中国人民抗日战争暨世界反法西斯战争胜利60周年。

3日 上午，党和国家领导人胡锦涛、吴邦国、温家宝、贾庆林、曾庆红、黄菊、吴官正、李长春、罗干等与首都各界代表1万多人来到天安门广场，向人民英雄纪念碑献花篮，深切缅怀在中国人民抗日战争中英勇牺牲的烈士们的光辉业绩，充分表达中国人民实现中华民族伟大复兴、促进人类和平与发展崇高事业的坚定信念。

同日 纪念中国人民抗日战争暨世界反法西斯战争胜利60周年大会在人民大会堂隆重举行。中共中央总书记、国家主席、中央军委主席胡锦涛发表重要讲话强调，我们隆重纪念中国人民抗日战争和世界反法西斯战争的伟大胜利，就是要牢记历史、不忘过去、珍爱和平、开创未来，更好地推进全面建设小康社会、实现中华民族伟大复兴的光辉事业，更好地促进人类和平与发展的崇高事业。

同日 海内外爱国人士、抗日将领及遗属纪念中国人民抗日战争胜利60周年座谈会在北京人民大会堂举行。中共中央政治局常委、全国政协主席贾庆林出席座谈会并讲话。贾庆林首先向在抗日战争中英勇杀敌、流血牺牲的烈士们表示深切的悼念！向积极投身抗日战争并建立卓著功勋的老战士和各界人士，向为抗战胜利作出贡献的港澳同胞、台湾同胞和海外侨胞，向支援中国人民抗击日本侵略者的国际友人，表示崇高的敬意！向出席座谈会的海内外爱国人士、抗日将领及遗属，表示热烈的欢迎和亲切的慰问！

5日 第22届世界法律大会在北京人民大会堂隆重开幕。中共中央政治局常委罗干出席开幕式并致词。世界法律大会是世界法学家协会主办的重要国际会议，一般每两年在不同的国家召开一次大会。本届大会是中国自1990年北京第14届世界法律大会之后再度承办该项国际会议。来自60多个国家和地区的1500多名代表出席本届大会。罗干在致词中说，1990年在北京举行的第14届世界法律大会取得了令人满意的成果，发表了具有广泛影响的《北京宣言》，充分表达了各国法律界人士通过法律促进世界和平与发展的愿望和主张。他说，世界需要和平，需要和谐，需要法治。

6日　由北京市委教育工委、北京市教委、北京市教育工会共同举办的“北京师德论坛”在北京大学英杰交流中心举行。北京市委常委、教育工委书记朱善璐，北京市总工会主席侯小丽，北京市教委委员孙善学，中国教科文卫体工会分党组成员何力克，北京市教育工会主席张青山等领导同志，以及来自北京市高校和普教系统的老师和学生代表共200人参加了论坛。（北京大学社会科学部）

同日　2005年度北京市哲学社会科学研究基地项目立项评审会在友谊宾馆召开。23个单位申报的51个项目参加了评审，涉及经济·管理、文学·艺术、科社·党建·政治学、教育学、社会学、法学、城市学、综合等8个学科。经过13位相关学科的专家的评审，共有37个项目获准立项。此次研究基地项目申报首次采用了网上申报的方式，经规划办初审后，再通过答辩的方式由专家进行评审。（北京市哲学社会科学规划办公室）

8日　《人民日报》载：中国社科院马克思列宁主义毛泽东思想研究所编辑的《毛泽东邓小平江泽民论哲学社会科学》，已由中国社会科学出版社出版。本书系统收录了中国共产党三代领导核心对哲学社会科学的有关论述和对发展我国哲学社会科学研究的指导性意见。2004年年初，中共中央根据党的十六大精神制定颁布了《中共中央关于进一步繁荣发展哲学社会科学的意见》。这是新世纪、新阶段我国在全面建设小康社会中指导哲学社会科学繁荣发展的纲领性文件，具有重要和长远的指导意义。为了学习贯彻落实党中央的这项重大决策和部署，帮助各级领导干部和广大哲学社会科学工作者系统学习和把握我们党关于发展哲学社会科学的指导思想、基本方针和基本要求，中国社科院专门组织专家学者编辑了这部《毛泽东邓小平江泽民论哲学社会科学》。

9日　中共中央政治局常委、国务院总理温家宝和国务委员陈至立，在中共中央政治局委员、北京市委书记刘淇，北京市市长王岐山陪同下，前往北京郊区潭柘寺中小学校看望师生，亲切慰问辛勤耕耘的人类灵魂的工程师。温家宝说：“让学生自己去发现问题，讨论问题，解决问题，这种做法非常好。发现一个问题比解决一个问题更重要。一个人要成才，就要学会独立思考，学会创造思维。这就是启发式教育。”

10日　外交学院在京举行庆祝大会纪念建院50周年。国务委员陈至立到会祝贺并致词。陈至立指出，外交学院建院50年来，始终遵循周恩来总理提出的“站稳立场、掌握政策、熟悉业务、严守纪律”方针，形成了自己的优良传统、学科优势和良好校风，积累了丰富的办学经验，向我国外交战线输送了大批人才，成为名副其实的“外交官摇篮”，为我国的外交事业和社会主义现代化建设作出了重要贡献。

同日　中国招标投标协会举行成立大会，中共中央政治局委员、国务院副总理曾培炎出席并讲话。曾培炎指出，做好招投标工作对于完善社会主义市场经济体制十分重要。要进一步健全行业管理制度，加强中介组织建设，整顿和规范市场秩序，促进招投标市场健康发展。曾培炎要求，中国招标投标协会要充分发挥人才和专业等方面的优势，牢记服务宗旨，注重调查研究，搞好组织协调，加强自身建设，切实起到三个作用：一是起到招投标行业自律、规范市场的作用；二是起到跨部门、跨地区综合服务、整合资源的作用；三是起到政府与企业之间的桥梁纽带作用。

12日　国家保密局、民政部在北京联合举行新闻发布会，宣布自2005年8月起，对全国及省、自治区、直辖市因自然灾害导致的死亡人员的总数及相关资料解密。原《民政工作中国家秘密及其密级具体范围的规定》中的相关内容予以废止。国家保密局新闻发言人沈永社说，根据形势发展和救灾工作需要，对因自然灾害导致的死亡人员总数及相关资料进行解密，有利于进一步做好防灾救灾工作，是我国政府适应形势发展需要，推进依法行政、政务公开的一项重要举措。

同日　中共中央政治局委员、书记处书记、国务委员周永康在中国警察协会成立大会上强调，要以“三个代表”重要思想为指导，全面落实科学发展观，坚持团结、服务、自律的宗旨，把中国警察协会建设成为名副其实的“警察之家”，为促进人民警察严格公正文明执法、全面推进公安工作、维护重要战略机遇期的社会稳定、构建社会主义和谐社会作出积极贡献。

同日　中国民主促进会名誉主席、著名社会学家、北京大学教授雷洁琼百岁华诞，由闵维方书记和许智宏校长代表北京大学全体师生献给雷洁琼教授的祝寿联，上午由专人送抵了雷教授的家里。祝寿联的内容为“金陵挺身忧国忧民呕心洒血伸正义，燕园执教爱生爱友传道授业育新人”。雷洁琼教授曾于1931年—1937年、1946年—1952年任燕京大学教授，从1973年至今担任北京大学教授。（北京大学社会科学部）

14日 《人民日报》报道：“中国老龄事业发展‘十一五’规划（2006—2010年）高层论坛”指示：“十一五”期间是中国全面建设小康社会的关键时期，我国60岁及以上老年人口将从2005年的1.47亿增加到2010年的1.74亿。同时，老龄化逐渐显现，农村老龄问题日益突出，老年人的养老保障、医疗保健、生活照料的压力进一步加大。制定好中国老龄事业发展“十一五”规划，对于指导今后五年中国老龄事业发展，推动国民经济持续快速协调健康发展，维护社会和谐稳定，十分重要。

同日 清华国学研究院与大学人文精神——纪念清华国学研究院建立80周年大会在清华大学主楼后厅召开，党委副书记张再兴教授主持大会，校长顾秉林院士出席会议，副校长谢维和致欢迎词。教育部原副部长周远清，中国社会科学院副院长江蓝生，著名学者、北京师范大学教授何兹全，美国王士元教授、黄宗智教授和梅祖麟教授等近20名嘉宾致贺词。著名学者、北京大学季羡林先生发来贺信。人文社会科学学院院长李强教授进行主题发言。下午，大会成员在主楼接待厅进行了专题性学术讨论。（清华大学文科建设处）

同日 北京市哲学社会科学研究基地管理平台（数据库系统）网络版正式开通运行。该系统充分利用Internet信息技术与数据库技术，用基地新闻、基地通知、基地简介、基地工作会议、基地交流、基地工作总结、基地工作计划、基地研究项目、基地管理办法、基地研究报告、权限管理、系统管理12个功能模块对研究基地的工作和研究内容进行结构化处理，增强信息的易读性及可管理性。该系统的建成为各研究基地的信息交流提供了平台，提升了研究北京问题的整体实力，实现了对社科研究基地统一、有效的管理。（北京市哲学社会科学规划办公室）

16日 中国农业大学百年校庆系列活动之一的“世界著名大学校长论坛”在北京举行，国务委员陈至立出席并致词。陈至立在致词中说，中国现代化建设已经进入新的发展阶段。中国政府坚持科学发展观，提出了统筹城乡经济社会发展的战略思想，把解决农业、农村、农民问题作为现代化建设的重中之重，充分发挥工业对农业的支持和反哺作用，发挥城市对农村的辐射带动作用，促进城乡良性互动、共同发展。她说，中国人口众多，人均自然资源拥有量远低于世界平均水平。现代农业的发展将为中国的可持续发展提供新的支撑。保障粮食安全，提高人民生活水平和健康水平，改善生态环境，缓解能源压力，保障生物安全，都迫切需要发展现代农业。时代对中国农业高等教育提出了前所未有的挑战，也提供了极好的发展机遇。

17日 由人民法院报社主办，北京市海淀区人民法院承办的“少年·和谐社会的希望——少年司法回顾与展望研讨会”在北京举行。全国人大常委会副委员长、全国妇联主席顾秀莲作了题为《创造青少年健康成长良好环境，为构建和谐社会作出更大贡献》的发言，指出，切实维护青少年的合法权益，有效预防和减少青少年犯罪，为青少年身心健康发展创造良好的条件和社会环境，是全社会义不容辞的职责，也是努力构建社会主义和谐社会的基础工程。

19日 由中共中央文明办秘书组、未成年人思想道德建设工作组、中宣部教育局联合举办的网上座谈会在北京召开。这是“公民道德建设网上谈”系列活动之一。这场主题为“构建网络道德、树立网络新风”的座谈会，采用主题发言和现场提问相结合的方式进行。来自中央文明办、国务院新闻办、网络文明工程组委会、中国青年政治学院、北京大学、华中师范大学、北京科技大学、新华网、新浪网、搜狐网等10家单位的嘉宾，与网友进行深入探讨。中央文明办未成年人思想道德建设工作组组长李伟发言指出，网络道德建设的意义：是互联网健康发展的需要，是青少年健康成长的需要，是构建和谐社会新型道德体系的需要。他特别强调：“网络道德是公民道德建设的重要组成部分。”

21日 金曼女士捐赠建设北京大学艺术大楼暨成立北京大学歌剧研究院协议签字仪式在北京大学中国经济研究中心万众楼隆重举行。金曼女士现任全国政协委员、全国政协教科文卫体委员会委员，同时也是我国著名的歌剧表演艺术家、实业家。长期以来金曼女士一直关注着我国文化产业和艺术教育事业的发展。根据协议内容，金曼女士将为北京大学捐赠和筹集2亿元左右人民币用于建设一座功能齐全的现代化艺术大楼。同时，北京大学还将与金曼女士携手创立以歌剧研究、歌剧教学为专业的北京大学歌剧研究中心。中心建成后，能够进一步丰富北京大学艺术类专业学科，为北京大学学生提供多种形式的艺术学习和实践机会。（北京大学社会科学部）

23日 作为“神州文化之旅”的重要行程，台湾知名文化人士李敖在清华大学发表演讲，500多位学生聆听了演讲。李敖从东道主清华大学的建校经过作为切入点。回顾了落后、贫困、挨打的近代中国，称赞“现在是中国自汉唐以来所没有的盛世”。李敖又就爱国与自由之间的关系发表了自己的看法，并讲述自己拍卖文物捐赠慰安妇的故事，借以说明务实的必要。李敖说：“今天的意思就是大家要务实，面对今天的中国问题和中国的前途。中国才是我们真正努力的方向、真正努力的目标、真正献身的目标。”

24日　来自中、日、韩3国60多个学术机构的200多名学者出席了在北京举行的首届社会保障国际论坛。全国人大党委会副委员长韩启德发来贺信，全国政协副主席张梅颖出席论坛并发表讲话。韩启德在贺信中指出，中国的社会保障制度改革已经进行了20年，取得了很大成就，但总体而言，能够适应市场经济体制和满足社会发展要求的新型社会保障体系还在探索中建设、建设中探索。

同日　由共青团中央会同有关部门主办的“关爱务工青年、构建和谐社会”座谈会在京举行，进城务工青年代表、专家学者和有关单位负责人近30人参加座谈。会上，优秀进城务工人员报告团向全国进城务工人员发出倡议：争当学习模范、创业先锋、守法公民、致富骨干。团中央书记处书记杨岳在座谈会上指出，进城务工青年是宝贵的人力资源，是促进城乡经济和社会发展的生力军，也是全面建设小康社会不可或缺的一支重要力量。希望全国广大进城务工青年以优秀进城务工人员为榜样，树立远大理想，矢志报效祖国。

26日　中共中央宣传部和中央党史研究室在北京联合召开学习胡锦涛同志“在纪念中国人民抗日战争暨世界反法西斯战争胜利60周年大会上的讲话”座谈会，就认真学习领会、全面贯彻落实胡锦涛同志的重要讲话精神，并用以指导史学研究和理论工作进行了座谈。专家学者们认为，胡锦涛同志的重要讲话，站在人类文明、时代潮流和历史规律的高度，全面回顾和深刻总结了中国人民抗日战争的伟大历程、历史意义和历史经验，体现了牢记历史、不忘过去、珍爱和平、开创未来的鲜明主题，是纪念中国人民抗日战争暨世界反法西斯战争胜利60周年的重要文献，是进行爱国主义教育的珍贵教材，是动员全党和全国各族人民全面建设小康社会、加快社会主义现代化的行动纲领，具有重大而深远的指导意义。

27日　中共中央政治局委员、书记处书记、中组部部长、中央先进性教育活动领导小组组长贺国强到北京大学调研，并召开在京部分高校先进性教育活动座谈会。他强调，选进性教育活动为加强高校党建工作、推动高等教育事业改革发展提供了重要契机，要在前一段工作基础上，进一步加大领导和分类指导的力度，切实解决突出问题，确保先进性教育活动取得实效，为全面提高高校党建工作水平，推进高等教育事业的改革发展作出新的贡献。

同日　中国人民大学出版社在人民大会堂隆重举行李瑞环《学哲学　用哲学》新书发布会。全国政协副主席、中国社会科学院院长陈奎元，全国政协副主席、中国工程院院长徐匡迪出席并讲话。全国政协秘书长郑万通，全国政协副秘书长李昌鉴、孙怀山、陈洪，全国政协常委陈邦柱、王蒙、陈广文、张治、赵喜明，中共中央宣传部副部长雒树刚，中共中央统战部副部长陈喜庆，新闻出版总署副署长于永湛，国家宗教事务局局长叶小文，国家图书馆馆长、党委书记詹福瑞，全国自然辩证法研究会理事长朱训和著名学者韩树英、龚育之、杨春贵、黄楠森、沈宝祥、罗国杰、陈选达等出席会议。中国人民大学校领导纪宝成、程天权、冯惠玲、马俊杰出席。（人民大学科研处）

30日　中国人民大学召开理学院全体教职工大会，宣布中国人民大学理学院正式成立。会上，袁卫常务副校长宣读了《中国人民大学关于成立理学院的决定》，并发表讲话指出，成立理学院是中国人民大学学校从学科规划的长远考虑，构建“主干的文科、精干的理工科”的学科战略体系的重要内容，是学校全面提核心竞争力的重要举措，也是人民大学几代人的愿望。成立后的理学院统筹负责学院的人才培养和科学研究工作，学院下设数学系、物理学系、化学系。（人民大学科研处）

10月

8—11日　中国共产党第十六届中央委员会第五次全体会议在北京召开。全会听取和讨论了胡锦涛同志受中央政治局委托作的工作报告。全会全面分析了当前我国面临的国际国内形势，审议并通过了《中共中央关于制定国民经济和社会发展第十一个五年规划的建议》。《建议》最鲜明的特点就是，坚持以科学发展观统领经济社会发展全局。科学发展观是指导发展的世界观和方法论的集中体现，是对社会主义现代化建设指导思想的重大发展。

10日　经国家文物局批准，以北京大学考古文博学院赵朝洪教授为领队的北京大学与北京市文物研究所组成的东胡林考古队对东胡林遗址进行了第3次发掘。在北京西郊斋堂镇东胡林村村西永定河支流清水河北岸的东胡林遗址9号探方发现了一具身长一米多的人骨，很完整而且蜷曲着，经勘定考古队确定为屈肢葬，葬式与2003年发掘的一座不同，并有小型磨制石器、螺壳项链等随葬品，为研究东胡林人及其葬俗增添了新的重要资料。这一发现填补了北京地区自山顶洞人（2.5万—3万年）以来人类发展史上的一段空白。（北京大学社会科学部）

11日　来自海峡两岸50多位高教界的教育家、活动家和知名学者云集北京大学就“世界多元文化激荡交融下的大学文化”展开了广泛的讨论，全球化、市场经济、行政体制、大众文化等正使得进入21世纪的大学经受着众多的挑战和考验，如何重新认识当代大学的使命和精神，如何利用民族的传统资源进行创造性转化，如何平衡社会的功利目标和大学文化使命的关系等问题成为教育界普遍关注的重大问题。来自北京大学、台湾大学、清华大学、元智大学、中央大学等院校的代表展开了深入的研讨。（北京大学社会科学部）

15日　第七届20国集团财长和央行行长会议在北京开幕，国家主席胡锦涛出席开幕式并发表了题为《加强全球合作，促进共同发展》的重要讲话。他强调，当今世界正在发生深刻而复杂的变化，我们正面临着一个机遇和挑战并存的局面。我们必须加强国际合作，共同把握机遇，携手应对挑战，推动世界经济平衡有序发展。这是世界各国人民的共同意愿，也是时代的必然要求。

16日　北京大学经济学院迎来了她的第20个生日。北京大学经济学院有着深远的历史渊源，悠久的学术传统，自1902年京师大学堂设立商学科以来，至今已有103年的历史，1985年经济学系撤系设院，致今也有20年了。世界上也没有一所大学像北京大学这样与国家和民族的命运紧密相连，与此同时，世界上也没有一所大学的经济学院像北京大学经济学院这样与国家的经济学科的发展密切相关。北京大学首任校长严复先生翻译的《国富论》标志着西方经济学在中国的正式传播，中国共产主义运动先驱李大钊先生曾担任北京大学经济学系的教授，他是最早向国内比较系统介绍马克思主义的学者，在国内最早翻译了《资本论》的陈启修先生也是北京大学经济学系的教授。此外，凭一部《新人口论》震动中国政学两界的马寅初先生，学贯中西的赵迺抟先生和樊弘先生，道德文章堪称楷模的陈岱孙先生，皆曾主持经济系事务，为经济学院的发展奠定了根基。（北京大学社会科学部）

17日　《人民日报》报道：在“中国公益事业与构建和谐社会”高层论坛上获悉：目前我国有1000多家公益机构，10年来共得到近100亿元的捐赠。当前我国困难群体的规模有1.4亿至1.8亿人左右，约占全国总人口的11%至14%。经常性社会捐助工作站已达2万多个。手机短信成为捐赠的新方式。

18日　《人民日报》载：由全国哲学社会科学规划办公室组织的2005年度国家社科基金重大招标项目评审工作结束，共评选出35项课题。重大课题实行招标立项，今年主要围绕党的十六大以来以胡锦涛同志为总书记的党中央提出的一系列重大理论和实际问题，特别是关于贯彻落实科学发展观、构建社会主义和谐社会、加强党的执政能力建设和先进性建设等重大问题来立项。

19日　国务院召开全国1%人口抽样调查电视电话会议，中共中央政治局委员、国务院副总理曾培炎出席讲话。曾培炎指出，第五次全国人口普查以来，我国人口数量和结构发生很大变化。开展1%人口抽样调查，有助于摸清人口基本情况，掌握人口变化趋势，对于全面落实科学发展观，构建社会主义和谐社会具有重要意义。

21日　国家人事部、全国博士后管委会召开的“全国优秀博士后表彰暨博士后工作会议”在人民大会堂举行。北京大学数学学院文兰、环境学院倪晋仁、物理学院龚旗煌、化学学院袁谷、数学学院段海豹、信息学院梅宏、人口所郑晓瑛、化学学院黄建滨、数学学院朱小华、生命学院李毅、光华管理学院雷明共11人获得“全国优秀博士后”荣誉称号；北京大学化学、数学、社会学、应用经济学获得“全国优秀博士后科研流动站”荣誉称号；北京大学人事部博士后办公室冯支越获得“全国优秀博士后管理工作者”荣誉称号。（北京大学社会科学部）

22日　中央财经大学经济学院主办的全国高校社会主义经济学理论与实践研讨会第十九次大会在北京香山饭店隆重开幕，来自全国几十所高校政治经济学领域的100多名代表出席了开幕式。教育部袁贵仁副部长、中国人民大学宋涛教授、中宣部理论局路建平局长、中国人民大学卫兴华教授、教育部社科中心田心铭主任、北京大学胡代光教授、教育部社政司徐维凡副司长、武汉大学谭崇台教授、南开大学谷书堂教授、中央财经大学党委书记邱东教授、李俊生教授、王国华教授等领导同志、专家

学者出席了会议。（中央财经大学科研处）

25日　纪念台湾光复60周年大会在北京人民大会堂隆重举行。中共中央政治局常委、全国政协主席贾庆林出席大会并发表题为《为推进祖国和平统一进程，实现中华民族的伟大复兴而努力奋斗》的重要讲话。

同日　北京市邓小平理论和“三个代表”重要思想研究中心办公室组织课题组成员参加中宣部在京西宾馆举办的马克思主义理论研究和建设工程报告会。会议邀请十六届五中全会文件起草组成员、国家发改委副主任朱之鑫同志作关于学习贯彻十六届五中全会精神的报告。张文啟、辛国安、王锐生、鲁振祥、徐鸿武、李贺林、刘福同、徐志宏等同志参加了会议和讨论。（北京市社科联）

26日　中国现代民族工商业者的杰出代表，卓越的国家领导人，伟大的爱国主义、共产主义战士，中华人民共和国原副主席，第六、七届全国人民代表大会常务委员会副委员长，中国人民政治协商会议第五届全国委员会副主席，中华全国工商业联合会原主席，中国国际信托投资公司原董事长荣毅仁同志，因病于2005年10月26日20时31分在北京逝世，享年89岁。

同日　全国精神文明建设工作表彰大会在人民大会堂举行。表彰决定，授予12个全国文明城市（区）、494个全国文明村镇、1001个全国文明单位和一批全国精神文明创建工作先进单位及100名全国精神文明建设先进工作者荣誉称号。

27日　《全国人民代表大会常务委员会关于修改〈中华人民共和国个人所得税法〉的决定》已由中华人民共和国第十届全国人民代表大会常务委员会第十八次会议于2005年10月27日通过，自2006年1月1日起施行。修订后的个税法将个人工薪所得减除费用标准，由1500元调整为1600元。这100元的调整表明，民意倾向对个税法修订产生了实质影响。新通过的个税法修订案，尊重了全国人大9月27日举行的个税起征点听证会，吸收了多数人提出的调整意见，这是民主立法的可喜进步。

同日　十届全国人大常委会第十八次会议表决通过全国人大常委会关于批准《联合国反腐败公约》的决定，12月14日生效。公约于2003年10月经第五十八届联合国大会审议通过，中国政府于当年12月10日签署。公约确立了预防、刑事定罪与执法、国际合作、资产追回、履约监督五大机制。

同日　北京大学中国教育科学研究所成立大会在北京大学英杰交流中心阳光大厅举行。来自国家财政部、教育部、北京大学、清华大学、北京师范大学等其他院校的领导和学者参加了本次成立大会。大会由财政部教科文司丁学东司长主持，财政部部长助理张少春、教育部副部长袁贵仁、北京大学党委书记闵维方及常务副校长陈文申为中国教育财政科学研究所揭牌。（北京大学社会科学部）

31日　第三届东亚论坛在北京举行。来自东盟与中国、日本和韩国的近100名政府官员、学者和产业界人士与会。国务委员唐家璇、韩国外交通商部次官柳明桓、老挝外交部副部长奔格出席开幕式并致词。唐家璇在致词中说，东亚国家顺应经济全球化和区域一体化的客观要求，不断探索新的合作途径和模式，稳步加强合作机制建设，以经贸合作为先导，合作领域不断扩大，内涵日益丰富。事实证明，东亚合作符合本地区国家和人民的利益。

31日　中国和俄罗斯教育、文化、卫生、体育合作委员会第六次会议在北京举行。国务委员、中俄教文卫体合作委员会中方主席陈至立和俄罗斯副总理、中俄教文卫体合作委员会俄方主席茹科夫共同主持了会议。这次会议对委员会第五次会议以来的工作情况进行了全面总结，并对下一阶段的工作作出了筹划。

11月

1日　经国务院、中央军委批准，“国防连着千万家”广播宣传活动总结颁奖仪式在京举行。中共中央书记处书记、中央军委副主席徐才厚在接见“情系国防”好家庭代表时指出，要积极创新开展国防教育的形式和方法，使国防教育活动富有时代特色，推动国防教育进入千家万户，进一步形成全社会关心国防、支持国防、建设国防的农厚氛围。

同日　国务院举办学习讲座，学习，《中华人民共和国公务员法》。中共中央政治局常委、国务院总理温家宝主持学习讲座并发表讲话。他指出，公务员的权力是人民给的，必须对人民负责，接受人民监督。各级政府和全体公务员都要认真学习、坚决贯彻公务员法，忠于职守，依法行政，全心全意为人民服务。

同日　中国人民大学先后举行明德楼与文化大厦竣工启用典礼。教育部发展规划司副司长宋德民和校领导纪宝成、程天权、牛维麟、林岗、冯俊、马俊杰、王新清、陈雨露以及中关村科技园区管委会负责人，工程设计、施工、监理、租用单位负责人分别出席（人民大学科研处）

2日　中俄企业家座谈会在人民大会堂召开。国务院副总理吴仪与俄罗斯副总理茹科夫共同主持并讲话。吴仪说，近年来，中俄两国经贸合作快速发展，今年双边贸易额有望突破280亿美元。但与两国经济总量相比，中俄贸易规模还不大，在两国对外贸易中的比重还较小，与其他贸易伙伴相比还有相当差距。茹科夫说，俄方对俄中经贸合作总体是满意的。俄方希望进一步扩大对华出口，丰富对华出口产品种类，吸引更多的中国企业对俄投资。

3日　国家信息化领导小组第五次会议在北京召开。中共中央政治局常委、国务院总理、国家信息化领导小组组长温家宝主持会议并作重要讲话。会议审议并原则通过《国家信息化发展战略（2006—2020年）》。温家宝指出，信息化是当今世界发展的大趋势，是推动经济社会发展和变革的重要力量。制定和实施国家信息化发展战略，是顺应世界信息化发展潮流的重要部署，是实现经济和社会发展新阶段任务的重要举措。要按照全面贯彻科学发展观的要求，站在现代化建设全局的高度，大力推进国民经济和社会信息化，不断把我国信息化提高到新水平。

同日　中共中央宣传部等六部委举行形势报告会，中共中央政治局委员、国务院副总理曾培炎作了《深刻领会〈建议〉精神实质，全面贯彻落实科学发展观》辅导报告。曾培炎指出，党的十六届五中全会通过的《建议》，站在历史的新高度，从战略全局出发，描绘了“十一五”时期我国经济社会发展的宏伟蓝图。尤其重要的是，我们党对发展规律的认识有了新飞跃，提出了科学发展观和构建社会主义和谐社会两大战略思想。曾培炎指出，科学发展观是制定经济社会发展战略和政策的根本指导思想。我们不仅要实现从发展到科学发展这一观念上的飞跃，而且要把科学发展的理念贯彻落实到“十一五”的实践中去。能够做到这一点，也是一个飞跃。

5日　由全国工商联、共青团中央和中央民族大学共同主办的，以“创业精神与实践”为主题的“中国民营企业家创业论坛”在中央民族大学举行。云南省哀牢山拉祜族中的第一个大学生、中国光彩事业奖章获得者、云南凯雄公司董事长李家杰，中国光彩事业奖章获得者、中国光彩事业促进会副会长、甘肃奇正藏药集团董事长雷菊芳分别作了成功创业报告。全国工商联、共青团中央和国家民委领导及中央民族大学的部分师生参加了报告会。“中国民营企业家创业论坛”于2004年在全国各高校中陆续开展，其目的是鼓励和引导广大应届毕业生树立创业意识，服务社会，报效人民，走出一条独立自主、奋发图强的创业之路。（中央民族大学科研处）

6月　《蒙古族大辞典》，出版座谈会在京举行。全书210万字，收5100多条目，分别阐述了中国境内蒙古民族从古到今各个方面的实际状况和相关学科知识。“填补了蒙古民族没有综合性大型工具书的空白，为国际性的蒙古学学科提供有价值的学术成果。”出席座谈会的全国人大原副委员长布赫、国家民委原副主任文精、内蒙古自治区副主席雷·额尔德尼等领导和专家学者均对该书的出版给予高度评价。

7日　2005北京国际可再生能源大会在北京人民大会堂开幕。国家主席胡锦涛向大会发来书面致词，强调加强可再生能源开发利用，是应对日益严重的能源和环境问题的必由之路，也是人类社会实现可持续发展的必由之路。国际社会应该在研究开发、技术转让、资金援助等方面加强合作，使可再生能源在人类经济社会发展中发挥更大作用，造福各国人民。

同日　全国职业教育工作会议在北京召开。中共中央政治局常委、国务院总理温家宝在会上发表重要讲话。他强调，当前我国就业和经济发展正面临着两个大的变化，社会劳动力就业需要加强技能培训，产业结构优化升级需要培养更多的高级技工，因此，需要大力发展职业教育。做好这项工作，对于把巨大的人口压力转化为人力资源优势，使我国经济建设切实转到依靠科技进步和提高劳动者素质的轨道上来，具有重大意义。

12日　北京市文艺学会、中国艺术研究院马克思主义文艺理论研究所共同主办的“文学语言学”学术研讨会在中国艺术研究院举行。会议由北京市文艺学会秘书长李淑敏主持，市文艺学会、北京师范大学、吉林大学、《文艺报》、中国艺术研究院马克思主义文艺理论研究所等单位的专家学者20余人参加了会议。与会者在热情坦诚的气氛中对李荣启研究员的《文学语言学》一书进行了全面客观的探讨和评论，一致认为该书为建设科学、系统、成熟的文学语言学，拓展文学研究空间作出了重要贡献，是近年来文学语言学方面不可多得的一部佳作。（北京市社科联）

12—13日　中国传媒大学党报党刊研究中心等成功举办了“人民共和国党报论坛”第二届（2005）年会。“党报论坛”本届年会的主题是“十六大以来重大课题与党报”。与会人士围绕加强党的执政能力建设与党报、落实科学发展观与党报、构建和谐社会与党报，以及党报资源开发、党报发行等当前业界热门话题，建言献策，切磋沟通，讨论深入，气氛热烈。

14—15 日　打击网络侵权盗版执法工作会议在京举行。国家版权局局长石宗源在会上作了题为《认真学习和贯彻党的十六届五中全会精神，切实加强网络版权保护工作》的讲话。石宗源说：五中全会通过《建议》和胡锦涛总书记在五中全会上的重要讲话、温家宝总理就《建议》所作的说明，都突出强调了必须提高自主创新能力，强调了加强知识产权保护对提高自主创新能力的重要性。

18 日　中共中央在北京人民大会堂举行座谈会，纪念胡耀邦同志诞辰 90 周年。中共中央政治局常委、国务院总理温家宝出席座谈会。中共中央政治局常委、国家副主席曾庆红在会上发表了重要讲话。座谈会由中共中央政治局常委、中央纪委书记吴官正主持。曾庆红在讲话中中指出，胡耀邦同志是久经考验的忠诚的共产主义战士、伟大的无产阶级革命家、政治家，我军杰出的政治工作者，长期担任党的重要领导职务的卓越领导人。在他表达 60 年的革命生涯中，为中国人民的解放和幸福，为我国社会主义事业的发展和繁荣，为改革开放的实行和社会主义现代化建设的推进，呕心沥血、奋斗不息，贡献了毕生精力，建立了不朽功勋。他的历史功绩和优秀品德永远铭记在党和人民心中。

同日　第三届中国环境与发展国际合作委员会第四次会议在北京举行。国务院副总理曾培炎在开幕式上讲话时指出，中国把资源节约和环境保护作为基本国策，“十一五”期间，中国将按照科学发展观的要求，大力转变经济增长方式，积极发展循环经济，加快建设资源节约型、环境友好型社会，努力保持经济发展与人口、资源、环境相协调。

同日　全国城乡特殊困难群众社会救助工作经验交流会在北京召开，中共中央政治局委员、国务院副总理回良玉出席会议并讲话。他强调，党中央、国务院始终高度重视解决困难群众的生产生活问题，十分关心他们的温饱冷暖。各地区、各有关部门要以高度的政治责任感，怀着对困难群众的深厚感情，加大工作力度，完善政策措施，进一步做好社会救助工作，为促进经济社会发展，维护社会稳定和谐作出贡献。

同日　教育部、国家安全生产监督管理总局联合召开全国中小学安全和管理工作电视电话会议，要求各地教育行政部门、各级政府安全监管部门和中小学校要认真贯彻落实国务院领导关于加强中小学安全管理工作的批示精神，全力以赴，狠抓落实，尽最大的努力，确保广大中小学生的生命安全。教育部部长周济、国家安全生产监督管理总局局长李毅中出席会议，并对当前加强中小学安全和管理工作作出紧急部署。

同日　2005 年全国宗教界青年代表人士学习考察团在京召开座谈会。全国正协副主席、中共中央统战部部长刘延东出席座谈会并讲话。她要求，宗教界青年要认真学习“三个代表”重要思想，学习科学发展观，认识和理解构建社会主义和谐社会的要旨，从而自学拥护中国共产党的领导，增强使命感和责任感。要适应时代和社会发展的要求，全面提高素质，树立良好形象。要坚持爱国主义和社会主义立场，坚持独立自主自办原则，充分认识境外利用宗教进行渗透的严重危害性，从思想上、行动上自觉进行有效抵御，为国家安全和社会稳定作出贡献。

19 日　经国家民政部和国家民委批准，中国蒙古语文学会语言文化学专业委员会成立大会在中央民族大学举行。来自中国社会科学院、中国民族语文翻译局、中央人民广播电台、中国国际广播电台、民族出版社、民族团结杂志社、北京大学、故宫博物院、国家测绘局地名研究所、雍和宫及中央民族大学等单位的 40 余专家学者参加了会议。中央民族大学哈斯额尔敦教授、金刚教授分别当选为该委员会名誉理事长和秘书长。(中央民族大学科研处)

23 日　国务院总温家宝主持召开国务院常务会议，研究加强环境保护工作，讨论并原则通过《国务院关于落实科学发展观加强环境保护的决定》。

25 日　中共中央政治局召开会议，分析当前经济形势，研究明年经济工作，讨论深化文化体制改革工作。中共中央总书记胡锦涛主持会议。会议强调，越是形势好，越是要保持清醒的头脑，更加深刻地看到一些长期积累的深层次矛盾，把存在的问题和困难估计得充分一些，把应对的政策措施考虑得周全一些，始终居安思危，扎实工作。

28 日　第九届北京香港经济合作研讨洽谈会在北京开幕，北京市市长王岐山、香港特别行政区政府财政司司长唐英年出席开幕式并致词。中共中央政治局委员、中共北京市委书记刘淇在会见唐英年时表示，当前北京发展面临三大机遇，这将为京港深化合作提供新动力。在本届研讨洽谈会上，京港两地政府部门将首次就城市管理展开交流，香港成熟的现代化管理经验，将为北京提高城市管理水平提供借鉴；文化产业专题研讨，也将为深化京港文化交流、促进北京文化产业的发展发挥积极的推动作用。

29日 由中国人民大学徐悲鸿艺术学院和中国文学艺术界联合会、中国美术家协会、北京市文物局、徐悲鸿纪念馆共同举力的“纪念徐悲鸿诞辰110周年座谈会暨大型画集《中国艺坛巨匠徐悲鸿》首发式”在人民大会堂举行。中国人民大学校党委书记程天权出席。全国人大常委会原副委员长布赫、全国政协原副主席万国权、中共中央统战部副部长陈喜庆、中共北京市委副书记龙新民、全国政协副秘书长孙怀山、全国政协原副秘书长张洽、中国对外交流协会常务副会长刘德有、徐悲鸿纪念馆馆长廖静文等出席。文化界、教育界、美术界知名人士代表和徐悲鸿先生家属200余人参加了座谈会。(人民大学科研处)

12月

3日 “北京大学庆祝厉以宁教授从教50周年暨75岁华诞座谈会”在光华管理学院举行。会议由北京大学副校长张国有主持，到会祝贺并先后发表致词的有北京大学党委书记闵维方，光华管理学院副院长张维迎，全国政协副主席、民盟中央常务副主席张梅颖，总理办公室主任丘小雄，中共江苏省委书记李源潮，清华大学经济管理学院第一副院长钱颖一，以及北京市委常委、教工委书记朱善璐。他们各自表达了对厉以宁教授的祝福，总结了厉教授在经济学、管理学和教育学等诸方面的卓越成就，并对厉以宁教授严谨的治学态度、兼容并包的学术精神、高度的社会责任感和耿介不阿的人格操守表达了崇敬和赞扬之情。座谈会最后，厉以宁教授做了致词，并高兴地向来宾朗诵了他新近的诗词作品，赢得了大家的阵阵掌声。晚上，厉教授的学生们共同宴请了厉教授夫妇和嘉宾。各位来宾济济一堂，共同祝愿厉教授夫妇健康长寿、厉教授学术之树常青。(北京大学社会科学部)

4日 中共中央宣传部、全国人大常委会法工委、司法部联合在京举行第五个全国法制宣传日，其主题是“弘扬宪法精神，构建和谐社会”。

5日 全国人大代表联络处第一次工作会议在北京举行，标志着全国人大代表联络处工作全面启动。在省级人大设立全国人大代表联络处，为全国人大代表更好地履职提供服务，进一步发挥全国人大代表作用，是坚持和完善人民代表大会制度、建设社会主义民主政治的必然要求，是时代发展的必然要求，也是加强全国人大及其常委会工作，使之更好地履行最高国家权力机关职责的必然要求。5月以来，根据中共中央转发的《中共全国人大常委会党组关于进一步发挥全国人大代表作用，加强全国人大常委会制度建设的若干意见》精神，各省、自治区、直辖市人大常委会相继设立全国人大代表联络处。

7日 历时两年的第一次全国经济普查圆满结束。国务院第一次全国经济普查领导小组办公室和国家统计局发布《第一次全国经济普查主要数据公报（第一号)》显示，第二、三产业两大产业吸纳就业平分秋色。截至2004年未，就业人员数为30882.8万人，其中二产就业者为15463.8万人，三产就业者为15419.0万人。在就业人员中，单位就业人员21460.4万人，占69.5%；个体经营人员9422.4万人，占30.5%。在单位就业人员中，女性7882.2万人，占36.7%。就行业分布看，在单位就业人员中，制造业8390.5万人，占39.1%；建筑业2792.6%万人，占13.0%；公共管理和社会组织1925.2万人，占9%；教育1521.8万人，占7.1%；批发和零售业1382.5万人，占6.4%。

9日 首都各界青年代表在人民大会堂集会，隆重纪念“一二·九”运动70周年、“一二·一”运动60周年。中共中央政治局常委李长春出席会议并讲话。他指出“一二·九”运动宣传了党的主张，促进了中华民族的觉醒，进一步开辟了青年和青年学生与工农群众相结合的正确道路，不仅是中国革命史上值得纪念的重大事件，也是中国青年运动史上的辉里程碑。“一二·一”运动发扬了“一二·九”运动以来中国青年运动的历史进程表明，中国青年运动只有坚持中国工产党的领导，与时代同步伐，与祖国共命运，与人民齐奋斗，才能始终保持正确的政治方向。

同日 国务委员陈至立在教育部部长周济、北京大学党委书记闵维方、北京大学校长许智宏的陪同下，来到海淀区西二旗智学苑小区看望了病中的北京大学中文系教授孟二冬。当晚，北京大学决定授予孟二冬教授“北京大学优秀共产党员”和“北京大学优秀教师标兵”的称号，并号召全校师生员工向孟二冬教授学习。次日，教育部决定在全国教育系统开展向孟二冬同志学习的活动，号召广大教师和教育工作者向孟二冬同志学习。(北京大学社会科学部)

10日 北京市人口和计划生育委员会与北京市人口学会联合召开“2005首都人口发展论坛”。来自人口研究和实际工作部门的人员近千人出席了会议。北京市人口和计划生育委员会主任邓行舟、河北省人口和计划生育委员会主任赵新、中国人口学会常务副会长田雪原教授、中国人民大学邬沧萍教授、中国人民大学温铁军教授、中国人民大学郑杭生教授做了主题发言。会议还围绕"人口发展·和谐社会·首善之区"的主题，从"适度人口规模与城市人口发展"、"人力资源开发与人口素质"、"人口老龄化与可持续发展"、"人口发展问题与对策"四个方面进行了研讨。全国人大副委员长蒋正华、国家人口和计划生育委员会主任张维庆到会并讲话。开幕式由北京市副市长孙安民主持。（北京市社科联）

12 日　《人民日报》载：近日，中共中央总书记、国家主席、中央军委主席胡锦涛亲自倡导，在中央部门和单位全体共产党员中开展为困难群众特别是受灾群众送温暖、献爱心活动。胡锦涛强调，要通过开展这项活动，体现我们党立党为公、执政为民的本质要求和全心全意为人民服务的根本宗旨，体现中华民族扶贫济困、团结友爱，一方有难、八方支援的传统美德，体现中央部门和单位保持共产党员先进性教育活动的成果，发挥中央部门和单位在全社会开展捐助活动中的示范表率作用，以实际行动促进社会主义和谐社会建设。

同日　《人民日报》全文刊登《中共中央办公厅国务院办公厅关于进一步加强农村文化建设的意见》。这是当前加强我国农村文化建设的一个指导性文件。《意见》的制定，是贯彻党的十六大和十六届三中、四中、五中全会精神，进一步树立和落实科学发展观的一个具体举措。《意见》的实施，对于进一步发展和繁荣农村文化，促进农村经济社会协调发展，具有十分重要的意义。

13 日　根据北京市哲学社会科学规划办公室和北京市教育委员会《关于建立第二批北京市哲学社会科学研究基地的决定》（京社科规划文［2005］28号文件），第二批北京市哲学社会科学研究基地（共7个）正式成立。外交学院的北京对外交流与外事管理研究基地成立负责人为曲星，首席专家为朱立群。（外交学院科研处）

14 日　在北京召开的全国档案局长馆长会议上，国家档案局局长毛福民说："我们将力争用10年时间，完成对现有全国重点档案的抢救、保护任务，并征集散存于民间和海外的珍贵档案，确保全国重点档案得以永久保管与有效利用。"我国各级各类档案馆现保存的近2.57亿卷（件）档案中，全国重点档案有1200余万卷。截至目前，已完成了694万卷的抢救工作，尚有506万卷亟待抢救。为进一步加大对全国重点档案的抢救与保护力度，"全国重点档案抢救与保护专项资金项目"将于明年启动，工作重点将由过去的抢救扩大为抢救、保护与征集并重。

同日　《人民日报》载：北京大学公布的《本科考试工作与学术规范条例》对论文抄袭亮起了红灯。条例规定，本科生已提交的论文、实验报告中，抄袭篇幅超过总篇幅50%者；已提交的毕业论文抄袭篇幅30%者；或被使用的他人观点构成该学术违纪作品的全部、核心或主要观点者；由他人替自己撰写论文或替他人撰写论文者为严重作弊或严重违反学术规范行为，将被开除学籍。

16 日　十届全国人大常委会第四十次委员会议通过了全国人大常委会预算工作委员会关于实行国债余额管理的意见。这意味着自2006年起，我国将参照国际通行做法，采取国债余额管理方式管理国债发行活动，以科学管理国债规模，有效防范财政风险。截至2004年底，国债余额为29631亿元，其中内债28803亿元，外债828亿元。2004年底国债余额占国内生产总值比重，即国债负担率为21.6%，远低于由欧盟规定国际公认的60%的警戒线。

同日　全国人大常委会办公厅出台《关于全国人大代表学习培训工作的若干意见》，对代表学习培训的基本内容、组织安排和实施保障作出明确规定，标志着对全国人大代表的学习培训步入了系统化、制度化的轨道。学习培训的基本内容分为3个方面：一是学习人民代表大会制度的基本理论；二是学习人民代表大会的议事规则和工作程序；三是围绕党和国家的中心工作，结合立法、监督和代表专题调研、视察，提出议案和建议等方面的工作，学习所需要的有关专门知识。

19 日　首都博物馆新馆举行开幕仪式。中共中央政治局常委、全国政协主席贾庆林出席开幕仪式并参观首都博物馆新馆的展览。中共中央政治局委员、北京市委书记刘淇，国务委员陈至立等一同出席开幕仪式并参观展览。首都博物馆原馆设在北京孔庙，因展陈面积狭小、设施落后，难以很好地承担综合博物馆的任务，影响到北京博物馆事业的发展。2001年12月，首都博物馆新馆正式开工建设，不久前正式建成。新馆分为地上5层、地下2层，总建筑面积达6.38万平方米，整体建筑造型别致，新颖大方，体现出过去与未来、历史与现代、艺术与自然和谐统一的理念。目前，新馆展陈由基本陈列、馆藏精品展览和临时展览3部分组成，上展文物5000余件，全部展线长达3.5公里。其中很多珍贵文物是首次与观众“见面”。

同日 中共北京市委党史研究室召开本市党史工作会议，市委各部委办局、各区县委主管领导、党史部门负责人等160多人参加了会议。中央党史研究室主任李景田、市委副书记杜德印到会并讲话。会议传达了中央党史研究室南宁会议精神，党史研究室主任谢荫明作了题为“精心规划扎实工作推动北京市党史工作再上新台阶”的工作报告，回顾了2005年的工作，部署了2006年的工作任务。会上表彰了2001—2004年北京市党史工作先进集体23个、先进工作者56名；有31项北京市第五届党史研究优秀成果同时受到表彰。（中共北京市委党史研究室 张东明）

20日 国家统计局局长李德水在国务院新闻办举行的新闻发布会上宣布，我国第一次全国经济普查不仅进一步摸清了我国第二、第三产业的“家底”，初步建立了我国第二、第三产业基本单位名录库及其数据库系统，而且查实了GDP总量和三次产业的比重。根据经济普查资料初步测算，我国2004年GDP现价总量为159878亿元，比年快报核算数增多2.3万亿元，增加16.8%。其中，第一产业因不在这次普查范围之内，仍采用年报核算数，其增加值为20956亿元，占GDP的比重为13.1%，比2004年快报核算数所占比重的15.2%降低2.1个百分点；第二产业增加值为73904亿元，比年快报核算数增加1517亿元，占GDP的比重由52.9%降为46.2%，降低6.7个百分点；第三产业增加值为65018亿元，比年快报核算数增加21297亿元，占GDP的比重由31.9%上升到40.7%，提高8.8个百分点。在GDP总量多出的2.3万亿元中，第三产业增加值增加2.13万亿元，占93%。

同日 北京市社科第二批研究基地授牌大会在首都师范大学隆重召开。北京工商大学副校长谢志华作为“首都流通业研究基地”的负责人与首席专家代表学校接受了牌匾及聘书。“首都流通业研究基地”是依托北京工商大学建立的北京市哲学社会科学研究基地之一。首都流通业研究基地紧密联系北京社会经济发展需要，主要研究流通业内部结构调整，流通业创新机制，流通业与第三产业的内在联系、与社会经济的内在联系、与区域经济发展的内在联系、围绕首都流通业发展亟待解决的重点和难点问题，在加强理论研究的同时侧重应用性和前瞻性研究。（北京工商大学科研处）

同日 北京市社科规划办和市教委联合建立了第二批北京市哲学社会科学研究基地，并召开授牌大会。第二批研究基地共11个。其中市社科规划办与市教委联合建立了7个研究基地，分别是：北京交通大学的“北京交通发展研究基地”、北京航空航天大学的“首都高等教育发展研究基地”、北京工商大学的“首都流通业研究基地”、北京印刷学院的“北京出版产业与文化研究基地”、首都医科大学的“首都卫生管理与政策研究基地”、外交学院的“北京对外交流与外事管理研究基地”和中国政法大学的“法治政府研究基地”。同时，市社科规划办建立了3个研究基地、1个研究中心，分别是：北京市社会科学院的“北京社区研究基地”、北京市思想政治工作研究会的“北京市基层思想文化建设研究基地”、首都社会经济发展研究所的“北京决策研究基地”和中共北京市委党校的“北京发展研究中心。”（北京市哲学社会科学规划办公室）

21日 中共中央总书记、国家主席、中央军委主席胡锦涛来到北京展览馆，参观正在这里举办的建设节约型社会展览会。胡锦涛强调，节约资源是我国的一项基本国策。节约土地、能源、淡水、矿产资源，对实现经济社会可持续发展具有重大意义。我们要从贯彻落实科学发展观的高度，充分认识节约能源资源的极端重要性和紧迫性，加快推进建设节约型社会的各项工作。

22日 《人民日报》发表中华人民共和国新闻办公室《中国的和平发展道路》白皮书。白皮书将中国的和平发展道路概括成4条主要内容，即：争取和平的国际环境发展自己，又以自身的发展促进世界和平；依靠自身力量和改革创新实现发展，同时坚持实行对外开放；顺应经济全球化发展趋势，努力实现与各国的互利共赢和共同发展；坚持和平、发展、合作，与各国共同致力于建设持久和平与共同繁荣的和谐世界。简单地讲，就是坚持和平、开放、合作、和谐、共赢的理念，努力实现和平的发展、开放的发展、合作的发展、和谐的发展。

同日 全国哲学社会科学规划办公室发布《国家社会科学基金项目2006年度课题指南》及《申报公告》，并开始受理项目申报。项目申报截止日期为2006年2月25日，据悉，2006年度国家社科基金项目包括重点项目、一般项目和青年项目3类。受理申报的学科共22个。

同日 结束的全国人事厅局长会议上获悉：2006年，人事部将加快职称制度改革步伐。基本思路是：逐步建立科学、分类、动态、开放的职称体系，形成以能力、业绩为导向，重在社会，业内认可的专业技术人才评价使用机制和“个人自主申报，业内公正评价，单位择优使用，政府指导监督”的职称工作运行机制。要坚持分类改革，分步实施。对职务与资格难以分离的职业，探索实行评聘结合的办法；对社会通用性和人员流动性较强的职业，探索实行社会化的职业水平评价办法；对关系公共利益和人民生命财产安全的职业，依法实行职业准入制度。

同日　见证了一个中国文化史上值得记载的时刻：200多年秘藏深阁、国家级重点文物、国家图书馆镇馆之宝——文津阁本《四库全书》部分原书“走出深阁”，在北京人民大会堂对外展示。与其一同展示的是由商务印书馆历时4年影印出版的文津阁本《四库全书》。《四库全书》是中国乃至世界历史上规模最大的一套图书集成，编纂于清乾隆三十七年（1772年）至乾隆四十七年（1782年）。全套书分经、史、子、集4部，按学科分44类编排。共收录图书3500多种、79000多卷、36000多册，荟萃清乾隆中期以前的历代主要典籍，涵盖了古代中国几乎所有的学术领域。

23日　温家宝总理主持国务院常务会议，决定发出《国务院关于深化农村义务教育经费保障机制改革的通知》。主要内容有：（一）从2006年开始，全部免除西部地区农村义务教育阶段学生学杂费，2007年扩大到中部和东部地区；对贫困家庭学生免费提供教科书并补助寄宿生生活费。免学杂费资金由中央和地方按比例分担，对贫困家庭学生免费提供教科书的资金，中西部地区由中央全额承担，补助寄宿生生活费资金由地方承担。（二）提高农村义务教育阶段中小学公用经费保障水平。（三）建立农村义务教育阶段中小学校舍维修改造长效机制，校舍维修改造所需资金，中西部地区由中央和地方共同承担，东部地区主要由地方承担，中央适当给予奖励性支持。（四）巩固和完善农村中小学教师工资保障机制。

26日　全国审计工作会议在北京召开。审计署审计长李金华对今年的审计工作情况进行了总结，并对明年的工作重点进行了部署。据统计，今年1至11月，全国共审计9.1万个单位，查出各类违法违规问题资金2900多亿元，揭示损失浪费问题金额150多亿元。通过审计，已上交财政、减少财政拨款和补贴等170亿元。共向纪检司法机关移送各类违法犯罪案件线索1370多件，其中审计署移送180多件。

同日　中国社会科学院马克思主义研究院正式成立。中共中央政治局委员、书记处书记、中央宣传部部长刘云山出席成立大会并发表重要讲话。刘云山在讲话中指出，成立马克思主义研究院，是中国社会科学院的一件大事，也是我国理论界的一件大事。时代和实践呼唤着马克思主义的理论有新的更大发展，呼唤着马克思主义理论研究和建设有新的更大作为。党中央十分重视思想理论建设，大力实施马克思主义理论研究和建设工程，大力推动对重大理论和实际问题的研究。我们一定要进一步提高认识，进一步增强责任感和使命感，十分珍惜党和人民给我们创造的有利条件，满腔热忱地投身于马克思主义理论研究和建设的伟大事业中，为马克思主义在当代中国的发展作出更大贡献。

28日　纪念中国电影诞生100周年大会在北京人民大会堂隆重举行。中共中央总书记、国家主席、中央军委主席胡锦涛会见与会代表并发表重要讲话。他希望全国广大电影工作者高举邓小平理论和“三个代表”重要思想伟大旗帜，始终坚持正确的政治方向，不断增强社会责任感，努力推动我国电影事业蓬勃发展。胡锦涛希望全国广大电影工作者深入实际、深入生活、深入群众，注重从人民群众的伟大实践中吸取思想营养和艺术灵感；解放思想、与时俱进、勇于创新，努力创作出更多融思想性、艺术性、观赏性于一体的精品力作，为全面建设小康社会、实现中华民族的伟大复兴再立新功。

29日　十届全国人大常委会第十九次会议表决通过了关于废止农业税条例的决定，取消了有2600年历史的古老税种——农业税。这一重要举措有利于减轻农民负担，增加农民收入，推进社会主义新农村建设；有利于加强农业基础地位，增强农业竞争力，提高农业综合生产能力；有利于逐步消除城乡差别、进一步促进城乡统筹发展。

12月　北京市委研究室完成了《首都经济发展后劲研究》。该课题提出北京的经济发展后劲主要集中在科技进步、制度创新和结构优化三个方面。课题从新世纪新阶段首都经济社会发展的阶段性特征出发，研究了增强首都经济发展后劲的总体思路、基本原则，提出了增强首都经济发展后劲的五大举措，同时针对当前四个关键性问题，提供了相应的对策建议。（中共北京市委研究室胡睿宪）

·附　录·

2005年北京地区人文社会科学博士论文目录

北京大学

门类	学科专业	论文题目	作者	导师
哲学	马克思主义哲学	马克思历史哲学的理论视域	胡　刘	丰子义
哲学	马克思主义哲学	神性的自由与世俗的自由——马克思1846年前对自由问题的探索	李晓江	丰子义
哲学	马克思主义哲学	《辩证理性批判》的辩证解读——马克思主义辩证法的再思考	陈慧平	郭建宁
哲学	马克思主义哲学	论日本对马克思主义哲学中国化问题研究——李大钊、毛泽东、邓小平三个典型	李海春	王　东
哲学	马克思主义哲学	文字与文明超源关系的哲学思考	魏小巍	王　东
哲学	马克思主义哲学	超越传统知识论的真理观	韩文君	杨　河
哲学	马克思主义哲学	马克思"共同体"思想研究	秦　龙	易杰雄
哲学	中国哲学	焦竑三教会通思想研究	黄　熹	陈　来
哲学	中国哲学	张载哲学新探	谢荣华	陈　来
哲学	中国哲学	朱熹心论研究	延在钦	陈　来
哲学	中国哲学	从道德自我到心灵境界——唐君毅形上学研究	王怡心	胡　军
哲学	中国哲学	唐君毅知识论思想研究	马亚男	胡　军
哲学	中国哲学	嵇康乐论研究	张玉安	李中华
哲学	中国哲学	汉代象数哲学研究	王　浩	李中华
哲学	中国哲学	百家争鸣中的庄子学派思想演变	王威威	李中华
哲学	中国哲学	中国近现代对"科学"的认识与思想演变	韩成求	楼宇烈
哲学	中国哲学	葛洪《抱朴子》的哲学思想研究——简论葛洪的儒道关系观	李溱镕	楼宇烈
哲学	中国哲学	星云大师与当代"人间佛教"的理念及实践	释觉幻	楼宇烈
哲学	中国哲学	从梁武帝的奉佛看中国佛教的本色化	王　玮	楼宇烈
哲学	中国哲学	康有为"大同"思想研究——以《大同书》为中心	李演都	楼宇烈

续表

门类	学科专业	论文题目	作者	导师
哲学	中国哲学	洪州禅的美学意蕴与艺术情趣	贾瑀铉	楼宇烈
哲学	中国哲学	杜光庭《道德真经广圣义》的道教哲学研究	金兑勇	许抗生
哲学	中国哲学	《吕氏春秋》思想研究	申镇植	许抗生
哲学	中国哲学	朱熹太极观研究——以《太极图说解》为中心	朱光镐	朱伯崑
哲学	外国哲学	不同于存在——论勒维纳斯的哲学思想	徐鹤然	杜小真
哲学	外国哲学	康德的想象力理论	宫　睿	韩水法
哲学	外国哲学	胡塞尔的意义理论	郑辟瑞	靳希平
哲学	外国哲学	王阳明哲学的理象学解读	林　丹	张祥龙
哲学	逻辑学	克里普克名称理论研究	刘叶涛	陈　波
哲学	逻辑学	概称句的语义分析及一种类型的概称句推理	张立英	周北海
哲学	伦理学	人的同一性与相关生命伦理问题的反思——帕菲特式还原主义的解读及应用	李　曦	陈少峰
哲学	伦理学	正义和运气	葛四友	何怀宏
哲学	伦理学	政治中立性研究——以罗尔斯的《政治自由主义》为中心	谭安奎	何怀宏
哲学	美学	超越的努力——现代美学中的崇高问题	黄华军	叶　朗
哲学	美学	汤显祖的“情至说”	钟　芳	叶　郎
哲学	宗教学	《大方等大集经》之研究	萨尔吉	姚卫群
哲学	宗教学	圣像的基督论之维	沙　湄	张志刚
哲学	宗教学	20世纪伊斯兰宗教观研究——以阿布杜、毛杜迪和库特卜为例	马福元	张志刚
哲学	宗教学	赵紫宸的神学思想研究——一种侧重其思想的伦理化特征的解读	唐晓峰	张志刚
哲学	科学技术哲学	“海森堡事件”及其背景之研究	邬波涛	吴国盛
哲学	科学技术哲学	亨利·摩尔的自然哲学	田　径	吴国盛
经济学	政治经济学	中国转型时期官员腐败行为的经济学分析	古越仁	陈德华
经济学	政治经济学	我国养老金筹集和管理机制分析	宋继清	陈德华
经济学	政治经济学	中国城乡二元经济结构转换研究——要素流动、制度变迁、市场机制与政府作用	夏　耕	陈德华
经济学	政治经济学	经济学视角下的市场经济道德演进研究	陈　东	董辅礽
经济学	政治经济学	金融创新中的房地产信托及在我国的发展研究	宫晓冬	董辅礽
经济学	政治经济学	中国经济发展中的结构变化与工业化进展（1952—2004）——兼论经济发展中的国家经济安全	杨云龙	董辅礽
经济学	政治经济学	卢旺达与中国经贸合作研究	安曼欧	睢国余
经济学	政治经济学	中国企业职工社会保险制度改革研究——以韩国企业职工社会保险制度为比较	李政镇	睢国余
经济学	政治经济学	消费信贷与中国经济增长	赵　霞	睢国余

续表

门类	学科专业	论文题目	作者	导师
经济学	政治经济学	对改革以来我国资本劳动比快速上升的原因分析	蓝　一	睢国余
经济学	政治经济学	中国自然垄断产业的民营化改革——以铁路业为例	王博钊	睢国余
经济学	政治经济学	企业人力资本股权激励	刘桂芝	李顺荣
经济学	政治经济学	中国投资基金制度的发展与完善的研究	丁秀斌	刘　伟
经济学	政治经济学	转轨时期中国信托制度变迁路径研究	李招军	刘　伟
经济学	政治经济学	中国政府出口信贷研究	李泊言	刘　伟
经济学	政治经济学	商业银行汽车消费信贷的信用风险分析与对策研究	刘新新	刘　伟
经济学	政治经济学	中国产业结构演进研究：1978—2004	吴　萨	刘　伟
经济学	政治经济学	期货市场价格功能的理论分析——兼论中国期货市场	邢莹莹	刘　伟
经济学	政治经济学	转轨时期的制度环境、竞争与乡镇企业所有制	李正全	吴敬琏
经济学	政治经济学	ICT 产业的标准竞争和标准战略	吴彦群	吴敬琏
经济学	政治经济学	马克思经济学的经济行为主体研究——基于“现实中的个人”视角的分析方法	高　嵩	吴树青
经济学	政治经济学	中国居民收入分配的不平等与收入变动	王海港	徐雅民
经济学	经济思想史	19 世纪中日韩近代化改革与改革中的经济思想	刘群艺	石世奇
经济学	经济思想史	战后台湾经济增长思想研究	周呈奇	郑学益
经济学	经济思想史	中国股市制度建设思想的争论与演变（1978—2002）	林　璟	郑学益
经济学	政治思想史	中国农村发展中的土地经济思想（1924—1949）	张秋雷	刘学益
经济学	西方经济学	经济发展过程中的收入分配	张泓骏	樊　刚
经济学	西方经济学	中国城镇人口失业：决定因素及其后果	杜凤莲	刘文忻
经济学	西方经济学	货币政策与人民币汇率稳定政策的关系：1994—2004——新开放宏观经济学视角	范幸丽	王志伟
经济学	世界经济	转轨国家公用事业部门改革的福利成本分析	卢　岩	王跃生
经济学	世界经济	论“智能资本”的定价与管理	蒋景媛	萧　琛
经济学	世界经济	论美国经济变革中结构性因素的贡献度与解释力	李　响	萧　琛
经济学	世界经济	论美国“布什（长期）减税”的可持续性	方　晋	萧　琛
经济学	国民经济学	知识经济中一种新的产权制度和生产方式——基于开放源代码软件现象的研究	郭宇飚	高尚全
经济学	国民经济学	我国国有商业银行不良资产问题研究	王　岩	高尚全
经济学	国民经济学	经济波动与货币政策——基于 VECM 与 DSGE 模型的分析	钱士春	厉以宁
经济学	国民经济学	当前我国农民收入增长缓慢的原因和对策分析	刘建兴	厉以宁
经济学	国民经济学	中国改革开放时期的基尼系数研究	罗　青	厉以宁
经济学	国民经济学	经济发展中的最优金融结构——理论及其在中国的应用	姜　烨	林毅夫
经济学	国民经济学	人力资本视角下的经济增长与发展	陈晓光	邹恒甫

续表

门类	学科专业	论文题目	作者	导师
经济学	国民经济学	中国地区差距：增长的收敛性、效率差异和工资收入不平等	王志刚	邹恒甫
经济学	区域经济学	区域旅游一体化研究	贾玉成	杨开忠
经济学	区域经济学	跨国公司地区总部区位决策研究	雷　平	杨开忠
经济学	金融学（含：保险学）	资产价格的代理泡沫理论	方　健	陈　平
经济学	金融学（含：保险学）	从股票价格的相对偏差和融资决策的不同策略看金融市场的复杂性和创新空间	高　劲	陈　平
经济学	金融学（含：保险学）	我国封闭式基金折价现象的实证研究以及信息因子解释	赵　俊	高西庆
经济学	金融学（含：保险学）	经济增长中的金融因素：来自中国的解释	黄　嵩	何小锋
经济学	金融学（含：保险学）	论中国 IPOs 的价格行为模式	王会妙	何小锋
经济学	金融学（含：保险学）	中国股票市场的货币政策传导	张春煜	何小锋
经济学	金融学（含：保险学）	企业区际战略性投资评价之研究：实物期权方法	梁秦龙	何小锋
经济学	金融学（含：保险学）	我国证券投资基金共同治理研究	高清海	胡　坚
经济学	金融学（含：保险学）	期货市场功能实现的研究——兼论我国期货市场的功能实现	刘　洋	胡　坚
经济学	金融学（含：保险学）	机构交易与股价行为—中国机构投资者的理论与实证	史晨昱	胡　坚
经济学	金融学（含：保险学）	台湾资本项目自由化的研究—兼论中国大陆的资本项目自由化	郭国聖	胡　坚
经济学	金融学（含：保险学）	中国财政脆弱性与银行业风险研究	喻桂华	李庆云
经济学	金融学（含：保险学）	股票收益的影响因素：公司基本面、历史股价与流动性——来自中国股市的证据	张　峥	刘　力
经济学	金融学（含：保险学）	金融深化和中小银行的发展	赵小凡	肖灼基
经济学	金融学（含：保险学）	对外开放下的中国银行体系安全问题研究	董艳玲	肖灼基
经济学	产业经济学	公共决策中的信息渠道安排、授权和内部中介的价值	楼国强	张来武
经济学	产业经济学	双向道德风险框架下的特许经营合约——理论分析和中国数据的实证研究	黄成明	张维迎
经济学	产业经济学	国有企业上市融资存在的代理问题与相关治理机制	刘　林	朱善利
经济学	产业经济学	中国产业集聚的实证研究	唐正清	朱善利
法学	法学理论	基因隐私权的法律保护	罗胜华	罗玉中
法学	法学理论	计算机软件法律保护问题研究	张晓津	罗玉中
法学	法学理论	电子政务立法研究	关成华	赵震江
法学	法学理论	中国大学学术管理法律关系及其立法完善研究	方　伟	周旺生
法学	法学理论	立法设计问题研究——以过程分析为中心	石东坡	周旺生
法学	法学理论	政府在现代议会立法中的角色研究	王保民	周旺生
法学	法学理论	立法中的非正式规则	张　际	周旺生
法学	法学理论	寻求和谐法治：中国当代法治的反思与探索	凌　斌	朱苏力

续表

门类	学科专业	论文题目	作者	导师
法学	法律史	早期英国司法独立史程初步研究	陈志红	贺卫方
法学	法律史	西方检察制度的历史考察	黎　敏	贺卫方
法学	法律史	中世纪西欧商人兴起与法律：11—16 世纪	张薇薇	贺卫方
法学	法律史	罪名　引断　案情——《刑案汇览三编》研究	王瑞峰	李贵连
法学	法律史	从此附授引到罪刑法定——以规范的分析和清末民初案例的论证为中心	陈新宇	李贵连
法学	法律史	宗法结构与中国古代民事争议解决机制	毛国权	武树臣
法学	法律史	永佃制的历史发展及法律实践	张　弛	武树臣
法学	宪法学与行政法学	反思公法/私法二元区分	金自宁	姜明安
法学	宪法学与行政法学	法治国家架构下的行政紧急权力	戚建刚	姜明安
法学	宪法学与行政法学	法治国下的行政行为存续力——以德国法为基础的分析	赵　宏	姜明安
法学	宪法学与行政法学	行政法变迁趋势研究	于　安	罗豪才
法学	宪法学与行政法学	论香港司法复核制度——从“领汇”案件谈起	牛致中	罗豪才
法学	宪法学与行政法学	论我国公民人身权利的宪法保障	谭　红	肖蔚云
法学	刑法学	犯罪表象形成机制研究	康　伟	陈兴良
法学	刑法学	刑事一体化视野中的知识产权犯罪	高　超	储槐植
法学	刑法学	社会危害性论	刘四新	郭自力
法学	刑法学	刑法适用中的法官解释	李　荣	郭自力
法学	刑法学	罪量累计计算研究——行为人数行为社会危害之整体评判	王飞跃	郭自力
法学	刑法学	犯罪控制研究	房树新	刘守芬
法学	刑法学	以报应为基础的双层次刑罚根据论	韩永初	刘守芬
法学	刑法学	社区矫正研究	王　琪	刘守芬
法学	刑法学	刑法作为义务论	栾　莉	王世洲
法学	刑法学	论强奸罪中的不同意问题	罗　翔	王世洲
法学	刑法学	论证券市场的刑法介入——以我国证券市场为背景	毛玲玲	张　文
法学	刑法学	刑罚的目的——从历史到现在	韩友谊	赵国玲
法学	刑法学	刑法领域中的被害人责任研究	王佳明	赵国玲
法学	民商法学（含：劳动法学、社会保障法学）	控股公司控制权法律问题研究	白慧林	刘凯湘
法学	民商法学（含：劳动法学、社会保障法学）	董事法律地位研究	申丽凤	刘凯湘
法学	民商法学（含：劳动法学、社会保障法学）	论著作权制度的公益原则	吴尚昆	刘凯湘
法学	民商法学（含：劳动法学、社会保障法学）	彩票合同研究	邢　军	钱明星

续表

门类	学科专业	论文题目	作者	导师
法学	民商法学（含：劳动法学、社会保障法学）	信赖保护原则研究——以契约法为中心	亓培冰	尹　田
法学	民商法学（含：劳动法学、社会保障法学）	公司法任意性规范与强行性规范研究	胡田野	尹　田
法学	民商法学（含：劳动法学、社会保障法学）	论危险责任之理论基础及其对现代侵权法的影响	李　艳	尹　田
法学	民商法学（含：劳动法学、社会保障法学）	第三人利益合同原理与制度论	吴文嫔	尹　田
法学	民商法学（含：劳动法学、社会保障法学）	《实体专利法条约》（草案）研究	何越峰	郑胜利
法学	民商法学（含：劳动法学、社会保障法学）	专利许可的反垄断规制	郭德忠	郑胜利
法学	民商法学（含：劳动法学、社会保障法学）	专利许可制度研究	周赐程	朱启超
法学	诉讼法学	日本诉因制度研究	张琳琳	陈瑞华
法学	诉讼法学	被害人的刑事程序保护	房保国	陈瑞华
法学	诉讼法学	协商性司法研究——以刑事诉讼为范例的分析	马明亮	陈瑞华
法学	诉讼法学	刑事被告人权利宪法化研究	周宝峰	陈瑞华
法学	诉讼法学	刑事证据能力导论	孙　远	汪建成
法学	诉讼法学	刑事搜查制度研究	杜水源	张玉镶
法学	诉讼法学	刑事诉讼与隐私权保护的关系研究	杨开湘	张玉镶
法学	经济法学	市场支配地位的认定与反垄断法规制	王　磊	刘剑文
法学	经济法学	国际技术转让所得课税法律问题研究	许秀芳	刘剑文
法学	经济法学	中国税收优惠法律制度研究	李俊明	刘剑文
法学	经济法学	论公司控股权的正当行使	甘培忠	刘瑞复
法学	经济法学	金融控制公司法律问题之研究	何一芃	刘瑞复
法学	经济法学	国际版权贸易法律问题研究	朴哲弘	盛杰民
法学	经济法学	中国外资并购制度变迁研究	潘银杰	盛杰民
法学	经济法学	反垄断法法律责任问题研究	蔡峻峰	盛杰民
法学	经济法学	竞争政策法与产业政策之关系协调研究	郭立仕	盛杰民
法学	经济法学	保障措施法律机制研究	丁希正	盛杰民
法学	经济法学	税法 解释研究——以利益平衡为中心	孙健波	张守文
法学	经济法学	财政参与处理问题金融机构之法律规制	邢会强	张守文
法学	国际法学（含：国际公法、国际私法、国际经济法）	国际人权法上的工会结社自由	乔胜利	白桂梅

续表

门类	学科专业	论文题目	作者	导师
法学	国际法学（含：国际公法、国际私法、国际经济法）	单边 PPM 环境贸易措施与 WTO 规则：冲突与协调	鄂晓梅	饶戈平
法学	国际法学（含：国际公法、国际私法、国际经济法）	论国际法上的自卫权	潘国平	邵　津
法学	国际法学（含：国际公法、国际私法、国际经济法）	建立中国本土特点的公司治理可行性研究	杨自然	吴志攀
法学	国际法学（含：国际公法、国际私法、国际经济法）	商事组织的法律构造——以信托与公司的比较为例	李清池	吴志攀
法学	国际法学（含：国际公法、国际私法、国际经济法）	银行并购与控制权监管法律制度研究	罗　英	吴志攀
法学	国际法学（含：国际公法、国际私法、国际经济法）	WTO 争端解决机制运作的实证研究	纪文华	吴志攀
法学	国际法学（含：国际公法、国际私法、国际经济法）	证券客户资产风险法律问题研究	廖　凡	吴志攀
法学	国际法学（含：国际公法、国际私法、国际经济法）	金融控股集团风险的监管——以台湾地区为例	阮品嘉	吴志攀
法学	国际法学（含：国际公法、国际私法、国际经济法）	论投资公众的适当保护	刘慧敏	吴志攀
法学	国际法学（含：国际公法、国际私法、国际经济法）	建立信用系统法律研究	利仕腾	吴志攀
法学	政治学理论	政治、政治世界与新政治学——汉娜·阿伦特的政治观	陈　伟	李　强
法学	政治学理论	宪政挫折研究：以美国、印度与巴基斯坦为例	欧阳景根	宁　骚
法学	政治学理论	发展中国家政党认同比较研究——以墨西哥、巴西、印度执政党为例	王庆兵	宁　骚
法学	政治学理论	中国非公有制经济政策的演进：基于合约的分析	李风华	王浦劬
法学	政治学理论	先秦诸子传播思想研究	仝冠军	肖东发
法学	政治学理论	战后日本出版物中的价值取向变迁研究	诸葛蔚东	肖东发
法学	政治学理论	中国政治生活中的“清流”传统	王　锋	谢庆奎
法学	政治学理论	国家兴衰中的制度创新——古罗马共和制时期制度蜕变与成吉思汗时期制度创新比	谷宏人	谢庆奎

续表

门类	学科专业	论文题目	作者	导师
法学	政治学理论	中国证券市场政府监管模式研究	曾　琪	谢庆奎
法学	政治学理论	中国大陆中高级国家公务员核心能力培训研究—以国家行政学院公务员核心能力培训为例	邱志淳	谢庆奎
法学	政治学理论	从古典到现代——罗伯特·达尔民主理论研究	包雅钧	许耀桐
法学	科学社会主义与国际共产主义运动	论社会主义计划经济的历史和理论起源	任晓伟	黄宗良
法学	科学社会主义与国际共产主义运动	毛泽东工农联盟思想研究	王玉云	李青宜
法学	科学社会主义与国际共产主义运动	毛泽东文艺思想的当代价值	侯肖林	梁　柱
法学	科学社会主义与国际共产主义运动	论当代西方的“政党衰落”与前景	陈　崎	林勋建
法学	科学社会主义与国际共产主义运动	英美两国党政关系及其比较研究	王国新	林勋建
法学	科学社会主义与国际共产主义运动	当代中国党政关系研究	李绍鹏	潘国华
法学	科学社会主义与国际共产主义运动	“文化大革命”期间的青年思潮与思想探索（1966—1976）	印红标	潘国华
法学	科学社会主义与国际共产主义运动	毛泽东关于执政条件下加强党的自身建设的思想	傅锁根	沙健孙
法学	科学社会主义与国际共产主义运动	毛泽东社会主义民主政治思想研究	王浩雷	沙健孙
法学	科学社会主义与国际共产主义运动	20/21世纪之交的德国模式	王友明	张世鹏
法学	科学社会主义与国际共产主义运动	“一国社会主义”研究	周作芳	智效和
法学	科学社会主义与国际共产主义运动	落后国家向共产主义第一阶段过渡的基本问题	石镇平	智效和
法学	马克思主义理论与思想政治教育	邓小平“三农”思想研究	孟志中	陈占安
法学	马克思主义理论与思想政治教育	思想政治教育环境优化研究	岳金霞	陈占安
法学	马克思主义理论与思想政治教育	中国现代化道路探索的历史考察	谭来兴	林　娅
法学	马克思主义理论与思想政治教育	中华民族精神的现当代发展研究	宇文利	越存生
法学	国际政治	论冷战后的法美矛盾与摩擦及其新特点	李春华	方连庆
法学	国际政治	论冷战后的中印关系：1991—2005	卫　灵	方连庆
法学	国际政治	冷战后中美两国在朝鲜半岛问题上的合作与分歧	文日铉	方连庆
法学	国际政治	论美国“帝国式霸权”	陆　京	方连庆

续表

门类	学科专业	论文题目	作者	导师
法学	国际政治	译者角色的传播学阐释	章　方	龚文庠
法学	国际政治	欧盟的文化政策：多样性与同一性的地区统一	张生祥	龚文庠
法学	国际政治	中国报刊话语对于中产阶层的形象和议题建构	何　晶	龚文庠
法学	国际政治	俄罗斯传媒传型研究	李　玮	龚文庠
法学	国际政治	相互依赖与中美贸易关系	芮立平	贾庆国
法学	国际政治	美国对华政策与西藏问题	张植荣	李　玉
法学	国际政治	毛泽东国际政治理论研究——从权利的角度	孙君健	梁守德
法学	国际政治	贸易摩擦下的美日关系—从里根到克林顿	丁启玉	梁守德
法学	国际政治	冲突预防理论与东盟合作型冲突预防机制研究	牛仲君	梁守德
法学	国际政治	北约盟国与冷战期间美国的核决策	崔　磊	刘金质
法学	国际政治	坦桑尼亚多党民主化研究	李保平	陆庭恩
法学	国际政治	非洲一体化研究	罗建波	陆庭恩
法学	国际政治	冷战后国际环境变化中的中国与东盟	尹永德	陆庭恩
法学	国际政治	欧洲一体化的悖论	古莉亚	王　杰
法学	国际政治	中国非政府组织的发展及其驱动力解析	李章源	王　杰
法学	国际政治	论公众舆论对美国对华政策的影响（1949—1971）	袁小红	袁　明
法学	国际关系	冷战后中国东盟战略关系研究	王光厚	方连庆
法学	国际关系	美国新保守派外交思想及其影响	吴晓春	刘金质
法学	国际关系	现代化论的传教士——赖肖尔与美国对日外交	归泳涛	袁　明
法学	国际关系	在危机中维护国家利益	丁孝文	袁　明
法学	外交学	抗拒与顺应——晚清外交的建构主义分析	张效民	贾庆国
法学	外交学	论国际危机管理中的信息沟通—以古巴导弹危机为例	郑　伟	牛　军
法学	外交学	当代中国多极化思想的历史、理论与实践分析	李扬帆	叶自成
法学	外交学	论东亚经济合作中的领导问题	向　宇	叶自成
法学	社会学	违规群体的规则——透视中关村贩假群体	陈　鸿	费孝通
法学	社会学	当代中国妇女生育间隔研究——基于分层线性模型的分析	葛建军	郭志刚
法学	社会学	博弈性互动、社会资本向度与社区整合——基于回迁社区“组建业主委员会”事件的经验研究	王雪梅	马　戎
法学	社会学	制度转型与组织采纳——ISO9000 在中国电子制造企业中的扩散	李宏伟	王思斌
法学	社会学	走向有限功能社区——对一个城市居住小区的社会网络分析	齐　心	谢立中
法学	人口学	中国人口就业结构变动研究	杨道兵	陆杰华
法学	人口学	中国高龄老人自评幸福度与健康长寿的关系研究	李　强	曾　毅
法学	人口学	企业年金投资运营的理论分析	韩永江	张纯元

续表

门类	学科专业	论文题目	作者	导师
法学	人类学	中缅边境拉祜西的亲属制度	韩俊魁	蔡　华
法学	人类学	中国哈尼族奕车人的亲属制度	澜　清	蔡　华
法学	人类学	信徒与公民——泰国曲乡的政治民族志	龚浩群	高丙中
法学	人类学	敖鲁古雅鄂温克生态移民——一个规划现代化的个案	谢元媛	高丙中
法学	人类学	安居中的迁徙——一个苗族村落的民族志研究	杨渝东	王铭铭
教育学	高等教育学	来华留学生跨文化人际交往研究——18 位来华留学生的个案分析	刘东风	喻岳青
教育学	基础心理学	早期知觉组织的神经机制及注意的调控作用	毛利华	韩世辉
教育学	基础心理学	噪音相关性变化的觉察及其心理调节机制	黄　娟	李　量
教育学	基础心理学	表情与非表情信息非对称搜索影响因素的分析	刘蓉晖	王　垒
教育学	基础心理学	中国人情绪性人格维度的结构与测量	迟英梅	王登峰
教育学	基础心理学	分裂症患者的人格、应对方式对精神症状和社会功能缺陷的影响	童永胜	王登峰
教育学	基础心理学	关于东西方自我差异的脑成像研究	张　力	朱　滢
文学	文艺学	杨慎文学思想研究	高小慧	陈熙中
文学	文艺学	“西方马克思主义”批评理论“总体性”概念研究	赵　文	董学文
文学	文艺学	心史之间：黄宗羲的文学理论批评	张敏杰	卢永璘
文学	文艺学	《诗式》研究	周　萌	卢永璘
文学	文艺学	生态文化的审美之维	王　茜	王岳川
文学	文艺学	小说的时间性与现代性——以欧洲成长教育小说为中心	王　炎	王岳川
文学	文艺学	沈德潜诗歌选本研究	王宏林	张少康
文学	文艺学	李东阳诗学研究	马云骎	张少康
文学	语言学及应用语言学	从对韩汉语教学看现代汉语时间先后的表达方式	郑素英	王洪君
文学	语言学及应用语言学	现代汉语话语情态表达研究	徐晶凝	王洪君
文学	汉语言文字学	词义聚合对词汇词义的影响——词义框架研究	金春梅	蒋绍愚
文学	汉语言文字学	汉语作格动词的历史演变及相关问题研究	宋亚云	蒋绍愚
文学	汉语言文字学	面向对外汉语教学的现代汉语比较句研究	柳多利	陆俭明
文学	汉语言文字学	“这”、“那”系词语的篇章用法研究	杨玉玲	陆俭明
文学	汉语言文字学	苏皖区域方言语法共同特征研究	王　健	袁毓林
文学	汉语言文字学	义净译经身体运动概念场词汇研究	谭代龙	张联荣
文学	汉语言文字学	《齐民要求》词汇研究	刘　洁	张双棣
文学	汉语言文字学	论汉语上古音无复辅音声母	庞光华	张双棣
文学	汉语言文字学	汉语连词从上古到中古的演变——以《左传》《魏书》为例	刘爱菊	朱庆之
文学	中国古典文献学	《资治通鉴》胡三省注研究	林　嵩	安平秋

续表

门类	学科专业	论文题目	作者	导师
文学	中国古典文献学	《史》《汉》比较研究	沙志利	安平秋
文学	中国古典文献学	《抱朴子》版本研究	高原乐	董洪利
文学	中国古典文献学	王莽改制新证	王　艺	李　零
文学	中国古典文献学	古文源流考	徐　刚	李　零
文学	中国古典文献学	汉人所谓古文研究	张富海	裘锡圭
文学	中国古典文献学	汉文西夏文献考述	胡玉冰	孙钦善
文学	中国古典文献学	北宋经学与理学之关系研究	吴国武	杨　忠
文学	中国古典文献学	中国古代女教文献研究	张秀春	杨　忠
文学	中国古代文学	明末清初女词人研究	赵雪沛	程郁缀
文学	中国古代文学	《诗经》“比、兴”研究史论（自先秦至宋代）	安性栽	储斌杰
文学	中国古代文学	《山海经》学术史考论	陈连山	储斌杰
文学	中国古代文学	西汉前期的经学与儒家政教文学观	张伟岐	费振刚
文学	中国古代文学	闺阁与画舫：清华嘉道时期的江南文人和女性研究	李汇群	刘勇强
文学	中国古代文学	清代戏曲小说相互改编研究	徐文凯	刘勇强
文学	中国古代文学	李商隐的诗学观及其在创作中的体现	刘青海	钱志熙
文学	中国古代文学	先秦诸子人性论与文艺观研究	张学君	钱志熙
文学	中国古代文学	论唐宋词的女性书写	潘碧华	袁行霈
文学	中国古代文学	汉赋与汉代制度——以都城、校猎、礼仪为例	曹胜高	袁行霈
文学	中国古代文学	列国题材文艺作品及其在韩国的影响	李恩英	周　强
文学	中国现当代文学	“当代文学”中的浩然	李云雷	曹文轩
文学	中国现当代文学	论中国“现代文学”与“当代文学”的关联研究	魏冬峰	曹文轩
文学	中国现当代文学	五四前后湖南的文化氛围与新文学	凌云岚	陈平源
文学	中国现当代文学	清末民初北京的舆论环境与新文化的登场	杨　早	陈平源
文学	中国现当代文学	通俗小说在当代（50—70 年代）的流变	金孝柍	洪子诚
文学	中国现当代文学	文学与阶级意识：“革命文学”论争中阶级问题的研究	赵　寻	钱理群
文学	中国现当代文学	“新秧歌运动”研究	安荣银	钱理群
文学	中国现当代文学	1950—1957 年现代作家选集的出版研究	陈改玲	商金林
文学	中国现当代文学	中国新诗批评观念之建构	陈　均	孙玉石
文学	中国现当代文学	现代中学语文课程与文学教育的演变	蔡　可	温儒敏
文学	中国现当代文学	第一次文代会研究	胡慧翼	温儒敏
文学	中国现当代文学	“文革”后期主流文学研究	张红秋	张颐武
文学	比较文学与世界文学	中英诗学的物我关系论	余建荣	乐黛云
文学	比较文学与世界文学	拉丁美洲文学汉译与中国当代文学（1949—1999）	滕　威	戴锦华

续表

门类	学科专业	论文题目	作者	导师
文学	比较文学与世界文学	绝海中津汉诗研究—日本“五山文化时代”游学派禅僧汉文学的主要成就	丸井宪	严绍璗
文学	比较文学与世界文学	《女声》杂志研究—上海沦陷时期妇女杂志个案考察	涂晓华	严绍璗
文学	英语语言文学	《克拉丽莎》的狂欢化特点	李小鹿	刘意青
文学	英语语言文学	历史的叙述与叙述的历史——拜厄特《占有》之历史性的多维研究	程　倩	申　丹
文学	英语语言文学	精神隔绝与文本越界：卡森·麦卡勒斯40年代哥特主题之后女性主义研究	刘　斌	陶　洁
文学	法语语言文学	克雷蒂安·德·特鲁瓦作品中的时间性：时间与中世纪传奇	周　莽	王庭荣
文学	日语语言文学	岛崎藤村小说研究	刘晓芳	于荣胜
文学	印度语言文学	独立前的印度英语小说	杨晓霞	唐仁虎
文学	亚非语言文学	蒙古文学开放结构的历史性探索——Ts. 达木丁苏伦比较文学思想研究	王　浩	裴晓睿
历史学	考古学及博物馆学	北京大学珍藏甲骨文字的整理与研究	李钟淑	葛英会
历史学	考古学及博物馆学	商周墓葬比较研究	张明东	刘　绪
历史学	考古学及博物馆学	朝鲜半岛三国时期寺院平面布局类型研究	朴待男	马世长
历史学	考古学及博物馆学	克孜尔洞窟组合调查与研究——对龟兹佛教的新探索	魏正中	马世长
历史学	考古学及博物馆学	汉墓结构和随葬釉陶器的类型及其变迁	杨哲峰	宿　白
历史学	考古学及博物馆学	太原古交旧石器与晚更新世早期人类活动	于振龙	王幼平
历史学	考古学及博物馆学	燕辽、海岱、中原地区新石器时代玉器研究	员雪梅	严文明
历史学	考古学及博物馆学	中国早期陶器研究	王　涛	赵朝洪
历史学	历史地理学	唐宋湘赣地域发展与政区演变研究	刘新光	李孝聪
历史学	专门史	沟通大洋彼岸：美国驻中国联络处与中美关系正常化	杨　贤	牛大勇
历史学	中国古代史	明代赎刑研究	张光辉	王天有
历史学	中国古代史	明代物料征收研究	赵中男	王天有
历史学	中国古代史	唐前期华北社会文化趋势研究——谦论安史之乱的历史文化背景	李松涛	王小甫
历史学	中国古代史	北朝财政制度变迁及隋唐财政制度渊源略论	史　卫	闫步克
历史学	中国古代史	慕容鲜卑的汉化与五燕政权	李海叶	闫步克
历史学	中国古代史	汉代财政管理研究	朱德贵	岳庆平
历史学	中国古代史	商文明的形成	张翠莲	朱凤瀚
历史学	中国近现代史	戊戌前后康有为议会思想之研究	李春馥	房德邻
历史学	中国近现代史	抗日战争时期陕甘宁边区国民教育研究	尚　微	房德邻
历史学	中国近现代史	宋恕思想研究	彭国运	房德邻
历史学	中国近现代史	蒋介石对国民革命军的控制研究	李宝明	茅海建

续表

门类	学科专业	论文题目	作者	导师
历史学	中国近现代史	罗家伦文化思想研究——以新人生观、新民族观、新历史观为中心	冯夏根	欧阳哲生
历史学	中国近现代史	《醒狮》时期（1924—1930）国家主义派的民族国家建设构想	田嵩燕	欧阳哲生
历史学	中国近现代史	近代中日两国官派欧美留学之比较研究（1862—1912）	胡连成	王晓秋
历史学	中国近现代史	咸同年间山东的团练之乱	崔　岷	徐万民
历史学	中国近现代史	从农村到城市——中共在石家庄市建政与管理的重要尝试（1947—1949）	李国芳	杨奎松
历史学	世界史	里根—撒切尔革命对中产阶级的影响	安　然	董正华
历史学	世界史	近代英国雇佣型大农场制度的兴衰	文礼朋	董正华
历史学	世界史	莫普改革—法国旧制度末年的政治转折	庞冠群	高　毅
历史学	世界史	菲律宾森林滥伐研究（1946—1995）	包茂宏	何芳川
历史学	世界史	克柳切夫斯基历史观点研究	朱剑利	刘祖熙
历史学	世界史	旧金山媾和之路——美国对日媾和与中国因素	王　蕾	宋成有
历史学	世界史	战后日本与台湾关系研究	龚　骞	宋成有
管理学	会计学	上市公司信息披露质量与股权融资成本关系研究	曾　颖	陆正飞
管理学	会计学	股权再融资价值效应：二元股权结构下的研究	徐浩萍	王立彦
管理学	企业管理（含：财务管理、市场营销、人力资源管理）	服务失败情况下的消费者不满意、信任与转换关系研究	赵　冰	符国群
管理学	企业管理（含：财务管理、市场营销、人力资源管理）	企业利益相关者理论与应用研究	江若玫	靳云汇
管理学	企业管理（含：财务管理、市场营销、人力资源管理）	中国上市公司并购行为研究	贾昌杰	靳云汇
管理学	企业管理（含：财务管理、市场营销、人力资源管理）	董事会内部运作与董事会效率	李克成	靳云汇
管理学	企业管理（含：财务管理、市场营销、人力资源管理）	认知封闭需要与任务冲突	刘雪峰	梁钧平
管理学	企业管理（含：财务管理、市场营销、人力资源管理）	股市数据形态聚类研究	刘成彦	王其文
管理学	企业管理（含：财务管理、市场营销、人力资源管理）	价值创新与企业技术创新战略：中国制药产业研究	程立茹	尹衍樑

续表

门类	学科专业	论文题目	作者	导师
管理学	企业管理（含：财务管理、市场营销、人力资源管理）	公司高管团队薪酬研究：前因、路径和绩效	顾佳峰	尹衍樑
管理学	企业管理（含：财务管理、市场营销、人力资源管理）	中国转型时期企业间交易关系模式研究——以汽车零部件购销网络为例进行分析	李康杓	张国有
管理学	行政管理	优化北京市投资环境研究——动态—综合评估模型的视角	沈千帆	陈庆云
管理学	行政管理	转型期中国政府政策能力研究	李玲玲	陈庆云
管理学	行政管理	我国城市治理中利益主体行为机制研究	王佃利	陈庆云
管理学	行政管理	中国民办高等教育政策的利益分析	张　瑞	陈庆云
管理学	行政管理	公共管理事业中的当代中国贫困问题研究	薛宝生	黄恒学
管理学	行政管理	中国国防工业管理体制改革研究	申瑞花	黄恒学
管理学	行政管理	技术创新财政政策工具研究——理论基础、运作规律与政策建议	胡　卫	黄恒学
管理学	行政管理	看护社会化模式探析——以日本看护保险制度为个案	刘亚娜	黄恒学
管理学	行政管理	转型中国的公共政策失灵——基于组织整合理论的系统	汤敏轩	李习彬
管理学	行政管理	当代中国责任政府研究——基本理论与现实路径	孙彩红	张国庆
管理学	行政管理	中国模式刍论——比较视野中的发展道路	王　华	张国庆
管理学	行政管理	企业竞争力的提升与政府信息服务模式研究	李若鹏	周志忍
管理学	社会医学与卫生事业管理	中国卫生资源配置的制度经济学研究	石　光	郭　岩
管理学	教育经济与管理	教育的筛选功能—中国劳动力市场的视角	李锋亮	丁晓浩
管理学	教育经济与管理	个人教育投资风险研究——以20世纪90年代中国城镇居民为例	马晓强	丁晓浩
管理学	教育经济与管理	高等学校成本结构的比较研究	李　勇	闵维方
管理学	教育经济与管理	研究生学费定价与资助政策研究	卢晓东	闵维方
管理学	教育经济与管理	高校收入分配制度变革与教师工作业绩的关系研究—以岗位津贴制度的实施为案例	刑志杰	闵维方
管理学	图书馆学	中国图书馆法治若干问题研究	李国新	王锦贵
管理学	图书馆学	网络信息传播的技术控制：模式与评价研究	刘　耀	王锦贵
管理学	图书馆学	中国出版业现代化研究：1800—1949	邓泳秋	王余光
管理学	图书馆学	数字图书馆评价研究	乔　欢	吴慰慈
管理学	图书馆学	中国化学研究产出的文献计量学评价研究	马建华	吴慰慈
管理学	图书馆学	20世纪中国的图书馆学本土化研究	刘兹恒	吴慰慈
管理学	情报学	知识型服务业的服务创新研究	申静	赖茂生
管理学	情报学	汉语自然语言信息检索技术研究	耿　骞	赖茂生

续表

门类	学科专业	论文题目	作者	导师
管理学	情报学	中文电子邮件作者身份识别技术研究	滕桂法	赖茂生
管理学	情报学	咨询公司的知识转移机制研究	王 昕	赖茂生
管理学	情报学	图像情感特征及其在检索中的应用研究	黄 崑	赖茂生
管理学	情报学	关于学术信息交流系统中不均衡问题的研究	孙 平	梁战平
管理学	情报学	危机中的情报：面向组织危机管理的情报战略	周 玲	梁战平
管理学	情报学	竞争情报活动中的人际网络研究	晏创业	秦铁辉
管理学	情报学	面向理解的多源信息融合相关技术研究	高晓静	徐学文
管理学	情报学	数字图书馆知识管理模式研究	乔 鸿	余锦风

中国人民大学

门类	学科专业	论文题目	作者	导师
哲学	马克思主义哲学	中国马克思主义哲学中的“实践唯物主义”转向	孙 芳	安启念
哲学	马克思主义哲学	论历史规律的作用机制	商 逾	陈先达
哲学	马克思主义哲学	经济全球化浪潮中的人与自然	窦爱兰	陈先达
哲学	马克思主义哲学	经济全球化与人的发展	李国华	陈先达
哲学	马克思主义哲学	虚拟实践与人的自由	周甄武	陈志良
哲学	马克思主义哲学	虚拟思维论	桑业明	陈志良
哲学	马克思主义哲学	公共性理论的哲学研究	曹鹏飞	郭 湛
哲学	马克思主义哲学	扰动文化的逆流——对“反文化”现象的哲学考察	李 丽	郭 湛
哲学	马克思主义哲学	文明和谐发展论——兼谈马克思主义文明观及其当代意义	杨 倩	郝立新
哲学	马克思主义哲学	文化无意识	王金会	李 燕
哲学	马克思主义哲学	社会发展机制研究	王晓林	梁树发
哲学	马克思主义哲学	利益的理论与实践——马克思主义利益观研究	赵平俊	梁树发
哲学	马克思主义哲学	政治文明视野中的权力问题研究	王照东	马俊峰
哲学	马克思主义哲学	社会公正的价值考量	张二芳	马俊峰
哲学	马克思主义哲学	公共组织权威研究	于洪生	马绍孟
哲学	马克思主义哲学	文化生产力与人类文明的跃迁	李春华	王 霁
哲学	马克思主义哲学	当代文化产业的本质与发展	盛新娣	夏甄陶
哲学	马克思主义哲学	生存与意义——从意义角度对生存状姿态的哲学考察	柴秀波	夏甄陶
哲学	马克思主义哲学	意向性：心智关指世界的能力	刘景钊	夏甄陶
哲学	马克思主义哲学	蒙古族生态观的哲学分析	乌 峰	肖 前
哲学	马克思主义哲学	马克思主义与社会性别研究	李晓光	杨焕章
哲学	马克思主义哲学	生存与终极关怀——兼论帝里希的生存本体论	刘新军	杨焕章
哲学	马克思主义哲学	体制改革与制度创新——邓小平社会主义改革	刘建军	庄福龄

续表

门类	学科专业	论文题目	作者	导师
哲学	中国哲学	儒家哲学原理研究	苗润田	葛荣晋
哲学	中国哲学	颜李学派与清初实学	李伟波	葛荣晋
哲学	中国哲学	心灵本体论的重构——唐君毅新儒学思想研究	王兴彬	宋志明
哲学	中国哲学	杨万里易学·哲学研究	曾华东	向世陵
哲学	中国哲学	德性与民主——以牟宗三、唐君毅、徐复观为中心	吴圣正	张立文
哲学	外国哲学	政治自由主义的发展逻辑	刘永红	冯　俊
哲学	外国哲学	符号与象征	高亚春	冯　俊
哲学	外国哲学	通达生命之境——狄尔泰生命解释学研究	田方林	李毓章
哲学	外国哲学	契约与正义——罗尔斯政治哲学研究	刘　娟	张志伟
哲学	逻辑学	博弈逻辑探索	张　峰	陈慕泽
哲学	逻辑学	话语表现理论与一阶谓词逻辑——自然语言逻辑研究	夏年喜	孙中原
哲学	逻辑学	量子逻辑研究	于海飞	赵总宽
哲学	伦理学	生命与道德	杨茂明	龚　群
哲学	伦理学	中国金融市场利益与伦理规则	战　颖	焦国成
哲学	伦理学	道德理性研究	杨宗元	罗国杰
哲学	伦理学	公平与效率——一种经济伦理的分析	陈　燕	罗国杰
哲学	伦理学	《蒙古秘史》伦理思想研究	斯　仁	罗国杰
哲学	伦理学	道德学习研究	吴　俊	罗国杰
哲学	伦理学	从生存到发展——当代农民流动的伦理研究	郭志民	罗国杰
哲学	伦理学	向善的历程——亚里士多德的选择思想	关　洁	宋希仁
哲学	伦理学	公正德性论——亚里士多德公正思想研究	黄显中	宋希仁
哲学	伦理学	社会保障中的伦理问题研究	张利平	夏伟东
哲学	伦理学	儒家忠恕思想研究	安晋军	姚新中
哲学	美学	古典的再生——论尼采的艺术形而上学	何兰芳	王旭晓
哲学	美学	水墨都市——中国山水画在现代的新突破	陈　浩	徐庆平
哲学	美学	中国画色彩的美学探渊	王文娟	徐庆平
哲学	美学	问题与主义之间：对英、美两种美学杂志的研究	罗卫平	张　法
哲学	美学	20世纪80年代以来中国美学原理著作的系统研究	刘三平	张　法
哲学	美学	多维的美学史	黄柏青	张　法
哲学	宗教学	证道之维——论禅作为终极存在方式的审美生成	黄文杰	方立天
哲学	宗教学	紫柏真可与晚明佛教复兴	戴继诚	方立天
哲学	宗教学	艾克哈特神秘主义思想研究	郭　晶	李秋零
哲学	宗教学	美国激进世俗神学的文化阐释	王紫媛	李秋零
哲学	科学技术哲学	论科技时代的企业营运	林振玮	刘大椿
哲学	科学技术哲学	学习化社会的价值考量	张星昭	刘大椿

续表

门类	学科专业	论文题目	作者	导师
哲学	科学技术哲学	福柯的主体解构之旅——从知识考古学到“人之死”	刘永谋	刘大椿
经济学	政治经济学	电力产业组织演进的动力机制研究	王　磊	陈享光
经济学	政治经济学	经济增长中的金融效率	辛念军	陈享光
经济学	政治经济学	金融自由化与股市波动性	熊　昆	陈享光
经济学	政治经济学	论价值转型问题	沈民鸣	胡　钧
经济学	政治经济学	国有商业银行产融结合问题研究	徐丹丹	胡　钧
经济学	政治经济学	中国对FDI监管的政治经济学研究	张广兴	胡　钧
经济学	政治经济学	我国风险投资公司融资模式选择	高庆海	黄泰岩
经济学	政治经济学	超越二元经济理论的新分析框架	张培丽	黄泰岩
经济学	政治经济学	金融自由化的亚洲模式比较及启示	于海莲	黄泰岩
经济学	政治经济学	我国场外交易市场发展构想	李淑龙	黄泰岩
经济学	政治经济学	韩国企业与其他外商对华直接投资的比较研究	金兑植	李义平
经济学	政治经济学	中国民营企业的制度演进	张　雁	李义平
经济学	政治经济学	论当代中国社会的信用建设	林　丽	李义平
经济学	政治经济学	新自由主义私有化理论研究	林光彬	林　岗
经济学	政治经济学	国内证券公司风险控制和化解	高振营	马庆泉
经济学	政治经济学	国家标准化战略的经济学分析	安佰生	宋　涛
经济学	政治经济学	竞争理论，实践与政策	杨国亮	宋　涛
经济学	政治经济学	贫困山区可持续发展理论与对策研究	韩　劲	宋　涛
经济学	政治经济学	全面建设小康社会进程中的融资机制研究	王海燕	宋　涛
经济学	政治经济学	产业转移和中部地区产业转移演化研究	王全春	宋　涛
经济学	政治经济学	多重二元经济结构下的城市化模式研究	赵光瑞	韦　伟
经济学	政治经济学	资本效率与产业结构变动的相关性研究	孙咏梅	卫兴华
经济学	政治经济学	我国城乡产业结构优化研究	陈明生	卫兴华
经济学	政治经济学	中国新型工业化：历史与现实的选择	白云伟	卫兴华
经济学	政治经济学	汉中企业集团公司治理结构比较	崔银荣	杨瑞龙
经济学	政治经济学	企业家，知识和知识协调	陈海威	杨瑞龙
经济学	政治经济学	中小家族企业融资结构：一个企业家的视角	李　强	杨瑞龙
经济学	政治经济学	韩国企业在华投资本土化问题研究	金惠珍	张　宇
经济学	政治经济学	论新国际分工	张　苏	张　宇
经济学	政治经济学	家族理性与家族企业	李　东	张　宇
经济学	经济思想史	阿马蒂亚·森的经济思想	王艳萍	高鸿业
经济学	经济思想史	斯蒂格利茨与转轨经济学	毛增余	吴易风
经济学	经济思想史	哈耶克的经济思想研究	高　歌	吴易风
经济学	经济思想史	西方规制经济学研究	张红凤	吴易风

续表

门类	学科专业	论文题目	作者	导师
经济学	经济史	软件产业的经济分析：兼论我国软件产业的发展战略	张　蔚	高德步
经济学	经济史	产业内企业并购研究	王跃兴	高德步
经济学	经济史	中国西部欠发达地区城市化模式研究	吕学虎	高德步
经济学	西方经济学	企业创新与成长的研究	陈　庆	方福前
经济学	西方经济学	人民币汇率形成机制应加考虑的三大因素	李光珍	高鸿业
经济学	西方经济学	公司多元化战略的经济学分析	程是东	高鸿业
经济学	西方经济学	西方非均衡经济学研究	乔　翔	高鸿业
经济学	西方经济学	中国证券市场均衡研究—股票市场与实体经济研究	任　华	刘凤良
经济学	西方经济学	动态要素禀赋理论及我国机电产品出口增长研究	张志奇	吴汉洪
经济学	西方经济学	企业经营者人力资本与激励问题研究	张冬梅	吴汉洪
经济学	西方经济学	开放经济下中国分配差距及消费增长	钱敏泽	吴易风
经济学	西方经济学	知识、能力与演化：动态企业理论研究	周清杰	吴易风
经济学	世界经济	股市周期与经济周期关系研究	伞　锋	杜厚文
经济学	世界经济	国际游资易变研究	王宏淼	杜厚文
经济学	世界经济	国际反倾销政策的经济学分析	宋利芳	杜厚文
经济学	世界经济	世界贫困化问题的经济学分析	彭　刚	杜厚文
经济学	世界经济	通货膨胀与资产回报之间负相关关系：理论分析与实证研究	周世一	吴大琨
经济学	世界经济	开放条件下的金融监管	尚金峰	吴大琨
经济学	世界经济	论虚拟资本与实体经济的辩证关系	孙　竹	张　帆
经济学	世界经济	俄罗斯经济模式演变研究	马莉莉	周新城
经济学	世界经济	对外贸易发展对就业的影响研究	刘　静	周新城
经济学	人口、资源与环境经济学	畜禽（园区）产业绿色化及环境政策研究	吴一平	鲁明中
经济学	人口、资源与环境经济学	生活垃圾再利用环境经济政策研究——废纸再生分析	邵天一	鲁明中
经济学	人口、资源与环境经济学	中国退耕还林（草）工程与政策的经济分析	李晓峰	鲁明中
经济学	人口、资源与环境经济学	环境治理结构：机制与善治——以锡林郭勒草原为案例分析	朱留财	鲁明中
经济学	人口、资源与环境经济学	旅游资源的经济价值评估——以黄山风景区为例	谢贤政	马　中
经济学	人口、资源与环境经济学	环境影响评价政策研究	王冬朴	马　中
经济学	人口、资源与环境经济学	环境保护投融资研究	车文辉	翟振武
经济学	人口、资源与环境经济学	北京产业与环境协调发展研究	孙振宇	张象枢

续表

门类	学科专业	论文题目	作者	导师
经济学	人口、资源与环境经济学	《关于持久性有机污染物（POPs）的斯德哥尔摩公约》履约的政策研究	彭争尤	张象枢
经济学	人口、资源与环境经济学	气候有益技术国际转移研究：效果、影响、因素与机制	徐　燕	邹　骥
经济学	人口、资源与环境经济学	奥运投资对北京市的环境与经济影响——基于动态区域 CGE 模型的模拟分析	宠　军	邹　骥
经济学	国民经济学	现代综合平衡论	卢映川	白和金
经济学	国民经济学	中国居民收入差距：基于制度变迁视角的分析	高　发	白和金
经济学	国民经济学	国有商业银行改革与金融宏观调控研究	孙明新	白和金
经济学	国民经济学	市场化与全球化进程中的国家商品储备制度	张　青	高铁生
经济学	国民经济学	中国期货市场可持续发展研究	季文茹	高铁生
经济学	国民经济学	中国农村金融体系研究	余贤群	桂世镛
经济学	国民经济学	中国房地产业宏观调控政策研究	林建荣	桂世镛
经济学	国民经济学	中国信托业治理优化研究	孙　飞	胡乃武
经济学	国民经济学	我国证券市场资源配置功能研究	唐震斌	胡乃武
经济学	国民经济学	价格管制理论与实践研究	史　璐	刘成瑞
经济学	国民经济学	利用国际产业转移促进中国制造业发展研究	戴宏伟	刘成瑞
经济学	国民经济学	中国金融风险与经济增长分析	刘兆生	刘起运
经济学	国民经济学	科学发展观的系统分析与模型研究	曹庭珠	刘起运
经济学	国民经济学	我国政府影响经济增长的可计算模拟分析系统	彭志龙	刘起运
经济学	国民经济学	公用事业规制及其改革研究	陈新国	刘　瑞
经济学	国民经济学	西部地区产业竞争力研究	马金书	刘　瑞
经济学	国民经济学	中国经济增长潜力分析	袁富华	刘　瑞
经济学	国民经济学	地方政府在追逐经济增长目标中的行为失范分析	刘　勇	刘　瑞
经济学	国民经济学	促进我国产业结构优化的投融资体制创新研究	朱衍强	刘　瑞
经济学	国民经济学	中国企业海外投资金融支持研究	严　明	王春正
经济学	国民经济学	国际产业转移与中国的对策	冼国义	魏礼群
经济学	国民经济学	中国信息经：道路、战略与动力机制	怀铁铮	魏礼群
经济学	国民经济学	中国货币政策有效性研判及有效货币政策体系研究	吴　著	武少俊
经济学	国民经济学	政府规制的变革性研究	李泳涛	武少俊
经济学	国民经济学	中国消费需求的宏观调控研究	刘文勇	钟契夫
经济学	区域经济学	京津翼区域经济合作发展问题研究	赵国岭	陈秀山
经济学	区域经济学	资本市场与东北老工业基地经济振兴	陈　稹	陈秀山
经济学	区域经济学	创新的空间扩散——规律、机制及其影响	王　飞	陈秀山
经济学	区域经济学	中国区域非均衡发展与政府调控：财政平衡机制和支持系统	张启春	陈秀山

续表

门类	学科专业	论文题目	作者	导师
经济学	区域经济学	中国区域发展中的银行结构研究	陆益美	王海平
经济学	区域经济学	长江三角洲区域经济的差异与趋同研究	李吉平	张敦富
经济学	区域经济学	国际城市的理论与实践	李丽萍	张敦富
经济学	区域经济学	东北老工业区的衰退与振兴——区域经济发展的演化经济学分析框架及应用	金　铸	张可云
经济学	区域经济学	城市治理的一般框架和北京城市治理研究	徐　静	张可云
经济学	财政学（含：税收学）	中韩转让定价税务管理比较研究	李贤周	安体富
经济学	财政学（含：税收学）	财政监督改革：理论分析与制度设计	李晋煤	安体富
经济学	财政学（含：税收学）	支持小企业发展的税收政策研究	张天胜	安体富
经济学	财政学（含：税收学）	信托税制研究	李青云	安体富
经济学	财政学（含：税收学）	税制结构研究	李建清	安体富
经济学	财政学（含：税收学）	中国税收负担问题研究	孙玉栋	安体富
经济学	财政学（含：税收学）	总量、分量、增长与结构：经济与税收关联分析及优化路径	隋　晓	安体富
经济学	财政学（含：税收学）	金融业的分工与整合：金融混业经营问题研究	邹宏魁	陈　共
经济学	财政学（含：税收学）	中国融资制度变迁与企业债券市场发展	陈怀海	陈　共
经济学	财政学（含：税收学）	日本二战后财政政策演变的经济分析	宋兴义	陈　共
经济学	财政学（含：税收学）	税收程序价值研究	程　莉	陈　共
经济学	财政学（含：税收学）	外国直接投资税收优惠问题研究	王良穆	陈　共
经济学	财政学（含：税收学）	开放条件下的保险运行研究	关　伟	陈　共
经济学	财政学（含：税收学）	公共财政框架下的政府预算：运行机制与制度安排	孙仁宏	高培勇
经济学	财政学（含：税收学）	中国税权纵向划分问题研究	白彦锋	高培勇
经济学	财政学（含：税收学）	城市政府融资问题研究	贾浩波	高培勇
经济学	财政学（含：税收学）	促进电子信息产业发展的政策体系研究	张旭明	郭庆旺
经济学	财政学（含：税收学）	促进农业发展的财政政策	高振宇	郭庆旺
经济学	财政学（含：税收学）	促进区域经济协调发展的财政政策	彭月兰	郭庆旺
经济学	财政学（含：税收学）	信息经济学在商业银行信用风险管理中的应用研究	左志刚	谭荣华
经济学	财政学（含：税收学）	中国税收收入能力估测及其应用研究	梁　季	谭荣华
经济学	财政学（含：税收学）	优化我国分税制财政体制的思路和设想	郭希林	王传纶
经济学	财政学（含：税收学）	开放经济条件下的财政政策研究	李旭红	朱　青
经济学	金融学（含：保险学）	中国金融结构的资金流量分析	操仲春	贝多广
经济学	金融学（含：保险学）	三元悖论原则：理论与实证研究	周　晴	陈雨露
经济学	金融学（含：保险学）	中国与欧洲金融制度变迁的比较研究：金融史学视角	郭　艳	陈雨露
经济学	金融学（含：保险学）	银行跨国并购的效应分析	牛海鹏	陈雨露
经济学	金融学（含：保险学）	风险投资的风险收益机制研究	李建良	刘曼红

续表

门类	学科专业	论文题目	作者	导师
经济学	金融学（含：保险学）	证券监管的经济学分析	张慧莲	沈伟基
经济学	金融学（含：保险学）	从企业成长视角看我国金融结构的优化	蔡如海	沈伟基
经济学	金融学（含：保险学）	中国转型经济中融资制度安排	李国民	沈伟基
经济学	金融学（含：保险学）	中国融资结构的演变分析	沈其云	沈伟基
经济学	金融学（含：保险学）	中国上市公司融资行为研究	吴　江	吴晓求
经济学	金融学（含：保险学）	产业技术进步中的金融作用	李　悦	吴晓求
经济学	金融学（含：保险学）	证券监管与证券创新：理论与中国实践	侯苏庆	吴晓求
经济学	金融学（含：保险学）	中国保险监管制度研究	韩　笑	张洪涛
经济学	金融学（含：保险学）	人民币自由兑换对我国出口信用保险的影响	唐　勇	张洪涛
经济学	金融学（含：保险学）	论中国的资本项目可兑换	兰　光	赵锡军
经济学	金融学（含：保险学）	西部大开发金融体系构建研究	白　涛	周升业
经济学	金融学（含：保险学）	场外衍生交易及其在中国的发展研究	李　鹏	周升业
经济学	金融学（含：保险学）	信息不对称下的上市公司行为研究	徐　杰	周升业
经济学	金融学（含：保险学）	信托制度研究——制度经济学的视角	李世银	周升业
经济学	金融学（含：保险学）	商业银行公司治理问题研究	郭卫文	朱毅峰
经济学	金融学（含：保险学）	我国商业银行效率研究	高杰英	朱毅峰
经济学	金融学（含：保险学）	我国利率市场化进程中商业银行利率风险管理研究	陈志刚	朱毅峰
经济学	金融学（含：保险学）	转轨期寿险发展理论研究	孔佑杰	朱毅峰
经济学	金融学（含：保险学）	中国商业优化的全能化趋势和重构之路	吕　宇	朱毅峰
经济学	产业经济学	反倾销：贸易保护视角的研究	侯海英	谷克鉴
经济学	产业经济学	欧盟扩大对中国商品出口的影响	米　查	黄国雄
经济学	产业经济学	农产品流通组织论	程庆新	纪宝成
经济学	产业经济学	中国高科技产业发展机制研究	苏贵光	纪宝成
经济学	产业经济学	上市公司控制权实证研究	张　毅	纪宝成
经济学	产业经济学	房地产流通：价值·模式·规制	夏建甑	李金轩
经济学	产业经济学	产业结构优化升级中的电子政务	林　宁	李　悦
经济学	产业经济学	产业投资基金发展研究	路　迹	李　悦
经济学	产业经济学	中国电力产业政策研究	刘建平	李　悦
经济学	产业经济学	中国保险业竞争力结构研究	施宇箭	李　悦
经济学	产业经济学	企业产权交易中拍卖问题研究	步艳红	卢东斌
经济学	产业经济学	基于IT产业的技术关联与产业关联	段晓强	卢东斌
经济学	产业经济学	突发性危机对旅游业的冲击与激活市场研究	谷慧敏	卢东斌
经济学	产业经济学	中国炼油业市场化与经济安全研究	史　昕	卢东斌
经济学	产业经济学	国有大型煤炭企业发展战略分析——以兖州矿业集团为例	杨家纯	马龙龙

续表

门类	学科专业	论文题目	作者	导师
经济学	产业经济学	基于循环经济的煤炭产业发展理论与政策研究	李克荣	马龙龙
经济学	产业经济学	我国机电产业国际竞争力研究	徐　旭	马龙龙
经济学	产业经济学	绿色壁垒理论和日本的经验及启示	杨安怀	杨昌举
经济学	国际贸易学	农村金融深化与发展评析	陈　军	曹远征
经济学	国际贸易学	中国跨国公司研究	冯鹏程	高成兴
经济学	国际贸易学	论贸易自由化进程中发展中国家的利益	陆　燕	高成兴
经济学	国际贸易学	开放条件下中国产业升级问题研究——以汽车产业为例	喆　儒	谷克鉴
经济学	国际贸易学	国际直接投资与经济发展	马　岩	韩玉军
经济学	劳动经济学	失业保险对劳动力市场的理论分析	叶向峰	董克用
经济学	劳动经济学	企业中层管理人员绩效结构及影响因素研究	覃成菊	孙健敏
经济学	劳动经济学	知识员工报酬研究——基于企业核心能力与员工异质性结合的观点	郑耀洲	文　魁
经济学	劳动经济学	人力资本及其对中国经济增长贡献的实证研究	谭永生	文　魁
经济学	劳动经济学	企业家人力资本价值评价问题研究	张一名	肖鸣政
经济学	劳动经济学	尼日利亚公共部门培训的效果：基于国际成功培训决定因素的观察分析	萨哈德	曾湘泉
经济学	劳动经济学	中国不同所有制企业间工资差别的形成机制研究	汪　雯	曾湘泉
经济学	劳动经济学	国有企业公司治理结构内在矛盾及其人力资源解决方案研究	吴建辉	曾湘泉
经济学	劳动经济学	企业组织公平性对组织公民行为的影响	张望军	赵履宽
经济学	劳动经济学	企业并购中人力资源管理与人力资源管理者的角色研究	王军宏	赵履宽
经济学	劳动经济学	中国转型期社会保险中的政府责任	杨方方	郑功成
经济学	统计学	金融收益率时间序列的极值研究	柳会珍	顾　岚
经济学	统计学	政府竞争力理论与实证研究	王作成	何晓群
经济学	统计学	Data Mining 中数据加值方法研究	张阿蘭	金勇进
经济学	统计学	永久随机数法抽样技术的若干问题研究	栾文英	金勇进
经济学	统计学	多重插补方法与应用研究	庞新生	金勇进
经济学	统计学	非对称损失函数下的参数估计	程　岩	吴喜之
经济学	统计学	基于 MCMC 方法的随机波动模型的推断	刘凤芹	吴喜之
经济学	统计学	分形在中国股票市场应用的研究	吴建民	易丹辉
经济学	统计学	Copula 在投资组合模型中应用的研究	贾知青	易丹辉
经济学	统计学	居民消费行为和意愿的量化研究	庄　菁	易丹辉
经济学	统计学	抽样调查中序贯调整估计量的研究	钟　卫	袁　卫
经济学	统计学	精算控制循环与养老基金治理	黄向阳	袁　卫

续表

门类	学科专业	论文题目	作者	导师
经济学	统计学	中国石油加工业竞争力研究	傅　琦	赵彦云
经济学	数量经济学	海外直接投资与我国技术进步相关关系研究	徐春骐	徐伟宣
法学	法学理论	朱利叶斯·斯通综合法思想研究	薄振峰	吕世伦
法学	法学理论	利益制衡与制度安排——反腐败制度建构的法哲学思考	范季海	吕世伦
法学	法学理论	论法律调整方法	杨思斌	孙国华
法学	法学理论	现阶段中国农民负担制度公正与效率辨析	芦瑞玲	孙国华
法学	法学理论	当代社会民主主义法学思想研究	杨晓青	孙国华
法学	法学理论	全球化条件下的文化安全及其法律对策	李　媛	朱景文
法学	法学理论	全球环境治理的法律框架	张小平	朱景文
法学	法学理论	去留两彷徨：法制现代化进程中的人民信访	李红勃	朱力宇
法学	法律史	《唐律》若干罪名的实证分析	江润南	程天权
法学	法律史	非洲法律文化研究	夏新华	叶秋华
法学	法律史	国际海上武装冲突法的历史演进：从1856年《巴黎海战宣言》到1994年《圣雷莫手册》	邢广梅	叶秋华
法学	法律史	西方国家地方自治之研究	张丽娟	叶秋华
法学	法律史	唐令基本问题研究	李玉生	曾宪义
法学	法律史	明清晋商与传统法律文化	张　钧	曾宪义
法学	法律史	中国古代立法文化研究	史广全	曾宪义
法学	法律史	投资者保护法律制度研究	张育军	曾宪义
法学	法律史	近代中国公司法率制度移植及效果分析	蒋燕玲	曾宪义
法学	法律史	大陆有限责任公司与香港私人公司中股东拥有及行使相关制度比较研究	陈智彪	曾宪义
法学	法律史	中国古代刑罚体系与“五刑”观念关系研究	史永丽	赵晓耕
法学	法律史	论我国行政法制监督制度的历史发展与完善	李　蕊	郑　定
法学	法律史	学风、世变与民国法学——朝阳大学研究（1912—1946）	杨　昂	郑　定
法学	法律史	羁縻：清前期旅蒙商及其贸易活动的法律透视	岑　飒	郑　定
法学	法律史	凌迟刑研究	李宜霞	郑　定
法学	宪法学与行政法学	论宪法修改程序	林强强	韩大元
法学	宪法学与行政法学	论法院对行政立法的审查制度	杨士林	韩大元
法学	宪法学与行政法学	行政紧急强制制度研究	王天星	胡锦光
法学	宪法学与行政法学	论我国公民基本权利体系的重构	秦奥蕾	胡锦光
法学	宪法学与行政法学	中国审判权界限研究	张德瑞	胡锦光
法学	宪法学与行政法学	有限政府论	詹福满	胡锦光
法学	宪法学与行政法学	行政程序违法责任制度研究——从保护权利视角展开	王雅琴	许崇德

续表

门类	学科专业	论文题目	作者	导师
法学	宪法学与行政法学	两岸行政程序法制之比较研究	朱　瓯	许崇德
法学	宪法学与行政法学	论社会保障权	薛小建	许崇德
法学	宪法学与行政法学	行政证据制度研究	徐继敏	许崇德
法学	宪法学与行政法学	社会组织行政的法规制研究	张　禹	杨建顺
法学	宪法学与行政法学	行政法的系统功能论	刘　艺	杨建顺
法学	宪法学与行政法学	行政法规范解释论	高秦伟	杨建顺
法学	刑法学	论国际刑法中的危害人类罪	杜启新	高铭暄
法学	刑法学	犯罪本质特征研究——刑法全球化背景下的社会危害性理论	齐文远	高铭暄
法学	刑法学	侵犯著作权罪研究	胡　驰	高铭暄
法学	刑法学	金融犯罪惩治规制的国际化与我国的法律应对	王宝杰	顾肖荣
法学	刑法学	航空犯罪研究	王文利	韩玉胜
法学	刑法学	刑法平等论	赖早兴	胡云腾
法学	刑法学	刑法中的非法占有目的之研究	邓宇琼	黄京平
法学	刑法学	情节犯研究	李　翔	黄京平
法学	刑法学	中俄共同法罪比较研究	赵　微	黄京平
法学	刑法学	间接正犯论	冯凡英	姜　伟
法学	刑法学	罪犯人权保障研究——以刑事政策为视角	韩克芳	卢建平
法学	刑法学	滥用职权罪研究	贾　彬	王作富
法学	刑法学	犯罪竞合研究	庄　劲	王作富
法学	刑法学	刑法谦抑性研究	刘福谦	王作富
法学	刑法学	主犯论	吴光侠	谢望原
法学	刑法学	中国当代基本刑事政策研究	廖万里	赵秉志
法学	刑法学	现代赦免制度论衡	阴建峰	赵秉志
法学	刑法学	经济犯罪死刑限制与废止研究	万云峰	赵秉志
法学	刑法学	重刑化思想及其遏制问题研究	韩晓峰	赵秉志
法学	民商法学（含：劳动法学、社会保障法学）	公司设立中的法律问题研究	周丽娟	董安生
法学	民商法学（含：劳动法学、社会保障法学）	公司转投资法律问题研究	王　仑	董安生
法学	民商法学（含：劳动法学、社会保障法学）	公司治理与董事会建设	王艳萍	董安生
法学	民商法学（含：劳动法学、社会保障法学）	寻找债权人保护的新坐标——资本维持原则反思	张保华	董安生
法学	民商法学（含：劳动法学、社会保障法学）	论著作权法中的作品概念	杨述兴	郭　禾

续表

门类	学科专业	论文题目	作者	导师
法学	民商法学（含：劳动法学、社会保障法学）	私法视野里的权利冲突条论	张平华	郭明瑞
法学	民商法学（含：劳动法学、社会保障法学）	药品专利保护与公共健康问题	韦贵红	郭寿康
法学	民商法学（含：劳动法学、社会保障法学）	夫妻财产之清算与分割——兼论如何落实夫妻财产之分配	王如玄	刘春田
法学	民商法学（含：劳动法学、社会保障法学）	知识产权侵权损害问题研究	范晓波	刘春田
法学	民商法学（含：劳动法学、社会保障法学）	知识产权与民法关系之研究	蒋万来	刘春田
法学	民商法学（含：劳动法学、社会保障法学）	物权变动规则研究	辛赤兵	龙翼飞
法学	民商法学（含：劳动法学、社会保障法学）	证券市场虚假陈述侵权民事责任研究	陈志武	龙翼飞
法学	民商法学（含：劳动法学、社会保障法学）	买卖合同中标的物所有权的转移及风险承担问题的研究	付金联	龙翼飞
法学	民商法学（含：劳动法学、社会保障法学）	公司集团治理法律问题研究	张永志	龙翼飞
法学	民商法学（含：劳动法学、社会保障法学）	中国土地征收制度研究	李　蕊	龙翼飞
法学	民商法学（含：劳动法学、社会保障法学）	民事责任规则研究——以社会正义实现为中心	姜启波	龙翼飞
法学	民商法学（含：劳动法学、社会保障法学）	职场性骚扰法律制度研究及中国立法建议	易　菲	龙翼飞
法学	民商法学（含：劳动法学、社会保障法学）	隐私权的一般理论——以体系建构为中心	马　特	王利明
法学	民商法学（含：劳动法学、社会保障法学）	诉讼时效制度研究	冯　恺	王利明
法学	民商法学（含：劳动法学、社会保障法学）	论个人信用信息的收集利用和保护	张　鹏	吴汉东
法学	民商法学（含：劳动法学、社会保障法学）	民事基本权利问题哲学研究	任　生	杨大文
法学	民商法学（含：劳动法学、社会保障法学）	法人制度法理研究	蒋学跃	杨大文
法学	民商法学（含：劳动法学、社会保障法学）	过错论	蔡颖雯	杨立新
法学	民商法学（含：劳动法学、社会保障法学）	公司所有与公司经营之法律研究	段　威	叶　林
法学	民商法学（含：劳动法学、社会保障法学）	人身损害赔偿数额确定规则研究	项先权	张新宝
法学	民商法学（含：劳动法学、社会保障法学）	商业性“债转股”法律问题研究	石俊志	赵中孚

续表

门类	学科专业	论文题目	作者	导师
法学	民商法学（含：劳动法学、社会保障法学）	公司欺诈性财产权转让行为及其法律控制	汪华志	赵中孚
法学	民商法学（含：劳动法学、社会保障法学）	人寿保险信托之研究	赖国钦	赵中孚
法学	民商法学（含：劳动法学、社会保障法学）	不动产租赁法律制度研究	戚兆岳	赵中孚
法学	民商法学（含：劳动法学、社会保障法学）	论关联交易的法律控制	王宗奇	赵中孚
法学	民商法学（含：劳动法学、社会保障法学）	论网络环境下的著作权保护	陈丽华	赵中孚
法学	民商法学（含：劳动法学、社会保障法学）	有限合伙研究	陈雪华	赵中孚
法学	民商法学（含：劳动法学、社会保障法学）	大陆地区房地产按揭制度若干问题	黄志明	赵中孚
法学	诉讼法学	物证论	李学军	陈卫东
法学	诉讼法学	刑事诉讼文化论	梁　欣	陈卫东
法学	诉讼法学	刑事裁判根据研究	胡之芳	陈卫东
法学	诉讼法学	辩护权论	李本森	陈卫东
法学	诉讼法学	控审分离论	刘计划	陈卫东
法学	诉讼法学	刑事审判公正论	陈　飞	陈卫东
法学	诉讼法学	检查职能研究	晏向华	程荣斌
法学	诉讼法学	中国内地与香港羁押制度研究	张锦全	程荣斌
法学	诉讼法学	侦察行为研究——以行为科学为视角	刘为军	何家弘
法学	诉讼法学	特免权制度研究	吴丹红	何家弘
法学	诉讼法学	毒品犯罪侦查论	蒋胜杰	何家弘
法学	诉讼法学	民事诉讼管辖制度若干问题研究	孙邦清	江　伟
法学	诉讼法学	公司法上的纠纷之特殊诉讼机制研究	谢文哲	江　伟
法学	诉讼法学	民事司法衡平论	徐继军	江　伟
法学	诉讼法学	刑事诉讼分权制衡基本理论研究	李　蓉	王新清
法学	经济法学	中国民办高校法人制度研究	余　临	刘文华
法学	经济法学	论公司的环境责任——以可持续发展原则为导向的法律制度建构	高桂林	刘文华
法学	经济法学	电子商务中消费者权益的法律保护	赵秋雁	刘文华
法学	经济法学	信用卡制度研究	张允祯	刘文华
法学	经济法学	论商法	陈岳琴	史际春
法学	经济法学	论产业政策和竞争法的冲突与协调	王斐民	史际春
法学	经济法学	中国保险市场准入与退出监管法律制度研究	许崇苗	吴宏伟

续表

门类	学科专业	论文题目	作者	导师
法学	经济法学	纳税主体研究	侯作前	徐孟洲
法学	经济法学	国有资产信托法律制度研究	席月民	徐孟洲
法学	经济法学	反垄断法适用除外制度研究	齐虹丽	赵秀文
法学	经济法学	资源物权制度研究	吴国刚	周 珂
法学	政治学理论	意志、审议与政治合法性：从卢梭到哈贝马斯	谈火生	程虎啸
法学	政治学理论	晚清乡土教民的宗教意识——以顺直一带的天主教为中心	刘丽敏	程虎啸
法学	政治学理论	台湾地方自治制度研究	刘锡斌	黄嘉树
法学	政治学理论	人口问题与台湾政治变迁	杨莲福	黄嘉树
法学	政治学理论	城市社区治理中的组织与权力	刘娴静	彭 明
法学	政治学理论	卡尔施米特政治观研究	张永会	王乐理
法学	政治学理论	国家认同与对外政策——冷战后朝美核争端的分析	金大洙	杨炳章
法学	政治学理论	漳洒上游边界水冲突研究	熊向阳	杨炳章
法学	政治学理论	毛泽东的世界革命情绪与抗美援朝决策——中共对外政策中意识形态历史因素考察	付 平	张 鸣
法学	政治学理论	南京国民政府训政体制的建立与前期演化	韩英军	张 鸣
法学	政治学理论	战乱与革命的村庄记忆——翼北川村土改	孙艳红	张 鸣
法学	科学社会主义与国际共产主义运动	论中国应对经济全球化的策略	赵英臣	秦 宣
法学	科学社会主义与国际共产主义运动	经济全球化与我国社会主义政治文明建设	陈海莹	秦 宣
法学	科学社会主义与国际共产主义运动	西方信息社会理论评析	徐丹丹	秦 宣
法学	科学社会主义与国际共产主义运动	反全球化运动研究	李 丹	秦 宣
法学	科学社会主义与国际共产主义运动	环境问题与第三世界发展	贺新元	卫建林
法学	科学社会主义与国际共产主义运动	华侨华人与中国现代化	陈永胜	许征帆
法学	科学社会主义与国际共产主义运动	消除贫富分化走向共同富裕：当代中国社会转型期阶段价值	唐 莉	许征帆
法学	科学社会主义与国际共产主义运动	论冷战后美国发动的四场战争的实质	王淑梅	叶卫平
法学	科学社会主义与国际共产主义运动	当代俄罗斯对外战略转型研究	李述森	周新城
法学	中共党史（含：党的学说与党的建设）	中国共产党建国思想研究（1920—1954）	潘焕昭	陈明显
法学	中共党史（含：党的学说与党的建设）	河南农村人民公社问题研究	姜建芳	陈明显

续表

门类	学科专业	论文题目	作者	导师
法学	中共党史（含：党的学说与党的建设）	中国共产党党章研究	陈自才	陈明显
法学	中共党史（含：党的学说与党的建设）	中国共产党执政时期实现先进性研究	崔晓庚	陈明显
法学	中共党史（含：党的学说与党的建设）	邓小平与马克思主义中国化第二次飞跃研究	黄　黎	陈明显
法学	中共党史（含：党的学说与党的建设）	毛泽东思想成熟阶段研究	吴玉才	罗正楷
法学	中共党史（含：党的学说与党的建设）	中国共产党隐蔽战线研究（1921—1949）	游国立	罗正楷
法学	中共党史（含：党的学说与党的建设）	毛泽东中国农业现代化思想研究	谭首彰	罗正楷
法学	中共党史（含：党的学说与党的建设）	邓小平资本主义论研究	宋海琼	罗正楷
法学	中共党史（含：党的学说与党的建设）	论新时期中华民族凝聚力理论与实践	张丰清	罗正楷
法学	中共党史（含：党的学说与党的建设）	“徘徊中前进”与改革开放的酝酿和初步酝酿	黄一兵	石仲泉
法学	中共党史（含：党的学说与党的建设）	中国共产党民族政策史雏论	何龙群	石仲泉
法学	中共党史（含：党的学说与党的建设）	20世纪五六十年代中国农村包产到户变迁问题研究	张海荣	王顺生
法学	中共党史（含：党的学说与党的建设）	20世纪50年代高校知识分子改造运动	崔晓麟	王顺生
法学	中共党史（含：党的学说与党的建设）	建国初期中美关系研究	杨建英	张启华
法学	中共党史（含：党的学说与党的建设）	毛泽东的廉政建设原则研究	王以忠	张启华
法学	中共党史（含：党的学说与党的建设）	中国共产党民主思想发展研究	卢　轶	张启华
法学	中共党史（含：党的学说与党的建设）	新时期中国共产党的执政经验研究	刘　波	张同新
法学	中共党史（含：党的学说与党的建设）	邓小平理论与中国和平发展道路论析	朱奕冰	张同新
法学	中共党史（含：党的学说与党的建设）	新时期中国共产党的农村政策在全面建设小康社会中的地位	曲丰霞	张同新
法学	中共党史（含：党的学说与党的建设）	中国政党关系在国际环境中的演变（1945—1949）	王树林	张同新
法学	中共党史（含：党的学说与党的建设）	张学良国家观研究	肖建杰	张同新
法学	马克思主义理论与思想政治教育	试论社群主义时期浮尔斯为首新自由主义的批判	何霜梅	段忠桥

续表

门类	学科专业	论文题目	作者	导师
法学	马克思主义理论与思想政治教育	拉克劳与墨菲的后马克思主义辨析	付文忠	段忠桥
法学	马克思主义理论与思想政治教育	建国以来中国共产党宗教理论和政策研究	胡　军	段忠桥
法学	马克思主义理论与思想政治教育	新时期理想信念的理论思考	朱喜坤	刘建军
法学	马克思主义理论与思想政治教育	宗教与社会主义社会相适应问题研究	王霞娟	刘建军
法学	马克思主义理论与思想政治教育	当代中国跨越式发展中的协调问题研究	刘东建	王　霁
法学	马克思主义理论与思想政治教育	人的全面发展与社会协调发展	郭宇光	王　霁
法学	马克思主义理论与思想政治教育	当代中国政府诚信建设论	赵爱玲	吴潜涛
法学	马克思主义理论与思想政治教育	公共管理者的责任问题研究	李　韬	吴潜涛
法学	马克思主义理论与思想政治教育	古代中华民族精神化育研究	冯秀军	吴潜涛
法学	马克思主义理论与思想政治教育	公民责任探析	吴威威	许启贤
法学	马克思主义理论与思想政治教育	高校思想理论教育有效性研究	董　艳	杨瑞森
法学	马克思主义理论与思想政治教育	公有制与人的全面发展	邱启照	张雷声
法学	马克思主义理论与思想政治教育	交往与人的发展研究	刘明合	张　新
法学	国际政治	社会党国际与全球治理	禄德安	蔡　武
法学	国际政治	大陆台湾经济交流及其对两岸关系之政治环境的影响：以两岸半导体产业发展为例	林崇诚	时殷弘
法学	国际政治	“重新发现印度”：印度人民党政府的国际政治思想、基本战略及主要实践	宋德星	时殷弘
法学	国际关系	冷战后美国国家安全战略的调整及其理论取向研究	崔海宁	陈　岳
法学	国际关系	全球化背景下的东南亚地区主义	杨丹志	陈　岳
法学	国际关系	米尔斯海默进攻性现实主义理论研究	李永成	陈　岳
法学	国际关系	政治机会结构背景下国际非政府组织的发展及其国际政治作用	徐　莹	李宝俊
法学	社会学	扎根与弥散：村落社区权利结构变迁（1949—2004）——河南刘庄村个案研究	许　斌	胡鸿保
法学	社会学	城市贫困家庭的社会关系网络与社会支持	洪小良	李　强
法学	社会学	中国企业的社会公益事业发展研究	郑惠英	沙莲香

续表

门类	学科专业	论文题目	作者	导师
法学	社会学	农民工的认同和适应研究	张向东	沙莲香
法学	社会学	风险认知、判断与决策——我国居民保险需求	刘高峰	沙莲香
法学	社会学	基层政权合法性的再生产——社区自治实践的考察与分析	马　姝	夏建中
法学	社会学	我国城市社区治理结构的重建——治理理论的视角	张宝锋	夏建中
法学	社会学	市场导向和家庭保障惯习指引下的农户经济行为	汪　雁	郑杭生
法学	社会学	华北乡村集市变迁与社会结构转型——以定州的实地研究为例	奂平清	郑杭生
法学	社会学	疾病模式，求医行为与农民生活——以业量为例的医学社会学研究	刘仲翔	郑杭生
法学	社会学	书籍传播与社会发展——文化社会学与首都出版产业研究	仓理新	郑杭生
法学	社会学	法与非政治公共领域——一种社会学分析	何珊君	郑杭生
法学	社会学	转型时期的社会信用：一种经济社会学的分析	赵文龙	郑杭生
法学	社会学	平安村的家庭财产继承	高永平	郑也夫
法学	人口学	系统动力学在人口资源环境与可持续发展研究中的应用	蔡　林	杜　鹏
法学	人口学	我国老年人权益法律制度研究	李　超	杜　鹏
法学	人口学	我国留守家庭研究	周福林	顾宝昌
法学	人口学	中国的计划生育人权保护的研究	郝林娜	邬沧萍
法学	人口学	生育率下降对我国人口老龄化影响的研究	苗瑞凤	邬沧萍
法学	人口学	中国人口老龄化背景下老年贫困预防	王　琳	邬沧萍
法学	人口学	中国的出生性别比与“性别偏好”	刘　爽	邬沧萍
法学	人口学	健康投资绩效研究	彭现美	翟振武
法学	人口学	中国人口合理分布研究	孟向京	翟振武
法学	人类学	“身体”、“性”及其关系的主体构建：基于对70年代出生的北京工薪阶层女性的日常生活研究	黄盈盈	潘绥铭
法学	人类学	村落视角的生育性别偏好研究——场域与理性和惯习的建构理论	莫丽霞	潘绥铭
文学	文艺学	左翼文学运动的兴起与上海新书业	刘　震	程光炜
文学	文艺学	歌剧《白毛女》研究	孟　远	程光炜
文学	文艺学	挣扎中的审美眺望——西学东渐背景下的朱光潜美学	陈洪吉	黄克剑
文学	文艺学	图像与本质——胡塞尔图像意识现象学辨正	耿　涛	黄克剑
文学	文艺学	清代书法碑学的发生与建构	周　睿	黄克剑
文学	文艺学	新一代西方马克思主义批判理论家与媒介文化研究	闫玉刚	金元浦
文学	文艺学	《乐记》——视域融合中的阐释	薛永武	金元浦
文学	文艺学	《诗经》经典化历程中的阐释与意义生成	郭持华	金元浦

续表

门类	学科专业	论文题目	作者	导师
文学	文艺学	历史边缘的文化颠覆	李　舫	陆贵山
文学	文艺学	价值学视域中的当代中国大众文本	宋革新	陆贵山
文学	文艺学	中国当代现实主义文学的理想精神	孙喜睦	陆贵山
文学	文艺学	意义的追寻——罗兰巴特文本理论研究	龚小凡	杨恒达
文学	文艺学	历史话语的文学性——论海登·怀特的历史诗学	赵志义	余　虹
文学	文艺学	王弼的经典解释与六朝文论	胡　海	袁济喜
文学	文艺学	生命解释与文本释义——狄尔泰解释学思想研究	惠　鸣	詹杭伦
文学	文艺学	走向生态美学	张　华	章安祺
文学	文艺学	西方女性主义理论对中国女性作家写作的影响及其变异	周　曾	章安祺
文学	文艺学	法兰克福学派的审美现代性	李进书	章安祺
文学	文艺学	价值评判与文本细读——“新批评”之文学批评理论研究	李卫华	章安祺
文学	文艺学	焦虑的美学话语——存在主义视域中的焦虑理论及其当代意义	杨　钧	章安祺
文学	文艺学	现代汉语欧化语法现象研究	贺　阳	章安祺
文学	文艺学	体词谓语句研究	陈满华	章安祺
文学	新闻学	社会转型期弱势群体新闻报道研究	许向东	蔡　雯
文学	新闻学	大众传媒新闻信息资源增值研究	吴海荣	蔡　雯
文学	新闻学	全球化新闻传播与大学德育创新研究	唐景莉	成　美
文学	新闻学	日本报刊媒体中国报道研究	刘林利	成　美
文学	新闻学	新闻传播与国家发展理论研究	孙聚成	成　美
文学	新闻学	新闻发现研究	张　征	成　美
文学	新闻学	试论中国社会转型期经济新闻报道的价值取向	余　勇	成　美
文学	新闻学	争夺与控制——20世纪的青年报刊史研究	陈彤旭	方汉奇
文学	新闻学	中国近代社会变迁中的报刊改革（1860年—1911年）	徐　利	方汉奇
文学	新闻学	中国近代儿童报刊的历史考察	傅　宁	方汉奇
文学	新闻学	东方的微光　林中的响箭——中国电视新闻早年历史	周小普	方汉奇
文学	新闻学	中国行业报的历史衍变（1949—2004）	雷海秋	方汉奇
文学	新闻学	新闻责任论	董　岩	梁　衡
文学	新闻学	论媒介与社会正义	汪　武	郑保卫
文学	传播学	大众媒介变迁中隐私公开现象研究	张晓辉	郭庆光
文学	传播学	信息社会媒介素养研究——兼论中国媒介教育的必要性与可行性	张艳秋	郭庆光
文学	传播学	危机传播研究——信息流及噪音分析	钟　新	喻国明
文学	传播学	电视文化形态论——兼议消费社会的文化逻辑	徐瑞青	喻国明

续表

门类	学科专业	论文题目	作者	导师
文学	传播学	中国大众媒介公信力测评研究	靳　一	喻国明
文学	传播学	大众媒介公信力理论研究	张洪忠	喻国明
文学	传播学	公共危机管理中的媒体角色研究——SARS 危机的启示	王淑军	郑保卫
文学	传播学	中国报业法人治理结构及其变革问题研究	宋建武	郑兴东
文学	传播学	以人为本——我国大众传播的新理念	吴风华	郑兴东
历史学	专门史	女性职业与近代城市社会——以民国北京为中心的研究	王　琴	杨念群
历史学	中国古代史	近现代中美边疆史学比较研究	乐嘉辉	成崇德
历史学	中国古代史	清代北方官办乡约研究	段自成	郭成康
历史学	中国古代史	清代中后期京旗回屯问题研究	魏　影	郭成康
历史学	中国古代史	清代官修民族文字文献编纂研究——以满文蒙古文文献为中心	乌兰其木格	黄爱平
历史学	中国古代史	清代乾隆朝官员行政处分研究	孟姝芳	刘凤云
历史学	中国古代史	20 世纪 20 年代河南红枪会研究	王文玉	秦宝琦
历史学	中国古代史	从乡土到中国：清代官员旅行研究——以《道咸宦海见闻录》所见群体为中心	孙　冰	张　研
历史学	中国古代史	清代皖江流域圩田水利社会研究	赵崔莉	张　研
历史学	中国近现代史	新观念的呈现与力度——民国城市妇女婚姻问题研究	余华林	黄兴涛
历史学	中国近现代史	学术·体制·人——晚清学术转型的多维透视	胡文生	黄兴涛
历史学	中国近现代史	嘉道之际的灾荒与社会	张艳丽	李文海
历史学	中国近现代史	晚清朝鲜政策研究	郭剑化	杨东梁
历史学	中国近现代史	清末新政时期的意识形态控制	白文刚	杨东梁
历史学	世界史	第二次美英战争研究	李　龙	李世安
历史学	世界史	美国联邦体制下的州际关系	杨成良	李世安
历史学	世界史	19 世纪工业化进程中的西欧民族主义研究	李肇忠	王皖强
管理学	会计学	论会计融合	李寿文	戴德明
管理学	会计学	我国会计管理体制研究——基于加入世贸组织背景下的评析与改进	张婷婷	戴德明
管理学	会计学	外贸企业内部控制问题研究	夏　鹏	戴德明
管理学	会计学	商业银行作业成本管理问题研究	陈　德	戴德明
管理学	会计学	上市公司职工养老金信息披露研究	贾　丽	戴德明
管理学	会计学	基于价值链战略联盟的成本管理研究	何广涛	戴德明
管理学	会计学	我国外商投资企业转移定价研究——税收流失原因分析及监管体系构建	何玉润	戴德明
管理学	会计学	会计制度与经济监管——中国企业会计制度改革的优化路径研究	周　华	戴德明

续表

门类	学科专业	论文题目	作者	导师
管理学	会计学	价值链分析——对会计管理的战略新思考	李百兴	耿建新
管理学	会计学	我国审计市场效率研究	房巧玲	耿建新
管理学	会计学	国有企业收益分享制度研究——实证检验与制度安排	崔　宏	耿建新
管理学	会计学	企业财务战略研究：基于周期理论与实践	陈　勇	荆　新
管理学	会计学	政府绩效审计研究	陈宋生	宋　常
管理学	会计学	买壳上市框架内的控股权转移：理论与实证	陈晋平	王化成
管理学	会计学	战略主导型企业业绩评价系统研究	刘俊勇	王化成
管理学	会计学	控股股东对上市公司股利分配政策的影响研究	李春玲	王化成
管理学	会计学	价值链节点企业的价值评估研究——基于核心企业的理论框架与案例分析	尹美群	王化成
管理学	会计学	上市公司信息披露透明度研究：制度变迁、现状与改革路径	杨郊红	朱小平
管理学	会计学	会计师事务所内部治理机制研究	叶　友	朱小平
管理学	会计学	意见收买与审计收费——来自中国证券市场的经验证据	余　谦	朱小平
管理学	会计学	相对业绩评价研究	张百祥	朱小平
管理学	会计学	高校教育成本核算与控制研究——作业成本法视角	宗文龙	朱小平
管理学	企业管理（含：财务管理、市场营销、人力资源管理）	商业银行 CEO 薪酬研究	夏　萍	包　政
管理学	企业管理（含：财务管理、市场营销、人力资源管理）	管理者持股本质问题研究——一个基于管理能力的分析框架	张　兵	包　政
管理学	企业管理（含：财务管理、市场营销、人力资源管理）	现代企业制度下代理决策风险的控制问题研究——基于效用对称的风险责任分担机制	高　林	包　政
管理学	企业管理（含：财务管理、市场营销、人力资源管理）	企业董事会的本质	慕凤丽	包　政
管理学	企业管理（含：财务管理、市场营销、人力资源管理）	组织中的社会惰化研究：成因与对策	马志英	包　政
管理学	企业管理（含：财务管理、市场营销、人力资源管理）	俄罗斯信息化研究	谢忠民	陈　禹
管理学	企业管理（含：财务管理、市场营销、人力资源管理）	基于 CPFR 的我国新型供应链关系模型研究	牛东来	陈　禹

续表

门类	学科专业	论文题目	作者	导师
管理学	企业管理（含：财务管理、市场营销、人力资源管理）	供应链的演化、运行及管理问题研究——基于CAS理论和商业生态系统理论的观点	沈　峰	陈　禹
管理学	企业管理（含：财务管理、市场营销、人力资源管理）	台商产业网络与企业竞争力之研究	何素美	邓荣霖
管理学	企业管理（含：财务管理、市场营销、人力资源管理）	基于组织绩效的人力资源管理及评估研究	朋　震	邓荣霖
管理学	企业管理（含：财务管理、市场营销、人力资源管理）	企业集群发展研究	李亦亮	邓荣霖
管理学	企业管理（含：财务管理、市场营销、人力资源管理）	高校项目管理探索与研究	李红宇	邓荣霖
管理学	企业管理（含：财务管理、市场营销、人力资源管理）	股份公司治理研究	周金泉	邓荣霖
管理学	企业管理（含：财务管理、市场营销、人力资源管理）	城市营销战略研究	刘彦平	郭国庆
管理学	企业管理（含：财务管理、市场营销、人力资源管理）	企业营销绩效评价研究	高世昌	郭国庆
管理学	企业管理（含：财务管理、市场营销、人力资源管理）	企业人力资源管理现代化研究	肖　霞	黄津孚
管理学	企业管理（含：财务管理、市场营销、人力资源管理）	义利兼顾的民营企业文化研究	侯晓滨	李宝山
管理学	企业管理（含：财务管理、市场营销、人力资源管理）	高技术企业员工激励机制研究	戴建营	李宝山
管理学	企业管理（含：财务管理、市场营销、人力资源管理）	中国电视传媒业资本运营的系统分析	黎　斌	李宝山
管理学	企业管理（含：财务管理、市场营销、人力资源管理）	基于企业竞争力提升的战略联盟	李　雷	李占祥
管理学	企业管理（含：财务管理、市场营销、人力资源管理）	中国金融控股公司构建研究	陈　东	李占祥

续表

门类	学科专业	论文题目	作者	导师
管理学	企业管理（含：财务管理、市场营销、人力资源管理）	企业成长中的形象力研究	刘彧彧	李占祥
管理学	企业管理（含：财务管理、市场营销、人力资源管理）	政府主导型开发区管理机构再造研究	李春兰	利宝山
管理学	企业管理（含：财务管理、市场营销、人力资源管理）	品牌延伸的评价模型及决策研究	刘　勇	刘凤军
管理学	企业管理（含：财务管理、市场营销、人力资源管理）	中国寿险企业基于客户忠诚的客房保留问题研究	金　萍	刘凤军
管理学	企业管理（含：财务管理、市场营销、人力资源管理）	基于竞争力提升的城市营销研究	黄江松	吕一林
管理学	企业管理（含：财务管理、市场营销、人力资源管理）	ERP 系统应用中的企业管理模式趋同分析	王惠芬	汪星明
管理学	企业管理（含：财务管理、市场营销、人力资源管理）	基于知识管理的战略柔性研究	王　晖	王凤彬
管理学	企业管理（含：财务管理、市场营销、人力资源管理）	纵向网络节点企业学习能力研究	赵民杰	王凤彬
管理学	企业管理（含：财务管理、市场营销、人力资源管理）	中国上市公司并购动因和长期绩效的实证研究	王晓坤	王凤彬
管理学	企业管理（含：财务管理、市场营销、人力资源管理）	企业社会资本生成问题研究	刘松博	王凤彬
管理学	企业管理（含：财务管理、市场营销、人力资源管理）	面向电子政务的 Ontology 建模技术研究与应用	杨小平	王　珊
管理学	企业管理（含：财务管理、市场营销、人力资源管理）	欠发达地区经济发展与企业竞争战略的研究——以内蒙古成功企业竞争战略为例	额尔顿淘克涛	王以华
管理学	企业管理（含：财务管理、市场营销、人力资源管理）	社会资本与企业竞争优势	樊懿德	王以华
管理学	企业管理（含：财务管理、市场营销、人力资源管理）	公司实务期权研究——投资战略的定量分析	张志强	徐二明

续表

门类	学科专业	论文题目	作者	导师
管理学	企业管理（含：财务管理、市场营销、人力资源管理）	公司战略的创业导向与绩效关系的实证研究	张映红	徐二明
管理学	企业管理（含：财务管理、市场营销、人力资源管理）	中国研究型大学核心竞争力的战略研究	刘向兵	徐二明
管理学	企业管理（含：财务管理、市场营销、人力资源管理）	知识型企业成长研究——基于知识的视角	邓增永	杨　杜
管理学	企业管理（含：财务管理、市场营销、人力资源管理）	中国上市公司独立董事制度作用研究	杜　琰	伊志宏
管理学	企业管理（含：财务管理、市场营销、人力资源管理）	知识共享型企业组织结构研究	付　彦	郑海航
管理学	企业管理（含：财务管理、市场营销、人力资源管理）	提高企业敏捷性的人力资源管理模式研究	田效勋	郑明身
管理学	企业管理（含：财务管理、市场营销、人力资源管理）	中国电视媒介产业化转轨时期经营战略研究	王　钧	郑明身
管理学	企业管理（含：财务管理、市场营销、人力资源管理）	中国 IT 制造业大型企业国际竞争力提升研究	田兰章	郑明身
管理学	企业管理（含：财务管理、市场营销、人力资源管理）	集团公司治理与管理体制研究	郭全中	周绍朋
管理学	技术经济及管理	运营模式变革驱动下的流程再造问题研究	陈志坚	黄卫伟
管理学	技术经济及管理	政府诱导与农业保险	余沪荣	孙中才
管理学	技术经济及管理	中国独立第三方主导下的 B2B 电子虚拟市场发展模式研究	王俊杰	汪星明
管理学	农业经济管理	乡村人口迁移不足的工业化和城市化	陈剑波	陈锡文
管理学	农业经济管理	小农制农业经营模式变迁研究：台湾经验与大陆实践	张慧东	程漱兰
管理学	农业经济管理	中国农村医疗卫生保障制度研究	梁希震	程漱兰
管理学	农业经济管理	中国农产品认证制度研究	王晓霞	程漱兰
管理学	农业经济管理	食品安全保障机制研究	张云华	孔祥智
管理学	农业经济管理	技术性贸易壁垒与中国农产品出口竞争力研究	路　剑	罗伟雄
管理学	农业经济管理	安全蔬菜生产与消费的经济学分析——以河北为例	杨金深	唐　忠
管理学	行政管理	反贪污贿赂机构建设和发展研究——以中国检察机关为例	田　凯	刘熙瑞

续表

门类	学科专业	论文题目	作者	导师
管理学	行政管理	从冲突到秩序：我国社区业主委员会研究	杨　波	毛寿龙
管理学	行政管理	中国城市社团发展的制度分析	谈志林	毛寿龙
管理学	行政管理	电子政务绩效评估研究	唐　钧	张成福
管理学	行政管理	美英高级文官制度研究	毕东升	张成福
管理学	行政管理	论前瞻性的公共行政——公共行政走向的历史考察	武玉英	张康之
管理学	行政管理	基于平衡计分卡的公共部门绩效管理	张定安	张康之
管理学	行政管理	行政监察专员制度比较研究	张宏彩	朱立言
管理学	行政管理	中国社会治理转型中的公平问题研究	汪大海	朱立言
管理学	土地资源管理	基于住宅消费需求的可持续住宅研究	高宇波	林增杰
管理学	土地资源管理	住房逆抵押贷款研究	包林梅	谢经荣
管理学	土地资源管理	我国房地产信贷资金配置效率研究	李　霞	叶剑平
管理学	档案学	宋代档案文献编纂研究	李晓菊	冯惠玲
管理学	档案学	电子文件管理系统研究——系统功能原理分析	于丽娟	冯惠玲
管理学	档案学	电子文件真实性及其凭证价值研究	张　宁	冯惠玲
管理学	档案学	国家档案资源建设研究	付　华	冯惠玲
管理学	档案学	网络环境下信息安全管理体系研究	唐　珂	冯惠玲
管理学	档案学	档案信息传播效果研究	卫　奕	王传宇
管理学	档案学	我国数字鸿沟问题的理论分析与应对策略	陈艳红	赵国俊

清华大学

门类	学科专业	论文题目	作者	导师
哲学	伦理学	政治暴力批判	左高山	万俊人
哲学	科学技术哲学	复杂性科学的方法论研究	黄欣荣	吴　彤
经济学	数量经济学	资本管制有效性研究——目标、手段、强度、有效性及政策选择	金　荦	李子奈
经济学	数量经济学	中国股票市场限价委托单簿与委托单流的实证研究	戴　洁	李子奈
经济学	数量经济学	中国 FDI 区域分布及不同投资国的相关因素研究	朱玉杰	宋逢明
经济学	数量经济学	国有公司经营者激励机制研究	宋德舜	宋逢明
经济学	数量经济学	银行信贷登记咨询系统中的信贷风险测量和建模研究	李　豫	宋逢明
经济学	数量经济学	风险投资中的契约关系研究	赵西亮	吴　栋
经济学	数量经济学	中国房地产市场与金融市场关系研究	皮　舜	武康平
经济学	数量经济学	中国货币供应内生性的理论与实证研究	郭鸿勋	武康平
经济学	数量经济学	投资者冲量预期、资产定价与波动性研究	王邦宜	杨　炘
经济学	数量经济学	电信网络产品的定价模型与应用研究	胡杨梅	张金水

续表

门类	学科专业	论文题目	作者	导师
经济学	数量经济学	税收与经济增长：考虑政府公共支出的增长模型研究	姜　超	张金水
经济学	数量经济学	经理股票期权（ESO）制度——理论研究和应用设计	丁宇澄	周小川
经济学	数量经济学	上市公司控制权市场功能研究	祝红梅	周小川
法学	民商法学（含：劳动法学、社会保障法学）	交易安全义务制度研究	李　昊	崔建远
法学	民商法学（含：劳动法学、社会保障法学）	信赖原理的私法构造	叶金强	崔建远
法学	民商法学（含：劳动法学、社会保障法学）	控制股东义务法律制度研究	邓小明	高西庆
法学	民商法学（含：劳动法学、社会保障法学）	中国农村土地所有权制度研究	江海波	马俊驹
法学	民商法学（含：劳动法学、社会保障法学）	知识产权质权制度研究	刘阅春	马俊驹
法学	民商法学（含：劳动法学、社会保障法学）	从对立到协调：公私法划分背景下的宪法与民法关系论	曹治国	马俊驹
法学	民商法学（含：劳动法学、社会保障法学）	信托财产独立性及其担保意义——从大陆法系责任财产角度	宋　刚	马俊驹
法学	民商法学（含：劳动法学、社会保障法学）	控制股东义务研究	习龙生	王保树
法学	民商法学（含：劳动法学、社会保障法学）	公司瑕疵设立制度研究	傅建奇	王保树
法学	民商法学（含：劳动法学、社会保障法学）	知识产权出资研究	鲍为民	王保树
法学	民商法学（含：劳动法学、社会保障法学）	公司制证券交易所利益冲突研究	谢增毅	王保树
法学	民商法学（含：劳动法学、社会保障法学）	股份有限公司出资问题研究——以中韩出资制度比较为中心	丁珍燮	王保树
法学	民商法学（含：劳动法学、社会保障法学）	犯罪构成要件符合性判断研究	吴学斌	张明楷
法学	民商法学（含：劳动法学、社会保障法学）	论刑法在现代法律体系中的地位与特征：以民法为参照	刘凤科	张明楷
法学	民商法学（含：劳动法学、社会保障法学）	论香港法院与内地法院相互之间判决的承认与执行	苏绍聪	章　程
法学	民商法学（含：劳动法学、社会保障法学）	民事诉讼第三人制度研究	蒲一苇	章　程
法学	马克思主义理论与思想政治教育	中华诚信文化与中学诚信教育研究	方　妍	曹德本
法学	马克思主义理论与思想政治教育	美国学者对当代中美关系的研究和影响	李　青	金德湘
法学	马克思主义理论与思想政治教育	朴正熙执政思想研究	禹美娘	李润海

续表

门类	学科专业	论文题目	作者	导师
法学	马克思主义理论与思想政治教育	精神产品社会价值及其导向研究	董立人	林　泰
法学	马克思主义理论与思想政治教育	发达国家国有经济角色及配置变化研究	杨　励	刘美珣
法学	马克思主义理论与思想政治教育	当代中国检察文化论要	徐苏林	闻立树
法学	马克思主义理论与思想政治教育	马克思主义公正观的历史考察	文小勇	闻立树
法学	马克思主义理论与思想政治教育	管理思想哲学基础反思	乔　东	吴　倬
法学	马克思主义理论与思想政治教育	作为一种批判理论的消费社会理论及其方法论导论	夏　莹	邹广文
法学	国际关系	论“政冷经热”的中日关系	刘江永	阎学通
法学	社会学	何为社区，为何参与？——中国城市社区建设运动的个案分析	杨　敏	郭于华
法学	社会学	理性与文化之间：一桩土地纠纷之分析	吕文江	景　军
法学	社会学	强制与遵从：收容遣送制度研究——北京市个案剖析	陈星博	李　强
文学	美术学	艺术中的复杂性问题研究	张歌明	杜大恺
文学	美术学	中国画“图真”论	吴冬梅	刘巨德
文学	美术学	北京公共艺术与城市建设的文化思考	时向东	袁运甫
文学	设计艺术学	中国旅游的文化创意设计理念与再造策略	林采霖	高中羽
文学	设计艺术学	以人为本——设计程序与管理研究	刘瑞芬	李砚祖
文学	设计艺术学	天声人语——中国传统木设计文化研究	杨　瑞	柳冠中
文学	设计艺术学	巧适事物——从“金”探究中国古代设计思维方式	胡　飞	柳冠中
文学	设计艺术学	设计文明的事理研究方法——以古代美索不达米亚与中国的案例比较为例	吕杰锋	柳冠中
文学	设计艺术学	信息设计的学科定位与基础教育研究	付志勇	王明旨
文学	设计艺术学	从一体化到分化——中国现代陶瓷艺术发展历程的分析	蔡　孟	杨永善
文学	设计艺术学	制陶传习与系统施教——对我国高校陶瓷设计教育的认知与思考	李正安	杨永善
历史学	专门史	中共早期反帝理论与策略研究（1921—1925）	金富军	蔡乐苏
历史学	专门史	宋代民众祠神信仰研究	皮庆生	葛兆光
历史学	专门史	孔孟之间“性”论研究——以郭店、上博简为基础	李　锐	李学勤
历史学	专门史	魏晋南北朝丧服制度研究	张焕君	彭　林
管理学	管理科学与工程	中国企业信息化成长阶段分析与技术采纳特点研究	郭迅华	陈国青
管理学	管理科学与工程	基于非单调推理方法的集成决策框架研究	彭仕云	陈　剑
管理学	管理科学与工程	房地产价格与宏观经济的关系研究	沈　悦	刘洪玉

续表

门类	学科专业	论文题目	作者	导师
管理学	管理科学与工程	中国城市家庭住房选择与住房搜寻研究	刘思齐	刘洪玉
管理学	管理科学与工程	外商直接投资与地方政府：一个演进理性主义的制度分析	张　欢	施祖麟
管理学	管理科学与工程	面向新闻信息处理链的人工神经网络结构优化方法研究	李　倩	王永县
管理学	管理科学与工程	中国企业电子商务系统关键成功因素研究	黄京华	赵纯均
管理学	管理科学与工程	建筑企业信用评价的理论与方法研究	刘高军	朱　嬿
管理学	会计学	中国上市公司股权融资决策理论分析及其影响的实证研究	陈文斌	陈小悦
管理学	会计学	中国资本市场的政府——企业配股决策分析	陈　璇	陈小悦
管理学	会计学	大股东控制类型、固定资产投资与企业价值	赵景文	陈小悦
管理学	会计学	资本透明的规律、准则和比率——资本会计论概念框架研究	潘晓江	陈小悦
管理学	会计学	公司创业战略的概念发展与综合模型的实证研究	张　健	姜彦福
管理学	会计学	经理人员最优股权激励与公司绩效的实证研究	谢作渺	姜彦福
管理学	会计学	庄的度量、手段与经济后果：来自沪深两市的经验证据	鲁桂华	李志文
管理学	会计学	国有企业上市及绩效分析	陈　伟	李志文
管理学	会计学	基于知识价值链系统的中国高科技企业知识战略研究	彭　锐	刘冀生
管理学	会计学	中国大学、研究院所创办企业的机制研究	殷钟鹤	吴贵生
管理学	会计学	绩效考核指标的选取与组织目标一致性的实现	袁光华	于增彪
管理学	会计学	中国总经理影响力研究及应用	李　瑞	张　德
管理学	会计学	中国传统文化影响下的个人与组织契合度研究	魏　钧	张　德
管理学	会计学	政府规制、企业应对与募集资金投向变更	翟春燕	张为国
管理学	会计学	中国上市公司财务报表重新表述的实证研究	王　霞	张为国
管理学	会计学	基于满意度的顾客抱怨模型研究	申　跃	赵　平
管理学	会计学	顾客满意对价格容忍度的影响研究	王　霞	赵　平
管理学	会计学	中国消费者对韩国产品选择的研究	尹盛焕	赵　平
管理学	技术经济及管理	中国用户满意度指数研究——模型及应用	谢　赞	姜彦福
管理学	行政管理	网络与知识运用：政策过程中的中国思想库影响力研究	朱旭峰	薛　澜
管理学	行政管理	制度、精英与共识：中国集成电路产业政策过程研究	陈　玲	薛　澜
管理学	行政管理	吸收外国直接投资与技术引进的新型关系研究	胡景岩	薛　澜
管理学	行政管理	中国技术政策制定范式的转换：以两代电视技术标准为例	彭志国	薛　澜

北方交通大学

门类	学科专业	论文题目	作者	导师
经济学	产业经济学	企业信息化效益及保障体系研究	黄　磊	陈景艳
经济学	产业经济学	金融机构市场退出研究	阎维杰	陈景艳
经济学	产业经济学	铁路建设项目公益性理论、识别方法及其实证研究	黄　民	荣朝和
经济学	产业经济学	基础设施民营化的路径选择——以铁路为例	林晓言	荣朝和
经济学	产业经济学	交通运输对农业交通效率的影响	吴　昊	荣朝和
经济学	产业经济学	运输选择行为的经济分析	胡吉平	荣朝和
经济学	产业经济学	中国社会保障的公共选择模式与政府规制研究——政策的经济学分析	岳公正	袁伦渠
经济学	产业经济学	铁路改革与发展中的产权配置研究	王世伟	袁伦渠
经济学	产业经济学	人才国际流动研究	陈韶光	袁伦渠
经济学	产业经济学	中国上市公司控制权市场研究：理论与实证	高愈湘	张秋生
管理学	管理科学与工程	建设项目管理的经济学分析及制度设计	王晓州	李学伟
管理学	管理科学与工程	中国工程企业海外市场选择与全球竞争战略研究	刘颖琦	李学伟
管理学	管理科学与工程	中国铁路信息资源配置理论与应用研究	汪晓霞	李学伟
管理学	管理科学与工程	房地产开发企业竞争战略研究	王学孝	姚　兵
管理学	管理科学与工程	基于 Partnering 的工程项目管理研究	赵振宇	姚　兵
管理学	管理科学与工程	中国电影企业发展模式研究	高红岩	张明玉
管理学	管理科学与工程	中国区域物流产业的空间模式研究	宋健坤	张文杰
管理学	管理科学与工程	中国不同区位商务中心区规模研究	任继勤	张文杰

北京工业大学

门类	学科专业	论文题目	作者	导师
管理学	管理科学与工程	企业生态质量管理研究	王　旭	韩福荣
管理学	管理科学与工程	质量生态位与质量竞争的研究	章　帆	韩福荣
管理学	管理科学与工程	组织生态变迁研究	徐艳梅	韩福荣
管理学	管理科学与工程	基于生态位的企业竞争理论与实证研究	李文华	韩福荣
管理学	管理科学与工程	企业海外 R&D 的资源整合模式研究	龚　健	黄鲁成
管理学	管理科学与工程	企业成长过程中的并购研究	汤文仙	李京文
管理学	管理科学与工程	创业投资股权退出机制研究	祁　榕	李京文
管理学	管理科学与工程	妇女在建筑业中的就业及其对坦桑尼亚经济发展的影响	Geraldine John Kikwasi	李京文

北京航空航天大学

门类	学科专业	论文题目	作者	导师
管理学	管理科学与工程	基于物流一体化的外包理论基础与应用研究	王淑云	陈良猷
管理学	管理科学与工程	课程系统设计及其与学生认知结构关系的研究	雷　庆	冯允成

续表

门类	学科专业	论文题目	作者	导师
管理学	管理科学与工程	创新型组织的知识测度研究	王军霞	官建成
管理学	管理科学与工程	投资行为人的异质性研究	郭文英	韩立岩
管理学	管理科学与工程	信用风险评估建模与实证研究	王　刚	韩立岩
管理学	管理科学与工程	基于耗散结构理论的资本市场非线性行为研究	王德河	韩立岩
管理学	管理科学与工程	现代企业战略网络理论及管理模式研究	李焕荣	林　健
管理学	管理科学与工程	非寿险公司产品定价与资产风险管理模型及其应用研究	肖艳颖	邱菀华
管理学	管理科学与工程	基于市场结构和产权结构的企业并购理论及实证研究	季建伟	邱菀华
管理学	管理科学与工程	基金资产管理中的激励问题研究及应用	孙　静	邱菀华
管理学	管理科学与工程	中国商业银行效率和全要素生产率比较与研究	李希义	任若恩
管理学	管理科学与工程	中国劳动投入与全要素生产率的理论及应用研究	林宇坤	任若恩
管理学	管理科学与工程	中国投入产出序列表与增长核算方法的理论及应用研究	马向前	任若恩
管理学	管理科学与工程	中国货币政策有效性实证研究——兼论利率市场化	黄昌利	任若恩
管理学	管理科学与工程	中国与OECD国家购买力平价和经济实力的比较研究	余芳东	任若恩
管理学	管理科学与工程	企业全面资源运营理论及实践研究	李维华	魏法杰
管理学	管理科学与工程	组织集成化能力及其演化机理研究	邓修权	夏国平
管理学	管理科学与工程	基于人工神经网络的大型水下设备的监控管理及辅助决策系统	谢成山	夏国平
管理学	管理科学与工程	创新性产品供应链协调与合作研究	丁利军	夏国平
管理学	管理科学与工程	跨国供应链战术计划模型研究	李燕凤	夏国平
管理学	管理科学与工程	面向业务的知识管理理论分析与实证研究	钱　磊	徐枞巍
管理学	管理科学与工程	信用风险管理与量化方法研究	杨蕴石	徐枞巍
管理学	管理科学与工程	铸轧一体化（DHCR）生产调度中的优化排序问题	田肇云	张　群
管理学	管理科学与工程	网络教学目标协同的原理与机制的研究	张　豫	郑晓齐

北京理工大学

门类	学科专业	论文题目	作者	导师
管理学	管理科学与工程	信息系统项目管理及其知识管理研究	安红昌	甘仞初
管理学	管理科学与工程	电子商务环境下连锁经营物理系统规划方法研究	杨宏桥	甘仞初
管理学	管理科学与工程	协同分布环境下采购系统建模方法的研究	曹聪梅	甘仞初
管理学	管理科学与工程	基于模式的信息系统总体设计方法研究	徐晓敏	甘仞初
管理学	管理科学与工程	线性规划的隆价理论及其快速算法研究	高引民	甘仞初
管理学	管理科学与工程	政府信息资源共享机制的研究	刘　强	甘仞初
管理学	管理科学与工程	基于WEB信息系统的用户偏好研究	王永忠	甘仞初

续表

门类	学科专业	论文题目	作者	导师
管理学	管理科学与工程	面向总体设计的信息系统性能建模与分析研究	杜　晖	甘仞初
管理学	管理科学与工程	基于提高企业竞争力的资源分类整合研究	杨业功	韩伯棠
管理学	管理科学与工程	基于知识吸收能力的企业合作	连　浩	韩伯棠
管理学	管理科学与工程	知识能力的 KBP 模型与评估方法研究	刘　宁	韩伯棠
管理学	管理科学与工程	经济集聚区域研究——兼区域最优增长控制与集群价值链分析	钟　华	韩伯棠
管理学	管理科学与工程	企业技术创新战略管理研究	于丽娟	韩伯棠
管理学	管理科学与工程	不确定环境下大型零售业物流配送中心选址问题研究	朱永升	韩伯棠
管理学	管理科学与工程	波动竞争下 IT 投资决策相关问题研究	吴仁群	韩伯棠
管理学	管理科学与工程	地方高校核心竞争力研究	朱　明	侯光明
管理学	管理科学与工程	基于 Multi-Agent 的信息系统动态集成建模与分析研究	刘建昌	侯光明
管理学	管理科学与工程	面向技术创新管理的专利情报分析方法研究	暴海龙	李金林
管理学	管理科学与工程	虚拟企业环境下主题冲突模型方法研究	周三元	李金林
管理学	管理科学与工程	武器装备对抗仿真系统可靠性问题研究	盖振华	李金林
管理学	管理科学与工程	导弹武器系统的维修性模型研究	沈剑波	李金林
管理学	管理科学与工程	智能化炮兵指挥系统研究	熊　焰	李金林
管理学	管理科学与工程	装备技术转移数学模型及预测分析	王丽顺	李金林
管理学	管理科学与工程	基于实物期权理论的企业 RD 项目投资决策研究	冉　伦	李金林
管理学	管理科学与工程	国有商业银行信贷风险管理的方法与技术研究	肖北溟	李金林
管理学	管理科学与工程	群决策过程中成员评价的一致性分析与协调技术研究	元继学	吴祈宗
管理学	管理科学与工程	不确定数互补判断矩阵在决策和群决策中的理论与方法研究	侯福均	吴祈宗
管理学	管理科学与工程	多属性决策理论在导弹武器规划中的应用研究	夏勇其	吴祈宗
管理学	管理科学与工程	制造业企业产品质量经济性研究	崔　丽	曾凤章

北京科技大学

门类	学科专业	论文题目	作者	导师
管理学	管理科学与工程	企业技术创新动力因素作用机理研究	柴丽俊	高俊山
管理学	管理科学与工程	基于生产网络瓶颈的重调度问题研究	刘文涛	张　群

北京邮电大学

门类	学科专业	论文题目	作者	导师
管理学	管理科学与工程	激励机制设计理论及其应用	党曦明	梁雄健
管理学	管理科学与工程	电信网间结算方法及其在 3G 网络中的应用研究	陈建华	梁雄建

续表

门类	学科专业	论文题目	作者	导师
管理学	管理科学与工程	中国证券市场信息披露约束制度研究	鲁　帆	吕廷杰
管理学	管理科学与工程	互联网骨干网间竞争及互联互通博弈研究	王　琦	吕廷杰
管理学	管理科学与工程	经济转轨时期我国电信市场设计中若干产权问题的研究	廖小伟	吕廷杰
管理学	管理科学与工程	经营者战略业绩评价体系创新研究	吕洪涵	吕廷杰
管理学	管理科学与工程	因特网网间互联与网间结算研究	胡晓明	吕廷杰
管理学	管理科学与工程	敏捷电信及其工作流建模研究	吕芙蓉	吕廷杰
管理学	管理科学与工程	基于交易平台的数据业务市场研究	李若朋	吕廷杰
管理学	管理科学与工程	环境变革中的电信企业分形管理	刘忠庆	舒华英
管理学	管理科学与工程	电信运营产业供应链的系统动力学模型	黄逸珺	舒华英

中国农业大学

门类	学科专业	论文题目	作者	导师
管理学	管理科学与工程	区域中小企业创新网络评价与构建研究：理论与实证	池仁勇	陈宝峰
管理学	管理科学与工程	基于支持向量机的消费信贷中个人信用评估方法研究	沈翠华	邓乃扬
管理学	管理科学与工程	模糊支持向量机及其应用研究	杨志民	邓乃扬
管理学	管理科学与工程	支持向量回归机及其应用研究	田英杰	邓乃扬
管理学	管理科学与工程	求解分类问题的支持向量机方法与应用研究	阎满富	邓乃扬
管理学	管理科学与工程	农业政策性金融对农村经济发展的影响分析	王春岭	傅泽田
管理学	管理科学与工程	企业价值评估理论与方法研究	李光明	傅泽田
管理学	管理科学与工程	基于非参数的水产品价格预测系统研究	胡　涛	傅泽田
管理学	管理科学与工程	标准知识溢出研究	刘丽	卢凤君
管理学	管理科学与工程	中高档猪肉产业链组织模式研究	李晓红	卢凤君
管理学	管理科学与工程	中国农产品贸易格局的实证研究	赵一夫	乔　忠
管理学	管理科学与工程	电子商务市场价格离散问题研究	赵冬梅	乔　忠
管理学	管理科学与工程	我国农业信息服务体系研究	李应博	乔　忠
管理学	管理科学与工程	中国农村集体产权制度创新研究	陈天宝	许惠渊
管理学	农业经济管理	中国牛肉产业链研究	王桂霞	高启杰
管理学	农业经济管理	贫困地区农户的人力资本投资：对湖南西部的研究	刘纯阳	高启杰
管理学	农业经济管理	不同市场协整条件下取消 MFA 对中国棉业经济的影响	张海森	高启杰、黄季焜
管理学	农业经济管理	利率市场化对农村信贷市场供求主体的影响	杨　菁	何广文
管理学	农业经济管理	正规金融机构小额信贷运行机制及其绩效评价	李莉莉	何广文
管理学	农业经济管理	中国苹果产业经济研究	刘英杰	何秀荣

续表

门类	学科专业	论文题目	作者	导师
管理学	农业经济管理	中国棉花主产区空间布局变迁研究	朱启荣	何秀荣
管理学	农业经济管理	中国农产品期货市场功能与现货市场关系研究	康　敏	李秉龙
管理学	农业经济管理	中国农村医疗卫生保障制度研究	李　宁	秦　富
管理学	农业经济管理	北京山区森林资源价值评价	高云峰	秦　富
管理学	农业经济管理	中国农户原料奶生产经济效率分析	曹　暕	谭向勇
管理学	农业经济管理	北京市郊区城市化进程中失地农民利益问题研究	雷　寰	谭向勇
管理学	农业经济管理	中国农业生产结构调整动力机制研究	亢　霞	田维明
管理学	农业经济管理	全球化背景下的中国糖业：价格、成本与技术效率	司　伟	王秀清
管理学	农业经济管理	农村义务教育中的转移支付问题研究	陈维青	杨秋林
管理学	农业经济管理	农村劳动力再生产成本研究	曹映晖	张正河
管理学	农业经济管理	城市化进程中小城镇的生产要素配置	方少勇	张正河

北京林业大学

门类	学科专业	论文题目	作者	导师
管理学	农业经济管理	草原生态经济系统可持续发展研究	盖志毅	宋维明
管理学	林业经济管理	中国天然林资源保护政策评价与分析研究	缪光平	高　岚
管理学	林业经济管理	美国白蛾入侵对我国的危害分析与损失评估研究	赵铁珍	高　岚
管理学	林业经济管理	中国森林资源未来发展趋势及可持续发展综合评价研究	张丽霞	顾凯平
管理学	林业经济管理	河北省退耕还林政策研究——激励相容、区域发展与政府规制	王爱民	黄鹤羽
管理学	林业经济管理	北京市林业科技进步贡献率的测算和对策研究	吴成亮	黄鹤羽
管理学	林业经济管理	天保地区森林资源保护与经济社会协调发展的机理与模式研究	沈月琴	马天乐
管理学	林业经济管理	南方集体林区森林可持续经营的林权制度研究	徐秀英	马天乐
管理学	林业经济管理	人工林资源市场化过程中地租、林价的研究	钱　滕	邱俊齐
管理学	林业经济管理	退耕还林工程管理机制和管理模式	姜恩来	任恒祺
管理学	林业经济管理	中国西部地区退耕还林工程效益及其影响研究	杨旭东	任恒祺
管理学	林业经济管理	我国森林旅游资源管理体制与政策研究	李若凝	任恒祺
管理学	林业经济管理	论西部环境建设中的生态可持续发展观	田治威	任恒祺
管理学	林业经济管理	中国林业生态工程项目管理模式研究	董　晖	任恒祺
管理学	林业经济管理	我国政府生态行政职能研究	高小平	宋维明
管理学	林业经济管理	民营化改革对中国林业产业的影响研究	曹芳萍	朱永杰
管理学	林业经济管理	中国森林生态系统服务价值评估研究	靳　芳	朱永杰

北京师范大学

门类	学科专业	论文题目	作者	导师
哲学	马克思主义哲学	现代社会中的信任	倪　霞	韩　震
哲学	马克思主义哲学	历史与想象——对西方后现代历史哲学的研究与回应	董立河	韩　震
哲学	马克思主义哲学	非确定性与现代人的生存	吴玉军	韩　震
哲学	马克思主义哲学	唯物史观的制度理论研究	崔希福	杨　耕
哲学	马克思主义哲学	经验、理性与制度演进	宋清华	袁贵仁
哲学	马克思主义哲学	以人为本的哲学基础	邹兴明	袁贵仁
哲学	中国哲学	扬雄《法言》思想研究	郭君铭	董志铁
哲学	中国哲学	孟子性命思想研究	华　军	李景林
哲学	中国哲学	无以人灭天——庄子思想研究	严春友	郑万耕
哲学	中国哲学	《管子》哲学思想研究	张连伟	郑万耕
哲学	中国哲学	天人之际的理学新诠释——王夫之《读四书大全说》思想研究	周　兵	周桂钿
经济学	政治经济学	产权理论研究——兼论我国国有企业产权改革	杨　波	白暴力
经济学	政治经济学	美国巴西经济发展比较研究	王　然	白暴力
经济学	政治经济学	预期价格总水平上涨率内生假定下的中国 AD-AS 模型	周　源	白暴力
经济学	政治经济学	政府经济管理能力及评价研究	侯万军	李晓西
经济学	政治经济学	中国转型期就业潜力研究	曾学文	李晓西
经济学	政治经济学	论公平贸易——从贸易救济措施的角度出发	王世春、	李晓西
经济学	政治经济学	集聚经济与世界城市发展研究	吴林军	沈　越
经济学	世界经济	交易费用理论和制度研究	沈　芳	白暴力
经济学	世界经济	风险导向银行内部控制评价体系重构	曾北川	贺力平
经济学	世界经济	金融全球化与金融体系两种模式的趋同化演变——基于美英德日法的比较分析	李海洪	贺力平
经济学	世界经济	政府投资项目监管问题国际比较——我国现阶段政府投资项目监管研究	魏东平	李　翀
经济学	世界经济	中印经济增长中的金融因素分析	王辰华	李　翀
经济学	世界经济	论金融衍生品市场监管——基于契约经济学的分析	谭燕芝	李　翀
经济学	世界经济	经济全球化下跨国并购对东道国经济的影响及对策	吕占雄	李　翀
经济学	世界经济	世界电力产业的垄断、管制和竞争——兼论中国电力产业的改革和发展	张晓春	李　翀
经济学	世界经济	全球化条件下中国人力资本安全研究	赵　莉	唐任伍
经济学	世界经济	休闲的经济分析	周　觉	唐任伍
经济学	世界经济	政府效率及其测度研究	唐天伟	唐任伍
经济学	世界经济	经济全球化与中国大型企业成长	马永鸿	王国昌
经济学	世界经济	社会事业投融资体制改革研究	纪国刚	王善迈

续表

门类	学科专业	论文题目	作者	导师
经济学	世界经济	透过贸易逆差看美国的经济利益	原玲玲	杨国昌
经济学	世界经济	中国优势金属矿产资源发展战略研究	李建勤	赵春明
经济学	世界经济	外国直接投资的贸易效应研究	朱廷珺	赵春明
法学	中共党史（含：党的学说与党的建设）	当代中国反贫困模式研究	郑丽箫	王章维
法学	中共党史（含：党的学说与党的建设）	党政领导干部选拔任用制度改革与创新研究	李　军	王章维
法学	中共党史（含：党的学说与党的建设）	近代中国大学（1898—1937 年）与社会现代化——近代中国大学的产生、本土化与社会变革	方增泉	张静如
法学	中共党史（含：党的学说与党的建设）	李大钊思想研究	李　强	张静如
法学	中共党史（含：党的学说与党的建设）	灾荒与中国共产党的救治对策	赵朝峰	张静如
法学	中共党史（含：党的学说与党的建设）	当代中国文化创新研究	王树祥	朱志敏
法学	中共党史（含：党的学说与党的建设）	新中国时期（1949—1956）中国共产党的文化建设	张长明	朱志敏
法学	马克思主义理论与思想政治教育	技术的文化维度	孙孝富	刘晓力
法学	马克思主义理论与思想政治教育	认识创新的哲学探索	赵东海	刘晓力
法学	马克思主义理论与思想政治教育	中国社会转型时期效率与公平问题研究	李　祥	马捷莎
法学	马克思主义理论与思想政治教育	现代管理的价值视角：管理价值观研究	赵剑民	唐　伟
法学	马克思主义理论与思想政治教育	现代化背景下的自我管理探析	郭海龙	唐　伟
法学	马克思主义理论与思想政治教育	风险管理的当代反思	刘　婧	唐　伟
法学	马克思主义理论与思想政治教育	论适应性管理——变革时代组织发展问题研究	孙　健	唐　伟
法学	马克思主义理论与思想政治教育	十三届四中全会以来中共执政党建设理论与实践研究	金　钊	王炳林
法学	马克思主义理论与思想政治教育	中国共产党的阶级基础和群众基础	谢俊春	王炳林
法学	马克思主义理论与思想政治教育	中国青年期刊思想研究	魏树旺	王德胜
法学	马克思主义理论与思想政治教育	论日本出版的文化维度	吕振合	王德胜
法学	马克思主义理论与思想政治教育	文化载体的哲学探索	肖　三	王德胜

续表

门类	学科专业	论文题目	作者	导师
法学	民俗学（含：中国民间文学）	民俗旅游村研究——对广西桂林龙脊地区瑶壮三村的调查研究	徐赣丽	董晓萍
法学	民俗学（含：中国民间文学）	沧州武术志——从民俗志视角切入	刘汉杰	董晓萍
法学	民俗学（含：中国民间文学）	民间叙事传统与故事传承——以湖北长阳都镇湾故事传承人为例	林继富	刘魁立
法学	民俗学（含：中国民间文学）	乡土社会与乡民的艺术表演——以山东昌邑地区小章竹马表演为个案	张士闪	刘铁梁
法学	民俗学（含：中国民间文学）	姻亲关系的秩序与意义——以山东枣庄红山峪村为个案	刁统菊	刘铁梁
法学	民俗学（含：中国民间文学）	多元互动中的传统——豫南盘古庙会的考察	刘俊起	刘铁梁
法学	民俗学（含：中国民间文学）	彝族研究现代学术的建立（1928—1949）	李　列	刘铁梁
教育学	教育学原理	从“控制”走向“治理”——政府职能转变视野中我国教师教育管理模式研究	陈正华	劳凯声
教育学	教育学原理	政府分权与大学自主	许　杰	劳凯声
教育学	教育学原理	内生追赶型中国现代化模式研究	郭永华	檀传宝
教育学	教育学原理	论“学校教育中的行为不当”及其对少年犯罪的影响	王全志	谢维和
教育学	教育学原理	论农村义务教育的制度选择	李　艳	谢维和
教育学	教育学原理	进城务工就业农民子女义务教育政策执行研究	周　佳	袁振国
教育学	教育学原理	区域教育政策行为研究——以县级区域为例	杨润勇	郑新蓉
教育学	课程与教学论	论课堂中的差异发展教学	曾继耘	裴娣娜
教育学	课程与教学论	语文课程知识的选择	王　漫	裴娣娜
教育学	课程与教学论	试论走向生活世界的课堂教学	王攀峰	裴娣娜
教育学	课程与教学论	时间意识与教育之思	杨旭东	裴娣娜
教育学	课程与教学论	香港中学中国语文科校本课程发展研究	张寿洪	王富仁
教育学	课程与教学论	香港小学中国语文课业为本教学的理论与实验	莫淑仪	王富仁
教育学	课程与教学论	自主学习在语文阅读教学中的理论与实践	张国松	王富仁
教育学	课程与教学论	香港中学中国文学科课程的历史现状与发展	姚素珍	王富仁
教育学	课程与教学论	“琴韵”——中国钢琴曲的教学与演奏	韩佩君	周铭孙
教育学	教育史	中国近代高等学校课程设置研究	郭德侠	郭齐家
教育学	教育史	警察职业变革与警察教育：英国现代警察教育的形成与演变	李　涛	史静寰
教育学	教育史	伙伴关系的形成：20 世纪美国大学参与中小学教育改革的历史研究	韦国锋	史静寰
教育学	教育史	中国传统德育的近代转型与初步建构研究	吴慧芳	王炳照
教育学	教育史	印光教育思想研究	杜　钢	王炳照

续表

门类	学科专业	论文题目	作者	导师
教育学	教育史	20世纪前半期中国杜威教育学派研究	王 颖	俞启定
教育学	教育史	《诗经》教本考论	张 蕊	俞启定
教育学	教育史	知识演变与美国现代大学的确立	黄宇红	张斌贤
教育学	教育史	美国教师教育认可标准的变革与发展——全国教师教育认可委员会案例研究	周 钧	张斌贤
教育学	教育史	西方大学理想中的保守理智结构：从纽曼到布鲁姆——一项历史社会框架下的观念	王 晨	张斌贤
教育学	教育史	高等教育与社会公正：美国联邦大学生资助政策研究	杨克瑞	张斌贤
教育学	比较教育学	中小学科学教师科学素养的研究	郭元婕	顾明远
教育学	比较教育学	德国移民子女教育研究	刘丽丽	顾明远
教育学	比较教育学	美国大学后终身制评估政策研究	李阳琇	李守福
教育学	比较教育学	日本国立大学法人化研究	施雨丹	李守福
教育学	比较教育学	美国高校董事会制度的功能与效率研究	王绽蕊	王英杰
教育学	比较教育学	美国联邦政府科学政策与世界一流大学发展研究	张东海	王英杰
教育学	学前教育学	为支架式教学服务的儿童学习潜能动态评价研究——一种探索与尝试	赵 南	冯晓霞
教育学	学前教育学	幼儿园教育行动的解释	朱细文	冯晓霞
教育学	学前教育学	幼儿教育财政投资政策的研究	蔡迎旗	冯晓霞
教育学	学前教育学	幼儿园数学教育质量评价研究	潘月娟	刘 焱
教育学	学前教育学	幼儿教师自我评价	胡福贞	庞丽娟
教育学	学前教育学	行动学习法与幼儿教师专业发展关系研究	秦旭芳	庞丽娟
教育学	学前教育学	幼儿科学探究特点、类型与影响因素的研究	洪秀敏	庞丽娟
教育学	学前教育学	儿童早期日常数学问题解决能力发展及其影响因素研究	许晓晖	庞丽娟
教育学	教育技术学	课堂网络学习环境下的小学英语听说教学设计研究	张文兰	何克抗
教育学	教育技术学	基于义素的网络本体模型及其应用研究	陈 天	何克抗
教育学	教育技术学	句义形式化研究及在中文答疑系统中的应用	黄 勇	何克抗
教育学	教育技术学	企业E-learning应用模式的研究与实践	张京彬	何克抗
教育学	教育技术学	支持高级认知发展的VLEs设计理论与实践研究	周跃良	黄荣怀
教育学	基础心理学	企业员工组织支持感受的作用	徐晓锋	车宏生
教育学	基础心理学	初中生的依恋：结构及其相关因素	张杉杉	孟庆茂
教育学	基础心理学	背侧通路在中文词汇阅读中的作用	郭瑞芳	彭聃龄
教育学	基础心理学	颜色经验对颜色信息加工脑机制的调制作用及独立成分分析法的探讨	龙志颖	彭聃龄
教育学	基础心理学	自闭症者的中央统合功能研究	王立新	彭聃龄
教育学	基础心理学	汉语动词意义的心理表征	李雪松	舒 华

续表

门类	学科专业	论文题目	作者	导师
教育学	基础心理学	视听双通道言语整合机制的研究	牟　书	舒　华
教育学	基础心理学	运动员情绪的个体理想功能区研究	陈勇嘉	许　燕
教育学	基础心理学	表现性评估的现代测量学研究——以国家公务员结构化面试数据为例	孙晓敏	张厚粲
教育学	基础心理学	类属性思维机制及其在我国警察盘查中的应用	罗震雷	张厚粲
教育学	基础心理学	国际象棋进入学校课堂的实践研究——论国际象棋训练对青少年智力和综合素质提高	谢　军	张厚粲
教育学	发展与教育心理学	小学儿童诚实品德的发展特点和家庭相关因素	牛　宙	陈会昌
教育学	发展与教育心理学	中小学生的尊重观念、在家庭和学校被尊重经历及其与社会适应的关系	马利文	陈会昌
教育学	发展与教育心理学	初中学生在学校纪律情境中自我控制的心理机制及培养	王桂平	陈会昌
教育学	发展与教育心理学	小学2年级儿童工作记忆与算术认知策略关系研究	王明怡	陈英和
教育学	发展与教育心理学	中小学生对课堂社会环境的知觉及其与自主学习的关系研究	范春林	董　奇
教育学	发展与教育心理学	第二语言学习者语言切换与选择的认知神经机制及语言经验对其的影响	王亚鹏	董　奇
教育学	发展与教育心理学	中小学教师课堂评价信念的结构、特点及其相关因素	赵德成	董　奇
教育学	发展与教育心理学	科学创造人才心理特征及影响因素研究	张景焕	金盛华
教育学	发展与教育心理学	大学生创造力、心理健康的发展特点及其相互关系的模型建构	罗晓路	林崇德
教育学	发展与教育心理学	感觉功能在认知老化中的作用	彭华茂	申继亮
教育学	发展与教育心理学	中小学教师教学自主的特点及其与教学创新观念关系研究	姚计海	申继亮
教育学	发展与教育心理学	巴基斯坦与中国11－13岁儿童自尊心的比较以及自尊心量表的修订和有效性认证	美　娜	张厚粲
教育学	发展与教育心理学	希望理论与自我效能理论适用性的中英对比研究	廉串德	郑日昌
教育学	发展与教育心理学	三视角测评中学生心理健康的理论与实证研究	高　翔	郑日昌
教育学	发展与教育心理学	婚姻冲突及其对青春期子女的影响	赵　梅	郑日昌
教育学	发展与教育心理学	大学生同一性发展的特点及相关因素的研究	李文道	邹　泓
教育学	发展与教育心理学	青少年犯罪：发展轨迹及家庭因素、价值观和自我控制的作用	屈智勇	邹　泓
教育学	发展与教育心理学	青少年犯罪的影响因素：人格　自我控制　家庭功能　亲子依恋	张秋凌	邹　泓
文学	文艺学	莫言小说与民间文化中的生命主体精神	张　灵	程正民
文学	文艺学	生活在此处——法兰克福学派大众文化理论在中国的接受	秦海英	蒋原伦
文学	文艺学	志怪：在文本内外——对魏晋南北朝志怪小说的文化研究	张振云	李春青

续表

门类	学科专业	论文题目	作者	导师
文学	文艺学	明清小说评点中的叙事结构论	杨爱君	李壮鹰
文学	文艺学	社会转型与女性杂志的变迁——对中国当代女性杂志的研究	刘胜枝	马新国
文学	文艺学	民间生活的审美言说—汪曾祺小说文体论	杨红莉	童庆炳
文学	文艺学	自由之远与艺术世界的价值根源——徐复观艺术思想的扩展研究	耿 波	童庆炳
文学	文艺学	“双面缪斯”——李贺诗歌研究	吉新宏	童庆炳
文学	文艺学	赵树理小说叙事研究	白春香	童庆炳
文学	文艺学	堕落生命的世俗拯救——论鲁迅的中间物及其革命	何 浩	王一川
文学	语言学及应用语言学	含同一语素的同义单双音节动词研究	刘智伟	陈 绂
文学	语言学及应用语言学	汉语句子的信息结构研究：从话题突出到焦点突出	周士宏	傅爱兰
文学	语言学及应用语言学	对外汉语课堂言语交际问题研究	吕玉兰	许嘉璐
文学	语言学及应用语言学	现代汉语介词功能研究	杨丽姣	许嘉璐
文学	语言学及应用语言学	英源外来词的引进与演变过程研究	李海燕	许嘉璐
文学	语言学及应用语言学	现代汉语语气副词的主观性和主观化研究	杨万兵	许嘉璐
文学	语言学及应用语言学	长沙人学习普通话过程中的语音中介现象研究	杨 洁	许嘉璐
文学	汉语言文字学	魏晋南北朝碑刻文字研究	付继伟	李国英
文学	汉语言文字学	《针灸甲乙经》医学用语研究	姜 燕	李国英
文学	汉语言文字学	《论语》注释歧解研究	刘 畅	李运富
文学	汉语言文字学	黄侃字词研究	韩 琳	李运富
文学	汉语言文字学	北魏石刻楷书构形系统研究	杨 宏	秦永龙
文学	汉语言文字学	秦文字字体研究	杨宗兵	秦永龙
文学	汉语言文字学	普通话讲授小学中国语文课的实验与研究	刘筱玲	王 宁
文学	汉语言文字学	《齐民要术》农业专科词汇系统研究	李润生	王 宁
文学	中国古典文献学	日本红学史稿	孙玉明	郭英德
文学	中国古典文献学	王者之风——《诗经·周南》研究	简良如	郭英德
文学	中国古典文献学	《红楼梦》情感讲述语词研究	曹诣珍	郭英德
文学	中国古典文献学	《史记》在明代的传播与接受	王 齐	郭英德
文学	中国古典文献学	清代满族诗人群体研究	雷晓彤	启 功
文学	中国古典文献学	诗赋取士与诗歌用韵研究——对诗韵超时稳定现象的思考	杨春俏	启 功
文学	中国古典文献学	唐代类书与文学	唐光荣	张海明
文学	中国古代文学	《才调集》研究	刘 浏	谢思炜
文学	中国古代文学	大观园研究	王 慧	于天池
文学	中国古代文学	易代小说主题研究	彭利芝	于天池
文学	中国古代文学	《西游记》传播研究	胡淳艳	于天池

续表

门类	学科专业	论文题目	作者	导师
文学	中国古代文学	禅宗与宋词	刘晓珍	赵仁珪
文学	中国古代文学	刘克庄诗学与诗歌批评及版本研究	景红录	赵仁珪
文学	中国现当代文学	莫言小说文体论	付艳霞	李复威
文学	中国现当代文学	汉语写作：全球化语境中当代文学的生命空间	李霆鸣	刘锡庆
文学	中国现当代文学	鲁迅之疑——多疑与鲁迅世界中主体生存困境之研究	刘春勇	刘　勇
文学	中国现当代文学	冯至和杜甫诗歌比较研究	杨　志	刘　勇
文学	中国现当代文学	中国现代作家的孤独体验	刘　艳	刘　勇
文学	中国现当代文学	《中国小说史略》研究	鲍国华	王富仁
文学	中国现当代文学	存在主义视野下的鲁迅：穿越生存虚无、撞击世界“黑暗”的现代信仰者	彭小燕	王富仁
文学	中国现当代文学	翻身道情：解放区小说主题叙事研究	杜　霞	王富仁
文学	中国现当代文学	中国现代知识分子题材小说综论	王卫平	王富仁
文学	中国现当代文学	女子高等教育与中国现代女性文学的发生——以北京女子高等师范为个案	王翠艳	王富仁
文学	中国现当代文学	行动才是生活——丁玲生平与创作	龙敏君	王富仁
文学	中国现当代文学	中西童话的本体论比较研究	舒　伟	王泉根
文学	中国现当代文学	都市里的青春写作——论70后创作群的小说创作	李　虹	王泉根
文学	中国现当代文学	中国当代话剧中的批判精神	周光凡	张　健
文学	中国现当代文学	论新时期话剧文学的精神流变	谷海慧	张　健
文学	中国现当代文学	影视艺术与中国当代文学的互动研究	梁振华	张　健
文学	比较文学与世界文学	论伽达默尔美学对审美现代性的批判	王业伟	刘象愚
文学	比较文学与世界文学	积极的黑色世界——杜拉斯创作主题研究	杨　茜	刘象愚
文学	比较文学与世界文学	厄内斯特·海明威与现代性的悖论	于冬云	刘象愚
文学	比较文学与世界文学	弗吉尼亚·伍尔夫小说叙事研究	郝　琳	刘象愚
文学	比较文学与世界文学	论中西悲剧精神的审美意蕴	马小朝	刘象愚
文学	比较文学与世界文学	20世纪西方思潮对刘以鬯小说的影响	邝锐强	刘象愚
文学	比较文学与世界文学	解构的文化政治实践——斯皮瓦克后殖民文化批评研究	李应志	罗　钢
文学	比较文学与世界文学	民族歌手与精神骑士：张承志与伊斯兰文化	高宏存	王向远
文学	比较文学与世界文学	中国当代文艺中的日本	刘　舸	王向远
文学	比较文学与世界文学	衍生与蝉蜕——越南古代诗歌与中国文学之关系	阮氏红莺	王向远
文学	英语语言文学	走向话语的意识形态阐释——以超链接文本为分析对象	叶起昌	胡壮麟
文学	英语语言文学	批评性跨文化阅读的主体间评价研究	唐丽萍	胡壮麟
文学	英语语言文学	法律语言与权力的互动关系研究	杨　敏	胡壮麟

续表

门类	学科专业	论文题目	作者	导师
文学	英语语言文学	翻译描述中的“语域”分析：英汉虚构类翻译平行语篇的“语域”分析	柴秀娟	胡壮麟
文学	英语语言文学	汉语称赞语中的性别研究	史耕山	田贵森
文学	英语语言文学	社会科学论文中的人际意义研究——体裁分析视角	袁邦株	田贵森
文学	英语语言文学	隐喻妙笔生花——隐喻之语用视角研究	田学军	周流溪
文学	俄语语言文学	高尔基与安德列耶夫诗学比较研究	李建刚	张　冰
文学	电影学	草根的力量——多元文化视阈中的中国独立纪录片	温细鎚	桂青山
文学	电影学	当代中国影视艺术的接受与“接受美学”	冀　星	黄会林
文学	电影学	历史影像与影像历史	高　峰	黄会林
文学	电影学	中国电视“媒体监督”刍论	常　江	周　星
文学	电影学	技术视阈中的电影艺术	肖　庆	周　星
文学	电影学	复调与独白——中国当代青年影像作者及其影像实践研究	苏松妹	周　星
历史学	史学理论及史学史	王鸣盛学术思想研究	施建雄	陈其泰
历史学	史学理论及史学史	比较史学的理论与实践	王秀青	陈其泰
历史学	史学理论及史学史	20世纪中国通史编纂研究	赵梅春	瞿林东
历史学	史学理论及史学史	20世纪中国历史教育研究	尤学工	瞿林东
历史学	历史文献学（含：敦煌学、古文字学）	欧阳修文献学研究	余敏辉	曾贻芬
历史学	历史文献学（含：敦煌学、古文字学）	中国古代荒政史籍研究	邵永忠	周少川
历史学	历史文献学（含：敦煌学、古文字学）	清代史馆与清代政治	王记录	周少川
历史学	中国古代史	歌谣俗语与两汉魏晋南北朝社会	李传军	曹文柱
历史学	中国古代史	魏晋南北朝霸府与霸府政治研究	陶贤都	曹文柱
历史学	中国古代史	《周礼·秋官》所见司法制度研究——兼与周代司法制度的比较	温慧辉	晁福林
历史学	中国古代史	周代家臣研究	谢乃和	晁福林
历史学	中国古代史	东晋上层阶级和佛教关系	安洵亨	何兹全
历史学	中国古代史	汉魏名士与政治	刘　蓉	何兹全
历史学	中国古代史	六镇势力与北朝后期社会	苏小华	何兹全
历史学	中国古代史	两汉魏晋南北朝祥瑞灾异研究	金　霞	黎　虎
历史学	中国古代史	哈密卫研究	施新荣	黎　虎
历史学	中国古代史	唐代赦宥制度	邵志国	施建中
历史学	中国古代史	隋唐时期幽州军事防御研究——兼论幽州与中央关系	许　辉	施建中
历史学	中国古代史	在传统与现实之间：明清洛阳社会的变迁与士绅的应对	户华为	赵世瑜

续表

门类	学科专业	论文题目	作者	导师
历史学	中国古代史	洪洞士绅与金元以来地方形象的塑造	乔新华	赵世瑜
历史学	中国近现代史	孔教会研究	宋淑玉	龚书铎
历史学	中国近现代史	阮元学术思想研究	钟玉发	龚书铎
历史学	中国近现代史	王闿运与晚清书院教育研究	李赫亚	史革新
历史学	中国近现代史	王先谦学术思想研究	孙玉敏	史革新
历史学	中国近现代史	《申报》社评与晚清的民族运动	黄晋祥	郑师渠
历史学	中国近现代史	任鸿隽科学文化思想研究	侯春燕	郑师渠
历史学	中国近现代史	五四时期知识分子的价值观	武吉庆	郑师渠
历史学	世界史	对民主批评的批评	王秀芹	郭小凌
历史学	世界史	古代埃及妇女地位研究——从哈特舍普苏特到克娄巴特拉七世	张　晔	郭小凌
历史学	世界史	古代雅典公民大会研究	周洪祥	郭小凌
历史学	世界史	大转折中的猎巫运动	姚　朋	刘北成
历史学	世界史	保守主义与社会批评：柯勒律治社会政治思想研究	刘耀辉	刘北成
历史学	世界史	孔子仁孝友学说与亚里士多德友爱论之比较	何元国	刘家和
历史学	世界史	论朱理亚克劳狄时期的元首政治	王桂玲	杨共乐
管理学	教育经济与管理	地方性高等师范院校向综合性大学转型研究——聊城师范学院转型的个案分析	李　喆	安宝生
管理学	教育经济与管理	中小学生立法研究	茅　锐	褚宏启
管理学	教育经济与管理	中小学校长影响力研究	林天伦	褚宏启
管理学	教育经济与管理	教育发展的系统分析——以北京为例	李　轶	褚宏启
管理学	教育经济与管理	教育信息公开研究	朱科蓉	高洪源
管理学	教育经济与管理	民办学校产权配置与治理机制研究	明　航	靳希斌
管理学	教育经济与管理	区域基础教育均衡发展研究——以济南市基础教育均衡发展实践为案例	陈东生	靳希斌
管理学	教育经济与管理	人力资本与区域经济增长——以珠三角、长三角为例	毛　军	赖德胜
管理学	教育经济与管理	企业的人力资本生产：关于企业教育功能的内生性、边界、决策及相关问题的研究	赵立卫	赖德胜
管理学	教育经济与管理	中国教育扩展与收入分配研究	孙百才	赖德胜
管理学	教育经济与管理	小学儿童电视兴趣及其相关问题的研究	陈　力	林崇德
管理学	教育经济与管理	中国消费者景气调查的理论与方法	叶植材	王善迈
管理学	教育经济与管理	中国区域高等教育非均衡发展实证研究	严全治	王善迈
管理学	教育经济与管理	大学德育管理模式改革的实践与研究	曲建武	谢维和
管理学	教育经济与管理	大学教师劳动合约研究	王寰安	张　兴

首都师范大学

门类	学科专业	论文题目	作者	导师
教育学	发展与教育心理学	图形与汉字项目记忆与来源记忆的 ERP 研究	聂爱情	郭春彦
教育学	发展与教育心理学	青少年情感风格与攻击行为	王振宏	郭德俊
教育学	发展与教育心理学	青少年心境动态发展特点及不同调节策略对其心境变化影响的研究	李冬梅	郭德俊
教育学	发展与教育心理学	青少年恐惧情绪再评价调节脑机制 fMRI 研究	刘海燕	郭德俊
文学	文艺学	文艺“民族形式”论争研究	石凤珍	陶东风
文学	文艺学	互文性：理论与批评	王　瑾	陶东风
文学	文艺学	葛兰西的领导权与文化研究	和　磊	陶东风
文学	文艺学	现代汉诗的发生：晚清至五四	荣光启	王光明
文学	文艺学	现代汉诗的合法性研究	伍明春	王光明
文学	文艺学	立体的展开——当代诗学观念研究	张大为	吴思敬
文学	文艺学	诗歌传播研究	杨志学	吴思敬
文学	中国古代文学	近代曲辞研究	袁绣柏	吴相洲
文学	中国古代文学	新乐府辞研究	张　煜	吴相洲
文学	中国古代文学	李绿园的创作观念及其《歧路灯》研究	徐云知	张燕瑾
文学	中国古代文学	《诗经·周颂》考论	李瑾华	赵敏俐
文学	中国古代文学	钱谦益文学思想研究	丁功谊	左东岭
文学	美术学	美术教育价值取向的历史变迁与现实观照	冯晓阳	常锐伦
文学	美术学	儿童绘画与认知——不同认知风格的儿单线画作画过程和表现特点之个案研究	唐　斌	常锐伦
文学	美术学	两晋书法研究	孟云飞	欧阳中石
历史学	中国古代史	隋唐时期僧尼角色研究	鲁统彦	郝春文
历史学	中国古代史	魏晋南北朝时期的传统市场	操晓理	蒋福亚
历史学	中国古代史	秦汉逃亡犯罪研究	张　功	宋　杰
历史学	中国古代史	秦汉社会防灾减灾制度研究	段　伟	阎守诚
历史学	世界史	萨摩亚争端与大国外交，1871—1900 年	王　华	齐世荣
历史学	世界史	1918—1929 年英法关系研究	刘作奎	徐　蓝

北京外国语大学

门类	学科专业	论文题目	作者	导师
文学	英语语言文学	重读霍桑——从宗教哲学视角解析霍桑作品中的清教主义观	张　晶	郭棲庆
文学	英语语言文学	《圣经》与斯宾塞的《仙后》	赵　冬	何其莘
文学	英语语言文学	论哈罗·品特戏剧作品的两重性和创作内动力	陈红薇	何其莘
文学	英语语言文学	新保守主义与冷战后的美国外交政策	李志东	梅仁毅

续表

门类	学科专业	论文题目	作者	导师
文学	英语语言文学	性别·种族·空间：四部当代黑人妇女小说解读	申昌英	钱　青
文学	英语语言文学	英汉名词化对比研究	张高远	王克非
文学	英语语言文学	英汉语中动结构式对比研究	杨晓军	王克非
文学	英语语言文学	外语教师个人理论的研究	张　莲	吴一安
文学	英语语言文学	使役/结果结构和双宾语结构的事体结构分析	唐世民	吴一安
文学	英语语言文学	“他者”的声音——吉恩·瑞斯西印度小说中的抵抗话语	张　峰	张在新
文学	俄语语言文学	文化文本的意义研究——洛特曼语义观剖析	白　茜	白春仁
文学	俄语语言文学	俄罗斯弥赛亚意识的起源及其文化语义内涵	郭小丽	李英男
文学	俄语语言文学	当代俄语新闻政论语义辞格研究	海力古丽·尼牙孜	汪嘉斐
文学	德语语言文学	德国早期浪漫主义的断片诗学	王　歌	谢莹莹
文学	德语语言文学	德国的信息经济	姚晓舟	殷桐生
文学	日语语言文学	当否判断的モタミティ的中日对照研究	李琚宁	曹大峰
文学	日语语言文学	周作人の儿童文学论·妇人论と日本	刘　军	严安生
文学	日语语言文学	闪烁的青春——中国文学研究会会员武田泰淳	熊文莉	严安生
文学	西班牙语语言文学	歧义与翻译	徐　蕾	董燕生
文学	西班牙语语言文学	西班牙平面新闻的语篇研究——一种分析模式	刘元祺	李　多
文学	外国语言学及应用语言学	论中法关系（1964—1980）	李洪峰	薛建成
文学	外国语言学及应用语言学	雅克·希拉克的欧洲观	孙兆龙	薛建成
文学	外国语言学及应用语言学	17世纪英国普遍语言文字运动	武　波	姚小平
文学	外国语言学及应用语言学	中国当代语言学史口述研究	张　宜	姚小平

北京语言大学

门类	学科专业	论文题目	作者	导师
文学	语言学及应用语言学	澳门语言状况与语言规划研究	黄　翊	曹志耘
文学	语言学及应用语言学	宣化方言变异与变化研究	郭风岚	曹志耘
文学	语言学及应用语言学	吴语瓯江韵母演变研究	帕维尔·玛突来维切	曹志耘
文学	语言学及应用语言学	杭嘉湖方言语音研究	徐　越	曹志耘
文学	语言学及应用语言学	永州南部土话语音研究	唐　伶	曹志耘
文学	语言学及应用语言学	汉语部分句式的形式语义分析	吴　平	方　立

续表

门类	学科专业	论文题目	作者	导师
文学	语言学及应用语言学	范畴语法与汉语非连续结构研究	韩玉国	方　立
文学	语言学及应用语言学	现代汉语代词隐现的动态研究	刘　伟	方　立
文学	语言学及应用语言学	儿童和成人语法中的否定和否定辖域	范　莉	方　立
文学	语言学及应用语言学	突发事件信息提取研究	杨尔弘	张　普
文学	语言学及应用语言学	国别化“对外汉语教学用词表”的制定研究：以韩国为例	甘瑞瑗	张　普
文学	语言学及应用语言学	基于关键短语的文本内容标引研究	刘　华	张　普
文学	语言学及应用语言学	基于动态流通语料库（DCC）的汉语字母词语识别及考察研究	郑泽芝	张　普
文学	语言学及应用语言学	基于动态流通语料库（DCC）的汉语熟语单位研究	杨建国	张　普
文学	语言学及应用语言学	外国学生汉字构形意识发展的模拟研究	王建勤	赵金铭
文学	语言学及应用语言学	现代汉语受事前置句研究	彭锦维	赵金铭
文学	语言学及应用语言学	现代汉语重动句研究	孙红玲	赵金铭
文学	语言学及应用语言学	单音形容词原型性研究	李　泉	赵金铭
文学	比较文学与世界文学	十字架遭遇龙图腾：明清基督教与中国的宗教性文化对话	管恩森	高旭东
文学	比较文学与世界文学	互联网上的“作家迷”虚拟社区研究——以“鲁迅论坛”和“金庸茶馆”为中心	葛　涛	高旭东
文学	比较文学与世界文学	文学生态学建构——生态批评的思考	宋丽丽	王　宁
文学	比较文学与世界文学	渗透中的解构与重构：后殖民理论视野中的华裔美国文学	陆　薇	王　宁

中国传媒大学

门类	学科专业	论文题目	作者	导师
文学	语言学及应用语言学	面向信息处理的现代汉语同类词短语句法功能歧义研究	杨　泉	冯志伟
文学	语言学及应用语言学	晚清洋务学堂的外语教育研究	高晓芳	李宇明
文学	语言学及应用语言学	语言创新及语言创新能力研究	赵　俐	于根元
文学	语言学及应用语言学	电视法制节目语言传播特制——电视法制节目主持创作研究	丁龙江	张　颂
文学	语言学及应用语言学	有声语言大众传播的生命活力研究	张政法	张　颂
文学	新闻学	广播听觉文本初论	孟　伟	曹　璐
文学	新闻学	论新闻传播与政府公共政策	霍志坚	郑保卫
文学	新闻学	我国新闻舆论监督的多维视野和路径选择	王永亮	郑保卫
文学	新闻学	新闻理论新思路——新闻理论范式的转型与超越	陈作平	郑保卫
文学	新闻学	中国电视纪录片史话	何苏六	朱羽君

续表

门类	学科专业	论文题目	作者	导师
文学	传播学	欧盟电视节目市场研究——电视节目市场结构及竞争优化	罗　青	郭镇之
文学	传播学	焦虑与希望：对北京城市贫困群体的传播社会学研究	张　磊	胡正荣
文学	传播学	当前我国政府对外传播与国家形象建构策略	段　鹏	胡正荣
文学	传播学	论党报体制的二元互补结构	李　忱	胡正荣
文学	传播学	传媒并购新论——关于数字化传播背景下传媒并购特征分析	董　璐	黄升民
文学	传播学	互联网与欠发达地区社会发展研究——互联网在西部农村的两种应用模式的探讨	王锡苓	柯惠新
文学	传播学	电视品牌论	曾静平	刘习良
文学	电影学	探索中的建构——早期中国电影美学研究 1905—1937	吴青青	胡　克
文学	电影学	冯小刚现象研究	李　春	宋家玲
文学	广播电视艺术学	电视艺术时空美学新论	卢　蓉	高　鑫
文学	广播电视艺术学	新时期家庭伦理题材电视剧研究	吕乐平	王伟国
文学	广播电视艺术学	中国警匪涉案题材电视剧研究	马勇诚	王伟国
文学	广播电视艺术学	电视剧叙事话语	张育华	曾庆瑞
文学	广播电视艺术学	电视文艺生态批评论	张文娟	张凤铸
文学	广播电视艺术学	“入世”与中国国家电视文化安全	张志君	张凤铸
文学	广播电视艺术学	纪录片观念新论	丁海晏	仲呈祥
文学	广播电视艺术学	中国电视艺术美学的传承与变异	张应辉	仲呈祥

中央财经大学

门类	学科专业	论文题目	作者	导师
经济学	国民经济学	股市宏观调控模式研究	沈小平	侯荣华
经济学	国民经济学	中国企业证券市场研究	欧林宏	侯荣华
经济学	国民经济学	我国收入分配格局研究	柳春明	刘　扬
经济学	国民经济学	市场化进程中中国城镇居民收入差距问题研究	龙海红	刘　扬
经济学	国民经济学	中日韩自由贸易区对我国贸易和产业影响的实证研究	秦熠群	王巾英
经济学	国民经济学	船舶碰撞责任保障制度研究	郭丽军	王巾英
经济学	国民经济学	中国股票市场效率研究	李宏贵	王柯敬
经济学	国民经济学	我国转型时期中的公司治理模式选择	曲　扬	王柯敬
经济学	国民经济学	货币、资金与经济协调运行研究	任碧云	闻　潜
经济学	国民经济学	我国国有企业并购问题研究	寇　淮	闻　潜
经济学	国民经济学	治理　产权　竞争与激励约束——国有银行绩效低下之探源	王　华	赵丽芬

续表

门类	学科专业	论文题目	作者	导师
经济学	国民经济学	服务业就业效应研究	张淑君	赵丽芬
经济学	财政学（含：税收学）	企业价值研究	刘玉平	李保仁
经济学	财政学（含：税收学）	我国农村公共产品供给与制度创新研究	邹　俊	李保仁
经济学	财政学（含：税收学）	对外贸易税收政策研究	董俊英	李保仁
经济学	财政学（含：税收学）	教育制度的评价研究	殷玉辉	李俊生
经济学	财政学（含：税收学）	论政府　市场与增加农民收入	余蔚平	李俊生
经济学	财政学（含：税收学）	税收征管效率研究	梁俊娇	汤贡亮
经济学	财政学（含：税收学）	中国税收管理体制的制度研究	宋延康	王国华
经济学	财政学（含：税收学）	我国政府同财政竞争研究	张平国	王国华
经济学	财政学（含：税收学）	公共投资与公共产品有效供给研究	岳　军	王国华
经济学	金融学（含：保险学）	货币市场结构变迁的效应分析	贾玉革	李　建
经济学	金融学（含：保险学）	我国开放式基金绩效评估研究	邹建峰	史建平
经济学	金融学（含：保险学）	我国商业银行创值能力研究	关新红	史建平
经济学	金融学（含：保险学）	近代中国金融发展与制度变迁	孙建华	王广谦
经济学	金融学（含：保险学）	商业银行市场准入与推出问题研究	陈　颖	吴念鲁
经济学	金融学（含：保险学）	中国金融稳定性分析——一个多视角的综合性框架	郧会梅	吴念鲁
经济学	金融学（含：保险学）	支付系统效率与风险——兼论中国支付系统建设	贺　培	吴念鲁
经济学	产业经济学	中国政府绩效审计理论与方法研究	赵宝柱	李　爽
经济学	产业经济学	双重审计模式下的审计独立性与审计定价：中国B股市场的证据	吴　溪	李　爽
经济学	产业经济学	管理会计理论框架的分析	孙丽虹	孟　焰
经济学	产业经济学	我国上市公司关联方交易与盈余管理研究	赵　玮	孟　焰
经济学	产业经济学	职业协会研究——注册会计师职业发展问题的一种分析视角	曾铁兵	孟　焰
经济学	产业经济学	中小企业财务报表行为：理论与实证	余应敏	王君彩
经济学	产业经济学	我国证券市场的退出机制及相关的财务与会计问题研究	丁瑞玲	王君彩

对外经济贸易大学

门类	学科专业	论文题目	作者	导师
经济学	国际贸易学	长期护理保险研究	荆　涛	陈　欣
经济学	国际贸易学	中国双重上市公司及B、H股价格差异及协整研究	娄　峰	林桂军
经济学	国际贸易学	中国商业银行混业的风险分析	胡再勇	林桂军
经济学	国际贸易学	信用风险评级与商业银行信用风险管理	张贵清	刘树林
经济学	国际贸易学	中国企业对外投资效益评价体系理论与方法	浦　军	马春光

续表

门类	学科专业	论文题目	作者	导师
经济学	国际贸易学	内部化与多国企业理论的研究——构建以知识观为基础的多国企业理论框架	王炜瀚	王林生
经济学	国际贸易学	人民币汇率平价可持续性研究	孙华好	王林生
经济学	国际贸易学	我国货币政策传导机制分析	孙志贤	王林生
经济学	国际贸易学	跨国并购的理论运作及我国企业的跨国并购问题研究	张　寒	王林生
经济学	国际贸易学	中国外资企业国际互联网应用研究	王　健	王林生
经济学	国际贸易学	中国医院行为的经济学分析	刘晓惠	王绍熙
经济学	国际贸易学	关于我国保险业发展的趋势研究	高晓明	王绍熙
经济学	国际贸易学	论日本产业政策与贸易政策的融合	李明圆	王绍熙
经济学	国际贸易学	上市公司股权结构与公司治理行为：来自中国的实证研究	岳云霞	徐信忠
经济学	国际贸易学	上市公司非流通股的定价研究	薛　彤	徐信忠
法学	国际法学（含：国际公法、国际私法、国际经济法）	保险中介——委托代理法律制度的激励性研究	王艳玲	陈　欣
法学	国际法学（含：国际公法、国际私法、国际经济法）	论公司法的边界	徐　菁	高西庆
法学	国际法学（含：国际公法、国际私法、国际经济法）	区分所有建筑物自治管理组织制度研究	薛　源	黄　勇
法学	国际法学（含：国际公法、国际私法、国际经济法）	论资产支持证券发行的法律监管	石太峰	焦津洪
法学	国际法学（含：国际公法、国际私法、国际经济法）	论保险法上信息披露制度	李春彦	沈四宝
法学	国际法学（含：国际公法、国际私法、国际经济法）	论企业破产程序中的利益平衡	丁文联	沈四宝
法学	国际法学（含：国际公法、国际私法、国际经济法）	保证保险合同研究	陈百灵	沈四宝
法学	国际法学（含：国际公法、国际私法、国际经济法）	论国际私法上的公共政策之运用	高晓力	沈四宝
法学	国际法学（含：国际公法、国际私法、国际经济法）	论贸易政策与竞争政策的协调	安　宁	沈四宝

首都经济贸易大学

门类	学科专业	论文题目	作者	导师
经济学	劳动经济学	养老保险制度中的政府行为研究	段家喜	庹国柱
经济学	劳动经济学	人力资本企业产权问题研究	时永顺	郑海航
经济学	数量经济学	基于量作分析的中国股票市场价格行为研究	周观军	豪梅瑞
经济学	数量经济学	基于复杂适应系统理论的经济方针研究	傅　星	林　寅
经济学	数量经济学	中国粮食流通政策问题研究	罗守全	林　寅
经济学	数量经济学	保险欺诈问题博弈研究	边文霞	王文举

外交学院

门类	学科专业	论文题目	作者	导师
法学	国际关系	美日韩安全三角	孙俊华	宫少朋
法学	国际关系	国际劳工标准：演变与争议	佘云霞	宫少朋
法学	国际关系	国际社会理论与英国学派的发展	苗红妮	秦亚青
法学	国际关系	无政府与国际制度有效性的实证研究	贾烈英	秦亚青
法学	国际关系	中印关系的社会认知研究	随新民	曲　星
法学	国际关系	中国国家身份与外交战略选择	刘智勇	曲　星
法学	国际关系	文化、利益与美国的公共外交	廖宏斌	熊志勇
法学	国际关系	国际能源合作模式与中国的战略选择	叶蓁蓁	周启朋
法学	国际关系	国际秩序的转型与东亚安全	阮宗泽	周启朋
法学	国际关系	韩半岛和平机制建设研究——兼论中国的外交作用	崔美玉	周启朋
法学	国际关系	美国思想库对美国外交政策的影响	狄会深	朱立群

北京体育大学

门类	学科专业	论文题目	作者	导师
教育学	体育人文社会学	体育职业技能开发管理的理论与方法	丁　涛	秦椿林
教育学	体育人文社会学	职业体育联盟的产业组织分析	王　莉	秦椿林
教育学	体育人文社会学	台湾沿大陆岛屿水域运动发展之研究	董　燊	秦椿林
教育学	体育人文社会学	论体育竞技表演业的内部分工	靳厚忠	秦椿林
教育学	体育人文社会学	村落体育研究——以一个自然村落为个案	罗湘林	任　海
教育学	体育人文社会学	奥林匹克运动人文价值的历史流变	孙葆丽	任　海
教育学	体育人文社会学	我国优秀运动员文化教育体系的研究	潘志琛	周登嵩
教育学	体育人文社会学	中小学体育课堂教学的社会学分析	唐　炎	周登嵩
教育学	体育人文社会学	体育教师专业化之研究	宋会君	周登嵩
教育学	体育人文社会学	新中国体育课程研究之历史审视	刘　昕	周登嵩

续表

门类	学科专业	论文题目	作者	导师
教育学	运动人体科学	大负荷训练导致大鼠肾组织微细结构变化和分子调控机理的探讨	郭　林	冯美云
教育学	运动人体科学	HiHiLo对足球运动员血液酸碱平衡及调控能力影响的研究	杨　旭	冯美云
教育学	运动人体科学	自行车测试车研制及踏蹬技术诊断分析系统软件的开发	罗　炯	金季春
教育学	运动人体科学	Clap式冰刀弯道蹬冰动作技术原理的生物力学研究	陈民盛	金季春
教育学	运动人体科学	中药干预对运动训练大鼠红细胞代谢、骨骼肌代谢酶基因表达及组织形态学的影响	郑弘溶	田　野
教育学	运动人体科学	绝经后妇女骨质疏松运动健身方案的研究	董荣药	田　野
教育学	运动人体科学	高住低训对国家跆拳道运动员运动能力和红细胞功能、代谢特征的影响	高　颀	田　野
教育学	运动人体科学	运动后血清心肌肌钙蛋白水平变化规律及心肌生理与病理改变研究	聂金雷	田　野
教育学	运动人体科学	低氧训练对大鼠海马神经元的影响及其机制研究	洪　平	田　野
教育学	运动人体科学	我国优秀游泳运动员力量训练阶段生理生化指标的评价与机制研究	黄文聪	王安利
教育学	运动人体科学	丙酮酸补充对运动机体身体成份和脂肪代谢的影响及机理的研究	郭英杰	王安利
教育学	运动人体科学	低氧、运动对大鼠骨骼肌细胞凋亡及bcl－2、bax表达的影响	杨海平	王瑞元
教育学	运动人体科学	离心运动对骨骼肌细胞膜骨架蛋白含量影响的研究	周　越	王瑞元
教育学	运动人体科学	MyoD、myogenin在低氧、运动引起肌球蛋白重链转变中的调节作用	苏艳红	王瑞元
教育学	运动人体科学	大负荷力量训练中机体细胞和分子免疫变化规律的研究	洪长清	谢敏豪
教育学	运动人体科学	补充活性肽和人参对离心运动后骨骼肌微损伤及其修复效果的观察研究	魏　源	邢文华
教育学	运动人体科学	6周耐力训练对大鼠细胞免疫功能影响的机理初探及中药多糖干预效果研究	周丽丽	杨则宜
教育学	体育教育训练学	我国体育报刊经营策略研究	郭晓勇	葛春林
教育学	体育教育训练学	排球运动员智力特征的研究	张　禹	葛春林
教育学	体育教育训练学	体育赛事门票经营开发策略的研究	王晓东	李宗浩
教育学	体育教育训练学	优秀游泳运动员赛前心理状态的脑波超慢涨落分析	魏高峡	梁承谋
教育学	体育教育训练学	知识表征、运动水平及其年龄对羽毛球竞赛情景中直觉性运动决策的影响	程勇民	梁承谋
教育学	体育教育训练学	乒乓球运动员接发球判断的思维活动特征	李今亮	梁承谋
教育学	体育教育训练学	力的大小与角度对自由跤运动员动觉感受性的影响	于　晶	梁承谋
教育学	体育教育训练学	中美体育博士培养比较研究	卢亮球	刘玉林

续表

门类	学科专业	论文题目	作者	导师
教育学	体育教育训练学	现代篮球战术体系的系统研究	张　勇	刘玉林
教育学	体育教育训练学	CBA 主客场赛季制训练的理论探索与实证研究	练碧贞	刘玉林
教育学	体育教育训练学	NBA 制衡机制的研究	王建国	刘玉林
教育学	体育教育训练学	中国体育产业投入产出的研究	周　毅	麻雪田
教育学	体育教育训练学	开发中国乒乓球市场的基本理论与实践	钟宇静	苏丕仁
教育学	体育教育训练学	棒垒板球轮换攻防项目的竞技特征解析及其在项群体系中的定位	张雅蓁	田麦久
教育学	体育教育训练学	越南 12~14 岁少年游泳运动员竞技能力水平的综合评价及发展策略	阮德顺	田麦久
教育学	体育教育训练学	运动训练方法的项间移植	陈笑然	田麦久
教育学	体育教育训练学	运动员全程性多年训练过程中的区间链接机制	徐　刚	田麦久
教育学	体育教育训练学	运动员竞技能力的参赛变异及其成因与对策	熊　焰	田麦久
教育学	体育教育训练学	竞技性艺术体操成套动作编排理论及应用模式研究	黄俊亚	肖光来
教育学	体育教育训练学	运动技术理念的隐喻与诠释——技能主导类表现唯美四项目的隐喻学研究	马　莉	肖光来
教育学	体育教育训练学	我国优秀艺术体操运动员科学选材与应用系统的开发研究	郭秀文	肖光来
教育学	体育教育训练学	重庆市中小学生的营养状况及其社会环境影响因素的研究	彭　莉	邢文华
教育学	体育教育训练学	田径运动全年大周期力量训练分期理论研究	李　山	袁作生
教育学	体育教育训练学	我国 16 岁—20 岁田径竞技后备人才可持续发展研究	陈　广	袁作生
教育学	体育教育训练学	田径专项速度特征研究	武文强	袁作生
教育学	体育教育训练学	CVA（中国排球协会）联赛品牌打造——“全国排球联赛”的兴起与发展	李国东	钟秉枢
教育学	体育教育训练学	当代本科体育专业人才观和专业设置变革的研究	赫忠慧	钟秉枢
教育学	民族传统体育学	近代以来中国武术项目管理过程及其评价与发展	李　蕾	徐伟军
教育学	民族传统体育学	我国徒手格斗项目（散打）优秀男子运动员核心竞技能力评价体系的研究	叶　伟	徐伟军
教育学	民族传统体育学	北京奥运会赞助企业营销策略的理论与实践研究	胡　斌	徐伟军

中央音乐学院

门类	学科专业	论文题目	作者	导师
文学	音乐学	中国音乐美学史中的“平和”审美观与“不平”审美观研究	叶明春	蔡仲德
文学	音乐学	20 世纪 60—80 年代西方新音乐中的复调思维研究	陈小龙	段平泰
文学	音乐学	朱载堉乐律思想研究	王　军	冯文慈

续表

门类	学科专业	论文题目	作者	导师
文学	音乐学	斯克里亚宾晚期音乐观念与创作的研究	宋丽莉	黄晓和
文学	音乐学	李凌音乐评论研究	项筱刚	梁茂春
文学	音乐学	彭修文民族管弦乐艺术研究	彭　丽	梁茂春
文学	音乐学	李焕之的音乐生涯及其历史贡献	蔡　梦	梁茂春
文学	音乐学	缪天瑞音乐学术研究评述	国　华	汪毓和
文学	音乐学	现代京剧“样板戏”旦角唱腔音乐研究	刘云燕	汪毓和
文学	音乐学	斯克里亚宾晚期和声手法在10首钢琴奏鸣曲中的发展轨迹	王　文	吴式锴
文学	音乐学	中国传统笙管乐申论	景蔚岗	袁静芳
文学	音乐学	音乐专业（师范类）学生在大学阶段音乐分句能力的发展研究——音乐认知发展观	蒋存梅	张　前

中央美术学院

门类	学科专业	论文题目	作者	导师
文学	美术学	北朝晚期青齐区域佛教美术研究	邱忠鸣	金维诺
文学	美术学	宋代景德镇青白瓷的审美研究	陈雨前	金维诺
文学	美术学	丰子恺绘画中的诗意	张　斌	邵大箴
文学	美术学	“油画民族化”：董希文的理论与实践研究	周功华	邵大箴
文学	美术学	审美文化语境中的商品拜物教批判	高　岭	王宏建
文学	美术学	当代西方生态建筑的美学研究	黄丹麾	王宏建
文学	美术学	“南画北渡”：梁清标书画鉴藏研究	刘金库	薛永年
文学	美术学	17世纪下半叶山水画中的黄山形象	邱才桢	薛永年
文学	美术学	文人画的书法化倾向研究	顿子斌	薛永年
文学	美术学	“南宋画院”之省金职制与画史想象	彭慧萍	薛永平
文学	美术学	中国当代城市环境设计的美学分析与批判	梁　梅	张绮曼
文学	美术学	生土窑洞原生态民居的失落与再生研究	齐爱国	张绮曼

中央戏剧学院

门类	学科专业	论文题目	作者	导师
文学	戏剧戏曲学	论经典剧作的现代演绎	赵　宇	白栻本
文学	戏剧戏曲学	迪伦马特戏剧在中国——简论导演对剧作的解读	王志存	鲍黔明
文学	戏剧戏曲学	现代戏剧对非理性心理的开掘及表现方式研究	刘红卿	丁　涛
文学	戏剧戏曲学	战神、妇女和古希腊戏剧	李晓润	丁扬忠
文学	戏剧戏曲学	易卜生心理现实主义剧作研究——一种弗洛伊德主义的语境	李　兵	丁扬忠

续表

门类	学科专业	论文题目	作者	导师
文学	戏剧戏曲学	鸳鸯蝴蝶派文学与早期中国电影的创作	张 巍	路海波
文学	戏剧戏曲学	中国武侠电影的历史与审美研究	倪 骏	路海波
文学	戏剧戏曲学	明末清初戏曲作品中的女性形象研究	王永恩	麻国钧
文学	戏剧戏曲学	对抗与交融——明代中后期雅俗观念与戏剧创作	蔡美云	麻国钧
文学	戏剧戏曲学	阿瑟·米勒的社会剧理论和创作	陈迎宪	谭霈生
文学	戏剧戏曲学	中国现代非主流戏剧研究	赵建新	谭霈生
文学	戏剧戏曲学	重返欧阳予倩：对其“真戏剧”的思考	陈 珂	谭霈生
文学	戏剧戏曲学	论中国传统戏曲表演中的形与神	李季纹	张仁里

中央民族大学

门类	学科专业	论文题目	作者	导师
哲学	宗教学	马克思主义宗教观研究	魏 琪	牟钟鉴
哲学	宗教学	金元全真心学研究	王廷琦	赵士林
法学	人类学	母语存留区土家族社会与文化——坡脚土家族社区调查研究	刘伦文	祁庆富
法学	人类学	云南回族农商文化与经济变迁	马克继	祁庆富
法学	人类学	闵氏宗族及其文化的再生产	杜 靖	王建民
法学	人类学	族群性的构建与维系——一个宗教群体历史和现实中的认同	哈正利	王建民
法学	人类学	宗教的社会功能——几个穆斯林社区的对比调查与研究	罗惠翾	杨圣敏
法学	人类学	北方蒙汉边际地区轮养制研究	马 威	庄孔韶
法学	人类学	组织参与的力量性与缺失性替代	石 峰	庄孔韶
法学	民族学	中国彝族文化的民族学研究	金尚会	白振声
法学	民族学	新疆文化遗产的保护与利用	樊传庚	白振声
法学	民族学	雪山蒙古人文化研究	特木尔巴根	白振声
法学	民族学	藏人的灵魂观与活佛转世	李政奂	丹珠昂奔
法学	民族学	藏族法律文化研究	甘 措	丹珠昂奔
法学	民族学	多维视野下的双语教学发展观——内蒙古地区蒙古族中小学个案	苏德毕力格	哈经雄
法学	民族学	文化变迁和双语教育演变——东北地区达斡尔族个案研究	孙东方	哈经雄
法学	民族学	教育文化与学校教育——多元文化背景下的民族教育发展不平衡研究	胡玉萍	哈经雄
法学	民族学	东北地区传统民居与居住文化研究——以满族、朝鲜族、汉族为中心	金正镐	黄有福

续表

门类	学科专业	论文题目	作者	导师
法学	民族学	东北民族天神崇拜研究	赵允卿	黄有福
法学	民族学	变迁与调适——鄂温克社会调查研究	包路芳	黄有福
法学	民族学	朝鲜民族传统生死观研究	崔荣根	黄有福
法学	民族学	村落社区的傩仪与象征	陆　焱	祁庆富
法学	民族学	枧槽苗乡——川滇黔交界民族散杂区社会文化变迁个案研究	刘　芳	邵献书
法学	民族学	中国饮食文化的民族学研究	孙补卿	徐万邦
法学	民族学	布依族社会文化变迁研究	王鸣明	徐万邦
法学	民族学	中西方人“社会性”比较研究	阮　静	徐万邦
法学	马克思主义民族理论与政策	城市化进程中的城市民族问题研究	林钧昌	金炳镐
法学	马克思主义民族理论与政策	西部民族地区政治文明建设研究	赵新国	金炳镐
法学	马克思主义民族理论与政策	中国民族理论新范式的探索	周传斌	金炳镐
法学	马克思主义民族理论与政策	危机管理视角下的中国北方草原传统文化	乔玉光	荣仕星
法学	马克思主义民族理论与政策	民族乡政府管理研究	许才明	荣仕星
法学	马克思主义民族理论与政策	中国民族自治区民族事务行政管理研究	赵丽华	荣仕星
法学	中国少数民族经济	国有商业银行改革研究	刘　清	刘永佶
法学	中国少数民族经济	论中国的货币政策	侯超惠	刘永佶
法学	中国少数民族经济	中国国有资产管理体制研究	马　淮	刘永佶
法学	中国少数民族经济	中国财政安全与预警研究	胡国强	刘永佶
法学	中国少数民族经济	中国农民工的政治经济学考察	杨思远	刘永佶
法学	中国少数民族经济	论中国农民养老保障的社会化	公维才	刘永佶
法学	中国少数民族经济	庭院何须锁春色——少数民族女性人力资源开发培训研究	李　岚	施正一
法学	中国少数民族经济	和合加速论：当代民族经济发展战略研究	曹征海	施正一
法学	中国少数民族经济	社会主义基本经济理论创新研究	陶国相	施正一
法学	中国少数民族经济	决策经济学研究	王晓琴	施正一
法学	中国少数民族经济	金融监管中的市场约束研究	田光伟	施正一
法学	中国少数民族经济	中华民族传统医药产业化发展问题研究	林　江	施正一
法学	中国少数民族经济	西部地区人力资本开发的制度研究	李文武	宋才发
法学	中国少数民族经济	西部地区人力资源开发与经济增长	峻　峰	宋才发
法学	中国少数民族经济	中国农地所有权和使用权的法律问题研究	柳　琳	宋才发

续表

门类	学科专业	论文题目	作者	导师
法学	中国少数民族经济	我国西部少数民族地区退耕还林（草）实践及对策研究	李　彦	宋才发
法学	中国少数民族经济	民族地区人力资源开发法律保障研究	张志新	宋才发
法学	中国少数民族经济	民族地区旅游资源法律保障研究	李江玲	宋才发
法学	中国少数民族经济	21 世纪初西部民族地区农村反贫困法制保障研究	黄颂文	宋才发
法学	中国少数民族经济	西部地区中小企业发展的法律保障研究	田东霞	宋才发
法学	中国少数民族史	《万历武功录》研究——以蒙古、女真人物传记为中心	孟凡云	达力扎布
法学	中国少数民族史	金代社会等级结构研究	宋立恒	李桂芝
法学	中国少数民族史	金元时期浑源刘氏家族研究——以刘祁为中心	杜成辉	李桂芝
法学	中国少数民族艺术	关于蒙古包的审美研究	柳逸善	李魁正
法学	中国少数民族艺术	云南少数民族传统图形中审美意象的延续与变迁	殷会利	李魁正
法学	中国少数民族艺术	论苗族传统服饰图案的现代应用	申卉芪	李魁正
法学	中国少数民族语言文学（分语族）	20 世纪以来香港中文报纸语言的变异	赵汝庆	戴庆厦
法学	中国少数民族语言文学（分语族）	汉藏语系语言判断句研究	张　军	戴庆厦
法学	中国少数民族语言文学（分语族）	汉藏语四音格词研究	孙　艳	戴庆厦
法学	中国少数民族语言文学（分语族）	《阿萨拉格齐史》研究	王梅花	贺希格
法学	中国少数民族语言文学（分语族）	拉布占巴扎雅班第达那木海扎木苏之研究	叶尔达	贺希格
法学	中国少数民族语言文学（分语族）	西双版纳傣语中的巴利语借词研究	保明所	季永海
法学	中国少数民族语言文学（分语族）	李奎报散文研究	刘彦明	李　岩
法学	中国少数民族语言文学（分语族）	藏传因明思维逻辑形式	达　哇	祁顺来
法学	中国少数民族语言文学（分语族）	中朝现代女作家作品中的内在意识比较	李秀兰	文日焕
法学	中国少数民族语言文学（分语族）	清代台湾平埔族文化变迁之研究	罗春寒	曾思奇
法学	中国少数民族语言文学（分语族）	阿美语动词的语义特征及结构分析	杨　梅	曾思奇
法学	中国少数民族语言文学（分语族）	阿尔泰语系蒙古语族语言语法比较研究	司提反米勒	张公瑾
法学	中国少数民族语言文学（分语族）	蒙汉历史接触与蒙古族语言文化变迁	曹道巴特尔	张公瑾

续表

门类	学科专业	论文题目	作者	导师
法学	中国少数民族语言文学（分语族）	傣语四音格研究	吴东海	张公瑾
法学	中国少数民族语言文学（分语族）	双语学与新疆双语问题	张卫国	张公瑾
法学	中国少数民族语言文学（分语族）	文化变迁与语言传承——土家语个案调查研究	谭志满	张公瑾
历史学	专门史	清末民国时期中华民族自觉进程研究	高翠莲	陈连开
历史学	专门史	清朝经营傣族研究	程印学	胡绍华
历史学	专门史	傣族法律制度研究	刀　伟	胡绍华
历史学	专门史	巴人尚武精神研究	曾　超	胡绍华
历史学	专门史	贺麟文化观研究	王志捷	牟钟鉴
历史学	专门史	清代北京祭坛建筑与祭祀研究	姚　安	王锺翰

中共中央党校

门类	学科专业	论文题目	作者	导师
哲学	马克思主义哲学	协举方法论	梁　敏	韩庆祥
哲学	马克思主义哲学	能力建设论——一种新的发展框架	雷　鸣	韩庆祥
哲学	马克思主义哲学	哲学视野中国家与个人的关系	杨　勇	韩庆祥
哲学	马克思主义哲学	现代化进程中的中华民族精神	张瑞芳	侯　才
哲学	马克思主义哲学	普遍的从权与人权的普遍	李海星	侯　才
哲学	马克思主义哲学	政治视野中的民主	牟宗艳	侯　才
哲学	马克思主义哲学	社会发展的公正问题研究	李建华	贾高建
哲学	马克思主义哲学	哲学创新与中国崛起	潘　琍	庞元正
哲学	马克思主义哲学	哲学视野中的和平崛起论	仲计水	庞元正
哲学	马克思主义哲学	全球化与中国崛起	聂继永	庞元正
哲学	马克思主义哲学	论科技时代人类生存的困境	曾　林	钱俊生
哲学	马克思主义哲学	钱学森开放复杂巨系统思想研究	章红宝	钱俊生
哲学	马克思主义哲学	论产业升级的就业效应	赵建军	王东京
哲学	马克思主义哲学	社会主义市场经济条件下的集体主义研究	邵士庆	王伟光
哲学	马克思主义哲学	人力资本与社会发展	杨文华	王伟光
哲学	马克思主义哲学	信用与理性关系研究	谢行宽	王伟光
哲学	马克思主义哲学	新国家观——邓小平的逻辑	范　伟	徐伟新
哲学	马克思主义哲学	市场经济视野中的中国政治文化转型研究	李志勇	徐伟新
哲学	马克思主义哲学	经济全球化进程中的文化主权问题研究	孙万菊	徐伟新
哲学	马克思主义哲学	文化资本导论	陈　锋	徐伟新

续表

门类	学科专业	论文题目	作者	导师
哲学	马克思主义哲学	邓小平解放思想和发展思想研究	陈和水	许全兴
哲学	马克思主义哲学	论文明的多样性	姜智红	杨春贵
经济学	政治经济学	中国农村富余劳动力转移战略研究	丁兆庆	陈文通
经济学	政治经济学	新阶段中国经济发展战略调整研究	肖泽群	陈文通
经济学	政治经济学	我国经济转轨时期金融监管研究	李 琪	陈文通
经济学	政治经济学	跨国公司战略演变对中国产业竞争力的影响与对策	张治栋	韩 康
经济学	政治经济学	一个就业研究的新视角——地租、利息、产权	张义柱	韩 康
经济学	政治经济学	我国国有企业公司治理研究	刘延龄	李兴山
经济学	政治经济学	国有资产监管研究	钟 成	刘海藩
经济学	政治经济学	体制转轨中的宏观经济研究	匡家在	苏 星
经济学	政治经济学	中国企业债券研究	李文群	王东京
经济学	政治经济学	论消费信贷与国内需求	李 莉	王东京
经济学	政治经济学	物质生产与文化均衡发展分析	孟晓驷	王东京
经济学	政治经济学	转型期资本市场的功能研究	肖云祥	王 珏
经济学	政治经济学	中国经济增长潜力研究	张李节	王 珏
经济学	政治经济学	市场经济与劳动者主权有机统一论	李保民	王 珏
经济学	政治经济学	资本社会化及其相关制度比较研究	张若钦	王 珏
经济学	政治经济学	金融控股公司模式论	盖艳梅	王瑞璞
经济学	政治经济学	内蒙古牧民增收研究	斯琴毕力格	王瑞璞
经济学	政治经济学	金融自由化与中国金融开放	贾俐贞	张伯里
经济学	政治经济学	中国农村信用社改革问题研究	张邦利	张大军
经济学	政治经济学	国有控股公司监督机制研究	李志磊	张大军
经济学	政治经济学	中国农村城镇化问题研究	肖万春	张大军
经济学	政治经济学	企业创新体系理论研究	胡 昱	张燕喜
法学	国际法学（含：国际公法、国际私法、国际经济法）	非政府组织的政治行为研究	孙景民	张琏瑰
法学	科学社会主义与国际共产主义运动	论中国特色社会主义民族理论	李 赞	龚学增
法学	科学社会主义与国际共产主义运动	当代世界民族主义研究	花永兰	龚学增
法学	科学社会主义与国际共产主义运动	全面建设小康社会过程中的城市文化建设	郝凤林	龚育之
法学	科学社会主义与国际共产主义运动	社会转型期的政府能力研究	侯 彬	李良栋

续表

门类	学科专业	论文题目	作者	导师
法学	科学社会主义与国际共产主义运动	当代中国政治稳定机制研究	刘华安	李良栋
法学	科学社会主义与国际共产主义运动	网络发展与精神文明建设	彭跃辉	萧贵毓
法学	科学社会主义与国际社会主义	中西文化对中国政治制度的影响	赵本涛	叶庆丰
法学	科学社会主义与国际社会主义	中国和平发展道路研究	朱成君	赵　曜
法学	科学社会主义与国际社会主义	社会主义精神富裕论	汪青松	赵　曜
法学	科学社会主义与国际社会主义	当代日本社会主义思潮	门晓红	周锡荣
法学	中共党史（含：党的学说与党的建设）	党内选举问题研究	牛力伟	蔡长水
法学	中共党史（含：党的学说与党的建设）	关于权力的制约和监督研究	张亚娟	蔡长水
法学	中共党史（含：党的学说与党的建设）	中国共产党执政能力建设的目标与路径选择	陈蔡志	蔡长水
法学	中共党史（含：党的学说与党的建设）	马克思主义中国化的起源	陈亚杰	郭德宏
法学	中共党史（含：党的学说与党的建设）	建国后17年史学领域的大批判	胡尚元	郭德宏
法学	中共党史（含：党的学说与党的建设）	1949—1966苏北农村集市贸易变迁	马永辉	李　瑗
法学	中共党史（含：党的学说与党的建设）	党政关系视角下的指正能力建设	孙志明	卢先福
法学	中共党史（含：党的学说与党的建设）	政党角色论	田　忠	卢先福
法学	中共党史（含：党的学说与党的建设）	中国共产党依法执政研究	熊　辉	卢先福
法学	中共党史（含：党的学说与党的建设）	政党政治视角下中国党政关系研究	牛余庆	王长江
法学	中共党史（含：党的学说与党的建设）	网络时代执政党意识形态危机及对策	张衍前	王长江
法学	中共党史（含：党的学说与党的建设）	执政党的社会整合功能研究	卢希望	王长江
法学	中共党史（含：党的学说与党的建设）	土地家庭承包制下的农民负担问题研究	巴志鹏	谢春涛
法学	中共党史（含：党的学说与党的建设）	建国17年中学思想政治教育研究	易春秋	谢春涛
法学	中共党史（含：党的学说与党的建设）	1949—1954年的中国政治体制	杨火林	谢春涛

续表

门类	学科专业	论文题目	作者	导师
法学	中共党史（含：党的学说与党的建设）	经济全球化与中国传统政治文化的嬗变	孙凡荣	严书翰
法学	中共党史（含：党的学说与党的建设）	中国共产党执政方式研究	葛海彦	甄小英
法学	中共党史（含：党的学说与党的建设）	社会转型期中国共产党利益整合方式研究	李清华	甄小英
法学	中共党史（含：党的学说与党的建设）	转型期私营企业党政建设研究	陈志谦	甄小英
法学	国际政治	东亚区域经济合作研究	姜运仓	宫 力
法学	国际政治	上海合作组织研究	李敏伦	宫 力
法学	国际政治	全球化主境下的国家认同	郭 艳	康绍邦
法学	国际政治	新军事变革对当代国际政治的影响	管丽萍	李忠杰
法学	国际政治	国际战略通道研究	李 兵	李忠杰
法学	国际政治	新时期中国经济外交研究	何中顺	亓成章
法学	国际政治	普京外交构想研究	李俊福	亓成章
法学	国际政治	普京执政以来的俄美关系	赵淑芳	张琏瑰

中国科学院研究生院

门类	学科专业	论文题目	作者	导师
教育学	基础心理学	名词——名词组合概念加工的范畴特异性	刘 烨	傅小兰
教育学	基础心理学	通过结构方程模型探讨一般流体智力的结构和老化机制	罗 婷	焦书兰
教育学	基础心理学	不同应激源对大鼠行为的影响及其脑内神经颗粒素含量和磷酸化水平变化差异	李欢欢	林文娟
教育学	基础心理学	负性情绪图片刺激对记忆的影响及与神经内分泌反应的关系	杨宏宇	林文娟
教育学	基础心理学	情绪加工负性偏向的事件相关电位研究	黄宇霞	罗跃嘉
教育学	基础心理学	汉语词的感情认知与记忆加工：ERP 研究	王一牛	罗跃嘉
教育学	基础心理学	复杂认知活动中结果评价的神经机制	买晓琴	罗跃嘉
教育学	基础心理学	大脑皮层运动系统的功能组织和功能联结：功能磁共振成像研究	任金舸	翁旭初
教育学	基础心理学	信息结构和重音对话语理解的影响	王 丹	杨玉芳
教育学	基础心理学	重读和信息结构对口语语篇加工的影响	李晓庆	杨玉芳
教育学	发展与教育心理学	学前儿童推测他人情绪和愿望能力的发展	杨小冬	方 格
教育学	发展与教育心理学	汉语儿童反语理解的研究	盖笑松	方富熹
教育学	发展与教育心理学	4—7 岁儿童对目的指向性的朴素生物学认知	卿素兰	方富熹

续表

门类	学科专业	论文题目	作者	导师
教育学	发展与教育心理学	4－7岁儿童关于“繁殖”现象的朴素生物学理论的发展	张丽锦	方富熹
教育学	发展与教育心理学	执行功能在认知年老化过程中的作用	陈天勇	李德明
教育学	发展与教育心理学	小学高年级学习不良儿童元认知发展特点及其干预	张雅明	俞国良
教育学	发展与教育心理学	情绪干扰的个体差异研究	陈文锋	张建新
教育学	应用心理学	五种基本情绪自主神经反应模式的实验研究	李建平	郭念锋
教育学	应用心理学	品牌延伸评价的行为机制研究	雷　莉	马谋超
教育学	应用心理学	工作机会、员工态度对离职行为影响的个体差异研究	胡卫鹏	时　勘
教育学	应用心理学	工作—家庭冲突及其应对策略	陆佳芳	时　勘
教育学	应用心理学	变革型领导与交易型领导的有效性及作用机制	徐长江	时　勘
教育学	应用心理学	某石油化工厂安全文化的多元方法研究	于广涛	王二平
教育学	应用心理学	关注特性的变化：品牌转换的一种机制	丁夏齐	张　侃
教育学	应用心理学	参照系整合对绝对方位判断的影响	周荣刚	张　侃
管理学	管理科学与工程	投入占用产出可计算一般均衡模型研究	何　静	陈锡康
管理学	管理科学与工程	风险溢出效应与条件持续期模型研究	刘艳辉	成思危
管理学	管理科学与工程	股权溢价之谜的几种解释和定价误差的分解	张晓军	程　兵
管理学	管理科学与工程	确定测量方法准确度的统计方法及其标准化研究	姜　健	冯士雍
管理学	管理科学与工程	域和小域估计的理论与方法研究	丁文兴	冯士雍
管理学	管理科学与工程	证券投资基金绩效评价与风险管理研究	史　敏	汪寿阳
管理学	管理科学与工程	信用风险评估、定价与信用保证金对投资组合的影响	王永巧	王寿阳
管理学	管理科学与工程	基于TEI@I方法论框架下外汇汇率与国际原油价格波动预测研究	余乐安	汪寿阳
管理学	管理科学与工程	中国基础研究概念研究——还它一片自由空间?	胡志坚	周寄中
管理学	管理科学与工程	高新技术企业营销能力研究	熊　伟	周寄中
管理学	管理科学与工程	智力资本理论探索及测度框架研究	黄宁燕	周寄中
管理学	管理科学与工程	知识密集型服务企业技术知识整合能力研究——中国集成电路设计企业调查分析	汤超颖	周寄中
管理学	图书馆学	数字资源长期保存权益管理机制研究	宛　玲	孟连生
管理学	图书馆学	数字图书馆服务动态集成中的服务描述机制	王　欣	孟连生
管理学	图书馆学	图书馆联盟实现机制与策略研究	高　凡	徐引篪
管理学	图书馆学	基于知识管理的图书馆管理创新研究	盛小平	徐引篪
管理学	图书馆学	图书馆知识管理系统的研究与实践	郭家义	朱献有
管理学	图书馆学	学科馆员平台研究与建设	李春旺	朱献有

中国社会科学院研究生院

门类	学科专业	论文题目	作者	导师
哲学	马克思主义哲学	正义的主体性建构——罗尔斯正义理论解读	舒年春	李德顺
哲学	马克思主义哲学	技术与生活世界	舒红跃	朱葆伟
哲学	中国哲学	《太平经》的生命思想	姜守诚	胡孚琛
哲学	中国哲学	杨时哲学思想研究——以诚为中心	朱雪芳	蒙培元
哲学	中国哲学	《礼记》的文化价值观念及其张力结构	孙圣河	余敦康
哲学	外国哲学	和辻哲朗人学伦理学研究	周秀静	卞崇道
哲学	外国哲学	基督教神学思想在日本的变容	路　邈	高增杰
哲学	外国哲学	石桥湛山的外交思想研究	苑崇利	高增杰
哲学	外国哲学	本源的生活世界——康德的《判断力批判》开启的世界	王晓红	叶秀山
哲学	外国哲学	从“同一”到“差异”——谢林哲学中“自然——自由”关系的演变	赵　鹏	叶秀山
哲学	逻辑学	皮尔士的存在图系统	彭　展	张清宇
哲学	美学	论审美的情感	黄水婴	滕守尧
哲学	宗教学	弘阳教研究	李浩栽	马西沙
哲学	宗教学	伊斯兰教法初探	哈宝玉	周燮藩
哲学	科学技术哲学	物理学理论发展的哲学探索	蔡肖兵	金吾伦
经济学	政治经济学	期货市场政府与交易所监管权分配问题研究	孙秋鹏	董辅礽
经济学	政治经济学	中国经济转型：基于财政分权和地方政府行为视角的理论解释和经验分析	高　鹤	王振中
经济学	政治经济学	利益集团与俄罗斯制度变迁	张锦冬	王振中
经济学	政治经济学	经济转轨中的合同执行	黄少卿	吴敬琏
经济学	政治经济学	价值转型理论问题研究	赵锦辉	于祖尧
经济学	经济史	中国的家族企业：所有权和控制权	潘必胜	史志宏
经济学	西方经济学	货币政策可信性与制度设计——政策时间不一致性研究	谭旭东	刘树成
经济学	西方经济学	资产价格泡沫与宏观经济波动	袁秀明	刘树成
经济学	世界经济	论当代世界经济中的私人卡特尔组织和行为	朱东耀	李　毅
经济学	世界经济	排污权交易的可持续发展潜力分析	张安华	潘家华
经济学	世界经济	资源消费累进税——可持续发展政策含义分析	赵行姝	潘家华
经济学	世界经济	外资并购中国上市银行研究	朱圣春	戎殿新
经济学	世界经济	新自由主义的贫困	陈　平	苏振兴
经济学	世界经济	次级新兴工业化国家产业内贸易理论研究——中国、东盟国家产业内贸易的案例分析	彭　磊	谈世中
经济学	世界经济	构建中国远期外汇市场的研究	高　扬	余永定
经济学	世界经济	中国广义货币增长与价格稳定性研究	胡振飞	余永定

续表

门类	学科专业	论文题目	作者	导师
经济学	世界经济	对中央银行冲销操作的研究	时卫干	余永定
经济学	世界经济	中国长期增长的外部环境	解俊杰	张宇燕
经济学	世界经济	利益集团、公众舆论对美国银行管制立法的影响	彭　亮	张宇燕
经济学	世界经济	国际直接投资与东亚IT产业	何　强	张蕴岭
经济学	人口、资源与环境经济学	人口红利、养老保险改革与经济增长	张学辉	蔡　昉
经济学	人口、资源与环境经济学	在华韩国独资企业劳资关系的研究——北京案例	金宝允	蔡　昉
经济学	国民经济学	城市公共设施投融资与政府作用研究	刘行苍	陈东琪
经济学	国民经济学	信用调节论——宏观调控理论的扩展	刘建新	陈东琪
经济学	国民经济学	虚拟经济理论解析	刘琦斌	成思危
经济学	国民经济学	我国证券市场流动性及其制度因素分析	黄常忠	成思危
经济学	国民经济学	中国体育经济政策分析	隋　路	蒋正华
经济学	国民经济学	收益率曲线与货币政策研究	纪志宏	李剑阁
经济学	国民经济学	中国转轨时期的软预算约束与金融效率	姜世明	李剑阁
经济学	国民经济学	中国保险业竞争力研究	潘前进	李克穆
经济学	国民经济学	中国二元金融结构中的非正规金融	徐　磊	李克穆
经济学	国民经济学	论知识分工和制度在经济增长中的作用	罗振兴	李连仲
经济学	国民经济学	中国转型期劳动分工演进研究	袁培红	李晓西
经济学	国民经济学	激励冲突、所有权与投资者保护	鄢晓发	李晓西
经济学	国民经济学	我国资本市场的结构优化研究	陶春生	刘福垣
经济学	国民经济学	相对贫困农户脱贫机制研究	郭庆方	刘迎秋
经济学	国民经济学	中国经济转型中的地方政府经济行为扭曲	李军杰	彭　森
经济学	国民经济学	中国对外直接投资中政府行为分析	曹亚伟	石广生
经济学	国民经济学	产业集群发展研究	王　君	王一鸣
经济学	国民经济学	中国的国际收支结构——基于外资流入的分析	邹　欣	肖金成
经济学	国民经济学	证券投资基金评价体系研究	唐欲静	肖金成
经济学	国民经济学	信息化与我国的新型工业化道路	李久文	曾培炎
经济学	国民经济学	经济转型过程中的融资结构优化	王琳晶	曾培炎
经济学	国民经济学	社会主义市场经济条件下的中国政府投资研究	郭　睿	曾培炎
经济学	国民经济学	期权理论在企业价值评估中的应用	魏春燕	张汉亚
经济学	国民经济学	资产证券化理论与实践研究	张　锌	张汉亚
经济学	国民经济学	我国金融控股公司发展战略探究	孟丹林	郑秉文
经济学	国民经济学	开发区制度变迁：中国经济转型路径的实证分析	唐　慎	郑秉文
经济学	国民经济学	新中国农村耕地产权变迁	田清旺	邹东涛

续表

门类	学科专业	论文题目	作者	导师
经济学	国民经济学	自然垄断产业的X（低）效率研究——基于电力行业的分析	魏青山	邹东涛
经济学	国民经济学	中国期货市场发展的制度分析	欧阳日辉	邹东涛
经济学	财政学（含：税收学）	财政分权与经济增长——政府间分工与激励	王新丽	李茂生
经济学	财政学（含：税收学）	中国社会保障支出水平研究	贾英姿	李茂生
经济学	财政学（含：税收学）	银行信用风险管理：技术、市场与激励	陈昌盛	李茂生
经济学	财政学（含：税收学）	指数基金研究	王亚玲	李茂生
经济学	财政学（含：税收学）	现代港口发展研究与价值透视	李选民	李茂生
经济学	财政学（含：税收学）	民间资本投入基础设施建设研究	李廷河	李茂生
经济学	金融学（含：保险学）	政府债券管理和现金管理研究	韦士歌	李 扬
经济学	金融学（含：保险学）	外资银行进入新兴市场经济国家：动因、影响和对中国的启示	李 铮	李 扬
经济学	金融学（含：保险学）	管理层收购的经济分析——结合中国实际的探讨	马 钧	李 扬
经济学	金融学（含：保险学）	功能范畴的中国银行业产业组织状况研究	徐大公	李 扬
经济学	金融学（含：保险学）	老龄化与金融结构研究	张 昊	李 扬
经济学	金融学（含：保险学）	资产证券化原理及其运用研究	孟 辉	王国刚
经济学	金融学（含：保险学）	公司并购与价值增值：理论与经验研究	张庆升	王国刚
经济学	产业经济学	杠杆收购研究	裴 力	郭冬乐
经济学	产业经济学	房地产投资信托（REITS）研究	张寒燕	郭冬乐
经济学	产业经济学	全面开放下中国保险产业混业经营模式研究	盛 逖	郭冬乐
经济学	产业经济学	中国资本市场与产业绩效关系研究	银国宏	郭克莎
经济学	产业经济学	两岸公企改革之研究	马祥祐	金 碚
经济学	产业经济学	中国工业技术创新技术分析	秦 宇	金 碚
经济学	产业经济学	企业实业投资项目竞争力研究	李 钢	金 碚
经济学	产业经济学	跨国公司与中国技术进步的路径选择	马 松	吕 政
经济学	产业经济学	产业组织的垂直解体与网络化	李晓华	吕 政
经济学	产业经济学	制度变迁中的中国家族企业研究	李 纯	宋 则
经济学	产业经济学	电力市场改革进程中的交易模式与电价问题研究	刘喜梅	温桂芳
经济学	产业经济学	旅游资源及其配置制度的再认识	唐继宗	张广瑞
经济学	产业经济学	中国旅游节事：理论探讨与实证分析	马聪玲	张广瑞
经济学	产业经济学	中国旅行社产品同质化辨析	宋子千	张广瑞
经济学	产业经济学	转轨经济中的产业政策、竞争政策与产业成长——以中国汽车工业为例	万 军	张卓元
经济学	产业经济学	中国投资消费关系问题研究	乔为国	周叔莲
经济学	国际贸易学	发展中国家的外资银行：进入动因与绩效评价	王佳佳	江小涓

续表

门类	学科专业	论文题目	作者	导师
经济学	国际贸易学	跨国企业进入与东道国企业的共同发展——从后向关联到水平关联	彭　敬	江小涓
经济学	国际贸易学	全球化下中国的外汇储备：来源及最优规模的分析	郭梅军	裴长洪
经济学	国际贸易学	日本对华直接投资研究	张青松	裴长洪
经济学	国际贸易学	国际军火贸易研究	余江文	王洛林
经济学	国际贸易学	公平竞争制度选择	彭海斌	杨圣明
经济学	国际贸易学	通往“双赢”之路——中美经贸关系研究	田　丰	杨圣明
经济学	国际贸易学	论反倾销规则的弊端与改革	唐　宇	杨圣明
经济学	数量经济学	期权定价模型的参数估计	王建稳	贺菊煌
经济学	数量经济学	金融发展与内生增长——理论及基于中国的实证研究	朱　波	沈利生
经济学	数量经济学	收入分配对资本积累及投资结构影响——我国二元结构下三部门均衡模型及实证检验	蔡跃洲	汪同三
经济学	数量经济学	中国区域经济增长收敛性研究	周卫峰	汪同三
法学	法学理论	公民不服从论	李寿初	刘　瀚
法学	法学理论	隐私权的法理——一个公法角度的研究	温珍奎	刘　瀚
法学	法学理论	洛克财产权理论的初步研究	翟小波	夏　勇
法学	法学理论	谁之诉求？——公益诉讼原告资格问题研究	朱晓飞	夏　勇
法学	法学理论	紧急状态法的二元理论与制度建构	黄　斌	信春鹰
法学	法学理论	黄老学法律思想辨疑	关志国	杨一凡
法学	宪法学与行政法学	企业集团化的政治——经济体制改革中的中国企业集团化	李弘揆	白　钢
法学	宪法学与行政法学	良乡制度——乡镇治理模式变迁的制度分析	何　鸣	白　钢
法学	宪法学与行政法学	全国人民代表大会与中国共产党互动关系之研究	许博乔	白　钢
法学	宪法学与行政法学	宪法视野下的受教育权	王柱国	陈云生
法学	宪法学与行政法学	德国宪政体制中的政党	崔英楠	李　林
法学	宪法学与行政法学	日本违宪审查研究	李　岩	吴新平
法学	宪法学与行政法学	责任政府新论——熔权制、分权制、监督—仲裁—保障制比较	蒋劲松	张庆福
法学	民商法学（含：劳动法学、社会保障法学）	信赖责任研究	朱广新	梁慧星
法学	民商法学（含：劳动法学、社会保障法学）	对价原则研究	刘成伟	梁慧星
法学	民商法学（含：劳动法学、社会保障法学）	论消费者权益及其实现	钟瑞华	孙宪忠
法学	民商法学（含：劳动法学、社会保障法学）	相邻关系制度研究	金启洲	王家福
法学	民商法学（含：劳动法学、社会保障法学）	简论知识产权与信息技术	许海强	郑成思

续表

门类	学科专业	论文题目	作者	导师
法学	民商法学（含：劳动法学、社会保障法学）	商业方法的专利保护问题研究	郎贵梅	郑成思
法学	经济法学	商主体登记法律制度研究	李惠阳	崔勤之
法学	经济法学	保险合同法诚实信用原则研究	肖和保	崔勤之
法学	经济法学	我国上市公司监事会制度研究	姚德年	崔勤之
法学	经济法学	公司重整中的利益平衡	张世君	崔勤之
法学	经济法学	专利许可相关竞争法问题研究	田　泽	王晓晔
法学	经济法学	WTO竞争政策研究	聂孝红	王晓晔
法学	国际法学（含：国际公法、国际私法、国际经济法）	国际刑法与国内法的关系	司建军	陈泽宪
法学	国际法学（含：国际公法、国际私法、国际经济法）	反对恐怖主义斗争中的国际法问题	张美荣	陶正华
法学	国际法学（含：国际公法、国际私法、国际经济法）	外资并购的法律规制	曹　虹	陶正华
法学	科学社会主义与国际共产主义运动	戈尔巴乔夫与苏联演变	李瑞琴	勒辉明
法学	科学社会主义与国际共产主义运动	马克思主义生产力理论及其实践与发展	郭杰忠	李崇富
法学	科学社会主义与国际共产主义运动	全球主义批判与当代中国意识形态建设	申小翠	李崇富
法学	科学社会主义与国际共产主义运动	中国现阶段收入分配公平问题研究	宁德业	李崇富
法学	科学社会主义与国际共产主义运动	马克思资本主义生产关系自我扬弃思想与当代现实	隋成竹	李延明
法学	国际政治	当前国际恐怖主义与反恐怖斗争研究	杨　晖	李静杰
法学	国际政治	俄罗斯的东北亚政策	王晓泉	李静杰
法学	国际政治	青年与国际政治	江广平	沈骥如
法学	国际政治	利益集团与冷战后美国对华政策	何兴强	陶文钊
法学	国际政治	美国思想库与冷战后美国外交	陈洪桥	王缉思
法学	国际政治	国际关系的历史社会学：历史与理论	王　军	王逸舟
法学	国际政治	两大国际体系的冲突与近代中国的生成	但兴悟	王逸舟
法学	国际政治	走向统一的两种互动模式	金润道	王逸舟
法学	国际政治	俄罗斯国防工业转轨研究	王　伟	邢广程
法学	国际政治	哈萨克斯坦与中国新疆地区百年发展比较（1901－2000）	徐海燕	赵常庆
法学	国际政治	防范与合作：后冷战时代的俄美核安全关系	吴大辉	郑　羽

续表

门类	学科专业	论文题目	作者	导师
法学	国际政治	亚欧会议进程：重塑跨国政策协商的区域间合作机制	张 浚	周 弘
法学	国际政治	欧洲一体化进程中的大国关系：民族国家与欧洲一体化（1945－1973年）	姜 南	周荣耀
法学	社会学	城市广场的人文研究	曹文明	傅崇兰
法学	社会学	城市居住区空间结构模式的演变	黄志宏	傅崇兰
法学	社会学	动员、市场风险与农民行为	邓万春	景天魁
法学	社会学	断裂与重组	罗静虹	李汉林
法学	社会学	制度变迁过程中的县级政府行为——对安吉县个案的分析和研究	胡 伟	李汉林
法学	社会学	当代中国居民收入差距的结构化研究	刘育新	李培林
法学	社会学	围屋里的世界——赣南客家家族的个案研究	李芳英	李银河
法学	社会学	教育民主主义的兴起	熊春文	苏国勋
法学	人口学	二元结构下中国农村养老保障问题研究	施琛华	蔡 昉
法学	人类学	文身习俗研究——以中国和日本文身习俗为中心	王晓东	何星亮
文学	文艺学	主题伸张的文论建构问题研究	詹艾斌	杜书瀛
文学	文艺学	启蒙理性的缺失与中国审美思想的发生	黄丽莎	杜书瀛
文学	语言学及应用语言学	1912年－1949年中国的语言规划（政府部分）	黄晓蕾	李宇明
文学	语言学及应用语言学	汉语关系从句的类型学研究	唐正大	刘丹青
文学	汉语言文字学	从肯定和否定的不对称看情态词的语用逻辑	胡 勇	沈家煊
文学	汉语言文字学	高频及物动词与低频及物动词的及物性差异	姜先周	张伯江
文学	中国古代文学	晚明政治小说与党争	刘鹤岩	石昌渝
文学	中国古代文学	元代平话研究	卢世华	石昌渝
文学	中国古代文学	初盛唐七言古诗研究	魏祖钦	陶文鹏
文学	中国古代文学	汉晋文学中的《庄子》接受	杨 柳	徐公持
文学	中国古代文学	汉魏六朝乐府诗研究史（汉唐部分）	马 萌	徐公持
文学	中国现当代文学	历史定位与文革之后的农民文学形象	皇甫风平	陈晓明
文学	中国现当代文学	当代文学中的“屋”与“人”	邓玉环	杨匡汉
文学	中国现当代文学	40年代后期中国的“文艺复兴”	邵宁宁	杨 义
文学	中国现当代文学	中国现代文学中的儿童叙事	朱 勤	杨 义
文学	中国现当代文学	危城中文学华语空间的开拓——《万象》研究	王 军	杨 义
文学	中国现当代文学	“鲁迅”在延安	潘 磊	赵 园
文学	中国少数民族语言文学（分语族）	瑶语语音词汇比较研究	胡鸿雁	黄 行
文学	中国少数民族语言文学（分语族）	凉山彝语形容词研究	唐黎明	黄 行

续表

门类	学科专业	论文题目	作者	导师
文学	中国少数民族语言文学（分语族）	元杂剧曲文与其明传奇改写本的跨文化比较研究	郝青云	扎拉嘎
文学	比较文学与世界文学	第一部汉译英文小说《昕夕闲谈》	张卫晴	周发祥
文学	英语语言文学	身份的矛盾——论吉卜林的印度小说	郑　云	黄　梅
文学	英语语言文学	神圣的责任——乔治·艾略特后期小说中的社会融聚理念	乔修峰	陆建德
文学	俄语语言文学	20 世纪二三十年代俄罗斯反乌托邦小说探析	尹　霖	石南征
文学	新闻学	媒介形态理论研究	李明伟	陈力丹
文学	新闻学	中国报纸广告图像基本传播范式转型（1983－2003）——以北京地区大众报纸为例	冯丙奇	陈力丹
文学	新闻学	互联网传播管理中的行政权力模式比较研究	袁胜华	谢　宏
历史学	史学理论及史学史	环境史学在美国的兴起及其早期发展研究	高国荣	于　沛
历史学	考古学及博物馆学	新疆天山地区公元前一千纪的考古学文化研究	郭　物	刘庆柱
历史学	考古学及博物馆学	鄯善地区考古学文化与中西文化交流的关系	肖小勇	孟凡人
历史学	考古学及博物馆学	长江下游文明化进程探析	曹　峻	王　巍
历史学	考古学及博物馆学	南北朝时期墓葬美术研究	金镇顺	杨　泓
历史学	专门史	《黄石公三略》西夏译本之研究	钟　焓	聂鸿音
历史学	专门史	中国西藏与不丹（1730－1910）——清代的喜马拉雅宗藩关系模式研究	扎　洛	伍昆明
历史学	中国古代史	明遗民与清初满汉文化的整合	孔定芳	陈祖武
历史学	中国古代史	出土简牍与秦汉社会	杨振红	林甘泉
历史学	中国近现代史	胡适对杜威实验主义方法论的解读与应用	张海燕	耿云志
历史学	中国近现代史	咸同年间清中央政府与湘淮系地方实力集团权力格局的变迁	邱　涛	耿云志
历史学	中国近现代史	清季新疆 28 年研究	王鸣野	马大正
历史学	中国近现代史	《申报》广告与民国都市女性	蔡朝晖	曾业英
历史学	中国近现代史	赫德与晚清中英外交	张志勇	张海鹏
历史学	中国近现代史	苏美在远东的角逐与斯大林世界战略的调整：兼论朝鲜战争爆发的原因	金东吉	张海鹏
历史学	世界史	战后初期日本的联合国政策（1945－1956）	杨仁火	武　寅
历史学	世界史	日本战后社会教育政策研究	夏鹏翔	武　寅
管理学	会计学	企业并购会计方法研究	梁慧娟	张国初
管理学	企业管理（含：财务管理、市场营销、人力资源管理）	企业信息化投资价值评价：理论框架和测度方法	吴　俊	陈佳贵
管理学	企业管理（含：财务管理、市场营销、人力资源管理）	我国股票公开发行制度比较研究	周瑞明	黄速建

续表

门类	学科专业	论文题目	作者	导师
管理学	企业管理（含：财务管理、市场营销、人力资源管理）	企业三层次动态能力研究	王晓光	张承耀
管理学	企业管理（含：财务管理、市场营销、人力资源管理）	国有控股公司控制体系研究	张多中	郑海航
管理学	企业管理（含：财务管理、市场营销、人力资源管理）	战略联盟——我国汽车企业竞争新形态	梁仰椿	周绍朋
管理学	技术经济及管理	期权博弈投资决策理论与方法研究——以信息技术为例	李　丽	李京文
管理学	技术经济及管理	知识经济测度研究	彭绪庶	齐建国
管理学	技术经济及管理	证券市场效率与企业投资行为研究	沈可挺	钟学义
管理学	技术经济及管理	基础设施与经济增长——中国的实证研究	王任飞	钟学义
管理学	农业经济管理	中国农村健康保障体系研究	刘启栋	韩　俊
管理学	农业经济管理	城市化进程中的农地转用问题研究	许宝健	韩　俊
管理学	农业经济管理	农业灌溉用水效率问题研究	王晓娟	李　周
管理学	农业经济管理	国际贸易自由化对我国工业“三废”排放的影响	张志辉	李　周
管理学	农业经济管理	森林经营目标选择的社会经济分析	王文烂	李　周
管理学	农业经济管理	公益捐赠资金的信托化制度——以外援扶贫小额信贷为例	孙同全	张晓山

财政部财政科学研究所

门类	学科专业	论文题目	作者	导师
经济学	财政学（含：税收学）	中国居民储蓄的公共性研究	周雪飞	白景明
经济学	财政学（含：税收学）	政府财政 R&D 投入研究	肖　鹏	白景明
经济学	财政学（含：税收学）	企业并购成功率研究	夏振林	何盛明
经济学	财政学（含：税收学）	财政监督的法律视角分析	王　辉	何盛明
经济学	财政学（含：税收学）	国库现金管理研究	潘国俊	何盛明
经济学	财政学（含：税收学）	私人产权与公共财政	冯俏彬	贾　康
经济学	财政学（含：税收学）	我国黄土高原生态环境建设及财政政策	甄世前	贾　康
经济学	财政学（含：税收学）	中国农村公共品供给研究	李　华	解学智
经济学	财政学（含：税收学）	论我国增值税的完善	国建业	解学智
经济学	财政学（含：税收学）	公共预算管理研究	袁培全	刘尚希
经济学	财政学（含：税收学）	论政府教育支出的分配效应	应亚珍	刘尚希
经济学	财政学（含：税收学）	从激励相容角度看政府间财政关系的变迁	郭瑞祥	楼继伟
经济学	财政学（含：税收学）	银行系统性风险及其防范控制研究	包全永	楼继伟

表一

北京地区普通高等学校人文、社会科学研究统计数据(2005年度)

序号	学校名称	人文社会科学活动人员	研究与发展人员		研究与发展经费(百元)			研究与发展课题				研究与发展成果						获奖成果	
												出版著作		发表论文		应用成果			
			合计	折合全时人员	当年收入	其中政府拨款	当年内部支出	课题数	当年投入人数	当年投入经费(百元)	当年支出经费(百元)	合计	其中:专著	合计	其中:国外刊物发表	提交有关部门	鉴定成果	合计	其中:国家级、省部级
	合　计	25275	11056	4674.6	6765829.97	3815126.68	5449984.37	10536	6442.7	4369388.22	3276888.94	4267	1673	23739	683	5330	905	33	20
1	北京大学	1541	898	551.0	700835.00	361712.00	516755.00	1271	683	532836.00	382608.00	386	153	2210	108	361	58	3	0
2	中国人民大学	1646	1049	472.6	929583.00	288796.00	566043.00	1250	721	868440.50	534534.90	648	267	3691	153	439	121	0	0
3	清华大学	1124	724	280.6	909083.00	364990.63	718132.96	866	378.9	878283.03	691920.19	246	137	1424	94	590	15	0	0
4	北京交通大学	457	165	43.7	196753.00	110222.00	141486.10	337	43.6	182917.00	132440.10	40	12	134	15	24	3	0	0
5	北京工业大学	470	318	107.8	125208.70	77403.00	111778.21	327	128	75750.70	62575.21	47	8	261	23	97	20	0	0
6	北京航空航天大学	343	93	31.6	47169.00	42389.00	50519.41	121	51.7	43377.00	49865.41	21	15	208	0	106	5	0	0
7	北京理工大学	473	99	64.0	76353.00	31990.00	74632.00	81	248.5	66113.00	31021.60	39	29	624	43	0	0	0	0
8	北京科技大学	226	133	76.0	27080.00	23374.00	22179.00	43	153	8916.00	5292.00	32	3	177	0	0	0	0	0
9	北方工业大学	222	47	30.0	40380.00	29200.00	39226.00	37	39	28100.00	27095.00	31	14	120	0	0	0	0	0
10	北京化工大学	332	69	23.0	24604.00	13030.00	21590.00	31	39	15204.00	12109.00	28	6	202	0	0	0	0	0
11	北京工商大学	490	107	37.7	86171.80	66350.80	74801.70	168	37.7	33840.60	31382.00	81	13	446	2	410	16	0	0
12	北京服装学院	206	40	11.7	9720.00	6240.00	10288.09	54	11.7	7380.00	7948.09	28	25	65	0	75	0	0	0
13	北京邮电大学	252	29	19.0	8470.00	3730.00	8386.00	12	13	6190.00	6190.00	25	20	91	0	0	0	0	0
14	北京印刷学院	248	69	23.9	16778.00	12640.00	17533.41	64	24	11978.00	7211.91	14	5	325	0	0	0	0	0
15	北京建筑工程学院	164	53	15.0	5580.00	4440.00	5391.00	32	15	2130.00	1941.00	17	1	145	0	0	0	0	0
16	北京石油化工学院	216	88	45.6	23320.50	11450.00	21893.16	36	52	9700.50	8273.16	5	1	118	0	0	0	0	0
17	北京电子科技学院	46	40	11.9	6090.00	5500.00	5417.14	10	11.9	590.00	497.14	0	0	27	1	0	0	0	0
18	中国农业大学	391	233	70.2	232166.80	125900.80	120519.62	287	133.4	219584.75	136685.62	47	19	267	6	100	9	1	1

续表

序号	学校名称	人文社会科学活动人员	研究与发展人员		研究与发展经费(百元)			研究与发展课题				研究与发展成果						获奖成果	
												出版著作		发表论文		应用成果			
			合计	折合全时人员	当年收入	其中政府拨款	当年内部支出	课题数	当年投入人数	当年投入经费（百元）	当年支出经费（百元）	合计	其中：专著	合计	其中：国外刊物发表	提交有关部门	鉴定成果	合计	其中：国家级、省部级
19	北京农学院	161	32	9.1	10875.50	5120.00	10192.00	66	9.2	9055.50	8372.00	63	24	123	0	74	1	0	0
20	北京林业大学	335	103	35.0	27934.76	13830.00	23815.76	94	75.6	23384.76	19215.76	21	5	89	3	21	1	0	0
21	中国协和医科大学	146	91	91.0	302767.00	267137.00	331685.00	36	101	35630.00	32950.00	9	8	76	0	0	0	0	0
22	首都医科大学	182	79	26.6	13681.68	12368.58	16672.98	52	26.5	6089.68	9100.98	5	1	33	2	15	2	1	1
23	北京中医药大学	38	0	0.0	0.00	0.00	0.00	0	0	0.00	0.00	0	0	0	0	0	0	0	0
24	北京师范大学	870	744	239.0	430584.20	171906.10	392652.01	891	341	373034.22	392652.01	516	226	2732	72	23	19	0	0
25	首都师范大学	887	390	125.4	199664.90	188565.00	106127.95	325	168.4	52964.86	32726.15	110	47	804	6	35	7	0	0
26	首都体育学院	230	131	35.6	19100.00	18360.00	25782.00	52	39.2	6100.00	13832.00	19	2	183	0	30	0	0	0
27	北京外国语大学	616	30	18.5	17374.00	12804.00	9978.00	85	18.8	8764.00	1368.00	43	12	278	4	1	0	0	0
28	北京第二外语学院	617	259	113.2	144327.10	78250.72	131817.47	136	119	34598.15	22683.09	20	6	81	2	41	4	0	0
29	北京语言大学	760	192	51.3	283790.00	13140.00	224862.00	163	58.1	18253.89	5518.53	64	17	229	8	135	0	0	0
30	中国传媒大学	873	748	159.0	72225.00	47000.00	62318.84	666	151.2	40225.00	30323.70	81	32	201	0	7	4	0	0
31	中央财经大学	621	367	205.0	212554.20	165744.00	168513.25	311	295	70930.15	29440.97	168	39	1052	11	1035	23	5	1
32	对外经济贸易大学	661	362	175.0	115732.10	52410.00	117570.07	75	257	72172.07	72172.07	213	55	582	25	413	206	3	3
33	北京物资学院	452	158	85.9	74074.00	58178.00	61356.93	193	86.7	32625.00	24865.00	21	7	282	4	0	319	0	0
34	首都经济贸易大学	830	526	163.9	217593.00	161103.00	208305.90	238	181.2	62670.00	45336.00	149	30	732	9	75	8	0	0
35	外交学院	266	176	75.0	54390.00	50310.00	47510.00	70	75	18320.00	10872.00	29	7	347	6	15	0	0	0
36	中国人民公安大学	642	172	26.3	64530.00	59310.00	46781.80	203	26.3	34530.00	13025.80	144	21	733	3	238	2	0	0
37	国际关系学院	168	73	22.3	6211.00	2726.00	5686.00	35	22.3	3635.00	3110.00	14	6	89	5	0	0	0	0

续表

序号	学校名称	人文社会科学活动人员	研究与发展人员		研究与发展经费(百元)			研究与发展课题				研究与发展成果						获奖成果	
												出版著作		发表论文		应用成果			
			合计	折合全时人员	当年收入	其中政府拨款	当年内部支出	课题数	当年投入人数	当年投入经费(百元)	当年支出经费(百元)	合计	其中:专著	合计	其中:国外刊物发表	提交有关部门	鉴定成果	合计	其中:国家级、省部级
38	北京体育大学	617	306	150.0	82368.40	69917.00	82368.40	125	170	65868.40	65868.40	28	8	200	2	47	30	0	0
39	中央音乐学院	285	72	47.0	17017.00	12517.00	16062.00	68	47	8190.00	7235.00	33	20	73	0	5	4	4	4
40	中国音乐学院	260	60	41.5	27312.00	27312.00	8471.00	62	36	700.00	3456.33	51	40	125	0	0	0	0	0
41	中央美术学院	308	49	40.0	15418.00	10955.00	15924.90	61	41	7418.00	7844.90	115	73	109	3	0	0	1	1
42	中央戏剧学院	236	16	3.4	50592.50	32080.00	50972.00	17	3.4	9020.00	160.00	8	3	18	1	22	0	3	1
43	中国戏曲学院	228	6	2.0	2000.00	2000.00	1160.00	6	2	1600.00	760.00	10	10	70	0	0	0	0	0
44	北京电影学院	353	107	82.0	91745.53	87065.53	77203.24	103	168	21128.00	4725.15	61	44	263	5	2	1	7	7
45	北京舞蹈学院	277	138	64.4	141354.00	141354.00	155284.00	133	38.7	65860.00	79790.00	19	5	38	0	62	6	4	0
46	中央民族大学	841	404	161.0	203581.00	189451.00	195550.00	144	485	89580.00	78780.00	121	37	780	22	5	3	1	1
47	中国政法大学	867	296	173.9	144605.00	134515.00	90044.00	428	188.5	47275.00	12961.00	211	95	965	32	422	6	0	0
48	北京信息工程学院	127	27	16.9	4913.00	2643.00	3565.00	20	16.9	2885.00	1537.00	3	3	67	1	0	0	0	0
49	北京机械工业学院	132	47	36.1	18725.00	15540.00	18725.00	37	73.1	13310.00	13310.00	0	0	107	1	0	0	0	0
50	北京联合大学	1062	227	117.0	95056.52	69434.52	99252.96	257	123	41218.52	34076.45	83	31	443	1	349	4	0	0
51	中国石油大学(北京)	152	38	17.9	38010.47	3585.00	23565.32	26	28.4	32598.50	18790.00	7	3	95	1	18	0	0	0
52	中国青年政治学院	408	133	72.5	36876.00	28570.00	41962.00	139	86.2	18779.00	14963.00	43	19	319	9	0	0	0	0
53	北京青年政治学院	243	117	34.3	10880.00	9850.00	9195.24	72	34.7	3680.00	2294.74	29	4	93	0	17	6	0	0
54	中国矿业大学(北京)	95	14	7.9	21491.42	3737.00	11978.55	29	25.5	20464.42	12401.55	10	2	120	0	8	2	0	0
55	中国地质大学(北京)	169	56	18.0	18530.00	13830.00	16049.00	51	23.9	14930.00	12949.00	7	2	141	0	1	0	0	0
56	华北电力大学	413	56	15.5	12600.00	3150.00	14452.00	40	15.5	10570.00	7832.00	4	1	532	0	12	0	0	0

表二

人文、社会科学活动人员情况表

			总计		按职称划分							按最后学历划分					辅助	按最后学位划分	
				女性	小计	教授	副教授	讲师	助教	初级Ⅰ	初级Ⅱ	研究生	本科生	大专生	中专生	其他	人员	博士	硕士
		编号	L01	L02	L03	L04	L05	L06	L07	L08	L09	L10	L11	L12	L13	L14	L15	L16	L17
合　计		01	25275	13578	24966	3745	7645	9704	2482	938	452	13129	9083	1605	247	902	309	4356	8138
按现从事学科划分	管理学	02	3666	1862	3554	501	917	1471	330	206	129	1744	1300	410	42	58	112	628	1023
	马克思主义	03	529	272	524	81	230	176	22	11	4	318	182	11	0	13	5	87	222
	哲学	04	617	227	614	166	244	174	13	15	2	445	162	6	0	1	3	246	163
	逻辑学	05	31	12	31	13	13	5	0	0	0	26	5	0	0	0	0	13	13
	宗教学	06	32	5	32	16	12	4	0	0	0	26	6	0	0	0	0	19	7
	语言学	07	4514	3274	4493	377	1340	2064	603	95	14	2665	1669	100	8	51	21	331	2183
	中国文学	08	788	403	786	169	293	274	37	13	0	524	241	16	0	5	2	246	234
	外国文学	09	591	356	591	117	215	188	63	8	0	434	148	8	0	1	0	147	230
	艺术学	10	2872	1219	2857	441	737	1008	457	154	60	1210	1351	163	66	67	15	180	869
	历史学	11	489	159	487	176	172	117	12	9	1	382	96	8	0	1	2	227	145
	考古学	12	60	17	60	20	19	18	0	2	1	45	9	6	0	0	0	26	19
	经济学	13	2606	1340	2598	542	956	883	138	62	17	1837	659	81	12	9	8	838	969
	政治学	14	487	178	486	134	177	137	20	15	3	351	117	16	0	2	1	157	183
	法学	15	1552	718	1547	326	517	541	105	48	10	1149	355	37	1	5	5	474	634
	社会学	16	429	208	426	107	149	126	22	18	4	303	108	12	0	3	3	164	129
	民族学	17	82	41	79	24	24	27	3	1	0	49	25	2	2	1	3	22	24
	新闻学与传播学	18	484	255	482	79	126	198	64	15	0	308	156	15	2	1	2	68	157
	图书、情报、文献学	19	2267	1638	2169	106	415	1120	223	178	127	359	999	590	98	123	98	60	256
	教育学	20	801	430	793	126	267	285	61	39	15	404	329	46	8	6	8	165	224
	统计学	21	203	115	201	37	66	69	19	9	1	110	69	19	1	2	2	41	64
	心理学	22	212	119	211	43	73	86	6	3	0	166	39	6	0	0	1	97	62
	体育学	23	1963	730	1945	144	683	733	284	37	64	274	1058	53	7	553	18	120	328

续表

			总计		按职称划分						按最后学历划分				辅助	按最后学位划分	
			女性	小计	教授	副教授	讲师	助教	初级Ⅰ	初级Ⅱ	研究生	本科生	大专生	中专生	其他	人员	博士	硕士
	编号	L01	L02	L03	L04	L05	L06	L07	L08	L09	L10	L11	L12	L13	L14	L15	L16	L17
按年龄划分	61岁及以上	24	832	244	829	615	172	40	0	1	1	203	560	31	8	27	3	40	146
	56－60岁	25	1354	452	1341	510	534	240	21	13	23	381	703	159	40	58	13	111	252
	51－55岁	26	3006	1440	2957	880	1111	722	69	61	114	943	1343	443	65	163	49	396	493
	46－50岁	27	3136	1505	3059	803	1177	804	89	75	111	1210	1212	400	55	182	77	529	623
	41－45岁	28	5183	2795	5112	739	2534	1518	101	127	93	2692	1909	300	46	165	71	1120	1460
	36－40岁	29	4293	2395	4253	171	1600	2149	189	100	44	2753	1194	167	20	119	40	1074	1618
	31－35岁	30	4360	2681	4341	12	460	3132	570	141	26	3068	1095	75	8	95	19	869	2043
	30岁及以下	31	3111	2066	3074	15	57	1099	1443	420	40	1879	1067	30	5	93	37	217	1503

表三

人文、社会科学研究与发展人员情况表

		合计			管理学			马克思主义			哲学			逻辑学			宗教学		
		全时人数	非全时人数	非全时折合全时人数	全时人数	非全时人数	非全时折合全时人数	全时人数	非全时人数	非全时折合全时人数	全时人数	非全时人数	非全时折合全时人数	全时人数	非全时人数	非全时折合全时人数	全时人数	非全时人数	非全时折合全时人数
	编号	L01	L02	L03	L04	L05	L06	L07	L08	L09	L10	L11	L12	L13	L14	L15	L16	L17	L18
合计	01	1383	9673	3290.7	205	1637	581.1	22	203	71.1	42	241	88.9	5	20	7.6	8	30	12.7
教授	02	529	2637	983.2	75	426	162.8	10	70	29.7	25	95	37.0	4	11	4.7	5	17	7.2
副教授	03	479	3509	1225.8	83	580	211.8	10	77	26.4	13	98	34.4	1	5	1.8	3	9	3.9
讲师	04	284	2835	872.7	44	509	165.1	2	51	14.4	4	46	17.1	0	4	1.1	0	4	1.6
助教	05	69	460	137.8	0	83	31.2	0	4	0.5	0	2	0.4	0	0	0.0	0	0	0.0
初级 I	06	13	131	48.7	1	21	4.6	0	1	0.1	0	0	0.0	0	0	0.0	0	0	0.0
初级 II	07	2	75	13.7	0	13	2.9	0	0	0.0	0	0	0.0	0	0	0.0	0	0	0.0
辅助人员	08	7	26	8.8	2	5	2.7	0	0	0.0	0	0	0.0	0	0	0.0	0	0	0.0
		语言学			中国文学			外国文学			艺术学			历史学			考古学		
		全时人数	非全时人数	非全时折合全时人数	全时人数	非全时人数	非全时折合全时人数	全时人数	非全时人数	非全时折合全时人数	全时人数	非全时人数	非全时折合全时人数	全时人数	非全时人数	非全时折合全时人数	全时人数	非全时人数	非全时折合全时人数
	编号	L19	L20	L21	L22	L23	L24	L25	L26	L27	L28	L29	L30	L31	L32	L33	L34	L35	L36
合计	01	86	906	229.7	33	368	115.5	26	164	59.5	174	826	288.3	37	269	88.0	6	52	23.8
教授	02	31	168	53.0	18	140	47.9	9	62	27.0	74	230	86.9	15	116	43.1	3	23	9.4
副教授	03	24	331	90.0	12	135	45.5	9	55	20.3	45	271	100.7	18	103	32.7	2	17	8.4
讲师	04	20	335	70.3	3	87	21.8	8	46	12.0	45	243	67.8	4	49	12.1	1	12	6.0
助教	05	9	46	11.8	0	5	0.2	0	1	0.2	10	74	30.2	0	1	0.1	0	0	0.0
初级 I	06	0	22	4.2	0	0	0.0	0	0	0.0	0	6	2.0	0	0	0.0	0	0	0.0
初级 II	07	0	0	0.0	0	1	0.1	0	0	0.0	0	0	0.0	0	0	0.0	0	0	0.0
辅助人员	08	2	4	0.4	0	0	0.0	0	0	0.0	0	2	0.7	0	0	0.0	0	0	0.0

续表

		经济学			政治学			法学			社会学			民族学			新闻学与传播学		
		全时人数	非全时人数	非全时折合全时人数	全时人数	非全时人数	非全时折合全时人数	全时人数	非全时人数	非全时折合全时人数	全时人数	非全时人数	非全时折合全时人数	全时人数	非全时人数	非全时折合全时人数	全时人数	非全时人数	非全时折合全时人数
	编号	L37	L38	L39	L40	L41	L42	L43	L44	L45	L46	L47	L48	L49	L50	L51	L52	L53	L54
合计	01	230	1360	494.7	30	310	109.5	139	632	251.2	46	410	154.7	21	66	25.9	34	422	110.5
教授	02	75	374	148.9	11	89	32.9	71	163	71.6	14	147	59.1	17	26	13.0	11	113	33.6
副教授	03	97	494	176.4	15	132	45.3	40	230	95.9	23	149	55.2	4	29	11.6	11	136	36.4
讲师	04	40	369	124.1	2	76	25.8	24	193	70.9	9	95	33.3	0	11	1.3	12	145	35.1
助教	05	11	38	14.1	2	6	1.9	2	25	6.8	0	13	3.9	0	0	0.0	0	26	4.7
初级 I	06	6	42	24.6	0	7	3.6	1	13	3.7	0	3	1.6	0	0	0.0	0	1	0.5
初级 II	07	0	39	5.2	0	0	0.0	0	4	1.4	0	2	0.9	0	0	0.0	0	0	0.0
辅助人员	08	1	4	1.4	0	0	0.0	1	4	0.9	0	1	0.7	0	0	0.0	0	1	0.2
		图书、情报、文献学			教育学			统计学			心理学			体育学					
		全时人数	非全时人数	非全时折合全时人数	全时人数	非全时人数	非全时折合全时人数	全时人数	非全时人数	非全时折合全时人数	全时人数	非全时人数	非全时折合全时人数	全时人数	非全时人数	非全时折合全时人数			
	编号	L55	L56	L57	L58	L59	L60	L61	L62	L63	L64	L65	L66	L67	L68	L69			
合计	01	111	246	65.5	52	689	236.0	13	144	38.0	10	124	50.3	53	554	188.2			
教授	02	11	34	10.5	18	166	51.8	6	32	10.2	4	30	16.9	22	105	26.0			
副教授	03	23	99	27.1	19	252	90.2	5	39	12.2	3	44	20.8	19	224	78.8			
讲师	04	39	90	20.2	12	218	76.8	2	44	12.4	3	43	11.5	10	165	72.0			
助教	05	32	14	4.6	1	37	12.3	0	29	3.2	0	5	0.5	2	51	11.2			
初级 I	06	4	3	0.8	1	10	2.8	0	0	0	0	1	0.0	0	1	0.2			
初级 II	07	2	5	2.0	0	2	0.6	0	0	0	0	1	0.6	0	8	0.0			
辅助人员	08	0	1	0.3	1	4	1.5	0	0	0	0	0	0.0	0	0	0.0			

表四　人文、社会科学研究与发展经费情况表

经费名称	编号	单位(百元)	经费名称	编号	单位(百元)
上年结转经费	01	2625869.76	当年经费支出合计	19	5558997.32
当年经费收入合计	02	6765829.97	转拨给外单位经费	20	109012.95
政府资金投入	03	3815126.68	内部支出经费	21	5449984.37
科研事业费	04	2239590.29	科研人员费	22	1470833.72
其中:科研项目经费	05	274405.77	业务费	23	2509439.01
重点学科经费	06	674278.20	科研基建费	24	0.00
科技活动人员工资	07	834403.11	仪器设备费	25	483593.46
科研基建费	08	0.00	其中:单价在1万元以上的设备费	26	177435.58
国家社科规划、基金项目经费	09	204928.78	图书资料费	27	485401.72
中央其他部门社科或其他专项经费	10	746322.18	管理费	28	141428.53
省、市、自治区社科专项经费	11	624285.43	其他支出	29	359287.93
其他经费来源	12	2950703.29		30	
企、事业单位委托项目经费	13	1622010.63		31	
金融机构贷款	14	0.00		32	
自筹经费	15	362244.27		33	
国外资金	16	216416.23	当年结余经费	34	3832702.41
其他收入	17	750032.16	银行存款	35	3749468.33
其中:港澳台地区合作项目经费	18	12251.08	暂付款	36	83234.08

表五

人文、社会科学研究课题情况表(一)

学科门类		总数					基础研究					应用理论研究					应用研究				
		课题数	当年投入人数(人/年)	其中：研究生	当年拨入经费(百元)	当年支出经费(百元)	课题数	当年投入人数(人年)	其中：研究生	当年拨入经费(百元)	当年支出经费(百元)	课题数	当年投入人数(人年)	其中：研究生	当年拨入经费(百元)	当年支出经费(百元)	课题数	当年投入人数(人年)	其中：研究生	当年拨入经费(百元)	当年支出经费(百元)
	编号	L01	L02	L03	L04	L05	L06	L07	L08	L09	L10	L11	L12	L13	L14	L15	L16	L17	L18	L19	L20
合计	01	10536	6442.7	1864.3	4369388.22	3276888.94	3648	2141.5	597.0	879077.13	663250.19	2850	1711.7	408.1	1106113.62	836211.45	4038	2589.5	859.2	2384197.47	1777427.30
管理学	02	2058	1165.4	392.1	1320350.63	965758.79	307	112.9	25.8	194389.80	165943.72	568	348.1	113.3	352010.32	227492.23	1183	704.4	253.0	773950.51	572322.75
马克思主义	03	160	138.2	48.7	33481.64	23798.73	105	77.1	20.5	26195.10	18710.15	37	27.1	4.2	4780.23	4016.26	18	34	24.0	2506.31	1072.32
哲学	04	351	173.2	48.5	78538.88	50164.91	234	122.7	37.7	43907.10	24507.67	47	26.8	7.5	12895.58	8915.36	70	23.7	3.3	21736.20	16741.88
逻辑学	05	27	16.3	4.0	3912.56	3645.34	24	13.1	3.4	3847.56	3630.34	2	1.8	0.6	50.00	0.00	1	1.4	0.0	15.00	15.00
宗教学	06	40	34.6	14.3	6041.30	5388.85	25	22.1	11.3	3365.00	2864.40	6	6.0	1.0	1835.30	1759.94	9	6.5	2.0	841.00	764.51
语言学	07	596	481.3	165.2	69966.84	48149.83	306	277.9	114.6	33923.53	25669.86	130	87.2	31.4	14240.06	9622.70	160	116.2	19.2	21803.25	12857.27
中国文学	08	352	185.5	38.3	48493.82	36076.28	286	131.5	26	37101.23	26304.30	38	34.6	5.0	6051.36	4900.29	28	19.4	7.3	5341.23	4871.69
外国文学	09	168	88.4	4.3	37036.26	32706.25	141	76.2	3.3	30878.17	28756.20	10	5.1	0.0	3766.85	2060.71	17	7.1	1.0	2391.24	1889.34
艺术学	10	870	551.1	129.0	607405.64	563604.21	294	245.5	73.4	32170.78	26943.00	331	156.4	20.6	139869.21	136821.28	245	149.2	35.0	435365.65	399839.93
历史学	11	308	206.6	81.7	55658.58	40799.07	257	162.7	79.5	38551.54	28060.63	20	25.8	0.0	10661.55	7718.55	31	18.1	2.2	6445.49	5019.89
考古学	12	98	35.8	6.0	35480.00	34280.09	87	22.7	2.0	32580.00	32080.09	2	1.1	0.0	300.00	700.00	9	12.0	4.0	2600.00	1500.00
经济学	13	1610	1103.9	390.5	835209.12	539051.88	296	146.3	27.4	83663.07	61331.26	492	324.0	83.0	236525.60	164994.18	822	633.6	280.1	515020.45	312726.44
政治学	14	314	163.1	25.8	153481.80	115816.34	155	73.1	10.8	25538.45	19979.77	98	59.9	11.2	69560.12	54146.89	61	30.1	3.8	58383.23	41689.68
法学	15	974	469.4	79.1	379678.16	237056.19	464	201.4	26.6	111085.25	63615.92	268	148.8	27.3	44082.71	31524.31	242	119.2	25.2	224510.20	141915.96
社会学	16	620	280.0	78.9	223164.04	143494.97	135	57.3	15.7	52419.43	25685.26	175	84.8	16.1	84621.55	61180.87	310	137.9	47.1	86123.06	56628.84
民族学	17	52	154.4	108.0	19234.39	10001.79	29	84.2	56.0	8800.00	1080.00	14	35.7	23.5	6434.39	5917.79	9	34.5	28.5	4000.00	3004.00
新闻学与传播学	18	422	161.2	24.2	52445.00	33524.20	40	16.0	1.2	3216.00	1661.91	187	66.0	7.8	14603.00	11167.89	195	79.2	15.2	34626.00	20694.40

续表

学科门类	编号	总数 课题数	当年投入人数（人年）	其中：研究生	当年拨入经费（百元）	当年支出经费（百元）	基础研究 课题数	当年投入人数（人年）	其中：研究生	当年拨入经费（百元）	当年支出经费（百元）	应用理论研究 课题数	当年投入人数（人年）	其中：研究生	当年拨入经费（百元）	当年支出经费（百元）	应用研究 课题数	当年投入人数（人年）	其中：研究生	当年拨入经费（百元）	当年支出经费（百元）
		L01	L02	L03	L04	L05	L06	L07	L08	L09	L10	L11	L12	L13	L14	L15	L16	L17	L18	L19	L20
图书、情报、文献学	19	230	206.4	32.3	85876.60	76122.30	112	140.9	21.3	49574.25	44583.64	35	23.4	3.0	16014.87	13884.40	83	42.1	8.0	20287.48	17654.26
教育学	20	743	403.3	116.0	134823.47	132039.24	230	108.8	29.5	39665.11	33235.57	237	124.3	28.8	40016.54	38088.92	276	170.2	57.7	55141.82	58714.75
统计学	21	86	61.8	13.0	30587.61	21449.99	13	7.8	1.4	1735.54	1596.84	26	13.3	1.2	13154.12	9296.10	47	40.7	10.4	15697.95	10557.05
心理学	22	175	89.9	31.4	76611.94	75663.46	70	19.7	5.9	24170.22	23223.27	51	26.3	9.6	24258.72	24993.21	54	43.9	15.9	28183.00	27446.98
体育学	23	282	272.9	33.0	81909.94	88296.23	38	21.6	3.7	2300.00	1786.39	76	85.2	13.0	10381.54	17009.48	168	166.1	16.3	69228.40	69500.00

人文、社会科学研究课题情况表(二)

	编号	课题来源 合计	国家社科规划项目	教育部人文、社科规划项目	高校古籍整理研究项目	中央其他部门社科专门项目	省、市、自治区社科项目	国际合作研究项目	与港、澳、台合作研究项目	企事业单位委托项目	学校社科项目	外资项目	其他
		L01	L02	L03	L04	L05	L06	L07	L08	L09	L10	L11	L12
课题数(项)	01	10536	947	1405	17	1528	1432	181	38	2091	2194	126	577
当年投入人数(人年)	02	6442.70	721.8	799.3	39.6	977.9	857.6	173.9	47.7	1329.8	1216.1	53.6	225.4
其中:研究生	03	1864.30	230.9	274.4	24.0	379.2	178.5	34.2	6.0	422.7	256.3	9.3	48.8
当年拨入经费(百元)	04	4369388.22	204928.78	202205.77	5150.00	746322.18	624285.43	187247.65	12251.08	1622010.60	176267.18	29168.58	559550.94
当年支出经费(百元)	05	3276888.94	144146.37	131213.96	5817.00	558102.50	546201.37	136816.68	8160.47	1235820.30	85144.10	22494.56	402971.54
今年新开课题数(项)	06	4116	229	248	3	700	559	70	8	1202	834	44	219
当年完成课题数(项)	07	2212	106	94	1	333	366	34	7	668	441	23	139

六

人文、社会科学研究成果情况表(一)

		出版专著(部)					古籍整理(部)	译著(部)	发表译文(篇)	发表论文(篇)				获奖成果数(项)				成果应用	
			专著		编著教材	工具书参考书				合计	国内学术刊物		国外学术刊物	合计	国家级奖	省部级奖	地市级奖	提交有关部门数	鉴定成果数
				被译成外文							国内外公开发行	国内公开发行							
	编号	L01	L02	L03	L04	L05	L06	L07	L08	L09	L10	L11	L12	L14	L15	L16	L17	L17	L18
合计	01	4267	1673	82	2188	406	33	392	878	23739	10372	12684	683	33	0	20	13	5330	905
管理学	02	574	168	12	355	51	1	68	7	3723	1819	1749	155	2	0	1	1	1227	318
马克思主义	03	87	31	0	46	10	0	6	1	549	295	244	10	0	0	0	0	19	4
哲学	04	168	96	1	68	4	2	33	18	1191	535	611	45	0	0	0	0	59	18
逻辑学	05	13	3	0	10	0	0	0	2	29	7	21	1	0	0	0	0	7	0
宗教学	06	16	12	2	3	1	1	4	4	122	87	23	12	0	0	0	0	8	0
语言学	07	587	75	8	375	137	1	52	79	1564	785	720	59	3	0	1	2	358	102
中国文学	08	125	62	1	51	12	5	6	2	1283	461	797	25	0	0	0	0	81	4
外国文学	09	184	64	16	77	43	1	53	42	515	208	274	33	0	0	0	0	49	5
艺术学	10	526	331	1	179	16	1	22	29	1502	565	915	22	19	0	13	6	324	15
历史学	11	165	104	4	46	15	21	20	13	1078	395	645	38	0	0	0	0	37	1
考古学	12	6	5	1	1	0	0	2	0	59	33	22	4	0	0	0	0	4	0
经济学	13	530	219	13	292	19	0	35	35	3691	1647	1940	104	3	0	1	2	1399	179
政治学	14	126	79	4	38	9	0	4	10	862	437	407	18	0	0	0	0	129	4
法学	15	592	197	5	368	27	0	38	35	2737	1145	1529	63	2	0	1	1	659	32
社会学	16	121	70	6	43	8	0	21	8	843	454	359	30	1	0	0	1	190	71
民族学	17	12	5	0	7	0	0	1	0	117	97	14	6	1	0	1	0	3	0
新闻与传播学	18	87	39	2	47	1	0	8	8	735	362	365	8	0	0	0	0	195	12
图书、情报、文献学	19	45	22	4	21	2	0	5	568	490	210	266	14	0	0	0	0	84	5
教育学	20	149	47	1	65	37	0	5	8	1382	379	986	17	1	0	1	0	213	67
统计学	21	14	4	0	10	0	0	1	0	92	31	57	4	0	0	0	0	17	5
心理学	22	59	24	1	29	6	0	5	7	333	135	190	8	0	0	0	0	60	22
体育学	23	81	16	0	57	8	0	3	2	842	285	550	7	1	0	1	0	208	41

人文、社会科学研究成果情况表(二)

课题来源	编号	出版专著(部)					古籍整理(部)	译著(部)	发表译文(篇)	发表论文(篇)				成果应用	
			专著	被译成外文	编著教材	工具书参考书				合计	国内学术刊物		国外学术刊物	提交有关部门数	鉴定成果数
											国内外公开发行	国内公开发行			
		L01	L02	L03	L04	L05	L06	L07	L08	L09	L10	L11	L12	L13	L14
合计	01	1334	627	28	621	86	6	88	623	6462	2797	3384	281	1727	383
国家社会科学规划、基金项目	02	88	69	3	16	3	1	6	8	654	333	294	27	79	22
教育部人文社会科学研究项目	03	173	102	3	69	2	0	1	6	629	260	334	35	100	53
高校古籍整理研究项目	04	8	3	0	2	3	4	0	0	67	12	55	0	1	2
中央其他部门社科专项项目	05	155	89	1	58	8	0	5	6	670	297	341	32	244	41
省、市、自治区社科项目	06	147	71	2	67	9	1	8	0	603	221	373	9	172	38
国际合作项目	07	20	13	5	7	0	0	7	6	88	40	36	12	29	4
与港、澳、台合作研究项目	08	14	11	0	3	0	0	1	0	20	15	5	0	4	3
企事业单位委托项目	09	58	17	0	39	2	0	6	4	394	117	274	3	184	23
学校和基地社科研究项目	10	243	101	4	122	20	0	12	5	1166	478	648	40	126	64
外资项目	11	21	14	2	5	2	0	7	2	27	10	10	7	17	7
其他项目	12	407	137	8	233	37	0	35	586	2144	1014	1014	116	771	126

表七

人文、社会科学学术交流情况表

学术交流类别	校办学术会议		学术会议		受聘讲学		社科考察		进修学习		合作研究		
	本校独办数	与外单位合办数	参加人次	提交论文（篇）	派出人次	来校人次	派出人次	来校人次	派出人次	来校人次	派出人次	来校人次	课题数（项）
编号	L01	L02	L03	L04	L05	L06	L07	L08	L09	L10	L11	L12	L13
合计	1279	727	46650	12311	2914	3231	3863	4167	2336	5065	1000	1185	741
国际学术交流	236	196	17003	4436	644	1092	1174	1880	758	1649	412	539	197
国内学术交流	991	505	28311	7396	2090	1945	2334	1877	1397	3259	521	583	516
与港澳台地区学校交流	52	26	1336	479	180	194	355	410	181	157	67	63	28

（北京市教育委员会科学技术与研究生工作处供稿）

北京地区社科研究单位（部分）2005年社会科学研究情况统计

中央教育科学研究所科研队伍情况统计表

人员类别		人数
从事科研活动人员总数		158人
学位	博士	24人
	硕士	46人
学历	研究生	80人
	其中：博士毕业	34人
	其中：硕士毕业	46人
	本科毕业	50人
	大专	26人
	其他	2人
职称级别	高级	72人
	中级	58人
	初级	15人
	其他	13人

（中央教育科学研究所供稿）

北京市社会科学院科研队伍统计表

所别名称	编号	总计	性别		按职称划分				按最后学历划分					
			男	女	正高	副高	中级	初级	博士	硕士	本科	专科	中专	其他
文学所		10	6	4	2	5	3		2	4	3	1		
历史所		17	10	7	5	7	1	4	8	4	3	1		1
哲学所		8	4	4	2	5	1		1	3	3	1		
经济学		17	11	6	2	5	7	3	2	8	5	1		1
社会学所		17	10	7	3	8	5	1	2	6	6	2		1
城市所		9	3	6		6	2	1	1	3	5			
管理所		9	5	4		7		2		5	4			
满学所		6	4	2	2		3	1		1	4	1		
科社所		9	5	4	2	3	4		1	3	5			
外国所		8	3	5		3	2	3	1	3	4			
编辑部		10	3	7		5	3	1	1	3	3	1	1	1
图书馆		11	3	8		2	6	2		1	2	6		2
其他														
合计		131	67	64	18	56	37	18	19	44	47	14	1	6
56－60 岁		33	19	14	12	10				3	12	2		4
51－55 岁		21	13	8	1	21	4			4	14	1		
46－50 岁		19	6	13	2	11	6		3	4	10	7		2
41－45 岁		16	11	5	3	9	6	1	4	6	5	4		
36－40 岁		12	5	7		4	8	2	6	5	3		1	
31－35 岁		18	10	8		0	18	2	6	12	1			
30 岁以下		13	4	9			2	10		10	2			

北京市社会科学院科研成果统计表

项目分类	文学所	历史所	哲学所	经济所	城市所	科社所	社会学所	管理所	外国所	满学所	其他	合计
专　　著	2	3	2			1	1		4		1	14
译著									1			1
编著			1	4				2	2		5	14
论文	54	34	36	58	8	24	40	36	7	1	17	315
调研报告	5	3	2	2	4	1	4		2			23
其他	6	4	1	2			2				3	18

（北京市社会科学院科研处供稿）

中共北京市委党校、北京行政学院社会科学队伍统计表

学科门类	按职称划分					按最后学历划分					按最后学位划分	
	小计	正高	副高	中级	初级	研究生	本科生	大专生	中专生	其他	博士	硕士
	L01	L02	L03	L04	L05	L06	L07	L08	L09	L10	L11	L12
合计	243	26	79	116	22	140	86	15	0	2	29	52
哲学	16	4	9	3	0	16	0	0	0	0	9	4
经济学	16	0	11	5	0	10	6	0	0	0	2	2
政治学	18	5	10	3	0	14	4	0	0	0	5	4
党史党建	23	7	12	4	0	11	12	0	0	0	4	3
公共管理	13	4	5	4	0	10	3	0	0	0	2	6
工商管理	13	2	3	8	0	10	3	0	0	0	3	5
法学	11	1	5	5	0	10	1	0	0	0	0	8
社会学	9	2	4	3	0	9	0	0	0	0	3	5
中国文学	5	0	1	4	0	3	2	0	0	0	0	2
外国语言文学	8	0	2	6	0	5	3	0	0	0	0	3
历史学	2	0	2	0	0	2	0	0	0	0	0	1
计算机	19	1	5	10	3	6	10	2	0	1	1	5
图书、情报、文献学	28	0	2	20	6	10	13	4	0	1	0	2
教育管理	28	0	6	21	1	18	10	0	0	0	0	1
其他学科	34	0	2	20	12	6	19	9	0	0	0	0

（中共北京市委党校、北京行政学院科研处供稿）

中共北京市委党史研究室社会科学队伍统计表

副高职称（人）	中级职称（人）	博士生（人）	研究生（人）	本科生（人）
4（女1人）	9（女4人）	2（女1人）	14（女4人）	7人（女4人）

中共北京市委党史研究室科研成果统计表

著作	刊物	论文	书稿	电视脚本
10册　231万字	6期　78万字	42篇31．4万字	9．7万字	16．55万字

（中共北京市委党史研究室段丽欣供稿）